Explanation of Crime Names and Standards for Measuring Punishment

刑法罪名与定罪量刑标准精解

（第五版）

刘　莹◎著

法律出版社
LAW PRESS·CHINA
北京

图书在版编目（CIP）数据

刑法罪名与定罪量刑标准精解 / 刘莹著. --5版. --北京：法律出版社，2021
ISBN 978-7-5197-6246-9

Ⅰ. ①刑… Ⅱ. ①刘… Ⅲ. ①刑法－罪名－标准－中国②刑法－定罪－标准－中国③刑法－量刑－标准－中国 Ⅳ. ①D924.1-65

中国版本图书馆CIP数据核字(2021)第242223号

刑法罪名与定罪量刑标准精解（第五版）
XINGFA ZUIMING YU DINGZUI LIANGXING BIAOZHUN JINGJIE(DI-WU BAN)

刘 莹 著

责任编辑 许 睿
装帧设计 乔智炜 鲁 娟

出版发行 法律出版社
编辑统筹 司法实务出版分社
责任校对 朱铁佳
责任印制 胡晓雅
经　　销 新华书店

开本 787毫米×1092毫米 1/16
印张 70.5　**字数** 1981千
版本 2021年12月第5版
印次 2021年12月第1次印刷
印刷 三河市龙大印装有限公司

地址：北京市丰台区莲花池西里7号(100073)
网址：www.lawpress.com.cn
投稿邮箱：info@lawpress.com.cn
举报盗版邮箱：jbwq@lawpress.com.cn

销售电话：010-83938349
客服电话：010-83938350
咨询电话：010-63939796

书号：ISBN 978-7-5197-6246-9
定价：258.00元

凡购买本社图书，如有印装错误，我社负责退换。电话：010-83938349

自序

政法干警最怕办错案。把案件办错了，一般来说有以下两个原因：一是把事实认定错了。例如，张三杀人，却把李四抓来判刑。二是适用法律错了。例如，张三把不属于自己的数额巨大的钱财拿回家，犯罪了，那么，犯了什么罪？是盗窃罪还是贪污罪？是抢劫罪还是抢夺罪？是侵占罪还是职务侵占罪？罪名定错了，当然量刑也不会正确。所以办案要以事实为根据，以法律为准绳。

为了避免办错案，本书从正确适用法律的角度，重点讲述以下四方面内容：

一是每一种犯罪的构成要件。《刑法》规定了400余个具体罪名，各罪的构成要件各不相同。了解每一种犯罪的四个构成要件，就会准确认定某一种行为是不是犯罪，如果是，则构成了哪一种犯罪。

二是论述每一种犯罪此罪与彼罪的区别。在《刑法》规定的400余个具体罪名中，有许多罪名容易混淆。例如，致人死亡的故意伤害罪与故意杀人罪区别在哪里，挪用资金罪与挪用公款罪有什么不同，怎样区分职务侵占罪与侵占罪等。

三是梳理总结每一种犯罪的量刑标准。根据《人民法院量刑指导意见》及其他相关规定，详细梳理并总结每一种犯罪的量刑标准。

四是列出每一种犯罪的有关法律规定。对《刑法》中的各种犯罪，国家法律是怎么规定的，后来又有哪些补充规定和司法解释。

公、检、法三机关办理刑事案件，当然离不开刑法。所谓刑法，不单单指刑法典，也包括全国人大常委会、最高人民法院、最高人民检察院和公安部等下发的各种有关规定和司法解释。可是，《刑法》先后经过多次修正，全国人大常委会、最高人民法院、最高人民检察院和公安部等又先后下发了许多规定和解释，这些规定和解释不仅零散，而且发布日期跨度长，有的后一次的解释还修改或者废止了前一次的解释，这就使刑事方面的法律规定十分庞杂、零散，政法干警们学习和查阅相当不方便。

由于工作的需要，他们不得不购买许多法律书籍来学习，但我认为，不管是谁写的书，都不能离开国家的法律规定。况且，作者的论述到底正确不正确，这是读者不得不考虑的问题。为了使本书的内容准确无误，我把国家的所有《刑法》规定都找出来，用《刑法》的条文进行串联，并且把先后经过多次修正后的《刑法》附录在书后，使政法干警拿到这本书就可以了解《刑法》方面的所有法律规定，可以不再花费更多的时间和精力去查阅其他资料。

本书的特点是，讲述的观点契合国家法律规定，以确保本书的正确性、实用性。我的愿望是，让本书给政法干警的办案带来方便。

我在编写这本书的过程中，得到刑法界一些专家的热情鼓励和帮助，他们向我提供资料，介绍司法实践中存在的且希望得到阐明的问题，在此向他们表示感谢。

本书出版后，一版再版，得到广大读者的好评。我感谢全国读者对本书的厚爱和对我的支持。我接到出版社要修订出版第五版的通知后，立即放下手头繁忙的办案任务，根据《刑法》的最新修正和司法解释的新规定，对全书进行了修订，以确保本书的准确性与实用性。

刘　莹

2021年5月8日于沈阳

目录

第一部分 刑法概述

第二部分 各罪详解

第一部分　刑法概述

国家的法律虽然很多，但只有刑法是规定刑事犯罪方面的法律。刑法是各种法律的后盾，它可以促使人们去遵守各种部门法律。刑法有广义与狭义之分。

广义上的刑法，不单指《中华人民共和国刑法》（以下简称《刑法》），还包括针对某种具体犯罪而制定的单行刑事法规和有关补充规定，也包括散见在其他法律、法规中的有关刑罚制裁的规定和各种刑事司法解释等。

《刑法》是一部完备的刑法典。它分总则与分则两部分。

总则，即总的原则，是从理论上阐明犯罪的一般原理和适用刑罚的一般原则。《刑法》总则规定的原则，对《刑法》分则规定的各种犯罪都适用。如《刑法》总则关于刑事附带民事赔偿问题、正当防卫、紧急避险、犯罪未遂、犯罪中止、累犯、自首和立功、数罪并罚等规定，除法律有特别规定以外，对《刑法》分则中的各罪都适用。

分则，是相对总则而言的。它把总则中的原理、原则具体化，规定哪些行为是犯罪，以及对这些犯罪应当如何处罚。

《刑法》分则共分10章，规定出10类犯罪，400余个具体罪名。对每种犯罪，都明确规定了所应适用的刑罚和量刑幅度。

一 犯罪

违法不一定是犯罪。违反国家法律，只有情节严重，触犯了《刑法》规定，按照《刑法》规定，应当受到刑罚处罚的才是犯罪。

根据《刑法》的规定，所谓犯罪，是指一切危害国家主权、领土完整和安全，分裂国家、颠覆人民民主专政的政权和推翻社会主义制度，破坏社会秩序和经济秩序，侵犯国有财产或者劳动群众集体所有的财产，侵犯公民私人所有的财产，侵犯公民的人身权利、民主权利和其他权利，以及其他危害社会的行为，依照法律应当受刑罚处罚的，都是犯罪，但是情节显著轻微危害不大的，不认为是犯罪。据此可知，犯罪有三个互相联系、缺一不可的特征：

1. 具有危害社会的行为。犯罪是一种行为，而不是某种思想。这种行为之所以被认为是犯罪，是因为它有一定的社会危害性，即危害了国家和社会利益。其危害形式有两种：一种是法律规定禁止的行为。如杀人、放火、强奸、抢劫、盗窃等。另一种是法律要求去做而没去做的。如遗弃罪、玩忽职守罪、泄露国家秘密罪等。

2. 违反了刑事法规。危害社会的行为并不一定都是犯罪，只有违反刑事法规的行为才是犯罪。

3. 按《刑法》规定应该受到刑事处罚。违法的性质不同，处罚形式也不同。有的违法行为应该受到行政处罚、经济处罚，而不应该受到刑事处罚，这样的违法行为不是犯罪行为。只有违反《刑法》而应受到刑罚处罚的行为才是犯罪。因此，在一般情况下，受刑罚处罚，这是犯罪的必然结果。这里所说的“受刑罚处罚”，主要反映在法律条文的规定上。也就是说，《刑法》规定应该受到处罚，而不是指对每个具体犯罪的实际处罚。

围绕犯罪问题，有以下一些法律规定：

1.《刑法》第 3 条　【罪刑法定】法律明文规定为犯罪行为的，依照法律定罪处刑；法律没有明文规定为犯罪行为的，不得定罪处刑。

2.《刑法》第 5 条　【罪责刑相适应】刑罚的轻重，应当与犯罪分子所犯罪行和承担的刑事责任相适应。

3.《刑法》第 13 条　【犯罪概念】一切危害国家主权、领土完整和安全，分裂国家、颠覆人民民主专政的政权和推翻社会主义制度，破坏社会秩序和经济秩序，侵犯国有财产或者劳动群众集体所有的财产，侵犯公民私人所有的财产，侵犯公民的人身权利、民主权利和其他权利，以及其他危害社会的行为，依照法律应当受刑罚处罚的，都是犯罪，但是情节显著轻微危害不大的，不认为是犯罪。

4.《刑法》第 14 条　【故意犯罪】明知自己的行为会发生危害社会的结果，并且希望或者放任这种结果发生，因而构成犯罪的，是故意犯罪。

故意犯罪，应当负刑事责任。

5.《刑法》第 15 条　【过失犯罪】应当预见自己的行为可能发生危害社会的结果，因为疏忽大意而没有预见，或者已经预见而轻信能够避免，以致发生这种结果的，是过失犯罪。

过失犯罪，法律有规定的才负刑事责任。

6.《刑法》第 16 条　【不可抗力和意外事件】行为在客观上虽然造成了损害结果，但是不是出于故意或者过失，而是由于不能抗拒或者不能预见的原因所引起的，不是犯罪。

7.《刑法》第 17 条　【刑事责任年龄】已满十六周岁的人犯罪，应当负刑事责任。

已满十四周岁不满十六周岁的人，犯故意杀人、故意伤害致人重伤或者死亡、强奸、抢劫、贩卖毒品、放火、爆炸、投放危险物质罪的，应当负刑事责任。

已满十二周岁不满十四周岁的人，犯故意杀人、故意伤害罪，致人死亡或者以特别残忍手段致人重伤造成严重残疾，情节恶劣，经最高人民检察院核准追诉的，应当负刑事责任。

对依照前三款规定追究刑事责任的不满十八周岁的人，应当从轻或者减轻处罚。

因不满十六周岁不予刑事处罚的，责令其父母或者其他监护人加以管教；在必要的时候，依法进行专门矫治教育。

8.《刑法》第 18 条　【精神病人与醉酒的人的刑事责任能力】精神病人在不能辨认或者不能控制自己行为的时候造成危害结果，经法定程序鉴定确认的，不负刑事责任，但是应当责令他的家属或者监护人严加看管和医疗；在必要的时候，由政府强制医疗。

间歇性的精神病人在精神正常的时候犯罪，应当负刑事责任。

尚未完全丧失辨认或者控制自己行为能力的精神病人犯罪的，应当负刑事责任，但是可以从轻或者减轻处罚。

醉酒的人犯罪，应当负刑事责任。

9.《刑法》第 19 条　【又聋又哑的人或盲人犯罪的刑事责任】又聋又哑的人或者盲人犯罪，可以从轻、减轻或者免除处罚。

10. 2002 年 8 月 9 日全国人民代表大会常务委员会法制工作委员会《关于已满十四周岁不满十六周岁的人承担刑事责任范围问题的答复意见》规定："刑法第十七条第二款规定的八种犯罪，是指具体犯罪行为而不是具体罪名。对于刑法第十七条中规定的'犯故意杀人、故意伤害致人重伤或者死亡'，是指只要故意实施了杀人、伤害行为并且造成了致人重伤、死亡后果的，都应负刑事责任。而不是指只有犯故意杀人罪、故意伤害罪的，才负刑事责任，绑架撕票的，不负刑事责任。对司法实践中出现的已满十四周岁不满十六周岁的人绑架人质后杀害被绑架人、拐卖妇女、儿童而故意造成被拐卖妇女、儿童重伤或死亡的行为，依据刑法是应当追究其刑事责任的。"

11. 2006 年 1 月 11 日最高人民法院《关于审理未成年人刑事案件具体应用法律若干问题的解释》主要内容如下：

"第二条　刑法第十七条规定的'周岁'，按照公历的年、月、日计算，从周岁生日的第二天起算。

第三条　审理未成年人刑事案件，应当查明被告人实施被指控的犯罪时的年龄。裁判文书中应当写明被告人出生的年、月、日。

第四条　对于没有充分证据证明被告人实施被指控的犯罪时已经达到法定刑事责任年龄且确实无法查明的，应当推定其没有达到相应法定刑事责任年龄。

相关证据足以证明被告人实施被指控的犯罪时已经达到法定刑事责任年龄，但是无法准确查明被告人具体出生日期的，应当认定其达到相应法定刑事责任年龄。

第五条　已满十四周岁不满十六周岁的人实施刑法第十七条第二款规定以外的行为，如果同时触犯了刑法第十七条第二款规定的，应当依照刑法第十七条第二款的规定确定罪名，定罪处罚。

第六条　已满十四周岁不满十六周岁的人偶尔与幼女发生性行为，情节轻微、未造成严重后果的，不认为是犯罪。

第七条　已满十四周岁不满十六周岁的人使用轻微暴力或者威胁，强行索要其他未成年人随身携带的生活、学习用品或者钱财数量不大，且未造成被害人轻微伤以上或者不敢正常到校学习、生活等危害后果的，不认为是犯罪。

已满十六周岁不满十八周岁的人具有前款规定情形的，一般也不认为是犯罪。

第八条　已满十六周岁不满十八周岁的人出于以大欺小、以强凌弱或者寻求精神刺激，随意殴打其他未成年人、多次对其他未成年人强拿硬要或者任意损毁公私财物，扰乱学校及其他公共场所秩序，情节严重的，以寻衅滋事罪定罪处罚。

第九条　已满十六周岁不满十八周岁的人实施盗窃行为未超过三次，盗窃数额虽已达到'数额较大'标准，但案发后能如实供述全部盗窃事实并积极退赃，且具有下列情形之一的，可以认定为'情节显著轻微危害不大'，不认为是犯罪：

（一）系又聋又哑的人或者盲人；

（二）在共同盗窃中起次要或者辅助作用，或者被胁迫；

（三）具有其他轻微情节的。

已满十六周岁不满十八周岁的人盗窃未遂或者中止的，可不认为是犯罪。

已满十六周岁不满十八周岁的人盗窃自己家庭或者近亲属财物，或者盗窃其他亲属财物但其他亲属要求不予追究的，可不按犯罪处理。

第十条　已满十四周岁不满十六周岁的人盗窃、诈骗、抢夺他人财物，为窝藏赃物、抗拒抓捕或者毁灭罪证，当场使用暴力，故意伤害致人重伤或者死亡，或者故意杀人的，应当分别以故意伤害罪或者故意杀人罪定罪处罚。

已满十六周岁不满十八周岁的人犯盗窃、诈骗、抢夺罪，为窝藏赃物、抗拒抓捕或者毁灭罪证而当场使用暴力或者以暴力相威胁的，应当依照刑法第二百六十九条的规定定罪处罚；情节轻微的，可不以抢劫罪定罪处罚。

第十一条　对未成年罪犯适用刑罚，应当充分考虑是否有利于未成年罪犯的教育和矫正。

对未成年罪犯量刑应当依照刑法第六十一条的规定，并充分考虑未成年人实施犯罪行为的动机和目的、犯罪时的年龄、是否初次犯罪、犯罪后的悔罪表现、个人成长经历和一贯表现等因素。对符合管制、缓刑、单处罚金或者免予刑事处罚适用条件的未成年罪犯，应当依法适用管制、缓刑、单处罚金或者免予刑事处罚。

第十二条　行为人在达到法定刑事责任年龄前后均实施了犯罪行为，只能依法追究其达到法定刑事责任年龄后实施的犯罪行为的刑事责任。

行为人在年满十八周岁前后实施了不同种犯罪行为，对其年满十八周岁以前实施的犯罪应当依法从轻或者减轻处罚。行为人在年满十八周岁前后实施了同种犯罪行为，在量刑时应当考虑对年满十八周岁以前实施的犯罪，适当给予从轻或者减轻处罚。

第十三条　未成年人犯罪只有罪行极其严重的，才可以适用无期徒刑。对已满十四周岁不满十六周岁的人犯罪一般不判处无期徒刑。

第十四条　除刑法规定'应当'附加剥夺政治权利外，对未成年罪犯一般不判处附加剥夺政治权利。

如果对未成年罪犯判处附加剥夺政治权利的，应当依法从轻判。

对实施被指控犯罪时未成年、审判时已成年的罪犯判处附加剥夺政治权利，适用前款的规定。

第十五条　对未成年罪犯实施刑法规定的'并处'没收财产或者罚金的犯罪，应当依法判处相应的财产刑；对未成年罪犯实施刑法规定的‘可以并处’没收财产或者罚金的犯罪，一般不判处财产刑。

对未成年罪犯判处罚金刑时，应当依法从轻或者减轻判处，并根据犯罪情节，综合考虑其缴纳罚金的能力，确定罚金数额。但罚金的最低数额不得少于五百元人民币。

对被判处罚金刑的未成年罪犯，其监护人或者其他人自愿代为垫付罚金的，人民法院应当允许。

第十六条　对未成年罪犯符合刑法第七十二条第一款规定的，可以宣告缓刑。如果同时具有下列情形之一，对其适用缓刑确实不致再危害社会的，应当宣告缓刑：

（一）初次犯罪；

（二）积极退赃或赔偿被害人经济损失；

（三）具备监护、帮教条件。

第十七条　未成年罪犯根据其所犯罪行，可能被判处拘役、三年以下有期徒刑，如果悔罪表现好，并具有下列情形之一的，应当依照刑法第三十七条的规定免予刑事处罚：

（一）系又聋又哑的人或者盲人；

（二）防卫过当或者避险过当；

（三）犯罪预备、中止或者未遂；

（四）共同犯罪中从犯、胁从犯；

（五）犯罪后自首或者有立功表现；

（六）其他犯罪情节轻微不需要判处刑罚的。

第十八条　对未成年罪犯的减刑、假释，在掌握标准上可以比照成年罪犯依法适度放宽。

未成年罪犯能认罪服法，遵守监规，积极参加学习、劳动的，即可视为‘确有悔改表现’予以减刑，其减刑的幅度可以适当放宽，间隔的时间可以相应缩短。符合刑法第八十一条第一款规定的，可以假释。

未成年罪犯在服刑期间已经成年的，对其减刑、假释可以适用上述规定。

第十九条　刑事附带民事案件的未成年被告人有个人财产的，应当由本人承担民事赔偿责任，不足部分由监护人予以赔偿，但单位担任监护人的除外。

被告人对被害人物质损失的赔偿情况，可以作为量刑情节予以考虑。”

12. 2003年4月18日最高人民检察院法律政策研究室《关于相对刑事责任年龄的人承担刑事责任范围有关问题的答复》规定：“一、相对刑事责任年龄的人实施了刑法第十七条第二款规定的行为，应当追究刑事责任的，其罪名应当根据所触犯的刑法分则具体条文认定。对于绑架后杀害被绑架人的，其罪名应认定为绑架罪。二、相对刑事责任年龄的人实施了刑法第二百六十九条规定的行为的，应当依照刑法第二百六十三条的规定，以抢劫罪追究刑事责任。但对情节显著轻微，危害不大的，可根据刑法第十三条的规定，不予追究刑事责任。”

除自然人犯罪以外，《刑法》第30条、第31条还规定了单位犯罪。关于单位犯罪有以下一些法律规定及司法解释：

1.《刑法》第30条规定：“公司、企业、事业单位、机关、团体实施的危害社会的行为，法律规定为单位犯罪的，应当负刑事责任。”

2.《刑法》第31条规定：“单位犯罪的，对单位判处罚金，并对其直接负责的主管人员和其他直接责任人员判处刑罚。本法分则和其他法律另有规定的，依照规定。”

3. 1999年6月25日最高人民法院《关于审理单位犯罪案件具体应用法律有关问题的解释》规定：

“第一条　刑法第三十条规定的‘公司、企业、事业单位’，既包括国有、集体所有的公司、企业、事业单位，也包括依法设立的合资经营、合作经营企业和具有法人资格的独资、私营等公司、企业、事业单位。

第二条　个人为进行违法犯罪活动而设立的公司、企业、事业单位实施犯罪的，或者公司、企业、事业单位设立后，以实施犯罪为主要活动的，不以单位犯罪论处。

第三条　盗用单位名义实施犯罪，违法所得由实施犯罪的个人私分的，依照刑法有关自然人犯罪的规定定罪处罚。”

4. 2001 年 1 月 21 日最高人民法院印发的《全国法院审理金融犯罪案件工作座谈会纪要》相关内容如下：

“(一)关于单位犯罪问题

根据刑法和《最高人民法院关于审理单位犯罪案件具体应用法律有关问题的解释》的规定，以单位名义实施犯罪，违法所得归单位所有的，是单位犯罪。

1. 单位的分支机构或者内设机构、部门实施犯罪行为的处理。以单位的分支机构或者内设机构、部门的名义实施犯罪，违法所得亦归分支机构或者内设机构、部门所有的，应认定为单位犯罪。不能因为单位的分支机构或者内设机构、部门没有可供执行罚金的财产，就不将其认定为单位犯罪，而按照个人犯罪处理。

2. 单位犯罪直接负责的主管人员和其他直接责任人员的认定。直接负责的主管人员，是在单位实施的犯罪中起决定、批准、授意、纵容、指挥等作用的人员，一般是单位的主管负责人，包括法定代表人。其他直接责任人员，是在单位犯罪中具体实施犯罪并起较大作用的人员，既可以是单位的经营管理人员，也可以是单位的职工，包括聘任、雇佣的人员。应当注意的是，在单位犯罪中，对于受单位领导指派或奉命而参与实施了一定犯罪行为的人员，一般不宜作为直接责任人员追究刑事责任。对单位犯罪中的直接负责的主管人员和其他直接责任人员，应根据其在单位犯罪中的地位、作用和犯罪情节，分别处以相应的刑罚，主管人员与直接责任人员，在个案中，不是当然的主、从犯关系，有的案件，主管人员与直接责任人员在实施犯罪行为的主从关系不明显的，可不分主、从犯。但具体案件可以分清主、从犯，且不分清主、从犯，在同一法定刑档次、幅度内量刑无法做到罪刑相适应的，应当分清主、从犯，依法处罚。

3. 对未作为单位犯罪起诉的单位犯罪案件的处理。对于应当认定为单位犯罪的案件，检察机关只作为自然人犯罪案件起诉的，人民法院应及时与检察机关协商，建议检察机关对犯罪单位补充起诉。如检察机关不补充起诉的，人民法院仍应依法审理，对被起诉的自然人根据指控的犯罪事实、证据及庭审查明的事实，依法按单位犯罪中的直接负责的主管人员或者其他直接责任人员追究刑事责任，并应引用刑罚分则关于单位犯罪追究直接负责的主管人员和其他直接责任人员刑事责任的有关条款。

4. 单位共同犯罪的处理。两个以上单位以共同故意实施的犯罪，应根据各单位在共同犯罪中的地位、作用大小，确定犯罪单位的主、从犯。”

二
犯罪构成的四要件

犯罪构成的四要件不是由《刑法》规定的，但刑法理论认为，任何一种犯罪都有四个构成要件，正是这四个构成要件才把此罪与彼罪区别开来。犯罪要件和犯罪特征不是一个概念，如“主观方面是故意”，这虽然是故意杀人罪的构成要件之一，但它不是故意杀人罪的特征。

我们判定一个人的行为是否构成犯罪，是构成此罪还是彼罪，必须有一个标准。这正像我们判定一种产品合格与否，要用一定的检验标准来检验一样。用来衡量某种行为是否构成犯罪的标准，在刑法理论上叫“犯罪构成要件”。犯罪构成要件是确定某种行为构成犯罪所必须具备的各种要件的总和。如果行为人的行为符合犯罪构成的全部要件，那么我们就可以认定，这个人的行为是犯罪行为，并可根据某种罪的具体构成要件，认定他犯了什么罪，并依法追究相应的刑事责任；如果某人的行为不符合犯罪构成的全部要件，那么这个人的行为便不构成犯罪，也不能追究其刑事责任。

刑法理论以客观要件和主观要件相统一的原则，对所有构成犯罪的条件加以抽象和概括，得出这样一个带有普遍意义的结论，即任何犯罪的成立，都必须同时具备四个要件：

1. 犯罪客体。是指犯罪行为所侵犯的、受我国《刑法》保护的社会关系。确定了犯罪所侵犯的客体，在很大程度上就确定了犯的是什么罪。如果行为人侵犯的不是刑事法律所保护的社会关系，而是民法、行政法等法律所保护的社会关系，这种行为就不构成犯罪，行为人也不负刑事责任，而应负民事责任、行政责任或者其他责任。

犯罪客体分一般客体、同类客体和直接客体三种。

一般客体，也叫犯罪的共同客体，是指一切犯罪共同侵犯的并为我国《刑法》所保护的社会关系，即社会关系的整体。我国的社会主义社会关系，社会主义革命和社会主义建设，就是犯罪的一般客体。

同类客体，是指某一类犯罪共同侵犯的并为我国《刑法》所保护的社会关系。它是整体社会关系的一部分。我国《刑法》把各种犯罪侵犯的客体进行分类、归纳，分成10类犯罪客体。据此，《刑法》分则根据犯罪行为侵犯的同一类客体规定了10个相对应的总的罪名，即同类罪名。同类罪名和具体罪名不同。我们对某一种犯罪行为确定罪名时，不能确定同类罪名，而应当确定具体罪名，况且，如果确定同类罪名也无法找到量刑依据。

直接客体，是指某一具体犯罪所直接侵犯的具体的社会关系。《刑法》所保护的社会关系，是由单个具体的社会关系所组成。例如，故意杀人罪所侵害的直接客体是人的生命权，其客观方面表现为非法剥夺他人生命的行为。每一个具体犯罪主要是由犯罪的直接客体和客观方面的表现所决定的。到目前为止，我国《刑法》规定了469个具体罪名，每一种犯罪都是各不相同的，其直接客体和该罪的客观方面的表现结合起来，便清楚地把此罪与彼罪区别开来。

2. 犯罪客观方面。是指行为人实施了什么样的行为，侵害的结果怎样，以及行为和结果之间的因果关系。危害社会的行为分作为和不作为两种。作为，是指行为人实施刑法所禁止的某种行为，如杀人、盗窃、抢劫等；不作为，是指行为人依照法律或者自己的职务应该实施并且能够实施的行为而不实施，如遗弃罪、玩忽职守罪等。

犯罪的客观方面是区别罪与非罪、彼罪与此罪的重要标志之一，也是行为人承担刑事责任的客观基础。

3. 犯罪主体。指的是什么人实施了犯罪行为。不是一切人实施了危害社会的行为都构成犯罪，只有具备法定条件的人才可能成为犯罪主体。根据《刑法》的规定，犯罪主体分为一般主体和特殊主体两种。

一般主体必须具备三个条件：一是承担刑事责任的必须是自然人。自然人，是指有生命的人。未出生的、死去的人和物品、动物都不能作为犯罪主体。法人触犯了《刑法》，也只能由该法人的主管人员和直接责任人员来负刑事责任。二是必须达到法定刑事责任年龄。《刑法》规定，不满14周岁的人，即使实施了危害社会的行为，也不构成犯罪，不负刑事责任，为绝对无责任。已满14周岁不满16周岁的人，为相对无责任，即只对法律规定的某些犯罪行为（如杀人、重伤、抢劫、放火、强奸、贩卖毒品、爆炸、投毒犯罪）负刑事责任，并法定从轻或者减轻处罚；已满14周岁不满18周岁的人，为减轻责任，即对其行为法定从轻或减轻处罚；18周岁以上为刑事成年人，为全负责任。一个值得注意的问题是，根据刑法修正案（十一）的规定，已满12周岁不满14周岁的人，犯故意杀人、故意伤害罪，致人死亡或者以特别残忍手段致人重伤造成严重残疾，情节恶劣，经最高人民检察院核准追诉的，应当负刑事责任。这实际是刑法在特定情形下，经特别程序，对法定最低刑事责任年龄所作的个别下调。三是必须是具有刑事责任能力的人。精神病人在不能辨认或者不能控制自己行为的时候造成危害结果，经法定程序鉴定确认的，不负刑事责任。

特殊主体，是指除具备上述三个条件外，还必须具备一定的身份或职务等。如《刑法》第8章规定的贪污贿赂罪这一类犯罪，犯罪主体大部分是特殊主体，不仅要求行为人是自然人、达到刑事责任年龄、具有刑事责任能力，还要求行为人必须是国家工作人员，或者是受国家机关、国有公司、企业、事业单位、人民团体委托管理、经营国有财产的人员。非这种特殊身份的人，不构成贪污罪等犯罪的主体，只可以成为贪污罪等犯罪的共犯。《刑法》第9章规定的渎职罪这一类犯罪，犯罪主体也是特殊主体，要求必须是国家机关工作人员，普通的工人、农民、学生等不能成为这类犯罪的主体，不能单独犯这类犯罪，在特殊情况下只能成为这类犯罪的共犯。

4. 犯罪主观方面。是指行为人在实施犯罪行为时，主观的心理状态是故意还是过失。故意和过失是犯罪的必备要件。如果不是出于故意或者过失，即使有危害社会的后果，也不是犯罪。例如，地震等自然灾害造成的后果。

犯罪构成的四个方面合起来，简称为犯罪构成四大要件。犯罪客体和犯罪客观方面的总和，是犯罪的客观要件；犯罪主体和犯罪主观方面的总和，是犯罪的主观要件。我国《刑法》规定了400余种具体犯罪，每种犯罪都有自己的构成要件。不同罪名的构成要件是各不相同的，这些不相同的构成要件，便把彼罪与此罪区别开来。区分彼罪与此罪，最根本点是犯罪的客观要件，即犯罪侵犯的客体和客观方面。因为不同的犯罪，在这两方面是不同的。而犯罪的主观要件，即犯罪主体和主观方面，不少犯罪都是相同的，单靠犯罪主观要件无法区分彼罪与此罪。

犯罪构成的理论，是整个刑法理论中的核心问题。因此，本书在介绍各种具体罪名时，当然要把每个罪的四个构成要件阐述清楚。特别是每种犯罪的客观方面要件，因为犯罪侵犯的客体和客观方面的表现是区别此罪与彼罪的根本点。

三 罪名

罪名，是指由刑法规定的犯罪的名称。法律没有明文规定为犯罪行为的，不得定罪处刑。

《刑法》中的罪名有种类罪名和具体罪名之分。对犯罪行为确定罪名时，要定具体罪名，不能定种类罪名。

危害国家和人民的犯罪是多种多样的，对这些犯罪，从其侵犯的客体方面划分，《刑法》把它分为10大类，即规定出10个种类罪名。具体包括：（1）危害国家安全罪；（2）危害公共安全罪；（3）破坏社会主义市场经济秩序罪；（4）侵犯公民人身权利、民主权利罪；（5）侵犯财产罪；（6）妨害社会管理秩序罪；（7）危害国防利益罪；（8）贪污贿赂罪；（9）渎职罪；（10）军人违反职责罪。

由于破坏社会主义市场经济秩序和妨害社会管理秩序两方面的犯罪十分庞杂，在这两方面的犯罪中，《刑法》又进一步分出一些较小的种类罪名。例如，在破坏社会主义市场经济秩序罪中，又可分为8个方面的犯罪，有8个种类罪名。如生产、销售伪劣商品罪；走私罪；妨害对公司、企业的管理秩序罪等。在妨害社会管理秩序罪中，有9个种类罪名，如扰乱公共秩序罪、妨害司法罪、妨害国（边）境管理罪等。

确定罪名，需要注意以下几点：

1. 罪名法定。要按最高人民法院和最高人民检察院关于确定罪名的规定确定罪名，不能随意定罪名。例如，不能随便定那些法律没有规定的“抢劫杀人罪”“报复杀人罪”等罪名。不要盲目按教科书和一般刑法学理论书籍中介绍的罪名去确定罪名。因为最高人民法院和最高人民检察院对罪名的确定先后作过多次补充规定，有些法学书籍因为出版过早等原因，其介绍的罪名可能与法律规定不完全一样。

2. 要按犯罪行为侵犯的直接客体确定罪名，不能按侵犯的同类客体确定罪名。《刑法》分则按照犯罪侵犯的同类客体，将各种犯罪分成10大类，如“危害国家安全罪”“危害公共安全罪”等。在这10类总的犯罪中，对“破坏社会主义市场经济秩序罪”和“妨害社会管理秩序罪”两类同类犯罪，又根据犯罪行为侵犯的同类客体，分成一些较小一点的同类犯罪。对具体的犯罪，要根据犯罪侵犯的直接的、具体的客体来确定具体的罪名，而不能用总的同类罪名取代具体罪名。例如，不能对具体的犯罪定“危害国家安全罪”、“危害公共安全罪”或者“走私罪”、“妨害司法罪”等。而应当根据具体犯罪确定具体的罪名。例如，在同类罪名“危害国家安全罪”中定“背叛国家罪”“分裂国家罪”；在“危害公共安全罪”的同类罪名中，具体确定“放火罪”“决水罪”等。如果用同类罪名代替具体罪名，不仅不准确，而且也找不到量刑的法律依据。

3. 除法律有专门规定外，不能用犯罪情节来确定罪名。情节只影响量刑，不影响犯罪性质。如不能定什么“放火未遂罪”“故意杀人未遂罪”“故意伤害致人死亡罪”等。

4. 对排列式罪名，应根据犯罪行为单独确定罪名。如《刑法》第114条规定的“放火、决水、爆炸以及投放毒害性、放射性、传染病病原体等物质或者以其他危险方法……”这一条规定了“放火罪”、“决水罪”、“爆炸罪”、“投放有害物质罪”和“以危险方法危害公共安全罪”5个具体罪名。如果行为人实施了其中两个或者两个以上的犯罪行为，就要确定两个或者两个以上的罪名，实行数罪并罚。《刑法》分则把这些性质不同的犯罪规定在一个条款中，立法时只是为了简化法律条文。

《刑法》第3条规定："法律明文规定为犯罪行为的，依照法律定罪处刑；法律没有明文规定为犯罪行为的，不得定罪处刑。"为了对犯罪行为准确确定罪名，到目前为止，最高人民法院单独或会同最高人民检察院联合先后8次发布了关于确定罪名的规定，具体如下：

1. 1997年12月16日最高人民法院发布了《关于执行〈中华人民共和国刑法〉确定罪名的规定》，内容如下：

"为正确理解、执行第八届全国人民代表大会第五次会议通过的修订的《中华人民共和国刑法》，统一认定罪名，现根据修订的《中华人民共和国刑法》，对刑法分则中罪名规定如下：

第一章　危害国家安全罪

第102条　背叛国家罪

第103条第1款　分裂国家罪

第2款　煽动分裂国家罪

第104条　武装叛乱、暴乱罪

第105条第1款　颠覆国家政权罪

第2款　煽动颠覆国家政权罪

第107条　资助危害国家安全犯罪活动罪

第108条　投敌叛变罪

第109条　叛逃罪

第110条　间谍罪

第111条　为境外窃取、刺探、收买、非法提供国家秘密、情报罪

第112条　资敌罪

第二章　危害公共安全罪

第114条、第115条第1款　放火罪

决水罪

爆炸罪

投毒罪

以危险方法危害公共安全罪

第115条第2款　失火罪

过失决水罪

过失爆炸罪

过失投毒罪

过失以危险方法危害公共安全罪

第116条、第119条第1款　破坏交通工具罪

第117条、第119条第1款　破坏交通设施罪

第118条、第119条第1款　破坏电力设备罪

破坏易燃易爆设备罪

第119条第2款　过失损坏交通工具罪

过失损坏交通设施罪

过失损坏电力设备罪

过失损坏易燃易爆设备罪

第 120 条　组织、领导、参加恐怖组织罪
第 121 条　劫持航空器罪
第 122 条　劫持船只、汽车罪
第 123 条　暴力危及飞行安全罪
第 124 条第 1 款　破坏广播电视设施、公用电信设施罪
　　　　第 2 款　过失损坏广播电视设施、公用电信设施罪
第 125 条第 1 款　非法制造、买卖、运输、邮寄、储存枪支、弹药、爆炸物罪
　　　　第 2 款　非法买卖、运输核材料罪
第 126 条　违规制造、销售枪支罪
第 127 条第 1 款、第 2 款　盗窃、抢夺枪支、弹药、爆炸物罪
　　　　第 2 款　抢劫枪支、弹药、爆炸物罪
第 128 条第 1 款　非法持有、私藏枪支、弹药罪
　　　　第 2 款、第 3 款　非法出租、出借枪支罪
第 129 条　丢失枪支不报罪
第 130 条　非法携带枪支、弹药、管制刀具、危险物品危及公共安全罪
第 131 条　重大飞行事故罪
第 132 条　铁路运营安全事故罪
第 133 条　交通肇事罪
第 134 条　重大责任事故罪
第 135 条　重大劳动安全事故罪
第 136 条　危险物品肇事罪
第 137 条　工程重大安全事故罪
第 138 条　教育设施重大安全事故罪
第 139 条　消防责任事故罪

第三章　破坏社会主义市场经济秩序罪

第一节　生产、销售伪劣商品罪

第 140 条　生产、销售伪劣产品罪
第 141 条　生产、销售假药罪
第 142 条　生产、销售劣药罪
第 143 条　生产、销售不符合卫生标准的食品罪
第 144 条　生产、销售有毒、有害食品罪
第 145 条　生产、销售不符合标准的医用器材罪
第 146 条　生产、销售不符合安全标准的产品罪
第 147 条　生产、销售伪劣农药、兽药、化肥、种子罪
第 148 条　生产、销售不符合卫生标准的化妆品罪

第二节　走　私　罪

第 151 条第 1 款　走私武器、弹药罪
　　　　　　　　走私核材料罪
　　　　　　　　走私假币罪
　　　　第 2 款　走私文物罪
　　　　　　　　走私贵重金属罪

走私珍贵动物、珍贵动物制品罪

第3款　走私珍稀植物、珍稀植物制品罪

第152条　走私淫秽物品罪

第153条　走私普通货物、物品罪

第155条第3项　走私固定废物罪

第三节　妨害对公司、企业的管理秩序罪

第158条　虚报注册资本罪

第159条　虚假出资、抽逃出资罪

第160条　欺诈发行股票、债券罪

第161条　提供虚假财会报告罪

第162条　妨害清算罪

第163条　公司、企业人员受贿罪

第164条　对公司、企业人员行贿罪

第165条　非法经营同类营业罪

第166条　为亲友非法牟利罪

第167条　签订、履行合同失职被骗罪

第168条　徇私舞弊造成破产、亏损罪

第169条　徇私舞弊低价折股、出售国有资产罪

第四节　破坏金融管理秩序

第170条　伪造货币罪

第171条第1款　出售、购买、运输假币罪

第2款　金融工作人员购买假币、以假币换取货币罪

第172条　持有、使用假币罪

第173条　变造货币罪

第174条第1款　擅自设立金融机构罪

第2款　伪造、变造、转让金融机构经营许可证罪

第175条　高利转贷罪

第176条　非法吸收公众存款罪

第177条　伪造、变造金融票证罪

第178条第1款　伪造、变造国家有价证券罪

第2款　伪造、变造股票、公司、企业债券罪

第179条　擅自发行股票、公司、企业债券罪

第180条　内幕交易、泄露内幕信息罪

第181条第1款　编造并传播证券交易虚假信息罪

第2款　诱骗投资者买卖证券罪

第182条　操纵证券交易价格罪

第186条第1款　违法向关系人发放贷款罪

第2款　违法发放贷款罪

第187条　用账外客户资金非法拆借、发放贷款罪

第188条　非法出具金融票证罪

第189条　对违法票据承兑、付款、保证罪

第 190 条　逃汇罪
第 191 条　洗钱罪

第五节　金融诈骗罪

第 192 条　集资诈骗罪
第 193 条　贷款诈骗罪
第 194 条第 1 款　票据诈骗罪
　　　　第 2 款　金融凭证诈骗罪
第 195 条　信用证诈骗罪
第 196 条　信用卡诈骗罪
第 197 条　有价证券诈骗罪
第 198 条　保险诈骗罪

第六节　危害税收征管罪

第 201 条　偷税罪
第 202 条　抗税罪
第 203 条　逃避追缴欠税罪
第 204 条第 1 款　骗取出口退税罪
第 205 条　虚开增值税专用发票、用于骗取出口退税、抵押税款发票罪
第 206 条　伪造、出售伪造的增值税专用发票罪
第 207 条　非法出售增值税专用发票罪
第 208 条第 1 款　非法购买增值税专用发票
　　　　　　　购买伪造的增值税专用发票罪
第 209 条第 1 款　非法制造、出售非法制造的用于骗取出口退税、
　　　　　　　抵押税款发票罪
　　　　第 2 款　非法制造、出售非法制造的发票罪
　　　　第 3 款　非法出售用于骗取出口退税、抵扣税款发票罪
　　　　第 4 款　非法出售发票罪

第七节　侵犯知识产权罪

第 213 条　假冒注册商标罪
第 214 条　销售假冒注册商标的商品罪
第 215 条　非法制造、销售非法制造的注册商标标识罪
第 216 条　假冒专利罪
第 217 条　侵犯著作权罪
第 218 条　销售侵权复制品罪
第 219 条　侵犯商业秘密罪

第八节　扰乱市场秩序罪

第 221 条　损害商业信誉、商品声誉罪
第 222 条　虚假广告罪
第 223 条　串通投标罪
第 224 条　合同诈骗罪
第 225 条　非法经营罪
第 226 条　强迫交易罪

第227条第1款　伪造、倒卖伪造的有价票证罪
第2款　倒卖车票、船票罪
第228条　非法转让、倒卖土地使用权罪
第229条第1款、第2款　中介组织人员提供虚假证明文件罪
第3款　中介组织人员出具证明文件重大失实罪
第230条　逃避商检罪

第四章　侵犯公民人身权利、民主权利罪

第232条　故意杀人罪
第233条　过失致人死亡罪
第234条　故意伤害罪
第235条　过失致人重伤罪
第236条第1款　强奸罪
第2款　奸淫幼女罪
第237条第1款　强制猥亵、侮辱妇女罪
第3款　猥亵儿童罪
第238条　非法拘禁罪
第239条　绑架罪
第240条　拐卖妇女、儿童罪
第241条第1款　收买被拐卖的妇女、儿童罪
第242条第2款　聚众阻碍解救被收买的妇女、儿童罪
第243条　诬告陷害罪
第244条　强迫职工劳动罪
第245条　非法搜查罪
非法侵入住宅罪
第246条　侮辱罪
诽谤罪
第247条　刑讯逼供罪
暴力取证罪
第248条　虐待被监管人罪
第249条　煽动民族仇恨、民族歧视罪
第250条　出版歧视、侮辱少数民族作品罪
第251条　非法剥夺公民宗教信仰自由罪
侵犯少数民族风俗习惯罪
第252条　侵犯通信自由罪
第253条第1款　私自开拆、隐匿、毁弃邮件、电报罪
第254条　报复陷害罪
第255条　打击报复会计、统计人员罪
第256条　破坏选举罪
第257条　暴力干涉婚姻自由罪
第258条　重婚罪
第259条第1款　破坏军婚罪

第260条　虐待罪
第261条　遗弃罪
第262条　拐骗儿童罪

第五章　侵犯财产罪

第263条　抢劫罪
第264条　盗窃罪
第266条　诈骗罪
第267条第1款　抢夺罪
第268条　聚众哄抢罪
第270条　侵占罪
第271条第1款　职务侵占罪
第272条第1款　挪用资金罪
第273条　挪用特定款物罪
第274条　敲诈勒索罪
第275条　故意毁坏财物罪
第276条　破坏生产经营罪

第六章　妨害社会管理秩序罪

第一节　扰乱公共秩序罪

第277条　妨害公务罪
第278条　煽动暴力抗拒法律实施罪
第279条　招摇撞骗罪
第280条第1款　伪造、变造、买卖国家机关公文、证件、印章罪
　　　　　　　盗窃、抢夺、毁灭国家机关公文、证件、印章罪
　　　　第2款　伪造公司、企业、事业单位、人民团体印章罪
　　　　第3款　伪造、变造居民身份证罪
第281条　非法生产、买卖警用装备罪
第282条第1款　非法获取国家秘密罪
　　　　第2款　非法持有国家绝密、机密文件、资料、物品罪
第283条　非法生产、销售间谍专用器材罪
第284条　非法使用窃听、窃照专用器材罪
第285条　非法侵入计算机信息系统罪
第286条　破坏计算机信息系统罪
第288条　扰乱无线电通讯管理秩序罪
第290条第1款　聚众扰乱社会秩序罪
　　　　第2款　聚众冲击国家机关罪
第291条　聚众扰乱公共场所秩序、交通秩序罪
第292条第1款　聚众斗殴罪
第293条　寻衅滋事罪
第294条第1款　组织、领导、参加黑社会性质组织罪
　　　　第2款　入境发展黑社会组织罪
　　　　第3款　包庇、纵容黑社会性质组织罪

第 295 条　传授犯罪方法罪
第 296 条　非法集会、游行、示威罪
第 297 条　非法携带武器、管制刀具、爆炸物参加集会、游行、示威罪
第 298 条　破坏集会、游行、示威罪
第 299 条　侮辱国旗、国徽罪
第 300 条第 1 款　组织、利用会道门、邪教组织、利用迷信破坏法律实施罪
第 2 款　组织、利用会道门、邪教组织利用迷信致人死亡罪
第 301 条第 1 款　聚众淫乱罪
第 2 款　引诱未成年人聚众淫乱罪
第 302 条　盗窃、侮辱尸体罪
第 303 条　赌博罪
第 304 条　故意延误投递邮件罪

第二节　妨害司法罪

第 305 条　伪证罪
第 306 条　辩护人、诉讼代理人毁灭证据、伪造证据、妨害作证罪
第 307 条第 1 款　妨害作证罪
第 2 款　帮助毁灭、伪造证据罪
第 308 条　打击报复证人罪
第 309 条　扰乱法庭秩序罪
第 310 条　窝藏、包庇罪
第 311 条　拒绝提供间谍犯罪证据罪
第 312 条　窝藏、转移、收购、销售赃物罪
第 313 条　拒不执行判决、裁定罪
第 314 条　非法处置查封、扣押、冻结的财产罪
第 315 条　破坏监管秩序罪
第 316 条第 1 款　脱逃罪
第 2 款　劫夺被押解人员罪
第 317 条第 1 款　组织越狱罪
第 2 款　暴动越狱罪
聚众持械劫狱罪

第三节　妨害国(边)境管理罪

第 318 条　组织他人偷越国(边)境罪
第 319 条　骗取出境证件罪
第 320 号　提供伪造、变造的出入境证件罪
出售出入境证件罪
第 321 条　运送他人偷越国(边)境罪
第 322 条　偷越国(边)境罪
第 323 条　破坏界碑、界桩罪
破坏永久性测量标志罪

第四节　妨害文件管理罪

第 324 条第 1 款　故意损毁文物罪

第 2 款　故意损毁名胜古迹罪

第 3 款　过失损毁文物罪

第 325 条　非法向外国人出售、赠送珍贵文物罪

第 326 条　倒卖文物罪

第 327 条　非法出售、私赠文物藏品罪

第 328 条第 1 款　盗掘古文化遗址、古墓葬罪

第 2 款　盗掘古人类化石、古脊椎动物化石罪

第 329 条第 1 款　抢夺、窃取国有档案罪

第 2 款　擅自出卖、转让国有档案罪

第五节　危害公共卫生罪

第 330 条　妨害传染病防治罪

第 331 条　传染病菌种、毒种扩散罪

第 332 条　妨害国境卫生检疫罪

第 333 条第 1 款　非法组织卖血罪

强迫卖血罪

第 334 条第 1 款　非法采集、供应血液、制作、供应血液制品罪

第 2 款　采集、供应血液、制作、供应血液制品事故罪

第 335 条　医疗事故罪

第 336 条第 1 款　非法行医罪

第 2 款　非法进行节育手术罪

第 337 条　逃避动植物检疫罪

第六节　破坏环境资源保护罪

第 338 条　重大环境污染事故罪

第 339 条第 1 款　非法处置进口的固体废物罪

第 2 款　擅自进口固体废物罪

第 340 条　非法捕捞水产品罪

第 341 条第 1 款　非法猎捕、杀害珍贵、濒危野生动物罪

非法收购、运输、出售珍贵、濒危野生动物、珍贵、濒危野生动物制品罪

第 2 款　非法狩猎罪

第 342 条　非法占用耕地罪

第 343 条第 1 款　非法采矿罪

第 2 款　破坏性采矿罪

第 344 条　非法采伐、毁坏珍贵树木罪

第 345 条第 1 款　盗伐林木罪

第 2 款　滥伐林木罪

第 3 款　非法收购盗伐、滥伐的林木罪

第七节　走私、贩卖、运输、制造毒品罪

第 347 条　走私、贩卖、运输、制造毒品罪

第 348 条　非法持有毒品罪

第 349 条第 1 款　包庇毒品犯罪分子罪

第 1 款、第 2 款　窝藏、转移、隐瞒毒品、毒赃罪

第350条第1款　走私制毒物品罪
非法买卖制毒物品罪
第351条　非法种植毒品原植物罪
第352条　非法买卖、运输、携带、持有毒品原植物种子、幼苗罪
第353条第1款　引诱、教唆、欺骗他人吸毒罪
第2款　强迫他人吸毒罪
第354条　容留他人吸毒罪
第355条　非法提供麻醉药品、精神药品罪

第八节　组织、强迫、引诱、介绍卖淫罪

第358条第1款　组织卖淫罪
强迫卖淫罪
第3款　协助组织卖淫罪
第359条第1款　引诱、容留、介绍卖淫罪
第2款　引诱幼女卖淫罪
第360条第1款　传播性病罪
第2款　嫖宿幼女罪

第九节　制造、贩卖、传播淫秽物品罪

第363条第1款　制作、复制、出版、贩卖、传播淫秽物品牟利罪
第2款　为他人提供书号出版淫秽书刊罪
第364条第1款　传播淫秽物品罪
第2款　组织播放淫秽音像制品罪
第365条　组织淫秽表演罪

第七章　危害国防利益罪

第368条第1款　阻碍军人执行职务罪
第2款　阻碍军事行动罪
第369条　破坏武器装备、军事设施、军事通信罪
第370条第1款　故意提供不合格武器装备、军事设施罪
第2款　过失提供不合格武器装备、军事设施罪
第371条第1款　聚众冲击军事禁区罪
第2款　聚众扰乱军事管理区秩序罪
第372条　冒充军人招摇撞骗罪
第373条　煽动军人逃离部队罪
雇用逃离部队军人罪
第374条　接送不合格兵员罪
第375条第1款　伪造、变造、买卖武装部队公文、证件、印章罪
盗窃、抢夺武装部队公文、证件、印章罪
第2款　非法生产、买卖军用标志罪
第376条第1款　战时拒绝、逃避征召、军事训练罪
第2款　战时拒绝、逃避服役罪
第377条　战时故意提供虚假敌情罪
第378条　战时造谣扰乱军心罪

第 379 条　战时窝藏逃离部队军人罪
第 380 条　战时拒绝、故意延误军事订货罪
第 381 条　战时拒绝军事征用罪

第八章　贪污贿赂罪

第 382 条　贪污罪
第 384 条　挪用公款罪
第 385 条　受贿罪
第 387 条　单位受贿罪
第 389 条　行贿罪
第 391 条　对单位行贿罪
第 392 条　介绍贿赂罪
第 393 条　单位行贿罪
第 395 条第 1 款　巨额财产来源不明罪
　　　　第 2 款　隐瞒境外存款罪
第 396 条第 1 款　私分国有资产罪
　　　　第 2 款　私分罚没财物罪

第九章　渎　职　罪

第 397 条　滥用职权罪
　　　　玩忽职守罪
第 398 条　故意泄露国家秘密罪
　　　　过失泄露国家秘密罪
第 399 条第 1 款　徇私枉法罪
　　　　第 2 款　枉法裁判罪
第 400 条第 1 款　私放在押人员罪
　　　　第 2 款　失职致使在押人员脱逃罪
第 401 条　徇私舞弊减刑、假释、暂予监外执行罪
第 402 条　徇私舞弊不移交刑事案件罪
第 403 条　滥用管理公司、证券职权罪
第 404 条　徇私舞弊不征、少征税款罪
第 405 条第 1 款　徇私舞弊发售发票、抵扣税款、出口退税罪
　　　　第 2 款　违法提供出口退税凭证罪
第 406 条　国家机关工作人员签订、履行合同失职罪
第 407 条　违法发放林木采伐许可证罪
第 408 条　环境监管失职罪
第 409 条　传染病防治失职罪
第 410 条　非法批准征用、占用土地罪
　　　　非法低价出让国有土地使用权罪
第 411 条　放纵走私罪
第 412 条第 1 款　商检徇私舞弊罪
　　　　第 2 款　商检失职罪
第 413 条第 1 款　动植物检疫徇私舞弊罪

第 2 款　动植物检疫失职罪
第 414 条　放纵制售伪劣商品犯罪行为罪
第 415 条　办理偷越国(边)境人员出入境证件罪
放行偷越国(边)境人员罪
第 416 条第 1 款　不解救被拐卖、绑架妇女、儿童罪
第 2 款　阻碍解救被拐卖、绑架妇女、儿童罪
第 417 条　帮助犯罪分子逃避处罚罪
第 418 条　招收公务员、学生徇私舞弊罪
第 419 条　失职造成珍贵文物损毁、流失罪

第十章　军人违反职责罪

第 421 条　战时违抗命令罪
第 422 条　隐瞒、谎报军情罪
拒传、假传军令罪
第 423 条　投降罪
第 424 条　战时临阵脱逃罪
第 425 条　擅离、玩忽军事职守罪
第 426 条　阻碍执行军事职务罪
第 427 条　指使部属违反职责罪
第 428 条　违令作战消极罪
第 429 条　拒不救援友邻部队罪
第 430 条　军人叛逃罪
第 431 条第 1 款　非法获取军事秘密罪
第 2 款　为境外窃取、刺探、收买、非法提供军事秘密罪
第 432 条　故意泄露军事秘密罪
过失泄露军事秘密罪
第 433 条　战时造谣惑众罪
第 434 条　战时自伤罪
第 435 条　逃离部队罪
第 436 条　武器装备肇事罪
第 437 条　擅自改变武器装备编配用途罪
第 438 条　盗窃、抢夺武器装备、军用物资罪
第 439 条　非法出卖、转让武器装备罪
第 440 条　遗弃武器装备罪
第 441 条　遗失武器装备罪
第 442 条　擅自出卖、转让军队房地产罪
第 443 条　虐待部属罪
第 444 条　遗弃伤病军人罪
第 445 条　战时拒不救治伤病军人罪
第 446 条　战时残害居民、掠夺居民财物罪
第 447 条　私放俘虏罪
第 448 条　虐待俘虏罪”

2. 2002年3月15日最高人民法院、最高人民检察院发布了《关于执行〈中华人民共和国刑法〉确定罪名的补充规定》，内容如下：

“为正确理解、执行《中华人民共和国刑法》和全国人民代表大会常务委员会《关于惩治骗购外汇、逃汇和非法买卖外汇犯罪的决定》、《中华人民共和国刑法修正案》、《中华人民共和国刑法修正案（二）》、《中华人民共和国刑法修正案（三）》（以下分别简称《决定》、《修正案》及《修正案（二）》、《修正案（三）》），统一认定罪名，现对最高人民法院《关于执行〈中华人民共和国刑法〉确定罪名的规定》、最高人民检察院《关于适用刑法分则规定的犯罪的罪名的意见》作如下补充、修改。

第114条、第115条第1款　投放危险物质罪（取消投毒罪罪名）

第115条第2款　过失投放危险物质罪（取消过失投毒罪罪名）

第120条之一　资助恐怖活动罪

第125条第2款　非法制造、买卖、运输、储存危险物质罪（取消非法买卖、运输核材料罪罪名）

第127条第1款、第2款　盗窃、抢夺枪支、弹药、爆炸物、危险物质罪

第127条第2款　抢劫枪支、弹药、爆炸物、危险物质罪

第162条之一　隐匿、故意销毁会计凭证、会计账簿、财务会计报告罪

第168条　国有公司、企业、事业单位人员失职罪国有公司、企业、事业单位人员滥用职权罪（取消徇私舞弊造成破产、亏损罪罪名）

第174条第2款　伪造、变造、转让金融机构经营许可证、批准文件罪

第181条第1款　编造并传播证券、期货交易虚假信息罪

第181条第2款　诱骗投资者买卖证券、期货合约罪

第182条　操纵证券、期货交易价格罪

《决定》第1条　骗购外汇罪

第229条第1款、第2款、第3款　提供虚假证明文件罪（取消中介组织人员提供虚假证明文件罪罪名）

出具证明文件重大失实罪（取消中介组织人员出具证明文件重大失实罪罪名）

第236条　强奸罪（取消奸淫幼女罪罪名）

第291条之一　投放虚假危险物质罪

编造、故意传播虚假恐怖信息罪

第342条　非法占用农用地罪（取消非法占用耕地罪罪名）

第397条　滥用职权罪、玩忽职守罪（取消国家机关工作人员徇私舞弊罪罪名）

第399条第1款　徇私枉法罪（取消枉法追诉、裁判罪罪名）

第2款　民事、行政枉法裁判罪（取消枉法裁判罪罪名）

第406条　国家机关工作人员签订、履行合同失职被骗罪（取消国家机关工作人员签订、履行合同失职罪罪名）

最高人民法院、最高人民检察院原有关罪名问题的规定与本规定不一致的，以本规定为准。”

3. 2003年8月15日最高人民法院、最高人民检察院发布了《关于执行〈中华人民共和国刑法〉确定罪名的补充规定（二）》，内容如下：

“为统一认定罪名，根据《中华人民共和国刑法修正案（四）》（以下简称《刑法修正案（四）》）的规定，现对最高人民法院《关于执行〈中华人民共和国刑法〉确定罪名的规定》、最高人民检察院《关于适用刑法分则规定的犯罪的罪名的意见》作如下补充、修改：

第 152 条第 2 款　走私废物罪(取消刑法原第 155 条第 3 项走私固体废物罪罪名)

第 244 条之一　雇用童工从事危重劳动罪

第 344 条　非法采伐、毁坏国家重点保护植物罪;非法收购、运输、加工、出售国家重点保护植物、国家重点保护植物制品罪(取消非法采伐、毁坏珍贵树木罪罪名)

第 345 条第 3 款　非法收购、运输盗伐、滥伐的林木罪(取消非法收购盗伐、滥伐的林木罪罪名)

第 399 条第 3 款　执行判决、裁定失职罪;执行判决、裁定滥用职权罪"

4. 2007 年 10 月 25 日最高人民法院、最高人民检察院发布了《关于执行〈中华人民共和国刑法〉确定罪名的补充规定(三)》,内容如下:

"根据《中华人民共和国刑法修正案(五)》(以下简称《刑法修正案(五)》)、《中华人民共和国刑法修正案(六)》(以下简称《刑法修正案(六)》)的规定,现对最高人民法院《关于执行〈中华人民共和国刑法〉确定罪名的规定》,最高人民检察院《关于适用刑法分则规定的犯罪的罪名的意见》,最高人民法院、最高人民检察院《关于执行〈中华人民共和国刑法〉确定罪名的补充规定》作如下补充、修改:

第 134 条第 2 款　强令违章冒险作业罪

第 135 条之一　大型群众性活动重大安全事故罪

第 139 条之一　不报、谎报安全事故罪

第 161 条　违规披露、不披露重要信息罪(取消提供虚假财会报告罪罪名)

第 162 条之二　虚假破产罪

第 163 条　非国家工作人员受贿罪(取消公司、企业人员受贿罪罪名)

第 164 条　对非国家工作人员行贿罪(取消对公司、企业人员行贿罪罪名)

第 169 条之一　背信损害上市公司利益罪

第 175 条之一　骗取贷款、票据承兑、金融票证罪

第 177 条之一第 1 款　妨害信用卡管理罪

第 177 条之一第 2 款　窃取、收买、非法提供信用卡信息罪

第 182 条　操纵证券、期货市场罪(取消操纵证券、期货交易价格罪罪名)

第 185 条之一第 1 款　背信运用受托财产罪

第 185 条之一第 2 款　违法运用资金罪

第 186 条　违法发放贷款罪(取消违法向关系人发放贷款罪罪名)

第 187 条　吸收客户资金不入账罪(取消用账外客户资金非法拆借、发放贷款罪罪名)

第 188 条　违规出具金融票证罪(取消非法出具金融票证罪罪名)

第 262 条之一　组织残疾人、儿童乞讨罪

第 303 条第 2 款　开设赌场罪

第 312 条　掩饰、隐瞒犯罪所得、犯罪所得收益罪(取消窝藏、转移、收购、销售赃物罪罪名)

第 369 条第 2 款　过失损坏武器装备、军事设施、军事通信罪

第 399 条之一　枉法仲裁罪"

5. 2009 年 10 月 14 日最高人民法院、最高人民检察院发布了《关于执行〈中华人民共和国刑法〉确定罪名的补充规定(四)》,内容如下:

"根据《中华人民共和国刑法修正案(七)》(以下简称《刑法修正案(七)》)的规定,现对最高人民法院《关于执行〈中华人民共和国刑法〉确定罪名的规定》、最高人民检察院《关于适用刑法分则规定的犯罪的罪名的意见》作如下补充、修改:

第 151 条第 3 款　走私国家禁止进出口的货物、物品罪（取消走私珍稀植物、珍稀植物制品罪罪名）

第 180 条第 4 款　利用未公开信息交易罪

第 201 条　逃税罪（取消偷税罪罪名）

第 224 条之一　组织、领导传销活动罪

第 253 条之一第 1 款　出售、非法提供公民个人信息罪

第 253 条之一第 2 款　非法获取公民个人信息罪

第 262 条之二　组织未成年人进行违反治安管理活动罪

第 285 条第 2 款　非法获取计算机信息系统数据、非法控制计算机信息系统罪

第 285 条第 3 款　提供侵入、非法控制计算机信息系统程序、工具罪

第 337 条第 1 款　妨害动植物防疫、检疫罪（取消逃避动植物检疫罪罪名）

第 375 条第 2 款　非法生产、买卖武装部队制式服装罪（取消非法生产、买卖军用标志罪罪名）

第 375 条第 3 款　伪造、盗窃、买卖、非法提供、非法使用武装部队专用标志罪

第 388 条之一　利用影响力受贿罪”

6. 2011 年 4 月 27 日最高人民法院、最高人民检察院发布了《关于执行〈中华人民共和国刑法〉确定罪名的补充规定（五）》，内容如下：

“最高人民法院、最高人民检察院关于执行《中华人民共和国刑法》确定罪名的补充规定（五）

二〇一一年四月二十七日

根据《中华人民共和国刑法修正案（八）》（以下简称《刑法修正案（八）》）的规定，现对最高人民法院《关于执行〈中华人民共和国刑法〉确定罪名的规定》、最高人民检察院《关于适用刑法分则规定的犯罪的罪名的意见》作如下补充、修改：

第 133 条之一　（《刑法修正案（八）》第 22 条）危险驾驶罪

第 143 条　（《刑法修正案（八）》第 24 条）生产、销售不符合安全标准的食品罪（取消生产、销售不符合卫生标准的食品罪罪名）

第 164 条第 2 款　（《刑法修正案（八）》第 29 条第 2 款）对外国公职人员、国际公共组织官员行贿罪

第 205 条之一　（《刑法修正案（八）》第 33 条）虚开发票罪

第 210 条之一　（《刑法修正案（八）》第 35 条）持有伪造的发票罪

第 234 条之一第 1 款　（《刑法修正案（八）》第 37 条第 1 款）组织出卖人体器官罪

第 244 条　（《刑法修正案（八）》第 38 条）强迫劳动罪（取消强迫职工劳动罪罪名）

第 276 条之一　（《刑法修正案（八）》第 41 条）拒不支付劳动报酬罪

第 338 条　（《刑法修正案（八）》第 46 条）污染环境罪（取消重大环境污染事故罪罪名）

第 408 条之一　（《刑法修正案（八）》第 49 条）食品监管渎职罪”

7. 2015 年 10 月 30 日最高人民法院、最高人民检察院发布了《关于执行〈中华人民共和国刑法〉确定罪名的补充规定（六）》，内容如下：

“最高人民法院、最高人民检察院关于执行《中华人民共和国刑法》确定罪名的补充规定（六）

二〇一五年十月三十日

根据《中华人民共和国刑法修正案（九）》（以下简称《刑法修正案（九）》）和《全国人民代表

大会常务委员会关于修改部分法律的决定》的有关规定，现对最高人民法院《关于执行〈中华人民共和国刑法〉确定罪名的规定》、最高人民检察院《关于适用刑法分则规定的犯罪的罪名的意见》作如下补充、修改：

第 120 条之一　（《刑法修正案（九）》第 6 条）帮助恐怖活动罪（取消资助恐怖活动罪罪名）

第 120 条之二　（《刑法修正案（九）》第 7 条）准备实施恐怖活动罪

第 120 条之三　（《刑法修正案（九）》第 7 条）宣扬恐怖主义、极端主义、煽动实施恐怖活动罪

第 120 条之四　（《刑法修正案（九）》第 7 条）利用极端主义破坏法律实施罪

第 120 条之五　（《刑法修正案（九）》第 7 条）强制穿戴宣扬恐怖主义、极端主义服饰、标志罪

第 120 条之六　（《刑法修正案（九）》第 7 条）非法持有宣扬恐怖主义、极端主义物品罪

第 237 条第 1 款、第 2 款　（《刑法修正案（九）》第 13 条第 1 款、第 2 款）强制猥亵、侮辱罪（取消强制猥亵、侮辱妇女罪罪名）

第 253 条之一　（《刑法修正案（九）》第 17 条）侵犯公民个人信息罪（取消出售、非法提供公民个人信息罪和非法获取公民个人信息罪罪名）

第 260 条之一　（《刑法修正案（九）》第 19 条）虐待被监护、看护人罪

第 280 条第 3 款　（《刑法修正案（九）》第 22 条第 3 款）伪造、变造、买卖身份证件罪（取消伪造、变造居民身份证罪罪名）

第 280 条之一　（《刑法修正案（九）》第 23 条）使用虚假身份证件、盗用身份证件罪

第 283 条　（《刑法修正案（九）》第 24 条）非法生产、销售专用间谍器材、窃听、窃照专用器材罪（取消非法生产、销售间谍专用器材罪罪名）

第 284 条之一第 1 款、第 2 款　（《刑法修正案（九）》第 25 条第 1 款、第 2 款）组织考试作弊罪

第 284 条之一第 3 款　（《刑法修正案（九）》第 25 条第 3 款）非法出售、提供试题、答案罪

第 284 条之一第 4 款　（《刑法修正案（九）》第 25 条第 4 款）代替考试罪

第 286 条之一　（《刑法修正案（九）》第 28 条）拒不履行信息网络安全管理义务罪

第 287 条之一　（《刑法修正案（九）》第 29 条）非法利用信息网络罪

第 287 条之二　（《刑法修正案（九）》第 29 条）帮助信息网络犯罪活动罪

第 290 条第 3 款　（《刑法修正案（九）》第 31 条第 2 款）扰乱国家机关工作秩序罪

第 290 条第 4 款　（《刑法修正案（九）》第 31 条第 3 款）组织、资助非法聚集罪

第 291 条之一第 2 款　（《刑法修正案（九）》第 32 条）编造、故意传播虚假信息罪

第 300 条第 2 款　（《刑法修正案（九）》第 33 条第 2 款）组织、利用会道门、邪教组织、利用迷信致人重伤、死亡罪（取消组织、利用会道门、邪教组织、利用迷信致人死亡罪罪名）

第 302 条　（《刑法修正案（九）》第 34 条）盗窃、侮辱、故意毁坏尸体、尸骨、骨灰罪（取消盗窃、侮辱尸体罪罪名）

第 307 条之一　（《刑法修正案（九）》第 35 条）虚假诉讼罪

第 308 条之一第 1 款　（《刑法修正案（九）》第 36 条第 1 款）泄露不应公开的案件信息罪

第 308 条之一第 3 款　（《刑法修正案（九）》第 36 条第 3 款）披露、报道不应公开的案件信息罪

第 311 条　（《刑法修正案（九）》第 38 条）拒绝提供间谍犯罪、恐怖主义犯罪、极端主义犯罪证据罪（取消拒绝提供间谍犯罪证据罪罪名）

第350条　(《刑法修正案(九)》第41条)非法生产、买卖、运输制毒物品、走私制毒物品罪(取消走私制毒物品罪和非法买卖制毒物品罪罪名)

第360条第2款　(《刑法修正案(九)》第43条)取消嫖宿幼女罪罪名

第381条　(《全国人民代表大会常务委员会关于修改部分法律的决定》第2条)战时拒绝军事征收、征用罪(取消战时拒绝军事征用罪罪名)

第390条之一　(《刑法修正案(九)》第46条)对有影响力的人行贿罪

第410条　(《全国人民代表大会常务委员会关于修改部分法律的决定》第2条)非法批准征收、征用、占用土地罪(取消非法批准征用、占用土地罪罪名)”

8. 2021年2月26日最高人民法院、最高人民检察院发布了《关于执行〈中华人民共和国刑法〉确定罪名的补充规定(七)》,内容如下:

“最高人民法院、最高人民检察院关于执行《中华人民共和国刑法》确定罪名的补充规定(七)

二〇二一年二月二十六日

根据《中华人民共和国刑法修正案(十)》(以下简称《刑法修正案(十)》)、《中华人民共和国刑法修正案(十一)》(以下简称《刑法修正案(十一)》),结合司法实践反映的情况,现对《最高人民法院关于执行〈中华人民共和国刑法〉确定罪名的规定》《最高人民检察院关于适用刑法分则规定的犯罪的罪名的意见》作如下补充、修改:

第133条之二　(《刑法修正案(十一)第2条》)妨害安全驾驶罪

第134条第2款　(《刑法修正案(十一)第3条》)强令、组织他人违章冒险作业罪(取消强令违章冒险作业罪罪名)

第134条之一　(《刑法修正案(十一)第4条》)危险作业罪

第141条　(《刑法修正案(十一)第5条》)生产、销售、提供假药罪(取消生产、销售假药罪罪名)

第142条　(《刑法修正案(十一)第6条》)生产、销售、提供劣药罪(取消生产、销售劣药罪罪名)

第142条之一　(《刑法修正案(十一)第7条》)妨害药品管理罪

第160条　(《刑法修正案(十一)第8条》)欺诈发行证券罪(取消欺诈发行股票、债券罪罪名)

第219条之一　(《刑法修正案(十一)第23条》)为境外窃取、刺探、收买、非法提供商业秘密罪

第236条之一　(《刑法修正案(十一)第27条》)负有照护职责人员性侵罪

第277条第5款　(《刑法修正案(十一)第31条》)袭警罪

第280条之二　(《刑法修正案(十一)第32条》)冒名顶替罪

第291条之二　(《刑法修正案(十一)第33条》)高空抛物罪

第293条之一　(《刑法修正案(十一)第34条》)催收非法债务罪

第299条　(《刑法修正案(十)》)侮辱国旗、国徽、国歌罪(取消侮辱国旗、国徽罪罪名)

第299条之一　(《刑法修正案(十一)第35条》)侵害英雄烈士名誉、荣誉罪

第303条第3款　(《刑法修正案(十一)第36条》)组织参与国(境)外赌博罪

第334条之一　(《刑法修正案(十一)第38条》)非法采集人类遗传资源、走私人类遗传资源材料罪

第336条之一　(《刑法修正案(十一)第39条》)非法植入基因编辑、克隆胚胎罪

第 341 条第 1 款　危害珍贵、濒危野生动物罪(取消非法猎捕、杀害珍贵、濒危野生动物罪和非法收购、运输、出售珍贵、濒危野生动物、珍贵、濒危野生动物制品罪罪名)

第 341 条第 3 款　(《刑法修正案(十一)第 41 条》)非法猎捕、收购、运输、出售陆生野生动物罪

第 342 条之一　(《刑法修正案(十一)第 42 条》)破坏自然保护地罪

第 344 条　危害国家重点保护植物罪(取消非法采伐、毁坏国家重点保护植物罪和非法收购、运输、加工、出售国家重点保护植物、国家重点保护植物制品罪罪名)

第 344 条之一　(《刑法修正案(十一)第 43 条》)非法引进、释放、丢弃外来入侵物种罪

第 355 之一　(《刑法修正案(十一)第 44 条》)妨害兴奋剂管理罪

第 408 条之一　(《刑法修正案(十一)第 45 条》)食品、药品监管渎职罪(取消食品监管渎职罪罪名)”

本书介绍的全部罪名,都是按照最高人民法院和最高人民检察院的规定介绍的标准罪名。

四 量刑

量刑,是指人民法院在查明犯罪事实的基础上,依照事实和法律,对犯罪分子决定是否判处刑罚,以及判处什么刑罚。其原则是:以事实为根据,以法律为准绳,以政策为指导。

量刑必须准确,不管是轻判了还是重判了,效果都不好。对犯罪分子如何确定刑罚,是从重处罚,还是从轻、减轻或者免除处罚,除了要根据刑法规定的法定情节外,人民法院还可以根据立法精神,从审判实践中总结出灵活掌握、酌情适用的情节,这便是刑法理论中所讲的“酌定情节”。量刑时,只有掌握了该案具有的法定情节和酌定情节,才便于准确量刑。

2017 年 3 月 9 日最高人民法院在其《关于常见犯罪的量刑指导意见》中明确了以下一些问题:一是量刑的指导原则,二是量刑的基本方法,三是常见量刑情节的适用等,并对交通肇事罪等 15 种常见犯罪的量刑提出具体意见。2017 年 5 月 1 日起试行的《关于常见犯罪的量刑指导意见(二)》,又对危险驾驶罪等 8 种常见犯罪的量刑提出具体意见。

五
情节

影响量刑的情节有五种，其中法定的有四种：从重情节、从轻情节、减轻处罚情节、免除处罚情节；还有一种不是由法律明确规定的，而是在司法实践中由司法人员酌情考虑的情节即酌定情节。

1. 法定情节，是指由《刑法》明文规定的影响量刑的情节。法定情节有以下四种：从重、从轻、减轻和免除处罚的情节。对于这四种情节，在《刑法》的某些条款中规定为“应当”，也有的规定为“可以”。例如，刑法规定，对累犯，除了过失犯罪以外，应当从重处罚。这里的“应当”是肯定的、绝对的，必须严格执行的。对自首的犯罪分子，规定为可以从轻或者减轻处罚。这里的“可以”是相对的，应当根据案件的具体情况灵活掌握，而不是必须严格执行的。例如，甲杀人之前扬言，“我非得把乙杀死不可，杀人后我就去自首，反正自首了就不能被判处死刑”。这样的自首，不是出于认罪悔罪，而是企图钻法律空子，对这样的杀人犯，即使杀人后真的自首了，也可以不从轻处罚。

对于《刑法》明确规定“可以”从轻或者减轻处罚的，不管是从轻或者减轻处罚的，还是没有从轻或者减轻处罚的，都必须有一定的理由作根据。那种认为对“可以”从轻或者减轻处罚的，没有根据地随意从轻或者减轻处罚，或者随意不从轻、不减轻处罚都是不对的。

所谓从轻、减轻，是指从轻处罚和减轻处罚。为了说清楚这一问题，我们先来讲一下《刑法》规定的量刑幅度。我国《刑法》规定的量刑幅度共分 9 个格，也可以叫 9 个幅度：(1)1 年以下；(2)1 年至 2 年；(3)2 年至 3 年；(4)3 年至 5 年；(5)5 年至 7 年；(6)7 年至 10 年；(7)10 年至 15 年；(8)无期徒刑；(9)死刑。死刑分为立即执行和缓期二年执行两种。了解了我国《刑法》规定的量刑幅度，就比较容易理解从轻、减轻等概念了。

从轻处罚，就是在法定刑的范围内，对犯罪分子适用相对较轻或者最轻的刑罚，包括刑种和刑期。它同“从重处罚”一样，应当在法定刑的限度内判处刑罚，是与没有这个情节时应当受到的刑罚相对而言。

减轻处罚，就是对犯罪分子依法在法定最低刑以下判处刑罚。至于减轻多少，是只在法定刑最低刑以下一个格内减轻，还是可以无限制地减轻，直至免除处罚，在法学界曾经有较大争议。在《刑法修正案(八)》第 5 条中，将《刑法》第 63 条第 1 款修改为“犯罪分子具有本法规定的减轻处罚情节的，应当在法定刑以下判处刑罚；本法规定有数个量刑幅度的，应当在法定量刑幅度的下一个量刑幅度内判处刑罚”。这样一来问题就明确了，不会再有争议。

所谓免除处罚，也叫免予刑事处分，就是对犯罪分子作有罪宣告的同时，免除其刑罚处罚。这是以行为人有罪为前提条件，但因犯罪情节轻微，或者有其他法定免除处罚情节而不需要判处刑罚的。

所谓从重，是指从重处罚，即在法定刑范围内适用较重或者最重的刑罚。这有两方面应引起注意：一是要在法定刑的限度内判处刑罚，不允许法外加刑、破格判刑。比如，《刑法》规定的某种犯罪应当判处 3 年以上 10 年以下有期徒刑，那么从重处罚就不允许判处超过 10 年有期徒刑的刑罚，只能在3年至10年之间从重处罚。二是所谓从重，是指与犯罪分子没有这个从重情节时应当受到的处罚相对而言，不是指一定要判处法定的最高刑，即“满贯刑”，也不一定是在“中间线”以上判刑。如某被告人按其犯罪事实，应该判处3年有期徒刑，如果有从重处罚的情节，从重判处不一定非得判处10年，或者一定要在“中间线”以上判处八九年，也可以判处有期徒刑四五年等刑期。

关于量刑的法定情节，主要有以下一些规定：

(1)《刑法》第62条　【从重处罚与从轻处罚】犯罪分子具有本法规定的从重处罚、从轻处罚情节的，应当在法定刑的限度以内判处刑罚。

(2)《刑法》第63条　【减轻处罚】犯罪分子具有本法规定的减轻处罚情节的，应当在法定刑以下判处刑罚；本法规定有数个量刑幅度的，应当在法定量刑幅度的下一个量刑幅度内判处刑罚。

犯罪分子虽然不具有本法规定的减轻处罚情节，但是根据案件的特殊情况，经最高人民法院核准，也可以在法定刑以下判处刑罚。

(3)《刑法》第65条　【一般累犯】被判处有期徒刑以上刑罚的犯罪分子，刑罚执行完毕或者赦免以后，在五年以内再犯应当判处有期徒刑以上刑罚之罪的，是累犯，应当从重处罚，但是过失犯罪和不满十八周岁的人犯罪的除外。

前款规定的期限，对于被假释的犯罪分子，从假释期满之日起计算。

(4)《刑法》第66条　【特别累犯】危害国家安全犯罪、恐怖活动犯罪、黑社会性质的组织犯罪的犯罪分子，刑罚执行完毕或者赦免以后，在任何时候再犯上述任一类罪的，都以累犯论处。

(5)《刑法》第67条　【自首】犯罪以后自动投案，如实供述自己的罪行的，是自首。对于自首的犯罪分子，可以从轻或者减轻处罚。其中，犯罪较轻的，可以免除处罚。

被采取强制措施的犯罪嫌疑人、被告人和正在服刑的罪犯，如实供述司法机关还未掌握的本人其他罪行的，以自首论。

犯罪嫌疑人虽不具有前两款规定的自首情节，但是如实供述自己罪行的，可以从轻处罚；因其如实供述自己罪行，避免特别严重后果发生的，可以减轻处罚。

(6)《刑法》第68条　【立功】犯罪分子有揭发他人犯罪行为，查证属实的，或者提供重要线索，从而得以侦破其他案件等立功表现的，可以从轻或者减轻处罚；有重大立功表现的，可以减轻或者免除处罚。

(7)自首。关于自首和立功方面的司法解释很多，由于这个问题是在《刑法》总则中规定的，它对分则中的各罪都适用，因此很重要，我们有必要在这里详细介绍，在详解分则各罪时不再重复：

一是1998年4月17日最高人民法院《关于处理自首和立功具体应用法律若干问题的解释》全部内容如下：

“为正确认定自首和立功，对具有自首或者立功表现的犯罪分子依法适用刑罚，现就具体应用法律的若干问题解释如下：

第一条　根据刑法第六十七条第一款的规定，犯罪以后自动投案，如实供述自己的罪行的，是自首。

(一)自动投案，是指犯罪事实或者犯罪嫌疑人未被司法机关发觉，或者虽被发觉，但犯罪嫌疑人尚未受到讯问、未被采取强制措施时，主动、直接向公安机关、人民检察院或者人民法院投案。

犯罪嫌疑人向其所在单位、城乡基层组织或者其他有关负责人员投案的；犯罪嫌疑人因病、伤或者为了减轻犯罪后果，委托他人先代为投案，或者先以信电投案的；罪行尚未被司法机关发觉，仅因形迹可疑，被有关组织或者司法机关盘问、教育后，主动交代自己的罪行的；犯罪后逃跑，在被通缉、追捕过程中，主动投案的；经查实确已准备去投案，或者正在投案途中，被公安机关捕获的，应当视为自动投案。

并非出于犯罪嫌疑人主动，而是经亲友规劝、陪同投案的；公安机关通知犯罪嫌疑人的亲友，或者亲友主动报案后，将犯罪嫌疑人送去投案的，也应当视为自动投案。

犯罪嫌疑人自动投案后又逃跑的，不能认定为自首。

（二）如实供述自己的罪行，是指犯罪嫌疑人自动投案后，如实交代自己的主要犯罪事实。

犯有数罪的犯罪嫌疑人仅如实供述所犯数罪中部分犯罪的，只对如实供述部分犯罪的行为，认定为自首。

共同犯罪案件中的犯罪嫌疑人，除如实供述自己的罪行，还应当供述所知的同案犯，主犯则应当供述所知其他同案犯的共同犯罪事实，才能认定为自首。

犯罪嫌疑人自动投案并如实供述自己的罪行后又翻供的，不能认定为自首；但在一审判决前又能如实供述的，应当认定为自首。

第二条　根据刑法第六十七条第二款的规定，被采取强制措施的犯罪嫌疑人、被告人和已宣判的罪犯，如实供述司法机关尚未掌握的罪行，与司法机关已掌握的或者判决确定的罪行属不同种罪行的，以自首论。

第三条　根据刑法第六十七条第一款的规定，对于自首的犯罪分子，可以从轻或者减轻处罚；对于犯罪较轻的，可以免除处罚。具体确定从轻、减轻还是免除处罚，应当根据犯罪轻重，并考虑自首的具体情节。

第四条　被采取强制措施的犯罪嫌疑人、被告人和已宣判的罪犯，如实供述司法机关尚未掌握的罪行，与司法机关已掌握的或者判决确定的罪行属同种罪行的，可以酌情从轻处罚；如实供述的同种罪行较重的，一般应当从轻处罚。

第五条　根据刑法第六十八条第一款的规定，犯罪分子到案后有检举、揭发他人犯罪行为，包括共同犯罪案件中的犯罪分子揭发同案犯共同犯罪以外的其他犯罪，经查证属实；提供侦破其他案件的重要线索，经查证属实；阻止他人犯罪活动；协助司法机关抓捕其他犯罪嫌疑人（包括同案犯）；具有其他有利于国家和社会的突出表现的，应当认定为有立功表现。

第六条　共同犯罪案件的犯罪分子到案后，揭发同案犯共同犯罪事实的，可以酌情予以从轻处罚。

第七条　根据刑法第六十八条第一款的规定，犯罪分子有检举、揭发他人重大犯罪行为，经查证属实；提供侦破其他重大案件的重要线索，经查证属实；阻止他人重大犯罪活动；协助司法机关抓捕其他重大犯罪嫌疑人（包括同案犯）；对国家和社会有其他重大贡献等表现的，应当认定为有重大立功表现。

前款所称‘重大犯罪’、‘重大案件’、‘重大犯罪嫌疑人’的标准，一般是指犯罪嫌疑人、被告人可能被判处无期徒刑以上刑罚或者案件在本省、自治市、直辖市或者全国范围内有较大影响等情形。”

二是2010年12月22日最高人民法院《关于处理自首和立功若干具体问题的意见》全部内容如下：

“为规范司法实践中对自首和立功制度的运用，更好地贯彻落实宽严相济刑事政策，根据刑法、刑事诉讼法和《最高人民法院关于处理自首和立功具体应用法律若干问题的解释》（以下简称《解释》）等规定，对自首和立功若干具体问题提出如下处理意见：

一、关于'自动投案'的具体认定

《解释》第一条第(一)项规定七种应当视为自动投案的情形,体现了犯罪嫌疑人投案的主动性和自愿性。根据《解释》第一条第(一)项的规定,犯罪嫌疑人具有以下情形之一的,也应当视为自动投案:1.犯罪后主动报案,虽未表明自己是作案人,但没有逃离现场,在司法机关询问时交代自己罪行的;2.明知他人报案而在现场等待,抓捕时无拒捕行为,供认犯罪事实的;3.在司法机关未确定犯罪嫌疑人,尚在一般性排查询问时主动交代自己罪行的;4.因特定违法行为被采取劳动教养、行政拘留、司法拘留、强制隔离戒毒等行政、司法强制措施期间,主动向执行机关交代尚未被掌握的犯罪行为的;5.其他符合立法本意,应当视为自动投案的情形。

罪行未被有关部门、司法机关发觉,仅因形迹可疑被盘问、教育后,主动交代了犯罪事实的,应当视为自动投案,但有关部门、司法机关在其身上、随身携带的物品、驾乘的交通工具等处发现与犯罪有关的物品的,不能认定为自动投案。

交通肇事后保护现场、抢救伤者,并向公安机关报告的,应认定为自动投案,构成自首的,因上述行为同时系犯罪嫌疑人的法定义务,对其是否从宽、从宽幅度要适当从严掌握。交通肇事逃逸后自动投案,如实供述自己罪行的,应认定为自首,但应依法以较重法定刑为基准,视情决定对其是否从宽处罚以及从宽处罚的幅度。

犯罪嫌疑人被亲友采用捆绑等手段送到司法机关,或者在亲友带领侦查人员前来抓捕时无拒捕行为,并如实供认犯罪事实的,虽然不能认定为自动投案,但可以参照法律对自首的有关规定酌情从轻处罚。

二、关于'如实供述自己的罪行'的具体认定

《解释》第一条第(二)项规定如实供述自己的罪行,除供述自己的主要犯罪事实外,还应包括姓名、年龄、职业、住址、前科等情况。犯罪嫌疑人供述的身份等情况与真实情况虽有差别,但不影响定罪量刑的,应认定为如实供述自己的罪行。犯罪嫌疑人自动投案后隐瞒自己的真实身份等情况,影响对其定罪量刑的,不能认定为如实供述自己的罪行。

犯罪嫌疑人多次实施同种罪行的,应当综合考虑已交代的犯罪事实与未交代的犯罪事实的危害程度,决定是否认定为如实供述主要犯罪事实。虽然投案后没有交代全部犯罪事实,但如实交代的犯罪情节重于未交代的犯罪情节,或者如实交代的犯罪数额多于未交代的犯罪数额,一般应认定为如实供述自己的主要犯罪事实。无法区分已交代的与未交代的犯罪情节的严重程度,或者已交代的犯罪数额与未交代的犯罪数额相当,一般不认定为如实供述自己的主要犯罪事实。

犯罪嫌疑人自动投案时虽然没有交代自己的主要犯罪事实,但在司法机关掌握其主要犯罪事实之前主动交代的,应认定为如实供述自己的罪行。

三、关于'司法机关还未掌握的本人其他罪行'和'不同种罪行'的具体认定

犯罪嫌疑人、被告人在被采取强制措施期间,向司法机关主动如实供述本人的其他罪行,该罪行能否认定为司法机关已掌握,应根据不同情形区别对待。如果该罪行已被通缉,一般应以该司法机关是否在通缉令发布范围内作出判断,不在通缉令发布范围内的,应认定为还未掌握,在通缉令发布范围内的,应视为已掌握;如果该罪行已录入全国公安信息网络在逃人员信息数据库,应视为已掌握。如果该罪行未被通缉,也未录入全国公安信息网络在逃人员信息数据库,应以该司法机关是否已实际掌握该罪行为标准。

犯罪嫌疑人、被告人在被采取强制措施期间如实供述本人其他罪行,该罪行与司法机关已掌握的罪行属同种罪行还是不同种罪行,一般应以罪名区分。虽然如实供述的其他罪行的罪名与司法机关已掌握犯罪的罪名不同,但如实供述的其他犯罪与司法机关已掌握的犯罪属选择性罪名或者在法律、事实上密切关联,如因受贿被采取强制措施后,又交代因受贿为他人谋取利益行

为，构成滥用职权罪的，应认定为同种罪行。

四、关于立功线索来源的具体认定

犯罪分子通过贿买、暴力、胁迫等非法手段，或者被羁押后与律师、亲友会见过程中违反监管规定，获取他人犯罪线索并‘检举揭发’的，不能认定为有立功表现。

犯罪分子将本人以往查办犯罪职务活动中掌握的，或者从负有查办犯罪、监管职责的国家工作人员处获取的他人犯罪线索予以检举揭发的，不能认定为有立功表现。

犯罪分子亲友为使犯罪分子‘立功’，向司法机关提供他人犯罪线索、协助抓捕犯罪嫌疑人的，不能认定为犯罪分子有立功表现。

五、关于‘协助抓捕其他犯罪嫌疑人’的具体认定

犯罪分子具有下列行为之一，使司法机关抓获其他犯罪嫌疑人的，属于《解释》第五条规定的‘协助司法机关抓捕其他犯罪嫌疑人’：1. 按照司法机关的安排，以打电话、发信息等方式将其他犯罪嫌疑人（包括同案犯）约至指定地点的；2. 按照司法机关的安排，当场指认、辨认其他犯罪嫌疑人（包括同案犯）的；3. 带领侦查人员抓获其他犯罪嫌疑人（包括同案犯）的；4. 提供司法机关尚未掌握的其他案件犯罪嫌疑人的联络方式、藏匿地址的，等等。

犯罪分子提供同案犯姓名、住址、体貌特征等基本情况，或者提供犯罪前、犯罪中掌握、使用的同案犯联络方式、藏匿地址，司法机关据此抓捕同案犯的，不能认定为协助司法机关抓捕同案犯。

六、关于立功线索的查证程序和具体认定

被告人在一、二审审理期间检举揭发他人犯罪行为或者提供侦破其他案件的重要线索，人民法院经审查认为该线索内容具体、指向明确的，应及时移交有关人民检察院或者公安机关依法处理。

侦查机关出具材料，表明在三个月内还不能查证并抓获被检举揭发的人，或者不能查实的，人民法院审理案件可不再等待查证结果。

被告人检举揭发他人犯罪行为或者提供侦破其他案件的重要线索经查证不属实，又重复提供同一线索，且没有提出新的证据材料的，可以不再查证。

根据被告人检举揭发破获的他人犯罪案件，如果已有审判结果，应当依据判决确认的事实认定是否查证属实；如果被检举揭发的他人犯罪案件尚未进入审判程序，可以依据侦查机关提供的书面查证情况认定是否查证属实。检举揭发的线索经查确有犯罪发生，或者确定了犯罪嫌疑人，可能构成重大立功，只是未能将犯罪嫌疑人抓获归案的，对可能判处死刑的被告人一般要留有余地，对其他被告人原则上应酌情从轻处罚。

被告人检举揭发或者协助抓获的人的行为构成犯罪，但因法定事由不追究刑事责任、不起诉、终止审理的，不影响对被告人立功表现的认定；被告人检举揭发或者协助抓获的人的行为应判处无期徒刑以上刑罚，但因具有法定、酌定从宽情节，宣告刑为有期徒刑或者更轻刑罚的，不影响对被告人重大立功表现的认定。

七、关于自首、立功证据材料的审查

人民法院审查的自首证据材料，应当包括被告人投案经过、有罪供述以及能够证明其投案情况的其他材料。投案经过的内容一般应包括被告人投案时间、地点、方式等。证据材料应加盖接受被告人投案的单位的印章，并有接受人员签名。

人民法院审查的立功证据材料，一般应包括被告人检举揭发材料及证明其来源的材料、司法机关的调查核实材料、被检举揭发人的供述等。被检举揭发案件已立案、侦破，被检举揭发人被采取强制措施、公诉或者审判的，还应审查相关的法律文书。证据材料应加盖接收被告人检举揭

发材料的单位的印章，并有接收人员签名。

人民法院经审查认为证明被告人自首、立功的材料不规范、不全面的，应当由检察机关、侦查机关予以完善或者提供补充材料。

上述证据材料在被告人被指控的犯罪一、二审审理时已形成的，应当经庭审质证。

八、关于对自首、立功的被告人的处罚

对具有自首、立功情节的被告人是否从宽处罚、从宽处罚的幅度，应当考虑其犯罪事实、犯罪性质、犯罪情节、危害后果、社会影响、被告人的主观恶性和人身危险性等。自首的还应考虑投案的主动性、供述的及时性和稳定性等。立功的还应考虑检举揭发罪行的轻重、被检举揭发的人可能或者已经被判处的刑罚、提供的线索对侦破案件或者协助抓捕其他犯罪嫌疑人所起作用的大小等。

具有自首或者立功情节的，一般应依法从轻、减轻处罚；犯罪情节较轻的，可以免除处罚。类似情况下，对具有自首情节的被告人的从宽幅度要适当宽于具有立功情节的被告人。

虽然具有自首或者立功情节，但犯罪情节特别恶劣、犯罪后果特别严重、被告人主观恶性深、人身危险性大，或者在犯罪前即为规避法律、逃避处罚而准备自首、立功的，可以不从宽处罚。

对于被告人具有自首、立功情节，同时又有累犯、毒品再犯等法定从重处罚情节的，既要考虑自首、立功的具体情节，又要考虑被告人的主观恶性、人身危险性等因素，综合分析判断，确定从宽或者从严处罚。累犯的前罪为非暴力犯罪的，一般可以从宽处罚，前罪为暴力犯罪或者前、后罪为同类犯罪的，可以不从宽处罚。

在共同犯罪案件中，对具有自首、立功情节的被告人的处罚，应注意共同犯罪人以及首要分子、主犯、从犯之间的量刑平衡。犯罪集团的首要分子、共同犯罪的主犯检举揭发或者协助司法机关抓捕同案地位、作用较次的犯罪分子的，从宽处罚与否应当从严掌握，如果从轻处罚可能导致全案量刑失衡的，一般不从轻处罚；如果检举揭发或者协助司法机关抓捕的是其他案件中罪行同样严重的犯罪分子，一般应依法从宽处罚。对于犯罪集团的一般成员、共同犯罪的从犯立功的，特别是协助抓捕首要分子、主犯的，应当充分体现政策，依法从宽处罚。”

三是2009年3月12日最高人民法院、最高人民检察院《关于办理职务犯罪案件认定自首、立功等量刑情节若干问题的意见》内容如下：

“一、关于自首的认定和处理

根据刑法第六十七条第一款的规定，成立自首需同时具备自动投案和如实供述自己的罪行两个要件。犯罪事实或者犯罪分子未被办案机关掌握，或者虽被掌握，但犯罪分子尚未受到调查谈话、讯问，或者未被宣布采取调查措施或者强制措施时，向办案机关投案的，是自动投案。在此期间如实交代自己的主要犯罪事实的，应当认定为自首。

犯罪分子向所在单位等办案机关以外的单位、组织或者有关负责人员投案的，应当视为自动投案。

没有自动投案，在办案机关调查谈话、讯问、采取调查措施或者强制措施期间，犯罪分子如实交代办案机关掌握的线索所针对的事实的，不能认定为自首。

没有自动投案，但具有以下情形之一的，以自首论：(1)犯罪分子如实交代办案机关未掌握的罪行，与办案机关已掌握的罪行属不同种罪行的；(2)办案机关所掌握线索针对的犯罪事实不成立，在此范围外犯罪分子交代同种罪行的。

单位犯罪案件中，单位集体决定或者单位负责人决定而自动投案，如实交代单位犯罪事实的，或者单位直接负责的主管人员自动投案，如实交代单位犯罪事实的，应当认定为单位自首。单位自首的，直接负责的主管人员和直接责任人员未自动投案，但如实交代自己知道的犯罪事实的，可以视为自首；拒不交代自己知道的犯罪事实或者逃避法律追究的，不应当认定为自首。单位没有自首，直接责任人员自动投案并如实交代自己知道的犯罪事实的，对该直接责任人员应当认定为自首。

对于具有自首情节的犯罪分子，办案机关移送案件时应当予以说明并移交相关证据材料。

对于具有自首情节的犯罪分子，应当根据犯罪的事实、性质、情节和对于社会的危害程度，结合自动投案的动机、阶段、客观环境，交代犯罪事实的完整性、稳定性以及悔罪表现等具体情节，依法决定是否从轻、减轻或者免除处罚以及从轻、减轻处罚的幅度。

二、关于立功的认定和处理

立功必须是犯罪分子本人实施的行为。为使犯罪分子得到从轻处理，犯罪分子的亲友直接向有关机关揭发他人犯罪行为，提供侦破其他案件的重要线索，或者协助司法机关抓捕其他犯罪嫌疑人的，不应当认定为犯罪分子的立功表现。

据以立功的他人罪行材料应当指明具体犯罪事实；据以立功的线索或者协助行为对于侦破案件或者抓捕犯罪嫌疑人要有实际作用。犯罪分子揭发他人犯罪行为时没有指明具体犯罪事实的；揭发的犯罪事实与查实的犯罪事实不具有关联性的；提供的线索或者协助行为对于其他案件的侦破或者其他犯罪嫌疑人的抓捕不具有实际作用的，不能认定为立功表现。

犯罪分子揭发他人犯罪行为，提供侦破其他案件重要线索的，必须经查证属实，才能认定为立功。审查是否构成立功，不仅要审查办案机关的说明材料，还要审查有关事实和证据以及与案件定性处罚相关的法律文书，如立案决定书、逮捕决定书、侦查终结报告、起诉意见书、起诉书或者判决书等。

据以立功的线索、材料来源有下列情形之一的，不能认定为立功：(1)本人通过非法手段或者非法途径获取的；(2)本人因原担任的查禁犯罪等职务获取的；(3)他人违反监管规定向犯罪分子提供的；(4)负有查禁犯罪活动职责的国家机关工作人员或者其他国家工作人员利用职务便利提供的。

犯罪分子检举、揭发的他人犯罪，提供侦破其他案件的重要线索，阻止他人的犯罪活动，或者协助司法机关抓捕的其他犯罪嫌疑人，犯罪嫌疑人、被告人依法可能被判处无期徒刑以上刑罚的，应当认定为有重大立功表现。其中，可能被判处无期徒刑以上刑罚，是指根据犯罪行为的事实、情节可能判处无期徒刑以上刑罚。案件已经判决的，以实际判处的刑罚为准。但是，根据犯罪行为的事实、情节应当判处无期徒刑以上刑罚，因被判刑人有法定情节经依法从轻、减轻处罚后判处有期徒刑的，应当认定为重大立功。

对于具有立功情节的犯罪分子，应当根据犯罪的事实、性质、情节和对于社会的危害程度，结合立功表现所起作用的大小、所破获案件的罪行轻重、所抓获犯罪嫌疑人可能判处的法定刑以及立功的时机等具体情节，依法决定是否从轻、减轻或者免除处罚以及从轻、减轻处罚的幅度。

三、关于如实交代犯罪事实的认定和处理

犯罪分子依法不成立自首，但如实交代犯罪事实，有下列情形之一的，可以酌情从轻处罚：(1)办案机关掌握部分犯罪事实，犯罪分子交代了同种其他犯罪事实的；(2)办案机关掌握的证据不充分，犯罪分子如实交代有助于收集定案证据的。

犯罪分子如实交代犯罪事实，有下列情形之一的，一般应当从轻处罚：(1)办案机关仅掌握小部分犯罪事实，犯罪分子交代了大部分未被掌握的同种犯罪事实的；(2)如实交代对于定案证据的收集有重要作用的。

四、关于赃款赃物追缴等情形的处理

贪污案件中赃款赃物全部或者大部分追缴的，一般应当考虑从轻处罚。

受贿案件中赃款赃物全部或者大部分追缴的，视具体情况可以酌定从轻处罚。

犯罪分子及其亲友主动退赃或者在办案机关追缴赃款赃物过程中积极配合的，在量刑时应当与办案机关查办案件过程中依职权追缴赃款赃物的有所区别。

职务犯罪案件立案后，犯罪分子及其亲友自行挽回的经济损失，司法机关或者犯罪分子所在单位及其上级主管部门挽回的经济损失，或者因客观原因减少的经济损失，不予扣减，但可以作为酌情从轻处罚的情节。”

四是2004年3月26日最高人民法院《关于被告人对行为性质的辩解是否影响自首成立问题的批复》规定：“根据刑法第六十七条第一款和最高人民法院《关于处理自首和立功具体应用法律若干问题的解释》第一条的规定，犯罪以后自动投案，如实供述自己的罪行的，是自首。被告人对行为性质的辩解不影响自首的成立。”

(8)《刑法》第19条　【又聋又哑的人或盲人犯罪的刑事责任】又聋又哑的人或者盲人犯罪，可以从轻、减轻或者免除处罚。

(9)《刑法》第20条　【正当防卫】为了使国家、公共利益、本人或者他人的人身、财产和其他权利免受正在进行的不法侵害，而采取的制止不法侵害的行为，对不法侵害人造成损害的，属于正当防卫，不负刑事责任。

正当防卫明显超过必要限度造成重大损害的，应当负刑事责任，但是应当减轻或者免除处罚。

对正在进行行凶、杀人、抢劫、强奸、绑架以及其他严重危及人身安全的暴力犯罪，采取防卫行为，造成不法侵害人伤亡的，不属于防卫过当，不负刑事责任。

(10)《刑法》第21条　【紧急避险】为了使国家、公共利益、本人或者他人的人身、财产和其他权利免受正在发生的危险，不得已采取的紧急避险行为，造成损害的，不负刑事责任。

紧急避险超过必要限度造成不应有的损害的，应当负刑事责任，但是应当减轻或者免除处罚。

第一款中关于避免本人危险的规定，不适用于职务上、业务上负有特定责任的人。

(11)《刑法》第22条　【犯罪预备】为了犯罪，准备工具、制造条件的，是犯罪预备。

对于预备犯，可以比照既遂犯从轻、减轻处罚或者免除处罚。

(12)《刑法》第23条　【犯罪未遂】已经着手实行犯罪，由于犯罪分子意志以外的原因而未得逞的，是犯罪未遂。

对于未遂犯，可以比照既遂犯从轻或者减轻处罚。

(13)《刑法》第24条　【犯罪中止】在犯罪过程中，自动放弃犯罪或者自动有效地防止犯罪结果发生的，是犯罪中止。

对于中止犯，没有造成损害的，应当免除处罚；造成损害的，应当减轻处罚。

2. 酌定情节，是指《刑法》没作明确规定，但在量刑时，应当酌情考虑，对被告人是从重处罚还是从轻处罚的情节。酌定情节，可以从两方面考虑：一是主观方面，即从犯罪分子的犯罪动机、目的、一贯表现、犯罪后的态度等方面考虑。比如，报复杀人，比基于保护自己或他人利益，一时激愤杀人要严重；恶习很深，劣迹很多的人犯罪，比偶尔犯罪要严重；犯罪后抵赖抗拒，比主动自首或老实认罪、坦白交代要严重；伤害他人后逃之夭夭，比主动给被害人医治、赔偿经济损失要严重等。二是客观方面，即从犯罪手段、犯罪环境、侵害对象和损害结果等方面考虑。如用残忍手段杀人、强奸的，比一般杀人、强奸犯罪严重；在治安情况不好时猖狂犯罪，比在一般情况下的一般犯罪严重；侵害孕妇、外国人合法权益的犯罪，比侵害一般人要严重等。

对酌定情节，只能在法定的量刑幅度内作从重或从轻考虑。如果根据案件的具体情况，判处法定的最低刑还是过重，准备依酌定情节减轻处罚，根据《刑法》的规定，经最高人民法院核准以后，才可以在法定刑以下判处刑罚。

在具体案件中，由于各种犯罪的情节各不相同，因此，即使是相同的犯罪，对犯罪分子的量刑可能不会完全一样，《刑法》对各种犯罪的量刑规定了不同的量刑幅度，就是因为各种犯罪的情节是不一样的。例如，对故意杀人的，《刑法》规定要判处死刑、无期徒刑或者 10 年以上有期徒刑；情节较轻的，处 3 年以上 10 年以下有期徒刑。《刑法》同时还规定，对判处 3 年有期徒刑的，还可以宣告缓刑。被告人在缓刑考验期内，如果不严重违反法律、行政法规和监管规定，不犯新罪，缓刑期满后，所判的刑罚则不再执行。由此可见，对故意杀人的，判得重的是死刑，判得轻的是宣告缓刑，不执行刑罚。为什么差别如此悬殊，就是因为各个案件的具体情节不同。有人杀人是为了贪图被害人的钱财，有的则是因为不堪忍受被害人长期对自己的欺辱。有人贪污，案发后，全部退回了赃款；还有的贪污后大肆挥霍，案发后不能退回赃款，使国家遭受巨大的经济损失。有的犯罪后到公安机关投案自首，有的犯罪后潜逃他乡，继续违法犯罪后被抓获。各案的情节不同，决定了法院对不同的案件有不同的判处结果。由此可见，量刑的情节十分重要，它决定着法院对该案的最终判处结果。

六 刑罚

刑罚，是指人民法院依照《刑法》对犯罪分子适用的惩罚方法。其目的只有一个，就是保护国家和人民的利益而预防犯罪、减少犯罪，最终达到消灭犯罪的目的。

刑罚分为主刑和附加刑两种。主刑，是对犯罪分子适用的主要刑罚方法。它只能独立适用，不能相互附加并用。主刑分五种，即管制、拘役、有期徒刑、无期徒刑和死刑。附加刑，是补充主刑适用的刑罚方法。它既可以作为主刑的附加刑适用，又可以单独适用。在单独适用时，只适用于较轻的犯罪。适用附加刑时，可以同时适用两个以上的附加刑。附加刑分三种，即罚金、剥夺政治权利、没收财产。此外，《刑法》还规定，对犯罪的外国人，可以独立适用或附加适用驱逐出境。刑罚的种类如下：

1. 管制，是主刑中的一种，是由人民法院判决，对犯罪分子不予关押，但限制其一定自由，交给公安机关管束和群众监督改造的刑罚方法。管制的期限为3个月以上2年以下，数罪并罚时，最高不超过3年。关于管制的计算，《刑法》第41条已有规定。管制的刑期从判决执行之日起计算；判决执行以前先行羁押的，羁押1日，折抵刑期2日。

关于管制问题，主要有以下法律规定：

(1)《刑法》第38条 【管制的期限与执行机关】管制的期限，为三个月以上二年以下。

判处管制，可以根据犯罪情况，同时禁止犯罪分子在执行期间从事特定活动，进入特定区域、场所，接触特定的人。

对判处管制的犯罪分子，依法实行社区矫正。

违反第二款规定的禁止令的，由公安机关依照《中华人民共和国治安管理处罚法》的规定处罚。

(2)《刑法》第39条 【被管制犯罪的义务与权利】被判处管制的犯罪分子，在执行期间，应当遵守下列规定：

(一)遵守法律、行政法规，服从监督；

(二)未经执行机关批准，不得行使言论、出版、集会、结社、游行、示威自由的权利；

(三)按照执行机关规定报告自己的活动情况；

(四)遵守执行机关关于会客的规定；

(五)离开所居住的市、县或者迁居，应当报经执行机关批准。

对于被判处管制的犯罪分子，在劳动中应当同工同酬。

(3)《刑法》第40条 【管制期满解除】被判处管制的犯罪分子，管制期满，执行机关应即向本人和其所在单位或者居住地的群众宣布解除管制。

(4)《刑法》第41条 【管制刑期的计算和折抵】管制的刑期，从判决执行之日起计算；判决执行以前先行羁押的，羁押一日折抵刑期二日。

2. 拘役，是主刑中的一种，是由人民法院判决短期剥夺犯罪分子的人身自由，由公安机关就近强制实行劳动改造的刑罚方法。拘役与刑事拘留、行政拘留、民事拘留有以下重大区别：一是性质不同。拘役是刑罚方法;刑事拘留是刑事诉讼中的强制措施;行政拘留属于行政处罚;民事拘留是民事诉讼中的强制措施。二是适用对象不同。三是适用的机关不同。四是法律依据不同。

关于拘役问题,主要有以下法律规定:

(1)《刑法》第 42 条　【拘役的期限】拘役的期限,为一个月以上六个月以下。

(2)《刑法》第 43 条　【拘役的执行】被判处拘役的犯罪分子,由公安机关就近执行。

在执行期间,被判处拘役的犯罪分子每月可以回家一天至两天;参加劳动的,可以酌量发给报酬。

(3)《刑法》第 44 条　【拘役刑期的计算和折抵】拘役的刑期,从判决执行之日起计算;判决执行以前先行羁押的,羁押一日折抵刑期一日。

3. 有期徒刑,是主刑中最常用的一种刑罚,是由人民法院判决,剥夺犯罪分子一定期限的人身自由,并强制劳动改造的刑罚方法。有期徒刑的期限为 6 个月以上 15 年以下;数罪并罚时,总和刑期不超过 35 年的,最长不超过 20 年;总和刑期在 35 年以上的,最长不超过 25 年。关于刑期的计算,《刑法》第 47 条规定,从判决执行之日起计算;判决执行以前先行羁押的,羁押 1 日折抵刑期 1 日。

关于有期徒刑问题,主要有以下法律规定:

(1)《刑法》第 45 条　【有期徒刑的期限】有期徒刑的期限,除本法第五十条、第六十九条规定外,为六个月以上十五年以下。

(2)《刑法》第 46 条　【有期徒刑与无期徒刑的执行】被判处有期徒刑、无期徒刑的犯罪分子,在监狱或者其他执行场所执行;凡有劳动能力的,都应当参加劳动,接受教育和改造。

(3)《刑法》第 47 条　【有期徒刑刑期的计算与折抵】有期徒刑的刑期,从判决执行之日起计算;判决执行以前先行羁押的,羁押一日折抵刑期一日。

4. 无期徒刑,是主刑的一种,是由人民法院判决,剥夺犯罪分子终身自由,并强制劳动改造的刑罚方法。对判处无期徒刑的犯罪分子,应当附加剥夺政治权利终身。被判处无期徒刑的与被判处管制、拘役、有期徒刑一样,只要在服刑期间表现好,可以减刑。根据《刑法》第 78 条的规定,被判处无期徒刑的犯罪分子,减刑后实际执行的刑期不能少于 13 年。

5. 死刑,是主刑中最严厉的一种刑罚,是由人民法院判决,剥夺犯罪分子生命的刑罚方法。对判处死刑的犯罪分子,应当附加剥夺政治权利终身。根据《刑法》第 49 条的规定,犯罪的时候不满 18 周岁的人和审判的时候怀孕的妇女,不适用死刑。审判的时候已满 75 周岁的人,不适用死刑,但以特别残忍手段致人死亡的除外。

根据《刑法》的规定,对于应当判处死刑的犯罪分子,如果不是必须立即执行的,可在判处死刑的同时宣告缓期两年执行,即人们所说的"死缓"。适用"死缓",必须同时具备以下条件:一是罪该处死;二是根据情节,不是必须立即执行。

根据《刑法》第 50 条的规定,判处死刑缓期执行的,在死刑缓期执行期间,如果没有故意犯罪,两年期满以后,减为无期徒刑;如果确有重大立功表现,两年期满以后,减为 25 年有期徒刑;对被判处死刑缓期执行的累犯以及因故意杀人、强奸、抢劫、绑架、放火、爆炸、投放危险物质或者有组织的暴力性犯罪被判处死刑缓期执行的犯罪分子,人民法院根据犯罪情节等情况可以同时决定对其限制减刑。

在死刑缓期执行期间,如果故意犯罪,查证属实的,由最高人民法院核准,执行死刑,而不必等到两年期满以后,对"死缓"犯执行死刑。如果"死缓"犯的故意犯罪是在缓期两年执行期满之后实施的,除了新罪应当判处死刑以外,则不能对其执行死刑。"死缓"犯在缓期两年执行的期满后,如果因为人民法院或其他有关部门工作程序方面的原因,没有对其及时减刑,这时又故意犯罪了,不能视为在死刑缓期执行期间的犯罪。

根据《刑法》第78条的规定,人民法院依照《刑法》第50条第2款的规定限制减刑的死刑缓期执行的犯罪分子,缓期执行期满后依法减为无期徒刑的,减刑后实际执行的刑期不能少于25年,缓期执行期满后依法减为25年有期徒刑的,减刑后实际执行的刑期不能少于20年。

关于死刑问题,主要有以下一些法律规定:

(1)《刑法》第48条　【死刑的适用对象及核准程序】死刑只适用于罪行极其严重的犯罪分子。对于应当判处死刑的犯罪分子,如果不是必须立即执行的,可以判处死刑同时宣告缓期二年执行。

死刑除依法由最高人民法院判决的以外,都应当报请最高人民法院核准。死刑缓期执行的,可以由高级人民法院判决或者核准。

(2)《刑法》第49条　【死刑适用对象的限制】犯罪的时候不满十八周岁的人和审判的时候怀孕的妇女,不适用死刑。

审判的时候已满七十五周岁的人,不适用死刑,但以特别残忍手段致人死亡的除外。

(3)《刑法》第50条　【死缓变更】判处死刑缓期执行的,在死刑缓期执行期间,如果没有故意犯罪,二年期满以后,减为无期徒刑;如果确有重大立功表现,二年期满以后,减为二十五年有期徒刑;如果故意犯罪,情节恶劣的,报请最高人民法院核准后执行死刑;对于故意犯罪未执行死刑的,死刑缓期执行的期间重新计算,并报最高人民法院备案。

对被判处死刑缓期执行的累犯以及因故意杀人、强奸、抢劫、绑架、放火、爆炸、投放危险物质或者有组织的暴力性犯罪被判处死刑缓期执行的犯罪分子,人民法院根据犯罪情节等情况可以同时决定对其限制减刑。

(4)《刑法》第51条　【死缓期间及减为有期徒刑的刑期计算】死刑缓期执行的期间,从判决确定之日起计算。死刑缓期执行减为有期徒刑的刑期,从死刑缓期执行期满之日起计算。

(5)《刑法》第57条　【对死刑、无期徒刑罪犯剥夺政治权利的适用】对于被判处死刑、无期徒刑的犯罪分子,应当剥夺政治权利终身。

在死刑缓期执行减为有期徒刑或者无期徒刑减为有期徒刑的时候,应当把附加剥夺政治权利的期限改为三年以上十年以下。

(6)《刑法》第58条　【剥夺政治权利的刑期计算与执行】附加剥夺政治权利的刑期,从徒刑、拘役执行完毕之日或者从假释之日起计算;剥夺政治权利的效力当然施用于主刑执行期间。

被剥夺政治权利的犯罪分子,在执行期间,应当遵守法律、行政法规和国务院公安部门有关监督管理的规定,服从监督;不得行使本法第五十四条规定的各项权利。

(7)1998年8月7日最高人民法院《关于对怀孕妇女在羁押期间自然流产审判时是否可以适用死刑问题的批复》规定:"怀孕妇女因涉嫌犯罪在羁押期间自然流产后,又因同一事实被起诉、交付审判的,应当视为'审判的时候怀孕的妇女',依法不适用死刑。"

6. 罚金,是附加刑中的一种,是指人民法院判处犯罪分子向国家缴纳一定数量金钱的刑罚方法。对罚金的数额,《刑法》未作具体规定。一般的原则是:非法获利的数额大,情节严重的,罚金的数额也就大,不能让犯罪分子在经济上占便宜。

罚金与罚款不同。罚金是刑罚处罚,是由人民法院依照《刑法》的规定,对犯罪者适用。而罚款是行政处分,适用对象不是犯罪分子,而是一般的违法者。罚款是由公安机关或者海关、税务、工商等行政机关依照行政法规、经济法规的规定作出的。适用罚金,要依照《刑法》的规定。有些犯罪,《刑法》没有规定判处罚金的,则不能随意判处罚金;而对有些犯罪,《刑法》规定了应当判处罚金,对这样的犯罪不判罚金也不对。

《刑法》规定,适用罚金刑的方式有以下四种:

一是选处罚金。如《刑法》第275条规定,犯故意毁坏公私财物罪,数额较大或者有其他严重情节的,处3年以下有期徒刑、拘役或罚金。

二是并处或者单处罚金。如《刑法》第312条规定,犯窝赃、销赃罪,处3年以下有期徒刑、拘役或者管制,并处或者单处罚金。

三是并处罚金。如《刑法》第229条规定,犯提供虚假证明文件罪,处5年以下有期徒刑或者拘役,并处罚金。

四是单处罚金,仅用于单位犯罪。

罚金是我国《刑法》中规定的三种附加刑之一。在《刑法》的条文中,凡是规定了"并处"没收财产或者罚金的犯罪,人民法院在对犯罪分子判处主刑的同时,必须依法判处相应的财产刑。《刑法》规定"可以并处"没收财产或者罚金的犯罪,人民法院应当根据案件的具体情况及犯罪分子的财产状况,决定是否适用财产刑。

依法对犯罪分子所犯数罪分别判处罚金的,应当实行并罚,将所判处的罚金数额相加,执行总和数额。一人犯数罪,依法同时并处罚金和没收财产的,应当合并执行;但并处没收全部财产的,只执行没收财产刑。

犯罪情节较轻,适用单处罚金不致再危害社会并且具有下列情形之一的,可以依法单处罚金:(1)偶犯或者初犯;(2)自首或者有立功表现的;(3)犯罪时不满18周岁的;(4)犯罪预备、中止或者未遂的;(5)被胁迫参加犯罪的;(6)全部退赃并有悔罪表现的;(7)其他可以依法单处罚金的情形。

关于罚金问题,主要有以下法律规定:

(1)《刑法》第52条　【罚金的判处】判处罚金,应当根据犯罪情节决定罚金数额。

(2)《刑法》第53条　【罚金的缴纳】罚金在判决指定的期限内一次或者分期缴纳。期满不缴纳的,强制缴纳。对于不能全部缴纳罚金的,人民法院在任何时候发现被执行人有可以执行的财产,应当随时追缴。如果由于遭遇不能抗拒的灾祸等原因缴纳确实有困难的,经人民法院裁定,可以延期缴纳、酌情减少或者免除。

(3)2000年12月13日最高人民法院《关于适用财产刑若干问题的规定》规定:

"第一条　刑法规定'并处'没收财产或者罚金的犯罪,人民法院在对犯罪分子判处主刑的同时,必须依法判处相应的财产刑;刑法规定'可以并处'没收财产或者罚金的犯罪,人民法院应当根据案件具体情况及犯罪分子的财产状况,决定是否适用财产刑。

第二条　人民法院应当根据犯罪情节,如违法所得数额、造成损失的大小等,并综合考虑犯罪分子缴纳罚金的能力,依法判处罚金。刑法没有明确规定罚金数额标准的,罚金的最低数额不能少于一千元。

对未成年人犯罪应当从轻或者减轻判处罚金,但罚金的最低数额不能少于五百元。

第三条　依法对犯罪分子所犯数罪分别判处罚金的,应当实行并罚,将所判处的罚金数额相加,执行总和数额。

一人犯数罪依法同时并处罚金和没收财产的,应当合并执行;但并处没收全部财产的,只执行没收财产刑。

第四条　犯罪情节较轻,适用单处罚金不致再危害社会并具有下列情形之一的,可以依法单处罚金:

(一)偶犯或者初犯;

(二)自首或者有立功表现的;

（三）犯罪时不满十八周岁的；

（四）犯罪预备、中止或者未遂的；

（五）被胁迫参加犯罪的；

（六）全部退赃并有悔罪表现的；

（七）其他可以依法单处罚金的情形。

第五条　刑法第五十三条规定的'判决指定的期限'应当在判决书中予以确定；'判决指定的期限'应为从判决发生法律效力第二日起最长不超过三个月。

第六条　刑法第五十三条规定的'由于遭遇不能抗拒的灾祸缴纳确实有困难的'，主要是指因遭受火灾、水灾、地震等灾祸而丧失财产；罪犯因重病、伤残等而丧失劳动能力，或者需要罪犯抚养的近亲属患有重病，需支付巨额医药费等，确实没有财产可供执行的情形。

具有刑法第五十三条规定'可以酌情减少或者免除'事由的，由罪犯本人、亲属或者犯罪单位向负责执行的人民法院提出书面申请，并提供相应的证明材料。人民法院审查以后，根据实际情况，裁定减少或者免除应当缴纳的罚金数额。

第七条　刑法第六十条规定的'没收财产以前犯罪分子所负的正当债务'，是指犯罪分子在判决生效前所负他人的合法债务。

第八条　罚金刑的数额应当以人民币为计算单位。

第九条　人民法院认为依法应当判处被告人财产刑的，可以在案件审理过程中，决定扣押或者冻结被告人的财产。

第十条　财产刑由第一审人民法院执行。

犯罪分子的财产在异地的，第一审人民法院可以委托财产所在地人民法院代为执行。

第十一条　自判决指定的期限届满第二日起，人民法院对于没有法定减免事由不缴纳罚金的，应当强制其缴纳。

对于隐藏、转移、变卖、损毁已被扣押、冻结财产情节严重的，依照刑法第三百一十四条的规定追究刑事责任。"

7. 剥夺政治权利

剥夺政治权利是附加刑中的一种，是指剥夺犯罪分子参加国家管理和政治活动权利的刑罚方法。剥夺政治权利是剥夺下列权利：选举权和被选举权；言论、出版、集会、结论、游行、示威自由的权利；担任国家机关职务的权利；担任国有公司、企业、事业单位和人民团体领导职务的权利。对犯罪的外国人，不能适用剥夺政治权利的刑罚。

适用剥夺政治权利有以下三种情况：(1)对于危害国家安全的犯罪分子应当剥夺政治权利；(2)对于故意杀人、强奸、放火、爆炸、投毒、抢劫等严重破坏社会秩序的犯罪分子，可以附加剥夺政治权利；(3)对于被判处死刑、无期徒刑的犯罪分子，应当剥夺政治权利终身。

关于剥夺政治权利问题，主要有以下法律规定：

(1)《刑法》第54条　【剥夺政治权利的含义】剥夺政治权利是剥夺下列权利：

（一）选举权和被选举权；

（二）言论、出版、集会、结社、游行、示威自由的权利；

（三）担任国家机关职务的权利；

（四）担任国有公司、企业、事业单位和人民团体领导职务的权利。

(2)《刑法》第55条　【剥夺政治权利的期限】剥夺政治权利的期限，除本法第五十七条规定外，为一年以上五年以下。

判处管制附加剥夺政治权利的，剥夺政治权利的期限与管制的期限相等，同时执行。

(3)《刑法》第56条　【剥夺政治权利的附加、独立适用】对于危害国家安全的犯罪分子应当附加剥夺政治权利;对于故意杀人、强奸、放火、爆炸、投毒、抢劫等严重破坏社会秩序的犯罪分子,可以附加剥夺政治权利。

独立适用剥夺政治权利的,依照本法分则的规定。

(4)2009年5月25日最高人民法院《关于在执行附加刑剥夺政治权利期间犯新罪应如何处理的批复》规定:

"一、对判处有期徒刑并处剥夺政治权利的罪犯,主刑已执行完毕,在执行附加刑剥夺政治权利期间又犯新罪,如果所犯新罪无须附加剥夺政治权利的,依照刑法第七十一条的规定数罪并罚。

二、前罪尚未执行完毕的附加刑剥夺政治权利的刑期从新罪的主刑有期徒刑执行之日起停止计算,并依照刑法第五十八条规定从新罪的主刑有期徒刑执行完毕之日或者假释之日起继续计算;附加刑剥夺政治权利的效力施用于新罪的主刑执行期间。

三、对判处有期徒刑的罪犯,主刑已执行完毕,在执行附加刑剥夺政治权利期间又犯新罪,如果所犯新罪也剥夺政治权利的,依照刑法第五十五条、第五十七条、第七十一条的规定并罚。"

8. 没收财产

没收财产是附加刑的一种,是指将犯罪分子个人所有财产的一部分或者全部强制无偿地收归国有的刑罚方法。它主要适用于危害国家安全方面的犯罪和经济犯罪及贪利性犯罪。

关于没收财产问题,主要有以下法律规定:

(1)《刑法》第59条　【没收财产的范围】没收财产是没收犯罪分子个人所有财产的一部或者全部。没收全部财产的,应当对犯罪分子个人及其扶养的家属保留必需的生活费用。

在判处没收财产的时候,不得没收属于犯罪分子家属所有或者应有的财产。

(2)《刑法》第60条　【以没收的财产偿还债务】没收财产以前犯罪分子所负的正当债务,需要以没收的财产偿还的,经债权人请求,应当偿还。

9. 驱逐出境

驱逐出境是强迫犯罪的外国人离开中国国(边)境的处罚方法。这种处罚方法,既不是我国刑罚中的主刑,也不是附加刑,而是只对犯罪的外国人进行处罚的方法。它可以独立适用,也可以附加适用。由人民法院判决的驱逐出境,独立适用时,从判决确定之日起执行;附加适用时,从主刑执行完毕之日起执行。

10. 数罪并罚

一个人犯了两种以上的罪,人民法院对各个罪分别定罪量刑,然后按照法定原则一并处罚,除了判处死刑和无期徒刑的以外,应当在总和刑期以下,数罪中最高的刑期以上,酌情决定执行刑期的刑罚方法。

在数罪中,如果有判处死刑或者无期徒刑的,则采取吸收原则,由死刑或者无期徒刑吸收其他罪行被判处的较轻的刑罚,只执行死刑或者无期徒刑,其他的刑罚(指主刑)不再执行。尽管被吸收的刑罚不再执行,但法院在判决时,应当对各罪分别定罪量刑,然后决定执行其中的死刑或者无期徒刑。

关于数罪并罚问题,主要有以下法律规定:

(1)《刑法》第69条　【判决宣告前一人犯数罪的并罚】判决宣告以前一人犯数罪的,除判处死刑和无期徒刑的以外,应当在总和刑期以下、数刑中最高刑期以上,酌情决定执行的刑期,但是管制最高不能超过三年,拘役最高不能超过一年,有期徒刑总和刑期不满三十五年的,最高不能超过二十年,总和刑期在三十五年以上的,最高不能超过二十五年。

数罪中有判处附加刑的，附加刑仍须执行，其中附加刑种类相同的，合并执行，种类不同的，分别执行。

(2)《刑法》第70条　【判决宣告后发现漏罪的并罚】判决宣告以后，刑罚执行完毕以前，发现被判刑的犯罪分子在判决宣告以前还有其他罪没有判决的，应当对新发现的罪作出判决，把前后两个判决所判处的刑罚，依照本法第六十九条的规定，决定执行的刑罚。已经执行的刑期，应当计算在新判决决定的刑期以内。

(3)《刑法》第71条　【判决宣告后又犯新罪的并罚】判决宣告以后，刑罚执行完毕以前，被判刑的犯罪分子又犯罪的，应当对新犯的罪作出判决，把前罪没有执行的刑罚和后罪所判处的刑罚，依照本法第六十九条的规定，决定执行的刑罚。

11. 缓刑

根据《刑法》的规定，对于被判处拘役、3年以下有期徒刑的犯罪分子，同时符合下列条件的，可以宣告缓刑，对其中不满18周岁的人、怀孕的妇女和已满75周岁的人，应当宣告缓刑：一是犯罪情节较轻；二是有悔罪表现；三是没有再犯罪的危险；四是宣告缓刑对所居住社区没有重大不良影响。宣告缓刑，可以根据犯罪情况，同时禁止犯罪分子在缓刑考验期限内从事特定活动，进入特定区域、场所，接触特定的人。被宣告缓刑的犯罪分子，如果被判处附加刑，附加刑仍须执行。

关于缓刑问题，主要有以下法律规定：

(1)《刑法》第72条　【适用条件】对于被判处拘役、三年以下有期徒刑的犯罪分子，同时符合下列条件的，可以宣告缓刑，对其中不满十八周岁的人、怀孕的妇女和已满七十五周岁的人，应当宣告缓刑：

(一)犯罪情节较轻；

(二)有悔罪表现；

(三)没有再犯罪的危险；

(四)宣告缓刑对所居住社区没有重大不良影响。

宣告缓刑，可以根据犯罪情况，同时禁止犯罪分子在缓刑考验期限内从事特定活动，进入特定区域、场所，接触特定的人。

被宣告缓刑的犯罪分子，如果被判处附加刑，附加刑仍须执行。

(2)《刑法》第73条　【考验期限】拘役的缓刑考验期限为原判刑期以上一年以下，但是不能少于二个月。

有期徒刑的缓刑考验期限为原判刑期以上五年以下，但是不能少于一年。

缓刑考验期限，从判决确定之日起计算。

(3)《刑法》第74条　【累犯不适用缓刑】对于累犯和犯罪集团的首要分子，不适用缓刑。

(4)《刑法》第75条　【缓刑犯应遵守的规定】被宣告缓刑的犯罪分子，应当遵守下列规定：

(一)遵守法律、行政法规，服从监督；

(二)按照考察机关的规定报告自己的活动情况；

(三)遵守考察机关关于会客的规定；

(四)离开所居住的市、县或者迁居，应当报经考察机关批准。

(5)《刑法》第76条　【缓刑的考验及其积极后果】对宣告缓刑的犯罪分子，在缓刑考验期限内，依法实行社区矫正，如果没有本法第七十七条规定的情形，缓刑考验期满，原判的刑罚就不再执行，并公开予以宣告。

(6)《刑法》第77条　【缓刑的撤销及其处理】被宣告缓刑的犯罪分子，在缓刑考验期限内犯新罪或者发现判决宣告以前还有其他罪没有判决的,应当撤销缓刑,对新犯的罪或者新发现的罪作出判决,把前罪和后罪所判处的刑罚,依照本法第六十九条的规定,决定执行的刑罚。

被宣告缓刑的犯罪分子,在缓刑考验期限内,违反法律、行政法规或者国务院有关部门关于缓刑的监督管理规定,或者违反人民法院判决中的禁止令,情节严重的,应当撤销缓刑,执行原判刑罚。

(7)1998 年 9 月 17 日最高人民检察院法律政策研究室《关于对数罪并罚决定执行刑期为三年以下有期徒刑的犯罪分子能否适用缓刑问题的复函》规定:"根据刑法第七十二条的规定,可以适用缓刑的对象是被判处拘役、三年以下有期徒刑的犯罪分子;条件是根据犯罪分子的犯罪情节和悔罪表现,适用缓刑确实不致再危害社会。对于判决宣告以前犯数罪的犯罪分子,只要判决执行的刑罚为拘役、三年以下有期徒刑,且符合根据犯罪分子的犯罪情节和悔罪表现,适用缓刑确实不致再危害社会的案件,依法可以适用缓刑。"

(8)2020 年 1 月 17 日最高人民法院、最高人民检察院《关于缓刑犯在考验期满后五年内再犯应当判处有期徒刑以上刑罚之罪应否认定为累犯问题的批复》规定:"被判处有期徒刑宣告缓刑的犯罪分子,在缓刑考验期满后五年内再犯应当判处有期徒刑以上刑罚之罪的,因前罪判处的有期徒刑并未执行,不具备刑法第六十五条规定的'刑罚执行完毕'的要件,故不应认定为累犯,但可作为对新罪确定刑罚的酌定从重情节予以考虑。"

七 时效

时效，是指犯罪行为经过了一定的期限，不再追诉，或者对所判的刑罚不得执行的一项法律制度。

关于时效问题，主要有以下法律规定：

1.《刑法》第87条 【追诉时效期限】犯罪经过下列期限不再追诉：

（一）法定最高刑为不满五年有期徒刑的，经过五年；

（二）法定最高刑为五年以上不满十年有期徒刑的，经过十年；

（三）法定最高刑为十年以上有期徒刑的，经过十五年；

（四）法定最高刑为无期徒刑、死刑的，经过二十年。如果二十年以后认为必须追诉的，须报请最高人民检察院核准。

2.《刑法》第88条 【追诉期限的延长】在人民检察院、公安机关、国家安全机关立案侦查或者在人民法院受理案件以后，逃避侦查或者审判的，不受追诉期限的限制。

被害人在追诉期限内提出控告，人民法院、人民检察院、公安机关应当立案而不予立案的，不受追诉期限的限制。

3.《刑法》第89条 【追诉期限的计算与中断】追诉期限从犯罪之日起计算；犯罪行为有连续或者继续状态的，从犯罪行为终了之日起计算。

在追诉期限以内又犯罪的，前罪追诉的期限从犯后罪之日起计算。

八
刑事附带民事诉讼

刑事附带民事诉讼，是指对被告人的犯罪行为所造成的物质损失，人民检察院和有求偿权的公民、法人，在公安、司法机关依法追究被告人刑事责任的同时，附带提出要求，让有关民事责任人赔偿经济损失的诉讼。

关于提起附带民事诉讼的时间，《刑事诉讼法》第 99 条已有明确规定，即(1)国家、集体财产遭受经济损失的，人民检察院在提起公诉的时候，可一并提起附带民事诉讼，要求被告人赔偿。(2)一般公民遭受经济损失的，从立案开始到一审判决宣告之前，在整个诉讼过程中均可提起附带民事诉讼。提起附带民事诉讼，不交诉讼费。

根据 2012 年 12 月 20 日最高人民法院《关于适用〈中华人民共和国刑事诉讼法〉的解释》第 138 条的规定，可以提起附带民事诉讼的，只限于因人身权利受到犯罪侵犯而遭受物质损失或者财产被犯罪分子毁坏而遭受物质损失的，不包括精神损失。

关于附带民事诉讼的赔偿范围，《刑法》第 36 条和《刑事诉讼法》第 99 条均有明确规定，即赔偿由于被告人的犯罪行为所造成的经济损失。那么，哪些损失是"由于犯罪所造成的经济损失"呢?

第一，经济损失是指有确切数字表示的经济损失，不包括精神损失、名誉损失、荣誉损害和经过一段劳动之后才能得到的劳动成果等。例如，一位农民种了一大片庄稼，庄稼长势喜人，这时，这位农民被害身亡，由于庄稼在后期无人管理，少收入 2 万元。这个应当通过劳动之后才能收入的 2 万元，则不属于附带民事诉讼的赔偿范围。

第二，附带民事诉讼所要赔偿的，主要是实际的、必然遭受的、有确切数字计算的经济损失。例如，因遭受犯罪分子的杀害而给被害人及其家属等有关人所造成的抢救费用、医疗费、住院费、丧葬费等。

第三，对被害人所造成的经济损失，除了经过调解而解决的可以放宽赔偿范围以外，法院用判决的方式决定赔偿范围时，要严格按照《刑法》第 36 条的规定，即要"根据情况"来判决赔偿经济损失。这里的"根据情况"，主要是指以下一些情况：(1)被害人是否有过错，如果被害人有明显过错，被告人不能赔偿全部的经济损失，被害人本人也应承担部分责任。(2)对间接损失从严掌握。经济损失包括直接经济损失和间接经济损失。对间接经济损失绝对不赔错误，没有法律依据，但赔偿面过宽，则难以执行。只能是视各案的具体情况，采取合理、适当、限制的三项原则，酌情决定赔偿。例如，被害人重伤，在医院手术、抢救期间，确实需要有人陪护。关于陪护人的工资收入，应当赔偿，但陪护人是一人还是数人，是数日还是数月，这就要从严掌握。对于医药费，也不是只要有医药费收据，就统统赔偿，应进行严格审查。例如，被害人后背被菜刀砍伤，在一般的医院经缝合、消炎即可治愈，但对于用安宫丸等治疗神经方面的药物花费，则不应赔偿；本来经过住院 1 个月即可治愈出院的，却住院数月；本来在当地县、区医院就可治愈的，却到北京、上海等大城市去医疗，从而花费大量交通费等，也不能统统都由被告人赔偿。

人民法院审理刑事附带民事诉讼案件，依法判决后，查明被告人确实没有财产可供执行的，应当裁定中止或者终结执行。被告人已经赔偿被害人物质损失的，人民法院可以作为量刑情节予以考虑。犯罪分子非法占有、处置被害人财产而使其遭受物资损失的，人民法院应当依法予以追缴，或者责令退赔。被追缴、退赔的情况，人民法院可以作为量刑情节予以考虑。经过追缴或者退赔，仍然不能弥补损失，被害人可以向人民法院民事审判庭另行提起民事诉讼。

关于刑事附带民事赔偿问题，法律有以下规定：

1.《刑法》第36条　【民事赔偿责任】由于犯罪行为而使被害人遭受经济损失的，对犯罪分子除依法给予刑事处罚外，并应根据情况判处赔偿经济损失。

承担民事赔偿责任的犯罪分子，同时被判处罚金，其财产不足以全部支付的，或者被判处没收财产的，应当先承担对被害人的民事赔偿责任。

2. 1987年8月26日最高人民法院《关于被告人亲属主动为被告人退缴赃款应如何处理的批复》规定：

"一、被告人是成年人，其违法所得都由自己挥霍，无法追缴的，应责令被告人退赔，其家属没有代为退赔的义务。

被告人在家庭共同财产中有其个人应有部分的，只能在其个人应有部分的范围内，责令被告人退赔。

二、如果被告人的违法所得有一部分用于家庭日常生活，对这部分违法所得，被告人和家属均有退赔的义务。

三、如果被告人对责令其本人退赔的违法所得已无实际上的退赔能力，但其亲属应被告人的请求，或者主动提出并征得被告人的同意，自愿代被告人退赔部分或者全部违法所得的，法院也可考虑具体情况，收下其亲属自愿代被告人退赔的款项，并视为被告人主动退赔的款项。

四、属于以上三种情况，已作了退赔的，均可视为被告人退赃较好，可以酌情从宽处罚。

五、如果被告人的罪行应当判处死刑，并必须执行，属于以上第一、二两种情况的，法院可以接收退赔的款项；属于以上第三种情况的，其亲属自愿代为退赔的款项，法院不应接收。"

3. 2003年12月26日最高人民法院《关于审理人身损害赔偿案件适用法律若干问题的解释》规定：

"第一条　因生命、健康、身体遭受侵害，赔偿权利人起诉请求赔偿义务人赔偿财产损失和精神损害的，人民法院应予受理。

本条所称赔偿权利人，是指因侵权行为或者其他致害原因直接遭受人身损害的受害人、依法由受害人承担扶养义务的被扶养人以及死亡受害人的近亲属。

本条所称赔偿义务人，是指因自己或者他人的侵权行为以及其他致害原因依法应当承担民事责任的自然人、法人或者其他组织。

第二条　受害人对同一损害的发生或者扩大有故意、过失的，依照民法通则第一百三十一条的规定，可以减轻或者免除赔偿义务人的赔偿责任。但侵权人因故意或者重大过失致人损害，受害人只有一般过失的，不减轻赔偿义务人的赔偿责任。

适用民法通则第一百零六条第三款规定确定赔偿义务人的赔偿责任时，受害人有重大过失的，可以减轻赔偿义务人的赔偿责任。

第三条　二人以上共同故意或者共同过失致人损害，或者虽无共同故意、共同过失，但其侵害行为直接结合发生同一损害后果的，构成共同侵权，应当依照民法通则第一百三十条规定承担连带责任。

二人以上没有共同故意或者共同过失，但其分别实施的数个行为间接结合发生同一损害后果的，应当根据过失大小或者原因力比例各自承担相应的赔偿责任。

第四条　二人以上共同实施危及他人人身安全的行为并造成损害后果，不能确定实际侵害行为人的，应当依照民法通则第一百三十条规定承担连带责任。共同危险行为人能够证明损害后果不是由其行为造成的，不承担赔偿责任。

第五条　赔偿权利人起诉部分共同侵权人的，人民法院应当追加其他共同侵权人作为共同被告。赔偿权利人在诉讼中放弃对部分共同侵权人的诉讼请求的，其他共同侵权人对被放弃诉讼请求的被告应当承担的赔偿份额不承担连带责任。责任范围难以确定的，推定各共同侵权人承担同等责任。

人民法院应当将放弃诉讼请求的法律后果告知赔偿权利人，并将放弃诉讼请求的情况在法律文书中叙明。

第六条　从事住宿、餐饮、娱乐等经营活动或者其他社会活动的自然人、法人、其他组织，未尽合理限度范围内的安全保障义务致使他人遭受人身损害，赔偿权利人请求其承担相应赔偿责任的，人民法院应予支持。

因第三人侵权导致损害结果发生的，由实施侵权行为的第三人承担赔偿责任。安全保障义务人有过错的，应当在其能够防止或者制止损害的范围内承担相应的补充赔偿责任。安全保障义务人承担责任后，可以向第三人追偿。赔偿权利人起诉安全保障义务人的，应当将第三人作为共同被告，但第三人不能确定的除外。

第七条　对未成年人依法负有教育、管理、保护义务的学校、幼儿园或者其他教育机构，未尽职责范围内的相关义务致使未成年人遭受人身损害，或者未成年人致他人人身损害的，应当承担与其过错相应的赔偿责任。

第三人侵权致未成年人遭受人身损害的，应当承担赔偿责任。学校、幼儿园等教育机构有过错的，应当承担相应的补充赔偿责任。

第八条　法人或者其他组织的法定代表人、负责人以及工作人员，在执行职务中致人损害的，依照民法通则第一百二十一条的规定，由该法人或者其他组织承担民事责任。上述人员实施与职务无关的行为致人损害的，应当由行为人承担赔偿责任。

属于《国家赔偿法》赔偿事由的，依照《国家赔偿法》的规定处理。

第九条　雇员在从事雇佣活动中致人损害的，雇主应当承担赔偿责任；雇员因故意或者重大过失致人损害的，应当与雇主承担连带赔偿责任。雇主承担连带赔偿责任的，可以向雇员追偿。

前款所称从事雇佣活动，是指从事雇主授权或者指示范围内的生产经营活动或者其他劳务活动。雇员的行为超出授权范围，但其表现形式是履行职务或者与履行职务有内在联系的，应当认定为从事雇佣活动。

第十条　承揽人在完成工作过程中对第三人造成损害或者造成自身损害的，定作人不承担赔偿责任。但定作人对定作、指示或者选任有过失的，应当承担相应的赔偿责任。

第十一条　雇员在从事雇佣活动中遭受人身损害，雇主应当承担赔偿责任。雇佣关系以外的第三人造成雇员人身损害的，赔偿权利人可以请求第三人承担赔偿责任，也可以请求雇主承担赔偿责任。雇主承担赔偿责任后，可以向第三人追偿。

雇员在从事雇佣活动中因安全生产事故遭受人身损害，发包人、分包人知道或者应当知道接受发包或者分包业务的雇主没有相应资质或者安全生产条件的，应当与雇主承担连带赔偿责任。

属于《工伤保险条例》调整的劳动关系和工伤保险范围的，不适用本条规定。

第十二条　依法应当参加工伤保险统筹的用人单位的劳动者，因工伤事故遭受人身损害，劳动者或者其近亲属向人民法院起诉请求用人单位承担民事赔偿责任的，告知其按《工伤保险条例》的规定处理。

因用人单位以外的第三人侵权造成劳动者人身损害,赔偿权利人请求第三人承担民事赔偿责任的,人民法院应予支持。

第十三条 为他人无偿提供劳务的帮工人,在从事帮工活动中致人损害的,被帮工人应当承担赔偿责任。被帮工人明确拒绝帮工的,不承担赔偿责任。帮工人存在故意或者重大过失,赔偿权利人请求帮工人和被帮工人承担连带责任的,人民法院应予支持。

第十四条 帮工人因帮工活动遭受人身损害的,被帮工人应当承担赔偿责任。被帮工人明确拒绝帮工的,不承担赔偿责任;但可以在受益范围内予以适当补偿。

帮工人因第三人侵权遭受人身损害的,由第三人承担赔偿责任。第三人不能确定或者没有赔偿能力的,可以由被帮工人予以适当补偿。

第十五条 为维护国家、集体或者他人的合法权益而使自己受到人身损害,因没有侵权人、不能确定侵权人或者侵权人没有赔偿能力,赔偿权利人请求受益人在受益范围内予以适当补偿的,人民法院应予支持。

第十六条 下列情形,适用民法通则第一百二十六条的规定,由所有人或者管理人承担赔偿责任,但能够证明自己没有过错的除外:

(一)道路、桥梁、隧道等人工建造的构筑物因维护、管理瑕疵致人损害的;

(二)堆放物品滚落、滑落或者堆放物倒塌致人损害的;

(三)树木倾倒、折断或者果实坠落致人损害的。

前款第(一)项情形,因设计、施工缺陷造成损害的,由所有人、管理人与设计、施工者承担连带责任。

第十七条 受害人遭受人身损害,因就医治疗支出的各项费用以及因误工减少的收入,包括医疗费、误工费、护理费、交通费、住宿费、住院伙食补助费、必要的营养费,赔偿义务人应当予以赔偿。

受害人因伤致残的,其因增加生活上需要所支出的必要费用以及因丧失劳动能力导致的收入损失,包括残疾赔偿金、残疾辅助器具费、被扶养人生活费,以及因康复护理、继续治疗实际发生的必要的康复费、护理费、后续治疗费,赔偿义务人也应当予以赔偿。

受害人死亡的,赔偿义务人除应当根据抢救治疗情况赔偿本条第一款规定的相关费用外,还应当赔偿丧葬费、被扶养人生活费、死亡补偿费以及受害人亲属办理丧葬事宜支出的交通费、住宿费和误工损失等其他合理费用。

第十八条 受害人或者死者近亲属遭受精神损害,赔偿权利人向人民法院请求赔偿精神损害抚慰金的,适用《最高人民法院关于确定民事侵权精神损害赔偿责任若干问题的解释》予以确定。

精神损害抚慰金的请求权,不得让与或者继承。但赔偿义务人已经以书面方式承诺给予金钱赔偿,或者赔偿权利人已经向人民法院起诉的除外。

第十九条 医疗费根据医疗机构出具的医药费、住院费等收款凭证,结合病历和诊断证明等相关证据确定。赔偿义务人对治疗的必要性和合理性有异议的,应当承担相应的举证责任。

医疗费的赔偿数额,按照一审法庭辩论终结前实际发生的数额确定。器官功能恢复训练所必要的康复费、适当的整容费以及其他后续治疗费,赔偿权利人可以待实际发生后另行起诉。但根据医疗证明或者鉴定结论确定必然发生的费用,可以与已经发生的医疗费一并予以赔偿。

第二十条 误工费根据受害人的误工时间和收入状况确定。

误工时间根据受害人接受治疗的医疗机构出具的证明确定。受害人因伤致残持续误工的,误工时间可以计算至定残日前一天。

受害人有固定收入的，误工费按照实际减少的收入计算。受害人无固定收入的，按照其最近三年的平均收入计算；受害人不能举证证明其最近三年的平均收入状况的，可以参照受诉法院所在地相同或者相近行业上一年度职工的平均工资计算。

第二十一条　护理费根据护理人员的收入状况和护理人数、护理期限确定。

护理人员有收入的，参照误工费的规定计算；护理人员没有收入或者雇佣护工的，参照当地护工从事同等级别护理的劳务报酬标准计算。护理人员原则上为一人，但医疗机构或者鉴定机构有明确意见的，可以参照确定护理人员人数。

护理期限应计算至受害人恢复生活自理能力时止。受害人因残疾不能恢复生活自理能力的，可以根据其年龄、健康状况等因素确定合理的护理期限，但最长不超过二十年。

受害人定残后的护理，应当根据其护理依赖程度并结合配制残疾辅助器具的情况确定护理级别。

第二十二条　交通费根据受害人及其必要的陪护人员因就医或者转院治疗实际发生的费用计算。交通费应当以正式票据为凭；有关凭据应当与就医地点、时间、人数、次数相符合。

第二十三条　住院伙食补助费可以参照当地国家机关一般工作人员的出差伙食补助标准予以确定。

受害人确有必要到外地治疗，因客观原因不能住院，受害人本人及其陪护人员实际发生的住宿费和伙食费，其合理部分应予赔偿。

第二十四条　营养费根据受害人伤残情况参照医疗机构的意见确定。

第二十五条　残疾赔偿金根据受害人丧失劳动能力程度或者伤残等级，按照受诉法院所在地上一年度城镇居民人均可支配收入或者农村居民人均纯收入标准，自定残之日起按二十年计算。但六十周岁以上的，年龄每增加一岁减少一年；七十五周岁以上的，按五年计算。

受害人因伤致残但实际收入没有减少，或者伤残等级较轻但造成职业妨害严重影响其劳动就业的，可以对残疾赔偿金作相应调整。

第二十六条　残疾辅助器具费按照普通适用器具的合理费用标准计算。伤情有特殊需要的，可以参照辅助器具配制机构的意见确定相应的合理费用标准。

辅助器具的更换周期和赔偿期限参照配制机构的意见确定。

第二十七条　丧葬费按照受诉法院所在地上一年度职工月平均工资标准，以六个月总额计算。

第二十八条　被扶养人生活费根据扶养人丧失劳动能力程度，按照受诉法院所在地上一年度城镇居民人均消费性支出和农村居民人均年生活消费支出标准计算。被扶养人为未成年人的，计算至十八周岁；被扶养人无劳动能力又无其他生活来源的，计算二十年。但六十周岁以上的，年龄每增加一岁减少一年；七十五周岁以上的，按五年计算。

被扶养人是指受害人依法应当承担扶养义务的未成年人或者丧失劳动能力又无其他生活来源的成年近亲属。被扶养人还有其他扶养人的，赔偿义务人只赔偿受害人依法应当负担的部分。被扶养人有数人的，年赔偿总额累计不超过上一年度城镇居民人均消费性支出额或者农村居民人均年生活消费支出额。

第二十九条　死亡赔偿金按照受诉法院所在地上一年度城镇居民人均可支配收入或者农村居民人均纯收入标准，按二十年计算。但六十周岁以上的，年龄每增加一岁减少一年；七十五周岁以上的，按五年计算。

第三十条　赔偿权利人举证证明其住所地或者经常居住地城镇居民人均可支配收入或者农村居民人均纯收入高于受诉法院所在地标准的，残疾赔偿金或者死亡赔偿金可以按照其住所地或者经常居住地的相关标准计算。

被扶养人生活费的相关计算标准，依照前款原则确定。

第三十一条　人民法院应当按照民法通则第一百三十一条以及本解释第二条的规定，确定第十九条至第二十九条各项财产损失的实际赔偿金额。

前款确定的物质损害赔偿金与按照第十八条第一款规定确定的精神损害抚慰金，原则上应当一次性给付。

第三十二条　超过确定的护理期限、辅助器具费给付年限或者残疾赔偿金给付年限，赔偿权利人向人民法院起诉请求继续给付护理费、辅助器具费或者残疾赔偿金的，人民法院应予受理。赔偿权利人确需继续护理、配制辅助器具，或者没有劳动能力和生活来源的，人民法院应当判令赔偿义务人继续给付相关费用五至十年。

第三十三条　赔偿义务人请求以定期金方式给付残疾赔偿金、被扶养人生活费、残疾辅助器具费的，应当提供相应的担保。人民法院可以根据赔偿义务人的给付能力和提供担保的情况，确定以定期金方式给付相关费用。但一审法庭辩论终结前已经发生的费用、死亡赔偿金以及精神损害抚慰金，应当一次性给付。

第三十四条　人民法院应当在法律文书中明确定期金的给付时间、方式以及每期给付标准。执行期间有关统计数据发生变化的，给付金额应当适时进行相应调整。

定期金按照赔偿权利人的实际生存年限给付，不受本解释有关赔偿期限的限制。

第三十五条　本解释所称城镇居民人均可支配收入、农村居民人均纯收入、城镇居民人均消费性支出、农村居民人均年生活消费支出、职工平均工资，按照政府统计部门公布的各省、自治区、直辖市以及经济特区和计划单列市上一年度相关统计数据确定。

上一年度，是指一审法庭辩论终结时的上一统计年度。

第三十六条　本解释自 2004 年 5 月 1 日起施行。2004 年 5 月 1 日后新受理的一审人身损害赔偿案件，适用本解释的规定。已经作出生效裁判的人身损害赔偿案件依法再审的，不适用本解释的规定。

在本解释公布施行之前已经生效施行的司法解释，其内容与本解释不一致的，以本解释为准。”

4. 2020 年 5 月 28 日《民法典》的有关规定。

第二部分　各罪详解

到目前为止，我国《刑法》规定了400余个罪名。这些罪名的概念、构成要件以及关于罪名的界定等问题，刑法理论界都有定论，但我们在详解这些罪名的时候，尽可能地把这些内容写全、写准，弥补其他书籍介绍不全的遗憾。本书各罪的"法律规定"是本书的主要内容，也是区别于其他刑法理论书籍的根本点。因此，这一部分更应该全面、准确。由于《刑法》总则规定的内容对各罪都适用，对总则中的重点内容我们在前文中已经介绍过，如关于自首、缓刑、附带民事赔偿等问题的规定，为了避免重复，在以下详解各罪时，一般不再介绍相关规定。

一
危害国家安全罪

危害国家安全罪这类犯罪，是指危害中华人民共和国主权、领土完整和安全的行为。根据《刑法》第113条的规定，在这类犯罪中，“除第一百零三条第二款、第一百零五条、第一百零七条、第一百零九条外，对国家和人民危害特别严重、情节特别恶劣的，可以判处死刑。犯本章之罪的，可以并处没收财产”。

这类犯罪共有以下一些具体罪名：

1. 背叛国家罪（第102条）

（1）罪名概念

背叛国家罪，是指勾结外国或者境外机构、组织、个人，危害中华人民共和国的主权、领土完整和安全的行为。

（2）法律规定

①本罪名是由《刑法》第102条规定的。《刑法》第102条规定：“勾结外国，危害中华人民共和国的主权、领土完整和安全的，处无期徒刑或者十年以上有期徒刑。

与境外机构、组织、个人相勾结，犯前款罪的，依照前款的规定处罚。”

②2015年7月1日全国人民代表大会常务委员会《中华人民共和国国家安全法》相关规定如下：

“第七十七条　公民和组织应当履行下列维护国家安全的义务：

（一）遵守宪法、法律法规关于国家安全的有关规定；

（二）及时报告危害国家安全活动的线索；

（三）如实提供所知悉的涉及危害国家安全活动的证据；

（四）为国家安全工作提供便利条件或者其他协助；

（五）向国家安全机关、公安机关和有关军事机关提供必要的支持和协助；

（六）保守所知悉的国家秘密；

（七）法律、行政法规规定的其他义务。

任何个人和组织不得有危害国家安全的行为，不得向危害国家安全的个人或者组织提供任何资助或者协助。

第七十八条　机关、人民团体、企业事业组织和其他社会组织应当对本单位的人员进行维护国家安全的教育，动员、组织本单位的人员防范、制止危害国家安全的行为。

第七十九条　企业事业组织根据国家安全工作的要求，应当配合有关部门采取相关安全措施。

第八十条　公民和组织支持、协助国家安全工作的行为受法律保护。

因支持、协助国家安全工作，本人或者其近亲属的人身安全面临危险的，可以向公安机关、国家安全机关请求予以保护。公安机关、国家安全机关应当会同有关部门依法采取保护措施。”

(3)构成要件

第一,本罪侵犯的客体是国家主权、领土完整和国家安全,这也是背叛国家罪的一个重要特征。

第二,客观方面表现为勾结外国危害我国主权、领土完整和国家安全的行为。这里面有两方面的内容:一是勾结外国,这是背叛国家罪的必要条件之一。"外国",主要是指外国政府及其官方人物,也包括与境外机构、组织、个人相勾结。二是有危害中华人民共和国主权、领土完整和安全的行为,这是行为人同外国相勾结的实际内容。本罪的构成,不要求在实际上已经造成危害国家主权、领土完整和国家安全的结果。

《刑法》第102条第2款所说的"与境外机构、组织、个人相勾结",这里的"境外"与"外国"不同。这里的"境外",主要是指我国台湾等地区。我国香港和澳门特区虽然已经回归祖国,但在目前,由于执行"一国两制"等政策,仍可视为"境外"。所谓境外机构、组织,是指我国台湾地区和外国的机构、组织及其在大陆设立的分支(代表)机构和分支组织,如外国的政府、军队以及其他国家机关在大陆设置的机构、社团以及其他企事业组织,也包括外国驻华使、领馆,办事处,以及商社、新闻机构等。所谓境外个人,是指居住在外国的人、我国台湾地区的居民以及居住在大陆但不具有中华人民共和国国籍的人。这里所说的居住,无论是否取得永久居住权或长期居住权,还是短期居住,都应视为居住。

这里的"勾结",根据《国家安全法实施细则》第7条的规定,是指境内机构、组织、个人实施的下列危害国家安全的行为:①与外国、境外机构、组织、个人共同策划或者进行危害国家安全活动的;②接受外国、境外机构、组织、个人的资助或者指使,进行危害国家安全活动的;③与外国、境外机构、组织、个人建立联系,取得支持、帮助,进行危害国家安全活动的。

勾结有公开进行的,但更多的是进行秘密接触,联系交往,通谋策划,共同进行危害国家安全的行为。这里的勾结,既有国内的组织和个人与国外机构、组织、个人主动挂钩联系、投靠、接受其资助、指使,寻求支持、帮助,也有国外机构、组织、个人多方与我国国内的组织和个人联络挂钩,提供各种资助、帮助。其共同目的是从事危害我国国家的主权、领土完整和安全的活动。

第三,犯罪主体是具有中国国籍的中国公民。一般是窃据了高级职位,掌握党和国家重要权力的人,或者有重大政治影响的中国公民。因为一般人没有那么大的力量来实施危害国家主权、领土完整和国家安全的行为。对于本罪,外国人虽然不能成为主体,但可以成为中国公民背叛国家犯罪的共犯。

第四,主观方面是故意,至于行为人的动机如何,法律未作规定,但一般具有背叛国家的目的。只要行为人实施了勾结外国,危害中华人民共和国的主权、领土完整和安全的行为,不管处于策划阶段,还是边策划边实施,都不影响构成本罪。

(4)罪名界定

危害国家安全罪这类犯罪的构成,包括背叛国家罪,一般来说,是以实行犯为标准的,即只要行为人施行了某种危害国家安全的行为,即构成该罪的既遂形态,而不考虑行为人最终追求的结果是否已经发生。例如,这章中的"颠覆国家政权罪",只要行为人实行了这种颠覆国家政权的行为,该罪即告成立,而不是说只有把国家政权颠覆了,达到了目的,才构成犯罪既遂。背叛国家罪也是这样,只要实行了背叛国家的犯罪行为,即构成犯罪既遂。

(5)量刑幅度

根据《刑法》第102条、第113条的规定,犯本罪的,处无期徒刑或者10年以上有期徒刑;对国家和人民危害特别严重、情节特别恶劣的,可以处死刑。犯本罪的,可以并处没收财产。

所谓"危害特别严重、情节特别恶劣",目前司法解释没有作统一的规定。我们认为,实施本罪已经造成严重后果的，如勾结外国已经对国家主权、领土完整和安全造成了实际损害，或者导致国家部分领土丧失的，以及在特殊时期，像战时实施本犯罪行为的，可以视为“危害特别严重、情节特别恶劣”。

实施本罪的行为人又实施了分裂国家、颠覆国家政权、间谍等犯罪行为之一或多种犯罪行为的，应当按照牵连犯的处罚原则，从一重罪论处；牵连的数种犯罪行为的法定最高刑相同的，则按目的行为定罪处罚。

2. 分裂国家罪（第103条第1款）

（1）罪名概念

分裂国家罪，是指组织、策划、实施分裂国家、破坏国家统一的行为。

（2）法律规定

①本罪名是由《刑法》第103条第1款规定的。《刑法》第103条第1款规定：“组织、策划、实施分裂国家、破坏国家统一的，对首要分子或者罪行重大的，处无期徒刑或者十年以上有期徒刑；对积极参加的，处三年以上十年以下有期徒刑；对其他参加的，处三年以下有期徒刑、拘役、管制或者剥夺政治权利。”

②2015年7月1日全国人民代表大会常务委员会《中华人民共和国国家安全法》相关规定如下：

“第七十七条　公民和组织应当履行下列维护国家安全的义务：

（一）遵守宪法、法律法规关于国家安全的有关规定；

（二）及时报告危害国家安全活动的线索；

（三）如实提供所知悉的涉及危害国家安全活动的证据；

（四）为国家安全工作提供便利条件或者其他协助；

（五）向国家安全机关、公安机关和有关军事机关提供必要的支持和协助；

（六）保守所知悉的国家秘密；

（七）法律、行政法规规定的其他义务。

任何个人和组织不得有危害国家安全的行为，不得向危害国家安全的个人或者组织提供任何资助或者协助。

第七十八条　机关、人民团体、企业事业组织和其他社会组织应当对本单位的人员进行维护国家安全的教育，动员、组织本单位的人员防范、制止危害国家安全的行为。

第七十九条　企业事业组织根据国家安全工作的要求，应当配合有关部门采取相关安全措施。

第八十条　公民和组织支持、协助国家安全工作的行为受法律保护。

因支持、协助国家安全工作，本人或者其近亲属的人身安全面临危险的，可以向公安机关、国家安全机关请求予以保护。公安机关、国家安全机关应当会同有关部门依法采取保护措施。”

（3）构成要件

第一，本罪侵犯的客体是我们多民族的社会主义国家的统一。

第二，客观方面表现为组织、策划、实施分裂国家、破坏国家统一的行为。这里的“组织、策划、实施”具体包括两方面：一是行为人利用自己窃取的重要权力，或者利用自己的“知名”社会地位和影响，公然组织力量，策动叛变，对抗中央，进行地方割据，或者是组织民族反叛力量，策动民族分裂，企图建立“独立王国”，破坏国家统一；二是行为人虽然本身没有力量进行分裂国家的活动，但是明知他人进行分裂国家、破坏国家统一的活动而积极入伙参与实施。构成本罪，并不要求同时具备上述两种行为，具备其中任何一种形式，即可构成本罪。

第三，犯罪主体是一般主体，既包括境内公民，也包括境外公民。但一般是窃据要职，有重大政治影响的阴谋家、野心家。由于本罪需要共同犯罪，所以犯罪主体又有首要分子、罪行重大的和积极参加的之分。积极参加的，主要是普通人。

第四，主观方面是故意，并且有分裂国家的犯罪目的。

(4)罪名界定

第一，本罪与背叛国家罪有以下区别：一是在侵犯的客体方面，分裂国家罪侵犯的客体是国家的统一，而背叛国家罪侵犯的客体是国家主权、领土完整和安全。“国家的统一”与“领土完整”两个概念不同。国家是统一还是分裂，是对内而言；国家的领土完整不完整是对外而言。国家统一，领土不一定完整；领土完整，国家内部不一定统一。二是在客观方面，表现行为也不一样。背叛国家罪要求行为人必须“勾结外国”，包括与境外机构、组织、个人相勾结；而分裂国家罪的客观方面，没有这个要求。前者是制造“外患”，后者是制造“内乱”。

第二，关于此罪与彼罪的认定。行为人实施本罪过程中有煽动分裂国家行为的，对煽动分裂国家的行为不再单独定罪，仅以本罪论处。

(5)量刑幅度

根据《刑法》第103条第1款、第113条的规定，犯本罪的，对首要分子或者罪行重大的，处无期徒刑或者10年以上有期徒刑。对国家和人民危害特别严重、情节特别恶劣的，可以处死刑。对积极参加的，处3年以上10年以下有期徒刑；对其他参加的，处3年以下有期徒刑、拘役、管制或者剥夺政治权利。犯本罪的，可以并处没收财产。与境外机构、组织、个人相勾结犯本罪的，从重处罚。

这里所说的“首要分子”，是指在分裂国家的犯罪活动中，起组织、策划、指挥作用的犯罪分子，一般是在一定地区或某个民族中有一定社会影响力的地方分离或民族分裂分子。

所谓“罪行重大的”，是指除“首要分子”以外的其他在犯罪活动中起主要作用的犯罪分子。

所谓“对国家和人们危害特别严重、情节特别恶劣的”，目前司法解释没有作统一规定。实践中应具体问题具体分析，对实施本罪造成严重后果的，如武装割据，造成人员伤亡或者巨大财产损失等；以及聚合犯罪成员特别多、范围广、影响大等情形，可以视为对国家和人民危害特别严重、情节特别恶劣。

所谓“积极参加的”，是指除“首要分子”和“罪行重大的”以外的实施本罪表现积极、突出的犯罪分子。

3. 煽动分裂国家罪(第103条第2款)

(1)罪名概念

煽动分裂国家罪，是指煽动分裂国家、破坏国家统一的行为。

(2)法律规定

①本罪名是由《刑法》第103条第2款规定的。该条款规定：“煽动分裂国家、破坏国家统一的，处五年以下有期徒刑、拘役、管制或者剥夺政治权利；首要分子或者罪行重大的，处五年以上有期徒刑。”

②2003年5月14日最高人民法院、最高人民检察院《关于办理妨害预防、控制突发传染病疫情等灾害的刑事案件具体应用法律若干问题的解释》第10条规定：“利用突发传染病疫情等灾害，制造、传播谣言，煽动分裂国家、破坏国家统一，或者煽动颠覆国家政权、推翻社会主义制度的，依照刑法第一百零三条第二款、第一百零五条第二款的规定，以煽动分裂国家罪或者煽动颠

覆国家政权罪定罪处罚。”

③1998 年 12 月 17 日最高人民法院《关于审理非法出版物刑事案件具体应用法律若干问题的解释》第 1 条规定:“明知出版物中载有煽动分裂国家、破坏国家统一或者煽动颠覆国家政权、推翻社会主义制度的内容,而予以出版、印刷、复制、发行、传播的,依照刑法第一百零三条第二款或者第一百零五条第二款的规定,以煽动分裂国家罪或者煽动颠覆国家政权罪定罪处罚。”

④2015 年 7 月 1 日全国人民代表大会常务委员会《中华人民共和国国家安全法》相关规定如下:

“第七十七条　公民和组织应当履行下列维护国家安全的义务:

(一)遵守宪法、法律法规关于国家安全的有关规定;

(二)及时报告危害国家安全活动的线索;

(三)如实提供所知悉的涉及危害国家安全活动的证据;

(四)为国家安全工作提供便利条件或者其他协助;

(五)向国家安全机关、公安机关和有关军事机关提供必要的支持和协助;

(六)保守所知悉的国家秘密;

(七)法律、行政法规规定的其他义务。

任何个人和组织不得有危害国家安全的行为,不得向危害国家安全的个人或者组织提供任何资助或者协助。

第七十八条　机关、人民团体、企业事业组织和其他社会组织应当对本单位的人员进行维护国家安全的教育,动员、组织本单位的人员防范、制止危害国家安全的行为。

第七十九条　企业事业组织根据国家安全工作的要求,应当配合有关部门采取相关安全措施。

第八十条　公民和组织支持、协助国家安全工作的行为受法律保护。

因支持、协助国家安全工作,本人或者其近亲属的人身安全面临危险的,可以向公安机关、国家安全机关请求予以保护。公安机关、国家安全机关应当会同有关部门依法采取保护措施。”

(3)构成要件

本罪的构成要件是:

第一,本罪侵害的客体是国家的统一。

第二,客观方面表现为煽动分裂国家、破坏国家统一的行为。具体地说,就是行为人利用部分地区少数人存在民族主义情绪和独立情绪,进行分裂国家的煽动宣传。宣传煽动的方法是多种多样的,如利用口头和书面等,其目的都是指向中央政府,对抗国家统一。

第三,犯罪主体是一般主体,即凡是达到刑事责任年龄,具有刑事责任能力的任何人,就可以构成本罪的犯罪主体。但大多数是有一定社会地位和政治影响的人。

第四,主观方面是故意,而且一般具有分裂国家、破坏国家统一的目的。

(4)罪名界定

本罪是行为犯。行为人在客观上只要有煽动分裂国家、破坏国家统一的行为,其目的是分裂国家,即可构成本罪,至于煽动、破坏的结果是否发生,不影响本罪的成立。

根据最高人民法院于 1998 年 12 月 17 日《关于审理非法出版物刑事案件具体应用法律若干问题的解释》第 1 条的规定,明知出版物中载有煽动分裂国家、破坏国家统一的内容,而予以出版、印刷、复制、发行、传播的,以煽动分裂国家罪定罪处罚。

根据全国人大常委会于 2000 年 12 月 28 日通过的《关于维护互联网安全的决定》第 2 条第 1 项的规定,利用互联网煽动分裂国家、破坏国家统一的,以煽动分裂国家罪定罪处罚。

(5)量刑幅度

根据《刑法》第103条第2款的规定,构成本罪的,处5年以下有期徒刑、拘役、管制或者剥夺政治权利;首要分子或者罪行重大的,处5年以上有期徒刑。根据《刑法》第113条第2款的规定,对犯此罪的,可以并处没收财产。

根据《刑法》第97条的规定,“首要分子”,是指实施本罪过程中起组织、策划、指挥作用的犯罪分子。“罪行重大”,是指除“首要分子”以外的其他在犯罪活动中起主要作用的犯罪分子。

4. 武装叛乱、暴乱罪(第104条)

(1)罪名概念

武装叛乱、暴乱罪,是指组织、策划、实施武装叛乱或者暴乱的行为。

(2)法律规定

①本罪名是由《刑法》第104条规定的。该条规定:“组织、策划、实施武装叛乱或者武装暴乱的,对首要分子或者罪行重大的,处无期徒刑或者十年以上有期徒刑;对积极参加的,处三年以上十年以下有期徒刑;对其他参加的,处三年以下有期徒刑、拘役、管制或者剥夺政治权利。

策动、胁迫、勾引、收买国家机关工作人员、武装部队人员、人民警察、民兵进行武装叛乱或者武装暴乱的,依照前款的规定从重处罚。”

②2015年7月1日全国人民代表大会常务委员会《中华人民共和国国家安全法》相关规定如下:

“第七十七条　公民和组织应当履行下列维护国家安全的义务:

(一)遵守宪法、法律法规关于国家安全的有关规定;

(二)及时报告危害国家安全活动的线索;

(三)如实提供所知悉的涉及危害国家安全活动的证据;

(四)为国家安全工作提供便利条件或者其他协助;

(五)向国家安全机关、公安机关和有关军事机关提供必要的支持和协助;

(六)保守所知悉的国家秘密;

(七)法律、行政法规规定的其他义务。

任何个人和组织不得有危害国家安全的行为,不得向危害国家安全的个人或者组织提供任何资助或者协助。

第七十八条　机关、人民团体、企业事业组织和其他社会组织应当对本单位的人员进行维护国家安全的教育,动员、组织本单位的人员防范、制止危害国家安全的行为。

第七十九条　企业事业组织根据国家安全工作的要求,应当配合有关部门采取相关安全措施。

第八十条　公民和组织支持、协助国家安全工作的行为受法律保护。

因支持、协助国家安全工作,本人或者其近亲属的人身安全面临危险的,可以向公安机关、国家安全机关请求予以保护。公安机关、国家安全机关应当会同有关部门依法采取保护措施。”

(3)构成要件

第一,本罪侵犯的客体是国家政权和国家政治秩序。如果行为人在实施这种行为的同时,还有分裂国家领土、成立新政府、投靠敌人或国外的行为,又侵犯了其他客体,构成其他犯罪。政权和政治秩序对于一个国家政府来说是最根本的,因此,对任何策动叛乱、暴乱的行为,任何国家和政府都不会容忍,要予以严惩。

第二,客观方面表现为组织、策划、实施武装叛乱或者暴乱的行为。具体是指行为人组织人员，建立一定的组织机构或者团体；制订计划、纲领、章程、具体方案；进行以破坏国家政权和政治秩序为目的的暴动，烧杀抢掠，袭击国家、政府机关和普通居民的行为。叛乱和暴乱具有基本相同的性质，但是暴乱在表现形式上更为剧烈，程度更为严重，后果也就更加恶劣。叛乱和暴乱行为不但直接侵犯了政府的政权和政治秩序，在很大程度上也破坏了社会秩序和人民生活的和平、安全和稳定，而对这两种犯罪客体的侵害是同时进行的。

第三，本罪的主体是一般主体，可以是境内外的本国人，也可以是外国人或者无国籍人。策动者有的是间谍、特务，有的是被他人收买、利用和进行策动活动的。

第四，主观方面是故意，并且具有策动他人进行叛乱、暴乱，意在破坏我国的政权、政治秩序，妨害国家安全的目的。

(4)罪名界定

第一，行为人的目的如果不是破坏国家政权、政治秩序，没有破坏国家安全的意图，只是流氓集团拉帮结伙，侮辱妇女、打架斗殴、抢劫、盗窃等，或者是因为有关部门处理问题不当，引起矛盾激化，但不具有危害政权的目的，则不能以本罪处罚。因为二者的主观故意内容不同。

第二，在武装叛乱、暴乱的过程中，行为人有可能同时实施杀人、伤害、放火、爆炸、抢劫等犯罪行为。由于这些行为已经包含在叛乱、暴乱的行为当中，属于想象竞合犯，因此不能实行数罪并罚，应当择一重罪处罚。

(5)量刑幅度

根据《刑法》第 104 条、第 106 条、第 113 条的规定，对犯本罪的首要分子或者罪恶重大的，处无期徒刑或者 10 年以上有期徒刑；对积极参加的，处 3 年以上 10 年以下有期徒刑；对其他参加的，处 3 年以下有期徒刑、拘役、管制或者剥夺政治权利。与境外机构、组织、个人勾结，实施武装叛乱、暴乱的，从重处罚。对犯有本罪，给国家和人民造成危害特别严重，情节特别恶劣，可以判处死刑。犯本罪的，可以并处没收财产。

所谓“首要分子”，是指在实施本罪的过程中，起组织、策划、指挥作用的犯罪分子。“罪行重大的”，是指除“首要分子”以外的其他在犯罪活动中起主要作用的犯罪分子。“积极参加的”，是指除“首要分子”和“罪行重大的”以外的在实施本罪中表现积极、突出的犯罪分子。“对国家和人民危害特别严重、情节特别恶劣的”，目前没有司法解释，实践中应具体问题具体分析，对实施本罪造成严重后果的，如人员伤亡和巨大财产损失，以及影响特别大等情形，可以视为对国家和人民危害特别严重、情节特别恶劣。

以分裂国家为目的而实施武装叛乱、暴乱行为的，属于牵连犯，应按分裂国家罪从重处罚。

5. 颠覆国家政权罪(第 105 条第 1 款)

(1)罪名概念

颠覆国家政权罪，是指组织、策划、实施颠覆国家政权、推翻社会主义制度的行为。

(2)法律规定

①本罪名是由《刑法》第 105 条第 1 款规定的。该条款规定：“组织、策划、实施颠覆国家政权、推翻社会主义制度的，对首要分子或者罪行重大的，处无期徒刑或者十年以上有期徒刑；对积极参加的，处三年以上十年以下有期徒刑；对其他参加的，处三年以下有期徒刑、拘役、管制或者剥夺政治权利。”

②2015 年 7 月 1 日全国人民代表大会常务委员会《中华人民共和国国家安全法》相关规定如下：

“第七十七条　公民和组织应当履行下列维护国家安全的义务：

(一)遵守宪法、法律法规关于国家安全的有关规定;

(二)及时报告危害国家安全活动的线索;

(三)如实提供所知悉的涉及危害国家安全活动的证据;

(四)为国家安全工作提供便利条件或者其他协助;

(五)向国家安全机关、公安机关和有关军事机关提供必要的支持和协助;

(六)保守所知悉的国家秘密;

(七)法律、行政法规规定的其他义务。

任何个人和组织不得有危害国家安全的行为,不得向危害国家安全的个人或者组织提供任何资助或者协助。

第七十八条　机关、人民团体、企业事业组织和其他社会组织应当对本单位的人员进行维护国家安全的教育,动员、组织本单位的人员防范、制止危害国家安全的行为。

第七十九条　企业事业组织根据国家安全工作的要求,应当配合有关部门采取相关安全措施。

第八十条　公民和组织支持、协助国家安全工作的行为受法律保护。

因支持、协助国家安全工作,本人或者其近亲属的人身安全面临危险的,可以向公安机关、国家安全机关请求予以保护。公安机关、国家安全机关应当会同有关部门依法采取保护措施。”

(3)构成要件

本罪的构成要件是:

第一,本罪侵犯的客体是国家政权。一般是指颠覆中央政府,夺取中央政权。但有些犯罪行为人,也可能从推翻某些地方政府开始,并且企图逐步做到颠覆中央政府,最终篡夺国家政权。因而从广义上来说,政府包括各级权力机关、行政机关、司法机关、军事机关等。颠覆国家政权罪侵犯的直接客体就是政权,其对象是政府。

第二,客观方面表现为以各种方式推翻政府、夺取政权的行为。有的通过直接的军事对抗来进行,有的通过武装叛乱、暴乱来进行,也有的通过政变来进行,还有的通过勾结外国来进行。总之,只要目的是推翻政府和夺取政权,其形式可以是多种多样的。

第三,犯罪主体是一般主体。对此法律没有特殊规定,但从实际情况来看,这种犯罪的主体一般是身居政府要职、掌握一定权力的人。

第四,主观方面是故意,即有颠覆政府、夺取政权的故意。

(4)罪名界定

第一,本罪是行为犯,只要行为人以颠覆国家政权、推翻社会主义制度为目的,组织、策划、实施了颠覆国家政权、推翻社会主义制度的行为,就可构成本罪,构成本罪不要求行为人已经造成了颠覆国家政权、推翻社会主义制度的结果。

第二,在司法实践中,处理这类案件需要注意的是,对于有的群众一时出现的错误政治言行或者一时的过激行为,要具体分析,对不具有颠覆政府、夺取政权的主观故意,不能认定为颠覆国家政权罪。另外,危害国家安全的行为有多种多样,如叛乱、暴乱、分裂国家等。有时颠覆国家政权也是以叛乱、暴乱的方式进行的,犯罪人的行为到底属于什么罪,关键要看他的行为目的和客观表现。如果只是叛乱、暴乱,只是破坏国家政权、政治秩序,而不是颠覆、夺取政权,那么就不能认定为颠覆国家政权罪,构成其他罪,要以其他罪定罪处罚。

(5)量刑幅度

根据《刑法》第105条的规定,犯本罪的,对首要分子或者罪行重大的,处无期徒刑或者10年以上有期徒刑;对积极参加的,处3年以上10年以下有期徒刑;对其他参加的,处3年以下有期徒刑、拘役、管制或者剥夺政治权利。根据《刑法》第 106 条的规定，与境外机构、组织、个人相勾结，实施颠覆国家政权罪的，从重处罚。根据《刑法》第 113 条第 2 款的规定，犯本罪的，可以并处没收财产。

这里所说的“首要分子”，是指在实施本罪的过程中，起组织、策划、指挥作用的犯罪分子。“罪行重大的”，是指除“首要分子”以外的其他在犯罪活动中起主要作用的犯罪分子。“积极参加的”，是指除“首要分子”和“罪行重大的”以外的在实施本罪中表现积极、突出的犯罪分子。

6. 煽动颠覆国家政权罪（第 105 条第 2 款）

（1）罪名概念

煽动颠覆国家政权罪，是指以造谣、诽谤或者其他方法煽动颠覆国家政权、推翻社会主义制度的行为。

（2）法律规定

①本罪名是由《刑法》第 105 条第 2 款规定的。该条款规定：“以造谣、诽谤或者其他方式煽动颠覆国家政权、推翻社会主义制度的，处五年以下有期徒刑、拘役、管制或者剥夺政治权利；首要分子或者罪行重大的，处五年以上有期徒刑。”

②2003 年 5 月 14 日最高人民法院、最高人民检察院《关于办理妨害预防、控制突发传染病疫情等灾害的刑事案件具体应用法律若干问题的解释》第 10 条规定：“利用突发传染病疫情等灾害，制造、传播谣言，煽动分裂国家、破坏国家统一，或者煽动颠覆国家政权、推翻社会主义制度的，依照刑法第一百零三条第二款、第一百零五条第二款的规定，以煽动分裂国家罪或者煽动颠覆国家政权罪定罪处罚。”

③1998 年 12 月 17 日最高人民法院《关于审理非法出版物刑事案件具体应用法律若干问题的解释》第 1 条规定：“明知出版物中载有煽动分裂国家、破坏国家统一或者煽动颠覆国家政权、推翻社会主义制度的内容，而予以出版、印刷、复制、发行、传播的，依照刑法第一百零三条第二款或者第一百零五条第二款的规定，以煽动分裂国家罪或者煽动颠覆国家政权罪定罪处罚。”

④2009 年 8 月 27 日全国人民代表大会常务委员会《关于维护互联网安全的决定》第 2 条规定：“为了维护国家安全和社会稳定，对有下列行为之一，构成犯罪的，依照刑法有关规定追究刑事责任：

（一）利用互联网造谣、诽谤或者发表、传播其他有害信息，煽动颠覆国家政权、推翻社会主义制度，或者煽动分裂国家、破坏国家统一；

（二）通过互联网窃取、泄露国家秘密、情报或者军事秘密；

（三）利用互联网煽动民族仇恨、民族歧视，破坏民族团结；

（四）利用互联网组织邪教组织、联络邪教组织成员，破坏国家法律、行政法规实施。”

⑤2015 年 7 月 1 日全国人民代表大会常务委员会《中华人民共和国国家安全法》相关规定如下：

“第七十七条　公民和组织应当履行下列维护国家安全的义务：

（一）遵守宪法、法律法规关于国家安全的有关规定；

（二）及时报告危害国家安全活动的线索；

（三）如实提供所知悉的涉及危害国家安全活动的证据；

（四）为国家安全工作提供便利条件或者其他协助；

（五）向国家安全机关、公安机关和有关军事机关提供必要的支持和协助；

（六）保守所知悉的国家秘密；

（七）法律、行政法规规定的其他义务。

任何个人和组织不得有危害国家安全的行为，不得向危害国家安全的个人或者组织提供任何资助或者协助。

第七十八条　机关、人民团体、企业事业组织和其他社会组织应当对本单位的人员进行维护国家安全的教育，动员、组织本单位的人员防范、制止危害国家安全的行为。

第七十九条　企业事业组织根据国家安全工作的要求，应当配合有关部门采取相关安全措施。

第八十条　公民和组织支持、协助国家安全工作的行为受法律保护。

因支持、协助国家安全工作，本人或者其近亲属的人身安全面临危险的，可以向公安机关、国家安全机关请求予以保护。公安机关、国家安全机关应当会同有关部门依法采取保护措施。”

（3）构成要件

第一，本罪侵害的客体是我国人民民主专政的国家政权和社会主义制度。

第二，客观方面表现为煽动行为，具体是指行为人煽动群众抗拒、破坏国家法律、法令的实施，颠覆国家政权，推翻社会主义制度的行为。对于煽动颠覆国家政权的形式，《刑法》规定了造谣、诽谤或者其他方法。煽动的内容必须是矛头指向国家政权以及我国的社会主义制度。

第三，犯罪主体是一般主体，即任何具有刑事责任能力的人。

第四，主观方面是故意，并且具有颠覆国家政权、推翻社会主义制度的目的。至于行为人的目的是否达到，不影响本罪的成立。

（4）罪名界定

第一，对于那些发表不利于国家政权和我国社会主义制度的过激言辞，或者因一时一事不满而攻击、谩骂社会主义制度的，都不能以本罪论处。这种错误言论一般是行为人因为对党的某项政策不理解、有抵触情绪而发牢骚、讲怪话，这属于思想教育问题，不能当作犯罪处理。但是，如果行为人的煽动行为是针对国家政权和社会主义制度，并且是以颠覆国家政权和推翻社会主义制度为目的，就不属于一般的错误言论了，而应以煽动颠覆国家政权罪论处。

第二，本罪是行为犯，只要行为人实施了煽动颠覆国家政权、推翻社会主义制度的行为，即使群众没有被煽动起来，也构成犯罪的既遂。

（5）量刑幅度

根据《刑法》第105条第2款的规定，犯本罪的，处5年以下有期徒刑、拘役、管制或者剥夺政治权利；首要分子或者罪行重大的，处5年以上有期徒刑。依照《刑法》第113条第2款的规定，犯本罪的，可以并处没收财产。

这里所说的“首要分子”，是指在实施本罪的过程中，起组织、策划、指挥作用的犯罪分子。“罪行重大的”，是指除“首要分子”以外的其他在犯罪活动中起主要作用的犯罪分子。

根据《刑法》第106条的规定，与境外机构、组织、个人相勾结实施本罪的，从重处罚。

7. 资助危害国家安全犯罪活动罪（第107条）

（1）罪名概念

资助危害国家安全犯罪活动罪，是指境内外机构、组织和个人资助实施危害国家安全犯罪的行为。

（2）法律规定

①本罪名是由《刑法》第107条规定的。该条规定：“境内外机构、组织或者个人资助实施本章第一百零二条、第一百零三条、第一百零四条、第一百零五条规定之罪的，对直接责任人员，处

五年以下有期徒刑、拘役、管制或者剥夺政治权利;情节严重的,处五年以上有期徒刑。”

②2015 年 7 月 1 日全国人民代表大会常务委员会《中华人民共和国国家安全法》相关规定如下:

“第七十七条　公民和组织应当履行下列维护国家安全的义务:

(一)遵守宪法、法律法规关于国家安全的有关规定;

(二)及时报告危害国家安全活动的线索;

(三)如实提供所知悉的涉及危害国家安全活动的证据;

(四)为国家安全工作提供便利条件或者其他协助;

(五)向国家安全机关、公安机关和有关军事机关提供必要的支持和协助;

(六)保守所知悉的国家秘密;

(七)法律、行政法规规定的其他义务。

任何个人和组织不得有危害国家安全的行为,不得向危害国家安全的个人或者组织提供任何资助或者协助。

第七十八条　机关、人民团体、企业事业组织和其他社会组织应当对本单位的人员进行维护国家安全的教育,动员、组织本单位的人员防范、制止危害国家安全的行为。

第七十九条　企业事业组织根据国家安全工作的要求,应当配合有关部门采取相关安全措施。

第八十条　公民和组织支持、协助国家安全工作的行为受法律保护。

因支持、协助国家安全工作,本人或者其近亲属的人身安全面临危险的,可以向公安机关、国家安全机关请求予以保护。公安机关、国家安全机关应当会同有关部门依法采取保护措施。”

(3)构成要件

本罪的构成要件是:

第一,本罪侵犯的客体是我国的国家安全。

第二,客观方面表现为资助实施危害国家安全犯罪的行为。所谓“资助”,是指提供金钱、财物、器材、设备等物质条件,支持协助境内组织、个人实施危害中华人民共和国国家安全的行为。资助的目的只能是帮助他人实施危害国家安全犯罪。

第三,犯罪主体是特殊主体,法律规定的是境内外机构、组织或者个人。所谓“境内机构”,是指中华人民共和国边境以内的我国各种官方机构,如政府、军队等;“境内组织”,是指各政党组织、社会团体、企业事业单位;“境内个人”,是指具有中华人民共和国国籍的中国公民。所谓“境外机构、组织”,是指中华人民共和国边境以外的国家和地区的官方机构如政府、军队等,以及这些国家和地区的政党、社会团体以及其他企业、事业单位如商社、报社等。同时,还包括这些机构、组织在中华人民共和国国境内设立的分支机构和分支组织。例如,大使馆、领事馆和办事处等;“境外个人”,是指居住在外国和我国港、澳、台地区的人,也包括居住在中华人民共和国境内不具有中华人民共和国国籍的人。逃往境外的,可视为境外个人。“境外个人”的认定标准,以居住地为限。构成本罪的主体,只能是上述的各种主体。

第四,主观方面是故意,而且往往具有危害中华人民共和国主权、领土完整和安全,破坏我国国家的统一等目的。

(4)罪名界定

第一,构成本罪,必须是提供有形的物质性利益,如提供经费、活动场所、训练基地、各种宣传工具等。如果提供的不是物质上的帮助,仅仅是在精神上、舆论上给予帮助,则不能视为物质上的帮助,因此不能构成本罪。

第二，在主观上必须是故意，即明明知道他人在进行危害国家安全的犯罪活动而予以资助。如果不知道他人进行的是犯罪活动，更不知道进行的是危害国家安全方面的犯罪活动而予以资助，则不构成本罪。

第三，本罪仅限于资助背叛国家罪、分裂国家罪、煽动分裂国家罪、武装叛乱、暴乱罪、颠覆国家政权罪、煽动颠覆国家政权罪。如果资助其他危害国家安全的犯罪，如资助投敌叛变罪，叛逃罪，间谍罪，为境外窃取、刺探、收买、非法提供国家秘密、情报罪等，则不能以本罪论处。

(5) 量刑幅度

根据《刑法》第 107 条的规定，犯本罪的，处 5 年以下有期徒刑、拘役、管制或者剥夺政治权利；情节严重的，处 5 年以上有期徒刑。根据《刑法》第 113 条第 2 款的规定，犯本罪的，可以并处没收财产。

8. 投敌叛变罪（第 108 条）

(1) 罪名概念

投敌叛变罪，是指中国公民投向敌方营垒，进行反对本国的活动，或者在被敌方捕俘后，投降敌方，进行反对本国活动的行为。

(2) 法律规定

①本罪名是由《刑法》第 108 条规定的。该条规定："投敌叛变的，处三年以上十年以下有期徒刑；情节严重或者带领武装部队人员、人民警察、民兵投敌叛变的，处十年以上有期徒刑或者无期徒刑。"

②2015 年 7 月 1 日全国人民代表大会常务委员会《中华人民共和国国家安全法》相关规定如下：

"第七十七条　公民和组织应当履行下列维护国家安全的义务：

（一）遵守宪法、法律法规关于国家安全的有关规定；

（二）及时报告危害国家安全活动的线索；

（三）如实提供所知悉的涉及危害国家安全活动的证据；

（四）为国家安全工作提供便利条件或者其他协助；

（五）向国家安全机关、公安机关和有关军事机关提供必要的支持和协助；

（六）保守所知悉的国家秘密；

（七）法律、行政法规规定的其他义务。

任何个人和组织不得有危害国家安全的行为，不得向危害国家安全的个人或者组织提供任何资助或者协助。

第七十八条　机关、人民团体、企业事业组织和其他社会组织应当对本单位的人员进行维护国家安全的教育，动员、组织本单位的人员防范、制止危害国家安全的行为。

第七十九条　企业事业组织根据国家安全工作的要求，应当配合有关部门采取相关安全措施。

第八十条　公民和组织支持、协助国家安全工作的行为受法律保护。

因支持、协助国家安全工作，本人或者其近亲属的人身安全面临危险的，可以向公安机关、国家安全机关请求予以保护。公安机关、国家安全机关应当会同有关部门依法采取保护措施。"

(3) 构成要件

第一，本罪侵犯的客体是国家安全。无论是在和平时期还是在战争时期，投靠敌国或者敌方的行为，都会危害本国或者本方的利益。因此，《刑法》将这种行为规定为犯罪。

第二，客观方面表现为行为人具有投敌叛变的行为。

第三，犯罪主体是中国公民，包括国家工作人员、武装部队、人民警察、民兵以及其他公民。

第四，主观方面是故意，并且具有投敌叛变、危害国家安全的目的。

（4）罪名界定

第一，构成本罪，应当是加入敌方营垒，与社会主义中国为敌，危害我国国家安全。如果行为人为了继承财产、外出做买卖等目的，因为正常的手续得不到批准，便采取偷渡或者偷越国境的方法跑到外国，不能按此罪处理，只能另作处理。

第二，不可将本罪与背叛国家罪相混淆。这两种犯罪虽然都是背叛国家，都危害国家安全，但两者又有以下不同：一是犯罪主体不同。后者的主体虽然也是中国公民，但通常是窃取了党和国家重要权力或者具有一定社会地位和政治影响的人；而本罪的主体可以由其他任何普通公民构成。二是这两种犯罪侵犯的直接客体不同。尽管两者都侵犯了国家安全，但后者侵犯的是国家的主权、领土完整和安全；而本罪侵犯的则是具体的小范围的国家利益。

（5）量刑幅度

根据《刑法》第 108 条、第 113 条的规定，犯本罪的，处 3 年以上 10 年以下有期徒刑；情节严重或者带领武装部队人员、人民警察、民兵投敌叛变的，处 10 年以上有期徒刑或者无期徒刑。犯本罪对国家和人民危害特别严重，情节特别恶劣，可以判处死刑，可以并处没收财产。

所谓“情节严重或者带领武装部队人员、人民警察、民兵投敌叛变的”“对国家和人民危害特别严重，情节特别恶劣”，目前司法解释没有作统一规定，实践中应具体问题具体分析。

9. 叛逃罪（第 109 条）

（1）罪名概念

叛逃罪，是指国家机关工作人员在履行公务期间，擅自离开岗位，叛逃境外，或者在境外叛逃的行为。

（2）法律规定

①本罪名是由《刑法》第 109 条规定的。该条规定：“国家机关工作人员在履行公务期间，擅离岗位，叛逃境外或者在境外叛逃的，处五年以下有期徒刑、拘役、管制或者剥夺政治权利；情节严重的，处五年以上十年以下有期徒刑。

掌握国家秘密的国家工作人员叛逃境外或者在境外叛逃的，依照前款的规定从重处罚。”

②2015 年 7 月 1 日全国人民代表大会常务委员会《中华人民共和国国家安全法》相关规定如下：

“第七十七条　公民和组织应当履行下列维护国家安全的义务：

（一）遵守宪法、法律法规关于国家安全的有关规定；

（二）及时报告危害国家安全活动的线索；

（三）如实提供所知悉的涉及危害国家安全活动的证据；

（四）为国家安全工作提供便利条件或者其他协助；

（五）向国家安全机关、公安机关和有关军事机关提供必要的支持和协助；

（六）保守所知悉的国家秘密；

（七）法律、行政法规规定的其他义务。

任何个人和组织不得有危害国家安全的行为，不得向危害国家安全的个人或者组织提供任何资助或者协助。

第七十八条　机关、人民团体、企业事业组织和其他社会组织应当对本单位的人员进行维护国家安全的教育，动员、组织本单位的人员防范、制止危害国家安全的行为。

第七十九条　企业事业组织根据国家安全工作的要求，应当配合有关部门采取相关安全措施。

第八十条　公民和组织支持、协助国家安全工作的行为受法律保护。

因支持、协助国家安全工作，本人或者其近亲属的人身安全面临危险的，可以向公安机关、国家安全机关请求予以保护。公安机关、国家安全机关应当会同有关部门依法采取保护措施。”

（3）构成要件

第一，本罪侵犯的客体是国家的利益和安全。

第二，客观方面表现为叛逃境外的行为。所谓叛逃，是指背叛国家，逃往境外敌人营垒，如果行为人脱离岗位私自逃往我国驻外机构、单位，或者是境内的机构、组织的，不能视为叛逃。所谓境外，是相对于境内而言，它应以中华人民共和国政府是否已经行使行政权为界限。已经行使行政权的区域为境内，尚未行使行政权的区域，无论其是不是中华人民共和国领土，如我国港、澳、台地区，都视为境外。

第三，本罪的主体只能是国家机关工作人员。根据《刑法》第93条的规定，国家机关工作人员，不仅包括在国家机关依法从事公务的人员，还包括国有公司、企业、事业单位、人民团体中从事公务的人员和国家机关、国有公司、企业、事业单位委派到非国有公司、企业事业单位、社会团体从事公务的人员以及其他依照法律从事公务的人员。所谓公务，就是公共事务，即国家工作人员依法执行的职务。履行公务的场所不一定限制在国家机关之内或国内，出差到境外或者被派往国外工作场所的以及出国访问的都属于执行公务。

第四，主观方面是直接故意，并具有危害国家安全的目的。

（4）罪名界定

第一，由于本罪的主观方面是故意，因此，如果不是故意危害国家安全，而是为了能够享受外国的富裕生活，为了临时出国挣钱、谋生、求学，或者因为一时受到不公平的待遇，一气之下投靠外国机构、组织，对诸如此类的行为，只要不危害本国安全，就不能以叛逃罪处罚。如果他们的行为触犯了《刑法》的其他规定，则应该以其他犯罪论处。

第二，不能把叛逃罪与投敌叛变罪相混淆。前者表现为在履行公务期间，叛逃境外或者在境外叛逃。其叛逃的对象，仅限于境外。而后者表现为加入敌方营垒，与社会主义中国为敌，行为人只能是已经脱离了革命营垒，同时投奔敌方营垒，至于是否实施了危害中华人民共和国国家安全的行为，不影响本罪的成立。另外，二者的犯罪主体也不同。前者只能是国家机关工作人员，而后者是一般主体。

（5）量刑幅度

根据《刑法》第109条的规定，犯本罪的，处5年以下有期徒刑、拘役、管制或者剥夺政治权利；情节严重的，处5年以上10年以下有期徒刑。掌握国家秘密的工作人员犯本罪，从重处罚。根据《刑法》第113条第2款的规定，可以并处没收财产。

这里的“情节严重”，目前司法解释没有作统一规定，实践中应具体问题具体分析。在实施本罪时，如果行为人身居要职或者携带重要国家秘密，给国家和人民造成严重危害的，可以视为情节严重。

10. 间谍罪（第110条）

（1）罪名概念

间谍罪，是指参加间谍组织，或者接受间谍组织及其代理人的间谍活动任务，或者为敌方指示轰击目标的行为。

(2)法律规定

①本罪名是由《刑法》第110条规定的。该条规定:“有下列间谍行为之一,危害国家安全的,处十年以上有期徒刑或者无期徒刑;情节较轻的,处三年以上十年以下有期徒刑:

(一)参加间谍组织或者接受间谍组织及其代理人的任务的;

(二)为敌人指示轰击目标的。”

②关于间谍行为,2014年11月1日全国人民代表大会常务委员会《中华人民共和国反间谍法》第38条规定:“本法所称间谍行为,是指下列行为:

(一)间谍组织及其代理人实施或者指使、资助他人实施,或者境内外机构、组织、个人与其相勾结实施的危害中华人民共和国国家安全的活动;

(二)参加间谍组织或者接受间谍组织及其代理人的任务的;

(三)间谍组织及其代理人以外的其他境外机构、组织、个人实施或者指使、资助他人实施,或者境内机构、组织、个人与其相勾结实施的窃取、刺探、收买或者非法提供国家秘密或者情报,或者策动、引诱、收买国家工作人员叛变的活动;

(四)为敌人指示攻击目标的;

(五)进行其他间谍活动的。”

③关于间谍行为的法律责任,2014年11月1日全国人民代表大会常务委员会《中华人民共和国反间谍法》相关规定如下:

“第二十七条　境外机构、组织、个人实施或者指使、资助他人实施,或者境内机构、组织、个人与境外机构、组织、个人相勾结实施间谍行为,构成犯罪的,依法追究刑事责任。

实施间谍行为,有自首或者立功表现的,可以从轻、减轻或者免除处罚;有重大立功表现的,给予奖励。

第二十八条　在境外受胁迫或者受诱骗参加敌对组织、间谍组织,从事危害中华人民共和国国家安全的活动,及时向中华人民共和国驻外机构如实说明情况,或者入境后直接或者通过所在单位及时向国家安全机关、公安机关如实说明情况,并有悔改表现的,可以不予追究。

第二十九条　明知他人有间谍犯罪行为,在国家安全机关向其调查有关情况、收集有关证据时,拒绝提供的,由其所在单位或者上级主管部门予以处分,或者由国家安全机关处十五日以下行政拘留;构成犯罪的,依法追究刑事责任。

第三十条　以暴力、威胁方法阻碍国家安全机关依法执行任务的,依法追究刑事责任。

故意阻碍国家安全机关依法执行任务,未使用暴力、威胁方法,造成严重后果的,依法追究刑事责任;情节较轻的,由国家安全机关处十五日以下行政拘留。

第三十一条　泄露有关反间谍工作的国家秘密的,由国家安全机关处十五日以下行政拘留;构成犯罪的,依法追究刑事责任。

第三十二条　对非法持有属于国家秘密的文件、资料和其他物品的,以及非法持有、使用专用间谍器材的,国家安全机关可以依法对其人身、物品、住处和其他有关的地方进行搜查;对其非法持有的属于国家秘密的文件、资料和其他物品,以及非法持有、使用的专用间谍器材予以没收。非法持有属于国家秘密的文件、资料和其他物品,构成犯罪的,依法追究刑事责任;尚不构成犯罪的,由国家安全机关予以警告或者处十五日以下行政拘留。

第三十三条　隐藏、转移、变卖、损毁国家安全机关依法查封、扣押、冻结的财物的,或者明知是间谍活动的涉案财物而窝藏、转移、收购、代为销售或者以其他方法掩饰、隐瞒的,由国家安全机关追回。构成犯罪的,依法追究刑事责任。

第三十四条　境外人员违反本法的,可以限期离境或者驱逐出境。

第三十五条　当事人对行政处罚决定、行政强制措施决定不服的，可以自接到决定书之日起六十日内，向作出决定的上一级机关申请复议；对复议决定不服的，可以自接到复议决定书之日起十五日内向人民法院提起诉讼。

第三十六条　国家安全机关对依照本法查封、扣押、冻结的财物，应当妥善保管，并按照下列情形分别处理：

（一）涉嫌犯罪的，依照刑事诉讼法的规定处理；

（二）尚不构成犯罪，有违法事实的，对依法应当没收的予以没收，依法应当销毁的予以销毁；

（三）没有违法事实的，或者与案件无关的，应当解除查封、扣押、冻结，并及时返还相关财物；造成损失的，应当依法赔偿。

国家安全机关没收的财物，一律上缴国库。

第三十七条　国家安全机关工作人员滥用职权、玩忽职守、徇私舞弊，构成犯罪的，或者有非法拘禁、刑讯逼供、暴力取证、违反规定泄露国家秘密、商业秘密和个人隐私等行为，构成犯罪的，依法追究刑事责任。”

（3）构成要件

第一，本罪侵犯的客体是国家秘密安全。

第二，客观方面表现为参加间谍组织，或者接受间谍组织及其代理人的间谍活动任务，或者为敌方指示轰击目标的行为。只要具备其中一种行为，即构成本罪。

第三，犯罪主体是一般主体，既可以是中国公民，也可以是外国人或者无国籍人。

第四，主观方面必须有进行间谍活动的故意，即明知自己的行为会损害国家安全，并且希望或者放任这种结果的发生。如果行为人是因为被骗，或者由于无知而被间谍组织利用，泄露国家秘密或者情况，不能以间谍罪论处。

（4）罪名界定

第一，本罪与故意泄露国家秘密罪的区别是：一是犯罪主体不同。间谍罪的主体是一般主体；而故意泄露国家秘密罪的犯罪主体是特殊主体，即必须是国家工作人员，而且只能是中国人。二是主观目的不同。间谍罪有危害国家安全的目的；而故意泄露国家秘密罪，其目的不是危害国家安全。三是犯罪客体不同。间谍罪侵犯的客体是国家安全，即国家政权、领土、尊严和统一等问题，属于危害国家安全犯罪。而故意泄露国家秘密罪，侵犯的客体是国家的保密制度。四是犯罪的客观方面也不同。间谍罪的行为人主观积极性强，一般表现为窃取、刺探、收买、向境外非法提供情报等更具体的犯罪形式，从而可以看出，间谍犯罪具有更深的主观恶性。

第二，本罪与资敌罪既有联系，又有区别。虽然二者都有资敌行为，但间谍罪是为敌方窃取、刺探、收买、非法提供情报，而资敌罪是使用武器军火或者其他军用物资来帮助敌人。资敌罪的构成不要求参加间谍组织，如果参加了间谍组织，则构成间谍罪。

第三，不能把本罪与背叛国家罪相混淆。本罪既包括参加间谍组织或者接受间谍组织及其代理人的任务，也包括为敌人指示轰击目标的行为。其中，为敌人指示轰击目标的行为也会危害国家的军事安全，但这种行为与背叛国家罪中危害国家军事安全的行为不同。背叛国家罪中的危害国家的军事安全主要是勾结外国，发动对我国的武装侵略，挑起战争，危害是全局性的；而间谍罪中的为敌人指示轰击目标，是在战争期间或者战争状态下实施的，危害是局部性的。另外，在犯罪主体方面，背叛国家罪的主体一般是掌握国家较高权力或者有一定地位的人，而间谍罪的主体可以是任何普通公民。

第四，要注意区分一罪与数罪。参加间谍组织或者接受间谍组织及其代理人的任务的，有可能实施其他危害国家安全的行为,如进行暗杀、破坏等活动。如果这些活动是在间谍组织的指令范围内的,则以间谍罪一罪论处;如果超出了间谍组织的指令范围,不属于间谍犯罪行为,则除了构成间谍罪以外,还应当根据具体行为构成的其他犯罪,实行数罪并罚。

(5)量刑幅度

根据《刑法》第110条的规定,犯本罪的,处10年以上有期徒刑或者无期徒刑;情节较轻的,处3年以上10年以下有期徒刑。犯本罪的,除了按上述规定处罚外,根据《刑法》第113条第1款的规定,对国家和人民危害特别严重、情节特别恶劣,可以判处死刑。根据《刑法》第113条第2款的规定,可以判处没收财产。

所谓“情节较轻的”,可认为是实施犯罪过程中的预备犯、未遂犯、中止犯,共同犯罪中的从犯、胁从犯以及罪行较轻的未成年犯。

所谓“对国家和人民危害特别严重、情节特别恶劣的”,目前司法解释没有作统一规定,实践中应具体问题具体分析。我们认为,对实施本罪造成特别严重后果的,如给我国的政治、经济、军事利益造成严重损失,或者致使我方大量人员伤亡、经济损失特别严重的,可以视为对国家和人民危害特别严重、情节特别恶劣。

11. 为境外窃取、刺探、收买、非法提供国家秘密、情报罪(第111条)

(1)罪名概念

为境外窃取、刺探、收买、非法提供国家秘密、情报罪,是指为境外的机构、组织、人员窃取、刺探、收买、非法提供国家秘密或者情报的行为。

(2)法律规定

①本罪名是由《刑法》第111条规定的。该条规定:“为境外的机构、组织、人员窃取、刺探、收买、非法提供国家秘密或者情报的,处五年以上十年以下有期徒刑;情节特别严重的,处十年以上有期徒刑或者无期徒刑;情节较轻的,处五年以下有期徒刑、拘役、管制或者剥夺政治权利。”

②2001年1月17日最高人民法院发布的《关于审理为境外窃取、刺探、收买、非法提供国家秘密、情报案件具体应用法律若干问题的解释》规定:

“第一条 刑法第一百一十一条规定的‘国家秘密’,是指《中华人民共和国保守国家秘密法》第二条、第八条以及《中华人民共和国保守国家秘密法实施办法》第四条确定的事项。

刑法第一百一十一条规定的‘情报’,是指关系国家安全和利益、尚未公开或者依照有关规定不应公开的事项。

对为境外机构、组织、人员窃取、刺探、收买、非法提供国家秘密之外的情报的行为,以为境外窃取、刺探、收买、非法提供情报罪定罪处罚。

第二条 为境外窃取、刺探、收买、非法提供国家秘密或者情报,具有下列情形之一的,属于‘情节特别严重’,处十年以上有期徒刑、无期徒刑,可以并处没收财产:

(一)为境外窃取、刺探、收买、非法提供绝密级国家秘密的;

(二)为境外窃取、刺探、收买、非法提供三项以上机密级国家秘密的;

(三)为境外窃取、刺探、收买、非法提供国家秘密或者情报,对国家安全和利益造成其他特别严重损害的。

实施前款行为,对国家和人民危害特别严重、情节特别恶劣的,可以判处死刑,并处没收财产。

第三条 为境外窃取、刺探、收买、非法提供国家秘密或者情报,具有下列情形之一的,处五年以上十年以下有期徒刑,可以并处没收财产:

（一）为境外窃取、刺探、收买、非法提供机密级国家秘密的；

（二）为境外窃取、刺探、收买、非法提供三项以上秘密级国家秘密的；

（三）为境外窃取、刺探、收买、非法提供国家秘密或者情报，对国家安全和利益造成其他严重损害的。

第四条　为境外窃取、刺探、收买、非法提供秘密级国家秘密或者情报，属于‘情节较轻’，处五年以下有期徒刑、拘役、管制或者剥夺政治权利，可以并处没收财产。

第五条　行为人知道或者应当知道没有标明密级的事项关系国家安全和利益，而为境外窃取、刺探、收买、非法提供的，依照刑法第一百一十一条的规定以为境外窃取、刺探、收买、非法提供国家秘密罪定罪处罚。

第六条　通过互联网将国家秘密或者情报非法发送给境外的机构、组织、个人的，依照刑法第一百一十一条的规定定罪处罚；将国家秘密通过互联网予以发布，情节严重的，依照刑法第三百九十八条的规定定罪处罚。

第七条　审理为境外窃取、刺探、收买、非法提供国家秘密案件，需要对有关事项是否属于国家秘密以及属于何种密级进行鉴定的，由国家保密工作部门或者省、自治区、直辖市保密工作部门鉴定。”

③2015年7月1日全国人民代表大会常务委员会《中华人民共和国国家安全法》相关规定如下：

“第七十七条　公民和组织应当履行下列维护国家安全的义务：

（一）遵守宪法、法律法规关于国家安全的有关规定；

（二）及时报告危害国家安全活动的线索；

（三）如实提供所知悉的涉及危害国家安全活动的证据；

（四）为国家安全工作提供便利条件或者其他协助；

（五）向国家安全机关、公安机关和有关军事机关提供必要的支持和协助；

（六）保守所知悉的国家秘密；

（七）法律、行政法规规定的其他义务。

任何个人和组织不得有危害国家安全的行为，不得向危害国家安全的个人或者组织提供任何资助或者协助。

第七十八条　机关、人民团体、企业事业组织和其他社会组织应当对本单位的人员进行维护国家安全的教育，动员、组织本单位的人员防范、制止危害国家安全的行为。

第七十九条　企业事业组织根据国家安全工作的要求，应当配合有关部门采取相关安全措施。

第八十条　公民和组织支持、协助国家安全工作的行为受法律保护。

因支持、协助国家安全工作，本人或者其近亲属的人身安全面临危险的，可以向公安机关、国家安全机关请求予以保护。公安机关、国家安全机关应当会同有关部门依法采取保护措施。”

（3）构成要件

第一，本罪侵犯的客体是国家的安全和利益。

第二，客观方面表现为行为人具有向境外的机构、组织、人员窃取、刺探、收买、非法提供国家秘密或者情报的行为。所谓“窃取”，是指行为人对于不属于自己掌握的国家秘密和情报秘密地非法了解和掌握。所谓“情报”，是指关系国家安全和利益、尚未公开或依照有关规定不应公开的事项。

第三，犯罪主体是一般主体，既可以是中国人，也可以是外国人或者无国籍人。

第四，主观方面是故意。如果行为人并不知道其掌握的信息是国家秘密，也不知道他所提供的这些信息的对象是外国的机构、组织、人员，则不构成本罪。

(4)罪名界定

第一，认定本罪，首先要明确什么是国家秘密。所谓“国家秘密”，是指关系国家的安全和利益，依照法定程序确定的，在一定时间内，只限一定范围的人知道的事项。成为国家秘密必须同时具备3个条件：一是关系国家的安全利益；二是依照法定的程序确定的，而不是某个人随便确定的；三是在保密期限内，除一定人员以外，限制所接触的范围。不具备上述3个条件，不属于国家秘密。如果行为人窃取、刺探、收买、非法提供的不是国家秘密，或者提供国家秘密的行为情节显著轻微，危害不大的，则不能认为是犯罪。

第二，本罪与间谍罪的区别主要在客观表现上。前者表现为向境外的机构、组织或者人员，窃取、刺探、收买、非法提供国家秘密和情报的行为。而后者表现为间谍行为，即参加间谍组织，或者接受间谍组织及其代理人的任务，或者为敌人指示轰击目标的行为。

第三，本罪与故意泄露国家秘密罪的区别是：一是前者的主体是一般主体，而后者的主体是特殊主体，即国家工作人员。二是前者侵犯的客体是国家的安全和利益，而后者侵犯的客体是国家的保密制度。

第四，通过互联网将国家秘密或者情报非法发送给境外的机构、组织、个人的，以本罪来定罪处罚；将国家秘密通过互联网予以发布，情节严重的，依照《刑法》第398条的规定，以故意泄露国家秘密罪或者过失泄露国家秘密罪来定罪处罚。

第五，要注意掌握本罪的立案标准和量刑幅度。关于立案标准，根据2001年1月17日最高人民法院《关于审理为境外窃取、刺探、收买、非法提供国家秘密、情报案件具体应用法律若干问题的解释》第1条、第4条、第5条的规定，具有下列情形之一的，属于定罪量刑的起点标准：一是为境外机构、组织、人员窃取、刺探、收买、非法提供国家秘密之外的情报，这里的情报是指关系国家安全和利益、尚未公开或者依照有关规定不应公开的事项；二是行为人知道或者应当知道没有标明密级的事项关系国家安全和利益，而为境外窃取、刺探、收买、非法提供的；三是为境外窃取、刺探、收买、非法提供秘密级国家秘密的。

(5)量刑幅度

根据《刑法》第111条、第113条的规定，犯本罪的除了可以并处没收财产以外，其处罚还分以下4个幅度：

一是情节较轻的，处5年以下有期徒刑、拘役、管制或者剥夺政治权利。

二是对于一般犯罪的，处5年以上10年以下有期徒刑。

三是情节特别严重的，处10年以上有期徒刑或者无期徒刑。

四是对国家和人民危害特别严重，情节特别恶劣的，可以判处死刑。

12. 资敌罪(第112条)

(1)罪名概念

资敌罪，是指战时供给敌人武器、军火、军事装备或者其他军用物资资助敌人的行为。

(2)法律规定

①本罪名是由《刑法》第112条规定的。该条规定：“战时供给敌人武器装备、军用物资资敌的，处十年以上有期徒刑或者无期徒刑；情节较轻的，处三年以上十年以下有期徒刑。”

②2015年7月1日全国人民代表大会常务委员会《中华人民共和国国家安全法》相关规定如下：

“第七十七条　公民和组织应当履行下列维护国家安全的义务：

(一)遵守宪法、法律法规关于国家安全的有关规定;

(二)及时报告危害国家安全活动的线索;

(三)如实提供所知悉的涉及危害国家安全活动的证据;

(四)为国家安全工作提供便利条件或者其他协助;

(五)向国家安全机关、公安机关和有关军事机关提供必要的支持和协助;

(六)保守所知悉的国家秘密;

(七)法律、行政法规规定的其他义务。

任何个人和组织不得有危害国家安全的行为,不得向危害国家安全的个人或者组织提供任何资助或者协助。

第七十八条　机关、人民团体、企业事业组织和其他社会组织应当对本单位的人员进行维护国家安全的教育,动员、组织本单位的人员防范、制止危害国家安全的行为。

第七十九条　企业事业组织根据国家安全工作的要求,应当配合有关部门采取相关安全措施。

第八十条　公民和组织支持、协助国家安全工作的行为受法律保护。

因支持、协助国家安全工作,本人或者其近亲属的人身安全面临危险的,可以向公安机关、国家安全机关请求予以保护。公安机关、国家安全机关应当会同有关部门依法采取保护措施。”

(3)构成要件

第一,本罪侵犯的客体是我国的军事利益和国家安全。

第二,客观方面表现为战时向敌人提供武器装备、军用物资资助敌人的行为。所谓战时,是指国家宣布进入战争状态,部队领受作战任务或者遭到敌人突然袭击时。本罪的犯罪对象是敌人,即国外的或者国内的敌对营垒和敌对武装力量。供给的内容必须是武器装备、军用物资。所谓供给,是指非法向敌人提供,包括非法出售或者无偿提供。

第三,犯罪主体只能是中国公民,外国人不能构成本罪的主体。

第四,主观方面是故意,明知是敌人而仍然向其提供武器装备、军用物资给予帮助。

(4)罪名界定

第一,资敌行为已经实施,便构成犯罪。至于资敌物质是否为敌方得到,资敌行为是否有效,不影响犯罪既遂的成立,这些可以在量刑时考虑。

第二,本罪表现为资助方只有资助行为而没有直接利用武器和军火进攻他方的行为。如果有,则为另一种犯罪的同案犯,而不能以资敌罪论处。另外,如果同时属于一个上级领导、指挥,其中一部分负责攻击,另一部分负责后勤保障,为其提供武器、军火、物资,这种行为不属于资敌行为,因为只是内部分工不同而已。资敌行为,一般是指非敌方的第三方或者本方内部的组织、机构、成员背叛本部而资助敌方的行为。

第三,本罪与资助危害国家安全犯罪都有资助的行为。两者的区别是:一是资助的对象不同。本罪资助的是敌人,即敌对国家或者敌对阵营;而资助危害国家安全犯罪活动罪的资助对象是犯罪人,即资助犯背叛祖国罪、分裂国家罪等罪行的人。二是资助的物品不同。本罪资助的是武器装备、军用物品;而后者资助的主要是金钱、普通物品等。

(5)量刑幅度

根据《刑法》第112条的规定,犯本罪的,处10年以上有期徒刑或者无期徒刑;情节较轻的,处3年以上10年以下有期徒刑。根据《刑法》第113条的规定,犯本罪对国家和人民危害特别严重、情节特别恶劣的,可以判处死刑,还可以并处没收财产。

二
危害公共安全罪

危害公共安全罪，是指故意或者过失实施危害不特定的多数人的生命、健康或重大公私财产安全的行为。这类犯罪突出的特点是侵犯的客体是社会的公共安全，而不是特定人的生命健康和特定的公私财产的安全。由于其社会危害性仅次于危害国家安全罪，因此它被列在《刑法》分则的第二章。

1. 放火罪（第114条、第115条第1款）

（1）罪名概念

放火罪，是指故意放火焚烧公私财物，危害公共安全的行为。

（2）法律规定

①本罪名是由《刑法》第114条、第115条第1款规定的。《刑法》第114条、第115条第1款规定："放火、决水、爆炸以及投放毒害性、放射性、传染病病原体等物质或者以其他危险方法危害公共安全，尚未造成严重后果的，处三年以上十年以下有期徒刑。"

"放火、决水、爆炸以及投放毒害性、放射性、传染病病原体等物质或者以其他危险方法致人重伤、死亡或者使公私财产遭受重大损失的，处十年以上有期徒刑、无期徒刑或者死刑。"

②2001年5月9日国家林业局、公安部发布的《关于森林和陆生野生动物刑事案件管辖及立案标准》第2条第6项规定："凡故意放火造成森林或者其他林木火灾的都应当立案；过火有林地面积2公顷以上为重大案件；过火有林地面积10公顷以上，或者致人重伤、死亡的，为特别重大案件。"

③1997年12月31日最高人民法院《关于对故意伤害、盗窃等严重破坏社会秩序的犯罪分子能否附加剥夺政治权利问题的批复》规定："根据刑法第五十六条规定，对于故意杀人、强奸、放火、爆炸、投毒、抢劫等严重破坏社会秩序的犯罪分子，可以附加剥夺政治权利。对故意伤害、盗窃等其他严重破坏社会秩序的犯罪，犯罪分子主观恶性较深、犯罪情节恶劣、罪行严重的，也可以依法附加剥夺政治权利。"

（3）构成要件

第一，本罪侵犯的客体是不特定的多数人的人身或者财产权。有些犯罪分子放火，虽然目的是侵害特定人的人身或者财产权，但大火一起，势不由人，不可能只烧那一部分而不烧这一部分。所以，放火罪侵犯的客体不是哪个人的生命安全和财产权。

第二，客观方面必须具有利用放火危害或者足以危害公共安全的行为。只要放火的行为实施终了，即使没有造成严重后果，也构成本罪。因为放火行为的本身已经危害和足以危害公共安全，有造成严重后果这一情节可以在量刑时予以考虑。

第三，主观方面只能是故意，包括直接故意和间接故意。动机可以是多种多样：有的是私人报复；有的是毁灭罪迹；有的是嫁祸于人；有的是其他个人目的等。动机不同，不影响本罪的成立。

第四，犯罪主体是一般主体。由于放火罪的社会危害性大，所以《刑法》第17条第2款规定，已满14周岁,不满16周岁的人犯放火罪应当负刑事责任。

(4)罪名界定

第一,如果以放火为手段,去杀害特定的人,没有危害不特定的多数人,也没有危及公共安全,那么,应该以故意杀人罪论处。

第二,有的犯罪分子犯罪后,为了毁灭罪迹,往往放火焚烧现场,对此应当区分不同情况分别处理。如果故意杀人、抢劫和强奸致人死亡后,为了消灭罪迹而在野外焚尸,不足以危害公共安全的,就不能另定放火罪。如果犯罪分子杀人、强奸致人死亡,或者盗窃、抢劫等犯罪后,为了消灭罪迹,在住宅区或其他公共建筑内放火,足以危害公共安全的,则应另定放火罪,实行数罪并罚。

第三,放火罪属于危险犯,区别犯罪的既遂与未遂,关键不在于行为人是否达到预期的犯罪目的,而在于其是否具备了法律所要求的全部构成要件。按照《刑法》第114条的规定,只要行为人实施了放火的行为,并且这种行为具有造成严重后果的危险性,即使由于行为人意志以外的原因,没有造成严重后果,也构成放火既遂。但是,如果行为人正在着手实施放火,因为客观原因被及时发现阻止或者未能燃烧,则构成放火未遂。

第四,放火罪与失火罪的主要区别在主观方面。放火罪主观上是故意,包括直接故意和间接故意。失火罪主观上是过失,包括疏忽大意的过失和过于自信的过失。另外,失火行为只有造成严重后果,才以失火罪论处,失火是结果犯。放火行为属于行为犯,行为人一旦实施了放火行为,即以犯罪论处,造成严重后果,这只是在量刑时要考虑的问题。造成了严重后果,应在较高的量刑幅度内量刑。

第五,财物所有人放火烧毁自己的财物,不危害其他人的利益,也不危害公共安全,不以放火罪论处。如果行为人在焚烧自己财物时,危害了公共安全,使不特定的人的生命、健康、财产遭到危害,应当以放火罪论处。

(5)量刑幅度

根据《刑法》第114条、第115条第1款的规定,放火危害公共安全,尚未造成严重后果的,处3年以上10年以下有期徒刑;致人重伤、死亡或者使公私财产遭受重大损失的,处10年以上有期徒刑、无期徒刑或者死刑。

本罪中"使公共财产遭受重大损失"的标准,目前司法解释没有作统一规定。我们认为,可以参照相类似犯罪所规定的数额标准来决定本罪的数额标准。辽宁省高级人民法院2001年3月4日下发的《第六次全省法院刑事审判工作联系点会议纪要》规定:"刑法第115条放火、决水、爆炸、投毒、以危险方法危害公共安全罪,造成直接经济损失,可以10万元为'使公私财产遭受重大损失'的起点标准。"

2. 决水罪(第114条、第115条第1款)

(1)罪名概念

决水罪,是指故意破坏水利设施或设备,利用水的自然力制造水灾,危害公共安全的行为。

(2)法律规定

本罪名是由《刑法》第114条、第115条第1款规定的。《刑法》第114条、第115条第1款规定:"放火、决水、爆炸以及投放毒害性、放射性、传染病病原体等物质或者以其他危险方法危害公共安全,尚未造成严重后果的,处三年以上十年以下有期徒刑。"

"放火、决水、爆炸以及投放毒害性、放射性、传染病病原体等物质或者以其他危险方法致人重伤、死亡或者使公私财产遭受重大损失的,处十年以上有期徒刑、无期徒刑或者死刑。"

(3)构成要件

第一,本罪侵犯的客体是不特定的多数人的人身或财产的安全。

第二,客观方面表现为行为人实施了决水,利用水的自然力进行破坏,危害公共安全的行为。决水的方法很多,如决溃堤防、水坝,破坏水闸,损坏自来水池、水库,堵塞或破坏水流渠道等。构成本罪不要求造成怎样严重的后果,因为只要实施了决水行为,就足以引起巨大的危险,后果的轻重只是量刑时所要考虑的。

第三,犯罪主体是一般主体。

第四,主观方面是故意,即故意用决水的方法危害公共安全。

(4)罪名界定

要划清罪与非罪的界限。有的农民在干旱或者春耕季节,为了抢水浇地耕种,互不相让发生纠纷,有的为了报复对方而扒开水渠放水,冲坏一些农田,但损失不大。对这种情节显著轻微、危害不大的,不能以决水罪论处,应采取批评教育或者赔偿损失的办法解决。

(5)量刑幅度

根据《刑法》第 114 条、第 115 条的规定,犯本罪的,处 3 年以上 10 年以下有期徒刑;致人重伤、死亡或者使公私财产遭受重大损失的,处 10 年以上有期徒刑、无期徒刑或者死刑。

3. 爆炸罪(第 114 条、第 115 条第 1 款)

(1)罪名概念

爆炸罪分故意爆炸罪和过失爆炸罪。故意爆炸罪,常常被称作爆炸罪,它是指故意以爆炸方法,杀伤人身,破坏公私财产,危害公共安全的行为。

(2)法律规定

①本罪名是由《刑法》第 114 条、第 115 条第 1 款规定的。《刑法》第 114 条规定:“放火、决水、爆炸以及投放毒害性、放射性、传染病病原体等物质或者以其他危险方法危害公共安全,尚未造成严重后果的,处三年以上十年以下有期徒刑。”

第 115 条第 1 款规定:“放火、决水、爆炸以及投放毒害性、放射性、传染病病原体等物质或者以其他危险方法致人重伤、死亡或者使公私财产遭受重大损失的,处十年以上有期徒刑、无期徒刑或者死刑。”

②2000 年 11 月 27 日最高人民法院《关于审理破坏野生动物资源刑事案件具体应用法律若干问题的解释》第 7 条规定:“使用爆炸、投毒、设置电网等危险方法破坏野生动物资源,构成非法猎捕、杀害珍贵、濒危野生动物罪或者非法狩猎罪,同时构成刑法第一百一十四条或者第一百一十五条规定之罪的,依照处罚较重的规定定罪处罚。”

③1997 年 12 月 31 日最高人民法院《关于对故意伤害、盗窃等严重破坏社会秩序的犯罪分子能否附加剥夺政治权利问题的批复》规定:“根据刑法第五十六条规定,对于故意杀人、强奸、放火、爆炸、投毒、抢劫等严重破坏社会秩序的犯罪分子,可以附加剥夺政治权利。对故意伤害、盗窃等其他严重破坏社会秩序的犯罪,犯罪分子主观恶性较深、犯罪情节恶劣、罪行严重的,也可以依法附加剥夺政治权利。”

(3)构成要件

第一,本罪侵犯的客体是不特定多数人的人身或财产的安全,即公共安全,而不是某个特定的人或者特定的物。

第二,客观方面表现为行为人具有危害公共安全的爆炸行为。

第三,犯罪主体是一般主体。

第四，主观方面是故意。不管动机如何，都不影响本罪的成立。

（4）罪名界定

第一，爆炸罪能致人死亡，但它与杀人罪不同，区别的根本点是：爆炸罪侵犯的是不特定多数人的生命健康和财产安全；杀人罪一般只是造成特定的人身伤亡。

第二，爆炸犯罪能毁坏财物，但它与故意毁坏财物罪不同。爆炸罪侵犯的对象多是工厂、矿场、仓库、住室、谷场、公共建筑物等，同时往往侵犯公民的人身权利；而故意毁坏财物罪侵犯的对象，只是单纯的国家、集体或公民的财产，既可以是重大的公私财产，也可以是一般的公私财产，而不侵犯公民的人身权利。

第三，爆炸犯罪与危险物品肇事罪有相同之处，但也有以下不同点：后者主观方面是出于过失，它只限于违反爆炸性、易燃性、放射性、毒害性、腐蚀性物品管理规定，在生产、储存、运输、使用中发生重大事故，造成严重后果的；而爆炸罪主观方面是故意。

（5）量刑幅度

《刑法》第114条、第115条第1款规定，犯爆炸罪尚未造成严重后果的，处3年以上10年以下有期徒刑；致人重伤、死亡或者使公私财产遭受重大损失的，处10年以上有期徒刑、无期徒刑或者死刑。

4. 投放危险物质罪（第114条、第115条第1款）

（1）罪名概念

投放危险物质犯罪分故意和过失两种。投放危险物质罪，是指故意投放毒害性、放射性、传染病病原体等物质，危害公共安全的行为。

（2）法律规定

①本罪名是由《刑法》第114条、第115条第1款规定的。《刑法》第114条、第115条第1款规定："放火、决水、爆炸以及投放毒害性、放射性、传染病病原体等物质或者以其他危险方法危害公共安全，尚未造成严重后果的，处三年以上十年以下有期徒刑。"

"放火、决水、爆炸以及投放毒害性、放射性、传染病病原体等物质或者以其他危险方法致人重伤、死亡或者使公私财产遭受重大损失的，处十年以上有期徒刑、无期徒刑或者死刑。"

②2000年11月27日最高人民法院《关于审理破坏野生动物资源刑事案件具体应用法律若干问题的解释》第7条规定："使用爆炸、投毒、设置电网等危险方法破坏野生动物资源，构成非法猎捕、杀害珍贵、濒危野生动物罪或者非法狩猎罪，同时构成刑法第一百一十四条或者第一百一十五条规定之罪的，依照处罚较重的规定定罪处罚。"

③1997年12月31日最高人民法院《关于对故意伤害、盗窃等严重破坏社会秩序的犯罪分子能否附加剥夺政治权利问题的批复》规定："根据刑法第五十六条规定，对于故意杀人、强奸、放火、爆炸、投毒、抢劫等严重破坏社会秩序的犯罪分子，可以附加剥夺政治权利。对故意伤害、盗窃等其他严重破坏社会秩序的犯罪，犯罪分子主观恶性较深、犯罪情节恶劣、罪行严重的，也可以依法附加剥夺政治权利。"

（3）构成要件

第一，本罪侵犯的客体是不特定多数人的生命和禽、畜等财产安全。即这种行为已经造成了多数人的人身或牲畜及其他财产的严重损害，或者已经威胁到多数人的人身或财产的安全。

第二，在客观方面，行为人必须具有投放毒害性、放射性、传染病病原体等物质，危害公共安全的行为。只要这种行为实施完就可构成本罪的既遂，至于是否造成人畜伤亡的严重后果，这是量刑时所要考虑的情节，一般不影响本罪的构成。

第三，犯罪主体是一般主体。

第四，主观方面是故意。

(4)罪名界定

第一，行为人如果采用投毒的手段伤害特定的某个人，而不是危及公共安全，则构成故意杀人罪。如果危害了公共安全，则构成本罪。例如，甲为了杀害乙，把毒药放到乙的菜碗里，目的是只想杀死乙，这是故意杀人罪。但如果为了杀害乙，将毒药放到单位食堂的菜锅里，这就危害了公共安全，应当以本罪论处。

第二，要区分本罪与故意毁坏公私财物罪的界限。如果行为人采用投毒的方法，毒害特定的少量牲畜、家禽，属于故意毁坏公私财物罪；如果毒害大量的、不特定的牲畜、家禽，可能造成数额巨大损失的，应当以本罪论处。

第三，要区分本罪与危险物品肇事罪的界限。这两种犯罪有相似之处，即都是违反了毒害性物品管理规定，可能会造成人身伤亡等严重后果。但是二者的区别在于：后者是在生产、储存、运输、使用中发生的重大事故，而且只能由过失构成，而前者主观上是故意。

第四，要划清本罪与环境污染行为的界限。环境污染，是指工厂、企业、事业和科研单位违反环境保护法的规定，随意排放超过国家或者地方规定标准的污染物，严重污染环境，危害人民健康，破坏自然资源，在规定的期限内能治理而不治理的行为。这种行为的危害后果有时虽然与本罪相似，但这种行为产生的原因和表现形式与本罪是不同的。

(5)量刑幅度

根据《刑法》第 114 条、第 115 条第 1 款的规定，犯本罪尚未造成严重后果的，处 3 年以上 10 年以下有期徒刑；致人重伤、死亡或者使公私财产遭受重大损失的，处 10 年以上有期徒刑、无期徒刑或者死刑。

5. 以危险方法危害公共安全罪(第 114 条、第 115 条第 1 款)

(1)罪名概念

以危险方法危害公共安全罪，是指用除了放火、决水、爆炸和投放危险物质以外的其他危险方法，故意致人伤残死亡、毁坏公私财产、危害公共安全的行为。这是《刑法》对不常见的危险方法所作的概括性规定。

(2)法律规定

①本罪名是由《刑法》第 114 条、第 115 条第 1 款规定的。《刑法》第 114 条、第 115 条第 1 款规定：“放火、决水、爆炸以及投放毒害性、放射性、传染病病原体等物质或者以其他危险方法危害公共安全，尚未造成严重后果的，处三年以上十年以下有期徒刑。”

“放火、决水、爆炸以及投放毒害性、放射性、传染病病原体等物质或者以其他危险方法致人重伤、死亡或者使公私财产遭受重大损失的，处十年以上有期徒刑、无期徒刑或者死刑。”

②2003 年 5 月 14 日最高人民法院、最高人民检察院《关于办理妨害预防、控制突发传染病疫情等灾害的刑事案件具体应用法律若干问题的解释》第 1 条规定：“故意传播突发传染病病原体，危害公共安全的，依照刑法第一百一十四条、第一百一十五条第一款的规定，按照以危险方法危害公共安全罪定罪处罚。”

③2000 年 11 月 27 日最高人民法院《关于审理破坏野生动物资源刑事案件具体应用法律若干问题的解释》第 7 条规定：“使用爆炸、投毒、设置电网等危险方法破坏野生动物资源，构成非法猎捕、杀害珍贵、濒危野生动物罪或者非法狩猎罪，同时构成刑法第一百一十四条或者第一百一十五条规定之罪的，依照处罚较重的规定定罪处罚。”

(3)构成要件

第一,本罪侵犯的客体是不特定多数人的生命、健康或者公私财产的安全。

第二,客观方面,具有除了放火、决水、爆炸、投放危险物质以外的,与这四种犯罪的危险性相当的足以危害公共安全的行为。

第三,犯罪主体是一般主体。

第四,主观方面是故意。如果是过失,则构成"过失以危险方法危害公共安全罪"。

(4)罪名界定

有人认为,本罪名是个行为选择性罪名,在司法实践中,应当根据行为人所采用的具体行为来确定具体罪名。例如,行为人驾驶汽车冲击无辜的群众,危害公共安全,那么就定以驾车撞人的危险方法危害公共安全罪;如果行为人不经过允许,私自架设电线,危害了公共安全,那么就定以私自架设电线的危险方法危害公共安全罪等。

其实,这个罪名不是行为选择性罪名,在司法实践中,除了采用放火、决水、爆炸、投毒等手段实施犯罪的以外,对采用其他方法进行危害公共安全犯罪的,都应当定"以危险方法危害公共安全罪"。其理由有二:一是认为这个罪名是行为选择性罪名没有法律依据;二是由于没有统一的法律规定,全国各地在实践中各自按照自己的理解执行法律,操作起来就会五花八门,这不仅使罪名不简练、不统一,而且也显得很不严肃。确定罪名应该执行最高人民法院和最高人民检察院的规定。

(5)量刑幅度

根据《刑法》第114条、第115条第1款的规定,犯此罪尚未造成严重后果的,处3年以上10年以下有期徒刑;致人重伤、死亡或者使公私财产遭受重大损失,处10年以上有期徒刑、无期徒刑或者死刑。

6. 失火罪(第115条第2款)

(1)罪名概念

失火罪,是指行为人由于不慎过失引起火灾,造成严重后果,危害公共安全的行为。

(2)法律规定

①本罪名是由《刑法》第115条第2款规定的。《刑法》第115条第2款规定:"过失犯前款罪的,处三年以上七年以下有期徒刑;情节较轻的,处三年以下有期徒刑或者拘役。"

②2008年6月25日最高人民检察院、公安部《关于公安机关管辖的刑事案件立案追诉标准的规定(一)》第1条规定:"过失引起火灾,涉嫌下列情形之一的,应予立案追诉:

(一)造成死亡一人以上,或者重伤三人以上的;

(二)造成公共财产或者他人财产直接经济损失五十万元以上的;

(三)造成十户以上家庭的房屋以及其他基本生活资料烧毁的;

(四)造成森林火灾,过火有林地面积二公顷以上,或者过火疏林地、灌木林地、未成林地、苗圃地面积四公顷以上的;

(五)其他造成严重后果的情形。"

③2001年5月9日国家林业局、公安部《关于森林和陆生野生动物刑事案件管辖及立案标准》第2条第7项规定:"失火造成森林火灾,过火有林地面积2公顷以上,或者致人重伤、死亡的应当立案;过火有林地面积为10公顷以上,或者致人死亡、重伤5人以上的为重大案件;过火有林地面积为50公顷以上,或者死亡2人以上的,为特别重大案件。"

(3)构成要件

第一,本罪侵害的客体是公共安全。

第二，客观方面，不仅要求行为人实施了危害公共安全的行为，还要求必须造成严重后果，才能构成犯罪。

第三，犯罪主体是一般主体。

第四，主观方面，只能由过失构成，即行为人应当预见自己的行为会造成危害公共安全的后果，但由于疏忽大意而没有预见，或者虽然预见，但轻信能够避免，以致没有避免而引起火灾，造成危害公共安全的严重后果。

（4）罪名界定

第一，失火行为是否造成严重后果，是区分失火罪罪与非罪的界限。在处理这类案件时，首先，要查明行为人的行为与失火事件的发生有没有刑法上的因果关系。其次，要查明损失的大小。如果是损失轻微，可由公安机关按照《治安管理处罚法》的规定予以处罚，或者由有关单位给予批评教育或者行政处分。

第二，要划清失火罪与自然火灾的界限。由于地震、火山爆发、雷电、旱天等自然原因也会引起火灾，这些火灾造成的原因，不在于哪个人的主观故意或者过失，因此不能追究哪个人的刑事责任。

第三，本罪与放火罪的不同点在于主观方面。构成本罪在主观方面是过失，而放火罪的主观方面是故意。另外，构成本罪还必须是造成了致人重伤、死亡或者使公私财产遭受重大损失的严重后果。本罪没有犯罪未遂，而放火罪有犯罪既遂与未遂之分。

第四，要划清失火罪与重大责任事故罪、玩忽职守罪的界限。要注意把失火罪同厂矿企业中的职工由于违反操作规程、安全生产而发生火灾的行为区别开来，把失火罪同国家工作人员由于领导、管理上的官僚主义或者严重不负责任而发生火灾的行为要区别开来。不同的犯罪其构成要件是各不相同的。

（5）量刑幅度

根据《刑法》第 115 条第 2 款的规定，犯失火罪的，处 3 年以上 7 年以下有期徒刑；情节较轻的，处 3 年以下有期徒刑或者拘役。

所谓“造成严重后果”，一般指造成他人重伤、死亡或者公私财产重大损失。“情节较轻”，目前司法解释没有作统一规定，应具体问题具体分析。我们认为，对已满 16 周岁不满 18 周岁的未成年人，或者是限制刑事责任能力的精神病人、又聋又哑的人、盲人犯本罪，犯罪后尽力采取抢救措施防止危害后果蔓延的，犯罪后自首的等情形，可以认定为情节较轻。

7. 过失决水罪（第 115 条第 2 款）

（1）罪名概念

过失决水罪，是指行为人过失地破坏水利设施或设备，造成水灾，严重危害公共安全，致人重伤、死亡或者使公私财产遭受重大损失的行为。

（2）法律规定

本罪名是由《刑法》第 115 条第 2 款规定的。《刑法》第 115 条第 2 款规定：“过失犯前款罪的，处三年以上七年以下有期徒刑；情节较轻的，处三年以下有期徒刑或者拘役。”

（3）构成要件

第一，本罪侵犯的客体是不特定的多数人的人身或大批财产的安全。

第二，客观方面表现为行为人过失决水，造成水灾，致人重伤、死亡或者使公私财产遭受重大损失的行为。未造成严重后果的，不构成本罪。

第三，犯罪主体是一般主体。

第四，主观方面是过失，即由于行为人疏忽大意或过于自信而发生水灾、造成严重后果。

(4)罪名界定

第一，本罪与决水罪的不同点在于主观方面。构成本罪在主观方面是过失，而决水罪的主观方面是故意。另外，构成本罪还必须造成致人重伤、死亡或者使公私财产遭受重大损失的严重后果。本罪没有犯罪未遂，而决水罪有犯罪既遂与未遂之分。

第二，要注意把自然水灾和行为人的过失造成的水灾区分开。自然水灾不是人为的，它来自不可抗拒的自然原因，如暴雨过多导致山洪暴发或河堤、水库决口等。而过失决水罪所造成的严重后果，与行为人的过失有因果关系。

(5)量刑幅度

根据《刑法》第115条第2款的规定，犯过失决水罪的，处3年以上7年以下有期徒刑；情节较轻的，处3年以下有期徒刑或者拘役。

“情节较轻”，目前司法解释没有作统一规定，应具体问题具体分析。我们认为，对已满16周岁不满18周岁的未成年人，或者是限制刑事责任能力的精神病人、又聋又哑的人、盲人犯本罪，犯罪后尽力采取抢救措施防止危害后果蔓延的，犯罪后自首的等情形，可以认定为情节较轻。

8. 过失爆炸罪(第115条第2款)

(1)罪名概念

过失爆炸罪，是指过失引发爆炸物，危害公共安全，致人重伤、死亡或者使公私财产遭受重大损失的行为。

(2)法律规定

①本罪名是由《刑法》第115条第2款规定的。《刑法》第115条第2款规定：“过失犯前款罪的，处三年以上七年以下有期徒刑；情节较轻的，处三年以下有期徒刑或者拘役。”

②1988年10月19日中国人民解放军军事法院《关于审理军人违反职责罪案件中几个具体问题的处理意见》第1条规定：“军职人员在执勤、训练、作战时使用、操作武器装备，或者在管理、维修、保养武器装备的过程中，违反武器装备使用规定和操作规程，情节严重，因而发生重大责任事故，致人重伤、死亡或者造成其他严重后果的，依照《条例》第三条的规定，以武器装备肇事罪论处；凡违反枪支、弹药管理使用规定，私自携带枪支、弹药外出，因玩弄而造成走火或者爆炸，致人重伤、死亡或者使公私财产遭受重大损失的，分别依照刑法第一百三十五条、第一百三十三条、第一百零六条的规定，以过失重伤罪、过失杀人罪或者过失爆炸罪论处。”

(3)构成要件

第一，本罪侵犯的客体是不特定的多数人的人身或财产安全。

第二，客观方面表现为过失引发爆炸物，危害公共安全，致人重伤、死亡或者使公私财产遭受重大损失的行为。

第三，犯罪主体是一般主体。

第四，主观方面是过失。即对可能造成的严重后果，本来应当预见，但由于疏忽大意而没有预见；或者对可能造成的严重后果虽然预见到了，但由于过失自信能够避免而没有采取有效措施，致使造成了严重后果。行为人主观方面是出于过失，这是区别于爆炸罪的根本点。

(4)罪名界定

本罪由于与危险物品肇事罪侵犯的客体相同，即都侵犯了公共安全，因此，容易把二者混淆。其实，这两种犯罪有明显的不同点，主要表现在客观方面。前者表现为爆炸行为，并且必须具有致人重伤、死亡或者使公私财产遭受重大损失的后果，这种后果的出现是由于行为人的过失造成的。而后者必须是具有违反危险物品管理规定的行为,而且这种行为是发生在生产、储存、运输、使用危险物品之中。当然也必须是出现了重大事故,包括危险物品的爆炸,也造成了严重后果。但是,行为人违反危险物品管理规定是故意的,而不是过失。

(5)量刑幅度

根据《刑法》第115条第2款的规定,犯本罪的,处3年以上7年以下有期徒刑;情节较轻的,处3年以下有期徒刑或者拘役。

“情节较轻”,目前司法解释没有作统一规定,应具体问题具体分析。我们认为,对已满16周岁不满18周岁的未成年人,或者是限制刑事责任能力的精神病人、又聋又哑的人、盲人犯本罪,犯罪后尽力采取抢救措施防止危害后果蔓延的,犯罪后自首的,可以认定为情节较轻。

9. 过失投放危险物质罪(第115条第2款)

(1)罪名概念

过失投放危险物质罪,是指过失投放了毒害性、放射性、传染病病原体等危险物质,危害公共安全,致人重伤、死亡或者使公私财产遭受重大损失的行为。

(2)法律规定

本罪名是由《刑法》第115条第2款规定的。该条款规定:“过失犯前款罪的,处三年以上七年以下有期徒刑;情节较轻的,处三年以下有期徒刑或者拘役。”

(3)构成要件

第一,本罪侵害的客体是社会的公共安全。如果是以盗窃为目的,偷偷地毒死水塘里的鱼,并且把这些鱼偷走,没有造成其他严重后果的,没有侵害公共安全,如果数额较大,应当以盗窃罪论处,不能定为过失投放危险物质罪。

第二,客观方面表现为过失地投放了毒害性、放射性、传染病病原体等危险物质的行为,并且实际上造成了人身伤亡或者财产损失的严重后果。

第三,犯罪主体是一般主体。

第四,主观方面是过失,即由于疏忽大意或者过于自信,造成了危害公共安全的严重后果。

(4)罪名界定

构成本罪,行为人在实施行为时,主观方面可能是故意,即故意实施了该行为,但对造成的严重后果,必须是过失。即行为人并不希望严重后果的出现,严重后果的出现,是由主观上的疏忽大意或者过于自信造成的。

(5)量刑幅度

根据《刑法》第115条第2款的规定,犯本罪的,处3年以上7年以下有期徒刑;情节较轻的,处3年以下有期徒刑或者拘役。

“情节较轻”,目前司法解释没有作统一规定,应具体问题具体分析。我们认为,对已满16周岁不满18周岁的未成年人,或者是限制刑事责任能力的精神病人、又聋又哑的人、盲人犯本罪,犯罪后尽力采取抢救措施防止危害后果蔓延的,犯罪后自首的等情形,可以认定为情节较轻。

10. 过失以危险方法危害公共安全罪(第115条第2款)

(1)罪名概念

过失以危险方法危害公共安全罪,是指过失以放火、决水、爆炸、投放危险物质以外的危险方法,致人重伤、死亡或者使公私财产遭受重大损失,严重危害公共安全的行为。

(2)法律规定

①本罪名是由《刑法》第115条第2款规定的。该条款规定:“过失犯前款罪的,处三年以上七年以下有期徒刑;情节较轻的,处三年以下有期徒刑或者拘役。”

②2003年5月14日最高人民法院、最高人民检察院《关于办理妨害预防、控制突发传染病疫情等灾害的刑事案件具体应用法律若干问题的解释》第1条第2款规定:“患有突发传染病或者疑似突发传染病而拒绝接受检疫、强制隔离或者治疗,过失造成传染病传播,情节严重,危害公共安全的,依照刑法第一百一十五条第二款的规定,按照过失以危险方法危害公共安全罪定罪处罚。”

(3)构成要件

第一,本罪侵犯的客体是公共安全,即多数人的生命、健康或者重大公私财产的安全。

第二,客观方面,具有与放火、决水、爆炸、投放危险物质危害程度相当的危害公共安全的行为,并且造成了致人重伤、死亡或者使公私财产遭受重大损失的严重后果。

第三,犯罪主体是一般主体。

第四,主观方面是过失。这一点是区别于“以危险方法危害公共安全罪”的根本点。

(4)罪名界定

要区分本罪与以危险方法危害公共完全罪的界限。本罪在客观上要求具有严重的危害后果,即必须是致人重伤、死亡或者使公私财产遭受重大损失。对于出现的严重后果,行为人在主观上是过失。也就是说,行为人并不希望这种严重的危害后果发生。而以危险方法危害公共安全罪没有这些方面的要求,行为人只要故意实施了足以危害公共安全的行为,无论是否造成了严重后果,都构成以危险方法危害公共安全罪的既遂。

(5)量刑幅度

根据《刑法》第115条第2款的规定,犯过失以危险方法危害公共安全罪的,处3年以上7年以下有期徒刑;情节较轻的,处3年以下有期徒刑或者拘役。

“情节较轻”,目前司法解释没有作统一规定,应具体问题具体分析。我们认为,对已满16周岁不满18周岁的未成年人,或者是限制刑事责任能力的精神病人、又聋又哑的人、盲人犯本罪,犯罪后尽力采取抢救措施防止危害后果蔓延的,犯罪后自首的等情形,可以认定为情节较轻。

11. 破坏交通工具罪(第116条、第119条第1款)

(1)罪名概念

破坏交通工具罪,是指故意破坏正在使用中的火车、汽车、电车、船只、飞机等交通工具或者交通工具中的重要部件,足以使交通工具发生倾覆、毁坏危险,严重危害交通运输安全的行为。

(2)法律规定

①本罪名是由《刑法》第116条、第119条第1款规定的。《刑法》第116条规定:“破坏火车、汽车、电车、船只、航空器,足以使火车、汽车、电车、船只、航空器发生倾覆、毁坏危险,尚未造成严重后果的,处三年以上十年以下有期徒刑。”

②第119条第1款规定:“破坏交通工具、交通设施、电力设备、燃气设备、易燃易爆设备,造成严重后果的,处十年以上有期徒刑、无期徒刑或者死刑。”

(3)构成要件

第一,本罪侵犯的客体是交通运输安全。犯罪对象是正在使用中的火车、汽车、电车、船只、飞机等交通工具。因为这些交通工具不仅贵重,更重要的是担负着运输大量的人员和物资的任务,一旦遭到破坏,就有可能造成大批人员的伤亡和大量财产的严重损失。

第二,客观方面表现为破坏交通工具的行为。这种行为必须是已经或者足以造成交通工具倾覆、毁坏。如果破坏了交通工具的次要部件,如汽车的玻璃、坐垫,或者盗窃车船上的卧具、餐具等其他不影响安全运行的辅助性设备,由于不会危害交通运输的公共安全而不构成本罪。严重的,可构成故意毁坏财物罪或盗窃罪。

第三,犯罪主体是一般主体。

第四,主观方面是故意。至于犯罪动机如何,不影响本罪的成立。

(4)罪名界定

第一,在有些特殊情况下,本罪与盗窃罪容易混淆。这两种犯罪有以下不同点:一是侵犯的客体不同。破坏交通工具罪侵犯的客体是交通运输安全;而盗窃罪侵犯的客体是公私财物所有权。二是犯罪对象不同。前者的犯罪对象是正在使用中的交通工具,包括正在运行中的和暂停待用的交通工具;而后者的犯罪对象不是正在使用中的交通工具。三是犯罪目的也不相同。前者往往是为了报复、陷害或者出于其他个人目的;后者仅仅是为了占有他人的财物。四是犯罪手段也不同。前者的犯罪属于行为犯,即只要有行为就构成犯罪,是否造成严重后果,不影响定罪,后果是否严重,只是量刑时所要考虑的;而后者只能是盗窃数额较大的财物才能以犯罪论处。

第二,要把破坏航空器的破坏交通工具罪与劫持航空器罪相区别。二者的不同点是:一是侵犯的客体不相同。本罪侵犯的客体是交通运输安全;而劫持航空器罪侵犯的客体是旅客和航空器的安全。二是犯罪方法不同。本罪以作为的方式,使航空器的价值全部或者部分丧失;而劫持航空器罪则以暴力、胁迫或者其他方法使航空器内的人员不能反抗、不敢反抗或者不知道反抗,行为人伺机夺取航空器或者是使航空器按照自己的意志航行,行为人在主观上不希望飞行器丧失使用价值。三是犯罪的时空条件不同。前者是在航空器停放处,而且是在航空器飞行前完成破坏行为;后者的劫持行为是在航空器飞行后,在航空器内公然实施的,它可以发生在我国的上空,也可以发生在行为人所希望的降落国或者第三国的上空。

第三,本罪与故意毁坏财物罪有以下不同点:一是侵害的客体不同。破坏交通工具罪侵犯的客体是交通运输安全;而故意毁坏财物罪侵犯的客体是公私财物所有权。二是犯罪对象不同。前者的犯罪对象是正在使用中的交通工具,如火车、汽车、电车、船只、航空器等;而后者侵犯的对象是停用、待修的交通工具。三是犯罪手段不同。前者的犯罪手段常常采用拆毁交通工具的重要装置、部件以及其他方法破坏交通工具,足以危害运输安全;而后者一般表现为焚烧或者毁坏公私财物,全部或者部分破坏其使用价值。四是前者是行为犯,行为人只要实施了破坏交通工具的行为,即构成犯罪,是否造成严重后果,这是量刑时所要考虑的问题;而后者必须是使公私财物全部或者部分丧失使用价值,情节严重的才构成犯罪。

本罪的行为对象是火车、汽车、电车、船只、航空器等大型现代交通工具。这些交通工具一旦造成破坏,有可能发生严重的人身伤亡或者使公私财产受到严重损失。而自行车、摩托车、三轮车等小型交通工具,由于它的载客、载货数量有限,即使受到破坏,也不会使多人伤亡或者使公私财物遭受重大损失。因此,对破坏自行车、摩托车、三轮车等小型交通工具,不应以破坏交通工具罪论处。如果构成犯罪,可按故意毁坏财物罪、盗窃罪等犯罪来定罪处罚。对破坏拖拉机的行为如何定性,要根据具体情况来确定。拖拉机可分为轮胎式和履带式。履带式拖拉机速度较慢,其主要功能是牵引农机具。因此,破坏这种拖拉机,不宜定破坏交通工具罪。轮胎式拖拉机用于牵引农机具时,行为人破坏它,也不宜定破坏交通工具罪,后果严重的可以以破坏生产经营罪、故意毁坏财物罪论处。当轮胎式拖拉机用于公路运输时,其速度快,载货、载客量也比较大,破坏了这样的拖拉机,从理论上讲,可以按破坏交通工具罪论处。

第四,本罪与一般的违反治安管理规定的破坏交通工具行为不同。例如,对火车、汽车、船只投掷石子、泥块或者其他类似物品，用气枪或者弹弓打车辆玻璃的行为等，构成一般的违反治安管理规定的违法行为，可根据《治安管理处罚法》处理。

第五，要注意划清以放火、爆炸手段实施的破坏交通工具罪与放火罪、爆炸罪的界限。本罪侵犯的对象是正在使用中的火车、汽车、电车、船只、航空器等交通工具；而放火罪、爆炸罪侵犯的对象则是停置不用的交通工具或者其他公私财产和不特定多数人的生命、健康。如果行为人使用放火、爆炸的手段破坏尚未交付使用的交通工具的，则应当根据具体案情，可以分别以放火罪、爆炸罪或者故意毁坏财物罪处罚。

(5)量刑幅度

根据《刑法》第116条、第119条第1款的规定，构成本罪，尚未造成严重后果的，处3年以上10年以下有期徒刑。造成严重后果的，处10年以上有期徒刑、无期徒刑或者死刑。

所谓"造成严重后果"，一般是指使交通工具发生倾覆、毁坏，致人重伤、死亡或者使公私财产遭受重大损失，严重危害交通运输安全。

12. 破坏交通设施罪(第117条、第119条第1款)

(1)罪名概念

破坏交通设施罪，是指故意破坏轨道、桥梁、隧道、公路、机场、航道、灯塔、标志或者进行其他破坏活动，足以使火车、汽车、电车、轮船、飞机发生倾覆、毁坏危险，严重危害交通运输安全的行为。

(2)法律规定

①本罪名是由《刑法》第117条、第119条第1款规定的。《刑法》第117条规定："破坏轨道、桥梁、隧道、公路、机场、航道、灯塔、标志或者进行其他破坏活动，足以使火车、汽车、电车、船只、航空器发生倾覆、毁坏危险，尚未造成严重后果的，处三年以上十年以下有期徒刑。"

②第119条第1款规定："破坏交通工具、交通设施、电力设备、燃气设备、易燃易爆设备，造成严重后果的，处十年以上有期徒刑、无期徒刑或者死刑。"

(3)构成要件

第一，本罪侵犯的客体是交通运输安全。衡量破坏交通设备的危害性，不能只看被破坏的具体设备的财产价值，而应看到这种破坏行为会使交通运输工具发生倾覆或毁坏，造成多数人的人身伤亡或财产上的重大损失，严重危害着公共安全。这种犯罪的对象是轨道、桥梁、隧道、公路、机场、航道、灯塔、标志等，至于破坏了与交通运输安全无关的设备，如火车站候车室或者候车室里的生活设备，均不构成本罪。

第二，在客观方面，行为人具有破坏正在使用中的交通设备的行为。破坏仓库里存放的或者正在施工、安装中的设备，不构成本罪。因为破坏非使用中的交通设备，不会威胁交通工具往来的安全。

第三，犯罪主体是一般主体。

第四，主观方面是故意。

(4)罪名界定

第一，按照《刑法》的规定，构成本罪，不仅要有破坏行为，还必须是足以使交通工具发生倾覆、毁坏。如果破坏行为不可能使交通工具发生倾覆、毁坏，没有危及交通运输安全的，则不构成本罪。

第二，要划清以盗窃交通设施的方法破坏交通设施的犯罪同盗窃罪的界限。这两种犯罪的区别主要体现为犯罪对象不同。破坏交通设施罪侵犯的对象，是正在使用中的轨道、桥梁、隧道、公路等交通设施；而后者侵犯的对象比较广泛，包括一切公私财物。如果行为人的破坏、盗窃行为直接危及交通安全,足以造成交通工具倾覆的,应当以破坏交通设施罪论处。如盗窃铁路枕木、盗窃交通设施上的主要部件、偷割铁路专用电缆或者调度专用电话线等,虽然行为人的目的是非法占有,客观上采用的是秘密窃取的方式,但是,由于盗窃的对象不是一般的公私财物,而是正在使用中的交通设施,其侵犯的客体是交通运输安全而不是公私财物所有权关系。因此,应当以破坏交通设施罪论处。如果行为人盗窃的是交通设施中的一般设施,或者是交通设施的附属设备,不足以危害交通安全,则应当以盗窃罪论处。

(5)量刑幅度

根据《刑法》第117条、第119条第1款的规定,犯破坏交通设施罪,尚未造成严重后果的,处3年以上10年以下有期徒刑;造成严重后果的,处10年以上有期徒刑、无期徒刑或者死刑。

所谓"造成严重后果",一般是指使交通工具发生倾覆、毁坏,致人重伤、死亡或者使公私财产遭受重大损失,严重危害交通运输安全。

13. 破坏电力设备罪(第118条、第119条第1款)

(1)罪名概念

破坏电力设备罪,是指故意破坏正在使用中的电力设备,危害公共安全,已经造成或者可能造成严重后果的行为。

(2)法律规定

①本罪名是由《刑法》第118条、第119条第1款规定的。《刑法》第118条规定:"破坏电力、燃气或者其他易燃易爆设备,危害公共安全,尚未造成严重后果的,处三年以上十年以下有期徒刑。"

第119条第1款规定:"破坏交通工具、交通设施、电力设备、燃气设备、易燃易爆设备,造成严重后果的,处十年以上有期徒刑、无期徒刑或者死刑。"

②2007年8月15日最高人民法院《关于审理破坏电力设备刑事案件具体应用法律若干问题的解释》规定:

"第一条　破坏电力设备,具有下列情形之一的,属于刑法第一百一十九条第一款规定的'造成严重后果',以破坏电力设备罪判处十年以上有期徒刑、无期徒刑或者死刑:

(一)造成一人以上死亡、三人以上重伤或者十人以上轻伤的;

(二)造成一万以上用户电力供应中断六小时以上,致使生产、生活受到严重影响的;

(三)造成直接经济损失一百万元以上的;

(四)造成其他危害公共安全严重后果的。

第三条　盗窃电力设备,危害公共安全,但不构成盗窃罪的,以破坏电力设备罪定罪处罚;同时构成盗窃罪和破坏电力设备罪的,依照刑法处罚较重的规定定罪处罚。

盗窃电力设备,没有危及公共安全,但应当追究刑事责任的,可以根据案件的不同情况,按照盗窃罪等犯罪处理。

第四条　本解释所称电力设备,是指处于运行、应急等使用中的电力设备;已经通电使用,只是由于枯水季节或电力不足等原因暂停使用的电力设备;已经交付使用但尚未通电的电力设备。不包括尚未安装完毕,或者已经安装完毕但尚未交付使用的电力设备。

本解释中直接经济损失的计算范围,包括电量损失金额,被毁损设备材料的购置、更换、修复费用,以及因停电给用户造成的直接经济损失等。"

(3)构成要件

本罪的构成要件是:

第一,本罪侵犯的客体是电力设备方面的公共安全。

第二,在客观方面,行为人具有破坏正在使用中的电力设备的行为。这里所说的"电力设备",根据2007年8月15日最高人民法院《关于审理破坏电力设备刑事案件具体应用法律若干问题的解释》第4条的规定,是指处于运行、应急等使用中的电力设备;已经通电使用,只是由于枯水季节或者电力不足等原因,暂停使用的电力设备;已经交付使用,但尚未通电的电力设备。不包括尚未安装完毕,或者已经安装完毕,但尚未交付使用的电力设备。

第三,犯罪主体是一般主体。

第四,主观方面是故意。

(4)罪名界定

第一,构成本罪,行为人的破坏行为必须是足以使电力设备发生毁坏的危险,如果不可能使电力设备发生毁坏,不会危及用电安全,则不构成本罪。另外,使用放火、爆炸方法破坏电力设备而构成破坏电力设备罪与一般的放火罪、爆炸罪是有区别的。其主要区别在于:前者破坏的对象是电力设备,而后者破坏的对象是电力设备以外的其他公私财物。由于《刑法》将电力设备作为特定的对象予以特殊保护,因此,无论以什么方式破坏电力设备,只要是足以危害公共完全,就构成破坏电力设备罪。

第二,根据2007年8月15日最高人民法院《关于审理破坏电力设备刑事案件具体应用法律若干问题的解释》第3条的规定,盗窃电力设备,危害公共完全,但不构成盗窃罪的,以破坏电力设备罪定罪处罚;如果同时构成盗窃罪和破坏电力设备罪的,依照刑法处罚较重的规定定罪处罚。盗窃电力设备,没有危及公共安全,但应当追究刑事责任的,可以根据案件的不同情况,按照盗窃罪等犯罪处理。

(5)量刑幅度

根据《刑法》第118条、第119条第1款的规定,构成本罪尚未造成严重后果的,处3年以上10年以下有期徒刑。造成严重后果的,处10年以上有期徒刑、无期徒刑或者死刑。

这里的"造成严重后果",根据2007年8月15日最高人民法院《关于审理破坏电力设备刑事案件具体应用法律若干问题的解释》第1条的规定,是指下列情形之一的:一是造成1人以上死亡、3人以上重伤或者10人以上轻伤的。二是造成1万以上用户电力供应中断6小时以上,致使生产、生活受到严重影响的。三是造成直接经济损失100万元以上的。这里的"直接经济损失",包括电量损失金额、被损毁设备材料的购置、更换、修复费用,以及因为停电给用户造成的直接经济损失等。四是造成其他危害公共安全的严重后果的。

14. 破坏易燃易爆设备罪(第118条、第119条第1款)

(1)罪名概念

破坏易燃易爆设备罪,是指故意破坏燃气或者其他易燃易爆设备,危害公共安全的行为。

(2)法律规定

①本罪名是由《刑法》第118条、第119条第1款规定的。《刑法》第118条规定:"破坏电力、燃气或者其他易燃易爆设备,危害公共安全,尚未造成严重后果的,处三年以上十年以下有期徒刑。"

第119条第1款规定:"破坏交通工具、交通设施、电力设备、燃气设备、易燃易爆设备,造成严重后果的,处十年以上有期徒刑、无期徒刑或者死刑。"

②2007年1月15日最高人民法院、最高人民检察院《关于办理盗窃油气、破坏油气设备等刑事案件具体应用法律若干问题的解释》相关内容如下:

“第一条　在实施盗窃油气等行为过程中，采用切割、打孔、撬砸、拆卸、开关等手段破坏正在使用的油气设备的，属于刑法第一百一十八条规定的‘破坏燃气或者其他易燃易爆设备’的行为；危害公共安全，尚未造成严重后果的，依照刑法第一百一十八条的规定定罪处罚。

第二条　实施本解释第一条规定的行为，具有下列情形之一的，属于刑法第一百一十九条第一款规定的‘造成严重后果’，依照刑法第一百一十九条第一款的规定定罪处罚：

（一）造成一人以上死亡、三人以上重伤或者十人以上轻伤的；

（二）造成井喷或者重大环境污染事故的；

（三）造成直接经济损失数额在五十万元以上的；

（四）造成其他严重后果的。

第三条　盗窃油气或者正在使用的油气设备，构成犯罪，但未危害公共安全的，依照刑法第二百六十四条的规定，以盗窃罪定罪处罚。

盗窃油气，数额巨大但尚未运离现场的，以盗窃未遂定罪处罚。

为他人盗窃油气而偷开油气井、油气管道等油气设备阀门排放油气或者提供其他帮助的，以盗窃罪的共犯定罪处罚。

第四条　盗窃油气同时构成盗窃罪和破坏易燃易爆设备罪的，依照刑法处罚较重的规定定罪处罚。

第五条　明知是盗窃犯罪所得的油气或者油气设备，而予以窝藏、转移、收购、加工、代为销售或者以其他方法掩饰、隐瞒的，依照刑法第三百一十二条的规定定罪处罚。

实施前款规定的犯罪行为，事前通谋的，以盗窃犯罪的共犯定罪处罚。

第六条　违反矿产资源法的规定，非法开采或者破坏性开采石油、天然气资源的，依照刑法第三百四十三条以及《最高人民法院关于审理非法采矿、破坏性采矿刑事案件具体应用法律若干问题的解释》的规定追究刑事责任。”

（3）构成要件

第一，本罪侵犯的客体是公共安全。犯罪对象是正在使用中的燃气等易燃易爆设备。所谓“易燃易爆设备”，包括煤气或者天然气等燃气设备及其他易燃易爆设备，如火力发电厂的热力设备；供气系统的煤气发生设备、煤气净化设备、煤气输送设备以及石油、化工方面的易燃易爆设备，包括油井、油库、石油管道设备等。

第二，在客观方面，行为人具有对易燃易爆设备的破坏行为。破坏的手段和方式是多种多样的，如放火、爆炸、拆卸和毁坏机器零件，往机器设备里投放杂物或者故意违反操作规程，使设备损坏。破坏行为也可以用不作为的方式来进行，如负有维修保护责任的工作人员，发现重要部件异常或者出现故障，有爆炸或燃烧的危险，却故意置之不理，放任危害结果发生，都应以本罪论处。

第三，本罪的主体是一般主体。

第四，主观方面是故意，包括直接故意和间接故意。即行为人明知破坏易燃易爆设备会产生危害公共安全的后果，并希望或者放任这种后果的发生。

（4）罪名界定

第一，本罪破坏的是易燃易爆设备，其犯罪对象不包括易燃易爆物品。对违反易燃易爆危险物品管理规定而造成爆炸或燃烧等危害后果，按照危险物品肇事罪论处。如果在破坏易燃易爆设备的同时，引起了易燃易爆物品的爆炸或者燃烧，应当以破坏易燃易爆设备罪论处。

第二，根据2002年4月10日最高人民法院《关于对采用破坏性手段盗窃正在使用的油田输油管道中油品的行为如何适用法律问题的批复》之规定，正在使用的油田输油管道，属于《刑法》

规定的"易燃易爆设备"。行为人采用破坏性手段，盗窃正在使用的油田输油管道中的油品，构成破坏易燃易爆设备罪、盗窃罪等犯罪的，依照处罚较重的规定定罪处罚。

第三，根据 2007 年 1 月 15 日最高人民法院、最高人民检察院《关于办理盗窃油气、破坏油气设备等刑事案件具体应用法律若干问题的解释》第 1 条、第 2 条的规定，盗窃油气，采用切割、打孔、撬砸、拆卸、开关等手段，破坏正在使用的油气设备的，属于"破坏燃气或者其他易燃易爆设备"的行为；危害公共安全，尚没有造成严重后果的，应当依照《刑法》第 118 条的规定，以破坏易燃易爆设备罪，判处 3 年以上 10 年以下有期徒刑。如果采取了上述的盗窃油气的行为，而且具有下列情形之一的，属于《刑法》第 119 条第 1 款规定的"造成严重后果"，依照《刑法》第 119 条第 1 款的规定，判处 10 年以上有期徒刑、无期徒刑或者死刑：一是造成 1 人以上死亡、3 人以上重伤或者 10 人以上轻伤的；二是造成井喷或者重大环境污染事故的；三是造成直接经济损失数额在 50 万元以上的；四是造成其他严重后果的。

(5)量刑幅度

根据《刑法》第 118 条、第 119 条第 1 款的规定，犯破坏易燃易爆设备罪尚未造成严重后果的，处 3 年以上 10 年以下有期徒刑；已经造成严重后果的，处 10 年以上有期徒刑、无期徒刑或者死刑。

所谓"造成严重后果"，一般是指致人重伤、死亡或者使公私财产遭受重大损失等情形。

15. 过失损坏交通工具罪(第 119 条第 2 款)

(1)罪名概念

过失损坏交通工具罪，是指过失损坏正在使用中的火车、汽车、电车、船只、飞机等交通工具或者交通工具中的重要部件，使交通工具发生倾覆、毁坏，已造成严重后果，严重危害交通运输安全的行为。

(2)法律规定

本罪名是由《刑法》第 119 条第 2 款规定的。该条款规定："过失犯前款罪的，处三年以上七年以下有期徒刑；情节较轻的，处三年以下有期徒刑或者拘役。"

(3)构成要件

第一，本罪侵犯的客体是交通运输安全。

第二，客观方面表现为实施了毁坏汽车、火车、电车、船只、航空器等交通工具的行为，并且造成了交通工具的翻沉、人身伤亡或重大财产损失的后果。

第三，犯罪主体是一般主体。

第四，主观方面是过失，包括疏忽大意的过失和过于自信的过失，这是区别于破坏交通工具罪的根本点。

(4)罪名界定

第一，行为人的过失行为与严重的危害结果之间必须具有因果关系，才能构成本罪。即行为人应当预见其行为可能使交通工具发生颠覆、毁坏的后果，但是因为疏忽大意而没有预见，或者虽然预见到这种危害后果，但轻信自己能够避免，由于有这样的过失而使严重的危害后果没能避免。如果对出现的严重后果根本就无法预见，也就是说，行为人没有过失，则不能构成本罪。

第二，要注意把本罪与交通肇事罪相区别。二者在主观上都是过失，但交通肇事罪是从事交通运输的人员违反规章制度，因而发生重大事故，致人重伤、死亡或者使公私财产遭受重大损失的行为。从事交通运输的人员在运输中，即使把车辆撞坏，造成了严重后果，也不是破坏交通工具罪，而应当单独构成交通肇事罪。

(5)量刑幅度

根据《刑法》第119条第2款的规定,犯过失损坏交通工具罪的,处3年以上7年以下有期徒刑;情节较轻的,处3年以下有期徒刑或者拘役。

所谓“造成严重后果”,一般是指致人重伤、死亡或者使公私财产遭受重大损失等情形。

所谓“情节较轻”,目前司法解释没有作统一规定,应具体问题具体分析。我们认为,对已满16周岁不满18周岁的未成年人,或者是限制刑事责任能力的精神病人、又聋又哑的人、盲人犯本罪,犯罪后尽力采取抢救措施防止危害后果蔓延的,犯罪后自首的等情形,可以认定为情节较轻。

16.过失损坏交通设施罪(第119条第2款)

(1)罪名概念

过失损坏交通设施罪,是指由于行为人的过失,引起了轨道、桥梁、隧道、公路、机场、航道、灯塔、标志的毁坏,或者由于过失引起其他交通设备的毁坏,致使火车、汽车、电车、船只、飞机发生倾覆、毁坏,造成严重后果,危害公共安全的行为。

(2)法律规定

本罪名是由《刑法》第119条第2款规定的。该条款规定:“过失犯前款罪的,处三年以上七年以下有期徒刑;情节较轻的,处三年以下有期徒刑或者拘役。”

(3)构成要件

第一,本罪侵犯的客体是交通运输安全。

第二,客观方面表现为过失地破坏了交通设备,并造成严重后果的行为。这种严重后果与行为人的过失有因果关系。如果后果不严重,则不构成本罪。

第三,犯罪主体是一般主体。

第四,主观方面是过失,这是本罪区别于破坏交通设施罪的根本点。

(4)罪名界定

本罪与破坏交通设施罪的主要区别在于:一是主观方面不同。本罪是过失犯罪,而后者主观方面是故意。二是对危害结果要求不同。本罪把造成严重后果作为构成犯罪的法定条件,而后者不论是否发生了严重后果,只要行为人故意实施了破坏交通设施的行为,就构成破坏交通设施罪。

(5)量刑幅度

根据《刑法》第119条第2款的规定,构成本罪的,处3年以上7年以下有期徒刑;情节较轻的,处3年以下有期徒刑或者拘役。

所谓“造成严重后果”,一般是指致人重伤、死亡或者使公私财产遭受重大损失等情形。

所谓“情节较轻”,目前司法解释没有作统一规定,应具体问题具体分析。我们认为,对已满16周岁不满18周岁的未成年人,或者是限制刑事责任能力的精神病人、又聋又哑的人、盲人犯本罪,犯罪后尽力采取抢救措施防止危害后果蔓延的,犯罪后自首的等情形,一般可以认定为情节较轻。

17.过失损坏电力设备罪(第119条第2款)

(1)罪名概念

过失损坏电力设备罪,是指行为人过失损坏正在使用的电力设备,造成严重后果的行为。

(2)法律规定

本罪名是由《刑法》第119条第2款规定的。该条款规定:“过失犯前款罪的,处三年以上七年以下有期徒刑;情节较轻的,处三年以下有期徒刑或者拘役。"

(3)构成要件

第一,本罪侵害的客体是公共安全,其犯罪对象是正在使用中的电力设备。

第二,在客观方面,行为人具有过失损坏电力设备的行为,而且这种过失行为已经造成了严重后果。

这里所说的"电力设备",根据2007年8月15日最高人民法院《关于审理破坏电力设备刑事案件具体应用法律若干问题的解释》第4条的规定,是指处于运行、应急等使用中的电力设备;已经通电使用,只是由于枯水季节或者电力不足等原因,暂停使用的电力设备;已经交付使用,但尚未通电的电力设备。不包括尚未安装完毕,或者已经安装完毕,但尚未交付使用的电力设备。

这里的"造成严重后果",根据2007年8月15日最高人民法院《关于审理破坏电力设备刑事案件具体应用法律若干问题的解释》第2条的规定,是指下列情形之一的:一是造成1人以上死亡、3人以上重伤或者10人以上轻伤的。二是造成1万以上用户电力供应中断6小时以上,致使生产、生活受到严重影响的。三是造成直接经济损失100万元以上的。这里的"直接经济损失",包括电量损失金额、被损毁设备材料的购置、更换、修复费用以及因为停电给用户造成的直接经济损失等。四是造成其他危害公共安全的严重后果的。

第三,犯罪主体是一般主体,即达到刑事责任年龄,具有刑事责任能力的自然人。

第四,主观方面是过失。这是区别于破坏电力设备罪的根本点。

(4)罪名界定

要注意区分本罪与破坏电力设备罪。本罪有两个特征:一是在客观上必须是已经造成了严重的危害后果;二是在主观上是出于过失。需要注意的是,这里所说的过失,仅仅是对严重的危害后果而言。即对出现的严重后果,是行为人应当预见,但由于疏忽大意而没有预见,或者是虽然预见到了,但由于过于自信,认为这种结果不会发生,而没有采取防止危害后果产生的措施,以至于造成了严重后果。也就是说,对产生的后果是过失,但行为人的行为本身是故意。

(5)量刑幅度

根据《刑法》第119条第2款的规定,犯本罪的,处3年以上7年以下有期徒刑;情节较轻的,处3年以下有期徒刑或者拘役。

所谓"造成严重后果",一般是指致人重伤、死亡或者使公私财产遭受重大损失等情形。所谓"情节较轻",目前司法解释没有作统一规定,应具体问题具体分析。我们认为,对已满16周岁不满18周岁的未成年人,或者是限制刑事责任能力的精神病人、又聋又哑的人、盲人犯本罪,犯罪后尽力采取抢救措施防止危害后果蔓延的,犯罪后自首的等情形,可以认定为情节较轻。

18. 过失损坏易燃易爆设备罪(第119条第2款)

(1)罪名概念

过失损坏易燃易爆设备罪,是指过失损坏正在使用中的易燃易爆设备,危害公共安全,造成严重后果的行为。

(2)法律规定

本罪名是由《刑法》第119条第2款规定的。该条款规定:"过失犯前款罪的,处三年以上七年以下有期徒刑;情节较轻的,处三年以下有期徒刑或者拘役。"

(3)构成要件

第一,本罪侵犯的客体是电力、煤气或者其他易燃易爆设备方面的公共安全。

第二,在客观方面,行为人具有过失损坏正在使用中的电力、煤气或者其他易燃易爆设备,并且造成严重后果的行为。没造成严重后果的,不构成本罪。

第三,犯罪主体是一般主体。

第四,主观方面是过失。

(4)罪名界定

第一,如果因为行为人不能预见或者不能抗拒的原因,或者在科学实验中遭到失败等,虽然造成了严重后果,也不应以过失损坏易燃易爆设备罪予以法律制裁。

第二,过失损坏易燃易爆设备罪与过失损坏交通工具罪、过失损坏交通设施罪相比,三者在主体、主观方面、客观方面等都基本相同,只是犯罪对象不同。本罪的犯罪对象是正在使用中的燃气或者其他易燃易爆设备,这一点需要与其他犯罪相区别。

(5)量刑幅度

根据《刑法》第119条第2款的规定,犯过失损坏易燃易爆设备罪的,处3年以上7年以下有期徒刑;情节较轻的,处3年以下有期徒刑或者拘役。

所谓"造成严重后果",一般是指致人重伤、死亡或者使公私财产遭受重大损失等情形。

所谓"情节较轻",目前司法解释没有作统一规定,应具体问题具体分析。我们认为,对已满16周岁不满18周岁的未成年人,或者是限制刑事责任能力的精神病人、又聋又哑的人、盲人犯本罪,犯罪后尽力采取抢救措施防止危害后果蔓延的,犯罪后自首的等情形,可以认定为情节较轻。

19. 组织、领导、参加恐怖组织罪(第120条)

(1)罪名概念

组织、领导、参加恐怖组织罪,是指组织、领导和积极参加恐怖活动组织的行为。

(2)法律规定

本罪名是由《刑法》第120条规定的。该条规定:"组织、领导恐怖活动组织的,处十年以上有期徒刑或者无期徒刑,并处没收财产;积极参加的,处三年以上十年以下有期徒刑,并处罚金;其他参加的,处三年以下有期徒刑、拘役、管制或者剥夺政治权利,可以并处罚金。

犯前款罪并实施杀人、爆炸、绑架等犯罪的,依照数罪并罚的规定处罚。"

(3)构成要件

第一,本罪侵犯的客体是社会的治安秩序和公共安全,其目标所指向的是不特定的多数人的生命健康和公私财产的安全。

第二,在客观方面,行为人具有组织、领导恐怖活动组织的行为。"恐怖组织"是带有黑社会色彩的,以危害社会治安为活动宗旨的团体。在实践中,一些组织以抢劫、盗窃、恐吓公民为常业,都属于恐怖组织。本罪表现为行为犯,即只要实施了组织、领导恐怖活动行为的,就可构成犯罪。如果组织、领导的恐怖组织又实施了杀人、爆炸、绑架等犯罪的,按《刑法》第120条第2款的规定,依照数罪并罚的规定处罚。

第三,犯罪主体是一般主体。

第四,犯罪主观方面是故意,并具有进行恐怖活动的目的。对那些积极参加的来说,必须明知是恐怖活动组织,并且出于进行恐怖活动的目的而积极参加。

(4)罪名界定

第一,要注意划清罪与非罪、此罪与彼罪的界限。本罪表现为行为犯,即只要实施了组织、领导恐怖活动行为的,就可构成犯罪。如果组织、领导的恐怖组织又实施了杀人、爆炸、绑架等犯罪的,按《刑法》第120条第2款的规定,依照数罪并罚的规定处罚。

第二,根据《刑法》的规定,构成本罪的人有以下三种:一是"组织、领导恐怖活动组织的",是指以进行恐怖活动为目的，为了长期、有计划地进行恐怖活动，纠合3人以上组成比较稳定的犯罪组织的人。而不是指临时纠合几个人进行犯罪的，因为临时组成的松散团伙不是"组织"。二是"积极参加恐怖活动组织的"，是指主动、积极参加他人组织的恐怖活动组织的人。三是"其他参加的"，是指既不是组织、领导者，又不是积极参加者，但确属该恐怖活动组织的成员。这类人不一定都构成犯罪，有的因情节显著轻微、危害不大而不认为是犯罪。在处理这种案件时，主要应注意两个问题：一是要把恐怖组织与临时纠集的犯罪团伙相区别；二是组织、领导、参加恐怖组织，并且实施了杀人、放火、抢劫、盗窃等犯罪活动的，按照数罪并罚处理，不能只定一罪。

（5）量刑幅度

《刑法》第120条规定："组织、领导恐怖活动组织的，处十年以上有期徒刑或者无期徒刑，并处没收财产；积极参加的，处三年以上十年以下有期徒刑，并处罚金；其他参加的，处三年以下有期徒刑、拘役、管制或者剥夺政治权利，可以并处罚金。

犯前款罪并实施杀人、爆炸、绑架等犯罪的，依照数罪并罚的规定处罚。"

这里所说的"组织、领导恐怖活动组织的"，是指以进行恐怖活动为目的，为了长期、有计划地进行恐怖活动，纠合3人以上组成比较稳定的犯罪组织的人。"积极参加恐怖活动组织的"，是指主动、积极参加他人组织的恐怖活动组织的人。"其他参加的"，是指既不是组织、领导者，又不是积极参加者，但确属该恐怖活动组织的成员。

组织、领导、参加恐怖组织，并且实施了杀人、放火、抢劫、盗窃等犯罪活动的，按照数罪并罚的规定处理。

20. 帮助恐怖活动罪（第120条之一）

（1）罪名概念

帮助恐怖活动罪，是指明知是恐怖活动组织或者是实施恐怖活动的个人而予以帮助的行为。

（2）法律规定

①本罪名是由《刑法》第120条之一规定的。该条规定："资助恐怖活动组织、实施恐怖活动的个人的，或者资助恐怖活动培训的，处五年以下有期徒刑、拘役、管制或者剥夺政治权利，并处罚金；情节严重的，处五年以上有期徒刑，并处罚金或者没收财产。

为恐怖活动组织、实施恐怖活动或者恐怖活动培训招募、运送人员的，依照前款的规定处罚。

单位犯前两款罪的，对单位判处罚金，并对其直接负责的主管人员和其他直接责任人员，依照第一款的规定处罚。"

②2010年5月7日最高人民检察院、公安部《关于公安机关管辖的刑事案件立案追诉标准的规定（二）》第1条规定："资助恐怖活动组织或者实施恐怖活动的个人的，应予立案追诉。本条规定的'资助'，是指为恐怖活动组织或者实施恐怖活动的个人筹集、提供经费、物资或者提供场所以及其他物质便利的行为。'实施恐怖活动的个人'，包括预谋实施、准备实施和实际实施恐怖活动的个人。"

③2009年11月4日最高人民法院《关于审理洗钱等刑事案件具体应用法律若干问题的解释》第5条规定："刑法第一百二十条之一规定的'资助'，是指为恐怖活动组织或者实施恐怖活动的个人筹集、提供经费、物资或者提供场所以及其他物质便利的行为。

刑法第一百二十条之一规定的'实施恐怖活动的个人'，包括预谋实施、准备实施和实际实施恐怖活动的个人。"

（3）构成要件

第一，本罪侵犯的客体是社会治安秩序和公共安全，其目标是指向不特定的人的生命健康安全和财产安全。

第二,客观方面表现为资助恐怖活动组织或者资助实施恐怖活动的个人的行为。

第三,犯罪主体是一般主体。

第四,主观方面是故意。

(4)罪名界定

第一,要划清罪与非罪的界限。构成本罪,不要求必须造成了怎样严重的后果,只要具有资助恐怖活动组织或者资助实施恐怖活动的个人的行为,即可构成本罪。至于后果如何,情节是否严重,那是量刑时所要考虑的问题。根据2010年5月7日最高人民检察院、公安部《关于公安机关管辖的刑事案件立案追诉标准的规定(二)》第1条的规定,资助恐怖活动组织或者实施恐怖活动的个人的,应予立案追诉。

本条规定的“资助”,是指为恐怖活动组织或者实施恐怖活动的个人筹集、提供经费、物资或者提供场所以及其他物质便利的行为。“实施恐怖活动的个人”,包括预谋实施、准备实施和实际实施恐怖活动的个人。

第二,本罪与资敌罪不同。本罪侵犯的客体是社会治安秩序和公共安全,其目标指向不特定的人的生命健康安全和财产安全;资敌罪侵犯的客体是国家安全。资敌罪必须是战时实施资助敌人的行为,而本罪则是任何时候实施了资助恐怖活动的行为均可构成。资敌罪所资助的对象是战时与我国处于战争状态的敌方,而本罪所资助的对象是恐怖组织或者恐怖分子。资敌罪资助的是武器装备、军用物资,而本罪资助的主要是金钱、物质或者其他便利条件。

(5)量刑幅度

根据《刑法》第120条第3款、第4款的规定,对犯本罪的处罚分以下3个档次:

一是资助恐怖活动组织或者实施恐怖活动的个人的,处5年以下有期徒刑、拘役、管制或者剥夺政治权利,并处罚金;

二是情节严重的,处5年以上有期徒刑,并处罚金或者没收财产;

三是单位犯本罪的,对单位判处罚金,并对其直接负责的主管人员和其他直接责任人员,依照上述的规定处罚。

所谓“情节严重”,目前司法解释没有作统一规定,实践中应具体问题具体分析。对资助钱财数额巨大、造成严重后果的或者政治影响和社会影响恶劣的,可以视为情节严重。

21. 准备实施恐怖活动罪(第120条之二)

(1)罪名概念

准备实施恐怖活动罪,是指为实施恐怖活动准备凶器、危险物品或者其他工具,组织恐怖活动培训或者积极参加恐怖活动培训,与境外恐怖活动组织或者人员联络,进行策划或者其他准备的行为。

(2)法律规定

本罪名是由《刑法》第120条之二规定的。该条规定:“有下列情形之一的,处五年以下有期徒刑、拘役、管制或者剥夺政治权利,并处罚金;情节严重的,处五年以上有期徒刑,并处罚金或者没收财产:

(一)为实施恐怖活动准备凶器、危险物品或者其他工具的;

(二)组织恐怖活动培训或者积极参加恐怖活动培训的;

(三)为实施恐怖活动与境外恐怖活动组织或者人员联络的;

(四)为实施恐怖活动进行策划或者其他准备的。

有前款行为，同时构成其他犯罪的，依照处罚较重的规定定罪处罚。”

(3) 构成要件

第一，侵犯的客体是社会治安秩序和公共安全，其目的是指向不特定的人的生命健康安全和财产安全。

第二，客观方面的表现是：为实施恐怖活动准备凶器、危险物品或者其他工具的；组织恐怖活动培训或者积极参加恐怖活动培训的；为实施恐怖活动与境外恐怖活动组织或者人员联络的；为实施恐怖活动进行策划或者其他准备的。

第三，犯罪主体是一般主体。

第四，主观方面是故意。

(4) 罪名界定

第一，本罪与帮助恐怖活动罪的区别：帮助恐怖活动罪表现为明知是恐怖活动组织或者个人而予以资助的行为，其特点是恐怖活动已经实施或者正在实施，具有为其资助的行为。而本罪是在恐怖活动还没有实施，正处在准备阶段，为实施恐怖活动做准备的行为，其特点是，恐怖活动还没有实施，仅仅是为实施恐怖活动做准备。另外，根据法律规定，单位可以构成资助恐怖活动罪，而单位不能构成本罪。

第二，本罪与参加恐怖组织罪不同：参加恐怖组织罪的特点是已经“参加”恐怖组织，而本罪不是这样，本罪的行为人不但没有参加到恐怖组织中，一般也不直接参加恐怖活动，而仅仅是为实施恐怖活动提供准备。例如，准备凶器或者其他工具，与境外恐怖活动组织进行联系等。

第三，行为人在实施本罪的同时，又构成了其他犯罪的，应当依照处罚较重的规定来定罪处罚。

(5) 量刑幅度

根据《刑法》第 120 条之二的规定，有下列情形之一的，处 5 年以下有期徒刑、拘役、管制或者剥夺政治权利，并处罚金；情节严重的，处 5 年以上有期徒刑，并处罚金或者没收财产：

①为实施恐怖活动准备凶器、危险物品或者其他工具的；

②组织恐怖活动培训或者积极参加恐怖活动培训的；

③为实施恐怖活动与境外恐怖活动组织或者人员联系的；

④为实施恐怖活动进行策划或者其他准备的。

有前款行为，同时构成其他犯罪的，依照处罚较重的规定定罪处罚。

22. 宣扬恐怖主义、极端主义、煽动实施恐怖活动罪(第 120 条之三)

(1) 罪名概念

宣扬恐怖主义、极端主义、煽动实施恐怖活动罪，是指以制作、散发宣扬恐怖主义、极端主义的图书、音频视频资料或者其他物品，或者通过发布信息、当面讲授等方式，宣扬恐怖主义、极端主义，或者煽动实施恐怖活动的行为。

(2) 法律规定

本罪名是由《刑法》第 120 条之三规定的。该条规定：“以制作、散发宣扬恐怖主义、极端主义的图书、音频视频资料或者其他物品，或者通过讲授、发布信息等方式宣扬恐怖主义、极端主义的，或者煽动实施恐怖活动的，处五年以下有期徒刑、拘役、管制或者剥夺政治权利，并处罚金；情节严重的，处五年以上有期徒刑，并处罚金或者没收财产。”

(3) 构成要件

第一，本罪侵犯的客体是双重客体，既危害了公共安全，又侵害了社会管理制度。

第二,客观方面表现为以制作、散发宣扬恐怖主义、极端主义的图书、音频视频资料或者其他物品,或者通过发布信息、当面讲授等方式,宣扬恐怖主义、极端主义,或者煽动实施恐怖活动的行为。

第三,犯罪主体是一般主体。

第四,主观方面是故意。

(4)罪名界定

第一,按照法律规定,本罪是行为犯,构成本罪,没有犯罪情节和数额方面的要求。只要是以制作、散发宣扬恐怖主义、极端主义的图书、音频视频资料或者其他物品,或者通过发布信息、当面讲授等方式,宣扬恐怖主义、极端主义,或者煽动实施恐怖活动的,除了情节显著轻微的以外,都构成本罪。

第二,本罪与编造、故意传播虚假恐怖信息罪的区别:一是侵犯的客体不同,本罪侵犯的客体是双重客体,主要是危害了公共安全,同时也侵害了社会管理制度;而后者侵犯的客体是社会管理秩序。二是在客观方面表现不同,本罪是以制作、散发宣扬恐怖主义、极端主义的图书、音频视频资料或者其他物品,或者通过发布信息、当面讲授等方式宣扬恐怖主义、极端主义;后者表现为编造爆炸威胁、生化威胁、放射威胁等恐怖信息,或者明知编造的是恐怖信息而故意传播,严重扰乱社会秩序的行为。

(5)量刑幅度

《刑法》第 120 条之三规定,构成本罪的,处 5 年以下有期徒刑、拘役、管制或者剥夺政治权利,并处罚金;情节严重的,处 5 年以上有期徒刑,并处罚金或者没收财产。

23.利用极端主义破坏法律实施罪(第 120 条之四)

(1)罪名概念

利用极端主义破坏法律实施罪,是指利用极端主义煽动、胁迫群众破坏国家法律确立的婚姻、司法、教育、社会管理等制度实施的行为。

(2)法律规定

本罪名是由《刑法》第 120 条之四规定的。该条规定:“利用极端主义煽动、胁迫群众破坏国家法律确立的婚姻、司法、教育、社会管理等制度实施的,处三年以下有期徒刑、拘役或者管制,并处罚金;情节严重的,处三年以上七年以下有期徒刑,并处罚金;情节特别严重的,处七年以上有期徒刑,并处罚金或者没收财产。”

(3)构成要件

第一,本罪侵犯的客体是双重客体,既危害了公共安全,又侵害了社会管理制度。

第二,客观方面表现为利用极端主义煽动、胁迫群众破坏国家法律确立的婚姻、司法、教育、社会管理等制度实施的行为。

第三,犯罪主体是一般主体。

第四,主观方面是故意。

(4)罪名界定

第一,只要实施了利用极端主义煽动、胁迫群众破坏国家法律确立的婚姻、司法、教育、社会管理等制度实施的行为,即可构成本罪,在情节方面,刑法没有具体要求。至于情节是否严重,这是量刑时所要考虑的。因此,除了情节显著轻微的以外,都应该追究行为人的刑事责任。

第二,本罪与妨害公务罪有以下区别:本罪侵犯的客体是双重客体,既危害了公共安全,又侵害了社会管理制度;而妨害公务罪侵犯的客体是国家机关、人民代表大会和红十字会的公务活动，妨害社会管理秩序。在客观方面，本罪表现为利用极端主义煽动、胁迫群众破坏国家法律所确立的婚姻、司法、教育和社会管理等制度的实施；而妨害公务罪则表现为以暴力、威胁的方法，阻碍国家工作人员依法执行职务，以暴力、威胁的方法，阻碍全国人民代表大会和地方各级人民代表大会依法执行代表职务；以暴力、威胁方法，阻碍红十字会工作人员依法履行职责的行为。本罪的犯罪对象是国家法律确立的婚姻、司法、教育、社会管理等制度的实施；而妨害公务罪的犯罪对象是正在依法执行公务的国家工作人员、人大代表和红十字会工作人员使其不能执行自己的公务。

第三，本罪与聚众扰乱公共场所秩序、交通秩序罪不同：本罪侵犯的客体是公共安全和社会管理制度；而聚众扰乱公共场所秩序、交通秩序罪侵犯的客体是公共场所秩序和交通秩序。在客观方面，本罪表现为利用极端主义煽动、胁迫群众破坏国家法律确立的婚姻、司法、教育、社会管理等制度的实施；而聚众扰乱公共场所秩序、交通秩序罪表现为聚众扰乱公共场所秩序或者交通秩序情节严重的行为。

第四，本罪与煽动暴力抗拒法律实施罪的主要区别在客观表现上。本罪表现为"利用极端主义"煽动、胁迫群众破坏国家法律确立的婚姻、司法、教育、社会管理等制度实施的行为。而后者表现为煽动群众"暴力抗拒"国家法律、行政法规实施的行为，而不要求"利用极端主义"。所谓暴力，是指用武力或者其他强制性手段；"抗拒"，是指抵抗拒绝，即故意不遵守法律、行政法规，违反公民的守法义务，公然对抗并拒绝法律、行政法规的强行性施行。另外，本罪侵害的客体是公共安全，而后者侵犯的客体是公共秩序。对二者的处罚也不相同。

(5)量刑幅度

根据《刑法》第120条之四规定，对犯本罪的处罚分以下3个档次：一是处3年以下有期徒刑、拘役或者管制，并处罚金；二是情节严重的，处3年以上7年以下有期徒刑，并处罚金；三是情节特别严重的，处7年以上有期徒刑，并处罚金或者没收财产。

24. 强制穿戴宣扬恐怖主义、极端主义服饰、标志罪(第120条之五)

(1)罪名概念

强制穿戴宣扬恐怖主义、极端主义服饰、标志罪，是指以暴力、胁迫等方式强制他人在公共场所穿着、佩戴宣扬恐怖主义、极端主义服饰、标志的行为。

(2)法律规定

本罪名是由《刑法》第120条之五规定的。该条规定："以暴力、胁迫等方式强制他人在公共场所穿着、佩戴宣扬恐怖主义、极端主义服饰、标志的，处三年以下有期徒刑、拘役或者管制，并处罚金。"

(3)构成要件

第一，本罪侵犯的客体是公共安全，而不是某个具体的人或者单位的财产和人身安全。

第二，客观方面表现为以暴力、胁迫等方式强迫他人在公共场所穿着、佩戴宣扬恐怖主义、极端主义服饰、标志的行为。

第三，犯罪主体是一般主体。

第四，主观方面是故意。

(4)罪名界定

根据《刑法》第120条之五的规定，构成本罪，有以下两个突出特点：一是必须是使用了暴力或者胁迫等方式；二是强制他人在公共场所穿着、佩戴宣扬恐怖主义、极端主义服饰和标志，而不是在婚礼、葬礼、祭奠仪式等非公共的特殊场所。

(5)量刑幅度

根据《刑法》第120条之五规定，犯本罪的，处3年以下有期徒刑、拘役或者管制，并处罚金。

25. 非法持有宣扬恐怖主义、极端主义物品罪(第 120 条之六)

(1)罪名概念

非法持有宣扬恐怖主义、极端主义物品罪,是指明知是宣扬恐怖主义、极端主义的图书、音频视频资料或者其他物品,而非法持有,情节严重的行为。

(2)法律规定

本罪名是由《刑法》第 120 条之六规定的。该条规定:"明知是宣扬恐怖主义、极端主义的图书、音频视频资料或者其他物品而非法持有,情节严重的,处三年以下有期徒刑、拘役或者管制,并处或者单处罚金。"

(3)构成要件

第一,侵犯的客体是公共安全。

第二,客观方面表现为非法持有宣扬恐怖主义、极端主义的物品、图书、音频视频资料或者其他物品,情节严重的行为。

第三,犯罪主体是一般主体。

第四,主观方面是故意。即明知是宣扬恐怖主义、极端主义的物品、图书、音频视频资料或者其他物品而持有。如果是替人保管,而被保管的东西包裹严紧、捆扎结实,不知道里面是何物,不具有故意持有宣扬恐怖主义、极端主义的资料,则不构成本罪。

(4)罪名界定

第一,根据《刑法》第 120 条之六的规定,构成本罪,必须是"情节严重",如果不是这样,仅仅是持有少量的宣扬恐怖主义、极端主义的物品、资料等,情节轻微,则不构成本罪。

第二,本罪与宣扬恐怖主义、极端主义罪在客观方面表现不同。本罪主要是持有宣扬恐怖主义的资料,而后者罪在客观方面的表现是宣扬恐怖主义、极端主义活动。

第三,本罪与非法持有毒品罪不同:本罪侵犯的客体是公共安全;而非法持有毒品罪侵犯的客体是国家对毒品的管理制度。这两种犯罪在客观方面表现也不同。本罪表现为非法持有宣扬恐怖主义、极端主义的物品、图书、音频视频等资料,情节严重的行为;而非法持有毒品罪则表现为非法持有数量较大的毒品的行为。

(5)量刑幅度

根据《刑法》第 120 条之六的规定,情节严重,构成本罪的处 3 年以下有期徒刑、拘役或者管制,并处或者单处罚金。

26. 劫持航空器罪(第 121 条)

(1)罪名概念

劫持航空器罪,是指用暴力、胁迫或者其他方法劫持航空器的行为。

(2)法律规定

本罪名是由《刑法》第 121 条规定的。该条规定:"以暴力、胁迫或者其他方法劫持航空器的,处十年以上有期徒刑或者无期徒刑;致人重伤、死亡或者使航空器遭受严重破坏的,处死刑。"

(3)构成要件

第一,本罪侵害的客体是航空运输的安全,包括旅客、机组人员人身的安全、航空器的安全以及对地面上的不特定多数人的人身和财产安全。这种犯罪足以威胁或者造成不特定多数人的生命安全和重大财产安全,因此,在性质上属于危害公共安全方面的犯罪。犯罪对象是正在飞行和使用中的航空器。所谓航空器,是指在飞行中的多种航空工具,如飞机、航天飞机、宇宙飞船、飞行热气球等。

第二，客观方面表现为以暴力、胁迫或者其他方法劫持航空器的行为。“暴力”，是指采用杀人、伤害、爆炸等手段劫持航空器。“胁迫”，是指使用杀害、伤害旅客和机组人员或者毁坏航空器等相威胁劫持航空器。“其他方法”，是指使用除了暴力、胁迫以外的方法，如麻醉的方法等。“劫持”，是指行为人按照自己的意志实行控制飞行器航向的行为。

第三，犯罪主体是一般主体。

第四，主观方面只能是直接故意，并且具有非法劫持航空器的目的。犯罪动机可能是多种多样，不管动机如何，都不影响本罪的成立。

(4)罪名界定

第一，要划清本罪与破坏交通工具罪的界限。破坏交通工具罪，是指破坏火车、汽车、电车、船只、飞机，足以使其发生倾覆、毁坏危险，或者已造成倾覆、毁坏的严重后果，危害公共安全的行为。在破坏交通工具罪的犯罪对象中，就有飞机。两者的犯罪对象相同，但是，它们之间的根本区别在于：一是主观方面不同。前者是以劫持航空器为手段达到逃避法律制裁、躲避债务或者其他目的，后者破坏交通工具的目的是使已经交付使用的交通工具倾覆、毁坏。二是客观方面不同。前者在劫持航空器的过程中，既有可能因使用暴力使航空器遭受毁坏，又有可能不造成毁坏；而后者则必须实施了破坏交通工具的行为，并且足以使其发生倾覆、毁坏危险或者已经造成倾覆、毁坏。

第二，要注意划清一罪与数罪的界限。在劫持航空器的过程中，为了实现犯罪目的而使用暴力手段，将旅客或者机组人员杀害或者伤害的，应当将杀人、伤害等行为作为量刑的情节，以本罪从重处罚，而不应当与故意杀人、故意伤害一起实行数罪并罚。

(5)量刑幅度

根据《刑法》第121条的规定，构成本罪的，处10年以上有期徒刑或者无期徒刑；致人重伤、死亡或者使航空器遭受严重破坏的，判处死刑。

27. 劫持船只、汽车罪(第122条)

(1)罪名概念

劫持船只、汽车罪，是指以暴力、胁迫或者其他方法劫持船只、汽车的行为。

(2)法律规定

本罪名是由《刑法》第122条规定的。该条规定：“以暴力、胁迫或者其他方法劫持船只、汽车的，处五年以上十年以下有期徒刑；造成严重后果的，处十年以上有期徒刑或者无期徒刑。”

(3)构成要件

第一，本罪侵犯的客体是公共安全，主要是船只、汽车的交通安全和乘客的生命健康安全。本罪的犯罪对象只能是船只、汽车。船只和汽车都是大型的、现代化的交通运输工具，与公共安全联系密切，劫持这类交通工具就有可能危及公共安全。

第二，客观方面表现为使用暴力、胁迫或者其他方法劫持船只、汽车的行为。所谓“其他方法”，是指使用暴力、胁迫以外的方法，如使用麻醉品将驾驶人员致醉、致昏等。

第三，犯罪主体是一般主体，无论中国人、外国人都可成为本罪的主体。

第四，主观方面是故意。

(4)罪名界定

第一，关于犯罪对象中的船只和汽车是否必须是正在行驶中，法律没有明确规定。因此，认为构成本罪，劫持的船只或者汽车必须是正在行驶中的，没有法律根据。行为人在船只和汽车没有使用的时候，使用了暴力或者胁迫及其他方法，强制驾驶人员上船、上车而进行劫持的，可按本罪处理。行为人如果是以非法占有为目的进行抢劫的，没有侵犯公共安全，应不按本罪处理，可以按抢劫罪处罚。

第二，本罪与破坏交通工具罪有以下区别：一是主观故意的内容不同。本罪是以劫持船只、汽车为手段，目的是逃避法律制裁等；而破坏交通工具的目的是使已经交付的船只、汽车等交通工具发生倾覆、毁坏。二是客观方面的表现不同。在犯本罪的过程中，有可能使用暴力而使船只、汽车遭受破坏，也有可能不造成破坏；而破坏交通工具罪必须是实施了破坏船只、汽车等行为，并且由于这种行为而足以使船只、汽车发生倾覆、毁坏的危险或者已经发生了倾覆、毁坏的后果。

第三，本罪与抢劫罪容易混淆。这两种犯罪的区别主要是主观目的不同。犯本罪的主观目的不是抢劫船只、汽车以及所载货物，其目的是绑架人质、逃避追捕或者以劫持船只、汽车为要挟手段，以达到其他犯罪目的，而不是以获取财物为主要目的。而抢劫罪则属于侵犯财产方面的犯罪，其目的就是非法占有财产。因此，对于以抢劫为目的劫持船只、汽车并占有船只或者汽车的，应当以抢劫罪定罪处罚。

第四，关于一罪与数罪的问题。在劫持船只、汽车的过程中，有可能因为劫持行为导致撞车、沉船而致人死亡、伤害的，但如果不是这样，而是行为人为了抢劫船只、汽车，故意将驾驶、乘务人员或者其他乘客打死、打伤，应当以劫持船只、汽车罪与故意杀人罪或者故意伤害罪数罪并罚。

(5)量刑幅度

根据《刑法》第122条的规定，构成本罪的，处5年以上10年以下有期徒刑；造成严重后果，处10年以上有期徒刑或者无期徒刑。

所谓“造成严重后果”，一般是指因劫持行为致人重伤、死亡或者使公私财产遭受重大损失等情形。在劫持船只、汽车犯罪中，使用暴力行为致人重伤、死亡的，应按想象竞合犯的处罚原则，择一重罪处罚。

28. 暴力危及飞行安全罪(第123条)

(1)罪名概念

暴力危及飞行安全罪，是指对飞行中的航空器上的人员使用暴力，危及飞行安全的行为。

(2)法律规定

本罪名是由《刑法》第123条规定的。该条规定：“对飞行中的航空器上的人员使用暴力，危及飞行安全，尚未造成严重后果的，处五年以下有期徒刑或者拘役；造成严重后果的，处五年以上有期徒刑。”

(3)构成要件

第一，本罪侵犯的客体是航空器的飞行安全和广大群众的人身、财产安全。

第二，客观方面表现为对飞行中的航空器上的人员使用暴力，危及飞行安全的行为。

第三，犯罪主体是一般主体，一般是飞行中的航空器内任何有刑事责任能力的人，包括机组人员，也包括乘客。

第四，主观方面是故意，即行为人明知自己对飞行中的航空器上的人员使用暴力会危及飞行安全，并希望这种结果发生。犯罪的动机可以是多种多样，有的是泄愤，也有的是勒索钱财等，动机如何不影响本罪的成立。

(4)罪名界定

构成本罪不仅要求行为人必须有使用暴力的行为，还要求这种行为必须危及航空器的飞行安全。如果行为人使用暴力不是危及飞行安全，就不能以本罪论处。例如，在飞行中，旅客之间因为盗窃或者琐事发生纠纷和厮打，由于这种行为一般不会危及飞行安全，不能按此罪论处。至于在具体案件中，是否危及飞行安全，应当根据使用暴力侵害的对象、范围等具体情节来判断。

（5）量刑幅度

《刑法》第 123 条规定，构成本罪但尚未造成严重后果的，处 5 年以下有期徒刑或者拘役；造成严重后果的，处 5 年以上有期徒刑。

所谓“造成严重后果”，一般是指因暴力行为致人重伤、死亡或者使公私财产遭受重大损失等危及飞行安全的情形。

在实施本罪中，以暴力行为致人重伤、死亡的，应按想象竞合犯的处罚原则，择一重罪处罚。

29. 破坏广播电视设施、公用电信设施罪（第 124 条第 1 款）

（1）罪名概念

破坏广播电视设施、公用电信设施罪，是指故意破坏广播电台、电视台、电报、电话或者其他电信设施，危害公共安全的行为。

（2）法律规定

①本罪名是由《刑法》第 124 条第 1 款规定的。该条第 1 款规定：“破坏广播电视设施、公用电信设施，危害公共安全的，处三年以上七年以下有期徒刑；造成严重后果的，处七年以上有期徒刑。”

②2004 年 12 月 30 日最高人民法院《关于审理破坏公用电信设施刑事案件具体应用法律若干问题的解释》规定：

“第一条　采用截断通信线路、损毁通信设备或者删除、修改、增加电信网计算机信息系统中存储、处理或者传输的数据和应用程序等手段，故意破坏正在使用的公用电信设施，具有下列情形之一的，属于刑法第一百二十四条规定的‘危害公共安全’，依照刑法第一百二十四条第一款规定，以破坏公用电信设施罪处三年以上七年以下有期徒刑：

（一）造成火警、匪警、医疗急救、交通事故报警、救灾、抢险、防汛等通信中断或者严重障碍，并因此贻误救助、救治、救灾、抢险等，致使人员死亡一人、重伤三人以上或者造成财产损失三十万元以上的；

（二）造成二千以上不满一万用户通信中断一小时以上，或者一万以上用户通信中断不满一小时的；

（三）在一个本地网范围内，网间通信全阻、关口局至某一局向全部中断或网间某一业务全部中断不满二小时或者直接影响范围不满五万（用户 × 小时）的；

（四）造成网间通信严重障碍，一日内累计二小时以上不满十二小时的；

（五）其他危害公共安全的情形。

第二条　实施本解释第一条规定的行为，具有下列情形之一的，属于刑法第一百二十四条第一款规定的‘严重后果’，以破坏公用电信设施罪处七年以上有期徒刑：

（一）造成火警、匪警、医疗急救、交通事故报警、救灾、抢险、防汛等通信中断或者严重障碍，并因此贻误救助、救治、救灾、抢险等，致使人员死亡二人以上、重伤六人以上或者造成财产损失六十万元以上的；

（二）造成一万以上用户通信中断一小时以上的；

（三）在一个本地网范围内，网间通信全阻、关口局至某一局向全部中断或网间某一业务全部中断二小时以上或者直接影响范围五万（用户 × 小时）以上的；

(四)造成网间通信严重障碍,一日内累计十二小时以上的;

(五)造成其他严重后果的。

第三条　故意破坏正在使用的公用电信设施尚未危害公共安全,或者故意毁坏尚未投入使用的公用电信设施,造成财物损失,构成犯罪的,依照刑法第二百七十五条规定,以故意毁坏财物罪定罪处罚。

盗窃公用电信设施价值数额不大,但是构成危害公共安全犯罪的,依照刑法第一百二十四条的规定定罪处罚;盗窃公用电信设施同时构成盗窃罪和破坏公用电信设施罪的,依照处罚较重的规定定罪处罚。

第四条　指使、组织、教唆他人实施本解释规定的故意犯罪行为的,按照共犯定罪处罚。

第五条　本解释中规定的公用电信设施的范围、用户数、通信中断和严重障碍的标准和时间长度,依据国家电信行业主管部门的有关规定确定。"

③2007年6月26日最高人民法院《关于审理危害军事通信刑事案件具体应用法律若干问题的解释》第6条第1款、第2款规定:"破坏、过失损坏军事通信,并造成公用电信设施损毁,危害公共安全,同时构成刑法第一百二十四条和第三百六十九条规定的犯罪的,依照处罚较重的规定定罪处罚。

盗窃军事通信线路、设备,不构成盗窃罪,但破坏军事通信的,依照刑法第三百六十九条第一款的规定定罪处罚;同时构成刑法第一百二十四条、第二百六十四条和第三百六十九条第一款规定的犯罪的,依照处罚较重的规定定罪处罚。"

④2011年6月7日最高人民法院《关于审理破坏广播电视设施等刑事案件具体应用法律若干问题的解释》规定:

"第一条　采取拆卸、毁坏设备,剪割缆线,删除、修改、增加广播电视设备系统中存储、处理、传输的数据和应用程序,非法占用频率等手段,破坏正在使用的广播电视设施,具有下列情形之一的,依照刑法第一百二十四条第一款的规定,以破坏广播电视设施罪处三年以上七年以下有期徒刑:

(一)造成救灾、抢险、防汛和灾害预警等重大公共信息无法发布的;

(二)造成县级、地市(设区的市)级广播电视台中直接关系节目播出的设施无法使用,信号无法播出的;

(三)造成省级以上广播电视传输网内的设施无法使用,地市(设区的市)级广播电视传输网内的设施无法使用三小时以上,县级广播电视传输网内的设施无法使用十二小时以上,信号无法传输的;

(四)其他危害公共安全的情形。

第二条　实施本解释第一条规定的行为具有下列情形之一的,应当认定为'造成严重后果',以破坏广播电视设施罪处七年以上有期徒刑:

(一)造成救灾、抢险、防汛和灾害预警等重大公共信息无法发布,因此贻误排除险情或者疏导群众,致使一人以上死亡、三人以上重伤或者财产损失五十万元以上,或者引起严重社会恐慌、社会秩序混乱的;

(二)造成省级以上广播电视台中直接关系节目播出的设施无法使用,信号无法播出的;

(三)造成省级以上广播电视传输网内的设施无法使用三小时以上,地市(设区的市)级广播电视传输网内的设施无法使用十二小时以上,县级广播电视传输网内的设施无法使用四十八小时以上,信号无法传输的;

(四)造成其他严重后果的。

第四条　建设、施工单位的管理人员、施工人员，在建设、施工过程中，违反广播电视设施保护规定，故意或者过失损毁正在使用的广播电视设施，构成犯罪的，以破坏广播电视设施罪或者过失损坏广播电视设施罪定罪处罚。其定罪量刑标准适用本解释第一至第三条的规定。

第五条　盗窃正在使用的广播电视设施，尚未构成盗窃罪，但具有本解释第一条、第二条规定情形的，以破坏广播电视设施罪定罪处罚；同时构成盗窃罪和破坏广播电视设施罪的，依照处罚较重的规定定罪处罚。

第六条　破坏正在使用的广播电视设施未危及公共安全，或者故意毁坏尚未投入使用的广播电视设施，造成财物损失数额较大或者有其他严重情节的，以故意毁坏财物罪定罪处罚。

第七条　实施破坏广播电视设施犯罪，并利用广播电视设施实施煽动分裂国家、煽动颠覆国家政权、煽动民族仇恨、民族歧视或者宣扬邪教等行为，同时构成其他犯罪的，依照处罚较重的规定定罪处罚。”

(3)构成要件

第一，本罪侵犯的客体是广播、电信方面的公共安全。其犯罪对象只能是正在使用中的广播电台、电视台、公用通信设施，具体包括邮电、铁路、军队等部门的广播电台、电视台、电报、电话等公共电信设施。

第二，客观方面表现为实施了破坏广播、电信设施，危害公共安全的行为。

第三，犯罪主体是一般主体。

第四，主观方面只能是故意，即行为人明知自己的行为造成广播、电信设施被破坏的结果，并且希望或者放任这种结果的发生。至于动机如何，不影响本罪的成立。

(4)罪名界定

第一，破坏广播电视设施、公用电信设施，只能是破坏正在使用中的，因为只有破坏这种设备才会对国家的政治、文化、经济建设和人民群众的生活带来危害，甚至产生意想不到的严重后果，因而具有危害公共安全的性质。如果破坏不是直接用于广播通信的设备，例如，破坏了广播电视部门的办公、生活设施等，或者损坏了仓库里存放的广播电视设施、公用电信设施的零部件，由于这种行为不会危及公共完全，因此不构成本罪。

第二，如果行为人用放火、爆炸的方法破坏广播电视设施、公用电信设施，同时触犯了放火、爆炸罪的，由于本罪的法定刑低于放火罪、爆炸罪，对此应当以放火罪或者爆炸罪处罚；当然，如果放火、爆炸的方法没有达到犯罪的程度，但破坏了广播电信设施，则可以根据具体案情认定破坏广播电视设施、公用电信设施罪。

第三，要注意与盗窃罪相区别。有的犯罪分子出于贪利的动机，盗窃正在使用中的广播电视设施、公用电信设施，然后出卖获钱，由于这种行为侵犯了通信方面的公共安全，所以构成本罪而不以盗窃罪处罚。如果是盗窃仓库里存放的，不是使用中的通信设备，达到数额较大，应当以盗窃罪论处。

第四，要注意与故意毁坏财物罪相区别。本罪的犯罪对象是特定的，即正在使用中的广播电视设施、公用电信设施，这些对象都属大众传播的主要媒介，对这些设施进行侵害，必然会侵犯不特定的多数人的权利；而故意毁坏财物罪侵害的对象一般不是正在使用中的，不会构成对公共安全的侵害。

(5)量刑幅度

根据《刑法》第124条第1款的规定，犯本罪的，处3年以上7年以下有期徒刑；造成严重后果，处7年以上有期徒刑。

30. 过失损坏广播电视设施、公用电信设施罪(第124条第2款)

(1)罪名概念

过失损坏广播电视设施、公用电信设施罪,是指行为人由于过失,损坏了广播电台、电视台、电报、电话或者其他电信设施,危害公共安全的行为。

(2)法律规定

①本罪名是由《刑法》第124条第2款规定的。该条款规定:“过失犯前款罪的,处三年以上七年以下有期徒刑;情节较轻的,处三年以下有期徒刑或者拘役。”

②2011年6月7日最高人民法院《关于审理破坏广播电视设施等刑事案件具体应用法律若干问题的解释》第3条规定:“过失损坏正在使用的广播电视设施,造成本解释第二条规定的严重后果的,依照刑法第一百二十四条第二款规定以过失损坏广播电视设施罪处三年以上七年以下有期徒刑;情节较轻的,处三年以下有期徒刑或者拘役。

过失损坏广播电视设施构成犯罪,但能主动向有关部门报告,积极赔偿损失或者修复被损坏设施的,可以酌情从宽处罚。”

(3)构成要件

第一,本罪侵犯的客体是通讯方面的公共安全。侵犯的对象是已经投入使用的通信设备。

第二,客观方面表现为行为人由于过失而破坏了广播电视设施、公用电信设施,危害公共安全的行为。《刑法》中的许多过失犯罪都以“造成严重后果”为构成犯罪的必要条件,而本罪没有明确要求。但如果尚未造成严重后果,在一般情况下,也不能构成本罪。

第三,犯罪主体是一般主体。

第四,主观方面是过失。这是区别于破坏广播电视设施、公用电信设施罪的根本点。

(4)罪名界定

第一,本罪与《刑法》第115条第2款规定的过失犯罪不同。后者要求过失犯罪必须是“致人重伤、死亡或者使公私财产遭受重大损失”,也就是说,必须造成了严重后果。而本罪没有这方面的要求,尽管在实践中一般也是以造成严重后果为条件来认定犯罪,但这不是必备要件。对此问题,由于有些刑法书籍有不符合刑法规定的介绍,故在此阐明笔者观点,以便提醒读者注意。

第二,要注意把本罪与破坏广播电视设施、公用电信设施罪相区别。二者的区别在于主观方面不同:前者是过失,而后者是故意。

第三,要注意把本罪与玩忽职守罪相区别。广播电台、电视台、邮政电话、电报等电信部门的工作人员,由于玩忽职守不负责任而中断或者阻碍电信设备的利用及通信工作的正常进行,如果情节严重,构成犯罪的,应当认定玩忽职守罪,依照《刑法》第397条的规定论处,而不能以过失损坏广播电视设施、公用电信设施罪论处。

(5)量刑幅度

根据《刑法》第124条第2款的规定,犯此罪的,处3年以上7年以下有期徒刑;情节较轻的,处3年以下有期徒刑或者拘役。

所谓“情节较轻”,目前司法解释没有作统一规定,应具体问题具体分析。我们认为,对已满16周岁不满18周岁的未成年人,或者是限制刑事责任能力的精神病人、又聋又哑的人、盲人犯本罪,犯罪后尽力采取抢救措施防止危害后果蔓延的,犯罪后自首的等情形,可以认定为情节较轻。

31. 非法制造、买卖、运输、邮寄、储存枪支、弹药、爆炸物罪(第125条第1款)

(1)罪名概念

非法制造、买卖、运输、邮寄、储存枪支、弹药、爆炸物罪，是指违反法律规定，私自制造、买卖、运输、邮寄、储存枪支、弹药和爆炸物的行为。

(2)法律规定

①本罪名是由《刑法》第125条第1款规定的。该条规定："非法制造、买卖、运输、邮寄、储存枪支、弹药、爆炸物的，处三年以上十年以下有期徒刑；情节严重的，处十年以上有期徒刑、无期徒刑或者死刑。

非法制造、买卖、运输、储存毒害性、放射性、传染病病原体等物质，危害公共安全的，依照前款的规定处罚。

单位犯前两款罪的，对单位判处罚金，并对其直接负责的主管人员和其他直接责任人员，依照第一款的规定处罚。"

②2009年11月16日最高人民法院《关于审理非法制造、买卖、运输枪支、弹药、爆炸物等刑事案件具体应用法律若干问题的解释》(2009年修正)第1条、第2条、第7条、第10条规定："个人或者单位非法制造、买卖、运输、邮寄、储存枪支、弹药、爆炸物，具有下列情形之一的，依照刑法一百二十五条第一款的规定，以非法制造、买卖、运输、邮寄、储存枪支、弹药、爆炸物罪定罪处罚：

(一)非法制造、买卖、运输、邮寄、储存军用枪支一支以上的；

(二)非法制造、买卖、运输、邮寄、储存以火药为动力发射枪弹的非军用枪支一支以上或者以压缩气体等为动力的其他非军用枪支二支以上的；

(三)非法制造、买卖、运输、邮寄、储存军用子弹十发以上、气枪铅弹五百发以上或者其他非军用子弹一百发以上的；

(四)非法制造、买卖、运输、邮寄、储存手榴弹一枚以上的；

(五)非法制造、买卖、运输、邮寄、储存爆炸装置的；

(六)非法制造、买卖、运输、邮寄、储存炸药、发射药、黑火药一千克以上或者烟火药三千克以上、雷管三十枚以上或者导火索、导爆索三十米以上的；

(七)具有生产爆炸物品资格的单位不按照规定的品种制造，或者具有销售、使用爆炸物品资格的单位超过限额买卖炸药、发射药、黑火药十千克以上或者烟火药三十千克以上、雷管三百枚以上或者导火索、导爆索三百米以上的；

(八)多次非法制造、买卖、运输、邮寄、储存弹药、爆炸物的；

(九)虽未达到上述最低数量标准，但具有造成严重后果等其他恶劣情节的。

介绍买卖枪支、弹药、爆炸物的，以买卖枪支、弹药、爆炸物罪的共犯论处。"

"非法制造、买卖、运输、邮寄、储存枪支、弹药、爆炸物，具有下列情形之一的，属于刑法一百二十五条第一款规定的'情节严重'：

(一)非法制造、买卖、运输、邮寄、储存枪支、弹药、爆炸物的数量达到本解释第一条第(一)、(二)、(三)、(六)、(七)项规定的最低数量标准五倍以上的；

(二)非法制造、买卖、运输、邮寄、储存手榴弹三枚以上的；

(三)非法制造、买卖、运输、邮寄、储存爆炸装置，危害严重的；

(四)达到本解释第一条规定的最低数量标准，并具有造成严重后果等其他恶劣情节的。"

"非法制造、买卖、运输、邮寄、储存、盗窃、抢夺、持有、私藏、携带成套枪支散件的，以相应数量的枪支计；非成套枪支散件以每三十件为一成套枪支散件计。"

“实施非法制造、买卖、运输、邮寄、储存、盗窃、抢夺、持有、私藏其他弹药、爆炸物品等行为，参照本解释有关条文规定的定罪量刑标准处罚。”

③2009年11月16日最高人民法院《关于审理非法制造、买卖、运输枪支、弹药、爆炸物等刑事案件具体应用法律若干问题的解释》(2009年修正)第8条第1款规定:“刑法第一百二十五条第一款规定的‘非法储存’,是指明知是他人非法制造、买卖、运输、邮寄的枪支、弹药而为其存放的行为,或者非法存放爆炸物的行为。”

④2009年11月16日最高人民法院《关于审理非法制造、买卖、运输枪支、弹药、爆炸物等刑事案件具体应用法律若干问题的解释》(2009年修正)第9条规定:“因筑路、建房、打井、整修宅基地和土地等正常生产、生活需要或者因从事合法的生产经营活动而非法制造、买卖、运输、邮寄、储存爆炸物,数量达到本解释第一条规定标准,没有造成严重社会危害,并确有悔改表现的,可依法从轻处罚;情节轻微的,可以免除处罚。

具有前款情形,数量虽达到本解释第二条规定标准的,也可以不认定为刑法第一百二十五条第一款规定的‘情节严重’。

在公共场所、居民区等人员集中区域非法制造、买卖、运输、邮寄、储存爆炸物,或者因非法制造、买卖、运输、邮寄、储存爆炸物三年内受到两次以上行政处罚又实施上述行为,数量达到本解释规定标准的,不适用前两款量刑的规定。”

⑤2003年9月4日最高人民法院、最高人民检察院《关于办理非法制造、买卖、运输、储存毒鼠强等禁用剧毒化学品的刑事案件具体应用法律若干问题的解释》规定:

“第一条　非法制造、买卖、运输、储存毒鼠强等禁用剧毒化学品,危害公共安全,具有下列情形之一的,依照刑法第一百二十五条的规定,以非法制造、买卖、运输、储存危险物质罪,处三年以上十年以下有期徒刑:

(一)非法制造、买卖、运输、储存原粉、原液、原药制剂50克以上,或者饵料2千克以上的;

(二)在非法制造、买卖、运输、储存过程中致人重伤、死亡或者造成公私财产损失10万元以上的。

第二条　非法制造、买卖、运输、储存毒鼠强等禁用剧毒化学品,具有下列情形之一的,属于刑法第一百二十五条规定的‘情节严重’,处十年以上有期徒刑、无期徒刑或者死刑:

(一)非法制造、买卖、运输、储存原粉、原液、制剂500克以上,或者饵料20千克以上的;

(二)在非法制造、买卖、运输、储存过程中致3人以上重伤、死亡,或者造成公私财产损失20万元以上的;

(三)非法制造、买卖、运输、储存原粉、原药、制剂50克以上不满500克,或者饵料2千克以上不满20千克,并具有其他严重情节的。

第三条　单位非法制造、买卖、运输、储存毒鼠强等禁用剧毒化学品的,依照本解释第一条、第二条规定的定罪量刑标准执行。

第四条　对非法制造、买卖、运输、储存毒鼠强等禁用剧毒化学品行为负有查处职责的国家机关工作人员,滥用职权或者玩忽职守,致使公共财产、国家和人民利益遭受重大损失的,依照刑法第三百九十七条的规定,以滥用职权罪或者玩忽职守罪追究刑事责任。

第五条　本解释施行以前,确因生产、生活需要而非法制造、买卖、运输、储存毒鼠强等禁用剧毒化学品饵料自用,没有造成严重社会危害的,可以依照刑法第十三条的规定,不作为犯罪处理。

本解释施行以后,确因生产、生活需要而非法制造、买卖、运输、储存毒鼠强等禁用剧毒化学品饵料自用,构成犯罪,但没有造成严重社会危害,经教育确有悔改表现的,可以依法从轻、减轻或者免除处罚。”

⑥2012年9月6日最高人民法院、最高人民检察院、公安部、国家安全监管总局《关于依法加强对涉嫌犯罪的非法生产经营烟花爆竹行为刑事责任追究的通知》第1条规定，非法生产、经营烟花爆竹及相关行为涉及非法制造、买卖、运输、邮寄、储存黑火药、烟火药，构成非法制造、买卖、运输、邮寄、储存爆炸物罪的，应当依照刑法第125条的规定定罪处罚；非法生产、经营烟花爆竹及相关行为涉及生产、销售伪劣产品或不符合安全标准产品，构成生产、销售伪劣产品罪或生产、销售不符合安全标准产品罪的，应当依照刑法第140条、第146条的规定定罪处罚；非法生产、经营烟花爆竹及相关行为构成非法经营罪的，应当依照刑法第225条的规定定罪处罚。上述非法生产经营烟花爆竹行为的定罪量刑和立案追诉标准，分别按照《最高人民法院关于审理非法制造、买卖、运输枪支、弹药、爆炸物等刑事案件具体应用法律若干问题的解释》（法释〔2009〕18号）、《最高人民法院、最高人民检察院关于办理生产、销售伪劣商品刑事案件具体应用法律若干问题的解释》（法释〔2001〕10号）、《最高人民检察院、公安部关于公安机关管辖的刑事案件立案追诉标准的规定（一）》（公通字〔2008〕36号）、《最高人民检察院、公安部关于公安机关管辖的刑事案件立案追诉标准的规定（二）》（公通字〔2010〕23号）等有关规定执行。

（3）构成要件

第一，本罪侵犯的客体是社会的公共安全和国家对枪支、弹药、爆炸物的管理制度。

第二，客观方面表现为非法制造、买卖、运输、邮寄、储存枪支、弹药、爆炸物的行为。所谓“非法制造”，是指没有经过国家有关部门批准，私自制造枪支、弹药、爆炸物的行为。所谓“非法买卖枪支、弹药、爆炸物”，是指违反国家的有关规定，非法出售或者购买枪支、炸药、爆炸物的行为。所谓“非法运输枪支、弹药、爆炸物”，是指没有经过国家有关部门批准，私自从事运输枪支、弹药、爆炸物的行为。所谓“非法邮寄枪支、弹药、爆炸物”，是指违反枪支、弹药、爆炸物的管理规定，私自邮寄或者在邮寄的物品中夹带枪支、弹药、爆炸物的行为。所谓“非法储存枪支、弹药、爆炸物”，是指违反国家有关规定，私自收藏或者储存枪支、弹药、爆炸物的行为。

第三，犯罪主体是一般主体，既可以是自然人，也可以是单位。

第四，主观方面是直接故意，即明知是枪支、弹药、爆炸物而故意非法制造、买卖、运输、邮寄、储存。如果是受他人蒙骗、利用，不知道是枪支、弹药、爆炸物，而代为制造、装配、运输、转交的，不构成本罪。

（4）罪名界定

第一，本罪是行为选择和对象选择并存的罪名。这里的选择行为有5个，即制造、买卖、运输、邮寄和储存。本罪的犯罪对象有3个，即枪支、弹药、爆炸物。在这些行为选择和对象选择中，只要实施了其中一种行为，侵犯了一种犯罪对象，即可构成本罪。如果实施了两种或者两种以上的行为，侵犯了两种或者两种以上的犯罪对象，根据实施的行为和侵犯的对象确定一个罪名。例如，行为人非法制造枪支构成犯罪的，则认定为非法制造枪支罪。如果行为人非法制造、买卖枪支、弹药构成犯罪的，则应该认定为非法制造、买卖枪支、弹药罪。实施了多种犯罪行为，侵犯了多种犯罪对象，在这里只定一个罪名，不实行数罪并罚。但是，这一犯罪情节可在量刑时予以考虑。

第二，关于本罪的犯罪数额与情节方面的法律规定。根据2009年11月16日最高人民法院修正后的《关于审理非法制造、买卖、运输枪支、弹药、爆炸物等刑事案件具体应用法律若干问题的解释》的规定：个人或者单位非法制造、买卖、运输、邮寄、储存枪支、弹药、爆炸物，具有下列情形之一的，依照《刑法》第125条第1款的规定，以非法制造、买卖、运输、邮寄、储存枪支、弹药、爆炸物罪定罪处罚：①非法制造、买卖、运输、邮寄、储存军用枪支1支以上的；②非法制造、买卖、运输、邮寄、储存以火药为动力发射枪弹的非军用枪支1支以上或者以压缩气体等为动力的其他非军用枪支2支以上的;③非法制造、买卖、运输、邮寄、储存军用子弹10发以上、气枪铅弹500发以上或者其他非军用子弹100发以上的;④非法制造、买卖、运输、邮寄、储存手榴弹1枚以上的;⑤非法制造、买卖、运输、邮寄、储存爆炸装置的;⑥非法制造、买卖、运输、邮寄、储存炸药、发射药、黑火药1000克以上或者烟火药3000克以上、雷管30枚以上或者导火索、导爆索30米以上的;⑦具有生产爆炸物品资格的单位不按照规定的品种制造,或者具有销售、使用爆炸物品资格的单位超过限额买卖炸药、发射药、黑火药10公斤以上或者烟火药30公斤克以上、雷管300枚以上或者导火索、导爆索300米以上的;⑧多次非法制造、买卖、运输、邮寄、储存弹药、爆炸物的;⑨虽未达到上述最低数量标准,但具有造成严重后果等其他恶劣情节的。

介绍买卖枪支、弹药、爆炸物的,以买卖枪支、弹药、爆炸物罪的共犯论处。

非法制造、买卖、运输、邮寄、储存枪支、弹药、爆炸物,具有下列情形之一的,属于《刑法》第125条第1款规定的“情节严重”:①非法制造、买卖、运输、邮寄、储存枪支、弹药、爆炸物的数量达到本解释第1条第1项、第2项、第3项、第6项、第7项规定的最低数量标准5倍以上的;②非法制造、买卖、运输、邮寄、储存手榴弹3枚以上的;③非法制造、买卖、运输、邮寄、储存爆炸装置,危害严重的;④达到本解释第1条规定的最低数量标准,并具有造成严重后果等其他恶劣情节的。

因筑路、建房、打井、整修宅基地和土地等正常生产、生活需要,以及因从事合法的生产经营活动而非法制造、买卖、运输、邮寄、储存爆炸物,数量达到本解释第1条规定标准,没有造成严重社会危害,并确有悔改表现的,可依法从轻处罚;情节轻微的,可以免除处罚。

具有前述情形,数量虽达到本解释第2条规定标准的,也可以不认定为《刑法》第125条第1款规定的“情节严重”。

在公共场所、居民区等人员集中区域非法制造、买卖、运输、邮寄、储存爆炸物,或者因非法制造、买卖、运输、邮寄、储存爆炸物3年内受到两次以上行政处罚又实施上述行为,数量达到本解释规定标准的,不适用前述的量刑规定。

第三,关于枪支的范围。根据1983年5月26日最高人民检察院《关于自制火药枪是否适用刑法第112条问题的答复》和有关规定,对私自制造土枪出售或者将体育运动枪改装成火药枪的,应当根据具体情况区别对待。构成犯罪的,依照《刑法》的规定处罚。如果情节显著轻微、危害不大的,可以由公安机关酌情予以治安管理处罚。猎枪等民用枪支属于非法制造枪支罪中的枪支范围。但是,应当看到,民用枪支与军用枪支相比,其杀伤力比较弱,因此,非法制造、买卖民用枪支、炸药、爆炸物的,应当视情节的轻重,对情节显著轻微、危害不大的,不应当以犯罪论处。

第四,如果行为人与走私人员有通谋,直接向走私人员非法收购枪支、弹药、爆炸物,应当以《刑法》第151条第1款规定的走私武器、弹药罪论处。

(5)量刑幅度

根据《刑法》第125条第1款、第3款的规定,犯非法制造、买卖、运输、邮寄、储存枪支、弹药、爆炸物罪,其处罚有以下3个幅度:

一是构成犯罪的,处3年以上10年以下有期徒刑;

二是情节严重的,处10年以上有期徒刑、无期徒刑或者死刑;

三是单位犯本罪的,对单位判处罚金,并且对直接负责的主管人员和其他直接责任人员,处3年以上10年以下有期徒刑;情节严重的,处10年以上有期徒刑、无期徒刑或者死刑。

32. 非法制造、买卖、运输、储存危险物质罪(第125条第2款)

(1)罪名概念

非法制造、买卖、运输、储存危险物质罪,是指违反危险物质管理法规,非法制造、买卖、运输、储存危险物质的行为。

（2）法律规定

①本罪名是由《刑法》第125条第2款规定的。该条款规定："非法制造、买卖、运输、储存毒害性、放射性、传染病病原体等物质，危害公共安全的，依照前款的规定处罚。"

第125条第3款规定："单位犯前两款罪的，对单位判处罚金，并对其直接负责的主管人员和其他直接责任人员，依照第一款的规定处罚。"

②2008年6月25日最高人民检察院、公安部《关于公安机关管辖的刑事案件立案追诉标准的规定（一）》第2条规定："非法制造、买卖、运输、储存毒害性、放射性、传染病病原体等物质，危害公共安全，涉嫌下列情形之一的，应予立案追诉：

（一）造成人员重伤或者死亡的；

（二）造成直接经济损失十万元以上的；

（三）非法制造、买卖、运输、储存毒鼠强、氟乙酰胺、氟乙酰钠、毒鼠硅、甘氟原粉、原液、制剂五十克以上，或者饵料二千克以上的；

（四）造成急性中毒、放射性疾病或者造成传染病流行、暴发的；

（五）造成严重环境污染的；

（六）造成毒害性、放射性、传染病病原体等危险物质丢失、被盗、被抢或者被他人利用进行违法犯罪活动的；

（七）其他危害公共安全的情形。"

③2009年11月16日最高人民法院《关于审理非法制造、买卖、运输枪支、弹药、爆炸物等刑事案件具体应用法律若干问题的解释》（2009年修正）第9条规定："因筑路、建房、打井、整修宅基地和土地等正常生产、生活需要，或者因从事合法的生产经营活动而非法制造、买卖、运输、邮寄、储存爆炸物，数量达到本解释第一条规定标准，没有造成严重社会危害，并确有悔改表现的，可依法从轻处罚；情节轻微的，可以免除处罚。

具有前款情形，数量虽达到本解释第二条规定标准的，也可以不认定为刑法第一百二十五条第一款规定的'情节严重'。

在公共场所、居民区等人员集中区域非法制造、买卖、运输、邮寄、储存爆炸物，或者因非法制造、买卖、运输、邮寄、储存爆炸物三年内受到两次以上行政处罚又实施上述行为，数量达到本解释规定标准的，不适用前两款量刑的规定。"

④2003年9月4日最高人民法院、最高人民检察院《关于办理非法制造、买卖、运输、储存毒鼠强等禁用剧毒化学品的刑事案件具体应用法律若干问题的解释》规定：

"第一条　非法制造、买卖、运输、储存毒鼠强等禁用剧毒化学品，危害公共安全，具有下列情形之一的，依照刑法第一百二十五条的规定，以非法制造、买卖、运输、储存危险物质罪，处三年以上十年以下有期徒刑：

（一）非法制造、买卖、运输、储存原粉、原液、原药制剂50克以上，或者饵料2千克以上的；

（二）在非法制造、买卖、运输、储存过程中致人重伤、死亡或者造成公私财产损失10万元以上的。

第二条　非法制造、买卖、运输、储存毒鼠强等禁用剧毒化学品，具有下列情形之一的，属于刑法第一百二十五条规定的'情节严重'，处十年以上有期徒刑、无期徒刑或者死刑：

（一）非法制造、买卖、运输、储存原粉、原液、制剂500克以上，或者饵料20千克以上的；

（二）在非法制造、买卖、运输、储存过程中致3人以上重伤、死亡，或者造成公私财产损失20万元以上的；

（三）非法制造、买卖、运输、储存原粉、原药、制剂 50 克以上不满 500 克，或者饵料 2 千克以上不满 20 千克，并具有其他严重情节的。

第三条　单位非法制造、买卖、运输、储存毒鼠强等禁用剧毒化学品的，依照本解释第一条、第二条规定的定罪量刑标准执行。

第五条　本解释施行以前，确因生产、生活需要而非法制造、买卖、运输、储存毒鼠强等禁用剧毒化学品饵料自用，没有造成严重社会危害的，可以依照刑法第十三条的规定，不作为犯罪处理。

本解释施行以后，确因生产、生活需要而非法制造、买卖、运输、储存毒鼠强等禁用剧毒化学品饵料自用，构成犯罪，但没有造成严重社会危害，经教育确有悔改表现的，可以依法从轻、减轻或者免除处罚。

第六条　本解释所称'毒鼠强等禁用剧毒化学品'，是指国家明令禁止的毒鼠强、氟乙酰胺、氟乙酸钠、毒鼠硅、甘氟（见附表）。"

（3）构成要件

第一，本罪侵犯的客体是公共安全，其侵犯的对象是危险物质。

第二，客观方面表现为违反国家有关危险物质管理法规非法制造、买卖、运输、储存危险物质，危害公共安全的行为。

第三，犯罪主体是一般主体，包括自然人和单位。

第四，主观方面是故意，即明知是危险物质，不允许非法制造、买卖、运输、储存而非法制造、买卖、运输、储存。至于动机如何，不影响本罪的成立。

（4）罪名界定

第一，认定本罪需要注意，本罪是行为犯，只要行为人实施了非法制造、买卖、运输、储存危险物质的行为，无论是否造成了危害后果，都构成犯罪。《刑法》没有要求必须造成危害后果才构成犯罪。但是，根据《刑法》第 13 条的规定，如果确实属于"情节显著轻微，危害不大"，不认为是犯罪。根据 2008 年 6 月 25 日最高人民检察院、公安部《关于公安机关管辖的刑事案件立案追诉标准的规定（一）》第 2 条的规定，非法制造、买卖、运输、储存毒害性、放射性、传染病病原体等物质，危害公共完全，涉嫌下列情形之一的，应当立案追诉：一是造成人员重伤或者死亡的；二是造成直接经济损失 10 万元以上的；三是非法制造、买卖、运输、储存毒鼠强、氟乙酰胺、氟乙酸钠、毒鼠硅、甘氟原粉、原液、制剂 50 克以上，或者饵料 2000 克以上的；四是造成急性中毒、放射性疾病或者传染病流行、暴发的；五是造成严重环境污染的；六是造成毒害性、放射性、传染病病原体等危险物质丢失、被盗、被抢或者被他人利用进行违法犯罪活动的；七是其他毁坏公共安全的情形。

第二，要划清此罪与彼罪的界限。根据 2003 年 9 月 4 日最高人民法院、最高人民检察院《关于办理非法制造、买卖、运输、储存毒鼠强等禁用剧毒化学品的刑事案件具体应用法律若干问题的解释》的规定，在这个"解释"公布以前，确因生产、生活需要而非法制造、买卖、运输、储存毒鼠强等禁用剧毒化学品饵料自用，没有造成严重社会危害的，可以依照《刑法》第 13 条的规定，不作为犯罪处理。在本解释公布实施以后，确因生产、生活需要而非法制造、买卖、运输、储存毒鼠强等禁用剧毒化学品饵料自用，构成犯罪，但没有造成严重社会危害，经教育确有悔改表现的，可以依法从轻、减轻或者免除处罚。

这里所说的"毒鼠强等禁用剧毒化学品"，是指国家明令禁止的毒鼠强、氟乙酰胺、氟乙酸钠、毒鼠硅、甘氟。

（5）量刑幅度

根据《刑法》第 125 条的规定，对本罪的处罚，分以下 3 个档次：

一是情节一般的，处3年以上10年以下有期徒刑；

二是情节严重的，处10年以上有期徒刑、无期徒刑或者死刑；

三是单位犯本罪的，对单位判处罚金，并对其直接负责的主管人员和其他直接责任人员依照上述规定处罚。

本罪中的"情节严重"，主要是指非法制造、买卖、运输、储存危险物质数量大、种类多，或者发生了泄漏事故，危害人体，污染自然环境等。

根据2003年9月4日最高人民法院、最高人民检察院《关于办理非法制造、买卖、运输、储存毒鼠强等禁用剧毒化学品的刑事案件具体应用法律若干问题的解释》的规定，非法制造、买卖、运输、储存毒鼠强等禁用剧毒化学品，危害公共安全，具有下列情形之一的，依照《刑法》第125条的规定，以非法制造、买卖、运输、储存危险物质罪，处3年以上10年以下有期徒刑：①非法制造、买卖、运输、储存原粉、原液、制剂50克以上，或者饵料2000克以上的；②在非法制造、买卖、运输、储存过程中，致人重伤、死亡或者造成公私财产损失10万元以上的。具有下列情形之一的，属于"情节严重"，应当处10年以上有期徒刑、无期徒刑或者死刑：①非法制造、买卖、运输、储存原粉、原液、制剂500克以上，或者饵料20000克以上的；②在非法制造、买卖、运输、储存过程中，致3人以上重伤、死亡，或者造成公私财产损失20万元以上的；③非法制造、买卖、运输、储存原粉、原液、制剂50克以上不满500克，或者饵料2000克以上不满20000克，并具有其他严重情节的。

单位犯本罪的，也按此量刑规定执行。

33. 违规制造、销售枪支罪（第126条）

（1）罪名概念

违规制造、销售枪支罪，是指依法被指定、确定的枪支制造企业、销售企业，违反枪支管理规定，以非法销售为目的，超过限额或者不按照规定的品种制造、配售枪支，或者以销售为目的，制造无号、重号、假号的枪支，或者非法销售枪支，或者在境内销售为出口制造的枪支的行为。

（2）法律规定

①本罪名是由《刑法》第126条规定的。该条规定："依法被指定、确定的枪支制造企业、销售企业，违反枪支管理规定，有下列行为之一的，对单位判处罚金，并对其直接负责的主管人员和其他直接责任人员，处五年以下有期徒刑；情节严重的，处五年以上十年以下有期徒刑；情节特别严重的，处十年以上有期徒刑或者无期徒刑：

（一）以非法销售为目的，超过限额或者不按照规定的品种制造、配售枪支的；

（二）以非法销售为目的，制造无号、重号、假号的枪支的；

（三）非法销售枪支或者在境内销售为出口制造的枪支的。"

②2008年6月25日最高人民检察院、公安部《关于公安机关管辖的刑事案件立案追诉标准的规定（一）》第3条规定："依法被指定、确定的枪支制造企业、销售企业，违反枪支管理规定，以非法销售为目的，超过限额或者不按照规定的品种制造、配售枪支，或者以非法销售为目的，制造无号、重号、假号的枪支，或者非法销售枪支或者在境内销售为出口制造的枪支，涉嫌下列情形之一的，应予立案追诉：

（一）违规制造枪支五支以上的；

（二）违规销售枪支二支以上的；

（三）虽未达到上述数量标准，但具有造成严重后果等其他恶劣情节的。

本条和本规定第四条、第七条规定的'枪支'，包括枪支散件。成套枪支散件，以相应数量的枪支计；非成套枪支散件，以每三十件为一成套枪支散件计。"

③2009 年 11 月 16 日最高人民法院《关于审理非法制造、买卖、运输枪支、弹药、爆炸物等刑事案件具体应用法律若干问题的解释》(2009 年修正)第 3 条规定:“依法被指定或者确定的枪支制造、销售企业,实施刑法第一百二十六条规定的行为,具有下列情形之一的,以违规制造、销售枪支罪定罪处罚:

(一)违规制造枪支五支以上的;

(二)违规销售枪支二支以上的;

(三)虽未达到上述最低数量标准,但具有造成严重后果等其他恶劣情节的。

具有下列情形之一的,属于刑法第一百二十六条规定的‘情节严重’:

(一)违规制造枪支二十支以上的;

(二)违规销售枪支十支以上的;

(三)达到本条第一款规定的最低数量标准,并具有造成严重后果等其他恶劣情节的。

具有下列情形之一的,属于刑法第一百二十六条规定的‘情节特别严重’:

(一)违规制造枪支五十支以上的;

(二)违规销售枪支三十支以上的;

(三)达到本条第二款规定的最低数量标准,并具有造成严重后果等其他恶劣情节的。”

(3)构成要件

第一,本罪侵犯的客体是社会的公共安全和国家对枪支的管理制度。本罪的犯罪对象只限于枪支,包括公务用枪、民用枪支及其主要零部件。

第二,客观方面表现为违反枪支管理规定非法制造、销售枪支的行为。违反枪支管理规定,主要是指违反枪支管理法有关枪支制造和民用枪支配售的规定。具体包括以下四种情况:一是以非法销售为目的,超过限额或者不按规定的品种制造、配售枪支。二是以非法销售为目的,制造无号、重号、假号的枪支。三是非法销售枪支,即违反法律规定,擅自销售枪支。四是在境内销售为出口制造的枪支。

第三,犯罪主体只能是单位,即依法被指定、确定的枪支制造企业、销售企业。包括国家指定的制造公务用枪的企业,由公安部门确定的制造民用枪支的企业,公安机关依法确定的配售民用枪支的企业。

第四,主观方面是故意,而且具有营利的目的。

(4)罪名界定

第一,要划清罪与非罪的界限。根据 2008 年 6 月 25 日最高人民检察院、公安部《关于公安机关管辖的刑事案件立案追诉标准的规定(一)》第 3 条的规定,依法被指定、确定的枪支制造企业、销售企业,违反枪支管理规定,以非法销售为目的,超过限额或者不按照规定的品种制造、配售枪支,或者以非法销售为目的,制造无号、重号、假号的枪支,或者非法销售枪支或者在境内销售为出口制造的枪支,涉嫌下列情形之一的应当立案追诉:一是违规制造枪支 5 支以上的;二是违规销售枪支 2 支以上的;三是虽然没有达到上述数量标准,但具有造成严重后果等其他恶劣情节的。

第二,本罪与非法制造、买卖枪支罪的主要区别在于犯罪主体不同。如果是依法被指定、确定的枪支制造企业、销售企业非法制造、买卖枪支的,则构成本罪;如果是其他单位或者自然人非法制造、销售枪支的,则不构成本罪,而应当以非法制造、买卖枪支罪定罪处罚。

(5)量刑幅度

根据《刑法》第 126 条的规定,犯违规制造、销售枪支罪的,对单位判处罚金,并对具体承担刑事责任的单位直接负责的主管人员和其他直接责任人员的刑罚规定了 3 个量刑档次:

一是没有造成严重后果的,处5年以下有期徒刑;

二是情节严重的,处5年以上10年以下有期徒刑;

三是情节特别严重的,处10年以上有期徒刑或者无期徒刑。

34. 盗窃、抢夺枪支、弹药、爆炸物、危险物质罪(第127条第1款、第2款)

(1)罪名概念

盗窃、抢夺枪支、弹药、爆炸物、危险物质罪,是指违反国家有关法规,秘密窃取或者公然夺取枪支、弹药、爆炸物,或者盗窃、抢夺毒害性、放射性、传染病病原体等物质,危害公共安全的行为。

(2)法律规定

①本罪名是由《刑法》第127条第1款、第2款规定的。该条款规定:"盗窃、抢夺枪支、弹药、爆炸物的,或者盗窃、抢夺毒害性、放射性、传染病病原体等物质,危害公共安全的,处三年以上十年以下有期徒刑;情节严重的,处十年以上有期徒刑、无期徒刑或者死刑。

抢劫枪支、弹药、爆炸物的,或者抢劫毒害性、放射性、传染病病原体等物质,危害公共安全的,或者盗窃、抢夺国家机关、军警人员、民兵的枪支、弹药、爆炸物的,处十年以上有期徒刑、无期徒刑或者死刑。"

②2009年11月16日最高人民法院《关于审理非法制造、买卖、运输枪支、弹药、爆炸物等刑事案件具体应用法律若干问题的解释》(2009年修正)第4条、第7条规定:"盗窃、抢夺枪支、弹药、爆炸物,具有下列情形之一的,依照刑法第一百二十七条第一款的规定,以盗窃、抢夺枪支、弹药、爆炸物罪定罪处罚:

(一)盗窃、抢夺以火药为动力的发射枪弹非军用枪支一支以上或者以压缩气体等为动力的其他非军用枪支二支以上的;

(二)盗窃、抢夺军用子弹十发以上、气枪铅弹五百发以上或者其他非军用子弹一百发以上的;

(三)盗窃、抢夺爆炸装置的;

(四)盗窃、抢夺炸药、发射药、黑火药一千克以上或者烟火药三千克以上、雷管三十枚以上或者导火索、导爆索三十米以上的;

(五)虽未达到上述最低数量标准,但具有造成严重后果等其他恶劣情节的。

具有下列情形之一的,属于刑法第一百二十七条第一款规定的'情节严重':

(一)盗窃、抢夺枪支、弹药、爆炸物的数量达到本条第一款规定的最低数量标准五倍以上的;

(二)盗窃、抢夺军用枪支的;

(三)盗窃、抢夺手榴弹的;

(四)盗窃、抢夺爆炸装置,危害严重的;

(五)达到本条第一款规定的最低数量标准,并具有造成严重后果等其他恶劣情节的。"

"非法制造、买卖、运输、邮寄、储存、盗窃、抢夺、持有、私藏、携带成套枪支散件的,以相应数量的枪支计;非成套枪支散件以每三十件为一成套枪支散件计。"

(3)构成要件

第一,本罪侵犯的客体是国家的枪支、弹药、爆炸物及危险物质的管理制度及公共安全。

第二,客观方面表现为秘密窃取与公然夺取枪支、弹药、爆炸物和毒害性、放射性、传染病病原体等危险物质的行为。所谓"盗窃",是指以非法占有为目的,秘密窃取的行为。所谓"夺取",是指以非法占有为目的,乘人不备,公然夺取的行为。本罪的犯罪对象是枪支、弹药、爆炸物和毒害性、放射性、传染病病原体等危险物质。行为人只要实施了盗窃、抢夺任何一种行为,并且是针对犯罪对象中的任何一种对象,即可构成本罪。

第三,本罪主体是一般主体,即达到刑事责任年龄,具备刑事责任能力的自然人。

第四,主观方面是故意,即明知其行为是非法的而积极实施盗窃、抢夺的行为。

(4)罪名界定

第一,本罪在主观方面是故意。如果不是故意,则不构成本罪。例如,行为人在列车上盗窃旅客提包,拿回家打开一看,意外地发现里面有枪支、弹药,尽管他把枪支、弹药盗窃回家,由于他的主观故意是盗窃财物,而不是故意盗窃枪支、弹药,因此,不应当以本罪处罚,而应当定为盗窃罪。

第二,本罪与盗窃、抢夺武器装备、军用物资罪主要有以下三点区别:一是犯罪主体不同。前者是一般主体;而后者的犯罪主体必须是军职人员,属于特殊主体。二是侵犯的客体不同。前者侵犯的客体主要是公共安全;而后者侵犯的客体是国家军事利益。三是犯罪对象不同。前者的犯罪对象仅限于枪支、弹药、爆炸物和毒害性、放射性、传染病病原体等危险物质;而后者的犯罪对象除了武器装备的枪支、弹药、爆炸物以外,还包括火炮、战车、飞机、舰艇、化学武器、核武器和通信、侦察、工程等技术装备。

(5)量刑幅度

根据《刑法》第127条第1款、第2款的规定,犯本罪的,处3年以上10年以下有期徒刑;情节严重的,或者盗窃、抢夺国家机关、军警人员、民兵的枪支、弹药、爆炸物的,处10年以上有期徒刑、无期徒刑或者死刑。

35. 抢劫枪支、弹药、爆炸物、危险物质罪(第127条第2款)

(1)罪名概念

抢劫枪支、弹药、爆炸物、危险物质罪,是指用暴力、胁迫或者其他方法,将枪支、弹药、爆炸物或危险物质的所有者、保管者所持有的、保管的枪支、弹药、爆炸物或危险物质抢走的行为。

(2)法律规定

本罪名是由《刑法》第127条第2款规定的。该条款规定:“抢劫枪支、弹药、爆炸物的,或者抢劫毒害性、放射性、传染病病原体等物质,危害公共安全的,或者盗窃、抢夺国家机关、军警人员、民兵的枪支、弹药、爆炸物的,处十年以上有期徒刑、无期徒刑或者死刑。”

(3)构成要件

第一,本罪侵犯的客体是复杂客体,主要是侵犯了公共安全,同时又侵犯了枪支、弹药、爆炸物和危险物质的保管者、所有者的人身权利和财产所有权。

第二,客观方面表现为当场使用暴力、胁迫或者其他方法强行非法占有枪支、弹药、爆炸物或危险物质的行为。抢劫行为概括为三种方法:一是暴力,是指对枪支、弹药、爆炸物或危险物质的所有人、保管人的身体实行殴打、伤害、绑架等强力袭击或者强制,使其不敢反抗或者失去反抗能力,当场交出或者劫走其枪支、弹药、爆炸物或危险物质。二是胁迫,是指当场使用暴力相威胁,对枪支、弹药、爆炸物或危险物质的所有人、保管人实行精神上的强制,使其产生恐惧而不敢反抗,迫使其当场交出枪支、弹药、爆炸物或危险物质,或者致使犯罪分子劫取其枪支、弹药、爆炸物或危险物质而不敢阻止。三是其他方法,是指用暴力、胁迫以外的,致使枪支、弹药、爆炸物或危险物质所有人、保管人失去反抗能力,无力反抗、不敢反抗、不知反抗的一些方法。例如,用酒灌醉、用药物麻醉、用催眠的方法使人昏睡,不知道反抗,而后劫走其枪支、弹药、爆炸物或危险物质。

第三，本罪的犯罪主体是一般主体。

第四，主观方面是直接故意，即明知是枪支、弹药、爆炸物、危险物质而进行抢劫。如果不知道是上述物品而抢劫，则不依本罪论处。

（4）罪名界定

第一，抢劫与抢夺不同。在司法实践中，常常遇到一些抢劫枪支、弹药、爆炸物和危险物质的犯罪，是按照抢夺枪支、弹药、爆炸物、危险物质罪来处理，还是按照抢劫枪支、弹药、爆炸物、危险物质罪来处理，有时有分歧意见。其实抢劫与抢夺的概念是不同的，其区别主要表现在客观方面。抢劫是使用暴力、胁迫或者其他强行劫取的方法；而抢夺是乘其不备，冷不丁地公然夺取。

第二，本罪与故意杀人罪是完全不同的两种犯罪，但是，在实践中，这两种犯罪容易混淆。比如，有的犯罪分子为了抢劫枪支、弹药、爆炸物或危险物质而首先把看管人杀死，然后再进行抢劫；也有的只是抢劫枪支、弹药、爆炸物、危险物质，但在抢劫过程中，由于使用暴力而致看管人死亡。前者杀人的目的很明显；而后者没有杀人的故意，只有抢劫的故意。前者应该定故意杀人罪和抢劫枪支、弹药、爆炸物、危险物质罪，适用数罪并罚；而后者应该只定抢劫枪支、弹药、爆炸物、危险物质罪。

（5）量刑幅度

根据《刑法》第127条第2款的规定，犯本罪，处10年以上有期徒刑、无期徒刑或者死刑。

36. 非法持有、私藏枪支、弹药罪（第128条第1款）

（1）罪名概念

非法持有、私藏枪支、弹药罪，是指违反枪支管理规定，私藏枪支、弹药的行为。

（2）法律规定

①本罪名是由《刑法》第128条第1款规定的。该条款规定："违反枪支管理规定，非法持有、私藏枪支、弹药的，处三年以下有期徒刑、拘役或者管制；情节严重的，处三年以上七年以下有期徒刑。"

②2008年6月25日最高人民检察院、公安部《关于公安机关管辖的刑事案件立案追诉标准的规定（一）》第4条规定："违反枪支管理规定，非法持有、私藏枪支、弹药，涉嫌下列情形之一的，应予立案追诉：

（一）非法持有、私藏军用枪支一支以上的；

（二）非法持有、私藏以火药为动力发射枪弹的非军用枪支一支以上，或者以压缩气体等为动力的其他非军用枪支二支以上的；

（三）非法持有、私藏军用子弹二十发以上、气枪铅弹一千发以上或者其他非军用子弹二百发以上的；

（四）非法持有、私藏手榴弹、炸弹、地雷、手雷等具有杀伤性弹药一枚以上的；

（五）非法持有、私藏的弹药造成人员伤亡、财产损失的。

本条规定的'非法持有'，是指不符合配备、配置枪支、弹药条件的人员，擅自持有枪支、弹药的行为；'私藏'，是指依法配备、配置枪支、弹药的人员，在配备、配置枪支、弹药的条件消除后，私自藏匿所配备、配置的枪支、弹药且拒不交出的行为。"

③2009年11月16日最高人民法院《关于审理非法制造、买卖、运输枪支、弹药、爆炸物等刑事案件具体应用法律若干问题的解释》（2009年修正）第5条规定："具有下列情形之一的，依照刑法第一百二十八条第一款的规定，以非法持有、私藏枪支、弹药罪定罪处罚：

（一）非法持有、私藏军用枪支一支的；

（二）非法持有、私藏以火药为动力发射枪弹的非军用枪支一支或者以压缩气体等为动力的其他非军用枪支二支以上的；

（三）非法持有、私藏军用子弹二十发以上，气枪铅弹一千发以上或者其他非军用子弹二百发以上的；

（四）非法持有、私藏手榴弹一枚以上的；

（五）非法持有、私藏的弹药造成人员伤亡、财产损失的。

具有下列情形之一的，属于刑法第一百二十八条第一款规定的‘情节严重’：

（一）非法持有、私藏军用枪支二支以上的；

（二）非法持有、私藏以火药为动力发射枪弹的非军用枪支二支以上或者以压缩气体等为动力的其他非军用枪支五支以上的；

（三）非法持有、私藏军用子弹一百发以上，气枪铅弹五千发以上或者其他非军用子弹一千发以上的；

（四）非法持有、私藏手榴弹三枚以上的；

（五）达到本条第一款规定的最低数量标准，并具有造成严重后果等其他恶劣情节的。”

④2009年11月16日最高人民法院《关于审理非法制造、买卖、运输枪支、弹药、爆炸物等刑事案件具体应用法律若干问题的解释》（2009年修正）第8条规定：“刑法第一百二十八条第一款规定的‘非法持有’，是指不符合配备、配置枪支、弹药条件的人员，违反枪支管理法律、法规的规定，擅自持有枪支、弹药的行为。

刑法第一百二十八条第一款规定的‘私藏’，是指依法配备、配置枪支、弹药的人员，在配备、配置枪支、弹药的条件消除后，违反枪支管理法律、法规的规定，私自藏匿所配备、配置的枪支、弹药且拒不交出的行为。”

⑤1998年11月3日最高人民检察院《关于将公务用枪用作借债质押的行为如何适用法律问题的批复》规定：“依法配备公务用枪的人员，违反法律规定，将公务用枪用作借债质押物，使枪支处于非依法持枪人的控制、使用之下，严重危害公共安全，是刑法第一百二十八条第二款所规定的非法出借枪支行为的一种形式，应以非法出借枪支罪追究刑事责任；对接受枪支质押的人员，构成犯罪的，根据刑法第一百二十八条第一款的规定，应以非法持有枪支罪追究其刑事责任。”

（3）构成要件

第一，本罪侵犯的客体是社会的公共安全和国家对枪支、弹药的管理制度。我们知道，如果合法持有的枪支一旦失控，就有可能被一些犯罪分子用来实施杀人、抢劫等暴力犯罪行为，从而会危害公共安全。本罪的犯罪对象是枪支、弹药，包括各种公务用枪、民用枪支及其弹药。

第二，在客观方面，行为人具有违反枪支管理规定，非法持有或者私藏枪支、弹药的行为。所谓“违反枪支管理规定”，主要是指违反《枪支管理法》的规定。《枪支管理法》对公务用枪的配备和民用枪支配置的范围都作了严格规定，并且规定：凡是配备公务用枪时，应当由公安部门和省级人民政府公安机关发给公务用枪持枪证件，不再符合这项条件时，由所在单位收回枪支和证件；配置民用枪支的，也应当由相应的公安机关核发持枪证件，不符合持枪条件时，必须及时把枪支连同持枪证件上交公安机关等。所谓“非法持有”，是指违反《枪支管理法》的规定而持有，如不符合持枪条件而持有枪支等。所谓“私藏”，是指违反枪支管理法规对非法持有的枪支私自隐藏而不交出的行为。“私藏”和“非法持有”，只要有其中任何一种行为，即构成本罪。

第三，本罪的主体是一般主体，即任何达到刑事责任年龄，具有刑事责任能力的自然人。

第四，主观方面是故意，即行为人明知是枪支、弹药而故意非法持有、私藏。

(4)罪名界定

第一,关于本罪的认定。根据2008年6月25日最高人民检察院、公安部《关于公安机关管辖的刑事案件立案追诉标准的规定(一)》第4条的规定,违反枪支管理,非法持有、私藏枪支、弹药,涉嫌下列情形之一的应当立案追诉:一是非法持有、私藏军用枪支1支以上的;二是非法持有、私藏以火药为动力发射枪弹的非军用枪支1支以上,或者以压缩气体等为动力的其他非军用枪支2支以上的;三是非法持有、私藏军用子弹20发以上、气枪铅弹1000发以上或者其他非军用子弹200发以上的;四是非法持有、私藏手榴弹、炸弹、地雷、手雷等具有杀伤性弹药1枚以上的;五是非法持有、私藏的弹药造成人员伤亡、财产损失的。

第二,在司法实践中,对私藏自己非法制造、买卖或者盗窃、抢夺而得到的枪支、弹药,按照重罪吸收轻罪的原则进行处罚,而不适用数罪并罚原则处罚。对于私藏枪支、弹药之后,又用来进行抢劫、杀人等其他犯罪活动,则按数罪并罚原则处理。

(5)量刑幅度

根据《刑法》第128条第1款的规定,犯本罪的,处3年以下有期徒刑、拘役或者管制;情节严重的,处3年以上7年以下有期徒刑。

37. 非法出租、出借枪支罪(第128条第2款、第3款、第4款)

(1)罪名概念

非法出租、出借枪支罪,是指依法配备公务用枪的人员和单位,违反枪支管理规定,非法出租、出借枪支,或者依法配备枪支的人员或者单位,违反枪支管理规定,非法出租、出借枪支,造成严重后果的行为。

(2)法律规定

①本罪名是由《刑法》第128条第2款、第3款、第4款规定的。《刑法》第128条第2款、第3款、第4款分别规定:"依法配备公务用枪的人员,非法出租、出借枪支的,依照前款的规定处罚。

依法配置枪支的人员,非法出租、出借枪支,造成严重后果的,依照第一款的规定处罚。

单位犯第二款、第三款罪的,对单位判处罚金,并对其直接负责的主管人员和其他直接责任人员,依照第一款的规定处罚。"

②2008年6月25日最高人民检察院、公安部《关于公安机关管辖的刑事案件立案追诉标准的规定(一)》第5条规定:"依法配备公务用枪的人员或单位,非法将枪支出租、出借给未取得公务用枪配备资格的人员或单位,或者将公务用枪用作借债质押物的,应予立案追诉。

依法配备公务用枪的人员或单位,非法将枪支出租、出借给具有公务用枪配备资格的人员或单位,以及依法配置民用枪支的人员或单位,非法出租、出借民用枪支,涉嫌下列情形之一的,应予立案追诉:

(一)造成人员轻伤以上伤亡事故的;

(二)造成枪支丢失、被盗、被抢的;

(三)枪支被他人利用进行违法犯罪活动的;

(四)其他造成严重后果的情形。"

③1998年11月3日最高人民检察院《关于将公务用枪用作借债质押的行为如何适用法律问题的批复》规定:"依法配备公务用枪的人员,违反法律规定,将公务用枪用作借债质押物,使枪支处于非依法持枪人的控制、使用之下,严重危害公共安全,是刑法第一百二十八条第二款所规定的非法出借枪支行为的一种形式,应以非法出借枪支罪追究刑事责任;对接受枪支质押的人

员,构成犯罪的,根据刑法第一百二十八条第一款的规定,应以非法持有枪支罪追究其刑事责任。”

(3)构成要件

第一,本罪侵犯的客体是社会的公共安全和国家对枪支的管理制度。本罪的犯罪对象是枪支,包括公务用枪和民用枪支。

第二,客观方面表现为两种不同的行为:一是依法配备公务用枪的人员非法出借、出租枪支的行为;二是依法配置民用枪支者非法出租、出借枪支,造成严重后果的行为。所谓“造成严重后果”,主要是指造成了帮助他人犯罪的后果,或者致人伤亡等。

第三,犯罪主体是特殊主体。既包括自然人,又包括单位。具体包括:一是依法配备公务用枪的人员和单位;二是配置民用枪支的个人和单位。

第四,主观方面是故意。即故意非法出租、出借枪支,但对发生的后果,则既不是故意,也不是放任。

(4)罪名界定

第一,关于本罪的认定。根据2008年6月25日最高人民检察院、公安部《关于公安机关管辖的刑事案件立案追诉标准的规定(一)》第5条的规定,依法配备公务用枪的人员或者单位,非法将枪支出租、出借给未取得公务用枪资格的人员或者单位,或者将公务用枪用作借债质押物的,应予立案追诉。

依法配备公务用枪的人员或者单位,非法将枪支出租、出借给具有公务用枪配备资格的人员或者单位,以及依法配置民用枪支的人员或者单位,非法出租、出借民用枪支,涉嫌下列情形之一的,应予立案追诉:一是造成人员轻伤以上伤亡事故的;二是造成枪支丢失、被盗、被抢的;三是枪支被他人利用进行违法犯罪活动的;四是其他造成严重后果的情形。

第二,要划清此罪与彼罪的界限。非法出租、出借枪支的行为人,对于可能发生的严重后果所抱的态度既不是希望发生,也不是放任这种后果的发生。如果明知租借枪支者是用来犯罪,为了帮助他达到犯罪目的而出租或者出借枪支,则构成共同犯罪,不以本罪论处。

(5)量刑幅度

根据《刑法》第128条的规定,对犯本罪的处罚分以下3个档次:

一是构成犯罪的,处3年以下有期徒刑、拘役或者管制;

二是情节严重的,处3年以上7年以下有期徒刑;

三是单位犯本罪的,对单位判处罚金,并对其直接负责的主管人员和其他直接责任者,处3年以下有期徒刑、拘役或者管制;情节严重的,处3年以上7年以下有期徒刑。

38. 丢失枪支不报罪(第129条)

(1)罪名概念

丢失枪支不报罪,是指依法配备公务用枪的人员,丢失枪支未能及时报告,造成严重后果的行为。

(2)法律规定

①本罪名是由《刑法》第129条规定的。该条规定:“依法配备公务用枪的人员,丢失枪支不及时报告,造成严重后果的,处三年以下有期徒刑或者拘役。”

②2008年6月25日最高人民检察院、公安部《关于公安机关管辖的刑事案件立案追诉标准的规定(一)》第6条规定:“依法配备公务用枪的人员,丢失枪支不及时报告,涉嫌下列情形之一的,应予立案追诉:(一)丢失的枪支被他人使用造成人员轻伤以上伤亡事故的;(二)丢失的枪支

被他人利用进行违法犯罪活动的；（三）其他造成严重后果的情形。”

（3）构成要件

第一，本罪侵犯的客体是社会的公共安全和国家对枪支的管理制度。本罪危害公共安全的性质主要表现在公共用枪的危险性上。

第二，客观方面表现为丢失枪支未能及时报告，并且造成严重后果的行为。无论行为人丢失枪支的时间、地点、方式如何，都要及时报告给本单位有关负责人员，如果丢失枪支及时报告了，则不依本罪论处。

第三，犯罪主体是特殊主体，即依法配备公务用枪的人员，包括公、检、法、司干警，各个厂矿保卫人员，军人等。

第四，在主观方面，丢失枪支是过失，但不及时报告是故意。不报告的动机多种多样，如担心受到处分、抱有侥幸心理等。动机不影响本罪的成立。

（4）罪名界定

根据法律规定，构成本罪必须同时具备两个条件：一是丢失枪支没有及时报告；二是造成了严重后果。因此，不是只要丢失枪支没及时报告就构成本罪。况且丢失了枪支隔多长时间没报告才是没及时报告，也不便界定。有的人丢失了枪支没有及时报告，而是迅速投入了紧张的查找中。他们认为，如果去报告，恐怕耽误了宝贵的查找时间，另外也害怕造成不好影响，认为自己可能是忘记放在什么地方，认为只要能够迅速认真查找，可能会找到。经过了一段时间，后来真的找到了，没有造成严重后果，即使没有及时报告，也不能按照犯罪追究刑事责任。

（5）量刑幅度

根据《刑法》第129条的规定，依法配备公务用枪的人员，丢失枪支不及时报告，造成严重后果的，处3年以下有期徒刑或者拘役。

39. 非法携带枪支、弹药、管制刀具、危险物品危及公共安全罪（第130条）

（1）罪名概念

非法携带枪支、弹药、管制刀具、危险物品危及公共安全罪，是指非法携带枪支、弹药、管制刀具或者爆炸性、易燃性、放射性、毒害性、腐蚀性物品，进入公共场所或者公共交通工具，危及公共安全，情节严重的行为。

（2）法律规定

①本罪名是由《刑法》第130条规定的。该条规定：“非法携带枪支、弹药、管制刀具或者爆炸性、易燃性、放射性、毒害性、腐蚀性物品，进入公共场所或者公共交通工具，危及公共安全，情节严重的，处三年以下有期徒刑、拘役或者管制。”

②2008年6月25日最高人民检察院、公安部《关于公安机关管辖的刑事案件立案追诉标准的规定（一）》第7条规定：“非法携带枪支、弹药、管制刀具或者爆炸性、易燃性、放射性、毒害性、腐蚀性物品，进入公共场所或者公共交通工具，危及公共安全，涉嫌下列情形之一的，应予立案追诉：

（一）携带枪支一支以上或者手榴弹、炸弹、地雷、手雷等具有杀伤性弹药一枚以上的；

（二）携带爆炸装置一套以上的；

（三）携带炸药、发射药、黑火药五百克以上或者烟火药一千克以上、雷管二十枚以上或者导火索、导爆索二十米以上，或者虽未达到上述数量标准，但拒不交出的；

（四）携带的弹药、爆炸物在公共场所或者公共交通工具上发生爆炸或者燃烧，尚未造成严重后果的；

（五）携带管制刀具二十把以上，或者虽未达到上述数量标准，但拒不交出，或者用来进行违法活动尚未构成其他犯罪的；

（六）携带的爆炸性、易燃性、放射性、毒害性、腐蚀性物品在公共场所或者公共交通工具上发生泄漏、遗洒，尚未造成严重后果的；

（七）其他情节严重的情形。”

③2009 年 11 月 16 日最高人民法院《关于审理非法制造、买卖、运输枪支、弹药、爆炸物等刑事案件具体应用法律若干问题的解释》（2009 年修正）第 6 条规定：“非法携带枪支、弹药、爆炸物进入公共场所或者公共交通工具，危及公共安全，具有下列情形之一的，属于刑法第一百三十条规定的‘情节严重’：

（一）携带枪支或者手榴弹的；

（二）携带爆炸装置的；

（三）携带炸药、发射药、黑火药五百克以上或者烟火药一千克以上、雷管二十枚以上或者导火索、导爆索二十米以上的；

（四）携带的弹药、爆炸物在公共场所或者公共交通工具上发生爆炸或者燃烧，尚未造成严重后果的；

（五）具有其他严重情节的。

行为人非法携带本条第一款第（三）项规定的爆炸物进入公共场所或者公共交通工具，虽未达到上述数量标准，但拒不交出的，依照刑法第一百三十条的规定定罪处罚；携带的数量达到最低数量标准，能够主动、全部交出的，可不以犯罪论处。”

（3）构成要件

第一，本罪侵犯的客体是公共场所及公共交通工具的安全秩序。

第二，客观方面表现为非法携带管制物品，进入公共场所、公共交通工具，危害公共安全，情节严重的行为。所谓“非法”，是指违反法律、法规的规定，在公共场所或者公共交通工具上携带管制物品。所谓“管制物品”，包括枪支、弹药、管制刀具或者爆炸、易燃性、放射性、毒害性、腐蚀性物品。所谓“公共场所”，是指影剧院、公园、车站、广场等公共地点。所谓“公共交通工具”，是指大众都可以乘坐的汽车、船只、航空器等交通工具。

第三，犯罪主体是一般主体，即达到刑事责任年龄，具备刑事责任能力的自然人。

第四，主观方面是故意，过失不以本罪论处。行为人实施犯罪的动机多种多样，动机如何，不影响定罪。

（4）罪名界定

第一，本罪是对象选择性罪名。行为人分别实施携带炸药、雷管、枪支、弹药或者管制刀具进站上车，如果构成犯罪，不实行数罪并罚。行为人为了非法运输枪支、弹药，并且携带枪支、弹药进站上车，应以非法运输枪支、弹药罪定罪处罚。

第二，行为人如果非法制造、收买枪支、弹药或者盗窃、抢夺枪支、弹药后，并且携带这些物品进站上车，应当按照非法制造、买卖枪支、弹药罪或者盗窃、抢夺枪支、弹药罪与非法携带枪支、弹药、危险物品危及公共安全罪实行数罪并罚。

第三，非法携带管制刀具进站上车，这里的“管制刀具”的范围，应当依照 1983 年公安部颁发的《对部分刀具实行管制的暂行规定》来认定。

（5）量刑幅度

根据《刑法》第 130 条的规定，非法携带枪支、弹药、管制刀具或者爆炸性、易燃性、放射性、毒害性、腐蚀性物品，进入公共场所或者公共交通工具，危及公共安全，情节严重的，处 3 年以下有期徒刑、拘役或者管制。

40. 重大飞行事故罪(第131条)

(1)罪名概念

重大飞行事故罪,是指航空人员违反规章制度,致使发生重大飞行事故,造成严重后果的行为。

(2)法律规定

本罪名是由《刑法》第131条规定的。该条规定:"航空人员违反规章制度,致使发生重大飞行事故,造成严重后果的,处三年以下有期徒刑或者拘役;造成飞机坠毁或者人员死亡的,处三年以上七年以下有期徒刑。"

(3)构成要件

第一,本罪侵犯的客体是航空部门的正常管理活动、国家及人民的重大利益、公民的生命、健康安全。有的航空事故是由于航空人员严重不负责任造成的,这些航空人员的行为具有严重的社会危害性,足以构成犯罪。因此,《刑法》把航空人员违反规章造成重大事故的行为规定为犯罪,以严惩犯罪分子,警戒其他人员。

第二,客观方面,行为人具有违反规章制度,致使发生重大飞行事故,造成严重后果的行为。违反规章制度的行为,表现为作为或者不作为两种形式。作为形式,通常表现为航空人员马虎草率,极不负责任,瞎指挥;或者是弄虚作假,胡作非为;或者是滥用职权,强迫命令,任意蛮干等。不作为,是指航空人员不履行自己应当履行而且有条件可以履行的职责和义务,往往表现为擅离职守,对工作撒手不管,不传达、不布置、不检查、不报告等。

第三,本罪的主体是航空人员。航空人员,是指和航空有关的一切人员,包括直接驾驶航空器的人员、地勤人员以及其他直接上级人员。

第四,行为人的主观方面是过失。也就是说,行为人对其违反规定造成的严重后果,不是希望或者放任其发生,而是由于过失造成的。

(4)罪名界定

如果航空人员在工作中过失导致航空器关键部位损坏,或者过失导致机场导航设施损坏,而行为人却没有发现,没有履行修复职责,从而致使发生重大飞行事故,造成严重后果。对此,是定重大飞行事故罪,还是定过失损坏交通工具罪、过失损坏交通设施罪。这主要看行为人是否违反了规章制度。如果违反了规章制度,就应当定本罪;如果没有违反规章制度,就应当根据具体情况定过失损坏交通工具罪或者过失损坏交通设施罪。

(5)量刑幅度

根据《刑法》第131条的规定,航空人员违反规章制度,致使发生重大飞行事故,造成严重后果的,处3年以下有期徒刑或者拘役;造成飞机坠毁或者人员伤亡的,处3年以上7年以下有期徒刑。

所谓"造成严重后果",是指使航空器发生倾覆,造成他人伤亡或者公私财产的重大损失。

41. 铁路运营安全事故罪(第132条)

(1)罪名概念

铁路运营安全事故罪,是指铁路职工违反规章制度,造成铁路运营安全事故,后果严重的行为。

(2)法律规定

①本罪名是由《刑法》第132条规定的。该条规定:"铁路职工违反规章制度,致使发生铁路

运营安全事故，造成严重后果的，处三年以下有期徒刑或者拘役；造成特别严重后果的，处三年以上七年以下有期徒刑。”

②2015年12月14日最高人民法院、最高人民检察院《关于办理危害生产安全刑事案件适用法律若干问题的解释》第6条第1款、第7条第1款和第12条规定：“实施刑法第一百三十二条、第一百三十四条第一款、第一百三十五条、第一百三十五条之一、第一百三十六条、第一百三十九条规定的行为，因而发生安全事故，具有下列情形之一的，应当认定为‘造成严重后果’或者‘发生重大伤亡事故或者造成其他严重后果’，对相关责任人员，处三年以下有期徒刑或者拘役：

（一）造成死亡一人以上，或者重伤三人以上的；

（二）造成直接经济损失一百万元以上的；

（三）其他造成严重后果或者重大安全事故的情形。”

“实施刑法第一百三十二条、第一百三十四条第一款、第一百三十五条、第一百三十五条之一、第一百三十六条、第一百三十九条规定的行为，因而发生安全事故，具有下列情形之一的，对相关责任人员，处三年以上七年以下有期徒刑：

（一）造成死亡三人以上或者重伤十人以上，负事故主要责任的；

（二）造成直接经济损失五百万元以上，负事故主要责任的；

（三）其他造成特别严重后果、情节特别恶劣或者后果特别严重的情形。”

“实施刑法第一百三十二条、第一百三十四条至第一百三十九条之一规定的犯罪行为，具有下列情形之一的，从重处罚：

（一）未依法取得安全许可证件或者安全许可证件过期、被暂扣、吊销、注销后从事生产经营活动的；

（二）关闭、破坏必要的安全监控和报警设备的；

（三）已经发现事故隐患，经有关部门或者个人提出后，仍不采取措施的；

（四）一年内曾因危害生产安全违法犯罪活动受过行政处罚或者刑事处罚的；

（五）采取弄虚作假、行贿等手段，故意逃避、阻挠负有安全监督管理职责的部门实施监督检查的；

（六）安全事故发生后转移财产意图逃避承担责任的；

（七）其他从重处罚的情形。

实施前款第五项规定的行为，同时构成刑法第三百八十九条规定的犯罪的，依照数罪并罚的规定处罚。”

（3）构成要件

第一，本罪侵犯的客体是铁路部门的正常管理活动和公共财产及国家和人民的重大利益以及公民的生命、健康安全。在实践中，由于有些铁路工作人员责任心不强，工作马虎，致使铁路发生的事故屡见不鲜。这些行为严重侵犯了国家和人民的重大利益以及公民的生命、健康安全，也侵犯了铁路的正常管理活动。

第二，客观方面，行为人具有违反规章制度，造成铁路运营事故，情节严重的行为。铁路工作人员违反规章制度的行为，是指其不尽职责和义务，或者不正确履行职责和义务。这些行为的表现分为作为和不作为两种形式。第一种是铁路工作人员职务上的不作为，就是对于自己有义务应当履行而且有条件可以履行的职责，不履行自己的职责义务，有的擅离职守，撒手不管；有的虽然没有擅离职守，但是却不尽职责，该管的不管，该做的不做。第二种是国家工作人员玩忽职守的作为，就是不正确履行自己的职责义务。有的工作马马虎虎，草率从事，敷衍塞责，极不负责任；有的阳奉阴违，弄虚作假，欺下瞒上，胡作非为；有的滥用职权、任意蛮干，甚至强迫命令，瞎指挥等。

第三，本罪的主体是铁路职工，包括火车驾驶人员、指挥人员、调度人员、扳道人员、发示信号人员及其上级领导人员等。

第四，主观方面是过失。也就是说，铁路职工对其行为造成严重的铁路运营安全事故，在主观上，并不是故意或者希望、追求或者放任，而是由过失造成的。

(4)罪名界定

本罪行为人在主观上是过失，这就要求必须造成严重后果才构成本罪。这里所说的严重后果，一般包括以下三个方面：一是造成人员伤亡；二是造成物资重大损失；三是严重影响铁路运输的正常运行。出现其中任何一种，即可构成本罪。

(5)量刑幅度

根据《刑法》第132条的规定，铁路职工违反规章制度，致使发生铁路运营安全事故，造成严重后果的，判处3年以下有期徒刑或者拘役；造成特别严重后果的，判处3年以上7年以下有期徒刑。

这里所说的"严重后果"，一般包括以下三种情况：一是造成人员伤亡；二是造成物资重大损失；三是严重影响铁路运输的正常运行。

42. 交通肇事罪(第133条)

(1)罪名概念

交通肇事罪，是指违反交通运输管理法规，因而发生重大交通事故，致人重伤、死亡或者使公私财产遭受重大损失的行为。

(2)法律规定

①本罪名是由《刑法》第133条规定的。该条规定："违反交通运输管理法规，因而发生重大事故，致人重伤、死亡或者使公私财产遭受重大损失的，处三年以下有期徒刑或者拘役；交通运输肇事后逃逸或者有其他特别恶劣情节的，处三年以上七年以下有期徒刑；因逃逸致人死亡的，处七年以上有期徒刑。"

②2000年11月15日最高人民法院《关于审理交通肇事刑事案件具体应用法律若干问题的解释》规定：

"第一条　从事交通运输人员或者非交通运输人员，违反交通运输管理法规发生重大交通事故，在分清事故责任的基础上，对于构成犯罪的，依照刑法第一百三十三条的规定定罪处罚。

第二条　交通肇事具有下列情形之一的，处三年以下有期徒刑或者拘役：

(一)死亡一人或者重伤三人以上，负事故全部或者主要责任的；

(二)死亡三人以上，负事故同等责任的；

(三)造成公共财产或者他人财产直接损失，负事故全部或者主要责任，无能力赔偿数额在三十万元以上的。

交通肇事致一人以上重伤，负事故全部或者主要责任，并具有下列情形之一的，以交通肇事罪定罪处罚：

(一)酒后、吸食毒品后驾驶机动车辆的；

(二)无驾驶资格驾驶机动车辆的；

(三)明知是安全装置不全或者安全机件失灵的机动车辆而驾驶的；

(四)明知是无牌证或者已报废的机动车辆而驾驶的；

(五)严重超载驾驶的；

（六）为逃避法律追究逃离事故现场的。

第三条 ‘交通运输肇事后逃逸’，是指行为人具有本解释第二条第一款规定和第二款第（一）至（五）项规定的情形之一，在发生交通事故后，为逃避法律追究而逃跑的行为。

第四条 交通肇事具有下列情形之一的，属于‘有其他特别恶劣情节’，处三年以上七年以下有期徒刑：

（一）死亡二人以上或者重伤五人以上，负事故全部或者主要责任的；

（二）死亡六人以上，负事故同等责任的；

（三）造成公共财产或者他人财产直接损失，负事故全部或者主要责任，无能力赔偿数额在六十万元以上的。

第五条 ‘因逃逸致人死亡’，是指行为人在交通肇事后为逃避法律追究而逃跑，致使被害人因得不到救助而死亡的情形。

交通肇事后，单位主管人员、机动车辆所有人、承包人或者乘车人指使肇事人逃逸，致使被害人因得不到救助而死亡的，以交通肇事罪的共犯论处。

第六条 行为人在交通肇事后为逃避法律追究，将被害人带离事故现场后隐藏或者遗弃，致使被害人无法得到救助而死亡或者严重残疾的，应当分别依照刑法第二百三十二条、第二百三十四条第二款的规定，以故意杀人罪或者故意伤害罪定罪处罚。

第七条 单位主管人员、机动车辆所有人或者机动车辆承包人指使、强令他人违章驾驶造成重大交通事故，具有本解释第二条规定情形之一的，以交通肇事罪定罪处罚。

第八条 在实行公共交通管理的范围内发生重大交通事故的，依照刑法第一百三十三条和本解释的有关规定办理。

在公共交通管理的范围外，驾驶机动车辆或者使用其他交通工具致人伤亡或者致使公共财产或者他人财产遭受重大损失，构成犯罪的，分别依照刑法第一百三十四条、第一百三十五条、第二百三十三条等规定定罪处罚。

第九条 各省、自治区、直辖市高级人民法院可以根据本地实际情况，在三十万元至六十万元、六十万元至一百万元的幅度内，确定本地区执行本解释第二条第一款第（三）项、第四条第（三）项的起点数额标准，并报最高人民法院备案。”

③1999年6月25日最高人民法院《关于被盗机动车辆肇事后由谁承担损害赔偿责任问题的批复》规定：“使用盗窃的机动车辆肇事，造成被害人物质损失的，肇事人应当依法承担损害赔偿责任，被盗机动车辆的所有人不承担损害赔偿责任。”

④2003年12月26日最高人民法院《关于审理人身损害赔偿案件适用法律若干问题的解释》（本书在第一部分“刑法概述”中的“8.刑事附带民事诉讼”中已有介绍，此处不重复）。

⑤1988年10月19日中国人民解放军军事法院《关于审理军人违反职责罪案件中几个具体问题的处理意见》第4条规定：“军职人员驾驶军用装备车辆，违反武器装备使用规定和操作规程，情节严重，因而发生重大责任事故，致人重伤、死亡或者造成其他严重后果的，即使同时违反交通运输规章制度，也应当依照《条例》第三条的规定，以武器装备肇事罪论处；如果仅因违反交通运输规章制度而发生重大事故，致人重伤、死亡或者使公私财产遭受重大损失的，则依照《刑法》第一百一十三条的规定，以交通肇事罪论处。”

⑥2020年5月28日《民法典》。

（3）构成要件

第一，本罪侵犯的客体是交通运输安全。

第二，客观方面表现为违反交通管理法规，因而发生重大事故，致人重伤、死亡或者使公私财产遭受重大损失的行为。由此可见，构成本罪，在客观方面必须具备两个条件：一是行为人必须是在从事交通运输活动中违反了交通管理法规。二是发生了重大事故，造成重伤、死亡或者使公私财产遭受重大损失的结果。虽然有违反交通管理法规的行为，但尚未造成严重后果，没有发生重大事故，没有使公私财产遭受重大损失；或者虽然在交通运输中发生了重大事故，造成了重大损失，但是，这不是交通运输的行为人违反交通管理法规的结果，则行为人不构成交通肇事罪。

第三，本罪的主体是一般主体，即凡是达到刑事责任年龄、具有刑事责任能力的人，都可以构成本罪。

第四，主观方面是过失。即行为人应当预见自己的行为可能发生重大交通事故，造成严重后果，但是由于疏忽大意而没有预见，或者虽然预见到了，但是轻信能够避免，以致没有避免而造成了严重后果。

(4)罪名界定

交通肇事罪是司法实践中常遇到的一种犯罪。这种犯罪的情形比较复杂，种类繁多，甚至有些问题涉及罪与非罪、此罪与彼罪。现将有关问题阐述如下：

第一，认定交通肇事罪应当把握以下几个问题：

①行为人是否违反了交通运输管理规定。没有违犯交通规章，造成严重后果的，属于意外事件，不构成犯罪。

②是否造成了严重后果，即是否造成了重伤、死亡或者使公私财产遭受重大损失的后果。如果没有，则不构成犯罪。违反交通运输管理法规，只有发生了重大事故，致人重伤、死亡或者使公私财产遭受重大损失的，才构成犯罪。

③违章行为与重大事故之间有无因果关系。如果重大事故不是行为人违章行为引发的，则不能以交通肇事罪论处。例如，被害人自杀，或者突然违章在快车道上快跑、突然横穿马路等，或者因为不能抗拒的洪水、地震等自然灾害引起的，都不能以交通肇事罪来追究交通运输人员的刑事责任。

④交通肇事常常是因为交通运输人员和其他人（包括事故中死亡者）双方共同违反了交通管理法规，从而发生了重大事故，对此行为人仍然应当承担交通肇事的刑事责任。但可以根据其责任大小，适当从轻处罚。因为行为人毕竟是违反了交通运输管理法规，而不是毫无过错。

⑤交通肇事没有构成犯罪的，由公安机关处理。构成交通肇事犯罪的，由公安机关根据肇事者的责任，在起诉意见书中阐述事实并可以提出赔偿意见，随同案件移送人民检察院，经检察院审查后，依法提起刑事附带民事诉讼。公民个人因为交通肇事罪遭受物质损失的，可以在刑事诉讼中提起附带民事诉讼，要求赔偿。外国人、无国籍人发生的道路交通事故，没有构成交通肇事罪的，由公安机关处理；构成交通肇事罪的，依照我国法律追究刑事责任。享有外交特权和豁免权的外国人发生的交通肇事事故，通过外交途径解决。

⑥交通肇事后，单位主管人员、机动车辆所有人、承包人或者乘车人指使肇事人逃逸，致使被害人因得不到救助而死亡的，以交通肇事罪的共犯论处。

⑦行为人在交通肇事后为逃避法律追究，将被害人带离事故现场后隐藏或者遗弃，致使被害人无法得到救助而死亡或者严重残疾的，应当分别依照《刑法》第 232 条、第 234 条第 2 款的规定，以故意杀人罪或者故意伤害罪定罪处罚。

⑧单位主管人员、机动车辆所有人或者机动车辆承包人指使、强令他人违章驾驶造成重大交通事故，具有可以认定交通肇事罪而处罚情节的，以交通肇事罪定罪处罚。

⑨在实行公共交通管理的范围内发生重大交通事故的，按上述规定办理。在公共交通管理的范围外，驾驶机动车辆或者使用其他交通工具致人伤亡或者致使公共财产或者他人财产遭受

重大损失的，要根据不同情况依法处理。可分别依照《刑法》第134条、第135条、第233条的规定处罚。但是，根据《中华人民共和国道路交通安全法》第77条规定，“车辆在道路以外通行时发生的事故，公安机关交通管理部门接到报案的，参照本法有关规定办理”。这其实已经确立了对于在公共交通管理范围以外发生的交通肇事行为，仍然应当按照交通肇事罪追究肇事者的刑事责任。

第二，在交通肇事罪中所使用的交通工具，不仅仅限于汽车。自行车、手推车、三轮车、兽力车、牲畜等交通运输工具发生了严重事故，造成人员伤亡，使公私财产遭受重大损失的，也应当以交通肇事罪处理。因为使用这些车辆、牲畜也必须遵守交通规则。

第三，交通肇事罪往往造成他人重伤或者死亡。但是，行为人对于这种结果的发生，只能表现为过失的心理态度。交通肇事罪与利用交通工具故意杀人和故意伤害容易混淆。如果行为人明知自己驾驶的交通工具可能致人重伤或者死亡，并且希望或者放任这种结果的发生，就应当以故意杀人罪或者故意伤害罪论处。

第四，交通肇事罪与过失损坏交通工具罪易混淆。二者在主观上都是出于过失，客观上都造成了他人重伤、死亡或者使公私财产遭受重大损失的后果。但是二者也有以下不同点：交通肇事罪发生在交通运输活动中，由违章行为导致严重后果的发生；而过失损坏交通工具罪与交通运输活动无关，其严重后果不是行为人违章造成的，而是日常生产、生活中马虎草率、粗心大意造成的。

第五，关于肇事司机见死不救的行为如何定性及处理的问题。由于这种情况比较复杂，应当根据不同情况，正确确定性质之后，才能依法处理。这大致可分以下情形：

一是司机肇事后，没有意识到车辆肇事，仍然继续行车，被害人因为未能及时得到抢救而死亡，肇事司机只负交通肇事罪的刑事责任。

二是司机肇事并符合交通肇事罪的主客观要件后，看到被害人有一息尚存，为了毁灭证据而驾车再次轧过被害人，致人重伤或者死亡，这就在犯了交通肇事罪之后，又犯了故意伤害罪或者故意杀人罪，与交通肇事罪实行数罪并罚。

三是司机肇事后，见被害人伤势较重，没有采取抢救措施，丢下不管而驾车逃走，应当区别情况而定：第一种情况是，如果在闹市区或者经常有人路过的地区，司机丢下伤员逃走的，司机对受伤者可能因为没有人抢救而死亡的后果抱有疏忽大意或者过于自信态度，如果造成死亡，按照交通肇事罪从重处罚。第二种情况是，如果肇事司机的行为符合交通肇事罪的构成要件，司机肇事后把被害人拉到深山老林或者偏僻处，丢下受害者逃走，受害者因为没有人抢救而死亡，司机则构成了故意杀人罪，与交通肇事罪数罪并罚。如果受伤人虽然没有人抢救，但没有死亡，对司机以交通肇事罪从重处罚。

(5)量刑幅度

根据《刑法》第133条和2000年11月15日最高人民法院发布的《关于审理交通肇事刑事案件具体应用法律若干问题的解释》之规定，对交通肇事罪的处罚有以下3个档次：

一是交通肇事致1人以上重伤，负事故全部或者主要责任，并具有以下情形之一的，以交通肇事罪定罪处罚：①酒后、吸食毒品后驾驶机动车辆的；②无驾驶资格驾驶机动车辆的；③明知是安全装置不全，或者安全机件失灵的机动车辆而驾驶的；④明知是无牌证或者已报废的机动车辆而驾驶的；⑤严重超载驾驶的；⑥为逃避法律追究逃离事故现场的。

交通肇事具有下列情形之一的，处3年以下有期徒刑或者拘役：①死亡一人，或者重伤3人以上，负事故全部或者主要责任的；②死亡3人以上，负事故同等责任的；③造成公共财产或者他人财产直接损失，负事故全部或者主要责任，无能力赔偿数额在30万元以上的。

二是交通运输肇事后逃逸，或者有其他特别恶劣情节的，处3年以上7年以下有期徒刑。

这里的“交通运输肇事后逃逸”，是指上述可以以交通肇事罪定罪处罚的前5项和应当判处3年以下有期徒刑或者拘役的三种情况，在这些交通事故发生后，为了逃避法律追究而逃跑的行为。

这里的“有其他特别恶劣情节”，是指下列情形之一的：①死亡2人以上，或者重伤5人以上，负事故全部或者主要责任的；②死亡6人以上，负事故同等责任的；③造成公私财产或者他人财产直接损失，负事故全部或者主要责任，无能力赔偿数额在60万元以上的。

三是因逃逸致人死亡的，处7年以上有期徒刑。

这里的“因逃逸致人死亡”，是指行为人在交通肇事后为逃避法律追究而逃跑，致使被害人因得不到救助而死亡的情形。

2017年3月9日最高人民法院《关于常见犯罪的量刑指导意见》对交通肇事罪的量刑提出以下具体意见：

①构成交通肇事罪的，可以根据下列不同情形在相应的幅度内确定量刑起点：A.致人重伤、死亡或者使公私财产遭受重大损失的，可以在2年以下有期徒刑、拘役幅度内确定量刑起点。B.交通运输肇事后逃逸或者有其他特别恶劣情节的，可以在3年至5年有期徒刑幅度内确定量刑起点。C.因逃逸致一人死亡的，可以在7年至10年有期徒刑幅度内确定量刑起点。

②在量刑起点的基础上，可以根据事故责任、致人重伤、死亡的人数或者财产损失的数额以及逃逸等其他影响犯罪构成的犯罪事实增加刑罚量，确定基准刑。

根据《刑法》第36条第1款的规定，由于犯罪分子的犯罪行为使被害人遭受经济损失，对犯罪分子除了依法给予刑事处罚外，还应当根据情况，判处赔偿经济损失。

43. 危险驾驶罪（第133条之一）

（1）罪名概念

危险驾驶罪，是指在道路上驾驶机动车追逐竞驶，情节恶劣的，或者在道路上醉酒驾驶机动车的行为。

（2）法律规定

①本罪名是由《刑法》第133条之一规定的。该条规定：“在道路上驾驶机动车，有下列情形之一的，处拘役，并处罚金：

（一）追逐竞驶，情节恶劣的；

（二）醉酒驾驶机动车的；

（三）从事校车业务或者旅客运输，严重超过额定乘员载客，或者严重超过规定时速行驶的；

（四）违反危险化学品安全管理规定运输危险化学品，危及公共安全的。

机动车所有人、管理人对前款第三项、第四项行为负有直接责任的，依照前款的规定处罚。

有前两款行为，同时构成其他犯罪的，依照处罚较重的规定定罪处罚。”

②2000年11月15日最高人民法院《关于审理交通肇事刑事案件具体应用法律若干问题的解释》规定：

“第六条　行为人在交通肇事后为逃避法律追究，将被害人带离事故现场后隐藏或者遗弃，致使被害人无法得到救助而死亡或者严重残疾的，应当分别依照刑法第二百三十二条、第二百三十四条第二款的规定，以故意杀人罪或者故意伤害罪定罪处罚。

第七条　单位主管人员、机动车辆所有人或者机动车辆承包人指使、强令他人违章驾驶造成重大交通事故，具有本解释第二条规定情形之一的，以交通肇事罪定罪处罚。

第八条　在实行公共交通管理的范围内发生重大交通事故的，依照刑法第一百三十三条和本解释的有关规定办理。

在公共交通管理的范围外，驾驶机动车辆或者使用其他交通工具致人伤亡或者致使公共财产或者他人财产遭受重大损失，构成犯罪的，分别依照刑法第一百三十四条、第一百三十五条、第二百三十三条等规定定罪处罚。

第九条　各省、自治区、直辖市高级人民法院可以根据本地实际情况，在三十万元至六十万元、六十万元至一百万元的幅度内，确定本地区执行本解释第二条第一款第（三）项、第四条第（三）项的起点数额标准，并报最高人民法院备案。”

③1999 年 6 月 25 日最高人民法院《关于被盗机动车辆肇事后由谁承担损害赔偿责任问题的批复》规定：“使用盗窃的机动车辆肇事，造成被害人物质损失的，肇事人应当依法承担损害赔偿责任，被盗机动车辆的所有人不承担损害赔偿责任。”

④2003 年 12 月 26 日最高人民法院《关于审理人身损害赔偿案件适用法律若干问题的解释》（本书在第一部分“刑法概述”中的“8. 刑事附带民事诉讼”中已有详细介绍，此处不再重复）。

（3）构成要件

第一，侵犯的客体是交通运输安全和公共安全。

第二，客观方面表现为在道路上驾驶机动车，追逐竞驶，情节恶劣；醉酒驾驶机动车；在公路上从事客运业务，严重超过额定乘员载客，或者严重超过规定时速行驶；违反危险化学品安全管理规定运输危险化学品的行为。

第三，犯罪主体是一般主体。

第四，在主观方面，对所造成的后果是过失，但追逐竞驶、醉酒驾驶是故意。

（4）罪名界定

第一，根据《刑法》第 133 条之一的规定，本罪发生地是“在道路上”。所谓“道路”，就是供不特定人、车等使用的可通行路段，包括街道、公路、高速路等，也包括高校校内的道路和城市公路相连接校园内路段，还包括许多单位道路、社区道路、“限行”道路、景区道路、农村道路等。但是，如果是在院落里、操场上、铁路等非道路上，或者是在建筑工地上驾驶机动车，在空中驾驶飞行器，在水上驾驶船只，即使出现了严重的危害后果，也不能以本罪惩处。

第二，认定本罪要注意以下问题：①所谓“醉酒驾驶”，判定驾驶者是不是醉酒，要依赖驾驶者血液中的酒精含量而定，要通过检验计算判断。醉酒驾驶不以情节论，醉酒驾车无论何种情节均需承担责任。同时构成其他犯罪的，依照处罚较重的规定定罪处罚。②对在道路上驾驶机动车追逐竞驶，必须是情节恶劣的才构成本罪。所谓“追逐竞驶”，应该有一个以上的追逐竞驶对象，驾驶者意图使自己的车辆超过其他车辆或者行人，而采用违反相关交通管理法规的方法，而且情节恶劣的即可构成“追逐竞驶”。“追逐竞驶”不等于“超速行驶”，不能把高速行驶的车辆认定成本罪。

第三，本罪与交通肇事罪的区别是：①客观方面不同。交通肇事罪表现为违反交通管理法规，因而发生重大事故，致人重伤、死亡或者使公私财产遭受重大损失的行为。即构成该罪，在客观方面必须具备两个条件：一是行为人必须是在从事交通运输活动中违反了交通管理法规。二是发生了重大事故，造成了重伤、死亡或者使公私财产遭受重大损失的结果。而本罪没有这些要求。②在交通肇事罪中所使用的交通工具，不仅仅限于汽车，还包括自行车、手推车、三轮车、兽力车、牲畜等交通运输工具，因为使用这些车辆、牲畜也必须遵守交通规则。使用这些交通工具发生了严重事故，造成人员伤亡，使公私财产遭受重大损失的，也应当以交通肇事罪处理。而本罪所使用的交通工具仅限于机动车。③刑罚不同。本罪的刑罚相对较轻。

第四，本罪往往造成他人重伤或者死亡。行为人如果利用追逐竞驶或者醉酒驾驶机动车的方法故意杀人或者故意伤害他人，则构成故意杀人罪或者故意伤害罪，应当以故意杀人罪或者故意伤害罪论处。犯本罪同时构成其他犯罪的，依照处罚较重的规定定罪处罚。

第五，根据2013年12月18日最高人民法院、最高人民检察院、公安部《关于办理醉酒驾驶机动车刑事案件适用法律若干问题的意见》第1条规定，在道路上驾驶机动车，血液酒精含量达到80毫克/100毫升以上的，属于醉酒驾驶机动车，依照《刑法》第133条之一第1款的规定，以危险驾驶罪定罪处罚。

(5)量刑幅度

根据《刑法》第133条之一的规定，犯本罪的，处拘役，并处罚金。同时构成其他犯罪的，依照处罚较重的规定定罪处罚。

根据最高人民法院、最高人民检察院、公安部《关于办理醉酒驾驶机动车刑事案件适用法律若干问题的意见》第2条的规定，醉酒驾驶机动车，具有下列情形之一的，依照《刑法》第133条之一第1款的规定，从重处罚：①造成交通事故且负事故全部或者主要责任，或者造成交通事故后逃逸，尚未构成其他犯罪的；②血液酒精含量达到200毫克/100毫升以上的；③在高速公路、城市快速路上驾驶的；④驾驶载有乘客的营运机动车的；⑤有严重超员、超载或者超速驾驶，无驾驶资格驾驶机动车，使用伪造或者变造的机动车牌证等严重违反道路交通安全法的行为的；⑥逃避公安机关依法检查，或者拒绝、阻碍公安机关依法检查尚未构成其他犯罪的；⑦曾因酒后驾驶机动车受过行政处罚或者刑事追究的；⑧其他可以从重处罚的情形。

根据《刑法》第36条第1款的规定，由于犯罪分子的犯罪行为使被害人遭受经济损失，对犯罪分子除了依法给予刑事处罚外，还应当根据情况，判处赔偿经济损失。

44. 妨害安全驾驶罪(第133条之二)

(1)罪名概念

妨害安全驾驶罪，是指对行驶中的公共交通工具的驾驶人员使用暴力或者抢控驾驶操纵装置，干扰公共交通工具正常行驶，危及公共安全的行为。

(2)法律规定

①本罪名是由《刑法》第133条之二规定的。该条规定："对行驶中的公共交通工具的驾驶人员使用暴力或者抢控驾驶操纵装置，干扰公共交通工具正常行驶，危及公共安全的，处一年以下有期徒刑、拘役或者管制，并处或者单处罚金。

前款规定的驾驶人员在行驶的公共交通工具上擅离职守，与他人互殴或者殴打他人，危及公共安全的，依照前款的规定处罚。

有前两款行为，同时构成其他犯罪的，依照处罚较重的规定定罪处罚。"

②2019年1月8日最高人民法院、最高人民检察院、公安部《关于依法惩治妨害公共交通工具安全驾驶违法犯罪行为的指导意见》规定："(一)乘客在公共交通工具行驶过程中，抢夺方向盘、变速杆等操纵装置，殴打、拉拽驾驶人员，或者有其他妨害安全驾驶行为，危害公共安全，尚未造成严重后果的，依照刑法第一百一十四条的规定，以以危险方法危害公共安全罪定罪处罚；致人重伤、死亡或者使公私财产遭受重大损失的，依照刑法第一百一十五条第一款的规定，以以危险方法危害公共安全罪定罪处罚。

实施前款规定的行为，具有以下情形之一的，从重处罚：

1. 在夜间行驶或者恶劣天气条件下行驶的公共交通工具上实施的；

2. 在临水、临崖、急弯、陡坡、高速公路、高架道路、桥隧路段及其他易发生危险的路段实施的；

3. 在人员、车辆密集路段实施的；

4. 在实际载客10人以上或者时速60公里以上的公共交通工具上实施的；

5. 经他人劝告、阻拦后仍然继续实施的；

6. 持械袭击驾驶人员的；

7. 其他严重妨害安全驾驶的行为。

实施上述行为，即使尚未造成严重后果，一般也不得适用缓刑。

（二）乘客在公共交通工具行驶过程中，随意殴打其他乘客，追逐、辱骂他人，或者起哄闹事，妨害公共交通工具运营秩序，符合刑法第二百九十三条规定的，以寻衅滋事罪定罪处罚；妨害公共交通工具安全行驶，危害公共安全的，依照刑法第一百一十四条、第一百一十五条第一款的规定，以以危险方法危害公共安全罪定罪处罚。

（三）驾驶人员在公共交通工具行驶过程中，与乘客发生纷争后违规操作或者擅离职守，与乘客厮打、互殴，危害公共安全，尚未造成严重后果的，依照刑法第一百一十四条的规定，以以危险方法危害公共安全罪定罪处罚；致人重伤、死亡或者使公私财产遭受重大损失的，依照刑法第一百一十五条第一款的规定，以以危险方法危害公共安全罪定罪处罚。

（四）对正在进行的妨害安全驾驶的违法犯罪行为，乘客等人员有权采取措施予以制止。制止行为造成违法犯罪行为人损害，符合法定条件的，应当认定为正当防卫。

（五）正在驾驶公共交通工具的驾驶人员遭到妨害安全驾驶行为侵害时，为避免公共交通工具倾覆或者人员伤亡等危害后果发生，采取紧急制动或者躲避措施，造成公共交通工具、交通设施损坏或者人身损害，符合法定条件的，应当认定为紧急避险。

（六）以暴力、威胁方法阻碍国家机关工作人员依法处置妨害安全驾驶违法犯罪行为、维护公共交通秩序的，依照刑法第二百七十七条的规定，以妨害公务罪定罪处罚；暴力袭击正在依法执行职务的人民警察的，从重处罚。

（七）本意见所称公共交通工具，是指公共汽车、公路客运车，大、中型出租车等车辆。”

(3) 构成要件

第一，侵犯的客体是交通运输安全和公共安全。

第二，客观方面表现为对行驶中的公共交通工具的驾驶人员使用暴力或者抢控驾驶操纵装置，干扰公共交通工具正常行驶，危及公共安全的行为，或者驾驶人员在行驶的公共交通工具上擅离职守，与他人互殴或者殴打他人，危及公共安全的行为。

第三，犯罪主体是一般主体。

第四，犯罪主观方面，行为人对暴力行为或抢控驾驶操纵装置等妨害安全驾驶行为是故意为之。

(4) 罪名界定

第一，认定本罪时，妨害安全驾驶的行为需达到危及公共安全的程度，即行为人的行为足以导致公共交通工具不能安全行驶，车辆失控，随时可能发生乘客、道路上的行人、车辆伤亡或者财产损失的现实危险。

第二，行为人实施的妨害安全驾驶行为既构成本罪又构成其他犯罪的，依照处罚较重的规定定罪处罚。

(5) 量刑幅度

根据《刑法》第133条之二的规定，构成本罪的处1年以下有期徒刑、拘役或者管制，并处或者单处罚金。同时构成其他犯罪的，依照处罚较重的规定定罪处罚。

45. 重大责任事故罪(第134条第1款)

(1)罪名概念

重大责任事故罪,是指在生产、作业中,违反有关安全管理的规定,因而发生重大伤亡事故,造成严重后果的行为。

(2)法律规定

①本罪名是由《刑法》第134条第1款规定的,该条款规定:“在生产、作业中违反有关安全管理的规定,因而发生重大伤亡事故或者造成其他严重后果的,处三年以下有期徒刑或者拘役;情节特别恶劣的,处三年以上七年以下有期徒刑。”

②2008年6月25日最高人民检察院、公安部《关于公安机关管辖的刑事案件立案追诉标准的规定(一)》第8条规定:“在生产、作业中违反有关安全管理的规定,涉嫌下列情形之一的,应予立案追诉:(一)造成死亡一人以上,或者重伤三人以上;(二)造成直接经济损失五十万元以上的;(三)发生矿山生产安全事故,造成直接经济损失一百万元以上的;(四)其他造成严重后果的情形。”

③1987年7月10日最高人民检察院《关于无证开采的小煤矿矿主是否属于重大责任事故罪犯罪主体的批复》规定:“无证开采的小煤矿从业人员亦属于刑法第一百一十四条犯罪主体所包括的个体经营户的从业人员之中。如其行为符合刑法第一百一十四条规定的犯罪构成,因而造成严重后果的,应按刑法第一百一十四条的规定追究其刑事责任。”

④1991年7月2日最高人民检察院法纪检察厅《关于村民小组长和村委委员是否构成重大责任事故的犯罪主体的批复》规定:“村委会是基层群众性自治组织,村民小组是村委会的组成部分。村民小组长和村委会委员擅自组织电器安装作业,致使发生重大伤亡事故,造成严重后果,应按照刑法第一百一十四条规定,追究刑事责任。”

⑤2000年11月15日最高人民法院《关于审理交通肇事刑事案件具体应用法律若干问题的解释》相关内容如下:

“第八条　在实行公共交通管理的范围内发生重大交通事故的,依照刑法第一百三十三条和本解释的有关规定办理。

在公共交通管理的范围外,驾驶机动车辆或者使用其他交通工具致人伤亡或者致使公共财产或者他人财产遭受重大损失,构成犯罪的,分别依照刑法第一百三十四条、第一百三十五条、第二百三十三条等规定定罪处罚。”

⑥2015年12月14日最高人民法院、最高人民检察院《关于办理危害生产安全刑事案件适用法律若干问题的解释》第1条、第6条第1款、第7条第1款和第12条规定:“刑法第一百三十四条第一款规定的犯罪主体,包括对生产、作业负有组织、指挥或者管理职责的负责人、管理人员、实际控制人、投资人等人员,以及直接从事生产、作业的人员。”

“实施刑法第一百三十二条、第一百三十四条第一款、第一百三十五条、第一百三十五条之一、第一百三十六条、第一百三十九条规定的行为,因而发生安全事故,具有下列情形之一的,应当认定为‘造成严重后果’或者‘发生重大伤亡事故或者造成其他严重后果’,对相关责任人员,处三年以下有期徒刑或者拘役:

(一)造成死亡一人以上,或者重伤三人以上的;

(二)造成直接经济损失一百万元以上的;

(三)其他造成严重后果或者重大安全事故的情形。”

“实施刑法第一百三十二条、第一百三十四条第一款、第一百三十五条、第一百三十五条之

一、第一百三十六条、第一百三十九条规定的行为,因而发生安全事故,具有下列情形之一的,对相关责任人员,处三年以上七年以下有期徒刑:

(一)造成死亡三人以上或者重伤十人以上,负事故主要责任的;

(二)造成直接经济损失五百万元以上,负事故主要责任的;

(三)其他造成特别严重后果、情节特别恶劣或者后果特别严重的情形。”

“实施刑法第一百三十二条、第一百三十四条至第一百三十九条之一规定的犯罪行为,具有下列情形之一的,从重处罚:

(一)未依法取得安全许可证件或者安全许可证件过期、被暂扣、吊销、注销后从事生产经营活动的;

(二)关闭、破坏必要的安全监控和报警设备的;

(三)已经发现事故隐患,经有关部门或者个人提出后,仍不采取措施的;

(四)一年内曾因危害生产安全违法犯罪活动受过行政处罚或者刑事处罚的;

(五)采取弄虚作假、行贿等手段,故意逃避、阻挠负有安全监督管理职责的部门实施监督检查的;

(六)安全事故发生后转移财产意图逃避承担责任的;

(七)其他从重处罚的情形。

实施前款第五项规定的行为,同时构成刑法第三百八十九条规定的犯罪的,依照数罪并罚的规定处罚。”

(3)构成要件

第一,本罪侵犯的客体是生产、作业安全。

第二,在客观方面,行为人具有违反有关安全管理的规定,因而发生重大伤亡事故或者造成严重后果的行为。也就是说,重大伤亡事故的发生或者严重后果的造成,其根源在于违反有关安全管理的规定。这里所说的有关安全管理的规定,是指与安全生产、作业有关的规章制度,包括劳动纪律、劳动保护法规、操作规程等。

第三,犯罪主体是一般主体。

第四,主观方面是过失,即对造成的严重后果是过失,对造成的严重后果是不希望发生的。主观方面如果不是过失,而是故意,则不构成本罪,应该根据案件的具体情况,可以认定破坏生产经营罪、故意毁坏财物罪或者危害公共安全罪中的其他犯罪。但对违反有关安全管理的规定可能是故意。

(4)罪名界定

第一,要划清本罪与一般责任事故的界限。行为人虽然违反了安全管理规章制度,但是没有造成重大伤亡事故或者其他严重后果的,属于一般责任事故,不构成犯罪,不能追究刑事责任,可给予批评教育或者行政处分。构成本罪,一是造成了重大伤亡事故,二是有其他严重后果,二者必居其一。

第二,要划清本罪与玩忽职守罪的界限。玩忽职守罪,是指国家工作人员滥用职权、玩忽职守,不认真履行职责,导致国家和人民利益遭受重大损失的行为。二者的区别是:一是主体不同。本罪的主体是工厂、矿山、林场、建筑企业或者其他企事业单位的职工,可能是单位的主管领导,也可能是工人,与生产无关的非生产人员不在此限。而玩忽职守罪的主体是国家工作人员。二是客体不同。前者的客体是工厂、矿山、林场、建筑企业或者其他企业事业单位的生产安全,属于危害公共安全的犯罪;而后者的犯罪客体,是国家机关的正常管理秩序,属于渎职犯罪。三是客观表现不同。前者表现为违章操作,或者是强令工人冒险作业;而后者的行为人马虎粗心,不认真履行职责。四是犯罪场合不同。前者是在生产、作业过程中发生的;而后者则是在国家行政管理过程中,玩忽职守造成了严重损失。

第三,要划清本罪与强令、组织他人违章冒险作业罪、重大劳动安全事故罪的界限。本罪的根本特点是,违反了有关安全管理的规定而发生了重大伤亡事故或者造成其他严重后果;而强令、组织他人违章冒险作业罪的根本特点是,发生重大伤亡事故或者造成其他严重后果的原因在于行为人强令他人违章冒险作业;重大劳动安全事故罪的根本特点是,发生了重大伤亡事故或者造成其他严重后果的原因是安全生产设施或者安全生产条件不符合国家规定。

第四,要划清本罪与自然事故的界限。自然事故,是不以人们的意志为转移的自然原因造成的。例如,受到高温影响,物体自燃,对此我们不能追究哪个人的法律责任。但是,如果物品自燃是由于管理不善造成的,因管理不善引起重大责任事故,造成了严重后果,就应当负刑事责任。

第五,要划清本罪与技术事故的界限。技术事故,是指由于技术条件或者设备条件的限制,使有关职工无法避免的事故。这种事故由于职工在主观上无法避免,因而不能追究个人的刑事责任。但是,如果设备虽然陈旧,但不是不可避免地要发生事故,事故的发生是由于职工工作疏忽大意造成的,对此应当追究责任。

第六,要划清本罪与技术革新和科学实验失败的界限。技术革新、科学实验本身就包含着失败的可能,技术革新和科学实验如有失败,不能追究有关职工的刑事责任。但是,在上述活动中,如果发生了不应有的过失,如在实验中由于疏忽大意,按错了电钮,或者忘记了关闭电闸,或者故意违反了操作规程,因而发生了重大事故,则应当负法律责任。

第七,要划清本罪和失火罪、过失爆炸罪、过失投毒罪的界限。这几种犯罪都是过失犯罪,而且在客观上都造成了重大伤亡或者财产的重大损失。但它们也有区别,其主要表现有以下两点:一是前者的主体是特殊主体,而后者是一般主体。二是前者只限于在生产、作业活动中,由于违反规章制度而发生了重大伤亡事故,造成严重后果;而后者是在日常生活中,由于忽视安全而发生火灾、爆炸、中毒等事故。

(5)量刑幅度

根据《刑法》第 134 条第 1 款的规定,犯重大责任事故罪的,判处 3 年以下有期徒刑或者拘役;情节特别恶劣的,判处 3 年以上 7 年以下有期徒刑。

46. 强令、组织他人违章冒险作业罪(第 134 条第 2 款)

(1)罪名概念

强令、组织他人违章冒险作业罪,是指强令他人违章冒险作业,或者明知存在重大事故隐患而不排除,仍冒险组织作业,因而发生重大伤亡事故或者造成其他严重后果的行为。

(2)法律规定

①本罪名是由《刑法》第 134 条第 2 款规定的。该条款规定:“强令他人违章冒险作业,或者明知存在重大事故隐患而不排除,仍冒险组织作业,因而发生重大伤亡事故或者造成其他严重后果的,处五年以下有期徒刑或者拘役;情节特别恶劣的,处五年以上有期徒刑。”

②2008 年 6 月 25 日最高人民检察院、公安部《关于公安机关管辖的刑事案件立案追诉标准的规定(一)》第 9 条规定:“强令他人违章冒险作业,涉嫌下列情形之一的,应予立案追诉:(一)造成死亡一人以上,或者重伤三人以上;(二)造成直接经济损失五十万元以上的;(三)发生矿山生产安全事故,造成直接经济损失一百万元以上的;(四)其他造成严重后果的情形。”

③2000 年 11 月 15 日最高人民法院《关于审理交通肇事刑事案件具体应用法律若干问题的解释》第 8 条规定:“在实行公共交通管理的范围内发生重大交通事故的,依照刑法第一百三十三

条和本解释的有关规定办理。在公共交通管理的范围外，驾驶机动车辆或者使用其他交通工具致人伤亡或者致使公共财产或者他人财产遭受重大损失，构成犯罪的，分别依照刑法第一百三十四条、第一百三十五条、第二百三十三条等规定定罪处罚。”

④2015 年 12 月 14 日最高人民法院、最高人民检察院《关于办理危害生产安全刑事案件适用法律若干问题的解释》第 2 条、第 5 条、第 6 条第 2 款和第 7 条第 2 款规定：“刑法第一百三十四条第二款规定的犯罪主体，包括对生产、作业负有组织、指挥或者管理职责的负责人、管理人员、实际控制人、投资人等人员。”

“明知存在事故隐患、继续作业存在危险，仍然违反有关安全管理的规定，实施下列行为之一的，应当认定为刑法第一百三十四条第二款规定的‘强令他人违章冒险作业’：

（一）利用组织、指挥、管理职权，强制他人违章作业的；

（二）采取威逼、胁迫、恐吓等手段，强制他人违章作业的；

（三）故意掩盖事故隐患，组织他人违章作业的；

（四）其他强令他人违章作业的行为。”

“实施刑法第一百三十四条第二款规定的行为，因而发生安全事故，具有本条第一款规定情形的，应当认定为‘发生重大伤亡事故或者造成其他严重后果’，对相关责任人员，处五年以下有期徒刑或者拘役。”

“实施刑法第一百三十四条第二款规定的行为，因而发生安全事故，具有本条第一款规定情形的，对相关责任人员，处五年以上有期徒刑。”

（3）构成要件

第一，本罪侵犯的客体是生产作业安全。为了减少、预防安全事故的发生，国家有关部门制定了关于劳动安全设施和劳动卫生的法规，并把这些规定事项作为有关单位的职责之一。但是，有人由于片面追求生产效率，置工人的健康与生命于不顾，强令他人违章冒险生产作业，以致劳动生产事故频频发生，严重侵犯了从业人员的健康和生命安全，也给国家财产带来了巨大损失。严惩这种犯罪行为，已经成为保障生产劳动安全的必要条件。

第二，客观方面表现为行为人知道或者应当知道本单位存在事故隐患，或者明知存在重大事故隐患而不排除，却强令他人违章冒险生产作业，由此发生了重大伤亡事故或者造成了其他严重后果。

第三，本罪的主体是一般主体。

第四，主观方面是过失，即行为人对重大伤亡事故或者造成其他严重后果在主观上并不希望发生。

（4）罪名界定

第一，本罪与重大责任事故罪有相同之处，主要有以下几个方面：一是都有重大事故发生；二是重大事故发生在生产、作业活动中；三是行为人对重大事故的发生都是一种过失的心理态度。但是，二者在客观方面的表现不同。本罪在客观方面表现为，对事故隐患不采取措施，却强令他人违章冒险作业；重大责任事故罪在客观方面表现为，违反法律、法规、规章制度关于安全生产、作业的规定。这一点区别是判定构成重大责任事故罪还是本罪的根本所在。

第二，本罪与玩忽职守罪具有共同点，主要有以下几个方面：一是主观方面都表现为过失；二是都要求有一定的危害结果的发生。但是，二者也有以下明显的不同：一是犯罪客体不同。本罪侵犯的客体，是用人单位的生产安全；玩忽职守罪侵犯的客体，是国家工作人员职务勤政性。二是犯罪客观方面表现不同。本罪在客观方面表现为强令他人违章冒险作业；玩忽职守罪在客观方面有以下表现形式：未履行职守，擅离职守，未尽职守，逾越职守，其中既有以作为形式构成的犯罪，也有以不作为形式构成的犯罪。三是犯罪主体不同。本罪的犯罪主体是一般主体；玩忽职守罪的主体则是国家工作人员。

第三，要把本罪与一般的责任事故区分开。构成本罪必须具备以下条件：一是发生了重大伤亡事故，二是造成了其他严重后果，二者必居其一。

(5)量刑幅度

根据《刑法》第134条第2条的规定，犯本罪的，处5年以下有期徒刑或者拘役；情节特别恶劣的，处5年以上有期徒刑。

47. 危险作业罪(第134条之一)

(1)罪名概念

危险作业罪，是指在生产、作业中违反有关安全管理的规定，具有刑法规定的特定情形，具有发生重大伤亡事故或者其他严重后果的现实危险的行为。

(2)法律规定

本罪名是由《刑法》第134条之一规定的。该条规定："在生产、作业中违反有关安全管理的规定，有下列情形之一，具有发生重大伤亡事故或者其他严重后果的现实危险的，处一年以下有期徒刑、拘役或者管制：

(一)关闭、破坏直接关系生产安全的监控、报警、防护、救生设备、设施，或者篡改、隐瞒、销毁其相关数据、信息的；

(二)因存在重大事故隐患被依法责令停产停业、停止施工、停止使用有关设备、设施、场所或者立即采取排除危险的整改措施，而拒不执行的；

(三)涉及安全生产的事项未经依法批准或者许可，擅自从事矿山开采、金属冶炼、建筑施工，以及危险物品生产、经营、储存等高度危险的生产作业活动的。"

(3)构成要件

第一，本罪侵犯的客体是生产、作业安全。

第二，本罪的客观方面表现为在生产、作业中违反有关安全管理的规定，具备《刑法》第134条之一规定的三种情形之一，并具有发生重大伤亡事故或其他严重后果的现实危险的行为。

第三，本罪主体为一般主体。

第四，本罪的主观方面是过失，但行为人对自己违反安全管理规定的行为是明知的。

(4)罪名界定

认定构成本罪，需要判断行为人实施的行为是否符合三种具体情形：一是生产、作业中已经发现危险，但故意关闭、破坏直接关系生产安全的监控、报警、防护、救生设备、设施，或者篡改、隐瞒、销毁其相关数据、信息；二是因存在重大事故隐患被依法责令停产停业、停止施工、停止使用有关设备、设施、场所或者立即采取排除危险的整改措施，而拒不执行；三是涉及安全生产的事项未经依法批准或者许可，擅自从事矿山开采、金属冶炼、建筑施工，以及危险物品生产、经营、储存等高度危险的生产作业活动。同时，本罪的成立还应具备"具有发生重大伤亡事故或者其他严重后果的现实危险"要件。

(5)量刑幅度

根据《刑法》第134条之一的规定，犯本罪的，处1年以下有期徒刑、拘役或者管制。

48. 重大劳动安全事故罪(第135条)

(1)罪名概念

重大劳动安全事故罪，是指安全生产设施或者安全生产条件不符合国家规定，因而发生重大伤亡事故或者造成其他严重后果的行为。

(2)法律规定

①本罪名是由《刑法》第135条规定的。该条规定:“安全生产设施或者安全生产条件不符合国家规定,因而发生重大伤亡事故或者造成其他严重后果的,对直接负责的主管人员和其他直接责任人员,处三年以下有期徒刑或者拘役;情节特别恶劣的,处三年以上七年以下有期徒刑。”

②2008年6月25日最高人民检察院、公安部《关于公安机关管辖的刑事案件立案追诉标准的规定(一)》第10条规定:“安全生产设施或者安全生产条件不符合国家规定,涉嫌下列情形之一的,应予立案追诉:(一)造成死亡一人以上,或者重伤三人以上;(二)造成直接经济损失五十万元以上的;(三)发生矿山生产安全事故,造成直接经济损失一百万元以上的;(四)其他造成严重后果的情形。”

③2000年11月15日最高人民法院《关于审理交通肇事刑事案件具体应用法律若干问题的解释》第8条规定:“在实行公共交通管理的范围内发生重大交通事故的,依照刑法第一百三十三条和本解释的有关规定办理。在公共交通管理的范围外,驾驶机动车辆或者使用其他交通工具致人伤亡或者致使公共财产或者他人财产遭受重大损失,构成犯罪的,分别依照刑法第一百三十四条、第一百三十五条、第二百三十三条等规定定罪处罚。”

④2015年12月14日最高人民法院、最高人民检察院《关于办理危害生产安全刑事案件适用法律若干问题的解释》第3条、第6条第1款、第7条第1款和第12条规定:“刑法第一百三十五条规定的‘直接负责的主管人员和其他直接责任人员’,是指对安全生产设施或者安全生产条件不符合国家规定负有直接责任的生产经营单位负责人、管理人员、实际控制人、投资人,以及其他对安全生产设施或者安全生产条件负有管理、维护职责的人员。”

“实施刑法第一百三十二条、第一百三十四条第一款、第一百三十五条、第一百三十五条之一、第一百三十六条、第一百三十九条规定的行为,因而发生安全事故,具有下列情形之一的,应当认定为‘造成严重后果’或者‘发生重大伤亡事故或者造成其他严重后果’,对相关责任人员,处三年以下有期徒刑或者拘役:

(一)造成死亡一人以上,或者重伤三人以上的;

(二)造成直接经济损失一百万元以上的;

(三)其他造成严重后果或者重大安全事故的情形。”

“实施刑法第一百三十二条、第一百三十四条第一款、第一百三十五条、第一百三十五条之一、第一百三十六条、第一百三十九条规定的行为,因而发生安全事故,具有下列情形之一的,对相关责任人员,处三年以上七年以下有期徒刑:

(一)造成死亡三人以上或者重伤十人以上,负事故主要责任的;

(二)造成直接经济损失五百万元以上,负事故主要责任的;

(三)其他造成特别严重后果、情节特别恶劣或者后果特别严重的情形。”

“实施刑法第一百三十二条、第一百三十四条至第一百三十九条之一规定的犯罪行为,具有下列情形之一的,从重处罚:

(一)未依法取得安全许可证件或者安全许可证件过期、被暂扣、吊销、注销后从事生产经营活动的;

(二)关闭、破坏必要的安全监控和报警设备的;

(三)已经发现事故隐患,经有关部门或者个人提出后,仍不采取措施的;

(四)一年内曾因危害生产安全违法犯罪活动受过行政处罚或者刑事处罚的;

(五)采取弄虚作假、行贿等手段,故意逃避、阻挠负有安全监督管理职责的部门实施监督检查的；

（六）安全事故发生后转移财产意图逃避承担责任的；

（七）其他从重处罚的情形。

实施前款第五项规定的行为，同时构成刑法第三百八十九条规定的犯罪的，依照数罪并罚的规定处罚。”

（3）构成要件

第一，本罪侵犯的客体是生产安全。

第二，客观方面表现为安全生产设施或者安全生产条件不符合国家规定，由此发生重大伤亡事故或者造成其他严重后果的行为。

第三，本罪的主体是一般主体。

第四，主观方面是过失，即在主观上不希望事故发生。

（4）罪名界定

第一，本罪与重大责任事故罪虽然都是发生了重大伤亡事故或者造成其他严重后果，但其原因不同：本罪是由于安全生产设施或者安全生产条件不符合国家规定；而重大责任事故罪是虽然具备了安全生产设施或者安全生产条件，但是违反了有关安全管理的规定。

第二，本罪与玩忽职守罪具有以下共同点：一是犯罪的主观方面都表现为过失；二是都要求有一定的危害结果的发生才能构成犯罪。但是，二者也有以下明显的不同：一是犯罪客体不同。本罪侵犯的客体是生产安全；玩忽职守罪侵犯的客体是国家工作人员职务勤政性。二是犯罪客观方面表现不同。本罪在客观方面表现为安全生产设施或者安全生产条件不符合国家规定；玩忽职守罪在客观方面有以下表现形式：未履行职守，擅离职守，未尽职守，逾越职守。三是犯罪主体不同。本罪的犯罪主体是安全的主管人员，其中有一部分是国家工作人员；玩忽职守罪的主体则是国家工作人员。

（5）量刑幅度

根据《刑法》第135条的规定，构成本罪的，对直接负责的主管人员和其他直接责任人员，判处3年以下有期徒刑或者拘役；情节特别恶劣的，判处3年以上7年以下有期徒刑。

49. 大型群众性活动重大安全事故罪（第135条之一）

（1）罪名概念

大型群众性活动重大安全事故罪，是指举办大型群众性活动，违反了安全管理规定，因而发生重大伤亡事故或者造成其他严重后果的行为。

（2）法律规定

①本罪名是由《刑法》第135条之一规定的。该条规定：“举办大型群众性活动违反安全管理规定，因而发生重大伤亡事故或者造成其他严重后果的，对直接负责的主管人员和其他直接责任人员，处三年以下有期徒刑或者拘役；情节特别恶劣的，处三年以上七年以下有期徒刑。”

②2008年6月25日最高人民检察院、公安部《关于公安机关管辖的刑事案件立案追诉标准的规定（一）》第11条规定：“举办大型群众性活动违反安全管理规定，涉嫌下列情形之一的，应予立案追诉：（一）造成死亡一人以上，或者重伤三人以上；（二）造成直接经济损失五十万元以上的；（三）其他造成严重后果的情形。”

③2015年12月14日最高人民法院、最高人民检察院《关于办理危害生产安全刑事案件适用法律若干问题的解释》第6条第1款、第7条第1款和第12条规定：“实施刑法第一百三十二条、第一百三十四条第一款、第一百三十五条、第一百三十五条之一、第一百三十六条、第一百三十九

条规定的行为,因而发生安全事故,具有下列情形之一的,应当认定为'造成严重后果'或者'发生重大伤亡事故或者造成其他严重后果',对相关责任人员,处三年以下有期徒刑或者拘役:

(一)造成死亡一人以上,或者重伤三人以上的;

(二)造成直接经济损失一百万元以上的;

(三)其他造成严重后果或者重大安全事故的情形。"

"实施刑法第一百三十二条、第一百三十四条第一款、第一百三十五条、第一百三十五条之一、第一百三十六条、第一百三十九条规定的行为,因而发生安全事故,具有下列情形之一的,对相关责任人员,处三年以上七年以下有期徒刑:

(一)造成死亡三人以上或者重伤十人以上,负事故主要责任的;

(二)造成直接经济损失五百万元以上,负事故主要责任的;

(三)其他造成特别严重后果、情节特别恶劣或者后果特别严重的情形。"

"实施刑法第一百三十二条、第一百三十四条至第一百三十九条之一规定的犯罪行为,具有下列情形之一的,从重处罚:

(一)未依法取得安全许可证件或者安全许可证件过期、被暂扣、吊销、注销后从事生产经营活动的;

(二)关闭、破坏必要的安全监控和报警设备的;

(三)已经发现事故隐患,经有关部门或者个人提出后,仍不采取措施的;

(四)一年内曾因危害生产安全违法犯罪活动受过行政处罚或者刑事处罚的;

(五)采取弄虚作假、行贿等手段,故意逃避、阻挠负有安全监督管理职责的部门实施监督检查的;

(六)安全事故发生后转移财产意图逃避承担责任的;

(七)其他从重处罚的情形。

实施前款第五项规定的行为,同时构成刑法第三百八十九条规定的犯罪的,依照数罪并罚的规定处罚。"

(3)构成要件

第一,本罪侵犯的客体是国家对公共场所的安全管理制度。

第二,客观方面表现为举办大型群众性活动,违反安全管理规定,因而发生重大伤亡事故或者造成其他严重后果的行为。

第三,犯罪主体是特殊主体,即举办大型群众性活动直接负责的主管人员和其他直接责任人员。

第四,主观方面是过失,即对发生重大伤亡事故或者造成其他严重后果是过失,而不是希望或者追求这种后果的发生。

(4)罪名界定

本罪与重大责任事故罪的相同点是:都发生了重大伤亡事故,或者都造成了严重后果。但二者也有明显的不同:本罪发生在举办大型群众性活动当中,而重大责任事故罪一般是发生在工厂、矿山、林场、建筑企业或者其他企业、事业中的生产作业当中。出现本罪,主要是因为违反了安全管理规定,而重大责任事故罪主要是违反了安全生产方面的法律、法规、规章制度。

(5)量刑幅度

根据《刑法》第 135 条之一的规定,犯本罪的,对直接负责的主管人员和其他直接责任人员处 3 年以下有期徒刑或者拘役;对于情节特别恶劣的,处 3 年以上 7 年以下有期徒刑。

50. 危险物品肇事罪（第136条）

（1）罪名概念

危险物品肇事罪，是指违反爆炸性、易燃性、放射性、毒害性、腐蚀性物品的管理规定，在生产、储存、运输、使用中发生重大事故，造成严重后果，危害公共安全的行为。

（2）法律规定

①本罪名是由《刑法》第136条规定的。该条规定："违反爆炸性、易燃性、放射性、毒害性、腐蚀性物品的管理规定，在生产、储存、运输、使用中发生重大事故，造成严重后果的，处三年以下有期徒刑或者拘役；后果特别严重的，处三年以上七年以下有期徒刑。"

②2008年6月25日最高人民检察院、公安部《关于公安机关管辖的刑事案件立案追诉标准的规定（一）》第12条规定："违反爆炸性、易燃性、放射性、毒害性、腐蚀性物品的管理规定，在生产、储存、运输、使用中发生重大事故，涉嫌下列情形之一的，应予立案追诉：（一）造成死亡一人以上，或者重伤三人以上；（二）造成直接经济损失五十万元以上的；（三）其他造成严重后果的情形。"

③2015年12月14日最高人民法院、最高人民检察院《关于办理危害生产安全刑事案件适用法律若干问题的解释》第6条第1款、第7条第1款和第12条规定："实施刑法第一百三十二条、第一百三十四条第一款、第一百三十五条、第一百三十五条之一、第一百三十六条、第一百三十九条规定的行为，因而发生安全事故，具有下列情形之一的，应当认定为'造成严重后果'或者'发生重大伤亡事故或者造成其他严重后果'，对相关责任人员，处三年以下有期徒刑或者拘役：

（一）造成死亡一人以上，或者重伤三人以上的；

（二）造成直接经济损失一百万元以上的；

（三）其他造成严重后果或者重大安全事故的情形。"

"实施刑法第一百三十二条、第一百三十四条第一款、第一百三十五条、第一百三十五条之一、第一百三十六条、第一百三十九条规定的行为，因而发生安全事故，具有下列情形之一的，对相关责任人员，处三年以上七年以下有期徒刑：

（一）造成死亡三人以上或者重伤十人以上，负事故主要责任的；

（二）造成直接经济损失五百万元以上，负事故主要责任的；

（三）其他造成特别严重后果、情节特别恶劣或者后果特别严重的情形。"

"实施刑法第一百三十二条、第一百三十四条至第一百三十九条之一规定的犯罪行为，具有下列情形之一的，从重处罚：

（一）未依法取得安全许可证件或者安全许可证件过期、被暂扣、吊销、注销后从事生产经营活动的；

（二）关闭、破坏必要的安全监控和报警设备的；

（三）已经发现事故隐患，经有关部门或者个人提出后，仍不采取措施的；

（四）一年内曾因危害生产安全违法犯罪活动受过行政处罚或者刑事处罚的；

（五）采取弄虚作假、行贿等手段，故意逃避、阻挠负有安全监督管理职责的部门实施监督检查的；

（六）安全事故发生后转移财产意图逃避承担责任的；

（七）其他从重处罚的情形。

实施前款第五项规定的行为，同时构成刑法第三百八十九条规定的犯罪的，依照数罪并罚的规定处罚。"

(3)构成要件

第一,本罪侵犯的客体是国家对爆炸性、易燃性、放射性、毒害性、腐蚀性物品的管理规定和公共安全。

第二,在客观方面,具有在生产、储存、运输、使用危险物品中,违反危险物品的管理规定,发生重大事故,造成严重后果的行为。

第三,犯罪主体是一般主体。但是在实际上,犯这种罪的人,一般是从事危险物品生产、储存、运输、使用的职工或者随身携带危险物品乘坐车、船、飞机的旅客。

第四,主观方面是过失,即对危害结果的发生是过失。至于违反危险物品的管理规定,则可能是故意的。

(4)罪名界定

第一,要划清本罪与失火罪、过失爆炸罪、过失投毒罪的界限。这些罪都是过失犯罪,在客观上都能引起火灾、爆炸、中毒等严重后果。但是,它们也有区别,主要表现在:一是犯罪主体不同。危险物品肇事罪的犯罪主体是从事生产、储存、运输和使用爆炸性、易燃性、放射性、毒害性、腐蚀性危险物品的职工;而后者的主体可以是任何达到刑事责任年龄、具有刑事责任能力的人。二是犯罪的时间不同。危险物品肇事罪的事故,只能发生在生产、储存、运输、使用上述危险物品过程中;而后者则可以发生在日常生活当中的任何场合。在实践中,有的案件如果既有危险物品肇事罪的特征,又有失火罪、过失爆炸罪、过失投毒罪的特征,一般应按危险物品肇事罪处理。

第二,要划清本罪与重大责任事故罪的界限。两者都是过失犯罪,都可以引起火灾、爆炸、中毒等严重后果。两者的区别是:一是犯罪主体不同。前者的主体既可以是生产、储存、运输、使用危险物品的职工,又可以是其他公民;而后者的犯罪主体,只能是各工矿企业、事业单位从事生产、作业的职工,以及群众合作经营组织和个体经营户的从业人员。二是犯罪的时间不同。前者只能发生在生产、储存、运输、使用危险品过程中,而后者则可以发生在其他生产、作业过程中。在实践中,如果有的案件既符合前罪的特征,也符合后罪的特征,一般按前罪论处。

第三,根据1993年10月11日最高人民法院《关于执行〈中华人民共和国铁路法〉中刑事罚则若干问题的解释》(现已无效)的规定,本罪中的"危险物品",是指具有爆炸、易燃、放射、毒害、腐蚀等性质,在运输、装卸和储存、保管过程中容易造成人身伤亡和财产毁损而需要特别防护的物品,其具体范围按国务院及国务院主管部门的规定认定。

本罪中的"爆炸性物品",包括各种引爆器材、引爆药和炸药。本罪中的"易燃性物品",包括汽油、酒精、液化石油气、胶片等。本罪中的"放射性物品",是指具有放射性能的铀、镭等。本罪中的"毒害性物品",是指对人体或者牲畜具有毒害作用的敌敌畏、敌百虫、砒霜等。

本罪中的"腐蚀性物品",是指对人体或者其他物品有腐蚀作用的硫酸、硝酸等。

本罪中的"重大事故",是指因非法携带上述危险品而发生爆炸、燃烧、泄漏事件,造成1人以上重伤;致3人以上轻伤;造成直接经济损失1万元以上;或者造成暂时中断交通等严重后果。

本罪中的"造成严重后果",是指致人重伤、死亡或者使公私财产遭受重大损失。

(5)量刑幅度

根据《刑法》第136条的规定,违反爆炸性、易燃性、放射性、毒害性、腐蚀性物品的管理规定,在生产、储存、运输、使用中发生重大事故,造成严重后果的,处3年以下有期徒刑或者拘役;后果特别严重的,处3年以上7年以下有期徒刑。

51. 工程重大安全事故罪(第137条)

(1)罪名概念

工程重大安全事故罪,是指建设单位、设计单位、施工单位、工程监理单位违反国家规定,降低工程质量标准,造成重大安全事故的行为。

(2)法律规定

①本罪名是由《刑法》第137条规定的。该条规定:“建设单位、设计单位、施工单位、工程监理单位违反国家规定,降低工程质量标准,造成重大安全事故的,对直接责任人员,处五年以下有期徒刑或者拘役,并处罚金;后果特别严重的,处五年以上十年以下有期徒刑,并处罚金。”

②2008年6月25日最高人民检察院、公安部《关于公安机关管辖的刑事案件立案追诉标准的规定(一)》第13条规定:“建设单位、设计单位、施工单位、工程监理单位违反国家规定,降低工程质量标准,涉嫌下列情形之一的,应予立案追诉:(一)造成死亡一人以上,或者重伤三人以上;(二)造成直接经济损失五十万元以上的;(三)其他造成严重后果的情形。”

③2015年12月14日最高人民法院、最高人民检察院《关于办理危害生产安全刑事案件适用法律若干问题的解释》第6条第3款、第7条第3款和第12条规定:“实施刑法第一百三十七条规定的行为,因而发生安全事故,具有本条第一款规定情形的,应当认定为‘造成重大安全事故’,对直接责任人员,处五年以下有期徒刑或者拘役,并处罚金。”

“实施刑法第一百三十七条规定的行为,因而发生安全事故,具有本条第一款规定情形的,对直接责任人员,处五年以上十年以下有期徒刑,并处罚金。”

“实施刑法第一百三十二条、第一百三十四条至第一百三十九条之一规定的犯罪行为,具有下列情形之一的,从重处罚:

(一)未依法取得安全许可证件或者安全许可证件过期、被暂扣、吊销、注销后从事生产经营活动的;

(二)关闭、破坏必要的安全监控和报警设备的;

(三)已经发现事故隐患,经有关部门或者个人提出后,仍不采取措施的;

(四)一年内曾因危害生产安全违法犯罪活动受过行政处罚或者刑事处罚的;

(五)采取弄虚作假、行贿等手段,故意逃避、阻挠负有安全监督管理职责的部门实施监督检查的;

(六)安全事故发生后转移财产意图逃避承担责任的;

(七)其他从重处罚的情形。

实施前款第五项规定的行为,同时构成刑法第三百八十九条规定的犯罪的,依照数罪并罚的规定处罚。”

(3)构成要件

第一,本罪侵犯的客体是国家对建筑工程的管理制度和公共安全。

第二,客观方面表现为建设单位、设计单位、施工单位、工程监理单位违反国家规定,降低工程质量标准,造成重大安全事故的行为。首先,必须是违反了国家规定。其次,必须是降低工程质量标准。最后,必须是造成重大安全事故。重大事故包括人、财、物的损失,如致人伤亡、楼房倒塌损坏了房内财产、楼房质量不好需要重建等。只有造成重大安全事故的才能构成犯罪。

第三,犯罪主体是特殊主体,即建设单位、设计单位、施工单位、工程监理单位。

第四,主观方面是过失。但是,建设单位、设计单位、施工单位、工程监理单位对自己的行为不符合工程质量要求,一般是故意。即建设单位故意要求建筑设计单位或者施工企业降低工程质量，或者提供不合格的建筑材料、建筑构配件和设备，并强迫施工企业使用；建筑设计单位不按照建筑工程质量标准进行设计；施工单位故意在施工中偷工减料，使用不合格的建筑材料、建筑构配件和设备，或者不按照设计图纸或者施工技术标准施工等。

（4）罪名界定

本罪与重大责任事故罪容易混淆。二者的区别是：一是主体不同。本罪的主体是建设单位、设计单位、施工单位、工程监理单位；而后者的主体是工矿企业、事业单位的职工。二是客观表现不同。本罪在客观上表现为设计单位、建设单位、施工单位、工程监理单位违反国家规定，降低工程质量标准，造成重大安全事故；而后者表现为在生产、作业中违反有关安全管理的规定，因而发生重大伤亡事故或者造成严重的后果。

（5）量刑幅度

根据《刑法》第137条的规定，建设单位、设计单位、施工单位、工程监理单位违反国家规定，降低工程质量标准，造成重大安全事故的，对直接责任人员，处5年以下有期徒刑或者拘役，并处罚金；后果特别严重的，处5年以上10年以下有期徒刑，并处罚金。

52. 教育设施重大安全事故罪（第138条）

（1）罪名概念

教育设施重大安全事故罪，是指有关直接责任人员明知校舍或者教育教学设施有危险而不采取措施，或者不及时报告，造成房屋倒塌或者人员伤亡的行为。

（2）法律规定

①本罪名是由《刑法》第138条规定的。该条规定："明知校舍或者教育教学设施有危险，而不采取措施或者不及时报告，致使发生重大伤亡事故的，对直接责任人员，处三年以下有期徒刑或者拘役；后果特别严重的，处三年以上七年以下有期徒刑。"

②2008年6月25日最高人民检察院、公安部《关于公安机关管辖的刑事案件立案追诉标准的规定（一）》第14条规定："明知校舍或者教育教学设施有危险，而不采取措施或者不及时报告，涉嫌下列情形之一的，应予立案追诉：（一）造成死亡一人以上、重伤三人以上或者轻伤十人以上的；（二）其他致使发生重大伤亡事故的情形。"

③2015年12月14日最高人民法院、最高人民检察院《关于办理危害生产安全刑事案件适用法律若干问题的解释》第6条第4款、第7条第4款和第12条规定："实施刑法第一百三十八条规定的行为，因而发生安全事故，具有本条第一款第一项规定情形的，应当认定为'发生重大伤亡事故'，对直接责任人员，处三年以下有期徒刑或者拘役。"

"实施刑法第一百三十八条规定的行为，因而发生安全事故，具有下列情形之一的，对直接责任人员，处三年以上七年以下有期徒刑：

（一）造成死亡三人以上或者重伤十人以上，负事故主要责任的；

（二）具有本解释第六条第一款第一项规定情形，同时造成直接经济损失五百万元以上并负事故主要责任的，或者同时造成恶劣社会影响的。"

"实施刑法第一百三十二条、第一百三十四条至第一百三十九条之一规定的犯罪行为，具有下列情形之一的，从重处罚：

（一）未依法取得安全许可证件或者安全许可证件过期、被暂扣、吊销、注销后从事生产经营活动的；

（二）关闭、破坏必要的安全监控和报警设备的；

（三）已经发现事故隐患，经有关部门或者个人提出后，仍不采取措施的；

（四）一年内曾因危害生产安全违法犯罪活动受过行政处罚或者刑事处罚的；

（五）采取弄虚作假、行贿等手段，故意逃避、阻挠负有安全监督管理职责的部门实施监督检查的；

（六）安全事故发生后转移财产意图逃避承担责任的；

（七）其他从重处罚的情形。

实施前款第五项规定的行为，同时构成刑法第三百八十九条规定的犯罪的，依照数罪并罚的规定处罚。”

（3）构成要件

第一，本罪侵犯的客体是教学安全，包括校舍和教育教学设施的安全和人身安全。

第二，客观方面表现为行为人明知校舍或者教育教学设施有危险，但不采取措施或者不及时报告，致使发生重大伤亡事故。如果没有发生重大伤亡事故，即使行为人存在明知校舍或者教育教学设施有危险，没有采取措施的行为，也不能认为构成本罪。行为人明知校舍或者教育教学设施有危险，但又不采取措施或者不及时报告，必须与重大伤亡事故的危害结果有因果关系。行为人不采取措施或者不及时报告，是导致重大伤亡事故的原因。

第三，本罪的主体是特殊主体，即对校舍或者教育教学设施负有采取安全设施和及时报告的直接人员。非上述人员不能成为本罪的主体。

第四，主观方面是过失，包括疏忽大意的过失和过于自信的过失。如果行为人对校舍或者教育教学设施存在的危险主观上没有认识到，那么，即使发生了重大伤亡事故的结果，也不能认为构成本罪。情节严重的，符合玩忽职守罪构成要件的，可按玩忽职守罪追究刑事责任。

（4）罪名界定

本罪的主体是特殊主体，即只有直接负责的主管人员和其他直接责任人员才能成为本罪的主体，其他人员即使对房屋倒塌和人员伤亡结果有关系，需要追究刑事责任，也不能以本罪论处，而应该根据《刑法》的规定，以其构成的犯罪定罪处罚。所谓直接负责的主管人员，主要是指对有危险的校舍或者教育教学设施应当采取安全措施的有关领导；所谓其他直接责任人员，主要是指对有危险的校舍或者教育教学设施应当采取安全措施的具体工作人员。

（5）量刑幅度

根据《刑法》第 138 条的规定，明知校舍或者教育教学设施有危险而不采取措施，或者不及时报告，造成房屋倒塌或者人员伤亡的，对直接责任人员，处 3 年以下有期徒刑或者拘役；后果特别严重的，处 3 年以上 7 年以下有期徒刑。

53. 消防责任事故罪（第 139 条）

（1）罪名概念

消防责任事故罪，是指违反消防管理法规，经消防监督机构通知采取改正措施而拒绝执行，造成严重后果的行为。

（2）法律规定

①本罪名是由《刑法》第 139 条规定的。该条规定：“违反消防管理法规，经消防监督机构通知采取改正措施而拒绝执行，造成严重后果的，对直接责任人员，处三年以下有期徒刑或者拘役；后果特别严重的，处三年以上七年以下有期徒刑。”

②2008 年 6 月 25 日最高人民检察院、公安部《关于公安机关管辖的刑事案件立案追诉标准的规定（一）》第 15 条规定：“违反消防管理法规，经消防监督机构通知采取改正措施而拒绝执行，涉嫌下列情形之一的，应予立案追诉：（一）造成死亡一人以上，或者重伤三人以上；（二）造成

直接经济损失五十万元以上的;(三)造成森林火灾,过火有林地面积二公顷以上,或者过火疏林地、灌木林地、未成林地、苗圃地面积四公顷以上的;(四)其他造成严重后果的情形。”

③2015年12月14日最高人民法院、最高人民检察院《关于办理危害生产安全刑事案件适用法律若干问题的解释》第6条第1款、第7条第1款和第12条规定:“实施刑法第一百三十二条、第一百三十四条第一款、第一百三十五条、第一百三十五条之一、第一百三十六条、第一百三十九条规定的行为,因而发生安全事故,具有下列情形之一的,应当认定为‘造成严重后果’或者‘发生重大伤亡事故或者造成其他严重后果’,对相关责任人员,处三年以下有期徒刑或者拘役:

(一)造成死亡一人以上,或者重伤三人以上的;

(二)造成直接经济损失一百万元以上的;

(三)其他造成严重后果或者重大安全事故的情形。”

“实施刑法第一百三十二条、第一百三十四条第一款、第一百三十五条、第一百三十五条之一、第一百三十六条、第一百三十九条规定的行为,因而发生安全事故,具有下列情形之一的,对相关责任人员,处三年以上七年以下有期徒刑:

(一)造成死亡三人以上或者重伤十人以上,负事故主要责任的;

(二)造成直接经济损失五百万元以上,负事故主要责任的;

(三)其他造成特别严重后果、情节特别恶劣或者后果特别严重的情形。”

“实施刑法第一百三十二条、第一百三十四条至第一百三十九条之一规定的犯罪行为,具有下列情形之一的,从重处罚:

(一)未依法取得安全许可证件或者安全许可证件过期、被暂扣、吊销、注销后从事生产经营活动的;

(二)关闭、破坏必要的安全监控和报警设备的;

(三)已经发现事故隐患,经有关部门或者个人提出后,仍不采取措施的;

(四)一年内曾因危害生产安全违法犯罪活动受过行政处罚或者刑事处罚的;

(五)采取弄虚作假、行贿等手段,故意逃避、阻挠负有安全监督管理职责的部门实施监督检查的;

(六)安全事故发生后转移财产意图逃避承担责任的;

(七)其他从重处罚的情形。

实施前款第五项规定的行为,同时构成刑法第三百八十九条规定的犯罪的,依照数罪并罚的规定处罚。”

(3)构成要件

第一,本罪侵犯的客体是社会的公共安全和消防管理制度。

第二,客观方面表现为违反消防管理法规,经消防监督机构通知采取改正措施而拒绝执行,造成严重后果的行为。本罪的客观方面必须具备下列三个方面:一是违反消防法规的行为经消防监督机构通知改正而拒绝改正。二是行为人违反消防制度的行为必须造成严重后果,即引发火灾,造成人身伤亡、公私财产受到严重损失的后果。三是违反消防规定的行为与严重后果之间具有刑法上的因果关系,即严重后果的发生是行为人违反消防规定、拒不改正错误的行为引起的。

第三,本罪主体是一般主体。根据《刑法》的规定,一般是直接责任人员。在实践中,主要是指国家机关、企业、事业单位内与防火直接有关的主管领导人、防火安全保卫人员以及其他人员。

第四,主观方面只能是过失。即行为人对自己违反消防管理法规所造成的严重后果,应当预见,却因为疏忽大意而没有预见,或者已经预见到,由于轻信能够避免,而造成了严重后果。

(4)罪名界定

第一,本罪与危险物品肇事罪的区别是:一是犯罪主体不同。前者的主体是与防火有直接关系的人员,而后者的主体可以是从事生产、储存、运输、使用危险物品的职工,也可以是其他公民。二是犯罪的时间不同。前者只能发生在消防监督部门执行监督的过程中;后者只能发生在生产、储存、运输、使用危险物品过程中。

第二,本罪与重大责任事故罪的主要区别是:一是犯罪主体不同。前者主体包括国家机关、企业、事业单位与防火有直接关系的人员;后者主体只能是各厂矿企业、事业单位的职工以及群众合作经营组织和个体经营户的从业人员。二是犯罪时间不同。前者发生在消防监督机构执行消防监督过程中,而后者只能发生在生产、作业过程中。

第三,本罪与失火罪的主要区别在于:一是犯罪主体不同。前者主体主要是指国家机关、企业、事业单位与防火有直接关系的人员,而后者主体为一般主体。二是犯罪的时间不同。前者只能发生在消防监督机构执行消防监督过程中,而后者可以发生在日常生活中的任何场合。但是,如果案件事实既符合前者构成要件,又符合后者构成要件,应当以前者论处。

(5)量刑幅度

根据《刑法》第139条的规定,违反消防管理法规,经消防监督机构通知采取改正措施而拒绝执行,造成严重后果的,处3年以下有期徒刑或者拘役;后果特别严重的,处3年以上7年以下有期徒刑。

54. 不报、谎报安全事故罪(第139条之一)

(1)罪名概念

不报、谎报安全事故罪,是指在安全事故发生后,负有报告职责的人员不报或者谎报事故情况,贻误事故抢救,情节严重的行为。

(2)法律规定

①本罪名是由《刑法》第139条之一规定的。该条规定:"在安全事故发生后,负有报告职责的人员不报或者谎报事故情况,贻误事故抢救,情节严重的,处三年以下有期徒刑或者拘役;情节特别严重的,处三年以上七年以下有期徒刑。"

②2015年12月14日最高人民法院、最高人民检察院《关于办理危害生产安全刑事案件适用法律若干问题的解释》第4条、第8条、第9条和第12条规定:"刑法第一百三十九条之一规定的'负有报告职责的人员',是指负有组织、指挥或者管理职责的负责人、管理人员、实际控制人、投资人,以及其他负有报告职责的人员。"

"在安全事故发生后,负有报告职责的人员不报或者谎报事故情况,贻误事故抢救,具有下列情形之一的,应当认定为刑法第一百三十九条之一规定的'情节严重':

(一)导致事故后果扩大,增加死亡一人以上,或者增加重伤三人以上,或者增加直接经济损失一百万元以上的;

(二)实施下列行为之一,致使不能及时有效开展事故抢救的:

1. 决定不报、迟报、谎报事故情况或者指使、串通有关人员不报、迟报、谎报事故情况的;
2. 在事故抢救期间擅离职守或者逃匿的;
3. 伪造、破坏事故现场,或者转移、藏匿、毁灭遇难人员尸体,或者转移、藏匿受伤人员的;
4. 毁灭、伪造、隐匿与事故有关的图纸、记录、计算机数据等资料以及其他证据的;

(三)其他情节严重的情形。

具有下列情形之一的,应当认定为刑法第一百三十九条之一规定的'情节特别严重':

（一）导致事故后果扩大，增加死亡三人以上，或者增加重伤十人以上，或者增加直接经济损失五百万元以上的；

（二）采用暴力、胁迫、命令等方式阻止他人报告事故情况，导致事故后果扩大的；

（三）其他情节特别严重的情形。”

“在安全事故发生后，与负有报告职责的人员串通，不报或者谎报事故情况，贻误事故抢救，情节严重的，依照刑法第一百三十九条之一的规定，以共犯论处。”

“实施刑法第一百三十二条、第一百三十四条至第一百三十九条之一规定的犯罪行为，具有下列情形之一的，从重处罚：

（一）未依法取得安全许可证件或者安全许可证件过期、被暂扣、吊销、注销后从事生产经营活动的；

（二）关闭、破坏必要的安全监控和报警设备的；

（三）已经发现事故隐患，经有关部门或者个人提出后，仍不采取措施的；

（四）一年内曾因危害生产安全违法犯罪活动受过行政处罚或者刑事处罚的；

（五）采取弄虚作假、行贿等手段，故意逃避、阻挠负有安全监督管理职责的部门实施监督检查的；

（六）安全事故发生后转移财产意图逃避承担责任的；

（七）其他从重处罚的情形。

实施前款第五项规定的行为，同时构成刑法第三百八十九条规定的犯罪的，依照数罪并罚的规定处罚。”

③2017 年 4 月 27 日最高人民检察院、公安部《关于公安机关管辖的刑事案件立案追诉标准的规定（一）的补充规定》第 1 条规定：“在《最高人民检察院公安部关于公安机关管辖的刑事案件立案追诉标准的规定（一）》（以下简称《立案追诉标准（一）》）第十五条后增加一条，作为第十五条之一：[不报、谎报安全事故案（刑法第一百三十九条之一）]在安全事故发生后，负有报告职责的人员不报或者谎报事故情况，贻误事故抢救，涉嫌下列情形之一的，应予立案追诉：

（一）导致事故后果扩大，增加死亡一人以上，或者增加重伤三人以上，或者增加直接经济损失一百万元以上的；

（二）实施下列行为之一，致使不能及时有效开展事故抢救的：

1. 决定不报、迟报、谎报事故情况或者指使、串通有关人员不报、迟报、谎报事故情况的；

2. 在事故抢救期间擅离职守或者逃匿的；

3. 伪造、破坏事故现场，或者转移、藏匿、毁灭遇难人员尸体，或者转移、藏匿受伤人员的；

4. 毁灭、伪造、隐匿与事故有关的图纸、记录、计算机数据等资料以及其他证据的；

（三）其他不报、谎报安全事故情节严重的情形。

本条规定的‘负有报告职责的人员’，是指负有组织、指挥或者管理职责的负责人、管理人员、实际控制人、投资人，以及其他负有报告职责的人员。”

（3）构成要件

第一，本罪侵犯的客体是国家对安全事故的监管制度。

第二，客观方面表现为在安全事故发生以后，负有报告职责的人员对这种事故不报或者谎报情况，从而贻误事故的抢救，情节严重的行为。

第三，犯罪主体是一般主体，但在实践中，主要是对安全事故的发生负有报告职责的人员。根据 2007 年 2 月 28 日最高人民法院、最高人民检察院《关于办理危害矿山生产安全刑事案件具体应用法律若干问题的解释》第 7 条的规定，在矿山生产事故发生后，实施上述行为，帮助负有报告职责的人不报或谎报事故情况，贻误事故抢救的，对组织者或者积极参加者，以本罪的共犯论处。

第四，主观方面是故意，即对发生的安全事故故意不向有关部门报告或者故意谎报事故情况。对由于不报或者谎报情况，致使贻误事故的抢救，对这种结果并不是故意去追求。

(4)罪名界定

第一，构成本罪必须同时具备以下三个条件：一是安全事故发生以后，负有报告义务的人员对事故的发生应该及时报告而没有报告或者谎报情况。二是由于不报或者谎报情况，从而贻误事故的抢救，造成事故灾害的扩大。如果不是贻误事故的抢救，情节不严重的，则不能构成本罪。其行为如果构成其他犯罪，应该根据其他犯罪的规定来处罚。三是必须达到情节严重的程度。

第二，本罪与重大责任事故罪虽然有相同点，如都发生了安全事故。但二者也有明显的不同：本罪是由于在安全事故发生以后，负有报告职责的人员对安全事故的发生不报或者谎报情况，并且由此贻误事故的抢救，情节严重的行为。而重大责任事故罪是违反有关安全管理的规定，因而发生重大伤亡事故或者造成其他严重后果的行为。

(5)量刑幅度

根据《刑法》第 139 条之一的规定，犯本罪的，处 3 年以下有期徒刑或者拘役；情节特别严重的，处 3 年以上 7 年以下有期徒刑。

三、破坏社会主义市场经济秩序罪

破坏社会主义市场经济秩序罪是总类罪名，它是指违反国家经济管理法规，妨害国家经济管理活动，致使国民经济遭受严重损害的行为。这类犯罪有以下两个基本特征：一是它侵犯的客体是国家经济管理活动；二是在主观方面都是出于故意，而且绝大多数是以营利或获取其他非法利益为目的。因此，我国《刑法》规定，对犯罪分子除了判处主刑外，一般还规定了处以罚金或没收财产，不让他们在经济上占到便宜。这样做既可以有效地惩罚罪犯，又可以剥夺他们再从事这类犯罪的条件，也有利于改造他们。

这类犯罪有八个方面。下面，按照《刑法》分则规定的顺序，将这一章各具体罪名详解如下：

（一）生产、销售伪劣商品罪

对这类案件的处理，2001 年 5 月 21 日最高人民法院《关于审理生产、销售伪劣商品刑事案件有关鉴定问题的通知》规定：

"自全国开展整顿和规范市场经济秩序工作以来，各地人民法院陆续受理了一批生产、销售伪劣产品、假冒商标和非法经营等严重破坏社会主义市场经济秩序的犯罪案件。此类案件中涉及的生产、销售的产品，有的纯属伪劣产品，有的则只是侵犯知识产权的非伪劣产品。由于涉案产品是否'以假充真'、'以次充好'、'以不合格产品冒充合格产品'，直接影响到对被告人的定罪及处刑，为准确适用刑法和《最高人民法院、最高人民检察院关于办理生产、销售伪劣商品刑事案件具体应用法律若干问题的解释》（以下简称《解释》），严惩假冒伪劣商品犯罪，不放纵和轻纵犯罪分子，现就审理生产、销售伪劣商品、假冒商标和非法经营等严重破坏社会主义市场经济秩序的犯罪案件中可能涉及的假冒伪劣商品的有关鉴定问题通知如下：

一、对于提起公诉的生产、销售伪劣产品、假冒商标、非法经营等严重破坏社会主义市场经济秩序的犯罪案件，所涉生产、销售的产品是否属于'以假充真'、'以次充好'、'以不合格产品冒充合格产品'难以确定的，应当根据《解释》第一条第五款的规定，由公诉机关委托法律、行政法规规定的产品质量检验机构进行鉴定。

二、根据《解释》第三条和第四条的规定，人民法院受理的生产、销售假药犯罪案件和生产、销售不符合卫生标准的食品犯罪案件，均需有'省级以上药品监督管理部门设置或者确定的药品检验机构'和'省级以上卫生行政部门确定的机构'出具的鉴定结论。

三、经鉴定确系伪劣商品，被告人的行为既构成生产、销售伪劣产品罪，又构成生产、销售假药罪或者生产、销售不符合卫生标准的食品罪，或者同时构成侵犯知识产权、非法经营等其他犯罪的，根据刑法第一百四十九条第二款和《解释》第十条的规定，应当依照处罚较重的规定定罪处罚。"

上述规定对处理《刑法》规定的"生产、销售伪劣商品"这类犯罪都适用，我们在介绍这类犯罪的各个具体罪名时，不再重复介绍。

1. 生产、销售伪劣产品罪(第140条)

(1)罪名概念

生产、销售伪劣产品罪,是指违反国家产品质量法规,故意在产品中掺杂、掺假,以假充真,以次充好或者以不合格的产品冒充合格产品,销售金额达5万元以上的行为。

(2)法律规定

①本罪名是由《刑法》第140条规定的。该条规定:“生产者、销售者在产品中掺杂、掺假,以假充真,以次充好或者以不合格产品冒充合格产品,销售金额五万元以上不满二十万元的,处二年以下有期徒刑或者拘役,并处或者单处销售金额百分之五十以上二倍以下罚金;销售金额二十万元以上不满五十万元的,处二年以上七年以下有期徒刑,并处销售金额百分之五十以上二倍以下罚金;销售金额五十万元以上不满二百万元的,处七年以上有期徒刑,并处销售金额百分之五十以上二倍以下罚金;销售金额二百万元以上的,处十五年有期徒刑或者无期徒刑,并处销售金额百分之五十以上二倍以下罚金或者没收财产。”

《刑法》第150条规定:“单位犯本节第一百四十条至第一百四十八条规定之罪的,对单位判处罚金,并对其直接负责的主管人员和其他直接责任人员,依照各该条的规定处罚。”

②2008年6月25日最高人民检察院、公安部《关于公安机关管辖的刑事案件立案追诉标准的规定(一)》第16条规定:“生产者、销售者在产品中掺杂、掺假,以假充真,以次充好或者以不合格产品冒充合格产品,涉嫌下列情形之一的,应予立案追诉:(一)伪劣产品销售金额五万元以上的;(二)伪劣产品尚未销售,货值金额十五万元以上的;(三)伪劣产品销售金额不满五万元,但将已销售金额乘以三倍后,与尚未销售的伪劣产品货值金额合计十五万元以上的。

本条规定的‘在产品中掺杂、掺假’,是指在产品中掺入杂质或者异物,致使产品质量不符合国家法律、法规或者产品明示质量标准规定的质量要求,降低、失去应有使用性能的行为;‘以假充真’,是指以不具有某种使用性能的产品冒充具有该种使用性能的产品的行为;‘以次充好’,是指以低等级、低档次产品冒充高等级、高档次产品,或者以残次、废旧零配件组合、拼装后冒充正品或者新产品的行为;‘不合格产品’,是指不符合《中华人民共和国产品质量法》第二十六条第二款规定的质量要求的产品。

对本条规定的上述行为难以确定的,应当委托法律、行政法规规定的产品质量检验机构进行鉴定。本条规定的‘销售金额’,是指生产者、销售者出售伪劣产品后所得和应得的全部违法收入;‘货值金额’,以违法生产、销售的伪劣产品的标价计算;没有标价的,按照同类合格产品的市场中间价格计算。货值金额难以确定的,按照《扣押、追缴、没收物品估价管理办法》的规定,委托估价机构进行确定。”

③2003年5月14日最高人民法院、最高人民检察院《关于办理妨害预防、控制突发传染病疫情等灾害的刑事案件具体应用法律若干问题的解释》第2条规定:“在预防、控制突发传染病疫情等灾害期间,生产、销售伪劣的防治、防护产品、物资,或者生产、销售用于防治传染病的假药、劣药,构成犯罪的,分别依照刑法第一百四十条、第一百四十一条、第一百四十二条的规定,以生产、销售伪劣产品罪,生产、销售假药罪或者生产、销售劣药罪定罪,依法从重处罚。”

④2001年4月9日最高人民法院、最高人民检察院《关于办理生产、销售伪劣商品刑事案件具体应用法律若干问题的解释》第1条、第2条规定:“刑法第一百四十条规定的‘在产品中掺杂、掺假’,是指在产品中掺入杂质或者异物,致使产品质量不符合国家法律、法规或者产品明示质量标准规定的质量要求,降低、失去应有使用性能的行为。

刑法第一百四十条规定的‘以假充真’,是指以不具有某种使用性能的产品冒充具有该种使用性能的产品的行为。

刑法第一百四十条规定的‘以次充好’，是指以低等级、低档次产品冒充高等级、高档次产品，或者以残次、废旧零配件组合、拼装后冒充正品或者新产品的行为。

刑法第一百四十条规定的‘不合格产品’，是指不符合《中华人民共和国产品质量法》第二十六条第二款规定的质量要求的产品。

对本条规定的上述行为难以确定的，应当委托法律、行政法规规定的产品质量检验机构进行鉴定。”

“刑法第一百四十条、第一百四十九条规定的‘销售金额’，是指生产者、销售者出售伪劣产品后所得和应得的全部违法收入。

伪劣产品尚未销售，货值金额达到刑法第一百四十条规定的销售金额三倍以上的，以生产、销售伪劣产品罪（未遂）定罪处罚。

货值金额以违法生产、销售的伪劣产品的标价计算；没有标价的，按照同类合格产品的市场中间价格计算。货值金额难以确定的，按照国家计划委员会、最高人民法院、最高人民检察院、公安部 1997 年 4 月 22 日联合发布的《扣押、追缴、没收物品估价管理办法》的规定，委托指定的估价机构确定。

多次实施生产、销售伪劣产品行为，未经处理的，伪劣产品的销售金额或者货值金额累计计算。”

⑤2001 年 4 月 9 日最高人民法院、最高人民检察院《关于办理生产、销售伪劣商品刑事案件具体应用法律若干问题的解释》第 9 ~ 12 条规定：“知道或者应当知道他人实施生产、销售伪劣商品犯罪，而为其提供贷款、资金、账号、发票、证明、许可证件，或者提供生产、经营场所或者运输、仓储、保管、邮寄等便利条件，或者提供制假生产技术的，以生产、销售伪劣商品犯罪的共犯论处。”

“实施生产、销售伪劣商品犯罪，同时构成侵犯知识产权、非法经营等其他犯罪的，依照处罚较重的规定定罪处罚。”

“实施刑法第一百四十条至第一百四十八条规定的犯罪，又以暴力、威胁方法抗拒查处，构成其他犯罪的，依照数罪并罚的规定处罚。”

“国家机关工作人员参与生产、销售伪劣商品犯罪的，从重处罚。”

⑥2010 年 3 月 2 日最高人民法院、最高人民检察院《关于办理非法生产、销售烟草专卖品等刑事案件具体应用法律若干问题的解释》相关的主要内容如下：

“第一条　生产、销售伪劣卷烟、雪茄烟等烟草专卖品，销售金额在五万元以上的，依照刑法第一百四十条的规定，以生产、销售伪劣产品罪定罪处罚。

未经卷烟、雪茄烟等烟草专卖品注册商标所有人许可，在卷烟、雪茄烟等烟草专卖品上使用与其注册商标相同的商标，情节严重的，依照刑法第二百一十三条的规定，以假冒注册商标罪定罪处罚。

销售明知是假冒他人注册商标的卷烟、雪茄烟等烟草专卖品，销售金额较大的，依照刑法第二百一十四条的规定，以销售假冒注册商标的商品罪定罪处罚。

伪造、擅自制造他人卷烟、雪茄烟注册商标标识或者销售伪造、擅自制造的卷烟、雪茄烟注册商标标识，情节严重的，依照刑法第二百一十五条的规定，以非法制造、销售非法制造的注册商标标识罪定罪处罚。

违反国家烟草专卖管理法律法规，未经烟草专卖行政主管部门许可，无烟草专卖生产企业许可证、烟草专卖批发企业许可证、特种烟草专卖经营企业许可证、烟草专卖零售许可证等许可证明，非法经营烟草专卖品，情节严重的，依照刑法第二百二十五条的规定，以非法经营罪定罪处罚。

第二条　伪劣卷烟、雪茄烟等烟草专卖品尚未销售，货值金额达到刑法第一百四十条规定的销售金额定罪起点数额标准的三倍以上的，或者销售金额未达到五万元，但与未销售货值金额合计达到十五万元以上的，以生产、销售伪劣产品罪（未遂）定罪处罚。

销售金额和未销售货值金额分别达到不同的法定刑幅度或者均达到同一法定刑幅度的，在处罚较重的法定刑幅度内酌情从重处罚。

查获的未销售的伪劣卷烟、雪茄烟，能够查清销售价格的，按照实际销售价格计算。无法查清实际销售价格，有品牌的，按照该品牌卷烟、雪茄烟的查获地省级烟草专卖行政主管部门出具的零售价格计算；无品牌的，按照查获地省级烟草专卖行政主管部门出具的上年度卷烟平均零售价格计算。

第四条　非法经营烟草专卖品，能够查清销售或者购买价格的，按照其销售或者购买的价格计算非法经营数额。无法查清销售或者购买价格的，按照下列方法计算非法经营数额：

（一）查获的卷烟、雪茄烟的价格，有品牌的，按照该品牌卷烟、雪茄烟的查获地省级烟草专卖行政主管部门出具的零售价格计算；无品牌的，按照查获地省级烟草专卖行政主管部门出具的上年度卷烟平均零售价格计算；

（二）查获的复烤烟叶、烟叶的价格按照查获地省级烟草专卖行政主管部门出具的上年度烤烟调拨平均基准价格计算；

（三）烟丝的价格按照第（二）项规定价格计算标准的一点五倍计算；

（四）卷烟辅料的价格，有品牌的，按照该品牌辅料的查获地省级烟草专卖行政主管部门出具的价格计算；无品牌的，按照查获地省级烟草专卖行政主管部门出具的上年度烟草行业生产卷烟所需该类卷烟辅料的平均价格计算；

（五）非法生产、销售、购买烟草专用机械的价格按照国务院烟草专卖行政主管部门下发的全国烟草专用机械产品指导价格目录进行计算；目录中没有该烟草专用机械的，按照省级以上烟草专卖行政主管部门出具的目录中同类烟草专用机械的平均价格计算。

第五条　行为人实施非法生产、销售烟草专卖品犯罪，同时构成生产、销售伪劣产品罪、侵犯知识产权犯罪、非法经营罪的，依照处罚较重的规定定罪处罚。

第六条　明知他人实施本解释第一条所列犯罪，而为其提供贷款、资金、账号、发票、证明、许可证件，或者提供生产、经营场所、设备、运输、仓储、保管、邮寄、代理进出口等便利条件，或者提供生产技术、卷烟配方的，应当按照共犯追究刑事责任。

第七条　办理非法生产、销售烟草专卖品等刑事案件，需要对伪劣烟草专卖品鉴定的，应当委托国务院产品质量监督管理部门和省、自治区、直辖市人民政府产品质量监督管理部门指定的烟草质量检测机构进行。

第八条　以暴力、威胁方法阻碍烟草专卖执法人员依法执行职务，构成犯罪的，以妨害公务罪追究刑事责任。

煽动群众暴力抗拒烟草专卖法律实施，构成犯罪的，以煽动暴力抗拒法律实施罪追究刑事责任。

第九条　本解释所称‘烟草专卖品’，是指卷烟、雪茄烟、烟丝、复烤烟叶、烟叶、卷烟纸、滤嘴棒、烟用丝束、烟草专用机械。

本解释所称‘卷烟辅料’，是指卷烟纸、滤嘴棒、烟用丝束。

本解释所称‘烟草专用机械’，是指由国务院烟草专卖行政主管部门烟草专用机械名录所公布的，在卷烟、雪茄烟、烟丝、复烤烟叶、烟叶、卷烟纸、滤嘴棒、烟用丝束的生产加工过程中，能够完成一项或者多项特定加工工序,可以独立操作的机械设备。”

⑦2003年12月23日最高人民法院、最高人民检察院、公安部、国家烟草专卖局《关于办理假冒伪劣烟草制品等刑事案件适用法律问题座谈会纪要》相关内容如下:

“一、关于生产、销售伪劣烟草制品行为适用法律问题

(一)关于生产伪劣烟草制品尚未销售或者尚未完全销售行为定罪量刑问题

根据刑法第一百四十条的规定,生产、销售伪劣烟草制品,销售金额在五万元以上的,构成生产、销售伪劣产品罪。

根据《最高人民法院、最高人民检察院关于办理生产、销售伪劣商品刑事案件具体应用法律若干问题的解释》的有关规定,销售金额是指生产者、销售者出售伪劣烟草制品后所得和应得的全部违法收入。伪劣烟草制品尚未销售,货值金额达到刑法第一百四十条规定的销售金额三倍(十五万元)以上的,以生产、销售伪劣产品罪(未遂)定罪处罚。货值金额以违法生产、销售的伪劣产品的标价计算;没有标价的,按照同类合格产品的市场中间价格计算。货值金额难以确定的,按照国家计划委员会、最高人民法院、最高人民检察院、公安部1997年4月22日联合发布的《扣押、追缴、没收物品估价管理办法》的规定,委托指定的估价机构确定。

伪劣烟草制品尚未销售,货值金额分别达到十五万元以上不满二十万元、二十万元以上不满五十万元、五十万元以上不满二百万元、二百万元以上的,分别依照刑法第一百四十条规定的各量刑档次定罪处罚。

伪劣烟草制品的销售金额不满五万元,但与尚未销售的伪劣烟草制品的货值金额合计达到十五万元以上的,以生产、销售伪劣产品罪(未遂)定罪处罚。

生产伪劣烟草制品尚未销售,无法计算货值金额,有下列情形之一的,以生产、销售伪劣产品罪(未遂)定罪处罚:1. 生产伪劣烟用烟丝数量在1000公斤以上的;2. 生产伪劣烟用烟叶数量在1500公斤以上的。

(二)关于非法生产、拼装、销售烟草专用机械行为定罪处罚问题

非法生产、拼装、销售烟草专用机械行为,依照刑法第一百四十条的规定,以生产、销售伪劣产品罪追究刑事责任。

四、关于共犯问题

知道或者应当知道他人实施本纪要第一条至第三条规定的犯罪行为,仍实施下列行为之一的,应认定为共犯,依法追究刑事责任:

1. 直接参与生产、销售假冒伪劣烟草制品或者销售假冒烟用注册商标的烟草制品或者直接参与非法经营烟草制品并在其中起主要作用的;

2. 提供房屋、场地、设备、车辆、贷款、资金、账号、发票、证明、技术等设施和条件,用于帮助生产、销售、储存、运输假冒伪劣烟草制品、非法经营烟草制品的;

3. 运输假冒伪劣烟草制品的。

上述人员中有检举他人犯罪经查证属实,或者提供重要线索,有立功表现的,可以从轻或减轻处罚;有重大立功表现的,可以减轻或者免除处罚。

五、国家机关工作人员参与实施本纪要第一条至第三条规定的犯罪行为的处罚问题

根据《最高人民法院、最高人民检察院关于办理生产、销售伪劣商品刑事案件具体应用法律若干问题的解释》的规定,国家机关工作人员参与实施本纪要第一条至第三条规定的犯罪行为的,从重处罚。

六、关于一罪与数罪问题

行为人的犯罪行为同时构成生产、销售伪劣产品罪、销售假冒注册商标的商品罪、非法经营

罪等罪的，依照处罚较重的规定定罪处罚。

十一、关于烟草制品、卷烟的范围

本纪要所称烟草制品指卷烟、雪茄烟、烟丝、复烤烟叶、烟叶、卷烟纸、滤嘴棒、烟用丝束。

本纪要所称卷烟包括散支烟和成品烟。”

⑧2000年12月28日全国人民代表大会常务委员会《关于维护互联网安全的决定》第3条规定：“为了维护社会主义市场经济秩序和社会管理秩序，对有下列行为之一，构成犯罪的，依照刑法有关规定追究刑事责任：

（一）利用互联网销售伪劣产品或者对商品、服务作虚假宣传；

（二）利用互联网损害他人商业信誉和商品声誉；

（三）利用互联网侵犯他人知识产权；

（四）利用互联网编造并传播影响证券、期货交易或者其他扰乱金融秩序的虚假信息；

（五）在互联网上建立淫秽网站、网页，提供淫秽站点链接服务，或者传播淫秽书刊、影片、音像、图片。”

⑨2013年5月2日最高人民法院、最高人民检察院《关于办理危害食品安全刑事案件适用法律若干问题的解释》第10条规定：“生产、销售不符合食品安全标准的食品添加剂，用于食品的包装材料、容器、洗涤剂、消毒剂，或者用于食品生产经营的工具、设备等，构成犯罪的，依照刑法第一百四十条的规定以生产、销售伪劣产品罪定罪处罚。”

⑩2012年9月6日最高人民法院、最高人民检察院、公安部、国家安全监管总局《关于依法加强对涉嫌犯罪的非法生产经营烟花爆竹行为刑事责任追究的通知》第1条规定：“非法生产、经营烟花爆竹及相关行为涉及非法制造、买卖、运输、邮寄、储存黑火药、烟火药，构成非法制造、买卖、运输、邮寄、储存爆炸物罪的，应当依照刑法第一百二十五条的规定定罪处罚；非法生产、经营烟花爆竹及相关行为涉及生产、销售伪劣产品或不符合安全标准产品，构成生产、销售伪劣产品罪或生产、销售不符合安全标准产品罪的，应当依照刑法第一百四十条、第一百四十六条的规定定罪处罚；非法生产、经营烟花爆竹及相关行为构成非法经营罪的，应当依照刑法第二百二十五条的规定定罪处罚。上述非法生产经营烟花爆竹行为的定罪量刑和立案追诉标准，分别按照《最高人民法院关于审理非法制造、买卖、运输枪支、弹药、爆炸物等刑事案件具体应用法律若干问题的解释》（法释〔2009〕18号）、《最高人民法院、最高人民检察院关于办理生产、销售伪劣商品刑事案件具体应用法律若干问题的解释》（法释〔2001〕10号）、《最高人民检察院、公安部关于公安机关管辖的刑事案件立案追诉标准的规定（一）》（公通字〔2008〕36号）、《最高人民检察院、公安部关于公安机关管辖的刑事案件立案追诉标准的规定（二）》（公通字〔2010〕23号）等有关规定执行。”

（3）构成要件

第一，本罪侵犯的客体是国家对生产、销售产品质量的监督管理制度和企业、消费者的合法权益，属于复杂客体。

第二，客观方面表现为违反国家产品质量法规，故意在产品中掺杂、掺假，以假充真，以次充好或者以不合格产品冒充合格产品，销售金额在5万元以上的行为。由此可以看出，具体有四种表现形式：一是掺杂、掺假；二是以假充真；三是以次充好；四是以不合格产品冒充合格产品。法律要求行为人具有上述四种行为中的一种就构成犯罪。同时具有两种或者两种以上行为的，也视为一种犯罪，不实行数罪并罚。按照《刑法》第140条的规定，生产、销售伪劣产品的行为，还必须达到销售金额5万元以上，犯罪才能成立。可见，行为特征和违法销售金额标准是构成本罪在客观方面必须同时具备的两个要件。

第三,犯罪主体是一般主体。自然人和企业事业单位都可以成为本罪主体。

第四,主观方面是故意,并且一般具有获取非法利润的目的。但法律并没有规定以营利为目的是构成本罪主观方面必须具备的条件,这是为了有利于打击具有各种不同目的的犯罪分子。过失不构成本罪。

(4)罪名界定

第一,按照《刑法》的规定,生产、销售伪劣产品的行为,必须达到销售金额5万元以上才能构成犯罪。因此,本罪在犯罪形态上属于结果犯。销售金额不满5万元,属于一般违法行为,不能以犯罪论处,可由有关工商行政部门给予行政处罚。伪劣产品尚未销售,货值达到15万元以上的,以生产、销售伪劣产品罪(未遂)定罪处罚。

第二,本罪与假冒注册商标罪、销售假冒注册商标的商品罪不同。后两种犯罪往往也以自己生产的质量较差的产品,假冒他人生产的质量较好或者信誉较好的名优产品企业的注册商标,实质上也是一种以假充真、以次充好的行为。这两者的不同点,主要是犯罪对象不完全相同。前者的犯罪对象是伪劣产品;后者的犯罪对象是假冒他人已经注册商标的商品,这种假冒的商品可以是劣质品,也可能是合格产品。如果行为人单纯假冒他人注册商标或者销售假冒注册商标商品,并未生产、销售伪劣产品,自然只能按照假冒注册商标罪或者销售假冒注册商标的商品罪处罚。如果行为人以劣质产品假冒他人注册商标进行生产、销售,在这种情况下,行为人主观方面出于一个犯罪目的,客观方面的假冒他人注册商标或者销售假冒注册商标的商品的行为与生产、销售劣质产品的行为之间有牵连关系,则属于牵连犯罪。按照处理牵连犯的处罚原则,以其中的重罪判处,即按生产、销售伪劣产品罪定罪处罚。

第三,本罪与诈骗罪有相同之处,即在客观方面都有以假充真、以次充好的诈骗行为,主观方面都属于故意犯罪,犯罪主体都是一般主体。但是,这两种犯罪存在区别:一是侵犯的客体不同。前者侵犯的客体是国家对生产、销售产品质量的监督管理制度和企业、消费者的合法权益,后者侵犯的客体是公私财产所有权。二是犯罪目的也不同。前者是以获取非法利润为目的,后者是以非法占有公私财产为目的。

第四,非法生产、销售伪劣烟、盐等商品构成犯罪的,即构成生产、销售伪劣商品犯罪,又由于烟、盐等属于国家法律、行政法规规定的专营、专卖物品,所以又构成非法经营罪。对此,要根据刑法理论关于想象竞合犯要选择一重罪处罚的原则,应当按照其具体犯罪行为可能判处的具体刑罚的轻重,选择可能被判处较重的刑罚的犯罪来定罪处罚。

第五,国家工作人员、集体经济组织工作人员以及其他从事公务的人员为个人拿"回扣"而采购假冒伪劣商品,是经济往来中的贪污、受贿行为,构成犯罪的,应当以贪污罪、受贿罪从重处罚。

(5)量刑幅度

根据《刑法》第140条的规定,对于构成本罪的,在量刑上分以下4个档次:

一是销售金额5万元以上不满20万元的,处2年以下有期徒刑或者拘役,并处或者单处销售金额50%以上2倍以下的罚金。

二是销售金额20万元以上不满50万元的,处2年以上7年以下有期徒刑,并处销售金额50%以上2倍以下的罚金。

三是销售金额50万元以上不满200万元的,处7年以上有期徒刑,并处销售金额50%以上2倍以下的罚金。

四是销售金额200万元以上的,处15年有期徒刑或者无期徒刑,并处销售金额50%以上2倍以下罚金或者没收财产。

这里的“销售金额”，也包括《刑法》第149条的“销售金额”，是指生产者、销售者出售伪劣产品后所得的和应得的全部违法收入。伪劣产品尚未销售，货值金额达到法律规定的销售金额3倍以上的，以生产、销售伪劣产品罪（未遂）定罪处罚。货值金额以违法生产、销售的伪劣产品的标价计算，没有标价的，按同类合格产品的市场中间价计算。货值价额难以确定的，按国家计划委员会、最高人民法院、最高人民检察院、公安部于1997年4月22日联合发布的《扣押、追缴、没收物品估价管理办法》的规定，委托指定的估价机构确定。多次生产、销售伪劣产品，未经处理的，伪劣产品的销售金额或者货值金额累计计算。

2. 生产、销售、提供假药罪（第141条）

（1）罪名概念

生产、销售、提供假药罪，是指违反国家药品管理法规，明知是假药而生产、销售或提供给他人使用的行为。

（2）法律规定

①本罪名是由《刑法》第141条规定的。该条规定：“生产、销售假药的，处三年以下有期徒刑或者拘役，并处罚金；对人体健康造成严重危害或者有其他严重情节的，处三年以上十年以下有期徒刑，并处罚金；致人死亡或者有其他特别严重情节的，处十年以上有期徒刑、无期徒刑或者死刑，并处罚金或者没收财产。

药品使用单位的人员明知是假药而提供给他人使用的，依照前款的规定处罚。”

第149条规定：“生产、销售本节第一百四十一条至第一百四十八条所列产品，不构成各该条规定的犯罪，但是销售金额在五万元以上的，依照本节第一百四十条的规定定罪处罚。

生产、销售本节第一百四十一条至第一百四十八条所列产品，构成各该条规定的犯罪，同时又构成本节第一百四十条规定之罪的，依照处罚较重的规定定罪处罚。”

第150条规定：“单位犯本节第一百四十条至第一百四十八条规定之罪的，对单位判处罚金，并对其直接负责的主管人员和其他直接责任人员，依照各该条的规定处罚。”

②2017年4月27日最高人民检察院、公安部《关于公安机关管辖的刑事案件立案追诉标准的规定（一）的补充规定》第2条规定：“将《立案追诉标准（一）》第17条修改为：[生产、销售假药案（刑法第141条）]生产、销售假药的，应予立案追诉。但销售少量根据民间传统配方私自加工的药品，或者销售少量未经批准进口的国外、境外药品，没有造成他人伤害后果或者延误诊治，情节显著轻微危害不大的除外。

以生产、销售假药为目的，具有下列情形之一的，属于本条规定的‘生产’：

（一）合成、精制、提取、储存、加工炮制药品原料的；

（二）将药品原料、辅料、包装材料制成成品过程中，进行配料、混合、制剂、储存、包装的；

（三）印制包装材料、标签、说明书的。

医疗机构、医疗机构工作人员明知是假药而有偿提供给他人使用，或者为出售而购买、储存的，属于本条规定的‘销售’。

本条规定的‘假药’，是指依照《中华人民共和国药品管理法》的规定属于假药和按假药处理的药品、非药品。是否属于假药难以确定的，可以根据地市级以上药品监督管理部门出具的认定意见等相关材料进行认定。必要时，可以委托省级以上药品监督管理部门设置或者确定的药品检验机构进行检验。”

③2003年5月14日最高人民法院、最高人民检察院《关于办理妨害预防、控制突发传染病疫情等灾害的刑事案件具体应用法律若干问题的解释》第2条规定：“在预防、控制突发传染病疫情

等灾害期间,生产、销售伪劣的防治、防护产品、物资,或者生产、销售用于防治传染病的假药、劣药,构成犯罪的,分别依照刑法第一百四十条、第一百四十一条、第一百四十二条的规定,以生产、销售伪劣产品罪,生产、销售假药罪或者生产、销售劣药罪定罪,依法从重处罚。"

④2001 年 4 月 9 日最高人民法院、最高人民检察院《关于办理生产、销售伪劣商品刑事案件具体应用法律若干问题的解释》第 3 条规定:"经省级以上药品监督管理部门设置或者确定的药品检验机构鉴定,生产、销售的假药具有下列情形之一的,应认定为刑法第一百四十一条规定的'足以严重危害人体健康':(一)含有超标准的有毒有害物质的;(二)不含所标明的有效成分,可能贻误诊治的;(三)所标明的适应症或者功能主治超出规定范围,可能造成贻误诊治的;(四)缺乏所标明的急救必需的有效成份的。

生产、销售的假药被使用后,造成轻伤、重伤或者其他严重后果的,应认定为'对人体健康造成严重危害'。

生产、销售的假药被使用后,致人严重残疾,三人以上重伤、十人以上轻伤或者造成其他特别严重后果的,应认定为'对人体健康造成特别严重危害'。"

⑤2001 年 4 月 9 日最高人民法院、最高人民检察院《关于办理生产、销售伪劣商品刑事案件具体应用法律若干问题的解释》第 9 ~ 12 条规定:"知道或者应当知道他人实施生产、销售伪劣商品犯罪,而为其提供贷款、资金、账号、发票、证明、许可证件,或者提供生产、经营场所或者运输、仓储、保管、邮寄等便利条件,或者提供制假生产技术的,以生产、销售伪劣商品犯罪的共犯论处。"

"实施生产、销售伪劣商品犯罪,同时构成侵犯知识产权、非法经营等其他犯罪的,依照处罚较重的规定定罪处罚。"

"实施刑法第一百四十条至第一百四十八条规定的犯罪,又以暴力、威胁方法抗拒查处,构成其他犯罪的,依照数罪并罚的规定处罚。"

"国家机关工作人员参与生产、销售伪劣商品犯罪的,从重处罚。"

⑥2014 年 11 月 3 日最高人民法院、最高人民检察院《关于办理危害药品安全刑事案件私用法律若干问题的解释》有关内容如下:

"第六条　以生产、销售假药、劣药为目的,实施下列行为之一的,应当认定为刑法第一百四十一条、第一百四十二条规定的'生产':

(一)合成、精制、提取、储存、加工炮制药品原料的行为;

(二)将药品原料、辅料、包装材料制成成品过程中,进行配料、混合、制剂、储存、包装的行为;

(三)印制包装材料、标签、说明书的行为。

医疗机构、医疗机构工作人员明知是假药、劣药而有偿提供给他人使用,或者为出售而购买、储存的行为,应当认定为刑法第一百四十一条、第一百四十二条规定的'销售'。

第八条　明知他人生产、销售假药、劣药,而有下列情形之一的,以共同犯罪论处:

(一)提供资金、贷款、账号、发票、证明、许可证件的;

(二)提供生产、经营场所、设备或者运输、储存、保管、邮寄、网络销售渠道等便利条件的;

(三)提供生产技术或者原料、辅料、包装材料、标签、说明书的;

(四)提供广告宣传等帮助行为的。

第十二条　犯生产、销售假药罪的,一般应当依法判处生产、销售金额二倍以上的罚金。共同犯罪的,对各共同犯罪人合计判处的罚金应当在生产、销售金额的二倍以上。"

⑦2016 年 12 月 16 日最高人民法院《关于审理非法行医刑事案件具体应用法律若干问题的解释》第 5 条规定:"实施非法行医犯罪,同时构成生产、销售假药罪,生产、销售劣药罪,诈骗罪等

其他犯罪的，依照刑法处罚较重的规定定罪处罚。”

（3）构成要件

第一，本罪侵犯的客体是复杂客体，即国家对药品的监督管理制度和不特定多数人的生命、健康权利。

第二，客观方面表现为违反国家药品管理法规，生产、销售、提供假药的行为。至于是否“足以危害人体健康”，不影响本罪的构成。

第三，犯罪主体是一般主体，自然人和企业事业单位都可以成为本罪的主体。但提供假药罪的主体属于特殊主体，即只能是药品使用单位的人员。

第四，主观方面是故意，即明知是假药而进行生产、销售或提供给他人使用。过失不构成本罪。

（4）罪名界定

第一，本罪与诈骗罪不同。本罪侵犯的客体是公民的生命健康权利和国家药品管理制度，而诈骗罪侵犯的客体是公私财产所有权。本罪只要有生产、销售、提供假药的行为就可构成犯罪，而诈骗罪要求骗取财物数额较大的才构成犯罪。

第二，本罪与生产、销售、提供劣药罪的区别主要是：一是假药是指依照《中华人民共和国药品管理法》的规定，属于假药和按假药处理的药品、非药品，而劣药是依据《中华人民共和国药品管理法》的规定属于劣药的药品。二是本罪属于行为犯，只要有生产、销售、提供假药的行为就构成犯罪；而生产、销售、提供劣药罪属于结果犯，只有对人体健康造成严重危害的，才以犯罪处理，如果危害不大，则不构成犯罪。

第三，要把本罪与《刑法》第347条规定的走私、贩卖、运输、制造毒品罪相区别。在实践中，一些物品具有医疗作用和麻醉毒品作用，行为人在生产、销售、提供上述具有双重作用的物品时，往往为我们区别两类犯罪带来了不便，但应当把握住一个原则，即行为人生产、销售、提供的物品的使用目的是区分本罪与《刑法》第347条规定的走私、贩卖、运输、制造毒品罪的关键。如果行为人生产、销售、提供用于医疗目的的劣质药品、精神药品，即使这些药品具有麻醉毒品性，也要以生产、销售、提供假药罪或者生产、销售、提供劣药罪论处。如果行为人生产、销售、提供的不是以医疗为目的的劣质药品、精神药品，即使这些药品具备医疗作用，也应以制造、贩卖毒品处理。如果是以假麻醉药品，假精神药品来冒充真药品出售，则可依照具体情况，按照诈骗罪处理。

第四，本罪与以危险方法危害公共安全罪不同。本罪既侵犯了国家药品管理制度，又危害了人民群众的生命、健康安全。而以危险方法危害公共安全罪侵犯的客体没有国家药品管理制度。本罪行为人在主观上一般是以牟利为目的，行为人为了牟取暴利，明知生产、销售、提供的是假药而仍然生产、销售。至于其行为给人体的健康、生命造成的严重危害后果，不在行为人追求的直接故意范围之内，或者存在过失心理，或者属于间接故意心理。如果行为人生产、销售、提供假药的目的就是要给他人的生命健康、财产造成损害，危害公共安全，那么才能认定为危险方法危害公共安全罪，并以此罪处罚。

（5）量刑幅度

根据《刑法》第141条的规定，本罪的处罚幅度分以下3个档次：

一是生产、销售、提供假药的，处3年以下有期徒刑或者拘役，并处罚金。

二是对人体健康造成严重危害或者有其他严重情节的，处3年以上10年以下有期徒刑，并处罚金。

三是致人死亡或者有其他特别严重情节的，处10年以上有期徒刑、无期徒刑或者死刑，并处罚金或者没收财产。

2014年11月3日最高人民法院、最高人民检察院《关于办理危害药品安全刑事案件适用法律若干问题的解释》相关内容如下：

“第一条　生产、销售假药，具有下列情形之一的，应当酌情从重处罚：

（一）生产、销售的假药以孕产妇、婴幼儿、儿童或者危重病人为主要使用对象的；

（二）生产、销售的假药属于麻醉药品、精神药品、医疗用毒性药品、放射性药品、避孕药品、血液制品、疫苗的；

（三）生产、销售的假药属于注射剂药品、急救药品的；

（四）医疗机构、医疗机构工作人员生产、销售假药的；

（五）在自然灾害、事故灾难、公共卫生事件、社会安全事件等突发事件期间，生产、销售用于应对突发事件的假药的；

（六）两年内曾因危害药品安全违法犯罪活动受过行政处罚或者刑事处罚的；

（七）其他应当酌情从重处罚的情形。

第二条　生产、销售假药，具有下列情形之一的，应当认定为刑法第一百四十一条规定的‘对人体健康造成严重危害’：

（一）造成轻伤或者重伤的；

（二）造成轻度残疾或者中度残疾的；

（三）造成器官组织损伤导致一般功能障碍或者严重功能障碍的；

（四）其他对人体健康造成严重危害的情形。

第三条　生产、销售假药，具有下列情形之一的，应当认定为刑法第一百四十一条规定的‘其他严重情节’：

（一）造成较大突发公共卫生事件的；

（二）生产、销售金额二十万元以上不满五十万元的；

（三）生产、销售金额十万元以上不满二十万元，并具有本解释第一条规定情形之一的；

（四）根据生产、销售的时间、数量、假药种类等，应当认定为情节严重的。

第四条　生产、销售假药，具有下列情形之一的，应当认定为刑法第一百四十一条规定的‘其他特别严重情节’：

（一）致人重度残疾的；

（二）造成三人以上重伤、中度残疾或者器官组织损伤导致严重功能障碍的；

（三）造成五人以上轻度残疾或者器官组织损伤导致一般功能障碍的；

（四）造成十人以上轻伤的；

（五）造成重大、特别重大突发公共卫生事件的；

（六）生产、销售金额五十万元以上的；

（七）生产、销售金额二十万元以上不满五十万元，并具有本解释第一条规定情形之一的；

（八）根据生产、销售的时间、数量、假药种类等，应当认定为情节特别严重的。”

3. 生产、销售、提供劣药罪（第142条）

（1）罪名概念

生产、销售、提供劣药罪，是指违反药品管理法规，明知是劣药而进行生产、销售或提供给他人使用，对人体健康造成严重危害的行为。

（2）法律规定

①本罪名是由《刑法》第142条规定的。该条规定：“生产、销售劣药，对人体健康造成严重

危害的，处三年以上十年以下有期徒刑，并处罚金；后果特别严重的，处十年以上有期徒刑或者无期徒刑，并处罚金或者没收财产。

药品使用单位的人员明知是劣药而提供给他人使用的，依照前款的规定处罚。”

《刑法》第149条规定：“生产、销售本节第一百四十一条至第一百四十八条所列产品，不构成各该条规定的犯罪，但是销售金额在五万元以上的，依照本节第一百四十条的规定定罪处罚。

生产、销售本节第一百四十一条至第一百四十八条所列产品，构成各该条规定的犯罪，同时又构成本节第一百四十条规定之罪的，依照处罚较重的规定定罪处罚。”

《刑法》第150条规定：“单位犯本节第一百四十条至第一百四十八条规定之罪的，对单位判处罚金，并对其直接负责的主管人员和其他直接责任人员，依照各该条的规定处罚。”

②2008年6月25日最高人民检察院、公安部《关于公安机关管辖的刑事案件立案追诉标准的规定（一）》第18条规定：“生产（包括配制）、销售劣药，涉嫌下列情形之一的，应予立案追诉：（一）造成人员轻伤、重伤或者死亡的；（二）其他对人体健康造成严重危害的情形。

本条规定的‘劣药’，是指依照《中华人民共和国药品管理法》的规定，药品成分的含量不符合国家药品标准的药品和按劣药论处的药品。”

③2003年5月14日最高人民法院、最高人民检察院《关于办理妨害预防、控制突发传染病疫情等灾害的刑事案件具体应用法律若干问题的解释》第2条规定：“在预防、控制突发传染病疫情等灾害期间，生产、销售伪劣的防治、防护产品、物资，或者生产、销售用于防治传染病的假药、劣药，构成犯罪的，分别依照刑法第一百四十条、第一百四十一条、第一百四十二条的规定，以生产、销售伪劣产品罪，生产、销售假药罪或者生产、销售劣药罪定罪，依法从重处罚。”

④2001年4月9日最高人民法院、最高人民检察院《关于办理生产、销售伪劣商品刑事案件具体应用法律若干问题的解释》第9～12条规定：“知道或者应当知道他人实施生产、销售伪劣商品犯罪，而为其提供贷款、资金、账号、发票、证明、许可证件，或者提供生产、经营场所或者运输、仓储、保管、邮寄等便利条件，或者提供制假生产技术的，以生产、销售伪劣商品犯罪的共犯论处。”

“实施生产、销售伪劣商品犯罪，同时构成侵犯知识产权、非法经营等其他犯罪的，依照处罚轻重的规定定罪处罚。”

“实施刑法第一百四十条至第一百四十八条规定的犯罪，又以暴力、威胁方法抗拒查处，构成其他犯罪的，依照数罪并罚的规定处罚。”

“国家机关工作人员参与生产、销售伪劣商品犯罪的，从重处罚。”

⑤2014年11月3日最高人民法院、最高人民检察院《关于办理危害药品安全刑事案件适用法律若干问题的解释》相关内容如下：

“第六条　以生产、销售假药、劣药为目的，实施下列行为之一的，应当认定为刑法第一百四十一条、第一百四十二条规定的‘生产’：

（一）合成、精制、提取、储存、加工炮制药品原料的行为；

（二）将药品原料、辅料、包装材料制成成品过程中，进行配料、混合、制剂、储存、包装的行为；

（三）印制包装材料、标签、说明书的行为。

医疗机构、医疗机构工作人员明知是假药、劣药而有偿提供给他人使用，或者为出售而购买、储存的行为，应当认定为刑法第一百四十一条、第一百四十二条规定的‘销售’。

第八条　明知他人生产、销售假药、劣药，而有下列情形之一的，以共同犯罪论处：

（一）提供资金、贷款、账号、发票、证明、许可证件的；

（二）提供生产、经营场所、设备或者运输、储存、保管、邮寄、网络销售渠道等便利条件的；

(三)提供生产技术或者原料、辅料、包装材料、标签、说明书的;

(四)提供广告宣传等帮助行为的。

第十二条　犯生产、销售假药罪的,一般应当依法判处生产、销售金额二倍以上的罚金。共同犯罪的,对各共同犯罪人合计判处的罚金应当在生产、销售金额的二倍以上。"

⑥2016 年 12 月 16 日最高人民法院《关于审理非法行医刑事案件具体应用法律若干问题的解释》第 5 条规定:"实施非法行医犯罪,同时构成生产、销售假药罪,生产、销售劣药罪,诈骗罪等其他犯罪的,依照刑法处罚较重的规定定罪处罚。"

(3)构成要件

第一,本罪侵犯的客体是国家对药品的监督管理制度和公民的健康权利。

第二,客观方面表现为违反国家药品管理法规,生产、销售、提供劣药,对人体健康造成严重危害的行为。本罪在犯罪形态上属于结果犯。只有对人体健康已经造成严重危害后果才构成犯罪。如果仅仅有生产、销售、提供劣药的行为,并没有对人体健康造成严重危害后果,则不构成本罪。

第三,犯罪主体是一般主体,自然人和企业事业单位都可以成为本罪主体。

第四,主观方面是故意,即明知是劣药而故意生产、销售或提供。过失不构成本罪。

(4)罪名界定

第一,本罪与误销劣药不同。本罪主观方面是故意,后者是过失。误销劣药行为不构成本罪。

第二,本罪与生产、销售、提供假药罪不同。首先,犯罪对象不同。本罪的犯罪对象是劣药,后者的犯罪对象是假药。劣药和假药是两个完全不同的概念,它们的社会危害性也不相同,假药的社会危害性要大于劣药的危害性。其次,客观方面不同。前者必须对人体造成严重危害才能构成犯罪,属于结果犯;而后者属于行为犯,只要有生产、销售、提供假药的行为就构成犯罪,不要求实际危害后果的发生。

第三,本罪与生产、销售伪劣产品罪有区别。劣药本来也属于伪劣产品,本来也可以规定在生产、销售伪劣产品罪中,但是,立法者为了打击生产、销售、提供劣药的犯罪活动,单独设立了生产、销售、提供劣药罪。这样,生产、销售、提供劣药,对人体健康造成严重危害的,应当以生产、销售、提供劣药罪论处。这是刑法理论处理法条竞合问题时特别法优于普通法使用原则的体现。对于行为人生产、销售劣药没有对人体健康造成严重危害,但销售金额在 5 万元以上的,应当以生产、销售伪劣产品罪论处。

(5)量刑幅度

根据《刑法》第 142 条的规定,构成本罪的量刑幅度有 2 个档次:

一是生产、销售、提供劣药,对人体健康造成严重危害的,处 3 年以上 10 年以下有期徒刑,并处罚金。

二是后果特别严重的,处 10 年以上有期徒刑或者无期徒刑,并处罚金或者没收财产。

2014 年 11 月 3 日最高人民法院、最高人民检察院《关于办理危害药品安全刑事案件适用法律若干问题的解释》第 5 条规定,生产、销售劣药,具有下列情形之一的,应当认定为《刑法》第 142 条规定的"对人体健康造成严重危害":①造成轻伤或者重伤的;②造成轻度残疾或者中度残疾的;③造成器官组织损伤导致一般功能障碍或者严重功能障碍的;④其他对人体健康造成严重危害的情形。

生产、销售劣药,致人死亡,或者具有下列情形之一的,应当认定为《刑法》第 142 条规定的"后果特别严重":①致人重度残疾的;②造成 3 人以上重伤、中度残疾或者器官组织损伤导致严重功能障碍的;③造成 5 人以上轻度残疾或者器官组织损伤导致一般功能障碍的;④造成 10 人以上轻伤的;⑤造成重大、特别重大突发公共卫生事件的。

生产、销售劣药,具有下列情形之一的,应当酌情从重处罚:①生产、销售的假药以孕产妇、婴幼儿、儿童或者危重病人为主要使用对象的;②生产、销售的假药属于麻醉药品、精神药品、医疗用毒性药品、放射性药品、避孕药品、血液制品、疫苗的;③生产、销售的假药属于注射剂药品、急救药品的;④医疗机构、医疗机构工作人员生产、销售假药的;⑤在自然灾害、事故灾难、公共卫生事件、社会安全事件等突发事件期间,生产、销售用于应对突发事件的假药的;⑥2 年内曾因危害药品安全违法犯罪活动受过行政处罚或者刑事处罚的;⑦其他应当酌情从重处罚的情形。

4. 妨害药品管理罪(第 142 条之一)

(1)罪名概念

妨害药品管理罪,是指违反药品管理法规,具有刑法规定的特定情形,足以严重危害人体健康的行为。

(2)法律规定

本罪名是由《刑法》第 142 条之一规定的。该条规定:"违反药品管理法规,有下列情形之一,足以严重危害人体健康的,处三年以下有期徒刑或者拘役,并处或者单处罚金;对人体健康造成严重危害或者有其他严重情节的,处三年以上七年以下有期徒刑,并处罚金:

(一)生产、销售国务院药品监督管理部门禁止使用的药品的;

(二)未取得药品相关批准证明文件生产、进口药品或者明知是上述药品而销售的;

(三)药品申请注册中提供虚假的证明、数据、资料、样品或者采取其他欺骗手段的;

(四)编造生产、检验记录的。

有前款行为,同时又构成本法第一百四十一条、第一百四十二条规定之罪或者其他犯罪的,依照处罚较重的规定定罪处罚。"

(3)构成要件

第一,本罪侵犯的客体是国家对药品的监督管理制度和公民的健康权利。

第二,本罪客观方面表现为违反药品管理法规,生产监管部门禁止使用的药品,或未经批准生产、进口药品或明知是此类药品而销售,或在药品申请注册中采取欺骗手段,或编造生产、检验记录,足以严重危害人体健康的行为。本罪在犯罪形态上属于危险犯,只要行为具有严重危害人体健康的危险就可构成本罪,不要求行为对人体健康实际造成严重危害,如果造成了严重危害或有其他严重情节,则属于本罪的加重处罚情节。

第三,犯罪主体是一般主体,自然人和企业事业单位都可以成为本罪主体。

第四,犯罪主观方面是故意,即明知自己的行为违反药品管理法规而有意为之。

(4)罪名界定

实践中,应重点把握本罪与生产、销售、提供假药罪以及生产、销售、提供劣药罪的界限。本罪与后两个罪有共同之处,如犯罪客体均是复杂客体,即国家对药品的监督管理制度和不特定多数人的生命健康权利,犯罪主观方面均为故意,犯罪主体均为一般主体,但三者也存在明显区别。本罪主要表现为行为人实施了《刑法》第 142 条之一规定的四种具体行为,与后两个罪的客观方面显然不同。如果行为人的行为既构成本罪,又构成后两个罪,应按照处罚较重的罪定罪处罚。

(5)量刑幅度

根据《刑法》第 142 条之一的规定,构成本罪的,处 3 年以下有期徒刑或者拘役,并处或者单处罚金;对人体健康造成严重危害或者有其他严重情节的,处 3 年以上 7 年以下有期徒刑,并处罚金。

5. 生产、销售不符合安全标准的食品罪(第 143 条)

(1)罪名概念

生产、销售不符合安全标准的食品罪,是指违反食品卫生法规,生产、销售不符合安全标准的食品,足以造成严重食物中毒事故或者其他严重食源性疾患的行为。

(2)法律规定

①本罪名是由《刑法》第 143 条规定的。该条规定:"生产、销售不符合卫生标准的食品,足以造成严重食物中毒事故或者其他严重食源性疾病的,处三年以下有期徒刑或者拘役,并处罚金;对人体健康造成严重危害或者有其他严重情节的,处三年以上七年以下有期徒刑,并处罚金;后果特别严重的,处七年以上有期徒刑或者无期徒刑,并处罚金或者没收财产。"

《刑法》第 149 条规定:"生产、销售本节第一百四十一条至第一百四十八条所列产品,不构成各该条规定的犯罪,但是销售金额在五万元以上的,依照本节第一百四十条的规定定罪处罚。

生产、销售本节第一百四十一条至第一百四十八条所列产品,构成各该条规定的犯罪,同时又构成本节第一百四十条规定之罪的,依照处罚较重的规定定罪处罚。"

《刑法》第 150 条规定:"单位犯本节第一百四十条至第一百四十八条规定之罪的,对单位判处罚金,并对其直接负责的主管人员和其他直接责任人员,依照各该条的规定处罚。"

②2017 年 4 月 27 日最高人民检察院、公安部《关于公安机关管辖的刑事案件立案追诉标准的规定(一)的补充规定》第 3 条规定:"将《立案追诉标准(一)》第 19 条修改为:[生产、销售不符合安全标准的食品案(刑法第 143 条)]生产、销售不符合食品安全标准的食品,涉嫌下列情形之一的,应予立案追诉:

(一)食品含有严重超出标准限量的致病性微生物、农药残留、兽药残留、重金属、污染物质以及其他危害人体健康的物质的;

(二)属于病死、死因不明或者检验检疫不合格的畜、禽、兽、水产动物及其肉类、肉类制品的;

(三)属于国家为防控疾病等特殊需要明令禁止生产、销售的食品的;

(四)婴幼儿食品中生长发育所需营养成分严重不符合食品安全标准的;

(五)其他足以造成严重食物中毒事故或者严重食源性疾病的情形。

在食品加工、销售、运输、贮存等过程中,违反食品安全标准,超限量或者超范围滥用食品添加剂,足以造成严重食物中毒事故或者其他严重食源性疾病的,应予立案追诉。

在食用农产品种植、养殖、销售、运输、贮存等过程中,违反食品安全标准,超限量或者超范围滥用添加剂、农药、兽药等,足以造成严重食物中毒事故或者其他严重食源性疾病的,应予立案追诉。"

③2001 年 4 月 9 日最高人民法院、最高人民检察院《关于办理生产、销售伪劣商品刑事案件具体应用法律若干问题的解释》规定:

"第一条　刑法第一百四十条规定的'在产品中掺杂、掺假',是指在产品中掺入杂质或者异物,致使产品质量不符合国家法律、法规或者产品明示质量标准规定的质量要求,降低、失去应有使用性能的行为。

刑法第一百四十条规定的'以假充真',是指以不具有某种使用性能的产品冒充具有该种使用性能的产品的行为。

刑法第一百四十条规定的'以次充好',是指以低等级、低档次产品冒充高等级、高档次产品,或者以残次、废旧零配件组合、拼装后冒充正品或者新产品的行为。

刑法第一百四十条规定的‘不合格产品’，是指不符合《中华人民共和国产品质量法》第二十六条第二款规定的质量要求的产品。

对本条规定的上述行为难以确定的，应当委托法律、行政法规规定的产品质量检验机构进行鉴定。

第二条　刑法第一百四十条、第一百四十九条规定的‘销售金额’，是指生产者、销售者出售伪劣产品后所得和应得的全部违法收入。

伪劣产品尚未销售，货值金额达到刑法第一百四十条规定的销售金额三倍以上的，以生产、销售伪劣产品罪（未遂）定罪处罚。

货值金额以违法生产、销售的伪劣产品的标价计算；没有标价的，按照同类合格产品的市场中间价格计算。货值金额难以确定的，按照国家计划委员会、最高人民法院、最高人民检察院、公安部 1997 年 4 月 22 日联合发布的《扣押、追缴、没收物品估价管理办法》的规定，委托指定的估价机构确定。

多次实施生产、销售伪劣产品行为，未经处理的，伪劣产品的销售金额或者货值金额累计计算。

第三条　经省级以上药品监督管理部门设置或者确定的药品检验机构鉴定，生产、销售的假药具有下列情形之一的，应认定为刑法第一百四十一条规定的‘足以严重危害人体健康’：（一）含有超标准的有毒有害物质的；（二）不含所标明的有效成分，可能贻误诊治的；（三）所标明的适应症或者功能主治超出规定范围，可能造成贻误诊治的；（四）缺乏所标明的急救必需的有效成份的。

生产、销售的假药被使用后，造成轻伤、重伤或者其他严重后果的，应认定为‘对人体健康造成严重危害’。

生产、销售的假药被使用后，致人严重残疾，三人以上重伤、十人以上轻伤或者造成其他特别严重后果的，应认定为‘对人体健康造成特别严重危害’。

第四条　经省级以上卫生行政部门确定的机构鉴定，食品中含有可能导致严重食物中毒事故或者其他严重食源性疾患的超标准的有害细菌或者其他污染物的，应认定为刑法第一百四十三条规定的‘足以造成严重食物中毒事故或者其他严重食源性疾患’。

生产、销售不符合卫生标准的食品被食用后，造成轻伤、重伤或者其他严重后果的，应认定为‘对人体健康造成严重危害’。

生产、销售不符合卫生标准的食品被食用后，致人死亡、严重残疾、三人以上重伤、十人以上轻伤或者造成其他特别严重后果的，应认定为‘后果特别严重’。

第五条　生产、销售的有毒、有害食品被食用后，造成轻伤、重伤或者其他严重后果的，应认定为刑法第一百四十四条规定的‘对人体健康造成严重危害’。

生产、销售的有毒、有害食品被食用后，致人严重残疾、三人以上重伤、十人以上轻伤或者造成其他特别严重后果的，应认定为‘对人体健康造成特别严重危害’。

第六条　生产、销售不符合标准的医疗器械、医用卫生材料，致人轻伤或者其他严重后果的，应认定为刑法第一百四十五条规定的‘对人体健康造成严重危害’。

生产、销售不符合标准的医疗器械、医用卫生材料，造成感染病毒性肝炎等难以治愈的疾病、一人以上重伤、三人以上轻伤或者其他严重后果的，应认定为‘后果特别严重’。

生产、销售不符合标准的医疗器械、医用卫生材料，致人死亡、严重残疾、感染艾滋病、三人以上重伤、十人以上轻伤或者造成其他特别严重后果的，应认定为‘情节特别恶劣’。

医疗机构或者个人，知道或者应当知道是不符合保障人体健康的国家标准、行业标准的医疗器械、医用卫生材料而购买、使用,对人体健康造成严重危害的,以销售不符合标准的医用器材罪定罪处罚。

没有国家标准、行业标准的医疗器械,注册产品标准可视为'保障人体健康的行业标准'。

第七条 刑法第一百四十七条规定的生产、销售伪劣农药、兽药、化肥、种子罪中'使生产遭受较大损失',一般以二万元为起点;'重大损失',一般以十万元为起点;'特别重大损失',一般以五十万元为起点。

第八条 国家机关工作人员徇私舞弊,对生产、销售伪劣商品犯罪不履行法律规定的查处职责,具有下列情形之一的,属于刑法第四百一十四条规定的'情节严重':(一)放纵生产、销售假药或者有毒、有害食品犯罪行为的;(二)放纵依法可能判处二年有期徒刑以上刑罚的生产、销售伪劣商品犯罪行为的;(三)对三个以上有生产、销售伪劣商品犯罪行为的单位或者个人不履行追究职责的;(四)致使国家和人民利益遭受重大损失或者造成恶劣影响的。

第九条 知道或者应当知道他人实施生产、销售伪劣商品犯罪,而为其提供贷款、资金、账号、发票、证明、许可证件,或者提供生产、经营场所或者运输、仓储、保管、邮寄等便利条件,或者提供制假生产技术的,以生产、销售伪劣商品犯罪的共犯论处。

第十条 实施生产、销售伪劣商品犯罪,同时构成侵犯知识产权、非法经营等其他犯罪的,依照处罚较重的规定定罪处罚。

第十一条 实施刑法第一百四十条至第一百四十八条规定的犯罪,又以暴力、威胁方法抗拒查处,构成其他犯罪的,依照数罪并罚的规定处罚。

第十二条 国家机关工作人员参与生产、销售伪劣商品犯罪的,从重处罚。"

④2002 年 9 月 4 日最高人民检察院《关于办理非法经营食盐刑事案件具体应用法律若干问题的解释》规定:

"第一条 违反国家有关盐业管理规定,非法生产、储运、销售食盐,扰乱市场秩序,情节严重的,应当依照刑法第二百二十五条的规定,以非法经营罪追究刑事责任。

第二条 非法经营食盐,具有下列情形之一的,应当依法追究刑事责任:

(一)非法经营食盐数量在二十吨以上的;

(二)曾因非法经营食盐行为受过二次以上行政处罚又非法经营食盐,数量在十吨以上的。

第三条 非法经营食盐行为未经处理的,其非法经营的数量累计计算;行为人非法经营行为是否盈利,不影响犯罪的构成。

第四条 以非碘盐充当碘盐或者以工业用盐等非食盐充当食盐进行非法经营,同时构成非法经营罪和生产、销售伪劣产品罪、生产、销售不符合卫生标准的食品罪、生产、销售有毒、有害食品罪等其他犯罪的,依照处罚较重的规定追究刑事责任。

第五条 以暴力、威胁方法阻碍行政执法人员依法行使盐业管理职务的,依照刑法第二百七十七条的规定,以妨害公务罪追究刑事责任;其非法经营行为已构成犯罪的,依照数罪并罚的规定追究刑事责任。"

⑤2013 年 5 月 2 日最高人民法院、最高人民检察院《关于办理危害食品安全刑事案件适用法律若干问题的解释》规定:

"第一条 生产、销售不符合食品安全标准的食品,具有下列情形之一的,应当认定为刑法第一百四十三条规定的'足以造成严重食物中毒事故或者其他严重食源性疾病':

(一)含有严重超出标准限量的致病性微生物、农药残留、兽药残留、重金属、污染物质以及其他危害人体健康的物质的;

(二)属于病死、死因不明或者检验检疫不合格的畜、禽、兽、水产动物及其肉类、肉类制品的；

（三）属于国家为防控疾病等特殊需要明令禁止生产、销售的；

（四）婴幼儿食品中生长发育所需营养成分严重不符合食品安全标准的；

（五）其他足以造成严重食物中毒事故或者严重食源性疾病的情形。

第二条　生产、销售不符合食品安全标准的食品，具有下列情形之一的，应当认定为刑法第一百四十三条规定的‘对人体健康造成严重危害’：

（一）造成轻伤以上伤害的；

（二）造成轻度残疾或者中度残疾的；

（三）造成器官组织损伤导致一般功能障碍或者严重功能障碍的；

（四）造成十人以上严重食物中毒或者其他严重食源性疾病的；

（五）其他对人体健康造成严重危害的情形。

第三条　生产、销售不符合食品安全标准的食品，具有下列情形之一的，应当认定为刑法第一百四十三条规定的‘其他严重情节’：

（一）生产、销售金额二十万元以上的；

（二）生产、销售金额十万元以上不满二十万元，不符合食品安全标准的食品数量较大或者生产、销售持续时间较长的；

（三）生产、销售金额十万元以上不满二十万元，属于婴幼儿食品的；

（四）生产、销售金额十万元以上不满二十万元，一年内曾因危害食品安全违法犯罪活动受过行政处罚或者刑事处罚的；

（五）其他情节严重的情形。

第四条　生产、销售不符合食品安全标准的食品，具有下列情形之一的，应当认定为刑法第一百四十三条规定的‘后果特别严重’：

（一）致人死亡或者重度残疾的；

（二）造成三人以上重伤、中度残疾或者器官组织损伤导致严重功能障碍的；

（三）造成十人以上轻伤、五人以上轻度残疾或者器官组织损伤导致一般功能障碍的；

（四）造成三十人以上严重食物中毒或者其他严重食源性疾病的；

（五）其他特别严重的后果。

第八条　在食品加工、销售、运输、贮存等过程中，违反食品安全标准，超限量或者超范围滥用食品添加剂，足以造成严重食物中毒事故或者其他严重食源性疾病的，依照刑法第一百四十三条的规定以生产、销售不符合安全标准的食品罪定罪处罚。

在食用农产品种植、养殖、销售、运输、贮存等过程中，违反食品安全标准，超限量或者超范围滥用添加剂、农药、兽药等，足以造成严重食物中毒事故或者其他严重食源性疾病的，适用前款的规定定罪处罚。

第十条　生产、销售不符合食品安全标准的食品添加剂，用于食品的包装材料、容器、洗涤剂、消毒剂，或者用于食品生产经营的工具、设备等，构成犯罪的，依照刑法第一百四十条的规定以生产、销售伪劣产品罪定罪处罚。

第十一条　以提供给他人生产、销售食品为目的，违反国家规定，生产、销售国家禁止用于食品生产、销售的非食品原料，情节严重的，依照刑法第二百二十五条的规定以非法经营罪定罪处罚。

违反国家规定，生产、销售国家禁止生产、销售、使用的农药、兽药，饲料、饲料添加剂，或者饲料原料、饲料添加剂原料，情节严重的，依照前款的规定定罪处罚。

实施前两款行为，同时又构成生产、销售伪劣产品罪，生产、销售伪劣农药、兽药罪等其他犯罪的，依照处罚较重的规定定罪处罚。

第十三条　生产、销售不符合食品安全标准的食品，有毒、有害食品，符合刑法第一百四十三条、第一百四十四条规定的，以生产、销售不符合安全标准的食品罪或者生产、销售有毒、有害食品罪定罪处罚。同时构成其他犯罪的，依照处罚较重的规定定罪处罚。

生产、销售不符合食品安全标准的食品，无证据证明足以造成严重食物中毒事故或者其他严重食源性疾病，不构成生产、销售不符合安全标准的食品罪，但是构成生产、销售伪劣产品罪等其他犯罪的，依照该其他犯罪定罪处罚。

第十四条　明知他人生产、销售不符合食品安全标准的食品，有毒、有害食品，具有下列情形之一的，以生产、销售不符合安全标准的食品罪或者生产、销售有毒、有害食品罪的共犯论处：

（一）提供资金、贷款、账号、发票、证明、许可证件的；

（二）提供生产、经营场所或者运输、贮存、保管、邮寄、网络销售渠道等便利条件的；

（三）提供生产技术或者食品原料、食品添加剂、食品相关产品的；

（四）提供广告等宣传的。

第十五条　广告主、广告经营者、广告发布者违反国家规定，利用广告对保健食品或者其他食品作虚假宣传，情节严重的，依照刑法第二百二十二条的规定以虚假广告罪定罪处罚。

第十六条　负有食品安全监督管理职责的国家机关工作人员，滥用职权或者玩忽职守，导致发生重大食品安全事故或者造成其他严重后果，同时构成食品监管渎职罪和徇私舞弊不移交刑事案件罪、商检徇私舞弊罪、动植物检疫徇私舞弊罪、放纵制售伪劣商品犯罪行为罪等其他渎职犯罪的，依照处罚较重的规定定罪处罚。

负有食品安全监督管理职责的国家机关工作人员滥用职权或者玩忽职守，不构成食品监管渎职罪，但构成前款规定的其他渎职犯罪的，依照该其他犯罪定罪处罚。

负有食品安全监督管理职责的国家机关工作人员与他人共谋，利用其职务行为帮助他人实施危害食品安全犯罪行为，同时构成渎职犯罪和危害食品安全犯罪共犯的，依照处罚较重的规定定罪处罚。

第十七条　犯生产、销售不符合安全标准的食品罪，生产、销售有毒、有害食品罪，一般应当依法判处生产、销售金额二倍以上的罚金。

第十八条　对实施本解释规定之犯罪的犯罪分子，应当依照刑法规定的条件严格适用缓刑、免予刑事处罚。根据犯罪事实、情节和悔罪表现，对于符合刑法规定的缓刑适用条件的犯罪分子，可以适用缓刑，但是应当同时宣告禁止令，禁止其在缓刑考验期限内从事食品生产、销售及相关活动。

第十九条　单位实施本解释规定的犯罪的，依照本解释规定的定罪量刑标准处罚。

第二十条　下列物质应当认定为‘有毒、有害的非食品原料’：

（一）法律、法规禁止在食品生产经营活动中添加、使用的物质；

（二）国务院有关部门公布的《食品中可能违法添加的非食用物质名单》《保健食品中可能非法添加的物质名单》上的物质；

（三）国务院有关部门公告禁止使用的农药、兽药以及其他有毒、有害物质；

（四）其他危害人体健康的物质。”

（3）构成要件

第一，本罪侵犯的客体是社会主义市场经济秩序，同时侵犯了不特定多数人的身体健康和国家的食品卫生监督管理制度。本罪的犯罪对象是不卫生食品，具体指：

一是腐败变质、油脂酸败、霉变、污秽不洁，混有异物或者其他感观性质状态异常，可能对人体健康有害的食品。

二是含有毒物、有害物质，或者被有毒、有害物质污染，可能对人体健康有害的食品。

三是含有致病性寄生虫、微生物，或者微生物毒素含量超过国家限定标准的食品。

四是未经兽医卫生检验或者检验不合格的肉类及其制品。

五是病死、毒死或者死因不明的禽、畜、兽、水产动物及其制品等。

六是容器包装污垢不洁、严重破损或者运输工具不洁造成污染的食品。

七是掺假、掺杂、伪造，影响营养卫生的食品。

八是超过保质期限的食品。

九是为防病等特殊需要，国务院卫生行政部门或者省、自治区、直辖市人民政府专门禁止出售的食品。

十是含有未经国务院卫生行政部门批准使用的添加剂、农药(残留物)等物品。

十一是其他不符合卫生标准、卫生规定的食品。这里需要注意的是，掺入有毒、有害的非食品原料，不是本罪的犯罪对象。

第二，客观方面表现为违反食品卫生法规，生产、销售不符合安全标准的食品，足以造成严重食物中毒事故或者其他严重食源性疾病的行为。如果行为人实施了生产、销售不符合安全标准的食品，不足以造成严重食物中毒事故或者其他严重食源性疾患的，不构成犯罪。严重食源性疾患，是指由于使用了不符合安全标准的食品而导致的疾病。

第三，本罪的主体是一般主体。任何达到刑事责任年龄、具有刑事责任能力的人都可以构成本罪的主体。在司法实践中，从事生产、销售不卫生食品的自然人主要是一些个体户、专业户业主。

第四，主观方面只能是故意，表现为明知所生产的、销售的是不卫生食品而继续生产、销售。

(4)罪名界定

第一，认定本罪应注意以下两点：一是看行为人主观上是否是出于故意。如果过失生产、销售不符合安全标准食品的，则不构成本罪。二是看生产、销售不符合安全标准的食品安全是否足以造成严重食物中毒事故或者其他严重食源性疾病。如果不能足以造成这样的严重后果，则不构成本罪。需要注意的是，这里的“足以”与“必须”是不同的，本罪不要求必须造成严重食物中毒事故或者其他严重食源性疾患的后果，只要足以造成严重食物中毒事故或者其他严重食源性疾患，即可构成本罪。

第二，本罪与玩忽职守罪的区别是：一是侵犯的客体不同。前者侵犯的客体是不特定多数人的健康权利和国家食品卫生监督管理制度，后者侵犯的客体是国家机关的正常活动。二是客观表现不同。前者发生在生产、销售过程中；而后者表现在行政管理过程中，由于严重不负责任，玩忽职守，导致公私财产、国家和人民重大损失的行为。三是犯罪主体不同。前者的主体是一般主体，即自然人和企业事业单位；而后者的主体是国家工作人员。四是主观方面不同。前者只能是故意，后者由过失构成。

第三，本罪与重大责任事故罪的区别是：一是侵犯的客体不同。前者侵犯的客体是不特定多数人的健康权利，后者侵犯的客体是厂矿、企业事业单位的生产安全。二是客观表现不同。前者发生在食品生产、经营过程中，其危害结果只能在伪劣食品投放市场、被消费者购买使用后才出现；后者发生在工厂、矿山、林场、建筑企业或者其他企业、事业单位的生产、作业过程中，它不仅使职工的健康、生命、财产以及公共财产遭受严重的损失，还往往造成生产的停顿，严重影响国民经济建设。三是主观方面不同。前者是故意，后者是过失。四是主体不同。前者是一般主体，包括自然人和企事业单位；后者的主体是工厂、矿山、林场、建筑企业或者其他企业、事业单位的职工和指挥人员。

第四，本罪与销售假冒注册商标的商品罪的区别是：一是侵犯的客体不同。前者侵犯的是不特定多数人的健康权利，后者侵犯的是他人注册商标的专用权。二是犯罪对象不同。前者的犯罪对象是不符合卫生标准的食品，后者的对象是假冒他人注册商标的商品。这里需要注意的是，行为人销售劣质不符合卫生标准的食品，有时属于销售假冒注册商标的食品，这样，销售假冒注册商标的不卫生食品的行为既触犯了本条的规定，又触犯了《刑法》第214条的规定，那么，应当依照重罚优于轻罚的量刑原则，由于本罪的法定刑比销售假冒注册商标的商品罪的法定刑重，因此应当依本罪定罪处罚。

(5)量刑幅度

根据《刑法》第143条的规定，构成本罪的，根据具体情节，量刑幅度分以下3个档次：

一是生产、销售不符合卫生标准的食品，足以造成严重食品中毒事故或者其他严重食源性疾患的，处3年以下有期徒刑或者拘役，并处罚金。

二是对人体健康造成严重危害或者有其他严重情节的，处3年以上7年以下有期徒刑，并处罚金。

三是后果特别严重的，处7年以上有期徒刑或者无期徒刑，并处罚金或者没收财产。

根据2013年5月2日最高人民法院、最高人民检察院《关于办理危害食品安全刑事案件适用法律若干问题的解释》第1条至第4条的规定，本罪中的“足以造成严重食物中毒事故或者其他严重食源性疾病”，是指生产、销售不符合食品安全标准的食品，具有下列情形之一的：①含有严重超出标准限量的致病性微生物、农药残留、兽药残留、重金属、污染物质以及其他危害人体健康的物质的；②属于病死、死因不明或者检验检疫不合格的畜、禽、兽、水产动物及其肉类、肉类制品的；③属于国家为防控疾病等特殊需要明令禁止生产、销售的；④婴幼儿食品中生长发育所需营养成分严重不符合食品安全标准的；⑤其他足以造成严重食物中毒事故或者严重食源性疾病的情形。

本罪中的“对人体健康造成严重危害”，是指生产、销售不符合食品安全标准的食品，具有下列情形之一的：①造成轻伤以上伤害的；②造成轻度残疾或者中度残疾的；③造成器官组织损伤导致一般功能障碍或者严重功能障碍的；④造成10人以上严重食物中毒或者其他严重食源性疾病的；⑤其他对人体健康造成严重危害的情形。

本罪中的“其他严重情节”，是指生产、销售不符合食品安全标准的食品，具有下列情形之一的：①生产、销售金额20万元以上的；②生产、销售金额10万元以上不满20万元，不符合食品安全标准的食品数量较大或者生产、销售持续时间较长的；③生产、销售金额10万元以上不满20万元，属于婴幼儿食品的；④生产、销售金额10万元以上不满20万元，一年内曾因危害食品安全违法犯罪活动受过行政处罚或者刑事处罚的；⑤其他情节严重的情形。

本罪中的“后果特别严重”，是指生产、销售不符合食品安全标准的食品，具有下列情形之一的：①致人死亡或者重度残疾的；②造成3人以上重伤、中度残疾或者器官组织损伤导致严重功能障碍的；③造成10人以上轻伤、5人以上轻度残疾或者器官组织损伤导致一般功能障碍的；④造成30人以上严重食物中毒或者其他严重食源性疾病的；⑤其他特别严重的后果。

2013年5月2日最高人民法院、最高人民检察院《关于办理危害食品安全刑事案件适用法律若干问题的解释》第17条规定：“犯生产、销售不符合安全标准的食品罪，生产、销售有毒、有害食品罪，一般应当依法判处生产、销售金额二倍以上的罚金。”

6. 生产、销售有毒、有害食品罪（第144条）

（1）罪名概念

生产、销售有毒、有害食品罪，是指违反国家食品卫生管理法规，在生产、销售的食品中掺入有毒、有害的非食品原料，或者是销售明知掺入有毒、有害的非食品原料的行为。

（2）法律规定

①本罪名是由《刑法》第144条规定的。该条规定："在生产、销售的食品中掺入有毒、有害的非食品原料的，或者销售明知掺有有毒、有害的非食品原料的食品的，处五年以下有期徒刑，并处罚金；对人体健康造成严重危害或者有其他严重情节的，处五年以上十年以下有期徒刑，并处罚金；致人死亡或者有其他特别严重情节的，依照本法第一百四十一条的规定处罚。"

《刑法》第149条规定："生产、销售本节第一百四十一条至第一百四十八条所列产品，不构成各该条规定的犯罪，但是销售金额在五万元以上的，依照本节第一百四十条的规定定罪处罚。

生产、销售本节第一百四十一条至第一百四十八条所列产品，构成各该条规定的犯罪，同时又构成本节第一百四十条规定之罪的，依照处罚较重的规定定罪处罚。"

《刑法》第150条规定："单位犯本节第一百四十条至第一百四十八条规定之罪的，对单位判处罚金，并对其直接负责的主管人员和其他直接责任人员，依照各该条的规定处罚。"

②2017年4月27日最高人民检察院、公安部《关于公安机关管辖的刑事案件立案追诉标准的规定（一）的补充规定》第4条规定："将《立案追诉标准（一）》第20条修改为：[生产、销售有毒、有害食品案（刑法第144条）]在生产、销售的食品中掺入有毒、有害的非食品原料的，或者销售明知掺有有毒、有害的非食品原料的食品的，应予立案追诉。

在食品加工、销售、运输、贮存等过程中，掺入有毒、有害的非食品原料，或者使用有毒、有害的非食品原料加工食品的，应予立案追诉。

在食用农产品种植、养殖、销售、运输、贮存等过程中，使用禁用农药、兽药等禁用物质或者其他有毒、有害物质的，应予立案追诉。

在保健食品或者其他食品中非法添加国家禁用药物等有毒、有害物质的，应予立案追诉。

下列物质应当认定为本条规定的'有毒、有害的非食品原料'：

（一）法律、法规禁止在食品生产经营活动中添加、使用的物质；

（二）国务院有关部门公布的《食品中可能违法添加的非食用物质名单》《保健食品中可能非法添加的物质名单》中所列物质；

（三）国务院有关部门公告禁止使用的农药、兽药以及其他有毒、有害物质；

（四）其他危害人体健康的物质。"

③2001年4月9日最高人民法院、最高人民检察院《关于办理生产、销售伪劣商品刑事案件具体应用法律若干问题的解释》第5条规定："生产、销售的有毒、有害食品被食用后，造成轻伤、重伤或者其他严重后果的，应认定为刑法第一百四十四条规定的'对人体健康造成严重危害'。

生产、销售的有毒、有害食品被食用后，致人严重残疾、三人以上重伤、十人以上轻伤或者造成其他特别严重后果的，应认定为'对人体健康造成特别严重危害'。"

④2001年4月9日最高人民法院、最高人民检察院《关于办理生产、销售伪劣商品刑事案件具体应用法律若干问题的解释》第9条、第10条、第11条、第12条规定："知道或者应当知道他人实施生产、销售伪劣商品犯罪，而为其提供贷款、资金、账号、发票、证明、许可证件，或者提供生产、经营场所或者运输、仓储、保管、邮寄等便利条件，或者提供制假生产技术的，以生产、销售伪劣商品犯罪的共犯论处。"

“实施生产、销售伪劣商品犯罪,同时构成侵犯知识产权、非法经营等其他犯罪的,依照处罚较重的规定定罪处罚。”

“实施刑法第一百四十条至第一百四十八条规定的犯罪,又以暴力、威胁方法抗拒查处,构成其他犯罪的,依照数罪并罚的规定处罚。”

“国家机关工作人员参与生产、销售伪劣商品犯罪的,从重处罚。”

⑤2002 年 8 月 16 日最高人民法院、最高人民检察院《关于办理非法生产、销售、使用禁止在饲料和动物饮用水中使用的药品等刑事案件具体应用法律若干问题的解释》第 3 ~ 5 条规定:“使用盐酸克仑特罗等禁止在饲料和动物饮用水中使用的药品或者含有该类药品的饲料养殖供人食用的动物,或者销售明知是使用该类药品或者含有该类药品的饲料养殖的供人食用的动物的,依照刑法第一百四十四条的规定,以生产、销售有毒、有害食品罪追究刑事责任。”

“明知是使用盐酸克仑特罗等禁止在饲料和动物饮用水中使用的药品或者含有该类药品的饲料养殖的供人食用的动物,而提供屠宰等加工服务,或者销售其制品的,依照刑法第一百四十四条的规定,以生产、销售有毒、有害食品罪追究刑事责任。”

“实施本解释规定的行为,同时触犯刑法规定的两种以上犯罪的,依照处罚较重的规定追究刑事责任。”

⑥2013 年 5 月 2 日最高人民法院、最高人民检察院《关于办理危害食品安全刑事案件适用法律若干问题的解释》规定:

“第五条　生产、销售有毒、有害食品,具有本解释第二条规定情形之一的,应当认定为刑法第一百四十四条规定的‘对人体健康造成严重危害’。

第六条　生产、销售有毒、有害食品,具有下列情形之一的,应当认定为刑法第一百四十四条规定的‘其他严重情节’:

(一)生产、销售金额二十万元以上不满五十万元的;

(二)生产、销售金额十万元以上不满二十万元,有毒、有害食品的数量较大或者生产、销售持续时间较长的;

(三)生产、销售金额十万元以上不满二十万元,属于婴幼儿食品的;

(四)生产、销售金额十万元以上不满二十万元,一年内曾因危害食品安全违法犯罪活动受过行政处罚或者刑事处罚的;

(五)有毒、有害的非食品原料毒害性强或者含量高的;

(六)其他情节严重的情形。

第七条　生产、销售有毒、有害食品,生产、销售金额五十万元以上,或者具有本解释第四条规定的情形之一的,应当认定为刑法第一百四十四条规定的‘致人死亡或者有其他特别严重情节’。

第八条　在食品加工、销售、运输、贮存等过程中,违反食品安全标准,超限量或者超范围滥用食品添加剂,足以造成严重食物中毒事故或者其他严重食源性疾病的,依照刑法第一百四十三条的规定以生产、销售不符合安全标准的食品罪定罪处罚。

在食用农产品种植、养殖、销售、运输、贮存等过程中,违反食品安全标准,超限量或者超范围滥用添加剂、农药、兽药等,足以造成严重食物中毒事故或者其他严重食源性疾病的,适用前款的规定定罪处罚。

第九条　在食品加工、销售、运输、贮存等过程中,掺入有毒、有害的非食品原料,或者使用有毒、有害的非食品原料加工食品的,依照刑法第一百四十四条的规定以生产、销售有毒、有害食品罪定罪处罚。

在食用农产品种植、养殖、销售、运输、贮存等过程中，使用禁用农药、兽药等禁用物质或者其他有毒、有害物质的，适用前款的规定定罪处罚。

在保健食品或者其他食品中非法添加国家禁用药物等有毒、有害物质的，适用第一款的规定定罪处罚。

第十条 生产、销售不符合食品安全标准的食品添加剂，用于食品的包装材料、容器、洗涤剂、消毒剂，或者用于食品生产经营的工具、设备等，构成犯罪的，依照刑法第一百四十条的规定以生产、销售伪劣产品罪定罪处罚。

第十一条 以提供给他人生产、销售食品为目的，违反国家规定，生产、销售国家禁止用于食品生产、销售的非食品原料，情节严重的，依照刑法第二百二十五条的规定以非法经营罪定罪处罚。

违反国家规定，生产、销售国家禁止生产、销售、使用的农药、兽药，饲料、饲料添加剂，或者饲料原料、饲料添加剂原料，情节严重的，依照前款的规定定罪处罚。

实施前两款行为，同时又构成生产、销售伪劣产品罪，生产、销售伪劣农药、兽药罪等其他犯罪的，依照处罚较重的规定定罪处罚。

第十二条 违反国家规定，私设生猪屠宰厂（场），从事生猪屠宰、销售等经营活动，情节严重的，依照刑法第二百二十五条的规定以非法经营罪定罪处罚。

实施前款行为，同时又构成生产、销售不符合安全标准的食品罪，生产、销售有毒、有害食品罪等其他犯罪的，依照处罚较重的规定定罪处罚。

第十三条 生产、销售不符合食品安全标准的食品，有毒、有害食品，符合刑法第一百四十三条、第一百四十四条规定的，以生产、销售不符合安全标准的食品罪或者生产、销售有毒、有害食品罪定罪处罚。同时构成其他犯罪的，依照处罚较重的规定定罪处罚。

生产、销售不符合食品安全标准的食品，无证据证明足以造成严重食物中毒事故或者其他严重食源性疾病，不构成生产、销售不符合安全标准的食品罪，但是构成生产、销售伪劣产品罪等其他犯罪的，依照该其他犯罪定罪处罚。

第十四条 明知他人生产、销售不符合食品安全标准的食品，有毒、有害食品，具有下列情形之一的，以生产、销售不符合安全标准的食品罪或者生产、销售有毒、有害食品罪的共犯论处：

（一）提供资金、贷款、账号、发票、证明、许可证件的；

（二）提供生产、经营场所或者运输、贮存、保管、邮寄、网络销售渠道等便利条件的；

（三）提供生产技术或者食品原料、食品添加剂、食品相关产品的；

（四）提供广告等宣传的。

第十五条 广告主、广告经营者、广告发布者违反国家规定，利用广告对保健食品或者其他食品作虚假宣传，情节严重的，依照刑法第二百二十二条的规定以虚假广告罪定罪处罚。

第十六条 负有食品安全监督管理职责的国家机关工作人员，滥用职权或者玩忽职守，导致发生重大食品安全事故或者造成其他严重后果，同时构成食品监管渎职罪和徇私舞弊不移交刑事案件罪、商检徇私舞弊罪、动植物检疫徇私舞弊罪、放纵制售伪劣商品犯罪行为罪等其他渎职犯罪的，依照处罚较重的规定定罪处罚。

负有食品安全监督管理职责的国家机关工作人员滥用职权或者玩忽职守，不构成食品监管渎职罪，但构成前款规定的其他渎职犯罪的，依照该其他犯罪定罪处罚。

负有食品安全监督管理职责的国家机关工作人员与他人共谋，利用其职务行为帮助他人实施危害食品安全犯罪行为，同时构成渎职犯罪和危害食品安全犯罪共犯的，依照处罚较重的规定定罪处罚。

第十七条　犯生产、销售不符合安全标准的食品罪，生产、销售有毒、有害食品罪，一般应当依法判处生产、销售金额二倍以上的罚金。

第十八条　对实施本解释规定之犯罪的犯罪分子，应当依照刑法规定的条件严格适用缓刑、免予刑事处罚。根据犯罪事实、情节和悔罪表现，对于符合刑法规定的缓刑适用条件的犯罪分子，可以适用缓刑，但是应当同时宣告禁止令，禁止其在缓刑考验期限内从事食品生产、销售及相关活动。

第十九条　单位实施本解释规定的犯罪的，依照本解释规定的定罪量刑标准处罚。

第二十条　下列物质应当认定为‘有毒、有害的非食品原料’：

（一）法律、法规禁止在食品生产经营活动中添加、使用的物质；

（二）国务院有关部门公布的《食品中可能违法添加的非食用物质名单》《保健食品中可能非法添加的物质名单》上的物质；

（三）国务院有关部门公告禁止使用的农药、兽药以及其他有毒、有害物质；

（四）其他危害人体健康的物质。”

（3）构成要件

第一，本罪侵犯的客体是国家卫生监督管理制度和不特定多数人的健康权利。

第二，客观方面表现为违反国家食品卫生管理法规，在生产、销售的食品中掺入有毒、有害的非食品原料，或者是销售明知掺入有毒、有害的非食品原料的食品的行为。

第三，犯罪主体是一般主体，自然人和企业事业单位都可以成为本罪的主体。

第四，主观方面是故意。即行为人明知食品中掺入的是有毒、有害的非食品原料，但是为了获取非法利润，置他人生命健康于不顾。过失不构成本罪。如果行为人不是基于牟利，而是基于陷害、报复等目的，在食品中掺入有毒、有害的非食品原料，追求其他危害后果的发生，则构成其他犯罪。

（4）罪名界定

第一，本罪与投毒罪有以下区别：一是在主观方面。前者属于间接故意；后者既有间接故意也有直接故意，主要是直接故意。前者的犯罪目的是谋取非法利润，后者的目的大多数是报复杀人。二是在客观方面。前者在食品中掺入有毒、有害的非食品原料，是在生产、销售食品的过程中，与食品生产经营活动分不开；而后者可以选择任何时间、场所。三是在犯罪主体方面。前者自然人和企业事业单位都可以构成本罪主体；而后者限于自然人，单位不可能构成投毒犯罪的主体。

第二，本罪与“生产、销售不符合卫生标准的食品罪”的区别主要在于客观方面的犯罪手段不同：前者表现为在生产、销售的食品中，掺入有毒、有害的非食品原料；后者表现为所生产、销售的食品不符合卫生标准，如霉变、生虫、污秽不洁等，因而可能对人体健康有害，但并不在食品中掺入有毒、有害的非食品原料。另外，本罪是行为犯，只要行为人实施了生产、销售有毒、有害食品就构成犯罪；而后者是危险犯，只有足以造成严重食物中毒事故或者其他严重食源性疾患的，才能构成这种犯罪。

（5）量刑幅度

根据《刑法》第 144 条的规定，对本罪的量刑幅度可以根据案件的具体情况，分为以下 3 个档次：

一是在生产、销售的食品中掺入有毒、有害的非食品原料的，或者明知是掺入有毒、有害的非食品原料的食品而销售的，处 5 年以下有期徒刑，并处罚金。

二是对人体健康造成严重危害或者有其他严重情节的，处 5 年以上 10 年以下有期徒刑，并处罚金。

三是致人死亡或者有其他特别严重情节的，处10年以上有期徒刑、无期徒刑或者死刑，并处罚金或者没收财产。

根据2013年5月2日最高人民法院、最高人民检察院《关于办理危害食品安全刑事案件适用法律若干问题的解释》的规定，本罪中的“对人体健康造成严重危害”，是指生产、销售有毒、有害食品，具有下列情形之一的：①造成轻伤以上伤害的；②造成轻度残疾或者中度残疾的；③造成器官组织损伤导致一般功能障碍或者严重功能障碍的；④造成10人以上严重食物中毒或者其他严重食源性疾病的；⑤其他对人体健康造成严重危害的情形。

本罪中的“其他严重情节”，是指生产、销售有毒、有害食品，具有下列情形之一的：①生产、销售金额20万元以上不满50万元的；②生产、销售金额10万元以上不满20万元，有毒、有害食品的数量较大或者生产、销售持续时间较长的；③生产、销售金额10万元以上不满20万元，属于婴幼儿食品的；④生产、销售金额10万元以上不满20万元，一年内曾因危害食品安全违法犯罪活动受过行政处罚或者刑事处罚的；⑤有毒、有害的非食品原料毒害性强或者含量高的；⑥其他情节严重的情形。

本罪中的“致人死亡或者有其他特别严重情节”，是指生产、销售有毒、有害食品，生产、销售金额50万元以上，或者具有下列情形之一的：①致人死亡或者重度残疾的；②造成三人以上重伤、中度残疾或者器官组织损伤导致严重功能障碍的；③造成10人以上轻伤、5人以上轻度残疾或者器官组织损伤导致一般功能障碍的；④造成30人以上严重食物中毒或者其他严重食源性疾病的；⑤其他特别严重的后果。

2013年5月2日最高人民法院、最高人民检察院《关于办理危害食品安全刑事案件适用法律若干问题的解释》第17条规定：“犯生产、销售不符合安全标准的食品罪，生产、销售有毒、有害食品罪，一般应当依法判处生产、销售金额二倍以上的罚金。”

7. 生产、销售不符合标准的医用器材罪（第145条）

（1）罪名概念

生产、销售不符合标准的医用器材罪，是指生产不符合保障人体健康的国家标准、行业标准的医疗器械、医用卫生材料，或者销售明知是不符合保障人体健康的国家标准、行业标准医疗器械、医用卫生材料，对人体健康造成严重危害的行为。

（2）法律规定

①本罪名是由《刑法》第145条规定的。该条规定：“生产不符合保障人体健康的国家标准、行业标准的医疗器械、医用卫生材料，或者销售明知是不符合保障人体健康的国家标准、行业标准的医疗器械、医用卫生材料，足以严重危害人体健康的，处三年以下有期徒刑或者拘役，并处销售金额百分之五十以上二倍以下罚金；对人体健康造成严重危害的，处三年以上十年以下有期徒刑，并处销售金额百分之五十以上二倍以下罚金；后果特别严重的，处十年以上有期徒刑或者无期徒刑，并处销售金额百分之五十以上二倍以下罚金或者没收财产。”

《刑法》第149条规定：“生产、销售本节第一百四十一条至第一百四十八条所列产品，不构成各该条规定的犯罪，但是销售金额在五万元以上的，依照本节第一百四十条的规定定罪处罚。

生产、销售本节第一百四十一条至第一百四十八条所列产品，构成各该条规定的犯罪，同时又构成本节第一百四十条规定之罪的，依照处罚较重的规定定罪处罚。”

《刑法》第150条规定：“单位犯本节第一百四十条至第一百四十八条规定之罪的，对单位判处罚金，并对其直接负责的主管人员和其他直接责任人员，依照各该条的规定处罚。”

②2008年6月25日最高人民检察院、公安部《关于公安机关管辖的刑事案件立案追诉标准的规定(一)》第21条规定:“生产不符合保障人体健康的国家标准、行业标准的医疗器械、医用卫生材料,或者销售明知是不符合保障人体健康的国家标准、行业标准的医疗器械、医用卫生材料,涉嫌下列情形之一的,应予立案追诉:

(一)进入人体的医疗器械的材料中含有超过标准的有毒有害物质的;

(二)进入人体的医疗器械的有效性指标不符合标准要求,导致治疗、替代、调节、补偿功能部分或者全部丧失,可能造成贻误诊治或者人体严重损伤的;

(三)用于诊断、监护、治疗的有源医疗器械的安全指标不符合强制性标准要求,可能对人体构成伤害或者潜在危害的;

(四)用于诊断、监护、治疗的有源医疗器械的主要性能指标不合格,可能造成贻误诊治或者人体严重损伤的;

(五)未经批准,擅自增加功能或者适用范围,可能造成贻误诊治或者人体严重损伤的;

(六)其他足以严重危害人体健康或者对人体健康造成严重危害的情形。

医疗机构或者个人知道或者应当知道是不符合保障人体健康的国家标准、行业标准的医疗器械、医用卫生材料而购买并有偿使用的,视为本条规定的‘销售’。”

③2003年5月14日最高人民法院、最高人民检察院《关于办理妨害预防、控制突发传染病疫情等灾害的刑事案件具体应用法律若干问题的解释》第3条规定:“在预防、控制突发传染病疫情等灾害期间,生产用于防治传染病的不符合保障人体健康的国家标准、行业标准的医疗器械、医用卫生材料,或者销售明知是用于防治传染病的不符合保障人体健康的国家标准、行业标准的医疗器械、医用卫生材料,不具有防护、救治功能,足以严重危害人体健康的,依照刑法第一百四十五条的规定,以生产、销售不符合标准的医用器材罪定罪,依法从重处罚。

医疗机构或者个人,知道或者应当知道系前款规定的不符合保障人体健康的国家标准、行业标准的医疗器械、医用卫生材料而购买并有偿使用的,以销售不符合标准的医用器材罪定罪,依法从重处罚。”

④2001年4月9日最高人民法院、最高人民检察院《关于办理生产、销售伪劣商品刑事案件具体应用法律若干问题的解释》第6条规定:“生产、销售不符合标准的医疗器械、医用卫生材料,致人轻伤或者其他严重后果的,应认定为刑法第一百四十五条规定的‘对人体健康造成严重危害’。

生产、销售不符合标准的医疗器械、医用卫生材料,造成感染病毒性肝炎等难以治愈的疾病、一人以上重伤、三人以上轻伤或者其他严重后果的,应认定为‘后果特别严重’。

生产、销售不符合标准的医疗器械、医用卫生材料,致人死亡、严重残疾、感染艾滋病、三人以上重伤、十人以上轻伤或者造成其他特别严重后果的,应认定为‘情节特别恶劣’。

医疗机构或者个人,知道或者应当知道是不符合保障人体健康的国家标准、行业标准的医疗器械、医用卫生材料而购买、使用,对人体健康造成严重危害的,以销售不符合标准的医用器材罪定罪处罚。

没有国家标准、行业标准的医疗器械,注册产品标准可视为‘保障人体健康的行业标准’。”

⑤2001年4月9日最高人民法院、最高人民检察院《关于办理生产、销售伪劣商品刑事案件具体应用法律若干问题的解释》第9条、第10条、第11条、第12条规定:“知道或者应当知道他人实施生产、销售伪劣商品犯罪,而为其提供贷款、资金、账号、发票、证明、许可证件,或者提供生产、经营场所或者运输、仓储、保管、邮寄等便利条件,或者提供制假生产技术的,以生产、销售伪劣商品犯罪的共犯论处。”

“实施生产、销售伪劣商品犯罪,同时构成侵犯知识产权、非法经营等其他犯罪的,依照处罚较重的规定定罪处罚。”

“实施刑法第一百四十条至第一百四十八条规定的犯罪,又以暴力、威胁方法抗拒查处,构成其他犯罪的,依照数罪并罚的规定处罚。”

“国家机关工作人员参与生产、销售伪劣商品犯罪的,从重处罚。”

(3)构成要件

第一,本罪侵犯的客体是复杂客体,既侵犯了国家对医用卫生材料的管理制度,又侵犯了不特定多数人的生命健康权利。

第二,客观方面表现为生产不符合保障人体健康的国家标准、行业标准的医疗器械、医用卫生材料,或者销售明知是不符合保障人体健康的国家标准、行业标准的医疗器械、医用卫生材料,对人体造成严重危害的行为。本罪是结果犯,不仅要有生产或者销售上述医疗用品的行为,而且这种行为必须具有“足以严重危害人体健康”这样的危害结果才构成本罪。

第三,本罪的主体是一般主体,任何单位以及达到刑事责任年龄,并且具有刑事责任能力的自然人,都可构成本罪。

第四,主观方面是故意。行为人大多是具有非法牟利的犯罪目的,但犯罪目的不是本罪的必要要件,无论出于何种目的和动机,都不影响本罪的成立。

(4)罪名界定

第一,本罪的主观方面是故意,如果行为人并非故意生产、销售不符合标准的医疗用品,只是由于业务水平不高,或者因为某种缺陷和疏忽,制造或者销售上述医疗用品,一般不以犯罪论处。从客观上看,尽管故意生产、销售上述医疗用品,但并没有对人体健康造成严重危害,不能认为构成本罪。销售金额不到5万元,应当视为一般违法行为。如果达到5万元,没有对人体健康造成严重危害后果的,可按生产、销售伪劣产品罪判处。

第二,本罪与生产、销售伪劣产品罪有区别。不符合标准的医疗器械、医用卫生材料也属于伪劣产品,但是,由于行为人故意生产、销售不符合标准的医疗器械、医用卫生材料,如果没有对人体健康造成危害结果,但其销售金额在5万元以上,根据《刑法》第149条第1款的规定,应当以生产、销售伪劣产品罪论处;如果行为人生产、销售上述医疗用品,既对人体健康造成了危害结果,其销售金额又在5万元以上,应当按照《刑法》第149条第2款的规定,以《刑法》规定的法定刑比较重的罪来定罪处罚。

第三,本罪与生产、销售假药罪的区别主要是:一是侵犯的客体不同。本罪侵犯的客体是国家对医疗器材的管理制度和人民的生命健康权利,而生产、销售假药罪侵犯的是国家的药品管理制度和人民的生命财产权利。二是犯罪对象不同。前者是不符合标准的医疗器械、医用卫生材料,而后者是假药。三是认定标准不同。本罪要求以人体健康危害结果的发生作为构成要件;而生产、销售假药罪并不要求对人体健康必须有危害结果,只要有生产、销售的行为,就可构成生产、销售假药罪。

第四,区分本罪与医疗事故罪的关键在于:本罪是由于医疗器械、医用卫生材料的不合格才对人体健康造成严重危害的;而医疗事故罪中的医疗器械、医用卫生材料本身是合格的,是符合特定的国家标准、行业标准的,之所以对人体造成了严重危害,是因为医护人员不正确使用造成的。

(5)量刑幅度

根据《刑法》第143条的规定,对本罪的量刑幅度分为以下3个档次:

一是足以严重危害人体健康的,处3年以下有期徒刑或者拘役,并处销售金额50%以上2倍以下的罚金。

二是对人体健康造成严重危害的，处3年以上10年以下有期徒刑，并处销售金额50%以上2倍以下的罚金。

三是后果特别严重的，判处10年以上有期徒刑或者无期徒刑，并处销售金额50%以上2倍以下的罚金或者没收财产。

8. 生产、销售不符合安全标准的产品罪（第146条）

（1）罪名概念

生产、销售不符合安全标准的产品罪，是指生产者、销售者明知生产、销售的电器、压力容器、易燃易爆产品或者其他产品不符合保障人身、财产安全的国家标准、行业标准而进行生产、销售，造成严重后果的行为。

（2）法律规定

①本罪名是由《刑法》第146条规定的。该条规定："生产不符合保障人身、财产安全的国家标准、行业标准的电器、压力容器、易燃易爆产品或者其他不符合保障人身、财产安全的国家标准、行业标准的产品，或者销售明知是以上不符合保障人身、财产安全的国家标准、行业标准的产品，造成严重后果的，处五年以下有期徒刑，并处销售金额百分之五十以上二倍以下罚金；后果特别严重的，处五年以上有期徒刑，并处销售金额百分之五十以上二倍以下罚金。"

《刑法》第149条规定："生产、销售本节第一百四十一条至第一百四十八条所列产品，不构成各该条规定的犯罪，但是销售金额在五万元以上的，依照本节第一百四十条的规定定罪处罚。

生产、销售本节第一百四十一条至第一百四十八条所列产品，构成各该条规定的犯罪，同时又构成本节第一百四十条规定之罪的，依照处罚较重的规定定罪处罚。"

《刑法》第150条规定："单位犯本节第一百四十条至第一百四十八条规定之罪的，对单位判处罚金，并对其直接负责的主管人员和其他直接责任人员，依照各该条的规定处罚。"

②2008年6月25日最高人民检察院、公安部《关于公安机关管辖的刑事案件立案追诉标准的规定（一）》第22条规定："生产不符合保障人身、财产安全的国家标准、行业标准的电器、压力容器、易燃易爆或者其他不符合保障人身、财产安全的国家标准、行业标准的产品，或者销售明知是以上不符合保障人身、财产安全的国家标准、行业标准的产品，涉嫌下列情形之一的，应予立案追诉：（一）造成人员重伤或者死亡的；（二）造成直接经济损失十万元以上的；（三）其他造成严重后果的情形。"

③2001年4月9日最高人民法院、最高人民检察院《关于办理生产、销售伪劣商品刑事案件具体应用法律若干问题的解释》第9条、第10条、第11条、第12条规定："知道或者应当知道他人实施生产、销售伪劣商品犯罪，而为其提供贷款、资金、账号、发票、证明、许可证件，或者提供生产、经营场所或者运输、仓储、保管、邮寄等便利条件，或者提供制假生产技术的，以生产、销售伪劣商品犯罪的共犯论处。"

"实施生产、销售伪劣商品犯罪，同时构成侵犯知识产权、非法经营等其他犯罪的，依照处罚较重的规定定罪处罚。"

"实施刑法第一百四十条至第一百四十八条规定的犯罪，又以暴力、威胁方法抗拒查处，构成其他犯罪的，依照数罪并罚的规定处罚。"

"国家机关工作人员参与生产、销售伪劣商品犯罪的，从重处罚。"

④2012年9月6日最高人民法院、最高人民检察院、公安部、国家安全监管总局《关于依法加强对涉嫌犯罪的非法生产经营烟花爆竹行为刑事责任追究的通知》第1条规定："非法生产、经营

烟花爆竹及相关行为涉及非法制造、买卖、运输、邮寄、储存黑火药、烟火药，构成非法制造、买卖、运输、邮寄、储存爆炸物罪的，应当依照刑法第一百二十五条的规定定罪处罚；非法生产、经营烟花爆竹及相关行为涉及生产、销售伪劣产品或不符合安全标准产品，构成生产、销售伪劣产品罪或生产、销售不符合安全标准产品罪的，应当依照刑法第一百四十条、第一百四十六条的规定定罪处罚；非法生产、经营烟花爆竹及相关行为构成非法经营罪的，应当依照刑法第二百二十五条的规定定罪处罚。上述非法生产经营烟花爆竹行为的定罪量刑和立案追诉标准，分别按照《最高人民法院关于审理非法制造、买卖、运输枪支、弹药、爆炸物等刑事案件具体应用法律若干问题的解释》（法释〔2009〕18 号）、《最高人民法院最高人民检察院关于办理生产、销售伪劣商品刑事案件具体应用法律若干问题的解释》（法释〔2001〕10 号）、《最高人民检察院、公安部关于公安机关管辖的刑事案件立案追诉标准的规定（一）》（公通字〔2008〕36 号）、《最高人民检察院、公安部关于公安机关管辖的刑事案件立案追诉标准的规定（二）》（公通字〔2010〕23 号）等有关规定执行。”

⑤2015 年 12 月 14 日最高人民法院、最高人民检察院《关于办理危害生产安全刑事案件适用法律若干问题的解释》第 11 条规定：“生产不符合保障人身、财产安全的国家标准、行业标准的安全设备，或者明知安全设备不符合保障人身、财产安全的国家标准、行业标准而进行销售，致使发生安全事故，造成严重后果的，依照刑法第一百四十六条的规定，以生产、销售不符合安全标准的产品罪定罪处罚。”

（3）构成要件

第一，本罪侵犯的客体是国家对电器、压力容器、易燃易爆产品的安全监督管理制度和广大消费者的人身、财产权利。

第二，客观方面有两种表现：一是生产者生产不符合保障人身、财产安全的国家标准、行业标准的电器、压力容器、易燃易爆产品或者其他不符合保障人身、财产安全的国家标准、行业标准的产品。二是销售者销售上述不符合保障人身、财产安全的国家标准、行业标准的产品。这里所谓的“国家标准、行业标准”，是指国家某一行业的主管部门围绕保障人身、财产安全而规定某一类产品应该达到的质量标准。所谓“电气”，包括电视机、电冰箱、电热器、录像机等电力器材及家电产品。“易燃易爆产品”，包括爆竹、民用炸药、雷管等。“压力容器”，是指有爆炸危险的设备，如煤气罐、锅炉等。这里所说的“其他产品”，是指与上述产品一样具有危险性、破坏性的产品。行为人生产或者销售上述不符合标准的产品，只有造成严重的后果，才能以本罪论处。本罪属于结果犯。

第三，犯罪主体是一般主体，自然人和单位都可以构成本罪主体。

第四，主观方面是故意，并具有营利目的。

（4）罪名界定

第一，认定本罪要看是否造成致人死亡、财产重大损失等严重后果。有严重后果才构成本罪，如果没有严重后果，销售金额又不到 5 万元，可视为一般违法行为。另外，电器、压力容器等产品对消费者人身、财产造成严重后果，其原因是复杂的。有的是因为电器、压力容器等产品不符合安全标准造成的，还有的是由于被害人自身使用不当造成的。如果是因为被害人使用不当，其责任不应该由生产、销售者承担。

第二，本罪与生产、销售伪劣产品罪不同。作为本罪的犯罪对象，即不符合安全标准的电器、压力容器、易燃易爆产品也属于伪劣产品。但是，由于这些产品有着特殊的危险性，需要对它们的安全性能加以特殊的监督管理。这两种犯罪在犯罪对象、犯罪侵犯客体、犯罪的客观方面都存在明显区别：一是犯罪对象，前者的犯罪对象是电器、压力容器、易燃易爆产品以及其他类似的具有一定安全系数要求的产品。二是本罪在客观方面表现为上述产品不符合保障人身、财产安全方面的标准，而不是其他一般性的质量标准，并且在结果上，要求有严重后果的发生。所以，行为人生产、销售上述产品，如果只是不符合一般的质量标准，或者没有造成严重后果，则不构成本罪。但是，行为人销售金额如果超过5万元，根据《刑法》第149条的规定，应当以生产、销售伪劣产品罪论处。

（5）量刑幅度

根据《刑法》第146条的规定，对构成本罪的，量刑幅度分以下3个档次：

一是造成严重后果的，处5年以下有期徒刑，并处销售金额50%以上2倍以下罚金。

二是后果特别严重的，处5年以上有期徒刑，并处销售金额50%以上2倍以下的罚金。

三是根据《刑法》第150条的规定，单位犯本罪的，对其直接负责的主管人员和其他直接责任人员，依照上述的规定处罚。

9. 生产、销售伪劣农药、兽药、化肥、种子罪（第147条）

（1）罪名概念

生产、销售伪劣农药、兽药、化肥、种子罪，是指违反国家产品质量法规，生产假农药、假兽药、假化肥，销售明知是假的或者是失去使用效能的农药、兽药、化肥、种子，或者生产者、销售者以不合格的农药、兽药、化肥、种子冒充合格的农药、兽药、化肥、种子，使生产遭受较大损失的行为。

（2）法律规定

①本罪名是由《刑法》第147条规定的。该条规定："生产假农药、假兽药、假化肥，销售明知是假的或者失去使用效能的农药、兽药、化肥、种子，或者生产者、销售者以不合格的农药、兽药、化肥、种子冒充合格的农药、兽药、化肥、种子，使生产遭受较大损失的，处三年以下有期徒刑或者拘役，并处或者单处销售金额百分之五十以上二倍以下罚金；使生产遭受重大损失的，处三年以上七年以下有期徒刑，并处销售金额百分之五十以上二倍以下罚金；使生产遭受特别重大损失的，处七年以上有期徒刑或者无期徒刑，并处销售金额百分之五十以上二倍以下罚金或者没收财产。"

《刑法》第149条规定："生产、销售本节第一百四十一条至第一百四十八条所列产品，不构成各该条规定的犯罪，但是销售金额在五万元以上的，依照本节第一百四十条的规定定罪处罚。

生产、销售本节第一百四十一条至第一百四十八条所列产品，构成各该条规定的犯罪，同时又构成本节第一百四十条规定之罪的，依照处罚较重的规定定罪处罚。"

《刑法》第150条规定："单位犯本节第一百四十条至第一百四十八条规定之罪的，对单位判处罚金，并对其直接负责的主管人员和其他直接责任人员，依照各该条的规定处罚。"

②2008年6月25日最高人民检察院、公安部《关于公安机关管辖的刑事案件立案追诉标准的规定（一）》第23条规定："生产假农药、假兽药、假化肥，销售明知是假的或者失去使用效能的农药、兽药、化肥、种子，或者生产者、销售者以不合格的农药、兽药、化肥、种子冒充合格的农药、兽药、化肥、种子，涉嫌下列情形之一的，应予立案追诉：（一）使生产遭受损失二万元以上的；（二）其他使生产遭受较大损失的情形。"

③2001年4月9日最高人民法院、最高人民检察院《关于办理生产、销售伪劣商品刑事案件具体应用法律若干问题的解释》第7条规定："刑法第一百四十七条规定的生产、销售伪劣农药、兽药、化肥、种子罪中'使生产遭受较大损失'，一般以二万元为起点；'重大损失'，一般以十万元为起点；'特别重大损失'，一般以五十万元为起点。"

④2001年4月9日最高人民法院、最高人民检察院《关于办理生产、销售伪劣商品刑事案件

具体应用法律若干问题的解释》第9条、第10条、第11条、第12条规定："知道或者应当知道他人实施生产、销售伪劣商品犯罪，而为其提供贷款、资金、账号、发票、证明、许可证件，或者提供生产、经营场所或者运输、仓储、保管、邮寄等便利条件，或者提供制假生产技术的，以生产、销售伪劣商品犯罪的共犯论处。"

"实施生产、销售伪劣商品犯罪，同时构成侵犯知识产权、非法经营等其他犯罪的，依照处罚较重的规定定罪处罚。"

"实施刑法第一百四十条至第一百四十八条规定的犯罪，又以暴力、威胁方法抗拒查处，构成其他犯罪的，依照数罪并罚的规定处罚。"

"国家机关工作人员参与生产、销售伪劣商品犯罪的，从重处罚。"

(3)构成要件

第一，本罪侵犯的客体是国家对农用生产资料质量的监督管理制度和农业生产。犯罪对象是农药、兽药、化肥、种子。

第二，客观方面表现为违反国家产品质量法规，生产假农药、假兽药、假化肥，销售明知是假的或者是失去效能的农药、兽药、化肥、种子，或者生产者、销售者以不合格的农药、兽药、化肥、种子冒充合格的农药、兽药、化肥、种子，使生产遭受较大损失的行为。

第三，犯罪主体是一般主体，自然人和企业事业单位都可以成为本罪的主体。

第四，主观方面是故意，即明知生产的农药、兽药、化肥不符合国家规定的质量标准，仍然进行生产，明知销售的是假的或者是失去效能的农药、兽药、化肥、种子，仍然进行销售，并且一般以获取非法利润为目的。过失不构成本罪。

(4)罪名界定

第一，认定本罪要看行为人有无生产、销售伪劣农业生产资料的故意，以及是否造成损失发生的后果。行为人主观上没有故意，或者没有使农业生产遭受较大损失，不以犯罪论处。但是，如果行为人销售金额在5万元以上，应根据《刑法》第140条的规定，以生产、销售伪劣产品罪论处。

第二，生产、销售伪劣农业生产资料蒙骗群众的行为，与诈骗犯罪中的虚构事实、隐瞒真相的手段相似。但是，本罪与诈骗罪有重大区别：一是主观上不同。前者主观上是故意，并且具有营利的目的；后者主观上虽然也属于故意，但其目的是非法占有他人财产。二是客观方面不同。前者具有交易活动，在交易中以次充好、以假充真，蒙骗消费者购买其伪劣产品；而后者不存在任何产品交易活动，诈骗犯罪分子以虚构事实来骗取对方信任，轻易地把财物骗取占为己有，这里不存在交易过程中的产品质量优劣问题。

第三，本罪与破坏生产经营罪的不同点是：一是主体不同。前者可以由集体单位构成犯罪主体，后者的主体只有自然人。二是主观方面不同。前者行为人主观上具有营利的目的，后者仅仅是报复、泄私愤等目的。三是客观方面不同。前者是采取以生产、销售伪劣农业生产资料的手段来达到不法获利的目的，并且必须造成农业生产较大损失的才构成此罪；而后者是以毁坏机器、残害耕畜等手段破坏生产经营。如果行为人以故意使用失效的农业生产资料来破坏生产经营，则构成破坏生产经营罪。

第四，本罪与生产、销售假药罪有重大区别。有的犯罪分子把伪劣兽药当作人用药品出售给患者，从而造成伤害人体健康的结果，在这种情况下，是定前者还是定后者呢？根据《中华人民共和国药品管理法》第33条的规定，以非药品冒充药品，或者以他种药品冒充此种药品的，属于假药。以伪劣兽药冒充人用药品属于以非药品冒充药品的，侵害的客体是不特定多数人的生命健康和安全，因而构成犯罪的，即销售假药罪。

(5)量刑幅度

根据《刑法》第147条的规定,本罪的处罚分3个量刑档次:

一是生产假农药、假兽药、假化肥,销售明知是假的或者失去使用效能的农药、兽药、化肥、种子,或者生产者、销售者以不合格的农药、兽药、化肥、种子冒充合格的农药、兽药、化肥、种子,使生产遭受较大损失的,处3年以下有期徒刑或者拘役,并处或者单处销售金额50%以上2倍以下罚金。

二是使生产遭受重大损失,处3年以上7年以下有期徒刑,并处销售金额50%以上2倍以下罚金。

三是生产遭受特别重大损失,处7年以上有期徒刑或者无期徒刑,并处销售金额50%以上2倍以下罚金或者没收财产。

另外,根据《刑法》第150条的规定,单位犯本罪的,对单位判处罚金,并且对其直接负责的主管人员和其他直接责任人员,按照上述规定处罚。

10. 生产、销售不符合卫生标准的化妆品罪(第148条)

(1)罪名概念

生产、销售不符合卫生标准的化妆品罪,是指违反国家产品质量法规,生产不符合卫生标准的化妆品,或者销售明知是不符合卫生标准的化妆品,造成严重后果的行为。

(2)法律规定

①本罪名是由《刑法》第148条规定的。该条规定:"生产不符合卫生标准的化妆品,或者销售明知是不符合卫生标准的化妆品,造成严重后果的,处三年以下有期徒刑或者拘役,并处或者单处销售金额百分之五十以上二倍以下罚金。"

《刑法》第149条规定:"生产、销售本节第一百四十一条至第一百四十八条所列产品,不构成各该条规定的犯罪,但是销售金额在五万元以上的,依照本节第一百四十条的规定定罪处罚。

生产、销售本节第一百四十一条至第一百四十八条所列产品,构成各该条规定的犯罪,同时又构成本节第一百四十条规定之罪的,依照处罚较重的规定定罪处罚。"

《刑法》第150条规定:"单位犯本节第一百四十条至第一百四十八条规定之罪的,对单位判处罚金,并对其直接负责的主管人员和其他直接责任人员,依照各该条的规定处罚。"

②2008年6月25日最高人民检察院、公安部《关于公安机关管辖的刑事案件立案追诉标准的规定(一)》第24条规定:"生产不符合卫生标准的化妆品,或者销售明知是不符合卫生标准的化妆品,涉嫌下列情形之一的,应予立案追诉:(一)造成他人容貌毁损或者皮肤严重损伤的;(二)造成他人器官组织损伤导致严重功能障碍的;(三)致使他人精神失常或者自杀、自残造成重伤、死亡的;(四)其他造成严重后果的情形。"

③2001年4月9日最高人民法院、最高人民检察院《关于办理生产、销售伪劣商品刑事案件具体应用法律若干问题的解释》第9条、第10条、第11条、第12条规定:"知道或者应当知道他人实施生产、销售伪劣商品犯罪,而为其提供贷款、资金、账号、发票、证明、许可证件,或者提供生产、经营场所或者运输、仓储、保管、邮寄等便利条件,或者提供制假生产技术的,以生产、销售伪劣商品犯罪的共犯论处。"

"实施生产、销售伪劣商品犯罪,同时构成侵犯知识产权、非法经营等其他犯罪的,依照处罚较重的规定定罪处罚。"

"实施刑法第一百四十条至第一百四十八条规定的犯罪,又以暴力、威胁方法抗拒查处,构成其他犯罪的,依照数罪并罚的规定处罚。"

"国家机关工作人员参与生产、销售伪劣商品犯罪的,从重处罚。"

(3)构成要件

第一，本罪侵犯的客体是国家对化妆品的监督管理制度和不特定多数人的健康权利。犯罪对象是化妆品。

第二，客观方面表现为违反国家产品质量法规，生产不符合卫生标准的化妆品，或者销售明知是不符合卫生标准的化妆品，造成严重后果的行为。

第三，犯罪主体是一般主体。自然人和企业事业单位都可以成为本罪主体。

第四，主观方面是故意。即生产者对所生产的化妆品，明知是不符合国家规定的卫生标准，仍然进行生产；销售者对所经销的化妆品，明知不符合国家规定的卫生标准，仍然进行销售，并对由此可能造成的严重后果，采取放任态度。过失不构成本罪。

(4)罪名界定

第一，本罪属于刑法理论上的结果犯，即如果没有产生严重后果，行为人销售金额不满5万元的，应当以一般违反工商法规行为给予行政处罚。如果消费者使用化妆品后，产生了严重后果，也要区别严重后果所产生的原因。要看化妆品是不符合卫生标准，还是消费者使用不当。如果消费者没有按照使用说明去使用，致使造成严重后果，不能追究生产者、销售者的刑事责任。只有确实属于化妆品不符合卫生标准而导致消费者出现严重后果的，才能对生产者、消费者以犯罪处罚。

如果生产、销售的虽然是不符合卫生标准的化妆品，但是没有给消费者造成严重后果，对行为人销售金额在5万元以上的，应当以生产、销售伪劣产品罪论处。如果生产、销售不符合卫生标准的化妆品，造成了严重后果，触犯了本罪，同时，行为人销售金额在5万元以上，又触犯了生产、销售伪劣产品罪，依照《刑法》中处罚比较重的规定来定罪处罚。

第二，本罪与生产、销售伪劣产品罪的区别是：一是客观方面中的行为对象不同。前者仅仅是化妆品；后者包括一切产品，范围比较广泛。二是客体不同。前者侵犯的客体，是国家对化妆品的管理规定；后者侵犯的客体，是国家对产品质量的管理制度。三是构成犯罪的条件不同。前者要求行为人生产、销售不符合卫生标准的化妆品要造成严重后果；后者是销售金额在5万元以上的，才以犯罪论处。如果生产、销售的虽然是不符合卫生标准的化妆品，但是没有造成严重后果，对行为人销售金额在5万元以上的，应当以生产、销售伪劣产品罪论处。如果生产、销售不符合卫生标准的化妆品，造成了严重后果，触犯了本罪，同时，行为人销售金额在5万元以上，又触犯了生产、销售伪劣产品罪，依照《刑法》中处罚比较重的规定来定罪处罚。

(5)量刑幅度

根据《刑法》第148条的规定，生产不符合卫生标准的化妆品，或者销售明知是不符合卫生标准的化妆品，造成严重后果，处3年以下有期徒刑或者拘役，并处或者单处销售金额50%以上2倍以下的罚金。

根据《刑法》第150条的规定，单位犯本罪的，对单位判处罚金，并且对直接负责的主管人员和其他直接责任人员，依照上述规定处罚。

(二)走私罪

对于走私这一类犯罪的处理，除《刑法》有明确规定以外，相关部门也先后颁布了一些规定，我们在介绍各罪时分别介绍。但由于有些规定对各种走私犯罪都适用，我们只在这里介绍，在介绍各种犯罪时不再重复介绍。

①《刑法》第155条规定："下列行为，以走私罪论处，依照本节的有关规定处罚：

(一)直接向走私人非法收购国家禁止进口物品的,或者直接向走私人非法收购走私进口的其他货物、物品,数额较大的;

(二)在内海、领海、界河、界湖运输、收购、贩卖国家禁止进出口物品的,或者运输、收购、贩卖国家限制进出口货物、物品,数额较大,没有合法证明的。"

②《刑法》第156条规定:"与走私罪犯通谋,为其提供贷款、资金、账号、发票、证明,或者为其提供运输、保管、邮寄或者其他方便的,以走私罪的共犯论处。"

③《刑法》第157条规定:"武装掩护走私的,依照本法第一百五十一条第一款的规定从重处罚。

以暴力、威胁方法抗拒缉私的,以走私罪和本法第二百七十七条规定的阻碍国家机关工作人员依法执行职务罪,依照数罪并罚的规定处罚。"

④2002年7月8日最高人民法院、最高人民检察院、海关总署下发的《关于办理走私刑事案件适用法律若干问题的意见》全文如下:

"为研究解决近年来公安、司法机关在办理走私刑事案件中遇到的新情况、新问题,最高人民法院、最高人民检察院、海关总署共同开展了调查研究,根据修订后的刑法及有关司法解释的规定,在总结侦查、批捕、起诉、审判工作经验的基础上,就办理走私刑事案件的程序、证据以及法律适用等问题提出如下意见:

一、关于走私犯罪案件的管辖问题

根据刑事诉讼法的规定,走私犯罪案件由犯罪地的走私犯罪侦查机关立案侦查。走私犯罪案件复杂,环节多,其犯罪地可能涉及多个犯罪行为发生地,包括货物、物品的进口(境)地、出口(境)地、报关地、核销地等。如果发生刑法第一百五十四条、第一百五十五条规定的走私犯罪行为的,走私货物、物品的销售地、运输地、收购地和贩卖地均属于犯罪行为的发生地。对有多个走私犯罪行为发生地的,由最初受理的走私犯罪侦查机关或者由主要犯罪地的走私犯罪侦查机关管辖。对管辖有争议的,由共同的上级走私犯罪侦查机关指定管辖。

对发生在海(水)上的走私犯罪案件由该辖区的走私犯罪侦查机关管辖,但对走私船舶有跨辖区连续追缉情形的,由缉获走私船舶的走私犯罪侦查机关管辖。

人民检察院受理走私犯罪侦查机关提请批准逮捕、移送审查起诉的走私犯罪案件,人民法院审理人民检察院提起公诉的走私犯罪案件,按照《最高人民法院、最高人民检察院、公安部、司法部、海关总署关于走私犯罪侦查机关办理走私犯罪案件适用刑事诉讼程序若干问题的通知》(署侦〔1998〕742号)的有关规定执行。

二、关于电子数据证据的收集、保全问题

走私犯罪侦查机关对于能够证明走私犯罪案件真实情况的电子邮件、电子合同、电子账册、单位内部的电子信息资料等电子数据应当作为刑事证据予以收集、保全。

侦查人员应当对提取、复制电子数据的过程制作有关文字说明,记明案由、对象、内容,提取、复制的时间、地点,电子数据的规格、类别、文件格式等,并由提取、复制电子数据的制作人、电子数据的持有人和能够证明提取、复制过程的见证人签名或者盖章,附所提取、复制的电子数据一并随案移送。

电子数据的持有人不在案或者拒绝签字的,侦查人员应当记明情况;有条件的可将提取、复制有关电子数据的过程拍照或者录像。

三、关于办理走私普通货物、物品刑事案件偷逃应缴税额的核定问题

在办理走私普通货物、物品刑事案件中,对走私行为人涉嫌偷逃应缴税额的核定,应当由走私犯罪案件管辖地的海关出具《涉嫌走私的货物、物品偷逃税款海关核定证明书》(以下简称《核

定证明书》)。海关出具的《核定证明书》,经走私犯罪侦查机关、人民检察院、人民法院审查确认,可以作为办案的依据和定罪量刑的证据。

走私犯罪侦查机关、人民检察院和人民法院对《核定证明书》提出异议或者因核定偷逃税额的事实发生变化,认为需要补充核定或者重新核定的,可以要求原出具《核定证明书》的海关补充核定或者重新核定。

走私犯罪嫌疑人、被告人或者辩护人对《核定证明书》有异议,向走私犯罪侦查机关、人民检察院或者人民法院提出重新核定申请的,经走私犯罪侦查机关、人民检察院或者人民法院同意,可以重新核定。重新核定应当另行指派专人进行。

四、关于走私犯罪嫌疑人的逮捕条件

对走私犯罪嫌疑人提请逮捕和审查批准逮捕,应当依照刑事诉讼法第六十条规定的逮捕条件来办理。一般按照下列标准掌握:

(一)有证据证明有走私犯罪事实

1. 有证据证明发生了走私犯罪事实

有证据证明发生了走私犯罪事实,须同时满足下列两项条件:

(1)有证据证明发生了违反国家法律、法规,逃避海关监管的行为;

(2)查扣的或者有证据证明的走私货物、物品的数量、价值或者偷逃税额达到刑法及相关司法解释规定的起刑点。

2. 有证据证明走私犯罪事实系犯罪嫌疑人实施的

有下列情形之一,可认为走私犯罪事实系犯罪嫌疑人实施的:

(1)现场查获犯罪嫌疑人实施走私犯罪的;

(2)视听资料显示犯罪嫌疑人实施走私犯罪的;

(3)犯罪嫌疑人供认的;

(4)有证人证言指证的;

(5)有同案的犯罪嫌疑人供述的;

(6)其他证据能够证明犯罪嫌疑人实施走私犯罪的。

3. 证明犯罪嫌疑人实施走私犯罪行为的证据已经查证属实的

符合下列证据规格要求之一,属于证明犯罪嫌疑人实施走私犯罪行为的证据已经查证属实的:

(1)现场查获犯罪嫌疑人实施犯罪,有现场勘查笔录、留置盘问记录、海关扣留查问笔录或者海关查验(检查)记录等证据证实的;

(2)犯罪嫌疑人的供述有其他证据能够印证的;

(3)证人证言能够相互印证的;

(4)证人证言或者同案犯供述能够与其他证据相互印证的;

(5)证明犯罪嫌疑人实施走私犯罪的其他证据已经查证属实的。

(二)可能判处有期徒刑以上的刑罚

是指根据刑法第一百五十一条、第一百五十二条、第一百五十三条、第三百四十七条、第三百五十条等规定和《最高人民法院关于审理走私刑事案件具体应用法律若干问题的解释》等有关司法解释的规定,结合已查明的走私犯罪事实,对走私犯罪嫌疑人可能判处有期徒刑以上的刑罚。

(三)采取取保候审、监视居住等方法,尚不足以防止发生社会危险性而有逮捕必要的

主要是指:走私犯罪嫌疑人可能逃跑、自杀、串供、干扰证人作证以及伪造、毁灭证据等妨碍刑事诉讼活动的正常进行的,或者存在行凶报复、继续作案可能的。

五、关于走私犯罪嫌疑人、被告人主观故意的认定问题

行为人明知自己的行为违反国家法律法规,逃避海关监管,偷逃进出境货物、物品的应缴税额,或者逃避国家有关进出境的禁止性管理,并且希望或者放任危害结果发生的,应认定为具有走私的主观故意。

走私主观故意中的‘明知’是指行为人知道或者应当知道所从事的行为是走私行为。具有下列情形之一的,可以认定为‘明知’,但有证据证明确属被蒙骗的除外:

(一)逃避海关监管,运输、携带、邮寄国家禁止进出境的货物、物品的;

(二)用特制的设备或者运输工具走私货物、物品的;

(三)未经海关同意,在非设关的码头、海(河)岸、陆路边境等地点,运输(驳载)、收购或者贩卖非法进出境货物、物品的;

(四)提供虚假的合同、发票、证明等商业单证委托他人办理通关手续的;

(五)以明显低于货物正常进(出)口的应缴税额委托他人代理进(出)口业务的;

(六)曾因同一种走私行为受过刑事处罚或者行政处罚的;

(七)其他有证据证明的情形。

六、关于行为人对其走私的具体对象不明确的案件的处理问题

走私犯罪嫌疑人主观上具有走私犯罪故意,但对其走私的具体对象不明确的,不影响走私犯罪构成,应当根据实际的走私对象定罪处罚。但是,确有证据证明行为人因受蒙骗而对走私对象发生认识错误的,可以从轻处罚。

七、关于走私珍贵动物制品行为的处罚问题

走私珍贵动物制品的,应当根据刑法第一百五十一条第二、四、五款和《最高人民法院关于审理走私刑事案件具体应用法律若干问题的解释》(以下简称《解释》)第四条的有关规定予以处罚,但同时具有下列情形,情节较轻的,一般不以犯罪论处:

(一)珍贵动物制品购买地允许交易;

(二)入境人员为留作纪念或者作为礼品而携带珍贵动物制品进境,不具有牟利目的的。

同时具有上述两种情形,达到《解释》第四条第三款规定的量刑标准的,一般处五年以下有期徒刑,并处罚金;达到《解释》第四条第四款规定的量刑标准的,一般处五年以上有期徒刑,并处罚金。

八、关于走私旧汽车、切割车等货物、物品的行为的定罪问题

走私刑法第一百五十一条、第一百五十二条、第三百四十七条、第三百五十条规定的货物、物品以外的,已被国家明令禁止进出口的货物、物品,例如旧汽车、切割车、侵犯知识产权的货物、来自疫区的动植物及其产品等,应当依照刑法第一百五十三条的规定,以走私普通货物、物品罪追究刑事责任。

九、关于利用购买的加工贸易登记手册、特定减免税批文等涉税单证进口货物行为的定性处理问题

加工贸易登记手册、特定减免税批文等涉税单证是海关根据国家法律法规以及有关政策性规定,给予特定企业用于保税货物经营管理和减免税优惠待遇的凭证。利用购买的加工贸易登记手册、特定减免税批文等涉税单证进口货物,实质是将一般贸易货物伪报为加工贸易保税货物或者特定减免税货物进口,以达到偷逃应缴税款的目的,应当适用刑法第一百五十三条以走私普通货物、物品罪定罪处罚。如果行为人与走私分子通谋出售上述涉税单证,或者在出卖批文后又以提供印章、向海关伪报保税货物、特定减免税货物等方式帮助买方办理进口通关手续的,对卖方依照刑法第一百五十六条以走私罪共犯定罪处罚。买卖上述涉税单证情节严重尚未进口货物

的，依照刑法第二百八十条的规定定罪处罚。

十、关于在加工贸易活动中骗取海关核销行为的认定问题

在加工贸易经营活动中，以假出口、假结转或者利用虚假单证等方式骗取海关核销，致使保税货物、物品脱离海关监管，造成国家税款流失，情节严重的，依照刑法第一百五十三条的规定，以走私普通货物、物品罪追究刑事责任。但有证据证明因不可抗力原因导致保税货物脱离海关监管，经营人无法办理正常手续而骗取海关核销的，不认定为走私犯罪。

十一、关于伪报价格走私犯罪案件中实际成交价格的认定问题

走私犯罪案件中的伪报价格行为，是指犯罪嫌疑人、被告人在进出口货物、物品时，向海关申报进口或者出口的货物、物品的价格低于或者高于进出口货物的实际成交价格。

对实际成交价格的认定，在无法提取真、伪两套合同、发票等单证的情况下，可以根据犯罪嫌疑人、被告人的付汇渠道、资金流向、会计账册、境内外收发货人的真实交易方式，以及其他能够证明进出口货物实际成交价格的证据材料综合认定。

十二、关于出售走私货物已缴纳的增值税应否从走私偷逃应缴税额中扣除的问题

走私犯罪嫌疑人为出售走私货物而开具增值税专用发票并缴纳增值税，是其走私行为既遂后在流通领域获取违法所得的一种手段，属于非法开具增值税专用发票。对走私犯罪嫌疑人因出售走私货物而实际缴纳走私货物增值税的，在核定走私货物偷逃应缴税额时，不应当将其已缴纳的增值税额从其走私偷逃应缴税额中扣除。

十三、关于刑法第一百五十四条规定的‘销售牟利’的理解问题

刑法第一百五十四条第(一)、(二)项规定的‘销售牟利’，是指行为人主观上为了牟取非法利益而擅自销售海关监管的保税货物、特定减免税货物。该种行为是否构成犯罪，应当根据偷逃的应缴税额是否达到刑法第一百五十三条及相关司法解释规定的数额标准予以认定。实际获利与否或者获利多少并不影响其定罪。

十四、关于海上走私犯罪案件如何追究运输人的刑事责任问题

对刑法第一百五十五条第(二)项规定的实施海上走私犯罪行为的运输人、收购人或者贩卖人应当追究刑事责任。对运输人，一般追究运输工具的负责人或者主要责任人的刑事责任，但对于事先通谋的、集资走私的或者使用特殊的走私运输工具从事走私犯罪活动的，可以追究其他参与人员的刑事责任。

十五、关于刑法第一百五十六条规定的‘与走私罪犯通谋’的理解问题

通谋是指犯罪行为人之间事先或者事中形成的共同的走私故意。下列情形可以认定为通谋：

(一)对明知他人从事走私活动而同意为其提供贷款、资金、账号、发票、证明、海关单证，提供运输、保管、邮寄或者其他方便的；

(二)多次为同一走私犯罪分子的走私行为提供前项帮助的。

十六、关于放纵走私罪的认定问题

依照刑法第四百一十一条的规定，负有特定监管义务的海关工作人员徇私舞弊，利用职权，放任、纵容走私犯罪行为，情节严重的，构成放纵走私罪。放纵走私行为，一般是消极的不作为。如果海关工作人员与走私分子通谋，在放纵走私过程中以积极的行为配合走私分子逃避海关监管或者在放纵走私之后分得赃款的，应以共同走私犯罪追究刑事责任。

海关工作人员收受贿赂又放纵走私的，应以受贿罪和放纵走私罪数罪并罚。

十七、关于单位走私犯罪案件诉讼代表人的确定及其相关问题

单位走私犯罪案件的诉讼代表人，应当是单位的法定代表人或者主要负责人。单位的法定

代表人或者主要负责人被依法追究刑事责任或者因其他原因无法参与刑事诉讼的，人民检察院应当另行确定被告单位的其他负责人作为诉讼代表人参加诉讼。

接到出庭通知的被告单位的诉讼代表人应当出庭应诉。拒不出庭的，人民法院在必要的时候，可以拘传到庭。

对直接负责的主管人员和其他直接责任人员均无法归案的单位走私犯罪案件，只要单位走私犯罪的事实清楚、证据确实充分，且能够确定诉讼代表人代表单位参与刑事诉讼活动的，可以先行追究该单位的刑事责任。

被告单位没有合适人选作为诉讼代表人出庭的，因不具备追究该单位刑事责任的诉讼条件，可按照单位犯罪的条款先行追究单位犯罪中直接负责的主管人员或者其他直接责任人员的刑事责任。人民法院在对单位犯罪中直接负责的主管人员或者直接责任人员进行判决时，对于扣押、冻结的走私货物、物品、违法所得以及属于犯罪单位所有的走私犯罪工具，应当一并判决予以追缴、没收。

十八、关于单位走私犯罪及其直接负责的主管人员和直接责任人员的认定问题

具备下列特征的，可以认定为单位走私犯罪：(1)以单位的名义实施走私犯罪，即由单位集体研究决定，或者由单位的负责人或者被授权的其他人员决定、同意；(2)为单位谋取不正当利益或者违法所得大部分归单位所有。

依照《最高人民法院关于审理单位犯罪案件具体应用法律有关问题的解释》第二条的规定，个人为进行违法犯罪活动而设立的公司、企业、事业单位实施犯罪的，或者个人设立公司、企业、事业单位后，以实施犯罪为主要活动的，不以单位犯罪论处。单位是否以实施犯罪为主要活动，应根据单位实施走私行为的次数、频度、持续时间、单位进行合法经营的状况等因素综合考虑认定。

根据单位人员在单位走私犯罪活动中所发挥的不同作用，对其直接负责的主管人员和其他直接责任人员，可以确定为一人或者数人。对于受单位领导指派而积极参与实施走私犯罪行为的人员，如果其行为在走私犯罪的主要环节起重要作用的，可以认定为单位犯罪的直接责任人员。

十九、关于单位走私犯罪后发生分立、合并或者其他资产重组情形以及单位被依法注销、宣告破产等情况下，如何追究刑事责任的问题

单位走私犯罪后，单位发生分立、合并或者其他资产重组等情况的，只要承受该单位权利义务的单位存在，应当追究单位走私犯罪的刑事责任。走私单位发生分立、合并或者其他资产重组后，原单位名称发生更改的，仍以原单位(名称)作为被告单位。承受原单位权利义务的单位法定代表人或者负责人为诉讼代表人。

单位走私犯罪后，发生分立、合并或者其他资产重组情形，以及被依法注销、宣告破产等情况的，无论承受该单位权利义务的单位是否存在，均应追究原单位直接负责的主管人员和其他直接责任人员的刑事责任。

人民法院对原走私单位判处罚金的，应当将承受原单位权利义务的单位作为被执行人。罚金超出新单位所承受的财产的，可在执行中予以减除。

二十、关于单位与个人共同走私普通货物、物品案件的处理问题

单位和个人(不包括单位直接负责的主管人员和其他直接责任人员)共同走私的，单位和个人均应对共同走私所偷逃应缴税额负责。

对单位和个人共同走私偷逃应缴税额为5万元以上不满25万元的，应当根据其在案件中所起的作用，区分不同情况做出处理。单位起主要作用的，对单位和个人均不追究刑事责任，由海

关予以行政处理；个人起主要作用的，对个人依照刑法有关规定追究刑事责任，对单位由海关予以行政处理。无法认定单位或个人起主要作用的，对个人和单位分别按个人犯罪和单位犯罪的标准处理。

单位和个人共同走私偷逃应缴税额超过25万元且能区分主、从犯的，应当按照刑法关于主、从犯的有关规定，对从犯从轻、减轻处罚或者免除处罚。

二十一、关于单位走私犯罪案件自首的认定问题

在办理单位走私犯罪案件中，对单位集体决定自首的，或者单位直接负责的主管人员自首的，应当认定单位自首。认定单位自首后，如实交代主要犯罪事实的单位负责的其他主管人员和其他直接责任人员，可视为自首，但对拒不交代主要犯罪事实或逃避法律追究的人员，不以自首论。

二十二、关于共同走私犯罪案件如何判处罚金刑问题

审理共同走私犯罪案件时，对各共同犯罪人判处罚金的总额应掌握在共同走私行为偷逃应缴税额的一倍以上五倍以下。

二十三、关于走私货物、物品、走私违法所得以及走私犯罪工具的处理问题

在办理走私犯罪案件过程中，对发现的走私货物、物品、走私违法所得以及属于走私犯罪分子所有的犯罪工具，走私犯罪侦查机关应当及时追缴，依法予以查扣、冻结。在移送审查起诉时应当将扣押物品文件清单、冻结存款证明文件等材料随案移送，对于扣押的危险品或者鲜活、易腐、易失效、易贬值等不宜长期保存的货物、物品，已经依法先行变卖、拍卖的，应当随案移送变卖、拍卖物品清单以及原物的照片或者录像资料；人民检察院在提起公诉时应当将上述扣押物品文件清单、冻结存款证明和变卖、拍卖物品清单一并移送；人民法院在判决走私罪案件时，应当对随案清单、证明文件中载明的款、物审查确认并依法判决予以追缴、没收；海关根据人民法院的判决和海关法的有关规定予以处理，上缴中央国库。

二十四、关于走私货物、物品无法扣押或者不便扣押情况下走私违法所得的追缴问题

在办理走私普通货物、物品犯罪案件中，对于走私货物、物品因流入国内市场或者投入使用，致使走私货物、物品无法扣押或者不便扣押的，应当按照走私货物、物品的进出口完税价格认定违法所得予以追缴；走私货物、物品实际销售价格高于进出口完税价格的，应当按照实际销售价格认定违法所得予以追缴。"

⑤1999年6月25日最高人民法院《关于审理单位犯罪案件具体应用法律有关问题的解释》规定：

"第一条　刑法第三十条规定的'公司、企业、事业单位'，既包括国有、集体所有的公司、企业、事业单位，也包括依法设立的合资经营、合作经营企业和具有法人资格的独资、私营等公司、企业、事业单位。

第二条　个人为进行违法犯罪活动而设立的公司、企业、事业单位实施犯罪的，或者公司、企业、事业单位设立后，以实施犯罪为主要活动的，不以单位犯罪论处。

第三条　盗用单位名义实施犯罪，违法所得由实施犯罪的个人私分的，依照刑法有关自然人犯罪的规定定罪处罚。"

1. 走私武器、弹药罪(第151条第1款)

(1)罪名概念

走私武器、弹药罪，是指违反海关法规和枪支、弹药管理规定，逃避海关监管，走私武器、弹药的行为。

(2)法律规定

①本罪名是由《刑法》第151条第1款规定的。该条第1款、第4款分别规定:“走私武器、弹药、核材料或者伪造的货币的,处七年以上有期徒刑,并处罚金或者没收财产;情节特别严重的,处无期徒刑,并处没收财产;情节较轻的,处三年以上七年以下有期徒刑,并处罚金。”

“单位犯本条规定之罪的,对单位判处罚金,并对其直接负责的主管人员和其他直接责任人员,依照本条各款的规定处罚。”

《刑法》第155条规定:“下列行为,以走私罪论处,依照本节的有关规定处罚:

(一)直接向走私人非法收购国家禁止进口物品的,或者直接向走私人非法收购走私进口的其他货物、物品,数额较大的;

(二)在内海、领海、界河、界湖运输、收购、贩卖国家禁止进出口物品的,或者运输、收购、贩卖国家限制进出口货物、物品,数额较大,没有合法证明的。”

《刑法》第156条规定:“与走私罪犯通谋,为其提供贷款、资金、账号、发票、证明,或者为其提供运输、保管、邮寄或者其他方便的,以走私罪的共犯论处。”

《刑法》第157条规定:“武装掩护走私的,依照本法第一百五十一条第一款的规定从重处罚。

以暴力、威胁方法抗拒缉私的,以走私罪和本法第二百七十七条规定的阻碍国家机关工作人员依法执行职务罪,依照数罪并罚的规定处罚。”

②根据2014年8月12日最高人民法院、最高人民检察院《关于办理走私刑事案件适用法律若干问题的解释》相关内容如下:

“第三条　走私枪支散件,构成犯罪的,依照刑法第一百五十一条第一款的规定,以走私武器罪定罪处罚。成套枪支散件以相应数量的枪支计,非成套枪支散件以每三十件为一套枪支散件计。

第四条　走私各种弹药的弹头、弹壳,构成犯罪的,依照刑法第一百五十一条第一款的规定,以走私弹药罪定罪处罚。具体的定罪量刑标准,按照本解释第一条规定的数量标准的五倍执行。

走私报废或者无法组装并使用的各种弹药的弹头、弹壳,构成犯罪的,依照刑法第一百五十三条的规定,以走私普通货物、物品罪定罪处罚;属于废物的,依照刑法第一百五十二条第二款的规定,以走私废物罪定罪处罚。

弹头、弹壳是否属于前款规定的‘报废或者无法组装并使用’或者‘废物’,由国家有关技术部门进行鉴定。

第五条　走私国家禁止或者限制进出口的仿真枪、管制刀具,构成犯罪的,依照刑法第一百五十一条第三款的规定,以走私国家禁止进出口的货物、物品罪定罪处罚。具体的定罪量刑标准,适用本解释第十一条第一款第六、七项和第二款的规定。

走私的仿真枪经鉴定为枪支,构成犯罪的,依照刑法第一百五十一条第一款的规定,以走私武器罪定罪处罚。不以牟利或者从事违法犯罪活动为目的,且无其他严重情节的,可以依法从轻处罚;情节轻微不需要判处刑罚的,可以免予刑事处罚。”

③根据2014年8月12日最高人民法院、最高人民检察院《关于办理走私刑事案件适用法律若干问题的解释》相关内容如下:“第二十条　直接向走私人非法收购走私进口的货物、物品,在内海、领海、界河、界湖运输、收购、贩卖国家禁止进出口的物品,或者没有合法证明,在内海、领海、界河、界湖运输、收购、贩卖国家限制进出口的货物、物品,构成犯罪的,应当按照走私货物、物品的种类,分别依照刑法第一百五十一条、第一百五十二条、第一百五十三条、第三百四十七条、第三百五十条的规定定罪处罚。

刑法第一百五十五条第二项规定的‘内海’,包括内河的入海口水域。

第二十一条　未经许可进出口国家限制进出口的货物、物品，构成犯罪的，应当依照刑法第一百五十一条、第一百五十二条的规定，以走私国家禁止进出口的货物、物品罪等罪名定罪处罚；偷逃应缴税额，同时又构成走私普通货物、物品罪的，依照处罚较重的规定定罪处罚。

取得许可，但超过许可数量进出口国家限制进出口的货物、物品，构成犯罪的，依照刑法第一百五十三条的规定，以走私普通货物、物品罪定罪处罚。

租用、借用或者使用购买的他人许可证，进出口国家限制进出口的货物、物品的，适用本条第一款的规定定罪处罚。

第二十二条　在走私的货物、物品中藏匿刑法第一百五十一条、第一百五十二条、第三百四十七条、第三百五十条规定的货物、物品，构成犯罪的，以实际走私的货物、物品定罪处罚；构成数罪的，实行数罪并罚。

第二十三条　实施走私犯罪，具有下列情形之一的，应当认定为犯罪既遂：

（一）在海关监管现场被查获的；

（二）以虚假申报方式走私，申报行为实施完毕的；

（三）以保税货物或者特定减税、免税进口的货物、物品为对象走私，在境内销售的，或者申请核销行为实施完毕的。”

④1999 年 6 月 25 日最高人民法院《关于审理单位犯罪案件具体应用法律有关问题的解释》内容如下：

“第一条　刑法第三十条规定的‘公司、企业、事业单位’，既包括国有、集体所有的公司、企业、事业单位，也包括依法设立的合资经营、合作经营企业和具有法人资格的独资、私营等公司、企业、事业单位。

第二条　个人为进行违法犯罪活动而设立的公司、企业、事业单位实施犯罪的，或者公司、企业、事业单位设立后，以实施犯罪为主要活动的，不以单位犯罪论处。

第三条　盗用单位名义实施犯罪，违法所得由实施犯罪的个人私分的，依照刑法有关自然人犯罪的规定定罪处罚。”

（3）构成要件

第一，本罪侵犯的客体是国家海关监督管理制度中关于武器、弹药进出口的管理制度和国家关于武器、弹药的管理制度，其犯罪对象是武器、弹药。

第二，客观方面表现为采用藏匿、伪装、冒充、蒙混等方式，非法邮寄、运输、携带武器、弹药进出国（边）境的行为。本罪属于行为犯，即只要走私武器、弹药的，数量大小不影响本罪成立。但是，如果数量极少，情节显著轻微，则不应当以犯罪论处。

第三，犯罪主体是一般主体，自然人和单位都可以成为本罪主体。

第四，主观方面是故意，即明知其走私行为属于违法犯罪行为，而积极实施这一行为。

（4）罪名界定

第一，构成本罪不要求在主观上有牟利的目的，只要走私犯罪分子在运输、携带、邮寄武器、弹药进出国（边）境时，主观上明知是在逃避海关监管，仍然实施这一逃避检查行为的，就可构成本罪主观方面的内容。

第二，如果认定是单位走私，应当具备以下条件：一是走私行为是经过单位决策机构讨论或者批准的。二是走私行为是以单位名义进行的。三是走私的非法所得归单位所有。第三个条件十分重要。如果不是同时具备，走私的非法所得归个人所有或者私分，就不属于单位走私，不能处罚法人。

第三，本罪的犯罪对象是武器、弹药。其种类应参照《中华人民共和国海关进口税则》及《中华人民共和国禁止进出境物品表》的有关规定确定。这里所说的“武器”,包括核武器、化学武器及一般性的小型兵器,也包括猎枪、体育用枪等民用枪支。如果走私自制猎枪、火枪、管制刀具、气枪等,情节轻微的,可以不作犯罪处理。这里所说的“弹药”,包括各类武器所使用的子弹、炸药,也包括民用炸药、雷管等。如果为生产所用,从走私犯罪分子手中购买少量炸药,或者走私少量的自制猎枪子弹的,可以不作为犯罪处理。走私可用于制造枪支、弹药的原材料,要根据走私目的的不同来认定罪名。用于生产的,以走私一般物品罪处罚;用于制造枪支、弹药的,以走私武器、弹药罪处罚;难以查证走私目的的,以走私一般物品罪论处为宜。

第四,走私武器、弹药的行为人实施走私行为后,如果又实施了买卖、运输武器、弹药的行为,这样的行为刑法理论称为“吸收犯”,即一种行为被另一种行为吸收。走私武器、弹药后,在境内运输、买卖的,两种行为的主体是同一主体的,境内运输、买卖行为是走私行为的延续,应当按照吸收犯,以其中的一种重罪处罚。如果两种行为的主体不同,也就是说,有一些人走私武器、弹药,又有另一些人买卖、运输,则“另一些人”构成非法运输、买卖武器、弹药罪。

第五,如果是为了走私武器、弹药而使用虚假、无效的凭证、商业单据或者采取其他手段,向外汇指定银行骗购外汇的,根据 1998 年 8 月 28 日最高人民法院发布的《关于审理骗购外汇、非法买卖外汇刑事案件具体应用法律若干问题的解释》第 1 条的规定,应以本罪定罪处罚,即定走私、武器弹药罪。

根据 2006 年 11 月 14 日最高人民法院《关于审理走私刑事案件具体应用法律若干问题的解释(二)》的规定,对在走私的普通货物、物品或者废物中藏匿《刑法》第 151 条、第 152 条、第 347 条、第 350 条规定的货物、物品,构成犯罪的,以实际走私的货物、物品定罪处罚;构成数罪的,实行数罪并罚。

走私其他武器、弹药的,应参照本罪的量刑规定处罚。走私成套枪支散件的,以走私相应数量的枪支计;走私非成套枪支散件的,以每 30 件为一套枪支散件计。走私管制刀具、仿真枪支构成犯罪的,依照《刑法》第 153 条的规定,以走私普通货物、物品罪定罪处罚。

(5)量刑幅度

根据《刑法》第 151 条第 1 款、第 4 款和 2014 年 8 月 12 日最高人民法院、最高人民检察院《关于办理走私刑事案件适用法律若干问题的解释》的规定,对犯本罪的处罚分以下 4 个档次:

一是情节较轻的,处 3 年以上 7 年以下有期徒刑,并处罚金。所谓“情节较轻”,是指具有下列情形之一的:①走私以压缩气体等非火药为动力发射枪弹的枪支 2 支以上不满 5 支的;②走私气枪铅弹 500 发以上不满 2500 发,或者其他子弹 10 发以上不满 50 发的;③未达到上述数量标准,但属于犯罪集团的首要分子,使用特种车辆从事走私活动,或者走私的武器、弹药被用于实施犯罪等情形的;④走私各种口径在 60 毫米以下常规炮弹、手榴弹或者枪榴弹等分别或者合计不满 5 枚的。

二是具有下列情形之一的,处 7 年以上有期徒刑,并处罚金或者没收财产:①走私以火药为动力发射枪弹的枪支 1 支,或者以压缩气体等非火药为动力发射枪弹的枪支 5 支以上不满 10 支的;②走私气枪铅弹 2500 发以上不满 1.25 万发,或者其他子弹 50 发以上不满 250 发的;③走私各种口径在 60 毫米以下常规炮弹、手榴弹或者枪榴弹等分别或者合计达到 5 枚以上不满 10 枚,或者各种口径超过 60 毫米以上常规炮弹合计不满 5 枚的;④达到前款第 1 项、第 2 项、第 4 项规定的数量标准,且属于犯罪集团的首要分子,使用特种车辆从事走私活动,或者走私的武器、弹药被用于实施犯罪等情形的。

三是对情节特别严重的,处无期徒刑,并处没收财产。具有下列情形之一的,应当认定为“情节特别严重”:①走私以火药为动力发射枪弹的枪支 1 支以上,或者以压缩气体等非火药为动力发射枪弹的枪支10支以上的；②走私本解释第1款第2项规定的弹药，数量在该项规定的最高数量标准5倍以上的；③走私本解释第2款第3项规定的弹药，数量超过该项规定的数量标准，或者走私具有巨大杀伤力的非常规炮弹1枚以上的；④达到本解释第2款第1项至第3项规定的数量标准，且属于犯罪集团的首要分子，使用特种车辆从事走私活动，或者走私的武器、弹药被用于实施犯罪等情形的。

四是单位犯本罪的，对单位判处罚金，并对其直接负责的主管人员和其他直接责任人员，依照上述规定处罚。

2. 走私核材料罪（第151条第1款）

（1）罪名概念

走私核材料罪，是指违反海关法规和国家对核材料的管理法规，逃避海关监管，非法运输、携带、邮寄国家禁止进出国（边）境的核材料的行为。

（2）法律规定

本罪名是由《刑法》第151条第1款规定的。《刑法》第151条规定"走私武器、弹药、核材料或者伪造的货币的，处七年以上有期徒刑，并处罚金或者没收财产；情节特别严重的，处无期徒刑，并处没收财产；情节较轻的，处三年以上七年以下有期徒刑，并处罚金。

走私国家禁止出口的文物、黄金、白银和其他贵重金属或者国家禁止进出口的珍贵动物及其制品的，处五年以上十年以下有期徒刑，并处罚金；情节特别严重的，处十年以上有期徒刑或者无期徒刑，并处没收财产；情节较轻的，处五年以下有期徒刑，并处罚金。

走私珍稀植物及其制品等国家禁止进出口的其他货物、物品的，处五年以下有期徒刑或者拘役，并处或者单处罚金；情节严重的，处五年以上有期徒刑，并处罚金。

单位犯本条规定之罪的，对单位判处罚金，并对其直接负责的主管人员和其他直接责任人员，依照本条各款的规定处罚。"

《刑法》第155条规定："下列行为，以走私罪论处，依照本节的有关规定处罚：

（一）直接向走私人非法收购国家禁止进口物品的，或者直接向走私人非法收购走私进口的其他货物、物品，数额较大的；

（二）在内海、领海、界河、界湖运输、收购、贩卖国家禁止进出口物品的，或者运输、收购、贩卖国家限制进出口货物、物品，数额较大，没有合法证明的。"

《刑法》第156条规定："与走私罪犯通谋，为其提供贷款、资金、账号、发票、证明，或者为其提供运输、保管、邮寄或者其他方便的，以走私罪的共犯论处。"

《刑法》第157条规定："武装掩护走私的，依照本法第一百五十一条第一款的规定从重处罚。

以暴力、威胁方法抗拒缉私的，以走私罪和本法第二百七十七条规定的阻碍国家机关工作人员依法执行职务罪，依照数罪并罚的规定处罚。"

（3）构成要件

第一，本罪侵犯的客体是国家海关监督管理制度中关于核材料进出国（边）境的管理制度。犯罪对象是核材料，即可以发生原子裂变和聚合反应的放射性材料。

第二，客观方面表现为行为人违反海关法和国家对核材料的管理法规，逃避海关监督、检查和管理，非法运输、携带、邮寄国家禁止进出国（边）境的核材料的行为。

第三，犯罪主体是一般主体，包括自然人和单位。

第四，主观方面是故意，故意的内容表现为行为人明知核材料是国家严禁进出国（边）境，而故意逃避海关监督检查，将其运输、携带、邮寄进出国（边）境。

（4）罪名界定

第一，由于走私核材料对本国和他国的国家安全、社会秩序、国计民生都构成严重威胁，因此，凡是实施了走私核材料的行为，无论其数量多少，也无论是否以牟利为目的，即使情节较轻，也构成犯罪。当然，如果属于《刑法》第 13 条的规定，“情节显著轻微危害不大的，不认为是犯罪”。

第二，关于核材料的范围，不仅仅是指铀、钚等可发生原子核裂变或聚变的放射性材料，还包括用于核反应堆能源系统的裂变堆材料和聚变堆用材料，如核燃料、慢化和反射材料、屏蔽材料、氚增殖材料、中子倍增材料、磁体材料、绝缘材料等。只要走私其中一种材料，即构成本罪。如果是走私含铀、钚等元素的原矿石，则不以本罪论处。如果是走私经过提炼后的铀、钚等核裂变、聚变反应材料半成品的，则应以本罪论处。在审判实践中，对某一物品是否属于核材料难以认定时，应当请有关部门进行鉴定。国家核安全局、国家科学技术工业委员会分别负责民用、军用核材料的监督或者管理。

第三，根据 2006 年 11 月 14 日最高人民法院《关于审理走私刑事案件具体应用法律若干问题的解释（二）》的规定，对在走私的普通货物、物品或者废物中藏匿《刑法》第 151 条、第 152 条、第 347 条、第 350 条规定的货物、物品，构成犯罪的，以实际走私的货物、物品定罪处罚；构成数罪的，实行数罪并罚。

（5）量刑幅度

根据《刑法》第 151 条第 1 款、第 4 款的规定，对犯本罪的处罚分以下 4 个档次：

一是犯罪情节一般的，处 7 年以上有期徒刑，并处罚金或者没收财产；

二是犯罪情节较轻的，处 3 年以上 7 年以下有期徒刑，并处罚金；

三是情节特别严重的，处无期徒刑，并处没收财产；

四是单位犯本罪的，对单位判处罚金，并对其直接负责的主管人员和其他直接责任人员，依照上述对自然人犯罪的规定处罚。

本罪中的“情节严重”，主要包括多次走私核材料的；走私核材料数量大的；走私核材料擅自处置造成严重环境污染，致人重伤、死亡及公私财产重大损失的；海关、司法、工商行政等国家机关工作人员或者军人利用职务之便走私核材料的；利用行贿、提供女色等恶劣手段拉拢、腐蚀海关、司法等国家机关工作人员或者军人走私核材料的；走私含量高、辐射严重的核材料的；利用武器装备掩护走私核材料的；用以制造危害社会的核装置走私核材料的；以危害国家安全、进行暴力恐怖犯罪活动为目的走私核材料的等情形。

3. 走私假币罪（第 151 条第 1 款）

（1）罪名概念

走私假币罪，是指违反海关法规，非法运输、携带伪造的货币进出国（边）境，逃避海关监管的行为。

（2）法律规定

①本罪名是由《刑法》第 151 条第 1 款规定的。该条第 1 款、第 4 款分别规定：“走私武器、弹药、核材料或者伪造的货币的，处七年以上有期徒刑，并处罚金或者没收财产；情节特别严重的，处无期徒刑，并处没收财产；情节较轻的，处三年以上七年以下有期徒刑，并处罚金。”

“单位犯本条规定之罪的，对单位判处罚金，并对其直接负责的主管人员和其他直接责任人员，依照本条各款的规定处罚。”

《刑法》第155条规定："下列行为，以走私罪论处，依照本节的有关规定处罚：

（一）直接向走私人非法收购国家禁止进口物品的，或者直接向走私人非法收购走私进口的其他货物、物品，数额较大的；

（二）在内海、领海、界河、界湖运输、收购、贩卖国家禁止进出口物品的，或者运输、收购、贩卖国家限制进出口货物、物品，数额较大，没有合法证明的。"

《刑法》第156条规定："与走私罪犯通谋，为其提供贷款、资金、账号、发票、证明，或者为其提供运输、保管、邮寄或者其他方便的，以走私罪的共犯论处。"

《刑法》第157条规定："武装掩护走私的，依照本法第一百五十一条第一款的规定从重处罚。

以暴力、威胁方法抗拒缉私的，以走私罪和本法第二百七十七条规定的阻碍国家机关工作人员依法执行职务罪，依照数罪并罚的规定处罚。"

②2010年5月7日最高人民检察院、公安部《关于公安机关管辖的刑事案件立案追诉标准的规定（二）》第2条规定："走私伪造的货币，总面额在二千元以上或者币量在二百张（枚）以上的，应予立案追诉。"

③根据2014年8月12日最高人民法院、最高人民检察院《关于办理走私刑事案件适用法律若干问题的解释》相关内容如下："第二十条　直接向走私人非法收购走私进口的货物、物品，在内海、领海、界河、界湖运输、收购、贩卖国家禁止进出口的物品，或者没有合法证明，在内海、领海、界河、界湖运输、收购、贩卖国家限制进出口的货物、物品，构成犯罪的，应当按照走私货物、物品的种类，分别依照刑法第一百五十一条、第一百五十二条、第一百五十三条、第三百四十七条、第三百五十条的规定定罪处罚。

刑法第一百五十五条第二项规定的'内海'，包括内河的入海口水域。

第二十一条　未经许可进出口国家限制进出口的货物、物品，构成犯罪的，应当依照刑法第一百五十一条、第一百五十二条的规定，以走私国家禁止进出口的货物、物品罪等罪名定罪处罚；偷逃应缴税额，同时又构成走私普通货物、物品罪的，依照处罚较重的规定定罪处罚。

取得许可，但超过许可数量进出口国家限制进出口的货物、物品，构成犯罪的，依照刑法第一百五十三条的规定，以走私普通货物、物品罪定罪处罚。

租用、借用或者使用购买的他人许可证，进出口国家限制进出口的货物、物品的，适用本条第一款的规定定罪处罚。

第二十二条　在走私的货物、物品中藏匿刑法第一百五十一条、第一百五十二条、第三百四十七条、第三百五十条规定的货物、物品，构成犯罪的，以实际走私的货物、物品定罪处罚；构成数罪的，实行数罪并罚。

第二十三条　实施走私犯罪，具有下列情形之一的，应当认定为犯罪既遂：

（一）在海关监管现场被查获的；

（二）以虚假申报方式走私，申报行为实施完毕的；

（三）以保税货物或者特定减税、免税进口的货物、物品为对象走私，在境内销售的，或者申请核销行为实施完毕的。"

（3）构成要件

第一，本罪侵犯的客体是复杂客体，既侵犯了国家海关法禁止假币进出口的制度，又侵犯了国家的货币管理制度。

第二，在客观方面，行为人具有违反海关法规，非法运输、携带伪造的货币进出国（边）境，逃避海关监管的行为。

第三，犯罪主体是一般主体，包括自然人和单位。

第四，犯罪的主观方面是故意。

（4）罪名界定

第一，如果行为人携带伪造的货币进出境数量很小，或者是在边境贸易中误收了伪币，但不愿意受损失而携带进境，准备再行使用等。因为这种情况客观危害极小，主观恶性不大，不宜以犯罪论处。根据最高人民法院《关于审理走私刑事案件具体应用法律若干问题的解释》的规定，走私伪造的货币，总面额（折合人民币）不足 2000 元或者币量不满 200 张（枚）的，可以视为情节显著轻微危害不大，不认为是犯罪。

根据 2010 年 5 月 7 日最高人民检察院、公安部《关于公安机关管辖的刑事案件立案追诉标准的规定（二）》第 2 条的规定，走私伪造的货币，总面额在 2000 元以上或者币量在 200 张（枚）以上的，应予立案追诉。

第二，为了走私假币犯罪，使用虚假、无效的凭证、商业单据或者采取其他手段，向外汇指定银行骗购外汇的，根据最高人民法院 1998 年 8 月 28 日公布的《关于审理骗购外汇、非法买卖外汇刑事案件具体应用法律若干问题的解释》第 1 条的规定，应以走私假币罪来定罪处罚。

第三，根据 2006 年 11 月 14 日最高人民法院《关于审理走私刑事案件具体应用法律若干问题的解释（二）》的规定，对在走私的普通货物、物品或者废物中藏匿《刑法》第 151 条、第 152 条、第 347 条、第 350 条规定的货物、物品，构成犯罪的，以实际走私的货物、物品定罪处罚；构成数罪的，实行数罪并罚。

第四，行为人走私伪造的货币以后，又在境内出售或者运输同一宗伪造的货币的，属于牵连犯罪，应当按照处理牵连犯的原则，从一重处罚，即以走私假币罪处罚，而不以走私假币罪和出售、运输假币实行数罪并罚。行为人直接向走私假币的人购买假币的，以走私假币罪论处。

第五，本罪与出售、购买、运输假币罪的区别主要在于侵犯的客体不同。前者既侵犯了国家的海关管理制度，又侵犯了国家的货币管理制度；而后者侵犯的客体则是国家的货币管理制度。在客观方面表现也不同：前者表现为违反海关法规，逃避海关监管，携带、运输、邮寄假币进出口的行为；而后者表现为在国内出售、购买、运输假币的行为。

第六，根据《刑法》第 156 条的规定，如果与走私假币的犯罪分子通谋，为其提供贷款、资金、账号、发票、证明，或者为其提供运输、保管、邮寄或者其他方便的，以走私假币罪的共犯论处。

（5）量刑幅度

根据《刑法》第 151 条第 1 款和 2014 年 8 月 12 日最高人民法院、最高人民检察院《关于办理走私刑事案件适用法律若干问题的解释》的规定，对犯本罪的处罚分以下 4 个档次：

一是情节较轻的，处 3 年以上 7 年以下有期徒刑，并处罚金。走私伪造的货币，数额在 2000 元以上不满 2 万元，或者数量在 200 张（枚）以上不满 2000 张（枚）的，可以认定为《刑法》第 151 条第 1 款规定的“情节较轻”。

二是具有下列情形之一的，依照《刑法》第 151 条第 1 款的规定处 7 年以上有期徒刑，并处罚金或者没收财产：①走私数额在 2 万元以上不满 20 万元，或者数量在 2000 张（枚）以上不满 2 万张（枚）的；②走私数额或者数量达到上述规定的标准，且具有走私的伪造货币流入市场等情节的。

三是对情节特别严重的，处无期徒刑或者死刑，并处没收财产。具有下列情形之一的，应当认定为《刑法》第 151 条第 1 款规定的“情节特别严重”：①走私数额在 20 万元以上，或者数量在 2 万张（枚）以上的；②走私数额或者数量达到第 2 款第 1 项规定的标准，且属于犯罪集团的首要分子，使用特种车辆从事走私活动，或者走私的伪造货币流入市场等情形的。

四是单位犯本罪的，对单位判处罚金，并对其直接负责的主管人员和其他直接责任人员，依照上述规定处罚。

4. 走私文物罪（第151条第2款）

（1）罪名概念

走私文物罪，是指违反海关法规和文物管理法规，逃避海关监督，走私国家禁止出口的文物的行为。

（2）法律规定

①本罪名是由《刑法》第151条第2款规定的。《刑法》第151条第2款、第4款分别规定："走私国家禁止出口的文物、黄金、白银和其他贵重金属或者国家禁止进出口的珍贵动物及其制品的，处五年以上十年以下有期徒刑，并处罚金；情节特别严重的，处十年以上有期徒刑或者无期徒刑，并处没收财产；情节较轻的，处五年以下有期徒刑，并处罚金。"

"单位犯本条规定之罪的，对单位判处罚金，并对其直接负责的主管人员和其他直接责任人员，依照本条各款的规定处罚。"

《刑法》第155条规定："下列行为，以走私罪论处，依照本节的有关规定处罚：

（一）直接向走私人非法收购国家禁止进口物品的，或者直接向走私人非法收购走私进口的其他货物、物品，数额较大的；

（二）在内海、领海、界河、界湖运输、收购、贩卖国家禁止进出口物品的，或者运输、收购、贩卖国家限制进出口货物、物品，数额较大，没有合法证明的。"

《刑法》第156条规定："与走私罪犯通谋，为其提供贷款、资金、账号、发票、证明，或者为其提供运输、保管、邮寄或者其他方便的，以走私罪的共犯论处。"

《刑法》第157条规定："武装掩护走私的，依照本法第一百五十一条第一款的规定从重处罚。

以暴力、威胁方法抗拒缉私的，以走私罪和本法第二百七十七条规定的阻碍国家机关工作人员依法执行职务罪，依照数罪并罚的规定处罚。"

②根据2014年8月12日最高人民法院、最高人民检察院《关于办理走私刑事案件适用法律若干问题的解释》相关内容如下：

"第二十条　直接向走私人非法收购走私进口的货物、物品，在内海、领海、界河、界湖运输、收购、贩卖国家禁止进出口的物品，或者没有合法证明，在内海、领海、界河、界湖运输、收购、贩卖国家限制进出口的货物、物品，构成犯罪的，应当按照走私货物、物品的种类，分别依照刑法第一百五十一条、第一百五十二条、第一百五十三条、第三百四十七条、第三百五十条的规定定罪处罚。

刑法第一百五十五条第二项规定的'内海'，包括内河的入海口水域。

第二十一条　未经许可进出口国家限制进出口的货物、物品，构成犯罪的，应当依照刑法第一百五十一条、第一百五十二条的规定，以走私国家禁止进出口的货物、物品罪等罪名定罪处罚；偷逃应缴税额，同时又构成走私普通货物、物品罪的，依照处罚较重的规定定罪处罚。

取得许可，但超过许可数量进出口国家限制进出口的货物、物品，构成犯罪的，依照刑法第一百五十三条的规定，以走私普通货物、物品罪定罪处罚。

租用、借用或者使用购买的他人许可证，进出口国家限制进出口的货物、物品的，适用本条第一款的规定定罪处罚。

第二十二条　在走私的货物、物品中藏匿刑法第一百五十一条、第一百五十二条、第三百四十七条、第三百五十条规定的货物、物品，构成犯罪的，以实际走私的货物、物品定罪处罚；构成数罪的,实行数罪并罚。

第二十三条　实施走私犯罪,具有下列情形之一的,应当认定为犯罪既遂:

(一)在海关监管现场被查获的;

(二)以虚假申报方式走私,申报行为实施完毕的;

(三)以保税货物或者特定减税、免税进口的货物、物品为对象走私,在境内销售的,或者申请核销行为实施完毕的。"

③2015年12月30日最高人民法院、最高人民检察院《关于办理妨害文物管理等刑事案件适用法律若干问题的解释》第1条、第11条、第12条和第13条规定:"刑法第一百五十一条规定的'国家禁止出口的文物',依照《中华人民共和国文物保护法》规定的'国家禁止出境的文物'的范围认定。

走私国家禁止出口的二级文物的,应当依照刑法第一百五十一条第二款的规定,以走私文物罪处五年以上十年以下有期徒刑,并处罚金;走私国家禁止出口的一级文物的,应当认定为刑法第一百五十一条第二款规定的'情节特别严重';走私国家禁止出口的三级文物的,应当认定为刑法第一百五十一条第二款规定的'情节较轻'。

走私国家禁止出口的文物,无法确定文物等级,或者按照文物等级定罪量刑明显过轻或者过重的,可以按照走私的文物价值定罪量刑。走私的文物价值在二十万元以上不满一百万元的,应当依照刑法第一百五十一条第二款的规定,以走私文物罪处五年以上十年以下有期徒刑,并处罚金;文物价值在一百万元以上的,应当认定为刑法第一百五十一条第二款规定的'情节特别严重';文物价值在五万元以上不满二十万元的,应当认定为刑法第一百五十一条第二款规定的'情节较轻'。"

"单位实施走私文物、倒卖文物等行为,构成犯罪的,依照本解释规定的相应自然人犯罪的定罪量刑标准,对直接负责的主管人员和其他直接责任人员定罪处罚,并对单位判处罚金。

公司、企业、事业单位、机关、团体等单位实施盗窃文物,故意损毁文物、名胜古迹,过失损毁文物,盗掘古文化遗址、古墓葬等行为的,依照本解释规定的相应定罪量刑标准,追究组织者、策划者、实施者的刑事责任。"

"针对不可移动文物整体实施走私、盗窃、倒卖等行为的,根据所属不可移动文物的等级,依照本解释第一条、第二条、第六条的规定定罪量刑:

(一)尚未被确定为文物保护单位的不可移动文物,适用一般文物的定罪量刑标准;

(二)市、县级文物保护单位,适用三级文物的定罪量刑标准;

(三)全国重点文物保护单位、省级文物保护单位,适用二级以上文物的定罪量刑标准。

针对不可移动文物中的建筑构件、壁画、雕塑、石刻等实施走私、盗窃、倒卖等行为的,根据建筑构件、壁画、雕塑、石刻等文物本身的等级或者价值,依照本解释第一条、第二条、第六条的规定定罪量刑。建筑构件、壁画、雕塑、石刻等所属不可移动文物的等级,应当作为量刑情节予以考虑。"

"案件涉及不同等级的文物的,按照高级别文物的量刑幅度量刑;有多件同级文物的,五件同级文物视为一件高一级文物,但是价值明显不相当的除外。"

(3)构成要件

第一,本罪侵犯的客体是国家对外贸易管制和文物管理制度。本罪的犯罪对象是国家禁止出口的文物。走私国家允许出口的文物的行为,不构成本罪,应当以走私一般货物、物品罪论处。这里所说的"文物",是指流传在社会上或者埋藏在地下历史文化遗物。根据我国《文物保护法》第2条的规定,文物具体包括以下内容:①具有历史、艺术、科学价值的古文化遗址、古建筑、石窟寺和石刻。②与重大历史事件、革命运动和著名人物有关的、具有重要纪念意义、教育意义和史料价值的建筑物、遗址、纪念物。③历史上各时代珍贵的艺术品、工艺美术品。④重要的革命文献资料以及具有历史、艺术、科学价值的手稿、古旧图书资料等。⑤反映历史上各时代、各民族社会制度、社会生产、社会生活的代表性实物。⑥具有科学价值的古脊椎动物化石和古人类化石等。

作为走私对象的文物，并不包括上述的所有文物，而只包括国家禁止出口的文物。所谓国家禁止出口的文物，是指具有重要历史、艺术、科学价值的文物。

第二，客观方面表现为违犯海关法规和文物管理法规，逃避海关监督，走私国家禁止出口的文物的行为。这些行为主要表现为：①没有经过国务院或者国务院授权的有关部门批准，不经海关或者边卡检查站的检查，非法运输、邮寄、携带国家禁止出口的文物进出口的。②虽然以合法形式通过海关或者边卡检查站进出国（边）境，但是采取了藏匿、伪装、假报等欺骗手段，逃避海关的监管、检查，非法偷运、邮寄、携带国家禁止出口的文物进出国（边）境的。③直接向走私人非法收购国家禁止出口的文物的。④在内海、领海非法运输、收购、贩卖国家禁止出口的文物的。⑤与走私犯罪分子通谋，为其提供贷款、资金、账号、发票、证明，或者为其走私文物提供运输、保管、邮寄或者其他方便的。

第三，犯罪主体是一般主体，包括自然人和单位。

第四，犯罪的主观方面是故意。

(4) 罪名界定

第一，认定本罪，要对下列问题区别对待：一是不知道是国家禁止出口的文物而携带、邮寄出境的，主观上没有走私的故意，不以犯罪论处。二是走私少量的三级文物以外的国家禁止出口的文物，情节显著轻微的，不以犯罪论处。三是为了保存或者个人欣赏而将自己所持有的文物携带出境的，不宜以犯罪论处。但是有证据证明将其文物携带出境是为了盈利，应当以犯罪论处。总之，走私文物如果是属于我国《刑法》中的情节显著轻微，危害不大的，不以犯罪论处。

第二，为了走私文物犯罪而使用虚假、无效的凭证、商业单据或者采取其他手段，向外汇指定银行骗购外汇的，根据最高人民法院 1998 年 8 月 28 日公布的《关于审理骗购外汇、非法买卖外汇刑事案件具体应用法律若干问题的解释》第 1 条的规定，应以走私文物罪定罪处罚。

第三，根据 2006 年 11 月 14 日最高人民法院《关于审理走私刑事案件具体应用法律若干问题的解释（二）》的规定，对在走私的普通货物、物品或者废物中藏匿《刑法》第 151 条、第 152 条、第 347 条、第 350 条规定的货物、物品，构成犯罪的，以实际走私的货物、物品定罪处罚；构成数罪的，实行数罪并罚。

(5) 量刑幅度

根据《刑法》第 151 条第 2 款、第 4 款的规定，对本罪的处罚分以下 4 个档次：

一是犯本罪的，处 5 年以上 10 年以下有期徒刑，并处罚金。

二是情节较轻的，处 5 年以下有期徒刑，并处罚金。

三是情节特别严重的，处无期徒刑或者死刑，并处没收财产。

四是单位犯本罪的，对单位判处罚金，对其直接负责的主管人员和其他直接责任人员，依照上述规定处罚。

根据 2014 年 8 月 12 日最高人民法院、最高人民检察院《关于办理走私刑事案件适用法律若干问题的解释》第 8 条的规定，走私国家禁止出口的三级文物 2 件以下的，可以认定为《刑法》第 151 条第 2 款规定的“情节较轻”。

具有下列情形之一的，依照《刑法》第 151 条第 2 款的规定处 5 年以上 10 年以下有期徒刑，并处罚金:①走私国家禁止出口的二级文物不满3件,或者三级文物3件以上不满9件的;②走私国家禁止出口的三级文物不满3件,且具有造成文物严重毁损或者无法追回等情节的。

具有下列情形之一的,应当认定为《刑法》第151条第2款规定的"情节特别严重":①走私国家禁止出口的一级文物1件以上,或者二级文物3件以上,或者三级文物9件以上的;②走私国家禁止出口的文物达到第2款第1项规定的数量标准,且属于犯罪集团的首要分子,使用特种车辆从事走私活动,或者造成文物严重毁损、无法追回等情形的。

5. 走私贵重金属罪(第151条第2款)

(1)罪名概念

走私贵重金属罪,是指违反海关法规和金融法规,逃避海关监管,走私国家禁止出口的黄金、白银或者其他贵重金属的行为。

(2)法律规定

本罪名是由《刑法》第151条第2款规定的。《刑法》第151条第2款、第4款分别规定:"走私国家禁止出口的文物、黄金、白银和其他贵重金属或者国家禁止进出口的珍贵动物及其制品的,处五年以上十年以下有期徒刑,并处罚金;情节特别严重的,处十年以上有期徒刑或者无期徒刑,并处没收财产;情节较轻的,处五年以下有期徒刑,并处罚金。"

"单位犯本条规定之罪的,对单位判处罚金,并对其直接负责的主管人员和其他直接责任人员,依照本条各款的规定处罚。"

《刑法》第155条规定:"下列行为,以走私罪论处,依照本节的有关规定处罚:

(一)直接向走私人非法收购国家禁止进口物品的,或者直接向走私人非法收购走私进口的其他货物、物品,数额较大的;

(二)在内海、领海、界河、界湖运输、收购、贩卖国家禁止进出口物品的,或者运输、收购、贩卖国家限制进出口货物、物品,数额较大,没有合法证明的。"

《刑法》第156条规定:"与走私罪犯通谋,为其提供贷款、资金、账号、发票、证明,或者为其提供运输、保管、邮寄或者其他方便的,以走私罪的共犯论处。"

《刑法》第157条规定:"武装掩护走私的,依照本法第一百五十一条第一款的规定从重处罚。

以暴力、威胁方法抗拒缉私的,以走私罪和本法第二百七十七条规定的阻碍国家机关工作人员依法执行职务罪,依照数罪并罚的规定处罚。"

(3)构成要件

第一,本罪侵犯的客体是复杂客体,主要侵犯的是国家对黄金、白银等贵重金属进出境的管理制度,同时侵犯了国家的金融秩序。犯罪对象是贵重金属。这里所说的贵重金属,一般是指金、银,也包括与金、银同等重要的铱、锇、钌、铑、钯等国家禁止出口的贵重金属。

第二,客观方面表现为违反海关法规和金融法规,逃避海关监管,走私国家禁止出口的黄金、白银或者其他贵重金属的行为。

第三,犯罪主体是一般主体,自然人和单位都可以成为本罪的主体。

第四,主观方面是故意。

(4)罪名界定

第一,携带或者邮寄少量黄金、白银或者其他贵重金属及其制品入境的,不宜以犯罪论处。走私低品位金、银及其制品的,如果没有严重情节,也不宜以犯罪论处。这是指走私对象、手段、后果都没有达到犯罪处罚的程度。走私黄金、白银及其他贵重金属,虽然属于行为犯,但是,如果情节显著轻微，危害不大，则不能以犯罪处理。

第二，为了进行走私贵重金属犯罪而使用虚假、无效的凭证、商业单据或者采取其他手段，向外汇指定银行骗购外汇的，根据最高人民法院1998年8月28日发布的《关于审理骗购外汇、非法买卖外汇刑事案件具体应用法律若干问题的解释》第1条的规定，应以走私贵重金属罪定罪处罚。

第三，根据2014年8月12日最高人民法院、最高人民检察院《关于办理走私刑事案件适用法律若干问题的解释》第20条至第23条规定，直接向走私人非法收购走私进口的货物、物品，在内海、领海、界河、界湖运输、收购、贩卖国家禁止进出口的物品，或者没有合法证明，在内海、领海、界河、界湖运输、收购、贩卖国家限制进出口的货物、物品，构成犯罪的，应当按照走私货物、物品的种类，分别依照《刑法》第151条、第152条、第153条、第347条、第350条的规定定罪处罚。

未经许可，进出口国家限制进出口的货物、物品，构成犯罪的，应当依照《刑法》第151条、第152条的规定，以走私国家禁止进出口的货物、物品罪等罪名定罪处罚；偷逃应缴税额，同时又构成走私普通货物、物品罪的，依照处罚较重的规定定罪处罚。

取得许可，但超过许可数量进出口国家限制进出口的货物、物品，构成犯罪的，依照《刑法》第153条的规定，以走私普通货物、物品罪定罪处罚。

在走私的货物、物品中藏匿《刑法》第151条、第152条、第347条、第350条规定的货物、物品，构成犯罪的，以实际走私的货物、物品定罪处罚；构成数罪的，实行数罪并罚。

实施走私犯罪，具有下列情形之一的，应当认定为犯罪既遂：①在海关监管现场被查获的；②以虚假申报方式走私，申报行为实施完毕的；③以保税货物或者特定减税、免税进口的货物、物品为对象走私，在境内销售的，或者申请核销行为实施完毕的。

第四，根据《刑法》第156条的规定，行为人如果与走私贵重金属的犯罪分子通谋，为其提供贷款、资金、账号、发票、证明，或者为其提供运输、保管、邮寄或者其他方便的，以走私贵重金属罪的共犯论处。

(5)量刑幅度

根据《刑法》第151条第2款、第4款的规定，对本罪的处罚分以下4个档次：

一是犯本罪的，处5年以上10年以下有期徒刑，并处罚金。

二是情节较轻的，处5年以下有期徒刑，并处罚金。

三是情节特别严重的，处无期徒刑或者死刑，并处没收财产。

四是单位犯本罪的，对单位判处罚金，对其直接负责的主管人员和其他直接责任人员，依照上述规定处罚。

6. 走私珍贵动物、珍贵动物制品罪(第151条第2款)

(1)罪名概念

走私珍贵动物、珍贵动物制品罪，是指违反海关法规和野生动物保护法规，逃避海关监管，走私国家禁止进出口的珍贵动物或者珍贵动物制品的行为。

(2)法律规定

①本罪名是由《刑法》第151条第2款规定的。《刑法》第151条第2款、第4款分别规定：“走私国家禁止出口的文物、黄金、白银和其他贵重金属或者国家禁止进出口的珍贵动物及其制品的，处五年以上十年以下有期徒刑，并处罚金；情节特别严重的，处十年以上有期徒刑或者无期徒刑，并处没收财产；情节较轻的，处五年以下有期徒刑，并处罚金。”

“单位犯本条规定之罪的，对单位判处罚金，并对其直接负责的主管人员和其他直接责任人员,依照本条各款的规定处罚。”

《刑法》第155条规定:“下列行为,以走私罪论处,依照本节的有关规定处罚:

(一)直接向走私人非法收购国家禁止进口物品的,或者直接向走私人非法收购走私进口的其他货物、物品,数额较大的;

(二)在内海、领海、界河、界湖运输、收购、贩卖国家禁止进出口物品的,或者运输、收购、贩卖国家限制进出口货物、物品,数额较大,没有合法证明的。”

《刑法》第156条规定:“与走私罪犯通谋,为其提供贷款、资金、账号、发票、证明,或者为其提供运输、保管、邮寄或者其他方便的,以走私罪的共犯论处。”

《刑法》第157条规定:“武装掩护走私的,依照本法第一百五十一条第一款的规定从重处罚。

以暴力、威胁方法抗拒缉私的,以走私罪和本法第二百七十七条规定的阻碍国家机关工作人员依法执行职务罪,依照数罪并罚的规定处罚。”

②根据2001年5月9日国家林业局、公安部《关于森林和陆生野生动物刑事案件管辖及立案标准》第2条第11项的规定:“走私国家重点保护和《濒危野生动植物种国际贸易公约》附录一、附录二的陆生野生动物及其制品的应当立案;走私国家重点保护的陆生野生动物重大案件和特别重大案件按附表的标准执行。

走私国家重点保护和《濒危野生动植物种国际贸易公约》附录一、附录二的陆生野生动物制品价值10万元以上的,应当立为重大案件;走私国家重点保护和《濒危野生动植物种国际贸易公约》附录一、附录二的陆生野生动物制品价值20万元以上的,应当立为特别重大案件。”

(3)构成要件

第一,本罪侵犯的客体是国家对外贸易管理制度和野生动物保护制度。本罪的犯罪对象是珍贵动物及其制品。所谓珍贵动物,是指国家重点保护的珍贵稀有的陆生、水生动物。根据我国《野生动物保护法》的规定,国家重点保护的珍贵动物分为一级保护动物和二级保护动物。1988年12月10日国务院批准的《国家重点保护野生动物名录》中列举了256种珍贵动物名称,可以说,上述名录中所列举的野生动物即是本罪走私的对象。所谓“珍贵动物制品”,是指上述珍贵动物的标本、皮毛、饰品等制成品,如大熊猫皮等。

第二,客观方面表现为具有违反海关法规和野生动物保护法规,逃避海关监管,走私国家禁止进出口的珍贵动物或者珍贵动物制品的行为。

第三,犯罪主体是一般主体,包括自然人和单位。

第四,犯罪的主观方面是故意。

(4)罪名界定

第一,本罪的犯罪对象——珍贵动物,不是随意确定的,而是根据我国《野生动物保护法》、《森林法》和相关法规规定的三类动物:第一类包括金丝猴、野牛、大熊猫等;第二类包括小熊猫、东北虎、丹顶鹤等;第三类包括猞猁、马鹿、金鸡等。另外,1988年12月10日国务院批准公布的《国家重点保护野生动物名录》中的256种动物及其制品,都属于《刑法》保护的对象,也是本罪的犯罪对象。在司法实践中,需要注意以下几种情况:一是走私少量珍贵动物及其制品的,能够说明这些物品是在合法猎捕情况下捕获的,那么,对携带这种少量动物及其制品出境的,可不以犯罪论处。但是,如果数量较大或者数量虽然不大,但属于在禁猎区、禁猎期或者使用了禁用工具猎取的,应当以犯罪论处。二是因为欣赏、赠送而携带少量三级动物及其制品出境的,如果没有其他严重情节,也不以犯罪论处。但是如果携带一级、二级动物及其制品出境,则应当以犯罪论处。三是走私三类动物之外的动物及其制品,逃避海关监管,达到一定数额,按照走私一般物品处罚。

第二，为了走私珍贵动物、珍贵动物制品犯罪而使用虚假、无效的凭证、商业单据或者采取其他手段，向外汇指定银行骗购外汇的，根据最高人民法院 1998 年 8 月 28 日发布的《关于审理骗购外汇、非法买卖外汇刑事案件具体应用法律若干问题的解释》第 1 款的规定，应以本罪定罪处罚。

第三，2014 年 8 月 12 日最高人民法院、最高人民检察院《关于办理走私刑事案件适用法律若干问题的解释》第 20 条至第 23 条规定，直接向走私人非法收购走私进口的货物、物品，在内海、领海、界河、界湖运输、收购、贩卖国家禁止进出口的物品，或者没有合法证明，在内海、领海、界河、界湖运输、收购、贩卖国家限制进出口的货物、物品，构成犯罪的，应当按照走私货物、物品的种类，分别依照《刑法》第 151 条、第 152 条、第 153 条、第 347 条、第 350 条的规定定罪处罚。

未经许可，进出口国家限制进出口的货物、物品，构成犯罪的，应当依照《刑法》第 151 条、第 152 条的规定，以走私国家禁止进出口的货物、物品罪等罪名定罪处罚；偷逃应缴税额，同时又构成走私普通货物、物品罪的，依照处罚较重的规定定罪处罚。

取得许可，但超过许可数量进出口国家限制进出口的货物、物品，构成犯罪的，依照《刑法》第 153 条的规定，以走私普通货物、物品罪定罪处罚。

在走私的货物、物品中藏匿《刑法》第 151 条、第 152 条、第 347 条、第 350 条规定的货物、物品，构成犯罪的，以实际走私的货物、物品定罪处罚；构成数罪的，实行数罪并罚。

实施走私犯罪，具有下列情形之一的，应当认定为犯罪既遂：①在海关监管现场被查获的；②以虚假申报方式走私，申报行为实施完毕的；③以保税货物或者特定减税、免税进口的货物、物品为对象走私，在境内销售的，或者申请核销行为实施完毕的。

(5) 量刑幅度

依据《刑法》第 151 条第 2 款、第 4 款的规定，对本罪的处罚分以下 4 个档次：

一是构成本罪的，处 5 年以上 10 年以下有期徒刑，并处罚金。

二是情节较轻的，处 5 年以下有期徒刑，并处罚金。

三是情节特别严重的，处无期徒刑或者死刑，并处没收财产。

四是单位犯本罪的，对单位判处罚金，对其直接负责的主管人员和其他直接责任人员，依照上述规定处罚。

2014 年 8 月 12 日最高人民法院、最高人民检察院《关于办理走私刑事案件适用法律若干问题的解释》第 9 条规定，走私国家一、二级保护动物未达到本解释附表中（一）规定的数量标准，或者走私珍贵动物制品数额不满 20 万元的，可以认定为《刑法》第 151 条第 2 款规定的“情节较轻”。

具有下列情形之一的，依照《刑法》第 151 条第 2 款的规定处 5 年以上 10 年以下有期徒刑，并处罚金：①走私国家一、二级保护动物达到本解释附表中（一）规定的数量标准的；②走私珍贵动物制品数额在 20 万元以上不满 100 万元的；③走私国家一、二级保护动物未达到本解释附表中（一）规定的数量标准，但具有造成该珍贵动物死亡或者无法追回等情节的。

具有下列情形之一的，应当认定为《刑法》第 151 条第 2 款规定的“情节特别严重”：①走私国家一、二级保护动物达到本解释附表中（二）规定的数量标准的；②走私珍贵动物制品数额在一百万元以上的；③走私国家一、二级保护动物达到本解释附表中（一）规定的数量标准，且属于犯罪集团的首要分子，使用特种车辆从事走私活动，或者造成该珍贵动物死亡、无法追回等情形的。

不以牟利为目的，为留作纪念而走私珍贵动物制品进境，数额不满 10 万元的，可以免予刑事处罚；情节显著轻微的，不作为犯罪处理。

7. 走私国家禁止进出口的货物、物品罪(第151条第3款)

(1)罪名概念

走私国家禁止进出口的货物、物品罪,是指违反海关法规,逃避海关监管,非法运输、携带、邮寄国家禁止进出口的珍稀植物及其制品等国家禁止进出口的货物、物品进出境的行为。

(2)法律规定

①本罪名是由《刑法》第151条第3款规定的。《刑法》第151条第3款、第4款分别规定:"走私珍稀植物及其制品等国家禁止进出口的其他货物、物品的,处五年以下有期徒刑或者拘役,并处或者单处罚金;情节严重的,处五年以上有期徒刑,并处罚金。"

"单位犯本条规定之罪的,对单位判处罚金,并对其直接负责的主管人员和其他直接责任人员,依照本条各款的规定处罚。"

《刑法》第155条规定:"下列行为,以走私罪论处,依照本节的有关规定处罚:

(一)直接向走私人非法收购国家禁止进口物品的,或者直接向走私人非法收购走私进口的其他货物、物品,数额较大的;

(二)在内海、领海、界河、界湖运输、收购、贩卖国家禁止进出口物品的,或者运输、收购、贩卖国家限制进出口货物、物品,数额较大,没有合法证明的。"

《刑法》第156条规定:"与走私罪犯通谋,为其提供贷款、资金、账号、发票、证明,或者为其提供运输、保管、邮寄或者其他方便的,以走私罪的共犯论处。"

《刑法》第157条规定:"武装掩护走私的,依照本法第一百五十一条第一款的规定从重处罚。

以暴力、威胁方法抗拒缉私的,以走私罪和本法第二百七十七条规定的阻碍国家机关工作人员依法执行职务罪,依照数罪并罚的规定处罚。"

②2001年5月9日国家林业局、公安部《关于森林和陆生野生动物刑事案件管辖及立案标准》第2条第5项规定:"走私国家禁止进出口的珍稀植物、珍稀植物制品的应当立案;走私珍稀植物2株以上、珍稀植物制品价值在2万元以上的,为重大案件;走私珍稀植物10株以上、珍稀植物制品价值在10万元以上的,为特别重大案件。"

(3)构成要件

第一,本罪侵犯的客体是国家的海关监管制度和珍稀植物及其制品等国家禁止进出口的货物、物品的保护制度。

第二,客观方面表现为违反海关法规,逃避海关监管,非法运输、携带、邮寄国家禁止进出口的珍稀植物及其制品等国家禁止进出口的货物、物品进出境的行为。本罪的犯罪对象限于国家禁止进出口的珍稀植物及其制品等国家禁止进出口的货物、物品。所谓"国家禁止进出口的珍稀植物",是指国家重点保护的原生的天然生长的珍贵植物和原生的天然生长并且具有重要、经济、科学研究、文化价值的濒危、稀有植物。例如,银杉、水杉、银杏等。根据1996年9月30日国务院颁布的《中华人民共和国野生植物保护条例》第10条的规定,国家重点保护的珍稀植物分为国家一级保护珍稀植物和国家二级保护珍稀植物,其具体名录由国务院批准公布。"其制品",是指上述珍稀植物的制成品,如标本等。一般来说,只要走私上诉珍稀植物及其制品进出口的,原则上就可视为达到犯罪程度。

第三,犯罪主体是一般主体,即年满16岁并且具备刑事责任能力的自然人及单位,都可以构成本罪主体。

第四,主观方面只能是故意,过失不能构成本罪。

(4)罪名界定

第一,如果行为人确实不知道所运输、携带或者邮寄的物品属于国家禁止进出口的珍稀植物及其制品等国家禁止进出口的货物、物品的,因缺乏故意而不能以犯罪论处。另外,本罪是行为犯,不以特定的危害后果和情节严重为犯罪的构成要件。只要行为人实施了走私行为,即可构成犯罪。《刑法》第13条规定在此仍然有效,即走私上述物品的情节显著轻微,危害不大的,同样可以不以犯罪论处。

第二,为了走私国家禁止进出口的珍稀植物及其制品等国家禁止进出口的货物、物品而使用虚假、无效的凭证、商业单据或者采取其他手段,向外汇指定银行骗购外汇的,根据最高人民法院1998年8月28日发布的《关于审理骗购外汇、非法买卖外汇刑事案件具体应用法律若干问题的解释》第1条的规定,应以本罪定罪处罚。

第三,根据2006年11月14日最高人民法院《关于审理走私刑事案件具体应用法律若干问题的解释(二)》的规定,对在走私的普通货物、物品或者废物中藏匿《刑法》第151条、第152条、第347条、第350条规定的货物、物品,构成犯罪的,以实际走私的货物、物品定罪处罚;构成数罪的,实行数罪并罚。

(5)量刑幅度

根据《刑法》第151条第3款、第4款的规定,犯本罪的,其处罚分以下3个档次:

一是构成本罪的,处5年以下有期徒刑或者拘役,并处或者单处罚金。

二是情节严重,处5年以上有期徒刑,并处罚金。

三是单位犯此罪的,对单位判处罚金,对其直接负责的主管人员和其他直接责任人员,依照个人犯罪的规定处罚。

根据2014年8月12日最高人民法院、最高人民检察院《关于办理走私刑事案件适用法律若干问题的解释》第11条的规定,走私国家禁止进出口的货物、物品,具有下列情形之一的,依照《刑法》第151条第3款的规定处5年以下有期徒刑或者拘役,并处或者单处罚金:①走私国家一级保护野生植物5株以上不满25株,国家二级保护野生植物10株以上不满50株,或者珍稀植物、珍稀植物制品数额在20万元以上不满100万元的;②走私重点保护古生物化石或者未命名的古生物化石不满10件,或者一般保护古生物化石10件以上不满50件的;③走私禁止进出口的有毒物质1吨以上不满5吨,或者数额在2万元以上不满10万元的;④走私来自境外疫区的动植物及其产品5吨以上不满25吨,或者数额在5万元以上不满25万元的;⑤走私木炭、硅砂等妨害环境、资源保护的货物、物品10吨以上不满50吨,或者数额在10万元以上不满50万元的;⑥走私旧机动车、切割车、旧机电产品或者其他禁止进出口的货物、物品20吨以上不满100吨,或者数额在20万元以上不满100万元的;⑦数量或者数额未达到本款第1项至第6项规定的标准,但属于犯罪集团的首要分子,使用特种车辆从事走私活动,造成环境严重污染,或者引起甲类传染病传播、重大动植物疫情等情形的。

具有下列情形之一的,应当认定为《刑法》第151条第3款规定的“情节严重”:①走私数量或者数额超过前款第1项至第6项规定的标准的;②达到前款第1项至第6项规定的标准,且属于犯罪集团的首要分子,使用特种车辆从事走私活动,造成环境严重污染,或者引起甲类传染病传播、重大动植物疫情等情形的。

8. 走私淫秽物品罪(第152条第1款)

(1)罪名概念

走私淫秽物品罪,是指以牟利或者传播为目的,违反海关法规,逃避海关监管,非法运输、携带或者邮寄淫秽物品进出国(边)境的行为。

(2)法律规定

①本罪名是由《刑法》第152条第1款规定的。第152条第1款、第3款分别规定:“以牟利或者传播为目的,走私淫秽的影片、录像带、录音带、图片、书刊或者其他淫秽物品的,处三年以上十年以下有期徒刑,并处罚金;情节严重的,处十年以上有期徒刑或者无期徒刑,并处罚金或者没收财产;情节较轻的,处三年以下有期徒刑、拘役或者管制,并处罚金。”

“单位犯前两款罪的,对单位判处罚金,并对其直接负责的主管人员和其他直接责任人员,依照前两款的规定处罚。”

《刑法》第155条规定:“下列行为,以走私罪论处,依照本节的有关规定处罚:

(一)直接向走私人非法收购国家禁止进口物品的,或者直接向走私人非法收购走私进口的其他货物、物品,数额较大的;

(二)在内海、领海、界河、界湖运输、收购、贩卖国家禁止进出口物品的,或者运输、收购、贩卖国家限制进出口货物、物品,数额较大,没有合法证明的。”

《刑法》第156条规定:“与走私罪犯通谋,为其提供贷款、资金、账号、发票、证明,或者为其提供运输、保管、邮寄或者其他方便的,以走私罪的共犯论处。”

《刑法》第157条规定:“武装掩护走私的,依照本法第一百五十一条第一款的规定从重处罚。

以暴力、威胁方法抗拒缉私的,以走私罪和本法第二百七十七条规定的阻碍国家机关工作人员依法执行职务罪,依照数罪并罚的规定处罚。”

②2008年6月25日最高人民检察院、公安部《关于公安机关管辖的刑事案件立案追诉标准的规定(一)》第25条规定:“以牟利或者传播为目的,走私淫秽的影片、录像带、录音带、图片、书刊或者其他通过文字、声音、形象等形式表现淫秽内容的影碟、音碟、电子出版物等物品,涉嫌下列情形之一的,应予立案追诉:

(一)走私淫秽录像带、影碟五十盘(张)以上的;

(二)走私淫秽录音带、音碟一百盘(张)以上的;

(三)走私淫秽扑克、书刊、画册一百副(册)以上的;

(四)走私淫秽照片、画片五百张以上的;

(五)走私其他淫秽物品相当于上述数量的;

(六)走私淫秽物品数量虽未达到本条第(一)项至第(四)项规定标准,但分别达到其中两项以上标准的百分之五十以上的。”

③2014年8月12日最高人民法院、最高人民检察院《关于办理走私刑事案件适用法律若干问题的解释》第23条规定:“实施走私犯罪,具有下列情形之一的,应当认定为犯罪既遂:

(一)在海关监管现场被查获的;

(二)以虚假申报方式走私,申报行为实施完毕的;

(三)以保税货物或者特定减税、免税进口的货物、物品为对象走私,在境内销售的,或者申请核销行为实施完毕的。”

(3)构成要件

第一,本罪侵犯的客体是国家对外贸易管制中禁止进出口淫秽物品的制度。本罪的对象只能是淫秽物品。所谓“淫秽物品”,是指具有描绘性行为或者露骨宣扬色情的淫秽性书刊、影片、录像带、录音带、图片及其他淫秽物品。淫秽物品的种类和目录,由国务院有关主管部门规定,而不是由某个人来确定。走私非淫秽物品的,不构成本罪。

第二，客观方面表现为违反海关法规，逃避海关监管，非法运输、携带、邮寄淫秽物品进出国(边)境的行为。在实践中，一种情况是不经过海关或者边防检查站检查以逃避海关监管；另一种情况是通过海关或者边防检查站的时候，采取欺骗方法，瞒报淫秽物品，逃避海关监管。

第三，犯罪主体是一般主体。凡是达到刑事责任年龄、具备刑事责任能力的自然人，都可以成为本罪主体。单位也可以成为本罪主体。

第四，主观方面是故意，而且必须以牟利或者传播为目的。至于牟利或者传播的目的是否实现，不影响本罪的成立。如果行为人不是为了牟利、传播而携带、邮寄少量淫秽物品进出境的，则不构成本罪。

(4)罪名界定

第一，行为人如果确实不知道是淫秽物品而运输、携带或者邮寄进出境，因其没有走私淫秽物品的故意，不能认为其行为构成本罪。构成本罪除了在主观上必须出于故意以外，还要求具有牟利或者传播的目的。因此，如果行为人为了自己用、赠给朋友、受委托代买而携带、夹带少量进出境的，一般不认为构成犯罪。认定行为人是否具有牟利或者传播的目的，主要可以从携带的数量上分析。如果携带的数量很大，则很难说他没有牟利或者传播的目的。当然，对其主观目的的认定，还需要结合其供述、同案人的揭发检举、群众的反映、其本人一贯表现等其他情况来考察。

第二，为了走私淫秽物品而使用虚假、无效的凭证、商业单据或者采取其他手段，向外汇指定银行骗购外汇的，根据最高人民法院1998年8月28日发布的《关于审理骗购外汇、非法买卖外汇刑事案件具体应用法律若干问题的解释》第1条的规定，应以走私淫秽物品罪定罪处罚。

第三，2014年8月12日最高人民法院、最高人民检察院《关于办理走私刑事案件适用法律若干问题的解释》规定，直接向走私人非法收购走私进口的货物、物品，在内海、领海、界河、界湖运输、收购、贩卖国家禁止进出口的物品，或者没有合法证明，在内海、领海、界河、界湖运输、收购、贩卖国家限制进出口的货物、物品，构成犯罪的，应当按照走私货物、物品的种类，分别依照《刑法》第151条、第152条、第153条、第347条、第350条的规定定罪处罚。

未经许可，进出口国家限制进出口的货物、物品，构成犯罪的，应当依照《刑法》第151条、第152条的规定，以走私国家禁止进出口的货物、物品罪等罪名定罪处罚；偷逃应缴税额，同时又构成走私普通货物、物品罪的，依照处罚较重的规定定罪处罚。

取得许可，但超过许可数量进出口国家限制进出口的货物、物品，构成犯罪的，依照《刑法》第153条的规定，以走私普通货物、物品罪定罪处罚。

在走私的货物、物品中藏匿《刑法》第151条、第152条、第347条、第350条规定的货物、物品，构成犯罪的，以实际走私的货物、物品定罪处罚；构成数罪的，实行数罪并罚。

第四，本罪与《刑法》第363条第1款规定的贩卖、传播淫秽物品牟利罪、《刑法》第364条第1款规定的传播淫秽物品罪的主要区别在于侵犯的客体不同。前者侵犯的客体主要是海关监管制度，而后者侵犯的客体是社会的管理制度和社会主义社会风尚。如果行为人走私淫秽物品以后，为牟利贩卖、传播或者进行非法牟利传播，这种行为属于走私淫秽物品罪的后续行为，不应当再定贩卖、传播淫秽物品牟利罪或者传播淫秽物品罪，而应当只定走私淫秽物品罪一个罪名。如果行为人走私的是这一批淫秽物品，为了牟利贩卖、传播或者进行非牟利性传播的是另一批淫秽物品，则应当定走私淫秽物品罪和贩卖、传播淫秽物品牟利罪或者传播淫秽物品罪，实行数罪并罚。

(5)量刑幅度

根据《刑法》第152条的规定，犯本罪的，其处罚分以下四种情况：

一是构成本罪的，处3年以上10年以下有期徒刑，并处罚金。

二是情节严重的，处10年以上有期徒刑或者无期徒刑，并处罚金或者没收财产。

三是情节较轻的，处3年以下有期徒刑、拘役或者管制，并处罚金。

四是单位犯本罪，对单位判处罚金，并且对其直接负责的主管人员和其他直接责任人员，依照个人犯罪的规定处罚。

2014年8月12日最高人民法院、最高人民检察院《关于办理走私刑事案件适用法律若干问题的解释》第13条规定，以牟利或者传播为目的，走私淫秽物品，达到下列数量之一的，可以认定为《刑法》第152条第1款规定的“情节较轻”：①走私淫秽录像带、影碟50盘（张）以上不满100百盘（张）的；②走私淫秽录音带、音碟100盘（张）以上不满200盘（张）的；③走私淫秽扑克、书刊、画册100副（册）以上不满200副（册）的；④走私淫秽照片、画片500张以上不满1000张的；⑤走私其他淫秽物品相当于上述数量的。

走私淫秽物品在前款规定的最高数量以上不满最高数量5倍的，依照《刑法》第152条第1款的规定处3年以上10年以下有期徒刑，并处罚金。

走私淫秽物品在第1款规定的最高数量5倍以上，或者在第1款规定的最高数量以上不满5倍，但属于犯罪集团的首要分子，使用特种车辆从事走私活动等情形的，应当认定为《刑法》第152条第1款规定的“情节严重”。

9. 走私废物罪（第152条第2款）

（1）罪名概念

走私废物罪，是指逃避海关监管，违反国家规定，将境外固体废物、液态废物、气态废物运输进境，情节严重的行为。

（2）法律规定

①本罪名是由《刑法》第152条第2款规定的。《刑法》第152条第2款、第3款分别规定：“逃避海关监管将境外固体废物、液态废物和气态废物运输进境，情节严重的，处五年以下有期徒刑，并处或者单处罚金；情节特别严重的，处五年以上有期徒刑，并处罚金。”

“单位犯前两款罪的，对单位判处罚金，并对其直接负责的主管人员和其他直接责任人员，依照前两款的规定处罚。”

《刑法》第339条第3款规定：“以原料利用为名，进口不能用作原料的固体废物、液态废物和气态废物的，依照本法第一百五十二条第二款、第三款的规定定罪处罚。”

《刑法》第155条规定：“下列行为，以走私罪论处，依照本节的有关规定处罚：

（一）直接向走私人非法收购国家禁止进口物品的，或者直接向走私人非法收购走私进口的其他货物、物品，数额较大的；

（二）在内海、领海、界河、界湖运输、收购、贩卖国家禁止进出口物品的，或者运输、收购、贩卖国家限制进出口货物、物品，数额较大，没有合法证明的。”

《刑法》第156条规定：“与走私罪犯通谋，为其提供贷款、资金、账号、发票、证明，或者为其提供运输、保管、邮寄或者其他方便的，以走私罪的共犯论处。”

《刑法》第157条规定：“武装掩护走私的，依照本法第一百五十一条第一款的规定从重处罚。

以暴力、威胁方法抗拒缉私的，以走私罪和本法第二百七十七条规定的阻碍国家机关工作人员依法执行职务罪，依照数罪并罚的规定处罚。”

②2014年8月12日最高人民法院、最高人民检察院《关于办理走私刑事案件适用法律若干问题的解释》第23条规定：“实施走私犯罪，具有下列情形之一的，应当认定为犯罪既遂：

（一）在海关监管现场被查获的；

（二）以虚假申报方式走私，申报行为实施完毕的；

（三）以保税货物或者特定减税、免税进口的货物、物品为对象走私，在境内销售的，或者申请核销行为实施完毕的。”

（3）构成要件

第一，本罪侵犯的客体是国家的对外贸易管理制度。犯罪对象是“固体、液态、气态废弃物”。其范围包括：一是在生产建设、日常生活和其他活动中产生的污染环境的废弃物质；二是在工业、交通等生产中产生的废物；三是在城市日常生活提供服务的活动中产生的废弃物（城市生活垃圾）以及法律、行政法规规定的废弃物；四是列入国家危险废弃物名目或者根据国家规定的危险废弃物鉴别标准和鉴别方法规定为具有危险性的废物。

第二，在客观方面，行为人具有违反国家规定，逃避海关监管，把境外固体、液体、气体废物运输进境，情节严重的行为。

第三，犯罪主体是一般主体，自然人和单位均可以成为本罪主体。

第四，主观方面是故意。

（4）罪名界定

第一，为了走私废物犯罪而使用虚假、无效的凭证、商业单据或者采取其他手段，向外汇指定银行骗购外汇的，根据最高人民法院 1998 年 8 月 28 日发布的《关于审理骗购外汇、非法买卖外汇刑事案件具体应用法律若干问题的解释》第 1 条的规定，应以走私废物罪定罪处罚。

2014 年 8 月 12 日最高人民法院、最高人民检察院《关于办理走私刑事案件适用法律若干问题的解释》规定，直接向走私人非法收购走私进口的货物、物品，在内海、领海、界河、界湖运输、收购、贩卖国家禁止进出口的物品，或者没有合法证明，在内海、领海、界河、界湖运输、收购、贩卖国家限制进出口的货物、物品，构成犯罪的，应当按照走私货物、物品的种类，分别依照《刑法》第 151 条、第 152 条、第 153 条、第 347 条、第 350 条的规定定罪处罚。

未经许可，进出口国家限制进出口的货物、物品，构成犯罪的，应当依照《刑法》第 151 条、第 152 条的规定，以走私国家禁止进出口的货物、物品罪等罪名定罪处罚；偷逃应缴税额，同时又构成走私普通货物、物品罪的，依照处罚较重的规定定罪处罚。

取得许可，但超过许可数量进出口国家限制进出口的货物、物品，构成犯罪的，依照《刑法》第 153 条的规定，以走私普通货物、物品罪定罪处罚。

在走私的货物、物品中藏匿《刑法》第 151 条、第 152 条、第 347 条、第 350 条规定的货物、物品，构成犯罪的，以实际走私的货物、物品定罪处罚；构成数罪的，实行数罪并罚。

第二，废弃物分为严格禁止进口的有害废物和限制进口可作原料的废物两类。限制进口的可用作原料的废物的具体种类，按照《国家限制进口的可用作原料的固体废物目录》执行。《中华人民共和国固体废物污染环境防治法》第 78 条规定：“违反本法规定，将中华人民共和国境外的固体废物进境倾倒、堆放、处置的，或者未经主管部门许可擅自进口固体废物用作原料的，由海关责令退运该固体废物，可以并处十万元以上一百万元以下的罚款。构成犯罪的，依法追究刑事责任。进口者不明的，由承运人承担退运该固体废物的责任，或者承担该固体废物的处置费用。

逃避海关监管将中华人民共和国境外的固体废物运输进境，构成犯罪的，依法追究刑事责任。”

第三，本罪与非法处置进口的固体废物罪的区别是：本罪是逃避海关监管，而后者则不是逃避海关监管。本罪处罚的是走私行为，而后者处罚的是将固体废物在我国境内倾倒、堆放、处置的行为。因此，如果行为人走私废物以后，又在我国境内倾倒、堆放、处置的，则既构成了走私废物罪,又构成了非法处置进口的固体废物罪,应当实行数罪并罚。

第四,本罪与擅自进口固体废物罪的区别是:一是侵犯的客体不同。前者侵犯的主要是国家的海关管理制度,而后者侵犯的是国家的环境保护制度。二是客观方面不同。前者表现为逃避海关监管,而后者不是逃避海关监管。三是前者属于行为犯,只要行为人走私固体废物、液态废物、气态废物就构成犯罪;而后者是结果犯,要求造成重大环境污染事故,致使公私财产遭受重大损失或者严重危害人体健康。四是犯罪对象不同。前者走私的废物应当理解为国家禁止进口的固体废物、液态废物、气态废物;而后者进口的则是国家限制进口的固体废物,如果将这些固体废物进口用作原料,必须经过国务院有关部门的批准。

(5)量刑幅度

根据《刑法》第152条的规定,构成本罪的,其处罚分以下3个档次:

一是情节特别严重的,判处5年以上有期徒刑,并处罚金。

二是情节严重的,判处5年以下有期徒刑,并处或者单处罚金。

三是单位犯本罪的,对单位判处罚金,对其直接负责的主管人员和其他直接责任人员,情节严重的,判处5年以下有期徒刑。对情节特别严重的,判处5年以上有期徒刑。

根据2014年8月12日最高人民法院、最高人民检察院《关于办理走私刑事案件适用法律若干问题的解释》第14条规定,走私国家禁止进口的废物或者国家限制进口的可用作原料的废物,具有下列情形之一的,应当认定为《刑法》第152条第2款规定的“情节严重”:①走私国家禁止进口的危险性固体废物、液态废物分别或者合计达到1吨以上不满5吨的;②走私国家禁止进口的非危险性固体废物、液态废物分别或者合计达到5吨以上不满25吨的;③走私国家限制进口的可用作原料的固体废物、液态废物分别或者合计达到20吨以上不满100吨的;④未达到上述数量标准,但属于犯罪集团的首要分子,使用特种车辆从事走私活动,或者造成环境严重污染等情形的。

具有下列情形之一的,应当认定为《刑法》第152条第2款规定的“情节特别严重”:①走私数量超过前款规定的标准的;②达到前款规定的标准,且属于犯罪集团的首要分子,使用特种车辆从事走私活动,或者造成环境严重污染等情形的;③未达到前款规定的标准,但造成环境严重污染且后果特别严重的。

走私置于容器中的气态废物,构成犯罪的,参照前两款规定的标准处罚。

10. 走私普通货物、物品罪(第153条)

(1)罪名概念

走私普通货物、物品罪,是指违反海关法规,逃避海关监管,非法运输、携带或者邮寄武器、弹药、核材料、伪币、国家禁止出口的文物、珍贵动物及其制品、黄金、白银或者其他贵重金属、国家禁止出口的珍稀植物及其制品以及淫秽物品、毒品以外的其他货物、物品进出国(边)境的行为。

(2)法律规定

①本罪名是由《刑法》第153条规定的。该条规定:“走私本法第一百五十一条、第一百五十二条、第三百四十七条规定以外的货物、物品的,根据情节轻重,分别依照下列规定处罚:

(一)走私货物、物品偷逃应缴税额较大或者一年内曾因走私被给予二次行政处罚后又走私的,处三年以下有期徒刑或者拘役,并处偷逃应缴税额一倍以上五倍以下罚金。

(二)走私货物、物品偷逃应缴税额巨大或者有其他严重情节的,处三年以上十年以下有期徒刑,并处偷逃应缴税额一倍以上五倍以下罚金。

(三)走私货物、物品偷逃应缴税额特别巨大或者有其他特别严重情节的,处十年以上有期徒刑或者无期徒刑，并处偷逃应缴税额一倍以上五倍以下罚金或者没收财产。

单位犯前款罪的，对单位判处罚金，并对其直接负责的主管人员和其他直接责任人员，处三年以下有期徒刑或者拘役；情节严重的，处三年以上十年以下有期徒刑；情节特别严重的，处十年以上有期徒刑。

对多次走私未经处理的，按照累计走私货物、物品的偷逃应缴税额处罚。"

《刑法》第154条规定："下列走私行为，根据本节规定构成犯罪的，依照本法第一百五十三条的规定定罪处罚：

（一）未经海关许可并且未补缴应缴税额，擅自将批准进口的来料加工、来件装配、补偿贸易的原材料、零件、制成品、设备等保税货物，在境内销售牟利的；

（二）未经海关许可并且未补缴应缴税额，擅自将特定减税、免税进口的货物、物品，在境内销售牟利的。"

《刑法》第156条规定："与走私罪犯通谋，为其提供贷款、资金、账号、发票、证明，或者为其提供运输、保管、邮寄或者其他方便的，以走私罪的共犯论处。"

《刑法》第157条规定："武装掩护走私的，依照本法第一百五十一条第一款的规定从重处罚。

以暴力、威胁方法抗拒缉私的，以走私罪和本法第二百七十七条规定的阻碍国家机关工作人员依法执行职务罪，依照数罪并罚的规定处罚。"

②2002年7月8日最高人民法院、最高人民检察院、海关总署《关于办理走私刑事案件适用法律若干问题的意见》第8条规定："走私刑法第一百五十一条、第一百五十二条、第三百四十七条、第三百五十条规定的货物、物品以外的，已被国家明令禁止进出口的货物、物品，例如旧汽车、切割车、侵犯知识产权的货物、来自疫区的动植物及其产品等，应当依照刑法第一百五十三条的规定，以走私普通货物、物品罪追究刑事责任。"

③2002年7月8日最高人民法院、最高人民检察院、海关总署《关于办理走私刑事案件适用法律若干问题的意见》第9条规定："加工贸易登记手册、特定减免税批文等涉税单证是海关根据国家法律法规以及有关政策性规定，给予特定企业用于保税货物经营管理和减免税优惠待遇的凭证。利用购买的加工贸易登记手册、特定减免税批文等涉税单证进口货物，实质是将一般贸易货物伪报为加工贸易保税货物或者特定减免税货物进口，以达到偷逃应缴税款的目的，应当适用刑法第一百五十三条以走私普通货物、物品罪定罪处罚。如果行为人与走私分子通谋出售上述涉税单证，或者在出卖批文后又以提供印章、向海关伪报保税货物、特定减免税货物等方式帮助买方办理进口通关手续的，对卖方依照刑法第一百五十六条以走私罪共犯定罪处罚。买卖上述涉税单证情节严重尚未进口货物的，依照刑法第二百八十条的规定定罪处罚。"

④2002年7月8日最高人民法院、最高人民检察院、海关总署《关于办理走私刑事案件适用法律若干问题的意见》第10条规定："在加工贸易经营活动中，以假出口、假结转或者利用虚假单证等方式骗取海关核销，致使保税货物、物品脱离海关监管，造成国家税款流失，情节严重的，依照刑法第一百五十三条的规定，以走私普通货物、物品罪追究刑事责任。但有证据证明因不可抗力原因导致保税货物脱离海关监管，经营人无法办理正常手续而骗取海关核销的，不认定为走私犯罪。"

⑤2000年10月16日最高人民检察院《关于擅自销售进料加工保税货物的行为法律适用问题的解释》规定："保税货物是指经海关批准未办理纳税手续进境，在境内储存、加工、装配后复运出境的货物。经海关批准进口的进料加工的货物属于保税货物。未经海关许可并且未补缴应缴税额，擅自将批准进口的进料加工的原材料、零件、制成品、设备等保税货物，在境内销售牟利，

偷逃应缴税额在五万元以上的，依照刑法第一百五十四条、第一百五十三条的规定，以走私普通货物、物品罪追究刑事责任。”

⑥根据 2014 年 8 月 12 日最高人民法院、最高人民检察院《关于办理走私刑事案件适用法律若干问题的解释》相关内容如下：“第十六条　走私普通货物、物品，偷逃应缴税额在十万元以上不满五十万元的，应当认定为刑法第一百五十三条第一款规定的‘偷逃应缴税额较大’；偷逃应缴税额在五十万元以上不满二百五十万元的，应当认定为‘偷逃应缴税额巨大’；偷逃应缴税额在二百五十万元以上的，应当认定为‘偷逃应缴税额特别巨大’。

走私普通货物、物品，具有下列情形之一，偷逃应缴税额在三十万元以上不满五十万元的，应当认定为刑法第一百五十三条第一款规定的‘其他严重情节’；偷逃应缴税额在一百五十万元以上不满二百五十万元的，应当认定为‘其他特别严重情节’：

（一）犯罪集团的首要分子；

（二）使用特种车辆从事走私活动的；

（三）为实施走私犯罪，向国家机关工作人员行贿的；

（四）教唆、利用未成年人、孕妇等特殊人群走私的；

（五）聚众阻挠缉私的。

第十七条　刑法第一百五十三条第一款规定的‘一年内曾因走私被给予二次行政处罚后又走私’中的‘一年内’，以因走私第一次受到行政处罚的生效之日与‘又走私’行为实施之日的时间间隔计算确定；‘被给予二次行政处罚’的走私行为，包括走私普通货物、物品以及其他货物、物品；‘又走私’行为仅指走私普通货物、物品。

第十八条　刑法第一百五十三条规定的‘应缴税额’，包括进出口货物、物品应当缴纳的进出口关税和进口环节海关代征税的税额。应缴税额以走私行为实施时的税则、税率、汇率和完税价格计算；多次走私的，以每次走私行为实施时的税则、税率、汇率和完税价格逐票计算；走私行为实施时间不能确定的，以案发时的税则、税率、汇率和完税价格计算。

刑法第一百五十三条第三款规定的‘多次走私未经处理’，包括未经行政处理和刑事处理。”

（3）构成要件

第一，本罪侵犯的客体是我国对外贸易管制中的征收关税制度。对于一般货物、物品进出境的，根据我国海关法规的规定，均要征收相应的关税，以此限制一般货物、物品的进出境，保护国民经济的稳定、正常发展。走私一般货物、物品的行为，直接造成国家关税的流失，因而侵犯了我国的关税制度，破坏了对外贸易管制。

第二，客观方面表现为违反海关法规，逃避海关监管，非法运输、携带或者邮寄武器、弹药等违禁品以外的其他货物、物品进出境的行为。

第三，犯罪主体是一般主体，即任何达到刑事责任年龄，具备刑事责任能力的自然人均可构成本罪的主体。单位也可以构成本罪的主体。

第四，犯罪的主观方面是故意。如果行为人由于不懂海关法规，或者因为疏忽大意等过失而没有申报，或者错报关税的，不构成本罪。

（4）罪名界定

第一，为了走私普通货物、物品而使用虚假、无效的凭证、商业单据或者采取其他手段，向外汇指定银行骗购外汇的，根据最高人民法院的有关司法解释，应以本罪定罪处罚。

第二，如果与走私普通货物、物品犯罪者通谋，为其提供贷款、资金、账号、发票、证明，或者为其提供运输、保管、邮寄或者其他方便的，根据《刑法》第 156 条的规定，应当以走私普通货物、物品罪的共犯论处。

第三,2014 年 8 月 12 日最高人民法院、最高人民检察院《关于办理走私刑事案件适用法律若干问题的解释》规定,直接向走私人非法收购走私进口的货物、物品,在内海、领海、界河、界湖运输、收购、贩卖国家禁止进出口的物品,或者没有合法证明,在内海、领海、界河、界湖运输、收购、贩卖国家限制进出口的货物、物品,构成犯罪的,应当按照走私货物、物品的种类,分别依照《刑法》第 151 条、第 152 条、第 153 条、第 347 条、第 350 条的规定定罪处罚。

未经许可,进出口国家限制进出口的货物、物品,构成犯罪的,应当依照《刑法》第 151 条、第 152 条的规定,以走私国家禁止进出口的货物、物品罪等罪名定罪处罚;偷逃应缴税额,同时又构成走私普通货物、物品罪的,依照处罚较重的规定定罪处罚。

取得许可,但超过许可数量进出口国家限制进出口的货物、物品,构成犯罪的,依照《刑法》第 153 条的规定,以走私普通货物、物品罪定罪处罚。

在走私的货物、物品中藏匿《刑法》第 151 条、第 152 条、第 347 条、第 350 条规定的货物、物品,构成犯罪的,以实际走私的货物、物品定罪处罚;构成数罪的,实行数罪并罚。

第四,本罪与骗取出口退税罪的区别是:侵犯的客体不同。前者侵犯的客体是国家海关对货物、物品的进出境管理制度,而后者侵犯的客体是国家的税收管理制度。在客观方面也不同。前者表现为违反海关法规,逃避海关监管,走私普通货物、物品进出境,偷逃应交税额较大的行为;而后者表现为企业、事业单位采取假报出口等欺骗手段,骗取国家出口退税款达到一定数额的行为。前者是有货物、物品进出境的,而后者在一般情况下没有货物、物品进出境。

第五,本罪与走私文物罪的区别是:走私的对象不同。本罪走私的对象是普通货物、物品,而后者走私的对象则是国家禁止出口的文物。

第六,根据 2002 年 7 月 8 日最高人民法院、最高人民检察院、海关总署《关于办理走私刑事案件适用法律若干问题的意见》第 20 条的规定,单位和个人共同走私的,单位和个人均应该对共同走私所偷逃应缴税额负责。

对单位和个人共同走私偷逃应缴税额为 5 万元以上不满 25 万元的,应当根据其在案件中所起的作用,区分不同情况作出处理。单位起主要作用的,对单位和个人均不追究刑事责任,由海关予以行政处理;个人起主要作用的,对个人依照《刑法》有关规定追究刑事责任,对单位由海关予以行政处理。无法认定单位或者个人起主要作用的,对个人和单位分别按照个人犯罪和单位犯罪的标准处理。单位和个人共同走私偷逃应缴税额超过 25 万元而且能够分清主、从犯的,应当按照《刑法》关于主、从犯的有关规定,对从犯从轻、减轻处罚或者免除处罚。

(5)量刑幅度

根据《刑法》第 153 条的规定,犯本罪的,根据情节轻重,分以下 4 个档次处罚:

一是走私货物、物品偷逃应缴税款额特别巨大,或者有其他特别严重情节的,处 10 年以上有期徒刑或者无期徒刑,并处偷逃缴税额 1 倍以上 5 倍以下罚金或者没收财产。

二是走私货物、物品偷逃应缴税额巨大,或者有其他严重情节的,处 3 年以上 10 年以下有期徒刑,并处偷逃税金额 1 倍以上 5 倍以下罚金。

三是走私货物、物品偷逃应缴税额较大,或者 1 年内曾因走私被给予两次行政处罚后又走私的,处 3 年以下有期徒刑或者拘役,并处偷逃应缴税额 1 倍以上 5 倍以下的罚金。

四是单位犯本罪的,对单位判处罚金,并对其直接负责的主管人员和其他直接责任人员,处 3 年以下有期徒刑或者拘役;情节严重的,处 3 年以上 10 年以下有期徒刑;情节特别严重的,处 10 年以上有期徒刑。

对多次走私没有经过处理的,按照累计走私货物、物品的偷逃应缴税款处罚。

2014 年 8 月 12 日最高人民法院、最高人民检察院《关于办理走私刑事案件适用法律若干问题的解释》规定,单位犯走私普通货物、物品罪,偷逃应缴税额在20万元以上不满100万元的,应当依照《刑法》第153条第2款的规定,对单位判处罚金,并对其直接负责的主管人员和其他直接责任人员,处3年以下有期徒刑或者拘役;偷逃应缴税额在100万元以上不满500万元的,应当认定为"情节严重";偷逃应缴税额在500万元以上的,应当认定为"情节特别严重"。

实施走私犯罪,具有下列情形之一的,应当认定为犯罪既遂:①在海关监管现场被查获的;②以虚假申报方式走私,申报行为实施完毕的;③以保税货物或者特定减税、免税进口的货物、物品为对象走私,在境内销售的,或者申请核销行为实施完毕的。

(三)妨害对公司、企业的管理秩序罪

1. 虚报注册资本罪(第158条)

(1)罪名概念

虚报注册资本罪,是指申请公司登记,使用虚假证明文件或者采取其他欺诈手段,虚报注册资本,欺骗公司登记主管部门,取得公司登记,虚报注册资本数额巨大、后果严重或者有其他严重情节的行为。

(2)法律规定

①本罪名是由《刑法》第158条规定的。该条规定:"申请公司登记使用虚假证明文件或者采取其他欺诈手段虚报注册资本,欺骗公司登记主管部门,取得公司登记,虚报注册资本数额巨大、后果严重或者有其他严重情节的,处三年以下有期徒刑或者拘役,并处或者单处虚报注册资本金额百分之一以上百分之五以下罚金。

单位犯前款罪的,对单位判处罚金,并对其直接负责的主管人员和其他直接责任人员,处三年以下有期徒刑或者拘役。"

②2010年5月7日最高人民检察院、公安部《关于公安机关管辖的刑事案件立案追诉标准的规定(二)》第3条规定:"申请公司登记使用虚假证明文件或者采取其他欺诈手段虚报注册资本,欺骗公司登记主管部门,取得公司登记,涉嫌下列情形之一的,应予立案追诉:

(一)超过法定出资期限,实缴注册资本不足法定注册资本最低限额,有限责任公司虚报数额在三十万元以上并占其应缴出资数额百分之六十以上的,股份有限公司虚报数额在三百万元以上并占其应缴出资数额百分之三十以上的;

(二)超过法定出资期限,实缴注册资本达到法定注册资本最低限额,但仍虚报注册资本,有限责任公司虚报数额在一百万元以上并占其应缴出资数额百分之六十以上的,股份有限公司虚报数额在一千万元以上并占其应缴出资数额百分之三十以上的;

(三)造成投资者或者其他债权人直接经济损失累计数额在十万元以上的;

(四)虽未达到上述数额标准,但具有下列情形之一的:

1. 两年内因虚报注册资本受过行政处罚二次以上,又虚报注册资本的;

2. 向公司登记主管人员行贿的;

3. 为进行违法活动而注册的。

(五)其他后果严重或者有其他严重情节的情形。"

(3)构成要件

第一,本罪侵犯的客体是国家工商行政管理登记制度以及公司股东和债权人的利益。

第二,客观方面表现为使用虚假证明文件或者采取其他欺诈手段,虚报注册资本,欺骗公司

登记主管部门,取得公司登记,数额巨大、后果严重或者有其他严重情节的行为。

第三,本罪的主体是申请公司登记的个人或者单位。

第四,主观方面是故意,即明知证明文件的内容失实,或者使用了其他欺诈手段,而仍然虚报注册资本,用于骗取公司登记。

(4)罪名界定

第一,根据2010年5月7日最高人民检察院、公安部《关于公安机关管辖的刑事案件立案追诉标准的规定(二)》第3条的规定,只有虚报注册资本数额巨大、后果严重或者有其他严重情节的才构成本罪。

第二,本罪与诈骗罪的区别是:本罪侵犯的主要是公司登记的规章制度,而诈骗罪侵犯的是公私财产所有权。本罪虚报注册资本,其着眼点在于取得公司登记;而诈骗罪是使被害人在错觉的支配下,自愿交出自己所有或者所占有的财物,其着眼点在于他人的财物。本罪不以某种目的为构成要件,而诈骗罪要求必须以非法占有为目的。

第三,要划清一罪与数罪的界限。如果行为人在虚报注册资本以后,取得了公司登记,接着又以虚报的注册资本作为资信保证,进行其他犯罪活动的,如进行贷款诈骗、合同诈骗等,构成犯罪的,应当依法实行数罪并罚。

(5)量刑幅度

根据《刑法》第158条的规定,犯本罪的,处3年以下有期徒刑或者拘役,并处或者单处虚报注册资本金额1%以上至5%以下罚金。单位犯本罪的,对单位判处罚金,并且对其直接负责的主管人员和其他直接责任人员,处3年以下有期徒刑或者拘役。

2. 虚假出资、抽逃出资罪(第159条)

(1)罪名概念

虚假出资、抽逃出资罪,是指公司发起人、股东违反《公司法》的规定,没有交付货币、实物,或者没有转移财产权,虚假出资,或者在公司成立后又抽逃其出资,数额巨大、后果严重或者有其他严重情节的行为。

(2)法律规定

①本罪名是由《刑法》第159条规定的。该条规定:"公司发起人、股东违反公司法的规定未交付货币、实物或者未转移财产权,虚假出资,或者在公司成立后又抽逃其出资,数额巨大、后果严重或者有其他严重情节的,处五年以下有期徒刑或者拘役,并处或者单处虚假出资金额或者抽逃出资金额百分之二以上百分之十以下罚金。

单位犯前款罪的,对单位判处罚金,并对其直接负责的主管人员和其他直接责任人员,处五年以下有期徒刑或者拘役。"

②2010年5月7日最高人民检察院、公安部《关于公安机关管辖的刑事案件立案追诉标准的规定(二)》第4条规定:"公司发起人、股东违反公司法的规定未交付货币、实物或者未转移财产权,虚假出资,或者在公司成立后又抽逃其出资,涉嫌下列情形之一的,应予立案追诉:

(一)超过法定出资期限,有限责任公司股东虚假出资数额在三十万元以上并占其应缴出资数额百分之六十以上的,股份有限公司发起人、股东虚假出资数额在三百万元以上并占其应缴出资数额百分之三十以上的;

(二)有限责任公司股东抽逃出资数额在三十万元以上并占其实缴出资数额百分之六十以上的,股份有限公司发起人、股东抽逃出资数额在三百万元以上并占其实缴出资数额百分之三十以上的;

（三）造成公司、股东、债权人的直接经济损失累计数额在十万元以上的；

（四）虽未达到上述数额标准，但具有下列情形之一的：

1. 致使公司资不抵债或者无法正常经营的；

2. 公司发起人、股东合谋虚假出资、抽逃出资的；

3. 两年内因虚假出资、抽逃出资受过行政处罚二次以上，又虚假出资、抽逃出资的；

4. 利用虚假出资、抽逃出资所得资金进行违法活动的。

（五）其他后果严重或者有其他严重情节的情形。"

③2005 年 8 月 1 日最高人民法院《关于如何认定国有控股、参股股份有限公司中的国有公司、企业人员的解释》规定："国有公司、企业委派到国有控股、参股公司从事公务的人员，以国有公司、企业人员论。"

(3) 构成要件

第一，本罪侵犯的客体是国家对公司的管理制度。根据《公司法》的规定，不论是设立有限责任公司还是设立股份有限公司，在公司登记注册前，都要按照公司章程所规定的注册资本，如实缴纳出资，既不能虚假出资，也不能随意抽回出资。否则，违反了法律关于公司设立的规定，引发比较严重的危害后果，构成犯罪的，必须依法惩处。

第二，客观方面表现为违反《公司法》的规定，没有交付货币或者没有转移财产所有权，虚假出资或者在公司成立后又抽逃出资，数额巨大、后果严重或者有其他严重情节的行为。本罪是一个行为选择性罪名，即虚假出资和抽逃出资两种行为，只要具备其中一种，即可构成本罪。如果行为人既虚假出资又抽逃出资，就构成了虚假出资、抽逃出资罪。

第三，本罪的主体是特殊主体，即公司的发起人、股东或者单位。这里的公司，是指《公司法》所规定的有限责任公司和股份有限公司。公司发起人，是指依法创立筹办股份有限公司的人。股东，是指公司的出资人。

第四，主观方面是故意。

(4) 罪名界定

第一，根据 2010 年 5 月 7 日最高人民检察院、公安部《关于公安机关管辖的刑事案件立案追诉标准的规定(二)》第 4 条的规定，只有具备"数额巨大、后果严重，或者有其他严重情节的"行为，才构成本罪。

第二，本罪与虚报注册资本罪的区别是：一是前者的主体是公司的发起人、股东；而后者的主体范围要宽一些，还可能包括公司登记中的其他相关人和实施人，如代理人、中介人等。二是前者发生在公司登记过程中和公司成立之后，而后者只发生在公司登记过程中。三是这两种犯罪在虚假出资、取得公司登记方面有交叉，在实践中应具体分析。如果虚假出资只发生在公司登记中，而且仅仅是为了骗取公司登记，应当以后罪论处；如果不仅是发生在公司登记中，而且又有抽逃注册资金的行为，则应当以本罪论处。

(5) 量刑幅度

根据《刑法》第 159 条的规定，犯本罪的，处 5 年以下有期徒刑或者拘役，并处或者单处虚假投资金额或者抽逃出资金额 2% 以上 10% 以下的罚金。单位犯本罪的，对单位判处罚金，并且对其他直接负责的主管人员和其他直接责任人员，处 5 年以下有期徒刑或者拘役。

3. 欺诈发行证券罪（第 160 条）

(1) 罪名概念

欺诈发行证券罪，是指公司、企业及其发起人或者股东，在招股说明书、认股书、公司、企业债券募集办法等发行文件中,隐瞒重要事实,或者编造重大虚假内容发行证券,数额巨大,后果严重或者有其他严重情节的行为。

(2)法律规定

①本罪名是由《刑法》第160条规定的。该条规定:“在招股说明书、认股书、公司、企业债券募集办法等发行文件中隐瞒重要事实或者编造重大虚假内容,发行股票或者公司、企业债券、存托凭证或者国务院依法认定的其他证券,数额巨大、后果严重或者有其他严重情节的,处五年以下有期徒刑或者拘役,并处或者单处罚金;数额特别巨大、后果特别严重或者有其他特别严重情节的,处五年以上有期徒刑,并处罚金。

控股股东、实际控制人组织、指使实施前款行为的,处五年以下有期徒刑或者拘役,并处或者单处非法募集资金金额百分之二十以上一倍以下罚金;数额特别巨大、后果特别严重或者有其他特别严重情节的,处五年以上有期徒刑,并处非法募集资金金额百分之二十以上一倍以下罚金。

单位犯前两款罪的,对单位判处非法募集资金金额百分之二十以上一倍以下罚金,并对其直接负责的主管人员和其他直接责任人员,依照第一款的规定处罚。”

②2010年5月7日最高人民检察院、公安部《关于公安机关管辖的刑事案件立案追诉标准的规定(二)》第5条规定:“在招股说明书、认股书、公司、企业债券募集办法中隐瞒重要事实或者编造重大虚假内容,发行股票或者公司、企业债券,涉嫌下列情形之一的,应予立案追诉:

(一)发行数额在五百万元以上的;

(二)伪造、变造国家机关公文、有效证明文件或者相关凭证、单据的;

(三)利用募集的资金进行违法活动的;

(四)转移或者隐瞒所募集资金的;

(五)其他后果严重或者有其他严重情节的情形。”

③2005年8月1日最高人民法院《关于如何认定国有控股、参股股份有限公司中的国有公司、企业人员的解释》规定:“国有公司、企业委派到国有控股、参股公司从事公务的人员,以国有公司、企业人员论。”

(3)构成要件

第一,本罪侵犯的客体是国家关于股票、债券的发行管理制度。犯罪对象是股票和公司、企业债券、存托凭证或者国务院依法认定的其他证券。

第二,客观方面表现为行为人实施了在招股说明书、认股书、公司、企业债券募集办法等发行文件中隐瞒重要事实或者编造重大虚假内容,发行股票或者公司、企业债券、存托凭证或者国务院依法认定的其他证券的行为,并且数额巨大,后果严重或者有其他严重情节。

第三,本罪的主体范围,根据《刑法》及《公司法》的有关规定,包括股份有限公司的发起人及股份有限公司、国有独资公司和国有有限责任公司及其他企业。股份有限公司发起人既可以是自然人,也可以是单位。

第四,主观方面是直接故意。

(4)罪名界定

第一,根据2010年5月7日最高人民检察院、公安部《关于公安机关管辖的刑事案件立案追诉标准的规定(二)》第5条的规定,只有隐瞒重要事实,或者编造重大虚假内容,发行股票或者公司、企业债券,数额巨大,后果严重或者有其他严重情节的才构成本罪。

第二,本罪与合同诈骗罪的区别是:一是侵犯的客体不同。前者侵犯的主要是股票或者公司债券发行制度及管理秩序,而后者侵犯的客体是公私财产所有权。二是客观方面不同。前者是行为人单方面制作虚假的招股说明书等募资文件,并且这些募资文件及发行股票、公司债券的行为在社会上公开披露或者进行；而后者是与被害方双方订立合同，行为人骗取财物的行为只针对合同的对方。前者发行股票、公司债券的行为事先通过国家有关部门审批；而后者不存在这种情形。三是犯罪主体方面不同。前者只能由公司、企业或者公司、企业发起人构成，而后者的主体是一般主体。四是主观方面不同。前者是以非法募集资金为目的，非法募集资金用于筹建公司、企业或者公司企业本身的业务发展，并不具有非法占有的目的；而后者是明知自己没有履行能力，而与他人签订合同，或者订立合同以后故意不履行义务，并且以非法占有他人财物为目的。

第三，要划清本罪与擅自发行股票、公司、企业债券罪的界限：一是要审查发行股票、债券公司的状况和条件。本罪的主体发行公司发行股票、债券时，其资产基本上远远低于法定的最低限额，或者公司发行的股票、债券总值超过其资产几十倍甚至更多，采用的是隐瞒重要事实，或者编造重大虚假内容，从而使公司即使破产也不能兑付到期的债券；而后者的主体公司一般资产比较固定，并且达到了或者基本达到法定的发行股票、公司债券的数额，只是由于其他原因而没有经过法定程序审批而擅自发行。二是看募集资金的用途、去向。凡是属于行为人确实是为了解决生产经营中所急需的资金而没有按法定手续发行股票、债券，但其将发行后所获得的资金收入除了用于生产、经营以外，用少量的支付正常红利，并还本付息，一般构成擅自发行股票、公司、企业债券罪；而本罪是以非法占有为目的，故意用高息吸引他人，用后面的收入资金支付前面的高息，造成较为明显的资不抵债的局面，或者将所得的资金用于公司或者个人挥霍、奢侈、转移，或者干脆携款潜逃，这是本罪的主要特征。

（5）量刑幅度

根据《刑法》第 160 条的规定，犯本罪的，处 5 年以下有期徒刑或者拘役，并处或者单处罚金。数额特别巨大、后果特别严重或者有其他特别严重情节的，处 5 年以上有期徒刑，并处罚金。控股股东、实际控制人组织、指使实施本罪的，处 5 年以下有期徒刑或者拘役，并处或者单处非法募集资金金额 20% 以上 1 倍以下罚金；数额特别巨大、后果特别严重或者有其他特别严重情节的，处 5 年以上有期徒刑，并处非法募集资金金额 20% 以上 1 倍以下罚金。单位本罪的，对单位判处非法募集资金金额 20% 以上 1 倍以下罚金，并对其直接负责的主管人员和其他直接责任人员处以相应刑罚。

4. 违规披露、不披露重要信息罪（第 161 条）

（1）罪名概念

违规披露、不披露重要信息罪，是指依法负有披露义务的公司、企业向股东和社会公众提供虚假的或者隐瞒重要事实的财务会计报告，或者对依法应当披露的其他重要信息不按照规定披露，严重损害股东或者其他人利益，或者有其他严重情节的行为。

（2）法律规定

①本罪名是由《刑法》第 161 条规定的。该条规定："依法负有信息披露义务的公司、企业向股东和社会公众提供虚假的或者隐瞒重要事实的财务会计报告，或者对依法应当披露的其他重要信息不按照规定披露，严重损害股东或者其他人利益，或者有其他严重情节的，对其直接负责的主管人员和其他直接责任人员，处五年以下有期徒刑或者拘役，并处或者单处罚金；情节特别严重的，处五年以上十年以下有期徒刑，并处罚金。

前款规定的公司、企业的控股股东、实际控制人实施或者组织、指使实施前款行为的，或者隐瞒相关事项导致前款规定的情形发生的，依照前款的规定处罚。

犯前款罪的控股股东、实际控制人是单位的，对单位判处罚金，并对其直接负责的主管人员和其他直接责任人员，依照第一款的规定处罚。"

②2010 年 5 月 7 日最高人民检察院、公安部《关于公安机关管辖的刑事案件立案追诉标准的规定(二)》第 6 条规定:“依法负有信息披露义务的公司、企业向股东和社会公众提供虚假的或者隐瞒重要事实的财务会计报告,或者对依法应当披露的其他重要信息不按照规定披露,涉嫌下列情形之一的,应予立案追诉:

(一)造成股东、债权人或者其他人直接经济损失数额累计在五十万元以上的;

(二)虚增或者虚减资产达到当期披露的资产总额百分之三十以上的;

(三)虚增或者虚减利润达到当期披露的利润总额百分之三十以上的;

(四)未按照规定披露的重大诉讼、仲裁、担保、关联交易或者其他重大事项所涉及的数额或者连续十二个月的累计数额占净资产百分之五十以上的;

(五)致使公司发行的股票、公司债券或者国务院依法认定的其他证券被终止上市交易或者多次被暂停上市交易的;

(六)致使不符合发行条件的公司、企业骗取发行核准并且上市交易的;

(七)在公司财务会计报告中将亏损披露为盈利,或者将盈利披露为亏损的;

(八)多次提供虚假的或者隐瞒重要事实的财务会计报告,或者多次对依法应当披露的其他重要信息不按照规定披露的;

(九)其他严重损害股东、债权人或者其他人利益,或者有其他严重情节的情形。”

③2005 年 8 月 1 日最高人民法院《关于如何认定国有控股、参股股份有限公司中的国有公司、企业人员的解释》规定:“国有公司、企业委派到国有控股、参股公司从事公务的人员,以国有公司、企业人员论。”

(3)构成要件

第一,本罪侵犯的客体是上市公司的信息披露制度。根据《公司法》的有关规定,公司的财务会计报告应当包括下列财务会计报表及附属明细表:一是资产负债表;二是损益表;三是财务状况变动表;四是利润分配表;五是财务情况说明书等。这些都是为帮助理解会计报表有关内容作的说明与解释。如果公司的财务会计管理制度不健全,就不能保障公司的正常运转,因此,对严重破坏公司财会制度的行为,应当依法追究刑事责任。

第二,客观方面表现为依法负有披露义务的公司、企业向股东和社会公众提供虚假的或者隐瞒重要事实的财务会计报告,或者对依法应当披露的其他重要信息不按照规定披露,严重损害股东或者其他人利益,或者有其他严重情节的行为。

第三,本罪的主体是特殊主体,即依法负有信息披露义务的公司、企业,以及这些公司、企业的控股股东、实际控制人。根据有关法律规定,具有信息披露义务的公司、企业是指股票发行人、上市公司,债券上市交易的公司、企业以及银行、基金管理人、基金托管人等公司、企业。

第四,主观方面是故意,即有欺骗股东和社会公众的目的。

(4)罪名界定

第一,根据 2010 年 5 月 7 日最高人民检察院、公安部《关于公安机关管辖的刑事案件立案追诉标准的规定(二)》第 6 条的规定,只有“严重损害股东或者其他人利益,或者有其他严重情节的”才构成本罪。

第二,本罪与提供虚假证明文件罪有明显区别。如果有关公司、企业与承担资产评估、验资、验证、会计、审计、法律服务等职责的中介组织人员串通,由中介组织人员提供虚假的证明文件,而后公司、企业又根据该证明文件向股东和社会公众提供虚假财会报告或者披露虚假信息的,在这种情况下,有关公司、企业和中介组织人员有共同犯罪关系,故该公司、企业和中介组织人员应当分别以违规披露、不披露重要信息罪和提供虚假证明文件罪论处。

(5)量刑幅度

根据《刑法》第161条的规定,犯本罪的,对负有信息披露义务的公司直接负责的主管人员和其他直接责任人员,处5年以下有期徒刑或者拘役,并处或者单处罚金;情节特别严重的,处5年以上10年以下有期徒刑,并处罚金。负有信息披露义务公司的控股股东、实际控制人犯本罪的,依照上述规定处罚;控股股东、实际控制人是单位的,对单位判处罚金,并对其直接负责的主管人员和其他直接责任人员,也依照上述规定处罚。

5. 妨害清算罪(第162条)

(1)罪名概念

妨害清算罪,是指公司、企业进行清算时,隐匿财产,对资产负债表或者财产清单做虚伪记载,或者在没有清偿债务前分配公司、企业财产,严重损害债权人或者其他人权益的行为。

(2)法律规定

①本罪名是由《刑法》第162条规定的。该条规定:"公司、企业进行清算时,隐匿财产,对资产负债表或者财产清单作虚伪记载或者在未清偿债务前分配公司、企业财产,严重损害债权人或者其他人利益的,对其直接负责的主管人员和其他直接责任人员,处五年以下有期徒刑或者拘役,并处或者单处二万元以上二十万元以下罚金。"

②2010年5月7日最高人民检察院、公安部《关于公安机关管辖的刑事案件立案追诉标准的规定(二)》第7条规定:"公司、企业进行清算时,隐匿财产,对资产负债表或者财产清单作虚伪记载或者在未清偿债务前分配公司、企业财产,涉嫌下列情形之一的,应予立案追诉:

(一)隐匿财产价值在五十万元以上的;

(二)对资产负债表或者财产清单作虚伪记载涉及金额在五十万元以上的;

(三)在未清偿债务前分配公司、企业财产价值在五十万元以上的;

(四)造成债权人或者其他人直接经济损失数额累计在十万元以上的;

(五)虽未达到上述数额标准,但应清偿的职工的工资、社会保险费用和法定补偿金得不到及时清偿,造成恶劣社会影响的;

(六)其他严重损害债权人或者其他人利益的情形。"

③2005年8月1日最高人民法院《关于如何认定国有控股、参股股份有限公司中的国有公司、企业人员的解释》规定:"国有公司、企业委派到国有控股、参股公司从事公务的人员,以国有公司、企业人员论。"

(3)构成要件

第一,本罪侵犯的客体是国家对公司、企业的破产清算制度。

第二,客观方面表现为在公司、企业清算时,隐匿财产,对资产负债表或者财产清单做虚伪记载,或者没有清偿债务前分配公司、企业财产,严重损害债权人或者其他人利益的行为。公司、企业清算主要发生在以下两种情况下:一是公司、企业解散;二是公司、企业破产。本罪必须发生在公司、企业清算过程中。

第三,本罪的主体是特殊主体,即公司、企业,具体是指被依法宣告破产的公司、企业,或者是因为法定的解散事由出现而需要进行清算的公司、企业,包括股份有限公司、有限责任公司及企业。如果清算组成员与该公司相勾结,共同实施妨害清算行为的,应当以共同犯罪论处。

第四,主观方面是故意。

(4)罪名界定

本罪与职务侵占罪的区别是:一是主体不同。本罪的主体是公司、企业,而职务侵占罪的主体是非国家工作人员的自然人。二是犯罪目的不同。职务侵占罪的目的是将财物据为己有；而本罪的直接目的是隐匿一些被清算的财产或者非法分配应当纳入清算的财产，并不一定要据为己有。三是结果不同。本罪要求对债权人或者其他人的利益造成严重损害，而职务侵占罪是以被侵占的财产数额作为定罪的依据。

(5)量刑幅度

根据《刑法》第162条的规定，犯本罪的，对其直接负责的主管人员和其他责任人员，处5年以下有期徒刑或者拘役，并处或者单处2万元以上20万元以下的罚金。

6. 隐匿、故意销毁会计凭证、会计账簿、财务会计报告罪(第162条之一)

(1)罪名概念

隐匿、故意销毁会计凭证、会计账簿、财务会计报告罪，是指单位或个人故意隐匿或者故意销毁依法应当保存的会计凭证、会计账簿、财务会计报告，情节严重的行为。

(2)法律规定

①本罪名是由《刑法》第162条之一规定的。该条规定："隐匿或者故意销毁依法应当保存的会计凭证、会计账簿、财务会计报告，情节严重的，处五年以下有期徒刑或者拘役，并处或者单处二万元以上二十万元以下罚金。

单位犯前款罪的，对单位判处罚金，并对其直接负责的主管人员和其他直接责任人员，依照前款的规定处罚。"

②2010年5月7日最高人民检察院、公安部《关于公安机关管辖的刑事案件立案追诉标准的规定(二)》第8条规定："隐匿或者故意销毁依法应当保存的会计凭证、会计账簿、财务会计报告，涉嫌下列情形之一的，应予立案追诉：

(一)隐匿、故意销毁的会计凭证、会计账簿、财务会计报告涉及金额在五十万元以上的；

(二)依法应当向司法机关、行政机关、有关主管部门等提供而隐匿、故意销毁或者拒不交出会计凭证、会计账簿、财务会计报告的；

(三)其他情节严重的情形。"

(3)构成要件

第一，本罪侵犯的客体是国家对财务会计的管理制度。

第二，客观方面表现为隐匿或者故意销毁依法应当保存的会计凭证、会计账簿、财务会计报告，情节严重的行为。

第三，本罪的主体是一般主体，既包括自然人，也包括法人。也就是说，单位和具有刑事责任能力的人，都可犯此罪。

第四，主观方面是故意，过失不能构成本罪。

(4)罪名界定

第一，根据2010年5月7日最高人民检察院、公安部《关于公安机关管辖的刑事案件立案追诉标准的规定(二)》第8条的规定，其立案追诉标准，不仅要求具有隐匿或者销毁依法应当保存的会计凭证、会计账簿、财务会计报告的行为，而且情节严重才构成本罪。

第二，要划清本罪与其他罪的界限。构成本罪，行为人的主观动机主要是与有关人有矛盾，或者因发放奖金、报酬未能如愿而故意制造麻烦等。如果不是这样，而是另有目的，或者是为实施其他犯罪，故意隐匿、销毁会计凭证、会计账簿、财务会计报告，应按其他犯罪处理。例如，隐匿、销毁会计凭证、会计账簿、财务会计报告是为了贪污公款、侵占公司的钱财、销毁犯罪的证据、包庇他人犯罪等。如果是一种行为同时触犯了两个或两个以上的罪名，应按其中的一个重罪来定罪处罚。

第三,本罪与妨害清算罪的区别主要有以下几方面:一是客观表现不同。前者表现为隐匿或者销毁依法应当保存的会计凭证、会计账簿、财务会计报告,情节严重的行为;而后者表现为在公司、企业进行清算时,隐匿财产,对资产负债表或者财产清单做虚伪记载,或者在没有清偿债务前分配公司、企业财产,严重损害债权人或者其他人利益的行为。二是犯罪主体不同。前者是一般主体,包括自然人和单位;而后者是特殊主体,即只有进行清算的公司、企业才能成为该罪的主体。三是犯罪对象不同。前者的犯罪对象是财务会计资料,包括会计凭证、会计账簿、会计报表和其他会计资料;而后者的对象是公司、企业的财产。

(5)量刑幅度

根据《刑法》第162条之一的规定,犯本罪的,处5年以下有期徒刑或者拘役,并处或者单处2万元以上20万元以下的罚金。单位犯此罪的,除了对直接负责的主管人员或其他直接责任人员按上述规定处罚外,还要对单位判处罚金。

7. 虚假破产罪(第162条之二)

(1)罪名概念

虚假破产罪,是指公司、企业通过隐匿财产、承担虚构的债务,或者以其他方法非法转移、处分财产,意图通过虚假破产逃避债务,严重损害债权人或者其他人利益的行为。

(2)法律规定

①本罪名是由《刑法》第162条之二规定的。该条规定:"公司、企业通过隐匿财产、承担虚构的债务或者以其他方法转移、处分财产,实施虚假破产,严重损害债权人或者其他人利益的,对其直接负责的主管人员和其他直接责任人员,处五年以下有期徒刑或者拘役,并处或者单处二万元以上二十万元以下罚金。"

②2010年5月7日最高人民检察院、公安部《关于公安机关管辖的刑事案件立案追诉标准的规定(二)》第9条规定:"公司、企业通过隐匿财产、承担虚构的债务或者以其他方法转移、处分财产,实施虚假破产,涉嫌下列情形之一的,应予立案追诉:

(一)隐匿财产价值在五十万元以上的;

(二)承担虚构的债务涉及金额在五十万元以上的;

(三)以其他方法转移、处分财产价值在五十万元以上的;

(四)造成债权人或者其他人直接经济损失数额累计在十万元以上的;

(五)虽未达到上述数额标准,但应清偿的职工的工资、社会保险费用和法定补偿金得不到及时清偿,造成恶劣社会影响的;

(六)其他严重损害债权人或者其他人利益的情形。"

③2005年8月1日最高人民法院《关于如何认定国有控股、参股股份有限公司中的国有公司、企业人员的解释》规定:"国有公司、企业委派到国有控股、参股公司从事公务的人员,以国有公司、企业人员论。"

(3)构成要件

第一,本罪侵犯的客体是公司、企业的管理制度。

第二,客观方面表现为公司、企业通过隐匿财产、承担虚构的债务,或者以其他方法非法转移、处分财产,通过虚假破产来逃避债务,严重损害债权人或者其他人利益的行为。

第三,犯罪主体是特殊主体,即公司、企业的直接负责的主管人员和其他直接责任人员。

第四,主观方面是故意,其目的是逃避债务。

(4)罪名界定

第一,由于本罪在客观方面表现为通过虚假破产来逃避债务,因此,如果公司、企业虽然有隐匿财产、承担虚构债务等逃避债务的行为,但并没有实施虚假破产行为,而且主观上也没有实施虚假破产的打算,则不构成本罪。对公司、企业欠债不还的行为,可以通过民事诉讼程序来解决。构成犯罪的,应以其他罪来追究刑事责任。另外,认定本罪还要看是否达到了"严重损害债权人或者其他人利益"的程度。所谓"严重损害债权人利益",是指通过虚假破产,意图逃避偿还债权人的债务数额巨大的情形。所谓"严重损害其他人利益",是指搞虚假破产造成公司、企业拖欠的职工工资、社会保险费和国家的税款等得不到偿还,或者使公司、企业其他股东的合法权益受到损害的情形。

第二,本罪与妨害清算罪不同。首先是妨害清算罪,它是公司、企业进入清算程序以后的犯罪行为。即公司、企业因为解散、分立、合并或者破产,依照法律规定,在清理公司、企业债权债务的活动期间发生的隐匿财产、对资产负债表或者财产清单做虚伪记载或者在没有清偿债务前分配公司、企业财产等犯罪行为。而本罪是在公司、企业进入破产程序之前,通过隐匿财产、承担虚构的债务,或者以其他方法非法转移、分配财产,实施虚假破产的犯罪行为。这两种犯罪在行为上有相似之处,是否进入清算程序是区分两罪的关键所在。

虚假破产的时间界限是公司、企业提出破产申请,或者因为公司、企业资不抵债,由债权人提出破产申请之日。根据《破产法》的有关规定,自提出破产申请之日起,在此之前1年之内恶意处分公司、企业财产的行为无效。如果行为人通过隐匿财产、承担虚构的债务或者以其他方法转移、处分财产,实施虚假破产,严重损害债权人或者其他人利益的,则构成虚假破产罪。

(5)量刑幅度

根据《刑法》第162条之二的规定,犯虚假破产罪的,对直接负责的主管人员或其他直接责任人员处5年以下有期徒刑或者拘役,并处或者单处2万元以上20万元以下罚金。

8. 非国家工作人员受贿罪(第163条)

(1)罪名概念

非国家工作人员受贿罪,是指公司、企业或者其他单位的工作人员利用职务上的便利,索取他人财物,或者非法收受他人财物,为他人谋取利益,数额较大;或者公司、企业或者其他单位的工作人员在经济往来中,违反国家规定,收受各种名义的回扣、手续费,归个人所有的行为。

这里的"其他单位",根据2008年11月20日最高人民法院、最高人民检察院《关于办理商业贿赂刑事案件适用法律若干问题的意见》第2条、第3条的规定,既包括事业单位、社会团体、村民委员会、居民委员会、村民小组等常设性的组织,也包括为组织体育赛事、文艺演出或者其他正当活动而成立的组委会、筹委会、工程承包队等非常设性的组织。这里的"公司、企业或者其他单位的工作人员",包括国有公司、企业以及其他国有单位中的非国家工作人员。

(2)法律规定

①本罪名是由《刑法》第163条规定的。该条规定:"公司、企业或者其他单位的工作人员,利用职务上的便利,索取他人财物或者非法收受他人财物,为他人谋取利益,数额较大的,处三年以下有期徒刑或者拘役,并处罚金;数额巨大或者有其他严重情节的,处三年以上十年以下有期徒刑,并处罚金;数额特别巨大或者有其他特别严重情节的,处十年以上有期徒刑或者无期徒刑,并处罚金。

公司、企业或者其他单位的工作人员在经济往来中,利用职务上的便利,违反国家规定,收受各种名义的回扣、手续费,归个人所有的,依照前款的规定处罚。

国有公司、企业或者其他国有单位中从事公务的人员和国有公司、企业或者其他国有单位委派到非国有公司、企业以及其他单位从事公务的人员有前两款行为的，依照本法第三百八十五条、第三百八十六条的规定定罪处罚。”

《刑法》第184条规定：“银行或者其他金融机构的工作人员在金融业务活动中索取他人财物或者非法收受他人财物，为他人谋取利益的，或者违反国家规定，收受各种名义的回扣、手续费，归个人所有的，依照本法第一百六十三条的规定定罪处罚。

国有金融机构工作人员和国有金融机构委派到非国有金融机构从事公务的人员有前款行为的，依照本法第三百八十五条、第三百八十六条的规定定罪处罚。”

②2016年4月18日最高人民法院、最高人民检察院《关于办理贪污贿赂刑事案件适用法律若干问题的解释》第11条规定：“刑法第一百六十三条规定的非国家工作人员受贿罪、第二百七十一条规定的职务侵占罪中的‘数额较大’‘数额巨大’的数额起点，按照本解释关于受贿罪、贪污罪相对应的数额标准规定的二倍、五倍执行。

刑法第二百七十二条规定的挪用资金罪中的‘数额较大’‘数额巨大’以及‘进行非法活动’情形的数额起点，按照本解释关于挪用公款罪‘数额较大’‘情节严重’以及‘进行非法活动’的数额标准规定的二倍执行。

刑法第一百六十四条第一款规定的对非国家工作人员行贿罪中的‘数额较大’‘数额巨大’的数额起点，按照本解释第七条、第八条第一款关于行贿罪的数额标准规定的二倍执行。”

③2003年1月13日最高人民检察院《关于佛教协会工作人员能否构成受贿罪或者公司、企业人员受贿罪主体问题的答复》规定：“佛教协会属于社会团体，其工作人员除符合刑法第九十三条第二款的规定属于受委托从事公务的人员外，既不属于国家工作人员，也不属于公司、企业人员。根据刑法的规定，对非受委托从事公务的佛教协会的工作人员利用职务之便收受他人财物，为他人谋取利益的行为，不能按受贿罪或者公司、企业人员受贿罪追究刑事责任。”

④2008年11月20日最高人民法院、最高人民检察院《关于办理商业贿赂刑事案件适用法律若干问题的意见》规定：

“二、刑法第一百六十三条、第一百六十四条规定的‘其他单位’，既包括事业单位、社会团体、村民委员会、居民委员会、村民小组等常设性的组织，也包括为组织体育赛事、文艺演出或者其他正当活动而成立的组委会、筹委会、工程承包队等非常设性的组织。

三、刑法第一百六十三条、第一百六十四条规定的‘公司、企业或者其他单位的工作人员’，包括国有公司、企业以及其他国有单位中的非国家工作人员。

四、医疗机构中的国家工作人员，在药品、医疗器械、医用卫生材料等医药产品采购活动中，利用职务上的便利，索取销售方财物，或者非法收受销售方财物，为销售方谋取利益，构成犯罪的，依照刑法第三百八十五条的规定，以受贿罪定罪处罚。

医疗机构中的非国家工作人员，有前款行为，数额较大的，依照刑法第一百六十三条的规定，以非国家工作人员受贿罪定罪处罚。

医疗机构中的医务人员，利用开处方的职务便利，以各种名义非法收受药品、医疗器械、医用卫生材料等医药产品销售方财物，为医药产品销售方谋取利益，数额较大的，依照刑法第一百六十三条的规定，以非国家工作人员受贿罪定罪处罚。

五、学校及其他教育机构中的国家工作人员，在教材、教具、校服或者其他物品的采购等活动中，利用职务上的便利，索取销售方财物，或者非法收受销售方财物，为销售方谋取利益，构成犯罪的，依照刑法第三百八十五条的规定，以受贿罪定罪处罚。

学校及其他教育机构中的非国家工作人员，有前款行为，数额较大的，依照刑法第一百六十三条的规定,以非国家工作人员受贿罪定罪处罚。

学校及其他教育机构中的教师,利用教学活动的职务便利,以各种名义非法收受教材、教具、校服或者其他物品销售方财物,为教材、教具、校服或者其他物品销售方谋取利益,数额较大的,依照刑法第一百六十三条的规定,以非国家工作人员受贿罪定罪处罚。

六、依法组建的评标委员会、竞争性谈判采购中谈判小组、询价采购中询价小组的组成人员,在招标、政府采购等事项的评标或者采购活动中,索取他人财物或者非法收受他人财物,为他人谋取利益,数额较大的,依照刑法第一百六十三条的规定,以非国家工作人员受贿罪定罪处罚。

依法组建的评标委员会、竞争性谈判采购中谈判小组、询价采购中询价小组中国家机关或者其他国有单位的代表有前款行为的,依照刑法第三百八十五条的规定,以受贿罪定罪处罚。

七、商业贿赂中的财物,既包括金钱和实物,也包括可以用金钱计算数额的财产性利益,如提供房屋装修、含有金额的会员卡、代币卡(券)、旅游费用等。具体数额以实际支付的资费为准。

八、收受银行卡的,不论受贿人是否实际取出或者消费,卡内的存款数额一般应全额认定为受贿数额。使用银行卡透支的,如果由给予银行卡的一方承担还款责任,透支数额也应当认定为受贿数额。

九、在行贿犯罪中,'谋取不正当利益',是指行贿人谋取违反法律、法规、规章或者政策规定的利益,或者要求对方违反法律、法规、规章、政策、行业规范的规定提供帮助或者方便条件。

在招标投标、政府采购等商业活动中,违背公平原则,给予相关人员财物以谋取竞争优势的,属于'谋取不正当利益'。

十、办理商业贿赂犯罪案件,要注意区分贿赂与馈赠的界限。主要应当结合以下因素全面分析、综合判断:(1)发生财物往来的背景,如双方是否存在亲友关系及历史上交往的情形和程度;(2)往来财物的价值;(3)财物往来的缘由、时机和方式,提供财物方对于接受方有无职务上的请托;(4)接受方是否利用职务上的便利为提供方谋取利益。

十一、非国家工作人员与国家工作人员通谋,共同收受他人财物,构成共同犯罪的,根据双方利用职务便利的具体情形分别定罪追究刑事责任:

(1)利用国家工作人员的职务便利为他人谋取利益的,以受贿罪追究刑事责任。

(2)利用非国家工作人员的职务便利为他人谋取利益的,以非国家工作人员受贿罪追究刑事责任。

(3)分别利用各自的职务便利为他人谋取利益的,按照主犯的犯罪性质追究刑事责任,不能分清主从犯的,可以受贿罪追究刑事责任。"

⑤2005年8月1日最高人民法院《关于如何认定国有控股、参股股份有限公司中的国有公司、企业人员的解释》规定:"国有公司、企业委派到国有控股、参股公司从事公务的人员,以国有公司、企业人员论。"

(3)构成要件

第一,本罪侵犯的客体是公司、企业或者其他单位的正常管理活动和社会主义市场经济公平竞争的交易秩序。

第二,客观方面必须同时具备以下4个条件:一是利用了职务上的便利,即作为公司、企业工作人员所从事的业务、职务活动的便利,如采购职务、销售职务、管理职务等。二是具有索取、收受他人财物的行为,或者在经济往来中,违反国家规定,收受各种名义的回扣、手续费归个人所有。收受财物也包括由家人、亲友代收。在一般情况下,索取要比收受的主观恶性更大一些。三是为他人谋取利益,包括经济利益和非经济利益,正当利益和不正当利益。四是数额较大,达到5000元以上。

第三，本罪的主体是特殊主体，即必须是公司、企业的工作人员。

第四，主观方面是故意，具有获取他人财物的目的。

(4)罪名界定

第一，本罪与受贿罪的区别在于主体不同。根据《刑法》第385条的规定，受贿罪的主体是国家工作人员，而本罪的主体是公司、企业或者其他单位的工作人员中具有一定职务的人员。受贿罪的主体与本罪的主体又有一定的交叉性。表现在：国有企业的工作人员、集体经济组织中的国家工作人员是受贿罪的主体，在公司经营中，也可以成为本罪的主体。因此，这部分人利用职务之便受贿的，既构成一般的受贿罪，又构成非国家工作人员受贿罪。根据《刑法》第163条第3款的规定，国有公司、企业或者其他国有单位中从事公务的人员和国有公司、企业或者其他国有单位委派到非国有公司、企业及其他单位从事公务的人员收受贿赂的，依照《刑法》第385条、第386条的规定，按受贿罪处罚。这就意味着国有公司的工作人员收受贿赂的，不按本罪论处，而是按照一般受贿论处。而集体经济组织中的非国家工作人员收受贿赂的，则不再按一般受贿罪论处，而是按照非国家工作人员受贿罪论处。

第二，2007年7月8日最高人民法院、最高人民检察院《关于办理受贿刑事案件适用法律若干问题的意见》规定了受贿的种种形式，这些规定尽管是针对国家工作人员受贿罪作出的，但由于受贿罪与本罪主要区别在犯罪主体上，而客观表现基本相同，因此，这些规定对认定本罪也有指导意义。认定本罪要注意以下问题：

①关于收受贿赂物品没有办理权属变更的问题。国家工作人员利用职务上的便利，为请托人谋取利益，收受请托人房屋、汽车等物品，没有变更权属登记，或者借用他人名义办理权属变更登记的，不影响受贿的认定。认定以房屋、汽车等物品为对象的受贿，应注意与借用的区别。具体认定时，除了双方交代或者书面协议之外，主要应当结合以下因素进行判断：一是有无借用的合理事由；二是是否实际使用；三是借用时间的长短；四是有无归还的条件；五是有无归还的意思表示及行为。

②关于以交易形式收受贿赂的问题。国家工作人员利用职务上的便利，为请托人谋取利益，以下列交易形式收受请托人财物的，以受贿论处：一是以明显低于市场的价格向请托人购买房屋、汽车等物品的；二是以明显高于市场的价格向请托人出租房屋、汽车等物品的；三是以其他交易形式非法收受请托人财物的。受贿数额按照交易时当地市场价格与实际支付价格的差额计算。这里的市场价格，包括商品经营者事先设定的不针对特定人的最低优惠价格。根据商品经营者事先设定的各种优惠交易条件，以优惠价格购买商品的，不属于受贿。

③关于以开办公司等合作投资名义收受贿赂的问题。国家工作人员利用职务上的便利，为请托人谋取利益，由请托人出资，“合作”开办公司或者进行其他“合作”投资的，以受贿论处。受贿数额为请托人给国家工作人员的出资额。国家工作人员利用职务上的便利，为请托人谋取利益，以合作开办公司或者其他投资的名义获取“利润”，没有实际出资和参与管理、经营的，以受贿论处。

④关于以委托请托人投资证券、期货或者其他委托理财的名义收受贿赂的问题。国家工作人员利用职务上的便利，为请托人谋取利益，以委托请托人投资证券、期货或者其他委托理财的名义，没有实际出资而获取“收益”，或者虽然实际出资，但获取“收益”明显高于出资应得收益的，以受贿论处。关于受贿数额，前述的第一种情形，以“收益”额计算；后一种情形，以“收益”额与出资应得收益额的差额计算。

⑤关于以赌博形式收受贿赂的认定问题。根据最高人民法院、最高人民检察院《关于办理赌博刑事案件具体应用法律若干问题的解释》第7条的规定，国家工作人员利用职务上的便利，为请托人谋取利益，通过赌博方式收受请托人财物的，构成受贿。在实践中，应当注意区分贿赂与

赌博活动、娱乐活动的界限。在具体认定时，主要应当结合以下因素进行判断：一是赌博的背景、场合、时间、次数；二是赌资的来源；三是其他赌博参与者有无事先通谋；四是输赢钱物的具体情况和金额大小。

⑥关于特定关系人“挂名”领取薪酬的问题。国家工作人员利用职务上的便利，为请托人谋取利益，要求或者接受请托人以给特定关系人安排工作为名，使特定关系人不实际工作却获取所谓薪酬的，以受贿论处。

⑦关于由特定关系人（是指与国家工作人员有近亲属、情妇、情夫以及其他共同利益关系的人）收受贿赂的问题。国家工作人员利用职务上的便利，为请托人谋取利益，授意请托人采取各种方式，将有关财物给予特定关系人的，以受贿论处。特定关系人与国家工作人员通谋，共同实施这种行为的，对特定关系人以受贿罪的共犯论处。特定关系人以外的其他人与国家工作人员通谋，由国家工作人员利用职务上的便利，为请托人谋取利益，收受请托人财物双方共同占有的，以受贿罪的共犯论处。

⑧关于收受干股的问题。干股，是指没有出资而获得的股份。国家工作人员利用职务上的便利，为请托人谋取利益，收受请托人提供的干股，以受贿论处。进行了股权转让登记，或者相关证据证明股份发生了实际转让的，受贿数额按转让行为时股份价值计算，所分红利按受贿孳息处理。股份没有实际转让，以股份分红名义获取利益的，实际获利数额应当认定为受贿数额。

⑨关于收受财物后退还或者上交的问题。国家工作人员收受请托人财物后，及时退还或者上交的，不是受贿。国家工作人员受贿以后，因为自身或者与其受贿有关联的人、事被查处，为掩饰犯罪而退还或者上交的，不影响认定受贿罪。

⑩关于在职时为请托人谋利益，离职后收受财物的问题。国家工作人员利用职务上的便利，为请托人谋取利益之前或者之后，约定在其离职后，收受请托人财物，并且在离职后收受的，以受贿论处。国家工作人员利用职务上的便利，为请托人谋取利益，离职前后继续收受请托人财物的，离职前后收受部分均应计入受贿数额。

(5) 量刑幅度

根据《刑法》第 163 条的规定，犯本罪，处 3 年以下有期徒刑或者拘役，并处罚金；数额巨大或者有其他严重情节的，处 3 年以上 10 年以下有期徒刑，并处罚金；数额特别巨大或者有其他特别严重情节的，处 10 年以上有期徒刑或者无期徒刑，并处罚金。

9. 对非国家工作人员行贿罪（第 164 条）

(1) 罪名概念

对非国家工作人员行贿罪，是指为了谋取不正当利益，给予公司、企业或者其他单位工作人员以财物，数额较大的行为。

这里的“其他单位”，根据 2008 年 11 月 20 日最高人民法院、最高人民检察院《关于办理商业贿赂刑事案件适用法律若干问题的意见》第 2 条、第 3 条的规定，既包括事业单位、社会团体、村民委员会、居民委员会、村民小组等常设性组织，也包括为组织体育赛事、文艺演出或者其他正当活动而成立的组委会、筹委会、工程承包队等非常设性组织。这里的“公司、企业或者其他单位的工作人员”，包括国有公司、企业以及其他国有单位中的非国家工作人员。

(2) 法律规定

①本罪名是由《刑法》第 164 条规定的。该条规定：“为谋取不正当利益，给予公司、企业或者其他单位的工作人员以财物，数额较大的，处三年以下有期徒刑或者拘役，并处罚金；数额巨大的，处三年以上十年以下有期徒刑，并处罚金。

为谋取不正当商业利益,给予外国公职人员或者国际公共组织官员以财物的,依照前款的规定处罚。

单位犯前款罪的,对单位判处罚金,并对其直接负责的主管人员和其他直接责任人员,依照第一款的规定处罚。

行贿人在被追诉前主动交代行贿行为的,可以减轻处罚或者免除处罚。"

②2010年5月7日最高人民检察院、公安部《关于公安机关管辖的刑事案件立案追诉标准的规定(二)》第11条规定:"为谋取不正当利益,给予公司、企业或者其他单位的工作人员以财物,个人行贿数额在一万元以上的,单位行贿数额在二十万元以上的,应予立案追诉。"

③2008年11月20日最高人民法院、最高人民检察院《关于办理商业贿赂刑事案件适用法律若干问题的意见》相关规定如下:

"为依法惩治商业贿赂犯罪,根据刑法有关规定,结合办案工作实际,现就办理商业贿赂刑事案件适用法律的若干问题,提出如下意见:

一、商业贿赂犯罪涉及刑法规定的以下八种罪名:(1)非国家工作人员受贿罪(刑法第一百六十三条);(2)对非国家工作人员行贿罪(刑法第一百六十四条);(3)受贿罪(刑法第三百八十五条);(4)单位受贿罪(刑法第三百八十七条);(5)行贿罪(刑法第三百八十九条);(6)对单位行贿罪(刑法第三百九十一条);(7)介绍贿赂罪(刑法第三百九十二条);(8)单位行贿罪(刑法第三百九十三条)。

二、刑法第一百六十三条、第一百六十四条规定的'其他单位',既包括事业单位、社会团体、村民委员会、居民委员会、村民小组等常设性的组织,也包括为组织体育赛事、文艺演出或者其他正当活动而成立的组委会、筹委会、工程承包队等非常设性的组织。

三、刑法第一百六十三条、第一百六十四条规定的'公司、企业或者其他单位的工作人员',包括国有公司、企业以及其他国有单位中的非国家工作人员。"

"七、商业贿赂中的财物,既包括金钱和实物,也包括可以用金钱计算数额的财产性利益,如提供房屋装修、含有金额的会员卡、代币卡(券)、旅游费用等。具体数额以实际支付的资费为准。

八、收受银行卡的,不论受贿人是否实际取出或者消费,卡内的存款数额一般应全额认定为受贿数额。使用银行卡透支的,如果由给予银行卡的一方承担还款责任,透支数额也应当认定为受贿数额。

九、在行贿犯罪中,'谋取不正当利益',是指行贿人谋取违反法律、法规、规章或者政策规定的利益,或者要求对方违反法律、法规、规章、政策、行业规范的规定提供帮助或者方便条件。

在招标投标、政府采购等商业活动中,违背公平原则,给予相关人员财物以谋取竞争优势的,属于'谋取不正当利益'。

十、办理商业贿赂犯罪案件,要注意区分贿赂与馈赠的界限。主要应当结合以下因素全面分析、综合判断:(1)发生财物往来的背景,如双方是否存在亲友关系及历史上交往的情形和程度;(2)往来财物的价值;(3)财物往来的缘由、时机和方式,提供财物方对于接受方有无职务上的请托;(4)接受方是否利用职务上的便利为提供方谋取利益。

十一、非国家工作人员与国家工作人员通谋,共同收受他人财物,构成共同犯罪的,根据双方利用职务便利的具体情形分别定罪追究刑事责任:

(1)利用国家工作人员的职务便利为他人谋取利益的,以受贿罪追究刑事责任。

(2)利用非国家工作人员的职务便利为他人谋取利益的,以非国家工作人员受贿罪追究刑事责任。

(3)分别利用各自的职务便利为他人谋取利益的,按照主犯的犯罪性质追究刑事责任,不能分清主从犯的,可以受贿罪追究刑事责任。”

④2016 年 4 月 18 日最高人民法院、最高人民检察院《关于办理贪污贿赂刑事案件适用法律若干问题的解释》第 11 条第 3 款规定:“刑法第一百六十四条第一款规定的对非国家工作人员行贿罪中的‘数额较大’‘数额巨大’的数额起点,按照本解释第七条、第八条第一款关于行贿罪的数额标准规定的二倍执行。”

(3)构成要件

第一,本罪侵犯的客体是公司、企业或者其他单位的正常业务活动和社会主义公平竞争的交易秩序。

第二,客观方面表现为行为人给予公司、企业或者其他单位工作人员财物,数额较大的行为。

第三,犯罪主体是一般主体,自然人和单位均可构成本罪主体。

第四,主观方面是故意,目的在于使公司、企业或者其他单位的工作人员利用职务上的便利,为自己谋取不正当利益。至于谋取的不正当利益是否实现,不影响本罪的成立。

(4)罪名界定

第一,认定本罪要注意以下两点:一是有的人因为某种正当利益长期得不到解决,为了得到及时解决而送钱送物给公司、企业或者其他单位的人员,这种行为不能构成本罪,因为这不属于“为谋取不正当利益”。这种情况的责任在受贿一方。二是有的人为了答谢公司、企业人员的帮助,出于友情,赠送少量财物的,不具有为谋取不正当利益而收买他人的职务行为为自己服务的特点,因此不是向公司、企业人员行贿。

第二,本罪与行贿罪的不同点是:行为对象不同。本罪的对象是公司、企业或者其他单位的工作人员,而一般行贿罪的对象是国家工作人员。根据特别法优于一般法的原则,向公司、企业或者其他单位的工作人员行贿,构成犯罪的,应当以本罪处罚。但是,如果这些人是国有公司、企业或者其他单位的工作人员,或者是国有公司、企业委派到非国有公司、企业的工作人员,则应当按照行贿罪来处理。

(5)量刑幅度

根据《刑法》第 164 条的规定,本罪的处罚分以下 3 个档次:

一是对于数额较大的,判处 3 年以下有期徒刑或者拘役,并处罚金。

二是对于数额巨大的,判处 3 年以上 10 年以下有期徒刑,并处罚金。

三是单位犯本罪的,对单位判处罚金,并且对其直接负责的主管人员和其他直接责任人员,依照上述规定处罚。

行贿人在追诉前主动交代行贿行为的,可以减轻处罚或者免除处罚。

10. 对外国公职人员、国际公共组织官员行贿罪(第 164 条第 2 款)

(1)罪名概念

对外国公职人员、国际公共组织官员行贿罪,是指为谋取不正当商业利益,给予外国公职人员或者国际公共组织官员以财物的行为。

(2)法律规定

①本罪名是由《刑法》第 164 条第 2 款规定的。该条规定:“为谋取不正当利益,给予公司、企业或者其他单位的工作人员以财物,数额较大的,处三年以下有期徒刑或者拘役;数额巨大的,处三年以上十年以下有期徒刑,并处罚金。

为谋取不正当商业利益,给予外国公职人员或者国际公共组织官员以财物的,依照前款的规定处罚。

单位犯前两款罪的，对单位判处罚金，并对其直接负责的主管人员和其他直接责任人员，依照第一款的规定处罚。

行贿人在被追诉前主动交代行贿行为的，可以减轻处罚或者免除处罚。”

②2008 年 11 月 20 日最高人民法院、最高人民检察院《关于办理商业贿赂刑事案件适用法律若干问题的意见》相关规定如下：

“七、商业贿赂中的财物，既包括金钱和实物，也包括可以用金钱计算数额的财产性利益，如提供房屋装修、含有金额的会员卡、代币卡（券）、旅游费用等。具体数额以实际支付的资费为准。

八、收受银行卡的，不论受贿人是否实际取出或者消费，卡内的存款数额一般应全额认定为受贿数额。使用银行卡透支的，如果由给予银行卡的一方承担还款责任，透支数额也应当认定为受贿数额。

九、在行贿犯罪中，‘谋取不正当利益’，是指行贿人谋取违反法律、法规、规章或者政策规定的利益，或者要求对方违反法律、法规、规章、政策、行业规范的规定提供帮助或者方便条件。

在招标投标、政府采购等商业活动中，违背公平原则，给予相关人员财物以谋取竞争优势的，属于‘谋取不正当利益’。

十、办理商业贿赂犯罪案件，要注意区分贿赂与馈赠的界限。主要应当结合以下因素全面分析、综合判断：(1)发生财物往来的背景，如双方是否存在亲友关系及历史上交往的情形和程度；(2)往来财物的价值；(3)财物往来的缘由、时机和方式，提供财物方对于接受方有无职务上的请托；(4)接受方是否利用职务上的便利为提供方谋取利益。

十一、非国家工作人员与国家工作人员通谋，共同收受他人财物，构成共同犯罪的，根据双方利用职务便利的具体情形分别定罪追究刑事责任：

(1)利用国家工作人员的职务便利为他人谋取利益的，以受贿罪追究刑事责任。

(2)利用非国家工作人员的职务便利为他人谋取利益的，以非国家工作人员受贿罪追究刑事责任。

(3)分别利用各自的职务便利为他人谋取利益的，按照主犯的犯罪性质追究刑事责任，不能分清主从犯的，可以受贿罪追究刑事责任。”

③2011 年 11 月 14 日最高人民检察院、公安部《关于公安机关管辖的刑事案件立案追诉标准的规定(二)的补充规定》第 1 条规定：“在《最高人民检察院、公安部关于公安机关管辖的刑事案件立案追诉标准的规定（二）》（以下简称《立案追诉标准（二）》）中增加第十一条之一：［对外国公职人员、国际公共组织官员行贿案（刑法第一百六十四条第二款）］为谋取不正当商业利益，给予外国公职人员或者国际公共组织官员以财物，个人行贿数额在一万元以上的，单位行贿数额在二十万元以上的，应予立案追诉。”

(3)构成要件

第一，本罪侵犯的客体是正常业务活动和公平竞争的交易秩序。

第二，客观方面表现为行为人给予外国公职人员或者国际公共组织官员财物的行为。

第三，犯罪主体是一般主体，自然人和单位均可构成本罪主体。

第四，主观方面是故意，目的在于为自己谋取不正当利益。至于谋取的不正当利益是否实现，不影响本罪的成立。

(4)罪名界定

第一，关于立案标准。根据 2011 年 11 月 21 日最高人民检察院、公安部《关于公安机关管辖的刑事案件立案追诉标准的规定(二)的补充规定》的规定,为谋取不正当商业利益,给予外国公职人员或者国际公共组织官员以财物,个人行贿数额在 1 万元以上的,单位行贿数额在 20 万元以上的,应予立案追诉。

第二,本罪与对非国家工作人员行贿罪的区别是:①客观表现不同,即行为对象不同。本罪表现为行为人给予外国公职人员或者国际公共组织官员财物;而后者表现给予公司、企业或者其他单位的工作人员财物,数额较大的行为。②构成本罪没有行贿数额的要求,而对后者要求给予的财物必须是"数额较大"。③侵犯的客体不完全相同。本罪侵犯的客体是正常业务活动和公平竞争的交易秩序,而后者侵犯的客体是公司、企业或者其他单位的正常业务活动和社会主义公平竞争的交易秩序。本罪与《刑法》第 389 条规定的行贿罪区别就更大了,在侵犯的客体、客观方面以及行贿对象都有不同。

(5)量刑幅度

根据《刑法》第 164 条的规定,对犯本罪的处罚分以下 4 个档次:

一是数额较大构成本罪的,处 3 年以下有期徒刑或者拘役。

二是数额巨大的,处 3 年以上 10 年以下有期徒刑,并处罚金。

三是单位犯本罪的,对单位判处罚金,并对其直接负责的主管人员和其他直接责任人员,依照上述规定处罚。

四是行贿人在被追诉前主动交代行贿行为的,可以减轻处罚或者免除处罚。

11. 非法经营同类营业罪(第 165 条)

(1)罪名概念

非法经营同类营业罪,是指国有公司、企业的董事、经理,利用职务便利,自己经营或者为他人经营与其所任职公司、企业同类的营业,获取非法利益数额巨大的行为。

(2)法律规定

①本罪名是由《刑法》第 165 条规定的。该条规定:"国有公司、企业的董事、经理利用职务便利,自己经营或者为他人经营与其所任职公司、企业同类的营业,获取非法利益,数额巨大的,处三年以下有期徒刑或者拘役,并处或者单处罚金;数额特别巨大的,处三年以上七年以下有期徒刑,并处罚金。"

②2010 年 5 月 7 日最高人民检察院、公安部《关于公安机关管辖的刑事案件立案追诉标准的规定(二)》第 12 条规定:"国有公司、企业的董事、经理利用职务便利,自己经营或者为他人经营与其所任职公司、企业同类的营业,获取非法利益,数额在十万元以上的,应予立案追诉。"

③2005 年 8 月 1 日最高人民法院《关于如何认定国有控股、参股股份有限公司中的国有公司、企业人员的解释》规定:"国有公司、企业委派到国有控股、参股公司从事公务的人员,以国有公司、企业人员论。"

(3)构成要件

第一,本罪侵犯的客体是国有公司、企业的管理秩序和利益。

第二,客观方面表现为利用职务便利,自己经营或者为他人经营与其所任职单位同类的营业。"利用职务之便",主要是指利用自己作为国有公司、企业的董事、经理职务,掌握本单位生产供应、销售、物资、信息及管理方法、经营决策等内部情况的有利条件。"自己经营同类的营业",是指以自己的名义成立公司、企业,经营与其任职的国有公司、企业相同的项目、业务。也包括以他人为名,但实际是公司、企业的董事、经理投资经营的企业和他人隐名合伙经营的同类业务企业。

第三，主体是特殊主体，即国有公司、企业的董事、经理。

第四，主观方面是故意。

(4)罪名界定

第一，认定本罪要从以下三个方面考察：一是看行为人是否利用了职务之便。如果行为人没有利用职务之便而经营同类营业，则不能以本罪论处。二是看行为人经营的是否是同类营业。如果经营的不是与其所任职公司、企业同类的营业，则不构成犯罪。三是看行为人获利是否达到了数额巨大。

第二，本罪的主体必须是国有公司、企业的经理、董事。这里的董事、经理，应该是国有公司、企业的主要经营管理人员，而不是指一般的经营管理人员。有些公司、企业一般的经营管理人员，虽然也有经理的头衔，但并不对本单位的经营管理活动起主要作用，因而不能构成本罪。其利用职务便利，一般也不会造成国有公司的重大损失，因其职权较小。

(5)量刑幅度

根据《刑法》第165条的规定，对犯本罪的处罚分以下2个档次：

一是构成本罪的，处3年以下有期徒刑，或者拘役并处或者单处罚金。

二是获取非法利益，数额特别巨大的，处3年以上7年以下有期徒刑，并处罚金。

12. 为亲友非法牟利罪(第166条)

(1)罪名概念

为亲友非法牟利罪，是指国有公司、企业、事业单位的工作人员，利用职务便利，损公肥私，将本单位的盈利业务交由自己的亲友经营，或者为其经营活动提供其他便利，获取非法利益，而使国家利益遭受重大损失的行为。

(2)法律规定

①本罪名是由《刑法》第166条规定的。该条规定："国有公司、企业、事业单位的工作人员，利用职务便利，有下列情形之一，使国家利益遭受重大损失的，处三年以下有期徒刑或者拘役，并处或者单处罚金；致使国家利益遭受特别重大损失的，处三年以上七年以下有期徒刑，并处罚金：

(一)将本单位的盈利业务交由自己的亲友进行经营的；

(二)以明显高于市场的价格向自己的亲友经营管理的单位采购商品或者以明显低于市场的价格向自己的亲友经营管理的单位销售商品的；

(三)向自己的亲友经营管理的单位采购不合格商品的。"

②根据2010年5月7日最高人民检察院、公安部《关于公安机关管辖的刑事案件立案追诉标准的规定(二)》第13条规定："国有公司、企业、事业单位的工作人员，利用职务便利，为亲友非法牟利，涉嫌下列情形之一的，应予立案追诉：

(一)造成国家直接经济损失数额在十万元以上的；

(二)使其亲友非法获利数额在二十万元以上的；

(三)造成有关单位破产，停业、停产六个月以上，或者被吊销许可证和营业执照、责令关闭、撤销、解散的；

(四)其他致使国家利益遭受重大损失的情形。"

③2005年8月1日最高人民法院《关于如何认定国有控股、参股股份有限公司中的国有公司、企业人员的解释》规定："国有公司、企业委派到国有控股、参股公司从事公务的人员，以国有公司、企业人员论。"

(3) 构成要件

第一,本罪侵犯的客体是国有公司、企业、事业单位的正常管理活动和利益。

第二,客观方面表现为以下三种情形:一是利用职务便利,损公肥私,将本单位的盈利业务交由自己的亲友经营。这里的亲友应当作广泛理解,即包括行为人的亲朋好友,对此不能作限制性解释。二是以明显高于市场的价格,向自己的亲友经营管理的单位采购商品;或者以明显低于市场的价格,向自己亲友经营管理的单位销售商品。三是向自己亲友经营管理的单位采购不合格商品。只要实施了上述三种行为中的一种,即可构成本罪。

第三,本罪的主体是国有公司、企业、事业单位的工作人员。

第四,主观方面是故意,并且具有非法牟利的目的。

(4) 罪名界定

第一,认定本罪要从以下两方面考察:一是看行为人是否利用了职务之便,如果没有,即使对亲友经营活动提供了帮助,也不能以犯罪论处。二是具备 2010 年 5 月 7 日最高人民检察院、公安部《关于公安机关管辖的刑事案件立案追诉标准的规定(二)》第 13 条规定的立案追诉条件。

第二,本罪与非国家工作人员受贿罪不同。公司、企业或者其他单位的工作人员利用职务上的便利,索取或者非法收受他人财物,为他人谋利益的,构成非国家工作人员受贿罪。其中,为他人谋利益,可以表现为将本单位的盈利项目交由他人经营,或者为他人的经营活动提供便利条件等。如果"他人"是其亲友,这与本罪的表现一致。这时构成想象竞合犯,应该以其中的一个重罪论处,只定非国家工作人员受贿罪。

(5) 量刑幅度

根据《刑法》第 166 条的规定,犯本罪的,其处罚分以下 2 个档次:

一是构成本罪,使国家利益遭受重大损失的,处 3 年以下有期徒刑或者拘役,并处或者单处罚金。

二是致使国家利益遭受特别重大损失的,处 3 年以上 7 年以下有期徒刑,并处罚金。

13. 签订、履行合同失职被骗罪(第 167 条)

(1) 罪名概念

签订、履行合同失职被骗罪,是指国有公司、企业事业单位直接负责的主管人员,在签订、履行合同中,因为严重不负责任被骗,致使国家利益遭受重大损失的行为。

(2) 法律规定

①本罪名是由《刑法》第 167 条规定的。该条规定:"国有公司、企业、事业单位直接负责的主管人员,在签订、履行合同过程中,因严重不负责任被诈骗,致使国家利益遭受重大损失的,处三年以下有期徒刑或者拘役;致使国家利益遭受特别重大损失的,处三年以上七年以下有期徒刑。"

②根据 2010 年 5 月 7 日最高人民检察院、公安部《关于公安机关管辖的刑事案件立案追诉标准的规定(二)》第 14 条规定:"国有公司、企业、事业单位直接负责的主管人员,在签订、履行合同过程中,因严重不负责任被诈骗,涉嫌下列情形之一的,应予立案追诉:

(一)造成国家直接经济损失数额在五十万元以上的;

(二)造成有关单位破产,停业、停产六个月以上,或者被吊销许可证和营业执照、责令关闭、撤销、解散的;

(三)其他致使国家利益遭受重大损失的情形。

金融机构、从事对外贸易经营活动的公司、企业的工作人员严重不负责任,造成一百万美元以上外汇被骗购或者逃汇一千万美元以上的，应予立案追诉。

本条规定的‘诈骗’，是指对方当事人的行为已经涉嫌诈骗犯罪，不以对方当事人已经被人民法院判决构成诈骗犯罪作为立案追诉的前提。”

③1998 年 12 月 29 日全国人民代表大会常务委员会《关于惩治骗购外汇、逃汇和非法买卖外汇犯罪的决定》第 7 条规定：“金融机构、从事对外贸易经营活动的公司、企业的工作人员严重不负责任，造成大量外汇被骗购或者逃汇，致使国家利益遭受重大损失的，依照刑法第一百六十七条的规定定罪处罚。”

④2005 年 8 月 1 日最高人民法院《关于如何认定国有控股、参股股份有限公司中的国有公司、企业人员的解释》规定：“国有公司、企业委派到国有控股、参股公司从事公务的人员，以国有公司、企业人员论。”

(3)构成要件

第一，本罪侵犯的客体是国有公司、企业、事业单位的正常经营活动。

第二，客观方面表现为严重不负责任，签订、履行合同失职，造成的后果非常严重。在签订合同中，主要表现为：不认真审查签订人的状况，包括身份、资信和其他商业信誉情况。在履行合同中，主要表现为对市场复杂性认识不够，缺乏必要的警惕性，对货或款不施以有效跟踪而先行支付货款或者交付货物。对于本罪来说，国家利益遭受重大损失是本罪成立的必要条件。

第三，本罪的主体是特殊主体，即国有公司、企业或者事业单位直接负责的主管人员。

第四，主观方面是过失，即应当预见被诈骗的可能性而没有预见，表现为对犯罪分子的过分信任而不认真按照合同签订和履行的一般规律去做。如果明知合同相对人是诈骗分子，但接受了贿赂，或者是亲戚朋友而故意签订合同的，则应当按共同犯罪处理。

(4)罪名界定

第一，在签订和履行合同中，合同相对人并不是出于诈骗的目的，而是由于没有履行合同能力，造成重大经济损失。由于对方不是诈骗，对这种情况造成的重大损失，不能构成本罪，而只能作为工作失误处理。

第二，构成本罪，必须是经济损失达到了立案标准。本罪的直接经济损失，是指与行为有直接因果关系的损失，包括公共财产的毁损、实际价值的减少。间接经济损失，是指由直接经济损失引发的其他损失。经济损失以直接损失为主，参照间接经济损失计算。对于追回的赃款、挽回的经济损失，仍然应计算为经济损失，在量刑时，可以从轻考虑。

第三，本罪与国家机关工作人员签订、履行合同失职罪的主要区别是：一是主体不同。二是前者的损失是由被骗造成的；而后者的损失是由包括被骗原因在内的各种因素造成的。

(5)量刑幅度

根据《刑法》第 167 条的规定，对犯本罪的处罚分以下 2 个档次：

一是致使国家利益遭受重大损失的，对其直接负责的主管人员和其他直接责任人员，处 3 年以下有期徒刑或者拘役。

二是致使国家利益遭受特别重大损失的，处 3 年以上 7 年以下有期徒刑。

14. 国有公司、企业、事业单位人员失职罪(第 168 条)

(1)罪名概念

国有公司、企业、事业单位人员失职罪，是指国有公司、企业、事业单位的工作人员，由于严重不负责任，造成国有公司、企业、事业单位严重损失或者破产，致使国家利益遭受重大损失的行为。

（2）法律规定

①本罪名是由《刑法》第168条规定的。该条规定："国有公司、企业的工作人员，由于严重不负责任或者滥用职权，造成国有公司、企业破产或者严重损失，致使国家利益遭受重大损失的，处三年以下有期徒刑或者拘役；致使国家利益遭受特别重大损失的，处三年以上七年以下有期徒刑。

国有事业单位的工作人员有前款行为，致使国家利益遭受重大损失的，依照前款的规定处罚。

国有公司、企业、事业单位的工作人员，徇私舞弊，犯前两款罪的，依照第一款的规定从重处罚。"

②2010年5月7日最高人民检察院、公安部《关于公安机关管辖的刑事案件立案追诉标准的规定（二）》第15条规定："国有公司、企业、事业单位的工作人员，严重不负责任，涉嫌下列情形之一的，应予立案追诉：（一）造成国家直接经济损失数额在五十万元以上的；（二）造成有关单位破产，停业、停产一年以上，或者被吊销许可证和营业执照、责令关闭、撤销、解散的；（三）其他致使国家利益遭受重大损失的情形。"

③2003年5月14日最高人民法院、最高人民检察院《关于办理妨害预防、控制突发传染病疫情等灾害的刑事案件具体应用法律若干问题的解释》第4条规定："国有公司、企业、事业单位的工作人员，在预防、控制突发传染病疫情等灾害的工作中，由于严重不负责任或者滥用职权，造成国有公司、企业破产或者严重损失，致使国家利益遭受重大损失的，依照刑法第一百六十八条的规定，以国有公司、企业、事业单位人员失职罪或者国有公司、企业、事业单位人员滥用职权罪定罪处罚。"

④2000年5月12日最高人民法院《关于审理扰乱电信市场管理秩序案件具体应用法律若干问题的解释》第6条规定："国有电信企业的工作人员，由于严重不负责任或者滥用职权，造成国有电信企业破产或者严重损失，致使国家利益遭受重大损失的，依照刑法第一百六十八条的规定定罪处罚。"

⑤2005年8月1日最高人民法院《关于如何认定国有控股、参股股份有限公司中的国有公司、企业人员的解释》规定："国有公司、企业委派到国有控股、参股公司从事公务的人员，以国有公司、企业人员论。"

⑥2010年11月26日最高人民法院、最高人民检察院《关于办理国家出资企业中职务犯罪案件具体应用法律若干问题的意见》第1条、第4条的规定。

（3）构成要件

第一，本罪侵犯的客体是国有公司、企业、事业单位的资产管理制度。

第二，客观方面表现为国有公司、企业、事业单位的人员，由于严重失职，不负责任，造成了国有公司、企业、事业单位严重损失或者破产，致使国家利益遭受重大损失的行为。

第三，本罪的主体是特殊主体，即必须是国有公司、企业、事业单位的工作人员。

第四，主观方面是故意。

（4）罪名界定

认定本罪需要注意，如果行为人在其能力范围内，已尽职守，只是由于管理水平低下、业务能力差或者因为其他正常原因造成严重损失的，不能认为构成犯罪。判断其行为是否构成犯罪，在这里，关键要看行为人是否正确地履行自己的职责，要看是否持认真负责的态度，最后才去看损失是否重大。

构成本罪，必须同时具备以下3个条件：一是必须是严重不负责任的失职行为；二是造成国有公司、企业、事业单位严重亏损或者破产;三是必须使国家利益遭受重大损失。这3个条件,缺一不可。

(5)量刑幅度

根据《刑法》第168条的规定,犯本罪的,处3年以下有期徒刑或者拘役;致使国家利益遭受特别重大损失的,处3年以上7年以下有期徒刑。徇私舞弊犯本罪的,从重处罚。

15. 国有公司、企业、事业单位人员滥用职权罪(第168条)

(1)罪名概念

国有公司、企业、事业单位人员滥用职权罪,是指国有公司、企业、事业单位的工作人员,由于滥用职权,造成国有公司、企业、事业单位严重损失或者破产,致使国家利益遭受重大损失的行为。

(2)法律规定

①本罪名是由《刑法》第168条规定的。该条规定:"国有公司、企业的工作人员,由于严重不负责任或者滥用职权,造成国有公司、企业破产或者严重损失,致使国家利益遭受重大损失的,处三年以下有期徒刑或者拘役;致使国家利益遭受特别重大损失的,处三年以上七年以下有期徒刑。

国有事业单位的工作人员有前款行为,致使国家利益遭受重大损失的,依照前款的规定处罚。

国有公司、企业、事业单位的工作人员,徇私舞弊,犯前两款罪的,依照第一款的规定从重处罚。"

②2010年5月7日最高人民检察院、公安部《关于公安机关管辖的刑事案件立案追诉标准的规定(二)》第16条规定:"国有公司、企业、事业单位的工作人员,滥用职权,涉嫌下列情形之一的,应予立案追诉:(一)造成国家直接经济损失数额在三十万元以上的;(二)造成有关单位破产,停业、停产六个月以上,或者被吊销许可证和营业执照、责令关闭、撤销、解散的;(三)其他致使国家利益遭受重大损失的情形。"

③2003年5月14日最高人民法院、最高人民检察院《关于办理妨害预防、控制突发传染病疫情等灾害的刑事案件具体应用法律若干问题的解释》第4条规定:"国有公司、企业、事业单位的工作人员,在预防、控制突发传染病疫情等灾害的工作中,由于严重不负责任或者滥用职权,造成国有公司、企业破产或者严重损失,致使国家利益遭受重大损失的,依照刑法第一百六十八条的规定,以国有公司、企业、事业单位人员失职罪或者国有公司、企业、事业单位人员滥用职权罪定罪处罚。"

④2002年9月23日最高人民检察院法律政策研究室《关于中国农业发展银行及其分支机构的工作人员法律适用问题的答复》规定:"中国农业发展银行及其分支机构的工作人员严重不负责任或者滥用职权,构成犯罪的,应当依照刑法第一百六十八条的规定追究刑事责任。"

⑤2005年8月1日最高人民法院《关于如何认定国有控股、参股股份有限公司中的国有公司、企业人员的解释》规定:"国有公司、企业委派到国有控股、参股公司从事公务的人员,以国有公司、企业人员论。"

⑥2000年5月12日最高人民法院《关于审理扰乱电信市场管理秩序案件具体应用法律若干问题的解释》第6条规定:"国有电信企业的工作人员,由于严重不负责任或者滥用职权,造成国有电信企业破产或者严重损失,致使国家利益遭受重大损失的,依照刑法第一百六十八条的规定定罪处罚。"

⑦2010年11月26日最高人民法院、最高人民检察院《关于办理国家出资企业中职务犯罪案件具体应用法律若干问题的意见》第1条、第4条规定。

(3)构成要件

第一,本罪侵犯的客体是国有公司、企业、事业单位的资产管理制度。

第二,客观方面表现为国有公司、企业、事业单位的人员,由于滥用职权,造成国有公司、企业、事业单位严重损失或者破产,致使国家利益遭受重大损失的行为。

第三,本罪的主体是特殊主体,即必须是国有公司、企业、事业单位的工作人员。

第四,主观方面是故意。但是,对所造成的后果则不是故意,对国有公司、企业、事业单位所造成的严重损失或者破产不是故意、不是他追求的结果。

(4)罪名界定

构成本罪必须同时具备以下3个条件:一是国有公司、企业、事业单位人员具有滥用职权的行为;二是造成了国有公司、企业、事业单位的严重亏损或者破产;三是使国家利益遭受了重大损失。这3个条件,缺一不可。

本罪与国有公司、企业、事业单位人员失职罪的犯罪主体、侵犯的客体以及所造成的后果都相同,但对造成严重后果的原因不同。在本罪中,造成严重损失或者破产,其原因在于行为人滥用职权。而后者,其原因在于行为人严重不负责任的失职行为。

(5)量刑幅度

根据《刑法》第168条的规定,犯本罪的,处3年以下有期徒刑或者拘役;致使国家利益遭受特别重大损失的,处3年以上7年以下有期徒刑。徇私舞弊犯本罪的,从重处罚。

16. 徇私舞弊低价折股、出售国有资产罪(第169条)

(1)罪名概念

徇私舞弊低价折股、出售国有资产罪,是指国有公司、国有企业或其上级主管部门直接负责的主管人员,徇私舞弊,将国有资产低价折股或低价出售,致使国家利益遭受重大损失的行为。

(2)法律规定

①本罪名是由《刑法》第169条规定的。该条规定:"国有公司、企业或者其上级主管部门直接负责的主管人员,徇私舞弊,将国有资产低价折股或者低价出售,致使国家利益遭受重大损失的,处三年以下有期徒刑或者拘役;致使国家利益遭受特别重大损失的,处三年以上七年以下有期徒刑。"

②2010年5月7日最高人民检察院、公安部《关于公安机关管辖的刑事案件立案追诉标准的规定(二)》第17条规定:"国有公司、企业或者其上级主管部门直接负责的主管人员,徇私舞弊,将国有资产低价折股或者低价出售,涉嫌下列情形之一的,应予立案追诉:(一)造成国家直接经济损失数额在三十万元以上的;(二)造成有关单位破产,停业、停产六个月以上,或者被吊销许可证和营业执照、责令关闭、撤销、解散的;(三)其他致使国家利益遭受重大损失的情形。"

③2005年8月1日最高人民法院《关于如何认定国有控股、参股股份有限公司中的国有公司、企业人员的解释》规定:"国有公司、企业委派到国有控股、参股公司从事公务的人员,以国有公司、企业人员论。"

④2010年11月26日最高人民法院、最高人民检察院《关于办理国家出资企业中职务犯罪案件具体应用法律若干问题的意见》第1条、第4条规定。

(3)构成要件

第一,本罪侵犯的客体是国家对国有资产的管理制度。

第二,客观方面表现为徇私舞弊,将国有资产低价折股或者低价出售,致使国家利益遭受重大损失的行为。

第三,本罪的主体是国有公司、企业或其上级主管部门直接负责的主管人员,其他人不能单独构成此罪。

第四,主观方面是故意,即明知国有资产的价值高于所折的股份或者出售的价格,但仍然希望国有资产流失的后果发生。

(4)罪名界定

第一,认定本罪需要注意两点:一是构成本罪,行为人在主观上必须是故意,如果是由于过失将国有资产低价折股或者低价出售,致使国家利益遭受重大损失的,或者虽然是因为徇私舞弊,使国家利益遭受损失,但损失不大的,则均不构成本罪。二是国有公司、企业或者其上级主管部门直接负责的主管人员,因为收受、索取好处费、回扣,将国有资产低价折股或者低价出售的,对收受、索取费用达到犯罪数额的,又使国家利益遭受重大损失的,属于牵连犯,应当按照其中的一个重罪来定罪处罚。

第二,本罪与贪污罪的区别主要在于行为人是否具有非法占有国有资产的目的。如果有,并且利用了职权,则构成贪污罪。如果行为人并没有非法占有的目的,只是用低价折股、出售国有资产的方式获取非法利益,则构成本罪。

(5)量刑幅度

根据《刑法》第169条的规定,犯本罪,情节一般的,处3年以下有期徒刑或拘役;致使国家利益遭受特别重大损失的,处3年以上7年以下有期徒刑。

17. 背信损害上市公司利益罪(第169条之一)

(1)罪名概念

背信损害上市公司利益罪,是指上市公司的董事、监事、高级管理人员违背对公司的忠实义务,利用职务便利,操纵上市公司,损害上市公司利益,致使上市公司的利益遭受重大损失的行为。

(2)法律规定

①本罪名是由《刑法》第169条之一规定的。该条规定:"上市公司的董事、监事、高级管理人员违背对公司的忠实义务,利用职务便利,操纵上市公司从事下列行为之一,致使上市公司利益遭受重大损失的,处三年以下有期徒刑或者拘役,并处或者单处罚金;致使上市公司利益遭受特别重大损失的,处三年以上七年以下有期徒刑,并处罚金:

(一)无偿向其他单位或者个人提供资金、商品、服务或者其他资产的;

(二)以明显不公平的条件,提供或者接受资金、商品、服务或者其他资产的;

(三)向明显不具有清偿能力的单位或者个人提供资金、商品、服务或者其他资产的;

(四)为明显不具有清偿能力的单位或者个人提供担保,或者无正当理由为其他单位或者个人提供担保的;

(五)无正当理由放弃债权、承担债务的;

(六)采用其他方式损害上市公司利益的。

上市公司的控股股东或者实际控制人,指使上市公司董事、监事、高级管理人员实施前款行为的,依照前款的规定处罚。

犯前款罪的上市公司的控股股东或者实际控制人是单位的,对单位判处罚金,并对其直接负责的主管人员和其他直接责任人员,依照第一款的规定处罚。"

②2010 年 5 月 7 日最高人民检察院、公安部《关于公安机关管辖的刑事案件立案追诉标准的规定(二)》第 18 条规定:“上市公司的董事、监事、高级管理人员违背对公司的忠实义务,利用职务便利,操纵上市公司从事损害上市公司利益的行为,以及上市公司的控股股东或者实际控制人,指使上市公司董事、监事、高级管理人员实施损害上市公司利益的行为,涉嫌下列情形之一的,应予立案追诉:

(一)无偿向其他单位或者个人提供资金、商品、服务或者其他资产,致使上市公司直接经济损失数额在一百五十万元以上的;

(二)以明显不公平的条件,提供或者接受资金、商品、服务或者其他资产,致使上市公司直接经济损失数额在一百五十万元以上的;

(三)向明显不具有清偿能力的单位或者个人提供资金、商品、服务或者其他资产,致使上市公司直接经济损失数额在一百五十万元以上的;

(四)为明显不具有清偿能力的单位或者个人提供担保,或者无正当理由为其他单位或者个人提供担保,致使上市公司直接经济损失数额在一百五十万元以上的;

(五)无正当理由放弃债权、承担债务,致使上市公司直接经济损失数额在一百五十万元以上的;

(六)致使公司发行的股票、公司债券或者国务院依法认定的其他证券被终止上市交易或者多次被暂停上市交易的;

(七)其他致使上市公司利益遭受重大损失的情形。”

③2005 年 8 月 1 日最高人民法院《关于如何认定国有控股、参股股份有限公司中的国有公司、企业人员的解释》规定:“国有公司、企业委派到国有控股、参股公司从事公务的人员,以国有公司、企业人员论。”

(3)构成要件

第一,本罪侵犯的客体是上市公司的管理活动。

第二,客观方面表现为上市公司的董事、监事、高级管理人员违背对公司的忠实义务,利用职务便利,操纵上市公司从事下列行为之一,致使上市公司利益遭受到重大损失的:①无偿向其他单位或者个人提供资金、商品、服务或者其他资产;②以明显不公平的条件,提供或者接受资金、商品、服务或者其他资产的;③向明显不具有清偿能力的单位或者个人提供资金、商品、服务或者其他资产;④为明显不具有清偿能力的单位或者个人提供担保,或者无正当理由为其他单位或者个人提供担保的;⑤无正当理由放弃债权、承担债务;⑥采用其他方式损害上市公司利益。

第三,犯罪主体是特殊主体,即必须是上市公司的董事、监事、高级管理人员或者是上市公司的控股股东、实际控制人。

第四,主观方面是故意,但对该上市公司所造成的重大损失的后果则不是故意。

(4)罪名界定

第一,构成本罪必须同时具备两个条件:一是上市公司的董事、监事、高级管理人员利用职务便利,操纵上市公司从事损害上市公司利益的行为。二是这种行为致使上市公司的利益遭受重大损失。如果没有使上市公司的利益遭受重大损失,则不构成本罪。

第二,本罪与国有公司、企业、事业单位人员滥用职权罪的区别是:在犯罪侵犯的客体方面,前者侵犯的客体是上市公司的管理活动,而后者侵犯的是国有公司、企业、事业单位的管理活动。在犯罪的主体方面,前者是上市公司的董事、监事、高级管理人员或者上市公司的控股股东、实际控制人,后者是国有公司、企业、事业单位的管理人员。

第三,本罪与签订、履行合同失职被骗罪的主要区别在于:一是主体不同。本罪的主体是上市公司的董事、监事、高级管理人员、控股股东或者实际控制人,上市公司的控股股东或者实际控制人是单位的,也可以成为该罪主体。后罪的主体则是国有公司、企业、事业单位直接负责的主管人员,单位不能成为该罪的主体。二是主观方面不同。本罪是故意犯罪,而后者则是过失犯罪。

(5)量刑幅度

根据《刑法》第169条之一的规定,对犯本罪的处罚分以下3个档次:

一是致使上市公司的利益遭受重大损失的,处3年以下有期徒刑或者拘役,并处或者单处罚金;

二是致使上市公司的利益遭受特别重大损失的,处3年以上7年以下有期徒刑,并处罚金;

三是犯本罪的上市公司的控股股东或者实际控制人是单位的,对单位判处罚金,并且对其直接负责的主管人员和其他直接责任人员,依照上述规定处罚。

(四)破坏金融管理秩序罪

1. 伪造货币罪(第170条)

(1)罪名概念

伪造货币罪,是指伪造货币,破坏金融管理秩序的行为。

(2)法律规定

①本罪名是由《刑法》第170条规定的。该条规定:"伪造货币的,处三年以上十年以下有期徒刑,并处罚金;有下列情形之一的,处十年以上有期徒刑或者无期徒刑,并处罚金或者没收财产:

(一)伪造货币集团的首要分子;

(二)伪造货币数额特别巨大的;

(三)有其他特别严重情节的。"

《刑法》第171条第3款规定:"伪造货币并出售或者运输伪造的货币的,依照本法第一百七十条的规定定罪从重处罚。"

②2010年5月7日最高人民检察院、公安部《关于公安机关管辖的刑事案件立案追诉标准的规定(二)》第19条规定:"伪造货币,涉嫌下列情形之一的,应予立案追诉:

(一)伪造货币,总面额在二千元以上或者币量在二百张(枚)以上的;

(二)制造货币版样或者为他人伪造货币提供版样的;

(三)其他伪造货币应予追究刑事责任的情形。

本规定中的'货币'是指流通的以下货币:

(一)人民币(含普通纪念币、贵金属纪念币)、港元、澳门元、新台币;

(二)其他国家及地区的法定货币。

贵金属纪念币的面额以中国人民银行授权中国金币总公司的初始发售价格为准。"

③2010年10月20日最高人民法院《关于审理伪造货币等案件具体应用法律若干问题的解释(二)》第1~4条规定:"仿照真货币的图案、形状、色彩等特征非法制造假币,冒充真币的行为,应当认定为刑法第一百七十条规定的'伪造货币'。

对真货币采用剪贴、挖补、揭层、涂改、移位、重印等方法加工处理,改变真币形态、价值的行为,应当认定为刑法第一百七十三条规定的'变造货币'。"

“同时采用伪造和变造手段，制造真伪拼凑货币的行为，依照刑法第一百七十条的规定，以伪造货币罪定罪处罚。”

“以正在流通的境外货币为对象的假币犯罪，依照刑法第一百七十条至第一百七十三条的规定定罪处罚。

假境外货币犯罪的数额，按照案发当日中国外汇交易中心或者中国人民银行授权机构公布的人民币对该货币的中间价折合成人民币计算。中国外汇交易中心或者中国人民银行授权机构未公布汇率中间价的境外货币，按照案发当日境内银行人民币对该货币的中间价折算成人民币，或者该货币在境内银行、国际外汇市场对美元汇率，与人民币对美元汇率中间价进行套算。”

“以中国人民银行发行的普通纪念币和贵金属纪念币为对象的假币犯罪，依照刑法第一百七十条至第一百七十三条的规定定罪处罚。

假普通纪念币犯罪的数额，以面额计算；假贵金属纪念币犯罪的数额，以贵金属纪念币的初始发售价格计算。”

④2001 年 1 月 21 日最高人民法院印发的《全国法院审理金融犯罪案件工作座谈会纪要》相关的主要内容如下：

“假币犯罪的认定。假币犯罪是一种严重破坏金融管理秩序的犯罪。只要有证据证明行为人实施了出售、购买、运输、使用假币行为，且数额较大，就构成犯罪。伪造货币的，只要实施了伪造行为，不论是否完成全部印制工序，即构成伪造货币罪；对于尚未制造出成品，无法计算伪造、销售假币面额的，或者制造、销售用于伪造货币的版样的，不认定犯罪数额，依据犯罪情节决定刑罚。明知是伪造的货币而持有，数额较大，根据现有证据不能认定行为人是为了进行其他假币犯罪的，以持有假币罪定罪处罚；如果有证据证明其持有的假币已构成其他假币犯罪的，应当以其他假币犯罪定罪处罚。

假币犯罪罪名的确定。假币犯罪案件中犯罪分子实施数个相关行为的，在确定罪名时应把握以下原则：

(1)对同一宗假币实施了法律规定为选择性罪名的行为，应根据行为人所实施的数个行为，按相关罪名刑法规定的排列顺序并列确定罪名，数额不累计计算，不实行数罪并罚。

(2)对不同宗假币实施法律规定为选择性罪名的行为，并列确定罪名，数额按全部假币面额累计计算，不实行数罪并罚。

(3)对同一宗假币实施了刑法没有规定为选择性罪名的数个犯罪行为，择一重罪从重处罚。如伪造货币或者购买假币后使用的，以伪造货币罪或购买假币罪定罪，从重处罚。

(4)对不同宗假币实施了刑法没有规定为选择性罪名的数个犯罪行为，分别定罪，数罪并罚。

出售假币被查获部分的处理。在出售假币时被抓获的，除现场查获的假币应认定为出售假币的犯罪数额外，现场之外在行为人住所或者其他藏匿地查获的假币，亦应认定为出售假币的犯罪数额。但有证据证实后者是行为人有实施其他假币犯罪的除外。

制造或者出售伪造的台币行为的处理。对于伪造台币的，应当以伪造货币罪定罪处罚；出售伪造的台币的，应当以出售假币罪定罪处罚。”

⑤2000 年 9 月 8 日最高人民法院《关于审理伪造货币等案件具体应用法律若干问题的解释》规定：

“第一条 伪造货币的总面额在二千元以上不满三万元或者币量在二百张(枚)以上不足三千张(枚)的，依照刑法第一百七十条的规定，处三年以上十年以下有期徒刑，并处五万元以上五十万元以下罚金。

伪造货币的总面额在三万元以上的，属于‘伪造货币数额特别巨大’。

行为人制造货币版样或者与他人事前通谋，为他人伪造货币提供版样的，依照刑法第一百七十条的规定定罪处罚。

第七条　本解释所称‘货币’是指可在国内市场流通或者兑换的人民币和境外货币。

货币面额应当以人民币计算，其他币种以案发时国家外汇管理机关公布的外汇牌价折算成人民币。”

(3)构成要件

第一，本罪侵犯的客体是国家的货币管理制度，犯罪对象是人民币和外币。

第二，客观方面表现为伪造国家货币的行为。

第三，犯罪主体是一般主体。已满 14 周岁不满 16 周岁的人伪造货币，不构成本罪主体，不负刑事责任。

第四，主观方面是故意，一般是以获取非法经济利益为目的，但《刑法》并没有规定以此作为构成犯罪的必要条件。过失的不构成本罪。

(4)罪名界定

根据 2010 年 5 月 7 日最高人民检察院、公安部《关于公安机关管辖的刑事案件立案追诉标准的规定(二)》第 19 条的规定，伪造货币，只有达到一定的数额或者具备一定的情节，才能构成伪造货币罪。根据《刑法》第 13 条的规定，如其行为“情节显著轻微，危害不大的，不认为是犯罪”。

行为人如果为了制造假币，完成了多道的制造工序，但还没有最后伪造出货币，则属于伪造货币未遂。制造货币版样，或者与他人事先通谋，为他人伪造货币提供版样的，以本罪定罪处罚。

(5)量刑幅度

根据《刑法》第 170 条的规定，对犯本罪的分以下 2 个档次处罚：

一是构成一般犯罪的，处 3 年以上 10 年以下有期徒刑，并处罚金。

二是有下列情形之一的，处 10 年以上有期徒刑或者无期徒刑，并处罚金或者没收财产：①伪造货币集团的首要分子；②伪造货币数额特别巨大的；③有其他特别严重情节的。

2. 出售、购买、运输假币罪(第 171 条第 1 款)

(1)罪名概念

出售、购买、运输假币罪，是指出售、购买伪造的货币或者明知是伪造的货币而运输，数额较大的行为。

(2)法律规定

①本罪名是由《刑法》第 171 条第 1 款规定的。该条款规定：“出售、购买伪造的货币或者明知是伪造的货币而运输，数额较大的，处三年以下有期徒刑或者拘役，并处二万元以上二十万元以下罚金；数额巨大的，处三年以上十年以下有期徒刑，并处五万元以上五十万元以下罚金；数额特别巨大的，处十年以上有期徒刑或者无期徒刑，并处五万元以上五十万元以下罚金或者没收财产。”

②2010 年 5 月 7 日最高人民检察院、公安部《关于公安机关管辖的刑事案件立案追诉标准的规定(二)》第 20 条规定：“出售、购买伪造的货币或者明知是伪造的货币而运输，总面额在四千元以上或者币量在四百张(枚)以上的，应予立案追诉。

在出售假币时被抓获的，除现场查获的假币应认定为出售假币的数额外，现场之外在行为人住所或者其他藏匿地查获的假币，也应认定为出售假币的数额。”

③2000 年 9 月 8 日最高人民法院《关于审理伪造货币等案件具体应用法律若干问题的解释》规定：

“第二条　行为人购买假币后使用，构成犯罪的，依照刑法第一百七十一条的规定，以购买假币罪定罪，从重处罚。

行为人出售、运输假币构成犯罪，同时有使用假币行为的，依照刑法第一百七十一条、第一百七十二条的规定，实行数罪并罚。

第三条　出售、购买假币或者明知是假币而运输，总面额在四千元以上不满五万元的，属于‘数额较大’；总面额在五万元以上不满二十万元的，属于‘数额巨大’；总面额在二十万元以上的，属于‘数额特别巨大’，依照刑法第一百七十一条第一款的规定定罪处罚。

第四条　银行或者其他金融机构的工作人员购买假币或者利用职务上的便利，以假币换取货币，总面额在四千元以上不满五万元或者币量在四百张（枚）以上不足五千张（枚）的，处三年以上十年以下有期徒刑，并处二万元以上二十万元以下罚金；总面额在五万元以上或者币量在五千张（枚）以上或者有其他严重情节的，处十年以上有期徒刑或者无期徒刑，并处二万元以上二十万元以下罚金或者没收财产；总面额不满人民币四千元或者币量不足四百张（枚）或者具有其他情节较轻情形的，处三年以下有期徒刑或者拘役，并处或者单处一万元以上十万元以下罚金。

第七条　本解释所称‘货币’是指可在国内市场流通或者兑换的人民币和境外货币。

货币面额应当以人民币计算，其他币种以案发时国家外汇管理机关公布的外汇牌价折算成人民币。”

④2010 年 10 月 20 日最高人民法院《关于审理伪造货币等案件具体应用法律若干问题的解释（二）》相关规定如下：

“第三条　以正在流通的境外货币为对象的假币犯罪，依照刑法第一百七十条至第一百七十三条的规定定罪处罚。

假境外货币犯罪的数额，按照案发当日中国外汇交易中心或者中国人民银行授权机构公布的人民币对该货币的中间价折合成人民币计算。中国外汇交易中心或者中国人民银行授权机构未公布汇率中间价的境外货币，按照案发当日境内银行人民币对该货币的中间价折算成人民币，或者该货币在境内银行、国际外汇市场对美元汇率，与人民币对美元汇率中间价进行套算。

第四条　以中国人民银行发行的普通纪念币和贵金属纪念币为对象的假币犯罪，依照刑法第一百七十条至第一百七十三条的规定定罪处罚。

假普通纪念币犯罪的数额，以面额计算；假贵金属纪念币犯罪的数额，以贵金属纪念币的初始发售价格计算。”

（3）构成要件

第一，本罪侵犯的客体是国家的货币金融管理秩序。

第二，客观方面表现为出售、购买伪造的货币，或者是明知伪造的货币而运输，数额较大的行为。“出售伪造的货币”，是指以营利为目的，以各种方式，通过各种途径，以一定的价格卖出伪造的货币的行为。“购买伪造的货币”，是指行为人以一定的价格用货币换回伪造的货币的行为。“明知是伪造的货币而运输”，是指行为人明知是伪造的货币而使用汽车、飞机、火车、轮船等交通工具，或者以其他方式，将伪造的货币从甲地携带到乙地的行为。出售、购买伪造的货币或者明知是伪造的货币而运输，数额较大，才能构成本罪。

第三，犯罪主体是一般主体。

第四，主观方面是故意。也就是说，必须明知是伪造的货币。

(4)罪名界定

第一,根据2010年5月7日最高人民检察院、公安部《关于公安机关管辖的刑事案件立案追诉标准的规定(二)》第20条的规定,出售、购买伪造的货币或者明知是伪造的货币而运输,总面额在4000元以上或者币量在400张(枚)以上的,属于数额较大。根据《刑法》第171条第1款的规定,对“数额较大”的应予立案追诉。

在出售假币时被抓获的,除现场查获的假币应认定为出售假币的数额外,现场之外在行为人住所或者其他藏匿地查获的假币,也应认定为出售假币的数额。

第二,处理假币案件,还有以下问题需要注意:

一是关于罪名的确定问题。假币犯罪案件中犯罪分子往往不只是实施一种犯罪行为,而是实施数个相关的行为。对此,在确定罪名时,应把握以下原则:①对同一宗假币,实施了法律规定为选择性罪名的行为,应根据行为人所实施的数个行为并列确定罪名,不实行数罪并罚。②对不同宗假币实施法律规定为选择性罪名的行为,同样也根据行为人所实施的数个行为并列确定罪名,数额累计计算,但不实行数罪并罚。③对同一宗假币,实施了《刑法》没有规定为选择性罪名的行为,择一重罪定罪处罚。

二是出售假币被现场抓获的定罪问题。在出售假币时,现场被抓获的,现场被查获的假币均应认定为出售假币犯罪数额。现场之外另查获的假币,应根据具体情况分别处理,如有证据证明,另外被查获的假币是用于出售的,全案定出售假币罪;如没有证据证明另外被查获的假币是用于出售的,也没有证据证明是购买的或伪造的,则分别定出售假币罪和持有假币罪,实行数罪并罚。

三是关于假币犯罪的既遂与未遂问题。运输假币的,只要实施了运输假币的行为,即构成运输假币罪既遂。购买假币的,只要实施了交易行为,即构成购买假币罪的既遂。至于出售方是否取得钱财,购买方是否实际占有和控制假币,均不影响既遂的成立。伪造货币的,只要实施了伪造行为,即构成伪造货币罪的既遂。未制造出成品的,可作为量刑的情节考虑。制造、销售伪造货币的印刷版、胶片、模具或其他伪造货币的工具的,以伪造货币罪定罪,不认定犯罪数额,根据犯罪情节量刑。

(5)量刑幅度

根据《刑法》第171条第1款的规定,对本罪的处罚分3个档次:

一是数额较大的,处3年以下有期徒刑或者拘役,并处2万元以上20万元以下罚金。

二是数额巨大的,处3年以上10年以下有期徒刑,并处5万元以上50万元以下罚金。

三是数额特别巨大的,处10年以上有期徒刑或者无期徒刑,并处5万元以上50万元以下罚金或者没收财产。

根据2000年9月8日最高人民法院《关于审理伪造货币等案件具体应用法律若干问题的解释》第2条第1款的规定,购买假币以后又使用,构成犯罪的,从重处罚。

3. 金融工作人员购买假币、以假币换取货币罪(第171条第2款)

(1)罪名概念

金融工作人员购买假币、以假币换取货币罪,是指银行或者其他金融机构的工作人员,购买伪造的货币或者利用职务上的便利,以伪造的货币换取货币的行为。

(2)法律规定

①本罪名是由《刑法》第171条第2款规定的。该条款规定:“银行或者其他金融机构的工作人员购买伪造的货币或者利用职务上的便利,以伪造的货币换取货币的,处三年以上十年以下有

期徒刑,并处二万元以上二十万元以下罚金;数额巨大或者有其他严重情节的,处十年以上有期徒刑或者无期徒刑,并处二万元以上二十万元以下罚金或者没收财产;情节较轻的,处三年以下有期徒刑或者拘役,并处或者单处一万元以上十万元以下罚金。"

②2010年5月7日最高人民检察院、公安部《关于公安机关管辖的刑事案件立案追诉标准的规定(二)》第21条规定:"银行或者其他金融机构的工作人员购买伪造的货币或者利用职务上的便利,以伪造的货币换取货币,总面额在二千元以上或者币量在二百张(枚)以上的,应予立案追诉。"

③2000年9月8日最高人民法院《关于审理伪造货币等案件具体应用法律若干问题的解释》相关规定如下:

"第四条 银行或者其他金融机构的工作人员购买假币或者利用职务上的便利,以假币换取货币,总面额在四千元以上不满五万元或者币量在四百张(枚)以上不足五千张(枚)的,处三年以上十年以下有期徒刑,并处二万元以上二十万元以下罚金;总面额在五万元以上或者币量在五千张(枚)以上或者有其他严重情节的,处十年以上有期徒刑或者无期徒刑,并处二万元以上二十万元以下罚金或者没收财产;总面额不满人民币四千元或者币量不足四百张(枚)或者具有其他情节较轻情形的,处三年以下有期徒刑或者拘役,并处或者单处一万元以上十万元以下罚金。

第七条 本解释所称'货币'是指可在国内市场流通或者兑换的人民币和境外货币。

货币面额应当以人民币计算,其他币种以案发时国家外汇管理机关公布的外汇牌价折算成人民币。"

(3)构成要件

第一,本罪侵犯的客体是国家的货币管理制度。

第二,客观方面表现为:一是金融机构工作人员购买伪造的货币的行为;二是金融机构工作人员以伪造的货币换取真币的行为。

第三,犯罪主体是银行或者其他金融机构的工作人员。

第四,主观方面是故意,即明知是伪造的货币而购买或者调换。过失不能构成本罪。

(4)罪名界定

第一,金融工作人员购买假币罪与出售、购买假币罪的主要区别是犯罪主体不同。后者是一般主体,而前者是特殊主体——金融机构工作人员。正因为主体身份不同,其危险性大小也不同,故其法定刑也有较大差异。

第二,本罪包含两种行为:购买和调换。如果只是实施其中一种行为,则以这种行为论处。如果金融机构工作人员先购买了伪造的货币,而后又利用职务上的便利,用它换取货币,虽然有两种行为,也不构成两种犯罪,只构成一罪,因为本罪是选择性罪,不能定两个罪而适用数罪并罚。

(5)量刑幅度

根据《刑法》第171条第2款和2000年9月8日最高人民法院《关于审理伪造货币等案件具体应用法律若干问题的解释》第4条的规定,对本罪的处罚分以下3个档次:

一是一般犯罪的,即购买假币,或者利用职务上的便利,以假币换取货币4000元以上不满5万元,或者币量在400张以上不足5000张的,判处3年以上10年以下有期徒刑,并处2万元以上20万元以下罚金。

二是数额巨大,即5万元以上,或者币量在5000张(枚)以上,或者有其他严重情节的,判处10年以上有期徒刑或者无期徒刑,并处2万元以上20万元以下罚金或者没收财产。

三是情节较轻的,即总面额不满4000元,或者币量不足400张(枚),或者具有其他情节较轻情形的，判处3年以下有期徒刑或者拘役，并处或者单处1万元以上10万元以下罚金。

4. 持有、使用假币罪（第172条）

(1) 罪名概念

持有、使用假币罪，是指明知是伪造的货币而故意使用或者持有，数额较大的行为。

(2) 法律规定

①本罪名是由《刑法》第172条规定的。该条规定："明知是伪造的货币而持有、使用，数额较大的，处三年以下有期徒刑或者拘役，并处或者单处一万元以上十万元以下罚金；数额巨大的，处三年以上十年以下有期徒刑，并处二万元以上二十万元以下罚金；数额特别巨大的，处十年以上有期徒刑，并处五万元以上五十万元以下罚金或者没收财产。"

②2010年5月7日最高人民检察院、公安部《关于公安机关管辖的刑事案件立案追诉标准的规定（二）》第22条规定："明知是伪造的货币而持有、使用，总面额在四千元以上或者币量在四百张（枚）以上的，应予立案追诉。"

③2000年9月8日最高人民法院《关于审理伪造货币等案件具体应用法律若干问题的解释》相关规定如下：

"第五条　明知是假币而持有、使用，总面额在四千元以上不满五万元的，属于'数额较大'；总面额在五万元以上不满二十万元的，属于'数额巨大'；总面额在二十万元以上的，属于'数额特别巨大'，依照刑法第一百七十二条的规定定罪处罚。

第七条　本解释所称'货币'是指可在国内市场流通或者兑换的人民币和境外货币。

货币面额应当以人民币计算，其他币种以案发时国家外汇管理机关公布的外汇牌价折算成人民币。"

④2010年10月20日最高人民法院《关于审理伪造货币等案件具体应用法律若干问题的解释（二）》第5条规定："以使用为目的，伪造停止流通的货币，或者使用伪造的停止流通的货币的，依照刑法第二百六十六条的规定，以诈骗罪定罪处罚。"

(3) 构成要件

第一，本罪侵犯的客体是国家的货币管理制度。

第二，客观方面表现为持有、使用伪造的货币数额较大的行为。

第三，本罪的主体是一般主体，即凡是达到刑事责任年龄、具备刑事责任能力的人，都可以构成本罪。

第四，主观方面是故意，即明知是伪造的货币而持有、使用。过失不能构成本罪。

(4) 罪名界定

认定本罪需要注意以下两个问题：一是有的人在生活中误收假币，为了避免损失而不愿意交给人民银行或者司法机关，而是将其带在身边准备随时使用，企图把自己的损失转嫁给他人。对这种情况，一般来说数额不是很大，不能达到"数额较大"，因此不能以本罪论处。二是有人盗窃假币。如果不知道是假币而盗窃，盗窃的假币数额较大，应当以盗窃罪追究刑事责任；如果明知是假币而盗窃，因为假币没有价值，不是财物，因此不能以盗窃罪定罪处罚，如果构成其他犯罪，应当以其他罪来追究其刑事责任。

(5) 量刑幅度

根据《刑法》第172条的规定，对犯本罪的处罚分以下3个档次：

一是构成本罪的，处3年以下有期徒刑或者拘役，并处或者单处1万元以上10万元以下罚金。

二是数额巨大的，处3年以上10年以下有期徒刑，并处2万元以上20万元以下罚金。

三是数额特别巨大的，处10年以上有期徒刑，并处5万元以上50万元以下罚金或者没收财产。

5. 变造货币罪（第173条）

(1) 罪名概念

变造货币罪，是指意图出售或者使用，对真实的货币予以加工处理，使货币改变形态，升高面值，数额较大的行为。

(2) 法律规定

①本罪名是由《刑法》第173条规定的。该条规定："变造货币，数额较大的，处三年以下有期徒刑或者拘役，并处或者单处一万元以上十万元以下罚金；数额巨大的，处三年以上十年以下有期徒刑，并处二万元以上二十万元以下罚金。"

②2010年5月7日最高人民检察院、公安部《关于公安机关管辖的刑事案件立案追诉标准的规定（二）》第23条规定："变造货币，总面额在二千元以上或者币量在二百张（枚）以上的，应予立案追诉。"

③2010年10月20日最高人民法院《关于审理伪造货币等案件具体应用法律若干问题的解释（二）》第1条、第3条、第4条分别规定："仿照真货币的图案、形状、色彩等特征非法制造假币，冒充真币的行为，应当认定为刑法第一百七十条规定的'伪造货币'。

对真货币采用剪贴、挖补、揭层、涂改、移位、重印等方法加工处理，改变真币形态、价值的行为，应当认定为刑法第一百七十三条规定的'变造货币'。"

"以正在流通的境外货币为对象的假币犯罪，依照刑法第一百七十条至第一百七十三条的规定定罪处罚。

假境外货币犯罪的数额，按照案发当日中国外汇交易中心或者中国人民银行授权机构公布的人民币对该货币的中间价折合成人民币计算。中国外汇交易中心或者中国人民银行授权机构未公布汇率中间价的境外货币，按照案发当日境内银行人民币对该货币的中间价折算成人民币，或者该货币在境内银行、国际外汇市场对美元汇率，与人民币对美元汇率中间价进行套算。"

"以中国人民银行发行的普通纪念币和贵金属纪念币为对象的假币犯罪，依照刑法第一百七十条至第一百七十三条的规定定罪处罚。

假普通纪念币犯罪的数额，以面额计算；假贵金属纪念币犯罪的数额，以贵金属纪念币的初始发售价格计算。"

④2000年9月8日最高人民法院《关于审理伪造货币等案件具体应用法律若干问题的解释》相关规定如下：

"第六条　变造货币的总面额在二千元以上不满三万元的，属于'数额较大'；总面额在三万元以上的，属于'数额巨大'，依照刑法第一百七十三条的规定定罪处罚。

第七条　本解释所称'货币'是指可在国内市场流通或者兑换的人民币和境外货币。

货币面额应当以人民币计算，其他币种以案发时国家外汇管理机关公布的外汇牌价折算成人民币。"

(3) 构成要件

第一，本罪侵犯的客体是国家的货币管理制度。

第二，客观方面表现为变造货币的行为，而且变造货币数额较大。

第三，犯罪主体是一般主体，即达到刑事责任年龄，具备刑事责任能力的人。

第四，主观方面是故意，并且有牟利的目的。如果行为人出于好奇或者收藏而变造货币，没有谋取非法利益的目的，并且没有使用的，不构成本罪。

（4）罪名界定

伪造货币罪与变造货币罪的区别是：一是客观方面不同。前者是采取复制、印刷等方式制造假币。后者是在货币的基础上，进行加工处理，以此增加原货币的面值，如采用剪贴、挖补、揭层、修改等方式加工处理，使货币改变形态升值。伪造货币则对一些非货币的物质进行加工伪造；而变造货币必须是先投入一部分货币后，对货币加工处理。二是社会危害性不同。前者的行为人往往成批、大量地制作假币，并且面值较大，因此，具备较大的社会危害性；而变造货币是对真实货币变造后升值，谋取的非法利益在某种程度上小于伪造同样货币的非法利益，因此，其社会危害比伪造货币罪要小一些。三是构成犯罪的条件不同。前者只要行为人以营利为目的，具备了伪造货币的行为，即可构成犯罪；而后者要求变造货币数额较大，才能构成犯罪。

（5）量刑幅度

根据《刑法》第173条的规定，对本罪的处罚，分以下2个档次：

一是构成本罪的，处3年以下有期徒刑或者拘役，并处或者单处1万元以上10万元以下罚金。

二是数额巨大的，处3年以上10年以下有期徒刑，并处2万元以上20万元以下罚金。

6. 擅自设立金融机构罪（第174条第1款）

（1）罪名概念

擅自设立金融机构罪，是指没有经过国家有关主管部门批准，擅自设立商业银行、证券交易所、期货交易所、证券公司、期货经纪公司、保险公司或者其他金融机构的行为。

（2）法律规定

①本罪名是由《刑法》第174条第1款规定的。该条款规定："未经国家有关主管部门批准，擅自设立商业银行、证券交易所、期货交易所、证券公司、期货经纪公司、保险公司或者其他金融机构的，处三年以下有期徒刑或者拘役，并处或者单处二万元以上二十万元以下罚金；情节严重的，处三年以上十年以下有期徒刑，并处五万元以上五十万元以下罚金。"

《刑法》第174条第3款规定："单位犯前两款罪的，对单位判处罚金，并对其直接负责的主管人员和其他直接责任人员，依照第一款的规定处罚。"

②2010年5月7日最高人民检察院、公安部《关于公安机关管辖的刑事案件立案追诉标准的规定（二）》第24条规定："未经国家有关主管部门批准，擅自设立金融机构，涉嫌下列情形之一的，应予立案追诉：

（一）擅自设立商业银行、证券交易所、期货交易所、证券公司、期货公司、保险公司或者其他金融机构的；

（二）擅自设立商业银行、证券交易所、期货交易所、证券公司、期货公司、保险公司或者其他金融机构筹备组织的。"

（3）构成要件

第一，本罪侵犯的客体是金融、证券、期货、保险机构的管理制度。

第二，客观方面表现为行为人没有经过国家有关主管部门批准，擅自设立商业银行、证券交易所、期货交易所、证券公司、期货经纪公司、保险公司或者其他金融机构的行为。

第三，本罪的主体是一般主体，自然人和单位都可以成为本罪的主体。

第四，主观方面是故意，并且行为人一般具有营利的目的。

(4)罪名界定

第一，在现实生活中，有些地方一些人合伙或者独自非法设立所谓的“钱庄”，经营放贷、融资等货币业务，目的是非法营利，达到一定规模，即属于擅自设立金融机构。还有一些犯罪分子，以设立银行的名义骗取财物，有的骗到钱就跑，其目的不是营利，而是骗钱。对于这种行为，应当以诈骗罪处罚。

第二，行为人擅自设立金融机构的行为本身构成了擅自设立金融机构罪，如果擅自设立金融机构不是最终目的，擅自设立金融机构以后，又用它进行非法吸收公众存款或者集资诈骗犯罪，属于牵连犯罪，因为是一个犯罪目的两种犯罪行为，应当在已经构成的数罪中，选择一个可能判处最重刑罚的罪定罪处罚，而不能再仅仅以本罪追究行为人的刑事责任。

(5)量刑幅度

根据《刑法》第 174 条第 1 款、第 3 款的规定，对本罪的处罚分以下 3 个档次：

一是犯本罪情节一般的，处 3 年以下有期徒刑或者拘役，并处或者单处 2 万元以上 20 万元以下罚金。

二是情节严重的，处 3 年以上 10 年以下有期徒刑，并处 5 万元以上 50 万元以下罚金。

三是单位犯本罪的，对单位判处罚金，并且对其直接负责的主管人员和其他直接责任人员，按照上述规定处罚。

7. 伪造、变造、转让金融机构经营许可证、批准文件罪(第 174 条第 2 款)

(1)罪名概念

伪造、变造、转让金融机构经营许可证、批准文体罪，是指伪造、变造商业银行、证券交易所、期货交易所、证券公司、期货经纪公司、保险公司或者其他金融机构经营许可证或者批准文件，或者将依法取得的金融机构经营许可证或者批准文件转让他人使用的行为。这个罪名是一个行为选择和对象选择并存的罪名，它可以根据行为人所实施的行为和行为对象的不同而分成若干个罪名。

(2)法律规定

①本罪名是由《刑法》第 174 条第 2 款规定的。《刑法》第 174 条第 2 款、第 3 款规定：“伪造、变造、转让商业银行、证券交易所、期货交易所、证券公司、期货经纪公司、保险公司或者其他金融机构的经营许可证或者批准文件的，依照前款的规定处罚。”

“单位犯前两款罪的，对单位判处罚金，并对其直接负责的主管人员和其他直接责任人员，依照第一款的规定处罚。”

②2010 年 5 月 7 日最高人民检察院、公安部《关于公安机关管辖的刑事案件立案追诉标准的规定(二)》第 25 条规定：“伪造、变造、转让商业银行、证券交易所、期货交易所、证券公司、期货公司、保险公司或者其他金融机构的经营许可证或者批准文件的，应予立案追诉。”

(3)构成要件

第一，本罪侵犯的客体是国家金融和金融机构的管理制度。

第二，客观方面表现为伪造、变造、转让商业银行、证券交易所、期货交易所、证券公司、期货经纪公司、保险公司或者其他金融机构经营许可证或者批准文件的行为。

第三，本罪的主体是一般主体，既可以是自然人，也可以是单位。

第四，主观方面具有伪造、变造或者转让金融机构经营许可证或者批准文件的故意，即行为人明知其行为是法律禁止的、具有社会危害性的行为，为了达到自己或者他人非法从事金融业务的目的，而故意为之。

(4)罪名界定

有些犯罪分子伪造、变造金融机构经营许可证,然后擅自设立金融机构。在这种情况下,犯罪分子的两种行为分别触犯了两个罪名,应当按照牵连犯选择其中的一个重罪来处罚。这两个罪的区别主要是:擅自设立金融机构罪,重在没有经过批准而设立;而本罪重在伪造、变造金融机构经营许可证和非法转让合法取得的金融机构经营许可证。

(5)量刑幅度

根据《刑法》第174条的规定,对本罪的处罚分以下3个档次:

一是犯本罪的,处3年以下有期徒刑或者拘役,并处或者单处2万元以上20万元以下罚金。

二是情节严重的,处3年以上10年以下有期徒刑,并处5万元以上50万元以下罚金。

三是单位犯本罪的,对单位判处罚金,并且对其直接负责的主管人员和其他直接责任人员,依照上述规定处罚。

所谓"情节严重",我们理解可以包括伪造、变造或者转让金融机构经营许可证或者批准文件次数较多、数量大、造成严重影响等。

伪造、变造金融机构经营许可证后擅自设立金融机构,两种行为分别触犯了两个罪名的,应当按照牵连犯的处罚原则选择其中的一个重罪来处罚。

8. 高利转贷罪(第175条)

(1)罪名概念

高利转贷罪,是指行为人以转贷为目的,套取金融机构信贷资金,高利转贷他人,违法所得数额较大的行为。

(2)法律规定

①本罪名是由《刑法》第175条规定的。该条规定:"以转贷牟利为目的,套取金融机构信贷资金高利转贷他人,违法所得数额较大的,处三年以下有期徒刑或者拘役,并处违法所得一倍以上五倍以下罚金;数额巨大的,处三年以上七年以下有期徒刑,并处违法所得一倍以上五倍以下罚金。

单位犯前款罪的,对单位判处罚金,并对其直接负责的主管人员和其他直接责任人员,处三年以下有期徒刑或者拘役。"

②2010年5月7日最高人民检察院、公安部《关于公安机关管辖的刑事案件立案追诉标准的规定(二)》第26条规定:"以转贷牟利为目的,套取金融机构信贷资金高利转贷他人,涉嫌下列情形之一的,应予立案追诉:

(一)高利转贷,违法所得数额在十万元以上的;

(二)虽未达到上述数额标准,但两年内因高利转贷受过行政处罚二次以上,又高利转贷的。"

(3)构成要件

第一,本罪侵犯的客体是国家的信贷资金管理制度。

第二,客观方面表现为以转贷牟利为目的,套取金融机构信贷资金,高利转贷他人,违法所得数额较大的行为。构成本罪应该具备以下两个要素:一是实施了套取金融机构信贷资金,高利转贷他人的行为;二是必须是违法所得数额较大。

第三,犯罪主体是一般主体,单位也可以成为本罪主体。

第四,主观方面是故意,行为人是以转贷牟利为目的。

(4)罪名界定

第一,认定本罪要注意以下三点:一是看是否有转贷牟利的目的。如果自己没有从中渔利,不能构成本罪。二是转贷他人的资金是否是从金融机构套取的信贷资金。如果转贷他人的资金不是从金融机构套取的,则不构成犯罪。三是要看违法所得数额是否较大。

第二,本罪与违法发放贷款罪的区别是:一是主体不同。后者的主体必须是银行或者金融机构的工作人员;而前者的主体可以是金融机构的工作人员,也可以是其他自然人。二是构成犯罪的必要要件不同。后者的构成必须是以"违反法律、行政法规规定"为必要要件,而对前者没有这样的要求。三是客观方面不同。后者是违反国家规定发放贷款,数额巨大或者造成重大损失的;而前者仅仅是套取银行信贷资金,高利转贷他人的行为。

第三,本罪与吸收客户资金不入账罪的区别是:一是主体不同。前者的主体是一般主体,而后者的主体必须是银行或者其他金融机构的工作人员。二是主观方面不同。前者是以转贷牟利为目的,与"牟利"是互为因果关系的;而后者只是为了牟利。三是客观方面不同。前者是套取金融机构信贷资金转贷给他人的行为;而后者是采取吸收客户资金不入账的方式,将资金用于非法拆借、发放贷款的行为。

(5)量刑幅度

根据《刑法》第175条的规定,对本罪的处罚分以下3个档次:

一是数额较大的,处3年以下有期徒刑或者拘役,并处违法所得1倍以上5倍以下的罚金。

二是数额巨大的,处3年以上7年以下有期徒刑,并处违法所得1倍以上5倍以下的罚金。

三是单位犯本罪的,对单位判处罚金,并对其直接负责的主管人员和其他直接责任人员,处3年以下有期徒刑或者拘役。

9. 骗取贷款、票据承兑、金融票证罪(第175条之一)

(1)罪名概念

骗取贷款、票据承兑、金融票证罪,是指以虚构事实或者隐瞒真相等欺骗手段,取得银行或者其他金融机构贷款、票据承兑、信用证、保函,给银行或者其他金融机构造成重大损失的行为。

(2)法律规定

①本罪名是由《刑法》第175条之一规定的。该条规定:"以欺骗手段取得银行或者其他金融机构贷款、票据承兑、信用证、保函等,给银行或者其他金融机构造成重大损失的,处三年以下有期徒刑或者拘役,并处或者单处罚金;给银行或者其他金融机构造成特别重大损失或者有其他特别严重情节的,处三年以上七年以下有期徒刑,并处罚金。

单位犯前款罪的,对单位判处罚金,并对其直接负责的主管人员和其他直接责任人员,依照前款的规定处罚。"

②2010年5月7日最高人民检察院、公安部《关于公安机关管辖的刑事案件立案追诉标准的规定(二)》第27条规定:"以欺骗手段取得银行或者其他金融机构贷款、票据承兑、信用证、保函等,涉嫌下列情形之一的,应予立案追诉:

(一)以欺骗手段取得贷款、票据承兑、信用证、保函等,数额在一百万元以上的;

(二)以欺骗手段取得贷款、票据承兑、信用证、保函等,给银行或者其他金融机构造成直接经济损失数额在二十万元以上的;

(三)虽未达到上述数额标准,但多次以欺骗手段取得贷款、票据承兑、信用证、保函等的;

(四)其他给银行或者其他金融机构造成重大损失或者有其他严重情节的情形。"

(3)构成要件

第一,本罪侵犯的客体是国家对金融的管理秩序。

第二,客观方面表现为以虚构事实或者隐瞒真相等欺骗手段,取得银行或者其他金融机构的贷款、票据承兑、信用证、保函，给银行或者其他金融机构造成重大损失的，或者造成特别重大损失或者有其他特别严重情节的行为。

第三，犯罪主体是一般主体，可以是自然人，也可以是单位。

第四，主观方面是故意，取得贷款、票据承兑、信用证、保函，不是以非法占有为目的，而是想日后如数偿还。

(4)罪名界定

第一，构成本罪，必须是给银行或者其他金融机构造成重大损失，而不是只要虚构了事实，或者隐瞒了真相，取得银行或者其他金融机构贷款、票据承兑、信用证、保函，就构成本罪。

第二，本罪和贷款诈骗罪虽然都是虚构事实，或者隐瞒真相，使用了欺骗的手段，但是，这两种犯罪主观目的不同。贷款诈骗罪是以非法占有为目的，将贷款取得的钱款非法占为己有，没有还贷的打算。而本罪没有这样的目的，不是想非法占有，仅仅是编造虚假事实，骗用贷款，因为有其他原因，才给银行或者其他金融机构造成了重大损失，或者还有其他严重情节。

(5)量刑幅度

根据《刑法》第175条之一的规定，对犯本罪的处罚分以下3个档次：

一是构成本罪的，处3年以下有期徒刑或者拘役，并处或者单处罚金；

二是给银行或者其他金融机构造成特别重大损失或者有其他特别严重情节的，处3年以上7年以下有期徒刑，并处罚金；

三是单位犯本罪的，对单位判处罚金，并且对其直接负责的主管人员和其他直接责任人员，依照上述规定处罚。

10. 非法吸收公众存款罪(第176条)

(1)罪名概念

非法吸收公众存款罪，是指非法吸收公众存款，或者变相吸收公众存款，扰乱金融秩序的行为。

(2)法律规定

①本罪名是由《刑法》第176条规定的。该条规定："非法吸收公众存款或者变相吸收公众存款，扰乱金融秩序的，处三年以下有期徒刑或者拘役，并处或者单处罚金；数额巨大或者有其他严重情节的，处三年以上十年以下有期徒刑，并处罚金；数额特别巨大或者有其他特别严重情节的，处十年以上有期徒刑，并处罚金。

单位犯前款罪的，对单位判处罚金，并对其直接负责的主管人员和其他直接责任人员，依照前款的规定处罚。

有前两款行为，在提起公诉前积极退赃退赔，减少损害结果发生的，可以从轻或者减轻处罚。"

②2010年5月7日最高人民检察院、公安部《关于公安机关管辖的刑事案件立案追诉标准的规定(二)》第28条规定："非法吸收公众存款或者变相吸收公众存款，扰乱金融秩序，涉嫌下列情形之一的，应予立案追诉：

(一)个人非法吸收或者变相吸收公众存款数额在20万元以上的，单位非法吸收或者变相吸收公众存款数额在100万元以上的；

(二)个人非法吸收或者变相吸收公众存款30户以上的，单位非法吸收或者变相吸收公众存款150户以上的；

(三)个人非法吸收或者变相吸收公众存款给存款人造成直接经济损失数额在10万元以上

的，单位非法吸收或者变相吸收公众存款给存款人造成直接经济损失数额在50万元以上的；

（四）造成恶劣社会影响的；

（五）其他扰乱金融秩序情节严重的情形。”

③2010年12月13日最高人民法院《关于审理非法集资刑事案件具体应用法律若干问题的解释》相关规定如下：

“第一条 违反国家金融管理法律规定，向社会公众（包括单位和个人）吸收资金的行为，同时具备下列四个条件的，除刑法另有规定的以外，应当认定为刑法第一百七十六条规定的‘非法吸收公众存款或者变相吸收公众存款’：

（一）未经有关部门依法批准或者借用合法经营的形式吸收资金；

（二）通过媒体、推介会、传单、手机短信等途径向社会公开宣传；

（三）承诺在一定期限内以货币、实物、股权等方式还本付息或者给付回报；

（四）向社会公众即社会不特定对象吸收资金。

未向社会公开宣传，在亲友或者单位内部针对特定对象吸收资金的，不属于非法吸收或者变相吸收公众存款。

第二条 实施下列行为之一，符合本解释第一条第一款规定的条件的，应当依照刑法第一百七十六条的规定，以非法吸收公众存款罪定罪处罚：

（一）不具有房产销售的真实内容或者不以房产销售为主要目的，以返本销售、售后包租、约定回购、销售房产份额等方式非法吸收资金的；

（二）以转让林权并代为管护等方式非法吸收资金的；

（三）以代种植（养殖）、租种植（养殖）、联合种植（养殖）等方式非法吸收资金的；

（四）不具有销售商品、提供服务的真实内容或者不以销售商品、提供服务为主要目的，以商品回购、寄存代售等方式非法吸收资金的；

（五）不具有发行股票、债券的真实内容，以虚假转让股权、发售虚构债券等方式非法吸收资金的；

（六）不具有募集基金的真实内容，以假借境外基金、发售虚构基金等方式非法吸收资金的；

（七）不具有销售保险的真实内容，以假冒保险公司、伪造保险单据等方式非法吸收资金的；

（八）以投资入股的方式非法吸收资金的；

（九）以委托理财的方式非法吸收资金的；

（十）利用民间‘会’、‘社’等组织非法吸收资金的；

（十一）其他非法吸收资金的行为。

第三条 非法吸收或者变相吸收公众存款，具有下列情形之一的，应当依法追究刑事责任：

（一）个人非法吸收或者变相吸收公众存款，数额在20万元以上的，单位非法吸收或者变相吸收公众存款，数额在100万元以上的；

（二）个人非法吸收或者变相吸收公众存款对象30人以上的，单位非法吸收或者变相吸收公众存款对象150人以上的；

（三）个人非法吸收或者变相吸收公众存款，给存款人造成直接经济损失数额在10万元以上的，单位非法吸收或者变相吸收公众存款，给存款人造成直接经济损失数额在50万元以上的；

（四）造成恶劣社会影响或者其他严重后果的。

具有下列情形之一的，属于刑法第一百七十六条规定的‘数额巨大或者有其他严重情节’：

（一）个人非法吸收或者变相吸收公众存款，数额在100万元以上的，单位非法吸收或者变相吸收公众存款，数额在500万元以上的；

（二）个人非法吸收或者变相吸收公众存款对象100人以上的，单位非法吸收或者变相吸收公众存款对象500人以上的；

（三）个人非法吸收或者变相吸收公众存款，给存款人造成直接经济损失数额在50万元以上的，单位非法吸收或者变相吸收公众存款，给存款人造成直接经济损失数额在250万元以上的；

（四）造成特别恶劣社会影响或者其他特别严重后果的。

非法吸收或者变相吸收公众存款的数额，以行为人所吸收的资金全额计算。案发前后已归还的数额，可以作为量刑情节酌情考虑。

非法吸收或者变相吸收公众存款，主要用于正常的生产经营活动，能够及时清退所吸收资金，可以免予刑事处罚；情节显著轻微的，不作为犯罪处理。”

④2019年1月30日最高人民法院、最高人民检察院、公安部《关于办理非法集资刑事案件若干问题的意见》相关主要内容如下：

一、关于非法集资的“非法性”认定依据问题

人民法院、人民检察院、公安机关认定非法集资的“非法性”，应当以国家金融管理法律法规作为依据。对于国家金融管理法律法规仅作原则性规定的，可以根据法律规定的精神并参考中国人民银行、中国银行保险监督管理委员会、中国证券监督管理委员会等行政主管部门依照国家金融管理法律法规制定的部门规章或者国家有关金融管理的规定、办法、实施细则等规范性文件的规定予以认定。

二、关于单位犯罪的认定问题

单位实施非法集资犯罪活动，全部或者大部分违法所得归单位所有的，应当认定为单位犯罪。

个人为进行非法集资犯罪活动而设立的单位实施犯罪的，或者单位设立后，以实施非法集资犯罪活动为主要活动的，不以单位犯罪论处，对单位中组织、策划、实施非法集资犯罪活动的人员应当以自然人犯罪依法追究刑事责任。

判断单位是否以实施非法集资犯罪活动为主要活动，应当根据单位实施非法集资的次数、频度、持续时间、资金规模、资金流向、投入人力物力情况、单位进行正当经营的状况以及犯罪活动的影响、后果等因素综合考虑认定。

三、关于涉案下属单位的处理问题

办理非法集资刑事案件中，人民法院、人民检察院、公安机关应当全面查清涉案单位，包括上级单位（总公司、母公司）和下属单位（分公司、子公司）的主体资格、层级、关系、地位、作用、资金流向等，区分情况依法作出处理。

上级单位已被认定为单位犯罪，下属单位实施非法集资犯罪活动，且全部或者大部分违法所得归下属单位所有的，对该下属单位也应当认定为单位犯罪。上级单位和下属单位构成共同犯罪的，应当根据犯罪单位的地位、作用，确定犯罪单位的刑事责任。

上级单位已被认定为单位犯罪，下属单位实施非法集资犯罪活动，但全部或者大部分违法所得归上级单位所有的，对下属单位不单独认定为单位犯罪。下属单位中涉嫌犯罪的人员，可以作为上级单位的其他直接责任人员依法追究刑事责任。

上级单位未被认定为单位犯罪，下属单位被认定为单位犯罪的，对上级单位中组织、策划、实施非法集资犯罪的人员，一般可以与下属单位按照自然人与单位共同犯罪处理。

上级单位与下属单位均未被认定为单位犯罪的，一般以上级单位与下属单位中承担组织、领导、管理、协调职责的主管人员和发挥主要作用的人员作为主犯，以其他积极参加非法集资犯罪的人员作为从犯，按照自然人共同犯罪处理。

四、关于主观故意的认定问题

认定犯罪嫌疑人、被告人是否具有非法吸收公众存款的犯罪故意，应当依据犯罪嫌疑人、被告人的任职情况、职业经历、专业背景、培训经历、本人因同类行为受到行政处罚或者刑事追究情况以及吸收资金方式、宣传推广、合同资料、业务流程等证据，结合其供述，进行综合分析判断。

犯罪嫌疑人、被告人使用诈骗方法非法集资，符合《最高人民法院关于审理非法集资刑事案件具体应用法律若干问题的解释》第四条规定的，可以认定为集资诈骗罪中"以非法占有为目的"。

办案机关在办理非法集资刑事案件中，应当根据案件具体情况注意收集运用涉及犯罪嫌疑人、被告人的以下证据：是否使用虚假身份信息对外开展业务；是否虚假订立合同、协议；是否虚假宣传，明显超出经营范围或者夸大经营、投资、服务项目及盈利能力；是否吸收资金后隐匿、销毁合同、协议、账目；是否传授或者接受规避法律、逃避监管的方法，等等。

五、关于犯罪数额的认定问题

非法吸收或者变相吸收公众存款构成犯罪，具有下列情形之一的，向亲友或者单位内部人员吸收的资金应当与向不特定对象吸收的资金一并计入犯罪数额：

（一）在向亲友或者单位内部人员吸收资金的过程中，明知亲友或者单位内部人员向不特定对象吸收资金而予以放任的；

（二）以吸收资金为目的，将社会人员吸收为单位内部人员，并向其吸收资金的；

（三）向社会公开宣传，同时向不特定对象、亲友或者单位内部人员吸收资金的。

非法吸收或者变相吸收公众存款的数额，以行为人所吸收的资金全额计算。集资参与人收回本金或者获得回报后又重复投资的数额不予扣除，但可以作为量刑情节酌情考虑。

六、关于宽严相济刑事政策把握问题

办理非法集资刑事案件，应当贯彻宽严相济刑事政策，依法合理把握追究刑事责任的范围，综合运用刑事手段和行政手段处置和化解风险，做到惩处少数、教育挽救大多数。要根据行为人的客观行为、主观恶性、犯罪情节及其地位、作用、层级、职务等情况，综合判断行为人的责任轻重和刑事追究的必要性，按照区别对待原则分类处理涉案人员，做到罚当其罪、罪责刑相适应。

重点惩处非法集资犯罪活动的组织者、领导者和管理人员，包括单位犯罪中的上级单位（总公司、母公司）的核心层、管理层和骨干人员，下属单位（分公司、子公司）的管理层和骨干人员，以及其他发挥主要作用的人员。

对于涉案人员积极配合调查、主动退赃退赔、真诚认罪悔罪的，可以依法从轻处罚；其中情节轻微的，可以免除处罚；情节显著轻微、危害不大的，不作为犯罪处理。

(3)构成要件

第一，本罪侵犯的客体是国家的金融管理秩序，还对广大储户和公众带来了风险，造成财产损失。

第二，客观方面表现为行为人实施了非法吸收或者变相吸收公众存款的行为。"非法吸收公众存款"，是指行为人违反国家法律、法规的规定，在社会上以存款的形式公开吸收公众资金的行为。这里包含两种情况：一是行为人不具有吸收存款的主体资格而吸收公众存款；二是行为人虽然具有吸收存款的主体资格，但是，其吸收公众存款所采用的方法是违法的。所谓"公众存款"，是指存款人是不特定的群体，如果存款人只是少数个人或者是特定的，如只限于本单位的人员的，不能认为是公众存款。"变相吸收公众存款"，是指行为人不是以存款的名义，而是通过其他形式吸收公众资金，从而达到吸收公众存款的目的的行为。

第三，本罪的主体是一般主体，单位也可以构成本罪的主体。

第四,主观方面是故意。

(4)罪名界定

第一,根据《刑法》第176条的规定,认定本罪要看行为人的行为是否扰乱了金融秩序。扰乱了金融秩序的才能构成犯罪,否则不能构成犯罪。这要从以下三方面来认定:一是要看是否非法或者变相向社会吸收存款。非法或者变相向社会公众吸收存款,既包括行为人主体的非法性,即既没有吸收公众存款的资格,又没有获准营业金融业务的许可证;也包括行为人虽然有吸收公众存款的资格,但是,吸收公众存款的方式手段违法,如高利率等。二是要看是否吸收了一定数量的存款。如果非法吸收或者变相吸收的公众存款数量较小,不至于扰乱金融秩序,也不能按本罪论处。三是还要看是否面向社会吸收公众存款。如果是少数人之间为了从事某一项经济活动,互相帮助性的集资行为,其吸收存款的对象仅限于本单位内部职工,没有扩展到社会,这也不能以本罪来追究刑事责任。

第二,本罪与集资诈骗罪的区别是:主观故意的目的不同。前罪行为人主观目的是非法牟利,企图通过非法吸收或者变相吸收公众存款用来营利,追求本息归还后的剩余利润;而集资诈骗罪行为人是以非法占有为目的,为了无偿占有存款人所存资金本息,不会还给存款人,所使用的方法是诈骗。

(5)量刑幅度

根据《刑法》第176条的规定,对犯本罪的处罚分以下3个档次:

一是扰乱金融秩序的,处3年以下有期徒刑或者拘役,并处或者单处罚金。

二是数额巨大或者有其他严重情节的,处3年以上10年以下有期徒刑,并处罚金。

三是单位犯本罪的,对单位判处罚金,并且对其直接负责的主管人员和其他直接责任人员,按照自然人犯罪的处罚规定来处罚。

构成本罪,在提起公诉前积极退赃退赔,减少损害结果发生的,可以从轻或减轻处罚。

11. 伪造、变造金融票证罪(第177条)

(1)罪名概念

伪造、变造金融票证罪,是指伪造、变造汇票、本票、支票或者委托收款凭证、汇款凭证、银行存单等其他银行结算凭证的,或者伪造、变造信用证或者随附的单据、文件或者伪造信用卡的行为。

(2)法律规定

①本罪名是由《刑法》第177条规定的。该条规定:"有下列情形之一,伪造、变造金融票证的,处五年以下有期徒刑或者拘役,并处或者单处二万元以上二十万元以下罚金;情节严重的,处五年以上十年以下有期徒刑,并处五万元以上五十万元以下罚金;情节特别严重的,处十年以上有期徒刑或者无期徒刑,并处五万元以上五十万元以下罚金或者没收财产:

(一)伪造、变造汇票、本票、支票的;

(二)伪造、变造委托收款凭证、汇款凭证、银行存单等其他银行结算凭证的;

(三)伪造、变造信用证或者附随的单据、文件的;

(四)伪造信用卡的。

单位犯前款罪的,对单位判处罚金,并对其直接负责的主管人员和其他直接责任人员,依照前款的规定处罚。"

②2010年5月7日最高人民检察院、公安部《关于公安机关管辖的刑事案件立案追诉标准的规定(二)》第29条规定:"伪造、变造金融票证,涉嫌下列情形之一的,应予立案追诉:

（一）伪造、变造汇票、本票、支票，或者伪造、变造委托收款凭证、汇款凭证、银行存单等其他银行结算凭证，或者伪造、变造信用证或者附随的单据、文件，总面额在一万元以上或者数量在十张以上的；

（二）伪造信用卡一张以上，或者伪造空白信用卡十张以上的。”

③2009 年 12 月 3 日最高人民法院、最高人民检察院《关于办理妨害信用卡管理刑事案件具体应用法律若干问题的解释》相关规定如下：

“第一条　复制他人信用卡、将他人信用卡信息资料写入磁条介质、芯片或者以其他方法伪造信用卡 1 张以上的，应当认定为刑法第一百七十七条第一款第（四）项规定的‘伪造信用卡’，以伪造金融票证罪定罪处罚。

伪造空白信用卡 10 张以上的，应当认定为刑法第一百七十七条第一款第（四）项规定的‘伪造信用卡’，以伪造金融票证罪定罪处罚。

伪造信用卡，有下列情形之一的，应当认定为刑法第一百七十七条规定的‘情节严重’：（一）伪造信用卡 5 张以上不满 25 张的；（二）伪造的信用卡内存款余额、透支额度单独或者合计数额在 20 万元以上不满 100 万元的；（三）伪造空白信用卡 50 张以上不满 250 张的；（四）其他情节严重的情形。

伪造信用卡，有下列情形之一的，应当认定为刑法第一百七十七条规定的‘情节特别严重’：（一）伪造信用卡 25 张以上的；（二）伪造的信用卡内存款余额、透支额度单独或者合计数额在 100 万元以上的；（三）伪造空白信用卡 250 张以上的；（四）其他情节特别严重的情形。

本条所称‘信用卡内存款余额、透支额度’，以信用卡被伪造后发卡行记录的最高存款余额、可透支额度计算。”

“第八条　单位犯本解释第一条、第七条规定的犯罪的，定罪量刑标准依照各该条的规定执行。”

（3）构成要件

第一，侵犯的客体是正常的金融秩序。

第二，客观方面表现为以下四种行为：①伪造、变造本票、汇票、支票的。②伪造、变造委托收款凭证、汇款凭证、银行存单等其他银行结算凭证的。③伪造、变造信用证或者随附的单据文件的。④伪造信用卡的。

第三，本罪的主体是一般主体，即凡是达到刑事责任年龄，具备刑事责任能力的人，只要实施了此种行为，就可构成本罪。单位也可以成为本罪的主体。

第四，主观方面是故意。

（4）罪名界定

第一，认定本罪要注意以下几方面：一是如果不是以非法牟利为目的，伪造、变造金融凭证只是为了供自己或者亲友玩赏，或者是向周围人吹嘘、自夸的，不能构成本罪。二是要从数额上划清罪与非罪的界限。如果没有达到立案追诉标准，则不能以犯罪论处。

第二，国家工作人员利用职务上的便利，在经营、使用金融票证的过程中，采用伪造、变造票面金额等手段，骗取、侵吞公共财物的，应当以贪污罪来论处，而不能以本罪处罚。

（5）量刑幅度

根据《刑法》第 177 条的规定，对犯本罪的处罚分以下 4 个档次：

一是情节一般的，处 5 年以下有期徒刑或者拘役，并处或者单处 2 万元以上 20 万元以下罚金。

二是情节严重的，处 5 年以上 10 年以下有期徒刑，并处 5 万元以上 50 万元以下罚金。

三是情节特别严重的，处10年以上有期徒刑或者无期徒刑，并处5万元以上50万元以下罚金或者没收财产。

四是单位犯本罪的，对单位判处罚金，并且对其直接负责的主管人员和其他责任人员，依照上述对自然人犯罪的处罚幅度来处罚。

12. 妨害信用卡管理罪(第177条之一第1款)

(1)罪名概念

妨害信用卡管理罪，是指明知是伪造的信用卡或者伪造的空白信用卡而持有、运输，数量较大的；或者是非法持有他人信用卡，数量较大的；或者是使用虚假的身份证明骗领信用卡；或者是出售、购买、为他人提供伪造的信用卡或者以虚假的身份证明骗领信用卡的行为。

(2)法律规定

①本罪名是由《刑法》第177条之一第1款规定的。该条规定："有下列情形之一，妨害信用卡管理的，处三年以下有期徒刑或者拘役，并处或者单处一万元以上十万元以下罚金；数量巨大或者有其他严重情节的，处三年以上十年以下有期徒刑，并处二万元以上二十万元以下罚金：

(一)明知是伪造的信用卡而持有、运输的，或者明知是伪造的空白信用卡而持有、运输，数量较大的；

(二)非法持有他人信用卡，数量较大的；

(三)使用虚假的身份证明骗领信用卡的；

(四)出售、购买、为他人提供伪造的信用卡或者以虚假的身份证明骗领的信用卡的。

窃取、收买或者非法提供他人信用卡信息资料的，依照前款规定处罚。

银行或者其他金融机构的工作人员利用职务上的便利，犯第二款罪的，从重处罚。"

②2010年5月7日最高人民检察院、公安部《关于公安机关管辖的刑事案件立案追诉标准的规定(二)》第30条规定："妨害信用卡管理，涉嫌下列情形之一的，应予立案追诉：

(一)明知是伪造的信用卡而持有、运输的；

(二)明知是伪造的空白信用卡而持有、运输，数量累计在十张以上的；

(三)非法持有他人信用卡，数量累计在五张以上的；

(四)使用虚假的身份证明骗领信用卡的；

(五)出售、购买、为他人提供伪造的信用卡或者以虚假的身份证明骗领的信用卡的。

违背他人意愿，使用其居民身份证、军官证、士兵证、港澳居民往来内地通行证、台湾居民来往大陆通行证、护照等身份证明申领信用卡的，或者使用伪造、变造的身份证明申领信用卡的，应当认定为'使用虚假的身份证明骗领信用卡'。"

③2009年12月3日最高人民法院、最高人民检察院《关于办理妨害信用卡管理刑事案件具体应用法律若干问题的解释》相关规定如下：

"第二条　明知是伪造的空白信用卡而持有、运输10张以上不满100张的，应当认定为刑法第一百七十七条之一第一款第(一)项规定的'数量较大'；非法持有他人信用卡5张以上不满50张的，应当认定为刑法第一百七十七条之一第一款第(二)项规定的'数量较大'。

有下列情形之一的，应当认定为刑法第一百七十七条之一第一款规定的'数量巨大'：

(一)明知是伪造的信用卡而持有、运输10张以上的；

(二)明知是伪造的空白信用卡而持有、运输100张以上的；

(三)非法持有他人信用卡50张以上的；

(四)使用虚假的身份证明骗领信用卡10张以上的；

（五）出售、购买、为他人提供伪造的信用卡或者以虚假的身份证明骗领的信用卡10张以上的。

违背他人意愿，使用其居民身份证、军官证、士兵证、港澳居民往来内地通行证、台湾居民来往大陆通行证、护照等身份证明申领信用卡的，或者使用伪造、变造的身份证明申领信用卡的，应当认定为刑法第一百七十七条之一第一款第（三）项规定的'使用虚假的身份证明骗领信用卡'。"

（3）构成要件

第一，侵犯的客体是信用卡管理秩序。

第二，客观方面表现为下列情形之一：①明知是伪造的信用卡而持有、运输的，或者明知是伪造的空白信用卡而持有、运输，数量较大的；②非法持有他人信用卡，数量较大的；③使用虚假的身份证明骗领信用卡的；④出售、购买、为他人提供伪造的信用卡或者以虚假的身份证明骗领的信用卡的。

第三，犯罪主体是一般主体。

第四，主观方面是故意。

（4）罪名界定

本罪与信用卡诈骗罪的不同之处是：本罪不要求使用他人的信用卡，更不要求实际取得了多少钱款；而信用卡诈骗罪在客观方面，不仅要求行为人使用了信用卡，还要求利用信用卡进行诈骗活动，诈骗所得的数额必须达到"数额较大"。

（5）量刑幅度

根据《刑法》第177条之一的规定，对构成本罪的处罚分以下2个档次：

一是对于构成本罪情节一般的，处3年以下有期徒刑或者拘役，并处或者单处1万元以上10万元以下罚金。

二是对于数量巨大或者有其他严重情节的，处3年以上10年以下有期徒刑，并处2万元以上20万元以下罚金。

13. 窃取、收买、非法提供信用卡信息罪（第177条之一第2款）

（1）罪名概念

窃取、收买、非法提供信用卡信息罪，是指窃取、收买或者非法提供他人信用卡信息资料的行为。

所谓"信用卡信息资料"，是指发卡银行在发卡时使用专用设备写入信用卡磁条中的有关用户的数据，具体包括有关发卡银行代码、持卡人账户、账号、密码等内容。

（2）法律规定

①本罪名是由《刑法》第177条之一第2款规定的。该条规定："有下列情形之一，妨害信用卡管理的，处三年以下有期徒刑或者拘役，并处或者单处一万元以上十万元以下罚金；数量巨大或者有其他严重情节的，处三年以上十年以下有期徒刑，并处二万元以上二十万元以下罚金：

（一）明知是伪造的信用卡而持有、运输的，或者明知是伪造的空白信用卡而持有、运输，数量较大的；

（二）非法持有他人信用卡，数量较大的；

（三）使用虚假的身份证明骗领信用卡的；

（四）出售、购买、为他人提供伪造的信用卡或者以虚假的身份证明骗领的信用卡的。

窃取、收买或者非法提供他人信用卡信息资料的，依照前款规定处罚。

银行或者其他金融机构的工作人员利用职务上的便利,犯第二款罪的,从重处罚。"

②根据2010年5月7日最高人民检察院、公安部《关于公安机关管辖的刑事案件立案追诉标准的规定(二)》第31条规定:"窃取、收买或者非法提供他人信用卡信息资料,足以伪造可进行交易的信用卡,或者足以使他人以信用卡持卡人名义进行交易,涉及信用卡1张以上的,应予立案追诉。"

③2009年12月3日最高人民法院、最高人民检察院《关于办理妨害信用卡管理刑事案件具体应用法律若干问题的解释》第3条规定:"窃取、收买、非法提供他人信用卡信息资料,足以伪造可进行交易的信用卡,或者足以使他人以信用卡持卡人名义进行交易,涉及信用卡1张以上不满5张的,依照刑法第一百七十七条之一第二款的规定,以窃取、收买、非法提供信用卡信息罪定罪处罚;涉及信用卡5张以上的,应当认定为刑法第一百七十七条之一第一款规定的'数量巨大'。"

(3)构成要件

第一,侵犯的客体是信用卡管理秩序,犯罪对象是信用卡信息资料。

第二,客观方面表现为窃取、收买或者非法提供他人信用卡信息资料的行为。这里的"窃取",应当作广义理解,不仅包括采用偷窥等方式,在持卡人不知道的情况下秘密获取,还包括采用蒙蔽手段,让持卡人"自愿"透露有关信息资料。

第三,犯罪主体是一般主体。

第四,主观方面是故意。

(4)罪名界定

第一,本罪的犯罪对象是信用卡信息资料。如果行为人窃取、收买、非法提供的不是信用卡信息资料,而是持卡人在申领信用卡时所留下的其他信息资料,如电话号码、家庭住址、职业状况等,由于不属于信用卡信息资料,则属于一般的民事侵权行为,不能以犯罪论处。另外,构成本罪,不要求达到怎样的数量,只要具有窃取、收买或者非法提供他人信用卡信息资料的,即可构成本罪。

第二,行为人实施了窃取、收买、非法提供信用卡信息行为之后,往往还要进行下一步的犯罪活动,这就会出现较为复杂的法律关系,在确定罪名时就要认真审查。例如,在窃取、收买、非法提供信用卡信息资料之后,并利用这些信息资料伪造信用卡,其行为则属于本罪与伪造金融票证罪的想象竞合犯,应该按照《刑法》规定按处罚较重的罪名来定罪处罚。

(5)量刑幅度

根据《刑法》第177条之一的规定,对构成本罪的处罚分以下2个档次:

一是对于构成本罪情节一般的,处3年以下有期徒刑或者拘役,并处或者单处1万元以上10万元以下罚金。

二是对于数量巨大或者有其他严重情节的,处3年以上10年以下有期徒刑,并处2万元以上20万元以下罚金。

14. 伪造、变造国家有价证券罪(第178条第1款)

(1)罪名概念

伪造、变造国家有价证券罪,是指伪造、变造国库券或国家发行的其他有价证券,数额较大的行为。

(2)法律规定

①本罪名是由《刑法》第178条第1款规定的。该条款规定:"伪造、变造国库券或者国家发行的其他有价证券,数额较大的,处三年以下有期徒刑或者拘役,并处或者单处二万元以上二十万元以下罚金;数额巨大的,处三年以上十年以下有期徒刑,并处五万元以上五十万元以下罚金;

数额特别巨大的,处十年以上有期徒刑或者无期徒刑,并处五万元以上五十万元以下罚金或者没收财产。"

《刑法》第178条第3款规定:"单位犯前两款罪的,对单位判处罚金,并对其直接负责的主管人员和其他直接责任人员,依照前两款的规定处罚。"

②2010年5月7日最高人民检察院、公安部《关于公安机关管辖的刑事案件立案追诉标准的规定(二)》第32条规定:"伪造、变造国库券或者国家发行的其他有价证券,总面额在二千元以上的,应予立案追诉。"

(3)构成要件

第一,本罪侵犯的客体是国家有关有价证券的金融管理制度,即侵犯了我国有价证券的信用和对有价证券的管理制度。

第二,客观方面表现为伪造、变造国库券或者国家发行的其他有价证券,总面额在2000元以上的行为。有价证券,是指国家、企业发行的具有书面价值,以一定货币数额表示的,持券人凭券可以取得货币收入的证券。国库券,是指由国家发行的并且由国家财政负责其本息偿还的证券。国家发行的其他有价证券,包括国家重点建设债券、财政债券、地方债券、金融债券以及银行存折、存单等。

第三,本罪的主体是一般主体,包括单位和个人。

第四,主观方面是故意。

(4)罪名界定

关于伪造、变造本单位内部的有价证券的定罪问题。有些单位给职工搞福利,也常常给职工发一些内部用的有价证券,可凭此证券到指定地点领取钱款或者实物。伪造、变造这样的证券,从广义上看,也是具有财产价值的。单位内部使用的这种证券,是该单位职工在本单位的代用券,并不是经过国家金融机关批准发行,即使用范围仅限于本单位内部,不能在社会上流通。因此,它不能成为伪造、变造有价证券罪的对象。如伪造、变造本单位内部使用的证券数额较大,可以定诈骗罪。借据、收据、记账凭证等,虽然也反映一定的货币数额,但不是经过国家金融机关批准发行的,在社会上也不能流通,伪造、变造这样的凭证,应当视具体情况,按其他犯罪论处。例如,国家工作人员利用职务之便伪造、变造这些凭证,贪污财物的,可按贪污罪论处。如果伪造这些凭证骗取财物数额较大,也可以按照诈骗罪论处。

(5)量刑幅度

根据《刑法》第178条第1款、第3款的规定,对本罪的处罚分以下4个档次:

一是数额较大的,处3年以下有期徒刑或者拘役,并处或者单处2万元以上20万元以下的罚金。

二是数额巨大的,处3年以上10年以下有期徒刑,并处5万元以上50万元以下的罚金。

三是数额特别巨大的,处10年以上有期徒刑或者无期徒刑,并处5万元以上50万元以下的罚金或者没收财产。

四是单位犯本罪的,对单位判处罚金,并且对其直接负责的主管人员和其他直接责任人员,依照上述规定处罚。

15. 伪造、变造股票、公司、企业债券罪(第178条第2款)

(1)罪名概念

伪造、变造股票、公司、企业债券罪,是指伪造、变造股票或者公司、企业债券,数额较大的行为。

(2)法律规定

①本罪名是由《刑法》第178条第2款规定的。该条款规定:“伪造、变造股票或者公司、企业债券,数额较大的,处三年以下有期徒刑或者拘役,并处或者单处一万元以上十万元以下罚金;数额巨大的,处三年以上十年以下有期徒刑,并处二万元以上二十万元以下罚金。”

《刑法》第178条第3款规定:“单位犯前两款罪的,对单位判处罚金,并对其直接负责的主管人员和其他直接责任人员,依照前两款的规定处罚。”

②2010年5月7日最高人民检察院、公安部《关于公安机关管辖的刑事案件立案追诉标准的规定(二)》第33条规定:“伪造、变造股票或者公司、企业债券,总面额在五千元以上的,应予立案追诉。”

(3)构成要件

第一,本罪侵犯的客体是国家有关股票、企业债券的金融管理秩序。

第二,客观方面表现为行为人为了牟取非法利益而伪造、变造股票或者企业债券,总面额在5000元以上的行为。

第三,本罪的主体是一般主体,自然人和单位均可以构成本罪主体。

第四,主观方面是故意,即行为人明知是伪造、变造股票、债券等行为是违法的,但出于非法目的或者其他方面的原因而伪造、变造。

(4)罪名界定

本罪与伪造、变造有价证券罪的区别主要是侵犯的具体对象不同。前者侵犯的直接对象是股票、企业债券,均应当是公司、企业发行的;而后者侵犯的直接对象有价证券,是国家发行的,如国库券等。

(5)量刑幅度

根据《刑法》第178条第2款、第3款的规定,对本罪的处罚分以下3个档次:

一是数额较大的,处3年以下有期徒刑或者拘役,并处或者单处1万元以上10万元以下罚金。

二是数额巨大的,处3年以上10年以下有期徒刑,并处2万元以上20万元以下罚金。

三是单位犯本罪的,对单位判处罚金,并且对其直接负责的主管人员和其他直接责任人员,依照上述规定处罚。

16. 擅自发行股票、公司、企业债券罪(第179条)

(1)罪名概念

擅自发行股票、公司、企业债券罪,是指没有经过国家有关主管部门批准,擅自发行股票或者公司、企业债券,数额巨大、后果严重或者有其他严重情节的行为。

(2)法律规定

①本罪名是由《刑法》第179条规定的。该条规定:“未经国家有关主管部门批准,擅自发行股票或者公司、企业债券,数额巨大、后果严重或者有其他严重情节的,处五年以下有期徒刑或者拘役,并处或者单处非法募集资金金额百分之一以上百分之五以下罚金。

单位犯前款罪的,对单位判处罚金,并对其直接负责的主管人员和其他直接责任人员,处五年以下有期徒刑或者拘役。”

②2010年5月7日最高人民检察院、公安部《关于公安机关管辖的刑事案件立案追诉标准的规定(二)》第34条规定:“未经国家有关主管部门批准,擅自发行股票或者公司、企业债券,涉嫌下列情形之一的,应予立案追诉:

（一）发行数额在五十万元以上的；

（二）虽未达到上述数额标准，但擅自发行致使三十人以上的投资者购买了股票或者公司、企业债券的；

（三）不能及时清偿或者清退的；

（四）其他后果严重或者有其他严重情节的情形。”

③2010年12月13日最高人民法院《关于审理非法集资刑事案件具体应用法律若干问题的解释》第6条规定：“未经国家有关主管部门批准，向社会不特定对象发行、以转让股权等方式变相发行股票或者公司、企业债券，或者向特定对象发行、变相发行股票或者公司、企业债券累计超过200人的，应当认定为刑法第一百七十九条规定的‘擅自发行股票、公司、企业债券’。构成犯罪的，以擅自发行股票、公司、企业债券罪定罪处罚。”

（3）构成要件

第一，本罪侵犯的客体是国家对股票、债券的管理制度。

第二，客观方面表现为没有经过国家有关主管部门批准，擅自发行股票或者公司、企业债券，数额巨大、后果严重或者有其他严重情节的行为。

第三，本罪的主体是一般主体，包括自然人和单位。通常是各类证券公司及其直接负责的主管人员和其他直接责任人员。

第四，主观方面是故意，即明知发行的股票、债券是非法的而从事发行。

（4）罪名界定

第一，本罪与集资诈骗罪的区别：一是侵犯的客体不同。集资诈骗罪侵犯的客体，一般是公私财产所有权，同时也侵犯了国家正常的金融管理秩序；而本罪仅仅侵犯了股票、债券方面的金融管理秩序。二是犯罪的目的不同。集资诈骗罪是以非法占有公私财产为目的，从一开始就不想偿还非法发行股票、公司债券所骗取的款项，也就是说，发行股票、公司债券只是其诈骗公私财产的一种手段和借口而已；而本罪的主观方面是为了非法募集生产经营资金，并且准备按照约定付给股息、偿还债券本息，不具有非法占有或者骗取公私财产的目的。三是在客观方面不同。集资诈骗罪所采取的是隐瞒真实情况，或者捏造虚假事实的手段，以发行股票、公司债券的名义，欺骗公众，骗取他人的资金；而本罪并没有编造事实，没有隐瞒真相，而是不符合发行股票、公司债券的条件而擅自发行，或者说，虽然符合发行条件，但是没有经过主管部门的批准而发行。

第二，本罪与欺诈发行股票、债券罪不同。对这两种犯罪的区别应从以下几个方面来考虑：一是要审查发行股票、债券公司的状况和条件。前罪的主体公司一般资产比较固定，而且达到或者基本达到法定的发行股票、公司债券的数额，只是由于其他原因没有经过法定程序而擅自发行；而后罪的主体发行公司发行股票、债券时，其资产基本上远远低于法定最低限度，或者公司发行的股票、债券总值超过其资产几十倍甚至更多，采用的是隐瞒重要事实，或者编造重大虚假内容，从而使公司即使破产也不能兑付到期的债券。二是判断募集资金的用途、去向。凡是属于行为人确为解决生产经营中所急需的资金而没有按照法定程序发行股票、债券，但其将发行后所获得的资金收入除了用于生产、经营外，用少量的支付正常红利，并还本付息，一般构成前罪；而那些以非法占有为目的，以高息吸引他人，用后面的收入资金支付前面的高利息，造成较为明显的资不抵债的局面，或者将获得资金用于公司或者个人挥霍、奢侈、转移，或者干脆携款潜逃，则应当以后罪论处。

（5）量刑幅度

根据《刑法》第179条的规定，犯本罪的，处5年以下有期徒刑或者拘役，并处或者单处非法募集资金金额1%以上5%以下的罚金。单位犯本罪的，对单位判处罚金，并且对其直接负责的主管人员和其他直接责任人员，处5年以下有期徒刑或者拘役。

17. 内幕交易、泄露内幕信息罪（第180条）

（1）罪名概念

内幕交易、泄露内幕信息罪，是指掌握证券、期货交易内幕信息的知情人，或者非法获取证券、期货交易内幕信息的其他人员，在涉及证券的发行、证券、期货交易或者其他对证券、期货交易的价格有重大影响的信息尚未公开之前，买入或者卖出该证券，或者从事与该内幕信息有关的期货交易，或者泄露该信息，或者明示、暗示他人从事相关交易活动，情节严重的行为。

（2）法律规定

①本罪名是由《刑法》第180条规定的。该条规定："证券、期货交易内幕信息的知情人员或者非法获取证券、期货交易内幕信息的人员，在涉及证券的发行，证券、期货交易或者其他对证券、期货交易价格有重大影响的信息尚未公开前，买入或者卖出该证券，或者从事与该内幕信息有关的期货交易，或者泄露该信息，或者明示、暗示他人从事上述交易活动，情节严重的，处五年以下有期徒刑或者拘役，并处或者单处违法所得一倍以上五倍以下罚金；情节特别严重的，处五年以上十年以下有期徒刑，并处违法所得一倍以上五倍以下罚金。

单位犯前款罪的，对单位判处罚金，并对其直接负责的主管人员和其他直接责任人员，处五年以下有期徒刑或者拘役。

内幕信息、知情人员的范围，依照法律、行政法规的规定确定。"

②2010年5月7日最高人民检察院、公安部《关于公安机关管辖的刑事案件立案追诉标准的规定（二）》第35条规定："证券、期货交易内幕信息的知情人员、单位或者非法获取证券、期货交易内幕信息的人员、单位，在涉及证券的发行，证券、期货交易或者其他对证券、期货交易价格有重大影响的信息尚未公开前，买入或者卖出该证券，或者从事与该内幕信息有关的期货交易，或者泄露该信息，或者明示、暗示他人从事上述交易活动，涉嫌下列情形之一的，应予立案追诉：

（一）证券交易成交额累计在五十万元以上的；

（二）期货交易占用保证金数额累计在三十万元以上的；

（三）获利或者避免损失数额累计在十五万元以上的；

（四）多次进行内幕交易、泄露内幕信息的；

（五）其他情节严重的情形。"

③2012年3月29日最高人民法院、最高人民检察院《关于办理内幕交易、泄露内幕信息刑事案件具体应用法律若干问题的解释》

"第一条　下列人员应当认定为刑法第一百八十条第一款规定的'证券、期货交易内幕信息的知情人员'：

（一）证券法第七十四条规定的人员；

（二）期货交易管理条例第八十五条第十二项规定的人员。

第二条　具有下列行为的人员应当认定为刑法第一百八十条第一款规定的'非法获取证券、期货交易内幕信息的人员'：

（一）利用窃取、骗取、套取、窃听、利诱、刺探或者私下交易等手段获取内幕信息的；

（二）内幕信息知情人员的近亲属或者其他与内幕信息知情人员关系密切的人员，在内幕信息敏感期内，从事或者明示、暗示他人从事，或者泄露内幕信息导致他人从事与该内幕信息有关的证券、期货交易，相关交易行为明显异常，且无正当理由或者正当信息来源的；

（三）在内幕信息敏感期内，与内幕信息知情人员联络、接触，从事或者明示、暗示他人从事，或者泄露内幕信息导致他人从事与该内幕信息有关的证券、期货交易，相关交易行为明显异常，且无正当理由或者正当信息来源的。

第三条　本解释第二条第二项、第三项规定的‘相关交易行为明显异常’，要综合以下情形，从时间吻合程度、交易背离程度和利益关联程度等方面予以认定：

（一）开户、销户、激活资金账户或者指定交易（托管）、撤销指定交易（转托管）的时间与该内幕信息形成、变化、公开时间基本一致的；

（二）资金变化与该内幕信息形成、变化、公开时间基本一致的；

（三）买入或者卖出与内幕信息有关的证券、期货合约时间与内幕信息的形成、变化和公开时间基本一致的；

（四）买入或者卖出与内幕信息有关的证券、期货合约时间与获悉内幕信息的时间基本一致的；

（五）买入或者卖出证券、期货合约行为明显与平时交易习惯不同的；

（六）买入或者卖出证券、期货合约行为，或者集中持有证券、期货合约行为与该证券、期货公开信息反映的基本面明显背离的；

（七）账户交易资金进出与该内幕信息知情人员或者非法获取人员有关联或者利害关系的；

（八）其他交易行为明显异常情形。

第四条　具有下列情形之一的，不属于刑法第一百八十条第一款规定的从事与内幕信息有关的证券、期货交易：

（一）持有或者通过协议、其他安排与他人共同持有上市公司百分之五以上股份的自然人、法人或者其他组织收购该上市公司股份的；

（二）按照事先订立的书面合同、指令、计划从事相关证券、期货交易的；

（三）依据已被他人披露的信息而交易的；

（四）交易具有其他正当理由或者正当信息来源的。

第五条　本解释所称‘内幕信息敏感期’是指内幕信息自形成至公开的期间。

证券法第六十七条第二款所列‘重大事件’的发生时间，第七十五条规定的‘计划’、‘方案’以及期货交易管理条例第八十五条第十一项规定的‘政策’、‘决定’等的形成时间，应当认定为内幕信息的形成之时。

影响内幕信息形成的动议、筹划、决策或者执行人员，其动议、筹划、决策或者执行初始时间，应当认定为内幕信息的形成之时。

内幕信息的公开，是指内幕信息在国务院证券、期货监督管理机构指定的报刊、网站等媒体披露。

第六条　在内幕信息敏感期内从事或者明示、暗示他人从事或者泄露内幕信息导致他人从事与该内幕信息有关的证券、期货交易，具有下列情形之一的，应当认定为刑法第一百八十条第一款规定的‘情节严重’：

（一）证券交易成交额在五十万元以上的；

（二）期货交易占用保证金数额在三十万元以上的；

（三）获利或者避免损失数额在十五万元以上的；

（四）三次以上的；

（五）具有其他严重情节的。

第七条　在内幕信息敏感期内从事或者明示、暗示他人从事或者泄露内幕信息导致他人从事与该内幕信息有关的证券、期货交易，具有下列情形之一的，应当认定为刑法第一百八十条第

一款规定的'情节特别严重':

(一)证券交易成交额在二百五十万元以上的;

(二)期货交易占用保证金数额在一百五十万元以上的;

(三)获利或者避免损失数额在七十五万元以上的;

(四)具有其他特别严重情节的。

第八条 二次以上实施内幕交易或者泄露内幕信息行为,未经行政处理或者刑事处理的,应当对相关交易数额依法累计计算。

第九条 同一案件中,成交额、占用保证金额、获利或者避免损失额分别构成情节严重、情节特别严重的,按照处罚较重的数额定罪处罚。

构成共同犯罪的,按照共同犯罪行为人的成交总额、占用保证金总额、获利或者避免损失总额定罪处罚,但判处各被告人罚金的总额应掌握在获利或者避免损失总额的一倍以上五倍以下。

第十条 刑法第一百八十条第一款规定的'违法所得',是指通过内幕交易行为所获利益或者避免的损失。

内幕信息的泄露人员或者内幕交易的明示、暗示人员未实际从事内幕交易的,其罚金数额按照因泄露而获悉内幕信息人员或者被明示、暗示人员从事内幕交易的违法所得计算。

第十一条 单位实施刑法第一百八十条第一款规定的行为,具有本解释第六条规定情形之一的,按照刑法第一百八十条第二款的规定定罪处罚。"

④2019年6月27日最高人民法院、最高人民检察院《关于办理利用未公开信息交易刑事案件适用法律若干问题的解释》主要相关内容如下:

"第一条 刑法第一百八十条第四款规定的'内幕信息以外的其他未公开的信息',包括下列信息:

(一)证券、期货的投资决策、交易执行信息;

(二)证券持仓数量及变化、资金数量及变化、交易动向信息;

(三)其他可能影响证券、期货交易活动的信息。

第二条 内幕信息以外的其他未公开的信息难以认定的,司法机关可以在有关行政主(监)管部门的认定意见的基础上,根据案件事实和法律规定作出认定。

第三条 刑法第一百八十条第四款规定的'违反规定',是指违反法律、行政法规、部门规章、全国性行业规范有关证券、期货未公开信息保护的规定,以及行为人所在的金融机构有关信息保密、禁止交易、禁止利益输送等规定。

第四条 刑法第一百八十条第四款规定的行为人'明示、暗示他人从事相关交易活动',应当综合以下方面进行认定:

(一)行为人具有获取未公开信息的职务便利;

(二)行为人获取未公开信息的初始时间与他人从事相关交易活动的初始时间具有关联性;

(三)行为人与他人之间具有亲友关系、利益关联、交易终端关联等关联关系;

(四)他人从事相关交易的证券、期货品种、交易时间与未公开信息所涉证券、期货品种、交易时间等方面基本一致;

(五)他人从事的相关交易活动明显不具有符合交易习惯、专业判断等正当理由;

(六)行为人对明示、暗示他人从事相关交易活动没有合理解释。

第五条 利用未公开信息交易,具有下列情形之一的,应当认定为刑法第一百八十条第四款规定的'情节严重':

(一)违法所得数额在一百万元以上的;

（二）二年内三次以上利用未公开信息交易的；

（三）明示、暗示三人以上从事相关交易活动的。

第六条　利用未公开信息交易，违法所得数额在五十万元以上，或者证券交易成交额在五百万元以上，或者期货交易占用保证金数额在一百万元以上，具有下列情形之一的，应当认定为刑法第一百八十条第四款规定的'情节严重'：

（一）以出售或者变相出售未公开信息等方式，明示、暗示他人从事相关交易活动的；

（二）因证券、期货犯罪行为受过刑事追究的；

（三）二年内因证券、期货违法行为受过行政处罚的；

（四）造成恶劣社会影响或者其他严重后果的。

第七条　刑法第一百八十条第四款规定的'依照第一款的规定处罚'，包括该条第一款关于'情节特别严重'的规定。

利用未公开信息交易，违法所得数额在一千万元以上的，应当认定为'情节特别严重'。

违法所得数额在五百万元以上，或者证券交易成交额在五千万元以上，或者期货交易占用保证金数额在一千万元以上，具有本解释第六条规定的四种情形之一的，应当认定为'情节特别严重'。

第八条　二次以上利用未公开信息交易，依法应予行政处理或者刑事处理而未经处理的，相关交易数额或者违法所得数额累计计算。

第九条　本解释所称'违法所得'，是指行为人利用未公开信息从事与该信息相关的证券、期货交易活动所获利益或者避免的损失。

行为人明示、暗示他人利用未公开信息从事相关交易活动，被明示、暗示人员从事相关交易活动所获利益或者避免的损失，应当认定为'违法所得'。

第十条　行为人未实际从事与未公开信息相关的证券、期货交易活动的，其罚金数额按照被明示、暗示人员从事相关交易活动的违法所得计算。

第十一条　符合本解释第五条、第六条规定的标准，行为人如实供述犯罪事实，认罪悔罪，并积极配合调查，退缴违法所得的，可以从轻处罚；其中犯罪情节轻微的，可以依法不起诉或者免予刑事处罚。

符合刑事诉讼法规定的认罪认罚从宽适用范围和条件的，依照刑事诉讼法的规定处理。"

（3）构成要件

第一，本罪侵犯的客体是国家对证券、期货市场的管理秩序，同时也侵犯了投资者的合法权益和社会的公共利益。

第二，客观方面表现为利用直接或者间接掌握的内幕信息，或者将内幕信息泄露给他人，或者明示、暗示他人进行证券、期货交易，从而使自己或者他人获取经济利益，情节严重的行为。

第三，本罪的主体是特殊主体，即内幕人员以及以不正当手段获取内幕信息的其他人员。

第四，主观方面是故意，即明知是内幕信息而故意利用该信息进行证券、期货交易或者故意将该信息泄露给他人进行证券、期货交易。过失不能构成本罪。

（4）罪名界定

第一，根据《刑法》第180条的规定，进行内幕交易、泄露内幕信息，情节严重的才能构成犯罪。这是因为在证券法制尚不健全，正处在不断完善过程中的我国证券、期货市场，内幕交易、非法获取或者泄露内幕信息的情况时有发生，但多数情况下一般情节也较轻微，不足以影响到证券、期货的市场秩序，而且涉及面较广，因而不宜以犯罪论处，并追究有关人员的刑事责任。而只有行为人知悉的内幕信息对证券、期货市场有较大影响，一旦泄露或者被投资者知晓、利用，将会导致证券、期货市场价格的超常变动，即对投资者、证券、期货发行人的经济利益的得失增减，具有重要意义为前提的证券内幕交易、泄露内幕信息，才能构成本罪。

第二，本罪与故意泄露国家秘密罪的区别是：主要表现在客观方面。前者是局限于行为人实施了违反证券、期货法规，泄露了尚未公开，可能影响证券、期货市场价格的重要信息的行为，即对证券、期货发行人重大经营决策、经营状况及重大变更以及政府的管理、宏观决策、政策方面的内幕信息。后者则是行为人实施了违反国家保密法规，泄露国家秘密的行为。

(5)量刑幅度

根据《刑法》第180条的规定，对本罪的处罚分以下3个档次：

一是情节严重的，处5年以下有期徒刑或者拘役，并处或者单处违法所得1倍以上5倍以下的罚金。

二是情节特别严重的，处5年以上10年以下有期徒刑，并处违法所得1倍以上5倍以下的罚金。

三是单位犯本罪的，对单位判处违法所得1倍以上5倍以下的罚金，并且对其直接负责的主管人员和其他直接责任人员，处5年以下有期徒刑或者拘役。

18. 利用未公开信息交易罪(第180条第4款)

(1)罪名概念

利用未公开信息交易罪，是指证券交易所、期货交易所、证券公司、期货经纪公司、基金管理公司、商业银行、保险公司等金融机构的从业人员以及有关监管部门或者行业协会的工作人员，利用因职务便利获取的内幕信息以外的其他未公开的信息，违反规定，从事与该信息相关的证券、期货交易活动，或者明示、暗示他人从事相关交易活动，情节严重的行为。

(2)法律规定

①本罪名是由《刑法》第180条第4款规定的。《刑法》第180条规定："证券、期货交易内幕信息的知情人员或者非法获取证券、期货交易内幕信息的人员，在涉及证券的发行，证券、期货交易或者其他对证券、期货交易价格有重大影响的信息尚未公开前，买入或者卖出该证券，或者从事与该内幕信息有关的期货交易，或者泄露该信息，或者明示、暗示他人从事上述交易活动，情节严重的，处五年以下有期徒刑或者拘役，并处或者单处违法所得一倍以上五倍以下罚金；情节特别严重的，处五年以上十年以下有期徒刑，并处违法所得一倍以上五倍以下罚金。

单位犯前款罪的，对单位判处罚金，并对其直接负责的主管人员和其他直接责任人员，处五年以下有期徒刑或者拘役。

内幕信息、知情人员的范围，依照法律、行政法规的规定确定。

证券交易所、期货交易所、证券公司、期货经纪公司、基金管理公司、商业银行、保险公司等金融机构的从业人员以及有关监管部门或者行业协会的工作人员，利用因职务便利获取的内幕信息以外的其他未公开的信息，违反规定，从事与该信息相关的证券、期货交易活动，或者明示、暗示他人从事相关交易活动，情节严重的，依照第一款的规定处罚。"

②2010年5月7日最高人民检察院、公安部《关于公安机关管辖的刑事案件立案追诉标准的规定(二)》第36条规定："证券交易所、期货交易所、证券公司、期货公司、基金管理公司、商业银行、保险公司等金融机构的从业人员以及有关监管部门或者行业协会的工作人员，利用因职务便利获取的内幕信息以外的其他未公开的信息，违反规定，从事与该信息相关的证券、期货交易活动，或者明示、暗示他人从事相关交易活动，涉嫌下列情形之一的，应予立案追诉：

(一)证券交易成交额累计在五十万元以上的；

（二）期货交易占用保证金数额累计在三十万元以上的；

（三）获利或者避免损失数额累计在十五万元以上的；

（四）多次利用内幕信息以外的其他未公开信息进行交易活动的；

（五）其他情节严重的情形。”

（3）构成要件

第一，本罪侵犯的客体是国家对证券、期货交易的管理制度和投资者的合法权益。

第二，客观方面表现为利用因职务便利获取的内幕信息以外的其他未公开的信息，违反规定，从事与该信息相关的证券、期货交易活动，或者明示、暗示他人从事相关交易活动，情节严重的行为。

第三，犯罪主体是特殊主体，即证券交易所、期货交易所、证券公司、期货经纪公司、基金管理公司、商业银行、保险公司等金融机构的从业人员以及有关监管部门或者行业协会的工作人员。

第四，主观方面是故意。

（4）罪名界定

第一，本罪与内幕交易罪有以下区别：一是从信息的内容上看，内幕信息主要是围绕上市公司本身的信息，如公司的重组计划、公司高管人员的变动、公司的重大合同、公司的盈利情况等对该公司证券、期货的市场价格有重大影响、按照有关规定应及时向社会公开但还尚未公开的信息；而本罪所利用的信息一般属于单位内部的商业秘密，属于“内幕信息以外的其他未公开的信息”。二是从犯罪行为损害的利益看，内幕交易更多是损害不特定的社会公众投资者和股民的合法权益，而本罪交易更多是损害资产管理机构的客户的利益。

第二，本罪与操纵证券、期货市场罪不同。本罪主要是通过受托管理的客户资金来承担更多的市场风险从而减少行为人的自身风险，行为的目的是利用机构即将用客户资金购买证券、期货的信息来抢先建仓、提早撤仓从中获利，主观上并没有操纵证券期货交易价格的目的；而操纵证券、期货市场主要是通过资金优势、信息优势或者对倒、对敲来影响证券、期货交易价格或者成交量，从而达到获利的目的。因此，本罪无论从目的还是行为上，都无法构成操纵证券、期货市场罪。

第三，本罪与背信运用受托财产罪的区别是：背信运用受托财产罪是单位犯罪，犯罪主体是金融机构，未规定金融机构从业人员的刑事责任，主要是指金融机构擅自运用客户资金和受托财产的决策本身与受托义务相违背，因而有可能使管理的客户资产陷入极大的风险之中；而本罪是一种个人犯罪，犯罪主体是从事资产管理机构的从业人员，资产管理机构作出的投资购买证券、期货的决策本身并不违背受托义务，不属于擅自运用受托财产，主要打击的是资产管理机构的从业人员利用机构内部信息提前建仓谋取非法利益的行为。

（5）量刑幅度

根据《刑法》第 180 条第 1 款、第 4 款的规定，对本罪的处罚分以下 2 个档次：

一是情节严重的，处 5 年以下有期徒刑或者拘役，并处或者单处违法所得 1 倍以上 5 倍以下的罚金。

二是情节特别严重的，处 5 年以上 10 年以下有期徒刑，并处违法所得 1 倍以上 5 倍以下的罚金。

19. 编造并传播证券、期货交易虚假信息罪（第 181 条第 1 款）

（1）罪名概念

编造并传播证券、期货交易虚假信息罪，是指以扰乱证券、期货交易市场为目的，故意编造并且传播影响证券、期货交易的虚假信息,造成严重后果的行为。

(2)法律规定

①本罪名是由《刑法》第181条第1款规定的。该条款规定:“编造并且传播影响证券、期货交易的虚假信息,扰乱证券、期货交易市场,造成严重后果的,处五年以下有期徒刑或者拘役,并处或者单处一万元以上十万元以下罚金。”

《刑法》第181条第3款规定:“单位犯前两款罪的,对单位判处罚金,并对其直接负责的主管人员和其他直接责任人员,处五年以下有期徒刑或者拘役。”

②2010年5月7日最高人民检察院、公安部《关于公安机关管辖的刑事案件立案追诉标准的规定(二)》第37条规定:“编造并且传播影响证券、期货交易的虚假信息,扰乱证券、期货交易市场,涉嫌下列情形之一的,应予立案追诉:

(一)获利或者避免损失数额累计在五万元以上的;

(二)造成投资者直接经济损失数额在五万元以上的;

(三)致使交易价格和交易量异常波动的;

(四)虽未达到上述数额标准,但多次编造并且传播影响证券、期货交易的虚假信息的;

(五)其他造成严重后果的情形。”

③2000年12月28日全国人民代表大会常务委员会《关于维护互联网安全的决定》第3条规定:“为了维护社会主义市场经济秩序和社会管理秩序,对有下列行为之一,构成犯罪的,依照刑法有关规定追究刑事责任:

(一)利用互联网销售伪劣产品或者对商品、服务作虚假宣传;

(二)利用互联网损害他人商业信誉和商品声誉;

(三)利用互联网侵犯他人知识产权;

(四)利用互联网编造并传播影响证券、期货交易或者其他扰乱金融秩序的虚假信息;

(五)在互联网上建立淫秽网站、网页,提供淫秽站点链接服务,或者传播淫秽书刊、影片、音像、图片。”

(3)构成要件

第一,本罪侵犯的客体是国家对证券、期货交易的管理制度和投资者的合法权益。

第二,客观方面表现为编造并且传播影响证券、期货交易的虚假信息,影响证券和期货交易市场,造成严重后果的行为。

第三,本罪的主体是一般主体。

第四,主观方面是故意,并且以扰乱证券和期货交易市场为目的。

(4)罪名界定

第一,认定本罪要注意以下问题:一是行为人具有编造并且传播影响证券和期货交易的虚假信息的行为。二是行为人必须是故意编造并传播虚假信息、用来扰乱正常的市场。过失不能构成本罪。三是本罪是结果犯,在犯罪构成上,要求客观方面必须造成严重后果。例如,由于行为人编造并且传播影响证券交易的虚假信息,导致股市、期货市场超常疯涨狂跌,诱使大批的投资者买进或者卖出,或者由于虚假信息的误导,造成投资者一片恐慌,心理承受不住,冲击证券市场的,均属于造成了严重后果。如果行为人虽然编造并传播了足以影响证券和期货交易的虚假信息,但投资者并没为之所动,并未造成严重后果,则行为人不构成本罪。

第二,本罪与诱骗投资者买卖证券、期货合约罪侵犯的客体、主观方面都相同,所以容易混淆。但需要注意二者有以下区别:一是犯罪主体不同。本罪是一般主体,而后者是特殊主体,即证券交易所、证券公司、期货交易所、期货经纪公司的从业人员,证券业协会或者证券管理部门及期货业的协会、证券期货监督管理部门的工作人员才可构成本罪。二是犯罪手段不同。本罪必须是编造并传播编造的虚假信息才构成犯罪,而后者只要故意提供虚假信息就可构成犯罪,提供的即使是他人编造的虚假消息也不影响犯罪的成立。

第三,本罪与诈骗罪的区别是:一是犯罪的主体不同,本罪可以由自然人和单位构成,而后者只能由自然人构成。二是侵犯的客体不同,本罪侵犯的客体是国家对证券、期货交易的管理制度和投资者的合法权益,而后者侵犯的只能是公私财产所有权。三是犯罪对象不同。本罪侵犯的对象是不特定的多数投资者,而后者侵犯的对象只能是特定的某个人或某一些人。

(5)量刑幅度

根据《刑法》第181条第1款、第3款的规定,对本罪的处罚分以下2个档次:

一是造成严重后果的,处5年以下有期徒刑或者拘役,并处或者单处1万元以上10万元以下罚金。

二是单位犯本罪的,对单位判处罚金,并且对其直接负责的主管人员和其他直接责任人员,处5年以下有期徒刑或者拘役。

20. 诱骗投资者买卖证券、期货合约罪(第181条第2款)

(1)罪名概念

诱骗投资者买卖证券、期货合约罪,是指证券交易所、期货交易所、证券公司和期货经纪公司的从业人员、证券业协会和期货业协会或者证券、期货监督管理部门的工作人员,故意提供虚假信息,或者伪造、变造、销毁交易记录,诱骗投资者买卖证券、期货,造成严重后果的行为。

(2)法律规定

①本罪名是由《刑法》第181条第2款规定的。《刑法》第181条第2款、第3款分别规定:“证券交易所、期货交易所、证券公司、期货经纪公司的从业人员,证券业协会、期货业协会或者证券期货监督管理部门的工作人员,故意提供虚假信息或者伪造、变造、销毁交易记录,诱骗投资者买卖证券、期货合约,造成严重后果的,处五年以下有期徒刑或者拘役,并处或者单处一万元以上十万元以下罚金;情节特别恶劣的,处五年以上十年以下有期徒刑,并处二万元以上二十万元以下罚金。

单位犯前两款罪的,对单位判处罚金,并对其直接负责的主管人员和其他直接责任人员,处五年以下有期徒刑或者拘役。”

②2010年5月7日最高人民检察院、公安部《关于公安机关管辖的刑事案件立案追诉标准的规定(二)》第38条规定:“证券交易所、期货交易所、证券公司、期货公司的从业人员,证券业协会、期货业协会或者证券期货监督管理部门的工作人员,故意提供虚假信息或者伪造、变造、销毁交易记录,诱骗投资者买卖证券、期货合约,涉嫌下列情形之一的,应予立案追诉:

(一)获利或者避免损失数额累计在五万元以上的;

(二)造成投资者直接经济损失数额在五万元以上的;

(三)致使交易价格和交易量异常波动的;

(四)其他造成严重后果的情形。”

(3)构成要件

第一,本罪侵犯的客体是国家对证券、期货交易的管理制度和投资者的合法权益。

第二,客观方面表现为以下几种方式:一是故意提供虚假信息。二是伪造、变造,或者销毁交易记录。三是诱骗他人进行某类证券、期货的买入与卖出,造成严重后果的。

第三,本罪的主体是特殊主体。即只能是证券交易所、期货交易所、证券公司或期货经纪公司的从业人员，证券业协会或者期货业协会及其管理部门的工作人员。

第四，主观方面是故意，并且具有诱骗他人买卖证券和期货的目的。

(4)罪名界定

第一，构成本罪必须具备以下两个条件：一是在主观上是故意，过失不能构成本罪。在实践中，有些证券从业部门办的各种证券讲座，其中对证券市场预测往往会出现一定失误，即预测错误。如果因此使投资者买卖证券，并且造成一定损失，不能以本罪论处。二是本罪是结果犯，要求在客观方面具有诱骗投资者买卖证券，造成了严重后果的情节。

第二，本罪与内幕交易、泄露内幕信息罪的区别是：一是犯罪主体不同。本罪是特殊主体，是证券交易所、证券公司的从业人员、证券业协会或者证券管理部门的工作人员；而泄露内幕信息罪的主体既有特殊主体，也有一般主体。作为特殊主体，是证券交易内幕信息的知情人员，即内幕人员；作为一般主体，是指其他非法获取证券交易内幕信息的非内幕人员。二是客观行为不同。本罪是以提供虚假信息或者伪造、变造、销毁交易记录为犯罪手段；而内幕交易、泄露内幕信息罪是指在行为人掌握了对证券的价值有重大影响的信息尚未公布以前，买入或卖出该证券，或者泄露该信息。其中重点应当把握住，前者提供的是虚假信息；而后者泄露的是真实内幕消息，并且是在公布之前泄露的。三是行为结果不同。本罪要求行为人实施的行为必须是造成严重的危害；而内幕交易、泄露内幕信息罪要求行为人实施的行为必须达到情节严重的程度。

第三，本罪与编造并传播证券、期货交易虚假信息罪的主要区别在于犯罪主体不同。本罪是特殊主体，即只有证券交易所、证券公司及期货交易所、期货经纪公司的从业人员，证券业协会、期货交易协会或者证券、期货监督管理部门的工作人员才能构成；而后者的犯罪主体是一般主体。另外，二者犯罪行为方式也有所不同。这两种犯罪虽然都有提供虚假信息的行为，但本罪还可以以伪造、变造、销毁交易记录的方式进行。

第四，本罪与操纵证券、期货市场罪的主要区别在于行为方式不同。本罪是以故意提供虚假信息或者伪造、变造、销毁交易记录为手段，而后者是操纵证券、期货交易市场的行为。

(5)量刑幅度

根据《刑法》第 181 条第 2 款、第 3 款的规定，对本罪的处罚分以下 3 个档次：

一是情节一般的，处 5 年以下有期徒刑或者拘役，并处或者单处 1 万元以上 10 万元以下罚金。

二是情节特别恶劣的，处 5 年以上 10 年以下有期徒刑，并处 2 万元以上 20 万元以下罚金。

三是单位犯本罪，对单位判处罚金，并且对其直接负责的主管人员和其他直接责任人员，处 5 年以下有期徒刑或者拘役。

21. 操纵证券、期货市场罪(第 182 条)

(1)罪名概念

操纵证券、期货市场罪，是指操纵证券、期货交易价格，获取不正当利益，或者转嫁风险，情节严重的行为。

(2)法律规定

①本罪名是由《刑法》第 182 条规定的。该条规定："有下列情形之一，操纵证券、期货市场，影响证券、期货交易价格或者证券、期货交易量，情节严重的，处五年以下有期徒刑或者拘役，并处或者单处罚金；情节特别严重的，处五年以上十年以下有期徒刑，并处罚金：

(一)单独或者合谋，集中资金优势、持股或者持仓优势或者利用信息优势联合或者连续买卖的；

（二）与他人串通，以事先约定的时间、价格和方式相互进行证券、期货交易的；

（三）在自己实际控制的帐户之间进行证券交易，或者以自己为交易对象，自买自卖期货合约的；

（四）不以成交为目的，频繁或者大量申报买入、卖出证券、期货合约并撤销申报的；

（五）利用虚假或者不确定的重大信息，诱导投资者进行证券、期货交易的；

（六）对证券、证券发行人、期货交易标的公开作出评价、预测或者投资建议，同时进行反向证券交易或者相关期货交易的；

（七）以其他方法操纵证券、期货市场的。

单位犯前款罪的，对单位判处罚金，并对其直接负责的主管人员和其他直接责任人员，依照前款的规定处罚。”

②2010年5月7日最高人民检察院、公安部《关于公安机关管辖的刑事案件立案追诉标准的规定（二）》第39条规定：“操纵证券、期货市场，涉嫌下列情形之一的，应予立案追诉：

（一）单独或者合谋，持有或者实际控制证券的流通股份数达到该证券的实际流通股份总量百分之三十以上，且在该证券连续二十个交易日内联合或者连续买卖股份数累计达到该证券同期总成交量百分之三十以上的；

（二）单独或者合谋，持有或者实际控制期货合约的数量超过期货交易所业务规则限定的持仓量百分之五十以上，且在该期货合约连续二十个交易日内联合或者连续买卖期货合约数累计达到该期货合约同期总成交量百分之三十以上的；

（三）与他人串通，以事先约定的时间、价格和方式相互进行证券或者期货合约交易，且在该证券或者期货合约连续二十个交易日内成交量累计达到该证券或者期货合约同期总成交量百分之二十以上的；

（四）在自己实际控制的账户之间进行证券交易，或者以自己为交易对象，自买自卖期货合约，且在该证券或者期货合约连续二十个交易日内成交量累计达到该证券或者期货合约同期总成交量百分之二十以上的；

（五）单独或者合谋，当日连续申报买入或者卖出同一证券、期货合约并在成交前撤回申报，撤回申报量占当日该种证券总申报量或者该种期货合约总申报量百分之五十以上的；

（六）上市公司及其董事、监事、高级管理人员、实际控制人、控股股东或者其他关联人单独或者合谋，利用信息优势，操纵该公司证券交易价格或者证券交易量的；

（七）证券公司、证券投资咨询机构、专业中介机构或者从业人员，违背有关从业禁止的规定，买卖或者持有相关证券，通过对证券或者其发行人、上市公司公开作出评价、预测或者投资建议，在该证券的交易中谋取利益，情节严重的；

（八）其他情节严重的情形。”

③2019年6月27日最高人民法院、最高人民检察院《关于办理操纵证券、期货市场刑事案件适用法律若干问题的解释》的主要内容如下：

“第一条　行为人具有下列情形之一的，可以认定为刑法第一百八十二条第一款第四项规定的‘以其他方法操纵证券、期货市场’：

（一）利用虚假或者不确定的重大信息，诱导投资者作出投资决策，影响证券、期货交易价格或者证券、期货交易量，并进行相关交易或者谋取相关利益的；

（二）通过对证券及其发行人、上市公司、期货交易标的公开作出评价、预测或者投资建议，误导投资者作出投资决策，影响证券、期货交易价格或者证券、期货交易量，并进行与其评价、预测、投资建议方向相反的证券交易或者相关期货交易的；

（三）通过策划、实施资产收购或者重组、投资新业务、股权转让、上市公司收购等虚假重大事项，误导投资者作出投资决策，影响证券交易价格或者证券交易量，并进行相关交易或者谋取相关利益的；

（四）通过控制发行人、上市公司信息的生成或者控制信息披露的内容、时点、节奏，误导投资者作出投资决策，影响证券交易价格或者证券交易量，并进行相关交易或者谋取相关利益的；

（五）不以成交为目的，频繁申报、撤单或者大额申报、撤单，误导投资者作出投资决策，影响证券、期货交易价格或者证券、期货交易量，并进行与申报相反的交易或者谋取相关利益的；

（六）通过囤积现货，影响特定期货品种市场行情，并进行相关期货交易的；

（七）以其他方法操纵证券、期货市场的。

第二条　操纵证券、期货市场，具有下列情形之一的，应当认定为刑法第一百八十二条第一款规定的‘情节严重’：

（一）持有或者实际控制证券的流通股份数量达到该证券的实际流通股份总量百分之十以上，实施刑法第一百八十二条第一款第一项操纵证券市场行为，连续十个交易日的累计成交量达到同期该证券总成交量百分之二十以上的；

（二）实施刑法第一百八十二条第一款第二项、第三项操纵证券市场行为，连续十个交易日的累计成交量达到同期该证券总成交量百分之二十以上的；

（三）实施本解释第一条第一项至第四项操纵证券市场行为，证券交易成交额在一千万元以上的；

（四）实施刑法第一百八十二条第一款第一项及本解释第一条第六项操纵期货市场行为，实际控制的账户合并持仓连续十个交易日的最高值超过期货交易所限仓标准的二倍，累计成交量达到同期该期货合约总成交量百分之二十以上，且期货交易占用保证金数额在五百万元以上的；

（五）实施刑法第一百八十二条第一款第二项、第三项及本解释第一条第一项、第二项操纵期货市场行为，实际控制的账户连续十个交易日的累计成交量达到同期该期货合约总成交量百分之二十以上，且期货交易占用保证金数额在五百万元以上的；

（六）实施本解释第一条第五项操纵证券、期货市场行为，当日累计撤回申报量达到同期该证券、期货合约总申报量百分之五十以上，且证券撤回申报额在一千万元以上、撤回申报的期货合约占用保证金数额在五百万元以上的；

（七）实施操纵证券、期货市场行为，违法所得数额在一百万元以上的。

第三条　操纵证券、期货市场，违法所得数额在五十万元以上，具有下列情形之一的，应当认定为刑法第一百八十二条第一款规定的‘情节严重’：

（一）发行人、上市公司及其董事、监事、高级管理人员、控股股东或者实际控制人实施操纵证券、期货市场行为的；

（二）收购人、重大资产重组的交易对方及其董事、监事、高级管理人员、控股股东或者实际控制人实施操纵证券、期货市场行为的；

（三）行为人明知操纵证券、期货市场行为被有关部门调查，仍继续实施的；

（四）因操纵证券、期货市场行为受过刑事追究的；

（五）二年内因操纵证券、期货市场行为受过行政处罚的；

（六）在市场出现重大异常波动等特定时段操纵证券、期货市场的；

（七）造成恶劣社会影响或者其他严重后果的。

第四条　具有下列情形之一的，应当认定为刑法第一百八十二条第一款规定的‘情节特别严重’：

（一）持有或者实际控制证券的流通股份数量达到该证券的实际流通股份总量百分之十以上，实施刑法第一百八十二条第一款第一项操纵证券市场行为，连续十个交易日的累计成交量达到同期该证券总成交量百分之五十以上的；

（二）实施刑法第一百八十二条第一款第二项、第三项操纵证券市场行为，连续十个交易日的累计成交量达到同期该证券总成交量百分之五十以上的；

（三）实施本解释第一条第一项至第四项操纵证券市场行为，证券交易成交额在五千万元以上的；

（四）实施刑法第一百八十二条第一款第一项及本解释第一条第六项操纵期货市场行为，实际控制的账户合并持仓连续十个交易日的最高值超过期货交易所限仓标准的五倍，累计成交量达到同期该期货合约总成交量百分之五十以上，且期货交易占用保证金数额在二千五百万元以上的；

（五）实施刑法第一百八十二条第一款第二项、第三项及本解释第一条第一项、第二项操纵期货市场行为，实际控制的账户连续十个交易日的累计成交量达到同期该期货合约总成交量百分之五十以上，且期货交易占用保证金数额在二千五百万元以上的；

（六）实施操纵证券、期货市场行为，违法所得数额在一千万元以上的。

实施操纵证券、期货市场行为，违法所得数额在五百万元以上，并具有本解释第三条规定的七种情形之一的，应当认定为'情节特别严重'。

第五条　下列账户应当认定为刑法第一百八十二条中规定的'自己实际控制的账户'：

（一）行为人以自己名义开户并使用的实名账户；

（二）行为人向账户转入或者从账户转出资金，并承担实际损益的他人账户；

（三）行为人通过第一项、第二项以外的方式管理、支配或者使用的他人账户；

（四）行为人通过投资关系、协议等方式对账户内资产行使交易决策权的他人账户；

（五）其他有证据证明行为人具有交易决策权的账户。

有证据证明行为人对前款第一项至第三项账户内资产没有交易决策权的除外。

第六条　二次以上实施操纵证券、期货市场行为，依法应予行政处理或者刑事处理而未经处理的，相关交易数额或者违法所得数额累计计算。

第七条　符合本解释第二条、第三条规定的标准，行为人如实供述犯罪事实，认罪悔罪，并积极配合调查，退缴违法所得的，可以从轻处罚；其中犯罪情节轻微的，可以依法不起诉或者免予刑事处罚。

符合刑事诉讼法规定的认罪认罚从宽适用范围和条件的，依照刑事诉讼法的规定处理。

第八条　单位实施刑法第一百八十二条第一款行为的，依照本解释规定的定罪量刑标准，对其直接负责的主管人员和其他直接责任人员定罪处罚，并对单位判处罚金。

第九条　本解释所称'违法所得'，是指通过操纵证券、期货市场所获利益或者避免的损失。

本解释所称'连续十个交易日'，是指证券、期货市场开市交易的连续十个交易日，并非指行为人连续交易的十个交易日。

第十条　对于在全国中小企业股份转让系统中实施操纵证券市场行为，社会危害性大，严重破坏公平公正的市场秩序的，比照本解释的规定执行，但本解释第二条第一项、第二项和第四条第一项、第二项除外。”

（3）构成要件

第一，本罪侵犯的客体是证券和期货市场的正常秩序及证券和期货投资者的合法利益。

第二，客观方面表现为操纵证券和期货交易市场，情节严重的行为。

第三，犯罪主体为一般主体。

第四，主观方面是故意，并且是以获取利益或者减少损失为目的。

(4)罪名界定

第一，本罪与编造并传播证券、期货交易虚假信息罪和诱骗投资者买卖证券、期货合约罪各不相同。它们的主要区别是：

一是犯罪主体不同。本罪和编造并传播证券、期货交易虚假信息罪属于一般主体；而诱骗投资者买卖证券、期货合约罪是特殊主体，只能由证券交易所、证券公司及期货交易所、期货经纪公司的从业人员，证券业协会或者证券管理部门的工作人员及其所在的单位构成。

二是主观目的不同。本罪不但要求行为人出于故意，而且要求具有获取不正当利益或者转嫁风险的犯罪目的。

三是客观方面不同。本罪行为人通过列举的各种法定的违法操作行为，重在操纵证券、期货交易价格。编造并传播证券、期货交易虚假信息罪，则是行为人通过编造并且影响证券、期货交易的虚假信息，重在扰乱证券、期货交易市场。而骗取投资者买卖证券、期货合约罪则是行为人故意提供虚假信息，或者伪造、变造、销毁交易记录，重在诱骗投资者买卖证券和期货。

四是危害结果不同。本罪要求达到情节严重的程度才能构成犯罪，强调情节；而后两者要求行为人所实施的行为，必须造成严重危害后果，强调后果。

第二，本罪与内幕交易罪的区别是：一是犯本罪所利用的信息，是指已经公开，但在公开前行为人已经掌握和了解，已经预先作了准备的信息。因此，行为人能在该信息公开后的一日甚至几小时内立即进行大量的证券、期货合约买入或者卖出行为，达到操纵证券、期货交易市场的目的；而内幕交易罪所利用的内幕信息，只能是在公开之前，行为人即利用来进行证券、期货合约交易，达到非法获利的目的。二是犯本罪利用内幕信息的行为，是以此人为地导致证券、期货价格变化，再从中非法获利或者转嫁风险；而内幕交易罪行为人利用内幕信息，是在该信息公开以前，买进或者卖出某证券、期货合约即可获利，不必再进行反方向的操作。

(5)量刑幅度

根据《刑法》第182条的规定，对本罪的处罚分以下3个档次：

一是对情节严重的，判处5年以下有期徒刑或者拘役，并处或者单处罚金。

二是对情节特别严重的，处5年以上10年以下有期徒刑，并处罚金。

三是单位犯罪的，对单位判处罚金，并且对其直接负责的主管人员和其他直接责任人员，依照上述的规定处罚。

22. 背信运用受托财产罪(第185条之一第1款)

(1)罪名概念

背信运用受托财产罪，是指商业银行、证券交易所、期货交易所、证券公司、期货经纪公司、保险公司或者其他金融机构，违背受托义务，擅自运用客户资金或者其他委托、信托的财产，情节严重的行为。

(2)法律规定

①本罪名是由《刑法》第185条之一第1款规定的。该条款规定："商业银行、证券交易所、期货交易所、证券公司、期货经纪公司、保险公司或者其他金融机构，违背受托义务，擅自运用客户资金或者其他委托、信托的财产，情节严重的，对单位判处罚金，并对其直接负责的主管人员和其他直接责任人员，处三年以下有期徒刑或者拘役，并处三万元以上三十万元以下罚金；情节特别严重的，处三年以上十年以下有期徒刑，并处五万元以上五十万元以下罚金。"

②2010年5月7日最高人民检察院、公安部《关于公安机关管辖的刑事案件立案追诉标准的规定(二)》第40条规定:"商业银行、证券交易所、期货交易所、证券公司、期货公司、保险公司或者其他金融机构,违背受托义务,擅自运用客户资金或者其他委托、信托的财产,涉嫌下列情形之一的,应予立案追诉:

(一)擅自运用客户资金或者其他委托、信托的财产数额在30万元以上的;

(二)虽未达到上述数额标准,但多次擅自运用客户资金或者其他委托、信托的财产,或者擅自运用多个客户资金或者其他委托、信托的财产的;

(三)其他情节严重的情形。"

(3)构成要件

第一,本罪侵犯的客体是金融管理秩序和客户的合法权益。

第二,客观方面表现为违背受托义务,擅自运用客户资金或者其他委托、信托的财产的行为。

第三,犯罪主体是特殊主体,具体是指商业银行、证券交易所、期货交易所、证券公司、期货经纪公司、保险公司或者其他金融机构。

第四,主观方面是故意。

(4)罪名界定

第一,认定本罪要注意以下两点:一是按照《刑法》的规定,构成本罪,不仅要有违背受托义务,擅自运用客户资金或者其他委托、信托财产的行为,而且这种行为必须达到情节严重的程度。所谓"情节严重",一般是指造成客户财产重大损失,造成金融机构秩序严重紊乱,或者多次擅自运用客户财产,曾经受到行政处罚,然后又擅自运用客户财产等情形。二是本罪的主体仅限于依法具有相关金融业务经营资质的金融机构。如果其他单位没有经过许可,非法开展证券、期货投资等委托理财等业务的,并擅自运用客户财产,应视具体情况,以非法吸收公众存款罪或者非法经营罪论处。

第二,本罪与挪用资金罪的区别是:前者是单位犯罪,后者是自然人犯罪。如果挪用客户资金的行为是按照有关领导的指令进行的,是以单位的名义、为单位利益实施的,就应该根据情况以本罪论处。反之,如果该行为是金融机构中有关工作人员的个人行为,就应视情况以挪用资金罪或者挪用公款罪论处。在刑罚方面,前者不仅对单位判处罚金,而且对直接负责的主管人员和其他直接责任人员也要判处罚金,而后者没有判处罚金的规定。

(5)量刑幅度

根据《刑法》第185条之一的规定,对犯本罪的,除了对单位判处罚金以外,对其直接负责的主管人员和其他直接责任人员,处3年以下有期徒刑或者拘役,还要并处3万元以上30万元以下的罚金;对于情节特别严重的,处3年以上10年以下有期徒刑,并处5万元以上50万元以下罚金。

23. 违法运用资金罪(第185条之一第2款)

(1)罪名概念

违法运用资金罪,是指社会保障基金管理机构、住房公积金管理机构等公众资金管理机构,以及保险公司、保险资产管理公司、证券投资基金管理公司,违反国家规定运用资金的行为。

(2)法律规定

①本罪名是由《刑法》第185条之一第2款规定的。该条款规定:"商业银行、证券交易所、期货交易所、证券公司、期货经纪公司、保险公司或者其他金融机构,违背受托义务,擅自运用客户资金或者其他委托、信托的财产,情节严重的,对单位判处罚金,并对其直接负责的主管人员和其

他直接责任人员,处三年以下有期徒刑或者拘役,并处三万元以上三十万元以下罚金;情节特别严重的,处三年以上十年以下有期徒刑,并处五万元以上五十万元以下罚金。

社会保障基金管理机构、住房公积金管理机构等公众资金管理机构,以及保险公司、保险资产管理公司、证券投资基金管理公司,违反国家规定运用资金的,对其直接负责的主管人员和其他直接责任人员,依照前款的规定处罚。"

②2010 年 5 月 7 日最高人民检察院、公安部《关于公安机关管辖的刑事案件立案追诉标准的规定(二)》第 41 条规定:"社会保障基金管理机构、住房公积金管理机构等公众资金管理机构,以及保险公司、保险资产管理公司、证券投资基金管理公司,违反国家规定运用资金,涉嫌下列情形之一的,应予立案追诉:

(一)违反国家规定运用资金数额在三十万元以上的;

(二)虽未达到上述数额标准,但多次违反国家规定运用资金的;

(三)其他情节严重的情形。"

(3)构成要件

第一,本罪侵犯的客体是公众资金的管理安全。犯罪对象是社会保障资金和住房公积金等共同资金。所谓"社会保障资金",是指在法律的强制规定下,通过向劳动者及其所在用人单位征缴社会保险费,或者由国家财政直接拨款而集中起来,用于社会保险、社会福利、社会救济和公费医疗事业等社会保障事业的一种专项资金,包括养老、失业、医疗、生育、工伤保险基金等。所谓"住房公积金",是指各种单位及其在职职工缴存的长期住房储金。

第二,客观方面表现为违反国家规定,运用公众资金的行为。

第三,犯罪主体是特殊主体,具体是社会保障基金管理机构、住房公积金管理机构等公众资金管理机构,以及接受公众资金管理机构委托,对公众资金进行资产管理的保险公司、保险资产管理公司、证券投资基金管理公司。

第四,主观方面是故意。

(4)罪名界定

第一,根据《刑法》的规定,构成本罪虽然没要求必须造成怎样的严重后果,或者必须违法运用资金达到怎样的数额,但这并不是说只要有违法运用资金的行为就构成犯罪。根据《刑法》第 13 条的规定,如果违法运用资金的行为情节显著轻微,危害不大,没有造成严重后果,不应当以犯罪论处。

第二,本罪是单位犯罪,个人犯罪不能以本罪论处。因此,如果是有关公众资金的管理机构或者受托管理公共资金的机构中的工作人员,个人用职务便利,违法挪用了公众资金,应视情况以挪用资金罪、挪用公款罪论处。

(5)量刑幅度

根据《刑法》第 185 条之一的规定,对犯本罪的,除了对单位判处罚金以外,对其直接负责的主管人员和其他直接责任人员,处 3 年以下有期徒刑或者拘役,并处 3 万元以上 30 万元以下罚金;对于情节特别严重的,处 3 年以上 10 年以下有期徒刑,并处 5 万元以上 50 万元以下罚金。

24. 违法发放贷款罪(第 186 条)

(1)罪名概念

违法发放贷款罪,是指银行或者其他金融机构及工作人员,违反国家规定发放数额巨大的贷款,或者造成重大损失的行为。

(2)法律规定

①本罪名是由《刑法》第186条规定的。该条规定:"银行或者其他金融机构的工作人员违反国家规定发放贷款,数额巨大或者造成重大损失的,处五年以下有期徒刑或者拘役,并处一万元以上十万元以下罚金;数额特别巨大或者造成特别重大损失的,处五年以上有期徒刑,并处二万元以上二十万元以下罚金。

银行或者其他金融机构的工作人员违反国家规定,向关系人发放贷款的,依照前款的规定从重处罚。

单位犯前两款罪的,对单位判处罚金,并对其直接负责的主管人员和其他直接责任人员,依照前两款的规定处罚。

关系人的范围,依照《中华人民共和国商业银行法》和有关金融法规确定。"

②2010年5月7日最高人民检察院、公安部《关于公安机关管辖的刑事案件立案追诉标准的规定(二)》第42条规定:"银行或者其他金融机构及其工作人员违反国家规定发放贷款,涉嫌下列情形之一的,应予立案追诉:(一)违法发放贷款,数额在一百万元以上的;(二)违法发放贷款,造成直接经济损失数额在二十万元以上的。"

(3)构成要件

第一,本罪侵犯的客体是国家对金融机构贷款活动的管理制度。

第二,客观方面表现为行为人具有违反法律、行政法规的规定,发放数额巨大的贷款或者造成重大损失的行为。

第三,本罪的主体是银行或者其他金融机构及其工作人员。

第四,主观方面可能是故意,也可能是过失。具体地说,滥用职权发放贷款是故意,玩忽职守发放贷款一般是过失,但其违反法律、行政法规的规定则是故意。

(4)罪名界定

第一,认定本罪要注意以下两点:一是行为人发放贷款必须是违反了法律法规的规定。如果仅仅是违反银行内部的规定,或者违反了其他规定,而不是违反法律法规的规定,则不构成犯罪。二是贷款数额必须巨大或者是造成重大损失的。

第二,本罪与玩忽职守罪的区别是:一是犯罪主体不同。本罪的主体只限于银行或者其他金融机构的工作人员,并且包括银行或者其他金融机构等单位犯罪;而玩忽职守罪的主体是国家工作人员,其中包括国有银行和其他金融机构中的工作人员,其范围大于本罪。但是,单位不能成为玩忽职守罪的主体。二是在客观方面表现不同。本罪仅限于发放贷款和担保贷款中玩忽职守的行为;而玩忽职守罪则是在履行职务时,滥用职权或者玩忽职守,致使公共财产、国家和人民利益遭受重大损失的。

(5)量刑幅度

根据《刑法》第186条的规定,对本罪的处罚分以下3个档次:

一是贷款数额巨大或者造成重大损失的,判处5年以下有期徒刑或者拘役,并处1万元以上10万元以下罚金。

二是贷款数额特别巨大,或者造成特别重大损失的,判处5年以上有期徒刑,并处2万元以上20万元以下罚金。

银行或者其他金融机构的工作人员违反国家规定,向关系人发放贷款的,依照上述规定从重处罚。

三是单位犯本罪的,对单位判处罚金,并且对其直接负责的主管人员和其他直接责任人员,依照上述对自然人犯罪的法定刑追究刑事责任。

25. 吸收客户资金不入账罪(第 187 条)

(1)罪名概念

吸收客户资金不入账罪,是指银行或者其他金融机构的工作人员,吸收客户资金不入账,数额巨大或者造成重大损失的行为。

(2)法律规定

①本罪名是由《刑法》第 187 条规定的。该条规定:“银行或者其他金融机构的工作人员吸收客户资金不入账,数额巨大或者造成重大损失的,处五年以下有期徒刑或者拘役,并处二万元以上二十万元以下罚金;数额特别巨大或者造成特别重大损失的,处五年以上有期徒刑,并处五万元以上五十万元以下罚金。

单位犯前款罪的,对单位判处罚金,并对其直接负责的主管人员和其他直接责任人员,依照前款的规定处罚。”

②2010 年 5 月 7 日最高人民检察院、公安部《关于公安机关管辖的刑事案件立案追诉标准的规定(二)》第 43 条规定:“银行或者其他金融机构及其工作人员吸收客户资金不入账,涉嫌下列情形之一的,应予立案追诉:(一)吸收客户资金不入账,数额在一百万元以上的;(二)吸收客户资金不入账,造成直接经济损失数额在二十万元以上的。”

(3)构成要件

第一,本罪侵犯的客体是国家金融管理制度和存款贷款管理制度。

第二,客观方面表现为利用职权或者工作之便,吸收数额巨大的客户资金不入账,或者造成重大损失的行为。

第三,本罪的主体是特殊主体,即银行或者其他金融机构的工作人员。所谓银行,主要包括中国人民银行、各商业银行如中国工商银行、中国建设银行、中国农业银行、中国银行、政策性银行,等等。其他金融机构,主要是指经营信贷业务的信托投资公司、农村信用社、城市信用社等金融机构。单位也可以成为本罪的主体。

第四,主观方面是故意,即故意将收储客户的资金不入账,动机是徇私,目的是牟利。

(4)罪名界定

第一,构成本罪必须同时具备以下条件:一是主体必须是银行或者其他金融机构及其工作人员。二是吸收客户资金不入账,而且数额巨大,或者造成重大损失。

第二,本罪与挪用公款罪的区别是:一是主体不同。本罪的主体是银行或者其他金融机构及其工作人员。而挪用公款罪的主体是国家工作人员和经手、管理国家财物的人员。单位可以成为本罪的主体,而单位不能成为挪用公款犯罪的主体。二是犯罪的主观方面不同。本罪的动机一般是徇私舞弊,以权谋私,目的是牟取利益。而挪用公款罪的行为人动机和目的不限于此,有的是非法活动,有的是进行盈利。三是犯罪的客观方面不同。本罪表现为吸收客户的资金数额巨大不入账或者造成重大损失。而挪用公款罪表现为挪用公款归个人使用,进行非法活动,或者挪用公款数额较大,进行营利活动,或者挪用公款数额较大,超过 3 个月未还。就犯罪对象而言,本罪的对象仅限于吸收客户的资金;而挪用公款罪的犯罪对象则不限于此,包括任何公款。本罪对吸收客户的资金不入账,必须达到数额巨大;而挪用公款罪,无论进行营利活动还是超过 3 个月未还,或者是进行非法活动,对于数额方面的要求与本罪都不同。四是侵犯的客体不同。本罪侵犯的客体是国家金融管理制度和存款贷款管理制度,而挪用公款罪侵犯的客体是公款的所有权和使用权。另外也需注意,银行或者其他金融机构的工作人员对吸收的资金不入账,进行以营利为目的的非法拆借、放贷,数额较大,以及 3 个月未还,是否符合挪用公款罪中挪用公款数额较大，进行经营活动，或者挪用公款数额较大，超过3个月未还的情况，同时构成挪用公款罪，对此应当按照刑法理论中犯罪构成的4个要件来分析，只要主体一致，行为人的行为完全符合挪用公款罪的构成要件，同时构成了挪用公款罪，属于一种行为触犯数个罪名的想象竞合犯，应当适用想象竞合犯的定罪处罚原则，以处刑较重的挪用公款罪来定罪处罚。

第三，本罪与背信运用受托财产罪的区别是：后者是针对当前金融机构委托理财和该资金经营、管理中发生的违背受托义务，擅自运用客户资金或者其他受托、信托财产的行为。“违背受托义务”是该罪的基本特征。而吸收客户资金不入账所吸收的客户资金，不属于委托理财类经营资金，而是储户存款，因此需要给储户开具存单。存款入账以后，由银行等金融机构依法用于贷款等经营行为，不受客户约束。本罪的法定刑重于背信运用受托财产罪的法定刑，因此，吸收客户资金以后，又用于非法拆借、发放贷款等擅自使用，也应当以本罪处以较重的刑罚。

(5)量刑幅度

根据《刑法》第187条的规定，对本罪的处罚分以下3个档次：

一是对构成犯罪的，判处5年以下有期徒刑或者拘役，并处2万元以上20万元以下罚金。

二是数额特别巨大或者造成特别重大损失的，判处5年以上有期徒刑，并处5万元以上50万元以下罚金。

三是单位犯本罪的，对单位判处罚金，并且对其直接负责的主管人员和其他直接责任人员，依照上述规定处罚。

26. 违规出具金融票证罪(第188条)

(1)罪名概念

违规出具金融票证罪，是指银行或者其他金融机构及其工作人员，违反规定，为他人出具信用证或者其他保函、收据、存单、资信证明，情节严重的行为。

(2)法律规定

①本罪名是由《刑法》第188条规定的。该条规定：“银行或者其他金融机构的工作人员违反规定，为他人出具信用证或者其他保函、票据、存单、资信证明，情节严重的，处五年以下有期徒刑或者拘役；情节特别严重的，处五年以上有期徒刑。

单位犯前款罪的，对单位判处罚金，并对其直接负责的主管人员和其他直接责任人员，依照前款的规定处罚。”

②2010年5月7日最高人民检察院、公安部《关于公安机关管辖的刑事案件立案追诉标准的规定(二)》第44条规定：“银行或者其他金融机构及其工作人员违反规定，为他人出具信用证或者其他保函、票据、存单、资信证明，涉嫌下列情形之一的，应予立案追诉：

(一)违反规定为他人出具信用证或者其他保函、票据、存单、资信证明，数额在一百万元以上的；

(二)违反规定为他人出具信用证或者其他保函、票据、存单、资信证明，造成直接经济损失数额在二十万元以上的；

(三)多次违规出具信用证或者其他保函、票据、存单、资信证明的；

(四)接受贿赂违规出具信用证或者其他保函、票据、存单、资信证明的；

(五)其他情节严重的情形。”

(3)构成要件

第一，本罪侵犯的客体是国家对金融票证的管理制度。

第二，客观方面表现为违反规定，为他人出具信用证或者其他保函、收据、存单、资信证明，情节严重的行为。

第三,本罪的主体是特殊主体,即银行或者其他金融机构的工作人员。单位也可以构成本罪的主体。

第四,主观方面是过失,行为人对于违反规定为他人出具信用证或者其他保函、票据、资信证明是故意的,但对于损失后果的发生是过失的。

(4)罪名界定

第一,认定本罪应注意以下三点:一是行为人的行为必须是违反了有关规定。二是为他人出具了信用证或者其他保函、票据、存单、资信证明。三是必须情节严重。在司法实践中经常发现,一些银行或者其他金融机构的工作人员,违反规定,为他人出具的信用证或者其他保函、票据、存单、资信证明的行为往往不是单一的行为,而是伴随其他的违法行为,甚至是犯罪行为。如从中收受贿赂,与他人共同诈骗等。根据刑法理论,这属于牵连犯关系,在认定犯罪时,应当按照其中的一个重罪来定罪量刑,而不实行数罪并罚。

第二,本罪与玩忽职守罪的区别是:一是犯罪主体不同。本罪的主体只限于银行或者其他金融机构及其工作人员;而玩忽职守罪的主体是国家工作人员,其范围比较广。二是在客观方面不同。本罪仅限于为他人出具信用证或者其他保函、票据、存单、资信证明,情节严重的;而玩忽职守罪是在履行职务过程中,滥用职权,或者玩忽职守的行为,致使公共财产、国家和人民利益造成了重大损失的行为。

(5)量刑幅度

根据《刑法》第 188 条的规定,对本罪的处罚分以下 3 个档次:

一是对于情节严重的,判处 5 年以下有期徒刑或者拘役。

二是对于情节特别严重的,判处 5 年以上有期徒刑。

三是对于单位犯本罪的,对单位判处罚金,并对直接负责的主管人员和其他直接责任人员,依照上述规定处罚。

27. 对违法票据承兑、付款、保证罪(第 189 条)

(1)罪名概念

对违法票据承兑、付款、保证罪,是指银行或者金融机构的工作人员,在票据业务中,对违反《票据法》规定的票据予以承兑、付款或者保证,造成重大损失的行为。

(2)法律规定

①本罪名是由《刑法》第 189 条规定的。该条规定:“银行或者其他金融机构的工作人员在票据业务中,对违反票据法规定的票据予以承兑、付款或者保证,造成重大损失的,处五年以下有期徒刑或者拘役;造成特别重大损失的,处五年以上有期徒刑。

单位犯前款罪的,对单位判处罚金,并对其直接负责的主管人员和其他直接责任人员,依照前款的规定处罚。”

②2010 年 5 月 7 日最高人民检察院、公安部《关于公安机关管辖的刑事案件立案追诉标准的规定(二)》第 45 条规定:“银行或者其他金融机构及其工作人员在票据业务中,对违反票据法规定的票据予以承兑、付款或者保证,造成直接经济损失数额在二十万元以上的,应予立案追诉。”

(3)构成要件

第一,本罪侵犯的客体是票据管理制度和合法票据所有人的财产权利。

第二,客观方面表现为在票据业务中,实施了对违反票据法规定的票据承兑、付款或者保证的行为。所谓“票据业务”,是指根据《票据法》的规定,从事汇票、本票、支票的流转活动。票据流转,从出票开始至付款为止。其程序是:出票人出票、持票人提出承兑、提示付款、付款人付款。《票据法》对在什么情况下承兑、付款、保证,都有明确规定。

第三,本罪的主体是银行或者金融机构的工作人员。单位也可以成为本罪主体。

第四,主观方面是故意,明知行为人所用的票据是违反票据法规定不能承兑、付款、保证的,而予以承兑、付款或者保证。

(4)罪名界定

本罪与票据诈骗罪不同。诈骗犯罪,必须以虚构的事实或者隐瞒事实真相,使财物所有人或者经管人产生错觉,信以为真,从而骗取了数额较大的公私财物的行为。也就是说,票据诈骗罪的既遂,必须以相对人存在为前提条件;而本罪,不是以相对人的存在为成立的既遂条件。此外,这两种犯罪的主体也不同,票据诈骗罪的主体是一般主体,而本罪的主体是特殊主体。

(5)量刑幅度

根据《刑法》第189条的规定,对这种犯罪的处罚分以下3个档次:

一是造成重大损失的,处5年以下有期徒刑或者拘役。

二是造成特别重大损失的,处5年以上有期徒刑。

三是单位犯本罪的,对单位判处罚金,并且对其直接负责的主管人员和其他直接人员,根据情节判处不同的刑罚:对造成重大损失的,处5年以下有期徒刑或者拘役;对造成特别重大损失的,处5年以上有期徒刑。

28.骗购外汇罪(全国人民代表大会常务委员会《关于惩治骗购外汇、逃汇和非法买卖外汇犯罪的决定》第1条、第5条)

(1)罪名概念

骗购外汇罪,是指使用伪造、变造的海关签发的报关单、进口证明、外汇管理部门核准件等凭证和单据,或者重复使用海关签发的报关单、进口证明、外汇管理部门核准件等凭证和单据,或者以其他欺骗方式,向外汇指定银行,骗购外汇,数额较大的行为。

(2)法律规定

①本罪名是由1998年12月29日全国人民代表大会常务委员会《关于惩治骗购外汇、逃汇和非法买卖外汇犯罪的决定》所规定的罪名。该《决定》第1条、第5条分别规定:"有下列情形之一,骗购外汇,数额较大的,处五年以下有期徒刑或者拘役,并处骗购外汇数额百分之五以上百分之三十以下罚金;数额巨大或者有其他严重情节的,处五年以上十年以下有期徒刑,并处骗购外汇数额百分之五以上百分之三十以下罚金;数额特别巨大或者有其他特别严重情节的,处十年以上有期徒刑或者无期徒刑,并处骗购外汇数额百分之五以上百分之三十以下罚金或者没收财产:

(一)使用伪造、变造的海关签发的报关单、进口证明、外汇管理部门核准件等凭证和单据的;

(二)重复使用海关签发的报关单、进口证明、外汇管理部门核准件等凭证和单据的;

(三)以其他方式骗购外汇的。

伪造、变造海关签发的报关单、进口证明、外汇管理部门核准件等凭证和单据,并用于骗购外汇的,依照前款的规定从重处罚。

明知用于骗购外汇而提供人民币资金的,以共犯论处。

单位犯前三款罪的,对单位依照第一款的规定判处罚金,并对其直接负责的主管人员和其他直接责任人员,处五年以下有期徒刑或者拘役;数额巨大或者有其他严重情节的,处五年以上十年以下有期徒刑;数额特别巨大或者有其他特别严重情节的,处十年以上有期徒刑或者无期徒刑。”

“海关、外汇管理部门以及金融机构、从事对外贸易经营活动的公司、企业或者其他单位的工作人员与骗购外汇或者逃汇的行为人通谋，为其提供购买外汇的有关凭证或者其他便利的，或者明知是伪造、变造的凭证和单据而售汇、付汇的，以共犯论，依照本决定从重处罚。”

②2010 年 5 月 7 日最高人民检察院、公安部《关于公安机关管辖的刑事案件立案追诉标准的规定(二)》第 47 条规定：“骗购外汇，数额在五十万美元以上的，应予立案追诉。”

(3)构成要件

第一，本罪侵犯的客体是我国外汇管理制度。

第二，客观方面表现为使用欺骗的方法购买外汇的行为。具体表现为以下三种情形：一是使用伪造、变造的海关签发的报关单、进口证明、外汇管理部门核准件等凭证和单据。二是重复使用海关签发的报关单、进口证明、外汇管理部门核准件等凭证和单据。三是以其他欺骗的方式，购买外汇。这三种行为，只要具有其中的一种，骗购外汇数额较大的，即构成本罪。

第三，犯罪的主体是一般主体，自然人和单位均可以成为本罪的主体。

第四，主观方面是故意，明知自己使用欺骗方式向外汇指定银行购买外汇的行为具有社会危害性而希望这种骗购外汇的结果发生，至于是否得逞，不影响其犯罪主观性。

(4)罪名界定

本罪与普通诈骗罪有以下区别：一是犯罪主体不同。本罪的主体既可以是自然人，也可以是单位；而诈骗罪的主体，只能是自然人。二是主观方面不同。本罪是骗取外汇，从中获取非法利益；而诈骗罪，是以非法占有他人财物为目的。三是侵犯的对象不同。诈骗罪骗取的对象不仅仅是外汇，还可以包括一切财物；而骗购外汇罪的犯罪对象仅限于外汇。四是侵犯的客体不同。诈骗犯罪侵犯的客体是公私财产所有权；而骗购外汇罪侵犯的客体是国家规定的售汇制度。

(5)量刑幅度

根据 1998 年 12 月 29 日全国人大常委会《关于惩治骗购外汇、逃汇和非法买卖外汇犯罪的决定》第 1 条的规定，对本罪的量刑幅度，分以下 5 个档次：

一是骗购外汇数额较大，构成本罪的，处 5 年以下有期徒刑或者拘役，并处被骗购外汇数额 5% 以上，30% 以下的罚金。

二是数额巨大，或者有其他严重情节的，处 5 年以上 10 年以下有期徒刑，并处骗购外汇数额 5% 以上，30% 以下的罚金。

三是数额特别巨大，或者有其他特别严重情节的，处 10 年以上有期徒刑或者无期徒刑，并处骗汇数额 5% 以上，30% 以下的罚金或者没收购产。

四是伪造、变造海关签发的报关单、进口证明、外汇管理部门核准件等凭证和单据，并用于骗购外汇的，依法从重处罚。

五是单位犯本罪的，对单位比照上述规定判处罚金，并且对其直接负责的主管人员和其他直接责任人员，处 5 年以下有期徒刑或者拘役；数额巨大，或者有其他严重情节的，处 5 年以上 10 年以下有期徒刑；数额特别巨大，或者有其他特别严重情节的，处 10 年以上有期徒刑或者无期徒刑。

29. 逃汇罪(第 190 条)

(1)罪名概念

逃汇罪，是指公司、企业或者其他单位，违反国家规定，擅自将外汇存放到境外，或者将境内的外汇非法转移到境外，数额较大的行为。

所谓“逃汇”，是指违反国家外汇管理法规，套取国家外汇，或者将本应当归国家收入的外汇私自转移、转让、买卖、存放到境外以及私自携带出境的行为。它与“套汇”不同。“套汇”是指违反国家外汇管理规定，通过不正当方式，用人民币或者物资换取国家外汇或者应当售给国家的外汇等行为。

(2)法律规定

①本罪名是由《刑法》第190条规定的。该条规定：“公司、企业或者其他单位，违反国家规定，擅自将外汇存放境外，或者将境内的外汇非法转移到境外，数额较大的，对单位判处逃汇数额百分之五以上百分之三十以下罚金，并对其直接负责的主管人员和其他直接责任人员处五年以下有期徒刑或者拘役；数额巨大或者有其他严重情节的，对单位判处逃汇数额百分之五以上百分之三十以下罚金，并对其直接负责的主管人员和其他直接责任人员处五年以上有期徒刑。”

②2010年5月7日最高人民检察院、公安部《关于公安机关管辖的刑事案件立案追诉标准的规定(二)》第46条规定：“公司、企业或者其他单位，违反国家规定，擅自将外汇存放境外，或者将境内的外汇非法转移到境外，单笔在二百万美元以上或者累计数额在五百万美元以上的，应予立案追诉。”

③1998年8月28日最高人民法院《关于审理骗购外汇、非法买卖外汇刑事案件具体应用法律若干问题的解释》主要相关内容如下：

“第一条　以进行走私、逃汇、洗钱、骗税等犯罪活动为目的，使用虚假、无效的凭证、商业单据或者采取其他手段向外汇指定银行骗购外汇的，应当分别按照刑法分则第三章第二节、第一百九十条、第一百九十一条和第二百零四条等规定定罪处罚。

非国有公司、企业或者其他单位，与国有公司、企业或者其他国有单位勾结逃汇的，以逃汇罪的共犯处罚。”

“第五条　海关、银行、外汇管理机关工作人员与骗购外汇的行为人通谋，为其提供购买外汇的有关凭证，或者明知是伪造、变造的凭证和商业单据而出售外汇，构成犯罪的，按照刑法的有关规定从重处罚。

第六条　实施本解释规定的行为，同时触犯二个以上罪名的，择一重罪从重处罚。

第七条　根据刑法第六十四条规定，骗购外汇、非法买卖外汇的，其违法所得予以追缴，用于骗购外汇、非法买卖外汇的资金予以没收，上缴国库。

第八条　骗购、非法买卖不同币种的外汇的，以案发时国家外汇管理机关制定的统一折算率折合后依照本解释处罚。”

④1998年12月29日全国人大常委会《关于惩治骗购外汇、逃汇和非法买卖外汇犯罪的决定》第5条规定：“海关、外汇管理部门以及金融机构、从事对外贸易经营活动的公司、企业或者其他单位的工作人员与骗购外汇或者逃汇的行为人通谋，为其提供购买外汇的有关凭证或者其他便利的，或者明知是伪造、变造的凭证和单据而售汇、付汇的，以共犯论处，依照本决定从重处罚。”

(3)构成要件

本罪的构成要件是：

第一，本罪侵犯的客体是国家外汇管理制度。

第二，客观方面表现为违反国家规定，擅自将外汇存放到境外，或者将境内的外汇非法转移到境外，数额较大的行为。本罪在客观上必须具备以下3个要素：一是违反了国家规定；二是必须具有非法将外汇存放到境外、转移境外的行为；三是必须是数额较大。

第三，本罪的主体是单位，包括公司、企业或者其他单位。

第四,主观方面是故意,即明知自己的行为是违犯国家规定的逃汇行为而故意实施。

(4)罪名界定

第一,本罪与隐瞒境外存款罪不同。隐瞒境外存款罪,是指国家工作人员对于个人境外的存款,违反国家规定,隐瞒不报,并且数额较大的行为。这两种犯罪的区别是:一是在主体上不同。本罪是公司、企业以及其他单位,属于单位犯罪;而隐瞒境外存款罪的主体则是国家工作人员,是自然人。二是在客观方面不同。本罪是擅自将外汇存放到境外,或者将境内的外汇非法转移到境外的行为;而隐瞒境外存款罪是将属于个人的资金存放到境外,不按照规定申报的行为。

第二,对于使用虚假、无效的凭证、商业单据或者采取其他手段,向外汇指定银行骗购外汇的,如果其目的是进行逃汇犯罪,根据最高人民法院 1998 年 8 月 28 日发布的《关于审理骗购外汇、非法买卖外汇刑事案件具体应用法律若干问题的解释》第 1 条的规定,应当以逃汇罪定罪处罚。

(5)量刑幅度

根据《刑法》第 190 条的规定,对犯本罪的单位判处逃汇数额 5% 以上 30% 以下罚金,并对其直接负责的主管人员和直接责任人员,处 5 年以下有期徒刑或者拘役;数额巨大或者有其他严重情节的,对犯本罪的单位判处逃汇数额 5% 以上 30% 以下罚金,并对其直接负责的主管人员和直接责任人员,处 5 年以上有期徒刑。

30. 洗钱罪(第 191 条)

(1)罪名概念

洗钱罪,是指明知是毒品犯罪、黑社会性质的组织犯罪、恐怖活动犯罪、走私犯罪、贪污贿赂犯罪、破坏金融管理秩序犯罪、金融诈骗犯罪所得及其产生的收益,而掩饰、隐瞒其来源和性质,使其合法化的行为。

(2)法律规定

①本罪名是由《刑法》第 191 条规定的。该条规定:"为掩饰、隐瞒毒品犯罪、黑社会性质的组织犯罪、恐怖活动犯罪、走私犯罪、贪污贿赂犯罪、破坏金融管理秩序犯罪、金融诈骗犯罪的所得及其产生的收益的来源和性质,有下列行为之一的,没收实施以上犯罪的所得及其产生的收益,处五年以下有期徒刑或者拘役,并处或者单处罚金;情节严重的,处五年以上十年以下有期徒刑,并处罚金:

(一)提供资金帐户的;

(二)将财产转换为现金、金融票据、有价证券的;

(三)通过转帐或者其他支付结算方式转移资金的;

(四)跨境转移资产的;

(五)以其他方法掩饰、隐瞒犯罪所得及其收益的来源和性质的。

单位犯前款罪的,对单位判处罚金,并对其直接负责的主管人员和其他直接责任人员,依照前款的规定处罚。"

②2010 年 5 月 7 日最高人民检察院、公安部《关于公安机关管辖的刑事案件立案追诉标准的规定(二)》第 48 条规定:"明知是毒品犯罪、黑社会性质的组织犯罪、恐怖活动犯罪、走私犯罪、贪污贿赂犯罪、破坏金融管理秩序犯罪、金融诈骗犯罪的所得及其产生的收益,为掩饰、隐瞒其来源和性质,涉嫌下列情形之一的,应予立案追诉:

(一)提供资金账户的;

(二)协助将财产转换为现金、金融票据、有价证券的;

（三）通过转账或者其他结算方式协助资金转移的；

（四）协助将资金汇往境外的；

（五）以其他方法掩饰、隐瞒犯罪所得及其收益的来源和性质的。”

③2009 年 11 月 4 日最高人民法院《关于审理洗钱等刑事案件具体应用法律若干问题的解释》相关规定如下：

“第一条　刑法第一百九十一条、第三百一十二条规定的‘明知’，应当结合被告人的认知能力，接触他人犯罪所得及其收益的情况，犯罪所得及其收益的种类、数额，犯罪所得及其收益的转换、转移方式以及被告人的供述等主、客观因素进行认定。

具有下列情形之一的，可以认定被告人明知系犯罪所得及其收益，但有证据证明确实不知道的除外：

（一）知道他人从事犯罪活动，协助转换或者转移财物的；

（二）没有正当理由，通过非法途径协助转换或者转移财物的；

（三）没有正当理由，以明显低于市场的价格收购财物的；

（四）没有正当理由，协助转换或者转移财物，收取明显高于市场的‘手续费’的；

（五）没有正当理由，协助他人将巨额现金散存于多个银行账户或者在不同银行账户之间频繁划转的；

（六）协助近亲属或者其他关系密切的人转换或者转移与其职业或者财产状况明显不符的财物的；

（七）其他可以认定行为人明知的情形。

被告人将刑法第一百九十一条规定的某一上游犯罪的犯罪所得及其收益误认为刑法第一百九十一条规定的上游犯罪范围内的其他犯罪所得及其收益的，不影响刑法第一百九十一条规定的‘明知’的认定。

第二条　具有下列情形之一的，可以认定为刑法第一百九十一条第一款第（五）项规定的‘以其他方法掩饰、隐瞒犯罪所得及其收益的来源和性质’：

（一）通过典当、租赁、买卖、投资等方式，协助转移、转换犯罪所得及其收益的；

（二）通过与商场、饭店、娱乐场所等现金密集型场所的经营收入相混合的方式，协助转移、转换犯罪所得及其收益的；

（三）通过虚构交易、虚设债权债务、虚假担保、虚报收入等方式，协助将犯罪所得及其收益转换为‘合法’财物的；

（四）通过买卖彩票、奖券等方式，协助转换犯罪所得及其收益的；

（五）通过赌博方式，协助将犯罪所得及其收益转换为赌博收益的；

（六）协助将犯罪所得及其收益携带、运输或者邮寄出入境的；

（七）通过前述规定以外的方式协助转移、转换犯罪所得及其收益的。

第三条　明知是犯罪所得及其产生的收益而予以掩饰、隐瞒，构成刑法第三百一十二条规定的犯罪，同时又构成刑法第一百九十一条或者第三百四十九条规定的犯罪的，依照处罚较重的规定定罪处罚。

第四条　刑法第一百九十一条、第三百一十二条、第三百四十九条规定的犯罪，应当以上游犯罪事实成立为认定前提。上游犯罪尚未依法裁判，但查证属实的，不影响刑法第一百九十一条、第三百一十二条、第三百四十九条规定的犯罪的审判。

上游犯罪事实可以确认，因行为人死亡等原因依法不予追究刑事责任的，不影响刑法第一百九十一条、第三百一十二条、第三百四十九条规定的犯罪的认定。

上游犯罪事实可以确认，依法以其他罪名定罪处罚的，不影响刑法第一百九十一条、第三百一十二条、第三百四十九条规定的犯罪的认定。

本条所称'上游犯罪'，是指产生刑法第一百九十一条、第三百一十二条、第三百四十九条规定的犯罪所得及其收益的各种犯罪行为。"

④1998 年 8 月 28 日最高人民法院《关于审理骗购外汇、非法买卖外汇刑事案件具体应用法律若干问题的解释》主要相关内容如下：

"第一条　以进行走私、逃汇、洗钱、骗税等犯罪活动为目的，使用虚假、无效的凭证、商业单据或者采取其他手段向外汇指定银行骗购外汇的，应当分别按照刑法分则第三章第二节、第一百九十条、第一百九十一条和第二百零四条等规定定罪处罚。

非国有公司、企业或者其他单位，与国有公司、企业或者其他国有单位勾结逃汇的，以逃汇罪的共犯处罚。"

"第五条　海关、银行、外汇管理机关工作人员与骗购外汇的行为人通谋，为其提供购买外汇的有关凭证，或者明知是伪造、变造的凭证和商业单据而出售外汇，构成犯罪的，按照刑法的有关规定从重处罚。

第六条　实施本解释规定的行为，同时触犯二个以上罪名的，择一重罪从重处罚。

第七条　根据刑法第六十四条规定，骗购外汇、非法买卖外汇的，其违法所得予以追缴，用于骗购外汇、非法买卖外汇的资金予以没收，上缴国库。

第八条　骗购、非法买卖不同币种的外汇的，以案发时国家外汇管理机关制定的统一折算率折合后依照本解释处罚。"

(3)构成要件

第一，本罪侵犯的客体是复杂客体，既侵犯了金融管理制度，又侵犯了社会管理秩序。但主要是破坏了国家的正常金融管理制度。

第二，客观方面表现为明知是毒品犯罪、黑社会性质的组织犯罪、恐怖活动犯罪、走私犯罪、贪污贿赂犯罪、破坏金融管理秩序犯罪、金融诈骗犯罪所得及其产生的收益，而掩饰、隐瞒其来源和性质，使其合法化的行为。具体来说，有以下五种表现形式：①提供资金账户。②将财产转换为现金、金融票据或者有价证券。③通过转账或者其他支付结算方式，转移资金。④跨境转移资产。⑤以其他方法掩饰、隐瞒犯罪所得及其收益的来源和性质。本罪是实行犯，即只要行为人实施了上述五种行为之一，不管是否完成洗钱行为，以及是否达到了掩饰、隐瞒其来源和性质的目的，均构成犯罪既遂。

第三，本罪的主体是一般主体，即年满 16 周岁，具备刑事责任能力的自然人。单位也可以构成本罪的主体。

第四，主观方面是故意，即行为人明知是毒品犯罪、黑社会性质的组织犯罪、恐怖活动犯罪、走私犯罪、贪污贿赂犯罪、破坏金融管理秩序犯罪、金融诈骗犯罪所得及其产生的收益，而通过上述五种行为使之成为合法收入，以掩饰、隐瞒其来源和性质。

(4)罪名界定

第一，认定本罪要注意以下问题：本罪在主观上是故意，即明知是毒品犯罪、黑社会性质的组织犯罪、恐怖活动犯罪、走私犯罪、贪污贿赂犯罪、破坏金融管理秩序犯罪、金融诈骗犯罪所得及其产生的收益，而为其掩饰、隐瞒其来源和性质，使其合法化。如果是受到对方的欺骗，或者是由于其他正当原因，不知道所经手财产的非法性，而实施了转账、汇款、结算等行为，则不构成犯罪。

为了洗钱犯罪，使用虚假、无效的凭证、商业单据或者采取其他手段，向外汇指定银行骗购外汇的，根据最高人民法院 1998 年 8 月 28 日发布的《关于审理骗购外汇、非法买卖外汇刑事案件具体应用法律若干问题的解释》第1条的规定，应以洗钱罪定罪处罚。

根据2009年11月4日最高人民法院《关于审理洗钱等刑事案件具体应用法律若干问题的解释》第4条的规定，本罪的成立，应当以上游犯罪事实成立为认定前提。上游犯罪尚未依法裁判，但查证属实的，不影响本罪的审判。上游犯罪事实可以确认，因行为人死亡等原因依法不予追究刑事责任的，不影响本罪的认定。上游犯罪事实可以确认，依法以其他罪名定罪处罚的，不影响本罪的认定。

这里所说的"上游犯罪"，是指产生本罪所得及其收益的各种犯罪行为。

第二，本罪与包庇毒品犯罪分子罪有区别。包庇毒品犯罪分子罪，是指行为人明知是走私、贩卖、运输、制造毒品的犯罪分子，而向司法机关作假证明，或者帮助毁灭罪证，掩盖其罪行，逃避法律制裁的行为。这两种犯罪的区别是：一是从两罪的作案方法上来看，本罪只对犯罪所得通过金融机构中转或者其他方式，使毒品犯罪、走私犯罪、黑社会犯罪所得的资金合法化，掩盖和隐瞒赃款的性质和来源；而包庇毒品犯罪分子是通过向司法机关作假证明，或者帮助其毁灭罪证，掩盖其罪行，使其逃避法律制裁。二是从行为的对象上来看，本罪的犯罪对象主要是犯罪所得的赃款；而包庇毒品犯罪分子的犯罪对象既有赃款，也有赃物和犯罪分子本人。三是从两罪侵犯的客体来看，本罪侵犯的客体是金融管理秩序；而后罪则是社会管理秩序。

第三，行为人如果事先参与了毒品犯罪、黑社会性质的组织犯罪、恐怖活动犯罪、走私犯罪、贪污贿赂犯罪、破坏金融管理秩序犯罪、金融诈骗犯罪，事后又利用自己在某些方面的便利进行洗钱，应当只追究行为人的毒品犯罪、黑社会性质的组织犯罪、恐怖活动犯罪、走私犯罪、贪污贿赂犯罪、破坏金融管理秩序犯罪、金融诈骗犯罪的刑事责任。因为其行为是毒品等犯罪行为的后续行为，为前罪所吸收，不应对洗钱行为再单独定罪。

行为人为犯罪分子洗钱，虽然得到了犯罪分子的配合，但只对行为人追究洗钱罪的刑事责任，对被"洗钱"的人不依本罪的共犯追究刑事责任。

(5)量刑幅度

根据《刑法》第191条的规定，犯洗钱罪的，除了没收实施犯罪的违法所得及其产生的收益以外，判处5年以下有期徒刑或者拘役，并处或者单处罚金。情节严重的，判处5年以上10年以下有期徒刑，并处罚金。

单位犯本罪的，对单位判处罚金，并且对直接负责的主管人员和其他直接责任人员，依照上述规定处罚。

(五)金融诈骗罪

1. 集资诈骗罪(第192条)

(1)罪名概念

集资诈骗罪，是指以非法占有为目的，使用欺骗的方法，非法集资，数额较大的行为。

(2)法律规定

①本罪名是由《刑法》第192条规定的。该条规定："以非法占有为目的，使用诈骗方法非法集资，数额较大的，处三年以上七年以下有期徒刑，并处罚金；数额巨大或者有其他严重情节的，处七年以上有期徒刑或者无期徒刑，并处罚金或者没收财产。

单位犯前款罪的，对单位判处罚金，并对其直接负责的主管人员和其他直接责任人员，依照前款的规定处罚。"

②2010年5月7日最高人民检察院、公安部《关于公安机关管辖的刑事案件立案追诉标准的规定(二)》第49条规定:“以非法占有为目的,使用诈骗方法非法集资,涉嫌下列情形之一的,应予立案追诉:(一)个人集资诈骗,数额在十万元以上的;(二)单位集资诈骗,数额在五十万元以上的。”

③2010年12月13日最高人民法院《关于审理非法集资刑事案件具体应用法律若干问题的解释》相关规定如下:

“第一条　违反国家金融管理法律规定,向社会公众(包括单位和个人)吸收资金的行为,同时具备下列四个条件的,除刑法另有规定的以外,应当认定为刑法第一百七十六条规定的‘非法吸收公众存款或者变相吸收公众存款’:

(一)未经有关部门依法批准或者借用合法经营的形式吸收资金;

(二)通过媒体、推介会、传单、手机短信等途径向社会公开宣传;

(三)承诺在一定期限内以货币、实物、股权等方式还本付息或者给付回报;

(四)向社会公众即社会不特定对象吸收资金。

未向社会公开宣传,在亲友或者单位内部针对特定对象吸收资金的,不属于非法吸收或者变相吸收公众存款。

第二条　实施下列行为之一,符合本解释第一条第一款规定的条件的,应当依照刑法第一百七十六条的规定,以非法吸收公众存款罪定罪处罚:

(一)不具有房产销售的真实内容或者不以房产销售为主要目的,以返本销售、售后包租、约定回购、销售房产份额等方式非法吸收资金的;

(二)以转让林权并代为管护等方式非法吸收资金的;

(三)以代种植(养殖)、租种植(养殖)、联合种植(养殖)等方式非法吸收资金的;

(四)不具有销售商品、提供服务的真实内容或者不以销售商品、提供服务为主要目的,以商品回购、寄存代售等方式非法吸收资金的;

(五)不具有发行股票、债券的真实内容,以虚假转让股权、发售虚构债券等方式非法吸收资金的;

(六)不具有募集基金的真实内容,以假借境外基金、发售虚构基金等方式非法吸收资金的;

(七)不具有销售保险的真实内容,以假冒保险公司、伪造保险单据等方式非法吸收资金的;

(八)以投资入股的方式非法吸收资金的;

(九)以委托理财的方式非法吸收资金的;

(十)利用民间‘会’、‘社’等组织非法吸收资金的;

(十一)其他非法吸收资金的行为。

第三条　非法吸收或者变相吸收公众存款,具有下列情形之一的,应当依法追究刑事责任:

(一)个人非法吸收或者变相吸收公众存款,数额在20万元以上的,单位非法吸收或者变相吸收公众存款,数额在100万元以上的;

(二)个人非法吸收或者变相吸收公众存款对象30人以上的,单位非法吸收或者变相吸收公众存款对象150人以上的;

(三)个人非法吸收或者变相吸收公众存款,给存款人造成直接经济损失数额在10万元以上的,单位非法吸收或者变相吸收公众存款,给存款人造成直接经济损失数额在50万元以上的;

(四)造成恶劣社会影响或者其他严重后果的。

具有下列情形之一的,属于刑法第一百七十六条规定的‘数额巨大或者有其他严重情节’:

(一)个人非法吸收或者变相吸收公众存款,数额在100万元以上的,单位非法吸收或者变相

吸收公众存款,数额在500万元以上的;

(二)个人非法吸收或者变相吸收公众存款对象100人以上的,单位非法吸收或者变相吸收公众存款对象500人以上的;

(三)个人非法吸收或者变相吸收公众存款,给存款人造成直接经济损失数额在50万元以上的,单位非法吸收或者变相吸收公众存款,给存款人造成直接经济损失数额在250万元以上的;

(四)造成特别恶劣社会影响或者其他特别严重后果的。

非法吸收或者变相吸收公众存款的数额,以行为人所吸收的资金全额计算。案发前后已归还的数额,可以作为量刑情节酌情考虑。

非法吸收或者变相吸收公众存款,主要用于正常的生产经营活动,能够及时清退所吸收资金,可以免予刑事处罚;情节显著轻微的,不作为犯罪处理。

第四条　以非法占有为目的,使用诈骗方法实施本解释第二条规定所列行为的,应当依照刑法第一百九十二条的规定,以集资诈骗罪定罪处罚。

使用诈骗方法非法集资,具有下列情形之一的,可以认定为'以非法占有为目的':

(一)集资后不用于生产经营活动或者用于生产经营活动与筹集资金规模明显不成比例,致使集资款不能返还的;

(二)肆意挥霍集资款,致使集资款不能返还的;

(三)携带集资款逃匿的;

(四)将集资款用于违法犯罪活动的;

(五)抽逃、转移资金、隐匿财产,逃避返还资金的;

(六)隐匿、销毁账目,或者搞假破产、假倒闭,逃避返还资金的;

(七)拒不交代资金去向,逃避返还资金的;

(八)其他可以认定非法占有目的的情形。

集资诈骗罪中的非法占有目的,应当区分情形进行具体认定。行为人部分非法集资行为具有非法占有目的的,对该部分非法集资行为所涉集资款以集资诈骗罪定罪处罚;非法集资共同犯罪中部分行为人具有非法占有目的,其他行为人没有非法占有集资款的共同故意和行为的,对具有非法占有目的的行为人以集资诈骗罪定罪处罚。

第五条　个人进行集资诈骗,数额在10万元以上的,应当认定为'数额较大';数额在30万元以上的,应当认定为'数额巨大';数额在100万元以上的,应当认定为'数额特别巨大'。

单位进行集资诈骗,数额在50万元以上的,应当认定为'数额较大';数额在150万元以上的,应当认定为'数额巨大';数额在500万元以上的,应当认定为'数额特别巨大'。

集资诈骗的数额以行为人实际骗取的数额计算,案发前已归还的数额应予扣除。行为人为实施集资诈骗活动而支付的广告费、中介费、手续费、回扣,或者用于行贿、赠与等费用,不予扣除。行为人为实施集资诈骗活动而支付的利息,除本金未归还可予折抵本金以外,应当计入诈骗数额。"

④2019年1月30日最高人民法院、最高人民检察院、公安部《关于办理非法集资刑事案件若干问题的意见》相关主要内容如下:

"一、关于非法集资的'非法性'认定依据问题

人民法院、人民检察院、公安机关认定非法集资的'非法性',应当以国家金融管理法律法规作为依据。对于国家金融管理法律法规仅作原则性规定的,可以根据法律规定的精神并参考中国人民银行、中国银行保险监督管理委员会、中国证券监督管理委员会等行政主管部门依照国家金融管理法律法规制定的部门规章或者国家有关金融管理的规定、办法、实施细则等规范性文件

的规定予以认定。

二、关于单位犯罪的认定问题

单位实施非法集资犯罪活动，全部或者大部分违法所得归单位所有的，应当认定为单位犯罪。

个人为进行非法集资犯罪活动而设立的单位实施犯罪的，或者单位设立后，以实施非法集资犯罪活动为主要活动的，不以单位犯罪论处，对单位中组织、策划、实施非法集资犯罪活动的人员应当以自然人犯罪依法追究刑事责任。

判断单位是否以实施非法集资犯罪活动为主要活动，应当根据单位实施非法集资的次数、频度、持续时间、资金规模、资金流向、投入人力物力情况、单位进行正当经营的状况以及犯罪活动的影响、后果等因素综合考虑认定。

三、关于涉案下属单位的处理问题

办理非法集资刑事案件中，人民法院、人民检察院、公安机关应当全面查清涉案单位，包括上级单位（总公司、母公司）和下属单位（分公司、子公司）的主体资格、层级、关系、地位、作用、资金流向等，区分情况依法作出处理。

上级单位已被认定为单位犯罪，下属单位实施非法集资犯罪活动，且全部或者大部分违法所得归下属单位所有的，对该下属单位也应当认定为单位犯罪。上级单位和下属单位构成共同犯罪的，应当根据犯罪单位的地位、作用，确定犯罪单位的刑事责任。

上级单位已被认定为单位犯罪，下属单位实施非法集资犯罪活动，但全部或者大部分违法所得归上级单位所有的，对下属单位不单独认定为单位犯罪。下属单位中涉嫌犯罪的人员，可以作为上级单位的其他直接责任人员依法追究刑事责任。

上级单位未被认定为单位犯罪，下属单位被认定为单位犯罪的，对上级单位中组织、策划、实施非法集资犯罪的人员，一般可以与下属单位按照自然人与单位共同犯罪处理。

上级单位与下属单位均未被认定为单位犯罪的，一般以上级单位与下属单位中承担组织、领导、管理、协调职责的主管人员和发挥主要作用的人员作为主犯，以其他积极参加非法集资犯罪的人员作为从犯，按照自然人共同犯罪处理。

四、关于主观故意的认定问题

认定犯罪嫌疑人、被告人是否具有非法吸收公众存款的犯罪故意，应当依据犯罪嫌疑人、被告人的任职情况、职业经历、专业背景、培训经历、本人因同类行为受到行政处罚或者刑事追究情况以及吸收资金方式、宣传推广、合同资料、业务流程等证据，结合其供述，进行综合分析判断。

犯罪嫌疑人、被告人使用诈骗方法非法集资，符合《最高人民法院关于审理非法集资刑事案件具体应用法律若干问题的解释》第四条规定的，可以认定为集资诈骗罪中‘以非法占有为目的’。

办案机关在办理非法集资刑事案件中，应当根据案件具体情况注意收集运用涉及犯罪嫌疑人、被告人的以下证据：是否使用虚假身份信息对外开展业务；是否虚假订立合同、协议；是否虚假宣传，明显超出经营范围或者夸大经营、投资、服务项目及盈利能力；是否吸收资金后隐匿、销毁合同、协议、账目；是否传授或者接受规避法律、逃避监管的方法，等等。

五、关于犯罪数额的认定问题

非法吸收或者变相吸收公众存款构成犯罪，具有下列情形之一的，向亲友或者单位内部人员吸收的资金应当与向不特定对象吸收的资金一并计入犯罪数额：

（一）在向亲友或者单位内部人员吸收资金的过程中，明知亲友或者单位内部人员向不特定对象吸收资金而予以放任的；

（二）以吸收资金为目的，将社会人员吸收为单位内部人员，并向其吸收资金的；

（三）向社会公开宣传，同时向不特定对象、亲友或者单位内部人员吸收资金的。

非法吸收或者变相吸收公众存款的数额，以行为人所吸收的资金全额计算。集资参与人收回本金或者获得回报后又重复投资的数额不予扣除，但可以作为量刑情节酌情考虑。

六、关于宽严相济刑事政策把握问题

办理非法集资刑事案件，应当贯彻宽严相济刑事政策，依法合理把握追究刑事责任的范围，综合运用刑事手段和行政手段处置和化解风险，做到惩处少数、教育挽救大多数。要根据行为人的客观行为、主观恶性、犯罪情节及其地位、作用、层级、职务等情况，综合判断行为人的责任轻重和刑事追究的必要性，按照区别对待原则分类处理涉案人员，做到罚当其罪、罪责刑相适应。

重点惩处非法集资犯罪活动的组织者、领导者和管理人员，包括单位犯罪中的上级单位（总公司、母公司）的核心层、管理层和骨干人员，下属单位（分公司、子公司）的管理层和骨干人员，以及其他发挥主要作用的人员。

对于涉案人员积极配合调查、主动退赃退赔、真诚认罪悔罪的，可以依法从轻处罚；其中情节轻微的，可以免除处罚；情节显著轻微、危害不大的，不作为犯罪处理。”

（3）构成要件

第一，本罪侵犯的客体是双重客体，一方面侵犯了公民财产的所有权；另一方面扰乱了国家正常的金融秩序，这也是该罪和普通诈骗罪的重要区别。

第二，客观方面表现为以非法占有为目的，使用欺骗方法非法集资，数额较大的行为。

第三，本罪的主体是复杂主体，既可以是自然人，也可以是公司、企业等单位。

第四，主观方面是故意，并且行为人在主观上具有非法占有他人财物的目的。

（4）罪名界定

第一，集资诈骗犯罪与一般集资纠纷不同。一般集资纠纷可能会在集资之初夸大回报率，但是由于经营不理想，无力按集资条件偿还，集资方主观上并没有非法占有集资款不予偿还的目的；而集资诈骗罪的行为人开始时，即有非法占有的故意，明知通过隐瞒真相编造实事等手段集资是侵犯他人财产的行为，是违反国家法律规定的，但行为人仍然希望这种危害结果的发生。也就是说，集资诈骗犯罪与一般集资纠纷的本质区别是行为人是否具有非法占有他人财物的目的。

第二，集资诈骗与经济领域的其他诈骗犯罪不同。

集资与非法集资有所不同。所谓“集资”，是指自然人或者法人为了实现某种目的，募集资金，或者集中资金的行为。依法进行的集资主要是指公司、企业或者其他个人、团体，依照法律、法规规定的条件和程序，通过向社会、公众发行有价证券，或者利用融资租赁、联营、合资、企业内部集资等方式，在资金市场上筹集所需的资金。所谓“非法集资”，根据最高人民法院《关于审理诈骗案件具体应用法律的若干问题的解释》的规定，是指法人、其他组织或者个人，未经有权机关批准，向社会公众募集资金的行为。这里所说的诈骗方法，根据最高人民法院《关于审理诈骗案件具体应用法律的若干问题的解释》的规定，是指行为人采取虚报集资用途，以虚假的证明文件和高回报率为诱饵，骗取集资款的手段。具体地说，行为人具有下列情形之一的，应当认定为“以非法占有为目的，使用诈骗方法非法集资”：一是携带集资款逃跑的；二是挥霍集资款，致使集资款无法返还的；三是使用集资款进行违法犯罪活动，致使集资款无法返还的；四是具有其他欺诈行为，拒不返还集资款，或者致使集资款无法返还的。

集资诈骗犯罪在客观上必定采取非法集资的手段，也就是扰乱金融秩序，非法募集资金的手段，如发行股票、认购债券、吸收存款等均可以成为集资诈骗的手段。其特点是聚集社会公众资金，承诺以资金投入获取投资收益。其侵犯的客体既包括公私财产的所有权，也包括金融资金管理秩序。而经济领域其他诈骗犯罪则不具有这一特征,而是以提供一定的商品和服务为“幌子”,诈骗单位和个人资金,如以有奖销售、返本销售的名义高价销售商品,或者以包销产品为“幌子”骗销商品的行为;以传销商品的形式骗取资金的行为等,由于其具有虚构事实、隐瞒真相的客观特征,侵犯的客体是他人的财产所有权,因此构成诈骗罪。

第三,本罪与普通诈骗罪的区别是:一是侵犯的对象不同。诈骗罪侵犯的对象一般是特定的,是针对某一特定人员的钱财;而本罪侵犯的则是指向社会不特定的公众的钱财。二是犯罪的客体不同。诈骗罪侵犯的客体是单一客体,即财物的所有权关系;而本罪侵犯的客体是复杂客体,不仅包括财产的所有权关系,还包括国家正常的金融秩序。三是犯罪的行为不同。诈骗罪的行为通常是通过隐瞒真实意图,编造虚假情况,使财物所有人或者保管人信以为真,以达到使他人的财物归自己所有的目的;而本罪不仅要有诈骗的方法,还要具有非法向社会集资的行为。如果行为人没有实施非法向社会集资的行为,不能构成本罪。

第四,本罪与非法吸收公众存款罪的区别是:一是犯罪的目的不同。本罪的目的是非法占有所募集的资金;而非法吸收公众存款罪的行为人,在主观上不具有非法占有的目的,而是企图通过这种活动进行盈利,例如,将吸收的资金用于放高利贷或者进行其他方面的投资。二是犯罪的行为不同。本罪行为人必须使用诈骗的方法;而非法吸收公众存款罪则不以诈骗方法作为犯罪的构成要件之一。三是侵犯的客体不同。本罪侵犯的是双重客体;而非法吸收公众存款罪侵犯的客体在一般情况下,主要是国家的金融管理秩序。当然,在有些情况下,由于行为人经营不善等原因,造成亏损,但是,这种亏损与直接侵犯公私财产所有权不同。四是侵犯的对象不同。非法吸收公众存款罪侵犯的对象是公众的资金;而本罪侵犯的对象可以是公众的资金,也可以是其他的单位、组织的资金。在以上的区别中,最根本的一点是犯罪目的不同。

(5)量刑幅度

根据《刑法》第 192 条的规定,对本罪的处罚分以下 3 个档次:

一是构成本罪的,处 3 年以上 7 年以下有期徒刑,并处罚金。

二是诈骗数额巨大或者有其他严重情节的,处 7 年以上有期徒刑或者无期徒刑,并处罚金或者没收财产。

三是单位犯本罪的,对单位判处罚金,并且对其直接负责的主管人员和其他直接责任人员,依照上述规定处罚。

2. 贷款诈骗罪(第 193 条)

(1)罪名概念

贷款诈骗罪,是指行为人以非法占有为目的,用欺骗的手段,骗取银行或者其他金融机构的贷款,数额较大的行为。

(2)法律规定

①本罪名是由《刑法》第 193 条规定的。该条规定:“有下列情形之一,以非法占有为目的,诈骗银行或者其他金融机构的贷款,数额较大的,处五年以下有期徒刑或者拘役,并处二万元以上二十万元以下罚金;数额巨大或者有其他严重情节的,处五年以上十年以下有期徒刑,并处五万元以上五十万元以下罚金;数额特别巨大或者有其他特别严重情节的,处十年以上有期徒刑或者无期徒刑,并处五万元以上五十万元以下罚金或者没收财产:

(一)编造引进资金、项目等虚假理由的;

(二)使用虚假的经济合同的;

(三)使用虚假的证明文件的;

（四）使用虚假的产权证明作担保或者超出抵押物价值重复担保的；

（五）以其他方法诈骗贷款的。”

②2010年5月7日最高人民检察院、公安部《关于公安机关管辖的刑事案件立案追诉标准的规定（二）》第50条规定：“以非法占有为目的，诈骗银行或者其他金融机构的贷款，数额在二万元以上的，应予立案追诉。”

（3）构成要件

第一，本罪侵犯的客体是双重客体：一方面侵犯了国家对贷款的钱款所有权；另一方面侵犯了国家的贷款管理制度。

第二，客观方面表现为行为人具有以非法占有为目的，诈骗银行或者其他金融机构贷款的行为。本罪具有以下几种行为方式：一是编造引进资金、项目等虚假理由。二是使用虚假的经济合同。三是使用虚假的证明文件。四是以非法占有为目的，使用虚假的产权证明作担保，或者超出抵押物价值重复担保。这里所说的“产权证明”，是指能够证明行为人对房屋等不动产或者汽车、货币、可及时兑付的票据等动产具有所有权的一切文件。五是以其他方法诈骗银行或者其他金融机构贷款的。

第三，本罪的主体是一般主体，即年满16周岁，具有刑事责任能力的自然人。

第四，主观方面是故意，而且行为人具有非法占有银行或者其他金融机构贷款的目的。贷款是虚假的，行为人以贷款为名，实际上是以占有贷款为目的。

（4）罪名界定

第一，本罪与贷款纠纷有本质区别。合法取得贷款以后，没有按照规定的用途使用贷款，到期没有归还贷款的，其原因很复杂，不能一律以贷款诈骗罪定罪处罚。对于确有证据证明行为人不具有非法占有的目的，因为不具备贷款的条件而采取了欺骗手段获取贷款，案发时有能力履行还债义务，或者案发时不能归还贷款，是因为意志以外的原因，如经营不善、被骗、市场风险、自然灾害等，在这种情况下，行为人主观上有一定责任，但并不是故意诈骗贷款，不能认为是贷款诈骗行为。有的是对自己的偿还能力估计过高，以至于不能按时偿还贷款，虽然主观上有过失，但也不能以贷款诈骗犯罪论处。只有那些以非法占有为目的，采取欺骗方法，骗取贷款的行为，数额较大的，才能构成贷款诈骗罪。有些贷款人在获得贷款以后，长期拖欠不还，这容易与贷款诈骗混为一谈。在区分贷款诈骗与借款纠纷的时候，应当注意以下四点：一是要看行为人在申请贷款时，严重履约能力不足的事实是否已经存在，行为人对此是否清楚。如果无法履约的原因形成于获得贷款以后，或者行为人根本无法预料到这一点，即使到期不还，也不能认为是贷款诈骗，而应当以借款纠纷处理。二是要看行为人获取贷款的用途，是否积极将贷款用于借贷合同所规定的用途。三是要看行为人于贷款到期以后，是否积极偿还。如果仅仅口头上承认欠款，而实际上没有积极筹款准备归还的行为，也不能证明行为人没有诈骗的故意。四是将这些因素综合起来考虑，才能得出正确结论。

第二，本罪与普通诈骗罪的区别是犯罪对象不同。前者的对象是银行或者其他金融机构的贷款，侵犯的客体不但是贷款所有权，而且扰乱了金融机构的贷款秩序。

第三，单位不能构成本罪的主体。根据《刑法》第30条和第193条的规定，单位不构成贷款诈骗罪。对于单位实施的贷款诈骗行为，不能以贷款诈骗罪定罪处罚，也不能以贷款诈骗罪追究直接负责的主管人员和其他直接责任人员的刑事责任。

（5）量刑幅度

根据《刑法》第193条的规定，对本罪的处罚分以下3个档次：

一是数额较大的，处5年以下有期徒刑或者拘役，并处2万元以上20万元以下罚金。

二是数额巨大或者有其他严重情节的,处5年以上10年以下有期徒刑,并处5万元以上50万元以下罚金。

三是数额特别巨大,或者有其他特别严重情节的,处10年以上有期徒刑或者无期徒刑,并处5万元以上50万元以下罚金或者没收财产。

3. 票据诈骗罪(第194条第1款)

(1)罪名概念

票据诈骗罪,是指以非法占有为目的,进行金融票据诈骗活动,数额较大的行为。

(2)法律规定

①本罪名是由《刑法》第194条第1款规定的。《刑法》第194条规定:"有下列情形之一,进行金融票据诈骗活动,数额较大的,处五年以下有期徒刑或者拘役,并处二万元以上二十万元以下罚金;数额巨大或者有其他严重情节的,处五年以上十年以下有期徒刑,并处五万元以上五十万元以下罚金;数额特别巨大或者有其他特别严重情节的,处十年以上有期徒刑或者无期徒刑,并处五万元以上五十万元以下罚金或者没收财产:

(一)明知是伪造、变造的汇票、本票、支票而使用的;

(二)明知是作废的汇票、本票、支票而使用的;

(三)冒用他人的汇票、本票、支票的;

(四)签发空头支票或者与其预留印鉴不符的支票,骗取财物的;

(五)汇票、本票的出票人签发无资金保证的汇票、本票或者在出票时作虚假记载,骗取财物的。

使用伪造、变造的委托收款凭证、汇款凭证、银行存单等其他银行结算凭证的,依照前款的规定处罚。"

《刑法》第200条规定:"单位犯本节第一百九十四条、第一百九十五条规定之罪的,对单位判处罚金,并对其直接负责的主管人员和其他直接责任人员,处五年以下有期徒刑或者拘役,可以并处罚金;数额巨大或者有其他严重情节的,处五年以上十年以下有期徒刑,并处罚金;数额特别巨大或者有其他特别严重情节的,处十年以上有期徒刑或者无期徒刑,并处罚金。"

②2010年5月7日最高人民检察院、公安部《关于公安机关管辖的刑事案件立案追诉标准的规定(二)》第51条规定:"进行金融票据诈骗活动,涉嫌下列情形之一的,应予立案追诉:

(一)个人进行金融票据诈骗,数额在一万元以上的;

(二)单位进行金融票据诈骗,数额在十万元以上的。"

(3)构成要件

第一,本罪侵犯的客体是双重客体,一方面侵犯了他人财产所有权,另一方面侵犯了金融票据管理制度。

第二,客观方面表现为实施金融票据诈骗活动的行为。具体有以下几种情形:一是明知是伪造、变造的汇票、本票、支票而使用。二是明知是作废的汇票、本票、支票而使用。三是冒用他人的汇票、本票、支票。四是签发空头支票或者与其预留印鉴不符的支票,骗取财物。五是汇票、本票的出票人签发无资金保证的汇票、本票或者在出票时作虚假记载,骗取财物。六是使用伪造、变造的委托收款凭证、汇款凭证、银行存单等其他银行结算凭证。

第三,本罪的主体是一般主体,即凡是达到刑事责任年龄,具备刑事责任能力的人都可以构成本罪。单位也可以构成本罪的主体。

第四,主观方面是故意。使用伪造、变造的汇票、支票、本票,使用作废的汇票、本票、支票构成本罪的，必须是明知这些汇票、本票、支票是伪造、变造或者作废的，否则不构成本罪。

(4)罪名界定

本罪与伪造、变造金融票证罪的区别是：伪造、变造金融票证罪所惩治的是伪造、变造行为本身；而票据诈骗罪所惩治的是使用这些金融票据进行诈骗的行为。如果行为人仅仅伪造、变造金融票证，而没有使用的，则这种行为仅仅构成伪造、变造金融票证罪。但在实践中，这两种犯罪又往往交织在一起，表现为行为人先伪造、变造汇票、本票、支票或者其他银行结算凭证，然后使用它来进行诈骗活动。这种情形实际上是一种牵连犯的形态，应当按照处理牵连犯的原则，选择其中一个重罪处罚，不实行数罪并罚。

(5)量刑幅度

根据《刑法》的规定，对本罪的处罚分以下4个档次：

一是根据《刑法》第194条的规定，对于数额较大的，处5年以下有期徒刑或者拘役，并处2万元以上20万元以下罚金。

二是数额巨大或者有其他严重情节的，处5年以上10年以下有期徒刑，并处5万元以上50万元以下罚金。

三是数额特别巨大，或者有其他特别严重情节的，处10年以上有期徒刑或者无期徒刑，并处5万元以上50万元以下罚金或者没收财产。

四是根据《刑法》第200条的规定，单位犯本罪的，对单位判处罚金，并且对其直接负责的主管人员和其他直接责任人员，处5年以下有期徒刑或者拘役，可以并处罚金；数额巨大或者有其他严重情节的，处5年以上10年以下有期徒刑，并处罚金；数额特别巨大或者有其他特别严重情节的，处10年以上有期徒刑或者无期徒刑，并处罚金。

4. 金融凭证诈骗罪(第194条第2款)

(1)罪名概念

金融凭证诈骗罪，是指以非法占有为目的，使用伪造、变造的委托收款凭证、汇款凭证、银行存单等其他银行结算凭证，诈骗数额较大的行为。

(2)法律规定

①本罪名是由《刑法》第194条第2款规定的。《刑法》第194条第2款规定："有下列情形之一，进行金融票据诈骗活动，数额较大的，处五年以下有期徒刑或者拘役，并处二万元以上二十万元以下罚金；数额巨大或者有其他严重情节的，处五年以上十年以下有期徒刑，并处五万元以上五十万元以下罚金；数额特别巨大或者有其他特别严重情节的，处十年以上有期徒刑或者无期徒刑，并处五万元以上五十万元以下罚金或者没收财产：

(一)明知是伪造、变造的汇票、本票、支票而使用的；

(二)明知是作废的汇票、本票、支票而使用的；

(三)冒用他人的汇票、本票、支票的；

(四)签发空头支票或者与其预留印鉴不符的支票，骗取财物的；

(五)汇票、本票的出票人签发无资金保证的汇票、本票或者在出票时作虚假记载，骗取财物的。

使用伪造、变造的委托收款凭证、汇款凭证、银行存单等其他银行结算凭证的，依照前款的规定处罚。"

《刑法》第200条规定："单位犯本节第一百九十四条、第一百九十五条规定之罪的，对单位判处罚金，并对其直接负责的主管人员和其他直接责任人员，处五年以下有期徒刑或者拘役，可以并处罚金;数额巨大或者有其他严重情节的,处五年以上十年以下有期徒刑,并处罚金;数额特别巨大或者有其他特别严重情节的,处十年以上有期徒刑或者无期徒刑,并处罚金。”

②2010 年 5 月 7 日最高人民检察院、公安部《关于公安机关管辖的刑事案件立案追诉标准的规定(二)》第 52 条规定:“使用伪造、变造的委托收款凭证、汇款凭证、银行存单等其他银行结算凭证进行诈骗活动,涉嫌下列情形之一的,应予立案追诉:

(一)个人进行金融凭证诈骗,数额在一万元以上的;

(二)单位进行金融凭证诈骗,数额在十万元以上的。”

(3)构成要件

第一,本罪侵犯的客体是双重客体,一方面侵犯了公私财物所有权,另一方面侵犯了金融凭证管理制度。

第二,客观方面表现为使用伪造、变造的委托收款凭证、汇款凭证、银行存单等其他银行结算凭证进行诈骗活动,涉嫌下列情形之一的行为:①个人进行金融凭证诈骗,数额在 1 万元以上的;②单位进行金融凭证诈骗,数额在 10 万元以上的。

第三,本罪的主体是一般主体,自然人和单位都可以成为本罪的主体。

第四,主观方面是故意。

(4)罪名界定

认定本罪要注意以下问题:一是要与《刑法》第 177 条规定的伪造、变造金融票证罪相区别。伪造、变造金融票证罪所处罚的是伪造、变造金融票证的犯罪行为。而金融凭证诈骗罪所处罚的是使用这些伪造、变造的金融凭证进行诈骗的行为。二是如果行为人只是伪造、变造而没有使用,则构成前罪;伪造、变造而又使用的才构成后罪。对既伪造、变造,又使用的,应当按照其中的重罪处罚,即应当以金融凭证诈骗罪处罚,而不实行数罪并罚。三是对明知他人是为了进行诈骗而为他人伪造、变造金融凭证的,应当以金融凭证诈骗罪的共犯,比照主犯从轻处罚。

(5)量刑幅度

根据《刑法》第 194 条的规定,对犯本罪的处罚分以下 4 个档次:

一是诈骗数额较大的,处 5 年以下有期徒刑或者拘役,并处 2 万元以上 20 万元以下罚金。

二是诈骗数额巨大或者有其他严重情节的,处 5 年以上 10 年以下有期徒刑,并处 5 万元以上 50 万元以下罚金。

三是诈骗数额特别巨大或者有其他特别严重情节的,处 10 年以上有期徒刑或者无期徒刑,并处 5 万元以上 50 万元以下罚金或者没收财产。

四是根据《刑法》第 200 条的规定,单位犯本罪的,对单位判处罚金,并且对其直接负责的主管人员和其他直接责任人员,处 5 年以下有期徒刑或者拘役,可以并处罚金;数额巨大或者有其他严重情节的,处 5 年以上 10 年以下有期徒刑,并处罚金;数额特别巨大或者有其他特别严重情节的,处 10 年以上有期徒刑或者无期徒刑,并处罚金。

5. 信用证诈骗罪(第 195 条)

(1)罪名概念

信用证诈骗罪,是指使用伪造、变造的信用证或者附随单据、文件,使用作废的信用证、骗取信用证以及其他方法,进行信用证诈骗活动的犯罪行为。

(2)法律规定

①本罪名是由《刑法》第 195 条规定的。该条规定:“有下列情形之一,进行信用证诈骗活动的,处五年以下有期徒刑或者拘役,并处二万元以上二十万元以下罚金;数额巨大或者有其他严

重情节的，处五年以上十年以下有期徒刑，并处五万元以上五十万元以下罚金；数额特别巨大或者有其他特别严重情节的，处十年以上有期徒刑或者无期徒刑，并处五万元以上五十万元以下罚金或者没收财产：

（一）使用伪造、变造的信用证或者附随的单据、文件的；

（二）使用作废的信用证的；

（三）骗取信用证的；

（四）以其他方法进行信用证诈骗活动的。”

《刑法》第200条规定：“单位犯本节第一百九十四条、第一百九十五条规定之罪的，对单位判处罚金，并对其直接负责的主管人员和其他直接责任人员，处五年以下有期徒刑或者拘役，可以并处罚金；数额巨大或者有其他严重情节的，处五年以上十年以下有期徒刑，并处罚金；数额特别巨大或者有其他特别严重情节的，处十年以上有期徒刑或者无期徒刑，并处罚金。”

②2010年5月7日最高人民检察院、公安部《关于公安机关管辖的刑事案件立案追诉标准的规定（二）》第53条规定：“进行信用证诈骗活动，涉嫌下列情形之一的，应予立案追诉：（一）使用伪造、变造的信用证或者附随的单据、文件的；（二）使用作废的信用证的；（三）骗取信用证的；（四）以其他方法进行信用证诈骗活动的。”

（3）构成要件

第一，本罪侵犯的客体是国际金融、贸易秩序和他人的财产所有权。犯罪对象是信用证。

所谓信用证，是指银行应买方要求，按照买方所指定的条件，开给卖方的一种保证付款的凭证。信用证上规定一定的经营及付款期限。具体过程是：买方请求银行向卖方开出信用证，并把货款的一部分或者全部交付银行；银行在信用证上注明支付货款时所应当审查的事项，主要审查证明发货的单据；卖方收到信用证后，按照信用证所列条件发货后，凭信用证及发货单据，要求银行付款。信用证结算方式在异地贸易，特别是国际贸易中广泛使用，是当今世界各国进出口贸易中的一种主要结算方式。

第二，客观方面表现为利用信用证诈骗的行为。这类行为具体表现为以下几个方面：一是使用伪造、变造的信用证或者附随的单据、文件。二是使用作废的信用证。三是骗取信用证。四是以其他方法进行信用证诈骗活动。

第三，本罪的主体是自然人，即凡是达到刑事责任年龄，具备刑事责任能力的人均可构成本罪主体。根据《刑法》的规定，单位也可以构成本罪的主体。

第四，主观方面是故意，过失不能构成本罪。

（4）罪名界定

第一，要划清罪与非罪的界限。这要从以下两方面来看：首先是信用证诈骗罪一旦发生，可能造成的后果非常严重，因此《刑法》规定，只要行为人实施了信用证诈骗，即使没有造成实际危害后果，也构成本罪。其次是构成本罪在主观上必须是故意，如果行为人在不明真相的情况下，使用了伪造、变造的信用证或附随单据、文件以及作废的信用证，不能构成本罪。

第二，本罪与诈骗罪的不同点是：一是诈骗罪主体仅仅是自然人；而信用证诈骗罪主体不仅包括自然人，还包括单位。二是诈骗罪犯罪手段多样化；而信用证诈骗罪仅仅是利用信用证进行诈骗的犯罪。

（5）量刑幅度

对本罪的处罚分以下4个档次：

一是构成本罪的，处5年以下有期徒刑或者拘役，并处2万元以上20万元以下罚金。

二是数额巨大或者有其他严重情节的，处5年以上10年以下有期徒刑，并处5万元以上50

万元以下罚金。

三是数额特别巨大,或者有其他特别严重情节的,处 10 年以上有期徒刑、无期徒刑,可以并处 5 万元以上 50 万元以下罚金或者没收财产。

四是根据《刑法》第 200 条的规定,单位犯本罪的,对单位判处罚金,并且对其直接负责的主管人员和其他直接责任人员,处 5 年以下有期徒刑或者拘役,可以并处罚金;数额巨大或者有其他严重情节的,处 5 年以上 10 年以下有期徒刑,并处罚金;数额特别巨大或者有其他特别严重情节的,处 10 年以上有期徒刑或者无期徒刑,并处罚金。

6. 信用卡诈骗罪(第 196 条)

(1)罪名概念

信用卡诈骗罪,是指以非法占有为目的,利用信用卡进行诈骗活动,数量较大的行为。

(2)法律规定

①本罪名是由《刑法》第 196 条规定的。该条规定:“有下列情形之一,进行信用卡诈骗活动,数额较大的,处五年以下有期徒刑或者拘役,并处二万元以上二十万元以下罚金;数额巨大或者有其他严重情节的,处五年以上十年以下有期徒刑,并处五万元以上五十万元以下罚金;数额特别巨大或者有其他特别严重情节的,处十年以上有期徒刑或者无期徒刑,并处五万元以上五十万元以下罚金或者没收财产:

(一)使用伪造的信用卡,或者使用以虚假的身份证明骗领的信用卡的;

(二)使用作废的信用卡的;

(三)冒用他人信用卡的;

(四)恶意透支的。

前款所称恶意透支,是指持卡人以非法占有为目的,超过规定限额或者规定期限透支,并且经发卡银行催收后仍不归还的行为。

盗窃信用卡并使用的,依照本法第二百六十四条的规定定罪处罚。”

②2010 年 5 月 7 日最高人民检察院、公安部《关于公安机关管辖的刑事案件立案追诉标准的规定(二)》第 54 条规定:“进行信用卡诈骗活动,涉嫌下列情形之一的,应予立案追诉:

(一)使用伪造的信用卡,或者使用以虚假的身份证明骗领的信用卡,或者使用作废的信用卡,或者冒用他人信用卡,进行诈骗活动,数额在五千元以上的;

(二)恶意透支,数额在一万元以上的。

本条规定的‘恶意透支’,是指持卡人以非法占有为目的,超过规定限额或者规定期限透支,并且经发卡银行两次催收后超过三个月仍不归还的。

恶意透支,数额在一万元以上不满十万元的,在公安机关立案前已偿还全部透支款息,情节显著轻微的,可以依法不追究刑事责任。”

③2009 年 12 月 3 日最高人民法院、最高人民检察院《关于办理妨害信用卡管理刑事案件具体应用法律若干问题的解释》相关规定如下:

“第五条　使用伪造的信用卡、以虚假的身份证明骗领的信用卡、作废的信用卡或者冒用他人信用卡,进行信用卡诈骗活动,数额在 5000 元以上不满 5 万元的,应当认定为刑法第一百九十六条规定的‘数额较大’;数额在 5 万元以上不满 50 万元的,应当认定为刑法第一百九十六条规定的‘数额巨大’;数额在 50 万元以上的,应当认定为刑法第一百九十六条规定的‘数额特别巨大’。

刑法第一百九十六条第一款第(三)项所称‘冒用他人信用卡’,包括以下情形:

（一）拾得他人信用卡并使用的；

（二）骗取他人信用卡并使用的；

（三）窃取、收买、骗取或者以其他非法方式获取他人信用卡信息资料，并通过互联网、通讯终端等使用的；

（四）其他冒用他人信用卡的情形。

第六条　持卡人以非法占有为目的，超过规定限额或者规定期限透支，并且经发卡银行两次催收后超过 3 个月仍不归还的，应当认定为刑法第一百九十六条规定的‘恶意透支’。

有以下情形之一的，应当认定为刑法第一百九十六条第二款规定的‘以非法占有为目的’：

（一）明知没有还款能力而大量透支，无法归还的；

（二）肆意挥霍透支的资金，无法归还的；

（三）透支后逃匿、改变联系方式，逃避银行催收的；

（四）抽逃、转移资金，隐匿财产，逃避还款的；

（五）使用透支的资金进行违法犯罪活动的；

（六）其他非法占有资金，拒不归还的行为。

恶意透支，数额在 1 万元以上不满 10 万元的，应当认定为刑法第一百九十六条规定的‘数额较大’；数额在 10 万元以上不满 100 万元的，应当认定为刑法第一百九十六条规定的‘数额巨大’；数额在 100 万元以上的，应当认定为刑法第一百九十六条规定的‘数额特别巨大’。

恶意透支的数额，是指在第一款规定的条件下持卡人拒不归还的数额或者尚未归还的数额。不包括复利、滞纳金、手续费等发卡银行收取的费用。

恶意透支应当追究刑事责任，但在公安机关立案后人民法院判决宣告前已偿还全部透支款息的，可以从轻处罚，情节轻微的，可以免除处罚。恶意透支数额较大，在公安机关立案前已偿还全部透支款息，情节显著轻微的，可以依法不追究刑事责任。

第七条第三款　持卡人以非法占有为目的，采用上述方式恶意透支，应当追究刑事责任的，依照刑法第一百九十六条的规定，以信用卡诈骗罪定罪处罚。

第八条　单位犯本解释第一条、第七条规定的犯罪的，定罪量刑标准依照各该条的规定执行。”

（3）构成要件

第一，本罪侵犯的客体是复杂客体，包括公私财产所有权和国家的金融管理秩序。

第二，客观方面表现为利用信用卡进行诈骗活动的行为。具体有以下几种方式：一是使用伪造的信用卡。“使用”，包括用信用卡购买商品、在银行支取现金以及接受用信用卡进行支付结算的各种服务。二是使用作废的信用卡。“作废的信用卡”，是指使用因法定的原因失去效用的信用卡。三是冒用他人的信用卡。即是非持卡人以持卡人的名义，使用持卡人的信用卡而骗取财物的行为。例如，使用拣到的信用卡；未经持卡人同意，使用为持卡人代为保管的信用卡进行消费的等。四是使用信用卡进行恶意透支。“透支”，是银行业务中的术语，是指在银行受理账户的客户，在账户上已经没有资金或者资金不足的情况下，经过银行批准，允许客户以超过其账上资金的额度支用款项的行为。“透支”的实质，是指银行借钱给客户。信用卡的透支，是指持卡人在其发卡银行信用卡账户上资金不足或者已经没有资金的情况下，经过银行批准，持卡人仍然可以使用该信用卡，并进行消费。信用卡的透支，实质上是银行向持卡人提供的消费信贷，即允许持卡人在资金不足的情况下，先进行消费，以后再由持卡人补足资金，并按规定支付一定的利息。

第三，本罪的主体是一般主体，即凡是达到法定刑事责任年龄，具有刑事责任能力的人都可以成为本罪的主体。在司法实践中，有的外国人在中国利用信用卡进行诈骗犯罪活动，对外国人同样应当以本罪处罚。

第四，主观方面是故意，并且具有利用信用卡进行诈骗财物的目的。

（4）罪名界定

第一，关于盗窃信用卡并使用的定罪问题。根据《刑法》第196条第3款的规定，盗窃他人的信用卡并且使用该信用卡进行诈骗取得财物的，应构成盗窃罪。行为人持所窃取的银行空白支票用假冒身份等方式骗取财物的行为，不构成单独的诈骗。尽管信用卡不同于银行支票，但从盗窃行为的过程来看，两种盗窃行为的性质并没有原则差别，都应当认定为盗窃。盗窃信用卡骗取财物，是盗窃犯罪的继续，因此不另定诈骗罪，而应当以盗窃罪一个罪来定罪。对这一点，最高人民法院于1986年11月3日对上海市高级人民法院就王平盗窃信用卡骗取物品如何定性问题请示的答复中已有明确解释。

第二，对伪造信用卡并使用伪造的信用卡诈骗行为的定性问题。行为人伪造信用卡，然后又使用伪造的信用卡，在这种情况下，行为人伪造信用卡构成伪造、变造金融票证罪；行为人使用伪造的信用卡构成信用卡诈骗罪，两种犯罪形成牵连关系，应当选择其中的一个重罪进行处罚。根据《刑法》的规定，两种犯罪的法定刑相同，应当以牵连犯中的结果行为即以信用卡诈骗罪处罚。

第三，要把信用证诈骗罪与信用卡诈骗罪相区别。这两种犯罪的区别主要表现在犯罪手段上。信用证诈骗罪是进行诈骗时所使用的是信用证；而信用卡诈骗罪进行诈骗时所使用的是信用卡，这是两者的根本区别。另外，在犯罪主体方面也有区别，信用证诈骗罪的犯罪主体包括自然人和单位，也包括外国人和无国籍人。而信用卡诈骗罪的主体是一般主体，单位不能构成这种犯罪的主体。

（5）量刑幅度

根据《刑法》第196条的规定，对本罪的处罚分以下3个档次：

一是数额较大的，处5年以下有期徒刑或者拘役，并处2万元以上20万元以下罚金。

二是数额巨大或者有其他严重情节的，处5年以上10年以下有期徒刑，并处5万元以上50万元以下罚金。

三是数额特别巨大，或者有其他特别严重情节的，处10年以上有期徒刑或者无期徒刑，并处5万元以上50万元以下罚金或者没收财产。

7. 有价证券诈骗罪（第197条）

（1）罪名概念

有价证券诈骗罪，是指使用伪造、变造的国库券或者国家发行的其他有价证券，进行诈骗活动，数额较大的行为。

（2）法律规定

①本罪名是由《刑法》第197条规定的。该条规定："使用伪造、变造的国库券或者国家发行的其他有价证券，进行诈骗活动，数额较大的，处五年以下有期徒刑或者拘役，并处二万元以上二十万元以下罚金；数额巨大或者有其他严重情节的，处五年以上十年以下有期徒刑，并处五万元以上五十万元以下罚金；数额特别巨大或者有其他特别严重情节的，处十年以上有期徒刑或者无期徒刑，并处五万元以上五十万元以下罚金或者没收财产。"

②2010年5月7日最高人民检察院、公安部《关于公安机关管辖的刑事案件立案追诉标准的规定（二）》第55条规定："使用伪造、变造的国库券或者国家发行的其他有价证券进行诈骗活动，数额在一万元以上的，应予立案追诉。"

(3)构成要件

第一,本罪侵犯的客体是复杂客体,包括国家对有价证券的正常管理活动和公私财产的所有权。犯罪对象,必须是国库券和国家发行的其他有价证券。

第二,客观方面表现为使用伪造、变造的国库券或者国家发行的其他有价证券进行诈骗活动的行为。

第三,本罪的主体是一般主体,即年满16周岁,具有刑事责任能力的自然人。

第四,主观方面是故意,即行为人明知使用的是伪造、变造的有价证券,出自非法占有公私财物的目的,进行诈骗犯罪活动,从而骗取数额较大的公私财物。

(4)罪名界定

第一,认定本罪首先要看行为人主观上必须明知是伪造、变造的国库券或者国家发行的其他有价证券而使用。如果行为人不知道其所使用的国库券或者其他有价证券是伪造、变造的,因为在主观方面缺少故意而不构成本罪。其次,行为人使用伪造、变造的国库券或者国家发行的其他有价证券,骗取财物,只有数额较大的,才能构成犯罪。如果骗取的数额没有达到法定的数额较大,可以由有关部门给予行政处罚,而不能以本罪论处。

第二,本罪与诈骗罪的区别是:一是客观方面不同。本罪是使用特殊的手段,即使用伪造、变造的国库券和国家发行的其他有价证券去进行诈骗活动;而诈骗罪是使用虚构事实或者隐瞒真相的方法,使财物所有人、保管人产生错觉,信以为真,自愿地交出财物。诈骗罪所使用的方法,在客观上,比本罪要广泛得多。二是侵犯的客体不同。诈骗罪侵犯的客体是公私财产所有权;而本罪侵犯的客体是国家对有价证券的管理秩序。

第三,本罪与伪造、变造国家有价证券罪的区别是:一是侵犯的客体不同。伪造、变造国家有价证券罪侵犯的是国家对有价证券的管理秩序;而本罪侵犯的除了国家对有价证券的管理活动外,还侵犯了公私财产的所有权。二是在客观方向表现不同。伪造、变造国家有价证券表现为伪造、变造国家有价证券的行为;而本罪则是使用伪造、变造有价证券进行诈骗活动,也就是说,本罪是建立在伪造、变造有价证券这个客观事实的基础上,如果行为人使用的不是伪造、变造的有价证券,而是使用其他方法进行诈骗活动,则不构成本罪,而构成诈骗罪。

(5)量刑幅度

根据《刑法》第197条的规定,对本罪的处罚分以下3个档次:

一是数额较大的,处5年以下有期徒刑或者拘役,并处2万元以上20万元以下罚金。

二是数额巨大或者有其他严重情节的,处5年以上10年以下有期徒刑,并处5万元以上50万元以下罚金。

三是数额特别巨大或者有其他特别严重情节的,处10年以上有期徒刑或者无期徒刑,并处5万元以上50万以下罚金或者没收财产。

8. 保险诈骗罪(第198条)

(1)罪名概念

保险诈骗罪,是指投保人、被保险人、受益人故意虚构保险标的,或者对已经发生的保险事故编造虚假原因,或者夸大损失程度,或者编造没有发生的保险事故,或者故意制造保险事故,骗取数额较大的保险金的行为。

(2)法律规定

①本罪名是由《刑法》第198条规定的。该条规定:“有下列情形之一,进行保险诈骗活动,数额较大的,处五年以下有期徒刑或者拘役,并处一万元以上十万元以下罚金;数额巨大或者有

其他严重情节的，处五年以上十年以下有期徒刑，并处二万元以上二十万元以下罚金；数额特别巨大或者有其他特别严重情节的，处十年以上有期徒刑，并处二万元以上二十万元以下罚金或者没收财产：

（一）投保人故意虚构保险标的，骗取保险金的；

（二）投保人、被保险人或者受益人对发生的保险事故编造虚假的原因或者夸大损失的程度，骗取保险金的；

（三）投保人、被保险人或者受益人编造未曾发生的保险事故，骗取保险金的；

（四）投保人、被保险人故意造成财产损失的保险事故，骗取保险金的；

（五）投保人、受益人故意造成被保险人死亡、伤残或者疾病，骗取保险金的。

有前款第四项、第五项所列行为，同时构成其他犯罪的，依照数罪并罚的规定处罚。

单位犯第一款罪的，对单位判处罚金，并对其直接负责的主管人员和其他直接责任人员，处五年以下有期徒刑或者拘役；数额巨大或者有其他严重情节的，处五年以上十年以下有期徒刑；数额特别巨大或者有其他特别严重情节的，处十年以上有期徒刑。

保险事故的鉴定人、证明人、财产评估人故意提供虚假的证明文件，为他人诈骗提供条件的，以保险诈骗的共犯论处。”

②2010 年 5 月 7 日最高人民检察院、公安部《关于公安机关管辖的刑事案件立案追诉标准的规定（二）》第 56 条规定：“进行保险诈骗活动，涉嫌下列情形之一的，应予立案追诉：（一）个人进行保险诈骗，数额在一万元以上的；（二）单位进行保险诈骗，数额在五万元以上的。”

（3）构成要件

第一，本罪侵犯的客体是复杂客体，包括国家对保险事业的管理秩序和公共财产所有权。但主要侵犯的客体是国家的保险制度和秩序。

第二，客观方面表现为利用保险合同进行诈骗的行为。其表现形式多种多样，主要有：一是投保人故意虚构保险标的，骗取保险金。二是对已经发生的保险事故编造虚假的原因，或者夸大损失程度，骗取保险金。三是编造没有发生的保险事故，骗取保险金。四是故意制造财产损失的保险事故，骗取保险金。五是故意造成被保险人死亡、伤残或者疾病，骗取保险金。

第三，本罪的主体是特殊主体，即投保人、被保险人、受益人（包括自然人和法人）。

第四，主观方面是故意，并且要有诈骗保险金的意图。

（4）罪名界定

第一，要注意划清本罪的一罪与数罪的界限。根据《刑法》第 198 条第 2 款的规定，犯本罪的同时又触犯了其他犯罪的，应当依照《刑法》的规定实行数罪并罚。这是因为行为人在实施保险诈骗犯罪的过程中，其行为有的可能触犯刑法的其他条款。例如，行为人采取放火、爆炸等方法制造保险事故的，无论其保险诈骗行为是否继续实施，是否得逞，其放火、爆炸行为已经触犯了《刑法》关于危害公共安全罪的规定。这样一来，行为人的行为就可能在保险诈骗罪之外，还构成其他犯罪，对这种境况，应当按照《刑法》的规定实行数罪并罚。如果行为人采取故意伤害或者谋杀等手段，这就同时又构成了保险诈骗罪和故意伤害罪、故意杀人罪等罪，理应数罪并罚。应当注意的是，在有些情况下，行为人为了达到保险诈骗的目的，其采取的方法本身已经构成独立的犯罪，如故意杀人、放火等。其所进行的保险诈骗行为由于各种原因没有或者没能继续实施下去，或者没能够得逞，在这种情况下，其保险诈骗罪虽然不能成立，但并不能因此而影响对其追究故意杀人、放火罪的刑事责任。

第二，关于保险诈骗罪共犯的认定。根据《刑法》第 198 条第 4 款的规定，保险事故的鉴定人、证明人、财产评估人故意提供虚假的证明文件，为他人诈骗提供条件的，以保险诈骗的共犯论处。这是因为他们所提供的鉴定、证明和财产评估方面的材料，直接影响保险事故调查结果的真伪。至于他们的行为是否构成犯罪，是以保险诈骗已经构成犯罪为前提条件。如果进行保险诈骗的人，还没有骗取保险金，不构成犯罪时，提供虚假文件的鉴定人、证明人、财产评估人的行为也不应当视为犯罪。当然可以采取其他方法予以制裁，如追究其行政责任等。

(5) 量刑幅度

根据《刑法》第 198 条的规定，对本罪的处罚分以下 4 个档次：

一是数额较大的，处 5 年以下有期徒刑或者拘役，并处 1 万元以上 10 万元以下罚金。

二是数额巨大或者有其他严重情节的，处 5 年以上 10 年以下有期徒刑，并处 2 万元以上 20 万元以下罚金。

三是数额特别巨大，或者有其他特别严重情节的，处 10 年以上有期徒刑，并处 2 万元以上 20 万元以下罚金或者没收财产。

四是单位犯本罪的，对单位判处罚金，并且对其直接负责的主管人员和其他直接责任人员，处 5 年以下有期徒刑或者拘役；数额巨大或有其他严重情节的，处 5 年以上 10 年以下有期徒刑；数额特别巨大或有其他特别严重情节的，判处 10 年以上有期徒刑。

(六)危害税收征管罪

1. 逃税罪(第 201 条)

(1) 罪名概念

逃税罪，以前称偷税罪，是指纳税人违反国家税收法规，采取欺骗、隐瞒手段，进行虚假的纳税申报或者不申报，逃避缴纳税款数额较大，占应纳税额的 10% 以上的，或者扣缴义务人采取上述手段，不缴或者少缴已扣、已收税款，数额较大的行为。

(2) 法律规定

①本罪名是由《刑法》第 201 条规定的。该条规定："纳税人采取欺骗、隐瞒手段进行虚假纳税申报或者不申报，逃避缴纳税款数额较大并且占应纳税额百分之十以上的，处三年以下有期徒刑或者拘役，并处罚金；数额巨大并且占应纳税额百分之三十以上的，处三年以上七年以下有期徒刑，并处罚金。

扣缴义务人采取前款所列手段，不缴或者少缴已扣、已收税款，数额较大的，依照前款的规定处罚。

对多次实施前两款行为，未经处理的，按照累计数额计算。

有第一款行为，经税务机关依法下达追缴通知后，补缴应纳税款，缴纳滞纳金，已受行政处罚的，不予追究刑事责任；但是，五年内因逃避缴纳税款受过刑事处罚或者被税务机关给予二次以上行政处罚的除外。"

《刑法》第 211 条规定："单位犯本节第二百零一条、第二百零三条、第二百零四条、第二百零七条、第二百零八条、第二百零九条规定之罪的，对单位判处罚金，并对其直接负责的主管人员和其他直接责任人员，依照各该条的规定处罚。"

《刑法》第 212 条规定："犯本节第二百零一条至第二百零五条规定之罪，被判处罚金、没收财产的，在执行前，应当先由税务机关追缴税款和所骗取的出口退税款。"

②2010 年 5 月 7 日最高人民检察院、公安部《关于公安机关管辖的刑事案件立案追诉标准的规定(二)》第 57 条规定："逃避缴纳税款，涉嫌下列情形之一的，应予立案追诉：

（一）纳税人采取欺骗、隐瞒手段进行虚假纳税申报或者不申报，逃避缴纳税款，数额在五万元以上并且占各税种应纳税总额百分之十以上，经税务机关依法下达追缴通知后，不补缴应纳税款、不缴纳滞纳金或者不接受行政处罚的；

（二）纳税人五年内因逃避缴纳税款受过刑事处罚或者被税务机关给予二次以上行政处罚，又逃避缴纳税款，数额在五万元以上并且占各税种应纳税总额百分之十以上的；

（三）扣缴义务人采取欺骗、隐瞒手段，不缴或者少缴已扣、已收税款，数额在五万元以上的。

纳税人在公安机关立案后再补缴应纳税款、缴纳滞纳金或者接受行政处罚的，不影响刑事责任的追究。"

（3）构成要件

第一，本罪侵犯的客体是国家的税收管理制度。

第二，客观方面表现为纳税人违反国家税收法规，采取欺骗、隐瞒手段，进行虚假的纳税申报或者不申报，逃避缴纳税款数额较大，占应纳税额的 10% 以上的，或者扣缴义务人采取上述手段，不缴或者少缴已扣、已收税款，数额较大的行为。具体包括以下几种方式：一是违反了国家税收法规。二是采取了欺骗、隐瞒的手段。三是不缴或者少缴应纳税款，或者已扣、已收税款。四是逃税数额占应纳税额的 10% 以上。对于多次逃税，没有经过处理的，其数额按照累计数额计算。

第三，犯罪主体是特殊主体，只有纳税人和扣缴义务人才能构成本罪的主体。纳税人，是指法律、行政法规规定负有纳税义务的单位和个人。扣缴义务人，是指法律、行政法规规定负有代扣代缴、代收代缴税款义务的单位和个人。

第四，主观方面是故意，并且具有逃避应纳税款或者非法获利的目的。

（4）罪名界定

第一，逃税与漏税性质不同。前者是指纳税人或者扣缴义务人采取欺骗、隐瞒的手段，逃避纳税义务，不缴或者少缴应纳税款，或者已扣、已收税款的行为。后者是指由于纳税人、扣缴义务人的过失而发生漏缴或者少缴应纳税款或者已扣、已收税款的行为。例如，由于不了解、不熟悉税法规则和财务制度，或者因为工作疏忽大意而错用税率，漏报应税项目等。区别这两者的关键是要看行为人主观上是否有故意。漏税是过失行为，不构成犯罪，可以由税务机关依法补征其漏税的税款，给予批评教育，并从漏税之日起按日加收滞纳金。

第二，关于逃税罪的主体问题。从实践及有关规定来看，下列人员都可以成为逃税人：国有企业、集体企业中直接策划、决定、指使和主持进行逃税的人。例如，厂长、经理、会计师、书记、主任或者其他直接参与逃税的人员；私营企业、中外合作企业、中外合资企业、外资企业中直接策划、指使、决定和主持逃税的人员；个体工商户、专业户以及工资、奖金、劳务所得每月收入超过免税数额的个人。税务人员与纳税人相勾结，或者税务人员指使纳税人实施逃税行为的，税务人员与逃税人有共同的逃税故意，在客观上，又有共同的逃税行为，应当认定为逃税罪的共犯。处罚时，要对税务人员从重处罚。除此之外，代征人也可成为逃税罪主体。代征人是指由税法规定，或者由税务部门委托，代表国家税务机关向纳税人征收、代扣、代缴税款的单位或者个人。

第三，要正确认定单位逃税案件中的直接负责的主管人员和其他直接责任人员。这两种人是指那些主管财务、会计的领导者和其他逃税的决策者、组织者和其他积极实施者。对一般的参加者、消极的奉命执行者，不能当作直接责任人员一律追究刑事责任。

（5）量刑幅度

根据《刑法》第 201 条的规定，对本罪的处罚有以下的不同量刑标准：

一是逃避缴纳税款额较大，占应纳税额的 10% 以上，处 3 年以下有期徒刑或者拘役，并处罚金。

二是数额巨大,占应纳税额30%以上,处3年以上7年以下有期徒刑,并处罚金。

三是根据《刑法》第211条的规定,单位犯本罪的,对单位判处罚金,并且对其直接负责的主管人员和其他直接的责任人员,按上述规定处罚。

对于多次偷税,没经处理的,其数额按照累计数额计算。

2. 抗税罪(第202条)

(1)罪名概念

抗税罪,是指纳税人和扣缴义务人以暴力、威胁方法,拒不纳税的行为。

(2)法律规定

①本罪名是由《刑法》第202条规定的。该条规定:"以暴力、威胁方法拒不缴纳税款的,处三年以下有期徒刑或者拘役,并处拒缴税款一倍以上五倍以下罚金;情节严重的,处三年以上七年以下有期徒刑,并处拒缴税款一倍以上五倍以下罚金。"

《刑法》第212条规定:"犯本节第二百零一条至第二百零五条规定之罪,被判处罚金、没收财产的,在执行前,应当先由税务机关追缴税款和所骗取的出口退税款。"

②2010年5月7日最高人民检察院、公安部《关于公安机关管辖的刑事案件立案追诉标准的规定(二)》第58条规定:"以暴力、威胁方法拒不缴纳税款,涉嫌下列情形之一的,应予立案追诉:

(一)造成税务工作人员轻微伤以上的;

(二)以给税务工作人员及其亲友的生命、健康、财产等造成损害为威胁,抗拒缴纳税款的;

(三)聚众抗拒缴纳税款的;

(四)以其他暴力、威胁方法拒不缴纳税款的。"

(3)构成要件

第一,本罪侵犯的客体是复杂客体,既侵犯了国家的税收管理制度,又侵犯了税务人员的人身权利。

第二,客观方面表现为以暴力、威胁方法,拒不缴纳税款的行为。具体包括以下内容:一是纳税人或者扣缴义务人使用了暴力、威胁方法;二是使用暴力、威胁的目的,是拒绝缴纳应缴纳的税款。

第三,本罪的主体是特殊主体,只有纳税人和扣缴义务人才能构成本罪的主体,当然包括自然人和法人。

第四,主观方面是故意,即行为人明知应该依法交纳税款,却故意以暴力、威胁方法拒不缴纳,并且具有非法获利的目的。

(4)罪名界定

第一,要认真认定和处理税收争议。所谓"税收争议",是指纳税人与征税人由于各自利益的差异及对事物的认识不同,彼此之间发生了争端。处理这样的问题要区别对待:

一是对由于纳税人过错引起的争议。纳税人对税务政策曲解,税务人员又没有向他耐心解释,因而导致行为人抗税的,如果抗税程度、后果一般,不宜以犯罪论处;如果抗税以后,又使用暴力致伤税务人员,可按故意伤害罪作出处理。

二是对由于征税人过错引发的争议。税务人员由于工作疏忽、理解错误、不熟悉税法、不负责任等原因,在征税对象、项目、数额等方面出现了差错,很容易导致与纳税人产生争议。如果税务人员出现差错以后,仍然坚持错误征税,引发了纳税人以暴力、威胁手段相对抗的,不宜以抗税罪论处。抗纳税人尽管在客观上具备了抗税的特征，但由于主观上没有抗税的恶意，不符合抗税的主客观相一致的条件，不应该以犯罪论处。如果抗税的行为人用暴力抗拒，致使税务人员伤亡的，可以按照故意伤害罪或者故意杀人罪处理，但要对被害人存在的过错在量刑时给予考虑。

第二，抗税罪与妨害公务罪不同。区别这两种犯罪主要是看行为人是否具有抗税犯罪的目的。对那些不具有纳税义务的公民，不是出于抗税的目的，而是以暴力、威胁方法阻挠税务人员依法执行职务的，或者虽然是纳税义务的公民，但不是出于抗税的目的，而以暴力、威胁方法，阻碍税务人员依法执行职务的，都不能认为是抗税。对那些构成犯罪的，应该以妨害公务罪论处。另外也应该注意到，那些即使不具有抗税罪特殊主体身份的人，即不是纳税义务人，但伙同、唆使、煽动纳税人和扣缴义务人以暴力方法抗税的，对情节严重的，也应该以抗税罪的共犯论处。

第三，关于对同一税款既逃税又抗税的情况定性问题。有的行为人对同一税款先逃税，被税务部门发现责令其缴税时，又以暴力、威胁手段抗税。对此，应根据具体情况分别处理：如果该税款数额较大，已经达到了逃税罪的犯罪数额标准，抗税行为也达到了抗税罪的标准，应当对这两种犯罪行为分别定逃税罪和抗税罪，实行并罚。如果其中的一个行为尚未达到构成犯罪的标准，则应当按其中构成犯罪的行为定罪，将另一种不构成犯罪的行为作为从重处罚的情节在量刑时予以考虑。如果两种行为都不构成犯罪，就应当由税务部门给予行政处罚。

(5)量刑幅度

根据《刑法》第202条的规定，对犯本罪的处罚分以下2个档次：

一是纳税人或者扣缴义务人犯本罪的，处3年以下有期徒刑或者拘役，并处拒缴税款1倍以上5倍以下罚金。

二是情节严重的，处3年以上7年以下有期徒刑，并处拒缴税款1倍以上5倍以下罚金。

3. 逃避追缴欠税罪(第203条)

(1)罪名概念

逃避追缴欠税罪，是指纳税人欠缴应纳税款，采取转移或者隐匿财产的手段，致使税务机关无法追缴欠缴的税款，数额在1万元以上的行为。

(2)法律规定

①本罪名是由《刑法》第203条规定的。该条规定："纳税人欠缴应纳税款，采取转移或者隐匿财产的手段，致使税务机关无法追缴欠缴的税款，数额在一万元以上不满十万元的，处三年以下有期徒刑或者拘役，并处或者单处欠缴税款一倍以上五倍以下罚金；数额在十万元以上的，处三年以上七年以下有期徒刑，并处欠缴税款一倍以上五倍以下罚金。"

《刑法》第211条规定："单位犯本节第二百零一条、第二百零三条、第二百零四条、第二百零七条、第二百零八条、第二百零九条规定之罪的，对单位判处罚金，并对其直接负责的主管人员和其他直接责任人员，依照各该条的规定处罚。"

《刑法》第212条规定："犯本节第二百零一条至第二百零五条规定之罪，被判处罚金、没收财产的，在执行前，应当先由税务机关追缴税款和所骗取的出口退税款。"

②2010年5月7日最高人民检察院、公安部《关于公安机关管辖的刑事案件立案追诉标准的规定(二)》第59条规定："纳税人欠缴应纳税款，采取转移或者隐匿财产的手段，致使税务机关无法追缴欠缴的税款，数额在一万元以上的，应予立案追诉。"

(3)构成要件

第一，本罪侵犯的客体是国家的税务管理制度。

第二，客观方面表现为转移或者隐匿财产，致使税务机关无法追缴欠缴的税款，数额在1万元以上的行为。

第三，本罪的主体是特殊主体，即欠税人，包括依法应缴纳税款的单位和自然人。

第四，主观方面是故意。即行为人明知转移财物会使税务机关无法追缴欠税款而故意实施转移财物的心理态度，并且具备逃避缴纳应纳税款的目的。

(4) 罪名界定

第一，认定本罪需要注意以下四点：一是行为人必须有欠缴税款的事实；二是行为人具有转移、隐匿财产的行为；三是行为人转移、隐匿财产以后，要产生税务机关无法追缴欠税款的事实；四是行为人转移、隐匿财产，致使税务机关无法追缴欠税款1万元以上，这才能构成本罪。

第二，本罪与逃税罪的主要区别是：一是主体不同。本罪的主体是欠税人；而逃税罪的主体是一般纳税人。欠税人必然是纳税人，而纳税人不一定是欠税人。二是客观行为不同。欠税人转移、隐匿财产的时候，对所应纳的税额没有争议，其目的是向税务机关隐瞒缴纳税款的能力，税务人员已明确知道了行为人的实际纳税额；而偷税的行为人是隐匿事实，伪造账目，给税务人员造成收入少的假象，不知其实际纳税额。

第三，本罪与抗税罪的主要区别在于手段不同。抗税罪的行为方式是以暴力、威胁方法抗击税务人员；而本罪则不要求以暴力、威胁方法，只要有转移、隐匿财产行为即可。抗税行为是公开地进行；而本罪的行为人实施犯罪行为则是公开手段与秘密手段的结合，即欠税是公开的，而为了逃避交纳税款转移、隐匿财产的行为则是秘密的。

(5) 量刑幅度

根据《刑法》第203条、第211条的规定，对本罪的处罚分以下3个档次：

一是犯本罪处3年以下有期徒刑或者拘役，并处或者单处欠缴税款1倍以上5倍以下罚金。

二是数额在10万元以上的，处3年以上7年以下有期徒刑，并处欠缴税款1倍以上5倍以下罚金。

三是根据《刑法》第211条的规定，单位犯本罪的，对单位判处罚金，并且对其直接负责的主管人员和其他责任人员，依照上述规定处罚。

4. 骗取出口退税罪(第204条第1款)

(1) 罪名概念

骗取出口退税罪，是指故意违反税收管理法规，以假报出口或者其他欺骗手段，骗取国家出口退税款，数额较大的行为。

(2) 法律规定

①本罪名是由《刑法》第204条第1款规定的。《刑法》第204条第1款规定："以假报出口或者其他欺骗手段，骗取国家出口退税款，数额较大的，处五年以下有期徒刑或者拘役，并处骗取税款一倍以上五倍以下罚金；数额巨大或者有其他严重情节的，处五年以上十年以下有期徒刑，并处骗取税款一倍以上五倍以下罚金；数额特别巨大或者有其他特别严重情节的，处十年以上有期徒刑或者无期徒刑，并处骗取税款一倍以上五倍以下罚金或者没收财产。

纳税人缴纳税款后，采取前款规定的欺骗方法，骗取所缴纳的税款的，依照本法第二百零一条的规定定罪处罚；骗取税款超过所缴纳的税款部分，依照前款的规定处罚。"

《刑法》第211条规定："单位犯本节第二百零一条、第二百零三条、第二百零四条、第二百零七条、第二百零八条、第二百零九条规定之罪的，对单位判处罚金，并对其直接负责的主管人员和其他直接责任人员，依照各该条的规定处罚。"

《刑法》第212条规定："犯本节第二百零一条至第二百零五条规定之罪，被判处罚金、没收财产的，在执行前，应当先由税务机关追缴税款和所骗取的出口退税款。”

②2010 年 5 月 7 日最高人民检察院、公安部《关于公安机关管辖的刑事案件立案追诉标准的规定（二）》第 60 条规定：“以假报出口或者其他欺骗手段，骗取国家出口退税款，数额在五万元以上的，应予立案追诉。”

③2002 年 9 月 17 日最高人民法院《关于审理骗取出口退税刑事案件具体应用法律若干问题的解释》相关规定如下：

“第一条　刑法第二百零四条规定的‘假报出口’，是指以虚构已税货物出口事实为目的，具有下列情形之一的行为：（一）伪造或者签订虚假的买卖合同；（二）以伪造、变造或者其他非法手段取得出口货物报关单、出口收汇核销单、出口货物专用缴款书等有关出口退税单据、凭证；（三）虚开、伪造、非法购买增值税专用发票或者其他可以用于出口退税的发票；（四）其他虚构已税货物出口事实的行为。

第二条　具有下列情形之一的，应当认定为刑法第二百零四条规定的‘其他欺骗手段’：（一）骗取出口货物退税资格的；（二）将未纳税或者免税货物作为已税货物出口的；（三）虽有货物出口，但虚构该出口货物的品名、数量、单价等要素，骗取未实际纳税部分出口退税款的；（四）以其他手段骗取出口退税款的。

第三条　骗取国家出口退税款 5 万元以上的，为刑法第二百零四条规定的‘数额较大’；骗取国家出口退税款 50 万元以上的，为刑法第二百零四条规定的‘数额巨大’；骗取国家出口退税款 250 万元以上的，为刑法第二百零四条规定的‘数额特别巨大’。

第四条　具有下列情形之一的，属于刑法第二百零四条规定的‘其他严重情节’：（一）造成国家税款损失 30 万元以上并且在第一审判决宣告前无法追回的；（二）因骗取国家出口退税行为受过行政处罚，两年内又骗取国家出口退税款数额在 30 万元以上的；（三）情节严重的其他情形。

第五条　具有下列情形之一的，属于刑法第二百零四条规定的‘其他特别严重情节’：（一）造成国家税款损失 150 万元以上并且在第一审判决宣告前无法追回的；（二）因骗取国家出口退税行为受过行政处罚，两年内又骗取国家出口退税款数额在 150 万元以上的；（三）情节特别严重的其他情形。

第六条　有进出口经营权的公司、企业，明知他人意欲骗取国家出口退税款，仍违反国家有关进出口经营的规定，允许他人自带客户、自带货源、自带汇票并自行报关，骗取国家出口退税款的，依照刑法第二百零四条第一款、第二百一十一条的规定定罪处罚。

第七条　实施骗取国家出口退税行为，没有实际取得出口退税款的，可以比照既遂犯从轻或者减轻处罚。

第八条　国家工作人员参与实施骗取出口退税犯罪活动的，依照刑法第二百零四条第一款的规定从重处罚。

第九条　实施骗取出口退税犯罪，同时构成虚开增值税专用发票罪等其他犯罪的，依照刑法处罚较重的规定定罪处罚。”

④1998 年 8 月 28 日最高人民法院《关于审理骗购外汇、非法买卖外汇刑事案件具体应用法律若干问题的解释》主要相关内容如下：

“第一条　以进行走私、逃汇、洗钱、骗税等犯罪活动为目的，使用虚假、无效的凭证、商业单据或者采取其他手段向外汇指定银行骗购外汇的，应当分别按照刑法分则第三章第二节、第一百九十条、第一百九十一条和第二百零四条等规定定罪处罚。

非国有公司、企业或者其他单位，与国有公司、企业或者其他国有单位勾结逃汇的，以逃汇罪的共犯处罚。

第五条　海关、银行、外汇管理机关工作人员与骗购外汇的行为人通谋，为其提供购买外汇的有关凭证，或者明知是伪造、变造的凭证和商业单据而出售外汇，构成犯罪的，按照刑法的有关规定从重处罚。

第六条　实施本解释规定的行为，同时触犯二个以上罪名的，择一重罪从重处罚。

第七条　根据刑法第六十四条规定，骗购外汇、非法买卖外汇的，其违法所得予以追缴，用于骗购外汇、非法买卖外汇的资金予以没收，上缴国库。

第八条　骗购、非法买卖不同币种的外汇的，以案发时国家外汇管理机关制定的统一折算率折合后依照本解释处罚。”

⑤2005 年 12 月 29 日全国人民代表大会常务委员会《关于〈中华人民共和国刑法〉有关出口退税、抵扣税款的其他发票规定的解释》规定：“刑法规定的‘出口退税、抵扣税款的其他发票’，是指除增值税专用发票以外的，具有出口退税、抵扣税款功能的收付款凭证或者完税凭证。”

(3) 构成要件

第一，本罪侵犯的客体是国家出口退税管理制度。

第二，客观方面表现为没有交纳税款的纳税人，违反税收管理法规，以假报出口或者其他欺骗手段，骗取国家出口退税款，数额较大的行为。

第三，本罪的主体是一般主体。包括生产或者经营商品的个人或者企业事业单位，以及这些单位负有直接责任的主管人员和其他直接责任人员。

第四，主观方面是故意，行为人在主观上的目的，是骗取国家出口退税款，逃避纳税义务。

(4) 罪名界定

第一，认定本罪要注意以下两个问题：一是看数额是否达到较大。二是看行为人主观上是否是故意。如果是由于生产或者经营出口商品的企业事业单位的过失，造成税务机关多退出口退税款，可以责令其限期交回，而不能以本罪论处。

第二，本罪与逃税罪的区别是：一是从侵犯的客体来看，本罪侵犯的客体是国家关于出口产品退税的管理制度，它是一种特殊的国家税收管理制度；而后罪侵犯的是一般的税收管理制度。二是从主体方面来看，本罪的主体是一般主体；而后罪的主体是纳税人和扣缴义务人。三是从客观方面来看，本罪是在产品纳税以后，以假报出口等欺骗手段，从国家那里骗取已经缴纳的税收；而逃税罪的行为人是直接采取伪造、变造、隐匿、擅自销毁账簿、记账凭证，在账簿上多列支出或者不列、少列收入，经税务机关通知申报而拒不申报或者进行虚假的纳税申报，不缴或者少缴应纳税款。

第三，为了骗取出口退税，使用虚假、无效的凭证、商业单据或者采取其他手段，向外汇指定银行骗购外汇的，根据最高人民法院 1998 年 8 月 28 日发布的《关于审理骗购外汇、非法买卖外汇刑事案件具体应用法律若干问题的解释》第 1 条的规定，应当以骗取出口退税罪定罪处罚。

(5) 量刑幅度

根据《刑法》第 204 条、第 211 条的规定，对本罪的处罚分以下 4 个档次：

一是骗取数额较大的，处 5 年以下有期徒刑或者拘役，并处骗取税款 1 倍以上 5 倍以下的罚金。

二是数额巨大或者有其他严重情节的，处 5 年以上 10 年以下有期徒刑，并处骗取税款 1 倍以上 5 倍以下的罚金。

三是数额特别巨大或者有其他特别严重情节的，处 10 年以上有期徒刑或者无期徒刑，并处骗取税款 1 倍以上 5 倍以下的罚金或者没收财产。

四是根据《刑法》第 211 条的规定，单位犯本罪的，对单位判处罚金，并且对其直接负责的主管人员和其他直接责任人员,依照上述规定处罚。

5. 虚开增值税专用发票、用于骗取出口退税、抵扣税款发票罪(第205条)

(1)罪名概念

虚开增值税专用发票、用于骗取出口退税、抵扣税款发票罪,是指违反国家发票管理法规,为他人虚开、为自己虚开、让他人为自己虚开、介绍他人虚开增值税专用发票或者用于骗取出口退税、抵扣税款的其他发票的行为。

(2)法律规定

①本罪名是由《刑法》第205条规定的。该条规定:"虚开增值税专用发票或者虚开用于骗取出口退税、抵扣税款的其他发票的,处三年以下有期徒刑或者拘役,并处二万元以上二十万元以下罚金;虚开的税款数额较大或者有其他严重情节的,处三年以上十年以下有期徒刑,并处五万元以上五十万元以下罚金;虚开的税款数额巨大或者有其他特别严重情节的,处十年以上有期徒刑或者无期徒刑,并处五万元以上五十万元以下罚金或者没收财产。

单位犯本条规定之罪的,对单位判处罚金,并对其直接负责的主管人员和其他直接责任人员,处三年以下有期徒刑或者拘役;虚开的税款数额较大或者有其他严重情节的,处三年以上十年以下有期徒刑;虚开的税款数额巨大或者有其他特别严重情节的,处十年以上有期徒刑或者无期徒刑。

虚开增值税专用发票或者虚开用于骗取出口退税、抵扣税款的其他发票,是指有为他人虚开、为自己虚开、让他人为自己虚开、介绍他人虚开行为之一的。"

《刑法》第212条规定:"犯本节第二百零一条至第二百零五条规定之罪,被判处罚金、没收财产的,在执行前,应当先由税务机关追缴税款和所骗取的出口退税款。"

②2010年5月7日最高人民检察院、公安部《关于公安机关管辖的刑事案件立案追诉标准的规定(二)》第61条规定:"虚开增值税专用发票或者虚开用于骗取出口退税、抵扣税款的其他发票,虚开的税款数额在一万元以上或者致使国家税款被骗数额在五千元以上的,应予立案追诉。"

③2004年3月17日最高人民检察院法律政策研究室《关于税务机关工作人员通过企业以"高开低征"的方法代开增值税专用发票的行为如何适用法律问题的答复》规定:"税务机关及其工作人员将不具备条件的小规模纳税人虚报为一般纳税人,并让其采用'高开低征'的方法为他人代开增值税专用发票的行为,属于虚开增值税专用发票。对于造成国家税款损失,构成犯罪的,应当依照刑法第二百零五条的规定追究刑事责任。"

④1996年10月17日最高人民法院《关于适用〈全国人民代表大会常务委员会关于惩治虚开、伪造和非法出售增值税专用发票犯罪的决定〉的若干问题的解释》主要相关内容如下:

"为正确执行《全国人民代表大会常务委员会关于惩治虚开、伪造和非法出售增值税专用发票犯罪的决定》(以下简称《决定》),依法惩治虚开、伪造和非法出售增值税专用发票和其他发票犯罪,现就适用《决定》的若干具体问题解释如下:

一、根据《决定》第一条规定,虚开增值税专用发票的,构成虚开增值税专用发票罪。

具有下列行为之一的,属于'虚开增值税专用发票':(1)没有货物购销或者没有提供或接受应税劳务而为他人、为自己、让他人为自己、介绍他人开具增值税专用发票;(2)有货物购销或者提供或接受了应税劳务但为他人、为自己、让他人为自己、介绍他人开具数量或者金额不实的增值税专用发票;(3)进行了实际经营活动,但让他人为自己代开增值税专用发票。

虚开税款数额1万元以上的或者虚开增值税专用发票致使国家税款被骗取5000元以上的,应当依法定罪处罚。

虚开税款数额10万元以上的，属于‘虚开的税款数额较大’。具有下列情形之一的，属于‘有其他严重情节’：(1)因虚开增值税专用发票致使国家税款被骗取5万元以上的；(2)具有其他严重情节的。

虚开税款数额50万元以上的，属于‘虚开的税款数额巨大’。具有下列情形之一的，属于‘有其他特别严重情节’：(1)因虚开增值税专用发票致使国家税款被骗取30万元以上的；(2)虚开的税款数额接近巨大并有其他严重情节的；(3)具有其他特别严重情节的。

利用虚开的增值税专用发票实际抵扣税款或者骗取出口退税100万元以上的，属于‘骗取国家税款数额特别巨大’；造成国家税款损失50万元以上并且在侦查终结前仍无法追回的，属于‘给国家利益造成特别重大损失’。利用虚开的增值税专用发票骗取国家税款数额特别巨大、给国家利益造成特别重大损失，为‘情节特别严重’的基本内容。

虚开增值税专用发票犯罪分子与骗取税款犯罪分子均应当对虚开的税款数额和实际骗取的国家税款数额承担刑事责任。

利用虚开的增值税专用发票抵扣税款或者骗取出口退税的，应当依照《决定》第一条的规定定罪处罚；以其他手段骗取国家税款的，仍应依照《全国人民代表大会常务委员会关于惩治偷税、抗税犯罪的补充规定》的有关规定定罪处罚。”

(3)构成要件

第一，本罪侵犯的客体是国家的发票管理制度，具体是指对能够骗取出口退税、抵扣税款的发票的监督管理制度。犯罪对象是增值税专用发票或者用于骗取出口退税、抵扣税款的其他发票。

第二，客观方面表现为违反国家发票管理法规，为他人虚开、为自己虚开、让他人为自己虚开、介绍他人虚开增值税专用发票或者用于领取出口退税、抵扣税款的其他发票的行为。所谓“虚开”，是指开具与营业收入不相符的增值税专用发票或者用于领取出口退税、抵扣税款的其他发票。

第三，本罪的主体为一般主体，自然人和单位都可以构成本罪的主体。

第四，主观方面是故意，并且一般具有营利的目的。

(4)罪名界定

本罪与逃税罪不同。行为人虚开增值税专用发票，或者虚开用于骗取出口退税、抵扣税款的其他发票的最终目的，是用来骗取出口退税或者抵扣税款。因此，凡是利用虚开的增值税专用发票或者用于骗取出口退税、抵扣税款的其他发票骗取国家出口退税或者抵扣税款的，应当按照虚开增值税专用发票或者虚开用于骗取出口退税、抵扣税款的其他发票罪论处。对于没有利用虚开的增值税专用发票或者用于骗取出口退税、抵扣税款的其他发票而实施了骗取出口退税或者抵扣税款行为的，则应当按逃税罪论处。

(5)量刑幅度

根据《刑法》第205条的规定，对本罪的处罚分以下4个档次：

一是构成本罪，处3年以下有期徒刑或者拘役，并处2万元以上20万元以下罚金。

二是税款数额较大，或者有其他严重情节的，处3年以上10年以下有期徒刑，并处5万元以上50万元以下罚金。

三是数额巨大，或者有其他特别严重情节的，处10年以上有期徒刑或者无期徒刑，并处5万元以上50万元以下罚金或者没收财产。

四是单位犯本罪的，对单位判处罚金，并且对其直接负责的主管人员和其他直接责任人员，处3年以下有期徒刑或者拘役；虚开的税款数额较大，或者有其他严重情节的，处3年以上10年以下有期徒刑；虚开的税款数额巨大或者有其他特别严重情节的，处10年以上有期徒刑或者无期徒刑。

另外,根据《刑法》第212条的规定,被判处罚金、没收财产的,在执行前,应当先由税务机关追缴税款和所骗取的出口退税。

6. 虚开发票罪(第205条之一)

(1)罪名概念

虚开发票罪,是指虚开增值税专用发票和用于骗取出口退税、抵扣税款等发票以外的其他普通发票,情节严重的行为。

(2)法律规定

①本罪名是由《刑法》第205条之一规定的。该条规定:"虚开本法第二百零五条规定以外的其他发票,情节严重的,处二年以下有期徒刑、拘役或者管制,并处罚金;情节特别严重的,处二年以上七年以下有期徒刑,并处罚金。

单位犯前款罪的,对单位判处罚金,并对其直接负责的主管人员和其他直接责任人员,依照前款的规定处罚。"

《刑法》第212条规定:"犯本节第二百零一条至第二百零五条规定之罪,被判处罚金、没收财产的,在执行前,应当先由税务机关追缴税款和所骗取的出口退税款。"

②2011年11月14日最高人民检察院、公安部《关于公安机关管辖的刑事案件立案追诉标准的规定(二)的补充规定》第2条规定:"在《立案追诉标准(二)》中增加第六十一条之一:[虚开发票案(刑法第二百零五条之一)]虚开刑法第二百零五条规定以外的其他发票,涉嫌下列情形之一的,应予立案追诉:

(一)虚开发票一百份以上或者虚开金额累计在四十万元以上的;

(二)虽未达到上述数额标准,但五年内因虚开发票行为受过行政处罚二次以上,又虚开发票的;

(三)其他情节严重的情形。"

(3)构成要件

第一,本罪侵犯的客体是国家的发票管理制度,具体是侵犯除了增值税专用发票和用于骗取出口退税、抵扣税款的其他发票以外的普通发票的管理制度。

第二,客观方面表现为违反国家发票管理法规,为他人虚开、为自己虚开除了增值税专用发票和用于骗取出口退税、抵扣税款的其他发票以外的普通发票,情节严重的行为。

第三,犯罪主体是一般主体,自然人和单位都可以构成本罪的主体。

第四,主观方面是故意。

(4)罪名界定

第一,关于本罪的立案标准。根据2011年11月21日最高人民检察院、公安部《关于公安机关管辖的刑事案件立案追诉标准的规定(二)的补充规定》第2条规定,虚开《刑法》第205条规定以外的其他发票,涉嫌下列情形之一的,应予立案追诉:一是虚开发票100份以上或者虚开金额累计在40万元以上的;二是虽未达到上述数额标准,但5年内因虚开发票行为受过行政处罚2次以上,又虚开发票的;三是其他情节严重的情形。

第二,本罪与《刑法》第205条规定的虚开增值税专用发票罪、虚开用于骗取出口退税、抵扣税款发票罪不同点是:①侵犯的客体不完全相同。本罪侵犯的客体虽然也是国家的发票管理制度,但具体是除了能够骗取出口退税、抵扣税款的发票以外的其他普通发票的监督管理制度。犯罪对象也是除了增值税专用发票和用于骗取出口退税、抵扣税款发票以外的其他普通发票。而后两种犯罪侵犯的客体虽然也是国家的发票管理制度，但具体是能够骗取出口退税、抵扣税款的发票的监督管理制度。犯罪对象是增值税专用发票和用于骗取出口退税、抵扣税款的发票。②在客观方面，本罪表现为违反国家发票管理法规，为他人、为自己虚开除了增值税专用发票和用于骗取出口退税、抵扣税款发票以外的其他普通发票，情节严重的行为。而后两种犯罪表现为违反国家发票管理法规，为他人、为自己虚开，或者让他人为自己虚开、介绍他人虚开增值税专用发票或者用于领取出口退税、抵扣税款的其他发票的行为。

(5)量刑幅度

根据《刑法》第205条之一的规定，对犯本罪的处罚分以下3个档次：

一是情节严重构成本罪的，处2年以下有期徒刑、拘役或者管制，并处罚金。

二是情节特别严重的，处2年以上7年以下有期徒刑，并处罚金。

三是单位犯前款罪的，对单位判处罚金，并对其直接负责的主管人员和其他直接责任人员，依照上述规定处罚。

7. 伪造、出售伪造的增值税专用发票罪(第206条)

(1)罪名概念

伪造、出售伪造的增值税专用发票罪，是指违反国家发票管理法规，伪造或者出售伪造的增值税专用发票的行为。

(2)法律规定

①本罪名是由《刑法》第206条规定的。该条规定："伪造或者出售伪造的增值税专用发票的，处三年以下有期徒刑、拘役或者管制，并处二万元以上二十万元以下罚金；数量较大或者有其他严重情节的，处三年以上十年以下有期徒刑，并处五万元以上五十万元以下罚金；数量巨大或者有其他特别严重情节的，处十年以上有期徒刑或者无期徒刑，并处五万元以上五十万元以下罚金或者没收财产。

单位犯本条规定之罪的，对单位判处罚金，并对其直接负责的主管人员和其他直接责任人员，处三年以下有期徒刑、拘役或者管制；数量较大或者有其他严重情节的，处三年以上十年以下有期徒刑；数量巨大或者有其他特别严重情节的，处十年以上有期徒刑或者无期徒刑。"

②2010年5月7日最高人民检察院、公安部《关于公安机关管辖的刑事案件立案追诉标准的规定(二)》第62条规定："伪造或者出售伪造的增值税专用发票二十五份以上或者票面额累计在十万元以上的，应予立案追诉。"

③1996年10月17日最高人民法院《关于适用全国人民代表大会常务委员会〈关于惩治虚开、伪造和非法出售增值税专用发票犯罪的决定〉的若干问题的解释》第2条规定："伪造或者出售伪造的增值税专用发票的，构成伪造、出售伪造的增值税专用发票罪。

伪造或者出售伪造的增值税专用发票25份以上或者票面额(百元版以每份100元，千元版以每份1000元，万元版以每份1万元计算，以此类推。下同)累计10万元以上的应当依法定罪处罚。

伪造或者出售伪造的增值税专用发票100份以上或者票面额累计50万元以上的，属于'数量较大'。具有下列情形之一的，属于'有其他严重情节'：(1)违法所得数额在1万元以上的；(2)伪造并出售伪造的增值税专用发票60份以上或者票面额累计30万元以上的；(3)造成严重后果或者具有其他严重情节的。

伪造或者出售伪造的增值税专用发票500份以上或者票面额累计250万元以上的，属于'数量巨大'。具有下列情形之一的，属于'有其他特别严重情节'：(1)违法所得数额在五万元以上的；(2)伪造并出售伪造的增值税专用发票300份以上或者票面额累计200万元以上的；(3)伪造或者出售伪造的增值税专用发票接近‘数量巨大’并有其他严重情节的;(4)造成特别严重后果或者具有其他特别严重情节的。

伪造并出售伪造的增值税专用发票1000份以上或者票面额累计1000万元以上的,属于‘伪造并出售伪造的增值税专用发票数量特别巨大’。具有下列情形之一的,属于‘情节特别严重’:(1)违法所得数额在5万元以上的;(2)因伪造、出售伪造的增值税专用发票致使国家税款被骗取100万元以上的;(3)给国家税款造成实际损失50万元以上的;(4)具有其他特别严重情节的。对于伪造并出售伪造的增值税专用发票数量达到特别巨大,又具有特别严重情节,严重破坏经济秩序的,应当依照《决定》第二条第二款的规定处罚。

伪造并出售同一宗增值税专用发票的,数量或者票面额不重复计算。

变造增值税专用发票的,按照伪造增值税专用发票行为处理。”

(3)构成要件

第一,本罪侵犯的客体是国家对增值税专用发票的管理制度。犯罪对象是伪造的增值税专用发票。

第二,客观方面表现为违反国家发票管理法规,伪造或者出售伪造的增值税专用发票的行为。

第三,本罪的主体是一般主体,自然人和单位都可以构成本罪的主体。

第四,主观方面是故意,并且具有营利的目的。

(4)罪名界定

伪造、出售伪造的增值税专用发票罪是一个行为选择性罪名。从司法实践来看,伪造增值税专用发票的目的一般都是出售非法牟利。行为人如果伪造以后又出售,应该只定伪造、出售伪造的增值税专用发票罪;如果仅仅是伪造而没有出售,或者仅仅是出售而没有参与伪造,则应该只定伪造增值税专用发票罪或者只定出售伪造的增值税专用发票罪。

(5)量刑幅度

根据《刑法》第206条的规定,对本罪的处罚分以下4个档次:

一是伪造或者出售伪造的增值税专用发票,处3年以下有期徒刑、拘役或者管制,并处2万元以上20万元以下的罚金。

二是数量较大,或者有其他严重情节的,处3年以上10年以下有期徒刑,并处5万元以上50万元以下的罚金。

三是数量巨大,或者有其他特别严重情节的,处10年以上有期徒刑或者无期徒刑,并处5万元以上50万元以下的罚金或者没收财产。

四是单位犯本罪的,对单位判处罚金,并且对其直接负责的主管人员和其他直接责任人员,处3年以下有期徒刑、拘役或者管制;数量较大的,或者有其他严重情节的,处3年以上10年以下有期徒刑;数量巨大,或者有其他特别严重情节的,处10年以上有期徒刑或者无期徒刑。

8. 非法出售增值税专用发票罪(第207条)

(1)罪名概念

非法出售增值税专用发票罪,是指行为人出于营利的目的,违反有关法律规定,出售增值税专用发票的行为。

(2)法律规定

①本罪名是由《刑法》第207条规定的。该条规定:“非法出售增值税专用发票的,处三年以下有期徒刑、拘役或者管制,并处二万元以上二十万元以下罚金;数量较大的,处三年以上十年以

下有期徒刑,并处五万元以上五十万元以下罚金;数量巨大的,处十年以上有期徒刑或者无期徒刑,并处五万元以上五十万元以下罚金或者没收财产。"

《刑法》第211条规定:"单位犯本节第二百零一条、第二百零三条、第二百零四条、第二百零七条、第二百零八条、第二百零九条规定之罪的,对单位判处罚金,并对其直接负责的主管人员和其他直接责任人员,依照各该条的规定处罚。"

②2010年5月7日最高人民检察院、公安部《关于公安机关管辖的刑事案件立案追诉标准的规定(二)》第63条规定:"非法出售增值税专用发票二十五份以上或者票面额累计在十万元以上的,应予立案追诉。"

③1996年10月17日最高人民法院《关于适用全国人民代表大会常务委员会〈关于惩治虚开、伪造和非法出售增值税专用发票犯罪的决定〉的若干问题的解释》第3条规定:"非法出售增值税专用发票的,构成非法出售增值税专用发票罪。

非法出售增值税专用发票案件的定罪量刑数量标准按照本解释第二条第二、三、四款的规定执行。"

(3)构成要件

第一,本罪侵犯的客体是国家增值税专用发票的管理制度,犯罪对象是增值税专用发票。

第二,客观方面表现为违反法律规定,将自己拥有的增值税专用发票出卖给他人或者单位的行为。所谓增值税专用发票,是指经过合法印刷的真实的增值税专用发票。出售伪造的增值税专用发票不构成本罪,而构成出售伪造的增值税专用发票罪。

第三,本罪的主体是一般主体,包括自然人和单位。既有合法拥有增值税专用发票的单位和个人,也有非法拥有增值税专用发票的单位和个人。

第四,主观方面是故意,并且具有营利的目的。但营利的目的是否实现,不影响本罪的成立。

(4)罪名界定

构成本罪,行为人非法出售的增值税专用发票必须是国家统一印制的,而不是伪造的,也不包括具有出口退税、抵扣税款功能的其他专用发票或者其他普通发票。出售伪造的增值税专用发票,应当依照《刑法》第206条的规定,认定出售伪造的增值税专用发票罪;非法出售其他发票的,应当依照《刑法》第209条第4款的规定,认定为非法出售发票罪。

(5)量刑幅度

根据《刑法》第207条、第211条的规定,对本罪的处罚分以下4个档次:

一是构成本罪的,处3年以下有期徒刑、拘役或者管制,并处2万元以上20万元以下罚金。

二是数量较大的,处3年以上10年以下有期徒刑,并处5万元以上50万元以下罚金。

三是数量巨大的,处10年以上有期徒刑或者无期徒刑,并处5万元以上50万元以下罚金或者没收财产。

四是根据《刑法》第211条的规定,单位犯本罪的,对单位判处罚金,并且对其直接负责的主管人员和其他责任人员,依照上述规定处罚。

9. 非法购买增值税专用发票、购买伪造的增值税专用发票罪(第208条第1款)

(1)罪名概念

非法购买增值税专用发票、购买伪造的增值税专用发票罪,是指通过非法渠道,非法购买增值税专用发票,或者明知是伪造的增值税专用发票而购买的行为。

(2)法律规定

①本罪名是由《刑法》第208条第1款规定的。《刑法》第208条规定:"非法购买增值税专

用发票或者购买伪造的增值税专用发票的，处五年以下有期徒刑或者拘役，并处或者单处二万元以上二十万元以下罚金。

非法购买增值税专用发票或者购买伪造的增值税专用发票又虚开或者出售的，分别依照本法第二百零五条、第二百零六条、第二百零七条的规定定罪处罚。”

《刑法》第211条规定：“单位犯本节第二百零一条、第二百零三条、第二百零四条、第二百零七条、第二百零八条、第二百零九条规定之罪的，对单位判处罚金，并对其直接负责的主管人员和其他直接责任人员，依照各该条的规定处罚。”

②2010年5月7日最高人民检察院、公安部《关于公安机关管辖的刑事案件立案追诉标准的规定（二）》第64条规定：“非法购买增值税专用发票或者购买伪造的增值税专用发票二十五份以上或者票面额累计在10万元以上的，应予立案追诉。”

③1996年10月17日最高人民法院《关于适用全国人民代表大会常务委员会〈关于惩治虚开、伪造和非法出售增值税专用发票犯罪的决定〉的若干问题的解释》第4条规定：“非法购买增值税专用发票或者购买伪造的增值税专用发票的，构成非法购买增值税专用发票、伪造的增值税专用发票罪。非法购买增值税专用发票或者购买伪造的增值税专用发票25份以上或者票面额累计10万元以上的，应当依法定罪处罚。非法购买真、伪两种增值税专用发票的，数量累计计算，不实行数罪并罚。”

（3）构成要件

第一，本罪侵犯的客体是国家对增值税专用发票的管理制度。

第二，客观方面表现为非法购买增值税专用发票或者购买伪造的增值税专用发票的行为。

第三，本罪的主体是一般主体。既可以是自然人，也可以是法人。

第四，主观方面是故意，即明知增值税专用发票不能私自买卖而进行非法购买，或者明知是伪造的增值税专用发票而进行购买。

（4）罪名界定

关于本罪的一罪与数罪问题。购买后又虚开或者出售，构成了非法购买增值税专用发票罪，或者购买伪造的增值税专用发票罪、虚开增值税专用发票罪、出售伪造的增值税专用发票罪、非法出售增值税专用发票罪，但是，由于前一种犯罪行为和后一种犯罪行为存在手段和目的上的牵连关系，属于刑法理论中的牵连犯，应当根据《刑法》第208条第2款的规定，按照其中的一个重罪来定罪处罚。对于其他方面的行为，可以作为从重处罚的情节来考虑。

（5）量刑幅度

根据《刑法》第208条的规定，构成本罪的，处5年以下有期徒刑或者拘役，并处或者单处2万元以上20万元以下罚金。

另外，根据《刑法》第211条的规定，单位犯本罪的，对单位判处罚金，并且对其直接负责的主管人员和其他直接责任人员，按照上述规定处罚。

10. 非法制造、出售非法制造的用于骗取出口退税、抵扣税款发票罪（第209条第1款）

（1）罪名概念

非法制造、出售非法制造的用于骗取出口退税、抵扣税款发票罪，是指伪造、擅自制造或者出售伪造、擅自制造的可以用于骗取出口退税、抵扣税款的其他发票的行为。

（2）法律规定

①本罪名是由《刑法》第209条第1款规定的。该条款规定：“伪造、擅自制造或者出售伪造、擅自制造的可以用于骗取出口退税、抵扣税款的其他发票的，处三年以下有期徒刑、拘役或者管

制，并处二万元以上二十万元以下罚金；数量巨大的，处三年以上七年以下有期徒刑，并处五万元以上五十万元以下罚金；数量特别巨大的，处七年以上有期徒刑，并处五万元以上五十万元以下罚金或者没收财产。”

《刑法》第 209 条第 3 款规定：“非法出售可以用于骗取出口退税、抵扣税款的其他发票的，依照第一款的规定处罚。”

《刑法》第 211 条规定：“单位犯本节第二百零一条、第二百零三条、第二百零四条、第二百零七条、第二百零八条、第二百零九条规定之罪的，对单位判处罚金，并对其直接负责的主管人员和其他直接责任人员，依照各该条的规定处罚。”

②2010 年 5 月 7 日最高人民检察院、公安部《关于公安机关管辖的刑事案件立案追诉标准的规定（二）》第 65 条规定：“伪造、擅自制造或者出售伪造、擅自制造的可以用于骗取出口退税、抵扣税款的非增值税专用发票五十份以上或者票面额累计在二十万元以上的，应予立案追诉。”

③1996 年 10 月 17 日最高人民法院《关于适用全国人民代表大会常务委员会〈关于惩治虚开、伪造和非法出售增值税专用发票犯罪的决定〉的若干问题的解释》第 6 条规定：“伪造、擅自制造或者出售伪造、擅自制造的可以用于骗取出口退税、抵扣税款的其他发票 50 份以上的，应当依法定罪处罚；伪造、擅自制造或者出售伪造、擅自制造的可以用于骗取出口退税、抵扣税款的其他发票 200 份以上的，属于‘数量巨大’；伪造、擅自制造或者出售伪造、擅自制造的可以用于骗取出口退税、抵扣税款的其他发票 1000 份以上的，属于‘数量特别巨大’。”

（3）构成要件

第一，本罪侵犯的客体是国家对税务方面的发票的管理制度。

第二，客观方面表现为伪造、擅自制造或者出售伪造、擅自制造的可以用于骗取出口退税、抵扣税款的其他非增值税专用发票的行为。“可以用于骗取出口退税、抵扣税款的其他发票”，是指国家税务部门在一定时期内，根据国家税收和经济的需要，在增值税发票以外规定的一些可以直接抵扣税款或者办理出口退税的其他发票。例如，农产品收购发票、废旧物资回收发票、运输发票等。“伪造”，是指仿造其他非增值税专用发票的样式、图案、色彩以及面额等，私自制造假发票。“擅自制造”，是指被税务机关指定印制其他发票的企业，没有按照税务机关指定的数量和规模，而擅自超额印刷其他非增值税专用发票。“出售”，是指出卖假发票，从中渔利的行为。

第三，本罪的主体是一般主体，不包括单位。

第四，主观方面是故意。

（4）罪名界定

第一，本罪名是个行为选择和对象选择性罪名。即根据犯罪的行为和对象的不同，在司法实践中，应当把此罪分成以下 4 个具体罪名来确定。即非法制造用于骗取出口退税发票罪、非法制造抵扣税款发票罪、出售非法制造的用于骗取出口退税发票罪、出售非法制造抵扣税款发票罪。

第二，本罪与虚开用于骗取出口退税、抵扣税款发票罪的区别在于客观方面的犯罪行为不同。本罪的犯罪行为表现为伪造、擅自制造、出售，而后者表现为虚开。“制造”与“虚开”的不同在于：前者是印刷、生产发票本身，而后者是在真发票上面填开虚假金额。如果制造者同时又是虚开者，或者制造者与虚开者通谋，应当选择一个重罪定罪处罚。

（5）量刑幅度

根据《刑法》第 209 条第 1 款、第 211 条的规定，对本罪的处罚分以下 4 个档次：

一是构成本罪的，处 3 年以下有期徒刑、拘役或者管制，并处 2 万元以上 20 万元以下的罚金。

二是数量巨大的，处 3 年以上 7 年以下有期徒刑，并处 5 万元以上 50 万元以下的罚金。

三是数量特别巨大的，处7年以上有期徒刑，并处5万元以上50万元以下的罚金或者没收财产。

四是单位犯本罪的，根据《刑法》第211条的规定，对单位判处罚金，并且对其直接负责的主管人员和其他直接责任人员，依照上述的规定处罚。

11. 非法制造、出售非法制造的发票罪（第209条第2款）

（1）罪名概念

非法制造、出售非法制造的发票罪，是指伪造、擅自制造或者出售伪造、擅自制造的可以用于骗取出口退税、抵扣税款以外的其他普通发票的行为。

（2）法律规定

①本罪名是由《刑法》第209条第2款规定的。该条款规定："伪造、擅自制造或者出售伪造、擅自制造的前款规定以外的其他发票的，处二年以下有期徒刑、拘役或者管制，并处或者单处一万元以上五万元以下罚金；情节严重的，处二年以上七年以下有期徒刑，并处五万元以上五十万元以下罚金。"

《刑法》第209条第4款规定："非法出售第三款规定以外的其他发票的，依照第二款的规定处罚。"

《刑法》第211条规定："单位犯本节第二百零一条、第二百零三条、第二百零四条、第二百零七条、第二百零八条、第二百零九条规定之罪的，对单位判处罚金，并对其直接负责的主管人员和其他直接责任人员，依照各该条的规定处罚。"

②2010年5月7日最高人民检察院、公安部《关于公安机关管辖的刑事案件立案追诉标准的规定（二）》第66条规定："伪造、擅自制造或者出售伪造、擅自制造的不具有骗取出口退税、抵扣税款功能的普通发票一百份以上或者票面额累计在四十万元以上的，应予立案追诉。"

③1998年5月8日最高人民法院、最高人民检察院、公安部、国家工商行政管理局《关于依法查处盗窃、抢劫机动车案件的规定》第6条规定："非法出售机动车有关发票的，或者伪造、擅自制造或者出售伪造、擅自制造的机动车有关发票的，依照《刑法》第二百零九条的规定处罚。"

（3）构成要件

第一，本罪侵犯的客体是国家对发票的监督管理制度。

第二，客观方面表现为伪造、擅自制造或者出售伪造、擅自制造的可以用于骗取出口退税、抵扣税款的其他发票以外的普通发票的行为。这里的普通发票，是指除了增值税发票以外，可以用于骗取出口退税、抵扣税款的其他发票以外的，在购销商品、提供或者接收服务及其他经营活动中开具或者收取的收付凭证。

第三，本罪的主体是一般主体，包括个人和单位。

第四，主观方面是故意。

（4）罪名界定

本罪是由《刑法》第209条第2款规定的罪名。这一条款所说"前款规定以外的其他发票"，是指除了具有可以用于出口退税、抵扣税款功能以外的其他普通发票。例如，餐饮业、零售业、旅馆业发票等。根据2010年5月7日最高人民检察院、公安部《关于公安机关管辖的刑事案件立案追诉标准的规定（二）》第66条的规定，伪造、擅自制造或者出售伪造、擅自制造的不具有骗取出口退税、抵扣税款功能的普通发票100份以上或者票面额累计在40万元以上的，应予立案追诉。

（5）量刑幅度

根据《刑法》第209条第2款、第211条的规定，对犯本罪的处罚分3个档次：

一是情节一般的，处 2 年以下有期徒刑、拘役或者管制，并处或者单处 1 万元以上 5 万元以下罚金。

二是情节严重的，处 2 年以上 7 年以下有期徒刑，并处 5 万元以上 50 万元以下罚金。

三是单位犯本罪的，对单位判处罚金，并且对其直接负责的主管人员和其他直接责任人员，依照上述的规定处罚。

12. 非法出售用于骗取出口退税、抵扣税款发票罪（第 209 条第 1 款、第 3 款）

（1）罪名概念

非法出售用于骗取出口退税、抵扣税款发票罪，是指行为人违反发票管理制度，非法出售用于骗取出口退税、抵扣税款的其他发票的行为。

（2）法律规定

①本罪名是由《刑法》第 209 条第 1 款、第 3 款规定的。《刑法》第 209 条第 1 款、第 3 款分别规定："伪造、擅自制造或者出售伪造、擅自制造的可以用于骗取出口退税、抵扣税款的其他发票的，处三年以下有期徒刑、拘役或者管制，并处二万元以上二十万元以下罚金；数量巨大的，处三年以上七年以下有期徒刑，并处五万元以上五十万元以下罚金；数量特别巨大的，处七年以上有期徒刑，并处五万元以上五十万元以下罚金或者没收财产。"

"非法出售可以用于骗取出口退税、抵扣税款的其他发票的，依照第一款的规定处罚。"

《刑法》第 211 条规定："单位犯本节第二百零一条、第二百零三条、第二百零四条、第二百零七条、第二百零八条、第二百零九条规定之罪的，对单位判处罚金，并对其直接负责的主管人员和其他直接责任人员，依照各该条的规定处罚。"

②2010 年 5 月 7 日最高人民检察院、公安部《关于公安机关管辖的刑事案件立案追诉标准的规定（二）》第 67 条规定："非法出售可以用于骗取出口退税、抵扣税款的非增值税专用发票五十份以上或者票面额累计在二十万元以上的，应予立案追诉。"

（3）构成要件

第一，本罪侵犯的客体是国家的发票管理制度。

第二，客观方面表现为非法出售增值税专用发票以外可以用于骗取出口退税、抵扣税款的发票 50 份以上。

第三，本罪的主体是一般主体，个人和单位都可以构成本罪的主体。

第四，主观方面是故意。

（4）罪名界定

关于出售发票方面的犯罪，我国《刑法》共规定了 6 个具体罪名。它们的主要区别是，犯罪对象不同。即出售不同的发票，要确定不同的罪名，当然也就有不同的刑罚。本罪行为人出售的是从各种途径得到的可以用于骗取出口退税、抵扣税款的真实发票，而非假发票，这是本罪与其他出售发票犯罪的根本区别。本罪行为人出售的发票，可能是非法取得的，也可能是合法取得以后再出售，但这都不影响本罪的成立。根据《刑法》第 209 条第 3 款的规定，犯本罪的，依照《刑法》第 209 条第 1 款规定的法定刑处罚，罪名应另定"非法出售用于骗取出口退税、抵扣税款发票罪"。

（5）量刑幅度

根据《刑法》第 209 条第 1 款、第 3 款和第 211 条的规定，对本罪的处罚分以下 4 个档次：

一是犯本罪的，处 3 年以下有期徒刑、拘役或者管制，并处 2 万元以上 20 万元以下罚金。

二是数量巨大的，处 3 年以上 7 年以下有期徒刑，并处 5 万元以上 50 万元以下罚金。

三是数量特别巨大的，处 7 年以上有期徒刑，并处 5 万元以上 50 万元以下罚金或者没收财产。

四是单位犯本罪的，对单位判处罚金，并且对其直接负责的主管人员和其他直接责任人员依照上述规定处罚。

13. 非法出售发票罪（第 209 条第 4 款）

（1）罪名概念

非法出售发票罪，是指违反国家发票管理法规，非法出售不能用于骗取出口退税、抵扣税款的其他发票的行为。

（2）法律规定

①本罪名是由《刑法》第 209 条第 4 款规定的。该条款规定："非法出售第三款规定以外的其他发票的，依照第二款的规定处罚。"

《刑法》第 209 条第 3 款规定："非法出售可以用于骗取出口退税、抵扣税款的其他发票的，依照第一款的规定处罚。"

《刑法》第 209 条第 2 款规定："伪造、擅自制造或者出售伪造、擅自制造的前款规定以外的其他发票的，处二年以下有期徒刑、拘役或者管制，并处或者单处一万元以上五万元以下罚金；情节严重的，处二年以上七年以下有期徒刑，并处五万元以上五十万元以下罚金。"

《刑法》第 211 条规定："单位犯本节第二百零一条、第二百零三条、第二百零四条、第二百零七条、第二百零八条、第二百零九条规定之罪的，对单位判处罚金，并对其直接负责的主管人员和其他直接责任人员，依照各该条的规定处罚。"

②2010 年 5 月 7 日最高人民检察院、公安部《关于公安机关管辖的刑事案件立案追诉标准的规定（二）》第 68 条规定："非法出售普通发票一百份以上或者票面额累计在四十万元以上的，应予立案追诉。"

③1998 年 5 月 8 日最高人民法院、最高人民检察院、公安部、国家工商行政管理局《关于依法查处盗窃、抢劫机动车案件的规定》第 6 条规定："非法出售机动车有关发票的，或者伪造、擅自制造或者出售伪造、擅自制造的机动车有关发票的，依照《刑法》第二百零九条的规定处罚。"

（3）构成要件

第一，本罪侵犯的客体是国家对发票的监督管理制度。犯罪对象是除了用于骗取出口退税、抵扣税款的发票以外的其他发票，这些发票既不是伪造的，也不是擅自制造的。

第二，客观方面表现为非法出售不能用于骗取出口退税、抵扣税款的其他发票的行为。

第三，犯罪主体是一般主体，自然人和单位都可以构成本罪的主体。

第四，主观方面是故意，并且一般具有牟利的目的。

（4）罪名界定

要注意划清出售发票的几种犯罪的界限。关于出售发票的犯罪，刑法规定了六种。这就是：①第 206 条规定的出售伪造的增值税专用发票罪；②第 207 条规定的非法出售增值税专用发票罪；③第 209 条第 3 款规定的非法出售用于骗取出口退税、抵扣税款发票罪；④第 209 条第 4 款规定的非法出售发票罪；⑤第 209 条第 2 款规定的出售非法制造的发票罪；⑥第 209 条第 1 款规定的出售非法制造的用于骗取出口退税、抵扣税款发票罪。以上六种犯罪在实践中容易混淆，区分的关键在于犯罪的对象不同。非法出售增值税专用发票的犯罪对象是增值税专用发票；出售伪造的增值税专用发票罪的对象是伪造、擅自制造的增值税专用发票；出售非法制造的用于骗取出口退税、抵扣税款发票罪，其犯罪对象是用于骗取出口退税、抵扣税款的其他发票（不包括增值税专用发票）；非法出售发票罪的犯罪对象是除了增值税专用发票、其他用于骗取出口退税、抵扣税款的其他发票以外的发票，这些发票不能用于骗取出口退税、抵扣税款，但可以用于其他违反税法规定的行为；出售非法制造的发票罪的犯罪对象是擅自制造的不能用于出口退税、抵扣税款的发票，即除了增值税专用发票及其他用于骗取出口退税、抵扣税款的发票之外的发票。上述各种犯罪对象，何种发票是属于“除了增值税专用发票之外的其他用于骗取出口退税款、抵扣税款的发票”，应当以有关的税收法律、法规为准。具体运用上述罪名惩罚出售发票的犯罪时，要正确地认定其犯罪对象。如果把出售增值税专用发票的行为当做出售其他发票罪来论处，就会轻纵犯罪；反之，就会严惩罪轻者。无论哪种情况，都不利于准确地打击税收犯罪及刑法的正确实施。

（5）量刑幅度

根据《刑法》第 209 条第 2 款和第 4 款、第 211 条的规定，对本罪的处罚分以下 3 个档次：

一是犯本罪的，处 2 年以下有期徒刑、拘役或者管制，并处或者单处 1 万元以上 5 万元以下的罚金。

二是情节严重的，处 2 年以上 7 年以下有期徒刑，并处 5 万元以上 50 万元以下的罚金。

三是单位犯本罪的，对单位判处罚金，并且对其直接负责的主管人员和其他直接责任人员依照上述规定处罚。

14. 持有伪造的发票罪（第 210 条之一）

（1）罪名概念

持有伪造的发票罪，是指明知是伪造的发票而持有，数量较大的行为。

（2）法律规定

①本罪名是由《刑法》第 210 条之一规定的。该条规定：“明知是伪造的发票而持有，数量较大的，处二年以下有期徒刑、拘役或者管制，并处罚金；数量巨大的，处二年以上七年以下有期徒刑，并处罚金。

单位犯前款罪的，对单位判处罚金，并对其直接负责的主管人员和其他直接责任人员，依照前款的规定处罚。”

②2011 年 11 月 21 日最高人民检察院、公安部《关于公安机关管辖的刑事案件立案追诉标准的规定（二）的补充规定》第 3 条规定：“明知是伪造的发票而持有，具有下列情形之一的，应予立案追诉：

（一）持有伪造的增值税专用发票五十份以上或者票面额累计在二十万元以上的，应予立案追诉；

（二）持有伪造的可以用于骗取出口退税、抵扣税款的其他发票一百份以上或者票面额累计在四十万元以上的，应予立案追诉；

（三）持有伪造的第（一）项、第（二）项规定以外的其他发票二百份以上或者票面额累计在八十万元以上的，应予立案追诉。”

③由于本罪是由《刑法修正案（八）》第 35 条新增加的罪名，在对本案的数量等问题没有明确的司法解释作出规定以前，认定本罪可以参照 1996 年 10 月 17 日最高人民法院《关于适用全国人民代表大会常务委员会〈关于惩治虚开、伪造和非法出售增值税专用发票犯罪的决定〉的若干问题的解释》第 2 条的规定，即“伪造或者出售伪造的增值税专用发票的，构成伪造、出售伪造的增值税专用发票罪。

伪造或者出售伪造的增值税专用发票 25 份以上或者票面额（百元版以每份 100 元，千元版以每份 1000 元，万元版以每份 1 万元计算，以此类推。下同）累计 10 万元以上的应当依法定罪处罚。

伪造或者出售伪造的增值税专用发票100份以上或者票面额累计50万元以上的，属于‘数量较大’。具有下列情形之一的，属于‘有其他严重情节’：(1)违法所得数额在1万元以上的；(2)伪造并出售伪造的增值税专用发票60份以上或者票面额累计30万元以上的；(3)造成严重后果或者具有其他严重情节的。

伪造或者出售伪造的增值税专用发票500份以上或者票面额累计250万元以上的，属于‘数量巨大’。具有下列情形之一的，属于‘有其他特别严重情节’：(1)违法所得数额在5万元以上的；(2)伪造并出售伪造的增值税专用发票300份以上或者票面额累计200万元以上的；(3)伪造或者出售伪造的增值税专用发票接近‘数量巨大’并有其他严重情节的；(4)造成特别严重后果或者具有其他特别严重情节的。

伪造并出售伪造的增值税专用发票1000份以上或者票面额累计1000万元以上的，属于‘伪造并出售伪造的增值税专用发票数量特别巨大’。具有下列情形之一的，属于‘情节特别严重’：(1)违法所得数额在5万元以上的；(2)因伪造、出售伪造的增值税专用发票致使国家税款被骗取100万元以上的；(3)给国家税款造成实际损失50万元以上的；(4)具有其他特别严重情节的。对于伪造并出售伪造的增值税专用发票数量达到特别巨大，又具有特别严重情节，严重破坏经济秩序的，应当依照《决定》第二条第二款的规定处罚。

伪造并出售同一宗增值税专用发票的，数量或者票面额不重复计算。

变造增值税专用发票的，按照伪造增值税专用发票行为处理。”

(3)构成要件

第一，本罪侵犯的客体是国家对发票的管理制度。犯罪对象是伪造的发票。

第二，客观方面表现为违反国家发票管理法规，明知是伪造的发票而持有，数量较大的行为。

第三，本罪的主体是一般主体，自然人和单位都可以构成本罪的主体。

第四，主观方面是故意。

(4)罪名界定

第一，根据2011年11月21日最高人民检察院、公安部《关于公安机关管辖的刑事案件立案追诉标准的规定(二)的补充规定》第3条规定，明知是伪造的发票而持有，具有下列情形之一的，应予立案追诉：①持有伪造的增值税专用发票50份以上或者票面额累计在20万元以上的，应予立案追诉；②持有伪造的可以用于骗取出口退税、抵扣税款的其他发票100份以上或者票面额累计在40万元以上的，应予立案追诉；③持有伪造的前两项规定以外的其他发票200份以上或者票面额累计在80万元以上的，应予立案追诉。

第二，本罪与《刑法》第205条之一规定的虚开普通发票罪的区别主要表现在客观方面。本罪表现为违反国家发票管理法规，明知是伪造的发票而持有数量较大的行为。这些发票既不是自己伪造的、虚开的，也不是为了出售，而仅仅是持有。而后者的表现，是为他人、为自己虚开除了增值税专用发票和用于骗取出口退税、抵扣税款发票以外的其他普通发票，情节严重的行为。

第三，本罪与《刑法》第209条规定的非法出售发票罪的区别是：①客观方面的表现不同。本罪仅仅是持有，而后者是出卖。②犯罪对象不同。本罪持有的是伪造的发票，而后者出售的不是伪造的发票。③构成本罪要求持有的发票“数量较大”，而后者没有数量要求。④在刑罚方面二者也不同。

(5)量刑幅度

根据《刑法》第210条之一的规定，对犯本罪的处罚分以下3个档次：

一是数量较大构成本罪的，处2年以下有期徒刑、拘役或者管制，并处罚金。

二是数量巨大的,处2年以上7年以下有期徒刑,并处罚金。

三是单位犯本罪的,对单位判处罚金,并对其直接负责的主管人员和其他直接责任人员,依照上述规定处罚。

(七)侵犯知识产权罪

1. 假冒注册商标罪(第213条)

(1)罪名概念

假冒注册商标罪,是指违反商标管理法规,没有经过注册商标所有人许可,擅自在同一种商品或服务上,使用与他人注册商标相同的商标,侵犯他人注册商标专用权,情节严重的行为。

(2)法律规定

①本罪名是由《刑法》第213条规定的。该条规定:"未经注册商标所有人许可,在同一种商品、服务上使用与其注册商标相同的商标,情节严重的,处三年以下有期徒刑,并处或者单处罚金;情节特别严重的,处三年以上十年以下有期徒刑,并处罚金。"

《刑法》第220条规定:"单位犯本节第二百一十三条至第二百一十九条之一规定之罪的,对单位判处罚金,并对其直接负责的主管人员和其他直接责任人员,依照本节各该条的规定处罚。"

②2010年5月7日最高人民检察院、公安部《关于公安机关管辖的刑事案件立案追诉标准的规定(二)》第69条规定:"未经注册商标所有人许可,在同一种商品上使用与其注册商标相同的商标,涉嫌下列情形之一的,应予立案追诉:(一)非法经营数额在五万元以上或者违法所得数额在三万元以上的;(二)假冒两种以上注册商标,非法经营数额在三万元以上或者违法所得数额在二万元以上的;(三)其他情节严重的情形。"

③2010年3月2日最高人民法院、最高人民检察院《关于办理非法生产、销售烟草专卖品等刑事案件具体应用法律若干问题的解释》第1条第2款规定:"未经卷烟、雪茄烟等烟草专卖品注册商标所有人许可,在卷烟、雪茄烟等烟草专卖品上使用与其注册商标相同的商标,情节严重的,依照刑法第二百一十三条的规定,以假冒注册商标罪定罪处罚。"

④2004年12月8日最高人民法院、最高人民检察院《关于办理侵犯知识产权刑事案件具体应用法律若干问题的解释》相关规定如下:

"第一条　未经注册商标所有人许可,在同一种商品上使用与其注册商标相同的商标,具有下列情形之一的,属于刑法第二百一十三条规定的'情节严重',应当以假冒注册商标罪判处三年以下有期徒刑或者拘役,并处或者单处罚金:(一)非法经营数额在五万元以上或者违法所得数额在三万元以上的;(二)假冒两种以上注册商标,非法经营数额在三万元以上或者违法所得数额在二万元以上的;(三)其他情节严重的情形。

具有下列情形之一的,属于刑法第二百一十三条规定的'情节特别严重',应当以假冒注册商标罪判处三年以上七年以下有期徒刑,并处罚金:(一)非法经营数额在二十五万元以上或者违法所得数额在十五万元以上的;(二)假冒两种以上注册商标,非法经营数额在十五万元以上或者违法所得数额在十万元以上的;(三)其他情节特别严重的情形。"

"第八条　刑法第二百一十三条规定的'相同的商标',是指与被假冒的注册商标完全相同,或者与被假冒的注册商标在视觉上基本无差别、足以对公众产生误导的商标。

刑法第二百一十三条规定的'使用',是指将注册商标或者假冒的注册商标用于商品、商品包装或者容器以及产品说明书、商品交易文书,或者将注册商标或者假冒的注册商标用于广告宣传、展览以及其他商业活动等行为。”

“第十三条　实施刑法第二百一十三条规定的假冒注册商标犯罪，又销售该假冒注册商标的商品，构成犯罪的，应当依照刑法第二百一十三条的规定，以假冒注册商标罪定罪处罚。

实施刑法第二百一十三条规定的假冒注册商标犯罪，又销售明知是他人的假冒注册商标的商品，构成犯罪的，应当实行数罪并罚。”

“第十五条　单位实施刑法第二百一十三条至第二百一十九条规定的行为，按照本解释规定的相应个人犯罪的定罪量刑标准的三倍定罪量刑。

第十六条　明知他人实施侵犯知识产权犯罪，而为其提供贷款、资金、账号、发票、证明、许可证件，或者提供生产、经营场所或者运输、储存、代理进出口等便利条件、帮助的，以侵犯知识产权犯罪的共犯论处。”

⑤2007 年 4 月 5 日最高人民法院、最高人民检察院《关于办理侵犯知识产权刑事案件具体应用法律若干问题的解释（二）》相关规定如下：

“第六条　单位实施刑法第二百一十三条至第二百一十九条规定的行为，按照《最高人民法院、最高人民检察院关于办理侵犯知识产权刑事案件具体应用法律若干问题的解释》和本解释规定的相应个人犯罪的定罪量刑标准定罪处罚。”

⑥2009 年 8 月 27 日全国人民代表大会常务委员会《关于维护互联网安全的决定》第 3 条规定：“为了维护社会主义市场经济秩序和社会管理秩序，对有下列行为之一，构成犯罪的，依照刑法有关规定追究刑事责任：（一）利用互联网销售伪劣产品或者对商品、服务作虚假宣传；（二）利用互联网损害他人商业信誉和商品声誉；（三）利用互联网侵犯他人知识产权；（四）利用互联网编造并传播影响证券、期货交易或者其他扰乱金融秩序的虚假信息；（五）在互联网上建立淫秽网站、网页，提供淫秽站点链接服务，或者传播淫秽书刊、影片、音像、图片。”

⑦2011 年 1 月 10 日最高人民法院、最高人民检察院、公安部、司法部《关于办理侵犯知识产权刑事案件适用法律若干问题的意见》第 6 条规定。

（3）构成要件

第一，本罪侵犯的客体是国家的商标管理制度和他人注册商标专用权。

第二，客观方面表现为违反商标管理法规，假冒他人注册商标，情节严重的行为。

第三，犯罪主体是一般主体，企业事业单位和自然人均可构成本罪的主体。

第四，主观方面是故意，一般是以营利为目的。如果不知道自己使用的商标是他们已经注册的商标，不构成本罪。

（4）罪名界定

第一，行为人假冒注册商标犯罪以后，如果又销售这种商品，构成犯罪的，属于牵连犯，应当选择其中的一个重罪处罚，而不实行数罪并罚。如果行为人实施了假冒注册商标犯罪以后，又销售明知是他人的假冒注册商标的商品，构成犯罪的，属于实质的数罪，应当实行数罪并罚。

第二，本罪与生产、销售伪劣产品罪不同。如果行为人仅仅是由于没有打开市场，而在自己商品上使用他人注册商标，这属于侵犯商标的犯罪。如果行为人以劣质产品冒充优质产品，使用他人注册商标非法获利，严重扰乱市场管理秩序，则应该认定为生产、销售伪劣产品罪，而不能以本罪论处。

第三，关于共同犯罪的认定。根据 2004 年 11 月 11 日最高人民法院、最高人民检察院《关于办理侵犯知识产权刑事案件具体应用法律若干问题的解释》的规定，行为人如果明知他人实施侵犯知识产权犯罪而为其提供贷款、资金、账号、发票、证明、许可证件，或者提供生产、经营场所或者运输、储存、代理进出口等便利予以帮助的，以侵犯知识产权这类犯罪的共犯论处。

(5)量刑幅度

根据《刑法》第213条、第220条的规定，对构成本罪的处罚分以下3个档次：

一是情节严重的，处3年以下有期徒刑，并处或者单处罚金。

二是情节特别严重的，处3年以上10年以下有期徒刑，并处罚金。

三是单位犯本罪的，对单位判处罚金，并对其直接负责的主管人员和其他直接责任人员，依照上述规定处罚。

2. 销售假冒注册商标的商品罪(第214条)

(1)罪名概念

销售假冒注册商标的商品罪，是指明知是假冒注册商标的商品而予以销售，违法所得数额较大或有其他严重情节的行为。

(2)法律规定

①本罪名是由《刑法》第214条规定的。该条规定："销售明知是假冒注册商标的商品，违法所得数额较大或者有其他严重情节的，处三年以下有期徒刑，并处或者单处罚金；违法所得数额巨大或者有其他特别严重情节的，处三年以上十年以下有期徒刑，并处罚金。"

《刑法》第220条规定："单位犯本节第二百一十三条至第二百一十九条之一规定之罪的，对单位判处罚金，并对其直接负责的主管人员和其他直接责任人员，依照本节各该条的规定处罚。"

②2010年5月7日最高人民检察院、公安部《关于公安机关管辖的刑事案件立案追诉标准的规定(二)》第70条规定："销售明知是假冒注册商标的商品，涉嫌下列情形之一的，应予立案追诉：(1)销售金额在五万元以上的；(2)尚未销售，货值金额在十五万元以上的；(3)销售金额不满五万元，但已销售金额与尚未销售的货值金额合计在十五万元以上的。"

③2010年3月2日最高人民法院、最高人民检察院《关于办理非法生产、销售烟草专卖品等刑事案件具体应用法律若干问题的解释》第1条第3款规定："销售明知是假冒他人注册商标的卷烟、雪茄烟等烟草专卖品，销售金额较大的，依照刑法第二百一十四条的规定，以销售假冒注册商标的商品罪定罪处罚。"

④2004年12月8日最高人民法院、最高人民检察院《关于办理侵犯知识产权刑事案件具体应用法律若干问题的解释》相关规定如下：

"第二条　销售明知是假冒注册商标的商品，销售金额在五万元以上的，属于刑法第二百一十四条规定的'数额较大'，应当以销售假冒注册商标的商品罪判处三年以下有期徒刑或者拘役，并处或者单处罚金。

销售金额在二十五万元以上的，属于刑法第二百一十四条规定的'数额巨大'，应当以销售假冒注册商标的商品罪判处三年以上七年以下有期徒刑，并处罚金。"

"第九条　刑法第二百一十四条规定的'销售金额'，是指销售假冒注册商标的商品后所得和应得的全部违法收入。

具有下列情形之一的，应当认定为属于刑法第二百一十四条规定的'明知'：(一)知道自己销售的商品上的注册商标被涂改、调换或者覆盖的；(二)因销售假冒注册商标的商品受到过行政处罚或者承担过民事责任、又销售同一种假冒注册商标的商品的；(三)伪造、涂改商标注册人授权文件或者知道该文件被伪造、涂改的；(四)其他知道或者应当知道是假冒注册商标的商品的情形。"

"第十二条　本解释所称'非法经营数额'，是指行为人在实施侵犯知识产权行为过程中，制造、储存、运输、销售侵权产品的价值。已销售的侵权产品的价值，按照实际销售的价格计算。制造、储存、运输和未销售的侵权产品的价值，按照标价或者已经查清的侵权产品的实际销售平均价格计算。侵权产品没有标价或者无法查清其实际销售价格的，按照被侵权产品的市场中间价格计算。

多次实施侵犯知识产权行为，未经行政处理或者刑事处罚的，非法经营数额、违法所得数额或者销售金额累计计算。

本解释第三条所规定的‘件’，是指标有完整商标图样的一份标识。

第十三条　实施刑法第二百一十三条规定的假冒注册商标犯罪，又销售该假冒注册商标的商品，构成犯罪的，应当依照刑法第二百一十三条的规定，以假冒注册商标罪定罪处罚。

实施刑法第二百一十三条规定的假冒注册商标犯罪，又销售明知是他人的假冒注册商标的商品，构成犯罪的，应当实行数罪并罚。”

“第十五条　单位实施刑法第二百一十三条至第二百一十九条规定的行为，按照本解释规定的相应个人犯罪的定罪量刑标准的三倍定罪量刑。

第十六条　明知他人实施侵犯知识产权犯罪，而为其提供贷款、资金、账号、发票、证明、许可证件，或者提供生产、经营场所或者运输、储存、代理进出口等便利条件、帮助的，以侵犯知识产权犯罪的共犯论处。”

⑤2007年4月5日最高人民法院、最高人民检察院《关于办理侵犯知识产权刑事案件具体应用法律若干问题的解释(二)》相关规定如下：

“第三条　侵犯知识产权犯罪，符合刑法规定的缓刑条件的，依法适用缓刑。有下列情形之一的，一般不适用缓刑：(一)因侵犯知识产权被刑事处罚或者行政处罚后，再次侵犯知识产权构成犯罪的；(二)不具有悔罪表现的；(三)拒不交出违法所得的；(四)其他不宜适用缓刑的情形。

第四条　对于侵犯知识产权犯罪的，人民法院应当综合考虑犯罪的违法所得、非法经营数额、给权利人造成的损失、社会危害性等情节，依法判处罚金。罚金数额一般在违法所得的一倍以上五倍以下，或者按照非法经营数额的50%以上一倍以下确定。

第五条　被害人有证据证明的侵犯知识产权刑事案件，直接向人民法院起诉的，人民法院应当依法受理；严重危害社会秩序和国家利益的侵犯知识产权刑事案件，由人民检察院依法提起公诉。

第六条　单位实施刑法第二百一十三条至第二百一十九条规定的行为，按照《最高人民法院、最高人民检察院关于办理侵犯知识产权刑事案件具体应用法律若干问题的解释》和本解释规定的相应个人犯罪的定罪量刑标准定罪处罚。”

⑥2003年12月23日最高人民法院、最高人民检察院、公安部、国家烟草专卖局《关于办理假冒伪劣烟草制品等刑事案件适用法律问题座谈会纪要》相关内容如下：

“二、关于销售明知是假冒烟用注册商标的烟草制品行为中的‘明知’问题

根据刑法第二百一十四条的规定，销售明知是假冒烟用注册商标的烟草制品，销售金额较大的，构成销售假冒注册商标的商品罪。

‘明知’，是指知道或应当知道。有下列情形之一的，可以认定为‘明知’：1. 以明显低于市场价格进货的；2. 以明显低于市场价格销售的；3. 销售假冒烟用注册商标的烟草制品被发现后转移、销毁物证或者提供虚假证明、虚假情况的；4. 其他可以认定为明知的情形。”

“四、关于共犯问题

知道或者应当知道他人实施本纪要第一条至第三条规定的犯罪行为，仍实施下列行为之一的，应认定为共犯，依法追究刑事责任：

1. 直接参与生产、销售假冒伪劣烟草制品或者销售假冒烟用注册商标的烟草制品或者直接

参与非法经营烟草制品并在其中起主要作用的；

2. 提供房屋、场地、设备、车辆、贷款、资金、账号、发票、证明、技术等设施和条件，用于帮助生产、销售、储存、运输假冒伪劣烟草制品、非法经营烟草制品的；

3. 运输假冒伪劣烟草制品的。

上述人员中有检举他人犯罪经查证属实，或者提供重要线索，有立功表现的，可以从轻或减轻处罚；有重大立功表现的，可以减轻或者免除处罚。

五、国家机关工作人员参与实施本纪要第一条至第三条规定的犯罪行为的处罚问题

根据《最高人民法院、最高人民检察院关于办理生产、销售伪劣商品刑事案件具体应用法律若干问题的解释》的规定，国家机关工作人员参与实施本纪要第一条至第三条规定的犯罪行为的，从重处罚。

六、关于一罪与数罪问题

行为人的犯罪行为同时构成生产、销售伪劣产品罪、销售假冒注册商标的商品罪、非法经营罪等罪的，依照处罚较重的规定定罪处罚。

七、关于窝藏、转移非法制售的烟草制品行为的定罪处罚问题

明知是非法制售的烟草制品而予以窝藏、转移的，依照刑法第三百一十二条的规定，以窝藏、转移赃物罪定罪处罚。

窝藏、转移非法制售的烟草制品，事前与犯罪分子通谋的，以共同犯罪论处。

八、关于以暴力、威胁方法阻碍烟草专卖执法人员依法执行职务行为的定罪处罚问题

以暴力、威胁方法阻碍烟草专卖执法人员依法执行职务的，依照刑法第二百七十七条的规定，以妨害公务罪定罪处罚。”

“十、关于鉴定问题

假冒伪劣烟草制品的鉴定工作，由国家烟草专卖行政主管部门授权的省级以上烟草产品质量监督检验机构，按照国家烟草专卖局制定的假冒伪劣卷烟鉴别检验管理办法和假冒伪劣卷烟鉴别检验规程等有关规定进行。

假冒伪劣烟草专用机械的鉴定由国家质量监督部门，或其委托的国家烟草质量监督检验中心，根据烟草行业的有关技术标准进行。

十一、关于烟草制品、卷烟的范围

本纪要所称烟草制品指卷烟、雪茄烟、烟丝、复烤烟叶、烟叶、卷烟纸、滤嘴棒、烟用丝束。”

⑦2009 年 8 月 27 日全国人民代表大会常务委员会《关于维护互联网安全的决定》第 3 条规定：“为了维护社会主义市场经济秩序和社会管理秩序，对有下列行为之一，构成犯罪的，依照刑法有关规定追究刑事责任：（一）利用互联网销售伪劣产品或者对商品、服务作虚假宣传；（二）利用互联网损害他人商业信誉和商品声誉；（三）利用互联网侵犯他人知识产权；（四）利用互联网编造并传播影响证券、期货交易或者其他扰乱金融秩序的虚假信息；（五）在互联网上建立淫秽网站、网页，提供淫秽站点链接服务，或者传播淫秽书刊、影片、音像、图片。”

⑧2011 年 1 月 10 日最高人民法院、最高人民检察院、公安部、司法部《关于办理侵犯知识产权刑事案件适用法律若干问题的意见》第 8 条规定。

（3）构成要件

第一，本罪侵犯的客体主要是国家商标管理制度和注册商标专用权，同时也破坏了国家对市场的管理秩序，侵犯了消费者的合法权益。

第二，客观方面表现为销售假冒注册商标的商品，违法所得数额较大或有其他严重情节的行为。

第三,本罪的主体是一般主体,包括持有工商营业执照的个体工商业者和没有营业执照的个人。

第四,主观方面是故意,即明知是假冒他人注册商标的商品而予以销售。如果是出于过失,则不构成犯罪。

(4)罪名界定

本罪与假冒注册商标罪的区别是:一是侵犯的客体不同。本罪侵犯的客体除了国家商标管理制度和注册商标专用权以外,还破坏了国家对市场的管理秩序,侵犯了消费者的合法权益;而假冒注册商标罪侵犯的客体,仅仅是国家商标管理制度和他人注册商标的专用权。二是犯罪对象不同。本罪的犯罪对象是假冒注册商标的商品;而假冒注册商标罪侵犯的对象,是他人的注册商标。三是在客观方面表现不同。本罪在客观上表现为销售明知是假冒注册商标的商品,而且销售金额数额较大;而假冒注册商标罪在客观上,表现为没有经过注册所有人的许可,在同一种商品上,使用与其注册商标相同的商标,情节严重。

在司法实践中,经常出现行为人没有经过注册商标所有人的许可,在同一种商品上使用与其注册商标相同的商标后,又将该种商标出售,获取非法利益的情况。这种情况属于吸收犯形态,只能以1个罪处罚,即以假冒注册商标罪来处罚。至于销售假冒注册商标的商品的行为,可以在量刑时作为一个从重情节来考虑。

(5)量刑幅度

根据《刑法》第214条、第220条的规定,对本罪的处罚分以下3个档次:

一是构成本罪的,处3年以下有期徒刑,并处或者单处罚金。

二是违法所得数额巨大或有其他特别严重情节的,处3年以上10年以下有期徒刑,并处罚金。

三是单位犯本罪的,对单位判处罚金,并对其直接负责的主管人员和其他直接责任人员,依照上述规定处罚。

3. 非法制造、销售非法制造的注册商标标识罪(第215条)

(1)罪名概念

非法制造、销售非法制造的注册商标标识罪,是指伪造、擅自制造他人注册商标标识,或者销售伪造、擅自制造的注册商标标识,情节严重的行为。

(2)法律规定

①本罪名是由《刑法》第215条规定的。该条规定:"伪造、擅自制造他人注册商标标识或者销售伪造、擅自制造的注册商标标识,情节严重的,处三年以下有期徒刑,并处或者单处罚金;情节特别严重的,处三年以上十年以下有期徒刑,并处罚金。"

《刑法》第220条规定:"单位犯本节第二百一十三条至第二百一十九条之一规定之罪的,对单位判处罚金,并对其直接负责的主管人员和其他直接责任人员,依照本节各该条的规定处罚。"

②2010年5月7日最高人民检察院、公安部《关于公安机关管辖的刑事案件立案追诉标准的规定(二)》第71条规定:"伪造、擅自制造他人注册商标标识或者销售伪造、擅自制造的注册商标标识,涉嫌下列情形之一的,应予立案追诉:(一)伪造、擅自制造或者销售伪造、擅自制造的注册商标标识数量在二万件以上,或者非法经营数额在五万元以上,或者违法所得数额在三万元以上的;(二)伪造、擅自制造或者销售伪造、擅自制造两种以上注册商标标识数量在一万件以上,或者非法经营数额在三万元以上,或者违法所得数额在二万元以上的;(三)其他情节严重的情形。"

③2010 年 3 月 2 日最高人民法院、最高人民检察院《关于办理非法生产、销售烟草专卖品等刑事案件具体应用法律若干问题的解释》第 1 条第 4 款规定："伪造、擅自制造他人卷烟、雪茄烟注册商标标识或者销售伪造、擅自制造的卷烟、雪茄烟注册商标标识，情节严重的，依照刑法第 215 条的规定，以非法制造、销售非法制造的注册商标标识罪定罪处罚。"

④2004 年 12 月 8 日最高人民法院、最高人民检察院《关于办理侵犯知识产权刑事案件具体应用法律若干问题的解释》相关规定如下：

"第三条　伪造、擅自制造他人注册商标标识或者销售伪造、擅自制造的注册商标标识，具有下列情形之一的，属于刑法第二百一十五条规定的'情节严重'，应当以非法制造、销售非法制造的注册商标标识罪判处三年以下有期徒刑、拘役或者管制，并处或者单处罚金：(一)伪造、擅自制造或者销售伪造、擅自制造的注册商标标识数量在二万件以上，或者非法经营数额在五万元以上，或者违法所得数额在三万元以上的；(二)伪造、擅自制造或者销售伪造、擅自制造两种以上注册商标标识数量在一万件以上，或者非法经营数额在三万元以上，或者违法所得数额在二万元以上的；(三)其他情节严重的情形。

具有下列情形之一的，属于刑法第二百一十五条规定的'情节特别严重'，应当以非法制造、销售非法制造的注册商标标识罪判处三年以上七年以下有期徒刑，并处罚金：(一)伪造、擅自制造或者销售伪造、擅自制造的注册商标标识数量在十万件以上，或者非法经营数额在二十五万元以上，或者违法所得数额在十五万元以上的；(二)伪造、擅自制造或者销售伪造、擅自制造两种以上注册商标标识数量在五万件以上，或者非法经营数额在十五万元以上，或者违法所得数额在十万元以上的；(三)其他情节特别严重的情形。"

"第十二条　本解释所称'非法经营数额'，是指行为人在实施侵犯知识产权行为过程中，制造、储存、运输、销售侵权产品的价值。已销售的侵权产品的价值，按照实际销售的价格计算。制造、储存、运输和未销售的侵权产品的价值，按照标价或者已经查清的侵权产品的实际销售平均价格计算。侵权产品没有标价或者无法查清其实际销售价格的，按照被侵权产品的市场中间价格计算。

多次实施侵犯知识产权行为，未经行政处理或者刑事处罚的，非法经营数额、违法所得数额或者销售金额累计计算。"

"第十五条　单位实施刑法第二百一十三条至第二百一十九条规定的行为，按照本解释规定的相应个人犯罪的定罪量刑标准的三倍定罪量刑。

第十六条　明知他人实施侵犯知识产权犯罪，而为其提供贷款、资金、账号、发票、证明、许可证件，或者提供生产、经营场所或者运输、储存、代理进出口等便利条件、帮助的，以侵犯知识产权犯罪的共犯论处。"

⑤2007 年 4 月 5 日公布的最高人民法院、最高人民检察院《关于办理侵犯知识产权刑事案件具体应用法律若干问题的解释(二)》相关规定如下：

"第三条　侵犯知识产权犯罪，符合刑法规定的缓刑条件的，依法适用缓刑。有下列情形之一的，一般不适用缓刑：(一)因侵犯知识产权被刑事处罚或者行政处罚后，再次侵犯知识产权构成犯罪的；(二)不具有悔罪表现的；(三)拒不交出违法所得的；(四)其他不宜适用缓刑的情形。

第四条　对于侵犯知识产权犯罪的，人民法院应当综合考虑犯罪的违法所得、非法经营数额、给权利人造成的损失、社会危害性等情节，依法判处罚金。罚金数额一般在违法所得的一倍以上五倍以下，或者按照非法经营数额的 50% 以上一倍以下确定。

第五条　被害人有证据证明的侵犯知识产权刑事案件，直接向人民法院起诉的，人民法院应当依法受理；严重危害社会秩序和国家利益的侵犯知识产权刑事案件，由人民检察院依法提起公诉。

第六条　单位实施刑法第二百一十三条至第二百一十九条规定的行为，按照《最高人民法院、最高人民检察院关于办理侵犯知识产权刑事案件具体应用法律若干问题的解释》和本解释规定的相应个人犯罪的定罪量刑标准定罪处罚。”

⑥2009年3月27日全国人民代表大会常务委员会《关于维护互联网安全的决定》第3条规定：“为了维护社会主义市场经济秩序和社会管理秩序，对有下列行为之一，构成犯罪的，依照刑法有关规定追究刑事责任：

（一）利用互联网销售伪劣产品或者对商品、服务作虚假宣传；

（二）利用互联网损害他人商业信誉和商品声誉；

（三）利用互联网侵犯他人知识产权；

（四）利用互联网编造并传播影响证券、期货交易或者其他扰乱金融秩序的虚假信息；

（五）在互联网上建立淫秽网站、网页，提供淫秽站点链接服务，或者传播淫秽书刊、影片、音像、图片。”

（3）构成要件

第一，本罪侵犯的客体是商标管理制度和注册商标人的专利权。

第二，客观方面表现为行为人违反商标管理法规，伪造、擅自制造他人注册商标标识，或者销售伪造、擅自制造的注册商标标识，情节严重的行为。

第三，本罪的主体是一般主体，自然人和单位都可以构成本罪的主体。

第四，主观方面是故意，即明知自己没有得到注册商标所有人的许可而故意非法制造、销售他人注册商标标识，行为人往往具有牟取非法利益的目的。

（4）罪名界定

第一，认定本罪要从以下三方面考虑：一是本罪是故意犯罪，过失制造或者销售他人注册商标标识的，不能构成本罪。二是行为人擅自制造的注册商标标识，或者销售擅自制造的注册商标标识，必须是已被他人注册、享有商标专利权的商标标识。三是必须情节严重。

第二，本罪与假冒注册商标罪不同。本罪在客观上表现为实施了擅自制造他人注册商标标识，或者销售擅自制造的注册商标标识的行为。至于行为人是否将伪造的商标标识用于注册商标所有人注册的同一种商品上，不影响本罪的成立；而假冒注册商标罪在客观上强调行为人违反商标管理法规，没有经过注册商标所有人许可，在同一种商品上，使用与其注册商标相同的商标的行为。至于商标标识是不是行为人自己制造，不影响犯罪的成立。在实践中，有的行为人不但非法自造、销售他人注册商标标识，而且把这种商标标识用在他人注册商标的商品上，两种行为具有牵连关系，则应当按照处理牵连犯的原则，选择其中的一个重罪处罚。

第三，根据2011年1月10日最高人民法院、最高人民检察院、公安部、司法部《关于办理侵犯知识产权刑事案件适用法律若干问题的意见》第9条规定，销售他人伪造、擅自制造的注册商标标识，具有下列情形之一的，依照《刑法》第215条的规定，以销售非法制造的注册商标标识罪（未遂）定罪处罚：①尚未销售他人伪造、擅自制造的注册商标标识数量在6万件以上的；②尚未销售他人伪造、擅自制造的两种以上注册商标标识数量在3万件以上的；③部分销售他人伪造、擅自制造的注册商标标识，已销售标识数量不满2万件，但与尚未销售标识数量合计在6万件以上的；④部分销售他人伪造、擅自制造的两种以上注册商标标识，已销售标识数量不满1万件，但与尚未销售标识数量合计在3万件以上的。

（5）量刑幅度

根据《刑法》第215条、第200条的规定，对本罪的处罚分以下3个档次：

一是构成本罪的，处 3 年以下有期徒刑，并处或者单处罚金。

二是情节特别严重的，处 3 年以上 10 年以下有期徒刑，并处罚金。

三是单位犯本罪的，对单位判处罚金，并且对其直接负责的主管人员和其他直接责任人员，依照上述规处罚。

4. 假冒专利罪（第 216 条）

（1）罪名概念

假冒专利罪，是指以获取非法利益为目的，违反国家专利管理法规，在专利有效期限内，假冒他人或者单位被授予的专利，侵犯他人或者单位的专利权益，情节严重的行为。

（2）法律规定

①本罪名是由《刑法》第 216 条规定的。该条规定："假冒他人专利，情节严重的，处三年以下有期徒刑或者拘役，并处或者单处罚金。"

《刑法》第 220 条规定："单位犯本节第二百一十三条至第二百一十九条之一规定之罪的，对单位判处罚金，并对其直接负责的主管人员和其他直接责任人员，依照本节各该条的规定处罚。"

②2010 年 5 月 7 日最高人民检察院、公安部《关于公安机关管辖的刑事案件立案追诉标准的规定（二）》第 72 条规定："假冒他人专利，涉嫌下列情形之一的，应予立案追诉：（一）非法经营数额在二十万元以上或者违法所得数额在十万元以上的；（二）给专利权人造成直接经济损失在五十万元以上的；（三）假冒两项以上他人专利，非法经营数额在十万元以上或者违法所得数额在五万元以上的；（四）其他情节严重的情形。"

③2004 年 12 月 8 日最高人民法院、最高人民检察院《关于办理侵犯知识产权刑事案件具体应用法律若干问题的解释》相关规定如下：

"第四条　假冒他人专利，具有下列情形之一的，属于刑法第二百一十六条规定的'情节严重'，应当以假冒专利罪判处三年以下有期徒刑或者拘役，并处或者单处罚金：（一）非法经营数额在二十万元以上或者违法所得数额在十万元以上的；（二）给专利权人造成直接经济损失五十万元以上的；（三）假冒两项以上他人专利，非法经营数额在十万元以上或者违法所得数额在五万元以上的；（四）其他情节严重的情形。"

"第十条　实施下列行为之一的，属于刑法第二百一十六条规定的'假冒他人专利'的行为：（一）未经许可，在其制造或者销售的产品、产品的包装上标注他人专利号的；（二）未经许可，在广告或者其他宣传材料中使用他人的专利号，使人将所涉及的技术误认为是他人专利技术的；（三）未经许可，在合同中使用他人的专利号，使人将合同涉及的技术误认为是他人专利技术的；（四）伪造或者变造他人的专利证书、专利文件或者专利申请文件的。"

"第十二条　本解释所称'非法经营数额'，是指行为人在实施侵犯知识产权行为过程中，制造、储存、运输、销售侵权产品的价值。已销售的侵权产品的价值，按照实际销售的价格计算。制造、储存、运输和未销售的侵权产品的价值，按照标价或者已经查清的侵权产品的实际销售平均价格计算。侵权产品没有标价或者无法查清其实际销售价格的，按照被侵权产品的市场中间价格计算。

多次实施侵犯知识产权行为，未经行政处理或者刑事处罚的，非法经营数额、违法所得数额或者销售金额累计计算。

本解释第三条所规定的'件'，是指标有完整商标图样的一份标识。"

"第十五条　单位实施刑法第二百一十三条至第二百一十九条规定的行为，按照本解释规定的相应个人犯罪的定罪量刑标准的三倍定罪量刑。

第十六条　明知他人实施侵犯知识产权犯罪，而为其提供贷款、资金、账号、发票、证明、许可证件，或者提供生产、经营场所或者运输、储存、代理进出口等便利条件、帮助的，以侵犯知识产权犯罪的共犯论处。"

④2007年4月5日最高人民法院、最高人民检察院《关于办理侵犯知识产权刑事案件具体应用法律若干问题的解释(二)》相关规定如下：

"第三条　侵犯知识产权犯罪，符合刑法规定的缓刑条件的，依法适用缓刑。有下列情形之一的，一般不适用缓刑：(一)因侵犯知识产权被刑事处罚或者行政处罚后，再次侵犯知识产权构成犯罪的；(二)不具有悔罪表现的；(三)拒不交出违法所得的；(四)其他不宜适用缓刑的情形。

第四条　对于侵犯知识产权犯罪的，人民法院应当综合考虑犯罪的违法所得、非法经营数额、给权利人造成的损失、社会危害性等情节，依法判处罚金。罚金数额一般在违法所得的一倍以上五倍以下，或者按照非法经营数额的50%以上一倍以下确定。

第五条　被害人有证据证明的侵犯知识产权刑事案件，直接向人民法院起诉的，人民法院应当依法受理；严重危害社会秩序和国家利益的侵犯知识产权刑事案件，由人民检察院依法提起公诉。

第六条　单位实施刑法第二百一十三条至第二百一十九条规定的行为，按照《最高人民法院、最高人民检察院关于办理侵犯知识产权刑事案件具体应用法律若干问题的解释》和本解释规定的相应个人犯罪的定罪量刑标准定罪处罚。"

⑤2009年8月27日全国人民代表大会常务委员会《关于维护互联网安全的决定》第3条规定："为了维护社会主义市场经济秩序和社会管理秩序，对有下列行为之一，构成犯罪的，依照刑法有关规定追究刑事责任：

(一)利用互联网销售伪劣产品或者对商品、服务作虚假宣传；

(二)利用互联网损害他人商业信誉和商品声誉；

(三)利用互联网侵犯他人知识产权；

(四)利用互联网编造并传播影响证券、期货交易或者其他扰乱金融秩序的虚假信息；

(五)在互联网上建立淫秽网站、网页，提供淫秽站点链接服务，或者传播淫秽书刊、影片、音像、图片。"

(3)构成要件

第一，本罪侵犯的客体是国家的专利管理制度。

第二，客观方面表现为假冒他人或者单位的专利，侵犯他人或者单位的专利权益，情节严重的行为。

第三，犯罪主体是一般主体，但主要是工商企业、事业单位对假冒他人专利行为负有主要的直接责任人员，也有的是个体工商业者和其他个人。

第四，主观方面是故意，其目的是获取非法利益。

(4)罪名界定

第一，构成本罪不仅要求"假冒他人专利情节严重"，而且根据《专利法》第62条的规定，对下列五种情况，不能视为侵犯专利权：①专利权人制造或者经专利权人许可制造的专利产品，这种产品售出后，对该产品进行使用或销售的。②使用或销售不知道是没经过专利权人许可制造并售出的专利产品。③在专利申请日以前，已经制造了相同产品、使用相同方法，或者已经做好制造、使用的必要准备，并且是仅在原有范围内继续、使用的。④临时通过中国领土、领水、领空的外国运输工具，依照其所属国同中国签订的协议或者共同参加的国际条约，或者依照互惠原则，为运输工具自身需要而在其装置和设备中使用有关专利的。⑤专为科学和实验而使用有关专利的。

第二，要区分假冒专利与冒充专利的不同。假冒专利是冒充他人专利的行为；而冒充专利，是指自己并没有取得专利，或者取得的专利因为保护期满而无效，但为了牟利，将非专利产品冒充专利产品，或者将非专利方法冒充专利方法的行为。由于这是两种性质不同的行为，处理方法不同。根据《专利法》第59条的规定，冒充专利属于侵权行为，由管理专利工作的部门责令改正并且予以公告，可以处5万元以下的罚款，而不能作为假冒专利罪处理。根据2004年11月11日最高人民法院、最高人民检察院《关于办理侵犯知识产权刑事案件具体应用法律若干问题的解释》的规定，实施下列情形之一的，属于假冒他人专利的行为：①没有经过许可，在其制造或者销售的产品、产品的包装上标注他人专利号的；②没有经过许可，在广告或者其他宣传材料中使用他人的专利号，使人将涉及的技术误认为是他人专利技术的；③没有经过许可，在合同中使用他人的专利号，使人将合同涉及的技术误认为是合同方的专利技术的；④伪造或者变造他人的专利证书、专利文件或者专利申请文件的。

第三，本罪与侵犯商业秘密罪的区别是：专利具有公开性，其发明创造为众所周知，假冒他人专利，表现为公然侵犯，而不是秘密窃取。而商业秘密具有保密性，具有一定的经济价值。采取秘密窃取的手段，取得他人秘密商业技术的，应按《刑法》第219条的规定，以侵犯商业秘密罪论处。

第四，本罪与假冒商标罪的区别主要是：前者侵犯的客体是他人的专利权和国家的专利管理制度，而后者侵犯的客体是他人的商标专用权和国家的商标管理制度。前者在客观方面表现为没有经过专利权人许可，在非专利产品或者包装上标注专利权人的专利标记或者专利号；而后者则是没有经过注册商标人许可，在同一种商品上使用与他人注册商标相同的商标。

(5)量刑幅度

根据《刑法》第216条的规定，对犯假冒专利罪的，处3年以下有期徒刑或者拘役，并处或者单处罚金。根据《刑法》第220条的规定，单位犯本罪的，对单位判处罚金，并对其直接负责的主管人员和其他直接责任人员，依照上述规定处罚。

5. 侵犯著作权罪(第217条)

(1)罪名概念

侵犯著作权罪，是指以营利为目的，违犯著作权管理法规，侵犯著作权或与著作权有关的权利，违法所得数额较大或有其他严重情节的行为。

(2)法律规定

①本罪名是由《刑法》第217条规定的。该条规定："以营利为目的，有下列侵犯著作权或者与著作权有关的权利的情形之一，违法所得数额较大或者有其他严重情节的，处三年以下有期徒刑，并处或者单处罚金；违法所得数额巨大或者有其他特别严重情节的，处三年以上十年以下有期徒刑，并处罚金：

(一)未经著作权人许可，复制发行、通过信息网络向公众传播其文字作品、音乐、美术、视听作品、计算机软件及法律、行政法规规定的其他作品的；

(二)出版他人享有专有出版权的图书的；

(三)未经录音录像制作者许可，复制发行、通过信息网络向公众传播其制作的录音录像的；

(四)未经表演者许可，复制发行录有其表演的录音录像制品，或者通过信息网络向公众传播其表演的；

(五)制作、出售假冒他人署名的美术作品的；

（六）未经著作权人或者与著作权有关的权利人许可，故意避开或者破坏权利人为其作品、录音录像制品等采取的保护著作权或者与著作权有关的权利的技术措施的。”

《刑法》第220条规定：“单位犯本节第二百一十三条至第二百一十九条之一规定之罪的，对单位判处罚金，并对其直接负责的主管人员和其他直接责任人员，依照本节各该条的规定处罚。”

②2008年6月25日最高人民检察院、公安部《关于公安机关管辖的刑事案件立案追诉标准的规定（一）》第26条规定：“以营利为目的，未经著作权人许可，复制发行其文字作品、音乐、电影、电视、录像作品、计算机软件及其他作品，或者出版他人享有专有出版权的图书，或者未经录音录像制作者许可，复制发行其制作的录音录像，或者制作、出售假冒他人署名的美术作品，涉嫌下列情形之一的，应予立案追诉：（一）违法所得数额三万元以上的；（二）非法经营数额五万元以上的；（三）未经著作权人许可，复制发行其文字作品、音乐、电影、电视、录像作品、计算机软件及其他作品，复制品数量合计五百张（份）以上的；（四）未经录音录像制作者许可，复制发行其制作的录音录像制品，复制品数量合计五百张（份）以上的；（五）其他情节严重的情形。

以刊登收费广告等方式直接或者间接收取费用的情形，属于本条规定的‘以营利为目的’。

本条规定的‘未经著作权人许可’，是指没有得到著作权人授权或者伪造、涂改著作权人授权许可文件或者超出授权许可范围的情形。

本条规定的‘复制发行’，包括复制、发行或者既复制又发行的行为。

通过信息网络向公众传播他人文字作品、音乐、电影、电视、录像作品、计算机软件及其他作品，或者通过信息网络传播他人制作的录音录像制品的行为，应当视为本条规定的‘复制发行’。

侵权产品的持有人通过广告、征订等方式推销侵权产品的，属于本条规定的‘发行’。

本条规定的‘非法经营数额’，是指行为人在实施侵犯知识产权行为过程中，制造、储存、运输、销售侵权产品的价值。已销售的侵权产品的价值，按照实际销售的价格计算。制造、储存、运输和未销售的侵权产品的价值，按照标价或者已经查清的侵权产品的实际销售平均价格计算。侵权产品没有标价或者无法查清其实际销售价格的，按照被侵权产品的市场中间价格计算。”

③1998年12月17日最高人民法院《关于审理非法出版物刑事案件具体应用法律若干问题的解释》第2条、第3条、第5条、第16条分别规定：

“以营利为目的，实施刑法第二百一十七条所列侵犯著作权行为之一，个人违法所得数额在五万元以上，单位违法所得数额在二十万元以上的，属于‘违法所得数额较大’；具有下列情形之一的，属于‘有其他严重情节’：（一）因侵犯著作权曾经两次以上被追究行政责任或者民事责任，两年内又实施刑法第二百一十七条所列侵犯著作权行为之一的；（二）个人非法经营数额在二十万元以上，单位非法经营数额在一百万元以上的；（三）造成其他严重后果的。

以营利为目的，实施刑法第二百一十七条所列侵犯著作权行为之一，个人违法所得数额在二十万元以上，单位违法所得数额在一百万元以上的，属于‘违法所得数额巨大’；具有下列情形之一的，属于‘有其他特别严重情节’：（一）个人非法经营数额在一百万元以上，单位非法经营数额在五百万元以上的；（二）造成其他特别严重后果的。

刑法第二百一十七条第（一）项中规定的‘复制发行’，是指行为人以营利为目的，未经著作权人许可而实施的复制、发行或者既复制又发行其文字作品、音乐、电影、电视、录像作品、计算机软件及其他作品的行为。

实施刑法第二百一十七条规定的侵犯著作权行为，又销售该侵权复制品，违法所得数额巨大的，只定侵犯著作权罪，不实行数罪并罚。

实施刑法第二百一十七条规定的侵犯著作权的犯罪行为，又明知是他人的侵权复制品而予以销售，构成犯罪的，应当实行数罪并罚。

出版单位与他人事前通谋，向其出售、出租或者以其他形式转让该出版单位的名称、书号、刊号、版号，他人实施本解释第二条、第四条、第八条、第九条、第十条、第十一条规定的行为，构成犯罪的，对该出版单位应当以共犯论处。"

④2005年10月13日最高人民法院、最高人民检察院《关于办理侵犯著作权刑事案件中涉及录音录像制品有关问题的批复》规定："以营利为目的，未经录音录像制作者许可，复制发行其制作的录音录像制品的行为，复制品的数量标准分别适用《最高人民法院、最高人民检察院关于办理侵犯知识产权刑事案件具体应用法律若干问题的解释》第五条第一款第（二）项、第二款第（二）项的规定。

未经录音录像制作者许可，通过信息网络传播其制作的录音录像制品的行为，应当视为刑法第二百一十七条第（三）项规定的'复制发行'。"

⑤2004年12月8日最高人民法院、最高人民检察院《关于办理侵犯知识产权刑事案件具体应用法律若干问题的解释》相关规定如下：

"第五条　以营利为目的，实施刑法第二百一十七条所列侵犯著作权行为之一，违法所得数额在三万元以上的，属于'违法所得数额较大'；具有下列情形之一的，属于'有其他严重情节'，应当以侵犯著作权罪判处三年以下有期徒刑或者拘役，并处或者单处罚金：（一）非法经营数额在五万元以上的；（二）未经著作权人许可，复制发行其文字作品、音乐、电影、电视、录像作品、计算机软件及其他作品，复制品数量合计在一千张（份）以上的；（三）其他严重情节的情形。

以营利为目的，实施刑法第二百一十七条所列侵犯著作权行为之一，违法所得数额在十五万元以上的，属于'违法所得数额巨大'；具有下列情形之一的，属于'有其他特别严重情节'，应当以侵犯著作权罪判处三年以上七年以下有期徒刑，并处罚金：（一）非法经营数额在二十五万元以上的；（二）未经著作权人许可，复制发行其文字作品、音乐、电影、电视、录像作品、计算机软件及其他作品，复制品数量合计在五千张（份）以上的；（三）其他特别严重情节的情形。"

"第十一条　以刊登收费广告等方式直接或者间接收取费用的情形，属于刑法第二百一十七条规定的'以营利为目的'。

刑法第二百一十七条规定的'未经著作权人许可'，是指没有得到著作权人授权或者伪造、涂改著作权人授权许可文件或者超出授权许可范围的情形。

通过信息网络向公众传播他人文字作品、音乐、电影、电视、录像作品、计算机软件及其他作品的行为，应当视为刑法第二百一十七条规定的'复制发行'。

第十二条　本解释所称'非法经营数额'，是指行为人在实施侵犯知识产权行为过程中，制造、储存、运输、销售侵权产品的价值。已销售的侵权产品的价值，按照实际销售的价格计算。制造、储存、运输和未销售的侵权产品的价值，按照标价或者已经查清的侵权产品的实际销售平均价格计算。侵权产品没有标价或者无法查清其实际销售价格的，按照被侵权产品的市场中间价格计算。

多次实施侵犯知识产权行为，未经行政处理或者刑事处罚的，非法经营数额、违法所得数额或者销售金额累计计算。

本解释第三条所规定的'件'，是指标有完整商标图样的一份标识。"

"第十四条　实施刑法第二百一十七条规定的侵犯著作权犯罪，又销售该侵权复制品，构成犯罪的，应当依照刑法第二百一十七条的规定，以侵犯著作权罪定罪处罚。

实施刑法第二百一十七条规定的侵犯著作权犯罪，又销售明知是他人的侵权复制品，构成犯罪的，应当实行数罪并罚。

第十五条　单位实施刑法第二百一十三条至第二百一十九条规定的行为，按照本解释规定的相应个人犯罪的定罪量刑标准的三倍定罪量刑。

第十六条　明知他人实施侵犯知识产权犯罪，而为其提供贷款、资金、账号、发票、证明、许可证件，或者提供生产、经营场所或者运输、储存、代理进出口等便利条件、帮助的，以侵犯知识产权犯罪的共犯论处。"

⑥2007年4月5日最高人民法院、最高人民检察院《关于办理侵犯知识产权刑事案件具体应用法律若干问题的解释(二)》相关规定如下：

"第一条　以营利为目的，未经著作权人许可，复制发行其文字作品、音乐、电影、电视、录像作品、计算机软件及其他作品，复制品数量合计在五百张(份)以上的，属于刑法第二百一十七条规定的'有其他严重情节'；复制品数量在二千五百张(份)以上的，属于刑法第二百一十七条规定的'有其他特别严重情节'。

第二条　刑法第二百一十七条侵犯著作权罪中的'复制发行'，包括复制、发行或者既复制又发行的行为。

侵权产品的持有人通过广告、征订等方式推销侵权产品的，属于刑法第二百一十七条规定的'发行'。

非法出版、复制、发行他人作品，侵犯著作权构成犯罪的，按照侵犯著作权罪定罪处罚。

第三条　侵犯知识产权犯罪，符合刑法规定的缓刑条件的，依法适用缓刑。有下列情形之一的，一般不适用缓刑：(一)因侵犯知识产权被刑事处罚或者行政处罚后，再次侵犯知识产权构成犯罪的；(二)不具有悔罪表现的；(三)拒不交出违法所得的；(四)其他不宜适用缓刑的情形。

第四条　对于侵犯知识产权犯罪的，人民法院应当综合考虑犯罪的违法所得、非法经营数额、给权利人造成的损失、社会危害性等情节，依法判处罚金。罚金数额一般在违法所得的一倍以上五倍以下，或者按照非法经营数额的50%以上一倍以下确定。

第五条　被害人有证据证明的侵犯知识产权刑事案件，直接向人民法院起诉的，人民法院应当依法受理；严重危害社会秩序和国家利益的侵犯知识产权刑事案件，由人民检察院依法提起公诉。

第六条　单位实施刑法第二百一十三条至第二百一十九条规定的行为，按照《最高人民法院、最高人民检察院关于办理侵犯知识产权刑事案件具体应用法律若干问题的解释》和本解释规定的相应个人犯罪的定罪量刑标准定罪处罚。"

⑦2009年8月27日全国人民代表大会常务委员会《关于维护互联网安全的决定》第3条规定："为了维护社会主义市场经济秩序和社会管理秩序，对有下列行为之一，构成犯罪的，依照刑法有关规定追究刑事责任：(一)利用互联网销售伪劣产品或者对商品、服务作虚假宣传；(二)利用互联网损害他人商业信誉和商品声誉；(三)利用互联网侵犯他人知识产权；(四)利用互联网编造并传播影响证券、期货交易或者其他扰乱金融秩序的虚假信息；(五)在互联网上建立淫秽网站、网页，提供淫秽站点链接服务，或者传播淫秽书刊、影片、音像、图片。"

⑧2011年1月10日最高人民法院、最高人民检察院、公安部、司法部《关于办理侵犯知识产权刑事案件适用法律若干问题的意见》第10条、第12条、第13条规定。

(3)构成要件

第一，本罪侵犯的客体是复杂客体，即著作权人对其作品享有的著作权，包括身份权、署名权、发表权、作品的完整权、享受报酬权等，著作权相关权益人对其传播作品享有的权利，如出版权、发行权等，以及国家对文化市场的管理秩序。

第二，客观方面表现为下列行为之一：①未经著作权人许可，复制发行、通过信息网络向公众传播其文字作品、音乐、美术、视听作品、计算机软件及法律、行政法规规定的其他作品的；②出版他人享有专有出版权的图书的；③未经录音录像制作者许可，复制发行、通过信息网络向公众传播其制作的录音录像的；④未经表演者许可，复制发行录有其表演的录音录像制品，或者通过信息网络向公众传播其表演的；⑤制作、出售假冒他人署名的美术作品的；⑥未经著作权人或者与著作权有关的权利人许可，故意避开或者破坏权利人为其作品、录音录像制品等采取的保护著作权或者与著作权有关的权利的技术措施的。

第三，犯罪主体是一般主体，企业事业单位和自然人都可以成为本罪的主体。

第四，主观方面是故意，并且是以营利为目的。

(4)罪名界定

行为人如果实施了侵犯著作权犯罪，又销售该侵权复制品，构成犯罪的，属于牵连犯罪，应当以侵犯著作权罪定罪处罚，不实行数罪并罚。行为人如果既实施了侵犯著作权犯罪，又销售明知是他人的侵权复制品，构成犯罪的，因为是两个故意，则属于实质性的数罪，应当实行数罪并罚。

(5)量刑幅度

根据《刑法》第217条、第200条的规定，对本罪的处罚，分以下3个档次：

一是构成本罪的，处3年以下有期徒刑，并处或者单处罚金。

二是违法所得数额巨大，或者有其他特别严重情节的，处3年以上10年以下有期徒刑，并处罚金。

三是根据《刑法》第220条的规定，单位犯本罪的，对单位判处罚金，并且对其直接负责的主管人员和其他直接责任人员，依照上述规定处罚。

6. 销售侵权复制品罪(第218条)

(1)罪名概念

销售侵权复制品罪，是指以营利为目的，销售明知是侵犯他人著作权的侵权复制品，违法所得数额巨大或有其他严重情节的行为。

(2)法律规定

①本罪名是由《刑法》第218条规定的。该条规定："以营利为目的，销售明知是本法第二百一十七条规定的侵权复制品，违法所得数额巨大或者有其他严重情节的，处五年以下有期徒刑，并处或者单处罚金。"

《刑法》第220条规定："单位犯本节第二百一十三条至第二百一十九条之一规定之罪的，对单位判处罚金，并对其直接负责的主管人员和其他直接责任人员，依照本节各该条的规定处罚。"

②2008年6月25日最高人民检察院、公安部《关于公安机关管辖的刑事案件立案追诉标准的规定(一)》第27条规定："以营利为目的，销售明知是刑法第二百一十七条规定的侵权复制品，涉嫌下列情形之一的，应予立案追诉：(一)违法所得数额十万元以上的；(二)违法所得数额虽未达到上述数额标准，但尚未销售的侵权复制品货值金额达到三十万元以上的。"

③1998年12月17日最高人民法院《关于审理非法出版物刑事案件具体应用法律若干问题的解释》第4条、第16条规定："以营利为目的，实施刑法第二百一十八条规定的行为，个人违法所得数额在十万元以上，单位违法所得数额在五十万元以上的，依照刑法第二百一十八条的规定，以销售侵权复制品罪定罪处罚。"

"出版单位与他人事前通谋，向其出售、出租或者以其他形式转让该出版单位的名称、书号、刊号、版号，他人实施本解释第二条、第四条、第八条、第九条、第十条、第十一条规定的行为，构成犯罪的，对该出版单位应当以共犯论处。"

④2004年12月8日最高人民法院、最高人民检察院《关于办理侵犯知识产权刑事案件具体

应用法律若干问题的解释》相关规定如下：

“第六条　以营利为目的，实施刑法第二百一十八条规定的行为，违法所得数额在十万元以上的，属于‘违法所得数额巨大’，应当以销售侵权复制品罪判处三年以下有期徒刑或者拘役，并处或者单处罚金。”

“第十二条　本解释所称‘非法经营数额’，是指行为人在实施侵犯知识产权行为过程中，制造、储存、运输、销售侵权产品的价值。已销售的侵权产品的价值，按照实际销售的价格计算。制造、储存、运输和未销售的侵权产品的价值，按照标价或者已经查清的侵权产品的实际销售平均价格计算。侵权产品没有标价或者无法查清其实际销售价格的，按照被侵权产品的市场中间价格计算。

多次实施侵犯知识产权行为，未经行政处理或者刑事处罚的，非法经营数额、违法所得数额或者销售金额累计计算。

本解释第三条所规定的‘件’，是指标有完整商标图样的一份标识。”

“第十五条　单位实施刑法第二百一十三条至第二百一十九条规定的行为，按照本解释规定的相应个人犯罪的定罪量刑标准的三倍定罪量刑。

第十六条　明知他人实施侵犯知识产权犯罪，而为其提供贷款、资金、账号、发票、证明、许可证件，或者提供生产、经营场所或者运输、储存、代理进出口等便利条件、帮助的，以侵犯知识产权犯罪的共犯论处。”

⑤2007年4月5日最高人民法院、最高人民检察院《关于办理侵犯知识产权刑事案件具体应用法律若干问题的解释(二)》相关规定如下：

“第三条　侵犯知识产权犯罪，符合刑法规定的缓刑条件的，依法适用缓刑。有下列情形之一的，一般不适用缓刑：(一)因侵犯知识产权被刑事处罚或者行政处罚后，再次侵犯知识产权构成犯罪的；(二)不具有悔罪表现的；(三)拒不交出违法所得的；(四)其他不宜适用缓刑的情形。

第四条　对于侵犯知识产权犯罪的，人民法院应当综合考虑犯罪的违法所得、非法经营数额、给权利人造成的损失、社会危害性等情节，依法判处罚金。罚金数额一般在违法所得的一倍以上五倍以下，或者按照非法经营数额的50%以上一倍以下确定。

第五条　被害人有证据证明的侵犯知识产权刑事案件，直接向人民法院起诉的，人民法院应当依法受理；严重危害社会秩序和国家利益的侵犯知识产权刑事案件，由人民检察院依法提起公诉。

第六条　单位实施刑法第二百一十三条至第二百一十九条规定的行为，按照《最高人民法院、最高人民检察院关于办理侵犯知识产权刑事案件具体应用法律若干问题的解释》和本解释规定的相应个人犯罪的定罪量刑标准定罪处罚。”

⑥2009年8月27日全国人民代表大会常务委员会《关于维护互联网安全的决定》第3条规定：“为了维护社会主义市场经济秩序和社会管理秩序，对有下列行为之一，构成犯罪的，依照刑法有关规定追究刑事责任：

(一)利用互联网销售伪劣产品或者对商品、服务作虚假宣传；

(二)利用互联网损害他人商业信誉和商品声誉；

(三)利用互联网侵犯他人知识产权；

(四)利用互联网编造并传播影响证券、期货交易或者其他扰乱金融秩序的虚假信息；

(五)在互联网上建立淫秽网站、网页，提供淫秽站点链接服务，或者传播淫秽书刊、影片、音像、图片。”

(3)构成要件

第一，本罪侵犯的客体是著作权人的著作权和国家对著作权的管理制度。

第二，客观方面表现为销售侵权复制品，违法所得数额巨大的行为。

第三，本罪的主体是个人或者单位。个人是指年满16周岁，具有刑事责任能力的自然人。

第四，主观方面是故意，并且是以营利为目的。

(4)罪名界定

第一，《刑法》第218条规定，以营利为目的，销售明知是《刑法》第217条规定的侵权复制品，违法所得数额巨大或有其他严重情节的，构成销售侵权复制品罪。因此，正确区分本罪的罪与非罪的界限，应当注意以下两点：一是行为人主观上必须是故意，并且是以营利为目的，过失销售的，即使违法所得数额巨大，也不能构成犯罪。二是只有达到违法所得数额巨大或有其他严重情节的，才能构成本罪。

如果制作、复制侵权复制品以后，又销售这种侵权复制品，违法所得数额巨大或者有其他严重情节的，属于牵连犯罪，应当以侵犯著作权罪定罪处罚，不实行数罪并罚。如果制作、复制侵权复制品构成犯罪以后，还销售明知是他人的侵权复制品，构成犯罪的，由于是具有两个犯罪故意，属于实质的数罪，应当实行数罪并罚。

第二，本罪与侵犯著作权罪的区别关键是客观方面的表现不同。本罪在客观方面表现为销售侵权复制品，违法所得数额巨大或有其他严重情节的行为；而侵犯著作权的行为方式，可以是复制、发行或者出版，也可以是制作、出售。在实践中，有的行为人既复制、发行、出版侵权复制品，同时又予以销售，在这种情况下，复制、发行、出版的行为是主行为，销售是从行为，主行为吸收从行为，只定侵犯著作权罪，而不应该数罪并罚。

(5)量刑幅度

根据《刑法》第218条、第220条的规定，对本罪的处罚分以下2个档次：

一是违法数额巨大或有其他严重情节的，处5年以下有期徒刑，并处或者单处罚金。

二是单位犯本罪的，对单位判处罚金，并且对其直接负责的主管人员和其他直接责任人员，按照上述规定处罚。

7. 侵犯商业秘密罪(第219条)

(1)罪名概念

侵犯商业秘密罪，是指以非法手段获取、披露、使用或者允许他人使用权利人的商业秘密，情节严重的行为。

(2)法律规定

①本罪名是由《刑法》第219条规定的。该条规定："有下列侵犯商业秘密行为之一，情节严重的，处三年以下有期徒刑，并处或者单处罚金；情节特别严重的，处三年以上十年以下有期徒刑，并处罚金：

(一)以盗窃、贿赂、欺诈、胁迫、电子侵入或者其他不正当手段获取权利人的商业秘密的；

(二)披露、使用或者允许他人使用以前项手段获取的权利人的商业秘密的；

(三)违反保密义务或者违反权利人有关保守商业秘密的要求，披露、使用或者允许他人使用其所掌握的商业秘密的。

明知前款所列行为，获取、披露、使用或者允许他人使用该商业秘密的，以侵犯商业秘密论。

本条所称权利人，是指商业秘密的所有人和经商业秘密所有人许可的商业秘密使用人。"

《刑法》第220条规定："单位犯本节第二百一十三条至第二百一十九条之一规定之罪的，对单位判处罚金，并对其直接负责的主管人员和其他直接责任人员，依照本节各该条的规定处罚。"

②2010年5月7日最高人民检察院、公安部《关于公安机关管辖的刑事案件立案追诉标准的

规定(二)》第73条规定:“侵犯商业秘密,涉嫌下列情形之一的,应予立案追诉:(一)给商业秘密权利人造成损失数额在五十万元以上的;(二)因侵犯商业秘密违法所得数额在五十万元以上的;(三)致使商业秘密权利人破产的;(四)其他给商业秘密权利人造成重大损失的情形。”

③2004年12月8日最高人民法院、最高人民检察院《关于办理侵犯知识产权刑事案件具体应用法律若干问题的解释》相关规定如下:

“第七条　实施刑法第二百一十九条规定的行为之一,给商业秘密的权利人造成损失数额在五十万元以上的,属于‘给商业秘密的权利人造成重大损失’,应当以侵犯商业秘密罪判处三年以下有期徒刑或者拘役,并处或者单处罚金。

给商业秘密的权利人造成损失数额在二百五十万元以上的,属于刑法第二百一十九条规定的‘造成特别严重后果’,应当以侵犯商业秘密罪判处三年以上七年以下有期徒刑,并处罚金。”

“第十二条　本解释所称‘非法经营数额’,是指行为人在实施侵犯知识产权行为过程中,制造、储存、运输、销售侵权产品的价值。已销售的侵权产品的价值,按照实际销售的价格计算。制造、储存、运输和未销售的侵权产品的价值,按照标价或者已经查清的侵权产品的实际销售平均价格计算。侵权产品没有标价或者无法查清其实际销售价格的,按照被侵权产品的市场中间价格计算。

多次实施侵犯知识产权行为,未经行政处理或者刑事处罚的,非法经营数额、违法所得数额或者销售金额累计计算。

本解释第三条所规定的‘件’,是指标有完整商标图样的一份标识。”

“第十五条　单位实施刑法第二百一十三条至第二百一十九条规定的行为,按照本解释规定的相应个人犯罪的定罪量刑标准的三倍定罪量刑。

第十六条　明知他人实施侵犯知识产权犯罪,而为其提供贷款、资金、账号、发票、证明、许可证件,或者提供生产、经营场所或者运输、储存、代理进出口等便利条件、帮助的,以侵犯知识产权犯罪的共犯论处。”

④2007年4月5日最高人民法院、最高人民检察院《关于办理侵犯知识产权刑事案件具体应用法律若干问题的解释(二)》相关规定如下:

“第三条　侵犯知识产权犯罪,符合刑法规定的缓刑条件的,依法适用缓刑。有下列情形之一的,一般不适用缓刑:(一)因侵犯知识产权被刑事处罚或者行政处罚后,再次侵犯知识产权构成犯罪的;(二)不具有悔罪表现的;(三)拒不交出违法所得的;(四)其他不宜适用缓刑的情形。

第四条　对于侵犯知识产权犯罪的,人民法院应当综合考虑犯罪的违法所得、非法经营数额、给权利人造成的损失、社会危害性等情节,依法判处罚金。罚金数额一般在违法所得的一倍以上五倍以下,或者按照非法经营数额的50%以上一倍以下确定。

第五条　被害人有证据证明的侵犯知识产权刑事案件,直接向人民法院起诉的,人民法院应当依法受理;严重危害社会秩序和国家利益的侵犯知识产权刑事案件,由人民检察院依法提起公诉。

第六条　单位实施刑法第二百一十三条至第二百一十九条规定的行为,按照《最高人民法院、最高人民检察院关于办理侵犯知识产权刑事案件具体应用法律若干问题的解释》和本解释规定的相应个人犯罪的定罪量刑标准定罪处罚。”

⑤2009年8月27日全国人民代表大会常务委员会《关于维护互联网安全的决定》第3条规定:“为了维护社会主义市场经济秩序和社会管理秩序,对有下列行为之一,构成犯罪的,依照刑法有关规定追究刑事责任:

(一)利用互联网销售伪劣产品或者对商品、服务作虚假宣传;

（二）利用互联网损害他人商业信誉和商品声誉；

（三）利用互联网侵犯他人知识产权；

（四）利用互联网编造并传播影响证券、期货交易或者其他扰乱金融秩序的虚假信息；

（五）在互联网上建立淫秽网站、网页，提供淫秽站点链接服务，或者传播淫秽书刊、影片、音像、图片。”

（3）构成要件

第一，本罪侵犯的客体是商业秘密权利人的保密权。

第二，客观方面表现为侵犯商业秘密，情节严重的行为。

第三，本罪的主体是一般主体，既可以是自然人，也可以是单位。

第四，主观方面是故意，而且只能是直接故意。

（4）罪名界定

第一，根据《刑法》第219条的规定，构成本罪必须具备以下行为：具有侵犯商业秘密的行为，并且情节严重。如果有第三人，第三人虽然没有直接实施侵犯商业秘密罪的行为，也不属于非法获取商业秘密的直接责任人员，但是如果他明知或者应当知道他人实施了侵犯商业秘密的行为，仍然从他人处获取、使用商业秘密，或者披露他人的商业秘密，应当以侵犯商业秘密罪论处。

第二，本罪与泄露国家秘密罪的区别是：一是侵犯的客体不同。本罪侵犯的是商业秘密所有权人或者使用权人的商业秘密保密权益，这是一种经济秘密权；而泄露国家秘密罪侵犯的是国家秘密权，其内涵和外延都大于前者。二是犯罪主体不同。本罪的主体是因一定的身份、职务、职业或者工作关系而获知的经济秘密；而泄露国家秘密罪的主体是国家工作人员。三是主观方面不同。本罪在主观方面是故意；而泄露国家秘密罪既可以是故意，也可以是过失。

（5）量刑幅度

根据《刑法》第219条、第220条的规定，对本罪的处罚分以下3个档次：

一是构成本罪的，处3年以下有期徒刑，并处或者单处罚金。

二是情节特别严重的，处3年以上10年以下有期徒刑，并处罚金。

三是单位犯本罪的，对单位判处罚金，并对其直接负责的主管人员和其他直接责任人员，依照上述规定处罚。

8. 为境外窃取、刺探、收买、非法提供商业秘密罪（第219条之一）

（1）罪名概念

为境外窃取、刺探、收买、非法提供商业秘密罪，是指为境外的机构、组织、人员窃取、刺探、收买、非法提供商业秘密的行为。

（2）法律规定

本罪名是由《刑法》第219条之一规定的。该条规定：“为境外的机构、组织、人员窃取、刺探、收买、非法提供商业秘密的，处五年以下有期徒刑，并处或者单处罚金；情节严重的，处五年以上有期徒刑，并处罚金。”

《刑法》第220条规定：“单位犯本节第二百一十三条至第二百一十九条之一规定之罪的，对单位判处罚金，并对其直接负责的主管人员和其他直接责任人员，依照本节各该条的规定处罚。”

（3）构成要件

第一，本罪侵犯的客体是商业秘密权利人的保密权。

第二，客观方面表现为为境外的机构、组织、人员窃取、刺探、收买、非法提供商业秘密的行为。

第三，本罪的主体是一般主体，既可以是自然人，也可以是单位。

第四，主观方面是故意，而且只能是直接故意。

(4)罪名界定

第一，本罪与侵犯商业秘密罪的主要区别在于，本罪的行为人是为境外的机构、组织、人员窃取、刺探、收买、非法提供商业秘密，如果其是为境内的机构、组织、人员窃取、刺探、收买、非法提供商业秘密，则构不成本罪，而可能构成侵犯商业秘密罪。

第二，本罪与为境外窃取、刺探、收买、非法提供国家秘密、情报罪的主要区别在于，本罪的犯罪对象为商业秘密，而非国家秘密和情报，如果行为人窃取、刺探、收买、非法提供的是国家秘密或者情报，并为境外提供的，则构成为境外窃取、刺探、收买、非法提供国家秘密、情报罪。

(5)量刑幅度

根据《刑法》第219条、第220条的规定，对本罪的处罚分以下3个档次：

一是构成本罪的，处5年以下有期徒刑，并处或者单处罚金。

二是情节严重的，处5年以上有期徒刑，并处罚金。

三是单位犯本罪的，对单位判处罚金，并对其直接负责的主管人员和其他直接责任人员，依照上述规定处罚。

(八)扰乱市场秩序罪

1. 损害商业信誉、商品声誉罪(第221条)

(1)罪名概念

损害商业信誉、商品声誉罪，是指捏造并且散布虚伪事实，损害他人的商业信誉、商品声誉，给他人造成重大损失或者有其他严重情节的行为。

(2)法律规定

①本罪名是由《刑法》第221条规定的。该条规定："捏造并散布虚伪事实，损害他人的商业信誉、商品声誉，给他人造成重大损失或者有其他严重情节的，处二年以下有期徒刑或者拘役，并处或者单处罚金。"

《刑法》第231条规定："单位犯本节第二百二十一条至第二百三十条规定之罪的，对单位判处罚金，并对其直接负责的主管人员和其他直接责任人员，依照本节各该条的规定处罚。"

②2010年5月7日最高人民检察院、公安部《关于公安机关管辖的刑事案件立案追诉标准的规定(二)》第74条规定："捏造并散布虚伪事实，损害他人的商业信誉、商品声誉，涉嫌下列情形之一的，应予立案追诉：(一)给他人造成直接经济损失数额在五十万元以上的。(二)虽未达到上述数额标准，但具有下列情形之一的：1. 利用互联网或者其他媒体公开损害他人商业信誉、商品声誉的；2. 造成公司、企业等单位停业、停产六个月以上，或者破产的。(三)其他给他人造成重大损失或者有其他严重情节的情形。"

③2009年8月27日全国人民代表大会常务委员会《关于维护互联网安全的决定》第3条规定："为了维护社会主义市场经济秩序和社会管理秩序，对有下列行为之一，构成犯罪的，依照刑法有关规定追究刑事责任：

(一)利用互联网销售伪劣产品或者对商品、服务作虚假宣传；

(二)利用互联网损害他人商业信誉和商品声誉；

(三)利用互联网侵犯他人知识产权；

（四）利用互联网编造并传播影响证券、期货交易或者其他扰乱金融秩序的虚假信息；

（五）在互联网上建立淫秽网站、网页，提供淫秽站点链接服务，或者传播淫秽书刊、影片、音像、图片。”

（3）构成要件

第一，本罪侵犯的客体是国家对市场秩序的管理制度和他人的商业信誉权、商品声誉权。

第二，客观方面表现为捏造并且散布虚伪事实，损害他人的商业信誉、商品声誉，给他人造成重大损失或者有其他严重情节的行为。

第三，本罪的主体是一般主体，包括单位和个人。

第四，主观方面是故意，即行为人明知自己诋毁他人的商业信誉与商品声誉的行为会使他人遭受损失，而希望或者放任这种结果发生。

（4）罪名界定

第一，认定本罪需要注意以下两点：一是本罪是故意犯罪，如果行为人在不知情的情况下，散布了虚假消息，虽然给他人造成重大损失，但不能以本罪论处，而应当用民法来调整。二是捏造并散布虚伪事实，损害他人的商业信誉、商品声誉，具有给他人造成重大损失或者有其他严重情节的情形。

第二，本罪与诽谤罪的不同点是：诽谤罪侵犯的客体是他人的人格和名誉权利，而本罪是一种不正当竞争行为，侵害的是他人的商业信誉和商品声誉。

第三，本罪与诬告陷害罪的不同点是：一是诬告陷害罪捏造的是不存在的犯罪事实；而本罪所捏造的事实则不是犯罪事实。二是诬告陷害罪在主观上是直接故意，并且有诬告他人使其受到刑事处分的目的；而本罪的行为人的犯罪目的，则是使他人的商业信誉、商品声誉降低，从而遭受损失。

（5）量刑幅度

根据《刑法》第221条、第231条的规定，对犯本罪的处罚分2个档次：

一是判处2年以下有期徒刑或者拘役，并处或者单处罚金。

二是单位犯本罪的，对单位判处罚金，并且对其直接负责的主管人员和其他直接责任人员，依照上述规定处罚。

2. 虚假广告罪（第222条）

（1）罪名概念

虚假广告罪，是指广告主、广告经营者、广告发布者违反法律规定，利用广告对商品或者服务作虚假宣传，情节严重的行为。

（2）法律规定

①本罪名是由《刑法》第222条规定的。该条规定：“广告主、广告经营者、广告发布者违反国家规定，利用广告对商品或者服务作虚假宣传，情节严重的，处二年以下有期徒刑或者拘役，并处或者单处罚金。”

《刑法》第231条规定：“单位犯本节第二百二十一条至第二百三十条规定之罪的，对单位判处罚金，并对其直接负责的主管人员和其他直接责任人员，依照本节各该条的规定处罚。”

②2010年5月7日最高人民检察院、公安部《关于公安机关管辖的刑事案件立案追诉标准的规定（二）》第75条规定：“广告主、广告经营者、广告发布者违反国家规定，利用广告对商品或者服务作虚假宣传，涉嫌下列情形之一的，应予立案追诉：（一）违法所得数额在十万元以上的；（二）给单个消费者造成直接经济损失数额在五万元以上的，或者给多个消费者造成直接经济损

失数额累计在二十万元以上的;(三)假借预防、控制突发事件的名义,利用广告作虚假宣传,致使多人上当受骗,违法所得数额在三万元以上的;(四)虽未达到上述数额标准,但两年内因利用广告作虚假宣传,受过行政处罚二次以上,又利用广告作虚假宣传的;(五)造成人身伤残的;(六)其他情节严重的情形。"

③2003年5月14日最高人民法院、最高人民检察院《关于办理妨害预防、控制突发传染病疫情等灾害的刑事案件具体应用法律若干问题的解释》第5条规定:"广告主、广告经营者、广告发布者违反国家规定,假借预防、控制突发传染病疫情等灾害的名义,利用广告对所推销的商品或者服务作虚假宣传,致使多人上当受骗,违法所得数额较大或者有其他严重情节的,依照刑法第二百二十二条的规定,以虚假广告罪定罪处罚。"

④2010年12月13日最高人民法院《关于审理非法集资刑事案件具体应用法律若干问题的解释》第8条规定:"广告经营者、广告发布者违反国家规定,利用广告为非法集资活动相关的商品或者服务作虚假宣传,具有下列情形之一的,依照刑法第二百二十二条的规定,以虚假广告罪定罪处罚:(一)违法所得数额在10万元以上的;(二)造成严重危害后果或者恶劣社会影响的;(三)二年内利用广告作虚假宣传,受过行政处罚二次以上的;(四)其他情节严重的情形。

明知他人从事欺诈发行股票、债券,非法吸收公众存款,擅自发行股票、债券,集资诈骗或者组织、领导传销活动等集资犯罪活动,为其提供广告等宣传的,以相关犯罪的共犯论处。"

⑤2009年8月27日全国人民代表大会常务委员会《关于维护互联网安全的决定》第3条规定:"为了维护社会主义市场经济秩序和社会管理秩序,对有下列行为之一,构成犯罪的,依照刑法有关规定追究刑事责任:

(一)利用互联网销售伪劣产品或者对商品、服务作虚假宣传;

(二)利用互联网损害他人商业信誉和商品声誉;

(三)利用互联网侵犯他人知识产权;

(四)利用互联网编造并传播影响证券、期货交易或者其他扰乱金融秩序的虚假信息;

(五)在互联网上建立淫秽网站、网页,提供淫秽站点链接服务,或者传播淫秽书刊、影片、音像、图片。"

⑥2013年5月2日最高人民法院、最高人民检察院《关于办理危害食品安全刑事案件适用法律若干问题的解释》第15条规定:"广告主、广告经营者、广告发布者违反国家规定,利用广告对保健食品或者其他食品作虚假宣传,情节严重的,依照刑法第二百二十二条的规定以虚假广告罪定罪处罚。"

⑦2014年11月3日最高人民法院、最高人民检察院《关于办理危害药品安全刑事案件适用法律若干问题的解释》第9条规定:"广告主、广告经营者、广告发布者违反国家规定,利用广告对药品作虚假宣传,情节严重的,依照刑法第二百二十二条的规定以虚假广告罪定罪处罚。"

(3)构成要件

第一,本罪侵犯的客体是国家对广告的管理制度。

第二,客观方面表现为违反法律规定,利用广告对商品或者服务作虚假宣传,情节严重的行为。

第三,本罪的主体是特殊主体,即虚假广告犯罪行为的广告主、广告经营者和广告发布者,他们都是与广告活动有关的具有特殊身份的主体。

第四,主观方面是故意。

(4)罪名界定

第一,有的行为人作虚假广告是为了销售伪劣商品,在这种情况下,行为人既犯了虚假广告罪,又触犯了销售伪劣商品罪,应当依照处理牵连犯的原则,以其中的一个重罪,即以销售伪劣商品罪定罪处罚。

第二,本罪与诈骗罪有以下三点区别:一是侵犯的客体不同。诈骗罪侵犯的客体是公私财产所有权;而本罪侵犯的是国家对广告经营的管理制度。二是犯罪对象不同。诈骗罪的犯罪对象是特定的;而本罪的犯罪对象是不特定的消费者。三是主观方面不同。诈骗罪主观上要求以非法占有他人财物为目的,这种占有是行为人本人占有;而本罪是要谋求其他经济利益。

(5)量刑幅度

根据《刑法》第222条的规定,犯本罪情节严重的,处2年以下有期徒刑或者拘役,并处或者单处罚金。根据《刑法》第231条的规定,单位犯本罪的,对单位判处罚金,并对其直接负责的主管人员和其他直接责任人员,依照上述规定处罚。

3. 串通投标罪(第223条)

(1)罪名概念

串通投标罪,是指投标人相互串通投标报价,损害招标人或其他投标人利益,或者投标人与招标人串通投标,损害国家、集体、公民的合法利益,且情节严重的行为。

(2)法律规定

①本罪名是由《刑法》第223条规定的。该条规定:"投标人相互串通投标报价,损害招标人或者其他投标人利益,情节严重的,处三年以下有期徒刑或者拘役,并处或者单处罚金。

投标人与招标人串通投标,损害国家、集体、公民的合法利益的,依照前款的规定处罚。"

《刑法》第231条规定:"单位犯本节第二百二十一条至第二百三十条规定之罪的,对单位判处罚金,并对其直接负责的主管人员和其他直接责任人员,依照本节各该条的规定处罚。"

②2010年5月7日最高人民检察院、公安部《关于公安机关管辖的刑事案件立案追诉标准的规定(二)》第76条规定:"投标人相互串通投标报价,或者投标人与招标人串通投标,涉嫌下列情形之一的,应予立案追诉:(一)损害招标人、投标人或者国家、集体、公民的合法利益,造成直接经济损失数额在五十万元以上的;(二)违法所得数额在十万元以上的;(三)中标项目金额在二百万元以上的;(四)采取威胁、欺骗或者贿赂等非法手段的;(五)虽未达到上述数额标准,但两年内因串通投标,受过行政处罚二次以上,又串通投标的;(六)其他情节严重的情形。"

(3)构成要件

第一,本罪侵犯的客体是投标市场秩序。

第二,客观方面表现为在投标过程中,投标人相互串通投标报价,共同损害招标人利益的行为,或者投标人与招标人串通投标,损害国家、集体、公民合法利益,情节严重的行为。其具体包括以下三个方面:一是投标人相互串通,在投标报价中损害了招标人和其他投标人的利益;二是投标人与招标人相互串通投标,损害了国家、集体、公民合法利益;三是情节严重的行为。

第三,犯罪主体是特殊主体。即必须是介入招标、投标过程的单位或自然人。他们可能是投标人,也可能是招标人。

第四,主观方面是故意。

(4)罪名界定

根据《刑法》第223条的规定,构成本罪,不仅仅要求投标人互相串通投标报价,损害招标人或者其他投标人的利益，或者投标者与招标者串通投标，损害国家、集体、公民的合法权益，还要求必须情节严重，否则不构成本罪。根据2010年5月7日最高人民检察院、公安部《关于公安机关管辖的刑事案件立案追诉标准的规定（二）》第76条的规定，投标人相互串通投标报价，或者投标人与招标人串通投标，涉嫌下列情形之一的，应予立案追诉：①损害招标人、投标人或者国家、集体、公民的合法利益，造成直接经济损失数额在50万元以上的；②违法所得数额在10万元以上的；③中标项目金额在200万元以上的；④采取威胁、欺骗或者贿赂等非法手段的；⑤虽未达到上述数额标准，但两年内因串通投标，受过行政处罚二次以上，又串通投标的；⑥其他情节严重的情形。

（5）量刑幅度

根据《刑法》第223条的规定，犯本罪情节严重的，处3年以下有期徒刑或者拘役，并处或者单处罚金。

根据《刑法》第231条的规定，单位犯本罪的，对单位判处罚金，并对其直接负责的主管人员和其他直接责任人员，依照上述规定处罚。

4. 合同诈骗罪（第224条）

（1）罪名概念

合同诈骗罪，是指以非法占有为目的，在签订、履行经济合同中，骗取对方当事人财物，数额较大的行为。

（2）法律规定

①本罪名是由《刑法》第224条规定的。该条规定："有下列情形之一，以非法占有为目的，在签订、履行合同过程中，骗取对方当事人财物，数额较大的，处三年以下有期徒刑或者拘役，并处或者单处罚金；数额巨大或者有其他严重情节的，处三年以上十年以下有期徒刑，并处罚金；数额特别巨大或者有其他特别严重情节的，处十年以上有期徒刑或者无期徒刑，并处罚金或者没收财产：（一）以虚构的单位或者冒用他人名义签订合同的；（二）以伪造、变造、作废的票据或者其他虚假的产权证明作担保的；（三）没有实际履行能力，以先履行小额合同或者部分履行合同的方法，诱骗对方当事人继续签订和履行合同的；（四）收受对方当事人给付的货物、货款、预付款或者担保财产后逃匿的；（五）以其他方法骗取对方当事人财物的。"

《刑法》第231条规定："单位犯本节第二百二十一条至第二百三十条规定之罪的，对单位判处罚金，并对其直接负责的主管人员和其他直接责任人员，依照本节各该条的规定处罚。"

②2010年5月7日最高人民检察院、公安部《关于公安机关管辖的刑事案件立案追诉标准的规定（二）》第77条规定："以非法占有为目的，在签订、履行合同过程中，骗取对方当事人财物，数额在二万元以上的，应予立案追诉。"

（3）构成要件

第一，本罪侵犯的客体是国家对经济合同的管理秩序和公私财物的所有权，进而扰乱市场秩序。

第二，客观方面表现为行为人实施了骗取对方当事人财物的行为，这些犯罪行为，都是在签订经济合同、履行经济合同这一表面上合法的形式掩盖下实施的。其具体表现为：一是以虚构的单位或者假冒他人名义签订经济合同；二是以伪造、变造、作废的票据或者其他虚假的产权证明作担保；三是没有实际履行能力，以先履行小额合同或者部分履行合同的方法，诱骗对方当事人继续签订和履行合同；四是收受对方当事人给付的货物、货款、预付款或者担保财产后逃匿的；五是使用其他诈骗行为的。实施了上述诈骗行为之一，行为人实际上骗得了对方数额较大的财物，这是本罪在客观方面的表现。

第三，本罪的主体是一般主体，包括自然人和单位。

第四，主观方面是故意，即行为人主观上必须有骗取对方财物的故意。

（4）罪名界定

第一，本罪与经济合同纠纷性质不同。本罪是利用经济合同的形式进行，具有相当的复杂性、隐蔽性和欺骗性。在司法实践中，必须以法律的规定，结合实际，划清这两者的界限。从理论上讲，合同诈骗是行为人以非法占有为目的，在根本没有履行合同诚意的情况下，通过签订合同的方法，骗取数额较大的公私财物的行为；而经济合同纠纷则是行为人有履行或者基本能履行合同的诚意，只是由于某种原因而没能完全履行，或者在合同履行中，一方有意违约，而使合同另一方遭受损失，从而引起双方对合同约定的权利、义务发生争议。区分二者的关键，在于查明行为人有无通过欺骗方法签订合同，企图非法占有对方财物的目的。

另外，我们必须看到，履行合同能力的有无，不是固定不变的，而是受主观和客观条件的制约，处于可以变化状态中。如果行为人在签订合同时，有履行合同的能力，但在签订以后，由于客观条件的变化，虽然经过主观努力，仍然无法履行，应当作为合同纠纷处理。同样，行为人在签订合同时，根本没有履行能力，但在合同签订以后，经过积极努力，使合同全部或者基本上得到了履行。因此我们说，履行合同能力的确认，不能只看签订合同时的情况，还应当注意观察行为人在合同签订以后，是否积极努力地创造条件履行合同。如果签订合同时没有履行能力，签订以后，也没有积极创造条件履行合同，即可以按照合同诈骗罪处理。

行为人在签订、履行合同时，没有诈骗行为，即使合同没有完全履行，也只能作为合同纠纷来处理。在签订和履行合同中，行为人对自己的资信情况、履行能力夸大其词，但并不是为了掩盖其根本无法履行合同的实施，而且签订合同以后，为了履行合同作了积极努力，实际上也没有影响对合同的履行；或者虽然没有完全履行，但本人表示承担违约责任，并不逃避，这种表现足以表明行为人并没有通过诈骗方法非法占有他人财物的目的。对此不能按合同诈骗罪处理，应当按经济纠纷对待。

行为人在签订合同以后，没有在合同期限内履行义务，而使对方遭受一定经济损失，当对方行使催告权后，行为人并不是逃避违约责任，而是主动承担责任，并且有补偿能力能补偿的，应当按照合同纠纷处理；但是，如果行为人为了应付对方催要而采取再与其他人签订合同来进行诈骗，以后一诈骗所得归还前次所欠，其行为性质属于合同诈骗，应当以合同诈骗罪论处。

第二，要准确理解本罪中的“合同”。从犯罪客体方面来看，本罪规定在刑法第三章“破坏社会主义市场经济秩序”中的第八节“扰乱市场秩序”当中。这种犯罪不仅侵犯他人财产所有权，更主要的是侵犯了国家合同管理制度，破坏社会主义市场经济秩序。由此可见，本罪中的“合同”，必须存在于合同诈骗犯罪所保护的客体范围内，能够体现一定的市场秩序，否认与刑法的立法宗旨不相符。因此，本罪中的“合同”，是指经营合同。凡是与社会主义市场经济秩序无关的合同，如收养合同、扶养合同等有关人身关系以及其他方面的合同、协议，均不属于合同诈骗罪中的合同。

第三，本罪与诈骗罪的不同点在于：诈骗罪的行为方式具有多样化的特点；而本罪主要是采取经济合同这种形式来达到骗取财物的目的。

（5）量刑幅度

根据《刑法》第224条和第231条的规定，犯本罪的，其处罚分以下4个档次：

一是数额较大的，处3年以下有期徒刑或者拘役，并处或者单处罚金。

二是数额巨大或者有其他严重情节的，处3年以上10年以下有期徒刑，并处罚金。

三是数额特别巨大或者有其他特别严重情节，处10年以上有期徒刑或者无期徒刑，并处罚金或者没收财产。

四是单位犯本罪的，对单位判处罚金，并且对其直接负责的主管人员和其他直接责任人员，依照上述规定处罚。

对本罪，法律规定了单位犯罪，但对单位犯罪的数额，法律没有明确规定。根据2010年6月21日最高人民法院《关于在经济犯罪审判中参照适用〈最高人民检察院、公安部关于公安机关管辖的刑事案件立案追诉标准的规定（二）〉的通知》第1条规定，最高人民法院对相关经济犯罪的定罪量刑标准没有规定的，人民法院在审理经济犯罪案件时，可以参照适用最高人民检察院、公安部《关于公安机关管辖的刑事案件立案追诉标准的规定（二）》的规定。

5. 组织、领导传销活动罪（第224条之一）

（1）罪名概念

组织、领导传销活动罪，是指以推销商品、提供服务等经营活动为名，要求参加者以缴纳费用或者购买商品、服务方式获得加入资格，并按照一定顺序组成层级，直接或者间接以发展人员的数量作为计酬或者返利依据，引诱、胁迫参加者继续发展他人参加，骗取财物，扰乱经济社会秩序的传销行为。

（2）法律规定

①本罪名是由《刑法》第224条之一规定的。该条规定："组织、领导以推销商品、提供服务等经营活动为名，要求参加者以缴纳费用或者购买商品、服务等方式获得加入资格，并按照一定顺序组成层级，直接或者间接以发展人员的数量作为计酬或者返利依据，引诱、胁迫参加者继续发展他人参加，骗取财物，扰乱经济社会秩序的传销活动的，处五年以下有期徒刑或者拘役，并处罚金；情节严重的，处五年以上有期徒刑，并处罚金。"

《刑法》第231条规定："单位犯本节第二百二十一条至第二百三十条规定之罪的，对单位判处罚金，并对其直接负责的主管人员和其他直接责任人员，依照本节各该条的规定处罚。"

②2010年5月7日最高人民检察院、公安部《关于公安机关管辖的刑事案件立案追诉标准的规定（二）》第78条规定："组织、领导以推销商品、提供服务等经营活动为名，要求参加者以缴纳费用或者购买商品、服务等方式获得加入资格，并按照一定顺序组成层级，直接或者间接以发展人员的数量作为计酬或者返利依据，引诱、胁迫参加者继续发展他人参加，骗取财物，扰乱经济社会秩序的传销活动，涉嫌组织、领导的传销活动人员在三十人以上且层级在三级以上的，对组织者、领导者，应予立案追诉。

本条所指的传销活动的组织者、领导者，是指在传销活动中起组织、领导作用的发起人、决策人、操纵人，以及在传销活动中担负策划、指挥、布置、协调等重要职责，或者在传销活动实施中起到关键作用的人员。"

（3）构成要件

第一，本罪侵犯的客体是经济方面的社会秩序。

第二，客观方面表现为以推销商品、提供服务等经营活动为名，要求参加者以缴纳费用或者购买商品、服务方式获得加入资格，并按照一定顺序组成层级，直接或者间接以发展人员的数量作为计酬或者返利依据，引诱、胁迫参加者继续发展他人参加，骗取财物，扰乱经济社会秩序的传销行为。

第三，本罪的主体是一般主体。

第四，主观方面是故意，即具有骗取财物的故意。

(4)罪名界定

第一,本罪与强迫交易罪的主要区别表现在犯罪的客观方面。实施本罪,尽管有时也会有暴力或者威胁手段,但主要表现为骗,即用高回报欺骗参加者以缴纳费用或者购买商品、服务方式获得加入资格,要求继续发展他人参加,按照一定的顺序组成层级,一层发展一层,一层盘剥一层,扰乱经济社会秩序。而后者所实施的暴力或者威胁手段,仅仅是为了实现商品交易。

第二,本罪与非法经营罪的主要区别是:本罪主要表现为利用高额回报,欺骗参加者以缴纳费用或者购买商品、服务方式获得加入资格,要求继续发展他人参加,按照一定的顺序组成层级,一层发展一层,一层盘剥一层,扰乱经济社会秩序。而非法经营罪在客观方面表现为没有经过许可,经营国家不准自由买卖的物资,或买卖进出口许可证、进出口原产地证明及其他法律、行政法规规定的经营许可证或者批准文件,或者非法经营证券、期货或者保险业务,严重扰乱市场秩序的非法经营行为。

(5)量刑幅度

根据《刑法》第224条之一、第231条的规定,对犯本罪的处罚分以下3个档次:

一是处5年以下有期徒刑或者拘役,并处罚金。

二是情节严重的,处5年以上有期徒刑,并处罚金。

三是单位犯本罪的,对单位判处罚金,并且对其直接负责的主管人员和其他直接责任人员,依照上述规定处罚。

6. 非法经营罪(第225条)

(1)罪名概念

非法经营罪,是指违反国家规定,非法经营,扰乱市场秩序,情节严重的行为。

(2)法律规定

①本罪名是由《刑法》第225条规定的。该条规定:"违反国家规定,有下列非法经营行为之一,扰乱市场秩序,情节严重的,处五年以下有期徒刑或者拘役,并处或者单处违法所得一倍以上五倍以下罚金;情节特别严重的,处五年以上有期徒刑,并处违法所得一倍以上五倍以下罚金或者没收财产:

(一)未经许可经营法律、行政法规规定的专营、专卖物品或者其他限制买卖的物品的;

(二)买卖进出口许可证、进出口原产地证明以及其他法律、行政法规规定的经营许可证或者批准文件的;

(三)未经国家有关主管部门批准非法经营证券、期货、保险业务的,或者非法从事资金支付结算业务的;

(四)其他严重扰乱市场秩序的非法经营行为。"

《刑法》第231条规定:"单位犯本节第二百二十一条至第二百三十条规定之罪的,对单位判处罚金,并对其直接负责的主管人员和其他直接责任人员,依照本节各该条的规定处罚。"

②2010年5月7日最高人民检察院、公安部《关于公安机关管辖的刑事案件立案追诉标准的规定(二)》第79条规定:"违反国家规定,进行非法经营活动,扰乱市场秩序,涉嫌下列情形之一的,应予立案追诉:

(一)违反国家有关盐业管理规定,非法生产、储运、销售食盐,扰乱市场秩序,具有下列情形之一的:

1. 非法经营食盐数量在二十吨以上的;

2. 曾因非法经营食盐行为受过二次以上行政处罚又非法经营食盐,数量在十吨以上的。

（二）违反国家烟草专卖管理法律法规，未经烟草专卖行政主管部门许可，无烟草专卖生产企业许可证、烟草专卖批发企业许可证、特种烟草专卖经营企业许可证、烟草专卖零售许可证等许可证明，非法经营烟草专卖品，具有下列情形之一的：

1. 非法经营数额在五万元以上，或者违法所得数额在二万元以上的；

2. 非法经营卷烟二十万支以上的；

3. 曾因非法经营烟草专卖品三年内受过二次以上行政处罚，又非法经营烟草专卖品且数额在三万元以上的。

（三）未经国家有关主管部门批准，非法经营证券、期货、保险业务，或者非法从事资金支付结算业务，具有下列情形之一的：

1. 非法经营证券、期货、保险业务，数额在三十万元以上的；

2. 非法从事资金支付结算业务，数额在二百万元以上的；

3. 违反国家规定，使用销售点终端机具（POS 机）等方法，以虚构交易、虚开价格、现金退货等方式向信用卡持卡人直接支付现金，数额在一百万元以上的，或者造成金融机构资金二十万元以上逾期未还的，或者造成金融机构经济损失十万元以上的；

4. 违法所得数额在五万元以上的。

（四）非法经营外汇，具有下列情形之一的：

1. 在外汇指定银行和中国外汇交易中心及其分中心以外买卖外汇，数额在二十万美元以上的，或者违法所得数额在五万元以上的；

2. 公司、企业或者其他单位违反有关外贸代理业务的规定，采用非法手段，或者明知是伪造、变造的凭证、商业单据，为他人向外汇指定银行骗购外汇，数额在五百万美元以上或者违法所得数额在五十万元以上的；

3. 居间介绍骗购外汇，数额在一百万美元以上或者违法所得数额在十万元以上的。

（五）出版、印刷、复制、发行严重危害社会秩序和扰乱市场秩序的非法出版物，具有下列情形之一的：

1. 个人非法经营数额在五万元以上的，单位非法经营数额在十五万元以上的；

2. 个人违法所得数额在二万元以上的，单位违法所得数额在五万元以上的；

3. 个人非法经营报纸五千份或者期刊五千本或者图书两千册或者音像制品、电子出版物五百张（盒）以上的，单位非法经营报纸一万五千份或者期刊一万五千本或者图书五千册或者音像制品、电子出版物一千五百张（盒）以上的；

4. 虽未达到上述数额标准，但具有下列情形之一的：（1）两年内因出版、印刷、复制、发行非法出版物受过行政处罚二次以上的，又出版、印刷、复制、发行非法出版物的；（2）因出版、印刷、复制、发行非法出版物造成恶劣社会影响或者其他严重后果的。

（六）非法从事出版物的出版、印刷、复制、发行业务，严重扰乱市场秩序，具有下列情形之一的：

1. 个人非法经营数额在十五万元以上的，单位非法经营数额在五十万元以上的；

2. 个人违法所得数额在五万元以上的，单位违法所得数额在十五万元以上的；

3. 个人非法经营报纸一万五千份或者期刊一万五千本或者图书五千册或者音像制品、电子出版物一千五百张（盒）以上的，单位非法经营报纸五万份或者期刊五万本或者图书一万五千册或者音像制品、电子出版物五千张（盒）以上的；

4. 虽未达到上述数额标准，两年内因非法从事出版物的出版、印刷、复制、发行业务受过行政处罚二次以上的，又非法从事出版物的出版、印刷、复制、发行业务的。

（七）采取租用国际专线、私设转接设备或者其他方法，擅自经营国际电信业务或者涉港澳台电信业务进行营利活动，扰乱电信市场管理秩序，具有下列情形之一的：

1. 经营去话业务数额在一百万元以上的；

2. 经营来话业务造成电信资费损失数额在一百万元以上的；

3. 虽未达到上述数额标准，但具有下列情形之一的：(1)两年内因非法经营国际电信业务或者涉港澳台电信业务行为受过行政处罚二次以上，又非法经营国际电信业务或者涉港澳台电信业务的；(2)因非法经营国际电信业务或者涉港澳台电信业务行为造成其他严重后果的。

（八）从事其他非法经营活动，具有下列情形之一的：

1. 个人非法经营数额在五万元以上，或者违法所得数额在一万元以上的；

2. 单位非法经营数额在五十万元以上，或者违法所得数额在十万元以上的；

3. 虽未达到上述数额标准，但两年内因同种非法经营行为受过二次以上行政处罚，又进行同种非法经营行为的；

4. 其他情节严重的情形。"

③2003年5月14日最高人民法院、最高人民检察院《关于办理妨害预防、控制突发传染病疫情等灾害的刑事案件具体应用法律若干问题的解释》第6条规定："违反国家在预防、控制突发传染病疫情等灾害期间有关市场经营、价格管理等规定，哄抬物价、牟取暴利，严重扰乱市场秩序，违法所得数额较大或者有其他严重情节的，依照刑法第二百二十五条第（四）项的规定，以非法经营罪定罪，依法从重处罚。"

④2000年11月22日最高人民法院《关于审理破坏森林资源刑事案件具体应用法律若干问题的解释》第13条规定："对于伪造、变造、买卖林木采伐许可证、木材运输证件，森林、林木、林地权属证书，占用或者征用林地审核同意书、育林基金等缴费收据以及其他国家机关批准的林业证件构成犯罪的，依照刑法第二百八十条第一款的规定，以伪造、变造、买卖国家机关公文、证件罪定罪处罚。

对于买卖允许进出口证明书等经营许可证明，同时触犯刑法第二百二十五条、第二百八十条规定之罪的，依照处罚较重的规定定罪处罚。"

⑤1998年12月17日最高人民法院《关于审理非法出版物刑事案件具体应用法律若干问题的解释》第11条、第12条、第13条、第14条、第15条、第16条分别规定："违反国家规定，出版、印刷、复制、发行本解释第一条至第十条规定以外的其他严重危害社会秩序和扰乱市场秩序的非法出版物，情节严重的，依照刑法第二百二十五条第（三）项的规定，以非法经营罪定罪处罚。"

"个人实施本解释第十一条规定的行为，具有下列情形之一的，属于非法经营行为'情节严重'：（一）经营数额在五万元至十万元以上的；（二）违法所得数额在二万元至三万元以上的；（三）经营报纸五千份或者期刊五千本或者图书二千册或者音像制品、电子出版物五百张（盒）以上的。

具有下列情形之一的，属于非法经营行为'情节特别严重'：（一）经营数额在十五万元至三十万元以上的；（二）违法所得数额在五万元至十万元以上的；（三）经营报纸一万五千份或者期刊一万五千本或者图书五千册或者音像制品、电子出版物一千五百张（盒）以上的。"

"单位实施本解释第十一条规定的行为，具有下列情形之一的，属于非法经营行为'情节严重'：（一）经营数额在十五万元至三十万元以上的；（二）违法所得数额在五万元至十万元以上的；（三）经营报纸一万五千份或者期刊一万五千本或者图书五千册或者音像制品、电子出版物一千五百张（盒）以上的。

具有下列情形之一的，属于非法经营行为'情节特别严重'：（一）经营数额在五十万元至一百万元以上的;(二)违法所得数额在十五万元至三十万元以上的;(三)经营报纸五万份或者期刊五万本或者图书一万五千册或者音像制品、电子出版物五千张(盒)以上的。"

"实施本解释第十一条规定的行为,经营数额、违法所得数额或者经营数量接近非法经营行为'情节严重'、'情节特别严重'的数额、数量起点标准,并具有下列情形之一的,可以认定为非法经营行为'情节严重'、'情节特别严重':(一)两年内因出版、印刷、复制、发行非法出版物受过行政处罚两次以上的;(二)因出版、印刷、复制、发行非法出版物造成恶劣社会影响或者其他严重后果的。"

"非法从事出版物的出版、印刷、复制、发行业务,严重扰乱市场秩序,情节特别严重,构成犯罪的,可以依照刑法第二百二十五条第(三)项的规定,以非法经营罪定罪处罚。"

"出版单位与他人事前通谋,向其出售、出租或者以其他形式转让该出版单位的名称、书号、刊号、版号,他人实施本解释第二条、第四条、第八条、第九条、第十条、第十一条规定的行为,构成犯罪的,对该出版单位应当以共犯论处。"

⑥1998 年 12 月 29 日全国人民代表大会常务委员会《关于惩治骗购外汇、逃汇和非法买卖外汇犯罪的决定》第 4 条、第 5 条规定:"在国家规定的交易场所以外非法买卖外汇,扰乱市场秩序,情节严重的,依照刑法第二百二十五条的规定定罪处罚。

单位犯前款罪的,依照刑法第二百三十一条的规定处罚。"

"海关、外汇管理部门以及金融机构、从事对外贸易经营活动的公司、企业或者其他单位的工作人员与骗购外汇或者逃汇的行为人通谋,为其提供购买外汇的有关凭证或者其他便利的,或者明知是伪造、变造的凭证和单据而售汇、付汇的,以共犯论,依照本决定从重处罚。"

⑦2010 年 3 月 2 日最高人民法院、最高人民检察院《关于办理非法生产、销售烟草专卖品等刑事案件具体应用法律若干问题的解释》第 1 条第 5 款规定:"违反国家烟草专卖管理法律法规,未经烟草专卖行政主管部门许可,无烟草专卖生产企业许可证、烟草专卖批发企业许可证、特种烟草专卖经营企业许可证、烟草专卖零售许可证等许可证明,非法经营烟草专卖品,情节严重的,依照刑法第二百二十五条的规定,以非法经营罪定罪处罚。"

⑧2005 年 5 月 11 日最高人民法院、最高人民检察院《关于办理赌博刑事案件具体应用法律若干问题的解释》第 6 条规定:"未经国家批准擅自发行、销售彩票,构成犯罪的,依照刑法第二百二十五条第(四)项的规定,以非法经营罪定罪处罚。"

⑨2002 年 2 月 6 日最高人民检察院《关于非法经营国际或港澳台地区电信业务行为法律适用问题的批复》规定:"违反《中华人民共和国电信条例》规定,采取租用电信国际专线、私设转接设备或者其他方法,擅自经营国际或者香港特别行政区、澳门特别行政区和台湾地区电信业务进行营利活动,扰乱电信市场管理秩序,情节严重的,应当依照《刑法》第二百二十五条第(四)项的规定,以非法经营罪追究刑事责任。"

⑩2002 年 8 月 16 日最高人民法院、最高人民检察院《关于办理非法生产、销售、使用禁止在饲料和动物饮用水中使用的药品等刑事案件具体应用法律若干问题的解释》相关内容如下:

"第一条　未取得药品生产、经营许可证件和批准文号,非法生产、销售盐酸克仑特罗等禁止在饲料和动物饮用水中使用的药品,扰乱药品市场秩序,情节严重的,依照刑法第二百二十五条第(一)项的规定,以非法经营罪追究刑事责任。

第二条　在生产、销售的饲料中添加盐酸克仑特罗等禁止在饲料和动物饮用水中使用的药品,或者销售明知是添加有该类药品的饲料,情节严重的,依照刑法第二百二十五条第(四)项的规定,以非法经营罪追究刑事责任。"

"第五条　实施本解释规定的行为,同时触犯刑法规定的两种以上犯罪的,依照处罚较重的规定追究刑事责任。”

⑪2002 年 9 月 4 日最高人民检察院《关于办理非法经营食盐刑事案件具体应用法律若干问题的解释》相关内容如下：

“第一条　违反国家有关盐业管理规定，非法生产、储运、销售食盐扰乱市场秩序，情节严重的，应当依照刑法第二百二十五条的规定，以非法经营罪追究刑事责任。

第二条　非法经营食盐，具有下列情形之一的，应当依法追究刑事责任：（一）非法经营食盐数量在二十吨以上的；（二）曾因非法经营食盐行为受过二次以上行政处罚又非法经营食盐，数量在十吨以上的。

第三条　非法经营食盐行为未经处理的，其非法经营的数量累计计算；行为人非法经营行为是否盈利，不影响犯罪的构成。

第四条　以非碘盐充当碘盐或者以工业用盐等非食盐充当食盐进行非法经营，同时构成非法经营罪和生产、销售伪劣产品罪，生产、销售不符合卫生标准的食品罪，生产、销售有毒、有害食品罪等其他犯罪的，依照处罚较重的规定追究刑事责任。

第五条　以暴力、威胁方法阻碍行政执法人员依法行使盐业管理职务的，依照刑法第二百七十七条的规定，以妨害公务罪追究刑事责任；其非法经营行为已构成犯罪的，依照数罪并罚的规定追究刑事责任。”

⑫2003 年 12 月 23 日最高人民法院、最高人民检察院、公安部、国家烟草专卖局《关于办理假冒伪劣烟草制品等刑事案件适用法律问题座谈会纪要》相关内容如下：

“三、关于非法经营烟草制品行为适用法律问题

未经烟草专卖行政主管部门许可，无生产许可证、批发许可证、零售许可证，而生产、批发、零售烟草制品，具有下列情形之一的，依照刑法第二百二十五条的规定定罪处罚：

1. 个人非法经营数额在五万元以上的，或者违法所得数额在一万元以上的；

2. 单位非法经营数额在五十万元以上的，或者违法所得数额在十万元以上的；

3. 曾因非法经营烟草制品行为受过二次以上行政处罚又非法经营的，非法经营数额在二万元以上的。

四、关于共犯问题

知道或者应当知道他人实施本纪要第一条至第三条规定的犯罪行为，仍实施下列行为之一的，应认定为共犯，依法追究刑事责任：

1. 直接参与生产、销售假冒伪劣烟草制品或者销售假冒烟用注册商标的烟草制品或者直接参与非法经营烟草制品并在其中起主要作用的；

2. 提供房屋、场地、设备、车辆、贷款、资金、账号、发票、证明、技术等设施和条件，用于帮助生产、销售、储存、运输假冒伪劣烟草制品、非法经营烟草制品的；

3. 运输假冒伪劣烟草制品的。

上述人员中有检举他人犯罪经查证属实，或者提供重要线索，有立功表现的，可以从轻或减轻处罚；有重大立功表现的，可以减轻或者免除处罚。

五、国家机关工作人员参与实施本纪要第一条至第三条规定的犯罪行为的处罚问题

根据最高人民法院、最高人民检察院《关于办理生产、销售伪劣商品刑事案件具体应用法律若干问题的解释》的规定，国家机关工作人员参与实施本纪要第一条至第三条规定的犯罪行为的，从重处罚。

六、关于一罪与数罪问题

行为人的犯罪行为同时构成生产、销售伪劣产品罪、销售假冒注册商标的商品罪、非法经营

罪等罪的,依照处罚较重的规定定罪处罚。

七、关于窝藏、转移非法制售的烟草制品行为的定罪处罚问题

明知是非法制售的烟草制品而予以窝藏、转移的,依照刑法第三百一十二条的规定,以窝藏、转移赃物罪定罪处罚。

窝藏、转移非法制售的烟草制品,事前与犯罪分子通谋的,以共同犯罪论处。

八、关于以暴力、威胁方法阻碍烟草专卖执法人员依法执行职务行为的定罪处罚问题

以暴力、威胁方法阻碍烟草专卖执法人员依法执行职务的,依照刑法第二百七十七条的规定,以妨害公务罪定罪处罚。"

⑬2000 年 5 月 12 日最高人民法院《关于审理扰乱电信市场管理秩序案件具体应用法律若干问题的解释》相关内容如下:

"第一条　违反国家规定,采取租用国际专线、私设转接设备或者其他方法,擅自经营国际电信业务或者涉港澳台电信业务进行营利活动,扰乱电信市场管理秩序,情节严重的,依照刑法第二百二十五条第(四)项的规定,以非法经营罪定罪处罚。

第二条　实施本解释第一条规定的行为,具有下列情形之一的,属于非法经营行为'情节严重':(一)经营去话业务数额在一百万元以上的;(二)经营来话业务造成电信资费损失数额在一百万元以上的。

具有下列情形之一的,属于非法经营行为'情节特别严重':(一)经营去话业务数额在五百万元以上的;(二)经营来话业务造成电信资费损失数额在五百万元以上的。

第三条　实施本解释第一条规定的行为,经营数额或者造成电信资费损失数额接近非法经营行为'情节严重'、'情节特别严重'的数额起点标准,并具有下列情形之一的,可以分别认定为非法经营行为'情节严重'、'情节特别严重':(一)两年内因非法经营国际电信业务或者涉港澳台电信业务行为受过行政处罚两次以上的;(二)因非法经营国际电信业务或者涉港澳台电信业务行为造成其他严重后果的。

第四条　单位实施本解释第一条规定的行为构成犯罪的,对单位判处罚金,并对其直接负责的主管人员和其他直接责任人员,依照本解释第二条、第三条的规定处罚。"

⑭2000 年 11 月 27 日最高人民法院《关于审理破坏野生动物资源刑事案件具体应用法律若干问题的解释》第 9 条规定:"伪造、变造、买卖国家机关颁发的野生动物允许进出口证明书、特许猎捕证、狩猎证、驯养繁殖许可证等公文、证件构成犯罪的,依照刑法第二百八十条第一款的规定以伪造、变造、买卖国家机关公文、证件罪定罪处罚。

实施上述行为构成犯罪,同时构成刑法第二百二十五条第二项规定的非法经营罪的,依照处罚较重的规定定罪处罚。"

⑮1998 年 8 月 28 日最高人民法院《关于审理骗购外汇、非法买卖外汇刑事案件具体应用法律若干问题的解释》主要相关内容如下:

"第三条　在外汇指定银行和中国外汇交易中心及其分中心以外买卖外汇,扰乱金融市场秩序,具有下列情形之一的,按照刑法第二百二十五条第(三)项的规定定罪处罚:(一)非法买卖外汇二十万美元以上的;(二)违法所得五万元人民币以上的。

第四条　公司、企业或者其他单位,违反有关外贸代理业务的规定,采用非法手段,或者明知是伪造、变造的凭证、商业单据,为他人向外汇指定银行骗购外汇,数额在五百万美元以上或者违法所得五十万元人民币以上的,按照刑法第二百二十五条第(三)项的规定定罪处罚。

居间介绍骗购外汇一百万美元以上或者违法所得十万元人民币以上的,按照刑法第二百二十五条第(三)项的规定定罪处罚。

第五条　海关、银行、外汇管理机关工作人员与骗购外汇的行为人通谋，为其提供购买外汇的有关凭证，或者明知是伪造、变造的凭证和商业单据而出售外汇，构成犯罪的，按照刑法的有关规定从重处罚。

第六条　实施本解释规定的行为，同时触犯二个以上罪名的，择一重罪从重处罚。

第七条　根据刑法第六十四条规定，骗购外汇、非法买卖外汇的，其违法所得予以追缴，用于骗购外汇、非法买卖外汇的资金予以没收，上缴国库。

第八条　骗购、非法买卖不同币种的外汇的，以案发时国家外汇管理机关制定的统一折算率折合后依照本解释处罚。"

⑯2009年12月3日最高人民法院、最高人民检察院《关于办理妨害信用卡管理刑事案件具体应用法律若干问题的解释》相关内容如下：

"第七条　违反国家规定，使用销售点终端机具(POS机)等方法，以虚构交易、虚开价格、现金退货等方式向信用卡持卡人直接支付现金，情节严重的，应当依据刑法第二百二十五条的规定，以非法经营罪定罪处罚。

实施前款行为，数额在100万元以上的，或者造成金融机构资金20万元以上逾期未还的，或者造成金融机构经济损失10万元以上的，应当认定为刑法第二百二十五条规定的'情节严重'；数额在500万元以上的，或者造成金融机构资金100万元以上逾期未还的，或者造成金融机构经济损失50万元以上的，应当认定为刑法第二百二十五条规定的'情节特别严重'。

第八条　单位犯本解释第一条、第七条规定的犯罪的，定罪量刑标准依照各该条的规定执行。"

⑰2010年12月13日最高人民法院《关于审理非法集资刑事案件具体应用法律若干问题的解释》第7条规定："违反国家规定，未经依法核准擅自发行基金份额募集基金，情节严重的，依照刑法第二百二十五条的规定，以非法经营罪定罪处罚。"

⑱2013年5月2日最高人民法院、最高人民检察院《关于办理危害食品安全刑事案件适用法律若干问题的解释》规定：

"第十一条　以提供给他人生产、销售食品为目的，违反国家规定，生产、销售国家禁止用于食品生产、销售的非食品原料，情节严重的，依照刑法第二百二十五条的规定以非法经营罪定罪处罚。

违反国家规定，生产、销售国家禁止生产、销售、使用的农药、兽药，饲料、饲料添加剂，或者饲料原料、饲料添加剂原料，情节严重的，依照前款的规定定罪处罚。

实施前两款行为，同时又构成生产、销售伪劣产品罪，生产、销售伪劣农药、兽药罪等其他犯罪的，依照处罚较重的规定定罪处罚。

第十二条　违反国家规定，私设生猪屠宰厂(场)，从事生猪屠宰、销售等经营活动，情节严重的，依照刑法第二百二十五条的规定以非法经营罪定罪处罚。

实施前款行为，同时又构成生产、销售不符合安全标准的食品罪，生产、销售有毒、有害食品罪等其他犯罪的，依照处罚较重的规定定罪处罚。"

⑲2012年9月6日最高人民法院、最高人民检察院、公安部、国家安全监管总局《关于依法加强对涉嫌犯罪的非法生产经营烟花爆竹行为刑事责任追究的通知》第1条规定："一、非法生产、经营烟花爆竹及相关行为涉及非法制造、买卖、运输、邮寄、储存黑火药、烟火药，构成非法制造、买卖、运输、邮寄、储存爆炸物罪的，应当依照刑法第一百二十五条的规定定罪处罚；非法生产、经营烟花爆竹及相关行为涉及生产、销售伪劣产品或不符合安全标准产品，构成生产、销售伪劣产品罪或生产、销售不符合安全标准产品罪的，应当依照刑法第一百四十条、第一百四十六条的规

定定罪处罚;非法生产、经营烟花爆竹及相关行为构成非法经营罪的,应当依照刑法第二百二十五条的规定定罪处罚。上述非法生产经营烟花爆竹行为的定罪量刑和立案追诉标准,分别按照《最高人民法院关于审理非法制造、买卖、运输枪支、弹药、爆炸物等刑事案件具体应用法律若干问题的解释》(法释〔2009〕18 号)、《最高人民法院、最高人民检察院关于办理生产、销售伪劣商品刑事案件具体应用法律若干问题的解释》(法释〔2001〕10 号)、《最高人民检察院、公安部关于公安机关管辖的刑事案件立案追诉标准的规定(一)》(公通字〔2008〕36 号)、《最高人民检察院、公安部关于公安机关管辖的刑事案件立案追诉标准的规定(二)》(公通字〔2010〕23 号)等有关规定执行。"

⑳2014 年 11 月 3 日最高人民法院、最高人民检察院《关于办理危害药品安全刑事案件适用法律若干问题的解释》第 7 条规定:"违反国家药品管理法律法规,未取得或者使用伪造、变造的药品经营许可证,非法经营药品,情节严重的,依照刑法第二百二十五条的规定以非法经营罪定罪处罚。

以提供给他人生产、销售药品为目的,违反国家规定,生产、销售不符合药用要求的非药品原料、辅料,情节严重的,依照刑法第二百二十五条的规定以非法经营罪定罪处罚。

实施前两款行为,非法经营数额在十万元以上,或者违法所得数额在五万元以上的,应当认定为刑法第二百二十五条规定的'情节严重';非法经营数额在五十万元以上,或者违法所得数额在二十五万元以上的,应当认定为刑法第二百二十五条规定的'情节特别严重'。

实施本条第二款行为,同时又构成生产、销售伪劣产品罪、以危险方法危害公共安全罪等犯罪的,依照处罚较重的规定定罪处罚。"

㉑2019 年 1 月 31 日最高人民法院、最高人民检察院《关于办理非法从事资金支付结算业务、非法买卖外汇刑事案件适用法律若干问题的解释》相关主要内容如下:

"第一条　违反国家规定,具有下列情形之一的,属于刑法第二百二十五条第三项规定的'非法从事资金支付结算业务':

(一)使用受理终端或者网络支付接口等方法,以虚构交易、虚开价格、交易退款等非法方式向指定付款方支付货币资金的;

(二)非法为他人提供单位银行结算账户套现或者单位银行结算账户转个人账户服务的;

(三)非法为他人提供支票套现服务的;

(四)其他非法从事资金支付结算业务的情形。

第二条　违反国家规定,实施倒买倒卖外汇或者变相买卖外汇等非法买卖外汇行为,扰乱金融市场秩序,情节严重的,依照刑法第二百二十五条第四项的规定,以非法经营罪定罪处罚。

第三条　非法从事资金支付结算业务或者非法买卖外汇,具有下列情形之一的,应当认定为非法经营行为'情节严重':

(一)非法经营数额在五百万元以上的;

(二)违法所得数额在十万元以上的。

非法经营数额在二百五十万元以上,或者违法所得数额在五万元以上,且具有下列情形之一的,可以认定为非法经营行为'情节严重':

(一)曾因非法从事资金支付结算业务或者非法买卖外汇犯罪行为受过刑事追究的;

(二)二年内因非法从事资金支付结算业务或者非法买卖外汇违法行为受过行政处罚的;

(三)拒不交代涉案资金去向或者拒不配合追缴工作,致使赃款无法追缴的;

(四)造成其他严重后果的。

第四条　非法从事资金支付结算业务或者非法买卖外汇,具有下列情形之一的,应当认定为非法经营行为'情节特别严重'：

（一）非法经营数额在二千五百万元以上的；

（二）违法所得数额在五十万元以上的。

非法经营数额在一千二百五十万元以上，或者违法所得数额在二十五万元以上，且具有本解释第三条第二款规定的四种情形之一的，可以认定为非法经营行为'情节特别严重'。

第五条　非法从事资金支付结算业务或者非法买卖外汇，构成非法经营罪，同时又构成刑法第一百二十条之一规定的帮助恐怖活动罪或者第一百九十一条规定的洗钱罪的，依照处罚较重的规定定罪处罚。

第六条　二次以上非法从事资金支付结算业务或者非法买卖外汇，依法应予行政处理或者刑事处理而未经处理的，非法经营数额或者违法所得数额累计计算。

同一案件中，非法经营数额、违法所得数额分别构成情节严重、情节特别严重的，按照处罚较重的数额定罪处罚。

第七条　非法从事资金支付结算业务或者非法买卖外汇违法所得数额难以确定的，按非法经营数额的千分之一认定违法所得数额，依法并处或者单处违法所得一倍以上五倍以下罚金。

第八条　符合本解释第三条规定的标准，行为人如实供述犯罪事实，认罪悔罪，并积极配合调查，退缴违法所得的，可以从轻处罚；其中犯罪情节轻微的，可以依法不起诉或者免予刑事处罚。

符合刑事诉讼法规定的认罪认罚从宽适用范围和条件的，依照刑事诉讼法的规定处理。

第九条　单位实施本解释第一条、第二条规定的非法从事资金支付结算业务、非法买卖外汇行为，依照本解释规定的定罪量刑标准，对单位判处罚金，并对其直接负责的主管人员和其他直接责任人员定罪处罚。

第十条　非法从事资金支付结算业务、非法买卖外汇刑事案件中的犯罪地，包括犯罪嫌疑人、被告人用于犯罪活动的账户开立地、资金接收地、资金过渡账户开立地、资金账户操作地，以及资金交易对手资金交付和汇出地等。

第十一条　涉及外汇的犯罪数额，按照案发当日中国外汇交易中心或者中国人民银行授权机构公布的人民币对该货币的中间价折合成人民币计算。中国外汇交易中心或者中国人民银行授权机构未公布汇率中间价的境外货币，按照案发当日境内银行人民币对该货币的中间价折算成人民币，或者该货币在境内银行、国际外汇市场对美元汇率，与人民币对美元汇率中间价进行套算。

第十二条　本解释自2019年2月1日起施行。《最高人民法院关于审理骗购外汇、非法买卖外汇刑事案件具体应用法律若干问题的解释》（法释[1998]20号）与本解释不一致的，以本解释为准。"

（3）构成要件

第一，本罪侵犯的客体是国家正常的市场秩序，以及国家对外贸易的管理制度和海关关税管理制度。

第二，客观方面表现为违反国家规定，扰乱市场秩序，情节严重的行为。这主要有以下四个方面表现形式：①没有经过许可而经营法律、法规规定的专营、专卖物品或者其他限制买卖的物品的行为。也就是说，没有经过许可，经营国家不准自由买卖的物资。②买卖进出口许可证、进出口原产地证明以及其他法律、行政法规规定的经营许可证或者批准文件的行为。③非法经营证券、期货、保险业务或者非法从事资金支付结算业务的行为。④具有其他严重扰乱市场秩序的非法经营行为。

第三,犯罪主体是一般主体。可以是自然人,也可以是法人或者其他经济组织。

第四,主观方面是故意,目的是营利。但是,不以实际是否获利为犯罪的构成要件。

(4)罪名界定

第一,本罪与走私罪不同。下列情节严重的销售走私货物和特许减免税物品的行为,应以走私罪论处:①直接向走私人非法收购走私进口的货物、物品,并且在国内倒卖的。②在内海、领海收购、贩卖国家禁止进出境的物品或者国家限制进出口的货物、物品,没有合法证明的。③走私分子逃避海关监督进入我国境内贩卖其走私货物、物品的,这是走私的继续。④受走私者的收买、指使,帮助走私分子在国内贩卖走私货物、物品的,这是走私的共犯。除此以外的其他销售走私物品、特许减免税物品的行为,都是以非法经营罪论处。为走私目的买卖进出口许可证、进出口原产地证明等行为,如果是走私犯罪的手段,则属于牵连犯,不数罪并罚,应当选择其中的一个重罪处罚。

第二,关于在饲料和动物饮用水中使用的药品问题。根据2002年8月16日最高人民法院、最高人民检察院《关于办理非法生产、销售、使用禁止在饲料和动物饮用水中使用的药品等刑事案件具体应用法律若干问题的解释》第1条、第2条的规定,未取得药品生产、经营许可证件和批准文号,非法生产、销售盐酸克仑特罗(俗称“瘦肉精”)等禁止在饲料和动物饮用水中使用的药品,扰乱药品市场秩序,情节严重的,和在生产、销售的饲料中,添加盐酸克仑特罗等禁止在饲料和动物饮用水中使用的药品,或者销售明知是添加有该类药品的饲料,情节严重的,也以非法经营罪追究刑事责任。

(5)量刑幅度

根据《刑法》第225条、第231条的规定,对构成本罪的处罚分以下3个档次:

一是扰乱市场秩序,情节严重的,处5年以下有期徒刑或者拘役,并处或者单处违法所得1倍以上5倍以下的罚金。

二是情节特别严重的,处5年以上有期徒刑,并处违法所得1倍以上5倍以下的罚金或者没收财产。

三是单位犯本罪的,对单位判处罚金,并对其直接负责的主管人员和其他直接责任人员,依照上述规定处罚。

7. 强迫交易罪(第226条)

(1)罪名概念

强迫交易罪,是指在商品交易中,违反工商和市场管理的相关法规,以暴力、威胁手段,强买强卖、强迫他人提供服务或者强迫他人接受服务,情节严重的行为。

(2)法律规定

①本罪名是由《刑法》第226条规定的。该条规定:“以暴力、威胁手段,实施下列行为之一,情节严重的,处三年以下有期徒刑或者拘役,并处或者单处罚金;情节特别严重的,处三年以上七年以下有期徒刑,并处罚金:

(一)强买强卖商品的;

(二)强迫他人提供或者接受服务的;

(三)强迫他人参与或者退出投标、拍卖的;

(四)强迫他人转让或者收购公司、企业的股份、债券或者其他资产的;

(五)强迫他人参与或者退出特定的经营活动的。”

《刑法》第231条规定:“单位犯本节第二百二十一条至第二百三十条规定之罪的,对单位判处罚金，并对其直接负责的主管人员和其他直接责任人员，依照本节各该条的规定处罚。”

②2017年4月27日最高人民检察院、公安部《关于公安机关管辖的刑事案件立案追诉标准的规定（一）的补充规定》第5条规定：“将《立案追诉标准（一）》第二十八条修改为：［强迫交易案（刑法第二百二十六条）］以暴力、威胁手段强买强卖商品，强迫他人提供服务或者接受服务，涉嫌下列情形之一的，应予立案追诉：

（一）造成被害人轻微伤的；

（二）造成直接经济损失二千元以上的；

（三）强迫交易三次以上或者强迫三人以上交易的；

（四）强迫交易数额一万元以上，或者违法所得数额二千元以上的；

（五）强迫他人购买伪劣商品数额五千元以上，或者违法所得数额一千元以上的；

（六）其他情节严重的情形。

以暴力、威胁手段强迫他人参与或者退出投标、拍卖，强迫他人转让或者收购公司、企业的股份、债券或者其他资产，强迫他人参与或者退出特定的经营活动，具有多次实施、手段恶劣、造成严重后果或者恶劣社会影响等情形之一的，应予立案追诉。”

（3）构成要件

第一，本罪侵犯的客体是市场管理秩序。市场交易主体可以选择交易的时间、地点和内容、方式等，而强买强卖行为则剥夺了主体的交易自由权，破坏了公平竞争环境，扰乱了市场秩序。

第二，客观方面表现为行为人以暴力、威胁等手段，实施了强买、强卖行为。这里的“暴力”“威胁”，都必须发生在商品交易或者服务交易中。行为人的主观目的是实现商品交易。只有在这一目的指引下实施的暴力、威胁行为才能构成本罪。

第三，本罪主体是一般主体，包括自然人和单位。自然人是年满16周岁的人。

第四，主观方面是故意，而且是直接故意。

（4）罪名界定

本罪与列车内“强买强卖”型抢劫罪有明显区别。最高人民法院1993年10月11日发布的《关于执行〈中华人民共和国铁路法〉中刑事罚则若干问题的解释》第5条规定：“凡在列车内对旅客使用暴力、胁迫手段，如以语言威胁、暴露或者暗示携带有凶器或者依仗人多势众，对被害人施加精神压力等，强拿旅客财物或者以借钱借物为名，索取财物的，以及对旅客实行强买强卖，侵犯旅客财产权益的，均应以抢劫罪论处。”列车内“强买强卖”型抢劫罪，要以行为人当场使用暴力或者以暴力相威胁为条件，而且这种暴力的直接指向，是针对买或卖的强行交易行为而实施的。暴力的实施与买卖关系的实现，有直接的因果、目的与手段关系。

（5）量刑幅度

根据《刑法》第226条的规定，构成本罪的，处3年以下有期徒刑或者拘役，并处或者单处罚金。

根据《刑法》第231条的规定，单位犯本罪的，对单位判处罚金，并对其直接负责的主管人员和其他直接责任人员，依照上述规定处罚。

8. 伪造、倒卖伪造的有价票证罪（第227条第1款）

（1）罪名概念

伪造、倒卖伪造的有价票证罪，是指伪造或者倒卖伪造的车票、船票、邮票或者其他有价票证，数额较大的行为。

(2)法律规定

①本罪名是由《刑法》第227条第1款规定的。该条款规定:"伪造或者倒卖伪造的车票、船票、邮票或者其他有价票证,数额较大的,处二年以下有期徒刑、拘役或者管制,并处或者单处票证价额一倍以上五倍以下罚金;数额巨大的,处二年以上七年以下有期徒刑,并处票证价额一倍以上五倍以下罚金。"

《刑法》第231条规定:"单位犯本节第二百二十一条至第二百三十条规定之罪的,对单位判处罚金,并对其直接负责的主管人员和其他直接责任人员,依照本节各该条的规定处罚。"

②2008年6月25日最高人民检察院、公安部《关于公安机关管辖的刑事案件立案追诉标准的规定(一)》第29条规定:"伪造或者倒卖伪造的车票、船票、邮票或者其他有价票证,涉嫌下列情形之一的,应予立案追诉:(一)车票、船票票面数额累计二千元以上,或者数量累计五十张以上的;(二)邮票票面数额累计五千元以上,或者数量累计一千枚以上的;(三)其他有价票证价额累计五千元以上,或者数量累计一百张以上的;(四)非法获利累计一千元以上的;(五)其他数额较大的情形。"

③2000年12月5日最高人民法院《关于对变造、倒卖变造邮票行为如何适用法律问题的解释》规定:"对变造或者倒卖变造的邮票数额较大的,应当依照刑法第二百二十七条第一款的规定定罪处罚。"

(3)构成要件

第一,本罪侵犯的客体是国家对有价票证的管理秩序。车票、船票、邮票、税票、货票等统称为有价票证。它们是由国家统一印制发行的,是国家财政收入的一部分。伪造或者倒卖伪造的有价票证,违反了国家对这些票证的管理制度,损害了国家的利益。

第二,客观方面表现为伪造或者倒卖伪造的车票、船票,或者其他的有价票证,而且情节严重的行为。其具体包括以下两个内容:一是伪造或者倒卖伪造的有价票证;二是情节严重的行为。

第三,犯罪主体是一般主体。

第四,主观方面是故意,并且具有使票证能够使用的目的。

(4)罪名界定

第一,认定本罪需要对伪造、倒卖的次数、数量、票面价值、实施伪造行为或者倒卖行为的原因和目的情况等因素进行综合分析。对于偶尔伪造或者倒卖伪造的有价票证的行为,或者伪造、倒卖数额较小的,伪造、倒卖票证面值不大的,并非为了牟取非法利益而伪造票证等,按照工商管理法规或者治安管理处罚条例的规定处罚即可,而不构成本罪。

第二,本罪与伪造、变造国家有价证券罪的区别主要是犯罪的对象不同。本罪的犯罪对象是有价票证,而后者的犯罪对象是国家有价证券,如国库券、金融债券等。

第三,本罪与伪造、变造金融票证罪的不同点是:本罪侵犯的对象是车票、船票等有价票证;而伪造、变造金融票证罪的对象是汇票、本票、支票、委托收款凭证、汇款凭证、银行存单、信用证、信用卡等。对于行为人既有伪造有价票证,又有伪造金融票证的行为,如果都构成犯罪了,应当分别定罪,实行数罪并罚;如果只有一种伪造行为构成犯罪的,则定一罪,把另一种伪造行为作为量刑时的一个情节来考虑。

第四,对于国家工作人员利用伪造、涂改有价票证的手段进行贪污犯罪活动的,应以贪污罪论处。

第五,对于利用伪造有价票证的方法骗取钱财的,由于这种行为同时触犯了本罪和诈骗罪两个罪名,在这种情况下,应当按处理牵连犯的原则,以其中的一个重罪来定罪,从重处罚。例如,用自己伪造的支票骗取数额巨大的钱财,诈骗罪重于本罪时,应以诈骗罪论处;如果诈骗罪轻于本罪时，则以本罪论处。

（5）量刑幅度

根据《刑法》第227条第1款和第231条的规定，对本罪的处罚分以下3个档次：

一是伪造、倒卖伪造有价票证，数额较大的，处2年以下有期徒刑、拘役或者管制，并处或者单处票证价额1倍以上5倍以下罚金。

二是数额巨大的，处2年以上7年以下有期徒刑，并处票证价额1倍以上5倍以下罚金。

三是单位犯本罪的，对单位判处罚金，并对其直接负责的主管人员和其他直接责任人员，依照上述规定处罚。

9. 倒卖车票、船票罪（第227条第2款）

（1）罪名概念

倒卖车票、船票罪，是指倒卖车票、船票，情节严重的行为。

（2）法律规定

①本罪名是由《刑法》第227条第2款规定的。该条款规定："倒卖车票、船票，情节严重的，处三年以下有期徒刑、拘役或者管制，并处或者单处票证价额一倍以上五倍以下罚金。"

《刑法》第231条规定："单位犯本节第二百二十一条至第二百三十条规定之罪的，对单位判处罚金，并对其直接负责的主管人员和其他直接责任人员，依照本节各该条的规定处罚。"

②2008年6月25日最高人民检察院、公安部《关于公安机关管辖的刑事案件立案追诉标准的规定（一）》第30条规定："倒卖车票、船票或者倒卖车票坐席、卧铺签字号以及订购车票、船票凭证，涉嫌下列情形之一的，应予立案追诉：（一）票面数额累计五千元以上的；（二）非法获利累计二千元以上的；（三）其他情节严重的情形。"

③1999年9月6日最高人民法院《关于审理倒卖车票刑事案件有关问题的解释》相关规定如下：

"第一条　高价、变相加价倒卖车票或者倒卖坐席、卧铺签字号及订购车票凭证，票面数额在五千元以上，或者非法获利数额在二千元以上的，构成刑法第二百二十七条第二款规定的'倒卖车票情节严重'。

第二条　对于铁路职工倒卖车票或者与其他人员勾结倒卖车票；组织倒卖车票的首要分子；曾因倒卖车票受过治安处罚两次以上或者被劳动教养一次以上，两年内又倒卖车票，构成倒卖车票罪的，依法从重处罚。"

（3）构成要件

第一，本罪侵犯的客体是国家对车票、船票的管理制度。

第二，客观方面表现为倒卖车票、船票，情节严重的行为。其犯罪对象是车票、船票，而不是其他有价票证、证券。

第三，本罪的主体是一般主体，单位和自然人都可以构成本罪的主体。

第四，主观方面是故意，并且具有牟利的目的。

（4）罪名界定

第一，本罪属于结果犯，即倒卖车票、船票的行为，在一般情况下由行政规范来调整，只有情节严重的才能构成本罪。2008年6月25日最高人民检察院、公安部《关于公安机关管辖的刑事案件立案追诉标准的规定（一）》第30条规定了立案标准。

第二，对于既有伪造车票、船票的行为，又倒卖了真的车票、船票等，因为具有两个犯罪故意，应当分别定伪造有价证券罪和倒卖车票、船票罪，实行数罪并罚。

(5)量刑幅度

对本罪的处罚分以下2个档次：

一是根据《刑法》第227条第2款的规定，构成本罪的，处3年以下有期徒刑、拘役或者管制，并处或者单处票证价额1倍以上5倍以下罚金。

二是根据《刑法》第231条的规定，单位犯本罪的，对单位判处罚金，并且对其直接负责的主管人员和其他直接责任人员，依照上述规定处罚。

根据1999年9月6日最高人民法院《关于审理倒卖车票刑事案件有关问题的解释》第2条的规定，对于铁路职工倒卖车票或者与其他人员勾结倒卖车票；组织倒卖车票的首要分子；曾经因倒卖车票受过治安处罚两次以上或者被劳动教养一次以上，两年内又倒卖车票构成本罪的依法从重处罚。

10. 非法转让、倒卖土地使用权罪(第228条)

(1)罪名概念

非法转让、倒卖土地使用权罪，是指以牟利为目的，违反土地管理法规，非法转让、倒卖土地使用权，情节严重的行为。

(2)法律规定

①本罪名是由《刑法》第228条规定的。该条规定："以牟利为目的，违反土地管理法规，非法转让、倒卖土地使用权，情节严重的，处三年以下有期徒刑或者拘役，并处或者单处非法转让、倒卖土地使用权价额百分之五以上百分之二十以下罚金；情节特别严重的，处三年以上七年以下有期徒刑，并处非法转让、倒卖土地使用权价额百分之五以上百分之二十以下罚金。"

《刑法》第231条规定："单位犯本节第二百二十一条至第二百三十条规定之罪的，对单位判处罚金，并对其直接负责的主管人员和其他直接责任人员，依照本节各该条的规定处罚。"

②2010年5月7日最高人民检察院、公安部《关于公安机关管辖的刑事案件立案追诉标准的规定(二)》第80条规定："以牟利为目的，违反土地管理法规，非法转让、倒卖土地使用权，涉嫌下列情形之一的，应予立案追诉：(一)非法转让、倒卖基本农田五亩以上的；(二)非法转让、倒卖基本农田以外的耕地十亩以上的；(三)非法转让、倒卖其他土地二十亩以上的；(四)违法所得数额在五十万元以上的；(五)虽未达到上述数额标准，但因非法转让、倒卖土地使用权受过行政处罚，又非法转让、倒卖土地的；(六)其他情节严重的情形。"

③2000年6月19日最高人民法院《关于审理破坏土地资源刑事案件具体应用法律若干问题的解释》第1条、第2条规定："以牟利为目的，违反土地管理法规，非法转让、倒卖土地使用权，具有下列情形之一的，属于非法转让、倒卖土地使用权'情节严重'，依照刑法第二百二十八条的规定，以非法转让、倒卖土地使用权罪定罪处罚：(一)非法转让、倒卖基本农田五亩以上的；(二)非法转让、倒卖基本农田以外的耕地十亩以上的；(三)非法转让、倒卖其他土地二十亩以上的；(四)非法获利五十万元以上的；(五)非法转让、倒卖土地接近上述数量标准并具有其他恶劣情节的，如曾因非法转让、倒卖土地使用权受过行政处罚或者造成严重后果等。"

"实施第一条规定的行为，具有下列情形之一的，属于非法转让、倒卖土地使用权'情节特别严重'：(一)非法转让、倒卖基本农田十亩以上的；(二)非法转让、倒卖基本农田以外的耕地二十亩以上的；(三)非法转让、倒卖其他土地四十亩以上的；(四)非法获利一百万元以上的；(五)非法转让、倒卖土地接近上述数量标准并具有其他恶劣情节，如造成严重后果等。"

(3)构成要件

第一，本罪侵犯的客体是国家对国有土地的正常管理制度。

第二,客观方面表现为违反土地管理法规,非法转让、倒卖土地使用权的行为。其具体表现为以下两种情形:一是转让土地使用权,即没有经过土地主管部门的批准,擅自转让国有或者集体所有的土地使用权。二是倒卖土地使用权,即低价买进高价卖出土地使用权以牟利。而且只有在情节严重的情况下,才能构成本罪。

第三,本罪的主体是一般主体,即达到刑事责任年龄、具有刑事责任能力的自然人,单位也可以成为本罪的主体。

第四,主观方面是故意,并且以牟利为目的。

(4)罪名界定

第一,本罪属于结果犯,即只有在非法转让、倒卖土地使用权,情节严重的情况下,才能构成本罪。2010 年 5 月 7 日最高人民检察院、公安部《关于公安机关管辖的刑事案件立案追诉标准的规定(二)》第 80 条规定了立案追诉标准。

第二,本罪与徇私舞弊低价折股、出售国有资产罪的区别是:本罪的主体是一般主体,而后者的主体是特殊主体,即只有国有公司、企业或者其上级主管部门直接负责的主管人员才能构成这种犯罪。另外,在客观方面的表现也不同。本罪表现为非法转让、倒卖土地使用权的行为;而后者表现为国有公司、企业或者其上级主管部门直接负责的主管人员,徇私舞弊,将国有资产低价折股或者低价出售,致使国家利益遭受重大损失的行为。这里所说的“低价折股或者低价出售”,是指对国有资产不进行财产评估或者虽然进行了评估,但背离评估资产的价值,低价折股或者低价出售的行为。

(5)量刑幅度

根据《刑法》第 228 条和第 231 条的规定,对本罪的处罚分以下 3 个档次:

一是情节严重,构成本罪的,处 3 年以下有期徒刑或者拘役,并处或者单独判处非法转让、倒卖土地使用权价额的 5% 以上至 20% 以下罚金。

二是情节特别严重的,处 3 年以上 7 年以下有期徒刑,并处非法转让、倒卖土地使用权价格 5% 以上至 20% 以下罚金。

三是单位犯本罪的,对单位判处罚金,并对其直接负责的主管人员和其他直接责任人员,依照上述规定处罚。

11. 提供虚假证明文件罪(第 229 条第 1 款、第 2 款)

(1)罪名概念

提供虚假证明文件罪,是指承担资产评估、验资、验证、会计、审计、法律服务、保荐、安全评价、环境影响评价、环境监测等职责的中介组织人员,故意提供虚假证明文件,且情节严重的行为。

(2)法律规定

①本罪名是由《刑法》第 229 条第 1 款、第 2 款规定的。该条款规定:“承担资产评估、验资、验证、会计、审计、法律服务、保荐、安全评价、环境影响评价、环境监测等职责的中介组织的人员故意提供虚假证明文件,情节严重的,处五年以下有期徒刑或者拘役,并处罚金;有下列情形之一的,处五年以上十年以下有期徒刑,并处罚金:

(一)提供与证券发行相关的虚假的资产评估、会计、审计、法律服务、保荐等证明文件,情节特别严重的;

(二)提供与重大资产交易相关的虚假的资产评估、会计、审计等证明文件,情节特别严重的;

（三）在涉及公共安全的重大工程、项目中提供虚假的安全评价、环境影响评价等证明文件，致使公共财产、国家和人民利益遭受特别重大损失的。

有前款行为，同时索取他人财物或者非法收受他人财物构成犯罪的，依照处罚较重的规定定罪处罚。”

《刑法》第231条规定：“单位犯本节第二百二十一条至第二百三十条规定之罪的，对单位判处罚金，并对其直接负责的主管人员和其他直接责任人员，依照本节各该条的规定处罚。”

②2010年5月7日最高人民检察院、公安部《关于公安机关管辖的刑事案件立案追诉标准的规定（二）》第81条规定：“承担资产评估、验资、验证、会计、审计、法律服务等职责的中介组织的人员故意提供虚假证明文件，涉嫌下列情形之一的，应予立案追诉：

（一）给国家、公众或者其他投资者造成直接经济损失数额在五十万元以上的；

（二）违法所得数额在十万元以上的；

（三）虚假证明文件虚构数额在一百万元且占实际数额百分之三十以上的；

（四）虽未达到上述数额标准，但具有下列情形之一的：1. 在提供虚假证明文件过程中索取或者非法接受他人财物的；2. 两年内因提供虚假证明文件，受过行政处罚二次以上，又提供虚假证明文件的；

（五）其他情节严重的情形。”

③2009年12月3日最高人民法院、最高人民检察院《关于办理妨害信用卡管理刑事案件具体应用法律若干问题的解释》第4条第2款规定：“承担资产评估、验资、验证、会计、审计、法律服务等职责的中介组织或其人员，为信用卡申请人提供虚假的财产状况、收入、职务等资信证明材料，应当追究刑事责任的，依照刑法第二百二十九条的规定，分别以提供虚假证明文件罪和出具证明文件重大失实罪定罪处罚。”

④2016年12月23日最高人民法院、最高人民检察院《关于办理环境污染刑事案件适用法律若干问题的解释》第9条规定：“环境影响评价机构或其人员，故意提供虚假环境影响评价文件，情节严重的，或者严重不负责任，出具的环境影响评价文件存在重大失实，造成严重后果的，应当依照刑法第二百二十九条、第二百三十一条的规定，以提供虚假证明文件罪或者出具证明文件重大失实罪定罪处罚。”

（3）构成要件

第一，本罪侵犯的客体是正常的国家中介服务市场的管理秩序。

第二，客观方面表现为承担资产评估、验资、验证、会计、审计、法律服务、保荐、安全评价、环境影响评价、环境监测等职责的中介组织人员故意提供虚假证明文件，且情节严重的行为。

第三，犯罪主体是特殊主体，包括资产评估机构及其工作人员、验资机构及其工作人员、验证机构及其工作人员、会计机构及其工作人员、审计机构及其工作人员、法律服务机构及其工作人员，保荐机构及其工作人员、安全评价机构及其工作人员、环境影响评价机构及其工作人员、环境监测机构及其工作人员以及其他承担类似职责责任的中介组织及其人员。

第四，主观方面是故意，即承担资产评估、验资、验证、会计、审计、法律服务、保荐、安全评价、环境影响评价、环境监测等中介组织的人员，明知自己所提供的证明文件缺乏事实和科学根据，与实际情况不符合而故意提供。

（4）罪名界定

第一，故意提供虚假证明文件，只有情节严重的才构成本罪。2010年5月7日最高人民检察院、公安部《关于公安机关管辖的刑事案件立案追诉标准的规定（二）》第81条规定了立案追诉标准。

第二,本罪与伪证罪的区别主要是:一是犯罪主体不同。本罪是承担资产评估、验资、验证、会计、审计、法律服务、保荐、安全评价、环境影响评价、环境监测等职责的中介组织及其工作人员;而伪证罪的主体是刑事诉讼的参与人,包括证人、鉴定人、记录人、翻译人。二是客观表现不同。本罪表现为在公司申请登记或公司经营的验资、验证等市场经济活动过程中,故意提供虚假证明文件;而伪证罪则是在刑事诉讼的司法活动中,故意提供虚假的证言、鉴定结论、翻译文件等。三是主观目的不同。

第三,本罪与出具证明文件重大失实罪的区别主要在于主观方面不同。前者的行为人对虚假的证明文件具有明知的认识,并且故意提供明知的虚假证明文件;而后者是因为行为人主观上的过失,提供了虚假的证明文件,行为人既不是有意在证明文件中漏掉事实或作虚假证明,也不是有意提供虚假的证明文件。

第四,要划清单位犯罪与自然人犯罪的界限。单位诸级领导决策后,单位主管人员、直接责任人员和其他成员,在集体领导层的决策意志支配下,以单位名义,为了单位的利益,故意提供虚假的资产评估、验资、验证、会计、审计、法律服务、保荐、安全评价、环境影响评价、环境监测证明文件的,属于单位犯罪。如果是行为人因为个人收受好处以后,以单位的名义,提供虚假的证明文件,属于个人犯罪。区别二者的关键,在于是否由单位领导决策并为单位利益实施的。个人犯此罪的,都是没有经过领导决策,而且是为了个人的恩惠才提供虚假的证明文件。

(5)量刑幅度

根据《刑法》第229条第1款、第2款和第231条的规定,对本罪的处罚分以下4个档次:

一是构成本罪的,处5年以下有期徒刑或者拘役,并处罚金。

二是具备特定情形且情节特别严重或致使公共财产、国家和人民利益遭受特别重大损失的,处5年以上10年以下有期徒刑,并处罚金。

三是符合本罪犯罪构成,同时索取他人财物或者非法收受他人财物构成其他犯罪的,依照处罚较重的规定定罪处罚。

四是单位犯本罪的,对单位判处罚金,并且对其直接负责的主管人员和其他直接责任人员,依照上述规定处罚。

12. 出具证明文件重大失实罪(第229条)

(1)罪名概念

出具证明文件重大失实罪,是指承担资产评估、验资、验证、会计、审计、法律服务、保荐、安全评价、环境影响评价、环境监测等职责的中介组织人员,严重不负责任,出具的证明文件有重大失实,造成严重后果的行为。

(2)法律规定

①本罪名是由《刑法》第229条规定的。《刑法》第229条规定:"承担资产评估、验资、验证、会计、审计、法律服务、保荐、安全评价、环境影响评价、环境监测等职责的中介组织的人员故意提供虚假证明文件,情节严重的,处五年以下有期徒刑或者拘役,并处罚金;有下列情形之一的,处五年以上十年以下有期徒刑,并处罚金:

(一)提供与证券发行相关的虚假的资产评估、会计、审计、法律服务、保荐等证明文件,情节特别严重的;

(二)提供与重大资产交易相关的虚假的资产评估、会计、审计等证明文件,情节特别严重的;

(三)在涉及公共安全的重大工程、项目中提供虚假的安全评价、环境影响评价等证明文件,致使公共财产、国家和人民利益遭受特别重大损失的。

有前款行为，同时索取他人财物或者非法收受他人财物构成犯罪的，依照处罚较重的规定定罪处罚。

第一款规定的人员，严重不负责任，出具的证明文件有重大失实，造成严重后果的，处三年以下有期徒刑或者拘役，并处或者单处罚金。”

《刑法》第231条规定：“单位犯本节第二百二十一条至第二百三十条规定之罪的，对单位判处罚金，并对其直接负责的主管人员和其他直接责任人员，依照本节各该条的规定处罚。”

②2010年5月7日最高人民检察院、公安部《关于公安机关管辖的刑事案件立案追诉标准的规定(二)》第82条规定：“承担资产评估、验资、验证、会计、审计、法律服务等职责的中介组织的人员严重不负责任，出具的证明文件有重大失实，涉嫌下列情形之一的，应予立案追诉：(一)给国家、公众或者其他投资者造成直接经济损失数额在一百万元以上的；(二)其他造成严重后果的情形。”

③2016年12月23日最高人民法院、最高人民检察院《关于办理环境污染刑事案件适用法律若干问题的解释》第9条规定：“环境影响评价机构或其人员，故意提供虚假环境影响评价文件，情节严重的，或者严重不负责任，出具的环境影响评价文件存在重大失实，造成严重后果的，应当依照刑法第二百二十九条、第二百三十一条的规定，以提供虚假证明文件罪或者出具证明文件重大失实罪定罪处罚。”

(3)构成要件

第一，本罪侵犯的客体是国家对公司的管理制度，以及公司的合法权益。

第二，客观方面表现为中介组织的人员严重不负责任，出具重大失实的证明文件，情节严重的行为。其具体包括以下三个方面：一是中介组织及其工作人员严重失职，未经查实或未认真查实即出具证明文件；二是出具的证明文件有重大失实；三是失实的证明文件使国家、集体、个人利益遭受重大损失，情节严重。这三个方面必须同时具备，才能构成本罪。

第三，本罪的主体是特殊主体，即承担资产评估、验资、验证、会计、审计、法律服务、保荐、安全评价、环境影响评价、环境监测等职责的中介组织的工作人员，中介单位也可构成本罪主体。

第四，主观方面是过失。

(4)罪名界定

第一，出具证明文件有重大失实的行为必须是“造成严重后果”，才能构成本罪，否则只属于一般违法行为，应由该机构的主管部门给予行政处理，可以罚款、责令停业、吊销其直接责任人员的资格证书等。

第二，本罪与提供虚假证明文件罪的主要区别：一是主观方面不同。本罪是过失犯罪，行为人由于过失出具了内容重大失实的证明文件；而后者，行为人是故意提供虚假证明文件。二是对行为的结果要求不同。本罪要求必须是造成严重后果；而后者则把“情节严重”作为犯罪的必备要件。

(5)量刑幅度

根据《刑法》第229条第3款和第231条的规定，犯本罪的，处3年以下有期徒刑或者拘役，并处或者单处罚金。单位犯本罪的，对单位判处罚金，并对其直接负责的主管人员和其他直接责任人员，按上述规定处罚。

13. 逃避商检罪(第230条)

(1)罪名概念

逃避商检罪，是指违反《进出口商品检验法》的规定，逃避商品检验，将必须经过商检机构检验的进出口商品没有报经检验而擅自销售、使用,或者将必须经过商检机构检验的进出口商品没有报经检验合格而擅自出口,情节严重的行为。

(2)法律规定

①本罪名是由《刑法》第230条规定的。该条规定:“违反进出口商品检验法的规定,逃避商品检验,将必须经商检机构检验的进口商品未报经检验而擅自销售、使用,或者将必须经商检机构检验的出口商品未报经检验合格而擅自出口,情节严重的,处三年以下有期徒刑或者拘役,并处或者单处罚金。”

《刑法》第231条规定:“单位犯本节第二百二十一条至第二百三十条规定之罪的,对单位判处罚金,并对其直接负责的主管人员和其他直接责任人员,依照本节各该条的规定处罚。”

②2010年5月7日最高人民检察院、公安部《关于公安机关管辖的刑事案件立案追诉标准的规定(二)》第83条规定:“违反进出口商品检验法的规定,逃避商品检验,将必须经商检机构检验的进口商品未报经检验而擅自销售、使用,或者将必须经商检机构检验的出口商品未报经检验合格而擅自出口,涉嫌下列情形之一的,应予立案追诉:(一)给国家、单位或者个人造成直接经济损失数额在五十万元以上的;(二)逃避商检的进出口货物货值金额在三百万元以上的;(三)导致病疫流行、灾害事故的;(四)多次逃避商检的;(五)引起国际经济贸易纠纷,严重影响国家对外贸易关系,或者严重损害国家声誉的;(六)其他情节严重的情形。”

(3)构成要件

第一,本罪侵犯的客体是国家对进出口商品检验的管理制度。

第二,客观方面表现为违反《进出口商品检验法》的规定,逃避商品检验,将必须经过商检机构检验的进口商品没有报经检验而擅自销售、使用,或者将必须经过商检机构检验的出口商品未报经检验合格而擅自出口,情节严重的行为。

第三,本罪的主体是特殊主体,即必须是进口商品的收货人或者是出口商品的发货人。本罪的主体既可以是个人,也可以是法人或者其他经济组织。

第四,主观方面是故意,其目的是逃避进出口商品的检验。

(4)罪名界定

第一,认定本罪应当注意以下两点:

一是逃避进出口商品检验,只有情节严重的才以犯罪论处。根据2010年5月7日最高人民检察院、公安部《关于公安机关管辖的刑事案件立案追诉标准的规定(二)》第83条的规定,违反《进出口商品检验法》的规定,逃避商品检验,将必须经商检机构检验的进口商品未报经检验而擅自销售、使用,或者将必须经商检机构检验的出口商品未报经检验合格而擅自出口,涉嫌下列情形之一的,应予立案追诉:①给国家、单位或者个人造成直接经济损失数额在50万元以上的;②逃避商检的进出口货物货值金额在300万元以上的;③导致病疫流行、灾害事故的;④多次逃避商检的;⑤引起国际经济贸易纠纷,严重影响国家对外贸易关系,或者严重损害国家声誉的;⑥其他情节严重的情形。

二是本罪的成立,要求必须是对应该经过商检机构检验的进出口商品而逃避检验。根据《进出口商品检验法》以及其他有关法律规定,应检进出口商品的范围包括:①列入《商检机构实施检验的进出口商品种类表》的进出口商品;②进出口食品;③出入境动植物、动植物产品和其他检疫物等;④进口药品;⑤进口计量器具;⑥进出口锅炉压力容器;⑦其他必须检验的进出口货物。逃避非上述商品的检验,不构成犯罪。

第二,本罪与商检失职罪的区别是:一是在主体上,本罪是对进出口商品负有报检责任,但是逃避检验,单位也可以构成本罪;而商检失职罪的主体是国家商检部门、商检机构的工作人员,其他单位不能成为其主体。二是在主观方面,本罪是出于故意;而商检失职罪则是过失。三是在客观方面,本罪是对应检进出口商品逃避商检机关、部门的检验;而商检失职罪是有商检职责而严重不负责任,应当检验而不检验,延误出证,错误出证。

(5)量刑幅度

根据《刑法》第230条和第231条的规定,对情节严重的,处3年以下有期徒刑或者拘役,并处或者单处罚金。单位犯本罪的,对单位判处罚金,并且对其直接负责的主管人员和其他直接责任人员,依照上述规定处罚。

四 侵犯公民人身权利、民主权利罪

侵犯公民人身权利、民主权利罪,实际上包括两方面犯罪:一是侵犯公民人身权利罪;二是侵犯公民民主权利罪。对这一类犯罪,《刑法》总则中的许多规定,除法律另有特殊规定以外,都适用,如自首和立功问题、刑事附带民事赔偿问题等。2003 年 12 月 26 日最高人民法院《关于审理人身损害赔偿案件适用法律若干问题的解释》,本书在第一部分“刑法概述”中的“8. 刑事附带民事诉讼”中已有详细介绍,在本章中介绍的各罪不再重复介绍。

现将这类犯罪介绍如下。

1. 故意杀人罪(第 232 条)

(1)罪名概念

故意杀人罪,是指故意非法剥夺他人生命的行为。

(2)法律规定

①本罪名是由《刑法》第 232 条规定的。该条规定:“故意杀人的,处死刑、无期徒刑或者十年以上有期徒刑;情节较轻的,处三年以上十年以下有期徒刑。”

《刑法》第 289 条规定:“聚众‘打砸抢’,致人伤残、死亡的,依照本法第二百三十四条、第二百三十二条的规定定罪处罚。毁坏或者抢走公私财物的,除判令退赔外,对首要分子,依照本法第二百六十三条的规定定罪处罚。”

《刑法》第 292 条规定:“聚众斗殴的,对首要分子和其他积极参加的,处三年以下有期徒刑、拘役或者管制;有下列情形之一的,对首要分子和其他积极参加的,处三年以上十年以下有期徒刑:(一)多次聚众斗殴的;(二)聚众斗殴人数多,规模大,社会影响恶劣的;(三)在公共场所或者交通要道聚众斗殴,造成社会秩序严重混乱的;(四)持械聚众斗殴的。

聚众斗殴,致人重伤、死亡的,依照本法第二百三十四条、第二百三十二条的规定定罪处罚。”

《刑法》第 56 条规定:“对于故意杀人、强奸、放火、爆炸、投毒、抢劫等严重破坏社会秩序的犯罪分子,可以附加剥夺政治权利。”

《刑法》第 57 条规定:“对于被判处死刑、无期徒刑的犯罪分子,应当剥夺政治权利终身。”

《刑法》第 72 条规定:“对于被判处拘役、三年以下有期徒刑的犯罪分子,同时符合下列条件的,可以宣告缓刑,对其中不满十八周岁的人、怀孕的妇女和已满七十五周岁的人,应当宣告缓刑:

(一)犯罪情节较轻;

(二)有悔罪表现;

(三)没有再犯罪的危险;

(四)宣告缓刑对所居住社区没有重大不良影响。

宣告缓刑,可以根据犯罪情况,同时禁止犯罪分子在缓刑考验期限内从事特定活动,进入特定区域、场所,接触特定的人。

被宣告缓刑的犯罪分子，如果被判处附加刑，附加刑仍须执行。”

《刑法》第36条第1款规定：“由于犯罪行为而使被害人遭受经济损失的，对犯罪分子除依法给予刑事处罚外，并应根据情况判处赔偿经济损失。”

②2003年5月14日最高人民法院、最高人民检察院《关于办理妨害预防、控制突发传染病疫情等灾害的刑事案件具体应用法律若干问题的解释》第9条规定：“在预防、控制突发传染病疫情等灾害期间，聚众‘打砸抢’，致人伤残、死亡的，依照刑法第二百八十九条、第二百三十四条、第二百三十二条的规定，以故意伤害罪或者故意杀人罪定罪，依法从重处罚。对毁坏或者抢走公私财物的首要分子，依照刑法第二百八十九条、第二百六十三条的规定，以抢劫罪定罪，依法从重处罚。”

③2000年11月15日最高人民法院《关于审理交通肇事刑事案件具体应用法律若干问题的解释》相关内容如下：

“第五条　‘因逃逸致人死亡’，是指行为人在交通肇事后为逃避法律追究而逃跑，致使被害人因得不到救助而死亡的情形。

交通肇事后，单位主管人员、机动车辆所有人、承包人或者乘车人指使肇事人逃逸，致使被害人因得不到救助而死亡的，以交通肇事罪的共犯论处。

第六条　行为人在交通肇事后为逃避法律追究，将被害人带离事故现场后隐藏或者遗弃，致使被害人无法得到救助而死亡或者严重残疾的，应当分别依照刑法第二百三十二条、第二百三十四条第二款的规定，以故意杀人罪或者故意伤害罪定罪处罚。”

④2002年11月5日最高人民法院《关于审理偷税抗税刑事案件具体应用法律若干问题的解释》第6条规定：“实施抗税行为致人重伤、死亡，构成故意伤害罪、故意杀人罪的，分别依照刑法第二百三十四条第二款、第二百三十二条的规定定罪处罚。”

⑤1997年12月31日最高人民法院《关于对故意伤害、盗窃等严重破坏社会秩序的犯罪分子能否附加剥夺政治权利问题的批复》规定：“根据刑法第五十六条规定，对于故意杀人、强奸、放火、爆炸、投毒、抢劫等严重破坏社会秩序的犯罪分子，可以附加剥夺政治权利。对故意伤害、盗窃等其他严重破坏社会秩序的犯罪，犯罪分子主观恶性较深、犯罪情节恶劣、罪行严重的，也可以依法附加剥夺政治权利。”

⑥2003年12月26日最高人民法院《关于审理人身损害赔偿案件适用法律若干问题的解释》，本书在第一部分“刑法概述”中的“8.刑事附带民事诉讼”中已有，此处不再重复介绍。

⑦1999年10月27日最高人民法院印发的《全国法院维护农村稳定刑事审判工作座谈会纪要》指出：“对故意杀人犯罪是否判处死刑，不仅要看是否造成了被害人死亡后果，还要综合考虑案件的全部情况。对于因婚姻家庭、邻里纠纷等民间矛盾激化引发的故意杀人犯罪，适用死刑一定要十分慎重，应当与发生在社会上的严重危害社会治安的其他故意杀人犯罪案件有所区别。对于被害人一方有明显过错或对矛盾激化负有直接责任，或者被告人有法定从轻情节的，一般不应判处死刑立即执行。”

⑧2015年12月14日最高人民法院、最高人民检察院《关于办理危害生产安全刑事案件适用法律若干问题的解释》第10条规定：“在安全事故发生后，直接负责的主管人员和其他直接责任人员故意阻挠开展抢救，导致人员死亡或者重伤，或者为了逃避法律追究，对被害人进行隐藏、遗弃，致使被害人因无法得到救助而死亡或者重度残疾的，分别依照刑法第二百三十二条、第二百三十四条的规定，以故意杀人罪或者故意伤害罪定罪处罚。”

(3)构成要件

第一，本罪侵犯的客体是他人的生命权利。这是区别于其他犯罪的根本点，也是故意杀人罪的根本特征。

第二，客观方面表现为行为人具有非法剥夺他人生命的行为。

第三，犯罪主体，是一般主体。根据《刑法》第17条第2款的规定，已满14周岁不满16周岁的人犯故意杀人罪的，也应负刑事责任。

第四，主观方面是故意，即具有杀人的故意。这种故意包括直接故意，如将被害人头颅割下，致其死亡；也包括间接故意，如用匕首向被害人腹部猛刺一刀，至于被害人是死是活，他持放任态度。

（4）罪名界定

第一，故意杀人罪与过失致人死亡罪有相同点，都出现了致人死亡的后果（故意杀人未遂的除外），但二者也有以下几点明显的不同：一是主观方面不同。一个是故意，另一个是过失。二是故意杀人罪有未遂状态，而过失致人死亡罪不存在未遂问题。三是间接故意造成被害人死亡的故意杀人，与过于自信造成被害人死亡的过失致人死亡罪难以区别。二者的关键不同点在于主观心态不同。前者，对被害人死亡的后果，持放任、听之任之的心理。而后者，对被害人死亡的后果，轻信能够避免，不至于发生。

第二，故意杀人罪与故意伤害罪致人死亡的有相同点，都出现了致人死亡的后果（故意杀人未遂的除外），但二者存在不同点：故意杀人，分为直接故意和间接故意两种。直接故意杀人，目的很明确，就是要通过割下被害人头颅、刺破心脏等方法，将其杀死。而间接故意杀人，就是对被害人的死亡结果，持放任态度。而故意伤害罪致人死亡的，对死亡的结果，既不是希望发生，也不是听之任之，而是仅仅为了伤害被害人身体。被害人死亡结果的发生，是过失甚至是意想不到的。比如，被告人用匕首刺被害人腿部，因刺破动脉血管，使被害人死亡。由于腿部不属于人身中的要害部位，被害人的死亡是行为人不希望的，或者是意料之外的。因此，区别故意杀人罪与故意伤害罪致人死亡的关键在于看行为人的心理状态。对被害人死亡的后果持听之任之的放任态度，是故意杀人；对被害人死亡的后果不希望发生，而这种结果的发生是意外，其本意只是想伤害被害人，则是故意伤害。

在司法实践中，对无故寻衅，动辄用刀捅人的案件，尽管行为人的主观故意内容不明显，但不计后果，一般按实际造成的结果定罪。即被害人已经死亡的，按间接故意杀人罪论处；被害人没有死亡的，则按故意伤害罪论处。如果间接故意杀人与故意伤害致人死亡的界限确实难以分清，应按处理疑难案件“就低不就高”的原则，可按故意伤害罪论处。

第三，要把故意杀人罪与产生被害人死亡结果的危害公共安全罪区分开。在危害公共安全这类犯罪中，有些犯罪，如放火、爆炸、决水等，都可致人死亡。但这些犯罪与故意杀人罪有明显的不同点：

一是侵犯的客体不同。危害公共安全这类犯罪，侵害的是不特定的、多数人的生命和财产安全；而故意杀人罪，它只侵犯特定人员的生命。如放火罪，可能烧死一定场所内的许多人；而故意杀人罪，只能剥夺特定的、被告人所要杀死的那个人或几个人的生命。

二是客观方面表现不同。危害公共安全这类犯罪，在客观方面，表现为放火、爆炸、决水、投毒等足以危害公共安全的行为；而故意杀人罪，在客观方面所表现的行为不危害公共安全。

（5）量刑幅度

《刑法》第232条规定：“故意杀人的，处死刑、无期徒刑或者十年以上有期徒刑；情节较轻的，处三年以上十年以下有期徒刑。”

这里的“情节较轻”，通常是指防卫过当杀人、出于义愤或类似大义灭亲杀人，还有反抗迫害或羞辱杀人、应被害人请求而帮助其自杀的杀人，以及杀人的预备、中止等。

2. 过失致人死亡罪(第233条)

(1)罪名概念

过失致人死亡罪,是指由于过失而剥夺了他人生命的行为。

(2)法律规定

①本罪名是由《刑法》第233条规定的。该条规定:“过失致人死亡的,处三年以上七年以下有期徒刑;情节较轻的,处三年以下有期徒刑。本法另有规定的,依照规定。”

②2000年11月15日最高人民法院《关于审理交通肇事刑事案件具体应用法律若干问题的解释》第8条规定:“在实行公共交通管理的范围内发生重大交通事故的,依照刑法第一百三十三条和本解释的有关规定办理。

在公共交通管理的范围外,驾驶机动车辆或者使用其他交通工具致人伤亡或者致使公共财产或者他人财产遭受重大损失,构成犯罪的,分别依照刑法第一百三十四条、第一百三十五条、第二百三十三条等规定定罪处罚。”

③2003年12月26日最高人民法院《关于审理人身损害赔偿案件适用法律若干问题的解释》,本书在第一部分“刑法概述”中的“8. 刑事附带民事诉讼”中已有,此处不再重复介绍。

④1988年10月19日中国人民解放军军事法院《关于审理军人违反职责罪案件中几个具体问题的处理意见》第1条关于军职人员玩弄枪支、弹药走火或者爆炸,致人重伤、死亡或者造成其他严重后果的案件,是否一概以武器装备肇事罪论处的问题的规定:“军职人员在执勤、训练、作战时使用、操作武器装备,或者在管理、维修、保养武器装备的过程中,违反武器装备使用规定和操作规程,情节严重,因而发生重大责任事故,致人重伤、死亡或者造成其他严重后果的,依照《条例》第三条的规定,以武器装备肇事罪论处;凡违反枪支、弹药管理使用规定,私自携带枪支、弹药外出,因玩弄而造成走火或者爆炸,致人重伤、死亡或者使公私财产遭受重大损失的,分别依照刑法第一百三十五条、第一百三十三条、第一百零六条的规定,以过失重伤罪、过失杀人罪或者过失爆炸罪论处。”

(3)构成要件

第一,本罪侵犯的客体是他人的生命权利。

第二,在客观方面,行为人具有致人死亡的行为,并且实际上已经造成他人死亡的后果。这一后果,与行为人的过失有因果关系。

第三,犯罪主体是一般主体,即达到刑事责任年龄,具有刑事责任能力的自然人。

第四,主观方面是过失。它包括以下两种情况:一种是疏忽大意的过失。疏忽大意的过失致人死亡,是指行为人对死亡结果的发生应该预见,但由于疏忽大意而没有预见到,结果导致他人死亡后果的发生。另一种是过于自信的过失。过于自信的过失致人死亡,是指行为人已经预见其行为可能会造成他人死亡的后果,但轻信能够避免,实施行为后,这种后果并没有避免,结果造成了他人的死亡。主观方面的过失,是区别于故意杀人罪的根本点。

(4)罪名界定

要注意把间接故意杀人、故意伤害致人死亡和过失致人死亡三种犯罪区分开:

故意杀人罪中的间接故意杀人,行为人的主观方面是:明知自己的行为可能造成他人死亡的后果,对这种后果采取听之任之的放任态度,置被害人死活于不顾。

故意伤害罪中致人死亡的,行为人的主观方面是:虽然没有杀人的故意,但有伤害的故意。被害人的死亡,是由他故意伤害之外的原因造成的。例如,行为人本想用刀刺伤被害人的大腿,但十分凑巧,一刀刺破被害人的动脉血管,使其流血过多而死亡。

过失致人死亡的，行为人的主观方面，既没有杀人的故意，也没有伤害的故意。被害人的死亡，是由于行为人疏忽大意没预见到，或者是虽然预见到了，但过于自信可能避免，而没有采取有效措施，导致被害人死亡后果的发生。不同的主观方面，是区别这三种犯罪的根本点。

(5)量刑幅度

《刑法》第 233 条规定："过失致人死亡的，处三年以上七年以下有期徒刑；情节较轻的，处三年以下有期徒刑。本法另有规定的，依照规定。"

这里所说的"本法另有规定的"，是指对其他过失致人死亡的犯罪而言。例如，失火罪、交通肇事罪等，都可致人死亡，但这些犯罪因为刑法另有规定，所以不定本罪，而应根据刑法关于该种犯罪的专门规定进行处罚。

3. 故意伤害罪(第 234 条)

(1)罪名概念

故意伤害罪，是指故意伤害他人身体的行为。

(2)法律规定

①本罪名是由《刑法》第 234 条规定的。该条规定："故意伤害他人身体的，处三年以下有期徒刑、拘役或者管制。

犯前款罪，致人重伤的，处三年以上十年以下有期徒刑；致人死亡或者以特别残忍手段致人重伤造成严重残疾的，处十年以上有期徒刑、无期徒刑或者死刑。本法另有规定的，依照规定。"

《刑法》第 289 条规定："聚众'打砸抢'，致人伤残、死亡的，依照本法第二百三十四条、第二百三十二条的规定定罪处罚。毁坏或者抢走公私财物的，除判令退赔外，对首要分子，依照本法第二百六十三条的规定定罪处罚。"

《刑法》第 292 条规定，"聚众斗殴的，对首要分子和其他积极参加的，处三年以下有期徒刑、拘役或者管制；有下列情形之一的，对首要分子和其他积极参加的，处三年以上十年以下有期徒刑：(一)多次聚众斗殴的；(二)聚众斗殴人数多，规模大，社会影响恶劣的；(三)在公共场所或者交通要道聚众斗殴，造成社会秩序严重混乱的；(四)持械聚众斗殴的。

聚众斗殴，致人重伤、死亡的，依照本法第二百三十四条、第二百三十二条的规定定罪处罚。"

《刑法》第 333 条规定："非法组织他人出卖血液的，处五年以下有期徒刑，并处罚金；以暴力、威胁方法强迫他人出卖血液的，处五年以上十年以下有期徒刑，并处罚金。

有前款行为，对他人造成伤害的，依照本法第二百三十四条的规定定罪处罚。"

②2003 年 5 月 14 日最高人民法院、最高人民检察院《关于办理妨害预防、控制突发传染病疫情等灾害的刑事案件具体应用法律若干问题的解释》第 9 条规定："在预防、控制突发传染病疫情等灾害期间，聚众'打砸抢'，致人伤残、死亡的，依照刑法第二百八十九条、第二百三十四条、第二百三十二条的规定，以故意伤害罪或者故意杀人罪定罪，依法从重处罚。对毁坏或者抢走公私财物的首要分子，依照刑法第二百八十九条、第二百六十三条的规定，以抢劫罪定罪，依法从重处罚。"

③2000 年 11 月 15 日最高人民法院《关于审理交通肇事刑事案件具体应用法律若干问题的解释》相关内容如下：

"第五条　'因逃逸致人死亡'，是指行为人在交通肇事后为逃避法律追究而逃跑，致使被害人因得不到救助而死亡的情形。

交通肇事后，单位主管人员、机动车辆所有人、承包人或者乘车人指使肇事人逃逸，致使被害人因得不到救助而死亡的，以交通肇事罪的共犯论处。

第六条　行为人在交通肇事后为逃避法律追究，将被害人带离事故现场后隐藏或者遗弃，致使被害人无法得到救助而死亡或者严重残疾的，应当分别依照刑法第二百三十二条、第二百三十四条第二款的规定，以故意杀人罪或者故意伤害罪定罪处罚。”

④2002年11月5日最高人民法院《关于审理偷税抗税刑事案件具体应用法律若干问题的解释》第6条规定：“实施抗税行为致人重伤、死亡，构成故意伤害罪、故意杀人罪的，分别依照刑法第二百三十四条第二款、第二百三十二条的规定定罪处罚。”

⑤2013年8月30日最高人民法院、最高人民检察院、公安部、国家安全部、司法部发布的《人体损伤程度鉴定标准》。

⑥1997年12月31日最高人民法院《关于对故意伤害、盗窃等严重破坏社会秩序的犯罪分子能否附加剥夺政治权利问题的批复》规定：“根据刑法第五十六条规定，对于故意杀人、强奸、放火、爆炸、投毒、抢劫等严重破坏社会秩序的犯罪分子，可以附加剥夺政治权利。对故意伤害、盗窃等其他严重破坏社会秩序的犯罪，犯罪分子主观恶性较深、犯罪情节恶劣、罪行严重的，也可以依法附加剥夺政治权利。”

⑦2003年12月26日最高人民法院《关于审理人身损害赔偿案件适用法律若干问题的解释》，本书在第一部分“刑法概述”中的“8.刑事附带民事诉讼”中已有详细介绍，此处不再重复。

⑧2015年12月14日最高人民法院、最高人民检察院《关于办理危害生产安全刑事案件适用法律若干问题的解释》第10条规定：“在安全事故发生后，直接负责的主管人员和其他直接责任人员故意阻挠开展抢救，导致人员死亡或者重伤，或者为了逃避法律追究，对被害人进行隐藏、遗弃，致使被害人因无法得到救助而死亡或者重度残疾的，分别依照刑法第二百三十二条、第二百三十四条的规定，以故意杀人罪或者故意伤害罪定罪处罚。”

(3)构成要件

第一，本罪侵犯的客体是他人的身体健康权。

第二，客观方面表现为实施了侵害他人身体健康的行为。但需要注意，伤害的必须是他人的身体健康，自伤身体的，不构成故意伤害罪。战时负有参战义务的人自伤身体以逃避服役的不构成本罪，但可以构成别的犯罪。合法行为及法律所允许的正当防卫、医生治疗病人为病人截肢等，不构成犯罪。

第三，本罪的主体是一般主体。

第四，主观方面是故意。

(4)罪名界定

第一，要划清轻伤与重伤的界限。在实践中，如何利用轻伤、重伤的标准去具体确定轻伤、重伤，在一般情况下，二者比较容易区别，因为不管是轻伤还是重伤，都有明确的规定。轻伤害，一般都根据行为人实施侵害行为时当场造成的伤情，按照人体轻伤鉴定标准来确定。重伤害，则要综合地考虑行为人侵害行为当时所造成的伤势情况、并发症、治疗结果、有无后遗症等情况，然后得出是否重伤的结论。如果被害人受伤害当时的伤情比较重，或者根据轻伤、重伤鉴定标准，只符合轻伤标准的，但被伤害后，引起一系列并发症而致人残废或者功能障碍的，再认定伤情时，要综合分析，考虑到后遗症的情况，不应当以重伤对待。特别是后遗症是因为医疗事故造成的，后遗症与医疗事故之间存在着必然的因果关系，不属于行为人实施伤害行为所致，不以重伤害论处。

第二，致人死亡的故意伤害罪与故意杀人罪有以下区别：一是侵犯的客体不同。故意杀人罪侵犯的客体是他人的生命；而故意伤害罪虽然也造成了他人死亡的后果，但侵犯的客体仍是他人的身体健康。二是主观目的不同。故意杀人罪的行为人明知自己的行为会剥夺他人的生命，但仍然积极追求这一结果发生,或者放任他人死亡的结果发生。被害人死亡的后果,是行为人追求的目标,或者是不违反行为人的本意。而致人死亡的故意伤害罪的行为人在主观上具备了双重罪过:对伤害后果而言,是故意心态;对致人死亡的后果而言,是过失心态。由此可见,行为人主观上只是具备伤害他人身体的目的,不想剥夺他人生命。三是犯罪手段不同。从打击的部位来看,故意杀人罪的行为人实施行为的部位是人体的要害地方,如胸部、腹部、头颈部等。而故意伤害罪的行为人实施侵害行为的部位则是非致命的地方,如腿部、手部等。从行为节制上来看,故意杀人罪实施杀人时,有一种不达目的不罢休、不杀死他人不放手的趋势;而故意伤害罪的主观方面,是使他人受到伤害为目的,一旦伤及他人,就放手停止侵害。从行为人的事后态度方面看,故意杀人罪在杀人后,一般脱离现场,对被害者不闻不问;而故意伤害罪,一般对被伤害人表现出一定的积极反应,如送往医院抢救,担心被害人死亡等。

另外,在区分故意伤害罪与故意杀人罪的界限时,还要认真考虑案件的起因、行为人与被害人的关系、犯罪的手段、使用的工具、打击的部位及强度、犯罪人犯罪前后的表现和态度等,这些情况在一定程度上反映了行为人的主观心理状态。

第三,过失致人死亡罪与致人死亡的故意伤害罪有以下区别:一是侵犯的客体不同。故意伤害罪侵犯的客体是他人的健康及生命;而过失致人死亡罪侵犯的客体是他人的生命。二是主观内容不同。故意伤害罪(致人伤亡)在主观上有故意伤害的故意。行为人明知自己的行为会给对方造成伤害,仍然希望或者放任伤害结果的出现。对于被害人死亡的结果,行为人则出于过失;而过失致人死亡罪的行为人在主观上没有任何故意,仅对他人伤亡的结果是疏忽大意或者过于自信的心理状态。三是他人死亡的结果在定罪量刑中的作用不同。故意伤害致人死亡,他人死亡的结果是定罪量刑的加重情节;而过失致人死亡的致人死亡,是认定过失致人死亡罪所必备的条件。

第四,故意伤害罪与过失致人重伤罪的区别是:一是主观心理态度不同。过失致人重伤罪的主观方面出于过失,行为人因为疏忽大意或者过于自信才致人重伤;而故意伤害的主观方面出于故意,包括直接故意与间接故意两种。二是在客观方面对构成犯罪所要求的后果不同。过失致人重伤罪,只有致人重伤结果出现,才能构成犯罪;而故意伤害罪在客观上则包括轻伤与重伤两个后果,具备任何一个,都可以构成犯罪。

(5)量刑幅度

根据《刑法》第 234 条的规定,对犯本罪的处罚分以下 3 个档次:

一是犯本罪的,处 3 年以下有期徒刑、拘役或者管制。

二是致人重伤的,处 3 年以上 10 年以下有期徒刑。

三是致人死亡或者以特别残忍手段,致人重伤造成严重残疾的,判处 10 年以上有期徒刑、无期徒刑或者死刑。

对于《刑法》另有规定的,依照规定处罚。

2017 年 3 月 9 日最高人民法院《关于常见犯罪的量刑指导意见》对故意伤害罪的量刑提出以下具体意见:

①构成故意伤害罪的,可以根据下列不同情形在相应的幅度内确定量刑起点:

A. 故意伤害致一人轻伤的,可以在 2 年以下有期徒刑、拘役幅度内确定量刑起点。

B. 故意伤害致一人重伤的,可以在 3 年至 5 年有期徒刑幅度内确定量刑起点。

C. 以特别残忍手段故意伤害致一人重伤,造成六级严重残疾的,可以在 10 年至 13 年有期徒刑幅度内确定量刑起点。依法应当判处无期徒刑以上刑罚的除外。

②在量刑起点的基础上,可以根据伤害后果、伤残等级、手段残忍程度等其他影响犯罪构成

的犯罪事实增加刑罚量,确定基准刑。

故意伤害致人轻伤的,伤残程度可在确定量刑起点时考虑,或者作为调节基准刑的量刑情节。

另外,根据《刑法》第 36 条第 1 款的规定,如果是由于犯罪行为使被害人遭受了经济损失,对犯罪分子除了依法给予刑事处罚外,并应根据情况,判处赔偿经济损失。

4. 组织出卖人体器官罪(第 234 条之一)

(1)罪名概念

组织出卖人体器官罪,是指组织他人出卖人体器官的行为。

(2)法律规定

①本罪名是由《刑法》第 234 条之一规定的。该条规定:"组织他人出卖人体器官的,处五年以下有期徒刑,并处罚金;情节严重的,处五年以上有期徒刑,并处罚金或者没收财产。

未经本人同意摘取其器官,或者摘取不满十八周岁的人的器官,或者强迫、欺骗他人捐献器官的,依照本法第二百三十四条、第二百三十二条的规定定罪处罚。

违背本人生前意愿摘取其尸体器官,或者本人生前未表示同意,违反国家规定,违背其近亲属意愿摘取其尸体器官的,依照本法第三百零二条的规定定罪处罚。"

②2003 年 12 月 26 日最高人民法院《关于审理人身损害赔偿案件适用法律若干问题的解释》,本书在第一部分"刑法概述"中的"8. 刑事附带民事诉讼"中已有详细介绍,此处不再重复。

(3)构成要件

第一,本罪侵犯的客体是他人的身体健康权。

第二,客观方面表现为组织他人出卖人体器官的行为。本罪是行为犯,构成犯罪,在客观上不以损害结果的发生为条件。

第三,本罪的主体是一般主体。

第四,主观方面是故意。

(4)罪名界定

第一,关于对非法摘取、骗取他人器官的认定。捐献器官要绝对尊重捐献者的自主决定权,这种绝对的权利包含捐献者知情同意权、拒绝权、临时放弃权等。

《刑法》第 234 条之一第 2 款规定的"未经本人同意摘取其器官",此处的"本人"应当是完全行为能力人。对于限制行为能力人,在其精神状态正常情况下所作出的决定应当予以尊重。未成年人、无行为能力人、精神非正常时的限制行为能力人本人和其监护人、法定代理人均无权作出处分自身的决定。

《刑法》第 234 条之一第 2 款规定的"强迫、欺骗他人捐献器官",这里的强迫,一般是以暴力、胁迫、威胁等方法,使被害人处于不能反抗或者丧失反抗能力的状态,然后摘取其器官的行为。

一般认为,人体的器官分两种:一种是常规器官,摘除对人体不会造成生命威胁,如一侧的肾脏。另一种是生命器官,摘除就会危及生命,如摘取心脏等。如果行为人明知自己摘取他人器官的行为必然导致被害人的死亡,并且积极主动地实施了摘取器官的行为,客观上造成了被害人因器官的缺失而死亡,则行为人的行为符合故意杀人罪的构成要件。根据法律规定,应该以故意杀人罪处罚。

第二,关于对"非法摘取尸体器官"的认定。《刑法》规定的"非法摘取尸体器官",是指有的医疗机构、医师或其他人未经死者生前同意,或者死者死后未经其家属同意,擅自摘取尸体器官的行为。非法摘取尸体器官不仅违反了社会公德、社会伦理，也危害到社会公共秩序的稳定。因此《刑法》第 234 条之一第 3 款规定，“违背本人生前意愿摘取其尸体器官，或者本人生前未表示同意，违反国家规定，违背其近亲属意愿摘取其尸体器官的，依照本法第三百零二条的规定定罪处罚”。即依照盗窃、侮辱尸体罪进行定罪处罚。

第三，要划清本罪与故意伤害罪的界限。组织出卖人体器官者往往以给器官捐献者支付报酬为诱饵，拉拢他人进行器官的出卖。这种出卖行为应当是基于受害人本人的同意，即受害人能够意识到其行为是出卖器官，并且能够认识到出卖器官对身体造成的影响。如果受害人没有上述意识，则组织者侵犯了受害人的意思自由，违背了受害人捐献器官的自主选择意识，此种情况下组织者的行为已经超出了“组织”的范畴，已经对受害人的身体健康权造成威胁，应当依照该条第 2 款的规定按照故意伤害罪处理。

(5) 量刑幅度

根据《刑法》第 234 条之一的规定，对犯本罪的处罚分以下 4 个档次：

一是构成犯罪的，处 5 年以下有期徒刑，并处罚金。

二是情节严重的，处 5 年以上有期徒刑，并处罚金或者没收财产。

三是对于未经本人同意摘取其器官，或者摘取不满 18 周岁的人的器官，或者强迫、欺骗他人捐献器官的，依照《刑法》第 234 条、第 232 条规定的故意伤害、故意杀人罪定罪处罚。

四是违背本人生前意愿摘取其尸体器官，或者本人生前未表示同意，违反国家规定，违背其近亲属意愿摘取其尸体器官的，依照《刑法》第 302 条规定的盗窃、侮辱尸体罪定罪处罚。

5. 过失致人重伤罪(第 235 条)

(1) 罪名概念

过失致人重伤罪，是指行为人过失造成他人身体重伤的行为。

(2) 法律规定

①本罪名是由《刑法》第 235 条规定的。该条规定：“过失伤害他人致人重伤的，处三年以下有期徒刑或者拘役。本法另有规定的，依照规定。”

②2003 年 12 月 26 日最高人民法院《关于审理人身损害赔偿案件适用法律若干问题的解释》，本书在第一部分“刑法概述”中的“8. 刑事附带民事诉讼”中已有详细介绍，此处不再重复。

③1988 年 10 月 19 日中国人民解放军军事法院《关于审理军人违反职责罪案件中几个具体问题的处理意见》第 1 条关于军职人员玩弄枪支、弹药走火或者爆炸，致人重伤、死亡或者造成其他严重后果的案件，是否一概以武器装备肇事罪论处的问题的规定：“军职人员在执勤、训练、作战时使用、操作武器装备，或者在管理、维修、保养武器装备的过程中，违反武器装备使用规定和操作规程，情节严重，因而发生重大责任事故，致人重伤、死亡或者造成其他严重后果的，依照《条例》第三条的规定，以武器装备肇事罪论处；凡违反枪支、弹药管理使用规定，私自携带枪支、弹药外出，因玩弄而造成走火或者爆炸，致人重伤、死亡或者使公私财产遭受重大损失的，分别依照刑法第一百三十五条、第一百三十三条、第一百零六条的规定，以过失重伤罪、过失杀人罪或者过失爆炸罪论处。”

(3) 构成要件

第一，本罪侵犯的客体是公民的身体健康权利。

第二，在客观方面，行为人必须实施了伤害他人身体的行为，并且严重损害了他人的身体健康。关于伤害程度的认定标准，应当参照《刑法》第 95 条和最高人民法院、最高人民检察院、公安部、司法部发布的《人体重伤鉴定标准》《人体轻伤鉴定标准(试行)》来具体确定。另外，构成本罪,还需要行为人实施的过失行为和他人身体健康严重受损这一后果存在因果关系。

第三,本罪的主体是一般主体,即年满 16 周岁具有刑事责任能力的自然人均可构成本罪主体。

第四,主观方面,表现为行为人对造成他人重伤这一后果存在着过失,既可以是疏忽大意的过失,也可以是过于自信的过失。

(4)罪名界定

第一,本罪与故意伤害罪的区别是:一是主观心理态度不同。本罪行为人的心理状态是过失;而故意伤害罪的行为人心理状态是故意。二是对伤害后果的要求不同。本罪以造成他人重伤为必要条件;而故意伤害罪,即使没有重伤的后果,致人轻伤也构成犯罪。

第二,本罪与《刑法》分则其他条文规定的过失引起他人重伤的犯罪不同。在《刑法》中,除了规定过失致人重伤罪以外,还有一些犯罪也包括过失引起他人重伤的情节。例如,交通肇事罪、过失爆炸罪等。区别过失致人重伤罪和这些犯罪的关键就在于认清各自侵犯的主要客体不同,应当遵循特别法优于普通法的原则来解决法条竞合问题。

(5)量刑幅度

根据《刑法》第 235 条的规定,犯本罪的,处 3 年以下有期徒刑或者拘役。

根据《刑法》第 36 条第 1 款的规定,如果是由于犯罪分子的犯罪行为使被害人遭受经济损失了,对犯罪分子除了依法给予刑事处罚外,并应当根据情况,判处赔偿经济损失。

6. 强奸罪(第 236 条)

(1)罪名概念

强奸罪,是指以暴力、胁迫或者其他手段,违背妇女意志,强行与之性交,或者奸淫、嫖宿不满 14 周岁幼女的行为。

根据 2002 年 3 月 15 日最高人民法院、最高人民检察院《关于执行〈中华人民共和国刑法〉确定罪名的补充规定》和《刑法修正案(九)》之规定,取消了奸淫幼女罪和嫖宿幼女罪的罪名,将其归入强奸罪中。

(2)法律规定

①本罪名是由《刑法》第 236 条规定的。该条规定:“以暴力、胁迫或者其他手段强奸妇女的,处三年以上十年以下有期徒刑。

奸淫不满十四周岁的幼女的,以强奸论,从重处罚。

强奸妇女、奸淫幼女,有下列情形之一的,处十年以上有期徒刑、无期徒刑或者死刑:

(一)强奸妇女、奸淫幼女情节恶劣的;

(二)强奸妇女、奸淫幼女多人的;

(三)在公共场所当众强奸妇女、奸淫幼女的;

(四)二人以上轮奸的;

(五)奸淫不满十周岁的幼女或者造成幼女伤害的;

(六)致使被害人重伤、死亡或者造成其他严重后果的。”

②2006 年 1 月 11 日最高人民法院《关于审理未成年人刑事案件具体应用法律若干问题的解释》第 6 条规定:“已满十四周岁不满十六周岁的人偶尔与幼女发生性行为,情节轻微、未造成严重后果的,不认为是犯罪。”

③1997 年 12 月 31 日最高人民法院《关于对故意伤害、盗窃等严重破坏社会秩序的犯罪分子能否附加剥夺政治权利问题的批复》规定:“根据刑法第五十六条规定,对于故意杀人、强奸、放

火、爆炸、投毒、抢劫等严重破坏社会秩序的犯罪分子,可以附加剥夺政治权利。对故意伤害、盗窃等其他严重破坏社会秩序的犯罪,犯罪分子主观恶性较深、犯罪情节恶劣、罪行严重的,也可以依法附加剥夺政治权利。”

④2003 年 12 月 26 日最高人民法院《关于审理人身损害赔偿案件适用法律若干问题的解释》,本书在第一部分“刑法概述”中的“8. 刑事附带民事诉讼”中已有详细介绍,此处不再重复。

(3)构成要件

第一,本罪侵犯的客体是妇女、少女、幼女性的不可侵犯权利。强奸罪侵犯的对象,是妇女、少女、幼女。

第二,客观方面表现为违背妇女意志,以暴力、胁迫或者其他方法,强行与之发生性行为,或者奸淫幼女的行为。

第三,本罪的主体,在通常情况下,是年满 14 周岁具有刑事责任能力的男子,妇女不能独立构成强奸罪。但在共同犯罪的情况下,妇女可以成为强奸罪的教唆犯或者帮助犯,对强奸罪承担共犯的刑事责任。如果妇女教唆未成年人或者精神病人实施强奸行为,则为主犯。

第四,主观方面是故意,并且具有强行奸淫或者奸淫的目的。

(4)罪名界定

第一,关于强奸罪的认定。强奸犯罪比较隐蔽,往往很少有直接证人,在这种情况下,分析判断证据十分重要。认定强奸犯罪不能由被害妇女说了算,不能她今天说是强奸就认定是强奸,明天她又说不是强奸就再改判。认定强奸罪需要注意以下问题:

强奸与通奸有本质区别,区别的关键在于男女之间发生性交是否违背妇女意志,而认定这一点,就需要对两者的平日关系、性行为发生的时间、地点等具体环境、事后妇女的态度、进行告发的动机、目的等事实和情节,进行全面综合分析。一般来说,对于男女双方多次通奸,后来由于某种原因,女方拒绝保持这种关系,男方仍然纠缠不休,并且以暴力、胁迫等手段,强行与其发生性交的,由于这时违背了女方意志,应当以强奸罪论处。如果是男方先将妇女强奸,后来双方自愿保持发生性关系,对男方原先的强奸行为不再追究。这是因为虽然先有强奸,但事后妇女自愿与其保持性关系,标明原先的强奸行为没有给妇女的身心健康带来严重损害。对于男女之间发生性行为之前,既没有违背妇女意志,又没有强迫女方就范,这是典型的通奸行为,双方从内心到外表,都是自愿,后来因为关系恶化,或者奸情暴露,为了推卸责任、嫁祸于人,女方说男方强奸,对此不能认定是强奸。还有一种情况,就是利用特定关系和职权强奸妇女,如行为人利用自己的职务或者家庭关系中对妇女的优势地位,用辞退、断绝生活来源等手段相威胁,迫使妇女忍辱屈从,显然违背妇女的意志,应当以强奸罪论处。

与女精神病患者发生性行为属于强奸犯罪。精神病人缺乏正常的意志,不能正确辨认自己的意志和行为。与这样的人发生性行为,不管其是否同意,都视为违背妇女意志,都应当以强奸论处。对此《残疾人保障法》第 52 条第 5 款作了明确规定。如果女方是间歇性精神病人,在没发病时,自愿与行为人发生性行为,不构成犯罪。对行为人与“花痴”发生性行为的,应当区别对待。“花痴”,也叫青春型精神病患者,其特点是性欲亢进,缺乏理智,主动接近、纠缠男性发生性关系。行为人明知对方是“花痴”而主动勾引,并且与其发生性关系的,应当认定为强奸,但是,如果行为人不知道其是“花痴”而又是在“花痴”主动追逐、纠缠下,与其发生性关系的,不以强奸罪论处。

第二,关于妇女能否成为强奸罪的主体问题。对这一点,1984 年 4 月 26 日最高人民法院、最高人民检察院和公安部联合作出的《关于当前办理强奸案件中具体应用法律的若干问题的解答》(现已失效)有明确说明:妇女教唆或者帮助男子实施强奸犯罪的,是共同犯罪,应当按照她在强奸犯罪活动中所起的作用,分别定为教唆犯或者从犯,依照刑法有关规定论处。也就是说,在一定条件下,妇女能够犯强奸罪。

第三,关于本罪在主观方面是否要求明知对方是幼女的问题。2003 年 1 月 8 日最高人民法院《关于行为人明知是不满 14 周岁的幼女双方自愿发生性关系是否构成强奸罪问题的批复》(现已失效)中明确规定:“行为人确实不知对方是不满 14 周岁的幼女,双方自愿发生性关系,未造成严重后果,情节显著轻微的,不认为是犯罪。”

(5)量刑幅度

根据《刑法》第 236 条的规定,对犯强奸罪的处罚,分以下 2 个档次:

一是构成本罪的,处 3 年以上 10 年以下有期徒刑;对于奸淫不满 14 周岁幼女的,从重处罚。

二是强奸妇女、奸淫幼女有下列情形之一的,处 10 年以上有期徒刑、无期徒刑或者死刑:①强奸妇女、奸淫幼女情节恶劣的;②强奸妇女、奸淫幼女多人的;③在公共场所当众强奸妇女、奸淫幼女的;④二人以上轮奸的;⑤奸淫不满十周岁的幼女或者造成幼女伤害的;⑥致被害人死亡、重伤或者造成其他严重后果的。

2017 年 3 月 9 日最高人民法院《关于常见犯罪的量刑指导意见》对强奸罪的量刑提出以下具体意见:

①构成强奸罪的,可以根据下列不同情形在相应的幅度内确定量刑起点:A. 强奸妇女一人的,可以在 3 年至 5 年有期徒刑幅度内确定量刑起点。奸淫幼女一人的,可以在 4 年至 7 年有期徒刑幅度内确定量刑起点。B. 有下列情形之一的,可以在 10 年至 13 年有期徒刑幅度内确定量刑起点:强奸妇女、奸淫幼女情节恶劣的;强奸妇女、奸淫幼女三人的;在公共场所当众强奸妇女的;二人以上轮奸妇女的;强奸致被害人重伤或者造成其他严重后果的。依法应当判处无期徒刑以上刑罚的除外。

②在量刑起点的基础上,可以根据强奸妇女、奸淫幼女情节恶劣程度、强奸人数、致人伤害后果等其他影响犯罪构成的犯罪事实增加刑罚量,确定基准刑。

强奸多人多次的,以强奸人数作为增加刑罚量的事实,强奸次数作为调节基准刑的量刑情节。

另外,根据《刑法》第 36 条第 1 款的规定,如果是由于犯罪分子的犯罪行为致使被害人遭受经济损失,对犯罪分子除了依法给予刑事处罚外,还应当根据情况,判处赔偿经济损失。

7. 负有照护职责人员性侵罪(第 236 条之一)

(1)罪名概念

负有照护职责人员性侵罪,是指对未成年女性负有监护、收养、看护、教育、医疗等特殊职责的人员,与该未成年女性发生性关系的行为。

(2)法律规定

本罪名是由《刑法》第 236 条之一规定的。该条规定:“对已满十四周岁不满十六周岁的未成年女性负有监护、收养、看护、教育、医疗等特殊职责的人员,与该未成年女性发生性关系的,处三年以下有期徒刑;情节恶劣的,处三年以上十年以下有期徒刑。

有前款行为,同时又构成本法第二百三十六条规定之罪的,依照处罚较重的规定定罪处罚。”

(3)构成要件

第一,本罪客体是未成年女性性的不可侵犯权利。犯罪对象是已满 14 周岁不满 16 周岁的少女。

第二,客观方面表现为对未成年女性负有特殊照护职责的行为人与该未成年女性发生性关系的行为。

第三，本罪的主体是特殊主体，即是对未成年女性负有监护、收养、看护、教育、医疗等特殊职责的人员。

第四，主观方面是故意，即行为人明知未成年女性是其照护对象而与其发生性关系。

(4)罪名界定

认定本罪，主要是把握该罪与强奸罪的区别。首先，从犯罪主体看，本罪是特殊主体，而强奸罪是一般主体。其次，从犯罪客观方面看，本罪的成立不要求行为人采取暴力、胁迫或者其他方法强行与未成年女性发生性行为，只要行为人符合该罪的犯罪主体要件，即使其未采取暴力、胁迫方法，只要与被其照护的未成年女性发生性关系即构成本罪。需要注意的是，如果负有特殊照护职责的行为人采取暴力、胁迫或者其他方法强行与被其照护的未成年女性发生性行为，则可能同时构成强奸罪和本罪，应择一重罪处罚。

(5)量刑幅度

根据《刑法》第236条之一的规定，对犯负有照护职责人员性侵罪的处罚，分以下3个档次：

一是构成本罪的，处3年以下有期徒刑。

二是情节恶劣的，处3年以上10年以下有期徒刑。

三是既符合本罪的犯罪构成，又符合强奸罪的犯罪构成，依照处罚较重的规定定罪处罚。

8. 强制猥亵、侮辱罪(第237条第1款、第2款)

(1)罪名概念

强制猥亵、侮辱罪，是指以暴力、胁迫或者其他方法，强制猥亵他人或者侮辱妇女的行为。

(2)法律规定

本罪名是由《刑法》第237条第1款、第2款规定的。该条第1款、第2款分别规定："以暴力、胁迫或者其他方法强制猥亵他人或者侮辱妇女的，处五年以下有期徒刑或者拘役。"

"聚众或者在公共场所当众犯前款罪的，或者有其他恶劣情节的，处五年以上有期徒刑。"

(3)构成要件

第一，本罪侵犯的客体是他人、妇女的人格尊严权。

第二，客观方面的表现是使用暴力、胁迫或者其他手段，使被害人处于不敢、不能或者不知道反抗的状态，违背他人意志，强行猥亵他人或者侮辱妇女的行为。

第三，本罪的主体是一般主体。

第四，主观方面具有猥亵他人或者侮辱妇女的故意。

(4)罪名界定

第一，关于罪与非罪的界定。猥亵行为分为强制猥亵和非强制猥亵两种。根据《刑法》的规定，只有强制猥亵的才能构成犯罪，即无论猥亵对象是特定的个人还是不特定的多数人；也无论其行为是在隐蔽场所还是在公共场所，只要行为人实施了强制的方法，就应当以本罪论处。反之，非强制性猥亵只属于一般的违法行为。由此可见，区分罪与非罪，主要是看猥亵时是否实施了强制方法。在司法实践中，对于乘机猥亵或者利用权势猥亵的行为，虽然从表面上来看，行为人没有使用强制手段，只是乘被猥亵人病重、醉酒、熟睡等状态，或者利用自己的某种职权、身份上的优势实施的猥亵行为，但从实质上分析，这两种猥亵行为是违背被猥亵人意志的，是变相的强制，应当以本罪论处。

另外，在处理侮辱妇女行为时，要看情节是否属于严重。如果情节严重，则可以构成本罪；如果情节不严重，只属于一般的违法行为。对于一般的违法行为，只能给予行政处罚。

在司法实践中,侮辱妇女具有以下情节的,可以认为是犯罪;一是追逐、阻截妇女造成恶劣影响,或者结伙、持械追逐、堵截妇女的;二是在公共场所多次偷剪妇女的头发、衣服,向妇女身上泼洒污物,或者在侮辱妇女时造成轻伤害的;三是在公共场所故意向妇女显露生殖器,或者用生殖器顶擦妇女身体,屡教不改的;四是用淫秽的行为或者暴力、威胁的手段,侮辱妇女多人,或者虽然人数少,但后果严重。

第二,关于本罪与强奸罪的界定。本罪与强奸犯罪是不难区别的。但是,在强奸妇女未遂的情况下,由于二者在客观上都有强行搂抱、抚摸、亲吻等行为,因此容易混淆。在实践中,要划清这两种犯罪的界限,要注意以下两个方面:一是主观内容不同。本罪只是想从下流的行为动作上获得性刺激,并没有奸淫的目的;而后者具有奸淫的目的。二是客观方面不同。本罪仅限于搂抱、亲吻、抚摸等下流行为;而后者则表现为违背妇女意志,与其强行发生性关系的行为,只是由于主观意志以外的原因,使行为人追求的结果没有发生。

第三,本罪与侮辱罪的区别主要在于犯罪目的不同。本罪往往带有性刺激、性满足或者与性有关的目的,而后者是以败坏他人的人格、名誉为目的。强制侮辱妇女罪的客观方面有强制手段,侮辱对象仅限于妇女。

(5)量刑幅度

根据《刑法》第237条第1款、第2款的规定,对于构成本罪的分以下两种情况处罚:一是处5年以下有期徒刑或者拘役。二是聚众或者在公共场所当众犯本罪的,或者有其他恶劣情节的,处5年以上有期徒刑。

2013年10月23日最高人民法院、最高人民检察院、公安部、司法部《关于依法惩治性侵害未成年人犯罪的意见》规定,在校园、游泳馆、儿童游乐场等公共场所对未成年人实施强奸、猥亵犯罪,只要有其他多人在场,不论在场人员是否实际看到,均可以依照《刑法》第237条的规定,认定为在公共场所"当众"强奸妇女,强制猥亵、侮辱妇女,猥亵儿童。

针对未成年人实施强奸、猥亵犯罪的,应当从重处罚,具有下列情形之一的,更要依法从严惩处:一是对未成年人负有特殊职责的人员、与未成年人有共同家庭生活关系的人员、国家工作人员或者冒充国家工作人员,实施强奸、猥亵犯罪的;二是进入未成年人住所、学生集体宿舍实施强奸、猥亵犯罪的;三是采取暴力、胁迫、麻醉等强制手段实施奸淫幼女、猥亵儿童犯罪的;四是对不满12周岁的儿童、农村留守儿童、严重残疾或者精神智力发育迟滞的未成年人,实施强奸、猥亵犯罪的;五是猥亵多名未成年人,或者多次实施强奸、猥亵犯罪的;六是造成未成年被害人轻伤、怀孕、感染性病等后果的;七是有强奸、猥亵犯罪前科劣迹的。

对于性侵害未成年人犯罪,应当依法从严惩治。对于未成年人实施性侵害未成年人犯罪的,应当坚持双向保护原则,在依法保护未成年被害人的合法权益时,也要依法保护未成年犯罪嫌疑人、未成年被告人的合法权益。办理性侵害未成年人犯罪案件,对于涉及未成年被害人、未成年犯罪嫌疑人和未成年被告人的身份信息及可能推断出其身份信息的资料和涉及性侵害的细节等内容,审判人员、检察人员、侦查人员、律师及其他诉讼参与人应当予以保密。对外公开的诉讼文书,不得披露未成年被害人的身份信息及可能推断出其身份信息的其他资料,对性侵害的事实注意以适当的方式叙述。

对于性侵害未成年人的犯罪分子确定是否适用缓刑,人民法院、人民检察院可以委托犯罪分子居住地的社区矫正机构,就对其宣告缓刑对所居住社区是否有重大不良影响进行调查。受委托的社区矫正机构应当及时组织调查,在规定的期限内将调查评估意见提交委托机关。对于判处刑罚同时宣告缓刑的,可以根据犯罪情况,同时宣告禁止令,禁止犯罪分子在缓刑考验期内从事与未成年人有关的工作、活动,禁止其进入中小学校区、幼儿园园区及其他未成年人集中的场所,确因本人就学、居住等原因,经执行机关批准的除外。

对于未成年人因被性侵害而造成的人身损害,为进行康复治疗所支付的医疗费、护理费、交通费、误工费等合理费用,未成年被害人及其法定代理人、近亲属提出赔偿请求的,人民法院依法予以支持。

未成年人在幼儿园、学校或者其他教育机构学习、生活期间被性侵害而造成人身损害,被害人及其法定代理人、近亲属据此向人民法院起诉要求上述单位承担赔偿责任的,人民法院依法予以支持。

未成年人受到监护人性侵害,其他具有监护资格的人员、民政部门等有关单位和组织向人民法院提出申请,要求撤销监护人资格,另行指定监护人的,人民法院依法予以支持。

对未成年被害人因性侵害犯罪而造成人身损害,不能及时获得有效赔偿,生活困难的,各级人民法院、人民检察院、公安机关可会同有关部门,优先考虑予以司法救助。

外国人在我国领域内实施强奸、猥亵未成年人等犯罪的,应当依法判处,在判处刑罚时,可以独立适用或者附加适用驱逐出境。对于尚不构成犯罪但构成违反治安管理行为的,或者因实施性侵害未成年人犯罪不适宜在中国境内继续停留居留的,公安机关可以依法适用限期出境或者驱逐出境。

9. 猥亵儿童罪(第237条第3款)

(1)罪名概念

猥亵儿童罪,是指猥亵儿童的行为。

(2)法律规定

本罪名是由《刑法》第237条第3款规定的。该条款规定:“猥亵儿童的,处五年以下有期徒刑;有下列情形之一的,处五年以上有期徒刑:

(一)猥亵儿童多人或者多次的;

(二)聚众猥亵儿童的,或者在公共场所当众猥亵儿童,情节恶劣的;

(三)造成儿童伤害或者其他严重后果的;

(四)猥亵手段恶劣或者有其他恶劣情节的。”

(3)构成要件

第一,本罪侵犯的客体是儿童的人格、名誉和身心健康权,犯罪对象是不满14周岁的男、女儿童。

第二,客观方面表现为实施猥亵儿童的行为。猥亵儿童,可以采取暴力、胁迫等强制手段,也可以采取利诱、引诱等手段;猥亵行为的内容包括抚摸儿童性器官、鸡奸儿童等。

第三,犯罪主体是一般主体,包括男、女。

第四,主观方面是故意,往往具有通过猥亵儿童达到满足自己色欲的目的。

(4)罪名界定

第一,认定本罪,首先要明确关于儿童的年龄界定。根据1992年12月11日最高人民法院、最高人民检察院《关于执行全国人大常委会〈关于严惩拐卖、绑架妇女、儿童的犯罪分子的决定〉的若干问题的解答》之规定,“儿童”,是指不满14周岁的人。其中不满1周岁的为“婴儿”,1周岁以上不满6周岁的为幼儿。

第二,本罪与《刑法》第237条第1款规定的强制猥亵妇女罪的主要区别是:一是猥亵的对象不同。本罪猥亵的对象是不满14周岁的男、女儿童;而后罪猥亵的对象仅限于年满14周岁的妇女,包括年满14周岁的少年和成年妇女。二是猥亵的手段不同。本罪的构成,不要求必须是采用暴力、胁迫等强制手段;而后罪则有这方面的要求,没有强制手段,不构成犯罪。

第三,本罪与奸淫幼女罪的区别是:一是犯罪对象不完全相同。本罪的对象包括男、女;而后罪只是幼女。二是主观目的不同。本罪只是猥亵;而后罪的目的在于奸淫。三是客观表现不同。本罪表现为猥亵;而后罪表现为奸淫。

(5)量刑幅度

根据《刑法》第237条第3款的规定,犯本罪的,处5年以下有期徒刑;猥亵儿童多人或者多次的,聚众猥亵儿童的,或者在公共场所当众猥亵儿童、情节恶劣的,造成儿童伤害或者其他严重后果的,猥亵手段恶劣或者有其他恶劣情节的,处5年以上有期徒刑。

10. 非法拘禁罪(第238条)

(1)罪名概念

非法拘禁罪,是指非法拘禁他人,或者以其他方法剥夺他人人身自由的行为。

(2)法律规定

①本罪名是由《刑法》第238条规定的。该条规定:"非法拘禁他人或者以其他方法非法剥夺他人人身自由的,处三年以下有期徒刑、拘役、管制或者剥夺政治权利。具有殴打、侮辱情节的,从重处罚。

犯前款罪,致人重伤的,处三年以上十年以下有期徒刑;致人死亡的,处十年以上有期徒刑。使用暴力致人伤残、死亡的,依照本法第二百三十四条、第二百三十二条的规定定罪处罚。

为索取债务非法扣押、拘禁他人的,依照前两款的规定处罚。

国家机关工作人员利用职权犯前三款罪的,依照前三款的规定从重处罚。"

②2006年7月26日最高人民检察院《关于渎职侵权犯罪案件立案标准的规定》第二部分第1项规定:"非法拘禁罪是指以拘禁或者其他方法非法剥夺他人人身自由的行为。

国家机关工作人员利用职权非法拘禁,涉嫌下列情形之一的,应予立案:1. 非法剥夺他人人身自由24小时以上的;2. 非法剥夺他人人身自由,并使用械具或者捆绑等恶劣手段,或者实施殴打、侮辱、虐待行为的;3. 非法拘禁,造成被拘禁人轻伤、重伤、死亡的;4. 非法拘禁,情节严重,导致被拘禁人自杀、自残造成重伤、死亡,或者精神失常的;5. 非法拘禁3人次以上的;6. 司法工作人员对明知是没有违法犯罪事实的人而非法拘禁的;7. 其他非法拘禁应予追究刑事责任的情形。"

③2001年7月20日最高人民检察院《人民检察院直接受理立案侦查的渎职侵权重特大案件标准(试行)》第34条规定:

"三十四、国家机关工作人员利用职权实施的非法拘禁案

(一)重大案件

1. 致人重伤或者精神失常的;

2. 明知是人大代表而非法拘禁的,或者明知是无辜的人而非法拘禁的;

3. 非法拘禁持续时间超过一个月,或者一次非法拘禁十人以上的。

(二)特大案件

非法拘禁致人死亡的。"

④2000年7月13日最高人民法院《关于对为索取法律不予保护的债务非法拘禁他人行为如何定罪问题的解释》规定:"行为人为索取高利贷、赌债等法律不予保护的债务,非法扣押、拘禁他人的,依照刑法第二百三十八条的规定定罪处罚。"

⑤2003年12月26日最高人民法院《关于审理人身损害赔偿案件适用法律若干问题的解

释》,本书在第一部分“刑法概述”中的“8.刑事附带民事诉讼”中已有详细介绍,此处不再重复。

(3)构成要件

第一,本罪侵犯的客体是他人的人身自由权利。

第二,客观方面表现为实施了使用拘留、禁闭或者其他强制方法,非法剥夺他人人身自由的行为。其违法行为主要表现为两种情况:一是无权拘禁他人的人,非法对他人实行拘禁;二是有拘禁他人职权的人,违背法律规定,滥用职权,非法拘禁他人。法律对本罪的成立不要求一定要有危害结果的发生,只要实施了非法剥夺他人人身自由的行为,只要不是情节显著轻微,危害不大的,即可认为是犯罪既遂。

第三,本罪的主体是一般主体,既可以是国家工作人员,也可以是普通公民。从实践中来看,本罪的主体多数是掌握一定职权的国家工作人员。

第四,主观方面是故意,即行为人明知剥夺他人人身自由是非法的行为,而仍然故意非法拘禁他人。过失不能构成本罪。

(4)罪名界定

第一,关于本罪的认定。尽管《刑法》没规定非法拘禁必须情节严重才构成犯罪,但根据《刑法》第13条的规定,对于一般的情节显著轻微,危害不大的非法拘禁行为,不认为是犯罪。只有情节比较严重,并造成一定的危害后果的才能以本罪论处。

在司法实践中,对具有下列情形之一的,一般应当以本罪论处:①国家工作人员滥用职权,非法拘禁无辜群众,造成恶劣影响的;②非法拘禁他人,并且实施捆绑、殴打、侮辱等行为的;③多次非法拘禁他人,或者非法拘禁多人,或者非法拘禁时间较长;④非法拘禁,致人重伤、死亡、精神失常或者自杀的;⑤非法拘禁,造成其他严重后果的;⑥司法工作人员依照法定程序拘留或者逮捕了犯罪嫌疑人或者被告人,后来经过查明无罪,应该立即释放,属于错拘错捕,不能认为是非法拘禁。但是,如果检察机关或者人民法院已经依法作出决定解除强制措施,有关司法人员仍然拒不释放或者拖延释放的,对情节严重的应当视为非法拘禁行为。

根据2000年7月13日最高人民法院发布的《关于对为索取法律不予保护的债务非法拘禁他人行为如何定罪问题的解释》之规定,行为人为了索取高利贷、赌债等法律不予保护的债务,非法扣押、拘禁他人的,按非法拘禁罪论处。

对下列行为一般不以犯罪论处:①家长为了管教不听话的子女,而采取禁闭的方式,将其子女锁在屋内,而且时间较短,一般属于管教方式不当,不能以本罪处罚。②群众对于醉酒人在公共场所寻衅滋事,采取一定的强制措施,将其约束到酒醒,或者医生对于有杀人或者自杀危险的精神病人所采取的必要的管束措施,属于履行职责行为,不能以非法拘禁罪论处。③依法拘禁他人,但是又没有完全履行法定手续,虽然违反了刑事诉讼法的有关规定,但是由于是依法执行公务,没有侵犯他人人身自由权利的故意,因而不能构成犯罪。④国家公安人员因为工作失误,而错误地进行拘留、逮捕,不能认为是非法拘禁行为,但是,对已由司法机关依法解除强制措施,有关国家工作人员故意不予释放或者拖延释放的,则应当视为非法拘禁,情节严重的,应当按照本罪论处。

第二,非法拘禁往往和其他犯罪相联系,应当注意行为人是否犯有数罪。如果非法拘禁行为已经构成犯罪,但与其有联系的其他违法行为尚不能独立构成犯罪,只能以非法拘禁罪定罪量刑。如果非法拘禁他人的行为和其他行为都构成犯罪,而且彼此之间存在目的或者手段的牵连关系,例如,在拐卖妇女过程中,为了防止被害人逃跑,而将其非法拘禁,虽然同时侵犯了非法拘禁罪和拐卖妇女、儿童罪两个罪名,也应当按照牵连犯的处理原则,选择其中的一个重罪处罚。

(5)量刑幅度

根据《刑法》第 238 条的规定,犯本罪的,其处罚分以下 5 个档次:

一是情节一般的,处 3 年以下有期徒刑、拘役、管制或者剥夺政治权利。具有殴打、侮辱情节的,从重处罚。

二是致人重伤的,处 3 年以上 10 年以下有期徒刑。

三是致人死亡的,处 10 年以上有期徒刑。

四是使用暴力致人伤残、死亡的,依照《刑法》第 234 条、第 232 条的规定,定罪处罚。

五是国家机关工作人员利用职权犯本罪的,依照上述的不同情节,按照法律规定从重处罚。

2017 年 3 月 9 日最高人民法院《关于常见犯罪的量刑指导意见》对非法拘禁罪的量刑提出以下具体意见:

①构成非法拘禁罪的,可以根据下列不同情形在相应的幅度内确定量刑起点:A. 犯罪情节一般的,可以在 1 年以下有期徒刑、拘役幅度内确定量刑起点。B. 致一人重伤的,可以在 3 年至 5 年有期徒刑幅度内确定量刑起点。C. 致一人死亡的,可以在 10 年至 13 年有期徒刑幅度内确定量刑起点。

②在量刑起点的基础上,可以根据非法拘禁人数、拘禁时间、致人伤亡后果等其他影响犯罪构成的犯罪事实增加刑罚量,确定基准刑。

非法拘禁多人多次的,以非法拘禁人数作为增加刑罚量的事实,非法拘禁次数作为调节基准刑的量刑情节。

③有下列情节之一的,可以增加基准刑的 10% ~20% :A. 具有殴打、侮辱情节的;B. 国家机关工作人员利用职权非法扣押、拘禁他人的。

另外,根据《刑法》第 36 条第 1 款的规定,如果是由于犯罪行为使被害人遭受经济损失了,对犯罪分子除了依法给予刑事处罚外,并应根据情况,判处赔偿经济损失。

11. 绑架罪(第 239 条)

(1)罪名概念

绑架罪,是指以勒索财物或者获取人质为目的,使用暴力、胁迫或者麻醉等方法,劫持他人或者以勒索财物为目的,偷盗婴幼儿的行为。

(2)法律规定

①本罪名是由《刑法》第 239 条规定的。该条规定:"以勒索财物为目的绑架他人的,或者绑架他人作为人质的,处十年以上有期徒刑或者无期徒刑,并处罚金或者没收财产;情节较轻的,处五年以上十年以下有期徒刑,并处罚金。

犯前款罪,杀害被绑架人的,或者故意伤害被绑架人,致人重伤、死亡的,处无期徒刑或者死刑,并处没收财产。

以勒索财物为目的偷盗婴幼儿的,依照前两款的规定处罚。"

②2003 年 12 月 26 日最高人民法院《关于审理人身损害赔偿案件适用法律若干问题的解释》,本书在第一部分"刑法概述"中的"8. 刑事附带民事诉讼"中已有详细介绍,此处不再重复。

③2001 年 11 月 8 日最高人民法院《关于对在绑架过程中以暴力、胁迫等手段当场劫取被害人财物的行为如何适用法律问题的答复》规定:"行为人在绑架过程中,又以暴力、胁迫等手段当场劫取被害人财物,构成犯罪的,择一重罪处罚。"

(3)构成要件

第一,本罪侵犯的客体是公民的人身权利。

第二,客观方面表现为使用暴力、胁迫、麻醉或者其他方法,劫持被害人或者偷盗婴幼儿,加以秘密隐藏或者予以控制的行为。

第三,本罪的主体是一般主体,即年满 16 周岁具有刑事责任能力的人实施了绑架行为,应当承担刑事责任。

第四,本罪的主观方面是直接故意,并且具有勒索他人财物或者绑架他人作为人质的目的。

(4)罪名界定

第一,本罪与抢劫罪的区别是:①在客观方面表现不同。绑架罪实施暴力、胁迫、麻醉等绑架行为与实际取得财物的时间、地点是相分离的,取得财物的方式是实施绑架后,通知并且威胁与被绑架人有特定关系的人交付财物;而抢劫罪是在实施暴力、胁迫、麻醉方法的同时,当着被害人的面就地取走财物。②从取得的财务性质来看,绑架罪的行为人主观目的既可以索取动产财物,也可以索取财物性利益或者不动产财物;而抢劫罪的行为人所取得的只能是动产财物。③绑架罪的暴力行为既可以是当场实施,也可以在劫持被害人以后实施,甚至在勒索不成的情况下将其杀害;而抢劫罪的暴力是当场实施。

第二,本罪与敲诈勒索罪的区别是:①侵犯的对象不同。敲诈勒索罪对其实施威胁的对象和取得财物的对象为同一人;而绑架罪实施绑架的对象和威胁取得财物的对象为不同的人。②在客观方面,敲诈勒索罪的威胁内容如果是暴力,则声称将来实施,另外还可以用揭发隐私等相威胁;而绑架罪的暴力、威胁既可当场实施,还可采取麻醉的方法。另外,如果勒索不成,将会实施伤害、杀死被劫持的人等暴力行为。③敲诈勒索罪的行为人并不劫走被害人,并不予以隐藏控制;而绑架罪的行为人则需要如此。④侵犯的客体不同。本罪侵犯的客体是公民的人身权利;而敲诈勒索罪侵犯的是公民的财产权利。

(5)量刑幅度

根据《刑法》第 239 条的规定,对犯本罪的处罚分以下 3 个档次:

一是情节较轻的,处 5 年以上 10 年以下有期徒刑,并处罚金。

二是情节一般的,处 10 年以上有期徒刑或者无期徒刑,并处罚金或者没收财产。

三是犯本罪,杀害被绑架人的,或者故意伤害被绑架人,致人重伤、死亡的,处无期徒刑或者死刑,并处没收财产。

12. 拐卖妇女、儿童罪(第 240 条)

(1)罪名概念

拐卖妇女、儿童罪,是指以出卖为目的,拐骗、收买、贩卖、接送、中转妇女、儿童,使用暴力、胁迫或者麻醉方法,捆绑妇女、儿童,盗窃婴幼儿的行为。

(2)法律规定

①本罪名是由《刑法》第 240 条规定的。该条规定:“拐卖妇女、儿童的,处五年以上十年以下有期徒刑,并处罚金;有下列情形之一的,处十年以上有期徒刑或者无期徒刑,并处罚金或者没收财产;情节特别严重的,处死刑,并处没收财产:

(一)拐卖妇女、儿童集团的首要分子;

(二)拐卖妇女、儿童三人以上的;

(三)奸淫被拐卖的妇女的;

(四)诱骗、强迫被拐卖的妇女卖淫或者将被拐卖的妇女卖给他人迫使其卖淫的;

(五)以出卖为目的,使用暴力、胁迫或者麻醉方法绑架妇女、儿童的;

(六)以出卖为目的,偷盗婴幼儿的;

（七）造成被拐卖的妇女、儿童或者其亲属重伤、死亡或者其他严重后果的；

（八）将妇女、儿童卖往境外的。

拐卖妇女、儿童是指以出卖为目的，有拐骗、绑架、收买、贩卖、接送、中转妇女、儿童的行为之一的。”

②2000年1月3日最高人民法院《关于审理拐卖妇女案件适用法律有关问题的解释》规定：

“为依法惩治拐卖妇女的犯罪行为，根据刑法和刑事诉讼法的有关规定，现就审理拐卖妇女案件具体适用法律的有关问题解释如下：

第一条　刑法第二百四十条规定的拐卖妇女罪中的‘妇女’，既包括具有中国国籍的妇女，也包括具有外国国籍和无国籍的妇女。被拐卖的外国妇女没有身份证明的，不影响对犯罪分子的定罪处罚。

第二条　外国人或者无国籍人拐卖外国妇女到我国境内被查获的，应当根据刑法第六条的规定，适用我国刑法定罪处罚。

第三条　对于外国籍被告人身份无法查明或者其国籍国拒绝提供有关身份证明，人民检察院根据刑事诉讼法第一百二十八条第二款的规定起诉的案件，人民法院应当依法受理。”

③2010年3月15日最高人民法院、最高人民检察院、公安部、司法部《关于依法惩治拐卖妇女儿童犯罪的意见》主要相关内容如下：

“二、管辖

4. 拐卖妇女、儿童犯罪案件依法由犯罪地的司法机关管辖。拐卖妇女、儿童犯罪的犯罪地包括拐出地、中转地、拐入地以及拐卖活动的途经地。如果由犯罪嫌疑人、被告人居住地的司法机关管辖更为适宜的，可以由犯罪嫌疑人、被告人居住地的司法机关管辖。

5. 几个地区的司法机关都有权管辖的，一般由最先受理的司法机关管辖。犯罪嫌疑人、被告人或者被拐卖的妇女、儿童人数较多，涉及多个犯罪地的，可以移送主要犯罪地或者主要犯罪嫌疑人、被告人居住地的司法机关管辖。

6. 相对固定的多名犯罪嫌疑人、被告人分别在拐出地、中转地、拐入地实施某一环节的犯罪行为，犯罪所跨地域较广，全案集中管辖有困难的，可以由拐出地、中转地、拐入地的司法机关对不同犯罪分子分别实施的拐出、中转和拐入犯罪行为分别管辖。

7. 对管辖权发生争议的，争议各方应当本着有利于迅速查清犯罪事实，及时解救被拐卖的妇女、儿童，以及便于起诉、审判的原则，在法定期间内尽快协商解决；协商不成的，报请共同的上级机关确定管辖。

正在侦查中的案件发生管辖权争议的，在上级机关作出管辖决定前，受案机关不得停止侦查工作。”

“四、证据

11. 公安机关应当依照法定程序，全面收集能够证实犯罪嫌疑人有罪或者无罪、犯罪情节轻重的各种证据。

要特别重视收集、固定买卖妇女、儿童犯罪行为交易环节中钱款的存取证明、犯罪嫌疑人的通话清单、乘坐交通工具往来有关地方的票证、被拐卖儿童的DNA鉴定结论、有关监控录像、电子信息等客观性证据。

取证工作应当及时，防止时过境迁，难以弥补。

12. 公安机关应当高度重视并进一步加强DNA数据库的建设和完善。对失踪儿童的父母，或者疑似被拐卖的儿童，应当及时采集血样进行检验，通过全国DNA数据库，为查获犯罪，帮助被拐卖的儿童及时回归家庭提供科学依据。

13. 拐卖妇女、儿童犯罪所涉地区的办案单位应当加强协作配合。需要到异地调查取证的，相关司法机关应当密切配合；需要进一步补充查证的，应当积极支持。

五、定性

14. 犯罪嫌疑人、被告人参与拐卖妇女、儿童犯罪活动的多个环节，只有部分环节的犯罪事实查证清楚、证据确实、充分的，可以对该环节的犯罪事实依法予以认定。

15. 以出卖为目的强抢儿童，或者捡拾儿童后予以出卖，符合刑法第二百四十条第二款规定的，应当以拐卖儿童罪论处。

以抚养为目的偷盗婴幼儿或者拐骗儿童，之后予以出卖的，以拐卖儿童罪论处。

16. 以非法获利为目的，出卖亲生子女的，应当以拐卖妇女、儿童罪论处。

17. 要严格区分借送养之名出卖亲生子女与民间送养行为的界限。区分的关键在于行为人是否具有非法获利的目的。应当通过审查将子女'送'人的背景和原因、有无收取钱财及收取钱财的多少、对方是否具有抚养目的及有无抚养能力等事实，综合判断行为人是否具有非法获利的目的。

具有下列情形之一的，可以认定属于出卖亲生子女，应当以拐卖妇女、儿童罪论处：

(1)将生育作为非法获利手段，生育后即出卖子女的；

(2)明知对方不具有抚养目的，或者根本不考虑对方是否具有抚养目的，为收取钱财将子女'送'给他人的；

(3)为收取明显不属于'营养费'、'感谢费'的巨额钱财将子女'送'给他人的；

(4)其他足以反映行为人具有非法获利目的的'送养'行为的。

不是出于非法获利目的，而是迫于生活困难，或者受重男轻女思想影响，私自将没有独立生活能力的子女送给他人抚养，包括收取少量'营养费'、'感谢费'的，属于民间送养行为，不能以拐卖妇女、儿童罪论处。对私自送养导致子女身心健康受到严重损害，或者具有其他恶劣情节，符合遗弃罪特征的，可以遗弃罪论处；情节显著轻微危害不大的，可由公安机关依法予以行政处罚。

18. 将妇女拐卖给有关场所，致使被拐卖的妇女被迫卖淫或者从事其他色情服务的，以拐卖妇女罪论处。

有关场所的经营管理人员事前与拐卖妇女的犯罪人通谋的，对该经营管理人员以拐卖妇女罪的共犯论处；同时构成拐卖妇女罪和组织卖淫罪的，择一重罪论处。

19. 医疗机构、社会福利机构等单位的工作人员以非法获利为目的，将所诊疗、护理、抚养的儿童贩卖给他人的，以拐卖儿童罪论处。

20. 明知是被拐卖的妇女、儿童而收买，具有下列情形之一的，以收买被拐卖的妇女、儿童罪论处；同时构成其他犯罪的，依照数罪并罚的规定处罚：(1)收买被拐卖的妇女后，违背被收买妇女的意愿，阻碍其返回原居住地的；(2)阻碍对被收买妇女、儿童进行解救的；(3)非法剥夺、限制被收买妇女、儿童的人身自由，情节严重，或者对被收买妇女、儿童有强奸、伤害、侮辱、虐待等行为的；(4)所收买的妇女、儿童被解救后又再次收买，或者收买多名被拐卖的妇女、儿童的；(5)组织、诱骗、强迫被收买的妇女、儿童从事乞讨、苦役，或者盗窃、传销、卖淫等违法犯罪活动的；(6)造成被收买妇女、儿童或者其亲属重伤、死亡以及其他严重后果的；(7)具有其他严重情节的。

被追诉前主动向公安机关报案或者向有关单位反映，愿意让被收买妇女返回原居住地，或者将被收买儿童送回其家庭，或者将被收买妇女、儿童交给公安、民政、妇联等机关、组织，没有其他严重情节的，可以不追究刑事责任。

六、共同犯罪

21. 明知他人拐卖妇女、儿童，仍然向其提供被拐卖妇女、儿童的健康证明、出生证明或者其他帮助的，以拐卖妇女、儿童罪的共犯论处。

明知他人收买被拐卖的妇女、儿童，仍然向其提供被收买妇女、儿童的户籍证明、出生证明或者其他帮助的，以收买被拐卖的妇女、儿童罪的共犯论处，但是，收买人未被追究刑事责任的除外。

认定是否‘明知’，应当根据证人证言、犯罪嫌疑人、被告人及其同案人供述和辩解，结合提供帮助的人次，以及是否明显违反相关规章制度、工作流程等，予以综合判断。

22. 明知他人系拐卖儿童的‘人贩子’，仍然利用从事诊疗、福利救助等工作的便利或者了解被拐卖方情况的条件，居间介绍的，以拐卖儿童罪的共犯论处。

23. 对于拐卖妇女、儿童犯罪的共犯，应当根据各被告人在共同犯罪中的分工、地位、作用，参与拐卖的人数、次数，以及分赃数额等，准确区分主从犯。

对于组织、领导、指挥拐卖妇女、儿童的某一个或者某几个犯罪环节，或者积极参与实施拐骗、绑架、收买、贩卖、接送、中转妇女、儿童等犯罪行为，起主要作用的，应当认定为主犯。

对于仅提供被拐卖妇女、儿童信息或者相关证明文件，或者进行居间介绍，起辅助或者次要作用，没有获利或者获利较少的，一般可认定为从犯。

对于各被告人在共同犯罪中的地位、作用区别不明显的，可以不区分主从犯。

七、一罪与数罪

24. 拐卖妇女、儿童，又奸淫被拐卖的妇女、儿童，或者诱骗、强迫被拐卖的妇女、儿童卖淫的，以拐卖妇女、儿童罪处罚。

25. 拐卖妇女、儿童，又对被拐卖的妇女、儿童实施故意杀害、伤害、猥亵、侮辱等行为，构成其他犯罪的，依照数罪并罚的规定处罚。

26. 拐卖妇女、儿童或者收买被拐卖的妇女、儿童，又组织、教唆被拐卖、收买的妇女、儿童进行犯罪的，以拐卖妇女、儿童罪或者收买被拐卖的妇女、儿童罪与其所组织、教唆的罪数罪并罚。

27. 拐卖妇女、儿童或者收买被拐卖的妇女、儿童，又组织、教唆被拐卖、收买的未成年妇女、儿童进行盗窃、诈骗、抢夺、敲诈勒索等违反治安管理活动的，以拐卖妇女、儿童罪或者收买被拐卖的妇女、儿童罪与组织未成年人进行违反治安管理活动罪数罪并罚。

八、刑罚适用

28. 对于拐卖妇女、儿童犯罪集团的首要分子，情节严重的主犯，累犯，偷盗婴幼儿、强抢儿童情节严重，将妇女、儿童卖往境外情节严重，拐卖妇女、儿童多人多次、造成伤亡后果，或者具有其他严重情节的，依法从重处罚；情节特别严重的，依法判处死刑。

拐卖妇女、儿童，并对被拐卖的妇女、儿童实施故意杀害、伤害、猥亵、侮辱等行为，数罪并罚决定执行的刑罚应当依法体现从严。

29. 对于拐卖妇女、儿童的犯罪分子，应当注重依法适用财产刑，并切实加大执行力度，以强化刑罚的特殊预防与一般预防效果。

30. 犯收买被拐卖的妇女、儿童罪，对被收买妇女、儿童实施违法犯罪活动或者将其作为牟利工具的，处罚时应当依法体现从严。

收买被拐卖的妇女、儿童，对被收买妇女、儿童没有实施摧残、虐待行为或者与其已形成稳定的婚姻家庭关系，但仍应依法追究刑事责任的，一般应当从轻处罚；符合缓刑条件的，可以依法适用缓刑。

收买被拐卖的妇女、儿童，犯罪情节轻微的，可以依法免予刑事处罚。

31. 多名家庭成员或者亲友共同参与出卖亲生子女，或者‘买人为妻’、‘买人为子’构成收买被拐卖的妇女、儿童罪的，一般应当在综合考察犯意提起、各行为人在犯罪中所起作用等情节的基础上，依法追究其中罪责较重者的刑事责任。对于其他情节显著轻微危害不大，不认为是犯罪的，依法不追究刑事责任；必要时可以由公安机关予以行政处罚。

32. 具有从犯、自首、立功等法定从宽处罚情节的，依法从轻、减轻或者免除处罚。

对被拐卖的妇女、儿童没有实施摧残、虐待等违法犯罪行为，或者能够协助解救被拐卖的妇女、儿童，或者具有其他酌定从宽处罚情节的，可以依法酌情从轻处罚。

33. 同时具有从严和从宽处罚情节的，要在综合考察拐卖妇女、儿童的手段、拐卖妇女、儿童或者收买被拐卖妇女、儿童的人次、危害后果以及被告人主观恶性、人身危险性等因素的基础上，结合当地此类犯罪发案情况和社会治安状况，决定对被告人总体从严或者从宽处罚。

九、涉外犯罪

34. 要进一步加大对跨国、跨境拐卖妇女、儿童犯罪的打击力度。加强双边或者多边‘反拐’国际交流与合作，加强对被跨国、跨境拐卖的妇女、儿童的救助工作。依照我国缔结或者参加的国际条约的规定，积极行使所享有的权利，履行所承担的义务，及时请求或者提供各项司法协助，有效遏制跨国、跨境拐卖妇女、儿童犯罪。”

④1998 年 12 月 24 日最高人民检察院法律政策研究室《关于以出卖为目的的倒卖外国妇女的行为是否构成拐卖妇女罪的答复》规定：

“刑法第二百四十条明确规定：‘拐卖妇女、儿童是以出卖为目的，有拐骗、绑架、收买、贩卖、接送、中转妇女、儿童的行为之一的。’其中作为‘收买’对象的妇女、儿童并不要求必须是‘被拐骗、绑架的妇女、儿童’。因此，以出卖为目的，收买、贩卖外国妇女，从中牟取非法利益的，应以拐卖妇女罪追究刑事责任。但确属为他人介绍婚姻收取介绍费，而非以出卖为目的的，不能追究刑事责任。”

⑤2000 年 3 月 20 日最高人民法院、最高人民检察院、公安部、民政部、司法部、全国妇女联合会《关于打击拐卖妇女儿童犯罪有关问题的通知》第 4 条规定：“凡是拐卖妇女、儿童的，不论是哪个环节，只要是以出卖为目的，有拐骗、绑架、收买、贩卖、接送、中转、窝藏妇女、儿童的行为之一的，不论拐卖人数多少，是否获利，均应以拐卖妇女、儿童罪追究刑事责任。对收买被拐卖的妇女、儿童的，以及阻碍解救被拐卖妇女、儿童构成犯罪的，也要依法惩处。出卖亲生子女的，由公安机关依法没收非法所得，并处以罚款；以营利为目的，出卖不满十四周岁子女，情节恶劣的，借收养名义拐卖儿童的，以及出卖捡拾的儿童的，均应以拐卖儿童罪追究刑事责任。出卖十四周岁以上女性亲属或者其他不满十四周岁亲属的，以拐卖妇女、儿童罪追究刑事责任。”

⑥2000 年 3 月 24 日公安部《关于打击拐卖妇女儿童犯罪适用法律和政策有关问题的意见》相关主要内容如下：

“一、关于立案、管辖问题

（一）对发现的拐卖妇女、儿童案件，拐出地（即妇女、儿童被拐骗地）、拐入地或者中转地公安机关应当立案管辖。两个以上公安机关都有管辖权的，由最先立案的公安机关侦查。必要时，可以由主要犯罪地或者主要犯罪嫌疑人居住地公安机关管辖。有关公安机关不得相互推诿。对管辖有争议的案件，应报请争议双方共同的上一级公安机关指定管辖。

铁路、交通、民航公安机关按照《公安机关办理刑事案件程序规定》第 20 条的规定立案侦查拐卖妇女、儿童案件。在运输途中查获的拐卖妇女、儿童案件，可以直接移送拐出地公安机关处理。

（二）对于公民报案、控告、举报的与拐卖妇女、儿童有关的犯罪嫌疑人、犯罪线索或者材料，扭送的犯罪嫌疑人，或者犯罪嫌疑人自首的，公安机关都应当接受。对于接受的案件或者发现的犯罪线索，应当迅速进行审查。对于需要采取解救被拐卖的妇女、儿童等紧急措施的，应当先采取紧急措施。

（三）经过审查，认为有犯罪事实，需要追究刑事责任的，应当区别情况，作出如下处理：

1. 属于本公安机关管辖的案件，应当及时立案侦查。

2. 属于其他公安机关管辖的案件，应当在二十四小时内移送有管辖权的公安机关办理。

3. 不属于公安机关管辖的案件，如属于人民检察院管辖的不解救被拐卖、绑架妇女、儿童案和阻碍解救被拐卖、绑架妇女、儿童案等，属于人民法院管辖的重婚案等，应当及时将案件材料和有关证据送交有管辖权的人民检察院、人民法院，并告知报案人、控告人、举报人到人民检察院、人民法院报案、控告、举报或者起诉。

二、关于拐卖妇女、儿童犯罪

（一）要正确认定拐卖妇女、儿童罪。凡是拐卖妇女、儿童的，不论是哪个环节，只要是以出卖为目的，有拐骗、绑架、收买、贩卖、接送、中转妇女、儿童的行为之一的，均以拐卖妇女、儿童罪立案侦查。

（二）在办理拐卖妇女、儿童案件中，不论拐卖人数多少，是否获利，只要实施拐卖妇女、儿童行为的，均应当以拐卖妇女、儿童罪立案侦查。

（三）明知是拐卖妇女、儿童的犯罪分子而事先通谋，为其拐卖行为提供资助或者其他便利条件的，应当以拐卖妇女、儿童罪的共犯立案侦查。

（四）对拐卖过程中奸淫被拐卖妇女的；诱骗、强迫被拐卖的妇女卖淫或者将被拐卖的妇女卖给他人迫使其卖淫的；以出卖为目的使用暴力、胁迫、麻醉等方法绑架妇女、儿童的；以出卖为目的，偷盗婴幼儿的；造成被拐卖的妇女、儿童或者其亲属重伤、死亡或者其他严重后果的，均以拐卖妇女、儿童罪立案侦查。

（五）教唆他人实施拐卖妇女、儿童犯罪的，以拐卖妇女、儿童罪的共犯立案侦查。向他人传授拐卖妇女、儿童的犯罪方法的，以传授犯罪方法罪立案侦查。明知是拐卖妇女、儿童的犯罪分子，而在其实施犯罪后为其提供隐藏处所、财物，帮助其逃匿或者作假证明包庇的，以窝藏、包庇罪立案侦查。

（六）出卖亲生子女的，由公安机关依法没收非法所得，并处以罚款；以营利为目的，出卖不满十四周岁子女，情节恶劣的，以拐卖儿童罪立案侦查。

（七）出卖十四周岁以上女性亲属或者其他不满十四周岁亲属的，以拐卖妇女、儿童罪立案侦查。

（八）借收养名义拐卖儿童的，出卖捡拾的儿童的，均以拐卖儿童罪立案侦查。

（九）以勒索财物为目的，偷盗婴幼儿的，以绑架罪立案侦查。

（十）犯组织他人偷越国（边）境罪，对被组织的妇女、儿童有拐卖犯罪行为的，以组织他人偷越国（边）境罪和拐卖妇女、儿童罪立案侦查。

（十一）非以出卖为目的，拐骗不满十四周岁的未成年人脱离家庭或者监护人的，以拐骗儿童罪立案侦查。

（十二）教唆被拐卖、拐骗、收买的未成年人实施盗窃、诈骗等犯罪行为的，应当以盗窃罪、诈骗罪等犯罪的共犯立案侦查。

办案中，要正确区分罪与非罪、罪与罪的界限，特别是拐卖妇女罪与介绍婚姻收取钱物行为、拐卖儿童罪与收养中介行为、拐卖儿童罪与拐骗儿童罪，以及绑架儿童罪与拐卖儿童罪的界限，防止扩大打击面或者放纵犯罪。”

“四、关于自首和立功

（一）要采取多种形式，广泛宣传刑法关于自首、立功等从宽处理的刑事政策。各地可选择一些因主动投案自首或者有立功表现而给予从轻、减轻、免除处罚的典型案件，公开宣传报道，敦促在逃的犯罪分子尽快投案自首，坦白交代罪行，检举、揭发他人的犯罪行为，提供破案线索，争取立功表现。

（二）要做好对犯罪分子家属、亲友的政策宣传工作，动员他们规劝、陪同有拐卖妇女、儿童犯罪行为的亲友投案自首，或者将犯罪嫌疑人送往司法机关投案。对窝藏、包庇犯罪分子、阻碍解救、妨害公务，构成犯罪的，要依法追究刑事责任。

（三）对于投案自首、坦白交代罪行、有立功表现的犯罪嫌疑人，公安机关在移送人民检察院审查起诉时应当依法提出从轻、减轻、免除处罚的意见。

五、关于解救工作

（一）解救妇女、儿童工作由拐入地公安机关负责。对于拐出地公安机关主动派工作组到拐入地进行解救的，也要以拐入地公安机关为主开展工作。对解救的被拐卖妇女，由其户口所在地公安机关负责接回；对解救的被拐卖儿童，由其父母或者其他监护人户口所在地公安机关负责接回。拐出地、拐入地、中转地公安机关应当积极协作配合，坚决杜绝地方保护主义。

（二）要充分依靠当地党委、政府的支持，做好对基层干部和群众的法制宣传和说服教育工作，注意方式、方法，慎用警械、武器，避免激化矛盾，防止出现围攻执法人员、聚众阻碍解救等突发事件。

以暴力、威胁方法阻碍国家机关工作人员解救被收买的妇女、儿童的，以妨害公务罪立案侦查。对聚众阻碍国家机关工作人员解救被收买的妇女、儿童的首要分子，以聚众阻碍解救被收买的妇女、儿童罪立案侦查。其他使用暴力、威胁方法的参与者，以妨害公务罪立案侦查。阻碍解救被收买的妇女、儿童，没有使用暴力、威胁方法的，依照《中华人民共和国治安管理处罚条例》的有关规定处罚。

（三）对于被拐卖的未成年女性、现役军人配偶、受到买主摧残虐待的、被强迫卖淫或从事其他色情服务的妇女，以及本人要求解救的妇女，要立即解救。

对于自愿继续留在现住地生活的成年女性，应当尊重本人意愿，愿在现住地结婚且符合法定结婚条件的，应当依法办理结婚登记手续。被拐卖妇女与买主所生子女的抚养问题，可由双方协商解决或者由人民法院裁决。

（四）对于遭受摧残虐待的、被强迫乞讨或从事违法犯罪活动的，以及本人要求解救的被拐卖儿童，应当立即解救。

对于被解救的儿童，暂时无法查明其父母或者其他监护人的，依法交由民政部门收容抚养。

对于被解救的儿童，如买主对该儿童既没有虐待行为又不阻碍解救，其父母又自愿送养，双方符合收养和送养条件的，可依法办理收养手续。

（五）任何个人或者组织不得向被拐卖的妇女、儿童及其家属索要收买妇女、儿童的费用和生活费用；已经索取的，应当予以返还。

（六）被解救的妇女、儿童户口所在地公安机关应当协助民政等有关部门妥善安置其生产和生活。"

"七、关于严格执法、文明办案

（一）各级公安机关必须严格依照《刑法》《刑事诉讼法》和《公安机关办理刑事案件程序规定》以及其他有关规定，严格执法，文明办案，防止滥用强制措施、超期羁押，严禁刑讯逼供和以威胁、引诱、欺骗以及其他非法的方法收集证据。

（二）依法保障律师在侦查阶段参与刑事诉讼活动，保障犯罪嫌疑人聘请律师提供法律帮助的权利。对于律师提出会见犯罪嫌疑人的，公安机关应当依法及时安排会见，不得借故阻碍、拖延。

（三）对犯罪分子违法所得的一切财物及其产生的孳息，应当依法追缴。对依法扣押的犯罪工具及犯罪嫌疑人的财物及其孳息，应当妥为保管，不得挪用、毁损和自行处理。对作为证据使用的实物，应当随案移送；对不宜移送的，应当将其清单、照片或者其他证明文件随案移送，待人民法院作出生效判决后，由扣押的公安机关按照人民法院的通知，上缴国库或者返还受害人。

（四）认真做好办案协作工作。需要异地公安机关协助调查、执行强制措施的，要及时向有关地区公安机关提出协作请求。接受请求的公安机关应当及时予以协作配合，并尽快回复。对不履行办案协作职责造成严重后果的，对直接负责的主管人员和其他直接责任人员，应当给予行政处分；构成犯罪的，依法追究刑事责任。对在逃的拐卖妇女、儿童的犯罪分子，有关公安机关应密切配合，及时通缉，追捕归案。

八、关于办理涉外案件

（一）外国人或者无国籍人拐卖外国妇女、儿童到我国境内被查获的，应当适用我国刑法，以拐卖妇女、儿童罪立案侦查。

（二）拐卖妇女犯罪中的‘妇女’，既包括具有中国国籍的妇女，也包括具有外国国籍和无国籍的妇女。被拐卖的外国妇女没有身份证明的，不影响对犯罪分子的立案侦查。

（三）对外国人依法作出取保候审、监视居住决定或者执行拘留、逮捕后，由有关省、自治区、直辖市公安厅、局在规定的期限内，将外国人的有关情况、涉嫌犯罪的主要事实、已采取的强制措施及其法律依据，通知该外国人所属国家的驻华使、领馆，同时报告公安部。

（四）对于外国籍犯罪嫌疑人身份无法查明或者其国籍国拒绝提供有关身份证明的，也可以按其自报的姓名依法提请人民检察院批准逮捕、移送审查起诉。

（五）对非法入出我国国境、非法居留的外国人，应当依照《中华人民共和国外国人入境出境管理法》及其实施细则进行处罚；情节严重，构成犯罪的，依法追究刑事责任。

九、关于法制宣传工作

各地公安机关要与司法行政、宣传、广播电视、民政、妇联、共青团等有关部门和组织密切配合，利用广播、电视、报刊、网络等媒体，结合打击人贩子、处理买主、解救被拐卖的妇女、儿童的典型案例，大张旗鼓地开展法制宣传教育活动。要大力宣传党和政府打击拐卖妇女、儿童犯罪的态度和决心，宣传拐卖妇女、儿童犯罪的严重危害，宣传国家禁止买卖妇女、儿童和惩处人贩子、买主的法律规定，宣传专项斗争中涌现出的不怕牺牲、不辞劳苦打击人贩子、解救被拐卖的妇女、儿童的英雄模范事迹，形成宣传攻势，提高广大人民群众的法制观念，教育群众自觉守法。特别是在拐卖妇女、儿童以及收买被拐卖的妇女、儿童情况较严重的地区，要深入村村户户进行法制宣传教育，真正做到家喻户晓、人人皆知。要以案说法，使广大干部和群众能够认识到拐卖妇女、儿童，收买被拐卖的妇女、儿童，阻碍解救被拐卖的妇女、儿童都是违法犯罪行为，都要受到法律制裁。在不通广播、电视的贫困、边远地区，要采取印发宣传材料、召开座谈会等多种形式进行宣传。

要广泛发动社会各界以及基层干部、群众，积极投入‘打拐’专项斗争，主动配合、协助有关部门做好解救被拐卖妇女、儿童的工作，号召群众检举、揭发拐卖、收买妇女、儿童的犯罪行为，自觉同拐卖妇女、儿童犯罪活动作斗争。各地公安机关要设立‘打拐’热线电话，接受群众举报，对提供重要犯罪线索、协助抓获重大犯罪嫌疑人的人员，要给予奖励。”

⑦2016 年 12 月 21 日最高人民法院《关于审理拐卖妇女儿童犯罪案件具体应用法律若干问题的解释》第 1 条、第 2 条、第 3 条和第 9 条规定：“对婴幼儿采取欺骗、利诱等手段使其脱离监护人或者看护人的，视为刑法第二百四十条第一款第（六）项规定的‘偷盗婴幼儿’。”

“医疗机构、社会福利机构等单位的工作人员以非法获利为目的，将所诊疗、护理、抚养的儿童出卖给他人的，以拐卖儿童罪论处。”

“以介绍婚姻为名，采取非法扣押身份证件、限制人身自由等方式，或者利用妇女人地生疏、语言不通、孤立无援等境况，违背妇女意志，将其出卖给他人的，应当以拐卖妇女罪追究刑事责任。

以介绍婚姻为名，与被介绍妇女串通骗取他人钱财，数额较大的，应当以诈骗罪追究刑事责任。”

“刑法第二百四十条、第二百四十一条规定的儿童，是指不满十四周岁的人。其中，不满一周岁的为婴儿，一周岁以上不满六周岁的为幼儿。”

(3)构成要件

第一，本罪侵犯的客体是妇女、儿童的人身权利，包括人身自由、人格尊严和身心健康等，犯罪对象是妇女、儿童。

第二，客观方面大体上有三种表现：一是实施拐骗、贩卖、接送或者中转妇女、儿童的行为。二是使用暴力、胁迫或者麻醉方法，劫持妇女、儿童的行为。三是盗窃婴幼儿的行为。以上三种行为是构成本罪的方法行为，只要行为人实施了上述行为之一，即可构成本罪。

第三，犯罪主体是一般主体，即凡是达到刑事责任年龄、具有刑事责任能力的自然人，都能成为本罪的主体。

第四，主观方面是故意，并且具有出卖的目的。至于是否将被拐卖妇女、儿童卖出，是否获利，获利多少，均不影响本罪的成立。

(4)罪名界定

第一，关于本罪的罪名。根据2000年3月24日公安部《关于打击拐卖妇女儿童犯罪适用法律和政策有关问题的意见》第2条的规定，凡是拐卖妇女、儿童的，无论是哪个环节，只要是以出卖为目的，有拐骗、绑架、收买、贩卖、接送、中转妇女、儿童的行为之一的，均应以拐卖妇女、儿童罪立案侦查。

明知是拐卖妇女、儿童的犯罪分子而事先通谋，为其拐卖行为提供资助或者其他便利条件的，应当以拐卖妇女、儿童罪的共犯立案侦查。明知是拐卖妇女、儿童的犯罪分子，而在其实施犯罪后，为其提供隐藏处所、财物，帮助其逃匿或者作假证明包庇的，以窝藏、包庇罪立案侦查。

对拐卖过程中奸淫被拐卖妇女的；诱骗强迫被拐卖的妇女卖淫或者将被拐卖的妇女卖给他人迫使其卖淫的；以出卖为目的使用暴力、胁迫、麻醉等方法绑架妇女、儿童的；以出卖为目的，偷盗婴幼儿的；造成被拐卖的妇女、儿童或者其亲属重伤、死亡或者其他严重后果的，均应当以拐卖妇女、儿童罪立案侦查。

教唆他人实施拐卖妇女、儿童犯罪的，以拐卖妇女、儿童罪的共犯立案侦查。向他人传授拐卖妇女、儿童的犯罪方法的，以传授犯罪方法罪立案侦查。教唆被拐卖、拐骗、收买的未成年人实施盗窃、诈骗等犯罪行为的，应当以盗窃罪、诈骗罪等犯罪的共犯立案侦查。

犯组织他人偷越国(边)境罪，对被组织的妇女、儿童有拐卖犯罪行为的，以组织他人偷越国(边)境和拐卖妇女、儿童罪立案侦查。

出卖14周岁以上女性亲属或者其他不满14周岁亲属的，以拐卖妇女、儿童罪立案侦查。借收养名义拐卖儿童的，出卖捡拾的儿童的，均以拐卖儿童罪立案侦查。以勒索财物为目的，偷盗婴幼儿的，以绑架罪立案侦查。不是以出卖为目的，拐骗不满14周岁的未成年人脱离家庭或者监护人的，以拐骗儿童罪立案侦查。出卖亲生子女的，由公安机关依法没收非法所得，并且处以罚款；以营利为目的，出卖不满14周岁子女，情节恶劣的，以拐卖儿童罪立案侦查。根据最高人民法院于1999年10月27日印发的《全国法院维护农村稳定刑事审判工作座谈会纪要》第2条第6项规定："对于买卖至亲的案件，要区别对待：以贩卖牟利为目的收养子女的，应以拐卖儿童罪处理；对那些迫于生活困难、受重男轻女思想影响而出卖亲生子女或收养子女的，可不作为犯罪处理；对于出卖子女确属情节恶劣的，可按遗弃罪处理。"

第二，关于本罪的一罪与数罪的问题。本罪行为人在实施拐卖行为中，同时又实施了其他犯罪行为，造成被害人重伤、死亡或者其他严重后果的，按一罪还是按数罪来处理，应当根据不同情况来确定：①行为人在实施拐卖过程中，为了控制被害人，使其不得逃跑，而对其非法拘禁或者实施殴打、捆绑、麻醉等方法，导致被害人重伤、死亡的，应当视为情节严重，按照拐卖妇女、儿童罪从重处罚。②在拐卖过程中，行为人因为遇到了被害人反抗等原因，而故意将被害人重伤或者杀害，则按照故意伤害罪或者故意杀人罪与拐卖妇女、儿童罪实行数罪并罚。③在拐卖过程中，奸淫被拐卖的妇女，不论行为人是否使用了暴力或者胁迫手段，也不论被害人是否有反抗行为，都应当视为情节严重，按照拐卖妇女、儿童罪，从重处罚。

第三，本罪与拐骗儿童罪的主要区别在于犯罪目的不同。本罪是以出卖为目的，而拐骗儿童并不是为了贩卖盈利，犯罪人拐骗儿童有的是为了自己抚养，有的是为了泄私愤、图报复。

(5)量刑幅度

根据《刑法》第240条的规定，对本罪的处罚分以下3个档次：

一是构成本罪的，处5年以上10年以下有期徒刑，并处罚金。

二是有下列情形之一的，处10年以上有期徒刑或者无期徒刑，并处罚金或者没收财产：①拐卖妇女、儿童集团的首要分子；②拐卖妇女、儿童3人以上的；③奸淫被拐卖的妇女的；④诱骗、强迫被拐卖的妇女卖淫，或者将被拐卖的妇女卖给他人迫使其卖淫的；⑤以出卖为目的，使用暴力、威胁或者麻醉方法，绑架妇女、儿童的；⑥以出卖为目的，偷盗婴幼儿的；⑦造成被拐卖的妇女、儿童或者其亲属重伤、死亡或者其他严重后果的；⑧将妇女、儿童卖往境外的。

三是对上述情节特别严重的，处死刑，并处没收财产。

13. 收买被拐卖的妇女、儿童罪(第241条第1款)

(1)罪名概念

收买被拐卖的妇女、儿童罪，是指不以出卖为目的，收买被拐卖的妇女、儿童的行为。收买以后，对被害人实施了其他侵害行为，而且进行侵害行为已经构成犯罪的，应当实行数罪并罚。

(2)法律规定

①本罪名是由《刑法》第241条第1款规定的。该条款规定："收买被拐卖的妇女、儿童的，处三年以下有期徒刑、拘役或者管制。

收买被拐卖的妇女，强行与其发生性关系的，依照本法第二百三十六条的规定定罪处罚。

收买被拐卖的妇女、儿童，非法剥夺、限制其人身自由或者有伤害、侮辱等犯罪行为的，依照本法的有关规定定罪处罚。

收买被拐卖的妇女、儿童，并有第二款、第三款规定的犯罪行为的，依照数罪并罚的规定处罚。

收买被拐卖的妇女、儿童又出卖的，依照本法第二百四十条的规定定罪处罚。

收买被拐卖的妇女、儿童，对被买儿童没有虐待行为，不阻碍对其进行解救的，可以从轻处罚；按照被买妇女的意愿，不阻碍其返回原居住地的，可以从轻或者减轻处罚。"

②2000年3月20日最高人民法院、最高人民检察院、公安部、民政部、司法部、全国妇女联合会《关于打击拐卖妇女儿童犯罪有关问题的通知》相关规定如下：

"对收买被拐卖的妇女、儿童的，以及阻碍解救被拐卖妇女、儿童构成犯罪的，也要依法惩处。出卖亲生子女的，由公安机关依法没收非法所得，并处以罚款；以营利为目的，出卖不满十四周岁子女，情节恶劣的，借收养名义拐卖儿童的，以及出卖捡拾的儿童的，均应以拐卖儿童罪追究刑事责任。出卖十四周岁以上女性亲属或者其他不满十四周岁亲属的，以拐卖妇女、儿童罪追究刑事责任。

对于被拐卖的未成年女性、现役军人配偶、遭受摧残虐待的、被强迫卖淫或者从事其他色情服务的妇女，以及本人要求解救的妇女，要立即解救。对于自愿继续留在现住地生活的成年女性，应尊重本人意愿，愿在现住地结婚且符合法定结婚条件的，应当依法办理结婚登记手续。被拐卖妇女与买主所生子女的抚养问题，可由双方协商解决或由人民法院裁决。对于遭受摧残虐待、被强迫乞讨或从事违法犯罪活动的，以及本人要求解救的被拐卖儿童，应当立即解救。对于解救的被拐卖儿童，由其父母或者其他监护人户口所在地公安机关负责接回。

公安、民政、妇联等有关部门和组织应当密切配合，做好被解救妇女、儿童的善后安置工作。任何单位和个人不得歧视被拐卖的妇女、儿童。对被解救回的未成年人，其父母及其他监护人应当接收并认真履行抚养义务。拒绝接收，拒不履行抚养义务，构成犯罪的，以遗弃罪追究刑事责任。"

③2000年3月24日公安部《关于打击拐卖妇女儿童犯罪适用法律和政策有关问题的意见》主要内容如下：

"三、关于收买被拐卖的妇女、儿童犯罪

（一）收买被拐卖的妇女、儿童的，以收买被拐卖的妇女、儿童罪立案侦查。

（二）收买被拐卖的妇女、儿童，并有下列犯罪行为的，同时以收买被拐卖的妇女、儿童罪和下列罪名立案侦查：

1. 违背被拐卖妇女的意志，强行与其发生性关系的，以强奸罪立案侦查。

2. 明知收买的妇女是精神病患者（间歇性精神病患者在发病期间）或者痴呆者（程度严重的）而与其发生性关系的，以强奸罪立案侦查。

3. 与收买的不满十四周岁的幼女发生性关系的，不论被害人是否同意，均以奸淫幼女罪立案侦查。

4. 非法剥夺、限制被拐卖的妇女、儿童人身自由的，或者对其实施伤害、侮辱、猥亵等犯罪行为的，以非法拘禁罪，或者伤害罪、侮辱罪、强制猥亵妇女罪、猥亵儿童罪等犯罪立案侦查。

5. 明知被拐卖的妇女是现役军人的妻子而与之同居或者结婚的，以破坏军婚罪立案侦查。

（三）收买被拐卖的妇女、儿童后又出卖的，以拐卖妇女、儿童罪立案侦查。

（四）凡是帮助买主实施强奸、伤害、非法拘禁被拐卖的妇女、儿童等犯罪行为的，应当分别以强奸罪、伤害罪、非法拘禁罪等犯罪的共犯立案侦查。

（五）收买被拐卖的妇女、儿童，按照被买妇女的意愿，不阻碍其返回原居住地的，对被买儿童没有虐待行为，不阻碍对其进行解救的，可以不追究刑事责任。

四、关于自首和立功

（一）要采取多种形式，广泛宣传刑法关于自首、立功等从宽处理的刑事政策。各地可选择一些因主动投案自首或者有立功表现而给予从轻、减轻、免除处罚的典型案件，公开宣传报道，敦促在逃的犯罪分子尽快投案自首，坦白交代罪行，检举、揭发他人的犯罪行为，提供破案线索，争取立功表现。

（二）要做好对犯罪分子家属、亲友的政策宣传工作，动员他们规劝、陪同有拐卖妇女、儿童犯罪行为的亲友投案自首，或者将犯罪嫌疑人送往司法机关投案。对窝藏、包庇犯罪分子、阻碍解救、妨害公务,构成犯罪的,要依法追究刑事责任。

(三)对于投案自首、坦白交代罪行、有立功表现的犯罪嫌疑人,公安机关在移送人民检察院审查起诉时应当依法提出从轻、减轻、免除处罚的意见。

五、关于解救工作

(一)解救妇女、儿童工作由拐入地公安机关负责。对于拐出地公安机关主动派工作组到拐入地进行解救的,也要以拐入地公安机关为主开展工作。对解救的被拐卖妇女,由其户口所在地公安机关负责接回;对解救的被拐卖儿童,由其父母或者其他监护人户口所在地公安机关负责接回。拐出地、拐入地、中转地公安机关应当积极协作配合,坚决杜绝地方保护主义。

(二)要充分依靠当地党委、政府的支持,做好对基层干部和群众的法制宣传和说服教育工作,注意方式、方法,慎用警械、武器,避免激化矛盾,防止出现围攻执法人员、聚众阻碍解救等突发事件。

以暴力、威胁方法阻碍国家机关工作人员解救被收买的妇女、儿童的,以妨害公务罪立案侦查。对聚众阻碍国家机关工作人员解救被收买的妇女、儿童的首要分子,以聚众阻碍解救被收买的妇女、儿童罪立案侦查。其他使用暴力、威胁方法的参与者,以妨害公务罪立案侦查。阻碍解救被收买的妇女、儿童,没有使用暴力、威胁方法的,依照《中华人民共和国治安管理处罚条例》的有关规定处罚。

(三)对于被拐卖的未成年女性、现役军人配偶、受到买主摧残虐待的、被强迫卖淫或从事其他色情服务的妇女,以及本人要求解救的妇女,要立即解救。

对于自愿继续留在现住地生活的成年女性,应当尊重本人意愿,愿在现住地结婚且符合法定结婚条件的,应当依法办理结婚登记手续。被拐卖妇女与买主所生子女的抚养问题,可由双方协商解决或者由人民法院裁决。

(四)对于遭受摧残虐待的、被强迫乞讨或从事违法犯罪活动的,以及本人要求解救的被拐卖儿童,应当立即解救。

对于被解救的儿童,暂时无法查明其父母或者其他监护人的,依法交由民政部门收容抚养。

对于被解救的儿童,如买主对该儿童既没有虐待行为又不阻碍解救,其父母又自愿送养,双方符合收养和送养条件的,可依法办理收养手续。

(五)任何个人或者组织不得向被拐卖的妇女、儿童及其家属索要收买妇女、儿童的费用和生活费用;已经索取的,应当予以返还。

(六)被解救的妇女、儿童户口所在地公安机关应当协助民政等有关部门妥善安置其生产和生活。

六、关于不解救或者阻碍解救被拐卖的妇女、儿童等渎职犯罪

对被拐卖的妇女、儿童负有解救职责的国家机关工作人员不履行解救职责,或者袒护、纵容甚至支持买卖妇女、儿童,为买卖妇女、儿童人员通风报信,或者以其他方法阻碍解救工作的,要依法处理:

(一)对被拐卖的妇女、儿童负有解救职责的公安、司法等国家机关工作人员接到被拐卖的妇女、儿童及其家属的解救要求或者接到其他人的举报,而对被拐卖的妇女、儿童不进行解救的,要交由其主管部门进行党纪、政纪、警纪处分;构成犯罪的,应当以不解救被拐卖妇女、儿童罪移送人民检察院追究刑事责任。

(二)对被拐卖的妇女、儿童负有解救职责的公安、司法等国家机关工作人员利用职务阻碍解救被拐卖的妇女、儿童,构成犯罪的,应当以阻碍解救被拐卖妇女、儿童罪移送人民检察院追究刑事责任。

（三）行政执法人员徇私情、私利，伪造材料，隐瞒情况，弄虚作假，对依法应当移交司法机关追究刑事责任的拐卖妇女、儿童犯罪案件不移交司法机关处理，构成犯罪的，以徇私舞弊不移交刑事案件罪移送人民检察院追究刑事责任。

（四）有查禁拐卖妇女、儿童犯罪活动职责的国家机关工作人员，向拐卖妇女、儿童的犯罪分子通风报信、提供便利，帮助犯罪分子逃避处罚，构成犯罪的，以帮助犯罪分子逃避处罚罪移送人民检察院追究刑事责任。

七、关于严格执法、文明办案

（一）各级公安机关必须严格依照《刑法》《刑事诉讼法》和《公安机关办理刑事案件程序规定》以及其他有关规定，严格执法，文明办案，防止滥用强制措施、超期羁押，严禁刑讯逼供和以威胁、引诱、欺骗以及其他非法的方法收集证据。

（二）依法保障律师在侦查阶段参与刑事诉讼活动，保障犯罪嫌疑人聘请律师提供法律帮助的权利。对于律师提出会见犯罪嫌疑人的，公安机关应当依法及时安排会见，不得借故阻碍、拖延。

（三）对犯罪分子违法所得的一切财物及其产生的孳息，应当依法追缴。对依法扣押的犯罪工具及犯罪嫌疑人的财物及其孳息，应当妥为保管，不得挪用、毁损和自行处理。对作为证据使用的实物，应当随案移送；对不宜移送的，应当将其清单、照片或者其他证明文件随案移送，待人民法院作出生效判决后，由扣押的公安机关按照人民法院的通知，上缴国库或者返还受害人。

（四）认真做好办案协作工作。需要异地公安机关协助调查、执行强制措施的，要及时向有关地区公安机关提出协作请求。接受请求的公安机关应当及时予以协作配合，并尽快回复。对不履行办案协作职责造成严重后果的，对直接负责的主管人员和其他直接责任人员，应当给予行政处分；构成犯罪的，依法追究刑事责任。对在逃的拐卖妇女、儿童的犯罪分子，有关公安机关应密切配合，及时通缉，追捕归案。

八、关于办理涉外案件

（一）外国人或者无国籍人拐卖外国妇女、儿童到我国境内被查获的，应当适用我国刑法，以拐卖妇女、儿童罪立案侦查。

（二）拐卖妇女犯罪中的‘妇女’，既包括具有中国国籍的妇女，也包括具有外国国籍和无国籍的妇女。被拐卖的外国妇女没有身份证明的，不影响对犯罪分子的立案侦查。

（三）对外国人依法作出取保候审、监视居住决定或者执行拘留、逮捕后，由有关省、自治区、直辖市公安厅、局在规定的期限内，将外国人的有关情况、涉嫌犯罪的主要事实、已采取的强制措施及其法律依据，通知该外国人所属国家的驻华使、领馆，同时报告公安部。

（四）对于外国籍犯罪嫌疑人身份无法查明或者其国籍国拒绝提供有关身份证明的，也可以按其自报的姓名依法提请人民检察院批准逮捕、移送审查起诉。

（五）对非法入出我国国境、非法居留的外国人，应当依照《中华人民共和国外国人入境出境管理法》及其实施细则进行处罚；情节严重，构成犯罪的，依法追究刑事责任。

九、关于法制宣传工作

各地公安机关要与司法行政、宣传、广播电视、民政、妇联、共青团等有关部门和组织密切配合，利用广播、电视、报刊、网络等媒体，结合打击人贩子、处理买主、解救被拐卖的妇女、儿童的典型案例，大张旗鼓地开展法制宣传教育活动。要大力宣传党和政府打击拐卖妇女、儿童犯罪的态度和决心，宣传拐卖妇女、儿童犯罪的严重危害，宣传国家禁止买卖妇女、儿童和惩处人贩子、买主的法律规定，宣传专项斗争中涌现出的不怕牺牲、不辞劳苦打击人贩子、解救被拐卖的妇女、儿童的英雄模范事迹，形成宣传攻势，提高广大人民群众的法制观念，教育群众自觉守法。特别是在拐卖妇女、儿童以及收买被拐卖的妇女、儿童情况较严重的地区，要深入村村户户进行法制宣传教育，真正做到家喻户晓、人人皆知。要以案说法，使广大干部和群众能够认识到拐卖妇女、儿童，收买被拐卖的妇女、儿童，阻碍解救被拐卖的妇女、儿童都是违法犯罪行为，都要受到法律制裁。在不通广播、电视的贫困、边远地区，要采取印发宣传材料、召开座谈会等多种形式进行宣传。

要广泛发动社会各界以及基层干部、群众，积极投入'打拐'专项斗争，主动配合、协助有关部门做好解救被拐卖妇女、儿童的工作，号召群众检举、揭发拐卖、收买妇女、儿童的犯罪行为，自觉同拐卖妇女、儿童犯罪活动作斗争。各地公安机关要设立'打拐'热线电话，接受群众举报，对提供重要犯罪线索、协助抓获重大犯罪嫌疑人的人员，要给予奖励。"

④2016 年 12 月 21 日最高人民法院《关于审理拐卖妇女儿童犯罪案件具体应用法律若干问题的解释》第 5 条、第 6 条、第 7 条、第 8 条和第 9 条规定："收买被拐卖的妇女，业已形成稳定的婚姻家庭关系，解救时被买妇女自愿继续留在当地共同生活的，可以视为'按照被买妇女的意愿，不阻碍其返回原居住地'。"

"收买被拐卖的妇女、儿童后又组织、强迫卖淫或者组织乞讨、进行违反治安管理活动等构成其他犯罪的，依照数罪并罚的规定处罚。"

"收买被拐卖的妇女、儿童，又以暴力、威胁方法阻碍国家机关工作人员解救被收买的妇女、儿童，或者聚众阻碍国家机关工作人员解救被收买的妇女、儿童，构成妨害公务罪、聚众阻碍解救被收买的妇女、儿童罪的，依照数罪并罚的规定处罚。"

"出于结婚目的收买被拐卖的妇女，或者出于抚养目的收买被拐卖的儿童，涉及多名家庭成员、亲友参与的，对其中起主要作用的人员应当依法追究刑事责任。"

"刑法第二百四十条、第二百四十一条规定的儿童，是指不满十四周岁的人。其中，不满一周岁的为婴儿，一周岁以上不满六周岁的为幼儿。"

(3)构成要件

第一，本罪侵犯的客体是妇女、儿童的人格尊严权、人身自由权。本罪的犯罪对象，是 14 周岁以上的妇女和 14 周岁以下的男女儿童。

第二，客观方面表现为收买被拐卖的妇女、儿童的行为。这里的收买，不能只理解为以财物换人，还应该理解为以财产性利益和非财产性利益换人的行为。

第三，本罪的主体是一般主体，即凡是年满 16 周岁、具有刑事责任能力的自然人，均可以构成本罪。

第四，主观方面必须明知被收买的对象是被拐卖的妇女、儿童。其目的不能是出卖或者解救妇女、儿童。

(4)罪名界定

第一，关于儿童的年龄界限。根据 1992 年 12 月 11 日最高人民法院、最高人民检察院《关于执行全国人大常委会〈关于严惩拐卖、绑架妇女、儿童的犯罪分子的决定〉的若干问题的解答》(现已失效)之规定，"儿童"，是指不满 14 周岁的人。其中不满 1 周岁的为婴儿，1 周岁以上不满 6 周岁的为幼儿。

第二，要划清本罪的罪与非罪的界限。在实践中，有的人由于婚姻问题难以解决，委托他人到外地给自己介绍对象；有的想收养子女，委托他人介绍别人愿意出养的儿童，事成之后，出于感谢给介绍人一定的财物，这种行为不构成犯罪。这种行为与本罪的区别是：

①主观故意不同。本罪行为人主观方面，必须是明知被收买的人是或者可能是被拐卖而来；而介绍婚姻、收养子女给付财物的行为人，主观上不能明知被收买人是或者可能是被拐卖的妇

女、儿童,否则,行为性质就不再是介绍婚姻、收养子女给付财物。行为人主观上对给付财物的性质因此也不同。例如,收买妇女、儿童,收买人认为自己在支付被收买人的身价;而介绍婚姻、收养儿童给付财物,行为人认为自己是在给付酬谢费。

②接收财物的人不同。在介绍婚姻、收养儿童给付财物行为中,接受财物的人一般不是拐卖、绑架妇女、儿童的犯罪分子。给付财物人不构成收买被拐卖的妇女、儿童罪。给付财物者主观上不明知妇女、儿童是被拐卖而来。

③妇女、儿童的来源不同。在收买被拐卖的妇女、儿童罪中,妇女、儿童的来源是被拐骗收买来的;而在介绍婚姻、收养儿童行为中,妇女的来源,是妇女本人自愿外嫁,儿童来源于父母或者其他监护人的送养。

④财物的数额不同。收买被拐卖的妇女、儿童付的财物,是被收买人的身价,其数额随妇女、儿童本身素质、供求关系变化和双方讨价还价而定;而介绍婚姻、收养儿童给付财物,则是对介绍人的酬谢,一般比较少。而且给付财物的对象既有介绍人,也有妇女、儿童的亲属。

认定本罪应当注意以下问题:一是收买人必须明知是被拐卖、绑架的妇女、儿童而予以收买的,才能构成本罪。二是共同参与了收买被拐卖、绑架的妇女、儿童犯罪行为的,对其中的主犯,应当追究刑事责任;对其他参与者,如果是情节显著轻微,危害不大,不认为是犯罪,不追究其刑事责任。三是被买妇女与收买人已经成婚,并且愿意留在当地共同生活的,对收买人可以视为“按照被买妇女的意愿,不阻碍其返回原居住地”,不追究刑事责任。

第三,要划清本罪的一罪与数罪的界限。行为人只要实施了收买被拐卖的妇女、儿童,就构成本罪的既遂。收买以后,对被害人实施了其他侵害行为,而且进行侵害行为已经构成犯罪的,不能为本罪所包容,应当实行数罪并罚。例如,收买以后,实施强奸、拘禁、伤害、侮辱、虐待等构成犯罪的,应当分别以收买被拐卖的妇女、儿童罪与强奸、非法拘禁、伤害、侮辱、虐待罪数罪并罚。

(5)量刑幅度

根据《刑法》第241条第1款、第6款的规定,犯本罪的,处3年以下有期徒刑、拘役或者管制。收买被拐卖的妇女、儿童,按照被买妇女的意愿,不阻碍其返回原居住地的,对被买儿童没有虐待行为,不阻碍对其进行解救的,可以从轻或者减轻处罚。

14. 聚众阻碍解救被收买的妇女、儿童罪(第242条)

(1)罪名概念

聚众阻碍解救被收买的妇女、儿童罪,是指组织、策划、指挥多人阻碍国家工作人员解救被收买的妇女、儿童的行为。

(2)法律规定

①本罪名是由《刑法》第242条规定的。《刑法》第242条规定:“以暴力、威胁方法阻碍国家机关工作人员解救被收买的妇女、儿童的,依照本法第二百七十七条的规定定罪处罚。

聚众阻碍国家机关工作人员解救被收买的妇女、儿童的首要分子,处五年以下有期徒刑或者拘役;其他参与者使用暴力、威胁方法的,依照前款的规定处罚。”

②2000年3月24日公安部《关于打击拐卖妇女儿童犯罪适用法律和政策有关问题的意见》相关主要内容如下:

“五、关于解救工作

(一)解救妇女、儿童工作由拐入地公安机关负责。对于拐出地公安机关主动派工作组到拐入地进行解救的,也要以拐入地公安机关为主开展工作。对解救的被拐卖妇女,由其户口所在地公安机关负责接回;对解救的被拐卖儿童,由其父母或者其他监护人户口所在地公安机关负责接回。拐出地、拐入地、中转地公安机关应当积极协作配合,坚决杜绝地方保护主义。

(二)要充分依靠当地党委、政府的支持,做好对基层干部和群众的法制宣传和说服教育工作,注意方式、方法,慎用警械、武器,避免激化矛盾,防止出现围攻执法人员、聚众阻碍解救等突发事件。

以暴力、威胁方法阻碍国家机关工作人员解救被收买的妇女、儿童的,以妨害公务罪立案侦查。对聚众阻碍国家机关工作人员解救被收买的妇女、儿童的首要分子,以聚众阻碍解救被收买的妇女、儿童罪立案侦查。其他使用暴力、威胁方法的参与者,以妨害公务罪立案侦查。阻碍解救被收买的妇女、儿童,没有使用暴力、威胁方法的,依照《中华人民共和国治安管理处罚条例》的有关规定处罚。

(三)对于被拐卖的未成年女性、现役军人配偶、受到买主摧残虐待的、被强迫卖淫或从事其他色情服务的妇女,以及本人要求解救的妇女,要立即解救。

对于自愿继续留在现住地生活的成年女性,应当尊重本人意愿,愿在现住地结婚且符合法定结婚条件的,应当依法办理结婚登记手续。被拐卖妇女与买主所生子女的抚养问题,可由双方协商解决或者由人民法院裁决。

(四)对于遭受摧残虐待的、被强迫乞讨或从事违法犯罪活动的,以及本人要求解救的被拐卖儿童,应当立即解救。

对于被解救的儿童,暂时无法查明其父母或者其他监护人的,依法交由民政部门收容抚养。

对于被解救的儿童,如买主对该儿童既没有虐待行为又不阻碍解救,其父母又自愿送养,双方符合收养和送养条件的,可依法办理收养手续。

(五)任何个人或者组织不得向被拐卖的妇女、儿童及其家属索要收买妇女、儿童的费用和生活费用;已经索取的,应当予以返还。

(六)被解救的妇女、儿童户口所在地公安机关应当协助民政等有关部门妥善安置其生产和生活。

六、关于不解救或者阻碍解救被拐卖的妇女、儿童等渎职犯罪

对被拐卖的妇女、儿童负有解救职责的国家机关工作人员不履行解救职责,或者袒护、纵容甚至支持买卖妇女、儿童,为买卖妇女、儿童人员通风报信,或者以其他方法阻碍解救工作的,要依法处理:

(一)对被拐卖的妇女、儿童负有解救职责的公安、司法等国家机关工作人员接到被拐卖的妇女、儿童及其家属的解救要求或者接到其他人的举报,而对被拐卖的妇女、儿童不进行解救的,要交由其主管部门进行党纪、政纪、警纪处分;构成犯罪的,应当以不解救被拐卖妇女、儿童罪移送人民检察院追究刑事责任。

(二)对被拐卖的妇女、儿童负有解救职责的公安、司法等国家机关工作人员利用职务阻碍解救被拐卖的妇女、儿童,构成犯罪的,应当以阻碍解救被拐卖妇女、儿童罪移送人民检察院追究刑事责任。

(三)行政执法人员徇私情、私利,伪造材料,隐瞒情况,弄虚作假,对依法应当移交司法机关追究刑事责任的拐卖妇女、儿童犯罪案件不移交司法机关处理,构成犯罪的,以徇私舞弊不移交刑事案件罪移送人民检察院追究刑事责任。

(四)有查禁拐卖妇女、儿童犯罪活动职责的国家机关工作人员,向拐卖妇女、儿童的犯罪分子通风报信、提供便利,帮助犯罪分子逃避处罚,构成犯罪的,以帮助犯罪分子逃避处罚罪移送人民检察院追究刑事责任。

七、关于严格执法、文明办案

（一）各级公安机关必须严格依照《刑法》《刑事诉讼法》和《公安机关办理刑事案件程序规定》以及其他有关规定，严格执法，文明办案，防止滥用强制措施、超期羁押，严禁刑讯逼供和以威胁、引诱、欺骗以及其他非法的方法收集证据。

（二）依法保障律师在侦查阶段参与刑事诉讼活动，保障犯罪嫌疑人聘请律师提供法律帮助的权利。对于律师提出会见犯罪嫌疑人的，公安机关应当依法及时安排会见，不得借故阻碍、拖延。

（三）对犯罪分子违法所得的一切财物及其产生的孳息，应当依法追缴。对依法扣押的犯罪工具及犯罪嫌疑人的财物及其孳息，应当妥为保管，不得挪用、毁损和自行处理。对作为证据使用的实物，应当随案移送；对不宜移送的，应当将其清单、照片或者其他证明文件随案移送，待人民法院作出生效判决后，由扣押的公安机关按照人民法院的通知，上缴国库或者返还受害人。

（四）认真做好办案协作工作。需要异地公安机关协助调查、执行强制措施的，要及时向有关地区公安机关提出协作请求。接受请求的公安机关应当及时予以协作配合，并尽快回复。对不履行办案协作职责造成严重后果的，对直接负责的主管人员和其他直接责任人员，应当给予行政处分；构成犯罪的，依法追究刑事责任。对在逃的拐卖妇女、儿童的犯罪分子，有关公安机关应密切配合，及时通缉，追捕归案。

八、关于办理涉外案件

（一）外国人或者无国籍人拐卖外国妇女、儿童到我国境内被查获的，应当适用我国刑法，以拐卖妇女、儿童罪立案侦查。

（二）拐卖妇女犯罪中的‘妇女’，既包括具有中国国籍的妇女，也包括具有外国国籍和无国籍的妇女。被拐卖的外国妇女没有身份证明的，不影响对犯罪分子的立案侦查。

（三）对外国人依法作出取保候审、监视居住决定或者执行拘留、逮捕后，由有关省、自治区、直辖市公安厅、局在规定的期限内，将外国人的有关情况、涉嫌犯罪的主要事实、已采取的强制措施及其法律依据，通知该外国人所属国家的驻华使、领馆，同时报告公安部。

（四）对于外国籍犯罪嫌疑人身份无法查明或者其国籍国拒绝提供有关身份证明的，也可以按其自报的姓名依法提请人民检察院批准逮捕、移送审查起诉。

（五）对非法入出我国国境、非法居留的外国人，应当依照《中华人民共和国外国人入境出境管理法》及其实施细则进行处罚；情节严重，构成犯罪的，依法追究刑事责任。

九、关于法制宣传工作

各地公安机关要与司法行政、宣传、广播电视、民政、妇联、共青团等有关部门和组织密切配合，利用广播、电视、报刊、网络等媒体，结合打击人贩子、处理买主、解救被拐卖的妇女、儿童的典型案例，大张旗鼓地开展法制宣传教育活动。要大力宣传党和政府打击拐卖妇女、儿童犯罪的态度和决心，宣传拐卖妇女、儿童犯罪的严重危害，宣传国家禁止买卖妇女、儿童和惩处人贩子、买主的法律规定，宣传专项斗争中涌现出的不怕牺牲、不辞劳苦打击人贩子、解救被拐卖的妇女、儿童的英雄模范事迹，形成宣传攻势，提高广大人民群众的法制观念，教育群众自觉守法。特别是在拐卖妇女、儿童以及收买被拐卖的妇女、儿童情况较严重的地区，要深入村村户户进行法制宣传教育，真正做到家喻户晓、人人皆知。要以案说法，使广大干部和群众能够认识到拐卖妇女、儿童，收买被拐卖的妇女、儿童，阻碍解救被拐卖的妇女、儿童都是违法犯罪行为，都要受到法律制裁。在不通广播、电视的贫困、边远地区，要采取印发宣传材料、召开座谈会等多种形式进行宣传。

要广泛发动社会各界以及基层干部、群众，积极投入‘打拐’专项斗争，主动配合、协助有关部门做好解救被拐卖妇女、儿童的工作,号召群众检举、揭发拐卖、收买妇女、儿童的犯罪行为,自觉同拐卖妇女、儿童犯罪活动作斗争。各地公安机关要设立'打拐'热线电话,接受群众举报,对提供重要犯罪线索、协助抓获重大犯罪嫌疑人的人员,要给予奖励。"

③2016 年 12 月 21 日最高人民法院《关于审理拐卖妇女儿童犯罪案件具体应用法律若干问题的解释》第 4 条规定:"在国家机关工作人员排查来历不明儿童或者进行解救时,将所收买的儿童藏匿、转移或者实施其他妨碍解救行为,经说服教育仍不配合的,属于刑法第二百四十一条第六款规定的'阻碍对其进行解救'。"

(3)构成要件

第一,本罪侵犯的客体是国家工作人员依法解救被收买的妇女、儿童的职务活动和妇女、儿童的人身自由权利。本罪的犯罪对象,必须是正在依法执行解救被收买的妇女、儿童的国家机关工作人员。

第二,客观方面表现为聚众阻碍国家工作人员执行解救被收买的妇女、儿童的行为。

第三,本罪的主体是一般主体,限定为聚众阻碍解救被收买的妇女、儿童的首要分子。

第四,主观方面是故意,其内容表现为,明知阻碍对象是正在解救被收买的妇女、儿童的国家工作人员,而故意聚众实施阻碍行为。

(4)罪名界定

第一,认定本罪应当注意以下几点:一是在主体方面,构成本罪的必须是阻碍负有解救职责的国家机关工作人员,既包括司法人员、各级行政机关人员以及其他负责解救工作的人员,也包括解救机关委托协助执行解救公务的人员。对这些人员依法执行解救活动进行聚众阻碍,就构成本罪。对这些人员以外的其他人员,或者非执行解救工作的国家工作人员,聚众阻碍其解救行为的,不构成本罪。如果国家机关工作人员在执行解救活动中,超越职责范围,或者滥用解救职责,遭到群众阻碍的,阻碍者亦不构成本罪。二是在客观方面,行为人必须以聚众方式进行阻碍。三是要看行为人在主观上是否明知侵犯的对象是正在解救被收买的妇女、儿童的国家工作人员,这也是能否构成本罪的重要因素。四是行为人必须是本案的首要分子,其他参与人一般不构成本罪,也不按本罪追究刑事责任。

对于使用暴力聚众阻碍解救的,应当根据具体情况,分别予以认定处罚。对造成国家工作人员重伤或者死亡的,应当实行数罪并罚。如果构成其他犯罪的,也应当按照首要分子和其他参与者所触犯的罪名,分别与本罪和妨害公务罪进行数罪并罚。如果本罪行为人同时又是拐卖、绑架妇女、儿童的犯罪分子,则应当与拐卖妇女、儿童罪或者绑架妇女、儿童罪执行数罪并罚。

第二,本罪与妨害公务罪的主要区别是:①侵犯的对象不同。前者侵犯的对象是有特定性,范围比较狭窄,必须是负有解救被收买妇女、儿童职责的国家工作人员;而后者的对象具有普遍性,范围比较大,可以是任何国家机关依法执行公务的人员。②客观行为特征不同。前者是聚众阻碍,至于使用什么方法阻碍在所不论,只要是聚众阻碍,就符合构成本罪的条件;而后者必须是以暴力、威胁方法,实施阻碍行为。③犯罪主体不同。前者的主体必须是首要分子;而后者没有特别限制。④主观故意内容不同。前者要求明知的内容比较具体,即行为人明知是国家工作人员正在执行解救被收买的妇女、儿童的公务活动;而后者只要求行为人明知是国家工作人员的身份以及是在执行公务即可,其内容是笼统的,至于执行什么公务,行为人是否明知公务的内容,都不影响该罪的成立。

(5)量刑幅度

根据《刑法》第 242 条第 2 款的规定,对构成本罪的首要分子,处 5 年以下有期徒刑或者拘役。

对其他参与者，使用暴力、威胁方法的，根据《刑法》第242条第1款的规定，按照《刑法》第277条的规定以妨害公务罪论处。

15. 诬告陷害罪（第243条）

（1）罪名概念

诬告陷害罪，是指意图使他人受到刑事处罚，捏造犯罪事实，向国家机关或者有关单位作虚假告发，情节严重的行为。

（2）法律规定

本罪名是由《刑法》第243条规定的。该条规定：“捏造事实诬告陷害他人，意图使他人受刑事追究，情节严重的，处三年以下有期徒刑、拘役或者管制；造成严重后果的，处三年以上十年以下有期徒刑。

国家机关工作人员犯前款罪的，从重处罚。

不是有意诬陷，而是错告，或者检举失实的，不适用前两款的规定。”

（3）构成要件

第一，本罪侵犯的客体是他人的人身权利和国家司法机关的正常活动。

第二，客观方面表现为捏造犯罪事实，向国家机关或者有关单位作虚假告发的行为。

第三，本罪的主体是一般主体。

第四，主观方面是故意，并且具有意图使他人受到刑事处分的目的。如果不是有意诬告，而是错告或者检举有误，不能认为是犯罪。

（4）罪名界定

第一，要分清诬告陷害犯罪和诬告陷害行为的不同。有人为了某种目的，诬告陷害他人，目的不是使他受到刑事处分，而是使他受到行政处分。要分清这两种行为，应从以下两方面来看：一是前者的行为人是以使他人受到刑事处罚为目的；而后者的行为人并不是追求使他人受到刑事处罚，只是为了实现损害他人的名誉或者使他人受到行政处分的目的。二是前者的行为人捏造的是犯罪事实，社会危害性较大；而后者的行为人捏造的只是普通的违法违纪行为，或者是有伤风化的事情，并不构成犯罪。

另外，还要注意不能把错告当成犯罪处理。诬告陷害罪和错告本质不同：一是前者检举的是捏造的事实；而后者检举的是认识片面或者错误的事实。二是前者具有故意陷害他人的目的，意图使他人受到刑事处罚；而后者没有故意陷害他人的目的，而是坚持正义，协助国家司法机关查明案件事实。根据《刑法》第243条第3款的规定，不是有意诬陷，而是错告，或者检举失实的，不能以本罪论处。

第二，本罪与伪证罪有重大区别。伪证罪，是指在刑事诉讼中，证人、鉴定人、记录人、翻译人对于案件有重要关系的情节，故意作虚假的证明、鉴定、记录、翻译，意图陷害他人，或者替他人隐匿罪证的行为。区分这两者的关键在于：①犯罪发生的时间、地点不同。本罪发生在侦查之前；而伪证罪是在刑事诉讼中发生的。②犯罪行为的内容不同。本罪的内容是行为人以捏造的犯罪事实向国家机关或者有关单位作虚假告发为其基本内容；而伪证罪的内容则是行为人对于案件有重要关系的情节作虚假的证明、记录、鉴定或者翻译。③犯罪行为的形式不同。本罪的行为人主要是滥用控告权、检举权、申诉权，积极向有关机关进行告发，只能以作为方式实施；而伪证罪则可以采取作为或者不作为的方式实施，例如，证人对案件重要情节作证时，谎称不知道。④犯罪对象的特定范围不同。本罪的侵犯对象是特定的任何人；而伪证罪侵犯的对象只能是在特定刑事案件中的被害人或者犯罪嫌疑人、被告人。⑤犯罪的主体不同。本罪的主体为一般主体；而伪证罪的主体是特殊主体，只能由证人、鉴定人、记录人或者翻译人构成。⑥犯罪的目的不同。本罪的行为人是为了使他人受到刑事处罚，即不利于被诬陷的人；而伪证罪的行为人是以自己的行为干扰司法机关的判决，其既可以使他人受到刑事处罚或者轻罪重判，也可以使罪犯逃避刑事处罚或者重罪轻判。

(5)量刑幅度

根据《刑法》第243条的规定，对本罪的处罚分以下3个档次：

一是情节严重的，处3年以下有期徒刑、拘役或者管制。

二是造成严重后果的，处3年以上10年以下有期徒刑。

三是国家机关工作人员犯本罪的，从重处罚。

16. 强迫劳动罪（第244条第1款）

(1)罪名概念

强迫劳动罪，是指用以暴力、威胁或者限制人身自由的方法强迫他人劳动的行为。

(2)法律规定

①本罪名是由《刑法》第244条第1款规定的。该条规定："以暴力、威胁或者限制人身自由的方法强迫他人劳动的，处三年以下有期徒刑或者拘役，并处罚金；情节严重的，处三年以上十年以下有期徒刑，并处罚金。

明知他人实施前款行为，为其招募、运送人员或者有其他协助强迫他人劳动行为的，依照前款的规定处罚。

单位犯前两款罪的，对单位判处罚金，并对其直接负责的主管人员和其他直接责任人员，依照第一款的规定处罚。"

②2017年4月27日最高人民检察院、公安部《关于公安机关管辖的刑事案件立案追诉标准的规定(一)的补充规定》第6条规定："将《立案追诉标准(一)》第三十一条修改为：[强迫劳动案(刑法第二百四十四条)]以暴力、威胁或者限制人身自由的方法强迫他人劳动的，应予立案追诉。

明知他人以暴力、威胁或者限制人身自由的方法强迫他人劳动，为其招募、运送人员或者有其他协助强迫他人劳动行为的，应予立案追诉。"

(3)构成要件

第一，本罪侵犯的客体是劳动者与用人者确立的劳动关系和劳动者的人身自由权利。

第二，客观方面表现为以暴力、威胁或者限制人身自由的方法强迫他人劳动的行为。

第三，本罪的主体是特殊主体，即用人单位或者用人者。

第四，主观方面是故意，即故意强迫他人劳动。

(4)罪名界定

第一，认定本罪需要注意罪与非罪和一罪与数罪的问题。在经济生活中，屡屡出现强迫劳动，侵犯他人利益的案件，一般多是以行政、民事规范来调整，其中只有情节比较严重的才构成犯罪。通常认为，以下情况可以认定为犯罪：①长时间地无偿强迫他人劳动；②在强迫他人劳动过程中，有侮辱情节的；③强迫他人长时间劳动造成人员伤残的；④强迫多人无偿劳动的；等等。在实践中，以限制人身自由的方法强迫他人劳动常常伴有故意伤害、非法拘禁等行为，如果这些行为本罪不能包容，构成其他犯罪，可对这些行为单独定罪，与本罪实行数罪并罚。

第二，本罪非法拘禁罪的区别是：①本罪侵犯的客体是复杂客体，即公民的劳动权利和人身自由权；而非法拘禁罪侵犯的是公民的人身自由权利。②本罪的目的是强迫他人劳动，仅仅是限制职工的人身自由；而非法拘禁罪的目的是完全剥夺他人的人身自由。③本罪只能由用人单位的直接责任人员来实施，属于特殊主体；而非法拘禁罪可以由国家机关工作人员、基层组织或者普通公民实施，属于一般主体。④强迫职工劳动罪的犯罪对象仅限于用人单位职工；而非法拘禁罪的犯罪对象可以是任何人。

(5)量刑幅度

根据《刑法》第244条的规定，对本罪的处罚分以下3个档次：

一是犯强迫劳动罪处3年以下有期徒刑或者拘役，并处罚金。

二是情节严重的，处3年以上10年以下有期徒刑，并处罚金。

三是单位犯本罪的，对单位判处罚金，并对其直接负责的主管人员和其他直接责任人员，依照上述规定处罚。

17.雇用童工从事危重劳动罪(第244条之一)

(1)罪名概念

雇用童工从事危重劳动罪，是指违反劳动管理法规，雇用不满16周岁的未成年人从事超强体力劳动的，或者从事高空、井下作业的，或者在爆炸性、易燃性、放射性、毒害性等危险环境下从事劳动，情节严重的行为。

(2)法律规定

①本罪是由《刑法》第244条之一规定的。该条规定："违反劳动管理法规，雇用未满十六周岁的未成年人从事超强度体力劳动的，或者从事高空、井下作业的，或者在爆炸性、易燃性、放射性、毒害性等危险环境下从事劳动，情节严重的，对直接责任人员，处三年以下有期徒刑或者拘役，并处罚金；情节特别严重的，处三年以上七年以下有期徒刑，并处罚金。

有前款行为，造成事故，又构成其他犯罪的，依照数罪并罚的规定处罚。"

②2008年6月25日最高人民检察院、公安部《关于公安机关管辖的刑事案件立案追诉标准的规定(一)》第32条规定："违反劳动管理法规，雇用未满十六周岁的未成年人从事国家规定的第四级体力劳动强度的劳动，或者从事高空、井下劳动，或者在爆炸性、易燃性、放射性、毒害性等危险环境下从事劳动，涉嫌下列情形之一的，应予立案追诉：

(一)造成未满十六周岁的未成年人伤亡或者对其身体健康造成严重危害的；

(二)雇用未满十六周岁的未成年人三人以上的；

(三)以强迫、欺骗等手段雇用未满十六周岁的未成年人从事危重劳动的；

(四)其他情节严重的情形。"

(3)构成要件

第一，本罪侵犯的客体主要是16周岁以下未成年人的身体健康权和国家劳动管理法规。

第二，客观方面表现为违法劳动管理法规，雇用不满16周岁的未成年人从事超强度体力劳动，或者从事高空、井下作业，或者在爆炸性、易燃性、放射性、毒害性等危险环境下从事劳动，情节严重的行为。

第三，犯罪主体是特殊主体，即用人单位的直接责任人。

第四，主观方面是故意。

(4)罪名界定

行为人的行为必须达到"情节严重"才能构成本罪。这里的"情节严重"，主要表现在两方面，只要具备了其中的一种，即可构成本罪：一是从数量上来看，雇用不满16周岁未成年人的人数较多；二是已经造成了严重后果。如果行为人在犯罪的同时，造成了事故，又构成其他犯罪，则依照数罪并罚原则进行处罚。

根据2008年6月25日最高人民检察院、公安部《关于公安机关管辖的刑事案件立案追诉标准的规定(一)》第32条规定，违反劳动管理法规，雇用未满16周岁的未成年人从事国家规定的第四级体力劳动强度的劳动，或者从事高空、井下劳动，或者在爆炸性、易燃性、放射性、毒害性等危险环境下从事劳动，涉嫌下列情形之一的，应予立案追诉：①造成未满16周岁的未成年人伤亡或者对其身体健康造成严重危害的；②雇用未满16周岁的未成年人3人以上的；③以强迫、欺骗等手段雇用未满16周岁的未成年人从事危重劳动的；④其他情节严重的情形。

(5)量刑幅度

根据《刑法》第244条之一的规定，对本罪的处罚分以下2个档次：

一是情节严重构成犯罪的，对直接责任人判处3年以下有期徒刑或者拘役，并处罚金；

二是对情节特别严重的，处3年以上7年以下有期徒刑，并处罚金。

18. 非法搜查罪(第245条)

(1)罪名概念

非法搜查罪，是指非法对他人的身体或者住宅进行搜查的行为。

(2)法律规定

①本罪名是由《刑法》第245条规定的。该条规定："非法搜查他人身体、住宅，或者非法侵入他人住宅的，处三年以下有期徒刑或者拘役。

司法工作人员滥用职权，犯前款罪的，从重处罚。"

②2006年7月26日最高人民检察院《关于渎职侵权犯罪案件立案标准的规定》第二部分第2项规定："非法搜查罪是指非法搜查他人身体、住宅的行为。

国家机关工作人员利用职权非法搜查，涉嫌下列情形之一的，应予立案：1. 非法搜查他人身体、住宅，并实施殴打、侮辱等行为的；2. 非法搜查，情节严重，导致被搜查人或者其近亲属自杀、自残造成重伤、死亡，或者精神失常的；3. 非法搜查，造成财物严重损坏的；4. 非法搜查3人(户)次以上的；5. 司法工作人员对明知是与涉嫌犯罪无关的人身、住宅非法搜查的；6. 其他非法搜查应予追究刑事责任的情形。"

③2001年7月20日最高人民检察院印发的《人民检察院直接受理立案侦查的渎职侵权重特大案件标准(试行)》第35条规定：

"三十五、国家机关工作人员利用职权实施的非法搜查案

(一)重大案件

1. 五次以上或者一次对五人(户)以上非法搜查的；

2. 引起被搜查人精神失常的。

(二)特大案件

1. 七次以上或者一次对七人(户)以上非法搜查的；

2. 引起被搜查人自杀的。"

(3)构成要件

第一，本罪侵犯的客体是他人的人身和住宅不受侵犯的权利。

第二，在客观方面，行为人必须具有非法对他人的身体或者住宅进行搜查的行为。主要表现为两种情况：一是没有搜查权的人，对他人的身体或者住宅进行非法搜查；二是有搜查权的人不经合法批准，滥用职权，擅自进行非法搜查。无论哪一种情况，只要是没有法律根据的非法搜查，就可以构成非法搜查罪。

第三,本罪的主体是一般主体。

第四,主观方面是故意。

(4)罪名界定

第一,认定本罪要注意以下问题。

一是有搜查权的人,经过了法定机关的批准,实施有权搜查,在搜查时如果没有严格依法办事。例如,没有出示搜查证、没有让被搜查人或者家属、邻居等见证人在场,搜查妇女没有让女工作人员进行,等等。这些情况属于一般违法违纪行为,不属于犯罪。而本罪的行为人本身没有搜查权,私自对他人的人身、住宅进行搜查,或者行为人虽然有搜查权,但是没有经过法定程序,没有经过法定机关的批准,滥用职权,擅自搜查。

二是根据2006年7月26日最高人民检察院《关于渎职侵权犯罪案件立案标准的规定》之规定,国家机关工作人员利用职权非法搜查,涉嫌下列情形之一的,应予立案:①非法搜查他人身体、住宅,并实施殴打、侮辱等行为的;②非法搜查,情节严重,导致被搜查人或者其近亲属自杀、自残造成重伤、死亡,或者精神失常的;③非法搜查,造成财物严重损坏的;④非法搜查3人(户)次以上的;⑤司法工作人员对明知是与涉嫌犯罪无关的人身、住宅非法搜查的;⑥其他非法搜查应予追究刑事责任的情形。

第二,关于本罪的一罪与数罪的问题。非法搜查罪的行为人实施非法搜查他人住宅时,必然要非法侵入他人住宅。侵入他人住宅是手段行为,触犯了非法侵入他人住宅罪,与非法搜查罪属于牵连关系。处罚时,要按照重罪吸收轻罪的原则处罚。需要注意的是,如果行为人非法搜查他人身体或者住宅时,又实施了伤害、侮辱或者抢劫、盗窃行为,又分别构成了故意伤害罪、侮辱罪、抢劫罪、盗窃罪。与非法搜查行为性质不同,属于不同的行为,符合不同的犯罪构成,构成不同的犯罪,处罚时,要按照数罪并罚的原则处罚。

第三,要划清本罪与非法侵入他人住宅罪的界限。非法搜查他人住宅时,也必须进入他人住宅,非法搜查表现为非法地对他人人身、住宅进行搜查的行为,主要特征在于非法搜查;而非法侵入他人住宅的客观方面,主要在于非法侵入他人住宅,而不是非法搜查他人住宅,或者经过要求退出住宅而拒不退出住宅的行为。

(5)量刑幅度

根据《刑法》第245条的规定,犯本罪的,处3年以下有期徒刑或者拘役。司法工作人员滥用职权,犯此罪的,从重处罚。

19. 非法侵入住宅罪(第245条)

(1)罪名概念

非法侵入住宅罪,是指没有经过住宅主人同意或者司法机关批准,强行侵入他人住宅,或者住宅主人要求其退出住宅而无故不退出的行为。

(2)法律规定

①本罪名是由《刑法》第245条规定的。该条规定:“非法搜查他人身体、住宅,或者非法侵入他人住宅的,处三年以下有期徒刑或者拘役。

司法工作人员滥用职权,犯前款罪的,从重处罚。”

②2006年7月26日最高人民检察院《关于渎职侵权犯罪案件立案标准的规定》第二部分第2项规定:“非法搜查罪是指非法搜查他人身体、住宅的行为。

国家机关工作人员利用职权非法搜查,涉嫌下列情形之一的,应予立案:

1. 非法搜查他人身体、住宅,并实施殴打、侮辱等行为的;

2. 非法搜查，情节严重，导致被搜查人或者其近亲属自杀、自残造成重伤、死亡，或者精神失常的；

3. 非法搜查，造成财物严重损坏的；

4. 非法搜查 3 人（户）次以上的；

5. 司法工作人员对明知是与涉嫌犯罪无关的人身、住宅非法搜查的；

6. 其他非法搜查应予追究刑事责任的情形。"

（3）构成要件

第一，本罪侵犯的客体是公民的居住自由权。

第二，客观方面表现为实施了非法侵入他人住宅的行为。这种行为可以表现为作为和不作为两种：没有经过住宅主人的同意或者司法机关批准，强行侵入他人住宅；住宅主人要求其退出住宅而无故不退出。处理这类案件时，对那些情节轻微，危害不大，不能以本罪论处。执法机关的工作人员或者是经司法机关批准的人，为了执行任务而侵入他人住宅的，因为遭受不法分子的追击或者迫害，为了紧急避险而没有经过住宅主人同意，进入他人住宅的，均不属于非法侵入他人住宅。

第三，犯罪主体是一般主体。

第四，主观方面是故意。

（4）罪名界定

第一，非法侵入住宅罪中的"住宅"，参照最高人民法院有关"入户抢劫"的解释，是指非法侵入他人生活的与外界相对隔离的住所，包括封闭的院落、牧民的帐篷、渔民作为家庭生活场所的渔船、歌厅业主的住处和其他为生活租用的房屋，等等。

第二，认定本罪应注意的问题。这首先要看情节是否严重。在一般情况下，有下列情形之一的，应当按照本罪论处：一是非法强行侵入他人住宅，经要求或者教育仍然拒不退出，严重影响他人正常生活和居住安全的；二是非法强行侵入他人住宅，毁坏、污损或者搬走他人生活用品，严重影响他人正常生活的；三是非法强行侵入他人住宅，停尸闹事，严重影响他人正常生活的；四是非法强行侵入并且封闭他人住宅，致使他人无法居住的；五是非法强行侵入他人住宅，引起其他严重后果的。

第三，由于触犯本罪往往和其他犯罪行为有交叉，因此，要注意区分本罪的一罪与数罪的界限。一般来说，非法侵入他人住宅进行行凶杀人、强奸妇女、打架斗殴、盗窃财物等犯罪活动，其非法侵入他人住宅行为实际是实施其他犯罪的必要步骤。为此，在处罚犯罪行为时，不需要实行数罪并罚，而应当按照重罪吸收轻罪的原则予以处罚。

（5）量刑幅度

根据《刑法》第 245 条的规定，对犯本罪的，处 3 年以下有期徒刑或者拘役。司法工作人员滥用职权，犯此罪的，从重处罚。

非法侵入他人住宅进行行凶杀人、强奸妇女、打架斗殴、盗窃财物等犯罪活动的，按照重罪吸收轻罪的原则予以处罚。

20. 侮辱罪（第 246 条）

（1）罪名概念

侮辱罪，是指以暴力或者其他方法公然贬低、损害他人人格，破坏他人名誉，情节严重的行为。

（2）法律规定

①本罪名是由《刑法》第 246 条规定的。该条规定："以暴力或者其他方法公然侮辱他人或

者捏造事实诽谤他人，情节严重的，处三年以下有期徒刑、拘役、管制或者剥夺政治权利。

前款罪，告诉的才处理，但是严重危害社会秩序和国家利益的除外。”

《刑法》第98条规定：“本法所称告诉才处理，是指被害人告诉才处理。如果被害人因受强制、威吓无法告诉的，人民检察院和被害人的近亲属也可以告诉。”

②1998年12月17日最高人民法院《关于审理非法出版物刑事案件具体应用法律若干问题的解释》第6条规定：“在出版物中公然侮辱他人或者捏造事实诽谤他人，情节严重的，依照刑法第二百四十六条的规定，分别以侮辱罪或者诽谤罪定罪处罚。”

③2009年8月27日全国人民代表大会常务委员会《关于维护互联网安全的决定》第4条规定：“为了保护个人、法人和其他组织的人身、财产等合法权利，对有下列行为之一，构成犯罪的，依照刑法有关规定追究刑事责任：（一）利用互联网侮辱他人或者捏造事实诽谤他人；（二）非法截获、篡改、删除他人电子邮件或者其他数据资料，侵犯公民通信自由和通信秘密；（三）利用互联网进行盗窃、诈骗、敲诈勒索。”

（3）构成要件

第一，本罪侵犯的客体是他人的人格和名誉。

第二，客观方面表现为以暴力或者其他方法公然侮辱他人，情节严重的行为。这里的“暴力”方法，是指采取殴打、捆绑等强制手段。“其他方法”，是指除了暴力之外的一切侮辱方法，比如侮辱性语言、大字报、小字报、漫画等。“公然侮辱”，并不一定要被害人在场，而是指侮辱的内容被第三者或者更多的人知道，从而使被害人的人格和名誉受到损害。侮辱的行为必须是对特定的人员实施的。特定的人，可以是一个，也可以是几个，但必须是具体的，没有具体的受害人则不构成本罪。

第三，犯罪主体是一般主体。

第四，主观方面是故意，并且具有贬低、损害他人人格、破坏他人名誉的个人目的。

（4）罪名界定

第一，要注意划清罪与非罪的界限。有时开玩笑过头或者批评失实，都有损伤他人自尊，给他人以受侮辱的感觉。那么是不是犯罪呢，要看一看行为人是否有侮辱他人的故意，情节是否严重。如果情节一般，不严重，不构成犯罪。只有情节严重的，才能构成本罪。属于情节严重，一般是指以下几种情况：一是手段特别恶劣。例如，以粪便泼洒到他人身体上；强迫他人钻胯裆或者食污物等；二是多次对被害人进行侮辱，使其不堪做人，造成严重身心损伤或者引起精神失常、自杀等后果；三是社会影响极坏，如对执行公务的人员、妇女、外宾进行侮辱，引起群众公愤，造成恶劣政治影响的，等等。

第二，行为人在实施侮辱他人行为的同时，如果还触犯其他罪名，例如，侮辱性地殴打他人造成伤害，触犯了故意伤害罪的罪名；当众侮辱妇女，触犯《刑法》第237条第1款规定的侮辱妇女罪的罪名，在这种情况下，一般不按数罪并罚的原则处理，而按吸收犯，采取重罪吸收轻罪的原则来处理。

（5）量刑幅度

根据《刑法》第246条的规定，犯本罪情节严重的，处3年以下有期徒刑、拘役、管制或者剥夺政治权利。

根据《刑法》第246条第2款的规定，犯本罪的，告诉才处理。但严重危害社会秩序和国家利益的除外。如果被害人因为受强制、威胁无法告诉的，依照《刑法》第98条的规定，人民检察院和被害人的近亲属也可以告诉。所谓严重危害社会秩序和国家利益，主要是指侮辱国家领导人、外国元首、外交代表，存在本人不便告诉的情况。符合这些条件的侮辱行为，即使被害人没有亲自告诉,人民检察院也可以提起公诉。

21. 诽谤罪(第246条)

(1)罪名概念

诽谤罪,是指故意捏造并且散布虚构的事实,足以损害他人人格,破坏他人名誉,情节严重的行为。

(2)法律规定

①本罪名是由《刑法》第246条规定的。该条规定:"以暴力或者其他方法公然侮辱他人或者捏造事实诽谤他人,情节严重的,处三年以下有期徒刑、拘役、管制或者剥夺政治权利。

前款罪,告诉的才处理,但是严重危害社会秩序和国家利益的除外。

通过信息网络实施第一款规定的行为,被害人向人民法院告诉,但提供证据确有困难的,人民法院可以要求公安机关提供协助。"

②1998年12月17日最高人民法院《关于审理非法出版物刑事案件具体应用法律若干问题的解释》第6条规定:"在出版物中公然侮辱他人或者捏造事实诽谤他人,情节严重的,依照刑法第二百四十六条的规定,分别以侮辱罪或者诽谤罪定罪处罚。"

③2009年8月27日全国人民代表大会常务委员会《关于维护互联网安全的决定》第4条规定:"为了保护个人、法人和其他组织的人身、财产等合法权利,对有下列行为之一,构成犯罪的,依照刑法有关规定追究刑事责任:(一)利用互联网侮辱他人或者捏造事实诽谤他人;(二)非法截获、篡改、删除他人电子邮件或者其他数据资料,侵犯公民通信自由和通信秘密;(三)利用互联网进行盗窃、诈骗、敲诈勒索。"

④2013年9月6日最高人民法院、最高人民检察院《关于办理利用信息网络实施诽谤等刑事案件适用法律若干问题的解释》"第一条　具有下列情形之一的,应当认定为刑法第二百四十六条第一款规定的'捏造事实诽谤他人':

(一)捏造损害他人名誉的事实,在信息网络上散布,或者组织、指使人员在信息网络上散布的;

(二)将信息网络上涉及他人的原始信息内容篡改为损害他人名誉的事实,在信息网络上散布,或者组织、指使人员在信息网络上散布的;

明知是捏造的损害他人名誉的事实,在信息网络上散布,情节恶劣的,以'捏造事实诽谤他人'论。

第二条　利用信息网络诽谤他人,具有下列情形之一的,应当认定为刑法第二百四十六条第一款规定的'情节严重':

(一)同一诽谤信息实际被点击、浏览次数达到五千次以上,或者被转发次数达到五百次以上的;

(二)造成被害人或者其近亲属精神失常、自残、自杀等严重后果的;

(三)二年内曾因诽谤受过行政处罚,又诽谤他人的;

(四)其他情节严重的情形。

第三条　利用信息网络诽谤他人,具有下列情形之一的,应当认定为刑法第二百四十六条第二款规定的'严重危害社会秩序和国家利益':

(一)引发群体性事件的;

(二)引发公共秩序混乱的;

(三)引发民族、宗教冲突的;

（四）诽谤多人，造成恶劣社会影响的；

（五）损害国家形象，严重危害国家利益的；

（六）造成恶劣国际影响的；

（七）其他严重危害社会秩序和国家利益的情形。

第四条　一年内多次实施利用信息网络诽谤他人行为未经处理，诽谤信息实际被点击、浏览、转发次数累计计算构成犯罪的，应当依法定罪处罚。”

（3）构成要件

第一，本罪侵犯的客体是他人享有的人格和名誉不受侵犯的权利。犯罪对象也必须是特定的他人。

第二，客观方面表现为捏造并且公然散布足以损害他人名誉、人格的情节严重的行为。首先，要有捏造事实的行为，而且这种事实足以损害他人的名誉、人格。其次，要有将捏造的事实散布于公众的行为。

第三，本罪的主体是一般主体，即凡是达到刑事责任年龄、具有刑事责任能力的自然人均可构成。

第四，主观方面表现为直接故意，并且具有贬低他人、破坏他人名誉的目的。

（4）罪名界定

第一，应当将诽谤罪与一般的诽谤行为区别开。二者的区别是：①诽谤罪散布的事实必须是捏造的，如果散布的是真实的事实，则不能构成诽谤罪；而后者对散布的事实真假不做要求，只要是法律禁止宣扬的，即可以构成名誉侵权。②法人、团体、社会组织等单位不能成为诽谤罪所侵犯的对象，其对象仅限于特定的自然人；而后者的侵犯对象范围比较广泛，将社会团体、法人单位包括在内。③主观方面的要求不同。诽谤罪的行为人主观上必须是直接故意，并且以损害他人人格、名誉为目的；而名誉权侵权行为中的诽谤行为，主观上的过错还包括过失。另外，要把正当的公开批评、检举揭发、错告，尤其要把批评严重失实、听信谣言加以传播，并且造成他人人格、名誉受损的行为与诽谤罪区别开来。

第二，应当将诽谤罪与侮辱罪区别开。二者的区别主要表现在客观方面的犯罪手段上。侮辱罪是以暴力、谩骂或者其他方法、动作，在公共场所公开贬低他人的人格和名誉，其方法比较多，它不需要捏造事实。比如，在大街上当众扒下他人的裤子；还有的公然把粪便抹到他人头上、脸上，塞到他人的嘴里等。而诽谤罪的犯罪方法较少，只能用口头或者书面，还必须是以捏造并散布虚构的事实为条件。由于诽谤犯罪是以捏造并且散布虚构的事实进行的，所以，欺骗性较大，更容易使他人的人格、名誉受到损害。

第三，应当将诽谤罪与诬告陷害罪区别开。二者的区别是：①侵犯的客体不同。诽谤罪侵犯的客体，是他人的人格和名誉不受侵犯的权利；而诬告陷害罪侵犯的客体是他人的人身自由权利和司法机关的正常活动，是复杂客体。②所捏造的内容不同。诽谤罪捏造的是足以贬低、破坏他人人格、名誉的事实；而诬告陷害罪捏造的是足以使他人受到刑事处罚的犯罪事实。③行为的手段不完全相同。诽谤罪的行为除了捏造事实以外，还要进行公然散布；而诬告陷害罪除了捏造事实以外，还必须向国家机关或者有关单位进行告发。④主观方面不同。诽谤罪的行为人目的在于追求贬低、破坏他人的人格、名誉；而诬告陷害罪的行为则是为了使他人受到刑事处罚。

第四，根据2013年9月6日最高人民法院、最高人民检察院《关于办理利用信息网络实施诽谤等刑事案件适用法律若干问题的解释》第5条至第8条规定，利用信息网络辱骂、恐吓他人，情节恶劣，破坏社会秩序的，依照《刑法》第293条第1款第2项的规定，以寻衅滋事罪定罪处罚。

编造虚假信息，或者明知是编造的虚假信息，在信息网络上散布，或者组织、指使人员在信息网络上散布,起哄闹事,造成公共秩序严重混乱的,依照《刑法》第 293 条第 1 款第 4 项的规定,以寻衅滋事罪定罪处罚。

以在信息网络上发布、删除等方式处理网络信息为由,威胁、要挟他人,索取公私财物,数额较大,或者多次实施上述行为的,依照《刑法》第 274 条的规定,以敲诈勒索罪定罪处罚。

违反国家规定,以营利为目的,通过信息网络有偿提供删除信息服务,或者明知是虚假信息,通过信息网络有偿提供发布信息等服务,扰乱市场秩序,具有下列情形之一的,属于非法经营行为"情节严重",依照《刑法》第 225 条第 4 项的规定,以非法经营罪定罪处罚:①个人非法经营数额在 5 万元以上,或者违法所得数额在 2 万元以上的;②单位非法经营数额在 15 万元以上,或者违法所得数额在 5 万元以上的。

实施前述行为,数额达到前款规定的数额 5 倍以上的,应当认定为《刑法》第 225 条规定的"情节特别严重"。

明知他人利用信息网络实施诽谤、寻衅滋事、敲诈勒索、非法经营等犯罪,为其提供资金、场所、技术支持等帮助的,以共同犯罪论处。

(5)量刑幅度

根据《刑法》第 246 条的规定,犯本罪情节严重的,处 3 年以下有期徒刑、拘役、管制或者剥夺政治权利。

根据法律规定,犯本罪除了严重危害社会秩序和国家利益的以外,告诉的才处理。

22. 刑讯逼供罪(第 247 条)

(1)罪名概念

刑讯逼供罪,是指司法工作人员对犯罪嫌疑人、被告人使用肉刑,或者变相肉刑逼取口供的行为。

(2)法律规定

①本罪名是由《刑法》第 247 条规定的。该条规定:"司法工作人员对犯罪嫌疑人、被告人实行刑讯逼供或者使用暴力逼取证人证言的,处三年以下有期徒刑或者拘役。致人伤残、死亡的,依照本法第二百三十四条、第二百三十二条的规定定罪从重处罚。"

②2006 年 7 月 26 日最高人民检察院《关于渎职侵权犯罪案件立案标准的规定》第二部分第 3 项规定:"刑讯逼供罪是指司法工作人员对犯罪嫌疑人、被告人使用肉刑或者变相肉刑逼取口供的行为。

涉嫌下列情形之一的,应予立案:1. 以殴打、捆绑、违法使用械具等恶劣手段逼取口供的;2. 以较长时间冻、饿、晒、烤等手段逼取口供,严重损害犯罪嫌疑人、被告人身体健康的;3. 刑讯逼供造成犯罪嫌疑人、被告人轻伤、重伤、死亡的;4. 刑讯逼供,情节严重,导致犯罪嫌疑人、被告人自杀、自残造成重伤、死亡,或者精神失常的;5. 刑讯逼供,造成错案的;6. 刑讯逼供 3 人次以上的;7. 纵容、授意、指使、强迫他人刑讯逼供,具有上述情形之一的;8. 其他刑讯逼供应予追究刑事责任的情形。"

③2001 年 7 月 20 日最高人民检察院印发的《人民检察院直接受理立案侦查的渎职侵权重特大案件标准(试行)》第 36 条规定:

"三十六、刑讯逼供案

(一)重大案件:

1. 致人重伤或者精神失常的;

2. 五次以上或者对五人以上刑讯逼供的;

3. 造成冤、假、错案的。

(二)特大案件:

1. 致人死亡的;

2. 七次以上或者对七人以上刑讯逼供的;

3. 致使无辜的人被判处十年以上有期徒刑、无期徒刑、死刑的。”

④2003年12月26日最高人民法院《关于审理人身损害赔偿案件适用法律若干问题的解释》,本书在第一部分“刑法概述”中的“8.刑事附带民事诉讼”中已有详细介绍,此处不再重复。

(3)构成要件

第一,本罪侵犯的客体是公民的人身权利和国家司法机关的正常活动。

第二,客观方面表现为对犯罪嫌疑人、被告人使用肉刑或者变相肉刑逼取口供的行为。

第三,本罪的主体是国家司法工作人员。

第四,主观方面是故意,并且具有明确的以肉刑或者变相肉刑逼取口供的目的。

(4)罪名界定

第一,本罪与非法拘禁罪的区别是:①犯罪侵犯的客体不完全相同。本罪不但侵犯了公民的人身权利,而且还侵犯了司法机关的正常活动;而非法拘禁罪侵犯的客体是他人的人身自由权。②犯罪对象不同。本罪侵犯的对象是犯罪嫌疑人、被告人;非法拘禁罪侵犯的对象是任何公民,应当包括犯罪嫌疑人、被告人在内。③实施行为的目的不同。本罪在主观上,具有逼取口供的目的;而非法拘禁罪的目的是剥夺他人自由权。④行为方式不同。本罪的行为人以肉刑或者变相肉刑逼取口供,必须以作为的方式实施;而非法拘禁罪的行为人是用拘禁或者其他方法剥夺他人人身自由,可以作为和不作为两种方式实施。⑤是犯罪的主体不同。本罪的主体只能由国家司法机关工作人员组成,是特殊主体;而非法拘禁罪的主体是一般主体,任何达到刑事责任年龄、具有刑事责任能力的公民都可以构成。

第二,本罪与报复陷害罪的区别是:①侵犯的客体不完全相同。本罪侵犯的客体,是公民的人身权利和国家司法机关的正常活动;而报复陷害罪侵犯的客体是公民依法享有的控告权、申诉权、批评权和举报权等民主权利和国家机关的正常活动。②侵犯的对象不同。本罪侵犯的对象是犯罪嫌疑人、被告人;而报复陷害罪侵犯的对象是控告人、申诉人、批评人、举报人;等等。③实施的手段不同。本罪是采取肉刑或者变相肉刑等暴力手段,逼取口供;而报复陷害罪则是采取滥用职权、假公济私的手段,打击报复他人。④犯罪目的不同。本罪只为了逼取犯罪嫌疑人、被告人的口供;而报复陷害罪是在对控告人、申诉人、批评人、检举人进行打击报复。⑤犯罪主体不同。本罪的主体只能由司法工作人员构成;而报复陷害罪的主体则可以由司法工作人员和其他国家机关工作人员组成。

(5)量刑幅度

根据《刑法》第247条的规定,对本罪的处罚分以下3个档次:

一是犯本罪的,处3年以下有期徒刑或者拘役。

二是致人伤残,即重伤的、残废的,依照《刑法》第234条、第232条的规定,从重处罚。即处3年以上10年以下有期徒刑;如果是以特别残忍的手段,致人重伤造成严重残疾的,处10年以上有期徒刑、无期徒刑或者死刑。

三是致人死亡的,依照《刑法》第234条、第232条的规定,处死刑、无期徒刑或者10年以上有期徒刑;情节较轻的,处3年以上10年以下有期徒刑,并应当从重处罚。

关于罪名的确定,致人轻伤的,应当定刑讯逼供罪;而后两种情况应当分别定故意伤害罪、故意杀人罪。

23. 暴力取证罪(第247条)

(1)罪名概念

暴力取证罪,是指司法工作人员使用暴力,逼取证人证言、被害人陈述的行为。

(2)法律规定

①本罪名是由《刑法》第247条规定的。该条规定:"司法工作人员对犯罪嫌疑人、被告人实行刑讯逼供或者使用暴力逼取证人证言的,处三年以下有期徒刑或者拘役。致人伤残、死亡的,依照本法第二百三十四条、第二百三十二条的规定定罪从重处罚。"

②2006年7月26日最高人民检察院《关于渎职侵权犯罪案件立案标准的规定》第二部分第4项规定:"暴力取证罪是指司法工作人员以暴力逼取证人证言的行为。

涉嫌下列情形之一的,应予立案:

1. 以殴打、捆绑、违法使用械具等恶劣手段逼取证人证言的;
2. 暴力取证造成证人轻伤、重伤、死亡的;
3. 暴力取证,情节严重,导致证人自杀、自残造成重伤、死亡,或者精神失常的;
4. 暴力取证,造成错案的;
5. 暴力取证3人次以上的;
6. 纵容、授意、指使、强迫他人暴力取证,具有上述情形之一的;
7. 其他暴力取证应予追究刑事责任的情形。"

③2001年7月20日最高人民检察院印发的《人民检察院直接受理立案侦查的渎职侵权重特大案件标准(试行)》第37条规定:

"三十七、暴力取证案

(一)重大案件:

1. 致人重伤或者精神失常的;
2. 五次以上或者对五人以上暴力取证的。

(二)特大案件:

1. 致人死亡的;
2. 七次以上或者对七人以上暴力取证的。"

④2003年12月26日最高人民法院《关于审理人身损害赔偿案件适用法律若干问题的解释》,本书在第一部分"刑法概述"中的"8.刑事附带民事诉讼"中已有详细介绍,此处不再重复。

(3)构成要件

第一,本罪侵犯的客体是公民的人身权利和国家司法机关的正常活动。

第二,客观方面表现为使用暴力逼取证人证言的行为。所谓暴力,是指采用殴打、捆绑、伤害、禁闭等方法,对证人的身体进行打击或者强制。所谓证人,是指除了当事人以外的了解案件情况并且向公安司法机关作证的诉讼参与人。他们既可以是亲眼看到或者亲耳听到犯罪分子正在实施犯罪行为的部分或者全部过程,也可以是道听途说的。

第三,本罪的主体是特殊主体,即只能由国家司法机关工作人员构成。其他国家机关工作人员和普通公民不能成为本罪的主体。

第四,主观方面表现为直接故意,并且有逼取证人证言的目的。

(4)罪名界定

第一,关于本罪的认定。不能把所有逼取证人证言的行为都认定是犯罪。司法工作人员在司法实践中,询问证人时,采取引诱、欺骗、误导、暗示的方法,属于工作中的错误,可以给予纪律处分。有的虽然使用了暴力逼取证人证言，但是一经指出，便马上停止，或者情节显著轻微，没有给证人造成身体伤害，危害不大的，不能视为犯罪。本罪与刑讯逼供罪容易混淆，二者的区别是：一是侵犯的对象不同。本罪侵犯的对象是证人；而刑讯逼供罪侵犯的对象是犯罪嫌疑人、被告人。这一点是这两种犯罪的根本区别。二是行为的手段不同。本罪采取暴力手段；而刑讯逼供罪采取肉刑或者变相肉刑的方法。三是主观目的不同。本罪的目的是逼取证人证言；而刑讯逼供罪是逼取犯罪嫌疑人、被告人的口供。

第二，本罪与因暴力取证造成轻伤与故意伤害罪的区别是：一是犯罪的目的不同。本罪是以逼取证人的证言为目的；而故意伤害罪是以损害他人健康为目的。二是侵犯的客体不同。本罪侵犯的客体是公民的人身权利和国家司法机关的正常活动，是复杂客体；而故意伤害罪侵犯的客体是公民的身体健康权利，是单一客体。三是侵犯的对象不同。本罪侵犯的是证人；而故意伤害罪侵犯的是任何公民。四是犯罪条件不同。本罪必须利用职权；而故意伤害罪则不需要这样的条件。五是犯罪的主体不同。本罪的主体是国家司法工作人员；而故意伤害罪是一般主体，凡是达到刑事责任年龄、具有刑事责任能力的自然人都可成为本罪主体。

(5)量刑幅度

根据《刑法》第247条的规定，对本罪的处罚分以下2个档次：

一是情节一般的，处3年以下有期徒刑或者拘役。

二是致人伤残、死亡的，依照《刑法》第234条、第232条的规定，应当按照故意伤害罪或者故意杀人罪来定罪量刑。

另外，根据《刑法》第36条第1款的规定，如果是由于犯罪分子的犯罪行为使被害人遭受经济损失，对犯罪分子除了依法给予刑事处罚外，并应当根据情况，判处赔偿经济损失。

24. 虐待被监管人罪(第248条)

(1)罪名概念

虐待被监管人罪，是指监狱、拘留所、看守所等监管机构的监管人员，对被监管人员进行殴打或者体罚虐待，或者指使被监管人员对其他被监管人员进行殴打或者体罚虐待、情节严重的行为。

(2)法律规定

①本罪名是由《刑法》第248条规定的。该条规定："监狱、拘留所、看守所等监管机构的监管人员对被监管人进行殴打或者体罚虐待，情节严重的，处三年以下有期徒刑或者拘役；情节特别严重的，处三年以上十年以下有期徒刑。致人伤残、死亡的，依照本法第二百三十四条、第二百三十二条的规定定罪从重处罚。

监管人员指使被监管人殴打或者体罚虐待其他被监管人的，依照前款的规定处罚。"

②2006年7月26日最高人民检察院《关于渎职侵权犯罪案件立案标准的规定》第二部分第5项规定："虐待被监管人罪是指监狱、拘留所、看守所、拘役所、劳教所等监管机构的监管人员对被监管人进行殴打或者体罚虐待，情节严重的行为。

涉嫌下列情形之一的，应予立案：

1. 以殴打、捆绑、违法使用械具等恶劣手段虐待被监管人的；
2. 以较长时间冻、饿、晒、烤等手段虐待被监管人，严重损害其身体健康的；
3. 虐待造成被监管人轻伤、重伤、死亡的；
4. 虐待被监管人，情节严重，导致被监管人自杀、自残造成重伤、死亡，或者精神失常的；
5. 殴打或者体罚虐待3人次以上的；

6. 指使被监管人殴打、体罚虐待其他被监管人，具有上述情形之一的；

7. 其他情节严重的情形。”

③2001 年 7 月 20 日最高人民检察院印发的《人民检察院直接受理立案侦查的渎职侵权重特大案件标准(试行)》第 38 条规定：

“三十八、虐待被监管人案

(一)重大案件：

1. 致使被监管人重伤或者精神失常的；

2. 对被监管人五人以上或五次以上实施虐待的。

(二)特大案件：

1. 致使被监管人死亡的；

2. 对被监管人七人以上或七次以上实施虐待的。”

④1986 年 7 月 10 日全国人大常委会法制工作委员会、最高人民法院、最高人民检察院、司法部《关于劳教工作干警适用刑法关于司法工作人员规定的通知》规定：“近几年，有些司法机关在处理劳教工作干警体罚虐待劳教人员的犯罪案件时，对劳教工作干警是否适用刑法关于司法工作人员的规定有不同认识，影响对案件的处理。根据实际情况和需要，经研究认为：劳教工作干警担负着对劳教人员的管理、教育、改造工作，可适用刑法关于司法工作人员的规定。劳教工作干警违反监管法规，体罚虐待劳教人员，情节严重的，依照《刑法》第一百八十九条的规定处理。

过去对这类案件已经作过处理，与本通知规定不符的，不再变更。”

(3)构成要件

第一，本罪侵犯的客体是公民的人身权利和监管机构的正常活动。本罪侵犯的对象是指在监狱、看守所、拘留所等监管机构被依法监管的人，包括正在服刑的有期徒刑犯、无期徒刑犯和死缓犯、被羁押的犯罪嫌疑人、被告人等。

第二，客观方面表现为对被监管人员进行殴打或者体罚虐待，或者指使被监管人殴打或者体罚虐待其他被监管人，情节严重的行为。

第三，本罪的主体是特殊主体，即只能由监狱、拘留所、看守所等监管机构的监管人员构成。

第四，主观方面是故意。

(4)罪名界定

本罪与刑讯逼供罪的区别是：一是侵犯的客体不同。前者侵犯的是监管机关的正常活动和公民的人身权利；而后者侵犯的是侦查、检察、审判机关的正常活动和公民的人身权利。二是犯罪对象不同。前者侵犯的是依法被监管的已被定罪判刑的罪犯、被羁押的犯罪嫌疑人或者被告人、被民事拘留或者行政拘留的公民；而后者侵犯的对象仅仅限于犯罪嫌疑人、被告人。三是犯罪的主观方面不同。前者以压服被监管人为目的；而后者的目的在于逼取犯罪嫌疑人、被告人的口供。四是犯罪的主体不同。前者的犯罪主体是监狱、拘留所、看守所等监管机关的监管人员；而后者主要是司法机关的侦查、检察或者审判人员。

(5)量刑幅度

根据《刑法》第 248 条的规定，对本罪的处罚分以下 3 个档次：

一是情节一般的，处 3 年以下有期徒刑或者拘役。

二是情节特别严重的，处 3 年以上 10 年以下有期徒刑。

三是致人伤残、死亡的，依照《刑法》第 234 条、第 232 条的规定，分别以故意伤害罪或者故意杀人罪来定罪从重处罚。

根据《刑法》第 36 条第 1 款的规定，如果是由于犯罪分子的犯罪行为致使被害人遭受经济损失，对犯罪分子除了依法给予刑事处罚外，还应当根据情况判处赔偿经济损失。

25. 煽动民族仇恨、民族歧视罪（第 249 条）

（1）罪名概念

煽动民族仇恨、民族歧视罪，是指故意用语言、文字或者其他方式，煽动民族仇恨、民族歧视，情节严重的行为。

（2）法律规定

①本罪名是由《刑法》第 249 条规定的。该条规定："煽动民族仇恨、民族歧视，情节严重的，处三年以下有期徒刑、拘役、管制或者剥夺政治权利；情节特别严重的，处三年以上十年以下有期徒刑。"

②2009 年 8 月 27 日全国人民代表大会常务委员会《关于维护互联网安全的决定》第 2 条规定："为了维护国家安全和社会稳定，对有下列行为之一，构成犯罪的，依照刑法有关规定追究刑事责任：

（一）利用互联网造谣、诽谤或者发表、传播其他有害信息，煽动颠覆国家政权、推翻社会主义制度，或者煽动分裂国家、破坏国家统一；

（二）通过互联网窃取、泄露国家秘密、情报或者军事秘密；

（三）利用互联网煽动民族仇恨、民族歧视，破坏民族团结；

（四）利用互联网组织邪教组织、联络邪教组织成员，破坏国家法律、行政法规实施。"

（3）构成要件

第一，本罪侵犯的客体是复杂客体，既侵犯了中华民族的团结，又侵犯了某个被害少数民族公民的人身权利。

第二，客观方面表现为用文字、语言以及其他方式，煽动各民族之间的仇恨，宣传民族歧视，造成不良后果，情节严重的行为。

第三，本罪的主体是一般主体，凡是年满 16 周岁，具有刑事责任能力的自然人均可构成本罪。

第四，主观方面是故意，即明知自己的言行会制造民族仇恨、民族歧视，不利于民族团结，却故意实施该行为。

（4）罪名界定

第一，构成本罪必须是"情节严重"。关于什么是本罪中的"情节严重"，目前虽然没有明确的司法解释。但在司法实践中，一般是参照有关规定来认定。一般认为，具有下列情形之一的属于"情节严重"：①蓄意破坏民族团结，煽动行为已经产生民族之间的纠纷甚至骚乱，客观上造成了危害后果的；②多次大量出版发行煽动民族仇恨、民族歧视的书刊、画册等宣传物品的；③严重损害民族之间的平等、团结、感情或者尊严的；④煽动的手段恶劣卑鄙的；⑤组织、策划、指挥煽动的首要分子；⑥经过有关部门多次批评、教育、疏导仍然不思悔改的；⑦具有其他严重情节的。

第二，本罪与煽动分裂国家罪、煽动颠覆国家政权罪容易混淆。煽动分裂国家罪，是指进行宣传煽动分裂国家、破坏国家统一的行为。煽动颠覆国家政权罪，是指以造谣、诽谤或者其他方式煽动颠覆国家政权，推翻社会主义制度的行为。而本罪与这两种犯罪在客观方面虽然都有煽动的行为，但有重大区别：一是侵犯的客体不同。本罪侵犯的客体是各民族的团结，而后者侵犯的是国家的安全。二是主观方面的内容不同。本罪具有破坏民族团结的目的，而后者具有分裂国家或者颠覆国家政权的目的。三是在犯罪主体方面也不完全相同。这三种犯罪虽然都是一般主体，但后两种犯罪的主体可以是窃据党政军大权的野心家、阴谋家或者是反动的民族分裂主义者以及敌对的政治势力的代表人物。

第三,本罪与非法剥夺公民宗教信仰自由罪、侵犯少数民族风俗习惯罪在客观方面表现不同:本罪的特点在于煽动、挑起民族矛盾、民族仇恨、制造民族歧视,并有可能制造地区性民族不和与动乱;非法剥夺公民宗教信仰自由罪是从宗教信仰方面破坏民族团结,主要危害在于对民族宗教信仰的剥夺,有可能引发民族纠纷;侵犯少数民族风俗习惯罪是从风俗习惯的角度破坏民族团结。

(5)量刑幅度

根据《刑法》第 249 条的规定,犯本罪的,处 3 年以下有期徒刑、拘役、管制或者剥夺政治权利;情节特别严重的,处 3 年以上 10 年以下有期徒刑。

26. 出版歧视、侮辱少数民族作品罪(第 250 条)

(1)罪名概念

出版歧视、侮辱少数民族作品罪,是指在出版物中刊载歧视、侮辱少数民族的内容,情节恶劣,造成严重后果的行为。

(2)法律规定

①本罪名是由《刑法》第 250 条规定的。该条规定:“在出版物中刊载歧视、侮辱少数民族的内容,情节恶劣,造成严重后果的,对直接责任人员,处三年以下有期徒刑、拘役或者管制。”

②1998 年 12 月 17 日最高人民法院《关于审理非法出版物刑事案件具体应用法律若干问题的解释》第 7 条规定:“出版刊载歧视、侮辱少数民族内容的作品,情节恶劣,造成严重后果的,依照刑法第二百五十条的规定,以出版歧视、侮辱少数民族作品罪定罪处罚。”

(3)构成要件

第一,本罪侵犯的客体是复杂客体,但主要是侵犯少数民族荣誉和民族尊严不受侵犯的权利。

第二,客观方面表现为在出版物中刊载歧视、侮辱少数民族的内容,情节恶劣,造成严重后果的行为。

第三,本罪的主体是特殊主体,即是在出版物中刊载歧视、侮辱少数民族内容的直接责任人员,主要包括作者、责任编辑以及批准出版者。

第四,主观方面是故意,即明知在出版物中刊载歧视、侮辱少数民族的内容,故意使其出版。至于动机如何,不影响本罪的成立。

(4)罪名界定

第一,认定本罪要注意以下两点:一是在出版物中刊载歧视、侮辱少数民族的内容。至于刊载的表现形式,可以是文字、漫画,也可以是录像带、录音带、光盘中的画面、语音。二是这种行为必须是情节恶劣,造成严重的后果。本罪是结果犯,行为人的行为如果不是情节恶劣,没有造成严重后果,不构成犯罪。所谓的“情节恶劣,造成严重后果”,一般是指动机卑鄙、手段恶劣、内容污垢,造成伪劣的政治影响、引起民族纠纷,等等。如果情节一般,只是在出版物中刊载了有损少数民族形象的内容,或者暴露了少数民族的一些落后的陋习,或者说了几句对少数民族不尊重的话,尚未造成严重后果的,不应当视为犯罪。

第二,本罪与煽动民族仇恨、民族歧视罪的区别在于:一是主体不同。前者是特殊主体,只能是作者、编辑和出版者;而后者是一般主体,可以是任何人。二是行为的方式不同。前者只限于在出版物中刊载歧视、侮辱少数民族的内容;而后者是利用各种渠道,使用各种手段鼓吹、挑拨、煽动民族仇恨和民族歧视。三是对后果要求不同。前者法律规定,行为要造成严重后果;而后者没有这样的要求。

第三,本罪与侮辱罪、诽谤罪的区别是:一是侵犯的对象不同。本罪侵犯的对象只能是少数民族;而后者没有这样的限制。二是在客观方面表现不同。本罪所实施的犯罪行为,必须是借助在出版物中刊载歧视、侮辱的内容;而后者分别表现为以暴力或者其他方法,公然侮辱他人,或者捏造事实诽谤他人。三是犯罪的主体不同。本罪的主体是特殊主体,只能由出版单位的直接责任人员构成;而后者是一般主体,即凡是年满16周岁的自然人均可构成本罪主体。

(5)量刑幅度

根据《刑法》第250条的规定,犯本罪的,处3年以下有期徒刑、拘役或者管制。

27.非法剥夺公民宗教信仰自由罪(第251条)

(1)罪名概念

非法剥夺公民宗教信仰自由罪,是指国家机关工作人员以暴力、胁迫等手段,剥夺公民正当的宗教信仰自由,情节严重的行为。

(2)法律规定

本罪名是由《刑法》第251条规定的。该条规定:“国家机关工作人员非法剥夺公民的宗教信仰自由和侵犯少数民族风俗习惯,情节严重的,处二年以下有期徒刑或者拘役。”

(3)构成要件

第一,本罪侵犯的客体是公民信仰宗教自由权。在我国,宗教有佛教、道教、基督教、天主教、伊斯兰教等,教民有相当的数量。宗教问题往往跟民族问题联系在一起,如果非法剥夺宗教信仰自由,就会影响各民族的团结。所以我国宪法规定,公民有信仰宗教的自由。如果有人非法剥夺他人信仰宗教自由权,便违反了宪法的规定,有害于国家和人民的利益,对于情节严重的,必须依法处罚。

第二,客观方面表现为实施了以暴力、胁迫手段,剥夺他人正当的宗教信仰自由权利,情节严重的行为。这里“正当的”,是指信仰的宗教是国家承认,受法律保护的,而不是封建迷信和反动会道门。这里的“宗教信仰自由”,是指遵循社会主义法律规定信仰宗教的自由,而不是利用宗教进行反社会主义和反人民的非法活动。

第三,犯罪主体必须是国家机关工作人员,或者是受国家机关、企事业单位、人民团体委托从事公务的人员。犯这种罪,一般是利用职权或者工作上的便利实施的。非上述人员不可能成为本罪的主体,但可以成为本罪的共犯。

第四,主观方面是故意。

(4)罪名界定

第一,根据《刑法》的规定,构成本罪,不仅仅是非法剥夺公民的宗教信仰自由权利,而且必须是情节严重。所谓“情节严重”,参照1989年11月30日最高人民检察院印发的《人民检察院直接受理的侵犯公民民主权利人身权利和渎职案件立案标准的规定》(现已失效),是指下列情形之一的:①采取强制手段,干涉他人正当的宗教活动或者强迫教徒退教、强迫公民信教或者信某一教派,情节恶劣,后果严重,影响很坏的;②非法封闭或捣毁合法宗教场所及其他重要设施的;③非法剥夺他人宗教信仰自由,造成其他严重后果的。

第二,要把正当的宗教活动与非正当的宗教活动区别开来,把信仰宗教和搞封建迷信区别开来。如果用宗教活动干预国家行政、司法、教育,强迫群众信教,借讲经传道危害国家,分裂民族,这些都是不正当的,甚至是违反法律的,构成犯罪的必须受到制裁。不能把巫婆、神汉搞封建迷信、骗取群众钱财等违法活动看作宗教活动,不能把国家机关工作人员制止搞封建迷信当成非法剥夺宗教信仰自由来看待。

(5)量刑幅度

根据《刑法》第251条的规定,犯本罪情节严重的,处2年以下有期徒刑或者拘役。

这里的"情节严重",可以参照最高人民检察院1989年11月30日印发的《人民检察院直接受理的侵犯公民民主权利人身权利和渎职案件立案标准的规定》(现已失效)第8条规定理解执行,即国家工作人员非法剥夺他人正当的宗教信仰自由,具有下列情形之一的,应予立案:①采取强制手段,干涉他人的正当的宗教活动或者强迫教徒、强迫公民信教或信某一教派,情节恶劣,后果严重,影响很坏的;②非法封闭或捣毁合法宗教场所及其他宗教设施的;③非法剥夺他人宗教信仰自由,造成其他严重后果的。上述解释中的"后果严重",可以理解为引起被害人家庭解体、精神失常、自杀等情形。

28. 侵犯少数民族风俗习惯罪(第251条)

(1)罪名概念

侵犯少数民族风俗习惯罪,是指国家机关工作人员,以强制手段,破坏少数民族风俗习惯,情节严重的行为。

(2)法律规定

本罪名是由《刑法》第251条规定的。该条规定:"国家机关工作人员非法剥夺公民的宗教信仰自由和侵犯少数民族风俗习惯,情节严重的,处二年以下有期徒刑或者拘役。"

(3)构成要件

第一,本罪侵犯的客体是各少数民族保持或者改革其民族风俗习惯的权利。

第二,客观方面表现为以强制方法破坏少数民族风俗习惯,情节严重的行为。如果情节显著轻微,危害不大,则不认为是犯罪,但是应当给以必要的批评或者行政处分。

第三,本罪的主体是特殊主体,即只能由国家机关工作人员构成。这是因为国家机关工作人员掌握着一定的职权,如果滥用职权,侵犯少数民族风俗习惯,则影响范围广,容易引起民族纠纷,损害政府形象,不利于民族团结与互助。

第四,在主观方面表现为故意,即明知国家法律允许少数民族保持或者改革风俗习惯,而故意侵犯这种权利。

(4)罪名界定

第一,构成本罪需"情节严重"。所谓"情节严重",参照1989年11月30日最高人民检察院印发的《人民检察院直接受理的侵犯公民民主权利人身权利和渎职案件立案标准的规定》,是指下列情形之一的:①强迫少数民族改变风俗习惯或者非法干涉、破坏少数民族风俗习惯,引起民族纠纷的;②侵犯少数民族风俗习惯,造成其他严重后果的。这里所说的"其他严重后果",可以理解为是指造成被害人家庭解体、精神失常、自杀等情形。

第二,本罪与非法剥夺宗教信仰自由罪的区别是:一是侵犯的客体不同。本罪侵犯的客体是少数民族保持或者改良风俗习惯的权利;而非法剥夺宗教信仰自由罪侵犯的客体,是公民的宗教信仰自由权利。二是犯罪对象不同。本罪的犯罪对象是少数民族的公民;而非法剥夺宗教信仰自由罪侵犯的对象,是任何公民。因此,侵犯的不是少数民族的风俗习惯,不可能构成侵犯少数民族风俗习惯罪。

(5)量刑幅度

根据《刑法》第251条的规定,犯本罪情节严重的,处2年以下有期徒刑或者拘役。

29. 侵犯通信自由罪(第252条)

(1)罪名概念

侵犯通信自由罪,是指隐匿、毁弃或者非法开拆他人信件,侵犯公民通信自由权利,情节严重的行为。

(2)法律规定

①本罪名是由《刑法》第252条规定的。该条规定:“隐匿、毁弃或者非法开拆他人信件,侵犯公民通信自由权利,情节严重的,处一年以下有期徒刑或者拘役。”

②2009年8月27日全国人民代表大会常务委员会《关于维护互联网安全的决定》第4条规定:“为了保护个人、法人和其他组织的人身、财产等合法权利,对有下列行为之一,构成犯罪的,依照刑法有关规定追究刑事责任:(一)利用互联网侮辱他人或者捏造事实诽谤他人;(二)非法截获、篡改、删除他人电子邮件或者其他数据资料,侵犯公民通信自由和通信秘密;(三)利用互联网进行盗窃、诈骗、敲诈勒索。”

(3)构成要件

第一,本罪侵犯的客体是公民的通信自由和通信秘密的权利。

第二,客观方面表现为实施了隐匿、毁弃或者非法开拆他人信件,情节严重的行为。“非法开拆”,是指除了经公安机关或者人民检察院批准的侦查人员可以对“被告人”“犯罪嫌疑人”的邮件、电报开拆以外,其他任何机关、团体或者个人,都无权私自开拆他人信件。如果开拆,便是非法的。

第三,犯罪主体是一般主体。如果是邮电工作人员利用职务之便,实施了上述犯罪活动,应按私自开拆、隐匿、毁弃邮件、电报罪处罚。

第四,主观方面出于故意。过失丢了他人信件不构成本罪。

(4)罪名界定

第一,构成本罪必须达到“情节严重”的程度。这里的“情节严重”,一般是指:①不单单是非法私自开拆他人信件,还具有予以隐匿、毁弃的行为。②一次大量地隐匿、毁弃、非法开拆他人信件的。③多次隐匿、毁弃、非法开拆他人信件的。④因隐匿、毁弃他人信件,贻误他人重要事项,造成严重后果的。⑤因为非法开拆他人信件,导致他人出现严重后果的。如因隐私被泄露而自杀或精神失常、造成矛盾等。

第二,“私自开拆、隐匿、毁弃邮件、电报罪”与“侵犯通信自由罪”的区别是:“侵犯通信自由”罪侵犯的客体是公民通信自由和通信秘密的权利,犯罪主体是一般主体。而“私自开拆、隐匿、毁弃邮件、电报罪”侵犯的客体是国家的邮政通信管理活动,犯罪主体是特殊主体,即只有邮政工作人员才能犯此种罪。

第三,要正确处理本罪与他罪的牵连关系。如果行为人非法开拆他人信件,只是为了窃取财物,并且窃取的财物数额较大,构成本罪与盗窃罪的牵连犯。按照处理牵连犯的原则,按照重罪论处,即定盗窃罪,并按盗窃罪处罚。因为刑法规定的刑罚,盗窃罪要比侵犯通信自由罪重。

(5)量刑幅度

《刑法》第252条规定,构成本罪情节严重的,处1年以下有期徒刑或者拘役。

30. 私自开拆、隐匿、毁弃邮件、电报罪(第253条第1款)

(1)罪名概念

私自开拆、隐匿、毁弃邮件、电报罪,是指邮政工作人员利用职务上的便利条件,私自开拆和隐匿、毁弃邮件、电报,对国家和人民造成损失的行为。

(2)法律规定

本罪名是由《刑法》第 253 条第 1 款规定的。《刑法》第 253 条规定:“邮政工作人员私自开拆或者隐匿、毁弃邮件、电报的,处二年以下有期徒刑或者拘役。

犯前款罪而窃取财物的,依照本法第二百六十四条的规定定罪从重处罚。”

(3)构成要件

第一,本罪侵犯的客体主要是公民通信自由权利,同时也侵犯了国家的邮电通信管理活动。

第二,在客观方面,行为人具有利用职务之便,实施私拆、隐匿、毁弃邮件、电报的行为。具有私拆、隐匿、毁弃行为之一的,就构成本罪。本罪是个行为选择和对象选择并存的罪名,只要行为人实施了其中一种行为,或者侵害了其中的一种犯罪对象,即构成本罪。

第三,犯罪主体必须是邮政工作人员,即在邮政部门工作的营业员、投递员、接发员、分拣员、押运员、汇兑员等。

第四,主观方面是故意。

(4)罪名界定

本罪与侵犯通信自由罪的区别是:一是前者侵害的客体,主要是国家邮政通信管理活动;而后者侵害的客体,是公民通信自由权利。二是对那些因意外事件,致使邮件、电报受到损坏,或者是由于过失而遗失了邮件、电报的,不能依本罪处罚。因为这些行为不具备本罪的构成要件,即行为人在主观方面不是出于故意。如果后果严重,需要追究刑事责任的,可按玩忽职守罪论处。

(5)量刑幅度

根据《刑法》第 253 条的规定,邮政工作人员犯此罪的,处 2 年以下有期徒刑或者拘役。如果犯此罪而又从中窃取财物的,则按《刑法》规定的盗窃罪从重处罚。

31. 侵犯公民个人信息罪(第 253 条之一)

(1)罪名概念

侵犯公民个人信息罪,是指国家机关或者金融、电信、交通、教育、医疗等单位的工作人员,违反国家规定,将本单位在履行职责或者提供服务过程中获得的公民个人信息,出售或者非法提供给他人,窃取或者以其他方法非法获取公民个人信息,情节严重的行为。

(2)法律规定

①本罪名是由《刑法》第 253 条之一规定的。《刑法》第 253 条之一第 1 款、第 2 款、第 4 款分别规定:“违反国家有关规定,向他人出售或者提供公民个人信息,情节严重的,处三年以下有期徒刑或者拘役,并处或者单处罚金;情节特别严重的,处三年以上七年以下有期徒刑,并处罚金。”

“违反国家有关规定,将在履行职责或者提供服务过程中获得的公民个人信息,出售或者提供给他人,依照前款的规定从重处罚。”

“单位犯前三款罪的,对单位判处罚金,并对其直接负责的主管人员和其他直接责任人员,依照各该款的规定处罚。”

②2017 年 5 月 8 日最高人民法院、最高人民检察院《关于办理侵犯公民个人信息刑事案件适用法律若干问题的解释》第 1 条、第 2 条、第 3 条、第 4 条、第 5 条、第 6 条、第 7 条、第 10 条、第 11 条和第 12 条规定:“刑法第二百五十三条之一规定的‘公民个人信息’,是指以电子或者其他方式记录的能够单独或者与其他信息结合识别特定自然人身份或者反映特定自然人活动情况的各种信息,包括姓名、身份证件号码、通信通讯联系方式、住址、账号密码、财产状况、行踪轨迹等。”

“违反法律、行政法规、部门规章有关公民个人信息保护的规定的,应当认定为刑法第二百五十三条之一规定的'违反国家有关规定'。"

"向特定人提供公民个人信息，以及通过信息网络或者其他途径发布公民个人信息的，应当认定为刑法第二百五十三条之一规定的'提供公民个人信息'。

未经被收集者同意，将合法收集的公民个人信息向他人提供的，属于刑法第二百五十三条之一规定的'提供公民个人信息'，但是经过处理无法识别特定个人且不能复原的除外。"

"违反国家有关规定，通过购买、收受、交换等方式获取公民个人信息，或者在履行职责、提供服务过程中收集公民个人信息的，属于刑法第二百五十三条之一第三款规定的'以其他方法非法获取公民个人信息'。"

"非法获取、出售或者提供公民个人信息，具有下列情形之一的，应当认定为刑法第二百五十三条之一规定的'情节严重'：

（一）出售或者提供行踪轨迹信息，被他人用于犯罪的；

（二）知道或者应当知道他人利用公民个人信息实施犯罪，向其出售或者提供的；

（三）非法获取、出售或者提供行踪轨迹信息、通信内容、征信信息、财产信息五十条以上的；

（四）非法获取、出售或者提供住宿信息、通信记录、健康生理信息、交易信息等其他可能影响人身、财产安全的公民个人信息五百条以上的；

（五）非法获取、出售或者提供第三项、第四项规定以外的公民个人信息五千条以上的；

（六）数量未达到第三项至第五项规定标准，但是按相应比例合计达到有关数量标准的；

（七）违法所得五千元以上的；

（八）将在履行职责或者提供服务过程中获得的公民个人信息出售或者提供给他人，数量或者数额达到第三项至第七项规定标准一半以上的；

（九）曾因侵犯公民个人信息受过刑事处罚或者二年内受过行政处罚，又非法获取、出售或者提供公民个人信息的；

（十）其他情节严重的情形。

实施前款规定的行为，具有下列情形之一的，应当认定为刑法第二百五十三条之一第一款规定的'情节特别严重'：

（一）造成被害人死亡、重伤、精神失常或者被绑架等严重后果的；

（二）造成重大经济损失或者恶劣社会影响的；

（三）数量或者数额达到前款第三项至第八项规定标准十倍以上的；

（四）其他情节特别严重的情形。"

"为合法经营活动而非法购买、收受本解释第五条第一款第三项、第四项规定以外的公民个人信息，具有下列情形之一的，应当认定为刑法第二百五十三条之一规定的'情节严重'：

（一）利用非法购买、收受的公民个人信息获利五万元以上的；

（二）曾因侵犯公民个人信息受过刑事处罚或者二年内受过行政处罚，又非法购买、收受公民个人信息的；

（三）其他情节严重的情形。

实施前款规定的行为，将购买、收受的公民个人信息非法出售或者提供的，定罪量刑标准适用本解释第五条的规定。"

"单位犯刑法第二百五十三条之一规定之罪的，依照本解释规定的相应自然人犯罪的定罪量刑标准，对直接负责的主管人员和其他直接责任人员定罪处罚，并对单位判处罚金。"

"实施侵犯公民个人信息犯罪，不属于'情节特别严重'，行为人系初犯，全部退赃，并确有悔罪表现的，可以认定为情节轻微，不起诉或者免予刑事处罚；确有必要判处刑罚的，应当从宽处罚。”

“非法获取公民个人信息后又出售或者提供的，公民个人信息的条数不重复计算。

向不同单位或者个人分别出售、提供同一公民个人信息的，公民个人信息的条数累计计算。

对批量公民个人信息的条数，根据查获的数量直接认定，但是有证据证明信息不真实或者重复的除外。”

“对于侵犯公民个人信息犯罪，应当综合考虑犯罪的危害程度、犯罪的违法所得数额以及被告人的前科情况、认罪悔罪态度等，依法判处罚金。罚金数额一般在违法所得的一倍以上五倍以下。”

(3)构成要件

第一，本罪侵犯的客体是公民个人信息的享有权和保密权。公民个人信息的享有权和保密权是公民权利的重要组成部分，受国家法律保护，不受他人干涉和侵害。

第二，客观方面表现为国家机关或者金融、电信、交通、教育、医疗等单位的工作人员，违反国家规定，将本单位在履行职责或者提供服务过程中获得的公民个人信息，出售或者非法提供给他人，窃取或者以其他方法非法获取公民个人信息，情节严重的行为。本罪的“情节严重”，主要指出售或者向他人非法提供公民的个人信息数量大、使个人信息大量流向境外、造成了被害人人身严重危害、造成财产的重大损失等情况。

第三，犯罪主体是一般主体。

第四，主观方面是故意，不要求获利或者达到其他的个人目的，过失不能构成本罪。

(4)罪名界定

本罪与《刑法》第397条规定的玩忽职守罪的区别在于主观方面。本罪的主观方面是故意，行为人即使没有获利或者没有达到其他的个人目的，但向他人提供公民个人信息是故意，由于这种故意才造成了对他人利益的侵害。而玩忽职守犯罪，使公共财产、国家和人民的利益遭受重大损失，是由于行为人的过失造成的。

(5)量刑幅度

根据《刑法》第253条之一的规定，对构成本罪的，处3年以下有期徒刑或者拘役，并处或者单处罚金。

32. 报复陷害罪(第254条)

(1)罪名概念

报复陷害罪，是指国家机关工作人员滥用职权，假公济私，对控告人、申诉人、批评人、举报人实行报复陷害的行为。

(2)法律规定

①本罪名是由《刑法》第254条规定的。该条规定：“国家机关工作人员滥用职权、假公济私，对控告人、申诉人、批评人、举报人实行报复陷害的，处二年以下有期徒刑或者拘役；情节严重的，处二年以上七年以下有期徒刑。”

②根据2006年7月26日最高人民检察院《关于渎职侵权犯罪案件立案标准的规定》第二部分第6项规定：“报复陷害罪是指国家机关工作人员滥用职权、假公济私，对控告人、申诉人、批评人、举报人实行打击报复、陷害的行为。

涉嫌下列情形之一的，应予立案：

1. 报复陷害，情节严重，导致控告人、申诉人、批评人、举报人或者其近亲属自杀、自残造成重伤、死亡，或者精神失常的；

2. 致使控告人、申诉人、批评人、举报人或者其近亲属的其他合法权利受到严重损害的；

3. 其他报复陷害应予追究刑事责任的情形。”

③根据2001年7月20日最高人民检察院印发的《人民检察院直接受理立案侦查的渎职侵权重特大案件标准（试行）》第39条规定：

“三十九、报复陷害案

（一）重大案件：

1. 致人精神失常的；

2. 致人其他合法权益受到损害，后果严重的。

（二）特大案件：

1. 致人自杀死亡的；

2. 后果特别严重，影响特别恶劣的。”

（3）构成要件

第一，本罪侵犯的客体是公民的控告权、申诉权、批评权、举报权和国家机关的正常活动。

第二，客观方面表现为滥用职权、假公济私，对控告人、申诉人、批评人、举报人实行报复陷害的行为。

第三，本罪的主体是特殊主体，即只能由国家机关工作人员构成。非国家机关工作人员是不可能滥用职权、假公济私来报复他人。

第四，主观方面必须是直接故意，并且具有滥用职权、假公济私，报复陷害他人的目的。

（4）罪名界定

第一，认定本罪应该注意：打击报复如果情节显著轻微，危害不大，不能以本罪论处。必要时，可给以批评教育或者降职、降级、记过或者开除等行政处分。报复陷害他人，致使其民主权利、人身权利和精神严重受损的，手段恶劣，影响极坏的，屡次报复陷害他人等，应当以犯罪论处。如果行为人的行为与其职权无关，尽管同样是出于报复动机，比如到批评人、申诉人、控告人和揭发、检举、作证人家中去放火、投毒、伤害、杀人，这些报复行为因为与其职权没有联系，因此不构成报复陷害罪，但可以构成放火、投毒、故意伤害、故意杀人等罪名。

第二，本罪与诬告陷害罪的区别是：①犯罪主体不同。前者的主体是特殊主体，只能由国家机关工作人员构成；而后者是一般主体，可由任何达到刑事责任年龄、具有刑事责任能力的公民构成。②犯罪目的不同。前者的行为人目的是报复陷害他人，并不一定要使被害人受到刑事处罚；而后者的行为人目的是使他人枉受刑事处罚。③犯罪手段不同。前者的行为基于职务，滥用职权，假公济私；而后者的行为人是捏造犯罪事实，并且向国家机关或者有关单位作虚假告发。④犯罪对象不同。前者的对象仅限于控告人、申诉人、批评人和举报人四种；而后者的对象可以是任何人，包括国家机关工作人员和普通群众。⑤捏造的事实不同。前者捏造的并不是犯罪事实；而后者要求捏造的必须是犯罪事实。

（5）量刑幅度

根据《刑法》第254条的规定，犯本罪的，处2年以下有期徒刑或者拘役；情节严重的，处2年以上7年以下有期徒刑。

33. 打击报复会计、统计人员罪（第255条）

（1）罪名概念

打击报复会计、统计人员罪，是指公司、企业、事业单位、机关、团体的领导人，对依法履行职责、抑制违反会计法、统计法行为的会计、统计人员实行打击报复，情节恶劣的行为。

(2)法律规定

本罪名是由《刑法》第255条规定的。该条规定:“公司、企业、事业单位、机关、团体的领导人,对依法履行职责、抵制违反会计法、统计法行为的会计、统计人员实行打击报复,情节恶劣的,处三年以下有期徒刑或者拘役。”

(3)构成要件

第一,本罪侵犯的客体是复杂客体,既侵犯了会计、统计人员的民主权利,又侵犯了国家对会计、统计的管理制度。

第二,客观方面表现为行为人对依法履行职责、抵制违反会计法、统计法行为的会计、统计人员实行打击报复,情节恶劣的行为。

第三,本罪的主体是特殊主体,即公司、企业、事业单位、机关、团体的领导人。公司既包括国有、集体所有制性质的公司,也包括私有制性质的公司;既包括股份有限公司,又包括有限责任公司。企业,既包括国有、集体所有制性质的企业,又包括私营企业。

第四,主观方面表现为直接故意,并且具有打击报复的目的。

(4)罪名界定

第一,本罪要求实行打击报复必须是“情节恶劣”。打击报复会计人员、统计人员的行为如果不是情节恶劣,或者情节显著轻微危害不大,不构成犯罪,不应当追究行为人的刑事责任,应依照会计法、统计法等有关规定,给予行政处分。

第二,本罪与报复陷害罪的主要区别是:①侵害的对象不同。本罪侵害的对象仅限于会计、统计人员;而报复陷害罪侵害的对象,则是控告人、申诉人、批评人、举报人。②犯罪主体不同。本罪的主体是公司、企业、事业单位、机关、团体的领导人;而报复陷害罪的主体必须是国家机关工作人员。③行为方式不同。本罪打击报复会计、统计人员的行为不以滥用职权、假公济私为必要条件;而报复陷害罪的行为人是滥用自己的职权,假公济私,挟嫌报复。④打击报复会计、统计人员罪必须是情节恶劣的,才能构成犯罪,否则不能构成犯罪;而报复陷害罪没有这样的要求。

(5)量刑幅度

根据《刑法》第255条的规定,犯本罪情节恶劣的,处3年以下有期徒刑或者拘役。

34. 破坏选举罪(第256条)

(1)罪名概念

破坏选举罪,是指在选举各级人民代表大会代表和国家机关领导人员时,以暴力、威胁、欺骗、贿赂、伪造选举文件、虚报选举票数等手段,破坏选举和妨害选民和代表自由行使选举权和被选举权,情节严重的行为。

(2)法律规定

①本罪名是由《刑法》第256条规定的。该条规定:“在选举各级人民代表大会代表和国家机关领导人员时,以暴力、威胁、欺骗、贿赂、伪造选举文件、虚报选举票数等手段破坏选举或者妨害选民和代表自由行使选举权和被选举权,情节严重的,处三年以下有期徒刑、拘役或者剥夺政治权利。”

②2006年7月26日最高人民检察院《关于渎职侵权犯罪案件立案标准的规定》第二部分第7项规定:“破坏选举罪是指在选举各级人民代表大会代表和国家机关领导人员时,以暴力、威胁、欺骗、贿赂、伪造选举文件、虚报选举票数或者编造选举结果等手段破坏选举或者妨害选民和代表自由行使选举权和被选举权,情节严重的行为。

国家机关工作人员利用职权破坏选举,涉嫌下列情形之一的,应予立案:

1. 以暴力、威胁、欺骗、贿赂等手段，妨害选民、各级人民代表大会代表自由行使选举权和被选举权，致使选举无法正常进行，或者选举无效，或者选举结果不真实的；

2. 以暴力破坏选举场所或者选举设备，致使选举无法正常进行的；

3. 伪造选民证、选票等选举文件，虚报选举票数，产生不真实的选举结果或者强行宣布合法选举无效、非法选举有效的；

4. 聚众冲击选举场所或者故意扰乱选举场所秩序，使选举工作无法进行的；

5. 其他情节严重的情形。”

③2001 年 7 月 20 日最高人民检察院印发的《人民检察院直接受理立案侦查的渎职侵权重特大案件标准（试行）》第 40 条规定：

“（一）重大案件

1. 导致乡镇级选举无法进行或者选举无效的；

2. 实施破坏选举行为，取得县级领导职务或者人大代表资格的。

（二）特大案件

1. 导致县级以上选举无法进行或者选举无效的；

2. 实施破坏选举行为，取得市级以上领导职务或者人大代表资格的。”

（3）构成要件

第一，本罪侵犯的客体是公民的选举权和国家的选举制度。犯罪对象是特定的，即各级人民代表大会代表和国家机关领导人员的选举。破坏工会、共青团、企事业单位或者其他社会团体领导人员的选举行为，不构成本罪。

第二，客观方面表现为违反选举法的规定，破坏选举工作的进行，情节严重的行为。

第三，本罪的主体是一般主体，既可以是选举工作人员，也可以是普通公民。

第四，主观方面是直接故意，即明知自己的行为会给选举工作造成危害结果，却故意实施，其目的是控制选举或者破坏选举。

（4）罪名界定

根据 2006 年 7 月 26 日最高人民检察院《关于渎职侵权犯罪案件立案标准的规定》之规定，国家机关工作人员利用职权破坏选举，涉嫌下列情形之一的，应予立案：①以暴力、威胁、欺骗、贿赂等手段，妨害选民、各级人民代表大会代表自由行使选举权和被选举权，致使选举无法正常进行，或者选举无效，或者选举结果不真实的；②以暴力破坏选举场所或者选举设备，致使选举无法正常进行的；③伪造选民证、选票等选举文件，虚报选举票数，产生不真实的选举结果或者强行宣布合法选举无效、非法选举有效的；④聚众冲击选举场所或者故意扰乱选举场所秩序，使选举工作无法进行的；⑤其他情节严重的情形。

（5）量刑幅度

根据《刑法》第 256 条的规定，犯本罪的，处 3 年以下有期徒刑、拘役或者剥夺政治权利。

35. 暴力干涉婚姻自由罪（第 257 条）

（1）罪名概念

暴力干涉婚姻自由罪，是指以殴打、捆绑、扣押、禁闭或抢掠等暴力方法，干涉他人婚姻自由的行为。

（2）法律规定

本罪名是由《刑法》第 257 条规定的。该条规定：“以暴力干涉他人婚姻自由的，处二年以下有期徒刑或者拘役。

犯前款罪，致使被害人死亡的，处二年以上七年以下有期徒刑。

第一款罪，告诉的才处理。”

(3)构成要件

第一，本罪侵犯的客体是双重客体，但主要是侵犯了他人的婚姻自由权利，同时也侵犯了他人的人身权利。

第二，在客观方面，行为人具有暴力干涉他人婚姻自由的行为。

第三，本罪的主体是一般主体。在司法实践中，常常是父母、子女、兄弟姐妹，还有丈夫、妻子、奸夫、情妇，也有的是族人或基层干部等。

第四，主观方面是故意。

(4)罪名界定

认定本罪要注意以下三个方面问题：

一是如果没有使用暴力，或者使用极为轻微的暴力干涉他人婚姻自由的，属于一般违反婚姻法的行为，不能认定为暴力干涉婚姻自由罪。不能认为一有暴力行为就构成本罪，如果只是打个耳光，并没有使他人实现婚姻自由的权利受到严重阻碍和威胁，则不构成本罪。

二是如果以故意杀人、故意重伤的方法干涉他人婚姻自由的，因为对人身权利的侵害超过了对婚姻自由的妨害，应以相应的犯罪论处，不能以暴力干涉婚姻自由罪处罚。对于一贯地以暴力进行干涉，构成了暴力干涉婚姻自由罪，此外，其中有一次是属于故意杀人或者故意重伤害行为，则构成了暴力干涉婚姻自由罪与故意杀人罪或故意伤害罪，应实行数罪并罚。

三是在夫妻之间一般不存在暴力干涉婚姻自由罪的问题。一方因为不同意对方与自己离婚而对其实施暴力，考虑到夫妻之间的特定关系，一般不按本罪处理。如果符合虐待罪或者其他犯罪的构成要件，可按虐待罪或者其他犯罪论处。

(5)量刑幅度

根据《刑法》第257条的规定，对本罪的处罚分以下2个档次：

一是情节一般的，处2年以下有期徒刑或者拘役。

二是致被害人死亡的，处2年以上7年以下有期徒刑。

根据《刑法》第257条的规定，犯本罪如果没有引起被害人死亡的，只有向法院告诉的才处理，被害人不告诉，人民法院不主动处理；如果引起被害人死亡的，不适用“告诉才处理”的规定。

36.重婚罪(第258条)

(1)罪名概念

重婚罪，是指有配偶而重婚的，或者明知他人有配偶而与之结婚的行为。

(2)法律规定

本罪名是由《刑法》第258条规定的。该条规定：“有配偶而重婚的，或者明知他人有配偶而与之结婚的，处二年以下有期徒刑或者拘役。”

(3)构成要件

第一，本罪侵犯的客体是我国《婚姻法》所规定的一夫一妻制。

第二，客观方面表现为以下两种情况：一是登记重婚，又称为法律重婚，是指有配偶的人又与他人结婚，或者明知他人有配偶而与其结婚的行为。二是事实重婚，是指有配偶的人又与他人以夫妻关系共同生活的行为，或者明知他人有配偶而与之以夫妻关系共同生活的行为。所谓“有配偶”，是指男女结婚以后，其夫妻关系没有依法解除。如果夫妻关系已经依法解除，或者因其配偶已经死亡而夫妻关系自然消失的，则不再是有配偶的人。

第三，本罪的主体，一种是已有配偶，在夫妻关系存续期间，又与他人结婚，或以夫妻关系共同生活的；另一种是本人虽然没有配偶，但明知对方有配偶而与之结婚或以夫妻关系共同生活的人。

第四，主观方面是故意。有配偶的双方在明知的情况下结婚，或者以夫妻关系共同生活，双方均构成重婚罪。如果有配偶的一方隐瞒事实真相，欺骗没有配偶的人与之结婚，或者以夫妻关系共同生活的，有配偶的一方构成重婚罪，受骗的一方不构成重婚罪。如果无配偶的人明知对方有配偶而与之结婚，或者以夫妻关系共同生活的，也构成重婚罪。

(4)罪名界定

认定本罪要注意以下两点：

一是因自然灾害外流谋生而重婚，或因婚后受虐待而外逃再婚的，或被拐骗而被贩卖再婚的，根据实际情况，一般不以重婚罪惩处。因为配偶长期外出下落不明，造成家庭生活严重困难，因此又与他人结婚的，一般不以重婚论处。

二是通奸不是重婚。“通奸”，一般没有共同的经济生活，不以夫妻相称，而且是秘密行为。“重婚”是指有配偶的人又与他人以夫妻关系共同生活，或者明知他人有配偶而与之以夫妻关系共同生活的犯罪行为。不仅公开同居，还有共同的经济生活，即使没有登记也以夫妻相称，是一种事实上的非法夫妻关系。

(5)量刑幅度

根据《刑法》第258条的规定，犯重婚罪，处2年以下有期徒刑或者拘役。在处理重婚案件时，除了依法对犯罪人追究刑事责任外，对其形成的非法婚姻关系，人民法院应依法解除。

37. 破坏军婚罪(第259条第1款)

(1)罪名概念

破坏军婚罪，是指明知现役军人的配偶而与之同居或者结婚的行为。

(2)法律规定

①本罪名是由《刑法》第259条第1款规定的。《刑法》第259条规定：“明知是现役军人的配偶而与之同居或者结婚的，处三年以下有期徒刑或者拘役。

利用职权、从属关系，以胁迫手段奸淫现役军人的妻子的，依照本法第二百三十六条的规定定罪处罚。”

②2000年3月24日公安部《关于打击拐卖妇女儿童犯罪适用法律和政策有关问题的意见》第3条第2项规定：“明知被拐卖的妇女是现役军人的妻子而与之同居或者结婚的，以破坏军婚罪立案侦查。”

(3)构成要件

第一，本罪侵犯的客体是现役军人的婚姻、家庭关系。

第二，客观方面表现为与现役军人的配偶同居或者结婚的行为。

第三，犯罪主体是一般主体，既可以是男的，也可以是女的，凡是达到法定刑事责任年龄，具有刑事责任能力的公民，都可以成为本罪的主体。但对有错误的军人配偶，一般不作为本罪主体，不以本罪处罚，而主要是批评教育。如果军人坚持要处分其配偶并且提出离婚的，应当尊重军人的意见。

第四，主观方面是故意，即明知对方是现役军人的配偶而与之同居或者结婚。

(4)罪名界定

第一，利用职权或者从属关系，以胁迫手段奸淫现役军人妻子，或者利用职务上的权利、隶属关系、优势地位，以阻碍招工、改变工种、停职降薪、收回住房、断绝生活来源等手段，威胁现役军人的妻子，使其忍辱屈从，从而达到奸淫的目的，符合强奸妇女罪的条件，依照《刑法》第236条的规定，以强奸罪处罚。

第二，本罪与重婚罪的区别是：一是破坏军婚罪侵犯的是现役军人的婚姻关系；重婚罪侵犯的是一般的一夫一妻制的婚姻关系。二是破坏军婚罪的行为包括与现役军人的配偶结婚或者同居的行为；而重婚罪的行为是有配偶而重婚或者明知他人有配偶而与之结婚。三是破坏军婚罪中的现役军人的配偶一般不构成本罪；而重婚罪中的对方只要符合构成要件，也构成重婚罪。另外，破坏军婚罪的法定刑也重于重婚罪。

(5)量刑幅度

根据《刑法》第259条第1款的规定，犯本罪的，处3年以下有期徒刑或者拘役。

38.虐待罪(第260条)

(1)罪名概念

虐待罪，是指对共同生活的家庭成员经常以打骂、捆绑、冻饿、有病不给医治、强迫超体力劳作、限制自由等方式，从肉体或者精神上摧残、折磨，情节恶劣的行为。

本罪属于告诉才处理，没有人向法院提起诉讼，法院不主动立案处理。法律这样规定，主要是考虑到虐待案件发生在家庭成员之间，被虐待者不希望亲属关系破裂，更不希望诉诸司法机关对虐待者定罪量刑。因此要充分考虑被虐待者的意思。但根据《刑法》第98条的规定，如果被虐待者受强制、威吓等而无法向人民法院起诉的，人民检察院可以提起公诉。被虐待者的其他近亲属也可以控告，有关单位和组织也可以向人民检察院检举揭发干涉，由人民检察院查实后提起公诉。行为人在实施虐待过程中，又故意重伤或杀人，其行为构成故意伤害罪或者故意杀人罪。如果行为人故意伤害或者故意杀人行为以外的虐待行为足以构成虐待罪的，则对行为人的行为应当按照数罪并罚原则处理，而不能按照牵连犯或者吸收犯的原则处理。犯本罪，致被害人重伤、死亡的，不适用“告诉的才处理”的规定。

(2)法律规定

本罪名是由《刑法》第260条规定的。该条规定：“虐待家庭成员，情节恶劣的，处二年以下有期徒刑、拘役或者管制。

犯前款罪，致使被害人重伤、死亡的，处二年以上七年以下有期徒刑。

第一款罪，告诉的才处理，但被虐待的人没有能力告诉，或者因受到强制、威吓无法告诉的除外。”

(3)构成要件

第一，本罪侵犯的客体是复杂客体，既侵犯了家庭成员在家庭中的合法权益和平等权利，也侵犯了受害者的人身权利。本罪侵犯的对象只能是共同生活的家庭成员，他们之间存在相互扶养、帮助的义务。

第二，客观方面表现为经常或连续地折磨、摧残家庭成员身心，情节恶劣的行为。虐待行为是一贯的、经常的、连续的，严重的还可能引起被害人的重伤或死亡。偶尔的打骂、冻饿行为不构成虐待罪。

第三，本罪的主体必须是具有一定的亲属关系或者扶养关系，彼此间负有相互扶养的义务，并且在一个家庭中共同生活的成员。包括祖父母、外祖父母、父母、子女、兄弟姐妹等，也包括自愿承担抚养义务而与其共同生活的其他亲友等。

第四，主观方面是故意，因虐待而引起被害人重伤、死亡、自杀，行为人并不是出于故意，如果是故意致人重伤、死亡，则应以其他犯罪论处，不能以本罪处罚。

（4）罪名界定

第一，认定本罪必须以虐待家庭成员情节恶劣为条件。所谓情节恶劣，一般是指虐待时间长、次数多、手段残忍、后果严重。

第二，认定本罪要划清本罪与其他罪的界限。虐待行为的手段，有时与故意杀人的手段十分相似，并且，虐待行为有时在客观上也可能造成被害人死亡的后果。所以，虐待罪与故意杀人罪的界限较容易混淆。二者的区别是：虐待罪的主观方面是故意对被害人进行肉体上和精神上的摧残和折磨；故意杀人罪的主观方面是故意剥夺他人的生命。虐待行为往往会造成被害人身体伤害的后果。所以，虐待罪容易与故意伤害罪混淆。区分二者主要从主观故意方面判断。如果行为人出于对被害人进行肉体上和精神上摧残和折磨的故意，在实施虐待行为过程中，造成被害人轻伤或者重伤的，其行为构成虐待罪，不构成故意伤害罪；如果行为人在主观上具有伤害他人身体健康的故意，并且在客观上实施了伤害他人的行为，则其行为构成故意伤害罪，不构成虐待罪。

根据2015年3月2日最高人民法院、最高人民检察院、公安部、司法部发布的《关于依法办理家庭暴力犯罪案件的意见》第17条的规定，对于被告人虽然实施家庭暴力呈现出经常性、持续性、反复性的特点，但其主观上具有希望或者放任被害人重伤或者死亡的故意，持凶器实施暴力，暴力手段残忍，暴力程度较强，直接或者立即造成被害人重伤或者死亡的，应当以故意伤害罪或者故意杀人罪定罪处罚。

（5）量刑幅度

根据《刑法》第260条的规定，对本罪的处罚分以下2个档次：

一是情节恶劣的，处2年以下有期徒刑、拘役或者管制。

二是致被害人重伤、死亡的，处2年以上7年以下有期徒刑。

根据2015年3月2日最高人民法院、最高人民检察院、公安部、司法部发布的《关于依法办理家庭暴力犯罪案件的意见》第17条的规定，具有虐待持续时间较长、次数较多；虐待手段残忍；虐待造成被害人轻微伤或者患较严重疾病；对未成年人、老年人、残疾人、孕妇、哺乳期妇女、重病患者实施较为严重的虐待行为等情形，属于《刑法》第260条第1款规定的虐待“情节恶劣”，应当依法以虐待罪定罪处罚。

对于被告人主观上不具有侵害被害人健康或者剥夺被害人生命的故意，而是出于追求被害人肉体和精神上的痛苦，长期或者多次实施虐待行为，逐渐造成被害人身体损害，过失导致被害人重伤或者死亡的；或者因虐待致使被害人不堪忍受而自残、自杀，导致重伤或者死亡的，属于《刑法》第260条第2款规定的虐待“致使被害人重伤、死亡”，应当以虐待罪定罪处罚。

根据2015年3月2日最高人民法院、最高人民检察院、公安部、司法部发布的《关于依法办理家庭暴力犯罪案件的意见》第18条、第19条和第20条的规定，对于实施家庭暴力手段残忍或者造成严重后果；出于恶意侵占财产等卑劣动机实施家庭暴力；因酗酒、吸毒、赌博等恶习而长期或者多次实施家庭暴力；曾因实施家庭暴力受到刑事处罚、行政处罚；或者具有其他恶劣情形的，可以酌情从重处罚。

对于实施家庭暴力犯罪情节较轻，或者被告人真诚悔罪，获得被害人谅解，从轻处罚有利于被扶养人的，可以酌情从轻处罚；对于情节轻微不需要判处刑罚的，人民检察院可以不起诉，人民法院可以判处免予刑事处罚。

为了使本人或者他人的人身权利免受不法侵害，对正在进行的家庭暴力采取制止行为，只要符合《刑法》规定的条件，就应当依法认定为正当防卫，不负刑事责任。防卫行为造成施暴人重伤、死亡，且明显超过必要限度，属于防卫过当，应当负刑事责任，但是应当减轻或者免除处罚。认定防卫行为是否“明显超过必要限度”，应当以足以制止并使防卫人免受家庭暴力不法侵害的需要为标准，根据施暴人正在实施家庭暴力的严重程度、手段的残忍程度，防卫人所处的环境、面临的危险程度、采取的制止暴力的手段、造成施暴人重大损害的程度，以及既往家庭暴力的严重程度等进行综合判断。

对于长期遭受家庭暴力后，在激愤、恐惧状态下为了防止再次遭受家庭暴力，或者为了摆脱家庭暴力而故意杀害、伤害施暴人，被告人的行为具有防卫因素，施暴人在案件起因上具有明显过错或者直接责任的，可以酌情从宽处罚。对于因遭受严重家庭暴力，身体、精神受到重大损害而故意杀害施暴人；或者因不堪忍受长期家庭暴力而故意杀害施暴人，犯罪情节不是特别恶劣，手段不是特别残忍的，可以认定为《刑法》第 232 条规定的故意杀人“情节较轻”。在服刑期间确有悔改表现的，可以根据其家庭情况，依法放宽减刑的幅度，缩短减刑的起始时间与间隔时间；符合假释条件的，应当假释。被杀害施暴人的近亲属表示谅解的，在量刑、减刑、假释时应当予以充分考虑。

39. 虐待被监护、看护人罪（第 260 条之一）

（1）罪名概念

虐待被监护、看护人罪，是指负有监护、看护职责的人，虐待被监护、看护的未成年人、老年人、患病的人、残疾人等，情节恶劣的行为。

（2）法律规定

本罪名是由《刑法》第 260 条之一规定的。该条规定：“对未成年人、老年人、患病的人、残疾人等负有监护、看护职责的人虐待被监护、看护的人，情节恶劣的，处三年以下有期徒刑或者拘役。

单位犯前款罪的，对单位判处罚金，并对其直接负责的主管人员和其他直接责任人员，依照前款的规定处罚。

有第一款行为，同时构成其他犯罪的，依照处罚较重的规定定罪处罚。”

（3）构成要件

第一，侵犯的客体是被监护人、被看护人的人身权利。

第二，客观方面表现为对未成年人、老年人、患病的人、残疾人等被监护人、被看护人具有情节恶劣的虐待行为。

第三，犯罪主体是特殊主体，即必须是对未成年人、老年人、患病的人、残疾人等负有监护、看护职责的人。

第四，主观方面具有虐待的故意。

（4）罪名界定

第一，根据《刑法》第 260 条之一的规定，构成本罪，必须是“情节恶劣”。另外，根据法律规定，如果构成本罪，同时又构成其他犯罪，如构成虐待罪、遗弃罪或者虐待被监管人罪等其他犯罪，依照处罚较重的规定来定罪处罚，而不能以本罪处罚。

第二，本罪与虐待罪不同：本罪侵犯的客体是未成年人、老年人、患病的人、残疾人等被监护人、被看护人的人身权利，这些人不一定都是家庭成员；而虐待罪侵犯的是家庭成员的人身权利和在家庭中的合法权益与平等权利。本罪的行为人与侵犯的对象存在监护与被监护、看护与被看护的关系；而虐待罪与犯罪对象的关系是具有抚养与被抚养、扶养与被扶养、赡养与被赡养的关系。另外，这两种犯罪的处罚幅度也不相同。本罪的最高刑是有期徒刑 3 年；而虐待罪，致被害人重伤、死亡的,最高刑是7年有期徒刑,如果不是致被害人重伤、死亡的,最高刑为2年有期徒刑。如果同时构成本罪与虐待罪,则应该按照法律规定,以处罚较重的规定来定罪处罚。

第三,本罪与虐待被监管人罪不同:本罪侵犯的客体是未成年人、老年人、患病的人、残疾人等被监护人、被看护人的人身权利;而虐待被监管人罪侵犯的是被监管人的人身权利和监管机构的正常活动,其侵犯的对象是在监狱、看守所、拘留所等监管机构依法被监管的人,包括正在服刑的有期徒刑犯、无期徒刑犯和死刑犯、被羁押的犯罪嫌疑人、被告人等。在客观方面,本罪表现为对未成年人、老年人、患病的人、残疾人等被监护、被看护的人的情节恶劣的虐待行为;而虐待被监管人罪则表现为对被监管人进行殴打或者体罚虐待,或者是指使被监管人殴打、体罚虐待其他被监管人,情节严重的行为。本罪的犯罪主体是对未成年人、老年人、患病的人、残疾人等有监护、看护责任的人;而虐待被监管人罪的犯罪主体是特殊主体,即只能由监狱、看守所、拘留所等监管机构的监管人员构成。

(5)量刑幅度

根据《刑法》第260条之一的规定,对犯本罪的分以下2个档次处罚:

一是情节恶劣构成本罪的,处3年以下有期徒刑或者拘役。其行为如果同时构成其他犯罪的,依照处罚较重的规定定罪处罚。

二是单位犯本罪的,对单位判处罚金,并对其直接负责的主管人员和其他直接责任人员,依照前述规定处罚。

40. 遗弃罪(第261条)

(1)罪名概念

遗弃罪,是指对年老、年幼、患病或者其他没有独立生活能力的人,负有扶养义务而拒绝扶养,情节恶劣的行为。

(2)法律规定

本罪名是由《刑法》第261条规定的。该条规定:"对于年老、年幼、患病或者其他没有独立生活能力的人,负有扶养义务而拒绝扶养,情节恶劣的,处五年以下有期徒刑、拘役或者管制。"

(3)构成要件

第一,本罪侵犯的客体是法律规定的扶养义务。

第二,客观方面表现为对没有独立生活能力的家庭成员,应当扶养而拒不扶养,从而使被扶养人陷入极端困难的境地,生命和健康受到严重威胁和损害,情形恶劣的行为。其特点一般是不作为。

第三,本罪的主体是对被遗弃者依法负有扶养义务并且有扶养能力的人。法律上不负有扶养义务的人不能构成本罪。

第四,本罪在主观方面是故意。

(4)罪名界定

第一,认定本罪要注意以下两点:

一是本罪的主体是依法负有扶养义务的人。依照我国《婚姻法》的规定,夫妻有互相扶养的义务;父母对子女有抚养教育的义务;子女对父母有赡养扶助的义务;养父母与养子女、继父母与继子女之间的权利义务,均与生父母与其子女之间的扶养、赡养义务相同,但养子女和生父母之间的权利义务,因收养关系成立而消除,因收养关系的消除而恢复;对非婚生子女,其父母应当负担其必要的生活费和教育费的一部或者全部,一直到子女能够独立生活为止;祖父母、外祖父母,对父母已经死亡的孙子女、外孙子女,有扶养义务;孙子女、外孙子女对子女已经死亡的祖父母、外祖父母有扶养义务;哥哥和姐姐对于父母已经死亡或者没有抚养人的未成年的弟弟妹妹有扶养义务。除此以外,由法律上不负有扶养义务的人扶养成人的人,对扶养者也负有赡养义务。遗弃罪的主体不但要负有扶养义务,而且要有履行扶养义务的实际能力。

二是根据《刑法》的规定,构成本罪是以情节恶劣为要件的。如果情节不恶劣,则不构成本罪。所谓"情节恶劣",一般是指遗弃动机卑劣、遗弃手段恶劣、遗弃造成的后果严重。例如,因为遗弃致使被害人生活无着落而流离失所,被迫沿街乞讨的;在遗弃中有对被害人进行打骂、虐待的;遗弃者屡教不改的;故意遗弃而引起被害人重伤、死亡或者自杀的;因遗弃而使被害人走投无路被迫自杀的;行为人屡经教育,拒绝改正而使被害人的生活陷入危难境地的;遗弃手段十分恶劣的(如在遗弃中又有打骂、虐待行为的);等等。

第二,本罪与虐待罪的区别是:一是行为方式不同。遗弃罪是以消极的不作为的形式拒绝履行应尽的扶养义务;而虐待罪是以积极的作为形式,对被害人进行肉体或者精神上的摧残折磨。二是犯罪对象不同。遗弃罪的对象仅仅限于年老、年幼、患病或者其他没有独立生活能力的人;而虐待罪的对象,则可以是家庭中任何成员。三是犯罪的目的不同。遗弃罪的目的是逃避履行扶养义务;而虐待罪追求的是给被害人造成肉体上的摧残和精神上的折磨。

第三,本罪与故意杀人罪不同。本罪是侵犯家庭成员间互相扶养的义务关系的犯罪;而故意杀人罪是侵犯他人生命权的犯罪。在一般情况下,这两种犯罪不容易混淆。但是,对于遗弃没有独立生活能力的婴儿或者把神志不清、行动困难的老人遗弃于室外的行为,情节比较复杂,不能简单地一律视为遗弃罪,而应当根据案情区别对待:如果把被害人遗弃在容易被发现的地方。如把婴儿丢弃在行人很多的路旁或者有关的机关门口,被害人可以得到及时援救的,仍然应当认定为遗弃罪;如果把被害人弃于容易造成生命危险的地点。如将双目失明的老人领到悬崖边上扔下不管,或者把被害人置于人迹罕至的深山野林里而极有可能使其冻死、饿死或者为野兽危及生命,这种丢弃行为,已充分表明行为人主观上具有通过丢弃而非法剥夺被害人生命的意图,就应当认定为故意杀人罪。

根据 2015 年 3 月 2 日最高人民法院、最高人民检察院、公安部、司法部发布的《关于依法办理家庭暴力犯罪案件的意见》第 17 条的规定,对于只是为了逃避扶养义务,并不希望或者放任被害人死亡,将生活不能自理的被害人弃置在福利院、医院、派出所等单位或者广场、车站等行人较多的场所,希望被害人得到他人救助的,一般以遗弃罪定罪处罚。对于希望或者放任被害人死亡,不履行必要的扶养义务,致使被害人因缺乏生活照料而死亡,或者将生活不能自理的被害人带至荒山野岭等人迹罕至的场所扔弃,使被害人难以得到他人救助的,应当以故意杀人罪定罪处罚。

(5)量刑幅度

根据《刑法》第 261 条的规定,对情节恶劣犯本罪的,处 5 年以下有期徒刑、拘役或者管制。

根据 2015 年 3 月 2 日最高人民法院、最高人民检察院、公安部、司法部发布的《关于依法办理家庭暴力犯罪案件的意见》第 17 条的规定,负有扶养义务且有扶养能力的人,拒绝扶养年幼、年老、患病或者其他没有独立生活能力的家庭成员,具有对被害人长期不予照顾、不提供生活来源;驱赶、逼迫被害人离家,致使被害人流离失所或者生存困难;遗弃患严重疾病或者生活不能自理的被害人;遗弃致使被害人身体严重损害或者造成其他严重后果等情形,属于《刑法》第 261 条规定的遗弃"情节恶劣",应当依法以遗弃罪定罪处罚。

根据 2015 年 3 月 2 日最高人民法院、最高人民检察院、公安部、司法部发布的《关于依法办理家庭暴力犯罪案件的意见》第 18 条、第 19 条和第 20 条的规定,对于实施家庭暴力手段残忍或者造成严重后果;出于恶意侵占财产等卑劣动机实施家庭暴力;因酗酒、吸毒、赌博等恶习而长期或者多次实施家庭暴力；曾因实施家庭暴力受到刑事处罚、行政处罚；或者具有其他恶劣情形的，可以酌情从重处罚。

对于实施家庭暴力犯罪情节较轻，或者被告人真诚悔罪，获得被害人谅解，从轻处罚有利于被扶养人的，可以酌情从轻处罚；对于情节轻微不需要判处刑罚的，人民检察院可以不起诉，人民法院可以判处免予刑事处罚。

为了使本人或者他人的人身权利免受不法侵害，对正在进行的家庭暴力采取制止行为，只要符合《刑法》规定的条件，就应当依法认定为正当防卫，不负刑事责任。防卫行为造成施暴人重伤、死亡，且明显超过必要限度，属于防卫过当，应当负刑事责任，但是应当减轻或者免除处罚。认定防卫行为是否“明显超过必要限度”，应当以足以制止并使防卫人免受家庭暴力不法侵害的需要为标准，根据施暴人正在实施家庭暴力的严重程度、手段的残忍程度，防卫人所处的环境、面临的危险程度、采取的制止暴力的手段、造成施暴人重大损害的程度，以及既往家庭暴力的严重程度等进行综合判断。

对于长期遭受家庭暴力后，在激愤、恐惧状态下为了防止再次遭受家庭暴力，或者为了摆脱家庭暴力而故意杀害、伤害施暴人，被告人的行为具有防卫因素，施暴人在案件起因上具有明显过错或者直接责任的，可以酌情从宽处罚。对于因遭受严重家庭暴力，身体、精神受到重大损害而故意杀害施暴人；或者因不堪忍受长期家庭暴力而故意杀害施暴人，犯罪情节不是特别恶劣，手段不是特别残忍的，可以认定为《刑法》第 232 条规定的故意杀人“情节较轻”。在服刑期间确有悔改表现的，可以根据其家庭情况，依法放宽减刑的幅度，缩短减刑的起始时间与间隔时间；符合假释条件的，应当假释。被杀害施暴人的近亲属表示谅解的，在量刑、减刑、假释时应当予以充分考虑。

41. 拐骗儿童罪（第 262 条）

（1）罪名概念

拐骗儿童罪，是指利用蒙骗、利诱或者其他方法，使不满 14 周岁的男、女儿童脱离家庭或监护人的行为。

（2）法律规定

本罪名是由《刑法》第 262 条规定的。该条规定：“拐骗不满十四周岁的未成年人，脱离家庭或者监护人的，处五年以下有期徒刑或者拘役。”

（3）构成要件

第一，本罪侵犯的客体是复杂客体，既侵犯了他人的家庭关系，又侵犯了儿童的合法权益。

第二，客观方面表现为拐骗儿童脱离家庭或者监护人的行为。

第三，本罪的主体是一般主体，凡是年满 16 周岁，具有刑事责任能力的人，均可构成本罪。

第四，主观方面是直接故意。

（4）罪名界定

第一，构成本罪主观方面是故意。如果是因为自己没有孩子或者其他原因，把被遗弃的婴儿或者与父母失散的儿童领回收养，这种情况，行为人没有拐骗的故意，也没有拐骗的行为，儿童离开了家长或监护人是因为被遗弃或失散造成的，因此，这种领养行为不能构成拐骗儿童罪。如果事先没参与谋划，只是从拐骗者手中收领被拐骗的儿童，对于不知道儿童是被拐骗的，不按本罪论处；知道儿童是被拐骗的，在情节不严重的情况下，一般也不按拐骗儿童罪论处。

第二，本罪与拐卖儿童罪的区别是：一是侵犯的客体不同。前者侵犯的是他人的家庭关系和儿童的合法权益；后者侵犯的主要是儿童的人身自由权利。二是犯罪的动机、目的不同。前者是收养或奴役;而后者是为了出卖牟利。

第三,本罪与绑架罪不同。本罪的目的是收养或奴役。如果拐骗儿童的目的是作人质,用来向儿童的家长或监护人勒索钱财,则不属于本罪,而应以绑架罪处罚。

(5)量刑幅度

根据《刑法》第262条的规定,犯本罪的,处5年以下有期徒刑或者拘役。

42. 组织残疾人、儿童乞讨罪(第262条之一)

(1)罪名概念

组织残疾人、儿童乞讨罪,是指以暴力、胁迫手段,组织残疾人或者未满14周岁的未成年人在公共场所乞讨的行为。

(2)法律规定

本罪名是由《刑法》第262条之一规定的。该条规定:"以暴力、胁迫手段组织残疾人或者不满十四周岁的未成年人乞讨的,处三年以下有期徒刑或者拘役,并处罚金;情节严重的,处三年以上七年以下有期徒刑,并处罚金。"

(3)构成要件

第一,本罪侵犯的客体是残疾人、儿童的身心健康及其合法权益和社会治安管理秩序。

第二,客观方面表现为以暴力、胁迫手段,组织残疾人或者不满14周岁的未成年人进行乞讨的行为。

第三,犯罪主体是一般主体。

第四,主观方面是直接故意,其目的和动机如何,不影响本罪的成立。

(4)罪名界定

第一,根据《刑法》第262条之一的规定,构成本罪,必须同时具备以下两个条件:一是具有暴力、胁迫手段;二是具有组织行为。如果是看到残疾人或者未满14周岁的未成年人生活困难,帮助他们想办法,引导他们乞讨,其目的不是自己从中谋取利益,而是使残疾人或者未满14周岁的未成年人克服困难,能够生活下去,对这样的行为不能以本罪论处。

第二,本罪是个对象选择罪名。行为人如果只是以暴力、胁迫手段组织残疾人进行乞讨构成犯罪的,应该定组织残疾人乞讨罪;如果是以暴力、胁迫手段组织儿童乞讨构成犯罪的,则应该定组织儿童乞讨罪;如果是以暴力、胁迫手段,组织残疾人和儿童共同进行乞讨构成犯罪的,则应该定组织残疾人、儿童乞讨罪。

行为人在以暴力、胁迫手段组织残疾人、儿童乞讨的过程中,如果又实施了故意伤害、非法拘禁、拐骗、拐卖或者猥亵儿童等行为,构成犯罪的,则应当实行数罪并罚。

(5)量刑幅度

根据《刑法》第262条之一的规定,对犯本罪的处罚分2个档次:

一是构成犯罪的,处3年以下有期徒刑或者拘役,并处罚金。

二是对于情节严重的,处3年以上7年以下有期徒刑,并处罚金。

43. 组织未成年人进行违反治安管理活动罪(第262条之二)

(1)罪名概念

组织未成年人进行违反治安管理活动罪,是指组织未成年人进行盗窃、诈骗、抢夺、敲诈勒索等违反治安管理活动的行为。

(2)法律规定

本罪名是由《刑法》第 262 条之二规定的。该条规定:“组织未成年人进行盗窃、诈骗、抢夺、敲诈勒索等违反治安管理活动的,处三年以下有期徒刑或者拘役,并处罚金;情节严重的,处三年以上七年以下有期徒刑,并处罚金。”

(3)构成要件

第一,本罪侵犯的客体,主要是未成年人的身心健康,同时也危害社会治安管理秩序。

第二,客观方面表现为组织未成年人进行盗窃、诈骗、抢夺、敲诈勒索等违反治安管理活动的行为。

第三,犯罪主体是一般主体。

第四,主观方面是故意,至于动机和目的如何,不影响本罪的成立。

(4)罪名界定

构成本罪必须同时具备两个条件,一个是“组织”,另一个是“进行”。如果仅仅是组织未成年人准备进行违反治安管理活动,但由于未成年人的家长发觉后及时阻止或者告发,而使违反治安管理活动的行为并没有进行,则不能以犯罪论处。只有既组织了未成年人,又实施了盗窃、诈骗、抢夺、敲诈勒索等违反治安管理活动的,才构成本罪。如果组织未成年人进行盗窃、诈骗、抢夺、敲诈勒索等行为不是违反治安管理的行为,而是犯罪行为,那么,则不能依本罪处罚,而应该按照教唆犯罪处理。

(5)量刑幅度

根据《刑法》第 262 条之二的规定,对构成本罪的处 3 年以下有期徒刑或者拘役,并处罚金;对情节严重的,处 3 年以上 7 年以下有期徒刑,并处罚金。

五
侵犯财产罪

1. 抢劫罪(第263条)

(1)罪名概念

抢劫罪,是指以非法占有为目的,以暴力、胁迫或者其他方法,强行当场抢劫公私财物的行为。

(2)法律规定

①本罪名是由《刑法》第263条规定的。该条规定:"以暴力、胁迫或者其他方法抢劫公私财物的,处三年以上十年以下有期徒刑,并处罚金;有下列情形之一的,处十年以上有期徒刑、无期徒刑或者死刑,并处罚金或者没收财产:

(一)入户抢劫的;

(二)在公共交通工具上抢劫的;

(三)抢劫银行或者其他金融机构的;

(四)多次抢劫或者抢劫数额巨大的;

(五)抢劫致人重伤、死亡的;

(六)冒充军警人员抢劫的;

(七)持枪抢劫的;

(八)抢劫军用物资或者抢险、救灾、救济物资的。"

《刑法》第269条规定:"犯盗窃、诈骗、抢夺罪,为窝藏赃物、抗拒抓捕或者毁灭罪证而当场使用暴力或者以暴力相威胁的,依照本法第二百六十三条的规定定罪处罚。"

《刑法》第289条规定:"聚众'打砸抢',致人伤残、死亡的,依照本法第二百三十四条、第二百三十二条的规定定罪处罚。毁坏或者抢走公私财物的,除判令退赔外,对首要分子,依照本法第二百六十三条的规定定罪处罚。"

《刑法》第91条规定:"本法所称公共财产,是指下列财产:

(一)国有财产;

(二)劳动群众集体所有的财产;

(三)用于扶贫和其他公益事业的社会捐助或者专项基金的财产。

在国家机关、国有公司、企业、集体企业和人民团体管理、使用或者运输中的私人财产,以公共财产论。"

《刑法》第92条规定:"本法所称公民私人所有的财产,是指下列财产:

(一)公民的合法收入、储蓄、房屋和其他生活资料;

(二)依法归个人、家庭所有的生产资料;

(三)个体户和私营企业的合法财产;

(四)依法归个人所有的股份、股票、债券和其他财产。"

《刑法》第72条规定:"对于被判处拘役、三年以下有期徒刑的犯罪分子,同时符合下列条件的,可以宣告缓刑,对其中不满十八周岁的人、怀孕的妇女和已满七十五周岁的人,应当宣告缓刑:

(一)犯罪情节较轻;

(二)有悔罪表现;

(三)没有再犯罪的危险;

(四)宣告缓刑对所居住社区没有重大不良影响。

宣告缓刑,可以根据犯罪情况,同时禁止犯罪分子在缓刑考验期限内从事特定活动,进入特定区域、场所,接触特定的人。

被宣告缓刑的犯罪分子,如果被判处附加刑,附加刑仍须执行。"

《刑法》第36条第1款规定:"由于犯罪分子的犯罪行为而使被害人遭受经济损失的,对犯罪分子除依法给予刑事处罚外,并应当根据情况判处赔偿经济损失。"

②2003年5月14日最高人民法院、最高人民检察院《关于办理妨害预防、控制突发传染病疫情等灾害的刑事案件具体应用法律若干问题的解释》第9条规定:"在预防、控制突发传染病疫情等灾害期间,聚众'打砸抢',致人伤残、死亡的,依照刑法第二百八十九条、第二百三十四条、第二百三十二条的规定,以故意伤害罪或者故意杀人罪定罪,依法从重处罚。对毁坏或者抢走公私财物的首要分子,依照刑法第二百八十九条、第二百六十三条的规定,以抢劫罪定罪,依法从重处罚。"

③1998年5月8日最高人民法院、最高人民检察院、公安部、国家工商行政管理局《关于依法查处盗窃、抢劫机动车案件的规定》第1条、第4条、第17条规定:"司法机关依法查处盗窃、抢劫机动车案件,任何单位和个人都应当予以协助。以暴力、威胁方法阻碍司法工作人员依法办案的,依照《刑法》第二百七十七条第一款的规定处罚。"

"本规定第二条和第三条中的行为人事先与盗窃、抢劫机动车辆的犯罪分子通谋的,分别以盗窃、抢劫罪的共犯论处。"

"本规定所称的'明知',是指知道或者应当知道。有下列情形之一的,可视为应当知道,但有证据证明确属被蒙骗的除外:

(一)在非法的机动车交易场所和销售单位购买的;

(二)机动车证件手续不全或者明显违反规定的;

(三)机动车发动机号或者车架号有更改痕迹,没有合法证明的;

(四)以明显低于市场价格购买机动车的。"

④1998年5月8日最高人民法院、最高人民检察院、公安部、国家工商行政管理局《关于依法查处盗窃、抢劫机动车案件的规定》第11条规定:"对犯罪分子盗窃、抢劫所得的机动车辆及其变卖价款,应当依照《刑法》第六十四条的规定予以追缴。"

⑤2005年6月8日最高人民法院《关于审理抢劫、抢夺刑事案件适用法律若干问题的意见》:

"抢劫、抢夺是多发性的侵犯财产犯罪。1997年刑法修订后,为了更好地指导审判工作,最高人民法院先后发布了《关于审理抢劫案件具体应用法律若干问题的解释》(以下简称《抢劫解释》)和《关于审理抢夺刑事案件具体应用法律若干问题的解释》(以下简称《抢夺解释》)。但是,抢劫、抢夺犯罪案件的情况比较复杂,各地法院在审判过程中仍然遇到了不少新情况、新问题。为准确、统一适用法律,现对审理抢劫、抢夺犯罪案件中较为突出的几个法律适用问题,提出意见如下:

一、关于'入户抢劫'的认定

根据《抢劫解释》第一条规定，认定'入户抢劫'时，应当注意以下三个问题：一是'户'的范围。'户'在这里是指住所，其特征表现为供他人家庭生活和与外界相对隔离两个方面，前者为功能特征，后者为场所特征。一般情况下，集体宿舍、旅店宾馆、临时搭建工棚等不应认定为'户'，但在特定情况下，如果确实具有上述两个特征的，也可以认定为'户'。二是'入户'目的的非法性。进入他人住所须以实施抢劫等犯罪为目的。抢劫行为虽然发生在户内，但行为人不以实施抢劫等犯罪为目的进入他人住所，而是在户内临时起意实施抢劫的，不属于'入户抢劫'。三是暴力或者暴力胁迫行为必须发生在户内。入户实施盗窃被发现，行为人为窝藏赃物、抗拒抓捕或者毁灭罪证而当场使用暴力或者以暴力相威胁的，如果暴力或者暴力胁迫行为发生在户内，可以认定为'入户抢劫'；如果发生在户外，不能认定为'入户抢劫'。

二、关于'在公共交通工具上抢劫'的认定

公共交通工具承载的旅客具有不特定多数人的特点。根据《抢劫解释》第二条规定，'在公共交通工具上抢劫'主要是指在从事旅客运输的各种公共汽车、大、中型出租车、火车、船只、飞机等正在运营中的机动公共交通工具上对旅客、司售、乘务人员实施的抢劫。在未运营中的大、中型公共交通工具上针对司售、乘务人员抢劫的，或者在小型出租车上抢劫的，不属于'在公共交通工具上抢劫'。

三、关于'多次抢劫'的认定

刑法第二百六十三条第(四)项中的'多次抢劫'是指抢劫三次以上。

对于'多次'的认定，应以行为人实施的每一次抢劫行为均已构成犯罪为前提，综合考虑犯罪故意的产生、犯罪行为实施的时间、地点等因素，客观分析、认定。对于行为人基于一个犯意实施犯罪的，如在同一地点同时对在场的多人实施抢劫的；或基于同一犯意在同一地点实施连续抢劫犯罪的，如在同一地点连续地对途经此地的多人进行抢劫的；或在一次犯罪中对一栋居民楼房中的几户居民连续实施入户抢劫的，一般应认定为一次犯罪。

四、关于'携带凶器抢夺'的认定

《抢劫解释》第六条规定，'携带凶器抢夺'，是指行为人随身携带枪支、爆炸物、管制刀具等国家禁止个人携带的器械进行抢夺或者为了实施犯罪而携带其他器械进行抢夺的行为。行为人随身携带国家禁止个人携带的器械以外的其他器械抢夺，但有证据证明该器械确实不是为了实施犯罪准备的，不以抢劫罪定罪；行为人将随身携带凶器有意加以显示、能为被害人察觉到的，直接适用刑法第二百六十三条的规定定罪处罚；行为人携带凶器抢夺后，在逃跑过程中为窝藏赃物、抗拒抓捕或者毁灭罪证而当场使用暴力或者以暴力相威胁的，适用刑法第二百六十七条第二款的规定定罪处罚。

五、关于转化抢劫的认定

行为人实施盗窃、诈骗、抢夺行为，未达到'数额较大'，为窝藏赃物、抗拒抓捕或者毁灭罪证当场使用暴力或者以暴力相威胁，情节较轻、危害不大的，一般不以犯罪论处；但具有下列情节之一的，可依照刑法第二百六十九条的规定，以抢劫罪定罪处罚：(1)盗窃、诈骗、抢夺接近'数额较大'标准的；(2)入户或在公共交通工具上盗窃、诈骗、抢夺后在户外或交通工具外实施上述行为的；(3)使用暴力致人轻微伤以上后果的；(4)使用凶器或以凶器相威胁的；(5)具有其他严重情节的。

六、关于抢劫犯罪数额的计算

抢劫信用卡后使用、消费的，其实际使用、消费的数额为抢劫数额；抢劫信用卡后未实际使用、消费的，不计数额，根据情节轻重量刑。所抢信用卡数额巨大，但未实际使用、消费或者实际使用、消费的数额未达到巨大标准的，不适用‘抢劫数额巨大’的法定刑。

为抢劫其他财物，劫取机动车辆当作犯罪工具或者逃跑工具使用的，被劫取机动车辆的价值计入抢劫数额；为实施抢劫以外的其他犯罪劫取机动车辆的，以抢劫罪和实施的其他犯罪实行数罪并罚。

抢劫存折、机动车辆的数额计算，参照执行《关于审理盗窃案件具体应用法律若干问题的解释》的相关规定。

七、关于抢劫特定财物行为的定性

以毒品、假币、淫秽物品等违禁品为对象，实施抢劫的，以抢劫罪定罪；抢劫的违禁品数量作为量刑情节予以考虑。抢劫违禁品后又以违禁品实施其他犯罪的，应以抢劫罪与具体实施的其他犯罪实行数罪并罚。

抢劫赌资、犯罪所得的赃款赃物的，以抢劫罪定罪，但行为人仅以其所输赌资或所赢赌债为抢劫对象，一般不以抢劫罪定罪处罚。构成其他犯罪的，依照刑法的相关规定处罚。

为个人使用，以暴力、胁迫等手段取得家庭成员或近亲属财产的，一般不以抢劫罪定罪处罚，构成其他犯罪的，依照刑法的相关规定处理；教唆或者伙同他人采取暴力、胁迫等手段劫取家庭成员或近亲属财产的，可以抢劫罪定罪处罚。

八、关于抢劫罪数的认定

行为人实施伤害、强奸等犯罪行为，在被害人未失去知觉，利用被害人不能反抗、不敢反抗的处境，临时起意劫取他人财物的，应以此前所实施的具体犯罪与抢劫罪实行数罪并罚；在被害人失去知觉或者没有发觉的情形下，以及实施故意杀人犯罪行为之后，临时起意拿走他人财物的，应以此前所实施的具体犯罪与盗窃罪实行数罪并罚。

九、关于抢劫罪与相似犯罪的界限

1. 冒充正在执行公务的人民警察、联防人员，以抓卖淫嫖娼、赌博等违法行为为名非法占有财物的行为定性

行为人冒充正在执行公务的人民警察‘抓赌’、‘抓嫖’，没收赌资或者罚款的行为，构成犯罪的，以招摇撞骗罪从重处罚；在实施上述行为中使用暴力或者暴力威胁的，以抢劫罪定罪处罚。行为人冒充治安联防队员‘抓赌’、‘抓嫖’、没收赌资或者罚款的行为，构成犯罪的，以敲诈勒索罪定罪处罚；在实施上述行为中使用暴力或者暴力威胁的，以抢劫罪定罪处罚。

2. 以暴力、胁迫手段索取超出正常交易价钱、费用的钱财的行为定性

从事正常商品买卖、交易或者劳动服务的人，以暴力、胁迫手段迫使他人交出与合理价钱、费用相差不大钱物，情节严重的，以强迫交易罪定罪处罚；以非法占有为目的，以买卖、交易、服务为幌子采用暴力、胁迫手段迫使他人交出与合理价钱、费用相差悬殊的钱物的，以抢劫罪定罪处刑。在具体认定时，既要考虑超出合理价钱、费用的绝对数额，还要考虑超出合理价钱、费用的比例，加以综合判断。

3. 抢劫罪与绑架罪的界限

绑架罪是侵害他人人身自由权利的犯罪，其与抢劫罪的区别在于：第一，主观方面不尽相同。抢劫罪中，行为人一般出于非法占有他人财物的故意实施抢劫行为，绑架罪中，行为人既可能为勒索他人财物而实施绑架行为，也可能出于其他非经济目的实施绑架行为；第二，行为手段不尽相同。抢劫罪表现为行为人劫取财物一般应在同一时间、同一地点，具有‘当场性’；绑架罪表现为行为人以杀害、伤害等方式向被绑架人的亲属或其他人或单位发出威胁，索取赎金或提出其他非法要求，劫取财物一般不具有‘当场性’。

绑架过程中又当场劫取被害人随身携带财物的，同时触犯绑架罪和抢劫罪两罪名，应择一重

罪定罪处罚。

4. 抢劫罪与寻衅滋事罪的界限

寻衅滋事罪是严重扰乱社会秩序的犯罪,行为人实施寻衅滋事的行为时,客观上也可能表现为强拿硬要公私财物的特征。这种强拿硬要的行为与抢劫罪的区别在于:前者行为人主观上还具有逞强好胜和通过强拿硬要来填补其精神空虚等目的,后者行为人一般只具有非法占有他人财物的目的;前者行为人客观上一般不以严重侵犯他人人身权利的方法强拿硬要财物,而后者行为人则以暴力、胁迫等方式作为劫取他人财物的手段。司法实践中,对于未成年人使用或威胁使用轻微暴力强抢少量财物的行为,一般不宜以抢劫罪定罪处罚。其行为符合寻衅滋事罪特征的,可以寻衅滋事罪定罪处罚。

5. 抢劫罪与故意伤害罪的界限

行为人为索取债务,使用暴力、暴力威胁等手段的,一般不以抢劫罪定罪处罚。构成故意伤害等其他犯罪的,依照刑法第二百三十四条等规定处罚。

十、抢劫罪的既遂、未遂的认定

抢劫罪侵犯的是复杂客体,既侵犯财产权利又侵犯人身权利,具备劫取财物或者造成他人轻伤以上后果两者之一的,均属抢劫既遂;既未劫取财物,又未造成他人人身伤害后果的,属抢劫未遂。据此,刑法第二百六十三条规定的八种处罚情节中除'抢劫致人重伤、死亡的'这一结果加重情节之外,其余七种处罚情节同样存在既遂、未遂问题,其中属抢劫未遂的,应当根据刑法关于加重情节的法定刑规定,结合未遂犯的处理原则量刑。

十一、驾驶机动车、非机动车夺取他人财物行为的定性

对于驾驶机动车、非机动车(以下简称"驾驶车辆")夺取他人财物的,一般以抢夺罪从重处罚。但具有下列情形之一,应当以抢劫罪定罪处罚:

(1)驾驶车辆,逼挤、撞击或强行逼倒他人以排除他人反抗,乘机夺取财物的;

(2)驾驶车辆强抢财物时,因被害人不放手而采取强拉硬拽方法劫取财物的;

(3)行为人明知其驾驶车辆强行夺取他人财物的手段会造成他人伤亡的后果,仍然强行夺取并放任造成财物持有人轻伤以上后果的。"

⑥2000年11月22日最高人民法院《关于审理抢劫案件具体应用法律若干问题的解释》规定:

"第一条　刑法第二百六十三条第(一)项规定的'入户抢劫',是指为实施抢劫行为而进入他人生活的与外界相对隔离的住所,包括封闭的院落、牧民的帐篷、渔民作为家庭生活场所的渔船、为生活租用的房屋等进行抢劫的行为。

对于入户盗窃,因被发现而当场使用暴力或者以暴力相威胁的行为,应当认定为入户抢劫。

第二条　刑法第二百六十三条第(二)项规定的'在公共交通工具上抢劫',既包括在从事旅客运输的各种公共汽车,大、中型出租车,火车,船只,飞机等正在运营中的机动公共交通工具上对旅客、司售、乘务人员实施的抢劫,也包括对运行途中的机动公共交通工具加以拦截后,对公共交通工具上的人员实施的抢劫。

第三条　刑法第二百六十三条第(三)项规定的'抢劫银行或者其他金融机构',是指抢劫银行或者其他金融机构的经营资金、有价证券和客户的资金等。

抢劫正在使用中的银行或者其他金融机构的运钞车的,视为'抢劫银行或者其他金融机构'。

第四条　刑法第二百六十三条第(四)项规定的'抢劫数额巨大'的认定标准,参照各地确定的盗窃罪数额巨大的认定标准执行。

第五条　刑法第二百六十三条第(七)项规定的‘持枪抢劫’,是指行为人使用枪支或者向被害人显示持有、佩带的枪支进行抢劫的行为。‘枪支’的概念和范围,适用《中华人民共和国枪支管理法》的规定。

第六条　刑法第二百六十七条第二款规定的‘携带凶器抢夺’,是指行为人随身携带枪支、爆炸物、管制刀具等国家禁止个人携带的器械进行抢夺或者为了实施犯罪而携带其他器械进行抢夺的行为。”

⑦2001 年 5 月 23 日最高人民法院《关于抢劫过程中故意杀人案件如何定罪问题的批复》规定:“行为人为劫取财物而预谋故意杀人,或者在劫取财物过程中,为制服被害人反抗而故意杀人的,以抢劫罪定罪处罚。

行为人实施抢劫后,为灭口而故意杀人的,以抢劫罪和故意杀人罪定罪,实行数罪并罚。”

⑧1997 年 12 月 31 日最高人民法院《关于对故意伤害、盗窃等严重破坏社会秩序的犯罪分子能否附加剥夺政治权利问题的批复》规定:“根据刑法第五十六条规定,对于故意杀人、强奸、放火、爆炸、投毒、抢劫等严重破坏社会秩序的犯罪分子,可以附加剥夺政治权利。对故意伤害、盗窃等其他严重破坏社会秩序的犯罪,犯罪分子主观恶性较深、犯罪情节恶劣、罪行严重的,也可以依法附加剥夺政治权利。”

⑨2007 年 5 月 9 日最高人民法院、最高人民检察院《关于办理与盗窃、抢劫、诈骗、抢夺机动车相关刑事案件具体应用法律若干问题的解释》规定:

“第一条　明知是盗窃、抢劫、诈骗、抢夺的机动车,实施下列行为之一的,依照刑法第三百一十二条的规定,以掩饰、隐瞒犯罪所得、犯罪所得收益罪定罪,处三年以下有期徒刑、拘役或者管制,并处或者单处罚金:

(一)买卖、介绍买卖、典当、拍卖、抵押或者用其抵债的;

(二)拆解、拼装或者组装的;

(三)修改发动机号、车辆识别代号的;

(四)更改车身颜色或者车辆外形的;

(五)提供或者出售机动车来历凭证、整车合格证、号牌以及有关机动车的其他证明和凭证的;

(六)提供或者出售伪造、变造的机动车来历凭证、整车合格证、号牌以及有关机动车的其他证明和凭证的。

实施第一款规定的行为涉及盗窃、抢劫、诈骗、抢夺的机动车五辆以上或者价值总额达到五十万元以上的,属于刑法第三百一十二条规定的‘情节严重’,处三年以上七年以下有期徒刑,并处罚金。

第二条　伪造、变造、买卖机动车行驶证、登记证书,累计三本以上的,依照刑法第二百八十条第一款的规定,以伪造、变造、买卖国家机关证件罪定罪,处三年以下有期徒刑、拘役、管制或者剥夺政治权利。

伪造、变造、买卖机动车行驶证、登记证书,累计达到第一款规定数量标准五倍以上的,属于刑法第二百八十条第一款规定中的‘情节严重’,处三年以上十年以下有期徒刑。

第三条　国家机关工作人员滥用职权,有下列情形之一,致使盗窃、抢劫、诈骗、抢夺的机动车被办理登记手续,数量达到三辆以上或者价值总额达到三十万元以上的,依照刑法第三百九十七条第一款的规定,以滥用职权罪定罪,处三年以下有期徒刑或者拘役:

(一)明知是登记手续不全或者不符合规定的机动车而办理登记手续的;

(二)指使他人为明知是登记手续不全或者不符合规定的机动车办理登记手续的;

（三）违规或者指使他人违规更改、调换车辆档案的；

（四）其他滥用职权的行为。

国家机关工作人员疏于审查或者审查不严，致使盗窃、抢劫、诈骗、抢夺的机动车被办理登记手续，数量达到五辆以上或者价值总额达到五十万元以上的，依照刑法第三百九十七条第一款的规定，以玩忽职守罪定罪，处三年以下有期徒刑或者拘役。

国家机关工作人员实施前两款规定的行为，致使盗窃、抢劫、诈骗、抢夺的机动车被办理登记手续，分别达到前两款规定数量、数额标准五倍以上的，或者明知是盗窃、抢劫、诈骗、抢夺的机动车而办理登记手续的，属于刑法第三百九十七条第一款规定的'情节特别严重'，处三年以上七年以下有期徒刑。

国家机关工作人员徇私舞弊，实施上述行为，构成犯罪的，依照刑法第三百九十七条第二款的规定定罪处罚。

第四条　实施本解释第一条、第二条、第三条第一款或者第三款规定的行为，事前与盗窃、抢劫、诈骗、抢夺机动车的犯罪分子通谋的，以盗窃罪、抢劫罪、诈骗罪、抢夺罪的共犯论处。

第五条　对跨地区实施的涉及同一机动车的盗窃、抢劫、诈骗、抢夺以及掩饰、隐瞒犯罪所得、犯罪所得收益行为，有关公安机关可以依照法律和有关规定一并立案侦查，需要提请批准逮捕、移送审查起诉、提起公诉的，由该公安机关所在地的同级人民检察院、人民法院受理。

第六条　行为人实施本解释第一条、第三条第三款规定的行为，涉及的机动车有下列情形之一的，应当认定行为人主观上属于上述条款所称'明知'：

（一）没有合法有效的来历凭证；

（二）发动机号、车辆识别代号有明显更改痕迹，没有合法证明的。"

⑩2016年1月6日最高人民法院《关于审理抢劫刑事案件适用法律若干问题的指导意见》规定："抢劫犯罪是多发性的侵犯财产和侵犯公民人身权利的犯罪。1997年刑法修订后，最高人民法院先后发布了《关于审理抢劫案件具体应用法律若干问题的解释》（以下简称《抢劫解释》）和《关于审理抢劫、抢夺刑事案件适用法律问题的意见》（以下简称《两抢意见》），对抢劫案件的法律适用作出了规范，发挥了重要的指导作用。但是，抢劫犯罪案件的情况越来越复杂，各级法院在审判过程中不断遇到新情况、新问题。为统一适用法律，根据刑法和司法解释的规定，结合近年来人民法院审理抢劫案件的经验，现对审理抢劫犯罪案件中较为突出的几个法律适用问题和刑事政策把握问题提出如下指导意见：

一、关于审理抢劫刑事案件的基本要求

坚持贯彻宽严相济刑事政策。对于多次结伙抢劫，针对农村留守妇女、儿童及老人等弱势群体实施抢劫，在抢劫中实施强奸等暴力犯罪的，要在法律规定的量刑幅度内从重判处。

对于罪行严重或者具有累犯情节的抢劫犯罪分子，减刑、假释时应当从严掌握，严格控制减刑的幅度和频度。对因家庭成员就医等特定原因初次实施抢劫，主观恶性和犯罪情节相对较轻的，要与多次抢劫以及为了挥霍、赌博、吸毒等实施抢劫的案件在量刑上有所区分。对于犯罪情节较轻，或者具有法定、酌定从轻、减轻处罚情节的，坚持依法从宽处理。

确保案件审判质量。审理抢劫刑事案件，要严格遵守证据裁判原则，确保事实清楚，证据确实、充分。特别是对因抢劫可能判处死刑的案件，更要切实贯彻执行刑事诉讼法及相关司法解释、司法文件，严格依法审查判断和运用证据，坚决防止冤错案件的发生。

对抢劫刑事案件适用死刑，应当坚持'保留死刑，严格控制和慎重适用死刑'的刑事政策，以最严格的标准和最审慎的态度，确保死刑只适用于极少数罪行极其严重的犯罪分子。对被判处死刑缓期二年执行的抢劫犯罪分子，根据犯罪情节等情况，可以同时决定对其限制减刑。

二、关于抢劫犯罪部分加重处罚情节的认定

1. 认定'入户抢劫',要注重审查行为人'入户'的目的,将'入户抢劫'与'在户内抢劫'区别开来。以侵害户内人员的人身、财产为目的,入户后实施抢劫,包括入户实施盗窃、诈骗等犯罪而转化为抢劫的,应当认定为'入户抢劫'。因访友办事等原因经户内人员允许入户后,临时起意实施抢劫,或者临时起意实施盗窃、诈骗等犯罪而转化为抢劫的,不应认定为'入户抢劫'。

对于部分时间从事经营、部分时间用于生活起居的场所,行为人在非营业时间强行入内抢劫或者以购物等为名骗开房门入内抢劫的,应认定为'入户抢劫'。对于部分用于经营、部分用于生活且之间有明确隔离的场所,行为人进入生活场所实施抢劫的,应认定为'入户抢劫';如场所之间没有明确隔离,行为人在营业时间入内实施抢劫的,不认定为'入户抢劫',但在非营业时间入内实施抢劫的,应认定为'入户抢劫'。

2. '公共交通工具',包括从事旅客运输的各种公共汽车,大、中型出租车,火车,地铁,轻轨,轮船,飞机等,不含小型出租车。对于虽不具有商业营运执照,但实际从事旅客运输的大、中型交通工具,可认定为'公共交通工具'。接送职工的单位班车、接送师生的校车等大、中型交通工具,视为'公共交通工具'。

'在公共交通工具上抢劫',既包括在处于运营状态的公共交通工具上对旅客及司售、乘务人员实施抢劫,也包括拦截运营途中的公共交通工具对旅客及司售、乘务人员实施抢劫,但不包括在未运营的公共交通工具上针对司售、乘务人员实施抢劫。以暴力、胁迫或者麻醉等手段对公共交通工具上的特定人员实施抢劫的,一般应认定为'在公共交通工具上抢劫'。

3. 认定'抢劫数额巨大',参照各地认定盗窃罪数额巨大的标准执行。抢劫数额以实际抢劫到的财物数额为依据。对以数额巨大的财物为明确目标,由于意志以外的原因,未能抢到财物或实际抢得的财物数额不大的,应同时认定'抢劫数额巨大'和犯罪未遂的情节,根据刑法有关规定,结合未遂犯的处理原则量刑。

根据《两抢意见》第六条第一款规定,抢劫信用卡后使用、消费的,以行为人实际使用、消费的数额为抢劫数额。由于行为人意志以外的原因无法实际使用、消费的部分,虽不计入抢劫数额,但应作为量刑情节考虑。通过银行转账或者电子支付、手机银行等支付平台获取抢劫财物的,以行为人实际获取的财物为抢劫数额。

4. 认定'冒充军警人员抢劫',要注重对行为人是否穿着军警制服、携带枪支、是否出示军警证件等情节进行综合审查,判断是否足以使他人误以为是军警人员。对于行为人仅穿着类似军警的服装或仅以言语宣称系军警人员但未携带枪支、也未出示军警证件而实施抢劫的,要结合抢劫地点、时间、暴力或威胁的具体情形,依照常人判断标准,确定是否认定为'冒充军警人员抢劫'。

军警人员利用自身的真实身份实施抢劫的,不认定为'冒充军警人员抢劫',应依法从重处罚。

三、关于转化型抢劫犯罪的认定

根据刑法第二百六十九条的规定,'犯盗窃、诈骗、抢夺罪,为窝藏赃物、抗拒抓捕或者毁灭罪证而当场使用暴力或者以暴力相威胁的',依照抢劫罪定罪处罚。'犯盗窃、诈骗、抢夺罪',主要是指行为人已经着手实施盗窃、诈骗、抢夺行为,一般不考察盗窃、诈骗、抢夺行为是否既遂。但是所涉财物数额明显低于'数额较大'的标准,又不具有《两抢意见》第五条所列五种情节之一的,不构成抢劫罪。'当场'是指在盗窃、诈骗、抢夺的现场以及行为人刚离开现场即被他人发现并抓捕的情形。

对于以摆脱的方式逃脱抓捕,暴力强度较小,未造成轻伤以上后果的,可不认定为'使用暴力’，不以抢劫罪论处。

入户或者在公共交通工具上盗窃、诈骗、抢夺后，为了窝藏赃物、抗拒抓捕或者毁灭罪证，在户内或者公共交通工具上当场使用暴力或者以暴力相威胁的，构成‘入户抢劫’或者‘在公共交通工具上抢劫’。

两人以上共同实施盗窃、诈骗、抢夺犯罪，其中部分行为人为窝藏赃物、抗拒抓捕或者毁灭罪证而当场使用暴力或者以暴力相威胁的，对于其余行为人是否以抢劫罪共犯论处，主要看其对实施暴力或者以暴力相威胁的行为人是否形成共同犯意、提供帮助。基于一定意思联络，对实施暴力或者以暴力相威胁的行为人提供帮助或实际成为帮凶的，可以抢劫共犯论处。

四、具有法定八种加重处罚情节的刑罚适用

1. 根据刑法第二百六十三条的规定，具有‘抢劫致人重伤、死亡’等八种法定加重处罚情节的，处十年以上有期徒刑、无期徒刑或者死刑，并处罚金或者没收财产。应当根据抢劫的次数及数额、抢劫对人身的损害、对社会治安的危害等情况，结合被告人的主观恶性及人身危险程度，并根据量刑规范化的有关规定，确定具体的刑罚。判处无期徒刑以上刑罚的，一般应并处没收财产。

2. 具有下列情形之一的，可以判处无期徒刑以上刑罚：

（1）抢劫致三人以上重伤，或者致人重伤造成严重残疾的；

（2）在抢劫过程中故意杀害他人，或者故意伤害他人，致人死亡的；

（3）具有除‘抢劫致人重伤、死亡’外的两种以上加重处罚情节，或者抢劫次数特别多、抢劫数额特别巨大的。

3. 为劫取财物而预谋故意杀人，或者在劫取财物过程中为制服被害人反抗、抗拒抓捕而杀害被害人，且被告人无法定从宽处罚情节的，可依法判处死刑立即执行。对具有自首、立功等法定从轻处罚情节的，判处死刑立即执行应当慎重。对于采取故意杀人以外的其他手段实施抢劫并致人死亡的案件，要从犯罪的动机、预谋、实行行为等方面分析被告人主观恶性的大小，并从有无前科及平时表现、认罪悔罪情况等方面判断被告人的人身危险程度，不能不加区别，仅以出现被害人死亡的后果，一律判处死刑立即执行。

4. 抢劫致人重伤案件适用死刑，应当更加慎重、更加严格，除非具有采取极其残忍的手段造成被害人严重残疾等特别恶劣的情节或者造成特别严重后果的，一般不判处死刑立即执行。

5. 具有刑法第二百六十三条规定的‘抢劫致人重伤、死亡’以外其他七种加重处罚情节，且犯罪情节特别恶劣、危害后果特别严重的，可依法判处死刑立即执行。认定‘情节特别恶劣、危害后果特别严重’，应当从严掌握，适用死刑必须非常慎重、非常严格。

五、抢劫共同犯罪的刑罚适用

1. 审理抢劫共同犯罪案件，应当充分考虑共同犯罪的情节及后果、共同犯罪人在抢劫中的作用以及被告人的主观恶性、人身危险性等情节，做到准确认定主从犯，分清罪责，以责定刑，罚当其罪。一案中有两名以上主犯的，要从犯罪提意、预谋、准备、行为实施、赃物处理等方面区分出罪责最大者和较大者；有两名以上从犯的，要在从犯中区分出罪责相对更轻者和较轻者。对从犯的处罚，要根据案件的具体事实、从犯的罪责，确定从轻还是减轻处罚。对具有自首、立功或者未成年人且初次抢劫等情节的从犯，可以依法免除处罚。

2. 对于共同抢劫致一人死亡的案件，依法应当判处死刑的，除犯罪手段特别残忍、情节及后果特别严重、社会影响特别恶劣、严重危害社会治安的外，一般只对共同抢劫犯罪中作用最突出、罪行最严重的那名主犯判处死刑立即执行。罪行最严重的主犯如因系未成年人而不适用死刑，或者因具有自首、立功等法定从宽处罚情节而不判处死刑立即执行的，不能不加区别地对其他主犯判处死刑立即执行。

3. 在抢劫共同犯罪案件中，有同案犯在逃的，应当根据现有证据尽量分清在押犯与在逃犯的罪责，对在押犯应按其罪责处刑。罪责确实难以分清，或者不排除在押犯的罪责可能轻于在逃犯的，对在押犯适用刑罚应当留有余地，判处死刑立即执行要格外慎重。

六、累犯等情节的适用

根据刑法第六十五条第一款的规定，对累犯应当从重处罚。抢劫犯罪被告人具有累犯情节的，适用刑罚时要综合考虑犯罪的情节和后果，所犯前后罪的性质、间隔时间及判刑轻重等情况，决定从重处罚的力度。对于前罪系抢劫等严重暴力犯罪的累犯，应当依法加大从重处罚的力度。对于虽不构成累犯，但具有抢劫犯罪前科的，一般不适用减轻处罚和缓刑。对于可能判处死刑的罪犯具有累犯情节的也应慎重，不能只要是累犯就一律判处死刑立即执行；被告人同时具有累犯和法定从宽处罚情节的，判处死刑立即执行应当综合考虑，从严掌握。

七、关于抢劫案件附带民事赔偿的处理原则

要妥善处理抢劫案件附带民事赔偿工作。审理抢劫刑事案件，一般情况下人民法院不主动开展附带民事调解工作。但是，对于犯罪情节不是特别恶劣或者被害方生活、医疗陷入困境，被告人与被害方自行达成民事赔偿和解协议的，民事赔偿情况可作为评价被告人悔罪态度的依据之一，在量刑上酌情予以考虑。”

(3)构成要件

第一，本罪侵犯的客体是双重客体。不仅侵犯了公私财物所有权，还侵犯了公民的人身权利。这是抢劫犯罪区别其他犯罪的主要标志。

第二，客观方面表现为对公私财物的所有人、保管人或者在场的其他人当场使用暴力、胁迫或者其他方法，当场抢劫公私财物或者迫使其交出公私财物的行为。这是抢劫罪与盗窃罪、诈骗罪、抢夺罪等以非法占有为目的的侵犯财产罪的显著区别。

第三，犯罪主体是一般主体。已满14周岁不满16周岁的人犯本罪，应当负刑事责任。

第四，主观方面是故意，并且以非法强占公私财物为目的。

(4)罪名界定

第一，抢劫罪是一种常见犯罪，情况也比较复杂，认定本罪需要注意以下问题：

①认定抢劫罪没有数额要求。但是，对于刚刚达到刑事责任年龄的未成年人，使用轻微的暴力或者胁迫方法，抢走别人的少量财物，因其企图非法占有的财物数额极其有限，对他人人身的危害也很小，综合全案情节，一般属于情节显著轻微，危害不大，不应当认定为抢劫罪，可按一般的违法行为处理。对不是以非法占有公私财物为目的，而属于讨债或者索要物品方法不当的行为，如为了讨债而强行拿走人家的财物，强行取走自己被盗或者遗失物，或者强行分割共同财物等，也不能以抢劫罪论处。

②冒充正在执行公务的人民警察、联防人员，以抓卖淫嫖娼、赌博等违法行为为名，非法占有财物的行为构成犯罪的，以招摇撞骗罪从重处罚。行为人冒充联防队员“抓赌”“抓嫖”、没收赌资或者罚款的行为，构成犯罪的，以敲诈勒索罪定罪处罚；在实施上述行为中，使用暴力或者以暴力相威胁的，以抢劫罪定罪处罚。

③从事正常商品买卖、交易或者劳动服务的人，以暴力、胁迫手段，迫使他人交出与合理价钱、费用相差不大的财物，情节严重的，以强迫交易罪定罪处罚；以非法占有为目的，以买卖、交易、服务为幌子，采取暴力、胁迫手段，迫使他人交出与合理价钱、费用相差悬殊的钱物的，以抢劫罪定罪处罚。

④行为人如果寻衅滋事，强拿硬要公私财物具有逞强好胜和通过强拿硬要来填补其精神空

虚等目的，并不严重侵犯他人人身权利，一般不宜以抢劫罪定罪处罚。符合寻衅滋事罪特征的，可以寻衅滋事罪定罪处罚。

⑤行为人为索取债务，使用暴力、暴力威胁等手段的，一般不以抢劫罪定罪处罚。构成故意伤害等其他犯罪的，依照《刑法》第234条等规定处罚。

⑥根据2005年6月8日最高人民法院《关于审理抢劫、抢夺刑事案件适用法律若干问题的意见》的规定，行为人实施盗窃、诈骗、抢夺行为，没有达到“数额较大”，为窝藏赃物、抗拒抓捕或者毁灭证据当场使用暴力或者以暴力相威胁，情节较轻、危害不大的，一般不以犯罪论处；但具有下列情形之一的，可按抢劫罪定罪处罚：盗窃、诈骗、抢夺接近“数额较大”标准的；入户或者在公共交通工具上盗窃、诈骗、抢夺后在户外或者交通工具外实施上述行为的；使用暴力致人轻伤以上后果的；使用凶器或者以凶器相威胁的；具有其他严重情节的。

第二，根据2001年5月23日最高人民法院《关于抢劫过程中故意杀人案件如何定罪问题的批复》的规定，要注意划清本罪与故意杀人罪的界限。

①行为人为了劫取财物而预谋故意杀人，或者在劫取财物的过程中，为了制服被害人反抗而故意杀人的，以抢劫罪定罪处罚。凡是行为人所实施的杀人行为是作为抢劫财物的手段，属于抢劫罪中的使用暴力，则应当以抢劫罪论处。如果行为人没有直接杀人的故意，在抢劫中使用暴力或者其他方法，过失或者间接故意致被害人死亡，因这种后果是抢劫手段所引起的，而且在犯罪中对抢劫致人重伤或者死亡的行为规定了较重的法定刑，应当以抢劫罪一罪定罪处罚。

②如果行为人为了事后图财，先将被害人杀死，属于图财害命，是故意杀人行为的一种，应当认定为故意杀人。

③如果行为人首先杀死被害人，在事后又临时起意，乘机取走其财物，应当以故意杀人罪和盗窃罪实行数罪并罚。

④如果行为人在抢劫取得了财物之后，为了杀人灭口，又临时起意，杀死被害人，应当以抢劫罪和故意杀人罪实行数罪并罚。

第三，根据最高人民法院《关于审理抢劫、抢夺刑事案件适用法律若干问题的意见》第9条的规定，本罪与绑架罪有以下区别：一是侵犯的客体不完全相同。本罪主要是侵犯了公私财产所有权，其次才是侵犯了被害人的人身权利；而绑架罪侵犯的主要是他人的人身自由权。二是主观方面不完全相同。本罪的行为人一般是出于非法占有他人财物的故意；而后者的行为人既可能为勒索他人财物实施绑架行为，也可能出于其他非经济目的实施绑架行为。三是犯罪手段也不完全相同。本罪表现为劫取财物是在同一时间、同一地点，具有“当场性”；而后者表现为以杀害、伤害等方式，向被绑架人的亲属或者其他人、单位发出威胁，索取赎金或者提出其他非法要求，劫取财物一般不具有“当场性”。在绑架过程中又当场劫取被害人随身携带财物的，同时触犯了绑架罪和抢劫罪两个罪名，应当选择其中一个重罪定罪处罚。

第四，本罪与抢劫枪支、弹药、爆炸物罪的主要区别在于犯罪对象不同。本罪的犯罪对象是除了枪支、弹药、爆炸物以外的其他公私财物；而后者的犯罪对象是枪支、弹药、爆炸物。另外，这两种犯罪侵犯的客体也不相同。本罪侵犯的客体是公私财产所有权；而后者侵犯的客体是社会的公共完全。

(5)量刑幅度

《刑法》第263条规定，犯抢劫罪的，其处罚分2个档次：

一是情节一般的，处3年以上10年以下有期徒刑，并处罚金。

二是有下列情形之一的，处10年以上有期徒刑、无期徒刑或者死刑，并处罚金或者没收财产：①入户抢劫的；②在公共交通工具上抢劫的；③抢劫银行或者其他金融机构的；④多次抢劫或者抢劫数额巨大的；⑤抢劫致人重伤、死亡的；⑥冒充军警人员抢劫；⑦持枪抢劫的；⑧抢劫军用物资或者抢险、救灾、救济物资的。

2017 年 3 月 9 日最高人民法院《关于常见犯罪的量刑指导意见》对抢劫罪的量刑提出以下具体意见：

①构成抢劫罪的，可以根据下列不同情形在相应的幅度内确定量刑起点：A. 抢劫一次的，可以在 3 年至 6 年有期徒刑幅度内确定量刑起点。B. 有下列情形之一的，可以在 10 年至 13 年有期徒刑幅度内确定量刑起点：入户抢劫的；在公共交通工具上抢劫的；抢劫银行或者其他金融机构的；抢劫三次或者抢劫数额达到数额巨大起点的；抢劫致一人重伤的；冒充军警人员抢劫的；持枪抢劫的；抢劫军用物资或者抢险、救灾、救济物资的。依法应当判处无期徒刑以上刑罚的除外。

②在量刑起点的基础上，可以根据抢劫情节严重程度、抢劫次数、数额、致人伤害后果等其他影响犯罪构成的犯罪事实增加刑罚量，确定基准刑。

另外，根据《刑法》第 36 条第 1 款和最高人民法院有关司法解释的规定，如果是由于犯罪分子的犯罪行为使被害人遭受人身伤害并造成经济损失了，对犯罪分子除了依法给予刑事处罚外，还应根据情况，判处赔偿经济损失。

根据 2005 年 6 月 8 日最高人民法院《关于审理抢劫、抢夺刑事案件适用法律若干问题的意见》和 2000 年 11 月 22 日最高人民法院《关于审理抢劫案件具体应用法律若干问题的解释》的规定，在决定刑罚的时候应明确以下问题：

①关于"入户抢劫"。认定"入户抢劫"时，应注意以下三个问题：一是"户"的范围。"户"在这里是指住所，其特征表现为供他人家庭生活和与外界相对隔离两个方面。前者为功能特征，后者为场所特征。为实施抢劫行为而进入他人生活的与外界相对隔离的住所，包括封闭的院落、牧民的帐篷、渔民作为家庭生活场所的渔船、为生活租用的房屋等进行抢劫的行为应认定为"入户"。在一般情况下，集体宿舍、旅店宾馆、临时搭建的工棚等不应该认定为"户"，但在特定情况下，如果确实具有上述两个特征的，也可以认定为"户"。二是"入户"目的的非法性。进入他人住处须以实施抢劫等犯罪为目的。抢劫行为虽然发生在户内，但行为人不以实施抢劫等犯罪为目的进入他人住所，而是在户内临时起意实施抢劫的，不属于"入户抢劫"。三是暴力或者暴力胁迫行为必须发生在户内。入户实施盗窃被发现，行为人为了窝藏赃物、抗拒抓捕或者毁灭罪证而当场使用暴力或者以暴力相威胁的，如果暴力或者暴力胁迫行为发生在户内，可以认定为"入户抢劫"；如果发生在户外，不能认定为"入户抢劫"。

②所谓"在公共交通工具上"抢劫，既包括在从事旅客运输的各种公共汽车，大、中型出租车，火车，船只，飞机等正在运营中的机动公共交通工具上对旅客、司售、乘务人员实施的抢劫，也包括对运行途中的机动公共交通工具加以拦截后，对公共交通工具上的人员实施的抢劫。在没有运营中的大、中型公共交通工具上针对司售、乘务人员抢劫的，或者在小型出租车上抢劫的，不属于"在公共交通工具上抢劫"。

③所谓"抢劫银行或者其他金融机构"，是指抢劫银行或者其他金融机构的经营资金、有价证券和客户的资金等。抢劫正在使用中的银行或者其他金融机构的运钞车的，视为"抢劫银行或者其他金融机构"。

④关于"多次抢劫"的认定。所谓"多次抢劫"，是指抢劫 3 次以上。对于"多次"的认定，应该以行为人实施的每一次抢劫行为均已构成犯罪为前提，综合考虑犯罪故意的产生，犯罪行为实施的时间、地点等因素，客观分析、认定。对于行为人基于一个犯意实施犯罪的，如在同一地点同时对在场的多人实施抢劫的；或者基于同一犯意在同一地点实施连续抢劫犯罪的，如在同一地点连续地对途经此地的多人进行抢劫的；或者在一次犯罪中，对一栋居民楼中的几户居民连续实施

入户抢劫的，一般应该认定为一次犯罪。

⑤关于“抢劫数额巨大”的认定标准，参照各地确定的盗窃罪数额巨大的认定标准执行。

⑥“持枪抢劫”，是指行为人使用枪支或者向被害人显示持有、佩带的枪支进行抢劫的行为。“枪支”的概念和范围，适用《中华人民共和国枪支管理法》的规定。

⑦《刑法》第 267 条第 2 款规定，“携带凶器抢夺的”，按抢劫罪定罪处罚。这里的“携带凶器抢夺”，是指携带枪支、爆炸物、管制刀具等国家禁止个人携带的器械进行抢夺或者为了实施犯罪而携带其他器械进行抢夺的行为。行为人随身携带国家禁止个人携带的器械以外的其他器械抢夺，但有证据证明该器械确实不是为了实施犯罪准备的，不以抢劫罪定罪处罚；行为人将随身携带的凶器有意加以显示、能为被害人察觉到的，直接适用《刑法》第 263 条规定的抢劫罪定罪处罚；行为人携带凶器抢夺以后，在逃跑过程中，为了窝藏赃物、抗拒抓捕或者毁灭罪证而当场使用暴力或者以暴力相威胁的，适用《刑法》第 267 条第 2 款的规定，以抢劫罪定罪处罚。

⑧关于抢劫犯罪数额的计算。抢劫信用卡以后使用、消费的，其实际使用、消费的数额为抢劫数额。抢劫信用卡后没有实际使用、消费的，不计数额，根据情节轻重来量刑。所抢信用卡数额巨大，但没有实际使用、消费或者实际使用、消费的数额没有达到巨大标准的，不适用“抢劫数额巨大”的法定刑。

为了抢劫其他财物，劫取机动车辆当作犯罪工具或者逃跑工具使用的，被劫取的机动车辆的价值计入抢劫数额；为实施抢劫以外的其他犯罪劫取机动车辆的，以抢劫罪和实施的其他犯罪实行数罪并罚。

抢劫存折、机动车辆的数额计算，参照执行《关于审理盗窃案件具体应用法律若干问题的解释》的相关规定。

⑨关于驾驶机动车、非机动车夺取他人财物行为的定性问题。对于驾驶机动车、非机动车（以下简称驾驶车辆）夺取他人财物的，一般以抢夺罪从重处罚。但具有下列情形之一的，应当以抢劫罪定罪处罚：一是驾驶车辆，逼挤、撞击或者强行逼倒他人以排除他人反抗，乘机夺取财物的；二是驾驶车辆强抢财物时，因被害人不放手而采取强拉硬拽方法劫取财物的；三是行为人明知其驾驶车辆强行夺取他人财物的手段会造成他人伤亡的后果，仍然强行夺取并且放任造成财产持有人轻伤以上后果的。

⑩关于抢劫罪的既遂、未遂的认定。抢劫犯罪侵犯的是复杂客体，既侵犯了财产权利，又侵犯了人身权利，具备劫取财物或者造成他人轻伤以上后果两者之一的，均属于抢劫既遂。既没有劫取财物，又没有造成他人人身伤害后果的，这才属于抢劫未遂。据此，《刑法》第 263 条规定的 8 种处罚情节中，除了“抢劫致人重伤、死亡的”这一结果加重情节之外，其余 7 种处罚情节同样存在既遂、未遂的问题。其中属于抢劫未遂的，应当根据《刑法》关于加重情节的法定刑规定，结合未遂犯的处罚原则来量刑。

2. 盗窃罪（第 264 条）

（1）罪名概念

盗窃罪，是指以非法占有为目的，秘密窃取数额较大的公私财物，或者多次盗窃、入户盗窃、携带凶器盗窃、扒窃的行为。

（2）法律规定

①本罪名是由《刑法》第 264 条规定的。该条规定：“盗窃公私财物，数额较大的，或者多次盗窃、入户盗窃、携带凶器盗窃、扒窃的，处三年以下有期徒刑、拘役或者管制，并处或者单处罚金；数额巨大或者有其他严重情节的，处三年以上十年以下有期徒刑，并处罚金；数额特别巨大或

者有其他特别严重情节的,处十年以上有期徒刑或者无期徒刑,并处罚金或者没收财产。”

《刑法》第269条规定:“犯盗窃、诈骗、抢夺罪,为窝藏赃物、抗拒抓捕或者毁灭罪证而当场使用暴力或者以暴力相威胁的,依照本法第二百六十三条的规定定罪处罚。”

《刑法》第265条规定:“以牟利为目的,盗接他人通信线路、复制他人电信码号或者明知是盗接、复制的电信设备、设施而使用的,依照本法第二百六十四条的规定定罪处罚。”

《刑法》第210条规定:“盗窃增值税专用发票或者可以用于骗取出口退税、抵扣税款的其他发票的,依照本法第二百六十四条的规定定罪处罚。

使用欺骗手段骗取增值税专用发票或者可以用于骗取出口退税、抵扣税款的其他发票的,依照本法第二百六十六条的规定定罪处罚。”

《刑法》第91条规定:“本法所称公共财产,是指下列财产:

(一)国有财产;

(二)劳动群众集体所有的财产;

(三)用于扶贫和其他公益事业的社会捐助或者专项基金的财产。

在国家机关、国有公司、企业、集体企业和人民团体管理、使用或者运输中的私人财产,以公共财产论。”

《刑法》第92条规定:“本法所称公民私人所有的财产,是指下列财产:

(一)公民的合法收入、储蓄、房屋和其他生活资料;

(二)依法归个人、家庭所有的生产资料;

(三)个体户和私营企业的合法财产;

(四)依法归个人所有的股份、股票、债券和其他财产。”

②2000年11月22日最高人民法院《关于审理破坏森林资源刑事案件具体应用法律若干问题的解释》第15条规定:“非法实施采种、采脂、挖笋、掘根、剥树皮等行为,牟取经济利益数额较大的,依照刑法第二百六十四条的规定,以盗窃罪定罪处罚。同时构成其他犯罪的,依照处罚较重的规定定罪处罚。”

③1998年5月8日最高人民法院、最高人民检察院、公安部、国家工商行政管理局《关于依法查处盗窃、抢劫机动车案件的规定》第1条、第4条、第17条规定:“司法机关依法查处盗窃、抢劫机动车案件,任何单位和个人都应当予以协助。以暴力、威胁方法阻碍司法工作人员依法办案的,依照《刑法》第二百七十七条第一款的规定处罚。”

“本规定第二条和第三条中的行为人事先与盗窃、抢劫机动车辆的犯罪分子通谋的,分别以盗窃、抢劫罪的共犯论处。”

“本规定所称的‘明知’,是指知道或者应当知道。有下列情形之一的,可视为应当知道,但有证据证明确属被蒙骗的除外:

(一)在非法的机动车交易场所和销售单位购买的;

(二)机动车证件手续不全或者明显违反规定的;

(三)机动车发动机号或者车架号有更改痕迹,没有合法证明的;

(四)以明显低于市场价格购买机动车的。”

④1998年5月8日最高人民法院、最高人民检察院、公安部、国家工商行政管理局《关于依法查处盗窃、抢劫机动车案件的规定》第11条规定:“对犯罪分子盗窃、抢劫所得的机动车辆及其变卖价款,应当依照《刑法》第六十四条的规定予以追缴。”

⑤2013年4月2日最高人民法院、最高人民检察院《关于办理盗窃刑事案件适用法律若干问题的解释》规定:

“第一条　盗窃公私财物价值一千元至三千元以上、三万元至十万元以上、三十万元至五十万元以上的，应当分别认定为刑法第二百六十四条规定的‘数额较大’、‘数额巨大’、‘数额特别巨大’。

各省、自治区、直辖市高级人民法院、人民检察院可以根据本地区经济发展状况，并考虑社会治安状况，在前款规定的数额幅度内，确定本地区执行的具体数额标准，报最高人民法院、最高人民检察院批准。

在跨地区运行的公共交通工具上盗窃，盗窃地点无法查证的，盗窃数额是否达到‘数额较大’、‘数额巨大’、‘数额特别巨大’，应当根据受理案件所在地省、自治区、直辖市高级人民法院、人民检察院确定的有关数额标准认定。

盗窃毒品等违禁品，应当按照盗窃罪处理的，根据情节轻重量刑。

第二条　盗窃公私财物，具有下列情形之一的，‘数额较大’的标准可以按照前条规定标准的百分之五十确定：

（一）曾因盗窃受过刑事处罚的；

（二）一年内曾因盗窃受过行政处罚的；

（三）组织、控制未成年人盗窃的；

（四）自然灾害、事故灾害、社会安全事件等突发事件期间，在事件发生地盗窃的；

（五）盗窃残疾人、孤寡老人、丧失劳动能力人的财物的；

（六）在医院盗窃病人或者其亲友财物的；

（七）盗窃救灾、抢险、防汛、优抚、扶贫、移民、救济款物的；

（八）因盗窃造成严重后果的。

第三条　二年内盗窃三次以上的，应当认定为‘多次盗窃’。

非法进入供他人家庭生活，与外界相对隔离的住所盗窃的，应当认定为‘入户盗窃’。

携带枪支、爆炸物、管制刀具等国家禁止个人携带的器械盗窃，或者为了实施违法犯罪携带其他足以危害他人人身安全的器械盗窃的，应当认定为‘携带凶器盗窃’。

在公共场所或者公共交通工具上盗窃他人随身携带的财物的，应当认定为‘扒窃’。

第四条　盗窃的数额，按照下列方法认定：

（一）被盗财物有有效价格证明的，根据有效价格证明认定；无有效价格证明，或者根据价格证明认定盗窃数额明显不合理的，应当按照有关规定委托估价机构估价；

（二）盗窃外币的，按照盗窃时中国外汇交易中心或者中国人民银行授权机构公布的人民币对该货币的中间价折合成人民币计算；中国外汇交易中心或者中国人民银行授权机构未公布汇率中间价的外币，按照盗窃时境内银行人民币对该货币的中间价折算成人民币，或者该货币在境内银行、国际外汇市场对美元汇率，与人民币对美元汇率中间价进行套算；

（三）盗窃电力、燃气、自来水等财物，盗窃数量能够查实的，按照查实的数量计算盗窃数额；盗窃数量无法查实的，以盗窃前六个月月均正常用量减去盗窃后计量仪表显示的月均用量推算盗窃数额；盗窃前正常使用不足六个月的，按照正常使用期间的月均用量减去盗窃后计量仪表显示的月均用量推算盗窃数额；

（四）明知是盗接他人通信线路、复制他人电信码号的电信设备、设施而使用的，按照合法用户为其支付的费用认定盗窃数额；无法直接确认的，以合法用户的电信设备、设施被盗接、复制后的月缴费额减去被盗接、复制前六个月的月均电话费推算盗窃数额；合法用户使用电信设备、设施不足六个月的，按照实际使用的月均电话费推算盗窃数额；

（五）盗接他人通信线路、复制他人电信码号出售的，按照销赃数额认定盗窃数额。

盗窃行为给失主造成的损失大于盗窃数额的，损失数额可以作为量刑情节考虑。

第五条　盗窃有价支付凭证、有价证券、有价票证的，按照下列方法认定盗窃数额：

（一）盗窃不记名、不挂失的有价支付凭证、有价证券、有价票证的，应当按票面数额和盗窃时应得的孳息、奖金或者奖品等可得收益一并计算盗窃数额；

（二）盗窃记名的有价支付凭证、有价证券、有价票证，已经兑现的，按照兑现部分的财物价值计算盗窃数额；没有兑现，但失主无法通过挂失、补领、补办手续等方式避免损失的，按照给失主造成的实际损失计算盗窃数额。

第六条　盗窃公私财物，具有本解释第二条第三项至第八项规定情形之一，或者入户盗窃、携带凶器盗窃，数额达到本解释第一条规定的'数额巨大'、'数额特别巨大'百分之五十的，可以分别认定为刑法第二百六十四条规定的'其他严重情节'或者'其他特别严重情节'。

第七条　盗窃公私财物数额较大，行为人认罪、悔罪，退赃、退赔，且具有下列情形之一，情节轻微的，可以不起诉或者免予刑事处罚；必要时，由有关部门予以行政处罚：

（一）具有法定从宽处罚情节的；

（二）没有参与分赃或者获赃较少且不是主犯的；

（三）被害人谅解的；

（四）其他情节轻微、危害不大的。

第八条　偷拿家庭成员或者近亲属的财物，获得谅解的，一般可不认为是犯罪；追究刑事责任的，应当酌情从宽。

第九条　盗窃国有馆藏一般文物、三级文物、二级以上文物的，应当分别认定为刑法第二百六十四条规定的'数额较大'、'数额巨大'、'数额特别巨大'。

盗窃多件不同等级国有馆藏文物的，三件同级文物可以视为一件高一级文物。

盗窃民间收藏的文物的，根据本解释第四条第一款第一项的规定认定盗窃数额。

第十条　偷开他人机动车的，按照下列规定处理：

（一）偷开机动车，导致车辆丢失的，以盗窃罪定罪处罚；

（二）为盗窃其他财物，偷开机动车作为犯罪工具使用后非法占有车辆，或者将车辆遗弃导致丢失的，被盗车辆的价值计入盗窃数额；

（三）为实施其他犯罪，偷开机动车作为犯罪工具使用后非法占有车辆，或者将车辆遗弃导致丢失的，以盗窃罪和其他犯罪数罪并罚；将车辆送回未造成丢失的，按照其所实施的其他犯罪从重处罚。

第十一条　盗窃公私财物并造成财物损毁的，按照下列规定处理：

（一）采用破坏性手段盗窃公私财物，造成其他财物损毁的，以盗窃罪从重处罚；同时构成盗窃罪和其他犯罪的，择一重罪从重处罚；

（二）实施盗窃犯罪后，为掩盖罪行或者报复等，故意毁坏其他财物构成犯罪的，以盗窃罪和构成的其他犯罪数罪并罚；

（三）盗窃行为未构成犯罪，但损毁财物构成其他犯罪的，以其他犯罪定罪处罚。

第十二条　盗窃未遂，具有下列情形之一的，应当依法追究刑事责任：

（一）以数额巨大的财物为盗窃目标的；

（二）以珍贵文物为盗窃目标的；

（三）其他情节严重的情形。

盗窃既有既遂，又有未遂，分别达到不同量刑幅度的，依照处罚较重的规定处罚；达到同一量刑幅度的，以盗窃罪既遂处罚。

第十三条　单位组织、指使盗窃，符合刑法第二百六十四条及本解释有关规定的，以盗窃罪追究组织者、指使者、直接实施者的刑事责任。

第十四条　因犯盗窃罪，依法判处罚金刑的，应当在一千元以上盗窃数额的二倍以下判处罚金；没有盗窃数额或者盗窃数额无法计算的，应当在一千元以上十万元以下判处罚金。”

⑥2002 年 8 月 9 日最高人民检察院《关于单位有关人员组织实施盗窃行为如何适用法律问题的批复》规定：“单位有关人员为谋取单位利益组织实施盗窃行为，情节严重的，应当依照刑法第二百六十四条的规定以盗窃罪追究直接责任人员的刑事责任。”

⑦2006 年 1 月 11 日最高人民法院《关于审理未成年人刑事案件具体应用法律若干问题的解释》第 9 条、第 10 条分别规定：

“已满十六周岁不满十八周岁的人实施盗窃行为未超过三次，盗窃数额虽已达到‘数额较大’标准，但案发后能如实供述全部盗窃事实并积极退赃，且具有下列情形之一的，可以认定为‘情节显著轻微危害不大’，不认为是犯罪：

（一）系又聋又哑的人或者盲人；

（二）在共同盗窃中起次要或者辅助作用，或者被胁迫；

（三）具有其他轻微情节的。

已满十六周岁不满十八周岁的人盗窃未遂或者中止的，可不认为是犯罪。

已满十六周岁不满十八周岁的人盗窃自己家庭或者近亲属财物，或者盗窃其他亲属财物但其他亲属要求不予追究的，可不按犯罪处理。

已满十四周岁不满十六周岁的人盗窃、诈骗、抢夺他人财物，为窝藏赃物、抗拒抓捕或者毁灭罪证，当场使用暴力，故意伤害致人重伤或者死亡，或者故意杀人的，应当分别以故意伤害罪或者故意杀人罪定罪处罚。

已满十六周岁不满十八周岁的人犯盗窃、诈骗、抢夺罪，为窝藏赃物、抗拒抓捕或者毁灭罪证而当场使用暴力或者以暴力相威胁的，应当依照刑法第二百六十九条的规定定罪处罚；情节轻微的，可不以抢劫罪定罪处罚。”

⑧2007 年 1 月 15 日最高人民法院、最高人民检察院《关于办理盗窃油气、破坏油气设备等刑事案件具体应用法律若干问题的解释》相关内容如下：

“第三条　盗窃油气或者正在使用的油气设备，构成犯罪，但未危害公共安全的，依照刑法第二百六十四条的规定，以盗窃罪定罪处罚。

盗窃油气，数额巨大但尚未运离现场的，以盗窃未遂定罪处罚。

为他人盗窃油气而偷开油气井、油气管道等油气设备阀门排放油气或者提供其他帮助的，以盗窃罪的共犯定罪处罚。

第四条　盗窃油气同时构成盗窃罪和破坏易燃易爆设备罪的，依照刑法处罚较重的规定定罪处罚。”

⑨2007 年 6 月 26 日最高人民法院《关于审理危害军事通信刑事案件具体应用法律若干问题的解释》相关规定如下：“盗窃军事通信线路、设备，不构成盗窃罪，但破坏军事通信的，依照刑法第三百六十九条第一款的规定定罪处罚；同时构成刑法第一百二十四条、第二百六十四条和第三百六十九条第一款规定的犯罪的，依照处罚较重的规定定罪处罚。”

⑩2000 年 5 月 12 日最高人民法院《关于审理扰乱电信市场管理秩序案件具体应用法律若干问题的解释》第 7 条、第 8 条分别规定：“将电信卡非法充值后使用，造成电信资费损失数额较大的，依照刑法第二百六十四条的规定，以盗窃罪定罪处罚。”

“盗用他人公共信息网络上网账号、密码上网，造成他人电信资费损失数额较大的，依照刑法

第二百六十四条的规定，以盗窃罪定罪处罚。”

⑪1997 年 12 月 31 日最高人民法院《关于对故意伤害、盗窃等严重破坏社会秩序的犯罪分子能否附加剥夺政治权利问题的批复》规定：“根据刑法第五十六条规定，对于故意杀人、强奸、放火、爆炸、投毒、抢劫等严重破坏社会秩序的犯罪分子，可以附加剥夺政治权利。对故意伤害、盗窃等其他严重破坏社会秩序的犯罪，犯罪分子主观恶性较深、犯罪情节恶劣、罪行严重的，也可以依法附加剥夺政治权利。”

⑫2009 年 8 月 27 日全国人民代表大会常务委员会《关于维护互联网安全的决定》第 4 条规定：“为了保护个人、法人和其他组织的人身、财产等合法权利，对有下列行为之一，构成犯罪的，依照刑法有关规定追究刑事责任：（一）利用互联网侮辱他人或者捏造事实诽谤他人；（二）非法截获、篡改、删除他人电子邮件或者其他数据资料，侵犯公民通信自由和通信秘密；（三）利用互联网进行盗窃、诈骗、敲诈勒索。”

⑬2007 年 5 月 9 日最高人民法院、最高人民检察院《关于办理与盗窃、抢劫、诈骗、抢夺机动车相关刑事案件具体应用法律若干问题的解释》相关内容规定：

“第一条　明知是盗窃、抢劫、诈骗、抢夺的机动车，实施下列行为之一的，依照刑法第三百一十二条的规定，以掩饰、隐瞒犯罪所得、犯罪所得收益罪定罪，处三年以下有期徒刑、拘役或者管制，并处或者单处罚金：

（一）买卖、介绍买卖、典当、拍卖、抵押或者用其抵债的；

（二）拆解、拼装或者组装的；

（三）修改发动机号、车辆识别代号的；

（四）更改车身颜色或者车辆外形的；

（五）提供或者出售机动车来历凭证、整车合格证、号牌以及有关机动车的其他证明和凭证的；

（六）提供或者出售伪造、变造的机动车来历凭证、整车合格证、号牌以及有关机动车的其他证明和凭证的。

实施第一款规定的行为涉及盗窃、抢劫、诈骗、抢夺的机动车五辆以上或者价值总额达到五十万元以上的，属于刑法第三百一十二条规定的‘情节严重’，处三年以上七年以下有期徒刑，并处罚金。

第四条　实施本解释第一条、第二条、第三条第一款或者第三款规定的行为，事前与盗窃、抢劫、诈骗、抢夺机动车的犯罪分子通谋的，以盗窃罪、抢劫罪、诈骗罪、抢夺罪的共犯论处。

第六条　行为人实施本解释第一条、第三条第三款规定的行为，涉及的机动车有下列情形之一的，应当认定行为人主观上属于上述条款所称‘明知’：

（一）没有合法有效的来历凭证；

（二）发动机号、车辆识别代号有明显更改痕迹，没有合法证明的。”

⑭1996 年 10 月 17 日最高人民法院《关于适用全国人民代表大会常务委员会〈关于惩治虚开、伪造和非法出售增值税专用发票犯罪的决定〉的若干问题的解释》第 7 条规定：

“七、盗窃增值税专用发票或者可以用于骗取出口退税、抵扣税款的其他发票二十五份以上，或者其他发票五十份以上的；诈骗增值税专用发票或者可以用于骗取出口退税、抵扣税款的其他发票五十份以上，或者其他发票一百份以上的，依照刑法第一百五十一条的规定处罚。

盗窃增值税专用发票或者可以用于骗取出口退税、抵扣税款的其他发票二百五十份以上，或者其他发票五百份以上的；诈骗增值税专用发票或者可以用于骗取出口退税、抵扣税款的其他发票五百份以上，或者其他发票一千份以上的，依照刑法第一百五十二条的规定处罚。

盗窃增值税专用发票或者其他发票情节特别严重的，依照全国人民代表大会常务委员会《关于严惩严重破坏经济的罪犯的决定》第一条第（一）款的规定处罚。

盗窃、诈骗增值税专用发票或者其他发票后，又实施《决定》规定的虚开、出售等犯罪的，按照其中的重罪定罪处罚，不实行数罪并罚。”

⑮2015 年 12 月 30 日最高人民法院、最高人民检察院《关于办理妨害文物管理等刑事案件适用法律若干问题的解释》第 2 条规定：“盗窃一般文物、三级文物、二级以上文物的，应当分别认定为刑法第二百六十四条规定的‘数额较大’‘数额巨大’‘数额特别巨大’。

盗窃文物，无法确定文物等级，或者按照文物等级定罪量刑明显过轻或者过重的，按照盗窃的文物价值定罪量刑。”

（3）构成要件

第一，本罪侵犯的客体是公私财物的所有权。

第二，在客观方面，行为人具有秘密窃取数额较大的公私财物或者多次盗窃、入户盗窃、携带凶器盗窃、扒窃公私财物的行为。

第三，犯罪主体是一般主体，即年满 16 周岁的具有刑事责任能力的自然人。

第四，犯罪的主观方面是直接故意，并且以非法占有为目的。

（4）罪名界定

第一，关于罪与非罪的问题。

盗窃公私财物虽然已达到“数额较大”的起点，但情节轻微，并且具有下列情形之一的，可以不作为犯罪处理：①已满 16 周岁不满 18 周岁的未成年人作案的；②全部退赃、退赔的；③主动投案的；④被胁迫参加盗窃活动，没有分赃或者获赃较少的；⑤其他情节轻微、危害不大的。

第二，关于彼罪与此罪的问题。

①盗窃枪支、弹药、爆炸物的，应当按照《刑法》第 127 条第 1 款的规定，以盗窃枪支、弹药、爆炸物罪处罚。

②盗伐森林或者其他林木，数量较大的，应当按照《刑法》第 345 条第 1 款的规定，以盗伐林木罪处罚。

③盗窃国家机关的公文、证件、印章的，应当按照《刑法》第 280 条第 1 款的规定，以盗窃国家机关公文、证件、印章罪处罚。这是因为这些犯罪行为侵害的客体、社会危害程度，与一般的盗窃犯罪有原则区别，不能一见“秘密窃取”或者“盗窃”，就都定盗窃罪，而应当按照《刑法》的规定来定罪量刑。

④盗窃信用卡并且使用的，以盗窃罪定罪处罚。其盗窃数额应当根据行为人盗窃信用卡后使用的数额认定。

⑤盗窃增值税专用发票或者可以用于骗取出口退税、抵扣税款的其他发票的，以盗窃罪定罪处罚。盗窃上述发票数量达 25 份以上的，为“数额较大”；数量在 250 份以上的，为“数额巨大”；数量在 2500 份以上的，为“数额特别巨大”。

⑥盗窃广播电视设施、公用电信设施价值数额不大，但是构成危害公共安全犯罪的，依照《刑法》第 124 条的规定，以“破坏广播电视设施、公用电信设施罪”定罪处罚；盗窃广播电视设施、公用电信设施同时构成盗窃罪和破坏广播电视设施、公用电信设施罪的，选择其中一个重罪处罚。

⑦盗窃使用中的电力设备，同时构成盗窃罪和破坏电力设备罪的，选择其中一个重罪处罚。

⑧为了练习开车、游乐等目的，多次偷开机动车辆，并且将机动车辆丢失的，以盗窃罪定罪处罚；在偷开机动车辆过程中，发生交通肇事构成犯罪，又构成其他犯罪的，应当以交通肇事罪和其他罪实行数罪并罚；偷开机动车辆造成车辆损坏的，按照《刑法》第 275 条的规定，以“故意毁坏

财物罪”定罪处罚；偶尔偷开机动车辆，情节轻微的，可以不认为是犯罪。

⑨实施盗窃犯罪，造成公私财物损毁的，以盗窃罪从重处罚；又构成其他犯罪的，选择其中重罪从重处罚；盗窃公私财物尚未构成盗窃罪，但因为采用破坏性手段造成公私财物毁损数额较大的，以故意毁坏财物罪定罪处罚。盗窃后，为了掩盖盗窃罪行或者报复等，故意破坏公私财物构成犯罪的，应当以盗窃罪和构成的其他罪实行数罪并罚。

⑩盗窃技术成果等商业秘密的，按照《刑法》第219条的规定，以“侵犯商业秘密罪”定罪处罚。关于“监守自盗”、盗窃罪与贪污罪的区别等问题，本书在第343个罪名贪污罪中再作阐述。

第三，关于盗窃数额与计算方法问题。

关于认定盗窃罪的数额标准，根据2013年4月2日最高人民法院、最高人民检察院《关于办理盗窃刑事案件适用法律若干问题的解释》的规定，盗窃公私财物价值1000元至3000元以上、3万元至10万元以上、30万元至50万元以上的，应当分别认定为盗窃“数额较大”“数额巨大”“数额特别巨大”。

盗窃公私财物，具有下列情形之一的，“数额较大”的标准可以按上述规定标准的一半确定：①曾因盗窃受过刑事处罚的；②一年内曾因盗窃受过行政处罚的；③组织、控制未成年人盗窃的；④自然灾害、事故灾害、社会安全事件等突发事件期间，在事件发生地盗窃的；⑤盗窃残疾人、孤寡老人、丧失劳动能力人的财物的；⑥在医院盗窃病人或者其亲友财物的；⑦盗窃救灾、抢险、防汛、优抚、扶贫、移民、救济款物的；⑧因盗窃造成严重后果的。

盗窃国有馆藏一般文物、三级文物、二级以上文物的，应当分别认定为“数额较大”“数额巨大”“数额特别巨大”。盗窃多件不同等级国有馆藏文物的，三件同级文物可以视为一件高一级文物。

关于盗窃公私财物的数额计算方法问题，按照下列方法认定：①被盗财物有有效价格证明的，根据有效价格证明认定；无有效价格证明，或者根据价格证明认定盗窃数额明显不合理的，应当按照有关规定委托估价机构估价；②盗窃外币的，按照盗窃时中国外汇交易中心或者中国人民银行授权机构公布的人民币对该货币的中间价折合成人民币计算；中国外汇交易中心或者中国人民银行授权机构未公布汇率中间价的外币，按照盗窃时境内银行人民币对该货币的中间价折算成人民币，或者该货币在境内银行、国际外汇市场对美元汇率，与人民币对美元汇率中间价进行套算；③盗窃电力、燃气、自来水等财物，盗窃数量能够查实的，按照查实的数量计算盗窃数额；盗窃数量无法查实的，以盗窃前6个月月均正常用量减去盗窃后计量仪表显示的月均用量推算盗窃数额；盗窃前正常使用不足6个月的，按照正常使用期间的月均用量减去盗窃后计量仪表显示的月均用量推算盗窃数额；④明知是盗接他人通信线路、复制他人电信码号的电信设备、设施而使用的，按照合法用户为其支付的费用认定盗窃数额；无法直接确认的，以合法用户的电信设备、设施被盗接、复制后的月缴费额减去被盗接、复制前6个月的月均电话费推算盗窃数额；合法用户使用电信设备、设施不足6个月的，按照实际使用的月均电话费推算盗窃数额；⑤盗接他人通信线路、复制他人电信码号出售的，按照销赃数额认定盗窃数额。盗窃行为给失主造成的损失大于盗窃数额的，损失数额可以作为量刑情节考虑。

盗窃有价支付凭证、有价证券、有价票证的，按照下列方法认定盗窃数额：①盗窃不记名、不挂失的有价支付凭证、有价证券、有价票证的，应当按票面数额和盗窃时应得的孳息、奖金或者奖品等可得收益一并计算盗窃数额；②盗窃记名的有价支付凭证、有价证券、有价票证，已经兑现的，按照兑现部分的财物价值计算盗窃数额；没有兑现，但失主无法通过挂失、补领、补办手续等方式避免损失的，按照给失主造成的实际损失计算盗窃数额。

第四，关于盗窃犯罪的情节。

关于盗窃犯罪的情节,2013 年 4 月 2 日最高人民法院、最高人民检察院《关于办理盗窃刑事案件适用法律若干问题的解释》规定,盗窃公私财物,具有下列情形之一:①组织、控制未成年人盗窃的;②自然灾害、事故灾害、社会安全事件等突发事件期间,在事件发生地盗窃的;③盗窃残疾人、孤寡老人、丧失劳动能力人的财物的;④在医院盗窃病人或者其亲友财物的;⑤盗窃救灾、抢险、防汛、优抚、扶贫、移民、救济款物的;⑥因盗窃造成严重后果的。或者入户盗窃、携带凶器盗窃,数额达到“数额巨大”“数额特别巨大”一半的,可以分别认定为盗窃罪中的“其他严重情节”或者“其他特别严重情节”。

二年内盗窃三次以上的,应当认定为“多次盗窃”。非法进入供他人家庭生活,与外界相对隔离的住所盗窃的,应当认定为“入户盗窃”。携带枪支、爆炸物、管制刀具等国家禁止个人携带的器械盗窃,或者为了实施违法犯罪携带其他足以危害他人人身安全的器械盗窃的,应当认定为“携带凶器盗窃”。在公共场所或者公共交通工具上盗窃他人随身携带的财物的,应当认定为“扒窃”。

盗窃公私财物数额较大,行为人认罪、悔罪,退赃、退赔,且具有下列情形之一,情节轻微的,可以不起诉或者免予刑事处罚;必要时,由有关部门予以行政处罚:①具有法定从宽处罚情节的;②没有参与分赃或者获赃较少且不是主犯的;③被害人谅解的;④其他情节轻微、危害不大的。

偷拿家庭成员或者近亲属的财物,获得谅解的,一般可不认为是犯罪;追究刑事责任的,应当酌情从宽处理。

单位组织、指使盗窃犯罪,以盗窃罪追究组织者、指使者、直接实施者的刑事责任。

因犯盗窃罪,依法判处罚金刑的,应当在 1000 元以上盗窃数额的 2 倍以下判处罚金;没有盗窃数额或者盗窃数额无法计算的,应当在 1000 元以上 10 万元以下判处罚金。

关于盗窃犯罪的情节,应当根据案件的具体情形认定。盗窃公私财物接近“数额较大”的起点,具有下列情形之一的,可以追究刑事责任:①以破坏性手段盗窃造成公私财产损失的;②盗窃残疾人、孤寡老人或者丧失劳动能力人的财物的;③造成严重后果或者具有其他恶劣情节的。盗窃行为给失主造成的损失大于盗窃数额的,损失数额可作为量刑的情节。

第五,关于对共同盗窃各犯罪人的处理问题。一是对犯罪集团的首要分子,应当按照集团盗窃的总数额处罚。二是对共同犯罪中的其他主犯,应当按照其所参与的或者组织、指挥的共同盗窃的数额处罚。三是对共同犯罪中的从犯,应当按照其所参与的共同盗窃的数额确定量刑幅度,并依照《刑法》第 27 条第 2 款的规定,从轻、减轻处罚或者免除处罚。

(5)量刑幅度

根据《刑法》第 264 条的规定,对盗窃犯罪的处罚分以下 3 个档次:

一是盗窃数额较大或者多次盗窃的,处 3 年以下有期徒刑、拘役或者管制,并处或者单处罚金。

二是盗窃数额巨大或者有其他严重情节的,处 3 年以上 10 年以下有期徒刑,并处罚金。

三是盗窃数额特别巨大,或者有其他特别严重情节的,处 10 年以上有期徒刑或者无期徒刑,并处罚金或者没收财产。

2017 年 3 月 9 日最高人民法院《关于常见犯罪的量刑指导意见》对盗窃罪的量刑提出以下具体意见:

①构成盗窃罪的,可以根据下列不同情形在相应的幅度内确定量刑起点:A. 达到数额较大起点的,两年内三次盗窃的,入户盗窃的,携带凶器盗窃的,或者扒窃的,可以在 1 年以下有期徒刑、拘役幅度内确定量刑起点。B. 达到数额巨大起点或者有其他严重情节的,可以在 3 年至 4 年有期徒刑幅度内确定量刑起点。C. 达到数额特别巨大起点或者有其他特别严重情节的,可以在

10 年至 12 年有期徒刑幅度内确定量刑起点。依法应当判处无期徒刑的除外。

②在量刑起点的基础上，可以根据盗窃数额、次数、手段等其他影响犯罪构成的犯罪事实增加刑罚量，确定基准刑。

多次盗窃，数额达到较大以上的，以盗窃数额确定量刑起点，盗窃次数可作为调节基准刑的量刑情节；数额未达到较大的，以盗窃次数确定量刑起点，超过三次的次数作为增加刑罚量的事实。

3. 诈骗罪（第 266 条）

（1）罪名概念

诈骗罪，是指以非法占有为目的，用虚构事实或者隐瞒真相的方法，骗取数额较大的公私财物的行为。

（2）法律规定

①本罪名是由《刑法》第 266 条规定的。该条规定："诈骗公私财物，数额较大的，处三年以下有期徒刑、拘役或者管制，并处或者单处罚金；数额巨大或者有其他严重情节的，处三年以上十年以下有期徒刑，并处罚金；数额特别巨大或者有其他特别严重情节的，处十年以上有期徒刑或者无期徒刑，并处罚金或者没收财产。本法另有规定的，依照规定。"

《刑法》第 269 条规定："犯盗窃、诈骗、抢夺罪，为窝藏赃物、抗拒抓捕或者毁灭罪证而当场使用暴力或者以暴力相威胁的，依照本法第二百六十三条的规定定罪处罚。"

《刑法》第 210 条规定："盗窃增值税专用发票或者可以用于骗取出口退税、抵扣税款的其他发票的，依照本法第二百六十四条的规定定罪处罚。

使用欺骗手段骗取增值税专用发票或者可以用于骗取出口退税、抵扣税款的其他发票的，依照本法第二百六十六条的规定定罪处罚。"

《刑法》第 91 条规定："本法所称公共财产，是指下列财产：

（一）国有财产；

（二）劳动群众集体所有的财产；

（三）用于扶贫和其他公益事业的社会捐助或者专项基金的财产。

在国家机关、国有公司、企业、集体企业和人民团体管理、使用或者运输中的私人财产，以公共财产论。"

《刑法》第 92 条规定："本法所称公民私人所有的财产，是指下列财产：

（一）公民的合法收入、储蓄、房屋和其他生活资料；

（二）依法归个人、家庭所有的生产资料；

（三）个体户和私营企业的合法财产；

（四）依法归个人所有的股份、股票、债券和其他财产。"

②2011 年 3 月 1 日最高人民法院、最高人民检察院《关于办理诈骗刑事案件具体应用法律若干问题的解释》全文如下：

"为依法惩治诈骗犯罪活动，保护公私财产所有权，根据刑法、刑事诉讼法有关规定，结合司法实践的需要，现就办理诈骗刑事案件具体应用法律的若干问题解释如下：

第一条　诈骗公私财物价值三千元至一万元以上、三万元至十万元以上、五十万元以上的，应当分别认定为刑法第二百六十六条规定的'数额较大'、'数额巨大'、'数额特别巨大'。

各省、自治区、直辖市高级人民法院、人民检察院可以结合本地区经济社会发展状况，在前款规定的数额幅度内，共同研究确定本地区执行的具体数额标准，报最高人民法院、最高人民检察院备案。

第二条　诈骗公私财物达到本解释第一条规定的数额标准，具有下列情形之一的，可以依照刑法第二百六十六条的规定酌情从严惩处：

（一）通过发送短信、拨打电话或者利用互联网、广播电视、报纸杂志等发布虚假信息，对不特定多数人实施诈骗的；

（二）诈骗救灾、抢险、防汛、优抚、扶贫、移民、救济、医疗款物的；

（三）以赈灾募捐名义实施诈骗的；

（四）诈骗残疾人、老年人或者丧失劳动能力人的财物的；

（五）造成被害人自杀、精神失常或者其他严重后果的。

诈骗数额接近本解释第一条规定的'数额巨大'、'数额特别巨大'的标准，并具有前款规定的情形之一或者属于诈骗集团首要分子的，应当分别认定为刑法第二百六十六条规定的'其他严重情节'、'其他特别严重情节'。

第三条　诈骗公私财物虽已达到本解释第一条规定的'数额较大'的标准，但具有下列情形之一，且行为人认罪、悔罪的，可以根据刑法第三十七条、刑事诉讼法第一百四十二条的规定不起诉或者免予刑事处罚：

（一）具有法定从宽处罚情节的；

（二）一审宣判前全部退赃、退赔的；

（三）没有参与分赃或者获赃较少且不是主犯的；

（四）被害人谅解的；

（五）其他情节轻微、危害不大的。

第四条　诈骗近亲属的财物，近亲属谅解的，一般可不按犯罪处理。

诈骗近亲属的财物，确有追究刑事责任必要的，具体处理也应酌情从宽。

第五条　诈骗未遂，以数额巨大的财物为诈骗目标的，或者具有其他严重情节的，应当定罪处罚。

利用发送短信、拨打电话、互联网等电信技术手段对不特定多数人实施诈骗，诈骗数额难以查证，但具有下列情形之一的，应当认定为刑法第二百六十六条规定的'其他严重情节'，以诈骗罪（未遂）定罪处罚：

（一）发送诈骗信息五千条以上的；

（二）拨打诈骗电话五百人次以上的；

（三）诈骗手段恶劣、危害严重的。

实施前款规定行为，数量达到前款第（一）、（二）项规定标准十倍以上的，或者诈骗手段特别恶劣、危害特别严重的，应当认定为刑法第二百六十六条规定的'其他特别严重情节'，以诈骗罪（未遂）定罪处罚。

第六条　诈骗既有既遂，又有未遂，分别达到不同量刑幅度的，依照处罚较重的规定处罚；达到同一量刑幅度的，以诈骗罪既遂处罚。

第七条　明知他人实施诈骗犯罪，为其提供信用卡、手机卡、通讯工具、通讯传输通道、网络技术支持、费用结算等帮助的，以共同犯罪论处。

第八条　冒充国家机关工作人员进行诈骗，同时构成诈骗罪和招摇撞骗罪的，依照处罚较重的规定定罪处罚。

第九条　案发后查封、扣押、冻结在案的诈骗财物及其孳息，权属明确的，应当发还被害人；权属不明确的，可按被骗款物占查封、扣押、冻结在案的财物及其孳息总额的比例发还被害人，但已获退赔的应予扣除。

第十条　行为人已将诈骗财物用于清偿债务或者转让给他人，具有下列情形之一的，应当依法追缴：

（一）对方明知是诈骗财物而收取的；

（二）对方无偿取得诈骗财物的；

（三）对方以明显低于市场的价格取得诈骗财物的；

（四）对方取得诈骗财物系源于非法债务或者违法犯罪活动的。

他人善意取得诈骗财物的，不予追缴。

第十一条　以前发布的司法解释与本解释不一致的，以本解释为准。”

③2010 年 10 月 20 日最高人民法院《关于审理伪造货币等案件具体应用法律若干问题的解释（二）》第 5 条规定：“以使用为目的，伪造停止流通的货币，或者使用伪造的停止流通的货币的，依照刑法第二百六十六条的规定，以诈骗罪定罪处罚。”

④2000 年 5 月 12 日最高人民法院《关于审理扰乱电信市场管理秩序案件具体应用法律若干问题的解释》第 9 条规定：“以虚假、冒用的身份证件办理入网手续并使用移动电话，造成电信资费损失数额较大的，依照刑法第二百六十六条的规定，以诈骗罪定罪处罚。”

⑤2016 年 12 月 16 日最高人民法院《关于审理非法行医刑事案件具体应用法律若干问题的解释》第 4 条规定：“实施非法行医犯罪，同时构成生产、销售假药罪，生产、销售劣药罪，诈骗罪等其他犯罪的，依照刑法处罚较重的规定定罪处罚。”

⑥2003 年 5 月 14 日最高人民法院、最高人民检察院《关于办理妨害预防、控制突发传染病疫情等灾害的刑事案件具体应用法律若干问题的解释》第 7 条规定：“在预防、控制突发传染病疫情等灾害期间，假借研制、生产或者销售用于预防、控制突发传染病疫情等灾害用品的名义，诈骗公私财物数额较大的，依照刑法有关诈骗罪的规定定罪，依法从重处罚。”

⑦2009 年 8 月 27 日全国人民代表大会常务委员会《关于维护互联网安全的决定》第 4 条规定：“为了保护个人、法人和其他组织的人身、财产等合法权利，对有下列行为之一，构成犯罪的，依照刑法有关规定追究刑事责任：（一）利用互联网侮辱他人或者捏造事实诽谤他人；（二）非法截获、篡改、删除他人电子邮件或者其他数据资料，侵犯公民通信自由和通信秘密；（三）利用互联网进行盗窃、诈骗、敲诈勒索。”

⑧2007 年 5 月 9 日最高人民法院、最高人民检察院《关于办理与盗窃、抢劫、诈骗、抢夺机动车相关刑事案件具体应用法律若干问题的解释》相关内容规定：

“第一条　明知是盗窃、抢劫、诈骗、抢夺的机动车，实施下列行为之一的，依照刑法第三百一十二条的规定，以掩饰、隐瞒犯罪所得、犯罪所得收益罪定罪，处三年以下有期徒刑、拘役或者管制，并处或者单处罚金：

（一）买卖、介绍买卖、典当、拍卖、抵押或者用其抵债的；

（二）拆解、拼装或者组装的；

（三）修改发动机号、车辆识别代号的；

（四）更改车身颜色或者车辆外形的；

（五）提供或者出售机动车来历凭证、整车合格证、号牌以及有关机动车的其他证明和凭证的；

（六）提供或者出售伪造、变造的机动车来历凭证、整车合格证、号牌以及有关机动车的其他证明和凭证的。

实施第一款规定的行为涉及盗窃、抢劫、诈骗、抢夺的机动车五辆以上或者价值总额达到五十万元以上的，属于刑法第三百一十二条规定的‘情节严重’，处三年以上七年以下有期徒刑，并处罚金。

第四条　实施本解释第一条、第二条、第三条第一款或者第三款规定的行为，事前与盗窃、抢劫、诈骗、抢夺机动车的犯罪分子通谋的，以盗窃罪、抢劫罪、诈骗罪、抢夺罪的共犯论处。

第六条　行为人实施本解释第一条、第三条第三款规定的行为，涉及的机动车有下列情形之一的，应当认定行为人主观上属于上述条款所称‘明知’：

（一）没有合法有效的来历凭证；

（二）发动机号、车辆识别代号有明显更改痕迹，没有合法证明的。”

（3）构成要件

第一，本罪侵犯的客体是公私财产的所有权。侵犯的对象仅限于各种公私财物，不包括其他非法利益。

第二，客观方面表现为以虚构事实或者隐瞒真相的方法，骗取数额较大的公私财物的行为。常见的诈骗方法有编造谎言、假冒身份，伪造文书或者证件、涂改单据等，制造假象迷惑被害人，使其上当以后交出财物。

第三，犯罪主体是一般主体，即年满16周岁、具有刑事责任能力的自然人，均可构成本罪的主体。以单位名义进行诈骗的，应当追究其主管人员、直接责任人员的刑事责任。

第四，主观方面是故意，而且以非法占有公私财物为目的。

（4）罪名界定

第一，关于诈骗犯罪的数额与情节。

根据《刑法》的规定，诈骗数额较大的才能构成诈骗罪。因此，对诈骗公私财物没有达到数额较大，不能认定为诈骗犯罪，而应当作为一般的诈骗行为。在必要时，可给予治安行政管理处罚。根据2011年3月1日最高人民法院、最高人民检察院发布的《关于办理诈骗刑事案件具体应用法律的若干问题的解释》第1条规定，诈骗公私财物价值3000元至1万元以上、3万元至10万元以上、50万元以上的，应当分别认定为《刑法》第266条规定的“数额较大”“数额巨大”“数额特别巨大”。

各省、自治区、直辖市高级人民法院、人民检察院可以结合本地区经济社会发展状况，在前款规定的数额幅度内，共同研究确定本地区执行的具体数额标准，报最高人民法院、最高人民检察院备案。

根据2011年3月1日最高人民法院、最高人民检察院发布的《关于办理诈骗刑事案件具体应用法律的若干问题的解释》相关规定，诈骗公私财物达到法律规定的数额标准，具有下列情形之一的，可以酌情从严惩处：①通过发送短信、拨打电话或者利用互联网、广播电视、报纸杂志等发布虚假信息，对不特定多数人实施诈骗的；②诈骗救灾、抢险、防汛、优抚、扶贫、移民、救济、医疗款物的；③以赈灾募捐名义实施诈骗的；④诈骗残疾人、老年人或者丧失劳动能力人的财物的；⑤造成被害人自杀、精神失常或者其他严重后果的。

诈骗数额接近“数额巨大”“数额特别巨大”的标准，并具有上述情形之一，或者属于诈骗集团首要分子的，应当分别认定为《刑法》第266条规定的“其他严重情节”“其他特别严重情节”。

诈骗公私财物虽已达到“数额较大”的标准，但具有下列情形之一，且行为人认罪、悔罪的，可以根据《刑法》第37条、《刑事诉讼法》第142条的规定，不起诉或者免予刑事处罚：①具有法定从宽处罚情节的；②一审宣判前全部退赃、退赔的；③没有参与分赃或者获赃较少且不是主犯的；④被害人谅解的；⑤其他情节轻微、危害不大的。

诈骗近亲属的财物，近亲属谅解的，一般可不按犯罪处理。诈骗近亲属的财物，确有追究刑事责任必要的，具体处理也应酌情从宽。

诈骗未遂，以数额巨大的财物为诈骗目标的，或者具有其他严重情节的，应当定罪处罚。

利用发送短信、拨打电话、互联网等电信技术手段，对不特定多数人实施诈骗，诈骗数额难以查证，但具有下列情形之一的，应当认定为《刑法》第 266 条规定的“其他严重情节”，以诈骗罪（未遂）定罪处罚：①发送诈骗信息 5000 条以上的；②拨打诈骗电话 500 人次以上的；③诈骗手段恶劣、危害严重的。实施前述行为，数量达到前述规定标准 10 倍以上的，或者诈骗手段特别恶劣、危害特别严重的，应当认定为《刑法》第 266 条规定的“其他特别严重情节”，以诈骗罪（未遂）定罪处罚。

诈骗既有既遂，又有未遂，分别达到不同量刑幅度的，依照处罚较重的规定处罚；达到同一量刑幅度的，以诈骗罪既遂处罚。

明知他人实施诈骗犯罪，为其提供信用卡、手机卡、通信工具、通信传输通道、网络技术支持、费用结算等帮助的，以共同犯罪论处。

冒充国家机关工作人员进行诈骗，同时构成诈骗罪和招摇撞骗罪的，依照处罚较重的规定定罪处罚。

第二，要划清本罪与其他具有欺诈特点的犯罪的界限。根据犯罪分子的犯罪行为侵犯的客体、侵害的对象、行为方式、主观故意等方面的不同，《刑法》把诈骗犯罪具体分为不同的罪名。因此，在司法实践中，不能一见有诈骗行为就都笼统地认定为诈骗罪。对于《刑法》另有规定的诈骗特定财物构成的犯罪，如各种金融诈骗，因为其侵犯的主要客体是国家金融秩序，均不属于这里所说的诈骗罪。例如，集资诈骗、信用证诈骗、信用卡诈骗、保险诈骗等各种金融方面的诈骗，不能定诈骗罪，应当依照《刑法》特定罪名和法定刑来定罪处罚。

（5）量刑幅度

根据《刑法》第 266 条的规定，对诈骗犯罪的处罚分以下 3 个档次：

一是诈骗公私财物数额较大的，处 3 年以下有期徒刑、拘役或者管制，并处或者单处罚金。

二是诈骗数额巨大或者有其他严重情节的，处 3 年以上 10 年以下有期徒刑，并处罚金。

三是诈骗数额特别巨大或者有其他特别严重情节的，处 10 年以上有期徒刑或者无期徒刑，并处罚金或者没收财产。

根据 2011 年 3 月 1 日最高人民法院、最高人民检察院《关于办理诈骗刑事案件具体应用法律若干问题的解释》第 10 条的规定，行为人已将诈骗财物用于清偿债务或者转让给他人，具有下列情形之一的，应当依法追缴：①对方明知是诈骗财物而收取的；②对方无偿取得诈骗财物的；③对方以明显低于市场的价格取得诈骗财物的；④对方取得诈骗财物系源于非法债务或者违法犯罪活动的。他人善意取得诈骗财物的，不予追缴。

对于《刑法》分则中另有规定的特别规定，如各种金融诈骗犯罪等，应该依照特别规定来定罪处罚。

2017 年 3 月 9 日最高人民法院《关于常见犯罪的量刑指导意见》对诈骗罪的量刑提出以下具体意见：

①构成诈骗罪的，可以根据下列不同情形在相应的幅度内确定量刑起点：A. 达到数额较大起点的，可以在一年以下有期徒刑、拘役幅度内确定量刑起点。B. 达到数额巨大起点或者有其他严重情节的，可以在 3 年至 4 年有期徒刑幅度内确定量刑起点。C. 达到数额特别巨大起点或者有其他特别严重情节的，可以在 10 年至 12 年有期徒刑幅度内确定量刑起点。依法应当判处无期徒刑的除外。

②在量刑起点的基础上，可以根据诈骗数额等其他影响犯罪构成的犯罪事实增加刑罚量，确

定基准刑。

4. 抢夺罪(第267条第1款)

(1)罪名概念

抢夺罪,是指以非法占有为目的,乘人不备,公然夺取数额较大的公私财产的行为。

(2)法律规定

①本罪名是由《刑法》第267条第1款规定的。该条款规定:“抢夺公私财物,数额较大的,或者多次抢夺的,处三年以下有期徒刑、拘役或者管制,并处或者单处罚金;数额巨大或者有其他严重情节的,处三年以上十年以下有期徒刑,并处罚金;数额特别巨大或者有其他特别严重情节的,处十年以上有期徒刑或者无期徒刑,并处罚金或者没收财产。

携带凶器抢夺的,依照本法第二百六十三条的规定定罪处罚。”

《刑法》第269条规定:“犯盗窃、诈骗、抢夺罪,为窝藏赃物、抗拒抓捕或者毁灭罪证而当场使用暴力或者以暴力相威胁的,依照本法第二百六十三条的规定定罪处罚。”

《刑法》第91条规定:“本法所称公共财产,是指下列财产:

(一)国有财产;

(二)劳动群众集体所有的财产;

(三)用于扶贫和其他公益事业的社会捐助或者专项基金的财产。

在国家机关、国有公司、企业、集体企业和人民团体管理、使用或者运输中的私人财产,以公共财产论。”

《刑法》第92条规定:“本法所称公民私人所有的财产,是指下列财产:

(一)公民的合法收入、储蓄、房屋和其他生活资料;

(二)依法归个人、家庭所有的生产资料;

(三)个体户和私营企业的合法财产;

(四)依法归个人所有的股份、股票、债券和其他财产。”

②根据2013年11月11日最高人民法院、最高人民检察院《关于办理抢夺刑事案件适用法律若干问题的解释》相关内容如下:

“第一条　抢夺公私财物价值一千元至三千元以上、三万元至八万元以上、二十万元至四十万元以上的,应当分别认定为刑法第二百六十七条规定的‘数额较大’、‘数额巨大’、‘数额特别巨大’。

各省、自治区、直辖市高级人民法院、人民检察院可以根据本地区经济发展状况,并考虑社会治安状况,在前款规定的数额幅度内,确定本地区执行的具体数额标准,报最高人民法院、最高人民检察院批准。

第二条　抢夺公私财物,具有下列情形之一的,‘数额较大’的标准按照前条规定标准的百分之五十确定:

(一)曾因抢劫、抢夺或者聚众哄抢受过刑事处罚的;

(二)一年内曾因抢夺或者哄抢受过行政处罚的;

(三)一年内抢夺三次以上的;

(四)驾驶机动车、非机动车抢夺的;

(五)组织、控制未成年人抢夺的;

(六)抢夺老年人、未成年人、孕妇、携带婴幼儿的人、残疾人、丧失劳动能力人的财物的;

(七)在医院抢夺病人或者其亲友财物的;

（八）抢夺救灾、抢险、防汛、优抚、扶贫、移民、救济款物的；

（九）自然灾害、事故灾害、社会安全事件等突发事件期间，在事件发生地抢夺的；

（十）导致他人轻伤或者精神失常等严重后果的。

第三条　抢夺公私财物，具有下列情形之一的，应当认定为刑法第二百六十七条规定的‘其他严重情节’：

（一）导致他人重伤的；

（二）导致他人自杀的；

（三）具有本解释第二条第三项至第十项规定的情形之一，数额达到本解释第一条规定的‘数额巨大’百分之五十的。

第四条　抢夺公私财物，具有下列情形之一的，应当认定为刑法第二百六十七条规定的‘其他特别严重情节’：

（一）导致他人死亡的；

（二）具有本解释第二条第三项至第十项规定的情形之一，数额达到本解释第一条规定的‘数额特别巨大’百分之五十的。”

③2007年5月9日最高人民法院、最高人民检察院《关于办理与盗窃、抢劫、诈骗、抢夺机动车相关刑事案件具体应用法律若干问题的解释》相关内容规定：

“第一条　明知是盗窃、抢劫、诈骗、抢夺的机动车，实施下列行为之一的，依照刑法第三百一十二条的规定，以掩饰、隐瞒犯罪所得、犯罪所得收益罪定罪，处三年以下有期徒刑、拘役或者管制，并处或者单处罚金：

（一）买卖、介绍买卖、典当、拍卖、抵押或者用其抵债的；

（二）拆解、拼装或者组装的；

（三）修改发动机号、车辆识别代号的；

（四）更改车身颜色或者车辆外形的；

（五）提供或者出售机动车来历凭证、整车合格证、号牌以及有关机动车的其他证明和凭证的；

（六）提供或者出售伪造、变造的机动车来历凭证、整车合格证、号牌以及有关机动车的其他证明和凭证的。

实施第一款规定的行为涉及盗窃、抢劫、诈骗、抢夺的机动车五辆以上或者价值总额达到五十万元以上的，属于刑法第三百一十二条规定的‘情节严重’，处三年以上七年以下有期徒刑，并处罚金。

第四条　实施本解释第一条、第二条、第三条第一款或者第三款规定的行为，事前与盗窃、抢劫、诈骗、抢夺机动车的犯罪分子通谋的，以盗窃罪、抢劫罪、诈骗罪、抢夺罪的共犯论处。

第六条　行为人实施本解释第一条、第三条第三款规定的行为，涉及的机动车有下列情形之一的，应当认定行为人主观上属于上述条款所称‘明知’：

（一）没有合法有效的来历凭证；

（二）发动机号、车辆识别代号有明显更改痕迹，没有合法证明的。”

④2005年6月8日最高人民法院《关于审理抢劫、抢夺刑事案件适用法律若干问题的意见》第4条、第5条、第6条、第11条分别规定：

“四、关于‘携带凶器抢夺’的认定

《抢劫解释》第六条规定，‘携带凶器抢夺’，是指行为人随身携带枪支、爆炸物、管制刀具等国家禁止个人携带的器械进行抢夺或者为了实施犯罪而携带其他器械进行抢夺的行为。行为人随身携带国家禁止个人携带的器械以外的其他器械抢夺,但有证据证明该器械确实不是为了实施犯罪准备的,不以抢劫罪定罪;行为人将随身携带凶器有意加以显示、能为被害人察觉到的,直接适用刑法第二百六十三条的规定定罪处罚;行为人携带凶器抢夺后,在逃跑过程中为窝藏赃物、抗拒抓捕或者毁灭罪证而当场使用暴力或者以暴力相威胁的,适用刑法第二百六十七条第二款的规定定罪处罚。

五、关于转化抢劫的认定

行为人实施盗窃、诈骗、抢夺行为,未达到'数额较大',为窝藏赃物、抗拒抓捕或者毁灭罪证当场使用暴力或者以暴力相威胁,情节较轻、危害不大的,一般不以犯罪论处;但具有下列情节之一的,可依照刑法第二百六十九条的规定,以抢劫罪定罪处罚:

(1)盗窃、诈骗、抢夺接近'数额较大'标准的;

(2)入户或在公共交通工具上盗窃、诈骗、抢夺后在户外或交通工具外实施上述行为的;

(3)使用暴力致人轻微伤以上后果的;

(4)使用凶器或以凶器相威胁的;

(5)具有其他严重情节的。

六、关于抢劫犯罪数额的计算

抢劫信用卡后使用、消费的,其实际使用、消费的数额为抢劫数额;抢劫信用卡后未实际使用、消费的,不计数额,根据情节轻重量刑。所抢信用卡数额巨大,但未实际使用、消费或者实际使用、消费的数额未达到巨大标准的,不适用'抢劫数额巨大'的法定刑。

为抢劫其他财物,劫取机动车辆当作犯罪工具或者逃跑工具使用的,被劫取机动车辆的价值计入抢劫数额;为实施抢劫以外的其他犯罪劫取机动车辆的,以抢劫罪和实施的其他犯罪实行数罪并罚。

抢劫存折、机动车辆的数额计算,参照执行《关于审理盗窃案件具体应用法律若干问题的解释》的相关规定。

十一、驾驶机动车、非机动车夺取他人财物行为的定性

对于驾驶机动车、非机动车(以下简称驾驶车辆)夺取他人财物的,一般以抢夺罪从重处罚。但具有下列情形之一,应当以抢劫罪定罪处罚:

(1)驾驶车辆,逼挤、撞击或强行逼倒他人以排除他人反抗,乘机夺取财物的;

(2)驾驶车辆强抢财物时,因被害人不放手而采取强拉硬拽方法劫取财物的;

(3)行为人明知其驾驶车辆强行夺取他人财物的手段会造成他人伤亡的后果,仍然强行夺取并放任造成财物持有人轻伤以上后果的。"

⑤2000 年 11 月 22 日最高人民法院《关于审理抢劫案件具体应用法律若干问题的解释》第 6 条规定:"刑法第二百六十七条第二款规定的'携带凶器抢夺',是指行为人随身携带枪支、爆炸物、管制刀具等国家禁止个人携带的器械进行抢夺或者为了实施犯罪而携带其他器械进行抢夺的行为。"

(3)构成要件

第一,本罪侵犯的客体是公私财产所有权。犯罪对象是公私财产。

第二,客观方面表现为乘人不备,公然夺取数额较大的公私财产,或者多次抢夺的行为。

第三,犯罪主体是一般主体,即年满 16 周岁,具有刑事责任能力的人,都可以成为本罪的主体。

第四,主观方面是故意。

(4)罪名界定

第一,关于抢夺罪的认定。根据《刑法》第267条第1款的规定,抢夺数额较大的公私财物是构成抢夺罪的重要条件。此外,抢夺的情节也对认定是否构成抢夺罪有重要影响。如果抢夺公私财物数额不大、情节显著轻微,如因为生活十分困难,故而抢夺一些少量食品等,是属于违反治安管理处罚条例的行为,可给予批评教育或者行政处分,不能以抢夺罪论处。

根据2000年11月22日最高人民法院《关于审理抢劫案件具体应用法律若干问题的解释》第6条的规定,携带凶器抢夺的,应以《刑法》第267条第2款的规定,定抢劫罪。所谓"携带凶器抢夺",是指行为人随身携带枪支、爆炸物、管制刀具等国家禁止个人携带的器械进行抢夺或者为了实施犯罪而携带其他器械进行抢夺的行为。

根据2005年6月8日最高人民法院《关于审理抢劫、抢夺刑事案件适用法律若干问题的意见》第11条规定,"驾驶两车"(驾驶机动车、非机动车)夺取他人财物的,除了具有下列情形之一,应当以抢劫罪定罪处罚的以外,一般以抢夺罪从重处罚。按抢劫罪来定罪处罚的情况有:一是驾驶两车,逼挤、撞击或者强行逼倒他人以排除他人反抗,乘机夺取财物的;二是驾驶两车强抢财物时,因为被害人不放手而采取强拉硬拽的方法劫取财物的;三是行为人明知其驾驶车辆强行劫取他人财物的手段会造成他人伤亡的后果,仍然强行夺取并且放任造成财物持有人轻伤以上后果的。

第二,本罪与抢劫罪的区别。这两种犯罪有相同之处,都有抢的行为但二者有明显的不同:一是侵犯的客体不同。本罪侵犯的是单一客体,即公私财产所有权;而抢劫罪侵犯的客体是复杂客体,既侵犯了公私财产所有权,又侵犯了被害人的人身权利。二是在犯罪方法、手段等方面也不同。本罪的行为人一般是当着被害人的面,公然乘其不备,夺取财物,但这种强力不是暴力。这种强力作用于被抢夺的财物,而不是针对被害人的人身权利。这是抢夺罪与抢劫罪在行为上的根本区别。而在抢劫罪中,行为人采取暴力、胁迫或者其他手段,对被害人的身体实行强制,这种强制力直接作用于被害人身体,危害被害人的身体健康和生命安全。携带凶器抢夺的,应以《刑法》第267条第2款的规定,定抢劫罪。三是本罪侵害的公私财物,只有达到数额较大才能定罪,侵犯的对象有数额要求;而抢劫罪不需要具备数额较大的条件。

第三,本罪与聚众哄抢罪的主要区别是:一是犯罪主体不同。本罪的犯罪主体是特定的,人数较少,较为单一化;而聚众哄抢罪的主体一般是在众多的行为人当中,起主要作用的首要分子和积极参加者,并非所有参加哄抢者都能构成聚众哄抢罪。二是在客观方面也不同。本罪是乘被害人不备,突然当面夺取财物,在实施抢夺前,一般没有警示性的表示,被害人也感受不到将会有抢夺行为的发生;而聚众哄抢罪则是多人纠集在一起,先采取哄闹、滋扰或者其他方法,有时一哄而上,直接侵犯公私财物所有权,有时还向财产所有人或者保管人发出一定的"信号",有试探的行为,当情形发展到一定阶段,由首要分子或者指挥者发出哄抢命令,这才有众人公然非法占有财物,实行抢夺行为。

第四,关于本罪的定罪量刑数额与情节。根据2002年7月16日最高人民法院《关于审理抢夺刑事案件具体应用法律若干问题的解释》(现已失效)之规定,这里所说的"数额较大",是指500元至2000元以上;"数额巨大",是指5000元至2万元以上;"数额特别巨大",是指3万元至10万元以上。抢夺公私财物,未经行政处罚处理,依法应当追诉的,抢夺数额累计计算。

抢夺公私财物达到"数额较大",具有下列情形之一的,应从重处罚:一是抢夺残疾人、老年人、不满14周岁未成年人的财物;二是抢夺救灾、抢险、防汛、优抚、扶贫、移民、救济等款物的;三是一年内抢夺三次以上的;四是利用行驶的机动车辆抢夺的。

虽然抢夺"数额较大",但具有下列情形之一的,可以免予刑事处罚:一是已满16周岁不满

18 周岁的未成年人作案，属于初犯或者被教唆犯罪的；二是主动投案、全部退赃或者退赔的；三是被胁迫参加抢夺，没有分赃或者分赃较小的；四是其他情节轻微，危害不大的。

抢夺公私财物，接近“数额巨大”或者“数额特别巨大”，并且具有犯抢夺罪从重处罚情节之一的，可以分别认定为“其他严重情节”或者“其他特别严重情节”。

(5)量刑幅度

根据《刑法》第 267 条第 1 款的规定，对抢夺罪的处罚分以下 3 个档次：

一是夺取数额较大的，或者多次抢夺的，处 3 年以下有期徒刑、拘役或者管制，并处或者单处罚金。

二是抢夺数额巨大或者有其他严重情节的，处 3 年以上 10 年以下有期徒刑，并处罚金。

三是抢夺数额特别巨大或者有其他特别严重情节的，处 10 年以上有期徒刑或者无期徒刑，并处罚金或者没收财产。

根据 2017 年 3 月 9 日最高人民法院《关于常见犯罪的量刑指导意见》的规定，构成抢夺罪的，可以根据下列不同情形在相应的幅度内确定量刑起点：

一是构成抢夺罪的，可以根据下列不同情形在相应的幅度内确定量刑起点：

①达到数额较大起点或者 2 年内 3 次抢夺的，可以在 1 年以下有期徒刑、拘役幅度内确定量刑起点。

②达到数额巨大起点或者有其他严重情节的，可以在 3 年至 5 年有期徒刑幅度内确定量刑起点。

③达到数额特别巨大起点或者有其他特别严重情节的，可以在 10 年至 12 年有期徒刑幅度内确定量刑起点。依法应当判处无期徒刑的除外。

二是在量刑起点的基础上，可以根据抢夺数额、次数等其他影响犯罪构成的犯罪事实增加刑罚量，确定基准刑。多次抢夺，数额达到较大以上的，以抢夺数额确定量刑起点，抢夺次数可作为调节基准刑的量刑情节；数额未达到较大的，以抢夺次数确定量刑起点，超过 3 次的次数作为增加刑罚量的事实。

5. 聚众哄抢罪(第 268 条第 1 款)

(1)罪名概念

聚众哄抢罪，是指以非法占有为目的，聚集多人，哄抢公私财物，数额较大或者有其他严重情节的行为。

(2)法律规定

①本罪名是由《刑法》第 268 条第 1 款规定的。该条规定：“聚众哄抢公私财物，数额较大或者有其他严重情节的，对首要分子和积极参加的，处三年以下有期徒刑、拘役或者管制，并处罚金；数额巨大或者有其他特别严重情节的，处三年以上十年以下有期徒刑，并处罚金。”

《刑法》第 91 条规定：“本法所称公共财产，是指下列财产：

(一)国有财产；

(二)劳动群众集体所有的财产；

(三)用于扶贫和其他公益事业的社会捐助或者专项基金的财产。

在国家机关、国有公司、企业、集体企业和人民团体管理、使用或者运输中的私人财产，以公共财产论。”

《刑法》第 92 条规定：“本法所称公民私人所有的财产，是指下列财产：

(一)公民的合法收入、储蓄、房屋和其他生活资料；

（二）依法归个人、家庭所有的生产资料；

（三）个体户和私营企业的合法财产；

（四）依法归个人所有的股份、股票、债券和其他财产。”

②2000 年 11 月 22 日最高人民法院《关于审理破坏森林资源刑事案件具体应用法律若干问题的解释》第 14 条规定：“聚众哄抢林木五立方米以上的，属于聚众哄抢‘数额较大’；聚众哄抢林木二十立方米以上的，属于聚众哄抢‘数额巨大’，对首要分子和积极参加的，依照刑法第二百六十八条的规定，以聚众哄抢罪定罪处罚。”

（3）构成要件

第一，本罪侵犯的客体是公私财物的所有权。侵犯的对象，既包括国家、集体的，也包括个体户、专业户或者其他公民的产品、财物等。

第二，客观方面表现为实施了组织、策划、指挥聚集多人，哄抢公私财物，或者积极参加聚众哄抢的行为。

第三，犯罪主体是一般主体。本罪只处罚聚众哄抢的首要分子和积极参加者。

第四，主观方面是故意。

（4）罪名界定

第一，根据《刑法》第 268 条的规定，构成本罪必须具有哄抢公私财物数额较大或者有其他严重情节，否则不构成本罪。因此，聚众哄抢公私财物，如果数额不大，情节一般，则属于违反治安管理的行为。聚众哄抢罪，只处罚首要分子和积极参加者。对一般聚众哄抢的人，可以按照《治安管理处罚法》的有关规定处罚。

第二，本罪与抢劫罪、抢夺罪的不同点是：一是侵犯的客体不同。本罪和抢夺罪侵犯的客体是公私财物的所有权，一般不侵犯公民的人身权利；而抢劫罪侵犯的客体除了公私财物所有权之外，还同时侵犯公民的人身权利。二是客观方面不同。本罪表现为聚集多人哄抢公私财物，数额较大或者有其他严重情节；而抢劫罪表现为以暴力、胁迫或者其他方法，强行劫取公私财物的行为；抢夺罪则是公然夺取公私财物数额较大的行为。本罪是聚集多人哄抢，而抢劫罪、抢夺罪除了共同犯罪的形式以外，并不需多人共同进行犯罪。三是犯罪主体不同。本罪只处罚聚众哄抢犯罪活动的首要分子和积极参加者；而抢劫罪和抢夺罪并没有这样的规定。本罪的主体是已满 16 周岁的人；而抢劫罪的主体是已满 14 周岁的人。已满 14 周岁不满 16 周岁的人犯本罪和抢夺罪，不负刑事责任，犯抢劫罪才负刑事责任。

（5）量刑幅度

根据《刑法》第 268 条的规定，犯本罪对首要分子和积极参加者，处 3 年以下有期徒刑、拘役或者管制，并处罚金。聚众哄抢公私财物，数额巨大或者有其他特别严重情节的，对首要分子和积极参加者，处 3 年以上 10 年以下有期徒刑，并处罚金。

6. 侵占罪（第 270 条）

（1）罪名概念

侵占罪，是指以非法占有为目的，将自己代为收管的他人财物非法占为己有，数额较大，拒不退还或者将他人的遗忘物或者埋藏物非法占为己有，数额较大，拒不交出的行为。

（2）法律规定

本罪名是由《刑法》第 270 条规定的。该条规定：“将代为保管的他人财物非法占为己有，数额较大，拒不退还的，处二年以下有期徒刑、拘役或者罚金；数额巨大或者有其他严重情节的，处二年以上五年以下有期徒刑，并处罚金。

将他人的遗忘物或者埋藏物非法占为己有,数额较大,拒不交出的,依照前款的规定处罚。

本条罪,告诉的才处理。”

(3)构成要件

第一,本罪侵犯的客体是公私财物的所有权。犯罪对象是自己代为保管的他人财物以及他人的遗忘物或者埋藏物。

第二,在客观方面表现为行为人实施了将自己代为保管的他人财物非法占有,数额较大,拒不退还的行为,或者将他人的遗忘物或者埋藏物非法占为己有,数额较大,拒不交出的行为。

第三,犯罪主体是一般主体。即已满16周岁的人,犯本罪的,应当负刑事责任。

第四,主观方面是故意,并且具有非法占有他人财物的目的。

(4)罪名界定

第一,关于本罪的认定。将自己代为保管的他人财物非法占有,拒不退出,或者将他人的遗忘物、埋藏物非法占为己有,拒不交出,只有数额较大的,才能构成本罪。如果拒不交出的财物没有达到数额较大,不能构成本罪。应当根据《民法通则》的有关规定,作为民事违法行为处理。

第二,本罪与职务侵占罪的区别是:一是本罪的犯罪对象是行为人代为收管的他人财物、他人的遗忘物或者埋藏物,而职务侵占罪的犯罪对象,是行为人本单位的财物。二是客观方面,本罪表现为行为人将自己代为保管的他人财物、他人的遗忘物或者埋藏物非法占为己有,数额较大,拒不退还或交出的行为,而职务侵占罪表现为公司、企业或者其他单位的人员,利用职务上的便利,将本单位财物非法占为己有,数额较大的行为。三是本罪的犯罪主体是一般主体,职务侵占罪的犯罪主体是公司、企业或者其他单位的非国家工作人员。

第三,本罪与盗窃罪有明显的不同:一是故意的内容不同。本罪是明知是自己代为收管的他人财物、他人的遗忘物或者埋藏物,自己有义务按照约定或者法律规定,将财物退还给所有人或者交出,而拒不交出或者退还,意图为自己非法占有;盗窃犯罪是意图通过秘密窃取的方法,将公私财物非法占为己有。二是在犯罪的客观方面不同。本罪表现为将自己代为收管的他人财物、他人的遗忘物或者埋藏物非法占为己有,数额较大,拒不退还或者拒不交出的行为;而盗窃罪则表现为秘密窃取数额较大的公私财物或者多次秘密窃取公司财物的行为。三是犯罪对象不同。本罪的犯罪对象是自己代为收管的他人财物、他人的遗忘物或者埋藏物;而盗窃罪的犯罪对象,是刑法另有特别规定以外的所有公私财物。四是根据《刑法》第270条第3款的规定,构成本罪的,只有告诉的才处理,没有他们告诉,法院不能追究行为人的刑事责任。

(5)量刑幅度

根据《刑法》第270条的规定,对本罪的量刑分以下2个档次:

一是侵占财物数额较大,拒不退还的,处2年以下有期徒刑、拘役或者罚金。

二是侵占财物数额巨大或者有其他严重情节的,处2年以上5年以下有期徒刑,并处罚金。

7. 职务侵占罪(第271条第1款)

(1)罪名概念

职务侵占罪,是指公司、企业或者其他单位中除了国家工作人员以外的人员,利用职务上的便利,将本单位财物非法占为己有,数额较大的行为。

(2)法律规定

①本罪名是由《刑法》第271条第1款规定的。该条规定:“公司、企业或者其他单位的工作人员,利用职务上的便利,将本单位财物非法占为己有,数额较大的,处三年以下有期徒刑或者拘役,并处罚金;数额巨大的,处三年以上十年以下有期徒刑,并处罚金;数额特别巨大的,处十年以

上有期徒刑或者无期徒刑，并处罚金。

国有公司、企业或者其他国有单位中从事公务的人员和国有公司、企业或者其他国有单位委派到非国有公司、企业以及其他单位从事公务的人员有前款行为的，依照本法第三百八十二条、第三百八十三条的规定定罪处罚。”

《刑法》第183条第1款规定：“保险公司的工作人员利用职务上的便利，故意编造未曾发生的保险事故进行虚假理赔，骗取保险金归自己所有的，依照本法第二百七十一条的规定定罪处罚。”

②2016年4月18日最高人民法院、最高人民检察院《关于办理贪污贿赂刑事案件适用法律若干问题的解释》第11条第1款规定：“刑法第一百六十三条规定的非国家工作人员受贿罪、第二百七十一条规定的职务侵占罪中的‘数额较大’‘数额巨大’的数额起点，按照本解释关于受贿罪、贪污罪相对应的数额标准规定的二倍、五倍执行。”

③2003年5月14日最高人民法院、最高人民检察院《关于办理妨害预防、控制突发传染病疫情等灾害的刑事案件具体应用法律若干问题的解释》第14条规定：“贪污、侵占用于预防、控制突发传染病疫情等灾害的款物或者挪用归个人使用，构成犯罪的，分别依照刑法第三百八十二条、第三百八十三条、第二百七十一条、第三百八十四条、第二百七十二条的规定，以贪污罪、侵占罪、挪用公款罪、挪用资金罪定罪，依法从重处罚。”

④2000年6月30日最高人民法院《关于审理贪污、职务侵占案件如何认定共同犯罪几个问题的解释》规定：

“为依法审理贪污或者职务侵占犯罪案件，现就这类案件如何认定共同犯罪问题解释如下：

第一条　行为人与国家工作人员勾结，利用国家工作人员的职务便利，共同侵吞、窃取、骗取或者以其他手段非法占有公共财物的，以贪污罪共犯论处。

第二条　行为人与公司、企业或者其他单位的人员勾结，利用公司、企业或者其他单位人员的职务便利，共同将该单位财物非法占为己有，数额较大的，以职务侵占罪共犯论处。

第三条　公司、企业或者其他单位中，不具有国家工作人员身份的人与国家工作人员勾结，分别利用各自的职务便利，共同将本单位财物非法占为己有的，按照主犯的犯罪性质定罪。”

⑤2001年5月23日最高人民法院《关于在国有资本控股、参股的股份有限公司中从事管理工作的人员利用职务便利非法占有本公司财物如何定罪问题的批复》规定：“在国有资本控股、参股的股份有限公司中从事管理工作的人员，除受国家机关、国有公司、企业、事业单位委派从事公务的以外，不属于国家工作人员。对其利用职务上的便利，将本单位财物非法占为己有，数额较大的，应当依照刑法第二百七十一条第一款的规定，以职务侵占罪定罪处罚。”

⑥1999年6月25日最高人民法院《关于村民小组组长利用职务便利非法占有公共财物行为如何定性问题的批复》规定：“对村民小组组长利用职务上的便利，将村民小组集体财产非法占为己有，数额较大的行为，应当依照刑法第二百七十一条第一款的规定，以职务侵占罪定罪处罚。”

⑦2010年11月26日最高人民法院、最高人民检察院《关于办理国家出资企业中职务犯罪案件具体应用法律若干问题的意见》第1条规定：“一、关于国家出资企业工作人员在改制过程中隐匿公司、企业财产归个人持股的改制后公司、企业所有的行为的处理

国家工作人员或者受国家机关、国有公司、企业、事业单位、人民团体委托管理、经营国有财产的人员利用职务上的便利，在国家出资企业改制过程中故意通过低估资产、隐瞒债权、虚设债务、虚构产权交易等方式隐匿公司、企业财产，转为本人持有股份的改制后公司、企业所有，应当依法追究刑事责任的，依照刑法第三百八十二条、第三百八十三条的规定，以贪污罪定罪处罚。

贪污数额一般应当以所隐匿财产全额计算;改制后公司、企业仍有国有股份的,按股份比例扣除归于国有的部分。

所隐匿财产在改制过程中已为行为人实际控制,或者国家出资企业改制已经完成的,以犯罪既遂处理。

第一款规定以外的人员实施该款行为的,依照刑法第二百七十一条的规定,以职务侵占罪定罪处罚;第一款规定以外的人员与第一款规定的人员共同实施该款行为的,以贪污罪的共犯论处。

在企业改制过程中未采取低估资产、隐瞒债权、虚设债务、虚构产权交易等方式故意隐匿公司、企业财产的,一般不应当认定为贪污;造成国有资产重大损失,依法构成刑法第一百六十八条或者第一百六十九条规定的犯罪的,依照该规定定罪处罚。"

(3)构成要件

第一,本罪侵犯的客体是公司、企业或者其他单位的财物所有权。

第二,客观方面表现为公司、企业或者其他单位的人员,利用职务上的便利,将本单位财物非法占为己有,数额较大的行为。所谓"利用职务上的便利",是指行为人利用在公司、企业或者其他单位担任职务范围内的权力和地位所形成的有利条件。

第三,本罪的主体是特殊主体,即是非国有公司、企业或者其他单位的人员。这里所说的"公司",是指依照《公司法》设立的有限责任公司和股份有限公司。这里所说的"企业",是指非公司企业。这里的"其他单位",是指除了公司、企业之外的事业单位、人民团体等。根据《刑法》第271条第2款的规定,国家工作人员不能成为本罪的主体。

第四,主观方面是故意,并且必须具有将其所在的公司、企业或者其他单位的财物非法占为己有的目的。

(4)罪名界定

第一,关于本罪的构成。根据《刑法》第271条第1款的规定,非法占为己有,数额较大的,才能构成本罪。因此,将本单位的财物非法占为己有,如果没有达到数额较大,不构成本罪。

第二,本罪与侵占罪有以下区别:一是本罪的犯罪对象,是行为人本单位的财物;侵占罪的犯罪对象是代为保管的他人财物、他人的遗忘物或者埋藏物。二是在客观方面,本罪表现为利用职务上的便利,将本单位财物非法占为己有,数额较大的行为;侵占罪表现为将自己代为保管的他人财物、他人的遗忘物或者埋藏物非法占为己有,数额较大,拒不退还或交出的行为。三是本罪的犯罪主体是公司、企业或者其他单位的非国家工作人员;侵占罪的犯罪主体是一般主体。

第三,本罪与盗窃罪的区别是:本罪的主体是公司、企业或者其他单位的人员;而盗窃罪的主体是一般主体。本罪必须是利用职务上的便利;而盗窃罪则不是利用职务上的便利,这一点是区别这两种犯罪的根本点。另外,这两种犯罪侵犯的对象范围也不同。本罪侵占的财物必须是本单位的合法财物;而盗窃罪可以是窃取本单位以外的财物。本罪必须以数额较大作为构成要件,而盗窃罪不仅可以由数额较大构成,还可以由盗窃次数较多构成。

(5)量刑幅度

根据《刑法》第271条第1款的规定,对犯本罪的处罚分以下3个档次:

一是将本单位财物非法占为己有,数额较大的,处3年以下有期徒刑或者拘役,并处罚金。

二是将本单位财物非法占为己有,数额巨大的,处3年以上10年以下有期徒刑,并处罚金。

三是将本单位财物非法占为己有,数额特别巨大的,处10年以上有期徒刑或者无期徒刑,并处罚金。

2017年3月9日最高人民法院《关于常见犯罪的量刑指导意见》对职务侵占罪的量刑提出

以下具体意见：

①构成职务侵占罪的，可以根据下列不同情形在相应的幅度内确定量刑起点：A. 达到数额较大起点的，可以在2年以下有期徒刑、拘役幅度内确定量刑起点。B. 达到数额巨大起点的，可以在5年至6年有期徒刑幅度内确定量刑起点。

②在量刑起点的基础上，可以根据职务侵占数额等其他影响犯罪构成的犯罪事实增加刑罚量，确定基准刑。

8. 挪用资金罪（第272条第1款、第3款）

（1）罪名概念

挪用资金罪，是指非国有公司、企业或者其他单位的工作人员，利用职务上的便利，挪用本单位资金归个人使用，或者借贷给他人，数额较大、超过3个月未还，或者虽然没有超过3个月，但数额较大、进行营利活动的或者进行非法活动的行为。

（2）法律规定

①本罪名是由《刑法》第272条第1款、第3款规定的。《刑法》第272条规定："公司、企业或者其他单位的工作人员，利用职务上的便利，挪用本单位资金归个人使用或者借贷给他人，数额较大、超过三个月未还的，或者虽未超过三个月，但数额较大、进行营利活动的，或者进行非法活动的，处三年以下有期徒刑或者拘役；挪用本单位资金数额巨大的，处三年以上七年以下有期徒刑；数额特别巨大的，处七年以上有期徒刑。

国有公司、企业或者其他国有单位中从事公务的人员和国有公司、企业或者其他国有单位委派到非国有公司、企业以及其他单位从事公务的人员有前款行为的，依照本法第三百八十四条的规定定罪处罚。

有第一款行为，在提起公诉前将挪用的资金退还的，可以从轻或者减轻处罚。其中，犯罪较轻的，可以减轻或者免除处罚。"

《刑法》第185条规定："商业银行、证券交易所、期货交易所、证券公司、期货经纪公司、保险公司或者其他金融机构的工作人员利用职务上的便利，挪用本单位或者客户资金的，依照本法第二百七十二条的规定定罪处罚。"

②2016年4月18日最高人民法院、最高人民检察院《关于办理贪污贿赂刑事案件适用法律若干问题的解释》第11条第2款规定："刑法第二百七十二条规定的挪用资金罪中的'数额较大''数额巨大'以及'进行非法活动'情形的数额起点，按照本解释关于挪用公款罪'数额较大''情节严重'以及'进行非法活动'的数额标准规定的二倍执行。"

③2003年5月14日最高人民法院、最高人民检察院《关于办理妨害预防、控制突发传染病疫情等灾害的刑事案件具体应用法律若干问题的解释》第14条规定："贪污、侵占用于预防、控制突发传染病疫情等灾害的款物或者挪用归个人使用，构成犯罪的，分别依照刑法第三百八十二条、第三百八十三条、第二百七十一条、第三百八十四条、第二百七十二条的规定，以贪污罪、侵占罪、挪用公款罪、挪用资金罪定罪，依法从重处罚。"

④2000年2月16日最高人民法院《关于对受委托管理、经营国有财产人员挪用国有资金行为如何定罪问题的批复》规定："对于受国家机关、国有公司、企业、事业单位、人民团体委托，管理、经营国有财产的非国家工作人员，利用职务上的便利，挪用国有资金归个人使用构成犯罪的，应当依照刑法第二百七十二条第一款的规定定罪处罚。"

⑤2000年7月20日最高人民法院《关于如何理解刑法第二百七十二条规定的"挪用本单位资金归个人使用或者借贷给他人"问题的批复》规定："公司、企业或者其他单位的非国家工作人

员，利用职务上的便利，挪用本单位资金归本人或者其他自然人使用，或者挪用人以个人名义将所挪用的资金借给其他自然人和单位，构成犯罪的，应当依照刑法第二百七十二条第一款的规定定罪处罚。”

⑥2000年10月9日最高人民检察院《关于挪用尚未注册成立公司资金的行为适用法律问题的批复》规定：“筹建公司的工作人员在公司登记注册前，利用职务上的便利，挪用准备设立的公司在银行开设的临时账户上的资金，归个人使用或者借贷给他人，数额较大、超过三个月未还的，或者虽未超过三个月，但数额较大、进行营利活动的，或者进行非法活动的，应当根据刑法第二百七十二条的规定，追究刑事责任。”

⑦2010年11月26日最高人民法院、最高人民检察院《关于办理国家出资企业中职务犯罪案件具体应用法律若干问题的意见》第3条规定：:“三、关于国家出资企业工作人员使用改制公司、企业的资金担保个人贷款，用于购买改制公司、企业股份的行为的处理

国家出资企业的工作人员在公司、企业改制过程中为购买公司、企业股份，利用职务上的便利，将公司、企业的资金或者金融凭证、有价证券等用于个人贷款担保的，依照刑法第二百七十二条或者第三百八十四条的规定.以挪用资金罪或者挪用公款罪定罪处罚。

行为人在改制前的国家出资企业持有股份的，不影响挪用数额的认定，但量刑时应当酌情考虑。

经有关主管部门批准或者按照有关政策规定，国家出资企业的工作人员为购买改制公司、企业股份实施前款行为的，可以视具体情况不作为犯罪处理。”

(3)构成要件

第一，本罪侵犯的客体是非国有公司、企业或者其他单位的资金使用权。侵犯的对象，是行为人所在的公司、企业或者其他单位的资金。

第二，客观方面表现为非国有公司、企业或者其他单位的工作人员，利用职务上的便利，挪用本单位资金归个人使用，或者借贷给他人，数额较大，超过3个月未还；或者虽然没有超过3个月，但数额较大、进行营利活动；或者进行非法活动的行为。所谓“挪用”，是指没有经过公司、企业或者其他单位合法许可，擅自将本单位资金挪归个人使用，或者借贷给他人，以非法取得本单位资金的使用权。挪用是指暂时使用，准备日后归还，并不是企业永久占有。挪用行为往往是秘密进行的。所谓“利用职务上的便利”，是指利用其主管、管理、经手本单位资金的便利。本罪的表现形式具体有以下三种：一是挪用本单位资金归个人使用，或者借贷给他人，数额较大、超过3个月不还。二是虽然没有超过3个月，但数额较大、进行营利活动的。三是进行非法活动。前两种情况，都要求挪用的数额较人，才能构成本罪。而第三种情况没有挪用数额较大的要求。

第三，本罪的主体是特殊主体，即限于非国有公司、企业或者其他单位的工作人员。

第四，主观方面是故意，其目的是非法取得本单位资金的使用权。

(4)罪名界定

第一，本罪与挪用公款罪的区别是犯罪主体和犯罪对象不同：如果是国家工作人员、国有公司、企业或者其他国有单位中从事公务的人员，还有国有公司、企业或者其他国有单位委派到非国有公司、企业以及其他单位从事公务的人员，利用职务上的便利，挪用本单位资金，按照《刑法》第384条的规定，则应该按挪用公款罪定罪处罚。

第二，本罪与职务侵占罪的不同点是：一是主观方面不同。本罪是为了非法取得本单位资金的使用权；而职务侵占罪则是为了非法占有本单位的财物。二是客观方面不同。本罪是非国有公司、企业或者其他单位的工作人员，利用职务上的便利，挪用本单位资金归个人使用，或者借贷给他人，数额较大、超过3个月未还，或者虽然没有超过3个月，但数额较大、进行营利活动的，或

者进行非法活动的行为；而职务侵占罪表现为公司、企业或者其他单位的人员，利用职务上的便利，将本单位财物非法占为己有，数额较大的行为。三是侵犯的客体不同。本罪侵犯的客体是本单位资金的使用权，对象是本单位的资金；而职务侵占罪侵犯的客体是本单位的财物所有权，对象是本单位的财物。

第三，本罪与侵占罪的主要区别是：一是侵犯的客体不完全相同。二者虽然都侵犯了公私财产的所有权，但本罪只侵犯了资金的占有权、使用权和收益权，并没有侵犯处分权；而侵占罪侵犯了财产所有权的全部权能。二是主观方面的目的不同。本罪只是暂时挪用资金，准备以后归还；而侵占罪的目的是将财物非法占为己有，并不准备归还。另外，这两种犯罪的手段也不相同。在一般情况下，行为人是否有非法占有的目的，可以从犯罪手段上看得出来。本罪一般不采用掩盖本单位资金被挪用的手段，而侵占罪为了不被发现，要采取伪造单据、作虚假平账、销毁账目等财物手段，以掩盖侵占的事实。

(5)量刑幅度

根据《刑法》第272条的规定，对犯本罪的处罚分以下3个档次：

一是构成本罪的，处3年以下有期徒刑或者拘役。

二是挪用本单位资金数额巨大的，处3年以上7年以下有期徒刑。

三是挪用本单位资金数额特别巨大的，处7年以上有期徒刑。

构成本罪，在提起公诉前将挪用资金退还的，可以从轻或减轻处罚。其中，犯罪较轻的，可以减轻或免除处罚。

9. 挪用特定款物罪(第273条)

(1)罪名概念

挪用特定款物罪，是指违反国家财经管理制度，挪用国家用于救灾、抢险、防汛、优抚、扶贫、移民、救济款物，情节严重，致使国家及人民群众利益遭受重大损失的行为。

(2)法律规定

①本罪名是由《刑法》第273条规定的。该条规定："挪用用于救灾、抢险、防汛、优抚、扶贫、移民、救济款物，情节严重，致使国家和人民群众利益遭受重大损害的，对直接责任人员，处三年以下有期徒刑或者拘役；情节特别严重的，处三年以上七年以下有期徒刑。"

②2010年5月7日最高人民检察院、公安部《关于公安机关管辖的刑事案件立案追诉标准的规定(二)》第86条规定："挪用用于救灾、抢险、防汛、优抚、扶贫、移民、救济款物，涉嫌下列情形之一的，应予立案追诉：

(一)挪用特定款物数额在5000元以上的；

(二)造成国家和人民群众直接经济损失数额在5万元以上的；

(三)虽未达到上述数额标准，但多次挪用特定款物的，或者造成人民群众的生产、生活严重困难的；

(四)严重损害国家声誉，或者造成恶劣社会影响的；

(五)其他致使国家和人民群众利益遭受重大损害的情形。"

③2003年5月14日最高人民法院、最高人民检察院《关于办理妨害预防、控制突发传染病疫情等灾害的刑事案件具体应用法律若干问题的解释》第14条规定："挪用用于预防、控制突发传染病疫情等灾害的救灾、优抚、救济等款物，构成犯罪的，对直接责任人员，依照刑法第二百七十三条的规定，以挪用特定款物罪定罪处罚。"

④2003年1月28日最高人民检察院《关于挪用失业保险基金和下岗职工基本生活保障资金

的行为适用法律问题的批复》规定:“挪用失业保险基金和下岗职工基本生活保障资金属于挪用救济款物。挪用失业保险基金和下岗职工基本生活保障资金,情节严重,致使国家和人民群众利益遭受重大损害的,对直接责任人员,应当依照刑法第二百七十三条的规定,以挪用特定款物罪追究刑事责任;国家工作人员利用职务上的便利,挪用失业保险基金和下岗职工基本生活保障资金归个人使用,构成犯罪的,应当依照刑法第三百八十四条的规定,以挪用公款罪追究刑事责任。”

(3)构成要件

第一,本罪侵犯的客体是国家财政管理制度及国家对特定款物的管理权。

第二,客观方面表现为挪用国家特定款物,情节严重,致使国家、人民利益受到重大损害的行为。

第三,犯罪主体是经手、管理特定款物的工作人员。

第四,主观方面是故意,并且具有挪作他用的目的。

(4)罪名界定

第一,构成本罪必须同时具备两个要件:①挪用特定款物“情节严重”。②“致使国家和人民群众利益遭受重大损害的”。这里的“情节严重”与“致使人民群众利益遭受重大损害”,根据2010年5月7日最高人民检察院、公安部《关于公安机关管辖的刑事案件立案追诉标准的规定(二)》第86条的规定,具体是指具有下列情形之一的:①挪用特定款物数额在5000元以上的。②造成国家和人民群众直接经济损失数额在5万元以上的。③虽未达到上述数额标准,但多次挪用特定款物的,或者造成人民群众的生产、生活严重困难的;这里的“虽未达到上述数额标准”,是指接近上述数额标准且已达到该数额的80%以上的。④严重损害国家声誉,或者造成恶劣社会影响的。⑤其他致使国家和人民群众利益遭受重大损害的情形。

第二,本罪与挪用公款罪的区别是:①犯罪目的不同。挪用公款罪的目的是私利,公款主要用于个人用处,一般是为了进行非法活动或者进行营利活动;而本罪的目的是“公挪公用”,被挪用的款物必须是公共使用。②犯罪的构成要件要求不同。本罪以必须是“情节严重,致使国家和人民群众利益遭受重大损害”为必要的构成要件;而挪用公款罪则一般不要求这样的要件。③处罚不同。挪用公款罪的法定最高刑是无期徒刑;而本罪的最高刑为7年有期徒刑。这是因为挪用公款罪的行为人主观恶性较深。

第三,本罪与挪用资金罪的区别是:①侵犯的对象不同。本罪侵犯的对象是有关特定的用于救灾、抢险、防汛、优抚、扶贫、移民、救济的专项款物;而挪用资金罪侵犯的对象是本单位的资金。②挪用的用途不同。本罪是挪用特定款物作其他公用;而挪用资金罪挪用以后自己或者他人使用。

第四,本罪与贪污罪的主要区别是:①主观目的不同。本罪的目的是将特定款物挪作公用;而贪污行为的主观目的是将公共财产据为己有,改变财产所有权。②侵犯的客体不同。本罪既侵犯了财产所有权,又侵犯了国家资金管理制度,还侵犯了民政事业制度;而后者侵犯的客体只是公共财产所有权。③犯罪对象不同。前者是救灾、救济、抢险、优抚、防汛、扶贫、移民款物;而后者则是除此以外的公共财物。④主体不同。前者是经手、掌管特定款物的人员;而后者是经手、管理公共财物的人员。⑤行为性质手段不同。前者是非法挪用特定款物;而后者是利用职务之便,采取非法占有、盗窃、骗取手段,侵吞公共财产。

(5)量刑幅度

根据《刑法》第273条的规定,犯本罪情节严重,致使国家、人民利益受到重大损害的,对直接责任人员处3年以下有期徒刑或者拘役;情节特别严重的,处3年以上7年以下有期徒刑。

10. 敲诈勒索罪(第274条)

(1)罪名概念

敲诈勒索罪,是指以非法占有为目的,对公私财物的所有人、管理人使用威胁或者要挟方法,强行索取数额较大的公私财物的行为。

(2)法律规定

①本罪名是由《刑法》第274条规定的。该条规定:"敲诈勒索公私财物,数额较大或者多次敲诈勒索的,处三年以下有期徒刑、拘役或者管制,并处或者单处罚金;数额巨大或者有其他严重情节的,处三年以上十年以下有期徒刑,并处罚金;数额特别巨大或者有其他特别严重情节的,处十年以上有期徒刑,并处罚金。"

②2013年4月23日最高人民法院、最高人民检察院《关于办理敲诈勒索刑事案件适用法律若干问题的解释》规定:

"第一条　敲诈勒索公私财物价值二千元至五千元以上、三万元至十万元以上、三十万元至五十万元以上的,应当分别认定为刑法第二百七十四条规定的'数额较大'、'数额巨大'、'数额特别巨大'。

各省、自治区、直辖市高级人民法院、人民检察院可以根据本地区经济发展状况和社会治安状况,在前款规定的数额幅度内,共同研究确定本地区执行的具体数额标准,报最高人民法院、最高人民检察院批准。

第二条　敲诈勒索公私财物,具有下列情形之一的,'数额较大'的标准可以按照本解释第一条规定标准的百分之五十确定:

(一)曾因敲诈勒索受过刑事处罚的;

(二)一年内曾因敲诈勒索受过行政处罚的;

(三)对未成年人、残疾人、老年人或者丧失劳动能力人敲诈勒索的;

(四)以将要实施放火、爆炸等危害公共安全犯罪或者故意杀人、绑架等严重侵犯公民人身权利犯罪相威胁敲诈勒索的;

(五)以黑恶势力名义敲诈勒索的;

(六)利用或者冒充国家机关工作人员、军人、新闻工作者等特殊身份敲诈勒索的;

(七)造成其他严重后果的。

第三条　二年内敲诈勒索三次以上的,应当认定为刑法第二百七十四条规定的'多次敲诈勒索'。

第四条　敲诈勒索公私财物,具有本解释第二条第三项至第七项规定的情形之一,数额达到本解释第一条规定的'数额巨大'、'数额特别巨大'百分之八十的,可以分别认定为刑法第二百七十四条规定的'其他严重情节'、'其他特别严重情节'。

第五条　敲诈勒索数额较大,行为人认罪、悔罪,退赃、退赔,并具有下列情形之一的,可以认定为犯罪情节轻微,不起诉或者免予刑事处罚,由有关部门依法予以行政处罚:

(一)具有法定从宽处罚情节的;

(二)没有参与分赃或者获赃较少且不是主犯的;

(三)被害人谅解的;

(四)其他情节轻微、危害不大的。

第六条　敲诈勒索近亲属的财物,获得谅解的,一般不认为是犯罪;认定为犯罪的,应当酌情从宽处理。

被害人对敲诈勒索的发生存在过错的,根据被害人过错程度和案件其他情况,可以对行为人酌情从宽处理;情节显著轻微危害不大的,不认为是犯罪。

第七条　明知他人实施敲诈勒索犯罪,为其提供信用卡、手机卡、通讯工具、通讯传输通道、网络技术支持等帮助的,以共同犯罪论处。

第八条　对犯敲诈勒索罪的被告人,应当在二千元以上、敲诈勒索数额的二倍以下判处罚金;被告人没有获得财物的,应当在二千元以上十万元以下判处罚金。”

③2009 年 8 月 27 日全国人民代表大会常务委员会《关于维护互联网安全的决定》第 4 条规定:“为了保护个人、法人和其他组织的人身、财产等合法权利,对有下列行为之一,构成犯罪的,依照刑法有关规定追究刑事责任:

(一)利用互联网侮辱他人或者捏造事实诽谤他人;

(二)非法截获、篡改、删除他人电子邮件或者其他数据资料,侵犯公民通信自由和通信秘密;

(三)利用互联网进行盗窃、诈骗、敲诈勒索。”

(3)构成要件

第一,本罪侵犯的客体是公私财产所有权,有时也同时侵犯了他人的人身权利或者其他权利。这是本罪区别于盗窃罪、诈骗罪的一个特点。

第二,客观方面表现为对公私财产的所有人、管理人实施威胁或者要挟,迫使其当场或者限期交付数额较大财物的行为。

第三,犯罪主体是一般主体。

第四,主观方面是故意,并且有非法占有他人财产的目的。

(4)罪名界定

第一,关于本罪的认定。敲诈勒索他人财物如果数额较小,则不构成本罪,而属于违反治安管理行为,可给予治安管理处罚。如果行为人是为了讨还合法债务,采取了威胁或者要挟方法,强行索取欠债欠物的,因为行为人在主观上不是以非法占有公私财物为目的,而是属于讨债方法不当,则应当作为民事纠纷处理,而不能以犯罪处罚。在一般情况下,凡是以非法占有为目的,采取威胁或者要挟手段,强行索取数额较大的公私财物的行为,就具备了敲诈勒索罪的构成要件,从而构成本罪。构成本罪,必须是敲诈勒索的财物达到“数额较大”。“本地区执行的敲诈勒索罪‘数额较大’、‘数额巨大’的具体数额标准,并报最高人民法院备案。”根据 2013 年 4 月 23 日最高人民法院、最高人民检察院《关于办理敲诈勒索刑事案件适用法律若干问题的解释》第 1 条、第 2 条、第 3 条和第 4 条的规定,敲诈勒索公私财物价值 2000 元至 5000 元以上、3 万元至 10 万元以上、30 万元至 50 万元以上的,应当分别认定为《刑法》第 274 条规定的“数额较大”“数额巨大”“数额特别巨大”。

敲诈勒索公私财物,具有下列情形之一的,“数额较大”的标准可以按照上述规定标准的 50% 确定:①曾因敲诈勒索受过刑事处罚的;②一年内曾因敲诈勒索受过行政处罚的;③对未成年人、残疾人、老年人或者丧失劳动能力人敲诈勒索的;④以将要实施放火、爆炸等危害公共安全犯罪或者故意杀人、绑架等严重侵犯公民人身权利犯罪相威胁敲诈勒索的;⑤以黑恶势力名义敲诈勒索的;⑥利用或者冒充国家机关工作人员、军人、新闻工作者等特殊身份敲诈勒索的;⑦造成其他严重后果的。

敲诈勒索公私财物,具有上述第③项至第④项规定的情形之一,达到“数额巨大”“数额特别巨大”80% 的,可以分别认定为《刑法》第 274 条规定的“其他严重情节”“其他特别严重情节”。

两年内敲诈勒索 3 次以上的,应当认定为《刑法》第 274 条规定的“多次敲诈勒索”。

根据2013年4月23日最高人民法院、最高人民检察院《关于办理敲诈勒索刑事案件适用法律若干问题的解释》第5条和第6条的规定，敲诈勒索数额较大，行为人认罪、悔罪，退赃、退赔，并具有下列情形之一的，可以认定为犯罪情节轻微，不起诉或者免予刑事处罚，由有关部门依法予以行政处罚：①具有法定从宽处罚情节的；②没有参与分赃或者获赃较少且不是主犯的；③被害人谅解的；④其他情节轻微、危害不大的。

敲诈勒索近亲属的财物，获得谅解的，一般不认为是犯罪；认定为犯罪的，应当酌情从宽处理。被害人对敲诈勒索的发生存在过错的，根据被害人过错程度和案件其他情况，可以对行为人酌情从宽处理；情节显著轻微危害不大的，不认为是犯罪。

根据2013年4月23日最高人民法院、最高人民检察院《关于办理敲诈勒索刑事案件适用法律若干问题的解释》第7条和第8条的规定，明知他人实施敲诈勒索犯罪，为其提供信用卡、手机卡、通讯工具、通讯传输通道、网络技术支持等帮助的，以共同犯罪论处。

对犯敲诈勒索罪的被告人，应当在2000元以上、敲诈勒索数额的2倍以下判处罚金；被告人没有获得财物的，应当在2000元以上10万元以下判处罚金。

第二，本罪与抢劫罪的区别是：一是从威胁的内容上看，本罪的威胁内容比较广泛，可以是暴力，也可以是以揭发个人隐私、毁坏财产或抓住被害人的某种要害为把柄相威胁；而抢劫罪的威胁仅限于暴力。二是从威胁的方式上看，本罪可以由犯罪分子用口头或者书面向被害人提出，也可以通过第三人转达；而抢劫罪的暴力威胁，只能由犯罪分子对被害人当场口头提出。三是从实施暴力的时间上看，本罪的威胁是被害人如果不达到要求，将要对其实施暴力，不具有当场实施暴力的现实可能性；而抢劫犯罪的威胁，具有当场实施暴力的可能。如果被害人拒不交出财物，犯罪分子就会当场使用暴力。四是从取得财物的时间看，本罪可以在实施威胁、要挟的当场取得，但大多数是在发出威胁、要挟以后的一定期限内取得财物；而抢劫罪是当场取得财物。

第三，本罪与绑架罪的区别是：一是侵犯的客体不同。本罪的客体主要是公私财产所有权，有时也侵犯他人人身权利；而绑架罪的犯罪客体主要是他人的人身权利。二是犯罪对象不同。本罪的犯罪对象是财产所有人、管理人本人；而绑架罪的主要对象则是被绑架人的亲属或者单位。三是在客观方面表现不完全相同。本罪是以威胁、要挟的方法，迫使被害人交出财物；而绑架罪则是行为人以限制被劫持人的自由并加以杀害等威胁其亲属或者单位，迫使限期交付财物。四是犯罪主体不完全相同。本罪的犯罪主体是年满16周岁，并且具有刑事责任能力的人；而绑架罪的主体是年满14周岁，并且具有刑事责任能力的人。

（5）量刑幅度

根据《刑法》第274条的规定，对犯本罪的处罚分以下3个档次：

一是敲诈勒索公私财物，数额较大或者多次敲诈勒索的，处3年以下有期徒刑、拘役或者管制，并处或者单处罚金；

二是数额巨大或者有其他严重情节的，处3年以上10年以下有期徒刑，并处罚金；

三是数额特别巨大或者有其他特别严重情节的，处10年以上有期徒刑，并处罚金。

2013年12月23日最高人民法院《关于常见犯罪的量刑指导意见》对敲诈勒索罪的量刑提出以下具体意见：

①构成敲诈勒索罪的，可以根据下列不同情形在相应的幅度内确定量刑起点：A. 达到数额较大起点的，或者2年内三次敲诈勒索的，可以在1年以下有期徒刑、拘役幅度内确定量刑起点。B. 达到数额巨大起点或者有其他严重情节的，可以在3年至5年有期徒刑幅度内确定量刑起点。C. 达到数额特别巨大起点或者有其他特别严重情节的，可以在10年至12年有期徒刑幅度内确定量刑起点。

②在量刑起点的基础上,可以根据敲诈勒索数额、次数、犯罪情节严重程度等其他影响犯罪构成的犯罪事实增加刑罚量,确定基准刑。

多次敲诈勒索,数额达到较大以上的,以敲诈勒索数额确定量刑起点,敲诈勒索次数可作为调节基准刑的量刑情节;数额未达到较大的,以敲诈勒索次数确定量刑起点,超过三次的次数作为增加刑罚量的事实。

11. 故意毁坏财物罪(第275条)

(1)罪名概念

故意毁坏财物罪,是指故意毁灭或者损坏公私财物,数额较大或者有其他严重情节的行为。

(2)法律规定

①本罪名是由《刑法》第275条规定的。该条规定:“故意毁坏公私财物,数额较大或者有其他严重情节的,处三年以下有期徒刑、拘役或者罚金;数额巨大或者有其他特别严重情节的,处三年以上七年以下有期徒刑。”

《刑法》第91条规定:“本法所称公共财产,是指下列财产:

(一)国有财产;

(二)劳动群众集体所有的财产;

(三)用于扶贫和其他公益事业的社会捐助或者专项基金的财产。

在国家机关、国有公司、企业、集体企业和人民团体管理、使用或者运输中的私人财产,以公共财产论。”

《刑法》第92条规定:“本法所称公民私人所有的财产,是指下列财产:

(一)公民的合法收入、储蓄、房屋和其他生活资料;

(二)依法归个人、家庭所有的生产资料;

(三)个体户和私营企业的合法财产;

(四)依法归个人所有的股份、股票、债券和其他财产。”

②2008年6月25日最高人民检察院、公安部《关于公安机关管辖的刑事案件立案追诉标准的规定(一)》第33条规定:“故意毁坏公私财物,涉嫌下列情形之一的,应予立案追诉:

(一)造成公私财物损失五千元以上的;

(二)毁坏公私财物三次以上的;

(三)纠集三人以上公然毁坏公私财物的;

(四)其他情节严重的情形。”

③2004年12月30日最高人民法院《关于审理破坏公用电信设施刑事案件具体应用法律若干问题的解释》第3条、第4条分别规定:“故意破坏正在使用的公用电信设施尚未危害公共安全,或者故意毁坏尚未投入使用的公用电信设施,造成财物损失,构成犯罪的,依照刑法第二百七十五条规定,以故意毁坏财物罪定罪处罚。

盗窃公用电信设施价值数额不大,但是构成危害公共安全犯罪的,依照刑法第一百二十四条的规定定罪处罚;盗窃公用电信设施同时构成盗窃罪和破坏公用电信设施罪的,依照处罚较重的规定定罪处罚。

指使、组织、教唆他人实施本解释规定的故意犯罪行为的,按照共犯定罪处罚。”

(3)构成要件

第一,本罪侵犯的客体是公私财物的所有权,侵犯的对象是各种公私财物,包括生产资料和生活资料。

第二，客观方面表现为实施了毁灭或者损坏公私财物，数额较大或者有其他严重情节的行为。

第三，犯罪主体是一般主体。已满16周岁的人犯本罪，应当负刑事责任。

第四，主观方面是故意，其目的不是将财物占为己有或者转归第三人所有，而是将财物毁灭，使其丧失价值。犯罪的动机各种各样，一般是出于报复或者嫉妒等。过失毁坏公私财物，不构成本罪。

(4)罪名界定

第一，关于本罪的立案标准。根据2008年6月25日最高人民检察院、公安部《关于公安机关管辖的刑事案件立案追诉标准的规定(一)》第33条的规定，故意毁坏公私财物，涉嫌下列情形之一的，应予立案追诉：一是造成公私财产损失5000元以上的；二是毁坏公私财物3次以上的；三是纠集3人以上公然毁坏公私财物的；四是其他情节严重的情形。

第二，关于本罪的认定。有一些犯罪分子为了实施某种犯罪而毁坏了财物，对此不能以本罪处罚就算了事，而应当根据犯罪的构成要件，确定准确的罪名，或者按照处理牵连犯的原则，按照其中的一个重罪处罚。例如，行为人为了盗窃，毁坏了保险柜、门窗、墙壁、报警设施等，应当以盗窃罪一罪来定罪处罚。如果行为人毁坏了交通工具、交通设施、电力、煤气或者其他易燃易爆设备、通信设施，危害公共安全的，应当按照危害公共安全罪中的有关具体罪名来定罪处罚。如果破坏了上述特定的工具或者设施、设备，不足以危害公共安全，数额较大或者有其他严重情节，可以以故意毁坏财物罪处罚。行为人故意毁坏正在使用中的机器设备，残害耕畜，影响生产经营活动，应当按照《刑法》第276条规定的破坏生产经营罪定罪处罚。如果没有影响生产经营活动正常进行，毁坏财物数额较大或者有其他严重情节的，可以按照故意毁坏财物罪定罪处罚。

(5)量刑幅度

根据《刑法》第275条的规定，犯本罪情节一般的，处3年以下有期徒刑、拘役或者罚金。故意毁坏公私财物，数额巨大或者有其他特别严重情节的，处3年以上7年以下有期徒刑。

12. 破坏生产经营罪(第276条)

(1)罪名概念

破坏生产经营罪，是指由于泄愤报复或者其他个人目的，毁坏机器设备、残害耕畜或者以其他方法破坏生产经营的行为。

(2)法律规定

①本罪名是由《刑法》第276条规定的。该条规定："由于泄愤报复或者其他个人目的，毁坏机器设备、残害耕畜或者以其他方法破坏生产经营的，处三年以下有期徒刑、拘役或者管制；情节严重的，处三年以上七年以下有期徒刑。"

②2008年6月25日最高人民检察院、公安部《关于公安机关管辖的刑事案件立案追诉标准的规定(一)》第34条规定："由于泄愤报复或者其他个人目的，毁坏机器设备、残害耕畜或者以其他方法破坏生产经营，涉嫌下列情形之一的，应予立案追诉：

(一)造成公私财物损失五千元以上的；

(二)破坏生产经营三次以上的；

(三)纠集三人以上公然破坏生产经营的；

(四)其他破坏生产经营应予追究刑事责任的情形。"

(3)构成要件

第一，本罪侵犯的客体是具体经济单位的生产经营活动的正常进行。

第二，客观方面表现为以故意毁坏机器设备、残害耕畜或者其他方法，破坏生产经营的行为。

第三，犯罪主体是一般主体。年满16周岁的人犯本罪应当负刑事责任。

第四，主观方面是故意。

(4)罪名界定

第一，关于本罪的认定。有些不可抗拒的或者不能预见的自然灾害，由于不是人的行为造成的，不能因此追究哪个人的刑事责任。有些技术事故，是由于技术设备和技术水平的限制所导致的结果，是行为人不能预见、不能预防或者难以避免的，同行为人的主观意识没有因果关系，也不能追究行为人的刑事责任。还有一般责任事故，由于违反规章制度和操作规程而发生的过失行为，不属于犯罪问题，即使会发生破坏生产经营的后果，也只能是违反行政纪律问题，不能以本罪论处。

第二，本罪与重大责任事故罪的区别：一是主体不同。本罪的主体是一般主体；而重大责任事故罪是特殊主体，只能是特定的企业事业单位的职工。二是客观方面不同。本罪表现为行为人实施了毁坏机器设备、残害耕畜或者其他的破坏生产经营的行为；而重大责任事故罪则表现为工厂、矿山、林场、建筑企业或者其他企业事业单位的职工，由于不服管理、违反规章制度，或者强令工人违章冒险作业，因而发生重大伤亡事故，造成严重后果的行为。三是在主观方面也不同。本罪是故意；而重大责任事故是由过失构成。四是侵犯的客体不同。本罪侵犯的客体是具体经营单位的生产经营活动的正常进行；而重大责任事故罪侵犯的客体是公共安全。

第三，本罪与故意毁坏财物罪的区别：一是主观方面不同。本罪是出于泄愤报复或者其他个人目的；而故意毁坏财物罪的目的在于故意毁坏公私财物。二是在客观方面不同。本罪表现为实施了毁坏机器设备、残害耕畜或者其他的破坏生产经营的行为；而故意毁坏财物罪表现为行为人实施了毁灭或者损坏公私财物，数额较大或者情节严重的行为。三是侵犯的客体不同。本罪侵犯的客体是具体经济单位的生产经营活动的正常进行；而故意毁坏财物罪侵犯的客体是公私财物的所有权。

(5)量刑幅度

根据《刑法》第276条的规定，犯本罪的，处3年以下有期徒刑、拘役或者管制；情节严重的，处3年以上7年以下有期徒刑。

13. 拒不支付劳动报酬罪(第276条之一)

(1)罪名概念

拒不支付劳动报酬罪，是指以转移财产、逃匿等方法逃避支付劳动者的劳动报酬，或者有能力支付而不支付劳动者的劳动报酬，数额较大，经政府有关部门责令支付仍不支付的行为。

(2)法律规定

①本罪名是由《刑法》第276条之一规定的。该条规定："以转移财产、逃匿等方法逃避支付劳动者的劳动报酬或者有能力支付而不支付劳动者的劳动报酬，数额较大，经政府有关部门责令支付仍不支付的，处三年以下有期徒刑或者拘役，并处或者单处罚金；造成严重后果的，处三年以上七年以下有期徒刑，并处罚金。

单位犯前款罪的，对单位判处罚金，并对其直接负责的主管人员和其他直接责任人员，依照前款的规定处罚。

有前两款行为，尚未造成严重后果，在提起公诉前支付劳动者的劳动报酬，并依法承担相应赔偿责任的，可以减轻或者免除处罚。"

②2013年1月16日最高人民法院《关于审理拒不支付劳动报酬刑事案件适用法律若干问题

的解释》的主要内容如下：

“第一条 劳动者依照《中华人民共和国劳动法》和《中华人民共和国劳动合同法》等法律的规定应得的劳动报酬，包括工资、奖金、津贴、补贴、延长工作时间的工资报酬及特殊情况下支付的工资等，应当认定为刑法第二百七十六条之一第一款规定的‘劳动者的劳动报酬’。

第二条 以逃避支付劳动者的劳动报酬为目的，具有下列情形之一的，应当认定为刑法第二百七十六条之一第一款规定的‘以转移财产、逃匿等方法逃避支付劳动者的劳动报酬’：

（一）隐匿财产、恶意清偿、虚构债务、虚假破产、虚假倒闭或者以其他方法转移、处分财产的；

（二）逃跑、藏匿的；

（三）隐匿、销毁或者篡改账目、职工名册、工资支付记录、考勤记录等与劳动报酬相关的材料的；

（四）以其他方法逃避支付劳动报酬的。

第三条 具有下列情形之一的，应当认定为刑法第二百七十六条之一第一款规定的‘数额较大’：

（一）拒不支付一名劳动者三个月以上的劳动报酬且数额在五千元至二万元以上的；

（二）拒不支付十名以上劳动者的劳动报酬且数额累计在三万元至十万元以上的。

各省、自治区、直辖市高级人民法院可以根据本地区经济社会发展状况，在前款规定的数额幅度内，研究确定本地区执行的具体数额标准，报最高人民法院备案。

第四条 经人力资源社会保障部门或者政府其他有关部门依法以限期整改指令书、行政处理决定书等文书责令支付劳动者的劳动报酬后，在指定的期限内仍不支付的，应当认定为刑法第二百七十六条之一第一款规定的‘经政府有关部门责令支付仍不支付’，但有证据证明行为人有正当理由未知悉责令支付或者未及时支付劳动报酬的除外。

行为人逃匿，无法将责令支付文书送交其本人、同住成年家属或者所在单位负责收件的人的，如果有关部门已通过在行为人的住所地、生产经营场所等地张贴责令支付文书等方式责令支付，并采用拍照、录像等方式记录的，应当视为‘经政府有关部门责令支付’。

第五条 拒不支付劳动者的劳动报酬，符合本解释第三条的规定，并具有下列情形之一的，应当认定为刑法第二百七十六条之一第一款规定的‘造成严重后果’：

（一）造成劳动者或者其被赡养人、被扶养人、被抚养人的基本生活受到严重影响、重大疾病无法及时医治或者失学的；

（二）对要求支付劳动报酬的劳动者使用暴力或者进行暴力威胁的；

（三）造成其他严重后果的。

第六条 拒不支付劳动者的劳动报酬，尚未造成严重后果，在刑事立案前支付劳动者的劳动报酬，并依法承担相应赔偿责任的，可以认定为情节显著轻微危害不大，不认为是犯罪；在提起公诉前支付劳动者的劳动报酬，并依法承担相应赔偿责任的，可以减轻或者免除刑事处罚；在一审宣判前支付劳动者的劳动报酬，并依法承担相应赔偿责任的，可以从轻处罚。

对于免除刑事处罚的，可以根据案件的不同情况，予以训诫、责令具结悔过或者赔礼道歉。

拒不支付劳动者的劳动报酬，造成严重后果，但在宣判前支付劳动者的劳动报酬，并依法承担相应赔偿责任的，可以酌情从宽处罚。

第七条 不具备用工主体资格的单位或者个人，违法用工且拒不支付劳动者的劳动报酬，数额较大，经政府有关部门责令支付仍不支付的，应当依照刑法第二百七十六条之一的规定，以拒不支付劳动报酬罪追究刑事责任。

第八条　用人单位的实际控制人实施拒不支付劳动报酬行为，构成犯罪的，应当依照刑法第二百七十六条之一的规定追究刑事责任。

第九条　单位拒不支付劳动报酬，构成犯罪的，依照本解释规定的相应个人犯罪的定罪量刑标准，对直接负责的主管人员和其他直接责任人员定罪处罚，并对单位判处罚金。”

③2017 年 4 月 27 日最高人民检察院、公安部《关于公安机关管辖的刑事案件立案追诉标准的规定(一)的补充规定》第 7 条规定：“在《立案追诉标准(一)》第 34 条后增加一条，作为第 34 条之一：[拒不支付劳动报酬案(刑法第 276 条之一)]以转移财产、逃匿等方法逃避支付劳动者的劳动报酬或者有能力支付而不支付劳动者的劳动报酬，经政府有关部门责令支付仍不支付，涉嫌下列情形之一的，应予立案追诉：

(一)拒不支付 1 名劳动者 3 个月以上的劳动报酬且数额在 5 千元至 2 万元以上的；

(二)拒不支付 10 名以上劳动者的劳动报酬且数额累计在 3 万元至 10 万元以上的。

不支付劳动者的劳动报酬，尚未造成严重后果，在刑事立案前支付劳动者的劳动报酬，并依法承担相应赔偿责任的，可以不予立案追诉。”

(3)构成要件

第一，本罪侵犯的客体是双重客体，主要是侵犯了劳动者的财产权，同时也侵犯了市场经济秩序。

第二，客观方面表现为违反劳动管理法规，以转移财产、逃匿等方法逃避支付劳动者的劳动报酬，或者有能力支付而不支付劳动者的劳动报酬，数额较大，经政府有关部门责令支付仍不支付的行为。

第三，犯罪主体是用人单位或者雇主，既可以是单位，也可以是自然人。

第四，主观方面是故意。

(4)罪名界定

第一，认定本罪要注意划清罪与非罪的界限。要把拒不支付劳动报酬与支付劳动报酬一时有困难区别开。欠薪行为的成因十分复杂，必须认真剖析，分清性质。对于因为用人者属客观上经营遇到困难，资金周转不开，经营不善等原因造成的，主观上并不具有故意和恶意，不能以犯罪论处。

第二，拒不支付劳动报酬罪与侵占罪的区别是：①犯罪主体不同。前者可以由个人或单位构成，而后者只能是个人，没有单位。②犯罪客体和犯罪对象不同。本罪侵犯的客体是双重客体，主要是侵犯了劳动者的财产权，同时也侵犯了市场经济秩序，犯罪对象是应该支付给劳动者的劳动报酬。而侵占罪侵犯的客体只是公私财产所有权，犯罪对象是自己代为收管的他人财物以及他人的遗忘物或者埋藏物。③犯罪客观方面不同。本罪表现为违反劳动管理法规，以转移财产、逃匿等方法逃避支付劳动者的劳动报酬，或者有能力支付而不支付劳动者的劳动报酬，数额较大，经政府有关部门责令支付仍不支付的行为。侵占罪的客观方面表现为行为人实施了将自己代为收管的他人财物非法占有，数额较大，拒不退还的行为，或者将他人的遗忘物或者埋藏物非法占为己有，数额较大，拒不交出的行为。

第三，拒不支付劳动报酬罪与诈骗罪的区别表现在：①前者的犯罪主体可以是单位；而后者的犯罪主体只能是自然人。②前者的客体是劳动者的财产权利和市场经济秩序，而后者的客体只是财产权。③前者犯罪对象是劳动者的薪金，是特定的，而后者的犯罪对象是不特定人的财物等。

(5)量刑幅度

根据《刑法》第 276 条之一的规定，对犯本罪的处罚分以下 4 个档次：

一是犯本罪的处3年以下有期徒刑或者拘役,并处或者单处罚金。

二是造成严重后果的,处3年以上7年以下有期徒刑,并处罚金。

三是单位犯前款罪的,对单位判处罚金,并对其直接负责的主管人员和其他直接责任人员,依照上述规定处罚。

四是对于构成本罪尚未造成严重后果,在提起公诉前支付劳动者的劳动报酬,并依法承担相应赔偿责任的,可以减轻或者免除处罚。

六
妨害社会管理秩序罪

《刑法》分则第六章规定的妨害社会管理秩序这类犯罪,是指故意妨害国家机关对社会的管理活动,破坏社会秩序,情节严重的行为。由于社会管理是多方面的管理,所以,这类犯罪行为也表现为多方面。《刑法》分则把它又进一步归类,分成九个方面,现对各罪详解如下:

(一)扰乱公共秩序罪

1. 妨害公务罪(第277条)

(1)罪名概念

妨害公务罪,是指以暴力、威胁方法,阻碍国家工作人员依法执行职务,阻碍全国人民代表大会和地方各级人民代表大会代表依法执行代表职务,阻碍红十字会工作人员依法履行职责的行为,或者故意阻碍国家安全机关、公安机关依法执行国家安全工作任务,虽然没有使用暴力、威胁方法,但造成严重后果的行为。如果对滥用职权的国家机关、人民代表大会和红十字会的工作人员进行阻止,或者在执行公务之后对国家机关、人民代表大会和红十字会的工作人员行凶报复的,均不构成本罪。

(2)法律规定

①本罪名是由《刑法》第277条规定的。该条规定:"以暴力、威胁方法阻碍国家机关工作人员依法执行职务的,处三年以下有期徒刑、拘役、管制或者罚金。

以暴力、威胁方法阻碍全国人民代表大会和地方各级人民代表大会代表依法执行代表职务的,依照前款的规定处罚。

在自然灾害和突发事件中,以暴力、威胁方法阻碍红十字会工作人员依法履行职责的,依照第一款的规定处罚。

故意阻碍国家安全机关、公安机关依法执行国家安全工作任务,未使用暴力、威胁方法,造成严重后果的,依照第一款的规定处罚。"

《刑法》第242条规定:"以暴力、威胁方法阻碍国家机关工作人员解救被收买的妇女、儿童的,依照本法第二百七十七条的规定定罪处罚。"

②2003年5月14日最高人民法院、最高人民检察院《关于办理妨害预防、控制突发传染病疫情等灾害的刑事案件具体应用法律若干问题的解释》第8条规定:"以暴力、威胁方法阻碍国家机关工作人员、红十字会工作人员依法履行为防治突发传染病疫情等灾害而采取的防疫、检疫、强制隔离、隔离治疗等预防、控制措施的,依照刑法第二百七十七条第一款、第三款的规定,以妨害公务罪定罪处罚。"

③2000年4月24日最高人民检察院《关于以暴力威胁方法阻碍事业编制人员依法执行行政执法职务是否可对侵害人以妨害公务罪论处的批复》规定:"对于以暴力、威胁方法阻碍国有事

业单位人员依照法律、行政法规的规定执行行政执法职务的，或者以暴力、威胁方法阻碍国家机关中受委托从事行政执法活动的事业编制人员执行行政执法职务的，可以对侵害人以妨害公务罪追究刑事责任。”

④2002年9月4日最高人民检察院《关于办理非法经营食盐刑事案件具体应用法律若干问题的解释》第5条规定：“以暴力、威胁方法阻碍行政执法人员依法行使盐业管理职务的，依照刑法第二百七十七条的规定，以妨害公务罪追究刑事责任；其非法经营行为已构成犯罪的，依照数罪并罚的规定追究刑事责任。”

⑤2003年12月23日最高人民法院、最高人民检察院、公安部、国家烟草专卖局《关于办理假冒伪劣烟草制品等刑事案件适用法律问题座谈会纪要》第8条、第9条规定：“关于以暴力、威胁方法阻碍烟草专卖执法人员依法执行职务行为的定罪处罚问题。

以暴力、威胁方法阻碍烟草专卖执法人员依法执行职务的，依照刑法第二百七十七条的规定，以妨害公务罪定罪处罚。”

“关于煽动群众暴力抗拒烟草专卖法律实施行为的定罪处罚问题。

煽动群众暴力抗拒烟草专卖法律实施的，依照刑法第二百七十八条的规定，以煽动暴力抗拒法律实施罪定罪处罚。”

⑥2007年8月30日最高人民法院、最高人民检察院、公安部《关于依法严肃查处拒不执行判决裁定和暴力抗拒法院执行犯罪行为有关问题的通知》规定如下：

“一、对下列拒不执行判决、裁定的行为，依照刑法第三百一十三条的规定，以拒不执行判决、裁定罪论处。

（一）被执行人隐藏、转移、故意毁损财产或者无偿转让财产、以明显不合理的低价转让财产，致使判决、裁定无法执行的；

（二）担保人或者被执行人隐藏、转移、故意毁损或者转让已向人民法院提供担保的财产，致使判决、裁定无法执行的；

（三）协助执行义务人接到人民法院协助执行通知书后，拒不协助执行，致使判决、裁定无法执行的；

（四）被执行人、担保人、协助执行义务人与国家机关工作人员通谋，利用国家机关工作人员的职权妨害执行，致使判决、裁定无法执行的；

（五）其他有能力执行而拒不执行，情节严重的情形。

二、对下列暴力抗拒执行的行为，依照刑法第二百七十七条的规定，以妨害公务罪论处：

（一）聚众哄闹、冲击执行现场，围困、扣押、殴打执行人员，致使执行工作无法进行的；

（二）毁损、抢夺执行案件材料、执行公务车辆和其他执行器械、执行人员服装以及执行公务证件，造成严重后果的；

（三）其他以暴力、威胁方法妨害或者抗拒执行，致使执行工作无法进行的。

三、负有执行人民法院判决、裁定义务的单位直接负责的主管人员和其他直接责任人员，为了本单位的利益实施本《通知》第一条、第二条所列行为之一的，对该主管人员和其他直接责任人员，依照刑法第三百一十三条和第二百七十七条的规定，分别以拒不执行判决、裁定罪和妨害公务罪论处。

四、国家机关工作人员有本《通知》第一条第四项行为的，以拒不执行判决、裁定罪的共犯追究刑事责任。

国家机关工作人员收受贿赂或者滥用职权，有本《通知》第一条第四项行为的，同时又构成刑法第三百八十五条、第三百九十七条规定罪的，依照处罚较重的规定定罪处罚。

五、拒不执行判决、裁定案件由犯罪行为发生地的公安机关、人民检察院、人民法院管辖。如果由犯罪嫌疑人、被告人居住地的人民法院管辖更为适宜的，可以由犯罪嫌疑人、被告人居住地的公安机关、人民检察院、人民法院管辖。

六、以暴力、威胁方法妨害或者抗拒执行的，公安机关接到报警后，应当立即出警，依法处置。

七、人民法院在执行判决、裁定过程中，对拒不执行判决、裁定情节严重的人，可以先行司法拘留；拒不执行判决、裁定的行为人涉嫌犯罪的，应当将案件依法移送有管辖权的公安机关立案侦查。

八、人民法院、人民检察院和公安机关在办理拒不执行判决、裁定和妨害公务案件过程中，应当密切配合、加强协作。对于人民法院移送的涉嫌拒不执行判决、裁定罪和妨害公务罪的案件，公安机关应当及时立案侦查，检察机关应当及时提起公诉，人民法院应当及时审判。

在办理拒不执行判决、裁定和妨害公务案件过程中，应当根据案件的具体情况，正确区分罪与非罪的界限，认真贯彻‘宽严相济’的刑事政策。

九、人民法院认为公安机关应当立案侦查而不立案侦查的，可提请人民检察院予以监督。人民检察院认为需要立案侦查的，应当要求公安机关说明不立案的理由。人民检察院认为公安机关不立案理由不能成立的，应当通知公安机关立案，公安机关接到通知后应当立案。

十、公安机关侦查终结后移送人民检察院审查起诉的拒不执行判决、裁定和妨害公务案件，人民检察院决定不起诉，公安机关认为不起诉决定有错误的，可以要求复议；如果意见不被接受，可以向上一级人民检察院提请复核。

十一、公安司法人员在办理拒不执行判决、裁定和妨害公务案件中，消极履行法定职责，造成严重后果的，应当依法依纪追究直接责任人责任直至追究刑事责任。

十二、本通知自印发之日起执行，执行中遇到的情况和问题，请分别报告最高人民法院、最高人民检察院、公安部。”

⑦1998 年 5 月 8 日最高人民法院、最高人民检察院、公安部、国家工商行政管理局《关于依法查处盗窃、抢劫机动车案件的规定》第 1 条规定如下：“司法机关依法查处盗窃、抢劫机动车案件，任何单位和个人都应当予以协助。以暴力、威胁方法阻碍司法工作人员依法办案的，依照《刑法》第二百七十七条第一款的规定处罚。”

(3) 构成要件

第一，本罪侵犯的客体是国家机关、人民代表大会和红十字会的公务活动。所谓公务，是指公共事务，即国家机关、人民代表大会和红十字会的工作人员依法执行的职务活动。这种犯罪侵犯的对象是正在依法执行职务或者任务的国家机关、人民代表大会和红十字会的工作人员。

第二，客观方面表现为以暴力、威胁的方法，阻碍国家工作人员依法执行职务，以暴力、威胁的方法，阻碍全国人民代表大会和地方各级人民代表大会代表依法执行代表职务；以暴力、威胁方法，阻碍红十字会工作人员依法履行职责的行为；或者虽然没有使用暴力、威胁方法，但故意阻碍国家安全机关、公安机关依法执行国家安全工作任务，造成严重后果的行为。

第三，本罪的主体是一般主体。

第四，主观方面是故意，即明知侵犯的对象是正在依法执行公务的国家工作人员、人大代表、红十字会工作人员而使其不能执行自己的公务。

(4) 罪名界定

第一，关于本罪的认定。

根据 2007 年 8 月 30 日最高人民法院、最高人民检察院、公安部《关于依法严肃查处拒不执行判决、裁定和暴力抗拒法院执行犯罪行为有关问题的通知》的规定，对于聚众哄闹、冲击人民法院执行工作，围困、扣押、殴打执行人员，致使执行工作无法进行的；或者损毁、抢夺执行案件材料、执行公务车辆和其他执行器械、执行人员服装以及执行公务证件，造成严重后果的；或者以其他暴力、威胁方法妨碍或抗拒人民法院执行工作的，致使执行工作无法进行的，以妨害公务罪论处。

根据最高人民检察院高检发释字〔2000〕第2号批复的规定，对于以暴力、威胁方法阻碍国有事业单位人员依照法律、行政法规的规定，执行行政执法职务的，或者以暴力、威胁方法阻碍国家机关中受委托从事行政执法活动的事业编制人员执行行政执法职务的，可以对侵害人以本罪追究刑事责任。

根据2002年8月29日全国人民代表大会常务委员会《关于刑法第三百一十三条的解释》的规定精神，对于以暴力、威胁，或者聚众哄闹、冲击执行现场，围困、扣押、殴打执行人员，阻碍法院执行工作人员依法执行职务的，以妨害公务罪论处。

在一种行为同时触犯了妨害公务罪与其他严重犯罪而构成想象竞合犯的情况下，应该按照处理想象竞合犯的原则，选择其中一个重罪处罚。例如，行为人以重伤害、杀人的暴力，阻碍国家工作人员依法执行职务或者任务，这就构成了妨害公务罪与故意伤害罪、故意杀人罪的想象竞合犯，应当认定为故意伤害罪或者故意杀人罪。行为人以抢夺军警人员、公安司法人员枪支的手段，妨害其执行公务的，属于妨害公共罪与抢夺枪支罪的竞合犯，应该以处罚较重的抢夺枪支罪论处。

第二，本罪与抗税罪的主要区别：一是主体不同。本罪的主体是一般主体；而抗税罪的主体是特殊主体，即负有纳税义务或者扣缴税款义务的纳税人。二是目的不同。前者以妨害公务执行为目的；而后者以抗拒交纳税款为目的。

第三，本罪与聚众阻碍解救被收买的妇女、儿童罪的主要区别：一是主体不同。前者是一般主体；而后者为首要分子。二是在客观方面表现不完全相同。前者一般是单个或者数个人活动；而后者则是聚众活动。前者主要以暴力、威胁方法进行；而后者则不以暴力、威胁方法为限，只要是聚众阻碍解救工作，即可构成本罪。

（5）量刑幅度

根据《刑法》第277条的规定，犯妨害公务罪的，处3年以下有期徒刑、拘役、管制或者罚金。

2017年3月9日最高人民法院《关于常见犯罪的量刑指导意见》对妨害公务罪的量刑提出以下具体意见：

①构成妨害公务罪的，可以在两年以下有期徒刑、拘役幅度内确定量刑起点。

②在量刑起点的基础上，可以根据妨害公务造成的后果、犯罪情节严重程度等其他影响犯罪构成的犯罪事实增加刑罚量，确定基准刑。

2. 袭警罪（第277条第5款）

（1）罪名概念

袭警罪，是指暴力袭击正在依法执行职务的人民警察的行为。

（2）法律规定

①本罪名是由《刑法》第277条第5款规定的。该条款规定："暴力袭击正在依法执行职务的人民警察的，处三年以下有期徒刑、拘役或者管制；使用枪支、管制刀具，或者以驾驶机动车撞击等手段，严重危及其人身安全的，处三年以上七年以下有期徒刑。"

②2020年1月10日最高人民法院、最高人民检察、公安部《关于依法惩治袭警违法犯罪行为的指导意见》规定如下：

“一、对正在依法执行职务的民警实施下列行为的，属于刑法第二百七十七条第五款规定的‘暴力袭击正在依法执行职务的人民警察’，应当以妨害公务罪定罪从重处罚：

1. 实施撕咬、踢打、抱摔、投掷等，对民警人身进行攻击的；

2. 实施打砸、毁坏、抢夺民警正在使用的警用车辆、警械等警用装备，对民警人身进行攻击的；

对正在依法执行职务的民警虽未实施暴力袭击，但以实施暴力相威胁，符合刑法第二百七十七条第一款规定的，以妨害公务罪定罪处罚。

醉酒的人实施袭警犯罪行为，应当负刑事责任。

教唆、煽动他人实施袭警犯罪行为或者为他人实施袭警犯罪行为提供工具、帮助的，以共同犯罪论处。

对袭警情节轻微或者辱骂民警，尚不构成犯罪，但构成违反治安管理行为的，应当依法从重给予治安管理处罚。

二、实施暴力袭警行为，具有下列情形之一的，在第一条规定的基础上酌情从重处罚：

1. 使用凶器或者危险物品袭警、驾驶机动车袭警的；

2. 造成民警轻微伤或者警用装备严重毁损的；

3. 妨害民警依法执行职务，造成他人伤亡、公私财产损失或者造成犯罪嫌疑人脱逃、毁灭证据等严重后果的；

4. 造成多人围观、交通堵塞等恶劣社会影响的；

5. 纠集多人袭警或者袭击民警二人以上的；

6. 曾因袭警受过处罚，再次袭警的；

7. 实施其他严重袭警行为的。

实施上述行为，构成犯罪的，一般不得适用缓刑。

三、驾车冲撞、碾轧、拖拽、剐蹭民警，或者挤别、碰撞正在执行职务的警用车辆，危害公共安全或者民警生命、健康安全，符合刑法第一百一十四条、第一百一十五条、第二百三十二条、第二百三十四条规定的，应当以以危险方法危害公共安全罪、故意杀人罪或者故意伤害罪定罪，酌情从重处罚。

暴力袭警，致使民警重伤、死亡，符合刑法第二百三十四条、第二百三十二条规定的，应当以故意伤害罪、故意杀人罪定罪，酌情从重处罚。

四、抢劫、抢夺民警枪支，符合刑法第一百二十七条第二款规定的，应当以抢劫枪支罪、抢夺枪支罪定罪。

五、民警在非工作时间，依照《中华人民共和国人民警察法》等法律履行职责的，应当视为执行职务。

六、在民警非执行职务期间，因其职务行为对其实施暴力袭击、拦截、恐吓等行为，符合刑法第二百三十四条、第二百三十二条、第二百九十三条等规定的，应当以故意伤害罪、故意杀人罪、寻衅滋事罪等定罪，并根据袭警的具体情节酌情从重处罚。

各级人民法院、人民检察院和公安机关要加强协作配合，对袭警违法犯罪行为快速处理、准确定性、依法严惩。一要依法及时开展调查处置、批捕、起诉、审判工作。民警对于袭警违法犯罪行为应当依法予以制止，并根据现场条件，妥善保护案发现场，控制犯罪嫌疑人。负责侦查办理袭警案件的民警应当全面收集、提取证据，特别是注意收集民警现场执法记录仪和周边监控等视听资料、在场人员证人证言等证据，查清案件事实。对造成民警或者他人受伤、财产损失的，依法进行鉴定。在处置过程中，民警依法依规使用武器、警械或者采取其他必要措施制止袭警行为，受法律保护。人民检察院对于公安机关提请批准逮捕、移送审查起诉的袭警案件,应当从严掌握无逮捕必要性、犯罪情节轻微等不捕不诉情形,慎重作出不批捕、不起诉决定,对于符合逮捕、起诉条件的,应当依法尽快予以批捕、起诉。对于袭警行为构成犯罪的,人民法院应当依法及时审判,严格依法追究犯罪分子刑事责任。二要依法适用从重处罚。暴力袭警是刑法第二百七十七条规定的从重处罚情形。人民法院、人民检察院和公安机关在办理此类案件时,要准确认识袭警行为对于国家法律秩序的严重危害,不能将袭警行为等同于一般的故意伤害行为,不能仅以造成民警身体伤害作为构成犯罪的标准,要综合考虑袭警行为的手段、方式以及对执行职务的影响程度等因素,准确认定犯罪性质,从严追究刑事责任。对袭警违法犯罪行为,依法不适用刑事和解和治安调解。对于构成犯罪,但具有初犯、偶犯、给予民事赔偿并取得被害人谅解等情节的,在酌情从宽时,应当从严把握从宽幅度。对犯罪性质和危害后果特别严重、犯罪手段特别残忍、社会影响特别恶劣的犯罪分子,虽具有上述酌定从宽情节但不足以从轻处罚的,依法不予从宽处罚。三要加强规范执法和法制宣传教育。人民警察要严格按照法律规定的程序和标准正确履职,特别是要规范现场执法,以法为据、以理服人,妥善化解矛盾,谨慎使用强制措施和武器警械。人民法院、人民检察院、公安机关在依法办案的同时,要加大法制宣传教育力度,对于社会影响大、舆论关注度高的重大案件,视情通过新闻媒体、微信、微博等多种形式,向社会通报案件进展情况,澄清事实真相,并结合案情释法说理,说明袭警行为的危害性。要适时公开曝光一批典型案例,向社会揭露袭警行为的违法性和严重危害性,教育人民群众遵纪守法,在全社会树立'敬畏法律、尊重执法者'的良好法治环境。"

(3)构成要件

第一,本罪侵犯的客体是人民警察正常的执法管理活动。

第二,本罪客观方面表现为对依法执行职务的人民警察实施暴力袭击行为。

第三,本罪主体为一般主体,凡达到刑事责任年龄且具备刑事责任能力的自然人均能构成本罪。

第四,本罪主观方面表现为故意,即明知是正在执行职务的人民警察而故意对其实施暴力袭击。

(4)罪名界定

认定本罪需把握该罪与妨害公务罪的界限。构成本罪,一是要具备暴力袭击行为,二是袭击对象是正在依法执行职务的人民警察。如果行为人仅实施了一般的威胁、阻碍等行为,或者暴力袭击的对象并非正在依法执行职务的警察,而是其他国家机关工作人员,均不构成本罪,而可能构成妨害公务罪。

(5)量刑幅度

根据《刑法》第 277 条第 5 款的规定,犯袭警罪的,处 3 年以下有期徒刑、拘役或者管制;使用枪支、管制刀具,或者以驾驶机动车撞击等手段,严重危及其人身安全的,处 3 年以上 7 年以下有期徒刑。

3. 煽动暴力抗拒法律实施罪(第 278 条)

(1)罪名概念

煽动暴力抗拒法律实施罪,是指煽动群众暴力抗拒国家法律、行政法规实施,扰乱社会秩序的行为。

(2)法律规定

①本罪名是由《刑法》第 278 条规定的。该条规定:"煽动群众暴力抗拒国家法律、行政法规

实施的,处三年以下有期徒刑、拘役、管制或者剥夺政治权利;造成严重后果的,处三年以上七年以下有期徒刑。"

②2003年12月23日最高人民法院、最高人民检察院、公安部、国家烟草专卖局《关于办理假冒伪劣烟草制品等刑事案件适用法律问题座谈会纪要》第8条、第9条规定:"以暴力、威胁方法阻碍烟草专卖执法人员依法执行职务的,依照刑法第二百七十七条的规定,以妨害公务罪定罪处罚。"

"煽动群众暴力抗拒烟草专卖法律实施的,依照刑法第二百七十八条的规定,以煽动暴力抗拒法律实施罪定罪处罚。"

(3)构成要件

第一,本罪侵犯的客体是国家法律的实施秩序。

第二,客观方面表现为煽动群众暴力抗拒国家法律、行政法规的实施,扰乱社会秩序的行为。

第三,本罪的主体是一般主体。

第四,主观方面是故意。

(4)罪名界定

第一,关于本罪的认定。构成本罪,一是要有煽动的行为,二是要有暴力抗拒的表现。所谓煽动,是指以鼓动性言词或者文字,进行劝诱、引导,促使他人去实施犯罪活动。煽动的内容必须是暴力抗拒国家法律实施,煽动的对象必须是群众。如果煽动群众以和平方式,如沉默的方式抗拒国家法律、行政法规的实施,或者煽动一两个人暴力抗拒国家法律实施,均不构成本罪。

第二,本罪与煽动颠覆国家政权罪的不同点:一是侵犯的客体不同。本罪的客体是国家法律的实施秩序;而后罪侵犯的客体是人民民主专政的政权和社会主义制度。二是煽动的内容不同。三是对犯罪主观方面的要求不同。本罪不要求特定的目的;而后罪要求具有推翻人民民主专政和社会主义制度的目的。

(5)量刑幅度

根据《刑法》第278条的规定,犯本罪的,处3年以下有期徒刑、拘役、管制或者剥夺政治权利;造成严重后果的,处3年以上7年以下有期徒刑。

4. 招摇撞骗罪(第279条)

(1)罪名概念

招摇撞骗罪,是指冒充国家机关工作人员招摇撞骗,损害国家机关形象、威信和正常活动,扰乱社会公共秩序的行为。

(2)法律规定

本罪名是由《刑法》第279条规定的。该条规定:"冒充国家机关工作人员招摇撞骗的,处三年以下有期徒刑、拘役、管制或者剥夺政治权利;情节严重的,处三年以上十年以下有期徒刑。

冒充人民警察招摇撞骗的,依照前款的规定从重处罚。"

(3)构成要件

第一,本罪侵犯的客体是国家机关的威信、形象和社会公共秩序。

第二,客观方面表现为冒充国家机关工作人员进行招摇撞骗的行为。

第三,本罪的主体是一般主体。

第四,主观方面是故意。其目的是骗取某种非法利益,这不仅是物质利益,也包括荣誉、职务、学位等。

(4)罪名界定

第一,关于本罪的认定。如果不是冒充国家机关工作人员,而是冒充高干子弟、烈属子女或者战斗英雄、劳动模范等进行诈骗活动,不构成本罪。所谓招摇撞骗,是指假借国家工作人员的名义和身份,到处炫耀,进行诈骗。如果仅仅是冒充国家工作人员,没有进行诈骗行为,或者是虽有诈骗行为,但没有冒充国家工作人员,均不构成本罪。

第二,本罪与诈骗罪容易混淆。这两种犯罪在客观上,都是以骗为手段,但是,二者又有以下不同点:一是侵犯的客体不同。诈骗罪侵犯的客体是公私财产所有权;招摇撞骗罪侵犯的客体是国家机关威信和正常管理活动。二是犯罪手段不同。招摇撞骗犯罪必须是冒充国家工作人员实施;诈骗罪可以使用包括冒充国家工作人员在内的任何手段。三是犯罪目的不同。诈骗罪仅仅是为了占有公私财物;而招摇撞骗犯罪是为了谋取包括公私财产在内的更为广泛的非法利益。至于冒充国家工作人员招摇撞骗,既骗取了财产,又骗取了其他利益,对这样的犯罪如何定罪处罚,这就要作具体分析:如果所骗财物数额仅仅是较大或者巨大,应按照招摇撞骗罪处罚;如果数额特别巨大,则应当以诈骗罪论处。

(5)量刑幅度

根据《刑法》第279条的规定,犯本罪的,处3年以下有期徒刑、拘役、管制或者剥夺政治权利;情节严重的,处3年以上10年以下有期徒刑。冒充人民警察招摇撞骗的,则从重处罚。

5. 伪造、变造、买卖国家机关公文、证件、印章罪(第280条第1款)

(1)罪名概念

伪造、变造、买卖国家机关公文、证件、印章罪,是指伪造、变造、买卖国家机关公文、证件、印章的行为。

(2)法律规定

①本罪名是由《刑法》第280条第1款规定的。该条款规定:"伪造、变造、买卖或者盗窃、抢夺、毁灭国家机关的公文、证件、印章的,处三年以下有期徒刑、拘役、管制或者剥夺政治权利,并处罚金;情节严重的,处三年以上十年以下有期徒刑,并处罚金。"

②1998年12月29日全国人民代表大会常务委员会《关于惩治骗购外汇、逃汇和非法买卖外汇犯罪的决定》第2条规定:"买卖伪造、变造的海关签发的报关单、进口证明、外汇管理部门核准件等凭证和单据或者国家机关的其他公文、证件、印章的,依照刑法第二百八十条的规定定罪处罚。"

③2002年7月8日最高人民法院、最高人民检察院、海关总署《关于办理走私刑事案件适用法律若干问题的意见》第9条规定:"关于利用购买的加工贸易登记手册、特定减免税批文等涉税单证进口货物行为的定性处理问题。

加工贸易登记手册、特定减免税批文等涉税单证是海关根据国家法律法规以及有关政策性规定,给予特定企业用于保税货物经营管理和减免税优惠待遇的凭证。利用购买的加工贸易登记手册、特定减免税批文等涉税单证进口货物,实质是将一般贸易货物伪报为加工贸易保税货物或者特定减免税货物进口,以达到偷逃应缴税款的目的,应当适用刑法第一百五十三条以走私普通货物、物品罪定罪处罚。如果行为人与走私分子通谋出售上述涉税单证,或者在出卖批文后又以提供印章、向海关伪报保税货物、特定减免税货物等方式帮助买方办理进口通关手续的,对卖方依照刑法第一百五十六条以走私罪共犯定罪处罚。买卖上述涉税单证情节严重尚未进口货物的,依照刑法第二百八十条的规定定罪处罚。"

④1999年6月21日最高人民检察院法律政策研究室《关于买卖伪造的国家机关证件行为是

否构成犯罪问题的答复》规定:"对于买卖伪造的国家机关证件的行为,依法应当追究刑事责任的,可适用刑法第二百八十条第一款的规定以买卖国家机关证件罪追究刑事责任。"

⑤2002 年 9 月 25 日最高人民检察院研究室《关于买卖尚未加盖印章的空白〈边境证〉行为如何适用法律问题的答复》规定:"对买卖尚未加盖发证机关的行政印章或者通行专用章印鉴的空白《中华人民共和国边境管理区通行证》的行为,不宜以买卖国家机关证件罪追究刑事责任。国家机关工作人员实施上述行为,构成犯罪的,可以按滥用职权等相关犯罪依法追究刑事责任。"

⑥2003 年 6 月 3 日最高人民检察院法律政策研究室《关于伪造、变造、买卖政府设立的临时性机构的公文、证件、印章行为如何适用法律问题的答复》规定:"伪造、变造、买卖各级人民政府设立的行使行政管理权的临时性机构的公文、证件、印章行为,构成犯罪的,应当依照刑法第二百八十条第一款的规定,以伪造、变造、买卖国家机关公文、证件、印章罪追究刑事责任。"

⑦1998 年 5 月 8 日最高人民法院、最高人民检察院、公安部、国家工商行政管理局《关于依法查处盗窃、抢劫机动车案件的规定》第 7 条规定:"伪造、变造、买卖机动车牌证及机动车入户、过户、验证的有关证明文件的,依照《刑法》第二百八十条第一款的规定处罚。"

⑧2000 年 11 月 27 日最高人民法院《关于审理破坏野生动物资源刑事案件具体应用法律若干问题的解释》第 9 条、第 12 条规定:"伪造、变造、买卖国家机关颁发的野生动物允许进出口证明书、特许猎捕证、狩猎证、驯养繁殖许可证等公文、证件构成犯罪的,依照刑法第二百八十条第一款的规定以伪造、变造、买卖国家机关公文、证件罪定罪处罚。

实施上述行为构成犯罪,同时构成刑法第二百二十五条第二项规定的非法经营罪的,依照处罚较重的规定定罪处罚。"

"单位犯刑法第三百四十一条规定之罪,定罪量刑标准依照本解释的有关规定执行。"

⑨2007 年 5 月 9 日最高人民法院、最高人民检察院《关于办理与盗窃、抢劫、诈骗、抢夺机动车相关刑事案件具体应用法律若干问题的解释》相关内容如下:

"第二条　伪造、变造、买卖机动车行驶证、登记证书,累计三本以上的,依照刑法第二百八十条第一款的规定,以伪造、变造、买卖国家机关证件罪定罪,处三年以下有期徒刑、拘役、管制或者剥夺政治权利。

伪造、变造、买卖机动车行驶证、登记证书,累计达到第一款规定数量标准五倍以上的,属于刑法第二百八十条第一款规定中的'情节严重',处三年以上十年以下有期徒刑。"

⑩2009 年 12 月 3 日最高人民法院、最高人民检察院《关于办理妨害信用卡管理刑事案件具体应用法律若干问题的解释》相关规定如下:

"第四条　为信用卡申请人制作、提供虚假的财产状况、收入、职务等资信证明材料,涉及伪造、变造、买卖国家机关公文、证件、印章,或者涉及伪造公司、企业、事业单位、人民团体印章,应当追究刑事责任的,依照刑法第二百八十条的规定,分别以伪造、变造、买卖国家机关公文、证件、印章罪和伪造公司、企业、事业单位、人民团体印章罪定罪处罚。

第八条　单位犯本解释第一条、第七条规定的犯罪的,定罪量刑标准依照各该条的规定执行。"

⑪1998 年 8 月 28 日最高人民法院《关于审理骗购外汇、非法买卖外汇刑事案件具体应用法律若干问题的解释》第 2 条规定:"伪造、变造、买卖海关签发的报关单、进口证明、外汇管理机关的核准件等凭证或者购买伪造、变造的上述凭证的,按照刑法第二百八十条第一款的规定定罪处罚。"

⑫2000 年 11 月 22 日最高人民法院《关于审理破坏森林资源刑事案件具体应用法律若干问题的解释》第 13 条规定:"对于伪造、变造、买卖林木采伐许可证、木材运输证件,森林、林木、林地

权属证书，占用或者征用林地审核同意书、育林基金等缴费收据以及其他国家机关批准的林业证件构成犯罪的，依照刑法第二百八十条第一款的规定，以伪造、变造、买卖国家机关公文、证件罪定罪处罚。

对于买卖允许进出口证明书等经营许可证明，同时触犯刑法第二百二十五条、第二百八十条规定之罪的，依照处罚较重的规定定罪处罚。”

(3)构成要件

第一，本罪侵犯的客体是国家机关的正常活动及其信誉。

第二，客观方面表现为伪造、变造、买卖国家机关公文、证件、印章的行为。

第三，犯罪主体是一般主体。

第四，主观方面是故意，即明知是国家机关的公文、证件、印章而故意伪造、变造或者买卖。

(4)罪名界定

按照《刑法》第280条第1款的规定，行为人只要把公文、证件、印章伪造、变造出来，或者买卖的，即构成本罪的既遂。如果行为人完成上述活动是为了利用这些公文、证件、印章来实施其他犯罪，则又触犯了其他罪名。例如，利用伪造的公文、证件、印章进行诈骗，达到数额较大的，就又牵连触犯了其他犯罪，对这种情况，应按处理牵连犯的原则，以其中的重罪定罪量刑。

所谓“伪造”，是指没有权利制作公文、证件、印章的人，非法制造。所谓“变造”，是指利用涂改、擦消、拼接等方法，对公文、证件、印章进行改制，改变其真实内容，如涂改有效日期、姓名等。“公文”，是指以国家的名义制作的、用来指导工作、处理问题的书面文件，包括指示、决议、通知、命令、决定、请示报告、电文等。“证件”，是指有权制作的国家机关发布的用来证明身份、权利义务关系或者其他有关事实的凭证。

(5)量刑幅度

根据《刑法》第280条第1款的规定，犯本罪的，处3年以下有期徒刑、拘役、管制或者剥夺政治权利；情节严重的，处3年以上10年以下有期徒刑。

6. 盗窃、抢夺、毁灭国家机关公文、证件、印章罪(第280条第1款)

(1)罪名概念

盗窃、抢夺、毁灭国家机关公文、证件、印章罪，是指盗窃、抢夺、毁灭国家机关公文、证件、印章的行为。

(2)法律规定

①本罪名是由《刑法》第280条第1款规定的。该条款规定：“伪造、变造、买卖或者盗窃、抢夺、毁灭国家机关的公文、证件、印章的，处三年以下有期徒刑、拘役、管制或者剥夺政治权利，并处罚金；情节严重的，处三年以上十年以下有期徒刑，并处罚金。”

②1998年12月29日全国人民代表大会常务委员会《关于惩治骗购外汇、逃汇和非法买卖外汇犯罪的决定》第2条规定：“买卖伪造、变造的海关签发的报关单、进口证明、外汇管理部门核准件等凭证和单据或者国家机关的其他公文、证件、印章的，依照刑法第二百八十条的规定定罪处罚。”

③2002年7月8日最高人民法院、最高人民检察院、海关总署《关于办理走私刑事案件适用法律若干问题的意见》第9条规定：“关于利用购买的加工贸易登记手册、特定减免税批文等涉税单证进口货物行为的定性处理问题。

加工贸易登记手册、特定减免税批文等涉税单证是海关根据国家法律法规以及有关政策性规定，给予特定企业用于保税货物经营管理和减免税优惠待遇的凭证。利用购买的加工贸易登记手册、特定减免税批文等涉税单证进口货物，实质是将一般贸易货物伪报为加工贸易保税货物或者特定减免税货物进口，以达到偷逃应缴税款的目的，应当适用刑法第一百五十三条以走私普通货物、物品罪定罪处罚。如果行为人与走私分子通谋出售上述涉税单证，或者在出卖批文后又以提供印章、向海关伪报保税货物、特定减免税货物等方式帮助买方办理进口通关手续的，对卖方依照刑法第一百五十六条以走私罪共犯定罪处罚。买卖上述涉税单证情节严重尚未进口货物的，依照刑法第二百八十条的规定定罪处罚。”

④1999 年 6 月 21 日最高人民检察院法律政策研究室《关于买卖伪造的国家机关证件行为是否构成犯罪问题的答复》规定：“对于买卖伪造的国家机关证件的行为，依法应当追究刑事责任的，可适用刑法第二百八十条第一款的规定以买卖国家机关证件罪追究刑事责任。”

⑤2002 年 9 月 25 日最高人民检察院研究室《关于买卖尚未加盖印章的空白〈边境证〉行为如何适用法律问题的答复》规定：“对买卖尚未加盖发证机关的行政印章或者通行专用章印鉴的空白《中华人民共和国边境管理区通行证》的行为，不宜以买卖国家机关证件罪追究刑事责任。国家机关工作人员实施上述行为，构成犯罪的，可以按滥用职权等相关犯罪依法追究刑事责任。”

⑥2003 年 6 月 3 日最高人民检察院法律政策研究室《关于伪造、变造、买卖政府设立的临时性机构的公文、证件、印章行为如何适用法律问题的答复》规定：“伪造、变造、买卖各级人民政府设立的行使行政管理权的临时性机构的公文、证件、印章行为，构成犯罪的，应当依照刑法第二百八十条第一款的规定，以伪造、变造、买卖国家机关公文、证件、印章罪追究刑事责任。”

⑦1998 年 5 月 8 日最高人民法院、最高人民检察院、公安部、国家工商行政管理局《关于依法查处盗窃、抢劫机动车案件的规定》第 7 条规定：“伪造、变造、买卖机动车牌证及机动车入户、过户、验证的有关证明文件的，依照《刑法》第二百八十条第一款的规定处罚。”

⑧2000 年 11 月 27 日最高人民法院《关于审理破坏野生动物资源刑事案件具体应用法律若干问题的解释》第 9 条、第 12 条规定：“伪造、变造、买卖国家机关颁发的野生动物允许进出口证明书、特许猎捕证、狩猎证、驯养繁殖许可证等公文、证件构成犯罪的，依照刑法第二百八十条第一款的规定以伪造、变造、买卖国家机关公文、证件罪定罪处罚。

实施上述行为构成犯罪，同时构成刑法第二百二十五条第二项规定的非法经营罪的，依照处罚较重的规定定罪处罚。”

“单位犯刑法第三百四十一条规定之罪，定罪量刑标准依照本解释的有关规定执行。”

⑨2007 年 5 月 9 日最高人民法院、最高人民检察院《关于办理与盗窃、抢劫、诈骗、抢夺机动车相关刑事案件具体应用法律若干问题的解释》相关内容如下：

“第二条　伪造、变造、买卖机动车行驶证、登记证书，累计三本以上的，依照刑法第二百八十条第一款的规定，以伪造、变造、买卖国家机关证件罪定罪，处三年以下有期徒刑、拘役、管制或者剥夺政治权利。

伪造、变造、买卖机动车行驶证、登记证书，累计达到第一款规定数量标准五倍以上的，属于刑法第二百八十条第一款规定中的‘情节严重’，处三年以上十年以下有期徒刑。”

⑩2009 年 12 月 3 日最高人民法院、最高人民检察院《关于办理妨害信用卡管理刑事案件具体应用法律若干问题的解释》相关规定如下：

“第四条　为信用卡申请人制作、提供虚假的财产状况、收入、职务等资信证明材料，涉及伪造、变造、买卖国家机关公文、证件、印章，或者涉及伪造公司、企业、事业单位、人民团体印章，应当追究刑事责任的，依照刑法第二百八十条的规定，分别以伪造、变造、买卖国家机关公文、证件、印章罪和伪造公司、企业、事业单位、人民团体印章罪定罪处罚。

第八条　单位犯本解释第一条、第七条规定的犯罪的，定罪量刑标准依照各该条的规定执行。”

⑪2000年11月22日最高人民法院《关于审理破坏森林资源刑事案件具体应用法律若干问题的解释》第13条规定:“对于伪造、变造、买卖林木采伐许可证、木材运输证件,森林、林木、林地权属证书,占用或者征用林地审核同意书、育林基金等缴费收据以及其他国家机关批准的林业证件构成犯罪的,依照刑法第二百八十条第一款的规定,以伪造、变造、买卖国家机关公文、证件罪定罪处罚。

对于买卖允许进出口证明书等经营许可证明,同时触犯刑法第二百二十五条、第二百八十条规定之罪的,依照处罚较重的规定定罪处罚。”

⑫1998年8月28日最高人民法院《关于审理骗购外汇、非法买卖外汇刑事案件具体应用法律若干问题的解释》主要相关内容如下:

“第二条　伪造、变造、买卖海关签发的报关单、进口证明、外汇管理机关的核准件等凭证或者购买伪造、变造的上述凭证的,按照刑法第二百八十条第一款的规定定罪处罚。

第五条　海关、银行、外汇管理机关工作人员与骗购外汇的行为人通谋,为其提供购买外汇的有关凭证,或者明知是伪造、变造的凭证和商业单据而出售外汇,构成犯罪的,按照刑法的有关规定从重处罚。

第六条　实施本解释规定的行为,同时触犯二个以上罪名的,择一重罪从重处罚。

第七条　根据刑法第六十四条规定,骗购外汇、非法买卖外汇的,其违法所得予以追缴,用于骗购外汇、非法买卖外汇的资金予以没收,上缴国库。

第八条　骗购、非法买卖不同币种的外汇的,以案发时国家外汇管理机关制定的统一折算率折合后依照本解释处罚。”

(3)构成要件

第一,本罪侵犯的客体是国家机关正常的管理活动和信誉。

第二,客观方面表现为盗窃、抢夺、毁灭国家机关公文、证件、印章的行为。本罪的犯罪对象是特定的,限于国家机关公文、证件、印章。

第三,本罪的主体是一般主体。

第四,主观方面是故意。

(4)罪名界定

行为人如果盗窃、抢夺国家机关公文、证件、印章的目的是实施其他犯罪,这就可能牵连触犯了其他罪名。例如,利用盗窃的国家机关的公文进行诈骗,达到数额较大的,就又牵连触犯了诈骗罪的罪名。有配偶的人利用盗窃的离婚证,又与他人登记结婚,就又牵连触犯了重婚罪的罪名。对这种情况,应按照处理牵连犯的原则,以其中的一种重罪定罪处罚。

(5)量刑幅度

根据《刑法》第280条第1款的规定,犯本罪的,处3年以下有期徒刑、拘役、管制或者剥夺政治权利,并处罚金;情节严重者,处3年以上10年以下有期徒刑,并处罚金。

7.伪造公司、企业、事业单位、人民团体印章罪(第280条第2款)

(1)罪名概念

伪造公司、企业、事业单位、人民团体印章罪,是指伪造公司、企业、事业单位、人民团体的印章的行为。

(2)法律规定

①本罪名是由《刑法》第280条第2款规定的。该条款规定:“伪造公司、企业、事业单位、人

民团体的印章的，处三年以下有期徒刑、拘役、管制或者剥夺政治权利，并处罚金。”

②2000年11月22日最高人民法院《关于审理破坏森林资源刑事案件具体应用法律若干问题的解释》第13条规定：“对于伪造、变造、买卖林木采伐许可证、木材运输证件，森林、林木、林地权属证书，占用或者征用林地审核同意书、育林基金等缴费收据以及其他国家机关批准的林业证件构成犯罪的，依照刑法第二百八十条第一款的规定，以伪造、变造、买卖国家机关公文、证件罪定罪处罚。

对于买卖允许进出口证明书等经营许可证明，同时触犯刑法第二百二十五条、第二百八十条规定之罪的，依照处罚较重的规定定罪处罚。”

③2002年10月24日最高人民检察院法律政策研究室《关于通过伪造证据骗取法院民事裁判占有他人财物的行为如何适用法律问题的答复》规定：“以非法占有为目的，通过伪造证据骗取法院民事裁判占有他人财物的行为，所侵害的主要是人民法院正常的审判活动，可以由人民法院依照民事诉讼法的有关规定作出处理，不宜以诈骗罪追究行为人的刑事责任。如果行为人伪造证据时，实施了伪造公司、企业、事业单位、人民团体印章的行为，构成犯罪的，应当依照刑法第二百八十条第二款的规定，以伪造公司、企业、事业单位、人民团体印章罪追究刑事责任；如果行为人有指使他人作伪证行为，构成犯罪的，应当依照刑法第三百零七条第一款的规定，以妨害作证罪追究刑事责任。”

④2001年7月3日最高人民法院、最高人民检察院《关于办理伪造、贩卖伪造的高等院校学历、学位证明刑事案件如何适用法律问题的解释》规定：“对于伪造高等院校印章制作学历、学位证明的行为，应当依照刑法第二百八十条第二款的规定，以伪造事业单位印章罪定罪处罚。

明知是伪造高等院校印章制作的学历、学位证明而贩卖的，以伪造事业单位印章罪的共犯论处。”

⑤2002年9月25日最高人民检察院研究室《关于买卖尚未加盖印章的空白〈边境证〉行为如何适用法律问题的答复》规定：“对买卖尚未加盖发证机关的行政印章或者通行专用章印鉴的空白《中华人民共和国边境管理区通行证》的行为，不宜以买卖国家机关证件罪追究刑事责任。国家机关工作人员实施上述行为，构成犯罪的，可以按滥用职权等相关犯罪依法追究刑事责任。”

⑥2003年6月3日最高人民检察院法律政策研究室《关于伪造、变造、买卖政府设立的临时性机构的公文、证件、印章行为如何适用法律问题的答复》规定：“伪造、变造、买卖各级人民政府设立的行使行政管理权的临时性机构的公文、证件、印章行为，构成犯罪的，应当依照刑法第二百八十条第一款的规定，以伪造、变造、买卖国家机关公文、证件、印章罪追究刑事责任。”

⑦1998年5月8日最高人民法院、最高人民检察院、公安部、国家工商行政管理局《关于依法查处盗窃、抢劫机动车案件的规定》第7条规定：“伪造、变造、买卖机动车牌证及机动车入户、过户、验证的有关证明文件的，依照《刑法》第二百八十条第一款的规定处罚。”

⑧2000年11月27日最高人民法院《关于审理破坏野生动物资源刑事案件具体应用法律若干问题的解释》第9条、第12条规定：“伪造、变造、买卖国家机关颁发的野生动物允许进出口证明书、特许猎捕证、狩猎证、驯养繁殖许可证等公文、证件构成犯罪的，依照刑法第二百八十条第一款的规定以伪造、变造、买卖国家机关公文、证件罪定罪处罚。

实施上述行为构成犯罪，同时构成刑法第二百二十五条第二项规定的非法经营罪的，依照处罚较重的规定定罪处罚。”

“单位犯刑法第三百四十一条规定之罪，定罪量刑标准依照本解释的有关规定执行。”

⑨2007年5月9日最高人民法院、最高人民检察院《关于办理与盗窃、抢劫、诈骗、抢夺机动车相关刑事案件具体应用法律若干问题的解释》相关内容如下：

“第二条　伪造、变造、买卖机动车行驶证、登记证书，累计三本以上的，依照刑法第二百八十条第一款的规定，以伪造、变造、买卖国家机关证件罪定罪，处三年以下有期徒刑、拘役、管制或者剥夺政治权利。

伪造、变造、买卖机动车行驶证、登记证书，累计达到第一款规定数量标准五倍以上的，属于刑法第二百八十条第一款规定中的‘情节严重’，处三年以上十年以下有期徒刑。”

⑩2009年12月3日最高人民法院、最高人民检察院《关于办理妨害信用卡管理刑事案件具体应用法律若干问题的解释》第4条规定：“为信用卡申请人制作、提供虚假的财产状况、收入、职务等资信证明材料，涉及伪造、变造、买卖国家机关公文、证件、印章，或者涉及伪造公司、企业、事业单位、人民团体印章，应当追究刑事责任的，依照刑法第二百八十条的规定，分别以伪造、变造、买卖国家机关公文、证件、印章罪和伪造公司、企业、事业单位、人民团体印章罪定罪处罚。”

⑪1998年8月28日最高人民法院《关于审理骗购外汇、非法买卖外汇刑事案件具体应用法律若干问题的解释》第2条规定：“伪造、变造、买卖海关签发的报关单、进口证明、外汇管理机关的核准件等凭证或者购买伪造、变造的上述凭证的，按照刑法第二百八十条第一款的规定定罪处罚。”

⑫1998年12月29日《全国人民代表大会常务委员会关于惩治骗购外汇、逃汇和非法买卖外汇犯罪的决定》第2条规定：“买卖伪造、变造的海关签发的报关单、进口证明、外汇管理部门核准件等凭证和单据或者国家机关的其他公文、证件、印章的，依照刑法第二百八十条的规定定罪处罚。”

⑬2002年7月8日最高人民法院、最高人民检察院、海关总署《关于办理走私刑事案件适用法律若干问题的意见》第9条规定：“关于利用购买的加工贸易登记手册、特定减免税批文等涉税单证进口货物行为的定性处理问题。

加工贸易登记手册、特定减免税批文等涉税单证是海关根据国家法律法规以及有关政策性规定，给予特定企业用于保税货物经营管理和减免税优惠待遇的凭证。利用购买的加工贸易登记手册、特定减免税批文等涉税单证进口货物，实质是将一般贸易货物伪报为加工贸易保税货物或者特定减免税货物进口，以达到偷逃应缴税款的目的，应当适用刑法第一百五十三条以走私普通货物、物品罪定罪处罚。如果行为人与走私分子通谋出售上述涉税单证，或者在出卖批文后又以提供印章、向海关伪报保税货物、特定减免税货物等方式帮助买方办理进口通关手续的，对卖方依照刑法第一百五十六条以走私罪共犯定罪处罚。买卖上述涉税单证情节严重尚未进口货物的，依照刑法第二百八十条的规定定罪处罚。”

⑭1999年6月21日最高人民检察院法律政策研究室《关于买卖伪造的国家机关证件行为是否构成犯罪问题的答复》规定：“对于买卖伪造的国家机关证件的行为，依法应当追究刑事责任的，可适用刑法第二百八十条第一款的规定以买卖国家机关证件罪追究刑事责任。”

(3)构成要件

第一，本罪侵犯的客体是公司、企业、事业单位、人民团体的正常管理活动和信誉。

第二，客观方面表现为伪造公司、企业、事业单位、人民团体印章的行为。本罪的犯罪对象是公司、企业、事业单位、人民团体的印章。

第三，犯罪主体是一般主体。

第四，主观方面是故意。

(4)罪名界定

第一，根据2001年6月21日最高人民法院、最高人民检察院《关于办理伪造、贩卖伪造的高等院校学历、学位证明刑事案件如何适用法律问题的解释》之规定，对于伪造高等院校印章制作学历、学位证明的行为,应当依照《刑法》关于伪造事业单位印章罪来处罚。如果明知是伪造高等院校印章制作的学历、学位证明而贩卖的,以伪造事业单位印章罪的共犯论处。

第二,本罪与伪造、变造、买卖国家机关公文、证件、印章罪的主要区别有以下几点:一是犯罪的客观方面不同。本罪的客观方面表现为伪造一种行为方式;而后者,表现为伪造、变造、买卖的3种行为方式。二是犯罪对象不同。本罪的犯罪对象是公司、企业、事业单位、人民团体的印章;而后者是国家机关的公文、证件、印章。三是犯罪侵犯的客体不同。前者侵犯的客体是公司、企业、事业单位、人民团体这些非国家机关的正常管理活动和信誉;而后者侵犯的客体是国家机关的管理活动和信誉。

(5)量刑幅度

根据《刑法》第280条第2款的规定,犯本罪的,处3年以下有期徒刑、拘役、管制或者剥夺政治权利,并处罚金。

8. 伪造、变造、买卖身份证件罪(第280条第3款)

(1)罪名概念

伪造、变造、买卖身份证件罪,是指伪造、变造、买卖居民身份证、护照、社会保障卡、驾驶证的行为。

(2)法律规定

本罪名是由《刑法》第280条第3款规定的。该款规定:"伪造、变造、买卖居民身份证、护照、社会保障卡、驾驶证等依法可以用于证明身份的证件的,处三年以下有期徒刑、拘役、管制或者剥夺政治权利,并处罚金;情节严重的,处三年以上七年以下有期徒刑,并处罚金。"

(3)构成要件

第一,本罪侵犯的客体是国家对公民证件的管理制度。

第二,客观方面表现伪造、变造、买卖居民身份证、护照、社会保障卡、驾驶证的行为。所谓伪造,是指没有权利制作的人制作假的居民身份证的行为。所谓变造,是指用涂改、擦消、拼接等方法,对真实的居民身份证进行改制,改变其真实内容。本罪是个行为选择性罪名,只要实施了这两种行为中的一种,即可按本罪论处。如果同时实施两种行为,应以一罪论处,不实行数罪并罚。

第三,犯罪主体是一般主体。

第四,主观方面是故意。

(4)罪名界定

根据《刑法》第280条第3款的规定,构成本罪,没有规定情节的要求,但是,这并不等于任何伪造、变造居民身份证的行为都构成犯罪。因此,对于伪造、变造、买卖居民身份证、护照、社会保障卡、驾驶证的,如果情节显著轻微,危害不大的,应当根据《刑法》第13条的规定,不作犯罪处理。

(5)量刑幅度

根据《刑法》第280条第3款的规定,构成本罪的,处3年以下有期徒刑、拘役、管制或者剥夺政治权利,并处罚金;情节严重的,处3年以上7年以下有期徒刑,并处罚金。

9. 使用虚假身份证件、盗用身份证件罪(第280条之一)

(1)罪名概念

使用虚假身份证件、盗用身份证件罪,是指在依照国家规定应当提供身份证明的活动中,使用伪造、变造的或者盗用他人的证件的行为。

(2)法律规定

本罪名是由《刑法》第280条之一规定的。该条规定:“在依照国家规定应当提供身份证明的活动中,使用伪造、变造的或者盗用他人的居民身份证、护照、社会保障卡、驾驶证等依法可以用于证明身份的证件,情节严重的,处拘役或者管制,并处或者单处罚金。

有前款行为,同时构成其他犯罪的,依照处罚较重的规定定罪处罚。”

(3)构成要件

第一,本罪侵犯的客体,是公共秩序和国家对居民身份证、护照、驾驶证等证件的管理制度。

第二,客观方面表现为在依照国家规定应当提供身份证明的活动中,使用伪造、变造的或者盗用他人的居民身份证、护照、社会保障卡、驾驶证等依法可以用于证明身份的证件,情节严重的行为。

第三,犯罪主体是一般主体。

第四,主观方面是故意。

(4)罪名界定

本罪与伪造、变造、买卖身份证件罪的区别是:本罪在客观方面表现为在应该提供真实身份的活动中,使用伪造、变造的或者盗用他人的居民身份证、护照、驾驶证等证件的行为,强调的是使用。而伪造、变造、买卖公民证件罪,在客观方面表现为伪造、变造、买卖居民身份证、护照、社会保障卡、驾驶证的行为,强调的是伪造、变造和买卖。另外,这两种犯罪的刑罚也不同。构成本罪的,处拘役或者管制,并处或者单处罚金,处罚比较轻;构成伪造、变造、买卖公民证件罪的,处3年以下有期徒刑、拘役、管制或者剥夺政治权利;情节严重的,处3年以上7年以下有期徒刑,处罚比较重。

(5)量刑幅度

根据《刑法》第280条之一的规定,构成本罪的,处拘役或者管制,并处或者单处罚金。如果同时构成其他犯罪的,依照处罚较重的规定定罪处罚。

10. 冒名顶替罪(第280条之二)

(1)罪名概念

冒名顶替罪,是指盗用、冒用他人身份,顶替他人取得的高等学历教育入学资格、公务员录用资格、就业安置待遇的行为。

(2)法律规定

本罪名是由《刑法》第280条之二规定的。该条规定:“盗用、冒用他人身份,顶替他人取得的高等学历教育入学资格、公务员录用资格、就业安置待遇的,处三年以下有期徒刑、拘役或者管制,并处罚金。

组织、指使他人实施前款行为的,依照前款的规定从重处罚。

国家工作人员有前两款行为,又构成其他犯罪的,依照数罪并罚的规定处罚。”

(3)构成要件

第一,本罪侵犯的是复杂客体,既侵犯国家对高等学历教育、公务员招考以及就业安置的管理制度,又侵犯他人受教育、就业、享受有关待遇的权利。

第二,客观方面表现为盗用、冒用他人身份,顶替他人的高等学历教育入学资格、公务员录用资格、就业安置待遇的行为。

第三,本罪主体是一般主体。

第四，主观方面是故意。

(4)罪名界定

构成本罪，一是要实施盗用、冒用他人身份的行为，二是要顶替他人的高校入学资格、公务员录用资格以及就业安置待遇。除冒名顶替者本人外，组织、指使他人实施冒名顶替行为的，也可构成本罪，并从重处罚；国家机关工作人员实施或组织、指使他人实施冒名顶替行为，又构成其他罪的，依照本罪和构成的他罪数罪并罚。

(5)量刑幅度

根据《刑法》第280条之二的规定，犯冒名顶替罪，处3年以下有期徒刑、拘役或者管制，并处罚金。

11. 非法生产、买卖警用装备罪(第281条)

(1)罪名概念

非法生产、买卖警用装备罪，是指非法生产、买卖人民警察制式服装、车辆牌号等专用标志、警械，情节严重的行为。

(2)法律规定

①本罪名是由《刑法》第281条规定的。该条规定："非法生产、买卖人民警察制式服装、车辆号牌等专用标志、警械，情节严重的，处三年以下有期徒刑、拘役或者管制，并处或者单处罚金。

单位犯前款罪的，对单位判处罚金，并对其直接负责的主管人员和其他直接责任人员，依照前款的规定处罚。"

②2008年6月25日最高人民检察院、公安部《关于公安机关管辖的刑事案件立案追诉标准的规定(一)》第35条规定："非法生产、买卖人民警察制式服装、车辆号牌等专用标志、警械，涉嫌下列情形之一的，应予立案追诉：

(一)成套制式服装三十套以上，或者非成套制式服装一百件以上的；

(二)手铐、脚镣、警用抓捕网、警用催泪喷射器、警灯、警报器单种或者合计十件以上的；

(三)警棍五十根以上的；

(四)警衔、警号、胸章、臂章、帽徽等警用标志单种或者合计一百件以上的；

(五)警用号牌、省级以上公安机关专段民用车辆号牌一副以上，或者其他公安机关专段民用车辆号牌三副以上的；

(六)非法经营数额五千元以上，或者非法获利一千元以上的；

(七)被他人利用进行违法犯罪活动的；

(八)其他情节严重的情形。"

(3)构成要件

第一，本罪侵犯的客体是国家主管机关对警服、警械、警用标志车辆牌号的管理制度。

第二，客观方面表现为违反有关规定，非法生产、买卖警服、警械或者警用标志，情节严重的行为人。

第三，犯罪主体是一般主体，包括单位和自然人。

第四，主观方面是故意，一般具有谋取非法利益的目的。

(4)罪名界定

《人民警察警衔标志式样和佩带办法》第8条规定："人民警察的警衔标志由公安部负责制作和管理。其他单位和个人不得制作、伪造和买卖、使用警衔标志，也不得使用与警衔标志相似的标志。"因此，非法生产、买卖人民警察服装、标志、警械，就是违反这些法律、法规。但是，违法不等于犯罪。非法生产、买卖人民警察制式服装、车辆号牌等专用标志、警械，必须情节严重才能构成本罪。

（5）量刑幅度

根据《刑法》第 281 条的规定，犯本罪情节严重的，处 3 年以下有期徒刑、拘役或者管制，并处或者单处罚金。单位犯本罪的，对单位判处罚金，并且对直接负责的主管人员和其他直接责任人员，依照上述规定处罚。

12. 非法获取国家秘密罪（第 282 条第 1 款）

（1）罪名概念

非法获取国家秘密罪，是指以窃取、刺探、收买方法，非法获取国家秘密的行为。

（2）法律规定

本罪名是由《刑法》第 282 条第 1 款规定的。该条款规定："以窃取、刺探、收买方法，非法获取国家秘密的，处三年以下有期徒刑、拘役、管制或者剥夺政治权利；情节严重的，处三年以上七年以下有期徒刑。"

（3）构成要件

第一，本罪侵害的客体是国家的保密制度，犯罪对象是国家秘密。

第二，客观方面表现为以窃取、刺探、收买方法，非法获取国家秘密的行为。

第三，犯罪主体是一般主体，可以是中国人，也可以是外国人或者无国籍人。

第四，主观方面是故意，包括直接故意和间接故意。至于动机如何，不影响本罪的成立。

（4）罪名界定

第一，本罪与非法持有国家绝密、机密文件、资料、物品罪的区别：一是客观方面不同。前者表现为窃取、刺探、收买三种行为方式；而后者表现为非法持有 1 种行为方式。二是犯罪对象不同。前者的犯罪对象是国家秘密；而后者的犯罪对象是属于国家绝密、机密的文件、资料或者其他物品。三是处罚也不同。

第二，本罪与为境外窃取、刺探、收买、非法提供国家秘密、情报罪不同。如果行为人窃取、刺探、收买情报是为了提供给境外的机构、组织、人员的，应当以为境外窃取、刺探、收买、非法提供国家秘密、情报罪定罪处罚；如果是出于其他目的，这应当以本罪定罪处罚。由于所非法获取的国家秘密泄露、扩散，而被境外的机构、组织、个人知悉、取得的，只要行为人对此不是故意的，仍然应当定非法获取国家秘密罪。

（5）量刑幅度

根据《刑法》第 282 条第 1 款的规定，犯本罪的，处 3 年以下有期徒刑、拘役、管制或者剥夺政治权利；情节严重的，处 3 年以上 7 年以下有期徒刑。

13. 非法持有国家绝密、机密文件、资料、物品罪（第 282 条第 2 款）

（1）罪名概念

非法持有国家绝密、机密文件、资料、物品罪，是指非法持有属于国家绝密、机密的文件、资料或者其他物品，而且拒不说明来源与用途的行为。

（2）法律规定

本罪名是由《刑法》第 282 条第 2 款规定的。该条款规定："非法持有属于国家绝密、机密的文件、资料或者其他物品，拒不说明来源与用途的，处三年以下有期徒刑、拘役或者管制。"

(3)构成要件

第一,本罪侵犯的客体是国家保密制度。

第二,客观方面表现为非法持有属于国家绝密、机密的文件、资料或者其他物品,并且拒不说明来源与用途的行为。

第三,本罪的主体是一般主体。

第四,主观方面是故意,即明知是属于国家绝密、机密的文件、资料或者其他物品,而非法持有,并且在国家有关部门查询时,拒不说明来源与用途。

(4)罪名界定

第一,认定本罪要注意以下两点:一是本罪是故意犯罪。如果行为人对于所持有的文件、资料或者其他物品,不明知是属于国家绝密、机密的文件、资料或者其他物品,或者认识不清时,则不能认定为本罪。二是本罪的犯罪对象,只限于国家绝密、机密的文件、资料或者其他物品。根据国家保密法的规定,国家秘密分为"绝密""机密""秘密"3 级。因此,只要持有前两级秘密才能构成本罪。如果行为人非法持有最后一级秘密的文件、资料或者其他物品,则不构成本罪。绝密、机密、秘密,不是由哪个人随便确定的。

根据《中华人民共和国保守国家秘密法实施条例》第 9 条、第 20 条的规定,对于是否属于国家秘密和属于何种秘密不明确时,依照下列规定确定:对是否属于国家秘密和属于何种密级不明确的事项先行拟定密级,并按照规定的程序报保密行政管理部门确定。机关、单位对已定密事项是否属于国家秘密或者属于何种密级有不同意见的,可以向原定密机关、单位提出异议,由原定密机关、单位作出决定。机关、单位对原定密机关、单位未予处理或者对作出的决定仍有异议的,按照下列规定办理:①确定为绝密级的事项和中央国家机关确定的机密级、秘密级的事项,报国家保密行政管理部门确定。②其他机关、单位确定的机密级、秘密级的事项,报省、自治区、直辖市保密行政管理部门确定;对省、自治区、直辖市保密行政管理部门作出的决定有异议的,可以报国家保密行政管理部门确定。在原定密机关、单位或者保密行政管理部门作出决定前,对有关事项应当按照主张密级中的最高密级采取相应的保密措施。

国家秘密的范围:一是国家事务重大决策中的秘密事项;二是国防建设和武装力量活动中的秘密事项;三是外交和外事活动中的秘密事项,以及对外承担保密事务的事项;四是国民经济和社会发展中的秘密事项;五是科学技术中的秘密事项;六是维护国家安全活动和追查刑事犯罪中的秘密事项;七是其他经过国家保密工作部门确定应当保守的国家秘密事项。

第二,要划清本罪与其他方面犯罪的界限。对于行为人非法持有国家绝密、机密文件、资料、物品,如果行为人说出了来源,如窃取、刺探等,则不应当定为本罪,而应当定为非法获取国家秘密罪。如果行为人说出了用途,如为境外的机构、组织、人员窃取、收买的,则应定为境外机构、组织、人员获取、非法提供国家秘密罪,而不应再定本罪。只有行为人拒不说明其来源和用途,而又无法查明其来源与用途的,才以本罪论处。如果能够查明来源,应当依据具体情况,分别定罪,不以本罪论处。

第三,本罪与非法获取国家秘密罪的区别:一是客观方面不同。本罪表现为非法持有并且拒不说明来源和用途的一种行为方式,其表现形式多为不作为;而后罪表现为窃取、刺探、收买三种行为方式,其表现形式多为作为。二是犯罪对象不同。本罪的犯罪对象仅限于属于国家绝密、机密的文件、资料或者其他物品;后者的犯罪对象是任何一级国家秘密,对象比较广泛。

第四,本罪与泄露国家秘密罪的区别:一是主体不同。本罪的主体是一般主体,既可以是国家工作人员,又可以是非国家工作人员;而后罪是特殊主体,即国家工作人员。二是主观方面不同。本罪的主观方面是故意,过失不能构成本罪;而后罪既可以是故意,又可以是过失。主观方面是故意的，称为故意泄露国家秘密罪；主观方面是过失的，称为过失泄露国家秘密罪。三是客观方面不同。本罪是一种“持有型”犯罪，是一种行为犯；而后罪则是结果犯，必须有泄露国家秘密的结果。但是如果先实施本罪，然后又泄露国家秘密的，则应当实行数罪并罚。

(5) 量刑幅度

根据《刑法》第 282 条第 2 款的规定，犯本罪的，处 3 年以下有期徒刑、拘役或者管制。

14. 非法生产、销售专用间谍器材、窃听、窃照专用器材罪(第 283 条)

(1) 罪名概念

非法生产、销售专用间谍器材、窃听、窃照专用器材罪，是指非法生产、销售专用间谍器材或者窃听、窃照专用器材的行为。

(2) 法律规定

本罪名是由《刑法》第 283 条规定的。该条规定：“非法生产、销售专用间谍器材或者窃听、窃照专用器材的，处三年以下有期徒刑、拘役或者管制，并处或者单处罚金；情节严重的，处三年以上七年以下有期徒刑，并处罚金。

单位犯前款罪的，对单位判处罚金，并对其直接负责的主管人员和其他直接责任人员，依照前款的规定处罚。”

(3) 构成要件

第一，本罪侵犯的客体是国家对专用间谍器材的生产、销售等管理制度，犯罪对象是专用间谍器材或者窃听、窃照专用器材。专用间谍器材是国家安全机关专门用于侦查和国家安全保卫工作部门所用的工具，它是由国家有关部门定点生产、销售的。非法生产、销售专用间谍器材的行为，不仅破坏了国家的管理制度，而且这些器材一旦流入社会，被不法分子所利用，就会对国家安全和社会管理秩序造成很大的破坏。

第二，客观方面表现为非法生产、销售专用间谍器材或者窃听、窃照专用器材的行为。

第三，本罪的主体是一般主体。

第四，主观方面是故意。

(4) 罪名界定

第一，本罪是故意犯罪，过失生产和销售的，不能以本罪论处。区分行为人的行为是故意还是过失，关键要看行为人对所生产、销售的产品是否有明确的认识，即行为人是否明知，是否能判断属于上述专用间谍器材。如果受委托加工，对委托加工的产品，不明知或者不能判断是专用间谍器材，则受委托者生产这些产品，在主观上没有本罪的故意，因此不能以本罪论处。

第二，本罪与侵犯商业秘密罪、非法获取国家秘密罪的主要区别是：本罪使用窃听、窃照专用器材，主要获取他人隐私，要求造成严重后果才能构成犯罪；而后者的犯罪手段则是多样化，不限于使用窃听、窃照专用器材，而且侵犯的对象分别是商业秘密和国家秘密，非法获取国家秘密罪不要求造成严重后果。行为人使用窃听、窃照专用器材获取他人商业秘密、国家秘密，同时构成本罪与侵犯商业秘密罪、非法获取国家秘密罪的，属于牵连犯罪，应当按照处理牵连犯罪的原则，按照其中的一个重要罪定罪处罚。

(5) 量刑幅度

根据《刑法》第 283 条的规定，对构成本罪的处罚分以下 3 个档次：

一是处 3 年以下有期徒刑、拘役或者管制，并处或者单处罚金。

二是情节严重的，处 3 年以上 7 年以下有期徒刑，并处罚金。

三是单位犯本罪的，对单位判处罚金，并且对其直接负责的主管人员和其他直接责任人员，依照上述规定处罚。

15. 非法使用窃听、窃照专用器材罪(第 284 条)

(1) 罪名概念

非法使用窃听、窃照专用器材罪,是指非法使用窃听、窃照专用器材,造成严重后果的行为。

(2) 法律规定

本罪名是由《刑法》第 284 条规定的。该条规定:“非法使用窃听、窃照专用器材,造成严重后果的,处二年以下有期徒刑、拘役或者管制。”

(3) 构成要件

第一,本罪侵犯的客体是国家对窃听、窃照专用器材的使用管理制度。

第二,客观方面表现为非法使用窃听、窃照专用器材,造成严重后果的行为。

第三,本罪的主体是一般主体。

第四,主观方面是故意。

(4) 罪名界定

第一,关于本罪的认定。构成本罪必须同时具备以下两个条件:一是具有非法使用窃听、窃照专用器材的行为。也就是说,没有经过国家管理部门许可而擅自使用,或者是虽然有权使用,但是没有按照国家规定而使用。所谓窃听专用器材,是指窃听器暗藏式录音机等。所谓窃照专用器材,是指暗藏式照相机、摄像机等。二是因为非法使用窃听、窃照专用器材而造成了严重后果。所谓严重后果,一般是指侵犯公民隐私,使他人名誉受到严重损害;受害人因此而精神失常、自杀等。这两点缺一不可。

行为人在实施其他犯罪的过程中,如果非法使用了窃听、窃照专用器材的,可以把非法使用窃听、窃照专用器材的行为作为其他有关犯罪的牵连行为来看待。根据处理牵连犯的原则,选择其中的一个重罪来定罪处罚。

第二,本罪与侵犯商业秘密罪、非法获取国家秘密罪的主要区别是:本罪使用窃听、窃照专用器材,主要获取他人隐私,要求造成严重后果才能构成犯罪;而后者的犯罪手段则是多样化,不限于使用窃听、窃照专用器材,而且侵犯的对象分别是商业秘密和国家秘密,非法获取国家秘密罪不要求造成严重后果。如果行为人使用窃听、窃照专用器材获取他人商业秘密、国家秘密,同时构成本罪与侵犯商业秘密罪、非法获取国家秘密罪的,属于牵连犯罪,应当按照处理牵连犯罪的原则,按其中的一个重罪定罪处罚。

(5) 量刑幅度

根据《刑法》第 284 条的规定,构成本罪的,处 2 年以下有期徒刑、拘役或者管制。

16. 组织考试作弊罪(第 284 条之一第 1 款、第 2 款)

(1) 罪名概念

组织考试作弊罪,是指在国家规定的考试中,组织考生作弊的行为。

(2) 法律规定

本罪名是由《刑法》第 284 条之一第 1 款、第 2 款规定的。该条第 1 款、第 2 款分别规定:“在法律规定的国家考试中,组织作弊的,处三年以下有期徒刑或者拘役,并处或者单处罚金;情节严重的,处三年以上七年以下有期徒刑,并处罚金。”

“为他人实施前款犯罪提供作弊器材或者其他帮助的,依照前款的规定处罚。”

(3)构成要件

第一,本罪侵犯的客体是社会管理秩序,具体来说,是国家规定的正常考试制度。

第二,客观方面表现为在国家规定的考试中,组织考生作弊,或者为他人考试作弊提供帮助的行为。这种考试,是国家规定的大考,而不是学校、班级的临时的或者周末、年末的小考。

第三,犯罪主体是一般主体。

第四,主观方面是故意。

(4)罪名界定

第一,根据法律规定,只要是在国家规定的考试中,组织考生作弊了,除了情节显著轻微的以外,均构成本罪。法律没有规定必须是情节严重,或者作弊得逞等条件。

第二,本罪与非法出售、提供试题、答案罪的区别在于客观方面表现不同。本罪对考生作弊表现为组织、帮助行为,而后者表现为为考试作弊提供作弊器材或者其他帮助的行为,而不是为考试作弊起组织作用。

(5)量刑幅度

根据《刑法》第 284 条之一第 1 款的规定,对犯本罪的处罚分以下 2 个档次:

一是构成本罪的,处 3 年以下有期徒刑或者拘役,并处或者单处罚金。

二是情节严重的,处 3 年以上 7 年以下有期徒刑,并处罚金。

17. 非法出售、提供试题、答案罪(第 284 条之一第 1 款、第 3 款)

(1)罪名概念

非法出售、提供试题、答案罪,是指在国家规定的考试中,为实施考试作弊行为,向他人非法出售或者提供法律规定的国家考试的试题、答案的行为。

(2)法律规定

本罪名是由《刑法》第 284 条之一第 1 款、第 3 款规定的。该条第 1 款、第 3 款分别规定:“在法律规定的国家考试中,组织作弊的,处三年以下有期徒刑或者拘役,并处或者单处罚金;情节严重的,处三年以上七年以下有期徒刑,并处罚金。

为实施考试作弊行为,向他人非法出售或者提供第一款规定的考试的试题、答案的,依照第一款的规定处罚。”

(3)构成要件

第一,本罪侵犯的客体是国家规定的考试制度。

第二,客观方面表现为在国家规定的考试中,为实施考试作弊行为,向他人非法出售或者提供国家规定的考试的试题、答案的行为。

第三,犯罪主体是一般主体。

第四,主观方面是故意。

(4)罪名界定

本罪与组织考试作弊罪的区别是:本罪表现为在国家规定的考试中,为实施考试作弊,向他人非法出售或者提供国家规定的考试试题、答案的行为;而组织考试作弊罪的表现是在国家规定的考试中,组织考生作弊的行为。

(5)量刑幅度

根据《刑法》第 284 条之一第 1 款、第 3 款的规定,构成本罪的,处 3 年以下有期徒刑或者拘役,并处或者单处罚金;情节严重的,处 3 年以上 7 年以下有期徒刑,并处罚金。

18. 代替考试罪（第 284 条之一第 1 款、第 4 款）

（1）罪名概念

代替考试罪，是指在国家规定的考试中，代替他人或者让他人代替自己参加考试的行为。

（2）法律规定

本罪名是由《刑法》第 284 条之一第 1 款、第 4 款规定的。该条第 1 款、第 4 款分别规定：“在法律规定的国家考试中，组织作弊的，处三年以下有期徒刑或者拘役，并处或者单处罚金；情节严重的，处三年以上七年以下有期徒刑，并处罚金。

代替他人或者让他人代替自己参加第一款规定的考试的，处拘役或者管制，并处或者单处罚金。”

（3）构成要件

第一，侵犯的客体是国家的考试制度。

第二，客观方面表现为在国家规定的考试中，代替他人或者让他人代替自己参加考试的行为。

第三，犯罪主体是一般主体。

第四，主观方面是故意。

（4）罪名界定

第一，根据《刑法》第 284 条之一第 4 款的规定，只要是代替他人或者让他人替自己在国家规定的考试中考试的，除了情节显著轻微的以外，均应依本罪处罚。

第二，本罪与组织作弊罪不同。本罪表现为在国家规定的考试中，替考生或者考生让他人替自己考试的行为，而组织作弊罪则为考生作弊起组织作用的组织行为。

第三，本罪与为考试作弊出售、提供试题、答案罪的区别在于客观方面表现不同。本罪表现为在国家规定的考试中，替考生或者考生让他人替自己考试的行为，而后者为为实施考试作弊而向他人非法出售或者提供在国家规定的考试中的试题、答案的行为。

（5）量刑幅度

根据《刑法》第 284 条之一第 4 款的规定，犯本罪的，处拘役或者管制，并处或者单处罚金。

19. 非法侵入计算机信息系统罪（第 285 条第 1 款、第 4 款）

（1）罪名概念

非法侵入计算机信息系统罪，是指违反《中华人民共和国计算机信息系统安全保护条例》等规定，不遵守计算机信息系统的安全等级保护制度，非法侵入国家事务、国防建设、尖端科学技术领域等重要领域的计算机信息系统的行为。

（2）法律规定

①本罪名是由《刑法》第 285 条第 1 款、第 4 款规定的。该条第 1 款、第 4 款分别规定：“违反国家规定，侵入国家事务、国防建设、尖端科学技术领域的计算机信息系统的，处三年以下有期徒刑或者拘役。”

“单位犯前三款罪的，对单位判处罚金，并对其直接负责的主管人员和其他直接责任人员，依照各该款的规定处罚。”

②2007 年 6 月 26 日最高人民法院《关于审理危害军事通信刑事案件具体应用法律若干问题的解释》第 6 条规定：“违反国家规定，侵入国防建设、尖端科学技术领域的军事通信计算机信息系统，尚未对军事通信造成破坏的，依照刑法第二百八十五条的规定定罪处罚；对军事通信造成

破坏，同时构成刑法第二百八十五条、第二百八十六条、第三百六十九条第一款规定的犯罪的，依照处罚较重的规定定罪处罚。”

③2009年8月27日《全国人民代表大会常务委员会关于维护互联网安全的决定》第1条规定：“为了保障互联网的运行安全，对有下列行为之一，构成犯罪的，依照刑法有关规定追究刑事责任：

（一）侵入国家事务、国防建设、尖端科学技术领域的计算机信息系统；

（二）故意制作、传播计算机病毒等破坏性程序，攻击计算机系统及通信网络，致使计算机系统及通信网络遭受损害；

（三）违反国家规定，擅自中断计算机网络或者通信服务，造成计算机网络或者通信系统不能正常运行。”

④2011年8月1日最高人民法院、最高人民检察院《关于办理危害计算机信息系统安全刑事案件应用法律若干问题的解释》规定：

“第八条　以单位名义或者单位形式实施危害计算机信息系统安全犯罪，达到本解释规定的定罪量刑标准的，应当依照刑法第二百八十五条、第二百八十六条的规定追究直接负责的主管人员和其他直接责任人员的刑事责任。

第九条　明知他人实施刑法第二百八十五条、第二百八十六条规定的行为，具有下列情形之一的，应当认定为共同犯罪，依照刑法第二百八十五条、第二百八十六条的规定处罚：

（一）为其提供用于破坏计算机信息系统功能、数据或者应用程序的程序、工具，违法所得五千元以上或者提供十人次以上的；

（二）为其提供互联网接入、服务器托管、网络存储空间、通讯传输通道、费用结算、交易服务、广告服务、技术培训、技术支持等帮助，违法所得五千元以上的；

（三）通过委托推广软件、投放广告等方式向其提供资金五千元以上的。

实施前款规定行为，数量或者数额达到前款规定标准五倍以上的，应当认定为刑法第二百八十五条、第二百八十六条规定的‘情节特别严重’或者‘后果特别严重’。

第十条　对于是否属于刑法第二百八十五条、第二百八十六条规定的‘国家事务、国防建设、尖端科学技术领域的计算机信息系统’、‘专门用于侵入、非法控制计算机信息系统的程序、工具’、‘计算机病毒等破坏性程序’难以确定的，应当委托省级以上负责计算机信息系统安全保护管理工作的部门检验。司法机关根据检验结论，并结合案件具体情况认定。”

（3）构成要件

第一，本罪侵犯的客体是受国家法律保护的国家事务、国防建设、尖端科学技术领域的计算机信息系统的安全。

第二，客观方面表现为违反规定，侵入国家事务、国防建设、尖端科学技术领域的计算机信息系统的行为。

第三，犯罪主体是一般主体，通常是精通计算机技术的专业人员。

第四，主观方面是故意。

（4）罪名界定

认定本罪要注意的问题：一是必须是违反规定的。这里主要是指违反了《中华人民共和国计算机信息系统安全保护条例》，另外还有各信息系统内部的安全保护等级制度。其行为方式是侵入。二是犯罪对象是国家重点维护的有关国家事务、国防建设和尖端科学技术领域的计算机信息系统，而不是一般的计算机信息系统，更不是一切计算机信息系统。行为人如果侵入的不是国家事务、国防建设或尖端科学技术领域的计算机信息系统，则不构成本罪。三是本罪的客观表现方式是特定的，即侵入。所谓“侵入”，是指没有访问权限的用户，采用窃取密码、破译密码、破坏计算机信息系统安全专用产品等非法手段，进入计算机信息系统。如果由于上述特定计算机信息系统内部人员自身的不慎，或者其他原因，使没有访问权限的人进入其内部系统，则进入者不构成本罪。四是本罪是行为犯，即只要行为人有侵入国家事务、国防建设、尖端科学技术领域等重要领域的计算机信息系统的行为，就可构成本罪。

（5）量刑幅度

根据《刑法》第285条第1款的规定，犯本罪的，处3年以下有期徒刑或者拘役。

根据第4款的规定，单位犯本罪的，对单位判处罚金，并对其直接负责的主管人员和其他直接责任人员，依照上述规定处罚。

20. 非法获取计算机信息系统数据、非法控制计算机信息系统罪（第285条第2款、第4款）

（1）罪名概念

非法获取计算机信息系统数据、非法控制计算机信息系统罪，是指违反国家规定，侵入国家事务、国防建设、尖端科学技术领域以外的计算机信息系统，或者采用其他技术手段，获取该计算机信息系统中存储、处理或者传输的数据，或者对该计算机信息系统实施非法控制，情节严重的行为。

（2）法律规定

①本罪名是由《刑法》第285条第2款、第4款规定的。该条第2款、第4款分别规定：“违反国家规定，侵入前款规定以外的计算机信息系统或者采用其他技术手段，获取该计算机信息系统中存储、处理或者传输的数据，或者对该计算机信息系统实施非法控制，情节严重的，处三年以下有期徒刑或者拘役，并处或者单处罚金；情节特别严重的，处三年以上七年以下有期徒刑，并处罚金。”

“单位犯前三款罪的，对单位判处罚金，并对其直接负责的主管人员和其他直接责任人员，依照各该款的规定处罚。”

②2007年6月26日最高人民法院《关于审理危害军事通信刑事案件具体应用法律若干问题的解释》第6条规定：“违反国家规定，侵入国防建设、尖端科学技术领域的军事通信计算机信息系统，尚未对军事通信造成破坏的，依照刑法第二百八十五条的规定定罪处罚；对军事通信造成破坏，同时构成刑法第二百八十五条、第二百八十六条、第三百六十九条第一款规定的犯罪的，依照处罚较重的规定定罪处罚。”

③2009年8月27日全国人民代表大会常务委员会《关于维护互联网安全的决定》第1条规定：“为了保障互联网的运行安全，对有下列行为之一，构成犯罪的，依照刑法有关规定追究刑事责任：

（一）侵入国家事务、国防建设、尖端科学技术领域的计算机信息系统；

（二）故意制作、传播计算机病毒等破坏性程序，攻击计算机系统及通信网络，致使计算机系统及通信网络遭受损害；

（三）违反国家规定，擅自中断计算机网络或者通信服务，造成计算机网络或者通信系统不能正常运行。”

④2011年8月1日最高人民法院、最高人民检察院《关于办理危害计算机信息系统安全刑事案件应用法律若干问题的解释》规定：

“第一条　非法获取计算机信息系统数据或者非法控制计算机信息系统，具有下列情形之一的，应当认定为刑法第二百八十五条第二款规定的‘情节严重’：

（一）获取支付结算、证券交易、期货交易等网络金融服务的身份认证信息十组以上的；

（二）获取第（一）项以外的身份认证信息五百组以上的；

（三）非法控制计算机信息系统二十台以上的；

（四）违法所得五千元以上或者造成经济损失一万元以上的；

（五）其他情节严重的情形。

实施上述行为，具有下列情形之一的，应当认定为‘情节特别严重’：

（一）数量或者数额达到前款第（一）项至第（四）项规定标准五倍以上的；

（二）其他情节特别严重的情形。

明知是他人非法控制的计算机信息系统，而对该计算机信息系统的控制权加以利用的，依照上述规定定罪处罚。”

“第八条　以单位名义或者单位形式实施危害计算机信息系统安全犯罪，达到规定的定罪量刑标准的，应当依照刑法第二百八十五条、第二百八十六条的规定追究直接负责的主管人员和其他直接责任人员的刑事责任。

第九条　明知他人实施刑法第二百八十五条、第二百八十六条规定的行为，具有下列情形之一的，应当认定为共同犯罪，依照刑法第二百八十五条、第二百八十六条的规定处罚：

（一）为其提供用于破坏计算机信息系统功能、数据或者应用程序的程序、工具，违法所得五千元以上或者提供十人次以上的；

（二）为其提供互联网接入、服务器托管、网络存储空间、通讯传输通道、费用结算、交易服务、广告服务、技术培训、技术支持等帮助，违法所得五千元以上的；

（三）通过委托推广软件、投放广告等方式向其提供资金五千元以上的。

实施前款规定行为，数量或者数额达到前款规定标准五倍以上的，应当认定为刑法第二百八十五条、第二百八十六条规定的‘情节特别严重’或者‘后果特别严重’。

第十条　对于是否属于刑法第二百八十五条、第二百八十六条规定的‘国家事务、国防建设、尖端科学技术领域的计算机信息系统’、‘专门用于侵入、非法控制计算机信息系统的程序、工具’、‘计算机病毒等破坏性程序’难以确定的，应当委托省级以上负责计算机信息系统安全保护管理工作的部门检验。司法机关根据检验结论，并结合案件具体情况认定。”

（3）构成要件

第一，本罪侵犯的客体是国家事务、国防建设、尖端科学技术领域以外的计算机信息系统的正常运行秩序。

第二，客观方面表现为违反国家规定，侵入国家事务、国防建设、尖端科学技术领域以外的计算机信息系统，或者采用其他技术手段，获取该计算机信息系统中存储、处理或者传输的数据，或者对该计算机信息系统实施非法控制，情节严重的行为。

第三，犯罪主体是一般主体。

第四，主观方面是故意。

（4）罪名界定

本罪与破坏计算机信息系统罪的主要区别：一是犯罪对象不同。后者侵犯的对象是国家事务、国防建设、尖端科学技术领域的计算机信息系统；而本罪侵犯的对象是除了上述这些计算机信息系统以外的其他计算机信息系统。二是在客观方面表现不同。后者仅仅表现为违反国家规定，侵入国家事务、国防建设、尖端科学技术领域的计算机信息系统。而前者犯罪对象比较广泛，手段也多样化。三是构成本罪必须是情节严重，而对后者没有这样的要求。

（5）量刑幅度

根据《刑法》第285条第2款的规定，对情节严重的，处3年以下有期徒刑或者拘役，并处或者单处罚金；对于情节特别严重的，处3年以上7年以下有期徒刑，并处罚金。

根据第 4 款的规定，单位犯本罪的，对单位判处罚金，并对其直接负责的主管人员和其他直接责任人员，依照上述规定处罚。

21. 提供侵入、非法控制计算机信息系统程序、工具罪（第 285 条第 3 款、第 4 款）

(1) 罪名概念

提供侵入、非法控制计算机信息系统程序、工具罪，是指提供专门用于侵入、非法控制计算机信息系统的程序、工具，情节严重的行为。

(2) 法律规定

①本罪名是由《刑法》第 285 条第 3 款、第 4 款规定的。该条第 3 款、第 4 款分别规定："提供专门用于侵入、非法控制计算机信息系统的程序、工具，或者明知他人实施侵入、非法控制计算机信息系统的违法犯罪行为而为其提供程序、工具，情节严重的，依照前款的规定处罚。"

"单位犯前三款罪的，对单位判处罚金，并对其直接负责的主管人员和其他直接责任人员，依照各该款的规定处罚。"

②2009 年 8 月 27 日全国人民代表大会常务委员会《关于维护互联网安全的决定》第 1 条规定："为了保障互联网的运行安全，对有下列行为之一，构成犯罪的，依照刑法有关规定追究刑事责任：

（一）侵入国家事务、国防建设、尖端科学技术领域的计算机信息系统；

（二）故意制作、传播计算机病毒等破坏性程序，攻击计算机系统及通信网络，致使计算机系统及通信网络遭受损害；

（三）违反国家规定，擅自中断计算机网络或者通信服务，造成计算机网络或者通信系统不能正常运行。"

③2007 年 6 月 26 日最高人民法院《关于审理危害军事通信刑事案件具体应用法律若干问题的解释》第 6 条规定："违反国家规定，侵入国防建设、尖端科学技术领域的军事通信计算机信息系统，尚未对军事通信造成破坏的，依照刑法第二百八十五条的规定定罪处罚；对军事通信造成破坏，同时构成刑法第二百八十五条、第二百八十六条、第三百六十九条第一款规定的犯罪的，依照处罚较重的规定定罪处罚。"

④2011 年 8 月 1 日最高人民法院、最高人民检察院《关于办理危害计算机信息系统安全刑事案件应用法律若干问题的解释》规定：

"第二条　具有下列情形之一的程序、工具，应当认定为刑法第二百八十五条第三款规定的'专门用于侵入、非法控制计算机信息系统的程序、工具'：

（一）具有避开或者突破计算机信息系统安全保护措施，未经授权或者超越授权获取计算机信息系统数据的功能的；

（二）具有避开或者突破计算机信息系统安全保护措施，未经授权或者超越授权对计算机信息系统实施控制的功能的；

（三）其他专门设计用于侵入、非法控制计算机信息系统、非法获取计算机信息系统数据的程序、工具。

第三条　提供侵入、非法控制计算机信息系统的程序、工具，具有下列情形之一的，应当认定为刑法第二百八十五条第三款规定的'情节严重'：

（一）提供能够用于非法获取支付结算、证券交易、期货交易等网络金融服务身份认证信息的专门性程序、工具五人次以上的；

（二）提供第（一）项以外的专门用于侵入、非法控制计算机信息系统的程序、工具二十人次以上的；

（三）明知他人实施非法获取支付结算、证券交易、期货交易等网络金融服务身份认证信息的违法犯罪行为而为其提供程序、工具五人次以上的；

（四）明知他人实施第（三）项以外的侵入、非法控制计算机信息系统的违法犯罪行为而为其提供程序、工具二十人次以上的；

（五）违法所得五千元以上或者造成经济损失一万元以上的；

（六）其他情节严重的情形。

实施前款规定行为，具有下列情形之一的，应当认定为提供侵入、非法控制计算机信息系统的程序、工具'情节特别严重'：

（一）数量或者数额达到前款第（一）项至第（五）项规定标准五倍以上的；

（二）其他情节特别严重的情形。

第八条　以单位名义或者单位形式实施危害计算机信息系统安全犯罪，达到规定的定罪量刑标准的，应当依照刑法第二百八十五条、第二百八十六条的规定追究直接负责的主管人员和其他直接责任人员的刑事责任。

第九条　明知他人实施刑法第二百八十五条、第二百八十六条规定的行为，具有下列情形之一的，应当认定为共同犯罪，依照刑法第二百八十五条、第二百八十六条的规定处罚：

（一）为其提供用于破坏计算机信息系统功能、数据或者应用程序的程序、工具，违法所得五千元以上或者提供十人次以上的；

（二）为其提供互联网接入、服务器托管、网络存储空间、通讯传输通道、费用结算、交易服务、广告服务、技术培训、技术支持等帮助，违法所得五千元以上的；

（三）通过委托推广软件、投放广告等方式向其提供资金五千元以上的。

实施前款规定行为，数量或者数额达到前款规定标准五倍以上的，应当认定为刑法第二百八十五条、第二百八十六条规定的'情节特别严重'或者'后果特别严重'。

第十条　对于是否属于刑法第二百八十五条、第二百八十六条规定的'国家事务、国防建设、尖端科学技术领域的计算机信息系统'、'专门用于侵入、非法控制计算机信息系统的程序、工具'、'计算机病毒等破坏性程序'难以确定的，应当委托省级以上负责计算机信息系统安全保护管理工作的部门检验。司法机关根据检验结论，并结合案件具体情况认定。"

（3）构成要件

第一，本罪侵犯的客体是计算机信息系统的正常运行秩序。

第二，客观方面表现为违反国家规定，向他人提供专门用于侵入、非法控制计算机信息系统的程序、工具，或者是明知他人实施侵入、非法控制计算机信息系统的违法犯罪行为而为其提供程序、工具，情节严重的行为。至于他人获取了这种程序、工具的目的是什么，不影响本罪的成立。

第三，犯罪主体是一般主体。

第四，主观方面是故意。

（4）罪名界定

本罪与破坏计算机信息系统罪的区别是：本罪的行为人仅仅是为他人提供专门用于侵入、非法控制计算机信息系统程序、工具，并不实际参与侵入、非法控制计算机信息系统的具体犯罪。另外，构成本罪必须是情节严重，而对后者没有这样的要求。

（5）量刑幅度

根据《刑法》第 285 条第 2 款和第 3 款的规定，对构成犯罪的，处 3 年以下有期徒刑或者拘役,并处或者单处罚金;对于情节特别严重的,处3年以上7年以下有期徒刑,并处罚金。

根据第4款的规定,单位犯本罪的,对单位判处罚金,并对其直接负责的主管人员和其他直接责任人员,依照上述规定处罚。

22. 破坏计算机信息系统罪(第286条)

(1)罪名概念

破坏计算机信息系统罪,是指违反国家规定,对计算机信息系统功能和信息系统中存储、处理、传输的数据和应用程序进行破坏,造成计算机信息系统不能正常运行,后果严重的行为。

(2)法律规定

①本罪名是由《刑法》第286条规定的。该条规定:"违反国家规定,对计算机信息系统功能进行删除、修改、增加、干扰,造成计算机信息系统不能正常运行,后果严重的,处五年以下有期徒刑或者拘役;后果特别严重的,处五年以上有期徒刑。

违反国家规定,对计算机信息系统中存储、处理或者传输的数据和应用程序进行删除、修改、增加的操作,后果严重的,依照前款的规定处罚。

故意制作、传播计算机病毒等破坏性程序,影响计算机系统正常运行,后果严重的,依照第一款的规定处罚。

单位犯前三款罪的,对单位判处罚金,并对其直接负责的主管人员和其他直接责任人员,依照第一款的规定处罚。"

②2011年8月1日最高人民法院、最高人民检察院《关于办理危害计算机信息系统安全刑事案件应用法律若干问题的解释》规定:

"第四条　破坏计算机信息系统功能、数据或者应用程序,具有下列情形之一的,应当认定为刑法第二百八十六条第一款和第二款规定的'后果严重':

(一)造成十台以上计算机信息系统的主要软件或者硬件不能正常运行的;

(二)对二十台以上计算机信息系统中存储、处理或者传输的数据进行删除、修改、增加操作的;

(三)违法所得五千元以上或者造成经济损失一万元以上的;

(四)造成为一百台以上计算机信息系统提供域名解析、身份认证、计费等基础服务或者为1万以上用户提供服务的计算机信息系统不能正常运行累计一小时以上的;

(五)造成其他严重后果的。

实施前款规定行为,具有下列情形之一的,应当认定为破坏计算机信息系统'后果特别严重':

(一)数量或者数额达到前款第(一)项至第(三)项规定标准五倍以上的;

(二)造成为五百台以上计算机信息系统提供域名解析、身份认证、计费等基础服务或者为5万以上用户提供服务的计算机信息系统不能正常运行累计一小时以上的;

(三)破坏国家机关或者金融、电信、交通、教育、医疗、能源等领域提供公共服务的计算机信息系统的功能、数据或者应用程序,致使生产、生活受到严重影响或者造成恶劣社会影响的;

(四)造成其他特别严重后果的。

第五条　具有下列情形之一的程序,应当认定为刑法第二百八十六条第三款规定的'计算机病毒等破坏性程序':

(一)能够通过网络、存储介质、文件等媒介,将自身的部分、全部或者变种进行复制、传播,并破坏计算机系统功能、数据或者应用程序的;

（二）能够在预先设定条件下自动触发，并破坏计算机系统功能、数据或者应用程序的；

（三）其他专门设计用于破坏计算机系统功能、数据或者应用程序的程序。

第六条 故意制作、传播计算机病毒等破坏性程序，影响计算机系统正常运行，具有下列情形之一的，应当认定为刑法第二百八十六条第三款规定的'后果严重'：

（一）制作、提供、传输能够通过网络、存储介质、文件等媒介，将自身的部分、全部或者变种进行复制、传播，并破坏计算机系统功能、数据或者应用程序，导致该程序通过网络、存储介质、文件等媒介传播的；

（二）造成二十台以上计算机系统被植入第五条第（二）、（三）项规定的程序的；

（三）提供计算机病毒等破坏性程序十人次以上的；

（四）违法所得五千元以上或者造成经济损失一万元以上的；

（五）造成其他严重后果的。

实施前款规定行为，具有下列情形之一的，应当认定为破坏计算机信息系统'后果特别严重'：

（一）制作、提供、传输能够通过网络、存储介质、文件等媒介，将自身的部分、全部或者变种进行复制、传播，并破坏计算机系统功能、数据或者应用程序的程序，导致该程序通过网络、存储介质、文件等媒介传播，致使生产、生活受到严重影响或者造成恶劣社会影响的；

（二）数量或者数额达到前款第（二）项至第（四）项规定标准五倍以上的；

（三）造成其他特别严重后果的。

第八条 以单位名义或者单位形式实施危害计算机信息系统安全犯罪，达到规定的定罪量刑标准的，应当依照刑法第二百八十五条、第二百八十六条的规定追究直接负责的主管人员和其他直接责任人员的刑事责任。

第九条 明知他人实施刑法第二百八十五条、第二百八十六条规定的行为，具有下列情形之一的，应当认定为共同犯罪，依照刑法第二百八十五条、第二百八十六条的规定处罚：

（一）为其提供用于破坏计算机信息系统功能、数据或者应用程序的程序、工具，违法所得五千元以上或者提供十人次以上的；

（二）为其提供互联网接入、服务器托管、网络存储空间、通讯传输通道、费用结算、交易服务、广告服务、技术培训、技术支持等帮助，违法所得五千元以上的；

（三）通过委托推广软件、投放广告等方式向其提供资金五千元以上的。

实施前款规定行为，数量或者数额达到前款规定标准五倍以上的，应当认定为刑法第二百八十五条、第二百八十六条规定的'情节特别严重'或者'后果特别严重'。

第十条 对于是否属于刑法第二百八十五条、第二百八十六条规定的'国家事务、国防建设、尖端科学技术领域的计算机信息系统'、'专门用于侵入、非法控制计算机信息系统的程序、工具'、'计算机病毒等破坏性程序'难以确定的，应当委托省级以上负责计算机信息系统安全保护管理工作的部门检验。司法机关根据检验结论，并结合案件具体情况认定。"

③2016年12月23日最高人民法院、最高人民检察院《关于办理环境污染刑事案件适用法律若干问题的解释》第10条规定："违反国家规定，针对环境质量监测系统实施下列行为，或者强令、指使、授意他人实施下列行为的，应当依照刑法第二百八十六条的规定，以破坏计算机信息系统罪论处：

（一）修改参数或者监测数据的；

（二）干扰采样，致使监测数据严重失真的；

（三）其他破坏环境质量监测系统的行为。

重点排污单位篡改、伪造自动监测数据或者干扰自动监测设施，排放化学需氧量、氨氮、二氧化硫、氮氧化物等污染物，同时构成污染环境罪和破坏计算机信息系统罪的，依照处罚较重的规定定罪处罚。

从事环境监测设施维护、运营的人员实施或者参与实施篡改、伪造自动监测数据、干扰自动监测设施、破坏环境质量监测系统等行为的，应当从重处罚。”

(3)构成要件

第一，本罪侵犯的客体是计算机信息系统安全。

第二，客观方面表现为违反国家规定，对计算机信息系统功能进行删除、修改、增加、干扰；或者对计算机信息系统中存储、处理或者传输的数据和应用程序进行删除、修改、增加的操作；或者故意制作、传播计算机病毒的破坏性程序，由此造成计算机系统不能正常运行，后果严重的危害结果。

第三，本罪的主体是一般主体。

第四，主观方面是故意。

(4)罪名界定

第一，认定本罪需要注意的问题。

“后果严重”是构成本罪的要件。所谓“后果严重”，主要是严重影响计算机系统正常运行；影响计算机系统正常运行造成严重经济损失；影响计算机系统正常运行造成其他严重后果。

另外，本罪是采用非暴力手段，即利用技术手段对计算机软件进行破坏的犯罪，如果是采用暴力手段，对计算机硬件进行打、砸、烧等方式的破坏，虽然也同时破坏了计算机的信息系统，但应当以故意毁坏财物罪定罪处罚。如果行为人利用计算机作为犯罪工具，通过删除、修改、增加计算机内的存储数据等方式进行诈骗、盗窃、贪污、挪用公款、窃取国家秘密等犯罪的，应当根据《刑法》第 287 条的规定，分别以诈骗、盗窃、贪污、挪用公款、窃取国家秘密等罪来定罪处罚。

第二，本罪与非法侵入计算机信息系统罪的区别：一是在客观方面，本罪表现为对计算机信息系统进行非法操作，例如，删除、修改、增加等；而侵入计算机信息系统罪则单纯表现为侵入行为。二是从刑法理论上看，本罪表现为“结果犯”；而侵入计算机信息系统罪表现为“行为犯”。

(5)量刑幅度

根据《刑法》第 286 条的规定，犯本罪后果严重的，处 5 年以下有期徒刑或者拘役；后果特别严重的，处 5 年以上有期徒刑。

单位犯本罪的，对单位判处罚金，并对其直接负责的主管人员和其他直接责任人员，依照上述规定处罚。

23. 拒不履行信息网络安全管理义务罪(第 286 条之一)

(1)罪名概念

拒不履行信息网络安全管理义务罪，是指网络服务提供者不履行法律、行政法规规定的信息网络安全管理义务，经监管部门责令采取改正措施而不执行，造成严重后果，或者具有其他严重情节的行为。

(2)法律规定

①本罪名是由《刑法》第 286 条之一规定的。该条规定：“网络服务提供者不履行法律、行政法规规定的信息网络安全管理义务，经监管部门责令采取改正措施而拒不改正，有下列情形之一的，处三年以下有期徒刑、拘役或者管制，并处或者单处罚金：

(一)致使违法信息大量传播的；

(二)致使用户信息泄露，造成严重后果的；

（三）致使刑事案件证据灭失，情节严重的；

（四）有其他严重情节的。

单位犯前款罪的，对单位判处罚金，并对其直接负责的主管人员和其他直接责任人员，依照前款的规定处罚。

有前两款行为，同时构成其他犯罪的，依照处罚较重的规定定罪处罚。”

②2017年5月8日最高人民法院、最高人民检察院《关于办理侵犯公民个人信息刑事案件适用法律若干问题的解释》第9条规定：“网络服务提供者拒不履行法律、行政法规规定的信息网络安全管理义务，经监管部门责令采取改正措施而拒不改正，致使用户的公民个人信息泄露，造成严重后果的，应当依照刑法第二百八十六条之一的规定，以拒不履行信息网络安全管理义务罪定罪处罚。”

（3）构成要件

第一，侵害的客体是信息网络的安全和管理秩序。

第二，客观方面表现为不履行法律、行政法规规定的信息网络安全管理义务，有下列情形之一，经监管部门责令采取改正措施而不执行：一是致使违法信息大量传播；二是致使用户信息泄露，造成严重后果；三是致使刑事犯罪证据灭失，严重妨害司法机关依法追究犯罪；四是有其他严重情节的。

第三，犯罪主体是网络服务提供者。

第四，主观方面是故意。

（4）罪名界定

第一，要注意划分本罪的罪与非罪的界限。构成本罪必须同时具备以下三个条件：一是主体是网络服务提供者；二是不履行法律、行政法规规定的信息网络的安全管理义务；三是经有关部门责令采取改正措施而不执行的。

第二，本罪与利用信息网络为犯罪活动提供帮助罪主要是客观方面的表现不同。本罪表现为网络服务提供者不履行法律、行政法规规定的信息网络安全管理义务，经过监管部门责令采取改正措施而不执行，即对信息网络安全没有尽到管理义务；而后者是明知他人利用信息网络实施犯罪，而为其提供互联网接入、服务器托管、网络存储、通讯传输等技术支持，或者提供广告推广、支付结算等帮助，即为他人利用信息网络犯罪提供帮助的行为。

第三，本罪与为违法犯罪设立网站、发布信息罪的区别是客观方面的表现不同。本罪表现为网络服务提供者不履行法律、行政法规规定的信息网络安全管理义务，经过监管部门责令采取改正措施而不执行，即对信息网络安全没有尽到管理义务；而后者是设立用于实施诈骗、传授犯罪方法、制作或者销售违禁物品、管制物品等违法犯罪活动的网站、通讯群组的；发布有关制作或者销售毒品、枪支、淫秽物品等违禁物品、管制物品或者其他违法犯罪信息的；为实施诈骗等犯罪活动发布信息的行为。

（5）量刑幅度

根据《刑法》第286条之一的规定，对犯本罪的处罚分以下2个档次：

一是处3年以下有期徒刑、拘役或者管制，并处或者单处罚金。

二是单位犯本罪的，对单位判处罚金，并对其直接负责的主管人员和其他直接责任人员，依照前款的规定处罚。

24. 非法利用信息网络罪（第287条之一）

（1）罪名概念

非法利用信息网络罪，是指设立网站、通讯群组实施诈骗、传授犯罪方法、制作或者销售违禁物品、管制物品等违法活动,或者利用信息网络发布有关制作或者销售毒品、枪支、淫秽物品等违禁物品、管制物品或者其他违法犯罪信息,或者为实施违法犯罪活动发布信息,情节严重的行为。

(2)法律规定

①本罪名是由《刑法》第287条之一规定的。该条规定:“利用信息网络实施下列行为之一,情节严重的,处三年以下有期徒刑或者拘役,并处或者单处罚金:

(一)设立用于实施诈骗、传授犯罪方法、制作或者销售违禁物品、管制物品等违法犯罪活动的网站、通讯群组的;

(二)发布有关制作或者销售毒品、枪支、淫秽物品等违禁物品、管制物品或者其他违法犯罪信息的;

(三)为实施诈骗等违法犯罪活动发布信息的。

单位犯前款罪的,对单位判处罚金,并对其直接负责的主管人员和其他直接责任人员,依照第一款的规定处罚。

有前两款行为,同时构成其他犯罪的,依照处罚较重的规定定罪处罚。”

②2016年4月6日最高人民法院《关于审理毒品犯罪案件适用法律若干问题的解释》第14条规定:“利用信息网络,设立用于实施传授制造毒品、非法生产制毒物品的方法,贩卖毒品,非法买卖制毒物品或者组织他人吸食、注射毒品等违法犯罪活动的网站、通讯群组,或者发布实施前述违法犯罪活动的信息,情节严重的,应当依照刑法第二百八十七条之一的规定,以非法利用信息网络罪定罪处罚。

实施刑法第二百八十七条之一、第二百八十七条之二规定的行为,同时构成贩卖毒品罪、非法买卖制毒物品罪、传授犯罪方法罪等犯罪的,依照处罚较重的规定定罪处罚。”

(3)构成要件

第一,本罪侵犯的客体是国家对信息网络的管理制度。

第二,客观方面表现为设立网站、通讯群组以实施诈骗、传授犯罪方法、制作或者销售违禁物品、管制物品等违法犯罪活动,或者利用信息网络发布有关制作或者销售毒品、枪支、淫秽物品等违禁物品、管制物品或者其他违法犯罪信息,或者为实施违法犯罪活动发布信息,情节严重的行为。

第三,犯罪主体是一般主体。

第四,主观方面是故意。

(4)罪名界定

《刑法》第287条之一第1款规定,构成本罪必须是“情节严重”。至于什么是本罪中的“情节严重”,目前没有明确的司法解释,但在司法实践中,遇到了这类犯罪案件,应该根据2010年6月21日最高人民法院《关于在经济犯罪审判中参照适用〈最高人民检察院、公安部关于公安机关管辖的刑事案件立案追诉标准的规定(二)〉的通知》的精神,最高人民法院对相关定罪量刑标准没有规定的,人民法院在审理该案时,可以参照适用有关的规定。

2017年5月8日最高人民法院、最高人民检察院《关于办理侵犯公民个人信息刑事案件适用法律若干问题的解释》第8条规定:“设立用于实施非法获取、出售或者提供公民个人信息违法犯罪活动的网站、通讯群组,情节严重的,应当依照刑法第二百八十七条之一的规定,以非法利用信息网络罪定罪处罚;同时构成侵犯公民个人信息罪的,依照侵犯公民个人信息罪定罪处罚。”

(5)量刑幅度

根据《刑法》第287条之一的规定,情节严重,构成本罪的,处3年以下有期徒刑或者拘役,并处或者单处罚金;如果有前述行为,同时构成其他犯罪的,依照处罚较重的规定定罪处罚。单位犯本罪的，对单位判处罚金，并对其直接负责的主管人员和其他直接责任人员，依照第一款的规定处罚。

25. 帮助信息网络犯罪活动罪（第287条之二）

（1）罪名概念

帮助信息网络犯罪活动罪，是指明知他人利用信息网络实施犯罪，而为其提供互联网接入、服务器托管、网络存储、通讯传输等技术支持，或者提供广告推广、支付结算等帮助，情节严重的行为。

（2）法律规定

①本罪名是由《刑法》第287条之二规定的。该条规定："明知他人利用信息网络实施犯罪，为其犯罪提供互联网接入、服务器托管、网络存储、通讯传输等技术支持，或者提供广告推广、支付结算等帮助，情节严重的，处三年以下有期徒刑或者拘役，并处或者单处罚金。

单位犯前款罪的，对单位判处罚金，并对其直接负责的主管人员和其他直接责任人员，依照第一款的规定处罚。

有前两款行为，同时构成其他犯罪的，依照处罚较重的规定定罪处罚。"

②2016年4月6日最高人民法院《关于审理毒品犯罪案件适用法律若干问题的解释》第14条第2款规定："实施刑法第二百八十七条之一、第二百八十七条之二规定的行为，同时构成贩卖毒品罪、非法买卖制毒物品罪、传授犯罪方法罪等犯罪的，依照处罚较重的规定定罪处罚。"

（3）构成要件

第一，本罪侵犯的客体是国家对信息网络的管理制度。

第二，客观方面表现为明知他人利用信息网络实施犯罪，而为其提供互联网接入、服务器托管、网络存储、通讯传输等技术支持，或者提供广告推广、支付结算等帮助，情节严重的行为。

第三，犯罪主体是一般主体。

第四，主观方面是故意。

（4）罪名界定

根据《刑法》第287条之二第1款的规定，构成本罪，必须是"情节严重"。至于什么是本罪中的"情节严重"，目前没有明确的司法解释，遇到这类犯罪案件，应该根据2010年6月21日最高人民法院《关于在经济犯罪审判中参照适用〈最高人民检察院、公安部关于公安机关管辖的刑事案件立案追诉标准的规定（二）〉的通知》的精神，最高人民法院对相关定罪量刑标准没有规定的，人民法院在审理该案时，可以参照适用有关的规定。

（5）量刑幅度

根据《刑法》第287条之二的规定，对于构成本罪的，处3年以下有期徒刑或者拘役，并处或者单处罚金。

单位犯本罪的，对单位判处罚金，并对其直接负责的主管人员和其他直接责任人员，依照上述规定处罚。

有前款行为，同时构成其他犯罪的，依照处罚较重的规定定罪处罚。

26. 扰乱无线电通讯管理秩序罪（第288条）

（1）罪名概念

扰乱无线电通讯管理秩序罪，是指违反国家规定，擅自设置、使用无线电台（站），或者擅自占用无线电频率，经责令停止使用后，拒不停止使用，干扰无线电通讯正常进行，造成严重后果的行为。

(2)法律规定

①本罪名是由《刑法》第288条规定的。该条规定:"违反国家规定,擅自设置、使用无线电台(站),或者擅自使用无线电频率,干扰无线电通讯秩序,情节严重的,处三年以下有期徒刑、拘役或者管制,并处或者单处罚金;情节特别严重的,处三年以上七年以下有期徒刑,并处罚金。

单位犯前款罪的,对单位判处罚金,并对其直接负责的主管人员和其他直接责任人员,依照前款的规定处罚。"

②2007年6月26日最高人民法院《关于审理危害军事通信刑事案件具体应用法律若干问题的解释》第6条规定:"违反国家规定,擅自设置、使用无线电台、站,或者擅自占用频率,经责令停止使用后拒不停止使用,干扰无线电通讯正常进行,构成犯罪的,依照刑法第二百八十八条的规定定罪处罚;造成军事通信中断或者严重障碍,同时构成刑法第二百八十八条、第三百六十九条第一款规定的犯罪的,依照处罚较重的规定定罪处罚。"

③2000年5月12日最高人民法院《关于审理扰乱电信市场管理秩序案件具体应用法律若干问题的解释》第5条规定:"违反国家规定,擅自设置、使用无线电台(站),或者擅自占用频率,非法经营国际电信业务或者涉港澳台电信业务进行营利活动,同时构成非法经营罪和刑法第二百八十八条规定的扰乱无线电通讯管理秩序罪的,依照处罚较重的规定定罪处罚。"

(3)构成要件

第一,本罪侵犯的客体是国家对无线电通讯的管理制度。

第二,客观方面表现为违反国家规定,擅自设置、使用无线电台(站),或者擅自使用无线电频率,干扰无线电通讯秩序,情节严重的行为。

第三,犯罪主体是一般主体,既可以是自然人,也可以是单位。从实际情况看,以单位犯罪居多。

第四,主观方面是直接故意。

(4)罪名界定

关于本罪的认定。构成本罪应具备以下两个条件:一是经责令停止使用后,拒不停止使用的。如果虽然有擅自设置、使用无线电台(站)或者擅自占用频率资源行为,但经有关主管部门责令停止后,即停止非法设置、使用无线电台(站)或者占用频率行为的,不构成犯罪。二是必须造成了严重后果。如果虽有擅自设置、使用无线电台(站)或者擅自占用频率资源的行为,但尚未对正常无线通讯业务造成干扰,未造成严重后果,情节显著轻微的,也不构成犯罪。

根据2000年5月12日最高人民法院《关于审理扰乱电信市场管理秩序案件具体应用法律若丁问题的解释》第5条的规定,违反国家规定,擅自设立、使用无线电台(站),或者擅自占用频率,非法经营国际电信业务,或者涉港澳台电信业务,进行营利活动,同时构成非法经营罪和《刑法》第288条规定的扰乱无线电通讯管理秩序罪的,依照处罚较重的规定定罪处罚。

根据2007年6月26日最高人民法院《关于审理危害军事通信刑事案件具体应用法律若干问题的解释》第6条的规定,违反国家规定,擅自设置、使用无线电台、站,或者擅自占用频率,经责令停止使用后拒不停止使用,干扰无线电通信正常进行,构成犯罪的,依照《刑法》第288条规定的扰乱无线电通讯管理秩序罪定罪处罚。造成军事通信中断或者严重障碍,同时构成《刑法》第288条规定的扰乱无线电通信管理秩序罪和第369条第1款规定的破坏武器装备、军事设施、军事通信罪,依照处罚较重的规定定罪处罚。

(5)量刑幅度

根据《刑法》第288条的规定,对情节严重的,处3年以下有期徒刑、拘役或者管制,并处或者单处罚金;情节特别严重的,处3年以上7年以下有期徒刑,并处罚金。单位犯本罪的,对单位判处罚金，并对其直接负责的主管人员和其他直接责任人员，依照对自然人的处罚规定进行处罚。

27. 聚众扰乱社会秩序罪（第290条第1款）

（1）罪名概念

聚众扰乱社会秩序罪，是指聚众扰乱社会秩序，情节严重，致使工作、生产、营业和教学、科研无法进行，造成严重损失的行为。

（2）法律规定

本罪名是由《刑法》第290条第1款规定的。该条款规定："聚众扰乱社会秩序，情节严重，致使工作、生产、营业和教学、科研、医疗无法进行，造成严重损失的，对首要分子，处三年以上七年以下有期徒刑；对其他积极参加的，处三年以下有期徒刑、拘役、管制或者剥夺政治权利。"

（3）构成要件

第一，本罪侵犯的客体是除了国家机关以外的企业、事业单位和人民团体的工作、生产、营业和教学科研秩序。

第二，客观方面表现为聚众扰乱社会秩序，情节严重，致使工作、生产、营业和教学、科研无法进行，造成严重损失的行为。

第三，本罪的主体是一般主体。

第四，主观方面是故意。

（4）罪名界定

第一，关于本罪的认定。认定本罪要从以下几方面考虑：一是对于一人闹事引起多人围观、看热闹的，不应当视为聚众。本罪是聚众扰乱社会秩序的行为。二是构成本罪必须是"情节严重"，"造成严重损失"的行为，这是《刑法》明确规定的。至于如何判定"情节严重""造成严重损失"，这就要根据案件的具体情况分析认定。一般而言，是指被扰乱的企业、事业单位、人民团体陷于瘫痪，致使其工作、生产、营业、教学、科研无法进行，使公共财产或者经济建设遭受重大损失的。三是对于由于领导上的官僚主义，对涉及群众利益的事情处理不当，或者工作上出现了缺点、错误，引起群众愤怒，群众到国家机关或者企业事业单位、人民团体评理等，要进行深入细致的思想政治工作，应与本罪区别开来。四是要把一般群众与扰乱社会秩序罪中的首要分子、积极参加者区别开。《刑法》第290条第1款规定，只有对"首要分子"和"积极参加的"分子进行处罚。对于那些被纠集的一般参加者，受人胁迫、煽动、蒙蔽、欺骗而参加的，应当采用说服教育的方法，或者以行政处罚的方法处理，而不能以犯罪论处。

如果行为人在聚众扰乱社会秩序的犯罪过程中，在手段或者结果上牵连触犯了其他罪名，应当按照处理牵连犯的原则，选择其中的一种重罪处罚。如果在实施聚众扰乱社会秩序罪中，还实施了重伤、杀人、抢劫、严重毁坏公私财物等行为的，独立构成犯罪的，应当单独定罪，实行数罪并罚。

第二，本罪与聚众扰乱公共场所秩序、交通秩序罪的主要区别：一是犯罪行为发生的场所不同。前者发生的场所一般在机关、单位、团体的门前、院内；而后者发生在车站、码头、公园、运动场、展览会、影剧院等公共场所，或者交通要道等人员集结或者车辆通行的地方。二是侵犯的直接客体不同。前者侵犯的直接客体，是机关、单位、团体的生产、工作、营业和教学、科研秩序；而后者侵犯的直接客体是公共场所或者交通场所的秩序。

第三，本罪与妨害公务罪的主要区别是：本罪侵犯的客体，是除了国家机关以外的企业、事业单位和人民团体的工作、生产、营业和教学科研秩序；妨害公务罪侵犯的客体是国家机关、人民代表大会和红十字会的公务活动。本罪是聚众进行，而后者可以是单个人进行；本罪不限于暴力、威胁的方法,而后者则要求采取暴力、威胁的方法。

(5)量刑幅度

根据《刑法》第290条第1款的规定,聚众扰乱社会秩序,情节严重,致使工作、生产、经营和教学、科研无法进行,造成严重损失的,对首要分子,处3年以上7年以下有期徒刑;对其他积极参加的,处3年以下有期徒刑、拘役、管制或者剥夺政治权利。

28. 聚众冲击国家机关罪(第290条第2款)

(1)罪名概念

聚众冲击国家机关罪,是指聚众冲击国家机关,致使国家机关工作无法进行,造成严重损失的行为。

(2)法律规定

本罪名是由《刑法》第290条第2款规定的。该条款规定:“聚众冲击国家机关,致使国家机关工作无法进行,造成严重损失的,对首要分子,处五年以上十年以下有期徒刑;对其他积极参加的,处五年以下有期徒刑、拘役、管制或者剥夺政治权利。”

(3)构成要件

第一,本罪侵犯的客体是国家机关的正常工作秩序。

第二,客观方面表现为冲击国家机关,致使国家机关工作无法进行,造成严重损失的行为。

第三,本罪的主体是达到刑事责任年龄,具有刑事责任能力的冲击国家机关的首要分子和其他积极参加分子。

第四,主观方面是故意。

(4)罪名界定

本罪与聚众扰乱社会秩序罪的区别在于:一是侵害的对象不同。聚众扰乱社会秩序罪侵害的是除了国家机关以外的企业事业单位、人民团体,而本罪的犯罪对象只能是国家机关。二是客观方面的行为方式不同。聚众扰乱社会秩序罪的行为可以是暴力性的,也可以是非暴力性的;而本罪的行为只能是暴力性的冲击行为。冲击国家机关的,如果重伤或者杀死劝阻人员的,或者盗窃国家机关财物的,应当分别定故意伤害罪、故意杀人罪或者盗窃罪,与本罪数罪并罚。

(5)量刑幅度

根据《刑法》第290条第2款的规定,犯本罪的,对首要分子,处5年以上10年以下有期徒刑。对其他积极参加的,处5年以下有期徒刑、拘役、管制或者剥夺政治权利。

29. 扰乱国家机关工作秩序罪(第290条第3款)

(1)罪名概念

扰乱国家机关工作秩序罪,是指多次扰乱国家机关工作秩序,经行政处罚后仍不改正,造成严重后果的行为。

(2)法律规定

本罪名是由《刑法》第290条第3款规定的。该款规定:“多次扰乱国家机关工作秩序,经行政处罚后仍不改正,造成严重后果的,处三年以下有期徒刑、拘役或者管制。”

(3)构成要件

第一,侵犯的客体是国家机关的正常工作秩序。

第二,客观方面表现为多次扰乱国家机关工作秩序,经行政处罚后仍不改正,造成严重后果的行为。

第三，犯罪主体是一般主体。

第四，主观方面是故意。

（4）罪名界定

第一，关于罪与非罪的界定。根据《刑法》第290条第3款的规定，构成本罪，必须同时具备以下条件：一是多次扰乱国家机关工作秩序，所谓多次，一般应该是3次以上；二是经过处罚以后仍然不改正，这里的处罚，不是指劝说、批评；三是已经造成了严重后果。

第二，本罪与聚众冲击国家机关罪的区别主要表现在客观方面。聚众冲击国家机关罪具有两个特点，一是“聚众”，二是“冲击”。而本罪没有这方面的要求，主要表现在扰乱国家机关工作秩序是“多次”，而且经过“处罚”以后仍然不改正，并且已经造成了严重后果。

第三，本罪与聚众扰乱社会秩序罪的区别有以下几点：一是侵犯的客体不同。本罪侵犯的客体是国家机关的正常工作秩序；而聚众扰乱社会秩序罪侵犯的客体是除了国家机关以外的企业、事业单位和人民团体的工作、生产、经营、科学教研、医疗秩序。另外，这两种犯罪在客观方面表现也不同。本罪表现为多次扰乱国家机关工作秩序，经过处罚以后，仍然不改正，并且造成了严重后果。而聚众扰乱社会秩序罪的特点是“聚众”，而且扰乱的是除了国家机关以外的企业、事业单位和人民团体的工作、生产、营业、科学教研、医疗秩序。这两种犯罪，在刑罚处罚方面也不相同。

（5）量刑幅度

根据《刑法》第290条第3款的规定，对构成本罪的，处3年以下有期徒刑、拘役或者管制。

30. 组织、资助非法聚集罪（第290条第4款）

（1）罪名概念

组织、资助非法聚集罪，是指多次组织、资助他人非法聚集，扰乱社会秩序，情节严重的行为。

（2）法律规定

本罪名是由《刑法》第290条第4款规定的。该条第3款、第4款分别规定：“多次扰乱国家机关工作秩序，经行政处罚后仍不改正，造成严重后果的，处三年以下有期徒刑、拘役或者管制。

多次组织、资助他人非法聚集，扰乱社会秩序，情节严重的，依照前款的规定处罚。”

（3）构成要件

第一，侵犯的客体是除了国家机关以外的社会秩序，比如企业、事业单位和人民团体的工作、生产、营业和教学科研、医疗秩序。

第二，客观方面表现为多次组织、资助他人非法聚集，扰乱社会秩序，情节严重的行为。

第三，犯罪主体是一般主体。

第四，主观方面是故意。

（4）罪名界定

第一，根据《刑法》规定，构成本罪必须同时具备以下三个条件：一是组织、资助他人非法聚集，扰乱社会秩序的行为必须是“多次”，而不是偶尔的一次。二是扰乱社会秩序的人必须是“非法聚集”。三是必须达到情节严重的程度。

第二，本罪与资助危害国家安全犯罪活动罪的区别有以下几点：一是侵犯的客体不同，本罪侵犯的客体是除了国家机关以外的社会秩序，如企业、事业单位和人民团体的工作、生产、营业和教学科研、医疗秩序。而资助危害国家安全犯罪活动罪侵犯的客体是我国的国家安全。二是犯罪对象的不同，本罪的犯罪对象是非法聚集行为；而资助危害国家安全犯罪活动罪的资助对象是实施危害国家安全犯罪的行为。三是在客观方面的表现不同，本罪表现为多次组织、资助他人非法聚集，扰乱社会秩序，情节严重的行为；而后者则表现为资助实施危害国家安全犯罪的行为，是行为犯，法律没有规定必须达到"情节严重"的程度。该罪中的情节是否严重，是决定刑罚轻重的因素，而不是决定罪与非罪的因素。

第三，本罪与聚众扰乱社会秩序罪的区别主要是在客观方面的表现不同。本罪表现为对他人非法聚集扰乱社会秩序的行为是多次组织或者资助，而本人一般不直接参加扰乱社会秩序的活动。而聚众扰乱社会秩序罪则表现直接参与聚众扰乱社会秩序，情节严重，致使工作、生产、营业、科研教学、医疗秩序无法进行，造成严重损失的行为。本罪的犯罪主体是一般主体，而聚众扰乱社会秩序罪的犯罪主体是首要分子和其他积极参加者。

第四，本罪与聚众扰乱公共场所秩序、交通秩序罪不同：一是在客观方面表现不同。本罪表现为多次组织、资助他人非法聚集，扰乱社会秩序，情节严重的行为，扰乱的对象是社会秩序。而聚众扰乱公共场所秩序、交通秩序罪则表现为聚众扰乱车站、码头、民用航空站、商场、公园、影剧院、展览馆、运动场或者其他公共场所的秩序，聚众堵塞交通或者破坏交通秩序，抗拒、阻碍国家治安管理工作人员依法执行职务，情节严重的行为。它所扰乱的对象是公共场所。二是犯罪主体不同。本罪的犯罪主体是一般主体，而聚众扰乱公共场所秩序、交通秩序罪的主体是首要分子。

（5）量刑幅度

根据《刑法》第 290 条第 3 款、第 4 款的规定，对构成本罪的，处 3 年以下有期徒刑、拘役或者管制。

31. 聚众扰乱公共场所秩序、交通秩序罪（第 291 条）

（1）罪名概念

聚众扰乱公共场所秩序、交通秩序罪，是指聚众扰乱车站、码头、民用航空站、商场、公园、影剧院、展览会、运动场或者其他公共场所的秩序，聚众堵塞交通或者破坏交通秩序，抗拒、阻碍国家治安管理工作人员依法执行职务，情节严重的行为。

（2）法律规定

本罪名是由《刑法》第 291 条规定的。该条规定："聚众扰乱车站、码头、民用航空站、商场、公园、影剧院、展览会、运动场或者其他公共场所秩序，聚众堵塞交通或者破坏交通秩序，抗拒、阻碍国家治安管理工作人员依法执行职务，情节严重的，对首要分子，处五年以下有期徒刑、拘役或者管制。"

（3）构成要件

第一，本罪侵犯的客体是公共场所秩序和交通秩序。

第二，客观方面表现为聚众扰乱公共场所秩序或者交通秩序，情节严重的行为。

第三，本罪的主体是达到刑事责任年龄，具备刑事责任能力的首要分子。

第四，主观方面是故意。

（4）罪名界定

本罪与聚众扰乱社会秩序罪的区别：一是犯罪行为发生的场所不同。本罪发生在车站、码头、公园、运动场、展览会、影剧院等公共场所或者交通要道等行人集结和车辆通行的地方；而聚众扰乱社会秩序罪发生的场合一般在机关、单位、团体的门前、院内。二是侵犯的直接客体不同。本罪侵犯的直接客体是公共场所秩序或者交通秩序；而聚众扰乱社会秩序罪侵犯的直接客体是机关、单位、团体的生产、工作、营业、教学、科研等秩序。三是对主体的具体要求不同。本罪的主体仅限于首要分子；而聚众扰乱社会秩序罪的主体则既有首要分子，又有其他积极参加者。

(5)量刑幅度

根据《刑法》第 291 条的规定，犯本罪情节严重的，对首要分子，处 5 年以下有期徒刑、拘役或者管制。

32. 投放虚假危险物质罪(第 291 条之一第 1 款)

(1)罪名概念

投放虚假危险物质罪，是指投放虚假的爆炸性、毒害性、放射性、传染病病原体等物质，严重扰乱社会秩序的行为。

(2)法律规定

本罪名是由《刑法》第 291 条之一第 1 款规定的。该条款规定："投放虚假的爆炸性、毒害性、放射性、传染病病原体等物质，或者编造爆炸威胁、生化威胁、放射威胁等恐怖信息，或者明知是编造的恐怖信息而故意传播，严重扰乱社会秩序的，处五年以下有期徒刑、拘役或者管制；造成严重后果的，处五年以上有期徒刑。"

(3)构成要件

第一，本罪侵犯的客体是社会秩序。

第二，客观方面表现为投放虚假的爆炸性、毒害性、放射性、传染病病原体等物质，严重扰乱社会秩序的行为。

第三，本罪的主体是一般主体。

第四，主观方面是故意，即故意制造恐慌，目的在于严重扰乱社会秩序。至于这种目的是否达到，不影响本罪的构成，它是量刑时所要考虑的情节。

(4)罪名界定

根据《刑法》第 291 条之一的规定，由于行为人的主观恶意相对严重，行为人投放虚假的爆炸性、毒害性、放射性、传染病病原体等物质，只要严重扰乱社会秩序的，就构成本罪。如果行为人只是出于开玩笑、搞恶作剧，意在戏弄某个人，没有扰乱社会秩序的故意，情节轻微，危害不大的，没有扰乱社会秩序，则不以犯罪惩处。

(5)量刑幅度

根据《刑法》第 291 条之一的规定，对犯本罪的处罚分以下 2 个档次：

一是构成本罪的，处 5 年以下有期徒刑、拘役或者管制；

二是造成严重后果的，处 5 年以上有期徒刑。

33. 编造、故意传播虚假恐怖信息罪(第 291 条之一第 1 款)

(1)罪名概念

编造、故意传播虚假恐怖信息罪，是指编造爆炸威胁、生化威胁、放射威胁等恐怖信息，或者明知是编造的恐怖信息而故意传播，严重扰乱社会秩序的行为。

(2)法律规定

①本罪名是由《刑法》第 291 条之一第 1 款规定的。该条款规定："投放虚假的爆炸性、毒害性、放射性、传染病病原体等物质，或者编造爆炸威胁、生化威胁、放射威胁等恐怖信息，或者明知是编造的恐怖信息而故意传播，严重扰乱社会秩序的，处五年以下有期徒刑、拘役或者管制；造成严重后果的，处五年以上有期徒刑。"

②根据 2003 年 5 月 14 日最高人民法院、最高人民检察院《关于办理妨害预防、控制突发传染病疫情等灾害的刑事案件具体应用法律若干问题的解释》第 10 条规定："编造与突发传染病疫

情等灾害有关的恐怖信息,或者明知是编造的此类恐怖信息而故意传播,严重扰乱社会秩序的,依照刑法第二百九十一条之一的规定,以编造、故意传播虚假恐怖信息罪定罪处罚。"

③2013年9月18日最高人民法院《关于审理编造、故意传播虚假恐怖信息刑事案件适用法律若干问题的解释》相关内容如下:

"第一条　编造恐怖信息,传播或者放任传播,严重扰乱社会秩序的,依照刑法第二百九十一条之一的规定,应认定为编造虚假恐怖信息罪。

明知是他人编造的恐怖信息而故意传播,严重扰乱社会秩序的,依照刑法第二百九十一条之一的规定,应认定为故意传播虚假恐怖信息罪。

第六条　本解释所称的'虚假恐怖信息'是指编造、故意传播以发生爆炸威胁、生化威胁、放射威胁、劫持航空器威胁、重大灾情、重大疫情等严重威胁公共安全的事件为内容,可能引起社会恐慌或者公共安全危机的不真实信息。"

(3)构成要件

第一,本罪侵犯的客体是社会秩序。

第二,客观方面表现为编造爆炸威胁、生化威胁、放射威胁等恐怖信息,或者明知是编造的恐怖信息而故意传播,严重扰乱社会秩序的行为。

第三,本罪的主体是一般主体。

第四,主观方面是故意,即故意编造爆炸威胁、生化威胁、放射威胁的恐怖信息,或者明知是编造的恐怖信息而故意传播,目的在于扰乱社会秩序。如果不是这样,行为人对虚假的恐怖信息误以为真,目的是保护大家的安全,进行传播,则不能以本罪处罚。

(4)罪名界定

根据2013年9月18日最高人民法院《关于审理编造、故意传播虚假恐怖信息刑事案件适用法律若干问题的解释》第2条的规定,编造、故意传播虚假恐怖信息,具有下列情形之一的,应当认定为"严重扰乱社会秩序":①致使机场、车站、码头、商场、影剧院、运动场馆等人员密集场所秩序混乱,或者采取紧急疏散措施的;②影响航空器、列车、船舶等大型客运交通工具正常运行的;③致使国家机关、学校、医院、厂矿企业等单位的工作、生产、经营、教学、科研等活动中断的;④造成行政村或者社区居民生活秩序严重混乱的;⑤致使公安、武警、消防、卫生检疫等职能部门采取紧急应对措施的;⑥其他严重扰乱社会秩序的。

本罪与投放虚假危险物质罪有许多相同之处,无论是侵犯的客体、主体还是主观方面,这两种犯罪都相同。所不同的是在客观方面的表现。本罪的客观方面表现为编造爆炸威胁、生化威胁、放射威胁等恐怖信息,或者是明知编造的恐怖信息而故意传播。而投放虚假危险物质罪,在客观方面的表现,不是编造、故意传播虚假的恐怖信息,而是故意投放虚假的爆炸性、毒害性、放射性、传染病病原体等危险物质。另外,这两种犯罪在行为的后果上,有不同要求。本罪要求行为人的行为应当是严重扰乱社会秩序;而投放虚假危险物质罪则没有这样的要求。当然,一般的情节显著轻微,危害不大的,不能认为是犯罪。

(5)量刑幅度

根据《刑法》第291条之一的规定,对犯本罪的处罚分以下2个档次:

一是构成本罪的,处5年以下有期徒刑、拘役或者管制;

二是造成严重后果的,处5年以上有期徒刑。

根据2013年9月18日最高人民法院《关于审理编造、故意传播虚假恐怖信息刑事案件适用法律若干问题的解释》第3条、第4条的规定,编造、故意传播虚假恐怖信息,严重扰乱社会秩序,具有下列情形之一的,在五年以下有期徒刑范围内酌情从重处罚:①致使航班备降或返航;或者致使列车、船舶等大型客运交通工具中断运行的;②多次编造、故意传播虚假恐怖信息的;③造成直接经济损失20万元以上的;④造成乡镇、街道区域范围居民生活秩序严重混乱的;⑤具有其他酌情从重处罚情节的。

编造、故意传播虚假恐怖信息,严重扰乱社会秩序,具有下列情形之一的,应当认定为"造成严重后果",处5年以上有期徒刑:①造成3人以上轻伤或者1人以上重伤的;②造成直接经济损失50万元以上的;③造成县级以上区域范围居民生活秩序严重混乱的;④妨碍国家重大活动进行的;⑤造成其他严重后果的。

34. 编造、故意传播虚假信息罪(第291条之一第2款)

(1)罪名概念

编造、故意传播虚假信息罪,是指编造虚假的险情、疫情、灾情、警情,在信息网络或者其他媒体上传播,或者明知这些信息是虚假的,故意在信息网络或者其他媒体上传播,严重扰乱社会秩序的行为。

(2)法律规定

本罪名是由《刑法》第291条之一第2款规定的。该款规定:"编造虚假的险情、疫情、灾情、警情,在信息网络或者其他媒体上传播,或者明知是上述虚假信息,故意在信息网络或者其他媒体上传播,严重扰乱社会秩序的,处三年以下有期徒刑、拘役或者管制;造成严重后果的,处三年以上七年以下有期徒刑。"

(3)构成要件

第一,侵害的客体是社会管理秩序。

第二,客观方面表现为编造虚假的险情、疫情、灾情、警情,在信息网络或者其他媒体上传播,或者明知是上述虚假信息,故意在信息网络或者其他媒体上传播,严重扰乱社会秩序的行为。

第三,犯罪主体是一般主体。

第四,主观方面是故意。

(4)罪名界定

第一,关于本罪的罪与非罪的界定。认定本罪要注意两方面问题:一是编造或者传播的信息必须是虚假的,二是这种行为已经严重扰乱社会秩序。至于什么是本罪中的"严重扰乱社会秩序",目前没有司法解释,但根据2010年6月21日最高人民法院《关于在经济犯罪审判中参照适用〈最高人民检察院、公安部关于公安机关管辖的刑事案件立案追诉标准的规定(二)〉的通知》的精神,最高人民法院对相关定罪量刑标准没有规定的,人民法院在审理该案时,可以参照适用有关的规定。

第二,本罪与编造、故意传播虚假恐怖信息罪的区别在于,这两种犯罪,编造和传播的虽然都是虚假信息,但本罪编造和传播的虚假信息是一般信息,主要是虚假的险情、疫情、警情、灾情等。而编造、故意传播虚假恐怖信息罪编造或者传播的是爆炸威胁、生化威胁、放射威胁等恐怖信息。

第三,本罪与宣扬恐怖主义、极端主义、煽动实施恐怖活动罪的区别有以下几点:一是侵犯的客体不同,本罪侵犯的客体是社会管理秩序,主要是扰乱公共管理秩序;而后者侵犯的客体主要是危害公共安全。二是在客观方面表现和犯罪对象也不同,本罪表现为编造虚假的险情、疫情、灾情、警情,在信息网络或者其他媒体上传播,或者明知是上述虚假信息,故意在信息网络或者其他媒体上传播,严重扰乱社会秩序的行为。而后者在客观方面表现为,以制作资料、散发资料、发布信息、当面讲授等方式或者通过音频视频、信息网络等宣扬恐怖主义、极端主义的,或者煽动实施暴力恐怖活动的行为。

（5）量刑幅度

根据《刑法》第 291 条之一第 2 款的规定，对于构成本罪的，处 3 年以下有期徒刑、拘役或者管制；造成严重后果的，处 3 年以上 7 年以下有期徒刑。

35. 高空抛物罪（第 291 条之二）

（1）罪名概念

高空抛物罪，是指从建筑物或者其他高空抛掷物品，情节严重的行为。

（2）法律规定

①本罪名是由《刑法》第 291 条之二规定的。该条规定：“从建筑物或者其他高空抛掷物品，情节严重的，处一年以下有期徒刑、拘役或者管制，并处或者单处罚金。

有前款行为，同时构成其他犯罪的，依照处罚较重的规定定罪处罚。”

②2019 年 10 月 21 日最高人民法院《关于依法妥善审理高空抛物、坠物案件的意见》规定：“……5. 准确认定高空抛物犯罪。对于高空抛物行为，应当根据行为人的动机、抛物场所、抛掷物的情况以及造成的后果等因素，全面考量行为的社会危害程度，准确判断行为性质，正确适用罪名，准确裁量刑罚。

故意从高空抛弃物品，尚未造成严重后果，但足以危害公共安全的，依照刑法第一百一十四条规定的以危险方法危害公共安全罪定罪处罚；致人重伤、死亡或者使公私财产遭受重大损失的，依照刑法第一百一十五条第一款的规定处罚。为伤害、杀害特定人员实施上述行为的，依照故意伤害罪、故意杀人罪定罪处罚。

6. 依法从重惩治高空抛物犯罪。具有下列情形之一的，应当从重处罚，一般不得适用缓刑：（1）多次实施的；（2）经劝阻仍继续实施的；（3）受过刑事处罚或者行政处罚后又实施的；（4）在人员密集场所实施的；（5）其他情节严重的情形。

7. 准确认定高空坠物犯罪。过失导致物品从高空坠落，致人死亡、重伤，符合刑法第二百三十三条、第二百三十五条规定的，依照过失致人死亡罪、过失致人重伤罪定罪处罚。在生产、作业中违反有关安全管理规定，从高空坠落物品，发生重大伤亡事故或者造成其他严重后果的，依照刑法第一百三十四条第一款的规定，以重大责任事故罪定罪处罚。……”

（3）构成要件

第一，本罪侵犯的客体是社会管理秩序。

第二，客观方面表现为从建筑物或者其他高空抛掷物品，情节严重的行为。

第三，主体为一般主体。

第四，主观方面表现为过失，即行为人对其抛掷物品行为可能造成的危害结果没有预见，或虽预见到但过于自信认为可以避免。

（4）罪名界定

构成本罪，一是实施了从建筑物或其他高空抛掷物品的行为，二是行为达到了情节严重的程度。同时，认定本罪，还要注意本罪与以危险方法危害公共安全罪、故意伤害罪、故意杀人罪的区别。如果行为人是在明知或应知楼下有人的情况下故意将物体抛下，就可能构成以危险方法危害公共安全罪，如果是针对特定的人故意实施抛掷物品行为则可能构成故意伤害罪或者故意杀人罪，只有在行为人因为大意和疏忽、过失导致东西坠落时才可能构成本罪。

（5）量刑幅度

根据《刑法》第 291 条之二的规定，犯高空抛物罪的，处 1 年以下有期徒刑、拘役或者管制，并处或者单处罚金。实施高空抛物行为同时构成其他犯罪的，依照处罚较重的规定定罪处罚。

36. 聚众斗殴罪(第 292 条第 1 款)

(1)罪名概念

聚众斗殴罪,是指出于私仇宿怨、争霸一方或者其他非法动机而成帮结伙地聚结互殴的行为。

(2)法律规定

①本罪名是由《刑法》第 292 条第 1 款规定的。该条款规定:“聚众斗殴的,对首要分子和其他积极参加的,处三年以下有期徒刑、拘役或者管制;有下列情形之一的,对首要分子和其他积极参加的,处三年以上十年以下有期徒刑:

(一)多次聚众斗殴的;

(二)聚众斗殴人数多,规模大,社会影响恶劣的;

(三)在公共场所或者交通要道聚众斗殴,造成社会秩序严重混乱的;

(四)持械聚众斗殴的。

聚众斗殴,致人重伤、死亡的,依照本法第二百三十四条、第二百三十二条的规定定罪处罚。”

②2008 年 6 月 25 日最高人民检察院、公安部《关于公安机关管辖的刑事案件立案追诉标准的规定(一)》第 36 条规定:“组织、策划、指挥或者积极参加聚众斗殴的,应予立案追诉。”

(3)构成要件

第一,本罪侵犯的客体是公共秩序。

第二,客观方面表现为成帮结伙地进行殴斗,俗称打群架。有下列情形之一的,属于情节恶劣:一是多次聚众斗殴的;二是聚众斗殴人数多,规模大,社会影响恶劣的;三是在公共场所或者交通要道聚众斗殴,造成社会秩序严重混乱的;四是持械聚众斗殴的。

第三,本罪的主体是聚众斗殴的首要分子和积极参加者。

第四,主观方面是故意,即明知自己的行为会产生破坏公共秩序的危害后果,而希望并促使这种结果发生。

(4)罪名界定

第一,关于本罪的认定。根据《刑法》第 292 条第 1 款的规定,本罪只处罚首要分子和其他积极参加者,对于一般参加者,不能认为构成本罪。另外,有些因为民事纠纷、邻里纠纷而发生的互相斗殴或者结伙械斗的现象,与本罪在客观表现方面有相似之处,但由于这种殴斗事出有因,不具有争霸一方、报复他人、寻求刺激等犯罪动机,其行为在没有对社会公共秩序造成威胁时,不能以本罪定罪处罚。根据《刑法》第 13 条的规定,对于聚众斗殴情节显著轻微,危害不大,不能认为是犯罪。

根据 2008 年 6 月 25 日最高人民检察院、公安部《关于公安机关管辖的刑事案件立案追诉标准的规定(一)》第 36 条的规定,对于组织、策划、指挥或者积极参加聚众斗殴的,应予立案追诉。

第二,本罪与故意伤害罪的区别:一是前者出于聚众斗殴的动机目的;而后者出于伤害的目的。二是前者侵犯的是不特定的对象;而后者则是侵害特定的对象。三是前者是在聚众斗殴中造成的伤害,带有很大的随意性;而后者是独立的伤害行为。在聚众斗殴中故意致人重伤、死亡的,根据《刑法》关于故意伤害、故意杀人罪的规定处罚。

(5)量刑幅度

根据《刑法》第 292 条的规定,对首要分子和其他积极参加者,处 3 年以下有期徒刑、拘役或者管制。对情节恶劣的,对首要分子和其他积极参加者,处 3 年以上 10 年以下有期徒刑。

所谓“情节恶劣”,根据《刑法》第 292 条的规定,是指具有下列情形之一的:①多次聚众斗殴的;②聚众斗殴人数多,规模大,社会影响恶劣的;③在公共场所或者交通要道聚众斗殴,造成社会秩序严重混乱的;④持械聚众斗殴的。

2013 年 12 月 23 日最高人民法院《关于常见犯罪的量刑指导意见》对聚众斗殴罪的量刑提出以下具体意见:

①构成聚众斗殴罪的,可以根据下列不同情形在相应的幅度内确定量刑起点:A. 犯罪情节一般的,可以在 2 年以下有期徒刑、拘役幅度内确定量刑起点。B. 有下列情形之一的,可以在 3 年至 5 年有期徒刑幅度内确定量刑起点:聚众斗殴三次的;聚众斗殴人数多,规模大,社会影响恶劣的;在公共场所或者交通要道聚众斗殴,造成社会秩序严重混乱的;持械聚众斗殴的。

②在量刑起点的基础上,可以根据聚众斗殴人数、次数、手段严重程度等其他影响犯罪构成的犯罪事实增加刑罚量,确定基准刑。

根据《刑法》第 36 条第 1 款的规定,如果是由于犯罪分子的犯罪行为使被害人遭受经济损失,对犯罪分子除了依法给予刑事处罚外,还应当根据情况,判处赔偿经济损失。

37. 寻衅滋事罪(第 293 条)

(1)罪名概念

寻衅滋事罪,是指故意挑起事端,侵犯他人人身和财产权利,破坏社会秩序的行为。

(2)法律规定

①本罪名是由《刑法》第 293 条规定的。该条规定:"有下列寻衅滋事行为之一,破坏社会秩序的,处五年以下有期徒刑、拘役或者管制:

(一)随意殴打他人,情节恶劣的;

(二)追逐、拦截、辱骂、恐吓他人,情节恶劣的;

(三)强拿硬要或者任意损毁、占用公私财物,情节严重的;

(四)在公共场所起哄闹事,造成公共场所秩序严重混乱的。

纠集他人多次实施前款行为,严重破坏社会秩序的,处五年以上十年以下有期徒刑,可以并处罚金。"

②2017 年 4 月 27 日最高人民检察院、公安部《关于公安机关管辖的刑事案件立案追诉标准的规定(一)的补充规定》第 8 条规定:"将《立案追诉标准(一)》第三十七条修改为:[寻衅滋事案(刑法第二百九十三条)]随意殴打他人,破坏社会秩序,涉嫌下列情形之一的,应予立案追诉:

(一)致一人以上轻伤或者二人以上轻微伤的;

(二)引起他人精神失常、自杀等严重后果的;

(三)多次随意殴打他人的;

(四)持凶器随意殴打他人的;

(五)随意殴打精神病人、残疾人、流浪乞讨人员、老年人、孕妇、未成年人,造成恶劣社会影响的;

(六)在公共场所随意殴打他人,造成公共场所秩序严重混乱的;

(七)其他情节恶劣的情形。

追逐、拦截、辱骂、恐吓他人,破坏社会秩序,涉嫌下列情形之一的,应予立案追诉:

(一)多次追逐、拦截、辱骂、恐吓他人,造成恶劣社会影响的;

(二)持凶器追逐、拦截、辱骂、恐吓他人的;

(三)追逐、拦截、辱骂、恐吓精神病人、残疾人、流浪乞讨人员、老年人、孕妇、未成年人,造成恶劣社会影响的;

（四）引起他人精神失常、自杀等严重后果的；

（五）严重影响他人的工作、生活、生产、经营的；

（六）其他情节恶劣的情形。

强拿硬要或者任意损毁、占用公私财物，破坏社会秩序，涉嫌下列情形之一的，应予立案追诉：

（一）强拿硬要公私财物价值一千元以上，或者任意损毁、占用公私财物价值二千元以上的；

（二）多次强拿硬要或者任意损毁、占用公私财物，造成恶劣社会影响的；

（三）强拿硬要或者任意损毁、占用精神病人、残疾人、流浪乞讨人员、老年人、孕妇、未成年人的财物，造成恶劣社会影响的。

在车站、码头、机场、医院、商场、公园、影剧院、展览会、运动场或者其他公共场所起哄闹事，应当根据公共场所的性质、公共活动的重要程度、公共场所的人数、起哄闹事的时间、公共场所受影响的范围与程度等因素，综合判断是否造成公共场所秩序严重混乱。”

③2003年5月14日最高人民法院、最高人民检察院《关于办理妨害预防、控制突发传染病疫情等灾害的刑事案件具体应用法律若干问题的解释》第11条规定：“在预防、控制突发传染病疫情等灾害期间，强拿硬要或者任意损毁、占用公私财物情节严重，或者在公共场所起哄闹事，造成公共场所秩序严重混乱的，依照刑法第二百九十三条的规定，以寻衅滋事罪定罪，依法从重处罚。”

④2006年1月11日最高人民法院《关于审理未成年人刑事案件具体应用法律若干问题的解释》第8条规定：“已满十六周岁不满十八周岁的人出于以大欺小、以强凌弱或者寻求精神刺激，随意殴打其他未成年人、多次对其他未成年人强拿硬要或者任意损毁公私财物，扰乱学校及其他公共场所秩序，情节严重的，以寻衅滋事罪定罪处罚。”

⑤2013年7月15日最高人民法院、最高人民检察院《关于办理寻衅滋事刑事案件适用法律若干问题的解释》规定：“行为人为寻求刺激、发泄情绪、逞强耍横等，无事生非，实施刑法第二百九十三条规定的行为的，应当认定为‘寻衅滋事’。

行为人因日常生活中的偶发矛盾纠纷，借故生非，实施刑法第二百九十三条规定的行为的，应当认定为‘寻衅滋事’，但矛盾系由被害人故意引发或者被害人对矛盾激化负有主要责任的除外。

行为人因婚恋、家庭、邻里、债务等纠纷，实施殴打、辱骂、恐吓他人或者损毁、占用他人财物等行为的，一般不认定为‘寻衅滋事’，但经有关部门批评制止或者处理处罚后，继续实施前列行为，破坏社会秩序的除外。

随意殴打他人，破坏社会秩序，具有下列情形之一的，应当认定为刑法第二百九十三条第一款第一项规定的‘情节恶劣’：

（一）致一人以上轻伤或者二人以上轻微伤的；

（二）引起他人精神失常、自杀等严重后果的；

（三）多次随意殴打他人的；

（四）持凶器随意殴打他人的；

（五）随意殴打精神病人、残疾人、流浪乞讨人员、老年人、孕妇、未成年人，造成恶劣社会影响的；

（六）在公共场所随意殴打他人，造成公共场所秩序严重混乱的；

（七）其他情节恶劣的情形。

追逐、拦截、辱骂、恐吓他人，破坏社会秩序，具有下列情形之一的，应当认定为刑法第二百九十三条第一款第二项规定的‘情节恶劣’：

（一）多次追逐、拦截、辱骂、恐吓他人，造成恶劣社会影响的；

（二）持凶器追逐、拦截、辱骂、恐吓他人的；

（三）追逐、拦截、辱骂、恐吓精神病人、残疾人、流浪乞讨人员、老年人、孕妇、未成年人，造成恶劣社会影响的；

（四）引起他人精神失常、自杀等严重后果的；

（五）严重影响他人的工作、生活、生产、经营的；

（六）其他情节恶劣的情形。

强拿硬要或者任意损毁、占用公私财物，破坏社会秩序，具有下列情形之一的，应当认定为刑法第二百九十三条第一款第三项规定的‘情节严重’：

（一）强拿硬要公私财物价值一千元以上，或者任意损毁、占用公私财物价值二千元以上的；

（二）多次强拿硬要或者任意损毁、占用公私财物，造成恶劣社会影响的；

（三）强拿硬要或者任意损毁、占用精神病人、残疾人、流浪乞讨人员、老年人、孕妇、未成年人的财物，造成恶劣社会影响的；

（四）引起他人精神失常、自杀等严重后果的；

（五）严重影响他人的工作、生活、生产、经营的；

（六）其他情节严重的情形。

在车站、码头、机场、医院、商场、公园、影剧院、展览会、运动场或者其他公共场所起哄闹事，应当根据公共场所的性质、公共活动的重要程度、公共场所的人数、起哄闹事的时间、公共场所受影响的范围与程度等因素，综合判断是否‘造成公共场所秩序严重混乱’。

纠集他人三次以上实施寻衅滋事犯罪，未经处理的，应当依照刑法第二百九十三条第二款的规定处罚。

实施寻衅滋事行为，同时符合寻衅滋事罪和故意杀人罪、故意伤害罪、故意毁坏财物罪、敲诈勒索罪、抢夺罪、抢劫罪等罪的构成要件的，依照处罚较重的犯罪定罪处罚。

行为人认罪、悔罪，积极赔偿被害人损失或者取得被害人谅解的，可以从轻处罚；犯罪情节轻微的，可以不起诉或者免予刑事处罚。”

(3) 构成要件

第一，本罪侵犯的客体是公共秩序。在这种犯罪行为猖獗的地方，人民普遍地失去安全感，无法正常生活、工作、生产和学习。

第二，客观方面表现为以下四种行为：①随意殴打他人，情节恶劣的；②追逐、拦截、辱骂、恐吓他人，情节恶劣的；③强拿硬要或者任意损毁、占用公私财物，情节严重的；④在公共场所起哄闹事，造成公共场所秩序严重混乱的。

第三，本罪的主体是一般主体。

第四，主观方面是故意。

(4) 罪名界定

第一，认定本罪，根据2008年6月25日最高人民检察院、公安部《关于公安机关管辖的刑事案件立案追诉标准的规定（一）》第37条的规定，寻衅滋事应予立案追究，必须具备下列情形之一：①随意殴打他人造成他人身体伤害、持械随意殴打他人或者具有其他恶劣情节的；②追逐、拦截、辱骂他人，严重影响他人正常工作、生产、生活，或者造成他人精神失常、自杀或者具有其他恶劣情节的；③强拿硬要或者任意损毁、占用公私财物价值2000元以上，强拿硬要或者任意损毁、占用公私财物3次以上或者具有其他严重情节的；④在公共场所起哄闹事，造成公共场所秩序严重混乱的。

如果因为民事纠纷或者个人恩怨，在公共场所殴打、辱骂他人，或者在路上拦截、追逐他人，或者索要债务而强行拿走、毁坏、占有他人财物等行为，这些表现虽然与本罪在客观方面的表现有相似之处，但由于事出有因，行为人不具有无事生非、寻衅滋事的动机，一般不能以本罪处理。如果殴打他人致伤，损毁他人财物数额较大，公然侮辱他人情节严重，可以分别按故意伤害罪、故意毁坏财物罪或者侮辱罪等犯罪定罪处罚。

第二，本罪与抢劫罪的区别主要表现在：①本罪强拿硬要他人财物的行为，主要是为了寻求下流的精神刺激，而非法占有他人财物的目的处于从属地位，一般数额不大，给被害人造成的精神压力、对社会秩序的破坏，远远超过被害人所受的精神损失。抢劫罪的目的在于非法占有他人财物，因而属于侵犯财产罪。②本罪的强拿硬要，常常发生在公共场所，多是临时起意，结伙公开进行，很少直接使用暴力，而是以暴力相威胁或者使用轻微的暴力，如推、拉等，使受害人忍气吞声，从而被公然拿走少量财物。而抢劫罪的行为恰恰相反，大多数是发生在偏僻的街巷、荒郊野外、人稀车少的地方，或者在晚上进行，行为人往往是有意识地躲避众人。虽然也有在众目睽睽之下公开抢劫的，但都是事先经过精心策划，事后及时脱离现场。

第三，本罪与聚众扰乱社会秩序罪的主要区别是：①本罪侵犯的客体是公共秩序，侵害的对象一般是不特定的人或者物；而后者侵犯的客体是机关、企事业单位和人民团体的正常工作、生产、营业、教学或者科研秩序，侵害的对象是特定的党政机关、企业、事业单位和人民团体。②本罪的行为动机只为了开心、取乐、逞强、寻求精神刺激，填补精神空虚等，并没有其他特定目的；而后者具有特定的目的和特定的对象，一般是为了通过扰乱活动，给政府或者有关单位施加压力，从而实现个人无理要求。

（5）量刑幅度

根据《刑法》第 293 条的规定，犯本罪的，处 5 年以下有期徒刑、拘役或者管制。

2017 年 3 月 9 日最高人民法院《关于常见犯罪的量刑指导意见》对寻衅滋事罪的量刑提出以下具体意见：

①构成寻衅滋事罪的，可以根据下列不同情形在相应的幅度内确定量刑起点：A. 寻衅滋事一次的，可以在 3 年以下有期徒刑、拘役幅度内确定量刑起点。B. 纠集他人 3 次寻衅滋事（每次都构成犯罪），严重破坏社会秩序的，可以在 5 年至 7 年有期徒刑幅度内确定量刑起点。

②在量刑起点的基础上，可以根据寻衅滋事次数、伤害后果、强拿硬要他人财物或任意损毁、占用公私财物数额等其他影响犯罪构成的犯罪事实增加刑罚量，确定基准刑。

38. 催收非法债务罪（第 293 条之一）

（1）罪名概念

催收非法债务罪，是指使用非法方法催收高利放贷产生的非法债务，情节严重的行为。

（2）法律规定

本罪名是由《刑法》第 293 条之一规定的。该条规定："有下列情形之一，催收高利放贷等产生的非法债务，情节严重的，处三年以下有期徒刑、拘役或者管制，并处或者单处罚金：

（一）使用暴力、胁迫方法的；

（二）限制他人人身自由或者侵入他人住宅的；

（三）恐吓、跟踪、骚扰他人的。"

（3）构成要件

第一，本罪侵犯的客体是社会管理秩序。

第二，客观方面表现为使用非法方法催收高利放贷产生的非法债务，情节严重的行为。具体行为方式包括：使用暴力、胁迫方法；限制他人人身自由或者侵入他人住宅；恐吓、跟踪、骚扰他人。

第三，主体是一般主体。

第四，主观方面是故意。

(4) 罪名界定

构成本罪，一是实施了《刑法》第293条之一规定的三种情形之一的非法行为，二是实施行为的目的是催收高利放贷产生的非法债务，如果行为人催收的是高利放贷之外的原因产生的非法债务，则不构成本罪。

(5) 量刑幅度

根据《刑法》第293条之一的规定，犯催收非法债务罪，处3年以下有期徒刑、拘役或者管制，并处或者单处罚金。

39. 组织、领导、参加黑社会性质组织罪（第294条第1款）

(1) 罪名概念

组织、领导、参加黑社会性质组织罪，是指组织、领导和积极参加以暴力、威胁或者其他手段，有组织地进行违法犯罪活动，称霸一方，为非作歹，欺压、残害群众，严重破坏经济、社会生活秩序的黑社会性质的组织的行为。本罪是个行为选择性罪名。

(2) 法律规定

①本罪名是由《刑法》第294条第1款规定的。《刑法》第294条规定："组织、领导黑社会性质的组织的，处七年以上有期徒刑，并处没收财产；积极参加的，处三年以上七年以下有期徒刑，可以并处罚金或者没收财产；其他参加的，处三年以下有期徒刑、拘役、管制或者剥夺政治权利，可以并处罚金。

境外的黑社会组织的人员到中华人民共和国境内发展组织成员的，处三年以上十年以下有期徒刑。

国家机关工作人员包庇黑社会性质的组织，或者纵容黑社会性质的组织进行违法犯罪活动的，处五年以下有期徒刑；情节严重的，处五年以上有期徒刑。

犯前三款罪又有其他犯罪行为的，依照数罪并罚的规定处罚。

黑社会性质的组织应当同时具备以下特征：

（一）形成较稳定的犯罪组织，人数较多，有明确的组织者、领导者，骨干成员基本固定；

（二）有组织地通过违法犯罪活动或者其他手段获取经济利益，具有一定的经济实力，以支持该组织的活动；

（三）以暴力、威胁或者其他手段，有组织地多次进行违法犯罪活动，为非作恶，欺压、残害群众；

（四）通过实施违法犯罪活动，或者利用国家工作人员的包庇或者纵容，称霸一方，在一定区域或者行业内，形成非法控制或者重大影响，严重破坏经济、社会生活秩序。"

②2002年4月28日全国人民代表大会常务委员会《关于〈中华人民共和国刑法〉第二百九十四条第一款的解释》相关规定如下：

"刑法第二百九十四条第一款规定的'黑社会性质的组织'应当同时具备以下特征：

（一）形成较稳定的犯罪组织，人数较多，有明确的组织者、领导者，骨干成员基本固定；

（二）有组织地通过违法犯罪活动或者其他手段获取经济利益，具有一定的经济实力，以支持该组织的活动；

（三）以暴力、威胁或者其他手段，有组织地多次进行违法犯罪活动，为非作恶，欺压、残害群众；

（四）通过实施违法犯罪活动，或者利用国家工作人员的包庇或者纵容，称霸一方，在一定区域或者行业内，形成非法控制或者重大影响，严重破坏经济、社会生活秩序。”

③2000 年 12 月 5 日最高人民法院《关于审理黑社会性质组织犯罪的案件具体应用法律若干问题的解释》相关主要内容如下：

“第一条　刑法第二百九十四条规定的‘黑社会性质的组织’，一般应具备以下特征：

（一）组织结构比较紧密，人数较多，有比较明确的组织者、领导者，骨干成员基本固定，有较为严格的组织纪律；

（二）通过违法犯罪活动或者其他手段获取经济利益，具有一定的经济实力；

（三）通过贿赂、威胁等手段，引诱、逼迫国家工作人员参加黑社会性质组织活动，或者为其提供非法保护；

（四）在一定区域或者行业范围内，以暴力、威胁、滋扰等手段，大肆进行敲诈勒索、欺行霸市、聚众斗殴、寻衅滋事、故意伤害等违法犯罪活动，严重破坏经济、社会生活秩序。

第三条第二款　对于参加黑社会性质的组织，没有实施其他违法犯罪活动的，或者受蒙蔽、胁迫参加黑社会性质的组织，情节轻微的，可以不作为犯罪处理。

第四条　国家机关工作人员组织、领导、参加黑社会性质组织的，从重处罚。

第七条　对黑社会性质组织和组织、领导、参加黑社会性质组织的犯罪分子聚敛的财物及其收益，以及用于犯罪的工具等，应当依法追缴、没收。”

④2018 年 1 月 16 日最高人民法院、最高人民检察院、公安部、司法部《关于办理黑恶势力犯罪案件若干问题的指导意见》相关主要内容如下：

二、依法认定和惩处黑社会性质组织犯罪

3. 黑社会性质组织应同时具备《刑法》第二百九十四条第五款中规定的“组织特征”“经济特征”“行为特征”和“危害性特征”。由于实践中许多黑社会性质组织并非这“四个特征”都很明显，在具体认定时，应根据立法本意，认真审查、分析黑社会性质组织“四个特征”相互间的内在联系，准确评价涉案犯罪组织所造成的社会危害，做到不枉不纵。

4. 发起、创建黑社会性质组织，或者对黑社会性质组织进行合并、分立、重组的行为，应当认定为“组织黑社会性质组织”；实际对整个组织的发展、运行、活动进行决策、指挥、协调、管理的行为，应当认定为“领导黑社会性质组织”。黑社会性质组织的组织者、领导者，既包括通过一定形式产生的有明确职务、称谓的组织者、领导者，也包括在黑社会性质组织中被公认的事实上的组织者、领导。

5. 知道或者应当知道是以实施违法犯罪为基本活动内容的组织，仍加入并接受其领导和管理的行为，应当认定为“参加黑社会性质组织”。没有加入黑社会性质组织的意愿，受雇到黑社会性质组织开办的公司、企业、社团工作，未参与黑社会性质组织违法犯罪活动的，不应认定为“参加黑社会性质组织”。

参加黑社会性质组织并具有以下情形之一的，一般应当认定为“积极参加黑社会性质组织”：多次积极参与黑社会性质组织的违法犯罪活动，或者积极参与较严重的黑社会性质组织的犯罪活动且作用突出，以及其他在组织中起重要作用的情形，如具体主管黑社会性质组织的财务、人员管理等事项。

6. 组织形成后，在一定时期内持续存在，应当认定为“形成较稳定的犯罪组织”。

黑社会性质组织一般在短时间内难以形成，而且成员人数较多，但鉴于“恶势力”团伙和犯罪集团向黑社会性质组织发展是个渐进的过程，没有明显的性质转变的节点，故对黑社会性质组织存在时间、成员人数问题不宜作出“一刀切”的规定。

黑社会性质组织未举行成立仪式或者进行类似活动的，成立时间可以按照足以反映其初步形成非法影响的标志性事件的发生时间认定。没有明显标志性事件的，可以按照本意见中关于黑社会性质组织违法犯罪活动认定范围的规定，将组织者、领导者与其他组织成员首次共同实施该组织犯罪活动的时间认定为该组织的形成时间。该组织者、领导者因未到案或者因死亡等法定情形未被起诉的，不影响认定。

黑社会性质组织成员既包括已有充分证据证明但尚未归案的组织成员，也包括虽有参加黑社会性质组织的行为但因尚未达到刑事责任年龄或因其他法定情形而未被起诉，或者根据具体情节不作为犯罪处理的组织成员。

7. 在组织的形成、发展过程中通过以下方式获取经济利益的，应当认定为“有组织地通过违法犯罪活动或者其他手段获取经济利益”：

(1)有组织地通过违法犯罪活动或其他不正当手段聚敛；

(2)有组织地以投资、控股、参股、合伙等方式通过合法的生产、经营活动获取；

(3)由组织成员提供或通过其他单位、组织、个人资助取得。

8. 通过上述方式获得一定数量的经济利益，应当认定为“具有一定的经济实力”，同时也包括调动一定规模的经济资源用以支持该组织活动的能力。通过上述方式获取的经济利益，即使是由部分组织成员个人掌控，也应计入黑社会性质组织的“经济实力”。组织成员主动将个人或者家庭资产中的一部分用于支持该组织活动，其个人或者家庭资产可全部计入“一定的经济实力”，但数额明显较小或者仅提供动产、不动产使用权的除外。

由于不同地区的经济发展水平、不同行业的利润空间均存在很大差异，加之黑社会性质组织存在、发展的时间也各有不同，在办案时不能一般性地要求黑社会性质组织所具有的经济实力必须达到特定规模或特定数额。

9. 黑社会性质组织实施的违法犯罪活动包括非暴力性的违法犯罪活动，但暴力或以暴力相威胁始终是黑社会性质组织实施违法犯罪活动的基本手段，并随时可能付诸实施。暴力、威胁色彩虽不明显，但实际是以组织的势力、影响和犯罪能力为依托，以暴力威胁的现实可能性为基础，足以使他人产生恐惧、恐慌进而形成心理强制或者足以影响、限制人身自由、危及人身财产安全或者影响正常生产、工作、生活的手段，属于《刑法》第二百九十四条第五款第(三)项中的“其他手段”，包括但不限于所谓的“谈判”“协商”“调解”以及滋扰、纠缠、哄闹、聚众造势等手段。

10. 为确立、维护、扩大组织的势力、影响、利益或者按照纪律规约、组织惯例多次实施违法犯罪活动，侵犯不特定多人的人身权利、民主权利、财产权利，破坏经济秩序、社会秩序，应当认定为“有组织地多次进行违法犯罪活动，为非作恶，欺压、残害群众”。

符合以下情形之一的，应当认定为是黑社会性质组织实施的违法犯罪活动：

(1)为该组织争夺势力范围打击竞争对手、形成强势地位、谋取经济利益、树立非法权威、扩大非法影响、寻求非法保护、增强犯罪能力等实施的；

(2)按照该组织的纪律规约、组织惯例实施的；

(3)组织者、领导者直接组织、策划、指挥、参与实施的；

(4)由组织成员以组织名义实施，并得到组织者、领导者认可或者默许的；

(5)多名组织成员为逞强争霸、插手纠纷、报复他人、替人行凶、非法敛财而共同实施，并得到组织者、领导者认可或者默许的；

(6)其他应当认定为黑社会性质组织实施的。

11. 鉴于黑社会性质组织非法控制和影响的“一定区域”的大小具有相对性，不能简单地要求“一定区域”必须达到某一特定的空间范围，而应当根据具体案情，并结合黑社会性质组织对经济社会生活秩序的危害程度加以综合分析判断。

通过实施违法犯罪活动，或者利用国家工作人员的包庇或者不依法履行职责，放纵黑社会性质组织进行违法犯罪活动的行为，称霸一方，并具有以下情形之一的，可认定为“在一定区域或者行业内，形成非法控制或者重大影响，严重破坏经济、社会生活秩序”：

(1)致使在一定区域内生活或者在一定行业内从事生产、经营的多名群众，合法利益遭受犯罪或严重违法活动侵害后，不敢通过正当途径举报、控告的；

(2)对一定行业的生产、经营形成垄断，或者对涉及一定行业的准入、经营、竞争等经济活动形成重要影响的；

(3)插手民间纠纷、经济纠纷，在相关区域或者行业内造成严重影响的；

(4)干扰、破坏他人正常生产、经营、生活，并在相关区域或者行业内造成严重影响的；

(5)干扰、破坏公司、企业、事业单位及社会团体的正常生产、经营、工作秩序，在相关区域、行业内造成严重影响，或者致使其不能正常生产、经营、工作的；

(6)多次干扰、破坏党和国家机关、行业管理部门以及村委会居委会等基层群众自治组织的工作秩序，或者致使上述单位、组织的职能不能正常行使的；

(7)利用组织的势力、影响，帮助组织成员或他人获取政治地位，或者在党政机关、基层群众自治组织中担任一定职务的；

(8)其他形成非法控制或者重大影响，严重破坏经济、社会生活秩序的情形。

12. 对于组织者、领导者和因犯参加黑社会性质组织罪被判处五年以上有期徒刑的积极参加者，可以根据《刑法》第五十六条第一款的规定适用附加剥夺政治权利。对于符合《刑法》第三十七条之一规定的组织成员，应当依法禁止其从事相关职业。符合《刑法》第六十六条规定的组织成员，应当认定为累犯，依法从重处罚。

对于因有组织的暴力性犯罪被判处死刑缓期执行的黑社会性质组织犯罪分子，可以根据《刑法》第五十条第二款的规定同时决定对其限制减刑。对于因有组织的暴力性犯罪被判处十年以上有期徒刑、无期徒刑的黑社会性质组织犯罪分子，应当根据《刑法》第八十一条第二款规定，不得假释。

13. 对于组织者、领导者一般应当并处没收个人全部财产。对于确属骨干成员或者为该组织转移、隐匿资产的积极参加者，可以并处没收个人全部财产。对于其他组织成员，应当根据所参与实施违法犯罪活动的次数、性质、地位、作用、违法所得数额以及造成损失的数额等情节，依法决定财产刑的适用。

(3)构成要件

第一，本罪侵犯的客体是社会管理秩序。

第二，本罪在客观方面表现为组织、领导、积极参加黑社会性质组织的行为。

所谓“黑社会性质组织”，根据《刑法》第294条的规定，应当同时具备以下特征：一是形成较稳定的犯罪组织，人数较多，有明确的组织者、领导者，骨干成员基本固定；二是有组织地通过违法犯罪活动或者其他手段获取经济利益，具有一定的经济实力，以支持该组织的活动；三是以暴力、威胁或者其他手段，有组织地多次进行违法犯罪活动，为非作恶，欺压、残害群众；四是通过实施违法犯罪活动，或者利用国家工作人员的包庇或者纵容，称霸一方，在一定区域或者行业内，形成非法控制或者重大影响，严重破坏经济、社会生活秩序。

所谓“组织黑社会组织”，是指行为人出于犯罪的目的，倡导、发起、组建黑社会组织的行为。具体组织方式多种多样，如劝说引诱、介绍他人参加黑社会组织，为他人进行引见、联络、撮合，以使其能顺利加入黑社会组织的行为;胁迫他人加入黑社会组织,即指行为人以威胁、恐吓、要挟等方式,违背他人意愿,强迫他人参加黑社会组织的行为。

所谓"领导黑社会组织",是指在黑社会组织中,处于领导地位,对黑社会组织的活动起着策划、决策、指挥、协调作用。

所谓"参加黑社会组织",是指行为人明知是黑社会组织而仍然愿意加入的行为。

第三,本罪的主体是一般主体,即凡是达到刑事责任年龄,具有刑事责任能力的自然人,均可构成本罪主体。

第四,主观方面是故意,即明知是黑社会组织而故意组织、领导或者积极参加。如果不了解情况,参加了黑社会组织,事后退出的,不以本罪论处。但是,如果参加时,不知是黑社会组织,加入后明知了,仍然不退出的,则应以本罪论处。

(4)罪名界定

第一,关于本罪的构成。本罪是行为犯,只要组织、领导了黑社会性质的组织或者参加了该组织,即构成本罪,不要求其实施其他犯罪行为。如果行为人组织、领导、参加黑社会性质组织以后,又实施了其他犯罪行为,应当实行数罪并罚。例如,行为人组织、领导了黑社会性质组织以后,又组织、指挥进行故意杀人犯罪活动,则应当以本罪与故意杀人罪实行并罚。

第二,要把本罪与聚众斗殴、寻衅滋事、强制猥亵、侮辱妇女等犯罪区别开来。后者虽然也是由多个犯罪分子组成,并且有为首者,经常纠合在一起进行违法犯罪活动,扰乱公共秩序。但这些犯罪组织内部没有严密的组织结构,成员也不稳定,时分时合,一般没有国家机关工作人员提供非法保护,即使有,也是关系网式的。从犯罪主观方面看,后者主要是出于藐视社会公德,寻求精神刺激,不以追求经济利益为主要目标,经济实力不强。因此,其组织规模、政治和经济实力尚不足以在一定区域内或者行业内称霸一方。对这些犯罪只能以其所犯的具体罪行定罪处罚,而不能以组织、领导、参加黑社会性质组织罪定罪处罚。

第三,本罪与普通刑事犯罪集团的主要区别是:普通刑事犯罪集团是指 3 人以上,在较长时间内,为实施某种或者多种犯罪而建立起来的,带有相对稳定性的犯罪组织,其实施的犯罪多限于一般或者多种犯罪。而本罪实施的犯罪则不限于某种或者几种犯罪,他们称霸一方,为非作歹,欺压、残害群众,无恶不作,涉及的犯罪类型较多,危害极大,往往带有半公开性质。黑社会性质组织具有较强的政治、经济实力,较大的组织规模和较严密的组织形式,是一种比普通犯罪集团危害更大的犯罪集团。

第四,本罪与单位犯罪有区别。如果单从"组织"这个角度看,二者都是组织犯罪。但组织有合法与非法之别。单位犯罪是个有机整体的犯罪,其成员是作为单位这个有机整体的组织部分,因此,单位犯罪不是共同犯罪。而黑社会组织犯罪是共同犯罪的一种,犯罪组织成员之间是共同犯罪的关系。

(5)量刑幅度

根据《刑法》第 294 条的规定,对犯本罪的处罚分以下 3 个档次:

一是对组织、领导黑社会性质的组织的,处 7 年以上有期徒刑,并处没收财产。

二是对积极参加的,处 3 年以上 7 年以下有期徒刑,可以并处罚金或者没收财产。

三是对其他参加的,处 3 年以下有期徒刑、拘役、管制或者剥夺政治权利,可以并处罚金。

40. 入境发展黑社会组织罪(第 294 条第 2 款、第 4 款)

(1)罪名概念

入境发展黑社会组织罪,是指我国境外的黑社会组织成员到我国境内发展组织成员的行为。

(2)法律规定

①本罪名是由《刑法》第294条第2款、第4款规定的。《刑法》第294条第2款、第4款分别规定:“境外的黑社会组织的人员到中华人民共和国境内发展组织成员的,处三年以上十年以下有期徒刑。”

“犯前三款罪又有其他犯罪行为的,依照数罪并罚的规定处罚。”

②2000年12月5日最高人民法院《关于审理黑社会性质组织犯罪的案件具体应用法律若干问题的解释》相关的主要内容:

“第二条　刑法第二百九十四条第二款规定的‘发展组织成员’,是指将境内、外人员吸收为该黑社会组织成员的行为。对黑社会组织成员进行内部调整等行为,可视为‘发展组织成员’。

港、澳、台黑社会组织到内地发展组织成员的,适用刑法第二百九十四条第二款的规定定罪处罚。

第三条　组织、领导、参加黑社会性质的组织又有其他犯罪行为的,根据刑法第二百九十四条第三款的规定,依照数罪并罚的规定处罚;对于黑社会性质组织的组织者、领导者,应当按照其所组织、领导的黑社会性质组织所犯的全部罪行处罚;对于黑社会性质组织的参加者,应当按照其所参与的犯罪处罚。

对于参加黑社会性质的组织,没有实施其他违法犯罪活动的,或者受蒙蔽、胁迫参加黑社会性质的组织,情节轻微的,可以不作为犯罪处理。

第七条　对黑社会性质组织和组织、领导、参加黑社会性质组织的犯罪分子聚敛的财物及其收益,以及用于犯罪的工具等,应当依法追缴、没收。”

③2002年4月28日全国人民代表大会常务委员会《关于〈中华人民共和国刑法〉第二百九十四条第一款的解释》相关规定如下:

“刑法第二百九十四条第一款规定的‘黑社会性质的组织’应当同时具备以下特征:

(一)形成较稳定的犯罪组织,人数较多,有明确的组织者、领导者,骨干成员基本固定;

(二)有组织地通过违法犯罪活动或者其他手段获取经济利益,具有一定的经济实力,以支持该组织的活动;

(三)以暴力、威胁或者其他手段,有组织地多次进行违法犯罪活动,为非作恶,欺压、残害群众;

(四)通过实施违法犯罪活动,或者利用国家工作人员的包庇或者纵容,称霸一方,在一定区域或者行业内,形成非法控制或者重大影响,严重破坏经济、社会生活秩序。”

(3)构成要件

第一,本罪侵犯的客体是社会治安管理秩序。

第二,客观方面表现为我国境外的黑社会组织成员,到我国境内发展其组织的行为。“境外黑社会组织”,是指核心组织机构或者总部设在国外或者我国香港、澳门、台湾地区。

第三,犯罪主体是我国境外黑社会组织的成员。这里的“成员”,是指该境外黑社会组织在我国境内或者境外的正式成员,既可以是我国公民,也可以不是我国公民。境外黑社会组织在我国境外发展其成员,不论该成员是即将回国的我国公民,还是即将来到我国的外国公民,均不构成本罪。

第四,犯罪的主观方面,是直接故意。明知发展他人成为其组织成员会对中华人民共和国的公共秩序造成危害,并且希望他人参加该黑社会组织及其犯罪活动。

(4)罪名界定

行为人只要具有入境发展黑社会组织成员的行为,就构成本罪。如果发展黑社会组织成员之后，又实施了其他犯罪活动，应该根据本条第4款的规定，实行数罪并罚。

(5)量刑幅度

根据《刑法》第294条第2款的规定，境外黑社会组织的人员到我国境内发展组织成员的，处3年以上10年以下有期徒刑。

41. 包庇、纵容黑社会性质组织罪(第294条第3款)

(1)罪名概念

包庇、纵容黑社会性质组织罪，是指国家机关工作人员包庇黑社会性质的组织，或者纵容黑社会性质的组织进行违法犯罪活动的行为。

(2)法律规定

①本罪名是由《刑法》第294条第3款规定的。该条款规定："组织、领导黑社会性质的组织的，处七年以上有期徒刑，并处没收财产；积极参加的，处三年以上七年以下有期徒刑，可以并处罚金或者没收财产；其他参加的，处三年以下有期徒刑、拘役、管制或者剥夺政治权利，可以并处罚金。

境外的黑社会组织的人员到中华人民共和国境内发展组织成员的，处三年以上十年以下有期徒刑。

国家机关工作人员包庇黑社会性质的组织，或者纵容黑社会性质的组织进行违法犯罪活动的，处五年以下有期徒刑；情节严重的，处五年以上有期徒刑。

犯前三款罪又有其他犯罪行为的，依照数罪并罚的规定处罚。

黑社会性质的组织应当同时具备以下特征：

(一)形成较稳定的犯罪组织，人数较多，有明确的组织者、领导者，骨干成员基本固定；

(二)有组织地通过违法犯罪活动或者其他手段获取经济利益，具有一定的经济实力，以支持该组织的活动；

(三)以暴力、威胁或者其他手段，有组织地多次进行违法犯罪活动，为非作恶，欺压、残害群众；

(四)通过实施违法犯罪活动，或者利用国家工作人员的包庇或者纵容，称霸一方，在一定区域或者行业内，形成非法控制或者重大影响，严重破坏经济、社会生活秩序。"

②2000年12月5日最高人民法院《关于审理黑社会性质组织犯罪的案件具体应用法律若干问题的解释》相关主要内容如下：

"第五条　刑法第二百九十四条第四款规定的'包庇'，是指国家机关工作人员为使黑社会性质组织及其成员逃避查禁，而通风报信，隐匿、毁灭、伪造证据，阻止他人作证、检举揭发，指使他人作伪证，帮助逃匿，或者阻挠其他国家机关工作人员依法查禁等行为。

刑法第二百九十四条第四款规定的'纵容'，是指国家机关工作人员不依法履行职责，放纵黑社会性质组织进行违法犯罪活动的行为。

第六条　国家机关工作人员包庇、纵容黑社会性质的组织，有下列情形之一的，属于刑法第二百九十四条第四款规定的'情节严重'：

(一)包庇、纵容黑社会性质组织跨境实施违法犯罪活动的；

(二)包庇、纵容境外黑社会组织在境内实施违法犯罪活动的；

(三)多次实施包庇、纵容行为的；

(四)致使某一区域或者行业的经济、社会生活秩序遭受黑社会性质组织特别严重破坏的；

(五)致使黑社会性质组织的组织者、领导者逃匿，或者致使对黑社会性质组织的查禁工作严重受阻的；

（六）具有其他严重情节的。

第七条　对黑社会性质组织和组织、领导、参加黑社会性质组织的犯罪分子聚敛的财物及其收益，以及用于犯罪的工具等，应当依法追缴、没收。”

（3）构成要件

第一，本罪侵犯的客体是司法机关同黑社会犯罪作斗争的正常活动。

第二，客观方面表现为两类行为：一是包庇黑社会性质的组织。也就是说，行为人明知其是黑社会组织而掩饰、隐瞒其性质、人员、活动机构、所实施的违法犯罪行为。或者替其掩盖罪证，对付上级领导或者司法调查人员等。二是纵容黑社会性质的组织进行违法犯罪活动。也就是说，负有追究此类违法犯罪的义务而不予追究，应当予以管理、制裁而不予制裁等。纵容常常表现为明知而不问、不管，或者对他人的控诉置之不理。

第三，本罪的主体是国家机关工作人员，而且往往是那些与黑社会组织犯罪有相当关系的国家机关工作人员，如司法机关工作人员等。

第四，主观方面是故意，即明知是黑社会性质的组织而仍然予以包庇，或者明知是黑社会性质组织在进行犯罪活动，而故意予以纵容。

（4）罪名界定

第一，认定本罪要注意两方面问题：一是犯罪主体必须是国家工作人员，如果不是，即使包庇、纵容了黑社会性质组织的，也不构成本罪。二是犯罪对象必须是黑社会组织。如果包庇的不是黑社会组织，而是一般的犯罪集团，或者纵容一般的犯罪集团和犯罪团伙的违法犯罪活动，不构成本罪。

第二，本罪与包庇罪的区别主要在于包庇的对象不同。本罪包庇的对象是特定的，即黑社会性质的组织，不包括其他犯罪分子；如果包庇了其他犯罪分子，应当以包庇罪或者其他犯罪定罪处罚。

（5）量刑幅度

根据《刑法》第294条第3款、第4款的规定，犯本罪的，判处5年以下有期徒刑；情节严重的，判处5年以上有期徒刑。

犯本罪又有其他犯罪行为的，依照数罪并罚的规定处罚。

42. 传授犯罪方法罪（第295条）

（1）罪名概念

传授犯罪方法罪，是指故意用语言、文字、动作或者其他方法，把犯罪的方法传授给他人的行为。

（2）法律规定

本罪名是由《刑法》第295条规定的。该条规定：“传授犯罪方法的，处五年以下有期徒刑、拘役或者管制；情节严重的，处五年以上十年以下有期徒刑；情节特别严重的，处十年以上有期徒刑或者无期徒刑。”

（3）构成要件

第一，本罪侵犯的客体是社会管理秩序。

第二，客观方面表现为把自己所知道的犯罪方法传授给他人的行为。本罪是行为犯，只要行为人实施了故意传授犯罪方法的行为，即构成犯罪，而不要求以产生结果为既遂。

第三，犯罪主体是一般主体，即年满16周岁，具有刑事责任能力的自然人。

第四,主观方面是故意。

(4)罪名界定

第一,关于本罪的认定。如果行为人以不同的犯罪内容,向不同的对象或者同一对象,分别实施了传授和教唆行为,应当构成传授犯罪方法罪与所教唆的犯罪,实行数罪并罚。如果以同一犯罪的内容,对一个人或者数人同时实时传授行为和教唆行为,应当按照吸收原则,选择其中的一个重罪处罚,而不实行数罪并罚。

传授犯罪方法罪的主观方面必须是故意,有些人没有这样的故意,但出现了与传授犯罪方法罪类似的后果。例如,传授修配钥匙,而被别有用心的人用来当作犯罪方法;还有的人信口开河、随意散布某些道听途说的犯罪方法,诱发了犯罪;有的人在讲课、写作、戏剧、影片中,描述了犯罪方法或情节,对他人犯罪起到了诱发作用;司法人员在职务范围内讲述某些犯罪方法,意外地引起了不好的后果等。由于行为人在主观上不具有传授犯罪方法的故意,因此,不能构成本罪。

如果行为人又传授犯罪方法,又教唆,这样,传授行为和教唆行为各自独立存在,应当构成传授犯罪方法罪与所教唆的犯罪,实行数罪并罚。如果以同一犯罪的内容,对一个人或者数人同时实时传授行为和教唆行为,应当按照吸收原则,选择其中的一个重罪处罚,而不实行数罪并罚。

第二,本罪与教唆犯罪有以下区别:①犯罪侵犯的客体不同。前者侵犯的客体是确定的,即社会管理秩序;而后者侵犯的客体是不确定的,取决于被教唆犯罪的性质。②客观方面表现不同。前者在客观方面具有把犯罪方法传授给他人的行为,被传授者原来可能有犯罪意图,也可能没有;而教唆犯罪在客观方面,要求具有教唆他人犯罪的行为,使他人产生犯罪意图,是造意犯。教唆犯罪意在唆使他人去实施犯罪,并不要求必须向他人讲授具体的犯罪方法。传授犯罪方法,不仅可以通过具体示范、表演等方式,而且可以在现场直接实施犯罪来传授犯罪方法;而教唆犯罪的人体动作教唆,只能是打手势、使眼色,不能直接实施某种犯罪行为。③犯罪的主体要求不同。对于传授犯罪方法罪来说,已满 14 周岁不满 16 周岁的人传授犯罪方法,一般不负刑事责任;而教唆犯罪,已满 14 周岁不满 16 周岁的人教唆他人实施《刑法》规定的严重破坏社会治安秩序的犯罪,可能构成教唆犯罪的主体。④主观方面不同。传授犯罪方法罪只能由直接故意构成;教唆犯罪可以由直接故意构成,也可以由间接故意构成。传授犯罪方法的故意是向他人传授犯罪方法,不管被传授人原来有没有犯罪的意图;而教唆犯罪的故意,是使本来没有犯罪意图的人产生了犯罪意图。⑤界定犯罪既遂的标准不同。传授犯罪方法属于行为犯,只要实施了传授犯罪方法的行为,就构成犯罪既遂;而教唆犯罪则具有既遂与未遂之分。当被教唆人实施了教唆犯所教唆的犯罪时,才构成教唆犯罪既遂,否则是教唆犯罪未遂。⑥定罪量刑的标准不同。传授犯罪方法是个独立的罪名,有单独的法定刑;而教唆犯罪不是独立的罪名,更没有独立的法定刑,其罪名与法定刑取决于所教唆的犯罪的罪名与法定刑。具体刑罚按其在共同犯罪中的作用来裁量。因此,教唆犯罪实际上是共同犯罪中的一种表现。

教唆与传授同时起作用的,应当按照处理牵连犯的原则,选择其中的重罪处罚。

(5)量刑幅度

根据《刑法》第 295 条的规定,对犯本罪的处罚分以下 3 个档次:

一是情节一般的,处 5 年以下有期徒刑、拘役或者管制。

二是情节严重的,处 5 年以上 10 年以下有期徒刑。

三是情节特别严重的,处 10 年以上有期徒刑或者无期徒刑。

43. 非法集会、游行、示威罪（第 296 条）

（1）罪名概念

非法集会、游行、示威罪，是指举行集会、游行、示威，没有依法申请或者申请没有获得许可，或者没有按照主管机关许可的起止时间、地点、路线进行，又拒不服从解散命令，严重破坏社会秩序的行为。

（2）法律规定

①本罪名是由《刑法》第 296 条规定的。该条规定："举行集会、游行、示威，未依照法律规定申请或者申请未获许可，或者未按照主管机关许可的起止时间、地点、路线进行，又拒不服从解散命令，严重破坏社会秩序的，对集会、游行、示威的负责人和直接责任人员，处五年以下有期徒刑、拘役、管制或者剥夺政治权利。"

②2008 年 6 月 25 日最高人民检察院、公安部《关于公安机关管辖的刑事案件立案追诉标准的规定（一）》第 38 条规定："举行集会、游行、示威，未依照法律规定申请或者申请未获许可，或者未按照主管机关许可的起止时间、地点、路线进行，又拒不服从解散命令，严重破坏社会秩序的，应予立案追诉。"

③2011 年 1 月 8 日《中华人民共和国集会游行示威法实施条例》相关规定如下：

"第八条　举行集会、游行、示威，必须有负责人。

下列人员不得担任集会、游行、示威的负责人：

（一）无行为能力人或者限制行为能力人；

（二）被判处刑罚尚未执行完毕的；

（三）正在被劳动教养的；

（四）正在被依法采取刑事强制措施或者法律规定的其他限制人身自由措施的。

第九条　举行集会、游行、示威，必须由其负责人向本条例第七条规定的主管公安机关亲自递交书面申请；不是由负责人亲自递交书面申请的，主管公安机关不予受理。

集会、游行、示威的负责人在递交书面申请时，应当出示本人的居民身份证或者其他有效证件，并如实填写申请登记表。

第十二条　依照《集会游行示威法》第十五条的规定，公民不得在其居住地以外的城市发动、组织、参加当地公民的集会、游行、示威。本条所称居住地，是指公民常住户口所在地或者向暂住地户口登记机关办理了暂住登记并持续居住半年以上的地方。"

（3）构成要件

第一，本罪侵犯的客体是集会、游行、示威的管理秩序。

第二，客观方面具有以下三种表现形式：一是举行集会、游行、示威没有依法申请；或者申请没有被许可；或者没有按照主管机关许可的起止时间、地点、路线进行。二是拒不服从解散命令。三是严重破坏社会秩序。只有具备这三个条件，才能构成本罪。

第三，本罪的主体是违法举行集会、游行、示威的负责人和直接责任人员，其他人不构成本罪主体。

第四，主观方面是故意。

（4）罪名界定

第一，根据《刑法》第 296 条的规定，不是对没有依法申请或者申请没有获得许可的以及没有按照主管机关许可的起止时间、地点、路线进行集会、游行示威的都定罪处罚。认定本罪要注意以下三点：①必须有"拒不服从解散命令"的情节；②具有"严重破坏社会秩序"的情节；③在具有这两个情节的前提下,只有非集会、游行、示威的负责人和直接责任人员才构成本罪。

第二,本罪与聚众扰乱公共场所秩序、交通秩序罪和聚众扰乱社会秩序罪的区别是:①本罪侵犯的客体是国家对集会、游行、示威的管理制度;而后两罪侵犯的客体则是工作、生产、营业、教学、科研秩序或者公共场所秩序、交通秩序。②本罪实际发生的场合范围广泛,可能是某一个公共场所、交通线路,也可能是机关、团体、单位的门前、院内,还可能没有单一的地点,而是涉及若干地点、场合、路线;而后两者发生的场合范围没有这样广泛。

第三,本罪与聚众冲击国家机关罪的区别是:①实施犯罪的行为方式不同。本罪的行为方式主要是非暴力行动,有时只使用轻微暴力;聚众冲击国家机关罪所采用的则是暴力性扰乱方式。②两罪实际发生的场合范围不同。本罪发生的地域广泛;聚众冲击国家机关罪只能发生在国家机关的门前、院内,场合单一。③犯罪客体也不同。如果在违法集会、游行、示威的犯罪过程中,又聚众冲击国家机关,则构成了两罪,应当实行数罪并罚。

(5)量刑幅度

根据《刑法》第296条的规定,本罪只处罚集会、游行、示威活动的负责人和直接责任人员,处5年以下有期徒刑、拘役、管制或者剥夺政治权利。

44.非法携带武器、管制刀具、爆炸物参加集会、游行、示威罪(第297条)

(1)罪名概念

非法携带武器、管制刀具、爆炸物参加集会、游行、示威罪,是指违反法律规定,携带武器、管制刀具或者爆炸物参加集会、游行、示威的行为。

(2)法律规定

①本罪名是由《刑法》第297条规定的。该条规定:"违反法律规定,携带武器、管制刀具或者爆炸物参加集会、游行、示威的,处三年以下有期徒刑、拘役、管制或者剥夺政治权利。"

②2008年6月25日最高人民检察院、公安部《关于公安机关管辖的刑事案件立案追诉标准的规定(一)》第39条规定:"违反法律规定,携带武器、管制刀具或者爆炸物参加集会、游行、示威的,应予立案追诉。"

③2011年1月8日《中华人民共和国集会游行示威法实施条例》相关规定如下:

"第五条 《集会游行示威法》第五条所称武器是指各种枪支、弹药以及其他可用于伤害人身的器械;管制刀具是指匕首、三棱刀、弹簧刀以及其他依法管制的刀具;爆炸物是指具有爆发力和破坏性能,瞬间可以造成人员伤亡、物品毁损的一切爆炸物品。

前款所列武器、管制刀具、爆炸物,在集会、游行、示威中不得携带,也不得运往集会、游行、示威的举行地。

第二十四条 拒绝、阻碍人民警察依法执行维持交通秩序和社会秩序职务,应当给予治安管理处罚的依照治安管理处罚法的规定予以处罚;构成犯罪的,依法追究刑事责任。

违反本条例第五条的规定,尚不构成犯罪的,依照治安管理处罚法的规定予以处罚。

第二十五条 依照《集会游行示威法》第二十九条、第三十条的规定,需要依法追究刑事责任的,由举行地主管公安机关依照刑事诉讼法规定的程序办理。

第二十六条 依照《集会游行示威法》第三十三条的规定予以拘留的,公安机关应当在24小时内进行讯问;需要强行遣回原地的,由行为地的主管公安机关制作《强行遣送决定书》,并派人民警察执行。负责执行的人民警察应当将被遣送人送回其居住地,连同《强行遣送决定书》交给被遣送人居住地公安机关,由居住地公安机关依法处理。"

（3）构成要件

第一，本罪侵害的客体是集会、游行、示威的安全和秩序。

第二，客观方面表现为违反法律规定，携带武器、管制刀具或者爆炸物品，参加集会、游行、示威的行为。管制刀具，是指匕首、三棱刀、弹簧刀以及其他类似的单刃刀、双刃刀、三棱尖刀等。爆炸物品，是指具有爆炸力和破坏性，瞬间可以造成人或者物的伤亡损毁的物品。这里所说的携带，是指手持、随身佩带、暗藏、夹在其他物品中等方式。

第三，犯罪主体是一般主体。

第四，本罪的主观方面是故意。

（4）罪名界定

第一，关于认定犯罪问题。根据2008年6月25日最高人民检察院、公安部《关于公安机关管辖的刑事案件立案追诉标准的规定（一）》第39条的规定，对于违反法律规定，携带武器、管制刀具或者爆炸物参加集会、游行、示威的，应予立案追诉。

本罪是行为犯，只要实施了携带武器、管制刀具或者爆炸物参加集会、游行、示威的行为，不论有无实际后果，都构成本罪。如果在参加集会、游行、示威中，既携带武器、管制刀具或者爆炸物，又扰乱、冲击或者以其他方法破坏依法举行的集会、游行、示威，造成公共秩序混乱，这就同时触犯了破坏集会、游行、示威罪，实行数罪并罚。如果集会、游行、示威的负责人和直接责任人员，在违法举行集会、游行、示威的同时，又携带武器、管制刀具或者爆炸物，也就同时触犯了非法集会、游行、示威罪和本罪，也应当实行数罪并罚。

第二，非法持有枪支、弹药罪与本罪的主要区别是：①侵犯的客体不同。前者侵犯的客体是公共安全；而本罪侵犯的客体是集会、游行、示威的安全和秩序。②客观方面的表现不同。前者对持有、私藏的时间、地点、场合没有限制；而本罪只限于举行集会、游行、示威的时候。③主体不同。前者的主体不包括依照法律规定和有关部门批准、准予持有枪支、弹药的；而本罪的主体包括上述合法持有枪支、弹药的人。如果非法持有、私藏枪支，又携带参加集会、游行、示威，应分别定罪，实行数罪并罚。

（5）量刑幅度

根据《刑法》第297条的规定，犯本罪的，处3年以下有期徒刑、拘役、管制或者剥夺政治权利。在这里，“或者剥夺政治权利”，是独立适用的，不附加适用。

45. 破坏集会、游行、示威罪（第298条）

（1）罪名概念

破坏集会、游行、示威罪，是指扰乱、冲击或者以其他方法，破坏依法举行的集会、游行、示威，造成公共秩序混乱的行为。

（2）法律规定

①本罪名是由《刑法》第298条规定的。《刑法》第298条规定：“扰乱、冲击或者以其他方法破坏依法举行的集会、游行、示威，造成公共秩序混乱的，处五年以下有期徒刑、拘役、管制或者剥夺政治权利。”

②根据2008年6月25日最高人民检察院、公安部《关于公安机关管辖的刑事案件立案追诉标准的规定（一）》第40条规定：“扰乱、冲击或者以其他方法破坏依法举行的集会、游行、示威，造成公共秩序严重混乱的，应予立案追诉。”

③2011年1月8日《中华人民共和国集会游行示威法实施条例》相关规定如下：

“第二条　各级人民政府应当依法保障公民行使集会、游行、示威的权利，维护社会安定和公共秩序，保障依法举行的集会、游行、示威不受任何人以暴力、胁迫或者其他非法手段进行扰乱、冲击和破坏。

第十一条　申请举行集会、游行、示威要求解决具体问题的，主管公安机关应当自接到申请书之日起2日内将《协商解决具体问题通知书》分别送交集会、游行、示威的负责人和有关机关或者单位，必要时可以同时送交有关机关或者单位的上级主管部门。有关机关或者单位和申请集会、游行、示威的负责人，应当自接到公安机关的《协商解决具体问题通知书》的次日起2日内进行协商。达成协议的，协议书经双方负责人签字后，由有关机关或者单位及时送交主管公安机关；未达成协议或者自接到《协商解决具体问题通知书》的次日起2日内未进行协商，申请人坚持举行集会、游行、示威的，有关机关或者单位应当及时通知主管公安机关，主管公安机关应当依照本条例第十条规定的程序及时作出许可或者不许可的决定。

主管公安机关通知协商解决具体问题的一方或者双方在外地的，《协商解决具体问题通知书》、双方协商达成的协议书或者未达成协议的通知，送交的开始日和在路途上的时间不计算在法定期间内。

第十三条　主管公安机关接到举行集会、游行、示威的申请书后，在决定许可时，有下列情形之一的，可以变更举行集会、游行、示威的时间、地点、路线，并及时通知其负责人：

（一）举行时间在交通高峰期，可能造成交通较长时间严重堵塞的；

（二）举行地或者行经路线正在施工，不能通行的；

（三）举行地为渡口、铁路道口或者是毗邻国（边）境的；

（四）所使用的机动车辆不符合道路养护规定的；

（五）在申请举行集会、游行、示威的同一时间、地点有重大国事活动的；

（六）在申请举行集会、游行、示威的同一时间、地点、路线已经许可他人举行集会、游行、示威的。

主管公安机关在决定许可时，认为需要变更举行集会、游行、示威的时间、地点、路线的，应当在许可决定书中写明。

在决定许可后，申请举行集会、游行、示威的地点、经过的路段发生自然灾害事故、治安灾害事故，尚在进行抢险救灾，举行日前不能恢复正常秩序的，主管公安机关可以变更举行集会、游行、示威的时间、地点、路线，但是应当将《集会游行示威事项变更决定书》于申请举行之日前送达集会、游行、示威的负责人。

第十四条　集会、游行、示威的负责人对主管公安机关不许可的决定不服的，可以自接到不许可决定书之日起3日内向同级人民政府申请复议。人民政府应当自接到复议申请书之日起三日内作出维持或者撤销主管公安机关原决定的复议决定，并将《集会游行示威复议决定书》送达集会、游行、示威的负责人，同时将副本送作出原决定的主管公安机关。人民政府作出的复议决定，主管公安机关和集会、游行、示威的负责人必须执行。

第十五条　集会、游行、示威的负责人在提出申请后接到主管公安机关的通知前，撤回申请的，应当及时到受理申请的主管公安机关办理撤回手续。

集会、游行、示威的负责人接到主管公安机关许可的通知或者人民政府许可的复议决定后，决定不举行集会、游行、示威的，应当在原定举行集会、游行、示威的时间前到原受理的主管公安机关或者人民政府交回许可决定书或者复议决定书。

第十六条　以国家机关、社会团体、企业事业组织的名义组织或者参加集会、游行、示威的，其负责人在递交申请书时，必须同时递交该国家机关、社会团体、企业事业组织负责人签署并加盖公章的证明文件。

第十七条　对依法举行的集会，公安机关应当根据实际需要，派出人民警察维持秩序，保障集会的顺利举行。

对依法举行的游行、示威，负责维持秩序的人民警察应当在主管公安机关许可举行游行、示威的路线或者地点疏导交通，防止他人扰乱、破坏游行、示威秩序，必要时还可以临时变通执行交通规则的有关规定，保障游行、示威的顺利进行。

第十八条　负责维持交通秩序和社会秩序的人民警察，由主管公安机关指派的现场负责人统一指挥。人民警察现场负责人应当同集会、游行、示威的负责人保持联系。

第十九条　游行队伍在行进中遇有前方路段临时发生自然灾害事故、交通事故及其他治安灾害事故，或者游行队伍之间、游行队伍与围观群众之间发生严重冲突和混乱，以及突然发生其他不可预料的情况，致使游行队伍不能按照许可的路线行进时，人民警察现场负责人有权临时决定改变游行队伍的行进路线。

第二十条　主管公安机关临时设置的警戒线，应当有明显的标志，必要时还可以设置障碍物。

第二十一条　《集会游行示威法》第二十三条所列不得举行集会、游行、示威的场所的周边距离，是指自上述场所的建筑物周边向外扩展的距离；有围墙或者栅栏的，从围墙或者栅栏的周边开始计算。不得举行集会、游行、示威的场所具体周边距离，由省、自治区、直辖市人民政府规定并予以公布。

省、自治区、直辖市人民政府规定不得举行集会、游行、示威的场所具体周边距离，应当有利于保护上述场所的安全和秩序，同时便于合法的集会、游行、示威的举行。

第二十二条　集会、游行、示威的负责人必须负责维持集会、游行、示威的秩序，遇有其他人加入集会、游行、示威队伍的，应当进行劝阻；对不听劝阻的，应当立即报告现场维持秩序的人民警察。人民警察接到报告后，应当予以制止。

集会、游行、示威的负责人指定协助人民警察维持秩序的人员所佩戴的标志，应当在举行日前将式样报主管公安机关备案。

第二十三条　依照《集会游行示威法》第二十七条的规定，对非法举行集会、游行、示威或者在集会、游行、示威进行中出现危害公共安全或者严重破坏社会秩序情况的，人民警察有权立即予以制止。对不听制止，需要命令解散的，应当通过广播、喊话等明确方式告知在场人员在限定时间内按照指定通道离开现场。对在限定时间内拒不离去的，人民警察现场负责人有权依照国家有关规定，命令使用或者采用其他警用手段强行驱散；对继续滞留现场的人员，可以强行带离现场或者立即予以拘留。”

(3)构成要件

第一，本罪侵犯的客体是依法举行的集会、游行、示威的正常秩序和公民依法享有的政治自由权利，因而是复杂客体。

第二，客观方面表现为扰乱、冲击或者以其他方法破坏依法举行的集会、游行、示威，造成公共秩序混乱的行为。在这里需要注意的是，客观上的行为，必须造成公共秩序混乱，否则不构成犯罪。

第三，犯罪主体是一般主体，既可以是依法举行的集会、游行、示威的参加者，也可以是非参加者，如旁观者。既可以是中国公民，也可以是外国人、无国籍人。

第四，主观方面是故意，即明知其破坏依法举行的集会、游行、示威，会造成危害社会的结果，并且希望或者放任这种结果发生的心理态度。

(4)罪名界定

关于本罪的认定。行为人使用暴力方法对依法举行的集会、游行、示威进行破坏，致人重伤、死亡,或者乘机抢劫的,应当分别以故意伤害罪、故意杀人罪或者抢劫罪论处。

行为人实施了破坏依法举行的集会、游行、示威的行为,并且造成公共秩序混乱的,就是既遂。行为人实施了破坏行为,行为尚未终了,即是未遂。

对依法举行的集会、游行、示威进行扰乱、冲击等行为是否构成犯罪,关键是看是否"造成公共秩序混乱"的后果。如果没有,则不构成犯罪,可以参照《集会游行示威法》第 30 条的规定,由公安机关处以警告或者 15 日以下拘留。

(5)量刑幅度

根据《刑法》第 298 条的规定,犯本罪的,处 5 年以下有期徒刑、拘役、管制或者剥夺政治权利。

46. 侮辱国旗、国徽、国歌罪(第 299 条)

(1)罪名概念

侮辱国旗、国徽、国歌罪,是指在公共场合,故意以焚烧、毁损、涂画、玷污、践踏等方式,侮辱中华人民共和国国旗、国徽的行为,或故意篡改中华人民共和国国歌歌词、曲谱,以歪曲、贬损方式奏唱国歌,以及以其他方式侮辱国歌,情节严重的行为。

(2)法律规定

本罪名是由《刑法》第 299 条规定的。该条规定:"在公共场合,故意以焚烧、毁损、涂划、玷污、践踏等方式侮辱中华人民共和国国旗、国徽的,处三年以下有期徒刑、拘役、管制或者剥夺政治权利。

在公共场合,故意篡改中华人民共和国国歌歌词、曲谱,以歪曲、贬损方式奏唱国歌,或者以其他方式侮辱国歌,情节严重的,依照前款的规定处罚。"

(3)构成要件

第一,本罪侵犯的客体是国家的尊严和国家对国旗、国徽、国歌的正常管理秩序。犯罪对象只能是中华人民共和国的国旗、国徽和国歌,侮辱外国国旗、国徽和国歌的行为不构成本罪。

第二,客观方面表现为在公共场合以焚烧、毁损、涂划、玷污、践踏等方式侮辱中华人民共和国国旗、国徽的行为;在公共场合故意篡改中华人民共和国国歌歌词、曲谱,以歪曲、贬损方式奏唱国歌,或者以其他方式侮辱国歌,情节严重的行为。

第三,本罪的主体是一般主体,即凡是达到刑事责任年龄、具有刑事责任能力的自然人均可构成本罪。这里所说的自然人,包括中国人、外国人和无国籍人。

第四,主观方面是故意。

(4)罪名界定

构成本罪必须同时具备以下两点:①根据《刑法》第 299 条的规定,侮辱国旗、国徽、国歌的行为是"在公共场合"进行的,如果是私下背地里进行的,不能以侮辱国旗、国徽、国歌罪定罪处罚。②根据《刑法》第 13 条的规定,如果情节显著轻微,危害不大的,不能以犯罪论处。

(5)量刑幅度

根据《刑法》第 299 条的规定,构成本罪的,处 3 年以下有期徒刑、拘役、管制或者剥夺政治权利。在这里,剥夺政治权利是本罪法定刑的选择性刑种,与"3 年以下有期徒刑、拘役或管制"并列,只能独立适用,不能附加适用。

47. 侵害英雄烈士名誉、荣誉罪(第 299 条之一)

(1)罪名概念

侵害英雄烈士名誉、荣誉罪,是指侮辱、诽谤或者以其他方式侵害英雄烈士的名誉、荣誉,损害社会公共利益，情节严重的行为。

（2）法律规定

本罪名是由《刑法》第299条之一规定的。该条规定："侮辱、诽谤或者以其他方式侵害英雄烈士的名誉、荣誉，损害社会公共利益，情节严重的，处三年以下有期徒刑、拘役、管制或者剥夺政治权利。"

（3）构成要件

第一，本罪侵犯的客体是社会公共利益。

第二，客观方面表现为侮辱、诽谤或者以其他方式侵害英雄烈士的名誉、荣誉，对社会公共利益造成损害，且情节严重的行为。

第三，犯罪主体为一般主体。

第四，主观方面为故意。

（4）罪名界定

构成本罪，一是实施了侵害英雄烈士名誉、荣誉的行为，损害社会公共利益；二是行为达到了情节严重的程度。本罪与侮辱罪、诽谤罪在行为方式上有相似之处，即客观方面均可能有侮辱、诽谤等行为，但本罪的犯罪对象只能是英雄烈士的名誉、荣誉，侮辱罪、诽谤罪的犯罪对象则要宽泛得多。

（5）量刑幅度

根据《刑法》第299条之一的规定，犯本罪的，处3年以下有期徒刑、拘役、管制或者剥夺政治权利。在这里，剥夺政治权利是本罪法定刑的选择性刑种，与"3年以下有期徒刑、拘役或管制"并列，只能独立适用，不能附加适用。

48. 组织、利用会道门、邪教组织、利用迷信破坏法律实施罪（第300条第1款）

（1）罪名概念

组织、利用会道门、邪教组织、利用迷信破坏法律实施罪，是指组织和利用会道门、邪教组织或者利用迷信破坏国家法律、行政法规实施的行为。

（2）法律规定

①本罪名是由《刑法》第300条第1款规定的。《刑法》第300条规定："组织、利用会道门、邪教组织或者利用迷信破坏国家法律、行政法规实施的，处三年以上七年以下有期徒刑，并处罚金；情节特别严重的，处七年以上有期徒刑或者无期徒刑，并处罚金或者没收财产；情节较轻的，处三年以下有期徒刑、拘役、管制或者剥夺政治权利，并处或者单处罚金。

组织、利用会道门、邪教组织或者利用迷信蒙骗他人，致人重伤、死亡的，依照前款的规定处罚。

犯第一款罪又有奸淫妇女、诈骗财物等犯罪行为的，依照数罪并罚的规定处罚。"

②2017年1月25日最高人民法院、最高人民检察院《关于办理组织、利用邪教组织破坏法律实施等刑事案件适用法律若干问题的解释》相关内容如下：

"第一条　冒用宗教、气功或者以其他名义建立，神化、鼓吹首要分子，利用制造、散布迷信邪说等手段蛊惑、蒙骗他人，发展、控制成员，危害社会的非法组织，应当认定为刑法第三百条规定的'邪教组织'。

第二条　组织、利用邪教组织，破坏国家法律、行政法规实施，具有下列情形之一的，应当依照刑法第三百条第一款的规定，处三年以上七年以下有期徒刑，并处罚金：

（一）建立邪教组织，或者邪教组织被取缔后又恢复、另行建立邪教组织的；

（二）聚众包围、冲击、强占、哄闹国家机关、企业事业单位或者公共场所、宗教活动场所，扰乱社会秩序的；

（三）非法举行集会、游行、示威，扰乱社会秩序的；

（四）使用暴力、胁迫或者以其他方法强迫他人加入或者阻止他人退出邪教组织的；

（五）组织、煽动、蒙骗成员或者他人不履行法定义务的；

（六）使用'伪基站''黑广播'等无线电台（站）或者无线电频率宣扬邪教的；

（七）曾因从事邪教活动被追究刑事责任或者二年内受过行政处罚，又从事邪教活动的；

（八）发展邪教组织成员五十人以上的；

（九）敛取钱财或者造成经济损失一百万元以上的；

（十）以货币为载体宣扬邪教，数量在五百张（枚）以上的；

（十一）制作、传播邪教宣传品，达到下列数量标准之一的：

1. 传单、喷图、图片、标语、报纸一千份（张）以上的；

2. 书籍、刊物二百五十册以上的；

3. 录音带、录像带等音像制品二百五十盒（张）以上的；

4. 标识、标志物二百五十件以上的；

5. 光盘、U盘、储存卡、移动硬盘等移动存储介质一百个以上的；

6. 横幅、条幅五十条（个）以上的。

（十二）利用通讯信息网络宣扬邪教，具有下列情形之一的：

1. 制作、传播宣扬邪教的电子图片、文章二百张（篇）以上，电子书籍、刊物、音视频五十册（个）以上，或者电子文档五百万字符以上、电子音视频二百五十分钟以上的；

2. 编发信息、拨打电话一千条（次）以上的；

3. 利用在线人数累计达到一千以上的聊天室，或者利用群组成员、关注人员等账号数累计一千以上的通讯群组、微信、微博等社交网络宣扬邪教的；

4. 邪教信息实际被点击、浏览数达到五千次以上的。

（十三）其他情节严重的情形。

第三条　组织、利用邪教组织，破坏国家法律、行政法规实施，具有下列情形之一的，应当认定为刑法第三百条第一款规定的'情节特别严重'，处七年以上有期徒刑或者无期徒刑，并处罚金或者没收财产：

（一）实施本解释第二条第一项至第七项规定的行为，社会危害特别严重的；

（二）实施本解释第二条第八项至第十二项规定的行为，数量或者数额达到第二条规定相应标准五倍以上的；

（三）其他情节特别严重的情形。

第四条　组织、利用邪教组织，破坏国家法律、行政法规实施，具有下列情形之一的，应当认定为刑法第三百条第一款规定的'情节较轻'，处三年以下有期徒刑、拘役、管制或者剥夺政治权利，并处或者单处罚金：

（一）实施本解释第二条第一项至第七项规定的行为，社会危害较轻的；

（二）实施本解释第二条第八项至第十二项规定的行为，数量或者数额达到相应标准五分之一以上的；

（三）其他情节较轻的情形。

第五条　为了传播而持有、携带，或者传播过程中被当场查获，邪教宣传品数量达到本解释第二条至第四条规定的有关标准的，按照下列情形分别处理：

(一)邪教宣传品是行为人制作的,以犯罪既遂处理;

(二)邪教宣传品不是行为人制作,尚未传播的,以犯罪预备处理;

(三)邪教宣传品不是行为人制作,传播过程中被查获的,以犯罪未遂处理;

(四)邪教宣传品不是行为人制作,部分已经传播出去的,以犯罪既遂处理,对于没有传播的部分,可以在量刑时酌情考虑。

第六条　多次制作、传播邪教宣传品或者利用通讯信息网络宣扬邪教,未经处理的,数量或者数额累计计算。

制作、传播邪教宣传品,或者利用通讯信息网络宣扬邪教,涉及不同种类或者形式的,可以根据本解释规定的不同数量标准的相应比例折算后累计计算。

第八条　实施本解释第二条至第五条规定的行为,具有下列情形之一的,从重处罚:

(一)与境外机构、组织、人员勾结,从事邪教活动的;

(二)跨省、自治区、直辖市建立邪教组织机构、发展成员或者组织邪教活动的;

(三)在重要公共场所、监管场所或者国家重大节日、重大活动期间聚集滋事,公开进行邪教活动的;

(四)邪教组织被取缔后,或者被认定为邪教组织后,仍然聚集滋事,公开进行邪教活动的;

(五)国家工作人员从事邪教活动的;

(六)向未成年人宣扬邪教的;

(七)在学校或者其他教育培训机构宣扬邪教的。

第十三条　明知他人组织、利用邪教组织实施犯罪,而为其提供经费、场地、技术、工具、食宿、接送等便利条件或者帮助的,以共同犯罪论处。

第十四条　对于犯组织、利用邪教组织破坏法律实施罪、组织、利用邪教组织致人重伤、死亡罪,严重破坏社会秩序的犯罪分子,根据刑法第五十六条的规定,可以附加剥夺政治权利。

第十五条　对涉案物品是否属于邪教宣传品难以确定的,可以委托地市级以上公安机关出具认定意见。"

(3)构成要件

第一,本罪侵犯的客体是国家的法律秩序。

第二,客观方面表现为组织会道门、邪教组织或者利用迷信破坏国家法律、行政法规实施的行为。行为人为了破坏国家法律、行政法规的实施,不管是组织会道门、邪教组织还是利用迷信,只要实施了其中一种,即可构成本罪。

第三,本罪的主体是一般主体。

第四,主观方面是故意,即行为人明知自己的行为会发生危害社会结果,并希望这种危害结果的发生。

(4)罪名界定

认定本罪需要注意以下问题。破坏国家法律、行政法规的实施是本罪的主观目的,如果没有这样的主观目的,不能以本罪论处。如①不能把天灾人祸或者对某些异常的自然现象用迷信进行解释就定罪处罚,主要是注重教育。②不能把一般的迷信职业者,如相面者、算命者、看风水先生等以犯罪论处,对从事这些活动的人要采取教育的方法。③不能把宗教活动以犯罪论处。

(5)量刑幅度

根据《刑法》第300条第1款的规定,犯本罪的,处3年以上7年以下有期徒刑,并处罚金;情节特别严重的,处7年以上有期徒刑或者无期徒刑,并处罚金或者没收财产;情节较轻的,处3年以下有期徒刑、拘役、管制或者剥夺政治权利,并处或者单处罚金。

犯第1款罪又有奸淫妇女、诈骗财物等犯罪行为的,依照数罪并罚的规定处罚。

49. 组织、利用会道门、邪教组织、利用迷信致人重伤、死亡罪(第300条第2款)

(1)罪名概念

组织、利用会道门、邪教组织、利用迷信致人重伤、死亡罪,是指组织、利用会道门、邪教组织或者利用迷信蒙骗他人,致人重伤、死亡的行为。

(2)法律规定

①本罪名是由《刑法》第300条第2款规定的。该条第1款、第2款分别规定:"组织、利用会道门、邪教组织或者利用迷信破坏国家法律、行政法规实施的,处三年以上七年以下有期徒刑,并处罚金;情节特别严重的,处七年以上有期徒刑或者无期徒刑,并处罚金或者没收财产;情节较轻的,处三年以下有期徒刑、拘役、管制或者剥夺政治权利,并处或者单处罚金。"

"组织、利用会道门、邪教组织或者利用迷信蒙骗他人,致人重伤、死亡的,依照前款的规定处罚。"

②2017年1月25日最高人民法院、最高人民检察院《关于办理组织、利用邪教组织破坏法律实施等刑事案件适用法律若干问题的解释》相关内容如下:

"第一条　冒用宗教、气功或者以其他名义建立,神化、鼓吹首要分子,利用制造、散布迷信邪说等手段蛊惑、蒙骗他人,发展、控制成员,危害社会的非法组织,应当认定为刑法第三百条规定的'邪教组织'。

第七条　组织、利用邪教组织,制造、散布迷信邪说,蒙骗成员或者他人绝食、自虐等,或者蒙骗病人不接受正常治疗,致人重伤、死亡的,应当认定为刑法第三百条第二款规定的组织、利用邪教组织'蒙骗他人,致人重伤、死亡'。

组织、利用邪教组织蒙骗他人,致一人以上死亡或者三人以上重伤的,处三年以上七年以下有期徒刑,并处罚金。

组织、利用邪教组织蒙骗他人,具有下列情形之一的,处七年以上有期徒刑或者无期徒刑,并处罚金或者没收财产:

(一)造成三人以上死亡的;

(二)造成九人以上重伤的;

(三)其他情节特别严重的情形。

组织、利用邪教组织蒙骗他人,致人重伤的,处三年以下有期徒刑、拘役、管制或者剥夺政治权利,并处或者单处罚金。

第八条　实施本解释第二条至第五条规定的行为,具有下列情形之一的,从重处罚:

(一)与境外机构、组织、人员勾结,从事邪教活动的;

(二)跨省、自治区、直辖市建立邪教组织机构、发展成员或者组织邪教活动的;

(三)在重要公共场所、监管场所或者国家重大节日、重大活动期间聚集滋事,公开进行邪教活动的;

(四)邪教组织被取缔后,或者被认定为邪教组织后,仍然聚集滋事,公开进行邪教活动的;

(五)国家工作人员从事邪教活动的;

(六)向未成年人宣扬邪教的;

(七)在学校或者其他教育培训机构宣扬邪教的。

第十一条　组织、利用邪教组织,制造、散布迷信邪说,组织、策划、煽动、胁迫、教唆、帮助其成员或者他人实施自杀、自伤的，依照刑法第二百三十二条、第二百三十四条的规定，以故意杀人罪或者故意伤害罪定罪处罚。

第十二条　邪教组织人员以自焚、自爆或者其他危险方法危害公共安全的，依照刑法第一百一十四条、第一百一十五条的规定，以放火罪、爆炸罪、以危险方法危害公共安全罪等定罪处罚。

第十三条　明知他人组织、利用邪教组织实施犯罪，而为其提供经费、场地、技术、工具、食宿、接送等便利条件或者帮助的，以共同犯罪论处。

第十四条　对于犯组织、利用邪教组织破坏法律实施罪、组织、利用邪教组织致人重伤、死亡罪，严重破坏社会秩序的犯罪分子，根据刑法第五十六条的规定，可以附加剥夺政治权利。

第十五条　对涉案物品是否属于邪教宣传品难以确定的，可以委托地市级以上公安机关出具认定意见。”

(3)构成要件

第一，本罪侵害的客体是社会管理秩序和他人的人身权利。

第二，客观方面表现为组织、利用会道门、邪教组织或者利用迷信蒙骗他人，致人重伤、死亡的行为。例如，在会道门、邪教团体中宣扬、灌输极端邪说或者造谣惑众，使其成员或者信徒自杀死亡的；或者利用迷信愚弄他人，使他人自杀死亡等。

第三，主体是一般主体。

第四，主观方面既可能是故意，也可能是过失。

(4)罪名界定

本罪与故意杀人罪的主要区别有以下几点：一是本罪中被害人的死亡，有些是由于被害人听信极端邪说而自杀身亡；而故意杀人罪被害人的死亡，多数是行为人采取非法措施致人死亡。二是对被害人的死亡，本罪所采取的手段是组织、利用会道门、邪教组织或者利用迷信，蒙骗他人，致人死亡；而故意杀人罪中的行为人，是采取这些方法以外的其他方法，例如，用器械、凶器击打、刺杀等，致被害人死亡的。

(5)量刑幅度

根据《刑法》第300条第1款、第2款的规定，对犯本罪的处罚分以下3个档次：

一是处3年以上7年以下有期徒刑，并处罚金。

二是情节特别严重的，处7年以上有期徒刑或者无期徒刑，并处罚金或者没收财产。

三是情节较轻的，处3年以下有期徒刑、拘役、管制或者剥夺政治权利，并处或者单处罚金。

另外，根据《刑法》第36条第1款的规定，如果是由于犯罪分子的犯罪行为使被害人遭受经济损失的，对犯罪分子除了依法给予刑事处罚外，并应当根据情况，判处赔偿经济损失。

50. 聚众淫乱罪(第301条第1款)

(1)罪名概念

聚众淫乱罪，是指公然藐视国家法纪和社会公德，聚众淫乱的行为。

(2)法律规定

①本罪名是由《刑法》第301条第1款规定的。《刑法》第301条规定：“聚众进行淫乱活动的，对首要分子或者多次参加的，处五年以下有期徒刑、拘役或者管制。

引诱未成年人参加聚众淫乱活动的，依照前款的规定从重处罚。”

②2008年6月25日最高人民检察院、公安部《关于公安机关管辖的刑事案件立案追诉标准的规定(一)》第41条规定：“组织、策划、指挥三人以上进行淫乱活动或者参加聚众淫乱活动三次以上的，应予立案追诉。”

(3)构成要件

第一,本罪侵犯的客体是社会管理秩序和良好的社会风尚。

第二,客观方面表现为聚众淫乱的行为。

第三,犯罪主体是一般主体,但仅限于两种:一是聚众淫乱活动的首要分子;二是聚众淫乱活动的多次参加者。

第四,主观方面是故意。犯罪动机是追求下流无耻的精神刺激,以填补精神空虚。

(4)罪名界定

本罪与强奸罪的区别:主要在于是否违背妇女意志。强奸罪是违背妇女意志,强行与妇女发生性交的行为;而本罪却是男女之间的自愿淫乱活动。所谓聚众淫乱,是指聚集多人进行淫乱活动。例如:聚众奸宿;不以营利为目的,引诱、容留多名妇女卖淫,情节严重的;以玩弄女性为目的,采取诱骗等手段奸淫妇女多人;勾引男性青少年多人或者勾引外国人,与其搞两性关系,在社会上造成恶劣影响的;鸡奸幼童的;以及其他情节严重的行为。

(5)量刑幅度

根据《刑法》第301条的规定,犯本罪的,处5年以下有期徒刑、拘役或者管制。引诱未成年人参加聚众淫乱活动的,从重处罚。

51. 引诱未成年人聚众淫乱罪(第301条第2款)

(1)罪名概念

引诱未成年人聚众淫乱罪,是指引诱未成年人聚众进行淫乱活动,破坏社会管理秩序的行为。

(2)法律规定

①本罪名是由《刑法》第301条第2款规定的。《刑法》第301条第2款规定:"聚众进行淫乱活动的,对首要分子或者多次参加的,处五年以下有期徒刑、拘役或者管制。

引诱未成年人参加聚众淫乱活动的,依照前款的规定从重处罚。"

②2008年6月25日最高人民检察院、公安部《关于公安机关管辖的刑事案件立案追诉标准的规定(一)》第42条规定:"引诱未成年人参加聚众淫乱活动的,应予立案追诉。"

(3)构成要件

第一,本罪侵犯的客体是社会管理秩序和未成年人的身心健康。

第二,客观方面表现为引诱未成年人聚众进行淫乱活动。

第三,犯罪主体是一般主体。

第四,主观方面是故意。

(4)罪名界定

构成本罪,必须同时具备以下两个最基本要件:一是聚众。所谓"聚众",是指聚集了3人或者3人以上。二是引诱不满18周岁的未成年人聚众淫乱。由此可见,本罪的社会危害性要重于聚众淫乱罪。

(5)量刑幅度

根据《刑法》第301条第2款、第1款的规定,犯本罪的,处5年以下有期徒刑、拘役或者管制。由于是引诱未成年人聚众淫乱,所以对犯罪人要从重处罚。

52. 盗窃、侮辱、故意毁坏尸体、尸骨、骨灰罪(第302条)

(1)罪名概念

盗窃、侮辱、故意毁坏尸体、尸骨、骨灰罪,是指秘密窃取或者侮辱、故意毁坏尸体、尸骨、骨灰的行为。

(2)法律规定

本罪名是由《刑法》第302条规定的。该条规定:“盗窃、侮辱、故意毁坏尸体、尸骨、骨灰的,处三年以下有期徒刑、拘役或者管制。”

(3)构成要件

第一,本罪侵犯的客体是社会公共秩序和死者的人格尊严。

第二,客观方面表现为盗窃、侮辱、故意毁坏尸体、尸骨、骨灰的行为。例如,殡仪馆工人擅自将尸体或者尸体内脏出卖等。所谓侮辱尸体,是指玷污、猥亵、开棺暴尸、奸尸、鞭尸等行为。本罪的行为对象是尸体、尸骨、骨灰。

第三,本罪的主体是一般主体。

第四,主观方面是故意。

(4)罪名界定

第一,关于本罪的认定。构成本罪,行为人在主观上对尸体、尸骨、骨灰必须具有盗窃、侮辱、毁坏的故意,否则不能构成本罪。例如,医护人员、司法工作者履行职责,依法对尸体进行解剖;殡葬工作人员按照规定火化尸体等,不构成犯罪。

第二,关于本罪的罪名。由于本罪是一个行为选择性罪名,因此,盗窃尸体以后又进行侮辱的,或者为了侮辱尸体而先行盗窃,都只定一个罪名,不实行数罪并罚。还有故意杀人以后,为了毁灭证据、掩盖罪行而毁坏、焚烧尸体的,由于其行为已经被前一行为所吸收,也只定一个故意杀人罪。至于有的盗墓者,盗窃了尸体,随后又盗窃了墓葬的其他随葬品,则应当以盗窃尸体罪与盗窃罪实行并罚。

第三,侮辱尸体罪与侮辱罪的主要区别有以下几点:一是侵犯的直接客体不同。侮辱尸体罪侵害的客体是社会正常管理秩序;而侮辱罪侵犯的客体是他人的人格尊严。尽管侮辱尸体也侵犯了死者亲人的尊严,但是这不像侮辱罪那样直接侵犯。二是行为对象不同。侮辱尸体罪的行为对象是尸体,即无生命人的肉体;而侮辱罪的行为对象是人。

第四,用奸尸的方法触犯本罪与强奸罪的主要区别有以下几点:一是侵害的客体不同。本罪侵害的客体是社会正常管理秩序;而强奸罪侵害的客体是妇女性的不可侵犯的权利。二是行为对象不同。本罪的行为对象是尸体;而强奸罪的行为对象是妇女。

(5)量刑幅度

根据《刑法》第302条的规定,构成本罪的,处3年以下有期徒刑、拘役或者管制。

53. 赌博罪(第303条第1款)

(1)罪名概念

赌博罪,是指以营利为目的,聚众赌博或者以赌博为业的行为。

(2)法律规定

①本罪名是由《刑法》第303条第1款规定的。该条款规定:“以营利为目的,聚众赌博或者以赌博为业的,处三年以下有期徒刑、拘役或者管制,并处罚金。”

②2008年6月25日最高人民检察院、公安部《关于公安机关管辖的刑事案件立案追诉标准的规定(一)》第43条规定:“以营利为目的,聚众赌博,涉嫌下列情形之一的,应予立案追诉:

(一)组织三人以上赌博,抽头渔利数额累计五千元以上的;

(二)组织三人以上赌博,赌资数额累计五万元以上;

(三)组织三人以上赌博,参赌人数累计二十人以上的;

（四）组织中华人民共和国公民十人以上赴境外赌博，从中收取回扣、介绍费的；

（五）其他聚众赌博应予追究刑事责任的情形。

以营利为目的，以赌博为业的，应予立案追诉。

赌博犯罪中用作赌注的款物、换取筹码的款物和通过赌博赢取的款物属于赌资。通过计算机网络实施赌博犯罪的，赌资数额可以按照在计算机网络上投注或者赢取的点数乘以每一点实际代表的金额认定。”

③2010年8月31日最高人民法院、最高人民检察院、公安部《关于办理网络赌博犯罪案件适用法律若干问题的意见》的相关主要内容如下：

“三、关于网络赌博犯罪的参赌人数、赌资数额和网站代理的认定

赌博网站的会员账号数可以认定为参赌人数，如果查实一个账号多人使用或者多个账号一人使用的，应当按照实际使用的人数计算参赌人数。

赌资数额可以按照在网络上投注或者赢取的点数乘以每一点实际代表的金额认定。

对于将资金直接或间接兑换为虚拟货币、游戏道具等虚拟物品，并用其作为筹码投注的，赌资数额按照购买该虚拟物品所需资金数额或者实际支付资金数额认定。

对于开设赌场犯罪中用于接收、流转赌资的银行账户内的资金，犯罪嫌疑人、被告人不能说明合法来源的，可以认定为赌资。向该银行账户转入、转出资金的银行账户数量可以认定为参赌人数。如果查实一个账户多人使用或多个账户一人使用的，应当按照实际使用的人数计算参赌人数。

有证据证明犯罪嫌疑人在赌博网站上的账号设置有下级账号的，应当认定其为赌博网站的代理。

四、关于网络赌博犯罪案件的管辖

网络赌博犯罪案件的地域管辖，应当坚持以犯罪地管辖为主、被告人居住地管辖为辅的原则。

‘犯罪地’包括赌博网站服务器所在地、网络接入地，赌博网站建立者、管理者所在地，以及赌博网站代理人、参赌人实施网络赌博行为地等。

公安机关对侦办跨区域网络赌博犯罪案件的管辖权有争议的，应本着有利于查清犯罪事实、有利于诉讼的原则，认真协商解决。经协商无法达成一致的，报共同的上级公安机关指定管辖。对即将侦查终结的跨省（自治区、直辖市）重大网络赌博案件，必要时可由公安部商最高人民法院和最高人民检察院指定管辖。

为保证及时结案，避免超期羁押，人民检察院对于公安机关提请审查逮捕、移送审查起诉的案件，人民法院对于已进入审判程序的案件，犯罪嫌疑人、被告人及其辩护人提出管辖异议或者办案单位发现没有管辖权的，受案人民检察院、人民法院经审查可以依法报请上级人民检察院、人民法院指定管辖，不再自行移送有管辖权的人民检察院、人民法院。

五、关于电子证据的收集与保全

侦查机关对于能够证明赌博犯罪案件真实情况的网站页面、上网记录、电子邮件、电子合同、电子交易记录、电子账册等电子数据，应当作为刑事证据予以提取、复制、固定。

侦查人员应当对提取、复制、固定电子数据的过程制作相关文字说明，记录案由、对象、内容以及提取、复制、固定的时间、地点、方法，电子数据的规格、类别、文件格式等，并由提取、复制、固定电子数据的制作人、电子数据的持有人签名或者盖章，附所提取、复制、固定的电子数据一并随案移送。

对于电子数据存储在境外的计算机上的，或者侦查机关从赌博网站提取电子数据时犯罪嫌

疑人未到案的，或者电子数据的持有人无法签字或者拒绝签字的，应当由能够证明提取、复制、固定过程的见证人签名或者盖章，记明有关情况。必要时，可对提取、复制、固定有关电子数据的过程拍照或者录像。”

④1995年11月6日最高人民法院《关于对设置圈套诱骗他人参赌又向索还钱财的受骗者施以暴力或暴力威胁的行为应如何定罪问题的批复》规定：“行为人设置圈套诱骗他人参赌获取钱财，属赌博行为，构成犯罪的，应当以赌博罪定罪处罚。参赌者识破骗局要求退还所输钱财，设赌者又使用暴力或者以暴力相威胁，拒绝退还的，应以赌博罪从重处罚；致参赌者伤害或者死亡的，应以赌博罪和故意伤害罪或者故意杀人罪，依法实行数罪并罚。”

⑤2005年5月11日最高人民法院、最高人民检察院《关于办理赌博刑事案件具体应用法律若干问题的解释》规定：

“第一条　以营利为目的，有下列情形之一的，属于刑法第三百零三条规定的‘聚众赌博’：

（一）组织3人以上赌博，抽头渔利数额累计达到5000元以上的；

（二）组织3人以上赌博，赌资数额累计达到5万元以上的；

（三）组织3人以上赌博，参赌人数累计达到20人以上的；

（四）组织中华人民共和国公民10人以上赴境外赌博，从中收取回扣、介绍费的。

第二条　以营利为目的，在计算机网络上建立赌博网站，或者为赌博网站担任代理，接受投注的，属于刑法第三百零三条规定的‘开设赌场’。

第三条　中华人民共和国公民在我国领域外周边地区聚众赌博、开设赌场，以吸引中华人民共和国公民为主要客源，构成赌博罪的，可以依照刑法规定追究刑事责任。

第四条　明知他人实施赌博犯罪活动，而为其提供资金、计算机网络、通讯、费用结算等直接帮助的，以赌博罪的共犯论处。

第五条　实施赌博犯罪，有下列情形之一的，依照刑法第三百零三条的规定从重处罚：

（一）具有国家工作人员身份的；

（二）组织国家工作人员赴境外赌博的；

（三）组织未成年人参与赌博，或者开设赌场吸引未成年人参与赌博的。

第六条　未经国家批准擅自发行、销售彩票，构成犯罪的，依照刑法第二百二十五条第（四）项的规定，以非法经营罪定罪处罚。

第七条　通过赌博或者为国家工作人员赌博提供资金的形式实施行贿、受贿行为，构成犯罪的，依照刑法关于贿赂犯罪的规定定罪处罚。

第八条　赌博犯罪中用作赌注的款物、换取筹码的款物和通过赌博赢取的款物属于赌资。通过计算机网络实施赌博犯罪的，赌资数额可以按照在计算机网络上投注或者赢取的点数乘以每一点实际代表的金额认定。

赌资应当依法予以追缴；赌博用具、赌博违法所得以及赌博犯罪分子所有的专门用于赌博的资金、交通工具、通讯工具等，应当依法予以没收。

第九条　不以营利为目的，进行带有少量财物输赢的娱乐活动，以及提供棋牌室等娱乐场所只收取正常的场所和服务费用的经营行为等，不以赌博论处。”

⑥2020年10月16日最高人民法院、最高人民检察院、公安部《办理跨境赌博犯罪案件若干问题的意见》规定：“组织、招揽中华人民共和国公民赴境外赌博，从参赌人员中获取费用或者其他利益的，属于刑法第三百零三条第一款规定的‘聚众赌博’。”

（3）构成要件

第一，本罪侵犯的客体是社会管理秩序和社会风尚。

第二，在客观方面，行为人实施了聚众赌博或者以赌博为业的行为。

第三，犯罪主体是一般主体。

第四，主观方面是故意，而且是以营利为目的。对于以消遣为目的，在节假日偶尔聚在一起，或者在家人之间进行赌博，小有输赢的，不能视为赌博犯罪。

(4)罪名界定

认定本罪要注意以下问题：根据2005年5月11日最高人民法院、最高人民检察院《关于办理赌博刑事案件具体应用法律若干问题的解释》第9条的规定，不以营利为目的，进行带有少量财物输赢的娱乐活动，以及提供棋牌室等娱乐场所只收取正常的场所和服务费用的经营行为等，不以赌博论处。

根据1995年11月6日最高人民法院《关于对设置圈套诱骗他人参赌又向索还钱财的受骗者施以暴力或暴力威胁的行为应如何定罪问题的批复》的规定，行为人设置圈套诱骗他人参赌获取钱财，属于赌博行为，构成犯罪的，应当以赌博罪定罪处罚。参赌者识破骗局要求退还所输的钱财，设赌者使用暴力或者以暴力相威胁，拒绝退还的，应当以赌博罪从重处罚；致参赌者伤害或者死亡的，应当以赌博罪和故意伤害罪或者故意杀人罪，依法实行数罪并罚。

有的人设赌场从中抽红渔利，诱使他人上当，然后组织别人来抢赌资，对此，应根据犯罪构成要件，对有关行为人定诈骗罪、抢劫罪等，而不能以赌博罪论处。有的在赌博中发生伤害、杀人、绑架；有的名为赌博，实为舞弊骗钱，构成什么罪就定什么罪。如果是数罪，应适用数罪并罚原则处罚。

对没有参加赌博的人，使用暴力或者以胁迫的方法抢赌场的，或者参加赌博者使用暴力抢劫他人赌资、有预谋地抢劫赌场的，均应当以抢劫罪处罚。如果参加赌博者仅仅以其赌资为抢劫对象，一般不按抢劫罪论处。

对于没有经过国家批准，擅自发行、销售彩票构成犯罪的，应当依照《刑法》第245条第4项的规定，以非法经营罪定罪处罚。这是因为，非法发行、销售彩票，虽然属于赌博的一种形式，但这种形式侵犯了国家彩票发行的专营秩序，侵犯了市场经济秩序，应当选择其中的重罪处罚，即应当以非法经营罪定罪处罚，而不能以赌博罪处罚。

(5)量刑幅度

根据《刑法》第303条第1款的规定，犯赌博罪的，判处3年以下有期徒刑、拘役或者管制，并处罚金。

54. 开设赌场罪(第303条第2款)

(1)罪名概念

开设赌场罪，是指开设赌场，为他人赌博提供场所的行为。

(2)法律规定

①本罪名是由《刑法》第303条第2款规定的。《刑法》第303条第2款规定："开设赌场的，处五年以下有期徒刑、拘役或者管制，并处罚金；情节严重的，处五年以上十年以下有期徒刑，并处罚金。"

②2008年6月25日最高人民检察院、公安部《关于公安机关管辖的刑事案件立案追诉标准的规定(一)》第44条规定："开设赌场的，应予立案追诉。

在计算机网络上建立赌博网站，或者为赌博网站担任代理，接受投注的，属于本条规定的'开设赌场'。"

③2010年8月31日最高人民法院、最高人民检察院、公安部《关于办理网络赌博犯罪案件适

用法律若干问题的意见》规定，主要内容如下：

“一、关于网上开设赌场犯罪的定罪量刑标准

利用互联网、移动通讯终端等传输赌博视频、数据，组织赌博活动，具有下列情形之一的，属于《刑法》第三百零三条第二款规定的‘开设赌场’行为：

（一）建立赌博网站并接受投注的；

（二）建立赌博网站并提供给他人组织赌博的；

（三）为赌博网站担任代理并接受投注的；

（四）参与赌博网站利润分成的。

实施前款规定的行为，具有下列情形之一的，应当认定为《刑法》第三百零三条第二款规定的‘情节严重’：

（一）抽头渔利数额累计达到3万元以上的；

（二）赌资数额累计达到30万元以上的；

（三）参赌人数累计达到120人以上的；

（四）建立赌博网站后通过提供给他人组织赌博，违法所得数额在3万元以上的；

（五）参与赌博网站利润分成，违法所得数额在3万元以上的；

（六）为赌博网站招募下级代理，由下级代理接受投注的；

（七）招揽未成年人参与网络赌博的；

（八）其他情节严重的情形。

二、关于网上开设赌场共同犯罪的认定和处罚

明知是赌博网站，而为其提供下列服务或者帮助的，属于开设赌场罪的共同犯罪，依照《刑法》第三百零三条第二款的规定处罚：

（一）为赌博网站提供互联网接入、服务器托管、网络存储空间、通讯传输通道、投放广告、发展会员、软件开发、技术支持等服务，收取服务费数额在2万元以上的；

（二）为赌博网站提供资金支付结算服务，收取服务费数额在1万元以上或者帮助收取赌资20万元以上的；

（三）为10个以上赌博网站投放与网址、赔率等信息有关的广告或者为赌博网站投放广告累计100条以上的。

实施前款规定的行为，数量或者数额达到前款规定标准5倍以上的，应当认定为《刑法》第三百零三条第二款规定的‘情节严重’。

实施本条第一款规定的行为，具有下列情形之一的，应当认定行为人‘明知’，但是有证据证明确实不知道的除外：

（一）收到行政主管机关书面等方式的告知后，仍然实施上述行为的；

（二）为赌博网站提供互联网接入、服务器托管、网络存储空间、通讯传输通道、投放广告、软件开发、技术支持、资金支付结算等服务，收取服务费明显异常的；

（三）在执法人员调查时，通过销毁、修改数据、账本等方式故意规避调查或者向犯罪嫌疑人通风报信的；

（四）其他有证据证明行为人明知的。

如果有开设赌场的犯罪嫌疑人尚未到案，但是不影响对已到案共同犯罪嫌疑人、被告人的犯罪事实认定的，可以依法对已到案者定罪处罚。

三、关于网络赌博犯罪的参赌人数、赌资数额和网站代理的认定

赌博网站的会员账号数可以认定为参赌人数，如果查实一个账号多人使用或者多个账号一

人使用的,应当按照实际使用的人数计算参赌人数。

赌资数额可以按照在网络上投注或者赢取的点数乘以每一点实际代表的金额认定。

对于将资金直接或间接兑换为虚拟货币、游戏道具等虚拟物品,并用其作为筹码投注的,赌资数额按照购买该虚拟物品所需资金数额或者实际支付资金数额认定。

对于开设赌场犯罪中用于接收、流转赌资的银行账户内的资金,犯罪嫌疑人、被告人不能说明合法来源的,可以认定为赌资。向该银行账户转入、转出资金的银行账户数量可以认定为参赌人数。如果查实一个账户多人使用或多个账户一人使用的,应当按照实际使用的人数计算参赌人数。

有证据证明犯罪嫌疑人在赌博网站上的账号设置有下级账号的,应当认定其为赌博网站的代理。

四、关于网络赌博犯罪案件的管辖

网络赌博犯罪案件的地域管辖,应当坚持以犯罪地管辖为主、被告人居住地管辖为辅的原则。

‘犯罪地’包括赌博网站服务器所在地、网络接入地,赌博网站建立者、管理者所在地,以及赌博网站代理人、参赌人实施网络赌博行为地等。

公安机关对侦办跨区域网络赌博犯罪案件的管辖权有争议的,应本着有利于查清犯罪事实、有利于诉讼的原则,认真协商解决。经协商无法达成一致的,报共同的上级公安机关指定管辖。对即将侦查终结的跨省(自治区、直辖市)重大网络赌博案件,必要时可由公安部商最高人民法院和最高人民检察院指定管辖。

为保证及时结案,避免超期羁押,人民检察院对于公安机关提请审查逮捕、移送审查起诉的案件,人民法院对于已进入审判程序的案件,犯罪嫌疑人、被告人及其辩护人提出管辖异议或者办案单位发现没有管辖权的,受案人民检察院、人民法院经审查可以依法报请上级人民检察院、人民法院指定管辖,不再自行移送有管辖权的人民检察院、人民法院。

五、关于电子证据的收集与保全

侦查机关对于能够证明赌博犯罪案件真实情况的网站页面、上网记录、电子邮件、电子合同、电子交易记录、电子账册等电子数据,应当作为刑事证据予以提取、复制、固定。

侦查人员应当对提取、复制、固定电子数据的过程制作相关文字说明,记录案由、对象、内容以及提取、复制、固定的时间、地点、方法,电子数据的规格、类别、文件格式等,并由提取、复制、固定电子数据的制作人、电子数据的持有人签名或者盖章,附所提取、复制、固定的电子数据一并随案移送。

对于电子数据存储在境外的计算机上的,或者侦查机关从赌博网站提取电子数据时犯罪嫌疑人未到案的,或者电子数据的持有人无法签字或者拒绝签字的,应当由能够证明提取、复制、固定过程的见证人签名或者盖章,记明有关情况。必要时,可对提取、复制、固定有关电子数据的过程拍照或者录像。"

④2005 年 5 月 11 日最高人民法院、最高人民检察院《关于办理赌博刑事案件具体应用法律若干问题的解释》相关内容如下:

"第二条　以营利为目的,在计算机网络上建立赌博网站,或者为赌博网站担任代理,接受投注的,属于刑法第三百零三条规定的‘开设赌场’。

第三条　中华人民共和国公民在我国领域外周边地区聚众赌博、开设赌场,以吸引中华人民共和国公民为主要客源,构成赌博罪的,可以依照刑法规定追究刑事责任。

第五条　实施赌博犯罪,有下列情形之一的,依照刑法第三百零三条的规定从重处罚:

（一）具有国家工作人员身份的；

（二）组织国家工作人员赴境外赌博的；

（三）组织未成年人参与赌博，或者开设赌场吸引未成年人参与赌博的。

第六条　未经国家批准擅自发行、销售彩票，构成犯罪的，依照刑法第二百二十五条第（四）项的规定，以非法经营罪定罪处罚。

第七条　通过赌博或者为国家工作人员赌博提供资金的形式实施行贿、受贿行为，构成犯罪的，依照刑法关于贿赂犯罪的规定定罪处罚。

第八条　赌博犯罪中用作赌注的款物、换取筹码的款物和通过赌博赢取的款物属于赌资。通过计算机网络实施赌博犯罪的，赌资数额可以按照在计算机网络上投注或者赢取的点数乘以每一点实际代表的金额认定。

赌资应当依法予以追缴；赌博用具、赌博违法所得以及赌博犯罪分子所有的专门用于赌博的资金、交通工具、通讯工具等，应当依法予以没收。

第九条　不以营利为目的，进行带有少量财物输赢的娱乐活动，以及提供棋牌室等娱乐场所只收取正常的场所和服务费用的经营行为等，不以赌博论处。”

⑤1995年11月6日最高人民法院《关于对设置圈套诱骗他人参赌又向索还钱财的受骗者施以暴力或暴力威胁的行为应如何定罪问题的批复》规定：“行为人设置圈套诱骗他人参赌获取钱财，属赌博行为，构成犯罪的，应当以赌博罪定罪处罚。参赌者识破骗局要求退还所输钱财，设赌者又使用暴力或者以暴力相威胁，拒绝退还的，应以赌博罪从重处罚；致参赌者伤害或者死亡的，应以赌博罪和故意伤害罪或者故意杀人罪，依法实行数罪并罚。”

⑥2014年3月26日最高人民法院、最高人民检察院、公安部《关于办理利用赌博机开设赌场案件适用法律若干问题的意见》相关内容如下：

“一、关于利用赌博机组织赌博的性质认定

设置具有退币、退分、退钢珠等赌博功能的电子游戏设施设备，并以现金、有价证券等贵重款物作为奖品，或者以回购奖品方式给予他人现金、有价证券等贵重款物（以下简称设置赌博机）组织赌博活动的，应当认定为刑法第三百零三条第二款规定的‘开设赌场’行为。

二、关于利用赌博机开设赌场的定罪处罚标准

设置赌博机组织赌博活动，具有下列情形之一的，应当按照刑法第三百零三条第二款规定的开设赌场罪定罪处罚：

（一）设置赌博机10台以上的；

（二）设置赌博机2台以上，容留未成年人赌博的；

（三）在中小学校附近设置赌博机2台以上的；

（四）违法所得累计达到5000元以上的；

（五）赌资数额累计达到5万元以上的；

（六）参赌人数累计达到20人以上的；

（七）因设置赌博机被行政处罚后，两年内再设置赌博机5台以上的；

（八）因赌博、开设赌场犯罪被刑事处罚后，五年内再设置赌博机5台以上的；

（九）其他应当追究刑事责任的情形。

设置赌博机组织赌博活动，具有下列情形之一的，应当认定为刑法第三百零三条第二款规定的‘情节严重’：

（一）数量或者数额达到第二条第一款第一项至第六项规定标准六倍以上的；

（二）因设置赌博机被行政处罚后，两年内再设置赌博机30台以上的；

（三）因赌博、开设赌场犯罪被刑事处罚后，五年内再设置赌博机30台以上的；

（四）其他情节严重的情形。

可同时供多人使用的赌博机，台数按照能够独立供一人进行赌博活动的操作基本单元的数量认定。

在两个以上地点设置赌博机，赌博机的数量、违法所得、赌资数额、参赌人数等均合并计算。

三、关于共犯的认定

明知他人利用赌博机开设赌场，具有下列情形之一的，以开设赌场罪的共犯论处：

（一）提供赌博机、资金、场地、技术支持、资金结算服务的；

（二）受雇参与赌场经营管理并分成的；

（三）为开设赌场者组织客源，收取回扣、手续费的；

（四）参与赌场管理并领取高额固定工资的；

（五）提供其他直接帮助的。

四、关于生产、销售赌博机的定罪量刑标准

以提供给他人开设赌场为目的，违反国家规定，非法生产、销售具有退币、退分、退钢珠等赌博功能的电子游戏设施设备或者其专用软件，情节严重的，依照刑法第二百二十五条的规定，以非法经营罪定罪处罚。

实施前款规定的行为，具有下列情形之一的，属于非法经营行为'情节严重'：

（一）个人非法经营数额在五万元以上，或者违法所得数额在一万元以上的；

（二）单位非法经营数额在五十万元以上，或者违法所得数额在十万元以上的；

（三）虽未达到上述数额标准，但两年内因非法生产、销售赌博机行为受过二次以上行政处罚，又进行同种非法经营行为的；

（四）其他情节严重的情形。

具有下列情形之一的，属于非法经营行为'情节特别严重'：

（一）个人非法经营数额在二十五万元以上，或者违法所得数额在五万元以上的；

（二）单位非法经营数额在二百五十万元以上，或者违法所得数额在五十万元以上的。

五、关于赌资的认定

本意见所称赌资包括：

（一）当场查获的用于赌博的款物；

（二）代币、有价证券、赌博积分等实际代表的金额；

（三）在赌博机上投注或赢取的点数实际代表的金额。

六、关于赌博机的认定

对于涉案的赌博机，公安机关应当采取拍照、摄像等方式及时固定证据，并予以认定。对于是否属于赌博机难以确定的，司法机关可以委托地市级以上公安机关出具检验报告。司法机关根据检验报告，并结合案件具体情况作出认定。必要时，人民法院可以依法通知检验人员出庭作出说明。"

⑦2020年10月16日最高人民法院、最高人民检察院、公安部《办理跨境赌博犯罪案件若干问题的意见》的相关主要内容如下：

"二、关于跨境赌博犯罪的认定

（一）以营利为目的，有下列情形之一的，属于刑法第三百零三条第二款规定的'开设赌场'：

1. 境外赌场经营人、实际控制人、投资人，组织、招揽中华人民共和国公民赴境外赌博的；

2. 境外赌场管理人员，组织、招揽中华人民共和国公民赴境外赌博的；

3. 受境外赌场指派、雇佣，组织、招揽中华人民共和国公民赴境外赌博，或者组织、招揽中华人民共和国公民赴境外赌博，从赌场获取费用、其他利益的；

4. 在境外赌场包租赌厅、赌台，组织、招揽中华人民共和国公民赴境外赌博的；

5. 其他在境外以提供赌博场所、提供赌资、设定赌博方式等，组织、招揽中华人民共和国公民赴境外赌博的。

在境外赌场通过开设账户、洗码等方式，为中华人民共和国公民赴境外赌博提供资金担保服务的，以‘开设赌场’论处。

（二）以营利为目的，利用信息网络、通讯终端等传输赌博视频、数据，组织中华人民共和国公民跨境赌博活动，有下列情形之一的，属于刑法第三百零三条第二款规定的‘开设赌场’：

1. 建立赌博网站、应用程序并接受投注的；

2. 建立赌博网站、应用程序并提供给他人组织赌博的；

3. 购买或者租用赌博网站、应用程序，组织他人赌博的；

4. 参与赌博网站、应用程序利润分成的；

5. 担任赌博网站、应用程序代理并接受投注的；

6. 其他利用信息网络、通讯终端等传输赌博视频、数据，组织跨境赌博活动的。

（三）组织、招揽中华人民共和国公民赴境外赌博，从参赌人员中获取费用或者其他利益的，属于刑法第三百零三条第一款规定的‘聚众赌博’。

（四）跨境开设赌场犯罪定罪处罚的数量或者数额标准，参照适用《关于办理赌博刑事案件具体应用法律若干问题的解释》《关于办理利用赌博机开设赌场案件适用法律若干问题的意见》和《关于办理网络赌博犯罪案件适用法律若干问题的意见》的有关规定。

三、关于跨境赌博共同犯罪的认定

（一）三人以上为实施开设赌场犯罪而组成的较为固定的犯罪组织，应当依法认定为赌博犯罪集团。对组织、领导犯罪集团的首要分子，按照集团所犯的全部罪行处罚。对犯罪集团中组织、指挥、策划者和骨干分子，应当依法从严惩处。

（二）明知他人实施开设赌场犯罪，为其提供场地、技术支持、资金、资金结算等服务的，以开设赌场罪的共犯论处。

（三）明知是赌博网站、应用程序，有下列情形之一的，以开设赌场罪的共犯论处：

1. 为赌博网站、应用程序提供软件开发、技术支持、互联网接入、服务器托管、网络存储空间、通讯传输通道、广告投放、会员发展、资金支付结算等服务的；

2. 为赌博网站、应用程序担任代理并发展玩家、会员、下线的。

为同一赌博网站、应用程序担任代理，既无上下级关系，又无犯意联络的，不构成共同犯罪。

（四）对受雇佣为赌场从事接送参赌人员、望风看场、发牌坐庄、兑换筹码、发送宣传广告等活动的人员及赌博网站、应用程序中与组织赌博活动无直接关联的一般工作人员，除参与赌场、赌博网站、应用程序利润分成或者领取高额固定工资的外，可以不追究刑事责任，由公安机关依法给予治安管理处罚。

四、关于跨境赌博关联犯罪的认定

（一）使用专门工具、设备或者其他手段诱使他人参赌，人为控制赌局输赢，构成犯罪的，依照刑法关于诈骗犯罪的规定定罪处罚。

网上开设赌场，人为控制赌局输赢，或者无法实现提现，构成犯罪的，依照刑法关于诈骗犯罪的规定定罪处罚。部分参赌者赢利、提现不影响诈骗犯罪的认定。

（二）通过开设赌场或者为国家工作人员参与赌博提供资金的形式实施行贿、受贿行为，构成犯罪的,依照刑法关于贿赂犯罪的规定定罪处罚。同时构成赌博犯罪的,应当依法与贿赂犯罪数罪并罚。

(三)实施跨境赌博犯罪,同时构成组织他人偷越国(边)境、运送他人偷越国(边)境、偷越国(边)境罪等罪的,应当依法数罪并罚。

(四)实施赌博犯罪,为强行索要赌债,实施故意杀人、故意伤害、非法拘禁、故意毁坏财物、寻衅滋事等行为,构成犯罪的,应当依法数罪并罚。

(五)为赌博犯罪提供资金、信用卡、资金结算等服务,构成赌博犯罪共犯,同时构成非法经营罪、妨害信用卡管理罪、窃取、收买、非法提供信用卡信息罪、掩饰、隐瞒犯罪所得、犯罪收益罪等罪的,依照处罚较重的规定定罪处罚。

为网络赌博犯罪提供互联网接入、服务器托管、网络存储、通讯传输等技术支持,或者提供广告推广、支付结算等帮助,构成赌博犯罪共犯,同时构成非法利用信息网络罪、帮助信息网络犯罪活动罪等罪的,依照处罚较重的规定定罪处罚。

为实施赌博犯罪,非法获取公民个人信息,或者向实施赌博犯罪者出售、提供公民个人信息,构成赌博犯罪共犯,同时构成侵犯公民个人信息罪的,依照处罚较重的规定定罪处罚。

五、关于跨境赌博犯罪赌资数额的认定及处理

赌博犯罪中用作赌注的款物、换取筹码的款物和通过赌博赢取的款物属于赌资。

通过网络实施开设赌场犯罪的,赌资数额可以依照开设赌场行为人在其实际控制账户内的投注金额,结合其他证据认定;如无法统计,可以按照查证属实的参赌人员实际参赌的资金额认定。

对于将资金直接或者间接兑换为虚拟货币、游戏道具等虚拟物品,并用其作为筹码投注的,赌资数额按照购买该虚拟物品所需资金数额或者实际支付资金数额认定。

对于开设赌场犯罪中主要用于接收、流转赌资的银行账户内的资金,犯罪嫌疑人、被告人不能说明合法来源的,可以认定为赌资。

公安机关、人民检察院已查封、扣押、冻结的赌资、赌博用具等涉案财物及孳息,应当制作清单。人民法院对随案移送的涉案财物,依法予以处理。赌资应当依法予以追缴。赌博违法所得、赌博用具以及赌博犯罪分子所有的专门用于赌博的财物等,应当依法予以追缴、没收。”

(3)构成要件

第一,本罪侵犯的客体是社会管理秩序和社会风尚。

第二,客观方面表现为开设赌场的行为。

第三,犯罪主体是一般主体。

第四,主观方面是故意,一般是以营利为目的,从中抽红渔利。

(4)罪名界定

对于不是以营利为目的,不是为了从中抽红渔利,而是为了消遣娱乐,在节假日期间,大家聚在一起,或者在家人之间进行赌博,小有输赢,尽管为其提供了场所,也不能视为开设赌场犯罪。对那些不以营利为目的,提供棋牌室等娱乐场所,只收取正常的场所和服务费用的经营行为等,相对而言其情节没有达到比较严重的程度,不以开设赌场罪论处。法律在规定开设赌场罪的同时,虽然没有要求开设赌场必须达到“情节严重”的程度,但要根据《刑法》第13条的规定,也还是要看情节,并非只要开设赌场了,不分情节如何,就一律定罪判刑。

对于开设赌场而诱使他人上当,组织别人来抢赌资,应根据犯罪构成要件,对有关行为人定诈骗罪、抢劫罪等,而不能以开设赌场罪论处。明知他人实施赌博犯罪活动,而为其提供资金、计算机网络、通信、费用结算等直接帮助的,以赌博罪的共犯论处。如果是数罪,应适用数罪并罚原则处罚。

（5）量刑幅度

根据《刑法》第303条第2款的规定，对犯本罪的处罚分以下2个档次：

一是犯开设赌场罪的，判处5年以下有期徒刑、拘役或者管制，并处罚金。

二是对于情节严重的，处5年以上10年以下有期徒刑，并处罚金。

55. 组织参与国（境）外赌博罪（第303条第3款）

（1）罪名概念

组织参与国（境）外赌博罪，是指组织中国公民参与国（境）外赌博，数额巨大或者有其他严重情节的行为。

（2）法律规定

本罪名是由《刑法》第303条第3款规定的。该条规定："以营利为目的，聚众赌博或者以赌博为业的，处三年以下有期徒刑、拘役或者管制，并处罚金。

开设赌场的，处五年以下有期徒刑、拘役或者管制，并处罚金；情节严重的，处五年以上十年以下有期徒刑，并处罚金。

组织中华人民共和国公民参与国（境）外赌博，数额巨大或者有其他严重情节的，依照前款的规定处罚。"

（3）构成要件

第一，本罪侵犯的客体是社会管理秩序和社会风尚。

第二，客观方面表现为组织中国公民参与国（境）外赌博，数额巨大或者有其他严重情节的行为。

第三，犯罪主体是一般主体。

第四，主观方面是故意。

（4）罪名界定

构成本罪，一是组织中国公民参与国（境）外赌博，二是需财资数额巨大或有其他严重情节。本罪与赌博罪、开设赌场罪的主要区别在于犯罪的客观方面表现为组织中国公民参与国（境）外赌博，数额巨大或有其他严重情节。从2020年10月16日最高人民法院、最高人民检察院、公安部《办理跨境赌博犯罪案件若干问题的意见》关于"组织、招揽中华人民共和国公民赴境外赌博，从参赌人员中获取费用或者其他利益的，属于刑法第303条第1款规定的'聚众赌博'"的规定看，组织参中国公民参与国（境）外赌博的行为人如果从参赌人员中获取费用或其他利益，则构成赌博罪而非组织参与国（境）外赌博罪。

（5）量刑幅度

根据《刑法》第303条第3款的规定，构成本罪的，依照开设赌场罪的量刑标准处罚：

一是犯组织参与国（境）外赌博罪的，判处5年以下有期徒刑、拘役或者管制，并处罚金。

二是对于情节严重的，处5年以上10年以下有期徒刑，并处罚金。

56. 故意延误投递邮件罪（第304条）

（1）罪名概念

故意延误投递邮件罪，是指邮政工作人员严重不负责任，故意延误投递邮件，致使公共财产、国家和人民利益遭受重大损失的行为。

（2）法律规定

本罪名是由《刑法》第304条规定的。该条规定："邮政工作人员严重不负责任，故意延误投递邮件,致使公共财产、国家和人民利益遭受重大损失的,处二年以下有期徒刑或者拘役。”

(3)构成要件

第一,本罪侵害的客体是国家邮政部门正常的管理活动,损害邮电部门的信誉。犯罪对象是邮件。

第二,客观方面表现为严重不负责任,故意延误投递邮件并致使公共财产、国家和人民利益遭受重大损失的行为。

第三,本罪的主体是特殊主体,即邮政工作人员。不是邮政工作人员不能成为本罪主体。

第四,在主观方面,对延误投递邮件的行为是故意,包括直接故意和间接故意,其犯罪动机一般表现为泄愤报复。

(4)罪名界定

认定本罪要注意两方面问题:①要注意查明行为人对延误投递邮件的行为是不是故意,因为本罪是故意犯罪。如果行为人并不是故意延误投递邮件,而是工作马虎,疏忽大意,延误了投递邮件,即使客观上发生了使公共财产、国家和人民利益遭受重大损失的结果,也不能认定构成本罪。②要看后果。如果仅仅是延误投递,没有造成公私财产、国家和人民利益遭受重大损失的结果,则不能认定为本罪。

另外,如果行为人不是故意延误投递邮件,而是故意隐匿邮件,并且造成公共财产、国家和人民利益遭受重大损失的,属于一种行为触犯了两种罪名,应当以其中的一个重罪处罚,而不能实行数罪并罚。

(5)量刑幅度

根据《刑法》第304条的规定,构成本罪的,处2年以下有期徒刑或者拘役。

(二)妨害司法罪

1. 伪证罪(第305条)

(1)罪名概念

伪证罪,是指在刑事诉讼中,证人、鉴定人、记录人、翻译人对与案件有重要关系的情节,故意作虚假证明、鉴定、记录、翻译,意图陷害他人或者隐匿罪证的行为。

(2)法律规定

本罪名是由《刑法》第305条规定的。该条规定:“在刑事诉讼中,证人、鉴定人、记录人、翻译人对与案件有重要关系的情节,故意作虚假证明、鉴定、记录、翻译,意图陷害他人或者隐匿罪证的,处三年以下有期徒刑或者拘役;情节严重的,处三年以上七年以下有期徒刑。”

(3)构成要件

第一,本罪侵犯的客体是司法机关的正常活动和公民的合法权利。

第二,客观方面表现为在刑事诉讼中,对与案件有重要关系的情节,作虚假的证明、鉴定、记录、翻译的行为,或者隐匿罪证的行为。

第三,本罪的主体是特殊主体,即必须是刑事诉讼中的证人、鉴定人、记录人、翻译人员。

第四,主观方面是故意。即行为人明知其虚假的陈述是与案件有重要关系的情节而有意作虚假陈述。

(4)罪名界定

第一,关于本罪的认定。认定本罪要注意以下问题:一是行为人主观上必须是故意。如果虽然作了与案件事实不符的陈述,但不是出于故意,不能构成本罪。例如,证人因为记忆不好,或者没听清、没看清而作出错误的证明;鉴定人、记录人或者翻译人因粗心大意、工作失误,或者业务水平有限而作出错误的鉴定结论、记录或者翻译,因为不是故意作伪证,故不能以本罪论处。二是如果行为人对于案件关系不重要的情节作了虚假的证明、鉴定、记录、翻译,因为这样在客观上达不到陷害他人、包庇罪犯的目的,也不构成伪证罪。所谓"与案件有重要关系的情节",是指对案件是否构成犯罪,犯罪的性质或者对罪行轻重有重大影响的情节。如果伪证的事实无关紧要,对案件的处理影响不大,则不能以伪证罪论处。

另外,只有在刑事诉讼中,证人、鉴定人、记录人、翻译人对案件有重要关系的情节,故意作虚假证明、鉴定、记录、翻译或者隐匿罪证的行为,才能构成本罪。在其他的诉讼中,同样的行为不构成本罪。因此,以暴力、威胁、贿买等方法,阻止证人作证,及指使他人作伪证的,帮助当事人伪造、毁灭证据的,应当根据《刑法》第 307 条认定为妨害作证罪或者帮助毁灭、伪造证据罪来处理。

第二,本罪与诬告陷害罪的区别有以下几点:①犯罪的主体不同。前者是特殊主体,只能是证人、鉴定人、记录人、翻译人这四种人,其他人不能成为伪证罪主体;而诬告陷害罪不是特殊主体,任何有刑事责任能力的人都可以构成诬告陷害罪的主体。②犯罪行为发生的时间、地点、场合不同。伪证罪发生在刑事诉讼过程中,而诬告陷害罪则是在侦查之前实施的犯罪行为,它是引起侦查、起诉和审判的原因。③伪证罪是在与案件有重要关系的情节上作虚假证明、鉴定、记录或者翻译;而诬告陷害罪,则是原来根本没有发生什么案件,其整个犯罪事实都是捏造的。④伪证罪的目的可以是陷害,也可以是包庇。而诬告陷害罪的目的,只能是陷害他人。

第三,本罪与包庇罪的区别主要有以下几点:①犯罪主体不同。本罪是特殊主体,包庇罪是一般主体。②实施犯罪的时间不同。本罪只能在刑事诉讼过程中;而后罪可以在犯罪分子被逮捕、关押前实施,也可以在犯罪分子被逮捕后实施。③犯罪的内容不同。本罪掩盖了与案件有重要关系的犯罪情节;而后罪掩盖的可以是一般犯罪事实。④对象不同。本罪包庇的是侦查、起诉、审判中犯罪嫌疑人或者被告人;而后罪包庇的可以是犯罪嫌疑人,也可以是已决罪犯,或者在服刑中逃跑的犯罪分子。

(5)量刑幅度

根据《刑法》第 305 条的规定,对犯本罪的处罚分以下 2 个档次:

一是犯伪证罪的,处 3 年以下有期徒刑或者拘役;

二是情节严重的,处 3 年以上 7 年以下有期徒刑。

2. 辩护人、诉讼代理人毁灭证据、伪造证据、妨害作证罪(第 306 条)

(1)罪名概念

辩护人、诉讼代理人毁灭证据、伪造证据、妨害作证罪,是指在刑事诉讼过程中,辩护人、诉讼代理人毁灭、伪造证据,帮助当事人毁灭、伪造证据,威胁、引诱证人违背事实改变证言或者作伪证的行为。

(2)法律规定

本罪名是由《刑法》第 306 条规定的。该条规定:"在刑事诉讼中,辩护人、诉讼代理人毁灭、伪造证据,帮助当事人毁灭、伪造证据,威胁、引诱证人违背事实改变证言或者作伪证的,处三年以下有期徒刑或者拘役;情节严重的,处三年以上七年以下有期徒刑。

辩护人、诉讼代理人提供、出示、引用的证人证言或者其他证据失实,不是有意伪造的,不属于伪造证据。"

(3)构成要件

第一,本罪侵犯的客体是刑事诉讼的正常进行。

第二,客观方面表现为:在刑事诉讼过程中帮助当事人毁灭、伪造证据的行为;威胁、引诱证人违背事实改变证言或者作伪证的行为。上述行为,只要实施了其中一种,就可构成本罪。

第三,本罪的主体是特殊主体,即刑事诉讼中的辩护人和诉讼代理人。这里的诉讼代理人,是指受公诉案件的被害人及其法定代理人或者近亲属、附带民事诉讼当事人以及其他法定代理人、自诉案件的被害人以及法定代理人的委托,在诉讼中代表被代理人行使权利和承担义务的人。

第四,主观方面是故意。辩护人、诉讼代理人提供、出示、引用的证人证言或者其他证据失实,不是有意地伪造,不构成本罪。

(4)罪名界定

第一,认定本罪要注意两点:①行为人实施的毁灭、伪造证据,威胁、引诱证人违背事实改变证言或者作伪证的行为必须是在刑事诉讼过程中。包括立案侦查、起诉、审判和执行。如果行为人实施上述行为是在民事、行政诉讼中,或者在刑事诉讼开始之前或者结束之后,则不构成本罪。②辩护人、诉讼代理人如果由于工作上的失误或者证人提供虚假证言,辩护人、诉讼代理人不知情而在刑事诉讼中向法庭提供、出示、引用的证人证言或者其他证据失实,只要不是故意伪造的,根据《刑法》第306条第2款的规定,不属于伪造证据,不构成犯罪。

第二,本罪与伪证罪的主要区别有以下几点:①主体不同。伪证罪的主体是刑事诉讼的证人、记录人、鉴定人和翻译人;而本罪的主体是刑事诉讼中的辩护人,或者诉讼代理人。②在客观方面表现不完全相同。本罪在客观方面表现为行为人毁灭、伪造证据,帮助当事人毁灭、伪造证据;而伪证罪的客观方面表现为行为人故意作虚假证明、鉴定、记录、翻译或者隐匿罪证等。③行为的要求不同。伪证罪行为人所作的虚假证明、鉴定、记录、翻译或者隐匿的罪证,必须与案件有重要关系的情节;而本罪没有这个要求。

第三,本罪与包庇罪的区别有以下几点:①主体不同。包庇罪的主体是一般主体;而本罪是特殊主体。②客观方面的表现不完全相同。包庇罪的行为人实施的是向司法机关或者有关组织提供虚假证明,或者帮助犯罪分子毁灭罪迹,隐藏、转移或者毁灭罪证;而本罪除此之外,还可以是威胁或者引诱证人违背事实,改变证言或者作伪证。③行为人实施行为的时间限制不同。包庇罪的行为人可以在犯罪分子被逮捕、关押以前实施,也可以在被判刑逃跑以后实施;而本罪的犯罪行为只能在刑事诉讼中实施。

第四,本罪与帮助毁灭、伪造证据罪的区别是:①主体不同。本罪的主体是特殊主体,即刑事诉讼中的辩护人或者诉讼代理人;而后罪是一般主体。②在客观方面的表现不完全相同。后罪表现为帮助当事人毁灭、伪造证据;而本罪表现为行为人本人毁灭、伪造证据,帮助当事人毁灭、伪造证据,威胁、引诱证人违背事实改变证言或者作伪证。③案件的性质不同。本罪是在刑事诉讼过程中;而后罪一般指在民事、经济、行政等诉讼中。

(5)量刑幅度

根据《刑法》第306条的规定,对犯本罪的处罚分以下2个档次:

一是犯本罪的,处3年以下有期徒刑或者拘役;

二是情节严重的,处3年以上7年以下有期徒刑。

3. 妨害作证罪(第307条第1款)

(1)罪名概念

妨害作证罪,是指采用暴力、威胁、贿买的方法,阻止证人依法作证;或者以唆使、贿买、胁迫等方法，指使他人作伪证的行为。

(2)法律规定

①本罪名是由《刑法》第307条第1款规定的。《刑法》第307条规定："以暴力、威胁、贿买等方法阻止证人作证或者指使他人作伪证的，处三年以下有期徒刑或者拘役；情节严重的，处三年以上七年以下有期徒刑。

帮助当事人毁灭、伪造证据，情节严重的，处三年以下有期徒刑或者拘役。

司法工作人员犯前两款罪的，从重处罚。"

②2002年10月24日最高人民检察院法律政策研究室《关于通过伪造证据骗取法院民事裁判占有他人财物的行为如何适用法律问题的答复》规定："以非法占有为目的，通过伪造证据骗取法院民事裁判占有他人财物的行为，所侵害的主要是人民法院正常的审判活动，可以由人民法院依照民事诉讼法的有关规定作出处理，不宜以诈骗罪追究行为人的刑事责任。如果行为人伪造证据时，实施了伪造公司、企业、事业单位、人民团体印章的行为，构成犯罪的，应当依照刑法第二百八十条第二款的规定，以伪造公司、企业、事业单位、人民团体印章罪追究刑事责任；如果行为人有指使他人作伪证行为，构成犯罪的，应当依照刑法第三百零七条第一款的规定，以妨害作证罪追究刑事责任。"

(3)构成要件

第一，本罪侵犯的客体是国家司法机关正常的诉讼活动和公民依法作证的权利。

第二，在客观方面，行为人实施了采用暴力、威胁、唆使、贿买等方法，阻止证人依法作证；或者表现为采用唆使、贿买、胁迫等方法，使他人作伪证的妨碍作证行为。

第三，犯罪主体是一般主体，凡是年满16周岁，具有刑事责任能力的公民，都可以成为本罪的主体。

第四，主观方面是故意，并且是直接故意。

(4)罪名界定

第一，关于本罪的认定。①不能把一般的、轻微的、危害不大的妨害作证行为当作犯罪论处。②妨害作证如果使用了暴力，非法剥夺他人的人身自由，以此阻止证人作证，既构成了妨害作证罪，同时又构成了非法拘禁罪，应当按照其中较重的罪来定罪处罚。

第二，本罪与伪证罪的区别有以下几点：①主体不同。本罪的主体是一般主体；而伪证罪的主体仅限于证人、鉴定人、翻译人、记录人，属于特殊主体。②客观方面不同。本罪在客观方面表现为实施妨害正在依法作证或者迫使、促使他人作伪证的行为；而伪证罪在客观方面表现为，在侦查、起诉、审判中，对案件有重要关系的情节作虚假证明、记录、翻译、鉴定。③发生的时间、空间不同。本罪可以发生在诉讼提起之前，也可以发生在诉讼活动过程中，既可以发生在刑事诉讼活动中，也可以发生在民事、行政诉讼活动中，发案范围广泛；而伪证罪只能发生在刑事诉讼活动中，即限于刑事侦查、审判中，发案范围比较狭窄。

(5)量刑幅度

根据《刑法》第307条第1款的规定，对犯本罪的处罚分以下2个档次：

一是犯本罪的，处3年以下有期徒刑或者拘役；

二是情节严重的，处3年以上7年以下有期徒刑。

司法工作人员犯本罪的，从重处罚。

4. 帮助毁灭、伪造证据罪(第307条第2款、第3款)

(1)罪名概念

帮助毁灭、伪造证据罪，是指在物质上、精神上帮助刑事诉讼、民事诉讼或者行政诉讼中的当事人毁灭、伪造证据,情节严重的行为。

(2)法律规定

本罪名是由《刑法》第307条第2款、第3款规定的。《刑法》第307条第2款、第3款分别规定:"帮助当事人毁灭、伪造证据,情节严重的,处三年以下有期徒刑或者拘役。"

"司法工作人员犯前两款罪的,从重处罚。"

(3)构成要件

第一,本罪侵犯的客体是国家司法机关的正常活动,具体而言,是诉讼活动的证据制度。

第二,客观方面表现为行为人实施了帮助当事人毁灭、伪造证据情节严重的行为。

第三,本罪的主体是一般主体,凡是年满16周岁,具有刑事责任能力的人,均可构成本罪。

第四,主观方面是故意。

(4)罪名界定

第一,构成本罪要具备以下两点:一是按照《刑法》的规定,只有达到"情节严重"的程度,才能构成犯罪。二是当事人自己毁灭、伪造证据的不独立构成犯罪,构成本罪需要具备"帮助当事人"毁灭、伪造证据这样的情节。

第二,本罪与辩护人、诉讼代理人毁灭证据、伪造证据、妨害作证罪的区别有以下几点:一是本罪的犯罪主体是一般主体,而后者的主体仅限于辩护人、诉讼代理人。二是本罪在刑事诉讼、民事诉讼、行政诉讼中均可能存在;而后者只存在于刑事诉讼中。三是后者不要求以"情节严重"为要件,而前者必须具备"情节严重"这一要件。

第三,本罪与妨害作证罪的区别有以下几点:一是犯罪对象不同。本罪的犯罪对象是诉讼活动中的当事人;而妨害作证罪侵犯的对象是在诉讼活动中依法作证的证人。二是客观表现不同。后者在客观方面表现为以暴力、威胁、贿买等方法,阻止证人作证,或者指使、贿买、胁迫他人作伪证的行为;而本罪则表现为授意当事人去实施毁灭、伪造证据的行为,或者为当事人毁灭、伪造证据提供方便条件的行为。

(5)量刑幅度

根据《刑法》第307条第2款、第3款的规定,犯本罪的,处3年以下有期徒刑或者拘役。司法工作人员犯本罪的,在上述法定刑幅度内从重处罚。

5. 虚假诉讼罪(第307条之一)

(1)罪名概念

虚假诉讼罪,是指以捏造的事实提起民事诉讼,妨害司法秩序或者严重侵害他人合法权益的行为。

(2)法律规定

本罪名是由《刑法》第307条之一规定的。该条规定:"以捏造的事实提起民事诉讼,妨害司法秩序或者严重侵害他人合法权益的,处三年以下有期徒刑、拘役或者管制,并处或者单处罚金;情节严重的,处三年以上七年以下有期徒刑,并处罚金。

单位犯前款罪的,对单位判处罚金,并对其直接负责的主管人员和其他直接责任人员,依照前款的规定处罚。

有第一款行为,非法占有他人财产或者逃避合法债务,又构成其他犯罪的,依照处罚较重的规定定罪从重处罚。

司法工作人员利用职权,与他人共同实施前三款行为的,从重处罚;同时构成其他犯罪的,依照处罚较重的规定定罪从重处罚。"

(3)构成要件

第一,本罪侵犯的客体是国家的司法秩序。

第二,客观方面表现为以捏造的事实提起民事诉讼,妨害司法秩序或者严重侵害他人合法权益的行为。

第三,犯罪主体是一般主体。

第四,主观方面是故意。

(4)罪名界定

第一,根据《刑法》规定,构成本罪必须同时具备以下两个条件:一是捏造了事实向法院提起民事诉讼。二是严重妨害了司法秩序,或者严重侵害他人合法权益,如使法院作出了错误判决等。

第二,本罪与诈骗罪的区别有以下几点:一是侵犯的客体不同,本罪侵犯的客体是国家的司法秩序,而诈骗罪侵犯的客体是公私财产所有权。二是在客观方面表现不同。这两种犯罪虽然都有捏造事实这样的特点,但本罪捏造事实是为了向法院恶意提起民事诉讼,其目的是要通过恶意提起民事诉讼来实现的,而诈骗罪不需要向法院提起民事诉讼。三是这两种犯罪的刑罚处罚也不相同。

(5)量刑幅度

根据《刑法》第307条之一的规定,对犯本罪的,分以下两种情况处罚:一是处3年以下有期徒刑、拘役或者管制,并处或者单处罚金。二是单位犯本罪的,对单位判处罚金,并且对其直接负责的主管人员和其他直接责任人员,依照前述规定处罚。

如果有本罪行为,非法占有他人财产或者逃避合法债务的,又构成其他犯罪的,依照处罚较重的规定定罪从重处罚。

司法工作人员利用职权,与他人共同实施前两款行为的,从重处罚;同时构成其他犯罪的,依照处罚较重的规定定罪从重处罚。

6. 打击报复证人罪(第308条)

(1)罪名概念

打击报复证人罪,是指对证人进行报复陷害的行为。

(2)法律规定

本罪名是由《刑法》第308条规定的。该条规定:"对证人进行打击报复的,处三年以下有期徒刑或者拘役;情节严重的,处三年以上七年以下有期徒刑。"

(3)构成要件

第一,本罪侵犯的客体是司法机关的正常活动和公民的人身、民主、财产权利。

第二,客观方面表现为对证人进行打击报复的行为。所谓证人,包括在刑事诉讼活动中、民事诉讼活动中和行政诉讼活动中的证人。

第三,本罪的主体是一般主体。

第四,主观方面是直接故意,并且具有打击报复证人的目的。

(4)罪名界定

第一,本罪与报复陷害罪不同。主要表现在:①犯罪客体不同。报复陷害罪侵犯的客体主要是公民的控告权、申诉权、批评权、举报权等民主权利,同时也妨害了国家机关的正常活动,影响了国家机关的威信;而本罪侵犯的客体主要是司法机关的正常诉讼活动、证人的作证权利。②犯罪主体不同。报复陷害罪的主体是国家机关工作人员;而打击报复证人罪的主体是一般主体。

③在客观方面不完全相同。报复陷害罪是行为人滥用职权、假公济私实行报复陷害;而打击报复证人则不存在利用职权或者假公济私的问题。④犯罪对象不同。报复陷害罪的对象是控告人、申诉人、批评人、举报人;而打击报复证人罪的对象仅仅是在刑事、民事、行政诉讼活动中作证的人。

在实践中也有这种情况:控告人、举报人控告检举他人违法犯罪行为之后,当司法机关立案处理时,又来充当证人。对于打击报复这样的证人,是应当以报复陷害罪来处罚还是以打击报复证人罪来处罚?对此也应当按照处理牵连犯的原则,选择其中的一个重罪处罚。

第二,本罪与妨害作证罪有以下区别:妨害作证罪是阻止证人作证,或者是指使、贿买证人作伪证;而打击报复证人罪则是对作证的证人进行各种打击报复。妨害作证罪的时间范围存在于证人作证前;而本罪一般在证人作证之后。如果行为人事前以暴力、威胁、贿买等方法,阻止证人作证或者指使、贿买、威胁他人作证,事后又对证人进行打击报复的,应当实行数罪并罚。

(5)量刑幅度

根据《刑法》第308条的规定,对犯本罪的处罚分以下2个档次:

一是犯本罪的,处3年以下有期徒刑或者拘役;

二是情节严重的,处3年以上7年以下有期徒刑。

7. 泄露不应公开的案件信息罪(第308条之一第1款)

(1)罪名概念

泄露不应公开的案件信息罪,是指司法工作人员、辩护人、诉讼代理人或者其他诉讼参与人,泄露依法不公开审理的案件中不应当公开的信息,造成信息公开传播或者其他严重后果的行为。

(2)法律规定

本罪名是由《刑法》第308条之一第1款规定的。该条款规定:"司法工作人员、辩护人、诉讼代理人或者其他诉讼参与人,泄露依法不公开审理的案件中不应当公开的信息,造成信息公开传播或者其他严重后果的,处三年以下有期徒刑、拘役或者管制,并处或者单处罚金。

有前款行为,泄露国家秘密的,依照本法第三百九十八条的规定定罪处罚。"

(3)构成要件

第一,侵犯的客体是人民法院的审判活动。

第二,客观方面的表现是泄露依法不公开审理的案件中不应当公开的信息,造成信息公开传播或者其他严重后果的行为。

第三,犯罪主体是特殊主体,即是司法工作人员、辩护人、诉讼代理人或者其他诉讼参与人。其他人没有犯此罪的客观条件,也没有为不公开审理案件的信息保守秘密这样的义务。

第四,主观方面是故意。

(4)罪名界定

第一,关于本罪的认定。根据《刑法》规定,构成本罪必须同时具备以下两个条件:一是泄露依法不公开审理的案件中不应当公开的信息的行为人,必须是司法工作人员、辩护人、诉讼代理人或者其他诉讼参与人,除此之外,其他人不构成本罪的主体。二是泄露依法不公开审理的案件中不应当公开的信息必须是造成了信息公开转播,或者是有其他严重后果的。

第二,本罪与故意泄露国家秘密罪的区别有以下几点:一是侵犯的客体不同,本罪侵犯的客体是人民法院的审判活动;而后者侵犯的客体是国家的保密制度。二是客观方面的表现不同,主要是泄露的内容不同,本罪泄露的是依法不公开审理的案件中不应当公开的信息;而后者泄露的是国家秘密。三是犯罪主体不同,本罪的犯罪主体是司法工作人员、辩护人、诉讼代理人或者其他诉讼参与人;而后者的犯罪主体,虽然非国家机关工作人员也可以构成故意泄露国家秘密罪,但主要的还是国家机关工作人员。四是这两种犯罪的刑罚处罚也不同。

(5)量刑幅度

构成本罪的,处3年以下有期徒刑、拘役或者管制,并处或者单处罚金。

单位犯本罪的,对单位判处罚金,并且对直接负责的主管人员和其他直接责任人员依照上述的规定处罚。

8. 披露、报道不应公开的案件信息罪(第308条之一第3款)

(1)罪名概念

披露、报道不应公开的案件信息罪,是指公开披露、报道依法不公开审理的案件中不应当公开的信息,情节严重的行为。

(2)法律规定

本罪名是由《刑法》第308条之一第3款规定的。该条规定:"司法工作人员、辩护人、诉讼代理人或者其他诉讼参与人,泄露依法不公开审理的案件中不应当公开的信息,造成信息公开传播或者其他严重后果的,处三年以下有期徒刑、拘役或者管制,并处或者单处罚金。

有前款行为,泄露国家秘密的,依照本法第三百九十八条的规定定罪处罚。

公开披露、报道第一款规定的案件信息,情节严重的,依照第一款的规定处罚。

单位犯前款罪的,对单位判处罚金,并对直接负责的主管人员和其他直接责任人员,依照第一款的规定处罚。"

(3)构成要件

第一,本罪侵犯的客体是双重客体,在侵犯了司法机关正常活动的同时,也侵犯了公民隐私权。

第二,客观方面表现为公开披露、报道不公开审理案件的信息,情节严重的行为。

第三,犯罪主体是一般主体。

第四,主观方面是故意。

(4)罪名界定

第一,关于本罪的认定。根据《刑法》规定,构成本罪,必须同时具备以下两个条件:一是披露、报道的是不公开审理的案件中不应当公开的信息;二是达到情节严重的程度。

第二,本罪与泄露不应公开的案件信息罪的区别有以下几点:一是犯罪的主体不同,本罪的犯罪主体是一般主体,而后者的犯罪主体必须是司法工作人员、辩护人、诉讼代理人或者其他诉讼参与人。二是在客观方面的表现不同,本罪是对不公开审理案件的不应该公开的信息进行披露或者报道;而后者表现为泄露了不公开审理的案件中不应当公开的信息,从而造成了信息公开传播或者其他严重情节,泄露的方式不一定是报道。

(5)量刑幅度

对构成本罪的,处3年以下有期徒刑、拘役或者管制,并处或者单处罚金。

单位犯本罪的,对单位判处罚金,并对直接负责的主管人员和其他直接责任人员,依照上述规定处罚。

9. 扰乱法庭秩序罪(第309条)

(1)罪名概念

扰乱法庭秩序罪,是指在法庭开庭审理案件过程中,聚众哄闹、冲击法庭,或者殴打司法工作人员，严重扰乱法庭秩序的行为。

(2)法律规定

本罪名是由《刑法》第309条规定的。该条规定，“有下列扰乱法庭秩序情形之一的，处三年以下有期徒刑、拘役、管制或者罚金：

(一)聚众哄闹、冲击法庭的；

(二)殴打司法工作人员或者诉讼参与人的；

(三)侮辱、诽谤、威胁司法工作人员或者诉讼参与人，不听法庭制止，严重扰乱法庭秩序的；

(四)有毁坏法庭设施，抢夺、损毁诉讼文书、证据等扰乱法庭秩序行为，情节严重的。”

(3)构成要件

第一，侵犯的客体，是法庭开庭审理案件的正常活动和秩序。

第二，客观方面表现为聚众哄闹、冲击法庭；殴打司法工作人员或者诉讼参与人；侮辱、诽谤、威胁司法工作人员或者诉讼参与人，不听法庭制止；毁坏法庭设施，抢夺、损毁诉讼文书、证据等严重扰乱法庭秩序的行为。

第三，本罪的主体是一般主体，并仅限于自然人。

第四，主观方面是故意。

(4)罪名界定

第一，关于本罪的认定。本罪的构成是以“严重扰乱法庭秩序”为构成必要条件的。因此，对那些情节不严重，经劝说、制止，能够停止实施干扰行为的，不应以本罪论处。另外，本罪要求行为人在主观上是故意，对那些由于情绪激动，或者性格爽直，或者坚持自己看法等原因，一时在法庭开庭审理案件时，行为有所不当，或者语言过激，说话声音过大，对这些行为要与扰乱法庭秩序罪区别开来。对于行为人在主观上不具有干扰法庭秩序的直接故意，不应以本罪论处。

对那些聚众扰乱法庭秩序的，与聚众扰乱社会秩序罪有相似之处，由于《刑法》对严重扰乱法庭秩序的行为已经单独定罪，因此，对于符合《刑法》第309条规定的行为，不能再以聚众扰乱社会秩序罪来定罪处罚，而应该以本罪定罪处罚。况且聚众冲击国家机关罪冲击的是国家机关，致使国家机关工作无法进行，造成严重损失，而法庭是人民法院审判案件的场所，具有临时性，它虽然代表的是人民法院，但还不是作为国家审判机关的法院本身，因而不构成聚众冲击国家机关罪，构成本罪的，只能以本罪处罚。

第二，本罪与妨害公务罪的区别有以下几点：①侵犯的客体不同。本罪的客体仅仅是法庭秩序；而妨害公务罪的客体是国家工作人员的公务活动，客体的内容比较广泛。②客观方面不同。本罪的客观方面表现为行为人在法庭审理案件时，实施吵闹、哄闹、喧哗、冲击法庭或者殴打司法工作人员；而妨害公务罪的客观表现仅仅是以暴力、威胁的方法，阻碍国家工作人员依法执行职务，在客观方面要比扰乱法庭秩序罪窄得多。③犯罪发生的时间、空间不同。本罪是发生在人民法院开庭审理案件过程中；而妨害公务罪是发生在国家工作人员依法执行职务期间。妨害公务罪的发生时间范围，比扰乱法庭秩序罪大得多。

(5)量刑幅度

根据《刑法》第309条的规定，犯本罪的，处3年以下有期徒刑、拘役、管制或者罚金。

10. 窝藏、包庇罪(第310条)

(1)罪名概念

窝藏、包庇罪，是指明知是犯罪人而为其提供隐藏处所、财物，帮助其逃匿或者作假证明包庇的行为。本罪是个行为选择性罪名，两种行为只要实施了其中一种，即以本罪处罚；如果实施了窝藏、包庇两种行为，也只定一罪，不实行数罪并罚。

(2)法律规定

①本罪名是由《刑法》第310条规定的。该条规定："明知是犯罪的人而为其提供隐藏处所、财物，帮助其逃匿或者作假证明包庇的，处三年以下有期徒刑、拘役或者管制；情节严重的，处三年以上十年以下有期徒刑。

犯前款罪，事前通谋的，以共同犯罪论处。"

《刑法》第362条规定："旅馆业、饮食服务业、文化娱乐业、出租汽车业等单位的人员，在公安机关查处卖淫、嫖娼活动时，为违法犯罪分子通风报信，情节严重的，依照本法第三百一十条的规定定罪处罚。"

②2017年7月21日最高人民法院、最高人民检察院《关于办理组织、强迫、引诱、容留、介绍卖淫刑事案件适用法律若干问题的解释》第14条规定："根据刑法第三百六十二条、第三百一十条的规定，旅馆业、饮食服务业、文化娱乐业、出租汽车业等单位的人员，在公安机关查处卖淫、嫖娼活动时，为违法犯罪分子通风报信，情节严重的，以包庇罪定罪处罚。事前与犯罪分子通谋的，以共同犯罪论处。

具有下列情形之一的，应当认定为刑法第三百六十二条规定的'情节严重'：

(一)向组织、强迫卖淫犯罪集团通风报信的；

(二)二年内通风报信三次以上的；

(三)一年内因通风报信被行政处罚，又实施通风报信行为的；

(四)致使犯罪集团的首要分子或者其他共同犯罪的主犯未能及时归案的；

(五)造成卖淫嫖娼人员逃跑，致使公安机关查处犯罪行为因取证困难而撤销刑事案件的；

(六)非法获利人民币一万元以上的；

(七)其他情节严重的情形。"

(3)构成要件

第一，本罪侵犯的客体是国家司法机关同犯罪分子作斗争的正常活动。

第二，客观方面表现为实施了窝藏或者包庇犯罪分子的行为。

第三，犯罪主体是一般主体，即已满16周岁，具有刑事责任能力的自然人，包括与犯罪分子共同生活的亲属等。

第四，主观方面是故意。

(4)罪名界定

第一，关于本罪的认定。本罪中的窝藏，是指为犯罪分子提供隐藏处所或者财物，帮助其逃匿的行为。本罪中的包庇，是指向司法机关提供虚假证明，用以掩盖犯罪分子的全部罪行或者部分罪行。包庇、窝藏的行为，必须是在犯罪分子犯罪以后，而且事先没有通谋。

第二，伪证罪与包庇罪的区别有以下几点：①犯罪主体不完全相同。伪证罪的主体是特殊主体，即证人、鉴定人、记录人、翻译人；而包庇罪的主体是一般主体。②犯罪对象不同。伪证罪的犯罪对象是在刑事诉讼中被追诉的人；而包庇罪的犯罪对象是犯罪人。③包庇的内容不同。伪证罪包庇的内容一般是与案件有重要关系的情节；而包庇罪包庇的内容一般是犯罪分子的全部罪行或者重要的犯罪事实，使其逃避法律制裁。④犯罪的时间不同。伪证罪只能发生在刑事诉讼中；而包庇罪既可以发生在犯罪分子被逮捕、关押之前，也可以发生在犯罪分子被关押、逮捕又逃跑之后。⑤犯罪行为方式不同。伪证罪是通过对与案件有重要关系的情节，提供虚假的证言、鉴定、记录、翻译的方式，来帮助犯罪分子减轻或者开脱罪责；而包庇罪则是通过作假证明等方法，帮助犯罪分子掩盖罪行。⑥犯罪行为的目的不同。伪证罪的目的是包庇罪犯，或者是陷害他人;而包庇罪的目的只是包庇犯罪分子。

第三,窝藏罪与掩饰、隐瞒犯罪所得、犯罪所得收益罪的主要区别有以下几点:①犯罪对象不同。窝藏罪的犯罪对象是犯罪人;而掩饰、隐瞒犯罪所得、犯罪所得收益罪的犯罪对象是犯罪所得和犯罪所得收益。②犯罪行为方式不同。窝藏罪明知是犯罪的人而提供隐藏的处所、财物,或者帮助其逃匿;而掩饰、隐瞒犯罪所得、犯罪所得收益罪是以窝藏、转移、收购或者代为销赃等方式进行。③犯罪动机不完全相同。窝藏罪的犯罪动机是使犯罪的人逃避法律制裁;而掩饰、隐瞒犯罪所得、犯罪所得收益罪的犯罪动机是多种多样,比如为了牟利或者为了帮助犯罪分子逃避法律制裁等。

第四,本罪与辩护人、诉讼代理人毁灭证据、伪造证据、妨害作证罪的主要区别在于犯罪主体不同。本罪的主体是一般主体,而后者的主体是特殊主体。凡是辩护人、诉讼代理人实施包庇行为的都不再按包庇罪处罚。除此以外,这两个罪在客观方面的表现也不完全相同。本罪在客观上,只能是包庇犯罪的人,而后者在客观上不限于包庇犯罪的人,还包括实施不利于犯罪人的行为。

第五,本罪与帮助毁灭、伪造证据罪的主要区别在于以下几点:①犯罪对象不完全相同。本罪窝藏、包庇仅指"犯罪的人";而后者的犯罪对象是"当事人",包括刑事案件的自诉人、被告人、受害人,也包括民事、行政案件的原告、被告、第三人,范围比较宽。②客观方面的表现形式不完全相同。本罪表现为为犯罪人提供隐蔽处所、财物,帮助其逃逸或者作假证明的行为;而后者表现为帮助当事人毁灭证据或者伪造证据,情节严重的行为。如果行为人同样是帮助当事人毁灭证据,在这种情况下,区分这两种犯罪的关键,就在于行为人是否向司法机关作假证明。

(5)量刑幅度

根据《刑法》第 310 条的规定,对犯本罪的处罚分以下 2 个档次:

一是犯本罪的,处 3 年以下有期徒刑、拘役或者管制;

二是情节严重的,处 3 年以上 10 年以下有期徒刑。

11. 拒绝提供间谍犯罪、恐怖主义犯罪、极端主义犯罪证据罪(第 311 条)

(1)罪名概念

《刑法》第 311 条规定的拒绝提供间谍犯罪、恐怖主义犯罪、极端主义犯罪证据罪,是指明知他人有间谍犯罪、恐怖主义犯罪、极端主义犯罪的行为,在司法机关向其调查有关情况、收集有关证据时,拒绝提供,情节严重的行为。

(2)法律规定

本罪名是由《刑法》第 311 条规定的。该条规定:"明知他人有间谍犯罪或者恐怖主义、极端主义犯罪行为,在司法机关向其调查有关情况、收集有关证据时,拒绝提供,情节严重的,处三年以下有期徒刑、拘役或者管制。"

(3)构成要件

第一,侵犯的客体是国家司法机关同犯罪分子作斗争的正常活动。

第二,客观方面表现为明知他人有间谍犯罪、恐怖活动、极端主义犯罪行为,在司法机关向其调查有关情况、收集有关证据时,拒绝提供,情节严重的行为。

第三,犯罪主体是一般主体。

第四,主观方面是故意。如果不知道被包庇的人具有间谍犯罪、恐怖活动犯罪和极端主义犯罪,则不构成本罪。

(4)罪名界定

第一,关于本罪的认定。根据《刑法》第 311 条的规定,构成本罪,必须是“情节严重”,如果不是这样,不能以本罪处罚。另外,一般的知情不举不构成犯罪,但是,拒绝提供间谍犯罪、恐怖主义、极端主义犯罪证据并不是一般的知情不举,因为在司法机关向行为人调查情况时,行为人拒绝提供有关情况。因此,应该把拒绝提供情况与一般的知情不举严格区分开。

第二,本罪与包庇罪虽然都是包庇犯罪分子,但二者的不同点有以下几点:包庇的对象不同,本罪包庇的是间谍犯罪、恐怖主义犯罪、极端主义犯罪,而包庇罪包庇的是一般刑事犯罪。另外,本罪与包庇罪的行为方式也不同。本罪的犯罪行为是不作为的犯罪,即拒不提供证据;而包庇罪则是积极作为的犯罪,即积极向司法机关作假证,或者帮助犯罪分子毁灭证据、隐匿罪证。构成本罪必须是情节严重的行为;而包庇罪则没有这个要求。

(5)量刑幅度

根据《刑法》第 311 条的规定,对于情节严重,构成本罪的,处 3 年以下有期徒刑、拘役或者管制。

12. 掩饰、隐瞒犯罪所得、犯罪所得收益罪(第 312 条)

(1)罪名概念

掩饰、隐瞒犯罪所得、犯罪所得收益罪,是指明知是犯罪所得及产生的收益而予以收藏、转移、收购、销售或者以其他方法掩饰、隐瞒的行为。这是一个行为选择和对象选择并存的罪名。

(2)法律规定

①本罪名是由《刑法》第 312 条规定的。该条规定:“明知是犯罪所得及其产生的收益而予以窝藏、转移、收购、代为销售或者以其他方法掩饰、隐瞒的,处三年以下有期徒刑、拘役或者管制,并处或者单处罚金;情节严重的,处三年以上七年以下有期徒刑,并处罚金。

单位犯前款罪的,对单位判处罚金,并对其直接负责的主管人员和其他直接责任人员,依照前款的规定处罚。”

②1998 年 5 月 8 日最高人民法院、最高人民检察院、公安部、国家工商行政管理局《关于依法查处盗窃、抢劫机动车案件的规定》相关规定如下:

“明知是盗窃、抢劫所得机动车而予以窝藏、转移、收购或者代为销售的,依照《刑法》第三百一十二条的规定处罚。

对明知是盗窃、抢劫所得机动车而予以拆解、改装、拼装、典当、倒卖的,视为窝藏、转移、收购或者代为销售,依照《刑法》第三百一十二条的规定处罚。”

“国家指定的车辆交易市场、机动车经营企业(含典当、拍卖行)以及从事机动车修理、零部件销售企业的主管人员或者其他直接责任人员,明知是盗窃、抢劫的机动车而予以窝藏、转移、拆解、改装、拼装、收购或者代为销售的,依照《刑法》第三百一十二条的规定处罚。单位组织实施上述行为的,由工商行政管理机关予以处罚。”

“机动车交易必须在国家指定的交易市场或合法经营企业进行,其交易凭证经工商行政管理机关验证盖章后办理登记或过户手续,私下交易机动车辆属于违法行为,由工商行政管理机关依法处理。

明知是赃车而购买,以收购赃物罪定罪处罚。单位的主管人员或者其他直接责任人员明知是赃车购买的,以收购赃物罪定罪处罚。

明知是赃车而介绍买卖的,以收购、销售赃物罪的共犯论处。”

“本规定第二条和第三条中的行为人事先与盗窃、抢劫机动车辆的犯罪分子通谋的,分别以盗窃、抢劫罪的共犯论处。”

“本规定所称的‘明知’,是指知道或者应当知道。有下列情形之一的,可视为应当知道,但有证据证明确属被蒙骗的除外:

(一)在非法的机动车交易场所和销售单位购买的;

(二)机动车证件手续不全或者明显违反规定的;

(三)机动车发动机号或者车架号有更改痕迹,没有合法证明的;

(四)以明显低于市场价格购买机动车的。”

③2007 年 1 月 15 日最高人民法院、最高人民检察院《关于办理盗窃油气、破坏油气设备等刑事案件具体应用法律若干问题的解释》相关内容如下:

“第五条　明知是盗窃犯罪所得的油气或者油气设备,而予以窝藏、转移、收购、加工、代为销售或者以其他方法掩饰、隐瞒的,依照刑法第三百一十二条的规定定罪处罚。

实施前款规定的犯罪行为,事前通谋的,以盗窃犯罪的共犯定罪处罚。”

④2003 年 12 月 23 日最高人民法院、最高人民检察院、公安部、国家烟草专卖局《关于办理假冒伪劣烟草制品等刑事案件适用法律问题座谈会纪要》第 7 条规定:“明知是非法制售的烟草制品而予以窝藏、转移的,依照刑法第三百一十二条的规定,以窝藏、转移赃物罪定罪处罚。窝藏、转移非法制售的烟草制品,事前与犯罪分子通谋的,以共同犯罪论处。”

⑤2007 年 5 月 9 日最高人民法院、最高人民检察院《关于办理与盗窃、抢劫、诈骗、抢夺机动车相关刑事案件具体应用法律若干问题的解释》相关内容如下:

“第一条　明知是盗窃、抢劫、诈骗、抢夺的机动车,实施下列行为之一的,依照刑法第三百一十二条的规定,以掩饰、隐瞒犯罪所得、犯罪所得收益罪定罪,处三年以下有期徒刑、拘役或者管制,并处或者单处罚金:

(一)买卖、介绍买卖、典当、拍卖、抵押或者用其抵债的;

(二)拆解、拼装或者组装的;

(三)修改发动机号、车辆识别代号的;

(四)更改车身颜色或者车辆外形的;

(五)提供或者出售机动车来历凭证、整车合格证、号牌以及有关机动车的其他证明和凭证的;

(六)提供或者出售伪造、变造的机动车来历凭证、整车合格证、号牌以及有关机动车的其他证明和凭证的。

实施第一款规定的行为涉及盗窃、抢劫、诈骗、抢夺的机动车五辆以上或者价值总额达到五十万元以上的,属于刑法第三百一十二条规定的‘情节严重’,处三年以上七年以下有期徒刑,并处罚金。

第四条　实施本解释第一条、第二条、第三条第一款或者第三款规定的行为,事前与盗窃、抢劫、诈骗、抢夺机动车的犯罪分子通谋的,以盗窃罪、抢劫罪、诈骗罪、抢夺罪的共犯论处。

第六条　行为人实施本解释第一条、第三条第三款规定的行为,涉及的机动车有下列情形之一的,应当认定行为人主观上属于上述条款所称‘明知’:

(一)没有合法有效的来历凭证;

(二)发动机号、车辆识别代号有明显更改痕迹,没有合法证明的。”

⑥2009 年 11 月 4 日最高人民法院《关于审理洗钱等刑事案件具体应用法律若干问题的解释》第 3 条、第 4 条分别规定:“明知是犯罪所得及其产生的收益而予以掩饰、隐瞒,构成刑法第三百一十二条规定的犯罪,同时又构成刑法第一百九十一条或者第三百四十九条规定的犯罪的,依

照处罚较重的规定定罪处罚。”

“刑法第一百九十一条、第三百一十二条、第三百四十九条规定的犯罪，应当以上游犯罪事实成立为认定前提。上游犯罪尚未依法裁判，但查证属实的，不影响刑法第一百九十一条、第三百一十二条、第三百四十九条规定的犯罪的审判。

上游犯罪事实可以确认，因行为人死亡等原因依法不予追究刑事责任的，不影响刑法第一百九十一条、第三百一十二条、第三百四十九条规定的犯罪的认定。

上游犯罪事实可以确认，依法以其他罪名定罪处罚的，不影响刑法第一百九十一条、第三百一十二条、第三百四十九条规定的犯罪的认定。

本条所称‘上游犯罪’，是指产生刑法第一百九十一条、第三百一十二条、第三百四十九条规定的犯罪所得及其收益的各种犯罪行为。”

⑦2011 年 8 月 1 日最高人民法院、最高人民检察院《关于办理危害计算机信息系统安全刑事案件应用法律若干问题的解释》第 7 条规定：“明知是非法获取计算机信息系统数据犯罪所获取的数据、非法控制计算机信息系统犯罪所获取的计算机信息系统控制权，而予以转移、收购、代为销售或者以其他方法掩饰、隐瞒，违法所得五千元以上的，应当以掩饰、隐瞒犯罪所得罪定罪处罚。

实施前款规定行为，违法所得五万元以上的，应当认定为‘情节严重’。

单位实施上述行为的，定罪量刑标准依照刑法第三百一十二条第一款、第二款的规定执行。”

⑧2015 年 12 月 30 日最高人民法院、最高人民检察院《关于办理妨害文物管理等刑事案件适用法律若干问题的解释》第 9 条规定：“明知是盗窃文物、盗掘古文化遗址、古墓葬等犯罪所获取的三级以上文物，而予以窝藏、转移、收购、加工、代为销售或者以其他方法掩饰、隐瞒的，依照刑法第三百一十二条的规定，以掩饰、隐瞒犯罪所得罪追究刑事责任。

实施前款规定的行为，事先通谋的，以共同犯罪论处。”

⑨2016 年 11 月 28 日最高人民法院、最高人民检察院《关于办理非法采矿、破坏性采矿刑事案件适用法律若干问题的解释》第 7 条规定：“明知是犯罪所得的矿产品及其产生的收益，而予以窝藏、转移、收购、代为销售或者以其他方法掩饰、隐瞒的，依照刑法第三百一十二条的规定，以掩饰、隐瞒犯罪所得、犯罪所得收益罪定罪处罚。

实施前款规定的犯罪行为，事前通谋的，以共同犯罪论处。”

⑩2015 年 5 月 29 日最高人民法院《关于审理掩饰、隐瞒犯罪所得、犯罪所得收益刑事案件适用法律若干问题的解释》第 1 条、第 2 条、第 3 条、第 4 条、第 5 条、第 6 条、第 7 条、第 8 条、第 9 条、第 10 条和第 11 条规定：“明知是犯罪所得及其产生的收益而予以窝藏、转移、收购、代为销售或者以其他方法掩饰、隐瞒，具有下列情形之一的，应当依照刑法第三百一十二条第一款的规定，以掩饰、隐瞒犯罪所得、犯罪所得收益罪定罪处罚：

（一）掩饰、隐瞒犯罪所得及其产生的收益价值三千元至一万元以上的；

（二）一年内曾因掩饰、隐瞒犯罪所得及其产生的收益行为受过行政处罚，又实施掩饰、隐瞒犯罪所得及其产生的收益行为的；

（三）掩饰、隐瞒的犯罪所得系电力设备、交通设施、广播电视设施、公用电信设施、军事设施或者救灾、抢险、防汛、优抚、扶贫、移民、救济款物的；

（四）掩饰、隐瞒行为致使上游犯罪无法及时查处，并造成公私财物损失无法挽回的；

（五）实施其他掩饰、隐瞒犯罪所得及其产生的收益行为，妨害司法机关对上游犯罪进行追究的。

各省、自治区、直辖市高级人民法院可以根据本地区经济社会发展状况，并考虑社会治安状况，在本条第一款第（一）项规定的数额幅度内，确定本地执行的具体数额标准，报最高人民法院备案。

司法解释对掩饰、隐瞒涉及计算机信息系统数据、计算机信息系统控制权的犯罪所得及其产生的收益行为构成犯罪已有规定的，审理此类案件依照该规定。

依照全国人民代表大会常务委员会《关于〈中华人民共和国刑法〉第三百四十一条、第三百一十二条的解释》，明知是非法狩猎的野生动物而收购，数量达到五十只以上的，以掩饰、隐瞒犯罪所得罪定罪处罚。”

“掩饰、隐瞒犯罪所得及其产生的收益行为符合本解释第一条的规定，认罪、悔罪并退赃、退赔，且具有下列情形之一的，可以认定为犯罪情节轻微，免予刑事处罚：

（一）具有法定从宽处罚情节的；

（二）为近亲属掩饰、隐瞒犯罪所得及其产生的收益，且系初犯、偶犯的；

（三）有其他情节轻微情形的。

行为人为自用而掩饰、隐瞒犯罪所得，财物价值刚达到本解释第一条第一款第（一）项规定的标准，认罪、悔罪并退赃、退赔的，一般可不认为是犯罪；依法追究刑事责任的，应当酌情从宽。”

“掩饰、隐瞒犯罪所得及其产生的收益，具有下列情形之一的，应当认定为刑法第三百一十二条第一款规定的‘情节严重’：

（一）掩饰、隐瞒犯罪所得及其产生的收益价值总额达到十万元以上的；

（二）掩饰、隐瞒犯罪所得及其产生的收益十次以上，或者三次以上且价值总额达到五万元以上的；

（三）掩饰、隐瞒的犯罪所得系电力设备、交通设施、广播电视设施、公用电信设施、军事设施或者救灾、抢险、防汛、优抚、扶贫、移民、救济款物，价值总额达到五万元以上的；

（四）掩饰、隐瞒行为致使上游犯罪无法及时查处，并造成公私财物重大损失无法挽回或其他严重后果的；

（五）实施其他掩饰、隐瞒犯罪所得及其产生的收益行为，严重妨害司法机关对上游犯罪予以追究的。

司法解释对掩饰、隐瞒涉及机动车、计算机信息系统数据、计算机信息系统控制权的犯罪所得及其产生的收益行为认定‘情节严重’已有规定的，审理此类案件依照该规定。”

“掩饰、隐瞒犯罪所得及其产生的收益的数额，应当以实施掩饰、隐瞒行为时为准。收购或者代为销售财物的价格高于其实际价值的，以收购或者代为销售的价格计算。

多次实施掩饰、隐瞒犯罪所得及其产生的收益行为，未经行政处罚，依法应当追诉的，犯罪所得、犯罪所得收益的数额应当累计计算。”

“事前与盗窃、抢劫、诈骗、抢夺等犯罪分子通谋，掩饰、隐瞒犯罪所得及其产生的收益的，以盗窃、抢劫、诈骗、抢夺等犯罪的共犯论处。”

“对犯罪所得及其产生的收益实施盗窃、抢劫、诈骗、抢夺等行为，构成犯罪的，分别以盗窃罪、抢劫罪、诈骗罪、抢夺罪等定罪处罚。”

“明知是犯罪所得及其产生的收益而予以掩饰、隐瞒，构成刑法第三百一十二条规定的犯罪，同时构成其他犯罪的，依照处罚较重的规定定罪处罚。”

“认定掩饰、隐瞒犯罪所得、犯罪所得收益罪，以上游犯罪事实成立为前提。上游犯罪尚未依法裁判，但查证属实的，不影响掩饰、隐瞒犯罪所得、犯罪所得收益罪的认定。

上游犯罪事实经查证属实，但因行为人未达到刑事责任年龄等原因依法不予追究刑事责任的，不影响掩饰、隐瞒犯罪所得、犯罪所得收益罪的认定。”

“盗用单位名义实施掩饰、隐瞒犯罪所得及其产生的收益行为，违法所得由行为人私分的，依照刑法和司法解释有关自然人犯罪的规定定罪处罚。”

“通过犯罪直接得到的赃款、赃物，应当认定为刑法第三百一十二条规定的‘犯罪所得’。上游犯罪的行为人对犯罪所得进行处理后得到的孳息、租金等，应当认定为刑法第三百一十二条规定的‘犯罪所得产生的收益’。

明知是犯罪所得及其产生的收益而采取窝藏、转移、收购、代为销售以外的方法，如居间介绍买卖，收受，持有，使用，加工，提供资金账户，协助将财物转换为现金、金融票据、有价证券，协助将资金转移、汇往境外等，应当认定为刑法第三百一十二条规定的‘其他方法’。”

“掩饰、隐瞒犯罪所得、犯罪所得收益罪是选择性罪名，审理此类案件，应当根据具体犯罪行为及其指向的对象，确定适用的罪名。”

(3)构成要件

第一，本罪侵犯的客体是司法机关对刑事犯罪进行追究的活动。犯罪对象，是他人通过犯罪活动而取得的赃款、赃物。

第二，客观方面表现为：行为人明知是犯罪所得及产生的收益而予以收藏、转移、收购、销售或者以其他方法掩饰、隐瞒的行为。所谓窝藏，不仅指为罪犯提供隐匿赃物的场所，还包括积极帮助罪犯转移赃物。所谓收购，是指有偿取得赃物，可以用金钱或者其他物品换取赃物。所谓代为销售，不仅指帮助罪犯把赃物卖给他人，还包括代为销售者低价收买赃物，然后再高价卖出。

第三，犯罪主体是一般主体，即任何达到刑事责任年龄、具有刑事责任能力的自然人均可构成本罪。

第四，主观方面是故意，即明知是犯罪所得的赃物而给予窝藏、转移、收购或者代为销售。

(4)罪名界定

第一，认定本罪要求被告人主观上是“明知”。对于被告人主观上是不是“明知”，这不能仅仅凭被告人的口供，应当根据案件的客观事实进行分析。只要证明被告人知道或者应当知道是犯罪所得的赃物而给予窝藏、转移、收购、销售的，就可以认定是明知。对于确实不知道也不可能知道是犯罪所得或者犯罪所得所产生的收益而予以收藏、转移、收购、销售的，不能认定为犯罪。犯罪人将自己的犯罪所得或者收益予以隐藏、转移、销售或者以其他方法掩饰、隐瞒的，由于掩饰、隐瞒行为被前罪所吸收，所以不再以本罪论处。

第二，本罪与窝藏、包庇罪的犯罪对象不同。本罪的犯罪对象是犯罪所得或者犯罪所得所产生的收益，而后者的犯罪对象是犯罪人本身。本罪妨害的是司法机关追索犯罪人犯罪所得的正常活动，而后者妨害的是司法机关追查犯罪的正常活动。构成本罪需要明知是犯罪所得及其产生的收益而予以窝藏、转移、收购、代为销售或者以其他方法掩饰、隐瞒，而后者要求明知是犯罪人或者犯罪嫌疑人而为其提供隐藏处所、财物，帮助其逃匿或者作假证明包庇，意图使其逃避法律制裁。

第三，根据 2009 年 11 月 4 日最高人民法院《关于审理洗钱等刑事案件具体应用法律若干问题的解释》第 4 条规定，本罪的成立，应当以上游犯罪事实成立为认定前提。上游犯罪尚未依法裁判，但查证属实的，不影响本罪的审判。上游犯罪事实可以确认，因行为人死亡等原因依法不予追究刑事责任的，不影响本罪的认定。上游犯罪事实可以确认，依法以其他罪名定罪处罚的，不影响本罪的认定。

这里所说的“上游犯罪”，是指产生本罪所得及其收益的各种犯罪行为。

(5)量刑幅度

根据《刑法》第 312 条的规定，对犯本罪的处罚分以下 3 个档次：

一是处3年以下有期徒刑、拘役或者管制,并处或者单处罚金。

二是情节严重的,处3年以上7年以下有期徒刑,并处罚金。

三是单位犯本罪的,对单位判处罚金,并且对直接负责的主管人员和其他责任人员,按照以上规定处罚。

2017年3月9日最高人民法院《关于常见犯罪的量刑指导意见》对掩饰、隐瞒犯罪所得、犯罪所得收益罪的量刑提出以下具体意见:

(1)构成掩饰、隐瞒犯罪所得、犯罪所得收益罪的,可以根据下列不同情形在相应的幅度内确定量刑起点:①犯罪情节一般的,可以在1年以下有期徒刑、拘役幅度内确定量刑起点。②情节严重的,可以在3年至4年有期徒刑幅度内确定量刑起点。

(2)在量刑起点的基础上,可以根据犯罪数额等其他影响犯罪构成的犯罪事实增加刑罚量,确定基准刑。

13. 拒不执行判决、裁定罪(第313条)

(1)罪名概念

拒不执行判决、裁定罪,是指对人民法院的判决、裁定有执行能力而拒不执行,情节严重的行为。

(2)法律规定

①本罪名是由《刑法》第313条规定的。该条规定:"对人民法院的判决、裁定有能力执行而拒不执行,情节严重的,处三年以下有期徒刑、拘役或者罚金;情节特别严重的,处三年以上七年以下有期徒刑,并处罚金。

单位犯前款罪的,对单位判处罚金,并对其直接负责的主管人员和其他直接责任人员,依照前款的规定处罚。"

②2002年8月29日全国人民代表大会常务委员会《关于〈中华人民共和国刑法〉第三百一十三条的解释》相关主要内容如下:

"刑法第三百一十三条规定的'人民法院的判决、裁定',是指人民法院依法作出的具有执行内容并已发生法律效力的判决、裁定。人民法院为依法执行支付令、生效的调解书、仲裁裁决、公证债权文书等所作的裁定属于该条规定的裁定。

下列情形属于刑法第三百一十三条规定的'有能力执行而拒不执行,情节严重'的情形:

(一)被执行人隐藏、转移、故意毁损财产或者无偿转让财产、以明显不合理的低价转让财产,致使判决、裁定无法执行的;

(二)担保人或者被执行人隐藏、转移、故意毁损或者转让已向人民法院提供担保的财产,致使判决、裁定无法执行的;

(三)协助执行义务人接到人民法院协助执行通知书后,拒不协助执行,致使判决、裁定无法执行的;

(四)被执行人、担保人、协助执行义务人与国家机关工作人员通谋,利用国家机关工作人员的职权妨害执行,致使判决、裁定无法执行的;

(五)其他有能力执行而拒不执行,情节严重的情形。

国家机关工作人员有上述第四项行为的,以拒不执行判决、裁定罪的共犯追究刑事责任。国家机关工作人员收受贿赂或者滥用职权,有上述第四项行为的,同时又构成刑法第三百八十五条、第三百九十七条规定之罪的,依照处罚较重的规定定罪处罚。"

③2007年8月30日最高人民法院、最高人民检察院、公安部《关于依法严肃查处拒不执行判

决、裁定和暴力抗拒法院执行犯罪行为有关问题的通知》规定如下：

"一、对下列拒不执行判决、裁定的行为，依照刑法第三百一十三条的规定，以拒不执行判决、裁定罪论处。

（一）被执行人隐藏、转移、故意毁损财产或者无偿转让财产、以明显不合理的低价转让财产，致使判决、裁定无法执行的；

（二）担保人或者被执行人隐藏、转移、故意毁损或者转让已向人民法院提供担保的财产，致使判决、裁定无法执行的；

（三）协助执行义务人接到人民法院协助执行通知书后，拒不协助执行，致使判决、裁定无法执行的；

（四）被执行人、担保人、协助执行义务人与国家机关工作人员通谋，利用国家机关工作人员的职权妨害执行，致使判决、裁定无法执行的；

（五）其他有能力执行而拒不执行，情节严重的情形。

三、负有执行人民法院判决、裁定义务的单位直接负责的主管人员和其他直接责任人员，为了本单位的利益实施本《通知》第一条、第二条所列行为之一的，对该主管人员和其他直接责任人员，依照刑法第三百一十三条和第二百七十七条的规定，分别以拒不执行判决、裁定罪和妨害公务罪论处。

四、国家机关工作人员有本《通知》第一条第四项行为的，以拒不执行判决、裁定罪的共犯追究刑事责任。

国家机关工作人员收受贿赂或者滥用职权，有本《通知》第一条第四项行为的，同时又构成刑法第三百八十五条、第三百九十七条规定罪的，依照处罚较重的规定定罪处罚。

五、拒不执行判决、裁定案件由犯罪行为发生地的公安机关、人民检察院、人民法院管辖。如果由犯罪嫌疑人、被告人居住地的人民法院管辖更为适宜的，可以由犯罪嫌疑人、被告人居住地的公安机关、人民检察院、人民法院管辖。

七、人民法院在执行判决、裁定过程中，对拒不执行判决、裁定情节严重的人，可以先行司法拘留；拒不执行判决、裁定的行为人涉嫌犯罪的，应当将案件依法移送有管辖权的公安机关立案侦查。

八、人民法院、人民检察院和公安机关在办理拒不执行判决、裁定和妨害公务案件过程中，应当密切配合、加强协作。对于人民法院移送的涉嫌拒不执行判决、裁定罪和妨害公务罪的案件，公安机关应当及时立案侦查，检察机关应当及时提起公诉，人民法院应当及时审判。

在办理拒不执行判决、裁定和妨害公务案件过程中，应当根据案件的具体情况，正确区分罪与非罪的界限，认真贯彻'宽严相济'的刑事政策。

九、人民法院认为公安机关应当立案侦查而不立案侦查的，可提请人民检察院予以监督。人民检察院认为需要立案侦查的，应当要求公安机关说明不立案的理由。人民检察院认为公安机关不立案理由不能成立的，应当通知公安机关立案，公安机关接到通知后应当立案。

十、公安机关侦查终结后移送人民检察院审查起诉的拒不执行判决、裁定和妨害公务案件，人民检察院决定不起诉，公安机关认为不起诉决定有错误的，可以要求复议；如果意见不被接受，可以向上一级人民检察院提请复核。

十一、公安司法人员在办理拒不执行判决、裁定和妨害公务案件中，消极履行法定职责，造成严重后果的，应当依法依纪追究直接责任人责任直至追究刑事责任。"

④2015 年 7 月 20 日最高人民法院《关于审理拒不执行判决、裁定刑事案件适用法律若干问题的解释》第 1 条、第 2 条、第 3 条、第 4 条、第 5 条、第 6 条和第 7 条规定："被执行人、协助执行义

务人、担保人等负有执行义务的人对人民法院的判决、裁定有能力执行而拒不执行，情节严重的，应当依照刑法第三百一十三条的规定，以拒不执行判决、裁定罪处罚。”

“负有执行义务的人有能力执行而实施下列行为之一的，应当认定为全国人民代表大会常务委员会关于刑法第三百一十三条的解释中规定的‘其他有能力执行而拒不执行，情节严重的情形’：

（一）具有拒绝报告或者虚假报告财产情况、违反人民法院限制高消费及有关消费令等拒不执行行为，经采取罚款或者拘留等强制措施后仍拒不执行的；

（二）伪造、毁灭有关被执行人履行能力的重要证据，以暴力、威胁、贿买方法阻止他人作证或者指使、贿买、胁迫他人作伪证，妨碍人民法院查明被执行人财产情况，致使判决、裁定无法执行的；

（三）拒不交付法律文书指定交付的财物、票证或者拒不迁出房屋、退出土地，致使判决、裁定无法执行的；

（四）与他人串通，通过虚假诉讼、虚假仲裁、虚假和解等方式妨害执行，致使判决、裁定无法执行的；

（五）以暴力、威胁方法阻碍执行人员进入执行现场或者聚众哄闹、冲击执行现场，致使执行工作无法进行的；

（六）对执行人员进行侮辱、围攻、扣押、殴打，致使执行工作无法进行的；

（七）毁损、抢夺执行案件材料、执行公务车辆和其他执行器械、执行人员服装以及执行公务证件，致使执行工作无法进行的；

（八）拒不执行法院判决、裁定，致使债权人遭受重大损失的。”

“申请执行人有证据证明同时具有下列情形，人民法院认为符合刑事诉讼法第二百零四条第三项规定的，以自诉案件立案审理：

（一）负有执行义务的人拒不执行判决、裁定，侵犯了申请执行人的人身、财产权利，应当依法追究刑事责任的；

（二）申请执行人曾经提出控告，而公安机关或者人民检察院对负有执行义务的人不予追究刑事责任的。”

“本解释第三条规定的自诉案件，依照刑事诉讼法第二百零六条的规定，自诉人在宣告判决前，可以同被告人自行和解或者撤回自诉。”

“拒不执行判决、裁定刑事案件，一般由执行法院所在地人民法院管辖。”

“拒不执行判决、裁定的被告人在一审宣告判决前，履行全部或部分执行义务的，可以酌情从宽处罚。”

“拒不执行支付赡养费、扶养费、抚育费、抚恤金、医疗费用、劳动报酬等判决、裁定的，可以酌情从重处罚。”

（3）构成要件

第一，本罪侵犯的客体是人民法院裁判的权威。

第二，客观方面表现为：行为人负有执行判决、裁定的义务，有能力执行却拒不执行，情节严重的行为。

第三，本罪的主体是特殊主体，即负有执行法院判决、裁定义务而且有能力执行的人。

第四，主观方面是故意，即行为人明知是人民法院的判决、裁定，而故意拒不执行的心态。

（4）罪名界定

第一，关于本罪的认定。构成本罪必须同时具备以下三个条件：一是“有能力执行”，如果行为人因为没有能力执行而不执行，不能以本罪论处。所谓“有能力执行”，是指根据查实的证据证明，负有执行法院判决、裁定义务的人，有可供执行的财产或者具有履行特定行为义务的能力。二是拒不执行。三是情节严重，如果拒不执行法院判决、裁定情节轻微，不能以本罪论处。在拒不执行人民法院判决、裁定过程中，如有杀害、重伤执行人员的，依照刑法关于故意杀人、故意伤害罪的规定定罪处罚。

第二，本罪与妨害公务罪的区别在于以下几点：一是侵犯的客体不同。本罪侵犯的客体是人民法院裁判的权威，而后者侵犯的客体是公共秩序。二是犯罪的行为手段不同。本罪不以暴力、威胁方法为必要条件，而后者必须使用暴力、威胁方法才能构成。三是犯罪的主体不同。本罪是特殊主体，即具有执行法院判决、裁定义务的人以及对法院判决、裁定负有协助执行义务的人；而后者是一般主体。

(5) 量刑幅度

根据《刑法》第 313 条的规定，犯本罪的，处 3 年以下有期徒刑、拘役或者罚金；情节特别严重的，处 3 年以上 7 年以下有期徒刑，并处罚金。

单位犯本罪的，对单位判处罚金，并对其直接负责的主管人员和其他直接责任人员，依照上述规定处罚。

14. 非法处置查封、扣押、冻结的财产罪（第 314 条）

(1) 罪名概念

非法处置查封、扣押、冻结的财产罪，是指隐藏、转移、变卖、故意毁损已经被司法机关查封、扣押、冻结的财产，情节严重的行为。

(2) 法律规定

本罪名是由《刑法》第 314 条规定的。该条规定：“隐藏、转移、变卖、故意毁损已被司法机关查封、扣押、冻结的财产，情节严重的，处三年以下有期徒刑、拘役或者罚金。”

(3) 构成要件

第一，本罪侵犯的客体是司法机关的正常司法活动。

第二，客观方面表现为隐藏、转移、变卖、故意损毁已经被司法机关查封、扣押和冻结的财产的行为。这些行为必须是情节严重的，否则不构成犯罪。

第三，犯罪主体是一般主体。

第四，主观方面是故意，过失不能构成本罪。

(4) 罪名界定

第一，关于本罪的认定。被查封、扣押、冻结的财产的所有人、保管人以外的其他人，如果出于非法占有的目的，采取秘密手段，窃取被司法机关查封、扣押的财产，应当以盗窃罪论处，而不构成非法处置查封、扣押、冻结的财产罪。

第二，本罪与掩饰、隐瞒犯罪所得、犯罪所得收益罪的区别在于以下几点：①犯罪对象的性质不同。本罪侵犯的对象是被人民法院依法采取强制措施的财产；而掩饰、隐瞒犯罪所得、犯罪所得收益罪的犯罪对象是犯罪所得的赃物。②犯罪行为方式不同。本罪是以隐藏、转移、变卖、故意损毁等方式进行；而掩饰、隐瞒犯罪所得、犯罪所得收益罪是以窝藏、收购或者代为销售的方式进行。③犯罪的主观目的不同。本罪的犯罪目的是妨害司法机关采取强制措施的司法活动；而掩饰、隐瞒犯罪所得、犯罪所得收益罪的犯罪目的是使犯罪分子逃避法律制裁。

(5) 量刑幅度

根据《刑法》第 314 条的规定，犯本罪的，处 3 年以下有期徒刑、拘役或者罚金。

15. 破坏监管秩序罪（第315条）

（1）罪名概念

破坏监管秩序罪，是指依法被关押的罪犯，殴打监管人员或者组织其他被监管人破坏监管秩序，或者聚众闹事，扰乱正常监管秩序，或者殴打、体罚或者指使他人殴打、体罚其他被监管人，破坏监规、监纪，抗拒改造，情节严重的行为。

（2）法律规定

本罪名是由《刑法》第315条规定的。该条规定："依法被关押的罪犯，有下列破坏监管秩序行为之一，情节严重的，处三年以下有期徒刑：

（一）殴打监管人员的；

（二）组织其他被监管人破坏监管秩序的；

（三）聚众闹事，扰乱正常监管秩序的；

（四）殴打、体罚或者指使他人殴打、体罚其他被监管人的。"

（3）构成要件

第一，本罪侵犯的客体是劳改监管机关的正常管理秩序，以及监管人员和被监管人员的人身权利，是复杂客体。

第二，客观方面的表现主要有以下四种：一是殴打监管人员；二是组织其他被监管人破坏监管秩序；三是聚众闹事，扰乱正常监管秩序；四是殴打、体罚或者指使他人殴打、体罚其他被监管人的行为。

第三，犯罪主体是特殊主体，即必须是被关押在监狱、拘役所、少管所、劳改场所的犯罪分子。

第四，主观方面是故意。

（4）罪名界定

第一，关于本罪的认定。如果殴打、体罚监管人员没有造成伤害，对于情节严重的，只能定破坏监管秩序罪。如果殴打监管人员致其轻伤或者重伤，既构成故意伤害罪，又构成破坏监管秩序罪，应当按照处理想象竞合犯的原则，选择其中一个重罪处罚。监管人员如果滥用职权，体罚或者虐待被监管人员，由此引起了被监管人员的愤怒和自卫，并且打伤（是指轻微伤）监管人员，不是犯罪，不能依本罪处罚。

第二，本罪与扰乱社会秩序罪的区别：一是主体不同。本罪是特殊主体；而后者是一般主体。二是侵犯的直接客体不同。本罪侵犯的直接客体是监狱、劳改场所的规章制度及监管人、被监管人的人身权利；而扰乱社会秩序罪侵犯的客体是社会管理秩序。

第三，本罪与寻衅滋事罪的区别：一是两种犯罪发生的场所不同。本罪发生在监狱内，而寻衅滋事罪发生在社会上以及公共场所。二是犯罪主体不同。本罪是特殊主体，限于被监管的罪犯，而寻衅滋事罪是一般主体。三是犯罪侵犯的对象不同。寻衅滋事罪侵犯的对象是社会上的普通公民，而破坏监管秩序罪侵犯的对象是监管人员以及其他被监管人员。四是犯罪侵犯的客体不同。寻衅滋事罪侵犯的是社会公共秩序，而破坏监管秩序罪侵犯的是监狱里的管理秩序。

（5）量刑幅度

根据《刑法》第315条的规定，犯本罪的，处3年以下有期徒刑。

16. 脱逃罪（第316条第1款）

（1）罪名概念

脱逃罪，是指依法被关押的罪犯、被告人、犯罪嫌疑人脱逃监管的行为。

(2)法律规定

①本罪名是由《刑法》第316条第1款规定的。该条款规定:“依法被关押的罪犯、被告人、犯罪嫌疑人脱逃的,处五年以下有期徒刑或者拘役。”

②1988年10月19日中国人民解放军军事法院《关于审理军人违反职责罪案件中几个具体问题的处理意见》第5条对军人在临时看管期间逃跑的,能否以脱逃罪论处问题规定:“脱逃罪是指被依法逮捕、关押的犯罪分子,从羁押、改造场所或者在押解途中逃走的行为。军队的临时看管仅是一项行政防范措施。因此,军人在此期间逃跑的,不构成脱逃罪。但在查明他确有犯罪行为后,他的逃跑行为可以作为情节在处刑时予以考虑。”

(3)构成要件

第一,本罪侵犯的客体是监管机关对罪犯、被告人、犯罪嫌疑人的正常监管秩序。

第二,客观方面表现为依法被关押的罪犯、被告人、犯罪嫌疑人逃离被关押的场所的行为。在押解途中逃跑的,也构成本罪。

第三,犯罪主体是特殊主体只能是依法被关押的罪犯、被告人、犯罪嫌疑人。

第四,主观方面是故意,其目的是逃避继续被关押和改造。

(4)罪名界定

第一,关于本罪的认定。在押解途中逃跑的以本罪论处。如果为了脱逃而重伤或者杀死看管人员,或者进行其他严重破坏活动的,按照牵连犯罪的处理原则,选择其中的重罪处罚。

如果只是逃出了监管场所,但在没超过监管人员监视控制范围内被抓回来了,是逃跑未遂。逃离监管场所,摆脱了监管人员的监视控制,是脱逃既遂。如果正在准备脱逃,如准备工具或者挖墙掘洞,被及时发觉,尚未逃跑,属于脱逃罪的预备。

第二,本罪与组织越狱罪的区别:①犯罪主体不完全相同。本罪的主体可以是一个人,也可以是多个人;而组织越狱罪的主体必须是多人共同犯罪。②犯罪行为方式不完全相同。本罪一般是趁看管不严,秘密逃走,有时也可能使用暴力,但程度与后果都不很严重;而组织越狱罪是有预谋、有组织地进行,各行为人互相分工,密切配合。③刑罚主体不同。组织越狱罪是指聚众性犯罪,依照法律规定,只追究首要分子、其他罪恶重大的或者积极参加的犯罪分子;而本罪犯罪主体都是刑罚主体,都要受到法律追究。

(5)量刑幅度

根据《刑法》第316条第1款的规定,犯本罪的,处5年以下有期徒刑或者拘役。

17. 劫夺被押解人员罪(第316条第2款)

(1)罪名概念

劫夺被押解人员罪,是指劫夺押解途中的罪犯、被告人、犯罪嫌疑人的行为。

(2)法律规定

本罪名是由《刑法》第316条第2款规定的。该条款规定:“劫夺押解途中的罪犯、被告人、犯罪嫌疑人的,处三年以上七年以下有期徒刑;情节严重的,处七年以上有期徒刑。”

(3)构成要件

第一,本罪侵犯的客体是司法机关的正常活动。

第二,客观方面表现为劫夺押解途中的罪犯、被告人、犯罪嫌疑人的行为。劫夺的方法多种多样,如设置路障、袭击押送人员、趁押送人员不备而劫夺等。劫夺的对象是三种人:①罪犯,即刑事已决犯;②被告人,即被采取强制措施前被提起公诉的被告人;③犯罪嫌疑人,即被司法机关采取强制措施,但还没有证据能够证明是犯罪的人。

第三,犯罪主体是一般主体。凡是达到刑事责任年龄,具有刑事责任能力的自然人均可构成本罪。

第四,主观方面是故意,目的是劫夺在押解途中的罪犯、被告人、犯罪嫌疑人。犯罪的动机多种多样,不同的动机,不影响本罪的成立。

(4)罪名界定

本罪与聚众持械劫狱罪不同:后者是一种聚众犯罪;而前者则不是。对于聚众持械劫夺押解途中的罪犯的行为,应当以聚众持械劫狱罪论处。另外,聚众持械劫狱罪的对象仅限于在押罪犯;而本罪的犯罪对象不仅包括押解途中的罪犯,而且也包括押解途中的被告人、犯罪嫌疑人。

在劫夺被押解人员的过程中,如果行为人实施了杀害、伤害押解人员的行为,这样就触犯了故意杀人罪、故意伤害罪。由于杀人、伤害是劫夺行为的一种手段,在具体案件中,如果离开了杀人、伤害,也就不存在劫夺了。因此,对于一种行为触犯了数个罪名,应当选择其中的一个重罪处罚,而不实行数罪并罚。

(5)量刑幅度

根据《刑法》第 316 条第 2 款的规定,对犯本罪的处罚分以下 2 个档次:

一是犯本罪的,处 3 年以上 7 年以下有期徒刑。

二是情节严重的,处 7 年以上有期徒刑。

18. 组织越狱罪(第 317 条第 1 款)

(1)罪名概念

组织越狱罪,是指依法被关押的人秘密勾结,在首要分子的领导下,有组织、有计划地越狱逃走的行为。

(2)法律规定

本罪名是由《刑法》第 317 条第 1 款规定的。该条款规定:"组织越狱的首要分子和积极参加的,处五年以上有期徒刑;其他参加的,处五年以下有期徒刑或者拘役。"

(3)构成要件

第一,本罪侵犯的客体是监管机关的正常管理秩序以及监管人员的人身权利,是复杂客体。

第二,客观方面表现为在首要分子的组织下,聚众有组织、有计划地越狱的行为。这里的"狱"是广义上的,包括监狱、劳改场所、拘役所、看守所等。组织越狱的方式多种多样。例如,冲闯狱门、翻越狱墙、挖掘地道等。只要是多名在押人员有组织、有计划地越狱,不管是否使用了暴力,都构成本罪。在押解罪犯的路途中,罪犯有组织、有计划地逃跑的,也构成本罪。

第三,本罪的主体是特殊主体,即只能是依法被关押的罪犯、被告人或者犯罪嫌疑人。

第四,主观方面是故意。

(4)罪名界定

第一,本罪与暴动越狱罪的主要区别有以下几点:前者一般是指组织在押犯秘密逃跑的行为,不具有暴力性,或者只有轻微的暴力行为。而后者,是指在监狱、看守所被关押的人纠集起来,具有一定规模地采用暴力手段,聚众逃跑的行为。其暴动的具体手段,包括公开捣毁监舍门窗、破坏监狱设施;抢夺看管人员枪支,殴打、杀害看管人员或者其他被监管人员;劫取重型交通工具冲击监狱大门;劫持监管人员作为人质,以要挟监狱方面放其出监等。暴动越狱罪带有强烈的暴力性,往往造成杀人、重伤和重大破坏。

第二,本罪与脱逃罪的区别是:脱逃罪既可以单个人实施,也可以数人共同实施,在数人共同实施时,属于普通共同犯罪,不属于聚众犯罪;而本罪只能由多数人聚众实施。在聚众实施的过程中,有明显的首要分子,有明确的分工,有严密的组织。

(5)量刑幅度

根据《刑法》第317条第1款的规定,对犯本罪的处罚分以下2个档次:

一是对组织越狱的首要分子和积极参加的,处5年以上有期徒刑。

二是对其他参加的,处5年以下有期徒刑或者拘役。

19. 暴动越狱罪(第317条第2款)

(1)罪名概念

暴动越狱罪,是指有组织、有计划地纠集多人,使用暴力方法越狱逃跑的行为。

(2)法律规定

本罪名是由《刑法》第317条第2款规定的。该条款规定:“暴动越狱或者聚众持械劫狱的首要分子和积极参加的,处十年以上有期徒刑或者无期徒刑;情节特别严重的,处死刑;其他参加的,处三年以上十年以下有期徒刑。”

(3)构成要件

第一,本罪侵犯的客体既侵犯了国家司法机关的正常监管秩序,又侵犯了监管人员的人身权利。

第二,客观方面表现为实施了以暴动手段越狱的行为。

第三,本罪的主体是在押犯。如果狱外人员与狱内人员串通,里应外合,狱外人员也可以成为本罪主体。

第四,主观方面是直接故意、间接故意或者过失不构成本罪。

(4)罪名界定

第一,关于本罪的认定。本罪是行为犯,即只要实施了暴动越狱的行为,就可构成本罪,而不论越狱是否得逞。另外,暴动越狱的“狱”字,应当作广义理解,既包括狭义的监狱,又包括劳改队、少年管教所、拘役所、看守所、人犯被押解途中和执行死刑的刑场,不单指监狱。在暴动越狱过程中,行为人实施了伤害、杀害监管人员、警卫人员的行为,或者抢劫、抢夺枪支、弹药的行为,也只定暴动越狱罪,不需要再定故意伤害罪、故意杀人罪、抢劫枪支、弹药罪。因为这些行为已被暴动越狱罪包含;况且暴动越狱罪的法定最高刑为死刑,只定暴动越狱罪也可罚当其罪。

第二,本罪与脱逃罪的区别主要表现在客观方面。本罪表现为使用暴动方式,而且是众人聚集进行暴行动乱。单个人即使使用了暴力逃越监狱的行为,也不能构成本罪;构成犯罪的,可以按照《刑法》第316条第1款所规定的脱逃罪定罪处罚。

第三,本罪与组织越狱罪的区别主要表现在客观方面。在越狱的手段上,本罪所采用的手段限于暴力方式,而组织越狱罪所采用的手段主要不是暴力,而是集体秘密脱逃的非暴力方式。

(5)量刑幅度

根据《刑法》第317条第2款的规定,对犯本罪的处罚分以下3个档次:

一是一般参加的,处3年以上10年以下有期徒刑。

二是首要分子和积极参加的,处10年以上有期徒刑或者无期徒刑。

三是情节特别严重的,处死刑。

20. 聚众持械劫狱罪(第317条第2款)

(1)罪名概念

聚众持械劫狱罪,是指狱外的人聚众持械劫夺依法被关押的人的行为。

(2)法律规定

本罪名是由《刑法》第317条第2款规定的。该条款规定:“暴动越狱或者聚众持械劫狱的首要分子和积极参加的,处十年以上有期徒刑或者无期徒刑;情节特别严重的,处死刑;其他参加的,处三年以上十年以下有期徒刑。”

(3)构成要件

第一,本罪侵犯的客体是监管场所的正常秩序以及监管人员的人身权利,是复杂客体。

第二,客观方面表现为狱外的人持械劫夺依法被关押的人的行为。这里所说的“狱”,应当作广义理解,即除了监狱以外,还包括少年管教所、劳役队、看守所、拘役所等监管场所。

第三,犯罪主体是狱外聚众持械劫狱的首要分子、积极参加者和一般参加人员。

第四,主观方面是故意。

(4)罪名界定

第一,在聚众持械劫狱过程中,行为人如果实施了伤害、杀害监管人员、警卫人员的行为,或者抢劫、抢夺枪支、弹药的行为,由于故意伤害罪、故意杀人罪、抢劫枪支、弹药罪已被聚众持械劫狱罪包含,应当以其中的一个重罪处罚。而聚众持械劫狱罪重于其他罪,其法定最高刑为死刑,所以只定聚众持械劫狱罪也可罚当其罪。

第二,本罪与组织越狱罪的主要区别有以下几点:①犯罪的主体不同。本罪的主体是一般主体;而组织越狱罪的主体是特殊主体,即依法被关押的罪犯、被告人、犯罪嫌疑人。②犯罪的故意内容不同。本罪是劫夺的故意;而组织越狱罪则是越狱的故意。

第三,本罪与劫夺被押解人员罪的主要区别在于:①行为的对象不同。本罪的行为对象是关押在狱中的罪犯;而后者的行为对象是在押解途中的罪犯、被告人或者犯罪嫌疑人。②本罪必须是聚众犯罪;而后者可以是聚众犯罪也可以不是。

(5)量刑幅度

根据《刑法》第317条第2款的规定,对犯本罪的处罚分以下3个档次:

一是一般参加的,处3年以上10年以下有期徒刑。

二是首要分子和积极参加的,处10年以上有期徒刑或者无期徒刑。

三是情节特别严重的,处死刑。

(三)妨害国(边)境管理罪

1. 组织他人偷越国(边)境罪(第318条)

(1)罪名概念

组织他人偷越国(边)境罪,是指非法组织他人偷越国(边)境的行为。

(2)法律规定

①本罪名是由《刑法》第318条规定的。该条规定:“组织他人偷越国(边)境的,处二年以上七年以下有期徒刑,并处罚金;有下列情形之一的,处七年以上有期徒刑或者无期徒刑,并处罚金或者没收财产:

(一)组织他人偷越国(边)境集团的首要分子;

(二)多次组织他人偷越国(边)境或者组织他人偷越国(边)境人数众多的;

(三)造成被组织人重伤、死亡的;

(四)剥夺或者限制被组织人人身自由的;

（五）以暴力、威胁方法抗拒检查的；

（六）违法所得数额巨大的；

（七）有其他特别严重情节的。

犯前款罪，对被组织人有杀害、伤害、强奸、拐卖等犯罪行为，或者对检查人员有杀害、伤害等犯罪行为的，依照数罪并罚的规定处罚。”

②2012年12月12日最高人民法院、最高人民检察院《关于办理妨害国（边）境管理刑事案件应用法律若干问题的解释》规定：

“第一条　领导、策划、指挥他人偷越国（边）境或者在首要分子指挥下，实施拉拢、引诱、介绍他人偷越国（边）境等行为的，应当认定为刑法第三百一十八条规定的‘组织他人偷越国（边）境’。

组织他人偷越国（边）境人数在十人以上的，应当认定为刑法第三百一十八条第一款第（二）项规定的‘人数众多’；违法所得数额在二十万元以上的，应当认定为刑法第三百一十八条第一款第（六）项规定的‘违法所得数额巨大’。

以组织他人偷越国（边）境为目的，招募、拉拢、引诱、介绍、培训偷越国（边）境人员，策划、安排偷越国（边）境行为，在他人偷越国（边）境之前或者偷越国（边）境过程中被查获的，应当以组织他人偷越国（边）境罪（未遂）论处；具有刑法第三百一十八条第一款规定的情形之一的，应当在相应的法定刑幅度基础上，结合未遂犯的处罚原则量刑。

第六条　具有下列情形之一的，应当认定为刑法第六章第三节规定的‘偷越国（边）境’行为：

（一）没有出入境证件出入国（边）境或者逃避接受边防检查的；

（二）使用伪造、变造、无效的出入境证件出入国（边）境的；

（三）使用他人出入境证件出入国（边）境的；

（四）使用以虚假的出入境事由、隐瞒真实身份、冒用他人身份证件等方式骗取的出入境证件出入国（边）境的；

（五）采用其他方式非法出入国（边）境的。

第七条　以单位名义或者单位形式组织他人偷越国（边）境、为他人提供伪造、变造的出入境证件或者运送他人偷越国（边）境的，应当依照刑法第三百一十八条、第三百二十条、第三百二十一条的规定追究直接负责的主管人员和其他直接责任人员的刑事责任。

第八条　实施组织他人偷越国（边）境犯罪，同时构成骗取出境证件罪、提供伪造、变造的出入境证件罪、出售出入境证件罪、运送他人偷越国（边）境罪的，依照处罚较重的规定定罪处罚。”

③2000年3月31日公安部《关于妨害国（边）境管理犯罪案件立案标准及有关问题的通知》第1条第1项关于组织他人偷越国（边）境案规定：

“1. 组织他人偷越国（边）境的，应当立案侦查。

2. 组织他人偷越国（边）境，具有下列情形之一的，应当立为重大案件：

（1）一次组织20～49人偷越国（边）境的；

（2）组织他人偷越国（边）境3～4次的；

（3）造成被组织人重伤1～2人的；

（4）剥夺或者限制被组织人人身自由的；

（5）以暴力、威胁方法抗拒检查的；

（6）违法所得人民币5～20万元的；

(7)有其他严重情节的。

3. 组织他人偷越国(边)境,具有下列情形之一的,应当立为特别重大案件:

(1)一次组织50人以上偷越国(边)境的;

(2)组织他人偷越国(边)境5次以上的;

(3)造成被组织人重伤3人以上或者死亡1人以上的;

(4)违法所得20万元以上的;

(5)有其他特别严重情节的。”

(3)构成要件

第一,本罪侵犯的客体是国家对国(边)境的正常管理秩序。

第二,客观方面表现为领导、策划、指挥他人偷越国(边)境,或者在首要分子指挥下,实施拉拢、引诱、介绍他人偷越国(边)境等行为。

第三,犯罪主体是一般主体。

第四,主观方面是故意,一般具有营利的目的。

(4)罪名界定

第一,关于本罪的认定。

在组织他人偷越国(边)境犯罪过程中,对被组织人有杀害、伤害、强奸、拐卖等犯罪行为的,或者对监察人员有杀害、伤害等犯罪行为的,犯罪分子是实施了数个独立犯罪行为,根据《刑法》第318条第2款的规定,应当实行数罪并罚。

在组织他人偷越国(边)境的过程中,剥夺或者限制被组织者人身自由,或者以暴力、威胁方法抗拒检查的,原本这些行为分别构成非法拘禁罪、妨害公务罪,但在本罪中,作为法定加重情节,无须分别定罪。

第二,本罪与走私罪的区别有以下几点:一是侵犯的客体不同。本罪侵犯的是我国的国(边)境管理秩序;而走私罪侵犯的是我国对外贸易制度。二是在客观方面不同。本罪表现为利用多种手段,有计划、有组织地安排他人偷越国(边)境;而走私罪在客观方面表现为违反海关法规,逃避海关监管的行为。如果在组织他人偷越国(边)境过程中,又同时实施了情节严重的走私行为,这就触犯了两个独立罪名,应当实行数罪并罚。如果走私是犯罪目的,用组织他人偷越国(边)境的手段来走私,这就形成了两罪的牵连关系,在处罚时,按照处理牵连犯的原则,选择其中的一个重罪处罚,而不实行数罪并罚。

第三,本罪与偷越国(边)境罪有以下区别:一是客观表现不同。本罪在客观方面,表现为领导、策划、指挥他人偷越国(边)境,或者在首要分子指挥下,实施拉拢、引诱、介绍他人偷越国(边)境这两种行为。而偷越国(边)境罪,是指行为人违反了国(边)境管理法规,偷越国(边)境,情节严重的行为。二是本罪是行为犯,行为人只要完成了组织行为,不论偷渡者是否越过国(边)境界线,均构成犯罪既遂;而偷越国(边)境罪是结果犯,只有越过了国(边)境界线,才是犯罪既遂。构成该罪,必须是违反国(边)境管理法规,偷越国(边)境,情节严重的。

(5)量刑幅度

根据《刑法》第318条第1款的规定,对犯本罪的处罚分以下2个档次:

一是犯本罪的,处2年以上7年以下有期徒刑,并处罚金。

二是有下列情形之一的,处7年以上有期徒刑或者无期徒刑,并处罚金或者没收财产:①组织他人偷越国(边)境集团的首要分子。②多次组织他人偷越国(边)境,或者组织偷越国(边)境人数众多的。③造成被组织人重伤、死亡的。④剥夺或者限制被组织人人身自由的。⑤以暴力、威胁方法抗拒检查的。⑥非法所得数额巨大的。⑦有其他特别严重情节的。

根据《刑法》第64条之规定，犯本罪的违法所得和供犯罪使用的犯罪分子所有的或者明知他人为犯罪使用而提供的本人所有的运输、通信工具或者其他财物，一律没收。

2. 骗取出境证件罪（第319条）

（1）罪名概念

骗取出境证件罪，是指以劳务输出、经贸往来或者其他名义，弄虚作假，骗取护照、签证等出境证件，为组织他人偷越国（边）境使用的行为。

（2）法律规定

①本罪名是由《刑法》第319条规定的。该条规定："以劳务输出、经贸往来或者其他名义，弄虚作假，骗取护照、签证等出境证件，为组织他人偷越国（边）境使用的，处三年以下有期徒刑，并处罚金；情节严重的，处三年以上十年以下有期徒刑，并处罚金。

单位犯前款罪的，对单位判处罚金，并对其直接负责的主管人员和其他直接责任人员，依照前款的规定处罚。"

②2012年12月12日最高人民法院、最高人民检察院《关于办理妨害国（边）境管理刑事案件应用法律若干问题的解释》规定：

"第二条　为组织他人偷越国（边）境，编造出境事由、身份信息或者相关的境外关系证明的，应当认定为刑法第三百一十九条第一款规定的'弄虚作假'。

刑法第三百一十九条第一款规定的'出境证件'，包括护照或者代替护照使用的国际旅行证件，中华人民共和国海员证，中华人民共和国出入境通行证，中华人民共和国旅行证，中国公民往来香港、澳门、台湾地区证件，边境地区出入境通行证，签证、签注，出国（境）证明、名单，以及其他出境时需要查验的资料。

具有下列情形之一的，应当认定为刑法第三百一十九条第一款规定的'情节严重'：

（一）骗取出境证件五份以上的；

（二）非法收取费用三十万元以上的；

（三）明知是国家规定的不准出境的人员而为其骗取出境证件的；

（四）其他情节严重的情形。

第六条　具有下列情形之一的，应当认定为刑法第六章第三节规定的'偷越国（边）境'行为：

（一）没有出入境证件出入国（边）境或者逃避接受边防检查的；

（二）使用伪造、变造、无效的出入境证件出入国（边）境的；

（三）使用他人出入境证件出入国（边）境的；

（四）使用以虚假的出入境事由、隐瞒真实身份、冒用他人身份证件等方式骗取的出入境证件出入国（边）境的；

（五）采用其他方式非法出入国（边）境的。

第八条　实施组织他人偷越国（边）境犯罪，同时构成骗取出境证件罪、提供伪造、变造的出入境证件罪、出售出入境证件罪、运送他人偷越国（边）境罪的，依照处罚较重的规定定罪处罚。"

③2000年3月31日公安部《关于妨害国（边）境管理犯罪案件立案标准及有关问题的通知》第1条第2项关于骗取出境证件案的规定：

"1. 以劳务输出、经贸往来或者其他名义弄虚作假，骗取护照、通行证、旅行证、海员证、签证（注）等出境证件（以下简称出境证件），为他人偷越国（边）境使用的，应当立案侦查。

2. 骗取出境证件，具有下列情形之一的，应当立为重大案件：

(1)骗取出境证件5~19本(份、个)的;

(2)为违法犯罪分子骗取出境证件的;

(3)违法所得10~20万元的;

(4)有其他严重情节的。

3. 骗取出境证件,具有下列情形之一的,应当立为特别重大案件:

(1)骗取出境证件20本(份、个)以上的;

(2)违法所得20万元以上的;

(3)有其他特别严重情节的。”

(3)构成要件

第一,本罪侵犯的客体是国家对国(边)境的管理制度。

第二,客观方面表现为行为人以组织劳务输出、经贸往来或者出国考察、观光旅游等名义,弄虚作假,从国家主管机关骗取护照、签证等出国(边)境所必需的出入境证件,并且将其交给犯罪分子用于组织他人偷越国(边)境使用。

第三,本罪的主体是一般主体,单位和个人都可以构成。

第四,主观方面是故意,要具有为组织他人偷越国(边)境使用的目的。

(4)罪名界定

第一,关于本罪的认定。认定本罪要注意行为人主观方面的目的内容。如果行为人虽然采取了欺骗方法,骗取国家出境证件,但其目的不是将出境证件提供给他人组织偷越国(边)境使用,而是供自己使用,或者交给偷越国(边)境者使用,应该按照偷越国(边)境罪论处,而不能按照本罪定罪处罚。本罪骗取出境证件是为了将其提供给他人组织偷越国(边)境使用的。

第二,本罪与组织他人偷越国(边)境罪不同。本罪行为只是组织他人偷越国(边)境所出现的一种特殊情况。行为人骗取出境证件但自己并没亲自去组织他人偷越国(边)境,则构成本罪。如果行为人既实施了骗取出境证件的行为,又用骗取的出境证件组织他人偷越国(边)境的,按组织他人偷越国(边)境罪定罪量刑。骗取出境证件的行为被组织他人偷越国(边)境的行为所吸收,不再单独定罪。如果行为人是组织他人偷越国(边)境犯罪集团的成员,他的分工就是骗取出境证件,那么就更应该定组织他人偷越国(边)境罪。

第三,本罪与诈骗罪的区别有以下几点:①犯罪对象不同。本罪的犯罪对象是护照、签证等出境证件;而后者是公私财物。②犯罪目的不同。本罪是骗取出境证件为组织他人偷越国(边)境使用;而后者是为了非法占有公私财物。③侵犯的客体不同。本罪侵犯的客体是国(边)境管理制度;而后者侵犯的客体是公私财物所有权。

(5)量刑幅度

根据《刑法》第319条第1款、第2款的规定,对犯本罪的处罚分以下3个档次:

一是情节一般的,处3年以下有期徒刑,并处罚金。

二是情节严重的,处3年以上10年以下有期徒刑,并处罚金。

三是单位犯本罪的,对单位判处罚金,并且对其直接负责的主管人员和其他直接责任人员,按照上述规定处罚。

3. 提供伪造、变造的出入境证件罪(第320条)

(1)罪名概念

提供伪造、变造的出入境证件罪,是指为他人提供伪造、变造的护照、签证等出入境证件的行为。

（2）法律规定

①本罪名是由《刑法》第320条规定的。该条规定："为他人提供伪造、变造的护照、签证等出入境证件，或者出售护照、签证等出入境证件的，处五年以下有期徒刑，并处罚金；情节严重的，处五年以上有期徒刑，并处罚金。"

②2012年12月12日最高人民法院、最高人民检察院《关于办理妨害国（边）境管理刑事案件应用法律若干问题的解释》规定：

"第三条　刑法第三百二十条规定的'出入境证件'，包括本解释第二条第二款所列的证件以及其他入境时需要查验的资料。

具有下列情形之一的，应当认定为刑法第三百二十条规定的'情节严重'：

（一）为他人提供伪造、变造的出入境证件或者出售出入境证件五份以上的；

（二）非法收取费用三十万元以上的；

（三）明知是国家规定的不准出入境的人员而为其提供伪造、变造的出入境证件或者向其出售出入境证件的；

（四）其他情节严重的情形。

第六条　具有下列情形之一的，应当认定为刑法第六章第三节规定的'偷越国（边）境'行为：

（一）没有出入境证件出入国（边）境或者逃避接受边防检查的；

（二）使用伪造、变造、无效的出入境证件出入国（边）境的；

（三）使用他人出入境证件出入国（边）境的；

（四）使用以虚假的出入境事由、隐瞒真实身份、冒用他人身份证件等方式骗取的出入境证件出入国（边）境的；

（五）采用其他方式非法出入国（边）境的。

第七条　以单位名义或者单位形式组织他人偷越国（边）境、为他人提供伪造、变造的出入境证件或者运送他人偷越国（边）境的，应当依照刑法第三百一十八条、第三百二十条、第三百二十一条的规定追究直接负责的主管人员和其他直接责任人员的刑事责任。

第八条　实施组织他人偷越国（边）境犯罪，同时构成骗取出境证件罪、提供伪造、变造的出入境证件罪、出售出入境证件罪、运送他人偷越国（边）境罪的，依照处罚较重的规定定罪处罚。"

③2000年3月31日公安部《关于妨害国（边）境管理犯罪案件立案标准及有关问题的通知》第1条第3项关于提供伪造、变造的出入境证件案的规定：

"1. 为他人提供伪造、变造的护照、通行证、旅行证、海员证、签证（注）等出入境证件（以下简称出入境证件）的，应当立案侦查。

2. 为他人提供伪造、变造的出入境证件，具有下列情节之一的，应当立为重大案件：

（1）为他人提供伪造、变造的出入境证件5～19本（份、个）的；

（2）为违法犯罪分子提供伪造、变造的出入境证件的；

（3）违法所得10～20万元的；

（4）有其他严重情节的。

3. 为他人提供伪造、变造的出入境证件，具有下列情形之一的，应当立为特别重大案件：

（1）为他人提供伪造、变造的出入境证件20本（份、个）以上的；

（2）违法所得20万元以上的；

（3）有其他特别严重情节的。"

(3)构成要件

第一,本罪侵犯的客体是国家对出入境证件的管理秩序。

第二,客观方面表现为为他人提供伪造、变造的护照、签证等出入境证件的行为。提供既可以是无偿的,也可以是有偿的。所提供的必须是伪造、变造的。

第三,犯罪主体是一般主体。

第四,主观方面是故意。

(4)罪名界定

第一,本罪与伪造、变造国家机关证件罪的不同点有以下几点:①犯罪对象范围不同。前者的犯罪对象仅限定于有关出入境证件;而后者的对象除了出入境证件之外,还涉及所有的用以证明身份和权力关系或者其他有关事项的凭证。②行为方式不同。前者具有将虚伪证件提供给他人的行为;而后者必须是有伪造、变造证件的行为,无论其目的如何,是否提供给他人,均可构成该罪。

第二,本罪与骗取出境证件罪不同。在本罪中,提供给他人的是伪造、变造的护照、签证等出入境证件;而骗取出入境证件,是以合法的名义,弄虚作假,向有关机关骗取护照、签证等出入境证件,以组织他人偷越国(边)境使用。

(5)量刑幅度

根据《刑法》第320条的规定,对犯本罪的处罚分以下2个档次:

一是犯本罪的,处5年以下有期徒刑,并处罚金。

二是情节严重的,处5年以上有期徒刑,并处罚金。

4. 出售出入境证件罪(第320条)

(1)罪名概念

出售出入境证件罪,是指以营利为目的,违反国家出入国(边)境管理法规,出售护照、签证等出入境证件的行为。

(2)法律规定

①本罪名是由《刑法》第320条规定的。该条规定:"为他人提供伪造、变造的护照、签证等出入境证件,或者出售护照、签证等出入境证件的,处五年以下有期徒刑,并处罚金;情节严重的,处五年以上有期徒刑,并处罚金。"

②2012年12月12日最高人民法院、最高人民检察院《关于办理妨害国(边)境管理刑事案件应用法律若干问题的解释》规定:

"第三条　刑法第三百二十条规定的'出入境证件',包括本解释第二条第二款所列的证件以及其他入境时需要查验的资料。

具有下列情形之一的,应当认定为刑法第三百二十条规定的'情节严重':

(一)为他人提供伪造、变造的出入境证件或者出售出入境证件五份以上的;

(二)非法收取费用三十万元以上的;

(三)明知是国家规定的不准出入境的人员而为其提供伪造、变造的出入境证件或者向其出售出入境证件的;

(四)其他情节严重的情形。

第六条　具有下列情形之一的,应当认定为刑法第六章第三节规定的'偷越国(边)境'行为:

(一)没有出入境证件出入国(边)境或者逃避接受边防检查的;

（二）使用伪造、变造、无效的出入境证件出入国（边）境的；

（三）使用他人出入境证件出入国（边）境的；

（四）使用以虚假的出入境事由、隐瞒真实身份、冒用他人身份证件等方式骗取的出入境证件出入国（边）境的；

（五）采用其他方式非法出入国（边）境的。

第七条　以单位名义或者单位形式组织他人偷越国（边）境、为他人提供伪造、变造的出入境证件或者运送他人偷越国（边）境的，应当依照刑法第三百一十八条、第三百二十条、第三百二十一条的规定追究直接负责的主管人员和其他直接责任人员的刑事责任。

第八条　实施组织他人偷越国（边）境犯罪，同时构成骗取出境证件罪、提供伪造、变造的出入境证件罪、出售出入境证件罪、运送他人偷越国（边）境罪的，依照处罚较重的规定定罪处罚。”

③2000年3月31日公安部《关于妨害国（边）境管理犯罪案件立案标准及有关问题的通知》第1条第4项关于出售出入境证件案的规定：

“1. 出售出入境证件的，应当立案侦查。

2. 出售出入境证件，具有下列情形之一的，应当立为重大案件：

（1）出售出入境证件5～19本（份、个）的；

（2）给违法犯罪分子出售出入境证件的；

（3）违法所得10～20万元的；

（4）有其他严重情节的。

3. 出售出入境证件，具有下列情形之一的，应当立为特别重大案件：

（1）出售出入境证件20本（份、个）以上的；

（2）违法所得20万元以上的；

（3）有其他特别严重情节的。”

（3）构成要件

第一，本罪侵犯的客体是国家对出入国（边）境证件的管理制度。

第二，客观方面表现为行为人违反国家出入国（边）境管理法规，向他人出售护照、签证等出入境证件的行为。不管是出售自己申领所得的，还是其他途径所得的，都不影响本罪的成立。

第三，犯罪主体是一般主体。

第四，主观方面是故意，其故意的内容必须是以营利为目的，如果不是出售而是赠送，则不构成本罪。

（4）罪名界定

第一，关于本罪的认定。如果明知对方是基于实施组织他人偷越国（边）境，或者是偷越国（边）境所需要的，而向其出售出入境证件的，以牵连犯选择其中的重罪处罚，而不实行数罪并罚。如果在实施组织他人偷越国（边）境的犯罪过程中，基于营利目的，又向被组织人出售出入境证件，则该行为出于两个犯罪故意，实施了两个独立的行为，应按照组织他人偷越国（边）境罪、出售出入境证件罪实行数罪并罚。

第二，本罪与提供伪造、变造的出入境证件罪不同。向他人提供伪造、变造的出入境证件罪的犯罪对象必须是伪造、变造的出入境证件。如果提供的是真实的出入境证件，则不构成该罪。出售出入境证件罪的犯罪对象必须是真实的国家出入境证件。但是，如果行为人明知是伪造、变造的仍然出售给他人，则应当以向他人提供伪造、变造的出入境证件罪定罪量刑。假如行为人不知道出售的出入境证件是伪造、变造的，而实际不是真实的，这属于犯罪对象错误，犯罪客体相同，应当以出售出入境证件罪追究其刑事责任。

(5)量刑幅度

根据《刑法》第320条的规定,对犯本罪的处罚分以下2个档次:

一是犯本罪的,处5年以下有期徒刑,并处罚。

二是情节严重的,处5年以上有期徒刑,并处罚金。

5. 运送他人偷越国(边)境罪(第321条)

(1)罪名概念

运送他人偷越国(边)境罪,是指故意非法运送他人偷越国(边)境的行为。

(2)法律规定

①本罪名是由《刑法》第321条规定的。该条规定:"运送他人偷越国(边)境的,处五年以下有期徒刑、拘役或者管制,并处罚金;有下列情形之一的,处五年以上十年以下有期徒刑,并处罚金:

(一)多次实施运送行为或者运送人数众多的;

(二)所使用的船只、车辆等交通工具不具备必要的安全条件,足以造成严重后果的;

(三)违法所得数额巨大的;

(四)有其他特别严重情节的。

在运送他人偷越国(边)境中造成被运送人重伤、死亡,或者以暴力、威胁方法抗拒检查的,处七年以上有期徒刑,并处罚金。

犯前两款罪,对被运送人有杀害、伤害、强奸、拐卖等犯罪行为,或者对检查人员有杀害、伤害等犯罪行为的,依照数罪并罚的规定处罚。"

②2012年12月12日最高人民法院、最高人民检察院《关于办理妨害国(边)境管理刑事案件应用法律若干问题的解释》规定:

"第四条　运送他人偷越国(边)境人数在十人以上的,应当认定为刑法第三百二十一条第一款第(一)项规定的'人数众多';违法所得数额在二十万元以上的,应当认定为刑法第三百二十一条第一款第(三)项规定的'违法所得数额巨大'。

第六条　具有下列情形之一的,应当认定为刑法第六章第三节规定的'偷越国(边)境'行为:

(一)没有出入境证件出入国(边)境或者逃避接受边防检查的;

(二)使用伪造、变造、无效的出入境证件出入国(边)境的;

(三)使用他人出入境证件出入国(边)境的;

(四)使用以虚假的出入境事由、隐瞒真实身份、冒用他人身份证件等方式骗取的出入境证件出入国(边)境的;

(五)采用其他方式非法出入国(边)境的。

第七条　以单位名义或者单位形式组织他人偷越国(边)境、为他人提供伪造、变造的出入境证件或者运送他人偷越国(边)境的,应当依照刑法第三百一十八条、第三百二十条、第三百二十一条的规定追究直接负责的主管人员和其他直接责任人员的刑事责任。

第八条　实施组织他人偷越国(边)境犯罪,同时构成骗取出境证件罪、提供伪造、变造的出入境证件罪、出售出入境证件罪、运送他人偷越国(边)境罪的,依照处罚较重的规定定罪处罚。"

③2000年3月31日公安部《关于妨害国(边)境管理犯罪案件立案标准及有关问题的通知》第1条第5项关于运送他人偷越国(边)境案的规定:

“1. 运送他人偷越国(边)境的,应当立案侦查。

2. 运送他人偷越国(边)境。具有下列情形之一的。应当立为重大案件:

(1)一次运送20~49人偷越国(边)境的;

(2)运送他人偷越国(边)境3~4次的;

(3)使用简陋、破旧、报废、通气状况很差的船只或者车辆等不具备必要安全条件的交通工具运送他人偷越国(边)境,足以造成严重后果的;

(4)违法所得5~20万元的;

(5)造成被运送人重伤1~2人的;

(6)以暴力、威胁方法抗拒检查的;

(7)有其他严重情节的。

3. 运送他人偷越国(边)境,具有下列情形之一的,应当立为特别重大案件:

(1)一次运送50人以上偷越国(边)境的;

(2)运送他人偷越国(边)境5次以上的;

(3)造成被运送人重伤3人以上或者死亡1人以上的;

(4)违法所得20万元以上的;

(5)有其他特别严重情节的。”

(3)构成要件

第一,本罪侵犯的客体是国家对出入国(边)境的正常管理秩序。

第二,客观方面表现为行为人非法运送他人偷越国(边)境罪的行为。

第三,犯罪主体是一般主体,既可以是中国公民,也可以是外国人。

第四,主观方面是故意。至于目的如何,不影响本罪的成立。

(4)罪名界定

本罪中的“运送”,是指为越境分子提供运输工具,并将其非法运送出入国(边)境,或者亲自带领他人偷越国(边)境。犯本罪,对被运送人有杀害、伤害、强奸、拐卖等犯罪行为,或者对检查人员有杀害、伤害等犯罪行为的,分别定罪,实行数罪并罚。

本罪与组织他人偷越国(边)境罪的主要区别有以下几点:①客观行为不同。前者是运送行为,后者是组织行为。②主观故意的内容不同。前者是运送他人偷越国(边)境的故意,后者是组织他人偷越国(边)境的故意。如果行为人既组织又运送他人偷越国(边)境,对此应作具体分析。对于组织与运送两种行为紧密相连,两者互为有机的组成部分,组织是为了运送,运送是组织的继续,那么,对这种情况应按处理牵连犯的原则处理,以其中的重罪处罚,而不适用数罪并罚原则。如果组织、运送是两个互不相干的独立犯罪,如行为人组织了一批人偷越国(边)境后,又运送另一批人偷越国(边)境,则应分别定罪,实行数罪并罚。

(5)量刑幅度

根据《刑法》第321条的规定,对本罪的量刑幅度分以下3个档次:

一是犯本罪的,处5年以下有期徒刑、拘役或者管制,并处罚金。

二是有下列情形之一的,处5年以上10年以下有期徒刑,并处罚金:①多次实施运送行为或者运送人数众多的;②所使用的船只、车辆等交通工具不具备必要的安全条件,足以造成严重后果的;③违法所得数额巨大的;④有其他特别严重情节的。

三是在运送中造成被运送人重伤、死亡,或者以暴力、威胁的方法抗拒检查的,判处7年以上有期徒刑,并处罚金。

根据《刑法》第64条的规定,对违法所得和供犯罪使用的犯罪分子所有或者明知他人为犯罪使用而提供本人所有的运输、通信工具或者其他财物,一律没收。

6. 偷越国(边)境罪(第322条)

(1)罪名概念

偷越国(边)境罪,是指违反出入国(边)境管理法规,不经合法批准私自出入国(边)境,情节严重的行为。

(2)法律规定

①本罪名是由《刑法》第322条规定的。该条规定:"违反国(边)境管理法规,偷越国(边)境,情节严重的,处一年以下有期徒刑、拘役或者管制,并处罚金;为参加恐怖活动组织、接受恐怖活动培训或者实施恐怖活动,偷越国(边)境的,处一年以上三年以下有期徒刑,并处罚金。"

②2012年12月12日最高人民法院、最高人民检察院《关于办理妨害国(边)境管理刑事案件应用法律若干问题的解释》规定:

"第五条　偷越国(边)境,具有下列情形之一的,应当认定为刑法第三百二十二条规定的'情节严重':

(一)在境外实施损害国家利益行为的;

(二)偷越国(边)境三次以上或者三人以上结伙偷越国(边)境的;

(三)拉拢、引诱他人一起偷越国(边)境的;

(四)勾结境外组织、人员偷越国(边)境的;

(五)因偷越国(边)境被行政处罚后一年内又偷越国(边)境的;

(六)其他情节严重的情形。

第六条　具有下列情形之一的,应当认定为刑法第六章第三节规定的'偷越国(边)境'行为:

(一)没有出入境证件出入国(边)境或者逃避接受边防检查的;

(二)使用伪造、变造、无效的出入境证件出入国(边)境的;

(三)使用他人出入境证件出入国(边)境的;

(四)使用以虚假的出入境事由、隐瞒真实身份、冒用他人身份证件等方式骗取的出入境证件出入国(边)境的;

(五)采用其他方式非法出入国(边)境的。

第八条　实施组织他人偷越国(边)境犯罪,同时构成骗取出境证件罪、提供伪造、变造的出入境证件罪、出售出入境证件罪、运送他人偷越国(边)境罪的,依照处罚较重的规定定罪处罚。"

③2000年3月31日公安部《关于妨害国(边)境管理犯罪案件立案标准及有关问题的通知》第1条第6项关于偷越国(边)境案的规定:

"1.偷越国(边)境,具有下列情形之一的,应当立案侦查:

(1)偷越国(边)境3次以上,屡教不改的;

(2)实施违法行为后偷越国(边)境的;

(3)在偷越国(边)境时对执法人员施以暴力、威胁手段的;

(4)造成重大涉外事件和恶劣影响的;

(5)有其他严重情节的。

2. 偷越国(边)境,具有下列情形之一的,应当立为重大案件:

(1)为逃避刑罚偷越国(边)境的;

(2)以走私、贩毒等犯罪为目的的偷越国(边)境的;

(3)有其他特别严重情节的。"

(3)构成要件

第一,本罪侵犯的客体是国家对国(边)境的正常管理秩序。

第二,客观方面表现为偷越国(边)境情节严重的行为。

第三,本罪的主体是一般主体,可以是中国人,也可以是外国人、无国籍人。

第四,主观方面是故意,至于动机如何,不影响本罪的成立。

(4)罪名界定

根据2000年3月31日公安部《关于妨害国(边)境管理犯罪案件立案标准及有关问题的通知》的规定,偷越国(边)境,具有下列情形之一的,应当立案侦查:①偷越国(边)境3次以上、屡教不改的;②实施违法行为后,偷越国(边)境的;③在偷越国(边)境时,对执法人员施以暴力、威胁手段的;④造成重大涉外事件和恶劣影响的;⑤有其他严重情节的。

有的人偷越国(边)境是为了走私、贩毒或者运输毒品等犯罪,这同时又触犯了别的罪,按处理牵连犯的原则,以法定刑较重的罪论处,不实行数罪并罚。对于居住在边境的居民、渔民,为了探亲、访友、赶集、过境作业等原因,偶尔非法出入国(边)境;或者是为了图省事而非法出入国(边)境;还有的人听信他人唆使,不明真相而偷越国(边)境的等,一般不以犯罪论处。

(5)量刑幅度

根据《刑法》第322条规定,犯本罪的,处1年以下有期徒刑、拘役或者管制,并处罚金;为参加恐怖活动组织、接受恐怖活动培训或者实施恐怖活动,偷越国(边)境的,处1年以上3年以下有期徒刑,并处罚金。

7. 破坏界碑、界桩罪(第323条)

(1)罪名概念

破坏界碑、界桩罪,是指故意毁坏或者移动国家边境的界碑、界桩的行为。

(2)法律规定

①本罪名是由《刑法》第323条规定的。该条规定:"故意破坏国家边境的界碑、界桩或者永久性测量标志的,处三年以下有期徒刑或者拘役。"

②2000年3月31日公安部《关于妨害国(边)境管理犯罪案件立案标准及有关问题的通知》第1条第7项关于破坏界碑、界桩案的规定:

"1. 采取盗取毁坏、拆除、掩埋、移动等手段破坏国家边境的界碑、界桩的,应当立案侦查。

2. 破坏3个以上界碑、界桩的,或者造成严重后果的,应当立为重大案件。"

(3)构成要件

第一,本罪侵犯的客体是国家对边境的管理秩序。侵犯的对象,是国家边境的界碑、界桩。界碑、界桩是在我国与邻国接壤地区设置的用以划分两国疆界的必要之物。

第二,客观方面表现为行为人采取毁损、盗走、移动位置等方式对我国边境的界碑、界桩进行破坏的行为。

第三,犯罪主体是一般主体。

第四,主观方面是故意,过失不构成本罪。

(4)罪名界定

本罪与故意毁坏财物罪的区别有以下几点:①犯罪侵害的客体不同。本罪侵害的客体是国家的国(边)境管理秩序。犯罪对象是界碑、界桩这个特定标志物。故意毁坏财物罪侵犯的客体是公私财物的所有权。犯罪对象是特定的财物。②在客观方面也不同。本罪表现为对界碑、界桩的毁坏、非法移动等,犯罪的结果不一定使标志物丧失实际功能。而故意毁坏财物罪在客观方面原则上只能是毁坏,致使该财物完全丧失或大部分丧失功能、价值,情节严重。

(5)量刑幅度

根据《刑法》第323条的规定,犯本罪的,处3年以下有期徒刑或者拘役。

8. 破坏永久性测量标志罪(第323条)

(1)罪名概念

破坏永久性测量标志罪,是指故意破坏永久性测量标志的行为。

(2)法律规定

①本罪名是由《刑法》第323条规定的。该条规定:"故意破坏国家边境的界碑、界桩或者永久性测量标志的,处三年以下有期徒刑或者拘役。"

②2000年3月31日公安部《关于妨害国(边)境管理犯罪案件立案标准及有关问题的通知》第1条第8项关于破坏永久性测量标志案的规定:

"1. 采取盗取拆毁、损坏、改变、移动、掩埋等手段破坏永久性测量标志,使其失去原有作用的,应当立案侦查。

2. 破坏3个以上永久性测量标志的,或者造成永久性测量标志严重损毁等严重后果的,应当立为重大案件。"

(3)构成要件

第一,本罪侵犯的客体是国家对永久性测量标志的正常管理活动。侵犯的对象是永久性测量标志。

第二,客观方面表现为实施了破坏在全国各地进行测量工作所设置的永久性测量标志的行为。

第三,本罪的主体是一般主体。

第四,主观方面是故意,即明知是永久性测量标志而加以破坏。

(4)罪名界定

认定本罪要注意两点:一是被破坏的是在全国各地进行测量工作所设置的永久性测量标志,而不是某单位、某部门为了搞建筑而临时设置的测量标志,如开挖河道、修建道路、铺设地下管道、建筑房屋等临时设置的测量标志。二是要求行为人必须是故意破坏。如果是过失,即确实不知道是永久性测量标志而予以破坏,或者虽然知道是永久性测量标志,但由于过失而损坏的,则不构成本罪。

(5)量刑幅度

根据《刑法》第323条的规定,犯本罪的,处3年以下有期徒刑或者拘役。

(四)妨害文物管理罪

1. 故意损毁文物罪(第324条第1款)

(1)罪名概念

故意损毁文物罪,是指故意损毁国家保护的珍贵文物或者被确定为全国重点文物保护单位、省级文物保护单位的文物的行为。

(2)法律规定

①本罪名是由《刑法》第324条第1款规定的。该条款规定:“故意损毁国家保护的珍贵文物或者被确定为全国重点文物保护单位、省级文物保护单位的文物的,处三年以下有期徒刑或者拘役,并处或者单处罚金;情节严重的,处三年以上十年以下有期徒刑,并处罚金。”

②2008年6月25日最高人民检察院、公安部《关于公安机关管辖的刑事案件立案追诉标准的规定(一)》第46条规定:“故意损毁国家保护的珍贵文物或者被确定为全国重点文物保护单位、省级文物保护单位的文物的,应予立案追诉。”

③2015年12月30日最高人民法院、最高人民检察院《关于办理妨害文物管理等刑事案件适用法律若干问题的解释》第3条、第11条、第12条和第13条规定:“全国重点文物保护单位、省级文物保护单位的本体,应当认定为刑法第三百二十四条第一款规定的‘被确定为全国重点文物保护单位、省级文物保护单位的文物’。

故意损毁国家保护的珍贵文物或者被确定为全国重点文物保护单位、省级文物保护单位的文物,具有下列情形之一的,应当认定为刑法第三百二十四条第一款规定的‘情节严重’:

(一)造成五件以上三级文物损毁的;

(二)造成二级以上文物损毁的;

(三)致使全国重点文物保护单位、省级文物保护单位的本体严重损毁或者灭失的;

(四)多次损毁或者损毁多处全国重点文物保护单位、省级文物保护单位的本体的;

(五)其他情节严重的情形。

实施前款规定的行为,拒不执行国家行政主管部门作出的停止侵害文物的行政决定或者命令的,酌情从重处罚。”

“单位实施走私文物、倒卖文物等行为,构成犯罪的,依照本解释规定的相应自然人犯罪的定罪量刑标准,对直接负责的主管人员和其他直接责任人员定罪处罚,并对单位判处罚金。

公司、企业、事业单位、机关、团体等单位实施盗窃文物,故意损毁文物、名胜古迹,过失损毁文物,盗掘古文化遗址、古墓葬等行为的,依照本解释规定的相应定罪量刑标准,追究组织者、策划者、实施者的刑事责任。”

“针对不可移动文物整体实施走私、盗窃、倒卖等行为的,根据所属不可移动文物的等级,依照本解释第一条、第二条、第六条的规定定罪量刑:

(一)尚未被确定为文物保护单位的不可移动文物,适用一般文物的定罪量刑标准;

(二)市、县级文物保护单位,适用三级文物的定罪量刑标准;

(三)全国重点文物保护单位、省级文物保护单位,适用二级以上文物的定罪量刑标准。

针对不可移动文物中的建筑构件、壁画、雕塑、石刻等实施走私、盗窃、倒卖等行为的,根据建筑构件、壁画、雕塑、石刻等文物本身的等级或者价值,依照本解释第一条、第二条、第六条的规定定罪量刑。建筑构件、壁画、雕塑、石刻等所属不可移动文物的等级,应当作为量刑情节予以考虑。”

“案件涉及不同等级的文物的,按照高级别文物的量刑幅度量刑;有多件同级文物的,五件同级文物视为一件高一级文物,但是价值明显不相当的除外。”

(3)构成要件

第一,本罪侵犯的客体是国家对珍贵文物的管理制度。犯罪对象是国家保护的珍贵文物或者被确定为全国重点文物保护单位、省级文物保护单位的文物。

第二,客观方面表现为损毁国家保护的珍贵文物或者被确定为全国重点文物保护单位、省级文物保护单位的文物的行为。

第三，犯罪主体是一般主体。

第四，主观方面是故意，即明知是珍贵文物而故意损毁的心理状态。

(4)罪名界定

认定本罪要知道什么是“受保护的文物”。根据《文物保护法》的规定，下列文物受国家保护：①具有历史、艺术、科学价值的古文化遗址、古墓葬、古建筑、石窟寺和石刻、壁画；②与重大历史事件、革命运动或者著名人物有关的以及具有重要纪念意义、教育意义或者史料价值的近代现代重要史迹、实物、代表性建筑；③历史上各时代珍贵的艺术品、工艺美术品；④历史上各时代重要的文献资料以及具有历史、艺术、科学价值的手稿和图书资料等；⑤反映历史上各时代、各民族社会制度、社会生产、社会生活的代表性实物。

(5)量刑幅度

根据《刑法》第 324 条第 1 款的规定，对犯本罪的处罚分以下 2 个档次：

一是犯本罪的，处 3 年以下有期徒刑或者拘役，并处或者单处罚金。

二是情节严重的，处 3 年以上 10 年以下有期徒刑，并处罚金。

2. 故意损毁名胜古迹罪(第 324 条第 2 款)

(1)罪名概念

故意损毁名胜古迹罪，是指故意损毁国家保护的名胜古迹，情节严重的行为。

(2)法律规定

①本罪名是由《刑法》第 324 条第 2 款规定的。该条款规定：“故意损毁国家保护的名胜古迹，情节严重的，处五年以下有期徒刑或者拘役，并处或者单处罚金。”

②2008 年 6 月 25 日最高人民检察院、公安部《关于公安机关管辖的刑事案件立案追诉标准的规定(一)》第 46～48 条分别规定：“[故意损毁文物案(刑法第三百二十四条第一款)]故意损毁国家保护的珍贵文物或者被确定为全国重点文物保护单位、省级文物保护单位的文物的，应予立案追诉。”

“[故意损毁名胜古迹案(刑法第三百二十四条第二款)]故意损毁国家保护的名胜古迹，涉嫌下列情形之一的，应予立案追诉：(一)造成国家保护的名胜古迹严重损毁的；(二)损毁国家保护的名胜古迹三次以上或者三处以上，尚未造成严重损毁后果的；(三)损毁手段特别恶劣的；(四)其他情节严重的情形。”

“[过失损毁文物案(刑法第三百二十四条第三款)]过失损毁国家保护的珍贵文物或者被确定为全国重点文物保护单位、省级文物保护单位的文物，涉嫌下列情形之一的，应予立案追诉：(一)造成珍贵文物严重损毁的；(二)造成被确定为全国重点文物保护单位、省级文物保护单位的文物严重损毁的；(三)造成珍贵文物损毁三件以上的；(四)其他造成严重后果的情形。”

③2015 年 12 月 30 日最高人民法院、最高人民检察院《关于办理妨害文物管理等刑事案件适用法律若干问题的解释》第 4 条、第 11 条、第 12 条和第 13 条规定：“风景名胜区的核心景区以及未被确定为全国重点文物保护单位、省级文物保护单位的古文化遗址、古墓葬、古建筑、石窟寺、石刻、壁画、近代现代重要史迹和代表性建筑等不可移动文物的本体，应当认定为刑法第三百二十四条第二款规定的‘国家保护的名胜古迹’。

故意损毁国家保护的名胜古迹，具有下列情形之一的，应当认定为刑法第三百二十四条第二款规定的‘情节严重’：

(一)致使名胜古迹严重损毁或者灭失的；

(二)多次损毁或者损毁多处名胜古迹的；

（三）其他情节严重的情形。

实施前款规定的行为，拒不执行国家行政主管部门作出的停止侵害文物的行政决定或者命令的，酌情从重处罚。

故意损毁风景名胜区内被确定为全国重点文物保护单位、省级文物保护单位的文物的，依照刑法第三百二十四条第一款和本解释第三条的规定定罪量刑。"

"单位实施走私文物、倒卖文物等行为，构成犯罪的，依照本解释规定的相应自然人犯罪的定罪量刑标准，对直接负责的主管人员和其他直接责任人员定罪处罚，并对单位判处罚金。

公司、企业、事业单位、机关、团体等单位实施盗窃文物，故意损毁文物、名胜古迹，过失损毁文物，盗掘古文化遗址、古墓葬等行为的，依照本解释规定的相应定罪量刑标准，追究组织者、策划者、实施者的刑事责任。"

"针对不可移动文物整体实施走私、盗窃、倒卖等行为的，根据所属不可移动文物的等级，依照本解释第一条、第二条、第六条的规定定罪量刑：

（一）尚未被确定为文物保护单位的不可移动文物，适用一般文物的定罪量刑标准；

（二）市、县级文物保护单位，适用三级文物的定罪量刑标准；

（三）全国重点文物保护单位、省级文物保护单位，适用二级以上文物的定罪量刑标准。

针对不可移动文物中的建筑构件、壁画、雕塑、石刻等实施走私、盗窃、倒卖等行为的，根据建筑构件、壁画、雕塑、石刻等文物本身的等级或者价值，依照本解释第一条、第二条、第六条的规定定罪量刑。建筑构件、壁画、雕塑、石刻等所属不可移动文物的等级，应当作为量刑情节予以考虑。"

"案件涉及不同等级的文物的，按照高级别文物的量刑幅度量刑；有多件同级文物的，五件同级文物视为一件高一级文物，但是价值明显不相当的除外。"

（3）构成要件

第一，本罪侵犯的客体是国家对名胜古迹的保护管理制度。犯罪对象是受国家保护的名胜古迹。

第二，客观方面表现为用各种手段、方式污损、乱涂乱画、捣毁、拆除等方法，使名胜古迹受到严重损毁，情节严重的行为。

第三，犯罪主体是一般主体。

第四，主观方面是故意，过失不构成本罪。

（4）罪名界定

根据《刑法》第324条第2款的规定，构成本罪必须是损毁名胜古迹的行为"情节严重"，如果情节显著轻微，危害不大，不认为是犯罪行为。

（5）量刑幅度

根据《刑法》第324条第2款的规定，犯本罪情节严重的，处5年以下有期徒刑或者拘役，并处或者单处罚金。

3. 过失损毁文物罪（第324条第3款）

（1）罪名概念

过失损毁文物罪，是指过失损毁国家保护的珍贵文物或者全国重点文物保护单位、省级文物保护单位的文物，造成严重后果的行为。

（2）法律规定

①本罪名是由《刑法》第324条第3款规定的。该条款规定："过失损毁国家保护的珍贵文物

或者被确定为全国重点文物保护单位、省级文物保护单位的文物，造成严重后果的，处三年以下有期徒刑或者拘役。”

②2008年6月25日最高人民检察院、公安部《关于公安机关管辖的刑事案件立案追诉标准的规定(一)》第48条规定：“过失损毁国家保护的珍贵文物或者被确定为全国重点文物保护单位、省级文物保护单位的文物，涉嫌下列情形之一的，应予立案追诉：(一)造成珍贵文物严重损毁的；(二)造成被确定为全国重点文物保护单位、省级文物保护单位的文物严重损毁的；(三)造成珍贵文物损毁三件以上的；(四)其他造成严重后果的情形。”

③2015年12月30日最高人民法院、最高人民检察院《关于办理妨害文物管理等刑事案件适用法律若干问题的解释》第3条、第5条、第11条、第12条和第13条规定：“全国重点文物保护单位、省级文物保护单位的本体，应当认定为刑法第三百二十四条第一款规定的‘被确定为全国重点文物保护单位、省级文物保护单位的文物’。

故意损毁国家保护的珍贵文物或者被确定为全国重点文物保护单位、省级文物保护单位的文物，具有下列情形之一的，应当认定为刑法第三百二十四条第一款规定的‘情节严重’：

(一)造成五件以上三级文物损毁的；

(二)造成二级以上文物损毁的；

(三)致使全国重点文物保护单位、省级文物保护单位的本体严重损毁或者灭失的；

(四)多次损毁或者损毁多处全国重点文物保护单位、省级文物保护单位的本体的；

(五)其他情节严重的情形。

实施前款规定的行为，拒不执行国家行政主管部门作出的停止侵害文物的行政决定或者命令的，酌情从重处罚。”

“过失损毁国家保护的珍贵文物或者被确定为全国重点文物保护单位、省级文物保护单位的文物，具有本解释第三条第二款第一项至第三项规定情形之一的，应当认定为刑法第三百二十四条第三款规定的‘造成严重后果’。”

“单位实施走私文物、倒卖文物等行为，构成犯罪的，依照本解释规定的相应自然人犯罪的定罪量刑标准，对直接负责的主管人员和其他直接责任人员定罪处罚，并对单位判处罚金。

公司、企业、事业单位、机关、团体等单位实施盗窃文物，故意损毁文物、名胜古迹，过失损毁文物，盗掘古文化遗址、古墓葬等行为的，依照本解释规定的相应定罪量刑标准，追究组织者、策划者、实施者的刑事责任。”

“针对不可移动文物整体实施走私、盗窃、倒卖等行为的，根据所属不可移动文物的等级，依照本解释第一条、第二条、第六条的规定定罪量刑：

(一)尚未被确定为文物保护单位的不可移动文物，适用一般文物的定罪量刑标准；

(二)市、县级文物保护单位，适用三级文物的定罪量刑标准；

(三)全国重点文物保护单位、省级文物保护单位，适用二级以上文物的定罪量刑标准。

针对不可移动文物中的建筑构件、壁画、雕塑、石刻等实施走私、盗窃、倒卖等行为的，根据建筑构件、壁画、雕塑、石刻等文物本身的等级或者价值，依照本解释第一条、第二条、第六条的规定定罪量刑。建筑构件、壁画、雕塑、石刻等所属不可移动文物的等级，应当作为量刑情节予以考虑。”

“案件涉及不同等级的文物的，按照高级别文物的量刑幅度量刑；有多件同级文物的，五件同级文物视为一件高一级文物，但是价值明显不相当的除外。”

(3)构成要件

第一，本罪侵犯的客体是国家对珍贵文物的保护制度。犯罪对象是珍贵文物或者全国重点文物保护单位、省级文物保护单位的文物。

第二,客观方面表现为损毁珍贵文物,造成了严重后果的行为。

第三,本罪的主体是一般主体,即凡是达到刑事责任年龄,具有刑事责任能力的自然人,都可以成为本罪的主体。

第四,主观方面是过失,即行为人因为疏忽大意没有预见到其行为可能发生致使珍贵文物损毁的严重后果,或者虽然已经预见到,但是轻信可以避免,以致没有避免而发生了严重后果。

(4)罪名界定

第一,关于本罪的认定。认定本罪要注意两点:①主观方面是过失。应该查明行为人在具体情况下,对损毁的结果是否应该预见而没有预见。如果对这种危害结果应当预见,但是因为疏忽大意而没有预见,则构成本罪;如果对这种危害结果根本不可能预见到,如因为地震、洪水等自然灾害引起文物损毁的,这属于意外事件,行为人对此不负刑事责任。②必须造成了严重后果。

第二,本罪与玩忽职守罪的区别有以下几点:本罪是一般主体,而玩忽职守罪是特殊主体,只能由国家工作人员构成。二者的犯罪对象也不同。本罪的犯罪对象是国家保护的珍贵文物或者国家、省级重点文物保护单位的文物;而玩忽职守罪侵犯的犯罪对象是公共财产、国家和人民利益。如果文物管理部门的国家工作人员因为玩忽职守,致使国家保护的珍贵文物,国家、省级文物保护单位的文物受到严重损毁的,应当按照处理想象竞合犯的原则,选择一个重罪处罚,即对情节严重的,按过失损毁文物罪定罪处罚;对于情节特别严重的,按照玩忽职守罪定罪处罚。

第三,本罪与失职造成珍贵文物损毁、流失罪不同,具体表现在客观方面。本罪是在日常生活中因为过失损毁文物,而后者是因为行为人在履行职责时,由于严重不负责任,不履行或者不正确履行职责,造成了珍贵文物损毁或者流失。二者的犯罪主体也不同。本罪是一般主体,而后者的主体是国家机关工作人员。

(5)量刑幅度

根据《刑法》第324条的规定,犯本罪的,判处3年以下有期徒刑或者拘役。

4. 非法向外国人出售、赠送珍贵文物罪(第325条)

(1)罪名概念

非法向外国人出售、赠送珍贵文物罪,是指违反文物保护法规,将收藏的国家禁止出口的珍贵文物私自出售或者私自赠送给外国人的行为。

(2)法律规定

本罪名是由《刑法》第325条规定的。该条规定:“违反文物保护法规,将收藏的国家禁止出口的珍贵文物私自出售或者私自赠送给外国人的,处五年以下有期徒刑或者拘役,可以并处罚金。

单位犯前款罪的,对单位判处罚金,并对其直接负责的主管人员和其他直接责任人员,依照前款的规定处罚。”

(3)构成要件

第一,本罪侵犯的客体是国家对珍贵文物的管理制度。犯罪对象是单位或者个人收藏的国家禁止出口的珍贵文物。

第二,客观方面表现为违反文物保护法规,将自己收藏的国家禁止出境的珍贵文物私自出售或者私自赠送给外国人的行为。

第三,犯罪主体是一般主体,既包括自然人,也包括单位。

第四,主观方面是故意,即明知是国家禁止出口的珍贵文物而私自向外国人出售或者赠送的心理态度。

(4)罪名界定

第一,根据《刑法》第325条的规定,构成本罪必须同时具备以下四点:①行为人的主观心态是故意。如果出售、赠送珍贵文物时,不知道是国家禁止出口的珍贵文物,则不构成本罪。②必须是私自出售、赠送的才构成本罪,如果是经过批准,是合法的,则不能按本罪论处。③只有是珍贵文物,才构成本罪,如果是出售、赠送一般文物,不构成本罪。④只向外国人私自出售、赠送珍贵文物的才能构成本罪,如果不是向外国人,而是向中国公民私自出售、赠送珍贵文物的,不构成本罪。

第二,本罪与走私罪的区别有以下几点:①侵犯的客体不同。后者侵犯的是国家海关监管制度;而前者侵犯的是国家对文物保护和管理的制度。②犯罪对象范围不同。走私罪的犯罪对象范围比较广,如有武器、弹药、伪造的货币、珍贵动物及其制品以及其他国家禁止进出口的货物、限制进出口的物品等;而前者的犯罪对象是国家禁止出口的珍贵文物。③犯罪行为方式不同。走私罪的行为方式多是违反海关法规,逃避海关监管、检查和管理,进行走私;而前者表现为私自向外国人出售或者赠送珍贵文物的行为。④主观方面不同。走私是以营利为目的;而本罪的目的不一定是营利。

(5)量刑幅度

根据《刑法》第325条规定,对犯本罪的处罚分以下2个档次:

一是犯本罪的,处5年以下有期徒刑或者拘役,可以并处罚金。

二是单位犯本罪的,对单位判处罚金,并且对直接负责的主管人员和其他责任人员,按照上述规定处罚。

5. 倒卖文物罪(第326条)

(1)罪名概念

倒卖文物罪,是指以营利为目的,倒卖国家禁止经营的文物,情节严重的行为。

(2)法律规定

①本罪名是由《刑法》第326条规定的。该条规定:"以牟利为目的,倒卖国家禁止经营的文物,情节严重的,处五年以下有期徒刑或者拘役,并处罚金;情节特别严重的,处五年以上十年以下有期徒刑,并处罚金。

单位犯前款罪的,对单位判处罚金,并对其直接负责的主管人员和其他直接责任人员,依照前款的规定处罚。"

②2005年12月29日全国人民代表大会常务委员会《关于〈中华人民共和国刑法〉有关文物的规定适用于具有科学价值的古脊椎动物化石、古人类化石的解释》规定:"刑法有关文物的规定,适用于具有科学价值的古脊椎动物化石、古人类化石。"

③2015年12月30日最高人民法院、最高人民检察院《关于办理妨害文物管理等刑事案件适用法律若干问题的解释》第6条、第11条、第12条和第13条规定:"出售或者为出售而收购、运输、储存《中华人民共和国文物保护法》规定的'国家禁止买卖的文物'的,应当认定为刑法第三百二十六条规定的'倒卖国家禁止经营的文物'。

倒卖国家禁止经营的文物,具有下列情形之一的,应当认定为刑法第三百二十六条规定的'情节严重':

(一)倒卖三级文物的;

(二)交易数额在五万元以上的;

（三）其他情节严重的情形。

实施前款规定的行为，具有下列情形之一的，应当认定为刑法第三百二十六条规定的‘情节特别严重’：

（一）倒卖二级以上文物的；

（二）倒卖三级文物五件以上的；

（三）交易数额在二十五万元以上的；

（四）其他情节特别严重的情形。”

“单位实施走私文物、倒卖文物等行为，构成犯罪的，依照本解释规定的相应自然人犯罪的定罪量刑标准，对直接负责的主管人员和其他直接责任人员定罪处罚，并对单位判处罚金。

公司、企业、事业单位、机关、团体等单位实施盗窃文物，故意损毁文物、名胜古迹，过失损毁文物，盗掘古文化遗址、古墓葬等行为的，依照本解释规定的相应定罪量刑标准，追究组织者、策划者、实施者的刑事责任。”

“针对不可移动文物整体实施走私、盗窃、倒卖等行为的，根据所属不可移动文物的等级，依照本解释第一条、第二条、第六条的规定定罪量刑：

（一）尚未被确定为文物保护单位的不可移动文物，适用一般文物的定罪量刑标准；

（二）市、县级文物保护单位，适用三级文物的定罪量刑标准；

（三）全国重点文物保护单位、省级文物保护单位，适用二级以上文物的定罪量刑标准。

针对不可移动文物中的建筑构件、壁画、雕塑、石刻等实施走私、盗窃、倒卖等行为的，根据建筑构件、壁画、雕塑、石刻等文物本身的等级或者价值，依照本解释第一条、第二条、第六条的规定定罪量刑。建筑构件、壁画、雕塑、石刻等所属不可移动文物的等级，应当作为量刑情节予以考虑。”

“案件涉及不同等级的文物的，按照高级别文物的量刑幅度量刑；有多件同级文物的，五件同级文物视为一件高一级文物，但是价值明显不相当的除外。”

(3)构成要件

第一，本罪侵犯的客体是国家对文物的管理制度。犯罪对象是国家禁止经营的文物。

第二，客观方面表现为实施了非法倒卖国家文物的行为。首先是倒卖国家禁止经营的文物；其次是必须情节严重。

第三，犯罪主体是一般主体。

第四，主观方面是故意，即明知是国家禁止经营的文物而实施倒卖行为，并且具有非法牟利的目的。

(4)罪名界定

第一，根据《刑法》第326条的规定，认定本罪要同时具备以下三个条件：①行为人主观方面是以营利为目的的。②倒卖的确实是国家禁止经营的文物。③倒卖文物情节严重，只有情节严重的，才能构成本罪。所谓“情节严重”，是指倒卖珍贵文物，多次倒卖文物，倒卖文物数额较大，倒卖给外国人，经行政处罚仍然不悔改的，利用职权倒卖，具有其他情节严重的行为。

第二，本罪与非法出售、私赠文物藏品罪的区别在于：①犯罪对象不同。前者是国家禁止自由买卖的文物，既包括珍贵文物，也有非珍贵文物。出卖的文物既可以是自己收藏的文物，也可以是为贩卖而买以及其他途径所得的文物。而后者只能是自己收藏的珍贵文物。②客观方面不同。前者只能是倒买倒卖行为。后者既可以是出售，也可以是赠送。同时，后者要求出售珍贵文物的收受人必须是外国人。③主观方面不同。前者必须是以营利为目的；后者没有这一要求。

(5)量刑幅度

根据《刑法》第326条的规定,对犯本罪的处罚分以下3个档次:

一是情节严重的,处5年以下有期徒刑或者拘役,并处罚金。

二是情节特别严重的,处5年以上10年以下有期徒刑,并处罚金。

三是单位犯本罪的,对单位判处罚金,并且对直接负责的主管人员和其他直接责任人员,依照上述规定处罚。

6. 非法出售、私赠文物藏品罪(第327条)

(1)罪名概念

非法出售、私赠文物藏品罪,是指违反文物保护法规,国有博物馆、图书馆等单位,将国家保护的文物藏品出售或者私自赠送给非国有单位或者个人的行为。

(2)法律规定

①本罪名是由《刑法》第327条规定的。该条规定:"违反文物保护法规,国有博物馆、图书馆等单位将国家保护的文物藏品出售或者私自送给非国有单位或者个人的,对单位判处罚金,并对其直接负责的主管人员和其他直接责任人员,处三年以下有期徒刑或者拘役。"

②2015年12月30日最高人民法院、最高人民检察院《关于办理妨害文物管理等刑事案件适用法律若干问题的解释》第7条、第11条、第12条和第13条规定:"国有博物馆、图书馆以及其他国有单位,违反文物保护法规,将收藏或者管理的国家保护的文物藏品出售或者私自送给非国有单位或者个人的,依照刑法第三百二十七条的规定,以非法出售、私赠文物藏品罪追究刑事责任。"

"单位实施走私文物、倒卖文物等行为,构成犯罪的,依照本解释规定的相应自然人犯罪的定罪量刑标准,对直接负责的主管人员和其他直接责任人员定罪处罚,并对单位判处罚金。

公司、企业、事业单位、机关、团体等单位实施盗窃文物,故意损毁文物、名胜古迹,过失损毁文物,盗掘古文化遗址、古墓葬等行为的,依照本解释规定的相应定罪量刑标准,追究组织者、策划者、实施者的刑事责任。"

"针对不可移动文物整体实施走私、盗窃、倒卖等行为的,根据所属不可移动文物的等级,依照本解释第一条、第二条、第六条的规定定罪量刑:

(一)尚未被确定为文物保护单位的不可移动文物,适用一般文物的定罪量刑标准;

(二)市、县级文物保护单位,适用三级文物的定罪量刑标准;

(三)全国重点文物保护单位、省级文物保护单位,适用二级以上文物的定罪量刑标准。

针对不可移动文物中的建筑构件、壁画、雕塑、石刻等实施走私、盗窃、倒卖等行为的,根据建筑构件、壁画、雕塑、石刻等文物本身的等级或者价值,依照本解释第一条、第二条、第六条的规定定罪量刑。建筑构件、壁画、雕塑、石刻等所属不可移动文物的等级,应当作为量刑情节予以考虑。"

"案件涉及不同等级的文物的,按照高级别文物的量刑幅度量刑;有多件同级文物的,五件同级文物视为一件高一级文物,但是价值明显不相当的除外。"

(3)构成要件

第一,本罪侵犯的客体是复杂客体,不仅侵犯了国家对文物保护的管理制度,而且侵犯了国家的文物所有权。

第二,客观方面表现为国有博物馆、图书馆等单位,违反文物保护法规,将国家保护的文物藏品出售或者私自赠送给非国有单位或者个人的行为。

第三,本罪主体是国有博物馆、图书馆等单位。非国有单位和个人,不能成为本罪的主体。

第四,主观方面是故意,即明知是本单位收藏的文物,而故意出售或者私自赠送给非国有单位或者个人。

(4)罪名界定

第一,根据《刑法》第327条的规定,构成本罪应具备以下条件:一是违反了文物保护法规,出售、赠送文物藏品没有经过文化行政管理部门批准;二是违反文物保护法规的是国有博物馆、图书馆等单位;三是将国家保护的文物藏品出售或者私自送给非国有单位或者个人。如果将文物出售或者赠送给国有单位,则不构成本罪。这里所说的"个人",是指具有中国国籍的人,而不包括外国人。同时具备这3个条件的则构成本罪。当然也应该考虑情节因素,如果有证据证明确实是情节显著轻微,危害不大的,根据《刑法》第13条的规定,不作为犯罪处理。

第二,本罪与非法向外国人出售、赠送珍贵文物罪的主要区别有以下几点:一是犯罪主体不同。前者的主体是特殊主体,即国有博物馆、图书馆等单位,个人不能构成该罪的主体;而后罪的主体是一般主体,包括自然人和普通单位。二是犯罪对象不同。前罪的对象是国有博物馆、图书馆等单位收藏的文物;而后罪的对象是单位或者个人收藏的国家禁止出口的珍贵文物,出售或者赠送一般文物,不能构成该罪。三是出售或者赠送的对象不同。前者是非国有单位和具有中国国籍的自然人;而后者出售、赠送的对象是外国人,包括自然人和外国法人。四是侵犯的客体不同。前者侵犯的客体是复杂客体,即国家对文物保护的管理制度和国家的文物所有权;而后者侵犯的客体是简单客体,即国家对文物的正常管理活动。

第三,本罪与倒卖文物罪的区别有以下几点:首先,犯罪主体不同。本罪只能由国有博物馆、图书馆等单位实施,而后者实施犯罪的单位不仅仅是国有博物馆、图书馆等,还包括有权或者无权经营文物的单位。其次,销售对象不同。本罪只限于非国有单位或者个人,而后者可能是销售给任何人。最后,主观方面不同。本罪不一定要以牟利为目的,而后者必须是以牟利为目的。

(5)量刑幅度

根据《刑法》第327条的规定,犯本罪的,对单位判处罚金,并且对其直接负责的主管人员和其他直接责任人员,处3年以下有期徒刑或者拘役。

7. 盗掘古文化遗址、古墓葬罪(第328条第1款)

(1)罪名概念

盗掘古文化遗址、古墓葬罪,是指违反国家文物保护法规,盗掘具有历史、艺术、科学价值的古文化遗址、古墓葬的行为。

(2)法律规定

①本罪名是由《刑法》第328条第1款规定的。该条规定:"盗掘具有历史、艺术、科学价值的古文化遗址、古墓葬的,处三年以上十年以下有期徒刑,并处罚金;情节较轻的,处三年以下有期徒刑、拘役或者管制,并处罚金;有下列情形之一的,处十年以上有期徒刑或者无期徒刑,并处罚金或者没收财产:

(一)盗掘确定为全国重点文物保护单位和省级文物保护单位的古文化遗址、古墓葬的;

(二)盗掘古文化遗址、古墓葬集团的首要分子;

(三)多次盗掘古文化遗址、古墓葬的;

(四)盗掘古文化遗址、古墓葬,并盗窃珍贵文物或者造成珍贵文物严重破坏的。"

②2015年12月30日最高人民法院、最高人民检察院《关于办理妨害文物管理等刑事案件适用法律若干问题的解释》第8条规定:"刑法第三百二十八条第一款规定的'古文化遗址、古墓

葬'包括水下古文化遗址、古墓葬。'古文化遗址、古墓葬'不以公布为不可移动文物的古文化遗址、古墓葬为限。

实施盗掘行为,已损害古文化遗址、古墓葬的历史、艺术、科学价值的,应当认定为盗掘古文化遗址、古墓葬罪既遂。

采用破坏性手段盗窃古文化遗址、古墓葬以外的古建筑、石窟寺、石刻、壁画、近代现代重要史迹和代表性建筑等其他不可移动文物的,依照刑法第二百六十四条的规定,以盗窃罪追究刑事责任。"

(3)构成要件

第一,本罪侵犯的客体是国家对古文化遗址、古墓葬的管理制度以及国家对古文化遗址、古墓葬的所有权。侵犯的对象仅限于具有历史、艺术、科学价值的古文化遗址、古墓葬。

第二,客观方面表现为盗掘古文化遗址、古墓葬的行为。

第三,犯罪主体是一般主体。

第四,主观方面是故意,即明知是古文化遗址、古墓葬而私自盗掘。如果是在工程建筑或者农田水利基本建设中,无意中掘毁地下古墓葬、古文化遗址的过失不能构成本罪。

(4)罪名界定

第一,根据1987年11月27日最高人民法院、最高人民检察院《关于办理盗窃、盗掘、非法经营和走私文物的案件具体应用法律的若干问题的解释》(现已失效)的规定,认定本罪应注意以下问题:

一是按照国家文物主管部门的规定,清代和清代以前的古墓葬、古遗址,受国家保护;辛亥革命以后,与历史和著名历史事件有关的名人墓葬、古遗址和纪念地,也视同古墓葬、古遗址,受国家保护;二是依照文物保护法的规定,处理这类案件,不以被盗掘的古墓葬、古遗址是否已确定为重点文物保护单位为限,但对于盗掘已被确定为重点文物保护单位的古墓葬、古遗址(包括国家级、省级和县级)的,应当从重处罚;三是对于群众性的盗掘古墓葬、古遗址案件,要实行惩办少数、教育多数的原则,区别对待。惩处的重点应当是盗掘集团或者聚众盗掘的首要分子、共同犯罪的主犯、教唆犯、惯犯,以及与走私、盗运珍贵文物出口的罪犯有勾结的主要犯罪分子;四是任何单位或个人,对施工、生产中出土的文物进行哄抢或者私分、私留的,对参与人员分别以抢夺罪或者盗窃罪论处;对情节显著轻微的,由主管部门予以行政处罚。但文物必须追缴,送文物主管部门。

第二,本罪与故意损毁文物罪、故意损毁名胜古迹罪有以下几个区别:一是犯罪对象的范围不同。本罪的犯罪对象专指古文化遗址、古墓葬;而故意损毁文物罪,其犯罪对象是专指珍贵文物或者被确定为全国重点文物保护单位、省级文物保护单位的文物;故意损毁名胜古迹罪的犯罪对象是专指名胜、古迹。二是行为方式不同。本罪是盗掘行为,即挖掘毁坏又窃取;而后两种犯罪是损毁行为。三是犯罪的目的不同。本罪一般具有非法占有文物的目的;而后两种罪不具有这一目的。

(5)量刑幅度

根据《刑法》第328条第1款的规定,对犯本罪的处罚分以下3个档次:

一是情节一般的,处3年以上10年以下有期徒刑,并处罚金。

二是情节较轻的,处3年以下有期徒刑、拘役或者管制,并处罚金。

三是有下列情形之一的,处10年以上有期徒刑或者无期徒刑,并处罚金或者没收财产:①盗掘确定为全国重点文物保护单位和省级文物保护单位的古文化遗址、古墓葬的;②盗掘古文化遗址、古墓葬集团的首要分子;③多次盗掘古文化遗址、古墓葬的;④盗掘古文化遗址、古墓葬,并盗窃珍贵文物或者造成珍贵文物严重破坏的。

8. 盗掘古人类化石、古脊椎动物化石罪(第328条第2款)

(1)罪名概念

盗掘古人类化石、古脊椎动物化石罪,是指以非法占有古人类化石、古脊椎动物化石为目的,私自秘密挖掘古人类化石、古脊椎动物化石的行为。

(2)法律规定

本罪名是由《刑法》第328条第2款规定的。《刑法》第328条规定:"盗掘具有历史、艺术、科学价值的古文化遗址、古墓葬的,处三年以上十年以下有期徒刑,并处罚金;情节较轻的,处三年以下有期徒刑、拘役或者管制,并处罚金;有下列情形之一的,处十年以上有期徒刑或者无期徒刑,并处罚金或者没收财产:

(一)盗掘确定为全国重点文物保护单位和省级文物保护单位的古文化遗址、古墓葬的;

(二)盗掘古文化遗址、古墓葬集团的首要分子;

(三)多次盗掘古文化遗址、古墓葬的;

(四)盗掘古文化遗址、古墓葬,并盗窃珍贵文物或者造成珍贵文物严重破坏的。

盗掘国家保护的具有科学价值的古人类化石和古脊椎动物化石的,依照前款的规定处罚。"

(3)构成要件

第一,本罪侵犯的客体是国家对古人类化石、古脊椎动物化石的保护管理制度和社会管理秩序。犯罪对象是古人类化石和古脊椎动物化石。

第二,客观方面表现为盗掘古人类化石、古脊椎动物化石的行为。

第三,本罪的主体是一般主体,即凡是达到刑事责任年龄,具有刑事责任能力的自然人,都可以成为本罪的主体。

第四,主观方面是故意,即行为人明知是具有科学价值的古人类化石、古脊椎动物化石而故意私自挖掘。

(4)罪名界定

第一,关于本罪的认定。在盗掘古人类化石、古脊椎动物化石的犯罪中,行为人如果将其盗得的物品出售或者私自赠送给外国人,行为人可能触犯了其他罪名。其盗掘行为如果与后来的出售、私自赠送的行为没有必然的牵连关系,实际上属于主观故意各不相同、客观行为各自独立的数个犯罪构成,对这种情况分别定罪,实行数罪并罚。

如果既盗掘古文化遗址、古墓葬,又盗掘古人类化石、古脊椎动物化石的,应该根据不同情况处理。如果是针对不同的遗址、化石实施的,或者在不同的时间分别实施的,应当实行数罪并罚。如果对同一批遗址、化石实施,也就是说,一种行为同时触犯了两种罪名,不应当数罪并罚,可以在这两种犯罪中,选择其中一种处罚较重的罪名来定罪处罚。

第二,本罪与盗窃罪的区别有以下几点:一是犯罪客体不同。本罪侵犯的客体是国家对文物的保护管理制度和社会管理秩序,其犯罪对象限于古人类化石和古脊椎动物化石;而后罪侵犯的客体是公私财产所有权,侵犯的对象是国家、集体或者个人所有的各种财物。二是犯罪的客观方面不同。本罪表现为盗掘古人类化石、古脊椎动物化石的行为。这种行为,既可以是秘密的,也可以是公开的;而后罪只能是秘密窃取他人财物。

第三,本罪与损毁文物罪和损毁名胜古迹罪的区别有以下几点:一是侵犯的对象不同。本罪侵犯的对象是古人类化石和古脊椎动物化石;而后罪侵犯的对象是珍贵文物和名胜古迹。二是犯罪手段不同。本罪是采取秘密窃取的手段,挖掘古人类化石和古脊椎动物化石;而后罪则是对珍贵文物和名胜古迹进行损毁和破坏。三是犯罪目的不同。本罪行为人的目的是非法占有；而后罪则是为了破坏珍贵文物和名胜古迹。

(5)量刑幅度

根据《刑法》第328条的规定，对犯本罪的处罚分以下3个档次：

一是构成犯罪的，处3年以上10年以下有期徒刑，并处罚金。

二是情节较轻的，处3年以下有期徒刑、拘役或者管制，并处罚金。

三是有下列情形之一的，处10年以上有期徒刑或者无期徒刑，并处罚金或者没收财产：①盗掘确定为全国重点保护或者省级重点保护的古人类化石、古脊椎动物化石的；②盗掘古人类化石、古脊椎动物化石的首要分子；③多次盗掘古人类化石、古脊椎动物化石的；④盗掘珍贵古人类化石、古脊椎动物化石，造成古人类化石、古脊椎动物化石严重破坏的。

9. 抢夺、窃取国有档案罪(第329条第1款)

(1)罪名概念

抢夺、窃取国有档案罪，是指抢夺、窃取国家所有的档案的行为。

(2)法律规定

本罪名是由《刑法》第329条第1款规定的。《刑法》第329条规定："抢夺、窃取国家所有的档案的，处五年以下有期徒刑或者拘役。

违反档案法的规定，擅自出卖、转让国家所有的档案，情节严重的，处三年以下有期徒刑或者拘役。

有前两款行为，同时又构成本法规定的其他犯罪的，依照处罚较重的规定定罪处罚。"

(3)构成要件

第一，本罪侵犯的客体是国家档案的所有权。犯罪对象是国家档案。

第二，客观方面表现为抢夺、窃取国家所有的档案的行为。

第三，本罪的主体是一般主体，只限于自然人。

第四，主观方面是故意。

(4)罪名界定

认定本罪需要注意以下问题。行为人主观上如果有为境外的机构、组织、人员窃取、刺探和非法提供国家秘密的目的，实施了抢夺、窃取涉及国家秘密的国有档案，那么，行为人的行为分别构成了为境外窃取、刺探、非法提供国家秘密罪和本罪。由于这两种犯罪的目的、手段相同，构成了牵连犯，应当选择其中的一个重罪处罚。本罪最高法定刑是有期徒刑5年，而为境外窃取、刺探、非法提供国家秘密罪的最高法定刑是无期徒刑。依照《刑法》第329条第3款的规定，应当对行为人的行为按照为境外窃取、刺探、非法提供国家秘密罪定罪量刑。如果行为人在抢夺、窃取涉及国家秘密的国有档案得逞之后，又故意或者过失地泄露了档案中的国家秘密，则是先后发生两个独立的行为，分别构成本罪和泄露国家秘密罪两个独立犯罪，应当实行数罪并罚。

(5)量刑幅度

根据《刑法》第329条第1款的规定，犯本罪的，处5年以下有期徒刑或者拘役。

10. 擅自出卖、转让国有档案罪(第329条第2款)

(1)罪名概念

擅自出卖、转让国有档案罪，是指违反档案法的规定，擅自出卖、转让国家所有的档案，情节严重的行为。

(2)法律规定

本罪名是由《刑法》第329条第2款规定的。《刑法》第329条规定:“抢夺、窃取国家所有的档案的,处五年以下有期徒刑或者拘役。

违反档案法的规定,擅自出卖、转让国家所有的档案,情节严重的,处三年以下有期徒刑或者拘役。

有前两款行为,同时又构成本法规定的其他犯罪的,依照处罚较重的规定定罪处罚。”

(3)构成要件

第一,本罪侵犯的客体是国家对档案的管理制度。犯罪对象是国家所存的档案。

第二,客观方面表现为违反档案法的规定,擅自出卖、转让国家所有的档案,情节严重的行为。

第三,本罪的主体是一般主体,凡是达到刑事责任年龄,具有刑事责任能力的自然人都可以构成本罪的主体。

第四,主观方面是故意。

(4)罪名界定

第一,根据《刑法》第329条第2款的规定,构成本罪必须具备以下两点:一是必须具备严重的情节。所谓严重情节,一般认为是出卖、转让大量档案,或者获利较大;出卖、转让保密档案,造成严重后果或者影响的,等等。如果行为显著轻微,危害不大,不具备严重的情节,不以犯罪论处。二是本罪是故意犯罪,过失不能构成本罪。如果行为人误将国有档案当废纸出售,不构成本罪,严重的可按过失泄露国家秘密罪论处。

第二,行为人擅自出卖、转让涉及国家秘密的国家档案,从而造成国家秘密的泄露,则同时构成了本罪和泄露国家秘密罪。根据《刑法》第329条第3款的规定,应当按照泄露国家秘密罪定罪处罚。如果行为人明知对方是为境外的机构、组织、人员窃取、刺探、收买、非法提供国家秘密,而仍然擅自出卖、转让涉及国家秘密的国家档案,则构成窃取、刺探、收买、非法提供国家秘密罪的共犯。

(5)量刑幅度

根据《刑法》第329条第2款的规定,犯本罪的,处3年以下有期徒刑或者拘役。

如果犯本罪的同时又构成刑法规定的其他犯罪,依照处罚较重的规定来定罪处罚。

(五)危害公共卫生罪

1. 妨害传染病防治罪(第330条)

(1)罪名概念

妨害传染病防治罪,是指违反传染病防治法规定,引起甲类传染病以及依法确定采取甲类传染病预防、控制措施的传染病传播或者有传播严重危险的行为。

(2)法律规定

①本罪名是由《刑法》第330条规定的。该条规定:“违反传染病防治法的规定,有下列情形之一,引起甲类传染病以及依法确定采取甲类传染病预防、控制措施的传染病传播或者有传播严重危险的,处三年以下有期徒刑或者拘役;后果特别严重的,处三年以上七年以下有期徒刑:

(一)供水单位供应的饮用水不符合国家规定的卫生标准的;

(二)拒绝按照疾病预防控制机构提出的卫生要求,对传染病病原体污染的污水、污物、场所和物品进行消毒处理的；

（三）准许或者纵容传染病病人、病原携带者和疑似传染病病人从事国务院卫生行政部门规定禁止从事的易使该传染病扩散的工作的；

（四）出售、运输疫区中被传染病病原体污染或者可能被传染病病原体污染的物品，未进行消毒处理的；

（五）拒绝执行县级以上人民政府、疾病预防控制机构依照传染病防治法提出的预防、控制措施的。

单位犯前款罪的，对单位判处罚金，并对其直接负责的主管人员和其他直接责任人员，依照前款的规定处罚。

甲类传染病的范围，依照《中华人民共和国传染病防治法》和国务院有关规定确定。”

②2008年6月25日最高人民检察院、公安部《关于公安机关管辖的刑事案件立案追诉标准的规定（一）》第49条规定：“违反传染病防治法的规定，引起甲类或者按照甲类管理的传染病传播或者有传播严重危险，涉嫌下列情形之一的，应予立案追诉：

（一）供水单位供应的饮用水不符合国家规定的卫生标准的；

（二）拒绝按照疾病预防控制机构提出的卫生要求，对传染病病原体污染的污水、污物、粪便进行消毒处理的；

（三）准许或者纵容传染病病人、病原携带者和疑似传染病病人从事国务院卫生行政部门规定禁止从事的易使该传染病扩散的工作的；

（四）拒绝执行疾病预防控制机构依照传染病防治法提出的预防、控制措施的。

本条和本规定第五十条规定的‘甲类传染病’，是指鼠疫、霍乱；‘按甲类管理的传染病’，是指乙类传染病中传染性非典型肺炎、炭疽中的肺炭疽、人感染高致病性禽流感以及国务院卫生行政部门根据需要报经国务院批准公布实施的其他需要按甲类管理的乙类传染病和突发原因不明的传染病。”

③2020年2月6日最高人民法院、最高人民检察院、公安部、司法部《关于依法惩治妨害新型冠状病毒感染肺炎疫情防控违法犯罪的意见》规定：“故意传播新型冠状病毒感染肺炎病原体，具有下列情形之一，危害公共安全的，依照刑法第一百一十四条、第一百一十五条第一款的规定，以以危险方法危害公共安全罪定罪处罚：1. 已经确诊的新型冠状病毒感染肺炎病人、病原携带者，拒绝隔离治疗或者隔离期未满擅自脱离隔离治疗，并进入公共场所或者公共交通工具的；2. 新型冠状病毒感染肺炎疑似病人拒绝隔离治疗或者隔离期未满擅自脱离隔离治疗，并进入公共场所或者公共交通工具，造成新型冠状病毒传播的。其他拒绝执行卫生防疫机构依照传染病防治法提出的防控措施，引起新型冠状病毒传播或者有传播严重危险的，依照刑法第三百三十条的规定，以妨害传染病防治罪定罪处罚。”

（3）构成要件

第一，本罪侵害的客体是国家关于传染病防治的管理秩序和公众的身体健康。

第二，客观方面有下列两种表现：第一种是违反传染病防治法的规定，具有下列行为之一的：一是供水单位供应的饮用水不符合国家规定的卫生标准的；二是拒绝按照疾病预防控制机构提出的卫生要求，对传染病病原体污染的污水、污物、场所和物品进行消毒处理的；三是准许或者纵容传染病病人、病原携带者和疑似传染病病人从事国务院卫生行政部门规定禁止从事的易使该传染病扩散的工作的；四是出售、运输疫区中被传染病病原体污染或者可能被传染病病原体污染的物品，未进行消毒处理的；五是拒绝执行县级以上人民政府、疾病预防控制机构依照传染病防治法提出的预防、控制措施的。第二种是引起甲类传染病以及依法确定采取甲类传染病预防、控制措施的传染病传播或者有传播严重危险的行为。

第三，犯罪主体是一般主体。自然人、单位都可以成为本罪的主体。

第四，主观方面是过失。但是，行为人对不执行防治法规定的行为则可能是故意。

(4)罪名界定

第一，关于本罪的认定。根据《刑法》第330条的规定，构成本罪，必须有引起甲类传染病以及依法确定采取甲类传染病预防、控制措施的传染病传播或者有传播严重危险的后果。因此，一般的违法行为，没有造成甲类传染病以及依法确定采取甲类传染病预防、控制措施的传染病传播的结果，或没有引起传播的严重危险，不构成本罪。

第二，本罪与传播性病罪的区别有以下几点：①犯罪客体不同。前者侵犯的是我国对传染病防治的管理秩序；而后者侵犯的客体是复杂客体，不只是侵犯了传染病管理制度，还扰乱了社会治安秩序，也侵犯了公民的身体健康权利。②犯罪的客观方面不同。前者表现为违反传染病防治法，引起甲类传染病以及依法确定采取甲类传染病预防、控制措施的传染病传播或者有传播严重危险的行为；而后者表现为明知自己有淋病、梅毒等严重性病而进行卖淫嫖娼的行为。③犯罪主体不同。前者为一般主体；而后者是特殊主体，具体是指年满16周岁，具有刑事责任能力，而且患有淋病、梅毒等严重性病的人。④主观要件不同。前者为过失；后者为故意。⑤法律规定传播的对象不同。前者是指甲类传染病以及依法确定采取甲类传染病预防、控制措施的传染病；而后者主要是淋病、梅毒等严重性病。

(5)量刑幅度

根据《刑法》第330条的规定，对犯本罪的处罚分以下3个档次：

一是情节一般的，处3年以下有期徒刑或者拘役。

二是后果特别严重的，处3年以上7年以下有期徒刑。

三是单位犯本罪的，对单位判处罚金，并且对直接负责的主管人员和其他直接责任人员，依照上述规定处罚。

2. 传染病菌种、毒种扩散罪(第331条)

(1)罪名概念

传染病菌种、毒种扩散罪，是指从事实验、保藏、携带、运输传染病菌种、毒种的人员，违反国务院卫生行政部门的有关规定，造成传染病菌种、毒种扩散，后果严重的行为。

(2)法律规定

①本罪名是由《刑法》第331条规定的。该条规定："从事实验、保藏、携带、运输传染病菌种、毒种的人员，违反国务院卫生行政部门的有关规定，造成传染病菌种、毒种扩散，后果严重的，处三年以下有期徒刑或者拘役；后果特别严重的，处三年以上七年以下有期徒刑。"

②2008年6月25日最高人民检察院、公安部《关于公安机关管辖的刑事案件立案追诉标准的规定(一)》第50条规定："从事实验、保藏、携带、运输传染病菌种、毒种的人员，违反国务院卫生行政部门的有关规定，造成传染病菌种、毒种扩散，涉嫌下列情形之一的，应予立案追诉：(一)导致甲类和按甲类管理的传染病传播的；(二)导致乙类、丙类传染病流行、暴发的；(三)造成人员重伤或者死亡的；(四)严重影响正常的生产、生活秩序的；(五)其他造成严重后果的情形。"

(3)构成要件

第一，本罪侵犯的客体是国家对传染病菌种、毒种的管理制度。

第二，犯罪的客观方面表现为从事实验、保藏、携带、运输传染病菌种、毒种的人员，在传染病菌种、毒种的实验、保藏、携带、运输过程中，违反了国务院卫生行政部门的有关传染病菌种、毒种的管理规定，造成传染病菌种、毒种扩散，后果严重的行为。

第三，本罪的主体是特殊主体，是从事实验、保藏、携带、运输传染病菌种、毒种的人员。

第四，本罪的主观方面是过失。

(4)罪名界定

第一，本罪与妨害传染病防治罪的区别有以下几点：①犯罪主体不同。本罪主体是从事实验、保藏、携带、运输传染病菌种、毒种的人员；后者是一般主体。其他单位不能构成本罪主体，但可以构成后者的主体。②客观表现不同。本罪表现为违反国务院卫生行政管理部门的有关规定，造成传染病菌种、毒种扩散，后果严重的行为。后者表现为违反传染病防治法的规定，有《刑法》第 330 条情形之一而引起甲类传染病传播或者传播严重危险的行为。③行为结果要求不同。本罪只有造成严重后果，才能构成犯罪。后者既可以是结果犯，又可以是危险犯。④犯罪对象不同。前者是传染病菌种、毒种；后者是甲类传染病，即鼠疫和霍乱等。

第二，本罪与过失投毒罪的区别有以下几点：本罪扩散的只能是传染病菌种、毒种，后罪则可以包括一切有毒物质在内。本罪发生的严重后果，是由于违反有关管理规定引起的，而后者是由于缺乏谨慎引起的。本罪的主体是特殊主体，是从事实验、保藏、携带、运输传染病菌种、毒种的人员；而后罪是一般主体。

(5)量刑幅度

根据《刑法》第 331 条的规定，对犯本罪的处罚分以下 2 个档次：

一是情节一般的，处 3 年以下有期徒刑或者拘役。

二是后果特别严重的，处 3 年以上 7 年以下有期徒刑。

3. 妨害国境卫生检疫罪(第 332 条)

(1)罪名概念

妨害国境卫生检疫罪，是指违反国境卫生检疫规定，引起检疫传染病的传播或者有引起检疫传染病传播严重危险的行为。

(2)法律规定

①本罪名是由《刑法》第 332 条规定的。该条规定："违反国境卫生检疫规定，引起检疫传染病传播或者有传播严重危险的，处三年以下有期徒刑或者拘役，并处或者单处罚金。

单位犯前款罪的，对单位判处罚金，并对其直接负责的主管人员和其他直接责任人员，依照前款的规定处罚。"

②2008 年 6 月 25 日最高人民检察院、公安部《关于公安机关管辖的刑事案件立案追诉标准的规定(一)》第 51 条规定："违反国境卫生检疫规定，引起检疫传染病传播或者有传播严重危险的，应予立案追诉。

本条规定的'检疫传染病'，是指鼠疫、霍乱、黄热病以及国务院确定和公布的其他传染病。"

(3)构成要件

第一，本罪侵犯的客体是国境卫生检疫规定和国境卫生检疫管理的正常秩序。

第二，在客观方面，行为人具有违反国境卫生检疫规定，并且引起或者可能引起检疫传染病传播的行为。

第三，犯罪主体是一般主体。主要是应该接受检疫的进出关口的人员。

第四，主观方面，对违反国境卫生检疫规定是故意，但对引起检疫传染病的传播或者有引起检疫传染病传播的严重危害后果是过失。

(4)罪名界定

第一,本罪与妨害传染病防治罪的区别有以下几点:①侵害的直接客体不同。本罪侵害的是国境卫生检疫管理制度;后者侵害的是国内的传染病防治管理秩序。②客观表现不同。本罪表现为违反国境卫生检疫规定,逃避对其人身和物品的检查;后者表现为违反传染病防治法的行为。③危害结果不同。本罪除了引起甲类传染病,还包括其他检疫传染病的传播或者传播的严重危险;后者仅限于引起甲类传染病的传播和有传播的严重危险。

第二,本罪与逃避动植物检疫罪的区别有以下几点:①接受检疫对象不同。前者检疫的对象是进出境的人和动植物以外的其他物品;后者检疫的对象是进出境的动植物、动植物产品和其他检疫物,如装载动植物、动植物产品的容器、包装物以及来自动植物检疫区的运输工具等。②犯罪的客观方面不同。前者是违反国境卫生检疫法的规定,引起检疫传染病传播,或者有引起检疫传染病传播的严重危险,既可以是结果犯,又可能是危险犯;而后者是违反进出境动植物检疫法的规定,引起了重大动植物疫情的危害结果,属于结果犯。

(5)量刑幅度

根据《刑法》第 332 条的规定,对犯本罪的处罚分以下 2 个档次:

一是犯本罪的,处 3 年以下有期徒刑或者拘役,并处或者单处罚金。

二是单位犯本罪的,对单位判处罚金,并对其直接负责的主管人员和其他直接责任人员,依上述规定处罚。

4. 非法组织卖血罪(第 333 条第 1 款)

(1)罪名概念

非法组织卖血罪,是指非法组织他人出卖血液的行为。

(2)法律规定

①本罪名是由《刑法》第 333 条第 1 款规定的。《刑法》第 333 条规定:"非法组织他人出卖血液的,处五年以下有期徒刑,并处罚金;以暴力、威胁方法强迫他人出卖血液的,处五年以上十年以下有期徒刑,并处罚金。

有前款行为,对他人造成伤害的,依照本法第二百三十四条的规定定罪处罚。"

②2008 年 6 月 25 日最高人民检察院、公安部《关于公安机关管辖的刑事案件立案追诉标准的规定(一)》第 52 条规定:"非法组织他人出卖血液,涉嫌下列情形之一的,应予立案追诉:

(一)组织卖血三人次以上的;

(二)组织卖血非法获利二千元以上的;

(三)组织未成年人卖血的;

(四)被组织卖血的人的血液含有艾滋病病毒、乙型肝炎病毒、丙型肝炎病毒、梅毒螺旋体等病原微生物的;

(五)其他非法组织卖血应予追究刑事责任的情形。"

(3)构成要件

第一,本罪侵犯的客体是社会管理秩序和公民的身体健康和生命安全。

第二,客观方面表现为没有受到有关血液采集部门的指派或者委托,非法组织他人出卖血液的行为。

第三,本罪的主体是一般主体,即凡是达到刑事责任年龄,具有刑事责任能力的自然人,都可以成为本罪的主体。

第四,主观方面是直接故意。

(4)罪名界定

非法组织超量卖血会给卖血者造成伤害,用血者因为输入了不合格血液也可能被伤害。这两种情形都与非法组织他人卖血的行为有刑法上的因果关系。《刑法》第333条第2款规定,由于非法组织卖血,对他人造成伤害的,依照《刑法》第234条的规定,以故意伤害罪处罚。

(5)量刑幅度

根据《刑法》第333条的规定,对非法组织他人出卖血液的,处5年以下有期徒刑,并处罚金。对他人造成伤害的,依照《刑法》第234条的规定,以故意伤害罪处罚。

5. 强迫卖血罪(第333条第1款)

(1)罪名概念

强迫卖血罪,是指以暴力、威胁方法,强迫他人出卖血液的行为。

(2)法律规定

①本罪名是由《刑法》第333条第1款规定的。《刑法》第333条规定:"非法组织他人出卖血液的,处五年以下有期徒刑,并处罚金;以暴力、威胁方法强迫他人出卖血液的,处五年以上十年以下有期徒刑,并处罚金。

有前款行为,对他人造成伤害的,依照本法第二百三十四条的规定定罪处罚。"

②2008年6月25日最高人民检察院、公安部《关于公安机关管辖的刑事案件立案追诉标准的规定(一)》第53条规定:"以暴力、威胁方法强迫他人出卖血液的,应予立案追诉。"

(3)构成要件

第一,本罪侵犯的客体是复杂客体,即社会管理秩序和被害人的人身权利。

第二,客观方面表现为违背他人意志,使用暴力、威胁方法,迫使他人出卖血液的行为。违背他人意志,是本罪的本质特征。

第三,本罪的主体是一般主体。凡是达到刑事责任年龄,具有刑事责任能力的自然人,都可以成为本罪的主体。

第四,主观方面是直接故意。从实践来看,行为人一般都具有牟利的目的,但是,以牟利为目的并不是本罪的主观方面的必备条件。

(4)罪名界定

认定本罪有两种情况需要注意:一是强迫卖血的强迫行为本身,可能对卖血者造成伤害;也可能因强迫超量卖血给卖血者造成伤害;还有可能用血者因为输入了不合格血液造成了伤害,这些都与强迫他人出卖血液的行为有刑法上的因果关系。根据《刑法》第333条第2款的规定,强迫卖血对他人造成伤害的,依照《刑法》第234条的规定,以故意伤害罪处罚。这是因为我国《刑法》中的故意伤害,包括轻伤害和重伤害两种情形。其中轻伤害的法定刑最高为3年有期徒刑,而强迫卖血罪的法定最高刑为10年有期徒刑。从法定刑角度分析,造成他人轻伤害的,可以由强迫卖血罪本身所容纳。因此,对造成他人轻伤害,不应当按照故意伤害罪定罪判刑。只有造成他人重伤害的,才可以故意伤害罪定罪处罚。二是在强迫卖血中,采取了暴力等强迫方法,包括非法拘禁等,行为人的行为如果触犯了两个或者两个以上的罪名,按照处理牵连犯的原则,从一重罪处罚。由于非法拘禁罪的法定刑轻于本罪,应该以本罪,即以强迫卖血罪处罚。

(5)量刑幅度

根据《刑法》第333条的规定,对犯本罪的处罚分以下2个档次:

一是犯本罪的处5年以上10年以下有期徒刑,并处罚金。

二是造成他人伤害的,依照《刑法》第234条的规定,以故意伤害罪处罚。

6. 非法采集、供应血液、制作、供应血液制品罪(第 334 条第 1 款)

(1)罪名概念

非法采集、供应血液、制作、供应血液制品罪,是指违反国家关于血液制品的管理规定,非法采集、供应血液或者制作、供应血液制品,不符合国家规定的标准,足以危害人体健康,或者已经危害人体健康的行为。

(2)法律规定

①本罪名是由《刑法》第 334 条第 1 款规定的。《刑法》第 334 条第 1 款规定:"非法采集、供应血液或者制作、供应血液制品,不符合国家规定的标准,足以危害人体健康的,处五年以下有期徒刑或者拘役,并处罚金;对人体健康造成严重危害的,处五年以上十年以下有期徒刑,并处罚金;造成特别严重后果的,处十年以上有期徒刑或者无期徒刑,并处罚金或者没收财产。"

②2008 年 6 月 25 日最高人民检察院、公安部《关于公安机关管辖的刑事案件立案追诉标准的规定(一)》第 54 条规定:

"非法采集、供应血液或者制作、供应血液制品,涉嫌下列情形之一的,应予立案追诉:

(一)采集、供应的血液含有艾滋病病毒、乙型肝炎病毒、丙型肝炎病毒、梅毒螺旋体等病原微生物的;

(二)制作、供应的血液制品含有艾滋病病毒、乙型肝炎病毒、丙型肝炎病毒、梅毒螺旋体等病原微生物,或者将含有上述病原微生物的血液用于制作血液制品的;

(三)使用不符合国家规定的药品、诊断试剂、卫生器材,或者重复使用一次性采血器材采集血液,造成传染病传播危险的;

(四)违反规定对献血者、供血浆者超量、频繁采集血液、血浆,足以危害人体健康的;

(五)其他不符合国家有关采集、供应血液或者制作、供应血液制品的规定,足以危害人体健康或者对人体健康造成严重危害的情形。

未经国家主管部门批准或者超过批准的业务范围,采集、供应血液或者制作、供应血液制品的,属于本条规定的'非法采集、供应血液、制作、供应血液制品'。

本条和本规定第五十二条、第五十三条、第五十五条规定的'血液',是指全血、成分血和特殊血液成分。

本条和本规定第五十五条规定的'血液制品',是指各种人血浆蛋白制品。"

③2008 年 9 月 22 日最高人民法院、最高人民检察院《关于办理非法采供血液等刑事案件具体应用法律若干问题的解释》主要内容是:

"第一条　对未经国家主管部门批准或者超过批准的业务范围,采集、供应血液或者制作、供应血液制品的,应认定为《刑法》第 343 条第 1 款规定的'非法采集、供应血液或者制作、供应血液制品'。

第二条　对非法采集、供应血液或者制作、供应血液制品,具有下列情形之一的,应认定为《刑法》第 344 条第 1 款规定的'不符合国家规定的标准,足以危害人体健康',处五年以下有期徒刑或者拘役,并处罚金:

(一)采集、供应的血液含有艾滋病病毒、乙型肝炎病毒、丙型肝炎病毒、梅毒螺旋体等病原微生物的;

(二)制作、供应的血液制品含有艾滋病病毒、乙型肝炎病毒、丙型肝炎病毒、梅毒螺旋体等病原微生物,或者将含有上述病原微生物的血液用于制作血液制品的;

(三)使用不符合国家规定的药品、诊断试剂、卫生器材,或者重复使用一次性采血器材采集

血液,造成传染病传播危险的;

(四)违反规定对献血者、供血浆者超量、频繁采集血液、血浆,足以危害人体健康的;

(五)其他不符合国家有关采集、供应血液或者制作、供应血液制品的规定标准,足以危害人体健康的。

第三条　对非法采集、供应血液或者制作、供应血液制品,具有下列情形之一的,应认定为《刑法》第344条第1款规定的'对人体健康造成严重危害',处五年以上十年以下有期徒刑,并处罚金:

(一)造成献血者、供血浆者、受血者感染乙型肝炎病毒、丙型肝炎病毒、梅毒螺旋体或者其他经血液传播的病原微生物的;

(二)造成献血者、供血浆者、受血者重度贫血、造血功能障碍或者其他器官组织损伤导致功能障碍等身体严重危害的;

(三)对人体健康造成其他严重危害的。

第四条　对非法采集、供应血液或者制作、供应血液制品,具有下列情形之一的,应认定为《刑法》第344条第1款规定的'造成特别严重后果',处十年以上有期徒刑或者无期徒刑,并处罚金或者没收财产:

(一)因血液传播疾病导致人员死亡或者感染艾滋病病毒的;

(二)造成五人以上感染乙型肝炎病毒、丙型肝炎病毒、梅毒螺旋体或者其他经血液传播的病原微生物的;

(三)造成五人以上重度贫血、造血功能障碍或者其他器官组织损伤导致功能障碍等身体严重危害的;

(四)造成其他特别严重后果的。

第五条　对经国家主管部门批准采集、供应血液或者制作、供应血液制品的部门,具有下列情形之一的,应认定为刑法第三百三十四条第二款规定的'不依照规定进行检测或者违背其他操作规定':

(一)血站未用两个企业生产的试剂对艾滋病病毒抗体、乙型肝炎病毒表面抗原、丙型肝炎病毒抗体、梅毒抗体进行两次检测的;

(二)单采血浆站不依照规定对艾滋病病毒抗体、乙型肝炎病毒表面抗原、丙型肝炎病毒抗体、梅毒抗体进行检测的;

(三)血液制品生产企业在投料生产前未用主管部门批准和检定合格的试剂进行复检的;

(四)血站、单采血浆站和血液制品生产企业使用的诊断试剂没有生产单位名称、生产批准文号或者经检定不合格的;

(五)采供血机构在采集检验标本、采集血液和成分血分离时,使用没有生产单位名称、生产批准文号或者超过有效期的一次性注射器等采血器材的;

(六)不依照国家规定的标准和要求包装、储存、运输血液、原料血浆的;

(七)对国家规定检测项目结果呈阳性的血液未及时按照规定予以清除的;

(八)不具备相应资格的医务人员进行采血、检验操作的;

(九)对献血者、供血浆者超量、频繁采集血液、血浆的;

(十)采供血机构采集血液、血浆前,未对献血者或供血浆者进行身份识别,采集冒名顶替者、健康检查不合格者血液、血浆的;

(十一)血站擅自采集原料血浆,单采血浆站擅自采集临床用血或者向医疗机构供应原料血浆的;

（十二）重复使用一次性采血器材的；

（十三）其他不依照规定进行检测或者违背操作规定的。

第六条　对经国家主管部门批准采集、供应血液或者制作、供应血液制品的部门，不依照规定进行检测或者违背其他操作规定，具有下列情形之一的，应认定为《刑法》第 344 条第 2 款规定的'造成危害他人身体健康后果'，对单位判处罚金，并对其直接负责的主管人员和其他直接责任人员，处五年以下有期徒刑或者拘役：

（一）造成献血者、供血浆者、受血者感染艾滋病病毒、乙型肝炎病毒、丙型肝炎病毒、梅毒螺旋体或者其他经血液传播的病原微生物的；

（二）造成献血者、供血浆者、受血者重度贫血、造血功能障碍或者其他器官组织损伤导致功能障碍等身体严重危害的；

（三）造成其他危害他人身体健康后果的。

第七条　经国家主管部门批准的采供血机构和血液制品生产经营单位，应认定为《刑法》第 344 条第 2 款规定的'经国家主管部门批准采集、供应血液或者制作、供应血液制品的部门'。

第八条　本解释所称'血液'，是指全血、成分血和特殊血液成分。

本解释所称'血液制品'，是指各种人血浆蛋白制品。

本解释所称'采供血机构'，包括血液中心、中心血站、中心血库、脐带血造血干细胞库和国家卫生行政主管部门根据医学发展需要批准、设置的其他类型血库、单采血浆站。"

（3）构成要件

第一，本罪侵犯的客体是国家血液制品管理制度。所谓"血液制品"，是指人的各种血浆蛋白制品。

第二，客观方面表现为，行为人非法采集、供应血液或者制作、供应血液制品，不符合国家标准的，足以危害人体健康，或者已经危害人体健康的行为。

第三，犯罪主体是一般主体，即凡是达到刑事责任年龄，具备刑事责任能力的自然人，均可成为本罪主体。

第四，主观方面是故意，即行为人对自己的行为，明知是没有经过批准，而非法采集、供应血液、制作、供应血液制品。

（4）罪名界定

构成本罪要具备以下两点：一是行为人采集、供应血液或者制作、供应血液制品，是不符合国家规定的标准的，也是非法的，是违反国家关于血液制品的管理规定的；二是足以危害人体健康，或者已经危害人体健康的行为。如果其行为不足以危害人体健康，不构成犯罪。这里的"足以"，不要求"已经"发生了危害结果。

（5）量刑幅度

根据《刑法》第 334 条第 1 款的规定，对犯本罪的处罚分以下 3 个档次：

一是构成本罪的，处 5 年以下有期徒刑或者拘役，并处罚金。

二是对人体健康造成严重危害的，处 5 年以上 10 年以下有期徒刑，并处罚金。

三是造成特别严重后果的，处 10 年以上有期徒刑或者无期徒刑，并处罚金或者没收财产。

7. 采集、供应血液、制作、供应血液制品事故罪（第 334 条第 2 款）

（1）罪名概念

采集、供应血液、制作、供应血液制品事故罪，是指经过国家主管部门批准，采集、供应血液或者制作、供应血液制品的部门，不依照规定进行检测，或者违背其他操作规定，造成危害他人身体健康后果的行为。

(2)法律规定

①本罪名是由《刑法》第334条第2款规定的。该条款规定:"经国家主管部门批准采集、供应血液或者制作、供应血液制品的部门,不依照规定进行检测或者违背其他操作规定,造成危害他人身体健康后果的,对单位判处罚金,并对其直接负责的主管人员和其他直接责任人员,处五年以下有期徒刑或者拘役。"

②2008年6月25日最高人民检察院、公安部《关于公安机关管辖的刑事案件立案追诉标准的规定(一)》第55条规定:"经国家主管部门批准采集、供应血液或者制作、供应血液制品的部门,不依照规定进行检测或者违背其他操作规定,涉嫌下列情形之一的,应予立案追诉:

(一)造成献血者、供血浆者、受血者感染艾滋病病毒、乙型肝炎病毒、丙型肝炎病毒、梅毒螺旋体或者其他经血液传播的病原微生物的;

(二)造成献血者、供血浆者、受血者重度贫血、造血功能障碍或者其他器官组织损伤导致功能障碍等身体严重危害的;

(三)其他造成危害他人身体健康后果的情形。

经国家主管部门批准的采供血机构和血液制品生产经营单位,属于本条规定的'经国家主管部门批准采集、供应血液或者制作、供应血液制品的部门'。

采供血机构包括血液中心、中心血站、脐带血造血干细胞库和国家卫生行政主管部门根据医学发展需要批准、设置的其他类型血库、单采血浆站。

具有下列情形之一的,属于本条规定的'不依照规定进行检测或者违背其他操作规定':

(一)血站未用两个企业生产的试剂对艾滋病病毒抗体、乙型肝炎病毒表面抗原、丙型肝炎病毒抗体、梅毒抗体进行两次检测的;

(二)单采血浆站不依照规定对艾滋病病毒抗体、乙型肝炎病毒表面抗原、丙型肝炎病毒抗体、梅毒抗体进行检测的;

(三)血液制品生产企业在投料生产前未用主管部门批准和检定合格的试剂进行复检的;

(四)血站、单采血浆站和血液制品生产企业使用的诊断试剂没有生产单位名称、生产批准文号或者经检定不合格的;

(五)采供血机构在采集检验样本、采集血液和成分血分离时,使用没有生产单位名称、生产批准文号或者超过有效期的一次性注射器等采血器材的;

(六)不依照国家规定的标准和要求包装、储存、运输血液、原料血浆的;

(七)对国家规定检测项目结果呈阳性的血液未及时按照规定予以清除的;

(八)不具备相应资格的医务人员进行采血、检验操作的;

(九)对献血者、供血浆者超量、频繁采集血液、血浆的;

(十)采供血机构采集血液、血浆前,未对献血者或者供血浆者进行身份识别,采集冒名顶替者、健康检查不合格者血液、血浆的;

(十一)血站擅自采集原料血浆,单采血浆站擅自采集临床用血或者向医疗机构供应原料血浆的;

(十二)重复使用一次性采血器材的;

(十三)其他不依照规定进行检测或者违背操作规定的。"

(3)构成要件

第一,本罪侵犯的客体是复杂客体,即国家对血液和血液制品的管理制度和不特定多数人的生命、健康权利。

第二，客观方面表现为不依照规定，对所采集、供用的血液或者制作、供应的血液制品进行检测，或者在采集、供应血液或者制作、供应血液制品过程中，违背其他操作规定，从而造成危害他人身体健康后果的行为。本罪在犯罪形态上是结果犯，即只有对人体健康造成危害后果的，才构成本罪。

第三，本罪的主体是特殊主体，即必须是经过国家有关主管部门批准的采集、供应血液或者制作、供应血液制品的单位。

第四，主观方面是过失。这种过失表现在应当预见到自己的行为违反规定，可能造成危害他人健康的后果，但是由于疏忽大意而没有预见，或者虽然已经预见到，但轻信能够避免，结果没有避免，发生了危害后果。至于违反规定，则可能是故意。

(4)罪名界定

第一，构成本罪要具备以下两点：①要有不依照规定进行检测和违背其他操作规定的行为。如果没有违反检测规定和其他操作规定，即使造成危害人体健康的后果，也不构成本罪。②必须造成危害他人身体健康的后果。如果没有这样的后果，也不构成本罪。

第二，本罪与非法采集、供应血液、制作、供应血液制品罪的区别是：①犯罪主体不同。前罪的主体是一般主体；而后罪的主体是特殊主体，即只能由单位构成。②主观方面不同。前者的主观方面是故意，后者的主观方面是过失。③犯罪形态不同。前者是危险犯，即只要行为人实施了非法采集、供应血液或者制作、供应血液制品的行为，足以危害人体健康的，即构成犯罪；而后者是结果犯，只有造成危害他人身体健康的后果，才构成犯罪。④犯罪客观方面不同。前者是非法采集、供应血液或者制作、供应血液制品；而后者的行为是合法的，只是没有依照规定对血液制品进行检查或者在采集、供应、制作中违反操作规程。

(5)量刑幅度

根据《刑法》第334条第2款的规定，犯本罪的，对单位判处罚金，对其直接负责的主管人员和其他直接责任人员，处5年以下有期徒刑或者拘役。

8. 非法采集人类遗传资源、走私人类遗传资源材料罪(第334条之一)

(1)罪名概念

非法采集人类遗传资源、走私人类遗传资源材料罪，是指非法采集我国人类遗传资源或者非法运送、邮寄、携带我国人类遗传资源材料出境，危害公众健康或者社会公共利益，情节严重的行为。

(2)法律规定

本罪名是由《刑法》第334条之一规定的。该条规定：“违反国家有关规定，非法采集我国人类遗传资源或者非法运送、邮寄、携带我国人类遗传资源材料出境，危害公众健康或者社会公共利益，情节严重的，处三年以下有期徒刑、拘役或者管制，并处或者单处罚金；情节特别严重的，处三年以上七年以下有期徒刑，并处罚金。”

(3)构成要件

第一，本罪侵犯的客体是公众健康和社会公共利益。

第二，客观方面表现为非法采集我国人类遗传资源或者非法运送、邮寄、携带我国人类遗传资源材料出境，危害公众健康或者社会公共利益，情节严重的行为。

第三，犯罪主体为一般主体。

第四，主观方面为故意。

(4)罪名界定

构成本罪，一是实施了非法采集我国人类遗传资源或走私我国人类遗传资源材料，危害公众健康或社会公共利益的行为；二是行为情节严重。

(5)量刑幅度

根据《刑法》第334条之一的规定，犯本罪的，处3年以下有期徒刑、拘役或者管制，并处或者单处罚金；情节特别严重的，处3年以上7年以下有期徒刑，并处罚金。

9.医疗事故罪(第335条)

(1)罪名概念

医疗事故罪，是指医务人员由于严重不负责任，造成就诊人死亡或者严重损害就诊人身体健康的行为。

(2)法律规定

①本罪名是由《刑法》第335条规定的。该条规定："医务人员由于严重不负责任，造成就诊人死亡或者严重损害就诊人身体健康的，处三年以下有期徒刑或者拘役。"

②2008年6月25日最高人民检察院、公安部《关于公安机关管辖的刑事案件立案追诉标准的规定(一)》第56条规定："医务人员由于严重不负责任，造成就诊人死亡或者严重损害就诊人身体健康的，应予立案追诉。

具有下列情形之一的，属于本条规定的'严重不负责任'：

(一)擅离职守的；

(二)无正当理由拒绝对危急就诊人实行必要的医疗救治的；

(三)未经批准擅自开展试验性医疗的；

(四)严重违反查对、复核制度的；

(五)使用未经批准使用的药品、消毒药剂、医疗器械的；

(六)严重违反国家法律法规及有明确规定的诊疗技术规范、常规的；

(七)其他严重不负责任的情形。

本条规定的'严重损害就诊人身体健康'，是指造成就诊人严重残疾、重伤、感染艾滋病、病毒性肝炎等难以治愈的疾病或者其他严重损害就诊人身体健康的后果。"

③2002年4月4日《医疗事故处理条例》相关内容如下：

"第二条　本条例所称医疗事故，是指医疗机构及其医务人员在医疗活动中，违反医疗卫生管理法律、行政法规、部门规章和诊疗护理规范、常规，过失造成患者人身损害的事故。

第四条　根据对患者人身造成的损害程度，医疗事故分为四级：

一级医疗事故：造成患者死亡、重度残疾的；

二级医疗事故：造成患者中度残疾、器官组织损伤导致严重功能障碍的；

三级医疗事故：造成患者轻度残疾、器官组织损伤导致一般功能障碍的；

四级医疗事故：造成患者明显人身损害的其他后果的。

具体分级标准由国务院卫生行政部门制定。

第十条　患者有权复印或者复制其门诊病历、住院志、体温单、医嘱单、化验单(检验报告)、医学影像检查资料、特殊检查同意书、手术同意书、手术及麻醉记录单、病理资料、护理记录以及国务院卫生行政部门规定的其他病历资料。

患者依照前款规定要求复印或者复制病历资料的，医疗机构应当提供复印或者复制服务并在复印或者复制的病历资料上加盖证明印记。复印或者复制病历资料时，应当有患者在场。

医疗机构应患者的要求，为其复印或者复制病历资料，可以按照规定收取工本费。具体收费标准由省、自治区、直辖市人民政府价格主管部门会同同级卫生行政部门规定。

第十六条　发生医疗事故争议时,死亡病例讨论记录、疑难病例讨论记录、上级医师查房记录、会诊意见、病程记录应当在医患双方在场的情况下封存和启封。封存的病历资料可以是复印件,由医疗机构保管。

第十八条　患者死亡,医患双方当事人不能确定死因或者对死因有异议的,应当在患者死亡后48小时内进行尸检;具备尸体冻存条件的,可以延长至7日。尸检应当经死者近亲属同意并签字。

尸检应当由按照国家有关规定取得相应资格的机构和病理解剖专业技术人员进行。承担尸检任务的机构和病理解剖专业技术人员有进行尸检的义务。

医疗事故争议双方当事人可以请法医病理学人员参加尸检,也可以委派代表观察尸检过程。拒绝或者拖延尸检,超过规定时间,影响对死因判定的,由拒绝或者拖延的一方承担责任。

第二十条　卫生行政部门接到医疗机构关于重大医疗过失行为的报告或者医疗事故争议当事人要求处理医疗事故争议的申请后,对需要进行医疗事故技术鉴定的,应当交由负责医疗事故技术鉴定工作的医学会组织鉴定;医患双方协商解决医疗事故争议,需要进行医疗事故技术鉴定的,由双方当事人共同委托负责医疗事故技术鉴定工作的医学会组织鉴定。

第二十二条　当事人对首次医疗事故技术鉴定结论不服的,可以自收到首次鉴定结论之日起15日内向医疗机构所在地卫生行政部门提出再次鉴定的申请。

第三十一条　专家鉴定组应当在事实清楚、证据确凿的基础上,综合分析患者的病情和个体差异,作出鉴定结论,并制作医疗事故技术鉴定书。鉴定结论以专家鉴定组成员的过半数通过。鉴定过程应当如实记载。

医疗事故技术鉴定书应当包括下列主要内容:

(一)双方当事人的基本情况及要求;

(二)当事人提交的材料和负责组织医疗事故技术鉴定工作的医学会的调查材料;

(三)对鉴定过程的说明;

(四)医疗行为是否违反医疗卫生管理法律、行政法规、部门规章和诊疗护理规范、常规;

(五)医疗过失行为与人身损害后果之间是否存在因果关系;

(六)医疗过失行为在医疗事故损害后果中的责任程度;

(七)医疗事故等级;

(八)对医疗事故患者的医疗护理医学建议。

第三十三条　有下列情形之一的,不属于医疗事故:

(一)在紧急情况下为抢救垂危患者生命而采取紧急医学措施造成不良后果的;

(二)在医疗活动中由于患者病情异常或者患者体质特殊而发生医疗意外的;

(三)在现有医学科学技术条件下,发生无法预料或者不能防范的不良后果的;

(四)无过错输血感染造成不良后果的;

(五)因患方原因延误诊疗导致不良后果的;

(六)因不可抗力造成不良后果的。

第三十七条　发生医疗事故争议,当事人申请卫生行政部门处理的,应当提出书面申请。申请书应当载明申请人的基本情况、有关事实、具体请求及理由等。

当事人自知道或者应当知道其身体健康受到损害之日起1年内,可以向卫生行政部门提出医疗事故争议处理申请。

第三十八条　发生医疗事故争议,当事人申请卫生行政部门处理的,由医疗机构所在地的县级人民政府卫生行政部门受理。医疗机构所在地是直辖市的,由医疗机构所在地的区、县人民政府卫生行政部门受理。

有下列情形之一的，县级人民政府卫生行政部门应当自接到医疗机构的报告或者当事人提出医疗事故争议处理申请之日起7日内移送上一级人民政府卫生行政部门处理：

（一）患者死亡；

（二）可能为二级以上的医疗事故；

（三）国务院卫生行政部门和省、自治区、直辖市人民政府卫生行政部门规定的其他情形。

第三十九条　卫生行政部门应当自收到医疗事故争议处理申请之日起10日内进行审查，作出是否受理的决定。对符合本条例规定，予以受理，需要进行医疗事故技术鉴定的，应当自作出受理决定之日起5日内将有关材料交由负责医疗事故技术鉴定工作的医学会组织鉴定并书面通知申请人；对不符合本条例规定，不予受理的，应当书面通知申请人并说明理由。

当事人对首次医疗事故技术鉴定结论有异议，申请再次鉴定的，卫生行政部门应当自收到申请之日起7日内交由省、自治区、直辖市地方医学会组织再次鉴定。

第四十条　当事人既向卫生行政部门提出医疗事故争议处理申请，又向人民法院提起诉讼的，卫生行政部门不予受理；卫生行政部门已经受理的，应当终止处理。

第四十六条　发生医疗事故的赔偿等民事责任争议，医患双方可以协商解决；不愿意协商或者协商不成的，当事人可以向卫生行政部门提出调解申请，也可以直接向人民法院提起民事诉讼。

第四十九条　医疗事故赔偿，应当考虑下列因素，确定具体赔偿数额：

（一）医疗事故等级；

（二）医疗过失行为在医疗事故损害后果中的责任程度；

（三）医疗事故损害后果与患者原有疾病状况之间的关系。

不属于医疗事故的，医疗机构不承担赔偿责任。

第五十条　医疗事故赔偿，按照下列项目和标准计算：

（一）医疗费：按照医疗事故对患者造成的人身损害进行治疗所发生的医疗费用计算，凭据支付，但不包括原发病医疗费用。结案后确实需要继续治疗的，按照基本医疗费用支付。

（二）误工费：患者有固定收入的，按照本人因误工减少的固定收入计算，对收入高于医疗事故发生地上一年度职工年平均工资3倍以上的，按照3倍计算；无固定收入的，按照医疗事故发生地上一年度职工年平均工资计算。

（三）住院伙食补助费：按照医疗事故发生地国家机关一般工作人员的出差伙食补助标准计算。

（四）陪护费：患者住院期间需要专人陪护的，按照医疗事故发生地上一年度职工年平均工资计算。

（五）残疾生活补助费：根据伤残等级，按照医疗事故发生地居民年平均生活费计算，自定残之月起最长赔偿30年；但是，60周岁以上的，不超过15年；70周岁以上的，不超过5年。

（六）残疾用具费：因残疾需要配置补偿功能器具的，凭医疗机构证明，按照普及型器具的费用计算。

（七）丧葬费：按照医疗事故发生地规定的丧葬费补助标准计算。

（八）被扶养人生活费：以死者生前或者残疾者丧失劳动能力前实际扶养且没有劳动能力的人为限，按照其户籍所在地或者居所地居民最低生活保障标准计算。对不满16周岁的，扶养到16周岁。对年满16周岁但无劳动能力的，扶养20年；但是，60周岁以上的，不超过15年；70周岁以上的，不超过5年。

（九）交通费：按照患者实际必需的交通费用计算，凭据支付。

（十）住宿费：按照医疗事故发生地国家机关一般工作人员的出差住宿补助标准计算，凭据支付。

（十一）精神损害抚慰金：按照医疗事故发生地居民年平均生活费计算。造成患者死亡的，赔偿年限最长不超过6年；造成患者残疾的，赔偿年限最长不超过3年。

第五十一条　参加医疗事故处理的患者近亲属所需交通费、误工费、住宿费，参照本条例第五十条的有关规定计算，计算费用的人数不超过2人。

医疗事故造成患者死亡的，参加丧葬活动的患者的配偶和直系亲属所需交通费、误工费、住宿费，参照本条例第五十条的有关规定计算，计算费用的人数不超过2人。

第五十二条　医疗事故赔偿费用，实行一次性结算，由承担医疗事故责任的医疗机构支付。

第五十三条　卫生行政部门的工作人员在处理医疗事故过程中违反本条例的规定，利用职务上的便利收受他人财物或者其他利益，滥用职权，玩忽职守，或者发现违法行为不予查处，造成严重后果的，依照刑法关于受贿罪、滥用职权罪、玩忽职守罪或者其他有关罪的规定，依法追究刑事责任；尚不够刑事处罚的，依法给予降级或者撤职的行政处分。

第六十条　本条例所称医疗机构，是指依照《医疗机构管理条例》的规定取得《医疗机构执业许可证》的机构。

第六十一条　非法行医，造成患者人身损害，不属于医疗事故，触犯刑律的，依法追究刑事责任；有关赔偿，由受害人直接向人民法院提起诉讼。

第六十二条　军队医疗机构的医疗事故处理办法，由中国人民解放军卫生主管部门会同国务院卫生行政部门依据本条例制定。”

（3）构成要件

第一，本罪侵犯的客体是病人的身体健康权利和医疗单位的正常活动。

第二，客观方面表现为严重不负责任，造成病人死亡或者严重伤害病人身体健康的行为。

第三，犯罪主体是特殊主体，即医务人员。

第四，主观方面是过失，即造成就诊人死亡和或者严重损害就诊人的身体健康，是因为医务人员疏忽大意没有预见，或者虽然已经预见，但轻信可以避免，从而导致病员死亡或者身体严重受损这一危害结果的发生。至于违反规章制度，严重不负责任，则可能是故意。

（4）罪名界定

第一，关于本罪的认定。根据2008年6月25日最高人民检察院、公安部《关于公安机关管辖的刑事案件立案追诉标准的规定（一）》第56条的规定，医务人员由于严重不负责任，造成就诊人死亡或者严重损害就诊人身体健康的，应予立案追诉。

需要注意不能把医疗意外当成本罪认定。如果造成病员死亡、残疾或者功能障碍，是由于医务人员责任心不强，疏忽大意等原因所致，则属于医疗事故。假如发生病员死亡、残废或者功能障碍等不良后果，是因医务人员难以预料或者难以防范的因素所引起的，由于医务人员无过失，则不属于医疗事故。

第二，本罪与玩忽职守罪的区别：①犯罪的主体不同。本罪的主体仅限于医务人员，而后者的主体则是国家机关工作人员。②造成危害后果的性质不完全相同。本罪造成的是人的死亡或者身体健康受到重大损害；而后者造成的后果除了人的死亡、重伤以外，还包括财产的重大损失。

（5）量刑幅度

根据《刑法》第335条的规定，犯医疗事故罪的，处3年以下有期徒刑或者拘役。

10. 非法行医罪(第336条第1款)

(1)罪名概念

非法行医罪,是指没有取得医生执业资格的人非法行医,情节严重的行为。

(2)法律规定

①本罪名是由《刑法》第336条第1款规定的。该条款规定:“未取得医生执业资格的人非法行医,情节严重的,处三年以下有期徒刑、拘役或者管制,并处或者单处罚金;严重损害就诊人身体健康的,处三年以上十年以下有期徒刑,并处罚金;造成就诊人死亡的,处十年以上有期徒刑,并处罚金。”

②2008年6月25日最高人民检察院、公安部《关于公安机关管辖的刑事案件立案追诉标准的规定(一)》第57条、第58条分别规定:“未取得医生执业资格的人非法行医,涉嫌下列情形之一的,应予立案追诉:

(一)造成就诊人轻度残疾、器官组织损伤导致一般功能障碍,或者中度以上残疾、器官组织损伤导致严重功能障碍,或者死亡的;

(二)造成甲类传染病传播、流行或者有传播、流行危险的;

(三)使用假药、劣药或不符合国家规定标准的卫生材料、医疗器械,足以严重危害人体健康的;

(四)非法行医被卫生行政部门行政处罚两次以后,再次非法行医的;

(五)其他情节严重的情形。

具有下列情形之一的,属于本条规定的‘未取得医生执业资格的人非法行医’:

(一)未取得或者以非法手段取得医师资格从事医疗活动的;

(二)个人未取得《医疗机构执业许可证》开办医疗机构的;

(三)被依法吊销医师执业证书期间从事医疗活动的;

(四)未取得乡村医生执业证书,从事乡村医疗活动的;

(五)家庭接生员实施家庭接生以外的医疗活动的。

本条规定的‘轻度残疾、器官组织损伤导致一般功能障碍’、‘中度以上残疾、器官组织损伤导致严重功能障碍’,参照卫生部《医疗事故分级标准(试行)》认定。”

“未取得医生执业资格的人擅自为他人进行节育复通手术、假节育手术、终止妊娠手术或者摘取宫内节育器,涉嫌下列情形之一的,应予立案追诉:

(一)造成就诊人轻伤、重伤、死亡或者感染艾滋病、病毒性肝炎等难以治愈的疾病的;

(二)非法进行节育复通手术、假节育手术、终止妊娠手术或者摘取宫内节育器五人次以上的;

(三)致使他人超计划生育的;

(四)非法进行选择性别的终止妊娠手术的;

(五)非法获利累计五千元以上的;

(六)其他情节严重的情形。”

③2003年5月14日最高人民法院、最高人民检察院《关于办理妨害预防、控制突发传染病疫情等灾害的刑事案件具体应用法律若干问题的解释》第12条规定:“未取得医师执业资格非法行医,具有造成突发传染病病人、病原携带者、疑似突发传染病病人贻误诊治或者造成交叉感染等严重情节的,依照刑法第三百三十六条第一款的规定,以非法行医罪定罪,依法从重处罚。”

④2016年12月12日最高人民法院《关于审理非法行医刑事案件具体应用法律若干问题的

解释》规定:“为依法惩处非法行医犯罪,保障公民身体健康和生命安全,根据刑法的有关规定,现对审理非法行医刑事案件具体应用法律的若干问题解释如下:

第一条　具有下列情形之一的,应认定为刑法第三百三十六条第一款规定的‘未取得医生执业资格的人非法行医’:

(一)未取得或者以非法手段取得医师资格从事医疗活动的;

(二)被依法吊销医师执业证书期间从事医疗活动的;

(三)未取得乡村医生执业证书,从事乡村医疗活动的;

(四)家庭接生员实施家庭接生以外的医疗行为的。

第二条　具有下列情形之一的,应认定为刑法第三百三十六条第一款规定的‘情节严重’:

(一)造成就诊人轻度残疾、器官组织损伤导致一般功能障碍的;

(二)造成甲类传染病传播、流行或者有传播、流行危险的;

(三)使用假药、劣药或不符合国家规定标准的卫生材料、医疗器械,足以严重危害人体健康的;

(四)非法行医被卫生行政部门行政处罚两次以后,再次非法行医的;

(五)其他情节严重的情形。

第三条　具有下列情形之一的,应认定为刑法第三百三十六条第一款规定的‘严重损害就诊人身体健康’:

(一)造成就诊人中度以上残疾、器官组织损伤导致严重功能障碍的;

(二)造成三名以上就诊人轻度残疾、器官组织损伤导致一般功能障碍的。

第四条　非法行医行为系造成就诊人死亡的直接、主要原因的,应认定为刑法第三百三十六条第一款规定的‘造成就诊人死亡’。

非法行医行为并非造成就诊人死亡的直接、主要原因的,可不认定为刑法第三百三十六条第一款规定的‘造成就诊人死亡’。但是,根据案件情况,可以认定为刑法第三百三十六条第一款规定的‘情节严重’。

第五条　实施非法行医犯罪,同时构成生产、销售假药罪,生产、销售劣药罪,诈骗罪等其他犯罪的,依照刑法处罚较重的规定定罪处罚。

第六条　本解释所称‘医疗活动’‘医疗行为’,参照《医疗机构管理条例实施细则》中的‘诊疗活动’‘医疗美容’认定。

本解释所称‘轻度残疾、器官组织损伤导致一般功能障碍’‘中度以上残疾、器官组织损伤导致严重功能障碍’,参照《医疗事故分级标准(试行)》认定。”

(3)构成要件

第一,本罪侵犯的客体是国家对医疗事业的管理秩序,同时也侵犯了广大人民的生命健康权。

第二,客观方面表现为没有取得医生执业资格的人非法行医,情节严重的行为。

第三,犯罪主体是一般主体。

第四,主观方面是故意,即行为人明知自己的行为可能造成危害社会的后果,而希望或者放任这种结果发生的心理态度。

(4)罪名界定

第一,认定本罪必须注意以下三点:

①根据2016年12月16日修改的最高人民法院《关于审理非法行医刑事案件具体应用法律若干问题的解释》的规定,本罪中的“未取得医生执业资格的人非法行医”,是指具有下列情形之

一的：一是未取得或者以非法手段取得医师资格从事医疗活动的；二是被依法吊销医师执业证书期间从事医疗活动的；三是未取得乡村医生执业证书，从事乡村医疗活动的；四是家庭接生员实施家庭接生以外的医疗行为的。

②构成本罪必须是“情节严重”。本罪中的“情节严重”，是指具有下列情形之一的：一是造成就诊人轻度残疾、器官组织损伤导致一般功能障碍的；二是造成甲类传染病传播、流行或者有传播、流行危险的；三是使用假药、劣药或不符合国家规定标准的卫生材料、医疗器械，足以严重危害人体健康的；四是非法行医被卫生行政部门行政处罚两次以后，再次非法行医的；五是其他情节严重的情形。

③根据2016年12月16日修改的最高人民法院《关于审理非法行医刑事案件具体应用法律若干问题的解释》的规定，实施非法行医犯罪，同时构成生产、销售假药罪，生产、销售劣药罪，诈骗罪等其他犯罪的，依照《刑法》处罚较重的规定定罪处罚。

第二，非法行医罪与医疗事故罪的不同点是：①主体不同。前者是一般主体；后者是特殊主体，即医务人员。②主观方面不同。前者是故意；后者是过失。③客观方面不同。前者是行为犯，不以造成严重后果为构成犯罪的要件；而后者是结果犯，只有造成严重后果的，才能构成犯罪。前者可能发生在医疗过程中，也可能发生在非医疗过程中；而后者只能发生在医疗过程中。

第三，本罪与诈骗罪的区别：本罪的行为人在主观上以营利为目的，通过行医收取就诊人钱财，其中也有一些医术不高或者采取一定的欺骗手段，向就诊人收取高额的医药费用，这一点在客观上与诈骗罪相似。但构成诈骗罪必须是纯粹以诈骗钱财为目的，行为人根本不懂医术，只是利用就诊人的愚昧、迷信，使用根本没有治疗效果的手段，对病人进行所谓的治疗，借此骗取病人钱财。

（5）量刑幅度

根据《刑法》第336条第1款的规定，对犯本罪的处罚分以下3个档次：

一是构成犯罪的，处3年以下有期徒刑、拘役或者管制，并处或者单处罚金。

二是严重损害就诊人身体健康的，处3年以上10年以下有期徒刑，并处罚金。

三是造成就诊人伤亡的，处10年以上有期徒刑，并处罚金。

另外，根据《刑法》第36条第1款的规定，如果是由于犯罪分子的犯罪行为使被害人遭受经济损失，对犯罪分子除了依法给予刑事处罚外，还应当根据情况，判处赔偿经济损失。

11. 非法进行节育手术罪（第336条第2款）

（1）罪名概念

非法进行节育手术罪，是指没有取得医生执业资格的人擅自为他人进行节育复通手术、假节育手术、终止妊娠手术或者摘取子宫内节育器，情节严重的行为。

（2）法律规定

①本罪名是由《刑法》第336条第2款规定的。该条款规定：“未取得医生执业资格的人擅自为他人进行节育复通手术、假节育手术、终止妊娠手术或者摘取宫内节育器，情节严重的，处三年以下有期徒刑、拘役或者管制，并处或者单处罚金；严重损害就诊人身体健康的，处三年以上十年以下有期徒刑，并处罚金；造成就诊人死亡的，处十年以上有期徒刑，并处罚金。”

②2008年6月25日最高人民检察院、公安部《关于公安机关管辖的刑事案件立案追诉标准的规定（一）》第58条规定：“未取得医生执业资格的人擅自为他人进行节育复通手术、假节育手术、终止妊娠手术或者摘取宫内节育器，涉嫌下列情形之一的，应予立案追诉：

（一）造成就诊人轻伤、重伤、死亡或者感染艾滋病、病毒性肝炎等难以治愈的疾病的；

（二）非法进行节育复通手术、假节育手术、终止妊娠手术或者摘取宫内节育器五人次以上的；

（三）致使他人超计划生育的；

（四）非法进行选择性别的终止妊娠手术的；

（五）非法获利累计五千元以上的；

（六）其他情节严重的情形。”

③2016年12月16日最高人民法院《关于审理非法行医刑事案件具体应用法律若干问题的解释》相关内容如下：

“第一条　具有下列情形之一的，应认定为刑法第三百三十六条第一款规定的‘未取得医生执业资格的人非法行医’：

（一）未取得或者以非法手段取得医师资格从事医疗活动的；

（二）被依法吊销医师执业证书期间从事医疗活动的；

（三）未取得乡村医生执业证书，从事乡村医疗活动的；

（四）家庭接生员实施家庭接生以外的医疗行为的。

第二条　具有下列情形之一的，应认定为刑法第三百三十六条第一款规定的‘情节严重’：

（一）造成就诊人轻度残疾、器官组织损伤导致一般功能障碍的；

（二）造成甲类传染病传播、流行或者有传播、流行危险的；

（三）使用假药、劣药或不符合国家规定标准的卫生材料、医疗器械，足以严重危害人体健康的；

（四）非法行医被卫生行政部门行政处罚两次以后，再次非法行医的；

（五）其他情节严重的情形。

第三条　具有下列情形之一的，应认定为刑法第三百三十六条第一款规定的‘严重损害就诊人身体健康’：

（一）造成就诊人中度以上残疾、器官组织损伤导致严重功能障碍的；

（二）造成三名以上就诊人轻度残疾、器官组织损伤导致一般功能障碍的。

第四条　非法行医行为系造成就诊人死亡的直接、主要原因的，应认定为刑法第三百三十六条第一款规定的‘造成就诊人死亡’。

非法行医行为并非造成就诊人死亡的直接、主要原因的，可不认定为刑法第三百三十六条第一款规定的‘造成就诊人死亡’。但是，根据案件情况，可以认定为刑法第三百三十六条第一款规定的‘情节严重’。

第五条　实施非法行医犯罪，同时构成生产、销售假药罪，生产、销售劣药罪，诈骗罪等其他犯罪的，依照刑法处罚较重的规定定罪处罚。

第六条　本解释所称‘医疗活动’‘医疗行为’，参照《医疗机构管理条例实施细则》中的‘诊疗活动’‘医疗美容’认定。

本解释所称‘轻度残疾、器官组织损伤导致一般功能障碍’‘中度以上残疾、器官组织损伤导致严重功能障碍’，参照《医疗事故分级标准（试行）》认定。”

（3）构成要件

第一，本罪侵犯的客体是我国的计划生育管理制度和他人的生命、健康权。

第二，客观方面表现为没有取得医生执业资格的人进行节育复通手术、假节育手术、终止妊娠手术或者摘取子宫内节育器，并且情节严重。

第三，本罪的主体是特殊主体，即没有取得医生执业资格的人。

第四,主观方面是故意。

(4)罪名界定

第一,关于本罪的构成。本罪中的"擅自",是指违法为应当采取节育措施的人进行节育复通手术、假节育手术、终止妊娠手术以及摘取子宫内节育器等手术的行为。这类手术,往往造成计划外怀孕、生育,造成女性胎儿的流产、引产。本罪中的"情节严重",是指多次为他人进行上述手术,进行上述手术给就诊人身体健康造成损害的,进行上述手术严重妨碍计划生育工作正常开展,社会影响恶劣的等情况。本罪中的"严重损害就诊人身体健康的",是指没有医生执业资格的人,进行上述手术时,给就诊人造成身体器官的损害或者严重伤害身体健康的其他情况。

根据2008年6月25日最高人民检察院、公安部《关于公安机关管辖的刑事案件立案追诉标准的规定(一)》第58条的规定,未取得医生执业资格的人擅自为他人进行节育复通手术、假节育手术、终止妊娠手术或者摘取宫内节育器,涉嫌下列情形之一的,应予立案追诉:一是造成就诊人轻伤、重伤、死亡或者感染艾滋病、病毒性肝炎等难以治愈的疾病的;二是非法进行节育复通手术、假节育手术、终止妊娠手术或者摘取宫内节育器5人次以上的;三是致使他人超计划生育的;四是非法进行选择性别的终止妊娠手术的;五是非法获利累计5000元以上的;六是其他情节严重的情形。

第二,本罪与非法行医罪不同。本罪是一种非法行医行为,但为了突出保障计划生育政策的执行,刑法规定了本罪。因此,凡是没有取得医生执业资格的人,擅自为他人进行有关生育方面的医疗行为,不再以非法行医罪论处,而直接定本罪。

(5)量刑幅度

根据《刑法》第336条第2款的规定,对犯本罪的处罚分以下3个档次:

一是情节严重构成本罪的,处3年以下有期徒刑、拘役或者管制,并处或者单处罚金。

二是严重损害就诊人身体健康的,处3年以上10年以下有期徒刑,并处罚金。

三是造成就诊人死亡,处10年以上有期徒刑,并处罚金。

12. 非法植入基因编辑、克隆胚胎罪(第336条之一)

(1)罪名概念

非法植入基因编辑、克隆胚胎罪,是指将基因编辑、克隆的人类胚胎植入人体或者动物体内,或者将基因编辑、克隆的动物胚胎植入人体内,情节严重的行为。

(2)法律规定

本罪名是由《刑法》第336之一规定的。该条规定:"将基因编辑、克隆的人类胚胎植入人体或者动物体内,或者将基因编辑、克隆的动物胚胎植入人体内,情节严重的,处三年以下有期徒刑或者拘役,并处罚金;情节特别严重的,处三年以上七年以下有期徒刑,并处罚金。"

(3)构成要件

第一,本罪侵犯的是复杂客体,既侵犯公众健康和人类基因安全,也侵犯法律保护的生物伦理和医学伦理秩序。

第二,客观方面表现为将基因编辑、克隆的人类胚胎植入人体或者动物体内,或者将基因编辑、克隆的动物胚胎植入人体内,情节严重的行为。

第三,犯罪主体是一般主体。

第四,主观方面为故意。

(4)罪名界定

构成本罪,一是实施了将基因编辑、克隆的人类胚胎植入人体或者动物体内,或者将基因编辑、克隆的动物胚胎植入人体内的行为;二是行为情节严重。

(5)量刑幅度

根据《刑法》第336之一的规定,犯本罪的,处3年以下有期徒刑或者拘役,并处罚金;情节特别严重的,处3年以上7年以下有期徒刑,并处罚金。

13. 妨害动植物防疫、检疫罪(第337条)

(1)罪名概念

妨害动植物防疫、检疫罪,是指违反进出境动植物检疫法的规定,妨害动植物防疫、检疫,引起重大动植物疫情,或者有引起重大动植物疫情危险,情节严重的行为。

(2)法律规定

①本罪名是由《刑法》第337条规定的。该条规定:"违反有关动植物检疫、防疫的国家规定,引起重大动植物疫情的,或者有引起重大动植物疫情危险,情节严重的,处三年以下有期徒刑或者拘役,并处或者单处罚金。

单位犯前款罪的,对单位判处罚金,并对其直接负责的主管人员和其他直接责任人员,依照前款的规定处罚。"

②2017年4月27日最高人民检察院、公安部《关于公安机关管辖的刑事案件立案追诉标准的规定(一)的补充规定》第9条规定:"将《立案追诉标准(一)》第五十九条修改为:[妨害动植物防疫、检疫案(刑法第三百三十七条)]违反有关动植物防疫、检疫的国家规定,引起重大动植物疫情的,应予立案追诉。

违反有关动植物防疫、检疫的国家规定,有引起重大动植物疫情危险,涉嫌下列情形之一的,应予立案追诉:

(一)非法处置疫区内易感动物或者其产品,货值金额五万元以上的;

(二)非法处置因动植物防疫、检疫需要被依法处理的动植物或者其产品,货值金额二万元以上的;

(三)非法调运、生产、经营感染重大植物检疫性有害生物的林木种子、苗木等繁殖材料或者森林植物产品的;

(四)输入《中华人民共和国进出境动植物检疫法》规定的禁止进境物逃避检疫,或者对特许进境的禁止进境物未有效控制与处置,导致其逃逸、扩散的;

(五)进境动植物及其产品检出有引起重大动植物疫情危险的动物疫病或者植物有害生物后,非法处置导致进境动植物及其产品流失的;

(六)一年内携带或者寄递《中华人民共和国禁止携带、邮寄进境的动植物及其产品名录》所列物品进境逃避检疫二次以上,或者窃取、抢夺、损毁、抛洒动植物检疫机关截留的《中华人民共和国禁止携带、邮寄进境的动植物及其产品名录》所列物品的;

(七)其他情节严重的情形。

本条规定的'重大动植物疫情',按照国家行政主管部门的有关规定认定。"

(3)构成要件

第一,本罪侵犯的客体是国家对进出境动植物的检疫制度。犯罪对象是动植物检疫法规定的作为检疫的具体对象,主要包括动物、植物、动植物产品和其他检疫物,还包括装载动植物、动植物产品和其他检疫物的装载容器、包装物以及动植物检疫区的运输工具。

第二,客观方面表现为违反进出境动植物检疫法的规定,妨害动植物防疫、检疫,引起重大动植物疫情,或者有引起重大动植物疫情的危险,情节严重的行为。

第三，本罪的主体是一般主体，主要是运输、携带、邮寄动植物、动植物产品和其他检疫物进出境的人员。

第四，主观方面是过失，即行为人对于因为逃避动植物检疫而引起疫情的严重结果是出于过失，但是对于违反进出境检疫法则是故意。

(4)罪名界定

第一，本罪与妨害国境卫生检疫罪的区别：①犯罪侵犯的直接客体不同。本罪侵犯的是国家对进出境动植物的检疫制度；而后者侵犯的是国家国境卫生检疫制度，范围比较广泛。②行为违法性的内容不同。本罪是指违反进出境动植物检疫法；而后罪是违反国境卫生检疫法。③犯罪对象不同。本罪的对象主要是进出境的动植物、动植物产品和其他检疫物品以及装载上述物品的装载容器、包装物等；而后罪的对象包括出入境的人员、交通工具、运输设备以及可能传染检疫传染病的行李、货物、邮包等物品。

第二，本罪与妨害传染病防治罪的主要区别：①侵犯的客体不同。本罪侵犯的客体是国家对进出境动植物检疫的制度；而后者侵犯的是国家对传染病防治的管理制度。②犯罪的结果要件不同。本罪表现为已经引起重大动植物疫情的发生；而后者则不仅要求引起甲类传染病传播的后果，还表现为具有传播甲类传染病的严重危险。③犯罪对象不同。本罪的对象包括动植物、动植物产品和其他检疫物；而后者的对象只限于甲类传染病，即霍乱和鼠疫等。

(5)量刑幅度

根据《刑法》第337条的规定，对犯本罪的处罚分以下2个档次：

一是对犯本罪的，处3年以下有期徒刑或者拘役，并处或者单处罚金。

二是单位犯本罪的，对单位判处罚金，并且对其直接负责的主管人员和其他直接责任人员按照上述规定处罚。

(六)破坏环境资源保护罪

1. 污染环境罪(第338条)

(1)罪名概念

污染环境罪，是指违反国家规定，排放、倾倒或者处置有放射性的废物、含传染病病原体的废物、有毒物质或者其他有害物质，严重污染环境的行为。

(2)法律规定

①本罪名是由《刑法》第338条规定的。该条规定："违反国家规定，排放、倾倒或者处置有放射性的废物、含传染病病原体的废物、有毒物质或者其他有害物质，严重污染环境的，处三年以下有期徒刑或者拘役，并处或者单处罚金；情节严重的，处三年以上七年以下有期徒刑，并处罚金；有下列情形之一的，处七年以上有期徒刑，并处罚金：

(一)在饮用水水源保护区、自然保护地核心保护区等依法确定的重点保护区域排放、倾倒、处置有放射性的废物、含传染病病原体的废物、有毒物质，情节特别严重的；

(二)向国家确定的重要江河、湖泊水域排放、倾倒、处置有放射性的废物、含传染病病原体的废物、有毒物质，情节特别严重的；

(三)致使大量永久基本农田基本功能丧失或者遭受永久性破坏的；

(四)致使多人重伤、严重疾病，或者致人严重残疾、死亡的。

有前款行为，同时构成其他犯罪的，依照处罚较重的规定定罪处罚。"

《刑法》第346条规定:“单位犯本节第三百三十八条至第三百四十五条规定之罪的,对单位判处罚金,并对其直接负责的主管人员和其他直接责任人员,依照本节各该条的规定处罚。”

②2017年4月27日最高人民检察院、公安部《关于公安机关管辖的刑事案件立案追诉标准的规定(一)的补充规定》第10条规定:“将《立案追诉标准(一)》第六十条修改为:[污染环境案(刑法第三百三十八条)]违反国家规定,排放、倾倒或者处置有放射性的废物、含传染病病原体的废物、有毒物质或者其他有害物质,涉嫌下列情形之一的,应予立案追诉:

(一)在饮用水水源一级保护区、自然保护区核心区排放、倾倒、处置有放射性的废物、含传染病病原体的废物、有毒物质的;

(二)非法排放、倾倒、处置危险废物三吨以上的;

(三)排放、倾倒、处置含铅、汞、镉、铬、砷、铊、锑的污染物,超过国家或者地方污染物排放标准三倍以上的;

(四)排放、倾倒、处置含镍、铜、锌、银、钒、锰、钴的污染物,超过国家或者地方污染物排放标准十倍以上的;

(五)通过暗管、渗井、渗坑、裂隙、溶洞、灌注等逃避监管的方式排放、倾倒、处置有放射性的废物、含传染病病原体的废物、有毒物质的;

(六)二年内曾因违反国家规定,排放、倾倒、处置有放射性的废物、含传染病病原体的废物、有毒物质受过两次以上行政处罚,又实施前列行为的;

(七)重点排污单位篡改、伪造自动监测数据或者干扰自动监测设施,排放化学需氧量、氨氮、二氧化硫、氮氧化物等污染物的;

(八)违法减少防治污染设施运行支出一百万元以上的;

(九)违法所得或者致使公私财产损失三十万元以上的;

(十)造成生态环境严重损害的;

(十一)致使乡镇以上集中式饮用水水源取水中断十二小时以上的;

(十二)致使基本农田、防护林地、特种用途林地五亩以上,其他农用地十亩以上,其他土地二十亩以上基本功能丧失或者遭受永久性破坏的;

(十三)致使森林或者其他林木死亡五十立方米以上,或者幼树死亡二千五百株以上的;

(十四)致使疏散、转移群众五千人以上的;

(十五)致使三十人以上中毒的;

(十六)致使三人以上轻伤、轻度残疾或者器官组织损伤导致一般功能障碍的;

(十七)致使一人以上重伤、中度残疾或者器官组织损伤导致严重功能障碍的;

(十八)其他严重污染环境的情形。

本条规定的‘有毒物质’,包括列入国家危险废物名录或者根据国家规定的危险废物鉴别标准和鉴别方法认定的具有危险特性的废物,《关于持久性有机污染物的斯德哥尔摩公约》附件所列物质,含重金属的污染物,以及其他具有毒性可能污染环境的物质。

本条规定的‘非法处置危险废物’,包括无危险废物经营许可证,以营利为目的,从危险废物中提取物质作为原材料或者燃料,并具有超标排放污染物、非法倾倒污染物或者其他违法造成环境污染情形的行为。

本条规定的‘重点排污单位’,是指设区的市级以上人民政府环境保护主管部门依法确定的应当安装、使用污染物排放自动监测设备的重点监控企业及其他单位。

本条规定的‘公私财产损失’,包括直接造成财产损毁、减少的实际价值,为防止污染扩大、消除污染而采取必要合理措施所产生的费用,以及处置突发环境事件的应急监测费用。

本条规定的‘生态环境损害’，包括生态环境修复费用，生态环境修复期间服务功能的损失和生态环境功能永久性损害造成的损失，以及其他必要合理费用。

本条规定的‘无危险废物经营许可证’，是指未取得危险废物经营许可证，或者超出危险废物经营许可证的经营范围。”

③2003 年 5 月 14 日最高人民法院、最高人民检察院《关于办理妨害预防、控制突发传染病疫情等灾害的刑事案件具体应用法律若干问题的解释》第 13 条规定：“违反传染病防治法等国家有关规定，向土地、水体、大气排放、倾倒或者处置含传染病病原体的废物、有毒物质或者其他危险废物，造成突发传染病传播等重大环境污染事故，致使公私财产遭受重大损失或者人身伤亡的严重后果的，依照刑法第三百三十八条的规定，以重大环境污染事故罪定罪处罚。”

④2016 年 12 月 23 日最高人民法院、最高人民检察院《关于办理环境污染刑事案件适用法律若干问题的解释》相关内容如下：

“第一条　实施刑法第三百三十八条规定的行为，具有下列情形之一的，应当认定为‘严重污染环境’：

（一）在饮用水水源一级保护区、自然保护区核心区排放、倾倒、处置有放射性的废物、含传染病病原体的废物、有毒物质的；

（二）非法排放、倾倒、处置危险废物三吨以上的；

（三）排放、倾倒、处置含铅、汞、镉、铬、砷、铊、锑的污染物，超过国家或者地方污染物排放标准三倍以上的；

（四）排放、倾倒、处置含镍、铜、锌、银、钒、锰、钴的污染物，超过国家或者地方污染物排放标准十倍以上的；

（五）通过暗管、渗井、渗坑、裂隙、溶洞、灌注等逃避监管的方式排放、倾倒、处置有放射性的废物、含传染病病原体的废物、有毒物质的；

（六）二年内曾因违反国家规定，排放、倾倒、处置有放射性的废物、含传染病病原体的废物、有毒物质受过两次以上行政处罚，又实施前列行为的；

（七）重点排污单位篡改、伪造自动监测数据或者干扰自动监测设施，排放化学需氧量、氨氮、二氧化硫、氮氧化物等污染物的；

（八）违法减少防治污染设施运行支出一百万元以上的；

（九）违法所得或者致使公私财产损失三十万元以上的；

（十）造成生态环境严重损害的；

（十一）致使乡镇以上集中式饮用水水源取水中断十二小时以上的；

（十二）致使基本农田、防护林地、特种用途林地五亩以上，其他农用地十亩以上，其他土地二十亩以上基本功能丧失或者遭受永久性破坏的；

（十三）致使森林或者其他林木死亡五十立方米以上，或者幼树死亡二千五百株以上的；

（十四）致使疏散、转移群众五千人以上的；

（十五）致使三十人以上中毒的；

（十六）致使三人以上轻伤、轻度残疾或者器官组织损伤导致一般功能障碍的；

（十七）致使一人以上重伤、中度残疾或者器官组织损伤导致严重功能障碍的；

（十八）其他严重污染环境的情形。

第三条　实施刑法第三百三十八条、第三百三十九条规定的行为，具有下列情形之一的，应当认定为‘后果特别严重’：

（一）致使县级以上城区集中式饮用水水源取水中断十二小时以上的；

（二）非法排放、倾倒、处置危险废物一百吨以上的；

（三）致使基本农田、防护林地、特种用途林地十五亩以上，其他农用地三十亩以上，其他土地六十亩以上基本功能丧失或者遭受永久性破坏的；

（四）致使森林或者其他林木死亡一百五十立方米以上，或者幼树死亡七千五百株以上的；

（五）致使公私财产损失一百万元以上的；

（六）造成生态环境特别严重损害的；

（七）致使疏散、转移群众一万五千人以上的；

（八）致使一百人以上中毒的；

（九）致使十人以上轻伤、轻度残疾或者器官组织损伤导致一般功能障碍的；

（十）致使三人以上重伤、中度残疾或者器官组织损伤导致严重功能障碍的；

（十一）致使一人以上重伤、中度残疾或者器官组织损伤导致严重功能障碍，并致使五人以上轻伤、轻度残疾或者器官组织损伤导致一般功能障碍的；

（十二）致使一人以上死亡或者重度残疾的；

（十三）其他后果特别严重的情形。

第四条　实施刑法第三百三十八条、第三百三十九条规定的犯罪行为，具有下列情形之一的，应当从重处罚：

（一）阻挠环境监督检查或者突发环境事件调查，尚不构成妨害公务等犯罪的；

（二）在医院、学校、居民区等人口集中地区及其附近，违反国家规定排放、倾倒、处置有放射性的废物、含传染病病原体的废物、有毒物质或者其他有害物质的；

（三）在重污染天气预警期间、突发环境事件处置期间或者被责令限期整改期间，违反国家规定排放、倾倒、处置有放射性的废物、含传染病病原体的废物、有毒物质或者其他有害物质的；

（四）具有危险废物经营许可证的企业违反国家规定排放、倾倒、处置有放射性的废物、含传染病病原体的废物、有毒物质或者其他有害物质的。

第五条　实施刑法第三百三十八条、第三百三十九条规定的行为，刚达到应当追究刑事责任的标准，但行为人及时采取措施，防止损失扩大、消除污染，全部赔偿损失，积极修复生态环境，且系初犯，确有悔罪表现的，可以认定为情节轻微，不起诉或者免予刑事处罚；确有必要判处刑罚的，应当从宽处罚。

第六条　无危险废物经营许可证从事收集、贮存、利用、处置危险废物经营活动，严重污染环境的，按照污染环境罪定罪处罚；同时构成非法经营罪的，依照处罚较重的规定定罪处罚。

实施前款规定的行为，不具有超标排放污染物、非法倾倒污染物或者其他违法造成环境污染的情形的，可以认定为非法经营情节显著轻微危害不大，不认为是犯罪；构成生产、销售伪劣产品等其他犯罪的，以其他犯罪论处。

第七条　明知他人无危险废物经营许可证，向其提供或者委托其收集、贮存、利用、处置危险废物，严重污染环境的，以共同犯罪论处。

第八条　违反国家规定，排放、倾倒、处置含有毒害性、放射性、传染病病原体等物质的污染物，同时构成污染环境罪、非法处置进口的固体废物罪、投放危险物质罪等犯罪的，依照处罚较重的规定定罪处罚。

第十一条　单位实施本解释规定的犯罪的，依照本解释规定的定罪量刑标准，对直接负责的主管人员和其他直接责任人员定罪处罚，并对单位判处罚金。

第十五条　下列物质应当认定为刑法第三百三十八条规定的‘有毒物质’：

（一）危险废物，是指列入国家危险废物名录，或者根据国家规定的危险废物鉴别标准和鉴别方法认定的，具有危险特性的废物；

（二）《关于持久性有机污染物的斯德哥尔摩公约》附件所列物质；

（三）含重金属的污染物；

（四）其他具有毒性，可能污染环境的物质。

第十六条　无危险废物经营许可证，以营利为目的，从危险废物中提取物质作为原材料或者燃料，并具有超标排放污染物、非法倾倒污染物或者其他违法造成环境污染的情形的行为，应当认定为'非法处置危险废物'。

第十七条　本解释所称'二年内'，以第一次违法行为受到行政处罚的生效之日与又实施相应行为之日的时间间隔计算确定。

本解释所称'重点排污单位'，是指设区的市级以上人民政府环境保护主管部门依法确定的应当安装、使用污染物排放自动监测设备的重点监控企业及其他单位。

本解释所称'违法所得'，是指实施刑法第三百三十八条、第三百三十九条规定的行为所得和可得的全部违法收入。

本解释所称'公私财产损失'，包括实施刑法第三百三十八条、第三百三十九条规定的行为直接造成财产损毁、减少的实际价值，为防止污染扩大、消除污染而采取必要合理措施所产生的费用，以及处置突发环境事件的应急监测费用。

本解释所称'生态环境损害'，包括生态环境修复费用，生态环境修复期间服务功能的损失和生态环境功能永久性损害造成的损失，以及其他必要合理费用。

本解释所称'无危险废物经营许可证'，是指未取得危险废物经营许可证，或者超出危险废物经营许可证的经营范围。"

⑤2019年2月20日最高人民法院、最高人民检察院、公安部、司法部、生态环境部《关于办理环境污染刑事案件有关问题座谈会纪要》的相关主要内容如下：

"会议要求，各部门要正确理解和准确适用刑法和《最高人民法院、最高人民检察院关于办理环境污染刑事案件适用法律若干问题的解释》（法释〔2016〕29号，以下称《环境解释》）的规定，坚持最严格的环保司法制度、最严密的环保法治理念，统一执法司法尺度，加大对环境污染犯罪的惩治力度。

1. 关于单位犯罪的认定

会议针对一些地方存在追究自然人犯罪多，追究单位犯罪少，单位犯罪认定难的情况和问题进行了讨论。会议认为，办理环境污染犯罪案件，认定单位犯罪时，应当依法合理把握追究刑事责任的范围，贯彻宽严相济刑事政策，重点打击出资者、经营者和主要获利者，既要防止不当缩小追究刑事责任的人员范围，又要防止打击面过大。

为了单位利益，实施环境污染行为，并具有下列情形之一的，应当认定为单位犯罪：(1)经单位决策机构按照决策程序决定的；(2)经单位实际控制人、主要负责人或者授权的分管负责人决定、同意的；(3)单位实际控制人、主要负责人或者授权的分管负责人得知单位成员个人实施环境污染犯罪行为，并未加以制止或者及时采取措施，而是予以追认、纵容或者默许的；(4)使用单位营业执照、合同书、公章、印鉴等对外开展活动，并调用单位车辆、船舶、生产设备、原辅材料等实施环境污染犯罪行为的。

单位犯罪中的'直接负责的主管人员'，一般是指对单位犯罪起决定、批准、组织、策划、指挥、授意、纵容等作用的主管人员，包括单位实际控制人、主要负责人或者授权的分管负责人、高级管理人员等；'其他直接责任人员'，一般是指在直接负责的主管人员的指挥、授意下积极参与实施单位犯罪或者对具体实施单位犯罪起较大作用的人员。

对于应当认定为单位犯罪的环境污染犯罪案件,公安机关未作为单位犯罪移送审查起诉的,人民检察院应当退回公安机关补充侦查。对于应当认定为单位犯罪的环境污染犯罪案件,人民检察院只作为自然人犯罪起诉的,人民法院应当建议人民检察院对犯罪单位补充起诉。

2. 关于犯罪未遂的认定

会议针对当前办理环境污染犯罪案件中,能否认定污染环境罪(未遂)的问题进行了讨论。会议认为,当前环境执法工作形势比较严峻,一些行为人拒不配合执法检查、接受检查时弄虚作假、故意逃避法律追究的情形时有发生,因此对于行为人已经着手实施非法排放、倾倒、处置有毒有害污染物的行为,由于有关部门查处或者其他意志以外的原因未得逞的情形,可以污染环境罪(未遂)追究刑事责任。

3. 关于主观过错的认定

会议针对当前办理环境污染犯罪案件中,如何准确认定犯罪嫌疑人、被告人主观过错的问题进行了讨论。会议认为,判断犯罪嫌疑人、被告人是否具有环境污染犯罪的故意,应当依据犯罪嫌疑人、被告人的任职情况、职业经历、专业背景、培训经历、本人因同类行为受到行政处罚或者刑事追究情况以及污染物种类、污染方式、资金流向等证据,结合其供述,进行综合分析判断。

实践中,具有下列情形之一,犯罪嫌疑人、被告人不能作出合理解释的,可以认定其故意实施环境污染犯罪,但有证据证明确系不知情的除外:(1)企业没有依法通过环境影响评价,或者未依法取得排污许可证,排放污染物,或者已经通过环境影响评价并且防治污染设施验收合格后,擅自更改工艺流程、原辅材料,导致产生新的污染物质的;(2)不使用验收合格的防治污染设施或者不按规范要求使用的;(3)防治污染设施发生故障,发现后不及时排除,继续生产放任污染物排放的;(4)生态环境部门责令限制生产、停产整治或者予以行政处罚后,继续生产放任污染物排放的;(5)将危险废物委托第三方处置,没有尽到查验经营许可的义务,或者委托处置费用明显低于市场价格或者处置成本的;(6)通过暗管、渗井、渗坑、裂隙、溶洞、灌注等逃避监管的方式排放污染物的;(7)通过篡改、伪造监测数据的方式排放污染物的;(8)其他足以认定的情形。

4. 关于生态环境损害标准的认定

会议针对如何适用《环境解释》第一条、第三条规定的‘造成生态环境严重损害的’‘造成生态环境特别严重损害的’定罪量刑标准进行了讨论。会议指出,生态环境损害赔偿制度是生态文明制度体系的重要组成部分。党中央、国务院高度重视生态环境损害赔偿工作,党的十八届三中全会明确提出对造成生态环境损害的责任者严格实行赔偿制度。2015 年,中央办公厅、国务院办公厅印发《生态环境损害赔偿制度改革试点方案》(中办发〔2015〕57 号),在吉林等 7 个省市部署开展改革试点,取得明显成效。2017 年,中央办公厅、国务院办公厅印发《生态环境损害赔偿制度改革方案》(中办发〔2017〕68 号),在全国范围内试行生态环境损害赔偿制度。

会议指出,《环境解释》将造成生态环境损害规定为污染环境罪的定罪量刑标准之一,是为了与生态环境损害赔偿制度实现衔接配套,考虑到该制度尚在试行过程中,《环境解释》作了较原则的规定。司法实践中,一些省市结合本地区工作实际制定了具体标准。会议认为,在生态环境损害赔偿制度试行阶段,全国各省(自治区、直辖市)可以结合本地实际情况,因地制宜,因时制宜,根据案件具体情况准确认定‘造成生态环境严重损害’和‘造成生态环境特别严重损害’。

5. 关于非法经营罪的适用

会议针对如何把握非法经营罪与污染环境罪的关系以及如何具体适用非法经营罪的问题进行了讨论。会议强调,要高度重视非法经营危险废物案件的办理,坚持全链条、全环节、全流程对非法排放、倾倒、处置、经营危险废物的产业链进行刑事打击,查清犯罪网络,深挖犯罪源头,斩断利益链条,不断挤压和铲除此类犯罪滋生蔓延的空间。

会议认为，准确理解和适用《环境解释》第六条的规定应当注意把握两个原则：一要坚持实质判断原则，对行为人非法经营危险废物行为的社会危害性作实质性判断。比如，一些单位或者个人虽未依法取得危险废物经营许可证，但其收集、贮存、利用、处置危险废物经营活动，没有超标排放污染物、非法倾倒污染物或者其他违法造成环境污染情形的，则不宜以非法经营罪论处。二要坚持综合判断原则，对行为人非法经营危险废物行为根据其在犯罪链条中的地位、作用综合判断其社会危害性。比如，有证据证明单位或者个人的无证经营危险废物行为属于危险废物非法经营产业链的一部分，并且已经形成了分工负责、利益均沾、相对固定的犯罪链条，如果行为人或者与其联系紧密的上游或者下游环节具有排放、倾倒、处置危险废物违法造成环境污染的情形，且交易价格明显异常的，对行为人可以根据案件具体情况在污染环境罪和非法经营罪中，择一重罪处断。

6. 关于投放危险物质罪的适用

会议强调，目前我国一些地方环境违法犯罪活动高发多发，刑事处罚威慑力不强的问题仍然突出，现阶段在办理环境污染犯罪案件时必须坚决贯彻落实中央领导同志关于重典治理污染的指示精神，把刑法和《环境解释》的规定用足用好，形成对环境污染违法犯罪的强大震慑。

会议认为，司法实践中对环境污染行为适用投放危险物质罪追究刑事责任时，应当重点审查判断行为人的主观恶性、污染行为恶劣程度、污染物的毒害性危险性、污染持续时间、污染结果是否可逆、是否对公共安全造成现实、具体、明确的危险或者危害等各方面因素。对于行为人明知其排放、倾倒、处置的污染物含有毒害性、放射性、传染病病原体等危险物质，仍实施环境污染行为放任其危害公共安全，造成重大人员伤亡、重大公私财产损失等严重后果，以污染环境罪论处明显不足以罚当其罪的，可以按投放危险物质罪定罪量刑。实践中，此类情形主要是向饮用水水源保护区，饮用水供水单位取水口和出水口，南水北调水库、干渠、涵洞等配套工程，重要渔业水体以及自然保护区核心区等特殊保护区域，排放、倾倒、处置毒害性极强的污染物，危害公共安全并造成严重后果的情形。

7. 关于涉大气污染环境犯罪的处理

会议针对涉大气污染环境犯罪的打击处理问题进行了讨论。会议强调，打赢蓝天保卫战是打好污染防治攻坚战的重中之重。各级人民法院、人民检察院、公安机关、生态环境部门要认真分析研究全国人大常委会大气污染防治法执法检查发现的问题和提出的建议，不断加大对涉大气污染环境犯罪的打击力度，毫不动摇地以法律武器治理污染，用法治力量保卫蓝天，推动解决人民群众关注的突出大气环境问题。

会议认为，司法实践中打击涉大气污染环境犯罪，要抓住关键问题，紧盯薄弱环节，突出打击重点。对重污染天气预警期间，违反国家规定，超标排放二氧化硫、氮氧化物，受过行政处罚后又实施上述行为或者具有其他严重情节的，可以适用《环境解释》第一条第十八项规定的‘其他严重污染环境的情形’追究刑事责任。

8. 关于非法排放、倾倒、处置行为的认定

会议针对如何准确认定环境污染犯罪中非法排放、倾倒、处置行为进行了讨论。会议认为，司法实践中认定非法排放、倾倒、处置行为时，应当根据《固体废物污染环境防治法》和《环境解释》的有关规定精神，从其行为方式是否违反国家规定或者行业操作规范、污染物是否与外环境接触、是否造成环境污染的危险或者危害等方面进行综合分析判断。对名为运输、贮存、利用，实为排放、倾倒、处置的行为应当认定为非法排放、倾倒、处置行为，可以依法追究刑事责任。比如，未采取相应防范措施将没有利用价值的危险废物长期贮存、搁置，放任危险废物或者其有毒有害成分大量扬散、流失、泄漏、挥发，污染环境的。

9. 关于有害物质的认定

会议针对如何准确认定刑法第三百三十八条规定的'其他有害物质'的问题进行了讨论。会议认为，办理非法排放、倾倒、处置其他有害物质的案件，应当坚持主客观相一致原则，从行为人的主观恶性、污染行为恶劣程度、有害物质危险性毒害性等方面进行综合分析判断，准确认定其行为的社会危害性。实践中，常见的有害物质主要有：工业危险废物以外的其他工业固体废物；未经处理的生活垃圾；有害大气污染物、受控消耗臭氧层物质和有害水污染物；在利用和处置过程中必然产生有毒有害物质的其他物质；国务院生态环境保护主管部门会同国务院卫生主管部门公布的有毒有害污染物名录中的有关物质等。

10. 关于从重处罚情形的认定

会议强调，要坚决贯彻党中央推动长江经济带发展的重大决策，为长江经济带共抓大保护、不搞大开发提供有力的司法保障。实践中，对于发生在长江经济带十一省（直辖市）的下列环境污染犯罪行为，可以从重处罚：(1)跨省（直辖市）排放、倾倒、处置有放射性的废物、含传染病病原体的废物、有毒物质或者其他有害物质的；(2)向国家确定的重要江河、湖泊或者其他跨省（直辖市）江河、湖泊排放、倾倒、处置有放射性的废物、含传染病病原体的废物、有毒物质或者其他有害物质的。

11. 关于严格适用不起诉、缓刑、免予刑事处罚

会议针对当前办理环境污染犯罪案件中如何严格适用不起诉、缓刑、免予刑事处罚的问题进行了讨论。会议强调，环境污染犯罪案件的刑罚适用直接关系加强生态环境保护打好污染防治攻坚战的实际效果。各级人民法院、人民检察院要深刻认识环境污染犯罪的严重社会危害性，正确贯彻宽严相济刑事政策，充分发挥刑罚的惩治和预防功能。要在全面把握犯罪事实和量刑情节的基础上严格依照刑法和刑事诉讼法规定的条件适用不起诉、缓刑、免予刑事处罚，既要考虑从宽情节，又要考虑从严情节；既要做到刑罚与犯罪相当，又要做到刑罚执行方式与犯罪相当，切实避免不起诉、缓刑、免予刑事处罚不当适用造成的消极影响。

会议认为，具有下列情形之一的，一般不适用不起诉、缓刑或者免予刑事处罚：(1)不如实供述罪行的；(2)属于共同犯罪中情节严重的主犯的；(3)犯有数个环境污染犯罪依法实行并罚或者以一罪处理的；(4)曾因环境污染违法犯罪行为受过行政处罚或者刑事处罚的；(5)其他不宜适用不起诉、缓刑、免予刑事处罚的情形。

会议要求，人民法院审理环境污染犯罪案件拟适用缓刑或者免予刑事处罚的，应当分析案发前后的社会影响和反映，注意听取控辩双方提出的意见。对于情节恶劣、社会反映强烈的环境污染犯罪，不得适用缓刑、免予刑事处罚。人民法院对判处缓刑的被告人，一般应当同时宣告禁止令，禁止其在缓刑考验期内从事与排污或者处置危险废物有关的经营活动。生态环境部门根据禁止令，对上述人员担任实际控制人、主要负责人或者高级管理人员的单位，依法不得发放排污许可证或者危险废物经营许可证。"

(3)构成要件

第一，本罪侵犯的客体是国家对环境保护和污染防治的管理制度。

第二，客观方面，构成本罪必须具备以下两个条件：一是具有违反国家规定，排放、倾倒或者处置危险废物的行为；二是这些行为造成了严重污染环境的后果。

第三，犯罪主体是一般主体，但主要是企业、事业单位。

第四，主观方面是过失。这种过失是指行为人对造成重大环境污染事故，致使公私财产遭受重大损失或者人身伤亡的严重后果的心理态度。至于违反国家规定，倾倒、排放或者处置危险废物，在这一点上，行为人可能是故意。

（4）罪名界定

第一，关于本罪的认定。根据2003年5月14日最高人民法院、最高人民检察院《关于办理妨害预防、控制突发传染病疫情等灾害的刑事案件具体应用法律若干问题的解释》第13条的规定：“违反传染病防治法等国家有关规定，向土地、水体、大气排放、倾倒或者处置含传染病病原体的废物、有毒物质或者其他危险废物，造成突发传染病传播等重大环境污染事故，致使公私财产遭受重大损失或者人身伤亡的严重后果，依照刑法第三百三十八条的规定，以重大环境污染事故罪定罪处罚。”违反了传染病防治法关于处置含传染病病原体、废物的行为的规定，属于妨害传染病防治的行为，又因为该行为的结果造成了重大环境污染事故，故还构成了重大环境污染事故罪。由于重大环境污染事故罪规定了财产刑，要比妨害传染病防治罪重，因此，应该以重大环境污染事故罪定罪处罚。

第二，本罪与危险物品肇事罪的主要区别：①犯罪主体不同。前者既可以是自然人，也可以是单位；而后者是一般主体，在实践中只能由生产、储存、运输、使用危险物品的人构成。②犯罪客观方面不同。前者表现为违反国家规定，向土地、水体、大气排放、倾倒或者处置危险废物而造成重大环境污染事故的行为；而后者表现为违反危险物品的管理规定，在生产、储存、运输、使用过程中发生事故的行为。③犯罪客体不同。前者侵犯的是国家环境保护和环境污染防治的管理制度；而后者侵犯的是社会的公共安全。

第三，本罪与重大责任事故罪的区别：①侵犯的客体不同。前者属于妨害社会管理秩序方面的犯罪，侵犯的是国家环境保护和环境污染治理的管理制度；而后者侵犯的是公共安全，属于危害公共安全犯罪。②犯罪主体不同。前者既可以是自然人，也可以是单位；而后者只能是自然人，而且只限于厂矿企业、事业单位的职工以及群众合伙经营组织和个体经营户的从业人员。③犯罪的客观方面不同。前者表现为违反国家有关排放、倾倒或者处置危险废物的规定，因而发生重大环境污染事故的行为；而后者表现为违反规章制度，因而发生重大责任事故的行为。

（5）量刑幅度

根据《刑法》第338条、第346条的规定，对犯本罪的处罚分以下4个档次：

一是犯本罪的，处3年以下有期徒刑或者拘役，并处或者单处罚金。

二是情节严重的，处3年以上7年以下有期徒刑，并处罚金。

三是具备《刑法》第338条规定的四种情形的，处7年以上有期徒刑，并处罚金。

四是单位犯本罪的，对单位判处罚金，并且对直接负责的主管人员和其他直接责任人员依照上述规定处罚。

行为人的行为既构成本罪，又构成其他犯罪的，依照处罚较重的规定定罪处罚。

2. 非法处置进口的固体废物罪（第339条第1款）

（1）罪名概念

非法处置进口的固体废物罪，是指违反国家规定，将境外的固体废物进境倾倒、堆放、处置的行为。

（2）法律规定

①本罪名是由《刑法》第339条第1款规定的。该条款规定：“违反国家规定，将境外的固体废物进境倾倒、堆放、处置的，处五年以下有期徒刑或者拘役，并处罚金；造成重大环境污染事故，致使公私财产遭受重大损失或者严重危害人体健康的，处五年以上十年以下有期徒刑，并处罚金；后果特别严重的，处十年以上有期徒刑，并处罚金。”

《刑法》第339条第3款规定：“以原料利用为名，进口不能用作原料的固体废物、液态废物和气态废物的,依照本法第一百五十二条第二款、第三款的规定定罪处罚。”

《刑法》第346条规定:“单位犯本节第三百三十八条至第三百四十五条规定之罪的,对单位判处罚金,并对其直接负责的主管人员和其他直接责任人员,依照本节各该条的规定处罚。”

②2008年6月25日最高人民检察院、公安部《关于公安机关管辖的刑事案件立案追诉标准的规定(一)》第61条规定:“违反国家规定,将境外的固体废物进境倾倒、堆放、处置的,应予立案追诉。”

③2016年12月23日最高人民法院、最高人民检察院《关于办理环境污染刑事案件适用法律若干问题的解释》相关内容如下:

“第二条　实施刑法第三百三十九条、第四百零八条规定的行为,致使公私财产损失三十万元以上,或者具有本解释第一条第十项至第十七项规定情形之一的,应当认定为‘致使公私财产遭受重大损失或者严重危害人体健康’或者‘致使公私财产遭受重大损失或者造成人身伤亡的严重后果’。

第三条　实施刑法第三百三十八条、第三百三十九条规定的行为,具有下列情形之一的,应当认定为‘后果特别严重’:

(一)致使县级以上城区集中式饮用水水源取水中断十二小时以上的;

(二)非法排放、倾倒、处置危险废物一百吨以上的;

(三)致使基本农田、防护林地、特种用途林地十五亩以上,其他农用地三十亩以上,其他土地六十亩以上基本功能丧失或者遭受永久性破坏的;

(四)致使森林或者其他林木死亡一百五十立方米以上,或者幼树死亡七千五百株以上的;

(五)致使公私财产损失一百万元以上的;

(六)造成生态环境特别严重损害的;

(七)致使疏散、转移群众一万五千人以上的;

(八)致使一百人以上中毒的;

(九)致使十人以上轻伤、轻度残疾或者器官组织损伤导致一般功能障碍的;

(十)致使三人以上重伤、中度残疾或者器官组织损伤导致严重功能障碍的;

(十一)致使一人以上重伤、中度残疾或者器官组织损伤导致严重功能障碍,并致使五人以上轻伤、轻度残疾或者器官组织损伤导致一般功能障碍的;

(十二)致使一人以上死亡或者重度残疾的;

(十三)其他后果特别严重的情形。

第四条　实施刑法第三百三十八条、第三百三十九条规定的犯罪行为,具有下列情形之一的,应当从重处罚:

(一)阻挠环境监督检查或者突发环境事件调查,尚不构成妨害公务等犯罪的;

(二)在医院、学校、居民区等人口集中地区及其附近,违反国家规定排放、倾倒、处置有放射性的废物、含传染病病原体的废物、有毒物质或者其他有害物质的;

(三)在重污染天气预警期间、突发环境事件处置期间或者被责令限期整改期间,违反国家规定排放、倾倒、处置有放射性的废物、含传染病病原体的废物、有毒物质或者其他有害物质的;

(四)具有危险废物经营许可证的企业违反国家规定排放、倾倒、处置有放射性的废物、含传染病病原体的废物、有毒物质或者其他有害物质的。

第五条　实施刑法第三百三十八条、第三百三十九条规定的行为,刚达到应当追究刑事责任的标准,但行为人及时采取措施,防止损失扩大、消除污染,全部赔偿损失,积极修复生态环境,且系初犯,确有悔罪表现的,可以认定为情节轻微,不起诉或者免予刑事处罚;确有必要判处刑罚的，应当从宽处罚。

第六条 无危险废物经营许可证从事收集、贮存、利用、处置危险废物经营活动，严重污染环境的，按照污染环境罪定罪处罚；同时构成非法经营罪的，依照处罚较重的规定定罪处罚。

实施前款规定的行为，不具有超标排放污染物、非法倾倒污染物或者其他违法造成环境污染的情形的，可以认定为非法经营情节显著轻微危害不大，不认为是犯罪；构成生产、销售伪劣产品等其他犯罪的，以其他犯罪论处。

第七条 明知他人无危险废物经营许可证，向其提供或者委托其收集、贮存、利用、处置危险废物，严重污染环境的，以共同犯罪论处。

第八条 违反国家规定，排放、倾倒、处置含有毒害性、放射性、传染病病原体等物质的污染物，同时构成污染环境罪、非法处置进口的固体废物罪、投放危险物质罪等犯罪的，依照处罚较重的规定定罪处罚。

第十一条 单位实施本解释规定的犯罪的，依照本解释规定的定罪量刑标准，对直接负责的主管人员和其他直接责任人员定罪处罚，并对单位判处罚金。

第十六条 无危险废物经营许可证，以营利为目的，从危险废物中提取物质作为原材料或者燃料，并具有超标排放污染物、非法倾倒污染物或者其他违法造成环境污染的情形的行为，应当认定为‘非法处置危险废物’。

第十七条 本解释所称‘二年内’，以第一次违法行为受到行政处罚的生效之日与又实施相应行为之日的时间间隔计算确定。

本解释所称‘重点排污单位’，是指设区的市级以上人民政府环境保护主管部门依法确定的应当安装、使用污染物排放自动监测设备的重点监控企业及其他单位。

本解释所称‘违法所得’，是指实施刑法第三百三十八条、第三百三十九条规定的行为所得和可得的全部违法收入。

本解释所称‘公私财产损失’，包括实施刑法第三百三十八条、第三百三十九条规定的行为直接造成财产损毁、减少的实际价值，为防止污染扩大、消除污染而采取必要合理措施所产生的费用，以及处置突发环境事件的应急监测费用。

本解释所称‘生态环境损害’，包括生态环境修复费用，生态环境修复期间服务功能的损失和生态环境功能永久性损害造成的损失，以及其他必要合理费用。

本解释所称‘无危险废物经营许可证’，是指未取得危险废物经营许可证，或者超出危险废物经营许可证的经营范围。”

(3)构成要件

第一，本罪侵犯的客体是国家对进口固体废物的管理制度。

第二，客观方面表现为行为人违反国家规定，将境外的固体废物进境倾倒、堆放、处置的行为。

第三，本罪的主体是一般主体，包括中国人、外国人和无国籍人，还包括中国的机关、企事业单位、我国以及国外的组织。

第四，主观方面是故意。

(4)罪名界定

关于本罪的认定。根据《刑法》的规定，构成本罪在客观上必须具备以下几方面内容：一是必须是违反了国家规定，主要是指违反固体废物污染防治法中关于有关境外固体废物进境倾倒、堆放、处置的规定。二是必须是境外的固体废物。三是本罪是行为犯。构成本罪，不以造成重大环境污染事故为前提条件，只要行为人实施了违反国家规定，将境外固体废物进境倾倒、堆放、处置的行为就构成犯罪,没有必须达到"情节严重"之类的要求。但应当注意以下两点:一是如果行为人进境倾倒、堆放、处置少量的境外固体废物,或者由于固体废物的特性决定,根本不能构成污染环境危险的,就不应当以本罪论处。二是本罪的对象只能是境外的固体废物,如果是对境内的固体废物进行堆放、倾倒、处置的,也不能以本罪论处。

(5)量刑幅度

对犯本罪的处罚分以下4个档次:

一是根据《刑法》第339条第1款的规定,犯本罪的,处5年以下有期徒刑或者拘役,并处罚金。

二是造成重大环境污染事故,致使公私财产遭受重大损失或者严重危害人体健康的,处5年以上10年以下有期徒刑,并处罚金。

三是后果特别严重的,处10年以上有期徒刑,并处罚金。

四是根据《刑法》第346条的规定,单位犯此罪的,对单位判处罚金;对其主管的责任人员和其他直接责任人员,按照对自然人的处罚规定处罚。

3. 擅自进口固体废物罪(第339条第2款)

(1)罪名概念

擅自进口固体废物罪,是指没有经过国务院有关主管部门许可,擅自进口固体废物用来作原料,造成重大环境污染事故,致使公私财产遭受重大损失或者严重危害人体健康的行为。

(2)法律规定

①本罪名是由《刑法》第339条第2款规定的。该条款规定:"未经国务院有关主管部门许可,擅自进口固体废物用作原料,造成重大环境污染事故,致使公私财产遭受重大损失或者严重危害人体健康的,处五年以下有期徒刑或者拘役,并处罚金;后果特别严重的,处五年以上十年以下有期徒刑,并处罚金。"

《刑法》第339条第3款规定:"以原料利用为名,进口不能用作原料的固体废物、液态废物和气态废物的,依照本法第一百五十二条第二款、第三款的规定定罪处罚。"

《刑法》第346条规定:"单位犯本节第三百三十八条至第三百四十五条规定之罪的,对单位判处罚金,并对其直接负责的主管人员和其他直接责任人员,依照本节各该条的规定处罚。"

②2008年6月25日最高人民检察院、公安部《关于公安机关管辖的刑事案件立案追诉标准的规定(一)》第62条规定:"未经国务院有关主管部门许可,擅自进口固体废物用作原料,造成重大环境污染事故,涉嫌下列情形之一的,应予立案追诉:

(一)致使公私财产损失三十万元以上的;

(二)致使基本农田、防护林地、特种用途林地五亩以上,其他农用地十亩以上,其他土地二十亩以上基本功能丧失或者遭受永久性破坏的;

(三)致使森林或者其他林木死亡五十立方米以上,或者幼树死亡二千五百株以上的;

(四)致使一人以上死亡、三人以上重伤、十人以上轻伤,或者一人以上重伤并且五人以上轻伤的;

(五)致使传染病发生、流行或者人员中毒达到《国家突发公共卫生事件应急预案》中突发公共卫生事件分级Ⅲ级以上情形,严重危害人体健康的;

(六)其他致使公私财产遭受重大损失或者严重危害人体健康的情形。"

③2016年12月23日最高人民法院、最高人民检察院《关于办理环境污染刑事案件适用法律若干问题的解释》相关内容如下:

"第二条　实施刑法第三百三十九条、第四百零八条规定的行为，致使公私财产损失三十万元以上，或者具有本解释第一条第十项至第十七项规定情形之一的，应当认定为'致使公私财产遭受重大损失或者严重危害人体健康'或者'致使公私财产遭受重大损失或者造成人身伤亡的严重后果'。

第三条　实施刑法第三百三十八条、第三百三十九条规定的行为，具有下列情形之一的，应当认定为'后果特别严重'：

（一）致使县级以上城区集中式饮用水水源取水中断十二小时以上的；

（二）非法排放、倾倒、处置危险废物一百吨以上的；

（三）致使基本农田、防护林地、特种用途林地十五亩以上，其他农用地三十亩以上，其他土地六十亩以上基本功能丧失或者遭受永久性破坏的；

（四）致使森林或者其他林木死亡一百五十立方米以上，或者幼树死亡七千五百株以上的；

（五）致使公私财产损失一百万元以上的；

（六）造成生态环境特别严重损害的；

（七）致使疏散、转移群众一万五千人以上的；

（八）致使一百人以上中毒的；

（九）致使十人以上轻伤、轻度残疾或者器官组织损伤导致一般功能障碍的；

（十）致使三人以上重伤、中度残疾或者器官组织损伤导致严重功能障碍的；

（十一）致使一人以上重伤、中度残疾或者器官组织损伤导致严重功能障碍，并致使五人以上轻伤、轻度残疾或者器官组织损伤导致一般功能障碍的；

（十二）致使一人以上死亡或者重度残疾的；

（十三）其他后果特别严重的情形。

第四条　实施刑法第三百三十八条、第三百三十九条规定的犯罪行为，具有下列情形之一的，应当从重处罚：

（一）阻挠环境监督检查或者突发环境事件调查，尚不构成妨害公务等犯罪的；

（二）在医院、学校、居民区等人口集中地区及其附近，违反国家规定排放、倾倒、处置有放射性的废物、含传染病病原体的废物、有毒物质或者其他有害物质的；

（三）在重污染天气预警期间、突发环境事件处置期间或者被责令限期整改期间，违反国家规定排放、倾倒、处置有放射性的废物、含传染病病原体的废物、有毒物质或者其他有害物质的；

（四）具有危险废物经营许可证的企业违反国家规定排放、倾倒、处置有放射性的废物、含传染病病原体的废物、有毒物质或者其他有害物质的。

第五条　实施刑法第三百三十八条、第三百三十九条规定的行为，刚达到应当追究刑事责任的标准，但行为人及时采取措施，防止损失扩大、消除污染，全部赔偿损失，积极修复生态环境，且系初犯，确有悔罪表现的，可以认定为情节轻微，不起诉或者免予刑事处罚；确有必要判处刑罚的，应当从宽处罚。"

（3）构成要件

第一，本罪侵犯的客体是国家对进口固体废物的管理制度。犯罪对象是境外的固体废物。

第二，客观方面表现为两种情形：一是实施了没有经过国务院有关主管部门的许可，擅自进口固体废物用来作原料的行为。二是由于这种行为，造成了重大环境污染事故，致使公私财产遭受重大损失或者人身伤亡的严重后果。上述这两个条件，缺一不可。

第三，本罪的主体是一般主体，包括自然人和单位。

第四，主观方面是故意或者过失。一般来说，对于违反国务院的主管部门的规定是故意，对造成的严重后果是过失。

(4)罪名界定

第一,本罪与非法处置进口的固体废物罪的区别:①行为方式不同。前者的行为方式是没有经过国务院有关主管部门的许可,擅自进口固体废物用来作原料,并且造成了重大环境污染事故;而后者的行为方式则是违反国家规定,把境外的固体废物进口以后,倾倒、堆放、处置。②主观的内容不同。前者是为了作原材料;而后者是存放固体废物。③构成犯罪的前提条件不同。前者是结果犯,行为人的行为只有给环境造成了严重的污染,才构成犯罪;而后者是行为犯,只要行为人实施了把境外固体在境内倾倒、堆放、处置的行为,就构成犯罪,不要求有严重后果的发生。

第二,本罪与走私罪的区别:前者表现为违反国家有关规定,擅自进口废物的行为,还必须具备造成重大环境污染事故,致使公私财产遭受重大损失或者严重危害人体健康的严重后果;而走私罪则要表现为违反海关法规,逃避海关监管、监察的各种走私行为,它不要求具备必须造成严重后果这样的条件。但是,如果以进口原材料为名,进口了不是用来作原材料的固体废物或货物的,应依照《刑法》第155条的规定,以走私罪论处。

(5)量刑幅度

构成本罪的,对犯罪分子的处罚分以下4个档次:

一是根据《刑法》第339条第2款的规定,情节一般的,处5年以下有期徒刑或者拘役,并处罚金。

二是后果特别严重的,处5年以上10年以下有期徒刑,并处罚金。

三是根据《刑法》第346条的规定,单位犯本罪的,对单位判处罚金,并且对直接负责的主管人员和其他直接责任人员,依照对自然人犯罪主体的规定来处罚。

四是根据《刑法》第339条第3款的规定,以原料利用为名,进口不能使用的、不能作原料的固体废物的,依照《刑法》第155条的规定,以走私固体废物罪来定罪处罚。

4. 非法捕捞水产品罪(第340条)

(1)罪名概念

非法捕捞水产品罪,是指违反保护水产资源法规,在禁渔区、禁渔期或者使用禁用的工具、方法捕捞水产品,情节严重的行为。

(2)法律规定

①本罪名是由《刑法》第340条规定的。该条规定:“违反保护水产资源法规,在禁渔区、禁渔期或者使用禁用的工具、方法捕捞水产品,情节严重的,处三年以下有期徒刑、拘役、管制或者罚金。”

《刑法》第346条规定:“单位犯本节第三百三十八条至第三百四十五条规定之罪的,对单位判处罚金,并对其直接负责的主管人员和其他直接责任人员,依照本节各该条的规定处罚。”

②2008年6月25日最高人民检察院、公安部《关于公安机关管辖的刑事案件立案追诉标准的规定(一)》第63条规定:“违反保护水产资源法规,在禁渔区、禁渔期或者使用禁用的工具、方法捕捞水产品,涉嫌下列情形之一的,应予立案追诉:

(一)在内陆水域非法捕捞水产品五百公斤以上或者价值五千元以上的,或者在海洋水域非法捕捞水产品二千公斤以上或者价值二万元以上的;

(二)非法捕捞有重要经济价值的水生动物苗种、怀卵亲体或者在水产种质资源保护区内捕捞水产品,在内陆水域五十公斤以上或者价值五百元以上,或者在海洋水域二百公斤以上或者价

值二千元以上的;

(三)在禁渔区内使用禁用的工具或者禁用的方法捕捞的;

(四)在禁渔期内使用禁用的工具或者禁用的方法捕捞的;

(五)在公海使用禁用渔具从事捕捞作业,造成严重影响的;

(六)其他情节严重的情形。"

(3)构成要件

第一,本罪侵犯的客体是国家关于保护水产资源的法规,破坏国家对水产资源的管理,危害水产品生产的发展。犯罪对象是水产品。

第二,在客观方面,行为人具有违反保护水产资源法规,在禁渔区、禁渔期或者使用禁用工具、禁用方法捕捞水产品,情节严重的行为。

第三,犯罪主体是一般主体,但主要是渔工、渔民和其他从事水产品捕捞的人员。

第四,主观方面是故意,即明知是禁渔区或禁渔期,或者明知自己使用的工具或方法,是国家禁用的而非法捕捞。

(4)罪名界定

第一,关于本罪的认定。根据《渔业法实施细则》第19条的规定,因为科学研究等特殊需要,在禁渔区、禁渔期捕捞,或者使用禁用的工具、方法捕捞水产品,只要经过省级以上渔业行政主管部门批准,即为合法。违反保护水产资源法规,在禁渔期、禁渔区,或者使用禁用的工具、方法捕捞水产品的行为,如果没有达到"情节严重"的程度,不能以犯罪论处。

第二,本罪与破坏生产经营罪的主要不同点在于犯罪对象不同。本罪的犯罪对象是自然野生水产品,如果非法捕捞的是他人人工养殖的水产品,则不能以本罪论处,而应该以破坏生产经营罪或其他有关罪名论处。

(5)量刑幅度

根据《刑法》第340条和第346条的规定,对犯本罪的处罚分以下2个档次:

一是犯本罪情节严重的,处3年以下有期徒刑、拘役、管制或者罚金。

二是单位犯本罪的,对单位判处罚金,并对其直接负责的主管人员和其他直接责任人员,依照自然人犯本罪的规定处罚。

5. 危害珍贵、濒危野生动物罪(第341条第1款)

(1)罪名概念

危害珍贵、濒危野生动物罪,是指非法捕杀国家重点保护的珍贵、濒危野生动物,或者非法收购、运输、出售国家重点保护的珍贵、濒危野生动物及其制品的行为。

(2)法律规定

①本罪名是由《刑法》第341条第1款规定的。该条款规定:"非法猎捕、杀害国家重点保护的珍贵、濒危野生动物的,或者非法收购、运输、出售国家重点保护的珍贵、濒危野生动物及其制品的,处五年以下有期徒刑或者拘役,并处罚金;情节严重的,处五年以上十年以下有期徒刑,并处罚金;情节特别严重的,处十年以上有期徒刑,并处罚金或者没收财产。"

《刑法》第346条规定:"单位犯本节第三百三十八条至第三百四十五条规定之罪的,对单位判处罚金,并对其直接负责的主管人员和其他直接责任人员,依照本节各该条的规定处罚。"

②2008年6月25日最高人民检察院、公安部《关于公安机关管辖的刑事案件立案追诉标准的规定(一)》第64条规定:"非法猎捕、杀害国家重点保护的珍贵、濒危野生动物的,应予立案追诉。

本条和本规定第六十五条规定的‘珍贵、濒危野生动物’，包括列入《国家重点保护野生动物名录》的国家一、二级保护野生动物、列入《濒危野生动植物种国际贸易公约》附录一、附录二的野生动物以及驯养繁殖的上述物种。”第65条规定：“非法收购、运输、出售国家重点保护的珍贵、濒危野生动物及其制品的，应予立案追诉。本条规定的‘收购’，包括以营利、自用等为目的的购买行为；‘运输’，包括采用携带、邮寄、利用他人、使用交通工具等方法进行运送的行为；‘出售’，包括出卖和以营利为目的的加工利用行为。”

③2001年5月9日国家林业局公安部《关于森林和陆生野生动物刑事案件管辖及立案标准》第2条第8项规定：“凡非法猎捕、杀害国家重点保护的珍贵、濒危陆生野生动物的应当立案，重大案件、特别重大案件的立案标准详见附表。”第2条第9项规定：“非法收购、运输、出售国家重点保护的珍贵、濒危陆生野生动物的应当立案，重大案件、特别重大案件的立案标准见附表。非法收购、运输、出售国家重点保护的珍贵、濒危陆生野生动物制品的，应当立案；制品价值在10万元以上或者非法获利5万元以上的，为重大案件；制品价值在20万元以上或非法获利10万元以上的，为特别重大案件。”

④2000年11月27日最高人民法院《关于审理破坏野生动物资源刑事案件具体应用法律若干问题的解释》相关规定如下：

“第一条　刑法第三百四十一条第一款规定的‘珍贵、濒危野生动物’，包括列入国家重点保护野生动物名录的国家一、二级保护野生动物、列入《濒危野生动植物种国际贸易公约》附录一、附录二的野生动物以及驯养繁殖的上述物种。

第二条　刑法第三百四十一条第一款规定的‘收购’，包括以营利、自用等为目的的购买行为；‘运输’，包括采用携带、邮寄、利用他人、使用交通工具等方法进行运送的行为；‘出售’，包括出卖和以营利为目的的加工利用行为。

第三条　非法猎捕、杀害、收购、运输、出售珍贵、濒危野生动物具有下列情形之一的，属于‘情节严重’：

（一）达到本解释附表所列相应数量标准的；

（二）非法猎捕、杀害、收购、运输、出售不同种类的珍贵、濒危野生动物，其中两种以上分别达到附表所列‘情节严重’数量标准一半以上的。

非法猎捕、杀害、收购、运输、出售珍贵、濒危野生动物具有下列情形之一的，属于‘情节特别严重’：

（一）达到本解释附表所列相应数量标准的；

（二）非法猎捕、杀害、收购、运输、出售不同种类的珍贵、濒危野生动物，其中两种以上分别达到附表所列‘情节特别严重’数量标准一半以上的。

第四条　非法猎捕、杀害、收购、运输、出售珍贵、濒危野生动物构成犯罪，具有下列情形之一的，可以认定为‘情节严重’；非法猎捕、杀害、收购、运输、出售珍贵、濒危野生动物符合本解释第三条第一款的规定，并具有下列情形之一的，可以认定为‘情节特别严重’：

（一）犯罪集团的首要分子；

（二）严重影响对野生动物的科研、养殖等工作顺利进行的；

（三）以武装掩护方法实施犯罪的；

（四）使用特种车、军用车等交通工具实施犯罪的；

（五）造成其他重大损失的。

第七条　使用爆炸、投毒、设置电网等危险方法破坏野生动物资源，构成非法猎捕、杀害珍贵、濒危野生动物罪或者非法狩猎罪，同时构成刑法第一百一十四条或者第一百一十五条规定之罪的，依照处罚较重的规定定罪处罚。

第八条　实施刑法第三百四十一条规定的犯罪，又以暴力、威胁方法抗拒查处，构成其他犯罪的，依照数罪并罚的规定处罚。

第九条　伪造、变造、买卖国家机关颁发的野生动物允许进出口证明书、特许猎捕证、狩猎证、驯养繁殖许可证等公文、证件构成犯罪的，依照刑法第二百八十条第一款的规定以伪造、变造、买卖国家机关公文、证件罪定罪处罚。

实施上述行为构成犯罪，同时构成刑法第二百二十五条第二项规定的非法经营罪的，依照处罚较重的规定定罪处罚。"

⑤2020 年 12 月 18 日最高人民法院、最高人民检察院、公安部、司法部《关于依法惩治非法野生动物交易犯罪的意见》的相关规定如下：

"一、依法严厉打击非法猎捕、杀害野生动物的犯罪行为，从源头上防控非法野生动物交易。

非法猎捕、杀害国家重点保护的珍贵、濒危野生动物，符合刑法第三百四十一条第一款规定的，以非法猎捕、杀害珍贵、濒危野生动物罪定罪处罚。

违反狩猎法规，在禁猎区、禁猎期或者使用禁用的工具、方法进行狩猎，破坏野生动物资源，情节严重，符合刑法第三百四十一条第二款规定的，以非法狩猎罪定罪处罚。

违反保护水产资源法规，在禁渔区、禁渔期或者使用禁用的工具、方法捕捞水产品，情节严重，符合刑法第三百四十条规定的，以非法捕捞水产品罪定罪处罚。

二、依法严厉打击非法收购、运输、出售、进出口野生动物及其制品的犯罪行为，切断非法野生动物交易的利益链条。

非法收购、运输、出售国家重点保护的珍贵、濒危野生动物及其制品，符合刑法第三百四十一条第一款规定的，以非法收购、运输、出售珍贵、濒危野生动物、珍贵、濒危野生动物制品罪定罪处罚。

走私国家禁止进出口的珍贵动物及其制品，符合刑法第一百五十一条第二款规定的，以走私珍贵动物、珍贵动物制品罪定罪处罚。

三、依法严厉打击以食用或者其他目的非法购买野生动物的犯罪行为，坚决革除滥食野生动物的陋习。

知道或者应当知道是国家重点保护的珍贵、濒危野生动物及其制品，为食用或者其他目的而非法购买，符合刑法第三百四十一条第一款规定的，以非法收购珍贵、濒危野生动物、珍贵、濒危野生动物制品罪定罪处罚。

四、二次以上实施本意见第一条至第三条规定的行为构成犯罪，依法应当追诉的，或者二年内二次以上实施本意见第一条至第三条规定的行为未经处理的，数量、数额累计计算。

五、明知他人实施非法野生动物交易行为，有下列情形之一的，以共同犯罪论处：

（一）提供贷款、资金、账号、车辆、设备、技术、许可证件的；

（二）提供生产、经营场所或者运输、仓储、保管、快递、邮寄、网络信息交互等便利条件或者其他服务的；

（三）提供广告宣传等帮助行为的。

六、对涉案野生动物及其制品价值，可以根据国务院野生动物保护主管部门制定的价值评估标准和方法核算。对野生动物制品，根据实际情况予以核算，但核算总额不能超过该种野生动物的整体价值。具有特殊利用价值或者导致动物死亡的主要部分，核算方法不明确的，其价值标准最高可以按照该种动物整体价值标准的 80% 予以折算，其他部分价值标准最高可以按整体价值标准的 20% 予以折算，但是按照上述方法核算的价值明显不当的，应当根据实际情况妥当予以核算。核算价值低于实际交易价格的，以实际交易价格认定。

根据前款规定难以确定涉案野生动物及其制品价值的，依据下列机构出具的报告，结合其他证据作出认定：

（一）价格认证机构出具的报告；

（二）国务院野生动物保护主管部门、国家濒危物种进出口管理机构、海关总署等指定的机构出具的报告；

（三）地、市级以上人民政府野生动物保护主管部门、国家濒危物种进出口管理机构的派出机构、直属海关等出具的报告。

七、对野生动物及其制品种属类别，非法捕捞、狩猎的工具、方法，以及对野生动物资源的损害程度、食用涉案野生动物对人体健康的危害程度等专门性问题，可以由野生动物保护主管部门、侦查机关或者有专门知识的人依据现场勘验、检查笔录等出具认定意见。难以确定的，依据司法鉴定机构出具的鉴定意见，或者本意见第六条第二款所列机构出具的报告，结合其他证据作出认定。

八、办理非法野生动物交易案件中，行政执法部门依法收集的物证、书证、视听资料、电子数据等证据材料，在刑事诉讼中可以作为证据使用。

对不易保管的涉案野生动物及其制品，在做好拍摄、提取检材或者制作足以反映原物形态特征或者内容的照片、录像等取证工作后，可以移交野生动物保护主管部门及其指定的机构依法处置。对存在或者可能存在疫病的野生动物及其制品，应立即通知野生动物保护主管部门依法处置。

九、实施本意见规定的行为，在认定是否构成犯罪以及裁量刑罚时，应当考虑涉案动物是否系人工繁育、物种的濒危程度、野外存活状况、人工繁育情况、是否列入国务院野生动物保护主管部门制定的人工繁育国家重点保护野生动物名录，以及行为手段、对野生动物资源的损害程度、食用涉案野生动物对人体健康的危害程度等情节，综合评估社会危害性，确保罪责刑相适应。相关定罪量刑标准明显不适宜的，可以根据案件的事实、情节和社会危害程度，依法作出妥当处理。”

（3）构成要件

第一，本罪侵犯的客体是国家对珍贵、濒危野生动物资源的重点保护制度。

第二，客观方面表现为违反野生动物保护法规，非法捕杀国家重点保护的珍贵、濒危野生动物，或者非法收购、运输、出售国家重点保护的珍贵、濒危野生动物及其制品的行为。

第三，本罪的主体是一般主体，既可以是自然人，也可以是单位。

第四，主观方面是故意。

（4）罪名界定

第一，关于本罪的认定。认定本罪要注意以下两点：一是构成本罪不要求必须达到“情节严重”。一般来说，只要故意实施了非法捕杀国家重点保护的珍贵、濒危野生动物行为，不管是否得逞，结果如何，都可以构成本罪。二是如果行为人出于过失或者意外事件，如受到动物的侵袭而采取紧急避险措施，杀死了珍贵、濒危野生动物的，则不构成本罪。

第二，如果行为人在非法捕杀的野生动物中，既有国家重点保护的珍贵、濒危野生动物，又有一般的野生动物，对此应当具体分析。如果行为人不知道捕杀的是国家重点保护的珍贵、濒危野生动物，当然不构成本罪。至于是否构成非法狩猎罪，要看其是否符合特定的时间、地点、方法或者工具以及情节是否严重等条件。如果行为人明知既有国家重点保护的珍贵、濒危野生动物，又有一般的野生动物而非法捕杀，而且捕杀后者也达到犯罪程度的，则应分别定罪，实行数罪并罚。

(5)量刑幅度

根据《刑法》第341条、第346条的规定,对犯本罪的处罚分以下4个档次:

一是情节一般的,处5年以下有期徒刑或者拘役,并处罚金。

二是情节严重的,处5年以上10年以下有期徒刑,并处罚金。

三是情节特别严重的,处10年以上有期徒刑,并处罚金或者没收财产。

四是单位犯本罪的,对单位判处罚金,并且对直接负责的主管人员和其他直接责任人员依照上述规定处罚。

6. 非法狩猎罪(第341条第2款)

(1)罪名概念

非法狩猎罪,是指违反狩猎法规,在禁猎区、禁猎期或者使用禁用的工具、方法进行狩猎,破坏野生动物资源,情节严重的行为。

(2)法律规定

①本罪名是由《刑法》第341条第2款规定的。该条款规定:"违反狩猎法规,在禁猎区、禁猎期或者使用禁用的工具、方法进行狩猎,破坏野生动物资源,情节严重的,处三年以下有期徒刑、拘役、管制或者罚金。"

《刑法》第346条规定:"单位犯本节第三百三十八条至第三百四十五条规定之罪的,对单位判处罚金,并对其直接负责的主管人员和其他直接责任人员,依照本节各该条的规定处罚。"

②2008年6月25日最高人民检察院、公安部《关于公安机关管辖的刑事案件立案追诉标准的规定(一)》第66条规定:"违反狩猎法规,在禁猎区、禁猎期或者使用禁用的工具、方法进行狩猎,破坏野生动物资源,涉嫌下列情形之一的,应予立案追诉:

(一)非法狩猎野生动物二十只以上的;

(二)在禁猎区内使用禁用的工具或者禁用的方法狩猎的;

(三)在禁猎期内使用禁用的工具或者禁用的方法狩猎的;

(四)其他情节严重的情形。"

③2001年5月9日国家林业局、公安部《关于森林和陆生野生动物刑事案件管辖及立案标准》第2条第10项规定:

"(十)非法狩猎案

违反狩猎法规,在禁猎区、禁猎期或者使用禁用的工具、方法狩猎,具有下列情形之一的,应予立案:

1. 非法狩猎陆生野生动物20只以上的;

2. 在禁猎区或者禁猎期使用禁用的工具、方法狩猎的;

3. 具有其他严重破坏野生动物资源情节的。

违反狩猎法规,在禁猎区、禁猎期或者使用禁用的工具、方法狩猎,非法狩猎陆生野生动物50只以上的,为重大案件;非法狩猎陆生野生动物100只以上或者具有其他恶劣情节的,为特别重大案件。"

④2000年11月27日最高人民法院《关于审理破坏野生动物资源刑事案件具体应用法律若干问题的解释》相关主要内容如下:

"第六条　违反狩猎法规,在禁猎区、禁猎期或者使用禁用的工具、方法狩猎,具有下列情形之一的,属于非法狩猎'情节严重':

（一）非法狩猎野生动物二十只以上的；

（二）违反狩猎法规，在禁猎区或者禁猎期使用禁用的工具、方法狩猎的；

（三）具有其他严重情节的。

第七条　使用爆炸、投毒、设置电网等危险方法破坏野生动物资源，构成非法猎捕、杀害珍贵、濒危野生动物罪或者非法狩猎罪，同时构成刑法第一百一十四条或者第一百一十五条规定之罪的，依照处罚较重的规定定罪处罚。

第八条　实施刑法第三百四十一条规定的犯罪，又以暴力、威胁方法抗拒查处，构成其他犯罪的，依照数罪并罚的规定处罚。

第十二条　单位犯刑法第三百四十一条规定之罪，定罪量刑标准依照本解释的有关规定执行。”

（3）构成要件

第一，本罪侵犯的客体是国家保护野生动物资源的管理制度。犯罪对象是除了珍贵、濒危的野生动物和水产动物以外，其他有益的或者有重要经济、科学研究价值的陆生野生动物。

第二，客观方面表现为违反狩猎法规，在禁猎区、禁猎期或者使用禁用的工具、方法进行狩猎，破坏野生动物资源，情节严重的行为。

第三，犯罪主体是一般主体，包括自然人和单位。

第四，主观方面是故意。

（4）罪名界定

认定本罪需要注意，按照特许的猎捕证、猎捕证规定的种类、数量、地点和期限进行猎捕的行为，是合法行为；反之，是违法行为。非法狩猎的行为只有达到情节严重，才能以本罪论处。本罪的犯罪对象包括除了珍贵、濒危野生动物以外的其他野生动物。

（5）量刑幅度

根据《刑法》第 341 条第 2 款和第 346 条的规定，对犯本罪的处罚分以下 2 个档次：

一是情节严重犯本罪的，处 3 年以下有期徒刑、拘役、管制或者罚金。

二是单位犯本罪的，对单位判处罚金，并对其直接负责的主管人员和其他直接责任人员，依照上述规定处罚。

7. 非法猎捕、收购、运输、出售陆生野生动物罪（第 341 条第 3 款）

（1）罪名概念

非法猎捕、收购、运输、出售陆生野生动物罪，是指违反野生动物保护管理法规，以食用为目的非法猎捕、收购、运输、出售第一款规定以外的在野外环境自然生长繁殖的陆生野生动物，情节严重的行为。

（2）法律规定

本罪名是由《刑法》第 341 条第 3 款规定的。该条款规定：“违反野生动物保护管理法规，以食用为目的非法猎捕、收购、运输、出售第一款规定以外的在野外环境自然生长繁殖的陆生野生动物，情节严重的，依照前款的规定处罚。”

《刑法》第 346 条规定：“单位犯本节第三百三十八条至第三百四十五条规定之罪的，对单位判处罚金，并对其直接负责的主管人员和其他直接责任人员，依照本节各该条的规定处罚。”

（3）构成要件

第一，本罪侵犯的客体是国家保护野生动物资源的管理制度。

第二，客观方面表现为以食用为目的非法猎捕、收购、运输、出售《刑法》第 341 条第 1 款规定以外的在野外环境自然生长繁殖的陆生野生动物,情节严重的行为。

第三,犯罪主体是一般主体,包括自然人和单位。

第四,主观方面是故意,并且以食用为目的。

(4)罪名界定

构成本罪,一是实施违反野生动物保护管理法规,以食用为目的非法猎捕、收购、运输、出售《刑法》第341条第1款规定以外的在野外环境自然生长繁殖的陆生野生动物的行为,二是行为情节严重。本罪与危害珍贵、濒危野生动物罪的区别主要是犯罪对象不同,同时本罪主观方面还要以食用为目的。

(5)量刑幅度

根据《刑法》第341条第2款和第346条的规定,犯本罪的,依照危害珍贵、濒危野生动物罪和非法狩猎罪的规定处罚。

8. 非法占用农用地罪(第342条)

(1)罪名概念

非法占用农用地罪,是指违反土地管理法规,非法占用耕地、林地等农用地,改变被占用土地用途,数额较大,造成农用地、林地等用地大量毁坏的行为。

(2)法律规定

①本罪名是由《刑法》第342条规定的。该条规定:"违反土地管理法规,非法占用耕地、林地等农用地,改变被占用土地用途,数量较大,造成耕地、林地等农用地大量毁坏的,处五年以下有期徒刑或者拘役,并处或者单处罚金。"

《刑法》第346条规定:"单位犯本节第三百三十八条至第三百四十五条规定之罪的,对单位判处罚金,并对其直接负责的主管人员和其他直接责任人员,依照本节各该条的规定处罚。"

《刑法》第410条规定:"国家机关工作人员徇私舞弊,违反土地管理法规,滥用职权,非法批准征收、征用、占用土地,或者非法低价出让国有土地使用权,情节严重的,处三年以下有期徒刑或者拘役;致使国家或者集体利益遭受特别重大损失的,处三年以上七年以下有期徒刑。"

②2008年6月25日最高人民检察院、公安部《关于公安机关管辖的刑事案件立案追诉标准的规定(一)》第67条规定:"违反土地管理法规,非法占用耕地、林地等农用地,改变被占用土地用途,造成耕地、林地等农用地大量毁坏,涉嫌下列情形之一的,应予立案追诉:

(一)非法占用基本农田五亩以上或者基本农田以外的耕地十亩以上的;

(二)非法占用防护林地或者特种用途林地数量单种或者合计五亩以上的;

(三)非法占用其他林地十亩以上的;

(四)非法占用本款第(二)项、第(三)项规定的林地,其中一项数量达到相应规定的数量标准的百分之五十以上,且两项数量合计达到该项规定的数量标准的;

(五)非法占用其他农用地数量较大的情形。

违反土地管理法规,非法占用耕地建窑、建坟、建房、挖沙、采石、采矿、取土、堆放固体废弃物或者进行其他非农业建设,造成耕地种植条件严重毁坏或者严重污染,被毁坏耕地数量达到以上规定的,属于本条规定的'造成耕地大量毁坏'。

违反土地管理法规,非法占用林地,改变被占用林地用途,在非法占用的林地上实施建窑、建坟、建房、挖沙、采石、采矿、取土、种植农作物、堆放或者排泄废弃物等行为或者进行其他非林业生产、建设,造成林地的原有植被或者林业种植条件严重毁坏或者严重污染,被毁坏林地数量达到以上规定的,属于本条规定的'造成林地大量毁坏'。"

③2000年6月19日最高人民法院《关于审理破坏土地资源刑事案件具体应用法律若干问题的解释》相关内容如下：

“第一条　以牟利为目的，违反土地管理法规，非法转让、倒卖土地使用权，具有下列情形之一的，属于非法转让、倒卖土地使用权‘情节严重’，依照刑法第二百二十八条的规定，以非法转让、倒卖土地使用权罪定罪处罚：

（一）非法转让、倒卖基本农田五亩以上的；

（二）非法转让、倒卖基本农田以外的耕地十亩以上的；

（三）非法转让、倒卖其他土地二十亩以上的；

（四）非法获利五十万元以上的；

（五）非法转让、倒卖土地接近上述数量标准并具有其他恶劣情节的，如曾因非法转让、倒卖土地使用权受过行政处罚或者造成严重后果等。

第二条　实施第一条规定的行为，具有下列情形之一的，属于非法转让、倒卖土地使用权‘情节特别严重’：

（一）非法转让、倒卖基本农田十亩以上的；

（二）非法转让、倒卖基本农田以外的耕地二十亩以上的；

（三）非法转让、倒卖其他土地四十亩以上的；

（四）非法获利一百万元以上的；

（五）非法转让、倒卖土地接近上述数量标准并具有其他恶劣情节，如造成严重后果等。

第三条　违反土地管理法规，非法占用耕地改作他用，数量较大，造成耕地大量毁坏的，依照刑法第三百四十二条的规定，以非法占用耕地罪定罪处罚：

（一）非法占用耕地‘数量较大’，是指非法占用基本农田五亩以上或者非法占用基本农田以外的耕地十亩以上。

（二）非法占用耕地‘造成耕地大量毁坏’，是指行为人非法占用耕地建窑、建坟、建房、挖沙、采石、采矿、取土、堆放固体废弃物或者进行其他非农业建设，造成基本农田五亩以上或者基本农田以外的耕地十亩以上种植条件严重毁坏或者严重污染。

第四条　国家机关工作人员徇私舞弊，违反土地管理法规，滥用职权，非法批准征用、占用土地，具有下列情形之一的，属于非法批准征用、占用土地‘情节严重’，依照刑法第四百一十条的规定，以非法批准征用、占用土地罪定罪处罚：

（一）非法批准征用、占用基本农田十亩以上的；

（二）非法批准征用、占用基本农田以外的耕地三十亩以上的；

（三）非法批准征用、占用其他土地五十亩以上的；

（四）虽未达到上述数量标准，但非法批准征用、占用土地造成直接经济损失三十万元以上；造成耕地大量毁坏等恶劣情节的。

第五条　实施第四条规定的行为，具有下列情形之一的，属于非法批准征用、占用土地‘致使国家或者集体利益遭受特别重大损失’：

（一）非法批准征用、占用基本农田二十亩以上的；

（二）非法批准征用、占用基本农田以外的耕地六十亩以上的；

（三）非法批准征用、占用其他土地一百亩以上的；

（四）非法批准征用、占用土地，造成基本农田五亩以上，其他耕地十亩以上严重毁坏的；

（五）非法批准征用、占用土地造成直接经济损失五十万元以上等恶劣情节的。

第六条　国家机关工作人员徇私舞弊，违反土地管理法规，非法低价出让国有土地使用权，具有下列情形之一的，属于‘情节严重’，依照刑法第四百一十条的规定，以非法低价出让国有土地使用权罪定罪处罚：

（一）出让国有土地使用权面积在三十亩以上，并且出让价额低于国家规定的最低价额标准的百分之六十的；

（二）造成国有土地资产流失价额在三十万元以上的。

第七条　实施第六条规定的行为，具有下列情形之一的，属于非法低价出让国有土地使用权，‘致使国家和集体利益遭受特别重大损失’：

（一）非法低价出让国有土地使用权面积在六十亩以上，并且出让价额低于国家规定的最低价额标准的百分之四十的；

（二）造成国有土地资产流失价额在五十万元以上的。

第八条　单位犯非法转让、倒卖土地使用权罪、非法占有耕地罪的定罪量刑标准，依照本解释第一条、第二条、第三条的规定执行。

第九条　多次实施本解释规定的行为依法应当追诉的，或者一年内多次实施本解释规定的行为未经处理的，按照累计的数量、数额处罚。”

④2005年12月26日最高人民法院《关于审理破坏林地资源刑事案件具体应用法律若干问题的解释》第1条、第6条、第7条分别规定：

“违反土地管理法规，非法占用林地，改变被占用林地用途，在非法占用的林地上实施建窑、建坟、建房、挖沙、采石、采矿、取土、种植农作物、堆放或排泄废弃物等行为或者进行其他非林业生产、建设，造成林地的原有植被或林业种植条件严重毁坏或者严重污染，并具有下列情形之一的，属于刑法第三百四十二条规定的犯罪行为，应当以非法占用农用地罪判处五年以下有期徒刑或者拘役，并处或者单处罚金：

（一）非法占用并毁坏防护林地、特种用途林地数量分别或者合计达到五亩以上；

（二）非法占用并毁坏其他林地数量达到十亩以上；

（三）非法占用并毁坏本条第（一）项、第（二）项规定的林地，数量分别达到相应规定的数量标准的百分之五十以上；

（四）非法占用并毁坏本条第（一）项、第（二）项规定的林地，其中一项数量达到相应规定的数量标准的百分之五十以上，且两项数量合计达到该项规定的数量标准。”

“单位实施破坏林地资源犯罪的，依照本解释规定的相关定罪量刑标准执行。”

“多次实施本解释规定的行为依法应当追诉且未经处理的，应当按照累计的数量、数额处罚。”

⑤2009年8月27日全国人民代表大会常务委员会《关于〈中华人民共和国刑法〉第二百二十八条、第三百四十二条、第四百一十条的解释》规定如下：“刑法第二百二十八条、第三百四十二条、第四百一十条规定的‘违反土地管理法规’，是指违反土地管理法、森林法、草原法等法律以及有关行政法规中关于土地管理的规定。”

⑥2012年11月2日最高人民法院《关于审理破坏草原资源刑事案件应用法律若干问题的解释》相关内容如下：

“第一条　违反草原法等土地管理法规，非法占用草原，改变被占用草原用途，数量较大，造成草原大量毁坏的，依照刑法第三百四十二条的规定，以非法占用农用地罪定罪处罚。

第二条　非法占用草原，改变被占用草原用途，数量在二十亩以上的，或者曾因非法占用草原受过行政处罚，在三年内又非法占用草原，改变被占用草原用途，数量在十亩以上的，应当认定为刑法第三百四十二条规定的‘数量较大’。

非法占用草原，改变被占用草原用途，数量较大，具有下列情形之一的，应当认定为刑法第三百四十二条规定的‘造成耕地、林地等农用地大量毁坏’：

（一）开垦草原种植粮食作物、经济作物、林木的；

（二）在草原上建窑、建房、修路、挖砂、采石、采矿、取土、剥取草皮的；

（三）在草原上堆放或者排放废弃物，造成草原的原有植被严重毁坏或者严重污染的；

（四）违反草原保护、建设、利用规划种植牧草和饲料作物，造成草原沙化或者水土严重流失的；

（五）其他造成草原严重毁坏的情形。

第三条　国家机关工作人员徇私舞弊，违反草原法等土地管理法规，具有下列情形之一的，应当认定为刑法第四百一十条规定的‘情节严重’：

（一）非法批准征收、征用、占用草原四十亩以上的；

（二）非法批准征收、征用、占用草原，造成二十亩以上草原被毁坏的；

（三）非法批准征收、征用、占用草原，造成直接经济损失三十万元以上，或者具有其他恶劣情节的。

具有下列情形之一，应当认定为刑法第四百一十条规定的‘致使国家或者集体利益遭受特别重大损失’：

（一）非法批准征收、征用、占用草原八十亩以上的；

（二）非法批准征收、征用、占用草原，造成四十亩以上草原被毁坏的；

（三）非法批准征收、征用、占用草原，造成直接经济损失六十万元以上，或者具有其他特别恶劣情节的。

第四条　以暴力、威胁方法阻碍草原监督检查人员依法执行职务，构成犯罪的，依照刑法第二百七十七条的规定，以妨害公务罪追究刑事责任。

煽动群众暴力抗拒草原法律、行政法规实施，构成犯罪的，依照刑法第二百七十八条的规定，以煽动暴力抗拒法律实施罪追究刑事责任。

第五条　单位实施刑法第三百四十二条规定的行为，对单位判处罚金，并对其直接负责的主管人员和其他直接责任人员，依照本解释规定的定罪量刑标准定罪处罚。

第六条　多次实施破坏草原资源的违法犯罪行为，未经处理，应当依法追究刑事责任的，按照累计的数量、数额定罪处罚。

第七条　本解释所称‘草原’，是指天然草原和人工草地，天然草原包括草地、草山和草坡，人工草地包括改良草地和退耕还草地，不包括城镇草地。”

（3）构成要件

第一，本罪侵犯的客体是国家对土地特别是耕地、林地进行保护的管理制度。

第二，客观方面表现为违反土地管理法、森林法、草原法等法律及其他相关法规，占用耕地进行建设、开办企业、建造住宅等，数量较大，造成大量农用地毁坏的行为。

第三，本罪主体是一般主体，可以是自然人，也可以是单位。

第四，主观方面是故意。

（4）罪名界定

根据《刑法》第 342 条的规定，认定本罪要注意以下两点：一是构成本罪必须达到“数量较大”；二是要有“造成耕地大量毁坏的”结果。本罪与《刑法》第 338 条规定的重大环境污染事故罪、第 339 条规定的非法处置进口的固体废物罪等，在内容上与本罪有交叉。例如，向耕地排放、倾倒或者在耕地上处置有放射性、含传染病病源、有毒物质或者其他废物，造成了土地毁坏；进口境外固体废物，将其倾倒、堆放或者在耕地上处置，从而使耕地毁坏，对此应当依照处理牵连犯的原则，选择其中的一个重罪处罚，一般不以本罪论处。

（5）量刑幅度

根据《刑法》第342条的规定，非法占用耕地、林地等农用地，改变被占用土地用途，数量较大，造成耕地、林地等农用地大量毁坏的，处5年以下有期徒刑或者拘役，并处或者单独判处罚金。

根据《刑法》第346条的规定，单位犯本罪的，对单位判处罚金，并且对其直接负责的主管人员和其他直接责任人员依照上述规定处罚。

9. 破坏自然保护地罪（第342条之一）

（1）罪名概念

破坏自然保护地罪，是指违反自然保护地管理法规，在国家公园、国家级自然保护区进行开垦、开发活动或者修建建筑物，造成严重后果或者有其他恶劣情节的行为。

（2）法律规定

本罪名是由《刑法》第342条之一规定的。该条规定："违反自然保护地管理法规，在国家公园、国家级自然保护区进行开垦、开发活动或者修建建筑物，造成严重后果或者有其他恶劣情节的，处五年以下有期徒刑或者拘役，并处或者单处罚金。

有前款行为，同时构成其他犯罪的，依照处罚较重的规定定罪处罚。"

（3）构成要件

第一，本罪侵犯的客体是国家对土地特别是国家公园、国家级自然保护区土地的管理制度。

第二，客观方面表现为违反自然保护地管理法规，在国家公园、国家级自然保护区进行开垦、开发活动或者修建建筑物，造成严重后果或者有其他恶劣情节的行为。

第三，犯罪主体是一般主体。

第四，主观方面是故意。

（4）罪名界定

构成本罪，一是实施了违法在国家公园、国家级自然保护区进行开垦、开发活动或修建建筑物的行为；二是造成严重后果或有其他恶劣情节。本罪与非法占用农用地罪均属于侵害土地管理制度的犯罪，但本罪的侵害对象限于国家公园、国家级自然保护区范围内的自然保护地。

（5）量刑幅度

根据《刑法》第342条之一的规定，犯本罪的，处5年以下有期徒刑或者拘役，并处或者单处罚金。既构成本罪，又构成其他犯罪的，依照处罚较重的规定定罪处罚。

10. 非法采矿罪（第343条第1款）

（1）罪名概念

非法采矿罪，是指违反矿产资源法的规定，没有取得采矿许可证，擅自采矿的，擅自进入国家规划矿区、对国民经济具有重要价值的矿区和他人矿区范围采矿的，擅自开采国家规定实行保护性开采的特定矿种，经责令停止开采后拒不停止开采，造成矿产资源破坏的行为。

（2）法律规定

①本罪名是由《刑法》第343条第1款规定的。该条款规定："违反矿产资源法的规定，未取得采矿许可证擅自采矿，擅自进入国家规划矿区、对国民经济具有重要价值的矿区和他人矿区范围采矿，或者擅自开采国家规定实行保护性开采的特定矿种，情节严重的，处三年以下有期徒刑、

拘役或者管制，并处或者单处罚金；情节特别严重的，处三年以上七年以下有期徒刑，并处罚金。”

《刑法》第346条规定：“单位犯本节第三百三十八条至第三百四十五条规定之罪的，对单位判处罚金，并对其直接负责的主管人员和其他直接责任人员，依照本节各该条的规定处罚。”

②2017年4月27日最高人民检察院、公安部《关于公安机关管辖的刑事案件立案追诉标准的规定(一)的补充规定》第11条规定：“将《立案追诉标准(一)》第六十八条修改为：[非法采矿案(刑法第三百四十三条第一款)]违反矿产资源法的规定，未取得采矿许可证擅自采矿，或者擅自进入国家规划矿区、对国民经济具有重要价值的矿区和他人矿区范围采矿，或者擅自开采国家规定实行保护性开采的特定矿种，涉嫌下列情形之一的，应予立案追诉：

(一)开采的矿产品价值或者造成矿产资源破坏的价值在十万元至三十万元以上的；

(二)在国家规划矿区、对国民经济具有重要价值的矿区采矿，开采国家规定实行保护性开采的特定矿种，或者在禁采区、禁采期内采矿，开采的矿产品价值或者造成矿产资源破坏的价值在五万元至十五万元以上的；

(三)二年内曾因非法采矿受过两次以上行政处罚，又实施非法采矿行为的；

(四)造成生态环境严重损害的；

(五)其他情节严重的情形。

在河道管理范围内采砂，依据相关规定应当办理河道采砂许可证而未取得河道采砂许可证，或者应当办理河道采砂许可证和采矿许可证，既未取得河道采砂许可证又未取得采矿许可证，具有本条第一款规定的情形之一，或者严重影响河势稳定危害防洪安全的，应予立案追诉。

采挖海砂，未取得海砂开采海域使用权证且未取得采矿许可证，具有本条第一款规定的情形之一，或者造成海岸线严重破坏的，应予立案追诉。

具有下列情形之一的，属于本条规定的‘未取得采矿许可证’：

(一)无许可证的；

(二)许可证被注销、吊销、撤销的；

(三)超越许可证规定的矿区范围或者开采范围的；

(四)超出许可证规定的矿种的(共生、伴生矿种除外)；

(五)其他未取得许可证的情形。

多次非法采矿构成犯罪，依法应当追诉的，或者二年内多次非法采矿未经处理的，价值数额累计计算。

非法开采的矿产品价值，根据销赃数额认定；无销赃数额，销赃数额难以查证，或者根据销赃数额认定明显不合理的，根据矿产品价格和数量认定。

矿产品价值难以确定的，依据价格认证机构，省级以上人民政府国土资源、水行政、海洋等主管部门，或者国务院水行政主管部门在国家确定的重要江河、湖泊设立的流域管理机构出具的报告，结合其他证据作出认定。”

③2007年1月15日最高人民法院、最高人民检察院《关于办理盗窃油气、破坏油气设备等刑事案件具体应用法律若干问题的解释》第6条规定：“违反矿产资源法的规定，非法开采或者破坏性开采石油、天然气资源的，依照刑法第三百四十三条以及《最高人民法院关于审理非法采矿、破坏性采矿刑事案件具体应用法律若干问题的解释》的规定追究刑事责任。”

④2016年11月28日最高人民法院、最高人民检察院《关于办理非法采矿、破坏性采矿刑事案件适用法律若干问题的解释》相关内容如下：

“第二条　具有下列情形之一的，应当认定为刑法第三百四十三条第一款规定的‘未取得采矿许可证’：

（一）无许可证的；

（二）许可证被注销、吊销、撤销的；

（三）超越许可证规定的矿区范围或者开采范围的；

（四）超出许可证规定的矿种的（共生、伴生矿种除外）；

（五）其他未取得许可证的情形。

第三条　实施非法采矿行为，具有下列情形之一的，应当认定为刑法第三百四十三条第一款规定的‘情节严重’：

（一）开采的矿产品价值或者造成矿产资源破坏的价值在十万元至三十万元以上的；

（二）在国家规划矿区、对国民经济具有重要价值的矿区采矿，开采国家规定实行保护性开采的特定矿种，或者在禁采区、禁采期内采矿，开采的矿产品价值或者造成矿产资源破坏的价值在五万元至十五万元以上的；

（三）二年内曾因非法采矿受过两次以上行政处罚，又实施非法采矿行为的；

（四）造成生态环境严重损害的；

（五）其他情节严重的情形。

实施非法采矿行为，具有下列情形之一的，应当认定为刑法第三百四十三条第一款规定的‘情节特别严重’：

（一）数额达到前款第一项、第二项规定标准五倍以上的；

（二）造成生态环境特别严重损害的；

（三）其他情节特别严重的情形。

第四条　在河道管理范围内采砂，具有下列情形之一，符合刑法第三百四十三条第一款和本解释第二条、第三条规定的，以非法采矿罪定罪处罚：

（一）依据相关规定应当办理河道采砂许可证，未取得河道采砂许可证的；

（二）依据相关规定应当办理河道采砂许可证和采矿许可证，既未取得河道采砂许可证，又未取得采矿许可证的。

实施前款规定行为，虽不具有本解释第三条第一款规定的情形，但严重影响河势稳定，危害防洪安全的，应当认定为刑法第三百四十三条第一款规定的‘情节严重’。

第五条　未取得海砂开采海域使用权证，且未取得采矿许可证，采挖海砂，符合刑法第三百四十三条第一款和本解释第二条、第三条规定的，以非法采矿罪定罪处罚。

实施前款规定行为，虽不具有本解释第三条第一款规定的情形，但造成海岸线严重破坏的，应当认定为刑法第三百四十三条第一款规定的‘情节严重’。

第六条　造成矿产资源破坏的价值在五十万元至一百万元以上，或者造成国家规划矿区、对国民经济具有重要价值的矿区和国家规定实行保护性开采的特定矿种资源破坏的价值在二十五万元至五十万元以上的，应当认定为刑法第三百四十三条第二款规定的‘造成矿产资源严重破坏’。

第八条　多次非法采矿、破坏性采矿构成犯罪，依法应当追诉的，或者二年内多次非法采矿、破坏性采矿未经处理的，价值数额累计计算。

第九条　单位犯刑法第三百四十三条规定之罪的，依照本解释规定的相应自然人犯罪的定罪量刑标准，对直接负责的主管人员和其他直接责任人员定罪处罚，并对单位判处罚金。

第十条　实施非法采矿犯罪，不属于‘情节特别严重’，或者实施破坏性采矿犯罪，行为人系初犯，全部退赃退赔，积极修复环境，并确有悔改表现的，可以认定为犯罪情节轻微，不起诉或者免予刑事处罚。

第十一条　对受雇佣为非法采矿、破坏性采矿犯罪提供劳务的人员，除参与利润分成或者领取高额固定工资的以外，一般不以犯罪论处，但曾因非法采矿、破坏性采矿受过处罚的除外。

第十二条　对非法采矿、破坏性采矿犯罪的违法所得及其收益，应当依法追缴或者责令退赔。

对用于非法采矿、破坏性采矿犯罪的专门工具和供犯罪所用的本人财物，应当依法没收。

第十三条　非法开采的矿产品价值，根据销赃数额认定；无销赃数额，销赃数额难以查证，或者根据销赃数额认定明显不合理的，根据矿产品价格和数量认定。

矿产品价值难以确定的，依据下列机构出具的报告，结合其他证据作出认定：

（一）价格认证机构出具的报告；

（二）省级以上人民政府国土资源、水行政、海洋等主管部门出具的报告；

（三）国务院水行政主管部门在国家确定的重要江河、湖泊设立的流域管理机构出具的报告。

第十四条　对案件所涉的有关专门性问题难以确定的，依据下列机构出具的鉴定意见或者报告，结合其他证据作出认定：

（一）司法鉴定机构就生态环境损害出具的鉴定意见；

（二）省级以上人民政府国土资源主管部门就造成矿产资源破坏的价值、是否属于破坏性开采方法出具的报告；

（三）省级以上人民政府水行政主管部门或者国务院水行政主管部门在国家确定的重要江河、湖泊设立的流域管理机构就是否危害防洪安全出具的报告；

（四）省级以上人民政府海洋主管部门就是否造成海岸线严重破坏出具的报告。”

（3）构成要件

第一，本罪侵犯的客体是国家的矿产资源保护管理制度。

第二，客观方面表现为违反矿产资源法的规定，非法采矿，情节严重的行为。

第三，本罪的主体是一般主体，包括自然人和单位。

第四，主观方面是故意，包括直接故意和间接故意。

（4）罪名界定

本罪中的“违反矿产资源法的规定”，是指以下几种表现：一是没有取得采矿许可证而采矿的；二是擅自进入国家规划矿区、对国民经济具有重要价值的矿区和他人矿区范围采矿的；三是擅自开采国家规定实行保护性开采的特种矿产。在实施本罪过程中，可能牵连触犯其他罪名。如果行为人出于同一犯罪故意实行了一个犯罪行为，因其方法或者结果又触犯了其他罪名的，应当按照处理牵连犯的原则，选择其中的一个重罪处罚。

（5）量刑幅度

根据《刑法》第 343 条第 1 款和第 346 条的规定，对犯本罪的处罚分以下 3 个档次：

一是情节严重的，处 3 年以下有期徒刑、拘役或者管制，并处或者单处罚金。

二是情节特别严重的，处 3 年以上 7 年以下有期徒刑，并处罚金。

三是单位犯本罪的，对单位判处罚金，并对其直接负责的主管人员和其他直接责任人员，依照上述规定处罚。

11. 破坏性采矿罪（第 343 条第 2 款）

（1）罪名概念

破坏性采矿罪，是指违反矿产资源法规，采取破坏性的开采方法开采矿山资源，造成矿产资源严重破坏的行为。

(2)法律规定

①本罪名是由《刑法》第343条第2款规定的。该条款规定:“违反矿产资源法的规定,采取破坏性的开采方法开采矿产资源,造成矿产资源严重破坏的,处五年以下有期徒刑或者拘役,并处罚金。”

《刑法》第346条规定:“单位犯本节第三百三十八条至第三百四十五条规定之罪的,对单位判处罚金,并对其直接负责的主管人员和其他直接责任人员,依照本节各该条的规定处罚。”

②2008年6月25日最高人民检察院、公安部《关于公安机关管辖的刑事案件立案追诉标准的规定(一)》第69条规定:“违反矿产资源法的规定,采取破坏性的开采方法开采矿产资源,造成矿产资源严重破坏,价值在三十万至五十万元以上的,应予立案追诉。

本条规定的‘采取破坏性的开采方法开采矿产资源’,是指行为人违反地质矿产主管部门审查批准的矿产资源开发利用方案开采矿产资源,并造成矿产资源严重破坏的行为。

破坏性的开采方法以及造成矿产资源严重破坏的价值数额,由省级以上地质矿产主管部门出具鉴定结论,经查证属实后予以认定。”

③2007年1月15日最高人民法院、最高人民检察院《关于办理盗窃油气、破坏油气设备等刑事案件具体应用法律若干问题的解释》第6条规定:“违反矿产资源法的规定,非法开采或者破坏性开采石油、天然气资源的,依照刑法第三百四十三条以及《最高人民法院关于审理非法采矿、破坏性采矿刑事案件具体应用法律若干问题的解释》的规定追究刑事责任。”

④2016年11月28日最高人民法院、最高人民检察院《关于办理非法采矿、破坏性采矿刑事案件适用法律若干问题的解释》第8条规定:“多次非法采矿、破坏性采矿构成犯罪,依法应当追诉的,或者二年内多次非法采矿、破坏性采矿未经处理的,价值数额累计计算。”

(3)构成要件

第一,本罪侵犯的客体是国家对矿产资源的管理与保护制度。

第二,客观方面表现为违反法律规定,采取破坏性的开采方法开采矿产资源,造成矿产资源严重破坏的行为。

第三,犯罪主体是一般主体,既包括自然人,也包括单位。

第四,主观方面是故意或者过失,一般表现为间接故意。

(4)罪名界定

第一,本罪与非法采矿罪有以下区别:本罪表现为违反矿产资源法的规定,采取破坏性的开采方法开采矿产资源,造成了矿产资源严重破坏的行为;而后者表现为违反矿产资源法的规定,没有取得采矿许可证擅自采矿,擅自进入国家规划矿区、对国民经济具有重要价值的矿区和他人矿区范围采矿,擅自开采国家规定实行保护性开采的特定矿种,经责令停止后拒不停止开采,造成矿产资源破坏的行为。

第二,本罪与故意毁坏财物罪有以下区别:①侵犯的客体不同。前者侵犯的是国家对矿业生产与对矿业资源的管理与保护制度;后者侵犯的是公私财产所有权。②犯罪对象不同。前者表现为国家的矿产;后者是各种公私财物。③在客观方面表现不同。前者表现为非法无证采矿或者有证滥采;后者表现为故意毁坏或者损失公私财物。④主观方面不完全相同。前者具有非法占有或者营利的目的;后者不具有非法占有公私财产的目的。

(5)量刑幅度

根据《刑法》第343条第2款和第346条的规定,对犯本罪的处罚分以下2个档次:

一是犯本罪的,处5年以下有期徒刑或者拘役,并处罚金。

二是单位犯本罪的,对单位判处罚金,并对其直接负责的主管人员和其他直接责任人员,依照上述规定处罚。

12. 危害国家重点保护植物罪(第344条)

(1)罪名概念

危害国家重点保护植物罪,是指违反国家规定,非法采伐、毁坏国家重点保护植物或其他珍贵树木,或者非法收购、运输、加工、出售珍贵树木或者国家重点保护的其他植物及其制品的行为。

(2)法律规定

①本罪名是由《刑法》第344条规定的。该条规定:"违反国家规定,非法采伐、毁坏珍贵树木或者国家重点保护的其他植物的,或者非法收购、运输、加工、出售珍贵树木或者国家重点保护的其他植物及其制品的,处三年以下有期徒刑、拘役或者管制,并处罚金;情节严重的,处三年以上七年以下有期徒刑,并处罚金。"

《刑法》第346条规定:"单位犯本节第三百三十八条至第三百四十五条规定之罪的,对单位判处罚金,并对其直接负责的主管人员和其他直接责任人员,依照本节各该条的规定处罚。"

②2020年3月19日最高人民法院、最高人民检察院《关于适用〈中华人民共和国刑法〉第三百四十四条有关问题的批复》规定:

"一、古树名木以及列入《国家重点保护野生植物名录》的野生植物,属于刑法第三百四十四条规定的'珍贵树木或者国家重点保护的其他植物'。

二、根据《中华人民共和国野生植物保护条例》的规定,野生植物限于原生地天然生长的植物。人工培育的植物,除古树名木外,不属于刑法第三百四十四条规定的'珍贵树木或者国家重点保护的其他植物'。非法采伐、毁坏或者非法收购、运输人工培育的植物(古树名木除外),构成盗伐林木罪、滥伐林木罪、非法收购、运输盗伐、滥伐的林木罪等犯罪的,依照相关规定追究刑事责任。

三、对于非法移栽珍贵树木或者国家重点保护的其他植物,依法应当追究刑事责任的,依照刑法第三百四十四条的规定,以非法采伐国家重点保护植物罪定罪处罚。

鉴于移栽在社会危害程度上与砍伐存在一定差异,对非法移栽珍贵树木或者国家重点保护的其他植物的行为,在认定是否构成犯罪以及裁量刑罚时,应当考虑植物的珍贵程度、移栽目的、移栽手段、移栽数量、对生态环境的损害程度等情节,综合评估社会危害性,确保罪责刑相适应。"

③2008年6月25日最高人民检察院、公安部《关于公安机关管辖的刑事案件立案追诉标准的规定(一)》第70条规定:"违反国家规定,非法采伐、毁坏珍贵树木或者国家重点保护的其他植物的,应予立案追诉。本条和本规定第七十一条规定的'珍贵树木或者国家重点保护的其他植物',包括由省级以上林业主管部门或者其他部门确定的具有重大历史纪念意义、科学研究价值或者年代久远的古树名木,国家禁止、限制出口的珍贵树木以及列入《国家重点保护野生植物名录》的树木或者其他植物。"第71条规定:"违反国家规定,非法收购、运输、加工、出售珍贵树木或者国家重点保护的其他植物及其制品的,应予立案追诉。"

④2001年5月9日国家林业局、公安部《关于森林和陆生野生动物刑事案件管辖及立案标准》第2条第4项规定:"非法采伐、毁坏珍贵树木的应当立案;采伐珍贵树木2株、2立方米以上或者毁坏珍贵树木致死3株以上的,为重大案件;采伐珍贵树木10株、10立方米以上或者毁坏珍贵树木致死15株以上的,为特别重大案件。"

⑤2000年11月22日最高人民法院《关于审理破坏森林资源刑事案件具体应用法律若干问

题的解释》第 1 条、第 2 条分别规定:“刑法第三百四十四条规定的‘珍贵树木’,包括由省级以上林业主管部门或者其他部门确定的具有重大历史纪念意义、科学研究价值或者年代久远的古树名木,国家禁止、限制出口的珍贵树木以及列入国家重点保护野生植物名录的树木。”

“具有下列情形之一的,属于非法采伐、毁坏珍贵树木行为‘情节严重’:

(一)非法采伐珍贵树木二株以上或者毁坏珍贵树木致使珍贵树木死亡三株以上的;

(二)非法采伐珍贵树木二立方米以上的;

(三)为首组织、策划、指挥非法采伐或者毁坏珍贵树木的;

(四)其他情节严重的情形。”

(3)构成要件

第一,本罪侵犯的客体是国家重点保护植物的管理制度。侵犯的对象是国家重点保护植物。对于不是国家重点保护植物而非法采伐、毁坏的,不构成本罪。

第二,客观方面表现为违反国家的规定,非法采伐、毁坏国家重点保护植物,或非法收购、运输、加工、出售国家重点保护植物及其制品的行为。

第三,本罪的主体是一般主体,既可以是自然人,也可以是单位。

第四,主观方面是故意。

(4)罪名界定

第一,关于本罪的认定。根据《刑法》第 344 条的规定,本罪属于行为犯,只要实施了非法采伐、毁坏国家重点保护植物,或非法收购、运输、加工、出售国家重点保护植物及其制品的行为,就构成犯罪。对于采伐作业中无法辨认而误将国家重点保护植物采伐,由于主观上不存在犯罪的故意,因而不构成本罪。如果主观上虽然有故意,采伐了国家重点保护植物的枝、叶的,情节显著轻微,危害不大的,也不应该以犯罪论处。

第二,本罪与盗伐林木罪、滥伐林木罪的区别:①犯罪对象不同。前者侵犯的对象只能是国家重点保护植物;而后者侵犯的则是国家重点保护植物之外的其他各种树木。②对犯罪结果的要求不同。本罪是行为犯,只要实施了非法采伐、毁坏国家重点保护植物的行为,就构成犯罪;而后者是结果犯,也就是说,盗伐或者滥伐林木,只有达到数量较大的,才能构成犯罪。

(5)量刑幅度

根据《刑法》第 344 条和第 346 条的规定,对犯本罪的处罚分以下 3 个档次:

一是情节一般的,处 3 年以下有期徒刑、拘役或者管制,并处罚金。

二是情节严重的,处 3 年以上 7 年以下有期徒刑,并处罚金。

三是单位犯本罪的,对单位判处罚金,并且对其直接负责的主管人员和其他直接责任人员比照上述规定处罚。

13. 非法引进、释放、丢弃外来入侵物种罪(第 344 条之一)

(1)罪名概念

非法引进、释放、丢弃外来入侵物种罪,是指违反国家规定,非法引进、释放或者丢弃外来入侵物种,情节严重的行为。

(2)法律规定

本罪名是由《刑法》第 344 条之一规定的。该条规定:“违反国家规定,非法引进、释放或者丢弃外来入侵物种,情节严重的,处三年以下有期徒刑或者拘役,并处或者单处罚金。”

《刑法》第 346 条规定:“单位犯本节第三百三十八条至第三百四十五条规定之罪的,对单位判处罚金,并对其直接负责的主管人员和其他直接责任人员,依照本节各该条的规定处罚。”

(3)构成要件

第一,本罪侵犯的客体是国家对生物安全的管理制度。

第二,客观方面表现为违反国家规定,非法引进、释放或者丢弃外来入侵物种,情节严重的行为。

第三,犯罪主体是一般主体。

第四,主观方面是故意。

(4)罪名界定

构成本罪,一是实施了非法引进、释放或丢弃外来入侵物种的行为,二是行为情节严重。如何认定是否属于“外来物种”,需根据有关行政法律法规认定。

(5)量刑幅度

根据《刑法》第344条之一和第346条的规定,对犯本罪的处罚分以下2个档次:

一是构成本罪的,处3年以下有期徒刑或者拘役,并处或者单处罚金。

二是单位犯本罪的,对单位判处罚金,并对其直接负责的主管人员和其他直接责任人员,依照上述规定处罚。

14. 盗伐林木罪(第345条第1款)

(1)罪名概念

盗伐林木罪,是指盗伐森林或者其他林木,数量较大的行为。

(2)法律规定

①本罪名是由《刑法》第345条第1款规定的。该条款规定:“盗伐森林或者其他林木,数量较大的,处三年以下有期徒刑、拘役或者管制,并处或者单处罚金;数量巨大的,处三年以上七年以下有期徒刑,并处罚金;数量特别巨大的,处七年以上有期徒刑,并处罚金。”

《刑法》第345条第4款规定:“盗伐、滥伐国家级自然保护区内的森林或者其他林木的,从重处罚。”

《刑法》第346条规定:“单位犯本节第三百三十八条至第三百四十五条规定之罪的,对单位判处罚金,并对其直接负责的主管人员和其他直接责任人员,依照本节各该条的规定处罚。”

②2008年6月25日最高人民检察院、公安部《关于公安机关管辖的刑事案件立案追诉标准的规定(一)》第72条规定:“盗伐森林或者其他林木,涉嫌下列情形之一的,应予立案追诉:

(一)盗伐二至五立方米以上的;

(二)盗伐幼树一百至二百株以上的。

以非法占有为目的,具有下列情形之一的,属于本条规定的‘盗伐森林或者其他林木’:

(一)擅自砍伐国家、集体、他人所有或者他人承包经营管理的森林或者其他林木的;

(二)擅自砍伐本单位或者本人承包经营管理的森林或者其他林木的;

(三)在林木采伐许可证规定的地点以外采伐国家、集体、他人所有或者他人承包经营管理的森林或者其他林木的。

本条和本规定第七十三条、第七十四条规定的林木数量以立木蓄积计算,计算方法为:原木材积除以该树种的出材率;‘幼树’,是指胸径五厘米以下的树木。”

③2001年5月9日国家林业局公安部《关于森林和陆生野生动物刑事案件管辖及立案标准》第2条第1项规定:“盗伐森林或者其他林木,立案起点为2立方米至5立方米或者幼树100至200株;盗伐林木20立方米至50立方米或者幼树1000株至2000株,为重大案件立案起点;盗伐林木100立方米至200立方米或者幼树5000株至10000株,为特别重大案件立案起点。”

④2000 年 11 月 22 日最高人民法院《关于审理破坏森林资源刑事案件具体应用法律若干问题的解释》第 3 条、第 4 条、第 7 条、第 8 条、第 9 条、第 11 条分别规定:“以非法占有为目的,具有下列情形之一,数量较大的,依照刑法第三百四十五条第一款的规定,以盗伐林木罪定罪处罚:

(一)擅自砍伐国家、集体、他人所有或者他人承包经营管理的森林或者其他林木的;

(二)擅自砍伐本单位或者本人承包经营管理的森林或者其他林木的;

(三)在林木采伐许可证规定的地点以外采伐国家、集体、他人所有或者他人承包经营管理的森林或者其他林木的。”

“盗伐林木‘数量较大’,以二至五立方米或者幼树一百至二百株为起点;盗伐林木‘数量巨大’,以二十至五十立方米或者幼树一千至二千株为起点;盗伐林木‘数量特别巨大’,以一百至二百立方米或者幼树五千至一万株为起点。”

“对于一年内多次盗伐、滥伐少量林木未经处罚的,累计其盗伐、滥伐林木的数量,构成犯罪的,依法追究刑事责任。”

“盗伐、滥伐珍贵树木,同时触犯刑法第三百四十四条、第三百四十五条规定的,依照处罚较重的规定定罪处罚。”

“将国家、集体、他人所有并已经伐倒的树木窃为己有,以及偷砍他人房前屋后、自留地种植的零星树木,数额较大的,依照刑法第二百六十四条的规定,以盗窃罪定罪处罚。”

“具有下列情形之一的,属于在林区非法收购盗伐、滥伐的林木‘情节严重’:

(一)非法收购盗伐、滥伐的林木二十立方米以上或者幼树一千株以上的;

(二)非法收购盗伐、滥伐的珍贵树木二立方米以上或者五株以上的;

(三)其他情节严重的情形。

具有下列情形之一的,属于在林区非法收购盗伐、滥伐的林木‘情节特别严重’:

(一)非法收购盗伐、滥伐的林木一百立方米以上或者幼树五千株以上的;

(二)非法收购盗伐、滥伐的珍贵树木五立方米以上或者十株以上的;

(三)其他情节特别严重的情形。”

⑤2004 年 3 月 26 日最高人民法院《关于在林木采伐许可证规定的地点以外采伐本单位或者本人所有的森林或者其他林木的行为如何适用法律问题的批复》规定:“违反森林法的规定,在林木采伐许可证规定的地点以外,采伐本单位或者本人所有的森林或者其他林木的,除农村居民采伐自留地和房前屋后个人所有的零星林木以外,属于《最高人民法院关于审理破坏森林资源刑事案件具体应用法律若干问题的解释》第五条第一款第(一)项‘未经林业行政主管部门及法律规定的其他主管部门批准并核发林木采伐许可证’规定的情形,数量较大的,应当依照刑法第三百四十五条第二款的规定,以滥伐林木罪定罪处罚。”

(3)构成要件

第一,本罪侵犯的客体是国家保护森林资源的管理制度和他人对林木的所有权。犯罪对象是森林或者其他林木。

第二,客观方面表现为违反森林法以及其他保护森林的法规,擅自砍伐国家、集体和个人所有的森林或者其他林木,数量较大的行为。

第三,犯罪主体是一般主体,既可以是自然人,也可以是单位。

第四,主观方面是故意,并且一般具有非法占有林木或者为本单位牟取不正当利益的目的。

(4)罪名界定

第一,本罪与滥伐林木罪的区别主要表现在犯罪的客观方面。前者的表象为盗伐,即擅自砍伐,包括秘密砍伐,也包括欺上瞒下进行公开砍伐;而后者则表现为没有经过主管部门许可,或者没有按照主管部门批准和指定的采伐区域和具体要求，乱砍滥伐。

第二，本罪与盗窃罪的主要区别是：一是侵犯的客体和对象不同。盗伐林木罪侵犯的客体，主要是国家对森林资源的管理制度，当然在这过程中，也必然要侵犯国家或者集体的林木所有权；而盗窃罪侵犯的客体，只是公私财产所有权。盗伐林木的犯罪对象，只限于在地面上处于生长过程中的林木。而盗窃罪侵犯的对象比较广泛。二是在客观方面不同。盗窃罪限于秘密窃取；而盗伐林木罪的客观方面，表现为擅自砍伐，不限于秘密砍伐。根据2000年11月22日最高人民法院《关于审理破坏森林资源刑事案件具体应用法律若干问题的解释》第9条规定，将国家、集体、他人所有并已经伐倒的树木窃为己有，以及偷砍他人房前屋后、自留地种植的零星树木，数额较大的，以盗窃罪定罪处罚。

(5)量刑幅度

根据《刑法》第345条第1款、第346条的规定，犯盗伐林木罪的，其处罚分以下4个档次：

一是数量较大的，处3年以下有期徒刑、拘役或者管制，并处或者单处罚金。

二是数量巨大的，处3年以上7年以下有期徒刑，并处罚金。

三是数量特别巨大的，处7年以上有期徒刑，并处罚金。

四是单位犯本罪的，对单位判处罚金，并且对直接负责的主管人员和其他直接责任人员依照上述规定处罚。

15. 滥伐林木罪(第345条第2款)

(1)罪名概念

滥伐林木罪，是指违反森林保护法规，未经林业行政主管部门和法律规定的其他主管部门批准并签发许可证；或者虽然持有采伐许可证，但是违背了采伐证所规定的地点、数量树种、方式，而任意采伐本单位所有或管理的以及本人自留山上的森林或者其他树木，数量较大的行为。

(2)法律规定

①本罪名是由《刑法》第345条第2款规定的。该条款规定："违反森林法的规定，滥伐森林或者其他林木，数量较大的，处三年以下有期徒刑、拘役或者管制，并处或者单处罚金；数量巨大的，处三年以上七年以下有期徒刑，并处罚金。"

《刑法》第345条第4款规定："盗伐、滥伐国家级自然保护区内的森林或者其他林木的，从重处罚。"

《刑法》第346条规定："单位犯本节第三百三十八条至第三百四十五条规定之罪的，对单位判处罚金，并对其直接负责的主管人员和其他直接责任人员，依照本节各该条的规定处罚。"

②2008年6月25日最高人民检察院、公安部《关于公安机关管辖的刑事案件立案追诉标准的规定(一)》第73条规定："违反森林法的规定，滥伐森林或者其他林木，涉嫌下列情形之一的，应予立案追诉：

(一)滥伐十至二十立方米以上的；

(二)滥伐幼树五百至一千株以上的。

违反森林法的规定，具有下列情形之一的，属于本条规定的'滥伐森林或者其他林木'：

(一)未经林业行政主管部门及法律规定的其他主管部门批准并核发林木采伐许可证，或者虽持有林木采伐许可证，但违反林木采伐许可证规定的时间、数量、树种或者方式，任意采伐本单位所有或者本人所有的森林或者其他林木的；

(二)超过林木采伐许可证规定的数量采伐他人所有的森林或者其他林木的。

违反森林法的规定，在林木采伐许可证规定的地点以外，采伐本单位或者本人所有的森林或者其他林木的，除农村居民采伐自留地和房前屋后个人所有的零星林木以外，属于本条第二款第（一）项‘未经林业行政主管部门及法律规定的其他主管部门批准并核发林木采伐许可证’规定的情形。

林木权属争议一方在林木权属确权之前，擅自砍伐森林或者其他林木的，属于本条规定的‘滥伐森林或者其他林木’。

滥伐林木的数量，应在伐区调查设计允许的误差额以上计算。”

③2001 年 5 月 9 日国家林业局、公安部《关于森林和陆生野生动物刑事案件管辖及立案标准》第 2 条第 2 项规定：“滥伐森林或者其他林木，立案起点为 10 立方米至 20 立方米或者幼树 500 株至 1000 株；滥伐林木 50 立方米以上或者幼树 2500 株以上，为重大案件；滥伐林木 100 立方米以上或者幼树 5000 株以上，为特别重大案件。”

④2000 年 11 月 22 日最高人民法院《关于审理破坏森林资源刑事案件具体应用法律若干问题的解释》第 5 条、第 6 条、第 7 条、第 8 条、第 9 条、第 11 条分别规定：“违反森林法的规定，具有下列情形之一，数量较大的，依照刑法第三百四十五条第二款的规定，以滥伐林木罪定罪处罚：

（一）未经林业行政主管部门及法律规定的其他主管部门批准并核发林木采伐许可证，或者虽持有林木采伐许可证，但违反林木采伐许可证规定的时间、数量、树种或者方式，任意采伐本单位所有或者本人所有的森林或者其他林木的；

（二）超过林木采伐许可证规定的数量采伐他人所有的森林或者其他林木的。

林木权属争议一方在林木权属确权之前，擅自砍伐森林或者其他林木，数量较大的，以滥伐林木罪论处。”

“滥伐林木‘数量较大’，以十至二十立方米或者幼树五百至一千株为起点；滥伐林木‘数量巨大’，以五十至一百立方米或者幼树二千五百至五千株为起点。”

“对于一年内多次盗伐、滥伐少量林木未经处罚的，累计其盗伐、滥伐林木的数量，构成犯罪的，依法追究刑事责任。”

“盗伐、滥伐珍贵树木，同时触犯刑法第三百四十四条、第三百四十五条规定的，依照处罚较重的规定定罪处罚。”

“将国家、集体、他人所有并已经伐倒的树木窃为己有，以及偷砍他人房前屋后、自留地种植的零星树木，数额较大的，依照刑法第二百六十四条的规定，以盗窃罪定罪处罚。”

“具有下列情形之一的，属于在林区非法收购盗伐、滥伐的林木‘情节严重’：

（一）非法收购盗伐、滥伐的林木二十立方米以上或者幼树一千株以上的；

（二）非法收购盗伐、滥伐的珍贵林木二立方米以上或者五株以上的；

（三）其他情节严重的情形。

具有下列情形之一的，属于在林区非法收购盗伐、滥伐的林木‘情节特别严重’：

（一）非法收购盗伐、滥伐的林木一百立方米以上或者幼树五千株以上的；

（二）非法收购盗伐、滥伐的珍贵林木五立方米以上或者十株以上的；

（三）其他情节特别严重的情形。”

⑤1993 年 7 月 24 日最高人民法院《关于滥伐自己所有权的林木其林木应如何处理的问题的批复》规定：“属于个人所有的林木，也是国家森林资源的一部分。被告人滥伐属于自己所有权的林木，构成滥伐林木罪的，其行为已违反国家保护森林法规，破坏了国家的森林资源，所滥伐的林木即不再是个人的合法财产，而应当作为犯罪分子违法所得的财物，依照刑法第六十条的规定予以追缴。”

⑥2004 年 3 月 26 日最高人民法院《关于在林木采伐许可证规定的地点以外采伐本单位或者

本人所有的森林或者其他林木的行为如何适用法律问题的批复》规定："违反森林法的规定，在林木采伐许可证规定的地点以外，采伐本单位或者本人所有的森林或者其他林木的，除农村居民采伐自留地和房前屋后个人所有的零星林木以外，属于《最高人民法院关于审理破坏森林资源刑事案件具体应用法律若干问题的解释》第五条第一款第（一）项'未经林业行政主管部门及法律规定的其他主管部门批准并核发林木采伐许可证'规定的情形，数量较大的，应当依照刑法第三百四十五条第二款的规定，以滥伐林木罪定罪处罚。"

（3）构成要件

第一，本罪侵犯的客体是国家对林业资源的保护与管理制度。

第二，客观方面表现为违反森林保护法规，滥伐森林或者其他林木数量较大的行为。所谓滥伐，是指未经过林业主管部门同意，或者虽然林业主管部门同意了，但没有按照林木采伐许可证的要求，任意采伐本单位所有或者管理的，以及本人所有的森林或者其他林木的行为。

第三，本罪的主体是一般主体。

第四，主观方面是故意，过失不能构成本罪。

（4）罪名界定

本罪与盗伐林木罪的区别：一是在客观行为方式上表现不同。盗伐是指没有经过主管部门同意，秘密采伐的行为；而滥伐是指虽然经过林业主管部门同意采伐，但超越采伐权限，不在指定的区域内采伐，或者在指定的区域乱砍滥伐。二是犯罪行为对象不同。盗伐的行为对象是国家、集体所有的森林或者其他林木以及他人自留山上的林木；而滥伐的行为对象是本单位所有或者管理的，以及本人所有的森林或者其他林木。三是主观目的不同。盗伐行为具有非法占有的目的；而滥伐行为不具有此目的。

（5）量刑幅度

根据《刑法》第345条第2款、第4款和第346条的规定，对犯本罪的处罚分以下4个档次：

一是数量较大的，处3年以下有期徒刑、拘役或者管制，并处或者单处罚金。

二是数量巨大的，处3年以上7年以下有期徒刑，并处罚金。

三是滥伐国家级自然保护区的森林或其他林木，从重处罚。

四是单位犯本罪的，对单位判处罚金，并对其直接负责的主管人员和其他直接责任人员，依照上述规定处罚。

16. 非法收购、运输盗伐、滥伐的林木罪（第345条第3款）

（1）罪名概念

非法收购、运输盗伐、滥伐的林木罪，是指非法收购或运输明知是盗伐、滥伐的林木，情节严重的行为。

（2）法律规定

①本罪名是由《刑法》第345条第3款规定的。该条款规定："非法收购、运输明知是盗伐、滥伐的林木，情节严重的，处三年以下有期徒刑、拘役或者管制，并处或者单处罚金；情节特别严重的，处三年以上七年以下有期徒刑，并处罚金。"

《刑法》第346条规定："单位犯本节第三百三十八条至第三百四十五条规定之罪的，对单位判处罚金，并对其直接负责的主管人员和其他直接责任人员，依照本节各该条的规定处罚。"

②2008年6月25日最高人民检察院、公安部《关于公安机关管辖的刑事案件立案追诉标准的规定（一）》第74条规定："非法收购、运输明知是盗伐、滥伐的林木，涉嫌下列情形之一的，应予立案追诉：

(一)非法收购、运输盗伐、滥伐的林木二十立方米以上或者幼树一千株以上的;

(二)其他情节严重的情形。

本条规定的'非法收购'的'明知',是指知道或者应当知道。具有下列情形之一的,可以视为应当知道,但是有证据证明确属被蒙骗的除外:

(一)在非法的木材交易场所或者销售单位收购木材的;

(二)收购以明显低于市场价格出售的木材的;

(三)收购违反规定出售的木材的。"

③2001 年 5 月 9 日国家林业局、公安部《关于森林和陆生野生动物刑事案件管辖及立案标准》第 2 条第 3 项规定:"以牟利为目的,在林区非法收购明知是盗伐、滥伐的林木在 20 立方米或者幼树 1000 株以上的,以及非法收购盗伐、滥伐的珍贵树木 2 立方米以上或者 5 株以上的应当立案;非法收购林木 100 立方米或者幼树 5000 株以上的,以及非法收购盗伐、滥伐的珍贵树木 5 立方米以上或者 10 株以上的为重大案件;非法收购林木 200 立方米或者幼树 1000 株以上的,以及非法收购盗伐、滥伐的珍贵树木 10 立方米以上或者 20 株以上的为特别重大案件。"

④2000 年 11 月 22 日最高人民法院《关于审理破坏森林资源刑事案件具体应用法律若干问题的解释》第 10 条规定:"刑法第三百四十五条规定的'非法收购明知是盗伐、滥伐的林木'中的'明知',是指知道或者应当知道。具有下列情形之一的,可以视为应当知道,但是有证据证明确属被蒙骗的除外:

(一)在非法的木材交易场所或者销售单位收购木材的;

(二)收购以明显低于市场价格出售的木材的;

(三)收购违反规定出售的木材的。"

⑤2004 年 3 月 26 日最高人民法院《关于在林木采伐许可证规定的地点以外采伐本单位或者本人所有的森林或者其他林木的行为如何适用法律问题的批复》规定如下:"违反森林法的规定,在林木采伐许可证规定的地点以外,采伐本单位或者本人所有的森林或者其他林木的,除农村居民采伐自留地和房前屋后个人所有的零星林木以外,属于《最高人民法院关于审理破坏森林资源刑事案件具体应用法律若干问题的解释》第五条第一款第(一)项'未经林业行政主管部门及法律规定的其他主管部门批准并核发林木采伐许可证'规定的情形,数量较大的,应当依照刑法第三百四十五条第二款的规定,以滥伐林木罪定罪处罚。"

(3)构成要件

第一,本罪侵犯的客体是国家的林木资源管理制度。

第二,客观方面表现为行为人非法收购或运输明知是盗伐、滥伐的林木,情节严重的行为。

第三,犯罪主体是一般主体,单位也可以构成本罪的主体。

第四,主观方面是直接故意。构成本罪必须是以行为人明知收购或运输的是盗伐、滥伐的林木。如果不知道或者不应知道收购或运输的是盗伐、滥伐的林木,不能以本罪论处,而应当按照民法的有关规定处理。

(4)罪名界定

本罪不同于销赃罪。本罪行为人非法收购的对象仅限于盗伐、滥伐的林木;而销赃罪的行为人的行为指向盗伐、滥伐的林木以外的其他赃物。

(5)量刑幅度

根据《刑法》第 345 条第 3 款和第 346 条的规定,对犯本罪的处罚分以下 3 个档次:

一是情节严重犯本罪的,处 3 年以下有期徒刑、拘役或者管制,并处或者单处罚金。

二是情节特别严重的,处 3 年以上 7 年以下有期徒刑,并处罚金。

三是单位犯本罪的，对单位判处罚金，并对其直接负责的主管人员和其他直接责任人员，依照上述规定处罚。

（七）走私、贩卖、运输、制造毒品罪

关于毒品方面的犯罪有10多个具体罪名，处理这类犯罪，首先要准确了解什么是毒品。

根据2012年5月16日最高人民检察院、公安部《关于公安机关管辖的刑事案件立案追诉标准的规定（三）》第13条的规定，《刑法》中的毒品，是指鸦片、海洛因、甲基苯丙胺（冰毒）、吗啡、大麻、可卡因以及国家规定管制的其他能够使人形成瘾癖的麻醉药品和精神药品。具体品种以国家食品药品监督管理局、公安部、卫生部发布的《麻醉药品品种目录》《精神药品品种目录》为依据。

《刑法》中的"制毒物品"，是指醋酸酐、乙醚、三氯甲烷或者其他用于制造毒品的原料或者配剂，具体品种范围按照国家关于易制毒化学品管理的规定确定。

根据联合国禁毒公约及国务院颁布的《麻醉药品管理办法》及《精神药品管理办法》，毒品分为两大类型：一类是麻醉药品，另一类是精神药品。

麻醉药品根据其来源，分为四类：①鸦片类。主要包括生鸦片、精制鸦片、吗啡、海洛因以及含有鸦片成分的制剂。鸦片类毒品的原料来自鸦片罂粟植物。吗啡，是从鸦片中提取出来的一种生物碱，具有很强的麻醉性。吗啡的衍生物二氢氧吗啡、乙酰氧戊甲吗啡、埃托啡等也是特别控制的麻醉药品。海洛因，学名二乙酰吗啡或醇二酰吗啡，是鸦片的衍生物，是吗啡与其他化学物品混合，通过化学方法提炼而成。一般呈颗粒状或粉末状，俗称"白面"。性能与吗啡相同，但比吗啡强约数倍，成瘾更快，剂量过大可致死，具有严重的危害性。②大麻类。主要有大麻草、大麻脂、大麻油以及含有四氢大麻酚的物品。大麻类的毒品通常称为大麻，其原料来自大麻植物。大麻是世界上使用人数最多、传播范围最广的毒品，有较强的心理依赖性。③可卡类。包括可卡叶、可卡糊、可卡因以及含有可卡生物碱的制剂。可卡类毒品以古柯灌木的树叶为原料。古柯是一种常绿灌木，主要生长在南美洲。可卡因是在可卡叶中提炼而成，是一种无味的白色结晶粉末状的烈性毒品。④合成类。合成类麻醉药品不以天然植物为原料而以其他物品化学合成，主要有美沙酮、杜冷丁、安依痛以及含有这些成分的制剂，如"冰毒""摇头丸"等。冰毒，学名为甲基苯丙胺又叫先氧黄素、去氧麻黄碱或甲基安非他明，是合成的一种化学药品，白色、透明结晶体，因其形状像碎冰而得名，浓度高、毒性大、易上瘾、致幻力强、对人体损坏更大。摇头丸，学名为二亚甲基双氧苯丙胺，是"冰毒"的衍生物，属于兴奋性毒品，上瘾速度比海洛因快，易使人疯狂、严重忧郁，可导致自杀，一次服用4克会使人窒息死亡。

精神药品是指直接作用于中枢神经系统，使之兴奋或抑制，连续使用能产生依赖性的药品。

根据其对人体的作用，可分为三类：①抑制剂。它是对中枢神经系统产生抑制作用的药物，其应用范围从镇静、催眠到麻醉，包括巴比妥酸类和非巴比妥酸盐类。在我国这类药物以安眠酮、安尔通、利眠宁为主。②兴奋剂。它是引起中枢神经兴奋作用的药物，主要是苯丙胺类，特点是心理依赖性强，易产生耐药性，而躯体依赖性不明显。其他兴奋剂包括苯丁胺和麻黄素等。③致幻剂。该类药物为天然的或合成的物质。使用后知觉、视觉变得不正常，会产生幻觉。常见的为二甲基色胺、苯环乙哌啶、西洛西宾。

对于如何正确处理毒品案件，最高人民法院等有关部门先后下发了许多司法解释。我们把对处理各种毒品犯罪案件具有指导意义的介绍如下，在讲述各罪的时候，一般不再另行介绍：

①2009年6月23日最高人民法院、最高人民检察院、公安部《关于办理制毒物品犯罪案件适

用法律若干问题的意见》主要内容如下：

“一、关于制毒物品犯罪的认定

（一）本意见中的‘制毒物品’，是指刑法第三百五十条第一款规定的醋酸酐、乙醚、三氯甲烷或者其他用于制造毒品的原料或者配剂，具体品种范围按照国家关于易制毒化学品管理的规定确定。

（二）违反国家规定，实施下列行为之一的，认定为刑法第三百五十条规定的非法买卖制毒物品行为：

1. 未经许可或者备案，擅自购买、销售易制毒化学品的；

2. 超出许可证明或者备案证明的品种、数量范围购买、销售易制毒化学品的；

3. 使用他人的或者伪造、变造、失效的许可证明或者备案证明购买、销售易制毒化学品的；

4. 经营单位违反规定，向无购买许可证明、备案证明的单位、个人销售易制毒化学品的，或者明知购买者使用他人的或者伪造、变造、失效的购买许可证明、备案证明，向其销售易制毒化学品的；

5. 以其他方式非法买卖易制毒化学品的。

（三）易制毒化学品生产、经营、使用单位或者个人未办理许可证明或者备案证明，购买、销售易制毒化学品，如果有证据证明确实用于合法生产、生活需要，依法能够办理只是未及时办理许可证明或者备案证明，且未造成严重社会危害的，可不以非法买卖制毒物品罪论处。

（四）为了制造毒品或者走私、非法买卖制毒物品犯罪而采用生产、加工、提炼等方法非法制造易制毒化学品的，根据刑法第二十二条的规定，按照其制造易制毒化学品的不同目的，分别以制造毒品、走私制毒物品、非法买卖制毒物品的预备行为论处。

（五）明知他人实施走私或者非法买卖制毒物品犯罪，而为其运输、储存、代理进出口或者以其他方式提供便利的，以走私或者非法买卖制毒物品罪的共犯论处。

（六）走私、非法买卖制毒物品行为同时构成其他犯罪的，依照处罚较重的规定定罪处罚。

二、关于制毒物品犯罪嫌疑人、被告人主观明知的认定

对于走私或者非法买卖制毒物品行为，有下列情形之一，且查获了易制毒化学品，结合犯罪嫌疑人、被告人的供述和其他证据，经综合审查判断，可以认定其‘明知’是制毒物品而走私或者非法买卖，但有证据证明确属被蒙骗的除外：

1. 改变产品形状、包装或者使用虚假标签、商标等产品标志的；

2. 以藏匿、夹带或者其他隐蔽方式运输、携带易制毒化学品逃避检查的；

3. 抗拒检查或者在检查时丢弃货物逃跑的；

4. 以伪报、藏匿、伪装等蒙蔽手段逃避海关、边防等检查的；

5. 选择不设海关或者边防检查站的路段绕行出入境的；

6. 以虚假身份、地址办理托运、邮寄手续的；

7. 以其他方法隐瞒真相，逃避对易制毒化学品依法监管的。

三、关于制毒物品犯罪定罪量刑的数量标准

（一）违反国家规定，非法运输、携带制毒物品进出境或者在境内非法买卖制毒物品达到下列数量标准的，依照刑法第三百五十条第一款的规定，处三年以下有期徒刑、拘役或者管制，并处罚金：

1. 1－苯基－2－丙酮五千克以上不满五十千克；

2. 3,4－亚甲基二氧苯基－2－丙酮、去甲麻黄素（去甲麻黄碱）、甲基麻黄素（甲基麻黄碱）、羟亚胺及其盐类十千克以上不满一百千克；

3. 胡椒醛、黄樟素、黄樟油、异黄樟素、麦角酸、麦角胺、麦角新碱、苯乙酸二十千克以上不满二百千克；

4. N－乙酰邻氨基苯酸、邻氨基苯甲酸、哌啶一百五十千克以上不满一千五百千克；

5. 甲苯、丙酮、甲基乙基酮、高锰酸钾、硫酸、盐酸四百千克以上不满四千千克；

6. 其他用于制造毒品的原料或者配剂相当数量的。

（二）违反国家规定，非法买卖或者走私制毒物品，达到或者超过前款所列最高数量标准的，认定为刑法第三百五十条第一款规定的‘数量大的’，处三年以上十年以下有期徒刑，并处罚金。”

②2008年12月1日最高人民法院印发的《全国部分法院审理毒品犯罪案件工作座谈会纪要》，该纪要要求“各地法院在刑事审判工作中参照执行”，主要内容如下：

“一、毒品案件的罪名确定和数量认定问题

刑法第三百四十七条规定的走私、贩卖、运输、制造毒品罪是选择性罪名，对同一宗毒品实施了两种以上犯罪行为并有相应确凿证据的，应当按照所实施的犯罪行为的性质并列确定罪名，毒品数量不重复计算，不实行数罪并罚。对同一宗毒品可能实施了两种以上犯罪行为，但相应证据只能认定其中一种或者几种行为，认定其他行为的证据不够确实充分的，则只按照依法能够认定的行为的性质定罪。如涉嫌为贩卖而运输毒品，认定贩卖的证据不够确实充分的，则只定运输毒品罪。对不同宗毒品分别实施了不同种犯罪行为的，应对不同行为并列确定罪名，累计毒品数量，不实行数罪并罚。对被告人一人走私、贩卖、运输、制造两种以上毒品的，不实行数罪并罚，量刑时可综合考虑毒品的种类、数量及危害，依法处理。

罪名不以行为实施的先后、毒品数量或者危害大小排列，一律以刑法条文规定的顺序表述。如对同一宗毒品制造后又走私的，以走私、制造毒品罪定罪。下级法院在判决中确定罪名不准确的，上级法院可以减少选择性罪名中的部分罪名或者改动罪名顺序，在不加重原判刑罚的情况下，也可以改变罪名，但不得增加罪名。

对于吸毒者实施的毒品犯罪，在认定犯罪事实和确定罪名时要慎重。吸毒者在购买、运输、存储毒品过程中被查获的，如没有证据证明其是为了实施贩卖等其他毒品犯罪行为，毒品数量未超过刑法第三百四十八条规定的最低数量标准的，一般不定罪处罚；查获毒品数量达到较大以上的，应以其实际实施的毒品犯罪行为定罪处罚。

对于以贩养吸的被告人，其被查获的毒品数量应认定为其犯罪的数量，但量刑时应考虑被告人吸食毒品的情节，酌情处理；被告人购买了一定数量的毒品后，部分已被其吸食的，应当按能够证明的贩卖数量及查获的毒品数量认定其贩毒的数量，已被吸食部分不计入在内。

有证据证明行为人不以牟利为目的，为他人代购仅用于吸食的毒品，毒品数量超过刑法第三百四十八条规定的最低数量标准的，对托购者、代购者应以非法持有毒品罪定罪。代购者从中牟利，变相加价贩卖毒品的，对代购者应以贩卖毒品罪定罪。明知他人实施毒品犯罪而为其居间介绍、代购代卖的，无论是否牟利，都应以相关毒品犯罪的共犯论处。

盗窃、抢夺、抢劫毒品的，应当分别以盗窃罪、抢夺罪或者抢劫罪定罪，但不计犯罪数额，根据情节轻重予以定罪量刑。盗窃、抢夺、抢劫毒品后又实施其他毒品犯罪的，对盗窃罪、抢夺罪、抢劫罪和所犯的具体毒品犯罪分别定罪，依法数罪并罚。走私毒品，又走私其他物品构成犯罪的，以走私毒品罪和其所犯的其他走私罪分别定罪，依法数罪并罚。

二、毒品犯罪的死刑适用问题

审理毒品犯罪案件，应当切实贯彻宽严相济的刑事政策，突出毒品犯罪的打击重点。必须依法严惩毒枭、职业毒犯、再犯、累犯、惯犯、主犯等主观恶性深、人身危险性大、危害严重的毒品犯罪分子，以及具有将毒品走私入境，多次、大量或者向多人贩卖，诱使多人吸毒，武装掩护、暴力抗拒检查、拘留或者逮捕，或者参与有组织的国际贩毒活动等情节的毒品犯罪分子。对其中罪行极其严重依法应当判处死刑的，必须坚决依法判处死刑。

毒品数量是毒品犯罪案件量刑的重要情节，但不是唯一情节。对被告人量刑时，特别是在考虑是否适用死刑时，应当综合考虑毒品数量、犯罪情节、危害后果、被告人的主观恶性、人身危险性以及当地禁毒形势等各种因素，做到区别对待。近期，审理毒品犯罪案件掌握的死刑数量标准，应当结合本地毒品犯罪的实际情况和依法惩治、预防毒品犯罪的需要，并参照最高人民法院复核的毒品死刑案件的典型案例，恰当把握。量刑既不能只片面考虑毒品数量，不考虑犯罪的其他情节，也不能只片面考虑其他情节，而忽视毒品数量。

对虽然已达到实际掌握的判处死刑的毒品数量标准，但是具有法定、酌定从宽处罚情节的被告人，可以不判处死刑；反之，对毒品数量接近实际掌握的判处死刑的数量标准，但具有从重处罚情节的被告人，也可以判处死刑。毒品数量达到实际掌握的死刑数量标准，既有从重处罚情节，又有从宽处罚情节的，应当综合考虑各方面因素决定刑罚，判处死刑立即执行应当慎重。

具有下列情形之一的，可以判处被告人死刑：(1)具有毒品犯罪集团首要分子、武装掩护毒品犯罪、暴力抗拒检查、拘留或者逮捕、参与有组织的国际贩毒活动等严重情节的；(2)毒品数量达到实际掌握的死刑数量标准，并具有毒品再犯、累犯，利用、教唆未成年人走私、贩卖、运输、制造毒品，或者向未成年人出售毒品等法定从重处罚情节的；(3)毒品数量达到实际掌握的死刑数量标准，并具有多次走私、贩卖、运输、制造毒品，向多人贩毒，在毒品犯罪中诱使、容留多人吸毒，在戒毒监管场所贩毒，国家工作人员利用职务便利实施毒品犯罪，或者职业犯、惯犯、主犯等情节的；(4)毒品数量达到实际掌握的死刑数量标准，并具有其他从重处罚情节的；(5)毒品数量超过实际掌握的死刑数量标准，且没有法定、酌定从轻处罚情节的。

毒品数量达到实际掌握的死刑数量标准，具有下列情形之一的，可以不判处被告人死刑立即执行：(1)具有自首、立功等法定从宽处罚情节的；(2)已查获的毒品数量未达到实际掌握的死刑数量标准，到案后坦白尚未被司法机关掌握的其他毒品犯罪，累计数量超过实际掌握的死刑数量标准的；(3)经鉴定毒品含量极低，掺假之后的数量才达到实际掌握的死刑数量标准的，或者有证据表明可能大量掺假但因故不能鉴定的；(4)因特情引诱毒品数量才达到实际掌握的死刑数量标准的；(5)以贩养吸的被告人，被查获的毒品数量刚达到实际掌握的死刑数量标准的；(6)毒品数量刚达到实际掌握的死刑数量标准，确属初次犯罪即被查获，未造成严重危害后果的；(7)共同犯罪毒品数量刚达到实际掌握的死刑数量标准，但各共同犯罪人作用相当，或者责任大小难以区分的；(8)家庭成员共同实施毒品犯罪，其中起主要作用的被告人已被判处死刑立即执行，其他被告人罪行相对较轻的；(9)其他不是必须判处死刑立即执行的。

有些毒品犯罪案件，往往由于毒品、毒资等证据已不存在，导致审查证据和认定事实困难。在处理这类案件时，只有被告人的口供与同案其他被告人供述吻合，并且完全排除诱供、逼供、串供等情形，被告人的口供与同案被告人的供述才可以作为定案的证据。仅有被告人口供与同案被告人供述作为定案证据的，对被告人判处死刑立即执行要特别慎重。

三、运输毒品罪的刑罚适用问题

对于运输毒品犯罪，要注意重点打击指使、雇用他人运输毒品的犯罪分子和接应、接货的毒品所有者、买家或者卖家。对于运输毒品犯罪集团首要分子，组织、指使、雇佣他人运输毒品的主犯或者毒枭、职业毒犯、毒品再犯，以及具有武装掩护、暴力抗拒检查、拘留或者逮捕、参与有组织的国际毒品犯罪、以运输毒品为业、多次运输毒品或者其他严重情节的，应当按照刑法、有关司法解释和司法实践实际掌握的数量标准，从严惩处，依法应判处死刑的必须坚决判处死刑。

毒品犯罪中，单纯的运输毒品行为具有从属性、辅助性特点，且情况复杂多样。部分涉案人员系受指使、雇用的贫民、边民或者无业人员，只是为了赚取少量运费而为他人运输毒品，他们不是毒品的所有者、买家或者卖家，与幕后的组织、指使、雇佣者相比，在整个毒品犯罪环节中处于从属、辅助和被支配地位，所起作用和主观恶性相对较小，社会危害性也相对较小。因此，对于运输毒品犯罪中的这部分人员，在量刑标准的把握上，应当与走私、贩卖、制造毒品和前述具有严重情节的运输毒品犯罪分子有所区别，不应单纯以涉案毒品数量的大小决定刑罚适用的轻重。

对有证据证明被告人确属受人指使、雇用参与运输毒品犯罪，又系初犯、偶犯的，可以从轻处罚，即使毒品数量超过实际掌握的死刑数量标准，也可以不判处死刑立即执行。

毒品数量超过实际掌握的死刑数量标准，不能证明被告人系受人指使、雇佣参与运输毒品犯罪的，可以依法判处重刑直至死刑。

涉嫌为贩卖而自行运输毒品，由于认定贩卖毒品的证据不足，因而认定为运输毒品罪的，不同于单纯的受指使为他人运输毒品行为，其量刑标准应当与单纯的运输毒品行为有所区别。

四、制造毒品的认定与处罚问题

鉴于毒品犯罪分子制造毒品的手段复杂多样、不断翻新，采用物理方法加工、配制毒品的情况大量出现，有必要进一步准确界定制造毒品的行为、方法。制造毒品不仅包括非法用毒品原植物直接提炼和用化学方法加工、配制毒品的行为，也包括以改变毒品成分和效用为目的，用混合等物理方法加工、配制毒品的行为，如将甲基苯丙胺或者其他苯丙胺类毒品与其他毒品混合成麻古或者摇头丸。为便于隐蔽运输、销售、使用、欺骗购买者，或者为了增重，对毒品掺杂使假，添加或者去除其他非毒品物质，不属于制造毒品的行为。

已经制成毒品，达到实际掌握的死刑数量标准的，可以判处死刑；数量特别巨大的，应当判处死刑。已经制造出粗制毒品或者半成品的，以制造毒品罪的既遂论处。购进制造毒品的设备和原材料，开始着手制造毒品，但尚未制造出粗制毒品或者半成品的，以制造毒品罪的未遂论处。

五、毒品含量鉴定和混合型、新类型毒品案件处理问题

鉴于大量掺假毒品和成分复杂的新类型毒品不断出现，为做到罪刑相当、罚当其罪，保证毒品案件的审判质量，并考虑目前毒品鉴定的条件和现状，对可能判处被告人死刑的毒品犯罪案件，应当根据最高人民法院、最高人民检察院、公安部2007年12月颁布的《办理毒品犯罪案件适用法律若干问题的意见》，作出毒品含量鉴定；对涉案毒品可能大量掺假或者系成分复杂的新类型毒品的，亦应当作出毒品含量鉴定。

对于含有二种以上毒品成分的毒品混合物，应进一步作成分鉴定，确定所含的不同毒品成分及比例。对于毒品中含有海洛因、甲基苯丙胺的，应以海洛因、甲基苯丙胺分别确定其毒品种类；不含海洛因、甲基苯丙胺的，应以其中毒性较大的毒品成分确定其毒品种类；如果毒性相当或者难以确定毒性大小的，以其中比例较大的毒品成分确定其毒品种类，并在量刑时综合考虑其他毒品成分、含量和全案所涉毒品数量。对于刑法、司法解释等已规定了量刑数量标准的毒品，按照刑法、司法解释等规定适用刑罚；对于刑法、司法解释等没有规定量刑数量标准的毒品，有条件折算为海洛因的，参照国家食品药品监督管理局制定的《非法药物折算表》，折算成海洛因的数量后适用刑罚。

对于国家管制的精神药品和麻醉药品，刑法、司法解释等尚未明确规定量刑数量标准，也不具备折算条件的，应由有关专业部门确定涉案毒品毒效的大小、有毒成分的多少、吸毒者对该毒品的依赖程度，综合考虑其致瘾癖性、戒断性、社会危害性等依法量刑。因条件限制不能确定的，可以参考涉案毒品非法交易的价格因素等，决定对被告人适用的刑罚，但一般不宜判处死刑立即执行。

六、特情介入案件的处理问题

运用特情侦破毒品案件，是依法打击毒品犯罪的有效手段。对特情介入侦破的毒品案件，要区别不同情形予以分别处理。

对已持有毒品待售或者有证据证明已准备实施大宗毒品犯罪者，采取特情贴靠、接洽而破获的案件，不存在犯罪引诱，应当依法处理。

行为人本没有实施毒品犯罪的主观意图，而是在特情诱惑和促成下形成犯意，进而实施毒品犯罪的，属于'犯意引诱'。对因'犯意引诱'实施毒品犯罪的被告人，根据罪刑相适应原则，应当依法从轻处罚，无论涉案毒品数量多大，都不应判处死刑立即执行。行为人在特情既为其安排上线，又提供下线的双重引诱，即'双套引诱'下实施毒品犯罪的，处刑时可予以更大幅度的从宽处罚或者依法免予刑事处罚。

行为人本来只有实施数量较小的毒品犯罪的故意，在特情引诱下实施了数量较大甚至达到实际掌握的死刑数量标准的毒品犯罪的，属于'数量引诱'。对因'数量引诱'实施毒品犯罪的被告人，应当依法从轻处罚，即使毒品数量超过实际掌握的死刑数量标准，一般也不判处死刑立即执行。

对不能排除'犯意引诱'和'数量引诱'的案件，在考虑是否对被告人判处死刑立即执行时，要留有余地。

对被告人受特情间接引诱实施毒品犯罪的，参照上述原则依法处理。

七、毒品案件的立功问题

共同犯罪中同案犯的基本情况，包括同案犯姓名、住址、体貌特征、联络方式等信息，属于被告人应当供述的范围。公安机关根据被告人供述抓获同案犯的，不应认定其有立功表现。被告人在公安机关抓获同案犯过程中确实起到协助作用的，例如，经被告人现场指认、辨认抓获了同案犯；被告人带领公安人员抓获了同案犯；被告人提供了不为有关机关掌握或者有关机关按照正常工作程序无法掌握的同案犯藏匿的线索，有关机关据此抓获了同案犯；被告人交代了与同案犯的联系方式，又按要求与对方联络，积极协助公安机关抓获了同案犯等，属于协助司法机关抓获同案犯，应认定为立功。

关于立功从宽处罚的把握，应以功是否足以抵罪为标准。在毒品共同犯罪案件中，毒枭、毒品犯罪集团首要分子、共同犯罪的主犯、职业毒犯、毒品惯犯等，由于掌握同案犯、从犯、马仔的犯罪情况和个人信息，被抓获后往往能协助抓捕同案犯，获得立功或者重大立功。对其是否从宽处罚以及从宽幅度的大小，应当主要看功是否足以抵罪，即应结合被告人罪行的严重程度、立功大小综合考虑。要充分注意毒品共同犯罪人以及上、下家之间的量刑平衡。对于毒枭等严重毒品犯罪分子立功的，从轻或者减轻处罚应当从严掌握。如果其罪行极其严重，只有一般立功表现，功不足以抵罪的，可不予从轻处罚；如果其检举、揭发的是其他犯罪案件中罪行同样严重的犯罪分子，或者协助抓获的是同案中的其他首要分子、主犯，功足以抵罪的，原则上可以从轻或者减轻处罚；如果协助抓获的只是同案中的从犯或者马仔，功不足以抵罪，或者从轻处罚后全案处刑明显失衡的，不予从轻处罚。相反，对于从犯、马仔立功，特别是协助抓获毒枭、首要分子、主犯的，应当从轻处罚，直至依法减轻或者免除处罚。

被告人亲属为了使被告人得到从轻处罚，检举、揭发他人犯罪或者协助司法机关抓捕其他犯罪人的，不能视为被告人立功。同监犯将本人或者他人尚未被司法机关掌握的犯罪事实告知被告人，由被告人检举揭发的，如经查证属实，虽可认定被告人立功，但是否从宽处罚、从宽幅度大小，应与通常的立功有所区别。通过非法手段或者非法途径获取他人犯罪信息，如从国家工作人员处贿买他人犯罪信息，通过律师、看守人员等非法途径获取他人犯罪信息，由被告人检举揭发的，不能认定为立功，也不能作为酌情从轻处罚情节。

八、毒品再犯问题

根据刑法第三百五十六条规定，只要因走私、贩卖、运输、制造、非法持有毒品罪被判过刑，不论是在刑罚执行完毕后，还是在缓刑、假释或者暂予监外执行期间，又犯刑法分则第六章第七节规定的犯罪的，都是毒品再犯，应当从重处罚。

因走私、贩卖、运输、制造、非法持有毒品罪被判刑的犯罪分子，在缓刑、假释或者暂予监外执行期间又犯刑法分则第六章第七节规定的犯罪的，应当在对其所犯新的毒品犯罪适用刑法第三百五十六条从重处罚的规定确定刑罚后，再依法数罪并罚。

对同时构成累犯和毒品再犯的被告人，应当同时引用刑法关于累犯和毒品再犯的条款从重处罚。

九、毒品案件的共同犯罪问题

毒品犯罪中，部分共同犯罪人未到案，如现有证据能够认定已到案被告人为共同犯罪，或者能够认定为主犯或者从犯的，应当依法认定。没有实施毒品犯罪的共同故意，仅在客观上为相互关联的毒品犯罪上下家，不构成共同犯罪，但为了诉讼便利可并案审理。审理毒品共同犯罪案件应当注意以下几个方面的问题：

一是要正确区分主犯和从犯。区分主犯和从犯，应当以各共同犯罪人在毒品共同犯罪中的地位和作用为根据。要从犯意提起、具体行为分工、出资和实际分得毒赃多少以及共犯之间相互关系等方面，比较各个共同犯罪人在共同犯罪中的地位和作用。在毒品共同犯罪中，为主出资者、毒品所有者或者起意、策划、纠集、组织、雇佣、指使他人参与犯罪以及其他起主要作用的是主犯；起次要或者辅助作用的是从犯。受雇佣、受指使实施毒品犯罪的，应根据其在犯罪中实际发挥的作用具体认定为主犯或者从犯。对于确有证据证明在共同犯罪中起次要或者辅助作用的，不能因为其他共同犯罪人未到案而不认定为从犯，甚至将其认定为主犯或者按主犯处罚。只要认定为从犯，无论主犯是否到案，均应依照刑法关于从犯的规定从轻、减轻或者免除处罚。

二是要正确认定共同犯罪案件中主犯和从犯的毒品犯罪数量。对于毒品犯罪集团的首要分子，应按集团毒品犯罪的总数量处罚；对一般共同犯罪的主犯，应按其所参与的或者组织、指挥的毒品犯罪数量处罚；对于从犯，应当按照其所参与的毒品犯罪的数量处罚。

三是要根据行为人在共同犯罪中的作用和罪责大小确定刑罚。不同案件不能简单类比，一个案件的从犯参与犯罪的毒品数量可能比另一案件的主犯参与犯罪的毒品数量大，但对这一案件从犯的处罚不是必然重于另一案件的主犯。共同犯罪中能分清主从犯的，不能因为涉案的毒品数量特别巨大，就不分主从犯而一律将被告人认定为主犯或者实际上都按主犯处罚，一律判处重刑甚至死刑。对于共同犯罪中有多个主犯或者共同犯罪人的，处罚上也应做到区别对待。应当全面考察各主犯或者共同犯罪人在共同犯罪中实际发挥作用的差别，主观恶性和人身危险性方面的差异，对罪责或者人身危险性更大的主犯或者共同犯罪人依法判处更重的刑罚。

十、主观明知的认定问题

毒品犯罪中，判断被告人对涉案毒品是否明知，不能仅凭被告人供述，而应当依据被告人实施毒品犯罪行为的过程、方式、毒品被查获时的情形等证据，结合被告人的年龄、阅历、智力等情况，进行综合分析判断。

具有下列情形之一，被告人不能做出合理解释的，可以认定其‘明知’是毒品，但有证据证明确属被蒙骗的除外：(1)执法人员在口岸、机场、车站、港口和其他检查站点检查时，要求行为人申报为他人携带的物品和其他疑似毒品物，并告知其法律责任，而行为人未如实申报，在其携带的物品中查获毒品的；(2)以伪报、藏匿、伪装等蒙蔽手段，逃避海关、边防等检查，在其携带、运输、邮寄的物品中查获毒品的;(3)执法人员检查时,有逃跑、丢弃携带物品或者逃避、抗拒检查等行为,在其携带或者丢弃的物品中查获毒品的;(4)体内或者贴身隐秘处藏匿毒品的;(5)为获取不同寻常的高额、不等值报酬为他人携带、运输物品,从中查获毒品的;(6)采用高度隐蔽的方式携带、运输物品,从中查获毒品的;(7)采用高度隐蔽的方式交接物品,明显违背合法物品惯常交接方式,从中查获毒品的;(8)行程路线故意绕开检查站点,在其携带、运输的物品中查获毒品的;(9)以虚假身份或者地址办理托运手续,在其托运的物品中查获毒品的;(10)有其他证据足以认定行为人应当知道的。

十一、毒品案件的管辖问题

毒品犯罪的地域管辖,应当依照刑事诉讼法的有关规定,实行以犯罪地管辖为主、被告人居住地管辖为辅的原则。考虑到毒品犯罪的特殊性和毒品犯罪侦查体制,'犯罪地'不仅可以包括犯罪预谋地、毒资筹集地、交易进行地、运输途经地以及毒品生产地,也包括毒资、毒赃和毒品藏匿地、转移地、走私或者贩运毒品目的地等。'被告人居住地',不仅包括被告人常住地和户籍所在地,也包括其临时居住地。

对于已进入审判程序的案件,被告人及其辩护人提出管辖异议,经审查异议成立的,或者受案法院发现没有管辖权,而案件由本院管辖更适宜的,受案法院应当报请与有管辖权的法院共同的上级法院依法指定本院管辖。

十二、特定人员参与毒品犯罪问题

近年来,一些毒品犯罪分子为了逃避打击,雇用孕妇、哺乳期妇女、急性传染病人、残疾人或者未成年人等特定人员进行毒品犯罪活动,成为影响我国禁毒工作成效的突出问题。对利用、教唆特定人员进行毒品犯罪活动的组织、策划、指挥和教唆者,要依法严厉打击,该判处重刑直至死刑的,坚决依法判处重刑直至死刑。对于被利用、被诱骗参与毒品犯罪的特定人员,可以从宽处理。

要积极与检察机关、公安机关沟通协调,妥善解决涉及特定人员的案件管辖、强制措施、刑罚执行等问题。对因特殊情况依法不予羁押的,可以依法采取取保候审、监视居住等强制措施,并根据被告人具体情况和案情变化及时变更强制措施;对于被判处有期徒刑或者拘役的罪犯,符合刑事诉讼法第二百一十四条规定情形的,可以暂予监外执行。

十三、毒品案件财产刑的适用和执行问题

刑法对毒品犯罪规定了并处罚金或者没收财产刑,司法实践中应当依法充分适用。不仅要依法追缴被告人的违法所得及其收益,还要严格依法判处被告人罚金刑或者没收财产刑,不能因为被告人没有财产,或者其财产难以查清、难以分割或者难以执行,就不依法判处财产刑。

要采取有力措施,加大财产刑执行力度。要加强与公安机关、检察机关的协作,对毒品犯罪分子来源不明的巨额财产,依法及时采取查封、扣押、冻结等措施,防止犯罪分子及其亲属转移、隐匿、变卖或者洗钱,逃避依法追缴。要加强不同地区法院之间的相互协作配合。毒品犯罪分子的财产在异地的,第一审人民法院可以委托财产所在地人民法院代为执行。要落实和运用有关国际禁毒公约规定,充分利用国际刑警组织等渠道,最大限度地做好境外追赃工作。"

③2007 年 12 月 18 日最高人民法院、最高人民检察院、公安部《办理毒品犯罪案件适用法律若干问题的意见》,主要内容如下:

"一、关于毒品犯罪案件的管辖问题

根据刑事诉讼法的规定,毒品犯罪案件的地域管辖,应当坚持以犯罪地管辖为主、被告人居住地管辖为辅的原则。

'犯罪地'包括犯罪预谋地,毒资筹集地,交易进行地,毒品生产地,毒资、毒赃和毒品的藏匿地、转移地,走私或者贩运毒品的目的地以及犯罪嫌疑人被抓获地等。

‘被告人居住地’包括被告人常住地、户籍地及其临时居住地。

对怀孕、哺乳期妇女走私、贩卖、运输毒品案件，查获地公安机关认为移交其居住地管辖更有利于采取强制措施和查清犯罪事实的，可以报请共同的上级公安机关批准，移送犯罪嫌疑人居住地公安机关办理，查获地公安机关应继续配合。

公安机关对侦办跨区域毒品犯罪案件的管辖权有争议的，应本着有利于查清犯罪事实，有利于诉讼，有利于保障案件侦查安全的原则，认真协商解决。经协商无法达成一致的，报共同的上级公安机关指定管辖。对即将侦查终结的跨省（自治区、直辖市）重大毒品案件，必要时可由公安部商最高人民法院和最高人民检察院指定管辖。

为保证及时结案，避免超期羁押，人民检察院对于公安机关移送审查起诉的案件，人民法院对于已进入审判程序的案件，被告人及其辩护人提出管辖异议或者办案单位发现没有管辖权的，受案人民检察院、人民法院经审可以依法报请上级人民检察院、人民法院指定管辖，不再自行移送有管辖权的人民检察院、人民法院。

二、关于毒品犯罪嫌疑人、被告人主观明知的认定问题

走私、贩卖、运输、非法持有毒品主观故意中的‘明知’，是指行为人知道或者应当知道所实施的行为是走私、贩卖、运输、非法持有毒品行为。具有下列情形之一，并且犯罪嫌疑人、被告人不能做出合理解释的，可以认定其‘应当知道’，但有证据证明确属被蒙骗的除外：

（一）执法人员在口岸、机场、车站、港口和其他检查站检查时，要求行为人申报为他人携带的物品和其他疑似毒品物，并告知其法律责任，而行为人未如实申报，在其所携带的物品内查获毒品的；

（二）以伪报、藏匿、伪装等蒙蔽手段逃避海关、边防等检查，在其携带、运输、邮寄的物品中查获毒品的；

（三）执法人员检查时，有逃跑、丢弃携带物品或逃避、抗拒检查等行为，在其携带或丢弃的物品中查获毒品的；

（四）体内藏匿毒品的；

（五）为获取不同寻常的高额或不等值的报酬而携带、运输毒品的；

（六）采用高度隐蔽的方式携带、运输毒品的；

（七）采用高度隐蔽的方式交接毒品，明显违背合法物品惯常交接方式的；

（八）其他有证据足以证明行为人应当知道的。

三、关于办理氯胺酮等毒品案件定罪量刑标准问题

（一）走私、贩卖、运输、制造、非法持有下列毒品，应当认定为刑法第三百四十七条第二款第（一）项、第三百四十八条规定的‘其他毒品数量大’：

1. 二亚甲基双氧安非他明（MDMA）等苯丙胺类毒品（甲基苯丙胺除外）100 克以上；

2. 氯胺酮、美沙酮 1 千克以上；

3. 三唑仑、安眠酮 50 千克以上；

4. 氯氮卓、艾司唑仑、地西泮、溴西泮 500 千克以上；

5. 上述毒品以外的其他毒品数量大的。

（二）走私、贩卖、运输、制造、非法持有下列毒品，应当认定为刑法第三百四十七条第三款、第三百四十八条规定的‘其他毒品数量较大’：

1. 二亚甲基双氧安非他明（MDMA）等苯丙胺类毒品（甲基苯丙胺除外）20 克以上不满 100 克的；

2. 氯胺酮、美沙酮 200 克以上不满 1 千克的；

3. 三唑仑、安眠酮10千克以上不满50千克的；

4. 氯氮卓、艾司唑仑、地西泮、溴西泮100千克以上不满500千克的；

5. 上述毒品以外的其他毒品数量较大的。

（三）走私、贩卖、运输、制造下列毒品，应当认定为刑法第三百四十七条第四款规定的‘其他少量毒品’：

1. 二亚甲基双氧安非他明（MDMA）等苯丙胺类毒品（甲基苯丙胺除外）不满20克的；

2. 氯胺酮、美沙酮不满200克的；

3. 三唑仑、安眠酮不满10千克的；

4. 氯氮卓、艾司唑仑、地西泮、溴西泮不满100千克的；

5. 上述毒品以外的其他少量毒品的。

（四）上述毒品品种包括其盐和制剂。毒品鉴定结论中毒品品名的认定应当以国家食品药品监督管理局、公安部、卫生部最新发布的《麻醉药品品种目录》、《精神药品品种目录》为依据。

四、关于死刑案件的毒品含量鉴定问题

可能判处死刑的毒品犯罪案件，毒品鉴定结论中应有含量鉴定的结论。”

下面，我们对毒品方面犯罪的罪名详解如下：

1. 走私、贩卖、运输、制造毒品罪（第347条）

（1）罪名概念

走私、贩卖、运输、制造毒品罪，是指明知是毒品而故意实施走私、贩卖、运输、制造的行为。这是一个行为选择性罪名。

（2）法律规定

①本罪名是由《刑法》第347条规定的。该条规定：“走私、贩卖、运输、制造毒品，无论数量多少，都应当追究刑事责任，予以刑事处罚。

走私、贩卖、运输、制造毒品，有下列情形之一的，处十五年有期徒刑、无期徒刑或者死刑，并处没收财产：

（一）走私、贩卖、运输、制造鸦片一千克以上、海洛因或者甲基苯丙胺五十克以上或者其他毒品数量大的；

（二）走私、贩卖、运输、制造毒品集团的首要分子；

（三）武装掩护走私、贩卖、运输、制造毒品的；

（四）以暴力抗拒检查、拘留、逮捕，情节严重的；

（五）参与有组织的国际贩毒活动的。

走私、贩卖、运输、制造鸦片二百克以上不满一千克、海洛因或者甲基苯丙胺十克以上不满五十克或者其他毒品数量较大的，处七年以上有期徒刑，并处罚金。

走私、贩卖、运输、制造鸦片不满二百克、海洛因或者甲基苯丙胺不满十克或者其他少量毒品的，处三年以下有期徒刑、拘役或者管制，并处罚金；情节严重的，处三年以上七年以下有期徒刑，并处罚金。

单位犯第二款、第三款、第四款罪的，对单位判处罚金，并对其直接负责的主管人员和其他直接责任人员，依照各该款的规定处罚。

利用、教唆未成年人走私、贩卖、运输、制造毒品，或者向未成年人出售毒品的，从重处罚。

对多次走私、贩卖、运输、制造毒品，未经处理的，毒品数量累计计算。”

《刑法》第356条规定：“因走私、贩卖、运输、制造、非法持有毒品罪被判过刑，又犯本节规定之罪的,从重处罚。"

《刑法》第357条规定:"本法所称的毒品,是指鸦片、海洛因、甲基苯丙胺(冰毒)、吗啡、大麻、可卡因以及国家规定管制的其他能够使人形成瘾癖的麻醉药品和精神药品。

毒品的数量以查证属实的走私、贩卖、运输、制造、非法持有毒品的数量计算,不以纯度折算。"

②2007年12月18日最高人民法院、最高人民检察院、公安部《办理毒品犯罪案件适用法律若干问题的意见》相关规定如下:

"二、关于毒品犯罪嫌疑人、被告人主观明知的认定问题

走私、贩卖、运输、非法持有毒品主观故意中的'明知',是指行为人知道或者应当知道所实施的行为是走私、贩卖、运输、非法持有毒品行为。具有下列情形之一,并且犯罪嫌疑人、被告人不能做出合理解释的,可以认定其'应当知道',但有证据证明确属被蒙骗的除外:

(一)执法人员在口岸、机场、车站、港口和其他检查站检查时,要求行为人申报为他人携带的物品和其他疑似毒品物,并告知其法律责任,而行为人未如实申报,在其所携带的物品内查获毒品的;

(二)以伪报、藏匿、伪装等蒙蔽手段逃避海关、边防等检查,在其携带、运输、邮寄的物品中查获毒品的;

(三)执法人员检查时,有逃跑、丢弃携带物品或逃避、抗拒检查等行为,在其携带或丢弃的物品中查获毒品的;

(四)体内藏匿毒品的;

(五)为获取不同寻常的高额或不等值的报酬而携带、运输毒品的;

(六)采用高度隐蔽的方式携带、运输毒品的;

(七)采用高度隐蔽的方式交接毒品,明显违背合法物品惯常交接方式的;

(八)其他有证据足以证明行为人应当知道的。

三、关于办理氯胺酮等毒品案件定罪量刑标准问题

(一)走私、贩卖、运输、制造、非法持有下列毒品,应当认定为刑法第三百四十七条第二款第(一)项、第三百四十八条规定的'其他毒品数量大':

1. 二亚甲基双氧安非他明(MDMA)等苯丙胺类毒品(甲基苯丙胺除外)100克以上;

2. 氯胺酮、美沙酮1千克以上;

3. 三唑仑、安眠酮50千克以上;

4. 氯氮卓、艾司唑仑、地西泮、溴西泮500千克以上;

5. 上述毒品以外的其他毒品数量大的。

(二)走私、贩卖、运输、制造、非法持有下列毒品,应当认定为刑法第三百四十七条第三款、第三百四十八条规定的'其他毒品数量较大':

1. 二亚甲基双氧安非他明(MDMA)等苯丙胺类毒品(甲基苯丙胺除外)20克以上不满100克的;

2. 氯胺酮、美沙酮200克以上不满1千克的;

3. 三唑仑、安眠酮10千克以上不满50千克的;

4. 氯氮卓、艾司唑仑、地西泮、溴西泮100千克以上不满500千克的;

5. 上述毒品以外的其他毒品数量较大的。

(三)走私、贩卖、运输、制造下列毒品,应当认定为刑法第三百四十七条第四款规定的'其他少量毒品':

1. 二亚甲基双氧安非他明(MDMA)等苯丙胺类毒品(甲基苯丙胺除外)不满20克的;

2. 氯胺酮、美沙酮不满200克的;

3. 三唑仑、安眠酮不满10千克的;

4. 氯氮卓、艾司唑仑、地西泮、溴西泮不满100千克的;

5. 上述毒品以外的其他少量毒品的。

(四)上述毒品品种包括其盐和制剂。毒品鉴定结论中毒品品名的认定应当以国家食品药品监督管理局、公安部、卫生部最新发布的《麻醉药品品种目录》、《精神药品品种目录》为依据。

四、关于死刑案件的毒品含量鉴定问题

可能判处死刑的毒品犯罪案件,毒品鉴定结论中应有含量鉴定的结论。"

③2012年5月16日最高人民检察院、公安部《关于公安机关管辖的刑事案件立案追诉标准的规定(三)》对本罪的立案标准有明确规定。

④2016年4月6日最高人民法院《关于审理毒品犯罪案件适用法律若干问题的解释》第1条、第2条、第3条和第4条规定:"走私、贩卖、运输、制造、非法持有下列毒品,应当认定为刑法第三百四十七条第二款第一项、第三百四十八条规定的'其他毒品数量大':

(一)可卡因五十克以上;

(二)3,4-亚甲二氧基甲基苯丙胺(MDMA)等苯丙胺类毒品(甲基苯丙胺除外)、吗啡一百克以上;

(三)芬太尼一百二十五克以上;

(四)甲卡西酮二百克以上;

(五)二氢埃托啡十毫克以上;

(六)哌替啶(度冷丁)二百五十克以上;

(七)氯胺酮五百克以上;

(八)美沙酮一千克以上;

(九)曲马多、γ-羟丁酸二千克以上;

(十)大麻油五千克、大麻脂十千克、大麻叶及大麻烟一百五十千克以上;

(十一)可待因、丁丙诺啡五千克以上;

(十二)三唑仑、安眠酮五十千克以上;

(十三)阿普唑仑、恰特草一百千克以上;

(十四)咖啡因、罂粟壳二百千克以上;

(十五)巴比妥、苯巴比妥、安钠咖、尼美西泮二百五十千克以上;

(十六)氯氮卓、艾司唑仑、地西泮、溴西泮五百千克以上;

(十七)上述毒品以外的其他毒品数量大的。

国家定点生产企业按照标准规格生产的麻醉药品或者精神药品被用于毒品犯罪的,根据药品中毒品成分的含量认定涉案毒品数量。"

"走私、贩卖、运输、制造、非法持有下列毒品,应当认定为刑法第三百四十七条第三款、第三百四十八条规定的'其他毒品数量较大':

(一)可卡因十克以上不满五十克;

(二)3,4-亚甲二氧基甲基苯丙胺(MDMA)等苯丙胺类毒品(甲基苯丙胺除外)、吗啡二十克以上不满一百克;

(三)芬太尼二十五克以上不满一百二十五克;

(四)甲卡西酮四十克以上不满二百克;

（五）二氢埃托啡二毫克以上不满十毫克；

（六）哌替啶（度冷丁）五十克以上不满二百五十克；

（七）氯胺酮一百克以上不满五百克；

（八）美沙酮二百克以上不满一千克；

（九）曲马多、γ-羟丁酸四百克以上不满二千克；

（十）大麻油一千克以上不满五千克、大麻脂二千克以上不满十千克、大麻叶及大麻烟三十千克以上不满一百五十千克；

（十一）可待因、丁丙诺啡一千克以上不满五千克；

（十二）三唑仑、安眠酮十千克以上不满五十千克；

（十三）阿普唑仑、恰特草二十千克以上不满一百千克；

（十四）咖啡因、罂粟壳四十千克以上不满二百千克；

（十五）巴比妥、苯巴比妥、安钠咖、尼美西泮五十千克以上不满二百五十千克；

（十六）氯氮卓、艾司唑仑、地西泮、溴西泮一百千克以上不满五百千克；

（十七）上述毒品以外的其他毒品数量较大的。”

“在实施走私、贩卖、运输、制造毒品犯罪的过程中，携带枪支、弹药或者爆炸物用于掩护的，应当认定为刑法第三百四十七条第二款第三项规定的‘武装掩护走私、贩卖、运输、制造毒品’。枪支、弹药、爆炸物种类的认定，依照相关司法解释的规定执行。

在实施走私、贩卖、运输、制造毒品犯罪的过程中，以暴力抗拒检查、拘留、逮捕，造成执法人员死亡、重伤、多人轻伤或者具有其他严重情节的，应当认定为刑法第三百四十七条第二款第四项规定的‘以暴力抗拒检查、拘留、逮捕，情节严重’。”

“走私、贩卖、运输、制造毒品，具有下列情形之一的，应当认定为刑法第三百四十七条第四款规定的‘情节严重’：

（一）向多人贩卖毒品或者多次走私、贩卖、运输、制造毒品的；

（二）在戒毒场所、监管场所贩卖毒品的；

（三）向在校学生贩卖毒品的；

（四）组织、利用残疾人、严重疾病患者、怀孕或者正在哺乳自己婴儿的妇女走私、贩卖、运输、制造毒品的；

（五）国家工作人员走私、贩卖、运输、制造毒品的；

（六）其他情节严重的情形。”

（3）构成要件

第一，本罪侵犯的客体是国家对毒品的管理制度和人民的生命健康，是复杂客体。犯罪对象是毒品。

第二，客观方面表现为走私、贩卖、运输、制造毒品的行为。无论数量多少，都应当追究刑事责任。

第三，犯罪主体是一般主体，既可以是国内公民，也可以是外国公民。根据《刑法》第 17 条的规定，已满 14 岁不满 16 岁的人，犯贩卖毒品罪的，应当负刑事责任，但应当从轻或者减轻处罚。

第四，主观方面是故意。如果不是明知，而是被别人利用、受蒙骗而实施走私、贩卖、运输、制造毒品的，不构成本罪。

（4）罪名界定

第一，关于本罪的立案标准。根据 2012 年 5 月 16 日最高人民检察院、公安部《关于公安机关管辖的刑事案件立案追诉标准的规定（三）》第 1 条规定，走私、贩卖、运输、制造毒品，无论数量多少,都应予立案追诉。

这里的“走私”,是指明知是毒品而非法将其运输、携带、寄递进出国(边)境的行为。直接向走私人非法收购走私进口的毒品,或者在内海、领海、界河、界湖运输、收购、贩卖毒品的,以走私毒品罪立案追诉。

这里的“贩卖”,是指明知是毒品而非法销售或者以贩卖为目的而非法收买的行为。

有证据证明行为人以牟利为目的,为他人代购仅用于吸食、注射的毒品,对代购者以贩卖毒品罪立案追诉。不以牟利为目的,为他人代购仅用于吸食、注射的毒品,毒品数量达到规定的数量标准,对托购者和代购者以非法持有毒品罪立案追诉。明知他人实施毒品犯罪而为其居间介绍、代购代卖的,无论是否牟利,都应以相关毒品犯罪的共犯立案追诉。

这里的“运输”,是指明知是毒品而采用携带、寄递、托运、利用他人或者使用交通工具等方法非法运送毒品的行为。

这里的“制造”,是指非法利用毒品原植物直接提炼或者用化学方法加工、配制毒品,或者以改变毒品成分和效用为目的,用混合等物理方法加工、配制毒品的行为。为了便于隐蔽运输、销售、使用、欺骗购买者,或者为了增重,对毒品掺杂使假,添加或者去除其他非毒品物质,不属于制造毒品的行为。

为了制造毒品而采用生产、加工、提炼等方法非法制造易制毒化学品的,以制造毒品罪(预备)立案追诉。购进制造毒品的设备和原材料,开始着手制造毒品,尚未制造出毒品或者半成品的,以制造毒品罪(未遂)立案追诉。明知他人制造毒品而为其生产、加工、提炼、提供醋酸酐、乙醚、三氯甲烷等制毒物品的,以制造毒品罪的共犯立案追诉。

走私、贩卖、运输毒品主观故意中的“明知”,是指行为人知道或者应当知道所实施的是走私、贩卖、运输毒品行为。具有下列情形之一,结合行为人的供述和其他证据综合审查判断,可以认定其“应当知道”,但有证据证明确属被蒙骗的除外:

①执法人员在口岸、机场、车站、港口、邮局和其他检查站点检查时,要求行为人申报携带、运输、寄递的物品和其他疑似毒品物,并告知其法律责任,而行为人未如实申报,在其携带、运输、寄递的物品中查获毒品的;

②以伪报、藏匿、伪装等蒙蔽手段逃避海关、边防等检查,在其携带、运输、寄递的物品中查获毒品的;

③执法人员检查时,有逃跑、丢弃携带物品或者逃避、抗拒检查等行为,在其携带、藏匿或者丢弃的物品中查获毒品的;

④体内或者贴身隐秘处藏匿毒品的;

⑤为获取不同寻常的高额或者不等值的报酬为他人携带、运输、寄递、收取物品,从中查获毒品的;

⑥采用高度隐蔽的方式携带、运输物品,从中查获毒品的;

⑦采用高度隐蔽的方式交接物品,明显违背合法物品惯常交接方式,从中查获毒品的;

⑧行程路线故意绕开检查站点,在其携带、运输的物品中查获毒品的;

⑨以虚假身份、地址或者其他虚假方式办理托运、寄递手续,在托运、寄递的物品中查获毒品的;

⑩有其他证据足以证明行为人应当知道的。

制造毒品主观故意中的“明知”,是指行为人知道或者应当知道所实施的是制造毒品行为。有下列情形之一,结合行为人的供述和其他证据综合审查判断,可以认定其“应当知道”,但有证据证明确属被蒙骗的除外:

①购置了专门用于制造毒品的设备、工具、制毒物品或者配制方案的;

②为获取不同寻常的高额或者不等值的报酬为他人制造物品,经检验是毒品的;

③在偏远、隐蔽场所制造,或者采取对制造设备进行伪装等方式制造物品,经检验是毒品的;

④制造人员在执法人员检查时,有逃跑、抗拒检查等行为,在现场查获制造出的物品,经检验是毒品的;

⑤有其他证据足以证明行为人应当知道的。

走私、贩卖、运输、制造毒品罪是选择性罪名,对同一宗毒品实施了两种以上犯罪行为,并有相应确凿证据的,应当按照所实施的犯罪行为的性质并列适用罪名,毒品数量不重复计算。对同一宗毒品可能实施了两种以上犯罪行为,但相应证据只能认定其中一种或者几种行为,认定其他行为的证据不够确实充分的,只按照依法能够认定的行为的性质适用罪名。对不同宗毒品分别实施了不同种犯罪行为的,应对不同行为并列适用罪名,累计计算毒品数量。

第二,最高人民法院 1994 年 12 月 20 日作出的《关于适用全国人大常委会关于禁毒的决定的若干问题的解释》对毒品鉴定问题作了如下解释:对毒品犯罪案件中查获的毒品,应当鉴定,并作出鉴定结论。对被告人可能被判处死刑的案件,必须对查获的毒品作定性、定量鉴定。对毒品的鉴定结论有异议的,应当补充鉴定或者重新鉴定。海洛因的含量在 25% 以上的,可视为全国人大常委会《关于禁毒的决定》和本解释中所指的海洛因。含量不够 25% 的,应当折合成含量为 25% 的海洛因计算数量。

根据 2007 年 11 月 8 日最高人民法院、最高人民检察院、公安部《办理毒品犯罪案件适用法律若干问题的意见》的规定,可能判处死刑的毒品犯罪案件,毒品鉴定结论中应有含量鉴定的结论。

第三,根据 2006 年 11 月 14 日最高人民法院《关于审理走私刑事案件具体应用法律若干问题的解释(二)》的规定,对在走私的普通货物、物品或者废物中藏匿《刑法》第 151 条、第 152 条、第 347 条、第 350 条规定的货物、物品,构成犯罪的,以实际走私的货物、物品定罪处罚;构成数罪的,实行数罪并罚。明知是假毒品而冒充毒品贩卖的,以诈骗罪定罪处罚。不知道是假毒品而当毒品走私、贩卖、运输、窝藏的,应当以走私、运输、贩卖、窝藏毒品犯罪定罪处罚。如果行为人将精制毒品稀释后贩卖,或者是土法加工毒品因提炼不纯而含有较多杂质的,不论其中有多少其他成分,只要含有毒品,就应当以毒品犯罪认定。

(5)量刑幅度

根据《刑法》第 347 条的规定,根据走私、贩卖、运输、制造毒品的不同数额和情节,判处不同的刑罚:

一是有下列情形之一的,判处 15 年有期徒刑、无期徒刑或者死刑,并处没收财产:①走私、贩卖、运输、制造鸦片 1 千克以上、海洛因或者甲基苯丙胺 50 克以上或者其他毒品数量大的;②走私、贩卖、运输、制造毒品集团的首要分子;③武装掩护走私、贩卖、运输、制造毒品的;④以暴力抗拒检查、拘留、逮捕,情节严重的;⑤参与有组织的国际贩毒活动的。

二是走私、贩卖、运输、制造鸦片 200 克以上不满 1 千克、海洛因或者甲基苯丙胺 10 克以上不满 50 克或者其他毒品数量较大的,判处 7 年以上有期徒刑,并处罚金。

三是走私、贩卖、运输、制造鸦片不满 200 克、海洛因或者甲基苯丙胺不满 10 克或者其他少量毒品的,判处 3 年以下有期徒刑、拘役或者管制,并处罚金;对情节严重的,判处 3 年以上 7 年以下有期徒刑,并处罚金。

四是单位犯本罪的,对单位判处罚金,并且对其直接负责的主管人员和其他直接责任人员,依照个人犯本罪的规定处罚。

对走私、贩卖、运输、制造毒品犯罪集团的首要分子,应当按照犯罪集团进行毒品犯罪的总数量和其他犯罪事实确定其罪责,予以处罚。对共同毒品犯罪中的主犯和其他犯罪分子,应当按照其参与毒品犯罪的毒品数量和在共同犯罪中的地位、作用,分别确定其应当承担的罪责,予以处罚。

2017年3月9日最高人民法院《关于常见犯罪的量刑指导意见》对走私、贩卖、运输、制造毒品罪的量刑提出以下具体意见:

①构成走私、贩卖、运输、制造毒品罪的,可以根据下列不同情形在相应的幅度内确定量刑起点:A.走私、贩卖、运输、制造鸦片1千克,海洛因、甲基苯丙胺50克或者其他毒品数量达到数量大起点的,量刑起点为15年有期徒刑。依法应当判处无期徒刑以上刑罚的除外。B.走私、贩卖、运输、制造鸦片200百克,海洛因、甲基苯丙胺10克或者其他毒品数量达到数量较大起点的,可以在7年至8年有期徒刑幅度内确定量刑起点。C.走私、贩卖、运输、制造鸦片不满200克,海洛因、甲基苯丙胺不满10克或者其他少量毒品的,可以在3年以下有期徒刑、拘役幅度内确定量刑起点;情节严重的,可以在3年至4年有期徒刑幅度内确定量刑起点。

②在量刑起点的基础上,可以根据毒品犯罪次数、人次、毒品数量等其他影响犯罪构成的犯罪事实增加刑罚量,确定基准刑。

③有下列情节之一的,可以增加基准刑的10%~30%:A.利用、教唆未成年人走私、贩卖、运输、制造毒品的;B.向未成年人出售毒品的;C.毒品再犯。

④有下列情节之一的,可以减少基准刑的30%以下:A.受雇运输毒品的;B.毒品含量明显偏低的;C.存在数量引诱情形的。

2. 非法持有毒品罪(第348条)

(1)罪名概念

非法持有毒品罪,是指明知是鸦片、海洛因、甲基苯丙胺或者其他毒品,而非法持有并且数量较大,根据证据尚不能认定为其他毒品犯罪的行为。

(2)法律规定

①本罪名是由《刑法》第348条规定的。该条规定:"非法持有鸦片一千克以上、海洛因或者甲基苯丙胺五十克以上或者其他毒品数量大的,处七年以上有期徒刑或者无期徒刑,并处罚金;非法持有鸦片二百克以上不满一千克、海洛因或者甲基苯丙胺十克以上不满五十克或者其他毒品数量较大的,处三年以下有期徒刑、拘役或者管制,并处罚金;情节严重的,处三年以上七年以下有期徒刑,并处罚金。"

《刑法》第356条规定:"因走私、贩卖、运输、制造、非法持有毒品罪被判过刑,又犯本节规定之罪的,从重处罚。"

《刑法》第357条规定:"本法所称的毒品,是指鸦片、海洛因、甲基苯丙胺(冰毒)、吗啡、大麻、可卡因以及国家规定管制的其他能够使人形成瘾癖的麻醉药品和精神药品。

毒品的数量以查证属实的走私、贩卖、运输、制造、非法持有毒品的数量计算,不以纯度折算。"

②2016年4月6日最高人民法院《关于审理毒品犯罪案件适用法律若干问题的解释》第1条、第2条和第5条规定:"走私、贩卖、运输、制造、非法持有下列毒品,应当认定为刑法第三百四十七条第二款第一项、第三百四十八条规定的'其他毒品数量大':

(一)可卡因五十克以上;

(二)3,4-亚甲二氧基甲基苯丙胺(MDMA)等苯丙胺类毒品(甲基苯丙胺除外)、吗啡一百克以上；

（三）芬太尼一百二十五克以上；

（四）甲卡西酮二百克以上；

（五）二氢埃托啡十毫克以上；

（六）哌替啶（度冷丁）二百五十克以上；

（七）氯胺酮五百克以上；

（八）美沙酮一千克以上；

（九）曲马多、γ－羟丁酸二千克以上；

（十）大麻油五千克、大麻脂十千克、大麻叶及大麻烟一百五十千克以上；

（十一）可待因、丁丙诺啡五千克以上；

（十二）三唑仑、安眠酮五十千克以上；

（十三）阿普唑仑、恰特草一百千克以上；

（十四）咖啡因、罂粟壳二百千克以上；

（十五）巴比妥、苯巴比妥、安钠咖、尼美西泮二百五十千克以上；

（十六）氯氮卓、艾司唑仑、地西泮、溴西泮五百千克以上；

（十七）上述毒品以外的其他毒品数量大的。

国家定点生产企业按照标准规格生产的麻醉药品或者精神药品被用于毒品犯罪的，根据药品中毒品成分的含量认定涉案毒品数量。"

"走私、贩卖、运输、制造、非法持有下列毒品，应当认定为刑法第三百四十七条第三款、第三百四十八条规定的'其他毒品数量较大'：

（一）可卡因十克以上不满五十克；

（二）3，4－亚甲二氧基甲基苯丙胺（MDMA）等苯丙胺类毒品（甲基苯丙胺除外）、吗啡二十克以上不满一百克；

（三）芬太尼二十五克以上不满一百二十五克；

（四）甲卡西酮四十克以上不满二百克；

（五）二氢埃托啡二毫克以上不满十毫克；

（六）哌替啶（度冷丁）五十克以上不满二百五十克；

（七）氯胺酮一百克以上不满五百克；

（八）美沙酮二百克以上不满一千克；

（九）曲马多、γ－羟丁酸四百克以上不满二千克；

（十）大麻油一千克以上不满五千克、大麻脂二千克以上不满十千克、大麻叶及大麻烟三十千克以上不满一百五十千克；

（十一）可待因、丁丙诺啡一千克以上不满五千克；

（十二）三唑仑、安眠酮十千克以上不满五十千克；

（十三）阿普唑仑、恰特草二十千克以上不满一百千克；

（十四）咖啡因、罂粟壳四十千克以上不满二百千克；

（十五）巴比妥、苯巴比妥、安钠咖、尼美西泮五十千克以上不满二百五十千克；

（十六）氯氮卓、艾司唑仑、地西泮、溴西泮一百千克以上不满五百千克；

（十七）上述毒品以外的其他毒品数量较大的。"

"非法持有毒品达到刑法第三百四十八条或者本解释第二条规定的'数量较大'标准，且具有下列情形之一的，应当认定为刑法第三百四十八条规定的'情节严重'：

（一）在戒毒场所、监管场所非法持有毒品的；

（二）利用、教唆未成年人非法持有毒品的；

（三）国家工作人员非法持有毒品的；

（四）其他情节严重的情形。”

③2007 年 12 月 18 日最高人民法院、最高人民检察院、公安部《办理毒品犯罪案件适用法律若干问题的意见》相关内容如下：

“二、关于毒品犯罪嫌疑人、被告人主观明知的认定问题

走私、贩卖、运输、非法持有毒品主观故意中的‘明知’，是指行为人知道或者应当知道所实施的行为是走私、贩卖、运输、非法持有毒品行为。具有下列情形之一，并且犯罪嫌疑人、被告人不能做出合理解释的，可以认定其‘应当知道’，但有证据证明确属被蒙骗的除外：

（一）执法人员在口岸、机场、车站、港口和其他检查站检查时，要求行为人申报为他人携带的物品和其他疑似毒品物，并告知其法律责任，而行为人未如实申报，在其所携带的物品内查获毒品的；

（二）以伪报、藏匿、伪装等蒙蔽手段逃避海关、边防等检查，在其携带、运输、邮寄的物品中查获毒品的；

（三）执法人员检查时，有逃跑、丢弃携带物品或逃避、抗拒检查等行为，在其携带或丢弃的物品中查获毒品的；

（四）体内藏匿毒品的；

（五）为获取不同寻常的高额或不等值的报酬而携带、运输毒品的；

（六）采用高度隐蔽的方式携带、运输毒品的；

（七）采用高度隐蔽的方式交接毒品，明显违背合法物品惯常交接方式的；

（八）其他有证据足以证明行为人应当知道的。

三、关于办理氯胺酮等毒品案件定罪量刑标准问题

（一）走私、贩卖、运输、制造、非法持有下列毒品，应当认定为刑法第三百四十七条第二款第（一）项、第三百四十八条规定的‘其他毒品数量大’：

1. 二亚甲基双氧安非他明（MDMA）等苯丙胺类毒品（甲基苯丙胺除外）100 克以上；

2. 氯胺酮、美沙酮 1 千克以上；

3. 三唑仑、安眠酮 50 千克以上；

4. 氯氮卓、艾司唑仑、地西泮、溴西泮 500 千克以上；

5. 上述毒品以外的其他毒品数量大的。

（二）走私、贩卖、运输、制造、非法持有下列毒品，应当认定为刑法第三百四十七条第三款、第三百四十八条规定的‘其他毒品数量较大’：

1. 二亚甲基双氧安非他明（MDMA）等苯丙胺类毒品（甲基苯丙胺除外）20 克以上不满 100 克的；

2. 氯胺酮、美沙酮 200 克以上不满 1 千克的；

3. 三唑仑、安眠酮 10 千克以上不满 50 千克的；

4. 氯氮卓、艾司唑仑、地西泮、溴西泮 100 千克以上不满 500 千克的；

5. 上述毒品以外的其他毒品数量较大的。

四、关于死刑案件的毒品含量鉴定问题

可能判处死刑的毒品犯罪案件，毒品鉴定结论中应有含量鉴定的结论。”

④1994 年 12 月 20 日最高人民法院《关于执行〈全国人民代表大会常务委员会关于禁毒的

决定〉的若干问题的解释》主要相关内容如下：

“三、非法持有毒品罪

根据《决定》第三条的规定，非法持有毒品罪，是指明知是鸦片、海洛因或者其他毒品，而非法持有且数量较大的行为。

‘非法’是指违反国家法律和国家主管部门的规定。‘持有’是指占有、携有、藏有或者其他方式持有毒品的行为。

非法持有鸦片二百克以上、海洛因十克以上或者其他毒品数量较大的，构成本罪。

根据已查获的证据，不能认定非法持有较大数量毒品是为了进行走私、贩卖、运输或者窝藏毒品犯罪的，才构成本罪。如果有证据能够证明非法持有毒品是为了进行走私、贩卖、运输、窝藏毒品犯罪的，则应当定走私、贩卖、运输或者窝藏毒品罪。

十三、《决定》第十一条第二款的适用

《决定》第十一条第二款规定，因走私、贩卖、运输、制造、非法持有毒品罪被判过刑，又犯《决定》规定之罪的，从重处罚。这是指凡因走私、贩卖、运输、制造、非法持有毒品罪被判过刑又犯《决定》规定之罪的，无论是否构成累犯，一律依照《决定》第十一条第二款的规定从重处罚。

十五、《决定》第十四条的适用

《决定》第十四条的规定，是指毒品犯罪分子在犯《决定》规定之罪后被司法机关发现并予以审查时（包括侦查、起诉、审判阶段），检举、揭发其他毒品犯罪活动或者其他毒品犯罪分子（含同案犯）罪行得到证实的，或者提供重要线索、证据，从而得以侦破其他毒品犯罪案件的，或者协助司法机关缉捕其他毒品犯罪分子（含同案犯）的，属于有立功表现，可以从轻、减轻处罚或者免除处罚。

如果犯罪分子实施毒品犯罪后自首而没有上述立功表现的，则应当适用刑法第六十三条关于自首的规定。

十七、对以假毒品进行犯罪的定性

明知是假毒品而冒充毒品贩卖的，以诈骗罪定罪处罚。不知道是假毒品而当作毒品走私、贩卖、运输、窝藏的，应当以走私、贩卖、运输、窝藏毒品犯罪（未遂）定罪处罚。

如果行为人将精制毒品稀释后贩卖，或者是土法加工毒品因提炼不纯而含有较多杂质的，不论其中有多少其他成分，只要含有毒品，就应当以毒品犯罪认定。

十八、对毒品犯罪中共犯的处罚原则

对走私、贩卖、运输、制造毒品犯罪集团的首要分子，应当按照犯罪集团进行毒品犯罪的总数量和其他犯罪事实确定其罪责，予以处罚。

对共同毒品犯罪中的主犯和其他犯罪分子，应当按照其参与毒品犯罪的毒品数量和在共同犯罪中的地位、作用，分别确定其应当承担的罪责，予以处罚。

十九、对查获的毒品的鉴定

对毒品犯罪案件中查获的毒品，应当鉴定，并作出鉴定结论。

海洛因的含量在25%以上的，可视为《决定》和本解释所指的海洛因。含量不够25%的，应当折合成含量为25%的海洛因计算数量。

对毒品的鉴定结论有疑义的，应当补充鉴定或者重新鉴定。”

⑤2012年5月16日最高人民检察院、公安部《关于公安机关管辖的刑事案件立案追诉标准的规定（三）》对本罪的立案标准有明确规定。

（3）构成要件

第一，本罪侵犯的客体是国家对毒品的管制。

第二,客观方面表现为非法持有数量较大的毒品的行为。

第三,犯罪主体是一般主体。

第四,犯罪的主观方面是直接故意,即明知是毒品而非法持有。如果主观上不明知是毒品,即便持有的毒品数量较大,也不构成本罪。

(4)罪名界定

第一,关于本罪的立案标准:

根据2012年5月16日最高人民检察院、公安部《关于公安机关管辖的刑事案件立案追诉标准的规定(三)》第2条的规定,明知是毒品而非法持有,涉嫌下列情形之一的,应予立案追诉:

①鸦片200克以上、海洛因、可卡因或者甲基苯丙胺10克以上;

②二亚甲基双氧安非他明(MDMA)等苯丙胺类毒品(甲基苯丙胺除外)、吗啡20克以上;

③度冷丁(杜冷丁)50克以上(针剂100微克/支规格的500支以上,50微克/支规格的1000支以上;片剂25微克/片规格的2000片以上,50微克/片规格的1000片以上);

④盐酸二氢埃托啡2毫克以上(针剂或者片剂20ug/支、片规格的100支、片以上);

⑤氯胺酮、美沙酮200克以上;

⑥三唑仑、安眠酮1万克以上;

⑦咖啡因5万克以上;

⑧氯氮卓、艾司唑仑、地西泮、溴西泮10万克以上;

⑨大麻油1000克以上,大麻脂2000克以上,大麻叶及大麻烟3万克以上;

⑩罂粟壳5万克以上;

⑪上述毒品以外的其他毒品数量较大的。

非法持有两种以上毒品,每种毒品均没有达到规定的数量标准,但按规定的立案追诉数量比例折算成海洛因后,累计相加达到10克以上的,应予立案追诉。

这里的"非法持有",是指违反国家法律和国家主管部门的规定,占有、携带、藏有或者以其他方式持有毒品。

非法持有毒品主观故意中的"明知",依照《刑法》第347条关于走私、贩卖、运输毒品主观故意中的"明知"的规定予以认定。

第二,认定本罪需要注意问题:一是持有毒品必须具有违法性。经过国家主管机关批准或者许可,为医疗、教学、科研的目的持有毒品,无论数量多少,都不构成犯罪。二是违犯了有关规定持有毒品,必须达到一定数量才能构成犯罪。非法持有鸦片不满200克、海洛因或者甲基苯丙胺不满10克或者其他少量毒品,不构成犯罪,应当由公安机关对行为人进行治安管理处罚。三是在各种毒品犯罪中,有时会出现行为人在一定的时间、空间上占有、支配、控制毒品的现象,但由于这种情况下的毒品是其他各犯罪的犯罪对象或者犯罪工具,所以,不能独立列出来成为非法持有毒品罪。只有经过侦查,尚不能认定行为人的行为构成其他毒品犯罪的时候,才能根据行为人在事实上占有、控制、支配一定数量的毒品,认定其犯有非法持有毒品罪。

(5)量刑幅度

根据《刑法》第348条的规定,对犯本罪的处罚分以下3个档次:

一是非法持有鸦片1000克以上、海洛因或者甲基苯丙胺50克以上或者其他毒品数量大的,处7年以上有期徒刑或者无期徒刑,并处罚金。

二是非法持有鸦片200克以上不满1000克、海洛因或者甲基苯丙胺10克以上不满50克或者其他毒品数量较大的,处3年以下有期徒刑、拘役或者管制,并处罚金。

三是情节严重的,处3年以上7年以下有期徒刑,并处罚金。

3. 包庇毒品犯罪分子罪(第349条第1款、第2款)

(1)罪名概念

包庇毒品犯罪分子罪,是指明知是走私、贩卖、运输、制造毒品的犯罪分子,而向司法机关作虚假证明,掩盖其罪行,或者帮助其毁灭罪证,帮助其逃跑等,使其逃避法律制裁的行为。

(2)法律规定

①本罪名是由《刑法》第349条第1款、第2款规定的。《刑法》第349条规定:“包庇走私、贩卖、运输、制造毒品的犯罪分子的,为犯罪分子窝藏、转移、隐瞒毒品或者犯罪所得的财物的,处三年以下有期徒刑、拘役或者管制;情节严重的,处三年以上十年以下有期徒刑。

缉毒人员或者其他国家机关工作人员掩护、包庇走私、贩卖、运输、制造毒品的犯罪分子的,依照前款的规定从重处罚。

犯前两款罪,事先通谋的,以走私、贩卖、运输、制造毒品罪的共犯论处。”

②2009年11月4日最高人民法院《关于审理洗钱等刑事案件具体应用法律若干问题的解释》主要相关内容如下:

“第三条 明知是犯罪所得及其产生的收益而予以掩饰、隐瞒,构成刑法第三百一十二条规定的犯罪,同时又构成刑法第一百九十一条或者第三百四十九条规定的犯罪的,依照处罚较重的规定定罪处罚。

第四条 刑法第一百九十一条、第三百一十二条、第三百四十九条规定的犯罪,应当以上游犯罪事实成立为认定前提。上游犯罪尚未依法裁判,但查证属实的,不影响刑法第一百九十一条、第三百一十二条、第三百四十九条规定的犯罪的审判。

上游犯罪事实可以确认,因行为人死亡等原因依法不予追究刑事责任的,不影响刑法第一百九十一条、第三百一十二条、第三百四十九条规定的犯罪的认定。

上游犯罪事实可以确认,依法以其他罪名定罪处罚的,不影响刑法第一百九十一条、第三百一十二条、第三百四十九条规定的犯罪的认定。

本条所称‘上游犯罪’,是指产生刑法第一百九十一条、第三百一十二条、第三百四十九条规定的犯罪所得及其收益的各种犯罪行为。”

③2012年5月16日最高人民检察院、公安部《关于公安机关管辖的刑事案件立案追诉标准的规定(三)》对本罪的立案标准有明确规定。

④2016年4月6日最高人民法院《关于审理毒品犯罪案件适用法律若干问题的解释》第6条规定:“包庇走私、贩卖、运输、制造毒品的犯罪分子,具有下列情形之一的,应当认定为刑法第三百四十九条第一款规定的‘情节严重’:

(一)被包庇的犯罪分子依法应当判处十五年有期徒刑以上刑罚的;

(二)包庇多名或者多次包庇走私、贩卖、运输、制造毒品的犯罪分子的;

(三)严重妨害司法机关对被包庇的犯罪分子实施的毒品犯罪进行追究的;

(四)其他情节严重的情形。

为走私、贩卖、运输、制造毒品的犯罪分子窝藏、转移、隐瞒毒品或者毒品犯罪所得的财物,具有下列情形之一的,应当认定为刑法第三百四十九条第一款规定的‘情节严重’:

(一)为犯罪分子窝藏、转移、隐瞒毒品达到刑法第三百四十七条第二款第一项或者本解释第一条第一款规定的‘数量大’标准的;

(二)为犯罪分子窝藏、转移、隐瞒毒品犯罪所得的财物价值达到五万元以上的;

(三)为多人或者多次为他人窝藏、转移、隐瞒毒品或者毒品犯罪所得的财物的;

（四）严重妨害司法机关对该犯罪分子实施的毒品犯罪进行追究的；

（五）其他情节严重的情形。

包庇走私、贩卖、运输、制造毒品的近亲属，或者为其窝藏、转移、隐瞒毒品或者毒品犯罪所得的财物，不具有本条前两款规定的'情节严重'情形，归案后认罪、悔罪、积极退赃，且系初犯、偶犯，犯罪情节轻微不需要判处刑罚的，可以免予刑事处罚。"

（3）构成要件

第一，本罪侵犯的客体是司法机关同毒品犯罪分子作斗争的正常活动。

第二，客观方面，行为人实施了包庇走私、贩卖、运输、制造毒品犯罪分子的行为。

第三，犯罪主体是一般主体。

第四，主观方面是故意，即对犯罪对象——走私、贩卖、运输、制造毒品的犯罪分子是明知的，同时还有包庇的故意。

（4）罪名界定

第一，认定本罪要注意以下问题：一是根据2009年11月4日最高人民法院《关于审理洗钱等刑事案件具体应用法律若干问题的解释》第4条规定，本罪的成立，应当以上游犯罪事实成立为认定前提。上游犯罪尚未依法裁判，但查证属实的，不影响本罪的审判。上游犯罪事实可以确认，因行为人死亡等原因依法不予追究刑事责任的，不影响本罪的认定。上游犯罪事实可以确认，依法以其他罪名定罪处罚的，不影响本罪的认定。这里所说的"上游犯罪"，是指产生本罪所得及其收益的各种犯罪行为。二是构成本罪，行为人在主观上是故意。这种故意必须是在犯罪对象——走私、贩卖、运输、制造毒品的犯罪分子的犯罪行为实施终了之后形成，如果是与上述犯罪分子事先有通谋，则不构成本罪，而应该以走私、贩卖、运输、制造毒品罪的共犯论处。

第二，关于本罪的立案标准：

根据2012年5月16日最高人民检察院、公安部《关于公安机关管辖的刑事案件立案追诉标准的规定（三）》第3条的规定，包庇走私、贩卖、运输、制造毒品的犯罪分子，涉嫌下列情形之一的，应予立案追诉：

①作虚假证明，帮助掩盖罪行的；

②帮助隐藏、转移或者毁灭证据的；

③帮助取得虚假身份或者身份证件的；

④以其他方式包庇犯罪分子的。

如果事先有通谋，以走私、贩卖、运输、制造毒品罪的共犯立案追诉。

第三，本罪与包庇罪的主要区别在于：本罪中的"包庇"，是指为犯罪分子毁灭罪迹、隐匿罪证，向司法机关作虚假证明，掩盖犯罪分子的罪行，为犯罪分子提供隐藏处所，用资助财物等方法帮助犯罪分子逃跑等行为。其本质特征在于为走私、贩卖、运输、制造毒品的犯罪分子提供条件，帮助其逃避法律制裁。其犯罪对象只限于走私、贩卖、运输、制造毒品的犯罪分子，这一点与包庇罪中的犯罪对象不同。包庇罪中的犯罪对象是毒品犯罪分子以外的其他犯罪分子，在外延上要大得多。犯有非法持有毒品罪和窝藏毒品、毒赃罪等罪行的人，虽然从广义上讲，也可以成为毒品犯罪分子，但他们不能成为包庇毒品犯罪分子的对象，包庇这些犯罪分子，只能构成包庇罪。

（5）量刑幅度

根据《刑法》第349条的规定，对犯本罪的处罚分以下3个档次：

一是犯本罪的，处3年以下有期徒刑、拘役或者管制。

二是情节严重的，处3年以上10年以下有期徒刑。

三是缉毒人员或者其他国家工作人员掩护、包庇走私、贩卖、运输、制造毒品的犯罪分子的，从重处罚。

4. 窝藏、转移、隐瞒毒品、毒赃罪(第349条第1款)

(1)罪名概念

窝藏、转移、隐瞒毒品、毒赃罪，是指明知是毒品或者是毒品犯罪所得的财物而为犯罪分子窝藏、转移、隐瞒的行为。

(2)法律规定

①本罪名是由《刑法》第349条第1款规定的。《刑法》第349条规定："包庇走私、贩卖、运输、制造毒品的犯罪分子的，为犯罪分子窝藏、转移、隐瞒毒品或者犯罪所得的财物的，处三年以下有期徒刑、拘役或者管制；情节严重的，处三年以上十年以下有期徒刑。

缉毒人员或者其他国家机关工作人员掩护、包庇走私、贩卖、运输、制造毒品的犯罪分子的，依照前款的规定从重处罚。

犯前两款罪，事先通谋的，以走私、贩卖、运输、制造毒品罪的共犯论处。"

《刑法》第357条规定："本法所称的毒品，是指鸦片、海洛因、甲基苯丙胺(冰毒)、吗啡、大麻、可卡因以及国家规定管制的其他能够使人形成瘾癖的麻醉药品和精神药品。

毒品的数量以查证属实的走私、贩卖、运输、制造、非法持有毒品的数量计算，不以纯度折算。"

②2009年11月4日最高人民法院《关于审理洗钱等刑事案件具体应用法律若干问题的解释》相关规定如下：

"第三条　明知是犯罪所得及其产生的收益而予以掩饰、隐瞒，构成刑法第三百一十二条规定的犯罪，同时又构成刑法第一百九十一条或者第三百四十九条规定的犯罪的，依照处罚较重的规定定罪处罚。

第四条　刑法第一百九十一条、第三百一十二条、第三百四十九条规定的犯罪，应当以上游犯罪事实成立为认定前提。上游犯罪尚未依法裁判，但查证属实的，不影响刑法第一百九十一条、第三百一十二条、第三百四十九条规定的犯罪的审判。

上游犯罪事实可以确认，因行为人死亡等原因依法不予追究刑事责任的，不影响刑法第一百九十一条、第三百一十二条、第三百四十九条规定的犯罪的认定。

上游犯罪事实可以确认，依法以其他罪名定罪处罚的，不影响刑法第一百九十一条、第三百一十二条、第三百四十九条规定的犯罪的认定。

本条所称'上游犯罪'，是指产生刑法第一百九十一条、第三百一十二条、第三百四十九条规定的犯罪所得及其收益的各种犯罪行为。"

③2012年5月16日最高人民检察院、公安部《关于公安机关管辖的刑事案件立案追诉标准的规定(三)》第4条规定："为走私、贩卖、运输、制造毒品的犯罪分子窝藏、转移、隐瞒毒品或者犯罪所得的财物的，应予立案追诉。

实施前款规定的行为，事先通谋的，以走私、贩卖、运输、制造毒品罪的共犯立案追诉。"

(3)构成要件

第一，本罪侵犯的客体是司法机关同毒品犯罪作斗争的正常活动。犯罪对象，是犯罪分子所有的毒品，或者是犯罪分子进行毒品犯罪所得的财物。

第二，客观方面表现为犯罪分子窝藏、转移、隐瞒毒品或者毒品犯罪所得的财物的行为。

第三，犯罪主体是一般主体。

第四，主观方面是故意，即行为人明知是犯罪分子的毒品，或者是犯罪分子通过毒品犯罪而获得的财物，故意为犯罪分子窝藏、转移、隐瞒。

(4)罪名界定

第一，认定本罪需要注意以下问题：一是根据2009年11月4日最高人民法院《关于审理洗钱等刑事案件具体应用法律若干问题的解释》第4条规定，本罪的成立，应当以上游犯罪事实成立为认定前提。上游犯罪尚未依法裁判，但查证属实的，不影响本罪的审判。上游犯罪事实可以确认，因行为人死亡等原因依法不予追究刑事责任的，不影响本罪的认定。上游犯罪事实可以确认，依法以其他罪名定罪处罚的，不影响本罪的认定。这里所说的“上游犯罪”，是指产生本罪所得及其收益的各种犯罪行为。

二是如果事先通谋的，以走私、贩卖、运输、制造毒品罪的共犯论处。

三是行为人窝藏毒品时，并非作为贩卖毒品的手段行为，仅仅是为了替毒品犯罪分子隐匿毒品而进行窝藏犯罪，行为已经实施，就构成窝藏毒品罪。行为人窝藏毒品以后，经过一段时间，又产生代为销售毒品的新的犯意，并且付诸行为，则是开始实施另一种犯罪。前罪和后罪之间并不是手段行为和目的行为的关系，不能构成牵连犯，而属于数罪的范围，应当实行数罪并罚。

四是如果行为人以代为销售为目的而接受毒品，在寻找购买者期间收藏毒品的，这个窝藏行为仅仅是贩卖的手段行为，两者之间就存在牵连关系，应当以贩卖毒品罪论处，不实行数罪并罚。

第二，本罪与掩饰、隐瞒犯罪所得，犯罪所得收益罪的区别主要在于犯罪对象不同。本罪为毒品或者毒品犯罪所得的赃物；而后者为其他犯罪所得的赃物。另外，这两种犯罪在客观方面的表现也不完全相同。后者除了采取窝藏、转移赃物的手段以外，还采取收购或者代为销售赃物的手段。

(5)量刑幅度

根据《刑法》第349条的规定，对犯本罪的处罚分以下2个档次：

一是犯本罪的，处3年以下有期徒刑、拘役或者管制。

二是情节严重，处3年以上10年以下有期徒刑。

缉毒人员或者其他国家机关工作人员掩护、包庇走私、贩卖、运输、制造毒品的犯罪分子的，从重处罚。

5. 非法生产、买卖、运输制毒物品、走私制毒物品罪(第350条)

(1)罪名概念

非法生产、买卖、运输制毒物品、走私制毒物品罪，是指违反国家规定，非法生产、买卖、运输醋酸酐、乙醚、三氯甲烷或者其他用于制造毒品的原料、配剂或者携带上述物品进出境，情节较重的行为。

根据2012年5月16日最高人民检察院、公安部《关于公安机关管辖的刑事案件立案追诉标准的规定(三)》的规定，为了非法买卖制毒物品而采用生产、加工、提炼等方法非法制造易制毒化学品的，以非法买卖制毒物品罪(预备)立案追诉。明知他人实施非法买卖制毒物品犯罪，而为其运输、储存、代理进出口或者以其他方式提供便利的，以非法买卖制毒物品罪的共犯立案追诉。

(2)法律规定

①本罪名是由《刑法》第350条规定的。该条规定：“违反国家规定，非法生产、买卖、运输醋酸酐、乙醚、三氯甲烷或者其他用于制造毒品的原料、配剂，或者携带上述物品进出境，情节较重的，处三年以下有期徒刑、拘役或者管制，并处罚金；情节严重的，处三年以上七年以下有期徒刑，

并处罚金；情节特别严重的，处七年以上有期徒刑，并处罚金或者没收财产。

明知他人制造毒品而为其生产、买卖、运输前款规定的物品的，以制造毒品罪的共犯论处。

单位犯前两款罪的，对单位判处罚金，并对其直接负责的主管人员和其他直接责任人员，依照前两款的规定处罚。”

《刑法》第356条规定：“因走私、贩卖、运输、制造、非法持有毒品罪被判过刑，又犯本节规定之罪的，从重处罚。”

《刑法》第357条规定：“本法所称的毒品，是指鸦片、海洛因、甲基苯丙胺（冰毒）、吗啡、大麻、可卡因以及国家规定管制的其他能够使人形成瘾癖的麻醉药品和精神药品。

毒品的数量以查证属实的走私、贩卖、运输、制造、非法持有毒品的数量计算，不以纯度折算。”

②2009年6月23日最高人民法院、最高人民检察院、公安部《关于办理制毒物品犯罪案件适用法律若干问题的意见》相关规定如下：

“一、关于制毒物品犯罪的认定

（一）本意见中的‘制毒物品’，是指刑法第三百五十条第一款规定的醋酸酐、乙醚、三氯甲烷或者其他用于制造毒品的原料或者配剂，具体品种范围按照国家关于易制毒化学品管理的规定确定。

（二）违反国家规定，实施下列行为之一的，认定为刑法第三百五十条规定的非法买卖制毒物品行为：

1. 未经许可或者备案，擅自购买、销售易制毒化学品的；

2. 超出许可证明或者备案证明的品种、数量范围购买、销售易制毒化学品的；

3. 使用他人的或者伪造、变造、失效的许可证明或者备案证明购买、销售易制毒化学品的；

4. 经营单位违反规定，向无购买许可证明、备案证明的单位、个人销售易制毒化学品的，或者明知购买者使用他人的或者伪造、变造、失效的购买许可证明、备案证明，向其销售易制毒化学品的；

5. 以其他方式非法买卖易制毒化学品的。

（三）易制毒化学品生产、经营、使用单位或者个人未办理许可证明或者备案证明，购买、销售易制毒化学品，如果有证据证明确实用于合法生产、生活需要，依法能够办理只是未及时办理许可证明或者备案证明，且未造成严重社会危害的，可不以非法买卖制毒物品罪论处。

（四）为了制造毒品或者走私、非法买卖制毒物品犯罪而采用生产、加工、提炼等方法非法制造易制毒化学品的，根据刑法第二十二条的规定，按照其制造易制毒化学品的不同目的，分别以制造毒品、走私制毒物品、非法买卖制毒物品的预备行为论处。

（五）明知他人实施走私或者非法买卖制毒物品犯罪，而为其运输、储存、代理进出口或者以其他方式提供便利的，以走私或者非法买卖制毒物品罪的共犯论处。

（六）走私、非法买卖制毒物品行为同时构成其他犯罪的，依照处罚较重的规定定罪处罚。

二、关于制毒物品犯罪嫌疑人、被告人主观明知的认定

对于走私或者非法买卖制毒物品行为，有下列情形之一，且查获了易制毒化学品，结合犯罪嫌疑人、被告人的供述和其他证据，经综合审查判断，可以认定其‘明知’是制毒物品而走私或者非法买卖，但有证据证明确属被蒙骗的除外：

1. 改变产品形状、包装或者使用虚假标签、商标等产品标志的；

2. 以藏匿、夹带或者其他隐蔽方式运输、携带易制毒化学品逃避检查的；

3. 抗拒检查或者在检查时丢弃货物逃跑的；

4. 以伪报、藏匿、伪装等蒙蔽手段逃避海关、边防等检查的；

5. 选择不设海关或者边防检查站的路段绕行出入境的；

6. 以虚假身份、地址办理托运、邮寄手续的；

7. 以其他方法隐瞒真相，逃避对易制毒化学品依法监管的。

三、关于制毒物品犯罪定罪量刑的数量标准

（一）违反国家规定，非法运输、携带制毒物品进出境或者在境内非法买卖制毒物品达到下列数量标准的，依照刑法第三百五十条第一款的规定，处三年以下有期徒刑、拘役或者管制，并处罚金：

1. 1－苯基－2－丙酮五千克以上不满五十千克；

2. 3,4－亚甲基二氧苯基－2－丙酮、去甲麻黄素（去甲麻黄碱）、甲基麻黄素（甲基麻黄碱）、羟亚胺及其盐类十千克以上不满一百千克；

3. 胡椒醛、黄樟素、黄樟油、异黄樟素、麦角酸、麦角胺、麦角新碱、苯乙酸二十千克以上不满二百千克；

4. N－乙酰邻氨基苯酸、邻氨基苯甲酸、哌啶一百五十千克以上不满一千五百千克；

5. 甲苯、丙酮、甲基乙基酮、高锰酸钾、硫酸、盐酸四百千克以上不满四千千克；

6. 其他用于制造毒品的原料或者配剂相当数量的。

（二）违反国家规定，非法买卖或者走私制毒物品，达到或者超过前款所列最高数量标准的，认定为刑法第三百五十条第一款规定的‘数量大的’，处三年以上十年以下有期徒刑，并处罚金。”

③1994年12月20日最高人民法院《关于适用〈全国人民代表大会常务委员会关于禁毒的决定〉的若干问题的解释》相关内容如下：

“二、走私、贩卖、运输、制造毒品罪

根据《决定》第二条第一款的规定，走私毒品，是指明知是毒品而非法将其运输、携带、邮寄进出国（边）境的行为；直接向走私人非法收购走私进口的毒品，或者在内海、领海运输、收购、贩卖毒品的，以走私毒品论处。贩卖毒品，是指明知是毒品而非法销售或者以贩卖为目的而非法收买毒品的行为。运输毒品，是指明知是毒品而采用携带、邮寄、利用他人或者使用交通工具等方法非法运送毒品的行为。制造毒品，是指非法用毒品原植物直接提炼或者用化学方法加工、配制毒品的行为。

本罪是选择性罪名。凡实施了走私、贩卖、运输、制造毒品行为之一的，即以该行为确定罪名。凡实施了其中两种以上行为的，如运输、贩卖海洛因，则定为运输、贩卖毒品罪，不实行并罚。

运输、贩卖同一宗毒品的，毒品数量不重复计算；不是同一宗毒品的，毒品数量累计计算。

居间介绍买卖毒品的，无论是否获利，均以贩卖毒品罪的共犯论处。

走私毒品，又走私其他物品构成犯罪的，按走私毒品和构成的其他走私罪分别定罪，实行并罚。

十六、对已满十四岁不满十六岁的人走私、贩卖、运输、制造毒品的处理

已满十四岁不满十六岁的人走私、贩卖、运输、制造毒品，且具有《决定》第二条第一款和第二款规定的情形之一的，属于刑法第十四条第二款中规定的‘其他严重破坏社会秩序罪’，应当负刑事责任。但是，在处理具体案件时，应当根据案件的不同情况区别对待，对于被利用、教唆、胁迫、诱骗参加上述毒品犯罪活动的已满十四岁不满十六岁的人，一般可以不追究其刑事责任，依照刑法第十四条第四款的规定处理。

十七、对以假毒品进行犯罪的定性

明知是假毒品而冒充毒品贩卖的,以诈骗罪定罪处罚。不知道是假毒品而当作毒品走私、贩卖、运输、窝藏的,应当以走私、贩卖、运输、窝藏毒品犯罪(未遂)定罪处罚。

如果行为人将精制毒品稀释后贩卖,或者是土法加工毒品因提炼不纯而含有较多杂质的,不论其中有多少其他成分,只要含有毒品,就应当以毒品犯罪认定。

十八、对毒品犯罪中共犯的处罚原则

对走私、贩卖、运输、制造毒品犯罪集团的首要分子,应当按照犯罪集团进行毒品犯罪的总数量和其他犯罪事实确定其罪责,予以处罚。

对共同毒品犯罪中的主犯和其他犯罪分子,应当按照其参与毒品犯罪的毒品数量和在共同犯罪中的地位、作用,分别确定其应当承担的罪责,予以处罚。

十九、对查获的毒品的鉴定

对毒品犯罪案件中查获的毒品,应当鉴定,并作出鉴定结论。

海洛因的含量在25%以上的,可视为《决定》和本解释所指的海洛因。含量不够25%的,应当折合成含量为25%的海洛因计算数量。

对毒品的鉴定结论有疑义的,应当补充鉴定或者重新鉴定。”

④2016年4月6日最高人民法院《关于审理毒品犯罪案件适用法律若干问题的解释》第7条、第8条规定:“违反国家规定,非法生产、买卖、运输制毒物品、走私制毒物品,达到下列数量标准的,应当认定为刑法第三百五十条第一款规定的‘情节较重’:

(一)麻黄碱(麻黄素)、伪麻黄碱(伪麻黄素)、消旋麻黄碱(消旋麻黄素)一千克以上不满五千克;

(二)1-苯基-2-丙酮、1-苯基-2-溴-1-丙酮、3,4-亚甲基二氧苯基-2-丙酮、羟亚胺二千克以上不满十千克;

(三)3-氧-2-苯基丁腈、邻氯苯基环戊酮、去甲麻黄碱(去甲麻黄素)、甲基麻黄碱(甲基麻黄素)四千克以上不满二十千克;

(四)醋酸酐十千克以上不满五十千克;

(五)麻黄浸膏、麻黄浸膏粉、胡椒醛、黄樟素、黄樟油、异黄樟素、麦角酸、麦角胺、麦角新碱、苯乙酸二十千克以上不满一百千克;

(六)N-乙酰邻氨基苯酸、邻氨基苯甲酸、三氯甲烷、乙醚、哌啶五十千克以上不满二百五十千克;

(七)甲苯、丙酮、甲基乙基酮、高锰酸钾、硫酸、盐酸一百千克以上不满五百千克;

(八)其他制毒物品数量相当的。

违反国家规定,非法生产、买卖、运输制毒物品、走私制毒物品,达到前款规定的数量标准最低值的百分之五十,且具有下列情形之一的,应当认定为刑法第三百五十条第一款规定的‘情节较重’:

(一)曾因非法生产、买卖、运输制毒物品、走私制毒物品受过刑事处罚的;

(二)二年内曾因非法生产、买卖、运输制毒物品、走私制毒物品受过行政处罚的;

(三)一次组织五人以上或者多次非法生产、买卖、运输制毒物品、走私制毒物品,或者在多个地点非法生产制毒物品的;

(四)利用、教唆未成年人非法生产、买卖、运输制毒物品、走私制毒物品的;

(五)国家工作人员非法生产、买卖、运输制毒物品、走私制毒物品的;

(六)严重影响群众正常生产、生活秩序的;

（七）其他情节较重的情形。

易制毒化学品生产、经营、购买、运输单位或者个人未办理许可证明或者备案证明，生产、销售、购买、运输易制毒化学品，确实用于合法生产、生活需要的，不以制毒物品犯罪论处。”

“违反国家规定，非法生产、买卖、运输制毒物品、走私制毒物品，具有下列情形之一的，应当认定为刑法第三百五十条第一款规定的‘情节严重’：

（一）制毒物品数量在本解释第七条第一款规定的最高数量标准以上，不满最高数量标准五倍的；

（二）达到本解释第七条第一款规定的数量标准，且具有本解释第七条第二款第三项至第六项规定的情形之一的；

（三）其他情节严重的情形。

违反国家规定，非法生产、买卖、运输制毒物品、走私制毒物品，具有下列情形之一的，应当认定为刑法第三百五十条第一款规定的‘情节特别严重’：

（一）制毒物品数量在本解释第七条第一款规定的最高数量标准五倍以上的；

（二）达到前款第一项规定的数量标准，且具有本解释第七条第二款第三项至第六项规定的情形之一的；

（三）其他情节特别严重的情形。”

（3）构成要件

第一，本罪侵犯的客体是国家对制毒物品的管理制度。

第二，客观方面表现为单位或者个人违反国家规定，非法生产、买卖、运输醋酸酐、乙醚、三氯甲烷或者其他用于制造毒品的原料、配剂的行为。

第三，犯罪主体是一般主体。自然人和单位都可以成为本罪主体。

第四，主观方面是故意。

（4）罪名界定

第一，关于本罪的立案标准。根据最高人民检察院、公安部《关于公安机关管辖的刑事案件立案追诉标准的规定（三）》第 6 条规定，违反国家规定，在境内非法买卖制毒物品，数量达到下列情形之一的，应予立案追诉：①1－苯基－2－丙酮 5 千克以上；②麻黄碱、伪麻黄碱及其盐类和单方制剂 5 千克以上，麻黄浸膏、麻黄浸膏粉 100 千克以上；③3，4－亚甲基二氧苯基－2－丙酮、去甲麻黄素（去甲麻黄碱）、甲基麻黄素（甲基麻黄碱）、羟亚胺及其盐类 10 千克以上；④胡椒醛、黄樟素、黄樟油、异黄樟素、麦角酸、麦角胺、麦角新碱、苯乙酸 20 千克以上；⑤N－乙酰邻氨基苯酸、邻氨基苯甲酸、哌啶 150 千克以上；⑥醋酸酐、三氯甲烷 200 千克以上；⑦乙醚、甲苯、丙酮、甲基乙基酮、高锰酸钾、硫酸、盐酸 400 千克以上；⑧其他用于制造毒品的原料或者配剂相当数量的。非法买卖两种以上制毒物品，每种制毒物品均没有达到上述规定的数量标准，但按上述规定的立案追诉数量比例折算成一种制毒物品后累计相加达到上述数量标准的，应予立案追诉。违反国家规定，实施下列行为之一的，认定为非法买卖制毒物品行为：①未经许可或者备案，擅自购买、销售易制毒化学品的；②超出许可证明或者备案证明的品种、数量范围购买、销售易制毒化学品的；③使用他人的或者伪造、变造、失效的许可证明或者备案证明购买、销售易制毒化学品的；④经营单位违反规定，向无购买许可证明、备案证明的单位、个人销售易制毒化学品的，或者明知购买者使用他人的或者伪造、变造、失效的许可证明或者备案证明，向其销售易制毒化学品的；⑤以其他方式非法买卖易制毒化学品的。易制毒化学品生产、经营、使用单位或者个人未办理许可证明或者备案证明，购买、销售易制毒化学品，如果有证据证明确实用于合法生产、生活需要，依法能够办理只是未及时办理许可证明或者备案证明，且未造成严重社会危害的，可不以非法买卖制毒物品罪立案追诉。为了非法买卖制毒物品而采用生产、加工、提炼等方法非法制造易制毒化学品的，以非法买卖制毒物品罪（预备）立案追诉。明知他人实施非法买卖制毒物品犯罪，而为其运输、储存、代理进出口或者以其他方式提供便利的，以非法买卖制毒物品罪的共犯立案追诉。

第二，本罪与贩卖毒品罪的区别在于犯罪对象不同：本罪的犯罪对象是用于制造毒品的原料或者配剂，而后者的犯罪对象是毒品。

（5）量刑幅度

根据《刑法》第350条规定，对于构成本罪分以下四种情况处罚：一是情节较重的，处3年以下有期徒刑、拘役或者管制，并处罚金；二是情节严重的，处3年以上7年以下有期徒刑，并处罚金；三是情节特别严重的，处7年以上有期徒刑，并处罚金或者没收财产；四是单位犯本罪的，对单位判处罚金，并对其直接负责的主管人员和其他直接责任人员，依照前述规定处罚。

《刑法》第356条规定："因走私、贩卖、运输、制造、非法持有毒品罪被判过刑，又犯本节规定之罪的，从重处罚。"

根据2014年9月5日最高人民法院、最高人民检察院、公安部《关于办理邻氯苯基环戊酮等三种制毒物品犯罪案件定罪量刑数量标准的通知》的规定，违反国家规定，非法运输、携带邻氯苯基环戊酮、1－苯基－2－溴－1－丙酮或者3－氧－2－苯基丁腈进出境，或者在境内非法买卖上述物品，达到下列数量标准的，依照《刑法》第350条第1款的规定，处三年以下有期徒刑、拘役或者管制，并处罚金：一是邻氯苯基环戊酮20千克以上不满200千克；二是1－苯基－2－溴－1－丙酮、3－氧－2－苯基丁腈15千克以上不满150千克。

违反国家规定，实施上述行为，达到或者超过上述所列最高数量标准的，应当认定为本罪中的"数量大"，处3年以上10年以下有期徒刑，并处罚金。

6. 非法种植毒品原植物罪（第351条）

（1）罪名概念

非法种植毒品原植物罪，是指明知是罂粟、大麻等毒品原植物而非法种植数量较大，或者经公安机关处理后又种植，或者抗拒铲除的行为。

（2）法律规定

①本罪名是由《刑法》第351条规定的。该条规定："非法种植罂粟、大麻等毒品原植物的，一律强制铲除。有下列情形之一的，处五年以下有期徒刑、拘役或者管制，并处罚金：

（一）种植罂粟五百株以上不满三千株或者其他毒品原植物数量较大的；

（二）经公安机关处理后又种植的；

（三）抗拒铲除的。

非法种植罂粟三千株以上或者其他毒品原植物数量大的，处五年以上有期徒刑，并处罚金或者没收财产。

非法种植罂粟或者其他毒品原植物，在收获前自动铲除的，可以免除处罚。"

《刑法》第357条规定："本法所称的毒品，是指鸦片、海洛因、甲基苯丙胺（冰毒）、吗啡、大麻、可卡因以及国家规定管制的其他能够使人形成瘾癖的麻醉药品和精神药品。

毒品的数量以查证属实的走私、贩卖、运输、制造、非法持有毒品的数量计算，不以纯度折算。"

②1994年12月20日最高人民法院《关于执行〈全国人民代表大会常务委员会关于禁毒的决定〉的若干问题的解释》主要相关内容如下：

“八、非法种植毒品原植物罪

根据《决定》第六条的规定，非法种植毒品原植物罪，是指明知是罂粟、大麻、古柯树等毒品原植物而非法种植且数量较大，或者经公安机关处理后又种植，或者抗拒铲除的行为。

向明知是非法种植毒品原植物的人出售较大数量毒品原植物种子的，以非法种植毒品原植物罪论处。

认定非法种植毒品原植物罪，要注意与制造毒品罪区别开来。前者是指种植毒品原植物的行为，后者是指将毒品原植物进行加工、提炼，制造毒品的行为。

非法种植毒品原植物数量较大，又以其为原料制造毒品的，应当以制造毒品罪从重处罚。

非法种植毒品原植物数量较大，又实施其他制造毒品行为的，应当分别定非法种植毒品原植物罪和制造毒品罪，实行并罚。

十三、《决定》第十一条第二款的适用

《决定》第十一条第二款规定，因走私、贩卖、运输、制造、非法持有毒品罪被判过刑，又犯《决定》规定之罪的，从重处罚。这是指凡因走私、贩卖、运输、制造、非法持有毒品罪被判过刑又犯《决定》规定之罪的，无论是否构成累犯，一律依照《决定》第十一条第二款的规定从重处罚。

十四、《决定》第十二条的适用

《决定》第十二条规定的‘由非法所得所获得的收益’，是指用毒品犯罪的非法所得，通过合法手段或者非法手段所获得的一切收益。

《决定》第十二条规定的‘供犯罪使用的财物，一律没收’，是对刑法第六十条的修改补充。《决定》施行后判处的毒品犯罪案件，对于供犯罪使用的财物，应当依照《决定》的规定一律予以没收，而不限于没收‘供犯罪所用的本人财物’。

十五、《决定》第十四条的适用

《决定》第十四条的规定，是指毒品犯罪分子在犯《决定》规定之罪后被司法机关发现并予以审查时（包括侦查、起诉、审判阶段），检举、揭发其他毒品犯罪活动或者其他毒品犯罪分子（含同案犯）罪行得到证实的，或者提供重要线索、证据，从而得以侦破其他毒品犯罪案件的，或者协助司法机关缉捕其他毒品犯罪分子（含同案犯）的，属于有立功表现，可以从轻、减轻处罚或者免除处罚。

如果犯罪分子实施毒品犯罪后自首而没有上述立功表现的，则应当适用刑法第六十三条关于自首的规定。

十八、对毒品犯罪中共犯的处罚原则

对走私、贩卖、运输、制造毒品犯罪集团的首要分子，应当按照犯罪集团进行毒品犯罪的总数量和其他犯罪事实确定其罪责，予以处罚。

对共同毒品犯罪中的主犯和其他犯罪分子，应当按照其参与毒品犯罪的毒品数量和在共同犯罪中的地位、作用，分别确定其应当承担的罪责，予以处罚。”

③2012 年 5 月 16 日最高人民检察院、公安部《关于公安机关管辖的刑事案件立案追诉标准的规定（三）》第 7 条的规定：“非法种植罂粟、大麻等毒品原植物，涉嫌下列情形之一的，应予立案追诉：

（一）非法种植罂粟五百株以上的；

（二）非法种植大麻五千株以上的；

（三）非法种植其他毒品原植物数量较大的；

（四）非法种植罂粟二百平方米以上、大麻二千平方米以上或者其他毒品原植物面积较大，尚未出苗的；

（五）经公安机关处理后又种植的；

（六）抗拒铲除的。

这里的‘种植’，是指播种、育苗、移栽、插苗、施肥、灌溉、割取津液或者收取种子等行为。非法种植毒品原植物的株数一般应以实际查获的数量为准。因种植面积较大，难以逐株清点数目的，可以抽样测算每平方米平均株数后按实际种植面积测算出种植总株数。

非法种植罂粟或者其他毒品原植物，在收获前自动铲除的，可以不予立案追诉。”

④2016年4月6日最高人民法院《关于审理毒品犯罪案件适用法律若干问题的解释》第9条规定：“非法种植毒品原植物，具有下列情形之一的，应当认定为刑法第三百五十一条第一款第一项规定的‘数量较大’：

（一）非法种植大麻五千株以上不满三万株的；

（二）非法种植罂粟二百平方米以上不满一千二百平方米、大麻二千平方米以上不满一万二千平方米，尚未出苗的；

（三）非法种植其他毒品原植物数量较大的。

非法种植毒品原植物，达到前款规定的最高数量标准的，应当认定为刑法第三百五十一条第二款规定的‘数量大’。”

（3）构成要件

第一，本罪侵犯的客体是国家对种植毒品原植物的管理制度。犯罪对象是毒品原植物。

第二，客观方面表现为违反国家有关规定，非法种植罂粟、大麻等毒品原植物，数量较大，或者经公安机关处理后又种植，或者抗拒铲除的行为。

第三，犯罪主体是一般主体。

第四，主观方面是故意。

（4）罪名界定

在实践中，要根据实际情况确定罪名。如果行为人实施了非法种植毒品原植物罪以后，又实施了制造毒品的行为，那么，就分别构成了非法种植毒品原植物罪和制造毒品罪，应该实行数罪并罚。如果行为人以暴力或者以暴力威胁抗拒铲除，实质上是一种妨害公务的行为，构成了妨害公务罪，与非法种植毒品原植物罪是牵连犯的关系，应当选择其中的一个重罪处罚，不适用数罪并罚。在抗拒过程中，如果采用暴力，造成执行人员重伤或者死亡的，应当依本罪和故意伤害罪、故意杀人罪实行数罪并罚。

（5）量刑幅度

根据《刑法》第351条第1款和最高人民法院2000年6月6日印发的《关于审理毒品案件定罪量刑标准有关问题的解释》第5条的规定，构成本罪的，其处罚分以下3个档次：

一是有下列情形之一的，处5年以下有期徒刑、拘役或者管制，并处罚金：非法种植大麻5千株以上不满3万株，种植罂粟500株以上不满3000株或者其他毒品原植物数量较大的；经公安机关处理后又种植的；抗拒铲除的。

二是非法种植大麻3万株以上，罂粟3000株以上或者其他毒品原植物数量大的，处5年以上有期徒刑，并处罚金或者没收财产。

三是非法种植罂粟或者其他毒品原植物，在收获前自动铲除的，可以免除处罚。

7. 非法买卖、运输、携带、持有毒品原植物种子、幼苗罪（第352条）

（1）罪名概念

非法买卖、运输、携带、持有毒品原植物种子、幼苗罪，是指违反国家毒品管理法规，买卖、运输、携带、持有没有经过灭活的罂粟等毒品原植物种子或者幼苗,数量较大的行为。本罪是个行为选择和对象选择并存的罪名。

(2)法律规定

①本罪名是由《刑法》第352条规定的。该条规定:“非法买卖、运输、携带、持有未经灭活的罂粟等毒品原植物种子或者幼苗,数量较大的,处三年以下有期徒刑、拘役或者管制,并处或者单处罚金。”

《刑法》第356条规定:“因走私、贩卖、运输、制造、非法持有毒品罪被判过刑,又犯本节规定之罪的,从重处罚。”

《刑法》第357条规定:“本法所称的毒品,是指鸦片、海洛因、甲基苯丙胺(冰毒)、吗啡、大麻、可卡因以及国家规定管制的其他能够使人形成瘾癖的麻醉药品和精神药品。

毒品的数量以查证属实的走私、贩卖、运输、制造、非法持有毒品的数量计算,不以纯度折算。”

②2012年5月16日最高人民检察院、公安部《关于公安机关管辖的刑事案件立案追诉标准的规定(三)》第8条规定:“非法买卖、运输、携带、持有未经灭活的罂粟等毒品原植物种子或者幼苗,涉嫌下列情形之一的,应予立案追诉:

(一)罂粟种子五十克以上、罂粟幼苗五千株以上;

(二)大麻种子五十千克以上、大麻幼苗五万株以上;

(三)其他毒品原植物种子、幼苗数量较大的。”

③2016年4月6日最高人民法院《关于审理毒品犯罪案件适用法律若干问题的解释》第10条规定:“非法买卖、运输、携带、持有未经灭活的毒品原植物种子或者幼苗,具有下列情形之一的,应当认定为刑法第三百五十二条规定的‘数量较大’:

(一)罂粟种子五十克以上、罂粟幼苗五千株以上的;

(二)大麻种子五十千克以上、大麻幼苗五万株以上的;

(三)其他毒品原植物种子或者幼苗数量较大的。”

(3)构成要件

第一,本罪侵犯的客体是国家对毒品原植物种子或者幼苗的管理制度。

第二,客观方面表现为实施了非法买卖、运输、携带、持有没有经过灭活的罂粟等毒品原植物种子或者幼苗,数量较大的行为。所谓“没有经过灭活”,是指没有经过各种物理、化学方法的处理,没有使种子丧失发芽、成长能力。

第三,本罪主体为一般主体,但已满14岁不满16岁的未成年人不能构成本罪主体。

第四,主观方面是故意,即明知是没有经过灭活的毒品原植物种子或者幼苗而买卖、运输或者持有;过失不能构成本罪。

(4)罪名界定

认定本罪需要注意以下问题:如果行为人非法买卖、运输、携带、持有毒品原植物种子或者幼苗是为了进一步扩大种植,应当以非法种植毒品原植物罪论处。如果行为人运输、买卖、携带、持有毒品原植物种子、幼苗的目的不是自己种植,而是出售或者以其他形式提供给他人,则应当以非法买卖、运输、携带、持有毒品原植物种子、幼苗罪处罚。

(5)量刑幅度

根据《刑法》第352条的规定,犯本罪的,处3年以下有期徒刑、拘役或者管制,并处或者单处罚金。

8. 引诱、教唆、欺骗他人吸毒罪（第353条第1款）

(1)罪名概念

引诱、教唆、欺骗他人吸毒罪，是指引诱、教唆、欺骗他人吸食、注射毒品的行为。本罪是个行为选择性罪名。

(2)法律规定

①本罪名是由《刑法》第353条第1款规定的。该条规定："引诱、教唆、欺骗他人吸食、注射毒品的，处三年以下有期徒刑、拘役或者管制，并处罚金；情节严重的，处三年以上七年以下有期徒刑，并处罚金。

强迫他人吸食、注射毒品的，处三年以上十年以下有期徒刑，并处罚金。

引诱、教唆、欺骗或者强迫未成年人吸食、注射毒品的，从重处罚。"

《刑法》第357条规定："本法所称的毒品，是指鸦片、海洛因、甲基苯丙胺（冰毒）、吗啡、大麻、可卡因以及国家规定管制的其他能够使人形成瘾癖的麻醉药品和精神药品。

毒品的数量以查证属实的走私、贩卖、运输、制造、非法持有毒品的数量计算，不以纯度折算。"

②1994年12月20日最高人民法院《关于执行〈全国人民代表大会常务委员会关于禁毒的决定〉的若干问题的解释》相关内容如下：

"九、引诱、教唆、欺骗他人吸毒罪

根据《决定》第七条第一款的规定，引诱、教唆他人吸毒，是指通过向他人宣扬吸食、注射毒品后的感受等方法，诱使、唆使他人吸食、注射毒品的行为。欺骗他人吸毒，是指用隐瞒事实真相或者制造假象等方法使他人吸食、注射毒品的行为。

本罪是选择性罪名。实施了引诱、教唆、欺骗他人吸食、注射毒品行为之一的，即以该行为确定罪名。实施了其中两种以上行为的，将所实施行为并列为一个罪名，不实行并罚。

被引诱、教唆、欺骗的人吸食、注射毒品后是否成瘾，不影响本罪的成立。

十三、《决定》第十一条第二款的适用

《决定》第十一条第二款规定，因走私、贩卖、运输、制造、非法持有毒品罪被判过刑，又犯《决定》规定之罪的，从重处罚。这是指凡因走私、贩卖、运输、制造、非法持有毒品罪被判过刑又犯《决定》规定之罪的，无论是否构成累犯，一律依照《决定》第十一条第二款的规定从重处罚。

十四、《决定》第十二条的适用

《决定》第十二条规定的'由非法所得所获得的收益'，是指用毒品犯罪的非法所得，通过合法手段或者非法手段所获得的一切收益。

《决定》第十二条规定的'供犯罪使用的财物，一律没收'，是对刑法第六十条的修改补充。《决定》施行后判处的毒品犯罪案件，对于供犯罪使用的财物，应当依照《决定》的规定一律予以没收，而不限于没收'供犯罪所用的本人财物'。

十五、《决定》第十四条的适用

《决定》第十四条的规定，是指毒品犯罪分子在犯《决定》规定之罪后被司法机关发现并予以审查时（包括侦查、起诉、审判阶段），检举、揭发其他毒品犯罪活动或者其他毒品犯罪分子（含同案犯）罪行得到证实的，或者提供重要线索、证据，从而得以侦破其他毒品犯罪案件的，或者协助司法机关缉捕其他毒品犯罪分子（含同案犯）的，属于有立功表现，可以从轻、减轻处罚或者免除处罚。

如果犯罪分子实施毒品犯罪后自首而没有上述立功表现的，则应当适用刑法第六十三条关于自首的规定。

十八、对毒品犯罪中共犯的处罚原则

对走私、贩卖、运输、制造毒品犯罪集团的首要分子，应当按照犯罪集团进行毒品犯罪的总数量和其他犯罪事实确定其罪责，予以处罚。

对共同毒品犯罪中的主犯和其他犯罪分子，应当按照其参与毒品犯罪的毒品数量和在共同犯罪中的地位、作用，分别确定其应当承担的罪责，予以处罚。”

③2012 年 5 月 16 日最高人民检察院、公安部《关于公安机关管辖的刑事案件立案追诉标准的规定(三)》第 9 条规定：“引诱、教唆、欺骗他人吸食、注射毒品的，应予立案追诉。”

④2016 年 4 月 6 日最高人民法院《关于审理毒品犯罪案件适用法律若干问题的解释》第 11 条规定：“引诱、教唆、欺骗他人吸食、注射毒品，具有下列情形之一的，应当认定为刑法第三百五十三条第一款规定的‘情节严重’：

(一)引诱、教唆、欺骗多人或者多次引诱、教唆、欺骗他人吸食、注射毒品的；

(二)对他人身体健康造成严重危害的；

(三)导致他人实施故意杀人、故意伤害、交通肇事等犯罪行为的；

(四)国家工作人员引诱、教唆、欺骗他人吸食、注射毒品的；

(五)其他情节严重的情形。”

(3)构成要件

第一，本罪侵犯的客体是复杂客体，既侵犯了社会治安管理秩序，又侵犯了他人的身体健康。

第二，客观方面表现为行为人用各种手段，引诱、教唆、欺骗他人吸食、注射毒品的行为。本罪是行为犯，只要行为人实施了引诱、教唆、欺骗他人吸食、注射毒品的行为，就构成本罪。至于被引诱、教唆、欺骗者是否因此吸毒成瘾，不是本罪的必要构成要件，但可以作为一个量刑情节来考虑。

第三，犯罪主体是一般主体，只能由自然人构成。

第四，主观方面是故意。

(4)罪名界定

第一，认定本罪需要注意以下问题。由于本罪是个行为选择性罪名，所以实施了引诱、教唆、欺骗他人吸食、注射毒品行为之一的，即以该行为确定罪名。如果实施了其中两种以上行为的，将所实施行为并列为一个罪名，不实行数罪并罚。如果引诱、教唆、欺骗他人吸食、注射毒品之后，又向其贩卖毒品，对这种情况，应该以贩卖毒品罪论处。

第二，本罪与教唆犯的主要区别：一是定罪处罚原则不同。本罪是个独立罪名；而教唆犯是以所教唆的犯罪来定罪，不是独立罪名，没有单独的法定刑。二是被教唆的对象不同。本罪被教唆的对象可以是有刑事责任能力的人，也可以是没有刑事责任能力的人。教唆犯的被教唆对象只限于达到刑事责任年龄和具有刑事责任能力的人。三是教唆的内容不同。本罪所教唆的只能是吸食、注射毒品的行为，吸毒行为不是犯罪，而后者教唆的是犯罪行为。

(5)量刑幅度

根据《刑法》第 353 条第 1 款、第 3 款的规定，对犯本罪的处罚分以下 2 个档次：

一是犯本罪的，处 3 年以下有期徒刑、拘役或者管制，并处罚金。

二是情节严重，处 3 年以上 7 年以下有期徒刑，并处罚金。

引诱、教唆、欺骗未成年人吸食、注射毒品的，从重处罚。

9. 强迫他人吸毒罪(第 353 条第 2 款)

(1)罪名概念

强迫他人吸毒罪，是指以暴力、胁迫或者其他强制手段，迫使他人吸食、注射毒品的行为。

(2)法律规定

①本罪名是由《刑法》第353条第2款规定的。该条款规定:“强迫他人吸食、注射毒品的,处三年以上十年以下有期徒刑,并处罚金。”

《刑法》第357条规定:“本法所称的毒品,是指鸦片、海洛因、甲基苯丙胺(冰毒)、吗啡、大麻、可卡因以及国家规定管制的其他能够使人形成瘾癖的麻醉药品和精神药品。

毒品的数量以查证属实的走私、贩卖、运输、制造、非法持有毒品的数量计算,不以纯度折算。”

②1994年12月20日最高人民法院《关于执行〈全国人民代表大会常务委员会关于禁毒的决定〉的若干问题的解释》相关内容如下:

“十、强迫他人吸毒罪

根据《决定》第七条第二款的规定,强迫他人吸毒罪,是指违背他人意志,使用暴力、胁迫或者其他方法,迫使他人吸食、注射毒品的行为。

被强迫的人吸食、注射毒品后是否成瘾,不影响本罪的成立。

十二、非法提供麻醉药品、精神药品罪

根据《决定》第十条第二款的规定,非法提供麻醉药品、精神药品罪,是指依法从事生产、运输、管理、使用国家管制的麻醉药品、精神药品的单位和人员,明知他人是吸食、注射毒品的人,而向其提供国家管制的麻醉药品、精神药品的行为。

提供毒品的对象,只能是吸食、注射毒品的人。如果明知对方是毒品犯罪分子,而向其提供国家管制的麻醉药品、精神药品的,则构成有关的毒品犯罪的共犯。

十三、《决定》第十一条第二款的适用

《决定》第十一条第二款规定,因走私、贩卖、运输、制造、非法持有毒品罪被判过刑,又犯《决定》规定之罪的,从重处罚。这是指凡因走私、贩卖、运输、制造、非法持有毒品罪被判过刑又犯《决定》规定之罪的,无论是否构成累犯,一律依照《决定》第十一条第二款的规定从重处罚。

十五、《决定》第十四条的适用

《决定》第十四条的规定,是指毒品犯罪分子在犯《决定》规定之罪后被司法机关发现并予以审查时(包括侦查、起诉、审判阶段),检举、揭发其他毒品犯罪活动或者其他毒品犯罪分子(含同案犯)罪行得到证实的,或者提供重要线索、证据,从而得以侦破其他毒品犯罪案件的,或者协助司法机关缉捕其他毒品犯罪分子(含同案犯)的,属于有立功表现,可以从轻、减轻处罚或者免除处罚。

如果犯罪分子实施毒品犯罪后自首而没有上述立功表现的,则应当适用刑法第六十三条关于自首的规定。”

③2012年5月16日最高人民检察院、公安部《关于公安机关管辖的刑事案件立案追诉标准的规定(三)》第10条规定:“违背他人意志,以暴力、胁迫或者其他强制手段,迫使他人吸食、注射毒品的,应予立案追诉。”

(3)构成要件

第一,本罪侵犯的客体是他人的身心健康和社会主义的社会风尚。

第二,客观方面表现为强迫他人吸食、注射毒品的行为。所谓“强迫”,包括暴力强制和精神强制。

第三,犯罪主体是一般主体。

第四,主观方面是故意。

(4)罪名界定

第一,要根据实际情况确定罪名。例如,对于强迫他人吸食、注射毒品致人死亡的,就要根据不同情况作出不同处理:一是欲置人于死地,应当以故意杀人罪论处,属于直接故意杀人。二是强迫他人吸食、注射超量毒品,能够认识到这对被害人来说是危险的,可能致其死亡,但是行为人为了追求其他目的,对被害人的死亡采取放任不管的态度,最终造成了被害人死亡的结果,行为人构成故意杀人罪,属于间接故意杀人。三是暴力强迫他人吸食、注射常量或者少量的毒品,意外地引起了被害人死亡,应当以强迫他人吸毒罪从重处罚。行为人在强迫他人吸食、注射毒品的过程中,因为捆绑、殴打致人轻伤的,可以按照处理牵连犯的原则,选择其中的一个重罪处罚,即按照强迫他人吸毒罪处罚;如果是致人重伤、死亡,则应当认定为强迫他人吸毒罪和故意杀人罪或者故意伤害罪两个罪,实行数罪并罚。如果行为人既强迫他人吸食、注射毒品,又向其贩卖毒品的,这应当以贩卖毒品罪论处。

第二,不可将本罪与贩卖毒品罪相混淆,二者的区别是:一是侵犯的客体和犯罪对象不同。本罪侵犯的是复杂客体,即侵犯了他人的身心健康和社会主义的社会风尚,犯罪对象是不愿吸食、注射毒品的人;而后者侵犯的是单一客体,即侵犯的是国家对毒品的管理制度,犯罪对象是毒品。二是在客观方面表现不同。本罪表现为以暴力、胁迫等手段,迫使他人吸食、注射毒品的行为;而后者表现为非法转手倒卖毒品或者销售自制的毒品的行为。

(5)量刑幅度

根据《刑法》第353条第2款、第3款的规定,犯本罪的,处3年以上10年以下有期徒刑,并处罚金。强迫未成年人吸食、注射毒品的,从重处罚。

10. 容留他人吸毒罪(第354条)

(1)罪名概念

容留他人吸毒罪,是指行为人利用自己的住房或者其他场所,召集、收留他人吸食、注射毒品的行为。

(2)法律规定

①本罪名是由《刑法》第354条规定的。该条规定:“容留他人吸食、注射毒品的,处三年以下有期徒刑、拘役或者管制,并处罚金。”

《刑法》第357条规定:“本法所称的毒品,是指鸦片、海洛因、甲基苯丙胺(冰毒)、吗啡、大麻、可卡因以及国家规定管制的其他能够使人形成瘾癖的麻醉药品和精神药品。

毒品的数量以查证属实的走私、贩卖、运输、制造、非法持有毒品的数量计算,不以纯度折算。”

②1994年12月20日最高人民法院《关于执行〈全国人民代表大会常务委员会关于禁毒的决定〉的若干问题的解释》相关内容如下:

“十一、容留他人吸毒并出售毒品罪

根据《决定》第九条的规定,容留他人吸毒并出售毒品罪,是指为他人吸食、注射毒品提供场所,并向其出售毒品的行为。

容留他人吸食、注射毒品的人数和次数的多少,以及出售毒品数量的多少,不影响本罪的成立,但是应当作为量刑情节予以考虑。对犯本罪未经处理的,其出售毒品数量应累计计算。

十二、非法提供麻醉药品、精神药品罪

根据《决定》第十条第二款的规定,非法提供麻醉药品、精神药品罪,是指依法从事生产、运输、管理、使用国家管制的麻醉药品、精神药品的单位和人员,明知他人是吸食、注射毒品的人,而向其提供国家管制的麻醉药品、精神药品的行为。

提供毒品的对象,只能是吸食、注射毒品的人。如果明知对方是毒品犯罪分子,而向其提供国家管制的麻醉药品、精神药品的，则构成有关的毒品犯罪的共犯。

十三、《决定》第十一条第二款的适用

《决定》第十一条第二款规定，因走私、贩卖、运输、制造、非法持有毒品罪被判过刑，又犯《决定》规定之罪的，从重处罚。这是指凡因走私、贩卖、运输、制造、非法持有毒品罪被判过刑又犯《决定》规定之罪的，无论是否构成累犯，一律依照《决定》第十一条第二款的规定从重处罚。

十四、《决定》第十二条的适用

《决定》第十二条规定的‘由非法所得所获得的收益’，是指用毒品犯罪的非法所得，通过合法手段或者非法手段所获得的一切收益。

《决定》第十二条规定的‘供犯罪使用的财物，一律没收’，是对刑法第六十条的修改补充。《决定》施行后判处的毒品犯罪案件，对于供犯罪使用的财物，应当依照《决定》的规定一律予以没收，而不限于没收‘供犯罪所用的本人财物’。

十五、《决定》第十四条的适用

《决定》第十四条的规定，是指毒品犯罪分子在犯《决定》规定之罪后被司法机关发现并予以审查时（包括侦查、起诉、审判阶段），检举、揭发其他毒品犯罪活动或者其他毒品犯罪分子（含同案犯）罪行得到证实的，或者提供重要线索、证据，从而得以侦破其他毒品犯罪案件的，或者协助司法机关缉捕其他毒品犯罪分子（含同案犯）的，属于有立功表现，可以从轻、减轻处罚或者免除处罚。

如果犯罪分子实施毒品犯罪后自首而没有上述立功表现的，则应当适用刑法第六十三条关于自首的规定。

十八、对毒品犯罪中共犯的处罚原则

对走私、贩卖、运输、制造毒品犯罪集团的首要分子，应当按照犯罪集团进行毒品犯罪的总数量和其他犯罪事实确定其罪责，予以处罚。

对共同毒品犯罪中的主犯和其他犯罪分子，应当按照其参与毒品犯罪的毒品数量和在共同犯罪中的地位、作用，分别确定其应当承担的罪责，予以处罚。”

③2016年4月6日最高人民法院《关于审理毒品犯罪案件适用法律若干问题的解释》第12条规定：“容留他人吸食、注射毒品，具有下列情形之一的，应当依照刑法第三百五十四条的规定，以容留他人吸毒罪定罪处罚：

（一）一次容留多人吸食、注射毒品的；

（二）二年内多次容留他人吸食、注射毒品的；

（三）二年内曾因容留他人吸食、注射毒品受过行政处罚的；

（四）容留未成年人吸食、注射毒品的；

（五）以牟利为目的容留他人吸食、注射毒品的；

（六）容留他人吸食、注射毒品造成严重后果的；

（七）其他应当追究刑事责任的情形。

向他人贩卖毒品后又容留其吸食、注射毒品，或者容留他人吸食、注射毒品并向其贩卖毒品，符合前款规定的容留他人吸毒罪的定罪条件的，以贩卖毒品罪和容留他人吸毒罪数罪并罚。

容留近亲属吸食、注射毒品，情节显著轻微危害不大的，不作为犯罪处理；需要追究刑事责任的，可以酌情从宽处罚。”

（3）构成要件

第一，本罪侵犯的客体是国家对毒品的管理制度和人民的身体健康。

第二，客观方面表现为容留他人吸食、注射毒品的行为。

第三，犯罪主体为一般主体。

第四，主观方面是故意，既明知是毒品而又有意容留他人吸食、注射。至于动机如何，法律没有作特别规定，实践中一般是为了牟取非法利益。

（4）罪名界定

认定本罪要注意以下问题：一是行为人如果既有容留他人吸食、注射毒品的行为，同时又向吸毒者出售毒品，由于这是两种不同的行为，出于两种不同的目的，行为人的行为则分别构成了容留他人吸毒罪和贩卖毒品罪，应当实行数罪并罚。二是行为人如果只是自己吸食、注射毒品，没有容留他人吸毒罪，则属于违法行为，不依犯罪论处。三是容留他人吸毒、注射毒品次数少、容留的人少，不影响本罪的成立。

（5）量刑幅度

根据《刑法》第354条的规定，犯本罪的，处3年以下有期徒刑、拘役或者管制，并处罚金。

11. 非法提供麻醉药品、精神药品罪（第355条）

（1）罪名概念

非法提供麻醉药品、精神药品罪，是指依法从事生产、运输、管理、使用国家管制的麻醉药品、精神药品的单位和人员，违反国家规定，向吸食、注射毒品的人提供国家规定管制的能够使人形成瘾癖的麻醉药品、精神药品的行为。

（2）法律规定

①本罪名是由《刑法》第355条规定的。该条规定：“依法从事生产、运输、管理、使用国家管制的麻醉药品、精神药品的人员，违反国家规定，向吸食、注射毒品的人提供国家规定管制的能够使人形成瘾癖的麻醉药品、精神药品的，处三年以下有期徒刑或者拘役，并处罚金；情节严重的，处三年以上七年以下有期徒刑，并处罚金。向走私、贩卖毒品的犯罪分子或者以牟利为目的，向吸食、注射毒品的人提供国家规定管制的能够使人形成瘾癖的麻醉药品、精神药品的，依照本法第三百四十七条的规定定罪处罚。

单位犯前款罪的，对单位判处罚金，并对其直接负责的主管人员和其他直接责任人员，依照前款的规定处罚。”

《刑法》第357条规定：“本法所称的毒品，是指鸦片、海洛因、甲基苯丙胺（冰毒）、吗啡、大麻、可卡因以及国家规定管制的其他能够使人形成瘾癖的麻醉药品和精神药品。

毒品的数量以查证属实的走私、贩卖、运输、制造、非法持有毒品的数量计算，不以纯度折算。”

②2002年10月24日最高人民检察院法律政策研究室《关于安定注射液是否属于刑法第三百五十五条规定的精神药品问题的答复》规定：“根据《精神药品管理办法》等国家有关规定，‘能够使人形成瘾癖’的精神药品，是指使用后能使人的中枢神经系统兴奋或者抑制，连续使用能使人产生依赖性的药品。安定注射液属于刑法第三百五十五条第一款规定的‘国家规定管制的能够使人形成瘾癖的’精神药品。鉴于安定注射液属于《精神药品管理办法》规定的第二类精神药品，医疗实践中使用较多，在处理此类案件时，应当慎重掌握罪与非罪的界限。对于明知他人是吸毒人员而多次向其出售安定注射液，或者贩卖安定注射液数量较大的，可以依法追究行为人的刑事责任。”

③1994年12月20日最高人民法院《关于执行〈全国人民代表大会常务委员会关于禁毒的决定〉的若干问题的解释》相关内容如下：

“十二、非法提供麻醉药品、精神药品罪

根据《决定》第十条第二款的规定，非法提供麻醉药品、精神药品罪，是指依法从事生产、运输、管理、使用国家管制的麻醉药品、精神药品的单位和人员，明知他人是吸食、注射毒品的人，而向其提供国家管制的麻醉药品、精神药品的行为。

提供毒品的对象，只能是吸食、注射毒品的人。如果明知对方是毒品犯罪分子，而向其提供国家管制的麻醉药品、精神药品的，则构成有关的毒品犯罪的共犯。

十三、《决定》第十一条第二款的适用

《决定》第十一条第二款规定，因走私、贩卖、运输、制造、非法持有毒品罪被判过刑，又犯《决定》规定之罪的，从重处罚。这是指凡因走私、贩卖、运输、制造、非法持有毒品罪被判过刑又犯《决定》规定之罪的，无论是否构成累犯，一律依照《决定》第十一条第二款的规定从重处罚。

十五、《决定》第十四条的适用

《决定》第十四条的规定，是指毒品犯罪分子在犯《决定》规定之罪后被司法机关发现并予以审查时(包括侦查、起诉、审判阶段)，检举、揭发其他毒品犯罪活动或者其他毒品犯罪分子(含同案犯)罪行得到证实的，或者提供重要线索、证据，从而得以侦破其他毒品犯罪案件的，或者协助司法机关缉捕其他毒品犯罪分子(含同案犯)的，属于有立功表现，可以从轻、减轻处罚或者免除处罚。

如果犯罪分子实施毒品犯罪后自首而没有上述立功表现的，则应当适用刑法第六十三条关于自首的规定。

十八、对毒品犯罪中共犯的处罚原则

对走私、贩卖、运输、制造毒品犯罪集团的首要分子，应当按照犯罪集团进行毒品犯罪的总数量和其他犯罪事实确定其罪责，予以处罚。

对共同毒品犯罪中的主犯和其他犯罪分子，应当按照其参与毒品犯罪的毒品数量和在共同犯罪中的地位、作用，分别确定其应当承担的罪责，予以处罚。”

④2016年2月6日《麻醉药品和精神药品管理条例》相关内容如下：

“第三条　本条例所称麻醉药品和精神药品，是指列入麻醉药品目录、精神药品目录(以下称目录)的药品和其他物质。精神药品分为第一类精神药品和第二类精神药品。

目录由国务院药品监督管理部门会同国务院公安部门、国务院卫生主管部门制定、调整并公布。

上市销售但尚未列入目录的药品和其他物质或者第二类精神药品发生滥用，已经造成或者可能造成严重社会危害的，国务院药品监督管理部门会同国务院公安部门、国务院卫生主管部门应当及时将该药品和该物质列入目录或者将该第二类精神药品调整为第一类精神药品。

第四条　国家对麻醉药品药用原植物以及麻醉药品和精神药品实行管制。除本条例另有规定的外，任何单位、个人不得进行麻醉药品药用原植物的种植以及麻醉药品和精神药品的实验研究、生产、经营、使用、储存、运输等活动。

第六十五条　药品监督管理部门、卫生主管部门违反本条例的规定，有下列情形之一的，由其上级行政机关或者监察机关责令改正；情节严重的，对直接负责的主管人员和其他直接责任人员依法给予行政处分；构成犯罪的，依法追究刑事责任：

(一)对不符合条件的申请人准予行政许可或者超越法定职权作出准予行政许可决定的；

(二)未到场监督销毁过期、损坏的麻醉药品和精神药品的；

(三)未依法履行监督检查职责，应当发现而未发现违法行为、发现违法行为不及时查处，或者未依照本条例规定的程序实施监督检查的；

(四)违反本条例规定的其他失职、渎职行为。

第七十七条　药物临床试验机构以健康人为麻醉药品和第一类精神药品临床试验的受试对

象的，由药品监督管理部门责令停止违法行为，给予警告；情节严重的，取消其药物临床试验机构的资格；构成犯罪的，依法追究刑事责任。对受试对象造成损害的，药物临床试验机构依法承担治疗和赔偿责任。

第八十一条　依法取得麻醉药品药用原植物种植或者麻醉药品和精神药品实验研究、生产、经营、使用、运输等资格的单位，倒卖、转让、出租、出借、涂改其麻醉药品和精神药品许可证明文件的，由原审批部门吊销相应许可证明文件，没收违法所得；情节严重的，处违法所得2倍以上5倍以下的罚款；没有违法所得的，处2万元以上5万元以下的罚款；构成犯罪的，依法追究刑事责任。

第八十二条　违反本条例的规定，致使麻醉药品和精神药品流入非法渠道造成危害，构成犯罪的，依法追究刑事责任；尚不构成犯罪的，由县级以上公安机关处5万元以上10万元以下的罚款；有违法所得的，没收违法所得；情节严重的，处违法所得2倍以上5倍以下的罚款；由原发证部门吊销其药品生产、经营和使用许可证明文件。

药品监督管理部门、卫生主管部门在监督管理工作中发现前款规定情形的，应当立即通报所在地同级公安机关，并依照国家有关规定，将案件以及相关材料移送公安机关。”

⑤2012年5月16日最高人民检察院、公安部《关于公安机关管辖的刑事案件立案追诉标准的规定(三)》第12条规定：“依法从事生产、运输、管理、使用国家管制的麻醉药品、精神药品的个人或者单位，违反国家规定，向吸食、注射毒品的人员提供国家规定管制的能够使人形成瘾癖的麻醉药品、精神药品，涉嫌下列情形之一的，应予立案追诉：

(一)非法提供鸦片二十克以上、吗啡二克以上、度冷丁(杜冷丁)五克以上(针剂100mg/支规格的五十支以上，50mg/支规格的一百支以上；片剂25mg/片规格的二百片以上，50mg/片规格的一百片以上)、盐酸二氢埃托啡零点二毫克以上(针剂或者片剂20mg/支、片规格的十支、片以上)、氯胺酮、美沙酮二十克以上、三唑仑、安眠酮一千克以上、咖啡因五千克以上、氯氮卓、艾司唑仑、地西泮、溴西泮十千克以上，以及其他麻醉药品和精神药品数量较大的；

(二)虽未达到上述数量标准，但非法提供麻醉药品、精神药品两次以上，数量累计达到前项规定的数量标准百分之八十以上的；

(三)因非法提供麻醉药品、精神药品被行政处罚，又非法提供麻醉药品、精神药品的；

(四)向吸食、注射毒品的未成年人提供麻醉药品、精神药品的；

(五)造成严重后果或者其他情节严重的。

依法从事生产、运输、管理、使用国家管制的麻醉药品、精神药品的人员或者单位，违反国家规定，向走私、贩卖毒品的犯罪分子提供国家规定管制的能够使人形成瘾癖的麻醉药品、精神药品的，或者以牟利为目的，向吸食、注射毒品的人提供国家规定管制的能够使人形成瘾癖的麻醉药品、精神药品的，以走私、贩卖毒品罪立案追诉。”

⑥2016年4月6日最高人民法院《关于审理毒品犯罪案件适用法律若干问题的解释》第13条规定：“依法从事生产、运输、管理、使用国家管制的麻醉药品、精神药品的人员，违反国家规定，向吸食、注射毒品的人提供国家规定管制的能够使人形成瘾癖的麻醉药品、精神药品，具有下列情形之一的，应当依照刑法第三百五十五条第一款的规定，以非法提供麻醉药品、精神药品罪定罪处罚：

(一)非法提供麻醉药品、精神药品达到刑法第三百四十七条第三款或者本解释第二条规定的‘数量较大’标准最低值的百分之五十，不满‘数量较大’标准的；

(二)二年内曾因非法提供麻醉药品、精神药品受过行政处罚的；

(三)向多人或者多次非法提供麻醉药品、精神药品的；

(四)向吸食、注射毒品的未成年人非法提供麻醉药品、精神药品的；

（五）非法提供麻醉药品、精神药品造成严重后果的；

（六）其他应当追究刑事责任的情形。

具有下列情形之一的，应当认定为刑法第三百五十五条第一款规定的'情节严重'：

（一）非法提供麻醉药品、精神药品达到刑法第三百四十七条第三款或者本解释第二条规定的'数量较大'标准的；

（二）非法提供麻醉药品、精神药品达到前款第一项规定的数量标准，且具有前款第三项至第五项规定的情形之一的；

（三）其他情节严重的情形。"

（3）构成要件

第一，本罪侵犯的客体是国家对麻醉药品和精神药品的管理制度。犯罪对象是国家规定管制的能够使人形成瘾癖的麻醉药品、精神药品。

第二，客观方面表现为违反国家规定，向吸食、注射毒品的人提供国家规定管制的能够使人形成瘾癖的麻醉药品或者精神药品。

第三，犯罪主体是特殊主体，即依法从事生产、运输、管理、使用国家管制的麻醉药品、精神药品的人员和单位。

第四，主观方面是故意。

（4）罪名界定

第一，关于本罪的认定。根据《刑法》第355条的规定，依法从事生产、运输、管理、使用国家规定管制的能够使人形成瘾癖的麻醉药品、精神药品的人员或者单位，违反国家规定，提供麻醉药品、精神药品，有下列两种情形之一的，依照走私、贩卖毒品罪定罪处罚：一是向走私、贩卖毒品的犯罪分子提供的；二是以牟利为目的，向吸食、注射毒品的人提供的。

第二，本罪与贩卖毒品罪有以下区别：①犯罪主体不同。前者的主体是特殊主体，即包括个人和单位，并且都具有合法接触毒品的身份，其中的个人必须年满16周岁；而贩卖毒品罪的主体是一般主体，既可以是个人，也可以是单位，其中的个人，可以是已满14周岁不满16周岁的人。②犯罪对象不同。本罪的犯罪对象是吸食、注射毒品的人；贩卖毒品罪的犯罪对象可以是任何人。③犯罪目的不同。本罪行为人不能有牟利的目的；而贩卖毒品罪都是以牟利为目的。向走私、贩卖毒品的犯罪分子或者以牟利为目的，向吸食、注射毒品的人提供国家规定管制的能够使人形成瘾癖的麻醉药品、精神药品的人，构成走私、贩卖毒品罪，而不构成本罪。

（5）量刑幅度

根据《刑法》第355条的规定，对犯本罪的处罚分以下3个档次：

一是个人犯本罪的，处3年以下有期徒刑或者拘役，并处罚金。

二是情节严重的，处3年以上7年以下有期徒刑，并处罚金。

三是单位犯本罪的，对单位判处罚金，并且对其直接负责的主管人员和其他直接责任人员依照上述规定处罚。

12. 妨害兴奋剂管理罪（第355条之一）

（1）罪名概念

妨害兴奋剂管理罪，是指引诱、教唆、欺骗运动员使用兴奋剂参加国内、国际重大体育竞赛，或者明知运动员参加上述竞赛而向其提供兴奋剂，情节严重的行为。

（2）法律规定

本罪名是由《刑法》第355条之一规定的。该条规定："引诱、教唆、欺骗运动员使用兴奋剂参加国内、国际重大体育竞赛,或者明知运动员参加上述竞赛而向其提供兴奋剂,情节严重的,处三年以下有期徒刑或者拘役,并处罚金。

组织、强迫运动员使用兴奋剂参加国内、国际重大体育竞赛的,依照前款的规定从重处罚。”

(3)构成要件

第一,本罪侵犯的客体是国家对兴奋剂的管理秩序。

第二,客观方面表现为引诱、教唆、欺骗运动员使用兴奋剂参加国内、国际重大体育竞赛,或者明知运动员参加上述竞赛而向其提供兴奋剂,情节严重的行为。

第三,犯罪主体是一般主体。

第四,主观方面是故意。

(4)罪名界定

构成本罪,一是实施了引诱、教唆、欺骗运动员使用兴奋剂参加重大体育竞赛,或者明知运动员参加上述竞赛而向其提供兴奋剂的行为,二是行为情节严重。引诱,是指行为人利用以利相诱或者采取其他手段,诱惑、唆使运动员使用兴奋剂。教唆,是指行为人劝说、授意、怂恿运动员使用兴奋剂参加比赛。欺骗,指行为人隐瞒真实情况,导致运动员在不知情的情况下使用兴奋剂。

(5)量刑幅度

根据《刑法》第355条之一的规定,犯本罪的,处3年以下有期徒刑或者拘役,并处罚金。具有组织、强迫运动员使用兴奋剂参加国内、国际重大体育竞赛情节的,从重处罚。

(八)组织、强迫、引诱、容留、介绍卖淫罪

1. 组织卖淫罪(第358条第1款)

(1)罪名概念

组织卖淫罪,是指以招募、雇佣、引诱、容留等手段,组织、策划、指挥或者控制多人从事卖淫的行为。

(2)法律规定

①本罪名是由《刑法》第358条第1款规定的。该条规定:“组织、强迫他人卖淫的,处五年以上十年以下有期徒刑,并处罚金;情节严重的,处十年以上有期徒刑或者无期徒刑,并处罚金或者没收财产。

组织、强迫未成年人卖淫的,依照前款的规定从重处罚。

犯前两款罪,并有杀害、伤害、强奸、绑架等犯罪行为的,依照数罪并罚的规定处罚。

为组织卖淫的人招募、运送人员或者有其他协助组织他人卖淫行为的,处五年以下有期徒刑,并处罚金;情节严重的,处五年以上十年以下有期徒刑,并处罚金。”

《刑法》第361条规定:“旅馆业、饮食服务业、文化娱乐业、出租汽车业等单位的人员,利用本单位的条件,组织、强迫、引诱、容留、介绍他人卖淫的,依照本法第三百五十八条、第三百五十九条的规定定罪处罚。

前款所列单位的主要负责人,犯前款罪的,从重处罚。”

②2017年7月21日最高人民法院、最高人民检察院《关于办理组织、强迫、引诱、容留、介绍卖淫刑事案件适用法律若干问题的解释》相关内容如下:

“第一条　以招募、雇佣、纠集等手段,管理或者控制他人卖淫,卖淫人员在三人以上的,应当认定为刑法第三百五十八条规定的‘组织他人卖淫’。

组织卖淫者是否设置固定的卖淫场所、组织卖淫者人数多少、规模大小，不影响组织卖淫行为的认定。

第二条　组织他人卖淫，具有下列情形之一的，应当认定为刑法第三百五十八条第一款规定的‘情节严重’：

（一）卖淫人员累计达十人以上的；

（二）卖淫人员中未成年人、孕妇、智障人员、患有严重性病的人累计达五人以上的；

（三）组织境外人员在境内卖淫或者组织境内人员出境卖淫的；

（四）非法获利人民币一百万元以上的；

（五）造成被组织卖淫的人自残、自杀或者其他严重后果的；

（六）其他情节严重的情形。

第三条　在组织卖淫犯罪活动中，对被组织卖淫的人有引诱、容留、介绍卖淫行为的，依照处罚较重的规定定罪处罚。但是，对被组织卖淫的人以外的其他人有引诱、容留、介绍卖淫行为的，应当分别定罪，实行数罪并罚。

第六条　强迫他人卖淫，具有下列情形之一的，应当认定为刑法第三百五十八条第一款规定的‘情节严重’：

（一）卖淫人员累计达五人以上的；

（二）卖淫人员中未成年人、孕妇、智障人员、患有严重性病的人累计达三人以上的；

（三）强迫不满十四周岁的幼女卖淫的；

（四）造成被强迫卖淫的人自残、自杀或者其他严重后果的；

（五）其他情节严重的情形。

行为人既有组织卖淫犯罪行为，又有强迫卖淫犯罪行为，且具有下列情形之一的，以组织、强迫卖淫‘情节严重’论处：

（一）组织卖淫、强迫卖淫行为中具有本解释第二条、本条前款规定的‘情节严重’情形之一的；

（二）卖淫人员累计达到本解释第二条第一、二项规定的组织卖淫‘情节严重’人数标准的；

（三）非法获利数额相加达到本解释第二条第四项规定的组织卖淫‘情节严重’数额标准的。

第七条　根据刑法第三百五十八条第三款的规定，犯组织、强迫卖淫罪，并有杀害、伤害、强奸、绑架等犯罪行为的，依照数罪并罚的规定处罚。协助组织卖淫行为人参与实施上述行为的，以共同犯罪论处。

根据刑法第三百五十八条第二款的规定，组织、强迫未成年人卖淫的，应当从重处罚。

第十条　组织、强迫、引诱、容留、介绍他人卖淫的次数，作为酌定情节在量刑时考虑。

第十三条　犯组织、强迫、引诱、容留、介绍卖淫罪的，应当依法判处犯罪所得二倍以上的罚金。共同犯罪的，对各共同犯罪人合计判处的罚金应当在犯罪所得的二倍以上。

对犯组织、强迫卖淫罪被判处无期徒刑的，应当并处没收财产。”

（3）构成要件

第一，本罪侵犯的客体是社会道德风尚和社会治安管理秩序。

第二，客观方面表现为行为人实施了组织多人卖淫的行为。

第三，本罪的主体必须是卖淫活动的组织者，可以是一个人，也可以是几个人。

第四，主观方面是故意。至于行为人的目的，一般是牟利，也可以是出于其他目的。

（4）罪名界定

认定本罪要注意以下问题：

一是本罪在客观方面通常表现为两种形式:其一,设置卖淫场所或者变相的卖淫场所。其二,虽然没有固定的卖淫场所,但行为人通过自己掌握控制的卖淫人员,有组织地进行卖淫活动。例如,有些旅馆、饭店、发廊等服务业、娱乐业的老板,公然唆使、允许本店的服务人员陪同顾客到店外进行卖淫嫖娼活动,从中收取钱财;有的老板或者负责人以提供服务为名,向顾客提供各种名义的陪伴女郎,实际上是提供妓女进行卖淫。不论哪种形式,只要是实施了组织他人进行卖淫活动的行为,即构成组织卖淫罪。

二是在组织他人卖淫犯罪活动中,有的兼有引诱或者强迫、容留、介绍他人卖淫行为,对这种情况,应该区别对待。如果行为人的强迫、引诱、容留、介绍他人卖淫的行为是在组织他人卖淫过程中发生的,并且其组织的对象与引诱、容留、介绍、强迫的对象是同一的,那么,应当以组织他人卖淫罪论处,对强迫或者引诱、容留、介绍他人卖淫的行为,可以作为一个情节在量刑时予以考虑。如果强迫或者引诱、容留、介绍他人卖淫行为与组织他人卖淫的行为之间没有联系,而且其组织的对象与强迫、引诱、容留的对象不同,则应分别定罪,实行数罪并罚。

三是在组织他人卖淫犯罪活动中,对被组织者又实施了非法拘禁、伤害、强奸等行为时,对此亦应作具体分析,一般而言,行为人在组织他人卖淫活动中,对被组织者进行非法拘禁、侮辱的,仍属于行为人为达到组织他人卖淫的目的而采取的一种手段,可以作为组织他人卖淫罪的一个情节,在量刑时予以考虑,不实行数罪并罚。行为人在组织他人卖淫活动中有伤害行为的,如果是轻伤害,仍然可以视为组织他人卖淫的一种手段;如果给被组织者造成的是重伤害,则显然不属于组织他人卖淫罪的范围了,应定故意伤害罪,与组织他人卖淫罪实行数罪并罚。如果行为人在组织他人卖淫活动中,对被组织者实施了强奸行为,对此,应当分别定罪,实行数罪并罚。

四是在组织卖淫罪中,行为人对被组织者有强迫卖淫行为的,应当作为组织卖淫的量刑情节予以考虑,不实行数罪并罚。因为组织卖淫罪是一个概括性罪名,组织卖淫的"组织"手段可以包括强迫、引诱、容留等各种手段。因此,行为人采用强迫、引诱、容留手段,组织他人卖淫的,实际上构成牵连犯和想象竞合犯,应当按照牵连犯或者想象竞合犯的处理原则,选择其中一种重罪处罚,即只定组织卖淫罪。但是,如果行为人强迫他人卖淫的行为与组织卖淫行为并没有必然联系,则应当以强迫卖淫罪和组织卖淫罪分别定罪量刑,实行数罪并罚。

五是如果行为人明知被组织者是不满 14 周岁的幼女,实质上与嫖宿者构成强奸共犯,对行为人应定强奸罪。如果行为人根本不知道被组织者中有不满 14 周岁的幼女,则行为人只构成组织卖淫罪,组织不满 14 周岁幼女卖淫的客观事实,可以作为量刑情节来考虑。

(5)量刑幅度

根据《刑法》第 358 条的规定,对构成组织卖淫罪的处罚分以下 2 个档次:

一是构成本罪的,处 5 年以上 10 年以下有期徒刑,并处罚金。

二是情节严重的,处 10 年以上有期徒刑或者无期徒刑,并处罚金或者没收财产。

2. 强迫卖淫罪(第 358 条第 1 款)

(1)罪名概念

强迫卖淫罪,是指以暴力、胁迫、虐待或者其他手段,迫使他人卖淫的行为。

(2)法律规定

①本罪名是由《刑法》第 358 条第 1 款规定的。该条规定:"组织、强迫他人卖淫的,处五年以上十年以下有期徒刑,并处罚金;情节严重的,处十年以上有期徒刑或者无期徒刑,并处罚金或者没收财产。

组织、强迫未成年人卖淫的,依照前款的规定从重处罚。

犯前两款罪，并有杀害、伤害、强奸、绑架等犯罪行为的，依照数罪并罚的规定处罚。

为组织卖淫的人招募、运送人员或者有其他协助组织他人卖淫行为的，处五年以下有期徒刑，并处罚金；情节严重的，处五年以上十年以下有期徒刑，并处罚金。”

《刑法》第361条规定：“旅馆业、饮食服务业、文化娱乐业、出租汽车业等单位的人员，利用本单位的条件，组织、强迫、引诱、容留、介绍他人卖淫的，依照本法第三百五十八条、第三百五十九条的规定定罪处罚。

前款所列单位的主要负责人，犯前款罪的，从重处罚。”

②2017年7月21日最高人民法院、最高人民检察院《关于办理组织、强迫、引诱、容留、介绍卖淫刑事案件适用法律若干问题的解释》第6条、第7条规定：“强迫他人卖淫，具有下列情形之一的，应当认定为刑法第三百五十八条第一款规定的‘情节严重’：

（一）卖淫人员累计达五人以上的；

（二）卖淫人员中未成年人、孕妇、智障人员、患有严重性病的人累计达三人以上的；

（三）强迫不满十四周岁的幼女卖淫的；

（四）造成被强迫卖淫的人自残、自杀或者其他严重后果的；

（五）其他情节严重的情形。

行为人既有组织卖淫犯罪行为，又有强迫卖淫犯罪行为，且具有下列情形之一的，以组织、强迫卖淫‘情节严重’论处：

（一）组织卖淫、强迫卖淫行为中具有本解释第二条、本条前款规定的‘情节严重’情形之一的；

（二）卖淫人员累计达到本解释第二条第一、二项规定的组织卖淫‘情节严重’人数标准的；

（三）非法获利数额相加达到本解释第二条第四项规定的组织卖淫‘情节严重’数额标准的。”

“根据刑法第三百五十八条第三款的规定，犯组织、强迫卖淫罪，并有杀害、伤害、强奸、绑架等犯罪行为的，依照数罪并罚的规定处罚。协助组织卖淫行为人参与实施上述行为的，以共同犯罪论处。

根据刑法第三百五十八条第二款的规定，组织、强迫未成年人卖淫的，应当从重处罚。”

(3)构成要件

第一，本罪侵犯的客体是他人的人身自由权利和性的不可侵犯的权利。

第二，客观方面表现为行为人必须具有违背他人意志、强迫他人卖淫的行为。所谓“强迫”，既包括直接使用各种暴力手段，也包括使用非暴力的强迫手段。例如，以揭发隐私或者毁坏名誉相威胁等。

第三，本罪的主体是一般主体。

第四，主观方面是直接故意。

(4)罪名界定

第一，对某一行为是认定强迫卖淫罪还是认定组织卖淫罪，要根据实际情况而定：一是要看使用暴力等手段进行强迫的人与卖淫人之间有没有组织和被组织的关系。如果有，则属于组织卖淫罪；如果没有，则属于强迫卖淫罪。二是看这种强迫行为是否属于整个组织他人卖淫活动的需要，如果是，则强迫行为属于组织他人卖淫的方法行为和手段行为，其本身失去了单独成罪的意义，而被组织卖淫罪所吸收。

第二，本罪与强奸共犯的主要区别：一是强迫卖淫罪的内容是强迫妇女从事卖淫活动；而强奸共犯行为的内容是教唆或者帮助实施强奸。二是强迫卖淫者往往对被害妇女采用暴力、胁迫等手段；而强奸罪的教唆犯，并不直接对被害妇女实施暴力或者胁迫，而主要是教唆他人实施强奸行为；强奸罪的共犯，虽然可以对被害人采用暴力、胁迫等手段，但该手段仅起次要、辅助作用，并且还可采用其他手段，如暗中出谋划策、提供犯罪工具等。三是本罪具有营利的目的；而强奸共犯一般不具有营利目的。

(5) 量刑幅度

根据《刑法》第358条的规定，对犯本罪的处罚分以下2个档次：

一是犯有强迫他人卖淫罪，而没有其他严重情节的，处5年以上10年以下有期徒刑，并处罚金。

二是情节严重的，处10年以上有期徒刑或者无期徒刑，并处罚金或者没收财产。

3. 协助组织卖淫罪(第358条第4款)

(1) 罪名概念

协助组织卖淫罪，是指为组织卖淫的人招募、运送人员或者有其他协助组织他人卖淫，为他人组织卖淫起协助、辅助作用的行为。

(2) 法律规定

①本罪名是由《刑法》第358条第4款规定的。该条款规定：“为组织卖淫的人招募、运送人员或者有其他协助组织他人卖淫行为的，处五年以下有期徒刑，并处罚金；情节严重的，处五年以上十年以下有期徒刑，并处罚金。”

《刑法》第361条规定：“旅馆业、饮食服务业、文化娱乐业、出租汽车业等单位的人员，利用本单位的条件，组织、强迫、引诱、容留、介绍他人卖淫的，依照本法第三百五十八条、第三百五十九条的规定定罪处罚。

前款所列单位的主要负责人，犯前款罪的，从重处罚。”

②2017年7月21日最高人民法院、最高人民检察院《关于办理组织、强迫、引诱、容留、介绍卖淫刑事案件适用法律若干问题的解释》第4条、第5条和第10条规定：“明知他人实施组织卖淫犯罪活动而为其招募、运送人员或者充当保镖、打手、管账人等的，依照刑法第三百五十八条第四款的规定，以协助组织卖淫罪定罪处罚，不以组织卖淫罪的从犯论处。

在具有营业执照的会所、洗浴中心等经营场所担任保洁员、收银员、保安员等，从事一般服务性、劳务性工作，仅领取正常薪酬，且无前款所列协助组织卖淫行为的，不认定为协助组织卖淫罪。”

“协助组织他人卖淫，具有下列情形之一的，应当认定为刑法第三百五十八条第四款规定的‘情节严重’：

(一)招募、运送卖淫人员累计达十人以上的；

(二)招募、运送的卖淫人员中未成年人、孕妇、智障人员、患有严重性病的人累计达五人以上的；

(三)协助组织境外人员在境内卖淫或者协助组织境内人员出境卖淫的；

(四)非法获利人民币五十万元以上的；

(五)造成被招募、运送或者被组织卖淫的人自残、自杀或者其他严重后果的；

(六)其他情节严重的情形。”

“组织、强迫、引诱、容留、介绍他人卖淫的次数，作为酌定情节在量刑时考虑。”

③2017年4月27日最高人民检察院、公安部《关于公安机关管辖的刑事案件立案追诉标准的规定(一)的补充规定》第12条规定：“将《立案追诉标准(一)》第七十七条修改为：[协助组织

卖淫案（刑法第三百五十八条第四款）]在组织卖淫的犯罪活动中，帮助招募、运送、培训人员三人以上，或者充当保镖、打手、管账人等，起帮助作用的，应予立案追诉。”

(3)构成要件

第一，本罪侵犯的客体是社会治安管理秩序和社会道德风尚。

第二，客观方面表现为为组织卖淫的人招募、运送人员或者有其他协助组织他人卖淫，为他人组织卖淫起协助、辅助作用的行为。

第三，犯罪主体是一般主体。

第四，主观方面是故意，即明知犯罪分子在组织他人卖淫而故意予以协助。

(4)罪名界定

第一，关于本罪的认定。组织他人卖淫的犯罪分子，有时会雇用一些人员从事杂役，如端茶倒水、烧火做饭、采购日常用品等。这些人虽然也可能明知其雇主在进行组织他人卖淫的犯罪活动，但由于他们没有为组织卖淫的人招募、运送人员，也没有其他协助组织他人卖淫的行为，不具备本罪的构成要件，因而不构成本罪。

第二，本罪与组织卖淫罪的区别主要是：①犯罪主体不同。前者是组织他人卖淫犯罪分子的协助者；而后者是组织者，是被协助者。②客观行为不同。前者是协助行为；后者是组织行为。③主观故意内容不同。前者是协助组织者的故意；后者是组织他人卖淫的故意。④组织他人卖淫的犯罪分子在犯罪过程中，对被组织卖淫的有强迫等行为的，视为组织的手段，不能独立成罪，不实行数罪并罚；而协助组织他人卖淫罪不能吸收其他性质的犯罪，所以，凡是在协助组织他人卖淫的过程中，又犯其他罪行的，应当在认定协助组织卖淫罪的同时，认定其他犯罪。否则，由于协助组织他人卖淫的法定刑较轻，必然宽纵罪犯。

(5)量刑幅度

根据《刑法》第358条第4款的规定，对犯本罪的处罚分以下2个档次：

一是犯本罪的，处5年以下有期徒刑，并处罚金。

二是情节严重的，处5年以上10年以下有期徒刑，并处罚金。

4. 引诱、容留、介绍卖淫罪（第359条第1款）

(1)罪名概念

引诱、容留、介绍卖淫罪，是指利用金钱、物质等手段，诱使他人卖淫，或者为他人卖淫提供场所，或者为他人卖淫牵线搭桥的行为。

(2)法律规定

①本罪名是由《刑法》第359条第1款规定的。《刑法》第359条规定：“引诱、容留、介绍他人卖淫的，处五年以下有期徒刑、拘役或者管制，并处罚金；情节严重的，处五年以上有期徒刑，并处罚金。

引诱不满十四周岁的幼女卖淫的，处五年以上有期徒刑，并处罚金。”

《刑法》第361条规定：“旅馆业、饮食服务业、文化娱乐业、出租汽车业等单位的人员，利用本单位的条件，组织、强迫、引诱、容留、介绍他人卖淫的，依照本法第三百五十八条、第三百五十九条的规定定罪处罚。

前款所列单位的主要负责人，犯前款罪的，从重处罚。”

②2017年7月21日最高人民法院、最高人民检察院《关于办理组织、强迫、引诱、容留、介绍卖淫刑事案件适用法律若干问题的解释》第8条、第9条和第10条规定：“引诱、容留、介绍他人卖淫，具有下列情形之一的，应当依照刑法第三百五十九条第一款的规定定罪处罚：

（一）引诱他人卖淫的；

（二）容留、介绍二人以上卖淫的；

（三）容留、介绍未成年人、孕妇、智障人员、患有严重性病的人卖淫的；

（四）一年内曾因引诱、容留、介绍卖淫行为被行政处罚，又实施容留、介绍卖淫行为的；

（五）非法获利人民币一万元以上的。

利用信息网络发布招嫖违法信息，情节严重的，依照刑法第二百八十七条之一的规定，以非法利用信息网络罪定罪处罚。同时构成介绍卖淫罪的，依照处罚较重的规定定罪处罚。

引诱、容留、介绍他人卖淫是否以营利为目的，不影响犯罪的成立。

引诱不满十四周岁的幼女卖淫的，依照刑法第三百五十九条第二款的规定，以引诱幼女卖淫罪定罪处罚。

被引诱卖淫的人员中既有不满十四周岁的幼女，又有其他人员的，分别以引诱幼女卖淫罪和引诱卖淫罪定罪，实行并罚。”

“引诱、容留、介绍他人卖淫，具有下列情形之一的，应当认定为刑法第三百五十九条第一款规定的‘情节严重’：

（一）引诱五人以上或者引诱、容留、介绍十人以上卖淫的；

（二）引诱三人以上的未成年人、孕妇、智障人员、患有严重性病的人卖淫，或者引诱、容留、介绍五人以上该类人员卖淫的；

（三）非法获利人民币五万元以上的；

（四）其他情节严重的情形。”

“组织、强迫、引诱、容留、介绍他人卖淫的次数，作为酌定情节在量刑时考虑。”

（3）构成要件

第一，本罪侵犯的客体是社会风尚和社会治安管理秩序。

第二，客观方面表现为引诱、容留、介绍他人卖淫的行为。

第三，犯罪主体是一般主体。是卖淫与嫖娼者以外的第三人。如果是卖淫者自己招揽生意，或者是互相介绍、容留卖淫的，则不构成本罪。

第四，本罪的主观方面是故意，只要故意实施了引诱、容留、介绍他人卖淫三种行为中的一种，不论出于什么目的，都可以构成本罪。

（4）罪名界定

第一，本罪与强迫卖淫罪有以下区别：①前者实施引诱、容留、介绍行为；而后者是以强制手段迫使他人卖淫。②前者侵犯的客体是社会管理秩序和道德风尚；而后者侵犯的主要是他人的人身权利。③在客观方面表现不同。前者是以钱物等作为手段，引诱他人卖淫，为他人提供卖淫场所，以及为他人卖淫牵线搭桥，对卖淫者来说，并没有违背其意志；而后者则是违背了他人的意志，采用暴力、胁迫等手段，迫使卖淫。在司法实践中，对于既有引诱、容留、介绍他人卖淫的行为，又有强迫他人卖淫的行为，应当分别定罪，实行数罪并罚。

第二，本罪与组织卖淫罪、协助组织卖淫罪的不同表现在以下两方面：①从客观方面来看，组织卖淫罪表现为实施了组织他人进行卖淫活动的组织行为，其犯罪手段是采用招募、雇用、强迫、引诱、容留等手段，控制多人从事卖淫。协助组织卖淫罪表现为实施了对组织他人卖淫活动起协助作用的犯罪行为。而引诱、容留、介绍卖淫罪，在客观方面纯粹表现为引诱、容留、介绍他人卖淫行为。②从主体方面来看，组织卖淫罪的主体必须是卖淫的组织者，可以是几个人，也可以是一个人；协助组织卖淫罪主体为协助组织者，至于引诱、容留、介绍卖淫罪的主体与上述两种犯罪的主体是不同的。

(5)量刑幅度

根据《刑法》第359条的规定,对犯本罪的处罚分以下2个档次:

一是犯本罪的,处5年以下有期徒刑、拘役或者管制,并处罚金。

二是情节严重的,处5年以上有期徒刑,并处罚金。

5. 引诱幼女卖淫罪(第359条第2款)

(1)罪名概念

引诱幼女卖淫罪,是指引诱不满14周岁的幼女卖淫的行为。

(2)法律规定

①本罪名是由《刑法》第359条第2款规定的。该条款规定:"引诱不满十四周岁的幼女卖淫的,处五年以上有期徒刑,并处罚金。"

《刑法》第361条规定:"旅馆业、饮食服务业、文化娱乐业、出租汽车业等单位的人员,利用本单位的条件,组织、强迫、引诱、容留、介绍他人卖淫的,依照本法第三百五十八条、第三百五十九条的规定定罪处罚。

前款所列单位的主要负责人,犯前款罪的,从重处罚。"

②2008年6月25日最高人民检察院、公安部《关于公安机关管辖的刑事案件立案追诉标准的规定(一)》第79条规定:"引诱不满十四周岁的幼女卖淫的,应予立案追诉。"

(3)构成要件

第一,本罪侵犯的客体是社会治安秩序和幼女的身心健康。

第二,客观方面表现为实施了引诱不满14周岁幼女卖淫的行为。

第三,犯罪主体是一般主体。

第四,主观方面是故意。一般来说,明知是不满14周岁幼女而引诱她卖淫的,才构成本罪。

(4)罪名界定

认定本罪需要注意以下两个问题:一是在组织卖淫罪中,也可能发生组织幼女卖淫的情形。对被组织者来说,其卖淫行为可能是出于上当受骗,也可能是受到金钱或者其他利益的引诱,表面上像是自愿。但由于幼女身心发育不全,还不能辨别是非,对这种情况可作为引诱不满14周岁幼女卖淫的情节,在处罚时予以考虑,仍应定引诱幼女卖淫罪。二是在组织卖淫罪中,也可能发生强迫幼女卖淫的情形,对这种情况,应定强迫卖淫罪。

(5)量刑幅度

根据《刑法》第359条第2款的规定,引诱不满14周岁幼女卖淫的,处5年以上有期徒刑,并处罚金。

6. 传播性病罪(第360条第1款)

(1)罪名概念

传播性病罪,是指明知自己患有梅毒、淋病等严重性病而进行卖淫、嫖娼的行为。

(2)法律规定

①本罪名是由《刑法》第360条第1款规定的。该条款规定:"明知自己患有梅毒、淋病等严重性病卖淫、嫖娼的,处五年以下有期徒刑、拘役或者管制,并处罚金。"

②2008年6月25日最高人民检察院、公安部《关于公安机关管辖的刑事案件立案追诉标准的规定(一)》第80条规定:"明知自己患有梅毒、淋病等严重性病卖淫、嫖娼的,应予立案追诉。具有下列情形之一的,可以认定为本条规定的'明知':

（一）有证据证明曾到医疗机构就医，被诊断为患有严重性病的；

（二）根据本人的知识和经验，能够知道自己患有严重性病的；

（三）通过其他方法能够证明是‘明知’的。”

③2017年7月21日最高人民法院、最高人民检察院《关于办理组织、强迫、引诱、容留、介绍卖淫刑事案件适用法律若干问题的解释》第11条和第12条规定：“具有下列情形之一的，应当认定为刑法第三百六十条规定的‘明知’：

（一）有证据证明曾到医院或者其他医疗机构就医或者检查，被诊断为患有严重性病的；

（二）根据本人的知识和经验，能够知道自己患有严重性病的；

（三）通过其他方法能够证明行为人是‘明知’的。

传播性病行为是否实际造成他人患上严重性病的后果，不影响本罪的成立。

刑法第三百六十条规定所称的‘严重性病’，包括梅毒、淋病等。其它性病是否认定为‘严重性病’，应当根据《中华人民共和国传染病防治法》《性病防治管理办法》的规定，在国家卫生与计划生育委员会规定实行性病监测的性病范围内，依照其危害、特点与梅毒、淋病相当的原则，从严掌握。”

“明知自己患有艾滋病或者感染艾滋病病毒而卖淫、嫖娼的，依照刑法第三百六十条的规定，以传播性病罪定罪，从重处罚。

具有下列情形之一，致使他人感染艾滋病病毒的，认定为刑法第九十五条第三项‘其他对于人身健康有重大伤害’所指的‘重伤’，依照刑法第二百三十四条第二款的规定，以故意伤害罪定罪处罚：

（一）明知自己感染艾滋病病毒而卖淫、嫖娼的；

（二）明知自己感染艾滋病病毒，故意不采取防范措施而与他人发生性关系的。”

（3）构成要件

第一，本罪侵犯的客体是复杂客体，既侵犯了我国传染病管理制度，又败坏了社会治安管理秩序，还侵犯了公民的身体健康权利。

第二，客观方面表现为患有梅毒、淋病等严重性病而卖淫嫖娼的行为。

第三，犯罪的主体，必须是达到刑事责任年龄，具有刑事责任能力的患有梅毒、淋病等严重性病患者，中国公民和外国人均可构成本罪主体。

第四，主观方面是故意，即明知自己患有严重性病，仍然向他人卖淫或者嫖娼的。至于是否引起性病的传播，不影响犯罪的成立。

（4）罪名界定

认定本罪需要注意以下三个问题：一是明知自己患有严重性病，在实施组织、协助组织、引诱、容留或者接受他人卖淫的行为过程中，又亲自参与卖淫、嫖娼行为的，行为人实际上是出于两种犯罪故意，又实施两种犯罪行为，符合两个犯罪构成要件，应当分别定罪，实行数罪并罚。二是性病患者参加淫乱活动，以金钱为媒介，嫖客支付钱财，妓女收受钱财，这属于传播性病罪与聚众淫乱罪的想象竞合犯，应当选择其中的一个重罪处罚。三是性病患者如果不知道自己有性病，参与聚众淫乱，不论其淫乱行为是否具有卖淫、嫖娼的特征，均不应定传播性病罪。符合聚众淫乱罪构成要件的，应当以聚众淫乱罪定罪量刑。

（5）量刑幅度

根据《刑法》第360条第1款的规定，犯本罪的，处5年以下有期徒刑、拘役或者管制，并处罚金。

另外，根据《刑法》第36条第1款的规定，如果是由于犯罪分子的犯罪行为使被害人遭受经济损失，对犯罪分子除了依法给予刑事处罚外，还应当根据情况，判处赔偿经济损失。

（九）制作、贩卖、传播淫秽物品罪

1. 制作、复制、出版、贩卖、传播淫秽物品牟利罪（第363条第1款）

（1）罪名概念

制作、复制、出版、贩卖、传播淫秽物品牟利罪，是指以牟利为目的，制作、复制、出版、贩卖、传播淫秽的书刊、影片、录像带、录音带、图片或者其他淫秽物品的行为。本罪是行为选择性罪名，只要实施了这五种行为中的一种，即可构成本罪。如果行为人实施了其中两种或者两种以上的行为，也只定一罪，不实行数罪并罚。

（2）法律规定

①本罪名是由《刑法》第363条第1款规定的。该条款规定："以牟利为目的，制作、复制、出版、贩卖、传播淫秽物品的，处三年以下有期徒刑、拘役或者管制，并处罚金；情节严重的，处三年以上十年以下有期徒刑，并处罚金；情节特别严重的，处十年以上有期徒刑或者无期徒刑，并处罚金或者没收财产。"

《刑法》第366条规定："单位犯本节第三百六十三条、第三百六十四条、第三百六十五条规定之罪的，对单位判处罚金，并对其直接负责的主管人员和其他直接责任人员，依照各该条的规定处罚。"

《刑法》第367条规定："本法所称淫秽物品，是指具体描绘性行为或者露骨宣扬色情的诲淫性的书刊、影片、录像带、录音带、图片及其他淫秽物品。

有关人体生理、医学知识的科学著作不是淫秽物品。

包含有色情内容的有艺术价值的文学、艺术作品不视为淫秽物品。"

②2008年6月25日最高人民检察院、公安部《关于公安机关管辖的刑事案件立案追诉标准的规定（一）》第82条规定："以牟利为目的，制作、复制、出版、贩卖、传播淫秽物品，涉嫌下列情形之一的，应予立案追诉：

（一）制作、复制、出版淫秽影碟、软件、录像带五十至一百张（盒）以上，淫秽音碟、录音带一百至二百张（盒）以上，淫秽扑克、书刊、画册一百至二百副（册）以上，淫秽照片、画片五百至一千张以上的；

（二）贩卖淫秽影碟、软件、录像带一百至二百张（盒）以上，淫秽音碟、录音带二百至四百张（盒）以上，淫秽扑克、书刊、画册二百至四百副（册）以上，淫秽照片、画片一千至二千张以上的；

（三）向他人传播淫秽物品达二百至五百人次以上，或者组织播放淫秽影、像达十至二十场次以上的；

（四）制作、复制、出版、贩卖、传播淫秽物品，获利五千至一万元以上的。

以牟利为目的，利用互联网、移动通讯终端制作、复制、出版、贩卖、传播淫秽电子信息，涉嫌下列情形之一的，应予立案追诉：

（一）制作、复制、出版、贩卖、传播淫秽电影、表演、动画等视频文件二十个以上的；

（二）制作、复制、出版、贩卖、传播淫秽音频文件一百个以上的；

（三）制作、复制、出版、贩卖、传播淫秽电子刊物、图片、文章、短信息等二百件以上的；

（四）制作、复制、出版、贩卖、传播的淫秽电子信息，实际被点击数达到一万次以上的；

（五）以会员制方式出版、贩卖、传播淫秽电子信息，注册会员达二百人以上的；

（六）利用淫秽电子信息收取广告费、会员注册费或者其他费用，违法所得一万元以上的；

（七）数量或者数额虽未达到本款第（一）项至第（六）项规定标准，但分别达到其中两项以上标准的百分之五十以上的；

（八）造成严重后果的。

利用聊天室、论坛、即时通信软件、电子邮件等方式，实施本条第二款规定行为的，应予立案追诉。

以牟利为目的，通过声讯台传播淫秽语音信息，涉嫌下列情形之一的，应予立案追诉：

（一）向一百人次以上传播的；

（二）违法所得一万元以上的；

（三）造成严重后果的。

明知他人用于出版淫秽书刊而提供书号、刊号的，应予立案追诉。”

③2004年9月3日最高人民法院、最高人民检察院《关于办理利用互联网、移动通讯终端、声讯台制作、复制、出版、贩卖、传播淫秽电子信息刑事案件具体应用法律若干问题的解释（一）》，主要内容如下：

“第一条　以牟利为目的，利用互联网、移动通讯终端制作、复制、出版、贩卖、传播淫秽电子信息，具有下列情形之一的，依照刑法第三百六十三条第一款的规定，以制作、复制、出版、贩卖、传播淫秽物品牟利罪定罪处罚：

（一）制作、复制、出版、贩卖、传播淫秽电影、表演、动画等视频文件二十个以上的；

（二）制作、复制、出版、贩卖、传播淫秽音频文件一百个以上的；

（三）制作、复制、出版、贩卖、传播淫秽电子刊物、图片、文章、短信息等二百件以上的；

（四）制作、复制、出版、贩卖、传播的淫秽电子信息，实际被点击数达到一万次以上的；

（五）以会员制方式出版、贩卖、传播淫秽电子信息，注册会员达二百人以上的；

（六）利用淫秽电子信息收取广告费、会员注册费或者其他费用，违法所得一万元以上的；

（七）数量或者数额虽未达到第（一）项至第（六）项规定标准，但分别达到其中两项以上标准一半以上的；

（八）造成严重后果的。

利用聊天室、论坛、即时通信软件、电子邮件等方式，实施第一款规定行为的，依照刑法第三百六十三条第一款的规定，以制作、复制、出版、贩卖、传播淫秽物品牟利罪定罪处罚。

第二条　实施第一条规定的行为，数量或者数额达到第一条第一款第（一）项至第（六）项规定标准五倍以上的，应当认定为刑法第三百六十三条第一款规定的‘情节严重’；达到规定标准二十五倍以上的，应当认定为‘情节特别严重’。

第四条　明知是淫秽电子信息而在自己所有、管理或者使用的网站或者网页上提供直接链接的，其数量标准根据所链接的淫秽电子信息的种类计算。

第五条　以牟利为目的，通过声讯台传播淫秽语音信息，具有下列情形之一的，依照刑法第三百六十三条第一款的规定，对直接负责的主管人员和其他直接责任人员以传播淫秽物品牟利罪定罪处罚：

（一）向一百人次以上传播的；

（二）违法所得一万元以上的；

（三）造成严重后果的。

实施前款规定行为，数量或者数额达到前款第（一）项至第（二）项规定标准五倍以上的，应当认定为刑法第三百六十三条第一款规定的‘情节严重’；达到规定标准二十五倍以上的，应当认定为‘情节特别严重’。

第六条　实施本解释前五条规定的犯罪，具有下列情形之一的，依照刑法第三百六十三条第一款、第三百六十四条第一款的规定从重处罚：

（一）制作、复制、出版、贩卖、传播具体描绘不满十八周岁未成年人性行为的淫秽电子信息的；

（二）明知是具体描绘不满十八周岁的未成年人性行为的淫秽电子信息而在自己所有、管理或者使用的网站或者网页上提供直接链接的；

（三）向不满十八周岁的未成年人贩卖、传播淫秽电子信息和语音信息的；

（四）通过使用破坏性程序、恶意代码修改用户计算机设置等方法，强制用户访问、下载淫秽电子信息的。

第七条　明知他人实施制作、复制、出版、贩卖、传播淫秽电子信息犯罪，为其提供互联网接入、服务器托管、网络存储空间、通讯传输通道、费用结算等帮助的，对直接负责的主管人员和其他直接责任人员，以共同犯罪论处。

第八条　利用互联网、移动通讯终端、声讯台贩卖、传播淫秽书刊、影片、录像带、录音带等以实物为载体的淫秽物品的，依照《最高人民法院关于审理非法出版物刑事案件具体应用法律若干问题的解释》的有关规定定罪处罚。

第九条　刑法第三百六十七条第一款规定的‘其他淫秽物品’，包括具体描绘性行为或者露骨宣扬色情的诲淫性的视频文件、音频文件、电子刊物、图片、文章、短信息等互联网、移动通讯终端电子信息和声讯台语音信息。

有关人体生理、医学知识的电子信息和声讯台语音信息不是淫秽物品。包含色情内容的有艺术价值的电子文学、艺术作品不视为淫秽物品。”

④2010年2月2日最高人民法院、最高人民检察院《关于办理利用互联网、移动通讯终端、声讯台制作、复制、出版、贩卖、传播淫秽电子信息刑事案件具体应用法律若干问题的解释（二）》主要相关内容如下：

“第一条　以牟利为目的，利用互联网、移动通讯终端制作、复制、出版、贩卖、传播淫秽电子信息的，依照《最高人民法院、最高人民检察院关于办理利用互联网、移动通讯终端、声讯台制作、复制、出版、贩卖、传播淫秽电子信息刑事案件具体应用法律若干问题的解释》第一条、第二条的规定定罪处罚。

以牟利为目的，利用互联网、移动通讯终端制作、复制、出版、贩卖、传播内容含有不满十四周岁未成年人的淫秽电子信息，具有下列情形之一的，依照刑法第三百六十三条第一款的规定，以制作、复制、出版、贩卖、传播淫秽物品牟利罪定罪处罚：

（一）制作、复制、出版、贩卖、传播淫秽电影、表演、动画等视频文件十个以上的；

（二）制作、复制、出版、贩卖、传播淫秽音频文件五十个以上的；

（三）制作、复制、出版、贩卖、传播淫秽电子刊物、图片、文章等一百件以上的；

（四）制作、复制、出版、贩卖、传播的淫秽电子信息，实际被点击数达到五千次以上的；

（五）以会员制方式出版、贩卖、传播淫秽电子信息，注册会员达一百人以上的；

（六）利用淫秽电子信息收取广告费、会员注册费或者其他费用，违法所得五千元以上的；

（七）数量或者数额虽未达到第（一）项至第（六）项规定标准，但分别达到其中两项以上标准一半以上的；

（八）造成严重后果的。

实施第二款规定的行为，数量或者数额达到第二款第（一）项至第（七）项规定标准五倍以上的，应当认定为刑法第三百六十三条第一款规定的‘情节严重’；达到规定标准二十五倍以上的，应当认定为‘情节特别严重’。

第三条　利用互联网建立主要用于传播淫秽电子信息的群组，成员达三十人以上或者造成严重后果的，对建立者、管理者和主要传播者，依照刑法第三百六十四条第一款的规定，以传播淫秽物品罪定罪处罚。

第四条　以牟利为目的，网站建立者、直接负责的管理者明知他人制作、复制、出版、贩卖、传播的是淫秽电子信息，允许或者放任他人在自己所有、管理的网站或者网页上发布，具有下列情形之一的，依照刑法第三百六十三条第一款的规定，以传播淫秽物品牟利罪定罪处罚：

（一）数量或者数额达到第一条第二款第（一）项至第（六）项规定标准五倍以上的；

（二）数量或者数额分别达到第一条第二款第（一）项至第（六）项两项以上标准二倍以上的；

（三）造成严重后果的。

实施前款规定的行为，数量或者数额达到第一条第二款第（一）项至第（七）项规定标准二十五倍以上的，应当认定为刑法第三百六十三条第一款规定的‘情节严重’；达到规定标准一百倍以上的，应当认定为‘情节特别严重’。

第六条　电信业务经营者、互联网信息服务提供者明知是淫秽网站，为其提供互联网接入、服务器托管、网络存储空间、通讯传输通道、代收费等服务，并收取服务费，具有下列情形之一的，对直接负责的主管人员和其他直接责任人员，依照刑法第三百六十三条第一款的规定，以传播淫秽物品牟利罪定罪处罚：

（一）为五个以上淫秽网站提供上述服务的；

（二）为淫秽网站提供互联网接入、服务器托管、网络存储空间、通讯传输通道等服务，收取服务费数额在二万元以上的；

（三）为淫秽网站提供代收费服务，收取服务费数额在五万元以上的；

（四）造成严重后果的。

实施前款规定的行为，数量或者数额达到前款第（一）项至第（三）项规定标准五倍以上的，应当认定为刑法第三百六十三条第一款规定的‘情节严重’；达到规定标准二十五倍以上的，应当认定为‘情节特别严重’。

第七条　明知是淫秽网站，以牟利为目的，通过投放广告等方式向其直接或者间接提供资金，或者提供费用结算服务，具有下列情形之一的，对直接负责的主管人员和其他直接责任人员，依照刑法第三百六十三条第一款的规定，以制作、复制、出版、贩卖、传播淫秽物品牟利罪的共同犯罪处罚：

（一）向十个以上淫秽网站投放广告或者以其他方式提供资金的；

（二）向淫秽网站投放广告二十条以上的；

（三）向十个以上淫秽网站提供费用结算服务的；

（四）以投放广告或者其他方式向淫秽网站提供资金数额在五万元以上的；

（五）为淫秽网站提供费用结算服务，收取服务费数额在二万元以上的；

（六）造成严重后果的。

实施前款规定的行为，数量或者数额达到前款第（一）项至第（五）项规定标准五倍以上的，应当认定为刑法第三百六十三条第一款规定的‘情节严重’；达到规定标准二十五倍以上的，应当认定为‘情节特别严重’。

第八条　实施第四条至第七条规定的行为，具有下列情形之一的，应当认定行为人‘明知’，但是有证据证明确实不知道的除外：

（一）行政主管机关书面告知后仍然实施上述行为的；

（二）接到举报后不履行法定管理职责的；

（三）为淫秽网站提供互联网接入、服务器托管、网络存储空间、通讯传输通道、代收费、费用结算等服务，收取服务费明显高于市场价格的；

（四）向淫秽网站投放广告，广告点击率明显异常的；

（五）其他能够认定行为人明知的情形。

第九条　一年内多次实施制作、复制、出版、贩卖、传播淫秽电子信息行为未经处理，数量或者数额累计计算构成犯罪的，应当依法定罪处罚。

第十条　单位实施制作、复制、出版、贩卖、传播淫秽电子信息犯罪的，依照《中华人民共和国刑法》、《最高人民法院、最高人民检察院关于办理利用互联网、移动通讯终端、声讯台制作、复制、出版、贩卖、传播淫秽电子信息刑事案件具体应用法律若干问题的解释》和本解释规定的相应个人犯罪的定罪量刑标准，对直接负责的主管人员和其他直接责任人员定罪处罚，并对单位判处罚金。

第十一条　对于以牟利为目的，实施制作、复制、出版、贩卖、传播淫秽电子信息犯罪的，人民法院应当综合考虑犯罪的违法所得、社会危害性等情节，依法判处罚金或者没收财产。罚金数额一般在违法所得的一倍以上五倍以下。”

⑤1998年12月17日最高人民法院《关于审理非法出版物刑事案件具体应用法律若干问题的解释》第8条、第9条、第16条分别规定：“以牟利为目的，实施刑法第三百六十三条第一款规定的行为，具有下列情形之一的，以制作、复制、出版、贩卖、传播淫秽物品牟利罪定罪处罚：

（一）制作、复制、出版淫秽影碟、软件、录像带五十至一百张（盒）以上，淫秽音碟、录音带一百至二百张（盒）以上，淫秽扑克、书刊、画册一百至二百副（册）以上，淫秽照片、画片五百至一千张以上的；

（二）贩卖淫秽影碟、软件、录像带一百至二百张（盒）以上，淫秽音碟、录音带二百至四百张（盒）以上，淫秽扑克、书刊、画册二百至四百副（册）以上，淫秽照片、画片一千至二千张以上的；

（三）向他人传播淫秽物品达二百至五百人次以上，或者组织播放淫秽影、像达十至二十场次以上的；

（四）制作、复制、出版、贩卖、传播淫秽物品，获利五千至一万元以上的。

以牟利为目的，实施刑法第三百六十三条第一款规定的行为，具有下列情形之一的，应当认定为制作、复制、出版、贩卖、传播淫秽物品牟利罪‘情节严重’：

（一）制作、复制、出版淫秽影碟、软件、录像带二百五十至五百张（盒）以上，淫秽音碟、录音带五百至一千张（盒）以上，淫秽扑克、书刊、画册五百至一千副（册）以上，淫秽照片、画片二千五百至五千张以上的；

（二）贩卖淫秽影碟、软件、录像带五百至一千张（盒）以上，淫秽音碟、录音带一千至二千张（盒）以上，淫秽扑克、书刊、画册一千至二千副（册）以上，淫秽照片、画片五千至一万张以上的；

（三）向他人传播淫秽物品达一千至二千人次以上，或者组织播放淫秽影、像达五十至一百场次以上的；

（四）制作、复制、出版、贩卖、传播淫秽物品，获利三万至五万元以上的。

以牟利为目的，实施刑法第三百六十三条第一款规定的行为，其数量（数额）达到前款规定的数量（数额）五倍以上的，应当认定为制作、复制、出版、贩卖、传播淫秽物品牟利罪‘情节特别严重’。”

“为他人提供书号、刊号，出版淫秽书刊的，依照刑法第三百六十三条第二款的规定，以为他人提供书号出版淫秽书刊罪定罪处罚。

为他人提供版号,出版淫秽音像制品的,依照前款规定定罪处罚。

明知他人用于出版淫秽书刊而提供书号、刊号的,依照刑法第三百六十三条第一款的规定,以出版淫秽物品牟利罪定罪处罚。”

“出版单位与他人事前通谋,向其出售、出租或者以其他形式转让该出版单位的名称、书号、刊号、版号,他人实施本解释第二条、第四条、第八条、第九条、第十条、第十一条规定的行为,构成犯罪的,对该出版单位应当以共犯论处。”

⑥2009 年 8 月 27 日全国人民代表大会常务委员会《关于维护互联网安全的决定》第 3 条规定:“为了维护社会主义市场经济秩序和社会管理秩序,对有下列行为之一,构成犯罪的,依照刑法有关规定追究刑事责任:

(一)利用互联网销售伪劣产品或者对商品、服务作虚假宣传;

(二)利用互联网损害他人商业信誉和商品声誉;

(三)利用互联网侵犯他人知识产权;

(四)利用互联网编造并传播影响证券、期货交易或者其他扰乱金融秩序的虚假信息;

(五)在互联网上建立淫秽网站、网页,提供淫秽站点链接服务,或者传播淫秽书刊、影片、音像、图片。”

(3)构成要件

第一,本罪侵犯的客体是国家对文化市场的管理秩序和社会的道德风尚。犯罪对象是淫秽物品。

第二,客观方面表现为行为人实施了制作、复制、出版、贩卖、传播淫秽物品的行为。

第三,犯罪主体是一般主体,包括自然人和单位。

第四,主观方面是故意,并且必须具有牟利的目的。

(4)罪名界定

认定本罪要注意以下三点:①要看行为人是否具有牟利的目的。只有具备“以牟利为目的”的主观要件才能构成本罪。②要看行为人制作、复制、出版、贩卖、传播的淫秽物品是否达到情节比较严重的程度。本罪构成不要求以情节严重为要件,但并不是不要求任何情节的限制。在司法实践中,应结合淫秽物品的数量、行为人营利的多少,以及给社会造成的危害等各方面综合考虑。对于情节显著轻微,危害不大的,不应以犯罪论处。③要严格审查淫秽物品的鉴定结论以及淫秽物品的数量、传播对象、危害后果。鉴定结论如果有疑点,必要的时候可以另行委托鉴定。因为这些问题直接关系到罪与非罪和量刑的轻重。

(5)量刑幅度

根据《刑法》第 363 条第 1 款和第 366 条的规定,对犯本罪的处罚分以下 4 个档次:

一是构成本罪的,处 3 年以下有期徒刑、拘役或者管制,并处罚金。

二是情节严重的,处 3 年以上 10 年以下有期徒刑,并处罚金。

三是情节特别严重的,处 10 年以上有期徒刑或者无期徒刑,并处罚金或者没收财产。

四是单位犯本罪的,对单位判处罚金,并对其直接负责的主管人员和其他直接责任人员,依照上述的个人犯罪规定处罚。

2. 为他人提供书号出版淫秽书刊罪(第 363 条第 2 款)

(1)罪名概念

为他人提供书号出版淫秽书刊罪,是指违反国家关于书号管理的规定,过失地为他人提供书号,出版淫秽书刊的行为。

(2)法律规定

①本罪名是由《刑法》第363条第2款规定的。《刑法》第363条规定:“以牟利为目的,制作、复制、出版、贩卖、传播淫秽物品的,处三年以下有期徒刑、拘役或者管制,并处罚金;情节严重的,处三年以上十年以下有期徒刑,并处罚金;情节特别严重的,处十年以上有期徒刑或者无期徒刑,并处罚金或者没收财产。

为他人提供书号,出版淫秽书刊的,处三年以下有期徒刑、拘役或者管制,并处或者单处罚金;明知他人用于出版淫秽书刊而提供书号的,依照前款的规定处罚。”

《刑法》第366条规定:“单位犯本节第三百六十三条、第三百六十四条、第三百六十五条规定之罪的,对单位判处罚金,并对其直接负责的主管人员和其他直接责任人员,依照各该条的规定处罚。”

《刑法》第367条规定:“本法所称淫秽物品,是指具体描绘性行为或者露骨宣扬色情的诲淫性的书刊、影片、录像带、录音带、图片及其他淫秽物品。

有关人体生理、医学知识的科学著作不是淫秽物品。

包含有色情内容的有艺术价值的文学、艺术作品不视为淫秽物品。”

②2008年6月25日最高人民检察院、公安部《关于公安机关管辖的刑事案件立案追诉标准的规定(一)》第82条、第83条分别规定:“以牟利为目的,制作、复制、出版、贩卖、传播淫秽物品,涉嫌下列情形之一的,应予立案追诉:

(一)制作、复制、出版淫秽影碟、软件、录像带五十至一百张(盒)以上,淫秽音碟、录音带一百至二百张(盒)以上,淫秽扑克、书刊、画册一百至二百副(册)以上,淫秽照片、画片五百至一千张以上的;

(二)贩卖淫秽影碟、软件、录像带一百至二百张(盒)以上,淫秽音碟、录音带二百至四百张(盒)以上,淫秽扑克、书刊、画册二百至四百副(册)以上,淫秽照片、画片一千至二千张以上的;

(三)向他人传播淫秽物品达二百至五百人次以上,或者组织播放淫秽影、像达十至二十场次以上的;

(四)制作、复制、出版、贩卖、传播淫秽物品,获利五千至一万元以上的。

以牟利为目的,利用互联网、移动通讯终端制作、复制、出版、贩卖、传播淫秽电子信息,涉嫌下列情形之一的,应予立案追诉:

(一)制作、复制、出版、贩卖、传播淫秽电影、表演、动画等视频文件二十个以上的;

(二)制作、复制、出版、贩卖、传播淫秽音频文件一百个以上的;

(三)制作、复制、出版、贩卖、传播淫秽电子刊物、图片、文章、短信息等二百件以上的;

(四)制作、复制、出版、贩卖、传播的淫秽电子信息,实际被点击数达到一万次以上的;

(五)以会员制方式出版、贩卖、传播淫秽电子信息,注册会员达二百人以上的;

(六)利用淫秽电子信息收取广告费、会员注册费或者其他费用,违法所得一万元以上的;

(七)数量或者数额虽未达到本款第(一)项至第(六)项规定标准,但分别达到其中两项以上标准的百分之五十以上的;

(八)造成严重后果的。

利用聊天室、论坛、即时通信软件、电子邮件等方式,实施本条第二款规定行为的,应予立案追诉。

以牟利为目的,通过声讯台传播淫秽语音信息,涉嫌下列情形之一的,应予立案追诉:

(一)向一百人次以上传播的;

(二)违法所得一万元以上的;

（三）造成严重后果的。

明知他人用于出版淫秽书刊而提供书号、刊号的，应予立案追诉。”

“为他人提供书号、刊号出版淫秽书刊，或者为他人提供版号出版淫秽音像制品的，应予立案追诉。”

③2004 年 9 月 3 日最高人民法院、最高人民检察院《关于办理利用互联网、移动通讯终端、声讯台制作、复制、出版、贩卖、传播淫秽电子信息刑事案件具体应用法律若干问题的解释》，主要内容如下：

“第八条　利用互联网、移动通讯终端、声讯台贩卖、传播淫秽书刊、影片、录像带、录音带等以实物为载体的淫秽物品的，依照《最高人民法院关于审理非法出版物刑事案件具体应用法律若干问题的解释》的有关规定定罪处罚。

第九条　刑法第三百六十七条第一款规定的‘其他淫秽物品’，包括具体描绘性行为或者露骨宣扬色情的诲淫性的视频文件、音频文件、电子刊物、图片、文章、短信息等互联网、移动通讯终端电子信息和声讯台语音信息。

有关人体生理、医学知识的电子信息和声讯台语音信息不是淫秽物品。包含色情内容的有艺术价值的电子文学、艺术作品不视为淫秽物品。”

④1998 年 12 月 17 日最高人民法院《关于审理非法出版物刑事案件具体应用法律若干问题的解释》第 9 条、第 16 条规定：“为他人提供书号、刊号，出版淫秽书刊的，依照刑法第三百六十三条第二款的规定，以为他人提供书号出版淫秽书刊罪定罪处罚。

为他人提供版号，出版淫秽音像制品的，依照前款规定定罪处罚。

明知他人用于出版淫秽书刊而提供书号、刊号的，依照刑法第三百六十三条第一款的规定，以出版淫秽物品牟利罪定罪处罚。”

“出版单位与他人事前通谋，向其出售、出租或者以其他形式转让该出版单位的名称、书号、刊号、版号，他人实施本解释第二条、第四条、第八条、第九条、第十条、第十一条规定的行为，构成犯罪的，对该出版单位应当以共犯论处。”

（3）构成要件

第一，本罪侵犯的客体是复杂客体，既侵犯了国家对出版事业的管理活动，又侵害了社会道德风尚。

第二，客观方面表现为违反国家关于书号管理的规定，为他人提供书号，出版淫秽书刊的行为。

所谓“淫秽书刊”，根据新闻出版署于 1988 年 12 月 27 日公布的《关于认定淫秽及色情出版物的暂行规定》的规定，是指以下七种：①淫亵性地具体描写性行为、性交及心理感受；②公然宣扬色情淫荡形象；③淫亵性地描述或者传授性技巧；④具体描写乱伦、强奸或者其他性犯罪的手段、过程或者细节，足以诱发犯罪的；⑤具体描写少年儿童的性行为；⑥淫亵地描写同性恋的性行为或者其他性变态行为，或者具体地描写与性变态有关的暴力、虐待、侮辱行为；⑦其他令普通人不能容忍的对性行为的淫亵性描写。

第三，本罪的主体主要是新闻出版单位及其工作人员。另外，接受出版社提供书号的人，又将书号提供给他人用以出版淫秽书刊，也构成本罪主体。

第四，主观方面是过失。行为人虽然不明知他人获得书号将出版淫秽书刊，但是，应当预见到可能出现这种情况，却因为疏忽大意而没有预见，或者虽然预见到了，但轻信能够避免，致使所提供的书号被他人用于出版淫秽书刊。如果是明知他人出版淫秽书刊而提供书号，则构成出版淫秽物品牟利罪的共犯。

(4)罪名界定

本罪与出版淫秽物品牟利罪有以下区别:①出版淫秽物品罪在主观上是故意,要求有明知,行为人对造成淫秽书刊出版的后果,不仅知道,而且是希望或者放任的;而本罪在主观上是过失,对造成淫秽书刊出版的后果一般不知道,也不是愿意的。②在犯罪的客观方面,本罪表现为违反出版管理法规的规定,为他人提供书号出版淫秽书刊的行为;而出版淫秽物品牟利罪,一般不具有为他人提供书号的客观行为。③在本罪中,只有造成淫秽书刊出版的后果才构成犯罪;而出版淫秽物品牟利罪,无论出版淫秽书刊是否得以出版、发行,还是在出版的任何一个环节被查封,均构成犯罪。

(5)量刑幅度

对犯本罪的处罚分以下 2 个档次:

一是根据《刑法》第 363 条第 2 款的规定,对犯本罪的,处 3 年以下有期徒刑、拘役或者管制,并处或者单处罚金。

二是根据《刑法》第 366 条的规定,单位犯本罪的,对单位判处罚金,对其直接负责的主管人员和其他直接责任人员,依照个人犯本罪的规定处罚。

3. 传播淫秽物品罪(第 364 条第 1 款)

(1)罪名概念

传播淫秽物品罪,是指不以牟利为目的,传播淫秽的书刊、影片、音像、图片或者其他淫秽物品,情节严重的行为。

(2)法律规定

①本罪名是由《刑法》第 364 条第 1 款规定的。该条款规定:“传播淫秽的书刊、影片、音像、图片或者其他淫秽物品,情节严重的,处二年以下有期徒刑、拘役或者管制。”

《刑法》第 364 条第 4 款规定:“向不满十八周岁的未成年人传播淫秽物品的,从重处罚。”

《刑法》第 366 条规定:“单位犯本节第三百六十三条、第三百六十四条、第三百六十五条规定之罪的,对单位判处罚金,并对其直接负责的主管人员和其他直接责任人员,依照各该条的规定处罚。”

《刑法》第 367 条规定:“本法所称淫秽物品,是指具体描绘性行为或者露骨宣扬色情的诲淫性的书刊、影片、录像带、录音带、图片及其他淫秽物品。

有关人体生理、医学知识的科学著作不是淫秽物品。

包含有色情内容的有艺术价值的文学、艺术作品不视为淫秽物品。”

②2008 年 6 月 25 日最高人民检察院、公安部《关于公安机关管辖的刑事案件立案追诉标准的规定(一)》第 84 条规定:“传播淫秽的书刊、影片、音像、图片或者其他淫秽物品,涉嫌下列情形之一的,应予立案追诉:

(一)向他人传播三百至六百人次以上的;

(二)造成恶劣社会影响的。

不以牟利为目的,利用互联网、移动通讯终端传播淫秽电子信息,涉嫌下列情形之一的,应予立案追诉:

(一)数量达到本规定第八十二条第二款第(一)项至第(五)项规定标准二倍以上的;

(二)数量分别达到本规定第八十二条第二款第(一)项至第(五)项两项以上标准的;

(三)造成严重后果的。

利用聊天室、论坛、即时通信软件、电子邮件等方式,实施本条第二款规定行为的,应予立案追诉。”

③2004 年 9 月 3 日最高人民法院、最高人民检察院《关于办理利用互联网、移动通讯终端、声讯台制作、复制、出版、贩卖、传播淫秽电子信息刑事案件具体应用法律若干问题的解释》，主要内容如下：

“第三条　不以牟利为目的，利用互联网或者移动通讯终端传播淫秽电子信息，具有下列情形之一的，依照刑法第三百六十四条第一款的规定，以传播淫秽物品罪定罪处罚：

（一）数量达到第一条第一款第（一）项至第（五）项规定标准二倍以上的；

（二）数量分别达到第一条第一款第（一）项至第（五）项两项以上标准的；

（三）造成严重后果的。

利用聊天室、论坛、即时通信软件、电子邮件等方式，实施第一款规定行为的，依照刑法第三百六十四条第一款的规定，以传播淫秽物品罪定罪处罚。

第四条　明知是淫秽电子信息而在自己所有、管理或者使用的网站或者网页上提供直接链接的，其数量标准根据所链接的淫秽电子信息的种类计算。

第五条　以牟利为目的，通过声讯台传播淫秽语音信息，具有下列情形之一的，依照刑法第三百六十三条第一款的规定，对直接负责的主管人员和其他直接责任人员以传播淫秽物品牟利罪定罪处罚：

（一）向一百人次以上传播的；

（二）违法所得一万元以上的；

（三）造成严重后果的。

实施前款规定行为，数量或者数额达到前款第（一）项至第（二）项规定标准五倍以上的，应当认定为刑法第三百六十三条第一款规定的‘情节严重’；达到规定标准二十五倍以上的，应当认定为‘情节特别严重’。

第六条　实施本解释前五条规定的犯罪，具有下列情形之一的，依照刑法第三百六十三条第一款、第三百六十四条第一款的规定从重处罚：

（一）制作、复制、出版、贩卖、传播具体描绘不满十八周岁未成年人性行为的淫秽电子信息的；

（二）明知是具体描绘不满十八周岁的未成年人性行为的淫秽电子信息而在自己所有、管理或者使用的网站或者网页上提供直接链接的；

（三）向不满十八周岁的未成年人贩卖、传播淫秽电子信息和语音信息的；

（四）通过使用破坏性程序、恶意代码修改用户计算机设置等方法，强制用户访问、下载淫秽电子信息的。

第七条　明知他人实施制作、复制、出版、贩卖、传播淫秽电子信息犯罪，为其提供互联网接入、服务器托管、网络存储空间、通讯传输通道、费用结算等帮助的，对直接负责的主管人员和其他直接责任人员，以共同犯罪论处。

第八条　利用互联网、移动通讯终端、声讯台贩卖、传播淫秽书刊、影片、录像带、录音带等以实物为载体的淫秽物品的，依照《最高人民法院关于审理非法出版物刑事案件具体应用法律若干问题的解释》的有关规定定罪处罚。

第九条　刑法第三百六十七条第一款规定的‘其他淫秽物品’，包括具体描绘性行为或者露骨宣扬色情的诲淫性的视频文件、音频文件、电子刊物、图片、文章、短信息等互联网、移动通讯终端电子信息和声讯台语音信息。

有关人体生理、医学知识的电子信息和声讯台语音信息不是淫秽物品。包含色情内容的有艺术价值的电子文学、艺术作品不视为淫秽物品。”

④2010年2月2日最高人民法院、最高人民检察院《关于办理利用互联网、移动通讯终端、声讯台制作、复制、出版、贩卖、传播淫秽电子信息刑事案件具体应用法律若干问题的解释(二)》主要相关内容如下:

"第二条 利用互联网、移动通讯终端传播淫秽电子信息的,依照《最高人民法院、最高人民检察院关于办理利用互联网、移动通讯终端、声讯台制作、复制、出版、贩卖、传播淫秽电子信息刑事案件具体应用法律若干问题的解释》第三条的规定定罪处罚。

利用互联网、移动通讯终端传播内容含有不满十四周岁未成年人的淫秽电子信息,具有下列情形之一的,依照刑法第三百六十四条第一款的规定,以传播淫秽物品罪定罪处罚:

(一)数量达到第一条第二款第(一)项至第(五)项规定标准二倍以上的;

(二)数量分别达到第一条第二款第(一)项至第(五)项两项以上标准的;

(三)造成严重后果的。

第三条 利用互联网建立主要用于传播淫秽电子信息的群组,成员达三十人以上或者造成严重后果的,对建立者、管理者和主要传播者,依照刑法第三百六十四条第一款的规定,以传播淫秽物品罪定罪处罚。

第五条 网站建立者、直接负责的管理者明知他人制作、复制、出版、贩卖、传播的是淫秽电子信息,允许或者放任他人在自己所有、管理的网站或者网页上发布,具有下列情形之一的,依照刑法第三百六十四条第一款的规定,以传播淫秽物品罪定罪处罚:

(一)数量达到第一条第二款第(一)项至第(五)项规定标准十倍以上的;

(二)数量分别达到第一条第二款第(一)项至第(五)项两项以上标准五倍以上的;

(三)造成严重后果的。

第八条 实施第四条至第七条规定的行为,具有下列情形之一的,应当认定行为人'明知',但是有证据证明确实不知道的除外:

(一)行政主管机关书面告知后仍然实施上述行为的;

(二)接到举报后不履行法定管理职责的;

(三)为淫秽网站提供互联网接入、服务器托管、网络存储空间、通讯传输通道、代收费、费用结算等服务,收取服务费明显高于市场价格的;

(四)向淫秽网站投放广告,广告点击率明显异常的;

(五)其他能够认定行为人明知的情形。

第九条 一年内多次实施制作、复制、出版、贩卖、传播淫秽电子信息行为未经处理,数量或者数额累计计算构成犯罪的,应当依法定罪处罚。

第十条 单位实施制作、复制、出版、贩卖、传播淫秽电子信息犯罪的,依照《中华人民共和国刑法》、《最高人民法院、最高人民检察院关于办理利用互联网、移动通讯终端、声讯台制作、复制、出版、贩卖、传播淫秽电子信息刑事案件具体应用法律若干问题的解释》和本解释规定的相应个人犯罪的定罪量刑标准,对直接负责的主管人员和其他直接责任人员定罪处罚,并对单位判处罚金。"

⑤1998年12月17日最高人民法院《关于审理非法出版物刑事案件具体应用法律若干问题的解释》第10条、第16条分别规定:"向他人传播淫秽的书刊、影片、音像、图片等出版物达三百至六百人次以上或者造成恶劣社会影响的,属于'情节严重',依照刑法第三百六十四条第一款的规定,以传播淫秽物品罪定罪处罚。

组织播放淫秽的电影、录像等音像制品达十五至三十场次以上或者造成恶劣社会影响的,依照刑法第三百六十四条第二款的规定,以组织播放淫秽音像制品罪定罪处罚。"

“出版单位与他人事前通谋，向其出售、出租或者以其他形式转让该出版单位的名称、书号、刊号、版号，他人实施本解释第二条、第四条、第八条、第九条、第十条、第十一条规定的行为，构成犯罪的，对该出版单位应当以共犯论处。”

⑥2009年8月27日全国人民代表大会常务委员会《关于维护互联网安全的决定》第3条规定：“为了维护社会主义市场经济秩序和社会管理秩序，对有下列行为之一，构成犯罪的，依照刑法有关规定追究刑事责任：

（一）利用互联网销售伪劣产品或者对商品、服务作虚假宣传；

（二）利用互联网损害他人商业信誉和商品声誉；

（三）利用互联网侵犯他人知识产权；

（四）利用互联网编造并传播影响证券、期货交易或者其他扰乱金融秩序的虚假信息；

（五）在互联网上建立淫秽网站、网页，提供淫秽站点链接服务，或者传播淫秽书刊、影片、音像、图片。”

（3）构成要件

第一，本罪侵犯的客体是良好的社会风尚。

第二，客观方面表现为以出借、展示、赠送、讲解等方式，传播淫秽的书刊、影片、音像、图片或者其他淫秽物品，情节严重的行为。

第三，本罪的主体是一般主体，包括个人和单位。

第四，主观方面是故意，但不具有牟利的目的。一般是寻欢作乐、寻找刺激，有的是取悦于他人等。

（4）罪名界定

第一，认定本罪需要注意以下三点：①必须是在社会上传播；②必须是情节严重，情节不严重的，如仅仅是在家庭成员之间、朋友之间私下传播的，不以犯罪论处；③不以牟利为目的。如果是为了牟利而传播淫秽物品，则构成《刑法》第363条第1款规定的制作、复制、出版、贩卖、传播淫秽物品牟利罪，而不构成本罪。

第二，本罪与制作、复制、出版、贩卖、传播淫秽物品牟利罪的区别：①主观方面不同。本罪不以营利为目的；而制作、复制、出版、贩卖、传播淫秽物品牟利罪有牟利的目的。②情节要求不同。本罪要求必须达到情节严重的程度；而制作、复制、出版、贩卖、传播淫秽物品牟利罪不要求必须是情节严重。

（5）量刑幅度

根据《刑法》第364条第1款、第366条的规定，对犯本罪的处罚分以下2个档次：

一是犯本罪情节严重的，处2年以下有期徒刑、拘役或者管制。

二是单位犯本罪的，对单位判处罚金，并对其直接负责的主管人员和其他直接责任人员，依照自然人犯本节的规定处罚。

4. 组织播放淫秽音像制品罪（第364条第2款）

（1）罪名概念

组织播放淫秽音像制品罪，是指不以营利为目的，组织播放淫秽的电影、录像等音像制品的行为。

（2）法律规定

①本罪名是由《刑法》第364条第2款规定的。该条款规定：“组织播放淫秽的电影、录像等音像制品的，处三年以下有期徒刑、拘役或者管制，并处罚金；情节严重的，处三年以上十年以下

有期徒刑，并处罚金。”

《刑法》第 364 条第 3 款、第 4 款分别规定：“制作、复制淫秽的电影、录像等音像制品组织播放的，依照第二款的规定从重处罚。”

“向不满十八周岁的未成年人传播淫秽物品的，从重处罚。”

《刑法》第 366 条规定：“单位犯本节第三百六十三条、第三百六十四条、第三百六十五条规定之罪的，对单位判处罚金，并对其直接负责的主管人员和其他直接责任人员，依照各该条的规定处罚。”

《刑法》第 367 条规定：“本法所称淫秽物品，是指具体描绘性行为或者露骨宣扬色情的诲淫性的书刊、影片、录像带、录音带、图片及其他淫秽物品。

有关人体生理、医学知识的科学著作不是淫秽物品。

包含有色情内容的有艺术价值的文学、艺术作品不视为淫秽物品。”

②2008 年 6 月 25 日最高人民检察院、公安部《关于公安机关管辖的刑事案件立案追诉标准的规定(一)》第 85 条规定：“组织播放淫秽的电影、录像等音像制品，涉嫌下列情形之一的，应予立案追诉：

(一)组织播放十五至三十场次以上的；

(二)造成恶劣社会影响的。”

③1998 年 12 月 17 日最高人民法院《关于审理非法出版物刑事案件具体应用法律若干问题的解释》第 10 条规定：“向他人传播淫秽的书刊、影片、音像、图片等出版物达三百至六百人次以上或者造成恶劣社会影响的，属于‘情节严重’，依照刑法第三百六十四条第一款的规定，以传播淫秽物品罪定罪处罚。

组织播放淫秽的电影、录像等音像制品达十五至三十场次以上或者造成恶劣社会影响的，依照刑法第三百六十四条第二款的规定，以组织播放淫秽音像制品罪定罪处罚。”

(3)构成要件

第一，本罪侵犯的客体是良好的社会风尚和社会治安管理秩序，犯罪对象是淫秽的音像制品。

第二，客观方面表现为组织播放淫秽的电影、录像等音像制品的行为。

第三，本罪的主体是一般主体，包括个人和单位。

第四，主观方面是故意，但不具有牟利的目的。

(4)罪名界定

第一，认定本罪需要注意以下问题：①本罪不具有牟利的目的，否则应按《刑法》第 363 条第 1 款的规定，以制作、复制、出版、贩卖、传播淫秽物品牟利罪定罪处罚。②本罪的犯罪人是“组织播放者”，即在播放的起意、人员的召集、设备的提供等方面起主要作用的人，而一般的参与者和观看者，不构成本罪。③对于因为审查不严，过失播放了具有淫秽内容的音像制品的，也不能按本罪论处。

第二，本罪与传播淫秽物品罪的区别：①犯罪对象不同。本罪的犯罪对象，仅限于淫秽音像制品；而传播淫秽物品罪的对象，包括一切淫秽物品。②行为要求不同。本罪不仅要求有播放行为，而且要求有组织行为；而传播淫秽物品罪不要求具有组织行为。

(5)量刑幅度

根据《刑法》第 364 条第 2 款、第 3 款、第 4 款和第 366 条的规定，对犯本罪的处罚分以下 4 个档次：

一是构成本罪的，处 3 年以下有期徒刑、拘役或者管制，并处罚金。

二是情节严重的,处3年以上10年以下有期徒刑,并处罚金。

三是制作、复制淫秽的电影、录像等音像制品组织播放的,从重处罚。向不满18周岁的未成年人播放淫秽物品的,从重处罚。

四是单位犯本罪的,对单位判处罚金,并对其直接负责的主管人员和其他直接责任人员,依照自然人犯本节的规定处罚。

5. 组织淫秽表演罪(第365条)

(1)罪名概念

组织淫秽表演罪,是指召集多人,在公开或者秘密场合,进行淫秽表演的行为。

(2)法律规定

①本罪名是由《刑法》第365条规定的。该条规定:"组织进行淫秽表演的,处三年以下有期徒刑、拘役或者管制,并处罚金;情节严重的,处三年以上十年以下有期徒刑,并处罚金。"

《刑法》第366条规定:"单位犯本节第三百六十三条、第三百六十四条、第三百六十五条规定之罪的,对单位判处罚金,并对其直接负责的主管人员和其他直接责任人员,依照各该条的规定处罚。"

②2008年6月25日最高人民检察院、公安部《关于公安机关管辖的刑事案件立案追诉标准的规定(一)》第86条规定:"以策划、招募、强迫、雇用、引诱、提供场地、提供资金等手段,组织进行淫秽表演,涉嫌下列情形之一的,应予立案追诉:

(一)组织表演者进行裸体表演的;

(二)组织表演者利用性器官进行诲淫性表演的;

(三)组织表演者半裸体或者变相裸体表演并通过语言、动作具体描绘性行为的;

(四)其他组织进行淫秽表演应予追究刑事责任的情形。"

(3)构成要件

第一,本罪侵犯的客体是国家对文艺演出的管理秩序和良好的社会风尚。

第二,客观方面表现为实施了组织淫秽表演的行为。

第三,本罪的主体是淫秽表演者的组织者,包括自然人和单位。

第四,主观方面是故意,至于目的如何,不影响本罪的成立。

(4)罪名界定

第一,认定本罪需要注意以下问题:①被组织者是男人还是女人,是多个人还是一两个人,由于法律没有作出特殊规定而不影响本罪的成立。②淫秽表演与在表演中夹杂了色情内容性质不同,不可混为一谈。首先,从内容上看,淫秽表演无所谓故事情节,整体上是淫秽内容;而夹杂一些色情内容的表演,一般有表现的主题,有一定的故事情节,只是在表现某一剧情时有一些色情内容。其次,从表现形式上看,淫秽表演是赤裸裸的表演性行为、暴露生殖器;而夹杂一些色情内容的表演在表现性行为时,往往比较含蓄,有所遮掩,不暴露性器官。最后,在给人的感觉上,淫秽表演是给人以性欲刺激;而夹杂一些色情内容的表演主要是使观众感受全剧的主题,而不仅仅是获得性欲上的刺激。

第二,本罪与传播淫秽物品罪有以下区别:①行为对象不同。后者的行为对象是一切形式的淫秽物品,其行为对象是物;而本罪的行为对象是行为,即淫秽表演行为。②行为方式不同。后者是以各种手段,不过必须是"在社会上",即在公共场所或者公众之中进行传播;而本罪的行为方式,只能是组织他人在公开或者秘密场所进行淫秽表演。③对有无组织行为的要求不同。本罪必须有组织行为;而后者没有组织行为的要求。

第三，本罪与聚众淫乱罪有以下区别：①两罪的特征不同。前者以“表演”为特征，也就是说，不仅有人做淫秽表演行为，而且要有观众观看，行为人实施的场所可以是公开的，也可以是秘密的；而聚众淫乱罪不具有旁观的特征，一般是男女为了寻求精神刺激，秘密实施淫乱行为。②两罪的目的不完全相同。前者一般都具有营利的目的，尽管法律上没有规定是以营利为目的，但在实践中，大多数犯此罪者是具有营利的目的；而聚众淫乱罪不具有营利的目的，行为人实施流氓淫乱行为的目的是寻求精神刺激，蔑视社会公德。③两罪的主体不同。前者既可以是自然人，也可以是单位；而聚众淫乱罪只能由自然人实施，单位不能实施聚众淫乱罪。

(5)量刑幅度

根据《刑法》第365条和第366条的规定，对犯本罪的处罚分以下3个档次：

一是情节一般的，处3年以下有期徒刑，拘役或者管制，并处罚金。

二是情节严重的，处3年以上10年以下有期徒刑，并处罚金。

三是单位犯本罪的，对单位判处罚金，对其直接负责的主管人员和其他直接责任人员，依照上述规定处罚。

七
危害国防利益罪

1. 阻碍军人执行职务罪(第 368 条第 1 款)

(1)罪名概念

阻碍军人执行职务罪,是指以暴力、威胁方法,阻碍军人依法执行职务的行为。

(2)法律规定

本罪名是由《刑法》第 368 条第 1 款规定的。该条款规定:“以暴力、威胁方法阻碍军人依法执行职务的,处三年以下有期徒刑、拘役、管制或者罚金。”

(3)构成要件

第一,本罪侵犯的客体是军人依法执行职务的活动。

第二,客观方面表现为实施了以暴力、威胁方法,阻碍军人依法执行职务的行为。

第三,犯罪主体是一般主体。

第四,主观方面是故意。如果行为人不知道对方是正在依法执行职务的军人,或者误认为军人是违法执行职务,而实施了暴力、威胁行为,不能构成本罪。

(4)罪名界定

第一,认定本罪需要注意以下问题:一是这种阻碍必须是使用了暴力、威胁方法。如果没有使用暴力、威胁方法,而是一般的劝阻、纠缠,则不构成犯罪。二是被阻碍的必须是军人,该军人正在执行职务。三是该军人执行职务的行为必须是依法进行的,如果阻碍的不是军人依法执行职务的行为而是其他行为,不构成本罪。

第二,本罪与阻碍执行军事职务罪有以下区别:一是侵犯的客体不同。本罪侵犯的是军人依法执行职务的活动;而后者侵犯的是指挥和值班、值勤秩序。二是犯罪主体不同。本罪的犯罪主体是一般主体;而后者的犯罪主体是特殊主体,即现役军人。三是犯罪对象不同。本罪的犯罪对象是所有依法执行职务的军人;而后者的犯罪对象仅仅是依法执行职务中的指挥人员和值班、值勤人员。

第三,本罪与妨害公务罪的区别:一是犯罪客体不同。本罪侵犯的直接客体是军人依法执行职务的活动,侵犯的同类客体是国防利益;而妨害公务罪侵犯的直接客体是国家工作人员依法执行职务的活动,侵犯的同类客体是社会管理秩序。二是犯罪对象不同。本罪的犯罪对象是军人;而妨害公务罪的犯罪对象是国家工作人员。

(5)量刑幅度

根据《刑法》第 368 条第 1 款的规定,犯本罪的,处 3 年以下有期徒刑、拘役、管制或者罚金。

2. 阻碍军事行动罪(第 368 条第 2 款)

(1)罪名概念

阻碍军事行动罪,是指以暴力、威胁手段,或者以躺卧、静坐、设置障碍阻拦以及其他方式,妨害武装部队军事行动，造成严重后果的行为。

（2）法律规定

本罪名是由《刑法》第368条第2款规定的。该条款规定："故意阻碍武装部队军事行动，造成严重后果的，处五年以下有期徒刑或者拘役。"

（3）构成要件

第一，本罪侵犯的客体是武装部队的军事行动。

第二，客观方面表现为以各种方式，阻碍武装部队军事行动，造成严重后果的行为。

第三，犯罪主体是一般主体，可以是军人，也可以不是军人。

第四，主观方面是故意。

（4）罪名界定

第一，认定本罪要注意以下三点：一是本罪是故意犯罪，过失妨碍了军事行动不能构成本罪。二是本罪是结果犯，即必须是阻碍军事行动造成了严重后果，这才能构成犯罪。"严重后果"，是指造成战役、战斗失利，贻误战机，人员伤亡，武器装备毁损或者大量丧失实际战斗力，造成严重经济损失等。三是如果以武装叛乱或者武装暴乱阻碍军事行动，应当按照重罪吸收轻罪的原则，按照武装叛乱、暴乱罪来定罪处罚。在阻碍军事行动中，又实施了策动、勾引、收买武装部队人员、民兵进行叛乱的，属于两个故意两个行为，应当按照数罪并罚原则处理。

第二，本罪与阻碍军人执行职务罪主要区别是犯罪对象不同。本罪的犯罪对象是武装部队；而后罪的犯罪对象是军人而不是人数众多的部队。

（5）量刑幅度

根据《刑法》第368条第2款的规定，犯本罪的，处5年以下有期徒刑或者拘役。

3. 破坏武器装备、军事设施、军事通信罪（第369条第1款）

（1）罪名概念

破坏武器装备、军事设施、军事通信罪，是指故意破坏武器装备、军事设施或者军事通信的行为。

（2）法律规定

①本罪名是由《刑法》第369条第1款规定的。该条款规定："破坏武器装备、军事设施、军事通信的，处三年以下有期徒刑、拘役或者管制；破坏重要武器装备、军事设施、军事通信的，处三年以上十年以下有期徒刑；情节特别严重的，处十年以上有期徒刑、无期徒刑或者死刑。"

《刑法》第369条第3款规定："战时犯前两款罪的，从重处罚。"

②2007年6月26日最高人民法院《关于审理危害军事通信刑事案件具体应用法律若干问题的解释》第6条规定："破坏、过失损坏军事通信，并造成公用电信设施损毁，危害公共安全，同时构成刑法第一百二十四条和第三百六十九条规定的犯罪的，依照处罚较重的规定定罪处罚。

盗窃军事通信线路、设备，不构成盗窃罪，但破坏军事通信的，依照刑法第三百六十九条第一款的规定定罪处罚；同时构成刑法第一百二十四条、第二百六十四条和第三百六十九条第一款规定的犯罪的，依照处罚较重的规定定罪处罚。

违反国家规定，侵入国防建设、尖端科学技术领域的军事通信计算机信息系统，尚未对军事通信造成破坏的，依照刑法第二百八十五条的规定定罪处罚；对军事通信造成破坏，同时构成刑法第二百八十五条、第二百八十六条、第三百六十九条第一款规定的犯罪的，依照处罚较重的规定定罪处罚。

违反国家规定，擅自设置、使用无线电台、站，或者擅自占用频率，经责令停止使用后拒不停止使用,干扰无线电通讯正常进行,构成犯罪的,依照刑法第二百八十八条的规定定罪处罚;造成军事通信中断或者严重障碍,同时构成刑法第二百八十八条、第三百六十九条第一款规定的犯罪的,依照处罚较重的规定定罪处罚。"

(3)构成要件

第一,本罪侵犯的客体是国防能力和军队战斗力的物资保障。

第二,客观方面表现为实施了破坏武器装备、军事设施或者军事通信的行为。

第三,犯罪主体是一般主体。

第四,主观方面是故意。

(4)罪名界定

第一,认定本罪要注意以下问题:

一是根据2007年6月26日最高人民法院《关于审理危害军事通信刑事案件具体应用法律若干问题的解释》第5条的规定,建设、施工单位直接负责的主管人员、施工管理人员,明知是军事通信线路、设备而指使、强令、纵容他人予以损毁的,或者不听管护人员劝阻,指使、强令、纵容他人违章作业,造成军事通信线路、设备损毁的,以破坏军事通信罪定罪处罚。

二是根据2007年6月26日最高人民法院《关于审理危害军事通信刑事案件具体应用法律若干问题的解释》第6条的规定,破坏军事通信,并且造成电信设施损毁,危害公共安全,同时构成本罪和《刑法》第124条规定的破坏广播电视设施、公用电信设施罪的,依照处罚较重的规定定罪处罚。

三是根据2007年6月26日最高人民法院《关于审理危害军事通信刑事案件具体应用法律若干问题的解释》第6条的规定,盗窃军事通信线路、设备,不构成盗窃罪,但破坏军事通信的,依照《刑法》第369条第1款规定的破坏武器装备、军事设施、军事通信罪定罪处罚;同时构成本罪和《刑法》第124条规定的破坏广播电视设施、公用电信设施罪,第264条规定的盗窃罪的,依照处罚较重的规定定罪处罚。

四是对由于自然事故和技术事故造成了危害后果,不应当认为是犯罪。

第二,本罪与重大责任事故罪的区别:①前者是出于破坏的目的,主观上是故意;而后者是基于不负责任、疏忽大意、违反操作规程或者纪律等,由于过失行为造成的事故。②前者是出于泄愤、报复的目的,在主观上是希望危害结果的发生;而后者在主观上不希望危害后果的发生。

第三,本罪与盗窃枪支、弹药、爆炸物罪的区别:一是犯罪的客观方面表现不同。前者是破坏;而后者是盗窃,而且,盗窃通常并不像破坏那样使被盗对象失去自身原有的功能。二是主观方面不同。前者是毁损对象;而后者为非法占有对象。三是犯罪侵犯的客体不同。前者侵犯的是国防利益;而后者侵犯的是社会公共安全。

第四,本罪与故意毁坏财物罪的区别:一是侵犯的客体不同。本罪侵犯的客体是国防能力和军队战斗力的物资保障;而后者侵犯的客体是公私财产所有权。二是犯罪对象的性质不同。本罪的犯罪对象是用于军事目的,而且全部是国家所有的;而后者犯罪对象是用于非军事目的,既有国家所有的,也有集体所有的,还有私人所有的。

(5)量刑幅度

根据《刑法》第369条的规定,对犯本罪的处罚分以下4个档次:

一是破坏武器装备、军事设施、军事通信的,处3年以下有期徒刑、拘役或者管制。

二是破坏重要武器装备、军事设施、军事通信的,处3年以上10年以下有期徒刑。

三是情节特别严重的,处10年以上有期徒刑、无期徒刑或者死刑。

四是在战时破坏武器装备、军事设施、军事通信的,从重处罚。

4. 过失损坏武器装备、军事设施、军事通信罪(第 369 条第 2 款)

(1)罪名概念

过失损坏武器装备、军事设施、军事通信罪,是指过失地损坏了武器装备、军事设施或者军事通信,造成严重后果的行为。

(2)法律规定

①本罪名是由《刑法》第 369 条第 2 款规定的。《刑法》第 369 条第 2 款、第 3 款分别规定:"过失犯前款罪,造成严重后果的,处三年以下有期徒刑或者拘役;造成特别严重后果的,处三年以上七年以下有期徒刑。

战时犯前两款罪的,从重处罚。"

②2007 年 6 月 26 日最高人民法院《关于审理危害军事通信刑事案件具体应用法律若干问题的解释》相关内容如下:

"第三条　过失损坏军事通信,造成重要军事通信中断或者严重障碍的,属于刑法第三百六十九条第二款规定的'造成严重后果',以过失损坏军事通信罪定罪,处三年以下有期徒刑或者拘役。

第四条　过失损坏军事通信,具有下列情形之一的,属于刑法第三百六十九条第二款规定的'造成特别严重后果',以过失损坏军事通信罪定罪,处三年以上七年以下有期徒刑:

(一)造成重要军事通信中断或者严重障碍,严重影响部队完成作战任务或者致使部队在作战中遭受损失的;

(二)造成部队执行抢险救灾、军事演习或者处置突发性事件等任务的通信中断或者严重障碍,并因此贻误部队行动,致使死亡 3 人以上、重伤 10 人以上或者财产损失 100 万元以上的;

(三)其他后果特别严重的情形。

第五条　建设、施工单位直接负责的主管人员、施工管理人员,明知是军事通信线路、设备而指使、强令、纵容他人予以损毁的,或者不听管护人员劝阻,指使、强令、纵容他人违章作业,造成军事通信线路、设备损毁的,以破坏军事通信罪定罪处罚。

建设、施工单位直接负责的主管人员、施工管理人员,忽视军事通信线路、设备保护标志,指使、纵容他人违章作业,致使军事通信线路、设备损毁,构成犯罪的,以过失损坏军事通信罪定罪处罚。

第六条　破坏、过失损坏军事通信,并造成公用电信设施损毁,危害公共安全,同时构成刑法第一百二十四条和第三百六十九条规定的犯罪的,依照处罚较重的规定定罪处罚。"

(3)构成要件

第一,侵犯的客体是国防能力和军队战斗力的物资保障。其犯罪对象是武器装备、军事设施、军事通信。

第二,客观方面表现为对武器装备、军事设施、军事通信实施了毁坏的行为,并且造成了严重后果。

第三,犯罪主体为一般主体,既可以是军人,也可以不是军人,既可以是中国公民,也可以是外国人及无国籍人。

第四,主观方面是过失。具体包括以下两种情况:一种情况是对于严重后果应当预见到,但由于疏忽或者粗心大意等原因而没有预见到,致使严重的危害后果发生了;另一种情况就是对危害后果已经预见到,但由于轻信这种危害后果不会发生而没有采取必要的措施,致使这种危害后果没能避免。

(4)罪名界定

认定本罪要注意以下问题:①根据2007年6月26日最高人民法院《关于审理危害军事通信刑事案件具体应用法律若干问题的解释》第5条的规定,建设、施工单位直接负责的主管人员、施工管理人员,忽视军事通信线路、设备保护标志,指使、纵容他人违章作业,致使军事通信线路、设备损毁,构成犯罪的,以过失损坏军事通信罪定罪处罚。②根据2007年6月26日最高人民法院《关于审理危害军事通信刑事案件具体应用法律若干问题的解释》第6条的规定,过失损坏军事通信,并且造成电信设施损毁,危害公共安全,同时构成本罪和《刑法》第124条规定的过失损坏广播电视设施、公用电信设施罪的,依照处罚较重的规定定罪处罚。

(5)量刑幅度

根据《刑法》第369条第2款的规定,对犯本罪的处罚分以下3个档次:

一是构成犯罪的,处3年以下有期徒刑或者拘役。

二是造成特别严重后果的,处3年以上7年以下有期徒刑。

三是战时犯本罪的,从重处罚。

5. 故意提供不合格武器装备、军事设施罪(第370条第1款)

(1)罪名概念

故意提供不合格武器装备、军事设施罪,是指明知是不合格的武器装备、军事设施,而故意提供给部队的行为。

(2)法律规定

①本罪名是由《刑法》第370条第1款规定的。该条款规定:“明知是不合格的武器装备、军事设施而提供给武装部队的,处五年以下有期徒刑或者拘役;情节严重的,处五年以上十年以下有期徒刑;情节特别严重的,处十年以上有期徒刑、无期徒刑或者死刑。”

《刑法》第370条第3款规定:“单位犯第一款罪的,对单位判处罚金,并对其直接负责的主管人员和其他直接责任人员,依照第一款的规定处罚。”

②2008年6月25日最高人民检察院、公安部《关于公安机关管辖的刑事案件立案追诉标准的规定(一)》第87条规定:“明知是不合格的武器装备、军事设施而提供给武装部队,涉嫌下列情形之一的,应予立案追诉:

(一)造成人员轻伤以上的;

(二)造成直接经济损失十万元以上的;

(三)提供不合格的枪支三支以上、子弹一百发以上、雷管五百枚以上、炸药五千克以上或者其他重要武器装备、军事设施的;

(四)影响作战、演习、抢险救灾等重大任务完成的;

(五)发生在战时的;

(六)其他故意提供不合格武器装备、军事设施应予追究刑事责任的情形。”

(3)构成要件

第一,本罪侵犯的客体是武装部队的战斗力的物质保障。

第二,客观方面表现为将不合格的武器装备、军事设施提供给部队的行为。

第三,犯罪主体是一般主体,主要有以下两种:一种是自然人;另一种是单位及其直接负责的主管人员和其他直接责任人员。

第四,主观方面是故意。

（4）罪名界定

本罪在主观上是故意的，即明知是不合格的武器装备、军事设施而故意提供给武装部队。如果不知是不合格的武器装备、军事设施而提供给武装部队，则不构成本罪。如果过失地把不合格的武器装备和军事设施提供给武装部队，造成了严重后果，不构成本罪，但构成过失提供不合格武器装备、军事设施罪，而不以本罪论处。本罪的犯罪对象是武器装备、军事设施，这一点也是本罪区别于《刑法》第 140 条规定的生产、销售伪劣产品罪的根本点。

（5）量刑幅度

根据《刑法》第 370 条第 1 款和第 3 款的规定，对犯本罪的处罚分以下 4 个档次：

一是情节一般的，处 5 年以下有期徒刑或者拘役。

二是情节严重的，处 5 年以上 10 年以下有期徒刑。

三是情节特别严重的，处 10 年以上有期徒刑、无期徒刑或者死刑。

四是单位犯本罪，对单位判处罚金，并对其直接负责的主管人员和其他直接责任人员，按以上的规定处罚。

6. 过失提供不合格武器装备、军事设施罪（第 370 条第 2 款）

（1）罪名概念

过失提供不合格武器装备、军事设施罪，是指出于过失，将不合格的武器装备、军事设施提供给武装部队，造成严重后果的行为。

（2）法律规定

①本罪名是由《刑法》第 370 条第 2 款规定的。该条款规定："过失犯前款罪，造成严重后果的，处三年以下有期徒刑或者拘役；造成特别严重后果的，处三年以上七年以下有期徒刑。"

②2008 年 6 月 25 日最高人民检察院、公安部《关于公安机关管辖的刑事案件立案追诉标准的规定（一）》第 88 条规定："过失提供不合格武器装备、军事设施给武装部队，涉嫌下列情形之一的，应予立案追诉：

（一）造成死亡一人或者重伤三人以上的；

（二）造成直接经济损失三十万元以上的；

（三）严重影响作战、演习、抢险救灾等重大任务完成的；

（四）其他造成严重后果的情形。"

（3）构成要件

第一，本罪侵犯的客体是武装部队的战斗力。

第二，客观方面表现为过失地将不合格的武器装备、军事设施提供给部队，造成严重后果的行为。

第三，犯罪主体是一般主体，包括自然人和单位。

第四，主观方面是过失。

（4）罪名界定

第一，本罪与工程重大安全事故罪的区别：一是侵害对象不同。本罪侵害的对象，是军事设施；而后罪侵害的对象，是民用工程。二是犯罪主体不同。本罪的主体主要是军事设施的建筑、维修、验收的人员和负有质量监督、检验责任的人员；而后罪的主体是建设单位、设计单位、施工单位、工程监理单位。

第二，本罪与故意提供不合格武器装备、军事设施罪的区别在于主观方面：本罪的行为人，对自己的行为可能发生危害国防安全的结果，应当预见而疏忽大意地没有预见，或者虽然预见到却轻信能够避免；而故意提供不合格武器装备、军事设施罪的行为人，明知自己的行为会发生危害国防安全的结果,却希望或者放任这种危害结果的发生。

(5)量刑幅度

根据《刑法》第370条第2款的规定,犯本罪的,处3年以下有期徒刑或者拘役;造成特别严重后果的,处3年以上7年以下有期徒刑。

7. 聚众冲击军事禁区罪(第371条第1款)

(1)罪名概念

聚众冲击军事禁区罪,是指聚众冲击军事禁区,严重扰乱军事禁区秩序的行为。

(2)法律规定

①本罪名是由《刑法》第371条第1款规定的。该条款规定:“聚众冲击军事禁区,严重扰乱军事禁区秩序的,对首要分子,处五年以上十年以下有期徒刑;对其他积极参加的,处五年以下有期徒刑、拘役、管制或者剥夺政治权利。”

②2008年6月25日最高人民检察院、公安部《关于公安机关管辖的刑事案件立案追诉标准的规定(一)》第89条规定:“组织、策划、指挥聚众冲击军事禁区或者积极参加聚众冲击军事禁区,严重扰乱军事禁区秩序,涉嫌下列情形之一的,应予立案追诉:

(一)冲击三次以上或者一次冲击持续时间较长的;

(二)持械或者采取暴力手段冲击的;

(三)冲击重要军事禁区的;

(四)发生在战时的;

(五)其他严重扰乱军事禁区秩序应予追究刑事责任的情形。”

(3)构成要件

第一,本罪侵犯的客体是军事禁区的管理秩序。

第二,客观方面表现为聚众冲击军事禁区,严重扰乱军事禁区秩序的行为。

第三,本罪的主体是聚众冲击军事禁区中的首要分子和其他积极参加者,一般的围观群众或者个人单独冲击军事禁区的人员,不能认为是构成本罪。

第四,主观方面是故意,即明知是军事禁区而聚众冲击。如果虽然聚众冲击了军事禁区,但不知道是军事禁区,或者是过失冲击了军事禁区,不能构成本罪。

(4)罪名界定

认定本罪不能与聚众冲击国家机关罪混淆,二者侵犯的对象不同。本罪侵犯的对象是军事禁区;而后者侵犯的对象是国家机关工作区。当一种行为同时侵犯了军事禁区和国家机关工作区时,应当按照处理牵连犯的原则,按照其中的重罪处罚。本罪与聚众扰乱社会秩序罪也不能混淆,聚众扰乱社会秩序罪侵犯的对象既不是军事禁区,也不是国家机关工作区、学校、科研单位。当一种行为同时侵犯了两个罪名的时候,选择其中的一个重罪来处罚。

(5)量刑幅度

根据《刑法》第371条第1款的规定,对犯本罪的处罚分以下2个档次:

一是对首要分子,处5年以上10年以下有期徒刑。

二是对其他积极参加的,处5年以下有期徒刑、拘役、管制或者剥夺政治权利。

8. 聚众扰乱军事管理区秩序罪(第371条第2款)

(1)罪名概念

聚众扰乱军事管理区秩序罪,是指聚众扰乱军事管理区秩序,情节严重,致使军事管理区工作无法进行,造成严重损失的行为。

(2)法律规定

①本罪名是由《刑法》第371条第2款规定的。该条款规定:"聚众扰乱军事管理区秩序,情节严重,致使军事管理区工作无法进行,造成严重损失的,对首要分子,处三年以上七年以下有期徒刑;对其他积极参加的,处三年以下有期徒刑、拘役、管制或者剥夺政治权利。"

②2008年6月25日最高人民检察院、公安部《关于公安机关管辖的刑事案件立案追诉标准的规定(一)》第90条规定:"组织、策划、指挥聚众扰乱军事管理区秩序或者积极参加聚众扰乱军事管理区秩序,致使军事管理区工作无法进行,造成严重损失,涉嫌下列情形之一的,应予立案追诉:

(一)造成人员轻伤以上的;

(二)扰乱三次以上或者一次扰乱持续时间较长的;

(三)造成直接经济损失五万元以上的;

(四)持械或者采取暴力手段的;

(五)扰乱重要军事管理区秩序的;

(六)发生在战时的;

(七)其他聚众扰乱军事管理区秩序应予追究刑事责任的情形。"

(3)构成要件

第一,本罪侵犯的客体是部队的管理秩序。

第二,客观方面表现为聚众扰乱军事管理区秩序,情节严重,致使军事单位工作无法进行,造成严重损失的行为。

第三,本罪的主体是一般主体,但法律只追究首要分子和其他积极参加者的刑事责任。

第四,主观方面是故意。至于犯罪动机如何,不影响本罪的成立。

(4)罪名界定

第一,本罪与聚众冲击国家机关罪的区别在于侵犯的对象不同。本罪侵犯的对象是军事管理区;而后者侵害的对象是国家机关工作区。

第二,本罪与聚众冲击军事禁区罪的区别除了侵犯的对象不同以外,二者在客观方面的表现也不同。本罪表现为聚众扰乱军事管理区秩序,情节严重,致使军事管理区工作无法进行,造成严重损失的行为;而后罪在客观方面表现为聚众冲击军事禁区,严重扰乱军事禁区秩序的行为。

(5)量刑幅度

根据《刑法》第371条第2款的规定,对首要分子,处3年以上7年以下有期徒刑。对其他积极参加者,处3年以下有期徒刑、拘役、管制或者剥夺政治权利。

9. 冒充军人招摇撞骗罪(第372条)

(1)罪名概念

冒充军人招摇撞骗罪,是指冒充军人进行招摇撞骗,以牟取非法利益的行为。

(2)法律规定

本罪名是由《刑法》第372条规定的。该条规定:"冒充军人招摇撞骗的,处三年以下有期徒刑、拘役、管制或者剥夺政治权利;情节严重的,处三年以上十年以下有期徒刑。"

(3)构成要件

第一,本罪侵犯的客体是军人的威信和军队的正常活动。

第二,客观方面表现为冒充军人进行招摇撞骗的行为。这里的招摇撞骗,是指打着军人的名义、招牌，在社会上进行欺骗活动。

第三，本罪的主体，是除了现役军人之外的一般主体。如果是普通士兵冒充军官、低级军官冒充高级军官进行招摇撞骗的，也不能以本罪论处。

第四，主观方面是故意，其目的是谋取非法利益。这里所说的非法利益，不仅仅是指物质利益，也包括非物质利益。

(4) 罪名界定

第一，本罪与招摇撞骗罪不同：一是犯罪主体不同。本罪的主体是非现役军人以外的一般主体；而招摇撞骗罪的主体是一般主体，可以是现役军人。二是犯罪侵犯的客体不同。本罪侵犯的客体是军人的威信和军队的正常活动；而招摇撞骗罪侵犯的客体是国家机关的威信及其对社会的正常管理活动。

第二，本罪与诈骗罪有以下区别：一是在主观方面，本罪行为人追求的非法利益不仅限于财物，还包括各种非物质利益；而诈骗罪的犯罪目的，只是非法占有公私财物。二是在客观方面，本罪表现为公然穿戴现役军人制服、衔牌，使用假冒的军人身份证件，或者其他足以使他人产生误解的方式，冒充现役军人进行招摇撞骗的行为；而诈骗罪在客观方面可以采用虚构事实、隐瞒真相的任何其他手段。三是在数额要求方面，本罪没有数额要求；而诈骗罪要求骗取公私财物数额达到较大。四是在侵犯的客体方面，本罪侵犯的客体是复杂客体，除了公私财物所有权以外，还侵犯军人的威信和军队的正常活动；而诈骗罪侵犯的客体只是公私财物所有权。

(5) 量刑幅度

根据《刑法》第 372 条的规定，对犯本罪的处罚分以下 2 个档次：

一是犯本罪的，处 3 年以下有期徒刑、拘役、管制或者剥夺政治权利。

二是情节严重的，处 3 年以上 10 年以下有期徒刑。

10. 煽动军人逃离部队罪（第 373 条）

(1) 罪名概念

煽动军人逃离部队罪，是指具有使军人逃离部队的目的，以书写、印刷、张贴、散发书信、传单、刊物或者以其他方式，煽动军人逃离部队，情节严重的行为。

(2) 法律规定

①本罪名是由《刑法》第 373 条规定的。该条规定："煽动军人逃离部队或者明知是逃离部队的军人而雇用，情节严重的，处三年以下有期徒刑、拘役或者管制。"

②2008 年 6 月 25 日最高人民检察院、公安部《关于公安机关管辖的刑事案件立案追诉标准的规定（一）》第 91 条规定："煽动军人逃离部队，涉嫌下列情形之一的，应予立案追诉：

（一）煽动三人以上逃离部队的；

（二）煽动指挥人员、值班执勤人员或者其他负有重要职责人员逃离部队的；

（三）影响重要军事任务完成的；

（四）发生在战时的；

（五）其他情节严重的情形。"

(3) 构成要件

第一，本罪侵犯的客体是我国的兵役部队和部队的管理制度。

第二，客观方面表现为煽动现役军人逃离部队，情节严重的行为。

第三，本罪的主体是一般主体。

第四，主观方面是故意，并具有煽动现役军人逃离部队的犯罪目的。

(4)罪名界定

根据《刑法》第373条的规定,构成本罪必须具备以下三个条件:一是有煽动行为,二是目的是使现役军人逃离部队,三是情节严重。因此,应该把本罪与军人的家人、正在谈恋爱的恋人对正在服役的军人"扯后腿"的情况加以区分。前者是对国家、武装部队敌视或者不满,千方百计地进行宣传、鼓动,达到破坏国家的兵役制度和瓦解军队战斗力的目的;而后者是讲亲情、讲怨情,甚至是说怪话,包括如实反映军人家庭的情况等,目的是使现役军人逃离部队。如果是对短期到武装部队参加军事训练的非现役军人,包括大中专学生、国家机关工作人员到部队搞军训,煽动这些人逃离参加军事训练,不适用本罪。

(5)量刑幅度

根据《刑法》第373条的规定,对情节严重犯本罪的,处3年以下有期徒刑、拘役或者管制。

11. 雇用逃离部队军人罪(第373条)

(1)罪名概念

雇用逃离部队军人罪,是指明知他人是逃离部队的现役军人而仍然雇用,情节严重的行为。

(2)法律规定

①本罪名是由《刑法》第373条规定的。该条规定:"煽动军人逃离部队或者明知是逃离部队的军人而雇用,情节严重的,处三年以下有期徒刑、拘役或者管制。"

②2008年6月25日最高人民检察院、公安部《关于公安机关管辖的刑事案件立案追诉标准的规定(一)》第92条规定:"明知是逃离部队的军人而雇用,涉嫌下列情形之一的,应予立案追诉:

(一)雇用一人六个月以上的;

(二)雇用三人以上的;

(三)明知是逃离部队的指挥人员、值班执勤人员或者其他负有重要职责人员而雇用的;

(四)阻碍部队将被雇用军人带回的;

(五)其他情节严重的情形。"

(3)构成要件

第一,本罪侵犯的客体是我国的兵役制度和部队的管理秩序。

第二,客观方面表现为雇用逃离部队的现役军人,情节严重的行为。

第三,本罪的主体是除了现役军人以外的一般主体,即凡是达到刑事责任年龄,具备刑事责任能力的自然人。单位雇用逃离部队军人情节严重的,也只能是追究主管人员和其他直接责任人员的刑事责任。

第四,主观方面是故意,即明知他人是逃离部队的现役军人,而仍然雇用。

(4)罪名界定

第一,认定本罪要注意以下两点:一是行为人在主观上是故意。明知是逃离部队的军人而雇用,或者雇用以后,知道被雇用的是逃离部队的军人而仍然雇用。如果行为人不知他人是逃离部队的现役军人,或者虽然知道他人是现役军人,但轻信他人的介绍或者谎言,而认为其是合理离开部队,并非逃离部队而将其雇用的,不能构成本罪。二是"情节严重"。例如,雇用多名逃离部队军人的;雇用后影响部队作战或者其他重要任务完成的;经过教育后,拒不改正的等。如果雇用逃离部队军人没有达到情节严重的程度,不构成本罪。

第二,本罪与窝藏、包庇罪有重大区别。逃离部队的现役军人的配偶、亲属、朋友等,碍于情面而对其提供的帮助行为,如提供食宿的容留行为等,不能认为构成本罪。因为这不是雇用。对情节严重的,可以依照包庇、窝藏罪来处罚。但如果是雇用逃离部队的现役军人的,则显然构成本罪。两者的区别就在于行为人是否是以某种有偿形式使用逃离部队的现役军人的劳动力。如果有,就构成本罪;如果单纯是无偿提供帮助、提供食宿,或者其他形式的无偿帮助行为,则不能构成本罪,但可能构成其他犯罪。

(5)量刑幅度

根据《刑法》第373条的规定,犯本罪的,处3年以下有期徒刑、拘役或者管制。

12. 接送不合格兵员罪(第374条)

(1)罪名概念

接送不合格兵员罪,是指在征兵工作中,徇私舞弊,接送不合格兵员,情节严重的行为。

(2)法律规定

①本罪名是由《刑法》第374条规定的。该条规定:“在征兵工作中徇私舞弊,接送不合格兵员,情节严重的,处三年以下有期徒刑或者拘役;造成特别严重后果的,处三年以上七年以下有期徒刑。”

②2008年6月25日最高人民检察院、公安部《关于公安机关管辖的刑事案件立案追诉标准的规定(一)》第93条规定:“在征兵工作中徇私舞弊,接送不合格兵员,涉嫌下列情形之一的,应予立案追诉:

(一)接送不合格特种条件兵员一名以上或者普通兵员三名以上的;

(二)发生在战时的;

(三)造成严重后果的;

(四)其他情节严重的情形。”

(3)构成要件

第一,本罪侵犯的客体是国家的兵役制度。

第二,客观方面表现为徇私舞弊,接送不合格兵员,情节严重的行为。

第三,本罪的主体是特殊主体,是那些征兵工作人员,部队接兵的人员,以及某些依职务必须负有协助征兵工作的人员。

第四,主观方面是故意,即明知应征人员是不合格兵员而故意使其蒙混过关,作为合格兵员输送到部队。

(4)罪名界定

第一,认定本罪需要注意以下问题:一是本罪的主观方面是故意,只有明知是不合格兵员而接送,才具备本罪的基本要件。二是在征兵工作中徇私舞弊,接送不合格兵员,情节严重的,才能构成本罪。所谓“情节严重”,是指为接送不合格兵员收受财物,接送多名不合格兵员的,因为接送的兵员不合格影响作战、训练等任务完成,或者造成严重后果的,接送不合格兵员在当地造成恶劣影响的等。三是由于收受他人贿赂,数额较大,利用职务之便接送不合格兵员的,应当按照牵连犯的处罚原则,选择其中的一个重罪处罚。四是伪造各种证明文件向部队输送不合格兵员,对这种情况,也应当按照处理牵连犯的原则,按其中的一个重罪处罚。

第二,本罪与玩忽职守罪的区别是:一是侵犯的客体不同。本罪侵犯的客体是我国的兵役制度和部队的管理秩序;而后者侵犯的客体是国家机关的正常管理活动。二是犯罪的客观表现不同。本罪表现为在征兵工作中徇私舞弊,接送不合格兵员的行为;而后者表现为不履行或者不正确履行职责,致使公共财产、国家和人民利益遭受重大损失的行为。三是犯罪主体不完全相同。本罪是在征兵工作中负有征兵职责的工作人员;而后者是国家机关工作人员。四是犯罪主观方面不同。本罪是故意,后者是过失。

(5)量刑幅度

根据《刑法》第374条的规定,对犯本罪的处罚分以下2个档次:

一是构成犯罪的,处3年以下有期徒刑或者拘役。

二是造成特别严重后果的,处3年以上7年以下有期徒刑。

13. 伪造、变造、买卖武装部队公文、证件、印章罪(第375条第1款)

(1)罪名概念

伪造、变造、买卖武装部队公文、证件、印章罪,是指伪造、变造、买卖武装部队公文、证件、印章的行为。

(2)法律规定

①本罪名是由《刑法》第375条第1款规定的。该条款规定:“伪造、变造、买卖或者盗窃、抢夺武装部队公文、证件、印章的,处三年以下有期徒刑、拘役、管制或者剥夺政治权利;情节严重的,处三年以上十年以下有期徒刑。”

②2011年7月20日最高人民法院、最高人民检察院《关于办理妨害武装部队制式服装、车辆号牌管理秩序等刑事案件具体应用法律若干问题的解释》的相关内容如下:

“第一条　伪造、变造、买卖或者盗窃、抢夺武装部队公文、证件、印章,具有下列情形之一的,应当依照刑法第三百七十五条第一款的规定,以伪造、变造、买卖武装部队公文、证件、印章罪或者盗窃、抢夺武装部队公文、证件、印章罪定罪处罚:

(一)伪造、变造、买卖或者盗窃、抢夺武装部队公文一件以上的;

(二)伪造、变造、买卖或者盗窃、抢夺武装部队军官证、士兵证、车辆行驶证、车辆驾驶证或者其他证件二本以上的;

(三)伪造、变造、买卖或者盗窃、抢夺武装部队机关印章、车辆牌证印章或者其他印章一枚以上的。

实施前款规定的行为,数量达到第(一)至(三)项规定标准五倍以上或者造成严重后果的,应当认定为刑法第三百七十五条第一款规定的‘情节严重’。

第二条　非法生产、买卖武装部队现行装备的制式服装,具有下列情形之一的,应当认定为刑法第三百七十五条第二款规定的‘情节严重’,以非法生产、买卖武装部队制式服装罪定罪处罚:

(一)非法生产、买卖成套制式服装三十套以上,或者非成套制式服装一百件以上的;

(二)非法生产、买卖帽徽、领花、臂章等标志服饰合计一百件(副)以上的;

(三)非法经营数额二万元以上的;

(四)违法所得数额五千元以上的;

(五)具有其他严重情节的。

第三条　伪造、盗窃、买卖或者非法提供、使用武装部队车辆号牌等专用标志,具有下列情形之一的,应当认定为刑法第三百七十五条第三款规定的‘情节严重’,以伪造、盗窃、买卖、非法提供、非法使用武装部队专用标志罪定罪处罚:

(一)伪造、盗窃、买卖或者非法提供、使用武装部队军以上领导机关车辆号牌一副以上或者其他车辆号牌三副以上的;

(二)非法提供、使用军以上领导机关车辆号牌之外的其他车辆号牌累计六个月以上的;

(三)伪造、盗窃、买卖或者非法提供、使用军徽、军旗、军种符号或者其他军用标志合计一百件(副)以上的;

(四)造成严重后果或者恶劣影响的。

实施前款规定的行为,具有下列情形之一的,应当认定为刑法第三百七十五条第三款规定的‘情节特别严重’:

(一)数量达到前款第(一)、(三)项规定标准五倍以上的;

(二)非法提供、使用军以上领导机关车辆号牌累计六个月以上或者其他车辆号牌累计一年以上的;

(三)造成特别严重后果或者特别恶劣影响的。

第四条　买卖、盗窃、抢夺伪造、变造的武装部队公文、证件、印章的,买卖仿制的现行装备的武装部队制式服装情节严重的,盗窃、买卖、提供、使用伪造、变造的武装部队车辆号牌等专用标志情节严重的,应当追究刑事责任。定罪量刑标准适用本解释第一至第三条的规定。

第五条　明知他人实施刑法第三百七十五条规定的犯罪行为,而为其生产、提供专用材料或者提供资金、账号、技术、生产经营场所等帮助的,以共犯论处。

第六条　实施刑法第三百七十五条规定的犯罪行为,同时又构成逃税、诈骗、冒充军人招摇撞骗等犯罪的,依照处罚较重的规定定罪处罚。

第七条　单位实施刑法第三百七十五条第二款、第三款规定的犯罪行为,对单位判处罚金,并对其直接负责的主管人员和其他直接责任人员,分别依照本解释的有关规定处罚。”

(3)构成要件

第一,本罪侵犯的客体是武装部队的正常管理活动和信誉。

第二,客观方面表现为行为人具有伪造、变造、买卖武装部队公文、证件、印章的行为。所谓“伪造”,是指没有权制作而制作假的公文、证件、印章。模仿有权签发公文、证件、印章的负责人的手迹,制作假公文、证件、印章,也以伪造公文、证件、印章论。所谓“变造”,是指用涂改、抹擦、拼接等方法,对真实的公文、证件、印章进行改制,改变其内容,使之适合犯罪的需要。

第三,本罪的主体是一般主体。

第四,主观方面是故意。

(4)罪名界定

认定本罪需要注意以下问题:一是行为人如果以虚构的、假的部队名称伪造公文、证件、印章进行犯罪活动的,实施什么犯罪行为就定什么罪,而不能以本罪论处,因为本罪所伪造、变造、买卖武装部队的公文、证件、印章,是以真实的武装部队的存在为前提的。二是如果伪造、变造、买卖国家机关公文、证件、印章,则应该根据《刑法》第280条第1款规定的伪造、变造、买卖国家机关公文、证件、印章罪追究刑事责任,不能以本罪论处,因为本罪侵犯的是武装部队的正常管理活动和信誉,没有侵犯国家机关、企业、事业单位、人民团体的正常管理活动和信誉。

(5)量刑幅度

根据《刑法》第375条第1款和第4款的规定,对犯本罪的处罚分以下3个档次:

一是犯本罪的,处3年以下有期徒刑、拘役、管制或者剥夺政治权利。

二是情节严重的,处3年以上10年以下有期徒刑。

三是单位犯本罪的,对单位判处罚金,并且对其直接负责的主管人员和其他直接责任人员,依照上述规定处罚。

14. 盗窃、抢夺武装部队公文、证件、印章罪(第375条第1款)

(1)罪名概念

盗窃、抢夺武装部队公文、证件、印章罪,是指盗窃、抢夺武装部队公文、证件、印章的行为。

(2)法律规定

①本罪名是由《刑法》第375条第1款规定的。该条款规定:“伪造、变造、买卖或者盗窃、抢夺武装部队公文、证件、印章的,处三年以下有期徒刑、拘役、管制或者剥夺政治权利;情节严重的,处三年以上十年以下有期徒刑。”

②2011年7月20日最高人民法院、最高人民检察院《关于办理妨害武装部队制式服装、车辆号牌管理秩序等刑事案件具体应用法律若干问题的解释》的相关内容如下:

“第一条　伪造、变造、买卖或者盗窃、抢夺武装部队公文、证件、印章,具有下列情形之一的,应当依照刑法第三百七十五条第一款的规定,以伪造、变造、买卖武装部队公文、证件、印章罪或者盗窃、抢夺武装部队公文、证件、印章罪定罪处罚:

(一)伪造、变造、买卖或者盗窃、抢夺武装部队公文一件以上的;

(二)伪造、变造、买卖或者盗窃、抢夺武装部队军官证、士兵证、车辆行驶证、车辆驾驶证或者其他证件二本以上的;

(三)伪造、变造、买卖或者盗窃、抢夺武装部队机关印章、车辆牌证印章或者其他印章一枚以上的。

实施前款规定的行为,数量达到第(一)至(三)项规定标准五倍以上或者造成严重后果的,应当认定为刑法第三百七十五条第一款规定的‘情节严重’。

第二条　非法生产、买卖武装部队现行装备的制式服装,具有下列情形之一的,应当认定为刑法第三百七十五条第二款规定的‘情节严重’,以非法生产、买卖武装部队制式服装罪定罪处罚:

(一)非法生产、买卖成套制式服装三十套以上,或者非成套制式服装一百件以上的;

(二)非法生产、买卖帽徽、领花、臂章等标志服饰合计一百件(副)以上的;

(三)非法经营数额二万元以上的;

(四)违法所得数额五千元以上的;

(五)具有其他严重情节的。

第三条　伪造、盗窃、买卖或者非法提供、使用武装部队车辆号牌等专用标志,具有下列情形之一的,应当认定为刑法第三百七十五条第三款规定的‘情节严重’,以伪造、盗窃、买卖、非法提供、非法使用武装部队专用标志罪定罪处罚:

(一)伪造、盗窃、买卖或者非法提供、使用武装部队军以上领导机关车辆号牌一副以上或者其他车辆号牌三副以上的;

(二)非法提供、使用军以上领导机关车辆号牌之外的其他车辆号牌累计六个月以上的;

(三)伪造、盗窃、买卖或者非法提供、使用军徽、军旗、军种符号或者其他军用标志合计一百件(副)以上的;

(四)造成严重后果或者恶劣影响的。

实施前款规定的行为,具有下列情形之一的,应当认定为刑法第三百七十五条第三款规定的‘情节特别严重’:

(一)数量达到前款第(一)、(三)项规定标准五倍以上的;

(二)非法提供、使用军以上领导机关车辆号牌累计六个月以上或者其他车辆号牌累计一年以上的;

(三)造成特别严重后果或者特别恶劣影响的。

第四条　买卖、盗窃、抢夺伪造、变造的武装部队公文、证件、印章的,买卖仿制的现行装备的武装部队制式服装情节严重的,盗窃、买卖、提供、使用伪造、变造的武装部队车辆号牌等专用标志情节严重的,应当追究刑事责任。定罪量刑标准适用本解释第一至第三条的规定。

第五条 明知他人实施刑法第三百七十五条规定的犯罪行为,而为其生产、提供专用材料或者提供资金、账号、技术、生产经营场所等帮助的,以共犯论处。

第六条 实施刑法第三百七十五条规定的犯罪行为,同时又构成逃税、诈骗、冒充军人招摇撞骗等犯罪的,依照处罚较重的规定定罪处罚。

第七条 单位实施刑法第三百七十五条第二款、第三款规定的犯罪行为,对单位判处罚金,并对其直接负责的主管人员和其他直接责任人员,分别依照本解释的有关规定处罚。"

(3)构成要件

第一,本罪侵犯的客体是武装部队的声誉和正常管理活动。

第二,客观方面表现为盗窃、抢夺武装部队公文、证件、印章的行为。

第三,本罪的主体是一般主体,既可以是达到刑事责任年龄、具备刑事责任能力的自然人,也可以是单位。

第四,主观方面是故意。

(4)罪名界定

认定本罪需要注意以下问题:不可将本罪与《刑法》第280条第1款规定的盗窃、抢夺、毁灭国家机关公文、证件、印章罪相混淆。本罪侵犯的客体是武装部队的声誉和正常管理活动,而不是国家机关、企业、事业单位、人民团体的正常管理活动和信誉。行为人盗窃、抢夺武装部队公文、证件、印章以后,如果是为了并且实施了其他犯罪活动,则应当按照处理牵连犯的原则,选择其中一个重罪处罚。如果盗窃、抢夺武装部队公文、证件、印章的行为和随后进行的其他犯罪行为的法定刑相同时,可以选择以犯罪目的的条款来定罪处罚。

(5)量刑幅度

根据《刑法》第375条第1款和第4款的规定,对犯本罪的处罚分以下3个档次:

一是犯本罪的,处3年以下有期徒刑、拘役、管制或者剥夺政治权利。

二是情节严重的,处3年以上10年以下有期徒刑。

三是单位犯本罪的,对单位判处罚金,并且对其直接负责的主管人员和其他直接责任人员,依照上述规定处罚。

15. 非法生产、买卖武装部队制式服装罪(第375条第2款)

(1)罪名概念

非法生产、买卖武装部队制式服装罪,是指没有经过有关部门批准,非法生产、买卖武装部队制式服装,情节严重的行为。

(2)法律规定

①本罪名是由《刑法》第375条第2款规定的。该条款规定:"非法生产、买卖武装部队制式服装,情节严重的,处三年以下有期徒刑、拘役或者管制,并处或者单处罚金。"

《刑法》第375条第4款规定:"单位犯第二款、第三款罪的,对单位判处罚金,并对其直接负责的主管人员和其他直接责任人员,依照各该款的规定处罚。"

②2017年4月27日最高人民检察院、公安部《关于公安机关管辖的刑事案件立案追诉标准的规定(一)的补充规定》第14条规定:"将《立案追诉标准(一)》第九十四条修改为:[非法生产、买卖武装部队制式服装案(刑法第三百七十五条第二款)]非法生产、买卖武装部队制式服装,涉嫌下列情形之一的,应予立案追诉:

(一)非法生产、买卖成套制式服装三十套以上,或者非成套制式服装一百件以上的;

（二）非法生产、买卖帽徽、领花、臂章等标志服饰合计一百件（副）以上的；

（三）非法经营数额二万元以上的；

（四）违法所得数额五千元以上的；

（五）其他情节严重的情形。

买卖仿制的现行装备的武装部队制式服装，情节严重的，应予立案追诉。”

③2011年7月20日最高人民法院、最高人民检察院《关于办理妨害武装部队制式服装、车辆号牌管理秩序等刑事案件具体应用法律若干问题的解释》的相关内容如下：

“第一条　伪造、变造、买卖或者盗窃、抢夺武装部队公文、证件、印章，具有下列情形之一的，应当依照刑法第三百七十五条第一款的规定，以伪造、变造、买卖武装部队公文、证件、印章罪或者盗窃、抢夺武装部队公文、证件、印章罪定罪处罚：

（一）伪造、变造、买卖或者盗窃、抢夺武装部队公文一件以上的；

（二）伪造、变造、买卖或者盗窃、抢夺武装部队军官证、士兵证、车辆行驶证、车辆驾驶证或者其他证件二本以上的；

（三）伪造、变造、买卖或者盗窃、抢夺武装部队机关印章、车辆牌证印章或者其他印章一枚以上的。

实施前款规定的行为，数量达到第（一）至（三）项规定标准五倍以上或者造成严重后果的，应当认定为刑法第三百七十五条第一款规定的‘情节严重’。

第二条　非法生产、买卖武装部队现行装备的制式服装，具有下列情形之一的，应当认定为刑法第三百七十五条第二款规定的‘情节严重’，以非法生产、买卖武装部队制式服装罪定罪处罚：

（一）非法生产、买卖成套制式服装三十套以上，或者非成套制式服装一百件以上的；

（二）非法生产、买卖帽徽、领花、臂章等标志服饰合计一百件（副）以上的；

（三）非法经营数额二万元以上的；

（四）违法所得数额五千元以上的；

（五）具有其他严重情节的。

第三条　伪造、盗窃、买卖或者非法提供、使用武装部队车辆号牌等专用标志，具有下列情形之一的，应当认定为刑法第三百七十五条第三款规定的‘情节严重’，以伪造、盗窃、买卖、非法提供、非法使用武装部队专用标志罪定罪处罚：

（一）伪造、盗窃、买卖或者非法提供、使用武装部队军以上领导机关车辆号牌一副以上或者其他车辆号牌三副以上的；

（二）非法提供、使用军以上领导机关车辆号牌之外的其他车辆号牌累计六个月以上的；

（三）伪造、盗窃、买卖或者非法提供、使用军徽、军旗、军种符号或者其他军用标志合计一百件（副）以上的；

（四）造成严重后果或者恶劣影响的。

实施前款规定的行为，具有下列情形之一的，应当认定为刑法第三百七十五条第三款规定的‘情节特别严重’：

（一）数量达到前款第（一）、（三）项规定标准五倍以上的；

（二）非法提供、使用军以上领导机关车辆号牌累计六个月以上或者其他车辆号牌累计一年以上的；

（三）造成特别严重后果或者特别恶劣影响的。

第四条　买卖、盗窃、抢夺伪造、变造的武装部队公文、证件、印章的，买卖仿制的现行装备的武装部队制式服装情节严重的,盗窃、买卖、提供、使用伪造、变造的武装部队车辆号牌等专用标志情节严重的,应当追究刑事责任。定罪量刑标准适用本解释第一至第三条的规定。

第五条　明知他人实施刑法第三百七十五条规定的犯罪行为,而为其生产、提供专用材料或者提供资金、账号、技术、生产经营场所等帮助的,以共犯论处。

第六条　实施刑法第三百七十五条规定的犯罪行为,同时又构成逃税、诈骗、冒充军人招摇撞骗等犯罪的,依照处罚较重的规定定罪处罚。

第七条　单位实施刑法第三百七十五条第二款、第三款规定的犯罪行为,对单位判处罚金,并对其直接负责的主管人员和其他直接责任人员,分别依照本解释的有关规定处罚。”

(3)构成要件

第一,本罪侵犯的客体是武装部队的声誉和正常管理活动。

第二,客观方面表现为非法生产、买卖武装部队制式服装,情节严重的行为。

第三,本罪的主体是一般主体。

第四,主观方面是故意。

(4)罪名界定

认定本罪要注意以下问题:利用非法生产、买卖的武装部队制式服装冒充军人招摇撞骗的,应当按照冒充军人招摇撞骗罪来定罪处罚。冒充军人招摇撞骗的行为人,除了非法生产、购买武装部队制式服装供自己冒充军人使用以外,还大量地非法生产、买卖武装部队制式服装,达到情节严重程度的,应当分别定非法生产、买卖武装部队制式服装罪和冒充军人招摇撞骗罪,实行数罪并罚。另外,不应与《刑法》第281条规定的非法生产、买卖警用装备罪相混淆,因为本罪侵犯的对象是武装部队制式服装,而不是人民警察制式服装、车辆号牌等装备。

(5)量刑幅度

根据《刑法》第375条第2款和第4款的规定,对犯本罪的处罚分以下2个档次:

一是犯本罪的,处3年以下有期徒刑、拘役或者管制,并处或者单处罚金。

二是单位犯本罪的,对单位判处罚金,并且对其直接负责的主管人员和其他直接责任人员,依照上述规定处罚。

16. 伪造、盗窃、买卖、非法提供、非法使用武装部队专用标志罪(第375条第3款)

(1)罪名概念

伪造、盗窃、买卖、非法提供、非法使用武装部队专用标志罪,是指伪造、盗窃、买卖、非法提供、非法使用武装部队车辆号牌等专用标志,情节严重的行为。

(2)法律规定

①本罪名是由《刑法》第375条第3款规定的。《刑法》第375条第3款、第4款分别规定:“伪造、盗窃、买卖或者非法提供、使用武装部队车辆号牌等专用标志,情节严重的,处三年以下有期徒刑、拘役或者管制,并处或者单处罚金;情节特别严重的,处三年以上七年以下有期徒刑,并处罚金。

单位犯第二款、第三款罪的,对单位判处罚金,并对其直接负责的主管人员和其他直接责任人员,依照各该款的规定处罚。”

②2017年4月27日最高人民检察院、公安部《关于公安机关管辖的刑事案件立案追诉标准的规定(一)的补充规定》第15条规定:“在《立案追诉标准(一)》第九十四条后增加一条,作为第九十四条之一:[伪造、盗窃、买卖、非法提供、非法使用武装部队专用标志案(刑法第三百七十五条第三款)]伪造、盗窃、买卖或者非法提供、使用武装部队车辆号牌等专用标志,涉嫌下列情

形之一的，应予立案追诉：

（一）伪造、盗窃、买卖或者非法提供、使用武装部队军以上领导机关车辆号牌一副以上或者其他车辆号牌三副以上的；

（二）非法提供、使用军以上领导机关车辆号牌之外的其他车辆号牌累计六个月以上的；

（三）伪造、盗窃、买卖或者非法提供、使用军徽、军旗、军种符号或者其他军用标志合计一百件（副）以上的；

（四）造成严重后果或者恶劣影响的。

盗窃、买卖、提供、使用伪造、变造的武装部队车辆号牌等专用标志，情节严重的，应予立案追诉。”

③2011年7月20日最高人民法院、最高人民检察院《关于办理妨害武装部队制式服装、车辆号牌管理秩序等刑事案件具体应用法律若干问题的解释》的相关内容如下：

“第一条　伪造、变造、买卖或者盗窃、抢夺武装部队公文、证件、印章，具有下列情形之一的，应当依照刑法第三百七十五条第一款的规定，以伪造、变造、买卖武装部队公文、证件、印章罪或者盗窃、抢夺武装部队公文、证件、印章罪定罪处罚：

（一）伪造、变造、买卖或者盗窃、抢夺武装部队公文一件以上的；

（二）伪造、变造、买卖或者盗窃、抢夺武装部队军官证、士兵证、车辆行驶证、车辆驾驶证或者其他证件二本以上的；

（三）伪造、变造、买卖或者盗窃、抢夺武装部队机关印章、车辆牌证印章或者其他印章一枚以上的。

实施前款规定的行为，数量达到第（一）至（三）项规定标准五倍以上或者造成严重后果的，应当认定为刑法第三百七十五条第一款规定的‘情节严重’。

第二条　非法生产、买卖武装部队现行装备的制式服装，具有下列情形之一的，应当认定为刑法第三百七十五条第二款规定的‘情节严重’，以非法生产、买卖武装部队制式服装罪定罪处罚：

（一）非法生产、买卖成套制式服装三十套以上，或者非成套制式服装一百件以上的；

（二）非法生产、买卖帽徽、领花、臂章等标志服饰合计一百件（副）以上的；

（三）非法经营数额二万元以上的；

（四）违法所得数额五千元以上的；

（五）具有其他严重情节的。

第三条　伪造、盗窃、买卖或者非法提供、使用武装部队车辆号牌等专用标志，具有下列情形之一的，应当认定为刑法第三百七十五条第三款规定的‘情节严重’，以伪造、盗窃、买卖、非法提供、非法使用武装部队专用标志罪定罪处罚：

（一）伪造、盗窃、买卖或者非法提供、使用武装部队军以上领导机关车辆号牌一副以上或者其他车辆号牌三副以上的；

（二）非法提供、使用军以上领导机关车辆号牌之外的其他车辆号牌累计六个月以上的；

（三）伪造、盗窃、买卖或者非法提供、使用军徽、军旗、军种符号或者其他军用标志合计一百件（副）以上的；

（四）造成严重后果或者恶劣影响的。

实施前款规定的行为，具有下列情形之一的，应当认定为刑法第三百七十五条第三款规定的‘情节特别严重’：

（一）数量达到前款第（一）、（三）项规定标准五倍以上的；

（二）非法提供、使用军以上领导机关车辆号牌累计六个月以上或者其他车辆号牌累计一年以上的；

（三）造成特别严重后果或者特别恶劣影响的。

第四条　买卖、盗窃、抢夺伪造、变造的武装部队公文、证件、印章的，买卖仿制的现行装备的武装部队制式服装情节严重的，盗窃、买卖、提供、使用伪造、变造的武装部队车辆号牌等专用标志情节严重的，应当追究刑事责任。定罪量刑标准适用本解释第一至第三条的规定。

第五条　明知他人实施刑法第三百七十五条规定的犯罪行为，而为其生产、提供专用材料或者提供资金、账号、技术、生产经营场所等帮助的，以共犯论处。

第六条　实施刑法第三百七十五条规定的犯罪行为，同时又构成逃税、诈骗、冒充军人招摇撞骗等犯罪的，依照处罚较重的规定定罪处罚。

第七条　单位实施刑法第三百七十五条第二款、第三款规定的犯罪行为，对单位判处罚金，并对其直接负责的主管人员和其他直接责任人员，分别依照本解释的有关规定处罚。”

（3）构成要件

第一，本罪侵犯的客体是武装部队的声誉和正常管理活动。

第二，客观方面表现为伪造、盗窃、买卖、非法提供、非法使用武装部队车辆号牌以及其他专用标志，情节严重的行为。

第三，本罪的主体是一般主体。

第四，主观方面是故意。

（4）罪名界定

本罪与非法生产、买卖警用装备罪有以下区别：一是侵犯的客体不同。本罪侵犯的客体是武装部队的声誉和武装部队的管理活动，属于危害国防利益方面的犯罪；而后者侵犯的客体是国家对警服、警械、警用标志的管理制度，属于妨害社会管理秩序方面的犯罪。二是在客观方面表现不同。本罪表现为伪造、盗窃、买卖、非法提供和非法使用武装部队的车辆号牌以及其他专用标志情节严重的行为；而后者表现为违反有关规定，非法生产、买卖警服、警械或者警用标志情节严重的行为。

（5）量刑幅度

根据《刑法》第 375 条第 3 款、第 4 款的规定，对犯本罪的处罚分以下 3 个档次：

一是情节严重构成本罪的，处 3 年以下有期徒刑、拘役或者管制，并处或者单处罚金。

二是情节特别严重的，处 3 年以上 7 年以下有期徒刑，并处罚金。

三是单位犯本罪的，对单位判处罚金，并且对其直接负责的主管人员和其他直接责任人员，按照上述规定处罚。

17. 战时拒绝、逃避征召、军事训练罪（第 376 条第 1 款）

（1）罪名概念

战时拒绝、逃避征召、军事训练罪，是指预备役人员战时拒绝、逃避征召或者军事训练，情节严重的行为。

（2）法律规定

①本罪名是由《刑法》第 376 条第 1 款规定的。该条款规定：“预备役人员战时拒绝、逃避征召或者军事训练，情节严重的，处三年以下有期徒刑或者拘役。”

②2008 年 6 月 25 日最高人民检察院、公安部《关于公安机关管辖的刑事案件立案追诉标准的规定（一）》第 95 条规定：“预备役人员战时拒绝、逃避征召或者军事训练，涉嫌下列情形之一

的,应予立案追诉:

(一)无正当理由经教育仍拒绝、逃避征召或者军事训练的;

(二)以暴力、威胁、欺骗等手段,或者采取自伤、自残等方式拒绝、逃避征召或者军事训练的;

(三)联络、煽动他人共同拒绝、逃避征召或者军事训练的;

(四)其他情节严重的情形。"

(3)构成要件

第一,本罪侵犯的客体是国家的兵役制度和战时预备役人员管理秩序。

第二,客观方面表现为在战时拒绝、逃避征召或者军事训练,情节严重的行为。

第三,本罪的主体是特殊主体,即预备役人员。"预备役",是指国家法律规定的,公民在军队以外所服的兵役,是国家储备兵员的重要方式,包括军官预备役和士兵预备役两种。

第四,主观方面是故意。

(4)罪名界定

认定本罪要注意以下问题:一是构成本罪必须是在战时拒绝、逃避征召或者军事训练的,如果不是在战时,即使情节严重,也不能构成本罪。二是构成本罪要求具备情节严重的条件,即预备役人员在战时拒绝、逃避征召或者军事训练,只有情节严重才能构成本罪。"情节严重",是指因为拒绝、逃避征召,影响了军事任务的完成;以暴力方法抗拒征召;煽动他人拒绝、逃避征召;经过多次教育仍然拒绝、逃避征召等。

(5)量刑幅度

根据《刑法》第 376 条第 1 款的规定,对犯本罪的,处 3 年以下有期徒刑或者拘役。

18. 战时拒绝、逃避服役罪(第 376 条第 2 款)

(1)罪名概念

战时拒绝、逃避服役罪,是指战时公民拒绝、逃避服役,情节严重的行为。

(2)法律规定

①本罪名是由《刑法》第 376 条第 2 款规定的。该条款规定:"公民战时拒绝、逃避服役,情节严重的,处二年以下有期徒刑或者拘役。"

②2008 年 6 月 25 日最高人民检察院、公安部《关于公安机关管辖的刑事案件立案追诉标准的规定(一)》第 96 条规定:"公民战时拒绝、逃避服役,涉嫌下列情形之一的,应予立案追诉:

(一)无正当理由经教育仍拒绝、逃避服役的;

(二)以暴力、威胁、欺骗等手段,或者采取自伤、自残等方式拒绝、逃避服役的;

(三)联络、煽动他人共同拒绝、逃避服役的;

(四)其他情节严重的情形。"

(3)构成要件

第一,本罪侵犯的客体是我国的战时兵役管理制度。

第二,客观方面表现为战时逃避、拒绝服役,情节严重的行为。

第三,犯罪主体只能是具备服兵役条件的中国公民。

第四,主观方面是故意,即明知自己已被征召,加入部队而拒绝、逃避服兵役。如果行为人由于客观原因,没有收到应征服役的通知,或者不能按时去报到,或者无法去报到的,不能构成本罪。

(4)罪名界定

第一,构成本罪要具备以下四个条件:一是情节严重。二是发生在战时。三是战时拒绝、逃避服役,而不是拒绝、逃避征召。四是犯罪主体是除了预备役人员以外的符合战时服役条件的公民,而不是预备役人员。

第二,本罪与逃离部队罪有以下区别:一是犯罪主体不同。前者的主体只能是具备服兵役条件的中国公民,即虽然符合服役条件,但还没有成为现役或者预备役军人的应征公民;而逃离部队罪的主体则是现役军人。二是客观方面不同。前者在客观方面表现为战时拒绝、逃避服兵役;而后者表现为脱离部队的行为,而不论战时或者是平时。但对战时逃离部队的行为应当从重处罚。三是犯罪客体不同。前者侵犯的客体是国家的兵役制度;而后者侵犯的客体,则是国家的兵役制度和部队的作战秩序。更进一步讲,这两种犯罪对兵役制度的破坏阶段是不同的。战时拒绝、逃避服役罪,是行为人根本没有加入部队行列而拒绝、逃避服兵役;而逃离部队罪,则是行为人已经加入现役军人行列,而拒绝、逃避继续服兵役。

(5)量刑幅度

根据《刑法》第376条第2款的规定,犯本罪的,处2年以下有期徒刑或者拘役。

19. 战时故意提供虚假敌情罪(第377条)

(1)罪名概念

战时故意提供虚假敌情罪,是指战时故意向武装部队提供敌方虚假情报,造成严重后果的行为。

(2)法律规定

本罪名是由《刑法》第377条规定的。该条规定:“战时故意向武装部队提供虚假敌情,造成严重后果的,处三年以上十年以下有期徒刑;造成特别严重后果的,处十年以上有期徒刑或者无期徒刑。”

(3)构成要件

第一,本罪侵犯的客体是武装部队的军事行动和作战利益。

第二,客观方面表现为故意向武装部队提供虚假敌情,造成严重后果的行为。

第三,本罪的主体是特殊主体,即达到刑事责任年龄,具有刑事责任能力,应当知道敌情而向武装部队提供了虚假敌情的自然人。

第四,主观方面是故意。

(4)罪名界定

第一,认定本罪要注意以下问题:①提供的是虚假敌情,而不是错误的敌情。提供虚假敌情是出于故意,而提供错误的敌情只能是出于过失。②向武装部队提供虚假敌情,而不是向武装部队以外的其他组织或者个人传播了虚假敌情。③只有在战时实施了向武装部队提供虚假敌情的行为才能构成本罪。④必须造成严重后果,如果仅仅是提供了虚假敌情,没造成严重后果的不构成本罪。

第二,本罪与战时造谣扰乱军心罪的区别是:一是犯罪的客观方面不同。前者表现为向武装部队提供虚假敌情,一般是向特定军事机关或者具有搜集情报的军职人员提供,即虚假情报的影响对象,在某种程度上是特定化的;而后者是编造或者散布、宣扬谣言,其谣言或者虚假信息的影响对象是不特定的多数人,即不特定的军职人员。另外,前者提供虚假敌情是与敌军有关的情报;而后者所编造或者宣扬、扩散的谣言,则不一定与敌军有关,如造谣我军领导人死亡、部队覆灭等。二是侵犯的客体不同。前者侵犯的客体是我军的作战利益;而后者侵犯的客体是我军的作战能力及作战利益。

第三,本罪与隐瞒、谎报军情罪的主要区别是:一是犯罪主体不同。本罪的犯罪主体是非军人,而后者的犯罪主体是军人。二是犯罪客观表现形式不同。三是提供的内容不同。四是行为人违反的义务不同。本罪违反的是国防义务，而后者违反的是军人职责。

(5)量刑幅度

根据《刑法》第377条的规定，对犯本罪的处罚分以下2个档次：

一是犯本罪的，处3年以上10年以下有期徒刑。

二是造成特别严重后果的，处10年以上有期徒刑或者无期徒刑。

20. 战时造谣扰乱军心罪(第378条)

(1)罪名概念

战时造谣扰乱军心罪，是指战时制造谣言，迷惑群众，动摇军心的行为。

(2)法律规定

本罪名是由《刑法》第378条规定的。该条规定："战时造谣惑众，扰乱军心的，处三年以下有期徒刑、拘役或者管制；情节严重的，处三年以上十年以下有期徒刑。"

(3)构成要件

第一，本罪侵犯的客体是部队的作战利益。

第二，客观方面具有在战时制造谣言，迷惑群众，扰乱军心的行为。

第三，犯罪主体是除了军人以外的一般主体。

第四，主观方面是故意，即行为人明知自己所说的是假的，会起到扰乱军心、瓦解斗志的作用，而仍然加以宣扬、扩散。

(4)罪名界定

第一，根据《刑法》第378条的规定，认定本罪要注意以下两个问题：一是造谣惑众的行为在战时实施，如果是平时进行造谣，不构成本罪。二是在客观上必须产生了扰乱军心的后果，如果仅仅是有一般的传播战况不真实的表现，或者将他人的流言蜚语加以渲染，尚没造成动摇军心的严重后果，情节显著轻微，危害不大，不构成犯罪。

第二，本罪与煽动军人逃离部队罪有以下区别：一是侵犯的直接客体不同。本罪侵犯的是部队的作战利益；而后者侵犯的是武装部队兵员管理秩序。二是犯罪构成的时间要件不同。本罪只能发生在战时；而后者可以发生在战时，也可以发生在平时。三是犯罪客观方面的表现方式不同。本罪的行为方式仅限于造谣惑众；而后者的行为方式则是多种多样，既可以是造谣惑众的行为，也可以是物资引诱等其他行为。四是犯罪目的不同。本罪的犯罪目的是扰乱军心；而后者的犯罪目的是促使军人逃离部队。

第三，本罪与煽动颠覆国家政权罪有以下区别：一是侵犯的客体不同。本罪侵犯的客体是部队的作战利益；而后者侵犯的客体是国家政权的安全。二是犯罪时间条件不同。本罪只能发生在战时；而后者既可以发生在战时，也可以发生在平时。三是犯罪客观方面的表现方式不完全相同。本罪仅限于造谣惑众；而后者既可以是造谣惑众，也包括其他方式，如诽谤等。

(5)量刑幅度

根据《刑法》第378条的规定，对犯本罪的处罚分以下2个档次：

一是犯本罪的，处3年以下有期徒刑、拘役或者管制。

二是情节严重的，处3年以上10年以下有期徒刑。

21. 战时窝藏逃离部队军人罪(第379条)

(1)罪名概念

战时窝藏逃离部队军人罪，是指在战时，明知是逃离部队的军人而为其提供隐蔽处所、财物，情节严重的行为。

(2)法律规定

①本罪名是由《刑法》第379条规定的。该条规定:"战时明知是逃离部队的军人而为其提供隐蔽处所、财物,情节严重的,处三年以下有期徒刑或者拘役。"

②2008年6月25日最高人民检察院、公安部《关于公安机关管辖的刑事案件立案追诉标准的规定(一)》第97条规定:"战时明知是逃离部队的军人而为其提供隐蔽处所、财物,涉嫌下列情形之一的,应予立案追诉:

(一)窝藏三人次以上的;

(二)明知是指挥人员、值班执勤人员或者其他负有重要职责人员而窝藏的;

(三)有关部门查找时拒不交出的;

(四)其他情节严重的情形。"

(3)构成要件

第一,本罪侵犯的客体是战时部队兵员管理秩序。

第二,客观方面表现为在战时为逃离部队的军人提供隐蔽处所、财物,情节严重的行为。

第三,犯罪主体是一般主体。

第四,主观方面是故意,要求具有"明知"。

(4)罪名界定

第一,认定本罪要注意以下两点:一是本罪在主观上是故意,如果不知道是脱离部队的军人,不构成本罪。二是本罪要求情节严重才能构成犯罪。

第二,本罪与窝藏罪的区别有以下四点:①犯罪客体不同。前者侵犯的是战时部队兵员管理秩序;而后者侵犯的是社会管理秩序。②行为对象不同。前者是逃离部队的军人;而后者是犯罪的人。③行为的时间不同。前者发生在战时;而后者可以发生在任何时间。④对情节要求不同。前者只有情节严重的才能构成犯罪;而后者没有这样的要求。

(5)量刑幅度

根据《刑法》第379条的规定,犯本罪的,处3年以下有期徒刑或者拘役。

22. 战时拒绝、故意延误军事订货罪(第380条)

(1)罪名概念

战时拒绝、故意延误军事订货罪,是指在战时,负有军品生产、供货任务的单位,拒绝接受军事订货或故意延误军事订货,情节严重的行为。

(2)法律规定

①本罪名是由《刑法》第380条规定的。该条规定:"战时拒绝或者故意延误军事订货,情节严重的,对单位判处罚金,并对其直接负责的主管人员和其他直接责任人员,处五年以下有期徒刑或者拘役;造成严重后果的,处五年以上有期徒刑。"

②2008年6月25日最高人民检察院、公安部《关于公安机关管辖的刑事案件立案追诉标准的规定(一)》第98条规定:"战时拒绝或者故意延误军事订货,涉嫌下列情形之一的,应予立案追诉:

(一)拒绝或者故意延误军事订货三次以上的;

(二)联络、煽动他人共同拒绝或者故意延误军事订货的;

(三)拒绝或者故意延误重要军事订货,影响重要军事任务完成的;

(四)其他情节严重的情形。"

（3）构成要件

第一，本罪侵犯的客体是军事物资的订货制度。

第二，客观方面表现为在战时无正当理由拒绝或者故意延误军事订货，情节严重的行为。

第三，犯罪主体是负有军品生产、供货任务的单位及其直接负责的主管人员和其他直接责任人员。

第四，主观方面是故意。

（4）罪名界定

根据《刑法》第380条的规定，构成本罪必须同时具备以下三个条件：①发生在战时；②主观方面是故意；③拒绝或者故意延误军事订货情节严重。所谓"情节严重"，一般是指使用暴力抗拒的，因为拒绝、延误军事订货而影响作战或者其他重要军事行动的等。如果不属于"情节严重"，或者是因为意外事件，或者是因为不具备完成军事订货任务所需的时间、人力、物力、财力、技术而延误的，均不构成本罪。

（5）量刑幅度

根据《刑法》第380条的规定，对犯本罪的处罚分以下2个档次：

一是对单位判处罚金，并且对其直接负责的主管人员和其他直接责任人员，处5年以下有期徒刑或者拘役；

二是造成严重后果的，对单位判处罚金，并且对其直接负责的主管人员和其他直接责任人员，处5年以上有期徒刑。

23. 战时拒绝军事征收、征用罪（第381条）

（1）罪名概念

战时拒绝军事征收、征用罪，是指行为人在战时，拒绝国家武装力量为军事需要依法征用其房屋、通信设施、车辆、场地等设施、物资，情节严重的行为。

（2）法律规定

①本罪名是由《刑法》第381条规定的。该条规定："战时拒绝军事征收、征用，情节严重的，处三年以下有期徒刑或者拘役。"

②2017年4月27日最高人民检察院、公安部《关于公安机关管辖的刑事案件立案追诉标准的规定（一）的补充规定》第16条规定："将《立案追诉标准（一）》第九十九条修改为：[战时拒绝军事征收、征用案（刑法第三百八十一条）]战时拒绝军事征收、征用，涉嫌下列情形之一的，应予立案追诉：

（一）无正当理由拒绝军事征收、征用三次以上的；

（二）采取暴力、威胁、欺骗等手段拒绝军事征收、征用的；

（三）联络、煽动他人共同拒绝军事征收、征用的；

（四）拒绝重要军事征收、征用，影响重要军事任务完成的；

（五）其他情节严重的情形。"

（3）构成要件

第一，本罪侵犯的客体是战时军事征用的管理制度。

第二，客观方面表现为在战时拒绝军事征收、征用，情节严重的行为。

第三，本罪的主体是一般主体。

第四，主观方面是故意。

(4)罪名界定

构成本罪要注意以下问题:一是本罪必须发生在战时。平时拒绝军事征收、征用,即使情节严重,也不构成本罪。“军事征用”,是指国家和武装部队对机关、团体和企业、事业单位及公民个人的物资、设施和设备等,强行征用或征购,以用于军事行动。“拒绝军事征用”,是指有条件、有能力提供调用或征购的物资、车辆和设备、设施等而拒不提供。二是必须情节严重。所谓“情节严重”,一般是指煽动他人拒绝军事征用,以暴力抗拒军事征用,因为拒绝军事征用而严重影响了作战等军事任务的完成,或者造成了其他严重后果等。

另外需要注意的是,行为人如果在战时使用暴力、威胁方法,拒绝县级以上人民政府工作人员依法进行军事征用,情节严重,同时犯了战时拒绝军事征用罪和妨害公务罪两个罪名;或者是在战时使用暴力、威胁方法,拒绝武装部队现场指挥员依法进行军事征用,情节严重的,同时触犯了战时拒绝军事征用罪和阻碍军人执行职务罪两个罪名。对此应当选择其中一个重罪处罚。

(5)量刑幅度

根据《刑法》第381条的规定,犯本罪的,处3年以下有期徒刑或者拘役。

八
贪污贿赂罪

1. 贪污罪(第382条)

(1)罪名概念

贪污罪,是指国家工作人员利用职务上的便利,侵吞、窃取、骗取或者以其他手段,非法占有公共财物的行为。

(2)法律规定

①本罪名是由《刑法》第382条规定的。该条规定:"国家工作人员利用职务上的便利,侵吞、窃取、骗取或者以其他手段非法占有公共财物的,是贪污罪。

受国家机关、国有公司、企业、事业单位、人民团体委托管理、经营国有财产的人员,利用职务上的便利,侵吞、窃取、骗取或者以其他手段非法占有国有财物的,以贪污论。

与前两款所列人员勾结,伙同贪污的,以共犯论处。"

《刑法》第394条规定:"国家工作人员在国内公务活动或者对外交往中接受礼物,依照国家规定应当交公而不交公,数额较大的,依照本法第三百八十二条、第三百八十三条的规定定罪处罚。"

《刑法》第383条规定:"对犯贪污罪的,根据情节轻重,分别依照下列规定处罚:

(一)贪污数额较大或者有其他较重情节的,处三年以下有期徒刑或者拘役,并处罚金。

(二)贪污数额巨大或者有其他严重情节的,处三年以上十年以下有期徒刑,并处罚金或者没收财产。

(三)贪污数额特别巨大或者有其他特别严重情节的,处十年以上有期徒刑或者无期徒刑,并处罚金或者没收财产;数额特别巨大,并使国家和人民利益遭受特别重大损失的,处无期徒刑或者死刑,并处没收财产。

对多次贪污未经处理的,按照累计贪污数额处罚。

犯第一款罪,在提起公诉前如实供述自己罪行、真诚悔罪、积极退赃,避免、减少损害结果的发生,有第一项规定情形的,可以从轻、减轻或者免除处罚;有第二项、第三项规定情形的,可以从轻处罚。

犯第一款罪,有第三项规定情形被判处死刑缓期执行的,人民法院根据犯罪情节等情况可以同时决定在其死刑缓期执行二年期满依法减为无期徒刑后,终身监禁,不得减刑、假释。"

《刑法》第183条第2款规定:"国有保险公司工作人员和国有保险公司委派到非国有保险公司从事公务的人员有前款行为的,依照本法第三百八十二条、第三百八十三条的规定定罪处罚。"

《刑法》第93条规定:"本法所称国家工作人员,是指国家机关中从事公务的人员。

国有公司、企业、事业单位、人民团体中从事公务的人员和国家机关、国有公司、企业、事业单位委派到非国有公司、企业、事业单位、社会团体从事公务的人员,以及其他依照法律从事公务的人员,以国家工作人员论。"

②1999 年 9 月 16 日最高人民检察院《关于人民检察院直接受理立案侦查案件立案标准的规定(试行)》第一部分第 1 项规定:“贪污罪是指国家工作人员利用职务上的便利,侵吞、窃取、骗取或者以其他手段非法占有公共财物的行为。

‘利用职务上的便利’是指利用职务上主管、管理、经手公共财物的权力及方便条件。

受国家机关、国有公司、企业、事业单位、人民团体委托管理、经营国有财产的人员,利用职务上的便利,侵吞、窃取、骗取或者以其他手段非法占有国有财物的,以贪污罪追究其刑事责任。

‘受委托管理、经营国有财产’是指因承包、租赁、聘用等而管理、经营国有财产。

国有保险公司的工作人员和国有保险公司委派到非国有保险公司从事公务的人员利用职务上的便利,故意编造未曾发生的保险事故进行虚假理赔,骗取保险金归自己所有的,以贪污罪追究刑事责任。

国有公司、企业或者其他国有单位中从事公务的人员和国有公司、企业或者其他国有单位委派到非国有公司、企业以及其他非国有单位从事公务的人员,利用职务上的便利,将本单位财物非法占为已有的,以贪污罪追究刑事责任。

国家工作人员在国内公务活动或者对外交往中接受礼物,依照国家规定应当交公而不交公,数额较大的,以贪污罪追究刑事责任。”

③2003 年 5 月 14 日最高人民法院、最高人民检察院《关于办理妨害预防、控制突发传染病疫情等灾害的刑事案件具体应用法律若干问题的解释》第 14 条规定:“贪污、侵占用于预防、控制突发传染病疫情等灾害的款物或者挪用归个人使用,构成犯罪的,分别依照刑法第三百八十二条、第三百八十三条、第二百七十一条、第三百八十四条、第二百七十二条的规定,以贪污罪、侵占罪、挪用公款罪、挪用资金罪定罪,依法从重处罚。

挪用用于预防、控制突发传染病疫情等灾害的救灾、优抚、救济等款物,构成犯罪的,对直接责任人员,依照刑法第二百七十三条的规定,以挪用特定款物罪定罪处罚。”

④1998 年 4 月 29 日最高人民法院《关于审理挪用公款案件具体应用法律若干问题的解释》第 6 条规定:“携带挪用的公款潜逃的,依照刑法第三百八十二条、第三百八十三条的规定定罪处罚。”

⑤2000 年 6 月 30 日最高人民法院《关于审理贪污、职务侵占案件如何认定共同犯罪几个问题的解释》相关内容如下:

“第一条　行为人与国家工作人员勾结,利用国家工作人员的职务便利,共同侵吞、窃取、骗取或者以其他手段非法占有公共财物的,以贪污罪共犯论处。

第二条　行为人与公司、企业或者其他单位的人员勾结,利用公司、企业或者其他单位人员的职务便利,共同将该单位财物非法占为已有,数额较大的,以职务侵占罪共犯论处。

第三条　公司、企业或者其他单位中,不具有国家工作人员身份的人与国家工作人员勾结,分别利用各自的职务便利,共同将本单位财物非法占为已有的,按照主犯的犯罪性质定罪。”

⑥2009 年 8 月 27 日全国人民代表大会常务委员会《关于〈中华人民共和国刑法〉第九十三条第二款的解释》规定:“村民委员会等村基层组织人员协助人民政府从事下列行政管理工作,属于刑法第九十三条第二款规定的‘其他依照法律从事公务的人员’:

(一)救灾、抢险、防汛、优抚、扶贫、移民、救济款物的管理;

(二)社会捐助公益事业款物的管理;

(三)国有土地的经营和管理;

(四)土地征收、征用补偿费用的管理;

(五)代征、代缴税款;

（六）有关计划生育、户籍、征兵工作；

（七）协助人民政府从事的其他行政管理工作。

村民委员会等村基层组织人员从事前款规定的公务，利用职务上的便利，非法占有公共财物、挪用公款、索取他人财物或者非法收受他人财物，构成犯罪的，适用刑法第三百八十二条和第三百八十三条贪污罪、第三百八十四条挪用公款罪、第三百八十五条和第三百八十六条受贿罪的规定。”

⑦1988 年 10 月 19 日中国人民解放军军事法院《关于审理军人违反职责罪案件中几个具体问题的处理意见》第 3 条关于监守自盗军用物资的行为应如何定罪处罚问题的规定：“军职人员利用职务上的便利，盗窃自己经手、管理的军用物资的，符合贪污罪的基本特征，依照刑法第一百五十五条和全国人大常委会《关于惩治贪污罪贿赂罪的补充规定》，以贪污罪论处，从重处罚。”

⑧2000 年 6 月 5 日最高人民检察院《关于贯彻执行全国人民代表大会常务委员会关于〈中华人民共和国刑法〉第九十三条第二款的解释的通知》第 2 条、第 3 条分别规定：

“二、根据《解释》，检察机关对村民委员会等村基层组织人员协助人民政府从事《解释》所规定的行政管理工作中发生的利用职务上的便利，非法占有公共财物、挪用公款、索取他人财物或者非法收受他人财物，构成犯罪的案件，应直接受理，分别适用刑法第三百八十二条、第三百八十三条、第三百八十四条和第三百八十五条、第三百八十六条的规定，以涉嫌贪污罪、挪用公款罪、受贿罪立案侦查。

三、各级检察机关在依法查处村民委员会等村基层组织人员贪污、受贿、挪用公款犯罪案件过程中，要根据《解释》和其他有关法律的规定，严格把握界限，准确认定村民委员会等村基层组织人员的职务活动是否属于协助人民政府从事《解释》所规定的行政管理工作，并正确把握刑法第三百八十二条、第三百八十三条贪污罪、第三百八十四条挪用公款罪和第三百八十五条、第三百八十六条受贿罪的构成要件。对村民委员会等村基层组织人员从事属于村民自治范围的经营、管理活动不能适用《解释》的规定。”

⑨2001 年 5 月 23 日最高人民法院《关于在国有资本控股、参股的股份有限公司中从事管理工作的人员利用职务便利非法占有本公司财物如何定罪问题的批复》规定：“在国有资本控股、参股的股份有限公司中从事管理工作的人员，除受国家机关、国有公司、企业、事业单位委派从事公务的以外，不属于国家工作人员。对其利用职务上的便利，将本单位财物非法占为己有，数额较大的，应当依照刑法第二百七十一条第一款的规定，以职务侵占罪定罪处罚。”

⑩2003 年 11 月 13 日最高人民法院印发的《全国法院审理经济犯罪案件工作座谈会纪要》相关内容如下：

“一、关于贪污贿赂犯罪和渎职犯罪的主体

（一）国家机关工作人员的认定

刑法中所称的国家机关工作人员，是指在国家机关中从事公务的人员，包括在各级国家权力机关、行政机关、司法机关和军事机关中从事公务的人员。

根据有关立法解释的规定，在依照法律、法规规定行使国家行政管理职权的组织中从事公务的人员，或者在受国家机关委托代表国家行使职权的组织中从事公务的人员，或者虽未列入国家机关人员编制但在国家机关中从事公务的人员，视为国家机关工作人员。在乡（镇）以上中国共产党机关、人民政协机关中从事公务的人员，司法实践中也应当视为国家机关工作人员。

（二）国家机关、国有公司、企业、事业单位委派到非国有公司、企业、事业单位、社会团体从事公务的人员的认定

所谓委派，即委任、派遣，其形式多种多样，如任命、指派、提名、批准等。不论被委派的人身

份如何，只要是接受国家机关、国有公司、企业、事业单位委派，代表国家机关、国有公司、企业、事业单位在非国有公司、企业、事业单位、社会团体中从事组织、领导、监督、管理等工作，都可以认定为国家机关、国有公司、企业、事业单位委派到非国有公司、企业、事业单位、社会团体从事公务的人员。如国家机关、国有公司、企业、事业单位委派在国有控股或者参股的股份有限公司从事组织、领导、监督、管理等工作的人员，应当以国家工作人员论。国有公司、企业改制为股份有限公司后，原国有公司、企业的工作人员和股份有限公司新任命的人员中，除代表国有投资主体行使监督、管理职权的人外，不以国家工作人员论。

（三）'其他依照法律从事公务的人员'的认定

刑法第九十三条第二款规定的'其他依照法律从事公务的人员'应当具有两个特征：一是在特定条件下行使国家管理职能；二是依照法律规定从事公务。具体包括：(1)依法履行职责的各级人民代表大会代表；(2)依法履行审判职责的人民陪审员；(3)协助乡镇人民政府、街道办事处从事行政管理工作的村民委员会、居民委员会等农村和城市基层组织人员；(4)其他由法律授权从事公务的人员。

（四）关于'从事公务'的理解

从事公务，是指代表国家机关、国有公司、企业、事业单位、人民团体等履行组织、领导、监督、管理等职责。公务主要表现为与职权相联系的公共事务以及监督、管理国有财产的职务活动。如国家机关工作人员依法履行职责，国有公司的董事、经理、监事、会计、出纳人员等管理、监督国有财产等活动，属于从事公务。那些不具备职权内容的劳务活动、技术服务工作，如售货员、售票员等所从事的工作，一般不认为是公务。

二、关于贪污罪

（一）贪污罪既遂与未遂的认定

贪污罪是一种以非法占有为目的的财产性职务犯罪，与盗窃、诈骗、抢夺等侵犯财产罪一样，应当以行为人是否实际控制财物作为区分贪污罪既遂与未遂的标准。对于行为人利用职务上的便利，实施了虚假平账等贪污行为，但公共财物尚未实际转移，或者尚未被行为人控制就被查获的，应当认定为贪污未遂。行为人控制公共财物后，是否将财物据为己有，不影响贪污既遂的认定。

（二）'受委托管理、经营国有财产'的认定

刑法第三百八十二条第二款规定的'受委托管理、经营国有财产'，是指因承包、租赁、临时聘用等管理、经营国有财产。

（三）国家工作人员与非国家工作人员勾结共同非法占有单位财物行为的认定

对于国家工作人员与他人勾结，共同非法占有单位财物的行为，应当按照最高人民法院《关于审理贪污、职务侵占案件如何认定共同犯罪几个问题的解释》的规定定罪处罚。对于在公司、企业或者其他单位中，非国家工作人员与国家工作人员勾结，分别利用各自的职务便利，共同将本单位财物非法占有的，应当尽量区分主从犯，按照主犯的犯罪性质定罪。司法实践中，如果根据案件的实际情况，各共同犯罪人在共同犯罪中的地位、作用相当，难以区分主从犯的，可以贪污罪定罪处罚。

（四）共同贪污犯罪中'个人贪污数额'的认定

刑法第三百八十三条第一款规定的'个人贪污数额'，在共同贪污犯罪案件中应理解为个人所参与或者组织、指挥共同贪污的数额，不能只按个人实际分得的赃款数额来认定。对共同贪污犯罪中的从犯，应当按照其所参与的共同贪污的数额确定量刑幅度，并依照刑法第二十七条第二款的规定，从轻、减轻处罚或者免除处罚。"

⑪2010年11月26日最高人民法院、最高人民检察院《关于办理国家出资企业中职务犯罪案件具体应用法律若干问题的意见》第1条、第4条、第5条规定。

⑫2016年4月18日最高人民法院、最高人民检察院《关于办理贪污贿赂刑事案件适用法律若干问题的解释》相关内容如下："第一条 贪污或者受贿数额在三万元以上不满二十万元的，应当认定为刑法第三百八十三条第一款规定的'数额较大'，依法判处三年以下有期徒刑或者拘役，并处罚金。

贪污数额在一万元以上不满三万元，具有下列情形之一的，应当认定为刑法第三百八十三条第一款规定的'其他较重情节'，依法判处三年以下有期徒刑或者拘役，并处罚金：

（一）贪污救灾、抢险、防汛、优抚、扶贫、移民、救济、防疫、社会捐助等特定款物的；

（二）曾因贪污、受贿、挪用公款受过党纪、行政处分的；

（三）曾因故意犯罪受过刑事追究的；

（四）赃款赃物用于非法活动的；

（五）拒不交待赃款赃物去向或者拒不配合追缴工作，致使无法追缴的；

（六）造成恶劣影响或者其他严重后果的。

受贿数额在一万元以上不满三万元，具有前款第二项至第六项规定的情形之一，或者具有下列情形之一的，应当认定为刑法第三百八十三条第一款规定的'其他较重情节'，依法判处三年以下有期徒刑或者拘役，并处罚金：

（一）多次索贿的；

（二）为他人谋取不正当利益，致使公共财产、国家和人民利益遭受损失的；

（三）为他人谋取职务提拔、调整的。

第二条 贪污或者受贿数额在二十万元以上不满三百万元的，应当认定为刑法第三百八十三条第一款规定的'数额巨大'，依法判处三年以上十年以下有期徒刑，并处罚金或者没收财产。

贪污数额在十万元以上不满二十万元，具有本解释第一条第二款规定的情形之一的，应当认定为刑法第三百八十三条第一款规定的'其他严重情节'，依法判处三年以上十年以下有期徒刑，并处罚金或者没收财产。

受贿数额在十万元以上不满二十万元，具有本解释第一条第三款规定的情形之一的，应当认定为刑法第三百八十三条第一款规定的'其他严重情节'，依法判处三年以上十年以下有期徒刑，并处罚金或者没收财产。

第三条 贪污或者受贿数额在三百万元以上的，应当认定为刑法第三百八十三条第一款规定的'数额特别巨大'，依法判处十年以上有期徒刑、无期徒刑或者死刑，并处罚金或者没收财产。

贪污数额在一百五十万元以上不满三百万元，具有本解释第一条第二款规定的情形之一的，应当认定为刑法第三百八十三条第一款规定的'其他特别严重情节'，依法判处十年以上有期徒刑、无期徒刑或者死刑，并处罚金或者没收财产。

受贿数额在一百五十万元以上不满三百万元，具有本解释第一条第三款规定的情形之一的，应当认定为刑法第三百八十三条第一款规定的'其他特别严重情节'，依法判处十年以上有期徒刑、无期徒刑或者死刑，并处罚金或者没收财产。

第四条 贪污、受贿数额特别巨大，犯罪情节特别严重、社会影响特别恶劣、给国家和人民利益造成特别重大损失的，可以判处死刑。

符合前款规定的情形，但具有自首，立功，如实供述自己罪行、真诚悔罪、积极退赃，或者避免、减少损害结果的发生等情节，不是必须立即执行的，可以判处死刑缓期二年执行。

符合第一款规定情形的，根据犯罪情节等情况可以判处死刑缓期二年执行，同时裁判决定在其死刑缓期执行二年期满依法减为无期徒刑后，终身监禁，不得减刑、假释。

第十二条　贿赂犯罪中的‘财物’，包括货币、物品和财产性利益。财产性利益包括可以折算为货币的物质利益如房屋装修、债务免除等，以及需要支付货币的其他利益如会员服务、旅游等。后者的犯罪数额，以实际支付或者应当支付的数额计算。

第十六条　国家工作人员出于贪污、受贿的故意，非法占有公共财物、收受他人财物之后，将赃款赃物用于单位公务支出或者社会捐赠的，不影响贪污罪、受贿罪的认定，但量刑时可以酌情考虑。

特定关系人索取、收受他人财物，国家工作人员知道后未退还或者上交的，应当认定国家工作人员具有受贿故意。

第十八条　贪污贿赂犯罪分子违法所得的一切财物，应当依照刑法第六十四条的规定予以追缴或者责令退赔，对被害人的合法财产应当及时返还。对尚未追缴到案或者尚未足额退赔的违法所得，应当继续追缴或者责令退赔。

第十九条　对贪污罪、受贿罪判处三年以下有期徒刑或者拘役的，应当并处十万元以上五十万元以下的罚金；判处三年以上十年以下有期徒刑的，应当并处二十万元以上犯罪数额二倍以下的罚金或者没收财产；判处十年以上有期徒刑或者无期徒刑的，应当并处五十万元以上犯罪数额二倍以下的罚金或者没收财产。

对刑法规定并处罚金的其他贪污贿赂犯罪，应当在十万元以上犯罪数额二倍以下判处罚金。”

(3)构成要件

第一，本罪侵犯的客体是复杂客体，既侵犯了公共财产所有权，又侵犯了国家工作人员的职务廉洁性。

第二，客观方面表现为利用职务上的便利，侵吞、窃取、骗取或者以其他手段非法占有公共财物的行为，包括受国家机关、国有公司、企业、事业单位、人民团体委托，管理、经营国有财产的人员，利用职务上的便利，侵吞、窃取、骗取或者以其他手段非法占有国有财物；或者是国家工作人员在国内公务活动或者对外交往中接受礼物，依照国家规定应当交公而不交公，数额较大的行为。

第三，本罪的主体是特殊主体，即具有特定身份的自然人。包括以下三部分：一是国家工作人员，即国家机关中从事公务的人员，国有公司、企业、事业单位、人民团体中从事公务的人员，国家机关、国有企业、事业单位委派到非国有公司、企业、事业单位、社会团体从事公务的人员。二是受国家监管、国有公司、企业、事业单位、人民团体委托，管理、经营国有财产的人员。三是其他依照法律从事公务的人员。

第四，主观方面是故意，即明知自己是利用职务上的便利非法占有公共财物而故意实施。

(4)罪名界定

第一，关于本罪的认定。

①根据最高人民检察院1999年9月16日发布的《关于人民检察院直接受理立案侦查案件立案标准的规定(试行)》的规定，个人贪污在5000元以上的，应予立案；个人贪污数额虽然不满5000元，但具有贪污救济、抢险、防汛、防疫、优抚、扶贫、移民救济款物及募捐款物、赃款赃物、罚没款物、暂扣款物，以及贪污手段恶劣、毁灭证据、转移赃物等情节较重的，也应立案。

②根据2001年5月22日最高人民法院《关于在国有资本控股、参股的股份有限公司中从事管理工作的人员利用职务便利，非法占有本公司财物如何定罪问题的批复》的规定，在国有资本

控股、参股的股份有限公司中从事管理工作的人员,除受国家机关、国有公司、企业、事业单位委派从事公务的以外,不属于国家工作人员。对其利用职务上的便利,将本单位财物非法占为己有,数额较大的,应当依照《刑法》第271条第1款的规定,以职务侵占罪定罪处罚。

第二,本罪与职务侵占罪的区别:一是犯罪主体不同;二是犯罪对象不同;三是处罚幅度不同。

第三,本罪与挪用公款罪的区别:一是犯罪目的不同。贪污罪有非法占有的目的;而挪用公款罪准备以后归还,没有非法占有公款的故意。二是犯罪对象的范围不同。贪污罪侵犯的对象包括公款和公物;而挪用公款罪侵犯的对象一般只限于公款。三是犯罪手段不同。贪污罪采取侵吞、窃取、骗取或者其他方法,将公款据为己有,因此常常要采取涂抹账目等方法;而挪用公款罪则采取挪用的手段,将公款为个人暂时使用,一般不涂改账目,有账可查。

(5)量刑幅度

根据《刑法》第383条规定,犯贪污罪,根据情节轻重,其处罚分以下3个档次:

一是贪污数额较大或者有其他较重情节的,处3年以下有期徒刑或者拘役,并处罚金。

二是贪污数额巨大或者有其他严重情节的,处3年以上10年以下有期徒刑,并处罚金或者没收财产。

三是贪污数额特别巨大或者有其他特别严重情节的,处10年以上有期徒刑或者无期徒刑,并处罚金或者没收财产;数额特别巨大,并使国家和人民利益遭受特别重大损失的,处无期徒刑或者死刑,并处没收财产。

对多次贪污未经处理的,按照累计贪污数额处罚。

犯《刑法》第383条第1款罪,在提起公诉前如实供述自己罪行、真诚悔罪、积极退赃,避免、减少损害结果的发生,有第1项规定情形的,可以从轻、减轻或者免除处罚;有第2项、第3项规定情形的,可以从轻处罚。

2. 挪用公款罪(第384条)

(1)罪名概念

挪用公款罪,是指国家工作人员利用职务上的便利,挪用公款归个人使用,进行非法活动的;或者挪用公款数额较大、进行营利活动的;或者挪用公款数额较大,超过3个月不还的行为。

(2)法律规定

①本罪名是由《刑法》第384条规定的。该条规定:“国家工作人员利用职务上的便利,挪用公款归个人使用,进行非法活动的,或者挪用公款数额较大、进行营利活动的,或者挪用公款数额较大、超过三个月未还的,是挪用公款罪,处五年以下有期徒刑或者拘役;情节严重的,处五年以上有期徒刑。挪用公款数额巨大不退还的,处十年以上有期徒刑或者无期徒刑。

挪用用于救灾、抢险、防汛、优抚、扶贫、移民、救济款物归个人使用的,从重处罚。”

《刑法》第185条第2款规定:“国有商业银行、证券交易所、期货交易所、证券公司、期货经纪公司、保险公司或者其他国有金融机构的工作人员和国有商业银行、证券交易所、期货交易所、证券公司、期货经纪公司、保险公司或者其他国有金融机构委派到前款规定中的非国有机构从事公务的人员有前款行为的,依照本法第三百八十四条的规定定罪处罚。”

《刑法》第93条规定:“本法所称国家工作人员,是指国家机关中从事公务的人员。

国有公司、企业、事业单位、人民团体中从事公务的人员和国家机关、国有公司、企业、事业单位委派到非国有公司、企业、事业单位、社会团体从事公务的人员,以及其他依照法律从事公务的人员,以国家工作人员论。”

②1999年9月16日最高人民检察院《关于人民检察院直接受理立案侦查案件立案标准的规定(试行)》第一部分第2项规定:“挪用公款罪是指国家工作人员利用职务上的便利,挪用公款归个人使用,进行非法活动的,或者挪用公款数额较大、进行营利活动的,或者挪用公款数额较大、超过三个月未还的行为。

国有金融机构工作人员和国有金融机构委派到非国有金融机构从事公务的人员,利用职务上的便利,挪用本单位或者客户资金的,以挪用公款罪追究刑事责任。

国有公司、企业或者其他国有单位中从事公务的人员和国有公司、企业或者其他国有单位委派到非国有公司、企业以及其他单位从事公务的人员,利用职务上的便利,挪用本单位资金归个人使用或者借贷给他人,数额较大、超过三个月未还的,或者虽未超过三个月,但数额较大,进行营利活动的,或者进行非法活动的,以挪用公款罪追究刑事责任。

涉嫌下列情形之一的,应予立案:

1. 挪用公款归个人使用,数额在5千元至1万元以上,进行非法活动的;

2. 挪用公款数额在1万元至3万元以上,归个人进行营利活动的;

3. 挪用公款归个人使用,数额在1万元至3万元以上,超过3个月未还的。

各省级人民检察院可以根据本地实际情况,在上述数额幅度内,确定本地区执行的具体数额标准,并报最高人民检察院备案。

‘挪用公款归个人使用’,既包括挪用者本人使用,也包括给他人使用。

多次挪用公款不还的,挪用公款数额累计计算;多次挪用公款并以后次挪用的公款归还前次挪用的公款,挪用公款数额以案发时未还的数额认定。

挪用公款给其他个人使用的案件,使用人与挪用人共谋,指使或者参与策划取得挪用款的,对使用人以挪用公款罪的共犯追究刑事责任。”

③2003年5月14日最高人民法院、最高人民检察院《关于办理妨害预防、控制突发传染病疫情等灾害的刑事案件具体应用法律若干问题的解释》第14条规定:“贪污、侵占用于预防、控制突发传染病疫情等灾害的款物或者挪用归个人使用,构成犯罪的,分别依照刑法第三百八十二条、第三百八十三条、第二百七十一条、第三百八十四条、第二百七十二条的规定,以贪污罪、侵占罪、挪用公款罪、挪用资金罪定罪,依法从重处罚。

挪用用于预防、控制突发传染病疫情等灾害的救灾、优抚、救济等款物,构成犯罪的,对直接责任人员,依照刑法第二百七十三条的规定,以挪用特定款物罪定罪处罚。”

④2002年4月28日全国人民代表大会常务委员会《关于〈中华人民共和国刑法〉第三百八十四条第一款的解释》规定:“有下列情形之一的,属于挪用公款‘归个人使用’:(一)将公款供本人、亲友或者其他自然人使用的;(二)以个人名义将公款供其他单位使用的;(三)个人决定以单位名义将公款供其他单位使用,谋取个人利益的。”

⑤2003年9月22日最高人民法院《关于挪用公款犯罪如何计算追诉期限问题的批复》规定:“根据刑法第八十九条、第三百八十四条的规定,挪用公款归个人使用,进行非法活动的,或者挪用公款数额较大、进行营利活动的,犯罪的追诉期限从挪用行为实施完毕之日起计算;挪用公款数额较大、超过三个月未还的,犯罪的追诉期限从挪用公款罪成立之日起计算。挪用公款行为有连续状态的,犯罪的追诉期限应当从最后一次挪用行为实施完毕之日或者犯罪成立之日起计算。”

⑥1998年4月29日最高人民法院《关于审理挪用公款案件具体应用法律若干问题的解释》规定:

“第一条　刑法第三百八十四条规定的‘挪用公款归个人使用’,包括挪用者本人使用或者给他人使用。

挪用公款给私有公司、私有企业使用的，属于挪用公款归个人使用。

第二条　对挪用公款罪，应区分三种不同情况予以认定：

（一）挪用公款归个人使用，数额较大、超过三个月未还的，构成挪用公款罪。

挪用正在生息或者需要支付利息的公款归个人使用，数额较大，超过三个月但在案发前全部归还本金的，可以从轻处罚或者免除处罚。给国家、集体造成的利息损失应予追缴。挪用公款数额巨大，超过三个月，案发前全部归还的，可以酌情从轻处罚。

（二）挪用公款数额较大，归个人进行营利活动的，构成挪用公款罪，不受挪用时间和是否归还的限制。在案发前部分或者全部归还本息的，可以从轻处罚；情节轻微的，可以免除处罚。

挪用公款存入银行、用于集资、购买股票、国债等，属于挪用公款进行营利活动。所获取的利息、收益等违法所得，应当追缴，但不计入挪用公款的数额。

（三）挪用公款归个人使用，进行赌博、走私等非法活动的，构成挪用公款罪，不受'数额较大'和挪用时间的限制。

挪用公款给他人使用，不知道使用人用公款进行营利活动或者用于非法活动，数额较大、超过三个月未还的，构成挪用公款罪；明知使用人用于营利活动或者非法活动的，应当认定为挪用人挪用公款进行营利活动或者非法活动。

第三条　挪用公款归个人使用，'数额较大、进行营利活动的'，或者'数额较大、超过三个月未还的'，以挪用公款一万元至三万元为'数额较大'的起点，以挪用公款十五万元至二十万元为'数额巨大'的起点。挪用公款'情节严重'，是指挪用公款数额巨大，或者数额虽未达到巨大，但挪用公款手段恶劣；多次挪用公款；因挪用公款严重影响生产、经营，造成严重损失等情形。

'挪用公款归个人使用，进行非法活动的'，以挪用公款五千元至一万元为追究刑事责任的数额起点。挪用公款五万元至十万元以上的，属于挪用公款归个人使用，进行非法活动，'情节严重'的情形之一。挪用公款归个人使用，进行非法活动，情节严重的其他情形，按照本条第一款的规定执行。

各高级人民法院可以根据本地实际情况，按照本解释规定的数额幅度，确定本地区执行的具体数额标准，并报最高人民法院备案。

挪用救灾、抢险、防汛、优抚、扶贫、移民、救济款物归个人使用的数额标准，参照挪用公款归个人使用进行非法活动的数额标准。

第四条　多次挪用公款不还，挪用公款数额累计计算；多次挪用公款，并以后次挪用的公款归还前次挪用的公款，挪用公款数额以案发时未还的实际数额认定。

第五条　'挪用公款数额巨大不退还的'，是指挪用公款数额巨大，因客观原因在一审宣判前不能退还的。

第六条　携带挪用的公款潜逃的，依照刑法第三百八十二条、第三百八十三条的规定定罪处罚。

第七条　因挪用公款索取、收受贿赂构成犯罪的，依照数罪并罚的规定处罚。

挪用公款进行非法活动构成其他犯罪的，依照数罪并罚的规定处罚。

第八条　挪用公款给他人使用，使用人与挪用人共谋，指使或者参与策划取得挪用款的，以挪用公款罪的共犯定罪处罚。"

⑦1997 年 10 月 13 日最高人民检察院《关于挪用国库券如何定性问题的批复》规定："国家工作人员利用职务上的便利，挪用公有或本单位的国库券的行为以挪用公款论；符合刑法第 384 条、第 272 条第 2 款规定的情形构成犯罪的，按挪用公款罪追究刑事责任。"

⑧2003 年 1 月 28 日最高人民检察院《关于挪用失业保险基金和下岗职工基本生活保障资金的行为适用法律问题的批复》规定:“挪用失业保险基金和下岗职工基本生活保障资金属于挪用救济款物。挪用失业保险基金和下岗职工基本生活保障资金,情节严重,致使国家和人民群众利益遭受重大损害的,对直接责任人员,应当依照刑法第二百七十三条的规定,以挪用特定款物罪追究刑事责任;国家工作人员利用职务上的便利,挪用失业保险基金和下岗职工基本生活保障资金归个人使用,构成犯罪的,应当依照刑法第三百八十四条的规定,以挪用公款罪追究刑事责任。”

⑨2009 年 8 月 27 日全国人民代表大会常务委员会《关于〈中华人民共和国刑法〉第九十三条第二款的解释》规定:“村民委员会等村基层组织人员协助人民政府从事下列行政管理工作,属于刑法第九十三条第二款规定的‘其他依照法律从事公务的人员’:

(一)救灾、抢险、防汛、优抚、扶贫、移民、救济款物的管理;

(二)社会捐助公益事业款物的管理;

(三)国有土地的经营和管理;

(四)土地征收、征用补偿费用的管理;

(五)代征、代缴税款;

(六)有关计划生育、户籍、征兵工作;

(七)协助人民政府从事的其他行政管理工作。

村民委员会等村基层组织人员从事前款规定的公务,利用职务上的便利,非法占有公共财物、挪用公款、索取他人财物或者非法收受他人财物,构成犯罪的,适用刑法第三百八十二条和第三百八十三条贪污罪、第三百八十四条挪用公款罪、第三百八十五条和第三百八十六条受贿罪的规定。”

⑩2000 年 6 月 5 日最高人民检察院《关于贯彻执行全国人民代表大会常务委员会关于〈中华人民共和国刑法〉第九十三条第二款的解释的通知》第 2 条、第 3 条分别规定:

“二、根据《解释》,检察机关对村民委员会等村基层组织人员协助人民政府从事《解释》所规定的行政管理工作中发生的利用职务上的便利,非法占有公共财物、挪用公款、索取他人财物或者非法收受他人财物,构成犯罪的案件,应直接受理,分别适用刑法第三百八十二条、第三百八十三条、第三百八十四条和第三百八十五条、第三百八十六条的规定,以涉嫌贪污罪、挪用公款罪、受贿罪立案侦查。

三、各级检察机关在依法查处村民委员会等村基层组织人员贪污、受贿、挪用公款犯罪案件过程中,要根据《解释》和其他有关法律的规定,严格把握界限,准确认定村民委员会等村基层组织人员的职务活动是否属于协助人民政府从事《解释》所规定的行政管理工作,并正确把握刑法第三百八十二条、第三百八十三条贪污罪、第三百八十四条挪用公款罪和第三百八十五条、第三百八十六条受贿罪的构成要件。对村民委员会等村基层组织人员从事属于村民自治范围的经营、管理活动不能适用《解释》的规定。”

⑪2000 年 3 月 6 日最高人民检察院《关于国家工作人员挪用非特定公物能否定罪的请示的批复》规定:“刑法第 384 条规定的挪用公款罪中未包括挪用非特定公物归个人使用的行为,对该行为不以挪用公款罪论处。如构成其他犯罪的,依照刑法的相关规定定罪处罚。”

⑫2003 年 11 月 13 日最高人民法院印发的《全国法院审理经济犯罪案件工作座谈会纪要》相关内容如下:

“四、关于挪用公款罪

(一)单位决定将公款给个人使用行为的认定

经单位领导集体研究决定将公款给个人使用,或者单位负责人为了单位的利益,决定将公款给个人使用的，不以挪用公款罪定罪处罚。上述行为致使单位遭受重大损失，构成其他犯罪的，依照刑法的有关规定对责任人员定罪处罚。

（二）挪用公款供其他单位使用行为的认定

根据全国人大常委会《关于〈中华人民共和国刑法〉第三百八十四条第一款的解释》的规定，‘以个人名义将公款供其他单位使用的’、‘个人决定以单位名义将公款供其他单位使用谋取个人利益的’，属于挪用公款‘归个人使用’。在司法实践中，对于将公款供其他单位使用的，认定是否属于‘以个人名义’，不能只看形式，要从实质上把握。对于行为人逃避财务监管，或者与使用人约定以个人名义进行，或者借款、还款都以个人名义进行，将公款给其他单位使用的，应认定为‘以个人名义’。‘个人决定’既包括行为人在职权范围内决定，也包括超越职权范围决定。‘谋取个人利益’，既包括行为人与使用人事先约定谋取个人利益实际尚未获取的情况，也包括虽未事先约定但实际已获取了个人利益的情况。其中的‘个人利益’，既包括不正当利益，也包括正当利益；既包括财产性利益，也包括非财产性利益，但这种非财产性利益应当是具体的实际利益，如升学、就业等。

（三）国有单位领导向其主管的具有法人资格的下级单位借公款归个人使用的认定

国有单位领导利用职务上的便利指令具有法人资格的下级单位将公款供个人使用的，属于挪用公款行为，构成犯罪的，应以挪用公款罪定罪处罚。

（四）挪用有价证券、金融凭证用于质押行为性质的认定

挪用金融凭证、有价证券用于质押，使公款处于风险之中，与挪用公款为他人提供担保没有实质的区别，符合刑法关于挪用公款罪规定的，以挪用公款罪定罪处罚，挪用公款数额以实际或者可能承担的风险数额认定。

（五）挪用公款归还个人欠款行为性质的认定

挪用公款归还个人欠款的，应当根据产生欠款的原因，分别认定属于挪用公款的何种情形。归还个人进行非法活动或者进行营利活动产生的欠款，应当认定为挪用公款进行非法活动或者进行营利活动。

（六）挪用公款用于注册公司、企业行为性质的认定

申报注册资本是为进行生产经营活动做准备，属于成立公司、企业进行营利活动的组成部分。因此，挪用公款归个人用于公司、企业注册资本验资证明的，应当认定为挪用公款进行营利活动。

（七）挪用公款后尚未投入实际使用的行为性质的认定

挪用公款后尚未投入实际使用的，只要同时具备‘数额较大’和‘超过三个月未还’的构成要件，应当认定为挪用公款罪，但可以酌情从轻处罚。

（八）挪用公款转化为贪污的认定

挪用公款罪与贪污罪的主要区别在于行为人主观上是否具有非法占有公款的目的。挪用公款是否转化为贪污，应当按照主客观相一致的原则，具体判断和认定行为人主观上是否具有非法占有公款的目的。在司法实践中，具有以下情形之一的，可以认定行为人具有非法占有公款的目的：

1. 根据最高人民法院《关于审理挪用公款案件具体应用法律若干问题的解释》第六条的规定，行为人‘携带挪用的公款潜逃的’，对其携带挪用的公款部分，以贪污罪定罪处罚。

2. 行为人挪用公款后采取虚假发票平账、销毁有关账目等手段，使所挪用的公款已难以在单位财务账目上反映出来，且没有归还行为的，应当以贪污罪定罪处罚。

3. 行为人截取单位收入不入账，非法占有，使所占有的公款难以在单位财务账目上反映出

来，且没有归还行为的，应当以贪污罪定罪处罚。

4. 有证据证明行为人有能力归还所挪用的公款而拒不归还，并隐瞒挪用的公款去向的，应当以贪污罪定罪处罚。”

⑬2010年11月26日最高人民法院、最高人民检察院《关于办理国家出资企业中职务犯罪案件具体应用法律若干问题的意见》第3条规定。

⑭2016年4月18日最高人民法院、最高人民检察院《关于办理贪污贿赂刑事案件适用法律若干问题的解释》第5条、第6条规定：“挪用公款归个人使用，进行非法活动，数额在三万元以上的，应当依照刑法第三百八十四条的规定以挪用公款罪追究刑事责任；数额在三百万元以上的，应当认定为刑法第三百八十四条第一款规定的‘数额巨大’。具有下列情形之一的，应当认定为刑法第三百八十四条第一款规定的‘情节严重’：

（一）挪用公款数额在一百万元以上的；

（二）挪用救灾、抢险、防汛、优抚、扶贫、移民、救济特定款物，数额在五十万元以上不满一百万元的；

（三）挪用公款不退还，数额在五十万元以上不满一百万元的；

（四）其他严重的情节。”

“挪用公款归个人使用，进行营利活动或者超过三个月未还，数额在五万元以上的，应当认定为刑法第三百八十四条第一款规定的‘数额较大’；数额在五百万元以上的，应当认定为刑法第三百八十四条第一款规定的‘数额巨大’。具有下列情形之一的，应当认定为刑法第三百八十四条第一款规定的‘情节严重’：

（一）挪用公款数额在二百万元以上的；

（二）挪用救灾、抢险、防汛、优抚、扶贫、移民、救济特定款物，数额在一百万元以上不满二百万元的；

（三）挪用公款不退还，数额在一百万元以上不满二百万元的；

（四）其他严重的情节。”

（3）构成要件

第一，本罪侵犯的客体是复杂客体，其中主要客体是国家工作人员职务行为的廉洁性，次要客体是公共财产所有权、使用权、收益权。

第二，客观方面表现为行为人利用职务上的便利，挪用公款归个人使用，进行非法活动的；或者挪用公款数额较大、进行营利活动的；或者挪用公款数额较大、超过3个月不还的行为。也就是说，这种犯罪分以下三种类型：①非法活动型，即挪用公款归个人使用进行非法活动的。②经营活动型，即挪用公款数额较大，用于自己或者他人进行营利活动的。③超期不还型，即挪用公款数额较大，归自己或者他人使用，超过3个月不还的。

第三，本罪的主体是特殊主体，即国家工作人员。

第四，主观方面是故意，即行为人明知是公款而故意非法动用，但只是暂时性挪用，准备日后归还。这是挪用公款罪与贪污罪的根本区别。如果目的是非法占有，不想归还，则是贪污行为。

（4）罪名界定

第一，关于本罪的认定。

①根据最高人民检察院1999年9月16日发布的《关于人民检察院直接受理立案侦查案件立案标准的规定（试行）》的规定，“挪用公款归个人使用，数额在1万元至3万元以上，超过3个月未还的”和“挪用公款数额在1万元至3万元以上，归个人进行营利活动的”，应予立案；“挪用公款归个人使用，数额在5000元至1万元以上，进行非法活动的”，应予立案。

②根据《刑法》第384条的规定，按照最高人民法院1998年4月29日公布的《关于审理挪用公款案件具体应用法律若干问题的解释》的规定，挪用公款罪分为以下3种不同情况：

一是挪用公款归个人使用的。必须是“数额较大”和“超过3个月未还”的。这里的“数额较大”，是指1万元至3万元为起点。15万元至20万元为“数额巨大”的起点。这里的“情节严重”是指挪用公款数额巨大；或者数额虽然没有达到巨大，但手段恶劣；多次挪用公款；严重影响了生产、经营，造成严重损失等情形。

二是挪用公款个人进行营利活动的。这种挪用公款，只要达到“数额较大”，不受挪用时间长短和是否归还的限制。这里的“数额较大”的起点为1万元至3万元。“数额巨大”的起点为15万至20万元。所谓“情节严重”，也是指挪用公款数额巨大；或者虽然没有达到“数额巨大”，但手段恶劣；多次挪用公款的；因挪用公款严重影响生产、经营，造成严重损失等情形。

三是挪用公款个人进行非法活动的。这种挪用公款，不受“数额较大”和挪用时间的限制。但一般以挪用5000元至1万元为追究刑事责任的数额起点。挪用5万元至10万元以上的，属于情节严重情形之一。“情节严重”的其他情形，与上述两种挪用公款的“情节严重”的内容相同。

另外，多次挪用公款不还，其数额累计计算。多次挪用公款，用后次挪用的还前次挪用的，挪用的数额以案发时未还的实际数额认定。

③根据最高人民法院2003年9月22日颁布的《关于挪用公款犯罪如何计算追诉期限问题的批复》的规定，挪用公款归个人使用，进行非法活动的，或者挪用公款数额较大、进行营利活动的，犯罪的追诉期限从挪用行为实施完毕之日起计算；挪用公款数额较大、超过3个月未还的，犯罪的追诉期限从挪用公款罪成立之日起计算。挪用公款行为有连续状态的，犯罪的追诉期限应当从最后一次挪用行为实施完毕之日或者犯罪成立之日起计算。

第二，本罪与贪污罪的主要区别：①犯罪对象不同。本罪的犯罪对象只限于钱；而贪污罪的犯罪对象不限于钱，还包括物。②客观行为不同。本罪表现为利用职务之便，将公款挪为私人使用；贪污罪则是利用职务之便，侵吞、窃取、骗取或以其他方法，非法占有公共财物的行为。③主观内容不同。本罪只是暂时动用公款，准备在日后归还；而贪污罪的犯罪目的，是将公共财物占为己有，不想归还。

根据2003年11月13日最高人民法院发布的《全国法院审理经济犯罪案件工作座谈会纪要》的规定，具有以下情形之一的，可以认定行为人具有非法占有公款的目的，挪用公款转化为贪污：①根据1998年4月6日最高人民法院《关于审理挪用公款案件具体应用法律若干问题的解释》第6条的规定，行为人“携带挪用的公款潜逃的”，对其携带挪用的公款部分，以贪污罪定罪处罚。②行为人挪用公款以后，采取虚假发票平账、销毁有关账目等手段，使所挪用的公款已经难以在单位财务账目反映出来，并且没有归还行为的，应当以贪污罪定罪处罚。③行为人截取单位收入不入账，非法占有，使所占有的公款难以在单位财务账上反映出来，并且没有归还行为的，应当以贪污罪定罪处罚。④有证据证明行为人有能力归还所挪用的公款而拒不归还，并隐瞒挪用的公款去向的，应当以贪污罪定罪处罚。

第三，本罪与挪用特定款物罪有以下区别：①犯罪客体不同。本罪侵犯的客体是国家工作人员职务行为的廉洁性，同时侵犯了公共财产所有权和使用权；而挪用特定款物罪，侵犯的客体是国家财经制度。②犯罪对象不同。本罪的犯罪对象是公款，仅限于钱，不包括物；而挪用特定款物罪的犯罪对象，是特定的款物，是用于救灾、抢险、防汛、优抚、扶贫、移民、救济的款物，既可以是钱，也可以是物。③在客观方面不同。本罪表现为行为人利用职务上的便利，挪用公款的行为；而挪用特定款物罪，表现为行为人实施挪用特定款物，情节严重，致使国家和人民群众利益遭受重大损失的行为。④犯罪主体不同。本罪的主体是国家工作人员；而挪用特定款物罪的主体，是掌握特定款物调拨权的直接责任人员。⑤主观目的不同。本罪的目的是个人使用,包括挪用公款归个人或者他人进行非法活动、营利活动,或者为了其他个人目的而挪用公款;而挪用特定款物罪只为了单位另行使用。

第四,本罪与挪用资金罪的区别:①主体不同。②挪用的对象不同。本罪挪用的是公款,挪用资金罪挪用的是资金。公款具有国有性质,资金是非国有公司、企业或者其他非国有单位的钱款。

根据 1999 年 9 月 16 日最高人民检察院《关于人民检察院直接受理立案侦查案件立案标准的规定(试行)》第一部分第 2 项的规定:"国有金融机构工作人员和国有金融机构委派到非国有金融机构从事公务的人员,利用职务上的便利,挪用本单位或者客户资金的,以挪用公款罪追究刑事责任。""国有公司、企业或者其他国有单位中从事公务的人员和国有公司、企业或者其他国有单位委派到非国有公司、企业以及其他单位从事公务的人员,利用职务上的便利,挪用本单位资金归个人使用或者借贷给他人,数额较大、超过三个月未还的,或者虽未超过三个月,但数额较大,进行营利活动的,或者进行非法活动的,以挪用公款罪追究刑事责任。"

如果是非国有公司、企业或者其他非国有单位的工作人员,利用职务上的便利,挪用本单位资金归个人使用或者借贷给他人,数额较大、超过 3 个月不还的,或者虽然没有超过 3 个月,但是数额较大、进行营利活动的,或者进行非法活动的,则按挪用资金罪定罪处罚。

(5)量刑幅度

根据《刑法》第 384 条的规定,对犯本罪的处罚分以下 3 个档次:

一是犯本罪的,处 5 年以下有期徒刑或者拘役。

二是情节严重的,处 5 年以上有期徒刑。

三是数额巨大不退还的,处 10 年以上有期徒刑或者无期徒刑。

如果是挪用救灾、抢险、防汛、优抚、扶贫、移民、救济款物归个人使用的,在上述三种量刑和处罚的幅度基础上,从重处罚。

3. 受贿罪(第 385 条)

(1)罪名概念

受贿罪,是指国家工作人员利用职务上的便利,索取他人财物,或者非法收受他人财物,为他人谋利益的行为。

(2)法律规定

①本罪名是由《刑法》第 385 条规定的。该条规定:"国家工作人员利用职务上的便利,索取他人财物的,或者非法收受他人财物,为他人谋取利益的,是受贿罪。

国家工作人员在经济往来中,违反国家规定,收受各种名义的回扣、手续费,归个人所有的,以受贿论处。"

《刑法》第 388 条规定:"国家工作人员利用本人职权或者地位形成的便利条件,通过其他国家工作人员职务上的行为,为请托人谋取不正当利益,索取请托人财物或者收受请托人财物的,以受贿论处。"

《刑法》第 386 条规定:"对犯受贿罪的,根据受贿所得数额及情节,依照本法第三百八十三条的规定处罚。索贿的从重处罚。"

《刑法》第 184 条规定:"银行或者其他金融机构的工作人员在金融业务活动中索取他人财物或者非法收受他人财物,为他人谋取利益的,或者违反国家规定,收受各种名义的回扣、手续费,归个人所有的,依照本法第一百六十三条的规定定罪处罚。

国有金融机构工作人员和国有金融机构委派到非国有金融机构从事公务的人员有前款行为的，依照本法第三百八十五条、第三百八十六条的规定定罪处罚。”

《刑法》第93条规定：“本法所称国家工作人员，是指国家机关中从事公务的人员。

国有公司、企业、事业单位、人民团体中从事公务的人员和国家机关、国有公司、企业、事业单位委派到非国有公司、企业、事业单位、社会团体从事公务的人员，以及其他依照法律从事公务的人员，以国家工作人员论。”

②2016年4月18日最高人民法院、最高人民检察院《关于办理贪污贿赂刑事案件适用法律若干问题的解释》相关内容如下：“第一条　贪污或者受贿数额在三万元以上不满二十万元的，应当认定为刑法第三百八十三条第一款规定的‘数额较大’，依法判处三年以下有期徒刑或者拘役，并处罚金。

贪污数额在一万元以上不满三万元，具有下列情形之一的，应当认定为刑法第三百八十三条第一款规定的‘其他较重情节’，依法判处三年以下有期徒刑或者拘役，并处罚金：

（一）贪污救灾、抢险、防汛、优抚、扶贫、移民、救济、防疫、社会捐助等特定款物的；

（二）曾因贪污、受贿、挪用公款受过党纪、行政处分的；

（三）曾因故意犯罪受过刑事追究的；

（四）赃款赃物用于非法活动的；

（五）拒不交待赃款赃物去向或者拒不配合追缴工作，致使无法追缴的；

（六）造成恶劣影响或者其他严重后果的。

受贿数额在一万元以上不满三万元，具有前款第二项至第六项规定的情形之一，或者具有下列情形之一的，应当认定为刑法第三百八十三条第一款规定的‘其他较重情节’，依法判处三年以下有期徒刑或者拘役，并处罚金：

（一）多次索贿的；

（二）为他人谋取不正当利益，致使公共财产、国家和人民利益遭受损失的；

（三）为他人谋取职务提拔、调整的。

第二条　贪污或者受贿数额在二十万元以上不满三百万元的，应当认定为刑法第三百八十三条第一款规定的‘数额巨大’，依法判处三年以上十年以下有期徒刑，并处罚金或者没收财产。

贪污数额在十万元以上不满二十万元，具有本解释第一条第二款规定的情形之一的，应当认定为刑法第三百八十三条第一款规定的‘其他严重情节’，依法判处三年以上十年以下有期徒刑，并处罚金或者没收财产。

受贿数额在十万元以上不满二十万元，具有本解释第一条第三款规定的情形之一的，应当认定为刑法第三百八十三条第一款规定的‘其他严重情节’，依法判处三年以上十年以下有期徒刑，并处罚金或者没收财产。

第三条　贪污或者受贿数额在三百万元以上的，应当认定为刑法第三百八十三条第一款规定的‘数额特别巨大’，依法判处十年以上有期徒刑、无期徒刑或者死刑，并处罚金或者没收财产。

贪污数额在一百五十万元以上不满三百万元，具有本解释第一条第二款规定的情形之一的，应当认定为刑法第三百八十三条第一款规定的‘其他特别严重情节’，依法判处十年以上有期徒刑、无期徒刑或者死刑，并处罚金或者没收财产。

受贿数额在一百五十万元以上不满三百万元，具有本解释第一条第三款规定的情形之一的，应当认定为刑法第三百八十三条第一款规定的‘其他特别严重情节’，依法判处十年以上有期徒刑、无期徒刑或者死刑，并处罚金或者没收财产。

第四条　贪污、受贿数额特别巨大，犯罪情节特别严重、社会影响特别恶劣、给国家和人民利益造成特别重大损失的，可以判处死刑。

符合前款规定的情形，但具有自首，立功，如实供述自己罪行、真诚悔罪、积极退赃，或者避免、减少损害结果的发生等情节，不是必须立即执行的，可以判处死刑缓期二年执行。

符合第一款规定情形的，根据犯罪情节等情况可以判处死刑缓期二年执行，同时裁判决定在其死刑缓期执行二年期满依法减为无期徒刑后，终身监禁，不得减刑、假释。

第十二条　贿赂犯罪中的'财物'，包括货币、物品和财产性利益。财产性利益包括可以折算为货币的物质利益如房屋装修、债务免除等，以及需要支付货币的其他利益如会员服务、旅游等。后者的犯罪数额，以实际支付或者应当支付的数额计算。

第十三条　具有下列情形之一的，应当认定为'为他人谋取利益'，构成犯罪的，应当依照刑法关于受贿犯罪的规定定罪处罚：

（一）实际或者承诺为他人谋取利益的；

（二）明知他人有具体请托事项的；

（三）履职时未被请托，但事后基于该履职事由收受他人财物的。

国家工作人员索取、收受具有上下级关系的下属或者具有行政管理关系的被管理人员的财物价值三万元以上，可能影响职权行使的，视为承诺为他人谋取利益。

第十五条　对多次受贿未经处理的，累计计算受贿数额。

国家工作人员利用职务上的便利为请托人谋取利益前后多次收受请托人财物，受请托之前收受的财物数额在一万元以上的，应当一并计入受贿数额。

第十六条　国家工作人员出于贪污、受贿的故意，非法占有公共财物、收受他人财物之后，将赃款赃物用于单位公务支出或者社会捐赠的，不影响贪污罪、受贿罪的认定，但量刑时可以酌情考虑。

特定关系人索取、收受他人财物，国家工作人员知道后未退还或者上交的，应当认定国家工作人员具有受贿故意。

第十七条　国家工作人员利用职务上的便利，收受他人财物，为他人谋取利益，同时构成受贿罪和刑法分则第三章第三节、第九章规定的渎职犯罪的，除刑法另有规定外，以受贿罪和渎职犯罪数罪并罚。

第十八条　贪污贿赂犯罪分子违法所得的一切财物，应当依照刑法第六十四条的规定予以追缴或者责令退赔，对被害人的合法财产应当及时返还。对尚未追缴到案或者尚未足额退赔的违法所得，应当继续追缴或者责令退赔。

第十九条　对贪污罪、受贿罪判处三年以下有期徒刑或者拘役的，应当并处十万元以上五十万元以下的罚金；判处三年以上十年以下有期徒刑的，应当并处二十万元以上犯罪数额二倍以下的罚金或者没收财产；判处十年以上有期徒刑或者无期徒刑的，应当并处五十万元以上犯罪数额二倍以下的罚金或者没收财产。

对刑法规定并处罚金的其他贪污贿赂犯罪，应当在十万元以上犯罪数额二倍以下判处罚金。"

③2007 年 7 月 8 日最高人民法院、最高人民检察院《关于办理受贿刑事案件适用法律若干问题的意见》规定：

"一、关于以交易形式收受贿赂问题

国家工作人员利用职务上的便利为请托人谋取利益，以下列交易形式收受请托人财物的，以受贿论处：

(1)以明显低于市场的价格向请托人购买房屋、汽车等物品的；

(2)以明显高于市场的价格向请托人出售房屋、汽车等物品的；

(3)以其他交易形式非法收受请托人财物的。

受贿数额按照交易时当地市场价格与实际支付价格的差额计算。

前款所列市场价格包括商品经营者事先设定的不针对特定人的最低优惠价格。根据商品经营者事先设定的各种优惠交易条件，以优惠价格购买商品的，不属于受贿。

二、关于收受干股问题

干股是指未出资而获得的股份。国家工作人员利用职务上的便利为请托人谋取利益，收受请托人提供的干股的，以受贿论处。进行了股权转让登记，或者相关证据证明股份发生了实际转让的，受贿数额按转让行为时股份价值计算，所分红利按受贿孳息处理。股份未实际转让，以股份分红名义获取利益的，实际获利数额应当认定为受贿数额。

三、关于以开办公司等合作投资名义收受贿赂问题

国家工作人员利用职务上的便利为请托人谋取利益，由请托人出资，'合作'开办公司或者进行其他'合作'投资的，以受贿论处。受贿数额为请托人给国家工作人员的出资额。

国家工作人员利用职务上的便利为请托人谋取利益，以合作开办公司或者其他合作投资的名义获取'利润'，没有实际出资和参与管理、经营的，以受贿论处。

四、关于以委托请托人投资证券、期货或者其他委托理财的名义收受贿赂问题

国家工作人员利用职务上的便利为请托人谋取利益，以委托请托人投资证券、期货或者其他委托理财的名义，未实际出资而获取'收益'，或者虽然实际出资，但获取'收益'明显高于出资应得收益的，以受贿论处。受贿数额，前一情形，以'收益'额计算；后一情形，以'收益'额与出资应得收益额的差额计算。

五、关于以赌博形式收受贿赂的认定问题

根据《最高人民法院、最高人民检察院关于办理赌博刑事案件具体应用法律若干问题的解释》第七条规定，国家工作人员利用职务上的便利为请托人谋取利益，通过赌博方式收受请托人财物的，构成受贿。

实践中应注意区分贿赂与赌博活动、娱乐活动的界限。具体认定时，主要应当结合以下因素进行判断：(1)赌博的背景、场合、时间、次数；(2)赌资来源；(3)其他赌博参与者有无事先通谋；(4)输赢钱物的具体情况和金额大小。

六、关于特定关系人'挂名'领取薪酬问题

国家工作人员利用职务上的便利为请托人谋取利益，要求或者接受请托人以给特定关系人安排工作为名，使特定关系人不实际工作却获取所谓薪酬的，以受贿论处。

七、关于由特定关系人收受贿赂问题

国家工作人员利用职务上的便利为请托人谋取利益，授意请托人以本意见所列形式，将有关财物给予特定关系人的，以受贿论处。

特定关系人与国家工作人员通谋，共同实施前款行为的，对特定关系人以受贿罪的共犯论处。特定关系人以外的其他人与国家工作人员通谋，由国家工作人员利用职务上的便利为请托人谋取利益，收受请托人财物后双方共同占有的，以受贿罪的共犯论处。

八、关于收受贿赂物品未办理权属变更问题

国家工作人员利用职务上的便利为请托人谋取利益，收受请托人房屋、汽车等物品，未变更权属登记或者借用他人名义办理权属变更登记的，不影响受贿的认定。

认定以房屋、汽车等物品为对象的受贿，应注意与借用的区分。具体认定时，除双方交代或

者书面协议之外，主要应当结合以下因素进行判断：(1)有无借用的合理事由；(2)是否实际使用；(3)借用时间的长短；(4)有无归还的条件；(5)有无归还的意思表示及行为。

九、关于收受财物后退还或者上交问题

国家工作人员收受请托人财物后及时退还或者上交的，不是受贿。

国家工作人员受贿后，因自身或者与其受贿有关联的人、事被查处，为掩饰犯罪而退还或者上交的，不影响认定受贿罪。

十、关于在职时为请托人谋利，离职后收受财物问题

国家工作人员利用职务上的便利为请托人谋取利益之前或者之后，约定在其离职后收受请托人财物，并在离职后收受的，以受贿论处。

国家工作人员利用职务上的便利为请托人谋取利益，离职前后连续收受请托人财物的，离职前后收受部分均应计入受贿数额。

十一、关于'特定关系人'的范围

本意见所称'特定关系人'，是指与国家工作人员有近亲属、情妇(夫)以及其他共同利益关系的人。

十二、关于正确贯彻宽严相济刑事政策的问题

依照本意见办理受贿刑事案件，要根据刑法关于受贿罪的有关规定和受贿罪权钱交易的本质特征，准确区分罪与非罪、此罪与彼罪的界限，惩处少数，教育多数。在从严惩处受贿犯罪的同时，对于具有自首、立功等情节的，依法从轻、减轻或者免除处罚。"

④2003年4月2日最高人民检察院法律政策研究室《关于集体性质的乡镇卫生院院长利用职务之便收受他人财物的行为如何适用法律问题的答复》规定："经过乡镇政府或者主管行政机关任命的乡镇卫生院院长，在依法从事本区域卫生工作的管理与业务技术指导，承担医疗预防保健服务工作等公务活动时，属于刑法第九十三条第二款规定的其他依照法律从事公务的人员。对其利用职务上的便利，索取他人财物的，或者非法收受他人财物，为他人谋取利益的，应当依照刑法第三百八十五条、第三百八十六条的规定，以受贿罪追究刑事责任。"

⑤2003年1月13日最高人民检察院《关于佛教协会工作人员能否构成受贿罪或者公司、企业人员受贿罪主体问题的答复》规定："佛教协会属于社会团体，其工作人员除符合刑法第九十三条第二款的规定属于受委托从事公务的人员外，既不属于国家工作人员，也不属于公司、企业人员。根据刑法的规定，对非受委托从事公务的佛教协会的工作人员利用职务之便收受他人财物，为他人谋取利益的行为，不能按受贿罪或者公司、企业人员受贿罪追究刑事责任。"

⑥2008年11月20日最高人民法院、最高人民检察院《关于办理商业贿赂刑事案件适用法律若干问题的意见》相关内容如下：

"一、商业贿赂犯罪涉及刑法规定的以下八种罪名：(1)非国家工作人员受贿罪(刑法第一百六十三条)；(2)对非国家工作人员行贿罪(刑法第一百六十四条)；(3)受贿罪(刑法第三百八十五条)；(4)单位受贿罪(刑法第三百八十七条)；(5)行贿罪(刑法第三百八十九条)；(6)对单位行贿罪(刑法第三百九十一条)；(7)介绍贿赂罪(刑法第三百九十二条)；(8)单位行贿罪(刑法第三百九十三条)。

二、刑法第一百六十三条、第一百六十四条规定的'其他单位'，既包括事业单位、社会团体、村民委员会、居民委员会、村民小组等常设性的组织，也包括为组织体育赛事、文艺演出或者其他正当活动而成立的组委会、筹委会、工程承包队等非常设性的组织。

三、刑法第一百六十三条、第一百六十四条规定的'公司、企业或者其他单位的工作人员'，包括国有公司、企业以及其他国有单位中的非国家工作人员。

四、医疗机构中的国家工作人员，在药品、医疗器械、医用卫生材料等医药产品采购活动中，利用职务上的便利，索取销售方财物，或者非法收受销售方财物，为销售方谋取利益，构成犯罪的，依照刑法第三百八十五条的规定，以受贿罪定罪处罚。

医疗机构中的非国家工作人员，有前款行为，数额较大的，依照刑法第一百六十三条的规定，以非国家工作人员受贿罪定罪处罚。

医疗机构中的医务人员，利用开处方的职务便利，以各种名义非法收受药品、医疗器械、医用卫生材料等医药产品销售方财物，为医药产品销售方谋取利益，数额较大的，依照刑法第一百六十三条的规定，以非国家工作人员受贿罪定罪处罚。

五、学校及其他教育机构中的国家工作人员，在教材、教具、校服或者其他物品的采购等活动中，利用职务上的便利，索取销售方财物，或者非法收受销售方财物，为销售方谋取利益，构成犯罪的，依照刑法第三百八十五条的规定，以受贿罪定罪处罚。

学校及其他教育机构中的非国家工作人员，有前款行为，数额较大的，依照刑法第一百六十三条的规定，以非国家工作人员受贿罪定罪处罚。

学校及其他教育机构中的教师，利用教学活动的职务便利，以各种名义非法收受教材、教具、校服或者其他物品销售方财物，为教材、教具、校服或者其他物品销售方谋取利益，数额较大的，依照刑法第一百六十三条的规定，以非国家工作人员受贿罪定罪处罚。

六、依法组建的评标委员会、竞争性谈判采购中谈判小组、询价采购中询价小组的组成人员，在招标、政府采购等事项的评标或者采购活动中，索取他人财物或者非法收受他人财物，为他人谋取利益，数额较大的，依照刑法第一百六十三条的规定，以非国家工作人员受贿罪定罪处罚。

依法组建的评标委员会、竞争性谈判采购中谈判小组、询价采购中询价小组中国家机关或者其他国有单位的代表有前款行为的，依照刑法第三百八十五条的规定，以受贿罪定罪处罚。

七、商业贿赂中的财物，既包括金钱和实物，也包括可以用金钱计算数额的财产性利益，如提供房屋装修、含有金额的会员卡、代币卡（券）、旅游费用等。具体数额以实际支付的资费为准。

八、收受银行卡的，不论受贿人是否实际取出或者消费，卡内的存款数额一般应全额认定为受贿数额。使用银行卡透支的，如果由给予银行卡的一方承担还款责任，透支数额也应当认定为受贿数额。

九、在行贿犯罪中，'谋取不正当利益'，是指行贿人谋取违反法律、法规、规章或者政策规定的利益，或者要求对方违反法律、法规、规章、政策、行业规范的规定提供帮助或者方便条件。

在招标投标、政府采购等商业活动中，违背公平原则，给予相关人员财物以谋取竞争优势的，属于'谋取不正当利益'。

十、办理商业贿赂犯罪案件，要注意区分贿赂与馈赠的界限。主要应当结合以下因素全面分析、综合判断：(1)发生财物往来的背景，如双方是否存在亲友关系及历史上交往的情形和程度；(2)往来财物的价值；(3)财物往来的缘由、时机和方式，提供财物方对于接受方有无职务上的请托；(4)接受方是否利用职务上的便利为提供方谋取利益。

十一、非国家工作人员与国家工作人员通谋，共同收受他人财物，构成共同犯罪的，根据双方利用职务便利的具体情形分别定罪追究刑事责任：

(1)利用国家工作人员的职务便利为他人谋取利益的，以受贿罪追究刑事责任。

(2)利用非国家工作人员的职务便利为他人谋取利益的，以非国家工作人员受贿罪追究刑事责任。

(3)分别利用各自的职务便利为他人谋取利益的，按照主犯的犯罪性质追究刑事责任，不能分清主从犯的，可以受贿罪追究刑事责任。"

⑦1998年5月8日最高人民法院、最高人民检察院、公安部、国家工商行政管理局《关于依法查处盗窃、抢劫机动车案件的规定》第8条规定："公安、工商行政管理人员利用职务上的便利，索取或者非法收受他人财物，为赃车入户、过户、验证构成犯罪的，依照《刑法》第三百八十五条、第三百八十六条的规定处罚。"

⑧2005年5月11日最高人民法院、最高人民检察院《关于办理赌博刑事案件具体应用法律若干问题的解释》第7条规定："通过赌博或者为国家工作人员赌博提供资金的形式实施行贿、受贿行为，构成犯罪的，依照刑法关于贿赂犯罪的规定定罪处罚。"

⑨2009年8月27日全国人民代表大会常务委员会《关于〈中华人民共和国刑法〉第九十三条第二款的解释》规定：

"村民委员会等村基层组织人员协助人民政府从事下列行政管理工作，属于刑法第九十三条第二款规定的'其他依照法律从事公务的人员'：

（一）救灾、抢险、防汛、优抚、扶贫、移民、救济款物的管理；

（二）社会捐助公益事业款物的管理；

（三）国有土地的经营和管理；

（四）土地征收、征用补偿费用的管理；

（五）代征、代缴税款；

（六）有关计划生育、户籍、征兵工作；

（七）协助人民政府从事的其他行政管理工作。

村民委员会等村基层组织人员从事前款规定的公务，利用职务上的便利，非法占有公共财物、挪用公款、索取他人财物或者非法收受他人财物，构成犯罪的，适用刑法第三百八十二条和第三百八十三条贪污罪、第三百八十四条挪用公款罪、第三百八十五条和第三百八十六条受贿罪的规定。"

⑩2002年8月29日全国人民代表大会常务委员会《关于〈中华人民共和国刑法〉第三百一十三条的解释》相关主要内容如下：

"刑法第三百一十三条规定的'人民法院的判决、裁定'，是指人民法院依法作出的具有执行内容并已发生法律效力的判决、裁定。人民法院为依法执行支付令、生效的调解书、仲裁裁决、公证债权文书等所作的裁定属于该条规定的裁定。

下列情形属于刑法第三百一十三条规定的'有能力执行而拒不执行，情节严重'的情形：

（一）被执行人隐藏、转移、故意毁损财产或者无偿转让财产、以明显不合理的低价转让财产，致使判决、裁定无法执行的；

（二）担保人或者被执行人隐藏、转移、故意毁损或者转让已向人民法院提供担保的财产，致使判决、裁定无法执行的；

（三）协助执行义务人接到人民法院协助执行通知书后，拒不协助执行，致使判决、裁定无法执行的；

（四）被执行人、担保人、协助执行义务人与国家机关工作人员通谋，利用国家机关工作人员的职权妨害执行，致使判决、裁定无法执行的；

（五）其他有能力执行而拒不执行，情节严重的情形。

国家机关工作人员有上述第四项行为的，以拒不执行判决、裁定罪的共犯追究刑事责任。国家机关工作人员收受贿赂或者滥用职权，有上述第四项行为的，同时又构成刑法第三百八十五条、第三百九十七条规定之罪的，依照处罚较重的规定定罪处罚。"

⑪2007年8月30日最高人民法院、最高人民检察院、公安部《关于依法严肃查处拒不执行判

决、裁定和暴力抗拒法院执行犯罪行为有关问题的通知》主要相关内容如下：

“一、对下列拒不执行判决、裁定的行为，依照刑法第三百一十三条的规定，以拒不执行判决、裁定罪论处。

（一）被执行人隐藏、转移、故意毁损财产或者无偿转让财产、以明显不合理的低价转让财产，致使判决、裁定无法执行的；

（二）担保人或者被执行人隐藏、转移、故意毁损或者转让已向人民法院提供担保的财产，致使判决、裁定无法执行的；

（三）协助执行义务人接到人民法院协助执行通知书后，拒不协助执行，致使判决、裁定无法执行的；

（四）被执行人、担保人、协助执行义务人与国家机关工作人员通谋，利用国家机关工作人员的职权妨害执行，致使判决、裁定无法执行的；

（五）其他有能力执行而拒不执行，情节严重的情形。

二、对下列暴力抗拒执行的行为，依照刑法第二百七十七条的规定，以妨害公务罪论处。

（一）聚众哄闹、冲击执行现场，围困、扣押、殴打执行人员，致使执行工作无法进行的；

（二）毁损、抢夺执行案件材料、执行公务车辆和其他执行器械、执行人员服装以及执行公务证件，造成严重后果的；

（三）其他以暴力、威胁方法妨害或者抗拒执行，致使执行工作无法进行的。

三、负有执行人民法院判决、裁定义务的单位直接负责的主管人员和其他直接责任人员，为了本单位的利益实施本《通知》第一条、第二条所列行为之一的，对该主管人员和其他直接责任人员，依照刑法第三百一十三条和第二百七十七条的规定，分别以拒不执行判决、裁定罪和妨害公务罪论处。

四、国家机关工作人员有本《通知》第一条第四项行为的，以拒不执行判决、裁定罪的共犯追究刑事责任。

国家机关工作人员收受贿赂或者滥用职权，有本《通知》第一条第四项行为的，同时又构成刑法第三百八十五条、第三百九十七条规定罪的，依照处罚较重的规定定罪处罚。

五、拒不执行判决、裁定案件由犯罪行为发生地的公安机关、人民检察院、人民法院管辖。如果由犯罪嫌疑人、被告人居住地的人民法院管辖更为适宜的，可以由犯罪嫌疑人、被告人居住地的公安机关、人民检察院、人民法院管辖。

六、以暴力、威胁方法妨害或者抗拒执行的，公安机关接到报警后，应当立即出警，依法处置。

七、人民法院在执行判决、裁定过程中，对拒不执行判决、裁定情节严重的人，可以先行司法拘留；拒不执行判决、裁定的行为人涉嫌犯罪的，应当将案件依法移送有管辖权的公安机关立案侦查。

八、人民法院、人民检察院和公安机关在办理拒不执行判决、裁定和妨害公务案件过程中，应当密切配合、加强协作。对于人民法院移送的涉嫌拒不执行判决、裁定罪和妨害公务罪的案件，公安机关应当及时立案侦查，检察机关应当及时提起公诉，人民法院应当及时审判。

在办理拒不执行判决、裁定和妨害公务案件过程中，应当根据案件的具体情况，正确区分罪与非罪的界限，认真贯彻‘宽严相济’的刑事政策。

九、人民法院认为公安机关应当立案侦查而不立案侦查的，可提请人民检察院予以监督。人民检察院认为需要立案侦查的，应当要求公安机关说明不立案的理由。人民检察院认为公安机关不立案理由不能成立的，应当通知公安机关立案，公安机关接到通知后应当立案。

十、公安机关侦查终结后移送人民检察院审查起诉的拒不执行判决、裁定和妨害公务案件，人民检察院决定不起诉，公安机关认为不起诉决定有错误的，可以要求复议；如果意见不被接受，可以向上一级人民检察院提请复核。

十一、公安司法人员在办理拒不执行判决、裁定和妨害公务案件中，消极履行法定职责，造成严重后果的，应当依法依纪追究直接责任人责任直至追究刑事责任。

十二、本通知自印发之日起执行，执行中遇到的情况和问题，请分别报告最高人民法院、最高人民检察院、公安部。”

⑫2000 年 6 月 5 日最高人民检察院《关于贯彻执行全国人民代表大会常务委员会关于〈中华人民共和国刑法〉第九十三条第二款的解释的通知》第 2 条、第 3 条分别规定：

“二、根据《解释》，检察机关对村民委员会等村基层组织人员协助人民政府从事《解释》所规定的行政管理工作中发生的利用职务上的便利，非法占有公共财物、挪用公款、索取他人财物或者非法收受他人财物，构成犯罪的案件，应直接受理，分别适用刑法第三百八十二条、第三百八十三条、第三百八十四条和第三百八十五条、第三百八十六条的规定，以涉嫌贪污罪、挪用公款罪、受贿罪立案侦查。

三、各级检察机关在依法查处村民委员会等村基层组织人员贪污、受贿、挪用公款犯罪案件过程中，要根据《解释》和其他有关法律的规定，严格把握界限，准确认定村民委员会等村基层组织人员的职务活动是否属于协助人民政府从事《解释》所规定的行政管理工作，并正确把握刑法第三百八十二条、第三百八十三条贪污罪、第三百八十四条挪用公款罪和第三百八十五条、第三百八十六条受贿罪的构成要件。对村民委员会等村基层组织人员从事属于村民自治范围的经营、管理活动不能适用《解释》的规定。”

⑬2003 年 11 月 13 日最高人民法院印发的《全国法院审理经济犯罪案件工作座谈会纪要》相关内容如下：

“三、关于受贿罪

（一）关于‘利用职务上的便利’的认定

刑法第三百八十五条第一款规定的‘利用职务上的便利’，既包括利用本人职务上主管、负责、承办某项公共事务的职权，也包括利用职务上有隶属、制约关系的其他国家工作人员的职权。担任单位领导职务的国家工作人员通过不属自己主管的下级部门的国家工作人员的职务为他人谋取利益的，应当认定为‘利用职务上的便利’为他人谋取利益。

（二）‘为他人谋取利益’的认定

为他人谋取利益包括承诺、实施和实现三个阶段的行为。只要具有其中一个阶段的行为，如国家工作人员收受他人财物时，根据他人提出的具体请托事项，承诺为他人谋取利益的，就具备了为他人谋取利益的要件。明知他人有具体请托事项而收受其财物的，视为承诺为他人谋取利益。

（三）‘利用职权或地位形成的便利条件’的认定

刑法第三百八十八条规定的‘利用本人职权或者地位形成的便利条件’，是指行为人与被其利用的国家工作人员之间在职务上虽然没有隶属、制约关系，但是行为人利用了本人职权或者地位产生的影响和一定的工作联系，如单位内不同部门的国家工作人员之间、上下级单位没有职务上隶属、制约关系的国家工作人员之间、有工作联系的不同单位的国家工作人员之间等。

（四）离职国家工作人员收受财物行为的处理

参照《最高人民法院关于国家工作人员利用职务上的便利为他人谋取利益离退休后收受财物行为如何处理问题的批复》规定的精神，国家工作人员利用职务上的便利为请托人谋取利益，并与请托人事先约定，在其离职后收受请托人财物，构成犯罪的，以受贿罪定罪处罚。

（五）共同受贿犯罪的认定

根据刑法关于共同犯罪的规定，非国家工作人员与国家工作人员勾结，伙同受贿的，应当以受贿罪的共犯追究刑事责任。非国家工作人员是否构成受贿罪共犯，取决于双方有无共同受贿的故意和行为。国家工作人员的近亲属向国家工作人员代为转达请托事项，收受请托人财物并告知该国家工作人员，或者国家工作人员明知其近亲属收受了他人财物，仍按照近亲属的要求利用职权为他人谋取利益的，对该国家工作人员应认定为受贿罪，其近亲属以受贿罪共犯论处。近亲属以外的其他人与国家工作人员通谋，由国家工作人员利用职务上的便利为请托人谋取利益，收受请托人财物后双方共同占有的，构成受贿罪共犯。国家工作人员利用职务上的便利为他人谋取利益，并指定他人将财物送给其他人，构成犯罪的，应以受贿罪定罪处罚。

（六）以借款为名索取或者非法收受财物行为的认定

国家工作人员利用职务上的便利，以借为名向他人索取财物，或者非法收受财物为他人谋取利益的，应当认定为受贿。具体认定时，不能仅仅看是否有书面借款手续，应当根据以下因素综合判定：（1）有无正当、合理的借款事由；（2）款项的去向；（3）双方平时关系如何、有无经济往来；（4）出借方是否要求国家工作人员利用职务上的便利为其谋取利益；（5）借款后是否有归还的意思表示及行为；（6）是否有归还的能力；（7）未归还的原因；等等。

（七）涉及股票受贿案件的认定

在办理涉及股票的受贿案件时，应当注意：（1）国家工作人员利用职务上的便利，索取或非法收受股票，没有支付股本金，为他人谋取利益，构成受贿罪的，其受贿数额按照收受股票时的实际价格计算；（2）行为人支付股本金而购买较有可能升值的股票，由于不是无偿收受请托人财物，不以受贿罪论处；（3）股票已上市且已升值，行为人仅支付股本金，其‘购买’股票时的实际价格与股本金的差价部分应认定为受贿。”

⑭2000年7月13日最高人民法院《关于国家工作人员利用职务上的便利为他人谋取利益离退休后收受财物行为如何处理问题的批复》规定：“国家工作人员利用职务上的便利为请托人谋取利益，并与请托人事先约定，在其离退休后收受请托人财物，构成犯罪的，以受贿罪定罪处罚。”

⑮2010年11月26日最高人民法院、最高人民检察院《关于办理国家出资企业职务犯罪案件具体应用法律若干问题的意见》第5条规定。

（3）构成要件

第一，本罪侵犯的客体是国家机关、国有企业、事业单位、人民团体的正常工作秩序和国家的廉政建设制度。

第二，客观方面表现为利用职务之便，索取他人财物或者非法收受他人财物，为他人谋取利益的行为。

第三，本罪的主体是国家工作人员。

第四，主观方面是故意。

（4）罪名界定

第一，关于本罪的认定。

①根据1999年9月16日最高人民检察院发布的《关于人民检察院直接受理立案侦查案件的规定（试行）》规定，个人受贿数额虽然不满5000元，但具有下列情形之一的，也应立案：一是因受贿行为而使国家或者社会利益遭受重大损失的；二是故意刁难、要挟有关单位、个人，造成恶劣影响的；三是强行索取财物的。

②受贿罪中“利用职务上的便利”，是指利用职权或者与职务有关的便利条件。“职权”，是指本人职务范围内的权力。“与职务有关”，是指虽然不是直接利用职权，但利用了本人的职权

或者地位形成的便利条件。国家工作人员不是直接利用本人职权，而是利用本人职权或者地位形成的便利条件，通过其他国家工作人员职务上的便利，为请托人谋取利益，而本人从中向请托人索取或者非法收受财物的，应当以受贿论处。对于单纯利用亲友关系，为请托人办事，从而收取财物的，不应当以受贿罪论处。

③根据最高人民法院2000年6月30日的法释〔2000〕21号批复的规定："国家工作人员利用职务上的便利，为请托人谋取利益，并与请托人事先约定，在其离退休后收受请托人财物，构成犯罪的，以受贿罪定罪处罚。"

④受贿罪虽然是特殊主体，只能由国家工作人员构成，但根据《刑法》关于共同犯罪的规定，非国家工作人员与国家工作人员相勾结，结伙受贿的，应当以受贿罪的共犯追究其刑事责任。非国家工作人员是否构成受贿罪的共犯，取决于双方有无共同受贿的故意和行为。国家工作人员的近亲属向国家工作人员代为转达请托事项，收受请托人的财物，并且告知该国家工作人员，或者国家工作人员明知其近亲属收受了他人的财物，仍然按照近亲属的要求，利用职务为他人谋取利益的，对该国家工作人员应该认定为受贿罪，对其近亲属应该以受贿罪的共犯论处。近亲属以外的其他人与国家工作人员通谋，由国家工作人员利用职务上的便利，为请托人谋取利益，收受请托人财物后，双方共同占有的，构成受贿罪的共犯。

第二，受贿的种种形式。根据2007年7月8日最高人民法院、最高人民检察院《关于办理受贿刑事案件适用法律若干问题的意见》的规定，受贿的形式很多。从目前来看，主要有以下一些表现形式：

①以交易形式收受贿赂。国家工作人员利用职务上的便利，为请托人谋取利益，以下列交易形式收受请托人财物的，以受贿论处：一是以明显低于市场的价格向请托人购买房屋、汽车等物品的；二是以明显高于市场的价格向请托人出售房屋、汽车等物品的；三是以其他交易形式非法收受请托人财物的。受贿数额按照交易时当地市场价格与实际支付价格的差额计算。这里的市场价格，包括商品经营者事先设定的不针对特定人的最低优惠价格。根据商品经营者事先设定的各种优惠交易条件，以优惠价格购买商品的，不属于受贿。

②以收受干股收受贿赂。干股，是指没有出资而获得的股份。国家工作人员利用职务上的便利，为请托人谋取利益，收受请托人提供的干股，以受贿论处。进行了股权转让登记，或者相关证据证明股份发生了实际转让的，受贿数额按转让行为时股份价值计算，所分红利按受贿孳息处理。股份没有实际转让，以股份分红名义获取利益的，实际获利数额应当认定为受贿数额。

③以开办公司等合作投资名义收受贿赂。国家工作人员利用职务上的便利，为请托人谋取利益，由请托人出资，"合作"开办公司或者进行其他"合作"投资的，以受贿论处。受贿数额为请托人给国家工作人员的出资额。国家工作人员利用职务上的便利，为请托人谋取利益，以合作开办公司或者其他投资的名义获取"利润"，没有实际出资和参与管理、经营的，以受贿论处。

④以委托请托人投资证券、期货或者其他委托理财的名义收受贿赂。国家工作人员利用职务上的便利，为请托人谋取利益，以委托请托人投资证券、期货或者其他委托理财的名义，没有实际出资而获取"收益"，或者虽然实际出资，但获取"收益"明显高于出资应得收益的，以受贿论处。受贿数额，前述的第一种情形，以"收益"额计算；后一种情形，以"收益"额与出资应得收益额的差额计算。

⑤以赌博形式收受贿赂。根据最高人民法院、最高人民检察院《关于办理赌博刑事案件具体应用法律若干问题的解释》第7条的规定，国家工作人员利用职务上的便利，为请托人谋取利益，通过赌博方式收受请托人财物的，构成受贿。在实践中，应当注意区分贿赂与赌博活动、娱乐活动的界限。在具体认定时，主要应当结合以下因素进行判断：一是赌博的背景、场合、时间、次数；

二是赌资的来源；三是其他赌博参与者有无事先通谋；四是输赢钱物的具体情况和金额大小。

⑥以特定关系人“挂名”领取薪酬收受贿赂。国家工作人员利用职务上的便利，为请托人谋取利益，要求或者接受请托人以给特定关系人安排工作为名，使特定关系人不实际工作却获取所谓薪酬的，以受贿论处。

⑦由特定关系人（是指与国家工作人员有近亲属、情妇、情夫以及其他共同利益关系的人）收受贿赂。国家工作人员利用职务上的便利，为请托人谋取利益，授意请托人采取各种方式，将有关财物给予特定关系人的，以受贿论处。特定关系人与国家工作人员通谋，共同实施这种行为的，对特定关系人以受贿罪的共犯论处。特定关系人以外的其他人与国家工作人员通谋，由国家工作人员利用职务上的便利，为请托人谋取利益，收受请托人财物双方共同占有的，以受贿罪的共犯论处。

⑧关于收受贿赂物品没有办理权属变更问题。国家工作人员利用职务上的便利，为请托人谋取利益，收受请托人房屋、汽车等物品，没有变更权属登记，或者借用他人名义办理权属变更登记的，不影响受贿的认定。认定以房屋、汽车等物品为对象的受贿，应注意与借用的区别。具体认定时，除了双方交代或者书面协议之外，主要应当结合以下因素进行判断：一是有无借用的合理事由；二是是否实际使用；三是借用时间的长短；四是有无归还的条件；五是有无归还的意思表示及行为。

⑨关于收受财物后退还或者上交问题。国家工作人员收受请托人财物后，及时退还或者上交的，不是受贿。国家工作人员受贿以后，因为自身或者与其受贿有关联的人、事被查处，为掩饰犯罪而退还或者上交的，不影响认定受贿罪。

⑩关于在职时为请托人谋利益，离职后收受财物的问题。国家工作人员利用职务上的便利，为请托人谋取利益之前或者之后，约定在其离职后，收受请托人财物，并且在离职后收受的，以受贿论处。国家工作人员利用职务上的便利，为请托人谋取利益，离职前后继续收受请托人财物的，离职前后收受部分均应计入受贿数额。

第三，借款与受贿的区别。有的受贿人为了逃避法律制裁，常常把受贿辩解成借款，对此需要认真鉴别。在具体认定时，应当根据以下因素综合判定：一是有无正当、合理的借款事由；二是款项的去向；三是双方平时关系如何、有无经济来往；四是国家工作人员是否利用职务上的便利为出借方谋取利益；五是借款后是否有归还的意思表示和行为；六是是否有归还的能力；七是没有归还的原因。

第四，受贿共犯与介绍贿赂的区别。介绍贿赂的，只在国家工作人员与行贿人中间起牵线搭桥的作用，没有介入为行贿人谋取利益的具体行为。介绍贿赂人即使从行贿人那里得到了钱物，也是行贿人单独给他的好处、感谢费，而不是行贿。共同受贿中的非国家工作人员，则是参与了国家工作人员利用职务便利为他人谋取利益的行为。没有该非国家工作人员的参与，国家工作人员一般无法独立利用职务便利为他人谋取利益。

（5）量刑幅度

根据《刑法》第 386 条的规定，对犯受贿罪者，根据受贿所得数额及其情节，依照《刑法》第 383 条规定处罚。即比照贪污罪的规定处罚。对索贿者从重处罚。具体分以下 4 个档次：

一是受贿数额较大或者有其他较重情节的，处 3 年以下有期徒刑或者拘役，并处罚金。

二是受贿数额巨大或者有其他严重情节的，处 3 年以上 10 年以下有期徒刑，并处罚金或者没收财产。

三是受贿数额特别巨大或者有其他特别严重情节的，处 10 年以上有期徒刑或者无期徒刑，并处罚金或者没收财产；数额特别巨大，并使国家和人民利益遭受特别重大损失的，处无期徒刑或者死刑，并处没收财产。

四是在提起公诉前如实供述自己罪行、真诚悔罪、积极退赃，避免、减少损害结果的发生，具有《刑法》规定的可以从轻、减轻或者免除处罚情形的，可以从轻、减轻或者免除处罚。

对多次贪污未经处理的，按照累计贪污数额处罚。

4. 单位受贿罪（第387条）

(1) 罪名概念

单位受贿罪，是指国家机关、国有公司、企业、事业单位、人民团体，索取、非法收受他人财物，为他人谋取利益，情节严重的行为。

(2) 法律规定

①本罪名是由《刑法》第387条规定的。该条规定："国家机关、国有公司、企业、事业单位、人民团体，索取、非法收受他人财物，为他人谋取利益，情节严重的，对单位判处罚金，并对其直接负责的主管人员和其他直接责任人员，处五年以下有期徒刑或者拘役。

前款所列单位，在经济往来中，在账外暗中收受各种名义的回扣、手续费的，以受贿论，依照前款的规定处罚。"

②1999年9月16日最高人民检察院《关于人民检察院直接受理立案侦查案件立案标准的规定（试行）》第一部分第4项规定："单位受贿罪是指国家机关、国有公司、企业、事业单位、人民团体，索取、非法收受他人财物，为他人谋取利益，情节严重的行为。

索取他人财物或者非法收受他人财物，必须同时具备为他人谋取利益的条件，且是情节严重的行为，才能构成单位受贿罪。

国家机关、国有公司，企业、事业单位、人民团体，在经济往来中，在账外暗中收受各种名义的回扣、手续费的，以单位受贿罪追究刑事责任。"

③2008年11月20日最高人民法院、最高人民检察院《关于办理商业贿赂刑事案件适用法律若干问题的意见》相关内容如下：

"一、商业贿赂犯罪涉及刑法规定的以下八种罪名：(1)非国家工作人员受贿罪（刑法第一百六十三条）；(2)对非国家工作人员行贿罪（刑法第一百六十四条）；(3)受贿罪（刑法第三百八十五条）；(4)单位受贿罪（刑法第三百八十七条）；(5)行贿罪（刑法第三百八十九条）；(6)对单位行贿罪（刑法第三百九十一条）；(7)介绍贿赂罪（刑法第三百九十二条）；(8)单位行贿罪（刑法第三百九十三条）。

二、刑法第一百六十三条、第一百六十四条规定的'其他单位'，既包括事业单位、社会团体、村民委员会、居民委员会、村民小组等常设性的组织，也包括为组织体育赛事、文艺演出或者其他正当活动而成立的组委会、筹委会、工程承包队等非常设性的组织。

三、刑法第一百六十三条、第一百六十四条规定的'公司、企业或者其他单位的工作人员'，包括国有公司、企业以及其他国有单位中的非国家工作人员。

四、医疗机构中的国家工作人员，在药品、医疗器械、医用卫生材料等医药产品采购活动中，利用职务上的便利，索取销售方财物，或者非法收受销售方财物，为销售方谋取利益，构成犯罪的，依照刑法第三百八十五条的规定，以受贿罪定罪处罚。

医疗机构中的非国家工作人员，有前款行为，数额较大的，依照刑法第一百六十三条的规定，以非国家工作人员受贿罪定罪处罚。

医疗机构中的医务人员，利用开处方的职务便利，以各种名义非法收受药品、医疗器械、医用卫生材料等医药产品销售方财物，为医药产品销售方谋取利益，数额较大的，依照刑法第一百六十三条的规定，以非国家工作人员受贿罪定罪处罚。

五、学校及其他教育机构中的国家工作人员，在教材、教具、校服或者其他物品的采购等活动中，利用职务上的便利，索取销售方财物，或者非法收受销售方财物，为销售方谋取利益，构成犯罪的，依照刑法第三百八十五条的规定，以受贿罪定罪处罚。

学校及其他教育机构中的非国家工作人员，有前款行为，数额较大的，依照刑法第一百六十三条的规定，以非国家工作人员受贿罪定罪处罚。

学校及其他教育机构中的教师，利用教学活动的职务便利，以各种名义非法收受教材、教具、校服或者其他物品销售方财物，为教材、教具、校服或者其他物品销售方谋取利益，数额较大的，依照刑法第一百六十三条的规定，以非国家工作人员受贿罪定罪处罚。

六、依法组建的评标委员会、竞争性谈判采购中谈判小组、询价采购中询价小组的组成人员，在招标、政府采购等事项的评标或者采购活动中，索取他人财物或者非法收受他人财物，为他人谋取利益，数额较大的，依照刑法第一百六十三条的规定，以非国家工作人员受贿罪定罪处罚。

依法组建的评标委员会、竞争性谈判采购中谈判小组、询价采购中询价小组中国家机关或者其他国有单位的代表有前款行为的，依照刑法第三百八十五条的规定，以受贿罪定罪处罚。

七、商业贿赂中的财物，既包括金钱和实物，也包括可以用金钱计算数额的财产性利益，如提供房屋装修、含有金额的会员卡、代币卡(券)、旅游费用等。具体数额以实际支付的资费为准。

八、收受银行卡的，不论受贿人是否实际取出或者消费，卡内的存款数额一般应全额认定为受贿数额。使用银行卡透支的，如果由给予银行卡的一方承担还款责任，透支数额也应当认定为受贿数额。

九、在行贿犯罪中，'谋取不正当利益'，是指行贿人谋取违反法律、法规、规章或者政策规定的利益，或者要求对方违反法律、法规、规章、政策、行业规范的规定提供帮助或者方便条件。

在招标投标、政府采购等商业活动中，违背公平原则，给予相关人员财物以谋取竞争优势的，属于'谋取不正当利益'。

十、办理商业贿赂犯罪案件，要注意区分贿赂与馈赠的界限。主要应当结合以下因素全面分析、综合判断：(1)发生财物往来的背景，如双方是否存在亲友关系及历史上交往的情形和程度；(2)往来财物的价值；(3)财物往来的缘由、时机和方式，提供财物方对于接受方有无职务上的请托；(4)接受方是否利用职务上的便利为提供方谋取利益。

十一、非国家工作人员与国家工作人员通谋，共同收受他人财物，构成共同犯罪的，根据双方利用职务便利的具体情形分别定罪追究刑事责任：

(1)利用国家工作人员的职务便利为他人谋取利益的，以受贿罪追究刑事责任。

(2)利用非国家工作人员的职务便利为他人谋取利益的，以非国家工作人员受贿罪追究刑事责任。

(3)分别利用各自的职务便利为他人谋取利益的，按照主犯的犯罪性质追究刑事责任，不能分清主从犯的，可以受贿罪追究刑事责任。”

④2007年7月8日最高人民法院、最高人民检察院《关于办理受贿刑事案件适用法律若干问题的意见》相关内容如下：

“一、关于以交易形式收受贿赂问题

国家工作人员利用职务上的便利为请托人谋取利益，以下列交易形式收受请托人财物的，以受贿论处：

(1)以明显低于市场的价格向请托人购买房屋、汽车等物品的；

(2)以明显高于市场的价格向请托人出售房屋、汽车等物品的；

(3)以其他交易形式非法收受请托人财物的。

受贿数额按照交易时当地市场价格与实际支付价格的差额计算。

前款所列市场价格包括商品经营者事先设定的不针对特定人的最低优惠价格。根据商品经营者事先设定的各种优惠交易条件,以优惠价格购买商品的,不属于受贿。

二、关于收受干股问题

干股是指未出资而获得的股份。国家工作人员利用职务上的便利为请托人谋取利益,收受请托人提供的干股的,以受贿论处。进行了股权转让登记,或者相关证据证明股份发生了实际转让的,受贿数额按转让行为时股份价值计算,所分红利按受贿孳息处理。股份未实际转让,以股份分红名义获取利益的,实际获利数额应当认定为受贿数额。

三、关于以开办公司等合作投资名义收受贿赂问题

国家工作人员利用职务上的便利为请托人谋取利益,由请托人出资,‘合作’开办公司或者进行其他‘合作’投资的,以受贿论处。受贿数额为请托人给国家工作人员的出资额。

国家工作人员利用职务上的便利为请托人谋取利益,以合作开办公司或者其他合作投资的名义获取‘利润’,没有实际出资和参与管理、经营的,以受贿论处。

四、关于以委托请托人投资证券、期货或者其他委托理财的名义收受贿赂问题

国家工作人员利用职务上的便利为请托人谋取利益,以委托请托人投资证券、期货或者其他委托理财的名义,未实际出资而获取‘收益’,或者虽然实际出资,但获取‘收益’明显高于出资应得收益的,以受贿论处。受贿数额,前一情形,以‘收益’额计算;后一情形,以‘收益’额与出资应得收益额的差额计算。

五、关于以赌博形式收受贿赂的认定问题

根据《最高人民法院、最高人民检察院关于办理赌博刑事案件具体应用法律若干问题的解释》第七条规定,国家工作人员利用职务上的便利为请托人谋取利益,通过赌博方式收受请托人财物的,构成受贿。

实践中,应注意区分贿赂与赌博活动、娱乐活动的界限。具体认定时,主要应当结合以下因素进行判断:(1)赌博的背景、场合、时间、次数;(2)赌资来源;(3)其他赌博参与者有无事先通谋;(4)输赢钱物的具体情况和金额大小。

六、关于特定关系人‘挂名’领取薪酬问题

国家工作人员利用职务上的便利为请托人谋取利益,要求或者接受请托人以给特定关系人安排工作为名,使特定关系人不实际工作却获取所谓薪酬的,以受贿论处。

七、关于由特定关系人收受贿赂问题

国家工作人员利用职务上的便利为请托人谋取利益,授意请托人以本意见所列形式,将有关财物给予特定关系人的,以受贿论处。

特定关系人与国家工作人员通谋,共同实施前款行为的,对特定关系人以受贿罪的共犯论处。特定关系人以外的其他人与国家工作人员通谋,由国家工作人员利用职务上的便利为请托人谋取利益,收受请托人财物后双方共同占有的,以受贿罪的共犯论处。

八、关于收受贿赂物品未办理权属变更问题

国家工作人员利用职务上的便利为请托人谋取利益,收受请托人房屋、汽车等物品,未变更权属登记或者借用他人名义办理权属变更登记的,不影响受贿的认定。

认定以房屋、汽车等物品为对象的受贿,应注意与借用的区分。具体认定时,除双方交代或者书面协议之外,主要应当结合以下因素进行判断:(1)有无借用的合理事由;(2)是否实际使用;(3)借用时间的长短;(4)有无归还的条件;(5)有无归还的意思表示及行为。

九、关于收受财物后退还或者上交问题

国家工作人员收受请托人财物后及时退还或者上交的，不是受贿。

国家工作人员受贿后，因自身或者与其受贿有关联的人、事被查处，为掩饰犯罪而退还或者上交的，不影响认定受贿罪。

十、关于在职时为请托人谋利，离职后收受财物问题

国家工作人员利用职务上的便利为请托人谋取利益之前或者之后，约定在其离职后收受请托人财物，并在离职后收受的，以受贿论处。

国家工作人员利用职务上的便利为请托人谋取利益，离职前后连续收受请托人财物的，离职前后收受部分均应计入受贿数额。

十一、关于'特定关系人'的范围

本意见所称'特定关系人'，是指与国家工作人员有近亲属、情妇（夫）以及其他共同利益关系的人。

十二、关于正确贯彻宽严相济刑事政策的问题

依照本意见办理受贿刑事案件，要根据刑法关于受贿罪的有关规定和受贿罪权钱交易的本质特征，准确区分罪与非罪、此罪与彼罪的界限，惩处少数，教育多数。在从严惩处受贿犯罪的同时，对于具有自首、立功等情节的，依法从轻、减轻或者免除处罚。”

⑤2003年11月13日最高人民法院印发的《全国法院审理经济犯罪案件工作座谈会纪要》相关内容如下：

“三、关于受贿罪

（一）关于'利用职务上的便利'的认定

刑法第三百八十五条第一款规定的'利用职务上的便利'，既包括利用本人职务上主管、负责、承办某项公共事务的职权，也包括利用职务上有隶属、制约关系的其他国家工作人员的职权。担任单位领导职务的国家工作人员通过不属自己主管的下级部门的国家工作人员的职务为他人谋取利益的，应当认定为'利用职务上的便利'为他人谋取利益。

（二）'为他人谋取利益'的认定

为他人谋取利益包括承诺、实施和实现三个阶段的行为。只要具有其中一个阶段的行为，如国家工作人员收受他人财物时，根据他人提出的具体请托事项，承诺为他人谋取利益的，就具备了为他人谋取利益的要件。明知他人有具体请托事项而收受其财物的，视为承诺为他人谋取利益。

（三）'利用职权或地位形成的便利条件'的认定

刑法第三百八十八条规定的'利用本人职权或者地位形成的便利条件'，是指行为人与被其利用的国家工作人员之间在职务上虽然没有隶属、制约关系，但是行为人利用了本人职权或者地位产生的影响和一定的工作联系，如单位内不同部门的国家工作人员之间、上下级单位没有职务上隶属、制约关系的国家工作人员之间、有工作联系的不同单位的国家工作人员之间等。

（四）离职国家工作人员收受财物行为的处理

参照《最高人民法院关于国家工作人员利用职务上的便利为他人谋取利益离退休后收受财物行为如何处理问题的批复》规定的精神，国家工作人员利用职务上的便利为请托人谋取利益，并与请托人事先约定，在其离职后收受请托人财物，构成犯罪的，以受贿罪定罪处罚。

（五）共同受贿犯罪的认定

根据刑法关于共同犯罪的规定，非国家工作人员与国家工作人员勾结，伙同受贿的，应当以受贿罪的共犯追究刑事责任。非国家工作人员是否构成受贿罪共犯，取决于双方有无共同受贿

的故意和行为。国家工作人员的近亲属向国家工作人员代为转达请托事项，收受请托人财物并告知该国家工作人员，或者国家工作人员明知其近亲属收受了他人财物，仍按照近亲属的要求利用职权为他人谋取利益的，对该国家工作人员应认定为受贿罪，其近亲属以受贿罪共犯论处。近亲属以外的其他人与国家工作人员通谋，由国家工作人员利用职务上的便利为请托人谋取利益，收受请托人财物后双方共同占有的，构成受贿罪共犯。国家工作人员利用职务上的便利为他人谋取利益，并指定他人将财物送给其他人，构成犯罪的，应以受贿罪定罪处罚。

（六）以借款为名索取或者非法收受财物行为的认定

国家工作人员利用职务上的便利，以借为名向他人索取财物，或者非法收受财物为他人谋取利益的，应当认定为受贿。具体认定时，不能仅仅看是否有书面借款手续，应当根据以下因素综合判定：(1)有无正当、合理的借款事由；(2)款项的去向；(3)双方平时关系如何、有无经济往来；(4)出借方是否要求国家工作人员利用职务上的便利为其谋取利益；(5)借款后是否有归还的意思表示及行为；(6)是否有归还的能力；(7)未归还的原因；等等。

（七）涉及股票受贿案件的认定

在办理涉及股票的受贿案件时，应当注意：(1)国家工作人员利用职务上的便利，索取或非法收受股票，没有支付股本金，为他人谋取利益，构成受贿罪的，其受贿数额按照收受股票时的实际价格计算；(2)行为人支付股本金而购买较有可能升值的股票，由于不是无偿收受请托人财物，不以受贿罪论处；(3)股票已上市且已升值，行为人仅支付股本金，其'购买'股票时的实际价格与股本金的差价部分应认定为受贿。"

⑥2016年4月18日最高人民法院、最高人民检察院《关于办理贪污贿赂刑事案件适用法律若干问题的解释》相关内容如下："第十二条　贿赂犯罪中的'财物'，包括货币、物品和财产性利益。财产性利益包括可以折算为货币的物质利益如房屋装修、债务免除等，以及需要支付货币的其他利益如会员服务、旅游等。后者的犯罪数额，以实际支付或者应当支付的数额计算。

第十三条　具有下列情形之一的，应当认定为'为他人谋取利益'，构成犯罪的，应当依照刑法关于受贿犯罪的规定定罪处罚：

（一）实际或者承诺为他人谋取利益的；

（二）明知他人有具体请托事项的；

（三）履职时未被请托，但事后基于该履职事由收受他人财物的。

国家工作人员索取、收受具有上下级关系的下属或者具有行政管理关系的被管理人员的财物价值三万元以上，可能影响职权行使的，视为承诺为他人谋取利益。

第十五条　对多次受贿未经处理的，累计计算受贿数额。

国家工作人员利用职务上的便利为请托人谋取利益前后多次收受请托人财物，受请托之前收受的财物数额在一万元以上的，应当一并计入受贿数额。

第十八条　贪污贿赂犯罪分子违法所得的一切财物，应当依照刑法第六十四条的规定予以追缴或者责令退赔，对被害人的合法财产应当及时返还。对尚未追缴到案或者尚未足额退赔的违法所得，应当继续追缴或者责令退赔。"

（3）构成要件

第一，本罪侵犯的客体是国家机关、国有公司、企业、事业单位和人民团体的正常工作秩序和国家的廉政建设制度。

第二，客观方面表现为国家机关、国有公司、企业、事业单位和人民团体索取、非法收受他人财物，为他人谋取利益，情节严重，或者在经济往来中，在账外暗中收受各种名义的回扣、手续费的行为。

第三，本罪的主体是国家机关、国有公司、企业、事业单位、人民团体。

第四，主观方面是直接故意，即明知其索取、收受他人财物的贿赂性，同时希望索取或者收受的贿赂物归本单位，并且为他人谋取利益。这种故意是通过单位直接负责的主管人员和其他直接责任人员的故意体现出来的。

（4）罪名界定

第一，关于本罪的认定。

根据《刑法》第387条的规定，构成本罪必须同时具备三个条件：一是“索取、非法收受他人财物”；二是“为他人谋取利益”；三是“情节严重”。所谓“为他人谋取利益”，根据2003年11月13日最高人民法院《全国法院审理经济犯罪案件工作座谈会纪要》的规定，为他人谋取利益包括承诺、实施和实现三个阶段的行为。只要具有其中一个阶段的行为，如收受他人财物时，根据他人提出的具体请托事项，承诺为他人谋取利益的，就具备了为他人谋取利益的要件。明知他人有具体请求事项而收受其财物的，视为承诺为他人谋取利益。

本罪与一般受贿罪的主要区别是犯罪主体不同。本罪的犯罪主体是国家机关、国有公司、企业、事业单位、人民团体，其主观故意是通过单位直接负责的主管人员和其他直接责任人员的故意体现出来。由于本罪与受贿罪的区别主要表现在犯罪的主体方面，其他方面有相同之处，因此，2007年7月8日最高人民法院、最高人民检察院《关于办理受贿刑事案件适用法律若干问题的意见》对认定本罪仍有指导作用：

①关于以交易形式收受贿赂问题。为请托人谋取利益，以下列交易形式收受请托人财物的，以受贿论处：一是以明显低于市场的价格向请托人购买房屋、汽车等物品的；二是以明显高于市场的价格向请托人出售房屋、汽车等物品的；三是以其他交易形式非法收受请托人财物的。受贿数额按照交易时当地市场价格与实际支付价格的差额计算。这里的市场价格，包括商品经营者事先设定的不针对特定人的最低优惠价格。根据商品经营者事先设定的各种优惠交易条件，以优惠价格购买商品的，不属于受贿。

②关于以开办公司等合作投资名义收受贿赂问题。为请托人谋取利益，由请托人出资，“合作”开办公司或者进行其他“合作”投资的，以受贿论处。受贿数额为请托人给受贿方的出资额。为请托人谋取利益，以合作开办公司或者其他投资的名义获取“利润”，没有实际出资和参与管理、经营的，以受贿论处。

③关于收受贿赂物品没有办理权属变更问题。为请托人谋取利益，收受请托人房屋、汽车等物品，没有变更权属登记，或者借用他人名义办理权属变更登记的，不影响受贿的认定。认定以房屋、汽车等物品为对象的受贿，应注意与借用的区别。具体认定时，除了双方交代或者书面协议之外，主要应当结合以下因素进行判断：一是有无借用的合理事由；二是是否实际使用；三是借用时间的长短；四是有无归还的条件；五是有无归还的表示及行为。

④关于收受财物后退还或者上交问题。收受请托人财物后，及时退还或者上交的，不是受贿。如果受贿以后，因为自身或者与其受贿有关联的人、事被查处，为掩饰犯罪而退还或者上交的，不影响认定受贿罪。

⑤关于用借款的方式受贿问题。根据2003年11月13日最高人民法院《全国法院审理经济犯罪案件工作座谈会纪要》的规定，如果以借为名，向他人索取财物，或者非法收受财物为他人谋利益的，应当认定为受贿。具体认定时，不能仅仅看是否有书面借款手续，还应当根据以下因素综合判定：一是有无正当、合理的借款事由；二是款项的去向；三是双方平时关系如何、有无经济往来；四是出借方是否要求对方为其谋取利益；五是借款后是否有还款的表示及行为；六是是否有归还的能力；七是没有归还的原因；等等。

第二,本罪与受贿罪、非国家工作人员受贿罪的区别关键在于以下两个方面:一是本罪是在单位意志的支配下,以单位名义实施的;而个人受贿罪则是个人利用自身职务的便利,以个人名义实施的。单位受贿罪是法人犯罪,其意志的形成过程可能是领导个别决定的,也可能是由决策机构集体决定的,但其直接责任人员的行为是在单位意志支配下,以单位名义实施;而个人受贿在主观方面则纯属个人意志。二是受贿所得,本罪归单位所有;而个人受贿罪则不然。如果是单位成员,包括领导者,假借单位的名义索取、收受他人财物,但把财物收归己有,则应当按个人受贿罪论处。

(5)量刑幅度

根据《刑法》第387条的规定,构成本罪的,对单位判处罚金,并且对其直接负责的主管人员和其他直接责任人员,处5年以下有期徒刑或者拘役。

5. 利用影响力受贿罪(第388条之一)

(1)罪名概念

利用影响力受贿罪,是指国家工作人员及离职的国家工作人员的近亲属或者其他与该国家工作人员关系密切的人,通过该国家工作人员职务上的行为,或者利用该国家工作人员职权或者地位形成的便利条件,通过其他国家工作人员职务上的便利,为请托人谋取不正当利益,索取请托人财物或者收受请托人财物,数额较大或者有其他较重情节的行为。

(2)法律规定

①本罪名是由《刑法》第388条之一规定的。该条规定:“国家工作人员的近亲属或者其他与该国家工作人员关系密切的人,通过该国家工作人员职务上的行为,或者利用该国家工作人员职权或者地位形成的便利条件,通过其他国家工作人员职务上的行为,为请托人谋取不正当利益,索取请托人财物或者收受请托人财物,数额较大或者有其他较重情节的,处三年以下有期徒刑或者拘役,并处罚金;数额巨大或者有其他严重情节的,处三年以上七年以下有期徒刑,并处罚金;数额特别巨大或者有其他特别严重情节的,处七年以上有期徒刑,并处罚金或者没收财产。

离职的国家工作人员或者其近亲属以及其他与其关系密切的人,利用该离职的国家工作人员原职权或者地位形成的便利条件实施前款行为的,依照前款的规定定罪处罚。”

《刑法》第93条规定:“本法所称国家工作人员,是指国家机关中从事公务的人员。

国有公司、企业、事业单位、人民团体中从事公务的人员和国家机关、国有公司、企业、事业单位委派到非国有公司、企业、事业单位、社会团体从事公务的人员,以及其他依照法律从事公务的人员,以国家工作人员论。”

②1999年9月16日最高人民检察院《关于人民检察院直接受理立案侦查案件立案标准的规定(试行)》第一部分第3项规定:“受贿罪是指国家工作人员利用职务上的便利,索取他人财物的,或者非法收受他人财物,为他人谋取利益的行为。

‘利用职务上的便利’,是指利用本人职务范围内的权力,即自己职务上主管、负责或者承办某项公共事务的职权及其所形成的便利条件。

索取他人财物的,不论是否‘为他人谋取利益’,均可构成受贿罪,非法收受他人财物的,必须同时具备‘为他人谋取利益’的条件,才能构成受贿罪。但是为他人谋取的利益是否正当,为他人谋取的利益是否实现,不影响受贿罪的认定。

国家工作人员在经济往来中,违反国家规定,收受各种名义的回扣、手续费,归个人所有的,以受贿罪追究刑事责任。

国有公司、企业中从事公务的人员和国有公司、企业委派到非国有公司、企业从事公务的人员利用职务上的便利，索取他人财物或者非法收受他人财物，为他人谋取利益，或者在经济往来中，违反国家规定，收受各种名义的回扣、手续费，归个人所有的，以受贿罪追究刑事责任。

国有金融机构工作人员和国有金融机构委派到非国有金融机构从事公务的人员在金融业务活动中索取他人财物或者非法收受他人财物，为他人谋取利益的，或者违反国家规定，收受各种名义的回扣、手续费归个人所有的，以受贿罪追究刑事责任。

国家工作人员利用本人职权或者地位形成的便利条件，通过其他国家工作人员职务上的行为，为请托人谋取不正当利益，索取请托人财物或者收受请托人财物的，以受贿罪追究刑事责任。"

③2003 年 11 月 13 日最高人民法院印发的《全国法院审理经济犯罪案件工作座谈会纪要》相关内容如下：

"三、关于受贿罪

（一）关于'利用职务上的便利'的认定

刑法第三百八十五条第一款规定的'利用职务上的便利'，既包括利用本人职务上主管、负责、承办某项公共事务的职权，也包括利用职务上有隶属、制约关系的其他国家工作人员的职权。担任单位领导职务的国家工作人员通过不属自己主管的下级部门的国家工作人员的职务为他人谋取利益的，应当认定为'利用职务上的便利'为他人谋取利益。

（二）'为他人谋取利益'的认定

为他人谋取利益包括承诺、实施和实现三个阶段的行为。只要具有其中一个阶段的行为，如国家工作人员收受他人财物时，根据他人提出的具体请托事项，承诺为他人谋取利益的，就具备了为他人谋取利益的要件。明知他人有具体请托事项而收受其财物的，视为承诺为他人谋取利益。

（三）'利用职权或地位形成的便利条件'的认定

刑法第三百八十八条规定的'利用本人职权或者地位形成的便利条件'，是指行为人与被其利用的国家工作人员之间在职务上虽然没有隶属、制约关系，但是行为人利用了本人职权或者地位产生的影响和一定的工作联系，如单位内不同部门的国家工作人员之间、上下级单位没有职务上隶属、制约关系的国家工作人员之间、有工作联系的不同单位的国家工作人员之间等。

（四）离职国家工作人员收受财物行为的处理

参照《最高人民法院关于国家工作人员利用职务上的便利为他人谋取利益离退休后收受财物行为如何处理问题的批复》规定的精神，国家工作人员利用职务上的便利为请托人谋取利益，并与请托人事先约定，在其离职后收受请托人财物，构成犯罪的，以受贿罪定罪处罚。

（五）共同受贿犯罪的认定

根据刑法关于共同犯罪的规定，非国家工作人员与国家工作人员勾结，伙同受贿的，应当以受贿罪的共犯追究刑事责任。非国家工作人员是否构成受贿罪共犯，取决于双方有无共同受贿的故意和行为。国家工作人员的近亲属向国家工作人员代为转达请托事项，收受请托人财物并告知该国家工作人员，或者国家工作人员明知其近亲属收受了他人财物，仍按照近亲属的要求利用职权为他人谋取利益的，对该国家工作人员应认定为受贿罪，其近亲属以受贿罪共犯论处。近亲属以外的其他人与国家工作人员通谋，由国家工作人员利用职务上的便利为请托人谋取利益，收受请托人财物后双方共同占有的，构成受贿罪共犯。国家工作人员利用职务上的便利为他人谋取利益，并指定他人将财物送给其他人，构成犯罪的，应以受贿罪定罪处罚。

（六）以借款为名索取或者非法收受财物行为的认定

国家工作人员利用职务上的便利，以借为名向他人索取财物，或者非法收受财物为他人谋取利益的,应当认定为受贿。具体认定时,不能仅仅看是否有书面借款手续,应当根据以下因素综合判定:(1)有无正当、合理的借款事由;(2)款项的去向;(3)双方平时关系如何、有无经济往来;(4)出借方是否要求国家工作人员利用职务上的便利为其谋取利益;(5)借款后是否有归还的意思表示及行为;(6)是否有归还的能力;(7)未归还的原因;等等。

(七)涉及股票受贿案件的认定

在办理涉及股票的受贿案件时,应当注意:(1)国家工作人员利用职务上的便利,索取或非法收受股票,没有支付股本金,为他人谋取利益,构成受贿罪的,其受贿数额按照收受股票时的实际价格计算;(2)行为人支付股本金而购买较有可能升值的股票,由于不是无偿收受请托人财物,不以受贿罪论处;(3)股票已上市且已升值,行为人仅支付股本金,其'购买'股票时的实际价格与股本金的差价部分应认定为受贿。"

④2016年4月18日最高人民法院、最高人民检察院《关于办理贪污贿赂刑事案件适用法律若干问题的解释》相关内容如下:"第一条　贪污或者受贿数额在三万元以上不满二十万元的,应当认定为刑法第三百八十三条第一款规定的'数额较大',依法判处三年以下有期徒刑或者拘役,并处罚金。

贪污数额在一万元以上不满三万元,具有下列情形之一的,应当认定为刑法第三百八十三条第一款规定的'其他较重情节',依法判处三年以下有期徒刑或者拘役,并处罚金:

(一)贪污救灾、抢险、防汛、优抚、扶贫、移民、救济、防疫、社会捐助等特定款物的;

(二)曾因贪污、受贿、挪用公款受过党纪、行政处分的;

(三)曾因故意犯罪受过刑事追究的;

(四)赃款赃物用于非法活动的;

(五)拒不交待赃款赃物去向或者拒不配合追缴工作,致使无法追缴的;

(六)造成恶劣影响或者其他严重后果的。

受贿数额在一万元以上不满三万元,具有前款第二项至第六项规定的情形之一,或者具有下列情形之一的,应当认定为刑法第三百八十三条第一款规定的'其他较重情节',依法判处三年以下有期徒刑或者拘役,并处罚金:

(一)多次索贿的;

(二)为他人谋取不正当利益,致使公共财产、国家和人民利益遭受损失的;

(三)为他人谋取职务提拔、调整的。

第二条　贪污或者受贿数额在二十万元以上不满三百万元的,应当认定为刑法第三百八十三条第一款规定的'数额巨大',依法判处三年以上十年以下有期徒刑,并处罚金或者没收财产。

贪污数额在十万元以上不满二十万元,具有本解释第一条第二款规定的情形之一的,应当认定为刑法第三百八十三条第一款规定的'其他严重情节',依法判处三年以上十年以下有期徒刑,并处罚金或者没收财产。

受贿数额在十万元以上不满二十万元,具有本解释第一条第三款规定的情形之一的,应当认定为刑法第三百八十三条第一款规定的'其他严重情节',依法判处三年以上十年以下有期徒刑,并处罚金或者没收财产。

第三条　贪污或者受贿数额在三百万元以上的,应当认定为刑法第三百八十三条第一款规定的'数额特别巨大',依法判处十年以上有期徒刑、无期徒刑或者死刑,并处罚金或者没收财产。

贪污数额在一百五十万元以上不满三百万元,具有本解释第一条第二款规定的情形之一的,应当认定为刑法第三百八十三条第一款规定的'其他特别严重情节',依法判处十年以上有期徒刑、无期徒刑或者死刑，并处罚金或者没收财产。

受贿数额在一百五十万元以上不满三百万元，具有本解释第一条第三款规定的情形之一的，应当认定为刑法第三百八十三条第一款规定的‘其他特别严重情节’，依法判处十年以上有期徒刑、无期徒刑或者死刑，并处罚金或者没收财产。

第四条　贪污、受贿数额特别巨大，犯罪情节特别严重、社会影响特别恶劣、给国家和人民利益造成特别重大损失的，可以判处死刑。

符合前款规定的情形，但具有自首，立功，如实供述自己罪行、真诚悔罪、积极退赃，或者避免、减少损害结果的发生等情节，不是必须立即执行的，可以判处死刑缓期二年执行。

符合第一款规定情形的，根据犯罪情节等情况可以判处死刑缓期二年执行，同时裁判决定在其死刑缓期执行二年期满依法减为无期徒刑后，终身监禁，不得减刑、假释。

第十条　刑法第三百八十八条之一规定的利用影响力受贿罪的定罪量刑适用标准，参照本解释关于受贿罪的规定执行。

刑法第三百九十条之一规定的对有影响力的人行贿罪的定罪量刑适用标准，参照本解释关于行贿罪的规定执行。

单位对有影响力的人行贿数额在二十万元以上的，应当依照刑法第三百九十条之一的规定以对有影响力的人行贿罪追究刑事责任。

第十二条　贿赂犯罪中的‘财物’，包括货币、物品和财产性利益。财产性利益包括可以折算为货币的物质利益如房屋装修、债务免除等，以及需要支付货币的其他利益如会员服务、旅游等。后者的犯罪数额，以实际支付或者应当支付的数额计算。

第十五条　对多次受贿未经处理的，累计计算受贿数额。

国家工作人员利用职务上的便利为请托人谋取利益前后多次收受请托人财物，受请托之前收受的财物数额在一万元以上的，应当一并计入受贿数额。

第十八条　贪污贿赂犯罪分子违法所得的一切财物，应当依照刑法第六十四条的规定予以追缴或者责令退赔，对被害人的合法财产应当及时返还。对尚未追缴到案或者尚未足额退赔的违法所得，应当继续追缴或者责令退赔。”

(3)构成要件

第一，本罪侵犯的客体是国家机关、国有企业、事业单位、人民团体的正常工作秩序和声誉。

第二，客观方面表现为通过本人的近亲属或者关系密切的国家工作人员职务上的行为，或者利用该国家工作人员职权或者地位形成的便利条件，通过其他国家工作人员职务上的行为，同时具备以下三个条件：一是为请托人谋取的是不正当利益；二是索取或者收受请托人的财物；三是索取或者收受的财物数额较大或者有其他较重情节。

第三，犯罪主体是特殊主体，即国家工作人员及离职的国家工作人员的近亲属或者其他与其关系密切的人。

第四，主观方面是故意，其目的是索取或者收受请托人的财物。

(4)罪名界定

第一，本罪与受贿罪有以下区别：①犯罪主体不同，本罪的犯罪主体是国家工作人员及离职的国家工作人员的近亲属或者其他与该国家工作人员关系密切的人；而后者的犯罪主体是国家工作人员。②本罪要求是谋取不正当利益；而受贿罪没有这样的规定，只要行为人为当事人谋取了利益，不管这种利益是否正当，均可构成受贿罪。③行为人与自己的近亲属或者关系密切的国家工作人员如果通谋，共同索取或者收受请托人财物，则构成受贿罪的共犯，而不能以本罪处罚。

第二，本罪与非国家工作人员受贿罪的主要区别：一是犯罪主体不同。本罪的主体是国家工作人员的近亲属或者与其关系密切的人；而后者的犯罪主体是公司、企业的工作人员。二是侵犯的客体不同。本罪侵犯的客体是国家机关、国有企业、事业单位、人民团体的正常工作秩序和声誉；而后者侵犯的客体是公司、企业或者其他单位的正常管理活动和社会主义市场经济公平竞争的交易秩序。三是在客观方面的表现不同。本罪表现为通过本人的近亲属或者关系密切的国家工作人员职务上的行为，或者利用该国家工作人员职权或者地位形成的便利条件，通过其他国家工作人员职务上的行为，为请托人谋取不正当利益，索取请托人财物或者收受请托人财物，数额较大或者有其他较重情节；而后者表现为利用职务上的便利，索取、收受他人财物，或者在经济往来中，违反国家规定，收受各种名义的回扣、手续费归个人所有，为他人谋取利益，这种利益包括经济利益和非经济利益、正当的利益和不正当利益。

（5）量刑幅度

根据《刑法》第388条之一的规定，对犯本罪的处罚分以下3个档次：

一是数额较大或者有其他较重情节的，处3年以下有期徒刑或者拘役，并处罚金。

二是数额巨大或者有其他严重情节的，处3年以上7年以下有期徒刑，并处罚金。

三是数额特别巨大或者有其他特别严重情节的，处7年以上有期徒刑，并处罚金或者没收财产。

6. 行贿罪（第389条）

（1）罪名概念

行贿罪，是指为谋取不正当利益，给予国家工作人员以财物的行为。

（2）法律规定

①本罪名是由《刑法》第389条规定的。该条规定："为谋取不正当利益，给予国家工作人员以财物的，是行贿罪。

在经济往来中，违反国家规定，给予国家工作人员以财物，数额较大的，或者违反国家规定，给予国家工作人员以各种名义的回扣、手续费的，以行贿论处。

因被勒索给予国家工作人员以财物，没有获得不正当利益的，不是行贿。"

《刑法》第390条规定："对犯行贿罪的，处五年以下有期徒刑或者拘役，并处罚金；因行贿谋取不正当利益，情节严重的，或者使国家利益遭受重大损失的，处五年以上十年以下有期徒刑，并处罚金；情节特别严重的，或者使国家利益遭受特别重大损失的，处十年以上有期徒刑或者无期徒刑，并处罚金或者没收财产。

行贿人在被追诉前主动交待行贿行为的，可以从轻或者减轻处罚。其中，犯罪较轻的，对侦破重大案件起关键作用的，或者有重大立功表现的，可以减轻或者免除处罚。"

②1999年9月16日最高人民检察院《关于人民检察院直接受理立案侦查案件立案标准的规定（试行）》第一部分第5项规定："行贿罪是指为谋取不正当利益，给予国家工作人员以财物的行为。

在经济往来中，违反国家规定，给予国家工作人员以财物，数额较大的，或者违反国家规定，给予国家工作人员以各种名义的回扣、手续费的，以行贿罪追究刑事责任。

因被勒索给予国家工作人员以财物，已获得不正当利益的，以行贿罪追究刑事责任。"

③2008年11月20日最高人民法院、最高人民检察院《关于办理商业贿赂刑事案件适用法律若干问题的意见》相关规定如下：

"一、商业贿赂犯罪涉及刑法规定的以下八种罪名：（1）非国家工作人员受贿罪（刑法第一百六十三条）；（2）对非国家工作人员行贿罪（刑法第一百六十四条）；（3）受贿罪（刑法第三百八十五条）；（4）单位受贿罪（刑法第三百八十七条）；（5）行贿罪（刑法第三百八十九条）；（6）对单位行贿罪（刑法第三百九十一条）；（7）介绍贿赂罪（刑法第三百九十二条）；（8）单位行贿罪（刑法第三百九十三条）。

二、刑法第一百六十三条、第一百六十四条规定的‘其他单位’，既包括事业单位、社会团体、村民委员会、居民委员会、村民小组等常设性的组织，也包括为组织体育赛事、文艺演出或者其他正当活动而成立的组委会、筹委会、工程承包队等非常设性的组织。

三、刑法第一百六十三条、第一百六十四条规定的‘公司、企业或者其他单位的工作人员’，包括国有公司、企业以及其他国有单位中的非国家工作人员。

七、商业贿赂中的财物，既包括金钱和实物，也包括可以用金钱计算数额的财产性利益，如提供房屋装修、含有金额的会员卡、代币卡（券）、旅游费用等。具体数额以实际支付的资费为准。

八、收受银行卡的，不论受贿人是否实际取出或者消费，卡内的存款数额一般应全额认定为受贿数额。使用银行卡透支的，如果由给予银行卡的一方承担还款责任，透支数额也应当认定为受贿数额。

九、在行贿犯罪中，‘谋取不正当利益’，是指行贿人谋取违反法律、法规、规章或者政策规定的利益，或者要求对方违反法律、法规、规章、政策、行业规范的规定提供帮助或者方便条件。

在招标投标、政府采购等商业活动中，违背公平原则，给予相关人员财物以谋取竞争优势的，属于‘谋取不正当利益’。

十、办理商业贿赂犯罪案件，要注意区分贿赂与馈赠的界限。主要应当结合以下因素全面分析、综合判断：（1）发生财物往来的背景，如双方是否存在亲友关系及历史上交往的情形和程度；（2）往来财物的价值；（3）财物往来的缘由、时机和方式，提供财物方对于接受方有无职务上的请托；（4）接受方是否利用职务上的便利为提供方谋取利益。”

④2005 年 5 月 11 日最高人民法院、最高人民检察院《关于办理赌博刑事案件具体应用法律若干问题的解释》第 7 条规定：“通过赌博或者为国家工作人员赌博提供资金的形式实施行贿、受贿行为，构成犯罪的，依照刑法关于贿赂犯罪的规定定罪处罚。”

⑤2016 年 4 月 18 日最高人民法院、最高人民检察院《关于办理贪污贿赂刑事案件适用法律若干问题的解释》相关内容如下：“第七条　为谋取不正当利益，向国家工作人员行贿，数额在三万元以上的，应当依照刑法第三百九十条的规定以行贿罪追究刑事责任。

行贿数额在一万元以上不满三万元，具有下列情形之一的，应当依照刑法第三百九十条的规定以行贿罪追究刑事责任：

（一）向三人以上行贿的；

（二）将违法所得用于行贿的；

（三）通过行贿谋取职务提拔、调整的；

（四）向负有食品、药品、安全生产、环境保护等监督管理职责的国家工作人员行贿，实施非法活动的；

（五）向司法工作人员行贿，影响司法公正的；

（六）造成经济损失数额在五十万元以上不满一百万元的。

第八条　犯行贿罪，具有下列情形之一的，应当认定为刑法第三百九十条第一款规定的‘情节严重’：

（一）行贿数额在一百万元以上不满五百万元的；

（二）行贿数额在五十万元以上不满一百万元，并具有本解释第七条第二款第一项至第五项规定的情形之一的；

（三）其他严重的情节。

为谋取不正当利益，向国家工作人员行贿，造成经济损失数额在一百万元以上不满五百万元的，应当认定为刑法第三百九十条第一款规定的'使国家利益遭受重大损失'。

第九条　犯行贿罪，具有下列情形之一的，应当认定为刑法第三百九十条第一款规定的'情节特别严重'：

（一）行贿数额在五百万元以上的；

（二）行贿数额在二百五十万元以上不满五百万元，并具有本解释第七条第二款第一项至第五项规定的情形之一的；

（三）其他特别严重的情节。

为谋取不正当利益，向国家工作人员行贿，造成经济损失数额在五百万元以上的，应当认定为刑法第三百九十条第一款规定的'使国家利益遭受特别重大损失'。

第十二条　贿赂犯罪中的'财物'，包括货币、物品和财产性利益。财产性利益包括可以折算为货币的物质利益如房屋装修、债务免除等，以及需要支付货币的其他利益如会员服务、旅游等。后者的犯罪数额，以实际支付或者应当支付的数额计算。

第十四条　根据行贿犯罪的事实、情节，可能被判处三年有期徒刑以下刑罚的，可以认定为刑法第三百九十条第二款规定的'犯罪较轻'。

根据犯罪的事实、情节，已经或者可能被判处十年有期徒刑以上刑罚的，或者案件在本省、自治区、直辖市或者全国范围内有较大影响的，可以认定为刑法第三百九十条第二款规定的'重大案件'。

具有下列情形之一的，可以认定为刑法第三百九十条第二款规定的'对侦破重大案件起关键作用'：

（一）主动交待办案机关未掌握的重大案件线索的；

（二）主动交待的犯罪线索不属于重大案件的线索，但该线索对于重大案件侦破有重要作用的；

（三）主动交待行贿事实，对于重大案件的证据收集有重要作用的；

（四）主动交待行贿事实，对于重大案件的追逃、追赃有重要作用的。”

（3）构成要件

第一，本罪侵犯的客体是国家机关和国有公司、企业、事业单位、人民团体的正常工作秩序和国家的廉政建设制度。

第二，客观方面表现为两种形式：一是为了谋取不正当利益，给予国家工作人员以财物的行为。二是在经济往来中，违反国家规定，给予国家工作人员以财物，数额较大，或者违反国家规定，给予国家工作人员回扣、手续费的。

第三，犯罪主体是一般主体。

第四，主观方面是故意，并且有谋取不正当利益的目的。

（4）罪名界定

第一，关于本罪的认定。根据《刑法》第389条的规定，认定本罪要注意以下四个问题：一是必须是“为谋取不正当利益”，如果是因为被勒索给予国家工作人员以财物，没有获得不正当利益的，不是行贿。二是在经济往来中，给予国家工作人员以财物，必须是违反国家规定，数额较大。三是违反国家规定，给予国家工作人员回扣、手续费的。四是亲友之间的相互馈赠，是为了加深感情和友谊，没有要求接受财物者利用职务之便，为其谋取不正当利益的目的，数额适当，是正常的礼尚往来，不能认定为本罪。

第二，本罪与单位行贿罪主要区别在犯罪主体方面。本罪的犯罪主体是自然人为了个人利益而向国家工作人员行贿；而后者则是公司、企业、事业单位、机关、人民团体等单位，为了单位的利益，以单位的名义进行行贿，因行贿而取得的违法所得完全归单位所有。如果以单位名义行贿，而将行贿所获取的违法所得归个人所有，则应当以行贿罪处罚。

（5）量刑幅度

根据《刑法》第390条的规定，对犯本罪的处罚分以下3个档次：

一是情节一般的，处5年以下有期徒刑或者拘役，并处罚金。

二是因行贿谋取不正当利益，情节严重的，或者使国家利益遭受重大损失的，处5年以上10年以下有期徒刑，并处罚金。

三是情节特别严重的，或者使国家利益遭受特别重大损失的，处10年以上有期徒刑或者无期徒刑，并处罚金或者没收财产。

行贿人在被追诉前主动交代行贿行为的，可以从轻或者减轻处罚。其中，犯罪较轻的，检举揭发行为对侦破重大案件起关键作用，或者有其他重大立功表现的，可以免除处罚。

7. 对有影响力的人行贿罪（第390条之一）

（1）罪名概念

对有影响力的人行贿罪，是指为谋取不正当利益，向国家工作人员的近亲属或者其他与该国家工作人员关系密切的人，或者向离职的国家工作人员或者其近亲属以及其他与其关系密切的人行贿的行为。

（2）法律规定

①本罪名是由《刑法》第390条之一规定的。该条规定："为谋取不正当利益，向国家工作人员的近亲属或者其他与该国家工作人员关系密切的人，或者向离职的国家工作人员或者其近亲属以及其他与其关系密切的人行贿的，处三年以下有期徒刑或者拘役，并处罚金；情节严重的，或者使国家利益遭受重大损失的，处三年以上七年以下有期徒刑，并处罚金；情节特别严重的，或者使国家利益遭受特别重大损失的，处七年以上十年以下有期徒刑，并处罚金。

单位犯前款罪的，对单位判处罚金，并对其直接负责的主管人员和其他直接责任人员，处三年以下有期徒刑或者拘役，并处罚金。"

②2016年4月18日最高人民法院、最高人民检察院《关于办理贪污贿赂刑事案件适用法律若干问题的解释》相关内容如下："第七条　为谋取不正当利益，向国家工作人员行贿，数额在三万元以上的，应当依照刑法第三百九十条的规定以行贿罪追究刑事责任。

行贿数额在一万元以上不满三万元，具有下列情形之一的，应当依照刑法第三百九十条的规定以行贿罪追究刑事责任：

（一）向三人以上行贿的；

（二）将违法所得用于行贿的；

（三）通过行贿谋取职务提拔、调整的；

（四）向负有食品、药品、安全生产、环境保护等监督管理职责的国家工作人员行贿，实施非法活动的；

（五）向司法工作人员行贿，影响司法公正的；

（六）造成经济损失数额在五十万元以上不满一百万元的。

第八条　犯行贿罪，具有下列情形之一的，应当认定为刑法第三百九十条第一款规定的'情节严重'：

（一）行贿数额在一百万元以上不满五百万元的；

（二）行贿数额在五十万元以上不满一百万元，并具有本解释第七条第二款第一项至第五项规定的情形之一的；

（三）其他严重的情节。

为谋取不正当利益，向国家工作人员行贿，造成经济损失数额在一百万元以上不满五百万元的，应当认定为刑法第三百九十条第一款规定的‘使国家利益遭受重大损失’。

第九条　犯行贿罪，具有下列情形之一的，应当认定为刑法第三百九十条第一款规定的‘情节特别严重’：

（一）行贿数额在五百万元以上的；

（二）行贿数额在二百五十万元以上不满五百万元，并具有本解释第七条第二款第一项至第五项规定的情形之一的；

（三）其他特别严重的情节。

为谋取不正当利益，向国家工作人员行贿，造成经济损失数额在五百万元以上的，应当认定为刑法第三百九十条第一款规定的‘使国家利益遭受特别重大损失’。

第十条　刑法第三百八十八条之一规定的利用影响力受贿罪的定罪量刑适用标准，参照本解释关于受贿罪的规定执行。

刑法第三百九十条之一规定的对有影响力的人行贿罪的定罪量刑适用标准，参照本解释关于行贿罪的规定执行。

单位对有影响力的人行贿数额在二十万元以上的，应当依照刑法第三百九十条之一的规定以对有影响力的人行贿罪追究刑事责任。”

（3）构成要件

第一，本罪侵犯的客体，是国家工作人员的职务廉洁性。本罪虽然是向国家工作人员的近亲属或者是其他与国家工作人员关系密切的人，或者是已经离职的国家工作人员或者其近亲属以及其他与其关系密切的人行贿，但其目的是要通过这些人的关系和影响，来谋取不正当的利益。

第二，客观方面表现为为了谋取不正当利益，向国家工作人员的近亲属或者其他与该国家工作人员关系密切的人，或者离职的国家工作人员或者其近亲属以及其他与其关系密切的人行贿的行为。

第三，犯罪主体是一般主体。

第四，主观方面是故意。

（4）罪名界定

第一，本罪与行贿罪的区别是：一是客观表现不同，本罪的行为人是向国家工作人员的近亲属或者其他与该国家工作人员关系密切的人，或者离职的国家工作人员或者其近亲属以及其他与其关系密切的人行贿；而后者是直接向国家工作人员行贿。二是刑罚不同，对行贿罪的处罚相对比较重，最高刑可判处无期徒刑，可以并处没收财产；而本罪最高刑是10年以下有期徒刑，并处罚金。

第二，本罪与对非国家工作人员行贿罪的区别是：一是侵犯的客体不同，本罪侵犯的客体是国家工作人员的职务廉洁性；而后者侵犯的客体是公司、企业或者其他单位的正常业务活动和社会主义公平竞争的交易秩序。二是在客观方面表现不同，本罪表现是为了谋取不正当利益，向国家工作人员的近亲属或者其他与该国家工作人员关系密切的人，或者离职的国家工作人员或者其近亲属以及其他与其关系密切的人行贿的行为；而后者是行为人给予公司、企业或者其他单位工作人员以财物，数额较大的行为。三是本罪没有单位犯罪；而后者有单位犯罪。

(5)量刑幅度

对犯本罪的处罚分以下四个档次：

一是处3年以下有期徒刑或者拘役，并处罚金。

二是情节严重的，或者使国家利益遭受重大损失的，处3年以上7年以下有期徒刑，并处罚金。

三是情节特别严重的，或者使国家利益遭受特别重大损失的，处7年以上10年以下有期徒刑，并处罚金。

四是单位犯本罪的，对单位判处罚金，并且对其直接负责的主管人员和其他直接责任人员，处3年以下有期徒刑或者拘役，并处罚金。

8. 对单位行贿罪(第391条第1款)

(1)罪名概念

对单位行贿罪，是指为谋取不正当利益，给予国家机关、国有公司、企业、事业单位、人民团体财物，或者在经济往来中，违反国家规定，给予各种名义的回扣、手续费的行为。

(2)法律规定

①本罪名是由《刑法》第391条第1款规定的。该条款规定："为谋取不正当利益，给予国家机关、国有公司、企业、事业单位、人民团体以财物的，或者在经济往来中，违反国家规定，给予各种名义的回扣、手续费的，处三年以下有期徒刑或者拘役，并处罚金。

单位犯前款罪的，对单位判处罚金，并对其直接负责的主管人员和其他直接责任人员，依照前款的规定处罚。"

②1999年9月16日最高人民检察院《关于人民检察院直接受理立案侦查案件立案标准的规定(试行)》第一部分第6项规定："对单位行贿罪是指为谋取不正当利益，给予国家机关、国有公司、企业、事业单位、人民团体以财物，或者在经济往来中，违反国家规定，给予上述单位各种名义的回扣、手续费的行为。

涉嫌下列情形之一的，应予立案：

1. 个人行贿数额在10万元以上、单位行贿数额在20万元以上的；

2. 个人行贿数额不满10万元、单位行贿数额在10万元以上不满20万元，但具有下列情形之一的：

(1)为谋取非法利益而行贿的；

(2)向3个以上单位行贿的；

(3)向党政机关、司法机关、行政执法机关行贿的；

(4)致使国家或者社会利益遭受重大损失的。"

③2008年11月20日最高人民法院、最高人民检察院《关于办理商业贿赂刑事案件适用法律若干问题的意见》相关规定如下：

"一、商业贿赂犯罪涉及刑法规定的以下八种罪名：(1)非国家工作人员受贿罪(刑法第一百六十三条)；(2)对非国家工作人员行贿罪(刑法第一百六十四条)；(3)受贿罪(刑法第三百八十五条)；(4)单位受贿罪(刑法第三百八十七条)；(5)行贿罪(刑法第三百八十九条)；(6)对单位行贿罪(刑法第三百九十一条)；(7)介绍贿赂罪(刑法第三百九十二条)；(8)单位行贿罪(刑法第三百九十三条)。

七、商业贿赂中的财物，既包括金钱和实物，也包括可以用金钱计算数额的财产性利益，如提供房屋装修、含有金额的会员卡、代币卡(券)、旅游费用等。具体数额以实际支付的资费为准。

九、在行贿犯罪中,‘谋取不正当利益’,是指行贿人谋取违反法律、法规、规章或者政策规定的利益,或者要求对方违反法律、法规、规章、政策、行业规范的规定提供帮助或者方便条件。

在招标投标、政府采购等商业活动中,违背公平原则,给予相关人员财物以谋取竞争优势的,属于‘谋取不正当利益’。

十、办理商业贿赂犯罪案件,要注意区分贿赂与馈赠的界限。主要应当结合以下因素全面分析、综合判断:(1)发生财物往来的背景,如双方是否存在亲友关系及历史上交往的情形和程度;(2)往来财物的价值;(3)财物往来的缘由、时机和方式,提供财物方对于接受方有无职务上的请托;(4)接受方是否利用职务上的便利为提供方谋取利益。”

④2000 年 12 月 22 日最高人民检察院《关于行贿罪立案标准的规定》相关规定如下:

“对单位行贿案(刑法第三百九十一条)

对单位行贿罪是指为谋取不正当利益,给予国家机关、国有公司、企业、事业单位、人民团体以财物,或者在经济往来中,违反国家规定,给予上述单位各种名义的回扣、手续费的行为。

涉嫌下列情形之一的,应予立案:

1. 个人行贿数额在十万元以上、单位行贿数额在二十万元以上的;

2. 个人行贿数额不满十万元、单位行贿数额在十万元以上不满二十万元,但具有下列情形之一的:

(1)为谋取非法利益而行贿的;

(2)向三个以上单位行贿的;

(3)向党政机关、司法机关、行政执法机关行贿的;

(4)致使国家或者社会利益遭受重大损失的。”

(3)构成要件

第一,本罪侵犯的客体是国家机关或者国有公司、企业、事业单位、人民团体的正常管理活动。

第二,客观方面表现为给予国家机关、国有公司、企业、事业单位、人民团体财物,或者在经济往来中,违反国家规定,给予各种名义的回扣、手续费的行为。该罪的构成,并不以对方承诺或者一定实现其不正当利益要求为构成要件,即行为人所追求的不正当利益没有达到,也不影响本罪的成立。

第三,本罪的主体是一般主体,包括个人和单位。

第四,主观方面是直接故意。向单位行贿的目的,是使国家机关、国有公司、企业、事业单位、人民团体利用职务上的便利,为自己谋取不正当利益。

(4)罪名界定

第一,构成本罪要具备以下三个条件:①是“为谋取不正当利益”而主动送钱送物,而不是因为被勒索和为了谋取正当利益。②不是为了加深友谊,争取支持,表示谢意而送财物,只是为了谋取不正当的非法利益,属于权钱交易。③所送财物达到一定数额,情节较为严重。对于这一点,《刑法》第 391 条虽然没有明确规定,但根据《刑法》第 13 条的规定,不能把情节显著轻微的行为认定为犯罪。

第二,本罪与行贿罪和对非国家工作人员行贿罪的不同点是犯罪对象不同。本罪行贿的对象,是国家机关、国有公司、企业、事业单位、人民团体;而行贿罪的对象是国家工作人员;对非国家工作人员行贿罪的对象则是公司、企业等单位的非国家工作人员。

(5)量刑幅度

根据《刑法》第 391 条的规定,对犯本罪的,处 3 年以下有期徒刑或者拘役,并处罚金。单位犯本罪的，对单位判处罚金，并对其直接负责的主管人员和其他直接责任人员，依照前述规定处罚。

9. 介绍贿赂罪（第 392 条）

（1）罪名概念

介绍贿赂罪，是指向国家工作人员介绍贿赂，情节严重的行为。

（2）法律规定

①本罪名是由《刑法》第 392 条规定的。该条规定："向国家工作人员介绍贿赂，情节严重的，处三年以下有期徒刑或者拘役，并处罚金。

介绍贿赂人在被追诉前主动交待介绍贿赂行为的，可以减轻处罚或者免除处罚。"

②1999 年 9 月 16 日最高人民检察院《关于人民检察院直接受理立案侦查案件立案标准的规定（试行）》第一部分第 7 项规定："介绍贿赂罪是指向国家工作人员介绍贿赂，情节严重的行为。

'介绍贿赂'是指在行贿人与受贿人之间沟通关系、撮合条件，使贿赂行为得以实现的行为。

涉嫌下列情形之一的，应予立案：

1. 介绍个人向国家工作人员行贿，数额在 2 万元以上的；介绍单位向国家工作人员行贿，数额在 20 万元以上的；

2. 介绍贿赂数额不满上述标准，但具有下列情形之一的：

（1）为使行贿人获取非法利益而介绍贿赂的；

（2）3 次以上或者为 3 人以上介绍贿赂的；

（3）向党政领导、司法工作人员、行政执法人员介绍贿赂的；

（4）致使国家或者社会利益遭受重大损失的。"

③2008 年 11 月 20 日最高人民法院、最高人民检察院《关于办理商业贿赂刑事案件适用法律若干问题的意见》相关内容如下：

"一、商业贿赂犯罪涉及刑法规定的以下八种罪名：（1）非国家工作人员受贿罪（刑法第一百六十三条）；（2）对非国家工作人员行贿罪（刑法第一百六十四条）；（3）受贿罪（刑法第三百八十五条）；（4）单位受贿罪（刑法第三百八十七条）；（5）行贿罪（刑法第三百八十九条）；（6）对单位行贿罪（刑法第三百九十一条）；（7）介绍贿赂罪（刑法第三百九十二条）；（8）单位行贿罪（刑法第三百九十三条）。

七、商业贿赂中的财物，既包括金钱和实物，也包括可以用金钱计算数额的财产性利益，如提供房屋装修、含有金额的会员卡、代币卡（券）、旅游费用等。具体数额以实际支付的资费为准。

八、收受银行卡的，不论受贿人是否实际取出或者消费，卡内的存款数额一般应全额认定为受贿数额。使用银行卡透支的，如果由给予银行卡的一方承担还款责任，透支数额也应当认定为受贿数额。

十、办理商业贿赂犯罪案件，要注意区分贿赂与馈赠的界限。主要应当结合以下因素全面分析、综合判断：（1）发生财物往来的背景，如双方是否存在亲友关系及历史上交往的情形和程度；（2）往来财物的价值；（3）财物往来的缘由、时机和方式，提供财物方对于接受方有无职务上的请托；（4）接受方是否利用职务上的便利为提供方谋取利益。

十一、非国家工作人员与国家工作人员通谋，共同收受他人财物，构成共同犯罪的，根据双方利用职务便利的具体情形分别定罪追究刑事责任：

（1）利用国家工作人员的职务便利为他人谋取利益的，以受贿罪追究刑事责任。

(2)利用非国家工作人员的职务便利为他人谋取利益的,以非国家工作人员受贿罪追究刑事责任。

(3)分别利用各自的职务便利为他人谋取利益的,按照主犯的犯罪性质追究刑事责任,不能分清主从犯的,可以受贿罪追究刑事责任。”

(3)构成要件

第一,本罪侵犯的客体是国家机关的正常管理活动和信誉。

第二,客观方面表现为行为人在行贿人与受贿人之间进行沟通、撮合,使行贿、受贿得以实现,情节严重的行为。

第三,犯罪主体是一般主体。

第四,主观方面是故意。

(4)罪名界定

第一,认定本罪要注意以下问题:一是行为人主观方面是故意,故意使行贿、受贿得逞。如果只是给引见,没有介绍贿赂的故意和行为,行贿者与受贿者相识以后,他们二者之间出现了贿赂问题,介绍人的行为不能构成本罪。二是要看介绍行贿的数额和情节。如果介绍行贿的数额不大,没有达到立案标准,不按犯罪处理,但具备下列情节之一的除外:①因谋取非法利益而介绍贿赂,情节恶劣,造成不良政治影响,群众气愤大的;②因介绍贿赂使国家利益遭受特别重大损失的;③向多人介绍贿赂,介绍贿赂者追求的利益给社会造成严重危害的;④介绍贿赂进行其他非法活动,其他非法活动又构成其他犯罪的。

第二,本罪与行贿罪不同。在司法实践中,有的把介绍贿赂与行贿当做共犯处理,只定行贿罪,这样处理是违背《刑法》规定的。《刑法》既然规定了行贿罪与介绍贿赂罪不同的罪名,就说明二者是有重大区别的。这个区别表现在:一是主观故意的内容不同。行贿罪的主观故意是为了谋取不正当的利益;而介绍贿赂罪是为了谋取介绍费,或为了情面,帮助行贿得逞。二是客观表现不同。行贿罪表现为给予受贿人以财物;而介绍贿赂罪表现为在行贿人与受贿人之间进行引见、沟通、斡旋、传递钱物的行为。由于二者有本质区别,《刑法》规定了不同的罪名,把二者当共犯论处是错误的。

(5)量刑幅度

根据《刑法》第392条的规定,犯本罪的,处3年以下有期徒刑或者拘役,并处罚金。介绍贿赂人在被追诉前主动交代介绍贿赂行为的,可以减轻处罚或者免除处罚。

10. 单位行贿罪(第393条)

(1)罪名概念

单位行贿罪,是指单位为了谋取不正当利益而行贿,或者违反国家规定,给予国家工作人员回扣、手续费,情节严重的行为。

(2)法律规定

①本罪名是由《刑法》第393条规定的。该条规定:“单位为谋取不正当利益而行贿,或者违反国家规定,给予国家工作人员以回扣、手续费,情节严重的,对单位判处罚金,并对其直接负责的主管人员和其他直接责任人员,处五年以下有期徒刑或者拘役,并处罚金。因行贿取得的违法所得归个人所有的,依照本法第三百八十九条、第三百九十条的规定定罪处罚。”

②1999年9月16日最高人民检察院《关于人民检察院直接受理立案侦查案件立案标准的规定(试行)》第一部分第8项规定:“单位行贿罪是指公司、企业、事业单位、机关、团体为谋取不正当利益而行贿,或者违反国家规定,给予国家工作人员以回扣、手续费,情节严重的行为。

涉嫌下列情形之一的，应予立案：

1. 单位行贿数额在20万元以上的；

2. 单位为谋取不正当利益而行贿，数额在10万元以上不满20万元，但具有下列情形之一的：

(1)为谋取非法利益而行贿的；

(2)向3人以上行贿的；

(3)向党政领导、司法工作人员、行政执法人员行贿的；

(4)致使国家或者社会利益遭受重大损失的。

因行贿取得的违法所得归个人所有的，依照本规定关于个人行贿的规定立案，追究其刑事责任。”

③2008年11月20日最高人民法院、最高人民检察院《关于办理商业贿赂刑事案件适用法律若干问题的意见》相关内容如下：

“一、商业贿赂犯罪涉及刑法规定的以下八种罪名：(1)非国家工作人员受贿罪(刑法第一百六十三条)；(2)对非国家工作人员行贿罪(刑法第一百六十四条)；(3)受贿罪(刑法第三百八十五条)；(4)单位受贿罪(刑法第三百八十七条)；(5)行贿罪(刑法第三百八十九条)；(6)对单位行贿罪(刑法第三百九十一条)；(7)介绍贿赂罪(刑法第三百九十二条)；(8)单位行贿罪(刑法第三百九十三条)。

七、商业贿赂中的财物，既包括金钱和实物，也包括可以用金钱计算数额的财产性利益，如提供房屋装修、含有金额的会员卡、代币卡(券)、旅游费用等。具体数额以实际支付的资费为准。

八、收受银行卡的，不论受贿人是否实际取出或者消费，卡内的存款数额一般应全额认定为受贿数额。使用银行卡透支的，如果由给予银行卡的一方承担还款责任，透支数额也应当认定为受贿数额。

九、在行贿犯罪中，‘谋取不正当利益’，是指行贿人谋取违反法律、法规、规章或者政策规定的利益，或者要求对方违反法律、法规、规章、政策、行业规范的规定提供帮助或者方便条件。

在招标投标、政府采购等商业活动中，违背公平原则，给予相关人员财物以谋取竞争优势的，属于‘谋取不正当利益’。

十、办理商业贿赂犯罪案件，要注意区分贿赂与馈赠的界限。主要应当结合以下因素全面分析、综合判断：(1)发生财物往来的背景，如双方是否存在亲友关系及历史上交往的情形和程度；(2)往来财物的价值；(3)财物往来的缘由、时机和方式，提供财物方对于接受方有无职务上的请托；(4)接受方是否利用职务上的便利为提供方谋取利益。

十一、非国家工作人员与国家工作人员通谋，共同收受他人财物，构成共同犯罪的，根据双方利用职务便利的具体情形分别定罪追究刑事责任：

(1)利用国家工作人员的职务便利为他人谋取利益的，以受贿罪追究刑事责任。

(2)利用非国家工作人员的职务便利为他人谋取利益的，以非国家工作人员受贿罪追究刑事责任。

(3)分别利用各自的职务便利为他人谋取利益的，按照主犯的犯罪性质追究刑事责任，不能分清主从犯的，可以受贿罪追究刑事责任。”

④2000年12月22日最高人民检察院《关于行贿罪立案标准的规定》相关规定如下：

“单位行贿案(刑法第三百九十三条)

单位行贿罪是指公司、企业、事业单位、机关、团体为谋取不正当利益而行贿，或者违反国家规定，给予国家工作人员以回扣、手续费，情节严重的行为。

涉嫌下列情形之一的，应予立案：

1. 单位行贿数额在二十万元以上的；

2. 单位为谋取不正当利益而行贿，数额在十万元以上不满二十万元，但具有下列情形之一的：

（1）为谋取非法利益而行贿的；

（2）向三人以上行贿的；

（3）向党政领导、司法工作人员、行政执法人员行贿的；

（4）致使国家或者社会利益遭受重大损失的。

因行贿取得的违法所得归个人所有的，依照本规定关于个人行贿的规定立案，追究其刑事责任。”

（3）构成要件

第一，本罪侵犯的客体是国家工作人员职务的廉洁性和国家机关的正常活动。

第二，客观方面表现为单位为了谋取不正当利益而行贿，或者违反国家规定，给予国家工作人员回扣、手续费，情节严重的行为。

第三，本罪的主体是单位，包括公司、企业、事业单位、机关、团体，而且不仅局限于国有企业、事业单位、机关、团体，也包括集体所有制企业、事业单位，还包括中外合资、合作企业、有限公司、外资公司、私营企业。

第四，主观方面是故意，即单位为了谋取不正当利益而故意行贿，这种故意，是通过单位直接负责的主管人员和其他直接责任人员的故意反映出来的。

（4）罪名界定

第一，构成本罪必须同时具备以下条件：①行贿是为了谋取不正当利益，或者是违反国家规定。②达到情节严重。以单位名义进行送礼，巧立名目向有关人员赠送纪念品等，如果数额小，接受的人员比较分散，其目的可能是为本单位将来办事方便，进行所谓的“感情投资”，情节显著轻微的不构成本罪。如果是为本单位谋取不正当利益而向国家工作人员给付钱物，达到构成犯罪的数额界限，情节严重，则应当以本罪论处。

第二，本罪与行贿罪有以下区别：①主体不同。本罪的主体是单位；而行贿罪的主体是自然人。②目的不同。本罪谋取的不正当利益归本单位，行贿罪取得违法所得归个人。所要注意的是，应该把那些名义上为单位，实际上是为个人谋取不正当利益的各类行贿犯罪同本罪区别开来。

第三，本罪与对非国家工作人员行贿罪的区别：①主体不同。本罪的主体是单位；而对非国家工作人员行贿罪的主体既包括单位，也包括个人。②犯罪对象不同。本罪行贿的对象是国家工作人员；而对非国家工作人员行贿的对象，则是公司、企业的工作人员。

第四，本罪与对单位行贿罪的区别：①犯罪主体不同。本罪只能由单位构成；而后者既可以由单位构成，也可以由个人构成。②行贿的对象不同。本罪的行贿对象主要是国家工作人员，也包括向非国有单位行贿；而后者行贿的对象必须是单位，而且只能是国家机关、国有公司、企业、事业单位和人民团体。

（5）量刑幅度

根据《刑法》第 393 条的规定，犯本罪的，对单位判处罚金，并对其直接负责的主管人员和其他直接责任人员，处 5 年以下有期徒刑或者拘役，并处罚金。因行贿取得的违法所得归个人所有的，依照本法第 389 条、第 390 条的规定定罪处罚。

11. 巨额财产来源不明罪(第395条第1款)

(1)罪名概念

巨额财产来源不明罪,是指国家工作人员的财产或者支出,明显超过合法收入,差额巨大,而本人又不能说明其来源是合法的行为。

(2)法律规定

①本罪名是由《刑法》第395条第1款规定的。该条款规定:"国家工作人员的财产、支出明显超过合法收入,差额巨大的,可以责令该国家工作人员说明来源,不能说明来源的,差额部分以非法所得论,处五年以下有期徒刑或者拘役;差额特别巨大的,处五年以上十年以下有期徒刑。财产的差额部分予以追缴。"

《刑法》第93条规定:"本法所称国家工作人员,是指国家机关中从事公务的人员。

国有公司、企业、事业单位、人民团体中从事公务的人员和国家机关、国有公司、企业、事业单位委派到非国有公司、企业、事业单位、社会团体从事公务的人员,以及其他依照法律从事公务的人员,以国家工作人员论。"

②1999年9月16日最高人民检察院《关于人民检察院直接受理立案侦查案件立案标准的规定(试行)》第一部分第9项规定:"巨额财产来源不明罪是指国家工作人员的财产或者支出明显超出合法收入,差额巨大,而本人又不能说明其来源是合法的行为。

涉嫌巨额财产来源不明,数额在30万元以上的,应予立案。"

③2003年11月13日最高人民法院印发的《全国法院审理经济犯罪案件工作座谈会纪要》相关内容如下:

"五、关于巨额财产来源不明罪

(一)行为人不能说明巨额财产来源合法的认定

刑法第三百九十五条第一款规定的'不能说明',包括以下情况:(1)行为人拒不说明财产来源;(2)行为人无法说明财产的具体来源;(3)行为人所说的财产来源经司法机关查证并不属实;(4)行为人所说的财产来源因线索不具体等原因,司法机关无法查实,但能排除存在来源合法的可能性和合理性的。

(二)'非法所得'的数额计算

刑法第三百九十五条规定的'非法所得',一般是指行为人的全部财产与能够认定的所有支出的总和减去能够证实的有真实来源的所得。在具体计算时,应注意以下问题:(1)应把国家工作人员个人财产和与其共同生活的家庭成员的财产、支出等一并计算,而且一并减去他们所有的合法收入以及确属与其共同生活的家庭成员个人的非法收入;(2)行为人所有的财产包括房产、家具、生活用品、学习用品及股票、债券、存款等动产和不动产;行为人的支出包括合法支出和不合法的支出,包括日常生活、工作、学习费用、罚款及向他人行贿的财物等;行为人的合法收入包括工资、奖金、稿酬、继承等法律和政策允许的各种收入;(3)为了便于计算犯罪数额,对于行为人的财产和合法收入,一般可以从行为人有比较确定的收入和财产时开始计算。"

(3)构成要件

第一,本罪侵犯的客体是复杂客体。既侵犯了公私财产所有权,又侵犯了国家的廉政建设制度。

第二,客观上表现为两个方面,缺一不可:一是其财产或支出明显超过合法收入,差额巨大。二是不能说明这些巨大差额财产的合法来源。

第三,本罪的主体是国家工作人员。

第四,主观方面是故意。

(4)罪名界定

认定本罪要注意以下三点:一是构成本罪的主体,必须是国家工作人员,而不是一般的工人、农民或其他人。非国家工作人员的巨额财产来源不明,不构成本罪。二是需有30万元以上的财产来源不明,而且本人不能说明其来源是合法的。这些财产包括不动产和动产。所谓"不能说明",包括三种情况:拒绝说明;作明显的虚假说明;作无法证明的说明,如用已经死亡的人作为合法馈赠所得的唯一证人等。三是对国家工作人员拥有的来源不明的巨额财产应当查清是不是贪污、受贿、走私或者其他犯罪所得,只有在不能认定行为人通过其他犯罪行为获得这些财产时,才能认定为构成本罪,而不能不作深入调查,只以本罪处罚就算了事。

(5)量刑幅度

根据《刑法》第395条第1款的规定,对犯本罪的处罚分以下2个档次:

一是犯本罪的处5年以下有期徒刑或者拘役,财产的差额部分予以追缴。

二是差额特别巨大的,处5年以上10年以下有期徒刑,财产的差额部分予以追缴。

12. 隐瞒境外存款罪(第395条第2款)

(1)罪名概念

隐瞒境外存款罪,是指国家工作人员违反国家规定,隐瞒不报其在境外数额较大的存款的行为。

(2)法律规定

①本罪名是由《刑法》第395条第2款规定的。该条款规定:"国家工作人员在境外的存款,应当依照国家规定申报。数额较大、隐瞒不报的,处二年以下有期徒刑或者拘役;情节较轻的,由其所在单位或者上级主管机关酌情给予行政处分。"

《刑法》第93条规定:"本法所称国家工作人员,是指国家机关中从事公务的人员。

国有公司、企业、事业单位、人民团体中从事公务的人员和国家机关、国有公司、企业、事业单位委派到非国有公司、企业、事业单位、社会团体从事公务的人员,以及其他依照法律从事公务的人员,以国家工作人员论。"

②1999年9月16日最高人民检察院《关于人民检察院直接受理立案侦查案件立案标准的规定(试行)》第一部分第10项规定:"隐瞒境外存款罪是指国家工作人员违反国家规定,故意隐瞒不报在境外的存款,数额较大的行为。

涉嫌隐瞒境外存款,折合人民币数额在30万元以上的,应予立案。"

(3)构成要件

第一,本罪侵犯的客体是国家对国家工作人员在境外存款的申报制度和国家的廉政建设制度。

第二,客观方面表现为行为人在境外有较大数额的存款,依照国家规定应当申报,而隐瞒不报的行为。往往表现为隐而不报或者报而不实。

第三,本罪的主体是特殊主体,只限于国家工作人员,非国家工作人员和普通公民不能成为本罪的主体。

第四,主观方面是故意,即行为人明知应当申报境外存款,却隐瞒不报,有意违反申报规定。

(4)罪名界定

认定本罪要注意以下问题:

一是本罪的主观方面是故意。如果行为人在境外的存款没有按照规定及时申报,确有证据证实并非其主观上的故意，而是因为不熟悉有关规定没能申报，或者因为刚到境外工作，没来得及申报，不能以本罪论处。

二是虽然有证据证明，没有申报是出于主观上的故意隐瞒，但存款数额没有达到“数额较大”，也不应当以本罪论处。

三是在境外的存款，一般是个人的合法存款，只不过是没有按照规定申报。有些犯罪分子把贪污、挪用公款、盗窃或者诈骗来的公私财物兑换成外币，存到境外，他们当然也不会申报，他们在境外的存款是赃款，存放境外是转移赃物、赃款的一种手段，对此不应该以本罪定罪处罚。

四是行为人在境外存款明显超过其合法收入，又不能说明其来源是合法的，构成巨额财产来源不明罪的应该以巨额财产来源不明罪论处。

（5）量刑幅度

根据《刑法》第395条第2款的规定，犯本罪的，处2年以下有期徒刑或者拘役；情节较轻的，由其所在单位或者上级主管机关酌情给予行政处分。

13. 私分国有资产罪（第396条第1款）

（1）罪名概念

私分国有资产罪，是指国家机关、国有公司、企业、事业单位、人民团体，违反国家规定，把国有资产以单位名义集体私分给个人，数额较大的行为。

（2）法律规定

①本罪名是由《刑法》第396条第1款规定的。该条款规定：“国家机关、国有公司、企业、事业单位、人民团体，违反国家规定，以单位名义将国有资产集体私分给个人，数额较大的，对其直接负责的主管人员和其他直接责任人员，处三年以下有期徒刑或者拘役，并处或者单处罚金；数额巨大的，处三年以上七年以下有期徒刑，并处罚金。”

②1999年9月16日最高人民检察院《关于人民检察院直接受理立案侦查案件立案标准的规定（试行）》第一部分第11项规定：“私分国有资产罪是指国家机关、国有公司、企业、事业单位、人民团体，违反国家规定，以单位名义将国有资产集体私分给个人，数额较大的行为。

涉嫌私分国有资产，累计数额在10万元以上的，应予立案。”

③2010年11月26日最高人民法院、最高人民检察院《关于办理国家出资企业中职务犯罪案件具体应用法律若干问题的意见》第2条规定。

（3）构成要件

第一，本罪侵犯的客体是国家工作人员职务行为的廉洁性和国家财产所有权。

第二，客观方面表现为违反国家规定，把国有资产以单位的名义集体私分给个人，数额较大的行为。

第三，本罪的主体是特殊主体，即国家机关、国有公司、企业、事业单位、人民团体。个人不能独立地构成本罪。

第四，主观方面是直接故意，即明知是国有资产而故意违反规定，以单位的名义集体私分给个人。

（4）罪名界定

本罪与贪污罪的区别是：①犯罪主体不同。本罪的主体是国家机关、国有公司、企业、事业单位、人民团体，属于单位犯罪；而贪污罪的主体是国家工作人员以及受国家机关、国有公司、企业、事业单位、人民团体委托，管理、经营国有财产的人员，他们虽然不一定有权支配财物，但一般都能够直接接触财物。②犯罪对象不同。本罪的对象是国有资产；而贪污罪的犯罪对象是公共财物。③犯罪的客观表现不同。本罪是把国有资产以单位的名义集体私分给个人,有一定程度的公开性;而贪污罪是行为人利用职务上的便利,侵吞、窃取、骗取或者以其他手段,非法占有公共财物,一般具有秘密性、隐蔽性的特征。④犯罪目的不同。本罪的行为人虽然也非法获得了财物,但目的是私分给大家,自己得到的只是一部分;而贪污罪的行为人其目的是自己非法占有公共财物。⑤受刑罚处罚的人的范围不同。在本罪中,只有少数策划、决定私分的责任人员才构成本罪,其他分得财物的人员并不都构成犯罪;在贪污罪中,得到财产的人就是实施贪污行为的人,一旦达到数额标准,或者具有较重情节的,就应当被追究刑事责任。

(5)量刑幅度

根据《刑法》第396条的规定,对犯本罪的处罚分以下2个档次:

一是构成犯罪的,对直接负责的主管人员和其他直接责任人员,处3年以下有期徒刑或者拘役,并处或者单处罚金。

二是对数额巨大的,处3年以上7年以下有期徒刑,并处罚金。

本罪虽然属于单位犯罪,但实行单罚制,即只处罚其直接负责的主管人员和其他直接责任人员,对单位不判处罚金。

14. 私分罚没财物罪(第396条第2款)

(1)罪名概念

私分罚没财物罪,是指司法机关、行政执法机关违反国家规定,将应当上缴国家的罚没财物,以单位的名义集体私分给个人,数额较大的行为。

(2)法律规定

①本罪名是由《刑法》第396条第2款规定的。《刑法》第396条规定:"国家机关、国有公司、企业、事业单位、人民团体,违反国家规定,以单位名义将国有资产集体私分给个人,数额较大的,对其直接负责的主管人员和其他直接责任人员,处三年以下有期徒刑或者拘役,并处或者单处罚金;数额巨大的,处三年以上七年以下有期徒刑,并处罚金。

司法机关、行政执法机关违反国家规定,将应当上缴国家的罚没财物,以单位名义集体私分给个人的,依照前款的规定处罚。"

②1999年9月16日最高人民检察院《关于人民检察院直接受理立案侦查案件立案标准的规定(试行)》第一部分第12项规定:"私分罚没财物罪是指司法机关、行政执法机关违反国家规定,将应当上缴国家的罚没财物,以单位名义集体私分给个人的行为。

涉嫌私分罚没财物,累计数额在10万元以上,应予立案。"

(3)构成要件

第一,本罪侵犯的客体是国家罚没财物的管理制度和国家廉政建设的制度。

第二,客观方面表现为违反国家规定,将应当上缴国家的罚没收入以单位名义集体私分给个人,数额较大的行为。

第三,犯罪主体是单位。具体来说,只能由司法机关、行政执法机关构成,个人以及其他单位不能成为本罪的主体。

第四,主观方面是故意。

(4)罪名界定

第一,本罪与私分国有资产罪有以下不同:①主体不同。本罪的犯罪主体是由司法机关、行政执法机关构成;而后者可以由任何国家机关、国有公司、企业、事业单位、人民团体构成。②犯罪对象不同。本罪私分的必须是司法和行政执法活动中的罚金、没收、追缴和罚款所得,尚未上缴国家的财物;而后者私分的只是本单位的公物,归单位所有,或者由本单位生产、承包、经营的国有财物。

第二,本罪与贪污罪有以下不同:①主体不同。前者的主体是由司法机关和行政执法机关构成,在处罚时,只追究单位直接负责的主管人员和其他直接责任人员的刑事责任,其他获得财物者并不受到刑事追究;而后者由个人构成,任何参与侵吞公共财物者都要承担相应的责任。②在客观方面不同。前者表现为集体私分的行为,具有公开性;而后者表现为以侵吞、骗取、盗窃等方式占有公共财物,具有秘密性。③处罚不同。前者的处罚远远轻于后者。

(5)量刑幅度

根据《刑法》第396条的规定,对犯本罪的处罚分以下2个档次:

一是构成犯罪的,对直接负责的主管人员和其他直接责任人员,处3年以下有期徒刑或者拘役,并处或者单处罚金。

二是对数额巨大的,处3年以上7年以下有期徒刑,并处罚金。

本罪只处罚单位直接负责的主管人员和其他直接责任人员,而不判处单位罚金。

九
渎职罪

近年来,在食品安全方面出现的问题比较多,人民群众比较关注。对于这个问题,2013 年 5 月 2 日最高人民法院和最高人民检察院公布了《关于办理危害食品安全刑事案件适用法律若干问题的解释》,详细规定了依法惩治危害食品安全犯罪方面的许多问题。例如,该解释第 16 条明确规定:“负有食品安全监督管理职责的国家机关工作人员,滥用职权或者玩忽职守,导致发生重大食品安全事故或者造成其他严重后果,同时构成食品监管渎职罪和徇私舞弊不移交刑事案件罪、商检徇私舞弊罪、动植物检疫徇私舞弊罪、放纵制售伪劣商品犯罪行为罪等其他渎职犯罪的,依照处罚较重的规定定罪处罚。

负有食品安全监督管理职责的国家机关工作人员滥用职权或者玩忽职守,不构成食品监管渎职罪,但构成前款规定的其他渎职犯罪的,依照该其他犯罪定罪处罚。

负有食品安全监督管理职责的国家机关工作人员与他人共谋,利用其职务行为帮助他人实施危害食品安全犯罪行为,同时构成渎职犯罪和危害食品安全犯罪共犯的,依照处罚较重的规定定罪处罚。”

1. 滥用职权罪(第 397 条)

(1)罪名概念

滥用职权罪,是指国家机关工作人员滥用职权,致使公共财产、国家和人民利益遭受重大损失的行为。

(2)法律规定

①本罪名是由《刑法》第 397 条规定的。该条规定:“国家机关工作人员滥用职权或者玩忽职守,致使公共财产、国家和人民利益遭受重大损失的,处三年以下有期徒刑或者拘役;情节特别严重的,处三年以上七年以下有期徒刑。本法另有规定的,依照规定。

国家机关工作人员徇私舞弊,犯前款罪的,处五年以下有期徒刑或者拘役;情节特别严重的,处五年以上十年以下有期徒刑。本法另有规定的,依照规定。”

②2006 年 7 月 26 日最高人民检察院《关于渎职侵权犯罪案件立案标准的规定》第一部分第 1 项规定:“滥用职权罪是指国家机关工作人员超越职权,违法决定、处理其无权决定、处理的事项,或者违反规定处理公务,致使公共财产、国家和人民利益遭受重大损失的行为。

涉嫌下列情形之一的,应予立案:

1. 造成死亡 1 人以上,或者重伤 2 人以上,或者重伤 1 人、轻伤 3 人以上,或者轻伤 5 人以上的;

2. 导致 10 人以上严重中毒的;

3. 造成个人财产直接经济损失 10 万元以上,或者直接经济损失不满 10 万元,但间接经济损失 50 万元以上的;

4. 造成公共财产或者法人、其他组织财产直接经济损失 20 万元以上,或者直接经济损失不满 20 万元,但间接经济损失 100 万元以上的;

5. 虽未达到3、4两项数额标准，但3、4两项合计直接经济损失20万元以上，或者合计直接经济损失不满20万元，但合计间接经济损失100万元以上的；

6. 造成公司、企业等单位停业、停产6个月以上，或者破产的；

7. 弄虚作假，不报、缓报、谎报或者授意、指使、强令他人不报、缓报、谎报情况，导致重特大事故危害结果继续、扩大，或者致使抢救、调查、处理工作延误的；

8. 严重损害国家声誉，或者造成恶劣社会影响的；

9. 其他致使公共财产、国家和人民利益遭受重大损失的情形。

国家机关工作人员滥用职权，符合刑法第九章所规定的特殊渎职罪构成要件的，按照该特殊规定追究刑事责任；主体不符合刑法第九章所规定的特殊渎职罪的主体要件，但滥用职权涉嫌前款第1项至第9项规定情形之一的，按照刑法第397条的规定以滥用职权罪追究刑事责任。”

③2001年7月20日最高人民检察院《人民检察院直接受理立案侦查的渎职侵权重特大案件标准(试行)》第1条规定：

“一、滥用职权案

(一)重大案件

1. 致人死亡二人以上，或者重伤五人以上，或者轻伤十人以上的；

2. 造成直接经济损失五十万元以上的。

(二)特大案件

1. 致人死亡五人以上，或者重伤十人以上，或者轻伤二十人以上的；

2. 造成直接经济损失一百万元以上的。”

④2003年5月14日最高人民法院、最高人民检察院《关于办理妨害预防、控制突发传染病疫情等灾害的刑事案件具体应用法律若干问题的解释》第15条规定：“在预防、控制突发传染病疫情等灾害的工作中，负有组织、协调、指挥、灾害调查、控制、医疗救治、信息传递、交通运输、物资保障等职责的国家机关工作人员，滥用职权或者玩忽职守，致使公共财产、国家和人民利益遭受重大损失的，依照刑法第三百九十七条的规定，以滥用职权罪或者玩忽职守罪定罪处罚。”

⑤1998年12月29日全国人民代表大会常务委员会《关于惩治骗购外汇、逃汇和非法买卖外汇犯罪的决定》第6条规定：“海关、外汇管理部门的工作人员严重不负责任，造成大量外汇被骗购或者逃汇，致使国家利益遭受重大损失的，依照刑法第三百九十七条的规定定罪处罚。”

⑥2007年5月16日最高人民检察院《关于对林业主管部门工作人员在发放林木采伐许可证之外滥用职权玩忽职守致使森林遭受严重破坏的行为适用法律问题的批复》规定：“林业主管部门工作人员违法发放林木采伐许可证，致使森林遭受严重破坏的，依照刑法第四百零七条的规定，以违法发放林木采伐许可证罪追究刑事责任；以其他方式滥用职权或者玩忽职守，致使森林遭受严重破坏的，依照刑法第三百九十七条的规定，以滥用职权罪或者玩忽职守罪追究刑事责任，立案标准依照《最高人民检察院关于渎职侵权犯罪案件立案标准的规定》第一部分渎职犯罪案件第十八条第三款的规定执行。”

⑦2000年5月4日最高人民检察院《关于镇财政所所长是否适用国家机关工作人员的批复》规定：“对于属行政执法事业单位的镇财政所中按国家机关在编干部管理的工作人员，在履行政府行政公务活动中，滥用职权或玩忽职守构成犯罪的，应以国家机关工作人员论。”

⑧2002年4月29日最高人民检察院《关于企业事业单位的公安机构在机构改革过程中其工作人员能否构成渎职侵权犯罪主体问题的批复》规定：“企业事业单位的公安机构在机构改革过程中虽尚未列入公安机关建制，其工作人员在行使侦查职责时，实施渎职侵权行为的，可以成为渎职侵权犯罪的主体。”

⑨1998 年 5 月 8 日最高人民法院、最高人民检察院、公安部、国家工商行政管理局《关于依法查处盗窃、抢劫机动车案件的规定》第 9 条规定:“公安、工商行政管理人员或者其他国家机关工作人员滥用职权或者玩忽职守、徇私舞弊,致使赃车入户、过户、验证的,给予行政处分;致使公共财产、国家和人民利益遭受重大损失的,依照《刑法》第三百九十七条的规定处罚。”

⑩2003 年 9 月 4 日最高人民法院、最高人民检察院《关于办理非法制造、买卖、运输、储存毒鼠强等禁用剧毒化学品刑事案件具体应用法律若干问题的解释》第 4 条规定:“对非法制造、买卖、运输、储存毒鼠强等禁用剧毒化学品行为负有查处职责的国家机关工作人员,滥用职权或者玩忽职守,致使公共财产、国家和人民利益遭受重大损失的,依照刑法第三百九十七条的规定,以滥用职权罪或者玩忽职守罪追究刑事责任。”

⑪2007 年 1 月 15 日最高人民法院、最高人民检察院《关于办理盗窃油气、破坏油气设备等刑事案件具体应用法律若干问题的解释》相关内容如下:

“第七条 国家机关工作人员滥用职权或者玩忽职守,实施下列行为之一,致使公共财产、国家和人民利益遭受重大损失的,依照刑法第三百九十七条的规定,以滥用职权罪或者玩忽职守罪定罪处罚:

(一)超越职权范围,批准发放石油、天然气勘查、开采、加工、经营等许可证的;

(二)违反国家规定,给不符合法定条件的单位、个人发放石油、天然气勘查、开采、加工、经营等许可证的;

(三)违反《石油天然气管道保护条例》等国家规定,在油气设备安全保护范围内批准建设项目的;

(四)对发现或者经举报查实的未经依法批准、许可擅自从事石油、天然气勘查、开采、加工、经营等违法活动不予查封、取缔的。”

⑫2002 年 8 月 29 日全国人民代表大会常务委员会《关于〈中华人民共和国刑法〉第三百一十三条的解释》相关主要内容如下:

“刑法第三百一十三条规定的‘人民法院的判决、裁定’,是指人民法院依法作出的具有执行内容并已发生法律效力的判决、裁定。人民法院为依法执行支付令、生效的调解书、仲裁裁决、公证债权文书等所作的裁定属于该条规定的裁定。

下列情形属于刑法第三百一十三条规定的‘有能力执行而拒不执行,情节严重’的情形:

(一)被执行人隐藏、转移、故意毁损财产或者无偿转让财产、以明显不合理的低价转让财产,致使判决、裁定无法执行的;

(二)担保人或者被执行人隐藏、转移、故意毁损或者转让已向人民法院提供担保的财产,致使判决、裁定无法执行的;

(三)协助执行义务人接到人民法院协助执行通知书后,拒不协助执行,致使判决、裁定无法执行的;

(四)被执行人、担保人、协助执行义务人与国家机关工作人员通谋,利用国家机关工作人员的职权妨害执行,致使判决、裁定无法执行的;

(五)其他有能力执行而拒不执行,情节严重的情形。

国家机关工作人员有上述第四项行为的,以拒不执行判决、裁定罪的共犯追究刑事责任。国家机关工作人员收受贿赂或者滥用职权,有上述第四项行为的,同时又构成刑法第三百八十五条、第三百九十七条规定之罪的,依照处罚较重的规定定罪处罚。”

⑬2007 年 8 月 30 日最高人民法院、最高人民检察院、公安部《关于依法严肃查处拒不执行判决、裁定和暴力抗拒法院执行犯罪行为有关问题的通知》主要相关内容如下:

“一、对下列拒不执行判决、裁定的行为，依照刑法第三百一十三条的规定，以拒不执行判决、裁定罪论处。

（一）被执行人隐藏、转移、故意毁损财产或者无偿转让财产、以明显不合理的低价转让财产，致使判决、裁定无法执行的；

（二）担保人或者被执行人隐藏、转移、故意毁损或者转让已向人民法院提供担保的财产，致使判决、裁定无法执行的；

（三）协助执行义务人接到人民法院协助执行通知书后，拒不协助执行，致使判决、裁定无法执行的；

（四）被执行人、担保人、协助执行义务人与国家机关工作人员通谋，利用国家机关工作人员的职权妨害执行，致使判决、裁定无法执行的；

（五）其他有能力执行而拒不执行，情节严重的情形。

四、国家机关工作人员有本《通知》第一条第四项行为的，以拒不执行判决、裁定罪的共犯追究刑事责任。

国家机关工作人员收受贿赂或者滥用职权，有本《通知》第一条第四项行为的，同时又构成刑法第三百八十五条、第三百九十七条规定罪的，依照处罚较重的规定定罪处罚。”

⑭2007 年 5 月 9 日最高人民法院、最高人民检察院《关于办理与盗窃、抢劫、诈骗、抢夺机动车相关刑事案件具体应用法律若干问题的解释》相关内容如下：

“第三条　国家机关工作人员滥用职权，有下列情形之一，致使盗窃、抢劫、诈骗、抢夺的机动车被办理登记手续，数量达到三辆以上或者价值总额达到三十万元以上的，依照刑法第三百九十七条第一款的规定，以滥用职权罪定罪，处三年以下有期徒刑或者拘役：

（一）明知是登记手续不全或者不符合规定的机动车而办理登记手续的；

（二）指使他人为明知是登记手续不全或者不符合规定的机动车办理登记手续的；

（三）违规或者指使他人违规更改、调换车辆档案的；

（四）其他滥用职权的行为。

国家机关工作人员疏于审查或者审查不严，致使盗窃、抢劫、诈骗、抢夺的机动车被办理登记手续，数量达到五辆以上或者价值总额达到五十万元以上的，依照刑法第三百九十七条第一款的规定，以玩忽职守罪定罪，处三年以下有期徒刑或者拘役。

国家机关工作人员实施前两款规定的行为，致使盗窃、抢劫、诈骗、抢夺的机动车被办理登记手续，分别达到前两款规定数量、数额标准五倍以上的，或者明知是盗窃、抢劫、诈骗、抢夺的机动车而办理登记手续的，属于刑法第三百九十七条第一款规定的‘情节特别严重’，处三年以上七年以下有期徒刑。

国家机关工作人员徇私舞弊，实施上述行为，构成犯罪的，依照刑法第三百九十七条第二款的规定定罪处罚。

第六条　行为人实施本解释第一条、第三条第三款规定的行为，涉及的机动车有下列情形之一的，应当认定行为人主观上属于上述条款所称‘明知’：

（一）没有合法有效的来历凭证；

（二）发动机号、车辆识别代号有明显更改痕迹，没有合法证明的。”

⑮2003 年 11 月 24 日最高人民检察院《关于在检察工作中防止和纠正超期羁押的若干规定》相关内容如下：

“八、实行超期羁押责任追究制

进一步健全和落实超期羁押责任追究制，严肃查处和追究超期羁押有关责任人员。对于违反刑事诉讼法和本规定，滥用职权或者严重不负责任，造成犯罪嫌疑人超期羁押的，应当追究直接负责的主管人员和其他直接责任人员的纪律责任；构成犯罪的，依照《中华人民共和国刑法》第三百九十七条关于滥用职权罪、玩忽职守罪的规定追究刑事责任。”

⑯2003年11月13日最高人民法院印发的《全国法院审理经济犯罪案件工作座谈会纪要》相关内容如下：

“一、关于贪污贿赂犯罪和渎职犯罪的主体

(一)国家机关工作人员的认定

刑法中所称的国家机关工作人员，是指在国家机关中从事公务的人员，包括在各级国家权力机关、行政机关、司法机关和军事机关中从事公务的人员。

根据有关立法解释的规定，在依照法律、法规规定行使国家行政管理职权的组织中从事公务的人员，或者在受国家机关委托代表国家行使职权的组织中从事公务的人员，或者虽未列入国家机关人员编制但在国家机关中从事公务的人员，视为国家机关工作人员。在乡(镇)以上中国共产党机关、人民政协机关中从事公务的人员，司法实践中也应当视为国家机关工作人员。

(二)国家机关、国有公司、企业、事业单位委派到非国有公司、企业、事业单位、社会团体从事公务的人员的认定

所谓委派，即委任、派遣，其形式多种多样，如任命、指派、提名、批准等。不论被委派的人身份如何，只要是接受国家机关、国有公司、企业、事业单位委派，代表国家机关、国有公司、企业、事业单位在非国有公司、企业、事业单位、社会团体中从事组织、领导、监督、管理等工作，都可以认定为国家机关、国有公司、企业、事业单位委派到非国有公司、企业、事业单位、社会团体从事公务的人员。如国家机关、国有公司、企业、事业单位委派在国有控股或者参股的股份有限公司从事组织、领导、监督、管理等工作的人员，应当以国家工作人员论。国有公司、企业改制为股份有限公司后，原国有公司、企业的工作人员和股份有限公司新任命的人员中，除代表国有投资主体行使监督、管理职权的人外，不以国家工作人员论。

(三)‘其他依照法律从事公务的人员’的认定

刑法第九十三条第二款规定的‘其他依照法律从事公务的人员’应当具有两个特征：一是在特定条件下行使国家管理职能；二是依照法律规定从事公务。具体包括：(1)依法履行职责的各级人民代表大会代表；(2)依法履行审判职责的人民陪审员；(3)协助乡镇人民政府、街道办事处从事行政管理工作的村民委员会、居民委员会等农村和城市基层组织人员；(4)其他由法律授权从事公务的人员。

(四)关于‘从事公务’的理解

从事公务，是指代表国家机关、国有公司、企业、事业单位、人民团体等履行组织、领导、监督、管理等职责。公务主要表现为与职权相联系的公共事务以及监督、管理国有财产的职务活动。如国家机关工作人员依法履行职责，国有公司的董事、经理、监事、会计、出纳人员等管理、监督国有财产等活动，属于从事公务。那些不具备职权内容的劳务活动、技术服务工作，如售货员、售票员等所从事的工作，一般不认为是公务。

六、关于渎职罪

(一)渎职犯罪行为造成的公共财产重大损失的认定

根据刑法规定，玩忽职守、滥用职权等渎职犯罪是以致使公共财产、国家和人民利益遭受重大损失为构成要件的。其中，公共财产的重大损失，通常是指渎职行为已经造成的重大经济损失。在司法实践中，有以下情形之一的，虽然公共财产作为债权存在，但已无法实现债权的，可以认定为行为人的渎职行为造成了经济损失：(1)债务人已经法定程序被宣告破产；(2)债务人潜

逃，去向不明；(3)因行为人责任，致使超过诉讼时效；(4)有证据证明债权无法实现的其他情况。

（四）关于‘徇私’的理解

徇私舞弊型渎职犯罪的‘徇私’应理解为徇个人私情、私利。国家机关工作人员为了本单位的利益，实施滥用职权、玩忽职守行为，构成犯罪的，依照刑法第三百九十七条第一款的规定定罪处罚。”

⑰2002年12月28日全国人民代表大会常务委员会《关于〈中华人民共和国刑法〉第九章渎职罪主体适用问题的解释》规定：“在依照法律、法规规定行使国家行政管理职权的组织中从事公务的人员，或者在受国家机关委托代表国家机关行使职权的组织中从事公务的人员，或者虽未列入国家机关人员编制但在国家机关中从事公务的人员，在代表国家机关行使职权时，有渎职行为，构成犯罪的，依照刑法关于渎职罪的规定追究刑事责任。”

⑱2000年10月9日最高人民检察院《关于合同制民警能否成为玩忽职守罪主体问题的批复》规定：“根据刑法第九十三条第二款的规定，合同制民警在依法执行公务期间，属其他依照法律从事公务的人员，应以国家机关工作人员论。对合同制民警在依法执行公务活动中的玩忽职守行为，符合刑法第三百九十七条规定的玩忽职守罪构成条件的，依法以玩忽职守罪追究刑事责任。”

⑲2000年10月31日最高人民检察院《关于属工人编制的乡（镇）工商所所长能否依照刑法第397条的规定追究刑事责任问题的批复》规定：“根据刑法第93条第2款的规定，经人事部门任命，但为工人编制的乡（镇）工商所所长，依法履行工商行政管理职责时，属其他依照法律从事公务的人员，应以国家机关工作人员论。如果玩忽职守，致使公共财产、国家和人民利益遭受重大损失，可适用刑法第397条的规定，以玩忽职守罪追究刑事责任。”

⑳2012年12月7日最高人民法院、最高人民检察院《关于办理渎职刑事案件适用法律若干问题的解释（一）》第1条规定：“国家机关工作人员滥用职权或者玩忽职守，具有下列情形之一的，应当认定为刑法第三百九十七条规定的‘致使公共财产、国家和人民利益遭受重大损失’：

（一）造成死亡1人以上，或者重伤3人以上，或者轻伤9人以上，或者重伤2人、轻伤3人以上，或者重伤1人、轻伤6人以上的；

（二）造成经济损失30万元以上的；

（三）造成恶劣社会影响的；

（四）其他致使公共财产、国家和人民利益遭受重大损失的情形。

具有下列情形之一的，应当认定为刑法第三百九十七条规定的‘情节特别严重’：

（一）造成伤亡达到前款第（一）项规定人数3倍以上的；

（二）造成经济损失150万元以上的；

（三）造成前款规定的损失后果，不报、迟报、谎报或者授意、指使、强令他人不报、迟报、谎报事故情况，致使损失后果持续、扩大或者抢救工作延误的；

（四）造成特别恶劣社会影响的；

（五）其他特别严重的情节。”

㉑2012年12月7日最高人民法院、最高人民检察院《关于办理渎职刑事案件适用法律若干问题的解释（一）》第2条规定：“国家机关工作人员实施滥用职权或者玩忽职守犯罪行为，触犯刑法分则第九章第三百九十八条至第四百一十九条规定的，依照该规定定罪处罚。

国家机关工作人员滥用职权或者玩忽职守，因不具备徇私舞弊等情形，不符合刑法分则第九章第三百九十八条至第四百一十九条的规定，但依法构成第三百九十七条规定的犯罪的，以滥用职权罪或者玩忽职守罪定罪处罚。”

㉒2012年12月7日最高人民法院、最高人民检察院《关于办理渎职刑事案件适用法律若干问题的解释(一)》第3条至第8条有以下规定：

“第三条　国家机关工作人员实施渎职犯罪并收受贿赂，同时构成受贿罪的，除刑法另有规定外，以渎职犯罪和受贿罪数罪并罚。

第四条　国家机关工作人员实施渎职行为，放纵他人犯罪或者帮助他人逃避刑事处罚，构成犯罪的，依照渎职罪的规定定罪处罚。

国家机关工作人员与他人共谋，利用其职务行为帮助他人实施其他犯罪行为，同时构成渎职犯罪和共谋实施的其他犯罪共犯的，依照处罚较重的规定定罪处罚。

国家机关工作人员与他人共谋，既利用其职务行为帮助他人实施其他犯罪，又以非职务行为与他人共同实施该其他犯罪行为，同时构成渎职犯罪和其他犯罪的共犯的，依照数罪并罚的规定定罪处罚。

第五条　国家机关负责人员违法决定，或者指使、授意、强令其他国家机关工作人员违法履行职务或者不履行职务，构成刑法分则第九章规定的渎职犯罪的，应当依法追究刑事责任。

以‘集体研究’形式实施的渎职犯罪，应当依照刑法分则第九章的规定追究国家机关负有责任的人员的刑事责任。对于具体执行人员，应当在综合认定其行为性质、是否提出反对意见、危害结果大小等情节的基础上决定是否追究刑事责任和应当判处的刑罚。

第六条　以危害结果为条件的渎职犯罪的追诉期限，从危害结果发生之日起计算；有数个危害结果的，从最后一个危害结果发生之日起计算。

第七条　依法或者受委托行使国家行政管理职权的公司、企业、事业单位的工作人员，在行使行政管理职权时滥用职权或者玩忽职守，构成犯罪的，应当依照《全国人民代表大会常务委员会关于〈中华人民共和国刑法〉第九章渎职罪主体适用问题的解释》的规定，适用渎职罪的规定追究刑事责任。

第八条　本解释规定的‘经济损失’，是指渎职犯罪或者与渎职犯罪相关联的犯罪立案时已经实际造成的财产损失，包括为挽回渎职犯罪所造成损失而支付的各种开支、费用等。立案后至提起公诉前持续发生的经济损失，应一并计入渎职犯罪造成的经济损失。

债务人经法定程序被宣告破产，债务人潜逃、去向不明，或者因行为人的责任超过诉讼时效等，致使债权已经无法实现的，无法实现的债权部分应当认定为渎职犯罪的经济损失。

渎职犯罪或者与渎职犯罪相关联的犯罪立案后，犯罪分子及其亲友自行挽回的经济损失，司法机关或者犯罪分子所在单位及其上级主管部门挽回的经济损失，或者因客观原因减少的经济损失，不予扣减，但可以作为酌定从轻处罚的情节。”

㉓2013年5月2日最高人民法院、最高人民检察院《关于办理危害食品安全刑事案件适用法律若干问题的解释》第16条规定：“负有食品安全监督管理职责的国家机关工作人员，滥用职权或者玩忽职守，导致发生重大食品安全事故或者造成其他严重后果，同时构成食品监管渎职罪和徇私舞弊不移交刑事案件罪、商检徇私舞弊罪、动植物检疫徇私舞弊罪、放纵制售伪劣商品犯罪行为罪等其他渎职犯罪的，依照处罚较重的规定定罪处罚。

负有食品安全监督管理职责的国家机关工作人员滥用职权或者玩忽职守，不构成食品监管渎职罪，但构成前款规定的其他渎职犯罪的，依照该其他犯罪定罪处罚。

负有食品安全监督管理职责的国家机关工作人员与他人共谋，利用其职务行为帮助他人实施危害食品安全犯罪行为，同时构成渎职犯罪和危害食品安全犯罪共犯的，依照处罚较重的规定定罪处罚。”

(3)构成要件

第一,本罪侵犯的客体是国家机关的正常管理活动。

第二,客观方面表现为违反法律规定的权限和程序,滥用职权,致使公共财产、国家和人民利益遭受重大损失的行为。

第三,本罪的主体是国家机关工作人员,一般是具有一定职权的国家机关工作人员。

第四,主观方面是直接故意。即明知自己的行为是违法的,但为了泄私愤、显威风等原因,希望滥用职权结果的发生。

(4)罪名界定

第一,认定本罪要注意以下问题:

①构成滥用职权罪,必须是以执行职务为前提条件,置职责利益于不顾,为所欲为,专横跋扈,滥用职权。如果不是在执行职务过程中为所欲为地侵害他人、国家利益,则因为与职权无关而不构成本罪。

②根据2007年5月9日最高人民法院、最高人民检察院《关于办理与盗窃、抢劫、诈骗、抢夺机动车相关刑事案件具体应用法律若干问题的解释》第3条的规定,国家机关工作人员滥用职权,有下列情形之一的,致使盗窃、抢劫、诈骗、抢夺的机动车被办理登记手续,数量达到3辆以上,或者价值总额达到30万元以上的,以本罪追究其刑事责任:一是明知登记手续不全,或者不符合规定的机动车而办理登记手续的;二是指使他人为明知是登记手续不全或者不符合规定的机动车办理登记手续的;三是违规或者指使他人违规更改、调换车辆档案的;四是其他滥用职权的行为。

如果使盗窃、抢劫、诈骗、抢夺的机动车被办理登记手续,分别达到15辆以上,或者价值总额达到150万元以上的,或者明知是盗窃、抢劫、诈骗、抢夺的机动车而办理登记手续的,属于"情节特别严重"。

③根据2007年2月28日最高人民法院、最高人民检察院《关于办理危害矿山生产安全刑事案件具体应用法律若干问题的解释》第9条规定,国家机关工作人员滥用职权或者玩忽职守,危害矿山生产安全,具有下列情形之一的,致使公共财产、国家和人民利益遭受重大损失的,要根据其主观方面的具体情况,以滥用职权罪或者玩忽职守罪处罚:一是对不符合矿山法定安全生产条件的事项予以批准或者验收通过的;二是对于没有依法取得批准、验收的矿山生产经营单位擅自从事生产经营活动不依法予以处理的;三是对于已经依法取得批准的矿山生产经营单位不再具有安全生产条件而不撤销原批准或者发现违反安全生产法律法规的行为不予查处的;四是对不符合矿山法定安全生产条件的事项,强令审核、验收部门及其工作人员予以批准或者验收通过,或者实施其他阻碍下级部门及其工作人员依法履行矿山安全生产监督管理职责的行为;五是在矿山生产安全事故发生以后,负有报告职责的国家机关工作人员不报或者谎报事故情况,贻误事故抢救的;六是其他滥用职权或者玩忽职守的行为。

④根据2002年4月24日最高人民检察院《关于企业事业单位的公安机构在机构改革过程中其工作人员能否构成渎职侵权犯罪主体问题的批复》的规定,企业事业单位的公安机构在机构改革过程中,虽然没有列入公安机关建制,但其工作人员在行使侦查职责时,实施渎职侵权行为的,可以成为渎职侵权犯罪的主体。

⑤根据2007年1月15日最高人民法院、最高人民检察院《关于办理盗窃油气、破坏油气设备等刑事案件具体应用法律若干问题的解释》第7条的规定,国家机关工作人员滥用职权或者玩忽职守,实施了下列行为之一,致使公共财产、国家和人民利益遭受重大损失的,依照《刑法》第397条的规定,以滥用职权罪或者玩忽职守罪定罪处罚:一是超越职权范围,批准发放石油、天然

气勘查、开采、加工、经营许可证的；二是违反国家规定，给不符合法定条件的单位、个人发放石油、天然气勘查、开采、加工、经营等许可证的；三是违反《石油天然气管道保护条例》等国家规定，在油气设备安全保护范围内批准建设项目的；四是对发现或者经举报查实的没有经依法批准、许可，擅自从事石油、天然气勘查、开采、加工、经营等违法活动不予查封、取缔的。

⑥林业主管部门工作人员违法发放林木采伐许可证，致使森林遭受严重破坏的，以违法发放林木采伐许可证罪追究其刑事责任；以其他方式滥用职权，致使森林遭受严重破坏的，根据最高人民检察院《关于对林业主管部门工作人员在发放林木采伐许可证之外滥用职权玩忽职守致使森林遭受严重破坏的行为适用法律问题的批复》的规定，应当依照《刑法》第 397 条的规定，以滥用职权罪追究其刑事责任。

⑦如果是国有公司、企业、事业单位人员滥用职权，造成国有公司、企业破产或者严重损失，致使国家利益遭受重大损失，应该根据《刑法》第 168 条的规定，认定为国有公司、企业、事业单位人员滥用职权罪，而不能构成本罪，因为本罪的犯罪主体是国家机关工作人员。

第二，本罪与玩忽职守罪的不同：一是在主观方面不同。本罪在主观方面是直接故意；而玩忽职守罪的主观方面是过失，多数是疏忽大意的过失，也有过于自信的过失。二是在客观表现方面不同。本罪只能由作为构成，即不正确行使职权；而玩忽职守罪则既可以由作为构成，也可以由不作为构成。

第三，本罪与报复陷害罪的不同：一是在主观方面，报复陷害罪的目的是对控告人等打击报复；而本罪的目的多种多样。二是在客观方面，本罪是滥用职权，侵害了公共财产、国家和人民的重大利益，只有造成重大损失才构成犯罪；而报复陷害罪是利用职权，假公济私，对控告人等直接迫害，不要求重大后果为构成条件。三是侵犯的客体不同。本罪侵犯的是国家机关的正常活动；而报复陷害罪主要侵害的是公民的民主权利。

(5) 量刑幅度

根据《刑法》第 397 条的规定，对犯本罪的处罚分以下 4 个档次：

一是情节一般的，处 3 年以下有期徒刑或者拘役。

二是情节特别严重的，处 3 年以上 7 年以下有期徒刑。

三是国家机关工作人员徇私舞弊犯本罪的，处 5 年以下有期徒刑或者拘役。

四是国家机关工作人员徇私舞弊犯本罪，情节特别严重的，处 5 年以上 10 年以下有期徒刑。法律另有规定的，依照规定处罚。

2. 玩忽职守罪（第 397 条）

(1) 罪名概念

玩忽职守罪，是指国家机关工作人员由于玩忽职守，对工作严重不负责任，不履行或者不正确履行其职责，致使公共财产、国家和人民的利益遭受重大损失的行为。

(2) 法律规定

①本罪名是由《刑法》第 397 条规定的。该条规定："国家机关工作人员滥用职权或者玩忽职守，致使公共财产、国家和人民利益遭受重大损失的，处三年以下有期徒刑或者拘役；情节特别严重的，处三年以上七年以下有期徒刑。本法另有规定的，依照规定。

国家机关工作人员徇私舞弊，犯前款罪的，处五年以下有期徒刑或者拘役；情节特别严重的，处五年以上十年以下有期徒刑。本法另有规定的，依照规定。"

②2006 年 7 月 26 日最高人民检察院《关于渎职侵权犯罪案件立案标准的规定》第一部分第 2 项规定："玩忽职守罪是指国家机关工作人员严重不负责任，不履行或者不认真履行职责，致使

公共财产、国家和人民利益遭受重大损失的行为。

涉嫌下列情形之一的，应予立案：

1. 造成死亡1人以上，或者重伤3人以上，或者重伤2人、轻伤4人以上，或者重伤1人、轻伤7人以上，或者轻伤10人以上的；

2. 导致20人以上严重中毒的；

3. 造成个人财产直接经济损失15万元以上，或者直接经济损失不满15万元，但间接经济损失75万元以上的；

4. 造成公共财产或者法人、其他组织财产直接经济损失30万元以上，或者直接经济损失不满30万元，但间接经济损失150万元以上的；

5. 虽未达到3、4两项数额标准，但3、4两项合计直接经济损失30万元以上，或者合计直接经济损失不满30万元，但合计间接经济损失150万元以上的；

6. 造成公司、企业等单位停业、停产1年以上，或者破产的；

7. 海关、外汇管理部门的工作人员严重不负责任，造成100万美元以上外汇被骗购或者逃汇1000万美元以上的；

8. 严重损害国家声誉，或者造成恶劣社会影响的；

9. 其他致使公共财产、国家和人民利益遭受重大损失的情形。

国家机关工作人员玩忽职守，符合刑法第九章所规定的特殊渎职罪构成要件的，按照该特殊规定追究刑事责任；主体不符合刑法第九章所规定的特殊渎职罪的主体要件，但玩忽职守涉嫌前款第1项至第9项规定情形之一的，按照刑法第397条的规定以玩忽职守罪追究刑事责任。”

③2001年7月20日最高人民检察院《人民检察院直接受理立案侦查的渎职侵权重特大案件标准（试行）》第2条规定：

“二、玩忽职守案

（一）重大案件

1. 致人死亡三人以上，或者重伤十人以上，或者轻伤十五人以上的；

2. 造成直接经济损失一百万元以上的。

（二）特大案件

1. 致人死亡七人以上，或者重伤十五人以上，或者轻伤三十人以上的；

2. 造成直接经济损失二百万元以上的。”

④2003年5月14日最高人民法院、最高人民检察院《关于办理妨害预防、控制突发传染病疫情等灾害的刑事案件具体应用法律若干问题的解释》第15条规定：“在预防、控制突发传染病疫情等灾害的工作中，负有组织、协调、指挥、灾害调查、控制、医疗救治、信息传递、交通运输、物资保障等职责的国家机关工作人员，滥用职权或者玩忽职守，致使公共财产、国家和人民利益遭受重大损失的，依照刑法第三百九十七条的规定，以滥用职权罪或者玩忽职守罪定罪处罚。”

⑤1998年12月29日全国人民代表大会常务委员会《关于惩治骗购外汇、逃汇和非法买卖外汇犯罪的决定》第6条规定：“海关、外汇管理部门的工作人员严重不负责任，造成大量外汇被骗购或者逃汇，致使国家利益遭受重大损失的，依照刑法第三百九十七条的规定定罪处罚。”

⑥2015年12月14日最高人民法院、最高人民检察院《关于办理危害生产安全刑事案件适用法律若干问题的解释》第15条规定：“国家机关工作人员在履行安全监督管理职责时滥用职权、玩忽职守，致使公共财产、国家和人民利益遭受重大损失的，或者徇私舞弊，对发现的刑事案件依法应当移交司法机关追究刑事责任而不移交，情节严重的，分别依照刑法第三百九十七条、第四百零二条的规定，以滥用职权罪、玩忽职守罪或者徇私舞弊不移交刑事案件罪定罪处罚。

公司、企业、事业单位的工作人员在依法或者受委托行使安全监督管理职责时滥用职权或者玩忽职守，构成犯罪的，应当依照《全国人民代表大会常务委员会关于〈中华人民共和国刑法〉第九章渎职罪主体适用问题的解释》的规定，适用渎职罪的规定追究刑事责任。”

⑦2007 年 5 月 16 日最高人民检察院《关于对林业主管部门工作人员在发放林木采伐许可证之外滥用职权玩忽职守致使森林遭受严重破坏的行为适用法律问题的批复》规定：“林业主管部门工作人员违法发放林木采伐许可证，致使森林遭受严重破坏的，依照刑法第四百零七条的规定，以违法发放林木采伐许可证罪追究刑事责任；以其他方式滥用职权或者玩忽职守，致使森林遭受严重破坏的，依照刑法第三百九十七条的规定，以滥用职权罪或者玩忽职守罪追究刑事责任，立案标准依照《最高人民检察院关于渎职侵权犯罪案件立案标准的规定》第一部分渎职犯罪案件第十八条第三款的规定执行。”

⑧2000 年 10 月 31 日最高人民检察院《关于属工人编制的乡（镇）工商所所长能否依照刑法第 397 条的规定追究刑事责任问题的批复》规定：“根据刑法第 93 条第 2 款的规定，经人事部门任命，但为工人编制的乡（镇）工商所所长，依法履行工商行政管理职责时，属其他依照法律从事公务的人员，应以国家机关工作人员论。如果玩忽职守，致使公共财产、国家和人民利益遭受重大损失，可适用刑法第 397 条的规定，以玩忽职守罪追究刑事责任。”

⑨2000 年 5 月 4 日最高人民检察院《关于镇财政所所长是否适用国家机关工作人员的批复》内容如下：“对于属行政执法事业单位的镇财政所中按国家机关在编干部管理的工作人员，在履行政府行政公务活动中，滥用职权或玩忽职守构成犯罪的，应以国家机关工作人员论。”

⑩1998 年 5 月 8 日最高人民法院、最高人民检察院、公安部、国家工商行政管理局《关于依法查处盗窃、抢劫机动车案件的规定》第 9 条规定：“公安、工商行政管理人员或者其他国家机关工作人员滥用职权或者玩忽职守、徇私舞弊，致使赃车入户、过户、验证的，给予行政处分；致使公共财产、国家和人民利益遭受重大损失的，依照《刑法》第三百九十七条的规定处罚。”

⑪2000 年 10 月 9 日最高人民检察院《关于合同制民警能否成为玩忽职守罪主体问题的批复》规定：“根据刑法第九十三条第二款的规定，合同制民警在依法执行公务期间，属其他依照法律从事公务的人员，应以国家机关工作人员论。对合同制民警在依法执行公务活动中的玩忽职守行为，符合刑法第三百九十七条规定的玩忽职守罪构成条件的，依法以玩忽职守罪追究刑事责任。”

⑫2003 年 9 月 4 日最高人民法院、最高人民检察院《关于办理非法制造、买卖、运输、储存毒鼠强等禁用剧毒化学品刑事案件具体应用法律若干问题的解释》第 4 条规定：“对非法制造、买卖、运输、储存毒鼠强等禁用剧毒化学品行为负有查处职责的国家机关工作人员，滥用职权或者玩忽职守，致使公共财产、国家和人民利益遭受重大损失的，依照刑法第三百九十七条的规定，以滥用职权罪或者玩忽职守罪追究刑事责任。”

⑬2007 年 1 月 15 日最高人民法院、最高人民检察院《关于办理盗窃油气、破坏油气设备等刑事案件具体应用法律若干问题的解释》相关内容如下：

“第七条　国家机关工作人员滥用职权或者玩忽职守，实施下列行为之一，致使公共财产、国家和人民利益遭受重大损失的，依照刑法第三百九十七条的规定，以滥用职权罪或者玩忽职守罪定罪处罚：

（一）超越职权范围，批准发放石油、天然气勘查、开采、加工、经营等许可证的；

（二）违反国家规定，给不符合法定条件的单位、个人发放石油、天然气勘查、开采、加工、经营等许可证的；

（三）违反《石油天然气管道保护条例》等国家规定，在油气设备安全保护范围内批准建设项目的；

（四）对发现或者经举报查实的未经依法批准、许可擅自从事石油、天然气勘查、开采、加工、经营等违法活动不予查封、取缔的。”

⑭2007年5月9日最高人民法院、最高人民检察院《关于办理与盗窃、抢劫、诈骗、抢夺机动车相关刑事案件具体应用法律若干问题的解释》相关内容如下：

“第三条　国家机关工作人员滥用职权，有下列情形之一，致使盗窃、抢劫、诈骗、抢夺的机动车被办理登记手续，数量达到三辆以上或者价值总额达到三十万元以上的，依照刑法第三百九十七条第一款的规定，以滥用职权罪定罪，处三年以下有期徒刑或者拘役：

（一）明知是登记手续不全或者不符合规定的机动车而办理登记手续的；

（二）指使他人为明知是登记手续不全或者不符合规定的机动车办理登记手续的；

（三）违规或者指使他人违规更改、调换车辆档案的；

（四）其他滥用职权的行为。

国家机关工作人员疏于审查或者审查不严，致使盗窃、抢劫、诈骗、抢夺的机动车被办理登记手续，数量达到五辆以上或者价值总额达到五十万元以上的，依照刑法第三百九十七条第一款的规定，以玩忽职守罪定罪，处三年以下有期徒刑或者拘役。

国家机关工作人员实施前两款规定的行为，致使盗窃、抢劫、诈骗、抢夺的机动车被办理登记手续，分别达到前两款规定数量、数额标准五倍以上的，或者明知是盗窃、抢劫、诈骗、抢夺的机动车而办理登记手续的，属于刑法第三百九十七条第一款规定的‘情节特别严重’，处三年以上七年以下有期徒刑。

国家机关工作人员徇私舞弊，实施上述行为，构成犯罪的，依照刑法第三百九十七条第二款的规定定罪处罚。

第六条　行为人实施本解释第一条、第三条第三款规定的行为，涉及的机动车有下列情形之一的，应当认定行为人主观上属于上述条款所称‘明知’：

（一）没有合法有效的来历凭证；

（二）发动机号、车辆识别代号有明显更改痕迹，没有合法证明的。”

⑮1988年10月19日中国人民解放军军事法院《关于审理军人违反职责罪案件中几个具体问题的处理意见》第2条关于军职人员擅自将自己保管、使用的枪支、弹药借给他人，因而造成严重后果的，应当如何定性和适用法律问题的规定：“军职人员确实不知他人借用枪支、弹药是为实施犯罪，私自将自己保管、使用的枪支、弹药借给他人，致使公共财产、国家和人民利益遭受重大损失的，以《刑法》第一百八十七条规定的玩忽职守罪论处；如果在值班、值勤等执行职务时，擅自将自己使用、保管的枪支、弹药借给他人，因而造成严重后果的，以《条例》第五条规定的玩忽职守罪论处。”

“如果明知他人借用枪支、弹药是为了实施犯罪，仍将枪支、弹药借给他人的，以共同犯罪论处。”

⑯2003年11月13日最高人民法院印发的《全国法院审理经济犯罪案件工作座谈会纪要》相关内容如下：

“一、关于贪污贿赂犯罪和渎职犯罪的主体

（一）国家机关工作人员的认定

刑法中所称的国家机关工作人员，是指在国家机关中从事公务的人员，包括在各级国家权力机关、行政机关、司法机关和军事机关中从事公务的人员。

根据有关立法解释的规定，在依照法律、法规规定行使国家行政管理职权的组织中从事公务的人员,或者在受国家机关委托代表国家行使职权的组织中从事公务的人员,或者虽未列入国家机关人员编制但在国家机关中从事公务的人员,视为国家机关工作人员。在乡(镇)以上中国共产党机关、人民政协机关中从事公务的人员,司法实践中也应当视为国家机关工作人员。

(二)国家机关、国有公司、企业、事业单位委派到非国有公司、企业、事业单位、社会团体从事公务的人员的认定

所谓委派,即委任、派遣,其形式多种多样,如任命、指派、提名、批准等。不论被委派的人身份如何,只要是接受国家机关、国有公司、企业、事业单位委派,代表国家机关、国有公司、企业、事业单位在非国有公司、企业、事业单位、社会团体中从事组织、领导、监督、管理等工作,都可以认定为国家机关、国有公司、企业、事业单位委派到非国有公司、企业、事业单位、社会团体从事公务的人员。如国家机关、国有公司、企业、事业单位委派在国有控股或者参股的股份有限公司从事组织、领导、监督、管理等工作的人员,应当以国家工作人员论。国有公司、企业改制为股份有限公司后,原国有公司、企业的工作人员和股份有限公司新任命的人员中,除代表国有投资主体行使监督、管理职权的人外,不以国家工作人员论。

(三)'其他依照法律从事公务的人员'的认定

刑法第九十三条第二款规定的'其他依照法律从事公务的人员'应当具有两个特征:一是在特定条件下行使国家管理职能;二是依照法律规定从事公务。具体包括:(1)依法履行职责的各级人民代表大会代表;(2)依法履行审判职责的人民陪审员;(3)协助乡镇人民政府、街道办事处从事行政管理工作的村民委员会、居民委员会等农村和城市基层组织人员;(4)其他由法律授权从事公务的人员。

(四)关于'从事公务'的理解

从事公务,是指代表国家机关、国有公司、企业、事业单位、人民团体等履行组织、领导、监督、管理等职责。公务主要表现为与职权相联系的公共事务以及监督、管理国有财产的职务活动。如国家机关工作人员依法履行职责,国有公司的董事、经理、监事、会计、出纳人员等管理、监督国有财产等活动,属于从事公务。那些不具备职权内容的劳务活动、技术服务工作,如售货员、售票员等所从事的工作,一般不认为是公务。

六、关于渎职罪

(一)渎职犯罪行为造成的公共财产重大损失的认定

根据刑法规定,玩忽职守、滥用职权等渎职犯罪是以致使公共财产、国家和人民利益遭受重大损失为构成要件的。其中,公共财产的重大损失,通常是指渎职行为已经造成的重大经济损失。在司法实践中,有以下情形之一的,虽然公共财产作为债权存在,但已无法实现债权的,可以认定为行为人的渎职行为造成了经济损失:(1)债务人已经法定程序被宣告破产;(2)债务人潜逃,去向不明;(3)因行为人责任,致使超过诉讼时效;(4)有证据证明债权无法实现的其他情况。

(二)玩忽职守罪的追诉时效

玩忽职守行为造成的重大损失当时没有发生,而是玩忽职守行为之后一定时间发生的,应从危害结果发生之日起计算玩忽职守罪的追诉期限。

(四)关于'徇私'的理解

徇私舞弊型渎职犯罪的'徇私'应理解为徇个人私情、私利。国家机关工作人员为了本单位的利益,实施滥用职权、玩忽职守行为,构成犯罪的,依照刑法第三百九十七条第一款的规定定罪处罚。"

⑰2002年12月28日全国人民代表大会常务委员会《关于〈中华人民共和国刑法〉第九章渎职罪主体适用问题的解释》规定:"在依照法律、法规规定行使国家行政管理职权的组织中从事

公务的人员，或者在受国家机关委托代表国家机关行使职权的组织中从事公务的人员，或者虽未列入国家机关人员编制但在国家机关中从事公务的人员，在代表国家机关行使职权时，有渎职行为，构成犯罪的，依照刑法关于渎职罪的规定追究刑事责任。”

⑱2002年4月29日最高人民检察院《关于企业事业单位的公安机构在机构改革过程中其工作人员能否构成渎职侵权犯罪主体问题的批复》规定：“企业事业单位的公安机构在机构改革过程中虽尚未列入公安机关建制，其工作人员在行使侦查职责时，实施渎职侵权行为的，可以成为渎职侵权犯罪的主体。”

⑲2003年11月24日最高人民检察院《关于在检察工作中防止和纠正超期羁押的若干规定》相关内容如下：

“八、实行超期羁押责任追究制

进一步健全和落实超期羁押责任追究制，严肃查处和追究超期羁押有关责任人员。对于违反刑事诉讼法和本规定，滥用职权或者严重不负责任，造成犯罪嫌疑人超期羁押的，应当追究直接负责的主管人员和其他直接责任人员的纪律责任；构成犯罪的，依照《中华人民共和国刑法》第三百九十七条关于滥用职权罪、玩忽职守罪的规定追究刑事责任。”

⑳2012年12月7日最高人民法院、最高人民检察院《关于办理渎职刑事案件适用法律若干问题的解释（一）》第1条规定：“国家机关工作人员滥用职权或者玩忽职守，具有下列情形之一的，应当认定为刑法第三百九十七条规定的‘致使公共财产、国家和人民利益遭受重大损失’：

（一）造成死亡1人以上，或者重伤3人以上，或者轻伤9人以上，或者重伤2人、轻伤3人以上，或者重伤1人、轻伤6人以上的；

（二）造成经济损失30万元以上的；

（三）造成恶劣社会影响的；

（四）其他致使公共财产、国家和人民利益遭受重大损失的情形。

具有下列情形之一的，应当认定为刑法第三百九十七条规定的‘情节特别严重’：

（一）造成伤亡达到前款第（一）项规定人数3倍以上的；

（二）造成经济损失150万元以上的；

（三）造成前款规定的损失后果，不报、迟报、谎报或者授意、指使、强令他人不报、迟报、谎报事故情况，致使损失后果持续、扩大或者抢救工作延误的；

（四）造成特别恶劣社会影响的；

（五）其他特别严重的情节。”

㉑2012年12月7日最高人民法院、最高人民检察院《关于办理渎职刑事案件适用法律若干问题的解释（一）》第2条规定：“国家机关工作人员实施滥用职权或者玩忽职守犯罪行为，触犯刑法分则第九章第三百九十八条至第四百一十九条规定的，依照该规定定罪处罚。

国家机关工作人员滥用职权或者玩忽职守，因不具备徇私舞弊等情形，不符合刑法分则第九章第三百九十八条至第四百一十九条的规定，但依法构成第三百九十七条规定的犯罪的，以滥用职权罪或者玩忽职守罪定罪处罚。”

㉒2012年12月7日最高人民法院、最高人民检察院《关于办理渎职刑事案件适用法律若干问题的解释（一）》第3条至第8条有以下规定：

“第三条　国家机关工作人员实施渎职犯罪并收受贿赂，同时构成受贿罪的，除刑法另有规定外，以渎职犯罪和受贿罪数罪并罚。

第四条　国家机关工作人员实施渎职行为，放纵他人犯罪或者帮助他人逃避刑事处罚，构成犯罪的，依照渎职罪的规定定罪处罚。

国家机关工作人员与他人共谋，利用其职务行为帮助他人实施其他犯罪行为，同时构成渎职犯罪和共谋实施的其他犯罪共犯的，依照处罚较重的规定定罪处罚。

国家机关工作人员与他人共谋，既利用其职务行为帮助他人实施其他犯罪，又以非职务行为与他人共同实施该其他犯罪行为，同时构成渎职犯罪和其他犯罪的共犯的，依照数罪并罚的规定定罪处罚。

第五条 国家机关负责人员违法决定，或者指使、授意、强令其他国家机关工作人员违法履行职务或者不履行职务，构成刑法分则第九章规定的渎职犯罪的，应当依法追究刑事责任。

以'集体研究'形式实施的渎职犯罪，应当依照刑法分则第九章的规定追究国家机关负有责任的人员的刑事责任。对于具体执行人员，应当在综合认定其行为性质、是否提出反对意见、危害结果大小等情节的基础上决定是否追究刑事责任和应当判处的刑罚。

第六条 以危害结果为条件的渎职犯罪的追诉期限，从危害结果发生之日起计算；有数个危害结果的，从最后一个危害结果发生之日起计算。

第七条 依法或者受委托行使国家行政管理职权的公司、企业、事业单位的工作人员，在行使行政管理职权时滥用职权或者玩忽职守，构成犯罪的，应当依照《全国人民代表大会常务委员会关于〈中华人民共和国刑法〉第九章渎职罪主体适用问题的解释》的规定，适用渎职罪的规定追究刑事责任。

第八条 本解释规定的'经济损失'，是指渎职犯罪或者与渎职犯罪相关联的犯罪立案时已经实际造成的财产损失，包括为挽回渎职犯罪所造成损失而支付的各种开支、费用等。立案后至提起公诉前持续发生的经济损失，应一并计入渎职犯罪造成的经济损失。

债务人经法定程序被宣告破产，债务人潜逃、去向不明，或者因行为人的责任超过诉讼时效等，致使债权已经无法实现的，无法实现的债权部分应当认定为渎职犯罪的经济损失。

渎职犯罪或者与渎职犯罪相关联的犯罪立案后，犯罪分子及其亲友自行挽回的经济损失，司法机关或者犯罪分子所在单位及其上级主管部门挽回的经济损失，或者因客观原因减少的经济损失，不予扣减，但可以作为酌定从轻处罚的情节。”

㉓2013 年 5 月 2 日最高人民法院、最高人民检察院《关于办理危害食品安全刑事案件适用法律若干问题的解释》第 16 条规定：“负有食品安全监督管理职责的国家机关工作人员，滥用职权或者玩忽职守，导致发生重大食品安全事故或者造成其他严重后果，同时构成食品监管渎职罪和徇私舞弊不移交刑事案件罪、商检徇私舞弊罪、动植物检疫徇私舞弊罪、放纵制售伪劣商品犯罪行为罪等其他渎职犯罪的，依照处罚较重的规定定罪处罚。

负有食品安全监督管理职责的国家机关工作人员滥用职权或者玩忽职守，不构成食品监管渎职罪，但构成前款规定的其他渎职犯罪的，依照该其他犯罪定罪处罚。

负有食品安全监督管理职责的国家机关工作人员与他人共谋，利用其职务行为帮助他人实施危害食品安全犯罪行为，同时构成渎职犯罪和危害食品安全犯罪共犯的，依照处罚较重的规定定罪处罚。”

(3)构成要件

第一，本罪侵犯的客体是国家机关的正常活动以及公共财产、国家、集体和人民的利益。

第二，客观方面表现为行为人具有违反工作纪律、规章制度，擅离职守，不尽义务，或者在职守中马虎从事，不正确履行义务职责，致使公共财产、国家和人民的利益遭受重大损失的行为。

第三，犯罪的主体是国家机关工作人员。

第四，在主观方面是过失。

(4)罪名界定

第一,认定本罪要注意以下问题:

①根据2007年5月9日最高人民法院、最高人民检察院《关于办理与盗窃、抢劫、诈骗、抢夺机动车相关刑事案件具体应用法律若干问题的解释》第3条规定,国家机关工作人员滥用职权,有下列情形之一的,致使盗窃、抢劫、诈骗、抢夺的机动车被办理登记手续,数量达到3辆以上,或者价值总额达到30万元以上的,以本罪追究其刑事责任:一是明知登记手续不全,或者不符合规定的机动车而办理登记手续的;二是指使他人为明知是登记手续不全或者不符合规定的机动车办理登记手续的;三是违规或者指使他人违规更改、调换车辆档案的;四是其他滥用职权的行为。

如果使盗窃、抢劫、诈骗、抢夺的机动车被办理登记手续,分别达到15辆以上,或者价值总额达到150万元以上的,或者是明知是盗窃、抢劫、诈骗、抢夺的机动车而办理登记手续的,属于"情节特别严重"。

②根据2002年4月24日最高人民检察院《关于企业事业单位的公安机构在机构改革过程中其工作人员能否构成渎职侵权犯罪主体问题的批复》的规定,企业事业单位的公安机构在机构改革过程中,虽然没有列入公安机关建制,其工作人员在行使侦查职责时,实施渎职侵权行为的,可以成为渎职侵权犯罪的主体。

③根据2007年1月15日最高人民法院、最高人民检察院《关于办理盗窃油气、破坏油气设备等刑事案件具体应用法律若干问题的解释》第7条的规定,国家机关工作人员滥用职权或者玩忽职守,实施了下列行为之一,致使公共财产、国家和人民利益遭受重大损失的,依照《刑法》第397条的规定,以滥用职权罪或者玩忽职守罪定罪处罚:一是超越职权范围,批准发放石油、天然气勘查、开采、加工、经营许可证的;二是违反国家规定,给不符合法定条件的单位、个人发放石油、天然气勘查、开采、加工、经营等许可证的;三是违反《石油天然气管道保护条例》等国家规定,在油气设备安全保护范围内批准建设项目的;四是对发现或者经举报查实的没有经依法批准、许可,擅自从事石油、天然气勘查、开采、加工、经营等违法活动不予查封、取缔的。

④根据最高人民检察院《关于对林业主管部门工作人员在发放林木采伐许可证之外滥用职权玩忽职守致使森林遭受严重破坏的行为适用法律问题的批复》的规定,林业主管部门工作人员违法发放林木采伐许可证,致使森林遭受严重破坏的,以《刑法》第407条规定的违法发放林木采伐许可证罪追究其刑事责任;以其他方式玩忽职守,致使森林遭受严重破坏的,应当以玩忽职守罪追究其刑事责任。

⑤关于本罪的追诉时效问题。根据2003年11月13日《全国法院审理经济犯罪案件工作座谈会纪要》关于玩忽职守罪的追诉时效问题的规定,玩忽职守行为所造成的重大损失在当时还没有发生,而是在玩忽职守行为之后在一定的时间才发生,应该从危害结果发生之日起计算玩忽职守罪的追诉期限。

⑥《刑法》第397条规定,"本法另有规定的,依照规定"。这表明,本条是对玩忽职守犯罪的概括性规定,属于普通法。《刑法》分则另外还规定了玩忽职守这类犯罪,如第400条第2款规定的失职致使在押人员脱逃罪,第406条规定的国家机关工作人员签订、履行合同失职被骗罪,第408条规定的环境监管失职罪,第409条规定的传染病防治失职罪,第425条规定的擅离、玩忽军事职守罪等,这属于特别法。本罪与这些犯罪之间存在法条竞合关系,在定罪时,本着特别法优于普通法的原则,准确地加以区别。

第二,本罪与滥用职权罪的主要区别在于危害行为不完全相同。本罪表现为违反职责义务,不履行或者不正确履行职责的行为,一般表现为不作为;而后者主要表现为违反法律规定的权限和程序,超越限度或者没有限度地履行职责的行为,一般表现为作为。

第三,本罪与《刑法》第168条规定的国有公司、企业、事业单位人员失职罪的主要区别在于犯罪主体不同。本罪的犯罪主体是国家机关工作人员,而后者的犯罪主体是国有公司、企业、事业单位的工作人员。

(5)量刑幅度

根据《刑法》第397条的规定,对犯本罪的处罚分以下4个档次:

一是情节一般的,处3年以下有期徒刑或者拘役。

二是情节特别严重的,处3年以上7年以下有期徒刑。

三是国家机关工作人员徇私舞弊犯本罪的,处5年以下有期徒刑或者拘役。

四是国家机关工作人员徇私舞弊犯本罪,情节特别严重的,处5年以上10年以下有期徒刑。法律另有规定的,依照规定处罚。

3. 故意泄露国家秘密罪(第398条)

(1)罪名概念

故意泄露国家秘密罪,是指国家机关工作人员和其他人员,违反国家保密法的规定,故意泄露国家秘密,情节严重的行为。

(2)法律规定

①本罪名是由《刑法》第398条规定的。该条规定:"国家机关工作人员违反保守国家秘密法的规定,故意或者过失泄露国家秘密,情节严重的,处三年以下有期徒刑或者拘役;情节特别严重的,处三年以上七年以下有期徒刑。

非国家机关工作人员犯前款罪的,依照前款的规定酌情处罚。"

②2006年7月26日最高人民检察院《关于渎职侵权犯罪案件立案标准的规定》第一部分第3项规定:"故意泄露国家秘密罪是指国家机关工作人员或者非国家机关工作人员违反保守国家秘密法,故意使国家秘密被不应知悉者知悉,或者故意使国家秘密超出了限定的接触范围,情节严重的行为。

涉嫌下列情形之一的,应予立案:

1. 泄露绝密级国家秘密1项(件)以上的;

2. 泄露机密级国家秘密2项(件)以上的;

3. 泄露秘密级国家秘密3项(件)以上的;

4. 向非境外机构、组织、人员泄露国家秘密,造成或者可能造成危害社会稳定、经济发展、国防安全或者其他严重危害后果的;

5. 通过口头、书面或者网络等方式向公众散布、传播国家秘密的;

6. 利用职权指使或者强迫他人违反国家保守秘密法的规定泄露国家秘密的;

7. 以牟取私利为目的泄露国家秘密的;

8. 其他情节严重的情形。"

③2001年7月20日最高人民检察院《人民检察院直接受理立案侦查的渎职侵权重特大案件标准(试行)》第3条规定:

"三、故意泄露国家秘密案

(一)重大案件

1. 故意泄露绝密级国家秘密一项以上,或者泄露机密级国家秘密三项以上,或者泄露秘密级国家秘密五项以上的;

2. 故意泄露国家秘密造成直接经济损失五十万元以上的;

3. 故意泄露国家秘密对国家安全构成严重危害的；

4. 故意泄露国家秘密对社会秩序造成严重危害的。

（二）特大案件

1. 故意泄露绝密级国家秘密二项以上，或者泄露机密级国家秘密五项以上，或者泄露秘密级国家秘密七项以上的；

2. 故意泄露国家秘密造成直接经济损失一百万元以上的；

3. 故意泄露国家秘密对国家安全构成特别严重危害的；

4. 故意泄露国家秘密对社会秩序造成特别严重危害的。"

④2001年1月17日最高人民法院《关于审理为境外窃取、刺探、收买、非法提供国家秘密、情报案件具体应用法律若干问题的解释》规定：

"第一条 刑法第一百一十一条规定的'国家秘密'，是指《中华人民共和国保守国家秘密法》第二条、第八条以及《中华人民共和国保守国家秘密法实施办法》第四条确定的事项。

刑法第一百一十一条规定的'情报'，是指关系国家安全和利益、尚未公开或者依照有关规定不应公开的事项。

对为境外机构、组织、人员窃取、刺探、收买、非法提供国家秘密之外的情报的行为，以为境外窃取、刺探、收买、非法提供情报罪定罪处罚。

第二条 为境外窃取、刺探、收买、非法提供国家秘密或者情报，具有下列情形之一的，属于'情节特别严重'，处十年以上有期徒刑、无期徒刑，可以并处没收财产：

（一）为境外窃取、刺探、收买、非法提供绝密级国家秘密的；

（二）为境外窃取、刺探、收买、非法提供三项以上机密级国家秘密的；

（三）为境外窃取、刺探、收买、非法提供国家秘密或者情报，对国家安全和利益造成其他特别严重损害的。

实施前款行为，对国家和人民危害特别严重、情节特别恶劣的，可以判处死刑，并处没收财产。

第三条 为境外窃取、刺探、收买、非法提供国家秘密或者情报，具有下列情形之一的，处五年以上十年以下有期徒刑，可以并处没收财产：

（一）为境外窃取、刺探、收买、非法提供机密级国家秘密的；

（二）为境外窃取、刺探、收买、非法提供三项以上秘密级国家秘密的；

（三）为境外窃取、刺探、收买、非法提供国家秘密或者情报，对国家安全和利益造成其他严重损害的。

第四条 为境外窃取、刺探、收买、非法提供秘密级国家秘密或者情报，属于'情节较轻'，处五年以下有期徒刑、拘役、管制或者剥夺政治权利，可以并处没收财产。

第五条 行为人知道或者应当知道没有标明密级的事项关系国家安全和利益，而为境外窃取、刺探、收买、非法提供的，依照刑法第一百一十一条的规定以为境外窃取、刺探、收买、非法提供国家秘密罪定罪处罚。

第六条 通过互联网将国家秘密或者情报非法发送给境外的机构、组织、个人的，依照刑法第一百一十一条的规定定罪处罚；将国家秘密通过互联网予以发布，情节严重的，依照刑法第三百九十八条的规定定罪处罚。

第七条 审理为境外窃取、刺探、收买、非法提供国家秘密案件，需要对有关事项是否属于国家秘密以及属于何种密级进行鉴定的，由国家保密工作部门或者省、自治区、直辖市保密工作部门鉴定。"

⑤2002 年 12 月 28 日全国人民代表大会常务委员会《关于〈中华人民共和国刑法〉第九章渎职罪主体适用问题的解释》规定:“在依照法律、法规规定行使国家行政管理职权的组织中从事公务的人员,或者在受国家机关委托代表国家机关行使职权的组织中从事公务的人员,或者虽未列入国家机关人员编制但在国家机关中从事公务的人员,在代表国家机关行使职权时,有渎职行为,构成犯罪的,依照刑法关于渎职罪的规定追究刑事责任。”

⑥2003 年 11 月 13 日最高人民法院印发的《全国法院审理经济犯罪案件工作座谈会纪要》相关内容如下:

“一、关于贪污贿赂犯罪和渎职犯罪的主体

(一)国家机关工作人员的认定

刑法中所称的国家机关工作人员,是指在国家机关中从事公务的人员,包括在各级国家权力机关、行政机关、司法机关和军事机关中从事公务的人员。

根据有关立法解释的规定,在依照法律、法规规定行使国家行政管理职权的组织中从事公务的人员,或者在受国家机关委托代表国家行使职权的组织中从事公务的人员,或者虽未列入国家机关人员编制但在国家机关中从事公务的人员,视为国家机关工作人员。在乡(镇)以上中国共产党机关、人民政协机关中从事公务的人员,司法实践中也应当视为国家机关工作人员。

(二)国家机关、国有公司、企业、事业单位委派到非国有公司、企业、事业单位、社会团体从事公务的人员的认定

所谓委派,即委任、派遣,其形式多种多样,如任命、指派、提名、批准等。不论被委派的人身份如何,只要是接受国家机关、国有公司、企业、事业单位委派,代表国家机关、国有公司、企业、事业单位在非国有公司、企业、事业单位、社会团体中从事组织、领导、监督、管理等工作,都可以认定为国家机关、国有公司、企业、事业单位委派到非国有公司、企业、事业单位、社会团体从事公务的人员。如国家机关、国有公司、企业、事业单位委派在国有控股或者参股的股份有限公司从事组织、领导、监督、管理等工作的人员,应当以国家工作人员论。国有公司、企业改制为股份有限公司后,原国有公司、企业的工作人员和股份有限公司新任命的人员中,除代表国有投资主体行使监督、管理职权的人外,不以国家工作人员论。

(三)‘其他依照法律从事公务的人员’的认定

刑法第九十三条第二款规定的‘其他依照法律从事公务的人员’应当具有两个特征:一是在特定条件下行使国家管理职能;二是依照法律规定从事公务。具体包括:(1)依法履行职责的各级人民代表大会代表;(2)依法履行审判职责的人民陪审员;(3)协助乡镇人民政府、街道办事处从事行政管理工作的村民委员会、居民委员会等农村和城市基层组织人员;(4)其他由法律授权从事公务的人员。

(四)关于‘从事公务’的理解

从事公务,是指代表国家机关、国有公司、企业、事业单位、人民团体等履行组织、领导、监督、管理等职责。公务主要表现为与职权相联系的公共事务以及监督、管理国有财产的职务活动。如国家机关工作人员依法履行职责,国有公司的董事、经理、监事、会计、出纳人员等管理、监督国有财产等活动,属于从事公务。那些不具备职权内容的劳务活动、技术服务工作,如售货员、售票员等所从事的工作,一般不认为是公务。”

⑦2012 年 12 月 7 日最高人民法院、最高人民检察院《关于办理渎职刑事案件适用法律若干问题的解释(一)》第 3 条至第 8 条有以下规定:

“第三条　国家机关工作人员实施渎职犯罪并收受贿赂,同时构成受贿罪的,除刑法另有规

定外，以渎职犯罪和受贿罪数罪并罚。

第四条　国家机关工作人员实施渎职行为，放纵他人犯罪或者帮助他人逃避刑事处罚，构成犯罪的，依照渎职罪的规定定罪处罚。

国家机关工作人员与他人共谋，利用其职务行为帮助他人实施其他犯罪行为，同时构成渎职犯罪和共谋实施的其他犯罪共犯的，依照处罚较重的规定定罪处罚。

国家机关工作人员与他人共谋，既利用其职务行为帮助他人实施其他犯罪，又以非职务行为与他人共同实施该其他犯罪行为，同时构成渎职犯罪和其他犯罪的共犯的，依照数罪并罚的规定定罪处罚。

第五条　国家机关负责人员违法决定，或者指使、授意、强令其他国家机关工作人员违法履行职务或者不履行职务，构成刑法分则第九章规定的渎职犯罪的，应当依法追究刑事责任。

以'集体研究'形式实施的渎职犯罪，应当依照刑法分则第九章的规定追究国家机关负有责任的人员的刑事责任。对于具体执行人员，应当在综合认定其行为性质、是否提出反对意见、危害结果大小等情节的基础上决定是否追究刑事责任和应当判处的刑罚。

第六条　以危害结果为条件的渎职犯罪的追诉期限，从危害结果发生之日起计算；有数个危害结果的，从最后一个危害结果发生之日起计算。

第七条　依法或者受委托行使国家行政管理职权的公司、企业、事业单位的工作人员，在行使行政管理职权时滥用职权或者玩忽职守，构成犯罪的，应当依照《全国人民代表大会常务委员会关于〈中华人民共和国刑法〉第九章渎职罪主体适用问题的解释》的规定，适用渎职罪的规定追究刑事责任。

第八条　本解释规定的'经济损失'，是指渎职犯罪或者与渎职犯罪相关联的犯罪立案时已经实际造成的财产损失，包括为挽回渎职犯罪所造成损失而支付的各种开支、费用等。立案后至提起公诉前持续发生的经济损失，应一并计入渎职犯罪造成的经济损失。

债务人经法定程序被宣告破产，债务人潜逃、去向不明，或者因行为人的责任超过诉讼时效等，致使债权已经无法实现的，无法实现的债权部分应当认定为渎职犯罪的经济损失。

渎职犯罪或者与渎职犯罪相关联的犯罪立案后，犯罪分子及其亲友自行挽回的经济损失，司法机关或者犯罪分子所在单位及其上级主管部门挽回的经济损失，或者因客观原因减少的经济损失，不予扣减，但可以作为酌定从轻处罚的情节。"

(3)构成要件

第一，本罪侵犯的客体是国家的保密制度。

第二，客观方面表现为泄露国家秘密，情节严重的行为。

第三，本罪的主体主要是国家机关工作人员。根据《刑法》第398条第2款的规定，非国家机关工作人员也可以成为本罪主体。

第四，主观方面是故意，即明知是国家秘密而故意泄露。

(4)罪名界定

第一，认定本罪要注意以下几点：

①根据《刑法》第398条第1款规定，构成本罪，首先要看泄露的是不是国家秘密。根据《保守国家秘密法》第9条规定，下列事项属于国家秘密：一是国家事务的重大决策中的秘密事项；二是国防建设和武装力量活动中的秘密事项；三是外交和外事活动中的秘密事项以及对外承担保密义务的事项；四是国民经济和社会发展中的秘密事项；五是科学技术中的秘密事项；六是维护国家安全活动和追查刑事犯罪中的秘密事项；七是其他经国家保密部门确定应当保守的国家秘密事项。泄露上述事项以外的秘密，不能构成本罪。

其次要看情节是否严重，因为泄露国家秘密，还要达到情节严重的程度才能构成本罪。在司法实践中，具有以下情节之一的，可以认为是情节严重：一是为牟取私利或者出于个人目的而故意泄露国家秘密的；二是为了进行非法活动而泄露国家秘密的；三是在战时或者国家调整某项政策等特殊的时间、地点泄露国家秘密的；四是泄露秘密数量较大、扩散面广或者泄露绝密级国家秘密的；五是泄密以后造成严重后果或者重大损失的。

②国家机关工作人员受贿以后，故意向他人泄露国家秘密，如果受贿构成犯罪的，可以按照处理牵连犯的原则，以其中一个重罪处罚。

第二，本罪与侵犯商业秘密罪有以下区别：一是主体不完全相同。前罪的主体是自然人，主要是国家机关工作人员；而后罪的主体是一般主体，而且自然人和单位都可以成为本罪的主体。二是秘密的内容不同。前罪的秘密是国家秘密，关系到国家安全和利益，依照法定程序确定，在一定时间内，只限于一定范围的人员知悉的事项，它代表着国家利益；而后罪的秘密则是商业秘密，即不为公众所知悉，能为权利人带来经济利益，具有实用性，并经权利人采取保密措施的技术信息和经营信息，它代表权利人的经济利益。

(5)量刑幅度

根据《刑法》第398条的规定，对犯本罪的处罚分以下3个档次：

一是情节严重的，处3年以下有期徒刑或者拘役。

二是情节特别严重的，处3年以上7年以下有期徒刑。

三是非国家机关工作人员犯此罪的，要依照上述的规定，酌情处罚。

4. 过失泄露国家秘密罪(第398条)

(1)罪名概念

过失泄露国家秘密罪，是指国家机关工作人员和其他人员，违反国家保密法的规定，过失泄露国家秘密，情节严重的行为。

(2)法律规定

①本罪名是由《刑法》第398条规定的。该条规定："国家机关工作人员违反保守国家秘密法的规定，故意或者过失泄露国家秘密，情节严重的，处三年以下有期徒刑或者拘役；情节特别严重的，处三年以上七年以下有期徒刑。

非国家机关工作人员犯前款罪的，依照前款的规定酌情处罚。"

②2006年7月26日最高人民检察院《关于渎职侵权犯罪案件立案标准的规定》第一部分第4项规定："过失泄露国家秘密罪是指国家机关工作人员或者非国家机关工作人员违反保守国家秘密法，过失泄露国家秘密，或者遗失国家秘密载体，致使国家秘密被不应知悉者知悉或者超出了限定的接触范围，情节严重的行为。

涉嫌下列情形之一的，应予立案：

1. 泄露绝密级国家秘密1项(件)以上的；

2. 泄露机密级国家秘密3项(件)以上的；

3. 泄露秘密级国家秘密4项(件)以上的；

4. 违反保密规定，将涉及国家秘密的计算机或者计算机信息系统与互联网相连接，泄露国家秘密的；

5. 泄露国家秘密或者遗失国家秘密载体，隐瞒不报、不如实提供有关情况或者不采取补救措施的；

6. 其他情节严重的情形。"

③2001 年 7 月 20 日最高人民检察院《人民检察院直接受理立案侦查的渎职侵权重特大案件标准(试行)》第 4 条规定：

“四、过失泄露国家秘密案

(一)重大案件

1. 过失泄露绝密级国家秘密一项以上，或者泄露机密级国家秘密五项以上，或者泄露秘密级国家秘密七项以上并造成严重危害后果的；

2. 过失泄露国家秘密造成直接经济损失一百万元以上的；

3. 过失泄露国家秘密对国家安全构成严重危害的；

4. 过失泄露国家秘密对社会秩序造成严重危害的。

(二)特大案件

1. 过失泄露绝密级国家秘密二项以上，或者泄露机密级国家秘密七项以上，或者泄露秘密级国家秘密十项以上的；

2. 过失泄露国家秘密造成直接经济损失二百万元以上的；

3. 过失泄露国家秘密对国家安全构成特别严重危害的；

4. 过失泄露国家秘密对社会秩序造成特别严重危害的。”

④2003 年 11 月 13 日最高人民法院印发的《全国法院审理经济犯罪案件工作座谈会纪要》相关内容如下：

“一、关于贪污贿赂犯罪和渎职犯罪的主体

(一)国家机关工作人员的认定

刑法中所称的国家机关工作人员，是指在国家机关中从事公务的人员，包括在各级国家权力机关、行政机关、司法机关和军事机关中从事公务的人员。

根据有关立法解释的规定，在依照法律、法规规定行使国家行政管理职权的组织中从事公务的人员，或者在受国家机关委托代表国家行使职权的组织中从事公务的人员，或者虽未列入国家机关人员编制但在国家机关中从事公务的人员，视为国家机关工作人员。在乡(镇)以上中国共产党机关、人民政协机关中从事公务的人员，司法实践中也应当视为国家机关工作人员。

(二)国家机关、国有公司、企业、事业单位委派到非国有公司、企业、事业单位、社会团体从事公务的人员的认定

所谓委派，即委任、派遣，其形式多种多样，如任命、指派、提名、批准等。不论被委派的人身份如何，只要是接受国家机关、国有公司、企业、事业单位委派，代表国家机关、国有公司、企业、事业单位在非国有公司、企业、事业单位、社会团体中从事组织、领导、监督、管理等工作，都可以认定为国家机关、国有公司、企业、事业单位委派到非国有公司、企业、事业单位、社会团体从事公务的人员。如国家机关、国有公司、企业、事业单位委派在国有控股或者参股的股份有限公司从事组织、领导、监督、管理等工作的人员，应当以国家工作人员论。国有公司、企业改制为股份有限公司后，原国有公司、企业的工作人员和股份有限公司新任命的人员中，除代表国有投资主体行使监督、管理职权的人外，不以国家工作人员论。

(三)‘其他依照法律从事公务的人员’的认定

刑法第九十三条第二款规定的‘其他依照法律从事公务的人员’应当具有两个特征：一是在特定条件下行使国家管理职能；二是依照法律规定从事公务。具体包括：(1)依法履行职责的各级人民代表大会代表；(2)依法履行审判职责的人民陪审员；(3)协助乡镇人民政府、街道办事处从事行政管理工作的村民委员会、居民委员会等农村和城市基层组织人员；(4)其他由法律授权从事公务的人员。

（四）关于‘从事公务’的理解

从事公务，是指代表国家机关、国有公司、企业、事业单位、人民团体等履行组织、领导、监督、管理等职责。公务主要表现为与职权相联系的公共事务以及监督、管理国有财产的职务活动。如国家机关工作人员依法履行职责，国有公司的董事、经理、监事、会计、出纳人员等管理、监督国有财产等活动，属于从事公务。那些不具备职权内容的劳务活动、技术服务工作，如售货员、售票员等所从事的工作，一般不认为是公务。”

⑤2002 年 12 月 28 日全国人民代表大会常务委员会《关于〈中华人民共和国刑法〉第九章渎职罪主体适用问题的解释》规定：“在依照法律、法规规定行使国家行政管理职权的组织中从事公务的人员，或者在受国家机关委托代表国家机关行使职权的组织中从事公务的人员，或者虽未列入国家机关人员编制但在国家机关中从事公务的人员，在代表国家机关行使职权时，有渎职行为，构成犯罪的，依照刑法关于渎职罪的规定追究刑事责任。”

⑥2012 年 12 月 7 日最高人民法院、最高人民检察院《关于办理渎职刑事案件适用法律若干问题的解释（一）》第 3 条至第 8 条有以下规定：

“第三条　国家机关工作人员实施渎职犯罪并收受贿赂，同时构成受贿罪的，除刑法另有规定外，以渎职犯罪和受贿罪数罪并罚。

第四条　国家机关工作人员实施渎职行为，放纵他人犯罪或者帮助他人逃避刑事处罚，构成犯罪的，依照渎职罪的规定定罪处罚。

国家机关工作人员与他人共谋，利用其职务行为帮助他人实施其他犯罪行为，同时构成渎职犯罪和共谋实施的其他犯罪共犯的，依照处罚较重的规定定罪处罚。

国家机关工作人员与他人共谋，既利用其职务行为帮助他人实施其他犯罪，又以非职务行为与他人共同实施该其他犯罪行为，同时构成渎职犯罪和其他犯罪的共犯的，依照数罪并罚的规定定罪处罚。

第五条　国家机关负责人员违法决定，或者指使、授意、强令其他国家机关工作人员违法履行职务或者不履行职务，构成刑法分则第九章规定的渎职犯罪的，应当依法追究刑事责任。

以‘集体研究’形式实施的渎职犯罪，应当依照刑法分则第九章的规定追究国家机关负有责任的人员的刑事责任。对于具体执行人员，应当在综合认定其行为性质、是否提出反对意见、危害结果大小等情节的基础上决定是否追究刑事责任和应当判处的刑罚。

第六条　以危害结果为条件的渎职犯罪的追诉期限，从危害结果发生之日起计算；有数个危害结果的，从最后一个危害结果发生之日起计算。

第七条　依法或者受委托行使国家行政管理职权的公司、企业、事业单位的工作人员，在行使行政管理职权时滥用职权或者玩忽职守，构成犯罪的，应当依照《全国人民代表大会常务委员会关于〈中华人民共和国刑法〉第九章渎职罪主体适用问题的解释》的规定，适用渎职罪的规定追究刑事责任。

第八条　本解释规定的‘经济损失’，是指渎职犯罪或者与渎职犯罪相关联的犯罪立案时已经实际造成的财产损失，包括为挽回渎职犯罪所造成损失而支付的各种开支、费用等。立案后至提起公诉前持续发生的经济损失，应一并计入渎职犯罪造成的经济损失。

债务人经法定程序被宣告破产，债务人潜逃、去向不明，或者因行为人的责任超过诉讼时效等，致使债权已经无法实现的，无法实现的债权部分应当认定为渎职犯罪的经济损失。

渎职犯罪或者与渎职犯罪相关联的犯罪立案后，犯罪分子及其亲友自行挽回的经济损失，司法机关或者犯罪分子所在单位及其上级主管部门挽回的经济损失，或者因客观原因减少的经济损失，不予扣减，但可以作为酌定从轻处罚的情节。”

(3)构成要件

第一,本罪侵犯的客体是国家保密制度,即国家保密法所规定的国家机密事项、保密范围以及保密规定等制度。

第二,客观方面表现为违反国家保密法规,过失泄露国家秘密,情节严重的行为。

第三,本罪的主体主要是国家机关工作人员,但非国家工作人员也可以构成本罪。

第四,主观方面是过失。过失泄密是指疏忽大意泄露国家的秘密。但也不排除出于过于自信的过失。

(4)罪名界定

第一,关于本罪的构成。根据2006年7月26日最高人民检察院《关于渎职侵权犯罪案件立案标准的规定》第一部分第4项的规定,违反保守国家秘密法,过失泄露国家秘密,或者遗失国家秘密载体,致使国家秘密被不应知悉者知悉或者超出了限定的接触范围,情节严重,涉嫌下列情形之一的,应予立案追诉:一是泄露绝密级国家秘密1项(件)以上的;二是泄露机密级国家秘密3项(件)以上的;三是泄露秘密级国家秘密4项(件)以上的;四是违反保密规定,将涉及国家秘密的计算机或者计算机信息系统与互联网相连接,泄露国家秘密的;五是泄露国家秘密或者遗失国家秘密载体,隐瞒不报、不如实提供有关情况或者不采取补救措施的;六是其他情节严重的情形。

第二,本罪与玩忽职守罪有以下区别:一是本罪的主体也可以是非国家机关工作人员,而玩忽职守罪只能由国家机关工作人员构成。二是本罪侵犯的客体是国家保密制度;而玩忽职守罪侵犯的客体则是国家机关的正常活动以及公共财产和国家、集体及人民的利益。三是在客观方面,本罪表现为违反了国家保密法规,过失泄露国家秘密,情节严重的行为;而玩忽职守罪在客观方面则表现为违反工作纪律、规章制度、擅离职守、不尽义务,或者在职守中马虎从事,不正确履行义务,致使公共财产、国家和人民的利益遭受重大损失的行为。

(5)量刑幅度

根据《刑法》第398条的规定,对犯本罪的处罚分以下2个档次:

一是情节严重犯本罪的,处3年以下有期徒刑或者拘役;

二是情节特别严重的,处3年以上7年以下有期徒刑。

5. 徇私枉法罪(第399条第1款)

(1)罪名概念

徇私枉法罪,是指司法工作人员徇私枉法,徇情枉法,对明知是无罪的人而使他受追诉,对明知有罪的人而故意包庇不使他受到追诉;或者在审判活动中,故意违背事实和法律,作枉法裁判的行为。

(2)法律规定

①本罪名是由《刑法》第399条第1款规定的。该条款规定:“司法工作人员徇私枉法、徇情枉法,对明知是无罪的人而使他受追诉、对明知是有罪的人而故意包庇不使他受追诉,或者在刑事审判活动中故意违背事实和法律作枉法裁判的,处五年以下有期徒刑或者拘役;情节严重的,处五年以上十年以下有期徒刑;情节特别严重的,处十年以上有期徒刑。”

《刑法》第399条第4款规定:“司法工作人员收受贿赂,有前三款行为的,同时又构成本法第三百八十五条规定之罪的,依照处罚较重的规定定罪处罚。”

《刑法》第94条规定:“本法所称司法工作人员,是指有侦查、检察、审判、监管职责的工作人员。”

②2006 年 7 月 26 日最高人民检察院《关于渎职侵权犯罪案件立案标准的规定》第一部分第 5 项规定："徇私枉法罪是指司法工作人员徇私枉法、徇情枉法，对明知是无罪的人而使他受追诉、对明知是有罪的人而故意包庇不使他受追诉，或者在刑事审判活动中故意违背事实和法律作枉法裁判的行为。

涉嫌下列情形之一的，应予立案：

1. 对明知是没有犯罪事实或者其他依法不应当追究刑事责任的人，采取伪造、隐匿、毁灭证据或者其他隐瞒事实、违反法律的手段，以追究刑事责任为目的立案、侦查、起诉、审判的；

2. 对明知是有犯罪事实需要追究刑事责任的人，采取伪造、隐匿、毁灭证据或者其他隐瞒事实、违反法律的手段，故意包庇使其不受立案、侦查、起诉、审判的；

3. 采取伪造、隐匿、毁灭证据或者其他隐瞒事实、违反法律的手段，故意使罪重的人受较轻的追诉，或者使罪轻的人受较重的追诉的；

4. 在立案后，采取伪造、隐匿、毁灭证据或者其他隐瞒事实、违反法律的手段，应当采取强制措施而不采取强制措施，或者虽然采取强制措施，但中断侦查或者超过法定期限不采取任何措施，实际放任不管，以及违法撤销、变更强制措施，致使犯罪嫌疑人、被告人实际脱离司法机关侦控的；

5. 在刑事审判活动中故意违背事实和法律，作出枉法判决、裁定，即有罪判无罪、无罪判有罪，或者重罪轻判、轻罪重判的；

6. 其他徇私枉法应予追究刑事责任的情形。"

③2001 年 7 月 20 日最高人民检察院《人民检察院直接受理立案侦查的渎职侵权重特大案件标准(试行)》第 5 条规定：

"五、枉法追诉、裁判案

(一)重大案件

1. 对依法可能判处三年以上七年以下有期徒刑的犯罪分子，故意包庇不使其受追诉的；

2. 致使无罪的人被判处三年以上七年以下有期徒刑的。

(二)特大案件

1. 对依法可能判处七年以上有期徒刑、无期徒刑、死刑的犯罪分子，故意包庇不使其受追诉的；

2. 致使无罪的人被判处七年以上有期徒刑、无期徒刑、死刑的。"

④2003 年 4 月 16 日最高人民检察院法律政策研究室《关于非司法工作人员是否可以构成徇私枉法罪共犯问题的答复》规定："非司法工作人员与司法工作人员勾结，共同实施徇私枉法行为，构成犯罪的，应当以徇私枉法罪的共犯追究刑事责任。"

⑤2002 年 12 月 28 日全国人民代表大会常务委员会《关于〈中华人民共和国刑法〉第九章渎职罪主体适用问题的解释》规定："在依照法律、法规规定行使国家行政管理职权的组织中从事公务的人员，或者在受国家机关委托代表国家机关行使职权的组织中从事公务的人员，或者虽未列入国家机关人员编制但在国家机关中从事公务的人员，在代表国家机关行使职权时，有渎职行为，构成犯罪的，依照刑法关于渎职罪的规定追究刑事责任。"

⑥2012 年 12 月 7 日最高人民法院、最高人民检察院《关于办理渎职刑事案件适用法律若干问题的解释(一)》第 3 条至第 8 条有以下规定：

"第三条　国家机关工作人员实施渎职犯罪并收受贿赂，同时构成受贿罪的，除刑法另有规定外，以渎职犯罪和受贿罪数罪并罚。

第四条　国家机关工作人员实施渎职行为，放纵他人犯罪或者帮助他人逃避刑事处罚，构成犯罪的，依照渎职罪的规定定罪处罚。

国家机关工作人员与他人共谋，利用其职务行为帮助他人实施其他犯罪行为，同时构成渎职犯罪和共谋实施的其他犯罪共犯的，依照处罚较重的规定定罪处罚。

国家机关工作人员与他人共谋，既利用其职务行为帮助他人实施其他犯罪，又以非职务行为与他人共同实施该其他犯罪行为，同时构成渎职犯罪和其他犯罪的共犯的，依照数罪并罚的规定定罪处罚。

第五条　国家机关负责人员违法决定，或者指使、授意、强令其他国家机关工作人员违法履行职务或者不履行职务，构成刑法分则第九章规定的渎职犯罪的，应当依法追究刑事责任。

以'集体研究'形式实施的渎职犯罪，应当依照刑法分则第九章的规定追究国家机关负有责任的人员的刑事责任。对于具体执行人员，应当在综合认定其行为性质、是否提出反对意见、危害结果大小等情节的基础上决定是否追究刑事责任和应当判处的刑罚。

第六条　以危害结果为条件的渎职犯罪的追诉期限，从危害结果发生之日起计算；有数个危害结果的，从最后一个危害结果发生之日起计算。

第七条　依法或者受委托行使国家行政管理职权的公司、企业、事业单位的工作人员，在行使行政管理职权时滥用职权或者玩忽职守，构成犯罪的，应当依照《全国人民代表大会常务委员会关于〈中华人民共和国刑法〉第九章渎职罪主体适用问题的解释》的规定，适用渎职罪的规定追究刑事责任。

第八条　本解释规定的'经济损失'，是指渎职犯罪或者与渎职犯罪相关联的犯罪立案时已经实际造成的财产损失，包括为挽回渎职犯罪所造成损失而支付的各种开支、费用等。立案后至提起公诉前持续发生的经济损失，应一并计入渎职犯罪造成的经济损失。

债务人经法定程序被宣告破产，债务人潜逃、去向不明，或者因行为人的责任超过诉讼时效等，致使债权已经无法实现的，无法实现的债权部分应当认定为渎职犯罪的经济损失。

渎职犯罪或者与渎职犯罪相关联的犯罪立案后，犯罪分子及其亲友自行挽回的经济损失，司法机关或者犯罪分子所在单位及其上级主管部门挽回的经济损失，或者因客观原因减少的经济损失，不予扣减，但可以作为酌定从轻处罚的情节。"

(3)构成要件

第一，本罪侵犯的客体是司法机关的正常管理活动。

第二，客观方面表现为三种方式：一是明知是无罪的人而使他受到追诉；二是明知是有罪的人而故意包庇，使他不受到追诉；三是在刑事审判活动中，故意违背事实和法律，枉法裁判。这三种行为方式，只能发生在刑事诉讼过程中。

第三，本罪的主体是特殊主体，即司法工作人员。

第四，主观方面是故意，即必须是明知有罪的而故意包庇，明知是无罪者而故意陷害，或者故意在刑事审判活动中枉法裁判。犯罪动机如何，不影响本罪的成立，只能作为量刑的情节来考虑。

(4)罪名界定

第一，本罪与诬告陷害罪有以下区别：①在犯罪主体方面，本罪只能是司法工作人员；而诬告陷害罪的主体是一般主体。②在犯罪行为表现方式方面，本罪既包括对案件当事人的不利的行为，如把无罪判为有罪，把轻罪判为重罪，也包括对当事人有利的行为，如把有罪判为无罪，把重罪判为轻罪；而诬告陷害只包括对有关人员不利的行为，使其受到刑事追究。③在犯罪的时间方面，本罪一般发生在刑事诉讼中以及刑罚执行中；而诬告陷害往往发生在刑事诉讼开始之前。

第二，本罪与伪证罪有以下区别：①在主体方面，本罪的主体是司法工作人员；而伪证罪的主体是刑事诉讼中的证人、鉴定人、记录人、翻译人。②在行为表示方式方面,本罪主要是使不应该受到侦查、起诉、审判的人受到侦查、起诉、审判或者相反,以及在刑事审判中作枉法裁判;而伪证罪的行为则主要是作虚假证明、鉴定、记录、翻译。③在主观方面的故意内容不同。本罪的目的是徇私徇情;而伪证罪的目的是陷害他人或者隐匿罪证。

第三,本罪与包庇罪有以下区别:①在主体方面,本罪是司法工作人员;而包庇罪的主体则是一般主体。②在客观表现形式方面,本罪是利用职权,使有罪的人不受刑事追究或者相反,以及作出枉法裁判的行为;而包庇罪则是作虚假证明,或者帮助毁灭证据,掩盖犯罪分子的罪行。③在犯罪对象方面,本罪涉及的可能是犯罪分子,也可能是无罪的人或者其他刑事诉讼中有利害关系的当事人,而包庇罪的对象只能是犯罪分子。

(5)量刑幅度

根据《刑法》第 399 条第 1 款的规定,对犯本罪的处罚分以下 3 个档次:

一是情节一般的,处 5 年以下有期徒刑或者拘役。

二是情节严重的,处 5 年以上 10 年以下有期徒刑。

三是情节特别严重的,处 10 年以上有期徒刑。

6. 民事、行政枉法裁判罪(第 399 条第 2 款、第 4 款)

(1)罪名概念

民事、行政枉法裁判罪,是指在民事、行政审判活动中,故意违背事实和法律,枉法裁判,情节严重的行为。

(2)法律规定

①本罪名是由《刑法》第 399 条第 2 款、第 4 款规定的。《刑法》第 399 条第 2 款、第 4 款分别规定:"在民事、行政审判活动中故意违背事实和法律作枉法裁判,情节严重的,处五年以下有期徒刑或者拘役;情节特别严重的,处五年以上十年以下有期徒刑。"

"司法工作人员收受贿赂,有前三款行为的,同时又构成本法第三百八十五条规定之罪的,依照处罚较重的规定定罪处罚。"

②2006 年 7 月 26 日最高人民检察院《关于渎职侵权犯罪案件立案标准的规定》第一部分第 6 项规定:"民事、行政枉法裁判罪是指司法工作人员在民事、行政审判活动中,故意违背事实和法律作枉法裁判,情节严重的行为。

涉嫌下列情形之一的,应予立案:

1. 枉法裁判,致使当事人或者其近亲属自杀、自残造成重伤、死亡,或者精神失常的;

2. 枉法裁判,造成个人财产直接经济损失 10 万元以上,或者直接经济损失不满 10 万元,但间接经济损失 50 万元以上的;

3. 枉法裁判,造成法人或者其他组织财产直接经济损失 20 万元以上,或者直接经济损失不满 20 万元,但间接经济损失 100 万元以上的;

4. 伪造、变造有关材料、证据,制造假案枉法裁判的;

5. 串通当事人制造伪证,毁灭证据或者篡改庭审笔录而枉法裁判的;

6. 徇私情、私利,明知是伪造、变造的证据予以采信,或者故意对应当采信的证据不予采信,或者故意违反法定程序,或者故意错误适用法律而枉法裁判的;

7. 其他情节严重的情形。"

③2001 年 7 月 20 日最高人民检察院《人民检察院直接受理立案侦查的渎职侵权重特大案件标准(试行)》第 6 条规定:

“六、民事、行政枉法裁判案

（一）重大案件

1. 枉法裁判，致使公民的财产损失十万元以上、法人或者其他组织财产损失五十万元以上的；

2. 枉法裁判，引起当事人及其亲属精神失常或者重伤的。

（二）特大案件

1. 枉法裁判，致使公民的财产损失五十万元以上、法人或者其他组织财产损失一百万元以上的；

2. 引起当事人及其亲属自杀死亡的。”

④2002 年 12 月 28 日全国人民代表大会常务委员会《关于〈中华人民共和国刑法〉第九章渎职罪主体适用问题的解释》规定：“在依照法律、法规规定行使国家行政管理职权的组织中从事公务的人员，或者在受国家机关委托代表国家机关行使职权的组织中从事公务的人员，或者虽未列入国家机关人员编制但在国家机关中从事公务的人员，在代表国家机关行使职权时，有渎职行为，构成犯罪的，依照刑法关于渎职罪的规定追究刑事责任。”

⑤2012 年 12 月 7 日最高人民法院、最高人民检察院《关于办理渎职刑事案件适用法律若干问题的解释（一）》第 3 条至第 8 条有以下规定：

“第三条　国家机关工作人员实施渎职犯罪并收受贿赂，同时构成受贿罪的，除刑法另有规定外，以渎职犯罪和受贿罪数罪并罚。

第四条　国家机关工作人员实施渎职行为，放纵他人犯罪或者帮助他人逃避刑事处罚，构成犯罪的，依照渎职罪的规定定罪处罚。

国家机关工作人员与他人共谋，利用其职务行为帮助他人实施其他犯罪行为，同时构成渎职犯罪和共谋实施的其他犯罪共犯的，依照处罚较重的规定定罪处罚。

国家机关工作人员与他人共谋，既利用其职务行为帮助他人实施其他犯罪，又以非职务行为与他人共同实施该其他犯罪行为，同时构成渎职犯罪和其他犯罪的共犯的，依照数罪并罚的规定定罪处罚。

第五条　国家机关负责人员违法决定，或者指使、授意、强令其他国家机关工作人员违法履行职务或者不履行职务，构成刑法分则第九章规定的渎职犯罪的，应当依法追究刑事责任。

以‘集体研究’形式实施的渎职犯罪，应当依照刑法分则第九章的规定追究国家机关负有责任的人员的刑事责任。对于具体执行人员，应当在综合认定其行为性质、是否提出反对意见、危害结果大小等情节的基础上决定是否追究刑事责任和应当判处的刑罚。

第六条　以危害结果为条件的渎职犯罪的追诉期限，从危害结果发生之日起计算；有数个危害结果的，从最后一个危害结果发生之日起计算。

第七条　依法或者受委托行使国家行政管理职权的公司、企业、事业单位的工作人员，在行使行政管理职权时滥用职权或者玩忽职守，构成犯罪的，应当依照《全国人民代表大会常务委员会关于〈中华人民共和国刑法〉第九章渎职罪主体适用问题的解释》的规定，适用渎职罪的规定追究刑事责任。

第八条　本解释规定的‘经济损失’，是指渎职犯罪或者与渎职犯罪相关联的犯罪立案时已经实际造成的财产损失，包括为挽回渎职犯罪所造成损失而支付的各种开支、费用等。立案后至提起公诉前持续发生的经济损失，应一并计入渎职犯罪造成的经济损失。

债务人经法定程序被宣告破产，债务人潜逃、去向不明，或者因行为人的责任超过诉讼时效等，致使债权已经无法实现的，无法实现的债权部分应当认定为渎职犯罪的经济损失。

渎职犯罪或者与渎职犯罪相关联的犯罪立案后,犯罪分子及其亲友自行挽回的经济损失,司法机关或者犯罪分子所在单位及其上级主管部门挽回的经济损失,或者因客观原因减少的经济损失,不予扣减,但可以作为酌定从轻处罚的情节。"

(3)构成要件

第一,本罪侵犯的客体是人民法院正常的民事、行政审判活动。

第二,客观方面表现为在民事、行政审判活动中,违背事实和法律,作枉法裁判,情节严重的行为。

第三,本罪的主体,是在民事、行政审判活动中,有审判职责的工作人员,即民事、行政审判人员。

第四,主观方面是直接故意。

(4)罪名界定

第一,认定本罪要注意以下几点:①司法工作人员贪赃枉法,犯民事、行政枉法裁判罪的,同时又构成《刑法》第385条规定的受贿罪的,则按照处理牵连犯的原则,依照处罚较重的规定来定罪处罚。②民事审判工作中的错判等失误,往往是由于行为人政策、法律水平不高,工作能力有限,或者工作不认真、不仔细,对证据、案情没有全面了解,对某一问题有不同理解造成的。主观上不是故意违背事实和法律,一般不以犯罪处理。③要把本罪与一般的徇私枉法行为区别开。枉法裁判只有情节严重的才能构成犯罪,如果情节不严重,不认为是犯罪。对一般的徇私枉法行为,可以给予党纪、政纪处理。

第二,本罪与徇私枉法罪的区别主要是:①犯罪主体不同。本罪的主体是民事、行政审判人员;而徇私枉法罪的主体是刑事诉讼中的侦查、检察、审判以及监管人员。②犯罪行为的表现形式不同。本罪只表现为违背事实和法律,作枉法裁判的行为;而徇私枉法罪除此之外,还表现为使无罪的人受到追诉,包庇有罪的人使其不受追诉。③犯罪发生的阶段不同。本罪只能发生在民事、行政审判期间;而徇私枉法罪则只发生在刑事诉讼中。④对犯罪情节的要求不同。构成本罪,必须是情节严重;徇私枉法罪则没有这样的要求。⑤法定刑也不同。本罪有两个量刑幅度,最高刑为10年以下有期徒刑;而徇私枉法罪有3个量刑幅度,最高刑为10年以上有期徒刑。

(5)量刑幅度

根据《刑法》第399条第2款的规定,对犯本罪的处罚分以下2个档次:

一是构成本罪的,处5年以下有期徒刑或者拘役。

二是情节特别严重的,处5年以上10年以下有期徒刑。

7. 执行判决、裁定失职罪(第399条第3款、第4款)

(1)罪名概念

执行判决、裁定失职罪,是指司法工作人员在执行判决、裁定活动中,严重不负责任或者滥用职权,不依法采取诉讼保全措施,不履行法定的执行职责,或者违法采取诉讼保全措施、强制执行措施,致使当事人或者其他人的利益遭受重大损失的行为。

(2)法律规定

①本罪名是由《刑法》第399条第3款、第4款规定的。《刑法》第399条第3款、第4款分别规定:"在执行判决、裁定活动中,严重不负责任或者滥用职权,不依法采取诉讼保全措施、不履行法定执行职责,或者违法采取诉讼保全措施、强制执行措施,致使当事人或者其他人的利益遭受重大损失的,处五年以下有期徒刑或者拘役;致使当事人或者其他人的利益遭受特别重大损失

的，处五年以上十年以下有期徒刑。

司法工作人员收受贿赂，有前三款行为的，同时又构成本法第三百八十五条规定之罪的，依照处罚较重的规定定罪处罚。”

《刑法》第94条规定：“本法所称司法工作人员，是指有侦查、检察、审判、监管职责的工作人员。”

②2006年7月26日最高人民检察院《关于渎职侵权犯罪案件立案标准的规定》第一部分第7项规定：“执行判决、裁定失职罪是指司法工作人员在执行判决、裁定活动中，严重不负责任，不依法采取诉讼保全措施、不履行法定执行职责，或者违法采取保全措施、强制执行措施，致使当事人或者其他人的利益遭受重大损失的行为。

涉嫌下列情形之一的，应予立案：

1. 致使当事人或者其近亲属自杀、自残造成重伤、死亡，或者精神失常的；

2. 造成个人财产直接经济损失15万元以上，或者直接经济损失不满15万元，但间接经济损失75万元以上的；

3. 造成法人或者其他组织财产直接经济损失30万元以上，或者直接经济损失不满30万元，但间接经济损失150万元以上的；

4. 造成公司、企业等单位停业、停产1年以上，或者破产的；

5. 其他致使当事人或者其他人的利益遭受重大损失的情形。”

③2002年12月28日全国人民代表大会常务委员会《关于〈中华人民共和国刑法〉第九章渎职罪主体适用问题的解释》规定：“在依照法律、法规规定行使国家行政管理职权的组织中从事公务的人员，或者在受国家机关委托代表国家机关行使职权的组织中从事公务的人员，或者虽未列入国家机关人员编制但在国家机关中从事公务的人员，在代表国家机关行使职权时，有渎职行为，构成犯罪的，依照刑法关于渎职罪的规定追究刑事责任。”

④2012年12月7日最高人民法院、最高人民检察院《关于办理渎职刑事案件适用法律若干问题的解释(一)》第3条至第8条有以下规定：

“第三条　国家机关工作人员实施渎职犯罪并收受贿赂，同时构成受贿罪的，除刑法另有规定外，以渎职犯罪和受贿罪数罪并罚。

第四条　国家机关工作人员实施渎职行为，放纵他人犯罪或者帮助他人逃避刑事处罚，构成犯罪的，依照渎职罪的规定定罪处罚。

国家机关工作人员与他人共谋，利用其职务行为帮助他人实施其他犯罪行为，同时构成渎职犯罪和共谋实施的其他犯罪共犯的，依照处罚较重的规定定罪处罚。

国家机关工作人员与他人共谋，既利用其职务行为帮助他人实施其他犯罪，又以非职务行为与他人共同实施该其他犯罪行为，同时构成渎职犯罪和其他犯罪的共犯的，依照数罪并罚的规定定罪处罚。

第五条　国家机关负责人员违法决定，或者指使、授意、强令其他国家机关工作人员违法履行职务或者不履行职务，构成刑法分则第九章规定的渎职犯罪的，应当依法追究刑事责任。

以‘集体研究’形式实施的渎职犯罪，应当依照刑法分则第九章的规定追究国家机关负有责任的人员的刑事责任。对于具体执行人员，应当在综合认定其行为性质、是否提出反对意见、危害结果大小等情节的基础上决定是否追究刑事责任和应当判处的刑罚。

第六条　以危害结果为条件的渎职犯罪的追诉期限，从危害结果发生之日起计算；有数个危害结果的，从最后一个危害结果发生之日起计算。

第七条　依法或者受委托行使国家行政管理职权的公司、企业、事业单位的工作人员，在行使行政管理职权时滥用职权或者玩忽职守，构成犯罪的，应当依照《全国人民代表大会常务委员会关于〈中华人民共和国刑法〉第九章渎职罪主体适用问题的解释》的规定，适用渎职罪的规定追究刑事责任。

第八条 本解释规定的‘经济损失’，是指渎职犯罪或者与渎职犯罪相关联的犯罪立案时已经实际造成的财产损失，包括为挽回渎职犯罪所造成损失而支付的各种开支、费用等。立案后至提起公诉前持续发生的经济损失，应一并计入渎职犯罪造成的经济损失。

债务人经法定程序被宣告破产，债务人潜逃、去向不明，或者因行为人的责任超过诉讼时效等，致使债权已经无法实现的，无法实现的债权部分应当认定为渎职犯罪的经济损失。

渎职犯罪或者与渎职犯罪相关联的犯罪立案后，犯罪分子及其亲友自行挽回的经济损失，司法机关或者犯罪分子所在单位及其上级主管部门挽回的经济损失，或者因客观原因减少的经济损失，不予扣减，但可以作为酌定从轻处罚的情节。”

(3)构成要件

第一，本罪侵犯的客体是双重客体，即在侵犯人民法院正常的执行活动的同时，又侵犯了当事人或者其他人的合法权益。

第二，客观方面表现为司法工作人员在执行判决、裁定活动中，严重不负责任或者滥用职权，不依法采取诉讼保全措施，不履行法定的执行职责，或者违法采取诉讼保全措施、强制执行措施，致使当事人或者其他人的利益遭受重大损失的行为。

第三，本罪的主体是司法工作人员。

第四，主观方面是故意，即在执行判决、裁定活动中，严重不负责任，不依法采取诉讼保全措施，或者不履行法定的执行职责是故意而不是过失。

(4)罪名界定

第一，认定本罪要注意以下两点：①根据《刑法》第 399 条第 3 款的规定，本罪是结果犯，构成本罪必须是已经使当事人或者其他人的利益遭受到了重大损失。这种利益不仅仅是经济利益，也包括其他方面的利益。②司法工作人员如果是因为收受贿赂而犯此罪，不实行数罪并罚，而是以受贿罪和本罪中处罚较重的规定来定罪处罚，一般按照受贿罪论处。

第二，本罪与徇私枉法罪和民事、行政枉法裁判罪的区别是：①本罪主体是执行人员，而后两者的犯罪主体是在刑事诉讼中的侦查、检察、审判人员或者是在民事、行政诉讼中的民事、行政审判人员。②在主观方面，本罪是过失，而后两者是故意。③在侵犯的客体方面，本罪侵犯的是人民法院正常的执行活动，而后者侵犯的是国家司法机关正常的侦查、检察、审判活动。④在客观表现方面，本罪表现为在执行活动中，严重不负责任的行为，而后者表现为违背事实和法律，在追诉或者刑事审判活动中，作枉法决定或者裁判的行为，或者是在民事、行政审判活动中作枉法裁判的行为。

(5)量刑幅度

根据《刑法》第 399 条第 3 款的规定，对犯本罪的处罚分以下 2 个档次：

一是构成犯罪的，处 5 年以下有期徒刑或者拘役；

二是致使当事人或者其他人的利益遭受特别重大损失的，处 5 年以上 10 年以下有期徒刑。

8. 执行判决、裁定滥用职权罪(第 399 条第 3 款、第 4 款)

(1)罪名概念

执行判决、裁定滥用职权罪，是指司法工作人员在执行判决、裁定活动中，滥用职权，违法采取诉讼保全措施、强制执行措施，致使当事人或者其他人的利益遭受重大损失的行为。

(2)法律规定

①本罪名是由《刑法》第399条第3款、第4款规定的。《刑法》第399条第3款、第4款分别规定:“在执行判决、裁定活动中,严重不负责任或者滥用职权,不依法采取诉讼保全措施、不履行法定执行职责,或者违法采取诉讼保全措施、强制执行措施,致使当事人或者其他人的利益遭受重大损失的,处五年以下有期徒刑或者拘役;致使当事人或者其他人的利益遭受特别重大损失的,处五年以上十年以下有期徒刑。

司法工作人员收受贿赂,有前三款行为的,同时又构成本法第三百八十五条规定之罪的,依照处罚较重的规定定罪处罚。”

《刑法》第94条规定:“本法所称司法工作人员,是指有侦查、检察、审判、监管职责的工作人员。”

②2006年7月26日最高人民检察院《关于渎职侵权犯罪案件立案标准的规定》第一部分第8项规定:“执行判决、裁定滥用职权罪是指司法工作人员在执行判决、裁定活动中,滥用职权,不依法采取诉讼保全措施、不履行法定执行职责,或者违法采取保全措施、强制执行措施,致使当事人或者其他人的利益遭受重大损失的行为。

涉嫌下列情形之一的,应予立案:

1. 致使当事人或者其近亲属自杀、自残造成重伤、死亡,或者精神失常的;

2. 造成个人财产直接经济损失10万元以上,或者直接经济损失不满10万元,但间接经济损失50万元以上的;

3. 造成法人或者其他组织财产直接经济损失20万元以上,或者直接经济损失不满20万元,但间接经济损失100万元以上的;

4. 造成公司、企业等单位停业、停产6个月以上,或者破产的;

5. 其他致使当事人或者其他人的利益遭受重大损失的情形。”

③2002年12月28日全国人民代表大会常务委员会《关于〈中华人民共和国刑法〉第九章渎职罪主体适用问题的解释》规定:“在依照法律、法规规定行使国家行政管理职权的组织中从事公务的人员,或者在受国家机关委托代表国家机关行使职权的组织中从事公务的人员,或者虽未列入国家机关人员编制但在国家机关中从事公务的人员,在代表国家机关行使职权时,有渎职行为,构成犯罪的,依照刑法关于渎职罪的规定追究刑事责任。”

④2012年12月7日最高人民法院、最高人民检察院《关于办理渎职刑事案件适用法律若干问题的解释(一)》第3条至第8条有以下规定:

“第三条　国家机关工作人员实施渎职犯罪并收受贿赂,同时构成受贿罪的,除刑法另有规定外,以渎职犯罪和受贿罪数罪并罚。

第四条　国家机关工作人员实施渎职行为,放纵他人犯罪或者帮助他人逃避刑事处罚,构成犯罪的,依照渎职罪的规定定罪处罚。

国家机关工作人员与他人共谋,利用其职务行为帮助他人实施其他犯罪行为,同时构成渎职犯罪和共谋实施的其他犯罪共犯的,依照处罚较重的规定定罪处罚。

国家机关工作人员与他人共谋,既利用其职务行为帮助他人实施其他犯罪,又以非职务行为与他人共同实施该其他犯罪行为,同时构成渎职犯罪和其他犯罪的共犯的,依照数罪并罚的规定定罪处罚。

第五条　国家机关负责人员违法决定,或者指使、授意、强令其他国家机关工作人员违法履行职务或者不履行职务,构成刑法分则第九章规定的渎职犯罪的,应当依法追究刑事责任。

以‘集体研究’形式实施的渎职犯罪,应当依照刑法分则第九章的规定追究国家机关负有责任的人员的刑事责任。对于具体执行人员，应当在综合认定其行为性质、是否提出反对意见、危害结果大小等情节的基础上决定是否追究刑事责任和应当判处的刑罚。

第六条　以危害结果为条件的渎职犯罪的追诉期限，从危害结果发生之日起计算；有数个危害结果的，从最后一个危害结果发生之日起计算。

第七条　依法或者受委托行使国家行政管理职权的公司、企业、事业单位的工作人员，在行使行政管理职权时滥用职权或者玩忽职守，构成犯罪的，应当依照《全国人民代表大会常务委员会关于〈中华人民共和国刑法〉第九章渎职罪主体适用问题的解释》的规定，适用渎职罪的规定追究刑事责任。

第八条　本解释规定的'经济损失'，是指渎职犯罪或者与渎职犯罪相关联的犯罪立案时已经实际造成的财产损失，包括为挽回渎职犯罪所造成损失而支付的各种开支、费用等。立案后至提起公诉前持续发生的经济损失，应一并计入渎职犯罪造成的经济损失。

债务人经法定程序被宣告破产，债务人潜逃、去向不明，或者因行为人的责任超过诉讼时效等，致使债权已经无法实现的，无法实现的债权部分应当认定为渎职犯罪的经济损失。

渎职犯罪或者与渎职犯罪相关联的犯罪立案后，犯罪分子及其亲友自行挽回的经济损失，司法机关或者犯罪分子所在单位及其上级主管部门挽回的经济损失，或者因客观原因减少的经济损失，不予扣减，但可以作为酌定从轻处罚的情节。"

(3)构成要件

第一，本罪侵犯的客体是双重客体，即在侵犯人民法院正常的执行活动的同时，又侵犯了当事人或者其他人的合法利益。

第二，客观方面表现为司法机关的工作人员在执行判决、裁定活动中，滥用职权，违法采取诉讼保全措施、强制执行措施，致使当事人或者其他人的利益遭受重大损失。

第三，本罪的主体是司法工作人员。

第四，主观方面是故意。

(4)罪名界定

认定本罪要注意以下两点：①本罪是结果犯，即构成本罪，必须是已经使当事人或者其他人的利益遭受重大损失了。这种利益，不仅仅是经济利益，也包括其他方面的利益。②司法工作人员如果因为收受贿赂而犯此罪的，不实行数罪并罚，而是以受贿罪和本罪中处罚较重的规定来定罪处罚。

(5)量刑幅度

根据《刑法》第399条第3款的规定，对犯本罪的处罚分以下2个档次：

一是构成犯罪的，处5年以下有期徒刑或者拘役；

二是致使当事人或者其他人的利益遭受特别重大损失的，处5年以上10年以下有期徒刑。

9. 枉法仲裁罪(第399条之一)

(1)罪名概念

枉法仲裁罪，是指承担仲裁职责的人员，在仲裁活动中故意违背事实和法律作出枉法裁决，情节严重的行为。

(2)法律规定

①本罪名是由《刑法》第399条之一规定的。该条规定："依法承担仲裁职责的人员，在仲裁活动中故意违背事实和法律作枉法裁决，情节严重的，处三年以下有期徒刑或者拘役；情节特别严重的，处三年以上七年以下有期徒刑。"

②2002年12月28日全国人民代表大会常务委员会《关于〈中华人民共和国刑法〉第九章渎职罪主体适用问题的解释》规定:“在依照法律、法规规定行使国家行政管理职权的组织中从事公务的人员,或者在受国家机关委托代表国家机关行使职权的组织中从事公务的人员,或者虽未列入国家机关人员编制但在国家机关中从事公务的人员,在代表国家机关行使职权时,有渎职行为,构成犯罪的,依照刑法关于渎职罪的规定追究刑事责任。”

③2012年12月7日最高人民法院、最高人民检察院《关于办理渎职刑事案件适用法律若干问题的解释(一)》第3条至第8条有以下规定:

“第三条　国家机关工作人员实施渎职犯罪并收受贿赂,同时构成受贿罪的,除刑法另有规定外,以渎职犯罪和受贿罪数罪并罚。

第四条　国家机关工作人员实施渎职行为,放纵他人犯罪或者帮助他人逃避刑事处罚,构成犯罪的,依照渎职罪的规定定罪处罚。

国家机关工作人员与他人共谋,利用其职务行为帮助他人实施其他犯罪行为,同时构成渎职犯罪和共谋实施的其他犯罪共犯的,依照处罚较重的规定定罪处罚。

国家机关工作人员与他人共谋,既利用其职务行为帮助他人实施其他犯罪,又以非职务行为与他人共同实施该其他犯罪行为,同时构成渎职犯罪和其他犯罪的共犯的,依照数罪并罚的规定定罪处罚。

第五条　国家机关负责人员违法决定,或者指使、授意、强令其他国家机关工作人员违法履行职务或者不履行职务,构成刑法分则第九章规定的渎职犯罪的,应当依法追究刑事责任。

以‘集体研究’形式实施的渎职犯罪,应当依照刑法分则第九章的规定追究国家机关负有责任的人员的刑事责任。对于具体执行人员,应当在综合认定其行为性质、是否提出反对意见、危害结果大小等情节的基础上决定是否追究刑事责任和应当判处的刑罚。

第六条　以危害结果为条件的渎职犯罪的追诉期限,从危害结果发生之日起计算;有数个危害结果的,从最后一个危害结果发生之日起计算。

第七条　依法或者受委托行使国家行政管理职权的公司、企业、事业单位的工作人员,在行使行政管理职权时滥用职权或者玩忽职守,构成犯罪的,应当依照《全国人民代表大会常务委员会关于〈中华人民共和国刑法〉第九章渎职罪主体适用问题的解释》的规定,适用渎职罪的规定追究刑事责任。

第八条　本解释规定的‘经济损失’,是指渎职犯罪或者与渎职犯罪相关联的犯罪立案时已经实际造成的财产损失,包括为挽回渎职犯罪所造成损失而支付的各种开支、费用等。立案后至提起公诉前持续发生的经济损失,应一并计入渎职犯罪造成的经济损失。

债务人经法定程序被宣告破产,债务人潜逃、去向不明,或者因行为人的责任超过诉讼时效等,致使债权已经无法实现的,无法实现的债权部分应当认定为渎职犯罪的经济损失。

渎职犯罪或者与渎职犯罪相关联的犯罪立案后,犯罪分子及其亲友自行挽回的经济损失,司法机关或者犯罪分子所在单位及其上级主管部门挽回的经济损失,或者因客观原因减少的经济损失,不予扣减,但可以作为酌定从轻处罚的情节。”

(3)构成要件

第一,本罪侵犯的客体是国家仲裁机关的仲裁制度。

第二,客观方面表现为依法承担仲裁职责的人员,在仲裁活动中,故意违背事实和法律作出枉法裁决,情节严重的行为。

第三,犯罪主体是特殊主体,即必须是依法承担仲裁职责的人员。

第四,主观方面是故意。

(4)罪名界定

第一,认定本罪要注意以下三点:①主观上是故意,如果是由于仲裁业务水平低,或者是由于一时的马虎大意,作出了错误仲裁裁决,不能以本罪论处。②后果应该是“情节严重”,如果情节显著轻微,不应依本罪论处。③依法承担仲裁职责的人员,在仲裁活动中,故意违背事实和法律作出枉法裁决,如果其原因是收受他人贿赂,又犯了受贿罪,则不按数罪并罚原则处理,而依照处罚较重的规定来定罪处罚。

第二,本罪与民事、行政枉法裁判罪有以下区别:①侵犯的客体不同。本罪侵犯的客体是仲裁机构的正常活动,而后者侵犯的客体是审判机关的审判活动。②在客观方面表现不同。本罪表现为在仲裁活动中,故意违背事实和法律作枉法裁决的行为,而后者在客观方面表现为在民事、行政审判活动中,故意违背事实和法律,作枉法裁判的行为。③犯罪主体不同。本罪的犯罪主体是依法承担仲裁职责的人员,而民事、行政枉法裁判罪的犯罪主体是审判机关的审判人员。

(5)量刑幅度

根据《刑法》第399条之一的规定,犯本罪的,对其处罚分以下2个档次:

一是情节严重构成犯罪的,处3年以下有期徒刑或者拘役;

二是对情节特别严重的,处3年以上7年以下有期徒刑。

10. 私放在押人员罪(第400条第1款)

(1)罪名概念

私放在押人员罪,是指司法工作人员利用职务上的便利,非法私自将被关押的犯罪嫌疑人、被告人或者罪犯释放的行为。

(2)法律规定

①本罪名是由《刑法》第400条第1款规定的。该条款规定:“司法工作人员私放在押的犯罪嫌疑人、被告人或者罪犯的,处五年以下有期徒刑或者拘役;情节严重的,处五年以上十年以下有期徒刑;情节特别严重的,处十年以上有期徒刑。”

《刑法》第94条规定:“本法所称司法工作人员,是指有侦查、检察、审判、监管职责的工作人员。”

②2006年7月26日最高人民检察院《关于渎职侵权犯罪案件立案标准的规定》第一部分第9项规定:“私放在押人员罪是指司法工作人员私放在押(包括在羁押场所和押解途中)的犯罪嫌疑人、被告人或者罪犯的行为。

涉嫌下列情形之一的,应予立案:

1. 私自将在押的犯罪嫌疑人、被告人、罪犯放走,或者授意、指使、强迫他人将在押的犯罪嫌疑人、被告人、罪犯放走的;

2. 伪造、变造有关法律文书、证明材料,以使在押的犯罪嫌疑人、被告人、罪犯逃跑或者被释放的;

3. 为私放在押的犯罪嫌疑人、被告人、罪犯,故意向其通风报信、提供条件,致使该在押的犯罪嫌疑人、被告人、罪犯脱逃的;

4. 其他私放在押的犯罪嫌疑人、被告人、罪犯应予追究刑事责任的情形。”

③2001年7月20日最高人民检察院《人民检察院直接受理立案侦查的渎职侵权重特大案件标准(试行)》第7条规定:

“七、私放在押人员案

(一)重大案件

1. 私放三人以上的;

2. 私放可能判处有期徒刑十年以上或者余刑在五年以上的重大刑事犯罪分子的；

3. 在押人员被私放后又实施重大犯罪的。

（二）特大案件

1. 私放五人以上的；

2. 私放可能判处无期徒刑以上的重大刑事犯罪分子的；

3. 在押人员被私放后又犯罪致人死亡的。”

④2001年3月2日最高人民检察院《关于工人等非监管机关在编监管人员私放在押人员脱逃行为和失职致使在押人员脱逃行为适用法律问题的解释》规定：“工人等非监管机关在编监管人员在被监管机关聘用受委托履行监管职责的过程中私放在押人员的，应当依照刑法第四百条第一款的规定，以私放在押人员罪追究刑事责任；由于严重不负责任，致使在押人员脱逃，造成严重后果的，应当依照刑法第四百条第二款的规定，以失职致使在押人员脱逃罪追究刑事责任。”

⑤2002年12月28日全国人民代表大会常务委员会《关于〈中华人民共和国刑法〉第九章渎职罪主体适用问题的解释》规定：“在依照法律、法规规定行使国家行政管理职权的组织中从事公务的人员，或者在受国家机关委托代表国家机关行使职权的组织中从事公务的人员，或者虽未列入国家机关人员编制但在国家机关中从事公务的人员，在代表国家机关行使职权时，有渎职行为，构成犯罪的，依照刑法关于渎职罪的规定追究刑事责任。”

⑥2000年9月19日最高人民法院《关于未被公安机关正式录用的人员、狱医能否构成失职致使在押人员脱逃罪主体问题的批复》规定：“对于未被公安机关正式录用，受委托履行监管职责的人员，由于严重不负责任，致使在押人员脱逃，造成严重后果的，应当依照刑法第四百条第二款的规定定罪处罚。

不负监管职责的狱医，不构成失职致使在押人员脱逃罪的主体。但是受委派承担了监管职责的狱医，由于严重不负责任，致使在押人员脱逃，造成严重后果的，应当依照刑法第四百条第二款的规定定罪处罚。”

⑦2012年12月7日最高人民法院、最高人民检察院《关于办理渎职刑事案件适用法律若干问题的解释（一）》第3条至第8条有以下规定：

“第三条　国家机关工作人员实施渎职犯罪并收受贿赂，同时构成受贿罪的，除刑法另有规定外，以渎职犯罪和受贿罪数罪并罚。

第四条　国家机关工作人员实施渎职行为，放纵他人犯罪或者帮助他人逃避刑事处罚，构成犯罪的，依照渎职罪的规定定罪处罚。

国家机关工作人员与他人共谋，利用其职务行为帮助他人实施其他犯罪行为，同时构成渎职犯罪和共谋实施的其他犯罪共犯的，依照处罚较重的规定定罪处罚。

国家机关工作人员与他人共谋，既利用其职务行为帮助他人实施其他犯罪，又以非职务行为与他人共同实施该其他犯罪行为，同时构成渎职犯罪和其他犯罪的共犯的，依照数罪并罚的规定定罪处罚。

第五条　国家机关负责人员违法决定，或者指使、授意、强令其他国家机关工作人员违法履行职务或者不履行职务，构成刑法分则第九章规定的渎职犯罪的，应当依法追究刑事责任。

以‘集体研究’形式实施的渎职犯罪，应当依照刑法分则第九章的规定追究国家机关负有责任的人员的刑事责任。对于具体执行人员，应当在综合认定其行为性质、是否提出反对意见、危害结果大小等情节的基础上决定是否追究刑事责任和应当判处的刑罚。

第六条　以危害结果为条件的渎职犯罪的追诉期限，从危害结果发生之日起计算；有数个危害结果的，从最后一个危害结果发生之日起计算。

第七条 依法或者受委托行使国家行政管理职权的公司、企业、事业单位的工作人员，在行使行政管理职权时滥用职权或者玩忽职守，构成犯罪的，应当依照《全国人民代表大会常务委员会关于〈中华人民共和国刑法〉第九章渎职罪主体适用问题的解释》的规定，适用渎职罪的规定追究刑事责任。

第八条 本解释规定的'经济损失'，是指渎职犯罪或者与渎职犯罪相关联的犯罪立案时已经实际造成的财产损失，包括为挽回渎职犯罪所造成损失而支付的各种开支、费用等。立案后至提起公诉前持续发生的经济损失，应一并计入渎职犯罪造成的经济损失。

债务人经法定程序被宣告破产，债务人潜逃、去向不明，或者因行为人的责任超过诉讼时效等，致使债权已经无法实现的，无法实现的债权部分应当认定为渎职犯罪的经济损失。

渎职犯罪或者与渎职犯罪相关联的犯罪立案后，犯罪分子及其亲友自行挽回的经济损失，司法机关或者犯罪分子所在单位及其上级主管部门挽回的经济损失，或者因客观原因减少的经济损失，不予扣减，但可以作为酌定从轻处罚的情节。”

(3)构成要件

第一，本罪侵犯的客体是国家司法监管制度。

第二，客观方面表现为利用职权，私自将被关押的人非法释放的行为。包括为人犯的脱逃制造条件，提供机会，伪造或者篡改刑期，变造证件将已经逮捕的人当作错捕而予以释放，释放在押人使其逃走却谎称是在押人自己脱逃的，见在押人脱逃而不制止等。

第三，本罪的主体是司法工作人员。司法工作人员是指负有侦查、检察、审判、监管职务的人员。

第四，主观方面是故意。至于动机如何，不影响本罪的成立。

(4)罪名界定

本罪与徇私枉法罪的区别：①故意的范围不同。徇私枉法罪的故意范围比较广泛；而本罪的故意是单一的，只包括将在押的犯罪嫌疑人、被告人或者罪犯私自放走。②犯罪对象不同。徇私枉法罪的对象是不特定的，既可以是实施了犯罪行为的，也可以是无辜者；而本罪的对象只能是犯罪嫌疑人、被告人或者罪犯。

(5)量刑幅度

根据《刑法》第400条第1款的规定，对犯本罪的处罚分以下3个档次：

一是情节一般的，处5年以下有期徒刑或者拘役。

二是情节严重的，处5年以上10年以下有期徒刑。

三是情节特别严重的，处10年以上有期徒刑。

11. 失职致使在押人员脱逃罪(第400条第2款)

(1)罪名概念

失职致使在押人员脱逃罪，是指司法工作人员由于严重不负责任，不履行或者不认真履行职责，致使在押的犯罪嫌疑人、被告人或者罪犯脱逃，造成严重后果的行为。

(2)法律规定

①本罪名是由《刑法》第400条第2款规定的。该条款规定：“司法工作人员由于严重不负责任，致使在押的犯罪嫌疑人、被告人或者罪犯脱逃，造成严重后果的，处三年以下有期徒刑或者拘役；造成特别严重后果的，处三年以上十年以下有期徒刑。”

《刑法》第94条规定，“本法所称司法工作人员，是指有侦查、检察、审判、监管职责的工作人员。”

②2006年7月26日最高人民检察院《关于渎职侵权犯罪案件立案标准的规定》第一部分第10项规定："失职致使在押人员脱逃罪是指司法工作人员由于严重不负责任，不履行或者不认真履行职责，致使在押（包括在羁押场所和押解途中）的犯罪嫌疑人、被告人、罪犯脱逃，造成严重后果的行为。

涉嫌下列情形之一的，应予立案：

1. 致使依法可能判处或者已经判处10年以上有期徒刑、无期徒刑、死刑的犯罪嫌疑人、被告人、罪犯脱逃的；

2. 致使犯罪嫌疑人、被告人、罪犯脱逃3人次以上的；

3. 犯罪嫌疑人、被告人、罪犯脱逃以后，打击报复报案人、控告人、举报人、被害人、证人和司法工作人员等，或者继续犯罪的；

4. 其他致使在押的犯罪嫌疑人、被告人、罪犯脱逃，造成严重后果的情形。"

③2001年7月20日最高人民检察院《人民检察院直接受理立案侦查的渎职侵权重特大案件标准（试行）》第8条规定：

"八、失职致使在押人员脱逃案

（一）重大案件

1. 致使脱逃五人以上的；

2. 致使可能判处无期徒刑或者死刑缓期二年执行的重大刑事犯罪分子脱逃的；

3. 在押人员脱逃后实施重大犯罪致人死亡的。

（二）特大案件

1. 致使脱逃十人以上的；

2. 致使可能判处死刑的重大刑事犯罪分子脱逃的；

3. 在押人员脱逃后实施重大犯罪致人死亡二人以上的。"

④2000年9月19日最高人民法院《关于未被公安机关正式录用的人员、狱医能否构成失职致使在押人员脱逃罪主体问题的批复》规定："对于未被公安机关正式录用，受委托履行监管职责的人员，由于严重不负责任，致使在押人员脱逃，造成严重后果的，应当依照刑法第四百条第二款的规定定罪处罚。

不负监管职责的狱医，不构成失职致使在押人员脱逃罪的主体。但是受委派承担了监管职责的狱医，由于严重不负责任，致使在押人员脱逃，造成严重后果的，应当依照刑法第四百条第二款的规定定罪处罚。"

⑤2001年3月2日最高人民检察院《关于工人等非监管机关在编监管人员私放在押人员脱逃行为和失职致使在押人员脱逃行为适用法律问题的解释》规定："工人等非监管机关在编监管人员在被监管机关聘用受委托履行监管职责的过程中私放在押人员的，应当依照刑法第四百条第一款的规定，以私放在押人员罪追究刑事责任；由于严重不负责任，致使在押人员脱逃，造成严重后果的，应当依照刑法第四百条第二款的规定，以失职致使在押人员脱逃罪追究刑事责任。"

⑥2002年12月28日全国人民代表大会常务委员会《关于〈中华人民共和国刑法〉第九章渎职罪主体适用问题的解释》规定："在依照法律、法规规定行使国家行政管理职权的组织中从事公务的人员，或者在受国家机关委托代表国家机关行使职权的组织中从事公务的人员，或者虽未列入国家机关人员编制但在国家机关中从事公务的人员，在代表国家机关行使职权时，有渎职行为，构成犯罪的，依照刑法关于渎职罪的规定追究刑事责任。"

⑦2012年12月7日最高人民法院、最高人民检察院《关于办理渎职刑事案件适用法律若干问题的解释（一）》第3条至第8条有以下规定：

“第三条　国家机关工作人员实施渎职犯罪并收受贿赂，同时构成受贿罪的，除刑法另有规定外，以渎职犯罪和受贿罪数罪并罚。

第四条　国家机关工作人员实施渎职行为，放纵他人犯罪或者帮助他人逃避刑事处罚，构成犯罪的，依照渎职罪的规定定罪处罚。

国家机关工作人员与他人共谋，利用其职务行为帮助他人实施其他犯罪行为，同时构成渎职犯罪和共谋实施的其他犯罪共犯的，依照处罚较重的规定定罪处罚。

国家机关工作人员与他人共谋，既利用其职务行为帮助他人实施其他犯罪，又以非职务行为与他人共同实施该其他犯罪行为，同时构成渎职犯罪和其他犯罪的共犯的，依照数罪并罚的规定定罪处罚。

第五条　国家机关负责人员违法决定，或者指使、授意、强令其他国家机关工作人员违法履行职务或者不履行职务，构成刑法分则第九章规定的渎职犯罪的，应当依法追究刑事责任。

以‘集体研究’形式实施的渎职犯罪，应当依照刑法分则第九章的规定追究国家机关负有责任的人员的刑事责任。对于具体执行人员，应当在综合认定其行为性质、是否提出反对意见、危害结果大小等情节的基础上决定是否追究刑事责任和应当判处的刑罚。

第六条　以危害结果为条件的渎职犯罪的追诉期限，从危害结果发生之日起计算；有数个危害结果的，从最后一个危害结果发生之日起计算。

第七条　依法或者受委托行使国家行政管理职权的公司、企业、事业单位的工作人员，在行使行政管理职权时滥用职权或者玩忽职守，构成犯罪的，应当依照《全国人民代表大会常务委员会关于〈中华人民共和国刑法〉第九章渎职罪主体适用问题的解释》的规定，适用渎职罪的规定追究刑事责任。

第八条　本解释规定的‘经济损失’，是指渎职犯罪或者与渎职犯罪相关联的犯罪立案时已经实际造成的财产损失，包括为挽回渎职犯罪所造成损失而支付的各种开支、费用等。立案后至提起公诉前持续发生的经济损失，应一并计入渎职犯罪造成的经济损失。

债务人经法定程序被宣告破产，债务人潜逃、去向不明，或者因行为人的责任超过诉讼时效等，致使债权已经无法实现的，无法实现的债权部分应当认定为渎职犯罪的经济损失。

渎职犯罪或者与渎职犯罪相关联的犯罪立案后，犯罪分子及其亲友自行挽回的经济损失，司法机关或者犯罪分子所在单位及其上级主管部门挽回的经济损失，或者因客观原因减少的经济损失，不予扣减，但可以作为酌定从轻处罚的情节。”

(3)构成要件

第一，本罪侵犯的客体是司法监管活动。

第二，客观方面表现为不履行或者不正确履行监管职责，致使在押人脱逃，造成严重后果的行为。

第三，本罪的主体是司法工作人员，包括负有监管职责的司法工作人员、担任有关警戒任务的武警人员和接受监管机关正式聘用或者委托而履行监管职务的人员。

第四，主观方面是过失。

(4)罪名界定

第一，认定本罪要注意以下问题：

①根据 2000 年 9 月 19 日最高人民法院《关于未被公安机关正式录用的人员、狱医能否构成失职致使在押人员脱逃罪主体问题的批复》之规定，对没有被公安机关正式录用，受委托履行监管职责的人员，由于严重不负责任，致使在押人员脱逃，造成严重后果的，应当依照《刑法》第 400 条第 2 款的规定，以本罪定罪处罚。

不负监管职责的狱医，不构成失职致使在押人员脱逃的主体。但是受委派承担了监管职责的狱医，由于严重不负责任，致使在押人员脱逃，造成严重后果的，应当根据《刑法》第400条第2款的规定，以本罪定罪处罚。

②根据2001年3月2日最高人民检察院《关于工人等非监管机关在编监管人员私放在押人员行为和失职致使在押人员脱逃行为适用法律问题的解释》的规定，工人等非监管机关在编监管人员，在被监管机关聘用受委托履行监管职责的过程中，私放在押人员的，应当依照《刑法》第400条第1款的规定，以私放在押人员罪追究其刑事责任；由于严重不负责，致使在押人员脱逃，造成严重后果的，应当根据《刑法》第400条第2款的规定，以本罪追究其刑事责任。

第二，本罪与私放在押人员罪的区别：①在主观方面，本罪是过失，即行为人应当发现在押人有脱逃的隐患，由于工作不负责任，马虎草率而没有发现，或者虽然已经发现，而不采取积极有效措施，轻信能够避免的心理状态；而后者是故意。②在客观方面，本罪要求行为人严重不负责任，致使犯罪嫌疑人、被告人或者罪犯脱逃，并且造成严重后果；而后者没有这样的要求，只要实施了私放行为，造成上述人员脱逃即构成犯罪既遂。

第三，本罪与玩忽职守罪的区别：①主体范围不同。本罪的主体是司法工作人员，即有侦查、检察、审判、监管职责的工作人员，是国家机关工作人员的一部分；而后者的主体范围比较广泛，包括一切国家机关工作人员。②对犯罪结果的要求不同。本罪的结果相对单一，范围比较窄，要求致使犯罪嫌疑人、被告人或者罪犯脱逃，造成严重后果；而后者的结果比较宽，只要使公共财产、国家和人民利益遭受重大损失的，都可以成为其结果。

(5)量刑幅度

根据《刑法》第400条第2款的规定，对犯本罪的处罚分以下2个档次：

一是情节一般的，处3年以下有期徒刑或者拘役。

二是造成特别严重后果的，处3年以上10年以下有期徒刑。

12. 徇私舞弊减刑、假释、暂予监外执行罪(第401条)

(1)罪名概念

徇私舞弊减刑、假释、暂予监外执行罪，是指司法工作人员徇私枉法，对不符合减刑、假释、暂予监外执行条件的罪犯，予以减刑、假释或者暂予监外执行的行为。

(2)法律规定

①本罪名是由《刑法》第401条规定的。该条规定："司法工作人员徇私舞弊，对不符合减刑、假释、暂予监外执行条件的罪犯，予以减刑、假释或者暂予监外执行的，处三年以下有期徒刑或者拘役；情节严重的，处三年以上七年以下有期徒刑。"

《刑法》第94条规定："本法所称司法工作人员，是指有侦查、检察、审判、监管职责的工作人员。"

②2006年7月26日最高人民检察院《关于渎职侵权犯罪案件立案标准的规定》第一部分第11项规定："徇私舞弊减刑、假释、暂予监外执行罪是指司法工作人员徇私舞弊，对不符合减刑、假释、暂予监外执行条件的罪犯予以减刑、假释、暂予监外执行的行为。

涉嫌下列情形之一的，应予立案：

1. 刑罚执行机关的工作人员对不符合减刑、假释、暂予监外执行条件的罪犯，捏造事实，伪造材料，违法报请减刑、假释、暂予监外执行的；

2. 审判人员对不符合减刑、假释、暂予监外执行条件的罪犯，徇私舞弊，违法裁定减刑、假释或者违法决定暂予监外执行的；

3. 监狱管理机关、公安机关的工作人员对不符合暂予监外执行条件的罪犯，徇私舞弊，违法批准暂予监外执行的；

4. 不具有报请、裁定、决定或者批准减刑、假释、暂予监外执行权的司法工作人员利用职务上的便利，伪造有关材料，导致不符合减刑、假释、暂予监外执行条件的罪犯被减刑、假释、暂予监外执行的；

5. 其他徇私舞弊减刑、假释、暂予监外执行应予追究刑事责任的情形。”

③2001年7月20日最高人民检察院《人民检察院直接受理立案侦查的渎职侵权重特大案件标准(试行)》第9条规定：

“九、徇私舞弊减刑、假释、暂予监外执行案

(一)重大案件

1. 办理三次以上或者一次办理三人以上的；

2. 为重大刑事犯罪分子办理减刑、假释、暂予监外执行的。

(二)特大案件

1. 办理五次以上或者一次办理五人以上的；

2. 为特别重大刑事犯罪分子办理减刑、假释、暂予监外执行的。”

④2002年12月28日全国人民代表大会常务委员会《关于〈中华人民共和国刑法〉第九章渎职罪主体适用问题的解释》规定：“在依照法律、法规规定行使国家行政管理职权的组织中从事公务的人员，或者在受国家机关委托代表国家机关行使职权的组织中从事公务的人员，或者虽未列入国家机关人员编制但在国家机关中从事公务的人员，在代表国家机关行使职权时，有渎职行为，构成犯罪的，依照刑法关于渎职罪的规定追究刑事责任。”

⑤2012年12月7日最高人民法院、最高人民检察院《关于办理渎职刑事案件适用法律若干问题的解释(一)》第3条至第8条有以下规定：

“第三条　国家机关工作人员实施渎职犯罪并收受贿赂，同时构成受贿罪的，除刑法另有规定外，以渎职犯罪和受贿罪数罪并罚。

第四条　国家机关工作人员实施渎职行为，放纵他人犯罪或者帮助他人逃避刑事处罚，构成犯罪的，依照渎职罪的规定定罪处罚。

国家机关工作人员与他人共谋，利用其职务行为帮助他人实施其他犯罪行为，同时构成渎职犯罪和共谋实施的其他犯罪共犯的，依照处罚较重的规定定罪处罚。

国家机关工作人员与他人共谋，既利用其职务行为帮助他人实施其他犯罪，又以非职务行为与他人共同实施该其他犯罪行为，同时构成渎职犯罪和其他犯罪的共犯的，依照数罪并罚的规定定罪处罚。

第五条　国家机关负责人员违法决定，或者指使、授意、强令其他国家机关工作人员违法履行职务或者不履行职务，构成刑法分则第九章规定的渎职犯罪的，应当依法追究刑事责任。

以‘集体研究’形式实施的渎职犯罪，应当依照刑法分则第九章的规定追究国家机关负有责任的人员的刑事责任。对于具体执行人员，应当在综合认定其行为性质、是否提出反对意见、危害结果大小等情节的基础上决定是否追究刑事责任和应当判处的刑罚。

第六条　以危害结果为条件的渎职犯罪的追诉期限，从危害结果发生之日起计算；有数个危害结果的，从最后一个危害结果发生之日起计算。

第七条　依法或者受委托行使国家行政管理职权的公司、企业、事业单位的工作人员，在行使行政管理职权时滥用职权或者玩忽职守，构成犯罪的，应当依照《全国人民代表大会常务委员会关于〈中华人民共和国刑法〉第九章渎职罪主体适用问题的解释》的规定，适用渎职罪的规定

追究刑事责任。

第八条 本解释规定的'经济损失',是指渎职犯罪或者与渎职犯罪相关联的犯罪立案时已经实际造成的财产损失,包括为挽回渎职犯罪所造成损失而支付的各种开支、费用等。立案后至提起公诉前持续发生的经济损失,应一并计入渎职犯罪造成的经济损失。

债务人经法定程序被宣告破产,债务人潜逃、去向不明,或者因行为人的责任超过诉讼时效等,致使债权已经无法实现的,无法实现的债权部分应当认定为渎职犯罪的经济损失。

渎职犯罪或者与渎职犯罪相关联的犯罪立案后,犯罪分子及其亲友自行挽回的经济损失,司法机关或者犯罪分子所在单位及其上级主管部门挽回的经济损失,或者因客观原因减少的经济损失,不予扣减,但可以作为酌定从轻处罚的情节。"

(3)构成要件

第一,本罪侵犯的客体是国家对罪犯的正常监管活动,同时还侵害了司法公正的形象,从而践踏了社会主义法制原则。

第二,客观方面表现为利用职权,对不符合减刑、假释或者监外执行条件的罪犯予以减刑、假释或者暂予监外执行的行为。本罪的构成,不要求情节严重。情节严重的,按较高的法定刑幅度处罚。

第三,本罪的主体是司法工作人员,主要是有权确定减刑、假释或者暂予监外执行的人员。

第四,主观方面是故意,并且具有明确的徇私动机。

(4)罪名界定

第一,要区分本罪与私放在押人员罪,就是要看一看司法人员是否采用合法程序将罪犯暂予监外执行或者假释。采用合法程序的,利用职权,对不符合减刑、假释或者监外执行条件的罪犯予以减刑、假释或者暂予监外执行的,可以构成本罪;不是采用合法程序的,可以构成私放在押人员罪。除了看采取的手段以外,二者的主要区别还在于主观目的。如果其目的就是要对其减刑、假释或者暂予监外执行,则构成本罪;而后罪只是以此作为一种手段来帮助其脱逃。

第二,本罪与徇私枉法罪的区别:①本罪只发生在刑罚的执行过程中;而徇私枉法罪可以发生在刑事诉讼的各个环节。②在客观方面,本罪表现为对不符合减刑、假释、暂予监外执行条件的罪犯,非法予以减刑、假释或者暂予监外执行;而徇私枉法罪表现为徇私枉法、徇情枉法,对明知是无罪的人而使其受到追诉,或者对明知是有罪的人而故意包庇不使其受到追诉,或者在刑事审判活动中,故意违背事实和法律作枉法裁判的行为。③本罪的犯罪对象只能是正在服刑的不符合减刑、假释、暂予监外执行条件的犯罪分子;而徇私枉法罪的犯罪对象十分广泛,既可以是有罪的人,也可以是无罪的人,既可能是罪犯,也可能是犯罪嫌疑人、被告人。

(5)量刑幅度

根据《刑法》第401条的规定,对犯本罪的处罚分以下2个档次:

一是情节一般的,处3年以下有期徒刑或者拘役。

二是情节严重的,处3年以上7年以下有期徒刑。

13. 徇私舞弊不移交刑事案件罪(第402条)

(1)罪名概念

徇私舞弊不移交刑事案件罪,是指行政执法人员徇私舞弊,对依法应当移交司法机关追究刑事责任的案件不移交,情节严重的行为。

(2)法律规定

①本罪名是由《刑法》第402条规定的。该条规定:"行政执法人员徇私舞弊,对依法应当移

交司法机关追究刑事责任的不移交,情节严重的,处三年以下有期徒刑或者拘役;造成严重后果的,处三年以上七年以下有期徒刑。"

②2006 年 7 月 26 日最高人民检察院《关于渎职侵权犯罪案件立案标准的规定》第一部分第 12 项规定:"徇私舞弊不移交刑事案件罪是指工商行政管理、税务、监察等行政执法人员,徇私舞弊,对依法应当移交司法机关追究刑事责任的案件不移交,情节严重的行为。

涉嫌下列情形之一的,应予立案:

1. 对依法可能判处 3 年以上有期徒刑、无期徒刑、死刑的犯罪案件不移交的;

2. 不移交刑事案件涉及 3 人次以上的;

3. 司法机关提出意见后,无正当理由仍然不予移交的;

4. 以罚代刑,放纵犯罪嫌疑人,致使犯罪嫌疑人继续进行违法犯罪活动的;

5. 行政执法部门主管领导阻止移交的;

6. 隐瞒、毁灭证据,伪造材料,改变刑事案件性质的;

7. 直接负责的主管人员和其他直接责任人员为牟取本单位私利而不移交刑事案件,情节严重的;

8. 其他情节严重的情形。"

③2001 年 7 月 20 日最高人民检察院《人民检察院直接受理立案侦查的渎职侵权重特大案件标准(试行)》第 10 条规定:

"十、徇私舞弊不移交刑事案件案

(一)重大案件

1. 对犯罪嫌疑人依法可能判处五年以上十年以下有期徒刑的重大刑事案件不移交的;

2. 五次以上不移交犯罪案件,或者一次不移交犯罪案件涉及五名以上犯罪嫌疑人的;

3. 以罚代刑,放纵犯罪嫌疑人,致使犯罪嫌疑人继续进行刑事犯罪的。

(二)特大案件

1. 对犯罪嫌疑人依法可能判处十年以上有期徒刑、无期徒刑、死刑的特别重大刑事案件不移交的;

2. 七次以上不移交犯罪案件,或者一次不移交犯罪案件涉及七名以上犯罪嫌疑人的;

3. 以罚代刑,放纵犯罪嫌疑人,致使犯罪嫌疑人继续进行严重刑事犯罪的。"

④2002 年 12 月 28 日全国人民代表大会常务委员会《关于〈中华人民共和国刑法〉第九章渎职罪主体适用问题的解释》规定:"在依照法律、法规规定行使国家行政管理职权的组织中从事公务的人员,或者在受国家机关委托代表国家机关行使职权的组织中从事公务的人员,或者虽未列入国家机关人员编制但在国家机关中从事公务的人员,在代表国家机关行使职权时,有渎职行为,构成犯罪的,依照刑法关于渎职罪的规定追究刑事责任。"

⑤2012 年 12 月 7 日最高人民法院、最高人民检察院《关于办理渎职刑事案件适用法律若干问题的解释(一)》第 3 条至第 8 条有以下规定:

"第三条　国家机关工作人员实施渎职犯罪并收受贿赂,同时构成受贿罪的,除刑法另有规定外,以渎职犯罪和受贿罪数罪并罚。

第四条　国家机关工作人员实施渎职行为,放纵他人犯罪或者帮助他人逃避刑事处罚,构成犯罪的,依照渎职罪的规定定罪处罚。

国家机关工作人员与他人共谋,利用其职务行为帮助他人实施其他犯罪行为,同时构成渎职犯罪和共谋实施的其他犯罪共犯的,依照处罚较重的规定定罪处罚。

国家机关工作人员与他人共谋,既利用其职务行为帮助他人实施其他犯罪,又以非职务行为与他人共同实施该其他犯罪行为，同时构成渎职犯罪和其他犯罪的共犯的，依照数罪并罚的规定定罪处罚。

第五条　国家机关负责人员违法决定，或者指使、授意、强令其他国家机关工作人员违法履行职务或者不履行职务，构成刑法分则第九章规定的渎职犯罪的，应当依法追究刑事责任。

以‘集体研究’形式实施的渎职犯罪，应当依照刑法分则第九章的规定追究国家机关负有责任的人员的刑事责任。对于具体执行人员，应当在综合认定其行为性质、是否提出反对意见、危害结果大小等情节的基础上决定是否追究刑事责任和应当判处的刑罚。

第六条　以危害结果为条件的渎职犯罪的追诉期限，从危害结果发生之日起计算；有数个危害结果的，从最后一个危害结果发生之日起计算。

第七条　依法或者受委托行使国家行政管理职权的公司、企业、事业单位的工作人员，在行使行政管理职权时滥用职权或者玩忽职守，构成犯罪的，应当依照《全国人民代表大会常务委员会关于〈中华人民共和国刑法〉第九章渎职罪主体适用问题的解释》的规定，适用渎职罪的规定追究刑事责任。

第八条　本解释规定的‘经济损失’，是指渎职犯罪或者与渎职犯罪相关联的犯罪立案时已经实际造成的财产损失，包括为挽回渎职犯罪所造成损失而支付的各种开支、费用等。立案后至提起公诉前持续发生的经济损失，应一并计入渎职犯罪造成的经济损失。

债务人经法定程序被宣告破产，债务人潜逃、去向不明，或者因行为人的责任超过诉讼时效等，致使债权已经无法实现的，无法实现的债权部分应当认定为渎职犯罪的经济损失。

渎职犯罪或者与渎职犯罪相关联的犯罪立案后，犯罪分子及其亲友自行挽回的经济损失，司法机关或者犯罪分子所在单位及其上级主管部门挽回的经济损失，或者因客观原因减少的经济损失，不予扣减，但可以作为酌定从轻处罚的情节。”

⑥2013 年 5 月 2 日最高人民法院、最高人民检察院《关于办理危害食品安全刑事案件适用法律若干问题的解释》第 16 条规定：“负有食品安全监督管理职责的国家机关工作人员，滥用职权或者玩忽职守，导致发生重大食品安全事故或者造成其他严重后果，同时构成食品监管渎职罪和徇私舞弊不移交刑事案件罪、商检徇私舞弊罪、动植物检疫徇私舞弊罪、放纵制售伪劣商品犯罪行为罪等其他渎职犯罪的，依照处罚较重的规定定罪处罚。

负有食品安全监督管理职责的国家机关工作人员滥用职权或者玩忽职守，不构成食品监管渎职罪，但构成前款规定的其他渎职犯罪的，依照该其他犯罪定罪处罚。

负有食品安全监督管理职责的国家机关工作人员与他人共谋，利用其职务行为帮助他人实施危害食品安全犯罪行为，同时构成渎职犯罪和危害食品安全犯罪共犯的，依照处罚较重的规定定罪处罚。”

⑦2015 年 12 月 14 日最高人民法院、最高人民检察院《关于办理危害生产安全刑事案件适用法律若干问题的解释》第 15 条规定：“国家机关工作人员在履行安全监督管理职责时滥用职权、玩忽职守，致使公共财产、国家和人民利益遭受重大损失的，或者徇私舞弊，对发现的刑事案件依法应当移交司法机关追究刑事责任而不移交，情节严重的，分别依照刑法第三百九十七条、第四百零二条的规定，以滥用职权罪、玩忽职守罪或者徇私舞弊不移交刑事案件罪定罪处罚。

公司、企业、事业单位的工作人员在依法或者受委托行使安全监督管理职责时滥用职权或者玩忽职守，构成犯罪的，应当依照《全国人民代表大会常务委员会关于〈中华人民共和国刑法〉第九章渎职罪主体适用问题的解释》的规定，适用渎职罪的规定追究刑事责任。”

（3）构成要件

第一，本罪侵犯的客体是国家行政机关依法行政的正常活动。

第二,客观方面表现为行为人对应当依法移交司法机关追究刑事责任的案件不移交,情节严重的行为。

第三,犯罪主体是行政执法人员。

第四,主观方面是故意,包括直接故意和间接故意。对那些因为司法人员执法水平不高,造成工作失误,致使一些本已经构成犯罪,应当移交司法机关追究刑事责任的案件没有移交,以罚代刑,或者作出错误的行政处罚决定。这种情况往往是由于行为人工作能力、政策法律水平不高,或者不认真负责造成的,由于主观上没有徇私舞弊、轻纵犯罪分子的故意,不能以犯罪处罚。

(4)罪名界定

第一,本罪与包庇罪的区别:①在犯罪主体方面,本罪的主体是行政执法人员;而包庇罪是一般主体。②在客观表现方面,本罪的行为是利用职务上的便利,实施舞弊行为,对应当移交司法机关追究刑事责任的案件和犯罪分子不移交;而包庇罪与职务无关,只要作虚假证明、毁灭罪证,掩盖犯罪分子的罪行就构成犯罪。

第二,本罪与徇私枉法罪的区别:①在犯罪主体方面,本罪是行政执法人员;而徇私枉法罪的主体是司法工作人员。②在犯罪发生的领域方面,本罪发生在行政执法过程中;而徇私枉法罪发生在刑事诉讼中。③在行为表现形式方面,本罪是对自己发现和处理的应当移交司法机关追究刑事责任的案件或者人员,拒不移交;而徇私枉法罪表现形式复杂,可以是使有罪的人不受刑事追究、使无罪的人受到刑事追究,也可以是在刑事审判过程中,违背事实和法律,作枉法裁判,其行为可能发生在刑事诉讼的各个环节。

(5)量刑幅度

根据《刑法》第402条的规定,对犯本罪的处罚分以下2个档次:

一是情节严重的,处3年以下有期徒刑或者拘役。

二是造成严重后果的,处3年以上7年以下有期徒刑。

14. 滥用管理公司、证券职权罪(第403条)

(1)罪名概念

滥用管理公司、证券职权罪,是指国家有关主管部门的国家机关工作人员,徇私舞弊,滥用职权,对不符合法律规定条件的公司的设立、登记申请或者股票、债券发行、上市申请,予以批准或者登记,致使公共财产、国家和人民利益遭受重大损失的行为,以及上级部门、当地政府强令登记机关及其工作人员实施上述行为的行为。

(2)法律规定

①本罪名是由《刑法》第403条规定的。该条规定:"国家有关主管部门的国家机关工作人员,徇私舞弊,滥用职权,对不符合法律规定条件的公司设立、登记申请或者股票、债券发行、上市申请,予以批准或者登记,致使公共财产、国家和人民利益遭受重大损失的,处五年以下有期徒刑或者拘役。

上级部门强令登记机关及其工作人员实施前款行为的,对其直接负责的主管人员,依照前款的规定处罚。"

②2006年7月26日最高人民检察院《关于渎职侵权犯罪案件立案标准的规定》第一部分第13项规定:"滥用管理公司、证券职权罪是指工商行政管理、证券管理等国家有关主管部门的工作人员徇私舞弊,滥用职权,对不符合法律规定条件的公司设立、登记申请或者股票、债券发行、上市申请予以批准或者登记,致使公共财产、国家和人民利益遭受重大损失的行为,以及上级部门、当地政府强令登记机关及其工作人员实施上述行为的行为。

涉嫌下列情形之一的，应予立案：

1. 造成直接经济损失50万元以上的；

2. 工商管理部门的工作人员对不符合法律规定条件的公司设立、登记申请，违法予以批准、登记，严重扰乱市场秩序的；

3. 金融证券管理机构工作人员对不符合法律规定条件的股票、债券发行、上市申请，违法予以批准，严重损害公众利益，或者严重扰乱金融秩序的；

4. 工商管理部门、金融证券管理机构的工作人员对不符合法律规定条件的公司设立、登记申请或者股票、债券发行、上市申请违法予以批准或者登记，致使犯罪行为得逞的；

5. 上级部门、当地政府直接负责的主管人员强令登记机关及其工作人员，对不符合法律规定条件的公司设立、登记申请或者股票、债券发行、上市申请予以批准或者登记，致使公共财产、国家或者人民利益遭受重大损失的；

6. 其他致使公共财产、国家和人民利益遭受重大损失的情形。”

③2001年7月20日最高人民检察院《人民检察院直接受理立案侦查的渎职侵权重特大案件标准(试行)》第11条规定：

“十一、滥用管理公司、证券职权案

(一)重大案件

1. 造成直接经济损失五十万元以上的；

2. 因违法批准或者登记致使发生刑事犯罪的。

(二)特大案件

1. 造成直接经济损失一百万元以上的；

2. 因违法批准或者登记致使发生重大刑事犯罪的。”

④2002年12月28日全国人民代表大会常务委员会《关于〈中华人民共和国刑法〉第九章渎职罪主体适用问题的解释》规定：“在依照法律、法规规定行使国家行政管理职权的组织中从事公务的人员，或者在受国家机关委托代表国家机关行使职权的组织中从事公务的人员，或者虽未列入国家机关人员编制但在国家机关中从事公务的人员，在代表国家机关行使职权时，有渎职行为，构成犯罪的，依照刑法关于渎职罪的规定追究刑事责任。”

⑤2012年12月7日最高人民法院、最高人民检察院《关于办理渎职刑事案件适用法律若干问题的解释(一)》第3条至第8条有以下规定：

“第三条　国家机关工作人员实施渎职犯罪并收受贿赂，同时构成受贿罪的，除刑法另有规定外，以渎职犯罪和受贿罪数罪并罚。

第四条　国家机关工作人员实施渎职行为，放纵他人犯罪或者帮助他人逃避刑事处罚，构成犯罪的，依照渎职罪的规定定罪处罚。

国家机关工作人员与他人共谋，利用其职务行为帮助他人实施其他犯罪行为，同时构成渎职犯罪和共谋实施的其他犯罪共犯的，依照处罚较重的规定定罪处罚。

国家机关工作人员与他人共谋，既利用其职务行为帮助他人实施其他犯罪，又以非职务行为与他人共同实施该其他犯罪行为，同时构成渎职犯罪和其他犯罪的共犯的，依照数罪并罚的规定定罪处罚。

第五条　国家机关负责人员违法决定，或者指使、授意、强令其他国家机关工作人员违法履行职务或者不履行职务，构成刑法分则第九章规定的渎职犯罪的，应当依法追究刑事责任。

以‘集体研究’形式实施的渎职犯罪，应当依照刑法分则第九章的规定追究国家机关负有责任的人员的刑事责任。对于具体执行人员，应当在综合认定其行为性质、是否提出反对意见、危害结果大小等情节的基础上决定是否追究刑事责任和应当判处的刑罚。

第六条 以危害结果为条件的渎职犯罪的追诉期限,从危害结果发生之日起计算;有数个危害结果的,从最后一个危害结果发生之日起计算。

第七条 依法或者受委托行使国家行政管理职权的公司、企业、事业单位的工作人员,在行使行政管理职权时滥用职权或者玩忽职守,构成犯罪的,应当依照《全国人民代表大会常务委员会关于〈中华人民共和国刑法〉第九章渎职罪主体适用问题的解释》的规定,适用渎职罪的规定追究刑事责任。

第八条 本解释规定的'经济损失',是指渎职犯罪或者与渎职犯罪相关联的犯罪立案时已经实际造成的财产损失,包括为挽回渎职犯罪所造成损失而支付的各种开支、费用等。立案后至提起公诉前持续发生的经济损失,应一并计入渎职犯罪造成的经济损失。

债务人经法定程序被宣告破产,债务人潜逃、去向不明,或者因行为人的责任超过诉讼时效等,致使债权已经无法实现的,无法实现的债权部分应当认定为渎职犯罪的经济损失。

渎职犯罪或者与渎职犯罪相关联的犯罪立案后,犯罪分子及其亲友自行挽回的经济损失,司法机关或者犯罪分子所在单位及其上级主管部门挽回的经济损失,或者因客观原因减少的经济损失,不予扣减,但可以作为酌定从轻处罚的情节。"

(3)构成要件

第一,本罪侵犯的客体是国家对公司、证券的正常管理活动。

第二,客观方面表现为徇私舞弊、滥用职权,对不符合法律规定条件的公司的设立、登记申请或者股票、债券发行、上市申请,予以批准或者登记,致使公共财产、国家和人民利益遭受重大损失的行为,以及上级部门、当地政府强令登记机关及其工作人员实施上述行为的行为。

第三,本罪的主体是特殊主体,即主管公司的设立、登记以及股票、债券发行、上市的国家机关中的工作人员,主要是各级工商行政管理局、中国人民银行和证券管理机构等机关中的工作人员。

第四,主观方面是故意,即行为人明知申请不符合条件,一旦予以批准或者登记,将会使公共财产、国家和人民利益遭受重大损失,但是希望或者放任这种结果的出现。

(4)罪名界定

第一,区分本罪与擅自发行股票、公司、企业债券罪应从以下两个方面来看:①从主体方面来看,本罪的主体是特殊主体,即主管公司的设立、登记以及股票、债券发行、上市的国家机关工作人员;而后罪的主体是一般主体。②从客观行为方面来看,本罪表现为徇私舞弊、滥用职权,非法批准公司设立、登记或者股票债券发行上市;而后者表现为没有经过批准,直接在社会上发行股票、债券。

第二,本罪与滥用职权罪和玩忽职守罪不同。本罪实际上也属于滥用职权行为,但同滥用职权罪或者玩忽职守罪相比,它又有其特殊性,其区别是:①犯罪主体虽然都是国家机关工作人员,都属于特殊主体,但本罪主体特指国家机关中主管公司的设立、登记以及股票、债券发行、上市的国家机关工作人员,并非一般意义上的国家机关工作人员,与滥用职权罪或者玩忽职守罪是不相同的。②本罪的行为特指对不符合法定条件的公司的设立、登记申请或者股票、债券发行、上市申请,予以批准或者登记;这与滥用职权罪或者玩忽职守罪是不同的,不是一般意义上的徇私舞弊、滥用职权。

(5)量刑幅度

根据《刑法》第403条的规定,犯本罪的,处5年以下有期徒刑或者拘役。上级部门强令登记机关及其工作人员实施这种犯罪的,对其直接负责的主管人员按上述规定处罚。

15. 徇私舞弊不征、少征税款罪(第404条)

(1)罪名概念

徇私舞弊不征、少征税款罪,是指税务机关工作人员徇私舞弊,不征或者少征应征税款,致使国家税收遭受重大损失的行为。

(2)法律规定

①本罪名是由《刑法》第404条规定的。该条规定:"税务机关的工作人员徇私舞弊,不征或者少征应征税款,致使国家税收遭受重大损失的,处五年以下有期徒刑或者拘役;造成特别重大损失的,处五年以上有期徒刑。"

②2006年7月26日最高人民检察院《关于渎职侵权犯罪案件立案标准的规定》第一部分第14项规定:"徇私舞弊不征、少征税款罪是指税务机关工作人员徇私舞弊,不征、少征应征税款,致使国家税收遭受重大损失的行为。

涉嫌下列情形之一的,应予立案:

1. 徇私舞弊不征、少征应征税款,致使国家税收损失累计达10万元以上的;

2. 上级主管部门工作人员指使税务机关工作人员徇私舞弊不征、少征应征税款,致使国家税收损失累计达10万元以上的;

3. 徇私舞弊不征、少征应征税款不满10万元,但具有索取或者收受贿赂或者其他恶劣情节的;

4. 其他致使国家税收遭受重大损失的情形。"

③2001年7月20日最高人民检察院《人民检察院直接受理立案侦查的渎职侵权重特大案件标准(试行)》第12条规定:

"十二、徇私舞弊不征、少征税款案

(一)重大案件

造成国家税收损失累计达三十万元以上的。

(二)特大案件

造成国家税收损失累计达五十万元以上的。"

④2003年11月13日最高人民法院印发的《全国法院审理经济犯罪案件工作座谈会纪要》相关内容如下:

"一、关于贪污贿赂犯罪和渎职犯罪的主体

(一)国家机关工作人员的认定

刑法中所称的国家机关工作人员,是指在国家机关中从事公务的人员,包括在各级国家权力机关、行政机关、司法机关和军事机关中从事公务的人员。

根据有关立法解释的规定,在依照法律、法规规定行使国家行政管理职权的组织中从事公务的人员,或者在受国家机关委托代表国家行使职权的组织中从事公务的人员,或者虽未列入国家机关人员编制但在国家机关中从事公务的人员,视为国家机关工作人员。在乡(镇)以上中国共产党机关、人民政协机关中从事公务的人员,司法实践中也应当视为国家机关工作人员。

(二)国家机关、国有公司、企业、事业单位委派到非国有公司、企业、事业单位、社会团体从事公务的人员的认定

所谓委派,即委任、派遣,其形式多种多样,如任命、指派、提名、批准等。不论被委派的人身份如何,只要是接受国家机关、国有公司、企业、事业单位委派,代表国家机关、国有公司、企业、事业单位在非国有公司、企业、事业单位、社会团体中从事组织、领导、监督、管理等工作,都可以认

定为国家机关、国有公司、企业、事业单位委派到非国有公司、企业、事业单位、社会团体从事公务的人员。如国家机关、国有公司、企业、事业单位委派在国有控股或者参股的股份有限公司从事组织、领导、监督、管理等工作的人员，应当以国家工作人员论。国有公司、企业改制为股份有限公司后，原国有公司、企业的工作人员和股份有限公司新任命的人员中，除代表国有投资主体行使监督、管理职权的人外，不以国家工作人员论。

（三）'其他依照法律从事公务的人员'的认定

刑法第九十三条第二款规定的'其他依照法律从事公务的人员'应当具有两个特征：一是在特定条件下行使国家管理职能；二是依照法律规定从事公务。具体包括：(1)依法履行职责的各级人民代表大会代表；(2)依法履行审判职责的人民陪审员；(3)协助乡镇人民政府、街道办事处从事行政管理工作的村民委员会、居民委员会等农村和城市基层组织人员；(4)其他由法律授权从事公务的人员。

（四）关于'从事公务'的理解

从事公务，是指代表国家机关、国有公司、企业、事业单位、人民团体等履行组织、领导、监督、管理等职责。公务主要表现为与职权相联系的公共事务以及监督、管理国有财产的职务活动。如国家机关工作人员依法履行职责，国有公司的董事、经理、监事、会计、出纳人员等管理、监督国有财产等活动，属于从事公务。那些不具备职权内容的劳务活动、技术服务工作，如售货员、售票员等所从事的工作，一般不认为是公务。

六、关于渎职罪

（一）渎职犯罪行为造成的公共财产重大损失的认定

根据刑法规定，玩忽职守、滥用职权等渎职犯罪是以致使公共财产、国家和人民利益遭受重大损失为构成要件的。其中，公共财产的重大损失，通常是指渎职行为已经造成的重大经济损失。在司法实践中，有以下情形之一的，虽然公共财产作为债权存在，但已无法实现债权的，可以认定为行为人的渎职行为造成了经济损失：(1)债务人已经法定程序被宣告破产；(2)债务人潜逃，去向不明；(3)因行为人责任，致使超过诉讼时效；(4)有证据证明债权无法实现的其他情况。

（四）关于'徇私'的理解

徇私舞弊型渎职犯罪的'徇私'应理解为徇个人私情、私利。国家机关工作人员为了本单位的利益，实施滥用职权、玩忽职守行为，构成犯罪的，依照刑法第三百九十七条第一款的规定定罪处罚。"

⑤2002年12月28日全国人民代表大会常务委员会《关于〈中华人民共和国刑法〉第九章渎职罪主体适用问题的解释》规定："在依照法律、法规规定行使国家行政管理职权的组织中从事公务的人员，或者在受国家机关委托代表国家机关行使职权的组织中从事公务的人员，或者虽未列入国家机关人员编制但在国家机关中从事公务的人员，在代表国家机关行使职权时，有渎职行为，构成犯罪的，依照刑法关于渎职罪的规定追究刑事责任。"

⑥2012年12月7日最高人民法院、最高人民检察院《关于办理渎职刑事案件适用法律若干问题的解释（一）》第3条至第8条有以下规定：

"第三条　国家机关工作人员实施渎职犯罪并收受贿赂，同时构成受贿罪的，除刑法另有规定外，以渎职犯罪和受贿罪数罪并罚。

第四条　国家机关工作人员实施渎职行为，放纵他人犯罪或者帮助他人逃避刑事处罚，构成犯罪的，依照渎职罪的规定定罪处罚。

国家机关工作人员与他人共谋，利用其职务行为帮助他人实施其他犯罪行为，同时构成渎职犯罪和共谋实施的其他犯罪共犯的，依照处罚较重的规定定罪处罚。

国家机关工作人员与他人共谋，既利用其职务行为帮助他人实施其他犯罪，又以非职务行为与他人共同实施该其他犯罪行为，同时构成渎职犯罪和其他犯罪的共犯的，依照数罪并罚的规定定罪处罚。

第五条　国家机关负责人员违法决定，或者指使、授意、强令其他国家机关工作人员违法履行职务或者不履行职务，构成刑法分则第九章规定的渎职犯罪的，应当依法追究刑事责任。

以‘集体研究’形式实施的渎职犯罪，应当依照刑法分则第九章的规定追究国家机关负有责任的人员的刑事责任。对于具体执行人员，应当在综合认定其行为性质、是否提出反对意见、危害结果大小等情节的基础上决定是否追究刑事责任和应当判处的刑罚。

第六条　以危害结果为条件的渎职犯罪的追诉期限，从危害结果发生之日起计算；有数个危害结果的，从最后一个危害结果发生之日起计算。

第七条　依法或者受委托行使国家行政管理职权的公司、企业、事业单位的工作人员，在行使行政管理职权时滥用职权或者玩忽职守，构成犯罪的，应当依照《全国人民代表大会常务委员会关于〈中华人民共和国刑法〉第九章渎职罪主体适用问题的解释》的规定，适用渎职罪的规定追究刑事责任。

第八条　本解释规定的‘经济损失’，是指渎职犯罪或者与渎职犯罪相关联的犯罪立案时已经实际造成的财产损失，包括为挽回渎职犯罪所造成损失而支付的各种开支、费用等。立案后至提起公诉前持续发生的经济损失，应一并计入渎职犯罪造成的经济损失。

债务人经法定程序被宣告破产，债务人潜逃、去向不明，或者因行为人的责任超过诉讼时效等，致使债权已经无法实现的，无法实现的债权部分应当认定为渎职犯罪的经济损失。

渎职犯罪或者与渎职犯罪相关联的犯罪立案后，犯罪分子及其亲友自行挽回的经济损失，司法机关或者犯罪分子所在单位及其上级主管部门挽回的经济损失，或者因客观原因减少的经济损失，不予扣减，但可以作为酌定从轻处罚的情节。”

(3)构成要件

第一，侵害的客体是国家的税收征管制度，同时破坏了税务机关的正常管理活动。

第二，客观方面要同时具备两个条件：一是徇私舞弊少征或者不征应征税款。二是致使国家利益遭受重大损失。

第三，犯罪主体是税务机关工作人员。

第四，主观方面是直接故意。

(4)罪名界定

第一，认定本罪要注意以下问题：①根据《刑法》第404条的规定，只有税务机关工作人员徇私舞弊行为，致使大量税收流失，国家利益遭受重大损失的才能构成本罪。因此，是否造成重大损失，是区分本罪的罪与非罪的标志。②本罪在客观方面表现为不征或者少征应征税款的行为，如果税收工作人员与纳税主体互相勾结，为其出主意或者帮助其在账簿上多列支出或者不列、少列收入，以此不缴或者少缴应纳税款，达到逃税目的，然后故意不征或者少征应征税款的，可以构成逃税罪的共犯。③税收工作人员如果收受纳税主体的贿赂而不征或者是少征应征税款，受贿行为如果构成犯罪，可以按照处理牵连犯的原则，选择其中一个重罪处罚，而不实行数罪并罚。

第二，本罪与玩忽职守罪的区别：①在主观方面，本罪是故意，一般有徇私的目的；而后罪则是过失犯罪。②在客观方面，本罪是利用职权徇私舞弊；而后者只是在工作中严重不负责任，不履行或者不正确履行自己的职责，导致工作中严重失误，造成严重后果的行为。

(5)量刑幅度

根据《刑法》第404条的规定，对犯本罪的处罚分以下2个档次：

一是犯本罪的,处5年以下有期徒刑或者拘役;

二是致使国家利益遭受特别重大损失的,处5年以上有期徒刑。

16. 徇私舞弊发售发票、抵扣税款、出口退税罪(第405条第1款)

(1)罪名概念

徇私舞弊发售发票、抵扣税款、出口退税罪,是指税务机关的工作人员违反法律、行政法规的规定,在办理发售发票、抵扣税款、出口退税工作中,徇私舞弊,致使国家利益遭受重大损失的行为。

(2)法律规定

①本罪名是由《刑法》第405条第1款规定的。《刑法》第405条规定:"税务机关的工作人员违反法律、行政法规的规定,在办理发售发票、抵扣税款、出口退税工作中,徇私舞弊,致使国家利益遭受重大损失的,处五年以下有期徒刑或者拘役;致使国家利益遭受特别重大损失的,处五年以上有期徒刑。

其他国家机关工作人员违反国家规定,在提供出口货物报关单、出口收汇核销单等出口退税凭证的工作中,徇私舞弊,致使国家利益遭受重大损失的,依照前款的规定处罚。"

②2006年7月26日最高人民检察院《关于渎职侵权犯罪案件立案标准的规定》第一部分第15项规定:"徇私舞弊发售发票、抵扣税款、出口退税罪是指税务机关工作人员违反法律、行政法规的规定,在办理发售发票、抵扣税款、出口退税工作中徇私舞弊,致使国家利益遭受重大损失的行为。

涉嫌下列情形之一的,应予立案:

1. 徇私舞弊,致使国家税收损失累计达10万元以上的;

2. 徇私舞弊,致使国家税收损失累计不满10万元,但发售增值税专用发票25份以上或者其他发票50份以上或者增值税专用发票与其他发票合计50份以上,或者具有索取、收受贿赂或者其他恶劣情节的;

3. 其他致使国家利益遭受重大损失的情形。"

③2001年7月20日最高人民检察院《人民检察院直接受理立案侦查的渎职侵权重特大案件标准(试行)》第13条规定:

"十三、徇私舞弊发售发票、抵扣税款、出口退税案

(一)重大案件

造成国家税收损失累计达三十万元以上的。

(二)特大案件

造成国家税收损失累计达五十万元以上的。"

④2003年11月13日最高人民法院印发的《全国法院审理经济犯罪案件工作座谈会纪要》相关内容如下:

"一、关于贪污贿赂犯罪和渎职犯罪的主体

(一)国家机关工作人员的认定

刑法中所称的国家机关工作人员,是指在国家机关中从事公务的人员,包括在各级国家权力机关、行政机关、司法机关和军事机关中从事公务的人员。

根据有关立法解释的规定,在依照法律、法规规定行使国家行政管理职权的组织中从事公务的人员,或者在受国家机关委托代表国家行使职权的组织中从事公务的人员,或者虽未列入国家机关人员编制但在国家机关中从事公务的人员,视为国家机关工作人员。在乡(镇)以上中国共

产党机关、人民政协机关中从事公务的人员，司法实践中也应当视为国家机关工作人员。

（二）国家机关、国有公司、企业、事业单位委派到非国有公司、企业、事业单位、社会团体从事公务的人员的认定

所谓委派，即委任、派遣，其形式多种多样，如任命、指派、提名、批准等。不论被委派的人身份如何，只要是接受国家机关、国有公司、企业、事业单位委派，代表国家机关、国有公司、企业、事业单位在非国有公司、企业、事业单位、社会团体中从事组织、领导、监督、管理等工作，都可以认定为国家机关、国有公司、企业、事业单位委派到非国有公司、企业、事业单位、社会团体从事公务的人员。如国家机关、国有公司、企业、事业单位委派在国有控股或者参股的股份有限公司从事组织、领导、监督、管理等工作的人员，应当以国家工作人员论。国有公司、企业改制为股份有限公司后，原国有公司、企业的工作人员和股份有限公司新任命的人员中，除代表国有投资主体行使监督、管理职权的人外，不以国家工作人员论。

（三）'其他依照法律从事公务的人员'的认定

刑法第九十三条第二款规定的'其他依照法律从事公务的人员'应当具有两个特征：一是在特定条件下行使国家管理职能；二是依照法律规定从事公务。具体包括：(1)依法履行职责的各级人民代表大会代表；(2)依法履行审判职责的人民陪审员；(3)协助乡镇人民政府、街道办事处从事行政管理工作的村民委员会、居民委员会等农村和城市基层组织人员；(4)其他由法律授权从事公务的人员。

（四）关于'从事公务'的理解

从事公务，是指代表国家机关、国有公司、企业、事业单位、人民团体等履行组织、领导、监督、管理等职责。公务主要表现为与职权相联系的公共事务以及监督、管理国有财产的职务活动。如国家机关工作人员依法履行职责，国有公司的董事、经理、监事、会计、出纳人员等管理、监督国有财产等活动，属于从事公务。那些不具备职权内容的劳务活动、技术服务工作，如售货员、售票员等所从事的工作，一般不认为是公务。

六、关于渎职罪

（一）渎职犯罪行为造成的公共财产重大损失的认定

根据刑法规定，玩忽职守、滥用职权等渎职犯罪是以致使公共财产、国家和人民利益遭受重大损失为构成要件的。其中，公共财产的重大损失，通常是指渎职行为已经造成的重大经济损失。在司法实践中，有以下情形之一的，虽然公共财产作为债权存在，但已无法实现债权的，可以认定为行为人的渎职行为造成了经济损失：(1)债务人已经法定程序被宣告破产；(2)债务人潜逃，去向不明；(3)因行为人责任，致使超过诉讼时效；(4)有证据证明债权无法实现的其他情况。

（四）关于'徇私'的理解

徇私舞弊型渎职犯罪的'徇私'应理解为徇个人私情、私利。国家机关工作人员为了本单位的利益，实施滥用职权、玩忽职守行为，构成犯罪的，依照刑法第三百九十七条第一款的规定定罪处罚。"

⑤2002年12月28日全国人民代表大会常务委员会《关于〈中华人民共和国刑法〉第九章渎职罪主体适用问题的解释》规定："在依照法律、法规规定行使国家行政管理职权的组织中从事公务的人员，或者在受国家机关委托代表国家机关行使职权的组织中从事公务的人员，或者虽未列入国家机关人员编制但在国家机关中从事公务的人员，在代表国家机关行使职权时，有渎职行为，构成犯罪的，依照刑法关于渎职罪的规定追究刑事责任。"

⑥2012年12月7日最高人民法院、最高人民检察院《关于办理渎职刑事案件适用法律若干问题的解释(一)》第3条至第8条有以下规定：

“第三条　国家机关工作人员实施渎职犯罪并收受贿赂，同时构成受贿罪的，除刑法另有规定外，以渎职犯罪和受贿罪数罪并罚。

第四条　国家机关工作人员实施渎职行为，放纵他人犯罪或者帮助他人逃避刑事处罚，构成犯罪的，依照渎职罪的规定定罪处罚。

国家机关工作人员与他人共谋，利用其职务行为帮助他人实施其他犯罪行为，同时构成渎职犯罪和共谋实施的其他犯罪共犯的，依照处罚较重的规定定罪处罚。

国家机关工作人员与他人共谋，既利用其职务行为帮助他人实施其他犯罪，又以非职务行为与他人共同实施该其他犯罪行为，同时构成渎职犯罪和其他犯罪的共犯的，依照数罪并罚的规定定罪处罚。

第五条　国家机关负责人员违法决定，或者指使、授意、强令其他国家机关工作人员违法履行职务或者不履行职务，构成刑法分则第九章规定的渎职犯罪的，应当依法追究刑事责任。

以‘集体研究’形式实施的渎职犯罪，应当依照刑法分则第九章的规定追究国家机关负有责任的人员的刑事责任。对于具体执行人员，应当在综合认定其行为性质、是否提出反对意见、危害结果大小等情节的基础上决定是否追究刑事责任和应当判处的刑罚。

第六条　以危害结果为条件的渎职犯罪的追诉期限，从危害结果发生之日起计算；有数个危害结果的，从最后一个危害结果发生之日起计算。

第七条　依法或者受委托行使国家行政管理职权的公司、企业、事业单位的工作人员，在行使行政管理职权时滥用职权或者玩忽职守，构成犯罪的，应当依照《全国人民代表大会常务委员会关于〈中华人民共和国刑法〉第九章渎职罪主体适用问题的解释》的规定，适用渎职罪的规定追究刑事责任。

第八条　本解释规定的‘经济损失’，是指渎职犯罪或者与渎职犯罪相关联的犯罪立案时已经实际造成的财产损失，包括为挽回渎职犯罪所造成损失而支付的各种开支、费用等。立案后至提起公诉前持续发生的经济损失，应一并计入渎职犯罪造成的经济损失。

债务人经法定程序被宣告破产，债务人潜逃、去向不明，或者因行为人的责任超过诉讼时效等，致使债权已经无法实现的，无法实现的债权部分应当认定为渎职犯罪的经济损失。

渎职犯罪或者与渎职犯罪相关联的犯罪立案后，犯罪分子及其亲友自行挽回的经济损失，司法机关或者犯罪分子所在单位及其上级主管部门挽回的经济损失，或者因客观原因减少的经济损失，不予扣减，但可以作为酌定从轻处罚的情节。”

(3)构成要件

第一，本罪侵犯的客体是国家税收征管制度。

第二，客观方面表现为在办理发售发票、抵扣税款、出口退税工作中，违反法律、行政法规的规定，实施了弄虚作假、徇私舞弊的行为。本罪在犯罪结果方面，要求致使国家利益遭受重大损失。

第三，本罪的主体主要是国家税务机关工作人员。根据《刑法》第405条第2款的规定，本罪的主体也包括其他国家机关工作人员。

第四，主观方面是故意。即明知自己的徇私舞弊行为会给国家利益造成重大损失，但是对这种危害结果抱有希望或者放任态度。

(4)罪名界定

本罪与《刑法》第3章第6节危害税收征管这类犯罪所涉及发票、税款抵扣、出口退税的犯罪主要区别是：①主体不同。本罪的主体主要是国家税务机关工作人员，而且只能是自然人；而后罪的主体是一般主体，除自然人以外，法人也可以成为主体。②发生的场合不同。本罪发生在办理发售发票、抵扣税款、出口退税工作中,是一种利用职务实施的徇私舞弊犯罪行为;而后罪发生在一般场合,与职务无关。③在犯罪手段上不同。本罪是徇私舞弊、弄虚作假,不履行或者不正确履行自己的职责;而后罪情况比较复杂,应当视不同罪名而有别,但都不属于不履行或者不正确履行自己的职责。

(5)量刑幅度

根据《刑法》第405条第1款的规定,对犯本罪的处罚分以下2个档次:

一是对犯本罪情节一般的,处5年以下有期徒刑或者拘役;

二是致使国家利益遭受特别重大损失的,处5年以上有期徒刑。

17. 违法提供出口退税凭证罪(第405条第2款)

(1)罪名概念

违法提供出口退税凭证罪,是指国家机关工作人员违反国家规定,在提供出口退税凭证的工作中,徇私舞弊,致使国家利益遭受重大损失的行为。

(2)法律规定

①本罪名是由《刑法》第405条第2款规定的。《刑法》第405条规定:"税务机关的工作人员违反法律、行政法规的规定,在办理发售发票、抵扣税款、出口退税工作中,徇私舞弊,致使国家利益遭受重大损失的,处五年以下有期徒刑或者拘役;致使国家利益遭受特别重大损失的,处五年以上有期徒刑。

其他国家机关工作人员违反国家规定,在提供出口货物报关单、出口收汇核销单等出口退税凭证的工作中,徇私舞弊,致使国家利益遭受重大损失的,依照前款的规定处罚。"

②2006年7月26日最高人民检察院《关于渎职侵权犯罪案件立案标准的规定》第一部分第16项规定:"违法提供出口退税凭证罪是指海关、外汇管理等国家机关工作人员违反国家规定,在提供出口货物报关单、出口收汇核销单等出口退税凭证的工作中徇私舞弊,致使国家利益遭受重大损失的行为。

涉嫌下列情形之一的,应予立案:

1. 徇私舞弊,致使国家税收损失累计达10万元以上的;

2. 徇私舞弊,致使国家税收损失累计不满10万元,但具有索取、收受贿赂或者其他恶劣情节的;

3. 其他致使国家利益遭受重大损失的情形。"

③2001年7月20日最高人民检察院《人民检察院直接受理立案侦查的渎职侵权重特大案件标准(试行)》第14条规定:

"十四、违法提供出口退税凭证案

(一)重大案件

造成国家税收损失累计达三十万元以上的。

(二)特大案件

造成国家税收损失累计达五十万元以上的。"

④2003年11月13日最高人民法院印发的《全国法院审理经济犯罪案件工作座谈会纪要》相关内容如下:

"一、关于贪污贿赂犯罪和渎职犯罪的主体

(一)国家机关工作人员的认定

刑法中所称的国家机关工作人员,是指在国家机关中从事公务的人员,包括在各级国家权力机关、行政机关、司法机关和军事机关中从事公务的人员。

根据有关立法解释的规定，在依照法律、法规规定行使国家行政管理职权的组织中从事公务的人员，或者在受国家机关委托代表国家行使职权的组织中从事公务的人员，或者虽未列入国家机关人员编制但在国家机关中从事公务的人员，视为国家机关工作人员。在乡（镇）以上中国共产党机关、人民政协机关中从事公务的人员，司法实践中也应当视为国家机关工作人员。

（二）国家机关、国有公司、企业、事业单位委派到非国有公司、企业、事业单位、社会团体从事公务的人员的认定

所谓委派，即委任、派遣，其形式多种多样，如任命、指派、提名、批准等。不论被委派的人身份如何，只要是接受国家机关、国有公司、企业、事业单位委派，代表国家机关、国有公司、企业、事业单位在非国有公司、企业、事业单位、社会团体中从事组织、领导、监督、管理等工作，都可以认定为国家机关、国有公司、企业、事业单位委派到非国有公司、企业、事业单位、社会团体从事公务的人员。如国家机关、国有公司、企业、事业单位委派在国有控股或者参股的股份有限公司从事组织、领导、监督、管理等工作的人员，应当以国家工作人员论。国有公司、企业改制为股份有限公司后，原国有公司、企业的工作人员和股份有限公司新任命的人员中，除代表国有投资主体行使监督、管理职权的人外，不以国家工作人员论。

（三）'其他依照法律从事公务的人员'的认定

刑法第九十三条第二款规定的'其他依照法律从事公务的人员'应当具有两个特征：一是在特定条件下行使国家管理职能；二是依照法律规定从事公务。具体包括：(1)依法履行职责的各级人民代表大会代表；(2)依法履行审判职责的人民陪审员；(3)协助乡镇人民政府、街道办事处从事行政管理工作的村民委员会、居民委员会等农村和城市基层组织人员；(4)其他由法律授权从事公务的人员。

（四）关于'从事公务'的理解

从事公务，是指代表国家机关、国有公司、企业、事业单位、人民团体等履行组织、领导、监督、管理等职责。公务主要表现为与职权相联系的公共事务以及监督、管理国有财产的职务活动。如国家机关工作人员依法履行职责，国有公司的董事、经理、监事、会计、出纳人员等管理、监督国有财产等活动，属于从事公务。那些不具备职权内容的劳务活动、技术服务工作，如售货员、售票员等所从事的工作，一般不认为是公务。

六、关于渎职罪

（一）渎职犯罪行为造成的公共财产重大损失的认定

根据刑法规定，玩忽职守、滥用职权等渎职犯罪是以致使公共财产、国家和人民利益遭受重大损失为构成要件的。其中，公共财产的重大损失，通常是指渎职行为已经造成的重大经济损失。在司法实践中，有以下情形之一的，虽然公共财产作为债权存在，但已无法实现债权的，可以认定为行为人的渎职行为造成了经济损失：(1)债务人已经法定程序被宣告破产；(2)债务人潜逃，去向不明；(3)因行为人责任，致使超过诉讼时效；(4)有证据证明债权无法实现的其他情况。

（四）关于'徇私'的理解

徇私舞弊型渎职犯罪的'徇私'应理解为徇个人私情、私利。国家机关工作人员为了本单位的利益，实施滥用职权、玩忽职守行为，构成犯罪的，依照刑法第三百九十七条第一款的规定定罪处罚。"

⑤2002年12月28日全国人民代表大会常务委员会《关于〈中华人民共和国刑法〉第九章渎职罪主体适用问题的解释》规定："在依照法律、法规规定行使国家行政管理职权的组织中从事公务的人员，或者在受国家机关委托代表国家机关行使职权的组织中从事公务的人员，或者虽未

列入国家机关人员编制但在国家机关中从事公务的人员，在代表国家机关行使职权时，有渎职行为，构成犯罪的，依照刑法关于渎职罪的规定追究刑事责任。”

⑥2012年12月7日最高人民法院、最高人民检察院《关于办理渎职刑事案件适用法律若干问题的解释(一)》第3条至第8条有以下规定：

“第三条　国家机关工作人员实施渎职犯罪并收受贿赂，同时构成受贿罪的，除刑法另有规定外，以渎职犯罪和受贿罪数罪并罚。

第四条　国家机关工作人员实施渎职行为，放纵他人犯罪或者帮助他人逃避刑事处罚，构成犯罪的，依照渎职罪的规定定罪处罚。

国家机关工作人员与他人共谋，利用其职务行为帮助他人实施其他犯罪行为，同时构成渎职犯罪和共谋实施的其他犯罪共犯的，依照处罚较重的规定定罪处罚。

国家机关工作人员与他人共谋，既利用其职务行为帮助他人实施其他犯罪，又以非职务行为与他人共同实施该其他犯罪行为，同时构成渎职犯罪和其他犯罪的共犯的，依照数罪并罚的规定定罪处罚。

第五条　国家机关负责人员违法决定，或者指使、授意、强令其他国家机关工作人员违法履行职务或者不履行职务，构成刑法分则第九章规定的渎职犯罪的，应当依法追究刑事责任。

以‘集体研究’形式实施的渎职犯罪，应当依照刑法分则第九章的规定追究国家机关负有责任的人员的刑事责任。对于具体执行人员，应当在综合认定其行为性质、是否提出反对意见、危害结果大小等情节的基础上决定是否追究刑事责任和应当判处的刑罚。

第六条　以危害结果为条件的渎职犯罪的追诉期限，从危害结果发生之日起计算；有数个危害结果的，从最后一个危害结果发生之日起计算。

第七条　依法或者受委托行使国家行政管理职权的公司、企业、事业单位的工作人员，在行使行政管理职权时滥用职权或者玩忽职守，构成犯罪的，应当依照《全国人民代表大会常务委员会关于〈中华人民共和国刑法〉第九章渎职罪主体适用问题的解释》的规定，适用渎职罪的规定追究刑事责任。

第八条　本解释规定的‘经济损失’，是指渎职犯罪或者与渎职犯罪相关联的犯罪立案时已经实际造成的财产损失，包括为挽回渎职犯罪所造成损失而支付的各种开支、费用等。立案后至提起公诉前持续发生的经济损失，应一并计入渎职犯罪造成的经济损失。

债务人经法定程序被宣告破产，债务人潜逃、去向不明，或者因行为人的责任超过诉讼时效等，致使债权已经无法实现的，无法实现的债权部分应当认定为渎职犯罪的经济损失。

渎职犯罪或者与渎职犯罪相关联的犯罪立案后，犯罪分子及其亲友自行挽回的经济损失，司法机关或者犯罪分子所在单位及其上级主管部门挽回的经济损失，或者因客观原因减少的经济损失，不予扣减，但可以作为酌定从轻处罚的情节。”

(3)构成要件

第一，本罪侵犯的客体是国家的出口退税制度。

第二，客观方面表现为违反国家规定，在提供出口退税凭证的工作中，徇私舞弊，致使国家利益遭受重大损失的行为。

第三，本罪的主体是特殊主体。即只能是税务机关以外的国家机关工作人员，主要是海关、银行等负有提供出口退税凭证职责的工作人员。

第四，主观方面是故意，并且具有徇私的动机。

(4)罪名界定

第一，本罪与徇私舞弊发售发票、抵扣税款、出口退税罪有以下区别：①本罪的主体是税务机关工作人员以外的其他国家机关工作人员，而后者的犯罪主体是税务机关工作人员。②本罪发生在提供出口货物报关单、出口收汇核销单等出口退税凭证工作中；而后者发生在办理发售发票、抵扣税款、出口退税工作中。

第二，本罪与骗取出口退税罪不同：①本罪的主体是特殊主体，即只能是税务机关工作人员之外的其他国家机关工作人员，主要是海关、银行工作人员，而且只能是自然人；而骗取出口退税罪的主体，是一般主体，既可以是自然人，也可以是单位。②这两种犯罪在行为上也不同。骗取出口退税罪是将国家的出口退税款据为己有，具有非法占有的目的；而本罪则是为了徇私舞弊，并不能使行为人将国家出口退税款据为己有。

(5)量刑幅度

根据《刑法》第405条的规定，对犯本罪的处罚分以下2个档次：

一是构成本罪，处5年以下有期徒刑或者拘役。

二是致使国家利益遭受特别重大损失的，处5年以上有期徒刑。

18. 国家机关工作人员签订、履行合同失职被骗罪(第406条)

(1)罪名概念

国家机关工作人员签订、履行合同失职被骗罪，是指国家机关工作人员在签订、履行合同过程中，因为严重不负责任被诈骗，致使国家利益遭受重大损失的行为。

(2)法律规定

①本罪名是由《刑法》第406条规定的。该条规定："国家机关工作人员在签订、履行合同过程中，因严重不负责任被诈骗，致使国家利益遭受重大损失的，处三年以下有期徒刑或者拘役；致使国家利益遭受特别重大损失的，处三年以上七年以下有期徒刑。"

②2006年7月26日最高人民检察院《关于渎职侵权犯罪案件立案标准的规定》第一部分第17项规定："国家机关工作人员签订、履行合同失职被骗罪是指国家机关工作人员在签订、履行合同过程中，因严重不负责任，不履行或者不认真履行职责被诈骗，致使国家利益遭受重大损失的行为。

涉嫌下列情形之一的，应予立案：

1. 造成直接经济损失30万元以上，或者直接经济损失不满30万元，但间接经济损失150万元以上的；

2. 其他致使国家利益遭受重大损失的情形。"

③2001年7月20日最高人民检察院《人民检察院直接受理立案侦查的渎职侵权重特大案件标准(试行)》第15条规定：

"十五、国家机关工作人员签订、履行合同失职被骗案

(一)重大案件

造成直接经济损失一百万元以上的。

(二)特大案件

造成直接经济损失二百万元以上的。"

④2003年11月13日最高人民法院印发的《全国法院审理经济犯罪案件工作座谈会纪要》相关内容如下：

"一、关于贪污贿赂犯罪和渎职犯罪的主体

(一)国家机关工作人员的认定

刑法中所称的国家机关工作人员，是指在国家机关中从事公务的人员，包括在各级国家权力

机关、行政机关、司法机关和军事机关中从事公务的人员。

根据有关立法解释的规定,在依照法律、法规规定行使国家行政管理职权的组织中从事公务的人员,或者在受国家机关委托代表国家行使职权的组织中从事公务的人员,或者虽未列入国家机关人员编制但在国家机关中从事公务的人员,视为国家机关工作人员。在乡(镇)以上中国共产党机关、人民政协机关中从事公务的人员,司法实践中也应当视为国家机关工作人员。

(二)国家机关、国有公司、企业、事业单位委派到非国有公司、企业、事业单位、社会团体从事公务的人员的认定

所谓委派,即委任、派遣,其形式多种多样,如任命、指派、提名、批准等。不论被委派的人身份如何,只要是接受国家机关、国有公司、企业、事业单位委派,代表国家机关、国有公司、企业、事业单位在非国有公司、企业、事业单位、社会团体中从事组织、领导、监督、管理等工作,都可以认定为国家机关、国有公司、企业、事业单位委派到非国有公司、企业、事业单位、社会团体从事公务的人员。如国家机关、国有公司、企业、事业单位委派在国有控股或者参股的股份有限公司从事组织、领导、监督、管理等工作的人员,应当以国家工作人员论。国有公司、企业改制为股份有限公司后,原国有公司、企业的工作人员和股份有限公司新任命的人员中,除代表国有投资主体行使监督、管理职权的人外,不以国家工作人员论。

(三)'其他依照法律从事公务的人员'的认定

刑法第九十三条第二款规定的'其他依照法律从事公务的人员'应当具有两个特征:一是在特定条件下行使国家管理职能;二是依照法律规定从事公务。具体包括:(1)依法履行职责的各级人民代表大会代表;(2)依法履行审判职责的人民陪审员;(3)协助乡镇人民政府、街道办事处从事行政管理工作的村民委员会、居民委员会等农村和城市基层组织人员;(4)其他由法律授权从事公务的人员。

(四)关于'从事公务'的理解

从事公务,是指代表国家机关、国有公司、企业、事业单位、人民团体等履行组织、领导、监督、管理等职责。公务主要表现为与职权相联系的公共事务以及监督、管理国有财产的职务活动。如国家机关工作人员依法履行职责,国有公司的董事、经理、监事、会计、出纳人员等管理、监督国有财产等活动,属于从事公务。那些不具备职权内容的劳务活动、技术服务工作,如售货员、售票员等所从事的工作,一般不认为是公务。

六、关于渎职罪

(一)渎职犯罪行为造成的公共财产重大损失的认定

根据刑法规定,玩忽职守、滥用职权等渎职犯罪是以致使公共财产、国家和人民利益遭受重大损失为构成要件的。其中,公共财产的重大损失,通常是指渎职行为已经造成的重大经济损失。在司法实践中,有以下情形之一的,虽然公共财产作为债权存在,但已无法实现债权的,可以认定为行为人的渎职行为造成了经济损失:(1)债务人已经法定程序被宣告破产;(2)债务人潜逃,去向不明;(3)因行为人责任,致使超过诉讼时效;(4)有证据证明债权无法实现的其他情况。

(四)关于'徇私'的理解

徇私舞弊型渎职犯罪的'徇私'应理解为徇个人私情、私利。国家机关工作人员为了本单位的利益,实施滥用职权、玩忽职守行为,构成犯罪的,依照刑法第三百九十七条第一款的规定定罪处罚。"

⑤2002年12月28日全国人民代表大会常务委员会《关于〈中华人民共和国刑法〉第九章渎职罪主体适用问题的解释》规定:"在依照法律、法规规定行使国家行政管理职权的组织中从事公务的人员,或者在受国家机关委托代表国家机关行使职权的组织中从事公务的人员,或者虽未

列入国家机关人员编制但在国家机关中从事公务的人员，在代表国家机关行使职权时，有渎职行为，构成犯罪的，依照刑法关于渎职罪的规定追究刑事责任。”

⑥2012 年 12 月 7 日最高人民法院、最高人民检察院《关于办理渎职刑事案件适用法律若干问题的解释(一)》第 3 条至第 8 条有以下规定：

“第三条　国家机关工作人员实施渎职犯罪并收受贿赂，同时构成受贿罪的，除刑法另有规定外，以渎职犯罪和受贿罪数罪并罚。

第四条　国家机关工作人员实施渎职行为，放纵他人犯罪或者帮助他人逃避刑事处罚，构成犯罪的，依照渎职罪的规定定罪处罚。

国家机关工作人员与他人共谋，利用其职务行为帮助他人实施其他犯罪行为，同时构成渎职犯罪和共谋实施的其他犯罪共犯的，依照处罚较重的规定定罪处罚。

国家机关工作人员与他人共谋，既利用其职务行为帮助他人实施其他犯罪，又以非职务行为与他人共同实施该其他犯罪行为，同时构成渎职犯罪和其他犯罪的共犯的，依照数罪并罚的规定定罪处罚。

第五条　国家机关负责人员违法决定，或者指使、授意、强令其他国家机关工作人员违法履行职务或者不履行职务，构成刑法分则第九章规定的渎职犯罪的，应当依法追究刑事责任。

以‘集体研究’形式实施的渎职犯罪，应当依照刑法分则第九章的规定追究国家机关负有责任的人员的刑事责任。对于具体执行人员，应当在综合认定其行为性质、是否提出反对意见、危害结果大小等情节的基础上决定是否追究刑事责任和应当判处的刑罚。

第六条　以危害结果为条件的渎职犯罪的追诉期限，从危害结果发生之日起计算；有数个危害结果的，从最后一个危害结果发生之日起计算。

第七条　依法或者受委托行使国家行政管理职权的公司、企业、事业单位的工作人员，在行使行政管理职权时滥用职权或者玩忽职守，构成犯罪的，应当依照《全国人民代表大会常务委员会关于〈中华人民共和国刑法〉第九章渎职罪主体适用问题的解释》的规定，适用渎职罪的规定追究刑事责任。

第八条　本解释规定的‘经济损失’，是指渎职犯罪或者与渎职犯罪相关联的犯罪立案时已经实际造成的财产损失，包括为挽回渎职犯罪所造成损失而支付的各种开支、费用等。立案后至提起公诉前持续发生的经济损失，应一并计入渎职犯罪造成的经济损失。

债务人经法定程序被宣告破产，债务人潜逃、去向不明，或者因行为人的责任超过诉讼时效等，致使债权已经无法实现的，无法实现的债权部分应当认定为渎职犯罪的经济损失。

渎职犯罪或者与渎职犯罪相关联的犯罪立案后，犯罪分子及其亲友自行挽回的经济损失，司法机关或者犯罪分子所在单位及其上级主管部门挽回的经济损失，或者因客观原因减少的经济损失，不予扣减，但可以作为酌定从轻处罚的情节。”

(3)构成要件

第一，本罪侵犯的客体是国家机关的正常经济管理活动。

第二，客观方面表现为国家机关工作人员在签订、履行经济合同过程中，严重不负责任，玩忽职守，被他人诈骗，致使国家利益遭受重大损失或者特别重大损失的行为。

第三，本罪的主体是特殊主体，即参与签订、履行经济合同的国家机关工作人员，包括直接负责的主管人员和其他直接责任人员。

第四，主观方面是过失，行为人不希望发生严重后果。

(4)罪名界定

第一，本罪与签订、履行合同失职被骗罪都是国家工作人员在签订、履行合同过程中，由于严重不负责任被诈骗，致使国家的利益遭受重大损失的行为。但二者犯罪主体不同。本罪限于国家机关工作人员；而签订、履行合同失职被骗罪的主体只限于国有公司、企业、事业单位直接负责的主管人员。

第二，本罪与滥用职权罪、玩忽职守罪是有区别的：①本罪罪过形式是过失；而后罪的罪过形式既可以是过失，有时也可以是故意。②本罪有特定的场合，即发生在经济合同的签订、履行过程中；而后者发生在一般场合。③在造成重大损失的危害结果方面，本罪是被经济合同的对方当事人或者第三人所诈骗；而后罪没有这样的要求，危害结果的发生有多种途径。

(5)量刑幅度

根据《刑法》第406条的规定，对犯本罪的处罚分以下2个档次：

一是犯本罪的，处3年以下有期徒刑或者拘役。

二是致使国家利益遭受特别重大损失的，处3年以上7年以下有期徒刑。

19. 违法发放林木采伐许可证罪(第407条)

(1)罪名概念

违法发放林木采伐许可证罪，是指林业主管部门的工作人员，违反森林法的规定，超过批准的年采伐限额发放林木采伐许可证，或者违反规定，滥发林木采伐许可证，情节严重，致使森林遭受严重破坏的行为。

(2)法律规定

①本罪名是由《刑法》第407条规定的。该条规定："林业主管部门的工作人员违反森林法的规定，超过批准的年采伐限额发放林木采伐许可证或者违反规定滥发林木采伐许可证，情节严重，致使森林遭受严重破坏的，处三年以下有期徒刑或者拘役。"

②2006年7月26日最高人民检察院《关于渎职侵权犯罪案件立案标准的规定》第一部分第18项规定："违法发放林木采伐许可证罪是指林业主管部门的工作人员违反森林法的规定，超过批准的年采伐限额发放林木采伐许可证或者违反规定滥发林木采伐许可证，情节严重，致使森林遭受严重破坏的行为。

涉嫌下列情形之一的，应予立案：

1. 发放林木采伐许可证允许采伐数量累计超过批准的年采伐限额，导致林木被超限额采伐10立方米以上的；

2. 滥发林木采伐许可证，导致林木被滥伐20立方米以上，或者导致幼树被滥伐1000株以上的；

3. 滥发林木采伐许可证，导致防护林、特种用途林被滥伐5立方米以上，或者幼树被滥伐200株以上的；

4. 滥发林木采伐许可证，导致珍贵树木或者国家重点保护的其他树木被滥伐的；

5. 滥发林木采伐许可证，导致国家禁止采伐的林木被采伐的；

6. 其他情节严重，致使森林遭受严重破坏的情形。

林业主管部门工作人员之外的国家机关工作人员，违反森林法的规定，滥用职权或者玩忽职守，致使林木被滥伐40立方米以上或者幼树被滥伐2000株以上，或者致使防护林、特种用途林被滥伐10立方米以上或者幼树被滥伐400株以上，或者致使珍贵树木被采伐、毁坏4立方米或者4株以上，或者致使国家重点保护的其他植物被采伐、毁坏后果严重的，或者致使国家严禁采伐的林木被采伐、毁坏情节恶劣的，按照刑法第397条的规定以滥用职权罪或者玩忽职守罪追究刑事责任。"

③2001 年 7 月 20 日最高人民检察院《人民检察院直接受理立案侦查的渎职侵权重特大案件标准(试行)》第 16 条规定:

“十六、违法发放林木采伐许可证案

(一)重大案件

1. 发放林木采伐许可证允许采伐数量累计超过批准的年采伐限额,导致林木被采伐数量在二十立方米以上的;

2. 滥发林木采伐许可证,导致林木被滥伐四十立方米以上的;

3. 滥发林木采伐许可证,导致珍贵树木被滥伐二株或者二立方米以上的;

4. 批准采伐国家禁止采伐的林木,情节特别恶劣的。

(二)特大案件

1. 发放林木采伐许可证允许采伐数量累计超过批准的年采伐限额,导致林木被采伐数量超过三十立方米的;

2. 滥发林木采伐许可证,导致林木被滥伐六十立方米以上的;

3. 滥发林木采伐许可证,导致珍贵树木被滥伐五株或者五立方米以上的;

4. 批准采伐国家禁止采伐的林木,造成严重后果的。”

④2000 年 11 月 22 日最高人民法院《关于审理破坏森林资源刑事案件具体应用法律若干问题的解释》第 12 条规定:“林业主管部门的工作人员违反森林法的规定,超过批准的年采伐限额发放林木采伐许可证或者违反规定滥发林木采伐许可证,具有下列情形之一的,属于刑法第四百零七条规定的‘情节严重,致使森林遭受严重破坏’,以违法发放林木采伐许可证罪定罪处罚:

(一)发放林木采伐许可证允许采伐数量累计超过批准的年采伐限额,导致林木被采伐数量在十立方米以上的;

(二)滥发林木采伐许可证,导致林木被滥伐二十立方米以上的;

(三)滥发林木采伐许可证,导致珍贵树木被滥伐的;

(四)批准采伐国家禁止采伐的林木,情节恶劣的;

(五)其他情节严重的情形。”

⑤2007 年 5 月 16 日最高人民检察院《关于对林业主管部门工作人员在发放林木采伐许可证之外滥用职权玩忽职守致使森林遭受严重破坏的行为适用法律问题的批复》规定:“林业主管部门工作人员违法发放林木采伐许可证,致使森林遭受严重破坏的,依照刑法第四百零七条的规定,以违法发放林木采伐许可证罪追究刑事责任;以其他方式滥用职权或者玩忽职守,致使森林遭受严重破坏的,依照刑法第三百九十七条的规定,以滥用职权罪或者玩忽职守罪追究刑事责任,立案标准依照《最高人民检察院关于渎职侵权犯罪案件立案标准的规定》第一部分渎职犯罪案件第十八条第三款的规定执行。”

⑥2002 年 12 月 28 日全国人民代表大会常务委员会《关于〈中华人民共和国刑法〉第九章渎职罪主体适用问题的解释》规定:“在依照法律、法规规定行使国家行政管理职权的组织中从事公务的人员,或者在受国家机关委托代表国家机关行使职权的组织中从事公务的人员,或者虽未列入国家机关人员编制但在国家机关中从事公务的人员,在代表国家机关行使职权时,有渎职行为,构成犯罪的,依照刑法关于渎职罪的规定追究刑事责任。”

⑦2012 年 12 月 7 日最高人民法院、最高人民检察院《关于办理渎职刑事案件适用法律若干问题的解释(一)》第 3 条至第 8 条有以下规定:

“第三条　国家机关工作人员实施渎职犯罪并收受贿赂,同时构成受贿罪的,除刑法另有规定外，以渎职犯罪和受贿罪数罪并罚。

第四条　国家机关工作人员实施渎职行为，放纵他人犯罪或者帮助他人逃避刑事处罚，构成犯罪的，依照渎职罪的规定定罪处罚。

国家机关工作人员与他人共谋，利用其职务行为帮助他人实施其他犯罪行为，同时构成渎职犯罪和共谋实施的其他犯罪共犯的，依照处罚较重的规定定罪处罚。

国家机关工作人员与他人共谋，既利用其职务行为帮助他人实施其他犯罪，又以非职务行为与他人共同实施该其他犯罪行为，同时构成渎职犯罪和其他犯罪的共犯的，依照数罪并罚的规定定罪处罚。

第五条　国家机关负责人员违法决定，或者指使、授意、强令其他国家机关工作人员违法履行职务或者不履行职务，构成刑法分则第九章规定的渎职犯罪的，应当依法追究刑事责任。

以'集体研究'形式实施的渎职犯罪，应当依照刑法分则第九章的规定追究国家机关负有责任的人员的刑事责任。对于具体执行人员，应当在综合认定其行为性质、是否提出反对意见、危害结果大小等情节的基础上决定是否追究刑事责任和应当判处的刑罚。

第六条　以危害结果为条件的渎职犯罪的追诉期限，从危害结果发生之日起计算；有数个危害结果的，从最后一个危害结果发生之日起计算。

第七条　依法或者受委托行使国家行政管理职权的公司、企业、事业单位的工作人员，在行使行政管理职权时滥用职权或者玩忽职守，构成犯罪的，应当依照《全国人民代表大会常务委员会关于〈中华人民共和国刑法〉第九章渎职罪主体适用问题的解释》的规定，适用渎职罪的规定追究刑事责任。

第八条　本解释规定的'经济损失'，是指渎职犯罪或者与渎职犯罪相关联的犯罪立案时已经实际造成的财产损失，包括为挽回渎职犯罪所造成损失而支付的各种开支、费用等。立案后至提起公诉前持续发生的经济损失，应一并计入渎职犯罪造成的经济损失。

债务人经法定程序被宣告破产，债务人潜逃、去向不明，或者因行为人的责任超过诉讼时效等，致使债权已经无法实现的，无法实现的债权部分应当认定为渎职犯罪的经济损失。

渎职犯罪或者与渎职犯罪相关联的犯罪立案后，犯罪分子及其亲友自行挽回的经济损失，司法机关或者犯罪分子所在单位及其上级主管部门挽回的经济损失，或者因客观原因减少的经济损失，不予扣减，但可以作为酌定从轻处罚的情节。”

(3)构成要件

第一，本罪侵犯的客体是国家对森林资源的管理制度。

第二，客观方面表现为滥用职权，超过年采伐标准限额，发放林木采伐许可证，或者违反规定，滥发林木采伐许可证，情节严重的行为。

第三，本罪的主体是林业主管部门的工作人员。

第四，主观方面是间接故意，即对森林遭受严重破坏的后果持放任态度。

(4)罪名界定

本罪与非法采伐、毁坏珍贵树木罪及盗伐、滥伐林木罪的主要区别：①主体不同。本罪的主体是林业主管部门的工作人员，并且只能是自然人；而后两种罪的主体都是一般主体。②客观表现方式不同。本罪是违反森林法，超过批准的年采伐限额发放林木采伐许可证，或者违反规定，滥发林木采伐许可证，其本身不能直接造成森林的破坏；而后者的行为是非法采伐珍贵林木，毁坏珍贵林木，盗伐、滥伐其他林木，直接地造成森林资源的破坏。③发生的场合不同。本罪发生在林业管理过程中，是一种职务犯罪，属于渎职罪；而后者发生在林木的采伐过程中或者其他场合，与职务无关，属于破坏国家环境秩序的犯罪。

(5)量刑幅度

根据《刑法》第407条的规定,犯本罪情节严重,致使森林遭受严重破坏的,处3年以下有期徒刑或者拘役。

20. 环境监管失职罪(第408条)

(1)罪名概念

环境监管失职罪,是指负有环境保护监管职责的国家机关工作人员,严重不负责任,导致发生重大环境污染事故,致使公私财产遭受重大损失或者造成人身伤亡的严重后果的行为。

(2)法律规定

①本罪名是由《刑法》第408条规定的。该条规定:"负有环境保护监督管理职责的国家机关工作人员严重不负责任,导致发生重大环境污染事故,致使公私财产遭受重大损失或者造成人身伤亡的严重后果的,处三年以下有期徒刑或者拘役。"

②2006年7月26日最高人民检察院《关于渎职侵权犯罪案件立案标准的规定》第一部分第19项规定:"环境监管失职罪是指负有环境保护监督管理职责的国家机关工作人员严重不负责任,不履行或者不认真履行环境保护监管职责导致发生重大环境污染事故,致使公私财产遭受重大损失或者造成人身伤亡的严重后果的行为。

涉嫌下列情形之一的,应予立案:

1. 造成死亡1人以上,或者重伤3人以上,或者重伤2人、轻伤4人以上,或者重伤1人、轻伤7人以上,或者轻伤10人以上的;

2. 导致30人以上严重中毒的;

3. 造成个人财产直接经济损失15万元以上,或者直接经济损失不满15万元,但间接经济损失75万元以上的;

4. 造成公共财产、法人或者其他组织财产直接经济损失30万元以上,或者直接经济损失不满30万元,但间接经济损失150万元以上的;

5. 虽未达到3、4两项数额标准,但3、4两项合计直接经济损失30万元以上,或者合计直接经济损失不满30万元,但合计间接经济损失150万元以上的;

6. 造成基本农田或者防护林地、特种用途林地10亩以上,或者基本农田以外的耕地50亩以上,或者其他土地70亩以上被严重毁坏的;

7. 造成生活饮用水地表水源和地下水源严重污染的;

8. 其他致使公私财产遭受重大损失或者造成人身伤亡严重后果的情形。"

③2001年7月20日最高人民检察院《人民检察院直接受理立案侦查的渎职侵权重特大案件标准(试行)》第17条规定:

"十七、环境监管失职案

(一)重大案件

1. 造成直接经济损失一百万元以上的;

2. 致人死亡二人以上或者重伤五人以上的;

3. 致使一定区域生态环境受到严重危害的。

(二)特大案件

1. 造成直接经济损失三百万元以上的;

2. 致人死亡五人以上或者重伤十人以上的;

3. 致使一定区域生态环境受到严重破坏的。"

④2003年11月13日最高人民法院印发的《全国法院审理经济犯罪案件工作座谈会纪要》相关内容如下：

"一、关于贪污贿赂犯罪和渎职犯罪的主体

（一）国家机关工作人员的认定

刑法中所称的国家机关工作人员，是指在国家机关中从事公务的人员，包括在各级国家权力机关、行政机关、司法机关和军事机关中从事公务的人员。

根据有关立法解释的规定，在依照法律、法规规定行使国家行政管理职权的组织中从事公务的人员，或者在受国家机关委托代表国家行使职权的组织中从事公务的人员，或者虽未列入国家机关人员编制但在国家机关中从事公务的人员，视为国家机关工作人员。在乡（镇）以上中国共产党机关、人民政协机关中从事公务的人员，司法实践中也应当视为国家机关工作人员。

（二）国家机关、国有公司、企业、事业单位委派到非国有公司、企业、事业单位、社会团体从事公务的人员的认定

所谓委派，即委任、派遣，其形式多种多样，如任命、指派、提名、批准等。不论被委派的人身份如何，只要是接受国家机关、国有公司、企业、事业单位委派，代表国家机关、国有公司、企业、事业单位在非国有公司、企业、事业单位、社会团体中从事组织、领导、监督、管理等工作，都可以认定为国家机关、国有公司、企业、事业单位委派到非国有公司、企业、事业单位、社会团体从事公务的人员。如国家机关、国有公司、企业、事业单位委派在国有控股或者参股的股份有限公司从事组织、领导、监督、管理等工作的人员，应当以国家工作人员论。国有公司、企业改制为股份有限公司后，原国有公司、企业的工作人员和股份有限公司新任命的人员中，除代表国有投资主体行使监督、管理职权的人外，不以国家工作人员论。

（三）'其他依照法律从事公务的人员'的认定

刑法第九十三条第二款规定的'其他依照法律从事公务的人员'应当具有两个特征：一是在特定条件下行使国家管理职能；二是依照法律规定从事公务。具体包括：(1)依法履行职责的各级人民代表大会代表；(2)依法履行审判职责的人民陪审员；(3)协助乡镇人民政府、街道办事处从事行政管理工作的村民委员会、居民委员会等农村和城市基层组织人员；(4)其他由法律授权从事公务的人员。

（四）关于'从事公务'的理解

从事公务，是指代表国家机关、国有公司、企业、事业单位、人民团体等履行组织、领导、监督、管理等职责。公务主要表现为与职权相联系的公共事务以及监督、管理国有财产的职务活动。如国家机关工作人员依法履行职责，国有公司的董事、经理、监事、会计、出纳人员等管理、监督国有财产等活动，属于从事公务。那些不具备职权内容的劳务活动、技术服务工作，如售货员、售票员等所从事的工作，一般不认为是公务。

六、关于渎职罪

（一）渎职犯罪行为造成的公共财产重大损失的认定

根据刑法规定，玩忽职守、滥用职权等渎职犯罪是以致使公共财产、国家和人民利益遭受重大损失为构成要件的。其中，公共财产的重大损失，通常是指渎职行为已经造成的重大经济损失。在司法实践中，有以下情形之一的，虽然公共财产作为债权存在，但已无法实现债权的，可以认定为行为人的渎职行为造成了经济损失：(1)债务人已经法定程序被宣告破产；(2)债务人潜逃，去向不明；(3)因行为人责任，致使超过诉讼时效；(4)有证据证明债权无法实现的其他情况。

（四）关于'徇私'的理解

徇私舞弊型渎职犯罪的'徇私'应理解为徇个人私情、私利。国家机关工作人员为了本单位的利

益,实施滥用职权、玩忽职守行为,构成犯罪的,依照刑法第三百九十七条第一款的规定定罪处罚。”

⑤2002 年 12 月 28 日全国人民代表大会常务委员会《关于〈中华人民共和国刑法〉第九章渎职罪主体适用问题的解释》规定:“在依照法律、法规规定行使国家行政管理职权的组织中从事公务的人员,或者在受国家机关委托代表国家机关行使职权的组织中从事公务的人员,或者虽未列入国家机关人员编制但在国家机关中从事公务的人员,在代表国家机关行使职权时,有渎职行为,构成犯罪的,依照刑法关于渎职罪的规定追究刑事责任。”

⑥2012 年 12 月 7 日最高人民法院、最高人民检察院《关于办理渎职刑事案件适用法律若干问题的解释(一)》第 3 条至第 8 条有以下规定:

“第三条　国家机关工作人员实施渎职犯罪并收受贿赂,同时构成受贿罪的,除刑法另有规定外,以渎职犯罪和受贿罪数罪并罚。

第四条　国家机关工作人员实施渎职行为,放纵他人犯罪或者帮助他人逃避刑事处罚,构成犯罪的,依照渎职罪的规定定罪处罚。

国家机关工作人员与他人共谋,利用其职务行为帮助他人实施其他犯罪行为,同时构成渎职犯罪和共谋实施的其他犯罪共犯的,依照处罚较重的规定定罪处罚。

国家机关工作人员与他人共谋,既利用其职务行为帮助他人实施其他犯罪,又以非职务行为与他人共同实施该其他犯罪行为,同时构成渎职犯罪和其他犯罪的共犯的,依照数罪并罚的规定定罪处罚。

第五条　国家机关负责人员违法决定,或者指使、授意、强令其他国家机关工作人员违法履行职务或者不履行职务,构成刑法分则第九章规定的渎职犯罪的,应当依法追究刑事责任。

以‘集体研究’形式实施的渎职犯罪,应当依照刑法分则第九章的规定追究国家机关负有责任的人员的刑事责任。对于具体执行人员,应当在综合认定其行为性质、是否提出反对意见、危害结果大小等情节的基础上决定是否追究刑事责任和应当判处的刑罚。

第六条　以危害结果为条件的渎职犯罪的追诉期限,从危害结果发生之日起计算;有数个危害结果的,从最后一个危害结果发生之日起计算。

第七条　依法或者受委托行使国家行政管理职权的公司、企业、事业单位的工作人员,在行使行政管理职权时滥用职权或者玩忽职守,构成犯罪的,应当依照《全国人民代表大会常务委员会关于〈中华人民共和国刑法〉第九章渎职罪主体适用问题的解释》的规定,适用渎职罪的规定追究刑事责任。

第八条　本解释规定的‘经济损失’,是指渎职犯罪或者与渎职犯罪相关联的犯罪立案时已经实际造成的财产损失,包括为挽回渎职犯罪所造成损失而支付的各种开支、费用等。立案后至提起公诉前持续发生的经济损失,应一并计入渎职犯罪造成的经济损失。

债务人经法定程序被宣告破产,债务人潜逃、去向不明,或者因行为人的责任超过诉讼时效等,致使债权已经无法实现的,无法实现的债权部分应当认定为渎职犯罪的经济损失。

渎职犯罪或者与渎职犯罪相关联的犯罪立案后,犯罪分子及其亲友自行挽回的经济损失,司法机关或者犯罪分子所在单位及其上级主管部门挽回的经济损失,或者因客观原因减少的经济损失,不予扣减,但可以作为酌定从轻处罚的情节。”

⑦2016 年 12 月 23 日最高人民法院、最高人民检察院《关于办理环境污染刑事案件适用法律若干问题的解释》第 2 条规定:“实施刑法第三百三十九条、第四百零八条规定的行为,致使公私财产损失三十万元以上,或者具有本解释第一条第十项至第十七项规定情形之一的,应当认定为‘致使公私财产遭受重大损失或者严重危害人体健康’或者‘致使公私财产遭受重大损失或者造成人身伤亡的严重后果’。”

(3)构成要件

第一,本罪侵犯的客体是国家环境保护机关的正常管理活动。

第二,客观方面表现为环境保护部门工作人员玩忽职守,造成重大环境污染事故,致使公私财产遭受重大损失或者人身伤亡的行为。

第三,本罪的主体是国家环境保护部门的工作人员。

第四,主观方面是过失。

(4)罪名界定

第一,本罪与重大环境污染事故罪不可混淆。本罪的犯罪主体是特殊主体;而重大环境污染事故罪的主体是一般主体,不仅自然人,单位也可以构成重大环境污染事故罪的主体。另外,本罪发生在对环境保护工作监督管理过程中,与职务有关,属于渎职犯罪;而重大环境污染事故罪往往发生在生产、经营、运输、仓储过程中,不属于职务犯罪。

第二,本罪与重大责任事故罪不可混淆。本罪的主体是负有环境保护监督管理职责的国家机关工作人员;而重大责任事故罪的主体是工厂、矿山、林场、建筑企业或者其他企业、事业单位的职工。本罪是在环境保护监督管理工作中,严重不负责任,导致发生重大环境污染事故,致使公私财产遭受重大损失或者造成人员伤亡的严重后果的行为;而后者是不服管理、违反规章制度,或者强令工人违章冒险作业,因而发生重大伤亡事故或者造成其他严重后果。另外,本罪发生在对环境保护的监督管理过程中,是一种渎职犯罪;而重大责任事故罪则发生在生产、作业过程中,是一种危害公共安全的犯罪。

第三,本罪与玩忽职守罪不可混淆。本罪的主体是国家环境保护工作人员;而玩忽职守罪的主体是一般国家工作人员。另外,在客观方面,本罪还必须出现重大环境污染事故,而玩忽职守罪则不必须具有这样的要件。在实践中,如果出现重大环境污染事故,并且因此致人伤亡,或者使公私财产遭受重大损失,应当根据主体的不同而定罪。如果主体是环境工作人员,则符合本罪的构成要件,可以认定本罪;如果是工厂、矿山或者其他企业工作人员所致,这就需要因人而异,分别定重大责任事故罪或玩忽职守罪;如果行为人出于故意,排放“三废”,或者以其他方式造成重大环境污染事故,造成重大人员伤亡,则应该按照《刑法》第114条、第115条的规定,认定犯有以危险方法危害公共安全罪,以此来定罪处罚。

(5)量刑幅度

根据《刑法》第408条的规定,犯本罪的,处3年以下有期徒刑或者拘役。

21. 食品、药品监管渎职罪(第408条之一)

(1)罪名概念

食品、药品监管渎职罪,是指负有食品、药品安全监督管理职责的国家机关工作人员,滥用职权或玩忽职守,造成严重后果或有其他严重情节的行为。

(2)法律规定

①本罪名是由《刑法》第408条之一规定的。该条规定:“负有食品药品安全监督管理职责的国家机关工作人员,滥用职权或者玩忽职守,有下列情形之一,造成严重后果或者有其他严重情节的,处五年以下有期徒刑或者拘役;造成特别严重后果或者有其他特别严重情节的,处五年以上十年以下有期徒刑:

(一)瞒报、谎报食品安全事故、药品安全事件的;

(二)对发现的严重食品药品安全违法行为未按规定查处的;

(三)在药品和特殊食品审批审评过程中,对不符合条件的申请准予许可的;

(四)依法应当移交司法机关追究刑事责任不移交的;

(五)有其他滥用职权或者玩忽职守行为的。

徇私舞弊犯前款罪的,从重处罚。"

②2006年7月26日最高人民检察院《关于渎职侵权犯罪案件立案标准的规定》第一部分第1项规定:"滥用职权罪是指国家机关工作人员超越职权,违法决定、处理其无权决定、处理的事项,或者违反规定处理公务,致使公共财产、国家和人民利益遭受重大损失的行为。

涉嫌下列情形之一的,应予立案:

1. 造成死亡1人以上,或者重伤2人以上,或者重伤1人、轻伤3人以上,或者轻伤5人以上的;

2. 导致10人以上严重中毒的;

3. 造成个人财产直接经济损失10万元以上,或者直接经济损失不满10万元,但间接经济损失50万元以上的;

4. 造成公共财产或者法人、其他组织财产直接经济损失20万元以上,或者直接经济损失不满20万元,但间接经济损失100万元以上的;

5. 虽未达到3、4两项数额标准,但3、4两项合计直接经济损失20万元以上,或者合计直接经济损失不满20万元,但合计间接经济损失100万元以上的;

6. 造成公司、企业等单位停业、停产6个月以上,或者破产的;

7. 弄虚作假,不报、缓报、谎报或者授意、指使、强令他人不报、缓报、谎报情况,导致重特大事故危害结果继续、扩大,或者致使抢救、调查、处理工作延误的;

8. 严重损害国家声誉,或者造成恶劣社会影响的;

9. 其他致使公共财产、国家和人民利益遭受重大损失的情形。

国家机关工作人员滥用职权,符合刑法第九章所规定的特殊渎职罪构成要件的,按照该特殊规定追究刑事责任;主体不符合刑法第九章所规定的特殊渎职罪的主体要件,但滥用职权涉嫌前款第1项至第9项规定情形之一的,按照刑法第397条的规定以滥用职权罪追究刑事责任。"

③2002年12月28日全国人民代表大会常务委员会《关于〈中华人民共和国刑法〉第九章渎职罪主体适用问题的解释》规定:"在依照法律、法规规定行使国家行政管理职权的组织中从事公务的人员,或者在受国家机关委托代表国家机关行使职权的组织中从事公务的人员,或者虽未列入国家机关人员编制但在国家机关中从事公务的人员,在代表国家机关行使职权时,有渎职行为,构成犯罪的,依照刑法关于渎职罪的规定追究刑事责任。"

④2003年11月13日最高人民法院印发的《全国法院审理经济犯罪案件工作座谈会纪要》相关内容如下:

"一、关于贪污贿赂犯罪和渎职犯罪的主体

(一)国家机关工作人员的认定

刑法中所称的国家机关工作人员,是指在国家机关中从事公务的人员,包括在各级国家权力机关、行政机关、司法机关和军事机关中从事公务的人员。

根据有关立法解释的规定,在依照法律、法规规定行使国家行政管理职权的组织中从事公务的人员,或者在受国家机关委托代表国家行使职权的组织中从事公务的人员,或者虽未列入国家机关人员编制但在国家机关中从事公务的人员,视为国家机关工作人员。在乡(镇)以上中国共产党机关、人民政协机关中从事公务的人员,司法实践中也应当视为国家机关工作人员。

(二)国家机关、国有公司、企业、事业单位委派到非国有公司、企业、事业单位、社会团体从事公务的人员的认定

所谓委派,即委任、派遣,其形式多种多样,如任命、指派、提名、批准等。不论被委派的人身

份如何，只要是接受国家机关、国有公司、企业、事业单位委派，代表国家机关、国有公司、企业、事业单位在非国有公司、企业、事业单位、社会团体中从事组织、领导、监督、管理等工作，都可以认定为国家机关、国有公司、企业、事业单位委派到非国有公司、企业、事业单位、社会团体从事公务的人员。如国家机关、国有公司、企业、事业单位委派在国有控股或者参股的股份有限公司从事组织、领导、监督、管理等工作的人员，应当以国家工作人员论。国有公司、企业改制为股份有限公司后，原国有公司、企业的工作人员和股份有限公司新任命的人员中，除代表国有投资主体行使监督、管理职权的人外，不以国家工作人员论。

（三）'其他依照法律从事公务的人员'的认定

刑法第九十三条第二款规定的'其他依照法律从事公务的人员'应当具有两个特征：一是在特定条件下行使国家管理职能；二是依照法律规定从事公务。具体包括：(1)依法履行职责的各级人民代表大会代表；(2)依法履行审判职责的人民陪审员；(3)协助乡镇人民政府、街道办事处从事行政管理工作的村民委员会、居民委员会等农村和城市基层组织人员；(4)其他由法律授权从事公务的人员。

（四）关于'从事公务'的理解

从事公务，是指代表国家机关、国有公司、企业、事业单位、人民团体等履行组织、领导、监督、管理等职责。公务主要表现为与职权相联系的公共事务以及监督、管理国有财产的职务活动。如国家机关工作人员依法履行职责，国有公司的董事、经理、监事、会计、出纳人员等管理、监督国有财产等活动，属于从事公务。那些不具备职权内容的劳务活动、技术服务工作，如售货员、售票员等所从事的工作，一般不认为是公务。

六、关于渎职罪

（一）渎职犯罪行为造成的公共财产重大损失的认定

根据刑法规定，玩忽职守、滥用职权等渎职犯罪是以致使公共财产、国家和人民利益遭受重大损失为构成要件的。其中，公共财产的重大损失，通常是指渎职行为已经造成的重大经济损失。在司法实践中，有以下情形之一的，虽然公共财产作为债权存在，但已无法实现债权的，可以认定为行为人的渎职行为造成了经济损失：(1)债务人已经法定程序被宣告破产；(2)债务人潜逃，去向不明；(3)因行为人责任，致使超过诉讼时效；(4)有证据证明债权无法实现的其他情况。

（二）玩忽职守罪的追诉时效

玩忽职守行为造成的重大损失当时没有发生，而是玩忽职守行为之后一定时间发生的，应从危害结果发生之日起计算玩忽职守罪的追诉期限。

（四）关于'徇私'的理解

徇私舞弊型渎职犯罪的'徇私'应理解为徇个人私情、私利。国家机关工作人员为了本单位的利益，实施滥用职权、玩忽职守行为，构成犯罪的，依照刑法第三百九十七条第一款的规定定罪处罚。"

⑤2012年12月7日最高人民法院、最高人民检察院《关于办理渎职刑事案件适用法律若干问题的解释(一)》第9条规定："负有监督管理职责的国家机关工作人员滥用职权或者玩忽职守，致使不符合安全标准的食品、有毒有害食品、假药、劣药等流入社会，对人民群众生命、健康造成严重危害后果的，依照渎职罪的规定从严惩处。"

⑥2012年12月7日最高人民法院、最高人民检察院《关于办理渎职刑事案件适用法律若干问题的解释(一)》第3条至第8条有以下规定：

"第三条　国家机关工作人员实施渎职犯罪并收受贿赂，同时构成受贿罪的，除刑法另有规定外，以渎职犯罪和受贿罪数罪并罚。

第四条　国家机关工作人员实施渎职行为，放纵他人犯罪或者帮助他人逃避刑事处罚，构成犯罪的，依照渎职罪的规定定罪处罚。

国家机关工作人员与他人共谋，利用其职务行为帮助他人实施其他犯罪行为，同时构成渎职犯罪和共谋实施的其他犯罪共犯的，依照处罚较重的规定定罪处罚。

国家机关工作人员与他人共谋，既利用其职务行为帮助他人实施其他犯罪，又以非职务行为与他人共同实施该其他犯罪行为，同时构成渎职犯罪和其他犯罪的共犯的，依照数罪并罚的规定定罪处罚。

第五条　国家机关负责人员违法决定，或者指使、授意、强令其他国家机关工作人员违法履行职务或者不履行职务，构成刑法分则第九章规定的渎职犯罪的，应当依法追究刑事责任。

以'集体研究'形式实施的渎职犯罪，应当依照刑法分则第九章的规定追究国家机关负有责任的人员的刑事责任。对于具体执行人员，应当在综合认定其行为性质、是否提出反对意见、危害结果大小等情节的基础上决定是否追究刑事责任和应当判处的刑罚。

第六条　以危害结果为条件的渎职犯罪的追诉期限，从危害结果发生之日起计算；有数个危害结果的，从最后一个危害结果发生之日起计算。

第七条　依法或者受委托行使国家行政管理职权的公司、企业、事业单位的工作人员，在行使行政管理职权时滥用职权或者玩忽职守，构成犯罪的，应当依照《全国人民代表大会常务委员会关于〈中华人民共和国刑法〉第九章渎职罪主体适用问题的解释》的规定，适用渎职罪的规定追究刑事责任。

第八条　本解释规定的'经济损失'，是指渎职犯罪或者与渎职犯罪相关联的犯罪立案时已经实际造成的财产损失，包括为挽回渎职犯罪所造成损失而支付的各种开支、费用等。立案后至提起公诉前持续发生的经济损失，应一并计入渎职犯罪造成的经济损失。

债务人经法定程序被宣告破产，债务人潜逃、去向不明，或者因行为人的责任超过诉讼时效等，致使债权已经无法实现的，无法实现的债权部分应当认定为渎职犯罪的经济损失。

渎职犯罪或者与渎职犯罪相关联的犯罪立案后，犯罪分子及其亲友自行挽回的经济损失，司法机关或者犯罪分子所在单位及其上级主管部门挽回的经济损失，或者因客观原因减少的经济损失，不予扣减，但可以作为酌定从轻处罚的情节。"

⑦2013 年 5 月 2 日最高人民法院、最高人民检察院《关于办理危害食品安全刑事案件适用法律若干问题的解释》第 16 条规定："负有食品安全监督管理职责的国家机关工作人员，滥用职权或者玩忽职守，导致发生重大食品安全事故或者造成其他严重后果，同时构成食品监管渎职罪和徇私舞弊不移交刑事案件罪、商检徇私舞弊罪、动植物检疫徇私舞弊罪、放纵制售伪劣商品犯罪行为罪等其他渎职犯罪的，依照处罚较重的规定定罪处罚。

负有食品安全监督管理职责的国家机关工作人员滥用职权或者玩忽职守，不构成食品监管渎职罪，但构成前款规定的其他渎职犯罪的，依照该其他犯罪定罪处罚。

负有食品安全监督管理职责的国家机关工作人员与他人共谋，利用其职务行为帮助他人实施危害食品安全犯罪行为，同时构成渎职犯罪和危害食品安全犯罪共犯的，依照处罚较重的规定定罪处罚。"

(3)构成要件

第一，本罪侵犯的客体是国家机关的正常管理活动。

第二，客观方面表现为负有食品、药品安全监督管理职责的国家机关工作人员，滥用职权或玩忽职守，造成严重后果或有其他严重情节的行为。

第三，本罪的主体是特殊主体，即是负有食品、药品安全监督管理职责的国家机关工作人员。

第四,主观方面,滥用职权是直接故意,但对造成严重后果是过失。

(4)罪名界定

第一,本罪与滥用职权罪的区别:①犯罪主体不同。本罪的主体是负有食品、药品安全监督管理职责的国家机关工作人员;而后者犯罪主体是除了负有食品、药品安全监督管理职责的国家机关工作人员的其他国家机关工作人员,范围比较广。②在客观方面造成的后果不同。本罪是造成严重后果或有其他严重情节;而后者是使公共财产、国家和人民的利益遭受重大损失,范围更广泛,不局限于食品、药品方面。

第二,本罪与食品监管玩忽职守罪的区别:①在主观方面不同。本罪的行为是直接故意;而后者是过失,多数是疏忽大意的过失,也有过于自信的过失。②客观表现方面也不同。本罪只能由作为构成,即不正确行使职权;而后者既可以是作为的,也可以是不作为的。

(5)量刑幅度

根据《刑法》第408条之一规定,对犯本罪的处罚分以下3个档次:

一是对犯本罪的,处5年以下有期徒刑或者拘役;

二是对造成特别严重后果或有其他特别严重情节的,处5年以上10年以下有期徒刑;

三是徇私舞弊犯本罪的,从重处罚。

22. 传染病防治失职罪(第409条)

(1)罪名概念

传染病防治失职罪,是指从事传染病防治的政府卫生行政部门工作人员,严重不负责任,导致传染病的传播或者流行,情节严重的行为。

(2)法律规定

①本罪名是由《刑法》第409条规定的。该条规定:"从事传染病防治的政府卫生行政部门的工作人员严重不负责任,导致传染病传播或者流行,情节严重的,处三年以下有期徒刑或者拘役。"

②2006年7月26日最高人民检察院《关于渎职侵权犯罪案件立案标准的规定》第一部分第20项规定:"传染病防治失职罪是指从事传染病防治的政府卫生行政部门的工作人员严重不负责任,不履行或者不认真履行传染病防治监管职责,导致传染病传播或者流行,情节严重的行为。

涉嫌下列情形之一的,应予立案:

1. 导致甲类传染病传播的;

2. 导致乙类、丙类传染病流行的;

3. 因传染病传播或者流行,造成人员重伤或者死亡的;

4. 因传染病传播或者流行,严重影响正常的生产、生活秩序的;

5. 在国家对突发传染病疫情等灾害采取预防、控制措施后,对发生突发传染病疫情等灾害的地区或者突发传染病病人、病原携带者、疑似突发传染病病人,未按照预防、控制突发传染病疫情等灾害工作规范的要求做好防疫、检疫、隔离、防护、救治等工作,或者采取的预防、控制措施不当,造成传染范围扩大或者疫情、灾情加重的;

6. 在国家对突发传染病疫情等灾害采取预防、控制措施后,隐瞒、缓报、谎报或者授意、指使、强令他人隐瞒、缓报、谎报疫情、灾情,造成传染范围扩大或者疫情、灾情加重的;

7. 在国家对突发传染病疫情等灾害采取预防、控制措施后,拒不执行突发传染病疫情等灾害应急处理指挥机构的决定、命令,造成传染范围扩大或者疫情、灾情加重的;

8. 其他情节严重的情形。"

③2001 年 7 月 20 日最高人民检察院《人民检察院直接受理立案侦查的渎职侵权重特大案件标准(试行)》第 18 条规定:

“十八、传染病防治失职案

(一)重大案件

1. 导致乙类、丙类传染病流行的;

2. 致人死亡二人以上或者残疾五人以上的。

(二)特大案件

1. 导致甲类传染病传播的;

2. 致人死亡五人以上或者残疾十人以上的。”

④2003 年 5 月 14 日最高人民法院、最高人民检察院《关于办理妨害预防、控制突发传染病疫情等灾害的刑事案件具体应用法律若干问题的解释》第 16 条规定:“在预防、控制突发传染病疫情等灾害期间,从事传染病防治的政府卫生行政部门的工作人员,或者在受政府卫生行政部门委托代表政府卫生行政部门行使职权的组织中从事公务的人员,或者虽未列入政府卫生行政部门人员编制但在政府卫生行政部门从事公务的人员,在代表政府卫生行政部门行使职权时,严重不负责任,导致传染病传播或者流行,情节严重的,依照刑法第四百零九条的规定,以传染病防治失职罪定罪处罚。

在国家对突发传染病疫情等灾害采取预防、控制措施后,具有下列情形之一的,属于刑法第四百零九条规定的‘情节严重’:

(一)对发生突发传染病疫情等灾害的地区或者突发传染病病人、病原携带者、疑似突发传染病病人,未按照预防、控制突发传染病疫情等灾害工作规范的要求做好防疫、检疫、隔离、防护、救治等工作,或者采取的预防、控制措施不当,造成传染范围扩大或者疫情、灾情加重的;

(二)隐瞒、缓报、谎报或者授意、指使、强令他人隐瞒、缓报、谎报疫情、灾情,造成传染范围扩大或者疫情、灾情加重的;

(三)拒不执行突发传染病疫情等灾害应急处理指挥机构的决定、命令,造成传染范围扩大或者疫情、灾情加重的;

(四)具有其他严重情节的。”

⑤2002 年 12 月 28 日全国人民代表大会常务委员会《关于〈中华人民共和国刑法〉第九章渎职罪主体适用问题的解释》规定:“在依照法律、法规规定行使国家行政管理职权的组织中从事公务的人员,或者在受国家机关委托代表国家机关行使职权的组织中从事公务的人员,或者虽未列入国家机关人员编制但在国家机关中从事公务的人员,在代表国家机关行使职权时,有渎职行为,构成犯罪的,依照刑法关于渎职罪的规定追究刑事责任。”

⑥2012 年 12 月 7 日最高人民法院、最高人民检察院《关于办理渎职刑事案件适用法律若干问题的解释(一)》第 9 条规定:“负有监督管理职责的国家机关工作人员滥用职权或者玩忽职守,致使不符合安全标准的食品、有毒有害食品、假药、劣药等流入社会,对人民群众生命、健康造成严重危害后果的,依照渎职罪的规定从严惩处。”

⑦2012 年 12 月 7 日最高人民法院、最高人民检察院《关于办理渎职刑事案件适用法律若干问题的解释(一)》第 3 条至第 8 条有以下规定:

“第三条　国家机关工作人员实施渎职犯罪并收受贿赂,同时构成受贿罪的,除刑法另有规定外,以渎职犯罪和受贿罪数罪并罚。

第四条　国家机关工作人员实施渎职行为,放纵他人犯罪或者帮助他人逃避刑事处罚,构成犯罪的,依照渎职罪的规定定罪处罚。

国家机关工作人员与他人共谋，利用其职务行为帮助他人实施其他犯罪行为，同时构成渎职犯罪和共谋实施的其他犯罪共犯的，依照处罚较重的规定定罪处罚。

国家机关工作人员与他人共谋，既利用其职务行为帮助他人实施其他犯罪，又以非职务行为与他人共同实施该其他犯罪行为，同时构成渎职犯罪和其他犯罪的共犯的，依照数罪并罚的规定定罪处罚。

第五条　国家机关负责人员违法决定，或者指使、授意、强令其他国家机关工作人员违法履行职务或者不履行职务，构成刑法分则第九章规定的渎职犯罪的，应当依法追究刑事责任。

以'集体研究'形式实施的渎职犯罪，应当依照刑法分则第九章的规定追究国家机关负有责任的人员的刑事责任。对于具体执行人员，应当在综合认定其行为性质、是否提出反对意见、危害结果大小等情节的基础上决定是否追究刑事责任和应当判处的刑罚。

第六条　以危害结果为条件的渎职犯罪的追诉期限，从危害结果发生之日起计算；有数个危害结果的，从最后一个危害结果发生之日起计算。

第七条　依法或者受委托行使国家行政管理职权的公司、企业、事业单位的工作人员，在行使行政管理职权时滥用职权或者玩忽职守，构成犯罪的，应当依照《全国人民代表大会常务委员会关于〈中华人民共和国刑法〉第九章渎职罪主体适用问题的解释》的规定，适用渎职罪的规定追究刑事责任。

第八条　本解释规定的'经济损失'，是指渎职犯罪或者与渎职犯罪相关联的犯罪立案时已经实际造成的财产损失，包括为挽回渎职犯罪所造成损失而支付的各种开支、费用等。立案后至提起公诉前持续发生的经济损失，应一并计入渎职犯罪造成的经济损失。

债务人经法定程序被宣告破产，债务人潜逃、去向不明，或者因行为人的责任超过诉讼时效等，致使债权已经无法实现的，无法实现的债权部分应当认定为渎职犯罪的经济损失。

渎职犯罪或者与渎职犯罪相关联的犯罪立案后，犯罪分子及其亲友自行挽回的经济损失，司法机关或者犯罪分子所在单位及其上级主管部门挽回的经济损失，或者因客观原因减少的经济损失，不予扣减，但可以作为酌定从轻处罚的情节。"

(3) 构成要件

第一，本罪侵犯的客体是正常的传染病防治工作和人民群众的生命健康。

第二，客观方面表现为从事传染病防治的政府卫生行政部门的工作人员，严重不负责任，导致传染病传播或者流行，情节严重的行为。

第三，本罪的主体是从事传染病防治工作的政府卫生行政部门的国家工作人员。

第四，主观方面是过失。

(4) 罪名界定

第一，本罪与妨害国境卫生检疫罪的主要区别：①主体不同。本罪主体是从事传染病防治的政府行政部门工作人员，是特殊主体；而后者是一般主体，单位也可以成为其主体。②行为表现形式不同。本罪表现为在传染病防治工作中的监督管理过程，有关人员严重不负责任；而后者表现为违反国境卫生检疫法等法律规定，逃避或者拒绝国境卫生检疫机关对其人身或者物品进行检疫和必要的卫生处理的行为。③对犯罪结果和犯罪对象的要求不同。本罪要求已经引起了传染病的传播或者流行，情节严重；而后者要求引起传染病的传播，或者虽然没有传播，但已经有传播的严重危险。本罪的对象是传染病防治法规定的甲、乙、丙类传染病；而后者的对象是国境卫生检疫法规定的鼠疫、霍乱、黄热病以及国务院确定和公布的其他传染病。

第二，本罪与妨害传染病防治罪的区别在于：本罪的犯罪主体是特殊主体，而后者的犯罪主体为一般主体，包括自然人和单位。在客观方面，本罪所指的传染病包括甲类、乙类和丙类，而且不包括传播危险的要件，而后者表现为引起甲类传染病传播或者有严重传播危险的行为。

(5) 量刑幅度

根据《刑法》第409条的规定，犯本罪情节严重的，处3年以下有期徒刑或者拘役。

23. 非法批准征收、征用、占用土地罪(第410条)

(1) 罪名概念

非法批准征收、征用、占用土地罪，是指国家机关工作人员徇私舞弊，违反土地管理法规，滥用职权，非法批准征收、征用、占用土地，情节严重的行为。

(2) 法律规定

①本罪名是由《刑法》第410条规定的。该条规定："国家机关工作人员徇私舞弊，违反土地管理法规，滥用职权，非法批准征收、征用、占用土地，或者非法低价出让国有土地使用权，情节严重的，处三年以下有期徒刑或者拘役；致使国家或者集体利益遭受特别重大损失的，处三年以上七年以下有期徒刑。"

②2006年7月26日最高人民检察院《关于渎职侵权犯罪案件立案标准的规定》第一部分第21项规定："非法批准征用、占用土地罪是指国家机关工作人员徇私舞弊，违反土地管理法、森林法、草原法等法律以及有关行政法规中关于土地管理的规定，滥用职权，非法批准征用、占用耕地、林地等农用地以及其他土地，情节严重的行为。

涉嫌下列情形之一的，应予立案：

1. 非法批准征用、占用基本农田10亩以上的；

2. 非法批准征用、占用基本农田以外的耕地30亩以上的；

3. 非法批准征用、占用其他土地50亩以上的；

4. 虽未达到上述数量标准，但造成有关单位、个人直接经济损失30万元以上，或者造成耕地大量毁坏或者植被遭到严重破坏的；

5. 非法批准征用、占用土地，影响群众生产、生活，引起纠纷，造成恶劣影响或者其他严重后果的；

6. 非法批准征用、占用防护林地、特种用途林地分别或者合计10亩以上的；

7. 非法批准征用、占用其他林地20亩以上的；

8. 非法批准征用、占用林地造成直接经济损失30万元以上，或者造成防护林地、特种用途林地分别或者合计5亩以上或者其他林地10亩以上毁坏的；

9. 其他情节严重的情形。"

③2001年7月20日最高人民检察院《人民检察院直接受理立案侦查的渎职侵权重特大案件标准(试行)》第19条规定：

"十九、非法批准征用、占用土地案

(一)重大案件

1. 非法批准征用、占用基本农田二十亩以上的；

2. 非法批准征用、占用基本农田以外的耕地六十亩以上的；

3. 非法批准征用、占用其他土地一百亩以上的；

4. 非法批准征用、占用土地，造成基本农田五亩以上，其他耕地十亩以上严重毁坏的；

5. 非法批准征用、占用土地造成直接经济损失五十万元以上的。

(二)特大案件

1. 非法批准征用、占用基本农田三十亩以上的；

2. 非法批准征用、占用基本农田以外的耕地九十亩以上的；

3. 非法批准征用、占用其他土地一百五十亩以上的；

4. 非法批准征用、占用土地，造成基本农田十亩以上，其他耕地二十亩以上严重毁坏的；

5. 非法批准征用、占用土地造成直接经济损失一百万元以上的。”

④2005 年 12 月 26 日最高人民法院《关于审理破坏林地资源刑事案件具体应用法律若干问题的解释》相关主要内容如下：

“第二条　国家机关工作人员徇私舞弊，违反土地管理法规，滥用职权，非法批准征用、占用林地，具有下列情形之一的，属于刑法第四百一十条规定的‘情节严重’，应当以非法批准征用、占用土地罪判处三年以下有期徒刑或者拘役：

（一）非法批准征用、占用防护林地、特种用途林地数量分别或者合计达到十亩以上；

（二）非法批准征用、占用其他林地数量达到二十亩以上；

（三）非法批准征用、占用林地造成直接经济损失数额达到三十万元以上，或者造成本条第（一）项规定的林地数量分别或者合计达到五亩以上或者本条第（二）项规定的林地数量达到十亩以上毁坏。

第三条　实施本解释第二条规定的行为，具有下列情形之一的，属于刑法第四百一十条规定的‘致使国家或者集体利益遭受特别重大损失’，应当以非法批准征用、占用土地罪判处三年以上七年以下有期徒刑：

（一）非法批准征用、占用防护林地、特种用途林地数量分别或者合计达到二十亩以上；

（二）非法批准征用、占用其他林地数量达到四十亩以上；

（三）非法批准征用、占用林地造成直接经济损失数额达到六十万元以上，或者造成本条第（一）项规定的林地数量分别或者合计达到十亩以上或者本条第（二）项规定的林地数量达到二十亩以上毁坏。

第四条　国家机关工作人员徇私舞弊，违反土地管理法规，非法低价出让国有林地使用权，具有下列情形之一的，属于刑法第四百一十条规定的‘情节严重’，应当以非法低价出让国有土地使用权罪判处三年以下有期徒刑或者拘役：

（一）林地数量合计达到三十亩以上，并且出让价额低于国家规定的最低价额标准的百分之六十；

（二）造成国有资产流失价额达到三十万元以上。

第五条　实施本解释第四条规定的行为，造成国有资产流失价额达到六十万元以上的，属于刑法第四百一十条规定的‘致使国家和集体利益遭受特别重大损失’，应当以非法低价出让国有土地使用权罪判处三年以上七年以下有期徒刑。

第六条　单位实施破坏林地资源犯罪的，依照本解释规定的相关定罪量刑标准执行。

第七条　多次实施本解释规定的行为依法应当追诉且未经处理的，应当按照累计的数量、数额处罚。”

⑤2009 年 8 月 27 日全国人民代表大会常务委员会《关于〈中华人民共和国刑法〉第二百二十八条、第三百四十二条、第四百一十条的解释》规定如下：

“刑法第二百二十八条、第三百四十二条、第四百一十条规定的‘违反土地管理法规’，是指违反土地管理法、森林法、草原法等法律以及有关行政法规中关于土地管理的规定。

刑法第四百一十条规定的‘非法批准征收、征用、占用土地’，是指非法批准征收、征用、占用耕地、林地等农用地以及其他土地。”

⑥2003 年 11 月 13 日最高人民法院印发的《全国法院审理经济犯罪案件工作座谈会纪要》

相关内容如下：

“一、关于贪污贿赂犯罪和渎职犯罪的主体

（一）国家机关工作人员的认定

刑法中所称的国家机关工作人员，是指在国家机关中从事公务的人员，包括在各级国家权力机关、行政机关、司法机关和军事机关中从事公务的人员。

根据有关立法解释的规定，在依照法律、法规规定行使国家行政管理职权的组织中从事公务的人员，或者在受国家机关委托代表国家行使职权的组织中从事公务的人员，或者虽未列入国家机关人员编制但在国家机关中从事公务的人员，视为国家机关工作人员。在乡（镇）以上中国共产党机关、人民政协机关中从事公务的人员，司法实践中也应当视为国家机关工作人员。

（二）国家机关、国有公司、企业、事业单位委派到非国有公司、企业、事业单位、社会团体从事公务的人员的认定

所谓委派，即委任、派遣，其形式多种多样，如任命、指派、提名、批准等。不论被委派的人身份如何，只要是接受国家机关、国有公司、企业、事业单位委派，代表国家机关、国有公司、企业、事业单位在非国有公司、企业、事业单位、社会团体中从事组织、领导、监督、管理等工作，都可以认定为国家机关、国有公司、企业、事业单位委派到非国有公司、企业、事业单位、社会团体从事公务的人员。如国家机关、国有公司、企业、事业单位委派在国有控股或者参股的股份有限公司从事组织、领导、监督、管理等工作的人员，应当以国家工作人员论。国有公司、企业改制为股份有限公司后，原国有公司、企业的工作人员和股份有限公司新任命的人员中，除代表国有投资主体行使监督、管理职权的人外，不以国家工作人员论。

（三）‘其他依照法律从事公务的人员’的认定

刑法第九十三条第二款规定的‘其他依照法律从事公务的人员’应当具有两个特征：一是在特定条件下行使国家管理职能；二是依照法律规定从事公务。具体包括：(1)依法履行职责的各级人民代表大会代表；(2)依法履行审判职责的人民陪审员；(3)协助乡镇人民政府、街道办事处从事行政管理工作的村民委员会、居民委员会等农村和城市基层组织人员；(4)其他由法律授权从事公务的人员。

（四）关于‘从事公务’的理解

从事公务，是指代表国家机关、国有公司、企业、事业单位、人民团体等履行组织、领导、监督、管理等职责。公务主要表现为与职权相联系的公共事务以及监督、管理国有财产的职务活动。如国家机关工作人员依法履行职责，国有公司的董事、经理、监事、会计、出纳人员等管理、监督国有财产等活动，属于从事公务。那些不具备职权内容的劳务活动、技术服务工作，如售货员、售票员等所从事的工作，一般不认为是公务。

六、关于渎职罪

（一）渎职犯罪行为造成的公共财产重大损失的认定

根据刑法规定，玩忽职守、滥用职权等渎职犯罪是以致使公共财产、国家和人民利益遭受重大损失为构成要件的。其中，公共财产的重大损失，通常是指渎职行为已经造成的重大经济损失。在司法实践中，有以下情形之一的，虽然公共财产作为债权存在，但已无法实现债权的，可以认定为行为人的渎职行为造成了经济损失：(1)债务人已经法定程序被宣告破产；(2)债务人潜逃，去向不明；(3)因行为人责任，致使超过诉讼时效；(4)有证据证明债权无法实现的其他情况。”

⑦2002年12月28日全国人民代表大会常务委员会《关于〈中华人民共和国刑法〉第九章渎职罪主体适用问题的解释》规定：“在依照法律、法规规定行使国家行政管理职权的组织中从事公务的人员，或者在受国家机关委托代表国家机关行使职权的组织中从事公务的人员，或者虽未

列入国家机关人员编制但在国家机关中从事公务的人员，在代表国家机关行使职权时，有渎职行为，构成犯罪的，依照刑法关于渎职罪的规定追究刑事责任。”

⑧2012年12月7日最高人民法院、最高人民检察院《关于办理渎职刑事案件适用法律若干问题的解释(一)》第3条至第8条有以下规定：

“第三条　国家机关工作人员实施渎职犯罪并收受贿赂，同时构成受贿罪的，除刑法另有规定外，以渎职犯罪和受贿罪数罪并罚。

第四条　国家机关工作人员实施渎职行为，放纵他人犯罪或者帮助他人逃避刑事处罚，构成犯罪的，依照渎职罪的规定定罪处罚。

国家机关工作人员与他人共谋，利用其职务行为帮助他人实施其他犯罪行为，同时构成渎职犯罪和共谋实施的其他犯罪共犯的，依照处罚较重的规定定罪处罚。

国家机关工作人员与他人共谋，既利用其职务行为帮助他人实施其他犯罪，又以非职务行为与他人共同实施该其他犯罪行为，同时构成渎职犯罪和其他犯罪的共犯的，依照数罪并罚的规定定罪处罚。

第五条　国家机关负责人员违法决定，或者指使、授意、强令其他国家机关工作人员违法履行职务或者不履行职务，构成刑法分则第九章规定的渎职犯罪的，应当依法追究刑事责任。

以‘集体研究’形式实施的渎职犯罪，应当依照刑法分则第九章的规定追究国家机关负有责任的人员的刑事责任。对于具体执行人员，应当在综合认定其行为性质、是否提出反对意见、危害结果大小等情节的基础上决定是否追究刑事责任和应当判处的刑罚。

第六条　以危害结果为条件的渎职犯罪的追诉期限，从危害结果发生之日起计算；有数个危害结果的，从最后一个危害结果发生之日起计算。

第七条　依法或者受委托行使国家行政管理职权的公司、企业、事业单位的工作人员，在行使行政管理职权时滥用职权或者玩忽职守，构成犯罪的，应当依照《全国人民代表大会常务委员会关于〈中华人民共和国刑法〉第九章渎职罪主体适用问题的解释》的规定，适用渎职罪的规定追究刑事责任。

第八条　本解释规定的‘经济损失’，是指渎职犯罪或者与渎职犯罪相关联的犯罪立案时已经实际造成的财产损失，包括为挽回渎职犯罪所造成损失而支付的各种开支、费用等。立案后至提起公诉前持续发生的经济损失，应一并计入渎职犯罪造成的经济损失。

债务人经法定程序被宣告破产，债务人潜逃、去向不明，或者因行为人的责任超过诉讼时效等，致使债权已经无法实现的，无法实现的债权部分应当认定为渎职犯罪的经济损失。

渎职犯罪或者与渎职犯罪相关联的犯罪立案后，犯罪分子及其亲友自行挽回的经济损失，司法机关或者犯罪分子所在单位及其上级主管部门挽回的经济损失，或者因客观原因减少的经济损失，不予扣减，但可以作为酌定从轻处罚的情节。”

(3)构成要件

第一，本罪侵犯的客体是国家土地正常管理活动。

第二，客观方面表现为国家机关工作人员徇私舞弊，违反土地管理法规，滥用职权，非法批准征收、征用、占用土地，或者非法低价出让国有土地使用权，情节严重的行为。

第三，本罪的主体是国家机关工作人员，主要是对土地管理有领导职权的行政领导人员和直接从事土地管理工作的土地管理部门的工作人员。

第四，主观方面是故意，并且具有徇私的目的。

(4)罪名界定

第一，本罪与《刑法》第342条规定的非法占用农用地罪的不同点：①主体不同。本罪是国家机关工作人员,具体是指各级土地管理机关、城市规划部门中的工作人员;而非法占用农用地罪的主体是一般主体。②土地的内容不同。非法占用农用地罪仅仅是指耕地,即种植农作物的土地,包括菜地、园地等,它只是土地的一部分;而本罪所指的是一切土地,包括耕地、山地、林地、草原、荒地等,其中国有土地仅指城市土地。③客观方面的表现不同。本罪是在土地的征用、占用审批过程中,有关国家机关工作人员违反土地管理法规,徇私舞弊,滥用职权,弄权渎职,非法批准征收、征用、占用土地,情节严重,致使土地资源浪费,造成土地管理秩序混乱的行为;而非法占用农用地罪则是在耕地使用过程中,违反了土地管理法规,非法将占用的大量耕地改作种植农作物之外的用途,如搞房地产开发、建设住宅、开办工厂等,直接造成耕地大量毁坏的行为,属于破坏环境资源的犯罪。

第二,本罪与滥用职权罪的区别:本罪主体是具有土地管理职权的国家机关工作人员,滥用的是批准征收、征用、占用土地的职权。而后者主体是一般国家机关工作人员,滥用的是一般职权。二者存在特别法与普通法之间的法条竞合关系。滥用批准征收、征用、占用土地的职权,情节严重的,应当以本罪论处。

(5)量刑幅度

根据《刑法》第410条的规定,对犯本罪的处罚分以下2个档次:

一是情节严重的,处3年以下有期徒刑或者拘役。

二是致使国家或者集体利益遭受特别重大损失的,处3年以上7年以下有期徒刑。

24. 非法低价出让国有土地使用权罪(第410条)

(1)罪名概念

非法低价出让国有土地使用权罪,是指国家机关工作人员徇私舞弊,违反土地管理法规,滥用职权,非法低价出让国有土地使用权,情节严重的行为。

(2)法律规定

①本罪名是由《刑法》第410条规定的。该条规定:"国家机关工作人员徇私舞弊,违反土地管理法规,滥用职权,非法批准征收、征用、占用土地,或者非法低价出让国有土地使用权,情节严重的,处三年以下有期徒刑或者拘役;致使国家或者集体利益遭受特别重大损失的,处三年以上七年以下有期徒刑。"

②2006年7月26日最高人民检察院《关于渎职侵权犯罪案件立案标准的规定》第一部分第22项规定:"非法低价出让国有土地使用权罪是指国家机关工作人员徇私舞弊,违反土地管理法、森林法、草原法等法律以及有关行政法规中关于土地管理的规定,滥用职权,非法低价出让国有土地使用权,情节严重的行为。

涉嫌下列情形之一的,应予立案:

1. 非法低价出让国有土地30亩以上,并且出让价额低于国家规定的最低价额标准的百分之六十的;

2. 造成国有土地资产流失价额30万元以上的;

3. 非法低价出让国有土地使用权,影响群众生产、生活,引起纠纷,造成恶劣影响或者其他严重后果的;

4. 非法低价出让林地合计30亩以上,并且出让价额低于国家规定的最低价额标准的百分之六十的;

5. 造成国有资产流失30万元以上的;

6. 其他情节严重的情形。"

③2001年7月20日最高人民检察院《人民检察院直接受理立案侦查的渎职侵权重特大案件标准(试行)》第20条规定：

“二十、非法低价出让国有土地使用权案

(一)重大案件

1. 出让国有土地使用权面积在六十亩以上，并且出让价额低于国家规定的最低价额标准的百分之六十的；

2. 造成国有土地资产流失价额在五十万元以上的。

(二)特大案件

1. 出让国有土地使用权面积在九十亩以上，并且出让价额低于国家规定的最低价额标准的百分之四十的；

2. 造成国有土地资产流失价额在一百万元以上的。”

④2000年6月19日最高人民法院《关于审理破坏土地资源刑事案件具体应用法律若干问题的解释》第4条、第5条、第6条、第7条、第8条、第9条分别规定：

“第四条　国家机关工作人员徇私舞弊，违反土地管理法规，滥用职权，非法批准征用、占用土地，具有下列情形之一的，属于非法批准征用、占用土地‘情节严重’，依照刑法第四百一十条的规定，以非法批准征用、占用土地罪定罪处罚：

(一)非法批准征用、占用基本农田十亩以上的；

(二)非法批准征用、占用基本农田以外的耕地三十亩以上的；

(三)非法批准征用、占用其他土地五十亩以上的；

(四)虽未达到上述数量标准，但非法批准征用、占用土地造成直接经济损失三十万元以上；造成耕地大量毁坏等恶劣情节的。

第五条　实施第四条规定的行为，具有下列情形之一的，属于非法批准征用、占用土地‘致使国家或者集体利益遭受特别重大损失’：

(一)非法批准征用、占用基本农田二十亩以上的；

(二)非法批准征用、占用基本农田以外的耕地六十亩以上的；

(三)非法批准征用、占用其他土地一百亩以上的；

(四)非法批准征用、占用土地，造成基本农田五亩以上，其他耕地十亩以上严重毁坏的；

(五)非法批准征用、占用土地造成直接经济损失五十万元以上等恶劣情节的。

第六条　国家机关工作人员徇私舞弊，违反土地管理法规，非法低价出让国有土地使用权，具有下列情形之一的，属于‘情节严重’，依照刑法第四百一十条的规定，以非法低价出让国有土地使用权罪定罪处罚：

(一)出让国有土地使用权面积在三十亩以上，并且出让价额低于国家规定的最低价额标准的百分之六十的；

(二)造成国有土地资产流失价额在三十万元以上的。

第七条　实施第六条规定的行为，具有下列情形之一的，属于非法低价出让国有土地使用权，‘致使国家和集体利益遭受特别重大损失’：

(一)非法低价出让国有土地使用权面积在六十亩以上，并且出让价额低于国家规定的最低价额标准的百分之四十的；

(二)造成国有土地资产流失价额在五十万元以上的。

第八条　单位犯非法转让、倒卖土地使用权罪、非法占有耕地罪的定罪量刑标准，依照本解释第一条、第二条、第三条的规定执行。

第九条　多次实施本解释规定的行为依法应当追诉的,或者一年内多次实施本解释规定的行为未经处理的,按照累计的数量、数额处罚。”

⑤2003年11月13日最高人民法院印发的《全国法院审理经济犯罪案件工作座谈会纪要》相关内容如下:

“一、关于贪污贿赂犯罪和渎职犯罪的主体

(一)国家机关工作人员的认定

刑法中所称的国家机关工作人员,是指在国家机关中从事公务的人员,包括在各级国家权力机关、行政机关、司法机关和军事机关中从事公务的人员。

根据有关立法解释的规定,在依照法律、法规规定行使国家行政管理职权的组织中从事公务的人员,或者在受国家机关委托代表国家行使职权的组织中从事公务的人员,或者虽未列入国家机关人员编制但在国家机关中从事公务的人员,视为国家机关工作人员。在乡(镇)以上中国共产党机关、人民政协机关中从事公务的人员,司法实践中也应当视为国家机关工作人员。

(二)国家机关、国有公司、企业、事业单位委派到非国有公司、企业、事业单位、社会团体从事公务的人员的认定

所谓委派,即委任、派遣,其形式多种多样,如任命、指派、提名、批准等。不论被委派的人身份如何,只要是接受国家机关、国有公司、企业、事业单位委派,代表国家机关、国有公司、企业、事业单位在非国有公司、企业、事业单位、社会团体中从事组织、领导、监督、管理等工作,都可以认定为国家机关、国有公司、企业、事业单位委派到非国有公司、企业、事业单位、社会团体从事公务的人员。如国家机关、国有公司、企业、事业单位委派在国有控股或者参股的股份有限公司从事组织、领导、监督、管理等工作的人员,应当以国家工作人员论。国有公司、企业改制为股份有限公司后,原国有公司、企业的工作人员和股份有限公司新任命的人员中,除代表国有投资主体行使监督、管理职权的人外,不以国家工作人员论。

(三)‘其他依照法律从事公务的人员’的认定

刑法第九十三条第二款规定的‘其他依照法律从事公务的人员’应当具有两个特征:一是在特定条件下行使国家管理职能;二是依照法律规定从事公务。具体包括:(1)依法履行职责的各级人民代表大会代表;(2)依法履行审判职责的人民陪审员;(3)协助乡镇人民政府、街道办事处从事行政管理工作的村民委员会、居民委员会等农村和城市基层组织人员;(4)其他由法律授权从事公务的人员。

(四)关于‘从事公务’的理解

从事公务,是指代表国家机关、国有公司、企业、事业单位、人民团体等履行组织、领导、监督、管理等职责。公务主要表现为与职权相联系的公共事务以及监督、管理国有财产的职务活动。如国家机关工作人员依法履行职责,国有公司的董事、经理、监事、会计、出纳人员等管理、监督国有财产等活动,属于从事公务。那些不具备职权内容的劳务活动、技术服务工作,如售货员、售票员等所从事的工作,一般不认为是公务。

六、关于渎职罪

(一)渎职犯罪行为造成的公共财产重大损失的认定

根据刑法规定,玩忽职守、滥用职权等渎职犯罪是以致使公共财产、国家和人民利益遭受重大损失为构成要件的。其中,公共财产的重大损失,通常是指渎职行为已经造成的重大经济损失。在司法实践中,有以下情形之一的,虽然公共财产作为债权存在,但已无法实现债权的,可以认定为行为人的渎职行为造成了经济损失:(1)债务人已经法定程序被宣告破产;(2)债务人潜逃,去向不明;(3)因行为人责任,致使超过诉讼时效;(4)有证据证明债权无法实现的其他情况。

（四）关于‘徇私’的理解

徇私舞弊型渎职犯罪的‘徇私’应理解为徇个人私情、私利。国家机关工作人员为了本单位的利益，实施滥用职权、玩忽职守行为，构成犯罪的，依照刑法第三百九十七条第一款的规定定罪处罚。”

⑥2002年12月28日全国人民代表大会常务委员会《关于〈中华人民共和国刑法〉第九章渎职罪主体适用问题的解释》规定：“在依照法律、法规规定行使国家行政管理职权的组织中从事公务的人员，或者在受国家机关委托代表国家机关行使职权的组织中从事公务的人员，或者虽未列入国家机关人员编制但在国家机关中从事公务的人员，在代表国家机关行使职权时，有渎职行为，构成犯罪的，依照刑法关于渎职罪的规定追究刑事责任。”

⑦2005年12月26日最高人民法院《关于审理破坏林地资源刑事案件具体应用法律若干问题的解释》相关内容如下：

“第四条　国家机关工作人员徇私舞弊，违反土地管理法规，非法低价出让国有林地使用权，具有下列情形之一的，属于刑法第四百一十条规定的‘情节严重’，应当以非法低价出让国有土地使用权罪判处三年以下有期徒刑或者拘役：

（一）林地数量合计达到三十亩以上，并且出让价额低于国家规定的最低价额标准的百分之六十；

（二）造成国有资产流失价额达到三十万元以上。

第五条　实施本解释第四条规定的行为，造成国有资产流失价额达到六十万元以上的，属于刑法第四百一十条规定的‘致使国家和集体利益遭受特别重大损失’，应当以非法低价出让国有土地使用权罪判处三年以上七年以下有期徒刑。

第六条　单位实施破坏林地资源犯罪的，依照本解释规定的相关定罪量刑标准执行。

第七条　多次实施本解释规定的行为依法应当追诉且未经处理的，应当按照累计的数量、数额处罚。”

⑧2012年12月7日最高人民法院、最高人民检察院《关于办理渎职刑事案件适用法律若干问题的解释（一）》第3条至第8条有以下规定：

“第三条　国家机关工作人员实施渎职犯罪并收受贿赂，同时构成受贿罪的，除刑法另有规定外，以渎职犯罪和受贿罪数罪并罚。

第四条　国家机关工作人员实施渎职行为，放纵他人犯罪或者帮助他人逃避刑事处罚，构成犯罪的，依照渎职罪的规定定罪处罚。

国家机关工作人员与他人共谋，利用其职务行为帮助他人实施其他犯罪行为，同时构成渎职犯罪和共谋实施的其他犯罪共犯的，依照处罚较重的规定定罪处罚。

国家机关工作人员与他人共谋，既利用其职务行为帮助他人实施其他犯罪，又以非职务行为与他人共同实施该其他犯罪行为，同时构成渎职犯罪和其他犯罪的共犯的，依照数罪并罚的规定定罪处罚。

第五条　国家机关负责人员违法决定，或者指使、授意、强令其他国家机关工作人员违法履行职务或者不履行职务，构成刑法分则第九章规定的渎职犯罪的，应当依法追究刑事责任。

以‘集体研究’形式实施的渎职犯罪，应当依照刑法分则第九章的规定追究国家机关负有责任的人员的刑事责任。对于具体执行人员，应当在综合认定其行为性质、是否提出反对意见、危害结果大小等情节的基础上决定是否追究刑事责任和应当判处的刑罚。

第六条　以危害结果为条件的渎职犯罪的追诉期限，从危害结果发生之日起计算；有数个危害结果的，从最后一个危害结果发生之日起计算。

第七条 依法或者受委托行使国家行政管理职权的公司、企业、事业单位的工作人员，在行使行政管理职权时滥用职权或者玩忽职守，构成犯罪的，应当依照《全国人民代表大会常务委员会关于〈中华人民共和国刑法〉第九章渎职罪主体适用问题的解释》的规定，适用渎职罪的规定追究刑事责任。

第八条 本解释规定的‘经济损失’，是指渎职犯罪或者与渎职犯罪相关联的犯罪立案时已经实际造成的财产损失，包括为挽回渎职犯罪所造成损失而支付的各种开支、费用等。立案后至提起公诉前持续发生的经济损失，应一并计入渎职犯罪造成的经济损失。

债务人经法定程序被宣告破产，债务人潜逃、去向不明，或者因行为人的责任超过诉讼时效等，致使债权已经无法实现的，无法实现的债权部分应当认定为渎职犯罪的经济损失。

渎职犯罪或者与渎职犯罪相关联的犯罪立案后，犯罪分子及其亲友自行挽回的经济损失，司法机关或者犯罪分子所在单位及其上级主管部门挽回的经济损失，或者因客观原因减少的经济损失，不予扣减，但可以作为酌定从轻处罚的情节。”

(3)构成要件

第一，本罪侵犯的客体是国家的土地管理制度。

第二，客观方面表现为徇私舞弊，违反土地管理法规，滥用职权，非法低价出让国有土地使用权，情节严重的行为。

第三，本罪的主体是特殊主体，即国家机关工作人员。

第四，主观方面是故意。即明知自己批准低价出让国有土地使用权违反国家土地管理法规，仍然滥用职权，非法批准低价出让国有土地使用权。

(4)罪名界定

第一，本罪与滥用职权罪有重要区别。本罪要求国家机关工作人员在行使批准出让国有土地使用权的过程中，具有徇私舞弊行为，还要求具有情节严重的条件。而滥用职权罪不要求具备这两个条件，要求的是使公共财产、国家和人民利益遭受重大损失。因此，致使公共财产、国家和人民利益遭受重大损失的，可以认为构成滥用职权罪。

第二，本罪与非法批准征收、征用、占用土地罪的区别在于：①本罪表现为非法低价出让国有土地使用权，而后者则表现为非法批准征收、征用、占用土地。②本罪是有权决定出让国有土地使用权的单位的国家机关工作人员，而后者是国家土地管理部门的国家机关工作人员。

(5)量刑幅度

根据《刑法》第410条的规定，对犯本罪的处罚分以下2个档次：

一是情节严重的，处3年以下有期徒刑或者拘役。

二是致使国家或者集体利益遭受特别重大损失的，处3年以上7年以下有期徒刑。

25. 放纵走私罪(第411条)

(1)罪名概念

放纵走私罪，是指海关工作人员徇私舞弊，放纵走私，情节严重的行为。

(2)法律规定

①本罪名是由《刑法》第411条规定的。该条规定：“海关工作人员徇私舞弊，放纵走私，情节严重的，处五年以下有期徒刑或者拘役；情节特别严重的，处五年以上有期徒刑。”

②2006年7月26日最高人民检察院《关于渎职侵权犯罪案件立案标准的规定》第一部分第23项规定：“放纵走私罪是指海关工作人员徇私舞弊，放纵走私，情节严重的行为。

涉嫌下列情形之一的，应予立案：

1. 放纵走私犯罪的；

2. 因放纵走私致使国家应收税额损失累计达10万元以上的；

3. 放纵走私行为3起次以上的；

4. 放纵走私行为，具有索取或者收受贿赂情节的；

5. 其他情节严重的情形。”

③2001年7月20日最高人民检察院《人民检察院直接受理立案侦查的渎职侵权重特大案件标准（试行）》第21条规定：

“二十一、放纵走私案

（一）重大案件

造成国家税收损失累计达三十万元以上的。

（二）特大案件

造成国家税收损失累计达五十万元以上的。”

④2002年7月8日最高人民法院、最高人民检察院、海关总署《关于办理走私刑事案件适用法律若干问题的意见》第16条规定：

“关于放纵走私罪的认定问题

依照刑法第四百一十一条的规定，负有特定监管义务的海关工作人员徇私舞弊，利用职权，放任、纵容走私犯罪行为，情节严重的，构成放纵走私罪。放纵走私行为，一般是消极的不作为。如果海关工作人员与走私分子通谋，在放纵走私过程中以积极的行为配合走私分子逃避海关监管或者在放纵走私之后分得赃款的，应以共同走私犯罪追究刑事责任。

海关工作人员收受贿赂又放纵走私的，应以受贿罪和放纵走私罪数罪并罚。”

⑤2002年12月28日全国人民代表大会常务委员会《关于〈中华人民共和国刑法〉第九章渎职罪主体适用问题的解释》规定：“在依照法律、法规规定行使国家行政管理职权的组织中从事公务的人员，或者在受国家机关委托代表国家机关行使职权的组织中从事公务的人员，或者虽未列入国家机关人员编制但在国家机关中从事公务的人员，在代表国家机关行使职权时，有渎职行为，构成犯罪的，依照刑法关于渎职罪的规定追究刑事责任。”

⑥2012年12月7日最高人民法院、最高人民检察院《关于办理渎职刑事案件适用法律若干问题的解释（一）》第3条至第8条有以下规定：

“第三条　国家机关工作人员实施渎职犯罪并收受贿赂，同时构成受贿罪的，除刑法另有规定外，以渎职犯罪和受贿罪数罪并罚。

第四条　国家机关工作人员实施渎职行为，放纵他人犯罪或者帮助他人逃避刑事处罚，构成犯罪的，依照渎职罪的规定定罪处罚。

国家机关工作人员与他人共谋，利用其职务行为帮助他人实施其他犯罪行为，同时构成渎职犯罪和共谋实施的其他犯罪共犯的，依照处罚较重的规定定罪处罚。

国家机关工作人员与他人共谋，既利用其职务行为帮助他人实施其他犯罪，又以非职务行为与他人共同实施该其他犯罪行为，同时构成渎职犯罪和其他犯罪的共犯的，依照数罪并罚的规定定罪处罚。

第五条　国家机关负责人员违法决定，或者指使、授意、强令其他国家机关工作人员违法履行职务或者不履行职务，构成刑法分则第九章规定的渎职犯罪的，应当依法追究刑事责任。

以‘集体研究’形式实施的渎职犯罪，应当依照刑法分则第九章的规定追究国家机关负有责任的人员的刑事责任。对于具体执行人员，应当在综合认定其行为性质、是否提出反对意见、危害结果大小等情节的基础上决定是否追究刑事责任和应当判处的刑罚。

第六条　以危害结果为条件的渎职犯罪的追诉期限,从危害结果发生之日起计算;有数个危害结果的,从最后一个危害结果发生之日起计算。

第七条　依法或者受委托行使国家行政管理职权的公司、企业、事业单位的工作人员,在行使行政管理职权时滥用职权或者玩忽职守,构成犯罪的,应当依照《全国人民代表大会常务委员会关于〈中华人民共和国刑法〉第九章渎职罪主体适用问题的解释》的规定,适用渎职罪的规定追究刑事责任。

第八条　本解释规定的'经济损失',是指渎职犯罪或者与渎职犯罪相关联的犯罪立案时已经实际造成的财产损失,包括为挽回渎职犯罪所造成损失而支付的各种开支、费用等。立案后至提起公诉前持续发生的经济损失,应一并计入渎职犯罪造成的经济损失。

债务人经法定程序被宣告破产,债务人潜逃、去向不明,或者因行为人的责任超过诉讼时效等,致使债权已经无法实现的,无法实现的债权部分应当认定为渎职犯罪的经济损失。

渎职犯罪或者与渎职犯罪相关联的犯罪立案后,犯罪分子及其亲友自行挽回的经济损失,司法机关或者犯罪分子所在单位及其上级主管部门挽回的经济损失,或者因客观原因减少的经济损失,不予扣减,但可以作为酌定从轻处罚的情节。"

(3)构成要件

第一,本罪侵犯的客体是国家的海关监管活动。

第二,客观方面表现为放纵走私且情节严重的行为。

第三,本罪的主体是海关人员。

第四,主观方面是故意,并且具有明确的徇私目的。

(4)罪名界定

第一,认定本罪要注意以下两点:①由于本罪的主观方面是故意,因此如果行为人因为工作不仔细,或者发生其他错误而放纵了走私的不构成本罪。对于情节恶劣,可以按玩忽职守罪处罚。②如果海关工作人员和走私犯罪分子事前有通谋,应当按照共犯对待;如果事先没有通谋,则按本罪处理。

第二,本罪是故意犯罪。海关工作人员由于严重不负责任,对应当发现的走私行为没有发现,造成了严重后果的,应当按照玩忽职守罪处理。

第三,本罪与放行偷越国(边)境人员罪不同。本罪的客体是海关监管活动;而后罪主要是破坏国(边)境管理秩序。在客观方面,本罪放纵的是走私行为;而后者放行的是非法出入境行为。

(5)量刑幅度

根据《刑法》第411条的规定,犯本罪的,处5年以下有期徒刑或者拘役;情节特别严重的,处5年以上有期徒刑。

26. 商检徇私舞弊罪(第412条第1款)

(1)罪名概念

商检徇私舞弊罪,是指国家商检部门、商检机构的工作人员和国家商检部门、商检机构指定的检验人员,徇私舞弊,伪造检验结果的行为。

(2)法律规定

①本罪名是由《刑法》第412条第1款规定的。该条款规定:"国家商检部门、商检机构的工作人员徇私舞弊,伪造检验结果的,处五年以下有期徒刑或者拘役;造成严重后果的,处五年以上十年以下有期徒刑。"

②2006年7月26日最高人民检察院《关于渎职侵权犯罪案件立案标准的规定》第一部分第24项规定："商检徇私舞弊罪是指出入境检验检疫机关、检验检疫机构工作人员徇私舞弊，伪造检验结果的行为。

涉嫌下列情形之一的，应予立案：

1. 采取伪造、变造的手段对报检的商品的单证、印章、标志、封识、质量认证标志等作虚假的证明或者出具不真实的证明结论的；

2. 将送检的合格商品检验为不合格，或者将不合格商品检验为合格的；

3. 对明知是不合格的商品，不检验而出具合格检验结果的；

4. 其他伪造检验结果应予追究刑事责任的情形。"

③2001年7月20日最高人民检察院《人民检察院直接受理立案侦查的渎职侵权重特大案件标准（试行）》第22条规定：

"二十二、商检徇私舞弊案

（一）重大案件

1. 造成直接经济损失五十万元以上的；

2. 徇私舞弊，三次以上伪造检验结果的。

（二）特大案件

1. 造成直接经济损失一百万元以上的；

2. 徇私舞弊，五次以上伪造检验结果的。"

④2002年12月28日全国人民代表大会常务委员会《关于〈中华人民共和国刑法〉第九章渎职罪主体适用问题的解释》规定："在依照法律、法规规定行使国家行政管理职权的组织中从事公务的人员，或者在受国家机关委托代表国家机关行使职权的组织中从事公务的人员，或者虽未列入国家机关人员编制但在国家机关中从事公务的人员，在代表国家机关行使职权时，有渎职行为，构成犯罪的，依照刑法关于渎职罪的规定追究刑事责任。"

⑤2012年12月7日最高人民法院、最高人民检察院《关于办理渎职刑事案件适用法律若干问题的解释（一）》第3条至第8条有以下规定：

"第三条　国家机关工作人员实施渎职犯罪并收受贿赂，同时构成受贿罪的，除刑法另有规定外，以渎职犯罪和受贿罪数罪并罚。

第四条　国家机关工作人员实施渎职行为，放纵他人犯罪或者帮助他人逃避刑事处罚，构成犯罪的，依照渎职罪的规定定罪处罚。

国家机关工作人员与他人共谋，利用其职务行为帮助他人实施其他犯罪行为，同时构成渎职犯罪和共谋实施的其他犯罪共犯的，依照处罚较重的规定定罪处罚。

国家机关工作人员与他人共谋，既利用其职务行为帮助他人实施其他犯罪，又以非职务行为与他人共同实施该其他犯罪行为，同时构成渎职犯罪和其他犯罪的共犯的，依照数罪并罚的规定定罪处罚。

第五条　国家机关负责人员违法决定，或者指使、授意、强令其他国家机关工作人员违法履行职务或者不履行职务，构成刑法分则第九章规定的渎职犯罪的，应当依法追究刑事责任。

以'集体研究'形式实施的渎职犯罪，应当依照刑法分则第九章的规定追究国家机关负有责任的人员的刑事责任。对于具体执行人员，应当在综合认定其行为性质、是否提出反对意见、危害结果大小等情节的基础上决定是否追究刑事责任和应当判处的刑罚。

第六条　以危害结果为条件的渎职犯罪的追诉期限，从危害结果发生之日起计算；有数个危害结果的，从最后一个危害结果发生之日起计算。

第七条 依法或者受委托行使国家行政管理职权的公司、企业、事业单位的工作人员，在行使行政管理职权时滥用职权或者玩忽职守，构成犯罪的，应当依照《全国人民代表大会常务委员会关于〈中华人民共和国刑法〉第九章渎职罪主体适用问题的解释》的规定，适用渎职罪的规定追究刑事责任。

第八条 本解释规定的‘经济损失’，是指渎职犯罪或者与渎职犯罪相关联的犯罪立案时已经实际造成的财产损失，包括为挽回渎职犯罪所造成损失而支付的各种开支、费用等。立案后至提起公诉前持续发生的经济损失，应一并计入渎职犯罪造成的经济损失。

债务人经法定程序被宣告破产，债务人潜逃、去向不明，或者因行为人的责任超过诉讼时效等，致使债权已经无法实现的，无法实现的债权部分应当认定为渎职犯罪的经济损失。

渎职犯罪或者与渎职犯罪相关联的犯罪立案后，犯罪分子及其亲友自行挽回的经济损失，司法机关或者犯罪分子所在单位及其上级主管部门挽回的经济损失，或者因客观原因减少的经济损失，不予扣减，但可以作为酌定从轻处罚的情节。”

⑥2013 年 5 月 2 日最高人民法院、最高人民检察院《关于办理危害食品安全刑事案件适用法律若干问题的解释》第 16 条规定：“负有食品安全监督管理职责的国家机关工作人员，滥用职权或者玩忽职守，导致发生重大食品安全事故或者造成其他严重后果，同时构成食品监管渎职罪和徇私舞弊不移交刑事案件罪、商检徇私舞弊罪、动植物检疫徇私舞弊罪、放纵制售伪劣商品犯罪行为罪等其他渎职犯罪的，依照处罚较重的规定定罪处罚。

负有食品安全监督管理职责的国家机关工作人员滥用职权或者玩忽职守，不构成食品监管渎职罪，但构成前款规定的其他渎职犯罪的，依照该其他犯罪定罪处罚。

负有食品安全监督管理职责的国家机关工作人员与他人共谋，利用其职务行为帮助他人实施危害食品安全犯罪行为，同时构成渎职犯罪和危害食品安全犯罪共犯的，依照处罚较重的规定定罪处罚。”

(3)构成要件

第一，本罪侵犯的客体是进出口商品正常的检验活动。

第二，客观方面表现为在商品检验过程中，为徇私情、私利，对报检的商品采取伪造、变造的手段，对商检的单证、印章、标志、封识、质量认证标志等，作虚假的证明，或者出具不真实的结论，包括将送检的合格商品检验为不合格，或者将不合格检验为合格等行为。

第三，本罪的主体是商检工作人员。

第四，主观方面是故意，并且具有徇私的目的。

(4)罪名界定

第一，认定本罪需要注意以下两点：①本罪的主体是商检工作人员。根据《进出口商品检验法实施条例》第 58 条第 2 款规定，国家商检局、商检机构指定的或者认可的检验机构的检验人员以及认可的检验人员亦可成为本罪的犯罪主体。②本罪主观方面是故意，并且具有徇私的目的，因此，如果行为人不是故意伪造检验结果，而是对工作严重不负责任，结果导致出现了重大错误，应当以商检失职罪处理。

第二，本罪与伪造公文、证件、印章罪的区别主要表现在犯罪主体和犯罪对象不同。本罪的主体是特殊主体，伪造的对象只能是商检结果，而且是利用职务之便；而伪造公文、证件、印章罪主体是一般主体，伪造的对象是一切公文、证件、印章，不需要利用职务之便就可以构成犯罪。

(5)量刑幅度

根据《刑法》第 412 条的规定，犯本罪的，处 5 年以下有期徒刑或者拘役；造成严重后果的，处 5 年以上 10 年以下有期徒刑。

27. 商检失职罪(第412条第2款)

(1)罪名概念

商检失职罪,是指国家商检部门、商检机构的工作人员和国家商检部门、商检机构指定的检验机构的检验人员,严重不负责任,对应当检验的物品不检验,或者延误检验出证、错误出证,致使国家利益遭受重大损失的行为。

(2)法律规定

①本罪名是由《刑法》第412条第2款规定的。该条款规定:"前款所列人员严重不负责任,对应当检验的物品不检验,或者延误检验出证、错误出证,致使国家利益遭受重大损失的,处三年以下有期徒刑或者拘役。"

②2006年7月26日最高人民检察院《关于渎职侵权犯罪案件立案标准的规定》第一部分第25项规定:"商检失职罪是指出入境检验检疫机关、检验检疫机构工作人员严重不负责任,对应当检验的物品不检验,或者延误检验出证、错误出证,致使国家利益遭受重大损失的行为。

涉嫌下列情形之一的,应予立案:

1. 致使不合格的食品、药品、医疗器械等商品出入境,严重危害生命健康的;

2. 造成个人财产直接经济损失15万元以上,或者直接经济损失不满15万元,但间接经济损失75万元以上的;

3. 造成公共财产、法人或者其他组织财产直接经济损失30万元以上,或者直接经济损失不满30万元,但间接经济损失150万元以上的;

4. 未经检验,出具合格检验结果,致使国家禁止进口的固体废物、液态废物和气态废物等进入境内的;

5. 不检验或者延误检验出证、错误出证,引起国际经济贸易纠纷,严重影响国家对外经贸关系,或者严重损害国家声誉的;

6. 其他致使国家利益遭受重大损失的情形。"

③2001年7月20日最高人民检察院《人民检察院直接受理立案侦查的渎职侵权重特大案件标准(试行)》第23条的规定:

"二十三、商检失职案

(一)重大案件

1. 造成直接经济损失一百万元以上的;

2. 五次以上不检验或者延误检验出证、错误出证的。

(二)特大案件

1. 造成直接经济损失三百万元以上的;

2. 七次以上不检验或者延误检验出证、错误出证的。"

④2003年11月13日最高人民法院印发的《全国法院审理经济犯罪案件工作座谈会纪要》相关内容如下:

"一、关于贪污贿赂犯罪和渎职犯罪的主体

(一)国家机关工作人员的认定

刑法中所称的国家机关工作人员,是指在国家机关中从事公务的人员,包括在各级国家权力机关、行政机关、司法机关和军事机关中从事公务的人员。

根据有关立法解释的规定,在依照法律、法规规定行使国家行政管理职权的组织中从事公务的人员,或者在受国家机关委托代表国家行使职权的组织中从事公务的人员,或者虽未列入国家机关人员编制但在国家机关中从事公务的人员,视为国家机关工作人员。在乡(镇)以上中国共产党机关、人民政协机关中从事公务的人员,司法实践中也应当视为国家机关工作人员。

(二)国家机关、国有公司、企业、事业单位委派到非国有公司、企业、事业单位、社会团体从事公务的人员的认定

所谓委派,即委任、派遣,其形式多种多样,如任命、指派、提名、批准等。不论被委派的人身份如何,只要是接受国家机关、国有公司、企业、事业单位委派,代表国家机关、国有公司、企业、事业单位在非国有公司、企业、事业单位、社会团体中从事组织、领导、监督、管理等工作,都可以认定为国家机关、国有公司、企业、事业单位委派到非国有公司、企业、事业单位、社会团体从事公务的人员。如国家机关、国有公司、企业、事业单位委派在国有控股或者参股的股份有限公司从事组织、领导、监督、管理等工作的人员,应当以国家工作人员论。国有公司、企业改制为股份有限公司后,原国有公司、企业的工作人员和股份有限公司新任命的人员中,除代表国有投资主体行使监督、管理职权的人外,不以国家工作人员论。

(三)'其他依照法律从事公务的人员'的认定

刑法第九十三条第二款规定的'其他依照法律从事公务的人员'应当具有两个特征:一是在特定条件下行使国家管理职能;二是依照法律规定从事公务。具体包括:(1)依法履行职责的各级人民代表大会代表;(2)依法履行审判职责的人民陪审员;(3)协助乡镇人民政府、街道办事处从事行政管理工作的村民委员会、居民委员会等农村和城市基层组织人员;(4)其他由法律授权从事公务的人员。

(四)关于'从事公务'的理解

从事公务,是指代表国家机关、国有公司、企业、事业单位、人民团体等履行组织、领导、监督、管理等职责。公务主要表现为与职权相联系的公共事务以及监督、管理国有财产的职务活动。如国家机关工作人员依法履行职责,国有公司的董事、经理、监事、会计、出纳人员等管理、监督国有财产等活动,属于从事公务。那些不具备职权内容的劳务活动、技术服务工作,如售货员、售票员等所从事的工作,一般不认为是公务。

六、关于渎职罪

(一)渎职犯罪行为造成的公共财产重大损失的认定

根据刑法规定,玩忽职守、滥用职权等渎职犯罪是以致使公共财产、国家和人民利益遭受重大损失为构成要件的。其中,公共财产的重大损失,通常是指渎职行为已经造成的重大经济损失。在司法实践中,有以下情形之一的,虽然公共财产作为债权存在,但已无法实现债权的,可以认定为行为人的渎职行为造成了经济损失:(1)债务人已经法定程序被宣告破产;(2)债务人潜逃,去向不明;(3)因行为人责任,致使超过诉讼时效;(4)有证据证明债权无法实现的其他情况。

(四)关于'徇私'的理解

徇私舞弊型渎职犯罪的'徇私'应理解为徇个人私情、私利。国家机关工作人员为了本单位的利益,实施滥用职权、玩忽职守行为,构成犯罪的,依照刑法第三百九十七条第一款的规定定罪处罚。"

⑤2002年12月28日全国人民代表大会常务委员会《关于〈中华人民共和国刑法〉第九章渎职罪主体适用问题的解释》规定:"在依照法律、法规规定行使国家行政管理职权的组织中从事公务的人员,或者在受国家机关委托代表国家机关行使职权的组织中从事公务的人员,或者虽未列入国家机关人员编制但在国家机关中从事公务的人员,在代表国家机关行使职权时,有渎职行为,构成犯罪的,依照刑法关于渎职罪的规定追究刑事责任。"

⑥2012年12月7日最高人民法院、最高人民检察院《关于办理渎职刑事案件适用法律若干

问题的解释(一)》第3条至第8条有以下规定:

“第三条　国家机关工作人员实施渎职犯罪并收受贿赂,同时构成受贿罪的,除刑法另有规定外,以渎职犯罪和受贿罪数罪并罚。

第四条　国家机关工作人员实施渎职行为,放纵他人犯罪或者帮助他人逃避刑事处罚,构成犯罪的,依照渎职罪的规定定罪处罚。

国家机关工作人员与他人共谋,利用其职务行为帮助他人实施其他犯罪行为,同时构成渎职犯罪和共谋实施的其他犯罪共犯的,依照处罚较重的规定定罪处罚。

国家机关工作人员与他人共谋,既利用其职务行为帮助他人实施其他犯罪,又以非职务行为与他人共同实施该其他犯罪行为,同时构成渎职犯罪和其他犯罪的共犯的,依照数罪并罚的规定定罪处罚。

第五条　国家机关负责人员违法决定,或者指使、授意、强令其他国家机关工作人员违法履行职务或者不履行职务,构成刑法分则第九章规定的渎职犯罪的,应当依法追究刑事责任。

以‘集体研究’形式实施的渎职犯罪,应当依照刑法分则第九章的规定追究国家机关负有责任的人员的刑事责任。对于具体执行人员,应当在综合认定其行为性质、是否提出反对意见、危害结果大小等情节的基础上决定是否追究刑事责任和应当判处的刑罚。

第六条　以危害结果为条件的渎职犯罪的追诉期限,从危害结果发生之日起计算;有数个危害结果的,从最后一个危害结果发生之日起计算。

第七条　依法或者受委托行使国家行政管理职权的公司、企业、事业单位的工作人员,在行使行政管理职权时滥用职权或者玩忽职守,构成犯罪的,应当依照《全国人民代表大会常务委员会关于〈中华人民共和国刑法〉第九章渎职罪主体适用问题的解释》的规定,适用渎职罪的规定追究刑事责任。

第八条　本解释规定的‘经济损失’,是指渎职犯罪或者与渎职犯罪相关联的犯罪立案时已经实际造成的财产损失,包括为挽回渎职犯罪所造成损失而支付的各种开支、费用等。立案后至提起公诉前持续发生的经济损失,应一并计入渎职犯罪造成的经济损失。

债务人经法定程序被宣告破产,债务人潜逃、去向不明,或者因行为人的责任超过诉讼时效等,致使债权已经无法实现的,无法实现的债权部分应当认定为渎职犯罪的经济损失。

渎职犯罪或者与渎职犯罪相关联的犯罪立案后,犯罪分子及其亲友自行挽回的经济损失,司法机关或者犯罪分子所在单位及其上级主管部门挽回的经济损失,或者因客观原因减少的经济损失,不予扣减,但可以作为酌定从轻处罚的情节。”

(3)构成要件

第一,本罪侵犯的客体是国家的进出口商品检验制度。

第二,客观方面表现为商检人员严重不负责任,玩忽职守,对应当检验的物品不检验,或者延误检验出证、错误出证,致使国家利益遭受重大损失的行为。

第三,本罪的主体是特殊主体,即国家商检部门、商检机构的工作人员和国家商检部门、商检机构指定的商检机构的商检人员。

第四,主观方面是过失。

(4)罪名界定

第一,认定本罪要注意以下问题:①本罪的主体是特殊主体,即国家商检部门、商检机构的工作人员和国家商检部门、商检机构指定的商检机构的商检人员。根据《进出口商品检验法实施条例》第58条第2款的规定,国家商检局、商检机构指定的或者认可的检验机构的检验人员以及认可的检验人员亦可成为本罪的犯罪主体。②行为人对自己的玩忽职守行为是明知故犯,但对造成国家利益重大损失是过失心理,即行为人既不希望也不是放任该损失的发生。③在客观方面必须同时具备两个条件:首先是严重不负责任。对应当检验的物品不检验。不履行职责或不正确履行职责。例如,商检人员不履行自己商检职责,或者拖延检验,在商品检验中不仔细认真,马马虎虎,以致造成延误,延误检验出证。其次是必须使国家利益遭受重大损失。这里的重大损失,可以是经济上的直接损失,也可以是给国家的外贸信誉带来巨大的不利影响。如果仅仅是延误检验出证,或者仅仅有玩忽职守行为,没有造成国家利益遭受重大损失,则不能构成本罪。

第二,本罪与商检徇私舞弊罪的区别主要在于:①主观方面的内容不同。本罪是由过失构成;而后者是由故意构成的。②本罪是结果犯,客观上具有"致使国家利益遭受重大损失"的结果,才能构成犯罪;而后者是行为犯,只要伪造检验结果,即可构成犯罪。

(5)量刑幅度

根据《刑法》第412条第2款的规定,犯本罪的,处3年以下有期徒刑或者拘役。

28. 动植物检疫徇私舞弊罪(第413条第1款)

(1)罪名概念

动植物检疫徇私舞弊罪,是指动植物检疫机关检疫人员徇私舞弊,伪造检疫结果的行为。

(2)法律规定

①本罪名是由《刑法》第413条第1款规定的。该条款规定:"动植物检疫机关的检疫人员徇私舞弊,伪造检疫结果的,处五年以下有期徒刑或者拘役;造成严重后果的,处五年以上十年以下有期徒刑。"

②2006年7月26日最高人民检察院《关于渎职侵权犯罪案件立案标准的规定》第一部分第26项规定:"动植物检疫徇私舞弊罪是指出入境检验检疫机关、检验检疫机构工作人员徇私舞弊,伪造检疫结果的行为。

涉嫌下列情形之一的,应予立案:

1. 采取伪造、变造的手段对检疫的单证、印章、标志、封识等作虚假的证明或者出具不真实的结论的;

2. 将送检的合格动植物检疫为不合格,或者将不合格动植物检疫为合格的;

3. 对明知是不合格的动植物,不检疫而出具合格检疫结果的;

4. 其他伪造检疫结果应予追究刑事责任的情形。"

③2001年7月20日最高人民检察院《人民检察院直接受理立案侦查的渎职侵权重特大案件标准(试行)》第24条规定:

"二十四、动植物检疫徇私舞弊案

(一)重大案件

1. 徇私舞弊,三次以上伪造检疫结果的;

2. 造成直接经济损失五十万元以上的。

(二)特大案件

1. 徇私舞弊,五次以上伪造检疫结果的;

2. 造成直接经济损失一百万元以上的。"

④2003年11月13日最高人民法院印发的《全国法院审理经济犯罪案件工作座谈会纪要》相关内容如下:

"一、关于贪污贿赂犯罪和渎职犯罪的主体

(一)国家机关工作人员的认定

刑法中所称的国家机关工作人员，是指在国家机关中从事公务的人员，包括在各级国家权力机关、行政机关、司法机关和军事机关中从事公务的人员。

根据有关立法解释的规定，在依照法律、法规规定行使国家行政管理职权的组织中从事公务的人员，或者在受国家机关委托代表国家行使职权的组织中从事公务的人员，或者虽未列入国家机关人员编制但在国家机关中从事公务的人员，视为国家机关工作人员。在乡(镇)以上中国共产党机关、人民政协机关中从事公务的人员，司法实践中也应当视为国家机关工作人员。

(二)国家机关、国有公司、企业、事业单位委派到非国有公司、企业、事业单位、社会团体从事公务的人员的认定

所谓委派，即委任、派遣，其形式多种多样，如任命、指派、提名、批准等。不论被委派的人身份如何，只要是接受国家机关、国有公司、企业、事业单位委派，代表国家机关、国有公司、企业、事业单位在非国有公司、企业、事业单位、社会团体中从事组织、领导、监督、管理等工作，都可以认定为国家机关、国有公司、企业、事业单位委派到非国有公司、企业、事业单位、社会团体从事公务的人员。如国家机关、国有公司、企业、事业单位委派在国有控股或者参股的股份有限公司从事组织、领导、监督、管理等工作的人员，应当以国家工作人员论。国有公司、企业改制为股份有限公司后，原国有公司、企业的工作人员和股份有限公司新任命的人员中，除代表国有投资主体行使监督、管理职权的人外，不以国家工作人员论。

(三)'其他依照法律从事公务的人员'的认定

刑法第九十三条第二款规定的'其他依照法律从事公务的人员'应当具有两个特征：一是在特定条件下行使国家管理职能；二是依照法律规定从事公务。具体包括：(1)依法履行职责的各级人民代表大会代表；(2)依法履行审判职责的人民陪审员；(3)协助乡镇人民政府、街道办事处从事行政管理工作的村民委员会、居民委员会等农村和城市基层组织人员；(4)其他由法律授权从事公务的人员。

(四)关于'从事公务'的理解

从事公务，是指代表国家机关、国有公司、企业、事业单位、人民团体等履行组织、领导、监督、管理等职责。公务主要表现为与职权相联系的公共事务以及监督、管理国有财产的职务活动。如国家机关工作人员依法履行职责，国有公司的董事、经理、监事、会计、出纳人员等管理、监督国有财产等活动，属于从事公务。那些不具备职权内容的劳务活动、技术服务工作，如售货员、售票员等所从事的工作，一般不认为是公务。

六、关于渎职罪

(一)渎职犯罪行为造成的公共财产重大损失的认定

根据刑法规定，玩忽职守、滥用职权等渎职犯罪是以致使公共财产、国家和人民利益遭受重大损失为构成要件的。其中，公共财产的重大损失，通常是指渎职行为已经造成的重大经济损失。在司法实践中，有以下情形之一的，虽然公共财产作为债权存在，但已无法实现债权的，可以认定为行为人的渎职行为造成了经济损失：(1)债务人已经法定程序被宣告破产；(2)债务人潜逃，去向不明；(3)因行为人责任，致使超过诉讼时效；(4)有证据证明债权无法实现的其他情况。

(四)关于'徇私'的理解

徇私舞弊型渎职犯罪的'徇私'应理解为徇个人私情、私利。国家机关工作人员为了本单位的利益，实施滥用职权、玩忽职守行为，构成犯罪的，依照刑法第三百九十七条第一款的规定定罪处罚。"

⑤2002年12月28日全国人民代表大会常务委员会《关于〈中华人民共和国刑法〉第九章渎职罪主体适用问题的解释》规定："在依照法律、法规规定行使国家行政管理职权的组织中从事

公务的人员，或者在受国家机关委托代表国家机关行使职权的组织中从事公务的人员，或者虽未列入国家机关人员编制但在国家机关中从事公务的人员，在代表国家机关行使职权时，有渎职行为，构成犯罪的，依照刑法关于渎职罪的规定追究刑事责任。”

⑥2012 年 12 月 7 日最高人民法院、最高人民检察院《关于办理渎职刑事案件适用法律若干问题的解释(一)》第 3 条至第 8 条有以下规定：

“第三条　国家机关工作人员实施渎职犯罪并收受贿赂，同时构成受贿罪的，除刑法另有规定外，以渎职犯罪和受贿罪数罪并罚。

第四条　国家机关工作人员实施渎职行为，放纵他人犯罪或者帮助他人逃避刑事处罚，构成犯罪的，依照渎职罪的规定定罪处罚。

国家机关工作人员与他人共谋，利用其职务行为帮助他人实施其他犯罪行为，同时构成渎职犯罪和共谋实施的其他犯罪共犯的，依照处罚较重的规定定罪处罚。

国家机关工作人员与他人共谋，既利用其职务行为帮助他人实施其他犯罪，又以非职务行为与他人共同实施该其他犯罪行为，同时构成渎职犯罪和其他犯罪的共犯的，依照数罪并罚的规定定罪处罚。

第五条　国家机关负责人员违法决定，或者指使、授意、强令其他国家机关工作人员违法履行职务或者不履行职务，构成刑法分则第九章规定的渎职犯罪的，应当依法追究刑事责任。

以‘集体研究’形式实施的渎职犯罪，应当依照刑法分则第九章的规定追究国家机关负有责任的人员的刑事责任。对于具体执行人员，应当在综合认定其行为性质、是否提出反对意见、危害结果大小等情节的基础上决定是否追究刑事责任和应当判处的刑罚。

第六条　以危害结果为条件的渎职犯罪的追诉期限，从危害结果发生之日起计算；有数个危害结果的，从最后一个危害结果发生之日起计算。

第七条　依法或者受委托行使国家行政管理职权的公司、企业、事业单位的工作人员，在行使行政管理职权时滥用职权或者玩忽职守，构成犯罪的，应当依照《全国人民代表大会常务委员会关于〈中华人民共和国刑法〉第九章渎职罪主体适用问题的解释》的规定，适用渎职罪的规定追究刑事责任。

第八条　本解释规定的‘经济损失’，是指渎职犯罪或者与渎职犯罪相关联的犯罪立案时已经实际造成的财产损失，包括为挽回渎职犯罪所造成损失而支付的各种开支、费用等。立案后至提起公诉前持续发生的经济损失，应一并计入渎职犯罪造成的经济损失。

债务人经法定程序被宣告破产，债务人潜逃、去向不明，或者因行为人的责任超过诉讼时效等，致使债权已经无法实现的，无法实现的债权部分应当认定为渎职犯罪的经济损失。

渎职犯罪或者与渎职犯罪相关联的犯罪立案后，犯罪分子及其亲友自行挽回的经济损失，司法机关或者犯罪分子所在单位及其上级主管部门挽回的经济损失，或者因客观原因减少的经济损失，不予扣减，但可以作为酌定从轻处罚的情节。”

⑦2013 年 5 月 2 日最高人民法院、最高人民检察院《关于办理危害食品安全刑事案件适用法律若干问题的解释》第 16 条规定：“负有食品安全监督管理职责的国家机关工作人员，滥用职权或者玩忽职守，导致发生重大食品安全事故或者造成其他严重后果，同时构成食品监管渎职罪和徇私舞弊不移交刑事案件罪、商检徇私舞弊罪、动植物检疫徇私舞弊罪、放纵制售伪劣商品犯罪行为罪等其他渎职犯罪的，依照处罚较重的规定定罪处罚。

负有食品安全监督管理职责的国家机关工作人员滥用职权或者玩忽职守，不构成食品监管渎职罪，但构成前款规定的其他渎职犯罪的，依照该其他犯罪定罪处罚。

负有食品安全监督管理职责的国家机关工作人员与他人共谋，利用其职务行为帮助他人实施危害食品安全犯罪行为，同时构成渎职犯罪和危害食品安全犯罪共犯的，依照处罚较重的规定定罪处罚。”

（3）构成要件

第一，本罪侵犯的客体是国家对动植物及其产品的检验管理秩序、国家动植物检疫机关的信誉和国家利益、公民的生命及健康安全。

第二，客观方面表现为在动植物检疫过程中，为徇私情、私利，采取伪造、变造的手段，对检疫的单证、印章、标志、封识等，作虚假的证明，或出具不真实的结论，包括将合格检为不合格、将不合格检为合格等行为。

第三，本罪的主体，是动植物检疫机关的检疫人员。

第四，主观方面是故意。

（4）罪名界定

第一，本罪与商检徇私舞弊罪不同。首先，本罪的主体是国家动植物检疫机关的工作人员，而商检徇私舞弊罪的主体是国家商检部门、商检机构的工作人员。其次，本罪是在动植物检疫中徇私舞弊，有伪造动植物检疫结果的行为，而后者是在商检工作中徇私舞弊，有伪造商品检验结果的行为。

第二，本罪与伪造公文、证件、印章罪有以下区别：①本罪的主体是动植物检疫机关的检疫人员。而伪造公文、证件、印章罪的主体是一般主体。②伪造的对象不同。本罪是对根据国家规定，必须接受检疫的动植物进行检疫的结果进行伪造。伪造动植物检疫结果，可能使带有疫病的动植物进入公共场所和私人家庭，容易引起疫病传染或者流行。而伪造公文、证件、印章罪所伪造的是国家机关、企业、事业单位及人民团体的公文、证件和印章。③本罪侵犯的客体是国家动植物检疫部门的检疫制度、正常的检疫活动和检疫部门的形象。而伪造公文、证件、印章罪侵犯的客体是国家机关、企事业单位及人民团体的正常活动及信誉。④在客观方面，本罪表现为行为人徇私舞弊、伪造检疫结果的行为。而伪造公文、证件、印章罪的客观表现，是采取印刷、复制、涂改、剪贴等手段，进行伪造。由于两罪的目的不同，行为人的伪造方法、手段各不相同。

（5）量刑幅度

根据《刑法》第 413 条第 1 款的规定，对犯本罪的处罚分以下 2 个档次：

一是情节一般的，处 5 年以下有期徒刑或者拘役。

二是造成严重后果的，处 5 年以上 10 年以下有期徒刑。

29. 动植物检疫失职罪（第 413 条第 2 款）

（1）罪名概念

动植物检疫失职罪，是指动植物检疫机关检疫人员严重不负责任，对应当检疫的物品不检疫，或者延误检疫出证，错误出证，致使国家利益遭受重大损失的行为。

（2）法律规定

①本罪名是由《刑法》第 413 条第 2 款规定的。该条款规定：“前款所列人员严重不负责任，对应当检疫的检疫物不检疫，或者延误检疫出证、错误出证，致使国家利益遭受重大损失的，处三年以下有期徒刑或者拘役。”

②2006 年 7 月 26 日最高人民检察院《关于渎职侵权犯罪案件立案标准的规定》第一部分第 27 项规定：“动植物检疫失职罪是指出入境检验检疫机关、检验检疫机构工作人员严重不负责任，对应当检疫的检疫物不检疫，或者延误检疫出证、错误出证，致使国家利益遭受重大损失的行为。

涉嫌下列情形之一的,应予立案:

1. 导致疫情发生,造成人员重伤或者死亡的;

2. 导致重大疫情发生、传播或者流行的;

3. 造成个人财产直接经济损失15万元以上,或者直接经济损失不满15万元,但间接经济损失75万元以上的;

4. 造成公共财产或者法人、其他组织财产直接经济损失30万元以上,或者直接经济损失不满30万元,但间接经济损失150万元以上的;

5. 不检疫或者延误检疫出证、错误出证,引起国际经济贸易纠纷,严重影响国家对外经贸关系,或者严重损害国家声誉的;

6. 其他致使国家利益遭受重大损失的情形。”

③2001年7月20日最高人民检察院《人民检察院直接受理立案侦查的渎职侵权重特大案件标准(试行)》第25条规定:

“二十五、动植物检疫失职案

(一)重大案件

1. 造成直接经济损失一百万元以上的;

2. 导致疫情发生,造成人员死亡二人以上的;

3. 五次以上不检疫,或者延误检疫出证、错误出证,严重影响国家对外经贸关系和国家声誉的。

(二)特大案件

1. 造成直接经济损失三百万元以上的;

2. 导致疫情发生,造成人员死亡五人以上的;

3. 七次以上不检疫,或者延误检疫出证、错误出证,严重影响国家对外经贸关系和国家声誉的。”

④2003年11月13日最高人民法院印发的《全国法院审理经济犯罪案件工作座谈会纪要》相关内容如下:

“一、关于贪污贿赂犯罪和渎职犯罪的主体

(一)国家机关工作人员的认定

刑法中所称的国家机关工作人员,是指在国家机关中从事公务的人员,包括在各级国家权力机关、行政机关、司法机关和军事机关中从事公务的人员。

根据有关立法解释的规定,在依照法律、法规规定行使国家行政管理职权的组织中从事公务的人员,或者在受国家机关委托代表国家行使职权的组织中从事公务的人员,或者虽未列入国家机关人员编制但在国家机关中从事公务的人员,视为国家机关工作人员。在乡(镇)以上中国共产党机关、人民政协机关中从事公务的人员,司法实践中也应当视为国家机关工作人员。

(二)国家机关、国有公司、企业、事业单位委派到非国有公司、企业、事业单位、社会团体从事公务的人员的认定

所谓委派,即委任、派遣,其形式多种多样,如任命、指派、提名、批准等。不论被委派的人身份如何,只要是接受国家机关、国有公司、企业、事业单位委派,代表国家机关、国有公司、企业、事业单位在非国有公司、企业、事业单位、社会团体中从事组织、领导、监督、管理等工作,都可以认定为国家机关、国有公司、企业、事业单位委派到非国有公司、企业、事业单位、社会团体从事公务的人员。如国家机关、国有公司、企业、事业单位委派在国有控股或者参股的股份有限公司从事组织、领导、监督、管理等工作的人员,应当以国家工作人员论。国有公司、企业改制为股份有限

公司后，原国有公司、企业的工作人员和股份有限公司新任命的人员中，除代表国有投资主体行使监督、管理职权的人外，不以国家工作人员论。

（三）'其他依照法律从事公务的人员'的认定

刑法第九十三条第二款规定的'其他依照法律从事公务的人员'应当具有两个特征：一是在特定条件下行使国家管理职能；二是依照法律规定从事公务。具体包括：(1)依法履行职责的各级人民代表大会代表；(2)依法履行审判职责的人民陪审员；(3)协助乡镇人民政府、街道办事处从事行政管理工作的村民委员会、居民委员会等农村和城市基层组织人员；(4)其他由法律授权从事公务的人员。

（四）关于'从事公务'的理解

从事公务，是指代表国家机关、国有公司、企业、事业单位、人民团体等履行组织、领导、监督、管理等职责。公务主要表现为与职权相联系的公共事务以及监督、管理国有财产的职务活动。如国家机关工作人员依法履行职责，国有公司的董事、经理、监事、会计、出纳人员等管理、监督国有财产等活动，属于从事公务。那些不具备职权内容的劳务活动、技术服务工作，如售货员、售票员等所从事的工作，一般不认为是公务。

六、关于渎职罪

（一）渎职犯罪行为造成的公共财产重大损失的认定

根据刑法规定，玩忽职守、滥用职权等渎职犯罪是以致使公共财产、国家和人民利益遭受重大损失为构成要件的。其中，公共财产的重大损失，通常是指渎职行为已经造成的重大经济损失。在司法实践中，有以下情形之一的，虽然公共财产作为债权存在，但已无法实现债权的，可以认定为行为人的渎职行为造成了经济损失：(1)债务人已经法定程序被宣告破产；(2)债务人潜逃，去向不明；(3)因行为人责任，致使超过诉讼时效；(4)有证据证明债权无法实现的其他情况。

（四）关于'徇私'的理解

徇私舞弊型渎职犯罪的'徇私'应理解为徇个人私情、私利。国家机关工作人员为了本单位的利益，实施滥用职权、玩忽职守行为，构成犯罪的，依照刑法第三百九十七条第一款的规定定罪处罚。"

⑤2002年12月28日全国人民代表大会常务委员会《关于〈中华人民共和国刑法〉第九章渎职罪主体适用问题的解释》规定："在依照法律、法规规定行使国家行政管理职权的组织中从事公务的人员，或者在受国家机关委托代表国家机关行使职权的组织中从事公务的人员，或者虽未列入国家机关人员编制但在国家机关中从事公务的人员，在代表国家机关行使职权时，有渎职行为，构成犯罪的，依照刑法关于渎职罪的规定追究刑事责任。"

⑥2012年12月7日最高人民法院、最高人民检察院《关于办理渎职刑事案件适用法律若干问题的解释(一)》第3条至第8条有以下规定：

"第三条　国家机关工作人员实施渎职犯罪并收受贿赂，同时构成受贿罪的，除刑法另有规定外，以渎职犯罪和受贿罪数罪并罚。

第四条　国家机关工作人员实施渎职行为，放纵他人犯罪或者帮助他人逃避刑事处罚，构成犯罪的，依照渎职罪的规定定罪处罚。

国家机关工作人员与他人共谋，利用其职务行为帮助他人实施其他犯罪行为，同时构成渎职犯罪和共谋实施的其他犯罪共犯的，依照处罚较重的规定定罪处罚。

国家机关工作人员与他人共谋，既利用其职务行为帮助他人实施其他犯罪，又以非职务行为与他人共同实施该其他犯罪行为，同时构成渎职犯罪和其他犯罪的共犯的，依照数罪并罚的规定定罪处罚。

第五条　国家机关负责人员违法决定，或者指使、授意、强令其他国家机关工作人员违法履行职务或者不履行职务，构成刑法分则第九章规定的渎职犯罪的，应当依法追究刑事责任。

以'集体研究'形式实施的渎职犯罪，应当依照刑法分则第九章的规定追究国家机关负有责任的人员的刑事责任。对于具体执行人员，应当在综合认定其行为性质、是否提出反对意见、危害结果大小等情节的基础上决定是否追究刑事责任和应当判处的刑罚。

第六条　以危害结果为条件的渎职犯罪的追诉期限，从危害结果发生之日起计算；有数个危害结果的，从最后一个危害结果发生之日起计算。

第七条　依法或者受委托行使国家行政管理职权的公司、企业、事业单位的工作人员，在行使行政管理职权时滥用职权或者玩忽职守，构成犯罪的，应当依照《全国人民代表大会常务委员会关于〈中华人民共和国刑法〉第九章渎职罪主体适用问题的解释》的规定，适用渎职罪的规定追究刑事责任。

第八条　本解释规定的'经济损失'，是指渎职犯罪或者与渎职犯罪相关联的犯罪立案时已经实际造成的财产损失，包括为挽回渎职犯罪所造成损失而支付的各种开支、费用等。立案后至提起公诉前持续发生的经济损失，应一并计入渎职犯罪造成的经济损失。

债务人经法定程序被宣告破产，债务人潜逃、去向不明，或者因行为人的责任超过诉讼时效等，致使债权已经无法实现的，无法实现的债权部分应当认定为渎职犯罪的经济损失。

渎职犯罪或者与渎职犯罪相关联的犯罪立案后，犯罪分子及其亲友自行挽回的经济损失，司法机关或者犯罪分子所在单位及其上级主管部门挽回的经济损失，或者因客观原因减少的经济损失，不予扣减，但可以作为酌定从轻处罚的情节。"

(3) 构成要件

第一，本罪侵犯的客体是国家对动植物检疫所进行的正常管理活动。

第二，客观方面表现为检疫人员严重不负责任，玩忽职守、滥用职权，对应当检疫的物品不检疫，或者延误检疫出证、错误出证，并致使国家利益遭受重大损失。

第三，本罪的主体是动植物检疫机关的检疫人员。

第四，主观方面一般表现为过失，但在个别情况下，也不排除放任的间接故意的存在。

(4) 罪名界定

第一，本罪与玩忽职守罪有以下区别：①本罪的主体是动植物检疫人员；而后罪的主体是国境卫生检疫人员。②本罪检疫的对象主要是动植物及其产品，目的是防止动植物病虫害的传入；而后罪检疫的主要是人体和物品，也防止危害人体健康的检疫传染病的传入。

第二，本罪与动植物检疫徇私舞弊罪有以下区别：①主观方面的内容不同。本罪只能由过失构成，而后者则是由故意构成。②犯罪形态不同。本罪是结果犯，必须具有"致使国家利益遭受重大损失"的结果才能构成犯罪；而后者则是行为犯，只要伪造了检疫结果，即可构成犯罪。

(5) 量刑幅度

根据《刑法》第 413 条第 2 款的规定，构成本罪，处 3 年以下有期徒刑或者拘役。

30. 放纵制售伪劣商品犯罪行为罪(第 414 条)

(1) 罪名概念

放纵制售伪劣商品犯罪行为罪，是指对生产、销售伪劣商品的犯罪行为负有追究职责的国家工作人员，徇私舞弊，不履行法定的追究责任，情节严重的行为。

(2) 法律规定

①本罪名是由《刑法》第 414 条规定的。该条规定："对生产、销售伪劣商品犯罪行为负有追

究责任的国家机关工作人员，徇私舞弊，不履行法律规定的追究职责，情节严重的，处五年以下有期徒刑或者拘役。”

②2006年7月26日最高人民检察院《关于渎职侵权犯罪案件立案标准的规定》第一部分第28项规定：“放纵制售伪劣商品犯罪行为罪是指对生产、销售伪劣商品犯罪行为负有追究责任的国家机关工作人员徇私舞弊，不履行法律规定的追究职责，情节严重的行为。

涉嫌下列情形之一的，应予立案：

1. 放纵生产、销售假药或者有毒、有害食品犯罪行为的；

2. 放纵生产、销售伪劣农药、兽药、化肥、种子犯罪行为的；

3. 放纵依法可能判处3年有期徒刑以上刑罚的生产、销售伪劣商品犯罪行为的；

4. 对生产、销售伪劣商品犯罪行为不履行追究职责，致使生产、销售伪劣商品犯罪行为得以继续的；

5. 3次以上不履行追究职责，或者对3个以上有生产、销售伪劣商品犯罪行为的单位或者个人不履行追究职责的；

6. 其他情节严重的情形。”

③2001年7月20日最高人民检察院《人民检察院直接受理立案侦查的渎职侵权重特大案件标准(试行)》第26条规定：

“二十六、放纵制售伪劣商品犯罪行为案

(一)重大案件

1. 放纵生产、销售假药或者有毒、有害食品犯罪行为，情节恶劣或者后果严重的；

2. 放纵依法可能判处五年以上十年以下有期徒刑刑罚的生产、销售伪劣商品犯罪行为的；

3. 五次以上或者对五个以上有生产、销售伪劣商品犯罪行为的单位或者个人不履行追究职责的。

(二)特大案件

1. 放纵生产、销售假药或者有毒、有害食品犯罪行为，造成人员死亡的；

2. 放纵依法可能判处十年以上刑罚的生产、销售伪劣商品犯罪行为的；

3. 七次以上或者对七个以上有生产、销售伪劣商品犯罪行为的单位或者个人不履行追究职责的。”

④2001年4月9日最高人民法院、最高人民检察院《关于办理生产、销售伪劣商品刑事案件具体应用法律若干问题的解释》第8条规定：

“国家机关工作人员徇私舞弊，对生产、销售伪劣商品犯罪不履行法律规定的查处职责，具有下列情形之一的，属于刑法第四百一十四条规定的‘情节严重’：

(一)放纵生产、销售假药或者有毒、有害食品犯罪行为的；

(二)放纵依法可能判处二年有期徒刑以上刑罚的生产、销售伪劣商品犯罪行为的；

(三)对三个以上有生产、销售伪劣商品犯罪行为的单位或者个人不履行追究职责的；

(四)致使国家和人民利益遭受重大损失或者造成恶劣影响的。”

⑤2001年4月9日最高人民法院、最高人民检察院《关于办理生产、销售伪劣商品刑事案件具体应用法律若干问题的解释》第9条、第10条、第11条、第12条分别规定：

“知道或者应当知道他人实施生产、销售伪劣商品犯罪，而为其提供贷款、资金、账号、发票、证明、许可证件，或者提供生产、经营场所或者运输、仓储、保管、邮寄等便利条件，或者提供制假生产技术的，以生产、销售伪劣商品犯罪的共犯论处。

实施生产、销售伪劣商品犯罪，同时构成侵犯知识产权、非法经营等其他犯罪的，依照处罚轻重的规定定罪处罚。

实施刑法第一百四十条至第一百四十八条规定的犯罪，又以暴力、威胁方法抗拒查处，构成其他犯罪的，依照数罪并罚的规定处罚。

国家机关工作人员参与生产、销售伪劣商品犯罪的，从重处罚。”

⑥2002 年 12 月 28 日全国人民代表大会常务委员会《关于〈中华人民共和国刑法〉第九章渎职罪主体适用问题的解释》规定：“在依照法律、法规规定行使国家行政管理职权的组织中从事公务的人员，或者在受国家机关委托代表国家机关行使职权的组织中从事公务的人员，或者虽未列入国家机关人员编制但在国家机关中从事公务的人员，在代表国家机关行使职权时，有渎职行为，构成犯罪的，依照刑法关于渎职罪的规定追究刑事责任。”

⑦2012 年 12 月 7 日最高人民法院、最高人民检察院《关于办理渎职刑事案件适用法律若干问题的解释（一）》第 9 条规定：“负有监督管理职责的国家机关工作人员滥用职权或者玩忽职守，致使不符合安全标准的食品、有毒有害食品、假药、劣药等流入社会，对人民群众生命、健康造成严重危害后果的，依照渎职罪的规定从严惩处。”

⑧2012 年 12 月 7 日最高人民法院、最高人民检察院《关于办理渎职刑事案件适用法律若干问题的解释（一）》第 3 条至第 8 条有以下规定：

“第三条　国家机关工作人员实施渎职犯罪并收受贿赂，同时构成受贿罪的，除刑法另有规定外，以渎职犯罪和受贿罪数罪并罚。

第四条　国家机关工作人员实施渎职行为，放纵他人犯罪或者帮助他人逃避刑事处罚，构成犯罪的，依照渎职罪的规定定罪处罚。

国家机关工作人员与他人共谋，利用其职务行为帮助他人实施其他犯罪行为，同时构成渎职犯罪和共谋实施的其他犯罪共犯的，依照处罚较重的规定定罪处罚。

国家机关工作人员与他人共谋，既利用其职务行为帮助他人实施其他犯罪，又以非职务行为与他人共同实施该其他犯罪行为，同时构成渎职犯罪和其他犯罪的共犯的，依照数罪并罚的规定定罪处罚。

第五条　国家机关负责人员违法决定，或者指使、授意、强令其他国家机关工作人员违法履行职务或者不履行职务，构成刑法分则第九章规定的渎职犯罪的，应当依法追究刑事责任。

以‘集体研究’形式实施的渎职犯罪，应当依照刑法分则第九章的规定追究国家机关负有责任的人员的刑事责任。对于具体执行人员，应当在综合认定其行为性质、是否提出反对意见、危害结果大小等情节的基础上决定是否追究刑事责任和应当判处的刑罚。

第六条　以危害结果为条件的渎职犯罪的追诉期限，从危害结果发生之日起计算；有数个危害结果的，从最后一个危害结果发生之日起计算。

第七条　依法或者受委托行使国家行政管理职权的公司、企业、事业单位的工作人员，在行使行政管理职权时滥用职权或者玩忽职守，构成犯罪的，应当依照《全国人民代表大会常务委员会关于〈中华人民共和国刑法〉第九章渎职罪主体适用问题的解释》的规定，适用渎职罪的规定追究刑事责任。

第八条　本解释规定的‘经济损失’，是指渎职犯罪或者与渎职犯罪相关联的犯罪立案时已经实际造成的财产损失，包括为挽回渎职犯罪所造成损失而支付的各种开支、费用等。立案后至提起公诉前持续发生的经济损失，应一并计入渎职犯罪造成的经济损失。

债务人经法定程序被宣告破产，债务人潜逃、去向不明，或者因行为人的责任超过诉讼时效等，致使债权已经无法实现的，无法实现的债权部分应当认定为渎职犯罪的经济损失。

渎职犯罪或者与渎职犯罪相关联的犯罪立案后，犯罪分子及其亲友自行挽回的经济损失，司法机关或者犯罪分子所在单位及其上级主管部门挽回的经济损失，或者因客观原因减少的经济损失，不予扣减，但可以作为酌定从轻处罚的情节。”

⑨2013年5月2日最高人民法院、最高人民检察院《关于办理危害食品安全刑事案件适用法律若干问题的解释》第16条规定：“负有食品安全监督管理职责的国家机关工作人员，滥用职权或者玩忽职守，导致发生重大食品安全事故或者造成其他严重后果，同时构成食品监管渎职罪和徇私舞弊不移交刑事案件罪、商检徇私舞弊罪、动植物检疫徇私舞弊罪、放纵制售伪劣商品犯罪行为罪等其他渎职犯罪的，依照处罚较重的规定定罪处罚。

负有食品安全监督管理职责的国家机关工作人员滥用职权或者玩忽职守，不构成食品监管渎职罪，但构成前款规定的其他渎职犯罪的，依照该其他犯罪定罪处罚。

负有食品安全监督管理职责的国家机关工作人员与他人共谋，利用其职务行为帮助他人实施危害食品安全犯罪行为，同时构成渎职犯罪和危害食品安全犯罪共犯的，依照处罚较重的规定定罪处罚。”

(3)构成要件

第一，本罪侵犯的客体是国家对犯罪行为的追诉活动。

第二，客观方面表现为负有追究职责的国家工作人员，对生产、销售伪劣商品的犯罪分子没有追究，情节严重的行为。

第三，本罪的主体是负有法律规定的查处生产、销售伪劣商品违法犯罪行为的义务的国家工作人员。包括各级政府机关中主管查禁伪劣商品的人员，有查禁职责的公、检、法机关中的人员，以及行业主管部门和工商管理部门的人员。

第四，主观方面是故意。这种故意的心理状态，是指国家工作人员对自己不履行职责的后果而言。

(4)罪名界定

第一，本罪与玩忽职守罪不同：①本罪在主观方面只能是故意，即明知生产、销售伪劣商品，应当依法追究当事人的法律责任，但是为了徇私情、私利而不追究；而玩忽职守罪只能是过失，行为人不积极履行自己的职责。②本罪必须是“情节严重的”才构成犯罪；而玩忽职守罪是“使公私财产、国家和人民利益遭受重大损失的”才构成犯罪。

第二，本罪与徇私枉法罪不同：①在客观方面，本罪表现为不作为，即应当履行追究职责而故意不履行；而后者表现为作为，即对明知是有罪的人而伪造、隐匿、毁弃证据，故意包庇使之不受追诉。②本罪的主体范围除了司法工作人员以外，还包括国家行政机关的工作人员；而后者的主体只能由司法工作人员构成。③本罪的犯罪对象仅限于制售伪劣商品的犯罪行为；而后者可以是任何犯罪行为。

第三，本罪与徇私舞弊不移交刑事案件罪不同：①本罪的主体是对生产、销售伪劣商品犯罪行为负有追究职责的国家机关工作人员，而后者的主体只能是行政执法人员。②本罪在客观方面表现为不履行法律规定的追究职责，而后者表现为对依法应当移交司法机关追究刑事责任的不移交，只作行政处罚。

(5)量刑幅度

根据《刑法》第414条的规定，犯本罪情节严重的，处5年以下有期徒刑或者拘役。

31. 办理偷越国(边)境人员出入境证件罪(第415条)

(1)罪名概念

办理偷越国(边)境人员出入境证件罪，是指负责管理护照、签证以及其他出入境证件的国家工作人员,对明知是企图偷越国(边)境的人员予以办理出入境证件的行为。

(2)法律规定

①本罪名是由《刑法》第415条规定的。该条规定:"负责办理护照、签证以及其他出入境证件的国家机关工作人员,对明知是企图偷越国(边)境的人员,予以办理出入境证件的,或者边防、海关等国家机关工作人员,对明知是偷越国(边)境的人员,予以放行的,处三年以下有期徒刑或者拘役;情节严重的,处三年以上七年以下有期徒刑。"

②2006年7月26日最高人民检察院《关于渎职侵权犯罪案件立案标准的规定》第一部分第29项规定:"办理偷越国(边)境人员出入境证件罪是指负责办理护照、签证以及其他出入境证件的国家机关工作人员,对明知是企图偷越国(边)境的人员,予以办理出入境证件的行为。

负责办理护照、签证以及其他出入境证件的国家机关工作人员涉嫌在办理护照、签证以及其他出入境证件的过程中,对明知是企图偷越国(边)境的人员而予以办理出入境证件的,应予立案。"

③2001年7月20日最高人民检察院《人民检察院直接受理立案侦查的渎职侵权重特大案件标准(试行)》第27条规定:

"二十七、办理偷越国(边)境人员出入境证件案

(一)重大案件

1. 违法办理三人以上的;

2. 违法办理三次以上的;

3. 违法为刑事犯罪分子办证的。

(二)特大案件

1. 违法办理五人以上的;

2. 违法办理五次以上的;

3. 违法为严重刑事犯罪分子办证的。"

④2002年12月28日全国人民代表大会常务委员会《关于〈中华人民共和国刑法〉第九章渎职罪主体适用问题的解释》规定:"在依照法律、法规规定行使国家行政管理职权的组织中从事公务的人员,或者在受国家机关委托代表国家机关行使职权的组织中从事公务的人员,或者虽未列入国家机关人员编制但在国家机关中从事公务的人员,在代表国家机关行使职权时,有渎职行为,构成犯罪的,依照刑法关于渎职罪的规定追究刑事责任。"

⑤2012年12月7日最高人民法院、最高人民检察院《关于办理渎职刑事案件适用法律若干问题的解释(一)》第3条至第8条有以下规定:

"第三条　国家机关工作人员实施渎职犯罪并收受贿赂,同时构成受贿罪的,除刑法另有规定外,以渎职犯罪和受贿罪数罪并罚。

第四条　国家机关工作人员实施渎职行为,放纵他人犯罪或者帮助他人逃避刑事处罚,构成犯罪的,依照渎职罪的规定定罪处罚。

国家机关工作人员与他人共谋,利用其职务行为帮助他人实施其他犯罪行为,同时构成渎职犯罪和共谋实施的其他犯罪共犯的,依照处罚较重的规定定罪处罚。

国家机关工作人员与他人共谋,既利用其职务行为帮助他人实施其他犯罪,又以非职务行为与他人共同实施该其他犯罪行为,同时构成渎职犯罪和其他犯罪的共犯的,依照数罪并罚的规定定罪处罚。

第五条　国家机关负责人员违法决定,或者指使、授意、强令其他国家机关工作人员违法履行职务或者不履行职务,构成刑法分则第九章规定的渎职犯罪的,应当依法追究刑事责任。

以‘集体研究’形式实施的渎职犯罪，应当依照刑法分则第九章的规定追究国家机关负有责任的人员的刑事责任。对于具体执行人员，应当在综合认定其行为性质、是否提出反对意见、危害结果大小等情节的基础上决定是否追究刑事责任和应当判处的刑罚。

第六条　以危害结果为条件的渎职犯罪的追诉期限，从危害结果发生之日起计算；有数个危害结果的，从最后一个危害结果发生之日起计算。

第七条　依法或者受委托行使国家行政管理职权的公司、企业、事业单位的工作人员，在行使行政管理职权时滥用职权或者玩忽职守，构成犯罪的，应当依照《全国人民代表大会常务委员会关于〈中华人民共和国刑法〉第九章渎职罪主体适用问题的解释》的规定，适用渎职罪的规定追究刑事责任。

第八条　本解释规定的‘经济损失’，是指渎职犯罪或者与渎职犯罪相关联的犯罪立案时已经实际造成的财产损失，包括为挽回渎职犯罪所造成损失而支付的各种开支、费用等。立案后至提起公诉前持续发生的经济损失，应一并计入渎职犯罪造成的经济损失。

债务人经法定程序被宣告破产，债务人潜逃、去向不明，或者因行为人的责任超过诉讼时效等，致使债权已经无法实现的，无法实现的债权部分应当认定为渎职犯罪的经济损失。

渎职犯罪或者与渎职犯罪相关联的犯罪立案后，犯罪分子及其亲友自行挽回的经济损失，司法机关或者犯罪分子所在单位及其上级主管部门挽回的经济损失，或者因客观原因减少的经济损失，不予扣减，但可以作为酌定从轻处罚的情节。”

（3）构成要件

第一，本罪侵犯的客体是国家对国（边）境管理的正常秩序。

第二，客观方面表现为行为人实施了为企图偷越国（边）境的人员办理出入境证件的行为。

第三，本罪的主体是特殊主体，只能由负责办理护照、签证以及其他出入境证件的国家工作人员和边防、海关的工作人员构成。

第四，主观方面是故意。即明知申请人本人不具有合法理由申请办证，而该国家工作人员仍然予以办理证件。如果企图偷越国（边）境的人使用了伪造的办理出入境证件的申请、证明材料，或者持有伪造的出入境证件出入境，国家工作人员没有辨别出真伪，而办理了出入境证件和放行的，不构成本罪。

（4）罪名界定

第一，本罪与放行偷越国（边）境人员罪、偷越国（边）境罪存在以下不同：①主体不同。本罪和放行偷越国（边）境人员罪的主体都是特殊主体。本罪的主体是负责办理护照、签证以及其他出入境证件的国家工作人员。放行偷越国（边）境人员罪的主体，是边防、海关等负责把守国（边）境的国家工作人员。偷越国（边）境罪的主体是一般主体，国家工作人员或者普通公民，都可以成为该罪的主体。②在客观方面表现不同。本罪在客观方面表现为违反国家有关办理出入境证件的规定，为明知是企图偷越国（边）境的人员办理出入境证件的行为。放行偷越国（边）境人员罪，表现为对非法越过国（边）境人员，予以放行的行为。偷越国（边）境罪表现为违反出入境管理法规，偷越国（边）境的行为。③侵犯的客体不同。本罪和放行偷越国（边）境人员罪所侵犯的客体，是国家的出入境管理制度、出入境管理的正常活动和国家机关的声誉。而偷越国（边）境罪所侵犯的客体，是国家的出入境管理制度。

第二，本罪与玩忽职守罪有以下区别：①犯罪主体不同。本罪的主体是负责办理护照、签证以及其他出入境证件的国家机关工作人员，而后者的主体则是一般国家机关工作人员。②主观内容不同。本罪在主观上具有明知的故意，而后者则是出于过失。

第三，认定本罪还应该注意以下问题：①行为人如果明知是偷越国（边）境的人员而向其出售护照、签证以及其他出入境证件的，其行为同时触犯了本罪与《刑法》第320条规定的出售出入境证件罪两个罪名，应当按照处理法条竞合犯的原则，选择其中一个重罪处罚，而不实行数罪并罚。②行为人如果明知偷越国（边）境的人是犯罪的人而为其办理出入境证件的，其行为同时触犯了本罪与《刑法》第310条规定的窝藏罪两个罪名，也应当按照处理法条竞合犯的原则，选择其中一个重罪处罚，而不实行数罪并罚。③行为人如果与组织、运送他人偷越国（边）境的犯罪分子相勾结，为偷越国（边）境的人员办理出入境证件的，构成这两种犯罪的共犯，而不以本罪论处。

（5）量刑幅度

根据《刑法》第415条的规定，构成本罪的，处3年以下有期徒刑或者拘役；情节严重的，处3年以上7年以下有期徒刑。

32. 放行偷越国（边）境人员罪（第415条）

（1）罪名概念

放行偷越国（边）境人员罪，是指边境、海关等国家机关工作人员，对明知是偷越国（边）境的人员而予以放行的行为。

（2）法律规定

①本罪名是由《刑法》第415条规定的。该条规定：“负责办理护照、签证以及其他出入境证件的国家机关工作人员，对明知是企图偷越国（边）境的人员，予以办理出入境证件的，或者边防、海关等国家机关工作人员，对明知是偷越国（边）境的人员，予以放行的，处三年以下有期徒刑或者拘役；情节严重的，处三年以上七年以下有期徒刑。”

②2006年7月26日最高人民检察院《关于渎职侵权犯罪案件立案标准的规定》第一部分第30项规定：“放行偷越国（边）境人员罪是指边防、海关等国家机关工作人员，对明知是偷越国（边）境的人员予以放行的行为。

边防、海关等国家机关工作人员涉嫌在履行职务过程中，对明知是偷越国（边）境的人员而予以放行的，应予立案。”

③2001年7月20日最高人民检察院《人民检察院直接受理立案侦查的渎职侵权重特大案件标准（试行）》第28条规定：

“二十八、放行偷越国（边）境人员案

（一）重大案件

1. 违法放行三人以上的；

2. 违法放行三次以上的；

3. 违法放行刑事犯罪分子的。

（二）特大案件

1. 违法放行五人以上的；

2. 违法放行五次以上的；

3. 违法放行严重刑事犯罪分子的。”

④2002年12月28日全国人民代表大会常务委员会《关于〈中华人民共和国刑法〉第九章渎职罪主体适用问题的解释》规定：“在依照法律、法规规定行使国家行政管理职权的组织中从事公务的人员，或者在受国家机关委托代表国家机关行使职权的组织中从事公务的人员，或者虽未列入国家机关人员编制但在国家机关中从事公务的人员，在代表国家机关行使职权时，有渎职行为，构成犯罪的，依照刑法关于渎职罪的规定追究刑事责任。”

⑤2012 年 12 月 7 日最高人民法院、最高人民检察院《关于办理渎职刑事案件适用法律若干问题的解释(一)》第 3 条至第 8 条有以下规定：

“第三条　国家机关工作人员实施渎职犯罪并收受贿赂，同时构成受贿罪的，除刑法另有规定外，以渎职犯罪和受贿罪数罪并罚。

第四条　国家机关工作人员实施渎职行为，放纵他人犯罪或者帮助他人逃避刑事处罚，构成犯罪的，依照渎职罪的规定定罪处罚。

国家机关工作人员与他人共谋，利用其职务行为帮助他人实施其他犯罪行为，同时构成渎职犯罪和共谋实施的其他犯罪共犯的，依照处罚较重的规定定罪处罚。

国家机关工作人员与他人共谋，既利用其职务行为帮助他人实施其他犯罪，又以非职务行为与他人共同实施该其他犯罪行为，同时构成渎职犯罪和其他犯罪的共犯的，依照数罪并罚的规定定罪处罚。

第五条　国家机关负责人员违法决定，或者指使、授意、强令其他国家机关工作人员违法履行职务或者不履行职务，构成刑法分则第九章规定的渎职犯罪的，应当依法追究刑事责任。

以‘集体研究’形式实施的渎职犯罪，应当依照刑法分则第九章的规定追究国家机关负有责任的人员的刑事责任。对于具体执行人员，应当在综合认定其行为性质、是否提出反对意见、危害结果大小等情节的基础上决定是否追究刑事责任和应当判处的刑罚。

第六条　以危害结果为条件的渎职犯罪的追诉期限，从危害结果发生之日起计算；有数个危害结果的，从最后一个危害结果发生之日起计算。

第七条　依法或者受委托行使国家行政管理职权的公司、企业、事业单位的工作人员，在行使行政管理职权时滥用职权或者玩忽职守，构成犯罪的，应当依照《全国人民代表大会常务委员会关于〈中华人民共和国刑法〉第九章渎职罪主体适用问题的解释》的规定，适用渎职罪的规定追究刑事责任。

第八条　本解释规定的‘经济损失’，是指渎职犯罪或者与渎职犯罪相关联的犯罪立案时已经实际造成的财产损失，包括为挽回渎职犯罪所造成损失而支付的各种开支、费用等。立案后至提起公诉前持续发生的经济损失，应一并计入渎职犯罪造成的经济损失。

债务人经法定程序被宣告破产，债务人潜逃、去向不明，或者因行为人的责任超过诉讼时效等，致使债权已经无法实现的，无法实现的债权部分应当认定为渎职犯罪的经济损失。

渎职犯罪或者与渎职犯罪相关联的犯罪立案后，犯罪分子及其亲友自行挽回的经济损失，司法机关或者犯罪分子所在单位及其上级主管部门挽回的经济损失，或者因客观原因减少的经济损失，不予扣减，但可以作为酌定从轻处罚的情节。”

(3)构成要件

第一，本罪侵犯的客体是国家对出入国(边)境的正常管理活动。

第二，客观方面表现为对明知是偷越国(边)境的人员予以放行，让偷越国(边)境人员通过边卡、口岸，出入国(边)境。行为人的行为既可能表现为积极的作为，也可能表现为消极的不作为。

第三，本罪的主体是特殊主体，即边防、海关等国家机关工作人员。

第四，主观方面是故意，即明知是企图偷越国(边)境的人员而故意放行。

(4)罪名界定

第一，认定本罪要注意以下问题：①如果明知偷越国(边)境的人员是犯罪分子而放行，其行为同时触犯了本罪和窝藏罪，应从一重罪处罚，不实行并罚。②行为人如果与组织、运送他人偷越国(边)境的犯罪分子相互勾结，共同组织、运送他人偷越国(边)境的，有共同的犯罪故意，实施本罪所规定的放行的行为，应当以组织、运送他人偷越国（边）境罪定罪，并且按照共同犯罪的原则处罚，而不能以本罪论处。

第二，本罪与玩忽职守罪的区别：①本罪的主体是特殊主体，即边防、海关等国家机关工作人员，后者是一般的国家机关工作人员。②本罪主观方面是故意，即明知是企图偷越国（边）境的人员而故意放行，后者是出于过失。

（5）量刑幅度

根据《刑法》第415条的规定，对犯本罪的处罚分以下2个档次：

一是构成本罪的，处3年以下有期徒刑或者拘役；

二是情节严重的，处3年以上7年以下有期徒刑。

33. 不解救被拐卖、绑架妇女、儿童罪（第416条第1款）

（1）罪名概念

不解救被拐卖、绑架妇女、儿童罪，是指负有解救职责的国家机关工作人员，接到被拐卖、绑架的妇女、儿童及其家属的解救要求，或者接到他人的举报，而对被拐卖、绑架的妇女、儿童不进行解救，造成严重后果的行为。

（2）法律规定

①本罪名是由《刑法》第416条第1款规定的。该条款规定："对被拐卖、绑架的妇女、儿童负有解救职责的国家机关工作人员，接到被拐卖、绑架的妇女、儿童及其家属的解救要求或者接到其他人的举报，而对被拐卖、绑架的妇女、儿童不进行解救，造成严重后果的，处五年以下有期徒刑或者拘役。"

②2006年7月26日最高人民检察院《关于渎职侵权犯罪案件立案标准的规定》第一部分第31项规定："不解救被拐卖、绑架妇女、儿童罪是指对被拐卖、绑架的妇女、儿童负有解救职责的公安、司法等国家机关工作人员接到被拐卖、绑架的妇女、儿童及其家属的解救要求或者接到其他人的举报，而对被拐卖、绑架的妇女、儿童不进行解救，造成严重后果的行为。

涉嫌下列情形之一的，应予立案：

1. 导致被拐卖、绑架的妇女、儿童或者其家属重伤、死亡或者精神失常的；
2. 导致被拐卖、绑架的妇女、儿童被转移、隐匿、转卖，不能及时进行解救的；
3. 对被拐卖、绑架的妇女、儿童不进行解救3人次以上的；
4. 对被拐卖、绑架的妇女、儿童不进行解救，造成恶劣社会影响的；
5. 其他造成严重后果的情形。"

③2001年7月20日最高人民检察院《人民检察院直接受理立案侦查的渎职侵权重特大案件标准（试行）》第29条规定：

"二十九、不解救被拐卖、绑架妇女、儿童案

（一）重大案件

1. 五次或者对五名以上被拐卖、绑架的妇女、儿童不进行解救的；
2. 因不解救致人死亡的。

（二）特大案件

1. 七次或者对七名以上被拐卖、绑架的妇女、儿童不进行解救的；
2. 因不解救致人死亡三人以上的。"

④2002年12月28日全国人民代表大会常务委员会《关于〈中华人民共和国刑法〉第九章渎职罪主体适用问题的解释》规定："在依照法律、法规规定行使国家行政管理职权的组织中从事

公务的人员，或者在受国家机关委托代表国家机关行使职权的组织中从事公务的人员，或者虽未列入国家机关人员编制但在国家机关中从事公务的人员，在代表国家机关行使职权时，有渎职行为，构成犯罪的，依照刑法关于渎职罪的规定追究刑事责任。”

⑤2000 年 3 月 24 日公安部《关于打击拐卖妇女儿童犯罪适用法律和政策有关问题的意见》相关规定如下：

“五、关于解救工作

（一）解救妇女、儿童工作由拐入地公安机关负责。对于拐出地公安机关主动派工作组到拐入地进行解救的，也要以拐入地公安机关为主开展工作。对解救的被拐卖妇女，由其户口所在地公安机关负责接回；对解救的被拐卖儿童，由其父母或者其他监护人户口所在地公安机关负责接回。拐出地、拐入地、中转地公安机关应当积极协作配合，坚决杜绝地方保护主义。

（二）要充分依靠当地党委、政府的支持，做好对基层干部和群众的法制宣传和说服教育工作，注意方式、方法，慎用警械、武器，避免激化矛盾，防止出现围攻执法人员、聚众阻碍解救等突发事件。

以暴力、威胁方法阻碍国家机关工作人员解救被收买的妇女、儿童的，以妨害公务罪立案侦查。对聚众阻碍国家机关工作人员解救被收买的妇女、儿童的首要分子，以聚众阻碍解救被收买的妇女、儿童罪立案侦查。其他使用暴力、威胁方法的参与者，以妨害公务罪立案侦查。阻碍解救被收买的妇女、儿童，没有使用暴力、威胁方法的，依照《中华人民共和国治安管理处罚条例》的有关规定处罚。

（三）对于被拐卖的未成年女性、现役军人配偶、受到买主摧残虐待的、被强迫卖淫或从事其他色情服务的妇女，以及本人要求解救的妇女，要立即解救。

对于自愿继续留在现住地生活的成年女性，应当尊重本人意愿，愿在现住地结婚且符合法定结婚条件的，应当依法办理结婚登记手续。被拐卖妇女与买主所生子女的抚养问题，可由双方协商解决或者由人民法院裁决。

（四）对于遭受摧残虐待的、被强迫乞讨或从事违法犯罪活动的，以及本人要求解救的被拐卖儿童，应当立即解救。

对于被解救的儿童，暂时无法查明其父母或者其他监护人的，依法交由民政部门收容抚养。

对于被解救的儿童，如买主对该儿童既没有虐待行为又不阻碍解救，其父母又自愿送养，双方符合收养和送养条件的，可依法办理收养手续。

（五）任何个人或者组织不得向被拐卖的妇女、儿童及其家属索要收买妇女、儿童的费用和生活费用；已经索取的，应当予以返还。

（六）被解救的妇女、儿童户口所在地公安机关应当协助民政等有关部门妥善安置其生产和生活。

六、关于不解救或者阻碍解救被拐卖的妇女、儿童等渎职犯罪

对被拐卖的妇女、儿童负有解救职责的国家机关工作人员不履行解救职责，或者袒护、纵容甚至支持买卖妇女、儿童，为买卖妇女、儿童人员通风报信，或者以其他方法阻碍解救工作的，要依法处理：

（一）对被拐卖的妇女、儿童负有解救职责的公安、司法等国家机关工作人员接到被拐卖的妇女、儿童及其家属的解救要求或者接到其他人的举报，而对被拐卖的妇女、儿童不进行解救的，要交由其主管部门进行党纪、政纪、警纪处分；构成犯罪的，应当以不解救被拐卖妇女、儿童罪移送人民检察院追究刑事责任。

（二）对被拐卖的妇女、儿童负有解救职责的公安、司法等国家机关工作人员利用职务阻碍

解救被拐卖的妇女、儿童，构成犯罪的，应当以阻碍解救被拐卖妇女、儿童罪移送人民检察院追究刑事责任。

（三）行政执法人员徇私情、私利，伪造材料，隐瞒情况，弄虚作假，对依法应当移交司法机关追究刑事责任的拐卖妇女、儿童犯罪案件不移交司法机关处理，构成犯罪的，以徇私舞弊不移交刑事案件罪移送人民检察院追究刑事责任。

（四）有查禁拐卖妇女、儿童犯罪活动职责的国家机关工作人员，向拐卖妇女、儿童的犯罪分子通风报信、提供便利，帮助犯罪分子逃避处罚，构成犯罪的，以帮助犯罪分子逃避处罚罪移送人民检察院追究刑事责任。"

⑥2012 年 12 月 7 日最高人民法院、最高人民检察院《关于办理渎职刑事案件适用法律若干问题的解释(一)》第 3 条至第 8 条有以下规定：

"第三条　国家机关工作人员实施渎职犯罪并收受贿赂，同时构成受贿罪的，除刑法另有规定外，以渎职犯罪和受贿罪数罪并罚。

第四条　国家机关工作人员实施渎职行为，放纵他人犯罪或者帮助他人逃避刑事处罚，构成犯罪的，依照渎职罪的规定定罪处罚。

国家机关工作人员与他人共谋，利用其职务行为帮助他人实施其他犯罪行为，同时构成渎职犯罪和共谋实施的其他犯罪共犯的，依照处罚较重的规定定罪处罚。

国家机关工作人员与他人共谋，既利用其职务行为帮助他人实施其他犯罪，又以非职务行为与他人共同实施该其他犯罪行为，同时构成渎职犯罪和其他犯罪的共犯的，依照数罪并罚的规定定罪处罚。

第五条　国家机关负责人员违法决定，或者指使、授意、强令其他国家机关工作人员违法履行职务或者不履行职务，构成刑法分则第九章规定的渎职犯罪的，应当依法追究刑事责任。

以'集体研究'形式实施的渎职犯罪，应当依照刑法分则第九章的规定追究国家机关负有责任的人员的刑事责任。对于具体执行人员，应当在综合认定其行为性质、是否提出反对意见、危害结果大小等情节的基础上决定是否追究刑事责任和应当判处的刑罚。

第六条　以危害结果为条件的渎职犯罪的追诉期限，从危害结果发生之日起计算；有数个危害结果的，从最后一个危害结果发生之日起计算。

第七条　依法或者受委托行使国家行政管理职权的公司、企业、事业单位的工作人员，在行使行政管理职权时滥用职权或者玩忽职守，构成犯罪的，应当依照《全国人民代表大会常务委员会关于〈中华人民共和国刑法〉第九章渎职罪主体适用问题的解释》的规定，适用渎职罪的规定追究刑事责任。

第八条　本解释规定的'经济损失'，是指渎职犯罪或者与渎职犯罪相关联的犯罪立案时已经实际造成的财产损失，包括为挽回渎职犯罪所造成损失而支付的各种开支、费用等。立案后至提起公诉前持续发生的经济损失，应一并计入渎职犯罪造成的经济损失。

债务人经法定程序被宣告破产，债务人潜逃、去向不明，或者因行为人的责任超过诉讼时效等，致使债权已经无法实现的，无法实现的债权部分应当认定为渎职犯罪的经济损失。

渎职犯罪或者与渎职犯罪相关联的犯罪立案后，犯罪分子及其亲友自行挽回的经济损失，司法机关或者犯罪分子所在单位及其上级主管部门挽回的经济损失，或者因客观原因减少的经济损失，不予扣减，但可以作为酌定从轻处罚的情节。"

(3) 构成要件

第一，本罪侵犯的客体是复杂客体，既侵犯了负有解救职责的国家机关的正常活动，又间接地损害了妇女、儿童的人身权利。但主要侵犯的是国家机关的正常活动和声誉。

第二，客观方面表现为在应当履行自己的职责予以解救的情况下，故意不解救，致使造成严重后果。行为人的不作为与严重后果之间有因果关系。

第三，犯罪主体是特殊主体，即具有解救职责的国家机关工作人员。

第四，主观方面是故意。即明知是被绑架的妇女、儿童必须解救，但拒绝解救。

（4）罪名界定

第一，认定本罪需要注意不解救的原因。在应当履行自己的职责予以解救的情况下，故意不解救，其原因往往很复杂。如果行为人与拐卖妇女、儿童的犯罪分子互相勾结，拒不解救被拐卖、绑架的妇女、儿童的，则构成了拐卖妇女、儿童罪的共犯，而不以本罪论处。

第二，本罪与玩忽职守罪的犯罪主体不完全相同。这两种犯罪的主体虽然都是国家机关工作人员，但是，本罪的主体必须是负有解救职责的国家机关工作人员。另外，这两种犯罪的主观方面也不同。玩忽职守罪的主观方面是过失；而本罪是故意。

（5）量刑幅度

根据《刑法》第416条第1款的规定，犯本罪的，处5年以下有期徒刑或者拘役。

34. 阻碍解救被拐卖、绑架妇女、儿童罪（第416条第2款）

（1）罪名概念

阻碍解救被拐卖、绑架妇女、儿童罪，是指对被拐卖、绑架的妇女、儿童负有解救职责的国家机关工作人员，利用职务阻碍解救的行为。

（2）法律规定

①本罪名是由《刑法》第416条第2款规定的。该条款规定："负有解救职责的国家机关工作人员利用职务阻碍解救的，处二年以上七年以下有期徒刑；情节较轻的，处二年以下有期徒刑或者拘役。"

②2006年7月26日最高人民检察院《关于渎职侵权犯罪案件立案标准的规定》第一部分第32项规定："阻碍解救被拐卖、绑架妇女、儿童罪是指对被拐卖、绑架的妇女、儿童负有解救职责的公安、司法等国家机关工作人员利用职务阻碍解救被拐卖、绑架的妇女、儿童的行为。

涉嫌下列情形之一的，应予立案：

1. 利用职权，禁止、阻止或者妨碍有关部门、人员解救被拐卖、绑架的妇女、儿童的；

2. 利用职务上的便利，向拐卖、绑架者或者收买者通风报信，妨碍解救工作正常进行的；

3. 其他利用职务阻碍解救被拐卖、绑架的妇女、儿童应予追究刑事责任的情形。"

③2001年7月20日最高人民检察院《人民检察院直接受理立案侦查的渎职侵权重特大案件标准（试行）》第30条规定：

"三十、阻碍解救被拐卖、绑架妇女、儿童案

（一）重大案件

1. 三次或者对三名以上被拐卖、绑架的妇女、儿童阻碍解救的；

2. 阻碍解救致人死亡的。

（二）特大案件

1. 五次或者对五名以上被拐卖、绑架的妇女、儿童阻碍解救的；

2. 阻碍解救致人死亡二人以上的。"

④2002年12月28日全国人民代表大会常务委员会《关于〈中华人民共和国刑法〉第九章渎职罪主体适用问题的解释》规定："在依照法律、法规规定行使国家行政管理职权的组织中从事公务的人员，或者在受国家机关委托代表国家机关行使职权的组织中从事公务的人员，或者虽未

列入国家机关人员编制但在国家机关中从事公务的人员，在代表国家机关行使职权时，有渎职行为，构成犯罪的，依照刑法关于渎职罪的规定追究刑事责任。”

⑤2000年3月24日公安部《关于打击拐卖妇女儿童犯罪适用法律和政策有关问题的意见》相关内容如下：

“五、关于解救工作

（一）解救妇女、儿童工作由拐入地公安机关负责。对于拐出地公安机关主动派工作组到拐入地进行解救的，也要以拐入地公安机关为主开展工作。对解救的被拐卖妇女，由其户口所在地公安机关负责接回；对解救的被拐卖儿童，由其父母或者其他监护人户口所在地公安机关负责接回。拐出地、拐入地、中转地公安机关应当积极协作配合，坚决杜绝地方保护主义。

（二）要充分依靠当地党委、政府的支持，做好对基层干部和群众的法制宣传和说服教育工作，注意方式、方法，慎用警械、武器，避免激化矛盾，防止出现围攻执法人员、聚众阻碍解救等突发事件。

以暴力、威胁方法阻碍国家机关工作人员解救被收买的妇女、儿童的，以妨害公务罪立案侦查。对聚众阻碍国家机关工作人员解救被收买的妇女、儿童的首要分子，以聚众阻碍解救被收买的妇女、儿童罪立案侦查。其他使用暴力、威胁方法的参与者，以妨害公务罪立案侦查。阻碍解救被收买的妇女、儿童，没有使用暴力、威胁方法的，依照《中华人民共和国治安管理处罚条例》的有关规定处罚。

（三）对于被拐卖的未成年女性、现役军人配偶、受到买主摧残虐待的、被强迫卖淫或从事其他色情服务的妇女，以及本人要求解救的妇女，要立即解救。

对于自愿继续留在现住地生活的成年女性，应当尊重本人意愿，愿在现住地结婚且符合法定结婚条件的，应当依法办理结婚登记手续。被拐卖妇女与买主所生子女的抚养问题，可由双方协商解决或者由人民法院裁决。

（四）对于遭受摧残虐待的、被强迫乞讨或从事违法犯罪活动的，以及本人要求解救的被拐卖儿童，应当立即解救。

对于被解救的儿童，暂时无法查明其父母或者其他监护人的，依法交由民政部门收容抚养。

对于被解救的儿童，如买主对该儿童既没有虐待行为又不阻碍解救，其父母又自愿送养，双方符合收养和送养条件的，可依法办理收养手续。

（五）任何个人或者组织不得向被拐卖的妇女、儿童及其家属索要收买妇女、儿童的费用和生活费用；已经索取的，应当予以返还。

（六）被解救的妇女、儿童户口所在地公安机关应当协助民政等有关部门妥善安置其生产和生活。

六、关于不解救或者阻碍解救被拐卖的妇女、儿童等渎职犯罪

对被拐卖的妇女、儿童负有解救职责的国家机关工作人员不履行解救职责，或者袒护、纵容甚至支持买卖妇女、儿童，为买卖妇女、儿童人员通风报信，或者以其他方法阻碍解救工作的，要依法处理：

（一）对被拐卖的妇女、儿童负有解救职责的公安、司法等国家机关工作人员接到被拐卖的妇女、儿童及其家属的解救要求或者接到其他人的举报，而对被拐卖的妇女、儿童不进行解救的，要交由其主管部门进行党纪、政纪、警纪处分；构成犯罪的，应当以不解救被拐卖妇女、儿童罪移送人民检察院追究刑事责任。

（二）对被拐卖的妇女、儿童负有解救职责的公安、司法等国家机关工作人员利用职务阻碍解救被拐卖的妇女、儿童，构成犯罪的，应当以阻碍解救被拐卖妇女、儿童罪移送人民检察院追究

刑事责任。

（三）行政执法人员徇私情、私利，伪造材料，隐瞒情况，弄虚作假，对依法应当移交司法机关追究刑事责任的拐卖妇女、儿童犯罪案件不移交司法机关处理，构成犯罪的，以徇私舞弊不移交刑事案件罪移送人民检察院追究刑事责任。

（四）有查禁拐卖妇女、儿童犯罪活动职责的国家机关工作人员，向拐卖妇女、儿童的犯罪分子通风报信、提供便利，帮助犯罪分子逃避处罚，构成犯罪的，以帮助犯罪分子逃避处罚罪移送人民检察院追究刑事责任。”

⑥2012 年 12 月 7 日最高人民法院、最高人民检察院《关于办理渎职刑事案件适用法律若干问题的解释（一）》第 3 条至第 8 条有以下规定：

“第三条　国家机关工作人员实施渎职犯罪并收受贿赂，同时构成受贿罪的，除刑法另有规定外，以渎职犯罪和受贿罪数罪并罚。

第四条　国家机关工作人员实施渎职行为，放纵他人犯罪或者帮助他人逃避刑事处罚，构成犯罪的，依照渎职罪的规定定罪处罚。

国家机关工作人员与他人共谋，利用其职务行为帮助他人实施其他犯罪行为，同时构成渎职犯罪和共谋实施的其他犯罪共犯的，依照处罚较重的规定定罪处罚。

国家机关工作人员与他人共谋，既利用其职务行为帮助他人实施其他犯罪，又以非职务行为与他人共同实施该其他犯罪行为，同时构成渎职犯罪和其他犯罪的共犯的，依照数罪并罚的规定定罪处罚。

第五条　国家机关负责人员违法决定，或者指使、授意、强令其他国家机关工作人员违法履行职务或者不履行职务，构成刑法分则第九章规定的渎职犯罪的，应当依法追究刑事责任。

以‘集体研究’形式实施的渎职犯罪，应当依照刑法分则第九章的规定追究国家机关负有责任的人员的刑事责任。对于具体执行人员，应当在综合认定其行为性质、是否提出反对意见、危害结果大小等情节的基础上决定是否追究刑事责任和应当判处的刑罚。

第六条　以危害结果为条件的渎职犯罪的追诉期限，从危害结果发生之日起计算；有数个危害结果的，从最后一个危害结果发生之日起计算。

第七条　依法或者受委托行使国家行政管理职权的公司、企业、事业单位的工作人员，在行使行政管理职权时滥用职权或者玩忽职守，构成犯罪的，应当依照《全国人民代表大会常务委员会关于〈中华人民共和国刑法〉第九章渎职罪主体适用问题的解释》的规定，适用渎职罪的规定追究刑事责任。

第八条　本解释规定的‘经济损失’，是指渎职犯罪或者与渎职犯罪相关联的犯罪立案时已经实际造成的财产损失，包括为挽回渎职犯罪所造成损失而支付的各种开支、费用等。立案后至提起公诉前持续发生的经济损失，应一并计入渎职犯罪造成的经济损失。

债务人经法定程序被宣告破产，债务人潜逃、去向不明，或者因行为人的责任超过诉讼时效等，致使债权已经无法实现的，无法实现的债权部分应当认定为渎职犯罪的经济损失。

渎职犯罪或者与渎职犯罪相关联的犯罪立案后，犯罪分子及其亲友自行挽回的经济损失，司法机关或者犯罪分子所在单位及其上级主管部门挽回的经济损失，或者因客观原因减少的经济损失，不予扣减，但可以作为酌定从轻处罚的情节。”

（3）构成要件

第一，本罪侵犯的客体是国家对被拐卖、绑架妇女、儿童的正常解救活动。

第二，客观方面表现为利用职务阻碍解救被拐卖、绑架的妇女、儿童的行为。

第三，本罪的主体是特殊主体，即负有解救被拐卖、绑架的妇女、儿童职责的国家机关工作人员。主要是指各级司法机关和行政机关中的工作人员。

第四,主观方面是直接故意,即明知自己的行为会阻碍解救工作的正常进行,会使被拐卖、绑架的妇女、儿童无法恢复自由,但仍然从中阻碍。

(4)罪名界定

第一,认定本罪要注意以下两点:①由于本罪是职务犯罪,所以要注意行为人针对解救被拐卖、绑架的妇女、儿童的阻碍行为,是否是利用他的职责所形成的便利条件。如果不是,则不构成本罪。②要看“阻碍解救”的行为是否表现为实际行动。如果只是一种不支持、不配合,或者不希望解救成功的心理意向,在行动上并没有从事阻碍的具体表示,这只是一种不负责任的表现,不能构成本罪。

第二,本罪与妨害公务罪的区别:①本罪是特殊主体,后者是一般主体。②本罪在客观方面表现为利用职务阻碍解救被拐卖、绑架的妇女、儿童的行为,而后者表现为以暴力、威胁方法,阻碍国家机关工作人员依法执行一般职务的行为。

第三,本罪与聚众阻碍解救被收买的妇女、儿童罪的犯罪主体不同。本罪的主体属于特殊主体,即国家工作人员;而后罪的主体是一般主体。另外,在客观方面,本罪表现为利用自己的职务之便,阻碍解救工作的正常进行;而后罪则表现为“聚众”阻碍被拐卖收买的妇女、儿童,但并不是利用负有解救职责的职务之便。

第四,本罪与不解救被拐卖、绑架妇女、儿童罪的区别:①本罪是故意犯罪;而后者放弃解救职责是过失犯罪。②在犯罪行为表现方面也不同。本罪是作为的犯罪,表现为行为人利用职务积极实施了对被拐卖、绑架的妇女、儿童阻碍解救的行为;而不解救被拐卖、绑架的妇女、儿童罪是不作为的犯罪,表现为行为人不履行其法定的职责。如果行为人不是实施积极的阻碍行为,而是接到解救的请求或者他人的举报不进行解救,则应以不解救被拐卖、绑架妇女、儿童罪论处。

(5)量刑幅度

根据《刑法》第416条第2款的规定,对犯本罪的处罚分以下2个档次:

一是犯本罪,处2年以上7年以下有期徒刑;

二是情节较轻的,处2年以下有期徒刑或者拘役。

35. 帮助犯罪分子逃避处罚罪(第417条)

(1)罪名概念

帮助犯罪分子逃避处罚罪,是指有查禁犯罪活动职责的国家机关工作人员,为了使犯罪分子逃避处罚,向其通风报信,提供便利的行为。

(2)法律规定

①本罪名是由《刑法》第417条规定的。该条规定:“有查禁犯罪活动职责的国家机关工作人员,向犯罪分子通风报信、提供便利,帮助犯罪分子逃避处罚的,处三年以下有期徒刑或者拘役;情节严重的,处三年以上十年以下有期徒刑。”

②2006年7月26日最高人民检察院《关于渎职侵权犯罪案件立案标准的规定》第一部分第33项规定:“帮助犯罪分子逃避处罚罪是指有查禁犯罪活动职责的司法及公安、国家安全、海关、税务等国家机关工作人员,向犯罪分子通风报信、提供便利,帮助犯罪分子逃避处罚的行为。

涉嫌下列情形之一的,应予立案:

1. 向犯罪分子泄露有关部门查禁犯罪活动的部署、人员、措施、时间、地点等情况的;

2. 向犯罪分子提供钱物、交通工具、通讯设备、隐藏处所等便利条件的;

3. 向犯罪分子泄露案情的;

4. 帮助、示意犯罪分子隐匿、毁灭、伪造证据，或者串供、翻供的；

5. 其他帮助犯罪分子逃避处罚应予追究刑事责任的情形。”

③2001 年 7 月 20 日最高人民检察院《人民检察院直接受理立案侦查的渎职侵权重特大案件标准（试行）》第 31 条规定：

“三十一、帮助犯罪分子逃避处罚案

（一）重大案件

1. 三次或者使三名以上犯罪分子逃避处罚的；

2. 帮助重大刑事犯罪分子逃避处罚的。

（二）特大案件

1. 五次或者使五名以上犯罪分子逃避处罚的；

2. 帮助二名以上重大刑事犯罪分子逃避处罚的。”

④1998 年 5 月 8 日最高人民法院、最高人民检察院、公安部、国家工商行政管理局《关于依法查处盗窃、抢劫机动车案件的规定》第 10 条规定：“公安人员对盗窃、抢劫的机动车辆，非法提供机动车牌证或者为其取得机动车牌证提供便利，帮助犯罪分子逃避处罚的，依照《刑法》第四百一十七条规定处罚。”

⑤2002 年 12 月 28 日全国人民代表大会常务委员会《关于〈中华人民共和国刑法〉第九章渎职罪主体适用问题的解释》规定：“在依照法律、法规规定行使国家行政管理职权的组织中从事公务的人员，或者在受国家机关委托代表国家机关行使职权的组织中从事公务的人员，或者虽未列入国家机关人员编制但在国家机关中从事公务的人员，在代表国家机关行使职权时，有渎职行为，构成犯罪的，依照刑法关于渎职罪的规定追究刑事责任。”

⑥2012 年 12 月 7 日最高人民法院、最高人民检察院《关于办理渎职刑事案件适用法律若干问题的解释（一）》第 3 条至第 8 条有以下规定：

“第三条　国家机关工作人员实施渎职犯罪并收受贿赂，同时构成受贿罪的，除刑法另有规定外，以渎职犯罪和受贿罪数罪并罚。

第四条　国家机关工作人员实施渎职行为，放纵他人犯罪或者帮助他人逃避刑事处罚，构成犯罪的，依照渎职罪的规定定罪处罚。

国家机关工作人员与他人共谋，利用其职务行为帮助他人实施其他犯罪行为，同时构成渎职犯罪和共谋实施的其他犯罪共犯的，依照处罚较重的规定定罪处罚。

国家机关工作人员与他人共谋，既利用其职务行为帮助他人实施其他犯罪，又以非职务行为与他人共同实施该其他犯罪行为，同时构成渎职犯罪和其他犯罪的共犯的，依照数罪并罚的规定定罪处罚。

第五条　国家机关负责人员违法决定，或者指使、授意、强令其他国家机关工作人员违法履行职务或者不履行职务，构成刑法分则第九章规定的渎职犯罪的，应当依法追究刑事责任。

以‘集体研究’形式实施的渎职犯罪，应当依照刑法分则第九章的规定追究国家机关负有责任的人员的刑事责任。对于具体执行人员，应当在综合认定其行为性质、是否提出反对意见、危害结果大小等情节的基础上决定是否追究刑事责任和应当判处的刑罚。

第六条　以危害结果为条件的渎职犯罪的追诉期限，从危害结果发生之日起计算；有数个危害结果的，从最后一个危害结果发生之日起计算。

第七条　依法或者受委托行使国家行政管理职权的公司、企业、事业单位的工作人员，在行使行政管理职权时滥用职权或者玩忽职守，构成犯罪的，应当依照《全国人民代表大会常务委员会关于〈中华人民共和国刑法〉第九章渎职罪主体适用问题的解释》的规定，适用渎职罪的规定追究刑事责任。

第八条　本解释规定的'经济损失',是指渎职犯罪或者与渎职犯罪相关联的犯罪立案时已经实际造成的财产损失,包括为挽回渎职犯罪所造成损失而支付的各种开支、费用等。立案后至提起公诉前持续发生的经济损失,应一并计入渎职犯罪造成的经济损失。

债务人经法定程序被宣告破产,债务人潜逃、去向不明,或者因行为人的责任超过诉讼时效等,致使债权已经无法实现的,无法实现的债权部分应当认定为渎职犯罪的经济损失。

渎职犯罪或者与渎职犯罪相关联的犯罪立案后,犯罪分子及其亲友自行挽回的经济损失,司法机关或者犯罪分子所在单位及其上级主管部门挽回的经济损失,或者因客观原因减少的经济损失,不予扣减,但可以作为酌定从轻处罚的情节。"

(3)构成要件

第一,本罪侵犯的客体是国家司法机关追究犯罪的活动。包庇的对象是犯罪分子。

第二,客观方面表现为向犯罪分子通风报信,为其逃避法律制裁提供便利条件。

第三,本罪主体是特殊主体,即具有查禁犯罪活动职责的国家机关工作人员,包括司法机关工作人员、行政执法人员和主管此种工作的党政领导等。

第四,主观方面是故意,行为人明知是违法犯罪行为应当加以查处,却通风报信,提供便利条件使其逃避。

(4)罪名界定

第一,认定本罪要注意以下问题:①本罪主观方面是故意,如果行为人与犯罪分子事前有通谋,在其实施犯罪以后,为其通风报信、提供便利的,构成犯罪分子所实施的犯罪的共犯,而不以本罪论处。②如果行为人向犯罪分子通风报信的内容是查禁犯罪活动的部署等事项,涉及国家秘密的,则构成了法条竞合犯。由于本罪是特别法,故意泄露国家秘密罪是普通法,按照特别法优于普通法的原则,应当以本罪论处。③司法工作人员在查禁犯罪活动中,如果对明知是有罪的人采取伪造、隐匿、毁弃证据的方法掩盖犯罪事实,故意包庇,使其不受追诉的,则构成徇私枉法罪。

第二,本罪与私放在押人员罪的区别主要在于犯罪对象所处的不同情况,看其是处于控制中,还是没有被控制。如果某人从监狱逃跑,已经摆脱了司法机关的实际控制,向这样的人通风报信,提供便利,使其逃避处罚,就应该以本罪论处。如果某人没有摆脱实际控制,仍然在羁押中,向这样的人提供便利,使其逃避处罚,可以构成私放在押人员罪。

第三,本罪与伪证罪不同。本罪的主体是有查禁犯罪职责的国家机关工作人员;伪证罪的主体是证人、鉴定人、翻译人、记录人。在客观方面,本罪一般发生在追查犯罪分子过程中;而伪证罪是发生在侦查、审判中。在犯罪方法方面,本罪是采取通风报信,提供便利等条件;而伪证罪则是作虚假的证明、鉴定、记录、翻译行为。

第四,本罪与徇私舞弊不移交刑事案件罪的区别在于犯罪主体不同。本罪是司法工作人员,而后者的主体是行政执法人员。另外,二者的行为方式也不同。本罪表现为作为,而后者表现为不作为。

(5)量刑幅度

根据《刑法》第417条的规定,对犯本罪的处罚分以下2个档次:

一是情节一般的,处3年以下有期徒刑或者拘役。

二是情节严重的,处3年以上10年以下有期徒刑。

36. 招收公务员、学生徇私舞弊罪(第418条)

(1)罪名概念

招收公务员、学生徇私舞弊罪,是指国家机关工作人员在招收公务员、学生工作中,徇私舞弊,情节严重的行为。

(2)法律规定

①本罪名是由《刑法》第418条规定的。该条规定:"国家机关工作人员在招收公务员、学生工作中徇私舞弊,情节严重的,处三年以下有期徒刑或者拘役。"

②2006年7月26日最高人民检察院《关于渎职侵权犯罪案件立案标准的规定》第一部分第34条规定:"招收公务员、学生徇私舞弊罪是指国家机关工作人员在招收公务员、省级以上教育行政部门组织招收的学生工作中徇私舞弊,情节严重的行为。

涉嫌下列情形之一的,应予立案:

1. 徇私舞弊,利用职务便利,伪造、变造人事、户口档案、考试成绩或者其他影响招收工作的有关资料,或者明知是伪造、变造的上述材料而予以认可的;

2. 徇私舞弊,利用职务便利,帮助5名以上考生作弊的;

3. 徇私舞弊招收不合格的公务员、学生3人次以上的;

4. 因徇私舞弊招收不合格的公务员、学生,导致被排挤的合格人员或者其近亲属自杀、自残造成重伤、死亡,或者精神失常的;

5. 因徇私舞弊招收公务员、学生,导致该项招收工作重新进行的;

6. 其他情节严重的情形。"

③2001年7月20日最高人民检察院《人民检察院直接受理立案侦查的渎职侵权重特大案件标准(试行)》第32条规定:

"三十二、招收公务员、学生徇私舞弊案

(一)重大案件

1. 五次以上招收不合格公务员、学生或者一次招收五名以上不合格公务员、学生的;

2. 造成县区范围内招收公务员、学生工作重新进行的;

3. 因招收不合格公务员、学生,导致被排挤的合格人员或者其亲属精神失常的。

(二)特大案件

1. 七次以上招收不合格公务员、学生或者一次招收七名以上不合格公务员、学生的;

2. 造成地市范围内招收公务员、学生工作重新进行的;

3. 因招收不合格公务员、学生,导致被排挤的合格人员或者其亲属自杀的。"

④2002年12月28日全国人民代表大会常务委员会《关于〈中华人民共和国刑法〉第九章渎职罪主体适用问题的解释》规定:"在依照法律、法规规定行使国家行政管理职权的组织中从事公务的人员,或者在受国家机关委托代表国家机关行使职权的组织中从事公务的人员,或者虽未列入国家机关人员编制但在国家机关中从事公务的人员,在代表国家机关行使职权时,有渎职行为,构成犯罪的,依照刑法关于渎职罪的规定追究刑事责任。"

⑤2012年12月7日最高人民法院、最高人民检察院《关于办理渎职刑事案件适用法律若干问题的解释(一)》第3条至第8条有以下规定:

"第三条　国家机关工作人员实施渎职犯罪并收受贿赂,同时构成受贿罪的,除刑法另有规定外,以渎职犯罪和受贿罪数罪并罚。

第四条　国家机关工作人员实施渎职行为,放纵他人犯罪或者帮助他人逃避刑事处罚,构成犯罪的,依照渎职罪的规定定罪处罚。

国家机关工作人员与他人共谋,利用其职务行为帮助他人实施其他犯罪行为,同时构成渎职犯罪和共谋实施的其他犯罪共犯的,依照处罚较重的规定定罪处罚。

国家机关工作人员与他人共谋,既利用其职务行为帮助他人实施其他犯罪,又以非职务行为与他人共同实施该其他犯罪行为，同时构成渎职犯罪和其他犯罪的共犯的，依照数罪并罚的规定定罪处罚。

第五条　国家机关负责人员违法决定，或者指使、授意、强令其他国家机关工作人员违法履行职务或者不履行职务，构成刑法分则第九章规定的渎职犯罪的，应当依法追究刑事责任。

以'集体研究'形式实施的渎职犯罪，应当依照刑法分则第九章的规定追究国家机关负有责任的人员的刑事责任。对于具体执行人员，应当在综合认定其行为性质、是否提出反对意见、危害结果大小等情节的基础上决定是否追究刑事责任和应当判处的刑罚。

第六条　以危害结果为条件的渎职犯罪的追诉期限，从危害结果发生之日起计算；有数个危害结果的，从最后一个危害结果发生之日起计算。

第七条　依法或者受委托行使国家行政管理职权的公司、企业、事业单位的工作人员，在行使行政管理职权时滥用职权或者玩忽职守，构成犯罪的，应当依照《全国人民代表大会常务委员会关于〈中华人民共和国刑法〉第九章渎职罪主体适用问题的解释》的规定，适用渎职罪的规定追究刑事责任。

第八条　本解释规定的'经济损失'，是指渎职犯罪或者与渎职犯罪相关联的犯罪立案时已经实际造成的财产损失，包括为挽回渎职犯罪所造成损失而支付的各种开支、费用等。立案后至提起公诉前持续发生的经济损失，应一并计入渎职犯罪造成的经济损失。

债务人经法定程序被宣告破产，债务人潜逃、去向不明，或者因行为人的责任超过诉讼时效等，致使债权已经无法实现的，无法实现的债权部分应当认定为渎职犯罪的经济损失。

渎职犯罪或者与渎职犯罪相关联的犯罪立案后，犯罪分子及其亲友自行挽回的经济损失，司法机关或者犯罪分子所在单位及其上级主管部门挽回的经济损失，或者因客观原因减少的经济损失，不予扣减，但可以作为酌定从轻处罚的情节。"

(3) 构成要件

第一，本罪侵犯的客体是国家对招收公务员、学生工作的正常管理活动。

第二，客观方面表现为违反国家规定，徇私舞弊、弄虚作假，欺骗有关部门或者领导，对不符合国家规定条件的人员予以征召，情节严重的行为。

第三，犯罪主体是特殊主体，即国家机关工作人员，而且是负责招收公务员、学生工作的国家机关工作人员。

第四，主观方面是故意，即行为人明知所征召人员不符合国家规定的征召条件，而违反国家规定。本罪的动机是徇私，如贪赃受贿、亲友情面，等等。

(4) 罪名界定

第一，认定本罪要看情节是否严重，只有情节严重的，才能追究行为人的刑事责任。情节没有达到严重的程度，只能给以党纪、政纪处分。另外，行为人在犯本罪的过程中，常常具有受贿行为，应当注意查明其所受贿赂的数额是否达到受贿罪的构成标准。如果达到了，应当按照处理牵连犯的原则，按其中的一个重罪处罚，不实行数罪并罚。如果没有达到受贿罪的构成标准，则应当将受贿行为作为一个严重情节，在量刑时予以考虑。

第二，在招收公务员、学生工作中，行为人如果故意泄露属于国家秘密的录用或者考试的试卷、试题，从而招收不合格人员的，则构成牵连犯，以其中的一个重罪处罚。

第三，本罪与玩忽职守罪的区别主要在于：①主观方面不同。本罪是故意，并且具有徇私的动机，而后者出于过失。②行为发生的领域不同。本罪发生在招收公务员、学生的工作中，而后者发生在一般工作中。

(5)量刑幅度

根据《刑法》第418条的规定,构成本罪的,处3年以下有期徒刑或者拘役。

37. 失职造成珍贵文物损毁、流失罪(第419条)

(1)罪名概念

失职造成珍贵文物损毁、流失罪,是指国家机关工作人员严重不负责任,造成珍贵文物损毁或者流失,后果严重的行为。

(2)法律规定

①本罪名是由《刑法》第419条规定的。该条规定:"国家机关工作人员严重不负责任,造成珍贵文物损毁或者流失,后果严重的,处三年以下有期徒刑或者拘役。"

②2006年7月26日最高人民检察院《关于渎职侵权犯罪案件立案标准的规定》第一部分第35项规定:"失职造成珍贵文物损毁、流失罪是指文物行政部门、公安机关、工商行政管理部门、海关、城乡建设规划部门等国家机关工作人员严重不负责任,造成珍贵文物损毁或者流失,后果严重的行为。

涉嫌下列情形之一的,应予立案:

1. 导致国家一、二、三级珍贵文物损毁或者流失的;

2. 导致全国重点文物保护单位或者省、自治区、直辖市级文物保护单位损毁的;

3. 其他后果严重的情形。"

③2001年7月20日最高人民检察院《人民检察院直接受理立案侦查的渎职侵权重特大案件标准(试行)》第33条规定:

"三十三、失职造成珍贵文物损毁、流失案

(一)重大案件

1. 导致国家一级文物损毁或者流失一件以上的;

2. 导致国家二级文物损毁或者流失三件以上的;

3. 导致国家三级文物损毁或者流失五件以上的;

4. 导致省级文物保护单位严重损毁的。

(二)特大案件

1. 导致国家一级文物损毁或者流失三件以上的;

2. 导致国家二级文物损毁或者流失五件以上的;

3. 导致国家三级文物损毁或者流失十件以上的;

4. 导致全国重点文物保护单位严重损毁的。"

④2002年12月28日全国人民代表大会常务委员会《关于〈中华人民共和国刑法〉第九章渎职罪主体适用问题的解释》规定:"在依照法律、法规规定行使国家行政管理职权的组织中从事公务的人员,或者在受国家机关委托代表国家机关行使职权的组织中从事公务的人员,或者虽未列入国家机关人员编制但在国家机关中从事公务的人员,在代表国家机关行使职权时,有渎职行为,构成犯罪的,依照刑法关于渎职罪的规定追究刑事责任。"

⑤2012年12月7日最高人民法院、最高人民检察院《关于办理渎职刑事案件适用法律若干问题的解释(一)》第3条至第8条有以下规定:

"第三条　国家机关工作人员实施渎职犯罪并收受贿赂,同时构成受贿罪的,除刑法另有规定外,以渎职犯罪和受贿罪数罪并罚。

第四条　国家机关工作人员实施渎职行为,放纵他人犯罪或者帮助他人逃避刑事处罚,构成犯罪的,依照渎职罪的规定定罪处罚。

国家机关工作人员与他人共谋,利用其职务行为帮助他人实施其他犯罪行为,同时构成渎职犯罪和共谋实施的其他犯罪共犯的,依照处罚较重的规定定罪处罚。

国家机关工作人员与他人共谋,既利用其职务行为帮助他人实施其他犯罪,又以非职务行为与他人共同实施该其他犯罪行为,同时构成渎职犯罪和其他犯罪的共犯的,依照数罪并罚的规定定罪处罚。

第五条 国家机关负责人员违法决定,或者指使、授意、强令其他国家机关工作人员违法履行职务或者不履行职务,构成刑法分则第九章规定的渎职犯罪的,应当依法追究刑事责任。

以'集体研究'形式实施的渎职犯罪,应当依照刑法分则第九章的规定追究国家机关负有责任的人员的刑事责任。对于具体执行人员,应当在综合认定其行为性质、是否提出反对意见、危害结果大小等情节的基础上决定是否追究刑事责任和应当判处的刑罚。

第六条 以危害结果为条件的渎职犯罪的追诉期限,从危害结果发生之日起计算;有数个危害结果的,从最后一个危害结果发生之日起计算。

第七条 依法或者受委托行使国家行政管理职权的公司、企业、事业单位的工作人员,在行使行政管理职权时滥用职权或者玩忽职守,构成犯罪的,应当依照《全国人民代表大会常务委员会关于〈中华人民共和国刑法〉第九章渎职罪主体适用问题的解释》的规定,适用渎职罪的规定追究刑事责任。

第八条 本解释规定的'经济损失',是指渎职犯罪或者与渎职犯罪相关联的犯罪立案时已经实际造成的财产损失,包括为挽回渎职犯罪所造成损失而支付的各种开支、费用等。立案后至提起公诉前持续发生的经济损失,应一并计入渎职犯罪造成的经济损失。

债务人经法定程序被宣告破产,债务人潜逃、去向不明,或者因行为人的责任超过诉讼时效等,致使债权已经无法实现的,无法实现的债权部分应当认定为渎职犯罪的经济损失。

渎职犯罪或者与渎职犯罪相关联的犯罪立案后,犯罪分子及其亲友自行挽回的经济损失,司法机关或者犯罪分子所在单位及其上级主管部门挽回的经济损失,或者因客观原因减少的经济损失,不予扣减,但可以作为酌定从轻处罚的情节。"

⑥2015 年 12 月 30 日最高人民法院、最高人民检察院《关于办理妨害文物管理等刑事案件适用法律若干问题的解释》第 10 条规定:"国家机关工作人员严重不负责任,造成珍贵文物损毁或者流失,具有下列情形之一的,应当认定为刑法第四百一十九条规定的'后果严重':

(一)导致二级以上文物或者五件以上三级文物损毁或者流失的;

(二)导致全国重点文物保护单位、省级文物保护单位的本体严重损毁或者灭失的;

(三)其他后果严重的情形。"

(3)构成要件

第一,本罪侵犯的客体是国家对珍贵文物的正常监督、管理活动。侵害的对象是珍贵文物。

第二,客观方面表现为严重不负责任的失职行为。一般表现为滥用职权、玩忽职守。其次表现为造成珍贵文物损毁或者流失的后果,而且后果严重。

第三,犯罪主体是特殊主体,即国家机关工作人员,而且一般是负有对国家文物进行监督、管理职责的国家机关工作人员。

第四,主观方面是过失,即应该预见自己的严重不负责任会造成珍贵文物的损毁或者流失,而没有预见或者已经预见到,但轻信能够避免。

(4)罪名界定

第一,认定本罪要注意看后果。如果行为人严重不负责任的失职行为虽然造成了珍贵文物的损毁或者流失，但是后果不严重，则不能认定构成犯罪。所谓后果严重，一般是指珍贵文物损毁情况严重、价值丧失，或者流失数量多。另外，还应该注意查明行为人所造成的损毁或者流失的文物是否属于珍贵文物。认定时，必须采取符合法律规定的科学标准，不可以随意认定。

第二，本罪与过失损毁文物罪有以下区别：①本罪是特殊主体，而后者为一般主体。②本罪的犯罪对象仅限于珍贵文物，而后者的犯罪对象除了珍贵文物以外，还包括被确定为全国重点文物保护单位、省级文物保护单位的文物。③本罪是一种职务犯罪，即国家机关工作人员，因为严重不负责任，造成珍贵文物损毁或者流失的行为，而后者不属于职务犯罪，其行为方式仅仅限于“损毁”。

(5) 量刑幅度

根据《刑法》第419条的规定，构成本罪的，处3年以下有期徒刑或者拘役。

十
军人违反职责罪

军人违反职责罪，也叫军职罪，是指军职人员违反军事职责，危害国家军事利益，依照法律应当受到刑罚处罚的行为。军人犯罪，由军事法院审判。这类犯罪的罪名共有31个。

根据2013年2月26日最高人民检察院、解放军总政治部印发的《军人违反职责罪案件立案标准的规定》第32条规定："本规定适用于中国人民解放军的现役军官、文职干部、士兵及具有军籍的学员和中国人民武装警察部队的现役警官、文职干部、士兵及具有军籍的学员以及执行军事任务的预备役人员和其他人员涉嫌军人违反职责犯罪的案件。"

1. 战时违抗命令罪（第421条）

（1）罪名概念

战时违抗命令罪，是指军职人员在战时对上级的命令、指示故意违抗，拒不执行，对作战造成危害的行为。

（2）法律规定

①本罪名是由《刑法》第421条规定的。该条规定："战时违抗命令，对作战造成危害的，处三年以上十年以下有期徒刑；致使战斗、战役遭受重大损失的，处十年以上有期徒刑、无期徒刑或者死刑。"

《刑法》第449条规定："在战时，对被判处三年以下有期徒刑没有现实危险宣告缓刑的犯罪军人，允许其戴罪立功，确有立功表现时，可以撤销原判刑罚，不以犯罪论处。"

《刑法》第450条规定："本章适用于中国人民解放军的现役军官、文职干部、士兵及具有军籍的学员和中国人民武装警察部队的现役警官、文职干部、士兵及具有军籍的学员以及文职人员、执行军事任务的预备役人员和其他人员。"

《刑法》第451条规定："本章所称战时，是指国家宣布进入战争状态、部队受领作战任务或者遭敌突然袭击时。

部队执行戒严任务或者处置突发性暴力事件时，以战时论。"

②2013年2月26日最高人民检察院、解放军总政治部印发的《军人违反职责罪案件立案标准的规定》第1条规定："违抗命令，是指主观上出于故意，客观上违背、抗拒首长、上级职权范围内的命令，包括拒绝接受命令、拒不执行命令，或者不按照命令的具体要求行动等。

战时涉嫌下列情形之一的，应予立案：

（一）扰乱作战部署或者贻误战机的；

（二）造成作战任务不能完成或者迟缓完成的；

（三）造成我方人员死亡一人以上，或者重伤二人以上，或者轻伤三人以上的；

（四）造成武器装备、军事设施、军用物资损毁，直接影响作战任务完成的；

（五）对作战造成其他危害的。"

(3) 构成要件

第一,本罪侵犯的客体是战时的作战指挥秩序。

第二,客观方面表现为行为人在战斗中违抗命令,对作战造成危害的行为。

第三,本罪的主体是接受命令或者指示的军职人员。

第四,主观方面是故意。如果是根据具体情况,灵活地改变命令,并且没有对作战造成危害的,或者由于不能抗拒和不能预见的原因而没有执行命令的,不能以犯罪论处。

(4) 罪名界定

第一,由于《刑法》第 421 条规定,构成本罪,在客观方面,具有对作战造成危害的行为,主观方面是故意。因此,对于接受命令的指挥员或者战斗员,鉴于作战命令与战时情况不符,根据实际情况,为了实现总体作战意图,而灵活地及时应变地执行作战命令,如果实施行为的结果没有对作战造成危害,不能以本罪论处。但是,如果实施这种灵活处置以后,客观上出现了不利战斗的情况,甚至造成危害,就会出现按本罪论处的问题。此时还应当从行为人主观方面考虑,看其是否有违抗命令的故意,并且从动机、目的等具体内容作全面分析,不能客观归罪。

第二,要划清本罪与战时临阵脱逃罪的界限。如果参加作战的军职人员在接到上级发布的有关作战命令时,不仅不执行,还擅自逃离部队,这一行为,同时触犯了战时违抗命令罪和战时临阵脱逃罪两个罪名,因此,应当视为刑法理论上的想象竞合犯,选择其中一个重罪即战时违抗命令罪处罚,而不能实行数罪并罚。

(5) 量刑幅度

根据《刑法》第 421 条的规定,对犯本罪的处罚分 2 个档次:

一是情节一般的,处 3 年以上 10 年以下有期徒刑。

二是致使战斗、战役遭受重大损失的,处 10 年以上有期徒刑、无期徒刑或者死刑。

2. 隐瞒、谎报军情罪(第 422 条)

(1) 罪名概念

隐瞒、谎报军情罪,是指行为人故意捏造某种军事情报或者故意把某种不真实的军情加以报告,或者隐瞒军事情况拒不报告,从而对作战造成危害的行为。

(2) 法律规定

①本罪名是由《刑法》第 422 条规定的。该条规定:"故意隐瞒、谎报军情或者拒传、假传军令,对作战造成危害的,处三年以上十年以下有期徒刑;致使战斗、战役遭受重大损失的,处十年以上有期徒刑、无期徒刑或者死刑。"

《刑法》第 450 条规定:"本章适用于中国人民解放军的现役军官、文职干部、士兵及具有军籍的学员和中国人民武装警察部队的现役警官、文职干部、士兵及具有军籍的学员以及文职人员、执行军事任务的预备役人员和其他人员。"

②2013 年 2 月 26 日最高人民检察院、解放军总政治部印发的《军人违反职责罪案件立案标准的规定》第 2 条规定:"涉嫌下列情形之一的,应予立案:

(一)造成首长、上级决策失误的;

(二)造成作战任务不能完成或者迟缓完成的;

(三)造成我方人员死亡一人以上,或者重伤二人以上,或者轻伤三人以上的;

(四)造成武器装备、军事设施、军用物资损毁,直接影响作战任务完成的;

(五)对作战造成其他危害的。"

(3)构成要件

第一,本罪侵犯的客体是作战指挥秩序。

第二,客观方面表现为隐瞒、谎报军情并且给作战造成了危害的行为。

第三,犯罪主体主要是负有报告军情任务的军内侦察员、通信员、机要员等,也可以是参战的其他军职人员。

第四,主观方面是故意。至于犯罪的动机如何,不影响本罪的成立。

(4)罪名界定

第一,本罪与玩忽军事职守罪的区别关键在于主观罪过形式不同。前者只能是故意,而后者只能是过失。如果行为人由于马虎草率、疏忽大意或者不负责任、过于自信而错报军情、误传军令而对作战造成了危害,不构成谎报军情罪、假传军令罪,而应当以玩忽军事职守罪论处。

第二,本罪与战时故意提供虚假敌情罪的主要区别在于:①犯罪主体不同。本罪的犯罪主体是军人,而后者的犯罪主体是非军人。②提供情报的范围不一样。本罪提供的虚假情报既可以是敌方的,也可以是我方的,而后者提供的仅限于敌方的。

第三,本罪与战时造谣惑众罪有以下区别:①犯罪的主体和犯罪对象不同。前者的主体往往负有上传或者下达军情、军令的特定职责,其犯罪实施的对象也有一定的范围;而后者的主体可以是任何军职人员,其谣言散布、传播的对象可以是任何军职人员。②具体危害有所不同。前者是直接对作战行动造成危害;而后者的危害主要是扰乱军心,瓦解士气,涣散斗志。

(5)量刑幅度

根据《刑法》第422条的规定,对犯本罪的处罚分以下2个档次:

一是情节一般的,处3年以上10年以下有期徒刑。

二是致使战斗、战役遭受重大损失的,处10年以上有期徒刑、无期徒刑或者死刑。

3. 拒传、假传军令罪(第422条)

(1)罪名概念

拒传、假传军令罪,是指行为人伪造或者篡改上级军事机关某种命令,并且加以传达或者发布,或者拒不传达上级命令,从而对作战造成危害的行为。

(2)法律规定

①本罪名是由《刑法》第422条规定的。该条规定:"故意隐瞒、谎报军情或者拒传、假传军令,对作战造成危害的,处三年以上十年以下有期徒刑;致使战斗、战役遭受重大损失的,处十年以上有期徒刑、无期徒刑或者死刑。"

《刑法》第450条规定:"本章适用于中国人民解放军的现役军官、文职干部、士兵及具有军籍的学员和中国人民武装警察部队的现役警官、文职干部、士兵及具有军籍的学员以及文职人员、执行军事任务的预备役人员和其他人员。"

②2013年2月26日最高人民检察院、解放军总政治部印发的《军人违反职责罪案件立案标准的规定》第3条规定:"涉嫌下列情形之一的,应予立案:

(一)造成首长、上级决策失误的;

(二)造成作战任务不能完成或者迟缓完成的;

(三)造成我方人员死亡一人以上,或者重伤二人以上,或者轻伤三人以上的;

(四)造成武器装备、军事设施、军用物资损毁,直接影响作战任务完成的;

(五)对作战造成其他危害的。"

(3)构成要件

第一,本罪侵犯的客体是部队的作战利益。

第二,客观方面表现为假传、拒传军令,并且给作战造成危害的行为。所谓假传军令,是指故意将自己伪造或者篡改的军事命令传达或者发布的行为。所谓拒传军令,是指拒不传达上级的命令。行为人虽然有谎报军情,拒传或者假传军令的行为,但如果没有对作战造成危害后果,一般按军纪处理。"对作战造成危害的",一般是指人员伤亡、战斗失利、放纵敌人、贻误战机、动摇军心、瓦解斗志,等等。

第三,本罪的主体只能是负有传达命令任务或者发布军事命令职权的参战军职人员。

第四,主观方面是故意。至于犯罪动机如何,不影响本罪的成立。

(4)罪名界定

第一,本罪与隐瞒军情罪的主要区别是:本罪所假传的是上级对下级下达的命令,而后者所隐瞒的是按照规定应当向上级报告的情况。

第二,本罪与战时违抗命令罪的区别是:本罪的犯罪主体并不是该命令的执行者,而是命令下达者和执行者之间的命令传递人,由于其拒绝传递,使得该命令的执行者无法知悉该命令;而后者的犯罪主体则是该命令的执行者,由于其公然抗拒,使该命令得不到落实。

(5)量刑幅度

根据《刑法》第 422 条的规定,对犯本罪的处罚分以下 2 个档次:

一是犯本罪的,处 3 年以上 10 年以下有期徒刑。

二是致使战斗、战役遭受重大损失的,处 10 年以上有期徒刑、无期徒刑或者死刑。

4. 投降罪(第 423 条)

(1)罪名概念

投降罪,是指军职人员在战场上贪生怕死,主动放弃武器,向敌人投降的行为。

(2)法律规定

①本罪名是由《刑法》第 423 条规定的。该条规定:"在战场上贪生怕死,自动放下武器投降敌人的,处三年以上十年以下有期徒刑;情节严重的,处十年以上有期徒刑或者无期徒刑。

投降后为敌人效劳的,处十年以上有期徒刑、无期徒刑或者死刑。"

《刑法》第 450 条规定:"本章适用于中国人民解放军的现役军官、文职干部、士兵及具有军籍的学员和中国人民武装警察部队的现役警官、文职干部、士兵及具有军籍的学员以及文职人员、执行军事任务的预备役人员和其他人员。"

②2013 年 2 月 26 日最高人民检察院、解放军总政治部印发的《军人违反职责罪案件立案标准的规定》第 4 条规定:"凡涉嫌投降敌人的,应予立案。"

(3)构成要件

第一,本罪侵犯的客体是我军的作战利益。

第二,客观方面表现为军职人员自己主动放下武器,放弃抵抗,向敌人缴械投降的行为。

第三,犯罪主体是有能力使用武器抵抗敌人的军职人员。在正常战场上因为负伤失去抵抗能力而被俘的军职人员,不构成本罪。

第四,主观方面既可以是直接故意,也可以是间接故意。

(4)罪名界定

第一,本罪与投敌叛变罪的区别:①犯罪主体不同。本罪是特殊主体;而投敌叛变罪为一般主体。②犯罪侵犯的客体不同。本罪的客体是我军的作战利益;而投敌叛变罪的客体为国家安全。③犯罪的主观方面不同。本罪出于行为人贪生怕死的心理;而投敌叛变罪的构成必须具有危害国家安全的目的。④犯罪的客观方面有所不同。本罪有“战场”的时空限制和放弃武器不予抵抗的特定行为;而投敌叛变罪则可以在任何场合下以多种方式实施。

另外,还需要把投降与被俘区分开。投降是主动的,而被敌人俘虏是被动的。投降具有自动放下武器的情节,而被敌人俘虏的时候已经不具备使用武器进行抵抗的条件,如弹尽粮绝、武器损毁、严重伤病、极度疲劳而无法使用武器进行抵抗,或者遭到敌人突然袭击,措手不及不能使用武器进行抵抗。被敌人俘虏不等同于投降罪。有的被敌人俘虏以后叛变了,积极为敌人效劳,应该以投敌叛变罪论处,而不构成本罪。

第二,本罪与战时违抗命令罪的区别:首先在客观方面,本罪表现为自动放下武器,向敌人投降,而后者表现为抗拒执行上级命令。其次在主观目的方面,本罪主要是为了保全性命,而后者是为了不执行上级命令。

(5)量刑幅度

根据《刑法》第423条的规定,对犯本罪的处罚分以下3个档次:

一是情节一般的,处3年以上10年以下有期徒刑;

二是情节严重的,处10年以上有期徒刑或者无期徒刑;

三是投降敌人后为其效劳的,处10年以上有期徒刑、无期徒刑或者死刑。

5. 战时临阵脱逃罪(第424条)

(1)罪名概念

战时临阵脱逃罪,是指军职人员在战场上或者在接受作战任务时,贪生怕死,畏惧战斗,而故意逃跑脱离部队的行为。

(2)法律规定

①本罪名是由《刑法》第424条规定的。该条规定:“战时临阵脱逃的,处三年以下有期徒刑;情节严重的,处三年以上十年以下有期徒刑;致使战斗、战役遭受重大损失的,处十年以上有期徒刑、无期徒刑或者死刑。”

《刑法》第449条规定:“在战时,对被判处三年以下有期徒刑没有现实危险宣告缓刑的犯罪军人,允许其戴罪立功,确有立功表现时,可以撤销原判刑罚,不以犯罪论处。”

《刑法》第450条规定:“本章适用于中国人民解放军的现役军官、文职干部、士兵及具有军籍的学员和中国人民武装警察部队的现役警官、文职干部、士兵及具有军籍的学员以及文职人员、执行军事任务的预备役人员和其他人员。”

《刑法》第451条规定:“本章所称战时,是指国家宣布进入战争状态、部队受领作战任务或者遭敌突然袭击时。

部队执行戒严任务或者处置突发性暴力事件时,以战时论。”

②2013年2月26日最高人民检察院、解放军总政治部印发的《军人违反职责罪案件立案标准的规定》第5条规定:“凡战时涉嫌临阵脱逃的,应予立案。”

(3)构成要件

第一,本罪侵犯的客体是部队的作战利益。

第二,客观方面表现为战时临阵脱逃的行为。

第三,犯罪主体是直接担负作战任务的军职人员。主要是指现役官兵、文职干部、执行军事任务的预备役人员以及军内在编职工。

第四,主观方面是故意,并且具有逃避战斗的目的。

(4)罪名界定

第一,认定本罪应当注意以下问题:①行为人如果畏惧战斗,苟且偷生而脱离部队,并且对战斗造成危害结果,此时应当以犯罪论处。有时行为人虽然擅离战场,但是基于作战双方的实力,当时的客观情况,为了保存自己的实力而积极退却,此行为尽管不是依据上级命令实施的,但他没有造成严重危害后果,避免了毫无价值的牺牲,保存了有生力量,这样的行为不能以犯罪论处。②如果逃离部队不是在战时,而是在平时,不构成本罪,可以构成逃离部队罪。③如果是通过放下武器,投降敌人的方法来达到保存性命的,而不是通过脱离战斗岗位,逃避参加作战的方法达到保存性命的,应该以投降罪惩处。④如果是在接受上级命令时,公然抗拒执行,但没脱离岗位,可以构成战时违抗命令罪。本罪在客观方面,表现为已经领受了作战任务以后战时临阵脱逃的行为。

第二,本罪与擅离军事职守罪的区别:①犯罪主体不同。一切参战或者担负后勤保障任务的军职人员,均可以成为本罪的主体;而只有值班、值勤、指挥人员才能构成擅离军事职守罪的主体。②主观心态不同。本罪是逃避战斗,贪生怕死;而擅离军事职守罪是放弃职责,脱离工作岗位,在这方面是故意,但对造成的严重后果而言,却是过失。③发生的地点不同。本罪发生在战时战场上;而擅离军事职守行为发生在值班、值勤、指挥的岗位上。

(5)量刑幅度

根据《刑法》第424条的规定,对犯本罪的处罚分以下3个档次:

一是情节一般的,处3年以下有期徒刑。

二是情节严重的,处3年以上10年以下有期徒刑。

三是致使战斗、战役遭受重大损失的,处10年以上有期徒刑、无期徒刑或者死刑。

6. 擅离、玩忽军事职守罪(第425条)

(1)罪名概念

擅离、玩忽军事职守罪,是指军队指挥人员和值班、值勤人员放弃职责,擅自离开指挥岗位或者值班、值勤岗位,或者在履行职责时马虎草率,疏忽大意,严重不负责任,因而造成严重后果的行为。

(2)法律规定

①本罪名是由《刑法》第425条规定的。该条规定:“指挥人员和值班、值勤人员擅离职守或者玩忽职守,造成严重后果的,处三年以下有期徒刑或者拘役;造成特别严重后果的,处三年以上七年以下有期徒刑。

战时犯前款罪的,处五年以上有期徒刑。”

《刑法》第449条规定:“在战时,对被判处三年以下有期徒刑没有现实危险宣告缓刑的犯罪军人,允许其戴罪立功,确有立功表现时,可以撤销原判刑罚,不以犯罪论处。”

《刑法》第450条规定:“本章适用于中国人民解放军的现役军官、文职干部、士兵及具有军籍的学员和中国人民武装警察部队的现役警官、文职干部、士兵及具有军籍的学员以及文职人员、执行军事任务的预备役人员和其他人员。”

《刑法》第451条规定:“本章所称战时,是指国家宣布进入战争状态、部队受领作战任务或者遭敌突然袭击时。

部队执行戒严任务或者处置突发性暴力事件时,以战时论。”

②2013年2月26日最高人民检察院、解放军总政治部印发的《军人违反职责罪案件立案标准的规定》第6条规定:“指挥人员,是指对部队或者部属负有组织、领导、管理职责的人员。专业

主管人员在其业务管理范围内,视为指挥人员。

值班人员,是指军队各单位、各部门为保持指挥或者履行职责不间断而设立的、负责处理本单位、本部门特定事务的人员。

值勤人员,是指正在担任警卫、巡逻、观察、纠察、押运等勤务,或者作战勤务工作的人员。

涉嫌下列情形之一的,应予立案:

(一)造成重大任务不能完成或者迟缓完成的;

(二)造成死亡一人以上,或者重伤三人以上,或者重伤二人、轻伤四人以上,或者重伤一人、轻伤七人以上,或者轻伤十人以上的;

(三)造成枪支、手榴弹、爆炸装置或者子弹十发、雷管三十枚、导火索或者导爆索三十米、炸药一千克以上丢失、被盗,或者不满规定数量,但后果严重的,或者造成其他重要武器装备、器材丢失、被盗的;

(四)造成武器装备、军事设施、军用物资或者其他财产损毁,直接经济损失三十万元以上,或者直接经济损失、间接经济损失合计一百五十万元以上的;

(五)造成其他严重后果的。"

(3)构成要件

第一,本罪侵犯的客体是军队指挥人员和值班、值勤人员的岗位责任制度。

第二,客观方面表现为军职指挥人员和值班、值勤人员放弃职责,擅自离开工作岗位,或者在履行职责时玩忽职守,因而造成严重后果的行为。

第三,犯罪主体是军职人员中的指挥人员和值班、值勤人员。

第四,主观方面,对于造成的严重后果而言是过失,但对放弃职责,擅离工作岗位则必须是故意。

(4)罪名界定

第一,玩忽军事职守罪与玩忽职守罪的区别:①犯罪侵犯的客体不同。前者侵犯的是军队指挥人员和值班、值勤人员的岗位职责制度;而后者侵犯的是国家机关的正常管理活动。②犯罪主体不同。前者的主体是负有值班、值勤和指挥责任的军职人员;而后者的主体是国家工作人员。③犯罪的时间、地点不同。前者有特定的时间地点,即具有特定身份的值班、值勤或者指挥人员在履行职责的期间,在履行职责的岗位上;而后者对此并没有严格限制。

第二,本罪与战时临阵脱逃罪的区别:①本罪限定为指挥人员和值班、值勤人员,而后者没有这样的限制。②本罪在平时也可以构成,战时则是加重处罚的条件,而后者限定为战时。③本罪要求必须造成严重后果,而后者没有要求造成具体的危害后果。④本罪对于造成的严重后果而言是过失,而后者是故意犯罪。

(5)量刑幅度

根据《刑法》第 425 条的规定,对犯本罪的处罚分以下 3 个档次:

一是犯本罪的处 3 年以下有期徒刑或者拘役;

二是造成特别严重后果的,处 3 年以上 7 年以下有期徒刑;

三是战时犯此罪的,处 5 年以上有期徒刑。

7. 阻碍执行军事职务罪(第 426 条)

(1)罪名概念

阻碍执行军事职务罪,是指军职人员以暴力、威胁方法,阻碍军队指挥、值班、值勤人员依法履行其职务的行为。

(2)法律规定

①本罪名是由《刑法》第426条规定的。该条规定:“以暴力、威胁方法,阻碍指挥人员或者值班、值勤人员执行职务的,处五年以下有期徒刑或者拘役;情节严重的,处五年以上十年以下有期徒刑;情节特别严重的,处十年以上有期徒刑或者无期徒刑。战时从重处罚。”

《刑法》第450条规定:“本章适用于中国人民解放军的现役军官、文职干部、士兵及具有军籍的学员和中国人民武装警察部队的现役警官、文职干部、士兵及具有军籍的学员以及文职人员、执行军事任务的预备役人员和其他人员。”

②2013年2月26日最高人民检察院、解放军总政治部印发的《军人违反职责罪案件立案标准的规定》第7条规定:“凡涉嫌阻碍执行军事职务的,应予立案。”

(3)构成要件

第一,本罪侵犯的客体是军队勤务的正常执行活动。干扰没有实际处于军队指挥、值班、值勤岗位的军人的行为活动,不构成本罪。

第二,客观方面表现为采用了暴力或者威胁的手段,阻止或者妨碍军队指挥、值班、值勤人员执行军事勤务的行为。

第三,犯罪主体是各种军职人员。

第四,主观方面是故意。

(4)罪名界定

第一,军外人员以暴力、威胁方法阻碍军队有关人员执行职务的行为,或者故意妨碍武装部队军事行动,构成犯罪,应当依照《刑法》第368条规定的阻碍军人执行职务罪或者阻碍军事行动罪处罚。

第二,本罪与妨害公务罪的主要区别:①本罪的主体是特殊主体;妨碍公务罪的主体是一般主体,并且多为军外人员。②本罪侵犯的客体是军事勤务的正常执行活动,侵害的对象是军队中正在指挥、值班、值勤的人员;而妨害公务罪的客体是社会的管理秩序,侵害的对象是国家机关工作人员、人大代表、红十字会工作人员等。

第三,本罪与战时违抗命令罪的主要区别:①本罪侵犯的客体是军队勤务的正常执行活动;而后者侵犯的客体是军队的作战利益。②在客观表现方面,本罪是暴力或者威胁的作为;而后者既可以是作为,也可以是不作为,不一定采用暴力或者威胁的方式。另外,本罪主要发生在平时,而战时违抗命令罪发生在战时。③本罪的犯罪对象是军队指挥、值班、值勤人员;而后者的犯罪对象是上级首长。

(5)量刑幅度

根据《刑法》第426条规定,对犯本罪的处罚分以下3个档次:

一是情节一般的,处5年以下有期徒刑或者拘役;

二是情节严重的,处5年以上10年以下有期徒刑;

三是情节特别严重的,处10年以上有期徒刑或者无期徒刑。战时从重处罚。

8. 指使部属违反职责罪(第427条)

(1)罪名概念

指使部属违反职责罪,是指部队人员滥用职权,指使部属进行违反职责的活动,并且造成严重后果的行为。

(2)法律规定

①本罪名是由《刑法》第427条规定的。该条规定:“滥用职权,指使部属进行违反职责的活动,造

成严重后果的，处五年以下有期徒刑或者拘役；情节特别严重的，处五年以上十年以下有期徒刑。”

《刑法》第450条规定：“本章适用于中国人民解放军的现役军官、文职干部、士兵及具有军籍的学员和中国人民武装警察部队的现役警官、文职干部、士兵及具有军籍的学员以及文职人员、执行军事任务的预备役人员和其他人员。”

②2013年2月26日最高人民检察院、解放军总政治部印发的《军人违反职责罪案件立案标准的规定》第8条规定：“涉嫌下列情形之一的，应予立案：

（一）造成重大任务不能完成或者迟缓完成的；

（二）造成死亡一人以上，或者重伤二人以上，或者重伤一人、轻伤三人以上，或者轻伤五人以上的；

（三）造成武器装备、军事设施、军用物资或者其他财产损毁，直接经济损失二十万元以上，或者直接经济损失、间接经济损失合计一百万元以上的；

（四）造成其他严重后果的。”

（3）构成要件

第一，本罪侵犯的客体是部队的管理秩序。

第二，客观方面表现为滥用职权，指使部属进行违反职责的活动，并且造成了严重后果的行为。

第三，本罪的主体是处于领导地位的军职人员。

第四，主观方面是故意，即行为人明知自己的行为会造成严重后果，但仍然滥用职权，致使部属进行违反其职责的活动。

（4）罪名界定

认定本罪需要注意以下两点：①构成本罪必须是造成严重后果的。严重后果，是指行为人的行为使部队的正常管理秩序受到了重大破坏或者危害。例如，造成了严重的政治事故；致使战斗、战役失利的；严重损害军政、军民团结，败坏军队声誉的等。如果没有“造成严重后果”，不能以本罪论处。②指使部属“进行违反职责的活动”，既可以是违法、违纪等不适当的活动，也可以是犯罪活动，范围比较广泛。例如，军队指挥人员指使部属进行走私犯罪活动，即使没有造成严重后果，只要情节恶劣，虽然不构成本罪，但可以按《刑法》第151条、第157条的规定处罚。例如，军职人员以暴力、威胁方法指使部属抗拒缉私的，可以按照走私罪的有关条款和《刑法》第277条规定的妨害公务罪进行数罪并罚。

（5）量刑幅度

根据《刑法》第427条的规定，对犯本罪的处罚分以下2个档次：

一是造成严重后果的，处5年以下有期徒刑或者拘役。

二是情节特别严重的，处5年以上10年以下有期徒刑。

9. 违令作战消极罪（第428条）

（1）罪名概念

违令作战消极罪，是指指挥人员违抗命令，临阵畏缩，作战消极，造成严重后果的行为。

（2）法律规定

①本罪名是由《刑法》第428条规定的。该条规定：“指挥人员违抗命令，临阵畏缩，作战消极，造成严重后果的，处五年以下有期徒刑；致使战斗、战役遭受重大损失或者有其他特别严重情节的，处五年以上有期徒刑。”

《刑法》第450条规定：“本章适用于中国人民解放军的现役军官、文职干部、士兵及具有军籍的学员和中国人民武装警察部队的现役警官、文职干部、士兵及具有军籍的学员以及文职人员、执行军事任务的预备役人员和其他人员。”

②2013 年 2 月 26 日最高人民检察院、解放军总政治部印发的《军人违反职责罪案件立案标准的规定》第 9 条规定：“违抗命令，临阵畏缩，作战消极，是指在作战中故意违背、抗拒执行首长、上级的命令，面临战斗任务而畏难怕险，怯战怠战，行动消极。

涉嫌下列情形之一的，应予立案：

（一）扰乱作战部署或者贻误战机的；

（二）造成作战任务不能完成或者迟缓完成的；

（三）造成我方人员死亡一人以上，或者重伤二人以上，或者轻伤三人以上的；

（四）造成武器装备、军事设施、军用物资或者其他财产损毁，直接经济损失二十万元以上，或者直接经济损失、间接经济损失合计一百万元以上的；

（五）造成其他严重后果的。”

（3）构成要件

第一，本罪侵犯的客体是部队的作战秩序。

第二，客观方面表现为违抗命令，临阵畏缩，作战消极，造成严重后果的行为。

第三，本罪的主体是特殊主体，犯罪人不仅应当是具有现役军人身份，而且应当是处于某级领导岗位上的军职人员。

第四，主观方面是故意。犯罪动机一般是贪生怕死，胆怯畏敌等。

（4）罪名界定

第一，本罪是结果犯，构成犯罪，必须是在客观上由于行为人的行为造成了严重后果。本罪中的违抗命令，是指用违背和抗拒的方式，不执行命令的行为。违抗命令表现为两种方式：①公开拒绝；②阳奉阴违，用不执行的方式违抗命令。本罪中的临阵畏缩、作战消极，是指在作战中不尽全力，不求进取，畏难怕险，畏缩怠战。

第二，本罪与战时违抗命令罪的区别：①在犯罪主体方面，前者是参战的具有指挥作战职责的指挥人员；而后者不仅包括指挥人员，还包括所有参加战斗的人员，以及为战斗服务的救护人员、勤务人员等。②在客观方面，前者表现为违背命令，作战消极的行为；而后者对命令不是一般的违背，而是违抗，其强度要比前者强得多，也就是说，不单纯表现为消极被动，而是以不执行来对抗，而且是对作战造成危害的行为。因此说，后者是由于违抗命令给作战造成了危害，而不是简单地消极作战，盲目出击，草率行动。前者是由消极作战造成了严重后果。③这两种犯罪的“命令”的范围和性质也不相同。战时违抗命令罪所指的命令，不应当仅仅理解为作战命令，还包括配合战斗的命令，如救护伤员的命令、运送武器弹药的命令等；而违令作战消极罪的命令，则仅仅限于作战命令。

第三，本罪与玩忽军事职守罪的区别在于：本罪侧重于指挥人员在指挥部队执行作战任务时，态度不坚决，措施不得力，致使整个部队行动迟缓、消极怠战，造成了严重后果，指挥人员对此应当负领导责任；而后者侧重于指挥人员由于个人在指挥岗位上玩忽职守，以至于造成严重后果，指挥人员对此应当负直接责任。

第四，本罪与战时临阵脱逃罪除了犯罪主体不完全相同以外，主要在于行为人是否脱离了战斗岗位。临阵脱逃的行为人已经脱离了战斗岗位，没有继续参加战斗，而本罪的行为人仍然战斗在岗位上，只是作战不积极。

（5）量刑幅度

根据《刑法》第 428 条的规定，对犯本罪的处罚分以下 2 个档次：

一是情节一般的,处5年以下有期徒刑。

二是致使战斗、战役遭受重大损失或者有其他特别严重情节的,处5年以上有期徒刑。

10. 拒不救援友邻部队罪(第429条)

(1)罪名概念

拒不救援友邻部队罪,是指在战场上,明知友邻部队处境危急请求救援,能救援而不救援,致使友邻部队遭受重大损失的行为。

(2)法律规定

①本罪名是由《刑法》第429条规定的。该条规定:“在战场上明知友邻部队处境危急请求救援,能救援而不救援,致使友邻部队遭受重大损失的,对指挥人员,处五年以下有期徒刑。”

《刑法》第450条规定:“本章适用于中国人民解放军的现役军官、文职干部、士兵及具有军籍的学员和中国人民武装警察部队的现役警官、文职干部、士兵及具有军籍的学员以及文职人员、执行军事任务的预备役人员和其他人员。”

②2013年2月26日最高人民检察院、解放军总政治部印发的《军人违反职责罪案件立案标准的规定》第10条规定:“能救援而不救援,是指根据当时自己部队(分队)所处的环境、作战能力及所担负的任务,有条件组织救援却没有组织救援。

涉嫌下列情形之一的,应予立案:

(一)造成战斗失利的;

(二)造成阵地失陷的;

(三)造成突围严重受挫的;

(四)造成我方人员死亡三人以上,或者重伤十人以上,或者轻伤十五人以上的;

(五)造成武器装备、军事设施、军用物资损毁,直接经济损失一百万元以上的;

(六)造成其他重大损失的。”

(3)构成要件

第一,本罪侵犯的客体是人民军队根本利益一致性的友邻关系,危害了军事利益。

第二,客观方面表现为在战场上,友邻部队处境危急请求救援时,能救援而不救援,致使友邻部队遭受重大损失的行为。

第三,犯罪主体是特殊主体,即只能是指挥人员。

第四,主观方面是故意。

(4)罪名界定

第一,认定本罪要注意以下两点:①本罪是战时的犯罪,对于不是在战场上明知友邻部队处境危急,请求救援,能够救援而不救援,致使友邻部队遭受重大损失的行为,不构成本罪,可以按军纪处理。②本罪是结果犯,没有使友邻部队遭受重大损失的,不能构成本罪。

第二,本罪与违令作战消极罪的主要区别是客观表现不同。本罪表现为明知友邻部队处境危急,请求救援,能够救援而不救援,致使友邻部队遭受重大损失的行为;而后罪表现为指挥人员违背命令,临阵畏缩,作战消极,造成严重后果的行为。

第三,本罪与遗弃伤病军人罪的主要区别:①在客观方面,本罪表现为在战场上,明知友邻部队处境危急,请求救援,能够救援而不救援,致使友邻部队遭受重大损失;而后罪表现为在战场上,故意遗弃伤病军人,情节恶劣的行为。②本罪的主体只限于指挥人员;而后罪的主体没有这样的限制。

(5)量刑幅度

根据《刑法》第429条的规定，犯本罪的，对指挥员处5年以下有期徒刑。

11. 军人叛逃罪(第430条)

(1)罪名概念

军人叛逃罪，是指军职人员，在履行公务期间，擅离岗位，非法越境外逃，或者在国外叛逃，危害国家军事利益的行为。

(2)法律规定

①本罪名是由《刑法》第430条规定的。该条规定："在履行公务期间，擅离岗位，叛逃境外或者在境外叛逃，危害国家军事利益的，处五年以下有期徒刑或者拘役；情节严重的，处五年以上有期徒刑。

驾驶航空器、舰船叛逃的，或者有其他特别严重情节的，处十年以上有期徒刑、无期徒刑或者死刑。"

《刑法》第450条规定："本章适用于中国人民解放军的现役军官、文职干部、士兵及具有军籍的学员和中国人民武装警察部队的现役警官、文职干部、士兵及具有军籍的学员以及文职人员、执行军事任务的预备役人员和其他人员。"

②2013年2月26日最高人民检察院、解放军总政治部印发的《军人违反职责罪案件立案标准的规定》第11条规定："涉嫌下列情形之一的，应予立案：

(一)因反对国家政权和社会主义制度而出逃的；

(二)掌握、携带军事秘密出境后滞留不归的；

(三)申请政治避难的；

(四)公开发表叛国言论的；

(五)投靠境外反动机构或者组织的；

(六)出逃至交战对方区域的；

(七)进行其他危害国家军事利益活动的。"

(3)构成要件

第一，本罪侵犯的客体是国家和国防安全，以及军人永不叛国的职责。

第二，客观方面表现为在履行公务期间，擅离岗位，叛逃境外或者在境外叛逃，危害国家军事利益的行为。

第三，本罪的主体是军职人员。

第四，主观方面是故意。其犯罪动机可以是多种多样，不管动机如何，都不影响本罪的成立。

(4)罪名界定

第一，本罪与逃离部队罪的区别：①在客观方面，前者是叛逃境外或者在境外叛逃的行为；而后者是违反兵役法规，擅自脱离部队的行为。②在主观方面，前者的主观目的是离开祖国；而后者的主观目的就是逃避继续服兵役。③在侵犯的客体方面，前者侵犯国家和国防安全，以及军人永不叛变的职责；而后者侵犯的是国家兵役制度。

第二，本罪与投敌叛变罪的区别：①本罪的犯罪主体是军职人员；而后者的犯罪主体是中国公民，包括国家工作人员、武装部队、人民警察、民兵以及其他公民。由此可以看出，后者的犯罪主体比较广泛。②本罪侵犯的客体是国家和国防安全，以及军人永不叛国的职责；而后者侵犯的客体主要是国家安全。

第三，本罪与叛逃罪的区别：①本罪侵犯的客体是国家的军事利益；而后者侵犯的是国家安全。②本罪主体是现役军人;而后者的犯罪主体是国家工作人员。③在犯罪的客观表现方面,本罪行为人还包括驾驶航空器、舰船叛逃等内容。④在处罚方面,本罪最高刑可以判处死刑;而国家工作人员叛逃构成犯罪的,最高刑期为10年以下有期徒刑。

(5)量刑幅度

根据《刑法》第430条的规定,对犯本罪的处罚分以下3个档次:

一是情节一般的,处5年以下有期徒刑或者拘役。

二是情节严重的,处5年以上有期徒刑。

三是军职人员具有驾驶航空器、舰船叛逃等情形的,或者有其他特别严重情节的,处10年以上有期徒刑、无期徒刑或者死刑。

12. 非法获取军事秘密罪(第431条第1款)

(1)罪名概念

非法获取军事秘密罪,是指军职人员违反保守国家军事秘密法规,以窃取、刺探、收买方法,非法获取军事秘密的行为。

(2)法律规定

①本罪名是由《刑法》第431条第1款规定的。该条款规定:"以窃取、刺探、收买方法,非法获取军事秘密的,处五年以下有期徒刑;情节严重的,处五年以上十年以下有期徒刑;情节特别严重的,处十年以上有期徒刑。"

《刑法》第450条规定:"本章适用于中国人民解放军的现役军官、文职干部、士兵及具有军籍的学员和中国人民武装警察部队的现役警官、文职干部、士兵及具有军籍的学员以及文职人员、执行军事任务的预备役人员和其他人员。"

②2013年2月26日最高人民检察院、解放军总政治部印发的《军人违反职责罪案件立案标准的规定》第12条规定:"军事秘密,是关系国防安全和军事利益,依照规定的权限和程序确定,在一定时间内只限一定范围的人员知悉的事项。内容包括:

(一)国防和武装力量建设规划及其实施情况;

(二)军事部署,作战、训练以及处置突发事件等军事行动中需要控制知悉范围的事项;

(三)军事情报及其来源,军事通信、信息对抗以及其他特种业务的手段、能力,密码以及有关资料;

(四)武装力量的组织编制,部队的任务、实力、状态等情况中需要控制知悉范围的事项,特殊单位以及师级以下部队的番号;

(五)国防动员计划及其实施情况;

(六)武器装备的研制、生产、配备情况和补充、维修能力,特种军事装备的战术技术性能;

(七)军事学术和国防科学技术研究的重要项目、成果及其应用情况中需要控制知悉范围的事项;

(八)军队政治工作中不宜公开的事项;

(九)国防费分配和使用的具体事项,军事物资的筹措、生产、供应和储备等情况中需要控制知悉范围的事项;

(十)军事设施及其保护情况中不宜公开的事项;

(十一)对外军事交流与合作中不宜公开的事项;

(十二)其他需要保密的事项。

凡涉嫌非法获取军事秘密的,应予立案。"

(3)构成要件

第一，本罪侵犯的客体是国家和军队的有关保守国家军事秘密的制度。

第二，客观方面表现为行为人以窃取、刺探、收买方法，非法获取军事秘密的行为。

第三，本罪的主体是军职人员。只限于现役军人中的官兵、文职干部、军内在编职工以及执行军事任务的预备役人员。

第四，主观方面是故意。

(4)罪名界定

第一，认定本罪需注意以下问题：①本罪与《刑法》第282条规定的非法获取国家秘密罪存在法条竞合关系。对军人非法获取军事秘密的，应当优先适用本条法律的规定，以非法获取军事秘密罪论处。②要正确处理以盗窃武器装备、军用物资的方式非法获取军事秘密的定罪问题。军队的许多武器装备、军用物资本身就包含着需要保密的内容，如性能、构造、成分等，是军事秘密的载体。为了非法获取军事秘密而盗窃武器装备、军用物资的，其行为同时触犯了刑法关于盗窃武器装备、军用物资方面的犯罪，使该罪与本罪成了想象竞合犯，应当按照处理想象竞合犯的原则，根据具体案情，选择适用刑罚较重的法律规定来定罪处罚。

第二，本罪与故意泄露军事秘密罪和过失泄露军事秘密罪的区别：①在客观方面不同。本罪表现为军职人员以窃取、刺探、收买方法，非法获取军事秘密的行为；后者表现为军职人员故意或者过失泄露国家军事秘密，情节严重的行为。非法获取军事秘密罪一般是行为人采取非法手段，从他人处获取军事秘密；而泄露军事秘密罪一般是掌握军事秘密的军职人员故意或者过失泄露军事秘密。另外，构成泄露军事秘密罪以"情节严重"为条件；而非法获取军事秘密罪则没有这样的要求，行为人只要实施了窃取、刺探或者收买国家军事秘密行为之一的，就可构成犯罪。②在主观方面也不同。本罪只能是故意；而泄露军事秘密罪主观上既可以是故意，也可以是过失，因此，它分为故意和过失两种犯罪。

(5)量刑幅度

根据《刑法》第431条第1款的规定，对犯本罪的处罚分以下3个档次：

一是情节一般的，处5年以下有期徒刑。

二是情节严重的，处5年以上10年以下有期徒刑。

三是情节特别严重的，处10年以上有期徒刑。

13. 为境外窃取、刺探、收买、非法提供军事秘密罪(第431条第2款)

(1)罪名概念

为境外窃取、刺探、收买、非法提供军事秘密罪，是指军职人员为境外的机构、组织、人员窃取、刺探、收买、非法提供军事秘密的行为。

(2)法律规定

①本罪名是由《刑法》第431条第2款规定的。该条款规定："为境外的机构、组织、人员窃取、刺探、收买、非法提供军事秘密的，处五年以上十年以下有期徒刑；情节严重的，处十年以上有期徒刑、无期徒刑或者死刑。"

《刑法》第450条规定："本章适用于中国人民解放军的现役军官、文职干部、士兵及具有军籍的学员和中国人民武装警察部队的现役警官、文职干部、士兵及具有军籍的学员以及文职人员、执行军事任务的预备役人员和其他人员。"

②2013年2月26日最高人民检察院、解放军总政治部印发的《军人违反职责罪案件立案标准的规定》第13条规定："凡涉嫌为境外窃取、刺探、收买、非法提供军事秘密的，应予立案。"

（3）构成要件

第一，本罪侵犯的客体是国家保守军事秘密的制度。

第二，客观方面表现为行为人为境外的机构、组织、人员窃取、刺探、收买、非法提供军事秘密的行为。

第三，犯罪的主体是军职人员。

第四，主观方面只能是故意，即明知是境外的机构、组织、人员而为其窃取、刺探、收买、非法提供军事秘密。

（4）罪名界定

第一，本罪与为境外窃取、刺探、收买、非法提供国家秘密、情报罪的主要区别：①在犯罪主体方面，本罪是军职人员；而后者是一般人，即中国公民、外国人或者无国籍人。②本罪犯罪对象只限于国家的军事秘密，侵犯的客体是国家的军事利益；而后者的犯罪对象是国家秘密，侵犯的客体是国家安全。

第二，本罪与故意泄露军事秘密罪的区别：①本罪主体是一般军职人员；后者是经手、管理国家军事秘密或者知悉国家军事秘密的军职人员。②在主观方面，本罪不仅要求行为人明知其窃取、刺探、收买、非法提供的是国家军事秘密，还要求行为人必须明知是为敌人或者外国人窃取、刺探、收买、非法提供国家军事秘密；而后者只要求行为人明知其泄露的是国家军事秘密即可。③在客观方面，本罪是以窃取、刺探、收买的方法，获取国家军事秘密，并将其提供给敌人或者外国人，或者违反国家保守军事秘密法规，将自己知悉、经手或者管理的国家军事秘密直接提供给敌人或者外国人；而后者是行为人将自己知悉、经手或者管理的国家军事秘密用口头或者书面等形式，告诉不应当知道的人。④在侵犯的客体方面，本罪主要是侵犯了国家的军事利益；而后者侵犯了国家保守军事秘密的制度。

（5）量刑幅度

根据《刑法》第 431 条第 2 款的规定，犯本罪的，处 5 年以上 10 年以下有期徒刑；情节严重的，处 10 年以上有期徒刑、无期徒刑或者死刑。

14. 故意泄露军事秘密罪（第 432 条）

（1）罪名概念

故意泄露军事秘密罪，是指军职人员违反保守国家秘密法规，故意泄露军事秘密，情节严重的行为。

（2）法律规定

①本罪名是由《刑法》第 432 条规定的。该条规定："违反保守国家秘密法规，故意或者过失泄露军事秘密，情节严重的，处五年以下有期徒刑或者拘役；情节特别严重的，处五年以上十年以下有期徒刑。

战时犯前款罪的，处五年以上十年以下有期徒刑；情节特别严重的，处十年以上有期徒刑或者无期徒刑。"

《刑法》第 449 条规定："在战时，对被判处三年以下有期徒刑没有现实危险宣告缓刑的犯罪军人，允许其戴罪立功，确有立功表现时，可以撤销原判刑罚，不以犯罪论处。"

《刑法》第 450 条规定："本章适用于中国人民解放军的现役军官、文职干部、士兵及具有军籍的学员和中国人民武装警察部队的现役警官、文职干部、士兵及具有军籍的学员以及文职人员、执行军事任务的预备役人员和其他人员。"

《刑法》第 451 条规定："本章所称战时，是指国家宣布进入战争状态、部队受领作战任务或者遭敌突然袭击时。

部队执行戒严任务或者处置突发性暴力事件时，以战时论。”

②2013年2月26日最高人民检察院、解放军总政治部印发的《军人违反职责罪案件立案标准的规定》第14条规定：“涉嫌下列情形之一的，应予立案：

（一）泄露绝密级或者机密级军事秘密一项（件）以上的；

（二）泄露秘密级军事秘密三项（件）以上的；

（三）向公众散布、传播军事秘密的；

（四）泄露军事秘密造成严重危害后果的；

（五）利用职权指使或者强迫他人泄露军事秘密的；

（六）负有特殊保密义务的人员泄密的；

（七）以牟取私利为目的泄露军事秘密的；

（八）执行重大任务时泄密的；

（九）有其他情节严重行为的。”

（3）构成要件

第一，本罪侵犯的客体是国家保守军事秘密的制度。

第二，客观方面表现为违反保守国家军事秘密的法规，泄露国家军事秘密，情节严重的行为。

第三，犯罪主体是现役军人，主要是指知悉、保管军事秘密的军职人员。

第四，主观方面是故意，即明知是违反保守国家秘密法规的行为，而故意去实施，包括直接故意和间接故意两种形式。

（4）罪名界定

本罪与故意泄露国家秘密罪的区别：①在主体方面，前者是现役军职人员；而后者主要限于国家工作人员。②在犯罪的对象方面，前者是国家军事秘密；后者是国家秘密，除了国家军事秘密以外，还包括国家事务重大决策、外交、外事、国民经济和社会发展、科技、国家安全、刑事侦查等方面的秘密事项。③在侵犯的客体方面，前者侵犯的是国家保守军事秘密制度；而后者侵犯的是国家保密制度。

（5）量刑幅度

根据《刑法》第432条的规定，对犯本罪的处罚分以下4个档次：

一是情节严重的，处5年以下有期徒刑或者拘役。

二是情节特别严重的，处5年以上10年以下有期徒刑。

三是战时犯此罪的，处5年以上10年以下有期徒刑。

四是战时犯此罪情节特别严重的，处10年以上有期徒刑或者无期徒刑。

15. 过失泄露军事秘密罪（第432条）

（1）罪名概念

过失泄露军事秘密罪，是指军职人员违反保守国家军事秘密的法律、法规，因为麻痹大意，掉以轻心，使自己所保管的军事秘密泄露、丢失或者被盗，从而危害国家军事利益，情节严重的行为。

（2）法律规定

①本罪名是由《刑法》第432条规定的。该条规定：“违反保守国家秘密法规，故意或者过失泄露军事秘密，情节严重的，处五年以下有期徒刑或者拘役；情节特别严重的，处五年以上十年以下有期徒刑。

战时犯前款罪的,处五年以上十年以下有期徒刑;情节特别严重的,处十年以上有期徒刑或者无期徒刑。"

《刑法》第449条规定:"在战时,对被判处三年以下有期徒刑没有现实危险宣告缓刑的犯罪军人,允许其戴罪立功,确有立功表现时,可以撤销原判刑罚,不以犯罪论处。"

《刑法》第450条规定:"本章适用于中国人民解放军的现役军官、文职干部、士兵及具有军籍的学员和中国人民武装警察部队的现役警官、文职干部、士兵及具有军籍的学员以及文职人员、执行军事任务的预备役人员和其他人员。"

《刑法》第451条规定:"本章所称战时,是指国家宣布进入战争状态、部队受领作战任务或者遭敌突然袭击时。

部队执行戒严任务或者处置突发性暴力事件时,以战时论。"

②2013年2月26日最高人民检察院、解放军总政治部印发的《军人违反职责罪案件立案标准的规定》第15条规定:"涉嫌下列情形之一的,应予立案:

(一)泄露绝密级军事秘密一项(件)以上的;

(二)泄露机密级军事秘密三项(件)以上的;

(三)泄露秘密级军事秘密四项(件)以上的;

(四)负有特殊保密义务的人员泄密的;

(五)泄露军事秘密或者遗失军事秘密载体,不按照规定报告,或者不如实提供有关情况,或者未及时采取补救措施的;

(六)有其他情节严重行为的。"

(3)构成要件

第一,本罪侵犯的客体是国家和军队有关保守军事秘密的制度及国防和军队的安全。

第二,客观方面表现为过失泄露军事秘密情节严重的行为。

第三,犯罪主体是军职人员。

第四,主观方面是过失。

(4)罪名界定

本罪是结果犯,要求以"情节严重"为必要条件。所谓"情节严重",一般是指以下情形:①负有保守秘密职责的机要人员,泄露、遗失军事秘密的。②遗失的是我军的核心秘密的。③在危难情况下,只顾个人安危遗失军事秘密的。④因为遗失军事秘密而导致国家的军事利益蒙受重大损失或者其他严重后果的。⑤行为人主观恶性大,案发后采取卑劣手段,推卸责任、嫁祸于人等。情节严重与否,是区分罪与非罪的界限。

(5)量刑幅度

根据《刑法》第432条的规定,对犯本罪的处罚分以下4个档次:

一是情节严重的,处5年以下有期徒刑或者拘役。

二是情节特别严重的,处5年以上10年以下有期徒刑。

三是战时犯此罪的,处5年以上10年以下有期徒刑。

四是战时犯此罪情节特别严重的,处10年以上有期徒刑或者无期徒刑。

16. 战时造谣惑众罪(第433条)

(1)罪名概念

战时造谣惑众罪,是指军职人员在战时情况下,利用口头的形式或者勾结敌人制造谣言,动摇军心,涣散斗志的行为。

(2)法律规定

①本罪名是由《刑法》第433条规定的。该条规定:"战时造谣惑众,动摇军心的,处三年以下有期徒刑;情节严重的,处三年以上十年以下有期徒刑;情节特别严重的,处十年以上有期徒刑或者无期徒刑。"

《刑法》第449条规定:"在战时,对被判处三年以下有期徒刑没有现实危险宣告缓刑的犯罪军人,允许其戴罪立功,确有立功表现时,可以撤销原判刑罚,不以犯罪论处。"

《刑法》第450条规定:"本章适用于中国人民解放军的现役军官、文职干部、士兵及具有军籍的学员和中国人民武装警察部队的现役警官、文职干部、士兵及具有军籍的学员以及文职人员、执行军事任务的预备役人员和其他人员。"

《刑法》第451条规定:"本章所称战时,是指国家宣布进入战争状态、部队受领作战任务或者遭敌突然袭击时。

部队执行戒严任务或者处置突发性暴力事件时,以战时论。"

②2013年2月26日最高人民检察院、解放军总政治部印发的《军人违反职责罪案件立案标准的规定》第16条规定:"造谣惑众,动摇军心,是指故意编造、散布谣言,煽动怯战、厌战或者恐怖情绪,蛊惑官兵,造成或者足以造成部队情绪恐慌、士气不振、军心涣散的行为。

凡战时涉嫌造谣惑众,动摇军心的,应予立案。"

(3)构成要件

第一,本罪侵犯的客体是军队的作战利益。

第二,客观方面表现为行为人在战时具有造谣惑众、动摇军心的行为。

第三,犯罪主体是一切参加作战任务的军职人员,包括与战场有通讯、通信联络关系的军人。

第四,主观方面是故意。

(4)罪名界定

第一,本罪与战时造谣扰乱军心罪的区别:①本罪的主体是现役军人;而战时造谣扰乱军心罪的主体,是除了军人以外的一般主体。②本罪侵犯的客体是军队的作战利益;而后者除了侵犯军队的作战利益以外,还侵犯了军人的军事义务。

行为人如果为了达到扰乱军心的目的,故意把一些重要军事机密,如我军伤亡数字、战役实力、军需供应困难等大肆宣传和扩散,并且造成动摇军心的严重后果,由于其所散布的并不是谣言,可以按照故意泄露军事秘密罪追究刑事责任,而不宜以战时造谣惑众罪定罪量刑。

第二,本罪与谎报军情罪不同。本罪是将编造的谎言在公众中散布,散布的对象包括下级、同级和上级,但不是在履行职务;而后者是将编造的情况按照隶属关系和职责要求向上级报告,其表现形式是在履行职责。

(5)量刑幅度

根据《刑法》第433条规定,对犯本罪的处罚分以下3个档次:

一是情节一般的,处3年以下有期徒刑。

二是情节严重的,处3年以上10年以下有期徒刑。

三是情节特别严重的,处10年以上有期徒刑或者无期徒刑。

17. 战时自伤罪(第434条)

(1)罪名概念

战时自伤罪,是指在战争情况下或者部队接受作战任务进行战斗动员以后,军职人员由于贪生怕死,畏惧战斗,用自伤身体的方法逃避军事义务的行为。

(2)法律规定

①本罪名是由《刑法》第434条规定的。该条规定:“战时自伤身体,逃避军事义务的,处三年以下有期徒刑;情节严重的,处三年以上七年以下有期徒刑。”

《刑法》第449条规定:“在战时,对被判处三年以下有期徒刑没有现实危险宣告缓刑的犯罪军人,允许其戴罪立功,确有立功表现时,可以撤销原判刑罚,不以犯罪论处。”

《刑法》第450条规定:“本章适用于中国人民解放军的现役军官、文职干部、士兵及具有军籍的学员和中国人民武装警察部队的现役警官、文职干部、士兵及具有军籍的学员以及文职人员、执行军事任务的预备役人员和其他人员。”

《刑法》第451条规定:“本章所称战时,是指国家宣布进入战争状态、部队受领作战任务或者遭敌突然袭击时。

部队执行戒严任务或者处置突发性暴力事件时,以战时论。”

②2013年2月26日最高人民检察院、解放军总政治部印发的《军人违反职责罪案件立案标准的规定》第17条规定:“逃避军事义务,是指逃避临战准备、作战行动、战场勤务和其他作战保障任务等与作战有关的义务。

凡战时涉嫌自伤致使不能履行军事义务的,应予立案。”

(3)构成要件

第一,本罪侵犯的客体是军职人员的作战义务和部队的作战秩序。

第二,客观方面表现为行为人在战时自伤身体的行为。

第三,犯罪主体是参加作战或者担负作战任务的军职人员。

第四,主观方面是故意。犯罪的动机是贪生怕死、畏惧战斗,目的是逃避军事义务的履行。

(4)罪名界定

由于本罪主观方面是故意,动机是贪生怕死、畏惧战斗,目的是逃避军事义务的履行。如果是因为违反武器装备使用规定,造成误伤自己的结果,没有伤害自己的故意和逃避作战的目的,不构成犯罪。但在实践中,故意自伤身体的行为常常编造成为误伤的借口,从而增加了司法人员侦查的难度。这就要从行为人的受伤部位、受伤时间、地点、受伤后的反应以及他的一贯表现等各方面综合考虑,必要时,可采取法医鉴定等技术手段,来判明事实,不能错抓好人,也不能放纵罪犯。

(5)量刑幅度

根据《刑法》第434条的规定,犯本罪的,处3年以下有期徒刑;情节严重的,处3年以上7年以下有期徒刑。

18. 逃离部队罪(第435条)

(1)罪名概念

逃离部队罪,是指违反兵役法规,逃离部队,情节严重的行为。

(2)法律规定

①本罪名是由《刑法》第435条规定的。该条规定:“违反兵役法规,逃离部队,情节严重的,处三年以下有期徒刑或者拘役。

战时犯前款罪的,处三年以上七年以下有期徒刑。”

《刑法》第449条规定:“在战时,对被判处三年以下有期徒刑没有现实危险宣告缓刑的犯罪军人,允许其戴罪立功,确有立功表现时,可以撤销原判刑罚,不以犯罪论处。”

《刑法》第450条规定:“本章适用于中国人民解放军的现役军官、文职干部、士兵及具有军籍的学员和中国人民武装警察部队的现役警官、文职干部、士兵及具有军籍的学员以及文职人员、执行军事任务的预备役人员和其他人员。”

《刑法》第451条规定：“本章所称战时，是指国家宣布进入战争状态、部队受领作战任务或者遭敌突然袭击时。

部队执行戒严任务或者处置突发性暴力事件时，以战时论。”

②2013年2月26日最高人民检察院、解放军总政治部印发的《军人违反职责罪案件立案标准的规定》第18条规定：“违反兵役法规，是指违反国防法、兵役法和军队条令条例以及其他有关兵役方面的法律规定。

逃离部队，是指擅自离开部队或者经批准外出逾期拒不归队。

涉嫌下列情形之一的，应予立案：

（一）逃离部队持续时间达三个月以上或者三次以上或者累计时间达六个月以上的；

（二）担负重要职责的人员逃离部队的；

（三）策动三人以上或者胁迫他人逃离部队的；

（四）在执行重大任务期间逃离部队的；

（五）携带武器装备逃离部队的；

（六）有其他情节严重行为的。”

③2000年12月5日最高人民法院、最高人民检察院《关于对军人非战时逃离部队的行为能否定罪处罚问题的批复》规定：“军人违反兵役法规，在非战时逃离部队，情节严重的，应当依照刑法第四百三十五条第一款的规定定罪处罚。”

(3)构成要件

第一，本罪侵犯的客体是国家的兵役制度。

第二，客观方面表现为逃离部队，情节严重的行为。

第三，本罪的主体是军职人员。

第四，主观方面是故意，并且具有脱离部队，逃避继续服兵役的目的。由于过失或者不可抗拒的原因，如因为受伤而没有跟上部队的，不构成犯罪。

(4)罪名界定

第一，本罪与战时临阵脱逃罪不同：①在犯罪主体方面，前者是一般的军职人员；而后者只限于参战或者临战的军职人员。②在主观目的方面，前者是为了逃避服兵役；而后者是为了逃避作战。③在犯罪的时间、地点等方面也不同。前者在战时、平时、战区、非战区都可以发生；而后者只能发生在临战或者战时。

第二，本罪与擅离军事职守罪的主要区别：在主观方面，本罪是故意犯罪；而后者是过失犯罪。本罪的犯罪主体是现役军人，其行为所违反的是现役军人依法服兵役的职责要求，行为人必须是已经离开部队，在客观上，并不要求已经造成严重后果；而擅离军事职守罪的犯罪主体限定为指挥人员和值班、值勤人员，其行为发生在担任指挥和值班、值勤任务时，所违反的是指挥和值班、值勤人员的特殊职责要求，行为人只要离开了特定的岗位，不要求必须离开部队，但要求必须已经造成严重后果。

第三，本罪与军人叛逃罪不同：①在主观目的和动机方面，前者在于逃避部队监管，逃避兵役义务，动机常常是贪生怕死，怕苦怕累；而后者的目的除了逃离部队外，还常常带有叛变色彩，必须具有逃离部队至境外或者在境外叛逃后不归国的目的，后者的动机除了贪生怕死、怕苦怕累以外，还往往直接与行为人向往境外生活方式的个人动因联系在一起。②在客观表现方面，前者脱离部队后，往往返回家中或者流落社会，并没有前往境外的行为，或者在境外的军事行动区逃离部队后，返回境内，并不在境外滞留；而后者在客观方面表现为叛逃部队到境外或者在境外叛逃。另外，军人叛逃罪的时间要件是履行公务期间，而逃离部队则没有时间限制。③在侵犯的客体方面，前者侵犯的客体是国家的兵役制度；而后者是复杂客体，在侵犯国家的兵役制度的同时，还侵犯了国家的军事秩序。

值得注意的是，当行为人逃离部队、潜入社会后又前往境外的，对这种行为的定罪，应当加以具体分析，不可一概而论。具体来说，如果行为人逃离部队的目的最终在于叛逃境外，其逃离部队的行为，仅仅是为叛逃境外做准备，这时，在社会的暂时羁留是整个犯罪过程中的一个必经阶段，对这样的行为，应该以军人叛逃罪论处。如果行为人脱离部队以后，由于客观原因，并没有被及时发觉和追究，后来行为人又实施了偷越国(边)境叛逃的行为，则对其行为不能按照叛逃罪处罚，而应该视其情节，按照逃离部队罪和偷越国(边)境罪实行数罪并罚。

(5)量刑幅度

根据《刑法》第435条的规定，对犯本罪的处罚分以下2个档次：

一是处3年以下有期徒刑或者拘役。

二是战时犯此罪的，处3年以上7年以下有期徒刑。

19. 武器装备肇事罪(第436条)

(1)罪名概念

武器装备肇事罪，是指军职人员违反武器装备使用规定，情节严重，因而发生责任事故，致人重伤、死亡或者造成其他严重后果的行为。

(2)法律规定

①本罪名是由《刑法》第436条规定的。该条规定："违反武器装备使用规定，情节严重，因而发生责任事故，致人重伤、死亡或者造成其他严重后果的，处三年以下有期徒刑或者拘役；后果特别严重的，处三年以上七年以下有期徒刑。"

《刑法》第450条规定："本章适用于中国人民解放军的现役军官、文职干部、士兵及具有军籍的学员和中国人民武装警察部队的现役警官、文职干部、士兵及具有军籍的学员以及文职人员、执行军事任务的预备役人员和其他人员。"

②2013年2月26日最高人民检察院、解放军总政治部印发的《军人违反职责罪案件立案标准的规定》第19条规定：本罪中的"情节严重，是指故意违反武器装备使用规定，或者在使用过程中严重不负责任。

涉嫌下列情形之一的，应予立案：

(一)影响重大任务完成的；

(二)造成死亡一人以上，或者重伤二人以上，或者轻伤三人以上的；

(三)造成武器装备、军事设施、军用物资或者其他财产损毁，直接经济损失三十万元以上，或者直接经济损失、间接经济损失合计一百五十万元以上的；

(四)严重损害国家和军队声誉，造成恶劣影响的；

(五)造成其他严重后果的"。

③1988年10月19日中国人民解放军军事法院《关于审理军人违反职责罪案件中几个具体问题的处理意见》第1条关于军职人员玩弄枪支、弹药走火或者爆炸，致人重伤、死亡或者造成其他严重后果的案件，是否一概以武器装备肇事罪论处的问题的规定："军职人员在执勤、训练、作战时使用、操作武器装备，或者在管理、维修、保养武器装备的过程中，违反武器装备使用规定和操作规程，情节严重，因而发生重大责任事故，致人重伤、死亡或者造成其他严重后果的，依照《条

例》第三条的规定，以武器装备肇事罪论处；凡违反枪支、弹药管理使用规定，私自携带枪支、弹药外出，因玩弄而造成走火或者爆炸，致人重伤、死亡或者使公私财产遭受重大损失的，分别依照《刑法》第一百三十五条、第一百三十三条、第一百零六条的规定，以过失重伤罪、过失杀人罪或者过失爆炸罪论处。”

④1988 年 10 月 19 日中国人民解放军军事法院《关于审理军人违反职责罪案件中几个具体问题的处理意见》第 4 条关于军职人员驾驶军用装备车辆肇事的，是定交通肇事罪还是定武器装备肇事罪的问题的规定：“军职人员驾驶军用装备车辆，违反武器装备使用规定和操作规程，情节严重，因而发生重大责任事故，致人重伤、死亡或者造成其他严重后果的，即使同时违反交通运输规章制度，也应当依照《条例》第三条的规定，以武器装备肇事罪论处；如果仅因违反交通运输规章制度而发生重大事故，致人重伤、死亡或者使公私财产遭受重大损失的，则依照《刑法》第一百一十三条的规定，以交通肇事罪论处。”

(3) 构成要件

第一，本罪侵犯的客体是部队武器装备使用制度。

第二，客观方面表现为违反武器装备使用规定，情节严重，因而发生责任事故，致人重伤、死亡或者造成其他严重后果的行为。

第三，犯罪主体是军职人员。

第四，主观方面是过失，即对发生的危害后果来说，只能是过失的心理状态，或者是疏忽大意，或者是过于自信。

(4) 罪名界定

认定本罪要注意以下问题：①过失致人死亡、过失致人重伤都是行为人由于过失造成的，造成此结果的工具是不是武器装备，这是本罪区别于其他犯罪的重要标志。非武器装备肇事的不能认定为武器装备肇事罪，可能是过失致人死亡或者过失致人重伤罪。②认定本罪还要看是不是在履行职责中违反了武器装备的使用规定。本罪的前提条件是，军职人员在履行职责过程中，违反了武器装备的使用规定而肇事。如果军职人员不是在履行职责中违反武器装备使用规定，而是在休假或者旅行中，私自携带武器，由于过失致人重伤或者死亡的，由于这时的军职人员没有使用武器装备的合理前提条件，因而不能按武器装备肇事罪论处，而应当认定是过失致人重伤罪或者过失致人死亡罪。③在使用武器装备过程中，如果行为人并没有违反武器装备的使用规定，而是由于不能预见的原因，客观上造成了严重损害的后果，就应当认定为意外事件，而不能认定为武器装备肇事犯罪。

(5) 量刑幅度

根据《刑法》第 436 条的规定，犯本罪的处 3 年以下有期徒刑或者拘役；造成特别严重后果的，处 3 年以上 7 年以下有期徒刑。

20. 擅自改变武器装备编配用途罪(第 437 条)

(1) 罪名概念

擅自改变武器装备编配用途罪，是指军职人员违反武器装备管理规定，擅自改变武器装备的编配用途，造成严重后果的行为。

(2) 法律规定

①本罪名是由《刑法》第 437 条规定的。该条规定：“违反武器装备管理规定，擅自改变武器装备的编配用途，造成严重后果的，处三年以下有期徒刑或者拘役；造成特别严重后果的，处三年以上七年以下有期徒刑。”

《刑法》第450条规定："本章适用于中国人民解放军的现役军官、文职干部、士兵及具有军籍的学员和中国人民武装警察部队的现役警官、文职干部、士兵及具有军籍的学员以及文职人员、执行军事任务的预备役人员和其他人员。"

②2013年2月26日最高人民检察院、解放军总政治部印发的《军人违反职责罪案件立案标准的规定》第20条规定："涉嫌下列情形之一的，应予立案：

（一）造成重大任务不能完成或者迟缓完成的；

（二）造成死亡一人以上，或者重伤三人以上，或者重伤二人、轻伤四人以上，或者重伤一人、轻伤七人以上，或者轻伤十人以上的；

（三）造成武器装备、军事设施、军用物资或者其他财产损毁，直接经济损失三十万元以上，或者直接经济损失、间接经济损失合计一百五十万元以上的；

（四）造成其他严重后果的。"

（3）构成要件

第一，本罪侵犯的客体是部队的武器装备的管理和使用制度。

第二，客观方面表现为行为人违反武器装备使用规定，擅自改变武器装备的编配用途，造成严重后果的行为。

第三，本罪的主体是现役军人。

第四，主观方面是过失，即行为人对违反规定，擅自改变武器装备的编配用途所造成的严重后果，是由于轻信可以避免，或者因为疏忽大意应该预见而没有预见。至于行为人违反武器装备使用规定的心理态度，则可能是故意，也可能是过失。

（4）罪名界定

第一，本罪与武器装备肇事罪的区别是：①本罪侵犯的直接客体是武器装备管理制度；而武器装备肇事罪侵犯的直接客体是武器装备使用制度。②在客观的表现方式方面，本罪是以擅自改变武器装备的编配用途为客观要件；而武器装备肇事罪的表现形式则是正常使用武器装备，因为不慎或者违反有关操作规定而发生责任事故。另外，本罪并不以"致人重伤、死亡"为主要构成犯罪要件。③本罪的构成在主观上既可以是过失，又可以是故意；而武器装备肇事罪的行为人在主观方面只能是过失。

第二，使用武器装备实施其他犯罪的，比如使用装备枪支杀人，使用舰艇、军用飞机走私，一般应当将其擅自改变武器装备编配用途的行为作为实施其他犯罪的一个情节从重处罚。在使用武器装备实施其他犯罪的过程中，武器装备损毁的，则应当实行数罪并罚。

（5）量刑幅度

根据《刑法》第437条的规定，犯本罪造成严重后果的，处3年以下有期徒刑或者拘役；造成特别严重后果的，处3年以上7年以下有期徒刑。

21. 盗窃、抢夺武器装备、军用物资罪（第438条）

（1）罪名概念

盗窃、抢夺武器装备、军用物资罪，是指军职人员以非法占有为目的，秘密窃取和公然夺取部队的武器装备或者军用物资的行为。

（2）法律规定

①本罪名是由《刑法》第438条规定的。该条规定："盗窃、抢夺武器装备或者军用物资的，处五年以下有期徒刑或者拘役；情节严重的，处五年以上十年以下有期徒刑；情节特别严重的，处十年以上有期徒刑、无期徒刑或者死刑。

盗窃、抢夺枪支、弹药、爆炸物的，依照本法第一百二十七条的规定处罚。”

《刑法》第450条规定：“本章适用于中国人民解放军的现役军官、文职干部、士兵及具有军籍的学员和中国人民武装警察部队的现役警官、文职干部、士兵及具有军籍的学员以及文职人员、执行军事任务的预备役人员和其他人员。”

②2013年2月26日最高人民检察院、解放军总政治部印发的《军人违反职责罪案件立案标准的规定》第21条规定：“抢夺武器装备罪是指以非法占有为目的，乘人不备，公然夺取武器装备的行为。

凡涉嫌盗窃、抢夺武器装备的，应予立案。

盗窃军用物资罪是指以非法占有为目的，秘密窃取军用物资的行为。

抢夺军用物资罪是指以非法占有为目的，乘人不备，公然夺取军用物资的行为。

凡涉嫌盗窃、抢夺军用物资价值二千元以上，或者不满规定数额，但后果严重的，应予立案。”

(3)构成要件

第一，本罪侵犯的客体是国家对武器装备和军用物资的所有权以及军队战斗力的物质保障。

第二，客观方面表现为行为人秘密窃取或者公然夺取武器装备或者军用物资的行为。

第三，犯罪主体是军职人员。

第四，主观方面是故意。

(4)罪名界定

第一，本罪与盗窃、抢夺枪支、弹药、爆炸物罪的主要区别是：①本罪是特殊主体，只限于军职人员；而后者是一般主体。②犯罪对象不同。前者是部队的武器装备和军用物资；而后者只是武器装备中的枪支、弹药、爆炸物，不包括其他武器装备，也不包括军用物资，而且枪支、弹药、爆炸物不限于部队所有，也包括国家机关、民兵所持有的。③在侵犯的直接客体方面，前者侵犯的是国家对武器装备和军用物资的所有权以及军队战斗力的物质保障；而后者侵犯的是复杂客体，既侵犯了公共安全，又侵犯了财产所有权。

第二，军人携带武器逃离部队，一方面是逃避服兵役，另一方面将部队的武器盗走。因此，对携带武器逃离部队的行为，应该按照数罪并罚的原则处罚。

(5)量刑幅度

根据《刑法》第438条的规定，对犯本罪的处罚分以下3个档次：

一是情节一般的，处5年以下有期徒刑或者拘役。

二是情节严重的，处5年以上10年以下有期徒刑。

三是情节特别严重的，处10年以上有期徒刑、无期徒刑或者死刑。

22. 非法出卖、转让武器装备罪(第439条)

(1)罪名概念

非法出卖、转让武器装备罪，是指军职人员非法出卖、转让军队武器装备的行为。

(2)法律规定

①本罪名是由《刑法》第439条规定的。该条规定：“非法出卖、转让军队武器装备的，处三年以上十年以下有期徒刑；出卖、转让大量武器装备或者有其他特别严重情节的，处十年以上有期徒刑、无期徒刑或者死刑。”

《刑法》第450条规定：“本章适用于中国人民解放军的现役军官、文职干部、士兵及具有军籍的学员和中国人民武装警察部队的现役警官、文职干部、士兵及具有军籍的学员以及文职人员、执行军事任务的预备役人员和其他人员。”

②2013年2月26日最高人民检察院、解放军总政治部印发的《军人违反职责罪案件立案标准的规定》第22条规定："出卖、转让，是指违反武器装备管理规定，未经有权机关批准，擅自用武器装备换取金钱、财物或者其他利益，或者将武器装备馈赠他人的行为。

涉嫌下列情形之一的，应予立案：

（一）非法出卖、转让枪支、手榴弹、爆炸装置的；

（二）非法出卖、转让子弹十发、雷管三十枚、导火索或者导爆索三十米、炸药一千克以上，或者不满规定数量，但后果严重的；

（三）非法出卖、转让武器装备零部件或者维修器材、设备，致使武器装备报废或者直接经济损失三十万元以上的；

（四）非法出卖、转让其他重要武器装备的。"

(3)构成要件

第一，本罪侵犯的客体是部队的武器装备管理和使用制度。

第二，客观方面表现为行为人非法出卖、转让军队武器装备的行为。

第三，本罪的主体是军职人员。主要是指合法持有武器装备的军职人员。

第四，主观方面是直接故意。

(4)罪名界定

本罪与非法买卖枪支、弹药、爆炸物罪的主要区别是：①前者是特殊主体，只限于军职人员；而后者是一般主体。②前者是部队的武器装备；而后者是武器装备中的枪支、弹药、爆炸物，并且枪支、弹药、爆炸物不只限于部队所有，也包括国家机关、民兵等所持有的枪支、弹药、爆炸物以及其他枪支、弹药、爆炸物。③侵犯的直接客体也不同。

(5)量刑幅度

根据《刑法》第439条的规定，对犯本罪的处罚分以下2个档次：

一是处3年以上10年以下有期徒刑。

二是出卖、转让大量武器装备或者有其他特别严重情节的，处10年以上有期徒刑、无期徒刑或者死刑。

23. 遗弃武器装备罪（第440条）

(1)罪名概念

遗弃武器装备罪，是指违抗命令，遗弃武器装备的行为。

(2)法律规定

①本罪名是由《刑法》第440条规定的。该条规定："违抗命令，遗弃武器装备的，处五年以下有期徒刑或者拘役；遗弃重要或者大量武器装备的，或者有其他严重情节的，处五年以上有期徒刑。"

《刑法》第450条规定："本章适用于中国人民解放军的现役军官、文职干部、士兵及具有军籍的学员和中国人民武装警察部队的现役警官、文职干部、士兵及具有军籍的学员以及文职人员、执行军事任务的预备役人员和其他人员。"

②2013年2月26日最高人民检察院、解放军总政治部印发的《军人违反职责罪案件立案标准的规定》第23条规定："涉嫌下列情形之一的，应予立案：

（一）遗弃枪支、手榴弹、爆炸装置的；

（二）遗弃子弹十发、雷管三十枚、导火索或者导爆索三十米、炸药一千克以上，或者不满规定数量，但后果严重的；

（三）遗弃武器装备零部件或者维修器材、设备，致使武器装备报废或者直接经济损失三十万元以上的；

（四）遗弃其他重要武器装备的。”

（3）构成要件

第一，本罪侵犯的客体是部队的武器装备的管理秩序。

第二，客观方面表现为违抗命令，遗弃武器装备的行为。

第三，犯罪主体是武器装备的使用者、保管者、指挥者。

第四，主观方面是故意，犯罪的动机可以是多种多样，不管动机如何，都不影响本罪的成立。

（4）罪名界定

第一，本罪与战时违抗命令罪的区别是：①侵犯的客体不同。后者侵犯的客体是作战利益，并且已经对作战利益造成了危害的后果；而本罪侵犯的客体主要是军队战斗力的物资保证。②行为表现方式不同。后者是以违抗作战命令为主要内容，命令的内容凡是与战斗有关，都可以包容；而本罪尽管有违抗命令这样的前提，但其违抗命令与遗弃武器装备结果之间有必然的内在联系。③量刑不同。本罪的处罚一般要轻于战时违抗命令罪。

第二，本罪与破坏武器装备罪不同。除了主观故意的内容不同以外，在客观方面，本罪表现为消极地将武器装备丢弃不管，而破坏武器装备的行为表现为采取各种方法，积极地将武器装备毁坏。因此，如果行为人所采取的遗弃武器装备的方法必然会造成武器装备的损毁或者灭失，例如故意将武器装备投入深海等，则属于破坏武器装备的行为。

第三，在战场或者战斗中，根据作战的需要或者上级首长的命令，丢弃一些武器装备，以便减轻部队不必要的负担，便于部队机动作战，轻装行进，不属于遗弃武器装备的行为，不能按本罪论处。所谓“遗弃”，就是抛弃，是一种故意行为。如果行为人是根据作战需要而丢弃一些武器装备用以诱骗敌人，不属于遗弃武器装备。

军人在作战时，临阵脱逃或者脱离部队，这时会遗弃武器装备，其行为如果符合不同的犯罪构成要件，应该实行数罪并罚。

（5）量刑幅度

根据《刑法》第440条的规定，对犯本罪的处罚分以下2个档次：

一是情节一般的，处5年以下有期徒刑或者拘役。

二是遗弃重要或者大量武器装备的，或者有其他严重情节的，处5年以上有期徒刑。

24. 遗失武器装备罪（第441条）

（1）罪名概念

遗失武器装备罪，是指军职人员因疏忽大意，漫不经心，严重不负责任而导致武器装备丢失，不及时报告，或者有其他严重情节的行为。

（2）法律规定

①本罪名是由《刑法》第441条规定的。该条规定：“遗失武器装备，不及时报告或者有其他严重情节的，处三年以下有期徒刑或者拘役。”

《刑法》第450条规定：“本章适用于中国人民解放军的现役军官、文职干部、士兵及具有军籍的学员和中国人民武装警察部队的现役警官、文职干部、士兵及具有军籍的学员以及文职人员、执行军事任务的预备役人员和其他人员。”

②2013年2月26日最高人民检察院、解放军总政治部印发的《军人违反职责罪案件立案标准的规定》第24条规定，本罪中的“其他严重情节，是指遗失武器装备严重影响重大任务完成的；

给人民群众生命财产安全造成严重危害的;遗失的武器装备被敌人或者境外的机构、组织和人员或者国内恐怖组织和人员利用,造成严重后果或者恶劣影响的;遗失的武器装备数量多、价值高的;战时遗失的,等等。

凡涉嫌遗失武器装备不及时报告或者有其他严重情节的,应予立案”。

(3)构成要件

第一,本罪侵犯的客体是复杂客体,既有军队武器装备管理制度,也有社会公共安全。

第二,客观方面表现为行为人遗失武器装备,不及时报告或者有其他严重情节的行为。

第三,犯罪主体是军职人员。

第四,主观方面是过失,如果是故意则不构成本罪。

(4)罪名界定

第一,本罪与遗弃武器装备罪的区别是:①本罪只能由过失构成;而遗弃武器装备罪则只能由故意构成。②在客观表现方面,本罪构成犯罪的前提是隐瞒情况不报,或者因为有遗失武器装备的严重情节;而遗弃武器装备罪构成的前提则是违背命令,公然拒绝携带武器装备,致使武器装备损失严重。③在量刑幅度方面,由于遗弃武器装备罪是故意犯罪,因此量刑要比遗失武器装备罪重。

第二,本罪与丢失枪支不报罪的区别是:①本罪的犯罪主体是军职人员;而丢失枪支不报罪的犯罪主体是依法配备公务用枪的有关军外人员。②在客观表现方面,本罪的构成不需要情节严重或者造成严重后果;而丢失枪支不报罪的既遂必须是“造成严重后果的”。

(5)量刑幅度

根据《刑法》第 441 条的规定,犯本罪的,处 3 年以下有期徒刑或者拘役。

25. 擅自出卖、转让军队房地产罪(第 442 条)

(1)罪名概念

擅自出卖、转让军队房地产罪,是指军队的有关责任人员,利用职务便利,违反国家和军队有关规定,擅自将军队房地产有偿出售或者无偿转让给他人,情节严重的行为。

(2)法律规定

①本罪名是由《刑法》第 442 条规定的。该条规定:“违反规定,擅自出卖、转让军队房地产,情节严重的,对直接责任人员,处三年以下有期徒刑或者拘役;情节特别严重的,处三年以上十年以下有期徒刑。”

《刑法》第 450 条规定:“本章适用于中国人民解放军的现役军官、文职干部、士兵及具有军籍的学员和中国人民武装警察部队的现役警官、文职干部、士兵及具有军籍的学员以及文职人员、执行军事任务的预备役人员和其他人员。”

②2013 年 2 月 26 日最高人民检察院、解放军总政治部印发的《军人违反职责罪案件立案标准的规定》第 25 条规定:“军队房地产,是指依法由军队使用管理的土地及其地上地下用于营房保障的建筑物、构筑物、附属设施设备,以及其他附着物。

涉嫌下列情形之一的,应予立案:

(一)擅自出卖、转让军队房地产价值三十万元以上的;

(二)擅自出卖、转让军队房地产给境外的机构、组织、人员的;

(三)擅自出卖、转让军队房地产严重影响部队正常战备、训练、工作、生活和完成军事任务的;

(四)擅自出卖、转让军队房地产给军事设施安全造成严重危害的;

(五)有其他情节严重行为的。”

(3)构成要件

第一,本罪侵犯的客体是军队房地产的管理秩序。

第二,客观方面表现为行为人利用职务便利或者滥用职权,擅自出卖或者转让军队房地产,并且情节严重的行为。

第三,犯罪主体是军队的有关领导和有关直接责任人员。

第四,主观方面是直接故意。

(4)罪名界定

根据《刑法》第442条的规定,构成本罪,应当是"情节严重的"。所谓"情节严重",在司法实践中,一般是指出卖、转让军队禁区房地产的;出卖、转让给境外的机构、组织、人员的;将非法所得挥霍浪费,占为己有的;因出卖、转让军队房地产而造成国家和军队财产严重损失或者其他严重后果的,等等。

(5)量刑幅度

根据《刑法》第442条的规定,对犯本罪的处罚分以下2个档次:

一是情节严重的,对直接责任人员,处3年以下有期徒刑或者拘役。

二是情节特别严重的,处3年以上10年以下有期徒刑。

26. 虐待部属罪(第443条)

(1)罪名概念

虐待部属罪,是指担任军队领导职务的人员滥用职权,虐待、残害部属,情节恶劣,因而发生致人重伤、死亡或者其他严重后果的行为。

(2)法律规定

①本罪名是由《刑法》第443条规定的。该条规定:"滥用职权,虐待部属,情节恶劣,致人重伤或者造成其他严重后果的,处五年以下有期徒刑或者拘役;致人死亡的,处五年以上有期徒刑。"

《刑法》第450条规定:"本章适用于中国人民解放军的现役军官、文职干部、士兵及具有军籍的学员和中国人民武装警察部队的现役警官、文职干部、士兵及具有军籍的学员以及文职人员、执行军事任务的预备役人员和其他人员。"

②2013年2月26日最高人民检察院、解放军总政治部印发的《军人违反职责罪案件立案标准的规定》第26条规定:"虐待部属,是指采取殴打、体罚、冻饿或者其他有损身心健康的手段,折磨、摧残部属的行为。

情节恶劣,是指虐待手段残酷的;虐待三人以上的;虐待部属三次以上的;虐待伤病残部属的,等等。

其他严重后果,是指部属不堪忍受虐待而自杀、自残造成重伤或者精神失常的;诱发其他案件、事故的;导致部属一人逃离部队三次以上,或者二人以上逃离部队的;造成恶劣影响的,等等。

凡涉嫌虐待部属,情节恶劣,致人重伤、死亡或者造成其他严重后果的,应予立案。"

(3)构成要件

第一,本罪侵犯的客体是我军官兵一致的上下级关系和部属的人身权利。

第二,客观方面表现为滥用职权,虐待部属,而且情节恶劣,致人重伤、死亡以及造成其他严重后果的行为。

第三,本罪的主体只能是部属的上级领导,即部属的直接首长。

第四,主观方面是故意。

(4)罪名界定

按照《刑法》第443条的规定,构成本罪必须是情节恶劣,致人重伤或者其他严重后果的,有的甚至是死亡后果,但本罪与能够致人伤害的故意伤害罪、非法拘禁罪、虐待罪有以下区别:①犯罪主体不同。前者的主体是军职人员,而且是处于领导岗位的军人;而后者的主体是一般公民或者被害人的家庭成员。②行为性质不同。前者是处于领导岗位的军职人员滥用职权,对部属实行虐待,属于军人违反职责性质的犯罪;而后者则不具备这样的性质,属于侵犯公民人身权利或妨害家庭制度性质的犯罪。

(5)量刑幅度

根据《刑法》第443条的规定,对犯本罪的处罚分以下2个档次:

一是犯本罪的,处5年以下有期徒刑或者拘役。

二是致人死亡的,处5年以上有期徒刑。

27. 遗弃伤病军人罪(第444条)

(1)罪名概念

遗弃伤病军人罪,是指在战场上负有救护职责的军职人员,故意遗弃伤病军人,情节恶劣的行为。

(2)法律规定

①本罪名是由《刑法》第444条规定的。该条规定:"在战场上故意遗弃伤病军人,情节恶劣的,对直接责任人员,处五年以下有期徒刑。"

《刑法》第450条规定:"本章适用于中国人民解放军的现役军官、文职干部、士兵及具有军籍的学员和中国人民武装警察部队的现役警官、文职干部、士兵及具有军籍的学员以及文职人员、执行军事任务的预备役人员和其他人员。"

②2013年2月26日最高人民检察院、解放军总政治部印发的《军人违反职责罪案件立案标准的规定》第27条规定:"涉嫌下列情形之一的,应予立案:

(一)为挟嫌报复而遗弃伤病军人的;

(二)遗弃伤病军人三人以上的;

(三)导致伤病军人死亡、失踪、被俘的;

(四)有其他恶劣情节的。"

(3)构成要件

第一,本罪侵犯的客体是军职人员的战场职责和军队的战斗秩序。

第二,客观方面表现为在战场上遗弃伤病军人,情节恶劣的行为。

第三,犯罪主体是对被遗弃的伤病军人负有救护责任的人员或者指挥人员。

第四,主观方面是故意。

(4)罪名界定

认定本罪需要注意以下问题:①本罪主观方面是故意。如果误认为伤病军人已经死亡,或者情况紧急,确实没有条件救护的,不应当以犯罪处罚。②在抢救伤员过程中,救护人员如果因为贪生怕死,以逃避战斗为目的,擅自丢开伤病军人,逃离战场,应当依照《刑法》第424条规定的战时临阵脱逃罪从重处罚。③救护人员在战时拒不执行上级关于救护伤病员的命令,不积极抢救伤病员,因而造成严重后果的;或者对于已抢救下来的伤病军人,已予安置,而负有救护责任的医务人员不给必要的治疗和护理,导致医疗责任事故的,可按照《刑法》第445条规定的战时拒不救治伤病军人罪论处。

(5)量刑幅度

根据《刑法》第444条的规定,对犯本罪的直接责任人员,处5年以下有期徒刑。

28. 战时拒不救治伤病军人罪(第445条)

(1)罪名概念

战时拒不救治伤病军人罪,是指战时在救护治疗岗位上,有条件救治而拒不救治危重伤病军人的行为。

(2)法律规定

①本罪名是由《刑法》第445条规定的。该条规定:“战时在救护治疗职位上,有条件救治而拒不救治危重伤病军人的,处五年以下有期徒刑或者拘役;造成伤病军人重残、死亡或者有其他严重情节的,处五年以上十年以下有期徒刑。”

《刑法》第449条规定:“在战时,对被判处三年以下有期徒刑没有现实危险宣告缓刑的犯罪军人,允许其戴罪立功,确有立功表现时,可以撤销原判刑罚,不以犯罪论处。”

《刑法》第450条规定:“本章适用于中国人民解放军的现役军官、文职干部、士兵及具有军籍的学员和中国人民武装警察部队的现役警官、文职干部、士兵及具有军籍的学员以及文职人员、执行军事任务的预备役人员和其他人员。”

《刑法》第451条规定:“本章所称战时,是指国家宣布进入战争状态、部队受领作战任务或者遭敌突然袭击时。

部队执行戒严任务或者处置突发性暴力事件时,以战时论。”

②2013年2月26日最高人民检察院、解放军总政治部印发的《军人违反职责罪案件立案标准的规定》第28条规定:“有条件救治而拒不救治,是指根据伤病军人的伤情或者病情,结合救护人员的技术水平、医疗单位的医疗条件及当时的客观环境等因素,能够给予救治而拒绝抢救、治疗。

凡战时涉嫌拒不救治伤病军人的,应予立案。”

(3)构成要件

第一,本罪侵犯的客体是战时救护秩序。

第二,客观方面表现为战时在救护治疗岗位上,有条件救治而拒不救治危重伤病军人的行为。

第三,犯罪主体是军职人员中具有救护、治疗职责的军职人员,如军医、护理人员等。普通参战士兵和军官不能构成本罪。

第四,主观方面是故意,即明知他人属于危重伤病军人,并且有条件救治而拒绝救治。

(4)罪名界定

在《刑法》中,与本罪容易混淆的是遗弃伤病军人罪,但二者有以下区别:①在犯罪主体方面,前者是军职人员中具有救治、治疗职责的人员,比如军医、护理人员等;而后者主体是对伤病军人有救护任务的直接责任人员,包括医疗救护人员和指挥人员,因而后者的范围显然更加广泛。②在犯罪客观方面,前者表现为拒不救治危重伤病军人的行为;而后者表现为遗弃伤病军人,情节恶劣的行为。前者的拒不救治一经实施即构成犯罪;而后者的遗弃行为必须达到情节恶劣的程度才能构成犯罪。

(5)量刑幅度

根据《刑法》第445条的规定,对犯本罪的处罚分以下2个档次:

一是情节一般的,处5年以下有期徒刑或者拘役。

二是造成伤病军人重残、死亡或者有其他严重情节的,处5年以上10年以下有期徒刑。

29. 战时残害居民、掠夺居民财物罪(第446条)

(1)罪名概念

战时残害居民、掠夺居民财物罪,是指军职人员在战时的军事行动地区,对无辜居民实行伤害、烧杀、奸淫等残害方法,或者采用暴力、威胁等手段,抢夺、抢劫无辜居民财产的行为。

(2)法律规定

①本罪名是由《刑法》第446条规定的。该条规定:"战时在军事行动地区,残害无辜居民或者掠夺无辜居民财物的,处五年以下有期徒刑;情节严重的,处五年以上十年以下有期徒刑;情节特别严重的,处十年以上有期徒刑、无期徒刑或者死刑。"

《刑法》第449条规定:"在战时,对被判处三年以下有期徒刑没有现实危险宣告缓刑的犯罪军人,允许其戴罪立功,确有立功表现时,可以撤销原判刑罚,不以犯罪论处。"

《刑法》第450条规定:"本章适用于中国人民解放军的现役军官、文职干部、士兵及具有军籍的学员和中国人民武装警察部队的现役警官、文职干部、士兵及具有军籍的学员以及文职人员、执行军事任务的预备役人员和其他人员。"

《刑法》第451条规定:"本章所称战时,是指国家宣布进入战争状态、部队受领作战任务或者遭敌突然袭击时。

部队执行戒严任务或者处置突发性暴力事件时,以战时论。"

②2013年2月26日最高人民检察院、解放军总政治部印发的《军人违反职责罪案件立案标准的规定》第29条规定:"无辜居民,是指对我军无敌对行动的平民。

战时涉嫌下列情形之一的,应予立案:

(一)故意造成无辜居民死亡、重伤或者轻伤三人以上的;

(二)强奸无辜居民的;

(三)故意损毁无辜居民财物价值五千元以上,或者不满规定数额,但手段恶劣、后果严重的。

战时掠夺居民财物罪是指战时在军事行动地区抢劫、抢夺无辜居民财物的行为。

战时涉嫌下列情形之一的,应予立案:

(一)抢劫无辜居民财物的;

(二)抢夺无辜居民财物价值二千元以上,或者不满规定数额,但手段恶劣、后果严重的。"

(3)构成要件

第一,本罪侵犯的客体是复杂客体,既侵犯了我军作战利益,又侵犯了战区无辜居民的人身权利和财产权利。

第二,客观方面表现为在战时情况下,军职人员在军事行动地区实施了残害无辜居民或者掠夺无辜居民财物的行为。在战场上掠夺阵亡烈士、伤员和敌人的财物的,不构成本罪。

第三,本罪的主体是军职人员。战时参战的预备役军人、民兵、民工,能够成为本罪的主体。

第四,主观方面是故意。

(4)罪名界定

本罪在客观方面虽然表现为实施了残害无辜居民或者掠夺无辜居民财物的行为,但本罪与抢劫罪、抢夺罪、故意伤害罪、故意杀人罪、强奸罪等犯罪还是有区别的,具体如下:①犯罪侵犯的客体不同。本罪侵犯的客体是我军战场纪律和军事行动地区无辜居民的人身权利和财产权利;而抢劫罪、抢夺罪、故意伤害罪、故意杀人罪等侵犯的是公民的人身权利或者财产权利。②犯罪的主体不同。本罪的主体是军职人员,属于特殊主体;而抢劫罪、抢夺罪、故意伤害罪、故意杀人罪、强奸罪等犯罪的主体是一般主体，任何具有刑事责任能力的人都可以构成。③犯罪对象也不同。本罪的对象是战时军事行动地区无辜居民或者财物；而抢劫罪、抢夺罪、故意伤害罪、故意杀人罪、强奸罪等则没有这样的限制。④犯罪的时间地点不同。本罪发生在战时军事行动地区；而抢劫罪、抢夺罪、故意杀人罪、故意伤害罪、强奸罪等可以发生在任何时间和地点。

(5)量刑幅度

根据《刑法》第446条的规定，对犯本罪的处罚分以下3个档次：

一是情节一般的，处5年以下有期徒刑。

二是情节严重的，处5年以上10年以下有期徒刑。

三是情节特别严重的，处10年以上有期徒刑、无期徒刑或者死刑。

根据《刑法》第36条第1款的规定，如果是由于犯罪分子的犯罪行为使被害人遭受经济损失，对犯罪分子除了依法给予刑事处罚外，还应当根据情况，判处赔偿经济损失。

30. 私放俘虏罪(第447条)

(1)罪名概念

私放俘虏罪，是指负有监管俘虏职责的军职人员或者其他有关的军职人员，非法私自将俘虏放走的行为。

(2)法律规定

①本罪名是由《刑法》第447条规定的。该条规定："私放俘虏的，处五年以下有期徒刑；私放重要俘虏、私放俘虏多人或者有其他严重情节的，处五年以上有期徒刑。"

《刑法》第450条规定："本章适用于中国人民解放军的现役军官、文职干部、士兵及具有军籍的学员和中国人民武装警察部队的现役警官、文职干部、士兵及具有军籍的学员以及文职人员、执行军事任务的预备役人员和其他人员。"

②2013年2月26日最高人民检察院、解放军总政治部印发的《军人违反职责罪案件立案标准的规定》第30条规定："凡涉嫌私放俘虏的，应予立案。"

(3)构成要件

第一，本罪侵犯的客体是军队监管俘虏的制度。

第二，客观方面表现为非法私自放走俘虏的行为。

第三，犯罪主体是负有监管俘虏职责的军职人员或者其他有关的军职人员。

第四，主观方面是故意。

(4)罪名界定

第一，本罪与私放在押人员罪不同：①在犯罪主体方面，前者是军职人员；而后者主要是负有监管人犯职责的司法工作人员。②在行为性质方面，前者不要求具备利用职务之便的条件，凡是军职人员，即使不是负责监管俘虏的军职人员，如果实施了非法私自放走俘虏的行为，都构成该罪；而后者有渎职的性质，需要行为人有利用职务之便这个前提条件。③在放走的对象方面，前者私放的是战俘；而后者私放的是罪犯、被告人或者犯罪嫌疑人。

第二，本罪与擅离、玩忽军事职守罪不同。擅离、玩忽军事职守罪也有可能发生俘虏逃脱的后果。但是，这两种犯罪主要区别在于主观方面：前者是故意把俘虏放走；而后者对俘虏逃脱这一后果，既不是放任，也不是希望，而是出于疏忽大意或者过于自信。

(5)量刑幅度

根据《刑法》第447条的规定，犯本罪的，处5年以下有期徒刑。私放重要俘虏、私放俘虏多人或者有其他严重情节的，处5年以上有期徒刑。

31. 虐待俘虏罪(第448条)

(1)罪名概念

虐待俘虏罪,是指对我军捕获不再进行反抗的敌方人员,实施虐待,情节恶劣的行为。

(2)法律规定

①本罪名是由《刑法》第448条规定的。该条规定:“虐待俘虏,情节恶劣的,处三年以下有期徒刑。”

《刑法》第450条规定:“本章适用于中国人民解放军的现役军官、文职干部、士兵及具有军籍的学员和中国人民武装警察部队的现役警官、文职干部、士兵及具有军籍的学员以及文职人员、执行军事任务的预备役人员和其他人员。”

②2013年2月26日最高人民检察院、解放军总政治部印发的《军人违反职责罪案件立案标准的规定》第31条规定:“涉嫌下列情形之一的,应予立案:

(一)指挥人员虐待俘虏的;

(二)虐待俘虏三人以上,或者虐待俘虏三次以上的;

(三)虐待俘虏手段特别残忍的;

(四)虐待伤病俘虏的;

(五)导致俘虏自杀、逃跑等严重后果的;

(六)造成恶劣影响的;

(七)有其他恶劣情节的。”

(3)构成要件

第一,本罪侵犯的客体是部队的作战利益和被俘人员的人身权利。

第二,客观方面表现为对俘虏实施精神折磨、肉体摧残和生活上不人道虐待,情节恶劣的行为。

第三,犯罪主体是我军管理战俘的人员。

第四,主观方面是故意。

(4)罪名界定

第一,虐待俘虏罪以“情节恶劣”为其不可缺少的构成要件,因此,在处理这类案件时,要注意把握什么是“情节恶劣”,并且把它同工作方法简单粗暴以及偶尔对俘虏进行打骂行为相区别。

根据2002年10月31日中国人民解放军总政治部《关于军人违反职责罪案件立案标准的规定(试行)》第1条第31项的规定,实施虐待,情节恶劣,应予立案是指涉嫌下列情形之一的:①指挥人员带头虐待俘虏的;②虐待俘虏3人以上,或者多次虐待俘虏的;③虐待俘虏手段特别残忍的;④虐待伤病俘虏的;⑤虐待重要俘虏的;⑥因虐待导致俘虏自杀、行凶、伤亡、逃跑、集体闹事等严重后果的;⑦因虐待俘虏造成恶劣社会影响的;⑧有其他恶劣情节的。

第二,采用暴力方法虐待被俘人员,致其伤害、死亡的,应区别行为人对造成被俘人员的伤害、死亡的心理态度,作出不同结论。如果是出于故意,应当认定为故意伤害罪或者故意杀人罪,与虐待俘虏罪实行数罪并罚。如果是出于过失,应当以过失致人重伤罪或者过失致人死亡罪与虐待俘虏罪实行数罪并罚。对于因为行为人对被俘人员长期虐待而致其身体严重损伤或者死亡的,以及因为行为人的虐待行为而导致被俘人员不堪忍受而自杀、自伤的,应当以虐待俘虏罪从重处罚。

(5)量刑幅度

根据《刑法》第448条的规定,虐待俘虏,情节恶劣的,处3年以下有期徒刑。

附录一
中华人民共和国刑法
（修正文本）

（1979年7月1日通过,1997年3月14日修订,至2020年12月26日先后经过十一次修正;编者整理并加注【】符号。）

目　　录

第一编　总　　则

第一章　刑法的任务、基本原则和适用范围

第一条　【立法目的和根据】为了惩罚犯罪，保护人民，根据宪法，结合我国同犯罪作斗争的具体经验及实际情况，制定本法。

第二条　【任务】中华人民共和国刑法的任务，是用刑罚同一切犯罪行为作斗争，以保卫国家安全，保卫人民民主专政的政权和社会主义制度，保护国有财产和劳动群众集体所有的财产，保护公民私人所有的财产，保护公民的人身权利、民主权利和其他权利，维护社会秩序、经济秩序，保障社会主义建设事业的顺利进行。

第三条　【罪刑法定原则】法律明文规定为犯罪行为的，依照法律定罪处刑；法律没有明文

规定为犯罪行为的,不得定罪处刑。

第四条　【法律面前人人平等原则】对任何人犯罪,在适用法律上一律平等。不允许任何人有超越法律的特权。

第五条　【罪刑相适应原则】刑罚的轻重,应当与犯罪分子所犯罪行和承担的刑事责任相适应。

第六条　【属地管辖权】凡在中华人民共和国领域内犯罪的,除法律有特别规定的以外,都适用本法。

凡在中华人民共和国船舶或者航空器内犯罪的,也适用本法。

犯罪的行为或者结果有一项发生在中华人民共和国领域内的,就认为是在中华人民共和国领域内犯罪。

第七条　【属人管辖权】中华人民共和国公民在中华人民共和国领域外犯本法规定之罪的,适用本法,但是按本法规定的最高刑为三年以下有期徒刑的,可以不予追究。

中华人民共和国国家工作人员和军人在中华人民共和国领域外犯本法规定之罪的,适用本法。

第八条　【保护管辖权】外国人在中华人民共和国领域外对中华人民共和国国家或者公民犯罪,而按本法规定的最低刑为三年以上有期徒刑的,可以适用本法,但是按照犯罪地的法律不受处罚的除外。

第九条　【普遍管辖权】对于中华人民共和国缔结或者参加的国际条约所规定的罪行,中华人民共和国在所承担条约义务的范围内行使刑事管辖权的,适用本法。

第十条　【域外刑事判决的消极承认】凡在中华人民共和国领域外犯罪,依照本法应当负刑事责任的,虽然经过外国审判,仍然可以依照本法追究,但是在外国已经受过刑罚处罚的,可以免除或者减轻处罚。

第十一条　【外交代表的刑事豁免】享有外交特权和豁免权的外国人的刑事责任,通过外交途径解决。

第十二条　【溯及力】中华人民共和国成立以后本法施行以前的行为,如果当时的法律不认为是犯罪的,适用当时的法律;如果当时的法律认为是犯罪的,依照本法总则第四章第八节的规定应当追诉的,按照当时的法律追究刑事责任,但是如果本法不认为是犯罪或者处刑较轻的,适用本法。

本法施行以前,依照当时的法律已经作出的生效判决,继续有效。

第二章　犯　　罪

第一节　犯罪和刑事责任

第十三条　【犯罪概念】一切危害国家主权、领土完整和安全,分裂国家、颠覆人民民主专政的政权和推翻社会主义制度,破坏社会秩序和经济秩序,侵犯国有财产或者劳动群众集体所有的财产,侵犯公民私人所有的财产,侵犯公民的人身权利、民主权利和其他权利,以及其他危害社会的行为,依照法律应当受刑罚处罚的,都是犯罪,但是情节显著轻微危害不大的,不认为是犯罪。

第十四条　【故意犯罪】明知自己的行为会发生危害社会的结果,并且希望或者放任这种结果发生,因而构成犯罪的,是故意犯罪。

故意犯罪,应当负刑事责任。

第十五条　【过失犯罪】应当预见自己的行为可能发生危害社会的结果,因为疏忽大意而没有预见,或者已经预见而轻信能够避免,以致发生这种结果的,是过失犯罪。

过失犯罪,法律有规定的才负刑事责任。

第十六条　【不可抗力和意外事件】行为在客观上虽然造成了损害结果,但是不是出于故意或者过失,而是由于不能抗拒或者不能预见的原因所引起的,不是犯罪。

第十七条　【刑事责任年龄】已满十六周岁的人犯罪,应当负刑事责任。

已满十四周岁不满十六周岁的人,犯故意杀人、故意伤害致人重伤或者死亡、强奸、抢劫、贩卖毒品、放火、爆炸、投放危险物质罪的,应当负刑事责任。

已满十二周岁不满十四周岁的人,犯故意杀人、故意伤害罪,致人死亡或者以特别残忍手段致人重伤造成严重残疾,情节恶劣,经最高人民检察院核准追诉的,应当负刑事责任。

对依照前三款规定追究刑事责任的不满十八周岁的人,应当从轻或者减轻处罚。

因不满十六周岁不予刑事处罚的,责令其父母或者其他监护人加以管教;在必要的时候,依法进行专门矫治教育。

第十七条之一　【已满七十五周岁的人犯罪的刑事责任】已满七十五周岁的人故意犯罪的,可以从轻或者减轻处罚;过失犯罪的,应当从轻或者减轻处罚。

第十八条　【精神病人与醉酒的人的刑事责任能力】精神病人在不能辨认或者不能控制自己行为的时候造成危害结果,经法定程序鉴定确认的,不负刑事责任,但是应当责令他的家属或者监护人严加看管和医疗;在必要的时候,由政府强制医疗。

间歇性的精神病人在精神正常的时候犯罪,应当负刑事责任。

尚未完全丧失辨认或者控制自己行为能力的精神病人犯罪的,应当负刑事责任,但是可以从轻或者减轻处罚。

醉酒的人犯罪,应当负刑事责任。

第十九条　【又聋又哑的人或盲人犯罪的刑事责任】又聋又哑的人或者盲人犯罪,可以从轻、减轻或者免除处罚。

第二十条　【正当防卫】为了使国家、公共利益、本人或者他人的人身、财产和其他权利免受正在进行的不法侵害,而采取的制止不法侵害的行为,对不法侵害人造成损害的,属于正当防卫,不负刑事责任。

正当防卫明显超过必要限度造成重大损害的,应当负刑事责任,但是应当减轻或者免除处罚。

对正在进行行凶、杀人、抢劫、强奸、绑架以及其他严重危及人身安全的暴力犯罪,采取防卫行为,造成不法侵害人伤亡的,不属于防卫过当,不负刑事责任。

第二十一条　【紧急避险】为了使国家、公共利益、本人或者他人的人身、财产和其他权利免受正在发生的危险,不得已采取的紧急避险行为,造成损害的,不负刑事责任。

紧急避险超过必要限度造成不应有的损害的,应当负刑事责任,但是应当减轻或者免除处罚。

第一款中关于避免本人危险的规定,不适用于职务上、业务上负有特定责任的人。

第二节　犯罪的预备、未遂和中止

第二十二条　【犯罪预备】为了犯罪,准备工具、制造条件的,是犯罪预备。

对于预备犯,可以比照既遂犯从轻、减轻处罚或者免除处罚。

第二十三条　【犯罪未遂】已经着手实行犯罪,由于犯罪分子意志以外的原因而未得逞的,是犯罪未遂。

对于未遂犯,可以比照既遂犯从轻或者减轻处罚。

第二十四条　【犯罪中止】在犯罪过程中,自动放弃犯罪或者自动有效地防止犯罪结果发生的,是犯罪中止。

对于中止犯,没有造成损害的,应当免除处罚;造成损害的,应当减轻处罚。

第三节　共同犯罪

第二十五条　【共同犯罪概念】共同犯罪是指二人以上共同故意犯罪。

二人以上共同过失犯罪,不以共同犯罪论处;应当负刑事责任的,按照他们所犯的罪分别处罚。

第二十六条　【主犯】组织、领导犯罪集团进行犯罪活动的或者在共同犯罪中起主要作用的,是主犯。

三人以上为共同实施犯罪而组成的较为固定的犯罪组织,是犯罪集团。

对组织、领导犯罪集团的首要分子,按照集团所犯的全部罪行处罚。

对于第三款规定以外的主犯,应当按照其所参与的或者组织、指挥的全部犯罪处罚。

第二十七条　【从犯】在共同犯罪中起次要或者辅助作用的,是从犯。

对于从犯,应当从轻、减轻处罚或者免除处罚。

第二十八条　【胁从犯】对于被胁迫参加犯罪的,应当按照他的犯罪情节减轻处罚或者免除处罚。

第二十九条　【教唆犯】教唆他人犯罪的,应当按照他在共同犯罪中所起的作用处罚。教唆不满十八周岁的人犯罪的,应当从重处罚。

如果被教唆的人没有犯被教唆的罪,对于教唆犯,可以从轻或者减轻处罚。

第四节　单位犯罪

第三十条　【单位负刑事责任的范围】公司、企业、事业单位、机关、团体实施的危害社会的行为,法律规定为单位犯罪的,应当负刑事责任。

第三十一条　【单位犯罪的处罚原则】单位犯罪的,对单位判处罚金,并对其直接负责的主管人员和其他直接责任人员判处刑罚。本法分则和其他法律另有规定的,依照规定。

第三章　刑　　罚

第一节　刑罚的种类

第三十二条　【刑罚的分类】刑罚分为主刑和附加刑。

第三十三条　【主刑种类】主刑的种类如下:

(一)管制;

(二)拘役;

(三)有期徒刑;

(四)无期徒刑;

(五)死刑。

第三十四条 【附加刑种类】附加刑的种类如下:

(一)罚金;

(二)剥夺政治权利;

(三)没收财产。

附加刑也可以独立适用。

第三十五条 【驱逐出境】对于犯罪的外国人,可以独立适用或者附加适用驱逐出境。

第三十六条 【民事赔偿责任】由于犯罪行为而使被害人遭受经济损失的,对犯罪分子除依法给予刑事处罚外,并应根据情况判处赔偿经济损失。

承担民事赔偿责任的犯罪分子,同时被判处罚金,其财产不足以全部支付的,或者被判处没收财产的,应当先承担对被害人的民事赔偿责任。

第三十七条 【非刑罚性处置措施】对于犯罪情节轻微不需要判处刑罚的,可以免予刑事处罚,但是可以根据案件的不同情况,予以训诫或者责令具结悔过、赔礼道歉、赔偿损失,或者由主管部门予以行政处罚或者行政处分。

第三十七条之一 【禁止从事相关职业】因利用职业便利实施犯罪,或者实施违背职业要求的特定义务的犯罪被判处刑罚的,人民法院可以根据犯罪情况和预防再犯罪的需要,禁止其自刑罚执行完毕之日或者假释之日起从事相关职业,期限为三年至五年。

被禁止从事相关职业的人违反人民法院依照前款规定作出的决定的,由公安机关依法给予处罚;情节严重的,依照本法第三百一十三条的规定定罪处罚。

其他法律、行政法规对其从事相关职业另有禁止或者限制性规定的,从其规定。

第二节 管 制

第三十八条 【管制的期限与执行】管制的期限,为三个月以上二年以下。

判处管制,可以根据犯罪情况,同时禁止犯罪分子在执行期间从事特定活动,进入特定区域、场所,接触特定的人。

对判处管制的犯罪分子,依法实行社区矫正。

违反第二款规定的禁止令的,由公安机关依照《中华人民共和国治安管理处罚法》的规定处罚。

第三十九条 【被管制罪犯的义务与权利】被判处管制的犯罪分子,在执行期间,应当遵守下列规定:

(一)遵守法律、行政法规,服从监督;

(二)未经执行机关批准,不得行使言论、出版、集会、结社、游行、示威自由的权利;

(三)按照执行机关规定报告自己的活动情况;

(四)遵守执行机关关于会客的规定;

(五)离开所居住的市、县或者迁居,应当报经执行机关批准。

对于被判处管制的犯罪分子,在劳动中应当同工同酬。

第四十条 【管制的解除】被判处管制的犯罪分子,管制期满,执行机关应即向本人和其所在单位或者居住地的群众宣布解除管制。

第四十一条 【管制刑期的计算和折抵】管制的刑期,从判决执行之日起计算;判决执行以前先行羁押的,羁押一日折抵刑期二日。

第三节　拘　　役

第四十二条　【拘役的期限】拘役的期限,为一个月以上六个月以下。

第四十三条　【拘役的执行】被判处拘役的犯罪分子,由公安机关就近执行。

在执行期间,被判处拘役的犯罪分子每月可以回家一天至两天;参加劳动的,可以酌量发给报酬。

第四十四条　【拘役刑期的计算】拘役的刑期,从判决执行之日起计算;判决执行以前先行羁押的,羁押一日折抵刑期一日。

第四节　有期徒刑、无期徒刑

第四十五条　【有期徒刑的期限】有期徒刑的期限,除本法第五十条、第六十九条规定外,为六个月以上十五年以下。

第四十六条　【有期徒刑与无期徒刑的执行】被判处有期徒刑、无期徒刑的犯罪分子,在监狱或者其他执行场所执行;凡有劳动能力的,都应当参加劳动,接受教育和改造。

第四十七条　【有期徒刑刑期的计算】有期徒刑的刑期,从判决执行之日起计算;判决执行以前先行羁押的,羁押一日折抵刑期一日。

第五节　死　　刑

第四十八条　【死刑的适用对象及核准程序】死刑只适用于罪行极其严重的犯罪分子。对于应当判处死刑的犯罪分子,如果不是必须立即执行的,可以判处死刑同时宣告缓期二年执行。

死刑除依法由最高人民法院判决的以外,都应当报请最高人民法院核准。死刑缓期执行的,可以由高级人民法院判决或者核准。

第四十九条　【死刑适用对象的限制】犯罪的时候不满十八周岁的人和审判的时候怀孕的妇女,不适用死刑。

审判的时候已满七十五周岁的人,不适用死刑,但以特别残忍手段致人死亡的除外。

第五十条　【死缓变更】判处死刑缓期执行的,在死刑缓期执行期间,如果没有故意犯罪,二年期满以后,减为无期徒刑;如果确有重大立功表现,二年期满以后,减为二十五年有期徒刑;如果故意犯罪,情节恶劣的,报请最高人民法院核准后执行死刑;对于故意犯罪未执行死刑的,死刑缓期执行的期间重新计算,并报最高人民法院备案。

对被判处死刑缓期执行的累犯以及因故意杀人、强奸、抢劫、绑架、放火、爆炸、投放危险物质或者有组织的暴力性犯罪被判处死刑缓期执行的犯罪分子,人民法院根据犯罪情节等情况可以同时决定对其限制减刑。

第五十一条　【死缓执行期间的计算】死刑缓期执行的期间,从判决确定之日起计算。死刑缓期执行减为有期徒刑的刑期,从死刑缓期执行期满之日起计算。

第六节　罚　　金

第五十二条　【罚金的判处】判处罚金,应当根据犯罪情节决定罚金数额。

第五十三条　【罚金的缴纳】罚金在判决指定的期限内一次或者分期缴纳。期满不缴纳的，强制缴纳。对于不能全部缴纳罚金的，人民法院在任何时候发现被执行人有可以执行的财产，应当随时追缴。

由于遭遇不能抗拒的灾祸等原因缴纳确实有困难的，经人民法院裁定，可以延期缴纳、酌情减少或者免除。

第七节　剥夺政治权利

第五十四条　【剥夺政治权利的内容】剥夺政治权利是剥夺下列权利：

（一）选举权和被选举权；

（二）言论、出版、集会、结社、游行、示威自由的权利；

（三）担任国家机关职务的权利；

（四）担任国有公司、企业、事业单位和人民团体领导职务的权利。

第五十五条　【剥夺政治权利的期限】剥夺政治权利的期限，除本法第五十七条规定外，为一年以上五年以下。

判处管制附加剥夺政治权利的，剥夺政治权利的期限与管制的期限相等，同时执行。

第五十六条　【剥夺政治权利的适用对象】对于危害国家安全的犯罪分子应当附加剥夺政治权利；对于故意杀人、强奸、放火、爆炸、投毒、抢劫等严重破坏社会秩序的犯罪分子，可以附加剥夺政治权利。

独立适用剥夺政治权利的，依照本法分则的规定。

第五十七条　【对死刑、无期徒刑罪犯剥夺政治权利的适用】对于被判处死刑、无期徒刑的犯罪分子，应当剥夺政治权利终身。

在死刑缓期执行减为有期徒刑或者无期徒刑减为有期徒刑的时候，应当把附加剥夺政治权利的期限改为三年以上十年以下。

第五十八条　【剥夺政治权利的刑期计算与执行】附加剥夺政治权利的刑期，从徒刑、拘役执行完毕之日或者从假释之日起计算；剥夺政治权利的效力当然施用于主刑执行期间。

被剥夺政治权利的犯罪分子，在执行期间，应当遵守法律、行政法规和国务院公安部门有关监督管理的规定，服从监督；不得行使本法第五十四条规定的各项权利。

第八节　没收财产

第五十九条　【没收财产的范围】没收财产是没收犯罪分子个人所有财产的一部或者全部。没收全部财产的，应当对犯罪分子个人及其扶养的家属保留必需的生活费用。

在判处没收财产的时候，不得没收属于犯罪分子家属所有或者应有的财产。

第六十条　【以没收的财产偿还债务】没收财产以前犯罪分子所负的正当债务，需要以没收的财产偿还的，经债权人请求，应当偿还。

第四章　刑罚的具体运用

第一节　量　　刑

第六十一条　【量刑根据】对于犯罪分子决定刑罚的时候,应当根据犯罪的事实、犯罪的性质、情节和对于社会的危害程度,依照本法的有关规定判处。

第六十二条　【从重处罚与从轻处罚】犯罪分子具有本法规定的从重处罚、从轻处罚情节的,应当在法定刑的限度以内判处刑罚。

第六十三条　【减轻处罚】犯罪分子具有本法规定的减轻处罚情节的,应当在法定刑以下判处刑罚;本法规定有数个量刑幅度的,应当在法定量刑幅度的下一个量刑幅度内判处刑罚。

犯罪分子虽然不具有本法规定的减轻处罚情节,但是根据案件的特殊情况,经最高人民法院核准,也可以在法定刑以下判处刑罚。

第六十四条　【犯罪物品的处理】犯罪分子违法所得的一切财物,应当予以追缴或者责令退赔;对被害人的合法财产,应当及时返还;违禁品和供犯罪所用的本人财物,应当予以没收。没收的财物和罚金,一律上缴国库,不得挪用和自行处理。

第二节　累　　犯

第六十五条　【一般累犯】被判处有期徒刑以上刑罚的犯罪分子,刑罚执行完毕或者赦免以后,在五年以内再犯应当判处有期徒刑以上刑罚之罪的,是累犯,应当从重处罚,但是过失犯罪和不满十八周岁的人犯罪的除外。

前款规定的期限,对于被假释的犯罪分子,从假释期满之日起计算。

第六十六条　【特别累犯】危害国家安全犯罪、恐怖活动犯罪、黑社会性质的组织犯罪的犯罪分子,在刑罚执行完毕或者赦免以后,在任何时候再犯上述任一类罪的,都以累犯论处。

第三节　自首和立功

第六十七条　【自首】犯罪以后自动投案,如实供述自己的罪行的,是自首。对于自首的犯罪分子,可以从轻或者减轻处罚。其中,犯罪较轻的,可以免除处罚。

被采取强制措施的犯罪嫌疑人、被告人和正在服刑的罪犯,如实供述司法机关还未掌握的本人其他罪行的,以自首论。

犯罪嫌疑人虽不具有前两款规定的自首情节,但是如实供述自己罪行的,可以从轻处罚;因其如实供述自己罪行,避免特别严重后果发生的,可以减轻处罚。

第六十八条　【立功】犯罪分子有揭发他人犯罪行为,查证属实的,或者提供重要线索,从而得以侦破其他案件等立功表现的,可以从轻或者减轻处罚;有重大立功表现的,可以减轻或者免除处罚。

犯罪后自首又有重大立功表现的,应当减轻或者免除处罚。①

① 本款根据2011年2月25日《刑法修正案(八)》删去。

第四节　数 罪 并 罚

第六十九条　【判决宣告前一人犯数罪的并罚】判决宣告以前一人犯数罪的，除判处死刑和无期徒刑的以外，应当在总和刑期以下、数刑中最高刑期以上，酌情决定执行的刑期，但是管制最高不能超过三年，拘役最高不能超过一年，有期徒刑总和刑期不满三十五年的，最高不能超过二十年，总和刑期在三十五年以上的，最高不能超过二十五年。

数罪中有判处有期徒刑和拘役的，执行有期徒刑。数罪中有判处有期徒刑和管制，或者拘役和管制的，有期徒刑、拘役执行完毕后，管制仍须执行。

数罪中有判处附加刑的，附加刑仍须执行，其中附加刑种类相同的，合并执行，种类不同的，分别执行。

第七十条　【判决宣告后发现漏罪的并罚】判决宣告以后，刑罚执行完毕以前，发现被判刑的犯罪分子在判决宣告以前还有其他罪没有判决的，应当对新发现的罪作出判决，把前后两个判决所判处的刑罚，依照本法第六十九条的规定，决定执行的刑罚。已经执行的刑期，应当计算在新判决决定的刑期以内。

第七十一条　【判决宣告后又犯新罪的并罚】判决宣告以后，刑罚执行完毕以前，被判刑的犯罪分子又犯罪的，应当对新犯的罪作出判决，把前罪没有执行的刑罚和后罪所判处的刑罚，依照本法第六十九条的规定，决定执行的刑罚。

第五节　缓　　刑

第七十二条　【适用条件】对于被判处拘役、三年以下有期徒刑的犯罪分子，同时符合下列条件的，可以宣告缓刑，对其中不满十八周岁的人、怀孕的妇女和已满七十五周岁的人，应当宣告缓刑：

(一)犯罪情节较轻；

(二)有悔罪表现；

(三)没有再犯罪的危险；

(四)宣告缓刑对所居住社区没有重大不良影响。

宣告缓刑，可以根据犯罪情况，同时禁止犯罪分子在缓刑考验期限内从事特定活动，进入特定区域、场所，接触特定的人。

被宣告缓刑的犯罪分子，如果被判处附加刑，附加刑仍须执行。

第七十三条　【考验期限】拘役的缓刑考验期限为原判刑期以上一年以下，但是不能少于二个月。

有期徒刑的缓刑考验期限为原判刑期以上五年以下，但是不能少于一年。

缓刑考验期限，从判决确定之日起计算。

第七十四条　【不适用缓刑的对象】对于累犯和犯罪集团的首要分子，不适用缓刑。

第七十五条　【缓刑犯应遵守的规定】被宣告缓刑的犯罪分子，应当遵守下列规定：

(一)遵守法律、行政法规，服从监督；

(二)按照考察机关的规定报告自己的活动情况；

(三)遵守考察机关关于会客的规定；

(四)离开所居住的市、县或者迁居，应当报经考察机关批准。

第七十六条　【缓刑的考察】对宣告缓刑的犯罪分子，在缓刑考验期限内，依法实行社区矫正，如果没有本法第七十七条规定的情形，缓刑考验期满，原判的刑罚就不再执行，并公开予以宣告。

第七十七条　【缓刑的撤销】被宣告缓刑的犯罪分子，在缓刑考验期限内犯新罪或者发现判决宣告以前还有其他罪没有判决的，应当撤销缓刑，对新犯的罪或者新发现的罪作出判决，把前罪和后罪所判处的刑罚，依照本法第六十九条的规定，决定执行的刑罚。

被宣告缓刑的犯罪分子，在缓刑考验期限内，违反法律、行政法规或者国务院有关部门关于缓刑的监督管理规定，或者违反人民法院判决中的禁止令，情节严重的，应当撤销缓刑，执行原判刑罚。

第六节　减　　刑

第七十八条　【适用条件与限度】被判处管制、拘役、有期徒刑、无期徒刑的犯罪分子，在执行期间，如果认真遵守监规，接受教育改造，确有悔改表现的，或者有立功表现的，可以减刑；有下列重大立功表现之一的，应当减刑：

(一)阻止他人重大犯罪活动的；

(二)检举监狱内外重大犯罪活动，经查证属实的；

(三)有发明创造或者重大技术革新的；

(四)在日常生产、生活中舍己救人的；

(五)在抗御自然灾害或者排除重大事故中，有突出表现的；

(六)对国家和社会有其他重大贡献的。

减刑以后实际执行的刑期不能少于下列期限：

(一)判处管制、拘役、有期徒刑的，不能少于原判刑期的二分之一；

(二)判处无期徒刑的，不能少于十三年；

(三)人民法院依照本法第五十条第二款规定限制减刑的死刑缓期执行的犯罪分子，缓期执行期满后依法减为无期徒刑的，不能少于二十五年，缓期执行期满后依法减为二十五年有期徒刑的，不能少于二十年。

第七十九条　【减刑程序】对于犯罪分子的减刑，由执行机关向中级以上人民法院提出减刑建议书。人民法院应当组成合议庭进行审理，对确有悔改或者立功事实的，裁定予以减刑。非经法定程序不得减刑。

第八十条　【无期徒刑减刑的刑期计算】无期徒刑减为有期徒刑的刑期，从裁定减刑之日起计算。

第七节　假　　释

第八十一条　【适用条件】被判处有期徒刑的犯罪分子，执行原判刑期二分之一以上，被判处无期徒刑的犯罪分子，实际执行十三年以上，如果认真遵守监规，接受教育改造，确有悔改表现，没有再犯罪的危险的，可以假释。如果有特殊情况，经最高人民法院核准，可以不受上述执行刑期的限制。

对累犯以及因故意杀人、强奸、抢劫、绑架、放火、爆炸、投放危险物质或者有组织的暴力性犯罪被判处十年以上有期徒刑、无期徒刑的犯罪分子，不得假释。

对犯罪分子决定假释时,应当考虑其假释后对所居住社区的影响。

第八十二条　【假释程序】对于犯罪分子的假释,依照本法第七十九条规定的程序进行。非经法定程序不得假释。

第八十三条　【考验期限】有期徒刑的假释考验期限,为没有执行完毕的刑期;无期徒刑的假释考验期限为十年。

假释考验期限,从假释之日起计算。

第八十四条　【假释犯应遵守的规定】被宣告假释的犯罪分子,应当遵守下列规定:

(一)遵守法律、行政法规,服从监督;

(二)按照监督机关的规定报告自己的活动情况;

(三)遵守监督机关关于会客的规定;

(四)离开所居住的市、县或者迁居,应当报经监督机关批准。

第八十五条　【假释考验】对假释的犯罪分子,在假释考验期限内,依法实行社区矫正,如果没有本法第八十六条规定的情形,假释考验期满,就认为原判刑罚已经执行完毕,并公开予以宣告。

第八十六条　【假释的撤销】被假释的犯罪分子,在假释考验期限内犯新罪,应当撤销假释,依照本法第七十一条的规定实行数罪并罚。

在假释考验期限内,发现被假释的犯罪分子在判决宣告以前还有其他罪没有判决的,应当撤销假释,依照本法第七十条的规定实行数罪并罚。

被假释的犯罪分子,在假释考验期限内,有违反法律、行政法规或者国务院有关部门关于假释的监督管理规定的行为,尚未构成新的犯罪的,应当依照法定程序撤销假释,收监执行未执行完毕的刑罚。

第八节　时　　效

第八十七条　【追诉时效期限】犯罪经过下列期限不再追诉:

(一)法定最高刑为不满五年有期徒刑的,经过五年;

(二)法定最高刑为五年以上不满十年有期徒刑的,经过十年;

(三)法定最高刑为十年以上有期徒刑的,经过十五年;

(四)法定最高刑为无期徒刑、死刑的,经过二十年。如果二十年以后认为必须追诉的,须报请最高人民检察院核准。

第八十八条　【追诉期限的延长】在人民检察院、公安机关、国家安全机关立案侦查或者在人民法院受理案件以后,逃避侦查或者审判的,不受追诉期限的限制。

被害人在追诉期限内提出控告,人民法院、人民检察院、公安机关应当立案而不予立案的,不受追诉期限的限制。

第八十九条　【追诉期限的计算】追诉期限从犯罪之日起计算;犯罪行为有连续或者继续状态的,从犯罪行为终了之日起计算。

在追诉期限以内又犯罪的,前罪追诉的期限从犯后罪之日起计算。

第五章　其他规定

第九十条　【民族自治地方刑法适用的变通】民族自治地方不能全部适用本法规定的,可以由自治区或者省的人民代表大会根据当地民族的政治、经济、文化的特点和本法规定的基本原则,制定变通或者补充的规定,报请全国人民代表大会常务委员会批准施行。

第九十一条　【公共财产的范围】本法所称公共财产,是指下列财产:

(一)国有财产;

(二)劳动群众集体所有的财产;

(三)用于扶贫和其他公益事业的社会捐助或者专项基金的财产。

在国家机关、国有公司、企业、集体企业和人民团体管理、使用或者运输中的私人财产,以公共财产论。

第九十二条　【公民私人所有财产的范围】本法所称公民私人所有的财产,是指下列财产:

(一)公民的合法收入、储蓄、房屋和其他生活资料;

(二)依法归个人、家庭所有的生产资料;

(三)个体户和私营企业的合法财产;

(四)依法归个人所有的股份、股票、债券和其他财产。

第九十三条　【国家工作人员的范围】本法所称国家工作人员,是指国家机关中从事公务的人员。

国有公司、企业、事业单位、人民团体中从事公务的人员和国家机关、国有公司、企业、事业单位委派到非国有公司、企业、事业单位、社会团体从事公务的人员,以及其他依照法律从事公务的人员,以国家工作人员论。

第九十四条　【司法工作人员的范围】本法所称司法工作人员,是指有侦查、检察、审判、监管职责的工作人员。

第九十五条　【重伤的范围】本法所称重伤,是指有下列情形之一的伤害:

(一)使人肢体残废或者毁人容貌的;

(二)使人丧失听觉、视觉或者其他器官机能的;

(三)其他对于人身健康有重大伤害的。

第九十六条　【违反国家规定之含义】本法所称违反国家规定,是指违反全国人民代表大会及其常务委员会制定的法律和决定,国务院制定的行政法规、规定的行政措施、发布的决定和命令。

第九十七条　【首要分子的范围】本法所称首要分子,是指在犯罪集团或者聚众犯罪中起组织、策划、指挥作用的犯罪分子。

第九十八条　【告诉才处理的含义】本法所称告诉才处理,是指被害人告诉才处理。如果被害人因受强制、威吓无法告诉的,人民检察院和被害人的近亲属也可以告诉。

第九十九条　【以上、以下、以内的界定】本法所称以上、以下、以内,包括本数。

第一百条　【前科报告制度】依法受过刑事处罚的人,在入伍、就业的时候,应当如实向有关单位报告自己曾受过刑事处罚,不得隐瞒。

犯罪的时候不满十八周岁被判处五年有期徒刑以下刑罚的人,免除前款规定的报告义务。

第一百零一条　【总则的效力】本法总则适用于其他有刑罚规定的法律,但是其他法律有特别规定的除外。

第二编　分　　则

第一章　危害国家安全罪

第一百零二条　【背叛国家罪】勾结外国,危害中华人民共和国的主权、领土完整和安全的,处无期徒刑或者十年以上有期徒刑。

与境外机构、组织、个人相勾结,犯前款罪的,依照前款的规定处罚。

第一百零三条　【分裂国家罪】组织、策划、实施分裂国家、破坏国家统一的,对首要分子或者罪行重大的,处无期徒刑或者十年以上有期徒刑;对积极参加的,处三年以上十年以下有期徒刑;对其他参加的,处三年以下有期徒刑、拘役、管制或者剥夺政治权利。

【煽动分裂国家罪】煽动分裂国家、破坏国家统一的,处五年以下有期徒刑、拘役、管制或者剥夺政治权利;首要分子或者罪行重大的,处五年以上有期徒刑。

第一百零四条　【武装叛乱、暴乱罪】组织、策划、实施武装叛乱或者武装暴乱的,对首要分子或者罪行重大的,处无期徒刑或者十年以上有期徒刑;对积极参加的,处三年以上十年以下有期徒刑;对其他参加的,处三年以下有期徒刑、拘役、管制或者剥夺政治权利。

策动、胁迫、勾引、收买国家机关工作人员、武装部队人员、人民警察、民兵进行武装叛乱或者武装暴乱的,依照前款的规定从重处罚。

第一百零五条　【颠覆国家政权罪】组织、策划、实施颠覆国家政权、推翻社会主义制度的,对首要分子或者罪行重大的,处无期徒刑或者十年以上有期徒刑;对积极参加的,处三年以上十年以下有期徒刑;对其他参加的,处三年以下有期徒刑、拘役、管制或者剥夺政治权利。

【煽动颠覆国家政权罪】以造谣、诽谤或者其他方式煽动颠覆国家政权、推翻社会主义制度的,处五年以下有期徒刑、拘役、管制或者剥夺政治权利;首要分子或者罪行重大的,处五年以上有期徒刑。

第一百零六条　【与境外勾结的处罚规定】与境外机构、组织、个人相勾结,实施本章第一百零三条、第一百零四条、第一百零五条规定之罪的,依照各该条的规定从重处罚。

第一百零七条　【资助危害国家安全犯罪活动罪】境内外机构、组织或者个人资助实施本章第一百零二条、第一百零三条、第一百零四条、第一百零五条规定之罪的,对直接责任人员,处五年以下有期徒刑、拘役、管制或者剥夺政治权利;情节严重的,处五年以上有期徒刑。

第一百零八条　【投敌叛变罪】投敌叛变的,处三年以上十年以下有期徒刑;情节严重或者带领武装部队人员、人民警察、民兵投敌叛变的,处十年以上有期徒刑或者无期徒刑。

第一百零九条　【叛逃罪】国家机关工作人员在履行公务期间,擅离岗位,叛逃境外或者在境外叛逃的,处五年以下有期徒刑、拘役、管制或者剥夺政治权利;情节严重的,处五年以上十年以下有期徒刑。

掌握国家秘密的国家工作人员叛逃境外或者在境外叛逃的,依照前款的规定从重处罚。

第一百一十条　【间谍罪】有下列间谍行为之一,危害国家安全的,处十年以上有期徒刑或者无期徒刑;情节较轻的,处三年以上十年以下有期徒刑:

(一)参加间谍组织或者接受间谍组织及其代理人的任务的;

(二)为敌人指示轰击目标的。

第一百一十一条　【为境外窃取、刺探、收买、非法提供国家秘密、情报罪】为境外的机构、组织、人员窃取、刺探、收买、非法提供国家秘密或者情报的,处五年以上十年以下有期徒刑;情节特别严重的,处十年以上有期徒刑或者无期徒刑;情节较轻的,处五年以下有期徒刑、拘役、管制或者剥夺政治权利。

第一百一十二条　【资敌罪】战时供给敌人武器装备、军用物资资敌的,处十年以上有期徒刑或者无期徒刑;情节较轻的,处三年以上十年以下有期徒刑。

第一百一十三条　【危害国家安全罪适用死刑、没收财产的规定】本章上述危害国家安全罪行中,除第一百零三条第二款、第一百零五条、第一百零七条、第一百零九条外,对国家和人民危害特别严重、情节特别恶劣的,可以判处死刑。

犯本章之罪的,可以并处没收财产。

第二章　危害公共安全罪

第一百一十四条　【放火罪;决水罪;爆炸罪;投放危险物质罪;以危险方法危害公共安全罪】放火、决水、爆炸以及投放毒害性、放射性、传染病病原体等物质或者以其他危险方法危害公共安全,尚未造成严重后果的,处三年以上十年以下有期徒刑。

第一百一十五条　【放火罪;决水罪;爆炸罪;投放危险物质罪;以危险方法危害公共安全罪】放火、决水、爆炸以及投放毒害性、放射性、传染病病原体等物质或者以其他危险方法致人重伤、死亡或者使公私财产遭受重大损失的,处十年以上有期徒刑、无期徒刑或者死刑。

【失火罪;过失决水罪;过失爆炸罪;过失投放危险物质罪;过失以危险方法危害公共安全罪】过失犯前款罪的,处三年以上七年以下有期徒刑;情节较轻的,处三年以下有期徒刑或者拘役。

第一百一十六条　【破坏交通工具罪】破坏火车、汽车、电车、船只、航空器,足以使火车、汽车、电车、船只、航空器发生倾覆、毁坏危险,尚未造成严重后果的,处三年以上十年以下有期徒刑。

第一百一十七条　【破坏交通设施罪】破坏轨道、桥梁、隧道、公路、机场、航道、灯塔、标志或者进行其他破坏活动,足以使火车、汽车、电车、船只、航空器发生倾覆、毁坏危险,尚未造成严重后果的,处三年以上十年以下有期徒刑。

第一百一十八条　【破坏电力设备罪;破坏易燃易爆设备罪】破坏电力、燃气或者其他易燃易爆设备,危害公共安全,尚未造成严重后果的,处三年以上十年以下有期徒刑。

第一百一十九条　【破坏交通工具罪;破坏交通设施罪;破坏电力设备罪;破坏易燃易爆设备罪】破坏交通工具、交通设施、电力设备、燃气设备、易燃易爆设备,造成严重后果的,处十年以上有期徒刑、无期徒刑或者死刑。

【过失损坏交通工具罪;过失损坏交通设施罪;过失损坏电力设备罪;过失损坏易燃易爆设备罪】过失犯前款罪的,处三年以上七年以下有期徒刑;情节较轻的,处三年以下有期徒刑或者拘役。

第一百二十条　【组织、领导、参加恐怖组织罪】组织、领导恐怖活动组织的,处十年以上有期徒刑或者无期徒刑,并处没收财产;积极参加的,处三年以上十年以下有期徒刑,并处罚金;其他参加的,处三年以下有期徒刑、拘役、管制或者剥夺政治权利,可以并处罚金。

犯前款罪并实施杀人、爆炸、绑架等犯罪的,依照数罪并罚的规定处罚。

第一百二十条之一　【帮助恐怖活动罪】资助恐怖活动组织、实施恐怖活动的个人的,或者资助恐怖活动培训的,处五年以下有期徒刑、拘役、管制或者剥夺政治权利,并处罚金;情节严重的,处五年以上有期徒刑,并处罚金或者没收财产。

为恐怖活动组织、实施恐怖活动或者恐怖活动培训招募、运送人员的,依照前款的规定处罚。

单位犯前两款罪的,对单位判处罚金,并对其直接负责的主管人员和其他直接责任人员,依照第一款的规定处罚。

第一百二十条之二　【准备实施恐怖活动罪】有下列情形之一的,处五年以下有期徒刑、拘役、管制或者剥夺政治权利,并处罚金;情节严重的,处五年以上有期徒刑,并处罚金或者没收财产:

(一)为实施恐怖活动准备凶器、危险物品或者其他工具的;

(二)组织恐怖活动培训或者积极参加恐怖活动培训的;

(三)为实施恐怖活动与境外恐怖活动组织或者人员联络的;

(四)为实施恐怖活动进行策划或者其他准备的。

有前款行为,同时构成其他犯罪的,依照处罚较重的规定定罪处罚。

第一百二十条之三　【宣扬恐怖主义、极端主义、煽动实施恐怖活动罪】以制作、散发宣扬恐怖主义、极端主义的图书、音频视频资料或者其他物品,或者通过讲授、发布信息等方式宣扬恐怖主义、极端主义的,或者煽动实施恐怖活动的,处五年以下有期徒刑、拘役、管制或者剥夺政治权利,并处罚金;情节严重的,处五年以上有期徒刑,并处罚金或者没收财产。

第一百二十条之四　【利用极端主义破坏法律实施罪】利用极端主义煽动、胁迫群众破坏国家法律确立的婚姻、司法、教育、社会管理等制度实施的,处三年以下有期徒刑、拘役或者管制,并处罚金;情节严重的,处三年以上七年以下有期徒刑,并处罚金;情节特别严重的,处七年以上有期徒刑,并处罚金或者没收财产。

第一百二十条之五　【强制穿戴宣扬恐怖主义、极端主义服饰标志罪】以暴力、胁迫等方式强制他人在公共场所穿着、佩戴宣扬恐怖主义、极端主义服饰、标志的,处三年以下有期徒刑、拘役或者管制,并处罚金。

第一百二十条之六　【非法持有宣扬恐怖主义、极端主义物品罪】明知是宣扬恐怖主义、极端主义的图书、音频视频资料或者其他物品而非法持有,情节严重的,处三年以下有期徒刑、拘役或者管制,并处或者单处罚金。

第一百二十一条　【劫持航空器罪】以暴力、胁迫或者其他方法劫持航空器的,处十年以上有期徒刑或者无期徒刑;致人重伤、死亡或者使航空器遭受严重破坏的,处死刑。

第一百二十二条　【劫持船只、汽车罪】以暴力、胁迫或者其他方法劫持船只、汽车的,处五年以上十年以下有期徒刑;造成严重后果的,处十年以上有期徒刑或者无期徒刑。

第一百二十三条　【暴力危及飞行安全罪】对飞行中的航空器上的人员使用暴力,危及飞行安全,尚未造成严重后果的,处五年以下有期徒刑或者拘役;造成严重后果的,处五年以上有期徒刑。

第一百二十四条　【破坏广播电视设施、公用电信设施罪】破坏广播电视设施、公用电信设施,危害公共安全的,处三年以上七年以下有期徒刑;造成严重后果的,处七年以上有期徒刑。

【过失损坏广播电视设施、公用电信设施罪】过失犯前款罪的,处三年以上七年以下有期徒刑;情节较轻的,处三年以下有期徒刑或者拘役。

第一百二十五条　【非法制造、买卖、运输、邮寄、储存枪支、弹药、爆炸物罪】非法制造、买卖、运输、邮寄、储存枪支、弹药、爆炸物的,处三年以上十年以下有期徒刑;情节严重的,处十年以上有期徒刑、无期徒刑或者死刑。

【非法制造、买卖、运输、储存危险物质罪】非法制造、买卖、运输、储存毒害性、放射性、传染病病原体等物质,危害公共安全的,依照前款的规定处罚。

单位犯前两款罪的,对单位判处罚金,并对其直接负责的主管人员和其他直接责任人员,依照第一款的规定处罚。

第一百二十六条　【违规制造、销售枪支罪】依法被指定、确定的枪支制造企业、销售企业,违反枪支管理规定,有下列行为之一的,对单位判处罚金,并对其直接负责的主管人员和其他直接责任人员,处五年以下有期徒刑;情节严重的,处五年以上十年以下有期徒刑;情节特别严重的,处十年以上有期徒刑或者无期徒刑:

(一)以非法销售为目的,超过限额或者不按照规定的品种制造、配售枪支的;

(二)以非法销售为目的,制造无号、重号、假号的枪支的;

(三)非法销售枪支或者在境内销售为出口制造的枪支的。

第一百二十七条　【盗窃、抢夺枪支、弹药、爆炸物、危险物质罪】盗窃、抢夺枪支、弹药、爆炸物的,或者盗窃、抢夺毒害性、放射性、传染病病原体等物质,危害公共安全的,处三年以上十年以下有期徒刑;情节严重的,处十年以上有期徒刑、无期徒刑或者死刑。

【抢劫枪支、弹药、爆炸物、危险物质罪;盗窃、抢夺枪支、弹药、爆炸物、危险物质罪】抢劫枪支、弹药、爆炸物的,或者抢劫毒害性、放射性、传染病病原体等物质,危害公共安全的,或者盗窃、抢夺国家机关、军警人员、民兵的枪支、弹药、爆炸物的,处十年以上有期徒刑、无期徒刑或者死刑。

第一百二十八条　【非法持有、私藏枪支、弹药罪】违反枪支管理规定,非法持有、私藏枪支、弹药的,处三年以下有期徒刑、拘役或者管制;情节严重的,处三年以上七年以下有期徒刑。

【非法出租、出借枪支罪】依法配备公务用枪的人员,非法出租、出借枪支的,依照前款的规定处罚。

【非法出租、出借枪支罪】依法配置枪支的人员,非法出租、出借枪支,造成严重后果的,依照第一款的规定处罚。

单位犯第二款、第三款罪的,对单位判处罚金,并对其直接负责的主管人员和其他直接责任人员,依照第一款的规定处罚。

第一百二十九条　【丢失枪支不报罪】依法配备公务用枪的人员,丢失枪支不及时报告,造成严重后果的,处三年以下有期徒刑或者拘役。

第一百三十条　【非法携带枪支、弹药、管制刀具、危险物品危及公共安全罪】非法携带枪支、弹药、管制刀具或者爆炸性、易燃性、放射性、毒害性、腐蚀性物品,进入公共场所或者公共交通工具,危及公共安全,情节严重的,处三年以下有期徒刑、拘役或者管制。

第一百三十一条　【重大飞行事故罪】航空人员违反规章制度,致使发生重大飞行事故,造成严重后果的,处三年以下有期徒刑或者拘役;造成飞机坠毁或者人员死亡的,处三年以上七年以下有期徒刑。

第一百三十二条　【铁路运营安全事故罪】铁路职工违反规章制度,致使发生铁路运营安全事故,造成严重后果的,处三年以下有期徒刑或者拘役;造成特别严重后果的,处三年以上七年以下有期徒刑。

第一百三十三条　【交通肇事罪】违反交通运输管理法规,因而发生重大事故,致人重伤、死亡或者使公私财产遭受重大损失的,处三年以下有期徒刑或者拘役;交通运输肇事后逃逸或者有其他特别恶劣情节的,处三年以上七年以下有期徒刑;因逃逸致人死亡的,处七年以上有期徒刑。

第一百三十三条之一　【危险驾驶罪】在道路上驾驶机动车,有下列情形之一的,处拘役,并处罚金:

(一)追逐竞驶,情节恶劣的;

(二)醉酒驾驶机动车的;

(三)从事校车业务或者旅客运输,严重超过额定乘员载客,或者严重超过规定时速行驶的;

(四)违反危险化学品安全管理规定运输危险化学品,危及公共安全的。

机动车所有人、管理人对前款第三项、第四项行为负有直接责任的,依照前款的规定处罚。

有前两款行为,同时构成其他犯罪的,依照处罚较重的规定定罪处罚。

第一百三十三条之二　【妨害安全驾驶罪】对行驶中的公共交通工具的驾驶人员使用暴力或者抢控驾驶操纵装置,干扰公共交通工具正常行驶,危及公共安全的,处一年以下有期徒刑、拘役或者管制,并处或者单处罚金。

前款规定的驾驶人员在行驶的公共交通工具上擅离职守,与他人互殴或者殴打他人,危及公共安全的,依照前款的规定处罚。

有前两款行为,同时构成其他犯罪的,依照处罚较重的规定定罪处罚。

第一百三十四条　【重大责任事故罪】在生产、作业中违反有关安全管理的规定,因而发生重大伤亡事故或者造成其他严重后果的,处三年以下有期徒刑或者拘役;情节特别恶劣的,处三年以上七年以下有期徒刑。

【强令、组织他人违章冒险作业罪】强令他人违章冒险作业,或者明知存在重大事故隐患而不排除,仍冒险组织作业,因而发生重大伤亡事故或者造成其他严重后果的,处五年以下有期徒刑或者拘役;情节特别恶劣的,处五年以上有期徒刑。

第一百三十四条之一　【危险作业罪】在生产、作业中违反有关安全管理的规定,有下列情形之一,具有发生重大伤亡事故或者其他严重后果的现实危险的,处一年以下有期徒刑、拘役或者管制:

(一)关闭、破坏直接关系生产安全的监控、报警、防护、救生设备、设施,或者篡改、隐瞒、销毁其相关数据、信息的;

(二)因存在重大事故隐患被依法责令停产停业、停止施工、停止使用有关设备、设施、场所或者立即采取排除危险的整改措施,而拒不执行的;

(三)涉及安全生产的事项未经依法批准或者许可,擅自从事矿山开采、金属冶炼、建筑施工,以及危险物品生产、经营、储存等高度危险的生产作业活动的。

第一百三十五条　【重大劳动安全事故罪】安全生产设施或者安全生产条件不符合国家规定,因而发生重大伤亡事故或者造成其他严重后果的,对直接负责的主管人员和其他直接责任人员,处三年以下有期徒刑或者拘役;情节特别恶劣的,处三年以上七年以下有期徒刑。

第一百三十五条之一　【大型群众性活动重大安全事故罪】举办大型群众性活动违反安全管理规定,因而发生重大伤亡事故或者造成其他严重后果的,对直接负责的主管人员和其他直接责任人员,处三年以下有期徒刑或者拘役;情节特别恶劣的,处三年以上七年以下有期徒刑。

第一百三十六条　【危险物品肇事罪】违反爆炸性、易燃性、放射性、毒害性、腐蚀性物品的管理规定,在生产、储存、运输、使用中发生重大事故,造成严重后果的,处三年以下有期徒刑或者拘役;后果特别严重的,处三年以上七年以下有期徒刑。

第一百三十七条　【工程重大安全事故罪】建设单位、设计单位、施工单位、工程监理单位违反国家规定,降低工程质量标准,造成重大安全事故的,对直接责任人员,处五年以下有期徒刑或者拘役,并处罚金;后果特别严重的,处五年以上十年以下有期徒刑,并处罚金。

第一百三十八条　【教育设施重大安全事故罪】明知校舍或者教育教学设施有危险,而不采取措施或者不及时报告,致使发生重大伤亡事故的,对直接责任人员,处三年以下有期徒刑或者拘役;后果特别严重的,处三年以上七年以下有期徒刑。

第一百三十九条　【消防责任事故罪】违反消防管理法规,经消防监督机构通知采取改正措施而拒绝执行,造成严重后果的,对直接责任人员,处三年以下有期徒刑或者拘役;后果特别严重的,处三年以上七年以下有期徒刑。

第一百三十九条之一　【不报、谎报安全事故罪】在安全事故发生后,负有报告职责的人员不报或者谎报事故情况,贻误事故抢救,情节严重的,处三年以下有期徒刑或者拘役;情节特别严重的,处三年以上七年以下有期徒刑。

第三章　破坏社会主义市场经济秩序罪

第一节　生产、销售伪劣商品罪

第一百四十条　【生产、销售伪劣产品罪】生产者、销售者在产品中掺杂、掺假,以假充真,以次充好或者以不合格产品冒充合格产品,销售金额五万元以上不满二十万元的,处二年以下有期徒刑或者拘役,并处或者单处销售金额百分之五十以上二倍以下罚金;销售金额二十万元以上不满五十万元的,处二年以上七年以下有期徒刑,并处销售金额百分之五十以上二倍以下罚金;销售金额五十万元以上不满二百万元的,处七年以上有期徒刑,并处销售金额百分之五十以上二倍以下罚金;销售金额二百万元以上的,处十五年有期徒刑或者无期徒刑,并处销售金额百分之五十以上二倍以下罚金或者没收财产。

第一百四十一条　【生产、销售、提供假药罪】生产、销售假药的,处三年以下有期徒刑或者拘役,并处罚金;对人体健康造成严重危害或者有其他严重情节的,处三年以上十年以下有期徒刑,并处罚金;致人死亡或者有其他特别严重情节的,处十年以上有期徒刑、无期徒刑或者死刑,并处罚金或者没收财产。

药品使用单位的人员明知是假药而提供给他人使用的,依照前款的规定处罚。

第一百四十二条　【生产、销售、提供劣药罪】生产、销售劣药,对人体健康造成严重危害的,处三年以上十年以下有期徒刑,并处罚金;后果特别严重的,处十年以上有期徒刑或者无期徒刑,并处罚金或者没收财产。

药品使用单位的人员明知是劣药而提供给他人使用的,依照前款的规定处罚。

第一百四十二条之一　【妨害药品管理罪】违反药品管理法规,有下列情形之一,足以严重危害人体健康的,处三年以下有期徒刑或者拘役,并处或者单处罚金;对人体健康造成严重危害或者有其他严重情节的,处三年以上七年以下有期徒刑,并处罚金:

(一)生产、销售国务院药品监督管理部门禁止使用的药品的;

(二)未取得药品相关批准证明文件生产、进口药品或者明知是上述药品而销售的;

(三)药品申请注册中提供虚假的证明、数据、资料、样品或者采取其他欺骗手段的;

(四)编造生产、检验记录的。

有前款行为,同时又构成本法第一百四十一条、第一百四十二条规定之罪或者其他犯罪的,依照处罚较重的规定定罪处罚。

第一百四十三条　【生产、销售不符合安全标准的食品罪】生产、销售不符合食品安全标准的食品,足以造成严重食物中毒事故或者其他严重食源性疾病的,处三年以下有期徒刑或者拘役,并处罚金;对人体健康造成严重危害或者有其他严重情节的,处三年以上七年以下有期徒刑,并处罚金;后果特别严重的,处七年以上有期徒刑或者无期徒刑,并处罚金或者没收财产。

第一百四十四条　【生产、销售有毒、有害食品罪】在生产、销售的食品中掺入有毒、有害的非食品原料的,或者销售明知掺有有毒、有害的非食品原料的食品的,处五年以下有期徒刑,并处罚金;对人体健康造成严重危害或者有其他严重情节的,处五年以上十年以下有期徒刑,并处罚金;致人死亡或者有其他特别严重情节的,依照本法第一百四十一条的规定处罚。

第一百四十五条　【生产、销售不符合标准的医用器材罪】生产不符合保障人体健康的国家标准、行业标准的医疗器械、医用卫生材料,或者销售明知是不符合保障人体健康的国家标准、行业标准的医疗器械、医用卫生材料,足以严重危害人体健康的,处三年以下有期徒刑或者拘役,并处销售金额百分之五十以上二倍以下罚金;对人体健康造成严重危害的,处三年以上十年以下有期徒刑,并处销售金额百分之五十以上二倍以下罚金;后果特别严重的,处十年以上有期徒刑或者无期徒刑,并处销售金额百分之五十以上二倍以下罚金或者没收财产。

第一百四十六条　【生产、销售不符合安全标准的产品罪】生产不符合保障人身、财产安全的国家标准、行业标准的电器、压力容器、易燃易爆产品或者其他不符合保障人身、财产安全的国家标准、行业标准的产品,或者销售明知是以上不符合保障人身、财产安全的国家标准、行业标准的产品,造成严重后果的,处五年以下有期徒刑,并处销售金额百分之五十以上二倍以下罚金;后果特别严重的,处五年以上有期徒刑,并处销售金额百分之五十以上二倍以下罚金。

第一百四十七条　【生产、销售伪劣农药、兽药、化肥、种子罪】生产假农药、假兽药、假化肥,销售明知是假的或者失去使用效能的农药、兽药、化肥、种子,或者生产者、销售者以不合格的农药、兽药、化肥、种子冒充合格的农药、兽药、化肥、种子,使生产遭受较大损失的,处三年以下有期徒刑或者拘役,并处或者单处销售金额百分之五十以上二倍以下罚金;使生产遭受重大损失的,处三年以上七年以下有期徒刑,并处销售金额百分之五十以上二倍以下罚金;使生产遭受特别重大损失的,处七年以上有期徒刑或者无期徒刑,并处销售金额百分之五十以上二倍以下罚金或者没收财产。

第一百四十八条　【生产、销售不符合卫生标准的化妆品罪】生产不符合卫生标准的化妆品,或者销售明知是不符合卫生标准的化妆品,造成严重后果的,处三年以下有期徒刑或者拘役,并处或者单处销售金额百分之五十以上二倍以下罚金。

第一百四十九条　【对生产、销售伪劣商品行为的法条适用原则】生产、销售本节第一百四十一条至第一百四十八条所列产品,不构成各该条规定的犯罪,但是销售金额在五万元以上的,依照本节第一百四十条的规定定罪处罚。

生产、销售本节第一百四十一条至第一百四十八条所列产品,构成各该条规定的犯罪,同时又构成本节第一百四十条规定之罪的,依照处罚较重的规定定罪处罚。

第一百五十条　【单位犯本节规定之罪的处罚规定】单位犯本节第一百四十条至第一百四十八条规定之罪的,对单位判处罚金,并对其直接负责的主管人员和其他直接责任人员,依照各该条的规定处罚。

第二节　走　私　罪

第一百五十一条　【走私武器、弹药罪;走私核材料罪;走私假币罪】走私武器、弹药、核材料或者伪造的货币的,处七年以上有期徒刑,并处罚金或者没收财产;情节特别严重的,处无期徒刑,并处没收财产;情节较轻的,处三年以上七年以下有期徒刑,并处罚金。

【走私文物罪;走私贵重金属罪;走私珍贵动物、珍贵动物制品罪】走私国家禁止出口的文物、黄金、白银和其他贵重金属或者国家禁止进出口的珍贵动物及其制品的,处五年以上十年以下有期徒刑,并处罚金;情节特别严重的,处十年以上有期徒刑或者无期徒刑,并处没收财产;情节较轻的,处五年以下有期徒刑,并处罚金。

【走私国家禁止进出口的货物、物品罪】走私珍稀植物及其制品等国家禁止进出口的其他货物、物品的,处五年以下有期徒刑或者拘役,并处或者单处罚金;情节严重的,处五年以上有期徒刑,并处罚金。

单位犯本条规定之罪的,对单位判处罚金,并对其直接负责的主管人员和其他直接责任人员,依照本条各款的规定处罚。

第一百五十二条　【走私淫秽物品罪】以牟利或者传播为目的,走私淫秽的影片、录像带、录音带、图片、书刊或者其他淫秽物品的,处三年以上十年以下有期徒刑,并处罚金;情节严重的,处十年以上有期徒刑或者无期徒刑,并处罚金或者没收财产;情节较轻的,处三年以下有期徒刑、拘役或者管制,并处罚金。

【走私废物罪】逃避海关监管将境外固体废物、液态废物和气态废物运输进境,情节严重的,处五年以下有期徒刑,并处或者单处罚金;情节特别严重的,处五年以上有期徒刑,并处罚金。

单位犯前两款罪的,对单位判处罚金,并对其直接负责的主管人员和其他直接责任人员,依照前两款的规定处罚。

第一百五十三条　【走私普通货物、物品罪】走私本法第一百五十一条、第一百五十二条、第三百四十七条规定以外的货物、物品的,根据情节轻重,分别依照下列规定处罚:

(一)走私货物、物品偷逃应缴税额较大或者一年内曾因走私被给予二次行政处罚后又走私的,处三年以下有期徒刑或者拘役,并处偷逃应缴税额一倍以上五倍以下罚金。

(二)走私货物、物品偷逃应缴税额巨大或者有其他严重情节的,处三年以上十年以下有期徒刑,并处偷逃应缴税额一倍以上五倍以下罚金。

(三)走私货物、物品偷逃应缴税额特别巨大或者有其他特别严重情节的,处十年以上有期徒刑或者无期徒刑,并处偷逃应缴税额一倍以上五倍以下罚金或者没收财产。

单位犯前款罪的,对单位判处罚金,并对其直接负责的主管人员和其他直接责任人员,处三年以下有期徒刑或者拘役;情节严重的,处三年以上十年以下有期徒刑;情节特别严重的,处十年以上有期徒刑。

对多次走私未经处理的,按照累计走私货物、物品的偷逃应缴税额处罚。

第一百五十四条　【走私普通货物、物品罪】下列走私行为,根据本节规定构成犯罪的,依照本法第一百五十三条的规定定罪处罚:

(一)未经海关许可并且未补缴应缴税额,擅自将批准进口的来料加工、来件装配、补偿贸易的原材料、零件、制成品、设备等保税货物,在境内销售牟利的;

(二)未经海关许可并且未补缴应缴税额,擅自将特定减税、免税进口的货物、物品,在境内销售牟利的。

第一百五十五条　【间接走私行为以相应走私犯罪论处的规定】下列行为,以走私罪论处,依照本节的有关规定处罚:

(一)直接向走私人非法收购国家禁止进口物品的,或者直接向走私人非法收购走私进口的其他货物、物品,数额较大的;

(二)在内海、领海、界河、界湖运输、收购、贩卖国家禁止进出口物品的,或者运输、收购、贩卖国家限制进出口货物、物品,数额较大,没有合法证明的。

第一百五十六条　【走私共犯】与走私罪犯通谋,为其提供贷款、资金、帐号、发票、证明,或者为其提供运输、保管、邮寄或者其他方便的,以走私罪的共犯论处。

第一百五十七条　【武装掩护走私、抗拒缉私的处罚规定】武装掩护走私的,依照本法第一百五十一条第一款的规定从重处罚。

以暴力、威胁方法抗拒缉私的，以走私罪和本法第二百七十七条规定的阻碍国家机关工作人员依法执行职务罪，依照数罪并罚的规定处罚。

第三节　妨害对公司、企业的管理秩序罪

第一百五十八条　【虚报注册资本罪】申请公司登记使用虚假证明文件或者采取其他欺诈手段虚报注册资本，欺骗公司登记主管部门，取得公司登记，虚报注册资本数额巨大、后果严重或者有其他严重情节的，处三年以下有期徒刑或者拘役，并处或者单处虚报注册资本金额百分之一以上百分之五以下罚金。

单位犯前款罪的，对单位判处罚金，并对其直接负责的主管人员和其他直接责任人员，处三年以下有期徒刑或者拘役。

第一百五十九条　【虚假出资、抽逃出资罪】公司发起人、股东违反公司法的规定未交付货币、实物或者未转移财产权，虚假出资，或者在公司成立后又抽逃其出资，数额巨大、后果严重或者有其他严重情节的，处五年以下有期徒刑或者拘役，并处或者单处虚假出资金额或者抽逃出资金额百分之二以上百分之十以下罚金。

单位犯前款罪的，对单位判处罚金，并对其直接负责的主管人员和其他直接责任人员，处五年以下有期徒刑或者拘役。

第一百六十条　【欺诈发行证券罪】在招股说明书、认股书、公司、企业债券募集办法等发行文件中隐瞒重要事实或者编造重大虚假内容，发行股票或者公司、企业债券、存托凭证或者国务院依法认定的其他证券，数额巨大、后果严重或者有其他严重情节的，处五年以下有期徒刑或者拘役，并处或者单处罚金；数额特别巨大、后果特别严重或者有其他特别严重情节的，处五年以上有期徒刑，并处罚金。

控股股东、实际控制人组织、指使实施前款行为的，处五年以下有期徒刑或者拘役，并处或者单处非法募集资金金额百分之二十以上一倍以下罚金；数额特别巨大、后果特别严重或者有其他特别严重情节的，处五年以上有期徒刑，并处非法募集资金金额百分之二十以上一倍以下罚金。

单位犯前两款罪的，对单位判处非法募集资金金额百分之二十以上一倍以下罚金，并对其直接负责的主管人员和其他直接责任人员，依照第一款的规定处罚。

第一百六十一条　【违规披露、不披露重要信息罪】依法负有信息披露义务的公司、企业向股东和社会公众提供虚假的或者隐瞒重要事实的财务会计报告，或者对依法应当披露的其他重要信息不按照规定披露，严重损害股东或者其他人利益，或者有其他严重情节的，对其直接负责的主管人员和其他直接责任人员，处五年以下有期徒刑或者拘役，并处或者单处罚金；情节特别严重的，处五年以上十年以下有期徒刑，并处罚金。

前款规定的公司、企业的控股股东、实际控制人实施或者组织、指使实施前款行为的，或者隐瞒相关事项导致前款规定的情形发生的，依照前款的规定处罚。

犯前款罪的控股股东、实际控制人是单位的，对单位判处罚金，并对其直接负责的主管人员和其他直接责任人员，依照第一款的规定处罚。

第一百六十二条　【妨害清算罪】公司、企业进行清算时，隐匿财产，对资产负债表或者财产清单作虚伪记载或者在未清偿债务前分配公司、企业财产，严重损害债权人或者其他人利益的，对其直接负责的主管人员和其他直接责任人员，处五年以下有期徒刑或者拘役，并处或者单处二万元以上二十万元以下罚金。

第一百六十二条之一　【隐匿、故意销毁会计凭证、会计帐簿、财务会计报告罪】隐匿或者故意销毁依法应当保存的会计凭证、会计帐簿、财务会计报告,情节严重的,处五年以下有期徒刑或者拘役,并处或者单处二万元以上二十万元以下罚金。

单位犯前款罪的,对单位判处罚金,并对其直接负责的主管人员和其他直接责任人员,依照前款的规定处罚。

第一百六十二条之二　【虚假破产罪】公司、企业通过隐匿财产、承担虚构的债务或者以其他方法转移、处分财产,实施虚假破产,严重损害债权人或者其他人利益的,对其直接负责的主管人员和其他直接责任人员,处五年以下有期徒刑或者拘役,并处或者单处二万元以上二十万元以下罚金。

第一百六十三条　【非国家工作人员受贿罪】公司、企业或者其他单位的工作人员,利用职务上的便利,索取他人财物或者非法收受他人财物,为他人谋取利益,数额较大的,处三年以下有期徒刑或者拘役,并处罚金;数额巨大或者有其他严重情节的,处三年以上十年以下有期徒刑,并处罚金;数额特别巨大或者有其他特别严重情节的,处十年以上有期徒刑或者无期徒刑,并处罚金。

公司、企业或者其他单位的工作人员在经济往来中,利用职务上的便利,违反国家规定,收受各种名义的回扣、手续费,归个人所有的,依照前款的规定处罚。

国有公司、企业或者其他国有单位中从事公务的人员和国有公司、企业或者其他国有单位委派到非国有公司、企业以及其他单位从事公务的人员有前两款行为的,依照本法第三百八十五条、第三百八十六条的规定定罪处罚。

第一百六十四条　【对非国家工作人员行贿罪】为谋取不正当利益,给予公司、企业或者其他单位的工作人员以财物,数额较大的,处三年以下有期徒刑或者拘役,并处罚金;数额巨大的,处三年以上十年以下有期徒刑,并处罚金。

【对外国公职人员、国际公共组织官员行贿罪】为谋取不正当商业利益,给予外国公职人员或者国际公共组织官员以财物的,依照前款的规定处罚。

单位犯前两款罪的,对单位判处罚金,并对其直接负责的主管人员和其他直接责任人员,依照第一款的规定处罚。

行贿人在被追诉前主动交待行贿行为的,可以减轻处罚或者免除处罚。

第一百六十五条　【非法经营同类营业罪】国有公司、企业的董事、经理利用职务便利,自己经营或者为他人经营与其所任职公司、企业同类的营业,获取非法利益,数额巨大的,处三年以下有期徒刑或者拘役,并处或者单处罚金;数额特别巨大的,处三年以上七年以下有期徒刑,并处罚金。

第一百六十六条　【为亲友非法牟利罪】国有公司、企业、事业单位的工作人员,利用职务便利,有下列情形之一,使国家利益遭受重大损失的,处三年以下有期徒刑或者拘役,并处或者单处罚金;致使国家利益遭受特别重大损失的,处三年以上七年以下有期徒刑,并处罚金:

(一)将本单位的盈利业务交由自己的亲友进行经营的;

(二)以明显高于市场的价格向自己的亲友经营管理的单位采购商品或者以明显低于市场的价格向自己的亲友经营管理的单位销售商品的;

(三)向自己的亲友经营管理的单位采购不合格商品的。

第一百六十七条　【签订、履行合同失职被骗罪】国有公司、企业、事业单位直接负责的主管人员,在签订、履行合同过程中,因严重不负责任被诈骗,致使国家利益遭受重大损失的,处三年以下有期徒刑或者拘役;致使国家利益遭受特别重大损失的,处三年以上七年以下有期徒刑。

第一百六十八条　【国有公司、企业、事业单位人员失职罪;国有公司、企业、事业单位人员滥用职权罪】国有公司、企业的工作人员,由于严重不负责任或者滥用职权,造成国有公司、企业破产或者严重损失,致使国家利益遭受重大损失的,处三年以下有期徒刑或者拘役;致使国家利益遭受特别重大损失的,处三年以上七年以下有期徒刑。

国有事业单位的工作人员有前款行为,致使国家利益遭受重大损失的,依照前款的规定处罚。

国有公司、企业、事业单位的工作人员,徇私舞弊,犯前两款罪的,依照第一款的规定从重处罚。

第一百六十九条　【徇私舞弊低价折股、出售国有资产罪】国有公司、企业或者其上级主管部门直接负责的主管人员,徇私舞弊,将国有资产低价折股或者低价出售,致使国家利益遭受重大损失的,处三年以下有期徒刑或者拘役;致使国家利益遭受特别重大损失的,处三年以上七年以下有期徒刑。

第一百六十九条之一　【背信损害上市公司利益罪】上市公司的董事、监事、高级管理人员违背对公司的忠实义务,利用职务便利,操纵上市公司从事下列行为之一,致使上市公司利益遭受重大损失的,处三年以下有期徒刑或者拘役,并处或者单处罚金;致使上市公司利益遭受特别重大损失的,处三年以上七年以下有期徒刑,并处罚金:

(一)无偿向其他单位或者个人提供资金、商品、服务或者其他资产的;

(二)以明显不公平的条件,提供或者接受资金、商品、服务或者其他资产的;

(三)向明显不具有清偿能力的单位或者个人提供资金、商品、服务或者其他资产的;

(四)为明显不具有清偿能力的单位或者个人提供担保,或者无正当理由为其他单位或者个人提供担保的;

(五)无正当理由放弃债权、承担债务的;

(六)采用其他方式损害上市公司利益的。

上市公司的控股股东或者实际控制人,指使上市公司董事、监事、高级管理人员实施前款行为的,依照前款的规定处罚。

犯前款罪的上市公司的控股股东或者实际控制人是单位的,对单位判处罚金,并对其直接负责的主管人员和其他直接责任人员,依照第一款的规定处罚。

第四节　破坏金融管理秩序罪

第一百七十条　【伪造货币罪】伪造货币的,处三年以上十年以下有期徒刑,并处罚金;有下列情形之一的,处十年以上有期徒刑或者无期徒刑,并处罚金或者没收财产:

(一)伪造货币集团的首要分子;

(二)伪造货币数额特别巨大的;

(三)有其他特别严重情节的。

第一百七十一条　【出售、购买、运输假币罪】出售、购买伪造的货币或者明知是伪造的货币而运输,数额较大的,处三年以下有期徒刑或者拘役,并处二万元以上二十万元以下罚金;数额巨大的,处三年以上十年以下有期徒刑,并处五万元以上五十万元以下罚金;数额特别巨大的,处十年以上有期徒刑或者无期徒刑,并处五万元以上五十万元以下罚金或者没收财产。

【金融工作人员购买假币、以假币换取货币罪】银行或者其他金融机构的工作人员购买伪造的货币或者利用职务上的便利,以伪造的货币换取货币的,处三年以上十年以下有期徒刑,并处二万元以上二十万元以下罚金;数额巨大或者有其他严重情节的,处十年以上有期徒刑或者无期徒刑,并处二万元以上二十万元以下罚金或者没收财产;情节较轻的,处三年以下有期徒刑或者拘役,并处或者单处一万元以上十万元以下罚金。

【伪造货币罪】伪造货币并出售或者运输伪造的货币的,依照本法第一百七十条的规定定罪从重处罚。

第一百七十二条　【持有、使用假币罪】明知是伪造的货币而持有、使用,数额较大的,处三年以下有期徒刑或者拘役,并处或者单处一万元以上十万元以下罚金;数额巨大的,处三年以上十年以下有期徒刑,并处二万元以上二十万元以下罚金;数额特别巨大的,处十年以上有期徒刑,并处五万元以上五十万元以下罚金或者没收财产。

第一百七十三条　【变造货币罪】变造货币,数额较大的,处三年以下有期徒刑或者拘役,并处或者单处一万元以上十万元以下罚金;数额巨大的,处三年以上十年以下有期徒刑,并处二万元以上二十万元以下罚金。

第一百七十四条　【擅自设立金融机构罪】未经国家有关主管部门批准,擅自设立商业银行、证券交易所、期货交易所、证券公司、期货经纪公司、保险公司或者其他金融机构的,处三年以下有期徒刑或者拘役,并处或者单处二万元以上二十万元以下罚金;情节严重的,处三年以上十年以下有期徒刑,并处五万元以上五十万元以下罚金。

【伪造、变造、转让金融机构经营许可证、批准文件罪】伪造、变造、转让商业银行、证券交易所、期货交易所、证券公司、期货经纪公司、保险公司或者其他金融机构的经营许可证或者批准文件的,依照前款的规定处罚。

单位犯前两款罪的,对单位判处罚金,并对其直接负责的主管人员和其他直接责任人员,依照第一款的规定处罚。

第一百七十五条　【高利转贷罪】以转贷牟利为目的,套取金融机构信贷资金高利转贷他人,违法所得数额较大的,处三年以下有期徒刑或者拘役,并处违法所得一倍以上五倍以下罚金;数额巨大的,处三年以上七年以下有期徒刑,并处违法所得一倍以上五倍以下罚金。

单位犯前款罪的,对单位判处罚金,并对其直接负责的主管人员和其他直接责任人员,处三年以下有期徒刑或者拘役。

第一百七十五条之一　【骗取贷款、票据承兑、金融票证罪】以欺骗手段取得银行或者其他金融机构贷款、票据承兑、信用证、保函等,给银行或者其他金融机构造成重大损失的,处三年以下有期徒刑或者拘役,并处或者单处罚金;给银行或者其他金融机构造成特别重大损失或者有其他特别严重情节的,处三年以上七年以下有期徒刑,并处罚金。

单位犯前款罪的,对单位判处罚金,并对其直接负责的主管人员和其他直接责任人员,依照前款的规定处罚。

第一百七十六条　【非法吸收公众存款罪】非法吸收公众存款或者变相吸收公众存款,扰乱金融秩序的,处三年以下有期徒刑或者拘役,并处或者单处罚金;数额巨大或者有其他严重情节的,处三年以上十年以下有期徒刑,并处罚金;数额特别巨大或者有其他特别严重情节的,处十年以上有期徒刑,并处罚金。

单位犯前款罪的,对单位判处罚金,并对其直接负责的主管人员和其他直接责任人员,依照前款的规定处罚。

有前两款行为,在提起公诉前积极退赃退赔,减少损害结果发生的,可以从轻或者减轻处罚。

第一百七十七条　【伪造、变造金融票证罪】有下列情形之一,伪造、变造金融票证的,处五年以下有期徒刑或者拘役,并处或者单处二万元以上二十万元以下罚金;情节严重的,处五年以上十年以下有期徒刑,并处五万元以上五十万元以下罚金;情节特别严重的,处十年以上有期徒刑或者无期徒刑,并处五万元以上五十万元以下罚金或者没收财产:

(一)伪造、变造汇票、本票、支票的;

(二)伪造、变造委托收款凭证、汇款凭证、银行存单等其他银行结算凭证的;

(三)伪造、变造信用证或者附随的单据、文件的;

(四)伪造信用卡的。

单位犯前款罪的,对单位判处罚金,并对其直接负责的主管人员和其他直接责任人员,依照前款的规定处罚。

第一百七十七条之一　【妨害信用卡管理罪】有下列情形之一,妨害信用卡管理的,处三年以下有期徒刑或者拘役,并处或者单处一万元以上十万元以下罚金;数量巨大或者有其他严重情节的,处三年以上十年以下有期徒刑,并处二万元以上二十万元以下罚金:

(一)明知是伪造的信用卡而持有、运输的,或者明知是伪造的空白信用卡而持有、运输,数量较大的;

(二)非法持有他人信用卡,数量较大的;

(三)使用虚假的身份证明骗领信用卡的;

(四)出售、购买、为他人提供伪造的信用卡或者以虚假的身份证明骗领的信用卡的。

【窃取、收买、非法提供信用卡信息罪】窃取、收买或者非法提供他人信用卡信息资料的,依照前款规定处罚。

银行或者其他金融机构的工作人员利用职务上的便利,犯第二款罪的,从重处罚。

第一百七十八条　【伪造、变造国家有价证券罪】伪造、变造国库券或者国家发行的其他有价证券,数额较大的,处三年以下有期徒刑或者拘役,并处或者单处二万元以上二十万元以下罚金;数额巨大的,处三年以上十年以下有期徒刑,并处五万元以上五十万元以下罚金;数额特别巨大的,处十年以上有期徒刑或者无期徒刑,并处五万元以上五十万元以下罚金或者没收财产。

【伪造、变造股票、公司、企业债券罪】伪造、变造股票或者公司、企业债券,数额较大的,处三年以下有期徒刑或者拘役,并处或者单处一万元以上十万元以下罚金;数额巨大的,处三年以上十年以下有期徒刑,并处二万元以上二十万元以下罚金。

单位犯前两款罪的,对单位判处罚金,并对其直接负责的主管人员和其他直接责任人员,依照前两款的规定处罚。

第一百七十九条　【擅自发行股票、公司、企业债券罪】未经国家有关主管部门批准,擅自发行股票或者公司、企业债券,数额巨大、后果严重或者有其他严重情节的,处五年以下有期徒刑或者拘役,并处或者单处非法募集资金金额百分之一以上百分之五以下罚金。

单位犯前款罪的,对单位判处罚金,并对其直接负责的主管人员和其他直接责任人员,处五年以下有期徒刑或者拘役。

第一百八十条　【内幕交易、泄露内幕信息罪】证券、期货交易内幕信息的知情人员或者非法获取证券、期货交易内幕信息的人员,在涉及证券的发行,证券、期货交易或者其他对证券、期货交易价格有重大影响的信息尚未公开前,买入或者卖出该证券,或者从事与该内幕信息有关的期货交易,或者泄露该信息,或者明示、暗示他人从事上述交易活动,情节严重的,处五年以下有期徒刑或者拘役,并处或者单处违法所得一倍以上五倍以下罚金;情节特别严重的,处五年以上十年以下有期徒刑,并处违法所得一倍以上五倍以下罚金。

单位犯前款罪的,对单位判处罚金,并对其直接负责的主管人员和其他直接责任人员,处五年以下有期徒刑或者拘役。

内幕信息、知情人员的范围,依照法律、行政法规的规定确定。

【利用未公开信息交易罪】证券交易所、期货交易所、证券公司、期货经纪公司、基金管理公司、商业银行、保险公司等金融机构的从业人员以及有关监管部门或者行业协会的工作人员,利用因职务便利获取的内幕信息以外的其他未公开的信息,违反规定,从事与该信息相关的证券、期货交易活动,或者明示、暗示他人从事相关交易活动,情节严重的,依照第一款的规定处罚。

第一百八十一条　【编造并传播证券、期货交易虚假信息罪】编造并且传播影响证券、期货交易的虚假信息,扰乱证券、期货交易市场,造成严重后果的,处五年以下有期徒刑或者拘役,并处或者单处一万元以上十万元以下罚金。

【诱骗投资者买卖证券、期货合约罪】证券交易所、期货交易所、证券公司、期货经纪公司的从业人员,证券业协会、期货业协会或者证券期货监督管理部门的工作人员,故意提供虚假信息或者伪造、变造、销毁交易记录,诱骗投资者买卖证券、期货合约,造成严重后果的,处五年以下有期徒刑或者拘役,并处或者单处一万元以上十万元以下罚金;情节特别恶劣的,处五年以上十年以下有期徒刑,并处二万元以上二十万元以下罚金。

单位犯前两款罪的,对单位判处罚金,并对其直接负责的主管人员和其他直接责任人员,处五年以下有期徒刑或者拘役。

第一百八十二条　【操纵证券、期货市场罪】有下列情形之一,操纵证券、期货市场,影响证券、期货交易价格或者证券、期货交易量,情节严重的,处五年以下有期徒刑或者拘役,并处或者单处罚金;情节特别严重的,处五年以上十年以下有期徒刑,并处罚金:

(一)单独或者合谋,集中资金优势、持股或者持仓优势或者利用信息优势联合或者连续买卖的;

(二)与他人串通,以事先约定的时间、价格和方式相互进行证券、期货交易的;

(三)在自己实际控制的帐户之间进行证券交易,或者以自己为交易对象,自买自卖期货合约的;

(四)不以成交为目的,频繁或者大量申报买入、卖出证券、期货合约并撤销申报的;

(五)利用虚假或者不确定的重大信息,诱导投资者进行证券、期货交易的;

(六)对证券、证券发行人、期货交易标的公开作出评价、预测或者投资建议,同时进行反向证券交易或者相关期货交易的;

(七)以其他方法操纵证券、期货市场的。

单位犯前款罪的,对单位判处罚金,并对其直接负责的主管人员和其他直接责任人员,依照前款的规定处罚。

第一百八十三条　【职务侵占罪】保险公司的工作人员利用职务上的便利,故意编造未曾发生的保险事故进行虚假理赔,骗取保险金归自己所有的,依照本法第二百七十一条的规定定罪处罚。

【贪污罪】国有保险公司工作人员和国有保险公司委派到非国有保险公司从事公务的人员有前款行为的,依照本法第三百八十二条、第三百八十三条的规定定罪处罚。

第一百八十四条　【非国家工作人员受贿罪】银行或者其他金融机构的工作人员在金融业务活动中索取他人财物或者非法收受他人财物,为他人谋取利益的,或者违反国家规定,收受各种名义的回扣、手续费,归个人所有的,依照本法第一百六十三条的规定定罪处罚。

【受贿罪】国有金融机构工作人员和国有金融机构委派到非国有金融机构从事公务的人员有前款行为的,依照本法第三百八十五条、第三百八十六条的规定定罪处罚。

第一百八十五条　【挪用资金罪】商业银行、证券交易所、期货交易所、证券公司、期货经纪公司、保险公司或者其他金融机构的工作人员利用职务上的便利，挪用本单位或者客户资金的，依照本法第二百七十二条的规定定罪处罚。

【挪用公款罪】国有商业银行、证券交易所、期货交易所、证券公司、期货经纪公司、保险公司或者其他国有金融机构的工作人员和国有商业银行、证券交易所、期货交易所、证券公司、期货经纪公司、保险公司或者其他国有金融机构委派到前款规定中的非国有机构从事公务的人员有前款行为的，依照本法第三百八十四条的规定定罪处罚。

第一百八十五条之一　【背信运用受托财产罪】商业银行、证券交易所、期货交易所、证券公司、期货经纪公司、保险公司或者其他金融机构，违背受托义务，擅自运用客户资金或者其他委托、信托的财产，情节严重的，对单位判处罚金，并对其直接负责的主管人员和其他直接责任人员，处三年以下有期徒刑或者拘役，并处三万元以上三十万元以下罚金；情节特别严重的，处三年以上十年以下有期徒刑，并处五万元以上五十万元以下罚金。

【违法运用资金罪】社会保障基金管理机构、住房公积金管理机构等公众资金管理机构，以及保险公司、保险资产管理公司、证券投资基金管理公司，违反国家规定运用资金的，对其直接负责的主管人员和其他直接责任人员，依照前款的规定处罚。

第一百八十六条　【违法发放贷款罪】银行或者其他金融机构的工作人员违反国家规定发放贷款，数额巨大或者造成重大损失的，处五年以下有期徒刑或者拘役，并处一万元以上十万元以下罚金；数额特别巨大或者造成特别重大损失的，处五年以上有期徒刑，并处二万元以上二十万元以下罚金。

银行或者其他金融机构的工作人员违反国家规定，向关系人发放贷款的，依照前款的规定从重处罚。

单位犯前两款罪的，对单位判处罚金，并对其直接负责的主管人员和其他直接责任人员，依照前两款的规定处罚。

关系人的范围，依照《中华人民共和国商业银行法》和有关金融法规确定。

第一百八十七条　【吸收客户资金不入帐罪】银行或者其他金融机构的工作人员吸收客户资金不入帐，数额巨大或者造成重大损失的，处五年以下有期徒刑或者拘役，并处二万元以上二十万元以下罚金；数额特别巨大或者造成特别重大损失的，处五年以上有期徒刑，并处五万元以上五十万元以下罚金。

单位犯前款罪的，对单位判处罚金，并对其直接负责的主管人员和其他直接责任人员，依照前款的规定处罚。

第一百八十八条　【违规出具金融票证罪】银行或者其他金融机构的工作人员违反规定，为他人出具信用证或者其他保函、票据、存单、资信证明，情节严重的，处五年以下有期徒刑或者拘役；情节特别严重的，处五年以上有期徒刑。

单位犯前款罪的，对单位判处罚金，并对其直接负责的主管人员和其他直接责任人员，依照前款的规定处罚。

第一百八十九条　【对违法票据承兑、付款、保证罪】银行或者其他金融机构的工作人员在票据业务中，对违反票据法规定的票据予以承兑、付款或者保证，造成重大损失的，处五年以下有期徒刑或者拘役；造成特别重大损失的，处五年以上有期徒刑。

单位犯前款罪的，对单位判处罚金，并对其直接负责的主管人员和其他直接责任人员，依照前款的规定处罚。

第一百九十条　【逃汇罪】公司、企业或者其他单位，违反国家规定，擅自将外汇存放境外，或者将境内的外汇非法转移到境外，数额较大的，对单位判处逃汇数额百分之五以上百分之三十以下罚金,并对其直接负责的主管人员和其他直接责任人员处五年以下有期徒刑或者拘役;数额巨大或者有其他严重情节的,对单位判处逃汇数额百分之五以上百分之三十以下罚金,并对其直接负责的主管人员和其他直接责任人员处五年以上有期徒刑。

第一百九十一条　【洗钱罪】为掩饰、隐瞒毒品犯罪、黑社会性质的组织犯罪、恐怖活动犯罪、走私犯罪、贪污贿赂犯罪、破坏金融管理秩序犯罪、金融诈骗犯罪的所得及其产生的收益的来源和性质,有下列行为之一的,没收实施以上犯罪的所得及其产生的收益,处五年以下有期徒刑或者拘役,并处或者单处罚金;情节严重的,处五年以上十年以下有期徒刑,并处罚金:

(一)提供资金帐户的;

(二)将财产转换为现金、金融票据、有价证券的;

(三)通过转帐或者其他支付结算方式转移资金的;

(四)跨境转移资产的;

(五)以其他方法掩饰、隐瞒犯罪所得及其收益的来源和性质的。

单位犯前款罪的,对单位判处罚金,并对其直接负责的主管人员和其他直接责任人员,依照前款的规定处罚。

第五节　金融诈骗罪

第一百九十二条　【集资诈骗罪】以非法占有为目的,使用诈骗方法非法集资,数额较大的,处三年以上七年以下有期徒刑,并处罚金;数额巨大或者有其他严重情节的,处七年以上有期徒刑或者无期徒刑,并处罚金或者没收财产。

单位犯前款罪的,对单位判处罚金,并对其直接负责的主管人员和其他直接责任人员,依照前款的规定处罚。

第一百九十三条　【贷款诈骗罪】有下列情形之一,以非法占有为目的,诈骗银行或者其他金融机构的贷款,数额较大的,处五年以下有期徒刑或者拘役,并处二万元以上二十万元以下罚金;数额巨大或者有其他严重情节的,处五年以上十年以下有期徒刑,并处五万元以上五十万元以下罚金;数额特别巨大或者有其他特别严重情节的,处十年以上有期徒刑或者无期徒刑,并处五万元以上五十万元以下罚金或者没收财产:

(一)编造引进资金、项目等虚假理由的;

(二)使用虚假的经济合同的;

(三)使用虚假的证明文件的;

(四)使用虚假的产权证明作担保或者超出抵押物价值重复担保的;

(五)以其他方法诈骗贷款的。

第一百九十四条　【票据诈骗罪】有下列情形之一,进行金融票据诈骗活动,数额较大的,处五年以下有期徒刑或者拘役,并处二万元以上二十万元以下罚金;数额巨大或者有其他严重情节的,处五年以上十年以下有期徒刑,并处五万元以上五十万元以下罚金;数额特别巨大或者有其他特别严重情节的,处十年以上有期徒刑或者无期徒刑,并处五万元以上五十万元以下罚金或者没收财产:

(一)明知是伪造、变造的汇票、本票、支票而使用的;

(二)明知是作废的汇票、本票、支票而使用的;

(三)冒用他人的汇票、本票、支票的;

(四)签发空头支票或者与其预留印鉴不符的支票,骗取财物的;

(五)汇票、本票的出票人签发无资金保证的汇票、本票或者在出票时作虚假记载,骗取财物的。

【金融凭证诈骗罪】使用伪造、变造的委托收款凭证、汇款凭证、银行存单等其他银行结算凭证的,依照前款的规定处罚。

第一百九十五条　【信用证诈骗罪】有下列情形之一,进行信用证诈骗活动的,处五年以下有期徒刑或者拘役,并处二万元以上二十万元以下罚金;数额巨大或者有其他严重情节的,处五年以上十年以下有期徒刑,并处五万元以上五十万元以下罚金;数额特别巨大或者有其他特别严重情节的,处十年以上有期徒刑或者无期徒刑,并处五万元以上五十万元以下罚金或者没收财产:

(一)使用伪造、变造的信用证或者附随的单据、文件的;

(二)使用作废的信用证的;

(三)骗取信用证的;

(四)以其他方法进行信用证诈骗活动的。

第一百九十六条　【信用卡诈骗罪】有下列情形之一,进行信用卡诈骗活动,数额较大的,处五年以下有期徒刑或者拘役,并处二万元以上二十万元以下罚金;数额巨大或者有其他严重情节的,处五年以上十年以下有期徒刑,并处五万元以上五十万元以下罚金;数额特别巨大或者有其他特别严重情节的,处十年以上有期徒刑或者无期徒刑,并处五万元以上五十万元以下罚金或者没收财产:

(一)使用伪造的信用卡,或者使用以虚假的身份证明骗领的信用卡的;

(二)使用作废的信用卡的;

(三)冒用他人信用卡的;

(四)恶意透支的。

前款所称恶意透支,是指持卡人以非法占有为目的,超过规定限额或者规定期限透支,并且经发卡银行催收后仍不归还的行为。

【盗窃罪】盗窃信用卡并使用的,依照本法第二百六十四条的规定定罪处罚。

第一百九十七条　【有价证券诈骗罪】使用伪造、变造的国库券或者国家发行的其他有价证券,进行诈骗活动,数额较大的,处五年以下有期徒刑或者拘役,并处二万元以上二十万元以下罚金;数额巨大或者有其他严重情节的,处五年以上十年以下有期徒刑,并处五万元以上五十万元以下罚金;数额特别巨大或者有其他特别严重情节的,处十年以上有期徒刑或者无期徒刑,并处五万元以上五十万元以下罚金或者没收财产。

第一百九十八条　【保险诈骗罪】有下列情形之一,进行保险诈骗活动,数额较大的,处五年以下有期徒刑或者拘役,并处一万元以上十万元以下罚金;数额巨大或者有其他严重情节的,处五年以上十年以下有期徒刑,并处二万元以上二十万元以下罚金;数额特别巨大或者有其他特别严重情节的,处十年以上有期徒刑,并处二万元以上二十万元以下罚金或者没收财产:

(一)投保人故意虚构保险标的,骗取保险金的;

(二)投保人、被保险人或者受益人对发生的保险事故编造虚假的原因或者夸大损失的程度,骗取保险金的;

(三)投保人、被保险人或者受益人编造未曾发生的保险事故,骗取保险金的;

(四)投保人、被保险人故意造成财产损失的保险事故,骗取保险金的;

(五)投保人、受益人故意造成被保险人死亡、伤残或者疾病,骗取保险金的。

有前款第四项、第五项所列行为,同时构成其他犯罪的,依照数罪并罚的规定处罚。

单位犯第一款罪的,对单位判处罚金,并对其直接负责的主管人员和其他直接责任人员,处五年以下有期徒刑或者拘役;数额巨大或者有其他严重情节的,处五年以上十年以下有期徒刑;数额特别巨大或者有其他特别严重情节的,处十年以上有期徒刑。

保险事故的鉴定人、证明人、财产评估人故意提供虚假的证明文件,为他人诈骗提供条件的,以保险诈骗的共犯论处。

第一百九十九条[①]　**【金融诈骗罪适用死刑和没收财产的规定】**犯本节第一百九十二条规定之罪,数额特别巨大并且给国家和人民利益造成特别重大损失的,处无期徒刑或者死刑,并处没收财产。

第二百条　**【单位犯金融诈骗罪的处罚规定】**单位犯本节第一百九十四条、第一百九十五条规定之罪的,对单位判处罚金,并对其直接负责的主管人员和其他直接责任人员,处五年以下有期徒刑或者拘役,可以并处罚金;数额巨大或者有其他严重情节的,处五年以上十年以下有期徒刑,并处罚金;数额特别巨大或者有其他特别严重情节的,处十年以上有期徒刑或者无期徒刑,并处罚金。

第六节　危害税收征管罪

第二百零一条　**【逃税罪】**纳税人采取欺骗、隐瞒手段进行虚假纳税申报或者不申报,逃避缴纳税款数额较大并且占应纳税额百分之十以上的,处三年以下有期徒刑或者拘役,并处罚金;数额巨大并且占应纳税额百分之三十以上的,处三年以上七年以下有期徒刑,并处罚金。

扣缴义务人采取前款所列手段,不缴或者少缴已扣、已收税款,数额较大的,依照前款的规定处罚。

对多次实施前两款行为,未经处理的,按照累计数额计算。

有第一款行为,经税务机关依法下达追缴通知后,补缴应纳税款,缴纳滞纳金,已受行政处罚的,不予追究刑事责任;但是,五年内因逃避缴纳税款受过刑事处罚或者被税务机关给予二次以上行政处罚的除外。

第二百零二条　**【抗税罪】**以暴力、威胁方法拒不缴纳税款的,处三年以下有期徒刑或者拘役,并处拒缴税款一倍以上五倍以下罚金;情节严重的,处三年以上七年以下有期徒刑,并处拒缴税款一倍以上五倍以下罚金。

第二百零三条　**【逃避追缴欠税罪】**纳税人欠缴应纳税款,采取转移或者隐匿财产的手段,致使税务机关无法追缴欠缴的税款,数额在一万元以上不满十万元的,处三年以下有期徒刑或者拘役,并处或者单处欠缴税款一倍以上五倍以下罚金;数额在十万元以上的,处三年以上七年以下有期徒刑,并处欠缴税款一倍以上五倍以下罚金。

第二百零四条　**【骗取出口退税罪】**以假报出口或者其他欺骗手段,骗取国家出口退税款,数额较大的,处五年以下有期徒刑或者拘役,并处骗取税款一倍以上五倍以下罚金;数额巨大或者有其他严重情节的,处五年以上十年以下有期徒刑,并处骗取税款一倍以上五倍以下罚金;数额特别巨大或者有其他特别严重情节的,处十年以上有期徒刑或者无期徒刑,并处骗取税款一倍以上五倍以下罚金或者没收财产。

【逃税罪;骗取出口退税罪】纳税人缴纳税款后,采取前款规定的欺骗方法,骗取所缴纳的税

① 本条根据2015年8月29日《刑法修正案(九)》删去。

款的,依照本法第二百零一条的规定定罪处罚;骗取税款超过所缴纳的税款部分,依照前款的规定处罚。

第二百零五条　【虚开增值税专用发票、用于骗取出口退税、抵扣税款发票罪】虚开增值税专用发票或者虚开用于骗取出口退税、抵扣税款的其他发票的,处三年以下有期徒刑或者拘役,并处二万元以上二十万元以下罚金;虚开的税款数额较大或者有其他严重情节的,处三年以上十年以下有期徒刑,并处五万元以上五十万元以下罚金;虚开的税款数额巨大或者有其他特别严重情节的,处十年以上有期徒刑或者无期徒刑,并处五万元以上五十万元以下罚金或者没收财产。

有前款行为骗取国家税款,数额特别巨大,情节特别严重,给国家利益造成特别重大损失的,处无期徒刑或者死刑,并处没收财产。①

单位犯本条规定之罪的,对单位判处罚金,并对其直接负责的主管人员和其他直接责任人员,处三年以下有期徒刑或者拘役;虚开的税款数额较大或者有其他严重情节的,处三年以上十年以下有期徒刑;虚开的税款数额巨大或者有其他特别严重情节的,处十年以上有期徒刑或者无期徒刑。

虚开增值税专用发票或者虚开用于骗取出口退税、抵扣税款的其他发票,是指有为他人虚开、为自己虚开、让他人为自己虚开、介绍他人虚开行为之一的。

第二百零五条之一　【虚开发票罪】虚开本法第二百零五条规定以外的其他发票,情节严重的,处二年以下有期徒刑、拘役或者管制,并处罚金;情节特别严重的,处二年以上七年以下有期徒刑,并处罚金。

单位犯前款罪的,对单位判处罚金,并对其直接负责的主管人员和其他直接责任人员,依照前款的规定处罚。

第二百零六条　【伪造、出售伪造的增值税专用发票罪】伪造或者出售伪造的增值税专用发票的,处三年以下有期徒刑、拘役或者管制,并处二万元以上二十万元以下罚金;数量较大或者有其他严重情节的,处三年以上十年以下有期徒刑,并处五万元以上五十万元以下罚金;数量巨大或者有其他特别严重情节的,处十年以上有期徒刑或者无期徒刑,并处五万元以上五十万元以下罚金或者没收财产。

伪造并出售伪造的增值税专用发票,数量特别巨大,情节特别严重,严重破坏经济秩序的,处无期徒刑或者死刑,并处没收财产。②

单位犯本条规定之罪的,对单位判处罚金,并对其直接负责的主管人员和其他直接责任人员,处三年以下有期徒刑、拘役或者管制;数量较大或者有其他严重情节的,处三年以上十年以下有期徒刑;数量巨大或者有其他特别严重情节的,处十年以上有期徒刑或者无期徒刑。

第二百零七条　【非法出售增值税专用发票罪】非法出售增值税专用发票的,处三年以下有期徒刑、拘役或者管制,并处二万元以上二十万元以下罚金;数量较大的,处三年以上十年以下有期徒刑,并处五万元以上五十万元以下罚金;数量巨大的,处十年以上有期徒刑或者无期徒刑,并处五万元以上五十万元以下罚金或者没收财产。

第二百零八条　【非法购买增值税专用发票、购买伪造的增值税专用发票罪】非法购买增值税专用发票或者购买伪造的增值税专用发票的,处五年以下有期徒刑或者拘役,并处或者单处二万元以上二十万元以下罚金。

---

① 本款根据2011年2月25日《刑法修正案(八)》删去。

② 本款根据2011年2月25日《刑法修正案(八)》删去。

非法购买增值税专用发票或者购买伪造的增值税专用发票又虚开或者出售的,分别依照本法第二百零五条、第二百零六条、第二百零七条的规定定罪处罚。

第二百零九条　【非法制造、出售非法制造的用于骗取出口退税、抵扣税款发票罪】伪造、擅自制造或者出售伪造、擅自制造的可以用于骗取出口退税、抵扣税款的其他发票的,处三年以下有期徒刑、拘役或者管制,并处二万元以上二十万元以下罚金;数量巨大的,处三年以上七年以下有期徒刑,并处五万元以上五十万元以下罚金;数量特别巨大的,处七年以上有期徒刑,并处五万元以上五十万元以下罚金或者没收财产。

【非法制造、出售非法制造的发票罪】伪造、擅自制造或者出售伪造、擅自制造的前款规定以外的其他发票的,处二年以下有期徒刑、拘役或者管制,并处或者单处一万元以上五万元以下罚金;情节严重的,处二年以上七年以下有期徒刑,并处五万元以上五十万元以下罚金。

【非法出售用于骗取出口退税、抵扣税款发票罪】非法出售可以用于骗取出口退税、抵扣税款的其他发票的,依照第一款的规定处罚。

【非法出售发票罪】非法出售第三款规定以外的其他发票的,依照第二款的规定处罚。

第二百一十条　【盗窃罪】盗窃增值税专用发票或者可以用于骗取出口退税、抵扣税款的其他发票的,依照本法第二百六十四条的规定定罪处罚。

【诈骗罪】使用欺骗手段骗取增值税专用发票或者可以用于骗取出口退税、抵扣税款的其他发票的,依照本法第二百六十六条的规定定罪处罚。

第二百一十条之一　【持有伪造的发票罪】明知是伪造的发票而持有,数量较大的,处二年以下有期徒刑、拘役或者管制,并处罚金;数量巨大的,处二年以上七年以下有期徒刑,并处罚金。

单位犯前款罪的,对单位判处罚金,并对其直接负责的主管人员和其他直接责任人员,依照前款的规定处罚。

第二百一十一条　【单位犯危害税收征管罪的处罚规定】单位犯本节第二百零一条、第二百零三条、第二百零四条、第二百零七条、第二百零八条、第二百零九条规定之罪的,对单位判处罚金,并对其直接负责的主管人员和其他直接责任人员,依照各该条的规定处罚。

第二百一十二条　【税务机关征缴优先原则】犯本节第二百零一条至第二百零五条规定之罪,被判处罚金、没收财产的,在执行前,应当先由税务机关追缴税款和所骗取的出口退税款。

第七节　侵犯知识产权罪

第二百一十三条　【假冒注册商标罪】未经注册商标所有人许可,在同一种商品、服务上使用与其注册商标相同的商标,情节严重的,处三年以下有期徒刑,并处或者单处罚金;情节特别严重的,处三年以上十年以下有期徒刑,并处罚金。

第二百一十四条　【销售假冒注册商标的商品罪】销售明知是假冒注册商标的商品,违法所得数额较大或者有其他严重情节的,处三年以下有期徒刑,并处或者单处罚金;违法所得数额巨大或者有其他特别严重情节的,处三年以上十年以下有期徒刑,并处罚金。

第二百一十五条　【非法制造、销售非法制造的注册商标标识罪】伪造、擅自制造他人注册商标标识或者销售伪造、擅自制造的注册商标标识,情节严重的,处三年以下有期徒刑,并处或者单处罚金;情节特别严重的,处三年以上十年以下有期徒刑,并处罚金。

第二百一十六条　【假冒专利罪】假冒他人专利,情节严重的,处三年以下有期徒刑或者拘役,并处或者单处罚金。

第二百一十七条　【侵犯著作权罪】以营利为目的,有下列侵犯著作权或者与著作权有关的权利的情形之一,违法所得数额较大或者有其他严重情节的,处三年以下有期徒刑,并处或者单处罚金;违法所得数额巨大或者有其他特别严重情节的,处三年以上十年以下有期徒刑,并处罚金:

(一)未经著作权人许可,复制发行、通过信息网络向公众传播其文字作品、音乐、美术、视听作品、计算机软件及法律、行政法规规定的其他作品的;

(二)出版他人享有专有出版权的图书的;

(三)未经录音录像制作者许可,复制发行、通过信息网络向公众传播其制作的录音录像的;

(四)未经表演者许可,复制发行录有其表演的录音录像制品,或者通过信息网络向公众传播其表演的;

(五)制作、出售假冒他人署名的美术作品的;

(六)未经著作权人或者与著作权有关的权利人许可,故意避开或者破坏权利人为其作品、录音录像制品等采取的保护著作权或者与著作权有关的权利的技术措施的。

第二百一十八条　【销售侵权复制品罪】以营利为目的,销售明知是本法第二百一十七条规定的侵权复制品,违法所得数额巨大或者有其他严重情节的,处五年以下有期徒刑,并处或者单处罚金。

第二百一十九条　【侵犯商业秘密罪】有下列侵犯商业秘密行为之一,情节严重的,处三年以下有期徒刑,并处或者单处罚金;情节特别严重的,处三年以上十年以下有期徒刑,并处罚金:

(一)以盗窃、贿赂、欺诈、胁迫、电子侵入或者其他不正当手段获取权利人的商业秘密的;

(二)披露、使用或者允许他人使用以前项手段获取的权利人的商业秘密的;

(三)违反保密义务或者违反权利人有关保守商业秘密的要求,披露、使用或者允许他人使用其所掌握的商业秘密的。

明知前款所列行为,获取、披露、使用或者允许他人使用该商业秘密的,以侵犯商业秘密论。

本条所称权利人,是指商业秘密的所有人和经商业秘密所有人许可的商业秘密使用人。

第二百一十九条之一　【为境外窃取、刺探、收买、非法提供商业秘密罪】为境外的机构、组织、人员窃取、刺探、收买、非法提供商业秘密的,处五年以下有期徒刑,并处或者单处罚金;情节严重的,处五年以上有期徒刑,并处罚金。

第二百二十条　【单位犯侵犯知识产权罪的处罚规定】单位犯本节第二百一十三条至第二百一十九条之一规定之罪的,对单位判处罚金,并对其直接负责的主管人员和其他直接责任人员,依照本节各该条的规定处罚。

第八节　扰乱市场秩序罪

第二百二十一条　【损害商业信誉、商品声誉罪】捏造并散布虚伪事实,损害他人的商业信誉、商品声誉,给他人造成重大损失或者有其他严重情节的,处二年以下有期徒刑或者拘役,并处或者单处罚金。

第二百二十二条　【虚假广告罪】广告主、广告经营者、广告发布者违反国家规定,利用广告对商品或者服务作虚假宣传,情节严重的,处二年以下有期徒刑或者拘役,并处或者单处罚金。

第二百二十三条　【串通投标罪】投标人相互串通投标报价,损害招标人或者其他投标人利益,情节严重的,处三年以下有期徒刑或者拘役,并处或者单处罚金。

投标人与招标人串通投标,损害国家、集体、公民的合法利益的,依照前款的规定处罚。

第二百二十四条　【合同诈骗罪】有下列情形之一,以非法占有为目的,在签订、履行合同过程中,骗取对方当事人财物,数额较大的,处三年以下有期徒刑或者拘役,并处或者单处罚金;数额巨大或者有其他严重情节的,处三年以上十年以下有期徒刑,并处罚金;数额特别巨大或者有其他特别严重情节的,处十年以上有期徒刑或者无期徒刑,并处罚金或者没收财产:

(一)以虚构的单位或者冒用他人名义签订合同的;

(二)以伪造、变造、作废的票据或者其他虚假的产权证明作担保的;

(三)没有实际履行能力,以先履行小额合同或者部分履行合同的方法,诱骗对方当事人继续签订和履行合同的;

(四)收受对方当事人给付的货物、货款、预付款或者担保财产后逃匿的;

(五)以其他方法骗取对方当事人财物的。

第二百二十四条之一　【组织、领导传销活动罪】组织、领导以推销商品、提供服务等经营活动为名,要求参加者以缴纳费用或者购买商品、服务等方式获得加入资格,并按照一定顺序组成层级,直接或者间接以发展人员的数量作为计酬或者返利依据,引诱、胁迫参加者继续发展他人参加,骗取财物,扰乱经济社会秩序的传销活动的,处五年以下有期徒刑或者拘役,并处罚金;情节严重的,处五年以上有期徒刑,并处罚金。

第二百二十五条　【非法经营罪】违反国家规定,有下列非法经营行为之一,扰乱市场秩序,情节严重的,处五年以下有期徒刑或者拘役,并处或者单处违法所得一倍以上五倍以下罚金;情节特别严重的,处五年以上有期徒刑,并处违法所得一倍以上五倍以下罚金或者没收财产:

(一)未经许可经营法律、行政法规规定的专营、专卖物品或者其他限制买卖的物品的;

(二)买卖进出口许可证、进出口原产地证明以及其他法律、行政法规规定的经营许可证或者批准文件的;

(三)未经国家有关主管部门批准非法经营证券、期货、保险业务的,或者非法从事资金支付结算业务的;

(四)其他严重扰乱市场秩序的非法经营行为。

第二百二十六条　【强迫交易罪】以暴力、威胁手段,实施下列行为之一,情节严重的,处三年以下有期徒刑或者拘役,并处或者单处罚金;情节特别严重的,处三年以上七年以下有期徒刑,并处罚金:

(一)强买强卖商品的;

(二)强迫他人提供或者接受服务的;

(三)强迫他人参与或者退出投标、拍卖的;

(四)强迫他人转让或者收购公司、企业的股份、债券或者其他资产的;

(五)强迫他人参与或者退出特定的经营活动的。

第二百二十七条　【伪造、倒卖伪造的有价票证罪】伪造或者倒卖伪造的车票、船票、邮票或者其他有价票证,数额较大的,处二年以下有期徒刑、拘役或者管制,并处或者单处票证价额一倍以上五倍以下罚金;数额巨大的,处二年以上七年以下有期徒刑,并处票证价额一倍以上五倍以下罚金。

【倒卖车票、船票罪】倒卖车票、船票,情节严重的,处三年以下有期徒刑、拘役或者管制,并处或者单处票证价额一倍以上五倍以下罚金。

第二百二十八条　【非法转让、倒卖土地使用权罪】以牟利为目的,违反土地管理法规,非法转让、倒卖土地使用权,情节严重的,处三年以下有期徒刑或者拘役,并处或者单处非法转让、倒卖土地使用权价额百分之五以上百分之二十以下罚金;情节特别严重的,处三年以上七年以下有期徒刑,并处非法转让、倒卖土地使用权价额百分之五以上百分之二十以下罚金。

第二百二十九条　【提供虚假证明文件罪】承担资产评估、验资、验证、会计、审计、法律服务、保荐、安全评价、环境影响评价、环境监测等职责的中介组织的人员故意提供虚假证明文件,情节严重的,处五年以下有期徒刑或者拘役,并处罚金;有下列情形之一的,处五年以上十年以下有期徒刑,并处罚金:

(一)提供与证券发行相关的虚假的资产评估、会计、审计、法律服务、保荐等证明文件,情节特别严重的;

(二)提供与重大资产交易相关的虚假的资产评估、会计、审计等证明文件,情节特别严重的;

(三)在涉及公共安全的重大工程、项目中提供虚假的安全评价、环境影响评价等证明文件,致使公共财产、国家和人民利益遭受特别重大损失的。

有前款行为,同时索取他人财物或者非法收受他人财物构成犯罪的,依照处罚较重的规定定罪处罚。

第一款规定的人员,严重不负责任,出具的证明文件有重大失实,造成严重后果的,处三年以下有期徒刑或者拘役,并处或者单处罚金。

第二百三十条　【逃避商检罪】违反进出口商品检验法的规定,逃避商品检验,将必须经商检机构检验的进口商品未报经检验而擅自销售、使用,或者将必须经商检机构检验的出口商品未报经检验合格而擅自出口,情节严重的,处三年以下有期徒刑或者拘役,并处或者单处罚金。

第二百三十一条　【单位犯扰乱市场秩序罪的处罚规定】单位犯本节第二百二十一条至第二百三十条规定之罪的,对单位判处罚金,并对其直接负责的主管人员和其他直接责任人员,依照本节各该条的规定处罚。

第四章　侵犯公民人身权利、民主权利罪

第二百三十二条　【故意杀人罪】故意杀人的,处死刑、无期徒刑或者十年以上有期徒刑;情节较轻的,处三年以上十年以下有期徒刑。

第二百三十三条　【过失致人死亡罪】过失致人死亡的,处三年以上七年以下有期徒刑;情节较轻的,处三年以下有期徒刑。本法另有规定的,依照规定。

第二百三十四条　【故意伤害罪】故意伤害他人身体的,处三年以下有期徒刑、拘役或者管制。

犯前款罪,致人重伤的,处三年以上十年以下有期徒刑;致人死亡或者以特别残忍手段致人重伤造成严重残疾的,处十年以上有期徒刑、无期徒刑或者死刑。本法另有规定的,依照规定。

第二百三十四条之一　【组织出卖人体器官罪】组织他人出卖人体器官的,处五年以下有期徒刑,并处罚金;情节严重的,处五年以上有期徒刑,并处罚金或者没收财产。

未经本人同意摘取其器官,或者摘取不满十八周岁的人的器官,或者强迫、欺骗他人捐献器官的,依照本法第二百三十四条、第二百三十二条的规定定罪处罚。

违背本人生前意愿摘取其尸体器官,或者本人生前未表示同意,违反国家规定,违背其近亲属意愿摘取其尸体器官的,依照本法第三百零二条的规定定罪处罚。

第二百三十五条　【过失致人重伤罪】过失伤害他人致人重伤的,处三年以下有期徒刑或者拘役。本法另有规定的,依照规定。

第二百三十六条　【强奸罪】以暴力、胁迫或者其他手段强奸妇女的,处三年以上十年以下

有期徒刑。

奸淫不满十四周岁的幼女的,以强奸论,从重处罚。

强奸妇女、奸淫幼女,有下列情形之一的,处十年以上有期徒刑、无期徒刑或者死刑:

(一)强奸妇女、奸淫幼女情节恶劣的;

(二)强奸妇女、奸淫幼女多人的;

(三)在公共场所当众强奸妇女、奸淫幼女的;

(四)二人以上轮奸的;

(五)奸淫不满十周岁的幼女或者造成幼女伤害的;

(六)致使被害人重伤、死亡或者造成其他严重后果的。

第二百三十六条之一　【负有照护职责人员性侵罪】对已满十四周岁不满十六周岁的未成年女性负有监护、收养、看护、教育、医疗等特殊职责的人员,与该未成年女性发生性关系的,处三年以下有期徒刑;情节恶劣的,处三年以上十年以下有期徒刑。

有前款行为,同时又构成本法第二百三十六条规定之罪的,依照处罚较重的规定定罪处罚。

第二百三十七条　【强制猥亵、侮辱罪】以暴力、胁迫或者其他方法强制猥亵他人或者侮辱妇女的,处五年以下有期徒刑或者拘役。

聚众或者在公共场所当众犯前款罪的,或者有其他恶劣情节的,处五年以上有期徒刑。

【猥亵儿童罪】猥亵儿童的,处五年以下有期徒刑;有下列情形之一的,处五年以上有期徒刑:

(一)猥亵儿童多人或者多次的;

(二)聚众猥亵儿童的,或者在公共场所当众猥亵儿童,情节恶劣的;

(三)造成儿童伤害或者其他严重后果的;

(四)猥亵手段恶劣或者有其他恶劣情节的。

第二百三十八条　【非法拘禁罪】非法拘禁他人或者以其他方法非法剥夺他人人身自由的,处三年以下有期徒刑、拘役、管制或者剥夺政治权利。具有殴打、侮辱情节的,从重处罚。

【非法拘禁罪;故意伤害罪;故意杀人罪】犯前款罪,致人重伤的,处三年以上十年以下有期徒刑;致人死亡的,处十年以上有期徒刑。使用暴力致人伤残、死亡的,依照本法第二百三十四条、第二百三十二条的规定定罪处罚。

为索取债务非法扣押、拘禁他人的,依照前两款的规定处罚。

国家机关工作人员利用职权犯前三款罪的,依照前三款的规定从重处罚。

第二百三十九条　【绑架罪】以勒索财物为目的绑架他人的,或者绑架他人作为人质的,处十年以上有期徒刑或者无期徒刑,并处罚金或者没收财产;情节较轻的,处五年以上十年以下有期徒刑,并处罚金。

犯前款罪,杀害被绑架人的,或者故意伤害被绑架人,致人重伤、死亡的,处无期徒刑或者死刑,并处没收财产。

以勒索财物为目的偷盗婴幼儿的,依照前两款的规定处罚。

第二百四十条　【拐卖妇女、儿童罪】拐卖妇女、儿童的,处五年以上十年以下有期徒刑,并处罚金;有下列情形之一的,处十年以上有期徒刑或者无期徒刑,并处罚金或者没收财产;情节特别严重的,处死刑,并处没收财产:

(一)拐卖妇女、儿童集团的首要分子;

(二)拐卖妇女、儿童三人以上的;

(三)奸淫被拐卖的妇女的;

(四)诱骗、强迫被拐卖的妇女卖淫或者将被拐卖的妇女卖给他人迫使其卖淫的;

(五)以出卖为目的,使用暴力、胁迫或者麻醉方法绑架妇女、儿童的;

(六)以出卖为目的,偷盗婴幼儿的;

(七)造成被拐卖的妇女、儿童或者其亲属重伤、死亡或者其他严重后果的;

(八)将妇女、儿童卖往境外的。

拐卖妇女、儿童是指以出卖为目的,有拐骗、绑架、收买、贩卖、接送、中转妇女、儿童的行为之一的。

第二百四十一条　【收买被拐卖的妇女、儿童罪】收买被拐卖的妇女、儿童的,处三年以下有期徒刑、拘役或者管制。

收买被拐卖的妇女,强行与其发生性关系的,依照本法第二百三十六条的规定定罪处罚。

收买被拐卖的妇女、儿童,非法剥夺、限制其人身自由或者有伤害、侮辱等犯罪行为的,依照本法的有关规定定罪处罚。

收买被拐卖的妇女、儿童,并有第二款、第三款规定的犯罪行为的,依照数罪并罚的规定处罚。

收买被拐卖的妇女、儿童又出卖的,依照本法第二百四十条的规定定罪处罚。

收买被拐卖的妇女、儿童,对被买儿童没有虐待行为,不阻碍对其进行解救的,可以从轻处罚;按照被买妇女的意愿,不阻碍其返回原居住地的,可以从轻或者减轻处罚。

第二百四十二条　【妨害公务罪】以暴力、威胁方法阻碍国家机关工作人员解救被收买的妇女、儿童的,依照本法第二百七十七条的规定定罪处罚。

【聚众阻碍解救被收买的妇女、儿童罪】聚众阻碍国家机关工作人员解救被收买的妇女、儿童的首要分子,处五年以下有期徒刑或者拘役;其他参与者使用暴力、威胁方法的,依照前款的规定处罚。

第二百四十三条　【诬告陷害罪】捏造事实诬告陷害他人,意图使他人受刑事追究,情节严重的,处三年以下有期徒刑、拘役或者管制;造成严重后果的,处三年以上十年以下有期徒刑。

国家机关工作人员犯前款罪的,从重处罚。

不是有意诬陷,而是错告,或者检举失实的,不适用前两款的规定。

第二百四十四条　【强迫劳动罪】以暴力、威胁或者限制人身自由的方法强迫他人劳动的,处三年以下有期徒刑或者拘役,并处罚金;情节严重的,处三年以上十年以下有期徒刑,并处罚金。

明知他人实施前款行为,为其招募、运送人员或者有其他协助强迫他人劳动行为的,依照前款的规定处罚。

单位犯前两款罪的,对单位判处罚金,并对其直接负责的主管人员和其他直接责任人员,依照第一款的规定处罚。

第二百四十四条之一　【雇用童工从事危重劳动罪】违反劳动管理法规,雇用未满十六周岁的未成年人从事超强度体力劳动的,或者从事高空、井下作业的,或者在爆炸性、易燃性、放射性、毒害性等危险环境下从事劳动,情节严重的,对直接责任人员,处三年以下有期徒刑或者拘役,并处罚金;情节特别严重的,处三年以上七年以下有期徒刑,并处罚金。

有前款行为,造成事故,又构成其他犯罪的,依照数罪并罚的规定处罚。

第二百四十五条　【非法搜查罪;非法侵入住宅罪】非法搜查他人身体、住宅,或者非法侵入他人住宅的,处三年以下有期徒刑或者拘役。

司法工作人员滥用职权,犯前款罪的,从重处罚。

第二百四十六条　【侮辱罪;诽谤罪】以暴力或者其他方法公然侮辱他人或者捏造事实诽谤他人,情节严重的,处三年以下有期徒刑、拘役、管制或者剥夺政治权利。

前款罪,告诉的才处理,但是严重危害社会秩序和国家利益的除外。

通过信息网络实施第一款规定的行为,被害人向人民法院告诉,但提供证据确有困难的,人民法院可以要求公安机关提供协助。

第二百四十七条　【刑讯逼供罪;暴力取证罪;故意伤害罪;故意杀人罪】司法工作人员对犯罪嫌疑人、被告人实行刑讯逼供或者使用暴力逼取证人证言的,处三年以下有期徒刑或者拘役。致人伤残、死亡的,依照本法第二百三十四条、第二百三十二条的规定定罪从重处罚。

第二百四十八条　【虐待被监管人罪;故意伤害罪;故意杀人罪】监狱、拘留所、看守所等监管机构的监管人员对被监管人进行殴打或者体罚虐待,情节严重的,处三年以下有期徒刑或者拘役;情节特别严重的,处三年以上十年以下有期徒刑。致人伤残、死亡的,依照本法第二百三十四条、第二百三十二条的规定定罪从重处罚。

监管人员指使被监管人殴打或者体罚虐待其他被监管人的,依照前款的规定处罚。

第二百四十九条　【煽动民族仇恨、民族歧视罪】煽动民族仇恨、民族歧视,情节严重的,处三年以下有期徒刑、拘役、管制或者剥夺政治权利;情节特别严重的,处三年以上十年以下有期徒刑。

第二百五十条　【出版歧视、侮辱少数民族作品罪】在出版物中刊载歧视、侮辱少数民族的内容,情节恶劣,造成严重后果的,对直接责任人员,处三年以下有期徒刑、拘役或者管制。

第二百五十一条　【非法剥夺公民宗教信仰自由罪;侵犯少数民族风俗习惯罪】国家机关工作人员非法剥夺公民的宗教信仰自由和侵犯少数民族风俗习惯,情节严重的,处二年以下有期徒刑或者拘役。

第二百五十二条　【侵犯通信自由罪】隐匿、毁弃或者非法开拆他人信件,侵犯公民通信自由权利,情节严重的,处一年以下有期徒刑或者拘役。

第二百五十三条　【私自开拆、隐匿、毁弃邮件、电报罪】邮政工作人员私自开拆或者隐匿、毁弃邮件、电报的,处二年以下有期徒刑或者拘役。

【盗窃罪】犯前款罪而窃取财物的,依照本法第二百六十四条的规定定罪从重处罚。

第二百五十三条之一　【侵犯公民个人信息罪】违反国家有关规定,向他人出售或者提供公民个人信息,情节严重的,处三年以下有期徒刑或者拘役,并处或者单处罚金;情节特别严重的,处三年以上七年以下有期徒刑,并处罚金。

违反国家有关规定,将在履行职责或者提供服务过程中获得的公民个人信息,出售或者提供给他人的,依照前款的规定从重处罚。

窃取或者以其他方法非法获取公民个人信息的,依照第一款的规定处罚。

单位犯前三款罪的,对单位判处罚金,并对其直接负责的主管人员和其他直接责任人员,依照各该款的规定处罚。

第二百五十四条　【报复陷害罪】国家机关工作人员滥用职权、假公济私,对控告人、申诉人、批评人、举报人实行报复陷害的,处二年以下有期徒刑或者拘役;情节严重的,处二年以上七年以下有期徒刑。

第二百五十五条　【打击报复会计、统计人员罪】公司、企业、事业单位、机关、团体的领导人,对依法履行职责、抵制违反会计法、统计法行为的会计、统计人员实行打击报复,情节恶劣的,处三年以下有期徒刑或者拘役。

第二百五十六条　【破坏选举罪】在选举各级人民代表大会代表和国家机关领导人员时,以暴力、威胁、欺骗、贿赂、伪造选举文件、虚报选举票数等手段破坏选举或者妨害选民和代表自由行使选举权和被选举权,情节严重的,处三年以下有期徒刑、拘役或者剥夺政治权利。

第二百五十七条　【暴力干涉婚姻自由罪】以暴力干涉他人婚姻自由的,处二年以下有期徒刑或者拘役。

犯前款罪,致使被害人死亡的,处二年以上七年以下有期徒刑。

第一款罪,告诉的才处理。

第二百五十八条　【重婚罪】有配偶而重婚的,或者明知他人有配偶而与之结婚的,处二年以下有期徒刑或者拘役。

第二百五十九条　【破坏军婚罪】明知是现役军人的配偶而与之同居或者结婚的,处三年以下有期徒刑或者拘役。

【强奸罪】利用职权、从属关系,以胁迫手段奸淫现役军人的妻子的,依照本法第二百三十六条的规定定罪处罚。

第二百六十条　【虐待罪】虐待家庭成员,情节恶劣的,处二年以下有期徒刑、拘役或者管制。

犯前款罪,致使被害人重伤、死亡的,处二年以上七年以下有期徒刑。

第一款罪,告诉的才处理,但被害人没有能力告诉,或者因受到强制、威吓无法告诉的除外。

第二百六十条之一　【虐待被监护、看护人罪】对未成年人、老年人、患病的人、残疾人等负有监护、看护职责的人虐待被监护、看护的人,情节恶劣的,处三年以下有期徒刑或者拘役。

单位犯前款罪的,对单位判处罚金,并对其直接负责的主管人员和其他直接责任人员,依照前款的规定处罚。

有第一款行为,同时构成其他犯罪的,依照处罚较重的规定定罪处罚。

第二百六十一条　【遗弃罪】对于年老、年幼、患病或者其他没有独立生活能力的人,负有扶养义务而拒绝扶养,情节恶劣的,处五年以下有期徒刑、拘役或者管制。

第二百六十二条　【拐骗儿童罪】拐骗不满十四周岁的未成年人,脱离家庭或者监护人的,处五年以下有期徒刑或者拘役。

第二百六十二条之一　【组织残疾人、儿童乞讨罪】以暴力、胁迫手段组织残疾人或者不满十四周岁的未成年人乞讨的,处三年以下有期徒刑或者拘役,并处罚金;情节严重的,处三年以上七年以下有期徒刑,并处罚金。

第二百六十二条之二　【组织未成年人进行违反治安管理活动罪】组织未成年人进行盗窃、诈骗、抢夺、敲诈勒索等违反治安管理活动的,处三年以下有期徒刑或者拘役,并处罚金;情节严重的,处三年以上七年以下有期徒刑,并处罚金。

第五章　侵犯财产罪

第二百六十三条　【抢劫罪】以暴力、胁迫或者其他方法抢劫公私财物的,处三年以上十年以下有期徒刑,并处罚金;有下列情形之一的,处十年以上有期徒刑、无期徒刑或者死刑,并处罚金或者没收财产:

(一)入户抢劫的;

(二)在公共交通工具上抢劫的;

(三)抢劫银行或者其他金融机构的;

(四)多次抢劫或者抢劫数额巨大的;

(五)抢劫致人重伤、死亡的;

(六)冒充军警人员抢劫的;

(七)持枪抢劫的;

(八)抢劫军用物资或者抢险、救灾、救济物资的。

第二百六十四条　【盗窃罪】盗窃公私财物,数额较大的,或者多次盗窃、入户盗窃、携带凶器盗窃、扒窃的,处三年以下有期徒刑、拘役或者管制,并处或者单处罚金;数额巨大或者有其他严重情节的,处三年以上十年以下有期徒刑,并处罚金;数额特别巨大或者有其他特别严重情节的,处十年以上有期徒刑或者无期徒刑,并处罚金或者没收财产。

第二百六十五条　【盗窃罪】以牟利为目的,盗接他人通信线路、复制他人电信码号或者明知是盗接、复制的电信设备、设施而使用的,依照本法第二百六十四条的规定定罪处罚。

第二百六十六条　【诈骗罪】诈骗公私财物,数额较大的,处三年以下有期徒刑、拘役或者管制,并处或者单处罚金;数额巨大或者有其他严重情节的,处三年以上十年以下有期徒刑,并处罚金;数额特别巨大或者有其他特别严重情节的,处十年以上有期徒刑或者无期徒刑,并处罚金或者没收财产。本法另有规定的,依照规定。

第二百六十七条　【抢夺罪】抢夺公私财物,数额较大的,或者多次抢夺的,处三年以下有期徒刑、拘役或者管制,并处或者单处罚金;数额巨大或者有其他严重情节的,处三年以上十年以下有期徒刑,并处罚金;数额特别巨大或者有其他特别严重情节的,处十年以上有期徒刑或者无期徒刑,并处罚金或者没收财产。

携带凶器抢夺的,依照本法第二百六十三条的规定定罪处罚。

第二百六十八条　【聚众哄抢罪】聚众哄抢公私财物,数额较大或者有其他严重情节的,对首要分子和积极参加的,处三年以下有期徒刑、拘役或者管制,并处罚金;数额巨大或者有其他特别严重情节的,处三年以上十年以下有期徒刑,并处罚金。

第二百六十九条　【抢劫罪】犯盗窃、诈骗、抢夺罪,为窝藏赃物、抗拒抓捕或者毁灭罪证而当场使用暴力或者以暴力相威胁的,依照本法第二百六十三条的规定定罪处罚。

第二百七十条　【侵占罪】将代为保管的他人财物非法占为己有,数额较大,拒不退还的,处二年以下有期徒刑、拘役或者罚金;数额巨大或者有其他严重情节的,处二年以上五年以下有期徒刑,并处罚金。

将他人的遗忘物或者埋藏物非法占为己有,数额较大,拒不交出的,依照前款的规定处罚。

本条罪,告诉的才处理。

第二百七十一条　【职务侵占罪】公司、企业或者其他单位的工作人员,利用职务上的便利,将本单位财物非法占为己有,数额较大的,处三年以下有期徒刑或者拘役,并处罚金;数额巨大的,处三年以上十年以下有期徒刑,并处罚金;数额特别巨大的,处十年以上有期徒刑或者无期徒刑,并处罚金。

【贪污罪】国有公司、企业或者其他国有单位中从事公务的人员和国有公司、企业或者其他国有单位委派到非国有公司、企业以及其他单位从事公务的人员有前款行为的,依照本法第三百八十二条、第三百八十三条的规定定罪处罚。

第二百七十二条　【挪用资金罪】公司、企业或者其他单位的工作人员,利用职务上的便利,挪用本单位资金归个人使用或者借贷给他人,数额较大、超过三个月未还的,或者虽未超过三个月,但数额较大、进行营利活动的,或者进行非法活动的,处三年以下有期徒刑或者拘役;挪用本单位资金数额巨大的,处三年以上七年以下有期徒刑;数额特别巨大的,处七年以上有期徒刑。

国有公司、企业或者其他国有单位中从事公务的人员和国有公司、企业或者其他国有单位委派到非国有公司、企业以及其他单位从事公务的人员有前款行为的,依照本法第三百八十四条的规定定罪处罚。

有第一款行为,在提起公诉前将挪用的资金退还的,可以从轻或者减轻处罚。其中,犯罪较轻的,可以减轻或者免除处罚。

第二百七十三条　【挪用特定款物罪】挪用用于救灾、抢险、防汛、优抚、扶贫、移民、救济款物,情节严重,致使国家和人民群众利益遭受重大损害的,对直接责任人员,处三年以下有期徒刑或者拘役;情节特别严重的,处三年以上七年以下有期徒刑。

第二百七十四条　【敲诈勒索罪】敲诈勒索公私财物,数额较大或者多次敲诈勒索的,处三年以下有期徒刑、拘役或者管制,并处或者单处罚金;数额巨大或者有其他严重情节的,处三年以上十年以下有期徒刑,并处罚金;数额特别巨大或者有其他特别严重情节的,处十年以上有期徒刑,并处罚金。

第二百七十五条　【故意毁坏财物罪】故意毁坏公私财物,数额较大或者有其他严重情节的,处三年以下有期徒刑、拘役或者罚金;数额巨大或者有其他特别严重情节的,处三年以上七年以下有期徒刑。

第二百七十六条　【破坏生产经营罪】由于泄愤报复或者其他个人目的,毁坏机器设备、残害耕畜或者以其他方法破坏生产经营的,处三年以下有期徒刑、拘役或者管制;情节严重的,处三年以上七年以下有期徒刑。

第二百七十六条之一　【拒不支付劳动报酬罪】以转移财产、逃匿等方法逃避支付劳动者的劳动报酬或者有能力支付而不支付劳动者的劳动报酬,数额较大,经政府有关部门责令支付仍不支付的,处三年以下有期徒刑或者拘役,并处或者单处罚金;造成严重后果的,处三年以上七年以下有期徒刑,并处罚金。

单位犯前款罪的,对单位判处罚金,并对其直接负责的主管人员和其他直接责任人员,依照前款的规定处罚。

有前两款行为,尚未造成严重后果,在提起公诉前支付劳动者的劳动报酬,并依法承担相应赔偿责任的,可以减轻或者免除处罚。

第六章　妨害社会管理秩序罪

第一节　扰乱公共秩序罪

第二百七十七条　【妨害公务罪】以暴力、威胁方法阻碍国家机关工作人员依法执行职务的,处三年以下有期徒刑、拘役、管制或者罚金。

以暴力、威胁方法阻碍全国人民代表大会和地方各级人民代表大会代表依法执行代表职务的,依照前款的规定处罚。

在自然灾害和突发事件中,以暴力、威胁方法阻碍红十字会工作人员依法履行职责的,依照第一款的规定处罚。

故意阻碍国家安全机关、公安机关依法执行国家安全工作任务,未使用暴力、威胁方法,造成严重后果的,依照第一款的规定处罚。

【袭警罪】暴力袭击正在依法执行职务的人民警察的,处三年以下有期徒刑、拘役或者管制;使用枪支、管制刀具,或者以驾驶机动车撞击等手段,严重危及其人身安全的,处三年以上七年以下有期徒刑。

第二百七十八条　【煽动暴力抗拒法律实施罪】煽动群众暴力抗拒国家法律、行政法规实施的,处三年以下有期徒刑、拘役、管制或者剥夺政治权利;造成严重后果的,处三年以上七年以下有期徒刑。

第二百七十九条　【招摇撞骗罪】冒充国家机关工作人员招摇撞骗的,处三年以下有期徒刑、拘役、管制或者剥夺政治权利;情节严重的,处三年以上十年以下有期徒刑。

冒充人民警察招摇撞骗的,依照前款的规定从重处罚。

第二百八十条　【伪造、变造、买卖国家机关公文、证件、印章罪;盗窃、抢夺、毁灭国家机关公文、证件、印章罪】伪造、变造、买卖或者盗窃、抢夺、毁灭国家机关的公文、证件、印章的,处三年以下有期徒刑、拘役、管制或者剥夺政治权利,并处罚金;情节严重的,处三年以上十年以下有期徒刑,并处罚金。

【伪造公司、企业、事业单位、人民团体印章罪】伪造公司、企业、事业单位、人民团体的印章的,处三年以下有期徒刑、拘役、管制或者剥夺政治权利,并处罚金。

【伪造、变造、买卖身份证件罪】伪造、变造、买卖居民身份证、护照、社会保障卡、驾驶证等依法可以用于证明身份的证件的,处三年以下有期徒刑、拘役、管制或者剥夺政治权利,并处罚金;情节严重的,处三年以上七年以下有期徒刑,并处罚金。

第二百八十条之一　【使用虚假身份证件、盗用身份证件罪】在依照国家规定应当提供身份证明的活动中,使用伪造、变造的或者盗用他人的居民身份证、护照、社会保障卡、驾驶证等依法可以用于证明身份的证件,情节严重的,处拘役或者管制,并处或者单处罚金。

有前款行为,同时构成其他犯罪的,依照处罚较重的规定定罪处罚。

第二百八十条之二　【冒名顶替罪】盗用、冒用他人身份,顶替他人取得的高等学历教育入学资格、公务员录用资格、就业安置待遇的,处三年以下有期徒刑、拘役或者管制,并处罚金。

组织、指使他人实施前款行为的,依照前款的规定从重处罚。

国家工作人员有前两款行为,又构成其他犯罪的,依照数罪并罚的规定处罚。

第二百八十一条　【非法生产、买卖警用装备罪】非法生产、买卖人民警察制式服装、车辆号牌等专用标志、警械,情节严重的,处三年以下有期徒刑、拘役或者管制,并处或者单处罚金。

单位犯前款罪的,对单位判处罚金,并对其直接负责的主管人员和其他直接责任人员,依照前款的规定处罚。

第二百八十二条　【非法获取国家秘密罪】以窃取、刺探、收买方法,非法获取国家秘密的,处三年以下有期徒刑、拘役、管制或者剥夺政治权利;情节严重的,处三年以上七年以下有期徒刑。

【非法持有国家绝密、机密文件、资料、物品罪】非法持有属于国家绝密、机密的文件、资料或者其他物品,拒不说明来源与用途的,处三年以下有期徒刑、拘役或者管制。

第二百八十三条　【非法生产、销售专用间谍器材、窃听、窃照专用器材罪】非法生产、销售专用间谍器材或者窃听、窃照专用器材的,处三年以下有期徒刑、拘役或者管制,并处或者单处罚金;情节严重的,处三年以上七年以下有期徒刑,并处罚金。

单位犯前款罪的,对单位判处罚金,并对其直接负责的主管人员和其他直接责任人员,依照前款的规定处罚。

第二百八十四条　【非法使用窃听、窃照专用器材罪】非法使用窃听、窃照专用器材,造成严重后果的,处二年以下有期徒刑、拘役或者管制。

第二百八十四条之一　【组织考试作弊罪】在法律规定的国家考试中,组织作弊的,处三年以下有期徒刑或者拘役,并处或者单处罚金;情节严重的,处三年以上七年以下有期徒刑,并处罚金。

【组织考试作弊罪】为他人实施前款犯罪提供作弊器材或者其他帮助的,依照前款的规定处罚。

【非法出售、提供试题、答案罪】为实施考试作弊行为,向他人非法出售或者提供第一款规定的考试的试题、答案的,依照第一款的规定处罚。

【代替考试罪】代替他人或者让他人代替自己参加第一款规定的考试的,处拘役或者管制,并处或者单处罚金。

第二百八十五条　【非法侵入计算机信息系统罪】违反国家规定,侵入国家事务、国防建设、尖端科学技术领域的计算机信息系统的,处三年以下有期徒刑或者拘役。

【非法获取计算机信息系统数据、非法控制计算机信息系统罪】违反国家规定,侵入前款规定以外的计算机信息系统或者采用其他技术手段,获取该计算机信息系统中存储、处理或者传输的数据,或者对该计算机信息系统实施非法控制,情节严重的,处三年以下有期徒刑或者拘役,并处或者单处罚金;情节特别严重的,处三年以上七年以下有期徒刑,并处罚金。

【提供侵入、非法控制计算机信息系统程序、工具罪】提供专门用于侵入、非法控制计算机信息系统的程序、工具,或者明知他人实施侵入、非法控制计算机信息系统的违法犯罪行为而为其提供程序、工具,情节严重的,依照前款的规定处罚。

单位犯前三款罪的,对单位判处罚金,并对其直接负责的主管人员和其他直接责任人员,依照各该款的规定处罚。

第二百八十六条　【破坏计算机信息系统罪】违反国家规定,对计算机信息系统功能进行删除、修改、增加、干扰,造成计算机信息系统不能正常运行,后果严重的,处五年以下有期徒刑或者拘役;后果特别严重的,处五年以上有期徒刑。

违反国家规定,对计算机信息系统中存储、处理或者传输的数据和应用程序进行删除、修改、增加的操作,后果严重的,依照前款的规定处罚。

故意制作、传播计算机病毒等破坏性程序,影响计算机系统正常运行,后果严重的,依照第一款的规定处罚。

单位犯前三款罪的,对单位判处罚金,并对其直接负责的主管人员和其他直接责任人员,依照第一款的规定处罚。

第二百八十六条之一　【拒不履行信息网络安全管理义务罪】网络服务提供者不履行法律、行政法规规定的信息网络安全管理义务,经监管部门责令采取改正措施而拒不改正,有下列情形之一的,处三年以下有期徒刑、拘役或者管制,并处或者单处罚金:

(一)致使违法信息大量传播的;

(二)致使用户信息泄露,造成严重后果的;

(三)致使刑事案件证据灭失,情节严重的;

(四)有其他严重情节的。

单位犯前款罪的,对单位判处罚金,并对其直接负责的主管人员和其他直接责任人员,依照前款的规定处罚。

有前两款行为,同时构成其他犯罪的,依照处罚较重的规定定罪处罚。

第二百八十七条　【利用计算机实施犯罪的提示性规定】利用计算机实施金融诈骗、盗窃、贪污、挪用公款、窃取国家秘密或者其他犯罪的,依照本法有关规定定罪处罚。

第二百八十七条之一　【非法利用信息网络罪】利用信息网络实施下列行为之一,情节严重

的,处三年以下有期徒刑或者拘役,并处或者单处罚金:

(一)设立用于实施诈骗、传授犯罪方法、制作或者销售违禁物品、管制物品等违法犯罪活动的网站、通讯群组的;

(二)发布有关制作或者销售毒品、枪支、淫秽物品等违禁物品、管制物品或者其他违法犯罪信息的;

(三)为实施诈骗等违法犯罪活动发布信息的。

单位犯前款罪的,对单位判处罚金,并对其直接负责的主管人员和其他直接责任人员,依照第一款的规定处罚。

有前两款行为,同时构成其他犯罪的,依照处罚较重的规定定罪处罚。

第二百八十七条之二　【帮助信息网络犯罪活动罪】明知他人利用信息网络实施犯罪,为其犯罪提供互联网接入、服务器托管、网络存储、通讯传输等技术支持,或者提供广告推广、支付结算等帮助,情节严重的,处三年以下有期徒刑或者拘役,并处或者单处罚金。

单位犯前款罪的,对单位判处罚金,并对其直接负责的主管人员和其他直接责任人员,依照第一款的规定处罚。

有前两款行为,同时构成其他犯罪的,依照处罚较重的规定定罪处罚。

第二百八十八条　【扰乱无线电通讯管理秩序罪】违反国家规定,擅自设置、使用无线电台(站),或者擅自使用无线电频率,干扰无线电通讯秩序,情节严重的,处三年以下有期徒刑、拘役或者管制,并处或者单处罚金;情节特别严重的,处三年以上七年以下有期徒刑,并处罚金。

单位犯前款罪的,对单位判处罚金,并对其直接负责的主管人员和其他直接责任人员,依照前款的规定处罚。

第二百八十九条　【故意伤害罪;故意杀人罪;抢劫罪】聚众"打砸抢",致人伤残、死亡的,依照本法第二百三十四条、第二百三十二条的规定定罪处罚。毁坏或者抢走公私财物的,除判令退赔外,对首要分子,依照本法第二百六十三条的规定定罪处罚。

第二百九十条　【聚众扰乱社会秩序罪】聚众扰乱社会秩序,情节严重,致使工作、生产、营业和教学、科研、医疗无法进行,造成严重损失的,对首要分子,处三年以上七年以下有期徒刑;对其他积极参加的,处三年以下有期徒刑、拘役、管制或者剥夺政治权利。

【聚众冲击国家机关罪】聚众冲击国家机关,致使国家机关工作无法进行,造成严重损失的,对首要分子,处五年以上十年以下有期徒刑;对其他积极参加的,处五年以下有期徒刑、拘役、管制或者剥夺政治权利。

【扰乱国家机关工作秩序罪】多次扰乱国家机关工作秩序,经行政处罚后仍不改正,造成严重后果的,处三年以下有期徒刑、拘役或者管制。

【组织、资助非法聚集罪】多次组织、资助他人非法聚集,扰乱社会秩序,情节严重的,依照前款的规定处罚。

第二百九十一条　【聚众扰乱公共场所秩序、交通秩序罪】聚众扰乱车站、码头、民用航空站、商场、公园、影剧院、展览会、运动场或者其他公共场所秩序,聚众堵塞交通或者破坏交通秩序,抗拒、阻碍国家治安管理工作人员依法执行职务,情节严重的,对首要分子,处五年以下有期徒刑、拘役或者管制。

第二百九十一条之一　【投放虚假危险物质罪;编造、故意传播虚假恐怖信息罪】投放虚假的爆炸性、毒害性、放射性、传染病病原体等物质,或者编造爆炸威胁、生化威胁、放射威胁等恐怖信息,或者明知是编造的恐怖信息而故意传播,严重扰乱社会秩序的,处五年以下有期徒刑、拘役或者管制;造成严重后果的,处五年以上有期徒刑。

【编造、故意传播虚假信息罪】编造虚假的险情、疫情、灾情、警情,在信息网络或者其他媒体上传播,或者明知是上述虚假信息,故意在信息网络或者其他媒体上传播,严重扰乱社会秩序的,处三年以下有期徒刑、拘役或者管制;造成严重后果的,处三年以上七年以下有期徒刑。

第二百九十一条之二　【高空抛物罪】从建筑物或者其他高空抛掷物品,情节严重的,处一年以下有期徒刑、拘役或者管制,并处或者单处罚金。

有前款行为,同时构成其他犯罪的,依照处罚较重的规定定罪处罚。

第二百九十二条　【聚众斗殴罪】聚众斗殴的,对首要分子和其他积极参加的,处三年以下有期徒刑、拘役或者管制;有下列情形之一的,对首要分子和其他积极参加的,处三年以上十年以下有期徒刑:

(一)多次聚众斗殴的;

(二)聚众斗殴人数多,规模大,社会影响恶劣的;

(三)在公共场所或者交通要道聚众斗殴,造成社会秩序严重混乱的;

(四)持械聚众斗殴的。

【故意伤害罪;故意杀人罪】聚众斗殴,致人重伤、死亡的,依照本法第二百三十四条、第二百三十二条的规定定罪处罚。

第二百九十三条　【寻衅滋事罪】有下列寻衅滋事行为之一,破坏社会秩序的,处五年以下有期徒刑、拘役或者管制:

(一)随意殴打他人,情节恶劣的;

(二)追逐、拦截、辱骂、恐吓他人,情节恶劣的;

(三)强拿硬要或者任意损毁、占用公私财物,情节严重的;

(四)在公共场所起哄闹事,造成公共场所秩序严重混乱的。

纠集他人多次实施前款行为,严重破坏社会秩序的,处五年以上十年以下有期徒刑,可以并处罚金。

第二百九十三条之一　【催收非法债务罪】有下列情形之一,催收高利放贷等产生的非法债务,情节严重的,处三年以下有期徒刑、拘役或者管制,并处或者单处罚金:

(一)使用暴力、胁迫方法的;

(二)限制他人人身自由或者侵入他人住宅的;

(三)恐吓、跟踪、骚扰他人的。

第二百九十四条　【组织、领导、参加黑社会性质组织罪】组织、领导黑社会性质的组织的,处七年以上有期徒刑,并处没收财产;积极参加的,处三年以上七年以下有期徒刑,可以并处罚金或者没收财产;其他参加的,处三年以下有期徒刑、拘役、管制或者剥夺政治权利,可以并处罚金。

【入境发展黑社会组织罪】境外的黑社会组织的人员到中华人民共和国境内发展组织成员的,处三年以上十年以下有期徒刑。

【包庇、纵容黑社会性质组织罪】国家机关工作人员包庇黑社会性质的组织,或者纵容黑社会性质的组织进行违法犯罪活动的,处五年以下有期徒刑;情节严重的,处五年以上有期徒刑。

犯前三款罪又有其他犯罪行为的,依照数罪并罚的规定处罚。

黑社会性质的组织应当同时具备以下特征:

(一)形成较稳定的犯罪组织,人数较多,有明确的组织者、领导者,骨干成员基本固定;

(二)有组织地通过违法犯罪活动或者其他手段获取经济利益,具有一定的经济实力,以支持该组织的活动;

(三)以暴力、威胁或者其他手段,有组织地多次进行违法犯罪活动,为非作恶,欺压、残害

群众;

(四)通过实施违法犯罪活动,或者利用国家工作人员的包庇或者纵容,称霸一方,在一定区域或者行业内,形成非法控制或者重大影响,严重破坏经济、社会生活秩序。

第二百九十五条　【传授犯罪方法罪】传授犯罪方法的,处五年以下有期徒刑、拘役或者管制;情节严重的,处五年以上十年以下有期徒刑;情节特别严重的,处十年以上有期徒刑或者无期徒刑。

第二百九十六条　【非法集会、游行、示威罪】举行集会、游行、示威,未依照法律规定申请或者申请未获许可,或者未按照主管机关许可的起止时间、地点、路线进行,又拒不服从解散命令,严重破坏社会秩序的,对集会、游行、示威的负责人和直接责任人员,处五年以下有期徒刑、拘役、管制或者剥夺政治权利。

第二百九十七条　【非法携带武器、管制刀具、爆炸物参加集会、游行、示威罪】违反法律规定,携带武器、管制刀具或者爆炸物参加集会、游行、示威的,处三年以下有期徒刑、拘役、管制或者剥夺政治权利。

第二百九十八条　【破坏集会、游行、示威罪】扰乱、冲击或者以其他方法破坏依法举行的集会、游行、示威,造成公共秩序混乱的,处五年以下有期徒刑、拘役、管制或者剥夺政治权利。

第二百九十九条　【侮辱国旗、国徽、国歌罪】在公共场合,故意以焚烧、毁损、涂划、玷污、践踏等方式侮辱中华人民共和国国旗、国徽的,处三年以下有期徒刑、拘役、管制或者剥夺政治权利。

在公共场合,故意篡改中华人民共和国国歌歌词、曲谱,以歪曲、贬损方式奏唱国歌,或者以其他方式侮辱国歌,情节严重的,依照前款的规定处罚。

第二百九十九条之一　【侵害英雄烈士名誉、荣誉罪】侮辱、诽谤或者以其他方式侵害英雄烈士的名誉、荣誉,损害社会公共利益,情节严重的,处三年以下有期徒刑、拘役、管制或者剥夺政治权利。

第三百条　【组织、利用会道门、邪教组织、利用迷信破坏法律实施罪】组织、利用会道门、邪教组织或者利用迷信破坏国家法律、行政法规实施的,处三年以上七年以下有期徒刑,并处罚金;情节特别严重的,处七年以上有期徒刑或者无期徒刑,并处罚金或者没收财产;情节较轻的,处三年以下有期徒刑、拘役、管制或者剥夺政治权利,并处或者单处罚金。

【组织、利用会道门、邪教组织、利用迷信致人重伤、死亡罪】组织、利用会道门、邪教组织或者利用迷信蒙骗他人,致人重伤、死亡的,依照前款的规定处罚。

犯第一款罪又有奸淫妇女、诈骗财物等犯罪行为的,依照数罪并罚的规定处罚。

第三百零一条　【聚众淫乱罪】聚众进行淫乱活动的,对首要分子或者多次参加的,处五年以下有期徒刑、拘役或者管制。

【引诱未成年人聚众淫乱罪】引诱未成年人参加聚众淫乱活动的,依照前款的规定从重处罚。

第三百零二条　【盗窃、侮辱、故意毁坏尸体、尸骨、骨灰罪】盗窃、侮辱、故意毁坏尸体、尸骨、骨灰的,处三年以下有期徒刑、拘役或者管制。

第三百零三条　【赌博罪】以营利为目的,聚众赌博或者以赌博为业的,处三年以下有期徒刑、拘役或者管制,并处罚金。

【开设赌场罪】开设赌场的,处五年以下有期徒刑、拘役或者管制,并处罚金;情节严重的,处五年以上十年以下有期徒刑,并处罚金。

【组织参与国(境)外赌博罪】组织中华人民共和国公民参与国(境)外赌博,数额巨大或者有其他严重情节的,依照前款的规定处罚。

第三百零四条　【故意延误投递邮件罪】邮政工作人员严重不负责任,故意延误投递邮件,致使公共财产、国家和人民利益遭受重大损失的,处二年以下有期徒刑或者拘役。

第二节　妨害司法罪

第三百零五条　【伪证罪】在刑事诉讼中,证人、鉴定人、记录人、翻译人对与案件有重要关系的情节,故意作虚假证明、鉴定、记录、翻译,意图陷害他人或者隐匿罪证的,处三年以下有期徒刑或者拘役;情节严重的,处三年以上七年以下有期徒刑。

第三百零六条　【辩护人、诉讼代理人毁灭证据、伪造证据、妨害作证罪】在刑事诉讼中,辩护人、诉讼代理人毁灭、伪造证据,帮助当事人毁灭、伪造证据,威胁、引诱证人违背事实改变证言或者作伪证的,处三年以下有期徒刑或者拘役;情节严重的,处三年以上七年以下有期徒刑。

辩护人、诉讼代理人提供、出示、引用的证人证言或者其他证据失实,不是有意伪造的,不属于伪造证据。

第三百零七条　【妨害作证罪】以暴力、威胁、贿买等方法阻止证人作证或者指使他人作伪证的,处三年以下有期徒刑或者拘役;情节严重的,处三年以上七年以下有期徒刑。

【帮助毁灭、伪造证据罪】帮助当事人毁灭、伪造证据,情节严重的,处三年以下有期徒刑或者拘役。

司法工作人员犯前两款罪的,从重处罚。

第三百零七条之一　【虚假诉讼罪】以捏造的事实提起民事诉讼,妨害司法秩序或者严重侵害他人合法权益的,处三年以下有期徒刑、拘役或者管制,并处或者单处罚金;情节严重的,处三年以上七年以下有期徒刑,并处罚金。

单位犯前款罪的,对单位判处罚金,并对其直接负责的主管人员和其他直接责任人员,依照前款的规定处罚。

有第一款行为,非法占有他人财产或者逃避合法债务,又构成其他犯罪的,依照处罚较重的规定定罪从重处罚。

司法工作人员利用职权,与他人共同实施前三款行为的,从重处罚;同时构成其他犯罪的,依照处罚较重的规定定罪从重处罚。

第三百零八条　【打击报复证人罪】对证人进行打击报复的,处三年以下有期徒刑或者拘役;情节严重的,处三年以上七年以下有期徒刑。

第三百零八条之一　【泄露不应公开的案件信息罪】司法工作人员、辩护人、诉讼代理人或者其他诉讼参与人,泄露依法不公开审理的案件中不应当公开的信息,造成信息公开传播或者其他严重后果的,处三年以下有期徒刑、拘役或者管制,并处或者单处罚金。

有前款行为,泄露国家秘密的,依照本法第三百九十八条的规定定罪处罚。

【披露、报道不应公开的案件信息罪】公开披露、报道第一款规定的案件信息,情节严重的,依照第一款的规定处罚。

单位犯前款罪的,对单位判处罚金,并对其直接负责的主管人员和其他直接责任人员,依照第一款的规定处罚。

第三百零九条　【扰乱法庭秩序罪】有下列扰乱法庭秩序情形之一的,处三年以下有期徒刑、拘役、管制或者罚金:

(一)聚众哄闹、冲击法庭的;

(二)殴打司法工作人员或者诉讼参与人的;

(三)侮辱、诽谤、威胁司法工作人员或者诉讼参与人,不听法庭制止,严重扰乱法庭秩序的;

(四)有毁坏法庭设施,抢夺、损毁诉讼文书、证据等扰乱法庭秩序行为,情节严重的。

第三百一十条 **【窝藏、包庇罪】**明知是犯罪的人而为其提供隐藏处所、财物,帮助其逃匿或者作假证明包庇的,处三年以下有期徒刑、拘役或者管制;情节严重的,处三年以上十年以下有期徒刑。

犯前款罪,事前通谋的,以共同犯罪论处。

第三百一十一条 **【拒绝提供间谍犯罪、恐怖主义犯罪、极端主义犯罪证据罪】**明知他人有间谍犯罪或者恐怖主义、极端主义犯罪行为,在司法机关向其调查有关情况、收集有关证据时,拒绝提供,情节严重的,处三年以下有期徒刑、拘役或者管制。

第三百一十二条 **【掩饰、隐瞒犯罪所得、犯罪所得收益罪】**明知是犯罪所得及其产生的收益而予以窝藏、转移、收购、代为销售或者以其他方法掩饰、隐瞒的,处三年以下有期徒刑、拘役或者管制,并处或者单处罚金;情节严重的,处三年以上七年以下有期徒刑,并处罚金。

单位犯前款罪的,对单位判处罚金,并对其直接负责的主管人员和其他直接责任人员,依照前款的规定处罚。

第三百一十三条 **【拒不执行判决、裁定罪】**对人民法院的判决、裁定有能力执行而拒不执行,情节严重的,处三年以下有期徒刑、拘役或者罚金;情节特别严重的,处三年以上七年以下有期徒刑,并处罚金。

单位犯前款罪的,对单位判处罚金,并对其直接负责的主管人员和其他直接责任人员,依照前款的规定处罚。

第三百一十四条 **【非法处置查封、扣押、冻结的财产罪】**隐藏、转移、变卖、故意毁损已被司法机关查封、扣押、冻结的财产,情节严重的,处三年以下有期徒刑、拘役或者罚金。

第三百一十五条 **【破坏监管秩序罪】**依法被关押的罪犯,有下列破坏监管秩序行为之一,情节严重的,处三年以下有期徒刑:

(一)殴打监管人员的;

(二)组织其他被监管人破坏监管秩序的;

(三)聚众闹事,扰乱正常监管秩序的;

(四)殴打、体罚或者指使他人殴打、体罚其他被监管人的。

第三百一十六条 **【脱逃罪】**依法被关押的罪犯、被告人、犯罪嫌疑人脱逃的,处五年以下有期徒刑或者拘役。

【劫夺被押解人员罪】劫夺押解途中的罪犯、被告人、犯罪嫌疑人的,处三年以上七年以下有期徒刑;情节严重的,处七年以上有期徒刑。

第三百一十七条 **【组织越狱罪】**组织越狱的首要分子和积极参加的,处五年以上有期徒刑;其他参加的,处五年以下有期徒刑或者拘役。

【暴动越狱罪;聚众持械劫狱罪】暴动越狱或者聚众持械劫狱的首要分子和积极参加的,处十年以上有期徒刑或者无期徒刑;情节特别严重的,处死刑;其他参加的,处三年以上十年以下有期徒刑。

第三节 妨害国(边)境管理罪

第三百一十八条 **【组织他人偷越国(边)境罪】**组织他人偷越国(边)境的,处二年以上七年

以下有期徒刑,并处罚金;有下列情形之一的,处七年以上有期徒刑或者无期徒刑,并处罚金或者没收财产:

(一)组织他人偷越国(边)境集团的首要分子;

(二)多次组织他人偷越国(边)境或者组织他人偷越国(边)境人数众多的;

(三)造成被组织人重伤、死亡的;

(四)剥夺或者限制被组织人人身自由的;

(五)以暴力、威胁方法抗拒检查的;

(六)违法所得数额巨大的;

(七)有其他特别严重情节的。

犯前款罪,对被组织人有杀害、伤害、强奸、拐卖等犯罪行为,或者对检查人员有杀害、伤害等犯罪行为的,依照数罪并罚的规定处罚。

第三百一十九条　【骗取出境证件罪】以劳务输出、经贸往来或者其他名义,弄虚作假,骗取护照、签证等出境证件,为组织他人偷越国(边)境使用的,处三年以下有期徒刑,并处罚金;情节严重的,处三年以上十年以下有期徒刑,并处罚金。

单位犯前款罪的,对单位判处罚金,并对其直接负责的主管人员和其他直接责任人员,依照前款的规定处罚。

第三百二十条　【提供伪造、变造的出入境证件罪;出售出入境证件罪】为他人提供伪造、变造的护照、签证等出入境证件,或者出售护照、签证等出入境证件的,处五年以下有期徒刑,并处罚金;情节严重的,处五年以上有期徒刑,并处罚金。

第三百二十一条　【运送他人偷越国(边)境罪】运送他人偷越国(边)境的,处五年以下有期徒刑、拘役或者管制,并处罚金;有下列情形之一的,处五年以上十年以下有期徒刑,并处罚金:

(一)多次实施运送行为或者运送人数众多的;

(二)所使用的船只、车辆等交通工具不具备必要的安全条件,足以造成严重后果的;

(三)违法所得数额巨大的;

(四)有其他特别严重情节的。

在运送他人偷越国(边)境中造成被运送人重伤、死亡,或者以暴力、威胁方法抗拒检查的,处七年以上有期徒刑,并处罚金。

犯前两款罪,对被运送人有杀害、伤害、强奸、拐卖等犯罪行为,或者对检查人员有杀害、伤害等犯罪行为的,依照数罪并罚的规定处罚。

第三百二十二条　【偷越国(边)境罪】违反国(边)境管理法规,偷越国(边)境,情节严重的,处一年以下有期徒刑、拘役或者管制,并处罚金;为参加恐怖活动组织、接受恐怖活动培训或者实施恐怖活动,偷越国(边)境的,处一年以上三年以下有期徒刑,并处罚金。

第三百二十三条　【破坏界碑、界桩罪;破坏永久性测量标志罪】故意破坏国家边境的界碑、界桩或者永久性测量标志的,处三年以下有期徒刑或者拘役。

第四节　妨害文物管理罪

第三百二十四条　【故意损毁文物罪】故意损毁国家保护的珍贵文物或者被确定为全国重点文物保护单位、省级文物保护单位的文物的,处三年以下有期徒刑或者拘役,并处或者单处罚金;情节严重的,处三年以上十年以下有期徒刑,并处罚金。

【故意损毁名胜古迹罪】故意损毁国家保护的名胜古迹,情节严重的,处五年以下有期徒刑或者拘役,并处或者单处罚金。

【过失损毁文物罪】过失损毁国家保护的珍贵文物或者被确定为全国重点文物保护单位、省级文物保护单位的文物,造成严重后果的,处三年以下有期徒刑或者拘役。

第三百二十五条　【非法向外国人出售、赠送珍贵文物罪】违反文物保护法规,将收藏的国家禁止出口的珍贵文物私自出售或者私自赠送给外国人的,处五年以下有期徒刑或者拘役,可以并处罚金。

单位犯前款罪的,对单位判处罚金,并对其直接负责的主管人员和其他直接责任人员,依照前款的规定处罚。

第三百二十六条　【倒卖文物罪】以牟利为目的,倒卖国家禁止经营的文物,情节严重的,处五年以下有期徒刑或者拘役,并处罚金;情节特别严重的,处五年以上十年以下有期徒刑,并处罚金。

单位犯前款罪的,对单位判处罚金,并对其直接负责的主管人员和其他直接责任人员,依照前款的规定处罚。

第三百二十七条　【非法出售、私赠文物藏品罪】违反文物保护法规,国有博物馆、图书馆等单位将国家保护的文物藏品出售或者私自送给非国有单位或者个人的,对单位判处罚金,并对其直接负责的主管人员和其他直接责任人员,处三年以下有期徒刑或者拘役。

第三百二十八条　【盗掘古文化遗址、古墓葬罪】盗掘具有历史、艺术、科学价值的古文化遗址、古墓葬的,处三年以上十年以下有期徒刑,并处罚金;情节较轻的,处三年以下有期徒刑、拘役或者管制,并处罚金;有下列情形之一的,处十年以上有期徒刑或者无期徒刑,并处罚金或者没收财产:

(一)盗掘确定为全国重点文物保护单位和省级文物保护单位的古文化遗址、古墓葬的;

(二)盗掘古文化遗址、古墓葬集团的首要分子;

(三)多次盗掘古文化遗址、古墓葬的;

(四)盗掘古文化遗址、古墓葬,并盗窃珍贵文物或者造成珍贵文物严重破坏的。

【盗掘古人类化石、古脊椎动物化石罪】盗掘国家保护的具有科学价值的古人类化石和古脊椎动物化石的,依照前款的规定处罚。

第三百二十九条　【抢夺、窃取国有档案罪】抢夺、窃取国家所有的档案的,处五年以下有期徒刑或者拘役。

【擅自出卖、转让国有档案罪】违反档案法的规定,擅自出卖、转让国家所有的档案,情节严重的,处三年以下有期徒刑或者拘役。

有前两款行为,同时又构成本法规定的其他犯罪的,依照处罚较重的规定定罪处罚。

第五节　危害公共卫生罪

第三百三十条　【妨害传染病防治罪】违反传染病防治法的规定,有下列情形之一,引起甲类传染病以及依法确定采取甲类传染病预防、控制措施的传染病传播或者有传播严重危险的,处三年以下有期徒刑或者拘役;后果特别严重的,处三年以上七年以下有期徒刑:

(一)供水单位供应的饮用水不符合国家规定的卫生标准的;

(二)拒绝按照疾病预防控制机构提出的卫生要求,对传染病病原体污染的污水、污物、场所和物品进行消毒处理的;

(三)准许或者纵容传染病病人、病原携带者和疑似传染病病人从事国务院卫生行政部门规

定禁止从事的易使该传染病扩散的工作的;

(四)出售、运输疫区中被传染病病原体污染或者可能被传染病病原体污染的物品,未进行消毒处理的;

(五)拒绝执行县级以上人民政府、疾病预防控制机构依照传染病防治法提出的预防、控制措施的。

单位犯前款罪的,对单位判处罚金,并对其直接负责的主管人员和其他直接责任人员,依照前款的规定处罚。

甲类传染病的范围,依照《中华人民共和国传染病防治法》和国务院有关规定确定。

第三百三十一条　【传染病菌种、毒种扩散罪】从事实验、保藏、携带、运输传染病菌种、毒种的人员,违反国务院卫生行政部门的有关规定,造成传染病菌种、毒种扩散,后果严重的,处三年以下有期徒刑或者拘役;后果特别严重的,处三年以上七年以下有期徒刑。

第三百三十二条　【妨害国境卫生检疫罪】违反国境卫生检疫规定,引起检疫传染病传播或者有传播严重危险的,处三年以下有期徒刑或者拘役,并处或者单处罚金。

单位犯前款罪的,对单位判处罚金,并对其直接负责的主管人员和其他直接责任人员,依照前款的规定处罚。

第三百三十三条　【非法组织卖血罪;强迫卖血罪】非法组织他人出卖血液的,处五年以下有期徒刑,并处罚金;以暴力、威胁方法强迫他人出卖血液的,处五年以上十年以下有期徒刑,并处罚金。

【故意伤害罪】有前款行为,对他人造成伤害的,依照本法第二百三十四条的规定定罪处罚。

第三百三十四条　【非法采集、供应血液、制作、供应血液制品罪】非法采集、供应血液或者制作、供应血液制品,不符合国家规定的标准,足以危害人体健康的,处五年以下有期徒刑或者拘役,并处罚金;对人体健康造成严重危害的,处五年以上十年以下有期徒刑,并处罚金;造成特别严重后果的,处十年以上有期徒刑或者无期徒刑,并处罚金或者没收财产。

【采集、供应血液、制作、供应血液制品事故罪】经国家主管部门批准采集、供应血液或者制作、供应血液制品的部门,不依照规定进行检测或者违背其他操作规定,造成危害他人身体健康后果的,对单位判处罚金,并对其直接负责的主管人员和其他直接责任人员,处五年以下有期徒刑或者拘役。

第三百三十四条之一　【非法采集人类遗传资源、走私人类遗传资源材料罪】违反国家有关规定,非法采集我国人类遗传资源或者非法运送、邮寄、携带我国人类遗传资源材料出境,危害公众健康或者社会公共利益,情节严重的,处三年以下有期徒刑、拘役或者管制,并处或者单处罚金;情节特别严重的,处三年以上七年以下有期徒刑,并处罚金。

第三百三十五条　【医疗事故罪】医务人员由于严重不负责任,造成就诊人死亡或者严重损害就诊人身体健康的,处三年以下有期徒刑或者拘役。

第三百三十六条　【非法行医罪】未取得医生执业资格的人非法行医,情节严重的,处三年以下有期徒刑、拘役或者管制,并处或者单处罚金;严重损害就诊人身体健康的,处三年以上十年以下有期徒刑,并处罚金;造成就诊人死亡的,处十年以上有期徒刑,并处罚金。

【非法进行节育手术罪】未取得医生执业资格的人擅自为他人进行节育复通手术、假节育手术、终止妊娠手术或者摘取宫内节育器,情节严重的,处三年以下有期徒刑、拘役或者管制,并处或者单处罚金;严重损害就诊人身体健康的,处三年以上十年以下有期徒刑,并处罚金;造成就诊人死亡的,处十年以上有期徒刑,并处罚金。

第三百三十六条之一　【非法植入基因编辑、克隆胚胎罪】将基因编辑、克隆的人类胚胎植入人体或者动物体内，或者将基因编辑、克隆的动物胚胎植入人体内，情节严重的，处三年以下有期徒刑或者拘役，并处罚金；情节特别严重的，处三年以上七年以下有期徒刑，并处罚金。

第三百三十七条　【妨害动植物防疫、检疫罪】违反有关动植物防疫、检疫的国家规定，引起重大动植物疫情的，或者有引起重大动植物疫情危险，情节严重的，处三年以下有期徒刑或者拘役，并处或者单处罚金。

单位犯前款罪的，对单位判处罚金，并对其直接负责的主管人员和其他直接责任人员，依照前款的规定处罚。

第六节　破坏环境资源保护罪

第三百三十八条　【污染环境罪】违反国家规定，排放、倾倒或者处置有放射性的废物、含传染病病原体的废物、有毒物质或者其他有害物质，严重污染环境的，处三年以下有期徒刑或者拘役，并处或者单处罚金；情节严重的，处三年以上七年以下有期徒刑，并处罚金；有下列情形之一的，处七年以上有期徒刑，并处罚金：

（一）在饮用水水源保护区、自然保护地核心保护区等依法确定的重点保护区域排放、倾倒、处置有放射性的废物、含传染病病原体的废物、有毒物质，情节特别严重的；

（二）向国家确定的重要江河、湖泊水域排放、倾倒、处置有放射性的废物、含传染病病原体的废物、有毒物质，情节特别严重的；

（三）致使大量永久基本农田基本功能丧失或者遭受永久性破坏的；

（四）致使多人重伤、严重疾病，或者致人严重残疾、死亡的。

有前款行为，同时构成其他犯罪的，依照处罚较重的规定定罪处罚。

第三百三十九条　【非法处置进口的固体废物罪】违反国家规定，将境外的固体废物进境倾倒、堆放、处置的，处五年以下有期徒刑或者拘役，并处罚金；造成重大环境污染事故，致使公私财产遭受重大损失或者严重危害人体健康的，处五年以上十年以下有期徒刑，并处罚金；后果特别严重的，处十年以上有期徒刑，并处罚金。

【擅自进口固体废物罪】未经国务院有关主管部门许可，擅自进口固体废物用作原料，造成重大环境污染事故，致使公私财产遭受重大损失或者严重危害人体健康的，处五年以下有期徒刑或者拘役，并处罚金；后果特别严重的，处五年以上十年以下有期徒刑，并处罚金。

以原料利用为名，进口不能用作原料的固体废物、液态废物和气态废物的，依照本法第一百五十二条第二款、第三款的规定定罪处罚。

第三百四十条　【非法捕捞水产品罪】违反保护水产资源法规，在禁渔区、禁渔期或者使用禁用的工具、方法捕捞水产品，情节严重的，处三年以下有期徒刑、拘役、管制或者罚金。

第三百四十一条　【危害珍贵、濒危野生动物罪】非法猎捕、杀害国家重点保护的珍贵、濒危野生动物的，或者非法收购、运输、出售国家重点保护的珍贵、濒危野生动物及其制品的，处五年以下有期徒刑或者拘役，并处罚金；情节严重的，处五年以上十年以下有期徒刑，并处罚金；情节特别严重的，处十年以上有期徒刑，并处罚金或者没收财产。

【非法狩猎罪】违反狩猎法规，在禁猎区、禁猎期或者使用禁用的工具、方法进行狩猎，破坏野生动物资源，情节严重的，处三年以下有期徒刑、拘役、管制或者罚金。

【非法猎捕、收购、运输、出售陆生野生动物罪】违反野生动物保护管理法规，以食用为目的非法猎捕、收购、运输、出售第一款规定以外的在野外环境自然生长繁殖的陆生野生动物，情节严重的，依照前款的规定处罚。

第三百四十二条　【非法占用农用地罪】违反土地管理法规,非法占用耕地、林地等农用地,改变被占用土地用途,数量较大,造成耕地、林地等农用地大量毁坏的,处五年以下有期徒刑或者拘役,并处或者单处罚金。

第三百四十二条之一　【破坏自然保护地罪】违反自然保护地管理法规,在国家公园、国家级自然保护区进行开垦、开发活动或者修建建筑物,造成严重后果或者有其他恶劣情节的,处五年以下有期徒刑或者拘役,并处或者单处罚金。

有前款行为,同时构成其他犯罪的,依照处罚较重的规定定罪处罚。

第三百四十三条　【非法采矿罪】违反矿产资源法的规定,未取得采矿许可证擅自采矿,擅自进入国家规划矿区、对国民经济具有重要价值的矿区和他人矿区范围采矿,或者擅自开采国家规定实行保护性开采的特定矿种,情节严重的,处三年以下有期徒刑、拘役或者管制,并处或者单处罚金;情节特别严重的,处三年以上七年以下有期徒刑,并处罚金。

【破坏性采矿罪】违反矿产资源法的规定,采取破坏性的开采方法开采矿产资源,造成矿产资源严重破坏的,处五年以下有期徒刑或者拘役,并处罚金。

第三百四十四条　【危害国家重点保护植物罪】违反国家规定,非法采伐、毁坏珍贵树木或者国家重点保护的其他植物的,或者非法收购、运输、加工、出售珍贵树木或者国家重点保护的其他植物及其制品的,处三年以下有期徒刑、拘役或者管制,并处罚金;情节严重的,处三年以上七年以下有期徒刑,并处罚金。

第三百四十四条之一　【非法引进、释放、丢弃外来入侵物种罪】违反国家规定,非法引进、释放或者丢弃外来入侵物种,情节严重的,处三年以下有期徒刑或者拘役,并处或者单处罚金。

第三百四十五条　【盗伐林木罪】盗伐森林或者其他林木,数量较大的,处三年以下有期徒刑、拘役或者管制,并处或者单处罚金;数量巨大的,处三年以上七年以下有期徒刑,并处罚金;数量特别巨大的,处七年以上有期徒刑,并处罚金。

【滥伐林木罪】违反森林法的规定,滥伐森林或者其他林木,数量较大的,处三年以下有期徒刑、拘役或者管制,并处或者单处罚金;数量巨大的,处三年以上七年以下有期徒刑,并处罚金。

【非法收购、运输盗伐、滥伐的林木罪】非法收购、运输明知是盗伐、滥伐的林木,情节严重的,处三年以下有期徒刑、拘役或者管制,并处或者单处罚金;情节特别严重的,处三年以上七年以下有期徒刑,并处罚金。

盗伐、滥伐国家级自然保护区内的森林或者其他林木的,从重处罚。

第三百四十六条　【单位犯破坏环境资源保护罪的处罚规定】单位犯本节第三百三十八条至第三百四十五条规定之罪的,对单位判处罚金,并对其直接负责的主管人员和其他直接责任人员,依照本节各该条的规定处罚。

第七节　走私、贩卖、运输、制造毒品罪

第三百四十七条　【走私、贩卖、运输、制造毒品罪】走私、贩卖、运输、制造毒品,无论数量多少,都应当追究刑事责任,予以刑事处罚。

走私、贩卖、运输、制造毒品,有下列情形之一的,处十五年有期徒刑、无期徒刑或者死刑,并处没收财产:

(一)走私、贩卖、运输、制造鸦片一千克以上、海洛因或者甲基苯丙胺五十克以上或者其他毒品数量大的;

(二)走私、贩卖、运输、制造毒品集团的首要分子;

(三)武装掩护走私、贩卖、运输、制造毒品的;

(四)以暴力抗拒检查、拘留、逮捕,情节严重的;

(五)参与有组织的国际贩毒活动的。

走私、贩卖、运输、制造鸦片二百克以上不满一千克、海洛因或者甲基苯丙胺十克以上不满五十克或者其他毒品数量较大的,处七年以上有期徒刑,并处罚金。

走私、贩卖、运输、制造鸦片不满二百克、海洛因或者甲基苯丙胺不满十克或者其他少量毒品的,处三年以下有期徒刑、拘役或者管制,并处罚金;情节严重的,处三年以上七年以下有期徒刑,并处罚金。

单位犯第二款、第三款、第四款罪的,对单位判处罚金,并对其直接负责的主管人员和其他直接责任人员,依照各该款的规定处罚。

利用、教唆未成年人走私、贩卖、运输、制造毒品,或者向未成年人出售毒品的,从重处罚。

对多次走私、贩卖、运输、制造毒品,未经处理的,毒品数量累计计算。

第三百四十八条　【非法持有毒品罪】非法持有鸦片一千克以上、海洛因或者甲基苯丙胺五十克以上或者其他毒品数量大的,处七年以上有期徒刑或者无期徒刑,并处罚金;非法持有鸦片二百克以上不满一千克、海洛因或者甲基苯丙胺十克以上不满五十克或者其他毒品数量较大的,处三年以下有期徒刑、拘役或者管制,并处罚金;情节严重的,处三年以上七年以下有期徒刑,并处罚金。

第三百四十九条　【包庇毒品犯罪分子罪;窝藏、转移、隐瞒毒品、毒赃罪】包庇走私、贩卖、运输、制造毒品的犯罪分子的,为犯罪分子窝藏、转移、隐瞒毒品或者犯罪所得的财物的,处三年以下有期徒刑、拘役或者管制;情节严重的,处三年以上十年以下有期徒刑。

【包庇毒品犯罪分子罪】缉毒人员或者其他国家机关工作人员掩护、包庇走私、贩卖、运输、制造毒品的犯罪分子的,依照前款的规定从重处罚。

【走私、贩卖、运输、制造毒品罪】犯前两款罪,事先通谋的,以走私、贩卖、运输、制造毒品罪的共犯论处。

第三百五十条　【非法生产、买卖、运输制毒物品、走私制毒物品罪】违反国家规定,非法生产、买卖、运输醋酸酐、乙醚、三氯甲烷或者其他用于制造毒品的原料、配剂,或者携带上述物品进出境,情节较重的,处三年以下有期徒刑、拘役或者管制,并处罚金;情节严重的,处三年以上七年以下有期徒刑,并处罚金;情节特别严重的,处七年以上有期徒刑,并处罚金或者没收财产。

【制造毒品罪】明知他人制造毒品而为其生产、买卖、运输前款规定的物品的,以制造毒品罪的共犯论处。

单位犯前两款罪的,对单位判处罚金,并对其直接负责的主管人员和其他直接责任人员,依照前两款的规定处罚。

第三百五十一条　【非法种植毒品原植物罪】非法种植罂粟、大麻等毒品原植物的,一律强制铲除。有下列情形之一的,处五年以下有期徒刑、拘役或者管制,并处罚金:

(一)种植罂粟五百株以上不满三千株或者其他毒品原植物数量较大的;

(二)经公安机关处理后又种植的;

(三)抗拒铲除的。

非法种植罂粟三千株以上或者其他毒品原植物数量大的,处五年以上有期徒刑,并处罚金或者没收财产。

非法种植罂粟或者其他毒品原植物,在收获前自动铲除的,可以免除处罚。

第三百五十二条　【非法买卖、运输、携带、持有毒品原植物种子、幼苗罪】非法买卖、运输、携带、持有未经灭活的罂粟等毒品原植物种子或者幼苗,数量较大的,处三年以下有期徒刑、拘役或者管制,并处或者单处罚金。

第三百五十三条　【引诱、教唆、欺骗他人吸毒罪】引诱、教唆、欺骗他人吸食、注射毒品的,处三年以下有期徒刑、拘役或者管制,并处罚金;情节严重的,处三年以上七年以下有期徒刑,并处罚金。

【强迫他人吸毒罪】强迫他人吸食、注射毒品的,处三年以上十年以下有期徒刑,并处罚金。

引诱、教唆、欺骗或者强迫未成年人吸食、注射毒品的,从重处罚。

第三百五十四条　【容留他人吸毒罪】容留他人吸食、注射毒品的,处三年以下有期徒刑、拘役或者管制,并处罚金。

第三百五十五条　【非法提供麻醉药品、精神药品罪】依法从事生产、运输、管理、使用国家管制的麻醉药品、精神药品的人员,违反国家规定,向吸食、注射毒品的人提供国家规定管制的能够使人形成瘾癖的麻醉药品、精神药品的,处三年以下有期徒刑或者拘役,并处罚金;情节严重的,处三年以上七年以下有期徒刑,并处罚金。向走私、贩卖毒品的犯罪分子或者以牟利为目的,向吸食、注射毒品的人提供国家规定管制的能够使人形成瘾癖的麻醉药品、精神药品的,依照本法第三百四十七条的规定定罪处罚。

单位犯前款罪的,对单位判处罚金,并对其直接负责的主管人员和其他直接责任人员,依照前款的规定处罚。

第三百五十五条之一　【妨害兴奋剂管理罪】引诱、教唆、欺骗运动员使用兴奋剂参加国内、国际重大体育竞赛,或者明知运动员参加上述竞赛而向其提供兴奋剂,情节严重的,处三年以下有期徒刑或者拘役,并处罚金。

组织、强迫运动员使用兴奋剂参加国内、国际重大体育竞赛的,依照前款的规定从重处罚。

第三百五十六条　【毒品犯罪的再犯】因走私、贩卖、运输、制造、非法持有毒品罪被判过刑,又犯本节规定之罪的,从重处罚。

第三百五十七条　【毒品的范围及数量的计算原则】本法所称的毒品,是指鸦片、海洛因、甲基苯丙胺(冰毒)、吗啡、大麻、可卡因以及国家规定管制的其他能够使人形成瘾癖的麻醉药品和精神药品。

毒品的数量以查证属实的走私、贩卖、运输、制造、非法持有毒品的数量计算,不以纯度折算。

第八节　组织、强迫、引诱、容留、介绍卖淫罪

第三百五十八条　【组织卖淫罪;强迫卖淫罪】组织、强迫他人卖淫的,处五年以上十年以下有期徒刑,并处罚金;情节严重的,处十年以上有期徒刑或者无期徒刑,并处罚金或者没收财产。

组织、强迫未成年人卖淫的,依照前款的规定从重处罚。

犯前两款罪,并有杀害、伤害、强奸、绑架等犯罪行为的,依照数罪并罚的规定处罚。

【协助组织卖淫罪】为组织卖淫的人招募、运送人员或者有其他协助组织他人卖淫行为的,处五年以下有期徒刑,并处罚金;情节严重的,处五年以上十年以下有期徒刑,并处罚金。

第三百五十九条　【引诱、容留、介绍卖淫罪】引诱、容留、介绍他人卖淫的,处五年以下有期徒刑、拘役或者管制,并处罚金;情节严重的,处五年以上有期徒刑,并处罚金。

【引诱幼女卖淫罪】引诱不满十四周岁的幼女卖淫的,处五年以上有期徒刑,并处罚金。

第三百六十条　【传播性病罪】明知自己患有梅毒、淋病等严重性病卖淫、嫖娼的,处五年以下有期徒刑、拘役或者管制,并处罚金。

嫖宿不满十四周岁的幼女的,处五年以上有期徒刑,并处罚金。①

第三百六十一条 【特定单位的人员组织、强迫、引诱、容留、介绍卖淫的处理规定】旅馆业、饮食服务业、文化娱乐业、出租汽车业等单位的人员,利用本单位的条件,组织、强迫、引诱、容留、介绍他人卖淫的,依照本法第三百五十八条、第三百五十九条的规定定罪处罚。

前款所列单位的主要负责人,犯前款罪的,从重处罚。

第三百六十二条 【窝藏、包庇罪】旅馆业、饮食服务业、文化娱乐业、出租汽车业等单位的人员,在公安机关查处卖淫、嫖娼活动时,为违法犯罪分子通风报信,情节严重的,依照本法第三百一十条的规定定罪处罚。

第九节 制作、贩卖、传播淫秽物品罪

第三百六十三条 【制作、复制、出版、贩卖、传播淫秽物品牟利罪】以牟利为目的,制作、复制、出版、贩卖、传播淫秽物品的,处三年以下有期徒刑、拘役或者管制,并处罚金;情节严重的,处三年以上十年以下有期徒刑,并处罚金;情节特别严重的,处十年以上有期徒刑或者无期徒刑,并处罚金或者没收财产。

【为他人提供书号出版淫秽书刊罪】为他人提供书号,出版淫秽书刊的,处三年以下有期徒刑、拘役或者管制,并处或者单处罚金;明知他人用于出版淫秽书刊而提供书号的,依照前款的规定处罚。

第三百六十四条 【传播淫秽物品罪】传播淫秽的书刊、影片、音像、图片或者其他淫秽物品,情节严重的,处二年以下有期徒刑、拘役或者管制。

【组织播放淫秽音像制品罪】组织播放淫秽的电影、录像等音像制品的,处三年以下有期徒刑、拘役或者管制,并处罚金;情节严重的,处三年以上十年以下有期徒刑,并处罚金。

制作、复制淫秽的电影、录像等音像制品组织播放的,依照第二款的规定从重处罚。

向不满十八周岁的未成年人传播淫秽物品的,从重处罚。

第三百六十五条 【组织淫秽表演罪】组织进行淫秽表演的,处三年以下有期徒刑、拘役或者管制,并处罚金;情节严重的,处三年以上十年以下有期徒刑,并处罚金。

第三百六十六条 【单位犯本节规定之罪的处罚】单位犯本节第三百六十三条、第三百六十四条、第三百六十五条规定之罪的,对单位判处罚金,并对其直接负责的主管人员和其他直接责任人员,依照各该条的规定处罚。

第三百六十七条 【淫秽物品的范围】本法所称淫秽物品,是指具体描绘性行为或者露骨宣扬色情的诲淫性的书刊、影片、录像带、录音带、图片及其他淫秽物品。

有关人体生理、医学知识的科学著作不是淫秽物品。

包含有色情内容的有艺术价值的文学、艺术作品不视为淫秽物品。

第七章 危害国防利益罪

第三百六十八条 【阻碍军人执行职务罪】以暴力、威胁方法阻碍军人依法执行职务的,处三年以下有期徒刑、拘役、管制或者罚金。

① 本款根据2015年8月29日《刑法修正案(九)》删去。

【阻碍军事行动罪】故意阻碍武装部队军事行动,造成严重后果的,处五年以下有期徒刑或者拘役。

第三百六十九条　【破坏武器装备、军事设施、军事通信罪】破坏武器装备、军事设施、军事通信的,处三年以下有期徒刑、拘役或者管制;破坏重要武器装备、军事设施、军事通信的,处三年以上十年以下有期徒刑;情节特别严重的,处十年以上有期徒刑、无期徒刑或者死刑。

【过失损坏武器装备、军事设施、军事通信罪】过失犯前款罪,造成严重后果的,处三年以下有期徒刑或者拘役;造成特别严重后果的,处三年以上七年以下有期徒刑。

战时犯前两款罪的,从重处罚。

第三百七十条　【故意提供不合格武器装备、军事设施罪】明知是不合格的武器装备、军事设施而提供给武装部队的,处五年以下有期徒刑或者拘役;情节严重的,处五年以上十年以下有期徒刑;情节特别严重的,处十年以上有期徒刑、无期徒刑或者死刑。

【过失提供不合格武器装备、军事设施罪】过失犯前款罪,造成严重后果的,处三年以下有期徒刑或者拘役;造成特别严重后果的,处三年以上七年以下有期徒刑。

单位犯第一款罪的,对单位判处罚金,并对其直接负责的主管人员和其他直接责任人员,依照第一款的规定处罚。

第三百七十一条　【聚众冲击军事禁区罪】聚众冲击军事禁区,严重扰乱军事禁区秩序的,对首要分子,处五年以上十年以下有期徒刑;对其他积极参加的,处五年以下有期徒刑、拘役、管制或者剥夺政治权利。

【聚众扰乱军事管理区秩序罪】聚众扰乱军事管理区秩序,情节严重,致使军事管理区工作无法进行,造成严重损失的,对首要分子,处三年以上七年以下有期徒刑;对其他积极参加的,处三年以下有期徒刑、拘役、管制或者剥夺政治权利。

第三百七十二条　【冒充军人招摇撞骗罪】冒充军人招摇撞骗的,处三年以下有期徒刑、拘役、管制或者剥夺政治权利;情节严重的,处三年以上十年以下有期徒刑。

第三百七十三条　【煽动军人逃离部队罪;雇用逃离部队军人罪】煽动军人逃离部队或者明知是逃离部队的军人而雇用,情节严重的,处三年以下有期徒刑、拘役或者管制。

第三百七十四条　【接送不合格兵员罪】在征兵工作中徇私舞弊,接送不合格兵员,情节严重的,处三年以下有期徒刑或者拘役;造成特别严重后果的,处三年以上七年以下有期徒刑。

第三百七十五条　【伪造、变造、买卖武装部队公文、证件、印章罪;盗窃、抢夺武装部队公文、证件、印章罪】伪造、变造、买卖或者盗窃、抢夺武装部队公文、证件、印章的,处三年以下有期徒刑、拘役、管制或者剥夺政治权利;情节严重的,处三年以上十年以下有期徒刑。

【非法生产、买卖武装部队制式服装罪】非法生产、买卖武装部队制式服装,情节严重的,处三年以下有期徒刑、拘役或者管制,并处或者单处罚金。

【伪造、盗窃、买卖、非法提供、非法使用武装部队专用标志罪】伪造、盗窃、买卖或者非法提供、使用武装部队车辆号牌等专用标志,情节严重的,处三年以下有期徒刑、拘役或者管制,并处或者单处罚金;情节特别严重的,处三年以上七年以下有期徒刑,并处罚金。

单位犯第二款、第三款罪的,对单位判处罚金,并对其直接负责的主管人员和其他直接责任人员,依照各该款的规定处罚。

第三百七十六条　【战时拒绝、逃避征召、军事训练罪】预备役人员战时拒绝、逃避征召或者军事训练,情节严重的,处三年以下有期徒刑或者拘役。

【战时拒绝、逃避服役罪】公民战时拒绝、逃避服役,情节严重的,处二年以下有期徒刑或者拘役。

第三百七十七条　【战时故意提供虚假敌情罪】战时故意向武装部队提供虚假敌情,造成严重后果的,处三年以上十年以下有期徒刑;造成特别严重后果的,处十年以上有期徒刑或者无期徒刑。

第三百七十八条　【战时造谣扰乱军心罪】战时造谣惑众,扰乱军心的,处三年以下有期徒刑、拘役或者管制;情节严重的,处三年以上十年以下有期徒刑。

第三百七十九条　【战时窝藏逃离部队军人罪】战时明知是逃离部队的军人而为其提供隐蔽处所、财物,情节严重的,处三年以下有期徒刑或者拘役。

第三百八十条　【战时拒绝、故意延误军事订货罪】战时拒绝或者故意延误军事订货,情节严重的,对单位判处罚金,并对其直接负责的主管人员和其他直接责任人员,处五年以下有期徒刑或者拘役;造成严重后果的,处五年以上有期徒刑。

第三百八十一条　【战时拒绝军事征收、征用罪】战时拒绝军事征收、征用,情节严重的,处三年以下有期徒刑或者拘役。

第八章　贪污贿赂罪

第三百八十二条　【贪污罪】国家工作人员利用职务上的便利,侵吞、窃取、骗取或者以其他手段非法占有公共财物的,是贪污罪。

受国家机关、国有公司、企业、事业单位、人民团体委托管理、经营国有财产的人员,利用职务上的便利,侵吞、窃取、骗取或者以其他手段非法占有国有财物的,以贪污论。

与前两款所列人员勾结,伙同贪污的,以共犯论处。

第三百八十三条　【对贪污罪的处罚规定】对犯贪污罪的,根据情节轻重,分别依照下列规定处罚:

(一)贪污数额较大或者有其他较重情节的,处三年以下有期徒刑或者拘役,并处罚金。

(二)贪污数额巨大或者有其他严重情节的,处三年以上十年以下有期徒刑,并处罚金或者没收财产。

(三)贪污数额特别巨大或者有其他特别严重情节的,处十年以上有期徒刑或者无期徒刑,并处罚金或者没收财产;数额特别巨大,并使国家和人民利益遭受特别重大损失的,处无期徒刑或者死刑,并处没收财产。

对多次贪污未经处理的,按照累计贪污数额处罚。

犯第一款罪,在提起公诉前如实供述自己罪行、真诚悔罪、积极退赃,避免、减少损害结果的发生,有第一项规定情形的,可以从轻、减轻或者免除处罚;有第二项、第三项规定情形的,可以从轻处罚。

犯第一款罪,有第三项规定情形被判处死刑缓期执行的,人民法院根据犯罪情节等情况可以同时决定在其死刑缓期执行二年期满依法减为无期徒刑后,终身监禁,不得减刑、假释。

第三百八十四条　【挪用公款罪】国家工作人员利用职务上的便利,挪用公款归个人使用,进行非法活动的,或者挪用公款数额较大、进行营利活动的,或者挪用公款数额较大、超过三个月未还的,是挪用公款罪,处五年以下有期徒刑或者拘役;情节严重的,处五年以上有期徒刑。挪用公款数额巨大不退还的,处十年以上有期徒刑或者无期徒刑。

挪用用于救灾、抢险、防汛、优抚、扶贫、移民、救济款物归个人使用的,从重处罚。

第三百八十五条　【受贿罪】国家工作人员利用职务上的便利,索取他人财物的,或者非法收受他人财物,为他人谋取利益的,是受贿罪。

国家工作人员在经济往来中,违反国家规定,收受各种名义的回扣、手续费,归个人所有的,以受贿论处。

第三百八十六条　【对受贿罪的处罚规定】对犯受贿罪的,根据受贿所得数额及情节,依照本法第三百八十三条的规定处罚。索贿的从重处罚。

第三百八十七条　【单位受贿罪】国家机关、国有公司、企业、事业单位、人民团体,索取、非法收受他人财物,为他人谋取利益,情节严重的,对单位判处罚金,并对其直接负责的主管人员和其他直接责任人员,处五年以下有期徒刑或者拘役。

前款所列单位,在经济往来中,在帐外暗中收受各种名义的回扣、手续费的,以受贿论,依照前款的规定处罚。

第三百八十八条　【受贿罪】国家工作人员利用本人职权或者地位形成的便利条件,通过其他国家工作人员职务上的行为,为请托人谋取不正当利益,索取请托人财物或者收受请托人财物的,以受贿论处。

第三百八十八条之一　【利用影响力受贿罪】国家工作人员的近亲属或者其他与该国家工作人员关系密切的人,通过该国家工作人员职务上的行为,或者利用该国家工作人员职权或者地位形成的便利条件,通过其他国家工作人员职务上的行为,为请托人谋取不正当利益,索取请托人财物或者收受请托人财物,数额较大或者有其他较重情节的,处三年以下有期徒刑或者拘役,并处罚金;数额巨大或者有其他严重情节的,处三年以上七年以下有期徒刑,并处罚金;数额特别巨大或者有其他特别严重情节的,处七年以上有期徒刑,并处罚金或者没收财产。

离职的国家工作人员或者其近亲属以及其他与其关系密切的人,利用该离职的国家工作人员原职权或者地位形成的便利条件实施前款行为的,依照前款的规定定罪处罚。

第三百八十九条　【行贿罪】为谋取不正当利益,给予国家工作人员以财物的,是行贿罪。

在经济往来中,违反国家规定,给予国家工作人员以财物,数额较大的,或者违反国家规定,给予国家工作人员以各种名义的回扣、手续费的,以行贿论处。

因被勒索给予国家工作人员以财物,没有获得不正当利益的,不是行贿。

第三百九十条　【对行贿罪的处罚规定】对犯行贿罪的,处五年以下有期徒刑或者拘役,并处罚金;因行贿谋取不正当利益,情节严重的,或者使国家利益遭受重大损失的,处五年以上十年以下有期徒刑,并处罚金;情节特别严重的,或者使国家利益遭受特别重大损失的,处十年以上有期徒刑或者无期徒刑,并处罚金或者没收财产。

行贿人在被追诉前主动交待行贿行为的,可以从轻或者减轻处罚。其中,犯罪较轻的,对侦破重大案件起关键作用的,或者有重大立功表现的,可以减轻或者免除处罚。

第三百九十条之一　【对有影响力的人行贿罪】为谋取不正当利益,向国家工作人员的近亲属或者其他与该国家工作人员关系密切的人,或者向离职的国家工作人员或者其近亲属以及其他与其关系密切的人行贿的,处三年以下有期徒刑或者拘役,并处罚金;情节严重的,或者使国家利益遭受重大损失的,处三年以上七年以下有期徒刑,并处罚金;情节特别严重的,或者使国家利益遭受特别重大损失的,处七年以上十年以下有期徒刑,并处罚金。

单位犯前款罪的,对单位判处罚金,并对其直接负责的主管人员和其他直接责任人员,处三年以下有期徒刑或者拘役,并处罚金。

第三百九十一条　【对单位行贿罪】为谋取不正当利益,给予国家机关、国有公司、企业、事业单位、人民团体以财物的,或者在经济往来中,违反国家规定,给予各种名义的回扣、手续费的,处三年以下有期徒刑或者拘役,并处罚金。

单位犯前款罪的,对单位判处罚金,并对其直接负责的主管人员和其他直接责任人员,依照前款的规定处罚。

第三百九十二条　【介绍贿赂罪】向国家工作人员介绍贿赂,情节严重的,处三年以下有期徒刑或者拘役,并处罚金。

介绍贿赂人在被追诉前主动交待介绍贿赂行为的,可以减轻处罚或者免除处罚。

第三百九十三条　【单位行贿罪;行贿罪】单位为谋取不正当利益而行贿,或者违反国家规定,给予国家工作人员以回扣、手续费,情节严重的,对单位判处罚金,并对其直接负责的主管人员和其他直接责任人员,处五年以下有期徒刑或者拘役,并处罚金。因行贿取得的违法所得归个人所有的,依照本法第三百八十九条、第三百九十条的规定定罪处罚。

第三百九十四条　【贪污罪】国家工作人员在国内公务活动或者对外交往中接受礼物,依照国家规定应当交公而不交公,数额较大的,依照本法第三百八十二条、第三百八十三条的规定定罪处罚。

第三百九十五条　【巨额财产来源不明罪】国家工作人员的财产、支出明显超过合法收入,差额巨大的,可以责令该国家工作人员说明来源,不能说明来源的,差额部分以非法所得论,处五年以下有期徒刑或者拘役;差额特别巨大的,处五年以上十年以下有期徒刑。财产的差额部分予以追缴。

【隐瞒境外存款罪】国家工作人员在境外的存款,应当依照国家规定申报。数额较大、隐瞒不报的,处二年以下有期徒刑或者拘役;情节较轻的,由其所在单位或者上级主管机关酌情给予行政处分。

第三百九十六条　【私分国有资产罪】国家机关、国有公司、企业、事业单位、人民团体,违反国家规定,以单位名义将国有资产集体私分给个人,数额较大的,对其直接负责的主管人员和其他直接责任人员,处三年以下有期徒刑或者拘役,并处或者单处罚金;数额巨大的,处三年以上七年以下有期徒刑,并处罚金。

【私分罚没财物罪】司法机关、行政执法机关违反国家规定,将应当上缴国家的罚没财物,以单位名义集体私分给个人的,依照前款的规定处罚。

第九章　渎　职　罪

第三百九十七条　【滥用职权罪;玩忽职守罪】国家机关工作人员滥用职权或者玩忽职守,致使公共财产、国家和人民利益遭受重大损失的,处三年以下有期徒刑或者拘役;情节特别严重的,处三年以上七年以下有期徒刑。本法另有规定的,依照规定。

国家机关工作人员徇私舞弊,犯前款罪的,处五年以下有期徒刑或者拘役;情节特别严重的,处五年以上十年以下有期徒刑。本法另有规定的,依照规定。

第三百九十八条　【故意泄露国家秘密罪;过失泄露国家秘密罪】国家机关工作人员违反保守国家秘密法的规定,故意或者过失泄露国家秘密,情节严重的,处三年以下有期徒刑或者拘役;情节特别严重的,处三年以上七年以下有期徒刑。

非国家机关工作人员犯前款罪的,依照前款的规定酌情处罚。

第三百九十九条　【徇私枉法罪】司法工作人员徇私枉法、徇情枉法,对明知是无罪的人而使他受追诉、对明知是有罪的人而故意包庇不使他受追诉,或者在刑事审判活动中故意违背事实和法律作枉法裁判的,处五年以下有期徒刑或者拘役;情节严重的,处五年以上十年以下有期徒刑;情节特别严重的,处十年以上有期徒刑。

【民事、行政枉法裁判罪】在民事、行政审判活动中故意违背事实和法律作枉法裁判,情节严重的,处五年以下有期徒刑或者拘役;情节特别严重的,处五年以上十年以下有期徒刑。

【执行判决、裁定失职罪;执行判决、裁定滥用职权罪】在执行判决、裁定活动中,严重不负责任或者滥用职权,不依法采取诉讼保全措施、不履行法定执行职责,或者违法采取诉讼保全措施、强制执行措施,致使当事人或者其他人的利益遭受重大损失的,处五年以下有期徒刑或者拘役;致使当事人或者其他人的利益遭受特别重大损失的,处五年以上十年以下有期徒刑。

司法工作人员收受贿赂,有前三款行为的,同时又构成本法第三百八十五条规定之罪的,依照处罚较重的规定定罪处罚。

第三百九十九条之一　【枉法仲裁罪】依法承担仲裁职责的人员,在仲裁活动中故意违背事实和法律作枉法裁决,情节严重的,处三年以下有期徒刑或者拘役;情节特别严重的,处三年以上七年以下有期徒刑。

第四百条　【私放在押人员罪】司法工作人员私放在押的犯罪嫌疑人、被告人或者罪犯的,处五年以下有期徒刑或者拘役;情节严重的,处五年以上十年以下有期徒刑;情节特别严重的,处十年以上有期徒刑。

【失职致使在押人员脱逃罪】司法工作人员由于严重不负责任,致使在押的犯罪嫌疑人、被告人或者罪犯脱逃,造成严重后果的,处三年以下有期徒刑或者拘役;造成特别严重后果的,处三年以上十年以下有期徒刑。

第四百零一条　【徇私舞弊减刑、假释、暂予监外执行罪】司法工作人员徇私舞弊,对不符合减刑、假释、暂予监外执行条件的罪犯,予以减刑、假释或者暂予监外执行的,处三年以下有期徒刑或者拘役;情节严重的,处三年以上七年以下有期徒刑。

第四百零二条　【徇私舞弊不移交刑事案件罪】行政执法人员徇私舞弊,对依法应当移交司法机关追究刑事责任的不移交,情节严重的,处三年以下有期徒刑或者拘役;造成严重后果的,处三年以上七年以下有期徒刑。

第四百零三条　【滥用管理公司、证券职权罪】国家有关主管部门的国家机关工作人员,徇私舞弊,滥用职权,对不符合法律规定条件的公司设立、登记申请或者股票、债券发行、上市申请,予以批准或者登记,致使公共财产、国家和人民利益遭受重大损失的,处五年以下有期徒刑或者拘役。

上级部门强令登记机关及其工作人员实施前款行为的,对其直接负责的主管人员,依照前款的规定处罚。

第四百零四条　【徇私舞弊不征、少征税款罪】税务机关的工作人员徇私舞弊,不征或者少征应征税款,致使国家税收遭受重大损失的,处五年以下有期徒刑或者拘役;造成特别重大损失的,处五年以上有期徒刑。

第四百零五条　【徇私舞弊发售发票、抵扣税款、出口退税罪】税务机关的工作人员违反法律、行政法规的规定,在办理发售发票、抵扣税款、出口退税工作中,徇私舞弊,致使国家利益遭受重大损失的,处五年以下有期徒刑或者拘役;致使国家利益遭受特别重大损失的,处五年以上有期徒刑。

【违法提供出口退税凭证罪】其他国家机关工作人员违反国家规定,在提供出口货物报关单、出口收汇核销单等出口退税凭证的工作中,徇私舞弊,致使国家利益遭受重大损失的,依照前款的规定处罚。

第四百零六条　【国家机关工作人员签订、履行合同失职被骗罪】国家机关工作人员在签订、履行合同过程中,因严重不负责任被诈骗,致使国家利益遭受重大损失的,处三年以下有期徒刑或者拘役;致使国家利益遭受特别重大损失的,处三年以上七年以下有期徒刑。

第四百零七条　【违法发放林木采伐许可证罪】林业主管部门的工作人员违反森林法的规定,超过批准的年采伐限额发放林木采伐许可证或者违反规定滥发林木采伐许可证,情节严重,致使森林遭受严重破坏的,处三年以下有期徒刑或者拘役。

第四百零八条　【环境监管失职罪】负有环境保护监督管理职责的国家机关工作人员严重不负责任,导致发生重大环境污染事故,致使公私财产遭受重大损失或者造成人身伤亡的严重后果的,处三年以下有期徒刑或者拘役。

第四百零八条之一　【食品、药品监管渎职罪】负有食品药品安全监督管理职责的国家机关工作人员,滥用职权或者玩忽职守,有下列情形之一,造成严重后果或者有其他严重情节的,处五年以下有期徒刑或者拘役;造成特别严重后果或者有其他特别严重情节的,处五年以上十年以下有期徒刑:

(一)瞒报、谎报食品安全事故、药品安全事件的;

(二)对发现的严重食品药品安全违法行为未按规定查处的;

(三)在药品和特殊食品审批审评过程中,对不符合条件的申请准予许可的;

(四)依法应当移交司法机关追究刑事责任不移交的;

(五)有其他滥用职权或者玩忽职守行为的。

徇私舞弊犯前款罪的,从重处罚。

第四百零九条　【传染病防治失职罪】从事传染病防治的政府卫生行政部门的工作人员严重不负责任,导致传染病传播或者流行,情节严重的,处三年以下有期徒刑或者拘役。

第四百一十条　【非法批准征收、征用、占用土地罪;非法低价出让国有土地使用权罪】国家机关工作人员徇私舞弊,违反土地管理法规,滥用职权,非法批准征收、征用、占用土地,或者非法低价出让国有土地使用权,情节严重的,处三年以下有期徒刑或者拘役;致使国家或者集体利益遭受特别重大损失的,处三年以上七年以下有期徒刑。

第四百一十一条　【放纵走私罪】海关工作人员徇私舞弊,放纵走私,情节严重的,处五年以下有期徒刑或者拘役;情节特别严重的,处五年以上有期徒刑。

第四百一十二条　【商检徇私舞弊罪】国家商检部门、商检机构的工作人员徇私舞弊,伪造检验结果的,处五年以下有期徒刑或者拘役;造成严重后果的,处五年以上十年以下有期徒刑。

【商检失职罪】前款所列人员严重不负责任,对应当检验的物品不检验,或者延误检验出证、错误出证,致使国家利益遭受重大损失的,处三年以下有期徒刑或者拘役。

第四百一十三条　【动植物检疫徇私舞弊罪】动植物检疫机关的检疫人员徇私舞弊,伪造检疫结果的,处五年以下有期徒刑或者拘役;造成严重后果的,处五年以上十年以下有期徒刑。

【动植物检疫失职罪】前款所列人员严重不负责任,对应当检疫的检疫物不检疫,或者延误检疫出证、错误出证,致使国家利益遭受重大损失的,处三年以下有期徒刑或者拘役。

第四百一十四条　【放纵制售伪劣商品犯罪行为罪】对生产、销售伪劣商品犯罪行为负有追究责任的国家机关工作人员,徇私舞弊,不履行法律规定的追究职责,情节严重的,处五年以下有期徒刑或者拘役。

第四百一十五条　【办理偷越国(边)境人员出入境证件罪;放行偷越国(边)境人员罪】负责办理护照、签证以及其他出入境证件的国家机关工作人员,对明知是企图偷越国(边)境的人员,予以办理出入境证件的,或者边防、海关等国家机关工作人员,对明知是偷越国(边)境的人员,予以放行的,处三年以下有期徒刑或者拘役;情节严重的,处三年以上七年以下有期徒刑。

第四百一十六条　【不解救被拐卖、绑架妇女、儿童罪】对被拐卖、绑架的妇女、儿童负有解救职责的国家机关工作人员,接到被拐卖、绑架的妇女、儿童及其家属的解救要求或者接到其他人的举报,而对被拐卖、绑架的妇女、儿童不进行解救,造成严重后果的,处五年以下有期徒刑或者拘役。

【阻碍解救被拐卖、绑架妇女、儿童罪】负有解救职责的国家机关工作人员利用职务阻碍解救的,处二年以上七年以下有期徒刑;情节较轻的,处二年以下有期徒刑或者拘役。

第四百一十七条　【帮助犯罪分子逃避处罚罪】有查禁犯罪活动职责的国家机关工作人员,向犯罪分子通风报信、提供便利,帮助犯罪分子逃避处罚的,处三年以下有期徒刑或者拘役;情节严重的,处三年以上十年以下有期徒刑。

第四百一十八条　【招收公务员、学生徇私舞弊罪】国家机关工作人员在招收公务员、学生工作中徇私舞弊,情节严重的,处三年以下有期徒刑或者拘役。

第四百一十九条　【失职造成珍贵文物损毁、流失罪】国家机关工作人员严重不负责任,造成珍贵文物损毁或者流失,后果严重的,处三年以下有期徒刑或者拘役。

第十章　军人违反职责罪

第四百二十条　【军人违反职责罪的概念】军人违反职责,危害国家军事利益,依照法律应当受刑罚处罚的行为,是军人违反职责罪。

第四百二十一条　【战时违抗命令罪】战时违抗命令,对作战造成危害的,处三年以上十年以下有期徒刑;致使战斗、战役遭受重大损失的,处十年以上有期徒刑、无期徒刑或者死刑。

第四百二十二条　【隐瞒、谎报军情罪;拒传、假传军令罪】故意隐瞒、谎报军情或者拒传、假传军令,对作战造成危害的,处三年以上十年以下有期徒刑;致使战斗、战役遭受重大损失的,处十年以上有期徒刑、无期徒刑或者死刑。

第四百二十三条　【投降罪】在战场上贪生怕死,自动放下武器投降敌人的,处三年以上十年以下有期徒刑;情节严重的,处十年以上有期徒刑或者无期徒刑。

投降后为敌人效劳的,处十年以上有期徒刑、无期徒刑或者死刑。

第四百二十四条　【战时临阵脱逃罪】战时临阵脱逃的,处三年以下有期徒刑;情节严重的,处三年以上十年以下有期徒刑;致使战斗、战役遭受重大损失的,处十年以上有期徒刑、无期徒刑或者死刑。

第四百二十五条　【擅离、玩忽军事职守罪】指挥人员和值班、值勤人员擅离职守或者玩忽职守,造成严重后果的,处三年以下有期徒刑或者拘役;造成特别严重后果的,处三年以上七年以下有期徒刑。

战时犯前款罪的,处五年以上有期徒刑。

第四百二十六条　【阻碍执行军事职务罪】以暴力、威胁方法,阻碍指挥人员或者值班、值勤人员执行职务的,处五年以下有期徒刑或者拘役;情节严重的,处五年以上十年以下有期徒刑;情节特别严重的,处十年以上有期徒刑或者无期徒刑。战时从重处罚。

第四百二十七条　【指使部属违反职责罪】滥用职权,指使部属进行违反职责的活动,造成严重后果的,处五年以下有期徒刑或者拘役;情节特别严重的,处五年以上十年以下有期徒刑。

第四百二十八条　【违令作战消极罪】指挥人员违抗命令,临阵畏缩,作战消极,造成严重后果的,处五年以下有期徒刑;致使战斗、战役遭受重大损失或者有其他特别严重情节的,处五年以上有期徒刑。

第四百二十九条　【拒不救援友邻部队罪】在战场上明知友邻部队处境危急请求救援,能救援而不救援,致使友邻部队遭受重大损失的,对指挥人员,处五年以下有期徒刑。

第四百三十条 【军人叛逃罪】在履行公务期间,擅离岗位,叛逃境外或者在境外叛逃,危害国家军事利益的,处五年以下有期徒刑或者拘役;情节严重的,处五年以上有期徒刑。

驾驶航空器、舰船叛逃的,或者有其他特别严重情节的,处十年以上有期徒刑、无期徒刑或者死刑。

第四百三十一条 【非法获取军事秘密罪】以窃取、刺探、收买方法,非法获取军事秘密的,处五年以下有期徒刑;情节严重的,处五年以上十年以下有期徒刑;情节特别严重的,处十年以上有期徒刑。

【为境外窃取、刺探、收买、非法提供军事秘密罪】为境外的机构、组织、人员窃取、刺探、收买、非法提供军事秘密的,处五年以上十年以下有期徒刑;情节严重的,处十年以上有期徒刑、无期徒刑或者死刑。

第四百三十二条 【故意泄露军事秘密罪;过失泄露军事秘密罪】违反保守国家秘密法规,故意或者过失泄露军事秘密,情节严重的,处五年以下有期徒刑或者拘役;情节特别严重的,处五年以上十年以下有期徒刑。

战时犯前款罪的,处五年以上十年以下有期徒刑;情节特别严重的,处十年以上有期徒刑或者无期徒刑。

第四百三十三条 【战时造谣惑众罪】战时造谣惑众,动摇军心的,处三年以下有期徒刑;情节严重的,处三年以上十年以下有期徒刑;情节特别严重的,处十年以上有期徒刑或者无期徒刑。

第四百三十四条 【战时自伤罪】战时自伤身体,逃避军事义务的,处三年以下有期徒刑;情节严重的,处三年以上七年以下有期徒刑。

第四百三十五条 【逃离部队罪】违反兵役法规,逃离部队,情节严重的,处三年以下有期徒刑或者拘役。

战时犯前款罪的,处三年以上七年以下有期徒刑。

第四百三十六条 【武器装备肇事罪】违反武器装备使用规定,情节严重,因而发生责任事故,致人重伤、死亡或者造成其他严重后果的,处三年以下有期徒刑或者拘役;后果特别严重的,处三年以上七年以下有期徒刑。

第四百三十七条 【擅自改变武器装备编配用途罪】违反武器装备管理规定,擅自改变武器装备的编配用途,造成严重后果的,处三年以下有期徒刑或者拘役;造成特别严重后果的,处三年以上七年以下有期徒刑。

第四百三十八条 【盗窃、抢夺武器装备、军用物资罪】盗窃、抢夺武器装备或者军用物资的,处五年以下有期徒刑或者拘役;情节严重的,处五年以上十年以下有期徒刑;情节特别严重的,处十年以上有期徒刑、无期徒刑或者死刑。

【盗窃、抢夺枪支、弹药、爆炸物、危险物质罪】盗窃、抢夺枪支、弹药、爆炸物的,依照本法第一百二十七条的规定处罚。

第四百三十九条 【非法出卖、转让武器装备罪】非法出卖、转让军队武器装备的,处三年以上十年以下有期徒刑;出卖、转让大量武器装备或者有其他特别严重情节的,处十年以上有期徒刑、无期徒刑或者死刑。

第四百四十条 【遗弃武器装备罪】违抗命令,遗弃武器装备的,处五年以下有期徒刑或者拘役;遗弃重要或者大量武器装备的,或者有其他严重情节的,处五年以上有期徒刑。

第四百四十一条 【遗失武器装备罪】遗失武器装备,不及时报告或者有其他严重情节的,处三年以下有期徒刑或者拘役。

第四百四十二条 【擅自出卖、转让军队房地产罪】违反规定,擅自出卖、转让军队房地产,情节严重的,对直接责任人员,处三年以下有期徒刑或者拘役;情节特别严重的,处三年以上十年以下有期徒刑。

第四百四十三条　【虐待部属罪】滥用职权,虐待部属,情节恶劣,致人重伤或者造成其他严重后果的,处五年以下有期徒刑或者拘役;致人死亡的,处五年以上有期徒刑。

第四百四十四条　【遗弃伤病军人罪】在战场上故意遗弃伤病军人,情节恶劣的,对直接责任人员,处五年以下有期徒刑。

第四百四十五条　【战时拒不救治伤病军人罪】战时在救护治疗职位上,有条件救治而拒不救治危重伤病军人的,处五年以下有期徒刑或者拘役;造成伤病军人重残、死亡或者有其他严重情节的,处五年以上十年以下有期徒刑。

第四百四十六条　【战时残害居民、掠夺居民财物罪】战时在军事行动地区,残害无辜居民或者掠夺无辜居民财物的,处五年以下有期徒刑;情节严重的,处五年以上十年以下有期徒刑;情节特别严重的,处十年以上有期徒刑、无期徒刑或者死刑。

第四百四十七条　【私放俘虏罪】私放俘虏的,处五年以下有期徒刑;私放重要俘虏、私放俘虏多人或者有其他严重情节的,处五年以上有期徒刑。

第四百四十八条　【虐待俘虏罪】虐待俘虏,情节恶劣的,处三年以下有期徒刑。

第四百四十九条　【战时缓刑】在战时,对被判处三年以下有期徒刑没有现实危险宣告缓刑的犯罪军人,允许其戴罪立功,确有立功表现时,可以撤销原判刑罚,不以犯罪论处。

第四百五十条　【本章适用的主体范围】本章适用于中国人民解放军的现役军官、文职干部、士兵及具有军籍的学员和中国人民武装警察部队的现役警官、文职干部、士兵及具有军籍的学员以及文职人员、执行军事任务的预备役人员和其他人员。

第四百五十一条　【战时的界定】本章所称战时,是指国家宣布进入战争状态、部队受领作战任务或者遭敌突然袭击时。

部队执行戒严任务或者处置突发性暴力事件时,以战时论。

附　　则

第四百五十二条　【生效日期及法律的废止与保留】本法自 1997 年 10 月 1 日起施行。

列于本法附件一的全国人民代表大会常务委员会制定的条例、补充规定和决定,已纳入本法或者已不适用,自本法施行之日起,予以废止。

列于本法附件二的全国人民代表大会常务委员会制定的补充规定和决定予以保留。其中,有关行政处罚和行政措施的规定继续有效;有关刑事责任的规定已纳入本法,自本法施行之日起,适用本法规定。

附　件　一

全国人民代表大会常务委员会制定的下列条例、补充规定和决定,已纳入本法或者已不适用,自本法施行之日起,予以废止:

1. 中华人民共和国惩治军人违反职责罪暂行条例
2. 关于严惩严重破坏经济的罪犯的决定
3. 关于严惩严重危害社会治安的犯罪分子的决定
4. 关于惩治走私罪的补充规定

5. 关于惩治贪污罪贿赂罪的补充规定
6. 关于惩治泄露国家秘密犯罪的补充规定
7. 关于惩治捕杀国家重点保护的珍贵、濒危野生动物犯罪的补充规定
8. 关于惩治侮辱中华人民共和国国旗国徽罪的决定
9. 关于惩治盗掘古文化遗址古墓葬犯罪的补充规定
10. 关于惩治劫持航空器犯罪分子的决定
11. 关于惩治假冒注册商标犯罪的补充规定
12. 关于惩治生产、销售伪劣商品犯罪的决定
13. 关于惩治侵犯著作权的犯罪的决定
14. 关于惩治违反公司法的犯罪的决定
15. 关于处理逃跑或者重新犯罪的劳改犯和劳教人员的决定

附　件　二

全国人民代表大会常务委员会制定的下列补充规定和决定予以保留,其中,有关行政处罚和行政措施的规定继续有效;有关刑事责任的规定已纳入本法,自本法施行之日起,适用本法规定:

1. 关于禁毒的决定①
2. 关于惩治走私、制作、贩卖、传播淫秽物品的犯罪分子的决定
3. 关于严禁卖淫嫖娼的决定
4. 关于严惩拐卖、绑架妇女、儿童的犯罪分子的决定
5. 关于惩治偷税、抗税犯罪的补充规定②
6. 关于严惩组织、运送他人偷越国(边)境犯罪的补充规定③
7. 关于惩治破坏金融秩序犯罪的决定
8. 关于惩治虚开、伪造和非法出售增值税专用发票犯罪的决定

---

① 根据《中华人民共和国禁毒法》第71条的规定,本决定自2008年6月1日起废止。
② 根据《全国人民代表大会常务委员会关于废止部分法律的决定》,本决定自2009年6月27日起废止。
③ 根据《全国人民代表大会常务委员会关于废止部分法律的决定》,本决定自2009年6月27日起废止。

附录二
最高人民法院刑事审判指导案例、公报案例索引

危害国家安全罪

【指导案例】

刘某某煽动颠覆国家政权案[第126号]

——对利用互联网煽动颠覆国家政权的案件如何审查判断证据

[改革开放四十周年典型案例]伊力哈木·土赫提分裂国家案

[改革开放四十周年典型案例]周世锋颠覆国家政权案

[改革开放四十周年典型案例]黄宇间谍案

危害公共安全罪

【指导案例】

李某等投毒案[第17号]

——毒死耕牛后再出售有毒牛肉的案件应如何定性

于光平爆炸案[第24号]

——危害后果严重但受害人有明显过错的案件如何适用刑罚

刘海交通肇事案[第25号]

——雇主应否对其雇员的非职务行为造成的损害结果负连带赔偿责任

赵祥忠工程重大安全事故案[第39号]

——人民法院可否变更起诉罪名定罪处刑

梁应金、周守金等交通肇事案[第84号]

——肇事交通工具的单位主管人员能否构成交通肇事罪

方金青惠投毒案[第101号]

——针对特定的被害人投放毒物致死致伤多人的行为应如何定性及对犯罪的外国人能否附加剥夺政治权利

赖贵勇爆炸案[第137号]

——以报复特定人为目的而实施的不计危害后果的爆炸行为如何定性

王新生等放火案[第150号]

——以诈骗保险金为目的放火烧毁投保汽车的行为如何定罪

朱晓志交通肇事案[第175号]

——超过1979年刑法规定的追诉时效但根据新刑法又应当追诉的应如何处理

周立杰交通肇事案[第176号]
——如何认定交通肇事后逃逸
陆某某、张某某以危险方法危害公共安全、交通肇事案[第197号]
——公交车司机离开驾驶岗位与乘客斗殴引发交通事故的如何定性
彭定安破坏电力设备案[第219号]
——盗割铁路电气化接触网回流线的行为如何定性
倪庆国交通肇事案[第220号]
——如何准确把握"交通肇事后将被害人带离事故现场后遗弃,致使被害人无法得到救助而死亡"的情形
姜方平非法持有枪支、故意伤害案[第221号]
——被告人对事实性质的辩解不影响如实供述的成立
叶朝红等放火案[第239号]
——以盗窃为目的放火烧毁货物列车的行为应如何定罪
陈美娟投放危险物质案[第276号]
——介入因素与刑法因果关系的认定
王仁兴破坏交通设施案[第295号]
——不履行因紧急避险行为引起的作为义务可以构成不作为犯罪
宋计划交通肇事案[第314号]
——审理被害人因犯罪行为致死的附带民事诉讼案件,应判处死亡赔偿金(死亡补偿费)
祝久平以危险方法危害公共安全案[第319号]
——人民法院认定事实与指控事实一致的,能否直接将指控的轻罪名变更为重罪名
朱香海、左正红等非法买卖枪支、贪污案[第328号]
——对于1997年刑法施行以后、司法解释公布施行以前实施的非法买卖枪支犯罪,是参照执行原有的司法解释还是适用新公布施行的司法解释
钱竹平交通肇事案[第342号]
——交通肇事逃逸致人死亡的司法认定
古计明、方振华投放危险物质案[第358号]
——在危害公共安全罪中,没有造成一人以上死亡或多人重伤后果的,一般可不判处死刑立即执行
郭继东私藏枪支弹药宣告无罪案[第359号]
——如何理解私藏枪支弹药罪中"配备、配置枪支的条件消除"
徐钦朋非法买卖爆炸物案[第360号]
——确因生产、生活所需非法买卖爆炸物的,应当如何适用刑罚
吴传贵等非法制造、买卖爆炸物案[第361号]
——非法制造、买卖大量炸药,炸药在买方存储中发生爆炸的,应当如何量刑
孔德明非法携带危险物品危及公共安全罪[第368号]
——如何区分非法运输、储存爆炸物罪和非法携带危险物品危及公共安全罪
孙贤玉交通肇事案[第415号]
——交通肇事逃离现场后又投案自首的行为能否认定"肇事逃逸"
庄木根、刘平平、郑斌非法买卖枪支、贩卖毒品案[第463号]

——非法买卖枪支时以毒品冲抵部分价款行为如何定性
王桂平以危险方法危害公共安全、销售伪劣产品、虚报注册资本案［第 503 号］
——向药品生产企业销售假冒的药品辅料的行为如何定性
冯留民破坏电力设备、盗窃案［第 504 号］
——结合司法解释看破坏电力设备罪与盗窃罪的竞合
尚知国等重大劳动安全事故案［第 505 号］
——重大劳动安全事故罪与重大责任事故罪出现竞合时应如何处理
杨辉、石磊等破坏电力设备案［第 575 号］
——盗窃电力设备过程中，以暴力手段控制无抓捕意图的过往群众的不构成抢劫罪
孙伟铭以危险方法危害公共安全案［第 586 号］
——醉酒驾车连续冲撞致多人伤亡的，如何定罪处罚
李跃等以危险方法危害公共安全案［第 587 号］
——在城市主干路采用故意驾驶机动车撞击他人车辆制造交通事故的手段勒索钱财的行为如何定罪
胡斌交通肇事案［第 588 号］
——超速驾车撞死人行道内行人的如何定罪量刑
吴芝桥非法制造、买卖枪支、弹药案［第 631 号］
——如何认定非法制造、买卖枪支、弹药罪的“情节严重”
叶燕兵非法持有枪支案［第 644 号］
——邀约非法持枪者携枪帮忙能否构成非法持有枪支罪的共犯
俞耀交通肇事案［第 681 号］
——交通肇事逃逸后以贿买的方式指使他人冒名顶罪、作伪证的行为，如何定性
谭继伟交通肇事案［第 696 号］
——交通肇事后报警并留在现场等候处理的，应认定为自动投案
王友彬交通肇事案［第 697 号］
——交通肇事后逃逸又自动投案的构成自首，应在逃逸情节的法定刑幅度内视情决定是否从轻处罚
王召成等非法买卖、储存危险物质案［第 759 号］
——非法买卖、储存危险物质中“危险物质”的认定
谢忠德危险驾驶案［第 760 号］
——对危险驾驶罪状中的“道路”如何理解
刘飞抢劫案［第 764 号］
——驾驶机动车“碰瓷”行为如何定性
刘本露交通肇事案［第 788 号］
——交通肇事后，行为人因受伤在医院治疗，公安机关向其询问案情时，拒不交代肇事经过，并虚构身份信息，后逃离医院的行为，是否应当认定为“交通肇事后逃逸”
田军祥等以危险方法危害公共安全、妨害公务案［第 856 号］
——如何区别对待犯罪后为逃避法律制裁引发与醉驾引发的以危险方法危害公共安全案件的量刑
龚某交通肇事案［第 857 号］
——“交通肇事后逃逸”情节的认定

马国旺交通肇事案[第 858 号]
——对致人重伤交通肇事案件中的逃逸行为如何评价
李启铭交通肇事案[第 890 号]
——校园道路是否属于道路交通安全法规定的“道路”以及如何在舆论压力和理性判罚之间寻求最佳审判效果
廖开田危险驾驶案[第 891 号]
——在小区道路醉驾是否构成危险驾驶罪
林某危险驾驶案[第 892 号]
——醉酒驾驶超标电动自行车的,是否构成危险驾驶罪
唐浩彬危险驾驶案[第 893 号]
——醉酒后在道路上挪动车位的行为是否构成危险驾驶罪
吴晓明危险驾驶案[第 894 号]
——如何认定醉驾型危险驾驶案件中的犯罪情节轻微
魏海涛危险驾驶案[第 895 号]
——在醉驾型危险驾驶案件中如何把握缓刑适用标准
罗代智危险驾驶案[第 896 号]
——如何把握醉驾型危险驾驶犯罪案件中的量刑情节
黄建忠危险驾驶案[第 897 号]
——如何认定醉驾型危险驾驶犯罪案件中的自首以及如何根据具体的自首情形决定对被告人的从宽处罚程度
郑帮巧危险驾驶案[第 898 号]
——醉酒驾驶机动车致使本人重伤的是否构成交通肇事罪
于岗危险驾驶、妨害公务案[第 899 号]
——醉酒驾驶并抗拒检查的是应当从一重处还是数罪并罚
王树宝危险驾驶案[第 901 号]
——对未当场查获被告人醉酒驾驶机动车且系“零口供”的案件,如何通过证据审查定案
孔某危险驾驶案[第 902 号]
——醉驾逃逸后找人“顶包”,并指使他人提供虚假证言,导致无法及时检验血液酒精含量的案件,如何处理
孟令悟危险驾驶案[第 903 号]
——对涉嫌犯危险驾驶罪的犯罪嫌疑人、被告人能否直接采取逮捕强制措施以及判决文书如何表述刑期起止日期
张纪伟、金鑫危险驾驶案[第 904 号]
——如何认定刑法第一百三十三条之一规定的追逐竞驶情节恶劣
彭建伟危险驾驶案[第 905 号]
——追逐竞驶造成交通事故尚不构成交通肇事罪的,是构成危险驾驶罪还是以危险方法危害公共安全罪
黎景全以危险方法危害公共安全案[第 906 号]
——在醉酒驾驶发生严重事故的案件中如何区别交通肇事罪和以危险方法危害公共安全罪以及确保量刑适当
杜军交通肇事案[第 907 号]

——对酒后驾驶造成重大伤亡的案件，如何区分交通肇事罪与以危险方法危害公共安全罪

陆华故意杀人案[第908号]

——在醉酒驾驶致人死亡的案件中如何区分交通肇事罪与(间接)故意杀人罪

任寒青以危险方法危害公共安全案[第909号]

——对为逃避酒驾检查而驾车冲撞警察和他人车辆的行为如何定性

黄世华以危险方法危害公共安全案[第910号]

——如何理解危害公共安全犯罪中的“不特定多数人”以及如何把握醉驾案件中以危险方法危害公共安全罪的死刑适用标准

孙福成以危险方法危害公共安全案[第911号]

——对醉酒驾驶机动车构成以危险方法危害公共安全罪的处罚，如何贯彻体现宽严相济刑事政策

张文明故意杀人案[第912号]

——如何运用间接证据认定交通肇事者将被害人带离事故现场后遗弃并致使被害人死亡的事实以及如何结合在案证据审查被告人提出的新辩解是否成立

李广欣以危险方法危害公共安全案[第913号]

——醉酒驾驶机动车致使被害人遭受人身伤害的，被害方能否基于交通事故责任强制保险向相关保险公司主张赔偿责任

徐光明危险驾驶案[第914号]

——已将无证驾驶机动车和使用伪造的机动车号牌等违法行为作为危险驾驶罪的量刑情节予以考虑，基于前述违法行为所处行政拘留的期间，能否折抵刑期

杨某危险驾驶案[第915号]

——醉酒驾驶仅致本人受伤的如何处理

张超泽交通肇事案[第916号]

——吸毒后驾驶机动车致使发生交通事故的行为如何定性以及是否属于刑法第一百三十三条规定的“其他特别恶劣情节”

叶丹以危险方法危害公共安全案[第917号]

——因吸毒长期处于精神障碍状态，在病情缓解期再次吸毒并驾驶机动车，致使发生交通事故的，如何认定行为人的刑事责任能力以及主观罪过

李中海故意杀人案[第923号]

——如何认定交通肇事逃逸案件中的间接故意杀人犯罪

谭永艮非法持有枪支案[第1003号]

——作为情节加重犯适用条件的“情节严重”与缓刑适用条件中的“犯罪情节较轻”在适用时是否相矛盾

袁某抢劫、破坏电力设备案[第1010号]

——如何把握刑事诉讼证明标准的主客观相统一性

许小渠过失以危险方法危害公共安全案[第1041号]

——食品销售人员对亚硝酸盐未尽妥善保管义务导致亚硝酸盐混入食品中出售，致人伤亡的行为如何定性

郑小教以危险方法危害公共安全案[第1072号]

——如何理解以危险方法危害公共安全罪中的“不特定多数人”

包武伟危险驾驶案[第 1073 号]
——被判处缓刑后在上诉期内又犯新罪的法律适用
王挺等走私武器、弹药，非法买卖枪支、弹药，非法持有枪支、弹药案[第 1075 号]
——因个人爱好，以收藏为目的购买枪支、弹药的行为如何定性
雷某仁、黄某生、黄某平破坏交通设施，田某祥掩饰、隐瞒犯罪所得、犯罪所得收益案[第 1092 号]
——掩饰、隐瞒犯罪所得系交通设施的如何处理
张玉良、方俊强非法买卖枪支案[第 1116 号]
——对于发生在 1997 年 10 月 1 日以前的非法买卖枪支行为应当如何适用法律及该罪追诉时效的起算时间节点
杨某某、杜某某放火案[第 1117 号]
——刑法上因果关系的认定
邵大平交通肇事案[第 1118 号]
——交通肇事撞伤他人后逃离现场，致被害人被后续车辆碾压致死的如何定性
阎某以危险方法危害公共安全案[第 1198 号]
——在家中释放天然气用以自杀，但引发室内、室外数次爆炸的，如何认定因果关系
依斯坎达尔·艾海提等组织、领导、参加恐怖组织，故意杀人案[第 1220 号]
——如何把握恐怖活动组织成员的罪责认定及暴恐犯罪的死刑适用
阿卜杜苏布尔·图尔迪巴柯等故意杀人、抢劫、故意伤害、故意毁坏财物案[第 1221 号]
——办理严重暴力恐怖犯罪案件如何把握证据标准
金复生以危险方法危害公共安全、故意杀人案[第 1236 号]
——不同犯意支配下实施的连续行为定性及现场待捕型自首的认定
李彬交通肇事案[第 1271 号]
——如何认定醉驾致人死亡案件中行为人的主观心态
张维文、冯太平以危险方法危害公共安全案[第 1283 号]
——在公交车行驶过程中驾乘人员互殴行为如何定性
胡伦霞交通肇事案[第 1297 号]
——行人引起的交通肇事案件的司法认定
支玖龙以危险方法危害公共安全案[第 1314 号]
——故意驾车冲撞疫情防控站的行为定性
余坤锋交通肇事案[第 1334 号]
——“自首认罪”案件如何理解和把握“证据确实、充分”的证明标准
汪庆樟交通肇事案[第 1364 号]
——肇事者交通事故后滞留现场不履行救助义务，在二次事故发生后，隐瞒身份并离开现场，可以构成因逃逸致人死亡
[改革开放四十周年典型案例]念斌投放危险物质案
[改革开放四十周年典型案例]玉山江·吾许尔等组织、领导、参加恐怖组织，以危险方法危害公共安全案
——天安门广场“10·28”暴恐案
[改革开放四十周年典型案例]于学伟等非法储存危险物质、非法经营、危险物品肇事、单位行贿案

——天津港“8·12”特大火灾爆炸事故案
［改革开放四十周年典型案例］高晓松危险驾驶案

【高法公报案例】
康兆永、王刚危险物品肇事案
李旭晨以危险方法危害公共安全案

侵犯财产罪

【指导案例】
蓝海诈骗案［第6号］
——以传真方式进行经济合同诈骗案件如何确定审判管辖
王严侵占案［第7号］
——侵占案是告诉才处理的案件
罗辉、王凌云等侵占案［第21号］
——公司职员利用职务之便，内外勾结骗取公司代管的客户保证金的行为，应如何适用法律
汪美坤、李云田等侵占、盗窃案［第22号］
——企业聘用的合同工人勾结外部人员，利用工作上的便利，盗窃企业财物的行为应如何定罪
罗登祥抢劫、故意杀人、脱逃（未遂）案［第36号］
——对在抢劫过程中杀人（致人死亡）的案件如何定罪处刑
秦学荣抢劫、流氓、诈骗、侵占案［第44号］
——被告人在审理期间死亡的，刑事责任、违法所得、民事责任应如何处理
章杨盗窃案［第45号］
——窃取并变造已付讫的国库券再骗兑的行为如何定罪
高金有盗窃案［第52号］
——外部人员与银行工作人员勾结窃取银行现金的行为如何定性
龙鹏武、龙雄武诈骗案［第53号］
——利用欺骗方法兼并后又利用职务便利将被兼并单位财物占为己有的行为如何定性
庄保金抢劫案［第59号］
——犯罪嫌疑人一经传唤即如实供认犯罪事实的可否认定为自首
郝景文、郝景龙盗窃案［第60号］
——利用计算机盗划银行资金再到储蓄所取款的行为如何定性
孟铁保等赌博、绑架、敲诈勒索、故意伤害、非法拘禁案［第74号］
——扣押、拘禁他人强索赌债的行为如何定罪处罚
魏荣香、王招贵、郑建德故意杀人、抢劫、脱逃、窝藏案［第76号］
——单人劫狱的行为如何定罪
王国清等抢劫、故意伤害、盗窃案［第86号］
——转化型抢劫罪的法律适用

——针对特定的被害人在公共交通工具上实施抢劫是否属于“在公共交通工具上抢劫”

闫新华故意杀人、盗窃案[第393号]

——对既具有法定从轻又具有法定从重处罚情节的被告人应当慎用死刑立即执行

韦国权盗窃案[第397号]

——暗自开走他人忘记锁闭的汽车的行为如何处理

魏建军抢劫、放火案[第401号]

——抢劫过程中致人重伤昏迷，又放火毁灭罪证致人窒息死亡的，是抢劫致人死亡还是故意杀人

范昌平抢劫、盗窃案[第402号]

——死刑缓期执行期间发现漏罪被判决后仍决定执行死刑缓期二年执行的是否需要重新核准

何荣华强奸、盗窃案[第411号]

——如何理解“如实供述司法机关还未掌握的本人其他罪行”

张泽容、屈自强盗窃案[第412号]

——盗窃定期存单从银行冒名取款的行为如何定性

孟动、何立康盗窃案[第420号]

——如何认定网络盗窃中电子证据效力和盗窃数额

张超群、张克银盗窃案[第427号]

——窃取他人挖掘机电脑主板后向被害人索取钱财的行为如何定罪处罚

粟君才等抢劫、非法持有枪支案[第436号]

——为抢劫而携带枪支，抢劫中未使用枪支的，不是持枪抢劫

周建龙盗窃案[第437号]

——向被害人投案的行为是否认定为自首

谷贵成抢劫案[第441号]

——如何把握转化抢劫犯罪既遂未遂的区分标准

焦军盗窃案[第442号]

——剥夺政治权利执行期间重新犯罪如何计算未执行完毕的剥夺政治权利的刑期

张舒娟敲诈勒索案[第443号]

——利用被害人年幼将其哄骗至外地继而敲诈其家属钱财的能否构成绑架罪

黄艺等诈骗案[第451号]

——设置圈套诱人参赌，以打假牌的方式“赢取”他人钱财的行为构成赌博罪还是诈骗罪

贺豫松职务侵占案[第452号]

——临时搬运工窃取铁路托运物资构成盗窃罪还是职务侵占罪

陈建伍盗窃案[第460号]

——盗窃邮政局金库中存放的邮政储汇款是否构成盗窃金融机构

王一辉、金珂、汤明职务侵占案[第461号]

——利用职务便利盗卖单位游戏“武器装备”的行为如何定罪处罚

韩维等抢劫案[第466号]

——非法进入他人共同租住的房屋抢劫是否属于“入户抢劫”

——拆迁户以举报开发商违法行为为手段索取巨额补偿款是否构成敲诈勒索罪
徐通等盗窃案[第515号]
——先前宣告的数个缓刑均符合撤销条件的，审判新罪的人民法院可以同时撤销缓刑
刘宏职务侵占案[第516号]
——用工合同到期后没有续签合同的情况下，原单位工作人员是否符合职务侵占罪的主体要件
孙家洪、濮剑鸣等绑架、抢劫、故意杀人案[第947号]
——在绑架案件中，能否仅依据行为人对被害人实施了人身控制行为就认定其具有“以勒索财物为目的”以及绑架罪中的“情节较轻”是否包括未遂情节
刘星抢劫案[第949号]
——在犯罪预备阶段单独停止犯罪，未积极阻止同案犯继续实施犯罪，也未有效防止共同犯罪结果发生的，能否成立犯罪中止
范裕榔等诈骗案[第951号]
——公司化运作的犯罪集团中各行为人刑事责任的区分
伍华诈骗案[第952号]
——受他人委托炒股，私自使用他人证件以委托人名义开立银行新账户，通过证券业务员将原账户股票卖出后将所得款转到新账户并取走的行为，如何定性
李某甲等寻衅滋事案[第1002号]
——未成年人多次强取其他未成年人少量财物的案件如何处理
罗灵伟、蒋鼎非法拘禁案[第1008号]
——无法查清被害人是否存在债务的情况下，如何认定行为人为索取债务而非法拘禁他人的行为性质
关盛艺盗窃案[第1012号]
——误将非债务人的财物作为债务人的财物加以盗窃的如何定性以及刑事审判中民事纠纷的基础事实严重影响到量刑的是否有必要审查确认
熊海涛盗窃案[第1013号]
——明知未达到刑事责任年龄的人正在盗卖他人或者自己家中财物，仍然上门帮助转移并予以收购的，如何定性
黄光故意杀人、诈骗案[第1044号]
——打电话报警但未承认自己实施犯罪行为的是否认定为自首以及如何审查判断经鉴定属于被害人真实签名的保证书等书证的真实性
花荣盗窃案[第1047号]
——入户盗窃既未遂形态如何认定以及盗窃过程中群众在户外监视是否意味着被害人未失去对财物的控制
葛玉友等诈骗案[第1048号]
——在买卖过程中，行为人采取秘密的欺骗手段，致使被害人对所处分财物的真实重量产生错误认识，并进而处分财物的行为如何定性
杨丽涛诈骗案[第1049号]
——侵入红十字会计算机信息系统，篡改网页内容发布虚假募捐消息骗取他人财物的行为，如何定罪处罚

陈景雷等合同诈骗案[第 1056 号]
——以适格农民名义低价购买农机出售而骗取国家农机购置补贴款的行为如何定性
习海珠抢劫案[第 1063 号]
——在拖欠被害人钱款情况下,以暴力、胁迫手段逼迫被害人书写收条的行为,应当如何定性? 属于犯罪既遂还是未遂?
王先杰诈骗案[第 1065 号]
——民事纠纷与公权力混合型诈骗案件中若干情节的认定
嵇世勇诈骗案[第 1083 号]
——对假冒国际标准集装箱偷逃高速公路通行费的行为应当如何定性
钟超等盗窃,高卫掩饰、隐瞒犯罪所得案[第 1090 号]
——如何适用掩饰、隐瞒犯罪所得罪的入罪数额标准
汤雨华、庄瑞军盗窃,朱端银掩饰、隐瞒犯罪所得案[第 1098 号]
——掩饰、隐瞒犯罪所得罪与上游犯罪的量刑平衡
孙善凯、刘军、朱康盗窃案[第 1100 号]
——事先承诺收购指定的特殊产品并在事后低价收购的行为如何定性
郭锐、黄立新盗窃,掩饰、隐瞒犯罪所得案[第 1108 号]
——与盗窃犯罪分子事前通谋的收赃行为如何定性
张万盗窃案[第 1128 号]
——盗窃罪中数额巨大与减半认定情形并存的如何适用法律
丁晓君诈骗案[第 1174 号]
——以借用为名取得信任后非法占有他人财物行为的定性
巫建福盗窃案[第 1175 号]
——利用入户盗窃所得车钥匙在户外窃取摩托车的行为,是否属于“入户盗窃”
黄静诈骗案[第 1176 号]
——司法实务中如何把握刑事和解制度的适用
何弦、汪顺太非法处置扣押的财产案[第 1177 号]
——盗取自己被公安机关扣押的车辆应如何定性
韦猛抢劫案[第 1180 号]
——进入无人居住的待租房屋实施抢劫,不属于“入户抢劫”
秦红抢劫案[第 1181 号]
——被允许入户后临时起意盗窃,被发现后当场使用暴力的,能否认定“入户抢劫”
张红军抢劫、盗窃案[第 1182 号]
——入户盗窃数额较少财物为抗拒抓捕当场使用暴力,能否认定“入户抢劫”
郭建良抢劫案[第 1183 号]
——“抢劫致人死亡”的司法认定
王志国、肖建美抢劫案[第 1184 号]
——“冒充军警人员抢劫”的认定
姚小林等抢劫案[第 1185 号]
——抢劫信用卡的犯罪数额认定
尹林军、任文军盗窃案[第 1186 号]
——盗窃后为抗拒抓捕实施暴力程度不明显的摆脱行为,能否认定为“转化型抢劫”

翟光强等抢劫案[第 1187 号]
——在他人实施盗窃为抗拒抓捕当场使用暴力的犯罪过程中加入其中的行为如何定性
李智豪抢劫案[第 1201 号]
——抢夺车辆后被对方 GPS 追踪、拦截而持枪威胁的,能否转化为抢劫罪
赵宏铃等盗窃案[第 1202 号]
——非法侵入景点检售票系统修改门票数据获取门票收益的行为如何定性
林在清等人诈骗案[第 1203 号]
——无明确的犯罪意思联络,但为诈骗犯罪分子提取赃款并获利,是否构成诈骗共犯
钢浓公司、武建钢骗取贷款、诈骗案[第 1208 号]
——使用虚假资料获取银行贷款的,如何认定行为人的非法占有目的
翟高生、杨永涛等盗窃、抢劫案[第 1214 号]
——共同预谋并实施盗窃后离开,对同伙的二次盗窃行为是否担责
张国群等盗窃案[第 1215 号]
——盗窃案中书法作品价格鉴定意见的审查
杨涛诈骗案[第 1218 号]
——单位职员虚构公司业务、骗取财物的如何定性
郭光伟、李涛抢劫案[第 1224 号]
——共同致一人死亡的案件中,如何认定罪责最严重的主犯
祝日峰、祝某强抢劫案[第 1226 号]
——多次抢劫预备能否认定为“多次抢劫”
王艳峰抢劫案[第 1246 号]
——犯信用卡诈骗罪,为抗拒抓捕而当场使用暴力的,可否转化为抢劫罪
李政等诈骗案[第 1247 号]
——以办理学历证书为名非法收取钱财的如何认定
黄民喜等寻衅滋事案[第 1248 号]
——使用轻微暴力帮他人抢回赌资的行为如何定性
金建伟故意杀人、抢夺、非法侵入住宅案[第 1255 号]
——从案发现场检出了第三人的 DNA,如何排除其他人参与作案的可能
白云江、谭蓓蓓故意杀人、抢劫、强奸案[第 1256 号]
——共同故意杀人犯罪中各被告人地位、作用的区分
高佑铭抢劫案[第 1261 号]
——根据被告人的供述、指认提取到了隐蔽性很强的物证,且与其他证据相互印证并排除串供、逼供、诱供等可能性的,可以认定有罪
吴剑、张加路、刘凯诈骗案[第 1264 号]
——“网络关键词”诈骗犯罪中签订合同行为对案件性质的影响
许赞良、汤焯杰盗窃案[第 1277 号]
——内外勾结获取电信公司内部免费宽带账户后转卖,构成何种罪名
沈超故意杀人、抢劫案[第 1300 号]
——前罪符合犯罪记录封存条件,在假释考验期限内犯新罪应如何处理
蒋伟伟抢劫案[第 1301 号]
——如何认定为劫取财物而预谋故意杀人的行为

郗菲菲、李超、蒋超超、林恺盗窃案[第1302号]
——“供犯罪所用的本人财物”的司法认定
潘平盗窃案[第1303号]
——取保候审期间脱逃又主动投案并如实供述罪行的,不能认定为自首
倪劲锋诈骗案[第1319号]
——利用疫情实施电信网络诈骗行为的认定和刑事政策把握
王郊诈骗案[第1320号]
——针对特定人通过电信网络联络实施的诈骗犯罪不属于电信网络诈骗犯罪
孙佳英、蒋志诈骗案[第1321号]
——涉疫情诈骗犯罪未遂的认定和量刑把握
应鑫迪诈骗案[第1322号]
——疫情防控时期利用疫情实施诈骗犯罪的,应从严惩处
蒲长才盗窃案[第1341号]
——如何确定非数额型盗窃罪的罚金刑数额
黄钰诈骗案[第1342号]
——如何区分诈骗罪与民事欺诈
朱伦军寻衅滋事案[第1345号]
——多次拦截儿童强行夺取较低经济价值物品的行为如何定性
陈寅岗等人非法拘禁、敲诈勒索、诈骗案[第1362号]
——如何认定与处理“套路贷”犯罪
张凤江等14人诈骗案[第1363号]
——“套路贷”中犯罪数额的认定及计算方法
江彬、余志灵、陈浩保险诈骗、诈骗案[第1365号]
——带领侦查人员抓捕同案犯,但并未当场捕获的,能否认定有立功表现
岳德分盗窃案[第1370号]
——无期徒刑减为有期徒刑后在执行期间发现漏罪,应当如何处理?
朱港春、李俊乐诈骗案[第1371号]
——“单方欺诈型”虚假诉讼行为应当如何定罪处罚和正确适用从旧兼从轻原则
阚莹诈骗案[第1373号]
——诈骗数额的计算与扣除

【高法公报案例】

朱波伟、雷秀平抢劫案
魏培明等人抢劫案
杨保营等人抢劫、绑架、寻衅滋事案
杨志成盗窃案
朱建勇故意毁坏财物案
余刚等四人盗窃案
姚国建等诈骗、伪造国家机关印章案
唐志华等人贪污、职务侵占、企业人员受贿案
尤湖塔园有限责任公司等非法吸收公众存款、惠庆祥挪用资金案

刘国平挪用资金案
孟动、何立康网络盗窃案
韩某某盗窃案

破坏社会主义市场经济秩序罪

【指导案例】

(一)生产、销售伪劣商品罪

王洪成生产、销售伪劣产品案[第8号]

——对于生产、销售不具有生产者、销售者所许诺的使用性能的新产品的行为如何适用法律

刘泽均、王远凯等生产、销售不符合安全标准的产品案[第47号]

——不符合安全标准的产品如何具体界定

林烈群、何华平等销售有害食品案[第94号]

——以工业用猪油冒充食用猪油予以销售致人死亡的行为如何定性

李云平销售伪劣种子案[第109号]

——生产、销售伪劣种子犯罪的法律适用

熊漓斌等生产、销售假药案[第115号]

——生产、销售假药进行诈骗的行为如何定性

陈建明等销售伪劣产品案[第118号]

——销售假冒他人注册商标的产品行为如何定性

韩俊杰、付安生、韩军生生产伪劣产品案[第143号]

——为他人加工伪劣产品的行为如何定罪处罚

胡廷蛟、唐洪文等生产、销售伪劣产品案[第144号]

——如何认定非法经营专营、专卖物品扰乱市场秩序"情节严重"

鞠春香、张志明等生产、销售伪劣产品案[第165号]

——生产、销售假药行为的定罪量刑

俞亚春生产、销售有毒、有害食品案[第166号]

——销售以"瘦肉精"饲养的肉猪致多人中毒的行为如何定罪处罚

王桂平以危险方法危害公共安全、销售伪劣产品、虚报注册资本案[第503号]

——向药品生产企业销售假冒的药品辅料的行为如何定性

王岳超等生产、销售有毒、有害食品案[第715号]

——生产、销售有毒、有害食品罪与相关罪名的辨析及办理生产、销售有毒、有害食品犯罪案件时对行为人主观"明知"的认定

张联新、郑荷芹生产、销售有毒、有害食品,李阿明、何金友生产有毒、有害食品,王一超等销售有毒、有害食品案[第1004号]

——"新型地沟油"的司法认定与法律适用

杨智勇销售假药案[第1074号]

——联系制作假药销售网站的行为是否构成生产、销售假药罪的共犯

田井伟、谭亚琼生产、销售不符合安全标准的食品案[第1205号]

——在生产、销售的食品中超限量加入食品添加剂并造成严重后果的行为如何定性

福喜公司生产、销售伪劣产品案
方永胜销售伪劣产品案[第1315号]
——利用疫情销售“三无”口罩的罪名适用和“伪劣产品”标准的认定
王丽莉、陈鹏销售伪劣产品案[第1316号]
——疫情防控期间以“三无”产品冒充“KN95”口罩进行销售行为的认定
邓文均、符纯宣生产、销售有毒、有害食品案[第1335号]
——在食品加工中使用“口水油”并销售的,应认定为生产、销售有毒、有害食品罪
(二)走私罪
北京太子纺织工业有限公司、姚志俊等走私普通货物案[第1号]
——单位走私犯罪在法律文书中如何表述
林春华等走私普通货物案[第18号]
——以公司名义进行走私,违法所得归个人所有的,是个人犯罪
陈德福走私普通货物案[第151号]
——犯罪单位的自首如何认定
宋世璋被控走私普通货物案[第267号]
——在代理转口贸易中未如实报关的行为不构成走私罪
上海华源伊龙实业发展公司等走私普通货物案[第268号]
——擅自将“进料加工”的保税货物在境内销售牟利行为的定性
王红梅、王宏斌、陈一平走私普通货物、虚开增值税专用发票案[第336号]
——以单位名义实施走私犯罪,现有证据只能证实少量违法所得用于单位的经营活动,绝大部分违法所得的去向无法查清的,是单位犯罪还是个人犯罪
蓑口义则走私文物案[第416号]
——走私古脊椎动物、古人类化石的行为应以走私文物罪定罪处罚,走私古脊椎动物、古人类化石以外的其他古生物化石的行为不能以走私文物罪定罪处罚
林永杰、卢志强走私普通货物案[第423号]
——走私仿真枪犯罪案件中的有关鉴定和计税依据问题
张俊等走私普通货物案[第455号]
——单位责任人员在实施单位犯罪的同时,其个人又犯与单位犯罪相同之罪的,应数罪并罚
岑张耀等走私珍贵动物、马忠明非法收购珍贵野生动物、赵应明等非法运输珍贵野生动物案[第616号]
——具有走私的故意,但对走私的具体对象认识不明确如何定罪处罚
朱丽清走私国家禁止出口的物品案[第744号]
——走私年代久远且与人类活动无关的古脊椎动物化石的行为如何定性
程瑞洁等走私废物案[第773号]
——走私的废物中混有普通货物的,如何定罪处罚
应志敏、陆毅走私废物、走私普通货物案[第840号]
——在走私犯罪案件中,如何认定行为人对夹藏物品是否具有走私的故意以及对走私对象中夹藏的物品确实不明知的,是否适用相关规范性文件中根据实际走私对象定罪处罚的规定
广州顺亨汽车配件贸易有限公司等走私普通货物案[第873号]

——在刑事案件中如何审查电子数据的证据资格以及如何认定走私共同犯罪中主、从犯
戴永光走私弹药、非法持有枪支案[第940号]
——走私气枪铅弹构成犯罪,量刑标准是否应当有别于一般的走私非军用子弹
巴拉姆·马利克·阿吉达利、木尔塔扎·拉克走私毒品案[第954号]
——走私毒品案件中被告人主观明知的认定
王挺等走私武器、弹药,非法买卖枪支、弹药,非法持有枪支、弹药案[第1075号]
——因个人爱好,以收藏为目的购买枪支、弹药的行为如何定性
舟山市某远洋渔业有限公司、李某某走私普通货物案[第1119号]
——冒用远洋渔业项目确认的船舶名义,将自捕水产品作为不征税货物报关入境的行为如何定性
吕丽玲走私普通物品案[第1199号]
——携带贵金属纪念币入境的行为如何定性
湛江特大走私系列案
黄山鹰、庄铭田等走私普通货物案
赖昌星犯罪集团走私普通货物、行贿案
张子强等非法买卖、运输爆炸物,抢劫,绑架,走私武器、弹药,非法买卖、运输枪支、弹药,私藏枪支、弹药,窝赃案
(三)妨害对公司、企业的管理秩序罪
管桦虚报注册资本案[第70号]
——虚报注册资本构成犯罪的标准如何掌握
周云华虚报注册资本案[第102号]
——检察机关以自然人犯罪起诉的单位犯罪案件应如何正确处理
薛玉泉虚报注册资本案[第130号]
——开具假银行进账单虚报注册资本的行为如何定性
杨文康非法经营同类营业案[第187号]
——非法经营同类营业罪与为亲友非法牟利罪之区分
沈卫国等挪用资金、妨害清算案[第269号]
——妨害清算罪的具体认定
高原、梁汉钊信用证诈骗,签订、履行合同失职被骗案[第270号]
——如何理解签订、履行合同失职被骗罪的客观条件
董博等提供虚假财会报告案[第285号]
——提供虚假财会报告罪中直接责任人员的认定
杨志华企业人员受贿案[第320号]
——筹建中的企业工作人员利用职务便利为他人谋取利益非法收受、索取财物的能否以企业人员受贿罪定罪处罚
宋涛非国家工作人员受贿案[第959号]
——如何认定国有控股企业中一般中层管理干部的国家工作人员身份
高世银非国家工作人员受贿案[第960号]
——村民委员会主任在村自行修建道路中收受他人贿赂的,如何定性
王海洋非国家工作人员受贿、挪用资金案[第1055号]

——如何认定国家出资企业中工作人员的主体身份
张建军、刘祥伟对非国家工作人员行贿案[第1136号]
——在国有建设用地使用权挂牌出让过程中串通竞买的行为应如何定性
林垦、金敏隐匿会计凭证、会计账簿、财务会计报告，非法持有枪支、弹药案[第1206号]
——未实施对抗监管部门监督检查的“隐匿”行为是否构成隐匿会计凭证、会计账簿、财务会计报告罪
朱思亮非国家工作人员受贿案[第1233号]
——如何认定“受委派从事公务”
尹乐、李文颐非国家工作人员受贿案[第1266号]
——被告人在缓刑考验期内与行贿人达成贿赂合意，在缓刑执行期满后收取财物的，能否认定“在缓刑考验期内犯新罪”
(四)破坏金融管理秩序罪
杨吉茂伪造货币案[第23号]
——伪造美元的行为应如何适用法律
赵喆操纵证券交易价格案[第48号]
——非法侵入计算机信息系统抬高股票价格获利的行为如何处理
高远非法吸收公众存款案[第56号]
——利用经济互助会非法集资的行为如何定性
王昌和变造金融票证案[第71号]
——涂改、变造存折后再进行金融凭证诈骗的行为如何定性
张顺发持有、使用假币案[第188号]
——购买并使用假币行为应以购买假币罪从重处罚
汪照洗钱案[第286号]
——洗钱罪主观明知要件的理解与认定
张炯、李培骏妨害信用卡管理案[第386号]
——刑法修正案(五)第一条的适用
潘儒民、祝素贞、李大明、龚媛洗钱案[第471号]
——上游犯罪行为人尚未定罪判刑的如何认定洗钱罪
姚凯高利转贷案[第487号]
——套取银行的承兑汇票是否属于套取银行信贷资金
惠庆祥等非法吸收公众存款案[第488号]
——如何认定非法变相吸收公众存款
李旭利利用未公开信息交易案[第941号]
——利用未公开信息交易罪司法认定中的证据和法律问题
江树昌骗取贷款案[第962号]
——骗取小额贷款公司贷款的行为是否构成骗取贷款罪
陈恒国骗取贷款案[第963号]
——如何认定骗取贷款案件中行为人是否具有非法占有目的
杨治山内幕交易案[第1019号]
——如何理解内幕交易犯罪案件中的“自动投案”和“如实供述主要罪行”
姜某掩饰、隐瞒犯罪所得案[第1103号]

——如何区分掩饰、隐瞒犯罪所得罪与洗钱罪
毛肖东等非法吸收公众存款案［第 1188 号］
——非法吸收公众存款罪从轻处罚的适用
李毅挪用资金案［第 1189 号］
——挪用资金超过三个月未还的时间节点如何确定
钢浓公司、武建钢骗取贷款、诈骗案［第 1208 号］
——使用虚假资料获取银行贷款的，如何认定行为人的非法占有目的
汪建中操纵证券市场案
罗高峰、陈玉兴、王向东泄露内幕信息、内幕交易案
马乐利用非公开信息交易案
（五）金融诈骗罪
曹娅莎金融凭证诈骗案［第 4 号］
——使用变造的金融凭证进行诈骗的行为如何适用法律
朱成芳等金融凭证诈骗、贷款诈骗案［第 33 号］
——使用伪造的银行存单作抵押诈骗银行贷款的行为如何定性
河南省三星实业公司集资诈骗案［第 72 号］
——犯罪后单位被注销如何追究相关人员的刑事责任
郭建升被控贷款诈骗案［第 88 号］
——贷款诈骗罪中的“以非法占有为目的”应如何把握
吴晓丽贷款诈骗案［第 95 号］
——如何区分贷款诈骗罪和贷款纠纷
季某票据诈骗、合同诈骗案［第 96 号］
——骗取货物后以空头支票付款的行为如何定罪
陈玉泉、邹臻荣贷款诈骗案［第 103 号］
——对于 1997 年刑法施行前单位实施的贷款诈骗行为应如何处理
姚建林票据诈骗案［第 145 号］
——票据诈骗罪是否属于以非法占有为目的的犯罪
袁鹰、欧阳湘、李巍集资诈骗案［第 167 号］
——非法传销过程中携传销款潜逃的行为如何处理
刘岗、王小军、庄志德金融凭证诈骗案［第 168 号］
——犯罪故意内容不一致的能否构成共同犯罪
周大伟票据诈骗（未遂）案［第 277 号］
——盗取空白现金支票伪造后使用的应如何定性
曾劲青、黄剑新保险诈骗、故意伤害案［第 296 号］
——保险诈骗罪主体、犯罪形态的认定
马汝方等贷款诈骗、违法发放贷款、挪用资金案［第 305 号］
——单位与自然人共同实施贷款诈骗行为的罪名适用
张福顺贷款诈骗案［第 306 号］
——贷款诈骗罪与贷款民事欺诈行为的区分
李兰香票据诈骗案［第 307 号］
——利用保管他公司工商登记、经营证章的便利条件，以他公司名义申领、签发支票

并非法占有他公司财物行为的定性
王世清票据诈骗、刘耀挪用资金案[第 387 号]
——勾结银行工作人员使用已贴现的真实票据质押贷款的行为如何处理
张北海等人贷款诈骗、金融凭证诈骗案[第 424 号]
——伪造企业网上银行转账授权书骗取资金的行为如何定罪处罚
李路军金融凭证诈骗案[第 425 号]
——金融机构工作人员利用工作之便，以换折方式支取储户资金的行为构成盗窃罪还是金融凭证诈骗罪
田成志集资诈骗案[第 464 号]
——亲属提供线索抓获犯罪嫌疑人的能否认定自首
张国涛信用卡诈骗案[第 472 号]
——如何认定信用卡诈骗罪中的信用卡范围
徐开雷保险诈骗案[第 479 号]
——被保险车辆的实际所有人利用挂靠单位的名义实施保险诈骗行为的，构成保险诈骗罪
袁某某信用卡诈骗，张某某掩饰、隐瞒犯罪所得案[第 1095 号]
——“亲亲相隐”情形如何量刑及掩饰、隐瞒犯罪所得、犯罪所得收益罪罪名的适用
梁保权、梁博艺信用卡诈骗案[第 1120 号]
——透支信用卡用于经营活动导致无法归还的是否构成信用卡诈骗罪
王艳峰抢劫案[第 1246 号]
——犯信用卡诈骗罪，为抗拒抓捕而当场使用暴力的，可否转化为抢劫罪
安徽钰诚控股集团、钰诚国际控股集团有限公司和丁宁、丁甸等集资诈骗、非法吸收公众存款、走私贵重金属、非法持有枪支、偷越国境案
——“e 租宝”非法集资案
江彬、余志灵、陈浩保险诈骗、诈骗案[第 1365 号]
——带领侦查人员抓捕同案犯，但并未当场捕获的，能否认定有立功表现
(六)危害税收征管罪
张贞练虚开增值税专用发票案[第 89 号]
——单位犯罪与自然人犯罪的区别如何界定
芦才兴虚开抵扣税款发票案[第 110 号]
虚开可以用于抵扣税款的发票冲减营业额偷逃税款的行为如何定性
何涛虚开增值税专用发票案[第 119 号]
——虚开增值税专用发票给国家造成的经济损失如何计算
吴彩森、郭家春等虚开增值税专用发票案[第 231 号]
——税务机关利用代管监开的增值税专用发票“高开低征”的行为如何定罪处罚
普宁市流沙经济发展公司等单位虚开增值税专用发票案[第 232 号]
——单位共同虚开增值税专用发票如何定罪处罚
北京匡达制药厂偷税案[第 251 号]
——如何认定单位犯罪直接负责的主管人员
曾珠玉等伪造增值税专用发票案[第 252 号]
——购买伪造的增值税专用发票又出售的行为如何定罪处罚

中国包装进出口陕西公司、侯万万骗取出口退税案[第 287 号]
——"明知他人意欲骗取出口退税款"的司法认定
杨康林、曹培强等骗取出口退税案[第 329 号]
——如何认定明知他人具有骗取国家出口退税款的主观故意
邓冬蓉非法出售增值税专用发票案[第 337 号]
——非法出售增值税专用发票份数和票面额分别达到不同的量刑档次的如何量刑
樟树市大京九加油城、黄春发等偷税案[第 447 号]
——行为人购进货物时应当取得增值税专用发票而未索要,销售货物后没有按照增值税征管规定纳税,从而偷逃应纳税款的,在计算偷税数额时,应当减除按照增值税征管规定可以申报抵扣的税额
王小禹、鞠井田虚开增值税专用发票案[第 1209 号]
——介绍他人开具、让他人为自己开具无真实货物购销的增值税专用发票的行为如何定罪量刑
苏州市安派精密电子有限公司、庞美兴、罗正华虚开增值税专用发票案[第 1284 号]
——如何认定单位犯罪中直接负责的主管人员,以及开票单位未到案时能否认定受票单位构成犯罪
(七)侵犯知识产权罪
戴恩辉销售假冒注册商标的商品案[第 57 号]
——销售假冒注册商标的商品罪的认定标准
朱某、卢某假冒注册商标案[第 65 号]
——对符合法定条件的被告人适用缓刑不能成为再审的理由
姚伟林、刘宗培、庄晓华非法制造注册商标标识案[第 66 号]
——举报同案犯并如实交代自己参与共同犯罪事实的应否认定为自首
昌达公司侵犯商业秘密案[第 67 号]
——侵犯商业秘密犯罪行为所造成的经济损失数额如何认定
王化新、唐文涛非法制造注册商标标识案[第 111 号]
——如何认定非法制造注册商标标识罪
王安涛侵犯著作权案[第 120 号]
——未经许可将非法获得的计算机软件修改后出售牟利的行为如何定性
朱某销售假冒注册商标的商品案[第 131 号]
——假冒注册商标的商品尚未销售就被查获的能否以销售假冒注册商标的商品罪追究刑事责任
舒亚眉、陈宝华侵犯著作权案[第 146 号]
——侵犯著作权罪如何认定
项军、孙晓斌侵犯商业秘密案[第 233 号]
——非法披露计算机软件源代码的行为是否属于侵犯商业秘密
孟祥国、李桂英、金利杰侵犯著作权案[第 253 号]
——普通法条与特别法条竞合的法律适用原则
谭慧渊、蒋菊香侵犯著作权案[第 417 号]
——对于司法解释是否需要适用从旧兼从轻原则
杨永胜销售假冒注册商标的商品案[第 456 号]

——销售假冒注册商标的商品未遂的是否作为犯罪处理
余刚等侵犯著作权案[第942号]
——复制部分实质性相同的计算机程序文件并加入自行编写的脚本文件形成新的外挂程序后运用的行为是否属于刑法意义上的“复制发行”以及仅销售“复制”侵权软件衍生的游戏金币的,如何认定犯罪数额
伊特克斯公司、郭书周等侵犯商业秘密案[第1005号]
——如何理解和把握侵犯商业秘密刑事案件中“重大损失”的计算依据、方法及对象
白升余销售假冒注册商标的商品案[第1317号]
——防疫期间销售冒牌口罩的行为认定问题
(八)扰乱市场秩序罪
刘振杰等非法经营案[第2号]
——倒卖骗购的外汇额度行为如何定罪
朱奕骥投机倒把案[第3号]
——承包经理虚开增值税专用发票是否构成单位犯罪
王建军等非法经营案[第34号]
——骗购国家外汇的犯罪行为如何适用法律
王作武非法经营案[第73号]
——印刷、发行宣扬邪教内容的出版物如何适用法律
王宗达损害商业信誉、商品声誉案[第85号]
——损害商业信誉、商品声誉罪中的“重大损失”如何认定
俞辉合同诈骗案[第169号]
——刑法修订后审理的实施于刑法修订前的单位贷款诈骗案件如何处理
赵志刚伪造有价票证案[第170号]
——伪造洗澡票的行为如何定性
程庆合同诈骗案[第211号]
——通过欺骗手段兼并企业后恶意处分企业财产的行为如何定性
董佳、岑炯等伪造有价票证、职务侵占案[第213号]
——以假充真侵占门票收入款行为的定性
李柏庭非法经营案[第234号]
——如何区分有奖销售与以变相传销方式实施的非法经营罪
黄志奋合同诈骗案[第271号]
——如何认定诈骗犯罪中的非法占有目的
宋东亮、陈二永强迫交易、故意伤害案[第278号]
——在共同强迫交易过程中,一人突发持刀重伤他人,对其他参与共同强迫交易的被告人应如何定罪处罚
宋德明合同诈骗案[第308号]
——如何理解合同诈骗罪中的“合同”
高国华非法经营案[第330号]
——非法从事外汇按金交易的行为如何处理
秦文虚报注册资本、合同诈骗案[第352号]
——骗取他人担保申请贷款的是贷款诈骗还是合同诈骗

郭金元、肖东梅非法经营案[第378号]
——被行政处罚过的非法经营数额应否计入犯罪数额
刘建场、李向华倒卖车票案[第379号]
——以出售牟利为目的购买大量车票尚未售出的行为如何处理
王贺军合同诈骗案[第403号]
——以签订虚假的工程施工合同为诱饵骗取钱财的行为是诈骗罪还是合同诈骗罪
王珂伪造、倒卖伪造的有价票证，蔡明喜倒卖伪造的有价票证案[第426号]
——刑法第二百二十七条中的"其他有价票证"如何认定
古展群等非法经营案[第448号]
——如何认定非法买卖、运输盐酸氯胺酮注射液行为的性质
宗爽合同诈骗案[第457号]
——以签订出国"聘请顾问协议书"为名骗取他人钱财的行为如何定性
谈文明等非法经营案[第473号]
——擅自制作网络游戏外挂出售牟利构成犯罪的应当如何适用法律
陈宗纬、王文泽、郑淳中非法经营案[第489号]
——超越经营范围向社会公众代理转让非上市股份有限公司的股权是否构成犯罪
王立强合同诈骗案[第961号]
——如何准确对一房二卖的行为进行刑民界分
王新明合同诈骗案[第1020号]
——在数额犯中，行为既遂部分与未遂部分并存且分别构成犯罪的，如何准确量刑
钟小云非法经营案[第1021号]
——未经许可经营现货黄金延期交收业务的行为如何定性
翁士喜非法经营案[第1042号]
——未经许可在城区违法搭建商铺并以招商为名收取租金的行为如何定性
王丹、沈玮婷非法经营、虚报注册资本案[第1043号]
——不具备证券从业资格的公司与具备资格的公司合作开展证券咨询业务，是否构成非法经营罪
陈景雷等合同诈骗案[第1056号]
——以适格农民名义低价购买农机出售而骗取国家农机购置补贴款的行为如何定性
吴名强、黄桂荣等非法经营案[第1057号]
——非法生产、经营国家管制的第二类精神药品盐酸曲马多，应如何定性
朱某某合同诈骗案[第1076号]
——如何把握合同诈骗案件的具体证明标准
李彦生、胡文龙非法经营案[第1077号]
——如何认定刑法中的"国家规定"，经营有偿讨债业务宜否认定为刑法第二百二十五条第四项规定的"其他严重扰乱市场秩序的非法经营行为"
欧敏、关树锦非法从事长途大巴客运经营案[第1121号]
——未取得道路运输经营许可擅自从事长途大巴客运经营的行为如何定性
喻江、李强非法从事出租汽车经营活动案[第1122号]
——未取得道路运输经营许可集合社会车辆对不特定的旅客招揽生意、拉客，从事出租汽车经营的行为如何定性

朱海林、周汝胜、谢从军非法经营案［第 1210 号］
——未经许可生产摩托车以及以燃油助力车名义销售摩托车的行为如何定性
马智中、王现平非法经营案［第 1211 号］
——非法出版物未经装订以及无法查明定价或者销售价格的情况下，如何认定册数和经营数额
王海旺非法经营案［第 1237 号］
——特殊情况下减轻处罚的理解与适用
徐波等人非法经营案［第 1238 号］
——未经许可经营原油期货业务，并向客户提供反向提示操作的行为如何定性
黄正田、许敬杰等串通投标案［第 1251 号］
——串通拍卖与串通投标是不同的法律概念，不宜将串通拍卖行为以串通投标罪论处
王志芳非法转让土地使用权案［第 1252 号］
——农民转让自有宅基地的行为是否构成非法转让土地使用权罪
曾海涵非法经营案［第 1253 号］
——开采、加工、销售稀土矿产品的行为是否构成非法经营罪的认定和把握
王力军非法经营案
董如彬、侯鹏非法经营、寻衅滋事案
于学伟等非法储存危险物质、非法经营、危险物品肇事、单位行贿案
——天津港“8·12”特大火灾爆炸事故案
吴小军非法经营同类营业、对非国家工作人员行贿案［第 1298 号］
——非法经营同类营业罪的主体范围及对“同类营业”的准确理解
高淑华、孙里海合同诈骗案［第 1299 号］
——签订合同并收取对方的保证金后挪作他用是否可以认定具有非法占有目的
上海万晖特工贸有限公司、谢世全非法经营案［第 1318 号］
——疫情防控期间“哄抬物价”行为的认定及入罪标准
易某某非法经营案［第 1336 号］
——非法经营烟花爆竹制品行为的定性
周长兵非法经营宣告无罪案［第 1337 号］
——未经许可经营保安服务业的行为是否构成非法经营罪以及如何把握“不以单位犯罪论处”的情形

【高法公报案例】

王桂平以危险方法危害公共安全、销售伪劣产品、虚报注册资本案
尤湖塔园有限责任公司等非法吸收公众存款、惠庆祥挪用资金案
江山市造纸厂、杨云法销毁会计资料案
上海华亚公司和丁福根等操纵证券交易价格案
胡祥祯诈骗案
裴国良侵犯商业秘密案
周德隆等人侵犯商业秘密案
刘必仲合同诈骗案
吴联大合同诈骗案

董志超、谢文浩破坏生产经营案

侵犯公民人身权利、民主权利罪

【指导案例】

王征宇故意杀人案[第9号]
——驾车致人死亡的行为如何定罪
方伍峰重婚案[第10号]
——“事实婚姻”能否成为重婚罪的构成要件
王勇故意杀人案[第19号]
——被害人有严重过错的杀人案件应如何处理
白俊峰强奸案[第20号]
——丈夫强奸妻子的行为应如何定罪
于景森故意伤害案[第26号]
——刑事附带民事诉讼案件的范围、当事人以及民事赔偿的范围、数额应如何确定
宋有福、许朝相故意杀人案[第35号]
——农村邻里纠纷引发的故意不明确的侵犯人身权利案件应如何定性
罗登祥抢劫、故意杀人、脱逃(未遂)案[第36号]
——对在抢劫过程中杀人(致人死亡)的案件如何定罪处刑
胡斌、张筠筠等故意杀人、运输毒品(未遂)案[第37号]
——误认尸块为毒品而予以运输的行为应如何定罪处刑
叶永朝故意杀人案[第40号]
——刑法第二十条第三款规定的正当防卫权应如何理解与适用
张栓厚故意杀人案[第41号]
——犯罪后由亲属送司法机关归案并在一审宣判前如实供述罪行的应认定为自首
张杰故意杀人案[第42号]
——被告人投案后未如实供述罪行但有抢救被害人情节的应如何处理
刘加奎故意杀人案[第43号]
——因民间矛盾激化引发且被害人有一定过错的案件如何适用死刑
李典故意杀人案[第49号]
——限制责任能力的精神病人杀人如何处罚
杨政锋故意杀人案[第50号]
——驾车故意挤占车道致使追赶车辆车毁人亡的行为如何定性
王卫明强奸案[第51号]
——丈夫可否成为强奸罪的主体
阎留普、黄芬故意杀人案[第58号]
——被告人同时具备多种法定从轻、减轻、免除处罚情节和其他酌定情节的如何具体量刑
孟铁保等赌博、绑架、敲诈勒索、故意伤害、非法拘禁案[第74号]
——扣押、拘禁他人强索赌债的行为如何定罪处罚
魏荣香、王招贵、郑建德故意杀人、抢劫、脱逃、窝藏案[第76号]

熊志华绑架案[第155号]
——如何准确区分敲诈勒索罪与抢劫罪、绑架罪的界限
章浩等绑架案[第156号]
——基于索债目的帮助他人实施绑架行为的应如何定罪
颜通市等绑架案[第157号]
——给付定金方违约后为索回定金而非法扣押对方当事人子女的行为如何定罪
周建忠暴力取证案[第158号]
——暴力迫使证人在询问笔录上签名摁手印并致人轻伤的行为如何定性
李春林故意杀人案[第171号]
——为逃避债务故意杀人后又拿走被害人财物的行为如何定性
刘某诉江某故意伤害案[第172号]
——自诉案件中的自首情节如何认定
胡从方拐骗儿童案[第173号]
——如何区分拐骗儿童罪和拐卖儿童罪
王逸故意伤害案[第177号]
——多份鉴定结论互相矛盾的应如何审查采信
谢茂强等强奸、奸淫幼女案[第178号]
——行为人既实施了强奸妇女的行为又实施了奸淫幼女的行为应如何定罪
周彩萍等非法拘禁案[第179号]
——将被捉奸的妇女赤裸捆绑示众的行为如何定罪处罚
田磊等绑架案[第180号]
——为索取债务劫持他人并致人死亡的行为如何定性
辜正平非法拘禁案[第181号]
——为逼人还贷款非法关押借款人以外的第三人的行为应如何定性
程乃伟绑架案[第182号]
——特殊情况下减轻处罚的适用
吴德桥绑架案[第183号]
——在绑架中对被绑架人实施伤害致人重伤的应如何定罪量刑
王志峰、王志生故意杀人、保险诈骗案[第198号]
——为骗取保险金而抢劫、杀人的应如何定罪
黄土保等故意伤害案[第199号]
——如何认定教唆犯的犯罪中止
吴学友故意伤害案[第200号]
——被雇佣人实施的行为未达到犯罪的程度又超出授意的范围,对雇佣人应如何定罪处罚
穆志祥被控过失致人死亡案[第201号]
——致人死亡无罪过,违法行为与危害结果之间没有因果关系的不构成犯罪
丁立军强奸、抢劫、盗窃案[第202号]
——在假释考验期间直至期满后连续实施犯罪是否应撤销假释并构成累犯
姜方平非法持有枪支、故意伤害案[第221号]
——被告人对事实性质的辩解不影响如实供述的成立

王立刚等故意伤害案[第507号]
——如何区分故意伤害罪与寻衅滋事罪、聚众斗殴罪
张俊杰故意杀人案[第511号]
——同事间纠纷引发的杀人案件应慎用死刑
杨飞故意杀人案[第512号]
——对于被告人拒不认罪且无目击证人的案件,如何运用间接证据定案
程文岗等故意伤害案[第513号]
——共同犯罪案件中附带民事诉讼原告人与部分被告人达成调解协议的如何处理
陆振泉强奸案[第514号]
——如何认定强奸致被害人重伤、死亡或者造成其他严重后果
冯维达、周峰故意杀人案[第943号]
——行为人对其主观心态的辩解是否影响自首的成立
张芳元故意杀人案[第944号]
——如何区分“形迹可疑人”与“犯罪嫌疑人”
林捷波故意伤害案[第945号]
——被害人在追诉期限内提出控告,公安机关应当立案而未立案的案件,是否受追诉时效的限制
李振国强奸案[第946号]
——采取足以致人伤亡的暴力手段实施强奸,并最终导致被害人死亡的,是以强奸罪一罪论处还是以强奸罪、故意杀人罪数罪并罚
孙家洪、濮剑鸣等绑架、抢劫、故意杀人案[第947号]
——在绑架案件中,能否仅依据行为人对被害人实施了人身控制行为就认定其具有“以勒索财物为目的”以及绑架罪中的“情节较轻”是否包括未遂情节
郭春故意杀人案[第964号]
——如何认定故意杀人未遂情形下行为人的主观心态
孟令廷故意杀人、故意伤害案[第965号]
——在被采取强制措施期间,向司法机关主动如实供述本人真实身份及所犯不同种余罪的,对余罪能否认定为自首
秦志晖诽谤、寻衅滋事案[第966号]
——利用信息网络实施诽谤、寻衅滋事犯罪的司法认定
法兰克·巴沙勒·米伦等重婚案[第967号]
——外籍被告人与外籍配偶在境外结婚后,在我国境内与他人以夫妻名义同居的,是否构成重婚罪
何某强奸案[第978号]
——奸淫幼女案件中如何判断行为人“应当知道”被害人系幼女
卓智成等强奸案[第979号]
——行为人明知他人系采取暴力、胁迫手段迫使被害人表面“同意”与其发生性关系的,如何定性,以及指使他人物色幼女供其奸淫后给付金钱财物的行为如何定性
谈朝贵强奸案[第980号]
——如何界定“共同家庭生活关系”以及与幼女有共同家庭生活关系的人多次奸淫幼女致其怀孕,是否属于奸淫幼女“情节恶劣”

【高法公报案例】

李彬、袁南京等绑架案

陈祥国绑架案

黄新故意杀人案

高知先、乔永杰过失致人死亡案

吴金艳故意伤害案

李建贵故意伤害案

黄永柱非法拘禁案

妨害社会管理秩序罪

【指导案例】

(一)扰乱公共秩序罪

陈先贵聚众扰乱社会秩序案[第 61 号]

——我国公民在我国领域外犯罪如何适用我国法律追究刑事责任

吕薛文破坏计算机信息系统案[第 68 号]

——如何认定破坏计算机信息系统罪

孟铁保等赌博、绑架、敲诈勒索、故意伤害、非法拘禁案[第 74 号]

——扣押、拘禁他人强索赌债的行为如何定罪处罚

王一民、石香娥伪造国家机关证件案[第 107 号]

——对 1997 年刑法施行前伪造医院证明的行为应如何适用法律

张畏组织、领导黑社会性质组织、故意伤害、贷款诈骗、虚开增值税专用发票、非法经营、故意毁坏财物、非法拘禁案[第 142 号]

——“黑社会性质的组织”的特征应如何把握

容乃胜等组织、领导、参加黑社会性质组织案[第 149 号]

——如何认定黑社会性质组织犯罪案件中的“保护伞”问题

李志远招摇撞骗、诈骗案[第 162 号]

——冒充国家机关工作人员骗取财物的同时又骗取其他非法利益的如何定罪处罚

江世田等妨害公务案[第 205 号]

——聚众以暴力手段抢回被依法查扣的制假设备应如何定罪

杨国栋投放虚假危险物质案[第 206 号]

——在公共场所用锥子扎人造成恐怖气氛的能否构成投放虚假危险物质罪

金建平编造虚假恐怖信息案[第 207 号]

——编造虚假恐怖信息罪的法律适用

梁其珍招摇撞骗案[第 264 号]

——法条竞合及其法律适用原则,招摇撞骗罪与诈骗罪的区分

朱荣根、朱梅华等妨害公务案[第 302 号]

——以暴力、威胁方法妨害或者抗拒人民法院执行判决、裁定的应如何定罪

倪以刚等聚众斗殴案[第 350 号]

——如何把握聚众斗殴罪的犯罪构成及转化要件

——如何正确把握非法行医罪的主体要件
周某某非法行医案[第316号]
——患者自愿求医的,能否阻却非法行医罪的成立
贺淑华非法行医案[第421号]
——产妇在分娩过程中因并发症死亡,非法行医人对其死亡应当承担刑事责任
孟广超医疗事故案[第429号]
——具有执业资格的医生根据民间验方、偏方制成药物诊疗,造成就诊人死亡的行为如何定性
陈菊玲非法进行节育手术案[第1191号]
——判决宣告前犯有同种数罪但被分案起诉,后罪判决时能否与前罪并罚
梁娟医疗事故案[第1288号]
——医务人员在医院安排下的违规医疗行为应当如何定性
黎善文传染病防治失职案[第1332号]
——多种因素造成传染病传播或者流行时,对从事传染病防治的政府卫生行政部门工作人员失职行为,如何定罪量刑
侯春英非法行医案[第1382号]
——未取得医生执业资格的人在诊所负责人默许下长期独立从事医疗活动的行为定性
(六)破坏环境资源保护罪
吴自柱、王启、姜翠兰重大环境污染事故案[第99号]
——重大环境污染事故罪的定罪量刑标准如何掌握
严叶成、周建伟等非法收购、运输、出售珍贵、濒危野生动物,珍贵、濒危野生动物制品案[第215号]
——珍贵、濒危野生动物制品的核定价值高于实际交易价格的如何认定珍贵、濒危野生动物制品的价值
廖渭良等非法占用农用地、非法转让土地使用权案[第445号]
——非法占用园地、改变园地用途的能否以非法占用农用地罪定罪处罚
达瓦加甫非法出售珍贵、濒危野生动物制品案[第518号]
——出售《野生动物保护法》实施前已持有的雪豹皮如何定罪处罚
耿志全非法捕捞水产品案[第953号]
——非法捕捞水产品"情节严重"的司法认定
梁连平污染环境案[第969号]
——焚烧工业垃圾,向空气排放大量苯并[a]芘、氯化氢、二英等气体污染物的行为,如何定性
王文峰、马正勇污染环境案[第970号]
——擅自向河中倾倒大量煤焦油分离液的行为如何定性
徐峰非法收购、出售珍贵、濒危野生动物案[第1067号]
——非法收购、出售《濒危野生动植物种国际贸易公约》(《CITES》)保护动物的情节认定
郑锴非法运输、出售珍贵、濒危野生动物制品案[第1178号]
——如何准确把握非法运输、出售珍贵、濒危野生动物制品罪的量刑标准
张正伟污染环境案[第1289号]

张玉梅、刘玉堂、李永生贩卖毒品案[第367号]
——在毒品犯罪死刑复核案件中,对于毒品大量掺假的情况,在量刑时是否应该考虑
梁国雄、周观杰等贩卖毒品案[第373号]
——为贩卖毒品者交接毒品行为的定性及自首、立功的认定问题
吕卫军、曾鹏龙运输毒品案[第374号]
——如何准确区分共犯与同时犯
张玉英非法持有毒品案[第375号]
——对接受藏匿有毒品的邮包的行为如何定性
李靖贩卖、运输毒品案[第392号]
——因毒品犯罪被判处的刑罚尚未执行完毕又犯贩卖、运输毒品罪的,是否适用刑法第三百五十六条的规定从重处罚
宋光军运输毒品案[第405号]
——因同案犯在逃致被告人在共同犯罪中地位、作用不明的应慎用死刑
练永伟等贩卖毒品案[第413号]
——如何区分犯罪集团和普通共同犯罪
田嫣、崔永林等贩卖毒品案[第414号]
——犯罪分子亲属代为立功的能否作为从轻处罚的依据
王某贩卖毒品案[第430号]
——对以非常规形式存在的毒品应如何定性及对涉及多种类毒品的犯罪案件如何量刑
陈佳嵘等贩卖、运输毒品案[第438号]
——协助司法机关稳住被监控的犯罪嫌疑人是否构成立功
张建国贩卖毒品案[第453号]
——如何理解和把握刑事诉讼法第四十六条关于“没有被告人供述,证据充分确实的,可以认定被告人有罪和处以刑罚”的规定
朱海斌等制造、贩卖毒品案[第486号]
——制造毒品失败的行为能否认定为犯罪未遂
赵廷贵贩卖毒品案[第500号]
——贩卖含量极低的海洛因针剂,如何认定毒品数量并适用刑罚
高国亮、李永望等贩卖、制造毒品案[第501号]
——加工、生产混合型毒品“麻古”的行为能否认定为制造毒品罪
巴拉姆·马利克·阿吉达利、木尔塔扎·拉克走私毒品案[第954号]
——走私毒品案件中被告人主观明知的认定
阿力日呷等贩卖、运输毒品案[第955号]
——对临时结伙贩卖、运输毒品起组织作用,但本人实际贩卖毒品数相对较少的主犯如何量刑
刘洪高、刘开贵贩卖、运输毒品案[第956号]
——如何理解同一辩护人不得为两名以上犯罪事实存在关联的被告人辩护的限制性规定
李刚、李飞贩卖毒品案[第971号]
——如何审查未查获毒品实物的指控事实,以及在毒品案件中如何运用非法证据排

除规则

刘继芳贩卖毒品案[第1014号]

——为吸食者代购少量毒品的行为如何定性以及特情引诱情节对毒品犯罪案件的定罪量刑是否具有影响

骆小林运输毒品案[第1015号]

——对当场查获毒品的案件,被告人拒不认罪的,如何把握有关被告人主观明知的证据要求

聂凯凯容留他人吸毒案[第1032号]

——旅馆经营者发现客人在房间内吸毒不予制止,是否构成容留他人吸毒罪

叶布比初、跑次此尔走私、贩卖、运输毒品案[第1033号]

——毒品犯罪中,有地位、作用突出的嫌疑人在逃的,是否影响对被告人死刑的适用

姚某贩卖毒品案[第1034号]

——不满18周岁的人因毒品犯罪被判处五年有期徒刑以下刑罚,其再次实施毒品犯罪的,是否能够认定为毒品再犯

李梦杰、刘辉贩卖毒品案[第1035号]

——立功等从轻处罚事实的认定是适用严格证明标准还是优势证明标准

朱莎菲贩卖毒品案[第1036号]

——被告人协助公安机关抓获同案犯,但同案犯未被作为犯罪处理的,能否认定被告人构成立功

杨文博非法持有毒品案[第1037号]

——因形迹可疑被盘查时发现持有可疑物品,在被带至公安机关接受调查时如实供述了非法持有毒品事实的,是否成立自首

文某非法持有毒品案[第1038号]

——如何审查判断是否存在刑讯逼供等非法方法收集证据的情形以及审查起诉阶段未审查排除侦查阶段刑讯逼供取得的有罪供述,继续获取的不稳定有罪供述是否应当排除

李志周运输毒品案[第1039号]

——如何把握证据收集合法性的证明标准,以及排除非法证据后案件的处理方式

周崇敏贩卖毒品案[第1068号]

——二审裁判文书生效后,发现被告人在因一审判处的有期徒刑届满被取保候审期间又犯新罪的,在对新罪进行审判时不应认定该被告人构成累犯

张应宣运输毒品案[第1069号]

——吸毒人员在运输毒品过程中被查获的,如何定性

欧阳永松非法持有毒品案[第1070号]

——从吸毒人员住处查获数量较大的毒品,但认定其曾贩卖毒品的证据不足的,是认定为贩卖毒品罪还是非法持有毒品罪

周某非法持有毒品案[第1084号]

——非法持有毒品者主动向公安机关上交毒品的,如何量刑

沙学民容留他人吸毒案[第1085号]

——在暂予监外执行期间犯新罪被抓获,应如何计算前罪余刑

曾某平等贩卖、运输毒品案[第1131号]

——在上诉案件中，对于公诉机关指控但一审没有认定的犯罪事实，二审能否审理并予以认定
易卜拉欣·阿卜杜西默德·阿布多什走私毒品案[第1132号]
——对走私恰特草的行为如何定罪量刑
黄志坚等贩卖、运输毒品案[第1167号]
——二审法院经审查认为原判据以定案的证据系非法证据，依法排除有关证据后应当如何处理
陈维有、庄凯思贩卖毒品案[第1179号]
——如何准确认定居间介绍买卖毒品行为
圣德·阿美·强走私毒品案[第1193号]
——如何运用间接证据认定“零口供”走私毒品案
张成建等贩卖毒品案[第1194号]
——贩卖毒品案件中上下家的罪责区分及死刑适用
张传勇贩卖毒品案[第1195号]
——对以非接触方式交易毒品且被告人拒不供认的案件，如何综合运用间接证据定案
刘守红贩卖、制造毒品案[第1196号]
——如何认定制造毒品行为以及制毒数量
章远贩卖毒品、容留他人吸毒案[第1197号]
——为索要债务而唆使他人贩卖毒品的行为如何定性
林清泉制造毒品案[第1228号]
——制造毒品案件中，缴获的毒品系液态毒品，判处死刑应当特别慎重
陈恒武、李祥光贩卖、运输毒品案[第1229号]
——共同贩卖毒品的死刑政策把握
孙奇志等贩卖毒品案[第1230号]
——对毒品犯罪上下家如何区分罪责和适用死刑
姚明跃等贩卖毒品案[第1231号]
——被告人具有吸毒情节的，如何认定贩卖毒品数量
高朝能贩卖、运输毒品案[第1232号]
——审理死刑案件应当经审判委员会讨论决定
李继轩等贩卖、运输毒品案[第1249号]
——被告人在一审庭审中认罪并对其庭前有罪供述不持异议，二审期间提出受到非法取证的，如何审查与处理
张菊、王福贵、周道会贩卖、运输毒品案[第1265号]
——重大毒品犯罪中，共同犯罪人及上下家之间如何适用刑罚
高洪雷等贩卖、运输毒品，介绍卖淫案[第1279号]
——共同犯罪中作用相对较大的主犯因具有法定从轻情节而未判处死刑的，对其他主犯能否适用死刑
陈春莲贩卖毒品案[第1280号]
——先前被羁押行为与最终定罪行为并非同一行为时，羁押日期可否折抵刑期
唐立新、蔡立兵贩卖毒品案[第1290号]

——如何把握贩卖毒品罪的既遂未遂标准与毒品犯罪上下家的死刑适用标准
常茂、吴江运输毒品案[第 1307 号]
——对毒品共同犯罪案件如何准确把握死刑政策
赛黎华、王翼龙贩卖毒品，赛黎华非法持有毒品案[第 1348 号]
——如何认定毒品犯罪中的同种罪行及非法持有毒品罪中的“持有”
孙德柱贩卖毒品、容留他人吸毒案[第 1384 号]
——容留他人吸毒且提供毒品并收取费用的行为如何定性
齐先贺贩卖、运输毒品案[第 1385 号]
——如何区分毒品代购与加价贩卖
(八)组织、强迫、引诱、容留、介绍卖淫罪
高洪霞、郑海本等组织卖淫、协助组织卖淫案[第 78 号]
——组织卖淫罪定罪处刑的标准如何掌握
林庆介绍卖淫案[第 193 号]
——通过互联网发布卖淫信息行为的定性
李宁组织卖淫案[第 303 号]
——组织男性从事同性性交易，是否构成组织卖淫罪
吴祥海介绍卖淫案[第 376 号]
——介绍卖淫罪与介绍嫖娼行为的区别
王志余、秦群英容留卖淫案[第 972 号]
——行政执法过程中收集的言词证据，是否可以直接作为刑事证据使用以及重新收集的言词证据是否在程序上具有特殊要求
聂姣莲介绍卖淫案[第 973 号]
——如何区分介绍卖淫的一般违法行为和介绍卖淫罪，以及如何认定介绍卖淫罪中的“情节严重”
张桂方、冯晓明组织卖淫案[第 1054 号]
——如何区分与认定组织卖淫罪与引诱、容留、介绍卖淫罪以及如何认定组织卖淫罪的“情节严重”
王某传播性病案[第 1133 号]
——明知自己携带艾滋病病毒而卖淫的如何定性
席登松等组织卖淫、刘斌斌等协助组织卖淫案[第 1267 号]
——组织卖淫罪的“组织”要件及情节严重如何认定
方斌等组织卖淫案[第 1268 号]
——组织卖淫共同犯罪中的主犯认定及组织卖淫罪与协助组织卖淫罪的区分
杨恩星等组织卖淫案[第 1269 号]
——如何区分组织卖淫罪的从犯与协助组织卖淫罪
何鹏燕介绍卖淫案[第 1270 号]
——如何理解组织卖淫罪中“卖淫人员在三人以上”的含义
胡宗友、李仲达组织卖淫案[第 1291 号]
——卖淫女被嫖客杀害的，能否认定为组织卖淫罪的“情节严重”
周兰英组织卖淫案[第 1292 号]
——如何区分组织卖淫罪与容留卖淫罪

于维、彭玉蓉组织卖淫案[第1293号]
——组织卖淫中有引诱、介绍卖淫行为的如何适用法律
丁宝骏、何红等组织卖淫、协助组织卖淫案[第1294号]
——在组织卖淫过程中采取非法限制卖淫人员人身自由等强迫行为的,应如何认定
刘革辛、陈华林、孔新喜强迫卖淫等案[第1295号]
——如何认定强迫卖淫罪的“强迫”要件
王道军强迫卖淫案[第1308号]
——多次强迫已满十四周岁的未成年人卖淫是否构成强迫卖淫罪的“情节严重”
胡杨等协助组织卖淫案[第1309号]
——如何区分协助组织卖淫罪与组织卖淫罪
张海峰组织卖淫、李志强协助组织卖淫、饶有才容留卖淫案[第1310号]
——强奸幼女后,将幼女送至组织卖淫行为人处进行卖淫活动的如何定性
郭某某介绍卖淫案[第1311号]
——介绍智障人员卖淫行为的定罪和处罚
阳怀容留卖淫案[第1312号]
——容留卖淫罪的司法认定
袁七虎容留、介绍卖淫案[第1349号]
——容留、介绍卖淫罪“情节严重”的司法认定
阎吉粤介绍卖淫案[第1350号]
——利用“QQ”网络建群为群成员卖淫嫖娼活动提供方便的行为应如何定性
王怀珍容留卖淫案[第1386号]
——容留卖淫罪的入罪标准
(九)制造、贩卖、传播淫秽物品罪
杨海波等贩卖淫秽物品牟利案[第5号]
——贩卖淫秽物品牟利如何适用法律
何肃黄、杨柯传播淫秽物品牟利案[第123号]
——在互联网上刊载淫秽图片、小说、电影的行为如何定性
张正亮贩卖淫秽物品牟利案[第1086号]
——如何把握贩卖淫秽物品牟利罪既遂、未遂的认定标准
深圳市快播科技有限公司、王欣等人传播淫秽物品牟利案[第1192号]
——网络视频缓存加速服务提供者构成传播淫秽物品牟利罪的认定
梁世勋贩卖淫秽物品牟利案[第1351号]
——网络云盘中淫秽物品的数量认定及量刑

【高法公报案例】

张美华伪造居民身份证案
马志松等破坏计算机信息系统案
姚国建等诈骗、伪造国家机关印章案
杨保营等人抢劫、绑架、寻衅滋事案
刘大力等盗掘古文化遗址、倒卖文物、转移赃物案
兰成仕、李兆斌窃取国有档案案

谢杰威、梁雁玲走私制毒物品案
张爱民、李楠等非法猎捕、收购、运输、出售珍贵、濒危野生动物案
张志杰、陈钟鸣、包周鑫组织考试作弊案
陈庆豪、陈淑娟、赵延海开设赌场案

贪污贿赂罪

【指导案例】

苏豫鲁挪用公款案[第13号]
——二审宣告无罪的案件如何适用法律
刘群祥被控受贿案[第15号]
——索要正当合伙承包经营的分成不构成受贿罪
陈贵杰等贪污案[第29号]
——银行临时工与外部人员勾结监守自盗应如何定罪
苟兴良等贪污、受贿案[第30号]
——具有两种不同特定身份的人共同实施侵吞企业财产、收受他人财物的行为应如何定罪处罚
余永恒受贿案[第32号]
——被告人被采取强制措施后交代司法机关尚未掌握的同种犯罪应如何掌握具体处刑
张德元受贿案[第38号]
——对受贿犯罪分子应如何适用刑罚
林世元等受贿、玩忽职守案[第46号]
——玩忽职守罪适用法律时效应如何理解
陈超龙挪用公款案[第55号]
——以假贷款合同掩盖挪用公款的行为如何定罪
肖元华贪污、挪用公款案[第63号]
——定额承包者占有或支配本人上缴定额利润后的营利部分是否构成贪污罪
陈晓受贿案[第64号]
——事后收受财物能否构成受贿罪
王正言挪用公款案[第75号]
——以使用变价款为目的挪用公物的行为是否构成挪用公款罪
李平贪污、挪用公款案[第79号]
——对贪污、挪用犯罪行为直接造成的财产损失能否提起附带民事诉讼
陆建中被控贪污案[第83号]
——律师事务所主任将名为国有实为个体的律师事务所的财产据为己有不构成贪污罪
王海峰受贿、伪造证据案[第113号]
——受国有公司委派担任非国有公司诉讼代理人过程中收受他人财物能否构成受贿罪
徐华、罗永德贪污案[第124号]

——在国有企业改制中隐瞒资产真实情况造成巨额国有资产损失的行为如何处理
刘忠伟私分国有资产案[第125号]
——集体私分国有资产行为与共同贪污行为如何区分
宾四春、郭利、戴自立贪污案[第136号]
——如何认定村民委员会等村基层组织成员为依照法律从事公务的人员
于继红贪污案[第216号]
——不动产能否成为贪污罪的犯罪对象
万国英受贿、挪用公款案[第217号]
——利用职务上的便利借用下级单位公款进行营利活动能否构成挪用公款罪
姜杰受贿案[第218号]
——逢年过节收受下级单位"慰问金"的行为如何定性
彭国军贪污、挪用公款案[第236号]
——如何认定以挪用公款手段实施的贪污犯罪
蒙某受贿案[第257号]
——税务机关工作人员利用职务之便索取他人"赞助费"不征应征税款的行为如何定性
胡启能贪污案[第275号]
——截留并非法占有本单位利润款的贪污行为与收受回扣的受贿行为的区分
胡滋玮贪污案[第292号]
——贪污罪中非法占有目的的推定
张金康、夏琴私分国有资产案[第293号]
——如何区分变相集体私分国有资产犯罪与违反财经纪律超标准、超范围发放奖金、福利等行为的界限
江仲生等贪污案[第311号]
——贪污罪犯罪对象的理解与认定
尚荣多等贪污案[第312号]
——学校违规收取的"点招费"能否视为公共财产
杨代芳贪污、受贿案[第313号]
——私分国有资产与共同贪污的区分
歹进学挪用公款案[第326号]
——工商营业执照上标明的企业性质与企业的实际性质不一致时如何确定企业性质
阎怀民、钱玉芳贪污、受贿案[第334号]
——国家工作人员利用职务上的便利以单位的名义向有关单位索要"赞助款"并占为己有的行为是索贿还是贪污
曹军受贿案[第335号]
——对于依照公司法规定产生的公司负责人能否认定为受国有单位委派从事公务的人员
李葳受贿案[第340号]
——利用与其他单位共同开发房地产的职务便利要求合作单位为其亲属提供低价住房的行为是否构成受贿罪
朱洪岩贪污案[第355号]

——租赁国有企业的人员盗卖国有资产的行为如何处理
冯安华、张高祥挪用公款案[第356号]
——多次挪用公款的如何计算犯罪数额
李祖清等被控贪污案[第377号]
——国家机关内部科室集体私分违法收入的行为构成私分国有资产罪
郭如鳌、张俊琴、赵茹贪污、挪用公款案[第383号]
——证券营业部工作人员利用职务便利私分单位违规自营炒股盈利款的行为如何定性
胡发群受贿、巨额财产来源不明案[第384号]
——国家工作人员利用职务便利索要高额投资回报的行为是否构成受贿罪
鞠胤文挪用公款、受贿案[第385号]
——因挪用公款索取、收受贿赂或者行贿构成犯罪的，是择一重处还是两罪并罚
钱政德受贿案[第399号]
——在国家机关设立的非常设性工作机构中从事公务的非正式在编人员是否属于国家工作人员
刘某挪用公款案[第406号]
——国有公司长期聘用的管理人员是国有公司中从事公务的人员还是受国有公司委托管理、经营国有财产的人员
方俊受贿案[第407号]
——国家工作人员以"劳务报酬"为名收受请托人财物的应认定为受贿
王铮贪污、挪用公款案[第422号]
——已办理退休手续依然从事公务的国家工作人员仍构成挪用公款罪主体
顾荣忠挪用公款、贪污案[第446号]
——由国有公司负责人口头提名、非国有公司聘任的管理人员能否以国家工作人员论
陈焕林等挪用资金、贪污案[第454号]
——无法区分村民委员会人员利用职务之便挪用款项性质的如何定罪处罚
高建华等贪污案[第462号]
——使用公款购买房屋构成贪污的，犯罪对象是公款还是房屋
马平、沈建萍受贿案[第470号]
——以房产交易形式收受贿赂的犯罪数额认定问题
张威同挪用公款案[第502号]
——个人决定以单位名义将公款借给其他单位使用，没有谋取个人利益的不构成挪用公款罪
马平华挪用公款案[第510号]
——国有企业改制过程中，原国企中国家工作人员的主体身份如何认定
宋涛非国家工作人员受贿案[第959号]
——如何认定国有控股企业中一般中层管理干部的国家工作人员身份
高世银非国家工作人员受贿案[第960号]
——村民委员会主任在村自行修建道路中收受他人贿赂的，如何定性
章国钧受贿案[第974号]

——如何认定国家出资企业中的国家工作人员
胡伟富受贿案[第975号]
——如何区分国家工作人员以优惠价格购买商品房与以交易形式收受贿赂
李培光贪污、挪用公款案[第1016号]
——如何审查认定国家出资企业中国家工作人员的身份
周标受贿案[第1017号]
——案发前主动退还贿赂款的行为如何处理以及上一级人民法院同意在法定刑以下判处刑罚的应当制作何种文书
卫建峰受贿案[第1018号]
——如何认定公司改制后国家工作人员的身份
凌吉敏受贿案[第1019号]
——以明显高于市场的价格向请托人出租房屋,所收取的租金与市场价格的差额是否应当认定为受贿数额
刘凯受贿案[第1020号]
——因受贿案发后又主动交代用受贿款向他人行贿事实,使其他贿赂案件得以侦破的,是否构成立功
尹某受贿案[第1040号]
——如何审查被告人在侦查阶段不同期间所作供述的合法性
王海洋非国家工作人员受贿、挪用资金案[第1055号]
——如何认定国家出资企业中工作人员的主体身份
陈强等贪污、受贿案[第1071号]
——国家工作人员套取的公款中用于支付原单位业务回扣费用的部分,是否应当计入贪污数额
祝贵财等贪污案[第1087号]
——如何区分非法经营同类营业罪和贪污罪
赵明贪污、挪用公款案[第1088号]
——对采取虚列支出手段实施平账行为的认定及上诉不加刑原则在数罪并罚中的理解与适用
张建军、刘祥伟对非国家工作人员行贿案[第1136号]
——在国有建设用地使用权挂牌出让过程中串通竞买的行为应如何定性
周爱武、周晓贪污案[第1139号]
——贪污特定款物的司法认定以及新旧法选择适用时罚金刑的判处
郑祖文贪污、受贿、滥用职权案[第1140号]
——如何处理以威胁方法收集的被告人供述及司法实践中对“重复供述”如何采信
吴毅、朱蓓娅贪污案[第1141号]
——侦查机关通过疲劳审讯获得的被告人供述是否属于非法证据以及非法证据排除后是否对量刑事实形成影响
王雪龙挪用公款、贪污案[第1142号]
——如何认定“小金库”性质公司及公务性支出能否从贪污数额中扣除
罗菲受贿案[第1143号]
——如何认定特定关系人是否成立受贿罪共犯

孙昆明受贿案[第1144号]
——如何区分合法的债权债务关系与非法收受他人财物的情形
朱渭平受贿案[第1145号]
——国家工作人员对特定关系人收受他人财物事后知情且未退还,如何判定其是否具有受贿故意;国家工作人员收受请托人所送房产,后请托人又将该房产用于抵押贷款的,是受贿既遂还是未遂
李明辉受贿案[第1146号]
——刑法修正案(九)施行后,二审在减轻犯受贿罪被告人主刑的同时,能否加重财产刑
吴六徕受贿案[第1147号]
——以欺骗方式让行贿人主动交付财物的,应认定为索贿
丁利康受贿案[第1148号]
——社区卫生服务中心办公室信息管理员"拉统方"非法收受财物行为之定性
毋保良受贿案[第1149号]
——赃款、赃物用于公务支出,是否影响受贿罪的认定;为请托人谋取利益前多次收受请托人财物,数额较大的,如何认定受贿数额;索取、收受下属或者被管理人员的财物价值较大的,能否视为承诺谋取利益
耿三有受贿案[第1150号]
——二审期间因刑法修改及司法解释出台导致定罪量刑标准发生变化的,应如何适用法律
沈海平受贿案[第1151号]
——如何把握辩方提交的证据证明标准和作相关证据审查以及出于受贿的故意非法收受他人财物后又退还部分钱款的,如何认定受贿数额
黄金东受贿、陈玉军行贿案[第1165号]
——非法限制被告人人身自由期间取得的供述能否作为诉讼证据使用
王平受贿案[第1166号]
——对仅存部分讯问录音录像的案件,如何结合讯问录音录像审查判断讯问笔录的证据能力,以及如何把握疲劳讯问的认定标准
朱思亮非国家工作人员受贿案[第1233号]
——如何认定"受委派从事公务"
任润厚受贿、贪污、巨额财产来源不明违法所得没收申请案[第1235号]
——关于违法所得没收程序具体操作规范和裁判要点解析
张帆受贿案[第1250号]
——利用职务便利为自己与他人合作的项目谋取利益,后明显超出出资比例获取分红的行为定性
刘宝春贪污案[第1281号]
——自收自支事业单位中非法套取公款发放"奖金"的行为如何定性
被告单位成都主导科技有限责任公司、被告人王黎单位行贿案[第1282号]
——"在被追诉前主动交待行贿行为"以及揭发他人犯罪行为构成立功的认定
林少钦受贿案[第1296号]
——新的司法解释降低受贿行为对应的法定刑幅度后,已经立案侦查并进入诉讼程

序的受贿案件是否需要重新计算诉讼时效

刘志军受贿、滥用职权案

薄熙来受贿、贪污、滥用职权案

白恩培受贿、巨额财产来源不明案

李华波违法所得没收、贪污案

杨秀珠贪污、受贿案

王银成受贿案

艾文礼受贿案

禹作敏等窝藏、妨害公务、行贿、非法拘禁、非法管制案

蒋英库等组织、领导、参加黑社会性质组织，故意杀人，抢劫，故意伤害，私藏枪支，介绍贿赂，包庇黑社会性质组织案

于学伟等非法储存危险物质、非法经营、危险物品肇事、单位行贿案

——天津港“8·12”特大火灾爆炸事故案

吴小军非法经营同类营业、对非国家工作人员行贿案[第1298号]

——非法经营同类营业罪的主体范围及对“同类营业”的准确理解

佟茂华、牛玉杰私分国有资产，佟茂华挪用公款、受贿案[第1313号]

——如何认定国企改制期间和国家出资企业中的职务犯罪

李群受贿案[第1352号]

——接受他人装修房屋长期未付款，也未有付款表示的行为能否认定为受贿行为

【高法公报案例】

束兆龙贪污案

刘爱东贪污、受贿案

王一兵贪污案

李嘉廷受贿案

程绍志受贿案

孙爱勤介绍贿赂案

窦沛颖、冼晓玲贪污案

唐志华等人贪污、职务侵占、企业人员受贿案

渎 职 罪

【指导案例】

翟鲁光受贿、玩忽职守案[第14号]

——银行工作人员玩忽职守的行为如何定罪

王文强玩忽职守案[第16号]

——行政机关的行政罚没款能否认定为玩忽职守造成的直接经济损失

韩义昌徇私舞弊、挪用公款案[第31号]

——滥用职权释放犯罪嫌疑人并将公款出借搞“资产解冻”活动造成重大损失的行为应如何定罪

杨有才帮助犯罪分子逃避处罚案[第129号]

——参与案件侦查工作的公安机关借用人员是否属于司法工作人员
李刚等帮助犯罪分子逃避处罚案[第186号]
——执行法官能否成为帮助犯罪分子逃避处罚罪的主体
陆飞荣玩忽职守案[第196号]
——新刑法生效之前实施的滥用职权行为的法律适用
丁锡方徇私舞弊不移交刑事案件案[第209号]
——认定徇私舞弊不移交刑事案件罪是否应以未移交的犯罪嫌疑人已被生效判决确定有罪为前提
于萍故意泄露国家秘密案[第210号]
——辩护律师将在法院复制的案件证据材料让被告人亲属查阅的行为是否构成犯罪
李永宾徇私枉法、接送不合格兵员案[第237号]
——如何认定徇私枉法"情节严重"
李宝安、昝旺木、李兴安故意泄露国家秘密案[第258号]
——利用中考命题工作的便利将考前辅导内容作为中考试题的行为能否构成故意泄露国家秘密罪
龚晓玩忽职守案[第294号]
——渎职犯罪的因果关系判断
包智安受贿、滥用职权案[第327号]
——滥用职权行为与损失后果之间没有必然因果关系的是否构成滥用职权罪
潘楠博帮助犯罪分子逃避处罚、受贿案[第357号]
——帮助逃避行政处罚的行为能否构成帮助犯罪分子逃避处罚罪
周根强、朱江华非国家工作人员受贿案[第1207号]
——如何认定行政管理职权转委托情形下受托方的滥用职权及收受财物行为
工商银行神木支行、童某等国有公司人员滥用职权案[第1234号]
——国有控股、参股公司、企业工作人员私分本公司、企业资产行为的认定

附录三
刑事法规依据索引

一、刑事实体法

1. 综合

·主体法·

中华人民共和国刑法

中华人民共和国刑法修正案(1999.12.25)

中华人民共和国刑法修正案(二)(2001.8.31)

中华人民共和国刑法修正案(三)(2001.12.29)

中华人民共和国刑法修正案(四)(2002.12.28)

中华人民共和国刑法修正案(五)(2005.2.28)

中华人民共和国刑法修正案(六)(2006.6.29)

中华人民共和国刑法修正案(七)(2009.2.28)

中华人民共和国刑法修正案(八)(2011.2.25)

中华人民共和国刑法修正案(九)(2015.8.29)

中华人民共和国刑法修正案(十)(2017.11.4)

中华人民共和国刑法修正案(十一)(2020.12.26)

全国人民代表大会常务委员会关于《中华人民共和国刑法》第九十三条第二款的解释(2000.4.29)

·司法解释·

最高人民法院关于适用刑法时间效力规定若干问题的解释(1997.9.25)

最高人民法院、最高人民检察院关于执行《中华人民共和国刑法》确定罪名的补充规定(七)(2021.2.26)

2. 犯罪

·司法解释·

最高人民法院关于执行《中华人民共和国刑法》确定罪名的规定(1997.12.11)

最高人民法院、最高人民检察院关于执行《中华人民共和国刑法》确定罪名的补充规定(2002.3.15)

最高人民法院、最高人民检察院关于执行《中华人民共和国刑法》确定罪名的补充规定(二)(2003.8.15)

最高人民法院、最高人民检察院关于执行《中华人民共和国刑法》确定罪名的补充规定(三)(2007.10.25)

最高人民法院、最高人民检察院关于执行《中华人民共和国刑法》确定罪名的补充规定(四)(2009.10.14)

最高人民法院、最高人民检察院关于执行《中华人民共和国刑法》确定罪名的补充规定（五）（2011.4.27）
最高人民法院、最高人民检察院关于执行《中华人民共和国刑法》确定罪名的补充规定（六）（2015.10.30）
最高人民法院、最高人民检察院关于执行《中华人民共和国刑法》确定罪名的补充规定（七）（2021.2.26）
最高人民法院关于在审理经济纠纷案件中涉及经济犯罪嫌疑若干问题的规定（1998.4.21）
最高人民法院关于审理单位犯罪案件具体应用法律有关问题的解释（1999.6.25）
最高人民法院关于农村合作基金会从业人员犯罪如何定性问题的批复（2000.5.8）
最高人民法院关于审理贪污、职务侵占案件如何认定共同犯罪几个问题的解释（2000.6.30）
最高人民法院关于审理单位犯罪案件对其直接负责的主管人员和其他直接责任人员是否区分主犯、从犯问题的批复（2000.9.30）
最高人民法院关于在执行附加刑剥夺政治权利期间犯新罪应如何处理的批复（2009.5.25）

·请示批复·

最高人民检察院关于镇财政所所长是否适用国家机关工作人员的批复（2000.5.4）
最高人民检察院关于已满十四周岁不满十六周岁的人承担刑事责任范围问题的复函（2002.8.9）
最高人民检察院关于佛教协会工作人员能否构成受贿罪或者公司、企业人员受贿罪主体问题的答复（2003.1.13）
最高人民检察院法律政策研究室关于相对刑事责任年龄的人承担刑事责任范围有关问题的答复（2003.4.18）
最高人民法院研究室关于外国公司、企业、事业单位在我国领域内犯罪如何适用法律问题的答复（2003.10.15）
公安部关于村民委员会可否构成单位犯罪主体问题的批复（2007.3.1）

3. 刑罚

·司法解释·

最高人民法院关于对故意伤害、盗窃等严重破坏社会秩序的犯罪分子能否附加剥夺政治权利问题的批复（1997.12.31）
最高人民法院关于对怀孕妇女在羁押期间自然流产审判时是否可以适用死刑问题的批复（1998.8.7）
最高人民法院关于适用财产刑若干问题的规定（2000.12.13）
最高人民法院关于撤销缓刑时罪犯在宣告缓刑前羁押的时间能否折抵刑期问题的批复（2002.4.10）

4. 刑罚的具体运用

·司法解释·

最高人民法院、最高人民检察院关于办理职务犯罪案件认定自首、立功等量刑情节若干问题的意见（2009.3.19）
最高人民法院关于贯彻宽严相济刑事政策的若干意见（2010.2.8）

最高人民法院关于办理减刑、假释案件具体应用法律若干问题的规定(2012.1.17)

最高人民法院关于办理减刑、假释案件具体应用法律的补充规定(2019.4.24)

最高人民法院关于处理自首和立功若干具体问题的意见(2010.12.22)

最高人民法院、最高人民检察院、公安部、国家安全部、司法部关于适用认罪认罚从宽制度的指导意见(2019.10.24)

最高人民检察院关于对跨越修订刑法施行日期的继续犯罪、连续犯罪以及其他同种数罪应如何具体适用刑法问题的批复(1998.12.2)

最高人民法院关于被告人对行为性质的辩解是否影响自首成立问题的批复(2004.3.26)

最高人民法院关于在执行附加刑剥夺政治权利期间犯新罪应如何处理的批复(2009.5.25)

·请示批复·

最高人民检察院法律政策研究室关于对数罪并罚决定执行刑期为三年以下有期徒刑的犯罪分子能否适用缓刑问题的复函(1998.9.17)

·司法业务文件·

最高人民法院关于常见犯罪的量刑指导意见(2014.1.1)(已失效)

最高人民法院关于常见犯罪的量刑指导意见(二)(试行)(2017.5.1)

最高人民法院、最高人民检察院关于办理职务犯罪案件认定自首、立功等量刑情节若干问题的意见(2009.3.12)

最高人民法院、最高人民检察院、公安部关于依法适用正当防卫制度的指导意见(2020.8.28)

5. 危害国家安全罪

·司法解释·

最高人民法院关于审理为境外窃取、刺探、收买、非法提供国家秘密、情报案件具体应用法律若干问题的解释(2001.1.17)

6. 危害公共安全罪

·司法解释·

最高人民检察院关于将公务用枪用作借债质押的行为如何适用法律问题的批复(1998.11.3)

最高人民法院关于审理破坏广播电视设施等刑事案件具体应用法律若干问题的解释(2011.6.7)

最高人民法院关于审理交通肇事刑事案件具体应用法律若干问题的解释(2000.11.15)

最高人民法院、最高人民检察院、公安部关于办理醉酒驾驶机动车刑事案件适用法律若干问题的意见(2013.12.18)

最高人民法院关于对采用破坏性手段盗窃正在使用的油田输油管道中油品的行为如何适用法律问题的批复(2002.4.10)

最高人民法院、最高人民检察院关于办理非法制造、买卖、运输、储存毒鼠强等禁用剧毒化学品刑事案件具体应用法律若干问题的解释(2003.9.4)

最高人民法院、最高人民检察院关于办理危害食品安全刑事案件适用法律若干问题的解释(2013.5.2)

最高人民法院关于审理破坏公用电信设施刑事案件具体应用法律若干问题的解释(2004.12.30)

最高人民法院关于审理破坏电力设备刑事案件具体应用法律若干问题的解释(2007.8.15)

最高人民法院关于审理非法制造、买卖、运输枪支、弹药、爆炸物等刑事案件具体应用法律若干问题的解释(2009.11.9 修正)

最高人民法院、最高人民检察院关于涉以压缩气体为动力的枪支、气枪铅弹刑事案件定罪量刑问题的批复(2018.3.8)

最高人民法院、最高人民检察院关于办理危害生产安全刑事案件适用法律若干问题的解释(2015.12.14)

·司法业务文件·

最高人民法院、最高人民检察院、公安部制定了《关于办理盗窃油气、破坏油气设备等刑事案件适用法律若干问题的意见》(2018.9.28)

7. 破坏社会主义市场经济秩序罪

全国人民代表大会常务委员会关于惩治破坏金融秩序犯罪的决定(1995.6.30)

全国人民代表大会常务委员会关于惩治虚开、伪造和非法出售增值税专用发票犯罪的决定(1995.10.30)

全国人民代表大会常务委员会关于惩治骗购外汇、逃汇和非法买卖外汇犯罪的决定(1998.12.29)

全国人民代表大会常务委员会关于《中华人民共和国刑法》第二百二十八条、第三百四十二条、第四百一十条的解释(2001.8.31)

全国人民代表大会常务委员会关于《中华人民共和国刑法》有关信用卡规定的解释(2004.12.29)

全国人民代表大会常务委员会关于《中华人民共和国刑法》有关出口退税、抵扣税款的其他发票规定的解释(2005.12.29)

·司法解释·

最高人民法院关于审理走私、非法经营、非法使用兴奋剂刑事案件适用法律若干问题的解释(2019.11.18)

最高人民法院关于审理骗购外汇、非法买卖外汇刑事案件具体应用法律若干问题的解释(1998.8.28)

最高人民法院关于审理非法出版物刑事案件具体应用法律若干问题的解释(1998.12.17)

国家林业局、公安部关于森林和陆生野生动物刑事案件管辖及立案标准(2001.5.9)

最高人民法院关于审理非法集资刑事案件具体应用法律若干问题的解释(2010.12.13)

最高人民法院关于审理倒卖车票刑事案件有关问题的解释(1999.9.6)

最高人民法院关于审理扰乱电信市场管理秩序案件具体应用法律若干问题的解释(2000.5.12)

最高人民法院关于审理伪造货币等案件具体应用法律若干问题的解释(2000.9.8)

最高人民检察院关于擅自销售进料加工保税货物的行为法律适用问题的解释(2000.10.16)

最高人民法院关于对变造、倒卖变造邮票行为如何适用法律问题的解释(2000.12.5)

最高人民法院、最高人民检察院关于办理生产、销售伪劣商品刑事案件具体应用法律若干问题的解释(2001.4.9)

最高人民法院关于情节严重的传销或者变相传销行为如何定性问题的批复(2001.4.10)
最高人民检察院关于非法经营国际或港澳台地区电信业务行为法律适用问题的批复(2002.2.6)
最高人民法院、最高人民检察院关于办理非法生产、销售、使用禁止在饲料和动物饮用水中使用的药品等刑事案件具体应用法律若干问题的解释(2002.8.16)
最高人民法院关于审理骗取出口退税刑事案件具体应用法律若干问题的解释(2002.9.17)
最高人民法院关于审理偷税抗税刑事案件具体应用法律若干问题的解释(2002.11.5)
最高人民法院、最高人民检察院关于办理侵犯知识产权刑事案件具体应用法律若干问题的解释(2004.12.8)
最高人民法院、最高人民检察院关于办理侵犯知识产权刑事案件具体应用法律若干问题的解释(二)(2007.4.5)
最高人民法院、最高人民检察院关于办理侵犯知识产权刑事案件具体应用法律若干问题的解释(三)(2020.9.12)
最高人民法院、最高人民检察院关于办理侵犯著作权刑事案件中涉及录音录像制品有关问题的批复(2005.10.13)
最高人民法院、最高人民检察院关于办理生产、销售假药、劣药刑事案件具体应用法律若干问题的解释(2009.5.13)
最高人民法院、最高人民检察院关于办理危害药品安全刑事案件适用法律若干问题的解释(2014.11.3)
最高人民法院关于审理洗钱等刑事案件具体应用法律若干问题的解释(2009.11.4)
最高人民法院、最高人民检察院关于办理妨害信用卡管理刑事案件具体应用法律若干问题的解释(2009.12.3)
最高人民法院、最高人民检察院关于修改《关于办理妨害信用卡管理刑事案件具体应用法律若干问题的解释》的决定(2018.11.28)
最高人民法院、最高人民检察院关于办理非法生产、销售烟草专卖品等刑事案件具体应用法律若干问题的解释(2010.3.2)
最高人民法院关于审理伪造货币等案件具体应用法律若干问题的解释(二)(2010.10.20)
最高人民法院、最高人民检察院关于办理内幕交易、泄露内幕信息刑事案件具体应用法律若干问题的解释(2012.3.29)
最高人民法院、最高人民检察院关于办理利用未公开信息交易刑事案件适用法律若干问题的解释(2019.6.27)
最高人民法院、最高人民检察院关于办理操纵证券、期货市场刑事案件适用法律若干问题的解释(2019.6.27)
最高人民法院、最高人民检察院关于办理非法从事资金支付结算业务、非法买卖外汇刑事案件适用法律若干问题的解释(2019.1.31)
最高人民检察院、公安部关于公安机关管辖的刑事案件立案追诉标准的规定(二)的补充规定(2011.11.14)
最高人民法院、最高人民检察院关于办理危害计算机信息系统安全刑事案件应用法律若干问题的解释(2011.8.1)

· 司法业务文件 ·

最高人民法院、最高人民检察院、海关总署关于办理走私刑事案件适用法律若干问题的意见(2002.7.8)

全国法院审理金融犯罪案件工作座谈会纪要(2001.1.21)

最高人民检察院法律政策研究室关于税务机关工作人员通过企业以"高开低征"的方法代开增值税专用发票的行为如何适用法律问题的答复(2004.3.17)

最高人民法院、最高人民检察院、公安部关于办理网络赌博犯罪案件适用法律若干问题的意见(2010.8.31)

最高人民法院关于在经济犯罪审判中参照适用《最高人民检察院、公安部关于公安机关管辖的刑事案件立案追诉标准的规定(二)》的通知(2010.6.21)

8. 侵犯公民人身权利、民主权利罪

全国人民代表大会常务委员会关于严惩拐卖、绑架妇女、儿童的犯罪分子的决定(1991.9.4)

· 司法解释 ·

最高人民法院、最高人民检察院、公安部、司法部关于依法惩治性侵害未成年人犯罪的意见(2013.10.23)

最高人民法院、最高人民检察院关于办理利用信息网络实施诽谤等刑事案件适用法律若干问题的解释(2013.9.6)

最高人民法院关于审理拐卖妇女案件适用法律有关问题的解释(2000.1.3)

最高人民法院关于审理拐卖妇女儿童犯罪案件具体应用法律若干问题的解释(2016.12.21)

最高人民法院关于对为索取法律不予保护的债务非法拘禁他人的行为如何定罪问题的解释(2000.7.13)

最高人民检察院关于构成嫖宿幼女罪主观上是否需要具备明知要件的解释(2001.6.11)

最高人民法院关于审理人身损害赔偿案件适用法律若干问题的解释(2003.12.26)

最高人民法院、最高人民检察院关于办理侵犯公民个人信息刑事案件适用法律若干问题的解释(2017.5.8)

· 请示批复 ·

最高人民检察院法律政策研究室关于以出卖为目的的倒卖外国妇女的行为是否构成拐卖妇女罪的答复(1998.12.24)

· 司法业务文件 ·

最高人民法院、最高人民检察院、公安部、司法部关于依法惩治拐卖妇女儿童犯罪的意见(2010.3.15)

9. 侵犯财产罪

· 司法解释 ·

最高人民法院关于审理诈骗案件具体应用法律的若干问题的解释(1996.12.16)

最高人民法院、最高人民检察院关于办理诈骗刑事案件具体应用法律若干问题的解释(2011.3.1)

最高人民法院关于村民小组组长利用职务便利非法占有公共财物行为如何定性问题的批复(1999.6.25)

最高人民法院关于对受委托管理、经营国有财产人员挪用国有资金行为如何定罪问题的批复(2000.2.16)

最高人民法院关于如何理解刑法第二百七十二条规定的“挪用本单位资金归个人使用或者借贷给他人”问题的批复(2000.7.20)

最高人民法院关于审理抢劫案件具体应用法律若干问题的解释(2000.11.22)

最高人民法院关于抢劫过程中故意杀人案件如何定罪问题的批复(2001.5.23)

最高人民法院关于审理抢劫刑事案件适用法律若干问题的指导意见(2016.1.6)

最高人民法院关于在国有资本控股、参股的股份有限公司中从事管理工作的人员利用职务便利非法占有本公司财物如何定罪问题的批复(2001.5.23)

最高人民法院关于审理抢夺刑事案件具体应用法律若干问题的解释(2002.7.16)

最高人民检察院关于单位有关人员组织实施盗窃行为如何适用法律问题的批复(2002.8.9)

最高人民检察院关于挪用失业保险基金和下岗职工基本生活保障资金的行为适用法律问题的批复(2003.1.28)

最高人民法院关于如何认定国有控股、参股股份有限公司中的国有公司、企业人员的解释(2005.8.1)

最高人民法院、最高人民检察院关于办理盗窃刑事案件适用法律若干问题的解释(2013.4.2)

最高人民法院、最高人民检察院关于办理盗窃油气、破坏油气设备等刑事案件具体应用法律若干问题的解释(2007.1.15)

最高人民法院、最高人民检察院关于办理抢夺刑事案件适用法律若干问题的解释(2013.11.11)

最高人民法院、最高人民检察院关于办理与盗窃、抢劫、诈骗、抢夺机动车相关刑事案件具体应用法律若干问题的解释(2007.5.9)

最高人民检察院关于拾得他人信用卡并在自动柜员机(ATM机)上使用的行为如何定性问题的批复(2008.4.18)

最高人民法院、最高人民检察院关于办理敲诈勒索刑事案件适用法律若干问题的解释(2013.4.23)

·请示批复·

最高人民法院关于审理拒不支付劳动报酬刑事案件适用法律若干问题的解释(2013.1.16)

最高人民检察院关于挪用尚未注册成立公司资金的行为适用法律问题的批复(2000.10.9)

最高人民检察院法律政策研究室关于通过伪造证据骗取法院民事裁判占有他人财物的行为如何适用法律问题的答复(2002.10.24)

·司法业务文件·

最高人民法院、最高人民检察院、公安部、国家工商行政管理局关于依法查处盗窃、抢劫机动车案件的规定(1998.5.8)

最高人民法院、最高人民检察院、公安部关于铁路运输过程中盗窃罪数额认定标准问题的规定(1999.2.4)

最高人民法院关于审理抢劫、抢夺刑事案件适用法律若干问题的意见(2005.6.8)

10. 妨害社会管理秩序罪

全国人民代表大会常务委员会关于惩治走私、制作、贩卖、传播淫秽物品的犯罪分子的决定(1990.12.28)

全国人民代表大会常务委员会关于严禁卖淫嫖娼的决定(1991.9.4)

全国人民代表大会常务委员会关于取缔邪教组织、防范和惩治邪教活动的决定(1999.10.30)

全国人民代表大会常务委员会关于维护互联网安全的决定(2000.12.28)

全国人民代表大会常务委员会关于《中华人民共和国刑法》第二百九十四条第一款的解释(2002.4.28)

全国人民代表大会常务委员会关于《中华人民共和国刑法》第三百一十三条的解释(2002.8.29)

全国人民代表大会常务委员会关于《中华人民共和国刑法》有关文物的规定适用于具有科学价值的古脊椎动物化石、古人类化石的解释(2005.12.29)

全国人民代表大会常务委员会关于《中华人民共和国刑法》第二百二十八条、第三百四十二条、第四百一十条的解释(2009.8.27)

最高人民法院、最高人民检察院、公安部关于办理走私、非法买卖麻黄碱类复方制剂等刑事案件适用法律若干问题的意见(2012.6.18)

最高人民法院、最高人民检察院、公安部关于依法严肃查处拒不执行判决、裁定和暴力抗拒法院执行犯罪行为有关问题的通知(2007.8.30)

·司法解释·

最高人民法院关于审理拒不执行判决、裁定刑事案件适用法律若干问题的解释(2015.7.20)

最高人民法院关于审理掩饰、隐瞒犯罪所得、犯罪所得收益刑事案件适用法律若干问题的解释(2015.5.29)

最高人民法院关于修改《关于审理掩饰、隐瞒犯罪所得、犯罪所得收益刑事案件适用法律若干问题的解释》的决定(2021.4.13)

公安部《关于妨害国(边)境管理犯罪案件立案标准及有关问题的通知》(2000.3.31)

最高人民法院、最高人民检察院关于办理组织、利用邪教组织破坏法律实施等刑事案件适用法律若干问题的解释(2017.1.25)

最高人民检察院关于以暴力威胁方法阻碍事业编制人员依法执行行政执法职务是否可对侵害人以妨害公务罪论处的批复(2000.4.24)

最高人民法院关于审理毒品案件定罪量刑标准有关问题的解释(2000.6.6)

最高人民法院关于审理毒品犯罪案件适用法律若干问题的解释(2016.4.6)

最高人民法院关于审理破坏土地资源刑事案件具体应用法律若干问题的解释(2000.6.19)

最高人民法院、最高人民检察院关于办理妨害武装部队制式服装、车辆号牌管理秩序等刑事案件具体应用法律若干问题的解释(2011.7.20)

最高人民法院、最高人民检察院关于办理寻衅滋事刑事案件适用法律若干问题的解释(2013.7.15)

最高人民法院、最高人民检察院关于办理环境污染刑事案件适用法律若干问题的解释(2016.12.23)

最高人民法院关于审理破坏草原资源刑事案件应用法律若干问题的解释(2012.11.2)
最高人民法院关于审理破坏森林资源刑事案件具体应用法律若干问题的解释(2000.11.22)
最高人民法院关于审理破坏野生动物资源刑事案件具体应用法律若干问题的解释(2000.11.27)
最高人民法院、最高人民检察院关于适用《中华人民共和国刑法》第三百四十四条有关问题的批复(2020.3.19)
最高人民法院、最高人民检察院关于办理非法利用信息网络、帮助信息网络犯罪活动等刑事案件适用法律若干问题的解释(2019.10.21)
最高人民法院关于审理编造、故意传播虚假恐怖信息刑事案件适用法律若干问题的解释(2013.9.18)
最高人民法院、最高人民检察院关于办理妨害文物管理等刑事案件适用法律若干问题的解释(2015.12.30)
最高人民法院关于审理黑社会性质组织犯罪的案件具体应用法律若干问题的解释(2000.12.5)
最高人民法院、最高人民检察院关于办理伪造、贩卖伪造的高等院校学历、学位证明刑事案件如何适用法律问题的解释(2001.7.3)
最高人民法院、最高人民检察院关于办理组织考试作弊等刑事案件适用法律若干问题的解释(2019.9.2)
最高人民法院、最高人民检察院关于办理走私刑事案件适用法律若干问题的解释(2014.8.12)
最高人民法院、最高人民检察院、公安部关于规范毒品名称表述若干问题的意见(2014.8.20)
最高人民法院、最高人民检察院、公安部关于办理邻氯苯基环戊酮等三种制毒物品犯罪案件定罪量刑数量标准的通知(2014.9.5)
最高人民法院、最高人民检察院关于办理妨害预防、控制突发传染病疫情等灾害的刑事案件具体应用法律若干问题的解释(2003.5.14)
最高人民法院关于在林木采伐许可证规定的地点以外采伐本单位或者本人所有的森林或者其他林木的行为如何适用法律问题的批复(2004.3.26)
最高人民法院、最高人民检察院关于办理非法采矿、破坏性采矿刑事案件适用法律若干问题的解释(2016.11.28)
最高人民法院、最高人民检察院关于办理利用互联网、移动通讯终端、声讯台制作、复制、出版、贩卖、传播淫秽电子信息刑事案件具体应用法律若干问题的解释(2004.9.3)
最高人民法院、最高人民检察院关于办理扰乱无线电通讯管理秩序等刑事案件适用法律若干问题的解释(2017.6.27)
最高人民法院、最高人民检察院关于办理赌博刑事案件具体应用法律若干问题的解释(2005.5.11)
最高人民法院关于审理破坏林地资源刑事案件具体应用法律若干问题的解释(2005.12.26)
最高人民法院、最高人民检察院关于办理非法采供血液等刑事案件具体应用法律若干问题的解释(2008.9.22)

最高人民法院关于修改《关于审理非法行医刑事案件具体应用法律若干问题的解释》的决定(2016.12.16)

最高人民法院、最高人民检察院关于办理组织、强迫、引诱、容留、介绍卖淫刑事案件适用法律若干问题的解释(2017.7.21)

最高人民法院、最高人民检察院关于办理利用互联网、移动通讯终端、声讯台制作、复制、出版、贩卖、传播淫秽电子信息刑事案件具体应用法律若干问题的解释(二)(2010.2.2)

最高人民法院、最高人民检察院关于利用网络云盘制作、复制、贩卖、传播淫秽电子信息牟利行为定罪量刑问题的批复(2017.11.22)

最高人民检察院、公安部《关于公安机关管辖的刑事案件立案追诉标准的规定(三)》(2012.5.16)

最高人民法院、最高人民检察院关于办理虚假诉讼刑事案件适用法律若干问题的解释(2018.9.26)

·请示批复·

最高人民检察院法律政策研究室关于买卖伪造的国家机关证件行为是否构成犯罪问题的答复(1999.6.21)

最高人民检察院法律政策研究室关于盗窃骨灰行为如何处理问题的答复(2002.9.18)

最高人民检察院研究室关于买卖尚未加盖印章的空白《边境证》行为如何适用法律问题的答复(2002.9.25)

最高人民检察院法律政策研究室关于安定注射液是否属于刑法第三百五十五条规定的精神药品问题的答复(2002.10.24)

最高人民检察院法律政策研究室关于伪造、变造、买卖政府设立的临时性机构的公文、证件、印章行为如何适用法律问题的答复(2003.6.3)

最高人民法院、最高人民检察院关于适用《中华人民共和国刑法》第三百四十四条有关问题的批复(2020.3.19)

·司法业务文件·

最高人民检察院法律政策研究室关于通过伪造证据骗取法院民事裁判占有他人财物的行为如何适用法律问题的答复(2002.10.24)

办理毒品犯罪案件适用法律若干问题的意见(2007.11.8)

最高人民法院印发《全国部分法院审理毒品犯罪案件工作座谈会纪要》的通知(2008.12.1)

最高人民法院、最高人民检察院、公安部关于办理制毒物品犯罪案件适用法律若干问题的意见(2009.6.23)

最高人民法院、最高人民检察院、公安部关于办理利用赌博机开设赌场案件适用法律若干问题的意见(2014.3.26)

最高人民法院、最高人民检察院、公安部、司法部关于依法惩治性侵害未成年人犯罪的意见(2013.10.23)

最高人民法院、最高人民检察院、公安部、司法部关于办理黑恶势力犯罪案件若干问题的指导意见(2018.1.16)

最高人民法院、最高人民检察院、公安部、司法部关于办理恶势力刑事案件若干问题的意见(2019.4.9)

最高人民法院、最高人民检察院、公安部、司法部关于办理实施“软暴力”的刑事案件若干问题的意见(2019.4.9)

最高人民法院、最高人民检察院、公安部、司法部关于办理利用信息网络实施黑恶势力犯罪刑事案件若干问题的意见(2019.7.23)

最高人民法院、最高人民检察院、公安部、司法部关于依法严惩利用未成年人实施黑恶势力犯罪的意见(2020.4.20)

最高人民法院关于依法妥善审理高空抛物、坠物案件的意见(2019.10.21)

最高人民法院、最高人民检察院、公安部关于办理涉窨井盖相关刑事案件的指导意见(2020.3.16)

最高人民法院、最高人民检察院、公安部关于依法办理“碰瓷”违法犯罪案件的指导意见(2020.9.22)

11. 危害国防利益罪

·司法解释·

最高人民法院关于审理危害军事通信刑事案件具体应用法律若干问题的解释(2007.6.26)

12. 贪污贿赂罪

全国人民代表大会常务委员会关于《中华人民共和国刑法》第三百八十四条第一款的解释(2002.4.28)

最高人民检察院关于行贿罪立案标准的规定(2000.12.22)

全国人民代表大会常务委员会关于《中华人民共和国刑法》第九十三条第二款的解释(2009.8.27)

·司法解释·

最高人民检察院关于挪用国库券如何定性问题的批复(1997.10.13)

最高人民法院关于审理挪用公款案件具体应用法律若干问题的解释(1998.4.29)

最高人民检察院关于国家工作人员挪用非特定公物能否定罪的请示的批复(2000.3.15)

最高人民法院关于国家工作人员利用职务上的便利为他人谋取利益离退休后收受财物行为如何处理问题的批复(2000.7.13)

最高人民法院、最高人民检察院关于办理行贿刑事案件具体应用法律若干问题的解释(2012.12.26)

最高人民法院、最高人民检察院关于办理贪污贿赂刑事案件适用法律若干问题的解释(2016.4.18)

最高人民检察院关于人民检察院直接受理立案侦查案件立案标准的规定(试行)(1999.9.16)

最高人民法院关于挪用公款犯罪如何计算追诉期限问题的批复(2003.9.22)

·请示批复·

最高人民检察院关于办理离退休国家工作人员受贿罪案件有关问题的批复(1993.11.10)

最高人民法院关于贪污、挪用公款所生利息应否计入贪污、挪用公款犯罪数额问题的批复(1993.12.15)

最高人民法院关于邮政工作人员窃取汇款通知单伪造取款凭证的行为应如何定罪问题

的答复(1996.4.2)

最高人民检察院关于挪用公款给私有公司、私有企业使用行为的法律适用问题的批复(2000.3.14)

最高人民检察院法律政策研究室关于集体性质的乡镇卫生院院长利用职务之便收受他人财物的行为如何适用法律问题的答复(2003.4.2)

·司法业务文件·

最高人民法院、最高人民检察院关于办理受贿刑事案件适用法律若干问题的意见(2007.7.8)

最高人民法院、最高人民检察院关于办理商业贿赂刑事案件适用法律若干问题的意见(2008.11.20)

最高人民法院关于印发《全国法院审理经济犯罪案件工作座谈会纪要》的通知(2003.11.13)

13. 渎职罪

全国人民代表大会常务委员会关于《中华人民共和国刑法》第九章渎职罪主体适用问题的解释(2002.12.28)

最高人民检察院关于渎职侵权犯罪案件立案标准的规定(2006.7.26)

全国人民代表大会常务委员会关于《中华人民共和国刑法》第二百二十八条、第三百四十二条、第四百一十条的解释(2009.8.27)

·司法解释·

最高人民法院、最高人民检察院关于办理妨害国(边)境管理刑事案件应用法律若干问题的解释(2012.12.12)

最高人民法院、最高人民检察院关于办理渎职刑事案件适用法律若干问题的解释(一)(2012.12.7)

最高人民法院关于未被公安机关正式录用的人员狱医能否构成失职致使在押人员脱逃罪主体问题的批复(2000.9.19)

最高人民检察院关于工人等非监管机关在编监管人员私放在押人员行为和失职致使在押人员脱逃行为适用法律问题的解释(2001.3.2)

最高人民检察院关于企业事业单位的公安机构在机构改革过程中其工作人员能否构成渎职侵权犯罪主体问题的批复(2002.4.29)

最高人民检察院关于对林业主管部门工作人员在发放林木采伐许可证之外滥用职权玩忽职守致使森林遭受严重破坏的行为适用法律问题的批复(2007.5.16)

·请示批复·

最高人民检察院关于合同制民警能否成为玩忽职守罪主体问题的批复(2000.10.9)

最高人民检察院关于属工人编制的乡(镇)工商所所长能否依照刑法第397条的规定追究刑事责任问题的批复(2000.10.31)

最高人民检察院法律政策研究室关于非司法工作人员是否可以构成徇私枉法罪共犯问题的答复(2003.4.16)

14. 军人违反职责罪

·司法解释·

最高人民法院、最高人民检察院关于对军人非战时逃离部队的行为能否定罪处罚问题的批复(2000.12.5)

·司法业务文件·

最高人民法院、最高人民检察院关于对军人非战时逃离部队的行为能否定罪处罚问题的批复(2000.12.5)

最高人民检察院、解放军总政治部印发《军人违反职责罪案件立案标准的规定》(2013.2.26)

二、刑事程序法

1. 综合

·主体法·

中华人民共和国刑事诉讼法(2018.10.26修正)

·司法解释·

最高人民法院关于适用《中华人民共和国刑事诉讼法》的解释(2021.1.26)

最高人民法院、最高人民检察院关于适用犯罪嫌疑人、被告人逃匿、死亡案件违法所得没收程序若干问题的规定(2017.1.4)

·司法业务文件·

最高人民法院、最高人民检察院、公安部、国家安全部、司法部关于规范量刑程序若干问题的意见(2020.11.5)

最高人民检察院关于在检察工作中贯彻宽严相济刑事司法政策的若干意见(2007.1.15)

最高人民检察院关于加强和改进监所检察工作的决定(2007.3.6)

最高人民法院、最高人民检察院、公安部、司法部关于进一步严格依法办案确保办理死刑案件质量的意见(2007.3.9)

公安部《公安机关办理刑事案件程序规定》(2012.12.13)

最高人民检察院《人民检察院举报工作规定》(2014.9.30)

最高人民法院、最高人民检察院、公安部、国家安全部、司法部、全国人大常委会法制工作委员会关于实施刑事诉讼法若干问题的规定(2012.12.26)

最高人民法院、最高人民检察院、公安部、国家计委关于统一赃物估价工作的通知(1994.4.22)

2. 管辖

·司法业务文件·

中国人民解放军总政治部、中国人民解放军军事法院、中国人民解放军军事检察院关于《中华人民共和国刑法》第十章所列刑事案件管辖范围的通知(1998.8.12)

最高人民检察院关于人民检察院直接受理立案侦查案件范围的规定(1998.5.11)

最高人民法院、最高人民检察院、公安部关于旅客列车上发生的刑事案件管辖问题的通知(2001.8.23)

最高人民法院、最高人民检察院、公安部、总政治部关于军队和地方互涉案件几个问题的规定(1982.11.25)

最高人民法院关于人民法院应否受理当事人不服治安管理处罚而提起的刑事自诉问题的批复(1993.9.3)

最高人民检察院关于调整服刑人员刑事申诉案件管辖的通知(2003.4.11)

最高人民法院、最高人民检察院、公安部、国家安全部、司法部、解放军总政治部关于印

发《办理军队和地方互涉刑事案件规定》的通知(2009.5.1)

3. 辩护、代理、法律援助

·司法解释·

最高人民法院关于办理死刑复核案件听取辩护律师意见的办法(2015.1.29)

中华人民共和国法官法(2001.6.30)

最高人民法院、最高人民检察院、公安部、司法部关于刑事诉讼法律援助工作的规定(2013.2.4)

·司法业务文件·

最高人民法院、最高人民检察院、公安部、国家安全部、司法部关于依法保障律师执业权利的规定(2015.9.20)

最高人民检察院关于依法保障律师执业权利的规定(2014.12.23)

最高人民法院关于办理死刑复核案件听取辩护律师意见的办法(2015.1.29)

最高人民检察院关于人民检察院保障律师在刑事诉讼中依法执业的规定(2004.2.10)

最高人民法院、最高人民检察院、公安部、司法部关于刑事诉讼法律援助工作的规定(2005.9.28)

4. 证据、司法鉴定

全国人民代表大会常务委员会关于司法鉴定管理问题的决定(2005.2.28)

·司法解释·

人民法院对外委托司法鉴定管理规定(2002.3.27)

最高人民法院《人民法院司法鉴定工作暂行规定》(2001.11.16)

司法部《司法鉴定程序通则》(2016.3.2)

·请示批复·

最高人民检察院关于CPS多道心理测试鉴定结论能否作为诉讼证据使用问题的批复(1999.9.10)

最高人民检察院关于检察机关的法医能否根据省级人民政府指定医院作出的医学鉴定作出伤情程度结论问题的批复(1999.10.11)

最高人民检察院关于“骨龄鉴定”能否作为确定刑事责任年龄证据使用的批复(2000.2.21)

·司法业务文件·

最高人民法院、最高人民检察院、公安部、国家安全部、司法部《人体损伤程度鉴定标准》(2013.8.30)

最高人民法院关于减刑、假释案件审理程序的规定(2014.4.23)

最高人民检察院《人民检察院办理减刑、假释案件规定》(2014.8.1)

最高人民法院、最高人民检察院、公安部、国家安全部、司法部印发《关于办理死刑案件审查判断证据若干问题的规定》和《关于办理刑事案件排除非法证据若干问题的规定》的通知(2010.6.13)

5. 强制措施

·司法业务文件·

最高人民检察院关于人民检察院审查批准逮捕外国籍犯罪嫌疑人程序的规定(1999.1.12)

最高人民法院、最高人民检察院、公安部、国家安全部关于取保候审若干问题的规定

(1999.8.4)

最高人民检察院、公安部关于依法适用逮捕措施有关问题的规定(2001.8.6)

最高人民检察院关于在检察工作中防止和纠正超期羁押的若干规定(2003.11.24)

人民检察院扣押、冻结涉案款物工作规定(2010.5.9)

最高人民检察院、公安部关于审查逮捕阶段讯问犯罪嫌疑人的规定(2010.8.31)

最高人民法院、最高人民检察院、公安部关于严格执行刑事诉讼法切实纠防超期羁押的通知(2003.11.12)

最高人民法院关于推行十项制度切实防止产生新的超期羁押的通知(2003.11.30)

6. 立案

·司法解释·

最高人民检察院关于人民检察院直接受理立案侦查案件立案的规定(试行)(1999.9.9)

最高人民检察院关于印发《人民检察院办理行政执法机关移送涉嫌犯罪案件的规定》的通知(2001.12.3)

最高人民检察院关于渎职侵权犯罪案件立案的规定(2006.7.26)

·请示批复·

人民检察院立案监督工作问题解答(2000.1.13)

·司法业务文件·

最高人民法院关于人民法院立案工作的暂行规定(1997.4.21)

最高人民检察院、公安部关于公安机关管辖的刑事案件立案追诉标准的规定(一)(2008.6.25)

最高人民检察院、公安部关于公安机关管辖的刑事案件立案追诉标准的规定(二)(2010.5.7)

最高人民检察院、公安部关于刑事立案监督有关问题的规定(试行)(2010.7.26)

人民检察院直接受理侦查案件立案、逮捕实行备案审查的规定(试行)(2005.11.10)

7. 侦查、起诉

·司法解释·

最高人民检察院关于对报请批准逮捕的案件可否侦查问题的批复(1998.5.12)

最高人民检察院关于对服刑罪犯暂予监外执行期间在异地又犯罪应由何地检察院受理审查起诉问题的批复(1998.11.26)

最高人民检察院关于涉嫌犯罪单位被撤销、注销、吊销营业执照或者宣告破产的应如何进行追诉问题的批复(2002.7.9)

最高人民检察院关于人民检察院立案侦查的案件改变定性后可否直接提起公诉问题的批复(2006.12.22)

·司法业务文件·

最高人民检察院关于要案线索备案、初查的规定(1995.10.6)

最高人民检察院公诉厅关于印发《人民检察院办理不起诉案件公开审查规则(试行)》等四个文件的通知(2001.3.5)

最高人民检察院关于人民检察院办理直接受理立案侦查案件实行内部制约的若干规定(2004.6.24)

最高人民检察院关于省级以下人民检察院对直接受理侦查案件作撤销案件、不起诉决

定报上一级人民检察院批准的规定(试行)(2005.9.29)
最高人民检察院关于加强公诉人建设的决定(2010.8.27)
最高人民检察院关于公诉案件撤回起诉若干问题的指导意见(2007.2.2)

8. 审判

全国人民代表大会常务委员会关于完善人民陪审员制度的决定(2004.8.28)

·司法解释·

最高人民法院关于严格执行案件审理期限制度的若干规定(2000.9.22)
最高人民法院关于刑事案件终审判决和裁定何时发生法律效力问题的批复(2004.7.26)
最高人民法院、最高人民检察院关于死刑第二审案件开庭审理程序若干问题的规定(试行)(2006.9.21)
最高人民法院关于刑事第二审判决改变第一审判决认定的罪名后能否加重附加刑的批复(2008.6.6)
最高人民法院、最高人民检察院关于对死刑判决提出上诉的被告人在上诉期满后宣判前提出撤回上诉人民法院是否准许的批复(2010.8.6)

·请示批复·

最高人民法院关于上诉在原判认定的事实和决定执行的刑罚不变的基础上改变原判认定罪名问题的批复(1993.8.12)
最高人民法院关于第一审人民法院判处被告人死刑缓期二年执行人民检察院提出抗诉的,二审人民法院可否直接改判死刑立即执行的答复(1996.3.19)

·司法业务文件·

最高人民法院关于严格执行公开审判制度的若干规定(1999.3.8)
最高人民法院关于审判人员严格执行回避制度的若干规定(2000.1.31)
最高人民法院、最高人民检察院、司法部关于适用普通程序审理"被告人认罪案件"的若干意见(试行)(2003.3.14)
最高人民法院、最高人民检察院、司法部关于适用简易程序审理公诉案件的若干意见(2003.3.14)

9. 死刑复核程序

·司法解释·

最高人民法院关于统一行使死刑案件核准权有关问题的决定(2006.12.28)

10. 审判监督程序

·司法解释·

最高人民法院关于刑事再审案件开庭审理程序的具体规定(试行)(2001.12.26)

·司法业务文件·

最高人民检察院关于刑事抗诉工作的若干意见(2001.3.2)
刑事抗诉案件出庭规则(试行)(2001.3.5)
最高人民法院审判监督庭印发《关于刑事再审工作几个具体程序问题的意见》的通知(2003.10.15)
最高人民检察院关于调整服刑人员刑事申诉案件管辖的通知(2003.4.11)
最高人民法院审判监督庭印发《关于刑事再审工作几个具体程序问题的意见》的通知(2003.10.15)

最高人民检察院关于印发《人民检察院复查刑事申诉案件规定》的通知(2014.10.27)

11. 执行

·司法解释·

最高人民法院关于减刑、假释案件审理程序的规定(2014.4.23)

最高人民法院关于刑事裁判涉财产部分执行的若干规定(2014.10.30)

最高人民法院关于如何理解刑事诉讼法第二百一十三条中"交付执行的人民法院"问题的批复(2000.1.3)

12. 未成年人刑事案件的审理

·司法解释·

最高人民检察院《人民检察院办理未成年人刑事案件的规定》(2013.12.27)

最高人民法院关于审理未成年人刑事案件具体应用法律若干问题的解释(2006.1.11)

13. 刑事附带民事诉讼

·司法解释·

最高人民法院关于审理刑事附带民事诉讼案件有关问题的批复(2000.12.1)

·请示批复·

最高人民法院关于对第一审刑事自诉案件当事人提起附带民事诉讼,部分共同侵害人未参加诉讼的,人民法院是否应当通知其参加诉讼问题的答复(2001.11.15)

14. 刑事赔偿

·法律·

中华人民共和国国家赔偿法(2010.4.29 修正)

·司法解释·

最高人民法院关于审理人民法院国家赔偿确认案件若干问题的规定(试行)(2004.8.10)

·司法业务文件·

最高人民法院关于人民法院执行《中华人民共和国国家赔偿法》几个问题的解释(1996.5.6)

最高人民法院关于刑事赔偿和非刑事司法赔偿案件立案工作的暂行规定(试行)(2000.1.11)

最高人民检察院《人民检察院国家赔偿工作规定》(2010.11.22)